王可夫·李民 合编

中华通史大历典

胡厚宣

中卷

公元221——公元1278年

四川民族出版社

中 卷 目 錄

（公元 221—1278 年）

干 支 次 序 表

1.甲子	2.乙丑	3.丙寅	4.丁卯	5.戊辰	6.己巳	7.庚午	8.辛未	9.壬申	10.癸酉
11.甲戌	12.乙亥	13.丙子	14.丁丑	15.戊寅	16.己卯	17.庚辰	18.辛巳	19.壬午	20.癸未
21.甲申	22.乙酉	23.丙戌	24.丁亥	25.戊子	26.己丑	27.庚寅	28.辛卯	29.壬辰	30.癸巳
31.甲午	32.乙未	33.丙申	34.丁酉	35.戊戌	36.己亥	37.庚子	38.辛丑	39.壬寅	40.癸卯
41.甲辰	42.乙巳	43.丙午	44.丁未	45.戊申	46.己酉	47.庚戌	48.辛亥	49.壬子	50.癸丑
51.甲寅	52.乙卯	53.丙辰	54.丁巳	55.戊午	56.己未	57.庚申	58.辛酉	59.壬戌	60.癸亥

三國紀年

干支辛丑　公元 221 年

朝代或國名	國家支配者	建　都	廟　號	謚　號	建　元	年號年次	輔政者	備　注
魏國	①曹丕	洛陽	世祖	文	1	黃初 2 年		
蜀國	①劉備	成都		昭烈	1	章武元年	諸葛亮	四月丙午建元
吳	①孫權	武昌						
南匈奴	㉒劉豹	平陽				6 年		
鮮卑	①拓跋力微	五原		神元皇帝		2 年		
高句麗	⑩延憂	丸都城				25 年		吉林

月　曆　表(建　寅)

4934—354—1802172

月干支序數	月序＼星期	日	1	2	3	4	5	6	日	1	2	3	4	5	6	日	1	2	3	4	5	6	日	1	2	3	4	5	6	日	1	2	3	4	5	6	日	月末陽曆
27	正							⑨	2	3	4	5	6	7	8	9	10	11	12	13	14	15	16	17	18	19	20	21	22	23	24	25	26	27	28	29		3.10
28	二	㊳	2	3	4	5	6	7	8	9	10	11	12	13	14	15	16	17	18	19	20	21	22	23	24	25	26	27	28	29	30							4.9
29	三			⑧	2	3	4	5	6	7	8	9	10	11	12	13	14	15	16	17	18	19	20	21	22	23	24	25	26	27	28	29	30					5.9
30	四					㊳	2	3	4	5	6	7	8	9	10	11	12	13	14	15	16	17	18	19	20	21	22	23	24	25	26	27	28	29				6.7
31	五						⑦	2	3	4	5	6	7	8	9	10	11	12	13	14	15	16	17	18	19	20	21	22	23	24	25	26	27	28	29	30		7.7
32	六	㊲	2	3	4	5	6	7	8	9	10	11	12	13	14	15	16	17	18	19	20	21	22	23	24	25	26	27	28	29								8.5
33	七		⑥	2	3	4	5	6	7	8	9	10	11	12	13	14	15	16	17	18	19	20	21	22	23	24	25	26	27	28	29	30						9.4
34	八				㊱	2	3	4	5	6	7	8	9	10	11	12	13	14	15	16	17	18	19	20	21	22	23	24	25	26	27	28	29					10.3
35	九					⑤	2	3	4	5	6	7	8	9	10	11	12	13	14	15	16	17	18	19	20	21	22	23	24	25	26	27	28	29	30			11.2
36	十							㉟	2	3	4	5	6	7	8	9	10	11	12	13	14	15	16	17	18	19	20	21	22	23	24	25	26	27	28	29		12.1
37	十一	④	2	3	4	5	6	7	8	9	10	11	12	13	14	15	16	17	18	19	20	21	22	23	24	25	26	27	28	29	30							12.31
38	十二			㉞	2	3	4	5	6	7	8	9	10	11	12	13	14	15	16	17	18	19	20	21	22	23	24	25	26	27	28	29						1.29

大事記

正月，魏封孔羨為宗聖侯，奉祀孔子。魏令郡國人口滿十萬者歲察孝廉一人。三月，魏復五銖錢。四月，劉備稱皇帝於成都，諸葛亮為丞相，改元章武，是為漢昭烈皇帝，史稱蜀漢，簡稱“蜀”，又稱“季漢”。孫權自公安徙都鄂，改名武昌。五月朔，日有食。魏詔此後災異勿劾三公。七月，劉備自將攻孫權，前鋒至秭歸；孫權遣陸遜等拒之。張飛為其部下所殺。八月，孫權稱臣於魏。魏封之為吳王，加九錫。十月，魏罷五銖錢。魏涼州盧水胡治元多侵河西。魏置護烏桓校尉。十一月，魏張既破涼州盧水胡，獲生口十萬，羊一百一十萬頭，牛八萬。

是歲，魏以長安、譙、許昌、洛陽、鄴為五都。是年至 581 年之間，大、小乘佛教陸續傳入中國。昌南鎮(景德鎮)設置了官窯，燒制進貢瓷器。

三國紀年

干支壬寅　公元 222 年

朝代或國名	國家支配者	建　都	廟　號	謚　號	建　元	年號年次	輔政者	備　注
魏國	①曹丕	洛陽	世祖	文	1	黃初 3 年		
蜀國	①劉備	成都		昭烈	1	章武 2 年	諸葛亮	
吳國	①孫權	武昌		大	6	黃武元年		10 月建元
南匈奴	㉒劉豹	平陽				7 年		
鮮卑	①拓跋力微	五原		神元皇帝		3 年		
高句麗	⑩延憂	丸都城				26 年		吉林

月　曆　表（建寅）

4935—384—1802556

月干支序數	月序＼星期	日	1	2	3	4	5	6	日	1	2	3	4	5	6	日	1	2	3	4	5	6	日	1	2	3	4	5	6	日	1	2	3	4	5	6	日	月末陽曆
39	正				③	2	3	4	5	6	7	8	9	10	11	12	13	14	15	16	17	18	19	20	21	22	23	24	25	26	27	28	29	30					2.28
40	二						㉝	2	3	4	5	6	7	8	9	10	11	12	13	14	15	16	17	18	19	20	21	22	23	24	25	26	27	28	29				3.29
41	三							②	2	3	4	5	6	7	8	9	10	11	12	13	14	15	16	17	18	19	20	21	22	23	24	25	26	27	28	29	30		4.28
42	四		㉜	2	3	4	5	6	7	8	9	10	11	12	13	14	15	16	17	18	19	20	21	22	23	24	25	26	27	28	29								5.27
43	五			①	2	3	4	5	6	7	8	9	10	11	12	13	14	15	16	17	18	19	20	21	22	23	24	25	26	27	28	29	30						6.26
44	六					㉛	2	3	4	5	6	7	8	9	10	11	12	13	14	15	16	17	18	19	20	21	22	23	24	25	26	27	28	29					7.25
	閏						(60)	2	3	4	5	6	7	8	9	10	11	12	13	14	15	16	17	18	19	20	21	22	23	24	25	26	27	28	29	30			8.24
45	七	㉚	2	3	4	5	6	7	8	9	10	11	12	13	14	15	16	17	18	19	20	21	22	23	24	25	26	27	28	29	30								9.23
46	八			(60)	2	3	4	5	6	7	8	9	10	11	12	13	14	15	16	17	18	19	20	21	22	23	24	25	26	27	28	29							10.22
47	九				㉙	2	3	4	5	6	7	8	9	10	11	12	13	14	15	16	17	18	19	20	21	22	23	24	25	26	27	28	29	30					11.21
48	十						(59)	2	3	4	5	6	7	8	9	10	11	12	13	14	15	16	17	18	19	20	21	22	23	24	25	26	27	28	29				12.20
49	十一							㉘	2	3	4	5	6	7	8	9	10	11	12	13	14	15	16	17	18	19	20	21	22	23	24	25	26	27	28	29	30		1.19
50	十二		(58)	2	3	4	5	6	7	8	9	10	11	12	13	14	15	16	17	18	19	20	21	22	23	24	25	26	27	28	29								2.17

大事記

正月，魏詔郡國舉上計吏及孝廉，不再限年。二月，鄯善、龜兹、于闐王各遣使奉獻於魏，西域又通，設置戊己校尉。漢昭烈帝軍夷道猇亭。六月，吳將陸遜大破漢兵於猇亭，漢昭烈帝敗逼白帝城（四川奉節東北）。九月，魏詔以後群臣不得奏事太后，后族不得輔政。魏遣曹休大舉攻吳，吳王孫權臨江據守，魏復郢州為荆州。十月，孫權自稱吳王，改元黄武。天下三分。十一月，吳與漢復交。蜀漢漢嘉太守黄元反，燒臨邛城。是歲，魏郯渾於肖、相二縣興鄭陂。魏始置都督諸州軍事。許靖卒（150—222）。

三國紀年

干支癸卯　公元 223 年

朝代或國名	國家支配者	建都	廟號	謚號	建元	年號年次	輔政者	備注
魏國	①曹丕	洛陽	世祖	文	1	黄初 4 年		
蜀國	②劉禪	成都		後主	4	1 建興元年	諸葛亮	昭烈帝卒，子劉禪五月改元
吳國	①孫權	武昌		大	6	1 黄武 2 年		
南匈奴	㉒劉豹	平陽				8 年		
鮮卑	①拓跋力微	五原		神元皇帝		4 年		
高句麗	⑩延憂	丸都城				27 年		吉林

月　曆　表（建寅）

4936—355—1802911

月干支序數	月序＼星期	日	1	2	3	4	5	6	日	1	2	3	4	5	6	日	1	2	3	4	5	6	日	1	2	3	4	5	6	日	1	2	3	4	5	6	日	月末陽曆
51	正			㉗	2	3	4	5	6	7	8	9	10	11	12	13	14	15	16	17	18	19	20	21	22	23	24	25	26	27	28	29	30						3.19
52	二					(57)	2	3	4	5	6	7	8	9	10	11	12	13	14	15	16	17	18	19	20	21	22	23	24	25	26	27	28	29					4.17
53	三						㉖	2	3	4	5	6	7	8	9	10	11	12	13	14	15	16	17	18	19	20	21	22	23	24	25	26	27	28	29	30			5.17
54	四	(56)	2	3	4	5	6	7	8	9	10	11	12	13	14	15	16	17	18	19	20	21	22	23	24	25	26	27	28	29									6.15
55	五		㉕	2	3	4	5	6	7	8	9	10	11	12	13	14	15	16	17	18	19	20	21	22	23	24	25	26	27	28	29	30							7.15
56	六				(55)	2	3	4	5	6	7	8	9	10	11	12	13	14	15	16	17	18	19	20	21	22	23	24	25	26	27	28	29						8.13

續表

月干支序數	星期 / 月序	日	1	2	3	4	5	6	日	1	2	3	4	5	6	日	1	2	3	4	5	6	日	1	2	3	4	5	6	日	1	2	3	4	5	6	日	月末陽曆
57	七					㉔	2	3	4	5	6	7	8	9	10	11	12	13	14	15	16	17	18	19	20	21	22	23	24	25	26	27	28	29	30			9.12
58	八							(54)	2	3	4	5	6	7	8	9	10	11	12	13	14	15	16	17	18	19	20	21	22	23	24	25	26	27	28	29		10.11
59	九	㉓	2	3	4	5	6	7	8	9	10	11	12	13	14	15	16	17	18	19	20	21	22	23	24	25	26	27	28	29	30							11.10
60	十			(53)	2	3	4	5	6	7	8	9	10	11	12	13	14	15	16	17	18	19	20	21	22	23	24	25	26	27	28	29	30					12.10
1	十一					㉓	2	3	4	5	6	7	8	9	10	11	12	13	14	15	16	17	18	19	20	21	22	23	24	25	26	27	28	29				1.8
2	十二						(52)	2	3	4	5	6	7	8	9	10	11	12	13	14	15	16	17	18	19	20	21	22	23	24	25	26	27	28	29	30		2.7

吳始用乾象曆。魏蜀仍用四分曆，朔閏異同。

朔閏異同表

	正	二	三	四	五	六	七	八	九	十	十一	十二	閏	
魏	庚寅	庚申	己丑	己未	戊子	戊午	丁亥	丁巳	丙戌	丙辰	丙戌	乙卯		（四分曆）
吳		己未		戊午		丁巳		丙辰		乙卯	乙酉			（乾象曆）

大事記

正月，魏令曹真攻吳，深入渚中，不利而還。三月，漢擊斬黄元。四月，漢昭烈帝卒（161—223），子劉禪嗣位，改元建興，諸葛亮輔政，封為武鄉侯，領益州牧。漢益州郡耆帥雍闓附於吳，孟獲連結諸夷、牂柯太守朱褒、越巂夷王高定皆響應雍闓。十月，諸葛亮遣鄧芝修好於吳，吳遂絕魏聯漢。是年，魏賈逵（174—228）於豫州營陂（賈侯陂）通運渠二百餘里。裴秀是年起至 271 年繪出禹貢域圖和地形方丈圖，提出繪製地圖六條原則"製圖六體"，是世界最早的地圖和製圖學的理論。

三國紀年

干支甲辰　公元 224 年

朝代或國名	國家支配者	建都	廟號	謚號	建元	年號年次	輔政者	備注
魏國	①曹丕	洛陽	世祖	文	1	黄初 5 年		
蜀國	②劉禪	成都		後主	4	1 建興 2 年	諸葛亮	
吳國	①孫權	武昌		大	6	1 黄武 3 年		
南匈奴	㉒劉豹					9 年		
鮮卑	①拓跋力微	五原		神元皇帝		5 年		
高句麗	⑩延憂	丸都城				28 年		吉林

月曆表（建寅）

4937—354—1803265

月干支序數	星期 / 月序	日	1	2	3	4	5	6	日	1	2	3	4	5	6	日	1	2	3	4	5	6	日	1	2	3	4	5	6	日	1	2	3	4	5	6	日	月末陽曆
3	正	㉒	2	3	4	5	6	7	8	9	10	11	12	13	14	15	16	17	18	19	20	21	22	23	24	25	26	27	28	29								3.7
4	二		(51)	2	3	4	5	6	7	8	9	10	11	12	13	14	15	16	17	18	19	20	21	22	23	24	25	26	27	28	29	30						4.6
5	三				㉑	2	3	4	5	6	7	8	9	10	11	12	13	14	15	16	17	18	19	20	21	22	23	24	25	26	27	28	29					5.5
6	四					㊿	2	3	4	5	6	7	8	9	10	11	12	13	14	15	16	17	18	19	20	21	22	23	24	25	26	27	28	29	30			6.4
7	五							⑳	2	3	4	5	6	7	8	9	10	11	12	13	14	15	16	17	18	19	20	21	22	23	24	25	26	27	28	29		7.3
8	六	㊾	2	3	4	5	6	7	8	9	10	11	12	13	14	15	16	17	18	19	20	21	22	23	24	25	26	27	28	29	30							8.2
9	七			⑲	2	3	4	5	6	7	8	9	10	11	12	13	14	15	16	17	18	19	20	21	22	23	24	25	26	27	28	29						8.31
10	八				㊽	2	3	4	5	6	7	8	9	10	11	12	13	14	15	16	17	18	19	20	21	22	23	24	25	26	27	28	29	30				9.30

續表

月干支序數	月序＼星期	日	1	2	3	4	5	6	日	1	2	3	4	5	6	日	1	2	3	4	5	6	日	1	2	3	4	5	6	日	1	2	3	4	5	6	日	月末陽曆
11	九						⑱	2	3	4	5	6	7	8	9	10	11	12	13	14	15	16	17	18	19	20	21	22	23	24	25	26	27	28	29			10.29
12	十							㊼	2	3	4	5	6	7	8	9	10	11	12	13	14	15	16	17	18	19	20	21	22	23	24	25	26	27	28	29	30	11.28
13	十一		⑰	2	3	4	5	6	7	8	9	10	11	12	13	14	15	16	17	18	19	20	21	22	23	24	25	26	27	28	29							12.27
14	十二			㊻	2	3	4	5	6	7	8	9	10	11	12	13	14	15	16	17	18	19	20	21	22	23	24	25	26	27	28	29	30					1.26

朔閏異同表

	正	二	三	四	五	六	七	八	九	十	十一	十二	閏
魏	乙酉	甲寅	甲申	癸丑	癸未	壬子	壬午	辛亥	辛巳	庚戌	庚辰	己酉	
吳	甲申		癸未		壬午		辛巳		庚辰		己卯		

大事記

四月，魏立太學，置博士。吳使張溫聘於蜀，吳蜀恢復聯合。八月，魏文帝親攻吳，九月臨江而還。鮮卑大人步度根為軻比能所逼，南保太原、雁門塞，貢於魏。鮮卑大人軻比能擊其東部大人素利，護烏桓校尉田豫乘虛襲之，軻比能遂大擾幽、并。控弦之士十餘萬，自是屢為邊患。

音樂家、文學家稽康（竹林七賢之一）誕生（224—263）。

三國紀年

干支乙巳　公元 225 年

朝代或國名	國家支配者	建都	廟號	謚號	建元	年號年次	輔政者	備注
魏國	①曹丕	洛陽	世祖	文	1	黄初 6 年		
蜀國	②劉禪	成都		後主	4	1 建興 3 年	諸葛亮	
吳國	①孫權	武昌		大	6	1 黄武 4 年	顧雍	
南匈奴	㉒劉豹					10 年		
鮮卑	①拓跋力微	五原		神元皇帝		6 年		
高句麗	⑩延憂	丸都城				29 年		吉林

月曆表（建寅）

4938—384—1803649

月干支序數	月序＼星期	日	1	2	3	4	5	6	日	1	2	3	4	5	6	日	1	2	3	4	5	6	日	1	2	3	4	5	6	日	1	2	3	4	5	6	日	月末陽曆
15	正					⑯	2	3	4	5	6	7	8	9	10	11	12	13	14	15	16	17	18	19	20	21	22	23	24	25	26	27	28	29				2.24
16	二						㊺	2	3	4	5	6	7	8	9	10	11	12	13	14	15	16	17	18	19	20	21	22	23	24	25	26	27	28	29	30		3.26
17	三	⑮	2	3	4	5	6	7	8	9	10	11	12	13	14	15	16	17	18	19	20	21	22	23	24	25	26	27	28	29	30							4.25
	閏			㊺	2	3	4	5	6	7	8	9	10	11	12	13	14	15	16	17	18	19	20	21	22	23	24	25	26	27	28	29						5.24
18	四				⑭	2	3	4	5	6	7	8	9	10	11	12	13	14	15	16	17	18	19	20	21	22	23	24	25	26	27	28	29	30				6.23
19	五						㊹	2	3	4	5	6	7	8	9	10	11	12	13	14	15	16	17	18	19	20	21	22	23	24	25	26	27	28	29			7.22
20	六							⑬	2	3	4	5	6	7	8	9	10	11	12	13	14	15	16	17	18	19	20	21	22	23	24	25	26	27	28	29	30	8.21
21	七		㊸	2	3	4	5	6	7	8	9	10	11	12	13	14	15	16	17	18	19	20	21	22	23	24	25	26	27	28	29							9.19
22	八			⑫	2	3	4	5	6	7	8	9	10	11	12	13	14	15	16	17	18	19	20	21	22	23	24	25	26	27	28	29	30					10.19
23	九					㊷	2	3	4	5	6	7	8	9	10	11	12	13	14	15	16	17	18	19	20	21	22	23	24	25	26	27	28	29				11.17
24	十						⑪	2	3	4	5	6	7	8	9	10	11	12	13	14	15	16	17	18	19	20	21	22	23	24	25	26	27	28	29	30		12.17
25	十一	㊶	2	3	4	5	6	7	8	9	10	11	12	13	14	15	16	17	18	19	20	21	22	23	24	25	26	27	28	29								1.15
26	十二		⑩	2	3	4	5	6	7	8	9	10	11	12	13	14	15	16	17	18	19	20	21	22	23	24	25	26	27	28	29	30						2.14

朔閏異同表

	正	二	三	四	五	六	七	八	九	十	十一	十二	閏
魏	己卯	戊申	戊寅	丁丑	丁未	丙子	丙午	乙亥	乙巳	甲戌	甲辰	癸酉	三戊申
吳	戊寅			丁未	丙午		乙巳		甲辰		癸卯		四丁丑

大事記

三月，魏通討虜渠以備攻吳。魏并州刺史梁習擊敗軻比能。漢諸葛亮南征，攻雍闓。　六月，魏利成郡兵蔡方等起義，殺太守，推郡人唐咨為帥，未幾敗。吳以顧雍(168—243)為丞相。　七月，諸葛亮破殺雍闓、高定等，七俘孟獲七釋之，南中四郡大定。移南中勁卒青羌萬餘於蜀為五部，分其羸弱為大姓部曲。　十月，曹丕攻吳，至廣陵而返。　十二月，吳番陽人彭綺聚眾，攻沒郡縣，聲言附魏。

魏晉時，趙爽撰《勾股圓方圖注》中列出關於直角三角形三邊之間關係的命題共21條。劉徽發明“割圓術”和寫成《海島算經》論述有關測量和計算海島的距離、高度的方法。魏韓翊編成《黃初曆》。

三國紀年

干支丙午　公元226年

朝代或國名	國家支配者	建都	廟號	謚號	建元	年號年次	輔政者	備注
魏國	①曹丕	洛陽	世祖	文	1	黃初7年		五月明帝即位
蜀國	②劉禪	成都		後主	4	1建興4年	諸葛亮	
吳國	①孫權	武昌		大	6	1黃武5年	顧雍	
南匈奴	㉒劉豹					11年		
鮮卑	①拓跋力微	五原		神元皇帝		7年		
高句麗	⑩延憂	丸都城				30年		吉林

月　曆　表(建寅)

4939—354—1804003

月干支序數	月序 \ 星期	日	1	2	3	4	5	6	日	1	2	3	4	5	6	日	1	2	3	4	5	6	日	1	2	3	4	5	6	日	1	2	3	4	5	6	日	月末陽曆
27	正				㊵	2	3	4	5	6	7	8	9	10	11	12	13	14	15	16	17	18	19	20	21	22	23	24	25	26	27	28	29					3.15
28	二					⑨	2	3	4	5	6	7	8	9	10	11	12	13	14	15	16	17	18	19	20	21	22	23	24	25	26	27	28	29	30			4.14
29	三							㊴	2	3	4	5	6	7	8	9	10	11	12	13	14	15	16	17	18	19	20	21	22	23	24	25	26	27	28	29		5.13
30	四	⑧	2	3	4	5	6	7	8	9	10	11	12	13	14	15	16	17	18	19	20	21	22	23	24	25	26	27	28	29	30							6.12
31	五			㊳	2	3	4	5	6	7	8	9	10	11	12	13	14	15	16	17	18	19	20	21	22	23	24	25	26	27	28	29						7.11
32	六				⑦	2	3	4	5	6	7	8	9	10	11	12	13	14	15	16	17	18	19	20	21	22	23	24	25	26	27	28	29	30				8.10
33	七						㊲	2	3	4	5	6	7	8	9	10	11	12	13	14	15	16	17	18	19	20	21	22	23	24	25	26	27	28	29	30		9.9
34	八	⑦	2	3	4	5	6	7	8	9	10	11	12	13	14	15	16	17	18	19	20	21	22	23	24	25	26	27	28	29								10.8
35	九		㊱	2	3	4	5	6	7	8	9	10	11	12	13	14	15	16	17	18	19	20	21	22	23	24	25	26	27	28	29	30						11.7
36	十				⑥	2	3	4	5	6	7	8	9	10	11	12	13	14	15	16	17	18	19	20	21	22	23	24	25	26	27	28	29					12.6
37	十一					㉟	2	3	4	5	6	7	8	9	10	11	12	13	14	15	16	17	18	19	20	21	22	23	24	25	26	27	28	29	30			1.5
38	十二							⑤	2	3	4	5	6	7	8	9	10	11	12	13	14	15	16	17	18	19	20	21	22	23	24	25	26	27	28	29		2.3

朔閏異同表

	正	二	三	四	五	六	七	八	九	十	十一	十二	閏
魏	癸卯	壬申	壬寅	辛未	辛丑	庚午	庚子	庚午	己亥	己巳	戊戌	戊辰	
吳	壬寅		辛丑		庚子			己巳		戊辰		丁卯	

大事記

正月，魏文帝卒，皇太子叡嗣位，是為明帝（翦伯贊等語）。春，吳陸遜上表，請令諸將增廣田畝，吳始屯田。五月，曹丕卒（187—226），子叡立（馮君實語）。曹真、曹休、陳群及司馬懿等輔政。八月，孫權攻魏江夏郡，不克；諸葛瑾攻魏襄陽，敗還。吳分丹陽、會稽、吳郡三郡立東安郡，以經營山越。吳分交趾部為交州、廣州。交趾太守士燮卒（137—226），子徽反，吳呂岱誘殺之，吳復合交州、廣州為一。扶南、林邑、堂明諸王皆奉獻於吳。

三國紀年

干支丁未　公元 227 年

朝代或國名	國家支配者	建都	廟號	謚號	建元	年號年次	輔政者	備注
魏國	②曹叡	洛陽	烈祖	明	3	1太和元年		文帝子
蜀國	②劉禪	成都		後主	4	1建興5年	諸葛亮	
吳國	①孫權	武昌		大	6	1黃武6年		
南匈奴	㉒劉豹					12年		
鮮卑	①拓跋力微	五原		神元皇帝		8年		
高句麗	⑪東川王憂位居	丸都城				元年		吉林

月曆表（建寅）

4940—384—1804387

月干支序數	月序＼星期	日	1	2	3	4	5	6	日	1	2	3	4	5	6	日	1	2	3	4	5	6	日	1	2	3	4	5	6	日	1	2	3	4	5	6	日	月末陽曆
39	正	㉞	2	3	4	5	6	7	8	9	10	11	12	13	14	15	16	17	18	19	20	21	22	23	24	25	26	27	28	29	30							3.5
40	二			④	2	3	4	5	6	7	8	9	10	11	12	13	14	15	16	17	18	19	20	21	22	23	24	25	26	27	28	29						4.3
41	三				㉝	2	3	4	5	6	7	8	9	10	11	12	13	14	15	16	17	18	19	20	21	22	23	24	25	26	27	28	29	30				5.3
42	四						③	2	3	4	5	6	7	8	9	10	11	12	13	14	15	16	17	18	19	20	21	22	23	24	25	26	27	28	29			6.1
43	五							㉜	2	3	4	5	6	7	8	9	10	11	12	13	14	15	16	17	18	19	20	21	22	23	24	25	26	27	28	29	30	7.1
44	六		②	2	3	4	5	6	7	8	9	10	11	12	13	14	15	16	17	18	19	20	21	22	23	24	25	26	27	28	29							7.30
45	七			㉛	2	3	4	5	6	7	8	9	10	11	12	13	14	15	16	17	18	19	20	21	22	23	24	25	26	27	28	29	30					8.29
46	八					①	2	3	4	5	6	7	8	9	10	11	12	13	14	15	16	17	18	19	20	21	22	23	24	25	26	27	28	29				9.27
47	九						㉚	2	3	4	5	6	7	8	9	10	11	12	13	14	15	16	17	18	19	20	21	22	23	24	25	26	27	28	29	30		10.27
48	十	(60)	2	3	4	5	6	7	8	9	10	11	12	13	14	15	16	17	18	19	20	21	22	23	24	25	26	27	28	29	30							11.26
49	十一			㉚	2	3	4	5	6	7	8	9	10	11	12	13	14	15	16	17	18	19	20	21	22	23	24	25	26	27	28	29						12.25
50	十二				(59)	2	3	4	5	6	7	8	9	10	11	12	13	14	15	16	17	18	19	20	21	22	23	24	25	26	27	28	29	30				1.24
	閏						㉙	2	3	4	5	6	7	8	9	10	11	12	13	14	15	16	17	18	19	20	21	22	23	24	25	26	27	28	29			2.22

朔閏異同表

	正	二	三	四	五	六	七	八	九	十	十一	十二	閏
魏	丁酉	丁卯	丙申	丙寅	乙未	乙丑	甲午	甲子	癸巳	癸亥	癸巳	壬戌	十二壬辰
吳		丙寅		乙丑		甲子		癸亥		壬戌	壬辰		十二辛卯

大事記

正月，吳將獲彭犄。三月，諸葛亮上《出師表》，北屯漢中以圖攻魏。　四月，魏復五銖錢。六月，魏以司馬懿督荆州諸軍事，鎮宛。　十二月，魏孟達陰圖歸漢（翦伯贊語）。　是歲，魏高堂隆編成《太和曆》。四川廣漢、綿竹一帶發生山民起義。

三國紀年

干支戊申　公元 228 年

朝代或國名	國家支配者	建　都	廟　號	謚　號	建　元	年號年次	輔政者	備　注
魏國	②曹叡	洛陽	烈祖	明	3	1 太和 2 年		
蜀國	②劉禪	成都		後主	4	1 建興 6 年	諸葛亮	
吳國	①孫權	武昌		大	6	1 黄武 7 年		
南匈奴	㉒劉豹					13 年		
鮮卑	①拓跋力微	五原		神元皇帝		9 年		
高句麗	⑪憂位居	丸都城				2 年		吉林

月　曆　表(建寅)

4941－354－1804741

月干支序數	月序＼星期	日	1	2	3	4	5	6	日	1	2	3	4	5	6	日	1	2	3	4	5	6	日	1	2	3	4	5	6	日	1	2	3	4	5	6	日	月末陽曆
51	正							(58)	2	3	4	5	6	7	8	9	10	11	12	13	14	15	16	17	18	19	20	21	22	23	24	25	26	27	28	29	30	3.23
52	二		㉘	2	3	4	5	6	7	8	9	10	11	12	13	14	15	16	17	18	19	20	21	22	23	24	25	26	27	28	29							4.21
53	三			(57)	2	3	4	5	6	7	8	9	10	11	12	13	14	15	16	17	18	19	20	21	22	23	24	25	26	27	28	29	30					5.21
54	四					㉗	2	3	4	5	6	7	8	9	10	11	12	13	14	15	16	17	18	19	20	21	22	23	24	25	26	27	28	29				6.19
55	五						(56)	2	3	4	5	6	7	8	9	10	11	12	13	14	15	16	17	18	19	20	21	22	23	24	25	26	27	28	29	30		7.19
56	六	㉖	2	3	4	5	6	7	8	9	10	11	12	13	14	15	16	17	18	19	20	21	22	23	24	25	26	27	28	29								8.17
57	七		(55)	2	3	4	5	6	7	8	9	10	11	12	13	14	15	16	17	18	19	20	21	22	23	24	25	26	27	28	29	30						9.16
58	八				㉕	2	3	4	5	6	7	8	9	10	11	12	13	14	15	16	17	18	19	20	21	22	23	24	25	26	27	28	29					10.15
59	九					(54)	2	3	4	5	6	7	8	9	10	11	12	13	14	15	16	17	18	19	20	21	22	23	24	25	26	27	28	29	30			11.14
60	十							㉔	2	3	4	5	6	7	8	9	10	11	12	13	14	15	16	17	18	19	20	21	22	23	24	25	26	27	28	29		12.13
1	十一	(53)	2	3	4	5	6	7	8	9	10	11	12	13	14	15	16	17	18	19	20	21	22	23	24	25	26	27	28	29	30							1.12
2	十二			㉓	2	3	4	5	6	7	8	9	10	11	12	13	14	15	16	17	18	19	20	21	22	23	24	25	26	27	28	29						2.10

朔閏異同表

	正	二	三	四	五	六	七	八	九	十	十一	十二	閏
魏	辛酉	辛卯	庚申	庚寅	己未	己丑	戊午	戊子	丁巳	丁亥	丙辰	丙戌	
吳		丙寅		己丑		戊子		丁亥		丙戌		乙酉	

大事記

正月,司馬懿攻克新城,殺孟達。諸葛亮攻魏祁山,天水、南安、安定叛應亮;魏遣張郃拒之,郃大敗漢將馬謖於街亭,亮斬馬謖,上表自貶。　三月,吳罷東安郡。　四月,魏徐邈(172—249)為涼州刺吏,廣開水田,修武威、酒泉鹽池。　六月,魏詔郡國貢士以經學為本。　八月,吳陸遜敗魏兵於石亭(安徽潛山東北)。　九月,鮮卑大人軻比能圍魏護烏桓校尉於馬城,旋退。　十一月,諸葛亮再攻魏,出散關,圍陳倉,以糧盡而還(蔣伯贊在十二月)。　十二月,遼東公孫康卒,弟恭立,康子淵殺恭自立。

三國紀年

干支己酉　公元 229 年

[illegible]或國名	國家支配者	建　都	廟　號	謚　號	建元	年號年次	輔政者	備　注
[illegible]國	②曹叡	洛陽	烈祖	明	3	1 太和 3 年		
[illegible]國	②劉禪	成都		後主	4	1 建興 7 年	諸葛亮	
[illegible]國	①孫權	建業		大	6	2 黄龍元年		四月丙申改元。稱帝。

續表

朝代或國名	國家支配者	建　都	廟號	謚　號	建　元	年號年次	輔政者	備　注
南匈奴	㉒劉豹					14年		
鮮卑	①拓跋力微	五原		神元皇帝		10年		
高句麗	⑪憂位居	丸都城				3年		吉林

月　曆　表（建寅）

4942－355－1805096

月干支序數	月序＼星期	日	1	2	3	4	5	6	日	1	2	3	4	5	6	日	1	2	3	4	5	6	日	1	2	3	4	5	6	日	1	2	3	4	5	6	日	月末陽曆
3	正				(52)	2	3	4	5	6	7	8	9	10	11	12	13	14	15	16	17	18	19	20	21	22	23	24	25	26	27	28	29	30				3.12
4	二						㉒	2	3	4	5	6	7	8	9	10	11	12	13	14	15	16	17	18	19	20	21	22	23	24	25	26	27	28	29	30		4.11
5	三	(52)	2	3	4	5	6	7	8	9	10	11	12	13	14	15	16	17	18	19	20	21	22	23	24	25	26	27	28	29								5.10
6	四		㉑	2	3	4	5	6	7	8	9	10	11	12	13	14	15	16	17	18	19	20	21	22	23	24	25	26	27	28	29	30						6.9
7	五				(51)	2	3	4	5	6	7	8	9	10	11	12	13	14	15	16	17	18	19	20	21	22	23	24	25	26	27	28	29					7.8
8	六					⑳	2	3	4	5	6	7	8	9	10	11	12	13	14	15	16	17	18	19	20	21	22	23	24	25	26	27	28	29	30			8.7
9	七							㊿	2	3	4	5	6	7	8	9	10	11	12	13	14	15	16	17	18	19	20	21	22	23	24	25	26	27	28	29		9.5
10	八	⑲	2	3	4	5	6	7	8	9	10	11	12	13	14	15	16	17	18	19	20	21	22	23	24	25	26	27	28	29	30							10.5
11	九			㊾	2	3	4	5	6	7	8	9	10	11	12	13	14	15	16	17	18	19	20	21	22	23	24	25	26	27	28	29						11.3
12	十				⑱	2	3	4	5	6	7	8	9	10	11	12	13	14	15	16	17	18	19	20	21	22	23	24	25	26	27	28	29	30				12.3
13	十一						㊽	2	3	4	5	6	7	8	9	10	11	12	13	14	15	16	17	18	19	20	21	22	23	24	25	26	27	28	29			1.1
14	十二							⑰	2	3	4	5	6	7	8	9	10	11	12	13	14	15	16	17	18	19	20	21	22	23	24	25	26	27	28	29	30	1.31

朔閏異同表

	正	二	三	四	五	六	七	八	九	十	十一	十二	閏
魏	乙卯	乙酉	乙卯	甲申	甲寅	癸未	癸丑	壬午	壬子	辛巳	辛亥	庚辰	
吴		甲申	甲寅		癸丑		壬子		辛亥		庚戌		

大事記

春，諸葛亮第三次伐魏，克武都、陰平二郡。　四月，孫權稱帝，改元黄龍。　六月，蜀遣使賀吴，吴蜀盟，約中分天下。　九月，孫權遷都建業。　十月，魏詔刑律用鄭玄章句，置律博士，令陳群等删訂新律十八篇。　十二月，大月氏王波調遣使獻於魏，魏命為親魏大月氏王。　是歲，蜀將趙雲卒。

三國紀年

干支庚戌　公元230年

朝代或國名	國家支配者	建　都	廟　號	謚　號	建　元	年號年次	輔政者	備　注
魏國	②曹叡	洛陽	烈祖	明	3	1太和4年		
蜀國	②劉禪	成都		後主	4	1建興8年	諸葛亮	
吴國	①孫權	建業		大	6	2黄龍2年		
南匈奴	㉒劉豹					15年		
鮮卑	①拓跋力微	五原		神元皇帝		11年		
高句麗	⑪憂位居	丸都城				4年		吉林

月　　曆　　表（建寅）

4943—384—1805480

月干支序數	月序＼星期	日	1	2	3	4	5	6	日	1	2	3	4	5	6	日	1	2	3	4	5	6	日	1	2	3	4	5	6	日	1	2	3	4	5	6	日	月末陽曆
15	正		㊼	2	3	4	5	6	7	8	9	10	11	12	13	14	15	16	17	18	19	20	21	22	23	24	25	26	27	28	29							3.1
16	二			⑯	2	3	4	5	6	7	8	9	10	11	12	13	14	15	16	17	18	19	20	21	22	23	24	25	26	27	28	29	30					3.31
17	三					㊻	2	3	4	5	6	7	8	9	10	11	12	13	14	15	16	17	18	19	20	21	22	23	24	25	26	27	28	29				4.29
18	四						⑮	2	3	4	5	6	7	8	9	10	11	12	13	14	15	16	17	18	19	20	21	22	23	24	25	26	27	28	29	30		5.29
19	五	㊺	2	3	4	5	6	7	8	9	10	11	12	13	14	15	16	17	18	19	20	21	22	23	24	25	26	27	28	29	30							6.28
20	六			⑮	2	3	4	5	6	7	8	9	10	11	12	13	14	15	16	17	18	19	20	21	22	23	24	25	26	27	28	29						7.27
21	七				㊹	2	3	4	5	6	7	8	9	10	11	12	13	14	15	16	17	18	19	20	21	22	23	24	25	26	27	28	29	30				8.26
22	八						⑭	2	3	4	5	6	7	8	9	10	11	12	13	14	15	16	17	18	19	20	21	22	23	24	25	26	27	28	29			9.24
23	九							㊸	2	3	4	5	6	7	8	9	10	11	12	13	14	15	16	17	18	19	20	21	22	23	24	25	26	27	28	29	30	10.24
	閏		⑬	2	3	4	5	6	7	8	9	10	11	12	13	14	15	16	17	18	19	20	21	22	23	24	25	26	27	28	29							11.22
24	十			㊷	2	3	4	5	6	7	8	9	10	11	12	13	14	15	16	17	18	19	20	21	22	23	24	25	26	27	28	29	30					12.22
25	十一					⑫	2	3	4	5	6	7	8	9	10	11	12	13	14	15	16	17	18	19	20	21	22	23	24	25	26	27	28	29				1.20
26	十二						㊶	2	3	4	5	6	7	8	9	10	11	12	13	14	15	16	17	18	19	20	21	22	23	24	25	26	27	28	29	30		2.19

朔閏異同表

	正	二	三	四	五	六	七	八	九	十	十一	十二	閏
魏	庚戌	己卯	己酉	戊寅	戊申	戊寅	丁未	丁丑	丙午	乙巳	乙亥	甲辰	九丙子
吳	己酉		戊申		丁未	丁丑		丙子	乙亥		甲戌		八丙午

大事記

正月，魏築合肥新城以備吳。　二月，魏立郎吏課試法，務通一經，黜華務實。吳使將軍衛溫等浮海求夷洲、亶洲。四月，鍾繇卒(151—230)。　七月，魏遣曹真、司馬懿分道攻漢，諸葛亮拒之於城固。　九月，魏兵引退。　十二月，魏詔舉賢良。吳援魏合肥。吳武陵五谿蠻起事。　是年，魏韓暨(？—238)作“水排”。

三國紀年

干支辛亥　公元231年

朝代或國名	國家支配者	建　都	廟　號	謚　號	建　元	年號年次	輔政者	備　注
魏國	②曹叡	洛陽	烈祖	明	3	1 太和 5 年		
蜀國	②劉禪	成都		後主	4	1 建興 9 年	諸葛亮	
吳國	①孫權	建業		大	6	2 黃龍 3 年		
南匈奴	㉒劉豹					16 年		
鮮卑	①拓跋力微	五原		神元皇帝		12 年		
高句麗	⑪憂位居	丸都城				5 年		吉林

月　　曆　　表（建寅）

4944—354—1805834

月干支序數	月序＼星期	日	1	2	3	4	5	6	日	1	2	3	4	5	6	日	1	2	3	4	5	6	日	1	2	3	4	5	6	日	1	2	3	4	5	6	日	月末陽曆
27	正	⑪	2	3	4	5	6	7	8	9	10	11	12	13	14	15	16	17	18	19	20	21	22	23	24	25	26	27	28	29								3.20
28	二		㊵	2	3	4	5	6	7	8	9	10	11	12	13	14	15	16	17	18	19	20	21	22	23	24	25	26	27	28	29	30						4.19
29	三				⑩	2	3	4	5	6	7	8	9	10	11	12	13	14	15	16	17	18	19	20	21	22	23	24	25	26	27	28	29					5.18
30	四					㊴	2	3	4	5	6	7	8	9	10	11	12	13	14	15	16	17	18	19	20	21	22	23	24	25	26	27	28	29	30			6.17

續表

月干支序數	月序＼星期	日	1	2	3	4	5	6	日	1	2	3	4	5	6	日	1	2	3	4	5	6	日	1	2	3	4	5	6	日	1	2	3	4	5	6	日	月末陽曆
31	五							⑨	2	3	4	5	6	7	8	9	10	11	12	13	14	15	16	17	18	19	20	21	22	23	24	25	26	27	28	29		7.16
32	六	㊳	2	3	4	5	6	7	8	9	10	11	12	13	14	15	16	17	18	19	20	21	22	23	24	25	26	27	28	29	30							8.15
33	七			⑧	2	3	4	5	6	7	8	9	10	11	12	13	14	15	16	17	18	19	20	21	22	23	24	25	26	27	28	29						9.13
34	八				㊲	2	3	4	5	6	7	8	9	10	11	12	13	14	15	16	17	18	19	20	21	22	23	24	25	26	27	28	29	30				10.13
35	九						⑦	2	3	4	5	6	7	8	9	10	11	12	13	14	15	16	17	18	19	20	21	22	23	24	25	26	27	28	29	30		11.12
36	十	㊲	2	3	4	5	6	7	8	9	10	11	12	13	14	15	16	17	18	19	20	21	22	23	24	25	26	27	28	29								12.11
37	十一		⑥	2	3	4	5	6	7	8	9	10	11	12	13	14	15	16	17	18	19	20	21	22	23	24	25	26	27	28	29	30						1.10
38	十二				㊱	2	3	4	5	6	7	8	9	10	11	12	13	14	15	16	17	18	19	20	21	22	23	24	25	26	27	28	29					2.8

朔閏異同表

	正	二	三	四	五	六	七	八	九	十	十一	十二	閏
魏	甲戌	癸卯	癸酉	壬寅	壬申	辛丑	辛未	庚子	庚午	庚子	己巳	己亥	
吴	癸酉		壬申		辛未		庚午		己巳	己亥		戊戌	

大事記

二月，吴遣潘濬、吕岱攻五谿蠻。吴衛溫等俘夷洲（臺灣）數千人還，未至亶洲。漢諸葛亮出祁山攻魏，以木牛運糧；魏遣司馬懿拒戰，數敗，喪甲首數千。　四月，鮮卑大人軻比能及丁零大人兒禪詣幽州貢馬，魏復置護匈奴中郎將。　五月，漢破司馬懿軍於鹵城。　六月，諸葛亮以糧盡退兵，於途殺張郃。　十月，吴敗魏於阜陵。

三國紀年

干支壬子　公元232年

朝代或國名	國家支配者	建都	廟號	謚號	建元	年號年次	輔政者	備注
魏國	②曹叡	洛陽	烈祖	明	3	1太和6年		
蜀國	②劉禪	成都		後主	4	1建興10年	諸葛亮	
吴國	①孫權	建業		大	6	3嘉禾元年		
南匈奴	㉒劉豹					17年		
鮮卑	①拓跋力微	五原		神元皇帝		13年		
高句麗	⑪憂位居	丸都城				6年		吉林

月曆表（建寅）

4945－354－1806188

月干支序數	月序＼星期	日	1	2	3	4	5	6	日	1	2	3	4	5	6	日	1	2	3	4	5	6	日	1	2	3	4	5	6	日	1	2	3	4	5	6	日	月末陽曆
39	正					⑤	2	3	4	5	6	7	8	9	10	11	12	13	14	15	16	17	18	19	20	21	22	23	24	25	26	27	28	29	30			3.9
40	二							㉟	2	3	4	5	6	7	8	9	10	11	12	13	14	15	16	17	18	19	20	21	22	23	24	25	26	27	28	29		4.7
41	三	④	2	3	4	5	6	7	8	9	10	11	12	13	14	15	16	17	18	19	20	21	22	23	24	25	26	27	28	29	30							5.7
42	四			㉞	2	3	4	5	6	7	8	9	10	11	12	13	14	15	16	17	18	19	20	21	22	23	24	25	26	27	28	29						6.5
43	五				③	2	3	4	5	6	7	8	9	10	11	12	13	14	15	16	17	18	19	20	21	22	23	24	25	26	27	28	29	30				7.5
44	六						㉝	2	3	4	5	6	7	8	9	10	11	12	13	14	15	16	17	18	19	20	21	22	23	24	25	26	27	28	29			8.3
45	七							②	2	3	4	5	6	7	8	9	10	11	12	13	14	15	16	17	18	19	20	21	22	23	24	25	26	27	28	29	30	9.2
46	八		㉜	2	3	4	5	6	7	8	9	10	11	12	13	14	15	16	17	18	19	20	21	22	23	24	25	26	27	28	29							10.1

續表

月干支序數	星期/月序	日	1	2	3	4	5	6	日	1	2	3	4	5	6	日	1	2	3	4	5	6	日	1	2	3	4	5	6	日	1	2	3	4	5	6	日	月末陽曆
47	九			①	2	3	4	5	6	7	8	9	10	11	12	13	14	15	16	17	18	19	20	21	22	23	24	25	26	27	28	29	30						10.31
48	十					㉛	2	3	4	5	6	7	8	9	10	11	12	13	14	15	16	17	18	19	20	21	22	23	24	25	26	27	28	29					11.29
49	十一						(60)	2	3	4	5	6	7	8	9	10	11	12	13	14	15	16	17	18	19	20	21	22	23	24	25	26	27	28	29	30			12.29
50	十二	㉚	2	3	4	5	6	7	8	9	10	11	12	13	14	15	16	17	18	19	20	21	22	23	24	25	26	27	28	29									1.27

朔閏異同表

	正	二	三	四	五	六	七	八	九	十	十一	十二	閏
魏	戊辰	戊戌	丁卯	丁酉	丙寅	丙申	乙丑	乙未	甲子	甲午	癸亥	癸巳	
吴		丁酉		丙申		乙未		甲午		癸巳		壬辰	

大事記

三月，吴遣周賀等使遼東。　九月，魏遣田豫等水陸兩道攻公孫淵，皆無功，引還。田豫殺吴周賀等於成山。　十月，遼東公孫淵遣使稱藩於吴，獻貂馬。曹植卒(192—232)，植為著名建安詩人。　十二月，吴陸遜攻魏廬江，旋退。是歲，諸葛亮勸農於黄沙，休士、訓兵、講武。

三國紀年

干支癸丑　公元 233 年

朝代或國名	國家支配者	建都	廟號	謚號	建元	年號年次	輔政者	備注
魏國	②曹叡	洛陽	烈祖	明	3	2 青龍元年		二月改元
蜀國	②劉禪	成都		後主	4	1 建興 11 年	諸葛亮	
吴國	①孫權	建業		大	6	3 嘉禾 2 年		
南匈奴	㉒劉豹					18 年		
鮮卑	①拓跋力微	五原		神元皇帝		14 年		
高句麗	⑪憂位居	丸都城				7 年		吉林

月　曆　表(建　寅)

4946—384—1806572

月干支序數	星期/月序	日	1	2	3	4	5	6	日	1	2	3	4	5	6	日	1	2	3	4	5	6	日	1	2	3	4	5	6	日	1	2	3	4	5	6	日	月末陽曆
51	正		(59)	2	3	4	5	6	7	8	9	10	11	12	13	14	15	16	17	18	19	20	21	22	23	24	25	26	27	28	29	30							2.26
52	二				㉙	2	3	4	5	6	7	8	9	10	11	12	13	14	15	16	17	18	19	20	21	22	23	24	25	26	27	28	29	30					3.28
53	三						(59)	2	3	4	5	6	7	8	9	10	11	12	13	14	15	16	17	18	19	20	21	22	23	24	25	26	27	28	29				4.26
54	四							㉘	2	3	4	5	6	7	8	9	10	11	12	13	14	15	16	17	18	19	20	21	22	23	24	25	26	27	28	29	30		5.26
55	五		(58)	2	3	4	5	6	7	8	9	10	11	12	13	14	15	16	17	18	19	20	21	22	23	24	25	26	27	28	29								6.24
	閏			㉗	2	3	4	5	6	7	8	9	10	11	12	13	14	15	16	17	18	19	20	21	22	23	24	25	26	27	28	29	30						7.24
56	六					(57)	2	3	4	5	6	7	8	9	10	11	12	13	14	15	16	17	18	19	20	21	22	23	24	25	26	27	28	29					8.22
57	七						㉖	2	3	4	5	6	7	8	9	10	11	12	13	14	15	16	17	18	19	20	21	22	23	24	25	26	27	28	29	30			9.21
58	八	(56)	2	3	4	5	6	7	8	9	10	11	12	13	14	15	16	17	18	19	20	21	22	23	24	25	26	27	28	29									10.20
59	九		㉕	2	3	4	5	6	7	8	9	10	11	12	13	14	15	16	17	18	19	20	21	22	23	24	25	26	27	28	29	30							11.19
60	十				(55)	2	3	4	5	6	7	8	9	10	11	12	13	14	15	16	17	18	19	20	21	22	23	24	25	26	27	28	29						12.18
1	十一					㉔	2	3	4	5	6	7	8	9	10	11	12	13	14	15	16	17	18	19	20	21	22	23	24	25	26	27	28	29	30				1.17
2	十二							(54)	2	3	4	5	6	7	8	9	10	11	12	13	14	15	16	17	18	19	20	21	22	23	24	25	26	27	28	29			2.15

朔閏異同表

	正	二	三	四	五	六	七	八	九	十	十一	十二	閏
魏	壬戌	壬辰	壬戌	辛卯	辛酉	庚申	己丑	己未	戊子	戊午	丁亥	丁巳	五庚戌
吴		辛卯	辛酉		庚申	己未		戊午		丁巳		丙辰	五庚寅

大事記

二月，魏改元青龍。公孫淵遣使稱臣於吴。　三月，吴遣使以金貨等乘海授公孫淵，封之為燕王。魏詔公卿舉賢良篤行之士。　六月，鮮卑大人軻比能誘保塞鮮卑步度根合侵魏邊，魏遣將擊退之。冬，諸葛亮運糧於斜谷口，治斜谷邸閣。十二月，公孫淵斬吴使，函首獻於魏；魏命淵大司馬，封樂浪公。吴使從吏秦旦等輾轉逃至高句麗，高句麗王遣送還吴，并稱臣奉獻。吴侵魏六安、新城。漢都督張翼激變夷帥劉胄，諸葛亮以馬忠代翼，殺胄等。是歲，魏開成國渠。虞翻卒(164—233)。

三國紀年

干支甲寅　公元 234 年

朝代或國名	國家支配者	建　都	廟號	謚　號	建　元	年號年次	輔政者	備　注
魏國	②曹叡	洛陽	烈祖	明	3	2 青龍 2 年		
蜀國	②劉禪	成都		後主	4	1 建興 12 年	諸葛亮	
吴國	①孫權	建業		大	6	3 嘉禾 3 年		
	〔李桓、羅厲〕					1 年		廬陵(江西吉水)
南匈奴	㉒劉豹					19 年		
鮮卑	①拓跋力微	五原		神元皇帝		15 年		
高句麗	⑪憂位居	丸都城				8 年		吉林

月　曆　表(建　寅)

4947—355—1806927

月干支序數	星期／月序	日	1	2	3	4	5	6	日	1	2	3	4	5	6	日	1	2	3	4	5	6	日	1	2	3	4	5	6	日	1	2	3	4	5	6	日	月末陽曆
3	正	㉓	2	3	4	5	6	7	8	9	10	11	12	13	14	15	16	17	18	19	20	21	22	23	24	25	26	27	28	29	30							3.17
4	二			(53)	2	3	4	5	6	7	8	9	10	11	12	13	14	15	16	17	18	19	20	21	22	23	24	25	26	27	28	29						4.15
5	三				㉒	2	3	4	5	6	7	8	9	10	11	12	13	14	15	16	17	18	19	20	21	22	23	24	25	26	27	28	29	30				5.15
6	四						(52)	2	3	4	5	6	7	8	9	10	11	12	13	14	15	16	17	18	19	20	21	22	23	24	25	26	27	28	29	30		6.14
7	五	㉒	2	3	4	5	6	7	8	9	10	11	12	13	14	15	16	17	18	19	20	21	22	23	24	25	26	27	28	29								7.13
8	六		(51)	2	3	4	5	6	7	8	9	10	11	12	13	14	15	16	17	18	19	20	21	22	23	24	25	26	27	28	29	30						8.12
9	七				㉑	2	3	4	5	6	7	8	9	10	11	12	13	14	15	16	17	18	19	20	21	22	23	24	25	26	27	28	29					9.10
10	八					㊿	2	3	4	5	6	7	8	9	10	11	12	13	14	15	16	17	18	19	20	21	22	23	24	25	26	27	28	29	30			10.10
11	九							⑳	2	3	4	5	6	7	8	9	10	11	12	13	14	15	16	17	18	19	20	21	22	23	24	25	26	27	28	29		11.8
12	十	㊾	2	3	4	5	6	7	8	9	10	11	12	13	14	15	16	17	18	19	20	21	22	23	24	25	26	27	28	29	30							12.8
13	十一			⑲	2	3	4	5	6	7	8	9	10	11	12	13	14	15	16	17	18	19	20	21	22	23	24	25	26	27	28	29						1.6
14	十二				㊽	2	3	4	5	6	7	8	9	10	11	12	13	14	15	16	17	18	19	20	21	22	23	24	25	26	27	28	29	30				2.5

朔閏異同表

	正	二	三	四	五	六	七	八	九	十	十一	十二	閏
魏	丙戌	丙辰	乙酉	乙卯	乙酉	甲寅	甲申	癸丑	癸未	壬子	壬午	辛亥	
吴		乙卯		甲寅	甲申		癸未		壬午		辛巳		

大事記

二月，魏減鞭撲法。諸葛亮帥十萬衆伐魏，出斜谷攻魏，約吳共舉。　　四月，亮至郿，軍於渭水南五丈原，魏遣司馬懿拒之。分兵屯田於武功。　　五月，吳大發兵三道攻魏。　　七月，敗退。　　八月，諸葛亮卒於渭濱軍中(181—234)，漢兵退。蜀以蔣琬為尚書令，總統國事。吳以諸葛恪為撫越將軍，領丹陽太守，鎮壓山越。　　十一月，吳潘濬、呂岱等征服武陵蠻。吳廬陵李桓、東冶隨春、南海羅厲起事。

三國紀年

干支乙卯　公元 235 年

朝代或國名	國家支配者	建　都	廟號	謚　號	建　元	年號年次	輔政者	備　注
魏國	②曹叡	洛陽	烈祖	明	3	2 青龍 3 年		
蜀國	②劉禪	成都		後主	4	1 建興 13 年	蔣琬	
吳國	①孫權	建業		大	6	3 嘉禾 4 年		
	〔李桓、羅厲〕					2 年		廬陵(江西吉水)
南匈奴	㉒劉豹					20 年		
鮮卑	①拓跋力微	五原		神元皇帝		16 年		
高句麗	⑪憂位居	丸都城				9 年		吉林

月　曆　表(建　寅)

4948—354—1807281

月干支序數	星期／月序	日	1	2	3	4	5	6	日	1	2	3	4	5	6	日	1	2	3	4	5	6	日	1	2	3	4	5	6	日	1	2	3	4	5	6	日	月末陽曆
15	正						⑱	2	3	4	5	6	7	8	9	10	11	12	13	14	15	16	17	18	19	20	21	22	23	24	25	26	27	28	29			3.6
16	二							㊼	2	3	4	5	6	7	8	9	10	11	12	13	14	15	16	17	18	19	20	21	22	23	24	25	26	27	28	29	30	4.5
17	三		⑰	2	3	4	5	6	7	8	9	10	11	12	13	14	15	16	17	18	19	20	21	22	23	24	25	26	27	28	29							5.4
18	四			㊻	2	3	4	5	6	7	8	9	10	11	12	13	14	15	16	17	18	19	20	21	22	23	24	25	26	27	28	29	30					6.3
19	五					⑯	2	3	4	5	6	7	8	9	10	11	12	13	14	15	16	17	18	19	20	21	22	23	24	25	26	27	28	29				7.2
20	六						㊺	2	3	4	5	6	7	8	9	10	11	12	13	14	15	16	17	18	19	20	21	22	23	24	25	26	27	28	29	30		8.1
21	七	⑮	2	3	4	5	6	7	8	9	10	11	12	13	14	15	16	17	18	19	20	21	22	23	24	25	26	27	28	29								8.30
22	八		㊹	2	3	4	5	6	7	8	9	10	11	12	13	14	15	16	17	18	19	20	21	22	23	24	25	26	27	28	29	30						9.29
23	九				⑭	2	3	4	5	6	7	8	9	10	11	12	13	14	15	16	17	18	19	20	21	22	23	24	25	26	27	28	29					10.29
24	十						㊹	2	3	4	5	6	7	8	9	10	11	12	13	14	15	16	17	18	19	20	21	22	23	24	25	26	27	28	29			11.27
25	十一							⑬	2	3	4	5	6	7	8	9	10	11	12	13	14	15	16	17	18	19	20	21	22	23	24	25	26	27	28	29	30	12.27
26	十二		㊸	2	3	4	5	6	7	8	9	10	11	12	13	14	15	16	17	18	19	20	21	22	23	24	25	26	27	28	29							1.25

朔閏異同表

	正	二	三	四	五	六	七	八	九	十	十一	十二	閏
魏	辛巳	庚戌	庚辰	己酉	己卯	戊申	戊寅	丁未	丁丑	丁未	丙子	丙午	
吳	庚辰		己卯		戊寅		丁丑		丙子	丙午		乙巳	

大事記

正月，魏以司馬懿為太尉。復置朔方郡。　　三月，魏建洛陽宮，起昭陽太極殿。百姓失農時。　　四月，漢以蔣琬為大將軍、錄尚書事，費禕為尚書令。　　八月，命博士馬鈞作司南車及水轉百戲。作翻車渴烏、發石車，改良綾機，當在此前後。　　是歲，幽州刺史王雄使人刺殺鮮卑大人軻比能。自是，鮮卑種落離散。吳遣使拜高句麗王公為單于。魏使至吳以馬求珠璣、翡翠、玳瑁。

三國紀年

干支丙辰　公元236年

朝代或國名	國家支配者	建都	廟號	謚號	建元	年號年次	輔政者	備注
魏國	②曹叡	洛陽	烈祖	明	3	2青龍4年		
蜀國	②劉禪	成都		後主	4	1建興14年	蔣琬	
吳國	①孫權	建業		大	6	3嘉禾5年		
	〔李桓、羅厲〕					3年		廬陵(江西吉水)
	〔彭旦〕					1年		鄱陽
南匈奴	㉒劉豹					21年		
鮮卑	①拓跋力微	五原		神元皇帝		17年		
高句麗	⑪憂位居	丸都城				10年		吉林

月曆表(建寅)

4949－384－1807665

月干支序數	月序＼星期	日	1	2	3	4	5	6	日	1	2	3	4	5	6	日	1	2	3	4	5	6	日	1	2	3	4	5	6	日	1	2	3	4	5	6	日	月末陽曆
27	正			⑫	2	3	4	5	6	7	8	9	10	11	12	13	14	15	16	17	18	19	20	21	22	23	24	25	26	27	28	29	30					2.24
	閏					㊷	2	3	4	5	6	7	8	9	10	11	12	13	14	15	16	17	18	19	20	21	22	23	24	25	26	27	28	29				3.24
28	二						⑪	2	3	4	5	6	7	8	9	10	11	12	13	14	15	16	17	18	19	20	21	22	23	24	25	26	27	28	29	30		4.23
29	三	㊶	2	3	4	5	6	7	8	9	10	11	12	13	14	15	16	17	18	19	20	21	22	23	24	25	26	27	28	29								5.22
30	四		⑩	2	3	4	5	6	7	8	9	10	11	12	13	14	15	16	17	18	19	20	21	22	23	24	25	26	27	28	29	30						6.21
31	五				㊵	2	3	4	5	6	7	8	9	10	11	12	13	14	15	16	17	18	19	20	21	22	23	24	25	26	27	28	29					7.20
32	六					⑨	2	3	4	5	6	7	8	9	10	11	12	13	14	15	16	17	18	19	20	21	22	23	24	25	26	27	28	29	30			8.19
33	七							㊴	2	3	4	5	6	7	8	9	10	11	12	13	14	15	16	17	18	19	20	21	22	23	24	25	26	27	28	29		9.17
34	八	⑧	2	3	4	5	6	7	8	9	10	11	12	13	14	15	16	17	18	19	20	21	22	23	24	25	26	27	28	29	30							10.17
35	九			㊳	2	3	4	5	6	7	8	9	10	11	12	13	14	15	16	17	18	19	20	21	22	23	24	25	26	27	28	29						11.15
36	十				⑦	2	3	4	5	6	7	8	9	10	11	12	13	14	15	16	17	18	19	20	21	22	23	24	25	26	27	28	29	30				12.15
37	十一						㊲	2	3	4	5	6	7	8	9	10	11	12	13	14	15	16	17	18	19	20	21	22	23	24	25	26	27	28	29	30		1.14
38	十二	⑦	2	3	4	5	6	7	8	9	10	11	12	13	14	15	16	17	18	19	20	21	22	23	24	25	26	27	28	29								2.12

朔閏異同表

	正	二	三	四	五	六	七	八	九	十	十一	十二	閏
魏	乙亥	甲戌	甲辰	癸酉	癸卯	壬申	壬寅	辛未	辛丑	庚午	庚子	庚午	正乙巳
吳		甲辰	癸卯		壬寅		辛丑		庚子		己亥	己巳	二甲戌

大事記

二月，吳張昭卒(156—236)。　三月，吳遣將擊李恆(桓)、羅厲。春，吳鑄大錢，一當五百，頒盜鑄法。　四月，武都氐帥符健附於蜀，其弟降魏。　五月，肅慎氏獻楛矢於魏。夏，蜀徙符健及氐民四百餘戶於廣都。　七月，高句麗王位宮殺吳使者，獻其首於魏。　十月，吳鄱陽彭旦起事。　十二月，陳群卒，魏詔舉才德兼備者。

三國紀年　　　　干支丁巳　公元 237 年

朝代或國名	國家支配者	建都	廟號	謚號	建元	年號年次	輔政者	備注
魏國	②曹叡	洛陽	烈祖	明	3	3 景初元年		三月改元，以三月爲四月，十二月爲正月
蜀國	②劉禪	成都		後主	4	1 建興 15 年	蔣琬	
吴國	①孫權	建業		大	6	3 嘉禾 6 年	陸遜	
	公孫淵（遼東自立爲燕王）				1	紹漢元年		七月建元
南匈奴	㉒劉豹					22 年		
鮮卑	①拓跋力微	五原		神元皇帝		18 年		
高句麗	⑪憂位居	丸都城				11 年		吉林

月　曆　表（建丑）　　　　4950—324—1807989

月干支序數	月序＼星期	日	1	2	3	4	5	6	日	1	2	3	4	5	6	日	1	2	3	4	5	6	日	1	2	3	4	5	6	日	1	2	3	4	5	6	日	月末陽曆
39	正		㊱	2	3	4	5	6	7	8	9	10	11	12	13	14	15	16	17	18	19	20	21	22	23	24	25	26	27	28	29	30						3.14
40	二				⑥	2	3	4	5	6	7	8	9	10	11	12	13	14	15	16	17	18	19	20	21	22	23	24	25	26	27	28	29					4.12
41	四					㉟	2	3	4	5	6	7	8	9	10	11	12	13	14	15	16	17	18	19	20	21	22	23	24	25	26	27	28	29	30			5.12
42	五							⑤	2	3	4	5	6	7	8	9	10	11	12	13	14	15	16	17	18	19	20	21	22	23	24	25	26	27	28	29		6.10
43	六	㉞	2	3	4	5	6	7	8	9	10	11	12	13	14	15	16	17	18	19	20	21	22	23	24	25	26	27	28	29								7.9
44	七		③	2	3	4	5	6	7	8	9	10	11	12	13	14	15	16	17	18	19	20	21	22	23	24	25	26	27	28	29	30						8.8
45	八				㉝	2	3	4	5	6	7	8	9	10	11	12	13	14	15	16	17	18	19	20	21	22	23	24	25	26	27	28	29					9.6
46	九					②	2	3	4	5	6	7	8	9	10	11	12	13	14	15	16	17	18	19	20	21	22	23	24	25	26	27	28	29	30			10.6
47	十							㉜	2	3	4	5	6	7	8	9	10	11	12	13	14	15	16	17	18	19	20	21	22	23	24	25	26	27	28	29		11.4
48	十一	①	2	3	4	5	6	7	8	9	10	11	12	13	14	15	16	17	18	19	20	21	22	23	24	25	26	27	28	29	30							12.4
49	十二			㉛	2	3	4	5	6	7	8	9	10	11	12	13	14	15	16	17	18	19	20	21	22	23	24	25	26	27	28	29						1.2

朔閏異同表

	正	二	三	四	五	六	七	八	九	十	十一	十二	閏	
魏	己亥	己巳	戊戌	戊辰	丁酉	丙寅	丙申	乙丑	乙未	甲子	甲午	癸亥		魏用景初曆，以三月爲四月
蜀用四分曆						丁卯		丙寅		乙丑		甲子		
吴	戊戌	戊辰		丁卯										

大事記

二月，吳陸遜擊破彭旦。　三月，魏改元景初，楊偉上《景初曆》以代太和曆，以十二月為歲首（建丑），改三月為四月。　七月，吳侵魏江夏。魏遣幽州刺史毋丘儉率兵，并聯合烏桓、鮮卑，屯遼東南界，征公孫淵入朝；淵逆戰，儉不利，引還。淵乃自立為燕王，改元紹漢，遣使假鮮卑單于璽。　十月，吳諸葛恪定山越，得甲士四萬。魏數年來大興土木，是歲又徙長安鐘鐻等於洛陽，鑄銅人二，號曰翁仲。

三國紀年　　　　干支戊午　公元 238 年

朝代或國名	國家支配者	建都	廟號	謚號	建元	年號年次	輔政者	備注
魏國	②曹叡	洛陽	烈祖	明	3	3 景初 2 年		
蜀國	②劉禪	成都		後主	4	2 延熙元年	蔣琬	

續表

朝代或國名	國家支配者	建都	廟號	諡號	建元	年號年次	輔政者	備注
吴國	①孫權	建業		大	6	4赤烏元年		九月改元
	公孫淵				1	紹漢2年		十一月亡於魏將司馬懿
南匈奴	㉒劉豹					23年		
鮮卑	①拓跋力微	五原		神元皇帝		19年		
高句麗	⑪憂位居	丸都城				12年		吉林

月曆表(建丑)

1951—414—1808403

月干支序數	月序 \ 星期	日	1	2	3	4	5	6	日	1	2	3	4	5	6	日	1	2	3	4	5	6	日	1	2	3	4	5	6	日	1	2	3	4	5	6	日	月末陽曆
50	十二				(60)	2	3	4	5	6	7	8	9	10	11	12	13	14	15	16	17	18	19	20	21	22	23	24	25	26	27	28	29	30				2.1
51	正						(30)	2	3	4	5	6	7	8	9	10	11	12	13	14	15	16	17	18	19	20	21	22	23	24	25	26	27	28	29			3.2
52	二							(59)	2	3	4	5	6	7	8	9	10	11	12	13	14	15	16	17	18	19	20	21	22	23	24	25	26	27	28	29	30	4.1
53	三		(29)	2	3	4	5	6	7	8	9	10	11	12	13	14	15	16	17	18	19	20	21	22	23	24	25	26	27	28	29							4.30
54	四			(58)	2	3	4	5	6	7	8	9	10	11	12	13	14	15	16	17	18	19	20	21	22	23	24	25	26	27	28	29	30					5.30
55	五					(28)	2	3	4	5	6	7	8	9	10	11	12	13	14	15	16	17	18	19	20	21	22	23	24	25	26	27	28	29				6.28
56	六						(57)	2	3	4	5	6	7	8	9	10	11	12	13	14	15	16	17	18	19	20	21	22	23	24	25	26	27	28	29	30		7.28
57	七	(27)	2	3	4	5	6	7	8	9	10	11	12	13	14	15	16	17	18	19	20	21	22	23	24	25	26	27	28	29	30							8.27
58	八			(57)	2	3	4	5	6	7	8	9	10	11	12	13	14	15	16	17	18	19	20	21	22	23	24	25	26	27	28	29						9.25
59	九				(26)	2	3	4	5	6	7	8	9	10	11	12	13	14	15	16	17	18	19	20	21	22	23	24	25	26	27	28	29	30				10.25
60	十						(56)	2	3	4	5	6	7	8	9	10	11	12	13	14	15	16	17	18	19	20	21	22	23	24	25	26	27	28	29			11.23
	閏							(25)	2	3	4	5	6	7	8	9	10	11	12	13	14	15	16	17	18	19	20	21	22	23	24	25	26	27	28	29	30	12.23
1	十一		(55)	2	3	4	5	6	7	8	9	10	11	12	13	14	15	16	17	18	19	20	21	22	23	24	25	26	27	28	29							1.21
2	十二			(24)	2	3	4	5	6	7	8	9	10	11	12	13	14	15	16	17	18	19	20	21	22	23	24	25	26	27	28	29	30					2.20

朔閏異同表

	正	二	三	四	五	六	七	八	九	十	十一	十二	閏
魏	癸巳	壬戌	壬辰	辛酉	辛卯	庚申	庚寅	庚申	己丑	己未	戊午	丁亥	十戊子
蜀		癸亥		壬戌	壬辰	辛酉	辛卯		庚寅			戊子	十己丑
吴						辛酉					己丑		

大事記

正月,魏遣司馬懿攻公孫淵。　三月,吴鑄當千大錢。魏攻燒當羌(馮君實置三月,翦伯贊置八月)。　八月,燒當羌王芒中、注詣等起事,魏涼州兵擊殺之。公孫淵敗死,遼東、帶方、樂浪、玄菟四郡并入魏。　九月,吴改元赤烏。

是歲,魏遣寇慈帥工五千人,歲常修築砥柱以下,五戶以上河。

倭女王卑彌呼遣大夫難升米、都市牛利等使魏,獻男女生口(奴隸)及班布。

三國紀年

干支己未　公元239年

朝代或國名	國家支配者	建都	廟號	諡號	建元	年號年次	輔政者	備注
魏國	②曹叡	洛陽	烈祖	明	3	3景初3年	曹爽 司馬懿	一月曹芳即位 十二月復用寅正
蜀國	②劉禪	成都		後主	4	2延熙2年	蔣琬	

續表

朝代或國名	國家支配者	建　都	廟號	謚　號	建　元	年號年次	輔政者	備　注
吳國	①孫權	建業		大	6	4 赤烏 2 年		
南匈奴	㉒劉豹					24 年		
鮮卑	①拓跋力微	五原		神元皇帝		20 年		
高句麗	⑪憂位居	丸都城				13 年		吉林

月　曆　表(建寅)

4952—355—1808758

月干支序數	星期／月序	日	1	2	3	4	5	6	日	1	2	3	4	5	6	日	1	2	3	4	5	6	日	1	2	3	4	5	6	日	1	2	3	4	5	6	日	月末陽曆
3	正					(54)	2	3	4	5	6	7	8	9	10	11	12	13	14	15	16	17	18	19	20	21	22	23	24	25	26	27	28	29				3.21
4	二						(23)	2	3	4	5	6	7	8	9	10	11	12	13	14	15	16	17	18	19	20	21	22	23	24	25	26	27	28	29	30		4.20
5	三	(53)	2	3	4	5	6	7	8	9	10	11	12	13	14	15	16	17	18	19	20	21	22	23	24	25	26	27	28	29								5.19
6	四		(22)	2	3	4	5	6	7	8	9	10	11	12	13	14	15	16	17	18	19	20	21	22	23	24	25	26	27	28	29	30						6.18
7	五				(52)	2	3	4	5	6	7	8	9	10	11	12	13	14	15	16	17	18	19	20	21	22	23	24	25	26	27	28	29					7.17
8	六					(21)	2	3	4	5	6	7	8	9	10	11	12	13	14	15	16	17	18	19	20	21	22	23	24	25	26	27	28	29	30			8.16
9	七							(51)	2	3	4	5	6	7	8	9	10	11	12	13	14	15	16	17	18	19	20	21	22	23	24	25	26	27	28	29		9.14
10	八	(20)	2	3	4	5	6	7	8	9	10	11	12	13	14	15	16	17	18	19	20	21	22	23	24	25	26	27	28	29	30							10.14
11	九			(50)	2	3	4	5	6	7	8	9	10	11	12	13	14	15	16	17	18	19	20	21	22	23	24	25	26	27	28	29						11.12
12	十				(19)	2	3	4	5	6	7	8	9	10	11	12	13	14	15	16	17	18	19	20	21	22	23	24	25	26	27	28	29	30				12.12
13	十一						(49)	2	3	4	5	6	7	8	9	10	11	12	13	14	15	16	17	18	19	20	21	22	23	24	25	26	27	28	29	30		1.11
14	十二	(19)	2	3	4	5	6	7	8	9	10	11	12	13	14	15	16	17	18	19	20	21	22	23	24	25	26	27	28	29								2.9

朔閏異同表(魏十二月復寅正)

	正	二	三	四	五	六	七	八	九	十	十一	十二	閏
魏	丁巳	丙戌	丙辰	乙酉	乙卯	甲申	甲寅	癸未	癸丑	壬午	壬子	壬午	
蜀		丁亥		丙戌		乙酉		甲申	甲寅	癸未	癸丑		
吳										癸未			

大事記

正月,魏明帝卒,太子芳嗣位,曹爽、司馬懿輔政。　二月,以懿為太傅,何晏為尚書。西域重譯來魏,獻火浣布。　四月,吳遣將由海道擊遼東,虜獲而還。　十二月,吳將廖式殺臨賀太守,自稱平南將軍,攻零陵、桂陽,搖動交州郡;呂岱等往擊之,一年始定。魏復改寅正,以正月為歲首。

三國紀年

干支庚申　公元 240 年

朝代或國名	國家支配者	建　都	廟號	謚　號	建元	年號年次	輔政者	備　注
魏國	③曹芳	洛陽			2	1 正始元年		明帝養子,在位 15 年
蜀國	②劉禪	成都		後主	4	2 延熙 3 年	蔣琬	
吳國	①孫權	建業		大	6	4 赤烏 3 年		
南匈奴	㉒劉豹					25 年		
鮮卑	①拓跋力微	五原		神元皇帝		21 年		
高句麗	⑪憂位居	丸都城				14 年		吉林

月曆表(建寅)　4953－354－1809112

月干支序數	月序＼星期	日	1	2	3	4	5	6	日	1	2	3	4	5	6	日	1	2	3	4	5	6	日	1	2	3	4	5	6	日	1	2	3	4	5	6	日	月末陽曆
15	正		㊽	2	3	4	5	6	7	8	9	10	11	12	13	14	15	16	17	18	19	20	21	22	23	24	25	26	27	28	29	30						3.10
16	二				⑱	2	3	4	5	6	7	8	9	10	11	12	13	14	15	16	17	18	19	20	21	22	23	24	25	26	27	28	29					4.8
17	三					㊼	2	3	4	5	6	7	8	9	10	11	12	13	14	15	16	17	18	19	20	21	22	23	24	25	26	27	28	29	30			5.8
18	四							⑰	2	3	4	5	6	7	8	9	10	11	12	13	14	15	16	17	18	19	20	21	22	23	24	25	26	27	28	29		6.6
19	五	㊻	2	3	4	5	6	7	8	9	10	11	12	13	14	15	16	17	18	19	20	21	22	23	24	25	26	27	28	29	30							7.6
20	六			⑯	2	3	4	5	6	7	8	9	10	11	12	13	14	15	16	17	18	19	20	21	22	23	24	25	26	27	28	29						8.4
21	七				㊺	2	3	4	5	6	7	8	9	10	11	12	13	14	15	16	17	18	19	20	21	22	23	24	25	26	27	28	29	30				9.3
22	八						⑮	2	3	4	5	6	7	8	9	10	11	12	13	14	15	16	17	18	19	20	21	22	23	24	25	26	27	28	29			10.2
23	九							㊹	2	3	4	5	6	7	8	9	10	11	12	13	14	15	16	17	18	19	20	21	22	23	24	25	26	27	28	29	30	11.1
24	十		⑭	2	3	4	5	6	7	8	9	10	11	12	13	14	15	16	17	18	19	20	21	22	23	24	25	26	27	28	29							11.30
25	十一			㊸	2	3	4	5	6	7	8	9	10	11	12	13	14	15	16	17	18	19	20	21	22	23	24	25	26	27	28	29	30					12.31
26	十二					⑬	2	3	4	5	6	7	8	9	10	11	12	13	14	15	16	17	18	19	20	21	22	23	24	25	26	27	28	29				1.28

朔閏異同表

	正	二	三	四	五	六	七	八	九	十	十一	十二	閏
魏	辛亥	辛巳	庚戌	庚辰	己酉	己卯	戊申	戊寅	丁未	丁丑	丙午	丙子	
蜀	壬子		辛亥		庚戌		己酉		戊申		丁未	丁丑	

大事記

春，蜀越嶲太守張嶷攻越嶲蠻。越嶲夷人數起殺漢官吏，漢太守已多年寄治他所，至是嶷始再入越嶲。　四月，吳令郡縣治城郭、起譙樓、穿塹發渠以備盜。　冬，吳大饑荒。　是歲，魏在齊招遼東渡海之流民。魏郭淮徙氐人三千落於關中。魏使至倭。

三國紀年　　干支辛酉　公元241年

朝代或國名	國家支配者	建都	廟號	謚號	建元	年號年次	輔政者	備注
魏國	③曹芳	洛陽			2	1正始2年		
蜀國	②劉禪	成都		後主	4	2延熙4年	蔣琬	
吳國	①孫權	建業		大	6	4赤烏4年		
南匈奴	㉒劉豹					26年		
鮮卑	①拓跋力微	五原		神元皇帝		22年		
高句麗	⑪憂位居	丸都城				15年		吉林

月曆表(建寅)　4954－384－1809496

月干支序數	月序＼星期	日	1	2	3	4	5	6	日	1	2	3	4	5	6	日	1	2	3	4	5	6	日	1	2	3	4	5	6	日	1	2	3	4	5	6	日	月末陽曆
27	正						㊷	2	3	4	5	6	7	8	9	10	11	12	13	14	15	16	17	18	19	20	21	22	23	24	25	26	27	28	29	30		2.27
28	二	⑫	2	3	4	5	6	7	8	9	10	11	12	13	14	15	16	17	18	19	20	21	22	23	24	25	26	27	28	29								3.28
29	三		㊶	2	3	4	5	6	7	8	9	10	11	12	13	14	15	16	17	18	19	20	21	22	23	24	25	26	27	28	29	30						4.27
30	四				⑪	2	3	4	5	6	7	8	9	10	11	12	13	14	15	16	17	18	19	20	21	22	23	24	25	26	27	28	29	30				5.27

續表

月干支序數	月序＼星期	日	1	2	3	4	5	6	日	1	2	3	4	5	6	日	1	2	3	4	5	6	日	1	2	3	4	5	6	日	1	2	3	4	5	6	日	月末陽曆
31	五						㊶	2	3	4	5	6	7	8	9	10	11	12	13	14	15	16	17	18	19	20	21	22	23	24	25	26	27	28	29			6.25
32	六							⑩	2	3	4	5	6	7	8	9	10	11	12	13	14	15	16	17	18	19	20	21	22	23	24	25	26	27	28	29	30	7.25
	閏		㊵	2	3	4	5	6	7	8	9	10	11	12	13	14	15	16	17	18	19	20	21	22	23	24	25	26	27	28	29							8.23
33	七			⑨	2	3	4	5	6	7	8	9	10	11	12	13	14	15	16	17	18	19	20	21	22	23	24	25	26	27	28	29	30					9.22
34	八					㊴	2	3	4	5	6	7	8	9	10	11	12	13	14	15	16	17	18	19	20	21	22	23	24	25	26	27	28	29				10.21
35	九						⑧	2	3	4	5	6	7	8	9	10	11	12	13	14	15	16	17	18	19	20	21	22	23	24	25	26	27	28	29	30		11.20
36	十	㊳	2	3	4	5	6	7	8	9	10	11	12	13	14	15	16	17	18	19	20	21	22	23	24	25	26	27	28	29								12.19
37	十一		⑦	2	3	4	5	6	7	8	9	10	11	12	13	14	15	16	17	18	19	20	21	22	23	24	25	26	27	28	29	30						1.18
38	十二				㊲	2	3	4	5	6	7	8	9	10	11	12	13	14	15	16	17	18	19	20	21	22	23	24	25	26	27	28	29					2.16

朔閏異同表(吳三月朔乙巳)

	正	二	三	四	五	六	七	八	九	十	十一	十二	閏
魏	乙巳	乙亥	甲辰	甲戌	甲辰	癸酉	壬申	壬寅	辛未	辛丑	庚午	庚子	六癸卯
蜀	丙午	丙子	乙巳	乙亥		甲戌	癸卯		壬申		辛未		七癸酉

大事記

四月，吳四路攻魏，戰於芍陂。吳將朱然圍樊城，司馬懿拒之。　六月，吳敗退。魏鄧艾以五萬人於淮南北屯田，大興水利。　是歲，管寧卒(158—241)。

三國紀年

干支壬戌　公元 242 年

朝代或國名	國家支配者	建　都	廟　號	謚　號	建　元	年號年次	輔政者	備　注
魏國	③曹芳	洛陽			2	1 正始 3 年		
蜀國	②劉禪	成都		後主	4	2 延熙 5 年	蔣琬	
吳國	①孫權	建業		大	6	4 赤烏 5 年		
南匈奴	㉒劉豹					27 年		
鮮卑	①拓跋力微	五原		神元皇帝		23 年		
高句麗	⑪憂位居	丸都城				16 年		吉林

月　曆　表(建　寅)

4955—354—1809850

月干支序數	月序＼星期	日	1	2	3	4	5	6	日	1	2	3	4	5	6	日	1	2	3	4	5	6	日	1	2	3	4	5	6	日	1	2	3	4	5	6	日	月末陽曆
39	正					⑥	2	3	4	5	6	7	8	9	10	11	12	13	14	15	16	17	18	19	20	21	22	23	24	25	26	27	28	29	30			3.18
40	二							㊱	2	3	4	5	6	7	8	9	10	11	12	13	14	15	16	17	18	19	20	21	22	23	24	25	26	27	28	29		4.16
41	三	⑤	2	3	4	5	6	7	8	9	10	11	12	13	14	15	16	17	18	19	20	21	22	23	24	25	26	27	28	29	30							5.16
42	四			㉟	2	3	4	5	6	7	8	9	10	11	12	13	14	15	16	17	18	19	20	21	22	23	24	25	26	27	28	29						6.14
43	五				①	2	3	4	5	6	7	8	9	10	11	12	13	14	15	16	17	18	19	20	21	22	23	24	25	26	27	28	29	30				7.14
44	六						㉞	2	3	4	5	6	7	8	9	10	11	12	13	14	15	16	17	18	19	20	21	22	23	24	25	26	27	28	29	30		8.13
45	七	①	2	3	4	5	6	7	8	9	10	11	12	13	14	15	16	17	18	19	20	21	22	23	24	25	26	27	28	29								9.11
46	八		㉝	2	3	4	5	6	7	8	9	10	11	12	13	14	15	16	17	18	19	20	21	22	23	24	25	26	27	28	29	30						10.11

續表

月干支序數	月序＼星期	日	1	2	3	4	5	6	日	1	2	3	4	5	6	日	1	2	3	4	5	6	日	1	2	3	4	5	6	日	1	2	3	4	5	6	日	月末陽曆
47	九				③	2	3	4	5	6	7	8	9	10	11	12	13	14	15	16	17	18	19	20	21	22	23	24	25	26	27	28	29					11.9
48	十					㉜	2	3	4	5	6	7	8	9	10	11	12	13	14	15	16	17	18	19	20	21	22	23	24	25	26	27	28	29	30			12.9
49	十一							②	2	3	4	5	6	7	8	9	10	11	12	13	14	15	16	17	18	19	20	21	22	23	24	25	26	27	28	29		1.7
50	十二	㉛	2	3	4	5	6	7	8	9	10	11	12	13	14	15	16	17	18	19	20	21	22	23	24	25	26	27	28	29	30							2.6

朔閏異同表(吴五月朔戊辰)

	正	二	三	四	五	六	七	八	九	十	十一	十二	閏
魏	己巳	己亥	戊辰	戊戌	丁卯	丁酉	丁卯	丙申	丙寅	乙未	乙丑	甲午	
蜀	庚午		己巳	己亥	戊辰	戊戌		丁酉		丙申		乙未	

大事記

正月，蜀姜維自漢中還屯於涪縣。　七月，吴遣聶友等攻珠崖、儋耳。孫權大規模倡導航海，幾次出航，雖然是為捕捉人口，此宏大的艦隊在當時的世界上罕見。　是歲，司馬懿請廣穿漕渠引黄河水入汴，灌注於東南諸陂。

三國紀年

干支癸亥　公元243年

朝代或國名	國家支配者	建都	廟號	謚號	建元	年號年次	輔政者	備注
魏國	③曹芳	洛陽			2	1正始4年		
蜀國	②劉禪	成都		後主	4	2延熙6年	蔣琬	
吴國	①孫權	建業		大	6	4赤烏6年		
南匈奴	㉒劉豹					28年		
鮮卑	①拓跋力微	五原		神元皇帝		24年		
高句麗	⑪憂位居	丸都城				17年		吉林

月曆表(建寅)

1956—355—1810205

月干支序數	月序＼星期	日	1	2	3	4	5	6	日	1	2	3	4	5	6	日	1	2	3	4	5	6	日	1	2	3	4	5	6	日	1	2	3	4	5	6	日	月末陽曆
51	正			①	2	3	4	5	6	7	8	9	10	11	12	13	14	15	16	17	18	19	20	21	22	23	24	25	26	27	28	29						3.7
52	二				㉚	2	3	4	5	6	7	8	9	10	11	12	13	14	15	16	17	18	19	20	21	22	23	24	25	26	27	28	29	30				4.6
53	三						(60)	2	3	4	5	6	7	8	9	10	11	12	13	14	15	16	17	18	19	20	21	22	23	24	25	26	27	28	29			5.5
54	四							㉙	2	3	4	5	6	7	8	9	10	11	12	13	14	15	16	17	18	19	20	21	22	23	24	25	26	27	28	29	30	6.4
55	五		(59)	2	3	4	5	6	7	8	9	10	11	12	13	14	15	16	17	18	19	20	21	22	23	24	25	26	27	28	29							7.3
56	六			㉘	2	3	4	5	6	7	8	9	10	11	12	13	14	15	16	17	18	19	20	21	22	23	24	25	26	27	28	29	30					8.2
57	七					(58)	2	3	4	5	6	7	8	9	10	11	12	13	14	15	16	17	18	19	20	21	22	23	24	25	26	27	28	29				8.31
58	八						㉗	2	3	4	5	6	7	8	9	10	11	12	13	14	15	16	17	18	19	20	21	22	23	24	25	26	27	28	29	30		9.30
59	九	(57)	2	3	4	5	6	7	8	9	10	11	12	13	14	15	16	17	18	19	20	21	22	23	24	25	26	27	28	29								10.29
60	十		㉖	2	3	4	5	6	7	8	9	10	11	12	13	14	15	16	17	18	19	20	21	22	23	24	25	26	27	28	29	30						11.28
1	十一				(56)	2	3	4	5	6	7	8	9	10	11	12	13	14	15	16	17	18	19	20	21	22	23	24	25	26	27	28	29	30				12.28
2	十二						㉖	2	3	4	5	6	7	8	9	10	11	12	13	14	15	16	17	18	19	20	21	22	23	24	25	26	27	28	29			1.26

朔閏異同表(吳十月朔庚寅)

	正	二	三	四	五	六	七	八	九	十	十一	十二	閏
魏	甲子	癸巳	癸亥	壬辰	壬戌	辛卯	辛酉	庚寅	庚申	己丑	己未	己丑	
蜀		甲午		癸巳		壬辰	壬戌	辛卯	辛酉	庚寅	庚申		

大事記

正月,吳諸葛恪破魏六安。　十一月,蜀將蔣琬病甚,以費禕為大將軍、録尚書事。　十二月,倭女王卑彌呼復遣使伊聲耆、掖邪狗等八人使魏貢獻生口、倭錦、絳青縑、綿衣、帛布、丹、木弣、短弓等物。扶南王范旃遣使獻樂人及方物於吳,此後不久,吳交州刺史遣使至扶南。

三國紀年

干支甲子　公元244年

朝代或國名	國家支配者	建都	廟號	謚號	建元	年號年次	輔政者	備注
魏國	③曹芳	洛陽			2	1正始5年		
蜀國	②劉禪	成都		後主	4	2延熙7年	蔣琬	
吳國	①孫權	建業		大	6	1赤烏7年		
南匈奴	㉒劉豹					29年		
鮮卑	①拓跋力微	五原		神元皇帝		25年		
高句麗	⑪憂位居	丸都城				18年		吉林

月曆表(建寅)

4957－384－1810589

月干支序數	月序＼星期	日	1	2	3	4	5	6	日	1	2	3	4	5	6	日	1	2	3	4	5	6	日	1	2	3	4	5	6	日	1	2	3	4	5	6	日	月末陽曆
3	正							(55)	2	3	4	5	6	7	8	9	10	11	12	13	14	15	16	17	18	19	20	21	22	23	24	25	26	27	28	29	30	2.25
4	二		㉕	2	3	4	5	6	7	8	9	10	11	12	13	14	15	16	17	18	19	20	21	22	23	24	25	26	27	28	29							3.25
5	三			(54)	2	3	4	5	6	7	8	9	10	11	12	13	14	15	16	17	18	19	20	21	22	23	24	25	26	27	28	29	30					4.24
	閏					㉔	2	3	4	5	6	7	8	9	10	11	12	13	14	15	16	17	18	19	20	21	22	23	24	25	26	27	28	29				5.23
6	四						(53)	2	3	4	5	6	7	8	9	10	11	12	13	14	15	16	17	18	19	20	21	22	23	24	25	26	27	28	29	30		6.22
7	五	㉓	2	3	4	5	6	7	8	9	10	11	12	13	14	15	16	17	18	19	20	21	22	23	24	25	26	27	28	29								7.21
8	六		(52)	2	3	4	5	6	7	8	9	10	11	12	13	14	15	16	17	18	19	20	21	22	23	24	25	26	27	28	29	30						8.20
9	七				㉒	2	3	4	5	6	7	8	9	10	11	12	13	14	15	16	17	18	19	20	21	22	23	24	25	26	27	28	29					9.18
10	八					(51)	2	3	4	5	6	7	8	9	10	11	12	13	14	15	16	17	18	19	20	21	22	23	24	25	26	27	28	29	30			10.18
11	九							㉑	2	3	4	5	6	7	8	9	10	11	12	13	14	15	16	17	18	19	20	21	22	23	24	25	26	27	28	29		11.16
12	十	㊿	2	3	4	5	6	7	8	9	10	11	12	13	14	15	16	17	18	19	20	21	22	23	24	25	26	27	28	29	30							12.16
13	十一			⑳	2	3	4	5	6	7	8	9	10	11	12	13	14	15	16	17	18	19	20	21	22	23	24	25	26	27	28	29						1.14
14	十二				㊾	2	3	4	5	6	7	8	9	10	11	12	13	14	15	16	17	18	19	20	21	22	23	24	25	26	27	28	29	30				2.13

朔閏異同表(吳十二月朔癸丑)

	正	二	三	四	五	六	七	八	九	十	十一	十二	閏
魏	戊午	戊子	丁巳	丙辰	丙戌	乙卯	乙酉	甲寅	甲申	癸丑	癸未	壬子	三丁亥
蜀	己未		戊午	丁亥		丙辰		乙卯		甲寅	甲申	癸丑	三丁亥

大事記

正月,吳以上將陸遜為丞相。　二月,魏曹爽攻漢中,漢王平拒之於興勢,費禕督諸軍應援,爽不利,五月,引還。九月,鮮卑附魏,魏置遼東屬國,立昌黎縣以處之。

三國紀年

干支乙丑　公元 245 年

朝代或國名	國家支配者	建　都	廟　號	謚　號	建　元	年號年次	輔政者	備　注
魏國	③曹芳	洛陽			2	1 正始 6 年		
蜀國	②劉禪	成都		後主	4	2 延熙 8 年	蔣琬	
吴國	①孫權	建業		大	6	4 赤烏 8 年		
南匈奴	㉒劉豹					30 年		
鮮卑	①拓跋力微	五原		神元皇帝		26 年		
高句麗	⑪憂位居	丸都城				19 年		吉林

月　曆　表(建寅)

4958—354—1810943

月干支序數	月序＼星期	日	1	2	3	4	5	6	日	1	2	3	4	5	6	日	1	2	3	4	5	6	日	1	2	3	4	5	6	日	1	2	3	4	5	6	日	月末陽曆
15	正						⑲	2	3	4	5	6	7	8	9	10	11	12	13	14	15	16	17	18	19	20	21	22	23	24	25	26	27	28	29			3.14
16	二							㊽	2	3	4	5	6	7	8	9	10	11	12	13	14	15	16	17	18	19	20	21	22	23	24	25	26	27	28	29	30	4.13
17	三		⑱	2	3	4	5	6	7	8	9	10	11	12	13	14	15	16	17	18	19	20	21	22	23	24	25	26	27	28	29	30						5.13
18	四				㊽	2	3	4	5	6	7	8	9	10	11	12	13	14	15	16	17	18	19	20	21	22	23	24	25	26	27	28	29					6.11
19	五					⑰	2	3	4	5	6	7	8	9	10	11	12	13	14	15	16	17	18	19	20	21	22	23	24	25	26	27	28	29	30			7.11
20	六							㊼	2	3	4	5	6	7	8	9	10	11	12	13	14	15	16	17	18	19	20	21	22	23	24	25	26	27	28	29		8.9
21	七	⑯	2	3	4	5	6	7	8	9	10	11	12	13	14	15	16	17	18	19	20	21	22	23	24	25	26	27	28	29	30							9.8
22	八			㊻	2	3	4	5	6	7	8	9	10	11	12	13	14	15	16	17	18	19	20	21	22	23	24	25	26	27	28	29						10.7
23	九				⑮	2	3	4	5	6	7	8	9	10	11	12	13	14	15	16	17	18	19	20	21	22	23	24	25	26	27	28	29	30				11.6
24	十						㊺	2	3	4	5	6	7	8	9	10	11	12	13	14	15	16	17	18	19	20	21	22	23	24	25	26	27	28	29	30		12.6
25	十一	⑮	2	3	4	5	6	7	8	9	10	11	12	13	14	15	16	17	18	19	20	21	22	23	24	25	26	27	28	29								1.4
26	十二		㊹	2	3	4	5	6	7	8	9	10	11	12	13	14	15	16	17	18	19	20	21	22	23	24	25	26	27	28	29	30						2.3

朔閏異同表(吴二月朔壬子)

	正	二	三	四	五	六	七	八	九	十	十一	十二	閏
魏	壬午	辛亥	辛巳	辛亥	庚辰	庚戌	己卯	己酉	戊寅	戊申	丁丑	丁未	
蜀	癸未	壬子	壬午		辛巳		庚辰		己卯		戊寅		

大事記

正月,吴太子和與魯王霸有隙,賓客大臣造為兩端,黨爭起。　二月,陸遜為魯王所譖,卒(183—245)。　七月,吴將軍馬茂等謀殺吴大帝及大臣以應魏,事泄,皆被殺。吴發屯田兵及作士三萬人鑿句容道(破崗瀆)。　十二月,魏令以王朗之易傳課士。

三國紀年

干支丙寅　公元 246 年

朝代或國名	國家支配者	建　都	廟　號	謚　號	建　元	年號年次	輔政者	備　注
魏國	③曹芳	洛陽			2	1 正始 7 年		
蜀國	②劉禪	成都		後主	4	2 延熙 9 年	費禕	
吴國	①孫權	建業		大	6	4 赤烏 9 年		
南匈奴	㉒劉豹					31 年		
鮮卑	①拓跋力微	五原		神元皇帝		27 年		
高句麗	⑪憂位居	丸都城				20 年		吉林

月　　曆　　表（建　寅）　　4959—384—1811327

月干支序數	月序	日	1	2	3	4	5	6	日	1	2	3	4	5	6	日	1	2	3	4	5	6	日	1	2	3	4	5	6	日	1	2	3	4	5	6	日	月末陽曆
27	正				⑭	2	3	4	5	6	7	8	9	10	11	12	13	14	15	16	17	18	19	20	21	22	23	24	25	26	27	28	29					3.4
28	二					㊸	2	3	4	5	6	7	8	9	10	11	12	13	14	15	16	17	18	19	20	21	22	23	24	25	26	27	28	29	30			4.3
29	三							⑬	2	3	4	5	6	7	8	9	10	11	12	13	14	15	16	17	18	19	20	21	22	23	24	25	26	27	28	29	30	5.3
30	四		㊸	2	3	4	5	6	7	8	9	10	11	12	13	14	15	16	17	18	19	20	21	22	23	24	25	26	27	28	29							6.1
31	五			⑫	2	3	4	5	6	7	8	9	10	11	12	13	14	15	16	17	18	19	20	21	22	23	24	25	26	27	28	29	30					7.1
32	六					㊷	2	3	4	5	6	7	8	9	10	11	12	13	14	15	16	17	18	19	20	21	22	23	24	25	26	27	28	29				7.30
33	七						⑪	2	3	4	5	6	7	8	9	10	11	12	13	14	15	16	17	18	19	20	21	22	23	24	25	26	27	28	29	30		8.29
34	八	㊶	2	3	4	5	6	7	8	9	10	11	12	13	14	15	16	17	18	19	20	21	22	23	24	25	26	27	28	29								9.27
35	九		⑩	2	3	4	5	6	7	8	9	10	11	12	13	14	15	16	17	18	19	20	21	22	23	24	25	26	27	28	29	30						10.27
36	十				㊵	2	3	4	5	6	7	8	9	10	11	12	13	14	15	16	17	18	19	20	21	22	23	24	25	26	27	28	29					11.25
37	十一					⑨	2	3	4	5	6	7	8	9	10	11	12	13	14	15	16	17	18	19	20	21	22	23	24	25	26	27	28	29	30			12.25
38	十二							㊴	2	3	4	5	6	7	8	9	10	11	12	13	14	15	16	17	18	19	20	21	22	23	24	25	26	27	28	29		1.23
	閏	⑧	2	3	4	5	6	7	8	9	10	11	12	13	14	15	16	17	18	19	20	21	22	23	24	25	26	27	28	29	30							2.22

朔閏異同表（吴五月朔乙亥）

	正	二	三	四	五	六	七	八	九	十	十一	十二	閏
魏	丙子	丙午	乙亥	乙巳	甲戌	甲辰	甲戌	癸卯	癸酉	壬寅	壬申	辛丑	十二辛未
蜀	丁丑		丙子	丙午	乙亥	乙巳		甲辰		癸卯		辛未	十一壬寅

大事記

二月，吴擾魏柤中，殺掠數千人。魏幽州刺史毋丘儉征高句麗，屠丸都城。　　五月，破濊貊，復攻高句麗，遣將擊高句麗王宫，過沃沮千餘里，至肅慎氏南界，刻石紀功而還，殺虜八千餘口，徙一部於滎陽。韓那奚等數十國皆降。吴罷大錢。蜀漢以姜維與費禕并錄尚書事。蜀汶山平康夷起事，姜維鎮服之。　　九月，吴以諸葛恪為大將軍。　　十一月，蔣琬卒。

三國紀年　　干支丁卯　公元 247 年

朝代或國名	國家支配者	建都	廟號	諡號	建元	年號年次	輔政者	備注
魏國	③曹芳	洛陽			2	1 正始 8 年		
蜀國	②劉禪	成都		後主	4	2 延熙 10 年	費禕	
吴國	①孫權	建業		大	6	4 赤烏 10 年		
南匈奴	㉒劉豹					32 年		
鮮卑	①拓跋力微	五原		神元皇帝		28 年		
高句麗	⑪憂位居	丸都城				21 年		吉林

月　　曆　　表（建　寅）　　4960—354—1811681

月干支序數	月序	日	1	2	3	4	5	6	日	1	2	3	4	5	6	日	1	2	3	4	5	6	日	1	2	3	4	5	6	日	1	2	3	4	5	6	日	月末陽曆
39	正			㊳	2	3	4	5	6	7	8	9	10	11	12	13	14	15	16	17	18	19	20	21	22	23	24	25	26	27	28	29						3.23
40	二				⑦	2	3	4	5	6	7	8	9	10	11	12	13	14	15	16	17	18	19	20	21	22	23	24	25	26	27	28	29					4.21

續表

月干支序數	星期／月序	日	1	2	3	4	5	6	日	1	2	3	4	5	6	日	1	2	3	4	5	6	日	1	2	3	4	5	6	日	1	2	3	4	5	6	日	月末陽曆
41	三					㊱	2	3	4	5	6	7	8	9	10	11	12	13	14	15	16	17	18	19	20	21	22	23	24	25	26	27	28	29	30			5.21
42	四							⑥	2	3	4	5	6	7	8	9	10	11	12	13	14	15	16	17	18	19	20	21	22	23	24	25	26	27	28	29		6.19
43	五	㉟	2	3	4	5	6	7	8	9	10	11	12	13	14	15	16	17	18	19	20	21	22	23	24	25	26	27	28	29	30							7.19
44	六			⑤	2	3	4	5	6	7	8	9	10	11	12	13	14	15	16	17	18	19	20	21	22	23	24	25	26	27	28	29						8.17
45	七				㉞	2	3	4	5	6	7	8	9	10	11	12	13	14	15	16	17	18	19	20	21	22	23	24	25	26	27	28	29	30				9.16
46	八						④	2	3	4	5	6	7	8	9	10	11	12	13	14	15	16	17	18	19	20	21	22	23	24	25	26	27	28	29			10.15
47	九							㉝	2	3	4	5	6	7	8	9	10	11	12	13	14	15	16	17	18	19	20	21	22	23	24	25	26	27	28	29	30	11.14
48	十		③	2	3	4	5	6	7	8	9	10	11	12	13	14	15	16	17	18	19	20	21	22	23	24	25	26	27	28	29	30						12.14
49	十一				㉝	2	3	4	5	6	7	8	9	10	11	12	13	14	15	16	17	18	19	20	21	22	23	24	25	26	27	28	29					1.12
50	十二					②	2	3	4	5	6	7	8	9	10	11	12	13	14	15	16	17	18	19	20	21	22	23	24	25	26	27	28	29	30			2.11

朔閏異同表

	正	二	三	四	五	六	七	八	九	十	十一	十二	閏
魏	庚子	庚午	己亥	己巳	戊戌	戊辰	丁酉	丁卯	丙申	丙寅	丙申	乙丑	
蜀	辛丑		庚子		己亥	己巳	戊戌	戊辰	丁酉	丁卯		丙寅	

大事記

二月，魏曹爽始專政，何晏等朋附之。吳孫權改作太初宮。　是年，雍、涼羌胡附蜀反魏，姜維出隴應之，與魏兵戰於洮西，胡王白虎文、治無戴率部從姜維入蜀。　天竺沙門康僧會來建業傳教，孫權為其立建初寺以處之。

三國紀年

干支戊辰　公元 248 年

朝代或國名	國家支配者	建都	廟號	諡號	建元	年號年次	輔政者	備注
魏國	③曹芳	洛陽			2	1 正始 9 年		
蜀國	②劉禪	成都		後主	4	2 延熙 11 年	費禕	
吳國	①孫權	建業		大	6	4 赤烏 11 年		
南匈奴	㉒劉豹					33 年		
鮮卑	①拓跋力微	五原		神元皇帝		29 年		
高句麗	⑫中川王然弗	丸都城				元年		吉林

月　曆　表（建寅）

4961—355—1812036

月干支序數	星期／月序	日	1	2	3	4	5	6	日	1	2	3	4	5	6	日	1	2	3	4	5	6	日	1	2	3	4	5	6	日	1	2	3	4	5	6	日	月末陽曆
51	正							㉜	2	3	4	5	6	7	8	9	10	11	12	13	14	15	16	17	18	19	20	21	22	23	24	25	26	27	28	29		3.11
52	二	①	2	3	4	5	6	7	8	9	10	11	12	13	14	15	16	17	18	19	20	21	22	23	24	25	26	27	28	29	30							4.10
53	三			㉛	2	3	4	5	6	7	8	9	10	11	12	13	14	15	16	17	18	19	20	21	22	23	24	25	26	27	28	29						5.9
54	四				(60)	2	3	4	5	6	7	8	9	10	11	12	13	14	15	16	17	18	19	20	21	22	23	24	25	26	27	28	29	30				6.8
55	五						㉚	2	3	4	5	6	7	8	9	10	11	12	13	14	15	16	17	18	19	20	21	22	23	24	25	26	27	28	29			7.7
56	六							(59)	2	3	4	5	6	7	8	9	10	11	12	13	14	15	16	17	18	19	20	21	22	23	24	25	26	27	28	29	30	8.6
57	七		㉙	2	3	4	5	6	7	8	9	10	11	12	13	14	15	16	17	18	19	20	21	22	23	24	25	26	27	28	29							9.4
58	八			(58)	2	3	4	5	6	7	8	9	10	11	12	13	14	15	16	17	18	19	20	21	22	23	24	25	26	27	28	29	30					10.4

續表

月干支序數	星期／月序	日	1	2	3	4	5	6	日	1	2	3	4	5	6	日	1	2	3	4	5	6	日	1	2	3	4	5	6	日	1	2	3	4	5	6	日	月末陽曆
59	九					㉘	2	3	4	5	6	7	8	9	10	11	12	13	14	15	16	17	18	19	20	21	22	23	24	25	26	27	28	29				11.2
60	十						(57)	2	3	4	5	6	7	8	9	10	11	12	13	14	15	16	17	18	19	20	21	22	23	24	25	26	27	28	29	30		12.2
1	十一	㉗	2	3	4	5	6	7	8	9	10	11	12	13	14	15	16	17	18	19	20	21	22	23	24	25	26	27	28	29								12.31
2	十二		(56)	2	3	4	5	6	7	8	9	10	11	12	13	14	15	16	17	18	19	20	21	22	23	24	25	26	27	28	29	30						1.30

朔閏異同表

	正	二	三	四	五	六	七	八	九	十	十一	十二	閏
魏	乙未	甲子	甲午	癸亥	癸巳	壬戌	壬辰	辛酉	辛卯	庚申	庚寅	己未	
蜀		乙丑		甲子		癸亥		壬戌		辛酉	辛卯	庚申	

大事記

五月，蜀費禕出屯漢中。　九月，蜀涪陵夷起事，鄧芝破之。　十二月，交趾、九真夷起事，吳交州刺史、安南校尉陸胤慰定之。　是歲，鮮卑拓跋力微併沒鹿回部，勢復盛，控弦士馬二十餘萬。

三國紀年

干支己巳　公元 249 年

朝代或國名	國家支配者	建都	廟號	謚號	建元	年號年次	輔政者	備注
魏國	③曹芳	洛陽			2	2 嘉平元年		四月乙丑改元
蜀國	②劉禪	成都		後主	4	2 延熙 12 年	費禕	
吳國	①孫權	建業		大	6	4 赤烏 12 年		
南匈奴	㉒劉豹					34 年		
鮮卑	①拓跋力微	五原		神元皇帝		30 年		
高句麗	⑫然弗	丸都城				2 年		吉林

月　曆　表（建寅）

4962—384—1812420

月干支序數	星期／月序	日	1	2	3	4	5	6	日	1	2	3	4	5	6	日	1	2	3	4	5	6	日	1	2	3	4	5	6	日	1	2	3	4	5	6	日	月末陽曆
3	正				㉖	2	3	4	5	6	7	8	9	10	11	12	13	14	15	16	17	18	19	20	21	22	23	24	25	26	27	28	29					2.28
4	二					(55)	2	3	4	5	6	7	8	9	10	11	12	13	14	15	16	17	18	19	20	21	22	23	24	25	26	27	28	29	30			3.30
5	三							㉕	2	3	4	5	6	7	8	9	10	11	12	13	14	15	16	17	18	19	20	21	22	23	24	25	26	27	28	29	30	4.29
6	四		(55)	2	3	4	5	6	7	8	9	10	11	12	13	14	15	16	17	18	19	20	21	22	23	24	25	26	27	28	29							5.28
7	五			㉔	2	3	4	5	6	7	8	9	10	11	12	13	14	15	16	17	18	19	20	21	22	23	24	25	26	27	28	29	30					6.27
8	六					(54)	2	3	4	5	6	7	8	9	10	11	12	13	14	15	16	17	18	19	20	21	22	23	24	25	26	27	28	29				7.26
9	七						㉓	2	3	4	5	6	7	8	9	10	11	12	13	14	15	16	17	18	19	20	21	22	23	24	25	26	27	28	29	30		8.25
10	八	(53)	2	3	4	5	6	7	8	9	10	11	12	13	14	15	16	17	18	19	20	21	22	23	24	25	26	27	28	29								9.23
11	九		㉒	2	3	4	5	6	7	8	9	10	11	12	13	14	15	16	17	18	19	20	21	22	23	24	25	26	27	28	29	30						10.23
	閏				(52)	2	3	4	5	6	7	8	9	10	11	12	13	14	15	16	17	18	19	20	21	22	23	24	25	26	27	28	29					11.21
12	十					㉑	2	3	4	5	6	7	8	9	10	11	12	13	14	15	16	17	18	19	20	21	22	23	24	25	26	27	28	29	30			12.21
13	十一							(51)	2	3	4	5	6	7	8	9	10	11	12	13	14	15	16	17	18	19	20	21	22	23	24	25	26	27	28	29		1.19
14	十二	⑳	2	3	4	5	6	7	8	9	10	11	12	13	14	15	16	17	18	19	20	21	22	23	24	25	26	27	28	29	30							2.18

劉氏長曆閏八月。吳二月朔為己未,閏八月朔為乙酉,九月朔為乙卯。

朔閏異同表

	正	二	三	四	五	六	七	八	九	十	十一	十二	閏
魏	己丑	戊午	戊子	戊午	丁亥	丁巳	丙戌	丙辰	乙酉	甲申	甲寅	癸未	九乙卯
蜀	庚寅	己未	己丑		戊子		丁亥		乙卯	乙酉		甲申	八丙戌

大事記

正月,司馬懿發動政變殺曹爽、何晏等,皆夷三族。何晏(195—249)篤好老莊之書,著有《論語集解》,與王弼等竟為清談,後遂成風氣。　四月,魏改元。秋,姜維攻魏雍州,無功而還。　是歲,王弼卒(226—249),著有《周易注》、《老子注》。

三國紀年

干支庚午　公元250年

朝代或國名	國家支配者	建都	廟號	謚號	建元	年號年次	輔政者	備注
魏國	③曹芳	洛陽			2	2嘉平2年		
蜀國	②劉禪	成都		後主	4	2延熙13年	費禕	
吳國	①孫權	建業		大	6	4赤烏13年		
南匈奴	㉒劉豹					35年		
鮮卑	①拓跋力微	五原		神元皇帝		31年		
高句麗	⑫然弗	丸都城				3年		吉林

月曆表(建寅)

4963—354—1812774

月干支序數	星期/月序	日	1	2	3	4	5	6	日	1	2	3	4	5	6	日	1	2	3	4	5	6	日	1	2	3	4	5	6	日	1	2	3	4	5	6	日	1	2	3	4	5	6	日	月末陽曆
15	正			㊿	2	3	4	5	6	7	8	9	10	11	12	13	14	15	16	17	18	19	20	21	22	23	24	25	26	27	28	29							3.19
16	二				⑲	2	3	4	5	6	7	8	9	10	11	12	13	14	15	16	17	18	19	20	21	22	23	24	25	26	27	28	29	30					4.18
17	三						㊾	2	3	4	5	6	7	8	9	10	11	12	13	14	15	16	17	18	19	20	21	22	23	24	25	26	27	28	29				5.17
18	四							⑱	2	3	4	5	6	7	8	9	10	11	12	13	14	15	16	17	18	19	20	21	22	23	24	25	26	27	28	29	30		6.16
19	五		㊽	2	3	4	5	6	7	8	9	10	11	12	13	14	15	16	17	18	19	20	21	22	23	24	25	26	27	28	29								7.15
20	六			⑰	2	3	4	5	6	7	8	9	10	11	12	13	14	15	16	17	18	19	20	21	22	23	24	25	26	27	28	29	30						8.14
21	七					㊼	2	3	4	5	6	7	8	9	10	11	12	13	14	15	16	17	18	19	20	21	22	23	24	25	26	27	28	29	30				9.13
22	八							⑰	2	3	4	5	6	7	8	9	10	11	12	13	14	15	16	17	18	19	20	21	22	23	24	25	26	27	28	29			10.12
23	九	㊻	2	3	4	5	6	7	8	9	10	11	12	13	14	15	16	17	18	19	20	21	22	23	24	25	26	27	28	29	30								11.11
24	十			⑯	2	3	4	5	6	7	8	9	10	11	12	13	14	15	16	17	18	19	20	21	22	23	24	25	26	27	28	29							12.10
25	十一				㊺	2	3	4	5	6	7	8	9	10	11	12	13	14	15	16	17	18	19	20	21	22	23	24	25	26	27	28	29	30					1.9
26	十二						⑮	2	3	4	5	6	7	8	9	10	11	12	13	14	15	16	17	18	19	20	21	22	23	24	25	26	27	28	29				2.7

朔閏異同表(吳四月朔壬午,六月朔辛巳)

	正	二	三	四	五	六	七	八	九	十	十一	十二	閏
魏	癸丑	壬午	壬子	辛巳	辛亥	庚辰	庚戌	庚辰	己酉	己卯	戊申	戊寅	
蜀	甲寅	癸未	癸丑	壬午	壬子	辛巳	辛亥		庚戌		己酉		

大事記

秋,孫權廢太子和為庶人,賜魯王霸死,立亮為太子。　十月,魏廬江太守文欽詐降誘吳。　十一月,吳遣軍十萬作堂邑塗塘,淹北道以防魏。　十二月,魏王昶等分道攻吳於江陵。蜀姜維攻魏西平,不克。

三國紀年

干支辛未　公元 251 年

朝代或國名	國家支配者	建　都	廟　號	謚　號	建　元	年號年次	輔政者	備　注
魏國	③曹芳	洛陽			2	2 嘉平 3 年		
蜀國	②劉禪	成都		後主	4	2 延熙 14 年	費禕	
吳國	①孫權	建業		大	6	5 太元元年		五月改元
南匈奴	㉒劉豹					36 年		
鮮卑	①拓跋力微	五原		神元皇帝		32 年		
高句麗	⑫然弗	丸都城				4 年		吉林

月　曆　表(建寅)

4964—354—1813128

月干支序數	星期／月序	日	1	2	3	4	5	6	日	1	2	3	4	5	6	日	1	2	3	4	5	6	日	1	2	3	4	5	6	日	1	2	3	4	5	6	日	月末陽曆
27	正							㊹	2	3	4	5	6	7	8	9	10	11	12	13	14	15	16	17	18	19	20	21	22	23	24	25	26	27	28	29	30	3.9
28	二		⑭	2	3	4	5	6	7	8	9	10	11	12	13	14	15	16	17	18	19	20	21	22	23	24	25	26	27	28	29							4.7
29	三			㊸	2	3	4	5	6	7	8	9	10	11	12	13	14	15	16	17	18	19	20	21	22	23	24	25	26	27	28	29	30					5.7
30	四					⑬	2	3	4	5	6	7	8	9	10	11	12	13	14	15	16	17	18	19	20	21	22	23	24	25	26	27	28	29				6.5
31	五						㊷	2	3	4	5	6	7	8	9	10	11	12	13	14	15	16	17	18	19	20	21	22	23	24	25	26	27	28	29	30		7.5
32	六	⑫	2	3	4	5	6	7	8	9	10	11	12	13	14	15	16	17	18	19	20	21	22	23	24	25	26	27	28	29								8.3
33	七		㊶	2	3	4	5	6	7	8	9	10	11	12	13	14	15	16	17	18	19	20	21	22	23	24	25	26	27	28	29	30						9.2
34	八				⑪	2	3	4	5	6	7	8	9	10	11	12	13	14	15	16	17	18	19	20	21	22	23	24	25	26	27	28	29					10.1
35	九					㊵	2	3	4	5	6	7	8	9	10	11	12	13	14	15	16	17	18	19	20	21	22	23	24	25	26	27	28	29	30			10.31
36	十							⑩	2	3	4	5	6	7	8	9	10	11	12	13	14	15	16	17	18	19	20	21	22	23	24	25	26	27	28	29	30	11.30
37	十一		㊵	2	3	4	5	6	7	8	9	10	11	12	13	14	15	16	17	18	19	20	21	22	23	24	25	26	27	28	29							12.29
38	十二			⑨	2	3	4	5	6	7	8	9	10	11	12	13	14	15	16	17	18	19	20	21	22	23	24	25	26	27	28	29	30					1.28

朔閏異同表(吳九月朔甲辰)

	正	二	三	四	五	六	七	八	九	十	十一	十二	閏
魏	丁未	丁丑	丙午	丙子	乙巳	乙亥	甲辰	甲戌	癸卯	癸酉	癸卯	壬申	
蜀	戊申		丁未		丙午	丙子	乙巳	乙亥	甲辰	甲戌		癸酉	

大事記

正月,魏破吳江陵兵。　四月,魏王淩以淮南兵謀起事反司馬氏,立楚王彪,事泄,司馬懿擊之,淩降,旋自殺。懿窮治其事,相連者皆夷三族;賜彪死,盡置諸王公於鄴,使人監守,不得與人交關。　五月,吳改元。　八月,司馬懿卒(179—251),子師為撫軍大將軍,錄尚書事。魏分南匈奴為二部以弱其勢,又分出羌、胡之與民雜居者。　十二月,吳命諸葛恪以大將軍領太子太傅,統軍國大政。是歲,魏皇甫隆為敦煌太守,教民樓犁,以水灌溉。

三國紀年

干支壬申　公元 252 年

朝代或國名	國家支配者	建　都	廟　號	謚　號	建　元	年號年次	輔政者	備　注
魏國	③曹芳	洛陽			2	2 嘉平 4 年		
蜀國	②劉禪	成都		後主	4	2 延熙 15 年	費禕	
吳國	①孫權	建業		大	6	6 神鳳元年		二月改元
	②孫亮	建業			3	1 建興元年	諸葛恪	四月改元

續表

朝代或國名	國家支配者	建都	廟號	謚號	建元	年號年次	輔政者	備注
南匈奴	㉒劉豹					37年		
鮮卑	①拓跋力微	五原		神元皇帝		33年		
高句麗	⑫然弗	丸都城				5年		吉林

月曆表(建寅)

4965－384－1813512

月干支序數	月序＼星期	日	1	2	3	4	5	6	日	1	2	3	4	5	6	日	1	2	3	4	5	6	日	1	2	3	4	5	6	日	1	2	3	4	5	6	日	月末陽曆
39	正					㊴	2	3	4	5	6	7	8	9	10	11	12	13	14	15	16	17	18	19	20	21	22	23	24	25	26	27	28	29				2.26
40	二						⑧	2	3	4	5	6	7	8	9	10	11	12	13	14	15	16	17	18	19	20	21	22	23	24	25	26	27	28	29	30		3.27
41	三	㊳	2	3	4	5	6	7	8	9	10	11	12	13	14	15	16	17	18	19	20	21	22	23	24	25	26	27	28	29								4.25
42	四		⑦	2	3	4	5	6	7	8	9	10	11	12	13	14	15	16	17	18	19	20	21	22	23	24	25	26	27	28	29	30						5.25
43	五				㊲	2	3	4	5	6	7	8	9	10	11	12	13	14	15	16	17	18	19	20	21	22	23	24	25	26	27	28	29					6.23
	閏					⑥	2	3	4	5	6	7	8	9	10	11	12	13	14	15	16	17	18	19	20	21	22	23	24	25	26	27	28	29	30			7.23
44	六							㊱	2	3	4	5	6	7	8	9	10	11	12	13	14	15	16	17	18	19	20	21	22	23	24	25	26	27	28	29		8.21
45	七	⑤	2	3	4	5	6	7	8	9	10	11	12	13	14	15	16	17	18	19	20	21	22	23	24	25	26	27	28	29	30							9.20
46	八			㉟	2	3	4	5	6	7	8	9	10	11	12	13	14	15	16	17	18	19	20	21	22	23	24	25	26	27	28	29						10.19
47	九				④	2	3	4	5	6	7	8	9	10	11	12	13	14	15	16	17	18	19	20	21	22	23	24	25	26	27	28	29	30				11.11
48	十						㉞	2	3	4	5	6	7	8	9	10	11	12	13	14	15	16	17	18	19	20	21	22	23	24	25	26	27	28	29			12.17
49	十一							③	2	3	4	5	6	7	8	9	10	11	12	13	14	15	16	17	18	19	20	21	22	23	24	25	26	27	28	29	30	1.16
50	十二		㉝	2	3	4	5	6	7	8	9	10	11	12	13	14	15	16	17	18	19	20	21	22	23	24	25	26	27	28	29							2.14

朔閏異同表(吳閏四月庚子,五月己巳)

	正	二	三	四	五	六	七	八	九	十	十一	十二	閏
魏	壬寅	辛未	辛丑	庚午	庚子	己亥	戊辰	戊戌	丁卯	丁酉	丙寅	丙申	五己巳
蜀		壬申		辛未			己巳		戊辰	戊戌	丁卯	丁酉	五庚午

大事記

正月,魏以司馬師為大將軍。　二月,吳改元。　四月,吳大帝卒(182—252),子亮立,以諸葛恪為太傅。改元建興。　十月,諸葛恪修東興大堤,兩端築城以備魏。　十一月,魏王昶等三路攻吳。　十二月,東路之師為諸葛恪所敗,死者數萬,喪資器無算,其他二路亦無功。

三國紀年

干支癸酉　公元253年

朝代或國名	國家支配者	建都	廟號	謚號	建元	年號年次	輔政者	備注
魏國	③曹芳	洛陽			2	2嘉平5年		
蜀國	②劉禪	成都	後主		4	2延熙16年	費禕	
吳國	②孫亮	建業			3	1建興2年		
南匈奴	㉒劉豹					38年		
鮮卑	①拓跋力微	五原		神元皇帝		34年		
高句麗	⑫然弗	丸都城				6年		吉林

月　曆　表（建　寅）　　4966—355—1813867

月干支序數	星期／月序	日	1	2	3	4	5	6	日	1	2	3	4	5	6	日	1	2	3	4	5	6	日	1	2	3	4	5	6	日	1	2	3	4	5	6	日	月末陽曆
51	正			②	2	3	4	5	6	7	8	9	10	11	12	13	14	15	16	17	18	19	20	21	22	23	24	25	26	27	28	29	30					3.16
52	二					㉜	2	3	4	5	6	7	8	9	10	11	12	13	14	15	16	17	18	19	20	21	22	23	24	25	26	27	28	29	30			4.15
53	三							②	2	3	4	5	6	7	8	9	10	11	12	13	14	15	16	17	18	19	20	21	22	23	24	25	26	27	28	29		5.14
54	四	㉛	2	3	4	5	6	7	8	9	10	11	12	13	14	15	16	17	18	19	20	21	22	23	24	25	26	27	28	29	30							6.13
55	五			①	2	3	4	5	6	7	8	9	10	11	12	13	14	15	16	17	18	19	20	21	22	23	24	25	26	27	28	29						7.12
56	六				㉚	2	3	4	5	6	7	8	9	10	11	12	13	14	15	16	17	18	19	20	21	22	23	24	25	26	27	28	29	30				8.11
57	七						(60)	2	3	4	5	6	7	8	9	10	11	12	13	14	15	16	17	18	19	20	21	22	23	24	25	26	27	28	29			9.9
58	八							㉙	2	3	4	5	6	7	8	9	10	11	12	13	14	15	16	17	18	19	20	21	22	23	24	25	26	27	28	29	30	10.9
59	九		(59)	2	3	4	5	6	7	8	9	10	11	12	13	14	15	16	17	18	19	20	21	22	23	24	25	26	27	28	29							11.7
60	十			㉘	2	3	4	5	6	7	8	9	10	11	12	13	14	15	16	17	18	19	20	21	22	23	24	25	26	27	28	29	30					12.7
1	十一					(58)	2	3	4	5	6	7	8	9	10	11	12	13	14	15	16	17	18	19	20	21	22	23	24	25	26	27	28	29				1.5
2	十二						㉗	2	3	4	5	6	7	8	9	10	11	12	13	14	15	16	17	18	19	20	21	22	23	24	25	26	27	28	29	30		2.4

朔閏異同表（吳正月朔丙寅）

	正	二	三	四	五	六	七	八	九	十	十一	十二	閏
魏	乙丑	乙未	乙丑	甲午	甲子	癸巳	癸亥	壬辰	壬戌	辛卯	辛酉	庚寅	
蜀	丙寅	丙申		乙未		甲午		癸巳		壬辰		辛卯	

大事記

正月，魏降人郭修刺殺蜀漢大將費禕，魏追封修為列侯。　三月，吳諸葛恪大發兵攻魏。　四月，蜀漢姜維將四萬衆攻魏南安，糧盡而退。　五月，諸葛恪圍魏合肥新城，魏遣司馬孚督軍將二十萬拒之。　七月，吳軍疲病者大半，恪無功而還。　十月，孫峻等殺諸葛恪，夷三族，峻自為丞相。　十一月，吳改明年為五鳳元年。

是歲，魏新興、雁門二郡胡騷動。

三國紀年　　干支甲戌　公元254年

朝代或國名	國家支配者	建都	廟號	謚號	建元	年號年次	輔政者	備注
魏國	④曹髦	洛陽			2	1 正元元年		司馬師廢曹芳 十月壬辰改元
蜀國	②劉禪	成都		後主	4	2 延熙17年		
吳國	②孫亮	建業			3	2 五鳳元年		
南匈奴	㉒劉豹					39年		
鮮卑	①拓跋力微	五原		神元皇帝		35年		
高句麗	⑫然弗	丸都城				7年		吉林

月　曆　表（建　寅）　　4967—354—1814221

月干支序數	星期／月序	日	1	2	3	4	5	6	日	1	2	3	4	5	6	日	1	2	3	4	5	6	日	1	2	3	4	5	6	日	1	2	3	4	5	6	日	月末陽曆
3	正	(57)	2	3	4	5	6	7	8	9	10	11	12	13	14	15	16	17	18	19	20	21	22	23	24	25	26	27	28	29								3.5
4	二		㉖	2	3	4	5	6	7	8	9	10	11	12	13	14	15	16	17	18	19	20	21	22	23	24	25	26	27	28	29	30						4.4
5	三				(56)	2	3	4	5	6	7	8	9	10	11	12	13	14	15	16	17	18	19	20	21	22	23	24	25	26	27	28	29					5.3

續表

月干支序數	月序＼星期	日	1	2	3	4	5	6	日	1	2	3	4	5	6	日	1	2	3	4	5	6	日	1	2	3	4	5	6	日	1	2	3	4	5	6	日	月末陽曆
6	四					㉕	2	3	4	5	6	7	8	9	10	11	12	13	14	15	16	17	18	19	20	21	22	23	24	25	26	27	28	29	30			6.2
7	五							(55)	2	3	4	5	6	7	8	9	10	11	12	13	14	15	16	17	18	19	20	21	22	23	24	25	26	27	28	29		7.1
8	六	㉔	2	3	4	5	6	7	8	9	10	11	12	13	14	15	16	17	18	19	20	21	22	23	24	25	26	27	28	29	30							7.31
9	七			(54)	2	3	4	5	6	7	8	9	10	11	12	13	14	15	16	17	18	19	20	21	22	23	24	25	26	27	28	29	30					8.30
10	八					㉔	2	3	4	5	6	7	8	9	10	11	12	13	14	15	16	17	18	19	20	21	22	23	24	25	26	27	28	29				9.28
11	九						(53)	2	3	4	5	6	7	8	9	10	11	12	13	14	15	16	17	18	19	20	21	22	23	24	25	26	27	28	29	30		10.28
12	十	㉓	2	3	4	5	6	7	8	9	10	11	12	13	14	15	16	17	18	19	20	21	22	23	24	25	26	27	28	29								11.26
13	十一		(52)	2	3	4	5	6	7	8	9	10	11	12	13	14	15	16	17	18	19	20	21	22	23	24	25	26	27	28	29	30						12.26
14	十二				㉒	2	3	4	5	6	7	8	9	10	11	12	13	14	15	16	17	18	19	20	21	22	23	24	25	26	27	28	29					1.24

朔閏異同表(吴六月朔戊子)

	正	二	三	四	五	六	七	八	九	十	十一	十二	閏
魏	庚申	己丑	己未	戊子	戊午	丁亥	丁巳	丁亥	丙辰	丙戌	乙卯	乙酉	
蜀	辛酉	庚寅	庚申	己丑	己未	戊子	戊午		丁巳		丙辰		

大事記

二月,魏中書令李豐、皇后父張緝、太常夏侯玄等謀廢司馬氏,事覺,皆下獄死,夷三族,廢皇后張氏。　六月,蜀姜維攻魏隴西。　秋,吳侯孫英謀殺孫峻,事泄,被殺。　九月,魏司馬師廢魏帝為齊王。　十月,立高貴鄉公髦,改元正元。漢姜維拔魏臨洮等縣,民徙於綿竹、繁縣。

三國紀年

干支乙亥　公元 255 年

朝代或國名	國家支配者	建都	廟號	謚號	建元	年號年次	輔政者	備注
魏國	④曹髦	洛陽			2	1 正元 2 年		
蜀國	②劉禪	成都		後主	4	2 延熙 18 年		
吳國	②孫亮	建業			3	2 五鳳 2 年	孫峻	
南匈奴	㉒劉豹					40 年		
鮮卑	①拓跋力微	五原		神元皇帝		36 年		
高句麗	⑫然弗	丸都城				8 年		吉林

月　曆　表(建寅)

4968－384－1814605

月干支序數	月序＼星期	日	1	2	3	4	5	6	日	1	2	3	4	5	6	日	1	2	3	4	5	6	日	1	2	3	4	5	6	日	1	2	3	4	5	6	日	月末陽曆
15	正					(51)	2	3	4	5	6	7	8	9	10	11	12	13	14	15	16	17	18	19	20	21	22	23	24	25	26	27	28	29	30			2.23
	閏							㉑	2	3	4	5	6	7	8	9	10	11	12	13	14	15	16	17	18	19	20	21	22	23	24	25	26	27	28	29		3.24
16	二	㊿	2	3	4	5	6	7	8	9	10	11	12	13	14	15	16	17	18	19	20	21	22	23	24	25	26	27	28	29	30							4.23
17	三			⑳	2	3	4	5	6	7	8	9	10	11	12	13	14	15	16	17	18	19	20	21	22	23	24	25	26	27	28	29						5.22
18	四				㊾	2	3	4	5	6	7	8	9	10	11	12	13	14	15	16	17	18	19	20	21	22	23	24	25	26	27	28	29	30				6.21
19	五						⑲	2	3	4	5	6	7	8	9	10	11	12	13	14	15	16	17	18	19	20	21	22	23	24	25	26	27	28	29			7.20
20	六							㊽	2	3	4	5	6	7	8	9	10	11	12	13	14	15	16	17	18	19	20	21	22	23	24	25	26	27	28	29	30	8.19
21	七		⑱	2	3	4	5	6	7	8	9	10	11	12	13	14	15	16	17	18	19	20	21	22	23	24	25	26	27	28	29							9.17

續表

月干支序數	月序＼星期	日	1	2	3	4	5	6	日	1	2	3	4	5	6	日	1	2	3	4	5	6	日	1	2	3	4	5	6	日	1	2	3	4	5	6	日	月末陽曆
22	八			㊼	2	3	4	5	6	7	8	9	10	11	12	13	14	15	16	17	18	19	20	21	22	23	24	25	26	27	28	29	30					10.17
23	九					⑰	2	3	4	5	6	7	8	9	10	11	12	13	14	15	16	17	18	19	20	21	22	23	24	25	26	27	28	29	30			11.16
24	十							㊼	2	3	4	5	6	7	8	9	10	11	12	13	14	15	16	17	18	19	20	21	22	23	24	25	26	27	28	29		12.15
25	十一	⑯	2	3	4	5	6	7	8	9	10	11	12	13	14	15	16	17	18	19	20	21	22	23	24	25	26	27	28	29	30							1.14
26	十二			㊻	2	3	4	5	6	7	8	9	10	11	12	13	14	15	16	17	18	19	20	21	22	23	24	25	26	27	28	29						2.12

朔閏異同表(吴八月朔辛亥)

	正	二	三	四	五	六	七	八	九	十	十一	十二	閏
魏	甲寅	癸丑	癸未	壬子	壬午	辛亥	辛巳	庚戌	庚辰	庚戌	己卯	己酉	正甲申
蜀	乙卯	甲寅		癸丑	癸未	壬子	壬午	辛亥	辛巳		庚辰		正甲申

大事記

正月，魏揚州刺史文欽、鎮東將軍毌丘儉起兵壽春，討司馬師，兵敗，欽奔吴，儉被斬，夷三族。　二月，吴丞相孫峻攻壽春，不克而還。司馬師卒，弟昭自為大將軍、錄尚書事。　八月，蜀姜維攻魏，至枹罕，大敗魏師於洮西，進圍狄道，魏大發兵救援，維退至鐘提。　是歲，管輅卒(208—255)。

三國紀年

干支丙子　公元256年

朝代或國名	國家支配者	建都	廟號	謚號	建元	年號年次	輔政者	備注
魏國	④曹髦	洛陽			2	2甘露元年		六月朔改元
蜀國	②劉禪	成都		後主	4	2延熙19年		
吴國	②孫亮	建業			3	3太平元年		十月己酉改元
南匈奴	㉒劉豹					41年		
鮮卑	①拓跋力微	五原		神元皇帝		37年		
高句麗	⑫然弗	丸都城				9年		吉林

月　曆　表(建寅)

4969—354—1814959

月干支序數	月序＼星期	日	1	2	3	4	5	6	日	1	2	3	4	5	6	日	1	2	3	4	5	6	日	1	2	3	4	5	6	日	1	2	3	4	5	6	日	月末陽曆
27	正				⑮	2	3	4	5	6	7	8	9	10	11	12	13	14	15	16	17	18	19	20	21	22	23	24	25	26	27	28	29	30				3.13
28	二						㊺	2	3	4	5	6	7	8	9	10	11	12	13	14	15	16	17	18	19	20	21	22	23	24	25	26	27	28	29			4.11
29	三							⑭	2	3	4	5	6	7	8	9	10	11	12	13	14	15	16	17	18	19	20	21	22	23	24	25	26	27	28	29	30	5.11
30	四		㊹	2	3	4	5	6	7	8	9	10	11	12	13	14	15	16	17	18	19	20	21	22	23	24	25	26	27	28	29							6.9
31	五			⑬	2	3	4	5	6	7	8	9	10	11	12	13	14	15	16	17	18	19	20	21	22	23	24	25	26	27	28	29	30					7.9
32	六					㊸	2	3	4	5	6	7	8	9	10	11	12	13	14	15	16	17	18	19	20	21	22	23	24	25	26	27	28	29				8.7
33	七						⑫	2	3	4	5	6	7	8	9	10	11	12	13	14	15	16	17	18	19	20	21	22	23	24	25	26	27	28	29	30		9.6
34	八	㊷	2	3	4	5	6	7	8	9	10	11	12	13	14	15	16	17	18	19	20	21	22	23	24	25	26	27	28	29								10.5
35	九		⑪	2	3	4	5	6	7	8	9	10	11	12	13	14	15	16	17	18	19	20	21	22	23	24	25	26	27	28	29	30						11.4
36	十				㊶	2	3	4	5	6	7	8	9	10	11	12	13	14	15	16	17	18	19	20	21	22	23	24	25	26	27	28	29					12.3
37	十一					⑩	2	3	4	5	6	7	8	9	10	11	12	13	14	15	16	17	18	19	20	21	22	23	24	25	26	27	28	29	30			1.2
38	十二							㊵	2	3	4	5	6	7	8	9	10	11	12	13	14	15	16	17	18	19	20	21	22	23	24	25	26	27	28	29		1.31

李兆洛《紀元甲子表》以甘露為元帝奂年號，誤。

朔閏異同表

	正	二	三	四	五	六	七	八	九	十	十一	十二	閏
魏	戊寅	戊申	丁丑	丁未	丙子	丙午	乙亥	乙巳	甲戌	甲辰	癸酉	癸卯	
蜀	己卯		戊寅		丁丑		丙子	丙午	乙亥	己巳	甲戌	甲辰	

大事記

正月，蜀漢以姜維為大將軍。　七月，姜維出祁山，趨上邽，魏鄧艾大破之於段谷。　八月，司馬昭加大都督，奏事不名，假黄鉞。吴孫峻遣將攻魏。　九月，吴孫峻卒，軍還。孫綝輔政。　十月，吴內訌，孫綝殺滕胤等，夷三族，改元太平。　十一月，綝為大將軍。王肅卒(195—256)。肅為名經學家，著有《周易》、《尚書》、《毛詩》、《周禮》、《儀禮》、《禮記》、《左傳》、《國語》、《孝經》、《論語》等注。皇甫謐(215—282)編成《針灸甲乙經》，當在此時前後。

三國紀年

干支丁丑　公元257年

朝代或國名	國家支配者	建都	廟號	謚號	建元	年號年次	輔政者	備注
魏國	④曹髦	洛陽			2	2甘露2年		
蜀國	②劉禪	成都		後主	4	2延熙20年		
吴國	②孫亮	建業			3	3太平2年		
南匈奴	㉒劉豹					42年		
鮮卑	①拓跋力微	五原		神元皇帝		38年		
高句麗	⑫然弗	丸都城				10年		吉林

月曆表(建寅)

4970—384—1815343

月干支序數	月序＼星期	日	1	2	3	4	5	6	日	1	2	3	4	5	6	日	1	2	3	4	5	6	日	1	2	3	4	5	6	日	1	2	3	4	5	6	日	月末陽曆
39	正	⑨	2	3	4	5	6	7	8	9	10	11	12	13	14	15	16	17	18	19	20	21	22	23	24	25	26	27	28	29	30							3.2
40	二			㊴	2	3	4	5	6	7	8	9	10	11	12	13	14	15	16	17	18	19	20	21	22	23	24	25	26	27	28	29	30					4.1
41	三					⑨	2	3	4	5	6	7	8	9	10	11	12	13	14	15	16	17	18	19	20	21	22	23	24	25	26	27	28	29				4.30
42	四						㊳	2	3	4	5	6	7	8	9	10	11	12	13	14	15	16	17	18	19	20	21	22	23	24	25	26	27	28	29	30		5.30
43	五	⑧	2	3	4	5	6	7	8	9	10	11	12	13	14	15	16	17	18	19	20	21	22	23	24	25	26	27	28	29								6.28
44	六		㊲	2	3	4	5	6	7	8	9	10	11	12	13	14	15	16	17	18	19	20	21	22	23	24	25	26	27	28	29	30						7.28
45	七				⑦	2	3	4	5	6	7	8	9	10	11	12	13	14	15	16	17	18	19	20	21	22	23	24	25	26	27	28	29					8.26
46	八					㊱	2	3	4	5	6	7	8	9	10	11	12	13	14	15	16	17	18	19	20	21	22	23	24	25	26	27	28	29	30			9.25
47	九							⑥	2	3	4	5	6	7	8	9	10	11	12	13	14	15	16	17	18	19	20	21	22	23	24	25	26	27	28	29		10.24
48	十	㉟	2	3	4	5	6	7	8	9	10	11	12	13	14	15	16	17	18	19	20	21	22	23	24	25	26	27	28	29	30							11.23
	閏			⑤	2	3	4	5	6	7	8	9	10	11	12	13	14	15	16	17	18	19	20	21	22	23	24	25	26	27	28	29						12.22
49	十一				㉞	2	3	4	5	6	7	8	9	10	11	12	13	14	15	16	17	18	19	20	21	22	23	24	25	26	27	28	29	30				1.21
50	十二						④	2	3	4	5	6	7	8	9	10	11	12	13	14	15	16	17	18	19	20	21	22	23	24	25	26	27	28	29			2.19

朔閏異同表(吴正月朔癸酉)

	正	二	三	四	五	六	七	八	九	十	十一	十二	閏
魏	壬申	壬寅	壬申	辛丑	辛未	庚子	庚午	己亥	己巳	戊戌	丁酉	丁卯	十戊辰
蜀	癸酉	癸卯		壬寅		辛丑		庚子		戊辰	戊戌	戊辰	九己亥

大事記

四月，魏玄菟高顯縣吏民起義，殺縣令。　五月，魏征東大將軍諸葛誕稱臣於吳，據壽春討司馬昭；司馬昭奉魏帝及太后之命討之，吳遣兵援誕。　六月，吳夏口督孫壹奔魏，蜀漢姜維出駱谷攻魏。　七月，魏圍諸葛誕於壽春，吳孫綝大發兵救之，屢為魏所敗，引還。　八月，吳會稽南部亂，殺都尉；鄱陽、新都民亦起義。

譙周(201—270)作《仇國論》以諷姜維。

三國紀年

干支戊寅　公元 258 年

朝代或國名	國家支配者	建　都	廟號	謚　號	建元	年號年次	輔政者	備　注
魏國	④曹髦	洛陽			2	2 甘露 3 年		
蜀國	②劉禪	成都		後主	4	3 景耀元年		
吳國	③孫休	建業		景	1	永安元年		十月己卯改元
南匈奴	㉒劉豹					43 年		
鮮卑	①拓跋力微	盛樂		神元皇帝		39 年		
高句麗	⑫然弗	丸都城				11 年		吉林

月　曆　表(建　寅)

4971—354—1815697

月干支序數	月序 \ 星期	日	1	2	3	4	5	6	日	1	2	3	4	5	6	日	1	2	3	4	5	6	日	1	2	3	4	5	6	日	1	2	3	4	5	6	日	月末陽曆
51	正							㉝	2	3	4	5	6	7	8	9	10	11	12	13	14	15	16	17	18	19	20	21	22	23	24	25	26	27	28	29	30	3.21
52	二		③	2	3	4	5	6	7	8	9	10	11	12	13	14	15	16	17	18	19	20	21	22	23	24	25	26	27	28	29							4.19
53	三			㉜	2	3	4	5	6	7	8	9	10	11	12	13	14	15	16	17	18	19	20	21	22	23	24	25	26	27	28	29	30					5.19
54	四					②	2	3	4	5	6	7	8	9	10	11	12	13	14	15	16	17	18	19	20	21	22	23	24	25	26	27	28	29				6.17
55	五						㉛	2	3	4	5	6	7	8	9	10	11	12	13	14	15	16	17	18	19	20	21	22	23	24	25	26	27	28	29	30		7.17
56	六	①	2	3	4	5	6	7	8	9	10	11	12	13	14	15	16	17	18	19	20	21	22	23	24	25	26	27	28	29	30							8.16
57	七			㉛	2	3	4	5	6	7	8	9	10	11	12	13	14	15	16	17	18	19	20	21	22	23	24	25	26	27	28	29						9.14
58	八				(60)	2	3	4	5	6	7	8	9	10	11	12	13	14	15	16	17	18	19	20	21	22	23	24	25	26	27	28	29	30				10.14
59	九						㉚	2	3	4	5	6	7	8	9	10	11	12	13	14	15	16	17	18	19	20	21	22	23	24	25	26	27	28	29			11.12
60	十							(59)	2	3	4	5	6	7	8	9	10	11	12	13	14	15	16	17	18	19	20	21	22	23	24	25	26	27	28	29	30	12.12
1	十一		㉙	2	3	4	5	6	7	8	9	10	11	12	13	14	15	16	17	18	19	20	21	22	23	24	25	26	27	28	29							1.10
2	十二			(58)	2	3	4	5	6	7	8	9	10	11	12	13	14	15	16	17	18	19	20	21	22	23	24	25	26	27	28	29	30					2.9

朔閏異同表(吳五月朔乙未，十月朔己卯)

	正	二	三	四	五	六	七	八	九	十	十一	十二	閏
魏	丙申	丙寅	乙未	乙丑	甲午	甲子	甲午	癸亥	癸巳	壬戌	壬辰	辛酉	
蜀	丁酉	丁卯	丙申	丙寅	乙未	乙丑		甲子		癸亥		壬戌	

大事記

二月，司馬昭破壽春，殺諸葛誕，吳援誕軍被俘及死者數萬。　五月，昭自為相國。蜀黃皓始專國政。　八月，魏行養老禮。　九月，吳孫綝廢吳帝為會稽王。　十月，立瑯邪王孫休，是為景帝，改元永安，以綝為丞相。吳令減輕吏役。十二月，吳景帝殺孫綝，夷三族。吳置學官，立五經博士，令將吏子弟受業。

是歲，鮮卑拓跋力微率部衆移居盛樂。

三國紀年

干支己卯　公元 259 年

朝代或國名	國家支配者	建都	廟號	謚號	建元	年號年次	輔政者	備注
魏國	④曹髦	洛陽			2	2 甘露 4 年		
蜀國	②劉禪	成都		後主	4	3 景耀 2 年		
吳國	③孫休	建業		景	1	永安 2 年		
南匈奴	㉒劉豹					44 年		
鮮卑	①拓跋力微	盛樂		神元皇帝		40 年		
高句麗	⑫然弗	丸都城				12 年		吉林

月　曆　表（建寅）

4972－355－1816052

月干支序數	月序	日	1	2	3	4	5	6	日	1	2	3	4	5	6	日	1	2	3	4	5	6	日	1	2	3	4	5	6	日	1	2	3	4	5	6	日	月末陽曆
3	正					㉘	2	3	4	5	6	7	8	9	10	11	12	13	14	15	16	17	18	19	20	21	22	23	24	25	26	27	28	29				3.10
4	二						(57)	2	3	4	5	6	7	8	9	10	11	12	13	14	15	16	17	18	19	20	21	22	23	24	25	26	27	28	29	30		4.9
5	三	㉗	2	3	4	5	6	7	8	9	10	11	12	13	14	15	16	17	18	19	20	21	22	23	24	25	26	27	28	29								5.8
6	四		(56)	2	3	4	5	6	7	8	9	10	11	12	13	14	15	16	17	18	19	20	21	22	23	24	25	26	27	28	29	30						6.7
7	五				㉖	2	3	4	5	6	7	8	9	10	11	12	13	14	15	16	17	18	19	20	21	22	23	24	25	26	27	28	29					7.6
8	六					(55)	2	3	4	5	6	7	8	9	10	11	12	13	14	15	16	17	18	19	20	21	22	23	24	25	26	27	28	29	30			8.5
9	七							㉕	2	3	4	5	6	7	8	9	10	11	12	13	14	15	16	17	18	19	20	21	22	23	24	25	26	27	28	29		9.3
10	八	(54)	2	3	4	5	6	7	8	9	10	11	12	13	14	15	16	17	18	19	20	21	22	23	24	25	26	27	28	29	30							10.3
11	九			㉔	2	3	4	5	6	7	8	9	10	11	12	13	14	15	16	17	18	19	20	21	22	23	24	25	26	27	28	29	30					11.2
12	十					(54)	2	3	4	5	6	7	8	9	10	11	12	13	14	15	16	17	18	19	20	21	22	23	24	25	26	27	28	29				12.1
13	十一						㉓	2	3	4	5	6	7	8	9	10	11	12	13	14	15	16	17	18	19	20	21	22	23	24	25	26	27	28	29	30		12.31
14	十二	(53)	2	3	4	5	6	7	8	9	10	11	12	13	14	15	16	17	18	19	20	21	22	23	24	25	26	27	28	29								1.29

朔閏異同表（吳八月朔戊午）

	正	二	三	四	五	六	七	八	九	十	十一	十二	閏
魏	辛卯	庚申	庚寅	己未	己丑	戊午	戊子	丁巳	丁亥	丁巳	丙戌	丙辰	
蜀		辛酉		庚申	庚寅	己未	己丑	戊午	戊子		丁亥		

大事記

- 三月，吳備九卿官。吳以租稅過重，吏民營兵多務商賈，令諸卿、尚書議興農桑。　魏攻高句麗，不克。

三國紀年

干支庚辰　公元 260 年

朝代或國名	國家支配者	建都	廟號	謚號	建元	年號年次	輔政者	備注
魏國	⑤曹奐	洛陽		元	2	1 景元元年		六月改元
蜀國	②劉禪	成都		後主	4	3 景耀 3 年		
吳國	③孫休	建業		景	1	永安 3 年		
南匈奴	㉒劉豹					45 年		
鮮卑	①拓跋力微	盛樂		神元皇帝		41 年		
高句麗	⑫然弗	丸都城				13 年		吉林

月　曆　表(建　寅)　　4973—384—1816436

月干支序數	月序＼星期	日	1	2	3	4	5	6	日	1	2	3	4	5	6	日	1	2	3	4	5	6	日	1	2	3	4	5	6	日	1	2	3	4	5	6	日	月末陽曆
15	正		㉒	2	3	4	5	6	7	8	9	10	11	12	13	14	15	16	17	18	19	20	21	22	23	24	25	26	27	28	29	30						2.28
16	二				(52)	2	3	4	5	6	7	8	9	10	11	12	13	14	15	16	17	18	19	20	21	22	23	24	25	26	27	28	29					3.28
17	三					㉑	2	3	4	5	6	7	8	9	10	11	12	13	14	15	16	17	18	19	20	21	22	23	24	25	26	27	28	29	30			4.27
18	四							(51)	2	3	4	5	6	7	8	9	10	11	12	13	14	15	16	17	18	19	20	21	22	23	24	25	26	27	28	29		5.26
19	五	⑳	2	3	4	5	6	7	8	9	10	11	12	13	14	15	16	17	18	19	20	21	22	23	24	25	26	27	28	29	30							6.25
20	六			㊿	2	3	4	5	6	7	8	9	10	11	12	13	14	15	16	17	18	19	20	21	22	23	24	25	26	27	28	29						7.24
21	七				⑲	2	3	4	5	6	7	8	9	10	11	12	13	14	15	16	17	18	19	20	21	22	23	24	25	26	27	28	29	30				8.23
	閏						㊾	2	3	4	5	6	7	8	9	10	11	12	13	14	15	16	17	18	19	20	21	22	23	24	25	26	27	28	29			9.21
22	八							⑱	2	3	4	5	6	7	8	9	10	11	12	13	14	15	16	17	18	19	20	21	22	23	24	25	26	27	28	29	30	10.21
23	九		㊽	2	3	4	5	6	7	8	9	10	11	12	13	14	15	16	17	18	19	20	21	22	23	24	25	26	27	28	29							11.19
24	十			⑰	2	3	4	5	6	7	8	9	10	11	12	13	14	15	16	17	18	19	20	21	22	23	24	25	26	27	28	29	30					12.19
25	十一					㊼	2	3	4	5	6	7	8	9	10	11	12	13	14	15	16	17	18	19	20	21	22	23	24	25	26	27	28	29				1.17
26	十二						⑯	2	3	4	5	6	7	8	9	10	11	12	13	14	15	16	17	18	19	20	21	22	23	24	25	26	27	28	29	30		2.16

正月朔，陳垣乙酉，董作賓丙戌，以後的三、五、七、閏、八、九、十、十一、十二月董皆推後一日。

朔閏異同表(吳十二月朔庚辰)

	正	二	三	四	五	六	七	八	九	十	十一	十二	閏
魏	乙酉	乙卯	甲申	甲寅	癸未	癸丑	壬午	辛丑	辛亥	庚辰	庚戌	己卯	七壬子
蜀	丙戌		乙酉		甲申		癸未	壬午	壬子	辛巳	辛亥	庚辰	七癸丑

大事記

三月，吳作浦裏塘。　五月，曹髦討司馬昭，不克，被成濟所殺死，司馬昭追廢為庶人。　六月，立常道鄉公(陳留王)璜，更名奂，改元景元。　是歲，鮮卑索頭部貢質於魏。朱士行至于闐求法。

三 國 紀 年　　干支辛巳　公元261年

朝代或國名	國家支配者	建都	廟號	謚號	建元	年號年次	輔政者	備注
魏國	⑤曹奂	洛陽		元	2	1景元2年		
蜀國	②劉禪	成都		後主	4	3景耀4年		
吳國	③孫休	建業		景	1	永安4年		
南匈奴	㉒劉豹					46年		
鮮卑	①拓跋力微	盛樂		神元皇帝		42年		
高句麗	⑫然弗	丸都城				14年		吉林

月　曆　表(建　寅)　　4974—354—1816790

月干支序數	月序＼星期	日	1	2	3	4	5	6	日	1	2	3	4	5	6	日	1	2	3	4	5	6	日	1	2	3	4	5	6	日	1	2	3	4	5	6	日	月末陽曆
27	正	㊻	2	3	4	5	6	7	8	9	10	11	12	13	14	15	16	17	18	19	20	21	22	23	24	25	26	27	28	29	30							3.18
28	二			⑯	2	3	4	5	6	7	8	9	10	11	12	13	14	15	16	17	18	19	20	21	22	23	24	25	26	27	28	29						4.16
29	三				㊺	2	3	4	5	6	7	8	9	10	11	12	13	14	15	16	17	18	19	20	21	22	23	24	25	26	27	28	29	30				5.16

續表

月干支序數	月序＼星期	日	1	2	3	4	5	6	日	1	2	3	4	5	6	日	1	2	3	4	5	6	日	1	2	3	4	5	6	日	1	2	3	4	5	6	日	月末陽曆
30	四						⑮	2	3	4	5	6	7	8	9	10	11	12	13	14	15	16	17	18	19	20	21	22	23	24	25	26	27	28	29				6.14
31	五							㊹	2	3	4	5	6	7	8	9	10	11	12	13	14	15	16	17	18	19	20	21	22	23	24	25	26	27	28	29	30		7.14
32	六		⑭	2	3	4	5	6	7	8	9	10	11	12	13	14	15	16	17	18	19	20	21	22	23	24	25	26	27	28	29								8.12
33	七			㊸	2	3	4	5	6	7	8	9	10	11	12	13	14	15	16	17	18	19	20	21	22	23	24	25	26	27	28	29	30						9.11
34	八					⑬	2	3	4	5	6	7	8	9	10	11	12	13	14	15	16	17	18	19	20	21	22	23	24	25	26	27	28	29					10.10
35	九						㊷	2	3	4	5	6	7	8	9	10	11	12	13	14	15	16	17	18	19	20	21	22	23	24	25	26	27	28	29	30			11.9
36	十	⑫	2	3	4	5	6	7	8	9	10	11	12	13	14	15	16	17	18	19	20	21	22	23	24	25	26	27	28	29									12.8
37	十一		㊶	2	3	4	5	6	7	8	9	10	11	12	13	14	15	16	17	18	19	20	21	22	23	24	25	26	27	28	29	30							1.7
38	十二				⑪	2	3	4	5	6	7	8	9	10	11	12	13	14	15	16	17	18	19	20	21	22	23	24	25	26	27	28	29						2.5

正、三、五、七、九、十一、十二月朔，董作賓皆推後一日。

朔閏異同表

	正	二	三	四	五	六	七	八	九	十	十一	十二	閏
魏	己酉	己卯	戊申	戊寅	丁未	丁丑	丙午	丙子	乙巳	乙亥	甲辰	甲戌	
蜀	庚戌		己酉		戊申		丁未		丙午		乙巳	乙亥	

大事記

七月，樂浪外夷韓、濊貊獻於魏。　　是歲，鮮卑索頭部大人拓跋力微遣其子沙漠汗獻於魏，因留為質。

三國紀年

干支壬午　公元 262 年

朝代或國名	國家支配者	建都	廟號	謚號	建元	年號年次	輔政者	備注
魏國	⑤曹奐	洛陽		元	2	1 景元 3 年		
蜀國	②劉禪	成都		後主	4	3 景耀 5 年		
吴國	③孫休	建業		景	1	永安 5 年		
南匈奴	㉒劉豹					47 年		
鮮卑	①拓跋力微	盛樂		神元皇帝		43 年		
高句麗	⑫然弗	丸都城				15 年		吉林

月曆表（建寅）

4975－354－1817144

月干支序數	月序＼星期	日	1	2	3	4	5	6	日	1	2	3	4	5	6	日	1	2	3	4	5	6	日	1	2	3	4	5	6	日	1	2	3	4	5	6	日	月末陽曆
39	正					㊵	2	3	4	5	6	7	8	9	10	11	12	13	14	15	16	17	18	19	20	21	22	23	24	25	26	27	28	29	30				3.7
40	二							⑩	2	3	4	5	6	7	8	9	10	11	12	13	14	15	16	17	18	19	20	21	22	23	24	25	26	27	28	29			4.5
41	三	㊴	2	3	4	5	6	7	8	9	10	11	12	13	14	15	16	17	18	19	20	21	22	23	24	25	26	27	28	29	30								5.5
42	四			⑨	2	3	4	5	6	7	8	9	10	11	12	13	14	15	16	17	18	19	20	21	22	23	24	25	26	27	28	29							6.3
43	五				㊳	2	3	4	5	6	7	8	9	10	11	12	13	14	15	16	17	18	19	20	21	22	23	24	25	26	27	28	29	30					7.3
44	六						⑧	2	3	4	5	6	7	8	9	10	11	12	13	14	15	16	17	18	19	20	21	22	23	24	25	26	27	28	29	30			8.2
45	七	㊳	2	3	4	5	6	7	8	9	10	11	12	13	14	15	16	17	18	19	20	21	22	23	24	25	26	27	28	29									8.31
46	八		⑦	2	3	4	5	6	7	8	9	10	11	12	13	14	15	16	17	18	19	20	21	22	23	24	25	26	27	28	29	30							9.30
47	九				㊲	2	3	4	5	6	7	8	9	10	11	12	13	14	15	16	17	18	19	20	21	22	23	24	25	26	27	28	29						10.29

續表

月干支序數	月序＼星期	日	1	2	3	4	5	6	日	1	2	3	4	5	6	日	1	2	3	4	5	6	日	1	2	3	4	5	6	日	1	2	3	4	5	6	日	月末陽曆
48	十					⑥	2	3	4	5	6	7	8	9	10	11	12	13	14	15	16	17	18	19	20	21	22	23	24	25	26	27	28	29	30			11.28
49	十一							㊱	2	3	4	5	6	7	8	9	10	11	12	13	14	15	16	17	18	19	20	21	22	23	24	25	26	27	28	29		12.27
50	十二	⑤	2	3	4	5	6	7	8	9	10	11	12	13	14	15	16	17	18	19	20	21	22	23	24	25	26	27	28	29	30							1.26

正、二、三、四、五、六、八、十、十二月朔，董作賓皆推後一日。

朔閏異同表(吳五月朔壬寅)

	正	二	三	四	五	六	七	八	九	十	十一	十二	閏
魏	癸卯	癸酉	壬寅	壬申	辛丑	辛未	辛丑	庚午	庚子	己巳	己亥	戊辰	
蜀	甲辰	甲戌	癸卯	癸酉	壬寅	壬申		辛未		庚午		己巳	

大事記

四月，魏遼東郡言肅慎氏貢楛矢、石砮、弓鎧、貂皮。　　十月，蜀漢姜維攻魏洮陽，鄧艾敗之於侯和，維退沓中。魏中散大夫稽康(223—262)被司馬昭殺害。魏以鍾會都督關中諸軍事。

三國紀年

干支癸未　公元 263 年

朝代或國名	國家支配者	建都	廟號	謚號	建元	年號年次	輔政者	備注
魏國	⑤曹奐	洛陽		元	2	1 景元 4 年		
蜀國	②劉禪	成都		後主	4	4 炎興元年		八月改元，十一月亡，降於魏
吳國	③孫休	建業		景	1	永安 6 年		
南匈奴	㉒劉豹					48 年		
鮮卑	①拓跋力微	盛樂		神元皇帝		44 年		
高句麗	⑫然弗	丸都城				16 年		吉林

月　　曆　　表(建寅)

4976—384—1817528

月干支序數	月序＼星期	日	1	2	3	4	5	6	日	1	2	3	4	5	6	日	1	2	3	4	5	6	日	1	2	3	4	5	6	日	1	2	3	4	5	6	日	月末陽曆
51	正			㉟	2	3	4	5	6	7	8	9	10	11	12	13	14	15	16	17	18	19	20	21	22	23	24	25	26	27	28	29						2.24
52	二				④	2	3	4	5	6	7	8	9	10	11	12	13	14	15	16	17	18	19	20	21	22	23	24	25	26	27	28	29	30				3.26
53	三						㉞	2	3	4	5	6	7	8	9	10	11	12	13	14	15	16	17	18	19	20	21	22	23	24	25	26	27	28	29			4.24
	閏							③	2	3	4	5	6	7	8	9	10	11	12	13	14	15	16	17	18	19	20	21	22	23	24	25	26	27	28	29	30	5.24
54	四		㉝	2	3	4	5	6	7	8	9	10	11	12	13	14	15	16	17	18	19	20	21	22	23	24	25	26	27	28	29							6.22
55	五			②	2	3	4	5	6	7	8	9	10	11	12	13	14	15	16	17	18	19	20	21	22	23	24	25	26	27	28	29	30					7.22
56	六					㉜	2	3	4	5	6	7	8	9	10	11	12	13	14	15	16	17	18	19	20	21	22	23	24	25	26	27	28	29				8.20
57	七						①	2	3	4	5	6	7	8	9	10	11	12	13	14	15	16	17	18	19	20	21	22	23	24	25	26	27	28	29	30		9.19
58	八	㉛	2	3	4	5	6	7	8	9	10	11	12	13	14	15	16	17	18	19	20	21	22	23	24	25	26	27	28	29	30							10.19
59	九			①	2	3	4	5	6	7	8	9	10	11	12	13	14	15	16	17	18	19	20	21	22	23	24	25	26	27	28	29						11.17
60	十				㉚	2	3	4	5	6	7	8	9	10	11	12	13	14	15	16	17	18	19	20	21	22	23	24	25	26	27	28	29	30				12.17
1	十一						(60)	2	3	4	5	6	7	8	9	10	11	12	13	14	15	16	17	18	19	20	21	22	23	24	25	26	27	28	29			1.15
2	十二							㉙	2	3	4	5	6	7	8	9	10	11	12	13	14	15	16	17	18	19	20	21	22	23	24	25	26	27	28	29	30	2.14

二月朔,陳垣丁卯,董作賓戊辰。

朔閏異同表(吳七月朔乙丑)

	正	二	三	四	五	六	七	八	九	十	十一	十二	閏
魏	戊戌	丁卯	丁酉	丙申	乙丑	乙未	甲子	甲午	甲子	癸巳	癸亥	壬辰	三丙寅
蜀		戊辰	戊戌	丁卯	丙寅	丙申	乙丑	乙未		甲午		癸巳	四丁酉

大事記

五月,吳交趾民起事,郡吏呂興殺太守孫諝,九真、日南皆響應。 八月,魏鍾會、鄧艾率兵分道攻蜀漢。蜀改元炎興。 十月,吳以漢告急,遣將攻魏。魏司馬昭為相國、晉公,加九錫。 十一月,魏鄧艾至成都,劉禪出降,敕姜維降於鍾會,蜀亡。魏分益州為梁州。魏得戶28萬,口94萬,甲士102 000。 阮籍卒(210—263)。 是歲,數學家劉徽給著名數學著作《九章算術》作注解,他在圓周率的計算方法上,開闢了一條新的途徑。他還寫了一部《海島算經》,是我國關於測量學的最早著作。

三國紀年

干支甲申　公元264年

朝代或國名	國家支配者	建都	廟號	謚號	建元	年號年次	輔政者	備注
魏國	⑤曹奐	洛陽		元	2	2咸熙元年		五月甲戌改元
吳國	④孫皓	建業		末	8	1元興元年		七月改元
南匈奴	㉒劉豹					49年		
鮮卑	①拓跋力微	盛樂		神元皇帝		45年		
高句麗	⑫然弗	丸都城				17年		吉林

月曆表(建寅)

4977－354－1817882

月干支序數	月序 \ 星期	日	1	2	3	4	5	6	日	1	2	3	4	5	6	日	1	2	3	4	5	6	日	1	2	3	4	5	6	日	1	2	3	4	5	6	日	月末陽曆
3	正		(59)	2	3	4	5	6	7	8	9	10	11	12	13	14	15	16	17	18	19	20	21	22	23	24	25	26	27	28	29							3.14
4	二			㉘	2	3	4	5	6	7	8	9	10	11	12	13	14	15	16	17	18	19	20	21	22	23	24	25	26	27	28	29	30					4.13
5	三					(58)	2	3	4	5	6	7	8	9	10	11	12	13	14	15	16	17	18	19	20	21	22	23	24	25	26	27	28	29				5.12
6	四						㉗	2	3	4	5	6	7	8	9	10	11	12	13	14	15	16	17	18	19	20	21	22	23	24	25	26	27	28	29	30		6.11
7	五	(57)	2	3	4	5	6	7	8	9	10	11	12	13	14	15	16	17	18	19	20	21	22	23	24	25	26	27	28	29								7.10
8	六		㉖	2	3	4	5	6	7	8	9	10	11	12	13	14	15	16	17	18	19	20	21	22	23	24	25	26	27	28	29	30						8.9
9	七				(56)	2	3	4	5	6	7	8	9	10	11	12	13	14	15	16	17	18	19	20	21	22	23	24	25	26	27	28	29					9.7
10	八					㉕	2	3	4	5	6	7	8	9	10	11	12	13	14	15	16	17	18	19	20	21	22	23	24	25	26	27	28	29	30			10.7
11	九							(55)	2	3	4	5	6	7	8	9	10	11	12	13	14	15	16	17	18	19	20	21	22	23	24	25	26	27	28	29		11.5
12	十	㉔	2	3	4	5	6	7	8	9	10	11	12	13	14	15	16	17	18	19	20	21	22	23	24	25	26	27	28	29	30							12.5
13	十一			(54)	2	3	4	5	6	7	8	9	10	11	12	13	14	15	16	17	18	19	20	21	22	23	24	25	26	27	28	29						1.3
14	十二				㉓	2	3	4	5	6	7	8	9	10	11	12	13	14	15	16	17	18	19	20	21	22	23	24	25	26	27	28	29	30				2.2

大事記

正月,魏鍾會誣艾反,詔檻車征艾。會矯詔起兵廢司馬昭,兵亂,殺會及姜維(202—264)。監軍衛瓘使人殺鄧艾於途。 三月,司馬昭為晉王。遷劉禪於洛陽,封為安樂公。 四月,魏兵浮海入吳句章,掠長史及男女二百餘而還。 五月,司馬昭奏復五等爵。改元咸熙。 七月,司馬昭奏訂禮儀、法律、官制。吳分交州置廣州。吳郡鹽民暴動,殺司鹽校尉;廬陵、豫章民暴動。吳景帝卒,群臣迎立烏城侯皓,改元元興。 八月,魏命中撫軍司馬炎副貳相國事。 九月,魏以呂興為安南將軍,都督交州諸軍事,霍弋為交趾太守,率兵助之;兵未至,興為其部下所殺。魏遣使喻吳。 十一月,吳帝殺其丞相濮陽興等,夷三族。 是歲,魏罷屯田官,諸典農皆為太守,都尉皆為令長。

三國紀年

干支乙酉　公元 265 年

朝代或國名	國家支配者	建都	廟號	謚號	建元	年號年次	輔政者	備注
魏國	⑤曹奐	洛陽		元	2	2 咸熙 2 年		十二月禪位於晉
吴國	④孫皓	武昌		末	8	2 甘露元年		四月改
晉朝	①司馬炎	洛陽	世祖	武	4	1 泰始元年		十二月丙寅建元
南匈奴	㉒劉豹					50 年		
鮮卑	①拓跋力微	盛樂		神元皇帝		46 年		
高句麗	⑫然弗	丸都城				18 年		吉林

月　　曆　　表（建寅）

4978—384—1818266

月干支序數	月序＼星期	日	1	2	3	4	5	6	日	1	2	3	4	5	6	日	1	2	3	4	5	6	日	1	2	3	4	5	6	日	1	2	3	4	5	6	日	月末陽曆
15	正						(53)	2	3	4	5	6	7	8	9	10	11	12	13	14	15	16	17	18	19	20	21	22	23	24	25	26	27	28	29	30		3.4
16	二	㉓	2	3	4	5	6	7	8	9	10	11	12	13	14	15	16	17	18	19	20	21	22	23	24	25	26	27	28	29								4.2
17	三		(52)	2	3	4	5	6	7	8	9	10	11	12	13	14	15	16	17	18	19	20	21	22	23	24	25	26	27	28	29	30						5.2
18	四				㉒	2	3	4	5	6	7	8	9	10	11	12	13	14	15	16	17	18	19	20	21	22	23	24	25	26	27	28	29					5.31
19	五					(51)	2	3	4	5	6	7	8	9	10	11	12	13	14	15	16	17	18	19	20	21	22	23	24	25	26	27	28	29	30			6.30
20	六							㉑	2	3	4	5	6	7	8	9	10	11	12	13	14	15	16	17	18	19	20	21	22	23	24	25	26	27	28	29		7.29
21	七	㊿	2	3	4	5	6	7	8	9	10	11	12	13	14	15	16	17	18	19	20	21	22	23	24	25	26	27	28	29	30							8.28
22	八			⑳	2	3	4	5	6	7	8	9	10	11	12	13	14	15	16	17	18	19	20	21	22	23	24	25	26	27	28	29						9.26
23	九				㊾	2	3	4	5	6	7	8	9	10	11	12	13	14	15	16	17	18	19	20	21	22	23	24	25	26	27	28	29	30				10.26
24	十						⑲	2	3	4	5	6	7	8	9	10	11	12	13	14	15	16	17	18	19	20	21	22	23	24	25	26	27	28	29			11.24
25	十一							㊽	2	3	4	5	6	7	8	9	10	11	12	13	14	15	16	17	18	19	20	21	22	23	24	25	26	27	28	29	30	12.24
	閏		⑱	2	3	4	5	6	7	8	9	10	11	12	13	14	15	16	17	18	19	20	21	22	23	24	25	26	27	28	29							1.22
26	十二			㊼	2	3	4	5	6	7	8	9	10	11	12	13	14	15	16	17	18	19	20	21	22	23	24	25	26	27	28	29	30					2.21

劉氏長曆閏十二月。晉改《景初曆》為《泰始曆》。

大事記

三月，吴報書於魏。　四月，吴改元甘露。　五月，魏加司馬昭殊禮。　八月，司馬昭卒，子司馬炎襲爵嗣位。十月，吴遷都武昌，揚州民泝流供給，甚苦之。冬，大宛、康居獻馬於魏。　十二月，司馬炎迫魏帝曹奐禪位，廢為陳留王，易魏為晉，改元泰始，是為晉武帝。晉大封宗室，授以職位；除魏宗室禁錮，罷部曲將及長吏納質任。晉初置諫官，以散騎常侍傅玄等為之。玄請崇禮教，退虚誕，以肅士風。

三國紀年

干支丙戌　公元 266 年

朝代或國名	國家支配者	建都	廟號	謚號	建元	年號年次	輔政者	備注
吴國	④孫皓	建業		末	8	3 寶鼎元年		八月改元
晉朝	①司馬炎	洛陽	世祖	武	4	1 泰始 2 年		
南匈奴	㉒劉豹					51 年		
鮮卑	①拓跋力微	盛樂		神元皇帝		47 年		
高句麗	⑫然弗	丸都城				19 年		吉林

月　曆　表（建寅）　4979—354—1818620

月干支序數	月序＼星期	日	1	2	3	4	5	6	日	1	2	3	4	5	6	日	1	2	3	4	5	6	日	1	2	3	4	5	6	日	1	2	3	4	5	6	日	月末陽曆
27	正					⑰	2	3	4	5	6	7	8	9	10	11	12	13	14	15	16	17	18	19	20	21	22	23	24	25	26	27	28	29				3.22
28	二						㊻	2	3	4	5	6	7	8	9	10	11	12	13	14	15	16	17	18	19	20	21	22	23	24	25	26	27	28	29	30		4.21
29	三	⑯	2	3	4	5	6	7	8	9	10	11	12	13	14	15	16	17	18	19	20	21	22	23	24	25	26	27	28	29								5.20
30	四		㊺	2	3	4	5	6	7	8	9	10	11	12	13	14	15	16	17	18	19	20	21	22	23	24	25	26	27	28	29	30						6.19
31	五				⑮	2	3	4	5	6	7	8	9	10	11	12	13	14	15	16	17	18	19	20	21	22	23	24	25	26	27	28	29	30				7.19
32	六						㊺	2	3	4	5	6	7	8	9	10	11	12	13	14	15	16	17	18	19	20	21	22	23	24	25	26	27	28	29			8.17
33	七							⑭	2	3	4	5	6	7	8	9	10	11	12	13	14	15	16	17	18	19	20	21	22	23	24	25	26	27	28	29	30	9.16
34	八		㊹	2	3	4	5	6	7	8	9	10	11	12	13	14	15	16	17	18	19	20	21	22	23	24	25	26	27	28	29							10.15
35	九			⑬	2	3	4	5	6	7	8	9	10	11	12	13	14	15	16	17	18	19	20	21	22	23	24	25	26	27	28	29	30					11.14
36	十					㊸	2	3	4	5	6	7	8	9	10	11	12	13	14	15	16	17	18	19	20	21	22	23	24	25	26	27	28	29				12.13
37	十一						⑫	2	3	4	5	6	7	8	9	10	11	12	13	14	15	16	17	18	19	20	21	22	23	24	25	26	27	28	29	30		1.12
38	十二	㊷	2	3	4	5	6	7	8	9	10	11	12	13	14	15	16	17	18	19	20	21	22	23	24	25	26	27	28	29								2.10

吳四月朔為己酉。汪氏長術十一月朔己亥，誤。

大事記

正月，吳遣使吊司馬昭喪。　二月，晉除漢宗室禁錮。　十月，吳永安民施旦等起事，劫吳帝庶弟孫謙至建業，衆萬餘人；旦旋敗死，謙自殺，吳帝殺謙母及弟。　十一月，倭人獻於晉。罷山陽公國督軍，除禁制。　十二月，吳帝還都建業，使黄門料取將吏女，大臣子女歲歲上名，年十五六簡閲，不中乃得出嫁。晉罷農官為郡縣。

三國紀年　干支丁亥　公元 267 年

朝代或國名	國家支配者	建都	廟號	謚號	建元	年號年次	輔政者	備注
吳國	④孫皓	建業		末	8	3 寶鼎 2 年		
晉朝	①司馬炎	洛陽	世祖	武	4	1 泰始 3 年		
南匈奴	㉒劉豹					52 年		
鮮卑	①拓跋力微	盛樂		神元皇帝		48 年		
高句麗	⑫然弗	丸都城				20 年		吉林

月　曆　表（建寅）　4980—355—1818975

月干支序數	月序＼星期	日	1	2	3	4	5	6	日	1	2	3	4	5	6	日	1	2	3	4	5	6	日	1	2	3	4	5	6	日	1	2	3	4	5	6	日	月末陽曆
39	正		⑪	2	3	4	5	6	7	8	9	10	11	12	13	14	15	16	17	18	19	20	21	22	23	24	25	26	27	28	29	30						3.12
40	二				㊶	2	3	4	5	6	7	8	9	10	11	12	13	14	15	16	17	18	19	20	21	22	23	24	25	26	27	28	29					4.10
41	三					⑩	2	3	4	5	6	7	8	9	10	11	12	13	14	15	16	17	18	19	20	21	22	23	24	25	26	27	28	29	30			5.10
42	四							㊵	2	3	4	5	6	7	8	9	10	11	12	13	14	15	16	17	18	19	20	21	22	23	24	25	26	27	28	29		6.8
43	五	⑨	2	3	4	5	6	7	8	9	10	11	12	13	14	15	16	17	18	19	20	21	22	23	24	25	26	27	28	29	30							7.8
44	六			㊴	2	3	4	5	6	7	8	9	10	11	12	13	14	15	16	17	18	19	20	21	22	23	24	25	26	27	28	29						8.6
45	七				⑧	2	3	4	5	6	7	8	9	10	11	12	13	14	15	16	17	18	19	20	21	22	23	24	25	26	27	28	29	30				9.5
46.	八						㊳	2	3	4	5	6	7	8	9	10	11	12	13	14	15	16	17	18	19	20	21	22	23	24	25	26	27	28	29	30		10.5
47	九	⑧	2	3	4	5	6	7	8	9	10	11	12	13	14	15	16	17	18	19	20	21	22	23	24	25	26	27	28	29								11.3

續表

月干支序數	星期／月序	日	1	2	3	4	5	6	日	1	2	3	4	5	6	日	1	2	3	4	5	6	日	1	2	3	4	5	6	日	1	2	3	4	5	6	日	月末陽曆
48	十		㊲	2	3	4	5	6	7	8	9	10	11	12	13	14	15	16	17	18	19	20	21	22	23	24	25	26	27	28	29	30						12.3
49	十一				⑦	2	3	4	5	6	7	8	9	10	11	12	13	14	15	16	17	18	19	20	21	22	23	24	25	26	27	28	29					1.1
50	十二					㊱	2	3	4	5	6	7	8	9	10	11	12	13	14	15	16	17	18	19	20	21	22	23	24	25	26	27	28	29	30			1.31

吴七月朔壬申。

大事記

六月，吴作昭明宫，郡守以下皆入山督伐大木，費以億萬計。　九月，晉禁星氣、讖讖之學。　晉增吏俸。　十二月，晉改封孔子後宗聖侯為奉聖亭侯。　是年，晉遣鮮卑拓跋沙漠汗還。

三國紀年

干支戊子　公元 268 年

朝代或國名	國家支配者	建都	廟號	謚號	建元	年號年次	輔政者	備注
吴國	④孫皓	建業		末	8	3 寶鼎 3 年		
晉朝	①司馬炎	洛陽	世祖	武	4	1 泰始 4 年		
南匈奴	㉒劉豹					53 年		
鮮卑	①拓跋力微	盛樂		神元皇帝		49 年		
高句麗	⑫然弗	丸都城				21 年		吉林

月曆表（建寅）

4981—384—1819359

月干支序數	星期／月序	日	1	2	3	4	5	6	日	1	2	3	4	5	6	日	1	2	3	4	5	6	日	1	2	3	4	5	6	日	1	2	3	4	5	6	日	月末陽曆
51	正							⑥	2	3	4	5	6	7	8	9	10	11	12	13	14	15	16	17	18	19	20	21	22	23	24	25	26	27	28	29		2.29
52	二	㉟	2	3	4	5	6	7	8	9	10	11	12	13	14	15	16	17	18	19	20	21	22	23	24	25	26	27	28	29	30							3.30
53	三			⑤	2	3	4	5	6	7	8	9	10	11	12	13	14	15	16	17	18	19	20	21	22	23	24	25	26	27	28	29						4.28
54	四				㉞	2	3	4	5	6	7	8	9	10	11	12	13	14	15	16	17	18	19	20	21	22	23	24	25	26	27	28	29	30				5.28
55	五						④	2	3	4	5	6	7	8	9	10	11	12	13	14	15	16	17	18	19	20	21	22	23	24	25	26	27	28	29			6.26
56	六							㉝	2	3	4	5	6	7	8	9	10	11	12	13	14	15	16	17	18	19	20	21	22	23	24	25	26	27	28	29	30	7.26
57	七		③	2	3	4	5	6	7	8	9	10	11	12	13	14	15	16	17	18	19	20	21	22	23	24	25	26	27	28	29							8.24
58	八			㉜	2	3	4	5	6	7	8	9	10	11	12	13	14	15	16	17	18	19	20	21	22	23	24	25	26	27	28	29	30					9.23
	閏					②	2	3	4	5	6	7	8	9	10	11	12	13	14	15	16	17	18	19	20	21	22	23	24	25	26	27	28	29				10.22
59	九						㉛	2	3	4	5	6	7	8	9	10	11	12	13	14	15	16	17	18	19	20	21	22	23	24	25	26	27	28	29	30		11.21
60	十	①	2	3	4	5	6	7	8	9	10	11	12	13	14	15	16	17	18	19	20	21	22	23	24	25	26	27	28	29								12.20
1	十一		㉚	2	3	4	5	6	7	8	9	10	11	12	13	14	15	16	17	18	19	20	21	22	23	24	25	26	27	28	29	30						1.19
2	十二				(60)	2	3	4	5	6	7	8	9	10	11	12	13	14	15	16	17	18	19	20	21	22	23	24	25	26	27	28	29	30				2.18

吴十一月朔甲午。

大事記

正月，晉賈充修律令成。　九月，晉青、徐、兖、豫四州大水。十月，吴攻晉江夏、襄陽、芍陂，皆敗還。吴遣劉俊、修則等爭交州，為晉將毛炅所破，皆死。　十一月，晉詔舉賢良方正之士。扶南、林邑各奉獻於晉。

三國紀年

干支己丑　公元269年

朝代或國名	國家支配者	建都	廟號	謚號	建元	年號年次	輔政者	備注
吳國	④孫皓	建業		末	8	4建衡元年		十月改元
晉朝	①司馬炎	洛陽	世祖	武	4	1泰始5年		
南匈奴	㉒劉豹					54年		
鮮卑	①拓跋力微	盛樂		神元皇帝		50年		
仇池氏	①楊茂搜	成縣西				元年		甘肅
高句麗	⑫然弗	丸都城				22年		吉林

月曆表(建寅)

4982—354—1819713

月干支序數	月序＼星期	日	1	2	3	4	5	6	日	1	2	3	4	5	6	日	1	2	3	4	5	6	日	1	2	3	4	5	6	日	1	2	3	4	5	6	日	月末陽曆
3	正						㉚	2	3	4	5	6	7	8	9	10	11	12	13	14	15	16	17	18	19	20	21	22	23	24	25	26	27	28	29			3.19
4	二							(59)	2	3	4	5	6	7	8	9	10	11	12	13	14	15	16	17	18	19	20	21	22	23	24	25	26	27	28	29	30	4.18
5	三		㉙	2	3	4	5	6	7	8	9	10	11	12	13	14	15	16	17	18	19	20	21	22	23	24	25	26	27	28	29							5.17
6	四			(58)	2	3	4	5	6	7	8	9	10	11	12	13	14	15	16	17	18	19	20	21	22	23	24	25	26	27	28	29	30					6.16
7	五					㉘	2	3	4	5	6	7	8	9	10	11	12	13	14	15	16	17	18	19	20	21	22	23	24	25	26	27	28	29				7.15
8	六						(57)	2	3	4	5	6	7	8	9	10	11	12	13	14	15	16	17	18	19	20	21	22	23	24	25	26	27	28	29	30		8.14
9	七	㉗	2	3	4	5	6	7	8	9	10	11	12	13	14	15	16	17	18	19	20	21	22	23	24	25	26	27	28	29								9.12
10	八		(56)	2	3	4	5	6	7	8	9	10	11	12	13	14	15	16	17	18	19	20	21	22	23	24	25	26	27	28	29	30						10.12
11	九				㉖	2	3	4	5	6	7	8	9	10	11	12	13	14	15	16	17	18	19	20	21	22	23	24	25	26	27	28	29					11.10
12	十					(55)	2	3	4	5	6	7	8	9	10	11	12	13	14	15	16	17	18	19	20	21	22	23	24	25	26	27	28	29	30			12.10
13	十一							㉕	2	3	4	5	6	7	8	9	10	11	12	13	14	15	16	17	18	19	20	21	22	23	24	25	26	27	28	29		1.8
14	十二	(54)	2	3	4	5	6	7	8	9	10	11	12	13	14	15	16	17	18	19	20	21	22	23	24	25	26	27	28	29	30							2.7

大事記

正月，晉申戒郡國，務盡地利，禁游食商販。　二月，晉以鮮卑降者數萬居雍、涼間，特分雍、涼、梁三州置秦州，命刺史鎮撫之。晉羊祜都督荆州，墾田八百餘頃。晉申諸令史黜賞令。　十月，吳改元建衡。　十一月，吳相陸凱卒(198—269)。吳遣虞汜、薛珝、陶璜督兵爭交州。　十二月，晉詔州郡舉勇猛秀異之才。

三國紀年

干支庚寅　公元270年

朝代或國名	國家支配者	建都	廟號	謚號	建元	年號年次	輔政者	備注
吳國	④孫皓	建業		末	8	4建衡2年		
晉朝	①司馬炎	洛陽	世祖	武	4	1泰始6年		
南匈奴	㉒劉豹					55年		
鮮卑	①拓跋力微	盛樂		神元皇帝		51年		
仇池氏	①楊茂搜	成縣西				2年		甘肅
高句麗	⑬西川王藥盧	丸都城				元年		吉林

月　曆　表(建寅)　　4983—354—1820067

月干支序數	月序＼星期	日	1	2	3	4	5	6	日	1	2	3	4	5	6	日	1	2	3	4	5	6	日	1	2	3	4	5	6	日	1	2	3	4	5	6	日	月末陽曆
15	正			㉔	2	3	4	5	6	7	8	9	10	11	12	13	14	15	16	17	18	19	20	21	22	23	24	25	26	27	28	29						3.8
16	二				(53)	2	3	4	5	6	7	8	9	10	11	12	13	14	15	16	17	18	19	20	21	22	23	24	25	26	27	28	29	30				4.7
17	三						㉓	2	3	4	5	6	7	8	9	10	11	12	13	14	15	16	17	18	19	20	21	22	23	24	25	26	27	28	29			5.6
18	四							(52)	2	3	4	5	6	7	8	9	10	11	12	13	14	15	16	17	18	19	20	21	22	23	24	25	26	27	28	29	30	6.5
19	五		㉒	2	3	4	5	6	7	8	9	10	11	12	13	14	15	16	17	18	19	20	21	22	23	24	25	26	27	28	29	30						7.5
20	六				(52)	2	3	4	5	6	7	8	9	10	11	12	13	14	15	16	17	18	19	20	21	22	23	24	25	26	27	28	29					8.3
21	七					㉑	2	3	4	5	6	7	8	9	10	11	12	13	14	15	16	17	18	19	20	21	22	23	24	25	26	27	28	29	30			9.2
22	八							(51)	2	3	4	5	6	7	8	9	10	11	12	13	14	15	16	17	18	19	20	21	22	23	24	25	26	27	28	29		10.1
23	九	⑳	2	3	4	5	6	7	8	9	10	11	12	13	14	15	16	17	18	19	20	21	22	23	24	25	26	27	28	29	30							10.31
24	十			㊿	2	3	4	5	6	7	8	9	10	11	12	13	14	15	16	17	18	19	20	21	22	23	24	25	26	27	28	29						11.29
25	十一				⑲	2	3	4	5	6	7	8	9	10	11	12	13	14	15	16	17	18	19	20	21	22	23	24	25	26	27	28	29	30				12.29
26	十二						㊾	2	3	4	5	6	7	8	9	10	11	12	13	14	15	16	17	18	19	20	21	22	23	24	25	26	27	28	29			1.27

吳四月朔丙辰。

大事記

正月,吳擾晉渦口。　四月,吳以陸抗都督西方諸軍以備晉。　六月,鮮卑禿發樹機能侵隴右,秦州刺史胡烈與戰於萬斛堆,敗死。　九月,大宛、焉耆各遣使奉獻於晉。　十二月,吳夏口督孫秀奔晉。　是年,南匈奴五部居并州諸郡。譙周卒(201—270),周著有《古史考》、《蜀本紀》、《三巴記》及《論語注》等書。

三國紀年　　干支辛卯　公元 271 年

朝代或國名	國家支配者	建都	廟號	謚號	建元	年號年次	輔政者	備注
吳國	④孫皓	建業		末	8	4 建衡 3 年		
晉朝	①司馬炎	洛陽	世祖	武	4	1 泰始 7 年		
南匈奴	㉒劉豹					56 年		
鮮卑	①拓跋力微	盛樂		神元皇帝		52 年		
仇池氏	①楊茂搜	成縣西				3 年		甘肅
高句麗	⑬藥盧	丸都城				2 年		吉林

月　曆　表(建寅)　　4984—384—1820451

月干支序數	月序＼星期	日	1	2	3	4	5	6	日	1	2	3	4	5	6	日	1	2	3	4	5	6	日	1	2	3	4	5	6	日	1	2	3	4	5	6	日	月末陽曆
27	正							⑱	2	3	4	5	6	7	8	9	10	11	12	13	14	15	16	17	18	19	20	21	22	23	24	25	26	27	28	29	30	2.26
28	二		㊽	2	3	4	5	6	7	8	9	10	11	12	13	14	15	16	17	18	19	20	21	22	23	24	25	26	27	28	29							3.27
29	三			⑰	2	3	4	5	6	7	8	9	10	11	12	13	14	15	16	17	18	19	20	21	22	23	24	25	26	27	28	29	30					4.26
30	四					㊼	2	3	4	5	6	7	8	9	10	11	12	13	14	15	16	17	18	19	20	21	22	23	24	25	26	27	28	29				5.25
31	五						⑯	2	3	4	5	6	7	8	9	10	11	12	13	14	15	16	17	18	19	20	21	22	23	24	25	26	27	28	29	30		6.24
	閏	㊻	2	3	4	5	6	7	8	9	10	11	12	13	14	15	16	17	18	19	20	21	22	23	24	25	26	27	28	29								7.23
32	六		⑮	2	3	4	5	6	7	8	9	10	11	12	13	14	15	16	17	18	19	20	21	22	23	24	25	26	27	28	29	30						8.22
33	七				㊺	2	3	4	5	6	7	8	9	10	11	12	13	14	15	16	17	18	19	20	21	22	23	24	25	26	27	28	29	30				9.21

續表

月干支序數	月序＼星期	日	1	2	3	4	5	6	日	1	2	3	4	5	6	日	1	2	3	4	5	6	日	1	2	3	4	5	6	日	1	2	3	4	5	6	日	月末陽曆
34	八						⑮	2	3	4	5	6	7	8	9	10	11	12	13	14	15	16	17	18	19	20	21	22	23	24	25	26	27	28	29				10.20
35	九							㊹	2	3	4	5	6	7	8	9	10	11	12	13	14	15	16	17	18	19	20	21	22	23	24	25	26	27	28	29	30		11.19
36	十		⑭	2	3	4	5	6	7	8	9	10	11	12	13	14	15	16	17	18	19	20	21	22	23	24	25	26	27	28	29								12.18
37	十一			㊸	2	3	4	5	6	7	8	9	10	11	12	13	14	15	16	17	18	19	20	21	22	23	24	25	26	27	28	29	30						1.17
38	十二					⑬	2	3	4	5	6	7	8	9	10	11	12	13	14	15	16	17	18	19	20	21	22	23	24	25	26	27	28	29					2.15

吳六月朔己卯。

大事記

正月，匈奴右賢王劉猛叛晉出塞。吳帝孫皓大舉兵圖攻晉，晉遣將屯壽春拒之，吳師中道罷。吳孫秀部下五千人降晉。三月，裴秀卒(224—271)。　四月，吳交州刺史陶璜襲殺晉九真太守。北地胡結鮮卑樹機能攻金城，晉涼州刺史牽弘拒之，敗死。　五月，晉雍、涼、秦三州饑。　七月，吳陶璜等破交趾，俘晉將楊稷、毛炅，炅不屈死，九真、日南皆還屬於吳。八月，晉分益州南中四郡置寧州。　十一月，劉猛攻并州，州兵敗之。吳改明年為鳳凰元年。　是年，晉安樂公劉禪卒。

三國紀年

干支壬辰　公元 272 年

朝代或國名	國家支配者	建都	廟號	謚號	建元	年號年次	輔政者	備注
吳國	④孫皓	建業		末	8	5 鳳凰元年		
晉朝	①司馬炎	洛陽	世祖	武	4	1 泰始 8 年		
南匈奴	㉒劉豹					57 年		
鮮卑	①拓跋力微	盛樂		神元皇帝		53 年		
鐵弗匈奴	①誥升爰	朔方				元年		
仇池氏	①楊茂搜	成縣西				4 年		甘肅
高句麗	⑬藥盧	丸都城				3 年		吉林

月曆表(建寅)

4985—355—1820806

月干支序數	月序＼星期	日	1	2	3	4	5	6	日	1	2	3	4	5	6	日	1	2	3	4	5	6	日	1	2	3	4	5	6	日	1	2	3	4	5	6	日	月末陽曆
39	正						㊷	2	3	4	5	6	7	8	9	10	11	12	13	14	15	16	17	18	19	20	21	22	23	24	25	26	27	28	29	30			3.16
40	二	⑫	2	3	4	5	6	7	8	9	10	11	12	13	14	15	16	17	18	19	20	21	22	23	24	25	26	27	28	29									4.14
41	三		㊶	2	3	4	5	6	7	8	9	10	11	12	13	14	15	16	17	18	19	20	21	22	23	24	25	26	27	28	29	30							5.14
42	四				⑪	2	3	4	5	6	7	8	9	10	11	12	13	14	15	16	17	18	19	20	21	22	23	24	25	26	27	28	29						6.12
43	五					㊵	2	3	4	5	6	7	8	9	10	11	12	13	14	15	16	17	18	19	20	21	22	23	24	25	26	27	28	29	30				7.12
44	六							⑩	2	3	4	5	6	7	8	9	10	11	12	13	14	15	16	17	18	19	20	21	22	23	24	25	26	27	28	29			8.10
45	七	㊴	2	3	4	5	6	7	8	9	10	11	12	13	14	15	16	17	18	19	20	21	22	23	24	25	26	27	28	29	30								9.9
46	八			⑨	2	3	4	5	6	7	8	9	10	11	12	13	14	15	16	17	18	19	20	21	22	23	24	25	26	27	28	29							10.8
47	九				㊳	2	3	4	5	6	7	8	9	10	11	12	13	14	15	16	17	18	19	20	21	22	23	24	25	26	27	28	29	30					11.7
48	十						⑧	2	3	4	5	6	7	8	9	10	11	12	13	14	15	16	17	18	19	20	21	22	23	24	25	26	27	28	29				12.6
49	十一							㊲	2	3	4	5	6	7	8	9	10	11	12	13	14	15	16	17	18	19	20	21	22	23	24	25	26	27	28	29	30		1.5
50	十二		⑦	2	3	4	5	6	7	8	9	10	11	12	13	14	15	16	17	18	19	20	21	22	23	24	25	26	27	28	29	30							2.4

吳十一月朔辛丑。

大事記

正月，晉誘匈奴左部帥李恪殺劉猛降晉。夏，汶山白馬胡侵掠諸種，晉益州刺史皇甫晏擊之，牙門將張弘等殺晏，縱兵抄掠，廣漢太守王濬擊斬弘，夷三族；以濬為益州刺史。　七月，晉以賈充為司空、侍中、尚書令。　八月，吳西陵督步闡降晉，陸抗遣將圍之，晉援闡之兵不得進。　十月，晉敦煌功曹宋質拒州命，立令狐豐為太守，刺史楊頎討之，敗。　十一月，步闡敗被殺，夷三族。　是年，晉王濬大造艦船以備伐吳。

三國紀年

干支癸巳　公元 273 年

朝代或國名	國家支配者	建都	廟號	謚號	建元	年號年次	輔政者	備注
吳國	④孫皓	建業		末	8	5 鳳凰 2 年		
晉朝	①司馬炎	洛陽	世祖	武	4	1 泰始 9 年		
南匈奴	㉒劉豹					58 年		
鮮卑	①拓跋力微	盛樂		神元皇帝		54 年		
鐵弗匈奴	①誥升爰	朔方				2 年		
仇池氐	①楊茂搜	成縣西				5 年		甘肅
高句麗	⑬藥盧	丸都城				4 年		吉林

月　曆　表（建寅）

4986—354—1821160

月干支序數	星期／月序	日	1	2	3	4	5	6	日	1	2	3	4	5	6	日	1	2	3	4	5	6	日	1	2	3	4	5	6	日	1	2	3	4	5	6	日	月末陽曆
51	正				㊲	2	3	4	5	6	7	8	9	10	11	12	13	14	15	16	17	18	19	20	21	22	23	24	25	26	27	28	29					3.5
52	二					⑥	2	3	4	5	6	7	8	9	10	11	12	13	14	15	16	17	18	19	20	21	22	23	24	25	26	27	28	29	30			4.4
53	三							㊱	2	3	4	5	6	7	8	9	10	11	12	13	14	15	16	17	18	19	20	21	22	23	24	25	26	27	28	29		5.3
54	四	⑤	2	3	4	5	6	7	8	9	10	11	12	13	14	15	16	17	18	19	20	21	22	23	24	25	26	27	28	29	30							6.2
55	五			㉟	2	3	4	5	6	7	8	9	10	11	12	13	14	15	16	17	18	19	20	21	22	23	24	25	26	27	28	29						7.1
56	六				④	2	3	4	5	6	7	8	9	10	11	12	13	14	15	16	17	18	19	20	21	22	23	24	25	26	27	28	29	30				7.31
57	七						㉞	2	3	4	5	6	7	8	9	10	11	12	13	14	15	16	17	18	19	20	21	22	23	24	25	26	27	28	29			8.29
58	八							③	2	3	4	5	6	7	8	9	10	11	12	13	14	15	16	17	18	19	20	21	22	23	24	25	26	27	28	29	30	9.28
59	九		㉝	2	3	4	5	6	7	8	9	10	11	12	13	14	15	16	17	18	19	20	21	22	23	24	25	26	27	28	29							10.27
60	十			②	2	3	4	5	6	7	8	9	10	11	12	13	14	15	16	17	18	19	20	21	22	23	24	25	26	27	28	29	30					11.26
1	十一					㉜	2	3	4	5	6	7	8	9	10	11	12	13	14	15	16	17	18	19	20	21	22	23	24	25	26	27	28	29				12.25
2	十二						①	2	3	4	5	6	7	8	9	10	11	12	13	14	15	16	17	18	19	20	21	22	23	24	25	26	27	28	29	30		1.24

大事記

三月，吳以陸抗為大司馬、荆州牧。　四月，吳帝殺左國史韋昭。昭撰有《吳書》、《國語注》、《漢書音義》等書。　七月，吳圍晉弋陽，敗還。鮮卑攻晉廣寧，殺掠五千人。晉選公卿以下女備六宮，採擇未畢，禁國內婚嫁。　十月，晉詔女年十七，父母不遣嫁者，使長吏配之。

三國紀年

干支甲午　公元 274 年

朝代或國名	國家支配者	建都	廟號	謚號	建元	年號年次	輔政者	備注
吳國	④孫皓	建業		末	8	5 鳳凰 3 年		
晉朝	①司馬炎	洛陽	世祖	武	4	1 泰始 10 年		
南匈奴	㉒劉豹					59 年		

續表

朝代或國名	國家支配者	建　都	廟　號	謚　號	建　元	年號年次	輔 政 者	備　注
鮮卑	①拓跋力微	盛樂		神元皇帝		55 年		
鐵弗匈奴	①誥升爰	朔方				3 年		
仇池氏	①楊茂搜	成縣西				6 年		甘肅
高句麗	⑬藥盧	丸都城				5 年		吉林

月　曆　表(建寅)

4987—384—1821544

月干支序數	月序＼星期	日	1	2	3	4	5	6	日	1	2	3	4	5	6	日	1	2	3	4	5	6	日	1	2	3	4	5	6	日	1	2	3	4	5	6	日	月末陽曆
3	正	㉛	2	3	4	5	6	7	8	9	10	11	12	13	14	15	16	17	18	19	20	21	22	23	24	25	26	27	28	29								2.22
	閏		(60)	2	3	4	5	6	7	8	9	10	11	12	13	14	15	16	17	18	19	20	21	22	23	24	25	26	27	28	29	30						3.24
4	二				㉚	2	3	4	5	6	7	8	9	10	11	12	13	14	15	16	17	18	19	20	21	22	23	24	25	26	27	28	29					4.22
5	三					(59)	2	3	4	5	6	7	8	9	10	11	12	13	14	15	16	17	18	19	20	21	22	23	24	25	26	27	28	29	30			5.22
6	四							㉙	2	3	4	5	6	7	8	9	10	11	12	13	14	15	16	17	18	19	20	21	22	23	24	25	26	27	28	29	30	6.21
7	五		(59)	2	3	4	5	6	7	8	9	10	11	12	13	14	15	16	17	18	19	20	21	22	23	24	25	26	27	28	29							7.20
8	六			㉘	2	3	4	5	6	7	8	9	10	11	12	13	14	15	16	17	18	19	20	21	22	23	24	25	26	27	28	29	30					8.19
9	七					(58)	2	3	4	5	6	7	8	9	10	11	12	13	14	15	16	17	18	19	20	21	22	23	24	25	26	27	28	29				9.17
10	八						㉗	2	3	4	5	6	7	8	9	10	11	12	13	14	15	16	17	18	19	20	21	22	23	24	25	26	27	28	29	30		10.17
11	九	(57)	2	3	4	5	6	7	8	9	10	11	12	13	14	15	16	17	18	19	20	21	22	23	24	25	26	27	28	29								11.15
12	十		㉖	2	3	4	5	6	7	8	9	10	11	12	13	14	15	16	17	18	19	20	21	22	23	24	25	26	27	28	29	30						12.15
13	十一				(56)	2	3	4	5	6	7	8	9	10	11	12	13	14	15	16	17	18	19	20	21	22	23	24	25	26	27	28	29					1.13
14	十二					㉕	2	3	4	5	6	7	8	9	10	11	12	13	14	15	16	17	18	19	20	21	22	23	24	25	26	27	28	29	30			2.12

吳三月朔癸亥。晉劉智編成《劉智曆》,亦名《正曆》。

大事記

正月,晉分幽州置平州。　三月,晉詔取良家及小將吏女五千人入宮。夏,吳帝以謠言章安侯孫奮當為天子,殺之,并及其五子。臨海太守奚熙非議國政,吳帝遣兵收之,熙發兵拒守,為部下所殺,夷三族。　七月,吳大司馬陸抗卒(226—274),遺表請重視西防。吳將孟泰、王嗣降晉。　八月,晉涼州羌胡攻金城,為晉兵所破,其帥乞文泥等敗死。晉鑿陜南山,決河東注洛以通漕運。　九月,晉攻破吳枳里城,吳攻晉江夏,敗還。晉杜預建河橋於孟津。　十二月,吳將嚴聰等降晉。

三國紀年

干支乙未　公元 275 年

朝代或國名	國家支配者	建　都	廟　號	謚　號	建　元	年號年次	輔政者	備　注
吳國	④孫皓	建業		末	8	6 天册元年		
晉朝	①司馬炎	洛陽	世祖	武	4	2 咸寧元年		
南匈奴	㉒劉豹					60 年		
鮮卑	①拓跋力微	盛樂		神元皇帝		56 年		
鐵弗匈奴	①誥升爰	朔方				4 年		
仇池氏	①楊茂搜	成縣西				7 年		
高句麗	⑬藥盧	丸都城				6 年		吉林

月　曆　表（建寅）　4988—354—1821898

月干支序數	月序＼星期	日	1	2	3	4	5	6	日	1	2	3	4	5	6	日	1	2	3	4	5	6	日	1	2	3	4	5	6	日	1	2	3	4	5	6	日	月末陽曆
15	正							(55)	2	3	4	5	6	7	8	9	10	11	12	13	14	15	16	17	18	19	20	21	22	23	24	25	26	27	28	29			3.13
16	二	㉔	2	3	4	5	6	7	8	9	10	11	12	13	14	15	16	17	18	19	20	21	22	23	24	25	26	27	28	29	30								4.12
17	三			(54)	2	3	4	5	6	7	8	9	10	11	12	13	14	15	16	17	18	19	20	21	22	23	24	25	26	27	28	29							5.11
18	四				㉓	2	3	4	5	6	7	8	9	10	11	12	13	14	15	16	17	18	19	20	21	22	23	24	25	26	27	28	29	30					6.10
19	五						(53)	2	3	4	5	6	7	8	9	10	11	12	13	14	15	16	17	18	19	20	21	22	23	24	25	26	27	28	29				7.9
20	六							㉒	2	3	4	5	6	7	8	9	10	11	12	13	14	15	16	17	18	19	20	21	22	23	24	25	26	27	28	29	30		8.8
21	七		(52)	2	3	4	5	6	7	8	9	10	11	12	13	14	15	16	17	18	19	20	21	22	23	24	25	26	27	28	29	30							9.7
22	八				㉒	2	3	4	5	6	7	8	9	10	11	12	13	14	15	16	17	18	19	20	21	22	23	24	25	26	27	28	29						10.6
23	九					(51)	2	3	4	5	6	7	8	9	10	11	12	13	14	15	16	17	18	19	20	21	22	23	24	25	26	27	28	29	30				11.5
24	十							㉑	2	3	4	5	6	7	8	9	10	11	12	13	14	15	16	17	18	19	20	21	22	23	24	25	26	27	28	29			12.4
25	十一	㊿	2	3	4	5	6	7	8	9	10	11	12	13	14	15	16	17	18	19	20	21	22	23	24	25	26	27	28	29	30								1.3
26	十二			⑳	2	3	4	5	6	7	8	9	10	11	12	13	14	15	16	17	18	19	20	21	22	23	24	25	26	27	28	29							2.1

大事記

正月，晉改元咸寧；吳改元天册。　二月，鮮卑樹機能降於晉。　六月，鮮卑拓跋力微復遣子沙漠汗獻於晉。吳攻晉江夏。晉西域戊己校尉馬循破鮮卑，殺其渠帥。　九月，徐州大水。　十二月，晉洛陽大疫，死者萬數，故廢正旦朝賀。

三國紀年　干支丙申　公元 276 年

朝代或國名	國家支配者	建都	廟號	謚號	建元	年號年次	輔政者	備注
吳國	①孫晧	建業		末	8	7 天璽元年		七月改元
晉朝	①司馬炎	洛陽	世祖	武	4	2 咸寧 2 年		
南匈奴	㉒劉豹					61 年		
鮮卑	①拓跋力微	盛樂		神元皇帝		57 年		
鐵弗匈奴	①誥升爰	朔方				5 年		
仇池氐	①楊茂搜	成縣西				8 年		甘肅
高句麗	⑬藥盧	丸都城				7 年		吉林

月　曆　表（建寅）　4989—384—1822282

月干支序數	月序＼星期	日	1	2	3	4	5	6	日	1	2	3	4	5	6	日	1	2	3	4	5	6	日	1	2	3	4	5	6	日	1	2	3	4	5	6	日	月末陽曆
27	正				㊾	2	3	4	5	6	7	8	9	10	11	12	13	14	15	16	17	18	19	20	21	22	23	24	25	26	27	28	29	30					3.2
28	二						⑲	2	3	4	5	6	7	8	9	10	11	12	13	14	15	16	17	18	19	20	21	22	23	24	25	26	27	28	29				3.31
29	三							㊽	2	3	4	5	6	7	8	9	10	11	12	13	14	15	16	17	18	19	20	21	22	23	24	25	26	27	28	29	30		4.30
30	四		⑱	2	3	4	5	6	7	8	9	10	11	12	13	14	15	16	17	18	19	20	21	22	23	24	25	26	27	28	29								5.29
31	五			㊼	2	3	4	5	6	7	8	9	10	11	12	13	14	15	16	17	18	19	20	21	22	23	24	25	26	27	28	29	30						6.28
32	六					⑰	2	3	4	5	6	7	8	9	10	11	12	13	14	15	16	17	18	19	20	21	22	23	24	25	26	27	28	29					7.27
33	七						㊻	2	3	4	5	6	7	8	9	10	11	12	13	14	15	16	17	18	19	20	21	22	23	24	25	26	27	28	29	30			8.26
34	八	⑯	2	3	4	5	6	7	8	9	10	11	12	13	14	15	16	17	18	19	20	21	22	23	24	25	26	27	28	29									9.24
35	九		㊺	2	3	4	5	6	7	8	9	10	11	12	13	14	15	16	17	18	19	20	21	22	23	24	25	26	27	28	29	30							10.24

續表

月干支序數	星期/月序	日	1	2	3	4	5	6	日	1	2	3	4	5	6	日	1	2	3	4	5	6	日	1	2	3	4	5	6	日	1	2	3	4	5	6	日	月末陽曆
	閏				⑮	2	3	4	5	6	7	8	9	10	11	12	13	14	15	16	17	18	19	20	21	22	23	24	25	26	27	28	29						11.22
36	十					㊹	2	3	4	5	6	7	8	9	10	11	12	13	14	15	16	17	18	19	20	21	22	23	24	25	26	27	28	29	30				12.22
37	十一							⑭	2	3	4	5	6	7	8	9	10	11	12	13	14	15	16	17	18	19	20	21	22	23	24	25	26	27	28	29	30		1.21
38	十二		㊹	2	3	4	5	6	7	8	9	10	11	12	13	14	15	16	17	18	19	20	21	22	23	24	25	26	27	28	29								2.19

劉氏長曆十月朔為戊寅，閏十月朔為戊申。

大事記

二月，東夷八國附於晉，并州鮮卑侵晉邊，監并州諸軍事胡奮擊破之。令狐豐死，弟弘為敦煌太守，涼州刺史楊頎擊殺之。　五月，晉汝陰王司馬駿敗北胡，殺其帥吐敦。晉立國子學。　六月，吳京下督孫楷奔晉。　七月，吳改元天璽。東夷十七國附於晉。鮮卑阿羅多等擾晉邊，西域戊己校尉馬循擊破之，殺鮮卑四千餘人，獲生口九千餘人，阿羅多等請降。八月，吳預改明年為天紀元年。晉以賈充為太尉。　十月，晉以羊祜請伐吳，晉加祜征南大將軍。　十二月，晉以后父楊駿為車騎大將軍。

三國紀年　　　干支丁酉　公元 277 年

朝代或國名	國家支配者	建都	廟號	謚號	建元	年號年次	輔政者	備注
吳國	④孫皓	建業		末	8	8 天紀元年		
晉朝	①司馬炎	洛陽	世祖	武	4	2 咸寧 3 年		
南匈奴	㉒劉豹					62 年		
鮮卑	①拓跋力微	盛樂		神元皇帝		58 年		卒
鐵弗匈奴	①誥升爰	朔方				6 年		
仇池氐	①楊茂搜	成縣西				9 年		甘肅
高句麗	⑬藥盧	丸都城				8 年		吉林

月曆表（建寅）　　　4990—354—1822636

月干支序數	星期/月序	日	1	2	3	4	5	6	日	1	2	3	4	5	6	日	1	2	3	4	5	6	日	1	2	3	4	5	6	日	1	2	3	4	5	6	日	月末陽曆
39	正			⑬	2	3	4	5	6	7	8	9	10	11	12	13	14	15	16	17	18	19	20	21	22	23	24	25	26	27	28	29	30						3.21
40	二					㊸	2	3	4	5	6	7	8	9	10	11	12	13	14	15	16	17	18	19	20	21	22	23	24	25	26	27	28	29					4.19
41	三						⑫	2	3	4	5	6	7	8	9	10	11	12	13	14	15	16	17	18	19	20	21	22	23	24	25	26	27	28	29	30			5.19
42	四	㊷	2	3	4	5	6	7	8	9	10	11	12	13	14	15	16	17	18	19	20	21	22	23	24	25	26	27	28	29									6.17
43	五		⑪	2	3	4	5	6	7	8	9	10	11	12	13	14	15	16	17	18	19	20	21	22	23	24	25	26	27	28	29	30							7.17
44	六				㊶	2	3	4	5	6	7	8	9	10	11	12	13	14	15	16	17	18	19	20	21	22	23	24	25	26	27	28	29						8.15
45	七					⑩	2	3	4	5	6	7	8	9	10	11	12	13	14	15	16	17	18	19	20	21	22	23	24	25	26	27	28	29	30				9.14
46	八							㊵	2	3	4	5	6	7	8	9	10	11	12	13	14	15	16	17	18	19	20	21	22	23	24	25	26	27	28	29			10.13
47	九	⑨	2	3	4	5	6	7	8	9	10	11	12	13	14	15	16	17	18	19	20	21	22	23	24	25	26	27	28	29	30								11.12
48	十			㊴	2	3	4	5	6	7	8	9	10	11	12	13	14	15	16	17	18	19	20	21	22	23	24	25	26	27	28	29							12.11
49	十一				⑧	2	3	4	5	6	7	8	9	10	11	12	13	14	15	16	17	18	19	20	21	22	23	24	25	26	27	28	29	30					1.10
50	十二						㊳	2	3	4	5	6	7	8	9	10	11	12	13	14	15	16	17	18	19	20	21	22	23	24	25	26	27	28	29				2.8

大事記

三月，晉平虜護軍文鴦擊破樹機能，降諸胡二十餘萬口。　五月，吳將邵顗等帥七千餘人降晉。　七月，晉改封子弟宗室諸王，分封邑為三等，按等置軍。　八月，晉遣諸王就國。　九月，晉兗、豫、青、徐、荆、益、梁七州大水。　十二月，吳攻晉江夏、汝南，掠千餘家。鮮卑拓跋力微死，沙漠汗為部人所殺，拓跋氏中衰。是歲，西北雜胡及匈奴、鮮卑、五谿蠻、東夷三國各率種人部落附於晉。　張華奏《博物誌》於晉帝。

三國紀年　　干支戊戌　公元 278 年

朝代或國名	國家支配者	建都	廟號	謚號	建元	年號年次	輔政者	備注
吳國	④孫皓	建業		末	8	8 天紀 2 年		
晉朝	①司馬炎	洛陽	世祖	武	4	2 咸寧 4 年		
南匈奴	㉒劉豹					63 年		卒年無考?
鮮卑	②拓跋悉鹿	盛樂				元年		
鐵弗匈奴	①誥升爰	朔方				7 年		
仇池氐	①楊茂搜	成縣西				10 年		
高句麗	⑬藥盧	丸都城				9 年		吉林

月曆表（建寅）　　4991—355—1822991

月干支序數	星期/月序	日	1	2	3	4	5	6	日	1	2	3	4	5	6	日	1	2	3	4	5	6	日	1	2	3	4	5	6	日	1	2	3	4	5	6	日	月末陽曆
51	正							⑦	2	3	4	5	6	7	8	9	10	11	12	13	14	15	16	17	18	19	20	21	22	23	24	25	26	27	28	29	30	3.10
52	二		㊲	2	3	4	5	6	7	8	9	10	11	12	13	14	15	16	17	18	19	20	21	22	23	24	25	26	27	28	29	30						4.9
53	三				⑦	2	3	4	5	6	7	8	9	10	11	12	13	14	15	16	17	18	19	20	21	22	23	24	25	26	27	28	29					5.8
54	四					㊱	2	3	4	5	6	7	8	9	10	11	12	13	14	15	16	17	18	19	20	21	22	23	24	25	26	27	28	29	30			6.7
55	五							⑥	2	3	4	5	6	7	8	9	10	11	12	13	14	15	16	17	18	19	20	21	22	23	24	25	26	27	28	29		7.6
56	六	㉟	2	3	4	5	6	7	8	9	10	11	12	13	14	15	16	17	18	19	20	21	22	23	24	25	26	27	28	29	30							8.5
57	七			⑤	2	3	4	5	6	7	8	9	10	11	12	13	14	15	16	17	18	19	20	21	22	23	24	25	26	27	28	29						9.3
58	八				㉞	2	3	4	5	6	7	8	9	10	11	12	13	14	15	16	17	18	19	20	21	22	23	24	25	26	27	28	29	30				10.3
59	九						④	2	3	4	5	6	7	8	9	10	11	12	13	14	15	16	17	18	19	20	21	22	23	24	25	26	27	28	29			11.1
60	十							㉝	2	3	4	5	6	7	8	9	10	11	12	13	14	15	16	17	18	19	20	21	22	23	24	25	26	27	28	29	30	12.1
1	十一		③	2	3	4	5	6	7	8	9	10	11	12	13	14	15	16	17	18	19	20	21	22	23	24	25	26	27	28	29							12.30
2	十二			㉜	2	3	4	5	6	7	8	9	10	11	12	13	14	15	16	17	18	19	20	21	22	23	24	25	26	27	28	29	30					1.29

大事記

三月，東夷六國奉獻於晉。　六月，晉涼州刺史楊頎擊鮮卑於武陵，敗死。　七月，晉司州等七州大水，杜預上壞陂救災疏。晉以官牛四萬五千頭給民以任耕稼。　十月，晉遣將攻吳皖城，殺五千人，焚積穀百八十餘萬斛，踐稻田四千餘頃，毀船六百餘艘。　十一月，羊祜病篤(221—278)，舉杜預代督荆州。　是歲，東夷九國附於晉。傅玄卒(217—278)。

三國紀年　　干支己亥　公元 279 年

朝代或國名	國家支配者	建都	廟號	謚號	建元	年號年次	輔政者	備注
吳國	④孫皓	建業		末	8	8 天紀 3 年	張悌	
晉朝	①司馬炎	洛陽	世祖	武	4	2 咸寧 5 年		

續表

朝代或國名	國家支配者	建都	廟號	謚號	建元	年號年次	輔政者	備注
南匈奴	㉓劉淵							左部帥始?
鮮卑	②拓跋悉鹿	盛樂				2年		
鐵弗匈奴	①誥升爰	朔方				8年		
仇池氐	①楊茂搜	成縣西				11年		甘肅
高句麗	⑬藥盧	丸都城				10年		吉林

月　　曆　　表(建寅)　　4992－384－1823375

月干支序數	月序＼星期	日	1	2	3	4	5	6	日	1	2	3	4	5	6	日	1	2	3	4	5	6	日	1	2	3	4	5	6	日	1	2	3	4	5	6	日	月末陽曆
3	正					②	2	3	4	5	6	7	8	9	10	11	12	13	14	15	16	17	18	19	20	21	22	23	24	25	26	27	28	29				2.27
4	二						㉛	2	3	4	5	6	7	8	9	10	11	12	13	14	15	16	17	18	19	20	21	22	23	24	25	26	27	28	29	30		3.29
5	三	①	2	3	4	5	6	7	8	9	10	11	12	13	14	15	16	17	18	19	20	21	22	23	24	25	26	27	28	29								4.27
6	四		㉚	2	3	4	5	6	7	8	9	10	11	12	13	14	15	16	17	18	19	20	21	22	23	24	25	26	27	28	29	30						5.27
7	五				(60)	2	3	4	5	6	7	8	9	10	11	12	13	14	15	16	17	18	19	20	21	22	23	24	25	26	27	28	29					6.25
8	六					㉙	2	3	4	5	6	7	8	9	10	11	12	13	14	15	16	17	18	19	20	21	22	23	24	25	26	27	28	29	30			7.25
9	七							(59)	2	3	4	5	6	7	8	9	10	11	12	13	14	15	16	17	18	19	20	21	22	23	24	25	26	27	28	29	30	8.24
	閏		㉙	2	3	4	5	6	7	8	9	10	11	12	13	14	15	16	17	18	19	20	21	22	23	24	25	26	27	28	29							9.22
10	八			(58)	2	3	4	5	6	7	8	9	10	11	12	13	14	15	16	17	18	19	20	21	22	23	24	25	26	27	28	29	30					10.22
11	九					㉘	2	3	4	5	6	7	8	9	10	11	12	13	14	15	16	17	18	19	20	21	22	23	24	25	26	27	28	29				11.20
12	十						(57)	2	3	4	5	6	7	8	9	10	11	12	13	14	15	16	17	18	19	20	21	22	23	24	25	26	27	28	29	30		12.20
13	十一	㉗	2	3	4	5	6	7	8	9	10	11	12	13	14	15	16	17	18	19	20	21	22	23	24	25	26	27	28	29								1.18
14	十二		(56)	2	3	4	5	6	7	8	9	10	11	12	13	14	15	16	17	18	19	20	21	22	23	24	25	26	27	28	29	30						2.17

大事記

正月，鮮卑樹機能破涼州，晉使討虜護軍馬隆擊之。匈奴左部帥劉豹卒，子劉淵嗣。　三月，晉以劉淵為匈奴左部帥。四月，晉除部曲督以下質任。吳桂林太守修允死，部將郭馬、何典、王族等起事，攻殺廣州督、南海太守，逐刺史，郭馬自號都督交、廣二州諸軍事，使何典攻蒼梧，王族攻始興。　八月，吳大發兵擊之。　十月，匈奴余渠都督獨雍等帥部降晉。汲郡人不準(人名)掘魏王塚，得竹簡古書十餘萬言，藏於秘府。　十一月，晉大舉發兵，遣王渾、王濬等水陸六路攻吳。以賈充為持節大都督。　十二月，晉馬隆破鮮卑，殺樹機能，鮮卑大人猝拔韓、且萬能帥萬餘落降。晉司徒左長史傅咸上書，以公私貧困，由設官太多，請并官息役，上下務農。肅慎氏獻楛矢、石砮。

三國紀年　　干支庚子　公元280年

朝代或國名	國家支配者	建都	廟號	謚號	建元	年號年次	輔政者	備注
吳國	④孫皓	建業		末	8	8天紀4年		三月亡於晉
晉朝	①司馬炎	洛陽	世祖	武	4	3太康元年		四月乙酉改元
鮮卑	②拓跋悉鹿	盛樂				3年		
鐵弗匈奴	①誥升爰	朔方				9年		
仇池氐	①楊茂搜	成縣西				12年		甘肅
高句麗	⑬藥盧	丸都城				11年		吉林

月　曆　表(建寅)　4993－354－1823729

月干支序數	月序＼星期	日	1	2	3	4	5	6	日	1	2	3	4	5	6	日	1	2	3	4	5	6	日	1	2	3	4	5	6	日	1	2	3	4	5	6	日	月末陽曆
15	正				㉖	2	3	4	5	6	7	8	9	10	11	12	13	14	15	16	17	18	19	20	21	22	23	24	25	26	27	28	29					3.17
16	二					(55)	2	3	4	5	6	7	8	9	10	11	12	13	14	15	16	17	18	19	20	21	22	23	24	25	26	27	28	29	30			4.16
17	三							㉕	2	3	4	5	6	7	8	9	10	11	12	13	14	15	16	17	18	19	20	21	22	23	24	25	26	27	28	29		5.15
18	四	(54)	2	3	4	5	6	7	8	9	10	11	12	13	14	15	16	17	18	19	20	21	22	23	24	25	26	27	28	29	30							6.14
19	五			㉔	2	3	4	5	6	7	8	9	10	11	12	13	14	15	16	17	18	19	20	21	22	23	24	25	26	27	28	29						7.13
20	六				(53)	2	3	4	5	6	7	8	9	10	11	12	13	14	15	16	17	18	19	20	21	22	23	24	25	26	27	28	29	30				8.12
21	七						㉓	2	3	4	5	6	7	8	9	10	11	12	13	14	15	16	17	18	19	20	21	22	23	24	25	26	27	28	29			9.10
22	八							(52)	2	3	4	5	6	7	8	9	10	11	12	13	14	15	16	17	18	19	20	21	22	23	24	25	26	27	28	29	30	10.10
23	九		㉒	2	3	4	5	6	7	8	9	10	11	12	13	14	15	16	17	18	19	20	21	22	23	24	25	26	27	28	29							11.8
24	十			(51)	2	3	4	5	6	7	8	9	10	11	12	13	14	15	16	17	18	19	20	21	22	23	24	25	26	27	28	29	30					12.8
25	十一					㉑	2	3	4	5	6	7	8	9	10	11	12	13	14	15	16	17	18	19	20	21	22	23	24	25	26	27	28	29	30			1.7
26	十二							(51)	2	3	4	5	6	7	8	9	10	11	12	13	14	15	16	17	18	19	20	21	22	23	24	25	26	27	28	29		2.5

大事記

三月，晉王濬以舟師下建業，吳帝孫皓降，吳亡。晉得戶 523 000，男女口 230 萬。晉全國大凡戶 2 459 840。口 16 163 863。州 19，郡國 173。杜預引滍淯灌田萬余頃。開楊以通零陵、桂陽之漕。　六月，東夷十國內附。　七月，鮮卑軻成泥攻西平、浩亹，殺督將以下三百餘人。東夷二十國來獻。　八月，車師前部遣子入侍。　十月，罷郡國兵，郡置武吏。郭欽上疏請徙胡夷(因胡漢雜居，習俗不同，屢生變亂)，不用。晉頒戶調、佔田制及蔭容蔭親屬制。　是歲，以司隸所統郡置司州。

晉紀年　干支辛丑　公元 281 年

朝代或國名	國家支配者	建都	廟號	謚號	建元	年號年次	輔政者	備注
晉朝	①司馬炎	洛陽	世祖	武	4	3 太康 2 年		
鮮卑	②拓跋悉鹿	盛樂				4 年		
鐵弗匈奴	①誥升爰	朔方				10 年		
仇池氐	①楊茂搜	成縣西				13 年		甘肅
高句麗	⑬藥盧	丸都城				12 年		吉林

月　曆　表(建寅)　4994－354－1824083

月干支序數	月序＼星期	日	1	2	3	4	5	6	日	1	2	3	4	5	6	日	1	2	3	4	5	6	日	1	2	3	4	5	6	日	1	2	3	4	5	6	日	月末陽曆
27	正	⑳	2	3	4	5	6	7	8	9	10	11	12	13	14	15	16	17	18	19	20	21	22	23	24	25	26	27	28	29	30							3.7
28	二			㊿	2	3	4	5	6	7	8	9	10	11	12	13	14	15	16	17	18	19	20	21	22	23	24	25	26	27	28	29						4.5
29	三				⑲	2	3	4	5	6	7	8	9	10	11	12	13	14	15	16	17	18	19	20	21	22	23	24	25	26	27	28	29	30				5.5
30	四						㊾	2	3	4	5	6	7	8	9	10	11	12	13	14	15	16	17	18	19	20	21	22	23	24	25	26	27	28	29			6.3
31	五							⑱	2	3	4	5	6	7	8	9	10	11	12	13	14	15	16	17	18	19	20	21	22	23	24	25	26	27	28	29	30	7.3
32	六		㊽	2	3	4	5	6	7	8	9	10	11	12	13	14	15	16	17	18	19	20	21	22	23	24	25	26	27	28	29							8.1
33	七			⑰	2	3	4	5	6	7	8	9	10	11	12	13	14	15	16	17	18	19	20	21	22	23	24	25	26	27	28	29	30					8.31
34	八					㊼	2	3	4	5	6	7	8	9	10	11	12	13	14	15	16	17	18	19	20	21	22	23	24	25	26	27	28	29				9.30

續表

月干支序數	月序＼星期	日	1	2	3	4	5	6	日	1	2	3	4	5	6	日	1	2	3	4	5	6	日	1	2	3	4	5	6	日	1	2	3	4	5	6	日	月末陽曆
35	九						⑯	2	3	4	5	6	7	8	9	10	11	12	13	14	15	16	17	18	19	20	21	22	23	24	25	26	27	28	29	30		10.31
36	十	㊻	2	3	4	5	6	7	8	9	10	11	12	13	14	15	16	17	18	19	20	21	22	23	24	25	26	27	28	29								11.27
37	十一		⑮	2	3	4	5	6	7	8	9	10	11	12	13	14	15	16	17	18	19	20	21	22	23	24	25	26	27	28	29	30						12.27
38	十二				㊺	2	3	4	5	6	7	8	9	10	11	12	13	14	15	16	17	18	19	20	21	22	23	24	25	26	27	28	29					1.25

大事記

晋朝間，葛洪撰《抱樸子·內外篇》，在"金丹"、"仙藥"、"黄白"三卷中涉及藥物幾十種。發現了一些化學反應的可逆性以及金屬的取代作用，并掌握了如昇華等操作技術。　晋武帝令衛衡整理竹書，改寫為今文。衛衡死後，束皙完成整理工作，并作考證。《竹書紀年》和《穆天子傳》得傳於世，衛衡、束皙是有功的。是年起，由於水利失修，連續十年旱災。　三月，以所俘吴人賜王公以下，選吴宫人五千人入宫。自是，晋宫有女萬人以上。　六月，東夷五國內附。　十月，鮮卑大單于慕容涉歸攻昌黎。　十一月，鮮卑侵遼西，平州刺史鮮于嬰擊破之。　是歲，以吴人未服者紛起反抗，命揚州刺史暫移秣陵以鎮之。

晉紀年

干支壬寅　公元282年

朝代或國名	國家支配者	建都	廟號	謚號	建元	年號年次	輔政者	備注
晉朝	①司馬炎	洛陽	世祖	武	4	3太康3年		
鮮卑	②拓跋悉鹿	盛樂				5年		
鐵弗匈奴	①誥升爰	朔方				11年		
仇池氐	①楊茂搜	成縣西				14年		甘肅
高句麗	⑬藥盧	丸都城				13年		吉林

月　曆　表（建寅）

4995—384—1824467

月干支序數	月序＼星期	日	1	2	3	4	5	6	日	1	2	3	4	5	6	日	1	2	3	4	5	6	日	1	2	3	4	5	6	日	1	2	3	4	5	6	日	月末陽曆
39	正					⑭	2	3	4	5	6	7	8	9	10	11	12	13	14	15	16	17	18	19	20	21	22	23	24	25	26	27	28	29	30			2.24
40	二							㊹	2	3	4	5	6	7	8	9	10	11	12	13	14	15	16	17	18	19	20	21	22	23	24	25	26	27	28	29		3.25
41	三	⑬	2	3	4	5	6	7	8	9	10	11	12	13	14	15	16	17	18	19	20	21	22	23	24	25	26	27	28	29	30							4.24
42	四			㊸	2	3	4	5	6	7	8	9	10	11	12	13	14	15	16	17	18	19	20	21	22	23	24	25	26	27	28	29	30					5.24
	閏					⑬	2	3	4	5	6	7	8	9	10	11	12	13	14	15	16	17	18	19	20	21	22	23	24	25	26	27	28	29				6.22
43	五						㊷	2	3	4	5	6	7	8	9	10	11	12	13	14	15	16	17	18	19	20	21	22	23	24	25	26	27	28	29	30		7.22
44	六	⑫	2	3	4	5	6	7	8	9	10	11	12	13	14	15	16	17	18	19	20	21	22	23	24	25	26	27	28	29								8.20
45	七		㊶	2	3	4	5	6	7	8	9	10	11	12	13	14	15	16	17	18	19	20	21	22	23	24	25	26	27	28	29	30						9.19
46	八				⑪	2	3	4	5	6	7	8	9	10	11	12	13	14	15	16	17	18	19	20	21	22	23	24	25	26	27	28	29					10.18
47	九					㊵	2	3	4	5	6	7	8	9	10	11	12	13	14	15	16	17	18	19	20	21	22	23	24	25	26	27	28	29	30			11.17
48	十							⑩	2	3	4	5	6	7	8	9	10	11	12	13	14	15	16	17	18	19	20	21	22	23	24	25	26	27	28	29		12.16
49	十一	㊴	2	3	4	5	6	7	8	9	10	11	12	13	14	15	16	17	18	19	20	21	22	23	24	25	26	27	28	29	30							1.15
50	十二			⑨	2	3	4	5	6	7	8	9	10	11	12	13	14	15	16	17	18	19	20	21	22	23	24	25	26	27	28	29						2.13

大事記

正月,罷秦州,併於雍州。　三月,嚴詢破慕容涉歸於昌黎,斬獲數萬。　四月,賈充卒(217—282)。　九月,東夷二十九國歸附,奉獻方物。吳故將莞恭、帛奉舉兵,殺建業令,圍揚州,徐州刺史嵇喜擊平之。　十二月,詔四方水旱甚者免出田租。是年,戶增至377萬。皇甫謐卒(215—282),謐著有《帝王世紀》和醫學書等。晉代戴凱之撰《竹譜》一書,是我國最早的植物專譜。

晉紀年

干支癸卯　公元283年

朝代或國名	國家支配者	建都	廟號	謚號	建元	年號年次	輔政者	備注
晉朝	①司馬炎	洛陽	世祖	武	4	3太康4年		
鮮卑	②拓跋悉鹿	盛樂				6年		
鐵弗匈奴	①誥升爰	朔方				12年		
仇池氐	①楊茂搜	成縣西				15年		甘肅
高句麗	⑬藥盧	丸都城				14年		吉林

月曆表(建寅)

4996—355—1824822

月干支序數	月序＼星期	日	1	2	3	4	5	6	日	1	2	3	4	5	6	日	1	2	3	4	5	6	日	1	2	3	4	5	6	日	1	2	3	4	5	6	日	月末陽曆
51	正				㊳	2	3	4	5	6	7	8	9	10	11	12	13	14	15	16	17	18	19	20	21	22	23	24	25	26	27	28	29	30				3.15
52	二						⑧	2	3	4	5	6	7	8	9	10	11	12	13	14	15	16	17	18	19	20	21	22	23	24	25	26	27	28	29			4.13
53	三							㊲	2	3	4	5	6	7	8	9	10	11	12	13	14	15	16	17	18	19	20	21	22	23	24	25	26	27	28	29	30	5.13
54	四		⑦	2	3	4	5	6	7	8	9	10	11	12	13	14	15	16	17	18	19	20	21	22	23	24	25	26	27	28	29							6.11
55	五			㊱	2	3	4	5	6	7	8	9	10	11	12	13	14	15	16	17	18	19	20	21	22	23	24	25	26	27	28	29	30					7.11
56	六					⑥	2	3	4	5	6	7	8	9	10	11	12	13	14	15	16	17	18	19	20	21	22	23	24	25	26	27	28	29	30			8.10
57	七							㊱	2	3	4	5	6	7	8	9	10	11	12	13	14	15	16	17	18	19	20	21	22	23	24	25	26	27	28	29		9.8
58	八	⑤	2	3	4	5	6	7	8	9	10	11	12	13	14	15	16	17	18	19	20	21	22	23	24	25	26	27	28	29	30							10.8
59	九			㉟	2	3	4	5	6	7	8	9	10	11	12	13	14	15	16	17	18	19	20	21	22	23	24	25	26	27	28	29						11.6
60	十				④	2	3	4	5	6	7	8	9	10	11	12	13	14	15	16	17	18	19	20	21	22	23	24	25	26	27	28	29	30				12.6
1	十一						㉞	2	3	4	5	6	7	8	9	10	11	12	13	14	15	16	17	18	19	20	21	22	23	24	25	26	27	28	29			1.4
2	十二							③	2	3	4	5	6	7	8	9	10	11	12	13	14	15	16	17	18	19	20	21	22	23	24	25	26	27	28	29	30	2.3

大事記

正月,山濤卒(205—283)。　三月,大司馬齊王攸卒。　六月,增九卿禮秩。牂牁僚二千餘落內屬。　八月,鄯善國遣子入侍。　是年,鮮卑慕容涉歸卒,弟刪立為大單于,將殺涉歸子廆,廆亡匿遼東。

晉紀年

干支甲辰　公元284年

朝代或國名	國家支配者	建都	廟號	謚號	建元	年號年次	輔政者	備注
晉朝	①司馬炎	洛陽	世祖	武	4	3太康5年		
鮮卑	②拓跋悉鹿	盛樂				7年		
鐵弗匈奴	①誥升爰	朔方				13年		
仇池氐	①楊茂搜	成縣西				16年		甘肅
高句麗	⑬藥盧	丸都城				15年		吉林

月曆表（建寅）　4997－384－1825206

月干支序數	星期 月序	日	1	2	3	4	5	6	日	1	2	3	4	5	6	日	1	2	3	4	5	6	日	1	2	3	4	5	6	日	1	2	3	4	5	6	日	月末陽曆
3	正		㉝	2	3	4	5	6	7	8	9	10	11	12	13	14	15	16	17	18	19	20	21	22	23	24	25	26	27	28	29							3.3
4	二			②	2	3	4	5	6	7	8	9	10	11	12	13	14	15	16	17	18	19	20	21	22	23	24	25	26	27	28	29	30					4.2
5	三					㉜	2	3	4	5	6	7	8	9	10	11	12	13	14	15	16	17	18	19	20	21	22	23	24	25	26	27	28	29				5.1
6	四						①	2	3	4	5	6	7	8	9	10	11	12	13	14	15	16	17	18	19	20	21	22	23	24	25	26	27	28	29	30		5.31
7	五	㉛	2	3	4	5	6	7	8	9	10	11	12	13	14	15	16	17	18	19	20	21	22	23	24	25	26	27	28	29								6.29
8	六		(60)	2	3	4	5	6	7	8	9	10	11	12	13	14	15	16	17	18	19	20	21	22	23	24	25	26	27	28	29	30						7.29
9	七				㉚	2	3	4	5	6	7	8	9	10	11	12	13	14	15	16	17	18	19	20	21	22	23	24	25	26	27	28	29					8.27
10	八					(59)	2	3	4	5	6	7	8	9	10	11	12	13	14	15	16	17	18	19	20	21	22	23	24	25	26	27	28	29	30			9.26
11	九							㉙	2	3	4	5	6	7	8	9	10	11	12	13	14	15	16	17	18	19	20	21	22	23	24	25	26	27	28	29		10.25
12	十	(58)	2	3	4	5	6	7	8	9	10	11	12	13	14	15	16	17	18	19	20	21	22	23	24	25	26	27	28	29	30							11.24
13	十一			㉘	2	3	4	5	6	7	8	9	10	11	12	13	14	15	16	17	18	19	20	21	22	23	24	25	26	27	28	29	30					12.24
14	十二					(58)	2	3	4	5	6	7	8	9	10	11	12	13	14	15	16	17	18	19	20	21	22	23	24	25	26	27	28	29				1.22
	閏						㉗	2	3	4	5	6	7	8	9	10	11	12	13	14	15	16	17	18	19	20	21	22	23	24	25	26	27	28	29	30		2.21

汪氏長術四月朔為丙子，誤。

大事記

五月，晉武帝改作太廟，匠作六萬人十年乃成。　六月，被置黄沙獄。　十二月，匈奴二萬九千三百人降晉。林邑、大秦各遣使奉獻。　閏十二月，杜預卒(222—284)，預著有《春秋左傳集解》。是歲，劉毅上書陳九品中正法有八損，請廢除之，改用土斷，未行。塞外匈奴胡太阿厚帥部二萬九千三百人來降，處之西河。罷寧州，併入益州，置南夷校尉。葛洪誕生(284—364)。

晉紀年　干支乙巳　公元285年

朝代或國名	國家支配者	建都	廟號	謚號	建元	年號年次	輔政者	備注
晉朝	①司馬炎	洛陽	世祖	武	4	3太康6年		
鮮卑	②拓跋悉鹿	盛樂				8年		
鐵弗匈奴	①誥升爰	朔方				14年		
仇池氏	①楊茂搜	成縣西				17年		甘肅
慕容鮮卑	①慕容廆					元年		
高句麗	⑬藥盧	丸都城				16年		吉林
吐谷渾	①吐谷渾					元年		青海等地

月曆表（建寅）　4998－354－1825560

月干支序數	星期 月序	日	1	2	3	4	5	6	日	1	2	3	4	5	6	日	1	2	3	4	5	6	日	1	2	3	4	5	6	日	1	2	3	4	5	6	日	月末陽曆
15	正	(57)	2	3	4	5	6	7	8	9	10	11	12	13	14	15	16	17	18	19	20	21	22	23	24	25	26	27	28	29								3.22
16	二		㉖	2	3	4	5	6	7	8	9	10	11	12	13	14	15	16	17	18	19	20	21	22	23	24	25	26	27	28	29	30						4.21
17	三				(56)	2	3	4	5	6	7	8	9	10	11	12	13	14	15	16	17	18	19	20	21	22	23	24	25	26	27	28	29					5.20
18	四					㉕	2	3	4	5	6	7	8	9	10	11	12	13	14	15	16	17	18	19	20	21	22	23	24	25	26	27	28	29	30			6.19
19	五							(55)	2	3	4	5	6	7	8	9	10	11	12	13	14	15	16	17	18	19	20	21	22	23	24	25	26	27	28	29		7.18

續表

月干支序數	星期/月序	日	1	2	3	4	5	6	日	1	2	3	4	5	6	日	1	2	3	4	5	6	日	1	2	3	4	5	6	日	1	2	3	4	5	6	日	月末陽曆
20	六	㉔	2	3	4	5	6	7	8	9	10	11	12	13	14	15	16	17	18	19	20	21	22	23	24	25	26	27	28	29	30							8.17
21	七			(54)	2	3	4	5	6	7	8	9	10	11	12	13	14	15	16	17	18	19	20	21	22	23	24	25	26	27	28	29						9.15
22	八				㉓	2	3	4	5	6	7	8	9	10	11	12	13	14	15	16	17	18	19	20	21	22	23	24	25	26	27	28	29	30				10.15
23	九						(53)	2	3	4	5	6	7	8	9	10	11	12	13	14	15	16	17	18	19	20	21	22	23	24	25	26	27	28	29			11.13
24	十							㉒	2	3	4	5	6	7	8	9	10	11	12	13	14	15	16	17	18	19	20	21	22	23	24	25	26	27	28	29	30	12.13
25	十一		(52)	2	3	4	5	6	7	8	9	10	11	12	13	14	15	16	17	18	19	20	21	22	23	24	25	26	27	28	29							1.11
26	十二			㉑	2	3	4	5	6	7	8	9	10	11	12	13	14	15	16	17	18	19	20	21	22	23	24	25	26	27	28	29	30					2.10

大事記

四月，扶南等十國來獻。參離四千餘落内附。　八月，減百姓綿絹三分之一。　十月，焉耆遣子入侍。　十二月，王濬卒(206—285)。　是歲，慕容删為部下所殺，部衆迎立廆。廆請擊鮮卑宇文部，晉不許，廆怒，攻遼西，幽州軍大破之于肥如。廆擊扶餘，扶餘王依慮自殺，子弟走保沃沮，廆俘萬餘人而歸。　陳壽《三國誌》成。百濟王仁以織工并攜《論語》、《千字文》至日本。

晉紀年

干支丙午　公元 286 年

朝代或國名	國家支配者	建都	廟號	謚號	建元	年號年次	輔政者	備注
晉朝	①司馬炎	洛陽	世祖	武	4	3 太康 7 年		
鮮卑	②拓跋悉鹿	盛樂				9 年		卒
鐵弗匈奴	①誥升爰	朔方				15 年		
仇池氐	①楊茂搜	成縣西				18 年		甘肅
慕容鮮卑	①慕容廆					2 年		
高句麗	⑬藥盧	丸都城				17 年		吉林
吐谷渾	①吐谷渾					2 年		青海

月　曆　表(建　寅)

4999—354—1825914

月干支序數	星期/月序	日	1	2	3	4	5	6	日	1	2	3	4	5	6	日	1	2	3	4	5	6	日	1	2	3	4	5	6	日	1	2	3	4	5	6	日	月末陽曆
27	正					(51)	2	3	4	5	6	7	8	9	10	11	12	13	14	15	16	17	18	19	20	21	22	23	24	25	26	27	28	29				3.11
28	二						⑳	2	3	4	5	6	7	8	9	10	11	12	13	14	15	16	17	18	19	20	21	22	23	24	25	26	27	28	29	30		4.10
29	三	㊿	2	3	4	5	6	7	8	9	10	11	12	13	14	15	16	17	18	19	20	21	22	23	24	25	26	27	28	29	30							5.10
30	四			⑳	2	3	4	5	6	7	8	9	10	11	12	13	14	15	16	17	18	19	20	21	22	23	24	25	26	27	28	29						6.8
31	五				㊾	2	3	4	5	6	7	8	9	10	11	12	13	14	15	16	17	18	19	20	21	22	23	24	25	26	27	28	29	30				7.8
32	六						⑲	2	3	4	5	6	7	8	9	10	11	12	13	14	15	16	17	18	19	20	21	22	23	24	25	26	27	28	29			8.6
33	七							㊽	2	3	4	5	6	7	8	9	10	11	12	13	14	15	16	17	18	19	20	21	22	23	24	25	26	27	28	29	30	9.5
34	八		⑱	2	3	4	5	6	7	8	9	10	11	12	13	14	15	16	17	18	19	20	21	22	23	24	25	26	27	28	29							10.4
35	九			㊼	2	3	4	5	6	7	8	9	10	11	12	13	14	15	16	17	18	19	20	21	22	23	24	25	26	27	28	29	30					11.3
36	十					⑰	2	3	4	5	6	7	8	9	10	11	12	13	14	15	16	17	18	19	20	21	22	23	24	25	26	27	28	29				12.2
37	十一						㊻	2	3	4	5	6	7	8	9	10	11	12	13	14	15	16	17	18	19	20	21	22	23	24	25	26	27	28	29	30		1.1
38	十二	⑯	2	3	4	5	6	7	8	9	10	11	12	13	14	15	16	17	18	19	20	21	22	23	24	25	26	27	28	29								1.30

大事記

五月,慕容廆攻遼東,扶餘王依慮子依羅求援於東夷校尉何龕,何龕出援之,擊敗慕容廆,助其復國。十三郡國旱。 七月,東夷十一國内附。匈奴胡都大博及萎莎胡各帥種落十餘萬口詣雍州降。 八月,八郡大水。 是歲,鮮卑拓跋悉鹿死,弟綽立。月氏僧竺法護東來,譯經凡二百一十部。

晋紀年

干支丁未　公元 287 年

朝代或國名	國家支配者	建都	廟號	謚號	建元	年號年次	輔政者	備注
晋朝	①司馬炎	洛陽	世祖	武	4	3 太康 8 年		
鮮卑	③拓跋綽	盛樂				元年		
鐵弗匈奴	①誥升爰	朔方				16 年		
仇池氐	①楊茂搜	成縣西				19 年		甘肅
慕容鮮卑	①慕容廆					3 年		
高句麗	⑬藥盧	丸都城				18 年		吉林
吐谷渾	①吐谷渾					3 年		青海

月　曆　表(建寅)

5000—384—1826298

月干支序數	月序 \ 星期	日	1	2	3	4	5	6	日	1	2	3	4	5	6	日	1	2	3	4	5	6	日	1	2	3	4	5	6	日	1	2	3	4	5	6	日	月末陽曆
39	正		㊺	2	3	4	5	6	7	8	9	10	11	12	13	14	15	16	17	18	19	20	21	22	23	24	25	26	27	28	29	30						3.1
40	二				⑮	2	3	4	5	6	7	8	9	10	11	12	13	14	15	16	17	18	19	20	21	22	23	24	25	26	27	28	29					3.30
41	三					㊹	2	3	4	5	6	7	8	9	10	11	12	13	14	15	16	17	18	19	20	21	22	23	24	25	26	27	28	29	30			4.29
42	四							⑭	2	3	4	5	6	7	8	9	10	11	12	13	14	15	16	17	18	19	20	21	22	23	24	25	26	27	28	29		5.28
43	五	㊸	2	3	4	5	6	7	8	9	10	11	12	13	14	15	16	17	18	19	20	21	22	23	24	25	26	27	28	29	30							6.27
44	六			⑬	2	3	4	5	6	7	8	9	10	11	12	13	14	15	16	17	18	19	20	21	22	23	24	25	26	27	28	29	30					7.27
45	七					㊸	2	3	4	5	6	7	8	9	10	11	12	13	14	15	16	17	18	19	20	21	22	23	24	25	26	27	28	29				8.25
46	八						⑫	2	3	4	5	6	7	8	9	10	11	12	13	14	15	16	17	18	19	20	21	22	23	24	25	26	27	28	29	30		9.24
	閏	㊷	2	3	4	5	6	7	8	9	10	11	12	13	14	15	16	17	18	19	20	21	22	23	24	25	26	27	28	29								10.23
47	九		⑪	2	3	4	5	6	7	8	9	10	11	12	13	14	15	16	17	18	19	20	21	22	23	24	25	26	27	28	29	30						11.22
48	十				㊶	2	3	4	5	6	7	8	9	10	11	12	13	14	15	16	17	18	19	20	21	22	23	24	25	26	27	28	29					12.21
49	十一					⑩	2	3	4	5	6	7	8	9	10	11	12	13	14	15	16	17	18	19	20	21	22	23	24	25	26	27	28	29	30			1.20
50	十二							㊵	2	3	4	5	6	7	8	9	10	11	12	13	14	15	16	17	18	19	20	21	22	23	24	25	26	27	28	29		2.18

大事記

六月,八郡國大水。 八月,東夷二國内附。 十月,南康平固縣吏李豐起事攻郡縣,稱將軍。 十一月,海安令蕭輔聚眾起事。 十二月,吳興人蔣迪起事,圍陽羨,均先後為州郡兵所敗。扶南、康居各遣使奉獻。匈奴都督大豆得一、育鞠率種落萬一千五百口降晋。 是歲,李密卒(224—287)。

晋紀年

干支戊申　公元 288 年

朝代或國名	國家支配者	建都	廟號	謚號	建元	年號年次	輔政者	備注
晋朝	①司馬炎	洛陽	世祖	武	4	3 太康 9 年		
鮮卑	②拓跋綽	盛樂				2 年		

續表

朝代或國名	國家支配者	建　都	廟　號	謚　號	建　元	年號年次	輔政者	備　注
鐵弗匈奴	①誥升爰	朔方				17年		
仇池氐	①楊茂搜	成縣西				20年		甘肅
慕容鮮卑	①慕容廆					4年		
高句麗	⑬藥盧	丸都城				19年		吉林
吐谷渾	①吐谷渾					4年		青海

月　曆　表(建寅)　　5001—355—1826653

月干支序數	星期／月序	日	1	2	3	4	5	6	日	1	2	3	4	5	6	日	1	2	3	4	5	6	日	1	2	3	4	5	6	日	1	2	3	4	5	6	日	月末陽曆
51	正	⑨	2	3	4	5	6	7	8	9	10	11	12	13	14	15	16	17	18	19	20	21	22	23	24	25	26	27	28	29	30							3.19
52	二			㊴	2	3	4	5	6	7	8	9	10	11	12	13	14	15	16	17	18	19	20	21	22	23	24	25	26	27	28	29						4.17
53	三				⑧	2	3	4	5	6	7	8	9	10	11	12	13	14	15	16	17	18	19	20	21	22	23	24	25	26	27	28	29	30				5.17
54	四						㊳	2	3	4	5	6	7	8	9	10	11	12	13	14	15	16	17	18	19	20	21	22	23	24	25	26	27	28	29			6.15
55	五							⑦	2	3	4	5	6	7	8	9	10	11	12	13	14	15	16	17	18	19	20	21	22	23	24	25	26	27	28	29	30	7.15
56	六		㊲	2	3	4	5	6	7	8	9	10	11	12	13	14	15	16	17	18	19	20	21	22	23	24	25	26	27	28	29							8.13
57	七			⑥	2	3	4	5	6	7	8	9	10	11	12	13	14	15	16	17	18	19	20	21	22	23	24	25	26	27	28	29	30					9.12
58	八					㊱	2	3	4	5	6	7	8	9	10	11	12	13	14	15	16	17	18	19	20	21	22	23	24	25	26	27	28	29				10.11
59	九						⑤	2	3	4	5	6	7	8	9	10	11	12	13	14	15	16	17	18	19	20	21	22	23	24	25	26	27	28	29	30		11.10
60	十	㉟	2	3	4	5	6	7	8	9	10	11	12	13	14	15	16	17	18	19	20	21	22	23	24	25	26	27	28	29	30							12.10
1	十一			⑤	2	3	4	5	6	7	8	9	10	11	12	13	14	15	16	17	18	19	20	21	22	23	24	25	26	27	28	29						1.8
2	十二				㉞	2	3	4	5	6	7	8	9	10	11	12	13	14	15	16	17	18	19	20	21	22	23	24	25	26	27	28	29	30				2.7

大事記

六月,三十二郡國大旱。　　九月,二十四郡國螟。東夷九國內附。

晉紀年　　干支己酉　公元289年

朝代或國名	國家支配者	建　都	廟　號	謚　號	建　元	年號年次	輔政者	備　注
晉朝	①司馬炎	洛陽	世祖	武	4	3太康10年		
鮮卑	③拓跋綽	盛樂				3年		
鐵弗匈奴	①誥升爰	朔方				18年		
仇池氐	①楊茂搜	成縣西				21年		甘肅
慕容鮮卑	①慕容廆					5年		
高句麗	⑬藥盧	丸都城				20年		吉林
吐谷渾	①吐谷渾					5年		青海

月　曆　表（建寅）　5002—354—1827007

月干支序數	月序＼星期	日	1	2	3	4	5	6	日	1	2	3	4	5	6	日	1	2	3	4	5	6	日	1	2	3	4	5	6	日	1	2	3	4	5	6	日	月末陽曆
3	正						④	2	3	4	5	6	7	8	9	10	11	12	13	14	15	16	17	18	19	20	21	22	23	24	25	26	27	28	29			3.8
4	二							㉝	2	3	4	5	6	7	8	9	10	11	12	13	14	15	16	17	18	19	20	21	22	23	24	25	26	27	28	29	30	4.7
5	三		③	2	3	4	5	6	7	8	9	10	11	12	13	14	15	16	17	18	19	20	21	22	23	24	25	26	27	28	29							5.6
6	四			㉜	2	3	4	5	6	7	8	9	10	11	12	13	14	15	16	17	18	19	20	21	22	23	24	25	26	27	28	29	30					6.5
7	五					②	2	3	4	5	6	7	8	9	10	11	12	13	14	15	16	17	18	19	20	21	22	23	24	25	26	27	28	29				7.4
8	六						㉛	2	3	4	5	6	7	8	9	10	11	12	13	14	15	16	17	18	19	20	21	22	23	24	25	26	27	28	29	30		8.3
9	七	①	2	3	4	5	6	7	8	9	10	11	12	13	14	15	16	17	18	19	20	21	22	23	24	25	26	27	28	29								9.1
10	八		㉚	2	3	4	5	6	7	8	9	10	11	12	13	14	15	16	17	18	19	20	21	22	23	24	25	26	27	28	29	30						10.1
11	九				(60)	2	3	4	5	6	7	8	9	10	11	12	13	14	15	16	17	18	19	20	21	22	23	24	25	26	27	28	29					10.30
12	十					㉙	2	3	4	5	6	7	8	9	10	11	12	13	14	15	16	17	18	19	20	21	22	23	24	25	26	27	28	29	30			11.29
13	十一							(59)	2	3	4	5	6	7	8	9	10	11	12	13	14	15	16	17	18	19	20	21	22	23	24	25	26	27	28	29		12.28
14	十二	㉘	2	3	4	5	6	7	8	9	10	11	12	13	14	15	16	17	18	19	20	21	22	23	24	25	26	27	28	29	30							1.27

大事記

五月，東夷十一國內附。鮮卑慕容廆以數遭宇文氏、段氏侵擾，遣使請降，拜為鮮卑都督。廆以遼東僻遠，徙居徒河青山。　十一月，以劉淵為匈奴北部都尉。晉武帝令諸王就國，假節督諸州軍事。奚軻男女十萬口來降。　是歲，東夷絕遠三十餘國、西南夷二十餘國來獻。

晉紀年　　干支庚戌　公元 290 年

朝代或國名	國家支配者	建都	廟號	謚號	建元	年號年次	輔政者	備注
晉朝	①司馬炎	洛陽	世祖	武	4	4 太熙元年		正月，改元
	②司馬衷	洛陽		惠	10	1 永熙元年	楊駿	四月己酉改元
鮮卑	③拓跋綽	盛樂				4 年		
鐵弗匈奴	①誥升爰	朔方				19 年		
仇池氐	①楊茂搜	成縣西				22 年		甘肅
慕容鮮卑	①慕容廆					6 年		
高句麗	⑬藥盧	丸都城				21 年		吉林
吐谷渾	①吐谷渾					6 年		青海

月　曆　表（建寅）　5003—384—1827391

月干支序數	月序＼星期	日	1	2	3	4	5	6	日	1	2	3	4	5	6	日	1	2	3	4	5	6	日	1	2	3	4	5	6	日	1	2	3	4	5	6	日	月末陽曆
15	正			(58)	2	3	4	5	6	7	8	9	10	11	12	13	14	15	16	17	18	19	20	21	22	23	24	25	26	27	28	29						2.25
16	二				㉗	2	3	4	5	6	7	8	9	10	11	12	13	14	15	16	17	18	19	20	21	22	23	24	25	26	27	28	29	30				3.27
17	三						(57)	2	3	4	5	6	7	8	9	10	11	12	13	14	15	16	17	18	19	20	21	22	23	24	25	26	27	28	29	30		4.26
18	四	㉗	2	3	4	5	6	7	8	9	10	11	12	13	14	15	16	17	18	19	20	21	22	23	24	25	26	27	28	29								5.25
19	五		(56)	2	3	4	5	6	7	8	9	10	11	12	13	14	15	16	17	18	19	20	21	22	23	24	25	26	27	28	29	30						6.24
	閏				㉖	2	3	4	5	6	7	8	9	10	11	12	13	14	15	16	17	18	19	20	21	22	23	24	25	26	27	28	29					7.23
20	六					(55)	2	3	4	5	6	7	8	9	10	11	12	13	14	15	16	17	18	19	20	21	22	23	24	25	26	27	28	29	30			8.22

續表

月干支序數	月序＼星期	日	1	2	3	4	5	6	日	1	2	3	4	5	6	日	1	2	3	4	5	6	日	1	2	3	4	5	6	日	1	2	3	4	5	6	日	月末陽曆
21	七							㉕	2	3	4	5	6	7	8	9	10	11	12	13	14	15	16	17	18	19	20	21	22	23	24	25	26	27	28	29		9.20
22	八	(54)	2	3	4	5	6	7	8	9	10	11	12	13	14	15	16	17	18	19	20	21	22	23	24	25	26	27	28	29	30							10.20
23	九			㉔	2	3	4	5	6	7	8	9	10	11	12	13	14	15	16	17	18	19	20	21	22	23	24	25	26	27	28	29						11.18
24	十				(53)	2	3	4	5	6	7	8	9	10	11	12	13	14	15	16	17	18	19	20	21	22	23	24	25	26	27	28	29	30				12.18
25	十一						㉓	2	3	4	5	6	7	8	9	10	11	12	13	14	15	16	17	18	19	20	21	22	23	24	25	26	27	28	29			1.16
26	十二							(52)	2	3	4	5	6	7	8	9	10	11	12	13	14	15	16	17	18	19	20	21	22	23	24	25	26	27	28	29	30	2.15

大事記

正月，改元。　二月，東夷七國朝獻。　四月，晋武帝司馬炎卒，皇太子衷嗣位，是為孝惠皇帝，是個呆頭呆腦的傻皇帝，由皇太后的父親楊駿為太傅輔政，獨攬大權。改元永熙，以妃賈南風為皇后。　十月，以匈奴劉淵為建威將軍、匈奴五部大都督。　是年，出現立式水輪，遂有用水力帶動輪錘操作的杵(據《自然・科學史》，按：應是三國時期勞動人民所發明而由魏國張既所推廣的"水碓"。)

晋紀年　　干支辛亥　公元 291 年

朝代或國名	國家支配者	建都	廟號	謚號	建元	年號年次	輔政者	備注
晋朝	②司馬衷	洛陽		惠	10	2 永平元年 3 元康元年	 司馬亮	正月到三月 三月壬辰改元
鮮卑	③拓跋綽	盛樂				5 年		
鐵弗匈奴	①誥升爰	朔方				20 年		
仇池氐	①楊茂搜	成縣西				23 年		甘肅
慕容鮮卑	①慕容廆					7 年		
高句麗	⑬藥盧	丸都城				22 年		吉林
吐谷渾	①吐谷渾					7 年		青海

月　曆　表(建寅)　　5004—354—1827745

月干支序數	月序＼星期	日	1	2	3	4	5	6	日	1	2	3	4	5	6	日	1	2	3	4	5	6	日	1	2	3	4	5	6	日	1	2	3	4	5	6	日	月末陽曆
27	正		㉒	2	3	4	5	6	7	8	9	10	11	12	13	14	15	16	17	18	19	20	21	22	23	24	25	26	27	28	29							3.16
28	二			(51)	2	3	4	5	6	7	8	9	10	11	12	13	14	15	16	17	18	19	20	21	22	23	24	25	26	27	28	29	30					4.15
29	三					㉑	2	3	4	5	6	7	8	9	10	11	12	13	14	15	16	17	18	19	20	21	22	23	24	25	26	27	28	29				5.14
30	四						㊿	2	3	4	5	6	7	8	9	10	11	12	13	14	15	16	17	18	19	20	21	22	23	24	25	26	27	28	29	30		6.13
31	五	⑳	2	3	4	5	6	7	8	9	10	11	12	13	14	15	16	17	18	19	20	21	22	23	24	25	26	27	28	29	30							7.13
32	六			㊿	2	3	4	5	6	7	8	9	10	11	12	13	14	15	16	17	18	19	20	21	22	23	24	25	26	27	28	29						8.11
33	七				⑲	2	3	4	5	6	7	8	9	10	11	12	13	14	15	16	17	18	19	20	21	22	23	24	25	26	27	28	29	30				9.10
34	八						㊾	2	3	4	5	6	7	8	9	10	11	12	13	14	15	16	17	18	19	20	21	22	23	24	25	26	27	28	29			10.9
35	九							⑱	2	3	4	5	6	7	8	9	10	11	12	13	14	15	16	17	18	19	20	21	22	23	24	25	26	27	28	29	30	11.8
36	十		㊽	2	3	4	5	6	7	8	9	10	11	12	13	14	15	16	17	18	19	20	21	22	23	24	25	26	27	28	29							12.7
37	十一			⑰	2	3	4	5	6	7	8	9	10	11	12	13	14	15	16	17	18	19	20	21	22	23	24	25	26	27	28	29	30					1.6
38	十二					㊼	2	3	4	5	6	7	8	9	10	11	12	13	14	15	16	17	18	19	20	21	22	23	24	25	26	27	28	29				2.4

大事記

正月，改元永平。　　三月，賈后殺太傅楊駿等，夷三族。廢皇太后楊氏為庶人。　　壬辰改元元康。　　六月，賈后殺太宰汝南王司馬亮、太保衛瓘，又殺楚王司馬瑋，自專國政，以賈模、張華、裴頠掌機要。　　七月，分揚州、荆州十郡為江州。是歲，東夷十七國、南夷二十四部皆內附。

晉紀年

干支壬子　公元 292 年

朝代或國名	國家支配者	建都	廟號	謚號	建元	年號年次	輔政者	備注
晉朝	②司馬衷	洛陽		惠	10	3 元康 2 年		
鮮卑	③拓跋綽	盛樂				6 年		
鐵弗匈奴	①誥升爰	朔方				21 年		
仇池氏	①楊茂搜	成縣西				24 年		甘肅
慕容鮮卑	①慕容廆					8 年		
高句麗	⑭烽上王相夫	丸都城				元年		吉林
吐谷渾	①吐谷渾					8 年		青海

月曆表(建寅)

5005－355－1828100

月干支序數	星期／月序	日	1	2	3	4	5	6	日	1	2	3	4	5	6	日	1	2	3	4	5	6	日	1	2	3	4	5	6	日	1	2	3	4	5	6	日	月末陽曆
39	正						⑯	2	3	4	5	6	7	8	9	10	11	12	13	14	15	16	17	18	19	20	21	22	23	24	25	26	27	28	29	30		3.5
40	二	㊻	2	3	4	5	6	7	8	9	10	11	12	13	14	15	16	17	18	19	20	21	22	23	24	25	26	27	28	29								4.3
41	三		⑮	2	3	4	5	6	7	8	9	10	11	12	13	14	15	16	17	18	19	20	21	22	23	24	25	26	27	28	29	30						5.3
42	四				㊺	2	3	4	5	6	7	8	9	10	11	12	13	14	15	16	17	18	19	20	21	22	23	24	25	26	27	28	29					6.1
43	五					⑭	2	3	4	5	6	7	8	9	10	11	12	13	14	15	16	17	18	19	20	21	22	23	24	25	26	27	28	29	30			7.1
44	六							㊹	2	3	4	5	6	7	8	9	10	11	12	13	14	15	16	17	18	19	20	21	22	23	24	25	26	27	28	29		7.30
45	七	⑬	2	3	4	5	6	7	8	9	10	11	12	13	14	15	16	17	18	19	20	21	22	23	24	25	26	27	28	29	30							8.29
46	八			㊸	2	3	4	5	6	7	8	9	10	11	12	13	14	15	16	17	18	19	20	21	22	23	24	25	26	27	28	29						9.27
47	九				⑫	2	3	4	5	6	7	8	9	10	11	12	13	14	15	16	17	18	19	20	21	22	23	24	25	26	27	28	29	30				10.27
48	十						㊷	2	3	4	5	6	7	8	9	10	11	12	13	14	15	16	17	18	19	20	21	22	23	24	25	26	27	28	29	30		11.26
49	十一	⑫	2	3	4	5	6	7	8	9	10	11	12	13	14	15	16	17	18	19	20	21	22	23	24	25	26	27	28	29								12.25
50	十二		㊶	2	3	4	5	6	7	8	9	10	11	12	13	14	15	16	17	18	19	20	21	22	23	24	25	26	27	28	29	30						1.24

大事記

二月，賈后殺楊太后。

晉紀年

干支癸丑　公元 293 年

朝代或國名	國家支配者	建都	廟號	謚號	建元	年號年次	輔政者	備注
晉朝	②司馬衷	洛陽		惠	10	3 元康 3 年		
鮮卑	③拓跋綽	盛樂				7 年		卒
鐵弗匈奴	①誥升爰	朔方				22 年		
仇池氏	①楊茂搜	成縣西				25 年		甘肅
慕容鮮卑	①慕容廆					9 年		
高句麗	⑭相夫	丸都城				2 年		吉林
吐谷渾	①吐谷渾					9 年		青海

月　曆　表（建　寅）　　5006－383－1828483

月干支序數	星期 月序	日	1	2	3	4	5	6	日	1	2	3	4	5	6	日	1	2	3	4	5	6	日	1	2	3	4	5	6	日	1	2	3	4	5	6	日	月末陽曆
51	正				⑪	2	3	4	5	6	7	8	9	10	11	12	13	14	15	16	17	18	19	20	21	22	23	24	25	26	27	28	29					2.22
52	二					㊵	2	3	4	5	6	7	8	9	10	11	12	13	14	15	16	17	18	19	20	21	22	23	24	25	26	27	28	29	30			3.24
	閏							⑩	2	3	4	5	6	7	8	9	10	11	12	13	14	15	16	17	18	19	20	21	22	23	24	25	26	27	28	29		4.22
53	三	㊴	2	3	4	5	6	7	8	9	10	11	12	13	14	15	16	17	18	19	20	21	22	23	24	25	26	27	28	29	30							5.22
54	四			⑨	2	3	4	5	6	7	8	9	10	11	12	13	14	15	16	17	18	19	20	21	22	23	24	25	26	27	28	29						6.20
55	五				㊳	2	3	4	5	6	7	8	9	10	11	12	13	14	15	16	17	18	19	20	21	22	23	24	25	26	27	28	29	30				7.20
56	六						⑧	2	3	4	5	6	7	8	9	10	11	12	13	14	15	16	17	18	19	20	21	22	23	24	25	26	27	28	29			8.18
57	七							㊲	2	3	4	5	6	7	8	9	10	11	12	13	14	15	16	17	18	19	20	21	22	23	24	25	26	27	28	29	30	9.17
58	八		⑦	2	3	4	5	6	7	8	9	10	11	12	13	14	15	16	17	18	19	20	21	22	23	24	25	26	27	28	29							10.16
59	九			㊱	2	3	4	5	6	7	8	9	10	11	12	13	14	15	16	17	18	19	20	21	22	23	24	25	26	27	28	29	30					11.15
60	十					⑥	2	3	4	5	6	7	8	9	10	11	12	13	14	15	16	17	18	19	20	21	22	23	24	25	26	27	28	29				12.14
1	十一						㉟	2	3	4	5	6	7	8	9	10	11	12	13	14	15	16	17	18	19	20	21	22	23	24	25	26	27	28	29	30		1.13
2	十二	⑤	2	3	4	5	6	7	8	9	10	11	12	13	14	15	16	17	18	19	20	21	22	23	24	25	26	27	28	29								2.11

大事記

是年，分立國子學與太學，官品第五以上子弟得入國子學。　　鮮卑慕容廆侵高句麗。

晉紀年　　干支甲寅　公元 294 年

朝代或國名	國家支配者	建都	廟號	謚號	建元	年號年次	輔政者	備注
晉朝	②司馬衷	洛陽		惠	10	3 元康 4 年		
鮮卑	④拓跋弗	盛樂				元年		卒
鐵弗匈奴	①誥升爰	朔方				23 年		
仇池氐	①楊茂搜	成縣西				26 年		甘肅
慕容鮮卑	①慕容廆					10 年		
高句麗	⑭相夫	丸都城				3 年		吉林
吐谷渾	①吐谷渾					10 年		青海

月　曆　表（建　寅）　　5007－355－1828838

月干支序數	星期 月序	日	1	2	3	4	5	6	日	1	2	3	4	5	6	日	1	2	3	4	5	6	日	1	2	3	4	5	6	日	1	2	3	4	5	6	日	月末陽曆
3	正		㉞	2	3	4	5	6	7	8	9	10	11	12	13	14	15	16	17	18	19	20	21	22	23	24	25	26	27	28	29	30						3.13
4	二				④	2	3	4	5	6	7	8	9	10	11	12	13	14	15	16	17	18	19	20	21	22	23	24	25	26	27	28	29	30				4.12
5	三						㉞	2	3	4	5	6	7	8	9	10	11	12	13	14	15	16	17	18	19	20	21	22	23	24	25	26	27	28	29			5.11
6	四							③	2	3	4	5	6	7	8	9	10	11	12	13	14	15	16	17	18	19	20	21	22	23	24	25	26	27	28	29	30	6.10
7	五		㉝	2	3	4	5	6	7	8	9	10	11	12	13	14	15	16	17	18	19	20	21	22	23	24	25	26	27	28	29							7.9
8	六			②	2	3	4	5	6	7	8	9	10	11	12	13	14	15	16	17	18	19	20	21	22	23	24	25	26	27	28	29	30					8.8
9	七					㉜	2	3	4	5	6	7	8	9	10	11	12	13	14	15	16	17	18	19	20	21	22	23	24	25	26	27	28	29				9.6
10	八						①	2	3	4	5	6	7	8	9	10	11	12	13	14	15	16	17	18	19	20	21	22	23	24	25	26	27	28	29	30		10.6
11	九	㉛	2	3	4	5	6	7	8	9	10	11	12	13	14	15	16	17	18	19	20	21	22	23	24	25	26	27	28	29								11.4

續表

月干支序數	星期/月序	日	1	2	3	4	5	6	日	1	2	3	4	5	6	日	1	2	3	4	5	6	日	1	2	3	4	5	6	日	1	2	3	4	5	6	日	月末陽曆
12	十		(60)	2	3	4	5	6	7	8	9	10	11	12	13	14	15	16	17	18	19	20	21	22	23	24	25	26	27	28	29	30						12.4
13	十一				㉚	2	3	4	5	6	7	8	9	10	11	12	13	14	15	16	17	18	19	20	21	22	23	24	25	26	27	28	29					1.2
14	十二					(59)	2	3	4	5	6	7	8	9	10	11	12	13	14	15	16	17	18	19	20	21	22	23	24	25	26	27	28	29	30			2.1

大事記

五月，匈奴郝散反，攻上黨，殺長吏。　八月，郝散降，被殺。大饑。　是年，鮮卑慕容廆遷大棘城，農桑法制同於中原。傅咸卒(239—294)。

晉紀年

干支乙卯　公元 295 年

朝代或國名	國家支配者	建都	廟號	謚號	建元	年號年次	輔政者	備注
晉朝	②司馬衷	洛陽		惠	10	3元康5年		
鮮卑	⑤拓跋祿官	盛樂				元年		
鐵弗匈奴	①誥升爰	朔方				24年		
仇池氏	①楊茂搜	成縣西				27年		甘肅
慕容鮮卑	①慕容廆					11年		
高句麗	⑭相夫	丸都城				4年		吉林
吐谷渾	①吐谷渾					11年		青海

月曆表(建寅)

5008—384—1829222

月干支序數	星期/月序	日	1	2	3	4	5	6	日	1	2	3	4	5	6	日	1	2	3	4	5	6	日	1	2	3	4	5	6	日	1	2	3	4	5	6	日	月末陽曆
15	正							㉙	2	3	4	5	6	7	8	9	10	11	12	13	14	15	16	17	18	19	20	21	22	23	24	25	26	27	28	29		3.2
16	二	(58)	2	3	4	5	6	7	8	9	10	11	12	13	14	15	16	17	18	19	20	21	22	23	24	25	26	27	28	29	30							4.1
17	三			㉘	2	3	4	5	6	7	8	9	10	11	12	13	14	15	16	17	18	19	20	21	22	23	24	25	26	27	28	29						4.30
18	四				(57)	2	3	4	5	6	7	8	9	10	11	12	13	14	15	16	17	18	19	20	21	22	23	24	25	26	27	28	29	30				5.30
19	五						㉗	2	3	4	5	6	7	8	9	10	11	12	13	14	15	16	17	18	19	20	21	22	23	24	25	26	27	28	29	30		6.29
20	六	(57)	2	3	4	5	6	7	8	9	10	11	12	13	14	15	16	17	18	19	20	21	22	23	24	25	26	27	28	29								7.28
21	七		㉖	2	3	4	5	6	7	8	9	10	11	12	13	14	15	16	17	18	19	20	21	22	23	24	25	26	27	28	29	30						8.27
22	八				(56)	2	3	4	5	6	7	8	9	10	11	12	13	14	15	16	17	18	19	20	21	22	23	24	25	26	27	28	29					9.25
23	九					㉕	2	3	4	5	6	7	8	9	10	11	12	13	14	15	16	17	18	19	20	21	22	23	24	25	26	27	28	29	30			10.25
24	十							(55)	2	3	4	5	6	7	8	9	10	11	12	13	14	15	16	17	18	19	20	21	22	23	24	25	26	27	28	29		11.23
	閏	㉔	2	3	4	5	6	7	8	9	10	11	12	13	14	15	16	17	18	19	20	21	22	23	24	25	26	27	28	29	30							12.23
25	十一			(54)	2	3	4	5	6	7	8	9	10	11	12	13	14	15	16	17	18	19	20	21	22	23	24	25	26	27	28	29						1.21
26	十二				㉓	2	3	4	5	6	7	8	9	10	11	12	13	14	15	16	17	18	19	20	21	22	23	24	25	26	27	28	29	30				2.20

大事記

夏，荆、揚、兖、豫、青、徐六州大水。　十月，武庫火焚累代之寶及二百萬人器械。　是歲，拓跋部力微少子祿官統部，拓跋部仿匈奴舊制，分國人為中、東、西三部。祿官自為大酋，居上谷之北、濡源之西(張家口市南)，為東部；力微長子沙漠汗子猗㐌居代郡參合陂(大同市北)，為中部；猗㐌弟猗盧居定襄之盛樂城，為西部。

晉紀年

干支丙辰　公元 296 年

朝代或國名	國家支配者	建　都	廟　號	謚　號	建　元	年號年次	輔政者	備　注
晉朝	②司馬衷	洛陽		惠	10	3 元康 6 年		
鮮卑	⑤拓跋祿官	盛樂				2 年		
鐵弗匈奴	①誥升爰	朔方				25 年		
仇池氐	①楊茂搜	成縣西				28 年		甘肅
慕容鮮卑	①慕容廆					12 年		
高句麗	⑭相夫	丸都城				5 年		吉林
	齊萬年(氐)					元年		
吐谷渾	①吐谷渾					12 年		青海

月　曆　表（建寅）

5009—354—1829576

月干支序數	月序＼星期	日	1	2	3	4	5	6	日	1	2	3	4	5	6	日	1	2	3	4	5	6	日	1	2	3	4	5	6	日	1	2	3	4	5	6	日	月末陽曆
27	正						(53)	2	3	4	5	6	7	8	9	10	11	12	13	14	15	16	17	18	19	20	21	22	23	24	25	26	27	28	29			3.20
28	二							㉒	2	3	4	5	6	7	8	9	10	11	12	13	14	15	16	17	18	19	20	21	22	23	24	25	26	27	28	29	30	4.19
29	三		(52)	2	3	4	5	6	7	8	9	10	11	12	13	14	15	16	17	18	19	20	21	22	23	24	25	26	27	28	29							5.18
30	四			㉑	2	3	4	5	6	7	8	9	10	11	12	13	14	15	16	17	18	19	20	21	22	23	24	25	26	27	28	29	30					6.17
31	五					(51)	2	3	4	5	6	7	8	9	10	11	12	13	14	15	16	17	18	19	20	21	22	23	24	25	26	27	28	29				7.16
32	六						⑳	2	3	4	5	6	7	8	9	10	11	12	13	14	15	16	17	18	19	20	21	22	23	24	25	26	27	28	29	30		8.15
33	七	㊿	2	3	4	5	6	7	8	9	10	11	12	13	14	15	16	17	18	19	20	21	22	23	24	25	26	27	28	29								9.13
34	八		⑲	2	3	4	5	6	7	8	9	10	11	12	13	14	15	16	17	18	19	20	21	22	23	24	25	26	27	28	29	30						10.13
35	九				㊾	2	3	4	5	6	7	8	9	10	11	12	13	14	15	16	17	18	19	20	21	22	23	24	25	26	27	28	29	30				11.12
36	十						⑲	2	3	4	5	6	7	8	9	10	11	12	13	14	15	16	17	18	19	20	21	22	23	24	25	26	27	28	29			12.11
37	十一							㊽	2	3	4	5	6	7	8	9	10	11	12	13	14	15	16	17	18	19	20	21	22	23	24	25	26	27	28	29	30	1.10
38	十二		⑱	2	3	4	5	6	7	8	9	10	11	12	13	14	15	16	17	18	19	20	21	22	23	24	25	26	27	28	29							2.8

大事記

正月，以張華為司空。　五月，匈奴郝散弟度元與馮翊、北地馬蘭羌、盧水胡反，攻北地，殺太守。趙王倫被召入京，掌朝政。　八月，郝度元敗雍州刺史，秦、雍氐、羌悉反，推氐帥齊萬年為帝駐梁山（山在陝西乾縣），圍涇陽。　十一月，晉遣周處等討齊萬年。關中大饑。　十二月，略陽清水氐楊茂搜據仇池，建仇池國。　是歲，關西連年大饑，再加兵禍，略陽、天水等六郡流民數萬家十餘萬人經漢中入蜀求食，推巴族人李特為首領。

晉紀年

干支丁巳　公元 297 年

朝代或國名	國家支配者	建　都	廟　號	謚　號	建　元	年號年次	輔　政　者	備　注
晉朝	②司馬衷	洛陽		惠	10	3 元康 7 年		
鮮卑	⑤拓跋祿官	盛樂				3 年		
鐵弗匈奴	①誥升爰	朔方				26 年		
仇池氐	①楊茂搜	成縣西				29 年		甘肅
慕容鮮卑	①慕容廆					13 年		
高句麗	⑭相夫	丸都城				6 年		吉林

續表

朝代或國名	國家支配者	建　都	廟　號	謚　號	建　元	年號年次	輔政者	備　注
	齊萬年(氐)					2年		
吐谷渾	①吐谷渾					13年		青海

月　曆　表(建　寅)　5010—354—1829930

月干支序數	月序 ＼ 星期	日	1	2	3	4	5	6	日	1	2	3	4	5	6	日	1	2	3	4	5	6	日	1	2	3	4	5	6	日	1	2	3	4	5	6	日	月末陽曆
39	正			㊼	2	3	4	5	6	7	8	9	10	11	12	13	14	15	16	17	18	19	20	21	22	23	24	25	26	27	28	29	30					3.10
40	二					⑰	2	3	4	5	6	7	8	9	10	11	12	13	14	15	16	17	18	19	20	21	22	23	24	25	26	27	28	29				4.8
41	三						㊻	2	3	4	5	6	7	8	9	10	11	12	13	14	15	16	17	18	19	20	21	22	23	24	25	26	27	28	29	30		5.8
42	四	⑯	2	3	4	5	6	7	8	9	10	11	12	13	14	15	16	17	18	19	20	21	22	23	24	25	26	27	28	29								6.6
43	五		㊺	2	3	4	5	6	7	8	9	10	11	12	13	14	15	16	17	18	19	20	21	22	23	24	25	26	27	28	29	30						7.6
44	六				⑮	2	3	4	5	6	7	8	9	10	11	12	13	14	15	16	17	18	19	20	21	22	23	24	25	26	27	28	29					8.4
45	七					㊹	2	3	4	5	6	7	8	9	10	11	12	13	14	15	16	17	18	19	20	21	22	23	24	25	26	27	28	29	30			9.3
46	八							⑭	2	3	4	5	6	7	8	9	10	11	12	13	14	15	16	17	18	19	20	21	22	23	24	25	26	27	28	29		10.2
47	九	㊸	2	3	4	5	6	7	8	9	10	11	12	13	14	15	16	17	18	19	20	21	22	23	24	25	26	27	28	29	30							11.1
48	十			⑬	2	3	4	5	6	7	8	9	10	11	12	13	14	15	16	17	18	19	20	21	22	23	24	25	26	27	28	29						11.30
49	十一				㊷	2	3	4	5	6	7	8	9	10	11	12	13	14	15	16	17	18	19	20	21	22	23	24	25	26	27	28	29	30				12.30
50	十二						⑫	2	3	4	5	6	7	8	9	10	11	12	13	14	15	16	17	18	19	20	21	22	23	24	25	26	27	28	29			1.28

大事記

正月,周處與齊萬年戰於六陌,處敗死。　七月,雍、秦旱疫,關中饑,米斛萬錢,人民流徙就食。　九月,以尚書僕射王戎為司徒,太子太師何劭為尚書左僕射。　是年,陳壽卒(233—297)。裴頠作《崇有論》,以斥虛無習尚。鮮卑拓跋部西略諸國。

晉紀年　干支戊午　公元298年

朝代或國名	國家支配者	建　都	廟　號	謚　號	建　元	年號年次	輔政者	備　注
晉朝	②司馬衷	洛陽		惠	10	3 元康 8 年		
鮮卑	⑤拓跋祿官	盛樂				4年		
鐵弗匈奴	①誥升爰	朔方				27年		
仇池氐	①楊茂搜	成縣西				30年		甘肅
慕容鮮卑	①慕容廆					14年		
高句麗	⑭相夫	丸都城				7年		吉林
	齊萬年(氐)					3年		
吐谷渾	①吐谷渾					14年		青海

月　曆　表(建　寅)　5011—384—1830314

月干支序數	月序 ＼ 星期	日	1	2	3	4	5	6	日	1	2	3	4	5	6	日	1	2	3	4	5	6	日	1	2	3	4	5	6	日	1	2	3	4	5	6	日	月末陽曆
51	正							㊶	2	3	4	5	6	7	8	9	10	11	12	13	14	15	16	17	18	19	20	21	22	23	24	25	26	27	28	29	30	2.27
52	二		⑪	2	3	4	5	6	7	8	9	10	11	12	13	14	15	16	17	18	19	20	21	22	23	24	25	26	27	28	29	30						3.29

續表

月干支序數	月序＼星期	日	1	2	3	4	5	6	日	1	2	3	4	5	6	日	1	2	3	4	5	6	日	1	2	3	4	5	6	日	1	2	3	4	5	6	日	月末陽曆
53	三				㊶	2	3	4	5	6	7	8	9	10	11	12	13	14	15	16	17	18	19	20	21	22	23	24	25	26	27	28	29					4.27
54	四					⑩	2	3	4	5	6	7	8	9	10	11	12	13	14	15	16	17	18	19	20	21	22	23	24	25	26	27	28	29	30			5.27
55	五							㊵	2	3	4	5	6	7	8	9	10	11	12	13	14	15	16	17	18	19	20	21	22	23	24	25	26	27	28	29		6.25
56	六	⑨	2	3	4	5	6	7	8	9	10	11	12	13	14	15	16	17	18	19	20	21	22	23	24	25	26	27	28	29	30							7.25
	閏			㊴	2	3	4	5	6	7	8	9	10	11	12	13	14	15	16	17	18	19	20	21	22	23	24	25	26	27	28	29						8.23
57	七				⑧	2	3	4	5	6	7	8	9	10	11	12	13	14	15	16	17	18	19	20	21	22	23	24	25	26	27	28	29	30				9.22
58	八						㊳	2	3	4	5	6	7	8	9	10	11	12	13	14	15	16	17	18	19	20	21	22	23	24	25	26	27	28	29			10.21
59	九							⑦	2	3	4	5	6	7	8	9	10	11	12	13	14	15	16	17	18	19	20	21	22	23	24	25	26	27	28	29	30	11.20
60	十		㊲	2	3	4	5	6	7	8	9	10	11	12	13	14	15	16	17	18	19	20	21	22	23	24	25	26	27	28	29							12.19
1	十一			⑥	2	3	4	5	6	7	8	9	10	11	12	13	14	15	16	17	18	19	20	21	22	23	24	25	26	27	28	29	30					1.18
2	十二					㊱	2	3	4	5	6	7	8	9	10	11	12	13	14	15	16	17	18	19	20	21	22	23	24	25	26	27	28	29				2.16

大事記

九月，荆、豫、徐、揚、冀五州大水，秦、雍六郡以饑饉荒亂流入漢中者數萬家。巴氐李特兄弟率流民入蜀就食。　遣侍御史李苾慰勞漢川流民。

晉紀年

干支己未　公元 299 年

朝代或國名	國家支配者	建都	廟號	謚號	建元	年號年次	輔政者	備注
晉朝	②司馬衷	洛陽		惠	10	3 元康 9 年		
鮮卑	⑤拓跋祿官	盛樂				5 年		
鐵弗匈奴	①誥升爰	朔方				28 年		
仇池氐	①楊茂搜	成縣西				31 年		甘肅
慕容鮮卑	①慕容廆					15 年		
高句麗	⑭相夫	丸都城				8 年		吉林
	齊萬年(氐)					4 年		
吐谷渾	①吐谷渾					15 年		青海

月　曆　表(建寅)

5012－355－1830669

月干支序數	月序＼星期	日	1	2	3	4	5	6	日	1	2	3	4	5	6	日	1	2	3	4	5	6	日	1	2	3	4	5	6	日	1	2	3	4	5	6	日	月末陽曆
3	正						⑤	2	3	4	5	6	7	8	9	10	11	12	13	14	15	16	17	18	19	20	21	22	23	24	25	26	27	28	29	30		3.18
4	二	㉟	2	3	4	5	6	7	8	9	10	11	12	13	14	15	16	17	18	19	20	21	22	23	24	25	26	27	28	29								4.16
5	三		④	2	3	4	5	6	7	8	9	10	11	12	13	14	15	16	17	18	19	20	21	22	23	24	25	26	27	28	29	30						5.16
6	四				㉞	2	3	4	5	6	7	8	9	10	11	12	13	14	15	16	17	18	19	20	21	22	23	24	25	26	27	28	29	30				6.15
7	五						④	2	3	4	5	6	7	8	9	10	11	12	13	14	15	16	17	18	19	20	21	22	23	24	25	26	27	28	29			7.14
8	六							㉝	2	3	4	5	6	7	8	9	10	11	12	13	14	15	16	17	18	19	20	21	22	23	24	25	26	27	28	29	30	8.13
9	七		③	2	3	4	5	6	7	8	9	10	11	12	13	14	15	16	17	18	19	20	21	22	23	24	25	26	27	28	29							9.11
10	八			㉜	2	3	4	5	6	7	8	9	10	11	12	13	14	15	16	17	18	19	20	21	22	23	24	25	26	27	28	29	30					10.11
11	九					②	2	3	4	5	6	7	8	9	10	11	12	13	14	15	16	17	18	19	20	21	22	23	24	25	26	27	28	29				11.9

續表

月干支序數	星期/月序	日	1	2	3	4	5	6	日	1	2	3	4	5	6	日	1	2	3	4	5	6	日	1	2	3	4	5	6	日	1	2	3	4	5	6	日	月末陽曆
12	十						㉛	2	3	4	5	6	7	8	9	10	11	12	13	14	15	16	17	18	19	20	21	22	23	24	25	26	27	28	29	30		12.9
13	十一	①	2	3	4	5	6	7	8	9	10	11	12	13	14	15	16	17	18	19	20	21	22	23	24	25	26	27	28	29								1.7
14	十二		㉚	2	3	4	5	6	7	8	9	10	11	12	13	14	15	16	17	18	19	20	21	22	23	24	25	26	27	28	29	30						2.6

大事記

正月，晉將孟觀破氐，俘齊萬年。太子洗馬江統上《徙戎論》，請乘孟觀之勝，徙馮翊四郡諸羌於賜支之地，徙扶風等三郡之氐於武都，又言并州六郡匈奴日漸強大，實為隱憂。四月，張承基等聚衆數千謀起事，為郡縣捕殺。南陽魯褒作《錢神論》。　八月，以裴頠為尚書僕射。　十二月，賈后廢太子遹為庶人。

晉紀年

干支庚申　公元300年

朝代或國名	國家支配者	建都	廟號	謚號	建元	年號年次	輔政者	備注
晉朝	②司馬衷	洛陽		孝惠帝	10	4永康元年		
	趙廞				1	太平元年		
鮮卑	⑤拓跋祿官					6年		
鐵弗匈奴	①誥升爰	朔方				29年		
仇池氐	①楊茂搜	成縣西				32年		甘肅
慕容鮮卑	①慕容廆					16年		
高句麗	⑮美川王乙弗	丸都城				元年		吉林
吐谷渾	①吐谷渾					16年		青海

月曆表（建寅）

5013－354－1831023

月干支序數	星期/月序	日	1	2	3	4	5	6	日	1	2	3	4	5	6	日	1	2	3	4	5	6	日	1	2	3	4	5	6	日	1	2	3	4	5	6	日	月末陽曆
15	正				(60)	2	3	4	5	6	7	8	9	10	11	12	13	14	15	16	17	18	19	20	21	22	23	24	25	26	27	28	29					3.6
16	二					㉙	2	3	4	5	6	7	8	9	10	11	12	13	14	15	16	17	18	19	20	21	22	23	24	25	26	27	28	29	30			4.5
17	三							(59)	2	3	4	5	6	7	8	9	10	11	12	13	14	15	16	17	18	19	20	21	22	23	24	25	26	27	28	29		5.4
18	四	㉘	2	3	4	5	6	7	8	9	10	11	12	13	14	15	16	17	18	19	20	21	22	23	24	25	26	27	28	29	30							6.3
19	五			(58)	2	3	4	5	6	7	8	9	10	11	12	13	14	15	16	17	18	19	20	21	22	23	24	25	26	27	28	29						7.2
20	六				㉗	2	3	4	5	6	7	8	9	10	11	12	13	14	15	16	17	18	19	20	21	22	23	24	25	26	27	28	29	30				8.1
21	七						(57)	2	3	4	5	6	7	8	9	10	11	12	13	14	15	16	17	18	19	20	21	22	23	24	25	26	27	28	29			8.30
22	八							㉖	2	3	4	5	6	7	8	9	10	11	12	13	14	15	16	17	18	19	20	21	22	23	24	25	26	27	28	29	30	9.29
23	九		(56)	2	3	4	5	6	7	8	9	10	11	12	13	14	15	16	17	18	19	20	21	22	23	24	25	26	27	28	29	30						10.29
24	十				㉖	2	3	4	5	6	7	8	9	10	11	12	13	14	15	16	17	18	19	20	21	22	23	24	25	26	27	28	29					11.27
25	十一					(55)	2	3	4	5	6	7	8	9	10	11	12	13	14	15	16	17	18	19	20	21	22	23	24	25	26	27	28	29	30			12.27
26	十二							㉕	2	3	4	5	6	7	8	9	10	11	12	13	14	15	16	17	18	19	20	21	22	23	24	25	26	27	28	29		1.25

大事記

四月，司馬倫殺賈南風，并殺司空張華等，夷三族。倫為相國。　八月，淮南王司馬允攻趙王倫，敗死。倫殺石崇、潘岳等。趙王司馬倫加九錫。　九月，改司徒為丞相。　十二月，益州刺史趙廞反。

晉及十六國紀年

干支辛酉　公元 301 年

朝代或國名	國家支配者	建　都	廟號	謚　號	建　元	年號年次	輔政者	備　　注
晉朝	②司馬衷	洛陽		惠	10	5 永寧元年	司馬冏	四月癸亥改元
	司馬倫				1	建始元年		正至四月，篡位被殺
	趙廞	益州			1	太平 2 年		正月亡於李特
流民起義	〔李特〕		始祖	景				
前涼	①張軌	涼州		武穆公		元年		爲涼州刺史
鮮卑	⑤拓跋祿官	盛樂				7 年		
鐵弗匈奴	①誥升爰	朔方				30 年		
仇池氏	①楊茂搜	成縣西				33 年		甘肅
慕容鮮卑	①慕容廆					17 年		
高句麗	⑮乙弗	丸都城				2 年		吉林
吐谷渾	①吐谷渾					17 年		青海

月　　曆　　表（建　寅）

5014—384—1831407

月干支序數	星期／月序	日	1	2	3	4	5	6	日	1	2	3	4	5	6	日	1	2	3	4	5	6	日	1	2	3	4	5	6	日	1	2	3	4	5	6	日	月末陽曆
27	正	(54)	2	3	4	5	6	7	8	9	10	11	12	13	14	15	16	17	18	19	20	21	22	23	24	25	26	27	28	29	30							2.24
28	二			(24)	2	3	4	5	6	7	8	9	10	11	12	13	14	15	16	17	18	19	20	21	22	23	24	25	26	27	28	29						3.25
29	三				(53)	2	3	4	5	6	7	8	9	10	11	12	13	14	15	16	17	18	19	20	21	22	23	24	25	26	27	28	29	30				4.24
	閏						(23)	2	3	4	5	6	7	8	9	10	11	12	13	14	15	16	17	18	19	20	21	22	23	24	25	26	27	28	29			5.23
30	四							(52)	2	3	4	5	6	7	8	9	10	11	12	13	14	15	16	17	18	19	20	21	22	23	24	25	26	27	28	29	30	6.22
31	五		(22)	2	3	4	5	6	7	8	9	10	11	12	13	14	15	16	17	18	19	20	21	22	23	24	25	26	27	28	29							7.21
32	六			(51)	2	3	4	5	6	7	8	9	10	11	12	13	14	15	16	17	18	19	20	21	22	23	24	25	26	27	28	29	30					8.20
33	七					(21)	2	3	4	5	6	7	8	9	10	11	12	13	14	15	16	17	18	19	20	21	22	23	24	25	26	27	28	29				9.18
34	八						(50)	2	3	4	5	6	7	8	9	10	11	12	13	14	15	16	17	18	19	20	21	22	23	24	25	26	27	28	29	30		10.18
35	九	(20)	2	3	4	5	6	7	8	9	10	11	12	13	14	15	16	17	18	19	20	21	22	23	24	25	26	27	28	29								11.16
36	十		(49)	2	3	4	5	6	7	8	9	10	11	12	13	14	15	16	17	18	19	20	21	22	23	24	25	26	27	28	29	30						12.16
37	十一				(19)	2	3	4	5	6	7	8	9	10	11	12	13	14	15	16	17	18	19	20	21	22	23	24	25	26	27	28	29					1.14
38	十二					(48)	2	3	4	5	6	7	8	9	10	11	12	13	14	15	16	17	18	19	20	21	22	23	24	25	26	27	28	29	30			2.13

大事記

正月，晉以張軌為涼州刺史。趙王司馬倫稱皇帝，改元建始，以惠帝為太上皇，囚之金墉城。趙廞殺李庠，李庠弟李特、李流等舉兵殺廞，使人迎新刺史羅尚。　三月，汶山羌起事，羅尚遣將擊之，敗。潁川處穆，離狐王盛，聚衆於濁澤起事，敗死。齊王司馬冏起兵討司馬倫，成都王司馬穎、河間王司馬顒等迎之。　四月，左衛將軍王輿等殺倫黨孫秀等，迎惠帝復辟，囚倫於金墉，旋賜死，改元永寧。兵興六十餘日，戰死者近十萬人。　六月，齊王冏入洛執政，王輿謀廢齊王冏，事泄，被殺，夷三族。郡國十二旱。八月，羅尚破汶山羌。　十月，益州迫秦、雍流民回故土，流民擁李特起事，據廣漢，攻成都。

晉及十六國紀年

干支壬戌　公元 302 年

朝代或國名	國家支配者	建　都	廟號	謚號	建元	年號年次	輔政者	備　注
晉朝	②司馬衷	洛陽		惠	10	6 太安元年		十二月改元
流民起義	李特		始祖	景				
前涼	①張軌	涼州		武穆公		2 年		爲刺史
鮮卑	⑤拓跋祿官	盛樂				8 年		
鐵弗匈奴	①誥升爰	朔方				31 年		
仇池氐	①楊茂搜	成縣西				34 年		甘肅
慕容鮮卑	①慕容廆					18 年		
高句麗	⑮乙弗	丸都城				3 年		吉林
吐谷渾	①吐谷渾					18 年		青海

月　曆　表（建寅）

5015—354—1831761

月干支序數	星期／月序	日	1	2	3	4	5	6	日	1	2	3	4	5	6	日	1	2	3	4	5	6	日	1	2	3	4	5	6	日	1	2	3	4	5	6	日	月末陽曆
39	正							⑱	2	3	4	5	6	7	8	9	10	11	12	13	14	15	16	17	18	19	20	21	22	23	24	25	26	27	28	29	30	3.15
40	二		㊽	2	3	4	5	6	7	8	9	10	11	12	13	14	15	16	17	18	19	20	21	22	23	24	25	26	27	28	29							4.13
41	三			⑰	2	3	4	5	6	7	8	9	10	11	12	13	14	15	16	17	18	19	20	21	22	23	24	25	26	27	28	29	30					5.13
42	四					㊼	2	3	4	5	6	7	8	9	10	11	12	13	14	15	16	17	18	19	20	21	22	23	24	25	26	27	28	29				6.11
43	五						⑯	2	3	4	5	6	7	8	9	10	11	12	13	14	15	16	17	18	19	20	21	22	23	24	25	26	27	28	29	30		7.11
44	六	㊻	2	3	4	5	6	7	8	9	10	11	12	13	14	15	16	17	18	19	20	21	22	23	24	25	26	27	28	29								8.9
15	七		⑮	2	3	4	5	6	7	8	9	10	11	12	13	14	15	16	17	18	19	20	21	22	23	24	25	26	27	28	29	30						9.8
46	八				㊺	2	3	4	5	6	7	8	9	10	11	12	13	14	15	16	17	18	19	20	21	22	23	24	25	26	27	28	29					10.7
47	九					⑭	2	3	4	5	6	7	8	9	10	11	12	13	14	15	16	17	18	19	20	21	22	23	24	25	26	27	28	29	30			11.6
48	十							㊹	2	3	4	5	6	7	8	9	10	11	12	13	14	15	16	17	18	19	20	21	22	23	24	25	26	27	28	29		12.5
49	十一	⑬	2	3	4	5	6	7	8	9	10	11	12	13	14	15	16	17	18	19	20	21	22	23	24	25	26	27	28	29	30							1.4
50	十二			㊸	2	3	4	5	6	7	8	9	10	11	12	13	14	15	16	17	18	19	20	21	22	23	24	25	26	27	28	29						2.2

大事記

五月，李特敗河間王顒軍，據巴西、梓潼，自號大將軍，益州牧。　八月，李特敗羅尚。建寧李睿、朱提、李猛等逐太守，應李特；南夷校尉李毅擊殺之。　十一月，復置寧州，以毅為刺史。　十二月，河間王顒、成都王穎等討齊王冏，長沙王司馬乂殺冏，黨皆夷三族，改元太安。是歲，鮮卑宇文單于遣將攻慕容廆，敗績。遼東孟暉以衆數千家降於廆。是歲，高句麗反晉攻玄菟郡。鮮卑宇文部圍棘城，慕容廆擊破之。

晉及十六國紀年

干支癸亥　公元 303 年

朝代或國名	國家支配者	建　都	廟　號	謚號	建元	年號年次	輔政者	備　注
晉朝	②司馬衷	洛陽		惠	10	6 太安 2 年		
	①〔李特〕		始祖	景	1	建初元年		正月建元
	②〔李流〕							二月立
	③〔李雄〕							九月立
漢	〔劉尼(張昌)〕	江夏			1	神鳳元年		五至八月，敗

續表

朝代或國名	國家支配者	建都	廟號	謚號	建元	年號年次	輔政者	備注
前凉	①張軌	凉州		武穆公		3年		刺史
鮮卑	⑤拓跋祿官	盛樂				9年		
鐵弗匈奴	①誥升爰	朔方				32年		1
仇池氏	①楊茂搜	成縣西				35年		甘肅
慕容鮮卑	①慕容廆					19年		
高句麗	⑮乙弗	丸都城				4年		吉林
吐谷渾	①吐谷渾					19年		青海

月曆表(建寅)　5016—384—1832145

月干支序數	月序＼星期	日	1	2	3	4	5	6	日	1	2	3	4	5	6	日	1	2	3	4	5	6	日	1	2	3	4	5	6	日	1	2	3	4	5	6	日	月末陽曆
51	正				⑫	2	3	4	5	6	7	8	9	10	11	12	13	14	15	16	17	18	19	20	21	22	23	24	25	26	27	28	29	30				3.4
52	二						㊷	2	3	4	5	6	7	8	9	10	11	12	13	14	15	16	17	18	19	20	21	22	23	24	25	26	27	28	29			4.2
53	三							⑪	2	3	4	5	6	7	8	9	10	11	12	13	14	15	16	17	18	19	20	21	22	23	24	25	26	27	28	29	30	5.2
54	四		㊶	2	3	4	5	6	7	8	9	10	11	12	13	14	15	16	17	18	19	20	21	22	23	24	25	26	27	28	29	30						6.1
55	五				⑪	2	3	4	5	6	7	8	9	10	11	12	13	14	15	16	17	18	19	20	21	22	23	24	25	26	27	28	29					6.30
56	六					㊵	2	3	4	5	6	7	8	9	10	11	12	13	14	15	16	17	18	19	20	21	22	23	24	25	26	27	28	29	30			7.30
57	七							⑩	2	3	4	5	6	7	8	9	10	11	12	13	14	15	16	17	18	19	20	21	22	23	24	25	26	27	28	29		8.28
58	八	㊴	2	3	4	5	6	7	8	9	10	11	12	13	14	15	16	17	18	19	20	21	22	23	24	25	26	27	28	29	30							9.27
59	九			⑨	2	3	4	5	6	7	8	9	10	11	12	13	14	15	16	17	18	19	20	21	22	23	24	25	26	27	28	29						10.26
60	十				㊳	2	3	4	5	6	7	8	9	10	11	12	13	14	15	16	17	18	19	20	21	22	23	24	25	26	27	28	29	30				11.25
1	十一						⑧	2	3	4	5	6	7	8	9	10	11	12	13	14	15	16	17	18	19	20	21	22	23	24	25	26	27	28	29			12.24
2	十二							㊲	2	3	4	5	6	7	8	9	10	11	12	13	14	15	16	17	18	19	20	21	22	23	24	25	26	27	28	29	30	1.23
	閏		⑦	2	3	4	5	6	7	8	9	10	11	12	13	14	15	16	17	18	19	20	21	22	23	24	25	26	27	28	29							2.21

《本紀》正月朔甲子,誤。

大事記

正月,李特入成都少城,建元建初。　二月,晉將羅尚殺李特,特弟流代領其衆;流旋死(翦伯贊考),特子雄為帥。五月,義陽蠻張昌更姓名為李辰,集流民起事,入據江夏,推山都縣吏丘沈(更姓名為劉尼)為皇帝,建號曰漢,建元神鳳,江、沔間流民響應,殺新野王司馬歆等,佔領荆、江、徐、揚、豫所屬諸城邑,張昌別將石冰據臨淮。陶侃等大破之,昌逃,衆降散。　八月,河間王顒、成都王穎討長沙王乂,進兵洛陽,顒將張方入城大掠。陸機(261—303)、陸雲(262—303)被殺。張昌部將石冰再起,攻陷郡縣,江淮豪姓紛起擊之。　九月,李流死(馮君實考),李雄代領其衆。　十二月,石冰為周玘所敗,自臨淮退至壽春。并州饑饉,并州刺史東瀛公騰執諸胡賣於山東,以充軍實。閏十二月,李雄逐羅尚入成都。都督幽州諸軍事王浚表請以遼西郡,封鮮卑段務勿塵為遼西公。王苓夷帥等攻寧州。

晉及十六國紀年　干支甲子　公元304年

朝代或國名	國家支配者	建都	廟號	謚號	建元	年號年次	輔政者	備注
晉朝	②司馬衷	洛陽		惠	10	7永安元年		正月改元
		鄴				8建武元年		七月庚申改元
		長安				7永安元年		十一月丙午復永安
		長安				9永興元年		十二月丁亥改元

續表

朝代或國名	國家支配者	建　都	廟號	諡號	建元	年號年次	輔政者	備　注
成	③李雄	成都	太宗	武	3	1建興元年		十月建元
漢(前趙)	①劉淵	左國城	高祖	光文	3	1元熙元年		十月建元
前涼	①張軌	涼州		武穆公		4年		刺史
漢	①〔張昌〕	荆州				2年		
鮮卑	⑤拓跋禄官	盛樂				10年		
鐵弗匈奴	①誥升爰	朔方				33年		
仇池氏	①楊茂搜	成縣西				36年		甘肅
慕容鮮卑	①慕容廆					20年		
高句麗	⑮乙弗	丸都城				5年		吉林
吐谷渾	①吐谷渾					20年		青海

月　曆　表(建　寅)　　5017—355—1832500

月干支序數	月序＼星期	日	1	2	3	4	5	6	日	1	2	3	4	5	6	日	1	2	3	4	5	6	日	1	2	3	4	5	6	日	1	2	3	4	5	6	日	月末陽曆
3	正			㊱	2	3	4	5	6	7	8	9	10	11	12	13	14	15	16	17	18	19	20	21	22	23	24	25	26	27	28	29	30					3.22
4	二					⑥	2	3	4	5	6	7	8	9	10	11	12	13	14	15	16	17	18	19	20	21	22	23	24	25	26	27	28	29				4.20
5	三						㉟	2	3	4	5	6	7	8	9	10	11	12	13	14	15	16	17	18	19	20	21	22	23	24	25	26	27	28	29	30		5.20
6	四	⑤	2	3	4	5	6	7	8	9	10	11	12	13	14	15	16	17	18	19	20	21	22	23	24	25	26	27	28	29								6.18
7	五		㉞	2	3	4	5	6	7	8	9	10	11	12	13	14	15	16	17	18	19	20	21	22	23	24	25	26	27	28	29	30						7.18
8	六				④	2	3	4	5	6	7	8	9	10	11	12	13	14	15	16	17	18	19	20	21	22	23	24	25	26	27	28	29					8.16
9	七					㉝	2	3	4	5	6	7	8	9	10	11	12	13	14	15	16	17	18	19	20	21	22	23	24	25	26	27	28	29	30			9.15
10	八							③	2	3	4	5	6	7	8	9	10	11	12	13	14	15	16	17	18	19	20	21	22	23	24	25	26	27	28	29	30	10.15
11	九		㉝	2	3	4	5	6	7	8	9	10	11	12	13	14	15	16	17	18	19	20	21	22	23	24	25	26	27	28	29							11.13
12	十			②	2	3	4	5	6	7	8	9	10	11	12	13	14	15	16	17	18	19	20	21	22	23	24	25	26	27	28	29	30					12.13
13	十一					㉜	2	3	4	5	6	7	8	9	10	11	12	13	14	15	16	17	18	19	20	21	22	23	24	25	26	27	28	29				1.11
14	十二						①	2	3	4	5	6	7	8	9	10	11	12	13	14	15	16	17	18	19	20	21	22	23	24	25	26	27	28	29	30		2.10

大事記

正月，東海王司馬越囚長沙王司馬乂，改元永安；乂旋為張方所殺。　二月，成都王穎廢皇后羊氏及太子覃。三月，石冰敗死。河間王顒表成都王穎為皇太弟居鄴，自為太宰；穎表劉淵為冠軍將軍，監匈奴五部軍事。　七月，東海王越等奉惠帝命討太弟穎，敗於湯陰，惠帝被迫入鄴，改元建武，東海王越逃歸國。王浚與鮮卑段務勿塵、烏桓羯朱及東瀛公司馬騰舉討太弟穎，穎殺東安王司馬繇。繇兄子琅邪王睿逃歸國。劉淵據離石稱大單于。王浚入鄴，惠帝及太弟穎奔洛陽。拓跋猗㐌以助司馬騰為名，入河西，敗劉淵。荆州擒張昌，夷三族。　十月，李雄據成都，建元建興，劉淵遷左國城，稱漢王，建元元熙，追尊劉禪為孝懷皇帝。　十一月，張方逼惠帝遷長安，太弟穎、豫章王熾從，復改元永安。十二月，太弟穎仍為成都王，立豫章王熾為皇太弟，改元永興。司馬騰遣將討劉淵，大敗；淵攻略并州諸郡縣。

是年，稽含(263—306)《南方草木狀》成書，分草、木、果、竹四章，列舉華南植物79種，是我國最早的地方植物誌，書中并有生物防治病蟲害的記載。

晉及十六國紀年

干支乙丑　公元305年

朝代或國名	國家支配者	建　都	廟　號	諡　號	建元	年號年次	輔政者	備　注
晉朝	②司馬衷	長安		惠	10	9永安2年		
成	③李雄	成都	太宗	武	3	建興2年		

續表

朝代或國名	國家支配者	建都	廟號	謚號	建元	年號年次	輔政者	備注
漢(前趙)	①劉淵	左國城	高祖	光文	3	1元熙2年		
前涼	①張軌	涼州		武穆公		5年		盧水胡人
鮮卑	⑤拓跋祿官	盛樂				11年		
鐵弗匈奴	①誥升爰	朔方				34年		
仇池氏	①楊茂搜	成縣西				37年		甘肅
慕容鮮卑	①慕容廆					21年		
高句麗	⑮乙弗	丸都城				6年		吉林
吐谷渾	①吐谷渾					21年		青海

月曆表(建寅)　5018—354—1832854

月干支序數	月序＼星期	日	1	2	3	4	5	6	日	1	2	3	4	5	6	日	1	2	3	4	5	6	日	1	2	3	4	5	6	日	1	2	3	4	5	6	日	月末陽曆
15	正	㉛	2	3	4	5	6	7	8	9	10	11	12	13	14	15	16	17	18	19	20	21	22	23	24	25	26	27	28	29								3.11
16	二		(60)	2	3	4	5	6	7	8	9	10	11	12	13	14	15	16	17	18	19	20	21	22	23	24	25	26	27	28	29	30						4.10
17	三				㉚	2	3	4	5	6	7	8	9	10	11	12	13	14	15	16	17	18	19	20	21	22	23	24	25	26	27	28	29					5.9
18	四					(59)	2	3	4	5	6	7	8	9	10	11	12	13	14	15	16	17	18	19	20	21	22	23	24	25	26	27	28	29	30			6.8
19	五							㉙	2	3	4	5	6	7	8	9	10	11	12	13	14	15	16	17	18	19	20	21	22	23	24	25	26	27	28	29		7.7
20	六	(58)	2	3	4	5	6	7	8	9	10	11	12	13	14	15	16	17	18	19	20	21	22	23	24	25	26	27	28	29	30							8.6
21	七			㉘	2	3	4	5	6	7	8	9	10	11	12	13	14	15	16	17	18	19	20	21	22	23	24	25	26	27	28	29						9.4
22	八				(57)	2	3	4	5	6	7	8	9	10	11	12	13	14	15	16	17	18	19	20	21	22	23	24	25	26	27	28	29	30				10.4
23	九						㉗	2	3	4	5	6	7	8	9	10	11	12	13	14	15	16	17	18	19	20	21	22	23	24	25	26	27	28	29			11.2
24	十							(56)	2	3	4	5	6	7	8	9	10	11	12	13	14	15	16	17	18	19	20	21	22	23	24	25	26	27	28	29	30	12.2
25	十一		㉖	2	3	4	5	6	7	8	9	10	11	12	13	14	15	16	17	18	19	20	21	22	23	24	25	26	27	28	29							12.31
26	十二			(55)	2	3	4	5	6	7	8	9	10	11	12	13	14	15	16	17	18	19	20	21	22	23	24	25	26	27	28	29	30					1.30

大事記

二月，王戎卒(234—305)。　六月，隴西太守韓稚殺秦州刺史張輔，涼州刺史李軌擊降稚，軌又破鮮卑若羅拔能，俘十餘萬口。拓跋猗㐌與司馬騰敗劉淵；假猗㐌大單于；猗㐌尋死，子普根立。　七月，東海王司馬越檄州郡兵迎惠帝，被推為盟主。成都王故將公師藩起事，羯人石勒投之。　八月，豫州刺史劉喬拒東海王越。河間王顒表成都王穎都督河北諸軍，東海王越起兵討河間王顒。　十月，命穎督軍，為劉喬後繼。　十二月，東海王越部將劉琨擊潰劉喬。陳敏據江東歷陽反，稱大司馬、楚公。離石大饑。劉淵徙屯黎亭，就邸閣谷。

晉及十六國紀年　干支丙寅　公元306年

朝代或國名	國家支配者	建都	廟號	謚號	建元	年號年次	輔政者	備注
晉朝	②司馬衷	洛陽		惠	10	10光熙元年		六月辛未改元
	③司馬熾	洛陽		懷				十一月即位
成	③李雄	成都	太宗	武	3	2晏平元年	范長生	六月改元
漢(前趙)	①劉淵	左國城	高祖	光文	3	1元熙3年		
前涼	①張軌	涼州		武穆公		6年		盧水胡人
	〔劉伯根〕					元年		惤縣(蓬萊)

續表

朝代或國名	國家支配者	建　都	廟號	謚號	建元	年號年次	輔政者	備　注
鮮卑	⑤拓跋祿官	盛樂				12年		
鐵弗匈奴	①誥升爰	朔方				35年		
仇池氏	①楊茂搜	成縣西				38年		甘肅
慕容鮮卑	①慕容廆					22年		
高句麗	⑮乙弗	丸都城				7年		吉林
吐谷渾	①吐谷渾					22年		青海

月　曆　表（建寅）　　5019－384－1833238

月干支序數	月序＼星期	日	1	2	3	4	5	6	日	1	2	3	4	5	6	日	1	2	3	4	5	6	日	1	2	3	4	5	6	日	1	2	3	4	5	6	日	月末陽曆
27	正					㉕	2	3	4	5	6	7	8	9	10	11	12	13	14	15	16	17	18	19	20	21	22	23	24	25	26	27	28	29	30			3.1
28	二							(55)	2	3	4	5	6	7	8	9	10	11	12	13	14	15	16	17	18	19	20	21	22	23	24	25	26	27	28	29		3.30
29	三	㉔	2	3	4	5	6	7	8	9	10	11	12	13	14	15	16	17	18	19	20	21	22	23	24	25	26	27	28	29	30							4.29
30	四			(54)	2	3	4	5	6	7	8	9	10	11	12	13	14	15	16	17	18	19	20	21	22	23	24	25	26	27	28	29						5.28
31	五				㉓	2	3	4	5	6	7	8	9	10	11	12	13	14	15	16	17	18	19	20	21	22	23	24	25	26	27	28	29	30				6.27
32	六						(53)	2	3	4	5	6	7	8	9	10	11	12	13	14	15	16	17	18	19	20	21	22	23	24	25	26	27	28	29			7.26
33	七							㉒	2	3	4	5	6	7	8	9	10	11	12	13	14	15	16	17	18	19	20	21	22	23	24	25	26	27	28	29	30	8.25
34	八		(52)	2	3	4	5	6	7	8	9	10	11	12	13	14	15	16	17	18	19	20	21	22	23	24	25	26	27	28	29							9.23
	閏			㉑	2	3	4	5	6	7	8	9	10	11	12	13	14	15	16	17	18	19	20	21	22	23	24	25	26	27	28	29	30					10.23
35	九					(51)	2	3	4	5	6	7	8	9	10	11	12	13	14	15	16	17	18	19	20	21	22	23	24	25	26	27	28	29				11.21
36	十						⑳	2	3	4	5	6	7	8	9	10	11	12	13	14	15	16	17	18	19	20	21	22	23	24	25	26	27	28	29	30		12.21
37	十一	㊿	2	3	4	5	6	7	8	9	10	11	12	13	14	15	16	17	18	19	20	21	22	23	24	25	26	27	28	29								1.19
38	十二		⑲	2	3	4	5	6	7	8	9	10	11	12	13	14	15	16	17	18	19	20	21	22	23	24	25	26	27	28	29	30						2.18

大事記

正月，河間王顒殺張方，向東海王求和不成。　二月，東海王越遣將率鮮卑兵迎惠帝。　三月，惤令劉柏根起事，稱惤公，東萊王彌從之，柏根旋敗死，王彌入長廣。五苓夷屢敗寧州兵，圍州城，刺史李毅死，衆推毅女李秀領州事，嬰城固守。四月，東海王越遣迎惠帝之師入長安，所部鮮卑大掠，殺二萬餘人。　六月，惠帝至洛陽，改元光熙。李雄稱皇帝，改元晏平，國號大成，以丞相范長生為天地太師。　八月，東海王越為太傅、錄尚書事，專朝政。成都王穎被執，幽於鄴，為劉輿所殺。公師藩敗死。　十一月，東海王越毒死惠帝，懷帝司馬熾即位。　十二月，南陽王司馬模殺河間王顒。并州吏民萬餘人就穀於冀州，號為乞活。

晉及十六國紀年　　干支丁卯　公元 307 年

朝代或國名	國家支配者	建　都	廟號	謚號	建元	年號年次	輔政者	備　注
晉朝	③司馬熾	洛陽		懷	1	永嘉元年		正月改
成	③李雄	成都	太宗	武	3	2晏平2年		
漢（前趙）	①劉淵	左國城	高祖	光文	3	1元熙4年		
前涼	①張軌	涼州		武穆公		7年		盧水胡人
	〔汲桑〕					元年		在茌平
	石勒							

續表

朝代或國名	國家支配者	建　都	廟號	謚號	建元	年號年次	輔政者	備　注
鮮卑	⑤拓跋祿官	盛樂				13 年		三月卒
鐵弗匈奴	①誥升爰	朔方				36 年		
仇池氐	①楊茂搜	成縣西				39 年		甘肅
慕容鮮卑	①慕容廆					23 年		
高句麗	⑮乙弗	丸都城				8 年		吉林
吐谷渾	①吐谷渾					23 年		青海

月　曆　表（建 寅）　　5020—354—1833592

月干支序數	星期 / 月序	日	1	2	3	4	5	6	日	1	2	3	4	5	6	日	1	2	3	4	5	6	日	1	2	3	4	5	6	日	1	2	3	4	5	6	日	月末陽曆
39	正				㊾	2	3	4	5	6	7	8	9	10	11	12	13	14	15	16	17	18	19	20	21	22	23	24	25	26	27	28	29					3.19
40	二					⑱	2	3	4	5	6	7	8	9	10	11	12	13	14	15	16	17	18	19	20	21	22	23	24	25	26	27	28	29	30			4.18
41	三							㊽	2	3	4	5	6	7	8	9	10	11	12	13	14	15	16	17	18	19	20	21	22	23	24	25	26	27	28	29	30	5.18
42	四		⑱	2	3	4	5	6	7	8	9	10	11	12	13	14	15	16	17	18	19	20	21	22	23	24	25	26	27	28	29							6.16
43	五			㊼	2	3	4	5	6	7	8	9	10	11	12	13	14	15	16	17	18	19	20	21	22	23	24	25	26	27	28	29	30					7.16
44	六					⑰	2	3	4	5	6	7	8	9	10	11	12	13	14	15	16	17	18	19	20	21	22	23	24	25	26	27	28	29				8.14
45	七						㊻	2	3	4	5	6	7	8	9	10	11	12	13	14	15	16	17	18	19	20	21	22	23	24	25	26	27	28	29	30		9.13
46	八	⑯	2	3	4	5	6	7	8	9	10	11	12	13	14	15	16	17	18	19	20	21	22	23	24	25	26	27	28	29								10.12
47	九		㊺	2	3	4	5	6	7	8	9	10	11	12	13	14	15	16	17	18	19	20	21	22	23	24	25	26	27	28	29	30						11.11
48	十				⑮	2	3	4	5	6	7	8	9	10	11	12	13	14	15	16	17	18	19	20	21	22	23	24	25	26	27	28	29					12.10
49	十一					㊹	2	3	4	5	6	7	8	9	10	11	12	13	14	15	16	17	18	19	20	21	22	23	24	25	26	27	28	29	30			1.9
50	十二							⑭	2	3	4	5	6	7	8	9	10	11	12	13	14	15	16	17	18	19	20	21	22	23	24	25	26	27	28	29		2.7

《本紀》正月朔癸丑。

大事記

正月，改元，除三族刑。　二月，王彌擾青、徐二州。陳敏敗死，夷三族。　三月，西陽夷攻江夏。　四月，汲桑、石勒起兵攻鄴，殺司馬騰。并州諸郡為劉淵所陷，并州刺史劉琨獨保晉陽。　五月，汲桑、石勒陷鄴城，殺萬餘人。秦州流民鄧定、訇氏等據成固，掠漢中，州郡擊之，成兵來援，徙漢中民於蜀。　七月，以琅邪王睿為都督揚州江南諸軍事，鎮建康，王導為謀主。　八月，分荆州八郡為湘州。　九月，汲桑、石勒為苟晞所敗。石勒率殘部投劉淵，淵遣勒破烏桓張伏利度，降其衆。　十二月，乞活田甄等擊殺汲桑。流民逼頓丘，太守魏植起兵應之，尋敗死。王彌降於劉淵，慕容廆稱大單于。拓跋祿官死，弟猗盧總攝三部事。時鮮卑拓跋部控弦之士四十萬。

晉及十六國紀年　　干支戊辰　公元 308 年

朝代或國名	國家支配者	建　都	廟號	謚號	建元	年號年次	輔政者	備　注
晉朝	③司馬熾	洛陽		懷	1	永嘉 2 年		
成	③李雄	成都	太宗	武	3	2 晏平 3 年		
漢（前趙）	①劉淵	蒲子	高祖	光文	3	2 永鳳元年		十月改元
前凉	①張軌	凉州		武穆公		8 年		盧水胡人
	石勒							
鮮卑	⑥拓跋猗盧	盛樂				元年		
鐵弗匈奴	①誥升爰	朔方				37 年		卒於是年前後

續表

朝代或國名	國家支配者	建　都	廟號	謚號	建元	年號年次	輔政者	備　注
仇池氏	①楊茂搜	成縣西				40 年		甘肅
慕容鮮卑	①慕容廆					24 年		
高句麗	⑮乙弗	丸都城				9 年		吉林
吐谷渾	①吐谷渾					24 年		青海

月　曆　表（建　寅）　　5021—355—1833947

月干支序數	月序＼星期	日	1	2	3	4	5	6	日	1	2	3	4	5	6	日	1	2	3	4	5	6	日	1	2	3	4	5	6	日	1	2	3	4	5	6	日	月末陽曆
51	正	㊸	2	3	4	5	6	7	8	9	10	11	12	13	14	15	16	17	18	19	20	21	22	23	24	25	26	27	28	29	30							3.8
52	二			⑬	2	3	4	5	6	7	8	9	10	11	12	13	14	15	16	17	18	19	20	21	22	23	24	25	26	27	28	29						4.6
53	三				㊷	2	3	4	5	6	7	8	9	10	11	12	13	14	15	16	17	18	19	20	21	22	23	24	25	26	27	28	29	30				5.6
54	四						⑫	2	3	4	5	6	7	8	9	10	11	12	13	14	15	16	17	18	19	20	21	22	23	24	25	26	27	28	29			6.4
55	五							㊶	2	3	4	5	6	7	8	9	10	11	12	13	14	15	16	17	18	19	20	21	22	23	24	25	26	27	28	29	30	7.4
56	六		⑪	2	3	4	5	6	7	8	9	10	11	12	13	14	15	16	17	18	19	20	21	22	23	24	25	26	27	28	29							8.2
57	七			㊵	2	3	4	5	6	7	8	9	10	11	12	13	14	15	16	17	18	19	20	21	22	23	24	25	26	27	28	29	30					9.1
58	八					⑩	2	3	4	5	6	7	8	9	10	11	12	13	14	15	16	17	18	19	20	21	22	23	24	25	26	27	28	29	30			10.1
59	九							㊵	2	3	4	5	6	7	8	9	10	11	12	13	14	15	16	17	18	19	20	21	22	23	24	25	26	27	28	29		10.30
60	十	⑨	2	3	4	5	6	7	8	9	10	11	12	13	14	15	16	17	18	19	20	21	22	23	24	25	26	27	28	29	30							11.29
1	十一			㊴	2	3	4	5	6	7	8	9	10	11	12	13	14	15	16	17	18	19	20	21	22	23	24	25	26	27	28	29						12.28
2	十二				⑧	2	3	4	5	6	7	8	9	10	11	12	13	14	15	16	17	18	19	20	21	22	23	24	25	26	27	28	29	30				1.27

《本紀》正月朔甲子，誤。

大事記

正月，劉聰據太行。劉淵遣劉聰、石勒略趙、魏，勒攻常山，為王浚所敗。　三月，王彌掠青、徐、兗、豫，四月，入許昌。五月至洛陽，大敗而東。　七月，劉淵陷平陽，徙都蒲子。上郡鮮卑、氐人皆降於淵。　十月，劉淵稱皇帝，號漢，改元永鳳。并州刺史劉琨遣將率鮮卑兵敗劉淵。石勒等攻魏郡、汲郡，百姓降者五十餘壘。李雄兵屢侵漢中，漢中民多走荊、沔。

晉及十六國紀年　　干支己巳　公元 309 年

朝代或國名	國家支配者	建　都	廟號	謚號	建元	年號年次	輔政者	備　注
晉朝	③司馬熾	洛陽		懷	1	永嘉 3 年		
成	③李雄	成都	太宗	武	3	2 晏平 4 年		
漢（前趙）	①劉淵	平陽	高祖	光文	3	3 河瑞元年		
前涼	①張軌	涼州		武穆公		9 年		盧水胡人
	石勒							
鮮卑	⑥拓跋猗盧	盛樂				2 年		
鐵弗匈奴	②劉虎	朔方				元年		約在是年前後
仇池氏	①楊茂搜	成縣西				41 年		甘肅
慕容鮮卑	①慕容廆					25 年		
高句麗	⑮乙弗	丸都城				10 年		吉林
吐谷渾	①吐谷渾					25 年		青海

月曆表（建寅）　5022－384－1834331

月干支序數	月序＼星期	日	1	2	3	4	5	6	日	1	2	3	4	5	6	日	1	2	3	4	5	6	日	1	2	3	4	5	6	日	1	2	3	4	5	6	日	月末陽曆
3	正						㊳	2	3	4	5	6	7	8	9	10	11	12	13	14	15	16	17	18	19	20	21	22	23	24	25	26	27	28	29			2.25
4	二							⑦	2	3	4	5	6	7	8	9	10	11	12	13	14	15	16	17	18	19	20	21	22	23	24	25	26	27	28	29	30	3.27
5	三		㊲	2	3	4	5	6	7	8	9	10	11	12	13	14	15	16	17	18	19	20	21	22	23	24	25	26	27	28	29							4.25
6	四			⑥	2	3	4	5	6	7	8	9	10	11	12	13	14	15	16	17	18	19	20	21	22	23	24	25	26	27	28	29	30					5.25
	閏					㊱	2	3	4	5	6	7	8	9	10	11	12	13	14	15	16	17	18	19	20	21	22	23	24	25	26	27	28	29				6.23
7	五						⑤	2	3	4	5	6	7	8	9	10	11	12	13	14	15	16	17	18	19	20	21	22	23	24	25	26	27	28	29	30		7.23
8	六	㉟	2	3	4	5	6	7	8	9	10	11	12	13	14	15	16	17	18	19	20	21	22	23	24	25	26	27	28	29								8.21
9	七		④	2	3	4	5	6	7	8	9	10	11	12	13	14	15	16	17	18	19	20	21	22	23	24	25	26	27	28	29	30						9.20
10	八				㉞	2	3	4	5	6	7	8	9	10	11	12	13	14	15	16	17	18	19	20	21	22	23	24	25	26	27	28	29					10.19
11	九					③	2	3	4	5	6	7	8	9	10	11	12	13	14	15	16	17	18	19	20	21	22	23	24	25	26	27	28	29	30			11.18
12	十							㉝	2	3	4	5	6	7	8	9	10	11	12	13	14	15	16	17	18	19	20	21	22	23	24	25	26	27	28	29		12.17
13	十一	②	2	3	4	5	6	7	8	9	10	11	12	13	14	15	16	17	18	19	20	21	22	23	24	25	26	27	28	29	30							1.16
14	十二			㉜	2	3	4	5	6	7	8	9	10	11	12	13	14	15	16	17	18	19	20	21	22	23	24	25	26	27	28	29	30					2.15

劉氏長曆閏五月。

大事記

正月，劉淵遷都平陽，改元河瑞。　三月，王敦為揚州刺史。劉淵遣將略黎陽、延津，殺男女三萬餘人。夏，石勒略鉅鹿、常山，集衣冠人物，編為"君子營"，以張賓為謀主。劉淵遣劉聰、王彌等攻壺關，連破晉兵。白部鮮卑附於劉淵。　七月，平陽劉芒蕩起於馬蘭山，稱皇帝，支胡五斗叟、郝索在新豐，與芒蕩合，旋皆敗死。　八月，劉淵遣劉聰等攻洛陽，敗還。王浚遣將與鮮卑兵大破石勒於飛龍山。　十月，劉淵再遣劉聰等攻洛陽，戰失利，退軍。　十一月，在潁川等四郡的流民，紛起殺長吏附於王彌。

晉及十六國紀年　　干支庚午　公元 310 年

朝代或國名	國家支配者	建都	廟號	謚號	建元	年號年次	輔政者	備注
晉朝	③司馬熾	洛陽		懷	1	永嘉 4 年		
成	③李雄	成都	太宗	武	3	2 晏平 5 年		
漢(前趙)	②劉聰	平陽	烈宗	昭武	4	1 光興元年		七月建元
前涼	①張軌	涼州		武穆公		10 年		盧水胡人
	〔王如〕					1 年		南陽
	石勒							
鮮卑	⑥拓跋猗盧	盛樂				3 年		
鐵弗匈奴	②劉虎	朔方				2 年		
仇池氐	②楊茂搜	成縣西				42 年		甘肅
慕容鮮卑	①慕容廆					26 年		
氐	①苻洪					元年		
高句麗	⑮乙弗	丸都城				11 年		吉林
吐谷渾	①吐谷渾					26 年		青海

月　曆　表(建　寅)　　5023—354—1834685

月干支序數	月序＼星期	日	1	2	3	4	5	6	日	1	2	3	4	5	6	日	1	2	3	4	5	6	日	1	2	3	4	5	6	日	1	2	3	4	5	6	日	月末陽曆
15	正					②	2	3	4	5	6	7	8	9	10	11	12	13	14	15	16	17	18	19	20	21	22	23	24	25	26	27	28	29				3.16
16	二						㉛	2	3	4	5	6	7	8	9	10	11	12	13	14	15	16	17	18	19	20	21	22	23	24	25	26	27	28	29	30		4.15
17	三	①	2	3	4	5	6	7	8	9	10	11	12	13	14	15	16	17	18	19	20	21	22	23	24	25	26	27	28	29								5.14
18	四		㉚	2	3	4	5	6	7	8	9	10	11	12	13	14	15	16	17	18	19	20	21	22	23	24	25	26	27	28	29	30						6.13
19	五				(60)	2	3	4	5	6	7	8	9	10	11	12	13	14	15	16	17	18	19	20	21	22	23	24	25	26	27	28	29					7.12
20	六					㉙	2	3	4	5	6	7	8	9	10	11	12	13	14	15	16	17	18	19	20	21	22	23	24	25	26	27	28	29	30			8.11
21	七							(59)	2	3	4	5	6	7	8	9	10	11	12	13	14	15	16	17	18	19	20	21	22	23	24	25	26	27	28	29		9.9
22	八	㉘	2	3	4	5	6	7	8	9	10	11	12	13	14	15	16	17	18	19	20	21	22	23	24	25	26	27	28	29	30							10.9
23	九			(58)	2	3	4	5	6	7	8	9	10	11	12	13	14	15	16	17	18	19	20	21	22	23	24	25	26	27	28	29						11.7
24	十				㉗	2	3	4	5	6	7	8	9	10	11	12	13	14	15	16	17	18	19	20	21	22	23	24	25	26	27	28	29	30				12.7
25	十一						(57)	2	3	4	5	6	7	8	9	10	11	12	13	14	15	16	17	18	19	20	21	22	23	24	25	26	27	28	29			1.5
26	十二							㉖	2	3	4	5	6	7	8	9	10	11	12	13	14	15	16	17	18	19	20	21	22	23	24	25	26	27	28	29	30	2.4

大事記

二月,石勒、王彌侵徐、豫、兖三州,攻冀州諸郡,民從者九萬餘口。吳興錢璯起兵,旋敗死。　三月,周玘平吳興錢璯之叛。　四月,李雄陷梓潼。　五月,幽、并、司、冀、秦、雍六州大蝗,食草木牛馬毛皆盡。　七月,劉淵死,謚曰光文皇帝,廟號高祖,子和嗣。劉聰殺和自立,改元光興。略陽臨渭氐帥蒲洪稱護氐校尉、秦州刺史。九月,在南陽的州內流民推京兆王如為首起事,馮翊嚴嶷、京兆侯脫應之,衆至四五萬,稱藩於漢。　十月,劉曜、石勒、王彌等攻洛陽,石勒擊併王如等。并州刺史劉琨招鮮卑拓跋猗盧擊劉虎及白部鮮卑,破之,表猗盧為大單于、代郡公。猗盧率部南徙雁門、雲中諸地。十一月,東海王越出駐許昌。寧州刺史王遜敗五苓夷,平陽李洪率流人據定陵。

是歲,天竺高僧佛國澄從西域來到中原,駐錫洛陽。

晉及十六國紀年　　干支辛未　公元311年

朝代或國名	國家支配者	建　都	廟號	謚號	建元	年號年次	輔政者	備　注
晉朝	③司馬熾	洛陽		懷	1	永嘉5年		被劉聰所俘
成	③李雄	成都	太宗	武	3	3玉衡元年		
漢(前趙)	②劉聰	平陽	烈宗	昭武	4	2嘉平元年		六月改元
前涼	①張軌	涼州		武穆公		11年		盧水胡人
	〔杜弢〕					元年		荊、湘
	〔王如〕					2年		南陽
	石勒							
鮮卑	⑥拓跋猗盧	盛樂				4年		
鐵弗匈奴	②劉虎	朔方				3年		
仇池氏	①楊茂搜	成縣西				43年		甘肅
慕容鮮卑	①慕容廆					27年		
氐	①苻洪					2年		
高句麗	⑮乙弗	丸都城				12年		吉林
吐谷渾	①吐谷渾					27年		青海

月　曆　表（建寅）　　5024－354－1835039

月干支序數	星期／月序	日	1	2	3	4	5	6	日	1	2	3	4	5	6	日	1	2	3	4	5	6	日	1	2	3	4	5	6	日	1	2	3	4	5	6	日	月末陽曆
27	正		(56)	2	3	4	5	6	7	8	9	10	11	12	13	14	15	16	17	18	19	20	21	22	23	24	25	26	27	28	29							3.5
28	二			㉕	2	3	4	5	6	7	8	9	10	11	12	13	14	15	16	17	18	19	20	21	22	23	24	25	26	27	28	29	30					4.4
29	三					(55)	2	3	4	5	6	7	8	9	10	11	12	13	14	15	16	17	18	19	20	21	22	23	24	25	26	27	28	29	30			5.4
30	四							㉕	2	3	4	5	6	7	8	9	10	11	12	13	14	15	16	17	18	19	20	21	22	23	24	25	26	27	28	29		6.2
31	五	(54)	2	3	4	5	6	7	8	9	10	11	12	13	14	15	16	17	18	19	20	21	22	23	24	25	26	27	28	29	30							7.2
32	六			㉔	2	3	4	5	6	7	8	9	10	11	12	13	14	15	16	17	18	19	20	21	22	23	24	25	26	27	28	29						7.31
33	七				(53)	2	3	4	5	6	7	8	9	10	11	12	13	14	15	16	17	18	19	20	21	22	23	24	25	26	27	28	29	30				8.30
34	八						㉓	2	3	4	5	6	7	8	9	10	11	12	13	14	15	16	17	18	19	20	21	22	23	24	25	26	27	28	29			9.28
35	九							(52)	2	3	4	5	6	7	8	9	10	11	12	13	14	15	16	17	18	19	20	21	22	23	24	25	26	27	28	29	30	10.28
36	十		㉒	2	3	4	5	6	7	8	9	10	11	12	13	14	15	16	17	18	19	20	21	22	23	24	25	26	27	28	29							11.26
37	十一			(51)	2	3	4	5	6	7	8	9	10	11	12	13	14	15	16	17	18	19	20	21	22	23	24	25	26	27	28	29	30					12.26
38	十二					㉑	2	3	4	5	6	7	8	9	10	11	12	13	14	15	16	17	18	19	20	21	22	23	24	25	26	27	28	29				1.24

大事記

正月，石勒陷江夏。李雄陷巴西、涪城，改元玉衡。蜀流民李驤據樂鄉，敗降被殺。流民杜疇等復起事，推杜弢為主，稱梁、益二州牧，湘州刺史。　三月，東海王越死。　四月，石勒追為司馬越奔喪的王衍軍，及至苦縣（今河南鹿邑）的寧平城（今河南鄲城縣寧平鄉），圍射王衍，將士十餘萬皆死，殺從越諸王公及太尉王衍等，焚越尸。王尋、冷道等陷徐州，擾歷陽。五月，杜弢陷長沙，掠零陵、桂陽。　六月，劉曜、王彌入洛陽，官民死者三萬餘人，懷帝被俘，劉聰封帝為平阿公，改元嘉平。司空荀藩檄推琅邪王睿為盟主，藩等擁其甥秦王司馬鄴奔許昌，征東大將軍苟晞擁豫章王司馬端為皇太子。　七月，大司馬王浚假立皇太子。八月，劉聰遣將犯長安。　九月，石勒擒苟晞。　十月，石勒殺王彌，略豫州，臨江而還。

十二月，馮翊太守索綝、安定太守賈疋等擊劉聰，圍長安，迎秦王鄴西上。慕容廆擊併遼東附塞鮮卑。

晉及十六國紀年　　干支壬申　公元 312 年

朝代或國名	國家支配者	建　都	廟號	謚號	建元	年號年次	輔政者	備　注
晉朝	④司馬鄴	長安		愍	1			
成	③李雄	成都	太宗	武	3	3 玉衡 2 年		
漢（前趙）	②劉聰	平陽	烈宗	昭武	4	2 嘉平 2 年		
前涼	①張軌	涼州		武穆公		12 年		盧水胡人
	〔杜弢〕					2 年		荆、湘
	〔王如〕					3 年		南陽
	石勒	襄國						
鮮卑	⑥拓跋猗盧	盛樂				5 年		
鐵弗匈奴	②劉虎	朔方				4 年		
仇池氐	①楊茂搜	成縣西				44 年		甘肅
慕容鮮卑	①慕容廆					28 年		
氐	①苻洪					3 年		
羌	①姚弋仲					元年		
高句麗	⑮乙弗	丸都城				13 年		吉林
吐谷渾	①吐谷渾					28 年		青海

月曆表（建寅） 5025—384—1835423

月干支序數	月序＼星期	日	1	2	3	4	5	6	日	1	2	3	4	5	6	日	1	2	3	4	5	6	日	1	2	3	4	5	6	日	1	2	3	4	5	6	日	月末陽曆
39	正						㊿	2	3	4	5	6	7	8	9	10	11	12	13	14	15	16	17	18	19	20	21	22	23	24	25	26	27	28	29	30		2.23
	閏	⑳	2	3	4	5	6	7	8	9	10	11	12	13	14	15	16	17	18	19	20	21	22	23	24	25	26	27	28	29								3.23
40	二		㊾	2	3	4	5	6	7	8	9	10	11	12	13	14	15	16	17	18	19	20	21	22	23	24	25	26	27	28	29	30						4.22
41	三				⑲	2	3	4	5	6	7	8	9	10	11	12	13	14	15	16	17	18	19	20	21	22	23	24	25	26	27	28	29					5.21
42	四					㊽	2	3	4	5	6	7	8	9	10	11	12	13	14	15	16	17	18	19	20	21	22	23	24	25	26	27	28	29	30			6.20
43	五							⑱	2	3	4	5	6	7	8	9	10	11	12	13	14	15	16	17	18	19	20	21	22	23	24	25	26	27	28	29		7.19
44	六	㊼	2	3	4	5	6	7	8	9	10	11	12	13	14	15	16	17	18	19	20	21	22	23	24	25	26	27	28	29	30							8.18
45	七			⑰	2	3	4	5	6	7	8	9	10	11	12	13	14	15	16	17	18	19	20	21	22	23	24	25	26	27	28	29	30					9.17
46	八					㊼	2	3	4	5	6	7	8	9	10	11	12	13	14	15	16	17	18	19	20	21	22	23	24	25	26	27	28	29				10.16
47	九						⑯	2	3	4	5	6	7	8	9	10	11	12	13	14	15	16	17	18	19	20	21	22	23	24	25	26	27	28	29	30		11.15
48	十	㊻	2	3	4	5	6	7	8	9	10	11	12	13	14	15	16	17	18	19	20	21	22	23	24	25	26	27	28	29								12.14
49	十一		⑮	2	3	4	5	6	7	8	9	10	11	12	13	14	15	16	17	18	19	20	21	22	23	24	25	26	27	28	29	30						1.13
50	十二				㊺	2	3	4	5	6	7	8	9	10	11	12	13	14	15	16	17	18	19	20	21	22	23	24	25	26	27	28	29					2.11

大事記

正月，胡亢據竟陵，稱楚公，掠荆州，以杜曾為竟陵太守。劉聰進封懷帝為會稽郡公。　二月，石勒築壘於葛陂，課農造舟，將攻建業，為司馬睿將敗於壽春。　四月，劉曜屢敗，驅掠士人八萬口奔平陽，賈疋等復長安，迫秦王鄴人居之。　七月，石勒據襄國，從張賓計，都於此，大興佛事。劉聰陷晉陽，并州刺史劉琨奔常山。　九月，賈疋等立秦王司馬鄴為皇太子。　十月，劉琨依拓跋猗盧之助，敗劉聰，復晉陽。　十二月，王如降王敦，被殺。南安赤亭羌姚弋仲東徙榆眉，自稱護羌校尉、雍州刺史、扶風公。廣平游綸等據苑鄉附於王浚，石勒攻之，王浚遣將及遼西鮮卑兵攻勒於襄國，鮮卑中變，與勒盟而還。杜弢擴地荆州，征討都督王敦遣武昌太守陶侃等擊之。

是年顧榮卒。

晉及十六國紀年

干支癸酉　公元 313 年

朝代或國名	國家支配者	建都	廟號	謚號	建元	年號年次	輔政者	備注
晉朝	④司馬鄴	長安		愍	1	建興元年		四月壬申改元
成	③李雄	成都	太宗	武	3	3 王衡 3 年		
漢（前趙）	②劉聰	平陽	烈宗	昭武	4	2 嘉平 3 年		
前凉	①張軌	凉州		武穆公		13 年		盧水胡人
	〔杜弢〕					3 年		荆湘
	石勒	襄國						
鮮卑	⑥拓跋猗盧	盛樂				6 年		
鐵弗匈奴	②劉虎	朔方				5 年		
仇池氐	①楊茂搜	成縣西				45 年		甘肅
慕容鮮卑	①慕容廆					29 年		
氐	①苻洪					4 年		
羌	①姚弋仲					2 年		
高句麗	⑮乙弗	丸都城				14 年		吉林
吐谷渾	①吐谷渾					29 年		青海

月　曆　表（建寅）　5026－354－1835777

月干支序數	星期 月序	日	1	2	3	4	5	6	日	1	2	3	4	5	6	日	1	2	3	4	5	6	日	1	2	3	4	5	6	日	1	2	3	4	5	6	日	月末陽曆
51	正					⑭	2	3	4	5	6	7	8	9	10	11	12	13	14	15	16	17	18	19	20	21	22	23	24	25	26	27	28	29	30			3.13
52	二							㊹	2	3	4	5	6	7	8	9	10	11	12	13	14	15	16	17	18	19	20	21	22	23	24	25	26	27	28	29		4.11
53	三	⑬	2	3	4	5	6	7	8	9	10	11	12	13	14	15	16	17	18	19	20	21	22	23	24	25	26	27	28	29	30							5.11
54	四			㊸	2	3	4	5	6	7	8	9	10	11	12	13	14	15	16	17	18	19	20	21	22	23	24	25	26	27	28	29						6.9
55	五				⑫	2	3	4	5	6	7	8	9	10	11	12	13	14	15	16	17	18	19	20	21	22	23	24	25	26	27	28	29	30				7.9
56	六						㊷	2	3	4	5	6	7	8	9	10	11	12	13	14	15	16	17	18	19	20	21	22	23	24	25	26	27	28	29			8.7
57	七							⑪	2	3	4	5	6	7	8	9	10	11	12	13	14	15	16	17	18	19	20	21	22	23	24	25	26	27	28	29	30	9.6
58	八		㊶	2	3	4	5	6	7	8	9	10	11	12	13	14	15	16	17	18	19	20	21	22	23	24	25	26	27	28	29							10.5
59	九			⑩	2	3	4	5	6	7	8	9	10	11	12	13	14	15	16	17	18	19	20	21	22	23	24	25	26	27	28	29	30					11.4
60	十					㊵	2	3	4	5	6	7	8	9	10	11	12	13	14	15	16	17	18	19	20	21	22	23	24	25	26	27	28	29				12.3
1	十一						⑨	2	3	4	5	6	7	8	9	10	11	12	13	14	15	16	17	18	19	20	21	22	23	24	25	26	27	28	29	30		1.2
2	十二	㊴	2	3	4	5	6	7	8	9	10	11	12	13	14	15	16	17	18	19	20	21	22	23	24	25	26	27	28	29								1.31

大事記

二月，劉聰殺懷帝於平陽。　四月，司馬業即位於長安，改元建興。石勒遣虎攻陷鄴。吳興太守周玘謀誅刁逵，事泄。王浚招拓跋猗盧、慕容廆攻遼西鮮卑段氏。　五月，以琅邪王司馬睿為左丞相，督陝東諸軍；南陽王司馬保為右丞相，督陝西諸軍。　七月，劉琨與拓跋猗盧連兵攻劉聰。司馬睿以祖逖為豫州刺史。　八月，改建業為建康。杜弢攻武昌，其別將王真襲沔陽。　九月，祖逖以二千人渡江北伐。十月，劉曜攻長安，入外城，旋大敗還平陽。　十一月，流人楊武陷梁州，大掠，尋奔李雄。　十二月，石勒偽奉表於王浚勸進。拓跋猗盧以盛樂為北都，治故平城為南都。

晉及十六國紀年　干支甲戌　公元314年

朝代或國名	國家支配者	建都	廟號	謚號	建元	年號年次	輔政者	備注
晉朝	④司馬鄴	長安		愍	1	建興2年		
成	③李雄	成都	太宗	武	3	3玉衡4年		
漢(前趙)	②劉聰	平陽	烈宗	昭武	4	2嘉平4年		
前涼	②張寔	涼州		昭公	1	永安元年		五月立
	〔杜弢〕					4年		荊湘
	石勒	襄國						
鮮卑	⑥拓跋猗盧	盛樂				7年		
鐵弗匈奴	②劉虎	朔方				6年		
仇池氐	①楊茂搜	成縣西				46年		
慕容鮮卑	①慕容廆					30年		
氐	①苻洪					5年		
羌	①姚弋仲					3年		
高句麗	⑮乙弗	丸都城				15年		吉林
吐谷渾	①吐谷渾					30年		青海

月　曆　表（建　寅）　　5027－384－1836161

月干支序數	星期／月序	日	1	2	3	4	5	6	日	1	2	3	4	5	6	日	1	2	3	4	5	6	日	1	2	3	4	5	6	日	1	2	3	4	5	6	日	月末陽曆
3	正		⑧	2	3	4	5	6	7	8	9	10	11	12	13	14	15	16	17	18	19	20	21	22	23	24	25	26	27	28	29	30						3.2
4	二				㊳	2	3	4	5	6	7	8	9	10	11	12	13	14	15	16	17	18	19	20	21	22	23	24	25	26	27	28	29					3.31
5	三					⑦	2	3	4	5	6	7	8	9	10	11	12	13	14	15	16	17	18	19	20	21	22	23	24	25	26	27	28	29	30			4.30
6	四							㊲	2	3	4	5	6	7	8	9	10	11	12	13	14	15	16	17	18	19	20	21	22	23	24	25	26	27	28	29	30	5.30
7	五		⑦	2	3	4	5	6	7	8	9	10	11	12	13	14	15	16	17	18	19	20	21	22	23	24	25	26	27	28	29							6.28
8	六			㊱	2	3	4	5	6	7	8	9	10	11	12	13	14	15	16	17	18	19	20	21	22	23	24	25	26	27	28	29	30					7.28
9	七					⑥	2	3	4	5	6	7	8	9	10	11	12	13	14	15	16	17	18	19	20	21	22	23	24	25	26	27	28	29				8.26
10	八						㉟	2	3	4	5	6	7	8	9	10	11	12	13	14	15	16	17	18	19	20	21	22	23	24	25	26	27	28	29	30		9.25
11	九	⑤	2	3	4	5	6	7	8	9	10	11	12	13	14	15	16	17	18	19	20	21	22	23	24	25	26	27	28	29								10.24
12	十		㉞	2	3	4	5	6	7	8	9	10	11	12	13	14	15	16	17	18	19	20	21	22	23	24	25	26	27	28	28	30						11.23
	閏				④	2	3	4	5	6	7	8	9	10	11	12	13	14	15	16	17	18	19	20	21	22	23	24	25	26	27	28	29					12.22
13	十一					㉝	2	3	4	5	6	7	8	9	10	11	12	13	14	15	16	17	18	19	20	21	22	23	24	25	26	27	28	29	30			1.21
14	十二							③	2	3	4	5	6	7	8	9	10	11	12	13	14	15	16	17	18	19	20	21	22	23	24	25	26	27	28	29		2.19

劉氏長曆，汪氏長術，正月朔壬申，三月朔辛未，均誤。

大事記

正月，漢劉聰置丞相等七公、輔漢等十六大將軍。又置左右司隷及單于左右輔，分統漢胡。　二月，張軌稱涼州牧、西平郡公。王浚為大司馬都督幽、冀，劉琨為大將軍都督并州。石勒襲幽州，虜王浚殺之。幽州旋為鮮卑段匹磾所據。　三月，襄國大饑，穀二升值銀一斤。　五月，張軌卒，子寔嗣。　六月，劉曜攻長安，不利，為索綝所敗。　是年，慕容廆立冀陽等四郡，以統冀、豫、青、并流人。

晉及十六國紀年　　干支乙亥　公元 315 年

朝代或國名	國家支配者	建　都	廟號	謚號	建元	年號年次	輔政者	備　注
晉朝	④司馬鄴	長安		愍	1	建興 3 年		
成	③李雄	成都	太宗	武	3	3 玉衡 5 年		
漢(前趙)	②劉聰	平陽	烈宗	昭武	4	3 建元元年		三月改元
前涼	②張寔	涼州		昭公	1	永安 2 年		是年起仍存晉建興年號
	〔杜弢〕					5 年		荆湘
	石勒	襄國						
鮮卑	⑥拓跋猗盧	盛樂				8 年		
鐵弗匈奴	②劉虎	朔方				7 年		
仇池氐	①楊茂搜	成縣西				47 年		甘肅
慕容鮮卑	①慕容廆					31 年		
氐	①苻洪					6 年		
羌	①姚弋仲					4 年		
高句麗	⑮乙弗	丸都城				16 年		吉林
吐谷渾	①吐谷渾					31 年		青海

月曆表（建寅）　　5028－355－1836516

月干支序數	星期／月序	日	1	2	3	4	5	6	日	1	2	3	4	5	6	日	1	2	3	4	5	6	日	1	2	3	4	5	6	日	1	2	3	4	5	6	日	月末陽曆
15	正	㉜	2	3	4	5	6	7	8	9	10	11	12	13	14	15	16	17	18	19	20	21	22	23	24	25	26	27	28	29	30							3.21
16	二			②	2	3	4	5	6	7	8	9	10	11	12	13	14	15	16	17	18	19	20	21	22	23	24	25	26	27	28	29	30					4.20
17	三					㉜	2	3	4	5	6	7	8	9	10	11	12	13	14	15	16	17	18	19	20	21	22	23	24	25	26	27	28	29				5.19
18	四						①	2	3	4	5	6	7	8	9	10	11	12	13	14	15	16	17	18	19	20	21	22	23	24	25	26	27	28	29	30		6.18
19	五	㉛	2	3	4	5	6	7	8	9	10	11	12	13	14	15	16	17	18	19	20	21	22	23	24	25	26	27	28	29								7.17
20	六		(60)	2	3	4	5	6	7	8	9	10	11	12	13	14	15	16	17	18	19	20	21	22	23	24	25	26	27	28	29	30						8.16
21	七				㉚	2	3	4	5	6	7	8	9	10	11	12	13	14	15	16	17	18	19	20	21	22	23	24	25	26	27	28	29					9.14
22	八					(59)	2	3	4	5	6	7	8	9	10	11	12	13	14	15	16	17	18	19	20	21	22	23	24	25	26	27	28	29	30			10.14
23	九							㉙	2	3	4	5	6	7	8	9	10	11	12	13	14	15	16	17	18	19	20	21	22	23	24	25	26	27	28	29		11.12
24	十	(58)	2	3	4	5	6	7	8	9	10	11	12	13	14	15	16	17	18	19	20	21	22	23	24	25	26	27	28	29	30							12.12
25	十一			㉘	2	3	4	5	6	7	8	9	10	11	12	13	14	15	16	17	18	19	20	21	22	23	24	25	26	27	28	29						1.10
26	十二				(57)	2	3	4	5	6	7	8	9	10	11	12	13	14	15	16	17	18	19	20	21	22	23	24	25	26	27	28	29	30				2.9

大事記

正月，吳興徐馥殺太守起事，孫皓族人孫弼起兵於廣德應之，旋皆敗死。　二月，晉以左丞相琅邪王睿為丞相、大都督，南陽王保為相國。劉琨都督并、冀、幽。進封拓跋猗盧為代王。杜弢降，尋又反。劉聰改元。　六月，陶侃攻杜弢，弢敗死。司馬睿以王敦為鎮東大將軍，加都督江、揚等六州軍事。　八月，以陶侃為廣州刺史，時廣州紛擾，侃至定之。　九月，劉聰以石勒為陝東伯，得專征伐。劉曜略北地、馮翊。

晉及十六國紀年　　干支丙子　公元316年

朝代或國名	國家支配者	建都	廟號	謚號	建元	年號年次	輔政者	備注
晉朝	④司馬鄴	長安		愍	1	建興4年		長安陷，爲劉聰所俘
成	③李雄	成都	太宗	武	3	3玉衡6年		
漢(前趙)	②劉聰	平陽	烈宗	昭武	4	4麟嘉元年		十一月改元
前凉	②張寔	凉州		昭公	1	永安3年		盧水胡人
	石勒	襄國						
鮮卑	⑥拓跋猗盧	盛樂				9年		三月被子所殺
	⑦拓跋普根					元年		
鐵弗匈奴	②劉虎	朔方				8年		
仇池氐	①楊茂搜	成縣西				48年		甘肅
慕容鮮卑	①慕容廆					32年		
氐	①苻洪					7年		
羌	①姚弋仲					5年		
高句麗	⑮乙弗	丸都城				17年		吉林
吐谷渾	①吐谷渾					32年		青海

月 曆 表（建 寅） 5029－354－1836870

月干支序數	月序＼星期	日	1	2	3	4	5	6	日	1	2	3	4	5	6	日	1	2	3	4	5	6	日	1	2	3	4	5	6	日	1	2	3	4	5	6	日	月末陽曆
27	正						㉗	2	3	4	5	6	7	8	9	10	11	12	13	14	15	16	17	18	19	20	21	22	23	24	25	26	27	28	29			3.9
28	二							(56)	2	3	4	5	6	7	8	9	10	11	12	13	14	15	16	17	18	19	20	21	22	23	24	25	26	27	28	29	30	4.8
29	三		㉖	2	3	4	5	6	7	8	9	10	11	12	13	14	15	16	17	18	19	20	21	22	23	24	25	26	27	28	29							5.7
30	四			(55)	2	3	4	5	6	7	8	9	10	11	12	13	14	15	16	17	18	19	20	21	22	23	24	25	26	27	28	29	30					6.6
31	五					㉕	2	3	4	5	6	7	8	9	10	11	12	13	14	15	16	17	18	19	20	21	22	23	24	25	26	27	28	29				7.5
32	六						(54)	2	3	4	5	6	7	8	9	10	11	12	13	14	15	16	17	18	19	20	21	22	23	24	25	26	27	28	29	30		8.4
33	七	㉔	2	3	4	5	6	7	8	9	10	11	12	13	14	15	16	17	18	19	20	21	22	23	24	25	26	27	28	29	30							9.3
34	八			(54)	2	3	4	5	6	7	8	9	10	11	12	13	14	15	16	17	18	19	20	21	22	23	24	25	26	27	28	29						10.2
35	九				㉓	2	3	4	5	6	7	8	9	10	11	12	13	14	15	16	17	18	19	20	21	22	23	24	25	26	27	28	29	30				11.1
36	十						(53)	2	3	4	5	6	7	8	9	10	11	12	13	14	15	16	17	18	19	20	21	22	23	24	25	26	27	28	29			11.30
37	十一							㉒	2	3	4	5	6	7	8	9	10	11	12	13	14	15	16	17	18	19	20	21	22	23	24	25	26	27	28	29	30	12.30
38	十二		(52)	2	3	4	5	6	7	8	9	10	11	12	13	14	15	16	17	18	19	20	21	22	23	24	25	26	27	28	29							1.28

大事記

四月，拓跋猗盧為長子六修所殺，部下烏桓三萬家歸於劉琨。　七月，劉曜陷北地，至涇陽。河東平陽饑，石勒招納流民二十萬戶。　八月，劉曜圍長安，至十一月晉愍帝出降，劉聰封為懷安侯，改元麟嘉，西晉亡。　十二月，劉琨為石勒所敗，奔幽州依段匹磾。司馬睿以邵續為冀州刺史，劉琨為平原內史。

晉及十六國紀年　　干支丁丑　公元　317 年

朝代或國名	國家支配者	建都	廟號	謚號	建元	年號年次	輔政者	備注
東晉	①司馬睿	建康		元	3	1建武元年		三月辛卯建元
成	③李雄	成都	太宗	武	3	3玉衡7年		
漢(前趙)	②劉聰	平陽	烈宗	昭武	4	4麟嘉2年		
前涼	②張寔	姑臧		昭公	1	永安4年		盧水胡人
	石勒	襄國						
鮮卑	⑧拓跋鬱律					元年		
鐵弗匈奴	②劉虎	朔方				9年		
仇池氐	①楊茂搜	成縣西				49年		卒
慕容鮮卑	①慕容廆					33年		
氐	①苻洪					8年		
羌	①姚弋仲					6年		
高句麗	⑮乙弗	丸都城				18年		吉林
吐谷渾	②吐延					立		青海

月 曆 表（建 寅）

5030－384－1837254

月干支序數	星期／月序	日	1	2	3	4	5	6	日	1	2	3	4	5	6	日	1	2	3	4	5	6	日	1	2	3	4	5	6	日	1	2	3	4	5	6	日	月末陽曆
39	正			㉑	2	3	4	5	6	7	8	9	10	11	12	13	14	15	16	17	18	19	20	21	22	23	24	25	26	27	28	29	30					2.27
40	二					(51)	2	3	4	5	6	7	8	9	10	11	12	13	14	15	16	17	18	19	20	21	22	23	24	25	26	27	28	29				3.28
41	三						⑳	2	3	4	5	6	7	8	9	10	11	12	13	14	15	16	17	18	19	20	21	22	23	24	25	26	27	28	29	30		4.27
42	四	㊿	2	3	4	5	6	7	8	9	10	11	12	13	14	15	16	17	18	19	20	21	22	23	24	25	26	27	28	29								5.26
43	五		⑲	2	3	4	5	6	7	8	9	10	11	12	13	14	15	16	17	18	19	20	21	22	23	24	25	26	27	28	29	30						6.25
44	六				㊾	2	3	4	5	6	7	8	9	10	11	12	13	14	15	16	17	18	19	20	21	22	23	24	25	26	27	28	29					7.24
45	七					⑱	2	3	4	5	6	7	8	9	10	11	12	13	14	15	16	17	18	19	20	21	22	23	24	25	26	27	28	29	30			8.23
	閏							㊽	2	3	4	5	6	7	8	9	10	11	12	13	14	15	16	17	18	19	20	21	22	23	24	25	26	27	28	29		9.21
46	八	⑰	2	3	4	5	6	7	8	9	10	11	12	13	14	15	16	17	18	19	20	21	22	23	24	25	26	27	28	29	30							10.21
47	九			㊼	2	3	4	5	6	7	8	9	10	11	12	13	14	15	16	17	18	19	20	21	22	23	24	25	26	27	28	29						11.19
48	十				⑯	2	3	4	5	6	7	8	9	10	11	12	13	14	15	16	17	18	19	20	21	22	23	24	25	26	27	28	29	30				12.19
49	十一						㊻	2	3	4	5	6	7	8	9	10	11	12	13	14	15	16	17	18	19	20	21	22	23	24	25	26	27	28	29	30		1.18
50	十二	⑯	2	3	4	5	6	7	8	9	10	11	12	13	14	15	16	17	18	19	20	21	22	23	24	25	26	27	28	29								2.16

大事記

二月，李矩敗漢兵於滎陽。　三月，司馬睿稱王，都建康。以王導為丞相，王敦為大將軍、揚州刺史。以慕容廆為都督遼左雜夷流民諸軍事、大單于。　六月，豫州刺史祖逖進據譙城，經營北伐。　九月，豫章太守周訪大破杜曾。　十一月，立太學。漢司隸部民三萬餘人逃奔郭默。　十二月，劉聰殺愍帝。晉王命課督農功，二千石、長吏以入穀多少為殿最，諸軍各自佃作。是歲，仇池氐王楊茂搜卒，子難敵、堅頭分領部曲，號左、右賢王。河南王吐谷渾卒，子吐延嗣。

晉及十六國紀年

干支戊寅　公元 318 年

朝代或國名	國家支配者	建　都	廟　號	謚　號	建　元	年號年次	輔政者	備　注
東晉	①司馬睿	建康		元	3	2 大(太)興元年		三月丙辰改元
成	③李雄	成都	太宗	武	3	3 玉衡 8 年		
漢(前趙)	③劉粲	平陽		少主	1	漢昌元年		
趙	④劉曜	赤壁		趙主	1	光初元年		
前涼	②張寔	姑臧		昭公	1	永安 5 年		盧水胡人
	石勒	襄國						
鮮卑	⑧拓跋鬱律					2 年		
鐵弗匈奴	②劉虎	朔方				10 年		
仇池氐	②楊難敵	成縣西				元年		甘肅
慕容鮮卑	①慕容廆					34 年		
氐	①苻洪					9 年		
羌	①姚弋仲					7 年		
徒何(鮮卑段部)	①段末柸	會支				元年		河北遷安縣
高句麗	⑮乙弗	丸都城				19 年		吉林
吐谷渾	②吐延					元年		青海

月　曆　表(建寅)　　5031—354—1837608

月干支序數	月序＼星期	日	1	2	3	4	5	6	日	1	2	3	4	5	6	日	1	2	3	4	5	6	日	1	2	3	4	5	6	日	1	2	3	4	5	6	日	月末陽曆
51	正		㊺	2	3	4	5	6	7	8	9	10	11	12	13	14	15	16	17	18	19	20	21	22	23	24	25	26	27	28	29	30						3.18
52	二				⑮	2	3	4	5	6	7	8	9	10	11	12	13	14	15	16	17	18	19	20	21	22	23	24	25	26	27	28	29					4.16
53	三					㊹	2	3	4	5	6	7	8	9	10	11	12	13	14	15	16	17	18	19	20	21	22	23	24	25	26	27	28	29	30			5.16
54	四							⑭	2	3	4	5	6	7	8	9	10	11	12	13	14	15	16	17	18	19	20	21	22	23	24	25	26	27	28	29		6.14
55	五	㊸	2	3	4	5	6	7	8	9	10	11	12	13	14	15	16	17	18	19	20	21	22	23	24	25	26	27	28	29	30							7.14
56	六			⑬	2	3	4	5	6	7	8	9	10	11	12	13	14	15	16	17	18	19	20	21	22	23	24	25	26	27	28	29						8.12
57	七				㊷	2	3	4	5	6	7	8	9	10	11	12	13	14	15	16	17	18	19	20	21	22	23	24	25	26	27	28	29	30				9.11
58	八						⑫	2	3	4	5	6	7	8	9	10	11	12	13	14	15	16	17	18	19	20	21	22	23	24	25	26	27	28	29			10.10
59	九							㊶	2	3	4	5	6	7	8	9	10	11	12	13	14	15	16	17	18	19	20	21	22	23	24	25	26	27	28	29	30	11.9
60	十		⑪	2	3	4	5	6	7	8	9	10	11	12	13	14	15	16	17	18	19	20	21	22	23	24	25	26	27	28	29							12.8
1	十一			㊵	2	3	4	5	6	7	8	9	10	11	12	13	14	15	16	17	18	19	20	21	22	23	24	25	26	27	28	29	30					1.7
2	十二					⑩	2	3	4	5	6	7	8	9	10	11	12	13	14	15	16	17	18	19	20	21	22	23	24	25	26	27	28	29				2.5

大事記

三月，晉王睿稱皇帝，改元太興。　四月，丞相范長生卒。　五月，段匹磾殺劉琨(271—318)。　六月，晉境大旱，詔勸課農桑，督令種麥。　七月，拓跋鬱律破劉虎，拓地東至勿吉，西至烏孫。漢帝劉聰卒，子粲嗣，改元漢昌。大旱，司隸、并、青、雍州大蝗，汾河溢。　八月，靳準殺粲，自稱大將軍、漢天王，遣使告晉，迎懷愍之喪。　十月，劉曜稱帝，改元光初。石勒攻靳準，徙羌、羯降者十餘萬落於冀州。　十一月，詔秀才、孝廉試經策，始署吏。　十二月，靳準被殺。成梁州刺史李鳳起事，敗死。

晉及十六國紀年　　干支己卯　公元319年

朝代或國名	國家支配者	建都	廟號	謚號	建元	年號年次	輔政者	備注
東晉	①司馬睿	建康		元	3	2大(太)興2年		
成	③李雄	成都	太宗	武	3	3玉衡9年		
趙	④劉曜	長安		趙主	1	光初2年		
前凉	②張寔	姑臧		昭公	1	永安6年		盧水胡人
後趙(羯)	①石勒	襄國	高祖	明		元年		十一月建元
	司馬保					建康元年		四月建元
鮮卑	⑧拓跋鬱律					3年		
鐵弗匈奴	②劉虎	朔方				11年		
仇池氐	②楊難敵	成縣西				2年		甘肅
慕容鮮卑	①慕容廆					35年		
氐	①苻洪					10年		
羌	①姚弋仲					8年		
徒何(鮮卑段部)	①段末柸	會支				2年		河北遷安縣
高句麗	⑮乙弗	丸都城				20年		吉林
吐谷渾	②吐延					2年		青海

月　曆　表（建 寅）　　5032—355—1837963

月干支序數	星期／月序	日	1	2	3	4	5	6	日	1	2	3	4	5	6	日	1	2	3	4	5	6	日	1	2	3	4	5	6	日	1	2	3	4	5	6	日	月末陽曆
3	正						㊴	2	3	4	5	6	7	8	9	10	11	12	13	14	15	16	17	18	19	20	21	22	23	24	25	26	27	28	29	30		3.7
4	二	⑨	2	3	4	5	6	7	8	9	10	11	12	13	14	15	16	17	18	19	20	21	22	23	24	25	26	27	28	29	30							4.6
5	三			㊴	2	3	4	5	6	7	8	9	10	11	12	13	14	15	16	17	18	19	20	21	22	23	24	25	26	27	28	29						5.5
6	四				⑧	2	3	4	5	6	7	8	9	10	11	12	13	14	15	16	17	18	19	20	21	22	23	24	25	26	27	28	29	30				6.4
7	五						㊳	2	3	4	5	6	7	8	9	10	11	12	13	14	15	16	17	18	19	20	21	22	23	24	25	26	27	28	29			7.3
8	六							⑦	2	3	4	5	6	7	8	9	10	11	12	13	14	15	16	17	18	19	20	21	22	23	24	25	26	27	28	29	30	8.2
9	七		㊲	2	3	4	5	6	7	8	9	10	11	12	13	14	15	16	17	18	19	20	21	22	23	24	25	26	27	28	29							8.31
10	八			⑥	2	3	4	5	6	7	8	9	10	11	12	13	14	15	16	17	18	19	20	21	22	23	24	25	26	27	28	29	30					9.30
11	九					㊱	2	3	4	5	6	7	8	9	10	11	12	13	14	15	16	17	18	19	20	21	22	23	24	25	26	27	28	29				10.29
12	十						⑤	2	3	4	5	6	7	8	9	10	11	12	13	14	15	16	17	18	19	20	21	22	23	24	25	26	27	28	29	30		11.28
13	十一	㉟	2	3	4	5	6	7	8	9	10	11	12	13	14	15	16	17	18	19	20	21	22	23	24	25	26	27	28	29								12.27
14	十二		④	2	3	4	5	6	7	8	9	10	11	12	13	14	15	16	17	18	19	20	21	22	23	24	25	26	27	28	29	30						1.26

大事記

二月，泰山太守徐龕稱兖州刺史，大掠濟、岱。　四月，劉曜遷都長安。南陽王保自稱晉王，改元建康。　五月，祖逖討陳川，為石虎所敗。石虎破鮮卑日六延，斬俘五萬人。周訪破斬杜曾。　六月，劉曜改國稱趙（前趙）。八月，肅慎獻楛矢、石砮於晉。　十一月，石勒於襄國稱趙王（後趙），同年，改稱皇帝。勒令採舊律作"辛亥制"。置律學祭酒官。張賓專總朝政。　十二月，平州刺史崔毖説高句麗，宇文、段氏合擊慕容廆，大敗。苻洪降於劉曜，以洪為率義侯。屠各胡路松多起兵附晉王保，秦、隴氐羌多應之。　是歲，賀循卒（260—319）。

晉及十六國紀年　　干支庚辰　公元 320 年

朝代或國名	國家支配者	建都	廟號	謚號	建元	年號年次	輔政者	備注
東晉	①司馬睿	建康		元	3	2大(太)興 3 年		
成	③李雄	成都	太宗	武	3	3 玉衡 10 年		
趙	④劉曜	長安		趙主	1	光初 3 年		
前凉	③張茂	姑臧		成烈公	1	永元元年		六月即位
後趙（羯）	①石勒	襄國	高祖	明		2 年		
	司馬保					建康 2 年		五月亡
大秦	〔句渠知〕					〔平趙〕元年		六月建元七月亡
鮮卑	⑧拓跋鬱律					4 年		
鐵弗匈奴	②劉虎	朔方				12 年		
仇池氐	②楊難敵	成縣西				3 年		甘肅
慕容鮮卑	①慕容廆					36 年		
氐	①苻洪					11 年		
羌	①姚弋仲					9 年		
徒何（鮮卑段部）	①段末柸	會支				3 年		河北遷安縣
高句麗	⑮乙弗	丸都城				21 年		吉林省
吐谷渾	②吐延					3 年		青海省

月　曆　表（建寅）　　5033－384－1838347

月干支序數	星期 / 月序	日	1	2	3	4	5	6	日	1	2	3	4	5	6	日	1	2	3	4	5	6	日	1	2	3	4	5	6	日	1	2	3	4	5	6	日	月末陽曆
15	正				㉞	2	3	4	5	6	7	8	9	10	11	12	13	14	15	16	17	18	19	20	21	22	23	24	25	26	27	28	29					2.24
16	二					③	2	3	4	5	6	7	8	9	10	11	12	13	14	15	16	17	18	19	20	21	22	23	24	25	26	27	28	29	30			3.25
17	三							㉝	2	3	4	5	6	7	8	9	10	11	12	13	14	15	16	17	18	19	20	21	22	23	24	25	26	27	28	29		4.23
	閏	②	2	3	4	5	6	7	8	9	10	11	12	13	14	15	16	17	18	19	20	21	22	23	24	25	26	27	28	29	30							5.23
18	四			㉜	2	3	4	5	6	7	8	9	10	11	12	13	14	15	16	17	18	19	20	21	22	23	24	25	26	27	28	29						6.21
19	五				①	2	3	4	5	6	7	8	9	10	11	12	13	14	15	16	17	18	19	20	21	22	23	24	25	26	27	28	29	30				7.21
20	六						㉛	2	3	4	5	6	7	8	9	10	11	12	13	14	15	16	17	18	19	20	21	22	23	24	25	26	27	28	29	30		8.20
21	七	①	2	3	4	5	6	7	8	9	10	11	12	13	14	15	16	17	18	19	20	21	22	23	24	25	26	27	28	29								9.18
22	八		㉚	2	3	4	5	6	7	8	9	10	11	12	13	14	15	16	17	18	19	20	21	22	23	24	25	26	27	28	29	30						10.18
23	九				(60)	2	3	4	5	6	7	8	9	10	11	12	13	14	15	16	17	18	19	20	21	22	23	24	25	26	27	28	29					11.16
24	十					㉙	2	3	4	5	6	7	8	9	10	11	12	13	14	15	16	17	18	19	20	21	22	23	24	25	26	27	28	29	30			12.16
25	十一							(59)	2	3	4	5	6	7	8	9	10	11	12	13	14	15	16	17	18	19	20	21	22	23	24	25	26	27	28	29		1.14
26	十二	㉘	2	3	4	5	6	7	8	9	10	11	12	13	14	15	16	17	18	19	20	21	22	23	24	25	26	27	28	29	30							2.13

大事記

正月，劉曜破屠各胡路松多。　二月，冀州刺史邵續為石虎所俘，不屈死。晉北方藩鎮皆盡。　五月，晉王保為部下所殺。徐龕降。　六月，張寔為部下所殺(237—320)，弟茂繼之，建元永元，惟對外仍用建興年號。巴人句渠知反劉曜，稱大秦，建元平趙，氐、羌、巴、羯三十餘萬應之，關中大亂，曜遣將擊定之，又破氐酋秦王虛除權渠，徙其部落二十餘萬口於長安。劉曜立太學，選一千五百人為弟子。祖逖破石勒別軍於汴，李矩、郭默受逖節度。　七月，晉於丹陽郡置懷德縣，始立僑郡。　八月，徐龕叛降石勒。石勒定選舉五品制，又改九品制，命公卿州郡歲舉秀才、孝廉、賢良直言、武勇之士各一人。周訪卒(260—320)。　十二月，高句麗攻遼東，大敗。孔衍卒(268—320)，著有《春秋公羊傳集解》、《春秋穀梁傳訓注》、《春秋國語》及《漢魏春秋》等書。

晉及十六國紀年　　干支辛巳　公元 321 年

朝代或國名	國家支配者	建都	廟號	謚號	建元	年號年次	輔政者	備注
東晉	①司馬睿	建康		元	3	2 大(太)興 4 年		
成	③李雄	成都	太宗	武	3	3 玉衡 11 年		
趙	④劉曜	長安		趙主	1	光初 4 年		
前凉	③張茂	姑臧		成烈公	1	1 永元 2 年		盧水胡人
後趙(羯)	①石勒	襄國	高祖	明		3 年		
鮮卑	⑧拓跋鬱律					5 年		十二月被殺
鐵弗匈奴	②劉虎	朔方				13 年		
仇池氐	②楊難敵	成縣西				4 年		甘肅
慕容鮮卑	①慕容廆					37 年		
氐	①苻洪					12 年		
羌	①姚弋仲					10 年		
徒何(鮮卑段部)	①段末柸	會支				4 年		河北遷安縣
高句麗	⑮乙弗	丸都城				22 年		吉林省
吐谷渾	②吐延					4 年		青海

月　曆　表（建寅）　　5034—354—1838701

月干支序數	月序＼星期	日	1	2	3	4	5	6	日	1	2	3	4	5	6	日	1	2	3	4	5	6	日	1	2	3	4	5	6	日	1	2	3	4	5	6	日	月末陽曆
27	正			(58)	2	3	4	5	6	7	8	9	10	11	12	13	14	15	16	17	18	19	20	21	22	23	24	25	26	27	28	29						3.14
28	二				(27)	2	3	4	5	6	7	8	9	10	11	12	13	14	15	16	17	18	19	20	21	22	23	24	25	26	27	28	29	30				4.13
29	三						(57)	2	3	4	5	6	7	8	9	10	11	12	13	14	15	16	17	18	19	20	21	22	23	24	25	26	27	28	29			5.12
30	四							(26)	2	3	4	5	6	7	8	9	10	11	12	13	14	15	16	17	18	19	20	21	22	23	24	25	26	27	28	29	30	6.11
31	五		(56)	2	3	4	5	6	7	8	9	10	11	12	13	14	15	16	17	18	19	20	21	22	23	24	25	26	27	28	29							7.10
32	六			(25)	2	3	4	5	6	7	8	9	10	11	12	13	14	15	16	17	18	19	20	21	22	23	24	25	26	27	28	29	30					8.9
33	七					(55)	2	3	4	5	6	7	8	9	10	11	12	13	14	15	16	17	18	19	20	21	22	23	24	25	26	27	28	29				9.7
34	八						(24)	2	3	4	5	6	7	8	9	10	11	12	13	14	15	16	17	18	19	20	21	22	23	24	25	26	27	28	29	30		10.7
35	九	(54)	2	3	4	5	6	7	8	9	10	11	12	13	14	15	16	17	18	19	20	21	22	23	24	25	26	27	28	29								11.5
36	十		(23)	2	3	4	5	6	7	8	9	10	11	12	13	14	15	16	17	18	19	20	21	22	23	24	25	26	27	28	29	30						12.5
37	十一				(53)	2	3	4	5	6	7	8	9	10	11	12	13	14	15	16	17	18	19	20	21	22	23	24	25	26	27	28	29	30				1.4
38	十二						(23)	2	3	4	5	6	7	8	9	10	11	12	13	14	15	16	17	18	19	20	21	22	23	24	25	26	27	28	29			2.2

大事記

二月，徐龕又降。　三月，幽州刺史段匹磾為石勒所執，後被殺，至是，石勒遂據有幽、冀、并三州。　五月，晉免中原良民遭難為揚州僮客者，以備征役。　七月，晉以王導為司空。晉境大水。晉遣吳人戴淵都督司豫以分祖逖軍權。九月，豫州刺史祖逖憂憤疾卒(266—321)，其弟約代之。十一月，石勒禁釀酒。　十二月，以慕容廆都督幽、平二州、東夷諸軍事、平州牧、遼東公。　是歲，張闓修曲阿新豐塘。

晉及十六國紀年　　干支壬午　公元 322 年

朝代或國名	國家支配者	建　都	廟號	謚　號	建元	年號年次	輔政者	備　注
東晉	①司馬睿	建康		元	3	3 永昌元年		閏十一月 明帝即位
成	③李雄	成都	太宗	武	3	3 玉衡 12 年		
趙	④劉曜	長安		趙主	1	光初 5 年		
前涼	③張茂	姑臧		成烈公	1	永元 3 年		盧水胡人
後趙(羯)	①石勒	襄國	高祖	明		4 年		
鮮卑	⑨拓跋賀傉					元年		
鐵弗匈奴	②劉虎	朔方				14 年		
仇池氐	②楊難敵	成縣西				5 年		
慕容鮮卑	①慕容廆					38 年		
氐	①苻洪					13 年		
羌	①姚弋仲					11 年		
徒何(鮮卑段部)	①段末柸	會支				5 年		河北遷安縣
高句麗	⑮乙弗	丸都城				23 年		吉林省
吐谷渾	②吐延					5 年		青海

月　曆　表（建寅）　5035－384－1839085

月干支序數	星期／月序	日	1	2	3	4	5	6	日	1	2	3	4	5	6	日	1	2	3	4	5	6	日	1	2	3	4	5	6	日	1	2	3	4	5	6	日	月末陽曆
39	正							(52)	2	3	4	5	6	7	8	9	10	11	12	13	14	15	16	17	18	19	20	21	22	23	24	25	26	27	28	29	30	3.4
40	二		㉒	2	3	4	5	6	7	8	9	10	11	12	13	14	15	16	17	18	19	20	21	22	23	24	25	26	27	28	29							4.2
41	三			(51)	2	3	4	5	6	7	8	9	10	11	12	13	14	15	16	17	18	19	20	21	22	23	24	25	26	27	28	29	30					5.2
42	四					㉑	2	3	4	5	6	7	8	9	10	11	12	13	14	15	16	17	18	19	20	21	22	23	24	25	26	27	28	29				5.31
43	五						㊿	2	3	4	5	6	7	8	9	10	11	12	13	14	15	16	17	18	19	20	21	22	23	24	25	26	27	28	29	30		6.30
44	六	⑳	2	3	4	5	6	7	8	9	10	11	12	13	14	15	16	17	18	19	20	21	22	23	24	25	26	27	28	29								7.29
45	七		㊾	2	3	4	5	6	7	8	9	10	11	12	13	14	15	16	17	18	19	20	21	22	23	24	25	26	27	28	29	30						8.28
46	八				⑲	2	3	4	5	6	7	8	9	10	11	12	13	14	15	16	17	18	19	20	21	22	23	24	25	26	27	28	29					9.26
47	九					㊽	2	3	4	5	6	7	8	9	10	11	12	13	14	15	16	17	18	19	20	21	22	23	24	25	26	27	28	29	30			10.26
48	十							⑱	2	3	4	5	6	7	8	9	10	11	12	13	14	15	16	17	18	19	20	21	22	23	24	25	26	27	28	29		11.24
49	十一	㊼	2	3	4	5	6	7	8	9	10	11	12	13	14	15	16	17	18	19	20	21	22	23	24	25	26	27	28	29	30							12.24
	閏			⑰	2	3	4	5	6	7	8	9	10	11	12	13	14	15	16	17	18	19	20	21	22	23	24	25	26	27	28	29						1.22
50	十二				㊻	2	3	4	5	6	7	8	9	10	11	12	13	14	15	16	17	18	19	20	21	22	23	24	25	26	27	28	29	30				2.21

劉氏長曆閏十二月，誤。

大事記

正月，晉改元永昌。王敦反於武昌，沈充起於吳興應之。　二月，劉曜敗仇池氐楊難敵，遷隴西萬餘戶於長安，難敵稱藩，曜命為益、寧、秦三州牧、武都王。陳安反前趙，隴上氐羌皆附之，有衆十餘萬。　三月，以王導為前鋒大都督禦王敦。王敦入石頭城，縱兵劫掠，殺周顗、戴淵，劉隗、刁協逃。敦自為丞相，都督中外諸軍事錄尚書事。　四月，還武昌。　五月，王敦殺梁州刺史甘卓。　七月，石虎陷泰山，殺徐龕。徐、兗郡縣多陷於石勒。　十月，罷司徒并丞相，後趙攻譙，祖約退屯壽春。晉大疫，死者十二三。　閏十一月，晉元帝卒，皇太子紹嗣位，司空王導輔政。　十二月，前涼張茂遣韓璞伐前趙，取隴西、南安之地。是歲，張賓（？—322）卒。

晉及十六國紀年　干支癸未　公元 323 年

朝代或國名	國家支配者	建　都	廟號	謚號	建元	年號年次	輔政者	備　注
東晉	②司馬紹	建康	肅宗	明	1	太寧元年		三月朔改元
成	③李雄	成都	太宗	武	3	3 玉衡 13 年		
趙	④劉曜	長安		趙主	1	光初 6 年		
前涼	③張茂	姑臧		成烈公	1	永元 4 年		盧水胡人
後趙（羯）	①石勒	襄國	高祖	明		5 年		
鮮卑	⑨拓跋賀傉					2 年		
鐵弗匈奴	②劉虎	朔方				15 年		
仇池氏	②楊難敵	成縣西				6 年		甘肅
慕容鮮卑	①慕容廆					39 年		
氐	①苻洪					14 年		
羌	①姚弋仲					12 年		
鮮卑段部	①段末柸	會支				6 年		河北遷安縣
高句麗	⑮乙弗	丸都城				24 年		吉林省
吐谷渾	②吐延					6 年		青海

月　曆　表（建 寅）

月干支序數	星期／月序	日	1	2	3	4	5	6	日	1	2	3	4	5	6	日	1	2	3	4	5	6	日	1	2	3	4	5	6	日	1	2	3	4	5	6	日	月末陽曆
51	正						⑯	2	3	4	5	6	7	8	9	10	11	12	13	14	15	16	17	18	19	20	21	22	23	24	25	26	27	28	29	30		3.23
52	二	㊻	2	3	4	5	6	7	8	9	10	11	12	13	14	15	16	17	18	19	20	21	22	23	24	25	26	27	28	29								4.21
53	三		⑮	2	3	4	5	6	7	8	9	10	11	12	13	14	15	16	17	18	19	20	21	22	23	24	25	26	27	28	29	30						5.21
54	四				㊺	2	3	4	5	6	7	8	9	10	11	12	13	14	15	16	17	18	19	20	21	22	23	24	25	26	27	28	29					6.19
55	五					⑭	2	3	4	5	6	7	8	9	10	11	12	13	14	15	16	17	18	19	20	21	22	23	24	25	26	27	28	29	30			7.19
56	六							㊹	2	3	4	5	6	7	8	9	10	11	12	13	14	15	16	17	18	19	20	21	22	23	24	25	26	27	28	29		8.17
57	七	⑬	2	3	4	5	6	7	8	9	10	11	12	13	14	15	16	17	18	19	20	21	22	23	24	25	26	27	28	29	30							9.16
58	八			㊸	2	3	4	5	6	7	8	9	10	11	12	13	14	15	16	17	18	19	20	21	22	23	24	25	26	27	28	29						10.15
59	九				⑫	2	3	4	5	6	7	8	9	10	11	12	13	14	15	16	17	18	19	20	21	22	23	24	25	26	27	28	29	30				11.14
60	十						㊷	2	3	4	5	6	7	8	9	10	11	12	13	14	15	16	17	18	19	20	21	22	23	24	25	26	27	28	29			12.13
1	十一							⑪	2	3	4	5	6	7	8	9	10	11	12	13	14	15	16	17	18	19	20	21	22	23	24	25	26	27	28	29	30	1.12
2	十二		㊶	2	3	4	5	6	7	8	9	10	11	12	13	14	15	16	17	18	19	20	21	22	23	24	25	26	27	28	29							2.10

大事記

三月，改元太寧。後趙攻晉彭城、下邳。　四月，王敦為揚州牧，加殊禮，移鎮姑孰。以王導為司徒。　六月，梁碩據交州叛，廣州刺史陶侃討斬之。晉以庾亮為中書監。　七月，劉曜遣將擊定隴上，徙秦州大姓二千餘戶於長安。張茂稱藩於劉曜，曜封茂為涼王，加九錫。越嶲夷斯叟攻李雄守將。　八月，石勒陷青州，殺曹嶷，坑嶷卒二萬。

晉及十六國紀年

干支甲申　公元 324 年

朝代或國名	國家支配者	建　都	廟號	謚　號	建　元	年號年次	輔政者	備　注
東晉	②司馬紹	建康	肅宗	明	1	太寧 2 年		
成	③李雄	成都	太宗	武	3	3 玉衡 14 年		
趙	④劉曜	長安		趙主	1	光初 7 年		
前涼	④張駿	姑臧		忠成公	1	1 太元元年		五月即位
後趙（羯）	①石勒	襄國	高祖	明		6 年		
鮮卑	⑨拓跋賀傉					3 年		
鐵弗匈奴	②劉虎	朔方				16 年		
仇池氐	②楊難敵	成縣西				7 年		甘肅
慕容鮮卑	①慕容廆					40 年		
氐	①苻洪					15 年		
羌	①姚弋仲					13 年		
徒何（鮮卑）	①段末柸	會支				7 年		河北遷安縣
高句麗	⑮乙弗	丸都城				25 年		吉林省
吐谷渾	②吐延					7 年		青海

月 曆 表（建寅）

5037—355—1839794

月干支序數	月序＼星期	日	1	2	3	4	5	6	日	1	2	3	4	5	6	日	1	2	3	4	5	6	日	1	2	3	4	5	6	日	1	2	3	4	5	6	日	月末陽曆
3	正			⑩	2	3	4	5	6	7	8	9	10	11	12	13	14	15	16	17	18	19	20	21	22	23	24	25	26	27	28	29	30					3.11
4	二					㊵	2	3	4	5	6	7	8	9	10	11	12	13	14	15	16	17	18	19	20	21	22	23	24	25	26	27	28	29				4.9
5	三						⑨	2	3	4	5	6	7	8	9	10	11	12	13	14	15	16	17	18	19	20	21	22	23	24	25	26	27	28	29	30		5.9
6	四	㊴	2	3	4	5	6	7	8	9	10	11	12	13	14	15	16	17	18	19	20	21	22	23	24	25	26	27	28	29								6.7
7	五		⑧	2	3	4	5	6	7	8	9	10	11	12	13	14	15	16	17	18	19	20	21	22	23	24	25	26	27	28	29	30						7.7
8	六				㊳	2	3	4	5	6	7	8	9	10	11	12	13	14	15	16	17	18	19	20	21	22	23	24	25	26	27	28	29	30				8.6
9	七						⑧	2	3	4	5	6	7	8	9	10	11	12	13	14	15	16	17	18	19	20	21	22	23	24	25	26	27	28	29			9.4
10	八							㊲	2	3	4	5	6	7	8	9	10	11	12	13	14	15	16	17	18	19	20	21	22	23	24	25	26	27	28	29	30	10.4
11	九		⑦	2	3	4	5	6	7	8	9	10	11	12	13	14	15	16	17	18	19	20	21	22	23	24	25	26	27	28	29							11.2
12	十			㊱	2	3	4	5	6	7	8	9	10	11	12	13	14	15	16	17	18	19	20	21	22	23	24	25	26	27	28	29	30					12.2
13	十一					⑥	2	3	4	5	6	7	8	9	10	11	12	13	14	15	16	17	18	19	20	21	22	23	24	25	26	27	28	29				12.31
14	十二						㉟	2	3	4	5	6	7	8	9	10	11	12	13	14	15	16	17	18	19	20	21	22	23	24	25	26	27	28	29	30		1.30

大事記

正月，王敦殺周嵩等，滅周氏。石勒部將攻劉曜河南郡，掠五千餘戶而歸。術士李脱造書聚衆，被殺。　五月，張茂死，子駿嗣，改元太元，晉拜駿為涼州牧、西平公，劉曜亦拜駿為涼州牧、涼王。王敦以子應為武衛將軍，為己之副。　六月，王敦再反，七月病死。其衆為劉遐、蘇峻擊潰，敦黨錢鳳、沈充被殺。　十二月，輿古等郡入於李雄。

是歲，郭璞卒（276—324）。

晉及十六國紀年

干支乙酉　公元 325 年

朝代或國名	國家支配者	建都	廟號	謚號	建元	年號年次	輔政者	備注
東晉	②司馬紹	建康	肅宗	明	1	太寧 3 年		成帝閏八月即位
成	③李雄	成都	太宗	武	3	3 玉衡 15 年		
趙	④劉曜	長安		趙主	1	光初 8 年		
前涼	④張駿	姑臧		忠成公	1	1 太元 2 年		盧水胡人
後趙（羯）	①石勒	襄國	高祖	明		7 年		
鮮卑	⑨拓跋賀傉					4 年		十二月卒
鐵弗匈奴	②劉虎	朔方				17 年		
仇池氐	②楊難敵	成縣西				8 年		甘肅
慕容鮮卑	①慕容廆					41 年		
氐	①苻洪					16 年		
羌	①姚弋仲					14 年		
徒何（鮮卑）	②段牙	會支				元年		十二月被殺
高句麗	⑮乙弗	丸都城				26 年		吉林省
吐谷渾	②吐延					7 年		青海

月 曆 表（建 寅）　　5038—384—1840178

月干支序數	星期／月序	日	1	2	3	4	5	6	日	1	2	3	4	5	6	日	1	2	3	4	5	6	日	1	2	3	4	5	6	日	1	2	3	4	5	6	日	月末陽曆
15	正	⑤	2	3	4	5	6	7	8	9	10	11	12	13	14	15	16	17	18	19	20	21	22	23	24	25	26	27	28	29								2.28
16	二		㉞	2	3	4	5	6	7	8	9	10	11	12	13	14	15	16	17	18	19	20	21	22	23	24	25	26	27	28	29	30						3.30
17	三				④	2	3	4	5	6	7	8	9	10	11	12	13	14	15	16	17	18	19	20	21	22	23	24	25	26	27	28	29					4.28
18	四					㉝	2	3	4	5	6	7	8	9	10	11	12	13	14	15	16	17	18	19	20	21	22	23	24	25	26	27	28	29	30			5.28
19	五							③	2	3	4	5	6	7	8	9	10	11	12	13	14	15	16	17	18	19	20	21	22	23	24	25	26	27	28	29		6.26
20	六	㉜	2	3	4	5	6	7	8	9	10	11	12	13	14	15	16	17	18	19	20	21	22	23	24	25	26	27	28	29	30							7.26
21	七			②	2	3	4	5	6	7	8	9	10	11	12	13	14	15	16	17	18	19	20	21	22	23	24	25	26	27	28	29						8.24
22	八				㉛	2	3	4	5	6	7	8	9	10	11	12	13	14	15	16	17	18	19	20	21	22	23	24	25	26	27	28	29	30				9.23
	閏						①	2	3	4	5	6	7	8	9	10	11	12	13	14	15	16	17	18	19	20	21	22	23	24	25	26	27	28	29			10.22
23	九							㉚	2	3	4	5	6	7	8	9	10	11	12	13	14	15	16	17	18	19	20	21	22	23	24	25	26	27	28	29	30	11.21
24	十		(60)	2	3	4	5	6	7	8	9	10	11	12	13	14	15	16	17	18	19	20	21	22	23	24	25	26	27	28	29	30						12.21
25	十一				㉚	2	3	4	5	6	7	8	9	10	11	12	13	14	15	16	17	18	19	20	21	22	23	24	25	26	27	28	29					1.19
26	十二					(59)	2	3	4	5	6	7	8	9	10	11	12	13	14	15	16	17	18	19	20	21	22	23	24	25	26	27	28	29	30			2.18

大事記

二月，復三族刑，惟不及婦人。慕容廆大破宇文乞得歸，俘人及畜以百萬計。　四月，石勒破兖州。　五月，石勒遣將破劉曜關東諸屯戍，於是司、豫、徐、兖皆入於勒，與晉以淮為界。以陶侃都督荆、湘、雍、梁四州軍事、荆州刺史。後趙石生大敗劉曜，司、豫、徐、兖皆陷於後趙。　六月，劉曜以劉胤為大司馬、大單于，置單于臺，分以胡、羯、鮮卑、氐、羌豪帥為左、右賢王等。閏月，明帝卒，皇太子衍嗣位，皇太后庾氏臨朝稱制，以司徒王導錄尚書事，與庾亮、卞壼參輔朝政。代王賀傉卒，弟紇那立。是歲，寧山刺史尹奉募徼外夷人刺殺梁水太守爨量，招降益州夷首領李遏，撫定寧州。干寶著《晉紀》。

晉及十六國紀年　　干支丙戌　公元 326 年

朝代或國名	國家支配者	建都	廟號	謚號	建元	年號年次	輔政者	備注
東晉	③司馬衍	建康	顯宗	成	2	1 咸和元年		明帝子，在位十七年二月改元
成	③李雄	成都	太宗	武	3	3 玉衡 16 年		
趙	④劉曜	長安		趙主	1	光初 9 年		
前涼	④張駿	姑臧		忠成公	1	1 太元 3 年		盧水胡人
後趙（羯）	①石勒	襄國	高祖	明		8 年		
鮮卑	⑩拓跋紇那					元年		
鐵弗匈奴	②劉虎	朔方				18 年		
仇池氐	②楊難敵	成縣西				9 年		甘肅
慕容鮮卑	①慕容廆					42 年		
氐	①苻洪					17 年		
羌	①姚弋仲					15 年		
徒何（鮮卑）	③段遼	會支				元年		河北遷安縣
高句麗	⑮乙弗	丸都城				27 年		吉林省
吐谷渾	②吐延					8 年		青海

月　曆　表（建 寅）　　5039－354－1840532

月干支序數	月序＼星期	日	1	2	3	4	5	6	日	1	2	3	4	5	6	日	1	2	3	4	5	6	日	1	2	3	4	5	6	日	1	2	3	4	5	6	日	月末陽曆
27	正							㉙	2	3	4	5	6	7	8	9	10	11	12	13	14	15	16	17	18	19	20	21	22	23	24	25	26	27	28	29		3.19
28	二	(58)	2	3	4	5	6	7	8	9	10	11	12	13	14	15	16	17	18	19	20	21	22	23	24	25	26	27	28	29	30							4.18
29	三			㉘	2	3	4	5	6	7	8	9	10	11	12	13	14	15	16	17	18	19	20	21	22	23	24	25	26	27	28	29						5.17
30	四				(57)	2	3	4	5	6	7	8	9	10	11	12	13	14	15	16	17	18	19	20	21	22	23	24	25	26	27	28	29	30				6.16
31	五						㉗	2	3	4	5	6	7	8	9	10	11	12	13	14	15	16	17	18	19	20	21	22	23	24	25	26	27	28	29			7.15
32	六							(56)	2	3	4	5	6	7	8	9	10	11	12	13	14	15	16	17	18	19	20	21	22	23	24	25	26	27	28	29	30	8.14
33	七		㉖	2	3	4	5	6	7	8	9	10	11	12	13	14	15	16	17	18	19	20	21	22	23	24	25	26	27	28	29							9.12
34	八			(55)	2	3	4	5	6	7	8	9	10	11	12	13	14	15	16	17	18	19	20	21	22	23	24	25	26	27	28	29	30					10.12
35	九					㉕	2	3	4	5	6	7	8	9	10	11	12	13	14	15	16	17	18	19	20	21	22	23	24	25	26	27	28	29				11.10
36	十						(54)	2	3	4	5	6	7	8	9	10	11	12	13	14	15	16	17	18	19	20	21	22	23	24	25	26	27	28	29	30		12.10
37	十一	㉔	2	3	4	5	6	7	8	9	10	11	12	13	14	15	16	17	18	19	20	21	22	23	24	25	26	27	28	29								1.8
38	十二		(53)	2	3	4	5	6	7	8	9	10	11	12	13	14	15	16	17	18	19	20	21	22	23	24	25	26	27	28	29	30						2.7

大事記

二月，改元。六月，晉以郗鑒為徐州刺史。李雄破越嶲夷斯叟。　八月，晉以溫嶠都督江州諸軍事。　十月，庾亮殺南頓王司馬宗。　十一月，石勒侵壽春，王導禦退之。改定王侯國秩，九分食一。　十二月，石勒令王波典定九流，始立秀才、孝廉試經之制。張駿徙隴西、南安民二千餘家於姑臧。

晉及十六國紀年　　干支丁亥　公元 327 年

朝代或國名	國家支配者	建都	廟號	謚號	建元	年號年次	輔政者	備注
東晉	③司馬衍	建康	顯宗	成	2	1 咸和 2 年		
成	③李雄	成都	太宗	武	3	3 玉衡 17 年		
趙	④劉曜	長安		趙主	1	光初 10 年		
前涼	④張駿	姑臧		忠成公	1	1 太元 4 年		盧水胡人
後趙（羯）	①石勒	襄國	高祖	明		9 年		
鮮卑	⑩拓跋紇那					2 年		
鐵弗匈奴	②劉虎	朔方				19 年		
仇池氐	②楊難敵	成縣西				10 年		
慕容鮮卑	①慕容廆					43 年		
氐	①苻洪					18 年		
羌	①姚弋仲					16 年		
徒何（鮮卑）	③段遼	令支				2 年		河北遷安縣
高句麗	⑮乙弗	丸都城				28 年		吉林省
吐谷渾	②吐延					9 年		青海

月 曆 表（建 寅）　5040—354—1840886

月干支序數	星期／月序	日	1	2	3	4	5	6	日	1	2	3	4	5	6	日	1	2	3	4	5	6	日	1	2	3	4	5	6	日	1	2	3	4	5	6	日	月末陽曆
39	正				㉓	2	3	4	5	6	7	8	9	10	11	12	13	14	15	16	17	18	19	20	21	22	23	24	25	26	27	28	29	30					3.9
40	二						(53)	2	3	4	5	6	7	8	9	10	11	12	13	14	15	16	17	18	19	20	21	22	23	24	25	26	27	28	29				4.7
41	三							㉒	2	3	4	5	6	7	8	9	10	11	12	13	14	15	16	17	18	19	20	21	22	23	24	25	26	27	28	29	30		5.7
42	四		(52)	2	3	4	5	6	7	8	9	10	11	12	13	14	15	16	17	18	19	20	21	22	23	24	25	26	27	28	29								6.5
43	五			㉑	2	3	4	5	6	7	8	9	10	11	12	13	14	15	16	17	18	19	20	21	22	23	24	25	26	27	28	29	30						7.5
44	六					(51)	2	3	4	5	6	7	8	9	10	11	12	13	14	15	16	17	18	19	20	21	22	23	24	25	26	27	28	29					8.3
45	七						⑳	2	3	4	5	6	7	8	9	10	11	12	13	14	15	16	17	18	19	20	21	22	23	24	25	26	27	28	29	30			9.2
46	八	㊿	2	3	4	5	6	7	8	9	10	11	12	13	14	15	16	17	18	19	20	21	22	23	24	25	26	27	28	29									10.1
47	九		⑲	2	3	4	5	6	7	8	9	10	11	12	13	14	15	16	17	18	19	20	21	22	23	24	25	26	27	28	29	30							10.31
48	十				㊾	2	3	4	5	6	7	8	9	10	11	12	13	14	15	16	17	18	19	20	21	22	23	24	25	26	27	28	29						11.29
49	十一					⑱	2	3	4	5	6	7	8	9	10	11	12	13	14	15	16	17	18	19	20	21	22	23	24	25	26	27	28	29	30				12.29
50	十二							㊽	2	3	4	5	6	7	8	9	10	11	12	13	14	15	16	17	18	19	20	21	22	23	24	25	26	27	28	29			1.27

大事記

正月，寧州秀才龐遺起兵攻李雄。　五月，劉曜攻仇池，掠三千餘戶。　十月，張駿攻劉曜秦州，大敗；曜兵進振武，降斬數萬，駿河南地皆失。　十一月，歷陽內史蘇峻反。　十二月，庾亮討峻。豫州刺史祖約亦反，與蘇峻連兵陷姑熟。後趙石虎攻代，代王紇那敗，徙大寧以避之。

晉及十六國紀年　干支戊子　公元 328 年

朝代或國名	國家支配者	建　都	廟號	謚號	建元	年號年次	輔政者	備　注
東晉	③司馬衍	建康	顯宗	成	2	1 咸和 3 年		
成	③李雄	成都	太宗	武	3	3 玉衡 18 年		
趙	④劉曜	長安		趙主	1	光初 11 年		
前凉	④張駿	姑臧		忠成公	1	1 太元 5 年		盧水胡人
後趙（羯）	①石勒	襄國	高祖	明	2	1 太和元年		
鮮卑	⑩拓跋紇那					3 年		
鐵弗匈奴	②劉虎	朔方				20 年		
仇池氐	②楊難敵	成縣西				11 年		甘肅
慕容鮮卑	①慕容廆					44 年		
氐	①苻洪					19 年		
羌	①姚弋仲					17 年		
徒何（鮮卑）	③段遼	會支				3 年		河北遷安縣
高句麗	⑮乙弗	丸都城				29 年		吉林省
吐谷渾	②吐延					10 年		青海

月　曆　表(建寅)　　5041—384—1841270

月干支序數	星期／月序	日	1	2	3	4	5	6	日	1	2	3	4	5	6	日	1	2	3	4	5	6	日	1	2	3	4	5	6	日	1	2	3	4	5	6	日	月末陽曆
51	正	⑰	2	3	4	5	6	7	8	9	10	11	12	13	14	15	16	17	18	19	20	21	22	23	24	25	26	27	28	29	30							2.26
52	二			㊼	2	3	4	5	6	7	8	9	10	11	12	13	14	15	16	17	18	19	20	21	22	23	24	25	26	27	28	29						3.26
53	三				⑯	2	3	4	5	6	7	8	9	10	11	12	13	14	15	16	17	18	19	20	21	22	23	24	25	26	27	28	29	30				4.25
54	四						㊻	2	3	4	5	6	7	8	9	10	11	12	13	14	15	16	17	18	19	20	21	22	23	24	25	26	27	28	29			5.24
55	五							⑮	2	3	4	5	6	7	8	9	10	11	12	13	14	15	16	17	18	19	20	21	22	23	24	25	26	27	28	29	30	6.23
	閏		㊺	2	3	4	5	6	7	8	9	10	11	12	13	14	15	16	17	18	19	20	21	22	23	24	25	26	27	28	29	30						7.23
56	六				⑮	2	3	4	5	6	7	8	9	10	11	12	13	14	15	16	17	18	19	20	21	22	23	24	25	26	27	28	29					8.21
57	七					㊹	2	3	4	5	6	7	8	9	10	11	12	13	14	15	16	17	18	19	20	21	22	23	24	25	26	27	28	29	30			9.20
58	八							⑭	2	3	4	5	6	7	8	9	10	11	12	13	14	15	16	17	18	19	20	21	22	23	24	25	26	27	28	29		10.19
59	九	㊸	2	3	4	5	6	7	8	9	10	11	12	13	14	15	16	17	18	19	20	21	22	23	24	25	26	27	28	29	30							11.18
60	十			⑬	2	3	4	5	6	7	8	9	10	11	12	13	14	15	16	17	18	19	20	21	22	23	24	25	26	27	28	29						12.17
1	十一				㊷	2	3	4	5	6	7	8	9	10	11	12	13	14	15	16	17	18	19	20	21	22	23	24	25	26	27	28	29	30				1.16
2	十二						⑫	2	3	4	5	6	7	8	9	10	11	12	13	14	15	16	17	18	19	20	21	22	23	24	25	26	27	28	29			2.14

大事記

二月,蘇峻至建康,尚書令卞壼等戰死(281—328),庾亮逝尋陽。峻自為驃騎將軍、錄尚書事。石勒建元太和。　五月,蘇峻遷晉帝於石頭城。陶侃、溫嶠、庾亮等起兵討蘇峻。　六月,宣城太守桓彝與蘇峻戰,敗死。　七月,石勒渡淮攻壽春,虜二萬餘戶。　八月,石虎攻劉曜,大敗,曜圍金墉。　九月,陶侃、溫嶠討殺蘇峻。部下立其弟逸為主。　十一月,石勒伐前趙圍金墉。　十二月,石勒擒劉曜,斬五萬級。

晉及十六國紀年　　干支己丑　公元 329 年

朝代或國名	國家支配者	建　都	廟號	謚號	建元	年號年次	輔政者	備　注
東晉	③司馬衍	建康	顯宗	成	2	1咸和4年		
成	③李雄	成都	太宗	武	3	3玉衡19年		
趙	④劉熙	長安			1	光初12年		亡
前凉	④張駿	姑臧		忠城公	1	1太元6年		盧水胡人
後趙	①石勒	襄國	高祖	明	2	1太和2年		羯人
鮮卑	⑩拓跋紇那					4年		鮮卑人
鮮卑	⑪拓跋翳槐					元年		鮮卑人
鐵弗匈奴	②劉虎	朔方				21年		匈奴人
仇池氐	②楊難敵	成縣西				12年		甘肅氐人
慕容鮮卑	①慕容廆					45年		
氐	①苻洪					20年		
羌	①姚弋仲					18年		
徒何(鮮卑)	③段遼	會支				4年		河北遷安縣
乞伏鮮卑	①乞伏司繁					元年		甘肅榆中
高句麗	⑮乙弗	丸都城				30年		吉林集安西北
吐谷渾	③葉延					元年		青海省

月　曆　表（建　寅）　5042－355－1841625

月干支序數	星期／月序	日	1	2	3	4	5	6	日	1	2	3	4	5	6	日	1	2	3	4	5	6	日	1	2	3	4	5	6	日	1	2	3	4	5	6	日	月末陽曆
3	正							㊶	2	3	4	5	6	7	8	9	10	11	12	13	14	15	16	17	18	19	20	21	22	23	24	25	26	27	28	29	30	8.16
4	二		⑪	2	3	4	5	6	7	8	9	10	11	12	13	14	15	16	17	18	19	20	21	22	23	24	25	26	27	28	29							4.14
5	三			㊵	2	3	4	5	6	7	8	9	10	11	12	13	14	15	16	17	18	19	20	21	22	23	24	25	26	27	28	29	30					5.14
6	四					⑩	2	3	4	5	6	7	8	9	10	11	12	13	14	15	16	17	18	19	20	21	22	23	24	25	26	27	28	29				6.12
7	五						㊴	2	3	4	5	6	7	8	9	10	11	12	13	14	15	16	17	18	19	20	21	22	23	24	25	26	27	28	29	30		7.12
8	六	⑨	2	3	4	5	6	7	8	9	10	11	12	13	14	15	16	17	18	19	20	21	22	23	24	25	26	27	28	29								8.10
9	七		㊳	2	3	4	5	6	7	8	9	10	11	12	13	14	15	16	17	18	19	20	21	22	23	24	25	26	27	28	29	30						9.9
10	八				⑧	2	3	4	5	6	7	8	9	10	11	12	13	14	15	16	17	18	19	20	21	22	23	24	25	26	27	28	29					10.8
11	九					㊲	2	3	4	5	6	7	8	9	10	11	12	13	14	15	16	17	18	19	20	21	22	23	24	25	26	27	28	29	30			11.7
12	十							⑦	2	3	4	5	6	7	8	9	10	11	12	13	14	15	16	17	18	19	20	21	22	23	24	25	26	27	28	29	30	12.7
13	十一		㊲	2	3	4	5	6	7	8	9	10	11	12	13	14	15	16	17	18	19	20	21	22	23	24	25	26	27	28	29							1.5
14	十二			⑥	2	3	4	5	6	7	8	9	10	11	12	13	14	15	16	17	18	19	20	21	22	23	24	25	26	27	28	29	30					2.4

大事記

正月，祖約敗奔石勒。劉曜太子熙奔上邽，石勒取長安。　二月，蘇逸敗死。　四月，溫嶠卒(288—329)。　八月，劉曜部將劉胤攻長安。後趙石虎破上邽執劉熙，前趙亡。後趙坑五郡屠各胡五千人於洛陽。氐王苻洪、羌酋姚弋仲降石虎，氐羌十五萬落被徙於司、冀。關中大饑。　十二月，右軍將軍郭默殺江州刺史劉胤。代王拓跋翳槐遣弟什翼犍質於石勒。河南王吐延被刺死，子葉延立，用祖父字稱其國曰吐谷渾。是歲，代王翳槐立。

晉及十六國紀年　干支庚寅　公元 330 年

朝代或國名	國家支配者	建都	廟號	謚號	建元	年號年次	輔政者	備注
東晉	③司馬衍	建康	顯宗	成	2	1 咸和 5 年		
成	③李雄	成都	太宗	武	3	3 玉衡 20 年		
前涼	④張駿	姑臧		忠成公	1	1 太元 7 年		盧水胡人
後趙(羯)	①石勒	鄴	高祖	明	2	2 建平元年		九月改元即帝位
鮮卑	⑪拓跋翳槐					2 年		
鐵弗匈奴	②劉虎	朔方				22 年		
仇池氐	②楊難敵	成縣西				13 年		甘肅
慕容鮮卑	①慕容廆					46 年		
氐	①苻洪					21 年		
羌	①姚弋仲					19 年		
徒何(鮮卑)	③段遼	會支				5 年		河北遷安縣
丁零翟魏	①翟斌					元年		后趙封爲句町王
乞伏鮮卑	①乞伏司繁					2 年		甘肅榆中
吐谷渾	③葉延					2 年		青海省
高句麗	⑮乙弗	丸都城				31 年		吉林省

月　曆　表（建寅）　　5043—354—1841979

月干支序數	星期／月序	日	1	2	3	4	5	6	日	1	2	3	4	5	6	日	1	2	3	4	5	6	日	1	2	3	4	5	6	日	1	2	3	4	5	6	日	月末陽曆
15	正					㊱	2	3	4	5	6	7	8	9	10	11	12	13	14	15	16	17	18	19	20	21	22	23	24	25	26	27	28	29				3.5
16	二						⑤	2	3	4	5	6	7	8	9	10	11	12	13	14	15	16	17	18	19	20	21	22	23	24	25	26	27	28	29	30		4.4
17	三	㉟	2	3	4	5	6	7	8	9	10	11	12	13	14	15	16	17	18	19	20	21	22	23	24	25	26	27	28	29								5.3
18	四		④	2	3	4	5	6	7	8	9	10	11	12	13	14	15	16	17	18	19	20	21	22	23	24	25	26	27	28	29	30						6.2
19	五				㉞	2	3	4	5	6	7	8	9	10	11	12	13	14	15	16	17	18	19	20	21	22	23	24	25	26	27	28	29					7.1
20	六					③	2	3	4	5	6	7	8	9	10	11	12	13	14	15	16	17	18	19	20	21	22	23	24	25	26	27	28	29	30			7.31
21	七							㉝	2	3	4	5	6	7	8	9	10	11	12	13	14	15	16	17	18	19	20	21	22	23	24	25	26	27	28	29		8.29
22	八	②	2	3	4	5	6	7	8	9	10	11	12	13	14	15	16	17	18	19	20	21	22	23	24	25	26	27	28	29	30							9.28
23	九			㉜	2	3	4	5	6	7	8	9	10	11	12	13	14	15	16	17	18	19	20	21	22	23	24	25	26	27	28	29						10.27
24	十				①	2	3	4	5	6	7	8	9	10	11	12	13	14	15	16	17	18	19	20	21	22	23	24	25	26	27	28	29	30				11.26
25	十一						㉛	2	3	4	5	6	7	8	9	10	11	12	13	14	15	16	17	18	19	20	21	22	23	24	25	26	27	28	29			12.25
26	十二							(60)	2	3	4	5	6	7	8	9	10	11	12	13	14	15	16	17	18	19	20	21	22	23	24	25	26	27	28	29	30	1.24

大事記

正月，晉陶侃鎮武昌。石勒遷鄴，自稱"大趙天王"，行皇帝事。石勒殺祖約。　　五月，陶侃、庾亮斬郭默。石勒部將浮海擾沿海諸縣。　　六月，晉始度百姓田，張俊復河南地。丁零翟斌朝於石勒，封句町王。　　九月，石勒兵入襄陽。休屠王羌反石勒，敗奔涼州。　　十月，李雄陷巴東。　　十二月，張駿稱臣於石勒。

晉及十六國紀年　　干支辛卯　公元 331 年

朝代或國名	國家支配者	建都	廟號	謚號	建元	年號年次	輔政者	備注
東晉	③司馬衍	建康	顯宗	成	2	1 咸和 6 年		
成	③李雄	成都	太宗	武	3	3 玉衡 21 年		
前凉	④張駿	姑臧		忠成公	1	1 太元 8 年		盧水胡人
後趙（羯）	①石勒	鄴	高祖	明	2	2 建平 2 年		
鮮卑	⑪拓跋翳槐					3 年		
鐵弗匈奴	②劉虎	朔方				23 年		
仇池氐	②楊難敵	成縣西				14 年		甘肅
慕容鮮卑	①慕容廆					47 年		
氐	①苻洪					22 年		
羌	①姚弋仲					20 年		
徒何（鮮卑）	③段遼	會支				6 年		河北遷安縣
丁零翟魏	①翟斌					2 年		
乞伏鮮卑	①乞伏司繁					3 年		甘肅榆中
吐谷渾	③葉延					3 年		青海省
高句麗	⑯故國元王斯由	丸都城				元年		吉林省

月　曆　表（建寅）　5044—384—1842363

月干支序數	星期／月序	日	1	2	3	4	5	6	日	1	2	3	4	5	6	日	1	2	3	4	5	6	日	1	2	3	4	5	6	日	1	2	3	4	5	6	日	月末陽曆
27	正		㉚	2	3	4	5	6	7	8	9	10	11	12	13	14	15	16	17	18	19	20	21	22	23	24	25	26	27	28	29	30						2.23
	閏				(60)	2	3	4	5	6	7	8	9	10	11	12	13	14	15	16	17	18	19	20	21	22	23	24	25	26	27	28	29					3.24
28	二					㉙	2	3	4	5	6	7	8	9	10	11	12	13	14	15	16	17	18	19	20	21	22	23	24	25	26	27	28	29	30			4.23
29	三							(59)	2	3	4	5	6	7	8	9	10	11	12	13	14	15	16	17	18	19	20	21	22	23	24	25	26	27	28	29		5.22
30	四	㉘	2	3	4	5	6	7	8	9	10	11	12	13	14	15	16	17	18	19	20	21	22	23	24	25	26	27	28	29	30							6.21
31	五			(58)	2	3	4	5	6	7	8	9	10	11	12	13	14	15	16	17	18	19	20	21	22	23	24	25	26	27	28	29						7.20
32	六				㉗	2	3	4	5	6	7	8	9	10	11	12	13	14	15	16	17	18	19	20	21	22	23	24	25	26	27	28	29	30				8.19
33	七						(57)	2	3	4	5	6	7	8	9	10	11	12	13	14	15	16	17	18	19	20	21	22	23	24	25	26	27	28	29			9.17
34	八							㉖	2	3	4	5	6	7	8	9	10	11	12	13	14	15	16	17	18	19	20	21	22	23	24	25	26	27	28	29	30	10.17
35	九		(56)	2	3	4	5	6	7	8	9	10	11	12	13	14	15	16	17	18	19	20	21	22	23	24	25	26	27	28	29							11.15
36	十			㉕	2	3	4	5	6	7	8	9	10	11	12	13	14	15	16	17	18	19	20	21	22	23	24	25	26	27	28	29	30					12.15
37	十一					(55)	2	3	4	5	6	7	8	9	10	11	12	13	14	15	16	17	18	19	20	21	22	23	24	25	26	27	28	29				1.13
38	十二						㉔	2	3	4	5	6	7	8	9	10	11	12	13	14	15	16	17	18	19	20	21	22	23	24	25	26	27	28	29	30		2.12

大事記

正月，石勒部浮海擾婁縣、武進。　三月，詔舉賢良直言之士。石勒詔公卿歲舉賢良方正，起明堂、辟雍於襄國。七月，武都氐帥楊難敵降李雄。　九月，後趙營鄴宮，以洛陽為南都。慕容廆遣使詣陶侃請北伐。

晉及十六國紀年

干支壬辰　公元 332 年

朝代或國名	國家支配者	建都	廟號	諡號	建元	年號年次	輔政者	備注
東晉	③司馬衍	建康	顯宗	成	2	1 咸和 7 年		
成	③李雄	成都	太宗	武	3	3 玉衡 22 年		
前涼	④張駿	姑臧		忠成公	1	1 太元 9 年		盧水胡人
後趙（羯）	①石勒	鄴	高祖	明	2	2 建平 3 年		
鮮卑	⑪拓跋翳槐					4 年		
鐵弗匈奴	②劉虎	朔方				24 年		
仇池氏	②楊難敵	成縣西				15 年		甘肅
慕容鮮卑	①慕容廆					48 年		
氐	①苻洪					23 年		
羌	①姚弋仲					21 年		
徒何（鮮卑）	③段遼	會支				7 年		河北遷安縣
丁零翟魏	①翟斌					3 年		
乞伏鮮卑	①乞伏司繁					4 年		甘肅榆中
吐谷渾	③葉延					4 年		青海省
高句麗	⑯斯由	丸都城				2 年		吉林省

月　曆　表（建寅）　　5045－354－1842717

月干支序數	月序＼星期	日	1	2	3	4	5	6	日	1	2	3	4	5	6	日	1	2	3	4	5	6	日	1	2	3	4	5	6	日	1	2	3	4	5	6	日	月末陽曆
39	正	(54)	2	3	4	5	6	7	8	9	10	11	12	13	14	15	16	17	18	19	20	21	22	23	24	25	26	27	28	29								3.12
40	二		㉓	2	3	4	5	6	7	8	9	10	11	12	13	14	15	16	17	18	19	20	21	22	23	24	25	26	27	28	29	30						4.11
41	三				(53)	2	3	4	5	6	7	8	9	10	11	12	13	14	15	16	17	18	19	20	21	22	23	24	25	26	27	28	29					5.10
42	四					㉒	2	3	4	5	6	7	8	9	10	11	12	13	14	15	16	17	18	19	20	21	22	23	24	25	26	27	28	29	30			6.9
43	五							(52)	2	3	4	5	6	7	8	9	10	11	12	13	14	15	16	17	18	19	20	21	22	23	24	25	26	27	28	29	30	7.9
44	六		㉒	2	3	4	5	6	7	8	9	10	11	12	13	14	15	16	17	18	19	20	21	22	23	24	25	26	27	28	29							8.7
45	七			(51)	2	3	4	5	6	7	8	9	10	11	12	13	14	15	16	17	18	19	20	21	22	23	24	25	26	27	28	29	30					9.6
46	八					㉑	2	3	4	5	6	7	8	9	10	11	12	13	14	15	16	17	18	19	20	21	22	23	24	25	26	27	28	29				10.5
47	九						㊿	2	3	4	5	6	7	8	9	10	11	12	13	14	15	16	17	18	19	20	21	22	23	24	25	26	27	28	29	30		11.4
48	十	⑳	2	3	4	5	6	7	8	9	10	11	12	13	14	15	16	17	18	19	20	21	22	23	24	25	26	27	28	29								12.3
49	十一		㊾	2	3	4	5	6	7	8	9	10	11	12	13	14	15	16	17	18	19	20	21	22	23	24	25	26	27	28	29	30						1.2
50	十二				⑲	2	3	4	5	6	7	8	9	10	11	12	13	14	15	16	17	18	19	20	21	22	23	24	25	26	27	28	29					1.31

大事記

三月，石勒部浮海擾海虞。　七月，陶侃、桓宣攻克樊城、新野、襄陽。　十一月，晉進侃為大將軍。詔舉賢良。

晉及十六國紀年　　干支癸巳　公元 333 年

朝代或國名	國家支配者	建　都	廟號	謚號	建元	年號年次	輔政者	備　注
東晉	③司馬衍	建康	顯宗	成	2	1 咸和 8 年		
成	③李雄	成都	太宗	武	3	3 玉衡 23 年		
前涼	④張駿	姑臧		忠成公	1	1 太元 10 年		盧水胡人
後趙（羯）	①石勒	鄴	高祖	明	2	2 建平 4 年		七月石弘即位
前燕	②慕容皝	大棘城	太祖	文明		立		內蒙
鮮卑	⑪拓跋翳槐					5 年		
鐵弗匈奴	②劉虎	朔方				25 年		
仇池氐	②楊難敵	成縣西				16 年		甘肅
慕容鮮卑	①慕容廆					49 年		五月卒
氐	①苻洪					24 年		
羌	①姚弋仲					22 年		
徒何（鮮卑）	③段遼	會支				8 年		河北遷安縣
丁零翟魏	①翟斌					4 年		
宇文鮮卑	①宇文逸豆歸					元年		
乞伏鮮卑	①乞伏司繁					5 年		甘肅榆中
吐谷渾	③葉延					5 年		青海省
高句麗	⑯斯由	丸都城				3 年		吉林省

月　曆　表（建 寅）　　5046—384—1843101

月干支序數	星期／月序	日	1	2	3	4	5	6	日	1	2	3	4	5	6	日	1	2	3	4	5	6	日	1	2	3	4	5	6	日	1	2	3	4	5	6	日	月末陽曆
51	正					㊽	2	3	4	5	6	7	8	9	10	11	12	13	14	15	16	17	18	19	20	21	22	23	24	25	26	27	28	29	30			3.2
52	二							⑱	2	3	4	5	6	7	8	9	10	11	12	13	14	15	16	17	18	19	20	21	22	23	24	25	26	27	28	29		3.31
53	三	㊼	2	3	4	5	6	7	8	9	10	11	12	13	14	15	16	17	18	19	20	21	22	23	24	25	26	27	28	29	30							4.30
54	四			⑰	2	3	4	5	6	7	8	9	10	11	12	13	14	15	16	17	18	19	20	21	22	23	24	25	26	27	28	29						5.29
55	五				㊻	2	3	4	5	6	7	8	9	10	11	12	13	14	15	16	17	18	19	20	21	22	23	24	25	26	27	28	29	30				6.28
56	六						⑯	2	3	4	5	6	7	8	9	10	11	12	13	14	15	16	17	18	19	20	21	22	23	24	25	26	27	28	29			7.27
57	七							㊺	2	3	4	5	6	7	8	9	10	11	12	13	14	15	16	17	18	19	20	21	22	23	24	25	26	27	28	29	30	8.26
58	八		⑮	2	3	4	5	6	7	8	9	10	11	12	13	14	15	16	17	18	19	20	21	22	23	24	25	26	27	28	29							9.24
59	九			㊹	2	3	4	5	6	7	8	9	10	11	12	13	14	15	16	17	18	19	20	21	22	23	24	25	26	27	28	29	30					10.24
60	十					⑭	2	3	4	5	6	7	8	9	10	11	12	13	14	15	16	17	18	19	20	21	22	23	24	25	26	27	28	29	30			11.23
	閏							㊹	2	3	4	5	6	7	8	9	10	11	12	13	14	15	16	17	18	19	20	21	22	23	24	25	26	27	28	29		12.22
1	十一	⑬	2	3	4	5	6	7	8	9	10	11	12	13	14	15	16	17	18	19	20	21	22	23	24	25	26	27	28	29	30							1.21
2	十二			㊸	2	3	44	5	6	7	8	9	10	11	12	13	14	15	16	17	18	19	20	21	22	23	24	25	26	27	28	29						2.19

大事記

正月，石勒遣使修好于晉，拒之。　三月，李雄陷寧州。　五月，慕容廆卒(269—333)，子皝立，自稱燕王。　七月，石勒卒(274—333)，子弘立。石虎自為丞相、魏王、大單于加九錫。　十月，石生等起兵攻石虎，皆敗死。氐王苻洪降於虎，徙秦、雍流民及氐、羌十餘萬戶於關東枋頭。慕容皝兄弟內訌，皝庶兄翰奔遼西段氏，弟仁據遼東。姚弋仲率衆遷清河之灄頭。

晉及十六國紀年　　干支甲午　公元 334 年

朝代或國名	國家支配者	建　都	廟號	謚號	建元	年號年次	輔政者	備　注
東晉	③司馬衍	建康	顯宗	成	2	1 咸和 9 年		
漢	③李雄	成都	太宗	武	3	3 玉衡 24 年		六月李班即位 十月李期即位
前凉	④張駿	姑臧		忠成公	1	1 太元 11 年		盧水胡人
後趙(羯)	②石弘	鄴			1	延熙元年		十一月石虎即位
前燕	②慕容皝	大棘城	太祖	文明		元年		內蒙
鮮卑	⑪拓跋翳槐					6 年		
鐵弗匈奴	②劉虎	朔方				26 年		
仇池氐	②楊難敵	成縣西				17 年		正月卒
氐	①苻洪					25 年		
羌	①姚弋仲					23 年		
徒何(鮮卑)	③段遼	會支				9 年		河北遷安縣
丁零翟魏	①翟斌					5 年		
宇文鮮卑	①宇文逸豆歸					2 年		
乞伏鮮卑	①乞伏司繁					6 年		甘肅省
吐谷渾	③葉延					6 年		青海省
高句麗	⑯斯由	丸都城				4 年		吉林省

月　曆　表（建寅）　　5047－355－1843456

月干支序數	星期／月序	日	1	2	3	4	5	6	日	1	2	3	4	5	6	日	1	2	3	4	5	6	日	1	2	3	4	5	6	日	1	2	3	4	5	6	日	月末陽曆
3	正				⑫	2	3	4	5	6	7	8	9	10	11	12	13	14	15	16	17	18	19	20	21	22	23	24	25	26	27	28	29	30				3.21
4	二						㊷	2	3	4	5	6	7	8	9	10	11	12	13	14	15	16	17	18	19	20	21	22	23	24	25	26	27	28	29			4.19
5	三							⑪	2	3	4	5	6	7	8	9	10	11	12	13	14	15	16	17	18	19	20	21	22	23	24	25	26	27	28	29	30	5.19
6	四		㊶	2	3	4	5	6	7	8	9	10	11	12	13	14	15	16	17	18	19	20	21	22	23	24	25	26	27	28	29							6.17
7	五			⑩	2	3	4	5	6	7	8	9	10	11	12	13	14	15	16	17	18	19	20	21	22	23	24	25	26	27	28	29	30					7.17
8	六					㊵	2	3	4	5	6	7	8	9	10	11	12	13	14	15	16	17	18	19	20	21	22	23	24	25	26	27	28	29				8.15
9	七						⑨	2	3	4	5	6	7	8	9	10	11	12	13	14	15	16	17	18	19	20	21	22	23	24	25	26	27	28	29	30		9.14
10	八	㊴	2	3	4	5	6	7	8	9	10	11	12	13	14	15	16	17	18	19	20	21	22	23	24	25	26	27	28	29								10.13
11	九		⑧	2	3	4	5	6	7	8	9	10	11	12	13	14	15	16	17	18	19	20	21	22	23	24	25	26	27	28	29	30						11.12
12	十				㊳	2	3	4	5	6	7	8	9	10	11	12	13	14	15	16	17	18	19	20	21	22	23	24	25	26	27	28	29					12.11
13	十一					⑦	2	3	4	5	6	7	8	9	10	11	12	13	14	15	16	17	18	19	20	21	22	23	24	25	26	27	28	29	30			1.10
14	十二							㊲	2	3	4	5	6	7	8	9	10	11	12	13	14	15	16	17	18	19	20	21	22	23	24	25	26	27	28	29	30	2.9

大事記

正月，石弘改元延熙。仇池王楊難敵卒，子毅立，稱藩於晉。遼西段氏攻慕容皝。　三月，李雄分寧州置交州。石虎遣將擊關中，徙秦州三萬餘戶於青、并二州。長安陳良夫奔黑羌，與羌王薄句大等攻北地、馮翊。慕容仁稱平州刺史、遼東公。　六月，陶侃卒（259—334）。晉以庾亮都督江、荆。成主李雄卒（273—334），子班立，以建寧王李壽錄尚書事。　十月，李雄子越殺班而立其弟期。　十一月，石虎廢石弘，稱居攝趙天王；尋殺弘及石勒妻子。慕容皝攻遼東，取襄平，徙遼東大姓於棘城。

晉及十六國紀年　　干支乙未　公元335年

朝代或國名	國家支配者	建　都	廟號	謚號	建元	年號年次	輔政者	備　注
東晉	③司馬衍	建康	顯宗	成	2	2咸康元年		
漢	⑤李期	成都		幽公	1	玉恒元年		
前凉	④張駿	姑臧		忠成公	1	1太元12年		盧水胡人
後趙（羯）	③石虎	鄴	太祖	武	2	1建武元年		
前燕	②慕容皝	大棘城	太祖	文明		2年		内蒙
鮮卑	⑪拓跋翳槐					7年		奔鄴
	⑩拓跋紇那					4年		復歸
鐵弗匈奴	②劉虎	朔方				27年		
仇池氐	③楊毅	成縣西				元年		甘肅
氐	①苻洪					26年		
羌	①姚弋仲					24年		
徒何（鮮卑）	③段遼	會支				10年		河北遷安縣
丁零翟魏	①翟斌					6年		
宇文鮮卑	①宇文逸豆歸					3年		
乞伏鮮卑	①乞伏司繁					7年		甘肅省
吐谷渾	③葉延					7年		青海省
高句麗	⑯斯由	丸都城				5年		吉林省

月干支序數	星期／月序	日	1	2	3	4	5	6	日	1	2	3	4	5	6	日	1	2	3	4	5	6	日	1	2	3	4	5	6	日	1	2	3	4	5	6	日	月末陽曆
15	正		⑦	2	3	4	5	6	7	8	9	10	11	12	13	14	15	16	17	18	19	20	21	22	23	24	25	26	27	28	29							3.10
16	二			㊱	2	3	4	5	6	7	8	9	10	11	12	13	14	15	16	17	18	19	20	21	22	23	24	25	26	27	28	29	30					4.9
17	三					⑥	2	3	4	5	6	7	8	9	10	11	12	13	14	15	16	17	18	19	20	21	22	23	24	25	26	27	28	29				5.8
18	四						㉟	2	3	4	5	6	7	8	9	10	11	12	13	14	15	16	17	18	19	20	21	22	23	24	25	26	27	28	29	30		6.7
19	五	⑤	2	3	4	5	6	7	8	9	10	11	12	13	14	15	16	17	18	19	20	21	22	23	24	25	26	27	28	29								7.6
20	六		㉞	2	3	4	5	6	7	8	9	10	11	12	13	14	15	16	17	18	19	20	21	22	23	24	25	26	27	28	29	30						8.5
21	七				④	2	3	4	5	6	7	8	9	10	11	12	13	14	15	16	17	18	19	20	21	22	23	24	25	26	27	28	29					9.3
22	八					㉝	2	3	4	5	6	7	8	9	10	11	12	13	14	15	16	17	18	19	20	21	22	23	24	25	26	27	28	29	30			10.3
23	九							③	2	3	4	5	6	7	8	9	10	11	12	13	14	15	16	17	18	19	20	21	22	23	24	25	26	27	28	29		11.1
24	十	㉜	2	3	4	5	6	7	8	9	10	11	12	13	14	15	16	17	18	19	20	21	22	23	24	25	26	27	28	29	30							12.1
25	十一			②	2	3	4	5	6	7	8	9	10	11	12	13	14	15	16	17	18	19	20	21	22	23	24	25	26	27	28	29						12.30
26	十二				㉛	2	3	4	5	6	7	8	9	10	11	12	13	14	15	16	17	18	19	20	21	22	23	24	25	26	27	28	29	30				1.29

大事記

正月，改元咸康。石虎改元建武。李期改元玉恒。　四月，晉境大旱，會稽尤甚，米斗五百，人相食。後趙攻晉歷陽。九月，後趙遷於鄴。石虎擊平薄句大等。石虎下書聽其民事佛。

是歲，代王拓跋翳槐以内亂奔於石虎。西域焉耆、于闐、鄯善、龜兹皆遣使奉獻於張駿。

晉及十六國紀年

干支丙申　公元 336 年

朝代或國名	國家支配者	建都	廟號	謚號	建元	年號年次	輔政者	備注
東晉	③司馬衍	建康	顯宗	成	2	2 咸康 2 年		
漢	⑤李期	成都		幽公	1	玉恒 2 年		
前凉	④張駿	姑臧		忠成公	1	1 太元 13 年		盧水胡人
後趙(羯)	③石虎	鄴	太祖	武	2	1 建武 2 年		
前燕	②慕容皝	大棘城	太祖	文明		3 年		内蒙
鮮卑	⑩拓跋紇那					5 年		
鐵弗匈奴	②劉虎	朔方				28 年		
仇池氐	③楊毅					2 年		甘肅
氐	①苻洪					27 年		
羌	①姚弋仲					25 年		
徒何(鮮卑)	③段遼	會支				11 年		河北遷安縣
丁零翟魏	①翟斌					7 年		
宇文鮮卑	①宇文逸豆歸					4 年		
乞伏鮮卑	①乞伏司繁					8 年		甘肅省
吐谷渾	③葉延					8 年		青海省
高句麗	⑯斯由	丸都城				6 年		吉林省

月　曆　表（建寅）　　5049－384－1844194

月干支序數	月序＼星期	日	1	2	3	4	5	6	日	1	2	3	4	5	6	日	1	2	3	4	5	6	日	1	2	3	4	5	6	日	1	2	3	4	5	6	日	月末陽曆
27	正						①	2	3	4	5	6	7	8	9	10	11	12	13	14	15	16	17	18	19	20	21	22	23	24	25	26	27	28	29			2.27
28	二							㉚	2	3	4	5	6	7	8	9	10	11	12	13	14	15	16	17	18	19	20	21	22	23	24	25	26	27	28	29	30	3.28
29	三		(60)	2	3	4	5	6	7	8	9	10	11	12	13	14	15	16	17	18	19	20	21	22	23	24	25	26	27	28	29							4.26
30	四			㉙	2	3	4	5	6	7	8	9	10	11	12	13	14	15	16	17	18	19	20	21	22	23	24	25	26	27	28	29	30					5.26
31	五					(59)	2	3	4	5	6	7	8	9	10	11	12	13	14	15	16	17	18	19	20	21	22	23	24	25	26	27	28	29	30			6.25
32	六							㉙	2	3	4	5	6	7	8	9	10	11	12	13	14	15	16	17	18	19	20	21	22	23	24	25	26	27	28	29		7.24
33	七	(58)	2	3	4	5	6	7	8	9	10	11	12	13	14	15	16	17	18	19	20	21	22	23	24	25	26	27	28	29	30							8.23
	閏			㉘	2	3	4	5	6	7	8	9	10	11	12	13	14	15	16	17	18	19	20	21	22	23	24	25	26	27	28	29						9.21
34	八				(57)	2	3	4	5	6	7	8	9	10	11	12	13	14	15	16	17	18	19	20	21	22	23	24	25	26	27	28	29	30				10.21
35	九						㉗	2	3	4	5	6	7	8	9	10	11	12	13	14	15	16	17	18	19	20	21	22	23	24	25	26	27	28	29			11.19
36	十							(56)	2	3	4	5	6	7	8	9	10	11	12	13	14	15	16	17	18	19	20	21	22	23	24	25	26	27	28	29	30	12.19
37	十一		㉖	2	3	4	5	6	7	8	9	10	11	12	13	14	15	16	17	18	19	20	21	22	23	24	25	26	27	28	29							1.17
38	十二			(55)	2	3	4	5	6	7	8	9	10	11	12	13	14	15	16	17	18	19	20	21	22	23	24	25	26	27	28	29	30					2.16

大事記

正月，慕容皝平遼東，殺慕容仁。　二月，高句麗遣使獻於晉。　六月，遼西段遼、宇文逸豆歸會攻慕容皝，大敗。　十月，晉廣州刺史鄧岳遣兵攻佔夜郎、興古。　十一月，索頭鬱鞠以三萬人降於石虎，虎徙其衆於冀、青等州。石虎大興土木，作太武殿於襄國、東西宮於鄴。林邑王范文獻於晉。

晉及十六國紀年　　干支丁酉　公元 337 年

朝代或國名	國家支配者	建都	廟號	謚號	建元	年號年次	輔政者	備注
東晉	③司馬衍	建康	顯宗	成	2	2 咸康 3 年		
漢	⑤李期	成都		幽公	1	玉恒 3 年		
前凉	④張駿	姑臧		忠成公	1	1 太元 14 年		盧水胡人
後趙(羯)	③石虎	鄴	太祖	武	2	1 建武 3 年		
	〔侯子光〕	安定				〔龍興〕元年		七月建元
前燕	②慕容皝	大棘城	太祖	文明		4 年		是年稱燕王
鮮卑	⑩拓跋紇那					6 年		奔燕
	⑪拓跋翳槐	盛樂				8 年		復歸於盛樂
鐵弗匈奴	②劉虎	朔方				29 年		
仇池氐	③楊毅	成縣西				3 年		甘肅
氐	①苻洪					28 年		
羌	①姚弋仲					26 年		
徒何(鮮卑)	③段遼	會支				12 年		河北遷安縣
丁零翟魏	①翟斌					8 年		
宇文鮮卑	①宇文逸豆歸					5 年		
乞伏鮮卑	①乞伏司繁					9 年		甘肅省
吐谷渾	③葉延					9 年		青海省
高句麗	⑯斯由	丸都城				7 年		吉林省

月　曆　表（建 寅）　　5050—354—1844548

月干支序數	星期／月序	日	1	2	3	4	5	6	日	1	2	3	4	5	6	日	1	2	3	4	5	6	日	1	2	3	4	5	6	日	1	2	3	4	5	6	日	月末陽曆
39	正					㉕	2	3	4	5	6	7	8	9	10	11	12	13	14	15	16	17	18	19	20	21	22	23	24	25	26	27	28	29				3.17
40	二						(54)	2	3	4	5	6	7	8	9	10	11	12	13	14	15	16	17	18	19	20	21	22	23	24	25	26	27	28	29	30		4.16
41	三	㉔	2	3	4	5	6	7	8	9	10	11	12	13	14	15	16	17	18	19	20	21	22	23	24	25	26	27	28	29								5.15
42	四		(53)	2	3	4	5	6	7	8	9	10	11	12	13	14	15	16	17	18	19	20	21	22	23	24	25	26	27	28	29	30						6.14
43	五				㉓	2	3	4	5	6	7	8	9	10	11	12	13	14	15	16	17	18	19	20	21	22	23	24	25	26	27	28	29					7.13
44	六					(52)	2	3	4	5	6	7	8	9	10	11	12	13	14	15	16	17	18	19	20	21	22	23	24	25	26	27	28	29	30			8.12
45	七							㉒	2	3	4	5	6	7	8	9	10	11	12	13	14	15	16	17	18	19	20	21	22	23	24	25	26	27	28	29		9.10
46	八	(51)	2	3	4	5	6	7	8	9	10	11	12	13	14	15	16	17	18	19	20	21	22	23	24	25	26	27	28	29	30							10.10
47	九			㉑	2	3	4	5	6	7	8	9	10	11	12	13	14	15	16	17	18	19	20	21	22	23	24	25	26	27	28	29	30					11.9
48	十					(51)	2	3	4	5	6	7	8	9	10	11	12	13	14	15	16	17	18	19	20	21	22	23	24	25	26	27	28	29				12.8
49	十一						⑳	2	3	4	5	6	7	8	9	10	11	12	13	14	15	16	17	18	19	20	21	22	23	24	25	26	27	28	29	30		1.7
50	十二	㊿	2	3	4	5	6	7	8	9	10	11	12	13	14	15	16	17	18	19	20	21	22	23	24	25	26	27	28	29								2.5

大事記

正月，後趙石虎自稱大趙天王，立太學。　七月，後趙太子邃謀殺石虎，被誅。後趙安定侯子光稱佛太子，聚衆杜縣，稱大黄帝，建元龍興，石虎部將擊殺之。代王拓跋翳槐復國。仇池楊初殺其王毅，自立為仇池公，降石虎。　十月，慕容皝稱燕王，稱藩於石虎。

晋及十六國紀年　　干支戊戌　公元 338 年

朝代或國名	國家支配者	建都	廟號	謚號	建元	年號年次	輔政者	備注
東晉	③司馬衍	建康	顯宗	成	2	2 咸康 4 年		
漢	⑥李壽	成都	中宗	昭文	1	漢興元年		四月建元
前凉	④張駿	姑臧		忠成公	1	1 太元 15 年		盧水胡人
後趙（羯）	③石虎	鄴	太祖	武	2	1 建武 4 年		
代（北魏）	①拓跋什翼犍	繁峙	高祖	昭成	1	建國元年		十一月建元
前燕	②慕容皝	大棘城	太祖	文明		5 年		内蒙
鮮卑	⑪拓跋翳槐	盛樂				9 年		十月卒
鐵弗匈奴	②劉虎	朔方				30 年		
仇池氐	④楊初	成縣西				元年		甘肅
氐	①苻洪					29 年		
羌	①姚弋仲					27 年		
徒何（鮮卑）	③段遼	會支				13 年		石虎佔會支奔密雲山
丁零翟魏	①翟斌					9 年		
宇文鮮卑	①宇文逸豆歸					6 年		
乞伏鮮卑	①乞伏司繁					10 年		甘肅
吐谷渾	③葉延					10 年		青海
高句麗	⑯斯由	丸都城				8 年		吉林

月　曆　表（建寅）　　5051－355－1844903

月干支序數	星期／月序	日	1	2	3	4	5	6	日	1	2	3	4	5	6	日	1	2	3	4	5	6	日	1	2	3	4	5	6	日	1	2	3	4	5	6	日	月末陽曆
51	正		⑲	2	3	4	5	6	7	8	9	10	11	12	13	14	15	16	17	18	19	20	21	22	23	24	25	26	27	28	29	30						3.7
52	二				㊾	2	3	4	5	6	7	8	9	10	11	12	13	14	15	16	17	18	19	20	21	22	23	24	25	26	27	28	29					4.5
53	三					⑱	2	3	4	5	6	7	8	9	10	11	12	13	14	15	16	17	18	19	20	21	22	23	24	25	26	27	28	29	30			5.5
54	四							㊽	2	3	4	5	6	7	8	9	10	11	12	13	14	15	16	17	18	19	20	21	22	23	24	25	26	27	28	29		6.3
55	五	⑰	2	3	4	5	6	7	8	9	10	11	12	13	14	15	16	17	18	19	20	21	22	23	24	25	26	27	28	29	30							7.3
56	六			㊼	2	3	4	5	6	7	8	9	10	11	12	13	14	15	16	17	18	19	20	21	22	23	24	25	26	27	28	29						8.1
57	七				⑯	2	3	4	5	6	7	8	9	10	11	12	13	14	15	16	17	18	19	20	21	22	23	24	25	26	27	28	29	30				8.31
58	八						㊻	2	3	4	5	6	7	8	9	10	11	12	13	14	15	16	17	18	19	20	21	22	23	24	25	26	27	28	29			9.29
59	九							⑮	2	3	4	5	6	7	8	9	10	11	12	13	14	15	16	17	18	19	20	21	22	23	24	25	26	27	28	29	30	10.29
60	十		㊺	2	3	4	5	6	7	8	9	10	11	12	13	14	15	16	17	18	19	20	21	22	23	24	25	26	27	28	29							11.27
1	十一			⑭	2	3	4	5	6	7	8	9	10	11	12	13	14	15	16	17	18	19	20	21	22	23	24	25	26	27	28	29	30					12.27
2	十二					㊹	2	3	4	5	6	7	8	9	10	11	12	13	14	15	16	17	18	19	20	21	22	23	24	25	26	27	28	29	30			1.26

大事記

正月，慕容皝與石虎夾攻遼西段遼，段遼奔平崗。　三月，遼敗走，石虎徙段氏民二萬餘戶於司、雍、兖、豫四州。四月，成李壽廢李期自立，改國曰漢，改元漢興。石虎攻慕容皝，圍棘城，大敗，失五萬餘人。石虎子石宣擊朔方鮮卑斛摩頭，斬四萬餘級。　五月，石虎攻燕，為慕容恪所敗。　六月，晉以王導為丞相，郗鑒為太尉，罷司徒官。　八月，分寧州為安州。九月，漢李壽盡殺李雄諸子。　十、十一月，代王翳槐卒，弟什翼犍立於繁峙，設官分職，以燕鳳為長史，許謙為郎中令，建元建國。

晉及十六國紀年　　干支己亥　公元339年

朝代或國名	國家支配者	建　都	廟號	謚號	建元	年號年次	輔政者	備　注
東晉	③司馬衍	建康	顯宗	成	2	2咸康5年		
漢	⑥李壽	成都	中宗	昭文	1	漢興2年		
前凉	④張駿	姑臧		忠成公	1	1太元16年		盧水胡人
後趙（羯）	③石虎	鄴	太祖	武	2	1建武5年		
代	①拓跋什翼犍	繁峙	高祖	昭成	1	建國2年		山西渾源西北
前燕	②慕容皝	大棘城	太祖	文明		6年		內蒙
鐵弗匈奴	②劉虎	朔方				31年		
仇池氐	④楊初	成縣西				2年		甘肅
氐	①苻洪					30年		
羌	①姚弋仲					28年		
徒何（鮮卑）	③段遼	會支				14年		四月被殺
丁零翟魏	①翟斌					10年		
宇文鮮卑	①宇文逸豆歸					7年		
乞伏鮮卑	①乞伏司繁					11年		甘肅
吐谷渾	③葉延					11年		青海
高句麗	⑯斯由	丸都城				9年		吉林省

月　曆　表（建　寅）　　5052—383—1845286

月干支序數	星期／月序	日	1	2	3	4	5	6	日	1	2	3	4	5	6	日	1	2	3	4	5	6	日	1	2	3	4	5	6	日	1	2	3	4	5	6	日	月末陽曆
3	正							⑭	2	3	4	5	6	7	8	9	10	11	12	13	14	15	16	17	18	19	20	21	22	23	24	25	26	27	28	29		2.24
4	二	㊸	2	3	4	5	6	7	8	9	10	11	12	13	14	15	16	17	18	19	20	21	22	23	24	25	26	27	28	29	30							3.26
5	三			⑬	2	3	4	5	6	7	8	9	10	11	12	13	14	15	16	17	18	19	20	21	22	23	24	25	26	27	28	29						4.24
6	四				㊷	2	3	4	5	6	7	8	9	10	11	12	13	14	15	16	17	18	19	20	21	22	23	24	25	26	27	28	29	30				5.24
	閏						⑫	2	3	4	5	6	7	8	9	10	11	12	13	14	15	16	17	18	19	20	21	22	23	24	25	26	27	28	29			6.22
7	五							㊶	2	3	4	5	6	7	8	9	10	11	12	13	14	15	16	17	18	19	20	21	22	23	24	25	26	27	28	29	30	7.22
8	六		⑪	2	3	4	5	6	7	8	9	10	11	12	13	14	15	16	17	18	19	20	21	22	23	24	25	26	27	28	29							8.20
9	七			㊵	2	3	4	5	6	7	8	9	10	11	12	13	14	15	16	17	18	19	20	21	22	23	24	25	26	27	28	29	30					9.19
10	八					⑩	2	3	4	5	6	7	8	9	10	11	12	13	14	15	16	17	18	19	20	21	22	23	24	25	26	27	28	29				10.18
11	九						㊴	2	3	4	5	6	7	8	9	10	11	12	13	14	15	16	17	18	19	20	21	22	23	24	25	26	27	28	29	30		11.17
12	十	⑨	2	3	4	5	6	7	8	9	10	11	12	13	14	15	16	17	18	19	20	21	22	23	24	25	26	27	28	29								12.16
13	十一		㊳	2	3	4	5	6	7	8	9	10	11	12	13	14	15	16	17	18	19	20	21	22	23	24	25	26	27	28	29	30						1.15
14	十二				⑧	2	3	4	5	6	7	8	9	10	11	12	13	14	15	16	17	18	19	20	21	22	23	24	25	26	27	28	29					2.13

大事記

三月，晉庾亮表請北伐，郗鑒、蔡謨阻之。廣州刺史鄧岳復寧州。　五月，代什翼犍會諸大人於參合陂。　七月，晉丞相王導卒(276—339)。晉以庾冰為中書監、參錄尚書事。　八月，郗鑒卒(269—339)。晉復改丞相為司徒。　九月，後趙石虎遣將陷晉沔南、邾城，遷漢東七千餘戶於幽、冀。慕容皝攻高句麗。張駿立辟雍、明堂。

是年，代初置左右近侍，取諸部大人豪族良家子入選。又分南、北二部置大人統攝之。

晉及十六國紀年　　干支庚子　公元 340 年

朝代或國名	國家支配者	建　都	廟號	謚號	建元	年號年次	輔政者	備　注
東晉	③司馬衍	建康	顯宗	成	2	2 咸康 6 年		
漢	⑥李壽	成都	中宗	昭文	1	漢興 3 年		
前凉	④張駿	姑臧		忠成公	1	1 太元 17 年		盧水胡人
後趙(羯)	③石虎	鄴	太祖	武	2	1 建武 6 年		
代	①拓跋什翼犍	雲中	高祖	昭成	1	建國 3 年		山西渾源西北
前燕	②慕容皝	大棘城	太祖	文明		7 年		內蒙
鐵弗匈奴	②劉虎	朔方				32 年		
仇池氐	④楊初	成縣西				3 年		甘肅
氐	①苻洪					31 年		
羌	①姚弋仲					29 年		
丁零翟魏	①翟斌					11 年		
宇文鮮卑	①宇文逸豆歸					8 年		
乞伏鮮卑	①乞伏司繁					12 年		甘肅省
吐谷渾	③葉延					12 年		青海省
高句麗	⑯斯由	丸都城				10 年		吉林省

月曆表（建寅）　5053—355—1845641

月干支序數	月序＼星期	日	1	2	3	4	5	6	日	1	2	3	4	5	6	日	1	2	3	4	5	6	日	1	2	3	4	5	6	日	1	2	3	4	5	6	日	月末陽曆
15	正					㊲	2	3	4	5	6	7	8	9	10	11	12	13	14	15	16	17	18	19	20	21	22	23	24	25	26	27	28	29	30			3.14
16	二							⑦	2	3	4	5	6	7	8	9	10	11	12	13	14	15	16	17	18	19	20	21	22	23	24	25	26	27	28	29		4.12
17	三	㊱	2	3	4	5	6	7	8	9	10	11	12	13	14	15	16	17	18	19	20	21	22	23	24	25	26	27	28	29	30							5.12
18	四			⑥	2	3	4	5	6	7	8	9	10	11	12	13	14	15	16	17	18	19	20	21	22	23	24	25	26	27	28	29	30					6.11
19	五					㊱	2	3	4	5	6	7	8	9	10	11	12	13	14	15	16	17	18	19	20	21	22	23	24	25	26	27	28	29				7.10
20	六						⑤	2	3	4	5	6	7	8	9	10	11	12	13	14	15	16	17	18	19	20	21	22	23	24	25	26	27	28	29	30		8.9
21	七	㉟	2	3	4	5	6	7	8	9	10	11	12	13	14	15	16	17	18	19	20	21	22	23	24	25	26	27	28	29								9.7
22	八		④	2	3	4	5	6	7	8	9	10	11	12	13	14	15	16	17	18	19	20	21	22	23	24	25	26	27	28	29	30						10.7
23	九				㉞	2	3	4	5	6	7	8	9	10	11	12	13	14	15	16	17	18	19	20	21	22	23	24	25	26	27	28	29					11.5
24	十					③	2	3	4	5	6	7	8	9	10	11	12	13	14	15	16	17	18	19	20	21	22	23	24	25	26	27	28	29	30			12.5
25	十一							㉝	2	3	4	5	6	7	8	9	10	11	12	13	14	15	16	17	18	19	20	21	22	23	24	25	26	27	28	29		1.3
26	十二	②	2	3	4	5	6	7	8	9	10	11	12	13	14	15	16	17	18	19	20	21	22	23	24	25	26	27	28	29	30							2.2

大事記

正月，庾亮卒(289—340)。以庾翼都督江、荆軍事。　三月，代王拓跋什翼犍徙都雲中盛樂宮。石虎徙遼西、北平、漁陽萬餘戶於兗、豫、雍、洛四州，自幽州東與屯田，括民馬，大徵兵，欲擊慕容皝。皝從間道趨薊，掠三萬餘家而去。　八月，石虎令七州之民五丁取三、四丁取二，括民馬四萬餘匹，私匿者腰斬。

晉及十六國紀年　干支辛丑　公元341年

朝代或國名	國家支配者	建都	廟號	謚號	建元	年號年次	輔政者	備注
東晉	③司馬衍	建康	顯宗	成	2	2 咸康 7 年		
漢	⑥李壽	成都	中宗	昭文	1	漢興 4 年		
前涼	④張駿	姑臧		忠成公	1	1 太元 18 年		盧水胡人
後趙(羯)	③石虎	鄴	太祖	武	2	1 建武 7 年		
代	①拓跋什翼犍	雲中	高祖	昭成	1	建國 4 年		山西渾源西北
前燕	②慕容皝	大棘城	太祖	文明		8 年		内蒙
鐵弗匈奴	②劉虎	朔方				33 年		十月卒
仇池氐	④楊初	成縣西				4 年		甘肅
氐	①苻洪					32 年		
羌	①姚弋仲					30 年		
丁零翟魏	①翟斌					12 年		
宇文鮮卑	①宇文逸豆歸					9 年		
乞伏鮮卑	①乞伏司繁					13 年		甘肅省
吐谷渾	③葉延					13 年		青海省
高句麗	⑯斯由	丸都城				11 年		吉林省

月　曆　表（建　寅）　　5054—384—1846025

月干支序數	月序＼星期	日	1	2	3	4	5	6	日	1	2	3	4	5	6	日	1	2	3	4	5	6	日	1	2	3	4	5	6	日	1	2	3	4	5	6	日	月末陽曆
27	正			㉜	2	3	4	5	6	7	8	9	10	11	12	13	14	15	16	17	18	19	20	21	22	23	24	25	26	27	28	29						3.3
28	二				①	2	3	4	5	6	7	8	9	10	11	12	13	14	15	16	17	18	19	20	21	22	23	24	25	26	27	28	29	30				4.2
29	三						㉛	2	3	4	5	6	7	8	9	10	11	12	13	14	15	16	17	18	19	20	21	22	23	24	25	26	27	28	29			5.1
30	四							(60)	2	3	4	5	6	7	8	9	10	11	12	13	14	15	16	17	18	19	20	21	22	23	24	25	26	27	28	29	30	5.31
31	五		㉚	2	3	4	5	6	7	8	9	10	11	12	13	14	15	16	17	18	19	20	21	22	23	24	25	26	27	28	29							6.29
32	六			(59)	2	3	4	5	6	7	8	9	10	11	12	13	14	15	16	17	18	19	20	21	22	23	24	25	26	27	28	29	30					7.29
33	七					㉙	2	3	4	5	6	7	8	9	10	11	12	13	14	15	16	17	18	19	20	21	22	23	24	25	26	27	28	29				8.27
34	八						(58)	2	3	4	5	6	7	8	9	10	11	12	13	14	15	16	17	18	19	20	21	22	23	24	25	26	27	28	29	30		9.26
35	九	㉘	2	3	4	5	6	7	8	9	10	11	12	13	14	15	16	17	18	19	20	21	22	23	24	25	26	27	28	29	30							10.26
36	十			(58)	2	3	4	5	6	7	8	9	10	11	12	13	14	15	16	17	18	19	20	21	22	23	24	25	26	27	28	29						11.24
37	十一				㉗	2	3	4	5	6	7	8	9	10	11	12	13	14	15	16	17	18	19	20	21	22	23	24	25	26	27	28	29	30				12.24
38	十二						(57)	2	3	4	5	6	7	8	9	10	11	12	13	14	15	16	17	18	19	20	21	22	23	24	25	26	27	28	29			1.22
	閏							㉖	2	3	4	5	6	7	8	9	10	11	12	13	14	15	16	17	18	19	20	21	22	23	24	25	26	27	28	29	30	2.21

大事記

正月，前燕慕容皝築龍城。　二月，晉以慕容皝為幽州牧、大單于、燕王。　三月，晉詔王公庶人皆正土斷、白籍。九月，什翼犍築盛樂城。　十月，匈奴劉虎攻代，什翼犍大破之。石虎將浮海攻慕容皝所屬遼東安平。　十二月，晉除樂府雜伎。

晉及十六國紀年　　干支壬寅　公元 342 年

朝代或國名	國家支配者	建都	廟號	謚號	建元	年號年次	輔政者	備注
東晉	③司馬衍	建康	顯宗	成	2	2 咸康 8 年		康帝六月即位
漢	⑥李壽	成都	中宗	昭文	1	漢興 5 年		
前涼	④張駿	姑臧		忠成公	1	1 太元 19 年		盧水胡人
後趙(羯)	③石虎	鄴	太祖	武	2	1 建武 8 年		
代	①拓跋什翼犍	雲中	高祖	昭成	1	建國 5 年		山西渾源西北
前燕	②慕容皝	大棘城	太祖	文明		9 年		內蒙
鐵弗匈奴	③劉務桓	朔方				元年		
仇池氐	④楊初	成縣西				5 年		甘肅
氐	①苻洪					33 年		
羌	①姚弋仲					31 年		
丁零翟魏	①翟斌					13 年		
宇文鮮卑	①宇文逸豆歸					10 年		
乞伏鮮卑	①乞伏司繁					14 年		甘肅省
吐谷渾	③葉延					14 年		青海省
高句麗	⑯斯由	丸都城				12 年		吉林省

月　曆　表（建寅）　　5055－354－1846379

月干支序數	星期／月序	日	1	2	3	4	5	6	日	1	2	3	4	5	6	日	1	2	3	4	5	6	日	1	2	3	4	5	6	日	1	2	3	4	5	6	日	月末陽曆
39	正		(56)	2	3	4	5	6	7	8	9	10	11	12	13	14	15	16	17	18	19	20	21	22	23	24	25	26	27	28	29							3.22
40	二			(25)	2	3	4	5	6	7	8	9	10	11	12	13	14	15	16	17	18	19	20	21	22	23	24	25	26	27	28	29	30					4.21
41	三					(55)	2	3	4	5	6	7	8	9	10	11	12	13	14	15	16	17	18	19	20	21	22	23	24	25	26	27	28	29				5.20
42	四						(24)	2	3	4	5	6	7	8	9	10	11	12	13	14	15	16	17	18	19	20	21	22	23	24	25	26	27	28	29	30		6.19
43	五	(54)	2	3	4	5	6	7	8	9	10	11	12	13	14	15	16	17	18	19	20	21	22	23	24	25	26	27	28	29								7.18
44	六		(23)	2	3	4	5	6	7	8	9	10	11	12	13	14	15	16	17	18	19	20	21	22	23	24	25	26	27	28	29	30						8.17
45	七				(53)	2	3	4	5	6	7	8	9	10	11	12	13	14	15	16	17	18	19	20	21	22	23	24	25	26	27	28	29					9.15
46	八					(22)	2	3	4	5	6	7	8	9	10	11	12	13	14	15	16	17	18	19	20	21	22	23	24	25	26	27	28	29	30			10.15
47	九							(52)	2	3	4	5	6	7	8	9	10	11	12	13	14	15	16	17	18	19	20	21	22	23	24	25	26	27	28	29		11.13
48	十	(21)	2	3	4	5	6	7	8	9	10	11	12	13	14	15	16	17	18	19	20	21	22	23	24	25	26	27	28	29	30							12.13
49	十一			(51)	2	3	4	5	6	7	8	9	10	11	12	13	14	15	16	17	18	19	20	21	22	23	24	25	26	27	28	29	30					1.12
50	十二					(21)	2	3	4	5	6	7	8	9	10	11	12	13	14	15	16	17	18	19	20	21	22	23	24	25	26	27	28	29				2.10

大事記

六月，成帝卒，弟琅邪王司馬岳嗣。　十月，慕容皝遷都龍城。　十一月，皝破高句麗，入丸都城，高句麗王釗遁，擄五萬餘口而還。　十二月，石虎大興土木，作臺觀於鄴，又營長安、洛陽二宮，勞工四十餘萬人，船夫十七萬人，百姓失業。貝丘人李弘以圖讖聚衆起義，署置百官，事泄被殺。是歲，葛洪卒。

晉及十六國紀年　　干支癸卯　公元 343 年

朝代或國名	國家支配者	建都	廟號	謚號	建元	年號年次	輔政者	備注
東晉	④司馬岳	建康		康	1	建元元年		成帝胞弟，封琅玡王
漢	⑥李壽	成都	中宗	昭文	1	漢興 6 年		李勢八月即位
前涼	④張駿	姑臧		忠成公	1	1 太元 20 年		盧水胡人
後趙(羯)	③石虎	鄴	太祖	武	2	1 建武 9 年		
代	①拓跋什翼犍	雲中	高祖	昭成	1	建國 6 年		山西渾源西北
前燕	②慕容皝	龍城	太祖	文明		10 年		内蒙
鐵弗匈奴	③劉務桓	朔方				2 年		
仇池氐	④楊初	成縣西				6 年		甘肅
氐	①苻洪					34 年		
羌	①姚弋仲					32 年		
徒何(鮮卑)	④段蘭	會支				元年		死於 350 年前
丁零翟魏	①翟斌					14 年		
宇文鮮卑	①宇文逸豆歸					11 年		
乞伏鮮卑	①乞伏司繁					15 年		甘肅省
吐谷渾	③葉延					15 年		青海省
高句麗	⑯斯由	丸都城				13 年		吉林省

月　曆　表（建寅）　　5056—354—1846733

月干支序數	星期／月序	日	1	2	3	4	5	6	日	1	2	3	4	5	6	日	1	2	3	4	5	6	日	1	2	3	4	5	6	日	1	2	3	4	5	6	日	月末陽曆
51	正						㊿	2	3	4	5	6	7	8	9	10	11	12	13	14	15	16	17	18	19	20	21	22	23	24	25	26	27	28	29	30		3.12
52	二	⑳	2	3	4	5	6	7	8	9	10	11	12	13	14	15	16	17	18	19	20	21	22	23	24	25	26	27	28	29								4.10
53	三		㊾	2	3	4	5	6	7	8	9	10	11	12	13	14	15	16	17	18	19	20	21	22	23	24	25	26	27	28	29	30						5.10
54	四				⑲	2	3	4	5	6	7	8	9	10	11	12	13	14	15	16	17	18	19	20	21	22	23	24	25	26	27	28	29					6.8
55	五					㊽	2	3	4	5	6	7	8	9	10	11	12	13	14	15	16	17	18	19	20	21	22	23	24	25	26	27	28	29	30			7.8
56	六							⑱	2	3	4	5	6	7	8	9	10	11	12	13	14	15	16	17	18	19	20	21	22	23	24	25	26	27	28	29		8.6
57	七	㊼	2	3	4	5	6	7	8	9	10	11	12	13	14	15	16	17	18	19	20	21	22	23	24	25	26	27	28	29	30							9.5
58	八			⑰	2	3	4	5	6	7	8	9	10	11	12	13	14	15	16	17	18	19	20	21	22	23	24	25	26	27	28	29						10.4
59	九				㊻	2	3	4	5	6	7	8	9	10	11	12	13	14	15	16	17	18	19	20	21	22	23	24	25	26	27	28	29	30				11.3
60	十						⑯	2	3	4	5	6	7	8	9	10	11	12	13	14	15	16	17	18	19	20	21	22	23	24	25	26	27	28	29			12.2
1	十一							㊺	2	3	4	5	6	7	8	9	10	11	12	13	14	15	16	17	18	19	20	21	22	23	24	25	26	27	28	29	30	1.1
2	十二		⑮	2	3	4	5	6	7	8	9	10	11	12	13	14	15	16	17	18	19	20	21	22	23	24	25	26	27	28	29							1.30

大事記

正月，高句麗王釗入貢稱臣于皝。宇文逸豆歸擊慕容皝，大敗。　六月，後趙石虎攻前燕，慕容皝大敗之。　七月，晉下詔議經略中原。　八月，慕容皝舉兵擊代王什翼犍，無功。漢李壽卒，子勢立。晉庾翼北伐軍至襄陽。石虎子宣破鮮卑斛谷提，斬三萬級。　十月，晉以桓溫都督青、徐、兗三州諸軍事。　十二月，高句麗遣使奉獻。

是歲，慕容皝出蠮螉塞至於薊，掠徙幽、冀三萬餘戶。石虎遣國子博士赴洛陽寫石經。

晉及十六國紀年　　干支甲辰　公元 344 年

朝代或國名	國家支配者	建都	廟號	謚號	建元	年號年次	輔政者	備注
東晉	④司馬岳	建康		康	1	建元 2 年		九月穆帝即位
漢	⑦李勢	成都		後主	2	1 太和元年		
前凉	④張駿	姑臧		忠成公	1	1 太元 21 年		盧水胡人
後趙（羯）	③石虎	鄴	太祖	武	2	1 建武 10 年		
代	①拓跋什翼犍	雲中	高祖	昭成	1	建國 7 年		山西渾源西北
前燕	②慕容皝	龍城	太祖	文明		11 年		内蒙
鐵弗匈奴	③劉務桓	朔方				3 年		
仇池氐	④楊初	成縣西				7 年		甘肅
氐	①苻洪					35 年		
羌	①姚弋仲					33 年		
丁零翟魏	①翟斌					15 年		
宇文鮮卑	①宇文逸豆歸					12 年		亡
乞伏鮮卑	①乞伏司繁					16 年		甘肅省
吐谷渾	③葉延					16 年		青海省
高句麗	⑯斯由	丸都城				14 年		吉林省

月　曆　表（建寅）　5057－384－1847117

月干支序數	月序＼星期	日	1	2	3	4	5	6	日	1	2	3	4	5	6	日	1	2	3	4	5	6	日	1	2	3	4	5	6	日	1	2	3	4	5	6	日	月末陽曆
3	正			㊹	2	3	4	5	6	7	8	9	10	11	12	13	14	15	16	17	18	19	20	21	22	23	24	25	26	27	28	29	30					2.29
4	二					⑭	2	3	4	5	6	7	8	9	10	11	12	13	14	15	16	17	18	19	20	21	22	23	24	25	26	27	28	29				3.29
5	三						㊸	2	3	4	5	6	7	8	9	10	11	12	13	14	15	16	17	18	19	20	21	22	23	24	25	26	27	28	29	30		4.28
6	四	⑬	2	3	4	5	6	7	8	9	10	11	12	13	14	15	16	17	18	19	20	21	22	23	24	25	26	27	28	29	30							5.28
7	五			㊸	2	3	4	5	6	7	8	9	10	11	12	13	14	15	16	17	18	19	20	21	22	23	24	25	26	27	28	29						6.26
8	六				⑫	2	3	4	5	6	7	8	9	10	11	12	13	14	15	16	17	18	19	20	21	22	23	24	25	26	27	28	29	30				7.26
9	七						㊷	2	3	4	5	6	7	8	9	10	11	12	13	14	15	16	17	18	19	20	21	22	23	24	25	26	27	28	29			8.24
10	八							⑪	2	3	4	5	6	7	8	9	10	11	12	13	14	15	16	17	18	19	20	21	22	23	24	25	26	27	28	29	30	9.23
	閏		㊶	2	3	4	5	6	7	8	9	10	11	12	13	14	15	16	17	18	19	20	21	22	23	24	25	26	27	28	29							10.22
11	九			⑩	2	3	4	5	6	7	8	9	10	11	12	13	14	15	16	17	18	19	20	21	22	23	24	25	26	27	28	29	30					11.21
12	十					㊵	2	3	4	5	6	7	8	9	10	11	12	13	14	15	16	17	18	19	20	21	22	23	24	25	26	27	28	29				12.20
13	十一						⑨	2	3	4	5	6	7	8	9	10	11	12	13	14	15	16	17	18	19	20	21	22	23	24	25	26	27	28	29	30		1.19
14	十二	㊴	2	3	4	5	6	7	8	9	10	11	12	13	14	15	16	17	18	19	20	21	22	23	24	25	26	27	28	29								2.17

大事記

正月，漢李勢改元太和。慕容皝擊宇文逸豆歸，佔紫蒙川，大克之，逸豆歸走死漠北，宇文部散亡。　九月，晋康帝卒，皇太子聃嗣，是為孝宗穆皇帝，皇太后褚氏臨朝稱制。　十月，庾冰卒(296—344)。庾翼還夏口。

晋及十六國紀年　干支乙巳　公元 345 年

朝代或國名	國家支配者	建　都	廟號	謚號	建元	年號年次	輔政者	備　注
東晋	⑤司馬聃	建康	孝宗	穆	2	1 永和元年		康帝子，1 歲即位
漢	⑦李勢	成都		後主	2	1 太和 2 年		
前凉	④張駿	姑臧		忠成公	1	1 太元 22 年		盧水胡人
後趙(羯)	③石虎	鄴	太祖	武	2	1 建武 11 年		
代	①拓跋什翼犍	雲中	高祖	昭成	1	建國 8 年		山西渾源西北
前燕	②慕容皝	龍城	太祖	文明		12 年		内蒙
鐵弗匈奴	③劉務桓	朔方				4 年		
仇池氐	④楊初	成縣西				8 年		甘肅
氐	①苻洪					36 年		
羌	①姚弋仲					34 年		
丁零翟魏	①翟斌					16 年		
乞伏鮮卑	①乞伏司繁					17 年		甘肅省
吐谷渾	③葉延					17 年		青海省
高句麗	⑯斯由	丸都城				15 年		吉林省

月　曆　表（建 寅）　　5058－355－1847472

月干支序數	星期 月序	日	1	2	3	4	5	6	日	1	2	3	4	5	6	日	1	2	3	4	5	6	日	1	2	3	4	5	6	日	1	2	3	4	5	6	日	月末陽曆
15	正		⑧	2	3	4	5	6	7	8	9	10	11	12	13	14	15	16	17	18	19	20	21	22	23	24	25	26	27	28	29	30						3.19
16	二				㊳	2	3	4	5	6	7	8	9	10	11	12	13	14	15	16	17	18	19	20	21	22	23	24	25	26	27	28	29					4.17
17	三					⑦	2	3	4	5	6	7	8	9	10	11	12	13	14	15	16	17	18	19	20	21	22	23	24	25	26	27	28	29	30			5.17
18	四							㊲	2	3	4	5	6	7	8	9	10	11	12	13	14	15	16	17	18	19	20	21	22	23	24	25	26	27	28	29		6.15
19	五	⑥	2	3	4	5	6	7	8	9	10	11	12	13	14	15	16	17	18	19	20	21	22	23	24	25	26	27	28	29	30							7.15
20	六			㊱	2	3	4	5	6	7	8	9	10	11	12	13	14	15	16	17	18	19	20	21	22	23	24	25	26	27	28	29						8.13
21	七				⑤	2	3	4	5	6	7	8	9	10	11	12	13	14	15	16	17	18	19	20	21	22	23	24	25	26	27	28	29	30				9.12
22	八						㉟	2	3	4	5	6	7	8	9	10	11	12	13	14	15	16	17	18	19	20	21	22	23	24	25	26	27	28	29			10.11
23	九							④	2	3	4	5	6	7	8	9	10	11	12	13	14	15	16	17	18	19	20	21	22	23	24	25	26	27	28	29	30	11.10
24	十		㉞	2	3	4	5	6	7	8	9	10	11	12	13	14	15	16	17	18	19	20	21	22	23	24	25	26	27	28	29	30						12.10
25	十一				④	2	3	4	5	6	7	8	9	10	11	12	13	14	15	16	17	18	19	20	21	22	23	24	25	26	27	28	29					1.8
26	十二					㉝	2	3	4	5	6	7	8	9	10	11	12	13	14	15	16	17	18	19	20	21	22	23	24	25	26	27	28	29	30			2.7

大事記

正月，後趙石虎發諸州民二十六萬人修洛陽宮，十六萬人治長安宮，徵百姓牛二萬頭配牧官，徵民女三萬餘人配東宮及公侯，荆、楚、揚、徐之民大駭。流民"叛"略盡。燕慕容皝開苑囿給貧民耕種，極貧者給耕牛。　四月，以會稽王司馬昱為撫軍大將軍、錄尚書六條事。　七月，庾翼卒(305—345)。翼病篤時為子求荆州刺史，被拒。晉使桓溫都督荆、梁等六州諸軍事，領護南蠻校尉、荆州刺史。　十月，慕容皝攻高句麗，取南蘇。　十一月，張駿伐焉耆，降之。　十二月，張駿稱涼王。前燕去晉年號。立龍翔佛寺，佛教始入東北。

畫家顧愷之誕生(345—406)，字長康，小名虎頭，晉陵無錫人，生於江南名門世族。

晉及十六國紀年　　干支丙午　公元 346 年

朝代或國名	國家支配者	建　都	廟號	謚號	建元	年號年次	輔政者	備　注
東晉	⑤司馬聃	建康	孝宗	穆	2	1 永和 2 年		
漢	⑦李勢	成都		後主	2	2 嘉寧元年		十月改元
前涼	⑤張重華	姑臧		敬烈公	1	永樂元年		五月即位
後趙(羯)	③石虎	鄴	太祖	武	2	1 建武 12 年		
代	①拓跋什翼犍	盛樂	高祖	昭成	1	建國 9 年		
前燕	②慕容皝	龍城	太祖	文明		13 年		内蒙
鐵弗匈奴	③劉務桓	朔方				5 年		
仇池氏	④楊初	成縣西				9 年		甘肅
氐	①苻洪					37 年		
羌	①姚弋仲					35 年		
丁零翟魏	①翟斌					17 年		
乞伏鮮卑	①乞伏司繁					18 年		甘肅省
吐谷渾	③葉延					18 年		青海省
高句麗	⑯斯由	丸都城				16 年		吉林省

月　曆　表（建寅）　　5059－354－1847826

月干支序數	星期／月序	日	1	2	3	4	5	6	日	1	2	3	4	5	6	日	1	2	3	4	5	6	日	1	2	3	4	5	6	日	1	2	3	4	5	6	日	月末陽曆
27	正							③	2	3	4	5	6	7	8	9	10	11	12	13	14	15	16	17	18	19	20	21	22	23	24	25	26	27	28	29		3.8
28	二	㉜	2	3	4	5	6	7	8	9	10	11	12	13	14	15	16	17	18	19	20	21	22	23	24	25	26	27	28	29	30							4.7
29	三			②	2	3	4	5	6	7	8	9	10	11	12	13	14	15	16	17	18	19	20	21	22	23	24	25	26	27	28	29						5.6
30	四				㉛	2	3	4	5	6	7	8	9	10	11	12	13	14	15	16	17	18	19	20	21	22	23	24	25	26	27	28	29	30				6.5
31	五						①	2	3	4	5	6	7	8	9	10	11	12	13	14	15	16	17	18	19	20	21	22	23	24	25	26	27	28	29			7.4
32	六							㉚	2	3	4	5	6	7	8	9	10	11	12	13	14	15	16	17	18	19	20	21	22	23	24	25	26	27	28	29	30	8.3
33	七		(60)	2	3	4	5	6	7	8	9	10	11	12	13	14	15	16	17	18	19	20	21	22	23	24	25	26	27	28	29							9.1
34	八			㉙	2	3	4	5	6	7	8	9	10	11	12	13	14	15	16	17	18	19	20	21	22	23	24	25	26	27	28	29	30					10.1
35	九					(59)	2	3	4	5	6	7	8	9	10	11	12	13	14	15	16	17	18	19	20	21	22	23	24	25	26	27	28	29				10.30
36	十						㉘	2	3	4	5	6	7	8	9	10	11	12	13	14	15	16	17	18	19	20	21	22	23	24	25	26	27	28	29	30		11.29
37	十一	(58)	2	3	4	5	6	7	8	9	10	11	12	13	14	15	16	17	18	19	20	21	22	23	24	25	26	27	28	29	30							12.29
38	十二			㉘	2	3	4	5	6	7	8	9	10	11	12	13	14	15	16	17	18	19	20	21	22	23	24	25	26	27	28	29						1.27

大事記

正月，慕容皝遣其子儁攻扶餘，虜其王玄，遷其部落五萬餘口而還。　五月，張駿卒，子重華立，改元永樂。石虎立私論朝政之法，聽吏告其長、奴告其主。　六月，石虎部將虜張重華涼民七千餘戶徙於雍州，重華遣將謝艾迎擊之，斬五千級。　十月，漢李奕圍成都，中流矢死。李勢改元嘉寧。　十一月，晉桓溫伐漢。是歲，代重遷於盛樂。

晉及十六國紀年　　干支丁未　公元 347 年

朝代或國名	國家支配者	建都	廟號	謚號	建元	年號年次	輔政者	備注
東晉	⑤司馬聃	建康	孝宗	穆	2	1 永和 3 年		
漢	⑦李勢	成都		後主	2	2 嘉寧 2 年		三月亡
前涼	⑤張重華	姑臧		敬烈公	1	永樂 2 年		盧水胡人
後趙（羯）	③石虎	鄴	太祖	武	2	1 建武 13 年		
代	①拓跋什翼犍	盛樂	高祖	昭成	1	建國 10 年		
前燕	②慕容皝	龍城	太祖	文明		14 年		内蒙
鐵弗匈奴	③劉務桓	朔方				6 年		
仇池氐	④楊初	成縣西				10 年		甘肅
氐	①苻洪					38 年		
羌	①姚弋仲					36 年		
丁零翟魏	①翟斌					18 年		
乞伏鮮卑	①乞伏司繁					19 年		甘肅省
吐谷渾	③葉延					19 年		青海省
高句麗	⑯斯由	丸都城				17 年		吉林省

月 曆 表（建 寅） 5060—384—1848210

月干支序數	月序＼星期	日	1	2	3	4	5	6	日	1	2	3	4	5	6	日	1	2	3	4	5	6	日	1	2	3	4	5	6	日	1	2	3	4	5	6	日	月末陽曆
39	正				㊼	2	3	4	5	6	7	8	9	10	11	12	13	14	15	16	17	18	19	20	21	22	23	24	25	26	27	28	29	30				2.26
40	二						㉗	2	3	4	5	6	7	8	9	10	11	12	13	14	15	16	17	18	19	20	21	22	23	24	25	26	27	28	29			3.27
41	三							㊻	2	3	4	5	6	7	8	9	10	11	12	13	14	15	16	17	18	19	20	21	22	23	24	25	26	27	28	29	30	4.26
42	四		㉖	2	3	4	5	6	7	8	9	10	11	12	13	14	15	16	17	18	19	20	21	22	23	24	25	26	27	28	29							5.25
43	五			㊺	2	3	4	5	6	7	8	9	10	11	12	13	14	15	16	17	18	19	20	21	22	23	24	25	26	27	28	29	30					6.24
	閏					㉕	2	3	4	5	6	7	8	9	10	11	12	13	14	15	16	17	18	19	20	21	22	23	24	25	26	27	28	29				7.23
44	六						㊹	2	3	4	5	6	7	8	9	10	11	12	13	14	15	16	17	18	19	20	21	22	23	24	25	26	27	28	29	30		8.22
45	七	㉔	2	3	4	5	6	7	8	9	10	11	12	13	14	15	16	17	18	19	20	21	22	23	24	25	26	27	28	29								9.20
46	八		㊸	2	3	4	5	6	7	8	9	10	11	12	13	14	15	16	17	18	19	20	21	22	23	24	25	26	27	28	29	30						10.20
47	九				㉓	2	3	4	5	6	7	8	9	10	11	12	13	14	15	16	17	18	19	20	21	22	23	24	25	26	27	28	29					11.18
48	十					㊷	2	3	4	5	6	7	8	9	10	11	12	13	14	15	16	17	18	19	20	21	22	23	24	25	26	27	28	29	30			12.18
49	十一							㉒	2	3	4	5	6	7	8	9	10	11	12	13	14	15	16	17	18	19	20	21	22	23	24	25	26	27	28	29		1.16
50	十二	㊶	2	3	4	5	6	7	8	9	10	11	12	13	14	15	16	17	18	19	20	21	22	23	24	25	26	27	28	29	30							2.15

大事記

三月，桓溫入成都，李勢降，漢亡。林邑王范文攻殺日南太守夏侯覽，漢李氏遺留臣紛起。　四月，隗文等入成都。石虎攻張重華之枹罕，大敗。　七月，林邑王范文陷日南。隗文等立范賁為皇帝。　八月，石虎再攻枹罕，又大敗。石虎發前代陵墓取珍寶，又發男女十六萬人、車十萬乘築華林苑，燃燭夜作，死者數萬。石虎襲取枹罕，脅降河南諸氐、羌。　十月，武都仇池氐王楊初稱藩於晉，命為雍州刺史、仇池公。　十二月，振威護軍蕭敬文據涪城，稱益州牧，後四年餘方敗。

晉及十六國紀年　　干支戊申　公元 348 年

朝代或國名	國家支配者	建都	廟號	謚號	建元	年號年次	輔政者	備注
東晉	⑤司馬聃	建康	孝宗	穆	2	1 永和 4 年		
前凉	⑤張重華	姑臧		敬烈公	1	永樂 3 年		盧水胡人
後趙(羯)	③石虎	鄴	太祖	武	2	1 建武 14 年		
代	①拓跋什翼犍	盛樂	高祖	昭成	1	建國 11 年		
前燕	②慕容皝	龍城	太祖	文明		15 年		九月慕容儁即位
鐵弗匈奴	③劉務桓	朔方				7 年		
仇池氐	④楊初	成縣西				11 年		甘肅
氐	①苻洪					39 年		
羌	①姚弋仲					37 年		
丁零翟魏	①翟斌					19 年		
乞伏鮮卑	①乞伏司繁					20 年		甘肅
吐谷渾	③葉延					20 年		青海
高句麗	⑯斯由	丸都城				18 年		吉林

月　曆　表（建 寅）　　5061－354－1848564

月干支序數	月序＼星期	日	1	2	3	4	5	6	日	1	2	3	4	5	6	日	1	2	3	4	5	6	日	1	2	3	4	5	6	日	1	2	3	4	5	6	日	月末陽曆
51	正			㉑	2	3	4	5	6	7	8	9	10	11	12	13	14	15	16	17	18	19	20	21	22	23	24	25	26	27	28	29						3.15
52	二				㊿	2	3	4	5	6	7	8	9	10	11	12	13	14	15	16	17	18	19	20	21	22	23	24	25	26	27	28	29	30				4.14
53	三						⑳	2	3	4	5	6	7	8	9	10	11	12	13	14	15	16	17	18	19	20	21	22	23	24	25	26	27	28	29	30		5.14
54	四	㊿	2	3	4	5	6	7	8	9	10	11	12	13	14	15	16	17	18	19	20	21	22	23	24	25	26	27	28	29								6.12
55	五		⑲	2	3	4	5	6	7	8	9	10	11	12	13	14	15	16	17	18	19	20	21	22	23	24	25	26	27	28	29	30						7.12
56	六				㊾	2	3	4	5	6	7	8	9	10	11	12	13	14	15	16	17	18	19	20	21	22	23	24	25	26	27	28	29					8.10
57	七					⑱	2	3	4	5	6	7	8	9	10	11	12	13	14	15	16	17	18	19	20	21	22	23	24	25	26	27	28	29	30			9.9
58	八							㊽	2	3	4	5	6	7	8	9	10	11	12	13	14	15	16	17	18	19	20	21	22	23	24	25	26	27	28	29		10.8
59	九	⑰	2	3	4	5	6	7	8	9	10	11	12	13	14	15	16	17	18	19	20	21	22	23	24	25	26	27	28	29	30							11.7
60	十			㊼	2	3	4	5	6	7	8	9	10	11	12	13	14	15	16	17	18	19	20	21	22	23	24	25	26	27	28	29						12.6
1	十一				⑯	2	3	4	5	6	7	8	9	10	11	12	13	14	15	16	17	18	19	20	21	22	23	24	25	26	27	28	29	30				1.5
2	十二						㊻	2	3	4	5	6	7	8	9	10	11	12	13	14	15	16	17	18	19	20	21	22	23	24	25	26	27	28	29			2.3

大事記

四月，林邑王范文攻九真，殺士民什八九。　八月，晉以桓溫為征西大將軍。　九月，前燕慕容皝卒，子儁嗣。十二月，豫章黄韜起事，自稱神孝皇帝，攻臨川，未幾敗死。

晉及十六國紀年　　干支己酉　公元349年

朝代或國名	國家支配者	建　都	廟號	謚號	建元	年號年次	輔政者	備　注
東晉	⑤司馬聃	建康	孝宗	穆	2	1永和5年		
前凉	⑤張重華	姑臧		敬烈公	1	永樂4年		盧水胡人
後趙(羯)	③石虎	鄴	太祖	武	2	2太寧元年		
趙	④石世	鄴						四月即位
	⑤石遵	鄴						五月即位
	⑥石鑒	鄴			1	青龍元年		11月即位，改元
代	①拓跋什翼犍	盛樂	高祖	昭成	1	建國12年		
前燕	③慕容儁	薊	烈祖	景昭	3	燕元元年		内蒙
鐵弗匈奴	③劉務桓	朔方				8年		
仇池氐	④楊初	成縣西				12年		甘肅
氐	①苻洪					40年		
羌	①姚弋仲					38年		
丁零翟魏	①翟斌					20年		
乞伏鮮卑	①乞伏司繁					21年		甘肅
吐谷渾	③葉延					21年		青海
高句麗	⑯斯由	丸都城				19年		吉林省

月　曆　表（建 寅）　5062—355—1848919

月干支序數	星期 月序	日	1	2	3	4	5	6	日	1	2	3	4	5	6	日	1	2	3	4	5	6	日	1	2	3	4	5	6	日	1	2	3	4	5	6	日	月末陽曆
3	正							⑮	2	3	4	5	6	7	8	9	10	11	12	13	14	15	16	17	18	19	20	21	22	23	24	25	26	27	28	29	30	3.5
4	二		㊺	2	3	4	5	6	7	8	9	10	11	12	13	14	15	16	17	18	19	20	21	22	23	24	25	26	27	28	29							4.3
5	三			⑭	2	3	4	5	6	7	8	9	10	11	12	13	14	15	16	17	18	19	20	21	22	23	24	25	26	27	28	29	30					5.3
6	四					㊹	2	3	4	5	6	7	8	9	10	11	12	13	14	15	16	17	18	19	20	21	22	23	24	25	26	27	28	29				6.1
7	五						⑬	2	3	4	5	6	7	8	9	10	11	12	13	14	15	16	17	18	19	20	21	22	23	24	25	26	27	28	29	30		7.1
8	六	㊸	2	3	4	5	6	7	8	9	10	11	12	13	14	15	16	17	18	19	20	21	22	23	24	25	26	27	28	29								7.30
9	七		⑫	2	3	4	5	6	7	8	9	10	11	12	13	14	15	16	17	18	19	20	21	22	23	24	25	26	27	28	29	30						8.29
10	八				㊷	2	3	4	5	6	7	8	9	10	11	12	13	14	15	16	17	18	19	20	21	22	23	24	25	26	27	28	29	30				9.28
11	九						⑫	2	3	4	5	6	7	8	9	10	11	12	13	14	15	16	17	18	19	20	21	22	23	24	25	26	27	28	29			10.27
12	十							㊶	2	3	4	5	6	7	8	9	10	11	12	13	14	15	16	17	18	19	20	21	22	23	24	25	26	27	28	29	30	11.26
13	十一		⑪	2	3	4	5	6	7	8	9	10	11	12	13	14	15	16	17	18	19	20	21	22	23	24	25	26	27	28	29							12.25
14	十二			㊵	2	3	4	5	6	7	8	9	10	11	12	13	14	15	16	17	18	19	20	21	22	23	24	25	26	27	28	29	30					1.24

大事記

正月，後趙石虎稱皇帝，改元太寧。部將梁犢叛虎，自稱晉東征大將軍，掠滎陽、陳留諸郡，姚弋仲、苻洪擊平之。始平馬勗聚衆起事，稱將軍，石虎部將平之，殺三千餘家。　四月，范賁敗死，益州平。遣使拜慕容儁為幽、平二州牧、大將軍、大單于、燕王。桓溫遣將擊林邑王范文，敗九真。石虎卒，太子世嗣。五月，世兄石遵殺世自立。石冲自薊起兵討石遵，敗死。七月，晉褚裒督師北伐，至彭城，北方士民歸者日以千計。　八月，褚裒敗還京口，弃欲南投北方漢民二十萬，死亡略盡。九月，張重華自立為丞相、涼王、雍、秦、涼三州牧。　十一月，石閔殺石遵，立石鑒。關東流民十萬人擁苻洪為主。十二月，後趙石祗起兵討冉閔，石閔令内外殺胡、羯，死二十餘萬人。褚裒卒(303—349)。

晉及十六國紀年　　干支庚戌　公元 350 年

朝代或國名	國家支配者	建　都	廟號	謚號	建元	年號年次	輔政者	備　注
東晉	⑤司馬聃	建康	孝宗	穆	2	1 永和 6 年		
前涼	⑤張重華	姑臧		敬烈公	1	永樂 5 年		盧水胡人
後趙(羯)	⑥石鑒	鄴			1	青龍 2 年		閏二月卒
	⑦石祗	襄國			1	永寧元年		三月改元
代	①拓跋什翼犍	盛樂	高祖	昭成	1	建國 13 年		
前燕	③慕容儁	薊	烈祖	景昭	3	1 燕元 2 年		内蒙
冉魏	①冉閔	鄴		武悼天王	1	永興元年		閏二月建元
氐	①苻洪					元年		閏二月建國，三月被毒死
鐵弗匈奴	③劉務桓	朔方				9 年		
仇池氐	④楊初	成縣西				13 年		甘肅
羌	①姚弋仲					39 年		
徒何(鮮卑)	⑤段龕	廣固				元年		
丁零翟魏	①翟斌					21 年		
乞伏鮮卑	①乞伏司繁					22 年		甘肅
吐谷渾	③葉延					22 年		青海
高句麗	⑯斯由	丸都城				20 年		吉林省

月　曆　表（建寅）　　5063－384－1849303

月干支序數	月序＼星期	日	1	2	3	4	5	6	日	1	2	3	4	5	6	日	1	2	3	4	5	6	日	1	2	3	4	5	6	日	1	2	3	4	5	6	日	月末陽曆
15	正					⑩	2	3	4	5	6	7	8	9	10	11	12	13	14	15	16	17	18	19	20	21	22	23	24	25	26	27	28	29				2.22
16	二						㊴	2	3	4	5	6	7	8	9	10	11	12	13	14	15	16	17	18	19	20	21	22	23	24	25	26	27	28	29	30		3.24
	閏	⑨	2	3	4	5	6	7	8	9	10	11	12	13	14	15	16	17	18	19	20	21	22	23	24	25	26	27	28	29								4.22
17	三		㊳	2	3	4	5	6	7	8	9	10	11	12	13	14	15	16	17	18	19	20	21	22	23	24	25	26	27	28	29	30						5.22
18	四				⑧	2	3	4	5	6	7	8	9	10	11	12	13	14	15	16	17	18	19	20	21	22	23	24	25	26	27	28	29					6.20
19	五					㊲	2	3	4	5	6	7	8	9	10	11	12	13	14	15	16	17	18	19	20	21	22	23	24	25	26	27	28	29	30			7.20
20	六							⑦	2	3	4	5	6	7	8	9	10	11	12	13	14	15	16	17	18	19	20	21	22	23	24	25	26	27	28	29		8.18
21	七	㊱	2	3	4	5	6	7	8	9	10	11	12	13	14	15	16	17	18	19	20	21	22	23	24	25	26	27	28	29	30							9.17
22	八			⑥	2	3	4	5	6	7	8	9	10	11	12	13	14	15	16	17	18	19	20	21	22	23	24	25	26	27	28	29						10.16
23	九				㉟	2	3	4	5	6	7	8	9	10	11	12	13	14	15	16	17	18	19	20	21	22	23	24	25	26	27	28	29	30				11.15
24	十						⑤	2	3	4	5	6	7	8	9	10	11	12	13	14	15	16	17	18	19	20	21	22	23	24	25	26	27	28	29	30		12.15
25	十一	㉟	2	3	4	5	6	7	8	9	10	11	12	13	14	15	16	17	18	19	20	21	22	23	24	25	26	27	28	29								1.13
26	十二		④	2	3	4	5	6	7	8	9	10	11	12	13	14	15	16	17	18	19	20	21	22	23	24	25	26	27	28	29	30						2.12

陳垣置朔，三月壬寅、四月壬申、五月辛卯、六月辛未、七月庚子、八月庚午、九月己亥、十月己巳、十一月戊戌。

董作賓置朔，三月辛丑、四月辛未、五月庚子、六月庚午、七月己亥、八月己巳、九月戊戌、十月戊辰、十一月戊戌。

大事記

正月，石閔更國號曰衛，易姓李，改元青龍，國內大亂。　二月，衛李閔殺石鑒，并殺石虎二十八孫，石氏殘盡。閔自立為皇帝，改元永興，國號大魏。姚弋仲攻蒲洪，大敗，洪自稱大都督、大將軍、大單于、三秦王，改姓苻。後趙石祗稱帝於襄國。前燕慕容儁攻拔薊。　三月，徙都於薊。後趙麻秋鴆死苻洪於枋頭。洪子健斬秋。健自枋頭西歸。魏李閔復姓冉氏。趙新興王石祗即帝位於襄國，改元永寧。　四月，遣將攻冉閔。　七月，鮮卑段龕據廣固，稱齊王。八月，慕容儁徙上谷、廣寧、代郡民於徐無、凡城。苻健自稱晋征西大將軍，都督關中諸軍事、雍州刺史，擁衆入關。　九月，慕容儁取章武、河間。十一月，苻健入長安遣使獻於晋。冉閔攻石祗於襄國。是歲，晋大水，水後大疫。

晋及十六國紀年　　干支辛亥　公元351年

朝代或國名	國家支配者	建都	廟號	謚號	建元	年號年次	輔政者	備注
東晋	⑤司馬聃	建康	孝宗	穆	2	1永和7年		
前涼	⑤張重華	姑臧		敬烈公	1	永樂6年		盧水胡人
後趙(羯)	⑦石祗	襄國			1	永寧2年		四月亡
代	①拓跋什翼犍	盛樂	高祖	昭成	1	建國14年		
前燕	③慕容儁	薊	烈祖	景昭	3	1燕元3年		内蒙
冉魏	①冉閔	鄴		武悼天王	1	永興2年		
前秦	②苻健	長安	高祖	景明	1	皇始元年		是年改國號秦
鐵弗匈奴	③劉務桓	朔方				10年		
仇池氐	④楊初	成縣西				14年		甘肅
羌	①姚弋仲					40年		
徒何(鮮卑)	⑤段龕	廣固				2年		晋封爲齊公
丁零翟魏	①翟斌					22年		
乞伏鮮卑	①乞伏司繁					23年		甘肅
吐谷渾	③葉延					23年		十一月卒
高句麗	⑯斯由	丸都城				21年		吉林省

月　曆　表（建 寅）　　5064—354—1849657

月干支序數	月序\星期	日	1	2	3	4	5	6	日	1	2	3	4	5	6	日	1	2	3	4	5	6	日	1	2	3	4	5	6	日	1	2	3	4	5	6	日	月末陽曆
27	正				㉞	2	3	4	5	6	7	8	9	10	11	12	13	14	15	16	17	18	19	20	21	22	23	24	25	26	27	28	29					3.13
28	二					③	2	3	4	5	6	7	8	9	10	11	12	13	14	15	16	17	18	19	20	21	22	23	24	25	26	27	28	29	30			4.12
29	三							㉝	2	3	4	5	6	7	8	9	10	11	12	13	14	15	16	17	18	19	20	21	22	23	24	25	26	27	28	29		5.11
30	四	②	2	3	4	5	6	7	8	9	10	11	12	13	14	15	16	17	18	19	20	21	22	23	24	25	26	27	28	29	30							6.10
31	五			㉜	2	3	4	5	6	7	8	9	10	11	12	13	14	15	16	17	18	19	20	21	22	23	24	25	26	27	28	29						7.9
32	六				①	2	3	4	5	6	7	8	9	10	11	12	13	14	15	16	17	18	19	20	21	22	23	24	25	26	27	28	29	30				8.8
33	七						㉛	2	3	4	5	6	7	8	9	10	11	12	13	14	15	16	17	18	19	20	21	22	23	24	25	26	27	28	29			9.6
34	八							(60)	2	3	4	5	6	7	8	9	10	11	12	13	14	15	16	17	18	19	20	21	22	23	24	25	26	27	28	29	30	10.6
35	九		㉚	2	3	4	5	6	7	8	9	10	11	12	13	14	15	16	17	18	19	20	21	22	23	24	25	26	27	28	29							11.4
36	十			(59)	2	3	4	5	6	7	8	9	10	11	12	13	14	15	16	17	18	19	20	21	22	23	24	25	26	27	28	29	30					12.4
37	十一					㉙	2	3	4	5	6	7	8	9	10	11	12	13	14	15	16	17	18	19	20	21	22	23	24	25	26	27	28	29				1.2
38	十二						(58)	2	3	4	5	6	7	8	9	10	11	12	13	14	15	16	17	18	19	20	21	22	23	24	25	26	27	28	29	30		2.1

大事記

正月，苻健自稱天王、大單于，國號秦，建元皇始。　二月，段龕附晉，封為齊公。魏冉閔攻石祗，祗乞師於燕及姚弋仲。　三月，冉閔敗還鄴，襄國圍解。石氏所徙各州民及氐、羌、胡、蠻數百萬口紛還本土，路上互相殺掠，死者大半，中原饑，人相食。石祗遣將攻冉閔，大敗。　四月，石祗為部將劉顯所殺，降魏，後趙亡。五月，前燕慕容恪陷中山。　七月，顯稱皇帝於襄國。　十月，姚弋仲請降於晉，命為使持節六夷大都督、督江北諸軍事、大單于、高陵公。　十二月，丁零帥翟鼠降於慕容儁。

晉及十六國紀年　　干支壬子　公元 352 年

朝代或國名	國家支配者	建　都	廟　號	謚　號	建　元	年號年次	輔政者	備　注
東晉	⑤司馬聃	建康	孝宗	穆	2	1 永和 8 年		
前凉	⑤張重華	姑臧		敬烈公	1	永樂 7 年		盧水胡人
代	①拓跋什翼犍	盛樂	高祖	昭成	1	建國 15 年		
前燕	③慕容儁	薊	烈祖	景昭	3	2 元璽元年		十一月建元
冉魏	①冉閔	鄴		武悼天王	1	永興 3 年		四月亡
前秦	②苻健	長安	高祖	景明	1	皇始 2 年		是年建國號秦
秦	①張琚				1	建昌元年		正月立，五月亡於前秦
鐵弗匈奴	③劉務桓	朔方				11 年		
仇池氐	④楊初	成縣西				15 年		甘肅
羌	①姚弋仲					41 年		
徒何(鮮卑)	⑤段龕	廣固				3 年		
丁零翟魏	①翟斌					23 年		
乞伏鮮卑	①乞伏司繁					24 年		甘肅
吐谷渾	④碎奚					元年		青海
高句麗	⑯斯由	丸都城				22 年		吉林省

月 曆 表（建 寅） 5065—384—1850041

月干支序數	星期／月序	日	1	2	3	4	5	6	日	1	2	3	4	5	6	日	1	2	3	4	5	6	日	1	2	3	4	5	6	日	1	2	3	4	5	6	日	月末陽曆
39	正	㉘	2	3	4	5	6	7	8	9	10	11	12	13	14	15	16	17	18	19	20	21	22	23	24	25	26	27	28	29	30							3.2
40	二			(58)	2	3	4	5	6	7	8	9	10	11	12	13	14	15	16	17	18	19	20	21	22	23	24	25	26	27	28	29						3.31
41	三				㉗	2	3	4	5	6	7	8	9	10	11	12	13	14	15	16	17	18	19	20	21	22	23	24	25	26	27	28	29	30				4.30
42	四						(57)	2	3	4	5	6	7	8	9	10	11	12	13	14	15	16	17	18	19	20	21	22	23	24	25	26	27	28	29			5.29
43	五							㉖	2	3	4	5	6	7	8	9	10	11	12	13	14	15	16	17	18	19	20	21	22	23	24	25	26	27	28	29	30	6.28
44	六		(56)	2	3	4	5	6	7	8	9	10	11	12	13	14	15	16	17	18	19	20	21	22	23	24	25	26	27	28	29							7.27
45	七			㉕	2	3	4	5	6	7	8	9	10	11	12	13	14	15	16	17	18	19	20	21	22	23	24	25	26	27	28	29	30					8.26
46	八					(55)	2	3	4	5	6	7	8	9	10	11	12	13	14	15	16	17	18	19	20	21	22	23	24	25	26	27	28	29				9.24
47	九						㉔	2	3	4	5	6	7	8	9	10	11	12	13	14	15	16	17	18	19	20	21	22	23	24	25	26	27	28	29	30		10.24
48	十	(54)	2	3	4	5	6	7	8	9	10	11	12	13	14	15	16	17	18	19	20	21	22	23	24	25	26	27	28	29								11.22
	閏		㉓	2	3	4	5	6	7	8	9	10	11	12	13	14	15	16	17	18	19	20	21	22	23	24	25	26	27	28	29	30						12.22
49	十一				(53)	2	3	4	5	6	7	8	9	10	11	12	13	14	15	16	17	18	19	20	21	22	23	24	25	26	27	28	29					1.20
50	十二					㉒	2	3	4	5	6	7	8	9	10	11	12	13	14	15	16	17	18	19	20	21	22	23	24	25	26	27	28	29	30			2.19

晉王朔之編成《永和曆》(亦名《通曆》)。

大事記

正月，苻健稱皇帝。張琚據宜秋，稱秦王，建元建昌。冉閔破襄國，殺劉顯。　二月，晉殷浩使謝尚、張遇北伐，張遇據許昌叛。　三月，姚弋仲卒，子襄代領其衆，襄與苻健戰敗，奔於晉。趙故將殷勤聚胡、羯萬餘人據繹幕，稱趙帝。　四月，慕容儁擊段勤、冉閔，勤降，閔被俘，為儁殺于龍城。　五月，苻健擊殺張琚。鄴中大饑，人相食，趙時宮人被食略盡。七月，苻健徙潁、洛、陳、許之民五萬餘戶於關中。　八月，周撫擊斬蕭敬文於涪，王午稱安國王，慕容儁取鄴。　九月，殷浩駐軍泗口。　十月，中山蘇林稱皇帝。閏十月，林為慕容儁所擊斬。王午為部下所殺，其將呂護復稱安國王。　十一月，燕慕容儁稱皇帝，改元元璽，都薊，建留臺於龍都。

晉及十六國紀年 干支癸丑　公元353年

朝代或國名	國家支配者	建　都	廟號	謚號	建元	年號年次	輔政者	備　注
東晉	⑤司馬聃	建康	孝宗	穆	2	1永和9年		
前涼	⑤張重華	姑臧		敬烈公	1	永樂8年		張祚十二月即位
代	①拓跋什翼犍	盛樂	高祖	昭成	1	建國16年		
前燕	③慕容儁	薊	烈祖	景昭	3	2元璽2年		
前秦	②苻健	長安	高祖	景明	1	皇始3年		
鐵弗匈奴	③劉務桓	朔方				12年		
仇池氐	④楊初	成縣西				16年		甘肅
羌	②姚襄					元年		
徒何(鮮卑)	⑤段龕	廣固				4年		
丁零翟魏	①翟斌					24年		
乞伏鮮卑	①乞伏司繁					25年		甘肅
吐谷渾	④碎奚					2年		青海
高句麗	⑯斯由	丸都城				23年		吉林省

月 曆 表（建 寅） 5066—354—1850395

月干支序數	星期／月序	日	1	2	3	4	5	6	日	1	2	3	4	5	6	日	1	2	3	4	5	6	日	1	2	3	4	5	6	日	1	2	3	4	5	6	日	月末陽曆
51	正							(52)	2	3	4	5	6	7	8	9	10	11	12	13	14	15	16	17	18	19	20	21	22	23	24	25	26	27	28	29		3.20
52	二	㉑	2	3	4	5	6	7	8	9	10	11	12	13	14	15	16	17	18	19	20	21	22	23	24	25	26	27	28	29	30							4.19
53	三			(51)	2	3	4	5	6	7	8	9	10	11	12	13	14	15	16	17	18	19	20	21	22	23	24	25	26	27	28	29						5.18
54	四				⑳	2	3	4	5	6	7	8	9	10	11	12	13	14	15	16	17	18	19	20	21	22	23	24	25	26	27	28	29	30				6.17
55	五						㊿	2	3	4	5	6	7	8	9	10	11	12	13	14	15	16	17	18	19	20	21	22	23	24	25	26	27	28	29			7.16
56	六							⑲	2	3	4	5	6	7	8	9	10	11	12	13	14	15	16	17	18	19	20	21	22	23	24	25	26	27	28	29	30	8.15
57	七		㊾	2	3	4	5	6	7	8	9	10	11	12	13	14	15	16	17	18	19	20	21	22	23	24	25	26	27	28	29	30						9.14
58	八				⑲	2	3	4	5	6	7	8	9	10	11	12	13	14	15	16	17	18	19	20	21	22	23	24	25	26	27	28	29					10.13
59	九					㊽	2	3	4	5	6	7	8	9	10	11	12	13	14	15	16	17	18	19	20	21	22	23	24	25	26	27	28	29	30			11.12
60	十							⑱	2	3	4	5	6	7	8	9	10	11	12	13	14	15	16	17	18	19	20	21	22	23	24	25	26	27	28	29		12.11
1	十一	㊼	2	3	4	5	6	7	8	9	10	11	12	13	14	15	16	17	18	19	20	21	22	23	24	25	26	27	28	29	30							1.10
2	十二			⑰	2	3	4	5	6	7	8	9	10	11	12	13	14	15	16	17	18	19	20	21	22	23	24	25	26	27	28	29						2.8

大事記

二月，張重華攻苻健，大敗，喪萬餘人。　三月，晉王羲之作《蘭亭集序》。交州刺史大敗林邑兵。燕常山李犢起兵。西域胡劉康據平陽，稱晉王，旋敗。　五月，張重華攻苻健，陷上邽。慕容儁擊降李犢。　七月，關中人紛起反苻健，健遣將分擊平之。　十月，殷浩北伐；姚襄反，浩敗回。　十一月，襄進據芍陂。前涼張重華卒，子曜靈嗣為涼州牧、西平公。張祚殺曜靈自立。

是歲，前秦于豐陽立荆州，與南方通關市。

晉及十六國紀年　　干支甲寅　公元 354 年

朝代或國名	國家支配者	建　都	廟號	謚號	建元	年號年次	輔政者	備　注
東晉	⑤司馬聃	建康	孝宗	穆	2	1 永和 10 年		
前涼	⑥張祚	姑臧		前主	1	和平元年		盧水胡人
代	①拓跋什翼犍	盛樂	高祖	昭成	1	建國 17 年		
前燕	③慕容儁	薊	烈祖	景昭	3	2 元璽 3 年		
前秦	②苻健	長安	高祖	景明	1	皇始 4 年		
鐵弗匈奴	③劉務桓	朔方				13 年		
仇池氐	④楊初	成縣西				17 年		甘肅
羌	②姚襄					2 年		
徒何（鮮卑）	⑤段龕	廣固				5 年		
丁零翟魏	①翟斌					25 年		
乞伏鮮卑	①乞伏司繁					26 年		甘肅
吐谷渾	④碎溪					3 年		青海
高句麗	⑯斯由	丸都城				24 年		吉林省

月 曆 表（建 寅） 5067—355—1850750

月干支序數	月序 \ 星期	日	1	2	3	4	5	6	日	1	2	3	4	5	6	日	1	2	3	4	5	6	日	1	2	3	4	5	6	日	1	2	3	4	5	6	日	月末陽曆
3	正				㊻	2	3	4	5	6	7	8	9	10	11	12	13	14	15	16	17	18	19	20	21	22	23	24	25	26	27	28	29	30				3.10
4	二						⑯	2	3	4	5	6	7	8	9	10	11	12	13	14	15	16	17	18	19	20	21	22	23	24	25	26	27	28	29			4.8
5	三							㊺	2	3	4	5	6	7	8	9	10	11	12	13	14	15	16	17	18	19	20	21	22	23	24	25	26	27	28	29	30	5.8
6	四		⑮	2	3	4	5	6	7	8	9	10	11	12	13	14	15	16	17	18	19	20	21	22	23	24	25	26	27	28	29							6.6
7	五			㊹	2	3	4	5	6	7	8	9	10	11	12	13	14	15	16	17	18	19	20	21	22	23	24	25	26	27	28	29	30					7.6
8	六					⑭	2	3	4	5	6	7	8	9	10	11	12	13	14	15	16	17	18	19	20	21	22	23	24	25	26	27	28	29				8.4
9	七						㊸	2	3	4	5	6	7	8	9	10	11	12	13	14	15	16	17	18	19	20	21	22	23	24	25	26	27	28	29	30		9.3
10	八	⑬	2	3	4	5	6	7	8	9	10	11	12	13	14	15	16	17	18	19	20	21	22	23	24	25	26	27	28	29								10.2
11	九		㊷	2	3	4	5	6	7	8	9	10	11	12	13	14	15	16	17	18	19	20	21	22	23	24	25	26	27	28	29	30						11.1
12	十				⑫	2	3	4	5	6	7	8	9	10	11	12	13	14	15	16	17	18	19	20	21	22	23	24	25	26	27	28	29	30				12.1
13	十一						㊷	2	3	4	5	6	7	8	9	10	11	12	13	14	15	16	17	18	19	20	21	22	23	24	25	26	27	28	29			12.30
14	十二							⑪	2	3	4	5	6	7	8	9	10	11	12	13	14	15	16	17	18	19	20	21	22	23	24	25	26	27	28	29	30	1.29

大事記

正月，張祚稱涼王，改元和平，對外始不用建興年號。桓溫廢殷浩為庶人。　二月，桓溫伐關中。慕容儁破呂護。姚襄降燕。　四月，桓溫敗秦軍於藍田，進軍灞上，三輔皆降晉。　五月，江西流民執陳留內史降於姚襄。　六月，桓沖敗於白鹿原，桓溫退軍。

是歲，前秦與百姓約法三章。關中大饑，米一升值布一匹。

晉及十六國紀年　　干支乙卯　公元 355 年

朝代或國名	國家支配者	建都	廟號	謚號	建元	年號年次	輔政者	備注
東晉	⑤司馬聃	建康	孝宗	穆	2	1 永和 11 年		
前涼	⑦張玄靚	姑臧			2	1 建興 43 年		閏九月復用建興
代	①拓跋什翼犍	盛樂	高祖	昭成	1	建國 18 年		
前燕	③慕容儁	薊	烈祖	景昭	3	2 元璽 4 年		
前秦	③苻生	長安			1	壽光元年		六月即位改元
鐵弗匈奴	③劉務桓	朔方				14 年		正月卒
仇池氐	④楊初	成縣西				18 年		正月被刺
羌	②姚襄					3 年		
徒何(鮮卑)	⑤段龕	廣固				6 年		
丁零翟魏	①翟斌					26 年		
乞伏鮮卑	①乞伏司繁					27 年		甘肅
吐谷渾	④碎奚					4 年		青海
高句麗	⑯斯由	丸都城				25 年		吉林省

月　曆　表（建寅）　5068—383—1851133

月干支序數	星期／月序	日	1	2	3	4	5	6	日	1	2	3	4	5	6	日	1	2	3	4	5	6	日	1	2	3	4	5	6	日	1	2	3	4	5	6	日	月末陽曆
15	正		㊶	2	3	4	5	6	7	8	9	10	11	12	13	14	15	16	17	18	19	20	21	22	23	24	25	26	27	28	29							2.27
16	二			⑩	2	3	4	5	6	7	8	9	10	11	12	13	14	15	16	17	18	19	20	21	22	23	24	25	26	27	28	29	30					3.29
17	三					㊵	2	3	4	5	6	7	8	9	10	11	12	13	14	15	16	17	18	19	20	21	22	23	24	25	26	27	28	29				4.27
18	四						⑨	2	3	4	5	6	7	8	9	10	11	12	13	14	15	16	17	18	19	20	21	22	23	24	25	26	27	28	29	30		5.27
19	五	㊴	2	3	4	5	6	7	8	9	10	11	12	13	14	15	16	17	18	19	20	21	22	23	24	25	26	27	28	29								6.25
20	六		⑧	2	3	4	5	6	7	8	9	10	11	12	13	14	15	16	17	18	19	20	21	22	23	24	25	26	27	28	29	30						7.25
	閏				㊳	2	3	4	5	6	7	8	9	10	11	12	13	14	15	16	17	18	19	20	21	22	23	24	25	26	27	28	29					8.23
21	七					⑦	2	3	4	5	6	7	8	9	10	11	12	13	14	15	16	17	18	19	20	21	22	23	24	25	26	27	28	29	30			9.22
22	八							㊲	2	3	4	5	6	7	8	9	10	11	12	13	14	15	16	17	18	19	20	21	22	23	24	25	26	27	28	29		10.21
23	九	⑥	2	3	4	5	6	7	8	9	10	11	12	13	14	15	16	17	18	19	20	21	22	23	24	25	26	27	28	29	30							11.20
24	十			㊱	2	3	4	5	6	7	8	9	10	11	12	13	14	15	16	17	18	19	20	21	22	23	24	25	26	27	28	29						12.19
25	十一				⑤	2	3	4	5	6	7	8	9	10	11	12	13	14	15	16	17	18	19	20	21	22	23	24	25	26	27	28	29	30				1.18
26	十二						㉟	2	3	4	5	6	7	8	9	10	11	12	13	14	15	16	17	18	19	20	21	22	23	24	25	26	27	28	29			2.16

大事記

正月，仇池氐內訌，楊初被殺，子國嗣。　二月，前秦大蝗。　六月，秦苻健卒，子生嗣，改元壽光。　七月，河州刺史張瓘討張祚，祚殺張曜靈，祚部下殺祚，立其弟玄靚為涼州牧、西平公，改元太始，對外復稱建興四十三年，張瓘至，推玄靚為涼王，自為涼州牧、張掖公，境內大亂。　十二月，高句麗王釗獻於慕容儁，儁封為樂浪公、高句麗王。慕容儁遣將攻段龕。前秦苻生殺丞相雷弱兒并后妃公卿以下五百餘人。

晋及十六國紀年　　干支丙辰　公元 356 年

朝代或國名	國家支配者	建　都	廟號	謚號	建元	年號年次	輔政者	備　注
東晋	⑤司馬聃	建康	孝宗	穆	2	1 永和 12 年		
前涼	⑦張玄靚	姑臧			2	1 建興 44 年		（太始 2 年）
代	①拓跋什翼犍	盛樂	高祖	昭成	1	建國 19 年		
前燕	③慕容儁	薊	烈祖	景昭	3	2 元璽 5 年		
前秦	③苻生	長安			1	壽光 2 年		
鐵弗匈奴	③劉務桓	朔方				15 年		正月卒
鐵弗匈奴	④劉閼陋頭	朔方				元年		正月立
仇池氐	⑤楊國	成縣西				元年		被殺
羌	②姚襄					4 年		
徒何（鮮卑）	⑤段龕	廣固				7 年		十一月亡，翌年六月被殺
丁零翟魏	①翟斌					27 年		
乞伏鮮卑	①乞伏司繁					28 年		甘肅
吐谷渾	④碎溪					5 年		青海
高句麗	⑯斯由	丸都城				26 年		吉林省

月　曆　表(建寅)　　5069－355－1851488

月干支序數	月序＼星期	日	1	2	3	4	5	6	日	1	2	3	4	5	6	日	1	2	3	4	5	6	日	1	2	3	4	5	6	日	1	2	3	4	5	6	日	月末陽曆
27	正							④	2	3	4	5	6	7	8	9	10	11	12	13	14	15	16	17	18	19	20	21	22	23	24	25	26	27	28	29	30	3.17
28	二		㉞	2	3	4	5	6	7	8	9	10	11	12	13	14	15	16	17	18	19	20	21	22	23	24	25	26	27	28	29	30						4.16
29	三				④	2	3	4	5	6	7	8	9	10	11	12	13	14	15	16	17	18	19	20	21	22	23	24	25	26	27	28	29					5.15
30	四					㉝	2	3	4	5	6	7	8	9	10	11	12	13	14	15	16	17	18	19	20	21	22	23	24	25	26	27	28	29	30			6.14
31	五							③	2	3	4	5	6	7	8	9	10	11	12	13	14	15	16	17	18	19	20	21	22	23	24	25	26	27	28	29		7.13
32	六	㉜	2	3	4	5	6	7	8	9	10	11	12	13	14	15	16	17	18	19	20	21	22	23	24	25	26	27	28	29	30							8.12
33	七			②	2	3	4	5	6	7	8	9	10	11	12	13	14	15	16	17	18	19	20	21	22	23	24	25	26	27	28	29						9.10
34	八				㉛	2	3	4	5	6	7	8	9	10	11	12	13	14	15	16	17	18	19	20	21	22	23	24	25	26	27	28	29	30				10.10
35	九						①	2	3	4	5	6	7	8	9	10	11	12	13	14	15	16	17	18	19	20	21	22	23	24	25	26	27	28	29			11.8
36	十							㉚	2	3	4	5	6	7	8	9	10	11	12	13	14	15	16	17	18	19	20	21	22	23	24	25	26	27	28	29	30	12.8
37	十一		(60)	2	3	4	5	6	7	8	9	10	11	12	13	14	15	16	17	18	19	20	21	22	23	24	25	26	27	28	29							1.6
38	十二			㉙	2	3	4	5	6	7	8	9	10	11	12	13	14	15	16	17	18	19	20	21	22	23	24	25	26	27	28	29	30					2.5

汪氏長術六月朔乙卯,誤。

大事記

二月,張玄靚稱藩於苻生。以桓溫為征討大都督,伐姚襄。　　八月,溫大破襄,襄奔襄陵;溫入洛陽,修諸陵,留兵戍之,徙降民三千家於江漢間。　　十一月,慕容儁陷廣固,段龕降,徙鮮卑、胡、羯三千餘戶於薊,齊地入於燕。

是歲,仇池內訌,楊俊殺楊國,自立為仇池公。虞喜卒(281—356),喜發現"歲差"。殷浩卒。

晉及十六國紀年　　干支丁巳　公元 357 年

朝代或國名	國家支配者	建都	廟號	謚號	建元	年號年次	輔政者	備注
東晉	⑤司馬聃	建康	孝宗	穆	2	2昇平元年		
前凉	⑦張玄靚	姑臧			2	1建興45年		盧水胡人
代	①拓跋什翼犍	盛樂	高祖	昭成	1	建國20年		
前燕	③慕容儁	鄴	烈祖	景昭	3	3光壽元年		
前秦	④苻堅	長安	世祖	宣昭	3	1永興元年		六月改元
鐵弗匈奴	④劉閼陋頭	朔方				2年		
仇池氐	⑥楊俊	成縣西				元年		甘肅
羌	②姚襄					5年		
丁零翟魏	①翟斌					28年		
乞伏鮮卑	①乞伏司繁					29年		甘肅
吐谷渾	④碎溪					6年		青海
高句麗	⑯斯由	丸都城				27年		吉林省

月　曆　表（建　寅）　5070－354－1851842

月干支序數	月序＼星期	日	1	2	3	4	5	6	日	1	2	3	4	5	6	日	1	2	3	4	5	6	日	1	2	3	4	5	6	日	1	2	3	4	5	6	日	月末陽曆
39	正					(59)	2	3	4	5	6	7	8	9	10	11	12	13	14	15	16	17	18	19	20	21	22	23	24	25	26	27	28	29				3.6
40	二						㉘	2	3	4	5	6	7	8	9	10	11	12	13	14	15	16	17	18	19	20	21	22	23	24	25	26	27	28	29	30		4.5
41	三	(58)	2	3	4	5	6	7	8	9	10	11	12	13	14	15	16	17	18	19	20	21	22	23	24	25	26	27	28	29								5.4
42	四		㉗	2	3	4	5	6	7	8	9	10	11	12	13	14	15	16	17	18	19	20	21	22	23	24	25	26	27	28	29	30						6.3
43	五				⑦	2	3	4	5	6	7	8	9	10	11	12	13	14	15	16	17	18	19	20	21	22	23	24	25	26	27	28	29					7.2
44	六					㉖	2	3	4	5	6	7	8	9	10	11	12	13	14	15	16	17	18	19	20	21	22	23	24	25	26	27	28	29	30			8.1
45	七							(56)	2	3	4	5	6	7	8	9	10	11	12	13	14	15	16	17	18	19	20	21	22	23	24	25	26	27	28	29	30	8.31
46	八		㉖	2	3	4	5	6	7	8	9	10	11	12	13	14	15	16	17	18	19	20	21	22	23	24	25	26	27	28	29							9.29
47	九			(55)	2	3	4	5	6	7	8	9	10	11	12	13	14	15	16	17	18	19	20	21	22	23	24	25	26	27	28	29	30					10.29
48	十					㉕	2	3	4	5	6	7	8	9	10	11	12	13	14	15	16	17	18	19	20	21	22	23	24	25	26	27	28	29				11.27
49	十一						(54)	2	3	4	5	6	7	8	9	10	11	12	13	14	15	16	17	18	19	20	21	22	23	24	25	26	27	28	29	30		12.27
50	十二	㉔	2	3	4	5	6	7	8	9	10	11	12	13	14	15	16	17	18	19	20	21	22	23	24	25	26	27	28	29								1.25

大事記

二月，前燕改元光壽。　四月，前秦敗姚襄於三原，殺襄。其弟萇降秦。　五月，慕容儁遣弟垂等攻敕勒於塞北，俘斬十餘萬，獲馬十三萬匹、牛羊億萬頭。匈奴單于賀賴頭帥部三萬五千口降慕容儁，處之代郡平舒。謝尚卒(308—357)。　六月，苻堅殺苻生自立，去帝號，稱大秦天王，改元永興，以王猛為中書侍郎，典機密。　十一月，前燕遷都於鄴。

是年，燕河間李黑聚衆攻郡縣，殺棗強令，旋敗死。

晉及十六國紀年　干支戊午　公元 358 年

朝代或國名	國家支配者	建　都	廟號	謚號	建元	年號年次	輔政者	備　注
東晉	⑤司馬聃	建康	孝宗	穆	2	2 昇平 2 年		
前涼	⑦張玄靚	姑臧			2	1 建興 46 年		盧水胡人
代	①拓跋什翼犍	盛樂	高祖	昭成	1	建國 21 年		
前燕	③慕容儁	鄴	烈祖	景昭	3	3 光壽 2 年		
前秦	④苻堅	長安	世祖	宣昭	3	1 永興 2 年		
鐵弗匈奴	④劉閼陋頭	朔方				3 年		十二月奔代
仇池氐	⑥楊俊	成縣西				2 年		甘肅
丁零翟魏	①翟斌					29 年		
乞伏鮮卑	①乞伏司繁					30 年		甘肅
吐谷渾	④碎溪					7 年		青海
高句麗	⑯斯由	丸都城				28 年		吉林省

月　曆　表（建　寅）　5071－384－1852226

月干支序數	月序＼星期	日	1	2	3	4	5	6	日	1	2	3	4	5	6	日	1	2	3	4	5	6	日	1	2	3	4	5	6	日	1	2	3	4	5	6	日	月末陽曆
51	正		(53)	2	3	4	5	6	7	8	9	10	11	12	13	14	15	16	17	18	19	20	21	22	23	24	25	26	27	28	29	30						2.24
52	二				㉓	2	3	4	5	6	7	8	9	10	11	12	13	14	15	16	17	18	19	20	21	22	23	24	25	26	27	28	29					3.25

續表

月干支序數	星期 / 月序	日	1	2	3	4	5	6	日	1	2	3	4	5	6	日	1	2	3	4	5	6	日	1	2	3	4	5	6	日	1	2	3	4	5	6	日	月末陽曆
53	三					(52)	2	3	4	5	6	7	8	9	10	11	12	13	14	15	16	17	18	19	20	21	22	23	24	25	26	27	28	29	30			4.24
	閏							㉒	2	3	4	5	6	7	8	9	10	11	12	13	14	15	16	17	18	19	20	21	22	23	24	25	26	27	28	29		5.23
54	四	(51)	2	3	4	5	6	7	8	9	10	11	12	13	14	15	16	17	18	19	20	21	22	23	24	25	26	27	28	29	30							6.22
55	五			㉑	2	3	4	5	6	7	8	9	10	11	12	13	14	15	16	17	18	19	20	21	22	23	24	25	26	27	28	29						7.21
56	六				㊿	2	3	4	5	6	7	8	9	10	11	12	13	14	15	16	17	18	19	20	21	22	23	24	25	26	27	28	29	30				8.20
57	七						⑳	2	3	4	5	6	7	8	9	10	11	12	13	14	15	16	17	18	19	20	21	22	23	24	25	26	27	28	29			9.18
58	八							㊾	2	3	4	5	6	7	8	9	10	11	12	13	14	15	16	17	18	19	20	21	22	23	24	25	26	27	28	29	30	10.18
59	九		⑲	2	3	4	5	6	7	8	9	10	11	12	13	14	15	16	17	18	19	20	21	22	23	24	25	26	27	28	29	30						11.17
60	十				㊾	2	3	4	5	6	7	8	9	10	11	12	13	14	15	16	17	18	19	20	21	22	23	24	25	26	27	28	29					12.16
1	十一					⑱	2	3	4	5	6	7	8	9	10	11	12	13	14	15	16	17	18	19	20	21	22	23	24	25	26	27	28	29	30			1.15
2	十二							㊽	2	3	4	5	6	7	8	9	10	11	12	13	14	15	16	17	18	19	20	21	22	23	24	25	26	27	28	29		2.13

大事記

三月，慕容儁略定并州。　八月，秦苻堅殺樊世。　九月，秦開山澤之利，"公私共之"。　十月，前燕慕容恪略取河南地，晉將諸葛攸退守泰山。　十二月，晉北中郎將荀羨北伐，敗還。慕容儁欲取秦、晉，令州郡校實現丁。

晉及十六國紀年

干支己未　公元 359 年

朝代或國名	國家支配者	建都	廟號	謚號	建元	年號年次	輔政者	備注
東晉	⑤司馬聃	建康	孝宗	穆	2	2 昇平 3 年		
前涼	⑦張玄靚	姑臧			2	1 建興 47 年		盧水胡人
代	①拓跋什翼犍	盛樂	高祖	昭成	1	建國 22 年		
前燕	③慕容儁	鄴	烈祖	景昭	3	3 光壽 3 年		
前秦	④苻堅	長安	世祖	宣昭	3	2 甘露元年		六月改元
鐵弗匈奴	⑤劉悉勿祈	朔方				元年		四月卒
仇池氐	⑥楊俊	成縣西				3 年		甘肅
丁零翟魏	①翟斌					30 年		
乞伏鮮卑	①乞伏司繁					31 年		甘肅
吐谷渾	④碎溪					8 年		青海
高句麗	⑯斯由	丸都城				29 年		吉林省

月曆表（建寅）

5072—354—1852580

月干支序數	星期 / 月序	日	1	2	3	4	5	6	日	1	2	3	4	5	6	日	1	2	3	4	5	6	日	1	2	3	4	5	6	日	1	2	3	4	5	6	日	月末陽曆
3	正	⑰	2	3	4	5	6	7	8	9	10	11	12	13	14	15	16	17	18	19	20	21	22	23	24	25	26	27	28	29	30							3.15
4	二			㊼	2	3	4	5	6	7	8	9	10	11	12	13	14	15	16	17	18	19	20	21	22	23	24	25	26	27	28	29						4.13
5	三				⑯	2	3	4	5	6	7	8	9	10	11	12	13	14	15	16	17	18	19	20	21	22	23	24	25	26	27	28	29	30				5.13
6	四						㊻	2	3	4	5	6	7	8	9	10	11	12	13	14	15	16	17	18	19	20	21	22	23	24	25	26	27	28	29			6.11
7	五							⑮	2	3	4	5	6	7	8	9	10	11	12	13	14	15	16	17	18	19	20	21	22	23	24	25	26	27	28	29	30	7.11

續表

月干支序數	星期／月序	日	1	2	3	4	5	6	日	1	2	3	4	5	6	日	1	2	3	4	5	6	日	1	2	3	4	5	6	日	1	2	3	4	5	6	日	月末陽曆
8	六		㊺	2	3	4	5	6	7	8	9	10	11	12	13	14	15	16	17	18	19	20	21	22	23	24	25	26	27	28	29							8.9
9	七			⑭	2	3	4	5	6	7	8	9	10	11	12	13	14	15	16	17	18	19	20	21	22	23	24	25	26	27	28	29	30					9.8
10	八					㊹	2	3	4	5	6	7	8	9	10	11	12	13	14	15	16	17	18	19	20	21	22	23	24	25	26	27	28	29				10.7
11	九						⑬	2	3	4	5	6	7	8	9	10	11	12	13	14	15	16	17	18	19	20	21	22	23	24	25	26	27	28	29	30		11.6
12	十	㊸	2	3	4	5	6	7	8	9	10	11	12	13	14	15	16	17	18	19	20	21	22	23	24	25	26	27	28	29								12.5
13	十一		⑫	2	3	4	5	6	7	8	9	10	11	12	13	14	15	16	17	18	19	20	21	22	23	24	25	26	27	28	29	30						1.4
14	十二				㊷	2	3	4	5	6	7	8	9	10	11	12	13	14	15	16	17	18	19	20	21	22	23	24	25	26	27	28	29					2.2

大事記

三月，以糧運不繼，晉詔王公以下部曲奴客十三人借一人助運。　六月，苻堅改元甘露。張瓘以苛虐失衆，宋混攻之，瓘兵敗自殺。混說張玄靚去涼王號，復稱涼州牧。　八月，晉諸葛攸擊慕容儁，大敗於東阿。　十月，晉謝萬等北伐，未遇敵而兵潰，慕容儁乘機攻佔許昌、潁川、譙、沛諸城。交州刺史溫放之攻略林邑參黎、耽潦，降之。是年，王猛為秦侍中、中書令、京兆尹、司隸校尉，歲中五遷，權傾內外。前燕立小學。秦遣使巡察四方及戎夷種落，勸課農桑。

晉及十六國紀年

干支庚申　公元 360 年

朝代或國名	國家支配者	建都	廟號	謚號	建元	年號年次	輔政者	備注
東晉	⑤司馬聃	建康	孝宗	穆	2	2 昇平 4 年		
前涼	⑦張玄靚	姑臧			2	1 建興 48 年		盧水胡人
代	①拓跋什翼犍	盛樂	高祖	昭成	1	建國 23 年		
前燕	④慕容暐	鄴		幽	1	建熙元年		
前秦	④苻堅	長安	世祖	宣昭	3	2 甘露 2 年		
鐵弗匈奴	⑥劉衛辰	代來城				元年		
仇池氐	⑥楊俊	成縣西				4 年		正月卒
丁零翟魏	①翟斌					31 年		
乞伏鮮卑	①乞伏司繁					32 年		甘肅
吐谷渾	④碎奚					9 年		青海
高句麗	⑯斯由	丸都城				30 年		吉林

月曆表（建寅）

5073—384—1852964

月干支序數	星期／月序	日	1	2	3	4	5	6	日	1	2	3	4	5	6	日	1	2	3	4	5	6	日	1	2	3	4	5	6	日	1	2	3	4	5	6	日	月末陽曆
15	正					⑪	2	3	4	5	6	7	8	9	10	11	12	13	14	15	16	17	18	19	20	21	22	23	24	25	26	27	28	29	30			3.3
16	二							㊶	2	3	4	5	6	7	8	9	10	11	12	13	14	15	16	17	18	19	20	21	22	23	24	25	26	27	28	29	30	4.2
17	三		⑪	2	3	4	5	6	7	8	9	10	11	12	13	14	15	16	17	18	19	20	21	22	23	24	25	26	27	28	29							5.1
18	四			㊵	2	3	4	5	6	7	8	9	10	11	12	13	14	15	16	17	18	19	20	21	22	23	24	25	26	27	28	29	30					5.31
19	五					⑩	2	3	4	5	6	7	8	9	10	11	12	13	14	15	16	17	18	19	20	21	22	23	24	25	26	27	28	29				6.29
20	六						㊴	2	3	4	5	6	7	8	9	10	11	12	13	14	15	16	17	18	19	20	21	22	23	24	25	26	27	28	29	30		7.29

續表

月干支序數	月序＼星期	日	1	2	3	4	5	6	日	1	2	3	4	5	6	日	1	2	3	4	5	6	日	1	2	3	4	5	6	日	1	2	3	4	5	6	日	月末陽曆
21	七	⑨	2	3	4	5	6	7	8	9	10	11	12	13	14	15	16	17	18	19	20	21	22	23	24	25	26	27	28	29								8.27
22	八		㊳	2	3	4	5	6	7	8	9	10	11	12	13	14	15	16	17	18	19	20	21	22	23	24	25	26	27	28	29	30						9.26
23	九				⑧	2	3	4	5	6	7	8	9	10	11	12	13	14	15	16	17	18	19	20	21	22	23	24	25	26	27	28	29					10.25
24	十					㊲	2	3	4	5	6	7	8	9	10	11	12	13	14	15	16	17	18	19	20	21	22	23	24	25	26	27	28	29	30			11.24
25	十一							⑦	2	3	4	5	6	7	8	9	10	11	12	13	14	15	16	17	18	19	20	21	22	23	24	25	26	27	28	29		12.23
26	十二	㊱	2	3	4	5	6	7	8	9	10	11	12	13	14	15	16	17	18	19	20	21	22	23	24	25	26	27	28	29	30							1.22
	閏			⑥	2	3	4	5	6	7	8	9	10	11	12	13	14	15	16	17	18	19	20	21	22	23	24	25	26	27	28	29						2.20

大事記

正月，燕慕容儁卒，子暐嗣，改元建熙，以太原王慕容恪為太宰，專錄朝政。　三月，匈奴劉衛辰降苻堅，入居塞內。九月，晉桓溫召謝安為征西司馬。　十月，烏桓獨孤部及鮮卑沒奕干降秦。

晉及十六國紀年

干支辛酉　公元 361 年

朝代或國名	國家支配者	建都	廟號	謚號	建元	年號年次	輔政者	備注
東晉	⑤司馬聃	建康	孝宗	穆	2	2 昇平 5 年		哀帝五月即位
前涼	⑦張玄靚	姑臧			2	2 昇平 5 年		十二月改東晉年號
代	①拓跋什翼犍	盛樂	高祖	昭成	1	建國 24 年		
前燕	④慕容暐	鄴		幽	1	建熙 2 年		
前秦	④苻堅	長安	世祖	宣昭	3	2 甘露 3 年		
鐵弗匈奴	⑥劉衛辰	代來城				2 年		
仇池氐	⑦楊世	成縣西				元年		甘肅
丁零翟魏	①翟斌					32 年		
乞伏鮮卑	①乞伏司繁					33 年		甘肅
吐谷渾	④碎奚					10 年		青海
高句麗	⑯斯由	丸都城				31 年		吉林省

月　曆　表（建寅）

5074—355—1853319

月干支序數	月序＼星期	日	1	2	3	4	5	6	日	1	2	3	4	5	6	日	1	2	3	4	5	6	日	1	2	3	4	5	6	日	1	2	3	4	5	6	日	月末陽曆
27	正				㉟	2	3	4	5	6	7	8	9	10	11	12	13	14	15	16	17	18	19	20	21	22	23	24	25	26	27	28	29	30				3.22
28	二						⑤	2	3	4	5	6	7	8	9	10	11	12	13	14	15	16	17	18	19	20	21	22	23	24	25	26	27	28	29			4.20
29	三							㉞	2	3	4	5	6	7	8	9	10	11	12	13	14	15	16	17	18	19	20	21	22	23	24	25	26	27	28	29	30	5.20
30	四		④	2	3	4	5	6	7	8	9	10	11	12	13	14	15	16	17	18	19	20	21	22	23	24	25	26	27	28	29							6.18
31	五			㉝	2	3	4	5	6	7	8	9	10	11	12	13	14	15	16	17	18	19	20	21	22	23	24	25	26	27	28	29	30					7.18
32	六					③	2	3	4	5	6	7	8	9	10	11	12	13	14	15	16	17	18	19	20	21	22	23	24	25	26	27	28	29	30			8.17
33	七							㉝	2	3	4	5	6	7	8	9	10	11	12	13	14	15	16	17	18	19	20	21	22	23	24	25	26	27	28	29		9.15
34	八	②	2	3	4	5	6	7	8	9	10	11	12	13	14	15	16	17	18	19	20	21	22	23	24	25	26	27	28	29	30							10.15

續表

月干支序數	月序＼星期	日	1	2	3	4	5	6	日	1	2	3	4	5	6	日	1	2	3	4	5	6	日	1	2	3	4	5	6	日	1	2	3	4	5	6	日	月末陽曆
35	九			㉜	2	3	4	5	6	7	8	9	10	11	12	13	14	15	16	17	18	19	20	21	22	23	24	25	26	27	28	29						11.13
36	十				①	2	3	4	5	6	7	8	9	10	11	12	13	14	15	16	17	18	19	20	21	22	23	24	25	26	27	28	29	30				12.13
37	十一						㉛	2	3	4	5	6	7	8	9	10	11	12	13	14	15	16	17	18	19	20	21	22	23	24	25	26	27	28	29			1.11
38	十二							(60)	2	3	4	5	6	7	8	9	10	11	12	13	14	15	16	17	18	19	20	21	22	23	24	25	26	27	28	29	30	2.10

大事記

正月，匈奴劉衛辰叛秦降代。　四月，桓溫取許昌，破燕將。　五月，晉穆帝卒，司馬丕即位，是為哀皇帝。　十二月，張玄覩改元昇平，復廢建興年號。秦苻堅命州郡舉孝悌、廉直、文學、政事之士，時內外之官，率皆稱職。

晉及十六國紀年

干支壬戌　公元 362 年

朝代或國名	國家支配者	建　都	廟號	謚號	建元	年號年次	輔政者	備　注
東晉	⑥司馬丕	建康		哀	2	1 隆和元年		
前涼	⑦張玄覩	姑臧			2	2 昇平 6 年		盧水胡人
代	①拓跋什翼犍	盛樂	高祖	昭成	1	建國 25 年		
前燕	④慕容暐	鄴		幽	1	建熙 3 年		
前秦	④苻堅	長安	世祖	宣昭	3	2 甘露 4 年		
鐵弗匈奴	⑥劉衛辰	代來城				3 年		
仇池氐	⑦楊世	成縣西				2 年		甘肅
丁零翟魏	①翟斌					33 年		
乞伏鮮卑	①乞伏司繁					34 年		甘肅
吐谷渾	④碎溪					11 年		青海
高句麗	⑯斯由	丸都城				32 年		吉林省

月　曆　表（建　寅）

5075—354—1853673

月干支序數	月序＼星期	日	1	2	3	4	5	6	日	1	2	3	4	5	6	日	1	2	3	4	5	6	日	1	2	3	4	5	6	日	1	2	3	4	5	6	日	月末陽曆
39	正		㉚	2	3	4	5	6	7	8	9	10	11	12	13	14	15	16	17	18	19	20	21	22	23	24	25	26	27	28	29							3.11
40	二			(59)	2	3	4	5	6	7	8	9	10	11	12	13	14	15	16	17	18	19	20	21	22	23	24	25	26	27	28	29	30					4.10
41	三					㉙	2	3	4	5	6	7	8	9	10	11	12	13	14	15	16	17	18	19	20	21	22	23	24	25	26	27	28	29				5.9
42	四						(58)	2	3	4	5	6	7	8	9	10	11	12	13	14	15	16	17	18	19	20	21	22	23	24	25	26	27	28	29	30		6.8
43	五	㉘	2	3	4	5	6	7	8	9	10	11	12	13	14	15	16	17	18	19	20	21	22	23	24	25	26	27	28	29								7.7
44	六		(57)	2	3	4	5	6	7	8	9	10	11	12	13	14	15	16	17	18	19	20	21	22	23	24	25	26	27	28	29	30						8.6
45	七				㉗	2	3	4	5	6	7	8	9	10	11	12	13	14	15	16	17	18	19	20	21	22	23	24	25	26	27	28	29					9.4
46	八					(56)	2	3	4	5	6	7	8	9	10	11	12	13	14	15	16	17	18	19	20	21	22	23	24	25	26	27	28	29	30			10.4
47	九							㉖	2	3	4	5	6	7	8	9	10	11	12	13	14	15	16	17	18	19	20	21	22	23	24	25	26	27	28	29	30	11.3
48	十		(56)	2	3	4	5	6	7	8	9	10	11	12	13	14	15	16	17	18	19	20	21	22	23	24	25	26	27	28	29							12.2
49	十一			㉕	2	3	4	5	6	7	8	9	10	11	12	13	14	15	16	17	18	19	20	21	22	23	24	25	26	27	28	29	30					1.1
50	十二					(55)	2	3	4	5	6	7	8	9	10	11	12	13	14	15	16	17	18	19	20	21	22	23	24	25	26	27	28	29				1.30

大事記

正月，晉詔減田税，畝收二升。　二月，慕容暐攻洛陽，七月退。　五月，苻堅臨太學，考第諸生。　七月，前燕攻洛陽，敗退。

晉及十六國紀年

干支癸亥　公元 363 年

朝代或國名	國家支配者	建　都	廟號	謚號	建元	年號年次	輔政者	備　注
東晉	⑥司馬丕	建康		哀	2	2興寧元年		二月改元
前涼	⑧張天錫	姑臧		後主	2	2昇平7年		八月即位
代	①拓跋什翼犍	盛樂	高祖	昭成	1	建國26年		
前燕	④慕容暐	鄴		幽	1	建熙4年		
前秦	④苻堅	長安	世祖	宣昭	3	2甘露5年		
鐵弗匈奴	⑥劉衛辰	代來城				4年		
仇池氏	⑦楊世	成縣西				3年		甘肅
丁零翟魏	①翟斌					34年		
乞伏鮮卑	①乞伏司繁					35年		甘肅
吐谷渾	④碎溪					12年		青海
高句麗	⑯斯由	丸都城				33年		吉林省

月　曆　表（建　寅）

5076－384－1854057

月干支序數	星期／月序	日	1	2	3	4	5	6	日	1	2	3	4	5	6	日	1	2	3	4	5	6	日	1	2	3	4	5	6	日	1	2	3	4	5	6	日	月末陽曆
51	正						㉔	2	3	4	5	6	7	8	9	10	11	12	13	14	15	16	17	18	19	20	21	22	23	24	25	26	27	28	29	30		3.1
52	二	(54)	2	3	4	5	6	7	8	9	10	11	12	13	14	15	16	17	18	19	20	21	22	23	24	25	26	27	28	29								3.30
53	三		㉓	2	3	4	5	6	7	8	9	10	11	12	13	14	15	16	17	18	19	20	21	22	23	24	25	26	27	28	29	30						4.29
54	四				(53)	2	3	4	5	6	7	8	9	10	11	12	13	14	15	16	17	18	19	20	21	22	23	24	25	26	27	28	29					5.28
55	五					㉒	2	3	4	5	6	7	8	9	10	11	12	13	14	15	16	17	18	19	20	21	22	23	24	25	26	27	28	29	30			6.27
56	六							(52)	2	3	4	5	6	7	8	9	10	11	12	13	14	15	16	17	18	19	20	21	22	23	24	25	26	27	28	29		7.26
57	七	㉑	2	3	4	5	6	7	8	9	10	11	12	13	14	15	16	17	18	19	20	21	22	23	24	25	26	27	28	29	30							8.25
58	八			(51)	2	3	4	5	6	7	8	9	10	11	12	13	14	15	16	17	18	19	20	21	22	23	24	25	26	27	28	29						9.23
	閏				⑳	2	3	4	5	6	7	8	9	10	11	12	13	14	15	16	17	18	19	20	21	22	23	24	25	26	27	28	29	30				10.23
59	九						㊿	2	3	4	5	6	7	8	9	10	11	12	13	14	15	16	17	18	19	20	21	22	23	24	25	26	27	28	29			11.21
60	十							⑲	2	3	4	5	6	7	8	9	10	11	12	13	14	15	16	17	18	19	20	21	22	23	24	25	26	27	28	29	30	12.21
1	十一		㊾	2	3	4	5	6	7	8	9	10	11	12	13	14	15	16	17	18	19	20	21	22	23	24	25	26	27	28	29							1.19
2	十二			⑱	2	3	4	5	6	7	8	9	10	11	12	13	14	15	16	17	18	19	20	21	22	23	24	25	26	27	28	29	30					2.18

大事記

二月，晉改元興寧。　四月，慕容暐兵攻滎陽。　五月，晉加桓溫大司馬、都督中外諸軍事、錄尚書事。八月，前涼張天錫殺張玄靚，稱涼州牧、西平公。改元太清。　九月，桓溫北伐。　十月，慕容暐兵攻陳留。代王什翼犍大破高車，俘萬餘口，牛羊馬百餘萬頭。

晉及十六國紀年

干支甲子　公元 364 年

朝代或國名	國家支配者	建　都	廟號	謚號	建元	年號年次	輔政者	備　注
東晉	⑥司馬丕	建康		哀	2	2 興寧 2 年		
前涼	⑧張天錫	姑臧		後主	2	2 昇平 8 年		（太清二年）
代	①拓跋什翼犍	盛樂	高祖	昭成	1	建國 27 年		
前燕	④慕容暐	鄴		幽	1	建熙 5 年		
前秦	④苻堅	長安	世祖	宣昭	3	2 甘露 6 年		
鐵弗匈奴	⑥劉衛辰	代來城				5 年		
仇池氐	⑦楊世	成縣西				4 年		甘肅
丁零翟魏	①翟斌					35 年		
乞伏鮮卑	①乞伏司繁					36 年		甘肅
吐谷渾	④碎奚					13 年		青海
高句麗	⑯斯由	丸都城				34 年		吉林省

月　曆　表（建 寅）

5077－354－1854411

月干支序數	月序 ＼ 星期	日	1	2	3	4	5	6	日	1	2	3	4	5	6	日	1	2	3	4	5	6	日	1	2	3	4	5	6	日	1	2	3	4	5	6	日	月末陽曆
3	正					㊽	2	3	4	5	6	7	8	9	10	11	12	13	14	15	16	17	18	19	20	21	22	23	24	25	26	27	28	29	30			3.19
4	二							⑱	2	3	4	5	6	7	8	9	10	11	12	13	14	15	16	17	18	19	20	21	22	23	24	25	26	27	28	29		4.17
5	三	㊼	2	3	4	5	6	7	8	9	10	11	12	13	14	15	16	17	18	19	20	21	22	23	24	25	26	27	28	29	30							5.17
6	四			⑰	2	3	4	5	6	7	8	9	10	11	12	13	14	15	16	17	18	19	20	21	22	23	24	25	26	27	28	29						6.15
7	五				㊻	2	3	4	5	6	7	8	9	10	11	12	13	14	15	16	17	18	19	20	21	22	23	24	25	26	27	28	29	30				7.15
8	六						⑯	2	3	4	5	6	7	8	9	10	11	12	13	14	15	16	17	18	19	20	21	22	23	24	25	26	27	28	29			8.13
9	七							㊺	2	3	4	5	6	7	8	9	10	11	12	13	14	15	16	17	18	19	20	21	22	23	24	25	26	27	28	29	30	9.12
10	八		⑮	2	3	4	5	6	7	8	9	10	11	12	13	14	15	16	17	18	19	20	21	22	23	24	25	26	27	28	29							10.11
11	九			㊹	2	3	4	5	6	7	8	9	10	11	12	13	14	15	16	17	18	19	20	21	22	23	24	25	26	27	28	29	30					11.10
12	十					⑭	2	3	4	5	6	7	8	9	10	11	12	13	14	15	16	17	18	19	20	21	22	23	24	25	26	27	28	29				12.9
13	十一						㊸	2	3	4	5	6	7	8	9	10	11	12	13	14	15	16	17	18	19	20	21	22	23	24	25	26	27	28	29	30		1.8
14	十二	⑬	2	3	4	5	6	7	8	9	10	11	12	13	14	15	16	17	18	19	20	21	22	23	24	25	26	27	28	29								2.6

大事記

二月，慕容暐兵略地河南。　三月，庚戌朔，晉桓溫令大閱戶口，令所在土斷，謂之庚戌制。　四月，慕容暐兵略許昌、汝南、陳留，徙萬餘戶於幽、冀二州，留兵戍許昌。　七月，燕徙宗廟百官於鄴。　八月，慕容暐兵屯盂津，窺洛陽。

十一月，代伐沒歌部，破之，獲牛、馬、羊數百萬頭。

是年，苻堅令京城百里內工商皂隸不得服金銀、錦綉，犯者弃市。我國原始化學家葛洪逝世(284—364)，著作豐富，史稱"富於班"。其中《抱樸子》堪稱一部集中國原始化學知識之大成的著作。

晉及十六國紀年

干支乙丑　公元 365 年

朝代或國名	國家支配者	建　都	廟號	謚號	建元	年號年次	輔政者	備　注
東晉	⑥司馬丕	建康		哀	2	2 興寧 3 年		廢帝二月即位
前涼	⑧張天錫	姑臧		後主	2	2 昇平 9 年		盧水胡人

續表

朝代或國名	國家支配者	建都	廟號	謚號	建元	年號年次	輔政者	備注
代	①拓跋什翼犍	盛樂	高祖	昭成	1	建國 28 年		
前燕	④慕容暐	鄴		幽	1	建熙 6 年		
前秦	④苻堅	長安	世祖	宣昭	3	3 建元元年		
鐵弗匈奴	⑥劉衛辰	代來城				6 年		
仇池氐	⑦楊世	成縣西				5 年		甘肅
丁零翟魏	①翟斌					36 年		
乞伏鮮卑	①乞伏司繁					37 年		甘肅
吐谷渾	④碎奚					14 年		青海
高句麗	⑯斯由	丸都城				35 年		吉林省

月曆表（建寅）　5078－355－1854766

月干支序數	月序＼星期	日	1	2	3	4	5	6	日	1	2	3	4	5	6	日	1	2	3	4	5	6	日	1	2	3	4	5	6	日	1	2	3	4	5	6	日	月末陽曆
15	正		㊷	2	3	4	5	6	7	8	9	10	11	12	13	14	15	16	17	18	19	20	21	22	23	24	25	26	27	28	29	30						3.8
16	二				⑫	2	3	4	5	6	7	8	9	10	11	12	13	14	15	16	17	18	19	20	21	22	23	24	25	26	27	28	29					4.6
17	三					㊶	2	3	4	5	6	7	8	9	10	11	12	13	14	15	16	17	18	19	20	21	22	23	24	25	26	27	28	29	30			5.6
18	四							⑪	2	3	4	5	6	7	8	9	10	11	12	13	14	15	16	17	18	19	20	21	22	23	24	25	26	27	28	29		6.4
19	五	㊵	2	3	4	5	6	7	8	9	10	11	12	13	14	15	16	17	18	19	20	21	22	23	24	25	26	27	28	29	30							7.4
20	六			⑩	2	3	4	5	6	7	8	9	10	11	12	13	14	15	16	17	18	19	20	21	22	23	24	25	26	27	28	29	30					8.3
21	七					㊵	2	3	4	5	6	7	8	9	10	11	12	13	14	15	16	17	18	19	20	21	22	23	24	25	26	27	28	29				9.1
22	八						⑨	2	3	4	5	6	7	8	9	10	11	12	13	14	15	16	17	18	19	20	21	22	23	24	25	26	27	28	29	30		10.1
23	九	㊴	2	3	4	5	6	7	8	9	10	11	12	13	14	15	16	17	18	19	20	21	22	23	24	25	26	27	28	29								10.30
24	十		⑧	2	3	4	5	6	7	8	9	10	11	12	13	14	15	16	17	18	19	20	21	22	23	24	25	26	27	28	29	30						11.29
25	十一				㊳	2	3	4	5	6	7	8	9	10	11	12	13	14	15	16	17	18	19	20	21	22	23	24	25	26	27	28	29					12.28
26	十二					⑦	2	3	4	5	6	7	8	9	10	11	12	13	14	15	16	17	18	19	20	21	22	23	24	25	26	27	28	29	30			1.27

大事記

正月，匈奴劉衛辰叛代，敗走。晉桓溫移鎮姑熟。　二月，晉哀帝卒，弟琅邪王奕嗣位，是為廢帝海西公。苻堅改元建元。　三月，前燕陷晉洛陽。　七月，匈奴曹轂、劉衛辰攻杏城，苻堅擊破之，轂降，衛辰被俘。　十月，梁州刺史司馬勛反，稱成都王。

晉及十六國紀年　干支丙寅　公元 366 年

朝代或國名	國家支配者	建都	廟號	謚號	建元	年號年次	輔政者	備注
東晉	⑦司馬奕	建康		廢	1	太和元年	王昱	
前涼	⑧張天錫	姑臧		後主	2	2 昇平 10 年		盧水胡人
代	①拓跋什翼犍	盛樂	高祖	昭成	1	建國 29 年		
前燕	④慕容暐	鄴		幽	1	建熙 7 年		
前秦	④苻堅	長安	世祖	宣昭	3	3 建元 2 年		
鐵弗匈奴	⑥劉衛辰	代來城				7 年		

續表

朝代或國名	國家支配者	建　都	廟號	謚號	建元	年號年次	輔政者	備　注
仇池氏	⑦楊世	成縣西				6 年		甘肅
丁零翟魏	①翟斌					37 年		
乞伏鮮卑	①乞伏司繁					38 年		甘肅
吐谷渾	④碎溪					15 年		青海
高句麗	⑯斯由	丸都城				36 年		吉林省

月　曆　表（建寅）

5079—384—1855150

月干支序數	星期／月序	日	1	2	3	4	5	6	日	1	2	3	4	5	6	日	1	2	3	4	5	6	日	1	2	3	4	5	6	日	1	2	3	4	5	6	日	月末陽曆
27	正							㊲	2	3	4	5	6	7	8	9	10	11	12	13	14	15	16	17	18	19	20	21	22	23	24	25	26	27	28	29		2.25
28	二	⑥	2	3	4	5	6	7	8	9	10	11	12	13	14	15	16	17	18	19	20	21	22	23	24	25	26	27	28	29	30							3.27
29	三			㊱	2	3	4	5	6	7	8	9	10	11	12	13	14	15	16	17	18	19	20	21	22	23	24	25	26	27	28	29						4.25
30	四				⑤	2	3	4	5	6	7	8	9	10	11	12	13	14	15	16	17	18	19	20	21	22	23	24	25	26	27	28	29	30				5.25
	閏						㉟	2	3	4	5	6	7	8	9	10	11	12	13	14	15	16	17	18	19	20	21	22	23	24	25	26	27	28	29			6.23
31	五							④	2	3	4	5	6	7	8	9	10	11	12	13	14	15	16	17	18	19	20	21	22	23	24	25	26	27	28	29	30	7.23
32	六		㉞	2	3	4	5	6	7	8	9	10	11	12	13	14	15	16	17	18	19	20	21	22	23	24	25	26	27	28	29							8.21
33	七			③	2	3	4	5	6	7	8	9	10	11	12	13	14	15	16	17	18	19	20	21	22	23	24	25	26	27	28	29	30					9.20
34	八					㉝	2	3	4	5	6	7	8	9	10	11	12	13	14	15	16	17	18	19	20	21	22	23	24	25	26	27	28	29	30			10.20
35	九							③	2	3	4	5	6	7	8	9	10	11	12	13	14	15	16	17	18	19	20	21	22	23	24	25	26	27	28	29		11.18
36	十	㉜	2	3	4	5	6	7	8	9	10	11	12	13	14	15	16	17	18	19	20	21	22	23	24	25	26	27	28	29	30							12.18
37	十一			②	2	3	4	5	6	7	8	9	10	11	12	13	14	15	16	17	18	19	20	21	22	23	24	25	26	27	28	29						1.16
38	十二				㉛	2	3	4	5	6	7	8	9	10	11	12	13	14	15	16	17	18	19	20	21	22	23	24	25	26	27	28	29	30				2.15

劉氏長曆閏五月。

大事記

五月，司馬勛敗死。代王什翼犍附於苻堅。　七月，苻堅將王猛等攻南鄉郡，掠萬餘戶而還。　十月，晉以琅邪王司馬昱為丞相、錄尚書事，加殊禮。前秦攻晉荆州，掠萬餘戶而還。　十二月，隴西李儼自立，羌斂岐以略陽四千家附之。南陽趙億等據宛城，逐太守，叛附慕容暐。是歲，晉沙門支遁卒(314—366)。樂僔僧始建敦煌莫高窟。

晉及十六國紀年

干支丁卯　公元 367 年

朝代或國名	國家支配者	建　都	廟號	謚號	建元	年號年次	輔政者	備　注
東晉	⑦司馬奕	建康		廢	1	太和 2 年		
前凉	⑧張天錫	姑臧		後主	2	2 昇平 11 年		盧水胡人
代	①拓跋什翼犍	盛樂	高祖	昭成	1	建國 30 年		
前燕	④慕容暐	鄴		幽	1	建熙 8 年		
前秦	④苻堅	長安	世祖	宣昭	3	3 建元 3 年		
鐵弗匈奴	⑥劉衛辰	代來城				8 年		
仇池氏	⑦楊世	成縣西				7 年		甘肅
丁零翟魏	①翟斌					38 年		

續表

朝代或國名	國家支配者	建　都	廟號	謚號	建元	年號年次	輔政者	備　注
乞伏鮮卑	①乞伏司繁					39 年		甘肅
吐谷渾	④碎溪					16 年		青海
高句麗	⑯斯由	丸都城				37 年		吉林省

月　曆　表（建寅）　5080—354—1855504

月干支序數	月序＼星期	日	1	2	3	4	5	6	日	1	2	3	4	5	6	日	1	2	3	4	5	6	日	1	2	3	4	5	6	日	1	2	3	4	5	6	日	月末陽曆
39	正						①	2	3	4	5	6	7	8	9	10	11	12	13	14	15	16	17	18	19	20	21	22	23	24	25	26	27	28	29			3.16
40	二							㉚	2	3	4	5	6	7	8	9	10	11	12	13	14	15	16	17	18	19	20	21	22	23	24	25	26	27	28	29	30	4.15
41	三		(60)	2	3	4	5	6	7	8	9	10	11	12	13	14	15	16	17	18	19	20	21	22	23	24	25	26	27	28	29							5.14
42	四			㉙	2	3	4	5	6	7	8	9	10	11	12	13	14	15	16	17	18	19	20	21	22	23	24	25	26	27	28	29	30					6.13
43	五					㊾	2	3	4	5	6	7	8	9	10	11	12	13	14	15	16	17	18	19	20	21	22	23	24	25	26	27	28	29				7.12
44	六						㉘	2	3	4	5	6	7	8	9	10	11	12	13	14	15	16	17	18	19	20	21	22	23	24	25	26	27	28	29	30		8.11
45	七	㊽	2	3	4	5	6	7	8	9	10	11	12	13	14	15	16	17	18	19	20	21	22	23	24	25	26	27	28	29								9.9
46	八		㉗	2	3	4	5	6	7	8	9	10	11	12	13	14	15	16	17	18	19	20	21	22	23	24	25	26	27	28	29	30						10.9
47	九				㊼	2	3	4	5	6	7	8	9	10	11	12	13	14	15	16	17	18	19	20	21	22	23	24	25	26	27	28	29					11.7
48	十					㉖	2	3	4	5	6	7	8	9	10	11	12	13	14	15	16	17	18	19	20	21	22	23	24	25	26	27	28	29	30			12.7
49	十一							㊻	2	3	4	5	6	7	8	9	10	11	12	13	14	15	16	17	18	19	20	21	22	23	24	25	26	27	28	29		1.5
50	十二	㉕	2	3	4	5	6	7	8	9	10	11	12	13	14	15	16	17	18	19	20	21	22	23	24	25	26	27	28	29	30							2.4

大事記

三月，苻堅將王猛等攻羌斂岐，擒之。四月，張天錫攻李儼，王猛救李儼，敗天錫軍，遂入枹罕，并虜儼。　五月，前燕太宰慕容恪卒，臨終薦慕容垂於慕容暐。桓豁攻下宛城，趙億逝。苻堅分匈奴曹轂部為二，號東、西曹。　七月，前燕遣將破敕勒，獲馬牛數萬頭。　十月，秦苻氏內訌。什翼犍破匈奴劉衛辰，掠其部落什六七，衛辰奔秦。代獲生口及馬、牛數十萬頭。

晉及十六國紀年　　干支戊辰　公元 368 年

朝代或國名	國家支配者	建　都	廟號	謚號	建元	年號年次	輔政者	備　注
東晉	⑦司馬奕	建康		廢	1	太和 3 年		
前涼	⑧張天錫	姑臧		後主	2	2 昇平 12 年		盧水胡人
代	①拓跋什翼犍	盛樂	高祖	昭成	1	建國 31 年		
前燕	④慕容暐	鄴		幽	1	建熙 9 年		
前秦	④苻堅	長安	世祖	宣昭	3	3 建元 4 年		
鐵弗匈奴	⑥劉衛辰	代來城				9 年		
仇池氐	⑦楊世	成縣西				8 年		甘肅
丁零翟魏	①翟斌					39 年		
乞伏鮮卑	①乞伏司繁					40 年		甘肅
吐谷渾	④碎溪					17 年		青海
高句麗	⑯斯由	丸都城				38 年		吉林省

月　曆　表（建 寅）　5081—354—1855858

月干支序數	月序＼星期	日	1	2	3	4	5	6	日	1	2	3	4	5	6	日	1	2	3	4	5	6	日	1	2	3	4	5	6	日	1	2	3	4	5	6	日	月末陽曆
51	正			(55)	2	3	4	5	6	7	8	9	10	11	12	13	14	15	16	17	18	19	20	21	22	23	24	25	26	27	28	29	30					3.5
52	二					㉕	2	3	4	5	6	7	8	9	10	11	12	13	14	15	16	17	18	19	20	21	22	23	24	25	26	27	28	29				4.3
53	三						(54)	2	3	4	5	6	7	8	9	10	11	12	13	14	15	16	17	18	19	20	21	22	23	24	25	26	27	28	29	30		5.3
54	四	㉔	2	3	4	5	6	7	8	9	10	11	12	13	14	15	16	17	18	19	20	21	22	23	24	25	26	27	28	29								6.1
55	五		(53)	2	3	4	5	6	7	8	9	10	11	12	13	14	15	16	17	18	19	20	21	22	23	24	25	26	27	28	29	30						7.1
56	六				㉓	2	3	4	5	6	7	8	9	10	11	12	13	14	15	16	17	18	19	20	21	22	23	24	25	26	27	28	29					7.30
57	七					(52)	2	3	4	5	6	7	8	9	10	11	12	13	14	15	16	17	18	19	20	21	22	23	24	25	26	27	28	29	30			8.29
58	八							㉒	2	3	4	5	6	7	8	9	10	11	12	13	14	15	16	17	18	19	20	21	22	23	24	25	26	27	28	29		9.27
59	九	(51)	2	3	4	5	6	7	8	9	10	11	12	13	14	15	16	17	18	19	20	21	22	23	24	25	26	27	28	29	30							10.27
60	十			㉑	2	3	4	5	6	7	8	9	10	11	12	13	14	15	16	17	18	19	20	21	22	23	24	25	26	27	28	29						11.25
1	十一				㊿	2	3	4	5	6	7	8	9	10	11	12	13	14	15	16	17	18	19	20	21	22	23	24	25	26	27	28	29	30				12.25
2	十二						⑳	2	3	4	5	6	7	8	9	10	11	12	13	14	15	16	17	18	19	20	21	22	23	24	25	26	27	28	29			1.23

大事記

正月，苻堅遣兵分道平亂，至十二月始定。慕容暐以王公貴戚蔭戶多於國之戶口，詔斷諸蔭戶，盡屬郡縣。　十月，前燕使悅綰括戶，出戶二十餘萬，綰因之被害。　十二月，晉加大司馬桓溫殊禮，位在諸侯王之上。

晉及十六國紀年　干支己巳　公元 369 年

朝代或國名	國家支配者	建　都	廟號	諡號	建元	年號年次	輔政者	備　注
東晉	⑦司馬奕	建康		廢	1	太和 4 年		
前涼	⑧張天錫	姑臧		後主	2	2 昇平 13 年		盧水胡人
代	①拓跋什翼犍	盛樂	高祖	昭成	1	建國 32 年		
前燕	④慕容暐	鄴		幽	1	建熙 10 年		
前秦	④苻堅	長安	世祖	宣昭	3	3 建元 5 年		
鐵弗匈奴	⑥劉衛辰	代來城				10 年		
仇池氐	⑦楊世	成縣西				9 年		甘肅
丁零翟魏	①翟斌					40 年		
乞伏鮮卑	①乞伏司繁					41 年		甘肅
吐谷渾	④碎奚					18 年		青海
高句麗	⑯斯由	丸都城				39 年		吉林省

月　曆　表（建 寅）　5082—384—1856242

月干支序數	月序＼星期	日	1	2	3	4	5	6	日	1	2	3	4	5	6	日	1	2	3	4	5	6	日	1	2	3	4	5	6	日	1	2	3	4	5	6	日	月末陽曆
3	正							㊾	2	3	4	5	6	7	8	9	10	11	12	13	14	15	16	17	18	19	20	21	22	23	24	25	26	27	28	29	30	2.22
	閏		⑲	2	3	4	5	6	7	8	9	10	11	12	13	14	15	16	17	18	19	20	21	22	23	24	25	26	27	28	29							3.23
4	二			㊽	2	3	4	5	6	7	8	9	10	11	12	13	14	15	16	17	18	19	20	21	22	23	24	25	26	27	28	29	30					4.22
5	三					⑱	2	3	4	5	6	7	8	9	10	11	12	13	14	15	16	17	18	19	20	21	22	23	24	25	26	27	28	29				5.21

續表

月干支序數	星期 月序	日	1	2	3	4	5	6	日	1	2	3	4	5	6	日	1	2	3	4	5	6	日	1	2	3	4	5	6	日	1	2	3	4	5	6	日	月末陽曆
6	四						㊼	2	3	4	5	6	7	8	9	10	11	12	13	14	15	16	17	18	19	20	21	22	23	24	25	26	27	28	29	30		6.20
7	五	⑰	2	3	4	5	6	7	8	9	10	11	12	13	14	15	16	17	18	19	20	21	22	23	24	25	26	27	28	29	30							7.20
8	六			㊼	2	3	4	5	6	7	8	9	10	11	12	13	14	15	16	17	18	19	20	21	22	23	24	25	26	27	28	29						8.18
9	七				⑯	2	3	4	5	6	7	8	9	10	11	12	13	14	15	16	17	18	19	20	21	22	23	24	25	26	27	28	29	30				9.17
10	八						㊻	2	3	4	5	6	7	8	9	10	11	12	13	14	15	16	17	18	19	20	21	22	23	24	25	26	27	28	29			10.16
11	九							⑮	2	3	4	5	6	7	8	9	10	11	12	13	14	15	16	17	18	19	20	21	22	23	24	25	26	27	28	29	30	11.15
12	十		㊺	2	3	4	5	6	7	8	9	10	11	12	13	14	15	16	17	18	19	20	21	22	23	24	25	26	27	28	29							12.14
13	十一			⑭	2	3	4	5	6	7	8	9	10	11	12	13	14	15	16	17	18	19	20	21	22	23	24	25	26	27	28	29	30					1.13
14	十二					㊹	2	3	4	5	6	7	8	9	10	11	12	13	14	15	16	17	18	19	20	21	22	23	24	25	26	27	28	29				2.11

大事記

四月，桓溫督步騎五萬北伐前燕。　六月，桓溫使毛虎生鑿巨野三百里以引汶水會於清水，以濟舟師，屢破慕容暐之衆，師次枋頭。　九月，晉命豫州刺史袁真開汴口石門以通運，不果。桓溫糧盡退兵，慕容垂乘機追擊於枋頭，溫大敗，死三萬餘人。　十月，豫州刺史袁真據壽春降於慕容暐。　十一月，慕容垂叛前燕奔降苻堅。　十二月，前秦王猛伐燕取洛陽。

晉及十六國紀年

干支庚午　公元 370 年

朝代或國名	國家支配者	建　都	廟號	謚號	建元	年號年次	輔政者	備　注
東晉	⑦司馬奕	建康		廢	1	太和 5 年		
前凉	⑧張天錫	姑臧		後主	2	2 昇平 14 年		盧水胡人
代	①拓跋什翼犍	盛樂	高祖	昭成	1	建國 33 年		
前燕	④慕容暐	鄴		幽	1	建熙 11 年		十一月亡
前秦	④苻堅	長安	世祖	宣昭	3	3 建元 6 年		
	李弘 (李金銀)				1	鳳凰元年		八月建元，九月亡於益州刺史周楚
鐵弗匈奴	⑥劉衛辰	代來城				11 年		
仇池氐	⑦楊世	成縣西				10 年		卒
丁零翟魏	①翟斌					41 年		
乞伏鮮卑	①乞伏司繁					42 年		甘肅
吐谷渾	④碎溪					19 年		青海
高句麗	⑯斯由	丸都城				40 年		吉林省

月　曆　表（建寅）

5083－355－1856597

月干支序數	星期 月序	日	1	2	3	4	5	6	日	1	2	3	4	5	6	日	1	2	3	4	5	6	日	1	2	3	4	5	6	日	1	2	3	4	5	6	日	月末陽曆
15	正						⑬	2	3	4	5	6	7	8	9	10	11	12	13	14	15	16	17	18	19	20	21	22	23	24	25	26	27	28	29	30		3.13
16	二	㊸	2	3	4	5	6	7	8	9	10	11	12	13	14	15	16	17	18	19	20	21	22	23	24	25	26	27	28	29								4.11

續表

月干支序數	星期／月序	日	1	2	3	4	5	6	日	1	2	3	4	5	6	日	1	2	3	4	5	6	日	1	2	3	4	5	6	日	1	2	3	4	5	6	日	月末陽曆
17	三		⑫	2	3	4	5	6	7	8	9	10	11	12	13	14	15	16	17	18	19	20	21	22	23	24	25	26	27	28	29	30						5.11
18	四				㊷	2	3	4	5	6	7	8	9	10	11	12	13	14	15	16	17	18	19	20	21	22	23	24	25	26	27	28	29					6.9
19	五					⑪	2	3	4	5	6	7	8	9	10	11	12	13	14	15	16	17	18	19	20	21	22	23	24	25	26	27	28	29	30			7.9
20	六							㊶	2	3	4	5	6	7	8	9	10	11	12	13	14	15	16	17	18	19	20	21	22	23	24	25	26	27	28	29		8.7
21	七	⑩	2	3	4	5	6	7	8	9	10	11	12	13	14	15	16	17	18	19	20	21	22	23	24	25	26	27	28	29	30							9.6
22	八			㊵	2	3	4	5	6	7	8	9	10	11	12	13	14	15	16	17	18	19	20	21	22	23	24	25	26	27	28	29						10.5
23	九				⑨	2	3	4	5	6	7	8	9	10	11	12	13	14	15	16	17	18	19	20	21	22	23	24	25	26	27	28	29	30				11.4
24	十						㊴	2	3	4	5	6	7	8	9	10	11	12	13	14	15	16	17	18	19	20	21	22	23	24	25	26	27	28	29	30		12.4
25	十一	⑨	2	3	4	5	6	7	8	9	10	11	12	13	14	15	16	17	18	19	20	21	22	23	24	25	26	27	28	29								1.2
26	十二		㊳	2	3	4	5	6	7	8	9	10	11	12	13	14	15	16	17	18	19	20	21	22	23	24	25	26	27	28	29	30						2.1

大事記

正月，王猛入洛陽。　四月，苻堅遣王猛等擊慕容暐。　八月，廣漢人李弘、隴西人李高等起事，弘稱聖王，年號鳳凰，高破涪城，未幾，皆敗死。　十一月，苻堅入鄴，俘慕容暐，燕地皆入於秦，凡郡百五十七，戶2,458,969，口9,987,935，前燕亡。秦以王猛為冀州牧、都督關東六州軍事。　十二月，秦徙慕容暐及鮮卑四萬餘戶於長安。

是歲，仇池楊氏內亂。

晉及十六國紀年

干支辛未　公元371年

朝代或國名	國家支配者	建　都	廟號	謚號	建元	年號年次	輔政者	備　注
東晉	⑧司馬昱	建康	太宗	簡文	1	咸安元年		十一月己酉改元
前涼	⑧張天錫	姑臧		後主	2	2 昇平15年		盧水胡人
代	①拓跋什翼犍	盛樂	高祖	昭成	1	建國34年		
前秦	④苻堅	長安	世祖	宣昭	3	3 建元7年		
鐵弗匈奴	⑥劉衛辰	代來城				12年		
仇池氏	⑧楊纂	被留長安				元年		四月降於前秦被遷長安
丁零翟魏	①翟斌					42年		
乞伏鮮卑	①乞伏司繁	被留長安				43年		秦封爲南單于
吐谷渾	④碎溪					20年		五月卒
高句麗	⑰小獸林王立夫	丸都城				元年		吉林省

月　曆　表（建　寅）

5084—384—1856981

月干支序數	星期／月序	日	1	2	3	4	5	6	日	1	2	3	4	5	6	日	1	2	3	4	5	6	日	1	2	3	4	5	6	日	1	2	3	4	5	6	日	月末陽曆
27	正				⑧	2	3	4	5	6	7	8	9	10	11	12	13	14	15	16	17	18	19	20	21	22	23	24	25	26	27	28	29					3.2
28	二					㊲	2	3	4	5	6	7	8	9	10	11	12	13	14	15	16	17	18	19	20	21	22	23	24	25	26	27	28	29	30			4.1
29	三							⑦	2	3	4	5	6	7	8	9	10	11	12	13	14	15	16	17	18	19	20	21	22	23	24	25	26	27	28	29		4.30
30	四	㊱	2	3	4	5	6	7	8	9	10	11	12	13	14	15	16	17	18	19	20	21	22	23	24	25	26	27	28	29	30							5.30

續表

月干支序數	月序\星期	日	1	2	3	4	5	6	日	1	2	3	4	5	6	日	1	2	3	4	5	6	日	1	2	3	4	5	6	日	1	2	3	4	5	6	日	月末陽曆
31	五			⑥	2	3	4	5	6	7	8	9	10	11	12	13	14	15	16	17	18	19	20	21	22	23	24	25	26	27	28	29						6.28
32	六				㉟	2	3	4	5	6	7	8	9	10	11	12	13	14	15	16	17	18	19	20	21	22	23	24	25	26	27	28	29	30				7.28
33	七						⑤	2	3	4	5	6	7	8	9	10	11	12	13	14	15	16	17	18	19	20	21	22	23	24	25	26	27	28	29			8.26
34	八							㉞	2	3	4	5	6	7	8	9	10	11	12	13	14	15	16	17	18	19	20	21	22	23	24	25	26	27	28	29	30	9.25
35	九		④	2	3	4	5	6	7	8	9	10	11	12	13	14	15	16	17	18	19	20	21	22	23	24	25	26	27	28	29							10.24
36	十			㉝	2	3	4	5	6	7	8	9	10	11	12	13	14	15	16	17	18	19	20	21	22	23	24	25	26	27	28	29	30					11.23
	閏					③	2	3	4	5	6	7	8	9	10	11	12	13	14	15	16	17	18	19	20	21	22	23	24	25	26	27	28	29				12.22
37	十一						㉜	2	3	4	5	6	7	8	9	10	11	12	13	14	15	16	17	18	19	20	21	22	23	24	25	26	27	28	29	30		1.21
38	十二	②	2	3	4	5	6	7	8	9	10	11	12	13	14	15	16	17	18	19	20	21	22	23	24	25	26	27	28	29	30							2.20

大事記

正月，秦苻堅徙關東豪傑及雜夷十五萬戶於關中，處烏桓於馮翊、北地，徙丁零於新安、澠池。秦令諸因亂流移欲還舊業者，悉聽之。　四月，苻堅遣將破仇池，留兵戍其地。涼州張天錫稱臣於苻堅。　五月，吐谷渾獻於苻堅。苻堅攻仇池氏楊纂，降之。　十一月，桓溫廢晉帝為東海王，立丞相會稽王昱為帝，改元咸安。桓溫殺東海王三子，廢武陵王晞、新蔡王晃，殺庾倩、殷涓等，夷其族。　十二月，桓溫降封東海王為海西縣公。

是歲，苻堅遣將攻隴西鮮卑乞伏司繁，降之。

晉及十六國紀年

干支壬申　公元 372 年

朝代或國名	國家支配者	建都	廟號	謚號	建元	年號年次	輔政者	備注
東晉	⑧司馬昱	建康	太宗	簡文	1	咸安 2 年		孝文帝七月即位
前涼	⑧張天錫	姑臧		後主	2	2 昇平 16 年		盧水胡人
代	①拓跋什翼犍	盛樂	高祖	昭成	1	建國 35 年		
前秦	④苻堅	長安	世祖	宣昭	3	3 建元 8 年		
鐵弗匈奴	⑥劉衛辰	代來城				13 年		
仇池氏	⑧楊纂	被留長安				2 年		
丁零翟魏	①翟斌					43 年		
乞伏鮮卑	①乞伏司繁	被留長安				44 年		甘肅
吐谷渾	⑤視連					元年		青海
高句麗	⑰立夫	丸都城				2 年		吉林省

月曆表（建寅）

5085－354－1857335

月干支序數	月序\星期	日	1	2	3	4	5	6	日	1	2	3	4	5	6	日	1	2	3	4	5	6	日	1	2	3	4	5	6	日	1	2	3	4	5	6	日	月末陽曆
39	正			㉜	2	3	4	5	6	7	8	9	10	11	12	13	14	15	16	17	18	19	20	21	22	23	24	25	26	27	28	29						3.20
40	二				①	2	3	4	5	6	7	8	9	10	11	12	13	14	15	16	17	18	19	20	21	22	23	24	25	26	27	28	29	30				4.19
41	三						㉛	2	3	4	5	6	7	8	9	10	11	12	13	14	15	16	17	18	19	20	21	22	23	24	25	26	27	28	29			5.18
42	四							(60)	2	3	4	5	6	7	8	9	10	11	12	13	14	15	16	17	18	19	20	21	22	23	24	25	26	27	28	29	30	6.17

續表

月干支序數	月序＼星期	日	1	2	3	4	5	6	日	1	2	3	4	5	6	日	1	2	3	4	5	6	日	1	2	3	4	5	6	日	1	2	3	4	5	6	日	月末陽曆
43	五		㉚	2	3	4	5	6	7	8	9	10	11	12	13	14	15	16	17	18	19	20	21	22	23	24	25	26	27	28	29							7.16
44	六			(59)	2	3	4	5	6	7	8	9	10	11	12	13	14	15	16	17	18	19	20	21	22	23	24	25	26	27	28	29	30					8.15
45	七					㉙	2	3	4	5	6	7	8	9	10	11	12	13	14	15	16	17	18	19	20	21	22	23	24	25	26	27	28	29				9.13
46	八						(58)	2	3	4	5	6	7	8	9	10	11	12	13	14	15	16	17	18	19	20	21	22	23	24	25	26	27	28	29	30		10.13
47	九	㉘	2	3	4	5	6	7	8	9	10	11	12	13	14	15	16	17	18	19	20	21	22	23	24	25	26	27	28	29								11.11
48	十		(57)	2	3	4	5	6	7	8	9	10	11	12	13	14	15	16	17	18	19	20	21	22	23	24	25	26	27	28	29	30						12.11
49	十一				㉗	2	3	4	5	6	7	8	9	10	11	12	13	14	15	16	17	18	19	20	21	22	23	24	25	26	27	28	29					1.9
50	十二					(56)	2	3	4	5	6	7	8	9	10	11	12	13	14	15	16	17	18	19	20	21	22	23	24	25	26	27	28	29	30			2.8

大事記

正月，百濟、林邑各遣使獻於晉。　三月，苻堅令關東還送民之學通一經、才成一藝者；吏百石以上不通一經一藝者罷為民。　六月，苻堅以王猛為丞相、中書監、尚書令。時關隴清晏，秦國大治。庾希等入京口，討桓溫，敗死。　七月，晉簡文帝卒，太子曜嗣位。　十一月，彭城人盧悚反於建康，稱大道祭酒，遣弟子許龍詐稱迎海西公，攻入殿庭，圖奪取武庫甲杖，敗死。

是歲，苻堅以境內旱，課百姓區種。晉三吳大旱，人多餓死。高句麗仿中國立太學，由前秦傳入佛教。

晉及十六國紀年

干支癸酉　公元 373 年

朝代或國名	國家支配者	建　都	廟號	謚號	建元	年號年次	輔政者	備　注
東晉	⑨司馬曜	建康		武	2	1 寧康元年		
前涼	⑧張天錫	姑臧		後主	2	2 昇平 17 年		盧水胡人
代	①拓跋什翼犍	盛樂	高祖	昭成	1	建國 36 年		
前秦	④苻堅	長安	世祖	宣昭	3	3 建元 9 年		
鐵弗匈奴	⑥劉衛辰	代來城				14 年		
仇池氐	⑧楊纂	留長安				3 年		
丁零翟魏	①翟斌					44 年		
乞伏鮮卑	①乞伏司繁	勇士川				45 年		出鎮勇士川
吐谷渾	⑤視連					2 年		青海省
高句麗	⑰立夫	丸都城				3 年		吉林省

月　曆　表（建寅）

5086－354－1857689

月干支序數	月序＼星期	日	1	2	3	4	5	6	日	1	2	3	4	5	6	日	1	2	3	4	5	6	日	1	2	3	4	5	6	日	1	2	3	4	5	6	日	月末陽曆
51	正							㉖	2	3	4	5	6	7	8	9	10	11	12	13	14	15	16	17	18	19	20	21	22	23	24	25	26	27	28	29		3.9
52	二	(55)	2	3	4	5	6	7	8	9	10	11	12	13	14	15	16	17	18	19	20	21	22	23	24	25	26	27	28	29	30							4.8
53	三			㉕	2	3	4	5	6	7	8	9	10	11	12	13	14	15	16	17	18	19	20	21	22	23	24	25	26	27	28	29						5.7
54	四				(54)	2	3	4	5	6	7	8	9	10	11	12	13	14	15	16	17	18	19	20	21	22	23	24	25	26	27	28	29	30				6.6
55	五						㉔	2	3	4	5	6	7	8	9	10	11	12	13	14	15	16	17	18	19	20	21	22	23	24	25	26	27	28	29	30		7.6
56	六	(54)	2	3	4	5	6	7	8	9	10	11	12	13	14	15	16	17	18	19	20	21	22	23	24	25	26	27	28	29								8.4

續表

月干支序數	月序＼星期	日	1	2	3	4	5	6	日	1	2	3	4	5	6	日	1	2	3	4	5	6	日	1	2	3	4	5	6	日	1	2	3	4	5	6	日	月末陽曆
57	七		㉓	2	3	4	5	6	7	8	9	10	11	12	13	14	15	16	17	18	19	20	21	22	23	24	25	26	27	28	29	30						9.3
58	八				(53)	2	3	4	5	6	7	8	9	10	11	12	13	14	15	16	17	18	19	20	21	22	23	24	25	26	27	28	29					10.2
59	九					㉒	2	3	4	5	6	7	8	9	10	11	12	13	14	15	16	17	18	19	20	21	22	23	24	25	26	27	28	29	30			11.1
60	十							(52)	2	3	4	5	6	7	8	9	10	11	12	13	14	15	16	17	18	19	20	21	22	23	24	25	26	27	28	29		11.30
1	十一	㉑	2	3	4	5	6	7	8	9	10	11	12	13	14	15	16	17	18	19	20	21	22	23	24	25	26	27	28	29	30							12.30
2	十二			(51)	2	3	4	5	6	7	8	9	10	11	12	13	14	15	16	17	18	19	20	21	22	23	24	25	26	27	28	29						1.28

大事記

三月，晉除丹陽、竹格等四桁稅。　五月，晉境旱。夏，代王什翼犍獻於苻堅。　七月，桓溫卒(312—373)。以桓冲都督揚、豫、江州軍事。　九月，晉以王彪之為尚書令，謝安為僕射。　十一月，前秦陷晉梓潼及梁、益二州，邛、莋、夜郎皆附於堅。　是歲，苻堅擊降鮮卑勃寒。

晉及十六國紀年

干支甲戌　公元 374 年

朝代或國名	國家支配者	建　都	廟號	謚號	建元	年號年次	輔政者	備　注
東晉	⑨司馬曜	建康		武	2	1 寧康 2 年		
前凉	⑧張天錫	姑臧		後主	2	2 昇平 18 年		盧水胡人
代	①拓跋什翼犍	盛樂	高祖	昭成	1	建國 37 年		
前秦	④苻堅	長安	世祖	宣昭	3	3 建元 10 年		
蜀	①張育				1	黑龍元年		五月立，九月亡
鐵弗匈奴	⑥劉衛辰	代來城				15 年		
仇池氐	⑧楊纂	留長安				4 年		
丁零翟魏	①翟斌					45 年		
乞伏鮮卑	①乞伏司繁					46 年		
吐谷渾	⑤視連					3 年		青海
高句麗	⑰立夫	丸都城				4 年		吉林省

月　曆　表（建寅）

5087－384－1858073

月干支序數	月序＼星期	日	1	2	3	4	5	6	日	1	2	3	4	5	6	日	1	2	3	4	5	6	日	1	2	3	4	5	6	日	1	2	3	4	5	6	日	月末陽曆
3	正				⑳	2	3	4	5	6	7	8	9	10	11	12	13	14	15	16	17	18	19	20	21	22	23	24	25	26	27	28	29	30				2.27
4	二						㊿	2	3	4	5	6	7	8	9	10	11	12	13	14	15	16	17	18	19	20	21	22	23	24	25	26	27	28	29			3.28
5	三							⑲	2	3	4	5	6	7	8	9	10	11	12	13	14	15	16	17	18	19	20	21	22	23	24	25	26	27	28	29	30	4.27
6	四		㊾	2	3	4	5	6	7	8	9	10	11	12	13	14	15	16	17	18	19	20	21	22	23	24	25	26	27	28	29							5.26
7	五			⑱	2	3	4	5	6	7	8	9	10	11	12	13	14	15	16	17	18	19	20	21	22	23	24	25	26	27	28	29	30					6.25
8	六					㊽	2	3	4	5	6	7	8	9	10	11	12	13	14	15	16	17	18	19	20	21	22	23	24	25	26	27	28	29				7.24
9	七						⑰	2	3	4	5	6	7	8	9	10	11	12	13	14	15	16	17	18	19	20	21	22	23	24	25	26	27	28	29	30		8.23
	閏	㊼	2	3	4	5	6	7	8	9	10	11	12	13	14	15	16	17	18	19	20	21	22	23	24	25	26	27	28	29								9.21
10	八		⑯	2	3	4	5	6	7	8	9	10	11	12	13	14	15	16	17	18	19	20	21	22	23	24	25	26	27	28	29	30						10.21

續表

月 干支 序數	星期 月序	日	1	2	3	4	5	6	日	1	2	3	4	5	6	日	1	2	3	4	5	6	日	1	2	3	4	5	6	日	1	2	3	4	5	6	日	月末 陽曆
11	九				㊻	2	3	4	5	6	7	8	9	10	11	12	13	14	15	16	17	18	19	20	21	22	23	24	25	26	27	28	29	30				11.20
12	十						⑯	2	3	4	5	6	7	8	9	10	11	12	13	14	15	16	17	18	19	20	21	22	23	24	25	26	27	28	29			12.19
13	十一							㊺	2	3	4	5	6	7	8	9	10	11	12	13	14	15	16	17	18	19	20	21	22	23	24	25	26	27	28	29	30	1.18
14	十二		⑮	2	3	4	5	6	7	8	9	10	11	12	13	14	15	16	17	18	19	20	21	22	23	24	25	26	27	28	29							2.16

大事記

二月，晉以王坦之為徐、兗二州刺史，謝安總中書。　五月，蜀人張育、楊光起兵反秦稱蜀王，建元黑龍，巴獠帥張重、尹萬等助之，圍成都，請援於晉。　九月，敗亡。　十一月，天門蜑人（水上居民）攻殺太守，未幾敗。

長城人錢步射、錢弘起事，未幾敗。晉破苻堅軍於墊江。

晉及十六國紀年

干支乙亥　公元 375 年

朝代或國名	國家支配者	建　都	廟號	謚號	建元	年號年次	輔政者	備　注
東晉	⑨司馬曜	建康		武	2	1 寧康 3 年		
前涼	⑧張天錫	姑臧		後主	2	2 昇平 19 年		盧水胡人
代	①拓跋什翼犍	盛樂	高祖	昭成	1	建國 38 年		
前秦	④苻堅	長安	世祖	宣昭	3	3 建元 11 年		
鐵弗匈奴	⑥劉衛辰	代來城				16 年		
仇池氐	⑧楊纂	留長安				5 年		
丁零翟魏	①翟斌					46 年		
乞伏鮮卑	①乞伏司繁	勇士川				47 年		
吐谷渾	⑤視連					4 年		青海
高句麗	⑰立夫	丸都城				5 年		吉林省

月　曆　表（建寅）

5088—355—1858428

月 干支 序數	星期 月序	日	1	2	3	4	5	6	日	1	2	3	4	5	6	日	1	2	3	4	5	6	日	1	2	3	4	5	6	日	1	2	3	4	5	6	日	月末 陽曆
15	正			㊹	2	3	4	5	6	7	8	9	10	11	12	13	14	15	16	17	18	19	20	21	22	23	24	25	26	27	28	29	30					3.18
16	二					⑭	2	3	4	5	6	7	8	9	10	11	12	13	14	15	16	17	18	19	20	21	22	23	24	25	26	27	28	29				4.16
17	三						㊸	2	3	4	5	6	7	8	9	10	11	12	13	14	15	16	17	18	19	20	21	22	23	24	25	26	27	28	29	30		5.16
18	四	⑬	2	3	4	5	6	7	8	9	10	11	12	13	14	15	16	17	18	19	20	21	22	23	24	25	26	27	28	29								6.14
19	五		㊷	2	3	4	5	6	7	8	9	10	11	12	13	14	15	16	17	18	19	20	21	22	23	24	25	26	27	28	29	30						7.14
20	六				⑫	2	3	4	5	6	7	8	9	10	11	12	13	14	15	16	17	18	19	20	21	22	23	24	25	26	27	28	29					8.12
21	七					㊶	2	3	4	5	6	7	8	9	10	11	12	13	14	15	16	17	18	19	20	21	22	23	24	25	26	27	28	29	30			9.11
22	八							⑪	2	3	4	5	6	7	8	9	10	11	12	13	14	15	16	17	18	19	20	21	22	23	24	25	26	27	28	29		10.10
23	九	㊵	2	3	4	5	6	7	8	9	10	11	12	13	14	15	16	17	18	19	20	21	22	23	24	25	26	27	28	29	30							11.9
24	十			⑩	2	3	4	5	6	7	8	9	10	11	12	13	14	15	16	17	18	19	20	21	22	23	24	25	26	27	28	29						12.8
25	十一				㊴	2	3	4	5	6	7	8	9	10	11	12	13	14	15	16	17	18	19	20	21	22	23	24	25	26	27	28	29	30				1.7
26	十二						⑨	2	3	4	5	6	7	8	9	10	11	12	13	14	15	16	17	18	19	20	21	22	23	24	25	26	27	28	29	30		2.6

大事記

五月，晉王坦之卒(330—375)。以桓冲為徐州刺史，謝安領揚州刺史。　七月，前秦王猛卒(325—375)，猛臨終勸苻堅勿攻東晉。　十月，苻堅禁老莊、圖讖之學，犯者弃市，又令公卿王侯子弟及將士皆執經受學。

晉及十六國紀年

干支丙子　公元376年

朝代或國名	國家支配者	建都	廟號	謚號	建元	年號年次	輔政者	備注
東晉	⑨司馬曜	建康		武	2	2太元元年		
前凉	⑧張天錫	姑臧		後主	2	2昇平20年		八月亡
代	①拓跋什翼犍	盛樂	高祖	昭成	1	建國39年		十二月亡，續386年北魏
前秦	④苻堅	長安	世祖	宣昭	3	3建元12年		
鐵弗匈奴	⑥劉衛辰	代來城				17年		
仇池氐	⑧楊纂	留長安				6年		
丁零翟魏	①翟斌					47年		
乞伏鮮卑	①乞伏司繁	勇士川				48年		
吐谷渾	⑤視連					5年		青海
高句麗	⑰立夫	丸都城				6年		吉林省

月曆表(建寅)

5089—354—1858782

月干支序數	月序＼星期	日	1	2	3	4	5	6	日	1	2	3	4	5	6	日	1	2	3	4	5	6	日	1	2	3	4	5	6	日	1	2	3	4	5	6	日	月末陽曆
27	正	㊴	2	3	4	5	6	7	8	9	10	11	12	13	14	15	16	17	18	19	20	21	22	23	24	25	26	27	28	29								3.6
28	二		⑧	2	3	4	5	6	7	8	9	10	11	12	13	14	15	16	17	18	19	20	21	22	23	24	25	26	27	28	29	30						4.5
29	三				㊳	2	3	4	5	6	7	8	9	10	11	12	13	14	15	16	17	18	19	20	21	22	23	24	25	26	27	28	29					5.4
30	四					⑦	2	3	4	5	6	7	8	9	10	11	12	13	14	15	16	17	18	19	20	21	22	23	24	25	26	27	28	29	30			6.3
31	五							㊲	2	3	4	5	6	7	8	9	10	11	12	13	14	15	16	17	18	19	20	21	22	23	24	25	26	27	28	29		7.2
32	六	⑥	2	3	4	5	6	7	8	9	10	11	12	13	14	15	16	17	18	19	20	21	22	23	24	25	26	27	28	29	30							8.1
33	七			㊱	2	3	4	5	6	7	8	9	10	11	12	13	14	15	16	17	18	19	20	21	22	23	24	25	26	27	28	29						8.30
34	八				⑤	2	3	4	5	6	7	8	9	10	11	12	13	14	15	16	17	18	19	20	21	22	23	24	25	26	27	28	29	30				9.29
35	九						㉟	2	3	4	5	6	7	8	9	10	11	12	13	14	15	16	17	18	19	20	21	22	23	24	25	26	27	28	29			10.28
36	十							④	2	3	4	5	6	7	8	9	10	11	12	13	14	15	16	17	18	19	20	21	22	23	24	25	26	27	28	29	30	11.27
37	十一		㉞	2	3	4	5	6	7	8	9	10	11	12	13	14	15	16	17	18	19	20	21	22	23	24	25	26	27	28	29							12.26
38	十二			③	2	3	4	5	6	7	8	9	10	11	12	13	14	15	16	17	18	19	20	21	22	23	24	25	26	27	28	29	30					1.25

大事記

正月，晉以謝安為中書監、錄尚書事。　三月，苻堅拔南鄉，山蠻三萬戶降之。　八月，苻堅攻涼州，張天錫降，徙其豪右七千餘戶於關中，前涼亡。　九月，除度田收租之制，王公以下口稅米三斛，免除在身之役。九月，苻堅遣使去西域。十月，徙淮北流民入於淮南。　十一月，苻堅擊什翼犍，破之。　十二月，什翼犍為庶長子實君所殺，苻堅執實君殺之，代亡。前秦分代為二部，使劉庫仁、劉衛辰統之。匈奴劉庫仁擁佑什翼子珪，擊敗庫狄部，徙之桑乾川。

晉及十六國紀年

干支丁丑　公元 377 年

朝代或國名	國家支配者	建　都	廟號	謚號	建元	年號年次	輔政者	備　　注
東晉	⑨司馬曜	建康		武	2	2 太元 2 年		
前秦	④苻堅	長安	世祖	宣昭	3	3 建元 13 年		
鐵弗匈奴	⑥劉衛辰	代來城				18 年		
仇池氐	⑧楊纂	留長安				7 年		
丁零翟魏	①翟斌					48 年		
乞伏鮮卑	①乞伏司繁	勇士川				49 年		
吐谷渾	⑤視連					6 年		青海
高句麗	⑰立夫	丸都城				7 年		吉林省

月　曆　表（建　寅）

5090—384—1859166

月干支序數	星期／月序	日	1	2	3	4	5	6	日	1	2	3	4	5	6	日	1	2	3	4	5	6	日	1	2	3	4	5	6	日	1	2	3	4	5	6	日	月末陽曆
39	正					㉝	2	3	4	5	6	7	8	9	10	11	12	13	14	15	16	17	18	19	20	21	22	23	24	25	26	27	28	29				2.23
40	二						②	2	3	4	5	6	7	8	9	10	11	12	13	14	15	16	17	18	19	20	21	22	23	24	25	26	27	28	29	30		3.25
41	三	㉜	2	3	4	5	6	7	8	9	10	11	12	13	14	15	16	17	18	19	20	21	22	23	24	25	26	27	28	29								4.23
	閏		①	2	3	4	5	6	7	8	9	10	11	12	13	14	15	16	17	18	19	20	21	22	23	24	25	26	27	28	29	30						5.23
42	四				㉛	2	3	4	5	6	7	8	9	10	11	12	13	14	15	16	17	18	19	20	21	22	23	24	25	26	27	28	29	30				6.22
43	五						①	2	3	4	5	6	7	8	9	10	11	12	13	14	15	16	17	18	19	20	21	22	23	24	25	26	27	28	29			7.21
44	六							㉚	2	3	4	5	6	7	8	9	10	11	12	13	14	15	16	17	18	19	20	21	22	23	24	25	26	27	28	29	30	8.20
45	七		(60)	2	3	4	5	6	7	8	9	10	11	12	13	14	15	16	17	18	19	20	21	22	23	24	25	26	27	28	29							9.18
46	八			㉙	2	3	4	5	6	7	8	9	10	11	12	13	14	15	16	17	18	19	20	21	22	23	24	25	26	27	28	29	30					10.18
47	九					(59)	2	3	4	5	6	7	8	9	10	11	12	13	14	15	16	17	18	19	20	21	22	23	24	25	26	27	28	29				11.16
48	十						㉘	2	3	4	5	6	7	8	9	10	11	12	13	14	15	16	17	18	19	20	21	22	23	24	25	26	27	28	29	30		12.16
49	十一	(58)	2	3	4	5	6	7	8	9	10	11	12	13	14	15	16	17	18	19	20	21	22	23	24	25	26	27	28	29								1.14
50	十二		㉗	2	3	4	5	6	7	8	9	10	11	12	13	14	15	16	17	18	19	20	21	22	23	24	25	26	27	28	29	30						2.13

大事記

春，高句麗、新羅、西南夷皆遣使獻於苻堅。　三月，晉以朱緒為梁州刺史，鎮襄陽。　六月，林邑獻晉。　十月，晉以桓沖為荆州刺史，謝玄為兗州刺史。玄始練北府軍。王彪之卒(305—377)。

是歲，秦苻堅以關中水旱不時，發王侯以下及僮隸三萬開涇水上源，通渠引瀆。

晉及十六國紀年

干支戊寅　公元 378 年

朝代或國名	國家支配者	建　都	廟號	謚號	建元	年號年次	輔政者	備　　注
東晉	⑨司馬曜	建康		武	2	2 太元 3 年		
前秦	④苻堅	長安	世祖	宣昭	3	3 建元 14 年		
鐵弗匈奴	⑥劉衛辰	代來城				19 年		
仇池氐	⑧楊纂	留長安				8 年		
丁零翟魏	①翟斌					49 年		
乞伏鮮卑	①乞伏司繁	勇士川				50 年		

續表

朝代或國名	國家支配者	建都	廟號	謚號	建元	年號年次	輔政者	備注
吐谷渾	⑤視連					7年		青海
高句麗	⑰立夫	丸都城				8年		吉林省

月曆表（建寅）

5091—354—1859520

月干支序數	月序＼星期	日	1	2	3	4	5	6	日	1	2	3	4	5	6	日	1	2	3	4	5	6	日	1	2	3	4	5	6	日	1	2	3	4	5	6	日	月末陽曆
51	正				(57)	2	3	4	5	6	7	8	9	10	11	12	13	14	15	16	17	18	19	20	21	22	23	24	25	26	27	28	29					3.14
52	二					㉖	2	3	4	5	6	7	8	9	10	11	12	13	14	15	16	17	18	19	20	21	22	23	24	25	26	27	28	29	30			4.13
53	三							(56)	2	3	4	5	6	7	8	9	10	11	12	13	14	15	16	17	18	19	20	21	22	23	24	25	26	27	28	29		5.12
54	四	㉕	2	3	4	5	6	7	8	9	10	11	12	13	14	15	16	17	18	19	20	21	22	23	24	25	26	27	28	29	30							6.11
55	五			(55)	2	3	4	5	6	7	8	9	10	11	12	13	14	15	16	17	18	19	20	21	22	23	24	25	26	27	28	29						7.10
56	六				㉔	2	3	4	5	6	7	8	9	10	11	12	13	14	15	16	17	18	19	20	21	22	23	24	25	26	27	28	29	30				8.9
57	七						(54)	2	3	4	5	6	7	8	9	10	11	12	13	14	15	16	17	18	19	20	21	22	23	24	25	26	27	28	29			9.7
58	八							㉓	2	3	4	5	6	7	8	9	10	11	12	13	14	15	16	17	18	19	20	21	22	23	24	25	26	27	28	29	30	10.7
59	九		(53)	2	3	4	5	6	7	8	9	10	11	12	13	14	15	16	17	18	19	20	21	22	23	24	25	26	27	28	29	30						11.6
60	十				㉓	2	3	4	5	6	7	8	9	10	11	12	13	14	15	16	17	18	19	20	21	22	23	24	25	26	27	28	29					12.5
1	十一					(52)	2	3	4	5	6	7	8	9	10	11	12	13	14	15	16	17	18	19	20	21	22	23	24	25	26	27	28	29	30			1.4
2	十二							㉒	2	3	4	5	6	7	8	9	10	11	12	13	14	15	16	17	18	19	20	21	22	23	24	25	26	27	28	29		2.2

大事記

二月，苻堅遣將侵沔中。　四月，圍襄陽。遣慕容垂陷晉南陽。　七月，秦又遣將侵淮北。　九月，苻堅遣使入西域。　十月，西域十餘國獻於秦，大宛遣使獻汗血馬，堅作《止馬之詩》以御之。巴西趙保起兵涼州，稱晉西蠻校尉、巴郡太守。

是年，晉禁銅錢入廣州，犯者科罪。

晉及十六國紀年

干支己卯　公元379年

朝代或國名	國家支配者	建都	廟號	謚號	建元	年號年次	輔政者	備注
東晉	⑨司馬曜	建康		武	2	2太元4年		
前秦	④苻堅	長安	世祖	宣昭	3	3建元15年		
鐵弗匈奴	⑥劉衛辰	代來城				20年		
仇池氐	⑧楊纂	長安				9年		
丁零翟魏	①翟斌					50年		
乞伏鮮卑	①乞伏司繁	勇士川				51年		
吐谷渾	⑤視連					8年		青海
高句麗	⑰立夫	丸都城				9年		吉林省

月　曆　表（建 寅）　5092－384－1859904

月干支序數	星期／月序	日	1	2	3	4	5	6	日	1	2	3	4	5	6	日	1	2	3	4	5	6	日	1	2	3	4	5	6	日	1	2	3	4	5	6	日	月末陽曆
3	正	(51)	2	3	4	5	6	7	8	9	10	11	12	13	14	15	16	17	18	19	20	21	22	23	24	25	26	27	28	29	30							3.4
4	二			㉑	2	3	4	5	6	7	8	9	10	11	12	13	14	15	16	17	18	19	20	21	22	23	24	25	26	27	28	29						4.2
5	三				㊿	2	3	4	5	6	7	8	9	10	11	12	13	14	15	16	17	18	19	20	21	22	23	24	25	26	27	28	29	30				5.2
6	四						⑳	2	3	4	5	6	7	8	9	10	11	12	13	14	15	16	17	18	19	20	21	22	23	24	25	26	27	28	29			5.31
7	五							㊾	2	3	4	5	6	7	8	9	10	11	12	13	14	15	16	17	18	19	20	21	22	23	24	25	26	27	28	29	30	6.30
8	六		⑲	2	3	4	5	6	7	8	9	10	11	12	13	14	15	16	17	18	19	20	21	22	23	24	25	26	27	28	29							7.29
9	七			㊽	2	3	4	5	6	7	8	9	10	11	12	13	14	15	16	17	18	19	20	21	22	23	24	25	26	27	28	29	30					8.28
10	八					⑱	2	3	4	5	6	7	8	9	10	11	12	13	14	15	16	17	18	19	20	21	22	23	24	25	26	27	28	29				9.26
11	九						㊼	2	3	4	5	6	7	8	9	10	11	12	13	14	15	16	17	18	19	20	21	22	23	24	25	26	27	28	29	30		10.26
12	十	⑰	2	3	4	5	6	7	8	9	10	11	12	13	14	15	16	17	18	19	20	21	22	23	24	25	26	27	28	29								11.24
13	十一		㊻	2	3	4	5	6	7	8	9	10	11	12	13	14	15	16	17	18	19	20	21	22	23	24	25	26	27	28	29	30						12.24
14	十二				⑯	2	3	4	5	6	7	8	9	10	11	12	13	14	15	16	17	18	19	20	21	22	23	24	25	26	27	28	29	30				1.23
	閏						㊻	2	3	4	5	6	7	8	9	10	11	12	13	14	15	16	17	18	19	20	21	22	23	24	25	26	27	28	29			2.21

大事記

二月，苻堅陷襄陽，虜梁州刺史朱序。釋道安入長安。釋慧遠輾轉入廬山。　三月，晉減百官俸之半。蜀人李烏聚衆起兵圍成都，苻堅使呂光破之。　四月，秦陷晉魏興，太寧吉挹不屈死。　五月，苻堅南犯，沿淮郡縣多淪陷。　六月，謝玄等連破三阿、盱眙、淮陰，又破君川。　是歲，王羲之卒（321—379）。

晉及十六國紀年　干支庚辰　公元 380 年

朝代或國名	國家支配者	建　都	廟號	謚號	建元	年號年次	輔政者	備　注
東晉	⑨司馬曜	建康		武	2	2 太元 5 年		
前秦	④苻堅	長安	世祖	宣昭	3	3 建元 16 年		
鐵弗匈奴	⑥劉衛辰	代來城				21 年		
仇池氐	⑧楊纂	留長安				10 年		
丁零翟魏	①翟斌					51 年		
乞伏鮮卑	①乞伏司繁	勇士川				52 年		
吐谷渾	⑤視連					9 年		青海
高句麗	⑰立夫	丸都城				10 年		吉林省

月　曆　表（建 寅）　5093－354－1860258

月干支序數	星期／月序	日	1	2	3	4	5	6	日	1	2	3	4	5	6	日	1	2	3	4	5	6	日	1	2	3	4	5	6	日	1	2	3	4	5	6	日	月末陽曆
15	正							⑮	2	3	4	5	6	7	8	9	10	11	12	13	14	15	16	17	18	19	20	21	22	23	24	25	26	27	28	29	30	3.22
16	二		㊺	2	3	4	5	6	7	8	9	10	11	12	13	14	15	16	17	18	19	20	21	22	23	24	25	26	27	28	29							4.20
17	三			⑭	2	3	4	5	6	7	8	9	10	11	12	13	14	15	16	17	18	19	20	21	22	23	24	25	26	27	28	29	30					5.20
18	四					㊹	2	3	4	5	6	7	8	9	10	11	12	13	14	15	16	17	18	19	20	21	22	23	24	25	26	27	28	29				6.18
19	五						⑬	2	3	4	5	6	7	8	9	10	11	12	13	14	15	16	17	18	19	20	21	22	23	24	25	26	27	28	29	30		7.18

續表

月干支序數	月序＼星期	日	1	2	3	4	5	6	日	1	2	3	4	5	6	日	1	2	3	4	5	6	日	1	2	3	4	5	6	日	1	2	3	4	5	6	日	月末陽曆
20	六	㊸	2	3	4	5	6	7	8	9	10	11	12	13	14	15	16	17	18	19	20	21	22	23	24	25	26	27	28	29								8.16
21	七		⑫	2	3	4	5	6	7	8	9	10	11	12	13	14	15	16	17	18	19	20	21	22	23	24	25	26	27	28	29	30						9.15
22	八				㊷	2	3	4	5	6	7	8	9	10	11	12	13	14	15	16	17	18	19	20	21	22	23	24	25	26	27	28	29					10.14
23	九					⑪	2	3	4	5	6	7	8	9	10	11	12	13	14	15	16	17	18	19	20	21	22	23	24	25	26	27	28	29	30			11.13
24	十							㊶	2	3	4	5	6	7	8	9	10	11	12	13	14	15	16	17	18	19	20	21	22	23	24	25	26	27	28	29		12.12
25	十一	⑩	2	3	4	5	6	7	8	9	10	11	12	13	14	15	16	17	18	19	20	21	22	23	24	25	26	27	28	29	30							1.11
26	十二			㊵	2	3	4	5	6	7	8	9	10	11	12	13	14	15	16	17	18	19	20	21	22	23	24	25	26	27	28	29						2.9

大事記

三月，苻洛據和龍，稱秦王，苻堅遣呂光等擊之。　五月，洛敗。晉以謝安為衛將軍，與桓冲并開府儀同三司。　六月，晉以會稽王道子為司徒。　七月，秦平苻洛之叛。徙三原、九嵕、武都、汧、雍諸氐十五萬戶隸於宗親，散居於關東諸方鎮。　十月，九真太守李遜據交州自立。

晉及十六國紀年

干支辛巳　公元 381 年

朝代或國名	國家支配者	建都	廟號	謚號	建元	年號年次	輔政者	備注
東晉	⑨司馬曜	建康		武	2	2 太元 6 年		
前秦	④苻堅	長安	世祖	宣昭	3	3 建元 17 年		
鐵弗匈奴	⑥劉衛辰	代來城				22 年		
仇池氐	⑧楊纂	留長安				11 年		
丁零翟魏	①翟斌					52 年		
乞伏鮮卑	①乞伏司繁	勇士川				53 年		甘肅
吐谷渾	⑤視連					10 年		青海
高句麗	⑰立夫	丸都城				11 年		吉林省

月　曆　表（建寅）

5094—355—1860613

月干支序數	月序＼星期	日	1	2	3	4	5	6	日	1	2	3	4	5	6	日	1	2	3	4	5	6	日	1	2	3	4	5	6	日	1	2	3	4	5	6	日	月末陽曆
27	正				⑨	2	3	4	5	6	7	8	9	10	11	12	13	14	15	16	17	18	19	20	21	22	23	24	25	26	27	28	29	30				3.11
28	二						㊴	2	3	4	5	6	7	8	9	10	11	12	13	14	15	16	17	18	19	20	21	22	23	24	25	26	27	28	29			4.9
29	三							⑧	2	3	4	5	6	7	8	9	10	11	12	13	14	15	16	17	18	19	20	21	22	23	24	25	26	27	28	29	30	5.9
30	四		㊳	2	3	4	5	6	7	8	9	10	11	12	13	14	15	16	17	18	19	20	21	22	23	24	25	26	27	28	29	30						6.8
31	五				⑧	2	3	4	5	6	7	8	9	10	11	12	13	14	15	16	17	18	19	20	21	22	23	24	25	26	27	28	29					7.7
32	六					㊲	2	3	4	5	6	7	8	9	10	11	12	13	14	15	16	17	18	19	20	21	22	23	24	25	26	27	28	29	30			8.6
33	七							⑦	2	3	4	5	6	7	8	9	10	11	12	13	14	15	16	17	18	19	20	21	22	23	24	25	26	27	28	29		9.4
34	八	㊱	2	3	4	5	6	7	8	9	10	11	12	13	14	15	16	17	18	19	20	21	22	23	24	25	26	27	28	29	30							10.4
35	九			⑥	2	3	4	5	6	7	8	9	10	11	12	13	14	15	16	17	18	19	20	21	22	23	24	25	26	27	28	29						11.2
36	十				㉟	2	3	4	5	6	7	8	9	10	11	12	13	14	15	16	17	18	19	20	21	22	23	24	25	26	27	28	29	30				12.2
37	十一						⑤	2	3	4	5	6	7	8	9	10	11	12	13	14	15	16	17	18	19	20	21	22	23	24	25	26	27	28	29			12.31
38	十二							㉞	2	3	4	5	6	7	8	9	10	11	12	13	14	15	16	17	18	19	20	21	22	23	24	25	26	27	28	29	30	1.30

大事記

正月，晉孝武帝立精舍於殿内，引諸沙門居之。　二月，東夷、西域六十二國獻於秦。　六月，晉荆、揚、江三州大水，大饑。改制度，減吏士員七百人。　七月，李遜敗死，交州平。　十一月，會稽檀元之起事，號安東將軍，未幾敗死。　十二月，苻堅侵竟陵，桓石虔拒，敗之，斬二將，殺七千餘人，俘萬人。

晉及十六國紀年

干支壬午　公元 382 年

朝代或國名	國家支配者	建都	廟號	謚號	建元	年號年次	輔政者	備注
東晉	⑨司馬曜	建康		武	2	2 太元 7 年		
前秦	④苻堅	長安	世祖	宣昭	3	3 建元 18 年		
鐵弗匈奴	⑥劉衛辰	代來城				23 年		
仇池氐	⑧楊纂	留長安				12 年		
丁零翟魏	①翟斌					53 年		
乞伏鮮卑	①乞伏司繁	勇士川				54 年		甘肅
吐谷渾	⑤視連					11 年		青海
高句麗	⑰立夫	丸都城				12 年		吉林省

月曆表（建寅）

5095－384－1860997

月干支序數	月序	日	1	2	3	4	5	6	日	1	2	3	4	5	6	日	1	2	3	4	5	6	日	1	2	3	4	5	6	日	1	2	3	4	5	6	日	月末陽曆
39	正		④	2	3	4	5	6	7	8	9	10	11	12	13	14	15	16	17	18	19	20	21	22	23	24	25	26	27	28	29							2.28
40	二			㉝	2	3	4	5	6	7	8	9	10	11	12	13	14	15	16	17	18	19	20	21	22	23	24	25	26	27	28	29	30					3.30
41	三					③	2	3	4	5	6	7	8	9	10	11	12	13	14	15	16	17	18	19	20	21	22	23	24	25	26	27	28	29				4.28
42	四						㉜	2	3	4	5	6	7	8	9	10	11	12	13	14	15	16	17	18	19	20	21	22	23	24	25	26	27	28	29	30		5.28
43	五	②	2	3	4	5	6	7	8	9	10	11	12	13	14	15	16	17	18	19	20	21	22	23	24	25	26	27	28	29								6.26
44	六		㉛	2	3	4	5	6	7	8	9	10	11	12	13	14	15	16	17	18	19	20	21	22	23	24	25	26	27	28	29	30						7.26
45	七				①	2	3	4	5	6	7	8	9	10	11	12	13	14	15	16	17	18	19	20	21	22	23	24	25	26	27	28	29					8.24
46	八					㉚	2	3	4	5	6	7	8	9	10	11	12	13	14	15	16	17	18	19	20	21	22	23	24	25	26	27	28	29	30			9.23
47	九							(60)	2	3	4	5	6	7	8	9	10	11	12	13	14	15	16	17	18	19	20	21	22	23	24	25	26	27	28	29	30	10.23
	閏		㉚	2	3	4	5	6	7	8	9	10	11	12	13	14	15	16	17	18	19	20	21	22	23	24	25	26	27	28	29							11.21
48	十			(59)	2	3	4	5	6	7	8	9	10	11	12	13	14	15	16	17	18	19	20	21	22	23	24	25	26	27	28	29	30					12.21
49	十一					㉙	2	3	4	5	6	7	8	9	10	11	12	13	14	15	16	17	18	19	20	21	22	23	24	25	26	27	28	29				1.19
50	十二						(58)	2	3	4	5	6	7	8	9	10	11	12	13	14	15	16	17	18	19	20	21	22	23	24	25	26	27	28	29	30		2.18

大事記

三月，林邑奉獻於晉。秦以苻融為征南大將軍。　九月，晉桓冲使朱綽攻襄陽。東夷五國獻晉。車師前王彌寘、鄯善王休密馱朝秦，苻堅以呂光為都督西域征討諸軍事，將兵十五萬、騎五千略西域。　十月，秦會群臣於太極殿議攻晉，群臣多曰不可。

晉及十六國紀年

干支癸未　公元 383 年

朝代或國名	國家支配者	建都	廟號	謚號	建元	年號年次	輔政者	備注
東晉	⑨司馬曜	建康		武	2	2 太元 8 年		
前秦	④苻堅	長安	世祖	宣昭	3	3 建元 19 年		

續表

朝代或國名	國家支配者	建都	廟號	謚號	建元	年號年次	輔政者	備注
鐵弗匈奴	⑥劉衛辰	代來城				24 年		
仇池氏	⑧楊纂	留長安				13 年		
丁零翟魏	①翟斌					54 年		
乞伏鮮卑	①乞伏司繁	勇士川				55 年		甘肅
吐谷渾	⑤視連					12 年		青海
高句麗	⑰立夫	丸都城				13 年		吉林省

月　曆　表（建寅）　　5096—354—1861351

月干支序數	月序＼星期	日	1	2	3	4	5	6	日	1	2	3	4	5	6	日	1	2	3	4	5	6	日	1	2	3	4	5	6	日	1	2	3	4	5	6	日	月末陽曆
51	正	㉘	2	3	4	5	6	7	8	9	10	11	12	13	14	15	16	17	18	19	20	21	22	23	24	25	26	27	28	29								3.19
52	二		(57)	2	3	4	5	6	7	8	9	10	11	12	13	14	15	16	17	18	19	20	21	22	23	24	25	26	27	28	29	30						4.18
53	三				㉗	2	3	4	5	6	7	8	9	10	11	12	13	14	15	16	17	18	19	20	21	22	23	24	25	26	27	28	29					5.17
54	四					(56)	2	3	4	5	6	7	8	9	10	11	12	13	14	15	16	17	18	19	20	21	22	23	24	25	26	27	28	29	30			6.16
55	五							㉖	2	3	4	5	6	7	8	9	10	11	12	13	14	15	16	17	18	19	20	21	22	23	24	25	26	27	28	29		7.15
56	六	(55)	2	3	4	5	6	7	8	9	10	11	12	13	14	15	16	17	18	19	20	21	22	23	24	25	26	27	28	29	30							8.14
57	七			㉕	2	3	4	5	6	7	8	9	10	11	12	13	14	15	16	17	18	19	20	21	22	23	24	25	26	27	28	29						9.12
58	八				(54)	2	3	4	5	6	7	8	9	10	11	12	13	14	15	16	17	18	19	20	21	22	23	24	25	26	27	28	29	30				10.12
59	九						㉔	2	3	4	5	6	7	8	9	10	11	12	13	14	15	16	17	18	19	20	21	22	23	24	25	26	27	28	29			11.10
60	十							(53)	2	3	4	5	6	7	8	9	10	11	12	13	14	15	16	17	18	19	20	21	22	23	24	25	26	27	28	29	30	12.1
1	十一		㉓	2	3	4	5	6	7	8	9	10	11	12	13	14	15	16	17	18	19	20	21	22	23	24	25	26	27	28	29	30						1.9
2	十二				(53)	2	3	4	5	6	7	8	9	10	11	12	13	14	15	16	17	18	19	20	21	22	23	24	25	26	27	28	29					2.7

大事記

五月，秦呂光將兵十五萬，騎五千征西域。　五月，晉桓冲率兵十萬攻襄陽。楊亮入蜀，攻涪城，拔蜀中五城。　六月，拔築陽。　七月，敗秦兵於武當，掠二千戶以歸。　八月，苻堅大舉南侵，號步騎百萬，企圖滅晉。　九月，苻堅至河南項城，晉以謝石、謝玄等率兵八萬拒之於淝水。　十月，謝石、謝玄大破秦軍於淝水，苻融陣亡，苻堅敗逃洛陽。慕容垂、乞伏國仁叛秦。　十二月，晉開酒禁，增民稅米，口五石。乞伏國仁據隴西反秦。慕容垂坑氐兵。丁零翟斌附於慕容垂。　是歲，呂光征服焉耆等國，進攻龜茲。仇池公楊世背苻堅，奔隴西。

晉及十六國紀年　　干支甲申　公元 384 年

朝代或國名	國家支配者	建都	廟號	謚號	建元	年號年次	輔政者	備注
東晉	⑨司馬曜	建康		武	2	2 太元 9 年		
前秦	④苻堅	長安	世祖	宣昭	3	3 建元 20 年		
後燕	①慕容垂		世祖	成武	2	1 燕元元年		
西燕	①慕容泓	長子			1	燕興元年		四月建元
後秦	①姚萇	常安	太祖	昭武	2	1 白雀元年		四月建元
鐵弗匈奴	⑥劉衛辰	代來城				25 年		
仇池氏	⑧楊纂	留長安				14 年		死年不詳

續表

朝代或國名	國家支配者	建　都	廟號	謚號	建元	年號年次	輔政者	備　注
丁零翟魏	①翟斌					55 年		被殺
乞伏鮮卑	①乞伏司繁	勇士川				56 年		翌年其子國仁改號西秦
吐谷渾	⑤視連					13 年		青海
高句麗	⑱故國壤王伊連	丸都城				元年		吉林省

月　曆　表（建　寅）　　5097—354—1861705

月干支序數	星期 / 月序	日	1	2	3	4	5	6	日	1	2	3	4	5	6	日	1	2	3	4	5	6	日	1	2	3	4	5	6	日	1	2	3	4	5	6	日	月末陽曆
3	正					㉒	2	3	4	5	6	7	8	9	10	11	12	13	14	15	16	17	18	19	20	21	22	23	24	25	26	27	28	29	30			3.8
4	二							(52)	2	3	4	5	6	7	8	9	10	11	12	13	14	15	16	17	18	19	20	21	22	23	24	25	26	27	28	29		4.6
5	三	㉑	2	3	4	5	6	7	8	9	10	11	12	13	14	15	16	17	18	19	20	21	22	23	24	25	26	27	28	29	30							5.6
6	四			(51)	2	3	4	5	6	7	8	9	10	11	12	13	14	15	16	17	18	19	20	21	22	23	24	25	26	27	28	29						6.4
7	五				⑳	2	3	4	5	6	7	8	9	10	11	12	13	14	15	16	17	18	19	20	21	22	23	24	25	26	27	28	29	30				7.4
8	六						㊿	2	3	4	5	6	7	8	9	10	11	12	13	14	15	16	17	18	19	20	21	22	23	24	25	26	27	28	29			8.2
9	七							⑲	2	3	4	5	6	7	8	9	10	11	12	13	14	15	16	17	18	19	20	21	22	23	24	25	26	27	28	29	30	9.1
10	八		㊾	2	3	4	5	6	7	8	9	10	11	12	13	14	15	16	17	18	19	20	21	22	23	24	25	26	27	28	29							9.30
11	九			⑱	2	3	4	5	6	7	8	9	10	11	12	13	14	15	16	17	18	19	20	21	22	23	24	25	26	27	28	29	30					10.30
12	十					㊽	2	3	4	5	6	7	8	9	10	11	12	13	14	15	16	17	18	19	20	21	22	23	24	25	26	27	28	29				11.28
13	十一						⑰	2	3	4	5	6	7	8	9	10	11	12	13	14	15	16	17	18	19	20	21	22	23	24	25	26	27	28	29	30		12.28
14	十二	㊼	2	3	4	5	6	7	8	9	10	11	12	13	14	15	16	17	18	19	20	21	22	23	24	25	26	27	28	29								1.26

大事記

正月，慕容垂稱燕王於滎陽(後燕)，攻苻丕於鄴。　二月，桓冲卒(328—384)。　三月，慕容泓據華陰，稱濟北王。慕容冲起兵於平陽，攻蒲坂，敗奔慕容泓。　四月，慕容泓建元燕興。晉軍復襄陽。姚萇起兵渭北叛秦，稱萬年秦王(後秦)，建元白雀。　五月，萇屯北地，羌胡來投者十萬餘戶。　六月，泓為部下所殺，立冲為太弟。七月，慕容垂殺丁零酋翟斌，斌部紛起。呂光入龜兹，服西域三十餘國。獲珍寶及鳩摩羅什東歸。　八月，晉謝玄等分道攻秦，連下河南諸縣，又克彭城。　九月，慕容冲攻長安。劉牢之據甄城，河南壁堡皆歸附。　十月，姚萇攻新平，大敗。　十一月，苻堅迎道者王嘉、沙門道安於外殿備顧問。　十二月，慕容暐謀殺苻堅，事覺，為堅所殺，暐宗族及鮮卑在長安者皆死。呂光據河右。是年，習鑿齒卒。郗愔卒(313—384)。釋慧遠居廬山龍泉精舍。

晉及十六國紀年　　干支乙酉　公元 385 年

朝代或國名	國家支配者	建　都	廟號	謚號	建元	年號年次	輔政者	備　注
東晉	⑨司馬曜	建康		武	2	2 太元 10 年		
前秦	⑤苻丕	晉陽		哀平	1	太安元年		八月即位建元
後燕	①慕容垂	中山	世祖	成武	2	1 燕元 2 年		
西燕	②慕容冲	阿房		威	1	更始元年		一月改元
後秦	①姚萇	常安	太祖	昭武	2	1 白雀 2 年		
西秦	②乞伏國仁	隴西	烈祖	宣烈王	1	建義元年		九月建元

續表

朝代或國名	國家支配者	建　都	廟號	謚號	建元	年號年次	輔政者	備　　注
後涼	①呂光	涼州	太祖	懿武				據涼州
鐵弗匈奴	⑥劉衛辰	代來城				26年		
仇池氏	⑨楊定	治歷城				元年		甘肅成縣北
丁零翟魏	②翟真					元年		被鮮于乞所殺
	③翟成					元年		被鮮于得所殺
吐谷渾	⑤視連					14年		青海
高句麗	⑱伊連	丸都城				2年		吉林省

月　曆　表（建寅）　　5098—384—1862089

月干支序數	星期／月序	日	1	2	3	4	5	6	日	1	2	3	4	5	6	日	1	2	3	4	5	6	日	1	2	3	4	5	6	日	1	2	3	4	5	6	日	月末陽曆
15	正		⑯	2	3	4	5	6	7	8	9	10	11	12	13	14	15	16	17	18	19	20	21	22	23	24	25	26	27	28	29	30						2.25
16	二				㊻	2	3	4	5	6	7	8	9	10	11	12	13	14	15	16	17	18	19	20	21	22	23	24	25	26	27	28	29					3.26
17	三					⑮	2	3	4	5	6	7	8	9	10	11	12	13	14	15	16	17	18	19	20	21	22	23	24	25	26	27	28	29	30			4.25
18	四							㊺	2	3	4	5	6	7	8	9	10	11	12	13	14	15	16	17	18	19	20	21	22	23	24	25	26	27	28	29	30	5.25
19	五		⑮	2	3	4	5	6	7	8	9	10	11	12	13	14	15	16	17	18	19	20	21	22	23	24	25	26	27	28	29							6.23
	閏			㊹	2	3	4	5	6	7	8	9	10	11	12	13	14	15	16	17	18	19	20	21	22	23	24	25	26	27	28	29	30					7.23
20	六					⑭	2	3	4	5	6	7	8	9	10	11	12	13	14	15	16	17	18	19	20	21	22	23	24	25	26	27	28	29				8.21
21	七						㊸	2	3	4	5	6	7	8	9	10	11	12	13	14	15	16	17	18	19	20	21	22	23	24	25	26	27	28	29	30		9.20
22	八	⑬	2	3	4	5	6	7	8	9	10	11	12	13	14	15	16	17	18	19	20	21	22	23	24	25	26	27	28	29								10.19
23	九		㊷	2	3	4	5	6	7	8	9	10	11	12	13	14	15	16	17	18	19	20	21	22	23	24	25	26	27	28	29	30						11.18
24	十				⑫	2	3	4	5	6	7	8	9	10	11	12	13	14	15	16	17	18	19	20	21	22	23	24	25	26	27	28	29					12.17
25	十一					㊶	2	3	4	5	6	7	8	9	10	11	12	13	14	15	16	17	18	19	20	21	22	23	24	25	26	27	28	29	30			1.16
26	十二							⑪	2	3	4	5	6	7	8	9	10	11	12	13	14	15	16	17	18	19	20	21	22	23	24	25	26	27	28	29		2.14

大事記

正月，慕容冲稱帝于阿房（西燕），改元更始。苻堅敗於慕容冲，屯長安城西。　二月，立國學。釋道安卒於長安（312—385）。　三月，呂光自龜茲還師，迎沙門鳩摩羅什俱東。　四月，晉劉牢之入鄴破慕容垂，垂北走中山，牢之追之，晉軍敗於五滓橋。晉軍復成都。姚萇陷新平，盡坑居民。鮮于乞殺丁零酋翟真，自立為趙王，旋被殺，真子成立。　五月，慕容冲破苻堅，堅奔五將山。　六月，高句麗陷遼東玄菟。慕容冲入長安，大掠。　七月，姚萇部將俘苻堅，送新平。扶餘王余蔚反燕，據令支。丁零酋翟成為部下所殺。　八月，謝安卒（320—385）。司馬道子執政。姚萇殺苻堅，謚曰壯烈天王（338—385）。苻丕稱帝於晉陽，改元大安。　九月，呂光還至姑臧，自立為涼州刺史。乞伏國仁稱大都督、大將軍、單于，領河、秦二州牧，建元建義，都勇士城。　十月，慕容冲遣將攻姚萇，大敗。　十一月，仇池楊定自稱仇池公。扶餘王余蔚敗降被殺。

晉及十六國紀年　　干支丙戌　公元386年

朝代或國名	國家支配者	建　都	廟號	謚號	建元	年號年次	輔政者	備　　注
東晉	⑨司馬曜	建康		武	2	2太元11年		
前秦	⑥苻登	隴東	太宗	高	1	太初元年		十一月即位改元
後燕	①慕容垂	中山	世祖	成武	2	2建興元年		二月改元

續表

朝代或國名	國家支配者	建　都	廟號	謚號	建元	年號年次	輔政者	備　注
西燕	③段遼	阿房			1	昌平元年		二月改元三月終
	④慕容顗	臨晉			1	建明元年		三月改元被殺
	⑤慕容瑤				1	建平元年		四月改元
	⑥慕容忠	燕熙城			1	建武元年		四月改元
	⑦慕容永	長子			1	中興元年		十月改元
後秦	①姚萇	常安	太祖	昭武	2	2 建初元年		四月改元
西秦	②乞伏國仁	隴西	烈祖	宣烈王	1	建義 2 年		
北魏	①拓跋珪	盛樂	太祖	道武	4	1 登國元年		承 376 年"代"
後涼	①呂光	姑臧	太祖	懿武	4	1 太(大)安元年		十月建元(渠州牧)
	張大豫	陽塢			1	鳳凰元年		二月立,十一月亡於呂光
鐵弗匈奴	⑥劉衛辰	代來城				27 年		
仇池氐	⑨楊定	治歷城				2 年		甘肅成縣北
丁零翟魏	④翟遼	黎陽				元年		河南浚縣東南
吐谷渾	⑤視連					15 年		青海
高句麗	⑱伊連	丸都城				3 年		吉林省

月　曆　表(建 寅)　　5099—355—1862444

月干支序數	月序 \ 星期	日	1	2	3	4	5	6	日	1	2	3	4	5	6	日	1	2	3	4	5	6	日	1	2	3	4	5	6	日	1	2	3	4	5	6	日	月末陽曆
27	正	㊵	2	3	4	5	6	7	8	9	10	11	12	13	14	15	16	17	18	19	20	21	22	23	24	25	26	27	28	29	30								3.16
28	二			⑩	2	3	4	5	6	7	8	9	10	11	12	13	14	15	16	17	18	19	20	21	22	23	24	25	26	27	28	29							4.14
29	三				㊴	2	3	4	5	6	7	8	9	10	11	12	13	14	15	16	17	18	19	20	21	22	23	24	25	26	27	28	29	30					5.14
30	四						⑨	2	3	4	5	6	7	8	9	10	11	12	13	14	15	16	17	18	19	20	21	22	23	24	25	26	27	28	29				6.12
31	五							㊳	2	3	4	5	6	7	8	9	10	11	12	13	14	15	16	17	18	19	20	21	22	23	24	25	26	27	28	29	30		7.12
32	六		⑧	2	3	4	5	6	7	8	9	10	11	12	13	14	15	16	17	18	19	20	21	22	23	24	25	26	27	28	29								8.10
33	七			㊲	2	3	4	5	6	7	8	9	10	11	12	13	14	15	16	17	18	19	20	21	22	23	24	25	26	27	28	29	30						9.9
34	八					⑦	2	3	4	5	6	7	8	9	10	11	12	13	14	15	16	17	18	19	20	21	22	23	24	25	26	27	28	29	30				10.9
35	九							㊲	2	3	4	5	6	7	8	9	10	11	12	13	14	15	16	17	18	19	20	21	22	23	24	25	26	27	28	29			11.7
36	十	⑥	2	3	4	5	6	7	8	9	10	11	12	13	14	15	16	17	18	19	20	21	22	23	24	25	26	27	28	29	30								12.7
37	十一			㊱	2	3	4	5	6	7	8	9	10	11	12	13	14	15	16	17	18	19	20	21	22	23	24	25	26	27	28	29							1.5
38	十二				⑤	2	3	4	5	6	7	8	9	10	11	12	13	14	15	16	17	18	19	20	21	22	23	24	25	26	27	28	29	30					2.4

大事記

正月,拓跋珪即代王位,建元登國。燕王慕容垂稱皇帝。丁零翟真弟遼據黎陽,執晉太守。　二月,燕改元建興。慕容沖為部下所殺,立段隨為燕王,改元昌平。魏安焦松等擁張天錫子大豫為王,稱涼州牧,建元鳳凰。　四月,晉以百濟世子余暉為鎮東將軍、百濟王。段隨為慕容恆、慕容永等所殺,立慕容顗為燕王,改元建明,率鮮卑四十餘萬口去長安而東。顗至臨晉,為恆弟韜所殺。恆立慕容瑤為帝,改元建平。慕容永殺瑤,立慕容忠為帝,改元建武,居燕熙城。盧水胡郝奴入長安,旋為姚萇擊降。代王拓跋珪改國號曰魏。姚萇稱皇帝於長安,改元建初,國號秦,史稱後秦。晉兵下弘農,置湖、陝二戍。慕容忠為部下所殺,慕容永稱河東王,稱藩於後燕。　七月,秦狄道長苻登為雍、河二州牧,請命於苻丕,丕封為南安王。

十月，吕光改元大安。秦王苻丕與慕容永戰，敗死。永據長子，稱皇帝，改元中興。苻登大敗姚萇於秦州，旋稱皇帝，改元太初。十二月，吕光稱涼州牧、酒泉公。

晉及十六國紀年

干支丁亥　公元 387 年

朝代或國名	國家支配者	建都	廟號	諡號	建元	年號年次	輔政者	備注
東晉	⑨司馬曜	建康		武	2	2 太元 12 年		
前秦	⑥苻登	長安	太宗	高	1	太初 2 年		
後燕	①慕容垂	中山	世祖	成武	2	2 建興 2 年		
西燕	⑦慕容永	長子			1	中興 2 年		
後秦	①姚萇	常安	太祖	昭武	2	2 建初 2 年		
西秦	②乞伏國仁	隴西	烈祖	宣烈王	1	建義 3 年		
北魏	①拓跋珪	盛樂	太祖	道武	4	1 登國 2 年		
後涼	①吕光	姑臧	太祖	懿武	4	1 太(大)安 2 年		稱涼州牧、酒泉公
鐵弗匈奴	⑥劉衛辰	代來城				28 年		
仇池氐	⑨楊定	治歷城				3 年		成縣北
丁零翟魏	④翟遼	黎陽				2 年		後燕封爲河南公
吐谷渾	⑤視連					16 年		青海
高句麗	⑱伊連	丸都城				4 年		吉林

月曆表（建寅）

5100—354—1862798

月干支序數	星期／月序	日	1	2	3	4	5	6	日	1	2	3	4	5	6	日	1	2	3	4	5	6	日	1	2	3	4	5	6	日	1	2	3	4	5	6	日	月末陽曆
39	正						㉟	2	3	4	5	6	7	8	9	10	11	12	13	14	15	16	17	18	19	20	21	22	23	24	25	26	27	28	29				3.5
40	二							④	2	3	4	5	6	7	8	9	10	11	12	13	14	15	16	17	18	19	20	21	22	23	24	25	26	27	28	29	30		4.4
41	三		㉞	2	3	4	5	6	7	8	9	10	11	12	13	14	15	16	17	18	19	20	21	22	23	24	25	26	27	28	29								5.3
42	四			③	2	3	4	5	6	7	8	9	10	11	12	13	14	15	16	17	18	19	20	21	22	23	24	25	26	27	28	29	30						6.2
43	五					㉝	2	3	4	5	6	7	8	9	10	11	12	13	14	15	16	17	18	19	20	21	22	23	24	25	26	27	28	29					7.1
44	六						②	2	3	4	5	6	7	8	9	10	11	12	13	14	15	16	17	18	19	20	21	22	23	24	25	26	27	28	29	30			7.31
45	七	㉜	2	3	4	5	6	7	8	9	10	11	12	13	14	15	16	17	18	19	20	21	22	23	24	25	26	27	28	29									8.29
46	八		①	2	3	4	5	6	7	8	9	10	11	12	13	14	15	16	17	18	19	20	21	22	23	24	25	26	27	28	29	30							9.28
47	九				㉛	2	3	4	5	6	7	8	9	10	11	12	13	14	15	16	17	18	19	20	21	22	23	24	25	26	27	28	29						10.27
48	十					(60)	2	3	4	5	6	7	8	9	10	11	12	13	14	15	16	17	18	19	20	21	22	23	24	25	26	27	28	29	30				11.26
49	十一							㉚	2	3	4	5	6	7	8	9	10	11	12	13	14	15	16	17	18	19	20	21	22	23	24	25	26	27	28	29	30		12.26
50	十二		(60)	2	3	4	5	6	7	8	9	10	11	12	13	14	15	16	17	18	19	20	21	22	23	24	25	26	27	28	29								1.24

大事記

正月，姚萇徙秦州豪強三萬戶於安定。　三月，苻登以乞伏國仁為大將軍、大單于、苑川王。　四月，慕容垂擊降翟遼。丁零翟魏攻中山，大敗。　七月，乞伏國仁擊降鮮卑密貴等三部。燕、魏合兵破劉顯，悉收其部衆。吕光遣將破斬張大豫。王穆據酒泉稱涼州牧。慕容垂以劉顯弟可泥為烏桓王，徙其衆八千餘落於中山。　十月，丁零翟遼復肆攻掠。　十二月，吕光西平太守康寧自立，稱匈奴王，張掖太守彭晃自立，與寧及王穆相結，吕光擊殺晃，穆敗死。

是歲，涼州大饑，人相食。後秦時期，姜岌發現大氣折射星光的現象，并給予正確解釋。著有《三紀曆》（晉書律曆誌）。

晉及十六國紀年

干支戊子　公元 388 年

朝代或國名	國家支配者	建　都	廟號	謚號	建元	年號年次	輔政者	備　注
東晉	⑨司馬曜	建康		武	2	2太元13年		
前秦	⑥苻登	長安	太宗	高	1	太初3年		
後燕	①慕容垂	中山	世祖	成武	2	2建興3年		
西燕	⑦慕容永	長子			1	中興3年		
後秦	①姚萇	常安	太祖	昭武	2	2建初3年		
西秦	③乞伏乾歸	金城	高祖	武元王	2	1太初元年		六月改元
北魏	①拓跋珪	平城		道武	4	1登國3年		
後涼	①呂光	姑臧	太祖	懿武	4	1太(大)安3年		凉州牧酒泉公
丁零翟魏	④翟遼	滑臺			1	建光元年		二月建元稱魏天王
鐵弗匈奴	⑥劉衛辰	代來城				29年		
仇池氐	⑨楊定	治歷城				4年		成縣北
吐谷渾	⑤視連					17年		青海省
高句麗	⑱伊連	丸都城				5年		吉林省

月　曆　表（建寅）

5101—384—1863182

月干支序數	月序＼星期	日	1	2	3	4	5	6	日	1	2	3	4	5	6	日	1	2	3	4	5	6	日	1	2	3	4	5	6	日	1	2	3	4	5	6	日	月末陽曆
51	正			㉙	2	3	4	5	6	7	8	9	10	11	12	13	14	15	16	17	18	19	20	21	22	23	24	25	26	27	28	29	30					2.23
	閏					(59)	2	3	4	5	6	7	8	9	10	11	12	13	14	15	16	17	18	19	20	21	22	23	24	25	26	27	28	29				3.23
52	二						㉘	2	3	4	5	6	7	8	9	10	11	12	13	14	15	16	17	18	19	20	21	22	23	24	25	26	27	28	29	30		4.22
53	三	(58)	2	3	4	5	6	7	8	9	10	11	12	13	14	15	16	17	18	19	20	21	22	23	24	25	26	27	28	29								5.21
54	四		㉗	2	3	4	5	6	7	8	9	10	11	12	13	14	15	16	17	18	19	20	21	22	23	24	25	26	27	28	29	30						6.20
55	五				(57)	2	3	4	5	6	7	8	9	10	11	12	13	14	15	16	17	18	19	20	21	22	23	24	25	26	27	28	29					7.19
56	六					㉖	2	3	4	5	6	7	8	9	10	11	12	13	14	15	16	17	18	19	20	21	22	23	24	25	26	27	28	29	30			8.18
57	七							(56)	2	3	4	5	6	7	8	9	10	11	12	13	14	15	16	17	18	19	20	21	22	23	24	25	26	27	28	29		9.16
58	八	㉕	2	3	4	5	6	7	8	9	10	11	12	13	14	15	16	17	18	19	20	21	22	23	24	25	26	27	28	29	30							10.16
59	九			(55)	2	3	4	5	6	7	8	9	10	11	12	13	14	15	16	17	18	19	20	21	22	23	24	25	26	27	28	29						11.14
60	十				㉔	2	3	4	5	6	7	8	9	10	11	12	13	14	15	16	17	18	19	20	21	22	23	24	25	26	27	28	29	30				12.14
1	十一						(54)	2	3	4	5	6	7	8	9	10	11	12	13	14	15	16	17	18	19	20	21	22	23	24	25	26	27	28	29			1.12
2	十二							㉓	2	3	4	5	6	7	8	9	10	11	12	13	14	15	16	17	18	19	20	21	22	23	24	25	26	27	28	29	30	2.11

大事記

正月，謝玄卒(343—388)。　二月，丁零翟遼稱魏天王，建元建光。　三月，燕廢代郡，徙其民於龍城。　六月，西秦乞伏國仁卒，弟乾歸嗣為河南王，改元太初。魏王拓跋珪破庫莫奚於弱洛水南。　九月，乞伏乾歸遷都金城(今蘭州西北)。是歲，謝石卒(327—388)。

晉及十六國紀年

干支己丑　公元 389 年

朝代或國名	國家支配者	建　都	廟號	謚號	建元	年號年次	輔政者	備　注
東晉	⑨司馬曜	建康		武	2	2太元14年		
前秦	⑥苻登	長安	太宗	高	1	太初4年		
後燕	①慕容垂	中山	世祖	成武	2	2建興4年		
西燕	⑦慕容永	長子			1	中興4年		
後秦	①姚萇	常安	太祖	昭武	2	2建初4年		
西秦	③乞伏乾歸	金城	高祖	武元王	2	1太初2年		
北魏	①拓跋珪	平城	太祖	道武	4	1登國4年		
後涼	①呂光	姑臧	太祖	懿武	4	2麟嘉元年		稱三河王
丁零翟魏	④翟遼	滑臺			1	建光2年		
鐵弗匈奴	⑥劉衛辰	代來城				30年		
仇池氐	⑨楊定	治歷城				5年		成縣北
吐谷渾	⑤視連					18年		青海
高句麗	⑱伊連	丸都城				6年		吉林省

月　曆　表（建寅）

5102—354—1863536

月干支序數	月序／星期	日	1	2	3	4	5	6	日	1	2	3	4	5	6	日	1	2	3	4	5	6	日	1	2	3	4	5	6	日	1	2	3	4	5	6	日	月末陽曆
3	正		(53)	2	3	4	5	6	7	8	9	10	11	12	13	14	15	16	17	18	19	20	21	22	23	24	25	26	27	28	29							3.12
4	二			(22)	2	3	4	5	6	7	8	9	10	11	12	13	14	15	16	17	18	19	20	21	22	23	24	25	26	27	28	29	30					4.11
5	三					(52)	2	3	4	5	6	7	8	9	10	11	12	13	14	15	16	17	18	19	20	21	22	23	24	25	26	27	28	29	30			5.11
6	四							(22)	2	3	4	5	6	7	8	9	10	11	12	13	14	15	16	17	18	19	20	21	22	23	24	25	26	27	28	29		6.9
7	五	(51)	2	3	4	5	6	7	8	9	10	11	12	13	14	15	16	17	18	19	20	21	22	23	24	25	26	27	28	29	30							7.9
8	六			(21)	2	3	4	5	6	7	8	9	10	11	12	13	14	15	16	17	18	19	20	21	22	23	24	25	26	27	28	29						8.7
9	七				(50)	2	3	4	5	6	7	8	9	10	11	12	13	14	15	16	17	18	19	20	21	22	23	24	25	26	27	28	29	30				9.6
10	八						(20)	2	3	4	5	6	7	8	9	10	11	12	13	14	15	16	17	18	19	20	21	22	23	24	25	26	27	28	29			10.5
11	九							(49)	2	3	4	5	6	7	8	9	10	11	12	13	14	15	16	17	18	19	20	21	22	23	24	25	26	27	28	29	30	11.4
12	十		(19)	2	3	4	5	6	7	8	9	10	11	12	13	14	15	16	17	18	19	20	21	22	23	24	25	26	27	28	29							12.3
13	十一			(48)	2	3	4	5	6	7	8	9	10	11	12	13	14	15	16	17	18	19	20	21	22	23	24	25	26	27	28	29	30					1.2
14	十二					(18)	2	3	4	5	6	7	8	9	10	11	12	13	14	15	16	17	18	19	20	21	22	23	24	25	26	27	28	29				1.31

大事記

正月，晉詔贖出淮南所虜沒入為奴者，於襄陽、淮南閑田立縣以居之。彭城民劉黎稱帝於皇丘，劉牢之破之。苻登以乞伏乾歸為金城王。拓跋珪襲破高車。　　二月，扶南遣使獻於晉。後涼呂光稱三河王，改元麟嘉。拓跋珪破吐突鄰部於女水，盡徙其部落而還。　　五月，乞伏乾歸破侯年部，秦、涼兩地鮮卑、羌、胡多附之。　　九月，仇池楊定稱秦州牧、隴西王。十一月，晉左衛領營將軍許營痛陳僧尼淫濫招搖，侵漁百姓。豫章太守范寧請中原流寓士民皆從土斷，并請以二十為丁，十六為半丁。

晉及十六國紀年

干支庚寅　公元 390 年

朝代或國名	國家支配者	建　都	廟號	謚號	建元	年號年次	輔政者	備　注
東晉	⑨司馬曜	建康		武	2	2 太元 15 年		
前秦	⑥苻登	長安	太宗	高	1	太初 5 年		
後燕	①慕容垂	中山	世祖	成武	2	2 建興 5 年		
西燕	⑦慕容永	長子			1	中興 5 年		
後秦	①姚萇	常安	太祖	昭武	2	2 建初 5 年		
西秦	③乞伏乾歸	金城	高祖	武元王	2	1 太初 3 年		
北魏	①拓跋珪	平城	太祖	道武	4	1 登國 5 年		
後涼	①呂光	姑臧	太祖	懿武	4	2 麟嘉 2 年		稱三河王
丁零翟魏	④翟遼	滑臺			1	建光 3 年		
鐵弗匈奴	⑥劉衛辰	代來城				31 年		
仇池氐	⑨楊定	治歷城				6 年		成縣北
吐谷渾	⑤視連					19 年		九月卒
高句麗	⑱伊連	丸都城				7 年		吉林省

月　曆　表（建　寅）

5103—384—1863920

月干支序數	月序＼星期	日	1	2	3	4	5	6	日	1	2	3	4	5	6	日	1	2	3	4	5	6	日	1	2	3	4	5	6	日	1	2	3	4	5	6	日	月末陽曆
15	正						㊼	2	3	4	5	6	7	8	9	10	11	12	13	14	15	16	17	18	19	20	21	22	23	24	25	26	27	28	29	30		3.2
16	二	⑰	2	3	4	5	6	7	8	9	10	11	12	13	14	15	16	17	18	19	20	21	22	23	24	25	26	27	28	29								3.31
17	三		㊻	2	3	4	5	6	7	8	9	10	11	12	13	14	15	16	17	19	18	20	21	22	23	24	25	26	27	28	29	30						4.30
18	四				⑯	2	3	4	5	6	7	8	9	10	11	12	13	14	15	16	17	18	19	20	21	22	23	24	25	26	27	28	29					5.29
19	五					㊺	2	3	4	5	6	7	8	9	10	11	12	13	14	15	16	17	18	19	20	21	22	23	24	25	26	27	28	29	30			6.28
20	六							⑮	2	3	4	5	6	7	8	9	10	11	12	13	14	15	16	17	18	19	20	21	22	23	24	25	26	27	28	29		7.27
21	七	㊹	2	3	4	5	6	7	8	9	10	11	12	13	14	15	16	17	18	19	20	21	22	23	24	25	26	27	28	29	30							8.26
22	八			⑭	2	3	4	5	6	7	8	9	10	11	12	13	14	15	16	17	18	19	20	21	22	23	24	25	26	27	28	29	30					9.25
23	九					㊹	2	3	4	5	6	7	8	9	10	11	12	13	14	15	16	17	18	19	20	21	22	23	24	25	26	27	28	29				10.24
24	十						⑬	2	3	4	5	6	7	8	9	10	11	12	13	14	15	16	17	18	19	20	21	22	23	24	25	26	27	28	29	30		11.23
	閏	㊸	2	3	4	5	6	7	8	9	10	11	12	13	14	15	16	17	18	19	20	21	22	23	24	25	26	27	28	29								12.22
25	十一		⑫	2	3	4	5	6	7	8	9	10	11	12	13	14	15	16	17	18	19	20	21	22	23	24	25	26	27	28	29	30						1.21
26	十二				㊷	2	3	4	5	6	7	8	9	10	11	12	13	14	15	16	17	18	19	20	21	22	23	24	25	26	27	28	29					2.19

大事記

正月，慕容永攻晉洛陽，朱序擊敗之。　二月，晉以王恭都督青、兗等州軍事。　四月，苻登將魏揭飛自稱冲天王，帥氐、胡攻姚萇之杏城，萇自將擊斬之。吐谷渾視連遣使獻於乞伏乾歸，拜沙州牧、白蘭王。拓跋珪會燕兵擊降賀蘭等三部。七月，馮翊郭質起兵附苻登，討姚萇。　八月，晉永嘉人李耽起兵，未幾敗死。　九月，晉以王國寶為中書令，王珣為尚書僕射。後燕北平人吳柱等起事，立沙門法長為皇帝，入白狼城，未幾敗死。吐谷渾視連卒，子視羆立，不受乞伏乾歸封拜。

晉及十六國紀年

干支辛卯　公元 391 年

朝代或國名	國家支配者	建　都	廟號	謚號	建元	年號年次	輔政者	備　注
東晉	⑨司馬曜	建康		武	2	2太元16年		
前秦	⑥苻登	長安	太宗	高	1	太初6年		
後燕	①慕容垂	中山	世祖	成武	2	2建興6年		
西燕	⑦慕容永	長子			1	中興6年		
後秦	①姚萇	常安	太祖	昭武	2	2建初6年		
西秦	③乞伏乾歸	金城	高祖	武元王	2	1太初4年		
北魏	①拓跋珪	平城	太祖	道武	4	1登國6年		
後涼	①吕光	姑臧	太祖	懿武	4	2麟嘉3年		稱三河王
丁零翟魏	⑤翟釗	滑臺			1	定鼎元年		十月改元十月前爲建光4年
鐵弗匈奴	⑥劉衛辰	代來城				32年		十一月被部下所殺
仇池氐	⑨楊定	治歷城				7年		成縣北
吐谷渾	⑥視羆					元年		青海
高句麗	⑱伊連	丸都城				8年		吉林省

月　曆　表（建　寅）

5104—355—1864275

月干支序數	月序＼星期	日	1	2	3	4	5	6	日	1	2	3	4	5	6	日	1	2	3	4	5	6	日	1	2	3	4	5	6	日	1	2	3	4	5	6	日	月末陽曆
27	正					⑪	2	3	4	5	6	7	8	9	10	11	12	13	14	15	16	17	18	19	20	21	22	23	24	25	26	27	28	29	30			3.21
28	二							㊶	2	3	4	5	6	7	8	9	10	11	12	13	14	15	16	17	18	19	20	21	22	23	24	25	26	27	28	29		4.19
29	三	⑩	2	3	4	5	6	7	8	9	10	11	12	13	14	15	16	17	18	19	20	21	22	23	24	25	26	27	28	29	30							5.19
30	四			㊵	2	3	4	5	6	7	8	9	10	11	12	13	14	15	16	17	18	19	20	21	22	23	24	25	26	27	28	29						6.17
31	五				⑨	2	3	4	5	6	7	8	9	10	11	12	13	14	15	16	17	18	19	20	21	22	23	24	25	26	27	28	29	30				7.17
32	六						㊴	2	3	4	5	6	7	8	9	10	11	12	13	14	15	16	17	18	19	20	21	22	23	24	25	26	27	28	29			8.15
33	七							⑧	2	3	4	5	6	7	8	9	10	11	12	13	14	15	16	17	18	19	20	21	22	23	24	25	26	27	28	29	30	9.14
34	八		㊳	2	3	4	5	6	7	8	9	10	11	12	13	14	15	16	17	18	19	20	21	22	23	24	25	26	27	28	29							10.13
35	九			⑦	2	3	4	5	6	7	8	9	10	11	12	13	14	15	16	17	18	19	20	21	22	23	24	25	26	27	28	29	30					11.12
36	十					㊲	2	3	4	5	6	7	8	9	10	11	12	13	14	15	16	17	18	19	20	21	22	23	24	25	26	27	28	29	30			12.12
37	十一							⑦	2	3	4	5	6	7	8	9	10	11	12	13	14	15	16	17	18	19	20	21	22	23	24	25	26	27	28	29		1.10
38	十二	㊱	2	3	4	5	6	7	8	9	10	11	12	13	14	15	16	17	18	19	20	21	22	23	24	25	26	27	28	29	30							2.9

大事記

二月，燕遣將攻賀染干及訥。　五月，後秦姚萇與秦苻登戰，先敗後勝。　六月，燕兵前後破賀染干及訥，徙染干部於中山。西燕慕容永攻晉洛陽，敗還。　七月，乞伏乾歸等破俘鮮卑大兜部衆。　十月，魏拓跋珪破柔然，徙其部衆於雲中。丁零翟遼卒，子釗立，改元定鼎。　十一月，拓跋珪大破匈奴劉衛辰部，衛辰為部下所殺，子勃勃逋。珪殺衛辰宗黨五千餘人，河以南諸部皆降，獲馬三十萬匹，牛羊四百萬頭。　十二月，後秦姚萇敗苻登於安定。

晉及十六國紀年

干支壬辰　公元 392 年

朝代或國名	國家支配者	建　都	廟　號	謚　號	建元	年號年次	輔政者	備　注
東晉	⑨司馬曜	建康		武	2	2 太元 17 年		
前秦	⑥苻登	長安	太宗	高	1	太初 7 年		
後燕	①慕容垂	中山	世祖	成武	2	2 建興 7 年		
西燕	⑦慕容永	長子			1	中興 7 年		
後秦	①姚萇	長安	太祖	昭武	2	2 建初 7 年		
西秦	③乞伏乾歸	金城	高祖	武元王	2	1 太初 5 年		
北魏	①拓跋珪	平城	太祖	道武	4	1 登國 7 年		
後凉	①呂光	姑臧	太祖	懿武	4	2 麟嘉 4 年		稱三河王
丁零翟魏	⑤翟釗	滑臺			1	定鼎 2 年		六月亡於後燕
仇池氏	⑨楊定	治歷城				8 年		成縣北
吐谷渾	⑥視羆					2 年		
高句麗	⑲廣開土王談德	丸都城				元年		吉林省

月　曆　表（建寅）

5105－354－1864629

月干支序數	月序＼星期	日	1	2	3	4	5	6	日	1	2	3	4	5	6	日	1	2	3	4	5	6	日	1	2	3	4	5	6	日	1	2	3	4	5	6	日	月末陽曆
39	正			⑥	2	3	4	5	6	7	8	9	10	11	12	13	14	15	16	17	18	19	20	21	22	23	24	25	26	27	28	29						3.9
40	二				㉟	2	3	4	5	6	7	8	9	10	11	12	13	14	15	16	17	18	19	20	21	22	23	24	25	26	27	28	29	30				4.8
41	三						⑤	2	3	4	5	6	7	8	9	10	11	12	13	14	15	16	17	18	19	20	21	22	23	24	25	26	27	28	29			5.7
42	四							㉞	2	3	4	5	6	7	8	9	10	11	12	13	14	15	16	17	18	19	20	21	22	23	24	25	26	27	28	29	30	6.6
43	五		④	2	3	4	5	6	7	8	9	10	11	12	13	14	15	16	17	18	19	20	21	22	23	24	25	26	27	28	29							7.5
44	六			㉝	2	3	4	5	6	7	8	9	10	11	12	13	14	15	16	17	18	19	20	21	22	23	24	25	26	27	28	29	30					8.4
45	七					③	2	3	4	5	6	7	8	9	10	11	12	13	14	15	16	17	18	19	20	21	22	23	24	25	26	27	28	29				9.2
46	八						㉜	2	3	4	5	6	7	8	9	10	11	12	13	14	15	16	17	18	19	20	21	22	23	24	25	26	27	28	29	30		10.2
47	九	②	2	3	4	5	6	7	8	9	10	11	12	13	14	15	16	17	18	19	20	21	22	23	24	25	26	27	28	29								10.31
48	十		㉛	2	3	4	5	6	7	8	9	10	11	12	13	14	15	16	17	18	19	20	21	22	23	24	25	26	27	28	29	30						11.30
49	十一				①	2	3	4	5	6	7	8	9	10	11	12	13	14	15	16	17	18	19	20	21	22	23	24	25	26	27	28	29					12.29
50	十二					㉚	2	3	4	5	6	7	8	9	10	11	12	13	14	15	16	17	18	19	20	21	22	23	24	25	26	27	28	29	30			1.28

大事記

正月，後秦置學官。　四月，齊國內史蔣喆據青州反，殺樂安太守，未幾敗死。後燕襲破滑臺，翟釗奔西燕。　六月，燕慕容垂大破丁零翟釗於黎陽，釗奔慕容永，翟魏亡。　八月，呂光遣將攻乞伏乾歸，大敗。　十月，關中巴蜀人竇冲等據華陰起事，反姚萇，附於苻登。　十一月，晉以殷仲堪都督荆、益、寧州軍事。　十二月，秦休官權千成據顯親，自稱秦州牧。

晉及十六國紀年

干支癸巳　公元 393 年

朝代或國名	國家支配者	建　都	廟號	謚號	建元	年號年次	輔政者	備　注
東晉	⑨司馬曜	建康		武	2	2太元 18 年		
前秦	⑥苻登	長安	太宗	高	1	太初 8 年		
後燕	①慕容垂	中山	世祖	成武	2	2建興 8 年		
西燕	⑦慕容永	長子			1	中興 8 年		殺翟釗
後秦	①姚萇	常安	太祖	昭武	2	2建初 8 年		十二月姚興即位
西秦	③乞伏乾歸	金城	高祖	武元王	2	1太初 6 年		
北魏	①拓跋珪	平城	太祖	道武	4	1登國 8 年		
後凉	①呂光	姑臧	太祖	懿武	4	2麟嘉 5 年		稱三河王
秦	①竇衡(稱秦王)				1	元光元年		六月建元
仇池氏	⑨楊定	治歷城				9 年		成縣北
吐谷渾	⑥視羆					3 年		青海
高句麗	⑲談德	丸都城				2 年		吉林

月　曆　表（建 寅）

5106－384－1865013

月干支序數	月序＼星期	日	1	2	3	4	5	6	日	1	2	3	4	5	6	日	1	2	3	4	5	6	日	1	2	3	4	5	6	日	1	2	3	4	5	6	日	月末陽曆
51	正							(60)	2	3	4	5	6	7	8	9	10	11	12	13	14	15	16	17	18	19	20	21	22	23	24	25	26	27	28	29		2.26
52	二	㉙	2	3	4	5	6	7	8	9	10	11	12	13	14	15	16	17	18	19	20	21	22	23	24	25	26	27	28	29	30							3.28
53	三			(59)	2	3	4	5	6	7	8	9	10	11	12	13	14	15	16	17	18	19	20	21	22	23	24	25	26	27	28	29	30					4.27
54	四					㉙	2	3	4	5	6	7	8	9	10	11	12	13	14	15	16	17	18	19	20	21	22	23	24	25	26	27	28	29				5.26
55	五						(58)	2	3	4	5	6	7	8	9	10	11	12	13	14	15	16	17	18	19	20	21	22	23	24	25	26	27	28	29	30		6.25
56	六	㉘	2	3	4	5	6	7	8	9	10	11	12	13	14	15	16	17	18	19	20	21	22	23	24	25	26	27	28	29								7.24
57	七		(57)	2	3	4	5	6	7	8	9	10	11	12	13	14	15	16	17	18	19	20	21	22	23	24	25	26	27	28	29	30						8.23
	閏				㉗	2	3	4	5	6	7	8	9	10	11	12	13	14	15	16	17	18	19	20	21	22	23	24	25	26	27	28	29					9.21
58	八					(56)	2	3	4	5	6	7	8	9	10	11	12	13	14	15	16	17	18	19	20	21	22	23	24	25	26	27	28	29	30			10.21
59	九							㉖	2	3	4	5	6	7	8	9	10	11	12	13	14	15	16	17	18	19	20	21	22	23	24	25	26	27	28	29		11.19
60	十	(55)	2	3	4	5	6	7	8	9	10	11	12	13	14	15	16	17	18	19	20	21	22	23	24	25	26	27	28	29	30							12.19
1	十一			㉕	2	3	4	5	6	7	8	9	10	11	12	13	14	15	16	17	18	19	20	21	22	23	24	25	26	27	28	29						1.17
2	十二				(54)	2	3	4	5	6	7	8	9	10	11	12	13	14	15	16	17	18	19	20	21	22	23	24	25	26	27	28	29	30				2.16

大事記

正月，權千成降於乞伏乾歸。　六月，竇冲反苻登，稱秦王，建元元光。閏七月，司馬微(徽)聚衆起事於馬頭山，未幾為劉牢之擊滅。　八月，洛陽氐帥楊佛嵩奔後秦。　十一月，燕慕容垂大舉攻西燕。　十二月，後秦姚萇卒，子興稱大將軍。是歲，朱序卒。

晉及十六國紀年

干支甲午　公元 394 年

朝代或國名	國家支配者	建都	廟號	謚號	建元	年號年次	輔政者	備　注
東晉	⑨司馬曜	建康		武	2	2 太元 19 年		
前秦	⑦苻崇	湟中		末主	1	延初元年		七月建元，十月亡
後燕	①慕容垂	中山	世祖	成武	2	2 建興 9 年		
西燕	⑦慕容永	長子			1	中興 9 年		八月亡
後秦	②姚興	常安	高祖	文桓	2	1 皇初元年		五月改元
西秦	③乞伏乾歸	金城	高祖	武元王	2	1 太初 7 年		
北魏	①拓跋珪	平城	太祖	道武	4	1 登國 9 年		
後涼	①呂光	姑臧	太祖	懿武	4	2 麟嘉 6 年		稱三河王
秦	①竇衡（稱秦王）				1	元光 2 年		七月亡
仇池氏	⑨楊定	治歷城				10 年		十月被西秦所殺
吐谷渾	⑥視羆					4 年		青海
高句麗	⑲談德	丸都城				3 年		吉林

月　曆　表（建　寅）

5107－354－1865367

月干支序數	星期／月序	日	1	2	3	4	5	6	日	1	2	3	4	5	6	日	1	2	3	4	5	6	日	1	2	3	4	5	6	日	1	2	3	4	5	6	日	月末陽曆
3	正						(24)	2	3	4	5	6	7	8	9	10	11	12	13	14	15	16	17	18	19	20	21	22	23	24	25	26	27	28	29			3.17
4	二							(53)	2	3	4	5	6	7	8	9	10	11	12	13	14	15	16	17	18	19	20	21	22	23	24	25	26	27	28	29	30	4.16
5	三		(23)	2	3	4	5	6	7	8	9	10	11	12	13	14	15	16	17	18	19	20	21	22	23	24	25	26	27	28	29							5.15
6	四			(52)	2	3	4	5	6	7	8	9	10	11	12	13	14	15	16	17	18	19	20	21	22	23	24	25	26	27	28	29	30					6.14
7	五					(22)	2	3	4	5	6	7	8	9	10	11	12	13	14	15	16	17	18	19	20	21	22	23	24	25	26	27	28	29				7.13
8	六						(51)	2	3	4	5	6	7	8	9	10	11	12	13	14	15	16	17	18	19	20	21	22	23	24	25	26	27	28	29	30		8.12
9	七	(21)	2	3	4	5	6	7	8	9	10	11	12	13	14	15	16	17	18	19	20	21	22	23	24	25	26	27	28	29	30							9.11
10	八			(51)	2	3	4	5	6	7	8	9	10	11	12	13	14	15	16	17	18	19	20	21	22	23	24	25	26	27	28	29						10.10
11	九				(20)	2	3	4	5	6	7	8	9	10	11	12	13	14	15	16	17	18	19	20	21	22	23	24	25	26	27	28	29	30				11.9
12	十						(50)	2	3	4	5	6	7	8	9	10	11	12	13	14	15	16	17	18	19	20	21	22	23	24	25	26	27	28	29			12.8
13	十一							(19)	2	3	4	5	6	7	8	9	10	11	12	13	14	15	16	17	18	19	20	21	22	23	24	25	26	27	28	29	30	1.7
14	十二		(49)	2	3	4	5	6	7	8	9	10	11	12	13	14	15	16	17	18	19	20	21	22	23	24	25	26	27	28	29							2.5

大事記

正月，秦苻登大舉攻後秦姚興。呂光拜禿髮烏孤為河西鮮卑大都統。　三月，拓跋珪使東平公儀屯田於河北五原，至於棝陽塞外。　四月，苻登敗奔馬毛山。　五月，後秦姚興即皇帝位，改元皇初。　七月，姚興殺苻登（前秦亡），太子崇奔湟中，即帝位，改元延初。徙陰密三萬戶於長安。姚興破竇冲，冲奔汧川，氐人執之，送於姚興。呂光以子復都督玉門以西諸軍事、西域大都護，鎮高昌。晉荆、徐二州大水。　八月，燕兵入長子，殺慕容永。　十月，乞伏乾歸破苻崇及氐帥楊定，殺之，斬首萬七千級；崇子宣及定子盛固守仇池。燕兵攻佔晉青、兗諸郡。柔然掠魏五原等郡，走漠北。　十二月，乞伏乾歸自稱秦王，史稱西秦。

晉及十六國紀年

干支乙未　公元 395 年

朝代或國名	國家支配者	建都	廟號	謚號	建元	年號年次	輔政者	備　注
東晉	⑨司馬曜	建康		武	2	2 太元 20 年		
後燕	①慕容垂	中山	世祖	成武	2	2 建興 10 年		
後秦	②姚興	常安	高祖	文桓	2	1 皇初 2 年		
西秦	③乞伏乾歸	金城	高祖	武元王	2	1 太初 8 年		
北魏	①拓跋珪	平城	太祖	道武	4	1 登國 10 年		
後涼	①呂光	姑臧	太祖	懿武	4	2 麟嘉 7 年		稱三河王
仇池氏	⑩楊盛	武都				元年		
吐谷渾	⑥視羆					5 年		青海
高句麗	⑲談德	丸都城				4 年		吉林省

月　曆　表（建　寅）

5108—355—1865722

月干支序數	月序＼星期	日	1	2	3	4	5	6	日	1	2	3	4	5	6	日	1	2	3	4	5	6	日	1	2	3	4	5	6	日	1	2	3	4	5	6	日	月末陽曆
15	正			⑱	2	3	4	5	6	7	8	9	10	11	12	13	14	15	16	17	18	19	20	21	22	23	24	25	26	27	28	29	30					3.7
16	二					㊽	2	3	4	5	6	7	8	9	10	11	12	13	14	15	16	17	18	19	20	21	22	23	24	25	26	27	28	29				4.5
17	三						⑰	2	3	4	5	6	7	8	9	10	11	12	13	14	15	16	17	18	19	20	21	22	23	24	25	26	27	28	29	30		5.5
18	四	㊼	2	3	4	5	6	7	8	9	10	11	12	13	14	15	16	17	18	19	20	21	22	23	24	25	26	27	28	29								6.3
19	五		⑯	2	3	4	5	6	7	8	9	10	11	12	13	14	15	16	17	18	19	20	21	22	23	24	25	26	27	28	29	30						7.3
20	六				㊻	2	3	4	5	6	7	8	9	10	11	12	13	14	15	16	17	18	19	20	21	22	23	24	25	26	27	28	29					8.1
21	七					⑮	2	3	4	5	6	7	8	9	10	11	12	13	14	15	16	17	18	19	20	21	22	23	24	25	26	27	28	29	30			8.31
22	八							㊺	2	3	4	5	6	7	8	9	10	11	12	13	14	15	16	17	18	19	20	21	22	23	24	25	26	27	28	29		9.29
23	九	⑭	2	3	4	5	6	7	8	9	10	11	12	13	14	15	16	17	18	19	20	21	22	23	24	25	26	27	28	29	30							10.29
24	十			㊹	2	3	4	5	6	7	8	9	10	11	12	13	14	15	16	17	18	19	20	21	22	23	24	25	26	27	28	29	30					11.28
25	十一					⑭	2	3	4	5	6	7	8	9	10	11	12	13	14	15	16	17	18	19	20	21	22	23	24	25	26	27	28	29				12.27
26	十二						㊸	2	3	4	5	6	7	8	9	10	11	12	13	14	15	16	17	18	19	20	21	22	23	24	25	26	27	28	29	30		1.26

大事記

正月，後秦上郡以西鮮卑雜胡大擾。　四月，天水姜乳據上邽，乞伏乾歸遣兵攻之，大敗。　五月，燕慕容垂攻魏。六月，荆、徐二州大水。乞伏乾歸遷於苑川西城。　七月，禿髮烏孤擊降乙弗、折掘諸部，遷居廉川堡。後燕攻魏至五原，降魏别部，收其穄田百餘萬斛。　十一月，魏拓跋珪大破燕兵於參合陂，坑降卒四萬餘人。

晉及十六國紀年

干支丙申　公元 396 年

朝代或國名	國家支配者	建都	廟號	謚號	建元	年號年次	輔政者	備　注
東晉	⑨司馬曜	建康		武	2	2 太元 21 年		九月安帝即位
後燕	②慕容寶	中山	烈宗	惠閔	1	永康元年		四月改元
後秦	②姚興	常安	高祖	文桓	2	1 皇初 3 年		
西秦	③乞伏乾歸	金城	高祖	武元王	2	1 太初 9 年		
北魏	①拓跋珪	平城		道武	4	2 皇始元年		七月改元
後涼	①呂光	姑臧	太祖	懿武	4	3 龍飛元年		六月改元三河王

續表

朝代或國名	國家支配者	建都	廟號	謚號	建元	年號年次	輔政者	備注
仇池氏	⑩楊盛	武都				2年		
吐谷渾	⑥視羆					6年		青海
高句麗	⑲談德	丸都城				5年		吉林省

月曆表（建寅）　5109—383—1866105

月干支序數	月序＼星期	日	1	2	3	4	5	6	日	1	2	3	4	5	6	日	1	2	3	4	5	6	日	1	2	3	4	5	6	日	1	2	3	4	5	6	日	月末陽曆
27	正	⑬	2	3	4	5	6	7	8	9	10	11	12	13	14	15	16	17	18	19	20	21	22	23	24	25	26	27	28	29								2.24
28	二		㊷	2	3	4	5	6	7	8	9	10	11	12	13	14	15	16	17	18	19	20	21	22	23	24	25	26	27	28	29	30						3.25
29	三				⑫	2	3	4	5	6	7	8	9	10	11	12	13	14	15	16	17	18	19	20	21	22	23	24	25	26	27	28	29					4.23
	閏					㊶	2	3	4	5	6	7	8	9	10	11	12	13	14	15	16	17	18	19	20	21	22	23	24	25	26	27	28	29	30			5.23
30	四							⑪	2	3	4	5	6	7	8	9	10	11	12	13	14	15	16	17	18	19	20	21	22	23	24	25	26	27	28	29		6.21
31	五	㊵	2	3	4	5	6	7	8	9	10	11	12	13	14	15	16	17	18	19	20	21	22	23	24	25	26	27	28	29	30							7.21
32	六			⑩	2	3	4	5	6	7	8	9	10	11	12	13	14	15	16	17	18	19	20	21	22	23	24	25	26	27	28	29						8.19
33	七				㊴	2	3	4	5	6	7	8	9	10	11	12	13	14	15	16	17	18	19	20	21	22	23	24	25	26	27	28	29	30				9.18
34	八						⑨	2	3	4	5	6	7	8	9	10	11	12	13	14	15	16	17	18	19	20	21	22	23	24	25	26	27	28	29			10.17
35	九							㊳	2	3	4	5	6	7	8	9	10	11	12	13	14	15	16	17	18	19	20	21	22	23	24	25	26	27	28	29	30	11.16
36	十		⑧	2	3	4	5	6	7	8	9	10	11	12	13	14	15	16	17	18	19	20	21	22	23	24	25	26	27	28	29							12.15
37	十一			㊲	2	3	4	5	6	7	8	9	10	11	12	13	14	15	16	17	18	19	20	21	22	23	24	25	26	27	28	29	30					1.14
38	十二					⑦	2	3	4	5	6	7	8	9	10	11	12	13	14	15	16	17	18	19	20	21	22	23	24	25	26	27	28	29				2.12

大事記

二月，燕將平規據魯口，規弟翰起兵於遼西。　三月，燕慕容垂自將擊魏，入平城，四月卒，子寶嗣，改元永康。　六月，魏取燕廣寧，徙其部落於平城。燕定仕族舊籍，分辨清濁，校閱戶口，罷軍營封蔭之戶悉屬郡縣。呂光稱天王，國號涼，改元龍飛，史稱後涼。光遣使拜禿髮烏孤為益州牧、左賢王，烏孤不受。　七月，燕遣將破斬平規。魏拓跋珪改元皇始。　八月，珪大舉攻燕。　九月，取并州，初建臺省，置刺史、太守、尚書郎以下官，悉用儒生為之。晉孝武帝被殺，太子德宗嗣，是為安帝。會稽王道子為太傅。　十一月，魏拓跋珪圍燕中山，河北諸郡多納附。晉封仇池帥楊盛為仇池公，以苻宣為平北將軍。　十二月，後秦破降上邽姜乳及休官權千成。西燕遺臣河東太守柳恭等降於後秦。

晉及十六國紀年　干支丁酉　公元397年

朝代或國名	國家支配者	建都	廟號	謚號	建元	年號年次	輔政者	備注
東晉	⑩司馬德宗	建康		安	4	1隆安元年		
後燕	②慕容寶	中山	烈宗	惠閔	1	永康2年		
後燕	③慕容詳				1	建始元年		五月建元，七月死
後燕	④慕容麟				1	延平元年		七月建元，十月死
後秦	②姚興	常安	高祖	文桓	2	1皇初4年		
西秦	③乞伏乾歸	金城	高祖	武元王	2	1太初10年		
北魏	①拓跋珪	平城	太祖	道武	4	2皇始2年		
北涼	①段業	張掖			2	1神璽元年		稱涼州牧六月建元

續表

朝代或國名	國家支配者	建　都	廟號	謚號	建元	年號年次	輔政者	備　注
南凉	①禿髮烏孤	樂都	烈祖	武	1	1 太初元年		在青海
後凉	①呂光	姑臧	太祖	懿武	4	3 龍飛 2 年		三河王
仇池氏	⑩楊盛	武都				3 年		
吐谷渾	⑥視羆					7 年		青海
高句麗	⑲談德	丸都城				6 年		吉林

月　曆　表（建寅）　5110－355－1866460

月干支序數	月序 \ 星期	日	1	2	3	4	5	6	日	1	2	3	4	5	6	日	1	2	3	4	5	6	日	1	2	3	4	5	6	日	1	2	3	4	5	6	日	月末陽曆
39	正						㊱	2	3	4	5	6	7	8	9	10	11	12	13	14	15	16	17	18	19	20	21	22	23	24	25	26	27	28	29	30		3.14
40	二	⑥	2	3	4	5	6	7	8	9	10	11	12	13	14	15	16	17	18	19	20	21	22	23	24	25	26	27	28	29	30							4.13
41	三			㊱	2	3	4	5	6	7	8	9	10	11	12	13	14	15	16	17	18	19	20	21	22	23	24	25	26	27	28	29						5.12
42	四				⑤	2	3	4	5	6	7	8	9	10	11	12	13	14	15	16	17	18	19	20	21	22	23	24	25	26	27	28	29	30				6.11
43	五						㉟	2	3	4	5	6	7	8	9	10	11	12	13	14	15	16	17	18	19	20	21	22	23	24	25	26	27	28	29			7.10
44	六							①	2	3	4	5	6	7	8	9	10	11	12	13	14	15	16	17	18	19	20	21	22	23	24	25	26	27	28	29	30	8.9
45	七		㉞	2	3	4	5	6	7	8	9	10	11	12	13	14	15	16	17	18	19	20	21	22	23	24	25	26	27	28	29							9.7
46	八			③	2	3	4	5	6	7	8	9	10	11	12	13	14	15	16	17	18	19	20	21	22	23	24	25	26	27	28	29	30					10.7
47	九					㉝	2	3	4	5	6	7	8	9	10	11	12	13	14	15	16	17	18	19	20	21	22	23	24	25	26	27	28	29				11.5
48	十						②	2	3	4	5	6	7	8	9	10	11	12	13	14	15	16	17	18	19	20	21	22	23	24	25	26	27	28	29	30		12.5
49	十一	㉜	2	3	4	5	6	7	8	9	10	11	12	13	14	15	16	17	18	19	20	21	22	23	24	25	26	27	28	29								1.3
50	十二		①	2	3	4	5	6	7	8	9	10	11	12	13	14	15	16	17	18	19	20	21	22	23	24	25	26	27	28	29	30						2.2

大事記

正月,燕大破魏攻鄴之師。後涼呂光攻乞伏乾歸,不利。禿髮烏孤據金城自稱大將軍、西平王,建元太初;後涼遣兵攻之,大敗。　三月,燕將慕容麟謀殺慕容寶,敗奔曲陽西山,依丁零。慕容寶弃中山,走龍城。　四月,寶子會攻寶,敗死。兖州刺史王恭、豫州刺史庾楷,以討尚書左僕射王國寶、建威將軍王緒為名舉兵,晉殺國寶及緒,恭等乃罷兵。呂光殺匈奴沮渠羅仇,羅仇弟子蒙遜起兵,拔涼臨松郡,屯據金山。　五月,晉司徒左長史王廞舉兵擊王恭,敗逝。慕容詳據中山,稱皇帝,改元建始。呂光遣將破沮渠蒙遜。蒙遜從兄沮渠男成起兵樂涫,推段業為主,稱兖州牧、建康公,建元神璽。　七月,慕容麟殺慕容詳,稱皇帝,改元延平。後涼郭䵣起兵據東苑,繼推略陽氐楊軌為涼州牧、西平公。　九月,後秦兵攻洛陽,徙流民二萬餘戶而還。武都氐屠飛、啖鐵等據方山,後秦兵擊平之。　十月,魏克中山,慕容麟奔鄴,去帝號。河南鮮卑十二部附於禿髮烏孤。

晉及十六國紀年　　干支戊戌　公元 398 年

朝代或國名	國家支配者	建　都	廟號	謚號	建元	年號年次	輔政者	備　注
東晉	⑩司馬德宗	建康		安	4	1 隆安 2 年		
後燕	⑤慕容盛	龍城	中宗	昭武	2	1 建平元年		十月改元
後秦	②姚興	常安	高祖	文桓	2	1 皇初 5 年		
西秦	③乞伏乾歸	金城	高祖	武元王	2	1 太初 11 年		
北魏	①拓跋珪	平城		道武	4	3 天興元年		十二月己丑改元

續表

朝代或國名	國家支配者	建　都	廟號	謚號	建元	年號年次	輔政者	備　注
後凉	①呂光	姑臧	太祖	懿武	4	3龍飛3年		三河王
北凉	①段業	張掖			2	1神璽2年		稱凉州牧
南凉	①禿髮烏孤	樂都	烈祖	武王		1太初2年		在青海
	蘭汗	昌黎				青龍元年		四月改元七月亡
南燕	①慕容德	廣固	世宗	獻武		元年		山東益都
仇池氐	⑩楊盛	武都				4年		
吐谷渾	⑥視羆					8年		青海
高句麗	⑲談德	丸都城				7年		吉林

月　曆　表(建寅)

5111—384—1866844

月干支序數	月序＼星期	日	1	2	3	4	5	6	日	1	2	3	4	5	6	日	1	2	3	4	5	6	日	1	2	3	4	5	6	日	1	2	3	4	5	6	日	月末陽曆
51	正				㉛	2	3	4	5	6	7	8	9	10	11	12	13	14	15	16	17	18	19	20	21	22	23	24	25	26	27	28	29					3.3
52	二					(60)	2	3	4	5	6	7	8	9	10	11	12	13	14	15	16	17	18	19	20	21	22	23	24	25	26	27	28	29	30			4.2
53	三							㉚	2	3	4	5	6	7	8	9	10	11	12	13	14	15	16	17	18	19	20	21	22	23	24	25	26	27	28	29		5.1
54	四	(59)	2	3	4	5	6	7	8	9	10	11	12	13	14	15	16	17	18	19	20	21	22	23	24	25	26	27	28	29	30							5.31
55	五			㉙	2	3	4	5	6	7	8	9	10	11	12	13	14	15	16	17	18	19	20	21	22	23	24	25	26	27	28	29						6.29
56	六				(58)	2	3	4	5	6	7	8	9	10	11	12	13	14	15	16	17	18	19	20	21	22	23	24	25	26	27	28	29	30				7.29
57	七						㉘	2	3	4	5	6	7	8	9	10	11	12	13	14	15	16	17	18	19	20	21	22	23	24	25	26	27	28	29	30		8.28
58	八	(58)	2	3	4	5	6	7	8	9	10	11	12	13	14	15	16	17	18	19	20	21	22	23	24	25	26	27	28	29								9.26
59	九		㉗	2	3	4	5	6	7	8	9	10	11	12	13	14	15	16	17	18	19	20	21	22	23	24	25	26	27	28	29	30						10.26
60	十				(57)	2	3	4	5	6	7	8	9	10	11	12	13	14	15	16	17	18	19	20	21	22	23	24	25	26	27	28	29					11.24
	閏					㉖	2	3	4	5	6	7	8	9	10	11	12	13	14	15	16	17	18	19	20	21	22	23	24	25	26	27	28	29	30			12.24
1	十一							(56)	2	3	4	5	6	7	8	9	10	11	12	13	14	15	16	17	18	19	20	21	22	23	24	25	26	27	28	29		1.22
2	十二	㉕	2	3	4	5	6	7	8	9	10	11	12	13	14	15	16	17	18	19	20	21	22	23	24	25	2	27	28	29	30							2.21

劉氏長曆閏十二月。

大事記

正月，慕容德聚滑臺稱燕王(南燕)。拓跋珪攻陷鄴，徙山東六州吏民及徙何、高麗雜種夷人三十六署、百工伎巧十餘萬口於平城。魏博陵、渤海、章武民反。　二月，拓跋珪詔給新徙民耕牛，計口授田。　三月，魏離石胡帥呼延鐵、西河胡帥張崇以不樂內遷聚衆反。魏漁陽庫傉官韞聚衆反。　六月，拓跋珪定國號為魏。　七月，魏遷都平城，營宮室。晉王恭、殷仲堪、桓玄、楊佺期舉兵反。　八月，慕容寶子盛即皇帝位於黄龍。九月，劉牢之背王恭，恭兵潰被擒殺。　十月，殷仲堪等推桓玄為盟主。　十一月，魏典官制，立爵品、定律令。　十二月，拓跋珪稱皇帝。魏定畿內之田，又置八部帥以勸課農桑，徙六州二十郡守宰豪傑、吏民二千家於代都。晉司馬元顯殺五斗米道首領孫泰。泰兄子恩逃於海島。

晉及十六國紀年

干支己亥　公元399年

朝代或國名	國家支配者	建　都	廟號	謚號	建元	年號年次	輔政者	備　注
東晉	⑩司馬德宗	建康		安	4	1隆安3年		
後燕	⑤慕容盛	龍城	中宗	昭武	2	2長樂元年		

續表

朝代或國名	國家支配者	建都	廟號	謚號	建元	年號年次	輔政者	備注
後秦	②姚興	常安	高祖	文桓	2	2弘始元年		九月改元
西秦	③乞伏乾歸	金城	高祖	武元王	2	1太初12年		
北魏	①拓跋珪	平城	太祖	道武	4	3天興2年		
北凉	①段業	張掖			2	2天璽元年		二月改元稱凉王
南凉	①禿髮烏孤	樂都、西平	烈祖	武王	1	1太初3年		禿髮利鹿孤八月即位
南燕	①慕容德	滑臺	世宗	獻武		2年		
後凉	①呂光	姑臧	太祖	懿武	4	4承康元年		稱太上皇
	②呂紹	姑臧		隱王		承康元年		十二月即位
	③呂纂	姑臧		靈	1	咸寧元年		十二月即位
	〔孫恩〕					1年		
仇池氏	⑩楊盛	武都				5年		
吐谷渾	⑥視羆					9年		青海
高句麗	⑲談德	丸都城				8年		吉林

月 曆 表(建寅) 5112—354—1867198

月干支序數	月序＼星期	日	1	2	3	4	5	6	日	1	2	3	4	5	6	日	1	2	3	4	5	6	日	1	2	3	4	5	6	日	1	2	3	4	5	6	日	月末陽曆
3	正			(55)	2	3	4	5	6	7	8	9	10	11	12	13	14	15	16	17	18	19	20	21	22	23	24	25	26	27	28	29						3.22
4	二				㉔	2	3	4	5	6	7	8	9	10	11	12	13	14	15	16	17	18	19	20	21	22	23	24	25	26	27	28	29	30				4.21
5	三						(54)	2	3	4	5	6	7	8	9	10	11	12	13	14	15	16	17	18	19	20	21	22	23	24	25	26	27	28	29			5.20
6	四							㉓	2	3	4	5	6	7	8	9	10	11	12	13	14	15	16	17	18	19	20	21	22	23	24	25	26	27	28	29	30	6.19
7	五		(53)	2	3	4	5	6	7	8	9	10	11	12	13	14	15	16	17	18	19	20	21	22	23	24	25	26	27	28	29							7.18
8	六			㉒	2	3	4	5	6	7	8	9	10	11	12	13	14	15	16	17	18	19	20	21	22	23	24	25	26	27	28	29	30					8.17
9	七					(52)	2	3	4	5	6	7	8	9	10	11	12	13	14	15	16	17	18	19	20	21	22	23	24	25	26	27	28	29				9.15
10	八						㉑	2	3	4	5	6	7	8	9	10	11	12	13	14	15	16	17	18	19	20	21	22	23	24	25	26	27	28	29	30		10.15
11	九	(51)	2	3	4	5	6	7	8	9	10	11	12	13	14	15	16	17	18	19	20	21	22	23	24	25	26	27	28	29	30							11.14
12	十			㉑	2	3	4	5	6	7	8	9	10	11	12	13	14	15	16	17	18	19	20	21	22	23	24	25	26	27	28	29						12.13
13	十一				㊿	2	3	4	5	6	7	8	9	10	11	12	13	14	15	16	17	18	19	20	21	22	23	24	25	26	27	28	29	30				1.12
14	十二						⑳	2	3	4	5	6	7	8	9	10	11	12	13	14	15	16	17	18	19	20	21	22	23	24	25	26	27	28	29			2.10

大事記

正月，南凉徙樂都。後燕改元長樂。　二月，林邑陷日南、九真，擾交趾，敗還。魏大破高車三十餘部，獲七萬口，馬三十餘萬匹，牛、羊百四十餘萬頭。魏破斬張超。段業稱凉王，改元天璽，以沮渠蒙遜為尚書。　三月，魏置五經博士，立太學。　七月，魏殺崔逞。　八月，范陽盧溥起兵反魏。南凉禿髮烏孤卒，弟禿髮利鹿孤立，徙治西平。南燕慕容德遷廣固。　十月，晉司馬元顯發諸郡免奴為客者為兵，東土囂然。孫恩因民怨起兵，永嘉等八郡民響應。　十一月，孫恩攻下會稽，殺內史王凝之，後兵敗入海。　十二月，晉桓玄攻江陵，殺殷仲堪、楊佺期。後凉呂光卒，子紹立，呂纂又殺紹自立。

是歲，釋法顯(377—422)往印度求戒律。晉荆州大水，平地三丈。

拓跋珪改號稱皇帝，中國開始形成南北朝對立的局面。

晉及十六國紀年

干支庚子　公元 400 年

朝代或國名	國家支配者	建　都	廟號	謚號	建元	年號年次	輔政者	備　注
東晉	⑩司馬德宗	建康		安	4	1 隆安 4 年		
後燕	⑤慕容盛	龍城	中宗	昭武	2	2 長樂 2 年		
後秦	②姚興	常安	高祖	文桓	2	2 弘始 2 年		
西秦	③乞伏乾歸	金城	高祖	武元王	2	1 太初 13 年		七月降於南涼，八月又降於後秦
北魏	①拓跋珪	平城	太祖	道武	4	3 天興 3 年		
北涼	①段業	張掖			2	2 天璽 2 年		
南涼	②禿髮利鹿孤	西平		康王	1	建和元年		青海西寧
南燕	①慕容德	廣固	世宗	獻武	1	建平元年		山東益都
後涼	③呂纂	姑臧	建公	靈	1	咸寧 2 年		
西涼	①李暠	敦煌	太祖	武昭	2	1 庚子元年		十一月建元
	〔孫恩〕					2 年		
仇池氏	⑩楊盛	武都				6 年		
吐谷渾	⑥視羆					10 年		四月卒
高句麗	⑲談德	丸都城				9 年		吉林

月　　曆　　表(建　寅)

5113—354—1867552

月干支序數	月序＼星期	日	1	2	3	4	5	6	日	1	2	3	4	5	6	日	1	2	3	4	5	6	日	1	2	3	4	5	6	日	1	2	3	4	5	6	日	月末陽曆
15	正							㊾	2	3	4	5	6	7	8	9	10	11	12	13	14	15	16	17	18	19	20	21	22	23	24	25	26	27	28	29	30	3.11
16	二		⑲	2	3	4	5	6	7	8	9	10	11	12	13	14	15	16	17	18	19	20	21	22	23	24	25	26	27	28	29							4.9
17	三			㊽	2	3	4	5	6	7	8	9	10	11	12	13	14	15	16	17	18	19	20	21	22	23	24	25	26	27	28	29	30					5.9
18	四					⑱	2	3	4	5	6	7	8	9	10	11	12	13	14	15	16	17	18	19	20	21	22	23	24	25	26	27	28	29				6.7
19	五						㊼	2	3	4	5	6	7	8	9	10	11	12	13	14	15	16	17	18	19	20	21	22	23	24	25	26	27	28	29	30		7.7
20	六	⑰	2	3	4	5	6	7	8	9	10	11	12	13	14	15	16	17	18	19	20	21	22	23	24	25	26	27	28	29								8.5
21	七		㊻	2	3	4	5	6	7	8	9	10	11	12	13	14	15	16	17	18	19	20	21	22	23	24	25	26	27	28	29	30						9.4
22	八				⑯	2	3	4	5	6	7	8	9	10	11	12	13	14	15	16	17	18	19	20	21	22	23	24	25	26	27	28	29					10.3
23	九					㊺	2	3	4	5	6	7	8	9	10	11	12	13	14	15	16	17	18	19	20	21	22	23	24	25	26	27	28	29	30			11.2
24	十							⑮	2	3	4	5	6	7	8	9	10	11	12	13	14	15	16	17	18	19	20	21	22	23	24	25	26	27	28	29		12.1
25	十一	㊹	2	3	4	5	6	7	8	9	10	11	12	13	14	15	16	17	18	19	20	21	22	23	24	25	26	27	28	29	30							12.31
26	十二			⑭	2	3	4	5	6	7	8	9	10	11	12	13	14	15	16	17	18	19	20	21	22	23	24	25	26	27	28	29						1.29

大事記

正月，盧溥兵敗被殺。西秦遷苑川。　二月，後燕慕容盛擊高句麗，開境七百里。　五月，孫恩入會稽，殺謝琰，轉攻臨海。　七月，西秦乞伏乾歸降後秦。　十二月，拓跋珪下詔謂起兵反魏者為“逆於天命”。魏置仙人博士。慕容德於廣固稱帝(南燕)。李暠自稱涼公，據敦煌(西涼)。

是歲，王珣卒(349—400)。南燕立學宮，簡公卿以下子弟二百人為太學生。

晉及十六國紀年

干支辛丑　公元 401 年

朝代或國名	國家支配者	建　都	廟號	謚號	建元	年號年次	輔政者	備　注
東晉	⑩司馬德宗	建康		安	4	1隆安5年		
後燕	⑥慕容熙	龍城		昭文	2	1光始元年		八月即位,改元
後秦	②姚興	常安	高祖	文桓	2	2弘始3年		
西秦	③乞伏乾歸	金城						降於後秦,409年復位
北魏	①拓跋珪	平城	太祖	道武	4	3天興4年		
北涼	②沮渠蒙遜	張掖	太祖	武宣	4	1永安元年		六月改元
南涼	②禿髮利鹿孤	西平		康王	1	建和2年		西寧
南燕	①慕容德	廣固	世宗	獻武	1	建平2年		山東益都
後涼	④呂隆	姑臧		後主	1	神鼎元年		二月即位改元 八月亡於後秦
西涼	①李皓	敦煌	太祖	武昭王	2	1庚子2年		
	[孫恩]					3年		
仇池氏	⑩楊盛	武都				7年		甘肅
吐谷渾	⑦烏紇堤					元年		青海
高句麗	⑲談德	丸都城				10年		吉林

月　曆　表(建寅)

5114—384—1867936

月干支序數	月序＼星期	日	1	2	3	4	5	6	日	1	2	3	4	5	6	日	1	2	3	4	5	6	日	1	2	3	4	5	6	日	1	2	3	4	5	6	日	月末陽曆
27	正				㊸	2	3	4	5	6	7	8	9	10	11	12	13	14	15	16	17	18	19	20	21	22	23	24	25	26	27	28	29	30				2.28
28	二						⑬	2	3	4	5	6	7	8	9	10	11	12	13	14	15	16	17	18	19	20	21	22	23	24	25	26	27	28	29	30		3.30
29	三	㊸	2	3	4	5	6	7	8	9	10	11	12	13	14	15	16	17	18	19	20	21	22	23	24	25	26	27	28	29								4.28
30	四		⑫	2	3	4	5	6	7	8	9	10	11	12	13	14	15	16	17	18	19	20	21	22	23	24	25	26	27	28	29	30						5.28
31	五				㊷	2	3	4	5	6	7	8	9	10	11	12	13	14	15	16	17	18	19	20	21	22	23	24	25	26	27	28	29					6.26
32	六					⑪	2	3	4	5	6	7	8	9	10	11	12	13	14	15	16	17	18	19	20	21	22	23	24	25	26	27	28	29	30			7.26
33	七							㊶	2	3	4	5	6	7	8	9	10	11	12	13	14	15	16	17	18	19	20	21	22	23	24	25	26	27	28	29		8.24
34	八	⑩	2	3	4	5	6	7	8	9	10	11	12	13	14	15	16	17	18	19	20	21	22	23	24	25	26	27	28	29	30							9.23
	閏			㊵	2	3	4	5	6	7	8	9	10	11	12	13	14	15	16	17	18	19	20	21	22	23	24	25	26	27	28	29						10.22
35	九				⑨	2	3	4	5	6	7	8	9	10	11	12	13	14	15	16	17	18	19	20	21	22	23	24	25	26	27	28	29	30				11.21
36	十						㊴	2	3	4	5	6	7	8	9	10	11	12	13	14	15	16	17	18	19	20	21	22	23	24	25	26	27	28	29			12.20
37	十一							⑧	2	3	4	5	6	7	8	9	10	11	12	13	14	15	16	17	18	19	20	21	22	23	24	25	26	27	28	29	30	1.19
38	十二		㊳	2	3	4	5	6	7	8	9	10	11	12	13	14	15	16	17	18	19	20	21	22	23	24	25	26	27	28	29							2.17

大事記

正月,禿髮利鹿孤改稱河西王。　二月,後秦姚興使乞伏乾歸還苑川。後涼將呂超殺呂纂,立其兄隆為天王,改元神鼎。　四月,段業殺沮渠男成。沮渠蒙遜起兵。　五月,遜入張掖殺段業,自稱涼州牧、張掖公,改元永安。孫恩陷滬瀆,六月至丹徒,為劉裕所敗,浮海走。後秦圍後涼姑臧;李皓、禿髮利鹿孤、沮渠蒙遜皆貢於後秦。　八月,後燕慕容盛為段璣等所殺,盛叔父慕容熙即天王位,改元光始,夷段璣等三族。慕容提等謀立盛太子定,事覺皆死。　九月,後涼呂隆降於後秦。北涼二郡降於李皓。禿髮利鹿孤攻北涼,大掠而還。　十二月,禿髮利鹿孤遣弟傉檀攻呂隆。桓玄移沮漳蠻二千戶於江南,立武寧郡,又招流民立綏安郡。范寧卒,寧著有《尚書》、《春秋穀梁傳》及《論語注》。　西域高僧鳩摩羅什至長安,在西明閣和逍遙園譯佛經,改直譯為意譯,先後譯出佛經七十四部,三百八十四卷。

朝代或國名	國家支配者	建　都	廟　號	謚　號	建　元	年號年次	輔政者	備　注
東晉	⑩司馬德宗	建康		安	4	1、2 月爲元興，4 月後稱大亨	桓玄	三月仍稱隆安 6 年
後燕	⑥慕容熙	龍城		昭文	2	1 光始 2 年		
後秦	②姚興	常安	高祖	文桓	2	2 弘始 4 年		
北魏	①拓跋珪	平城		道武	4	3 天興 5 年		
北涼	②沮渠蒙遜	張掖	太祖	武宣王	4	1 永安 2 年		盧水胡人
南涼	③禿髮傉檀	樂都		景王	2	1 弘昌元年		三月即位改元
南燕	①慕容德	廣固	世宗	獻武	1	建平 3 年		山東益都
後涼	④呂隆	姑臧		後主	1	神鼎 2 年		武威
西涼	①李暠	敦煌	太祖	武昭王	2	1 庚子 3 年		
	[孫恩、盧循]					4 年		
楚	桓玄				3	1 大亨元年		三月建元
仇池氐	⑩楊盛	武都				8 年		甘肅
吐谷渾	⑦烏紇堤					2 年		青海
高句麗	⑲談德	丸都城				11 年		吉林

月　曆　表（建　寅）　　5115—355—1868291

月干支序數	月序	日	1	2	3	4	5	6	日	1	2	3	4	5	6	日	1	2	3	4	5	6	日	1	2	3	4	5	6	日	1	2	3	4	5	6	日	月末陽曆
39	正			⑦	2	3	4	5	6	7	8	9	10	11	12	13	14	15	16	17	18	19	20	21	22	23	24	25	26	27	28	29	30					3.19
40	二					㊲	2	3	4	5	6	7	8	9	10	11	12	13	14	15	16	17	18	19	20	21	22	23	24	25	26	27	28	29				4.17
41	三						⑥	2	3	4	5	6	7	8	9	10	11	12	13	14	15	16	17	18	19	20	21	22	23	24	25	26	27	28	29	30		5.17
42	四	㊱	2	3	4	5	6	7	8	9	10	11	12	13	14	15	16	17	18	19	20	21	22	23	24	25	26	27	28	29								6.15
43	五		⑤	2	3	4	5	6	7	8	9	10	11	12	13	14	15	16	17	18	19	20	21	22	23	24	25	26	27	28	29	30						7.15
44	六				㉟	2	3	4	5	6	7	8	9	10	11	12	13	14	15	16	17	18	19	20	21	22	23	24	25	26	27	28	29	30				8.14
45	七						⑤	2	3	4	5	6	7	8	9	10	11	12	13	14	15	16	17	18	19	20	21	22	23	24	25	26	27	28	29			9.12
46	八							㉞	2	3	4	5	6	7	8	9	10	11	12	13	14	15	16	17	18	19	20	21	22	23	24	25	26	27	28	29	30	10.12
47	九		④	2	3	4	5	6	7	8	9	10	11	12	13	14	15	16	17	18	19	20	21	22	23	24	25	26	27	28	29							11.10
48	十			㉝	2	3	4	5	6	7	8	9	10	11	12	13	14	15	16	17	18	19	20	21	22	23	24	25	26	27	28	29	30					12.10
49	十一					③	2	3	4	5	6	7	8	9	10	11	12	13	14	15	16	17	18	19	20	21	22	23	24	25	26	27	28	29				1.8
50	十二						㉜	2	3	4	5	6	7	8	9	10	11	12	13	14	15	16	17	18	19	20	21	22	23	24	25	26	27	28	29	30		2.7

大事記

正月，晉下詔討桓玄；桓玄舉兵東下。魏破黜弗、素古延諸部，柔然社崘來救，敗回，奪高車地居之，又破匈奴遺種日拔也鷄，併吞諸部，自號豆伐可汗。　二月，魏取秦高平，徙其民於代。沮渠蒙遜攻呂隆，敗還。禿髮利鹿孤陷魏安，徙其民於樂都。　三月，桓玄入建康，復稱隆安六年，自總百揆，廢會稽王司馬道子，殺其子元顯等，未幾，改元大亨。孫恩攻臨海敗死，餘衆推恩妹夫盧循為主。桓玄授循永嘉太守。禿髮利鹿孤卒，弟傉檀立，稱涼王。改元弘昌，遷於樂都，史稱南涼。　五月，盧循攻東陽，劉裕敗之。高句麗陷燕宿軍城。後秦姚興攻魏，大敗。　十月，後秦徙河西豪右萬餘戶於長安。　十一月，柔然可汗社崘侵魏至豺山而還。　十二月，桓玄殺會稽王司馬道子。　是歲，三吳大饑，戶口減半，會稽減什三四，臨海、永嘉殆盡。

晉及十六國紀年

干支癸卯　公元 403 年

朝代或國名	國家支配者	建都	廟號	謚號	建元	年號年次	輔政者	備注
東晉	⑩司馬德宗	建康		安	4	2元興2年	桓玄	
後燕	⑥慕容熙	龍城		昭文	2	1光始3年		
後秦	②姚興	常安	高祖	文桓	2	2弘始5年		
北魏	①拓跋珪	平城		道武	4	3天興6年		
北涼	②沮渠蒙遜	張掖	太祖	武宣	4	1永安3年		盧水胡人
南涼	③禿髮傉檀	樂都		景王	2	1弘昌2年		西寧
南燕	①慕容德	廣固	世宗	獻武	1	建平4年		山東益都
楚	①桓玄				3	建始、永始		十一月改建始、永始
後涼	④呂隆	姑臧		後主	1	神鼎3年		八月亡
西涼	①李皓	敦煌	太祖	武昭王	2	1庚子4年		
	[盧循]					5年		
仇池氏	⑩楊盛	武都				9年		甘肅
吐谷渾	⑦烏紇堤					3年		青海
高句麗	⑲談德	丸都城				12年		吉林

月　曆　表（建　寅）

5116—354—1868645

月干支序數	月序＼星期	日	1	2	3	4	5	6	日	1	2	3	4	5	6	日	1	2	3	4	5	6	日	1	2	3	4	5	6	日	1	2	3	4	5	6	日	月末陽曆
51	正	②	2	3	4	5	6	7	8	9	10	11	12	13	14	15	16	17	18	19	20	21	22	23	24	25	26	27	28	29								3.8
52	二		㉛	2	3	4	5	6	7	8	9	10	11	12	13	14	15	16	17	18	19	20	21	22	23	24	25	26	27	28	29	30						4.7
53	三				①	2	3	4	5	6	7	8	9	10	11	12	13	14	15	16	17	18	19	20	21	22	23	24	25	26	27	28	29					5.6
54	四					㉚	2	3	4	5	6	7	8	9	10	11	12	13	14	15	16	17	18	19	20	21	22	23	24	25	26	27	28	29	30			6.5
55	五							(60)	2	3	4	5	6	7	8	9	10	11	12	13	14	15	16	17	18	19	20	21	22	23	24	25	26	27	28	29		7.4
56	六	㉙	2	3	4	5	6	7	8	9	10	11	12	13	14	15	16	17	18	19	20	21	22	23	24	25	26	27	28	29	30							8.3
57	七			(59)	2	3	4	5	6	7	8	9	10	11	12	13	14	15	16	17	18	19	20	21	22	23	24	25	26	27	28	29						9.1
58	八				㉘	2	3	4	5	6	7	8	9	10	11	12	13	14	15	16	17	18	19	20	21	22	23	24	25	26	27	28	29	30				10.1
59	九						(58)	2	3	4	5	6	7	8	9	10	11	12	13	14	15	16	17	18	19	20	21	22	23	24	25	26	27	28	29	30		10.31
60	十	㉘	2	3	4	5	6	7	8	9	10	11	12	13	14	15	16	17	18	19	20	21	22	23	24	25	26	27	28	29								11.29
1	十一		(57)	2	3	4	5	6	7	8	9	10	11	12	13	14	15	16	17	18	19	20	21	22	23	24	25	26	27	28	29	30						12.29
2	十二				㉗	2	3	4	5	6	7	8	9	10	11	12	13	14	15	16	17	18	19	20	21	22	23	24	25	26	27	28	29					1.27

大事記

二月，盧循將徐道覆攻東陽，為劉裕所敗。　四月，南燕隱核蔭戶，得五萬八千戶。南燕泰山人王始稱太平皇帝，敗死。　五月，後燕慕容熙作龍騰苑，役徒二萬人。　七月，呂隆為沮渠蒙遜、禿髮傉檀所逼，舉國入後秦，後涼亡，徙其民萬戶於長安。沮渠蒙遜奉獻於後秦。劉裕破盧循於永嘉，循浮海南走。　九月，桓玄為相國、楚王、加九錫。新野庾仄起兵討桓玄，敗奔後秦。　十月，魏襲破高車餘種袁紇、烏頻。　十二月，桓玄稱皇帝，國號楚，改元永始，廢晉帝為平固王，遷至尋陽。晉毛璩自益州討桓玄。　是歲，魏始製冠服之制。釋慧遠作《沙門不敬王者論》。

晉及十六國紀年　　干支甲辰　公元 404 年

朝代或國名	國家支配者	建　都	廟　號	謚　號	建　元	年號年次	輔政者	備　　注
東晉	⑩司馬德宗	建康		安	4	2 元興 3 年		
後燕	⑥慕容熙	龍城		昭文	2	1 光始 4 年		
後秦	②姚興	常安	高祖	文桓	2	2 弘始 6 年		
北魏	①拓跋珪	平城		道武	4	4 天賜元年		十月辛巳改元
北涼	②沮渠蒙遜	張掖	太祖	武宣	4	1 永安 4 年		盧水胡人
南涼	③禿髮傉檀	姑臧		景王	2	1 弘昌 3 年		二月去年號，至 408 年復涼王稱
南燕	①慕容德	廣固	世宗	獻武	1	建平 5 年		山東益都
楚	①桓玄				3	2 永始 2 年		五月敗
	②桓謙				1	天康元年		
	[盧循]					6 年		
西涼	①李皓	敦煌	太祖	武昭王	2	1 庚子 5 年		
仇池氐	⑩楊盛	武都				10 年		甘肅
吐谷渾	⑦烏紇堤					4 年		青海
高句麗	⑲談德	丸都城				13 年		吉林

月　曆　表(建　寅)　　5117—384—1869029

月干支序數	星期／月序	日	1	2	3	4	5	6	日	1	2	3	4	5	6	日	1	2	3	4	5	6	日	1	2	3	4	5	6	日	1	2	3	4	5	6	日	月末陽曆
3	正					(56)	2	3	4	5	6	7	8	9	10	11	12	13	14	15	16	17	18	19	20	21	22	23	24	25	26	27	28	29	30			2.26
4	二							㉖	2	3	4	5	6	7	8	9	10	11	12	13	14	15	16	17	18	19	20	21	22	23	24	25	26	27	28	29		3.26
5	三	(55)	2	3	4	5	6	7	8	9	10	11	12	13	14	15	16	17	18	19	20	21	22	23	24	25	26	27	28	29	30							4.25
6	四			㉕	2	3	4	5	6	7	8	9	10	11	12	13	14	15	16	17	18	19	20	21	22	23	24	25	26	27	28	29						5.24
7	五				(54)	2	3	4	5	6	7	8	9	10	11	12	13	14	15	16	17	18	19	20	21	22	23	24	25	26	27	28	29	30				6.23
	閏						㉔	2	3	4	5	6	7	8	9	10	11	12	13	14	15	16	17	18	19	20	21	22	23	24	25	26	27	28	29			7.22
8	六							(53)	2	3	4	5	6	7	8	9	10	11	12	13	14	15	16	17	18	19	20	21	22	23	24	25	26	27	28	29	30	8.21
9	七		㉓	2	3	4	5	6	7	8	9	10	11	12	13	14	15	16	17	18	19	20	21	22	23	24	25	26	27	28	29							9.19
10	八			(52)	2	3	4	5	6	7	8	9	10	11	12	13	14	15	16	17	18	19	20	21	22	23	24	25	26	27	28	29	30					10.19
11	九					㉒	2	3	4	5	6	7	8	9	10	11	12	13	14	15	16	17	18	19	20	21	22	23	24	25	26	27	28	29				11.17
12	十						(51)	2	3	4	5	6	7	8	9	10	11	12	13	14	15	16	17	18	19	20	21	22	23	24	25	26	27	28	29	30		12.17
13	十一	㉑	2	3	4	5	6	7	8	9	10	11	12	13	14	15	16	17	18	19	20	21	22	23	24	25	26	27	28	29								1.15
14	十二		㊿	2	3	4	5	6	7	8	9	10	11	12	13	14	15	16	17	18	19	20	21	22	23	24	25	26	27	28	29	30						2.14

大事記

二月，劉裕自京口討桓玄。南涼禿髮傉檀畏後秦而去年號。　三月，桓玄西走，劉裕入建康。魏罷民不滿百之縣。　四月，桓玄挾晉帝至江陵。玄兄子歆引氐帥楊秋擾歷陽，秋敗死。　五月，桓玄捨江陵西遁，益州督護馮遷殺之，傳首建康。　閏五月，桓玄餘黨桓振等又入江陵，劫晉帝。　九月，魏改官制。　十月，盧循入廣州。魏改元天賜，命宗室置宗師，八國立大師、小師，州郡各置師以舉才行，如中正之職。　十二月，高句麗伐後燕。　是歲，晉民紛赴淮北避難。

晉及十六國紀年

干支乙巳　公元 405 年

朝代或國名	國家支配者	建　都	廟　號	謚　號	建　元	年號年次	輔政者	備　注
東晉	⑩司馬德宗	建康		安	4	4 義熙元年		
後燕	⑥慕容熙	龍城		昭文	2	1 光始 5 年		
後秦	②姚興	常安	高祖	文桓	2	2 弘始 7 年		
北魏	①拓跋珪	平城	太祖	道武	4	4 天賜 2 年		
北涼	②沮渠蒙遜	張掖	太祖	武宣王	4	1 永安 5 年		盧水胡人
南涼	③禿髮傉檀	姑臧		景王				
南燕	②慕容超	廣固			1	太上元年		十一月即位改元
西涼	①李皓	酒泉	太祖	武昭	2	2 建初元年		
	[盧循]					7 年		
楚	②桓謙					天康 2 年		二月亡
仇池氏	⑩楊盛	武都				11 年		
吐谷渾	⑦烏紇堤					5 年		正月卒
高句麗	⑲談德	丸都城				14 年		吉林

月　曆　表(建寅)

5118－354－1869383

月干支序數	月序＼星期	日	1	2	3	4	5	6	日	1	2	3	4	5	6	日	1	2	3	4	5	6	日	1	2	3	4	5	6	日	1	2	3	4	5	6	日	月末陽曆
15	正				⑳	2	3	4	5	6	7	8	9	10	11	12	13	14	15	16	17	18	19	20	21	22	23	24	25	26	27	28	29	30				3.16
16	二						㊿	2	3	4	5	6	7	8	9	10	11	12	13	14	15	16	17	18	19	20	21	22	23	24	25	26	27	28	29			4.14
17	三							⑲	2	3	4	5	6	7	8	9	10	11	12	13	14	15	16	17	18	19	20	21	22	23	24	25	26	27	28	29	30	5.14
18	四		㊾	2	3	4	5	6	7	8	9	10	11	12	13	14	15	16	17	18	19	20	21	22	23	24	25	26	27	28	29							6.12
19	五			⑱	2	3	4	5	6	7	8	9	10	11	12	13	14	15	16	17	18	19	20	21	22	23	24	25	26	27	28	29	30					7.12
20	六					㊽	2	3	4	5	6	7	8	9	10	11	12	13	14	15	16	17	18	19	20	21	22	23	24	25	26	27	28	29				8.10
21	七						⑰	2	3	4	5	6	7	8	9	10	11	12	13	14	15	16	17	18	19	20	21	22	23	24	25	26	27	28	29	30		9.9
22	八	㊼	2	3	4	5	6	7	8	9	10	11	12	13	14	15	16	17	18	19	20	21	22	23	24	25	26	27	28	29								10.8
23	九		⑯	2	3	4	5	6	7	8	9	10	11	12	13	14	15	16	17	18	19	20	21	22	23	24	25	26	27	28	29	30						11.7
24	十				㊻	2	3	4	5	6	7	8	9	10	11	12	13	14	15	16	17	18	19	20	21	22	23	24	25	26	27	28	29					12.6
25	十一					⑮	2	3	4	5	6	7	8	9	10	11	12	13	14	15	16	17	18	19	20	21	22	23	24	25	26	27	28	29	30			1.5
26	十二							㊺	2	3	4	5	6	7	8	9	10	11	12	13	14	15	16	17	18	19	20	21	22	23	24	25	26	27	28	29		2.3

大事記

正月，晉將劉毅等入江陵，桓振等遁，改元義熙。燕慕容熙攻高句麗遼東城，不克。秦姚興以鳩摩羅什為國師，命譯經典，佛教大盛。乞伏乾歸大破吐谷渾，俘萬餘口而還。李皓建元建初。　二月，晉帝東還建康。巴西陽昧等擁譙縱為成都王，蜀中大亂。　三月，桓振又入江陵，旋敗死。　四月，晉以劉裕都督十六州，鎮京口，領兗州刺史。盧循獻於晉，晉以盧循為廣州刺史。　五月，桓玄餘黨桓亮等紛擾荆、湘、江、豫諸州，劉毅等次第平之。　六月，後秦兵擊仇池楊盛，盛降，徙漢中流民三千餘戶於關中。　七月，後秦以南鄉等十二郡歸於晉。　九月，南燕慕容德卒，兄子超嗣，改元太上。李皓遷都酒泉。　十二月，後燕慕容熙襲契丹。　是歲，陶淵明作《歸去來辭》。

晉及十六國紀年

干支丙午　公元 406 年

朝代或國名	國家支配者	建　都	廟　號	謚　號	建　元	年號年次	輔政者	備　注
東晉	⑩司馬德宗	建康		安	4	4 義熙 2 年		
後燕	⑥慕容熙	龍城		昭文	2	1 光始 6 年		
後秦	②姚興	常安	高祖	文桓	2	2 弘始 8 年		
北魏	①拓跋珪	平城		道武	4	4 天賜 3 年		
北涼	②沮渠蒙遜	張掖	太祖	武宣王	4	1 永安 6 年		盧水胡人
南涼	③禿髮傉檀	姑臧		景王				
南燕	②慕容超	廣固			1	太上 2 年		在山東益都
西涼	①李暠	酒泉	太祖	武昭王	2	2 建初 2 年		
	[盧循]					8 年		
仇池氏	⑩楊盛	武都				12 年		甘肅
吐谷渾	⑧樹洛干	莫河川				元年		在青海
高句麗	⑲談德	丸都城				15 年		吉林

月　曆　表（建　寅）

5119—355—1869738

月干支序數	星期 / 月序	日	1	2	3	4	5	6	日	1	2	3	4	5	6	日	1	2	3	4	5	6	日	1	2	3	4	5	6	日	1	2	3	4	5	6	日	月末陽曆
27	正	⑭	2	3	4	5	6	7	8	9	10	11	12	13	14	15	16	17	18	19	20	21	22	23	24	25	26	27	28	29	30							3.5
28	二			㊹	2	3	4	5	6	7	8	9	10	11	12	13	14	15	16	17	18	19	20	21	22	23	24	25	26	27	28	29						4.3
29	三				⑬	2	3	4	5	6	7	8	9	10	11	12	13	14	15	16	17	18	19	20	21	22	23	24	25	26	27	28	29	30				5.3
30	四						㊸	2	3	4	5	6	7	8	9	10	11	12	13	14	15	16	17	18	19	20	21	22	23	24	25	26	27	28	29			6.1
31	五							⑫	2	3	4	5	6	7	8	9	10	11	12	13	14	15	16	17	18	19	20	21	22	23	24	25	26	27	28	29	30	7.1
32	六		㊷	2	3	4	5	6	7	8	9	10	11	12	13	14	15	16	17	18	19	20	21	22	23	24	25	26	27	28	29	30						7.31
33	七				⑫	2	3	4	5	6	7	8	9	10	11	12	13	14	15	16	17	18	19	20	21	22	23	24	25	26	27	28	29					8.29
34	八					㊶	2	3	4	5	6	7	8	9	10	11	12	13	14	15	16	17	18	19	20	21	22	23	24	25	26	27	28	29	30			9.28
35	九							⑪	2	3	4	5	6	7	8	9	10	11	12	13	14	15	16	17	18	19	20	21	22	23	24	25	26	27	28	29		10.27
36	十	㊵	2	3	4	5	6	7	8	9	10	11	12	13	14	15	16	17	18	19	20	21	22	23	24	25	26	27	28	29	30							11.26
37	十一			⑩	2	3	4	5	6	7	8	9	10	11	12	13	14	15	16	17	18	19	20	21	22	23	24	25	26	27	28	29						12.25
38	十二				㊴	2	3	4	5	6	7	8	9	10	11	12	13	14	15	16	17	18	19	20	21	22	23	24	25	26	27	28	29	30				1.24

大事記

正月，魏諸州置三刺史，郡置三太守，縣置三令長。太守雖置而未臨民。　　二月，後燕慕容熙移襲契丹之兵襲高句麗，無功。　　三月，晉以劉裕都督交廣二州軍事。　　六月，禿髮傉檀攻沮渠蒙遜，無功。魏發八部五百里內男丁築壘南宮，三十日罷。　　七月，南涼禿髮傉檀攻北涼。　　八月，南燕內訌，諸將分奔後秦及魏。　　十二月，晉零陵"盜"殺太守阮野。

晉及十六國紀年

干支丁未　公元 407 年

朝代或國名	國家支配者	建　都	廟　號	謚　號	建元	年號年次	輔政者	備　注
東晉	⑩司馬德宗	建康		安	4	4 義熙 3 年		
後燕	⑥慕容熙	龍城		昭文	2	2 建始元年		七月亡於北燕
後秦	②姚興	常安	高祖	文桓	2	2 弘始 9 年		

續表

朝代或國名	國家支配者	建都	廟號	謚號	建元	年號年次	輔政者	備注
北魏	①拓跋珪	平城	太祖	道武	4	4天賜4年		
北凉	②沮渠蒙遜	張掖	太祖	武宣王	4	1永安7年		盧水胡水
南凉	③禿髮傉檀	姑臧		景王				
南燕	②慕容超	廣固			1	太上3年		山東益都
夏	①赫連勃勃	高平	世祖	武烈	4	1龍昇元年		六月建元。陝西横山
北燕	①高雲	昌黎		惠懿	1	正始元年		七月建元
西凉	①李皓	酒泉	太祖	武昭王	2	2建初3年		
	［盧循］					9年		
仇池氐	⑩楊盛	武都				13年		
柔然	①豆伐可汗					元年		
吐谷渾	⑧樹洛干	莫河川				2年		在青海
高句麗	⑲談德	丸都城				16年		

月　曆　表（建寅）　　5120—384—1870122

月干支序數	星期/月序	日	1	2	3	4	5	6	日	1	2	3	4	5	6	日	1	2	3	4	5	6	日	1	2	3	4	5	6	日	1	2	3	4	5	6	日	月末陽曆
39	正						⑨	2	3	4	5	6	7	8	9	10	11	12	13	14	15	16	17	18	19	20	21	22	23	24	25	26	27	28	29			2.22
40	二							㊳	2	3	4	5	6	7	8	9	10	11	12	13	14	15	16	17	18	19	20	21	22	23	24	25	26	27	28	29	30	3.24
	閏		⑧	2	3	4	5	6	7	8	9	10	11	12	13	14	15	16	17	18	19	20	21	22	23	24	25	26	27	28	29							4.22
41	三			㊲	2	3	4	5	6	7	8	9	10	11	12	13	14	15	16	17	18	19	20	21	22	23	24	25	26	27	28	29	30					5.22
42	四					⑦	2	3	4	5	6	7	8	9	10	11	12	13	14	15	16	17	18	19	20	21	22	23	24	25	26	27	28	29				6.20
43	五							㊱	2	3	4	5	6	7	8	9	10	11	12	13	14	15	16	17	18	19	20	21	22	23	24	25	26	27	28	29	30	7.20
44	六	⑥	2	3	4	5	6	7	8	9	10	11	12	13	14	15	16	17	18	19	20	21	22	23	24	25	26	27	28	29								8.18
45	七		㉟	2	3	4	5	6	7	8	9	10	11	12	13	14	15	16	17	18	19	20	21	22	23	24	25	26	27	28	29	30						9.17
46	八				⑤	2	3	4	5	6	7	8	9	10	11	12	13	14	15	16	17	18	19	20	21	22	23	24	25	26	27	28	29	30				10.17
47	九						㉟	2	3	4	5	6	7	8	9	10	11	12	13	14	15	16	17	18	19	20	21	22	23	24	25	26	27	28	29			11.15
48	十							④	2	3	4	5	6	7	8	9	10	11	12	13	14	15	16	17	18	19	20	21	22	23	24	25	26	27	28	29	30	12.15
49	十一		㉞	2	3	4	5	6	7	8	9	10	11	12	13	14	15	16	17	18	19	20	21	22	23	24	25	26	27	28	29							1.13
50	十二			③	2	3	4	5	6	7	8	9	10	11	12	13	14	15	16	17	18	19	20	21	22	23	24	25	26	27	28	29	30					2.12

劉氏長曆閏正月，陳垣據晋紀及宋紀改之。

大事記

正月，燕改元建始。　二月，劉裕殺殷仲文、桓胤，夷其族。　四月，仇池氐王楊盛復通於晉。　五月，柔然可汗社崙獻馬於秦，劉勃勃劫之。　六月，勃勃稱大夏天王、大單于，建元龍昇，旋改姓赫連。　七月，慕容寶養子高雲殺慕容熙，自稱天王（北燕）。南燕慕容超稱藩於後秦，以求母妻。赫連勃勃破鮮卑薛干等三部。　八月，劉裕弟道規為征蜀都督擊譙縱，縱稱藩於後秦。　九月。禿髮傉檀攻沮渠蒙遜，大敗。　十一月，赫連勃勃攻禿髮傉檀，大掠二萬七千口及牛馬四十萬而還；傉檀追之無功。　是歲，李皓遣沙門奉表詣建康。

晉及十六國紀年

干支戊申　公元 408 年

朝代或國名	國家支配者	建　都	廟　號	謚　號	建　元	年號年次	輔政者	備　　注
東晉	⑩司馬德宗	建康		安	4	4 義熙 4 年		
後秦	②姚興	常安	高祖	文桓	2	2 弘始 10 年		
北魏	①拓跋珪	平城	太祖	道武	4	4 天賜 5 年		
北凉	②沮渠蒙遜	張掖	太祖	武宣王	4	1 永安 8 年		盧水胡人
南凉	③禿髮傉檀	姑臧		景王	2	2 嘉平元年		十一月改元
南燕	②慕容超	廣固			1	太上 4 年		山東益都
夏	①赫連勃勃	高平	世祖	武烈	4	1 龍昇 2 年		陝西横山
北燕	①高雲	昌黎		惠懿	1	正始 2 年		
西凉	①李暠	酒泉	太祖	武昭王	2	2 建初 4 年		
	[盧循]					10 年		
仇池氏	⑩楊盛	武都				14 年		
柔然	①豆伐可汗					2 年		
吐谷渾	⑧樹洛干	莫河川				3 年		青海
高句麗	⑲談德	丸都城				17 年		吉林

月　曆　表(建寅)

5121－354－1870476

月干支序數	月序＼星期	日	1	2	3	4	5	6	日	1	2	3	4	5	6	日	1	2	3	4	5	6	日	1	2	3	4	5	6	日	1	2	3	4	5	6	日	月末陽曆
51	正					㉝	2	3	4	5	6	7	8	9	10	11	12	13	14	15	16	17	18	19	20	21	22	23	24	25	26	27	28	29				3.12
52	二						②	2	3	4	5	6	7	8	9	10	11	12	13	14	15	16	17	18	19	20	21	22	23	24	25	26	27	28	29	30		4.11
53	三	㉜	2	3	4	5	6	7	8	9	10	11	12	13	14	15	16	17	18	19	20	21	22	23	24	25	26	27	28	29								5.10
54	四		①	2	3	4	5	6	7	8	9	10	11	12	13	14	15	16	17	18	19	20	21	22	23	24	25	26	27	28	29	30						6.9
55	五				㉛	2	3	4	5	6	7	8	9	10	11	12	13	14	15	16	17	18	19	20	21	22	23	24	25	26	27	28	29					7.8
56	六					(60)	2	3	4	5	6	7	8	9	10	11	12	13	14	15	16	17	18	19	20	21	22	23	24	25	26	27	28	29	30			8.7
57	七							㉚	2	3	4	5	6	7	8	9	10	11	12	13	14	15	16	17	18	19	20	21	22	23	24	25	26	27	28	29		9.5
58	八	(59)	2	3	4	5	6	7	8	9	10	11	12	13	14	15	16	17	18	19	20	21	22	23	24	25	26	27	28	29	30							10.5
59	九			㉙	2	3	4	5	6	7	8	9	10	11	12	13	14	15	16	17	18	19	20	21	22	23	24	25	26	27	28	29						11.3
60	十				(58)	2	3	4	5	6	7	8	9	10	11	12	13	14	15	16	17	18	19	20	21	22	23	24	25	26	27	28	29	30				12.3
1	十一						㉘	2	3	4	5	6	7	8	9	10	11	12	13	14	15	16	17	18	19	20	21	22	23	24	25	26	27	28	29			1.1
2	十二							(57)	2	3	4	5	6	7	8	9	10	11	12	13	14	15	16	17	18	19	20	21	22	23	24	25	26	27	28	29	30	1.31

大事記

正月，晉劉裕録尚書事。　三月，高句麗遣使北燕。　五月，後秦擊禿髮傉檀及赫連勃勃，皆大敗。譙縱稱藩於後秦。　七月，劉道規等討譙縱，不利，引還。　十一月，禿髮傉檀復稱涼王，改元嘉平。　是歲，佛陀拔陀羅入長安。

晉及十六國紀年

干支己酉　公元 409 年

朝代或國名	國家支配者	建　都	廟　號	謚　號	建　元	年號年次	輔政者	備　　注
東晉	⑩司馬德宗	建康		安	4	4 義熙 5 年		
後秦	②姚興	常安	高祖	文桓	2	2 弘始 11 年		

續表

朝代或國名	國家支配者	建都	廟號	謚號	建元	年號年次	輔政者	備注
西秦	③乞伏乾歸	苑川	高祖	武元王	2	2更始元年		七月復國
北魏	②拓跋嗣	平城	太宗	明元	3	1永興元年		十月壬申改元
北涼	②沮渠蒙遜	張掖	太祖	武宣王	4	1永安9年		盧水胡人
南涼	③禿髮傉檀	姑臧		景王	2	2嘉平2年		
南燕	②慕容超	廣固			1	太上5年		山東益都
夏	①赫連勃勃	高平	世祖	武烈	4	1龍昇3年		陝西橫山
北燕	①高雲	龍城		惠懿	1	正始3年		十月終
	②馮跋	龍城	太祖	文成	1	太平元年		十月改元,一作太元年號
西涼	①李皓	酒泉	太祖	武昭王	2	2建初5年		
	[盧循]					11年		
仇池氏	⑩楊盛	武都				15年		
柔然	①豆伐可汗					3年		
吐谷渾	⑧樹洛干	莫河川				4年		青海
高句麗	⑲談德	丸都城				18年		吉林

月　曆　表(建寅)　　5122—384—1870860

月干支序數	星期/月序	日	1	2	3	4	5	6	日	1	2	3	4	5	6	日	1	2	3	4	5	6	日	1	2	3	4	5	6	日	1	2	3	4	5	6	日	月末陽曆
3	正		㉗	2	3	4	5	6	7	8	9	10	11	12	13	14	15	16	17	18	19	20	21	22	23	24	25	26	27	28	29	30						3.2
4	二				㊼	2	3	4	5	6	7	8	9	10	11	12	13	14	15	16	17	18	19	20	21	22	23	24	25	26	27	28	29					3.31
5	三					㉖	2	3	4	5	6	7	8	9	10	11	12	13	14	15	16	17	18	19	20	21	22	23	24	25	26	27	28	29	30			4.30
6	四							㊻	2	3	4	5	6	7	8	9	10	11	12	13	14	15	16	17	18	19	20	21	22	23	24	25	26	27	28	29		5.29
7	五	㉕	2	3	4	5	6	7	8	9	10	11	12	13	14	15	16	17	18	19	20	21	22	23	24	25	26	27	28	29	30							6.28
8	六			㊺	2	3	4	5	6	7	8	9	10	11	12	13	14	15	16	17	18	19	20	21	22	23	24	25	26	27	28	29						7.27
9	七				㉔	2	3	4	5	6	7	8	9	10	11	12	13	14	15	16	17	18	19	20	21	22	23	24	25	26	27	28	29	30				8.26
10	八						㊹	2	3	4	5	6	7	8	9	10	11	12	13	14	15	16	17	18	19	20	21	22	23	24	25	26	27	28	29			9.24
11	九							㉓	2	3	4	5	6	7	8	9	10	11	12	13	14	15	16	17	18	19	20	21	22	23	24	25	26	27	28	29	30	10.24
12	十		㊸	2	3	4	5	6	7	8	9	10	11	12	13	14	15	16	17	18	19	20	21	22	23	24	25	26	27	28	29							11.22
	閏			㉒	2	3	4	5	6	7	8	9	10	11	12	13	14	15	16	17	18	19	20	21	22	23	24	25	26	27	28	29	30					12.22
13	十一					㊷	2	3	4	5	6	7	8	9	10	11	12	13	14	15	16	17	18	19	20	21	22	23	24	25	26	27	28	29				1.20
14	十二						㉑	2	3	4	5	6	7	8	9	10	11	12	13	14	15	16	17	18	19	20	21	22	23	24	25	26	27	28	29	30		2.19

十月,北魏壬申改元,北魏史作壬午。

大事記

正月,後秦以譙縱為蜀王,加九錫。　二月,南燕遣兵擾晉邊,大掠而還。乞伏熾磐克枹罕。後秦馮翊人劉厥聚衆據萬年起事,尋敗死。　三月,劉裕表請伐南燕。　四月,乞伏乾歸如枹罕,尋遷都度堅山。赫連勃勃掠後秦平涼雜胡七千餘戶。劉裕伐南燕。　六月,劉裕圍南燕廣固。　七月,乞伏乾歸復稱秦王,改元更始。魏慕容支屬百餘家謀欲外奔,發覺被殺。　八月,後秦姚興自將擊赫連勃勃,敗還。　十月,北燕高雲為離班等所殺,馮跋殺班等,自立為天王,仍稱燕,改元太平。魏拓跋珪(371—409)為其子清河王紹所殺,太子嗣殺紹即位,改元永興。

晉及十六國紀年

干支庚戌　公元 410 年

朝代或國名	國家支配者	建　都	廟　號	謚　號	建　元	年號年次	輔政者	備　　注
東晉	⑩司馬德宗	建康		安	4	4 義熙 6 年		
後秦	②姚興	常安	高祖	文桓	2	2 弘始 12 年		
西秦	③乞伏乾歸	苑川	高祖	武元王	2	2 更始 2 年		榆中
北魏	②拓跋嗣	平城		明元	3	1 永興 2 年		
北涼	②沮渠蒙遜	張掖	太祖	武宣王	4	1 永安 10 年		盧水胡人
南涼	③禿髮傉檀	樂都		景王	2	2 嘉平 3 年		
南燕	②慕容超	廣固			1	太上 6 年		二月亡
夏	①赫連勃勃	高平	世祖	武烈	4	1 龍昇 4 年		陝西横山
北燕	②馮跋	龍城	太祖	文成	1	太平 2 年		
西涼	①李暠	酒泉	太祖	武昭王	2	2 建初 6 年		
	[盧循]					12 年		
仇池氐	⑩楊盛	武都				16 年		
柔然	①豆伐可汗					4 年		
吐谷渾	⑧樹洛干	莫河川				5 年		青海
高句麗	⑲談德	丸都城				19 年		吉林

月　曆　表(建　寅)

5123—354—1871214

月干支序數	月序＼星期	日	1	2	3	4	5	6	日	1	2	3	4	5	6	日	1	2	3	4	5	6	日	1	2	3	4	5	6	日	1	2	3	4	5	6	日	月末陽曆
15	正	(51)	2	3	4	5	6	7	8	9	10	11	12	13	14	15	16	17	18	19	20	21	22	23	24	25	26	27	28	29									3.20
16	二		⑳	2	3	4	5	6	7	8	9	10	11	12	13	14	15	16	17	18	19	20	21	22	23	24	25	26	27	28	29	30							4.19
17	三				㊿	2	3	4	5	6	7	8	9	10	11	12	13	14	15	16	17	18	19	20	21	22	23	24	25	26	27	28	29						5.18
18	四					⑲	2	3	4	5	6	7	8	9	10	11	12	13	14	15	16	17	18	19	20	21	22	23	24	25	26	27	28	29	30				6.17
19	五							㊾	2	3	4	5	6	7	8	9	10	11	12	13	14	15	16	17	18	19	20	21	22	23	24	25	26	27	28	29	30		7.17
20	六		⑲	2	3	4	5	6	7	8	9	10	11	12	13	14	15	16	17	18	19	20	21	22	23	24	25	26	27	28	29								8.15
21	七			㊽	2	3	4	5	6	7	8	9	10	11	12	13	14	15	16	17	18	19	20	21	22	23	24	25	26	27	28	29	30						9.14
22	八					⑱	2	3	4	5	6	7	8	9	10	11	12	13	14	15	16	17	18	19	20	21	22	23	24	25	26	27	28	29					10.13
23	九						㊼	2	3	4	5	6	7	8	9	10	11	12	13	14	15	16	17	18	19	20	21	22	23	24	25	26	27	28	29	30			11.12
24	十	⑰	2	3	4	5	6	7	8	9	10	11	12	13	14	15	16	17	18	19	20	21	22	23	24	25	26	27	28	29									12.11
25	十一		㊻	2	3	4	5	6	7	8	9	10	11	12	13	14	15	16	17	18	19	20	21	22	23	24	25	26	27	28	29	30							1.10
26	十二				⑯	2	3	4	5	6	7	8	9	10	11	12	13	14	15	16	17	18	19	20	21	22	23	24	25	26	27	28	29						2.8

大事記

正月，魏平陽民黄苗依汾自固。魏西河、建興民反。魏拓跋嗣改元神瑞。　二月，晉劉裕拔廣固，慕容超被俘，斬於建康(南燕亡)。盧循、徐道復自嶺南引兵北上。晉召劉裕自北方回師。赫連勃勃擾魏邊。　三月，徐道復殺何無忌於豫章。盧循攻下長沙等郡，赫連勃勃擾後秦平涼、隴右，大掠而還。南涼攻北涼，大敗，遷樂都；姑臧附於北涼。　五月，盧循敗劉毅於桑落州，進迫建康。魏擊柔然，可汗社崙遁死，弟斛律立。號藹豆蓋可汗。　七月，盧循敗退尋陽。　八月，西秦破降鮮卑越質、屈機等部，還都苑川。北涼攻西涼，結盟而還。後秦遣桓謙攻江陵，大敗。魏章武民劉牙反。　九月，乞伏乾歸陷後秦南安等郡，徙民二萬五千戶於苑川、枹罕。桓謙及盧循、南蠻校尉苟林為劉道規破斬。　十月，鮮卑濮渾等部降於西秦。劉裕南下，擊盧循。徐道復攻荆州失敗。　十一月，晉劉裕遣沈田子等攻下廣州諸郡。　十二月，晉劉裕連破盧循。北燕內訌，旋定。

晉及十六國紀年

干支辛亥　公元 411 年

朝代或國名	國家支配者	建都	廟號	謚號	建元	年號年次	輔政者	備注
東晉	⑩司馬德宗	建康		安	4	4義熙7年		
後秦	②姚興	常安	高祖	文桓	2	2弘始13年		
西秦	③乞伏乾歸	苑川	高祖	武元王	2	2更始3年		榆中
北魏	②拓跋嗣	平城	太宗	明元	3	1永興3年		
北涼	②沮渠蒙遜	張掖	太祖	武宣王	4	1永安11年		盧水胡人
南涼	③禿髮傉檀	樂都		景王	2	2嘉平4年		
夏	①赫連勃勃	高平	世祖	武烈	4	1龍昇5年		陝西橫山
北燕	②馮跋	龍城	太祖	文成	1	太平3年		
西涼	①李皓	酒泉	太祖	武昭王	2	2建初7年		
	[盧循]					13年		
仇池氏	⑩楊盛	武都				17年		
柔然	②藹豆蓋可汗					元年		
吐谷渾	⑧樹洛干	莫河川				6年		在青海
高句麗	⑲談德	丸都城				20年		吉林

月　曆　表（建寅）

5124—355—1871569

月干支序數	月序＼星期	日	1	2	3	4	5	6	日	1	2	3	4	5	6	日	1	2	3	4	5	6	日	1	2	3	4	5	6	日	1	2	3	4	5	6	日	月末陽曆
27	正					㊺	2	3	4	5	6	7	8	9	10	11	12	13	14	15	16	17	18	19	20	21	22	23	24	25	26	27	28	29	30			3.10
28	二							⑮	2	3	4	5	6	7	8	9	10	11	12	13	14	15	16	17	18	19	20	21	22	23	24	25	26	27	28	29		4.8
29	三	㊹	2	3	4	5	6	7	8	9	10	11	12	13	14	15	16	17	18	19	20	21	22	23	24	25	26	27	28	29	30							5.8
30	四			⑭	2	3	4	5	6	7	8	9	10	11	12	13	14	15	16	17	18	19	20	21	22	23	24	25	26	27	28	29						6.6
31	五				㊸	2	3	4	5	6	7	8	9	10	11	12	13	14	15	16	17	18	19	20	21	22	23	24	25	26	27	28	29	30				7.6
32	六						⑬	2	3	4	5	6	7	8	9	10	11	12	13	14	15	16	17	18	19	20	21	22	23	24	25	26	27	28	29			8.4
33	七							㊷	2	3	4	5	6	7	8	9	10	11	12	13	14	15	16	17	18	19	20	21	22	23	24	25	26	27	28	29	30	9.3
34	八		⑫	2	3	4	5	6	7	8	9	10	11	12	13	14	15	16	17	18	19	20	21	22	23	24	25	26	27	28	29	30						10.3
35	九				㊷	2	3	4	5	6	7	8	9	10	11	12	13	14	15	16	17	18	19	20	21	22	23	24	25	26	27	28	29					11.1
36	十					⑪	2	3	4	5	6	7	8	9	10	11	12	13	14	15	16	17	18	19	20	21	22	23	24	25	26	27	28	29	30			12.1
37	十一							㊶	2	3	4	5	6	7	8	9	10	11	12	13	14	15	16	17	18	19	20	21	22	23	24	25	26	27	28	29		12.30
38	十二	⑩	2	3	4	5	6	7	8	9	10	11	12	13	14	15	16	17	18	19	20	21	22	23	24	25	26	27	28	29	30							1.29

大事記

正月，乞伏乾歸又請降於後秦，拜河南王。　二月，盧循將徐道復敗死。沮渠蒙遜入姑臧，攻禿髮傉檀，取質而還。春，後秦命舉賢才。　四月，盧循敗奔交州。　六月，刺史杜慧度大破循，循赴水死。　七月，柔然可汗斛律求婚於北燕。八月，西秦攻南涼，掠牛馬十餘萬。北涼襲西涼，大敗。　十二月，西羌彭利發襲據枹罕。

晉及十六國紀年　　干支壬子　公元 412 年

朝代國名	國家支配者	建　都	廟　號	謚　號	建　元	年號年次	輔政者	備　注
晉	⑩司馬德宗	建康		安	4	4 義熙 8 年		
秦	②姚興	常安	高祖	文桓	2	2 弘始 14 年		
秦	④乞伏熾磐	枹罕	太祖	文昭王	2	1 永康元年		八月改元
魏	②拓跋嗣	平城		明元	3	1 永興 4 年		
涼	②沮渠蒙遜	姑臧	太祖	武宣王	4	2 玄始元年		十一月改元
涼	③禿髮傉檀	樂都		景王	2	2 嘉平 5 年		
夏	①赫連勃勃	高平	世祖	武烈	4	1 龍昇 6 年		陝西橫山
北燕	②馮跋	龍城	太祖	文成	1	太平 4 年		
西涼	①李皓	酒泉	太祖	武昭王	2	2 建初 8 年		
仇池氏	⑩楊盛	武都				18 年		
柔然	②藹豆蓋可汗					2 年		
谷渾	⑧樹洛干	莫河川				7 年		青海
句麗	⑲談德	丸都城				21 年		吉林

月　曆　表(建寅)　　5125—384—1871953

月干支序數	星期 / 月序	日	1	2	3	4	5	6	日	1	2	3	4	5	6	日	1	2	3	4	5	6	日	1	2	3	4	5	6	日	1	2	3	4	5	6	日	月末陽曆
39	正			㊵	2	3	4	5	6	7	8	9	10	11	12	13	14	15	16	17	18	19	20	21	22	23	24	25	26	27	28	29						2.27
40	二				⑨	2	3	4	5	6	7	8	9	10	11	12	13	14	15	16	17	18	19	20	21	22	23	24	25	26	27	28	29	30				3.28
41	三						㊴	2	3	4	5	6	7	8	9	10	11	12	13	14	15	16	17	18	19	20	21	22	23	24	25	26	27	28	29			4.26
42	四							⑧	2	3	4	5	6	7	8	9	10	11	12	13	14	15	16	17	18	19	20	21	22	23	24	25	26	27	28	29	30	5.26
43	五		㊳	2	3	4	5	6	7	8	9	10	11	12	13	14	15	16	17	18	19	20	21	22	23	24	25	26	27	28	29							6.24
44	六			⑦	2	3	4	5	6	7	8	9	10	11	12	13	14	15	16	17	18	19	20	21	22	23	24	25	26	27	28	29	30					7.42
	閏					㊲	2	3	4	5	6	7	8	9	10	11	12	13	14	15	16	17	18	19	20	21	22	23	24	25	26	27	28	29				8.22
45	七						⑥	2	3	4	5	6	7	8	9	10	11	12	13	14	15	16	17	18	19	20	21	22	23	24	25	26	27	28	29	30		9.21
46	八	㊱	2	3	4	5	6	7	8	9	10	11	12	13	14	15	16	17	18	19	20	21	22	23	24	25	26	27	28	29								10.20
47	九		⑤	2	3	4	5	6	7	8	9	10	11	12	13	14	15	16	17	18	19	20	21	22	23	24	25	26	27	28	29	30						11.19
48	十				㉟	2	3	4	5	6	7	8	9	10	11	12	13	14	15	16	17	18	19	20	21	22	23	24	25	26	27	28	29					12.18
9	十一					④	2	3	4	5	6	7	8	9	10	11	12	13	14	15	16	17	18	19	20	21	22	23	24	25	26	27	28	29	30			1.17
50	十二							㉞	2	3	4	5	6	7	8	9	10	11	12	13	14	15	16	17	18	19	20	21	22	23	24	25	26	27	28	29	30	2.16

北涼趙歐制《元始曆》。創六百年二百二十一閏。

事記

正月，西秦徙都譚郊，擊降吐谷渾於赤水。　四月，晉以劉毅都督荆、寧、秦、雍軍事。　六月，乞伏公府殺乞伏乾歸。乾歸子熾磐還枹罕，殺公府。　八月，稱河南王，改元永康。　九月，晉劉裕攻劉毅，毅敗自殺。劉裕殺劉藩、謝混。仇池氏帥楊盛擾後秦，敗。北涼遷姑臧。　十一月，沮渠蒙遜即河西王位，改元玄始。晉劉裕令除州郡縣非軍國所資屯田、池、塞。　十二月，劉裕遣朱齡石等討譙縱。

晉及十六國紀年

干支癸丑　公元413年

朝代或國名	國家支配者	建都	廟號	謚號	建元	年號年次	輔政者	備注
東晉	⑩司馬德宗	建康		安	4	4義熙9年		
後秦	②姚興	常安	高祖	文桓	2	2弘始15年	—	
西秦	④乞伏熾磐	枹罕	太祖	文昭王	2	1永康2年		
北魏	②拓跋嗣	平城	太宗	明元	3	1永興5年		
北涼	②沮渠蒙遜	姑臧	太祖	武宣王	4	2玄始2年		盧水胡
南涼	③禿髮傉檀	樂都		景王	2	2嘉平6年		
夏	①赫連勃勃	統萬	世祖	武烈	4	2鳳翔元年		三月改元
北燕	②馮跋	龍城	太祖	文成	1	太平5年		
西涼	①李皓	酒泉	太祖	武昭王	2	2建初9年		
仇池氏	⑩楊盛	武都				19年		
柔然	②藹豆蓋可汗					3年		
吐谷渾	⑧樹洛干	莫河川				8年		青海
高句麗	⑳長壽王巨璉	丸都城				元年		吉林

月曆表（建寅）

5126—354—1872307

月干支序數	月序＼星期	日	1	2	3	4	5	6	日	1	2	3	4	5	6	日	1	2	3	4	5	6	日	1	2	3	4	5	6	日	1	2	3	4	5	6	日	月末陽曆
51	正		④	2	3	4	5	6	7	8	9	10	11	12	13	14	15	16	17	18	19	20	21	22	23	24	25	26	27	28	29							3.17
52	二			㉝	2	3	4	5	6	7	8	9	10	11	12	13	14	15	16	17	18	19	20	21	22	23	24	25	26	27	28	29	30					4.16
53	三				③	2	3	4	5	6	7	8	9	10	11	12	13	14	15	16	17	18	19	20	21	22	23	24	25	26	27	28	29					5.15
54	四						㉜	2	3	4	5	6	7	8	9	10	11	12	13	14	15	16	17	18	19	20	21	22	23	24	25	26	27	28	29	30		6.14
55	五	②	2	3	4	5	6	7	8	9	10	11	12	13	14	15	16	17	18	19	20	21	22	23	24	25	26	27	28	29								7.13
56	六		㉛	2	3	4	5	6	7	8	9	10	11	12	13	14	15	16	17	18	19	20	21	22	23	24	25	26	27	28	29	30						8.12
57	七				①	2	3	4	5	6	7	8	9	10	11	12	13	14	15	16	17	18	19	20	21	22	23	24	25	26	27	28	29					9.10
58	八					㉚	2	3	4	5	6	7	8	9	10	11	12	13	14	15	16	17	18	19	20	21	22	23	24	25	26	27	28	29	30			10.10
59	九							(60)	2	3	4	5	6	7	8	9	10	11	12	13	14	15	16	17	18	19	20	21	22	23	24	25	26	27	28	29		11.8
60	十	㉙	2	3	4	5	6	7	8	9	10	11	12	13	14	15	16	17	18	19	20	21	22	23	24	25	26	27	28	29	30							12.8
1	十一			(59)	2	3	4	5	6	7	8	9	10	11	12	13	14	15	16	17	18	19	20	21	22	23	24	25	26	27	28	29						1.6
2	十二				㉘	2	3	4	5	6	7	8	9	10	11	12	13	14	15	16	17	18	19	20	21	22	23	24	25	26	27	28	29	30				2.5

大事記

正月，魏詔諸州十戶出戎馬一匹。　二月，魏詔諸州豪門強族為州府所推者，詣京師隨才錄用。　三月，晉弛湖池之禁。晉劉裕殺諸葛長民及其諸弟。劉裕請重申庚戌土斷之制，其徐、兗、青州居晉陵者除外，諸流寓郡縣多所併省。林邑王范胡達侵九真，交州刺史杜慧度擊殺之。乞伏熾磐擊降隴右休官。赫連勃勃改元鳳翔，發胡夏十萬人築統萬城。　四月，鳩摩羅什卒(344—413)。魏上黨民勞聰、士臻反。南涼攻北涼，敗還。北涼進圍傉檀，取質而還；又遣將破卑和、烏啼羌俘二千餘落。　五月，魏西河張外、建興王紹反。　七月，朱齡石入成都，譙縱逝自殺，蜀平。魏河西胡曹龍入蒲子，與張外合，旋殺外降。　八月，魏賜征還將士牛馬奴婢各有差。置新民於大寧川，給農器，計口授田。　十月，魏離石胡出以眷等起事。　是歲，乞伏熾磐三度遣兵攻吐谷渾，虜其人數萬落。

是年，高句麗、倭國遣使詣晉獻方物，北涼營涼州石窟佛像。

晉及十六國紀年

干支甲寅　公元 414 年

朝代或區名	國家支配者	建都	廟號	謚號	建元	年號年次	輔政者	備注
東晉	⑩司馬德宗	建康		安	4	4 義熙 10 年		
後秦	②姚興	常安	高祖	文桓	2	2 弘始 16 年		
西秦	④乞伏熾磐	枹罕	太祖	文昭王	2	1 永康 3 年		
北魏	②拓跋嗣	平城	太宗	明元	3	2 神瑞元年		
北涼	②沮渠蒙遜	姑臧	太祖	武宣王	4	2 玄始 3 年		盧水胡人
南涼	③禿髮傉檀	樂都		景王	2	2 嘉平 7 年		七月亡
夏	①赫連勃勃	統萬	世祖	武烈	4	2 鳳翔 2 年		陝西橫山
北燕	②馮跋	龍城	太祖	文成	1	太平 6 年		
西涼	①李暠	酒泉	太祖	武昭王	2	2 建初 10 年		
仇池氐	⑩楊盛	武都				20 年		
柔然	②藹豆蓋可汗					4 年		五月被北燕殺
吐谷渾	⑧樹洛干	莫河川				9 年		青海
高句麗	⑳臣璉	丸都城				2 年		吉林

月　曆　表（建寅）

5127—354—1872661

月干支序數	月序＼星期	日	1	2	3	4	5	6	日	1	2	3	4	5	6	日	1	2	3	4	5	6	日	1	2	3	4	5	6	日	1	2	3	4	5	6	日	月末陽曆
3	正						(58)	2	3	4	5	6	7	8	9	10	11	12	13	14	15	16	17	18	19	20	21	22	23	24	25	26	27	28	29			3.6
4	二							㉗	2	3	4	5	6	7	8	9	10	11	12	13	14	15	16	17	18	19	20	21	22	23	24	25	26	27	28	29	30	4.5
5	三		(57)	2	3	4	5	6	7	8	9	10	11	12	13	14	15	16	17	18	19	20	21	22	23	24	25	26	27	28	29							5.4
6	四			㉖	2	3	4	5	6	7	8	9	10	11	12	13	14	15	16	17	18	19	20	21	22	23	24	25	26	27	28	29	30					6.3
7	五					(56)	2	3	4	5	6	7	8	9	10	11	12	13	14	15	16	17	18	19	20	21	22	23	24	25	26	27	28	29	30			7.3
8	六							㉖	2	3	4	5	6	7	8	9	10	11	12	13	14	15	16	17	18	19	20	21	22	23	24	25	26	27	28	29		8.1
9	七	(55)	2	3	4	5	6	7	8	9	10	11	12	13	14	15	16	17	18	19	20	21	22	23	24	25	26	27	28	29	30							8.31
10	八			㉕	2	3	4	5	6	7	8	9	10	11	12	13	14	15	16	17	18	19	20	21	22	23	24	25	26	27	28	29						9.29
11	九				(54)	2	3	4	5	6	7	8	9	10	11	12	13	14	15	16	17	18	19	20	21	22	23	24	25	26	27	28	29	30				10.29
12	十						㉔	2	3	4	5	6	7	8	9	10	11	12	13	14	15	16	17	18	19	20	21	22	23	24	25	26	27	28	29			11.27
13	十一							(53)	2	3	4	5	6	7	8	9	10	11	12	13	14	15	16	17	18	19	20	21	22	23	24	25	26	27	28	29	30	12.27
14	十二		㉓	2	3	4	5	6	7	8	9	10	11	12	13	14	15	16	17	18	19	20	21	22	23	24	25	26	27	28	29							1.25

大事記

正月，魏改元神瑞。　二月，夏擾魏邊。　五月，李弘聚衆與氐人仇常起兵於貳城，未幾敗。南涼襲乙弗部，獲牛羊馬四十餘萬；乞伏熾磐乘機攻拔樂都。契丹、庫莫奚皆附於北燕。柔然內訌，可汗斛律族人大檀自立為牟汗紇升蓋可汗，獻馬於燕；可汗斛律送女北燕，歸途被殺。　六月，南涼降於西秦，逾年被鴆死，南涼亡。　九月，林邑獻於晉。高句麗好大王碑立。佛陀跋陀羅譯華嚴經於建康。　十月，乞伏熾磐復稱秦王。北燕馮跋與夏赫連勃勃連和。　十一月，魏使校守宰資財，非家所齎皆簿為贓。　十二月，柔然可汗大檀侵魏。魏河內人司馬順宰稱晉王。

晉及十六國紀年

干支乙卯　公元415年

朝代或國名	國家支配者	建都	廟號	謚號	建元	年號年次	輔政者	備注
東晉	⑩司馬德宗	建康		安	4	4 義熙 11 年		
後秦	②姚興	常安	高祖	文桓	2	2 弘始 17 年		
西秦	④乞伏熾磐	枹罕	太祖	文昭王	2	1 永康 4 年		
北魏	②拓跋嗣	平城		明元	3	2 神瑞 2 年		
北涼	②沮渠蒙遜	姑臧	太祖	武宣王	4	2 玄始 4 年		盧水胡人
西涼	①李暠	酒泉	太祖	武昭王	2	2 建初 11 年		
夏	①赫連勃勃	統萬	世祖	武烈	4	2 鳳翔 3 年		陝西橫山
北燕	②馮跋	龍城	太祖	文成	1	太平 7 年		
	[白亞栗斯、劉虎]	上黨				[建平]元年		三月建元
仇池氏	⑩楊盛	武都				21 年		
柔然	③大檀					元年		
吐谷渾	⑧樹洛干	莫河川				10 年		青海
高句麗	⑳臣璉	丸都城				3 年		吉林

月　曆　表(建寅)

5128－384－1873045

月干支序數	月序 \ 星期	日	1	2	3	4	5	6	日	1	2	3	4	5	6	日	1	2	3	4	5	6	日	1	2	3	4	5	6	日	1	2	3	4	5	6	日	月末陽曆
15	正			(52)	2	3	4	5	6	7	8	9	10	11	12	13	14	15	16	17	18	19	20	21	22	23	24	25	26	27	28	29	30					2.24
16	二					㉒	2	3	4	5	6	7	8	9	10	11	12	13	14	15	16	17	18	19	20	21	22	23	24	25	26	27	28	29				3.25
17	三						(51)	2	3	4	5	6	7	8	9	10	11	12	13	14	15	16	17	18	19	20	21	22	23	24	25	26	27	28	29	30		4.24
	閏	㉑	2	3	4	5	6	7	8	9	10	11	12	13	14	15	16	17	18	19	20	21	22	23	24	25	26	27	28	29								5.23
18	四		㊿	2	3	4	5	6	7	8	9	10	11	12	13	14	15	16	17	18	19	20	21	22	23	24	25	26	27	28	29	30						6.22
19	五				⑳	2	3	4	5	6	7	8	9	10	11	12	13	14	15	16	17	18	19	20	21	22	23	24	25	26	27	28	29					7.21
20	六					㊾	2	3	4	5	6	7	8	9	10	11	12	13	14	15	16	17	18	19	20	21	22	23	24	25	26	27	28	29	30			8.20
21	七							⑲	2	3	4	5	6	7	8	9	10	11	12	13	14	15	16	17	18	19	20	21	22	23	24	25	26	27	28	29	30	9.19
22	八		㊾	2	3	4	5	6	7	8	9	10	11	12	13	14	15	16	17	18	19	20	21	22	23	24	25	26	27	28	29							10.18
23	九			⑱	2	3	4	5	6	7	8	9	10	11	12	13	14	15	16	17	18	19	20	21	22	23	24	25	26	27	28	29	30					11.17
24	十					㊽	2	3	4	5	6	7	8	9	10	11	12	13	14	15	16	17	18	19	20	21	22	23	24	25	26	27	28	29				12.16
25	十一						⑰	2	3	4	5	6	7	8	9	10	11	12	13	14	15	16	17	18	19	20	21	22	23	24	25	26	27	28	29	30		1.15
26	十二	㊼	2	3	4	5	6	7	8	9	10	11	12	13	14	15	16	17	18	19	20	21	22	23	24	25	26	27	28	29								2.13

大事記

正月,晉荆州刺史司馬休之、雍州刺史魯宗之起兵反劉裕,三月敗,奔後秦。赫連勃勃拔後秦杏城,坑士卒二萬。沮渠蒙遜拔乞伏熾磐廣武。魏河西饑胡聚上黨,推白亞栗斯為單于,建元建平,以司馬順宰為謀主。　　五月,晉加劉裕殊禮。赫連勃勃與沮渠蒙遜結盟。乞伏熾磐襲湟河,沮渠漢平出降。法顯還至青州。　　十一月,乞伏熾磐擊降南羌彌姐、康薄。十二月,林邑侵交州。

晉及十六國紀年

干支丙辰　公元416年

朝代或國名	國家支配者	建　都	廟號	謚號	建元	年號年次	輔政者	備　注
東晉	⑩司馬德宗	建康		安	4	4義熙12年		
後秦	③姚泓	常安		後主	1	永和元年		二月改元
西秦	④乞伏熾磐	枹罕	太祖	文昭王	2	1永康5年		
北魏	②拓跋嗣	平城	太宗	明元	3	3泰常元年		四月壬子改元
北凉	②沮渠蒙遜	姑臧	太祖	武宣王	4	2玄始5年		盧水胡人
西凉	①李暠	酒泉	太祖	武昭王	2	2建初12年		
夏	①赫連勃勃	統萬	世祖	武烈	4	2鳳翔4年		陝西橫山
北燕	②馮跋	龍城	太祖	文成	1	太平8年		
	[劉虎]	上黨				[建平]2年		九月亡於北魏
仇池氏	⑩楊盛	武都				22年		
柔然	③大檀					2年		
吐谷渾	⑧樹洛干	莫河川				11年		青海
高句麗	⑳臣璉	丸都城				4年		吉林

月　曆　表(建寅)

5129—355—1873400

月干支序數	星期／月序	日	1	2	3	4	5	6	日	1	2	3	4	5	6	日	1	2	3	4	5	6	日	1	2	3	4	5	6	日	1	2	3	4	5	6	日	月末陽曆
27	正		⑯	2	3	4	5	6	7	8	9	10	11	12	13	14	15	16	17	18	19	20	21	22	23	24	25	26	27	28	29	30						3.14
28	二				㊻	2	3	4	5	6	7	8	9	10	11	12	13	14	15	16	17	18	19	20	21	22	23	24	25	26	27	28	29					4.12
29	三					⑮	2	3	4	5	6	7	8	9	10	11	12	13	14	15	16	17	18	19	20	21	22	23	24	25	26	27	28	29	30			5.12
30	四							㊺	2	3	4	5	6	7	8	9	10	11	12	13	14	15	16	17	18	19	20	21	22	23	24	25	26	27	28	29		6.10
31	五	⑭	2	3	4	5	6	7	8	9	10	11	12	13	14	15	16	17	18	19	20	21	22	23	24	25	26	27	28	29	30							7.10
32	六			㊹	2	3	4	5	6	7	8	9	10	11	12	13	14	15	16	17	18	19	20	21	22	23	24	25	26	27	28	29						8.8
33	七				⑬	2	3	4	5	6	7	8	9	10	11	12	13	14	15	16	17	18	19	20	21	22	23	24	25	26	27	28	29	30				9.7
34	八						㊸	2	3	4	5	6	7	8	9	10	11	12	13	14	15	16	17	18	19	20	21	22	23	24	25	26	27	28	29			10.6
35	九							⑫	2	3	4	5	6	7	8	9	10	11	12	13	14	15	16	17	18	19	20	21	22	23	24	25	26	27	28	29	30	11.5
36	十		㊸	2	3	4	5	6	7	8	9	10	11	12	13	14	15	16	17	18	19	20	21	22	23	24	25	26	27	28	29							12.4
37	十一			⑪	2	3	4	5	6	7	8	9	10	11	12	13	14	15	16	17	18	19	20	21	22	23	24	25	26	27	28	29	30					1.3
38	十二					㊶	2	3	4	5	6	7	8	9	10	11	12	13	14	15	16	17	18	19	20	21	22	23	24	25	26	27	28	29	30			2.2

大事記

正月，晉劉裕自加都督二十二州軍事。後秦姚興卒(366—416)，子泓立，改元永和，境内大訌，旋平。後秦攻晉襄陽，不克而退。乞伏熾磐與沮渠蒙遜和親。　三月，魏常山民霍季自言名載圖讖，聚衆入山反。　四月，魏改元泰常。乞伏熾磐攻後秦上邽，徙五千家於枹罕。　六月，後秦并州胡數萬落據平陽，推匈奴曹弘為大單于；弘敗，被俘，徙其豪右萬五千落於雍州。仇池氐王楊盛、夏赫連勃勃相繼攻後秦。　八月，劉裕伐後秦。河西饑胡廣白亞栗斯，立劉虎為率善王。　九月，魏擊破之，虎及司馬順宰皆死，俘十餘萬口。　十月，晉檀道濟將兵入洛陽。　十二月，乞伏熾磐使人請於晉擊後秦。姚泓弟懿稱皇帝，未幾敗。丁零翟猛雀起事於白㵎山，魏攻殺之。釋慧遠卒(334—416)。法顯著《佛國記》成。

晉及十六國紀年

干支丁巳　公元 417 年

朝代或國名	國家支配者	建都	廟號	謚號	建元	年號年次	輔政者	備注
東晉	⑩司馬德宗	建康		安	4	4義熙13年		
後秦	③姚泓	常安		後主	1	永和2年		八月亡
西秦	④乞伏熾磐	枹罕	太祖	文昭王	2	1永康6年		
北魏	②拓跋嗣	平城		明元	3	3泰常2年		
北涼	②沮渠蒙遜	姑臧	太祖	武宣王	4	2玄始6年		盧水胡人
西涼	②李歆	酒泉		後主	1	嘉興元年		二月改元
夏	①赫連勃勃	安定	世祖	武烈帝	4	2鳳翔5年		陜西橫山
北燕	②馮跋	龍城	太祖	文成	1	太平9年		
仇池氏	⑩楊盛	武都				23年		
柔然	③大檀					3年		
吐谷渾	⑧樹洛干	莫河川				12年		二月卒
高句麗	⑳巨璉	丸都城				5年		吉林

月　曆　表（建寅）

5130—383—1873783

月干支序數	月序＼星期	日	1	2	3	4	5	6	日	1	2	3	4	5	6	日	1	2	3	4	5	6	日	1	2	3	4	5	6	日	1	2	3	4	5	6	日	月末陽曆
39	正							⑪	2	3	4	5	6	7	8	9	10	11	12	13	14	15	16	17	18	19	20	21	22	23	24	25	26	27	28	29		3.3
40	二	㊵	2	3	4	5	6	7	8	9	10	11	12	13	14	15	16	17	18	19	20	21	22	23	24	25	26	27	28	29	30							4.2
41	三			⑩	2	3	4	5	6	7	8	9	10	11	12	13	14	15	16	17	18	19	20	21	22	23	24	25	26	27	28	29						5.1
42	四				㊴	2	3	4	5	6	7	8	9	10	11	12	13	14	15	16	17	18	19	20	21	22	23	24	25	26	27	28	29	30				5.31
43	五						⑨	2	3	4	5	6	7	8	9	10	11	12	13	14	15	16	17	18	19	20	21	22	23	24	25	26	27	28	29			6.29
44	六							㊳	2	3	4	5	6	7	8	9	10	11	12	13	14	15	16	17	18	19	20	21	22	23	24	25	26	27	28	29	30	7.29
45	七		⑧	2	3	4	5	6	7	8	9	10	11	12	13	14	15	16	17	18	19	20	21	22	23	24	25	26	27	28	29							8.27
46	八			㊲	2	3	4	5	6	7	8	9	10	11	12	13	14	15	16	17	18	19	20	21	22	23	24	25	26	27	28	29	30					9.26
47	九					⑦	2	3	4	5	6	7	8	9	10	11	12	13	14	15	16	17	18	19	20	21	22	23	24	25	26	27	28	29				10.25
48	十						㊱	2	3	4	5	6	7	8	9	10	11	12	13	14	15	16	17	18	19	20	21	22	23	24	25	26	27	28	29	30		11.24
49	十一	⑥	2	3	4	5	6	7	8	9	10	11	12	13	14	15	16	17	18	19	20	21	22	23	24	25	26	27	28	29								12.23
50	十二		㉟	2	3	4	5	6	7	8	9	10	11	12	13	14	15	16	17	18	19	20	21	22	23	24	25	26	27	28	29	30						1.22
	閏				⑤	2	3	4	5	6	7	8	9	10	11	12	13	14	15	16	17	18	19	20	21	22	23	24	25	26	27	28	29					2.20

大事記

正月，後秦姚恢帥安定鎮戶起事，未幾敗死。晉劉裕引水軍發彭城。　二月，西涼李皓卒，子歆嗣，改元嘉興。西秦破吐谷渾，俘五十餘戶。沮渠蒙遜破烏啼部及卑和羌。　三月，王鎮惡克後秦潼關。　四月，晉劉裕破魏兵於河上。沮渠蒙遜攻李歆，大敗。　五月，魏置天地四方六部大人。　七月，司馬順之於封龍山反魏。　八月，晉將王鎮惡入長安，姚泓降，後秦亡。　九月，劉裕至長安，送姚泓於建康，弃市；後秦將士多奔於魏。徐道期陷廣州，未幾敗死。　十月，劉穆之卒。魏以晉降人刁雍屯河濟間，侵擾徐、兗。　十一月，魏平西山丁零翟蜀洛支等。　十二月，劉裕東還，自洛入河，開汴渠，以子義真守長安。雍氏徐駭奴等附於魏。夏赫連勃勃入據安定。

晉及十六國紀年

干支戊午　公元 418 年

朝代或國名	國家支配者	建　都	廟號	謚號	建元	年號年次	輔政者	備　　注
東晉	⑩司馬德宗	建康		安	4	4 義熙 14 年		十二月恭帝即位
西秦	④乞伏熾磐	枹罕	太祖	文昭王	2	1 永康 7 年		
北魏	②拓跋嗣	平城	太宗	明元	3	3 泰常 3 年		
北涼	②沮渠蒙遜	姑臧	太祖	武宣王	4	2 玄始 7 年		盧水胡人
西涼	②李歆	酒泉		後主	1	嘉興 2 年		
夏	①赫連勃勃	安定	世祖	武烈	4	3 昌武元年		十一月改元
北燕	②馮跋	龍城	太祖	文成	1	太平 10 年		
仇池氏	⑩楊盛	武都				24 年		
柔然	③大檀					4 年		
吐谷渾	⑨阿柴	沙州				元年		青海
高句麗	⑳臣璉	丸都城				6 年		吉林

月　曆　表（建 寅）

5131－355－1874138

月干支序數	月序＼星期	日	1	2	3	4	5	6	日	1	2	3	4	5	6	日	1	2	3	4	5	6	日	1	2	3	4	5	6	日	1	2	3	4	5	6	日	月末陽曆
51	正					㉞	2	3	4	5	6	7	8	9	10	11	12	13	14	15	16	17	18	19	20	21	22	23	24	25	26	27	28	29	30			3.22
52	二							④	2	3	4	5	6	7	8	9	10	11	12	13	14	15	16	17	18	19	20	21	22	23	24	25	26	27	28	29		4.20
53	三	㉝	2	3	4	5	6	7	8	9	10	11	12	13	14	15	16	17	18	19	20	21	22	23	24	25	26	27	28	29	30							5.20
54	四			③	2	3	4	5	6	7	8	9	10	11	12	13	14	15	16	17	18	19	20	21	22	23	24	25	26	27	28	29	30					6.19
55	五					㉝	2	3	4	5	6	7	8	9	10	11	12	13	14	15	16	17	18	19	20	21	22	23	24	25	26	27	28	29				7.18
56	六						②	2	3	4	5	6	7	8	9	10	11	12	13	14	15	16	17	18	19	20	21	22	23	24	25	26	27	28	29	30		8.17
57	七	㉜	2	3	4	5	6	7	8	9	10	11	12	13	14	15	16	17	18	19	20	21	22	23	24	25	26	27	28	29								9.15
58	八		①	2	3	4	5	6	7	8	9	10	11	12	13	14	15	16	17	18	19	20	21	22	23	24	25	26	27	28	29	30						10.15
59	九				㉛	2	3	4	5	6	7	8	9	10	11	12	13	14	15	16	17	18	19	20	21	22	23	24	25	26	27	28	29					11.13
60	十					(60)	2	3	4	5	6	7	8	9	10	11	12	13	14	15	16	17	18	19	20	21	22	23	24	25	26	27	28	29	30			12.13
1	十一							㉚	2	3	4	5	6	7	8	9	10	11	12	13	14	15	16	17	18	19	20	21	22	23	24	25	26	27	28	29		1.11
2	十二	(59)	2	3	4	5	6	7	8	9	10	11	12	13	14	15	16	17	18	19	20	21	22	23	24	25	26	27	28	29	30							2.10

大事記

正月,魏遣將率丁零、高車之衆北略至弱水。赫連勃勃兵至渭陽,晉兵大敗之。晉將沈田子殺王鎮惡於長安北;田子以專戮被殺。　三月,晉使聘於魏。　四月,魏徙冀、定、幽三州徒河人於代都。　五月,魏襲北燕,大掠而還。　六月,劉裕為相國,封宋公,加九錫。.　九月,魏詔諸州調民租戶五十石,積於定、相、冀三州。　十月,晉長安守將劉義真殺王修,關中大亂。晉封李歆為酒泉公。晉兵留長安者大亂,赫連勃勃進據咸陽。　十一月,晉軍弃長安東退。赫連勃勃兵追敗之於青泥。赫連勃勃入長安,即皇帝位於灞上,改元昌武。　十二月,乞伏熾磐徙上邽民於枹罕。劉裕殺晉安帝,以帝弟琅邪王德文嗣,是為恭帝。沮渠蒙遜稱藩於晉。倭王贊遣使獻於晉。　是歲崔宏卒。

晉及十六國紀年

干支己未　公元 419 年

朝代或國名	國家支配者	建　都	廟號	謚號	建元	年號年次	輔政者	備　　注
東晉	⑪司馬德文	建康		恭	1	元熙元年		
西秦	④乞伏熾磐	枹罕	太祖	文昭王	2	1 永康 8 年		

續表

朝代或國名	國家支配者	建　都	廟號	謚號	建元	年號年次	輔政者	備　注
北魏	②拓跋嗣	平城	太宗	明元	3	3泰常4年		
北凉	②沮渠蒙遜	姑臧	太祖	武宣王	4	2玄始8年		盧水胡人
西凉	②李歆	酒泉		後主	1	嘉興3年		
夏	①赫連勃勃	統萬	世祖	武烈	4	4真興元年		二月改元
北燕	②馮跋	龍城	太祖	文成	1	太平11年		
仇池氏	⑩楊盛	武都				25年		
柔然	③大檀					5年		
吐谷渾	⑨阿柴	沙州				2年		青海
高句麗	⑳臣璉	丸都城				7年		吉林

月　曆　表(建寅)

5132—354—1874492

月干支序數	星期／月序	日	1	2	3	4	5	6	日	1	2	3	4	5	6	日	1	2	3	4	5	6	日	1	2	3	4	5	6	日	1	2	3	4	5	6	日	月末陽曆
3	正			㉙	2	3	4	5	6	7	8	9	10	11	12	13	14	15	16	17	18	19	20	21	22	23	24	25	26	27	28	29						3.11
4	二				(58)	2	3	4	5	6	7	8	9	10	11	12	13	14	15	16	17	18	19	20	21	22	23	24	25	26	27	28	29	30				4.10
5	三						㉘	2	3	4	5	6	7	8	9	10	11	12	13	14	15	16	17	18	19	20	21	22	23	24	25	26	27	28	29			5.9
6	四							(57)	2	3	4	5	6	7	8	9	10	11	12	13	14	15	16	17	18	19	20	21	22	23	24	25	26	27	28	29	30	6.8
7	五		㉗	2	3	4	5	6	7	8	9	10	11	12	13	14	15	16	17	18	19	20	21	22	23	24	25	26	27	28	29							7.7
8	六			(56)	2	3	4	5	6	7	8	9	10	11	12	13	14	15	16	17	18	19	20	21	22	23	24	25	26	27	28	29	30					8.6
9	七					㉖	2	3	4	5	6	7	8	9	10	11	12	13	14	15	16	17	18	19	20	21	22	23	24	25	26	27	28	29	30			9.5
10	八							(56)	2	3	4	5	6	7	8	9	10	11	12	13	14	15	16	17	18	19	20	21	22	23	24	25	26	27	28	29		10.4
11	九	㉕	2	3	4	5	6	7	8	9	10	11	12	13	14	15	16	17	18	19	20	21	22	23	24	25	26	27	28	29	30							11.3
12	十			(55)	2	3	4	5	6	7	8	9	10	11	12	13	14	15	16	17	18	19	20	21	22	23	24	25	26	27	28	29						12.2
13	十一				㉔	2	3	4	5	6	7	8	9	10	11	12	13	14	15	16	17	18	19	20	21	22	23	24	25	26	27	28	29	30				1.1
14	十二						(54)	2	3	4	5	6	7	8	9	10	11	12	13	14	15	16	17	18	19	20	21	22	23	24	25	26	27	28	29			1.30

大事記

正月,夏軍陷蒲坂,毛德祖退守彭城。　二月,赫連勃勃還統萬,改元真興。晋宗室司馬楚之等攻金墉城,劉裕擊之,諸司馬多降魏。　四月,西秦將孔子破吐谷渾於弱水,降之。　七月,劉裕晋爵宋王。　九月,西秦破羌於漒川,徙其衆三千戶於枹罕。

晉及十六國紀年

干支庚申　公元420年

朝代或國名	國家支配者	建　都	廟號	謚號	建元	年號年次	輔政者	備　注
東晋	⑪司馬德文	建康		恭	1	元熙2年		六月亡
西秦	④乞伏熾磐	枹罕	太祖	文昭王	2	2建弘元年		
北魏	②拓跋嗣	平城	太宗	明元	3	3泰常5年		
北凉	②沮渠蒙遜	姑臧	太祖	武宣王	4	2玄始9年		盧水胡人
西凉	③李恂	敦煌			1	永建元年		九月即位改元
夏	①赫連勃勃	統萬	世祖	武烈	4	4真興2年		陝西横山

續表

朝代或國名	國家支配者	建　都	廟號	謚號	建元	年號年次	輔政者	備　　注
北燕	②馮跋	龍城	太祖	文成	1	太平 12 年		
宋	①劉裕	建康	高祖	武	1	永初元年		六月丁卯建元
仇池氏	⑩楊盛	武都				26 年		
柔然	③大檀					6 年		
吐谷渾	⑨阿柴	沙州				3 年		青海
高句麗	⑳臣璉	丸都城				8 年		吉林

月　曆　表（建寅）　5133—384—1874876

月干支序數	月序 \ 星期	日	1	2	3	4	5	6	日	1	2	3	4	5	6	日	1	2	3	4	5	6	日	1	2	3	4	5	6	日	1	2	3	4	5	6	日	月末陽曆
15	正							㉓	2	3	4	5	6	7	8	9	10	11	12	13	14	15	16	17	18	19	20	21	22	23	24	25	26	27	28	29	30	2.29
16	二		(53)	2	3	4	5	6	7	8	9	10	11	12	13	14	15	16	17	18	19	20	21	22	23	24	25	26	27	28	29							3.29
17	三			㉒	2	3	4	5	6	7	8	9	10	11	12	13	14	15	16	17	18	19	20	21	22	23	24	25	26	27	28	29	30					4.28
18	四					(52)	2	3	4	5	6	7	8	9	10	11	12	13	14	15	16	17	18	19	20	21	22	23	24	25	26	27	28	29				5.27
19	五						㉑	2	3	4	5	6	7	8	9	10	11	12	13	14	15	16	17	18	19	20	21	22	23	24	25	26	27	28	29	30		6.26
20	六	(51)	2	3	4	5	6	7	8	9	10	11	12	13	14	15	16	17	18	19	20	21	22	23	24	25	26	27	28	29								7.25
21	七		⑳	2	3	4	5	6	7	8	9	10	11	12	13	14	15	16	17	18	19	20	21	22	23	24	25	26	27	28	29	30						8.24
22	八				㊿	2	3	4	5	6	7	8	9	10	11	12	13	14	15	16	17	18	19	20	21	22	23	24	25	26	27	28	29					9.22
	閏					⑲	2	3	4	5	6	7	8	9	10	11	12	13	14	15	16	17	18	19	20	21	22	23	24	25	26	27	28	29	30			10.22
23	九							㊾	2	3	4	5	6	7	8	9	10	11	12	13	14	15	16	17	18	19	20	21	22	23	24	25	26	27	28	29		11.20
24	十	⑱	2	3	4	5	6	7	8	9	10	11	12	13	14	15	16	17	18	19	20	21	22	23	24	25	26	27	28	29	30							12.20
25	十一			㊽	2	3	4	5	6	7	8	9	10	11	12	13	14	15	16	17	18	19	20	21	22	23	24	25	26	27	28	29	30					1.19
26	十二					⑱	2	3	4	5	6	7	8	9	10	11	12	13	14	15	16	17	18	19	20	21	22	23	24	25	26	27	28	29				2.17

大事記

正月，西秦乞伏熾磐改元建弘。司馬氏在魏者多被害，平城豪姓牽連坐族誅者數十家。　六月，劉裕稱皇帝，國號宋，建元永初，廢晉帝為零陵王，晉亡。　七月，交州刺史杜慧度破降林邑。李歆攻沮渠蒙遜，戰死；蒙遜入酒泉，李恂自立於敦煌，改元永建。宋詔減市稅。

南北朝紀年　干支辛酉　公元 421 年

朝代或國名	國家支配者	建　都	廟號	謚號	建元	年號年次	輔政者	備　　注
宋	①劉裕	建康	高祖	武	1	永初 2 年		南京
西秦	④乞伏熾磐	枹罕	太祖	文昭王	2	2 建弘 2 年		
北魏	②拓跋嗣	平城		明元	3	3 泰常 6 年		
北凉	②沮渠蒙遜	姑臧	太祖	武宣王	4	2 玄始 10 年		盧水胡人
西凉	③李恂	敦煌			1	永建 2 年		三月亡
夏	①赫連勃勃	統萬	世祖	武烈	4	4 真興 3 年		陝西横山
北燕	②馮跋	龍城	太祖	文成	1	太平 13 年		
仇池氏	⑩楊盛	武都				27 年		

續表

朝代或國名	國家支配者	建　都	廟號	謚號	建元	年號年次	輔政者	備　注
柔然	③大檀					7年		
吐谷渾	⑨阿柴	沙州				4年		青海
高句麗	⑳臣璉	丸都城				9年		吉林

月　曆　表（建 寅）　　5134—354—1875230

月干支序數	星期／月序	日	1	2	3	4	5	6	日	1	2	3	4	5	6	日	1	2	3	4	5	6	日	1	2	3	4	5	6	日	1	2	3	4	5	6	日	月末陽曆
27	正						㊼	2	3	4	5	6	7	8	9	10	11	12	13	14	15	16	17	18	19	20	21	22	23	24	25	26	27	28	29	30		3.19
28	二	⑰	2	3	4	5	6	7	8	9	10	11	12	13	14	15	16	17	18	19	20	21	22	23	24	25	26	27	28	29								4.17
29	三		㊻	2	3	4	5	6	7	8	9	10	11	12	13	14	15	16	17	18	19	20	21	22	23	24	25	26	27	28	29	30						5.17
30	四				⑯	2	3	4	5	6	7	8	9	10	11	12	13	14	15	16	17	18	19	20	21	22	23	24	25	26	27	28	29					6.15
31	五					㊺	2	3	4	5	6	7	8	9	10	11	12	13	14	15	16	17	18	19	20	21	22	23	24	25	26	27	28	29	30			7.15
32	六							⑮	2	3	4	5	6	7	8	9	10	11	12	13	14	15	16	17	18	19	20	21	22	23	24	25	26	27	28	29		8.13
33	七	㊹	2	3	4	5	6	7	8	9	10	11	12	13	14	15	16	17	18	19	20	21	22	23	24	25	26	27	28	29	30							9.12
34	八			⑭	2	3	4	5	6	7	8	9	10	11	12	13	14	15	16	17	18	19	20	21	22	23	24	25	26	27	28	29						10.11
35	九				㊸	2	3	4	5	6	7	8	9	10	11	12	13	14	15	16	17	18	19	20	21	22	23	24	25	26	27	28	29	30				11.10
36	十						⑬	2	3	4	5	6	7	8	9	10	11	12	13	14	15	16	17	18	19	20	21	22	23	24	25	26	27	28	29			12.9
37	十一							㊷	2	3	4	5	6	7	8	9	10	11	12	13	14	15	16	17	18	19	20	21	22	23	24	25	26	27	28	29	30	1.8
38	十二		⑫	2	3	4	5	6	7	8	9	10	11	12	13	14	15	16	17	18	19	20	21	22	23	24	25	26	27	28	29							2.6

大事記

正月，宋禁以金銀塗飾器物，又禁喪車用銅釘。宋南康揭陽蠻起事，旋敗。　　二月，宋制二千石加公田一頃。魏制民二十戶輸戎馬一匹，大牛一頭。宋帝試秀才、孝廉。　　三月，魏制六部民羊滿百頭輸戎馬一匹。宋初限荆州府置將不得過二千人，吏不得過一萬人，州置將不得過五百人，吏不得過五千人，兵士不在此限。沮渠蒙遜破敦煌，李恂自殺（西涼亡）。西域諸國皆附於蒙遜。　　四月，宋毁淫祠，斷禁金銀塗。吐谷渾王阿柴降於西秦，拜白蘭王。　　六月，沮渠蒙遜遣將攻乞伏熾磐，大敗。　　九月，宋帝使人殺零陵王，謚曰恭皇帝，開"禪讓"退位者被殺之端。　　十月，北涼曇讖譯大涅槃經。宋以沮渠蒙遜為涼州刺史。　　十二月，沮渠蒙遜、晉昌太守唐契據郡自主。　　是歲，宋授倭王贊官爵。

南北朝紀年　　干支壬戌　公元422年

朝代或國名	國家支配者	建　都	廟號	謚號	建元	年號年次	輔政者	備　注
宋	①劉裕	建康	高祖	武	1	永平3年	徐羡之等	南京
西秦	④乞伏熾磐	枹罕	太祖	文昭王	2	2建弘3年		
北魏	②拓跋嗣	平城	太宗	明元	3	3泰常7年		
北涼	②沮渠蒙遜	姑臧	太祖	武宣王	4	2玄始11年		盧水胡人
夏	①赫連勃勃	統萬	世祖	武烈	4	4真興4年		陝西横山
北燕	②馮跋	龍城	太祖	文成	1	太平14年		
仇池氏	⑩楊盛	武都				28年		
柔然	③大檀					8年		
吐谷渾	⑨阿柴	沙州				5年		青海
高句麗	⑳臣璉	丸都城				10年		吉林

月　曆　表(建寅)　5135—355—1875585

月干支序數	星期／月序	日	1	2	3	4	5	6	日	1	2	3	4	5	6	日	1	2	3	4	5	6	日	1	2	3	4	5	6	日	1	2	3	4	5	6	日	月末陽曆
39	正			㊶	2	3	4	5	6	7	8	9	10	11	12	13	14	15	16	17	18	19	20	21	22	23	24	25	26	27	28	29	30					3.8
40	二					⑪	2	3	4	5	6	7	8	9	10	11	12	13	14	15	16	17	18	19	20	21	22	23	24	25	26	27	28	29				4.6
41	三						㊵	2	3	4	5	6	7	8	9	10	11	12	13	14	15	16	17	18	19	20	21	22	23	24	25	26	27	28	29	30		5.6
42	四	⑩	2	3	4	5	6	7	8	9	10	11	12	13	14	15	16	17	18	19	20	21	22	23	24	25	26	27	28	29	30							6.5
43	五			㊵	2	3	4	5	6	7	8	9	10	11	12	13	14	15	16	17	18	19	20	21	22	23	24	25	26	27	28	29						7.4
44	六				⑨	2	3	4	5	6	7	8	9	10	11	12	13	14	15	16	17	18	19	20	21	22	23	24	25	26	27	28	29	30				8.3
45	七						㊴	2	3	4	5	6	7	8	9	10	11	12	13	14	15	16	17	18	19	20	21	22	23	24	25	26	27	28	29			9.1
46	八							⑧	2	3	4	5	6	7	8	9	10	11	12	13	14	15	16	17	18	19	20	21	22	23	24	25	26	27	28	29	30	10.1
47	九		㊳	2	3	4	5	6	7	8	9	10	11	12	13	14	15	16	17	18	19	20	21	22	23	24	25	26	27	28	29							10.30
48	十			⑦	2	3	4	5	6	7	8	9	10	11	12	13	14	15	16	17	18	19	20	21	22	23	24	25	26	27	28	29	30					11.29
49	十一					㊲	2	3	4	5	6	7	8	9	10	11	12	13	14	15	16	17	18	19	20	21	22	23	24	25	26	27	28	29				12.28
50	十二						⑥	2	3	4	5	6	7	8	9	10	11	12	13	14	15	16	17	18	19	20	21	22	23	24	25	26	27	28	29	30		1.27

大事記

正月，西秦乞伏熾磐破契汗禿真，虜二萬口、牛羊五十餘萬頭。宋整頓國子學。　三月，秦雍流民入梁州，宋遣使賑之。　四月，宋封仇池氏王楊盛為武都王。　五月，宋武帝劉裕卒(356—422)。太子義符嗣，為少帝。徐羡之、傅亮、謝晦輔政。　六月，魏擾宋青州，敗還。　七月，沮渠蒙遜耀武於西秦，大敗。　九月，魏大發兵侵宋。　十月，魏侵宋青、兗州諸郡，檀道濟救之。　十一月，魏拔宋滑臺，沿河諸郡多入於魏。

南北朝紀年　干支癸亥　公元423年

朝代或國名	國家支配者	建都	廟號	謚號	建元	年號年次	輔政者	備注
宋	②劉義符	建康		少	1	景平元年		
西秦	④乞伏熾磐	枹罕	太祖	文昭王	2	2建弘4年		
北魏	②拓跋嗣	平城	太宗	明元	3	3泰常8年		十一月拓跋燾即位
北涼	②沮渠蒙遜	姑臧	太祖	武宣王	4	2玄始12年		盧水胡人
夏	①赫連勃勃	統萬	世祖	武烈	4	4真興5年		陝西横山
北燕	②馮跋	龍城	太祖	文成	1	太平15年		
仇池氏	⑩楊盛	武都				29年		
柔然	③大檀					9年		
吐谷渾	⑨阿柴	沙州				6年		青海
高句麗	⑳臣璉	丸都城				11年		吉林

月　曆　表(建寅)　5136—384—1875969

月干支序數	星期／月序	日	1	2	3	4	5	6	日	1	2	3	4	5	6	日	1	2	3	4	5	6	日	1	2	3	4	5	6	日	1	2	3	4	5	6	日	月末陽曆
51	正	㊱	2	3	4	5	6	7	8	9	10	11	12	13	14	15	16	17	18	19	20	21	22	23	24	25	26	27	28	29								2.25
52	二		⑤	2	3	4	5	6	7	8	9	10	11	12	13	14	15	16	17	18	19	20	21	22	23	24	25	26	27	28	29	30						3.27
53	三				㉟	2	3	4	5	6	7	8	9	10	11	12	13	14	15	16	17	18	19	20	21	22	23	24	25	26	27	28	29					4.25

續表

月干支序數	月序＼星期	日	1	2	3	4	5	6	日	1	2	3	4	5	6	日	1	2	3	4	5	6	日	1	2	3	4	5	6	日	1	2	3	4	5	6	日	月末陽曆
54	四					④	2	3	4	5	6	7	8	9	10	11	12	13	14	15	16	17	18	19	20	21	22	23	24	25	26	27	28	29	30			5.25
	閏							㉞	2	3	4	5	6	7	8	9	10	11	12	13	14	15	16	17	18	19	20	21	22	23	24	25	26	27	28	29		6.23
55	五	③	2	3	4	5	6	7	8	9	10	11	12	13	14	15	16	17	18	19	20	21	22	23	24	25	26	27	28	29	30							7.23
56	六			㉝	2	3	4	5	6	7	8	9	10	11	12	13	14	15	16	17	18	19	20	21	22	23	24	25	26	27	28	29	30					8.22
57	七					③	2	3	4	5	6	7	8	9	10	11	12	13	14	15	16	17	18	19	20	21	22	23	24	25	26	27	28	29				9.20
58	八						㉜	2	3	4	5	6	7	8	9	10	11	12	13	14	15	16	17	18	19	20	21	22	23	24	25	26	27	28	29	30		10.20
59	九	②	2	3	4	5	6	7	8	9	10	11	12	13	14	15	16	17	18	19	20	21	22	23	24	25	26	27	28	29								11.18
60	十		㉛	2	3	4	5	6	7	8	9	10	11	12	13	14	15	16	17	18	19	20	21	22	23	24	25	26	27	28	29	30						12.18
1	十一				①	2	3	4	5	6	7	8	9	10	11	12	13	14	15	16	17	18	19	20	21	22	23	24	25	26	27	28	29					1.16
2	十二					㉚	2	3	4	5	6	7	8	9	10	11	12	13	14	15	16	17	18	19	20	21	22	23	24	25	26	27	28	29	30			2.15

大事記

正月，魏拔宋金墉城。　二月，魏築長城，自赤城至五原二千餘里，以備柔然。沮渠蒙遜及吐谷渾阿柴并遣使奉獻於宋，封蒙遜西河王，阿柴澆河公。宋富陽人孫法光起事攻山陰，未幾敗。　四月，蠻王梅安獻於魏。沮渠蒙遜破唐契，契奔伊吾，臣於柔然，柔然以為伊吾王。西秦乞伏熾磐貢於魏。　閏四月，魏拔宋虎牢，佔領司、豫、兗郡縣。　八月，柔然攻河西，沮渠蒙遜遣世子政德禦之，敗死。　十一月，魏攻許昌、汝陽，宋兵潰。魏太宗明元帝卒，子燾嗣。　十二月，魏崇奉道士寇謙之，於平城起天師道場，於是道教大盛。

南北朝紀年

干支甲子　公元 424 年

朝代或國名	國家支配者	建都	廟號	謚號	建元	年號年次	輔政者	備注
宋	③劉義隆	建康	太祖	文帝	1	元嘉元年		八月丁酉即位改元
西秦	④乞伏熾磐	枹罕	太祖	文昭王	2	2 建弘 5 年		
北魏	③拓跋燾	平城	世祖	太武	6	1 始光元年		
北凉	②沮渠蒙遜	姑臧	太祖	武宣王	4	2 玄始 13 年		盧水胡人
夏	①赫連勃勃	統萬	世祖	武烈	4	4 真興 6 年		陜西横山
北燕	②馮跋	龍城	太祖	文成	1	太平 16 年		
仇池氐	⑩楊盛	武都				30 年		
柔然	③大檀					10 年		
吐谷渾	⑨阿柴	沙州				7 年		十月卒
高句麗	⑳臣璉	丸都城				12 年		吉林

月曆表(建寅)

5137－354－1876323

月干支序數	月序＼星期	日	1	2	3	4	5	6	日	1	2	3	4	5	6	日	1	2	3	4	5	6	日	1	2	3	4	5	6	日	1	2	3	4	5	6	日	月末陽曆
3	正							(60)	2	3	4	5	6	7	8	9	10	11	12	13	14	15	16	17	18	19	20	21	22	23	24	25	26	27	28	29		3.15
4	二	㉙	2	3	4	5	6	7	8	9	10	11	12	13	14	15	16	17	18	19	20	21	22	23	24	25	26	27	28	29	30							4.14
5	三			(59)	2	3	4	5	6	7	8	9	10	11	12	13	14	15	16	17	18	19	20	21	22	23	24	25	26	27	28	29						5.13

續表

月干支序數	月序(星期)	日	1	2	3	4	5	6	日	1	2	3	4	5	6	日	1	2	3	4	5	6	日	1	2	3	4	5	6	日	1	2	3	4	5	6	日	月末陽曆
6	四				㉘	2	3	4	5	6	7	8	9	10	11	12	13	14	15	16	17	18	19	20	21	22	23	24	25	26	27	28	29	30				6.12
7	五						(58)	2	3	4	5	6	7	8	9	10	11	12	13	14	15	16	17	18	19	20	21	22	23	24	25	26	27	28	29			7.11
8	六							㉗	2	3	4	5	6	7	8	9	10	11	12	13	14	15	16	17	18	19	20	21	22	23	24	25	26	27	28	29	30	8.10
9	七		(57)	2	3	4	5	6	7	8	9	10	11	12	13	14	15	16	17	18	19	20	21	22	23	24	25	26	27	28	29							9.8
10	八			㉖	2	3	4	5	6	7	8	9	10	11	12	13	14	15	16	17	18	19	20	21	22	23	24	25	26	27	28	29	30					10.8
11	九					(56)	2	3	4	5	6	7	8	9	10	11	12	13	14	15	16	17	18	19	20	21	22	23	24	25	26	27	28	29				11.6
12	十						㉕	2	3	4	5	6	7	8	9	10	11	12	13	14	15	16	17	18	19	20	21	22	23	24	25	26	27	28	29	30		12.6
13	十一	(55)	2	3	4	5	6	7	8	9	10	11	12	13	14	15	16	17	18	19	20	21	22	23	24	25	26	27	28	29	30							1.5
14	十二			㉕	2	3	4	5	6	7	8	9	10	11	12	13	14	15	16	17	18	19	20	21	22	23	24	25	26	27	28	29						2.3

(宋)徐廣編成《既往七曜曆》。

大事記

正月,魏改元始光。高句麗遣使獻於宋。　四月,西秦擊降白苟、車孚、崔提、旁為四國。　五月,徐羡之等廢宋帝為營陽王,旋殺之,迎立宜都王義隆於江陵。　七月,西秦攻河西臨松,徙民二萬餘口而還。　八月,宋宜都王義隆即皇帝位,改元元嘉,是為文帝。柔然紇升蓋可汗襲魏雲中,攻陷盛樂宮。　十月,吐谷渾王阿柴卒,弟慕璝嗣。　十二月,魏攻柔然,大掠而還。林邑王范陽邁侵宋九德、日南諸郡。宕昌王梁忽遣子使於魏。

南北朝紀年

干支乙丑　公元 425 年

朝代或國名	國家支配者	建都	廟號	謚號	建元	年號年次	輔政者	備注
宋	③劉義隆	建康	太祖	文帝	1	元嘉 2 年		
西秦	④乞伏熾磐	枹罕	太祖	文昭王	2	2 建弘 6 年		
北魏	③拓跋燾	平城	世祖	太武	6	1 始光 2 年		
北凉	②沮渠蒙遜	姑臧	太祖	武宣王	4	2 玄始 14 年		盧水胡人
夏	②赫連昌	統萬		廢主	1	承光元年		八月即位改元
北燕	②馮跋	龍城	太祖	文成	1	太平 17 年		
仇池氐	⑩楊盛	武都				31 年		六月卒
柔然	③大檀					11 年		
吐谷渾	⑩慕璝					元年		青海
高句麗	⑳臣璉	丸都城				13 年		吉林

月　曆　表(建寅)

5138－354－1876677

月干支序數	月序(星期)	日	1	2	3	4	5	6	日	1	2	3	4	5	6	日	1	2	3	4	5	6	日	1	2	3	4	5	6	日	1	2	3	4	5	6	日	月末陽曆
15	正				(54)	2	3	4	5	6	7	8	9	10	11	12	13	14	15	16	17	18	19	20	21	22	23	24	25	26	27	28	29	30				3.5
16	二						㉔	2	3	4	5	6	7	8	9	10	11	12	13	14	15	16	17	18	19	20	21	22	23	24	25	26	27	28	29			4.3
17	三							(53)	2	3	4	5	6	7	8	9	10	11	12	13	14	15	16	17	18	19	20	21	22	23	24	25	26	27	28	29	30	5.3
18	四		㉓	2	3	4	5	6	7	8	9	10	11	12	13	14	15	16	17	18	19	20	21	22	23	24	25	26	27	28	29							6.1
19	五			(52)	2	3	4	5	6	7	8	9	10	11	12	13	14	15	16	17	18	19	20	21	22	23	24	25	26	27	28	29	30					7.1

續表

月干支序數	星期／月序	日	1	2	3	4	5	6	日	1	2	3	4	5	6	日	1	2	3	4	5	6	日	1	2	3	4	5	6	日	1	2	3	4	5	6	日	月末陽曆
20	六					㉒	2	3	4	5	6	7	8	9	10	11	12	13	14	15	16	17	18	19	20	21	22	23	24	25	26	27	28	29					7.30
21	七						(51)	2	3	4	5	6	7	8	9	10	11	12	13	14	15	16	17	18	19	20	21	22	23	24	25	26	27	28	29	30			8.29
22	八	㉑	2	3	4	5	6	7	8	9	10	11	12	13	14	15	16	17	18	19	20	21	22	23	24	25	26	27	28	29									9.27
23	九		㊿	2	3	4	5	6	7	8	9	10	11	12	13	14	15	16	17	18	19	20	21	22	23	24	25	26	27	28	29	30							10.27
24	十				⑳	2	3	4	5	6	7	8	9	10	11	12	13	14	15	16	17	18	19	20	21	22	23	24	25	26	27	28	29						11.25
25	十一					㊾	2	3	4	5	6	7	8	9	10	11	12	13	14	15	16	17	18	19	20	21	22	23	24	25	26	27	28	29	30				12.25
26	十二							⑲	2	3	4	5	6	7	8	9	10	11	12	13	14	15	16	17	18	19	20	21	22	23	24	25	26	27	28	29			1.23

大事記

四月，西秦襲掠沮渠氏臨松民五千戶。魏遣使通好於宋。　五月，魏詔全國十家發一牛，運粟塞上。　七月，西秦破黑水羌。　八月，夏赫連勃勃卒，子昌立，改元承光。　十月，魏五道攻柔然，柔然北走。　是歲，倭遣司馬曹達獻於宋。

南北朝紀年

干支丙寅　公元 426 年

朝代或國名	國家支配者	建都	廟號	謚號	建元	年號年次	輔政者	備注
宋	③劉義隆	建康	太祖	文帝	1	元嘉 3 年		
西秦	④乞伏熾磐	枹罕	太祖	文昭王	2	2 建弘 7 年		
北魏	③拓跋燾	平城	世祖	太武	6	1 始光 3 年		
北凉	②沮渠蒙遜	姑臧	太祖	武宣王	4	2 玄始 15 年		盧水胡人
夏	②赫連昌	統萬		廢主	1	承光 2 年		陝西横山
北燕	②馮跋	龍城	太祖	文成	1	太平 18 年		
仇池氏	⑪楊玄	武都				元年		
柔然	③大檀					12 年		
吐谷渾	⑩慕璝					2 年		青海
高句麗	⑳臣璉	丸都城				14 年		吉林

月　曆　表（建　寅）

5139—384—1877061

月干支序數	星期／月序	日	1	2	3	4	5	6	日	1	2	3	4	5	6	日	1	2	3	4	5	6	日	1	2	3	4	5	6	日	1	2	3	4	5	6	日	月末陽曆
27	正	㊽	2	3	4	5	6	7	8	9	10	11	12	13	14	15	16	17	18	19	20	21	22	23	24	25	26	27	28	29	30								2.22
	閏			⑱	2	3	4	5	6	7	8	9	10	11	12	13	14	15	16	17	18	19	20	21	22	23	24	25	26	27	28	29							3.23
28	二				㊼	2	3	4	5	6	7	8	9	10	11	12	13	14	15	16	17	18	19	20	21	22	23	24	25	26	27	28	29	30					4.22
29	三						⑰	2	3	4	5	6	7	8	9	10	11	12	13	14	15	16	17	18	19	20	21	22	23	24	25	26	27	28	29	30			5.22
30	四	㊼	2	3	4	5	6	7	8	9	10	11	12	13	14	15	16	17	18	19	20	21	22	23	24	25	26	27	28	29									6.20
31	五		⑯	2	3	4	5	6	7	8	9	10	11	12	13	14	15	16	17	18	19	20	21	22	23	24	25	26	27	28	29	30							7.20
32	六				㊻	2	3	4	5	6	7	8	9	10	11	12	13	14	15	16	17	18	19	20	21	22	23	24	25	26	27	28	29						8.18
33	七					⑮	2	3	4	5	6	7	8	9	10	11	12	13	14	15	16	17	18	19	20	21	22	23	24	25	26	27	28	29	30				9.17
34	八							㊺	2	3	4	5	6	7	8	9	10	11	12	13	14	15	16	17	18	19	20	21	22	23	24	25	26	27	28	29			10.16

續表

月干支序數	月序 \ 星期	日	1	2	3	4	5	6	日	1	2	3	4	5	6	日	1	2	3	4	5	6	日	1	2	3	4	5	6	日	1	2	3	4	5	6	日	月末陽曆
35	九	⑭	2	3	4	5	6	7	8	9	10	11	12	13	14	15	16	17	18	19	20	21	22	23	24	25	26	27	28	29	30							11.15
36	十			㊹	2	3	4	5	6	7	8	9	10	11	12	13	14	15	16	17	18	19	20	21	22	23	24	25	26	27	28	29						12.14
37	十一				⑬	2	3	4	5	6	7	8	9	10	11	12	13	14	15	16	17	18	19	20	21	22	23	24	25	26	27	28	29	30				1.13
38	十二						㊸	2	3	4	5	6	7	8	9	10	11	12	13	14	15	16	17	18	19	20	21	22	23	24	25	26	27	28	29			2.11

大事記

正月，宋帝殺徐羨之、傅亮等。謝晦以清君側為名，舉兵於江陵。　二月，晦敗被殺。魏起太學祠孔子。　三月，宋以謝靈運為秘書監。　六月，宋以王華、王曇首、殷景仁、劉湛為侍中，謝弘微為黄門侍郎，號“五臣”，皆宋主所重。　八月，宋遣使聘於魏。西秦乞伏熾磐攻沮渠蒙遜，夏赫連昌遣兵援之，拔西秦南安。吐谷渾別部二萬落反西秦，附於吐谷渾王慕璝。　九月，魏攻夏。　十一月，夏圍西秦枹罕，破數城，大殺掠。魏兵至夏統萬，掠萬餘家而還。　十二月，魏兵入夏長安，氐、羌皆降。河西王沮渠蒙遜、仇池氐王楊玄附於魏。宋前吴郡太守徐佩之聚衆謀起事，發覺被殺。魏罷紬繭羅穀戶以屬郡縣。

南北朝紀年　　干支丁卯　公元 427 年

朝代或國名	國家支配者	建都	廟號	謚號	建元	年號年次	輔政者	備注
宋	③劉義隆	建康	太祖	文帝	1	元嘉 4 年		南京
西秦	④乞伏熾磐	枹罕	太祖	文昭王	2	2 建弘 8 年		
北魏	③拓跋燾	平城	世祖	太武	6	1 始光 4 年		
北涼	②沮渠蒙遜	姑臧	太祖	武宣王	4	2 玄始 16 年		盧水胡人
夏	②赫連昌	統萬		廢主	1	承光 3 年		陝西橫山
北燕	②馮跋	龍城	太祖	文成	1	太平 19 年		
仇池氐	⑪楊玄	武都				2 年		十一月受魏封
柔然	③大檀					13 年		
吐谷渾	⑩慕璝					3 年		青海
高句麗	⑳巨璉					15 年		是年遷平壤

月曆表（建寅）　　5140—355—1877416

月干支序數	月序 \ 星期	日	1	2	3	4	5	6	日	1	2	3	4	5	6	日	1	2	3	4	5	6	日	1	2	3	4	5	6	日	1	2	3	4	5	6	日	月末陽曆
39	正							⑫	2	3	4	5	6	7	8	9	10	11	12	13	14	15	16	17	18	19	20	21	22	23	24	25	26	27	28	29	30	3.13
40	二		㊷	2	3	4	5	6	7	8	9	10	11	12	13	14	15	16	17	18	19	20	21	22	23	24	25	26	27	28	29							4.11
41	三			⑪	2	3	4	5	6	7	8	9	10	11	12	13	14	15	16	17	18	19	20	21	22	23	24	25	26	27	28	29	30					5.11
42	四					㊶	2	3	4	5	6	7	8	9	10	11	12	13	14	15	16	17	18	19	20	21	22	23	24	25	26	27	28	29				6.9
43	五						⑩	2	3	4	5	6	7	8	9	10	11	12	13	14	15	16	17	18	19	20	21	22	23	24	25	26	27	28	29	30		7.9
44	六	㊵	2	3	4	5	6	7	8	9	10	11	12	13	14	15	16	17	18	19	20	21	22	23	24	25	26	27	28	29	30							8.8
45	七			⑩	2	3	4	5	6	7	8	9	10	11	12	13	14	15	16	17	18	19	20	21	22	23	24	25	26	27	28	29						9.6
46	八				㊴	2	3	4	5	6	7	8	9	10	11	12	13	14	15	16	17	18	19	20	21	22	23	24	25	26	27	28	29	30				10.6
47	九						⑨	2	3	4	5	6	7	8	9	10	11	12	13	14	15	16	17	18	19	20	21	22	23	24	25	26	27	28	29			11.4

續表

月干支序數	月序＼星期	日	1	2	3	4	5	6	日	1	2	3	4	5	6	日	1	2	3	4	5	6	日	1	2	3	4	5	6	日	1	2	3	4	5	6	日	月末陽曆
48	十							㊳	2	3	4	5	6	7	8	9	10	11	12	13	14	15	16	17	18	19	20	21	22	23	24	25	26	27	28	29	30	12.4
49	十一		⑧	2	3	4	5	6	7	8	9	10	11	12	13	14	15	16	17	18	19	20	21	22	23	24	25	26	27	28	29							1.2
50	十二			㊲	2	3	4	5	6	7	8	9	10	11	12	13	14	15	16	17	18	19	20	21	22	23	24	25	26	27	28	29	30					2.1

大事記

二月，西秦武始、洮陽諸山羌起事。　四月，魏遣使聘宋。魏大發兵攻夏。　六月，拔統萬，赫連昌奔上邽，公卿、將校、后妃、公主、宮人萬數、馬三十餘萬匹、牛羊數千萬頭，皆為魏所虜。　八月，西秦乞伏熾磐奉獻於魏。　十一月，魏封仇池氏王楊玄為南秦王。　是歲，名詩人陶潛卒(365—427)。高句麗遷都平壤。

南北朝紀年

干支戊辰　公元 428 年

朝代或國名	國家支配者	建　都	廟號	謚號	建元	年號年次	輔政者	備　　注
宋	③劉義隆	建康	太祖	文	1	元嘉 5 年		
西秦	⑤乞伏慕末	枹罕		後主	1	永弘元年		五月即位改元
北魏	③拓跋燾	平城	世祖	太武	6	2 神䴥元年		二月改元
北涼	②沮渠蒙遜	姑臧	太祖	武宣王	4	3 承玄元年		六月改元
夏	③赫連定	平涼		後主	1	勝光元年		二月改元
北燕	②馮跋	龍城	太祖	文成	1	太平 20 年		
仇池氏	⑪楊玄	武都				3 年		
柔然	③大檀					14 年		
吐谷渾	⑩慕璝					4 年		青海

月　曆　表(建寅)

5141—384—1877800

月干支序數	月序＼星期	日	1	2	3	4	5	6	日	1	2	3	4	5	6	日	1	2	3	4	5	6	日	1	2	3	4	5	6	日	1	2	3	4	5	6	日	月末陽曆
51	正					⑦	2	3	4	5	6	7	8	9	10	11	12	13	14	15	16	17	18	19	20	21	22	23	24	25	26	27	28	29				3.1
52	二						㊱	2	3	4	5	6	7	8	9	10	11	12	13	14	15	16	17	18	19	20	21	22	23	24	25	26	27	28	29	30		3.31
53	三	⑥	2	3	4	5	6	7	8	9	10	11	12	13	14	15	16	17	18	19	20	21	22	23	24	25	26	27	28	29								4.29
54	四		㉟	2	3	4	5	6	7	8	9	10	11	12	13	14	15	16	17	18	19	20	21	22	23	24	25	26	27	28	29	30						5.29
55	五				⑤	2	3	4	5	6	7	8	9	10	11	12	13	14	15	16	17	18	19	20	21	22	23	24	25	26	27	28	29					6.27
56	六					㉞	2	3	4	5	6	7	8	9	10	11	12	13	14	15	16	17	18	19	20	21	22	23	24	25	26	27	28	29	30			7.27
57	七							①	2	3	4	5	6	7	8	9	10	11	12	13	14	15	16	17	18	19	20	21	22	23	24	25	26	27	28	29		8.25
58	八	㉝	2	3	4	5	6	7	8	9	10	11	12	13	14	15	16	17	18	19	20	21	22	23	24	25	26	27	28	29	30							9.24
59	九			③	2	3	4	5	6	7	8	9	10	11	12	13	14	15	16	17	18	19	20	21	22	23	24	25	26	27	28	29						10.23
60	十				㉜	2	3	4	5	6	7	8	9	10	11	12	13	14	15	16	17	18	19	20	21	22	23	24	25	26	27	28	29	30				11.22
	閏						②	2	3	4	5	6	7	8	9	10	11	12	13	14	15	16	17	18	19	20	21	22	23	24	25	26	27	28	29	30		12.22
1	十一	㉜	2	3	4	5	6	7	8	9	10	11	12	13	14	15	16	17	18	19	20	21	22	23	24	25	26	27	28	29								1.20
2	十二		①	2	3	4	5	6	7	8	9	10	11	12	13	14	15	16	17	18	19	20	21	22	23	24	25	26	27	28	29	30						2.19

大事記

二月，魏改元神䴥。赫連昌攻魏於安定，兵敗被擒；昌弟定奔平涼，稱皇帝，改元勝光。　三月，魏攻赫連定敗績，長安復入於夏。　五月，西秦乞伏熾磐卒，子暮末立，改元永弘。　六月，沮渠蒙遜攻西秦無功，西秦與之約和，改元承玄。　六月，魏并州胡酋卜田反。　八月，柔然擾魏邊。　十月，宋攻魏濟陽、陳留。魏定州丁零鮮于臺陽等二千余家奔曲陽西山。　十二月，沮渠蒙遜攻西秦。　是歲，師子王剎利摩訶及天竺迦毗黎王遣使獻於宋。

南北朝紀年

干支己巳　公元 429 年

朝代或國名	國家支配者	建都	廟號	謚號	建元	年號年次	輔政者	備注
宋	③劉義隆	建康	太祖	文帝	1	元嘉 6 年		
西秦	⑤乞伏暮末	枹罕		後主	1	永弘 2 年		
北魏	③拓跋燾	平城	世祖	太武	6	2 神䴥 2 年		
北凉	②沮渠蒙遜	姑臧	太祖	武宣王	4	3 承玄 2 年		盧水胡人
夏	③赫連定	平凉		後主	1	勝光 2 年		陜西橫山
北燕	②馮跋	龍城	太祖	文成帝	1	太平 21 年		
仇池氐	⑪楊玄	武都				4 年		七月卒
	⑫楊保宗	武都				元年		旋被其叔所廢
柔然	③大檀					15 年		七月卒
吐谷渾	⑩慕璝					5 年		青海

月　曆　表（建寅）

5142—354—1878154

月干支序數	月序＼星期	日	1	2	3	4	5	6	日	1	2	3	4	5	6	日	1	2	3	4	5	6	日	1	2	3	4	5	6	日	1	2	3	4	5	6	日	月末陽曆
3	正				㉛	2	3	4	5	6	7	8	9	10	11	12	13	14	15	16	17	18	19	20	21	22	23	24	25	26	27	28	29					3.20
4	二					(60)	2	3	4	5	6	7	8	9	10	11	12	13	14	15	16	17	18	19	20	21	22	23	24	25	26	27	28	29	30			4.19
5	三							㉚	2	3	4	5	6	7	8	9	10	11	12	13	14	15	16	17	18	19	20	21	22	23	24	25	26	27	28	29		5.18
6	四	(59)	2	3	4	5	6	7	8	9	10	11	12	13	14	15	16	17	18	19	20	21	22	23	24	25	26	27	28	29	30							6.17
7	五			㉙	2	3	4	5	6	7	8	9	10	11	12	13	14	15	16	17	18	19	20	21	22	23	24	25	26	27	28	29						7.16
8	六				(58)	2	3	4	5	6	7	8	9	10	11	12	13	14	15	16	17	18	19	20	21	22	23	24	25	26	27	28	29	30				8.15
9	七						㉘	2	3	4	5	6	7	8	9	10	11	12	13	14	15	16	17	18	19	20	21	22	23	24	25	26	27	28	29			9.13
10	八							(57)	2	3	4	5	6	7	8	9	10	11	12	13	14	15	16	17	18	19	20	21	22	23	24	25	26	27	28	29	30	10.13
11	九		㉗	2	3	4	5	6	7	8	9	10	11	12	13	14	15	16	17	18	19	20	21	22	23	24	25	26	27	28	29							11.11
12	十			(56)	2	3	4	5	6	7	8	9	10	11	12	13	14	15	16	17	18	19	20	21	22	23	24	25	26	27	28	29	30					12.11
13	十一					㉖	2	3	4	5	6	7	8	9	10	11	12	13	14	15	16	17	18	19	20	21	22	23	24	25	26	27	28	29				1.9
14	十二						(55)	2	3	4	5	6	7	8	9	10	11	12	13	14	15	16	17	18	19	20	21	22	23	24	25	26	27	28	29	30		2.8

大事記

正月，鮮于臺陽等降魏。沮渠蒙遜拔西秦西平。　二月，魏上黨李禹聚衆殺太守，自稱無上王，旋敗。　四月，魏崔浩撰國書三十卷成。　五月，魏大破柔然，降三十餘萬落，獲馬百餘萬匹，雜畜無算。　七月，柔然紇升蓋可汗憤悒卒，子敕連可汗立。宋裴松之上《三國誌注》。仇池氐王楊玄卒，弟楊難當自稱秦州刺史、武都王。　八月，魏襲降高車數十萬落，獲雜畜百餘萬。自是，魏之馬牛羊及氈皮價落。　十月，魏徙柔然、高車降人於漠南濡源與五原之間，使之耕牧。　十二月，沮渠蒙遜及吐谷渾慕璝皆遣使奉獻於宋。　祖冲之誕生(429—500)，字文遠，范陽遒(今河北淶水縣北)人，推算出圓周率的值在 3.1415926—3.1415927 之間，比歐洲早一千多年。他的數學專著《綴術》在唐朝被定為課本。中世紀日本、朝鮮也採用它作教材。

南北朝紀年

干支庚午　公元 430 年

朝代或國名	國家支配者	建　都	廟號	謚號	建元	年號年次	輔政者	備　注
宋	③劉義隆	建康	太祖	文帝	1	元嘉 7 年		
西秦	⑤乞伏暮末	枹罕		後主	1	永弘 3 年		
北魏	③拓跋燾	平城	世祖	太武	6	2 神䴥 3 年		
北凉	②沮渠蒙遜	姑臧	太祖	武宣王	4	3 承玄 3 年		盧水胡人
夏	③赫連定	平凉		後主	1	勝光 3 年		陕西横山
北燕	②馮跋	龍城	太祖	文成	1	太平 22 年		九月馮弘即位
仇池氐	⑬楊難當	武都				元年		保宗奔魏
柔然	④吳提					元年		
吐谷渾	⑩慕璝					6 年		青海

月　曆　表（建寅）

5143－354－1878508

月干支序數	月序＼星期	日	1	2	3	4	5	6	日	1	2	3	4	5	6	日	1	2	3	4	5	6	日	1	2	3	4	5	6	日	1	2	3	4	5	6	日	月末陽曆
15	正	㉕	2	3	4	5	6	7	8	9	10	11	12	13	14	15	16	17	18	19	20	21	22	23	24	25	26	27	28	29	30							3.10
16	二			㊺	2	3	4	5	6	7	8	9	10	11	12	13	14	15	16	17	18	19	20	21	22	23	24	25	26	27	28	29						4.8
17	三				㉔	2	3	4	5	6	7	8	9	10	11	12	13	14	15	16	17	18	19	20	21	22	23	24	25	26	27	28	29	30				5.8
18	四						㊹	2	3	4	5	6	7	8	9	10	11	12	13	14	15	16	17	18	19	20	21	22	23	24	25	26	27	28	29			6.6
19	五							㉓	2	3	4	5	6	7	8	9	10	11	12	13	14	15	16	17	18	19	20	21	22	23	24	25	26	27	28	29	30	7.6
20	六		㊸	2	3	4	5	6	7	8	9	10	11	12	13	14	15	16	17	18	19	20	21	22	23	24	25	26	27	28	29							8.4
21	七			㉒	2	3	4	5	6	7	8	9	10	11	12	13	14	15	16	17	18	19	20	21	22	23	24	25	26	27	28	29	30					9.3
22	八					㊷	2	3	4	5	6	7	8	9	10	11	12	13	14	15	16	17	18	19	20	21	22	23	24	25	26	27	28	29				10.2
23	九						㉑	2	3	4	5	6	7	8	9	10	11	12	13	14	15	16	17	18	19	20	21	22	23	24	25	26	27	28	29	30		11.1
24	十	㊶	2	3	4	5	6	7	8	9	10	11	12	13	14	15	16	17	18	19	20	21	22	23	24	25	26	27	28	29								11.30
25	十一		⑳	2	3	4	5	6	7	8	9	10	11	12	13	14	15	16	17	18	19	20	21	22	23	24	25	26	27	28	29	30						12.30
26	十二				㊵	2	3	4	5	6	7	8	9	10	11	12	13	14	15	16	17	18	19	20	21	22	23	24	25	26	27	28	29					1.28

大事記

正月，倭王遣使至宋獻方物。　三月，宋遣使於魏，告將收河南，隨謀進攻，魏發兵備之，魏徙敕勒三萬餘河西，敕勒北奔，王公死者枕籍。　四月，敕勒復有萬餘落北走，魏兵追殲之。　六月，宋以仇池氐王楊難當為秦州刺史（翦伯贊以宋，馮君實以魏）、武都王。吐谷渾攻西秦，無功。　七月，宋師克洛陽、虎牢。林邑王范陽邁獻於宋。　九月，北燕馮跋卒，弟弘立為天王，殺跋子幾盡。夏赫連定約宋攻魏，魏發兵擊之。　十月，魏軍南下，到彥之退走東平。宋立錢署，鑄四銖錢。魏攻陷宋洛陽。西秦乞伏暮末舉國入魏，故地皆入於吐谷渾。　十一月，魏兵大破夏赫連定於鶉觚原，定奔平涼，魏兵圍之。宋遣檀道濟攻魏。　十二月，宋劉義欣治芍陂，溉田萬頃。宋制聽受雜物當租。

南北朝紀年

干支辛未　公元 431 年

朝代或國名	國家支配者	建　都	廟號	謚號	建元	年號年次	輔政者	備　注
宋	③劉義隆	建康	太祖	文	1	元嘉 8 年		
西秦	⑤乞伏暮末	枹罕		後主	1	永弘 4 年		正月亡於夏
北魏	③拓跋燾	平城		太武	6	2 神䴥 4 年		

續表

朝代或國名	國家支配者	建　都	廟號	謚號	建元	年號年次	輔政者	備　　注
北凉	②沮渠蒙遜	姑臧	太祖	武宣王	4	4 義和元年		六月改元
夏	③赫連定	平凉		後主	1	勝光 4 年		六月亡
北燕	③馮弘	龍城		昭成	1	太興元年		
仇池氐	⑬楊難當	武都				2 年		
柔然	④吴提					2 年		
吐谷渾	⑩慕璝					7 年		青海

月　　曆　　表(建 寅)　　　　5144—384—1878892

月干支序數	月序＼星期	日	1	2	3	4	5	6	日	1	2	3	4	5	6	日	1	2	3	4	5	6	日	1	2	3	4	5	6	日	1	2	3	4	5	6	日	月末陽曆
27	正					⑲	2	3	4	5	6	7	8	9	10	11	12	13	14	15	16	17	18	19	20	21	22	23	24	25	26	27	28	29	30			2.27
28	二							㊾	2	3	4	5	6	7	8	9	10	11	12	13	14	15	16	17	18	19	20	21	22	23	24	25	26	27	28	29		3.28
29	三	⑱	2	3	4	5	6	7	8	9	10	11	12	13	14	15	16	17	18	19	20	21	22	23	24	25	26	27	28	29	30							4.27
30	四			㊽	2	3	4	5	6	7	8	9	10	11	12	13	14	15	16	17	18	19	20	21	22	23	24	25	26	27	28	29						5.26
31	五				⑰	2	3	4	5	6	7	8	9	10	11	12	13	14	15	16	17	18	19	20	21	22	23	24	25	26	27	28	29	30				6.25
32	六						㊼	2	3	4	5	6	7	8	9	10	11	12	13	14	15	16	17	18	19	20	21	22	23	24	25	26	27	28	29	30		7.25
	閏	⑰	2	3	4	5	6	7	8	9	10	11	12	13	14	15	16	17	18	19	20	21	22	23	24	25	26	27	28	29								8.23
33	七		㊻	2	3	4	5	6	7	8	9	10	11	12	13	14	15	16	17	18	19	20	21	22	23	24	25	26	27	28	29	30						9.22
34	八				⑯	2	3	4	5	6	7	8	9	10	11	12	13	14	15	16	17	18	19	20	21	22	23	24	25	26	27	28	29					10.21
35	九					㊺	2	3	4	5	6	7	8	9	10	11	12	13	14	15	16	17	18	19	20	21	22	23	24	25	26	27	28	29	30			11.20
36	十							⑮	2	3	4	5	6	7	8	9	10	11	12	13	14	15	16	17	18	19	20	21	22	23	24	25	26	27	28	29		12.19
37	十一	㊹	2	3	4	5	6	7	8	9	10	11	12	13	14	15	16	17	18	19	20	21	22	23	24	25	26	27	28	29	30							1.18
38	十二			⑭	2	3	4	5	6	7	8	9	10	11	12	13	14	15	16	17	18	19	20	21	22	23	24	25	26	27	28	29						2.16

大事記

正月,西秦主暮末降赫連定,西秦亡。北燕改元太興。宋復立珠崖郡。宋將檀道濟大破魏兵於壽張。　二月,宋將檀道濟以糧盡退。　六月,夏赫連定謀攻北涼,吐谷渾俘赫連定,夏亡。北涼改元義和。　閏六月,柔然敕連可汗遣使於魏。　八月,沮渠蒙遜遣子質於魏。吐谷渾王慕璝送赫連定於魏,魏封慕璝為西秦王。　九月,魏以沮渠蒙遜為涼州牧、涼王,史稱北涼。魏徵用各州名士。魏司徒崔浩大整流品,明辨姓族,得罪於衆。　十月,魏使崔浩更定律令。　十一月,魏北部敕勒莫弗庫若干驅鹿數百萬頭詣魏,以備縱獵。　林邑王范陽邁侵宋九德。

南北朝紀年　　干支壬申　公元 432 年

朝代或國名	國家支配者	建　都	廟號	謚號	建元	年號年次	輔政者	備　　注
宋	③劉義隆	建康	太祖	文	1	元嘉 9 年		
北魏	③拓跋燾	平城	世祖	太武	6	3 延和元年		
北凉	②沮渠蒙遜	姑臧	太祖	武宣王	4	4 義和 2 年		盧水胡人
北燕	③馮弘	龍城		昭成	1	太興 2 年		
	[程道養]				1	[泰始]元年		九月建元
	[趙廣]	益州				1 年		

續表

朝代或國名	國家支配者	建都	廟號	謚號	建元	年號年次	輔政者	備注
仇池氏	⑬楊難當	武都				3年		
柔然	④吴提					3年		
吐谷渾	⑩慕璝					8年		青海

月　曆　表（建寅）　5145－355－1879247

月干支序數	月序＼星期	日	1	2	3	4	5	6	日	1	2	3	4	5	6	日	1	2	3	4	5	6	日	1	2	3	4	5	6	日	1	2	3	4	5	6	日	月末陽曆
39	正				㊸	2	3	4	5	6	7	8	9	10	11	12	13	14	15	16	17	18	19	20	21	22	23	24	25	26	27	28	29	30				3.17
40	二						⑬	2	3	4	5	6	7	8	9	10	11	12	13	14	15	16	17	18	19	20	21	22	23	24	25	26	27	28	29			4.15
41	三							㊷	2	3	4	5	6	7	8	9	10	11	12	13	14	15	16	17	18	19	20	21	22	23	24	25	26	27	28	29	30	5.15
42	四		⑫	2	3	4	5	6	7	8	9	10	11	12	13	14	15	16	17	18	19	20	21	22	23	24	25	26	27	28	29							6.13
43	五			㊶	2	3	4	5	6	7	8	9	10	11	12	13	14	15	16	17	18	19	20	21	22	23	24	25	26	27	28	29	30					7.13
44	六					⑪	2	3	4	5	6	7	8	9	10	11	12	13	14	15	16	17	18	19	20	21	22	23	24	25	26	27	28	29				8.11
45	七						㊵	2	3	4	5	6	7	8	9	10	11	12	13	14	15	16	17	18	19	20	21	22	23	24	25	26	27	28	29	30		9.10
46	八	⑩	2	3	4	5	6	7	8	9	10	11	12	13	14	15	16	17	18	19	20	21	22	23	24	25	26	27	28	29								10.9
47	九		㊴	2	3	4	5	6	7	8	9	10	11	12	13	14	15	16	17	18	19	20	21	22	23	24	25	26	27	28	29	30						11.8
48	十				⑨	2	3	4	5	6	7	8	9	10	11	12	13	14	15	16	17	18	19	20	21	22	23	24	25	26	27	28	29	30				12.8
49	十一						㊴	2	3	4	5	6	7	8	9	10	11	12	13	14	15	16	17	18	19	20	21	22	23	24	25	26	27	28	29			1.6
50	十二							⑧	2	3	4	5	6	7	8	9	10	11	12	13	14	15	16	17	18	19	20	21	22	23	24	25	26	27	28	29	30	2.5

大事記

正月，魏改元延和。　五月，宋遣使於魏。　六月，吐谷渾遣使以擒赫連定告捷於宋，宋封其王慕璝為隴西王。魏遣使聘於宋。　七月，魏發幽州民及密雲丁零攻北燕，圍和龍。宋益州立官冶，禁私鑄；鐵器貴，流民許穆之因民怨，詐稱為晉宗室司馬飛龍，結仇池氏起事，殺逐守令，未幾敗死。五城人帛氏奴、趙廣、巴西人唐頻等皆聚兵陷郡縣，蜀中僑舊俱反。　九月，魏攻下北燕郡縣甚多，徙樂浪、帶方、玄菟等郡民三萬家於幽州。趙廣等圍宋成都，擁道士枹罕程道養，詐稱司馬飛龍，立為蜀王，建元泰始。　十二月，魏詔天下搜揚隱逸。魏徵罽賓沙門曇無讖於北涼，沮渠蒙遜不遣。北燕馮弘子崇等降魏。

南北朝紀年　干支癸酉　公元433年

朝代或國名	國家支配者	建都	廟號	謚號	建元	年號年次	輔政者	備注
宋	③劉義隆	建康	太祖	文	1	元嘉10年		
北魏	③拓跋燾	平城	世祖	太武	6	3延和2年		
北涼	③沮渠牧犍（茂虔）	姑臧		哀王	1	永（承）和元年		四月即位改元
北燕	③馮弘	龍城		昭成	1	太興3年		
	［程道養］				1	［泰始］2年		
	［趙廣］	益州				2年		
仇池氏	⑬楊難當	武都				4年		
柔然	④吴提					4年		
吐谷渾	⑩慕璝					9年		青海

月　曆　表(建寅)　　5146—354—1879601

月干支序數	星期／月序	日	1	2	3	4	5	6	日	1	2	3	4	5	6	日	1	2	3	4	5	6	日	1	2	3	4	5	6	日	1	2	3	4	5	6	日	月末陽曆
51	正		㊳	2	3	4	5	6	7	8	9	10	11	12	13	14	15	16	17	18	19	20	21	22	23	24	25	26	27	28	29							3.6
52	二			⑦	2	3	4	5	6	7	8	9	10	11	12	13	14	15	16	17	18	19	20	21	22	23	24	25	26	27	28	29	30					4.5
53	三					㊲	2	3	4	5	6	7	8	9	10	11	12	13	14	15	16	17	18	19	20	21	22	23	24	25	26	27	28	29				5.4
54	四						⑥	2	3	4	5	6	7	8	9	10	11	12	13	14	15	16	17	18	19	20	21	22	23	24	25	26	27	28	29	30		6.3
55	五	㊱	2	3	4	5	6	7	8	9	10	11	12	13	14	15	16	17	18	19	20	21	22	23	24	25	26	27	28	29								7.2
56	六		⑤	2	3	4	5	6	7	8	9	10	11	12	13	14	15	16	17	18	19	20	21	22	23	24	25	26	27	28	29	30						8.1
57	七				㉟	2	3	4	5	6	7	8	9	10	11	12	13	14	15	16	17	18	19	20	21	22	23	24	25	26	27	28	29					8.30
58	八					④	2	3	4	5	6	7	8	9	10	11	12	13	14	15	16	17	18	19	20	21	22	23	24	25	26	27	28	29	30			9.29
59	九							㉞	2	3	4	5	6	7	8	9	10	11	12	13	14	15	16	17	18	19	20	21	22	23	24	25	26	27	28	29		10.28
60	十	③	2	3	4	5	6	7	8	9	10	11	12	13	14	15	16	17	18	19	20	21	22	23	24	25	26	27	28	29	30							11.27
1	十一			㉝	2	3	4	5	6	7	8	9	10	11	12	13	14	15	16	17	18	19	20	21	22	23	24	25	26	27	28	29						12.26
2	十二				②	2	3	4	5	6	7	8	9	10	11	12	13	14	15	16	17	18	19	20	21	22	23	24	25	26	27	28	29	30				1.25

大事記

二月，魏以馮崇為遼西王，錄其國尚書事，承制假授尚書、刺史以下官。魏遣使如宋，且為太子求婚。宋發兵救成都。四月，沮渠蒙遜卒，子牧犍嗣，稱河西王，改元永和。　五月，林邑王范陽邁遣使獻於宋，求領交州刺史，被拒。趙廣眾敗潰。　六月，闍婆、訶羅單國獻於宋。　九月，成都圍解，程道養等遁入山谷，時出攻擾。魏以仇池氏王楊難當為南秦王，難當攻佔宋漢中。　十一月，楊難當據宋梁州。　十二月，宋殺謝靈運(385—433)。魏遣使聘於宋。是年，到彥之卒。

南北朝紀年　　干支甲戌　公元434年

朝代或國名	國家支配者	建都	廟號	謚號	建元	年號年次	輔政者	備注
宋	③劉義隆	建康	太祖	文	1	元嘉 11 年		
北魏	③拓跋燾	平城	世祖	太武	6	3 延和 3 年		
北凉	③沮渠牧犍(茂虔)	姑臧		哀王	1	永(承)和 2 年		盧水胡人
北燕	③馮弘	龍城		昭成	1	太興 4 年		
	[程道養]				1	[泰始]3 年		
	[趙廣]	益州				3 年		
仇池氏	⑬楊難當	武都				5 年		
柔然	④吳提					5 年		
吐谷渾	⑩慕璝					10 年		青海

月　曆　表(建寅)　　5147—384—1879985

月干支序數	星期／月序	日	1	2	3	4	5	6	日	1	2	3	4	5	6	日	1	2	3	4	5	6	日	1	2	3	4	5	6	日	1	2	3	4	5	6	日	月末陽曆
3	正						㉜	2	3	4	5	6	7	8	9	10	11	12	13	14	15	16	17	18	19	20	21	22	23	24	25	26	27	28	29			2.23
4	二							①	2	3	4	5	6	7	8	9	10	11	12	13	14	15	16	17	18	19	20	21	22	23	24	25	26	27	28	29	30	3.25
5	三		㉛	2	3	4	5	6	7	8	9	10	11	12	13	14	15	16	17	18	19	20	21	22	23	24	25	26	27	28	29	30						4.24
	閏				①	2	3	4	5	6	7	8	9	10	11	12	13	14	15	16	17	18	19	20	21	22	23	24	25	26	27	28	29					5.23

續表

月干支序數	星期／月序	日	1	2	3	4	5	6	日	1	2	3	4	5	6	日	1	2	3	4	5	6	日	1	2	3	4	5	6	日	1	2	3	4	5	6	日	月末陽曆
6	四					㉚	2	3	4	5	6	7	8	9	10	11	12	13	14	15	16	17	18	19	20	21	22	23	24	25	26	27	28	29	30			6.22
7	五							(60)	2	3	4	5	6	7	8	9	10	11	12	13	14	15	16	17	18	19	20	21	22	23	24	25	26	27	28	29		7.21
8	六	㉙	2	3	4	5	6	7	8	9	10	11	12	13	14	15	16	17	18	19	20	21	22	23	24	25	26	27	28	29	30							8.20
9	七			(59)	2	3	4	5	6	7	8	9	10	11	12	13	14	15	16	17	18	19	20	21	22	23	24	25	26	27	28	29						9.18
10	八				㉘	2	3	4	5	6	7	8	9	10	11	12	13	14	15	16	17	18	19	20	21	22	23	24	25	26	27	28	29	30				10.18
11	九						(58)	2	3	4	5	6	7	8	9	10	11	12	13	14	15	16	17	18	19	20	21	22	23	24	25	26	27	28	29			11.16
12	十							㉗	2	3	4	5	6	7	8	9	10	11	12	13	14	15	16	17	18	19	20	21	22	23	24	25	26	27	28	29	30	12.16
13	十一		(57)	2	3	4	5	6	7	8	9	10	11	12	13	14	15	16	17	18	19	20	21	22	23	24	25	26	27	28	29							1.14
14	十二			㉖	2	3	4	5	6	7	8	9	10	11	12	13	14	15	16	17	18	19	20	21	22	23	24	25	26	27	28	29	30					2.13

大事記

正月，宋攻漢中，楊難當退。馬大玄等擾宋泰安，尋敗死。　二月，魏與柔然和親。魏詔復下貧者租稅三年。　閏三月，宋收復漢中。北燕稱藩於魏。　四月，休屠胡金當川起事，魏擊之，敗死。　七月，魏擊稽胡白龍於西河，魏太武帝親率兵擊之。　九月，破之，白龍死。　十月，殺其餘衆數千人於五原。　是歲，林邑、扶南、訶羅單遣使獻於宋。

南北朝紀年　　干支乙亥　公元435年

朝代或國名	國家支配者	建都	廟號	謚號	建元	年號年次	輔政者	備注
宋	③劉義隆	建康	太祖	文帝	1	元嘉12年		
北魏	③拓跋燾	平城		太武	6	4太延元年		正月甲申改元
北涼	③沮渠牧犍(茂虔)	姑臧		哀王	1	永(承)和3年		盧水胡人
北燕	③馮弘	龍城		昭成	1	太興5年		
	[程道養]				1	[泰始]4年		
	[趙廣]	益州				4年		
仇池氐	⑬楊難當	武都				6年		
柔然	④吳提					6年		
吐谷渾	⑩慕璝					11年		青海

月　曆　表(建寅)　　5148—354—1880339

月干支序數	星期／月序	日	1	2	3	4	5	6	日	1	2	3	4	5	6	日	1	2	3	4	5	6	日	1	2	3	4	5	6	日	1	2	3	4	5	6	日	月末陽曆
15	正					(56)	2	3	4	5	6	7	8	9	10	11	12	13	14	15	16	17	18	19	20	21	22	23	24	25	26	27	28	29				3.14
16	二						㉕	2	3	4	5	6	7	8	9	10	11	12	13	14	15	16	17	18	19	20	21	22	23	24	25	26	27	28	29	30		4.13
17	三	(55)	2	3	4	5	6	7	8	9	10	11	12	13	14	15	16	17	18	19	20	21	22	23	24	25	26	27	28	29								5.12
18	四		㉔	2	3	4	5	6	7	8	9	10	11	12	13	14	15	16	17	18	19	20	21	22	23	24	25	26	27	28	29	30						6.11
19	五				(54)	2	3	4	5	6	7	8	9	10	11	12	13	14	15	16	17	18	19	20	21	22	23	24	25	26	27	28	29	30				7.11
20	六						㉔	2	3	4	5	6	7	8	9	10	11	12	13	14	15	16	17	18	19	20	21	22	23	24	25	26	27	28	29			8.9
21	七							(53)	2	3	4	5	6	7	8	9	10	11	12	13	14	15	16	17	18	19	20	21	22	23	24	25	26	27	28	29	30	9.8
22	八		㉓	2	3	4	5	6	7	8	9	10	11	12	13	14	15	16	17	18	19	20	21	22	23	24	25	26	27	28	29							10.7
23	九			(52)	2	3	4	5	6	7	8	9	10	11	12	13	14	15	16	17	18	19	20	21	22	23	24	25	26	27	28	29	30					11.6

續表

月干支序數	月序＼星期	日	1	2	3	4	5	6	日	1	2	3	4	5	6	日	1	2	3	4	5	6	日	1	2	3	4	5	6	日	1	2	3	4	5	6	日	月末陽曆
24	十					㉒	2	3	4	5	6	7	8	9	10	11	12	13	14	15	16	17	18	19	20	21	22	23	24	25	26	27	28	29				12.5
25	十一						㉛	2	3	4	5	6	7	8	9	10	11	12	13	14	15	16	17	18	19	20	21	22	23	24	25	26	27	28	29	30		1.4
26	十二	㉑	2	3	4	5	6	7	8	9	10	11	12	13	14	15	16	17	18	19	20	21	22	23	24	25	26	27	28	29								2.2

大事記

正月，北燕稱藩於宋，宋封為燕王，稱之為黃龍國。魏改元太延。　三月，北燕獻於魏。　四月，北燕請援於宋。　五月，龜茲、疏勒、烏孫、悦般、渴槃陀、鄯善、焉耆、車師、粟特等國獻於魏，魏使二十人入西域，為柔然所阻，折還。　六月，高句麗王璉獻於魏。魏攻北燕，大掠而還。師子國獻於宋。　七月，闍婆、娑達、扶南獻於宋。　九月，蜀郡張尋起事。　十一月，北燕馮弘遣使請迎高句麗。宋應丹陽尹肖摹之請限制造塔寺及鑄銅佛像。魏滅吐沒骨。宋禁擅造寺塔，又淘汰沙門，罷道者數百人。

南北朝紀年

干支丙子　公元 436 年

朝代或國名	國家支配者	建都	廟號	謚號	建元	年號年次	輔政者	備注
宋	③劉義隆	建康	太祖	文帝	1	元嘉 13 年		
北魏	③拓跋燾	平城	世祖	太武	6	太延 2 年		
北凉	③沮渠牧犍(茂虔)	姑臧		哀王	1	永(承)和 4 年		盧水胡人
北燕	③馮弘	龍城		昭成	1	太興 6 年		五月亡於北魏
	[程道養]				1	[泰始]5 年		
大秦	⑬楊難當				1	建義元年		三月建元
	[趙廣]	益州				5 年		
柔然	④吳提					7 年		
吐谷渾	⑩慕璝					12 年		是年卒

月　曆　表（建　寅）

5149—384—1880723

月干支序數	月序＼星期	日	1	2	3	4	5	6	日	1	2	3	4	5	6	日	1	2	3	4	5	6	日	1	2	3	4	5	6	日	1	2	3	4	5	6	日	月末陽曆
27	正		㊿	2	3	4	5	6	7	8	9	10	11	12	13	14	15	16	17	18	19	20	21	22	23	24	25	26	27	28	29	30						3.3
28	二				⑳	2	3	4	5	6	7	8	9	10	11	12	13	14	15	16	17	18	19	20	21	22	23	24	25	26	27	28	29					4.1
29	三					㊾	2	3	4	5	6	7	8	9	10	11	12	13	14	15	16	17	18	19	20	21	22	23	24	25	26	27	28	29	30			5.1
30	四							⑲	2	3	4	5	6	7	8	9	10	11	12	13	14	15	16	17	18	19	20	21	22	23	24	25	26	27	28	29		5.30
31	五	㊽	2	3	4	5	6	7	8	9	10	11	12	13	14	15	16	17	18	19	20	21	22	23	24	25	26	27	28	29	30							6.29
32	六			⑱	2	3	4	5	6	7	8	9	10	11	12	13	14	15	16	17	18	19	20	21	22	23	24	25	26	27	28	29						7.28
33	七				㊼	2	3	4	5	6	7	8	9	10	11	12	13	14	15	16	17	18	19	20	21	22	23	24	25	26	27	28	29	30				8.27
34	八						⑰	2	3	4	5	6	7	8	9	10	11	12	13	14	15	16	17	18	19	20	21	22	23	24	25	26	27	28	29			9.25
35	九							㊻	2	3	4	5	6	7	8	9	10	11	12	13	14	15	16	17	18	19	20	21	22	23	24	25	26	27	28	29	30	10.25
36	十		⑯	2	3	4	5	6	7	8	9	10	11	12	13	14	15	16	17	18	19	20	21	22	23	24	25	26	27	28	29	30						11.24
37	十一				㊻	2	3	4	5	6	7	8	9	10	11	12	13	14	15	16	17	18	19	20	21	22	23	24	25	26	27	28	29					12.23
38	十二					⑮	2	3	4	5	6	7	8	9	10	11	12	13	14	15	16	17	18	19	20	21	22	23	24	25	26	27	28	29	30			1.22
	閏							㊺	2	3	4	5	6	7	8	9	10	11	12	13	14	15	16	17	18	19	20	21	22	23	24	25	26	27	28	29		2.20

大事記

二月,北燕獻於魏。　三月,宋劉義康害檀道濟,無罪被殺。魏大舉攻北燕。仇池氐王楊難當自稱大秦王,建元建義。四月,魏伐北燕。高句麗遣兵迎北燕馮弘。　五月,馮弘焚龍城東走,魏使人於高句麗索弘(北燕亡)。　六月,宋破程道養等於郪口。帛氏奴降,道養遁。高句麗獻於宋。　七月,魏以楊難當侵據上邽,遣兵攻之。難當降魏。　八月,魏發兵通莎泉道。　九月,楊難當退出上邽,魏兵罷。　閏十一月(不合),宋更鑄渾儀,以水轉之,昏明中星,與天相應。柔然擾魏邊。

南北朝紀年

干支丁丑　公元 437 年

朝代或國名	國家支配者	建都	廟號	謚號	建元	年號年次	輔政者	備注
宋	③劉義隆	建康	太祖	文	1	元嘉 14 年		
北魏	③拓跋燾	平城	世祖	太武	6	4 太延 3 年		
北涼	③沮渠牧犍(茂虔)	姑臧		哀王	1	永(承)和 5 年		盧水胡人
	[程道養]				1	[泰始]6 年		四月亡
大秦	⑬楊難當				1	建義 2 年		
	[趙廣]	益州				6 年		一說是年亡
柔然	④吳提					8 年		
吐谷渾	⑪慕利延					元年		青海

月　曆　表(建寅)

5150—354—1881077

月干支序數	月序＼星期	日	1	2	3	4	5	6	日	1	2	3	4	5	6	日	1	2	3	4	5	6	日	1	2	3	4	5	6	日	1	2	3	4	5	6	日	月末陽曆
39	正	⑭	2	3	4	5	6	7	8	9	10	11	12	13	14	15	16	17	18	19	20	21	22	23	24	25	26	27	28	29	30							3.22
40	二			㊹	2	3	4	5	6	7	8	9	10	11	12	13	14	15	16	17	18	19	20	21	22	23	24	25	26	27	28	29						4.20
41	三				⑬	2	3	4	5	6	7	8	9	10	11	12	13	14	15	16	17	18	19	20	21	22	23	24	25	26	27	28	29	30				5.20
42	四						㊸	2	3	4	5	6	7	8	9	10	11	12	13	14	15	16	17	18	19	20	21	22	23	24	25	26	27	28	29			6.18
43	五							⑫	2	3	4	5	6	7	8	9	10	11	12	13	14	15	16	17	18	19	20	21	22	23	24	25	26	27	28	29	30	7.18
44	六		㊷	2	3	4	5	6	7	8	9	10	11	12	13	14	15	16	17	18	19	20	21	22	23	24	25	26	27	28	29							8.16
45	七			⑪	2	3	4	5	6	7	8	9	10	11	12	13	14	15	16	17	18	19	20	21	22	23	24	25	26	27	28	29	30					9.15
46	八					㊶	2	3	4	5	6	7	8	9	10	11	12	13	14	15	16	17	18	19	20	21	22	23	24	25	26	27	28	29				10.14
47	九						⑩	2	3	4	5	6	7	8	9	10	11	12	13	14	15	16	17	18	19	20	21	22	23	24	25	26	27	28	29	30		11.13
48	十	㊵	2	3	4	5	6	7	8	9	10	11	12	13	14	15	16	17	18	19	20	21	22	23	24	25	26	27	28	29								12.12
49	十一		⑨	2	3	4	5	6	7	8	9	10	11	12	13	14	15	16	17	18	19	20	21	22	23	24	25	26	27	28	29	30						1.11
50	十二				㊴	2	3	4	5	6	7	8	9	10	11	12	13	14	15	16	17	18	19	20	21	22	23	24	25	26	27	28	29					2.9

大事記

三月,宋遣使於魏。　四月,程道養為部下所殺,益州平。　五月,魏令吏民得告守令。　七月,魏滅稽胡白龍餘黨。　九月,魏封吐谷渾王慕利延為西平王。　十一月,魏遣使招誘西域烏孫、破落那、者舌等十六國,皆遣使奉魏。北涼沮渠牧犍獻於魏,又獻於宋,獻雜書及甲寅元曆,并求雜書。訶羅單獻於宋。

南北朝紀年

干支戊寅　公元 438 年

朝代或國名	國家支配者	建都	廟號	謚號	建元	年號年次	輔政者	備注
宋	③劉義隆	建康	太祖	文	1	元嘉 15 年		
北魏	③拓跋燾	平城	世祖	太武	6	4 太延 4 年		
北凉	③沮渠牧犍(茂虔)	姑臧		哀王	1	永(承)和 6 年		盧水胡人
大秦	⑬楊難當				1	建義 3 年		
	[趙廣]	益州				7 年		
柔然	④吴提					9 年		
吐谷渾	⑪慕利延					2 年		青海

月　曆　表(建寅)

5151—355—1881432

月干支序數	星期 / 月序	日	1	2	3	4	5	6	日	1	2	3	4	5	6	日	1	2	3	4	5	6	日	1	2	3	4	5	6	日	1	2	3	4	5	6	日	月末陽曆
51	正					⑧	2	3	4	5	6	7	8	9	10	11	12	13	14	15	16	17	18	19	20	21	22	23	24	25	26	27	28	29	30			3.11
52	二							㊳	2	3	4	5	6	7	8	9	10	11	12	13	14	15	16	17	18	19	20	21	22	23	24	25	26	27	28	29	30	4.10
53	三		⑧	2	3	4	5	6	7	8	9	10	11	12	13	14	15	16	17	18	19	20	21	22	23	24	25	26	27	28	29							5.9
54	四			㊲	2	3	4	5	6	7	8	9	10	11	12	13	14	15	16	17	18	19	20	21	22	23	24	25	26	27	28	29	30					6.8
55	五					⑦	2	3	4	5	6	7	8	9	10	11	12	13	14	15	16	17	18	19	20	21	22	23	24	25	26	27	28	29				7.7
56	六						㊱	2	3	4	5	6	7	8	9	10	11	12	13	14	15	16	17	18	19	20	21	22	23	24	25	26	27	28	29	30		8.6
57	七	⑥	2	3	4	5	6	7	8	9	10	11	12	13	14	15	16	17	18	19	20	21	22	23	24	25	26	27	28	29								9.4
58	八		㉟	2	3	4	5	6	7	8	9	10	11	12	13	14	15	16	17	18	19	20	21	22	23	24	25	26	27	28	29	30						10.4
59	九				⑤	2	3	4	5	6	7	8	9	10	11	12	13	14	15	16	17	18	19	20	21	22	23	24	25	26	27	28	29					11.2
60	十					㉞	2	3	4	5	6	7	8	9	10	11	12	13	14	15	16	17	18	19	20	21	22	23	24	25	26	27	28	29	30			12.2
1	十一							④	2	3	4	5	6	7	8	9	10	11	12	13	14	15	16	17	18	19	20	21	22	23	24	25	26	27	28	29		12.31
2	十二	㉝	2	3	4	5	6	7	8	9	10	11	12	13	14	15	16	17	18	19	20	21	22	23	24	25	26	27	28	29	30							1.30

大事記

二月,吐谷渾獻於宋。　三月,魏罷沙門年五十以下者俾從征役。北燕馮弘遣使請迎於宋,高句麗殺弘,北燕亡。宋使迎馮弘者擅殺高句麗將吏,高句麗執送於宋。　四月,倭國王珍遣使獻於宋,以為安東將軍。　七月,魏大舉攻柔然,無功而還,人馬多死。　十二月,宋立儒、玄、史、文四學。　是歲,扶南、林邑獻於宋。

南北朝紀年

干支己卯　公元 439 年

朝代或國名	國家支配者	建都	廟號	謚號	建元	年號年次	輔政者	備注
宋	③劉義隆	建康	太祖	文	1	元嘉 16 年		
北魏	③拓跋燾	平城	世祖	太武	6	4 太延 5 年		
北凉	③沮渠牧犍(茂虔)	姑臧		哀王	1	永(承)和 7 年		九月降於北魏
大秦	⑬楊難當				1	建義 4 年		
	[趙廣]	益州				8 年		
柔然	④吴提					10 年		
吐谷渾	⑪慕利延					3 年		青海

月　曆　表(建　寅)　　5152—384—1881816

月干支序數	月序＼星期	日	1	2	3	4	5	6	日	1	2	3	4	5	6	日	1	2	3	4	5	6	日	1	2	3	4	5	6	日	1	2	3	4	5	6	日	月末陽曆
3	正			③	2	3	4	5	6	7	8	9	10	11	12	13	14	15	16	17	18	19	20	21	22	23	24	25	26	27	28	29						2.28
4	二				㉜	2	3	4	5	6	7	8	9	10	11	12	13	14	15	16	17	18	19	20	21	22	23	24	25	26	27	28	29	30				3.30
5	三						②	2	3	4	5	6	7	8	9	10	11	12	13	14	15	16	17	18	19	20	21	22	23	24	25	26	27	28	29			4.28
6	四							㉛	2	3	4	5	6	7	8	9	10	11	12	13	14	15	16	17	18	19	20	21	22	23	24	25	26	27	28	29	30	5.28
7	五		①	2	3	4	5	6	7	8	9	10	11	12	13	14	15	16	17	18	19	20	21	22	23	24	25	26	27	28	29	30						6.27
8	六				㉛	2	3	4	5	6	7	8	9	10	11	12	13	14	15	16	17	18	19	20	21	22	23	24	25	26	27	28	29					7.26
9	七					㊿	2	3	4	5	6	7	8	9	10	11	12	13	14	15	16	17	18	19	20	21	22	23	24	25	26	27	28	29	30			8.25
10	八							㉚	2	3	4	5	6	7	8	9	10	11	12	13	14	15	16	17	18	19	20	21	22	23	24	25	26	27	28	29		9.23
11	九	㊾	2	3	4	5	6	7	8	9	10	11	12	13	14	15	16	17	18	19	20	21	22	23	24	25	26	27	28	29	30							10.23
	閏			㉙	2	3	4	5	6	7	8	9	10	11	12	13	14	15	16	17	18	19	20	21	22	23	24	25	26	27	28	29						11.21
12	十				㊽	2	3	4	5	6	7	8	9	10	11	12	13	14	15	16	17	18	19	20	21	22	23	24	25	26	27	28	29	30				12.21
13	十一						㉘	2	3	4	5	6	7	8	9	10	11	12	13	14	15	16	17	18	19	20	21	22	23	24	25	26	27	28	29			1.19
14	十二							㊼	2	3	4	5	6	7	8	9	10	11	12	13	14	15	16	17	18	19	20	21	22	23	24	25	26	27	28	29	30	2.18

大事記

三月,魏攻宋上洛。仇池氐楊保宗等奔魏,封武都王。　六月,魏主伐北涼。宋改封隴西王吐谷渾慕利延為河南王。柔然擾魏,敗還。　九月,魏兵至姑臧,沮渠牧犍降;北涼亡。支屬沮渠無諱等據地大擾。至此,北方統一,成南北朝對立局面。　十月,魏徙沮渠牧犍宗族及吏民三萬戶於平城。禿髮保周率鮮卑據張掖。魏除田禁,以賦百姓。仇池氐王楊難當攻魏上邽,敗還。宋蜀郡趙廣等復謀起事,被殺。　十二月,魏令崔浩、高允修國史。

是歲,宋劉秀之復襄陽六門堰。魏使畿內民人牛力相貿功。林邑、高句麗遣使獻於宋。

南北朝紀年　　干支庚辰　公元 440 年

朝代或國名	國家支配者	建都	廟號	謚號	建元	年號年次	輔政者	備注
宋	③劉義隆	建康	太祖	文	1	元嘉 17 年		
北魏	③拓跋燾	平城	世祖	太武	6	5 太平真君元年		六月丁丑改元
大秦	⑬楊難當				1	1 建義 5 年		
柔然	④吴提					11 年		
吐谷渾	⑪慕利延					4 年		青海

月　曆　表(建　寅)　　5153—354—1882170

月干支序數	月序＼星期	日	1	2	3	4	5	6	日	1	2	3	4	5	6	日	1	2	3	4	5	6	日	1	2	3	4	5	6	日	1	2	3	4	5	6	日	月末陽曆
15	正		㉗	2	3	4	5	6	7	8	9	10	11	12	13	14	15	16	17	18	19	20	21	22	23	24	25	26	27	28	29							3.18
16	二			㊻	2	3	4	5	6	7	8	9	10	11	12	13	14	15	16	17	18	19	20	21	22	23	24	25	26	27	28	29	30					4.17
17	三					㉖	2	3	4	5	6	7	8	9	10	11	12	13	14	15	16	17	18	19	20	21	22	23	24	25	26	27	28	29				5.16
18	四						㊺	2	3	4	5	6	7	8	9	10	11	12	13	14	15	16	17	18	19	20	21	22	23	24	25	26	27	28	29	30		6.15
19	五	㉕	2	3	4	5	6	7	8	9	10	11	12	13	14	15	16	17	18	19	20	21	22	23	24	25	26	27	28	29								7.14
20	六		㊹	2	3	4	5	6	7	8	9	10	11	12	13	14	15	16	17	18	19	20	21	22	23	24	25	26	27	28	29	30						8.13
21	七				㉔	2	3	4	5	6	7	8	9	10	11	12	13	14	15	16	17	18	19	20	21	22	23	24	25	26	27	28	29					9.11

續表

月干支序數	星期／月序	日	1	2	3	4	5	6	日	1	2	3	4	5	6	日	1	2	3	4	5	6	日	1	2	3	4	5	6	日	1	2	3	4	5	6	日	月末陽曆
22	八					(53)	2	3	4	5	6	7	8	9	10	11	12	13	14	15	16	17	18	19	20	21	22	23	24	25	26	27	28	29	30			10.11
23	九							㉓	2	3	4	5	6	7	8	9	10	11	12	13	14	15	16	17	18	19	20	21	22	23	24	25	26	27	28	29	30	11.10
24	十		(53)	2	3	4	5	6	7	8	9	10	11	12	13	14	15	16	17	18	19	20	21	22	23	24	25	26	27	28	29							12.9
25	十一			㉒	2	3	4	5	6	7	8	9	10	11	12	13	14	15	16	17	18	19	20	21	22	23	24	25	26	27	28	29	30					1.8
26	十二					(52)	2	3	4	5	6	7	8	9	10	11	12	13	14	15	16	17	18	19	20	21	22	23	24	25	26	27	28	29				2.6

魏崔浩編成《五寅元曆》。

大事記

二月，魏遣使聘於宋。　三月，沮渠無諱陷酒泉。　六月，寇謙之稱老君復降，授魏主以太平真君之號，魏因是改元。　七月，禿髮保周為魏兵所敗，自殺。　八月，沮渠無諱降魏，涼州平。宋青、兗、徐、冀大水。

是歲，仇池氐王楊難當去大秦王號，復稱武都王。百濟國獻於宋。魏州郡十五民饑。

南北朝紀年　　干支辛巳　公元441年

朝代或國名	國家支配者	建　都	廟號	謚號	建元	年號年次	輔政者	備　注
宋	③劉義隆	建康	太祖	文	1	元嘉18年		
北魏	③拓跋燾	平城	世祖	太武	6	5 太平真君 2年		
大秦	⑬楊難當				1	1 建義 6年		
柔然	④吳提					12年		
吐谷渾	⑪慕利延					5年		青海

月　曆　表（建寅）　　5154—354—1882524

月干支序數	星期／月序	日	1	2	3	4	5	6	日	1	2	3	4	5	6	日	1	2	3	4	5	6	日	1	2	3	4	5	6	日	1	2	3	4	5	6	日	月末陽曆
27	正						㉑	2	3	4	5	6	7	8	9	10	11	12	13	14	15	16	17	18	19	20	21	22	23	24	25	26	27	28	29	30		3.8
28	二	(51)	2	3	4	5	6	7	8	9	10	11	12	13	14	15	16	17	18	19	20	21	22	23	24	25	26	27	28	29								4.6
29	三		⑳	2	3	4	5	6	7	8	9	10	11	12	13	14	15	16	17	18	19	20	21	22	23	24	25	26	27	28	29	30						5.6
30	四				㊿	2	3	4	5	6	7	8	9	10	11	12	13	14	15	16	17	18	19	20	21	22	23	24	25	26	27	28	29					6.4
31	五					⑲	2	3	4	5	6	7	8	9	10	11	12	13	14	15	16	17	18	19	20	21	22	23	24	25	26	27	28	29	30			7.4
32	六							㊾	2	3	4	5	6	7	8	9	10	11	12	13	14	15	16	17	18	19	20	21	22	23	24	25	26	27	28	29		8.2
33	七	⑱	2	3	4	5	6	7	8	9	10	11	12	13	14	15	16	17	18	19	20	21	22	23	24	25	26	27	28	29	30							9.1
34	八			㊽	2	3	4	5	6	7	8	9	10	11	12	13	14	15	16	17	18	19	20	21	22	23	24	25	26	27	28	29						9.30
35	九				⑰	2	3	4	5	6	7	8	9	10	11	12	13	14	15	16	17	18	19	20	21	22	23	24	25	26	27	28	29	30				10.30
36	十						㊼	2	3	4	5	6	7	8	9	10	11	12	13	14	15	16	17	18	19	20	21	22	23	24	25	26	27	28	29			11.28
37	十一							⑯	2	3	4	5	6	7	8	9	10	11	12	13	14	15	16	17	18	19	20	21	22	23	24	25	26	27	28	29	30	12.28
38	十二		㊻	2	3	4	5	6	7	8	9	10	11	12	13	14	15	16	17	18	19	20	21	22	23	24	25	26	27	28	29							1.26

大事記

正月，魏以沮渠無諱為酒泉王，沮渠萬年為張掖王。宋以劉義康都督江、交、廣三州軍事。四月，魏遣使聘於宋。魏遣兵圍酒泉。　十一月，魏拔酒泉，沮渠無諱遁保鄯善東城。仇池氐王楊難當侵擾宋蜀地。十二月，宋晉寧太守爨松子起事，未幾敗。天門蠻田向求等起事，破漊中，宋兵敗之。　是歲，肅特、高句麗、蘇靡黎、林邑等國獻於宋。

南北朝紀年

干支壬午　公元 442 年

朝代或國名	國家支配者	建　都	廟號	謚號	建元	年號年次	輔政者	備　　注
宋	③劉義隆	建康	太祖	文	1	元嘉 19 年		
北魏	③拓跋燾	平城	世祖	太武	6	5 太平真君 3 年		
大秦	⑬楊難當				1	建義 7 年		閏五月敗于宋
仇池氏	⑭楊保熾	仇池				建義 7 年		甘肅
柔然	④吴提					13 年		
吐谷渾	⑪慕利延					6 年		青海

月　曆　表（建寅）

5155－384－1882908

月干支序數	星期 月序	日	1	2	3	4	5	6	日	1	2	3	4	5	6	日	1	2	3	4	5	6	日	1	2	3	4	5	6	日	1	2	3	4	5	6	日	月末陽曆
39	正			⑮	2	3	4	5	6	7	8	9	10	11	12	13	14	15	16	17	18	19	20	21	22	23	24	25	26	27	28	29	30					2.25
40	二					㊺	2	3	4	5	6	7	8	9	10	11	12	13	14	15	16	17	18	19	20	21	22	23	24	25	26	27	28	29	30			3.27
41	三							⑮	2	3	4	5	6	7	8	9	10	11	12	13	14	15	16	17	18	19	20	21	22	23	24	25	26	27	28	29		4.25
42	四	㊹	2	3	4	5	6	7	8	9	10	11	12	13	14	15	16	17	18	19	20	21	22	23	24	25	26	27	28	29	30							5.25
43	五			⑭	2	3	4	5	6	7	8	9	10	11	12	13	14	15	16	17	18	19	20	21	22	23	24	25	26	27	28	29						6.23
	閏				㊸	2	3	4	5	6	7	8	9	10	11	12	13	14	15	16	17	18	19	20	21	22	23	24	25	26	27	28	29	30				7.23
44	六						⑬	2	3	4	5	6	7	8	9	10	11	12	13	14	15	16	17	18	19	20	21	22	23	24	25	26	27	28	29			8.21
45	七							㊷	2	3	4	5	6	7	8	9	10	11	12	13	14	15	16	17	18	19	20	21	22	23	24	25	26	27	28	29	30	9.20
46	八		⑫	2	3	4	5	6	7	8	9	10	11	12	13	14	15	16	17	18	19	20	21	22	23	24	25	26	27	28	29							10.19
47	九			㊶	2	3	4	5	6	7	8	9	10	11	12	13	14	15	16	17	18	19	20	21	22	23	24	25	26	27	28	29	30					11.18
48	十					⑪	2	3	4	5	6	7	8	9	10	11	12	13	14	15	16	17	18	19	20	21	22	23	24	25	26	27	28	29				12.17
49	十一						㊵	2	3	4	5	6	7	8	9	10	11	12	13	14	15	16	17	18	19	20	21	22	23	24	25	26	27	28	29	30		1.16
50	十二	⑩	2	3	4	5	6	7	8	9	10	11	12	13	14	15	16	17	18	19	20	21	22	23	24	25	26	27	28	29								2.14

大事記

正月，宋詔興國子學。魏帝始詣道壇受符籙，自是傳為永制。　四月，沮渠無諱據鄯善，鄯善王奔且末。李寶自伊吾據敦煌。　五月，宋攻佔仇池，楊難當奔魏。魏分道伐宋。　九月，沮渠無諱屠高昌，闞爽奔柔然。無諱遣使於宋，拜涼州刺史、河西王。　十月，宋修魯郡孔子廟、孔子墓及學舍。李寶稱藩於魏，拜沙州牧，敦煌公，四品以下聽承制假授。雍州蠻大動，宋將沈慶之擊之，殺虜萬於人。　是歲，婆黄國獻於宋。

南北朝紀年

干支癸未　公元 443 年

朝代或國名	國家支配者	建　都	廟號	謚號	建元	年號年次	輔政者	備　　注
宋	③劉義隆	建康	太祖	文	1	元嘉 20 年		
北魏	③拓跋燾	平城	世祖	太武	6	5 太平真君 4 年		
北涼	④沮渠無諱	高昌			1	承平元年		復國
仇池氏	⑭楊保熾	仇池				2 年		四月被誘殺
	⑮楊文德	自崖				元年		四川
柔然	④吴提					14 年		
吐谷渾	⑪慕利延					7 年		青海

月　曆　表（建　寅）　5156－355－1883263

月干支序數	星期 月序	日	1	2	3	4	5	6	日	1	2	3	4	5	6	日	1	2	3	4	5	6	日	1	2	3	4	5	6	日	1	2	3	4	5	6	日	月末陽曆
51	正		㊴	2	3	4	5	6	7	8	9	10	11	12	13	14	15	16	17	18	19	20	21	22	23	24	25	26	27	28	29	30						3.16
52	二				⑨	2	3	4	5	6	7	8	9	10	11	12	13	14	15	16	17	18	19	20	21	22	23	24	25	26	27	28	29					4.14
53	三					㊳	2	3	4	5	6	7	8	9	10	11	12	13	14	15	16	17	18	19	20	21	22	23	24	25	26	27	28	29	30			5.14
54	四							⑧	2	3	4	5	6	7	8	9	10	11	12	13	14	15	16	17	18	19	20	21	22	23	24	25	26	27	28	29	30	6.13
55	五		㊳	2	3	4	5	6	7	8	9	10	11	12	13	14	15	16	17	18	19	20	21	22	23	24	25	26	27	28	29							7.12
56	六			⑦	2	3	4	5	6	7	8	9	10	11	12	13	14	15	16	17	18	19	20	21	22	23	24	25	26	27	28	29	30					8.11
57	七					㊲	2	3	4	5	6	7	8	9	10	11	12	13	14	15	16	17	18	19	20	21	22	23	24	25	26	27	28	29				9.9
58	八						⑥	2	3	4	5	6	7	8	9	10	11	12	13	14	15	16	17	18	19	20	21	22	23	24	25	26	27	28	29	30		10.9
59	九	㊱	2	3	4	5	6	7	8	9	10	11	12	13	14	15	16	17	18	19	20	21	22	23	24	25	26	27	28	29								11.7
60	十		⑤	2	3	4	5	6	7	8	9	10	11	12	13	14	15	16	17	18	19	20	21	22	23	24	25	26	27	28	29	30						12.7
1	十一				㉟	2	3	4	5	6	7	8	9	10	11	12	13	14	15	16	17	18	19	20	21	22	23	24	25	26	27	28	29					1.5
2	十二					④	2	3	4	5	6	7	8	9	10	11	12	13	14	15	16	17	18	19	20	21	22	23	24	25	26	27	28	29	30			2.4

（宋）何承天編成《元嘉曆》（宋書曆誌）。

大事記

正月，宋軍屢敗於魏。　二月，宋失仇池。宋詔有司盡力勸農，考核勤惰。　三月，烏洛侯國遣使通於魏。　四月，氐帥楊文德起兵圍仇池，自號秦、河、梁三州牧、仇池公；魏師攻之，文德請援於宋，宋拜文德北秦州刺史、武都王。　六月，魏詔勸農桑。　九月，魏大發兵襲柔然，無功而還。　十一月，宋救楊文德，敗。　是歲，河西、高麗、百濟及倭國王濟并遣使獻於宋。

南北朝紀年　干支甲申　公元 444 年

朝代或國名	國家支配者	建都	廟號	謚號	建元	年號年次	輔政者	備注
宋	③劉義隆	建康	太祖	文	1	元嘉 21 年		
北魏	③拓跋燾	平城	世祖	太武	6	5 太平真君 5 年		
北凉	⑤沮渠安周	高昌			1	承平 2 年		
仇池氐	⑮楊文德	自岸				2 年		四川
柔然	④吴提					15 年		九月卒
吐谷渾	⑪慕利延					8 年		青海

月　曆　表（建　寅）　5157－354－1883617

月干支序數	星期 月序	日	1	2	3	4	5	6	日	1	2	3	4	5	6	日	1	2	3	4	5	6	日	1	2	3	4	5	6	日	1	2	3	4	5	6	日	月末陽曆
3	正							㉞	2	3	4	5	6	7	8	9	10	11	12	13	14	15	16	17	18	19	20	21	22	23	24	25	26	27	28	29		3.4
4	二	③	2	3	4	5	6	7	8	9	10	11	12	13	14	15	16	17	18	19	20	21	22	23	24	25	26	27	28	29	30							4.3
5	三			㉝	2	3	4	5	6	7	8	9	10	11	12	13	14	15	16	17	18	19	20	21	22	23	24	25	26	27	28	29						5.2
6	四				②	2	3	4	5	6	7	8	9	10	11	12	13	14	15	16	17	18	19	20	21	22	23	24	25	26	27	28	29	30				6.1
7	五						㉜	2	3	4	5	6	7	8	9	10	11	12	13	14	15	16	17	18	19	20	21	22	23	24	25	26	27	28	29			6.30
8	六							①	2	3	4	5	6	7	8	9	10	11	12	13	14	15	16	17	18	19	20	21	22	23	24	25	26	27	28	29	30	7.30
9	七		㉛	2	3	4	5	6	7	8	9	10	11	12	13	14	15	16	17	18	19	20	21	22	23	24	25	26	27	28	29							8.28
10	八			㊿	2	3	4	5	6	7	8	9	10	11	12	13	14	15	16	17	18	19	20	21	22	23	24	25	26	27	28	29	30					9.27

續表

月干支序數	星期/月序	日	1	2	3	4	5	6	日	1	2	3	4	5	6	日	1	2	3	4	5	6	日	1	2	3	4	5	6	日	1	2	3	4	5	6	日	月末陽曆
11	九					㉚	2	3	4	5	6	7	8	9	10	11	12	13	14	15	16	17	18	19	20	21	22	23	24	25	26	27	28	29	30			10.27
12	十							(60)	2	3	4	5	6	7	8	9	10	11	12	13	14	15	16	17	18	19	20	21	22	23	24	25	26	27	28	29		11.25
13	十一	㉙	2	3	4	5	6	7	8	9	10	11	12	13	14	15	16	17	18	19	20	21	22	23	24	25	26	27	28	29	30							12.25
14	十二			(59)	2	3	4	5	6	7	8	9	10	11	12	13	14	15	16	17	18	19	20	21	22	23	24	25	26	27	28	29						1.23

大事記

正月，魏以上谷苑囿大半給貧民耕種。魏太子晃課民稼穡，墾田大增。魏禁王公庶人私養沙門、巫覡。魏詔王公卿仕子弟入太學，工商子弟傳世業，不得私立學校。　　六月，魏北部民五千餘落殺官北走，遣兵遮回，徙於冀、相、定三州為營戶。吐谷渾王慕利延殺兄子緯世，緯世弟叱力延等奔魏。沮渠無諱卒，弟安周嗣。　　七月，宋詔徐、兗、豫及揚州、浙江西屬郡悉令種麥。　　八月，魏遣使聘於宋。　　九月，宋以沮渠安周為涼州刺史、河西王。柔然敕連可汗卒，子處羅可汗立。魏助叱力延擊吐谷渾，斬五千餘級，降萬三千餘落。　　是歲，李寶入朝於魏，被留。宋諸州水旱傷稼，民大饑。劉義慶卒(403—444)。

南北朝紀年

干支乙酉　公元445年

朝代或國名	國家支配者	建都	廟號	謚號	建元	年號年次	輔政者	備注
宋	③劉義隆	建康	太祖	文	1	元嘉22年		
北魏	③拓跋燾	平城	世祖	太武	6	5太平真君6年		
北涼	⑤沮渠安周	高昌			1	承平3年		
	[蓋吳]					1年		陝西
仇池氏	⑮楊文德	自崖				3年		四川
柔然	⑤吐賀真					元年		
吐谷渾	⑪慕利延					9年		兵敗奔于闐

月曆表(建寅)

5158—384—1884001

月干支序數	星期/月序	日	1	2	3	4	5	6	日	1	2	3	4	5	6	日	1	2	3	4	5	6	日	1	2	3	4	5	6	日	1	2	3	4	5	6	日	月末陽曆
15	正				㉘	2	3	4	5	6	7	8	9	10	11	12	13	14	15	16	17	18	19	20	21	22	23	24	25	26	27	28	29	30					2.22
16	二						(58)	2	3	4	5	6	7	8	9	10	11	12	13	14	15	16	17	18	19	20	21	22	23	24	25	26	27	28	29			3.23
17	三							㉗	2	3	4	5	6	7	8	9	10	11	12	13	14	15	16	17	18	19	20	21	22	23	24	25	26	27	28	29	30	4.22
18	四		(57)	2	3	4	5	6	7	8	9	10	11	12	13	14	15	16	17	18	19	20	21	22	23	24	25	26	27	28	29							5.21
19	五			㉖	2	3	4	5	6	7	8	9	10	11	12	13	14	15	16	17	18	19	20	21	22	23	24	25	26	27	28	29	30					6.20
	閏					(56)	2	3	4	5	6	7	8	9	10	11	12	13	14	15	16	17	18	19	20	21	22	23	24	25	26	27	28	29				7.19
20	六						㉕	2	3	4	5	6	7	8	9	10	11	12	13	14	15	16	17	18	19	20	21	22	23	24	25	26	27	28	29	30		8.18
21	七	(55)	2	3	4	5	6	7	8	9	10	11	12	13	14	15	16	17	18	19	20	21	22	23	24	25	26	27	28	29								9.16
22	八		㉔	2	3	4	5	6	7	8	9	10	11	12	13	14	15	16	17	18	19	20	21	22	23	24	25	26	27	28	29	30						10.16
23	九				(54)	2	3	4	5	6	7	8	9	10	11	12	13	14	15	16	17	18	19	20	21	22	23	24	25	26	27	28	29					11.14
24	十					㉓	2	3	4	5	6	7	8	9	10	11	12	13	14	15	16	17	18	19	20	21	22	23	24	25	26	27	28	29	30			12.14
25	十一							(53)	2	3	4	5	6	7	8	9	10	11	12	13	14	15	16	17	18	19	20	21	22	23	24	25	26	27	28	29		1.12
26	十二	㉒	2	3	4	5	6	7	8	9	10	11	12	13	14	15	16	17	18	19	20	21	22	23	24	25	26	27	28	29	30							2.11

宋始用《元嘉曆》，魏仍用《景初曆》：閏正月辛酉、二月庚寅、三月庚申、四月己丑、五月己未。

大事記

正月朔，宋頒行何承天所上元嘉新曆。魏遣使聘於宋。　二月，魏分徙起事之胡人於各郡。　四月，魏再攻吐谷渾，又發涼州兵擊鄯善。　七月，宋將沈慶之、柳元景大破襄、沔諸蠻，獲十萬餘口，徙萬口於建康。　八月，魏入鄯善，降其王。魏徙諸種雜民五千餘家於北邊。吐谷渾王慕利延為魏所逼，西走，殺于闐王據其地。　九月，魏盧水胡蓋吳起兵杏城，稱天臺王，通使於宋，關中大亂。　十月，魏發兵及敕勒騎擊蓋吳。　十一月，河東蜀人薛永宗襲聞喜以應蓋吳。魏掠宋淮、泗以北，徙青、徐民實河北。魏太武帝自率衆攻蓋吳。　十二月，范曄被殺(398—445)。

南北朝紀年

干支丙戌　公元 446 年

朝代或國名	國家支配者	建都	廟號	謚號	建元	年號年次	輔政者	備注
宋	③劉義隆	建康	太祖	文	1	元嘉 23 年		
北魏	③拓跋燾	平城	世祖	太武	6	5 太平真君 7 年		
北涼	⑤沮渠安周	高昌			1	承平 4 年		
	[蓋吳]					2 年		陜西
仇池氐	⑮楊文德	自崖				4 年		四川
柔然	⑤吐賀真					2 年		
吐谷渾	⑪慕利延					10 年		復歸故土

月曆表(建寅)

5159—354—1884355

月干支序數	星期／月序	日	1	2	3	4	5	6	日	1	2	3	4	5	6	日	1	2	3	4	5	6	日	1	2	3	4	5	6	日	1	2	3	4	5	6	日	月末陽曆
27	正			(52)	2	3	4	5	6	7	8	9	10	11	12	13	14	15	16	17	18	19	20	21	22	23	24	25	26	27	28	29	30					3.13
28	二					㉒	2	3	4	5	6	7	8	9	10	11	12	13	14	15	16	17	18	19	20	21	22	23	24	25	26	27	28	29				4.11
29	三						(51)	2	3	4	5	6	7	8	9	10	11	12	13	14	15	16	17	18	19	20	21	22	23	24	25	26	27	28	29	30		5.11
30	四	㉑	2	3	4	5	6	7	8	9	10	11	12	13	14	15	16	17	18	19	20	21	22	23	24	25	26	27	28	29								6.9
31	五		㊿	2	3	4	5	6	7	8	9	10	11	12	13	14	15	16	17	18	19	20	21	22	23	24	25	26	27	28	29	30						7.9
32	六				⑳	2	3	4	5	6	7	8	9	10	11	12	13	14	15	16	17	18	19	20	21	22	23	24	25	26	27	28	29					8.7
33	七					㊾	2	3	4	5	6	7	8	9	10	11	12	13	14	15	16	17	18	19	20	21	22	23	24	25	26	27	28	29	30			9.6
34	八							⑲	2	3	4	5	6	7	8	9	10	11	12	13	14	15	16	17	18	19	20	21	22	23	24	25	26	27	28	29		10.5
35	九	㊽	2	3	4	5	6	7	8	9	10	11	12	13	14	15	16	17	18	19	20	21	22	23	24	25	26	27	28	29	30							11.4
36	十			⑱	2	3	4	5	6	7	8	9	10	11	12	13	14	15	16	17	18	19	20	21	22	23	24	25	26	27	28	29						12.3
37	十一				㊼	2	3	4	5	6	7	8	9	10	11	12	13	14	15	16	17	18	19	20	21	22	23	24	25	26	27	28	29	30				1.2
38	十二						⑰	2	3	4	5	6	7	8	9	10	11	12	13	14	15	16	17	18	19	20	21	22	23	24	25	26	27	28	29			1.31

大事記

正月，薛永宗敗死。其族人薛安都奔宋。　二月，魏大破蓋吳於杏城，蓋吳復求援於宋，宋以蓋吳為雍州刺史、北地公，屯兵北境以為聲援。宋交州刺史檀和之部將宗慤破林邑兵。魏帝用崔浩言，毀佛寺，坑沙門，焚經像。魏攻宋青、冀、兗三州，大殺掠。魏金城邊固、天水梁會等據上邽起事，氐、羌、屠各胡紛起應之，固尋敗死。　五月，梁會兵潰。略陽王元達起事，據松多川，不久亦敗。蓋吳復振，自號秦地王。檀和之、宗慤等入林邑，其王范陽邁逃走。　六月，魏發兵十萬人築塞圍，起上谷至河，廣縱千里。　八月，蓋吳敗死，餘黨悉散。魏安定盧水胡劉超等起事，尋敗死。宋揭陽民起事，史稱"赭賊"，攻建安郡，焚城府。　九月，宋帝幸國子學，試諸生。　是歲，吐谷渾王慕利延復還舊土。

月 曆 表(建 寅) 5161—384—1885094

月干支序數	月序 \ 星期	日	1	2	3	4	5	6	日	1	2	3	4	5	6	日	1	2	3	4	5	6	日	1	2	3	4	5	6	日	1	2	3	4	5	6	日	月末陽曆
51	正					㊶	2	3	4	5	6	7	8	9	10	11	12	13	14	15	16	17	18	19	20	21	22	23	24	25	26	27	28	29				2.19
52	二						⑩	2	3	4	5	6	7	8	9	10	11	12	13	14	15	16	17	18	19	20	21	22	23	24	25	26	27	28	29	30		3.20
	閏	㊵	2	3	4	5	6	7	8	9	10	11	12	13	14	15	16	17	18	19	20	21	22	23	24	25	26	27	28	29								4.18
53	三		⑨	2	3	4	5	6	7	8	9	10	11	12	13	14	15	16	17	18	19	20	21	22	23	24	25	26	27	28	29	30						5.18
54	四				㊴	2	3	4	5	6	7	8	9	10	11	12	13	14	15	16	17	18	19	20	21	22	23	24	25	26	27	28	29					6.16
55	五					⑧	2	3	4	5	6	7	8	9	10	11	12	13	14	15	16	17	18	19	20	21	22	23	24	25	26	27	28	29	30			7.16
56	六							㊳	2	3	4	5	6	7	8	9	10	11	12	13	14	15	16	17	18	19	20	21	22	23	24	25	26	27	28	29		8.14
57	七	⑦	2	3	4	5	6	7	8	9	10	11	12	13	14	15	16	17	18	19	20	21	22	23	24	25	26	27	28	29	30							9.13
58	八			㊲	2	3	4	5	6	7	8	9	10	11	12	13	14	15	16	17	18	19	20	21	22	23	24	25	26	27	28	29	30					10.13
59	九					⑦	2	3	4	5	6	7	8	9	10	11	12	13	14	15	16	17	18	19	20	21	22	23	24	25	26	27	28	29				11.11
60	十						㊱	2	3	4	5	6	7	8	9	10	11	12	13	14	15	16	17	18	19	20	21	22	23	24	25	26	27	28	29	30		12.11
1	十一	⑥	2	3	4	5	6	7	8	9	10	11	12	13	14	15	16	17	18	19	20	21	22	23	24	25	26	27	28	29								1.9
2	十二		㉟	2	3	4	5	6	7	8	9	10	11	12	13	14	15	16	17	18	19	20	21	22	23	24	25	26	27	28	29	30						2.8

魏正月癸酉、二月癸卯。

大事記

正月，氐王楊文德為魏所破，奔漢中。　二月，魏殺潞縣民二千餘家，徙離石民五千餘家於平城。　五月，魏以韓拔為鄯善王，賦其民如郡縣。宋鑄當二大錢。　八月，悦般約魏夾攻柔然。　九月，魏破焉耆，其王鳩尸卑那奔龜兹。　十二月，魏擊龜兹。魏攻柔然，無功而還。　是年，寇謙之卒(363—448)。

南北朝紀年　干支己丑　公元 449 年

朝代或國名	國家支配者	建都	廟號	謚號	建元	年號年次	輔政者	備注
宋	③劉義隆	建康	太祖	文	1	元嘉 26 年		
北魏	③拓跋燾	平城	世祖	太武	6	5 太平真君 10 年		
北凉	⑤沮渠安周	高昌			1	承平 7 年		
仇池氐	⑮楊文德					7 年		流亡漢中
柔然	⑤吐賀真					5 年		
吐谷渾	⑪慕利延					13 年		青海

月 曆 表(建 寅) 5162—354—1885448

月干支序數	月序 \ 星期	日	1	2	3	4	5	6	日	1	2	3	4	5	6	日	1	2	3	4	5	6	日	1	2	3	4	5	6	日	1	2	3	4	5	6	日	月末陽曆
3	正				⑤	2	3	4	5	6	7	8	9	10	11	12	13	14	15	16	17	18	19	20	21	22	23	24	25	26	27	28	29					3.9
4	二					㉞	2	3	4	5	6	7	8	9	10	11	12	13	14	15	16	17	18	19	20	21	22	23	24	25	26	27	28	29	30			4.8
5	三							①	2	3	4	5	6	7	8	9	10	11	12	13	14	15	16	17	18	19	20	21	22	23	24	25	26	27	28	29		5.7
6	四	㉝	2	3	4	5	6	7	8	9	10	11	12	13	14	15	16	17	18	19	20	21	22	23	24	25	26	27	28	29	30							6.6
7	五			③	2	3	4	5	6	7	8	9	10	11	12	13	14	15	16	17	18	19	20	21	22	23	24	25	26	27	28	29						7.5
8	六				㉜	2	3	4	5	6	7	8	9	10	11	12	13	14	15	16	17	18	19	20	21	22	23	24	25	26	27	28	29	30				8.4
9	七						②	2	3	4	5	6	7	8	9	10	11	12	13	14	15	16	17	18	19	20	21	22	23	24	25	26	27	28	29			9.2

續表

月干支序數	星期／月序	日	1	2	3	4	5	6	日	1	2	3	4	5	6	日	1	2	3	4	5	6	日	1	2	3	4	5	6	日	1	2	3	4	5	6	日	月末陽曆
10	八							㉛	2	3	4	5	6	7	8	9	10	11	12	13	14	15	16	17	18	19	20	21	22	23	24	25	26	27	28	29	30	10.2
11	九		①	2	3	4	5	6	7	8	9	10	11	12	13	14	15	16	17	18	19	20	21	22	23	24	25	26	27	28	29							10.31
12	十			㉚	2	3	4	5	6	7	8	9	10	11	12	13	14	15	16	17	18	19	20	21	22	23	24	25	26	27	28	29	30					11.30
13	十一					(60)	2	3	4	5	6	7	8	9	10	11	12	13	14	15	16	17	18	19	20	21	22	23	24	25	26	27	28	29				12.29
14	十二						㉙	2	3	4	5	6	7	8	9	10	11	12	13	14	15	16	17	18	19	20	21	22	23	24	25	26	27	28	29	30		1.28

大事記

正月，魏分道攻柔然，無功。　二月，宋募民數千家實京口。　五月，婆皇、婆達等國獻於宋。　九月，魏再分道攻柔然，處羅可汗遠遁，喪人畜百餘萬，柔然大衰。宋沔北諸蠻擾雍州，沈慶之等大破之。

南北朝紀年

干支庚寅　公元450年

朝代或國名	國家支配者	建都	廟號	謚號	建元	年號年次	輔政者	備注
宋	③劉義隆	建康	太祖	文	1	元嘉27年		
北魏	③拓跋燾	平城	世祖	太武	6	5太平真君11年		
北凉	⑤沮渠安周	高昌			1	承平8年		
仇池氏	⑮楊文德					8年		宋執送荆州殺死
柔然	⑤吐賀真					6年		
吐谷渾	⑪慕利延					14年		青海

月曆表（建寅）

5163—384—1885832

月干支序數	星期／月序	日	1	2	3	4	5	6	日	1	2	3	4	5	6	日	1	2	3	4	5	6	日	1	2	3	4	5	6	日	1	2	3	4	5	6	日	月末陽曆
15	正	(59)	2	3	4	5	6	7	8	9	10	11	12	13	14	15	16	17	18	19	20	21	22	23	24	25	26	27	28	29	30							2.27
16	二			㉙	2	3	4	5	6	7	8	9	10	11	12	13	14	15	16	17	18	19	20	21	22	23	24	25	26	27	28	29						3.28
17	三					(58)	2	3	4	5	6	7	8	9	10	11	12	13	14	15	16	17	18	19	20	21	22	23	24	25	26	27	28	29	30			4.27
18	四						㉘	2	3	4	5	6	7	8	9	10	11	12	13	14	15	16	17	18	19	20	21	22	23	24	25	26	27	28	29			5.26
19	五							(57)	2	3	4	5	6	7	8	9	10	11	12	13	14	15	16	17	18	19	20	21	22	23	24	25	26	27	28	29	30	6.25
20	六		㉗	2	3	4	5	6	7	8	9	10	11	12	13	14	15	16	17	18	19	20	21	22	23	24	25	26	27	28	29							7.24
21	七			(56)	2	3	4	5	6	7	8	9	10	11	12	13	14	15	16	17	18	19	20	21	22	23	24	25	26	27	28	29	30					8.23
22	八					㉖	2	3	4	5	6	7	8	9	10	11	12	13	14	15	16	17	18	19	20	21	22	23	24	25	26	27	28	29				9.21
23	九						(55)	2	3	4	5	6	7	8	9	10	11	12	13	14	15	16	17	18	19	20	21	22	23	24	25	26	27	28	29	30		10.21
24	十	㉕	2	3	4	5	6	7	8	9	10	11	12	13	14	15	16	17	18	19	20	21	22	23	24	25	26	27	28	29								11.19
	閏		(54)	2	3	4	5	6	7	8	9	10	11	12	13	14	15	16	17	18	19	20	21	22	23	24	25	26	27	28	29	30						12.19
25	十一				㉔	2	3	4	5	6	7	8	9	10	11	12	13	14	15	16	17	18	19	20	21	22	23	24	25	26	27	28	29					1.17
26	十二					(53)	2	3	4	5	6	7	8	9	10	11	12	13	14	15	16	17	18	19	20	21	22	23	24	25	26	27	28	29	30			2.16

魏閏七月朔己丑，八月朔戊午，九月朔戊子，十月朔丁巳。

大事記

正月，宋沈慶之屢破沔北諸蠻，斬三千級，虜二萬八千口，降二萬五千戶，又圍大羊蠻降之，遷於建康為營戶。

二月，魏帝自將攻宋，河南諸郡多聞汛潰，圍懸瓠。　四月，魏兵退。魏帝致書宋帝，聲言來秋取揚州。　六月，魏殺司徒崔浩及浩宗族、姻戚。沮渠安周與柔然連兵攻古車師前部，其王車伊洛奔焉耆，請救於魏。吐谷渾王慕利延懼魏逼，表請於宋求保越巂，宋許之，而不至。魏帝遺宋帝書，辭極輕侮。　七月，宋分道攻魏，連下碻磝、樂安、長社。　九月，魏帝自將禦宋。　十月，魏軍救滑臺，宋王玄謨退走。　十一月，宋西路大破魏兵，因東路敗，退師。氐王楊文德因宋助復還故地。　十二月，魏帝至瓜步，宋建康戒嚴。魏軍臨江而還。所過殺虜不可勝計。

南北朝紀年

干支辛卯　公元 451 年

朝代或國名	國家支配者	建都	廟號	謚號	建元	年號年次	輔政者	備注
宋	③劉義隆	建康	太祖	文	1	元嘉 28 年		
北魏	③拓跋燾	平城		太武	6	6 正平元年		六月壬戌改元
北凉	⑤沮渠安周	高昌			1	承平 9 年		
柔然	⑤吐賀真					7 年		
吐谷渾	⑪慕利延					15 年		青海

月曆表（建寅）

5164—354—1886186

月干支序數	月序＼星期	日	1	2	3	4	5	6	日	1	2	3	4	5	6	日	1	2	3	4	5	6	日	1	2	3	4	5	6	日	1	2	3	4	5	6	日	月末陽曆
27	正							㉓	2	3	4	5	6	7	8	9	10	11	12	13	14	15	16	17	18	19	20	21	22	23	24	25	26	27	28	29		3.17
28	二	(52)	2	3	4	5	6	7	8	9	10	11	12	13	14	15	16	17	18	19	20	21	22	23	24	25	26	27	28	29	30							4.16
29	三			㉒	2	3	4	5	6	7	8	9	10	11	12	13	14	15	16	17	18	19	20	21	22	23	24	25	26	27	28	29	30					5.16
30	四					(52)	2	3	4	5	6	7	8	9	10	11	12	13	14	15	16	17	18	19	20	21	22	23	24	25	26	27	28	29				6.14
31	五						㉑	2	3	4	5	6	7	8	9	10	11	12	13	14	15	16	17	18	19	20	21	22	23	24	25	26	27	28	29	30		7.14
32	六	(51)	2	3	4	5	6	7	8	9	10	11	12	13	14	15	16	17	18	19	20	21	22	23	24	25	26	27	28	29								8.12
33	七		⑳	2	3	4	5	6	7	8	9	10	11	12	13	14	15	16	17	18	19	20	21	22	23	24	25	26	27	28	29	30						9.11
34	八				㊿	2	3	4	5	6	7	8	9	10	11	12	13	14	15	16	17	18	19	20	21	22	23	24	25	26	27	28	29					10.10
35	九					⑲	2	3	4	5	6	7	8	9	10	11	12	13	14	15	16	17	18	19	20	21	22	23	24	25	26	27	28	29	30			11.9
36	十							㊾	2	3	4	5	6	7	8	9	10	11	12	13	14	15	16	17	18	19	20	21	22	23	24	25	26	27	28	29		12.8
37	十一	⑱	2	3	4	5	6	7	8	9	10	11	12	13	14	15	16	17	18	19	20	21	22	23	24	25	26	27	28	29	30							1.7
38	十二			㊽	2	3	4	5	6	7	8	9	10	11	12	13	14	15	16	17	18	19	20	21	22	23	24	25	26	27	28	29						2.5

大事記

正月，魏軍自瓜步北還，圍宋盱眙，不克。宋文帝殺其弟義康。　三月，魏置宋降民五萬家於平城近畿。　五月，宋青州民司馬順則起事，攻梁鄒，自稱齊王，沙門司馬百年應之，稱安定王。婆皇國獻於宋。　六月，魏改元正平，更定律令。七月，宋進倭王倭濟號安東大將軍。司馬順則敗死。　九月，宋魏互遣使修聘。　十二月，宋徙彭城流民於瓜步、江西流民於姑孰，合萬餘家。　是歲，裴松之死。松之注《三國誌》，甚有名。

南北朝紀年

干支壬辰　公元 452 年

朝代或國名	國家支配者	建都	廟號	謚號	建元	年號年次	輔政者	備注
宋	③劉義隆	建康	太祖	文	1	元嘉 29 年		
北魏	④拓跋余	盛樂			1	承(永)平元年		三月南安王即位改元
	⑤拓跋濬	平城	高宗	文成	4	1 興安元年		十月戊申改元

續表

朝代或國名	國家支配者	建　都	廟號	謚號	建元	年號年次	輔政者	備　注
北凉	⑤沮渠安周	高昌			1	承平 10 年		
柔然	⑤吐賀真					8 年		
吐谷渾	⑪慕利延					16 年		九月卒

月　曆　表(建　寅)

5165—355—1886541

月干支序數	月序＼星期	日	1	2	3	4	5	6	日	1	2	3	4	5	6	日	1	2	3	4	5	6	日	1	2	3	4	5	6	日	1	2	3	4	5	6	日	月末陽曆
39	正				⑰	2	3	4	5	6	7	8	9	10	11	12	13	14	15	16	17	18	19	20	21	22	23	24	25	26	27	28	29	30					3.6
40	二						㊼	2	3	4	5	6	7	8	9	10	11	12	13	14	15	16	17	18	19	20	21	22	23	24	25	26	27	28	29				4.4
41	三							⑯	2	3	4	5	6	7	8	9	10	11	12	13	14	15	16	17	18	19	20	21	22	23	24	25	26	27	28	29	30		5.4
42	四		㊻	2	3	4	5	6	7	8	9	10	11	12	13	14	15	16	17	18	19	20	21	22	23	24	25	26	27	28	29								6.2
43	五			⑮	2	3	4	5	6	7	8	9	10	11	12	13	14	15	16	17	18	19	20	21	22	23	24	25	26	27	28	29	30						7.2
44	六					㊺	2	3	4	5	6	7	8	9	10	11	12	13	14	15	16	17	18	19	20	21	22	23	24	25	26	27	28	29					7.31
45	七						⑭	2	3	4	5	6	7	8	9	10	11	12	13	14	15	16	17	18	19	20	21	22	23	24	25	26	27	28	29	30			8.30
46	八	㊹	2	3	4	5	6	7	8	9	10	11	12	13	14	15	16	17	18	19	20	21	22	23	24	25	26	27	28	29	30								9.29
47	九			⑭	2	3	4	5	6	7	8	9	10	11	12	13	14	15	16	17	18	19	20	21	22	23	24	25	26	27	28	29							10.28
48	十				㊸	2	3	4	5	6	7	8	9	10	11	12	13	14	15	16	17	18	19	20	21	22	23	24	25	26	27	28	29	30					11.27
49	十一						⑬	2	3	4	5	6	7	8	9	10	11	12	13	14	15	16	17	18	19	20	21	22	23	24	25	26	27	28	29				12.26
50	十二							㊷	2	3	4	5	6	7	8	9	10	11	12	13	14	15	16	17	18	19	20	21	22	23	24	25	26	27	28	29	30		1.25

大事記

正月，宋詔諸鎮盡力農事，隨宜給種。魏所虜宋民在中山者五千餘家反，皆被殺。　二月，魏中常侍宗愛殺魏帝(408—452)，立南安王余，改元承平。　四月，訶羅單獻於宋。　五月，宋分道攻魏。　九月，吐谷渾王慕利延卒，猶子拾寅立，獻於宋、魏，宋封為河南王，魏封為西平王。　十月，宋攻魏無功而還。魏宗愛殺其帝拓跋餘。殿中尚書源賀等立皇孫濬，改元興安，是為高宗文成皇帝，殺宗愛等，具五刑，夷三族。宋西陽五水蠻起事，攻淮、汝、江、沔。　十一月，魏隴西屠各胡起事，未幾敗降，三千餘家被徙趙、魏。　十二月，魏弛佛教之禁。　是歲，魏始廢景初曆，行趙𢾺玄始曆。

南北朝紀年

干支癸巳　公元 453 年

朝代或國名	國家支配者	建　都	廟號	謚號	建元	年號年次	輔政者	備　注
宋	③劉義隆	建康	太祖	文	1	元嘉 30 年		孝武帝四月即位
北魏	⑤拓跋濬	平城	高宗	文成	4	1 興安 2 年		
北凉	⑤沮渠安周	高昌			1	承平 11 年		
宋	④劉劭	建康				太初元年		文帝子二月建元，五月亡
柔然	⑤吐賀真					9 年		
吐谷渾	⑫拾寅	伏羅川				元年		青海湖西南

月　曆　表(建寅)　5166—384—1886925

月干支序數	星期 / 月序	日	1	2	3	4	5	6	日	1	2	3	4	5	6	日	1	2	3	4	5	6	日	1	2	3	4	5	6	日	1	2	3	4	5	6	日	月末陽曆
51	正		⑫	2	3	4	5	6	7	8	9	10	11	12	13	14	15	16	17	18	19	20	21	22	23	24	25	26	27	28	29							2.23
52	二			㊶	2	3	4	5	6	7	8	9	10	11	12	13	14	15	16	17	18	19	20	21	22	23	24	25	26	27	28	29	30					3.25
53	三					⑪	2	3	4	5	6	7	8	9	10	11	12	13	14	15	16	17	18	19	20	21	22	23	24	25	26	27	28	29				4.23
54	四						㊵	2	3	4	5	6	7	8	9	10	11	12	13	14	15	16	17	18	19	20	21	22	23	24	25	26	27	28	29	30		5.23
55	五	⑩	2	3	4	5	6	7	8	9	10	11	12	13	14	15	16	17	18	19	20	21	22	23	24	25	26	27	28	29								6.21
56	六		㊴	2	3	4	5	6	7	8	9	10	11	12	13	14	15	16	17	18	19	20	21	22	23	24	25	26	27	28	29	30						7.21
	閏				⑨	2	3	4	5	6	7	8	9	10	11	12	13	14	15	16	17	18	19	20	21	22	23	24	25	26	27	28	29					8.19
57	七					㊳	2	3	4	5	6	7	8	9	10	11	12	13	14	15	16	17	18	19	20	21	22	23	24	25	26	27	28	29	30			9.18
58	八							⑧	2	3	4	5	6	7	8	9	10	11	12	13	14	15	16	17	18	19	20	21	22	23	24	25	26	27	28	29		10.17
59	九	㊲	2	3	4	5	6	7	8	9	10	11	12	13	14	15	16	17	18	19	20	21	22	23	24	25	26	27	28	29	30							11.16
60	十			⑦	2	3	4	5	6	7	8	9	10	11	12	13	14	15	16	17	18	19	20	21	22	23	24	25	26	27	28	29						12.15
1	十一				㊱	2	3	4	5	6	7	8	9	10	11	12	13	14	15	16	17	18	19	20	21	22	23	24	25	26	27	28	29	30				1.14
2	十二						⑥	2	3	4	5	6	7	8	9	10	11	12	13	14	15	16	17	18	19	20	21	22	23	24	25	26	27	28	29	30		2.13

大事記

正月，宋將蕭道成帥氐羌攻魏武都，無功。宋大發兵擊西陽蠻。宋青、徐二州饑。　二月，宋太子劉劭等殺其父自立，改元太初。宋武陵王劉駿起兵討劭，四方響應。　四月，劉駿至建康新亭即皇帝位，是為世祖孝武皇帝。　五月，駿入建康殺劉劭等。　九月，宋南海太守蕭簡據廣州叛，未幾敗死。　十一月，高麗遣使獻於宋。

南北朝紀年　干支甲午　公元454年

朝代或國名	國家支配者	建都	廟號	謚號	建元	年號年次	輔政者	備注
宋	⑤劉駿	建康	世祖	孝武	2	1孝建元年		
北魏	⑤拓跋濬	平城	高宗	文成	4	2興光元年		七月辛丑改元
北凉	⑤沮渠安周	高昌			1	承平12年		
	劉義宣				1	建平元年		正月立、六月亡
楚	劉渾	雍州			1	元光元年		《宋書》作永光
柔然	⑤吐賀真					10年		
吐谷渾	⑫拾寅	伏羅川				2年		青海湖西南

月　曆　表(建寅)　5167—354—1887279

月干支序數	星期 / 月序	日	1	2	3	4	5	6	日	1	2	3	4	5	6	日	1	2	3	4	5	6	日	1	2	3	4	5	6	日	1	2	3	4	5	6	日	月末陽曆
3	正	㊱	2	3	4	5	6	7	8	9	10	11	12	13	14	15	16	17	18	19	20	21	22	23	24	25	26	27	28	29								3.14
4	二		⑤	2	3	4	5	6	7	8	9	10	11	12	13	14	15	16	17	18	19	20	21	22	23	24	25	26	27	28	29	30						4.13
5	三				㉟	2	3	4	5	6	7	8	9	10	11	12	13	14	15	16	17	18	19	20	21	22	23	24	25	26	27	28	29					5.12
6	四					④	2	3	4	5	6	7	8	9	10	11	12	13	14	15	16	17	18	19	20	21	22	23	24	25	26	27	28	29	30			6.11
7	五							㉞	2	3	4	5	6	7	8	9	10	11	12	13	14	15	16	17	18	19	20	21	22	23	24	25	26	27	28	29		7.10
8	六	③	2	3	4	5	6	7	8	9	10	11	12	13	14	15	16	17	18	19	20	21	22	23	24	25	26	27	28	29	30							8.9
9	七			㉝	2	3	4	5	6	7	8	9	10	11	12	13	14	15	16	17	18	19	20	21	22	23	24	25	26	27	28	29						9.7

續表

月序數干支	星期/月序	日	1	2	3	4	5	6	日	1	2	3	4	5	6	日	1	2	3	4	5	6	日	1	2	3	4	5	6	日	1	2	3	4	5	6	日	月末陽曆
10	八				②	2	3	4	5	6	7	8	9	10	11	12	13	14	15	16	17	18	19	20	21	22	23	24	25	26	27	28	29	30				10.7
11	九						㉜	2	3	4	5	6	7	8	9	10	11	12	13	14	15	16	17	18	19	20	21	22	23	24	25	26	27	28	29			11.5
12	十							①	2	3	4	5	6	7	8	9	10	11	12	13	14	15	16	17	18	19	20	21	22	23	24	25	26	27	28	29	30	12.5
13	十一		㉛	2	3	4	5	6	7	8	9	10	11	12	13	14	15	16	17	18	19	20	21	22	23	24	25	26	27	28	29							1.3
14	十二			(60)	2	3	4	5	6	7	8	9	10	11	12	13	14	15	16	17	18	19	20	21	22	23	24	25	26	27	28	29	30					2.2

大事記

正月，宋鑄孝建四銖錢，盜鑄雲起，百貨踴貴。　二月，宋江州刺史臧質等推南郡王義宣起兵。　六月，義宣等皆敗死。　七月，魏改元興光。　十月，宋建孔子廟，制同諸侯。　是歲，宋始課南徐州僑民租。

南北朝紀年

干支乙未　公元455年

朝代或國名	國家支配者	建都	廟號	謚號	建元	年號年次	輔政者	備注
宋	⑤劉駿	建康	世祖	武	2	1孝建2年		
北魏	⑤拓跋濬	平城	高宗	文成	4	3太安元年		六月壬戌改元
北涼	⑤沮渠安周	高昌			1	承平13年		
仇池氏	⑯楊元和	白水				元年		
柔然	⑤吐賀真					11年		
吐谷渾	⑫拾寅	伏羅川				3年		青海湖西南

月曆表（建寅）

5168—354—1887633

月序數干支	星期/月序	日	1	2	3	4	5	6	日	1	2	3	4	5	6	日	1	2	3	4	5	6	日	1	2	3	4	5	6	日	1	2	3	4	5	6	日	月末陽曆
15	正					㉚	2	3	4	5	6	7	8	9	10	11	12	13	14	15	16	17	18	19	20	21	22	23	24	25	26	27	28	29				3.3
16	二						(59)	2	3	4	5	6	7	8	9	10	11	12	13	14	15	16	17	18	19	20	21	22	23	24	25	26	27	28	29	30		4.2
17	三	㉙	2	3	4	5	6	7	8	9	10	11	12	13	14	15	16	17	18	19	20	21	22	23	24	25	26	27	28	29	30							5.2
18	四			(59)	2	3	4	5	6	7	8	9	10	11	12	13	14	15	16	17	18	19	20	21	22	23	24	25	26	27	28	29						5.31
19	五				㉘	2	3	4	5	6	7	8	9	10	11	12	13	14	15	16	17	18	19	20	21	22	23	24	25	26	27	28	29	30				6.30
20	六						(58)	2	3	4	5	6	7	8	9	10	11	12	13	14	15	16	17	18	19	20	21	22	23	24	25	26	27	28	29			7.29
21	七							㉗	2	3	4	5	6	7	8	9	10	11	12	13	14	15	16	17	18	19	20	21	22	23	24	25	26	27	28	29	30	8.28
22	八		(57)	2	3	4	5	6	7	8	9	10	11	12	13	14	15	16	17	18	19	20	21	22	23	24	25	26	27	28	29							9.26
23	九			㉖	2	3	4	5	6	7	8	9	10	11	12	13	14	15	16	17	18	19	20	21	22	23	24	25	26	27	28	29	30					10.26
24	十					(56)	2	3	4	5	6	7	8	9	10	11	12	13	14	15	16	17	18	19	20	21	22	23	24	25	26	27	28	29				11.24
25	十一						㉕	2	3	4	5	6	7	8	9	10	11	12	13	14	15	16	17	18	19	20	21	22	23	24	25	26	27	28	29	30		12.24
26	十二	(55)	2	3	4	5	6	7	8	9	10	11	12	13	14	15	16	17	18	19	20	21	22	23	24	25	26	27	28	29								1.22

魏四月朔辛酉。

大事記

二月，婆皇國獻於宋。　四月，吐谷渾遣使獻於宋。　六月，魏改元太安。遣尚書穆伏真等巡行州郡督察墾田。　七月，槃國獻於宋。　八月，宋三吳民大饑。斤陀利國獻於宋。　十月，宋貶損王侯車服器用制度。　十一月，高麗國獻於宋。

南北朝紀年

干支丙申　公元 456 年

朝代或國名	國家支配者	建　都	廟號	謚號	建元	年號年次	輔政者	備　　注
宋	⑤劉駿	建康	世祖	武	2	1 孝建 3 年		
北魏	⑤拓跋濬	平城	高宗	文成	4	3 太安 2 年		
北凉	⑤沮渠安周	高昌			1	承平 14 年		
仇池氐	⑯楊元和	白水				2 年		
柔然	⑤吐賀真					12 年		
吐谷渾	⑫拾寅	伏羅川				4 年		青海湖西南

月　曆　表（建　寅）

5169—384—1888017

月干支序數	月序＼星期	日	1	2	3	4	5	6	日	1	2	3	4	5	6	日	1	2	3	4	5	6	日	1	2	3	4	5	6	日	1	2	3	4	5	6	日	月末陽曆
27	正		㉔	2	3	4	5	6	7	8	9	10	11	12	13	14	15	16	17	18	19	20	21	22	23	24	25	26	27	28	29	30						2.21
28	二				(54)	2	3	4	5	6	7	8	9	10	11	12	13	14	15	16	17	18	19	20	21	22	23	24	25	26	27	28	29					3.21
29	三					㉓	2	3	4	5	6	7	8	9	10	11	12	13	14	15	16	17	18	19	20	21	22	23	24	25	26	27	28	29	30			4.20
	閏							(53)	2	3	4	5	6	7	8	9	10	11	12	13	14	15	16	17	18	19	20	21	22	23	24	25	26	27	28	29		5.19
30	四	㉒	2	3	4	5	6	7	8	9	10	11	12	13	14	15	16	17	18	19	20	21	22	23	24	25	26	27	28	29	30							6.18
31	五			(52)	2	3	4	5	6	7	8	9	10	11	12	13	14	15	16	17	18	19	20	21	22	23	24	25	26	27	28	29						7.17
32	六				㉑	2	3	4	5	6	7	8	9	10	11	12	13	14	15	16	17	18	19	20	21	22	23	24	25	26	27	28	29	30				8.16
33	七						(51)	2	3	4	5	6	7	8	9	10	11	12	13	14	15	16	17	18	19	20	21	22	23	24	25	26	27	28	29	30		9.15
34	八	㉑	2	3	4	5	6	7	8	9	10	11	12	13	14	15	16	17	18	19	20	21	22	23	24	25	26	27	28	29								10.14
35	九		㊿	2	3	4	5	6	7	8	9	10	11	12	13	14	15	16	17	18	19	20	21	22	23	24	25	26	27	28	29	30						11.13
36	十				⑳	2	3	4	5	6	7	8	9	10	11	12	13	14	15	16	17	18	19	20	21	22	23	24	25	26	27	28	29					12.12
37	十一					㊾	2	3	4	5	6	7	8	9	10	11	12	13	14	15	16	17	18	19	20	21	22	23	24	25	26	27	28	29	30			1.11
38	十二							⑲	2	3	4	5	6	7	8	9	10	11	12	13	14	15	16	17	18	19	20	21	22	23	24	25	26	27	28	29		2.9

魏閏二月朔丙戌，三月朔丙辰。

大事記

二月，宋令內外官有田在近道聽遣所給吏僮附業。魏滅井陘山中丁零數千家。　八月，魏破東吾，大掠而還。　十二月，宋議鑄錢。　是年，顔延之卒(384—456)。

南北朝紀年

干支丁酉　公元 457 年

朝代或國名	國家支配者	建　都	廟號	謚號	建元	年號年次	輔政者	備　　注
宋	⑤劉駿	建康	世祖	武	2	2 大明元年		
北魏	⑤拓跋濬	平城	高宗	文成	4	3 太安 3 年		
北凉	⑤沮渠安周	高昌			1	承平 15 年		
仇池氐	⑯楊元和	白水				3 年		
柔然	⑤吐賀真					13 年		
吐谷渾	⑫拾寅	伏羅川				5 年		青海湖西南

月　曆　表（建寅）　5170－355－1888372

月干支序數	星期／月序	日	1	2	3	4	5	6	日	1	2	3	4	5	6	日	1	2	3	4	5	6	日	1	2	3	4	5	6	日	1	2	3	4	5	6	日	月末陽曆
39	正	㊽	2	3	4	5	6	7	8	9	10	11	12	13	14	15	16	17	18	19	20	21	22	23	24	25	26	27	28	29	30							3.11
40	二			⑱	2	3	4	5	6	7	8	9	10	11	12	13	14	15	16	17	18	19	20	21	22	23	24	25	26	27	28	29						4.9
41	三				㊼	2	3	4	5	6	7	8	9	10	11	12	13	14	15	16	17	18	19	20	21	22	23	24	25	26	27	28	29	30				5.9
42	四						⑰	2	3	4	5	6	7	8	9	10	11	12	13	14	15	16	17	18	19	20	21	22	23	24	25	26	27	28	29			6.7
43	五							㊻	2	3	4	5	6	7	8	9	10	11	12	13	14	15	16	17	18	19	20	21	22	23	24	25	26	27	28	29	30	7.7
44	六		⑯	2	3	4	5	6	7	8	9	10	11	12	13	14	15	16	17	18	19	20	21	22	23	24	25	26	27	28	29							8.5
45	七			㊺	2	3	4	5	6	7	8	9	10	11	12	13	14	15	16	17	18	19	20	21	22	23	24	25	26	27	28	29	30					9.4
46	八					⑮	2	3	4	5	6	7	8	9	10	11	12	13	14	15	16	17	18	19	20	21	22	23	24	25	26	27	28	29				10.3
47	九						㊹	2	3	4	5	6	7	8	9	10	11	12	13	14	15	16	17	18	19	20	21	22	23	24	25	26	27	28	29	30		11.2
48	十	⑭	2	3	4	5	6	7	8	9	10	11	12	13	14	15	16	17	18	19	20	21	22	23	24	25	26	27	28	29								12.1
49	十一		㊸	2	3	4	5	6	7	8	9	10	11	12	13	14	15	16	17	18	19	20	21	22	23	24	25	26	27	28	29	30						12.31
50	十二				⑬	2	3	4	5	6	7	8	9	10	11	12	13	14	15	16	17	18	19	20	21	22	23	24	25	26	27	28	29	30				1.30

大事記

正月，宋改元大明。　二月，宋復親民官公田。魏擾宋兗州。　三月，宋立懷漢郡，以統梁州僚民。　七月，宋土斷雍州諸僑郡縣，併三郡十六縣為一郡。　十月，宋以百濟王餘慶為鎮東大將軍。　十二月，于闐、扶餘等五十餘國貢於魏。

南北朝紀年　干支戊戌　公元458年

朝代或國名	國家支配者	建都	廟號	謚號	建元	年號年次	輔政者	備注
宋	⑤劉駿	建康	世祖	武	2	2大明2年		
北魏	⑤拓跋濬	平城	高宗	文成	4	3太安4年		
北涼	⑤沮渠安周	高昌			1	承平16年		
仇池氏	⑯楊元和	白水				4年		
柔然	⑤吐賀真					14年		
吐谷渾	⑫拾寅	伏羅川				6年		青海湖西南

月　曆　表（建寅）　5171－383－1888755

月干支序數	星期／月序	日	1	2	3	4	5	6	日	1	2	3	4	5	6	日	1	2	3	4	5	6	日	1	2	3	4	5	6	日	1	2	3	4	5	6	日	月末陽曆
51	正						㊸	2	3	4	5	6	7	8	9	10	11	12	13	14	15	16	17	18	19	20	21	22	23	24	25	26	27	28	29			2.28
52	二							⑫	2	3	4	5	6	7	8	9	10	11	12	13	14	15	16	17	18	19	20	21	22	23	24	25	26	27	28	29	30	3.30
53	三		㊷	2	3	4	5	6	7	8	9	10	11	12	13	14	15	16	17	18	19	20	21	22	23	24	25	26	27	28	29							4.28
54	四			⑪	2	3	4	5	6	7	8	9	10	11	12	13	14	15	16	17	18	19	20	21	22	23	24	25	26	27	28	29	30					5.28
55	五					㊶	2	3	4	5	6	7	8	9	10	11	12	13	14	15	16	17	18	19	20	21	22	23	24	25	26	27	28	29				6.26
56	六						⑩	2	3	4	5	6	7	8	9	10	11	12	13	14	15	16	17	18	19	20	21	22	23	24	25	26	27	28	29	30		7.26
57	七	㊵	2	3	4	5	6	7	8	9	10	11	12	13	14	15	16	17	18	19	20	21	22	23	24	25	26	27	28	29								8.24
58	八		⑨	2	3	4	5	6	7	8	9	10	11	12	13	14	15	16	17	18	19	20	21	22	23	24	25	26	27	28	29	30						9.23
59	九				㊴	2	3	4	5	6	7	8	9	10	11	12	13	14	15	16	17	18	19	20	21	22	23	24	25	26	27	28	29					10.22

續表

月干支序數	星期 / 月序	日	1	2	3	4	5	6	日	1	2	3	4	5	6	日	1	2	3	4	5	6	日	1	2	3	4	5	6	日	1	2	3	4	5	6	日	月末陽曆
60	十					⑧	2	3	4	5	6	7	8	9	10	11	12	13	14	15	16	17	18	19	20	21	22	23	24	25	26	27	28	29	30			11.21
1	十一							㊳	2	3	4	5	6	7	8	9	10	11	12	13	14	15	16	17	18	19	20	21	22	23	24	25	26	27	28	29		12.20
2	十二	⑦	2	3	4	5	6	7	8	9	10	11	12	13	14	15	16	17	18	19	20	21	22	23	24	25	26	27	28	29	30							1.19
	閏			㊲	2	3	4	5	6	7	8	9	10	11	12	13	14	15	16	17	18	19	20	21	22	23	24	25	26	27	28	29						2.17

劉氏長曆魏閏十一。汪氏魏閏十辛丑、十一庚午、十二庚子。

大事記

正月，宋詔軍戶免為平民。魏設酒禁，又置內外候官以察百官，增律條。宋復郡縣舊秩并祿俸。　二月，魏以高允為中書令。　六月，宋於吏部置二尚書以分其權。　七月，宋南彭城民高闍、沙門曇標謀起事，被殺，因汰沙門。　十月，魏攻宋清口戍，敗。魏大舉攻柔然，刻石紀功而還。宋以戴法興等為中書舍人。

南北朝紀年

干支己亥　公元 459 年

朝代或國名	國家支配者	建都	廟號	謚號	建元	年號年次	輔政者	備注
宋	⑤劉駿	建康	世祖	武	2	2 大明 3 年		
北魏	⑤拓跋濬	平城	高宗	文成	4	3 太安 5 年		
北涼	⑤沮渠安周	高昌			1	承平 17 年		
仇池氐	⑯楊元和	白水				5 年		
柔然	⑤吐賀真					15 年		
吐谷渾	⑫拾寅	伏羅川				7 年		青海湖西南

月曆表（建寅）

5172—355—1889110

月干支序數	星期 / 月序	日	1	2	3	4	5	6	日	1	2	3	4	5	6	日	1	2	3	4	5	6	日	1	2	3	4	5	6	日	1	2	3	4	5	6	日	月末陽曆
3	正				⑥	2	3	4	5	6	7	8	9	10	11	12	13	14	15	16	17	18	19	20	21	22	23	24	25	26	27	28	29	30				3.19
4	二						㊱	2	3	4	5	6	7	8	9	10	11	12	13	14	15	16	17	18	19	20	21	22	23	24	25	26	27	28	29			4.17
5	三							⑤	2	3	4	5	6	7	8	9	10	11	12	13	14	15	16	17	18	19	20	21	22	23	24	25	26	27	28	29	30	5.17
6	四		㉟	2	3	4	5	6	7	8	9	10	11	12	13	14	15	16	17	18	19	20	21	22	23	24	25	26	27	28	29	30						6.16
7	五				⑤	2	3	4	5	6	7	8	9	10	11	12	13	14	15	16	17	18	19	20	21	22	23	24	25	26	27	28	29					7.15
8	六					㉞	2	3	4	5	6	7	8	9	10	11	12	13	14	15	16	17	18	19	20	21	22	23	24	25	26	27	28	29	30			8.14
9	七							④	2	3	4	5	6	7	8	9	10	11	12	13	14	15	16	17	18	19	20	21	22	23	24	25	26	27	28	29		9.12
10	八	㉝	2	3	4	5	6	7	8	9	10	11	12	13	14	15	16	17	18	19	20	21	22	23	24	25	26	27	28	29	30							10.12
11	九			③	2	3	4	5	6	7	8	9	10	11	12	13	14	15	16	17	18	19	20	21	22	23	24	25	26	27	28	29						11.10
12	十				㉜	2	3	4	5	6	7	8	9	10	11	12	13	14	15	16	17	18	19	20	21	22	23	24	25	26	27	28	29	30				12.10
13	十一						②	2	3	4	5	6	7	8	9	10	11	12	13	14	15	16	17	18	19	20	21	22	23	24	25	26	27	28	29			1.8
14	十二							㉛	2	3	4	5	6	7	8	9	10	11	12	13	14	15	16	17	18	19	20	21	22	23	24	25	26	27	28	29	30	2.7

大事記

正月，婆皇國獻於宋。　三月，宋竟陵王誕據廣陵反，遣兵擊之。　七月，宋克廣陵，屠男口三千餘，女子充軍賞，誕被殺。　十月，沮渠安周獻於宋。　十一月，高麗獻於宋。肅慎獻楛矢、石砮於宋。

南北朝紀年

干支庚子　公元 460 年

朝代或國名	國家支配者	建　都	廟號	謚號	建元	年號年次	輔政者	備　注
宋	⑤劉駿	建康	世祖	武	2	2 大明 4 年		
北魏	⑤拓跋濬	平城	高宗	文成	4	4 和平元年		
北涼	⑤沮渠安周	高昌			1	承平 18 年		亡於柔然
仇池氏	⑯楊元和	白水				6 年		
柔然	⑤吐賀真					16 年		
吐谷渾	⑫拾寅	伏羅川				8 年		青海湖西南

月　曆　表(建寅)

5173－354－1889464

月干支序數	月序＼星期	日	1	2	3	4	5	6	日	1	2	3	4	5	6	日	1	2	3	4	5	6	日	1	2	3	4	5	6	日	1	2	3	4	5	6	日	月末陽曆
15	正		①	2	3	4	5	6	7	8	9	10	11	12	13	14	15	16	17	18	19	20	21	22	23	24	25	26	27	28	29							3.7
16	二			㉚	2	3	4	5	6	7	8	9	10	11	12	13	14	15	16	17	18	19	20	21	22	23	24	25	26	27	28	29	30					4.6
17	三					(60)	2	3	4	5	6	7	8	9	10	11	12	13	14	15	16	17	18	19	20	21	22	23	24	25	26	27	28	29				5.5
18	四						㉙	2	3	4	5	6	7	8	9	10	11	12	13	14	15	16	17	18	19	20	21	22	23	24	25	26	27	28	29	30		6.4
19	五	(59)	2	3	4	5	6	7	8	9	10	11	12	13	14	15	16	17	18	19	20	21	22	23	24	25	26	27	28	29								7.3
20	六		㉘	2	3	4	5	6	7	8	9	10	11	12	13	14	15	16	17	18	19	20	21	22	23	24	25	26	27	28	29	30						8.2
21	七				(58)	2	3	4	5	6	7	8	9	10	11	12	13	14	15	16	17	18	19	20	21	22	23	24	25	26	27	28	29	30				9.1
22	八						㉘	2	3	4	5	6	7	8	9	10	11	12	13	14	15	16	17	18	19	20	21	22	23	24	25	26	27	28	29			9.30
23	九							(57)	2	3	4	5	6	7	8	9	10	11	12	13	14	15	16	17	18	19	20	21	22	23	24	25	26	27	28	29	30	10.30
24	十		㉗	2	3	4	5	6	7	8	9	10	11	12	13	14	15	16	17	18	19	20	21	22	23	24	25	26	27	28	29							11.28
25	十一			(56)	2	3	4	5	6	7	8	9	10	11	12	13	14	15	16	17	18	19	20	21	22	23	24	25	26	27	28	29	30					12.28
26	十二					㉖	2	3	4	5	6	7	8	9	10	11	12	13	14	15	16	17	18	19	20	21	22	23	24	25	26	27	28	29				1.26

大事記

正月,魏改元和平。魏遣使聘於宋。　二月,魏擊河西胡於石樓,降之。　三月,魏侵宋北陰平,敗退。　六月,魏分道擊吐谷渾,大掠而歸。　七月,宋遣使聘於魏。　八月,宕昌王獻於宋。　十月,宋擊江、沔諸蠻。　十一月,魏遣使聘於宋。柔然攻高昌,殺沮渠安周,滅沮渠氏,以闞伯周為高昌王。宋復置大司農官。　十二月,倭國遣使奉獻於宋。　是年,魏始於平城西武州塞鑿雲崗石窟,石像高七十尺、六十尺各一。

南北朝紀年

干支辛丑　公元 461 年

朝代或國名	國家支配者	建　都	廟號	謚號	建元	年號年次	輔政者	備　注
宋	⑤劉駿	建康	世祖	武	2	2 大明 5 年		
北魏	⑤拓跋濬	平城	高宗	文成	4	4 和平 2 年		
仇池氏	⑯楊元和	白水				7 年		
柔然	⑤吐賀真					17 年		
吐谷渾	⑫拾寅	伏羅川				9 年		青海湖西南
高昌	闞伯周	高昌				元年		柔然立爲高昌王

月曆表（建寅） 5174—384—1889848

月干支序數	星期/月序	日	1	2	3	4	5	6	日	1	2	3	4	5	6	日	1	2	3	4	5	6	日	1	2	3	4	5	6	日	1	2	3	4	5	6	日	月末陽曆
27	正						(55)	2	3	4	5	6	7	8	9	10	11	12	13	14	15	16	17	18	19	20	21	22	23	24	25	26	27	28	29	30		2.25
28	二	(25)	2	3	4	5	6	7	8	9	10	11	12	13	14	15	16	17	18	19	20	21	22	23	24	25	26	27	28	29								3.26
29	三		(54)	2	3	4	5	6	7	8	9	10	11	12	13	14	15	16	17	18	19	20	21	22	23	24	25	26	27	28	29	30						4.25
30	四				(24)	2	3	4	5	6	7	8	9	10	11	12	13	14	15	16	17	18	19	20	21	22	23	24	25	26	27	28	29					5.24
31	五					(53)	2	3	4	5	6	7	8	9	10	11	12	13	14	15	16	17	18	19	20	21	22	23	24	25	26	27	28	29	30			6.23
32	六							(23)	2	3	4	5	6	7	8	9	10	11	12	13	14	15	16	17	18	19	20	21	22	23	24	25	26	27	28	29		7.22
33	七	(52)	2	3	4	5	6	7	8	9	10	11	12	13	14	15	16	17	18	19	20	21	22	23	24	25	26	27	28	29	30							8.21
34	八			(22)	2	3	4	5	6	7	8	9	10	11	12	13	14	15	16	17	18	19	20	21	22	23	24	25	26	27	28	29						9.19
35	九				(51)	2	3	4	5	6	7	8	9	10	11	12	13	14	15	16	17	18	19	20	21	22	23	24	25	26	27	28	29	30				10.19
	閏						(21)	2	3	4	5	6	7	8	9	10	11	12	13	14	15	16	17	18	19	20	21	22	23	24	25	26	27	28	29			11.17
36	十							(50)	2	3	4	5	6	7	8	9	10	11	12	13	14	15	16	17	18	19	20	21	22	23	24	25	26	27	28	29	30	12.17
37	十一		(20)	2	3	4	5	6	7	8	9	10	11	12	13	14	15	16	17	18	19	20	21	22	23	24	25	26	27	28	29	30						1.16
38	十二				(50)	2	3	4	5	6	7	8	9	10	11	12	13	14	15	16	17	18	19	20	21	22	23	24	25	26	27	28	29					2.14

劉氏魏閏八月，汪氏魏閏七月乙酉、八月甲寅、九月甲申。

大事記

正月，宋以宕昌王梁唐可為河州刺史。　三月，宋遣使聘於魏。魏發并、肆州民治河西獵道。　四月，宋雍州刺史海陵王休茂起兵，未幾敗死。　七月，高麗獻於宋。　八月，宋詔方鎮所委郡縣食祿三分之一。　十月，魏遣使聘於宋。魏深澤、東州民反，殺縣令。　十二月，宋制民戶歲輸布四匹。　是歲，宋詔仕族與工商雜戶為婚者，皆補將吏，仕族多避役逃亡為亂。

南北朝紀年　干支壬寅　公元 462 年

朝代或國名	國家支配者	建都	廟號	謚號	建元	年號年次	輔政者	備注
宋	⑤劉駿	建康	世祖	武	2	2 大明 6 年		
北魏	⑤拓跋濬	平城	高宗	文成	4	4 和平 3 年		
仇池氏	⑯楊元和	白水				8 年		
柔然	⑤吐賀真					18 年		
吐谷渾	⑫拾寅	伏羅川				10 年		青海湖西南
高昌	闞伯周	高昌				2 年		柔然立

月曆表（建寅） 5175—354—1890202

月干支序數	星期/月序	日	1	2	3	4	5	6	日	1	2	3	4	5	6	日	1	2	3	4	5	6	日	1	2	3	4	5	6	日	1	2	3	4	5	6	日	月末陽曆
39	正					(19)	2	3	4	5	6	7	8	9	10	11	12	13	14	15	16	17	18	19	20	21	22	23	24	25	26	27	28	29	30			3.16
40	二							(49)	2	3	4	5	6	7	8	9	10	11	12	13	14	15	16	17	18	19	20	21	22	23	24	25	26	27	28	29		4.14
41	三	(18)	2	3	4	5	6	7	8	9	10	11	12	13	14	15	16	17	18	19	20	21	22	23	24	25	26	27	28	29	30							5.14
42	四			(48)	2	3	4	5	6	7	8	9	10	11	12	13	14	15	16	17	18	19	20	21	22	23	24	25	26	27	28	29						6.12
43	五				(17)	2	3	4	5	6	7	8	9	10	11	12	13	14	15	16	17	18	19	20	21	22	23	24	25	26	27	28	29	30				7.12
44	六						(47)	2	3	4	5	6	7	8	9	10	11	12	13	14	15	16	17	18	19	20	21	22	23	24	25	26	27	28	29			8.10

續表

月干支序數	星期／月序	日	1	2	3	4	5	6	日	1	2	3	4	5	6	日	1	2	3	4	5	6	日	1	2	3	4	5	6	日	1	2	3	4	5	6	日	月末陽曆
45	七							⑯	2	3	4	5	6	7	8	9	10	11	12	13	14	15	16	17	18	19	20	21	22	23	24	25	26	27	28	29	30	9.9
46	八		㊻	2	3	4	5	6	7	8	9	10	11	12	13	14	15	16	17	18	19	20	21	22	23	24	25	26	27	28	29							10.8
47	九			⑮	2	3	4	5	6	7	8	9	10	11	12	13	14	15	16	17	18	19	20	21	22	23	24	25	26	27	28	29	30					11.7
48	十					㊺	2	3	4	5	6	7	8	9	10	11	12	13	14	15	16	17	18	19	20	21	22	23	24	25	26	27	28	29				12.6
49	十一						⑭	2	3	4	5	6	7	8	9	10	11	12	13	14	15	16	17	18	19	20	21	22	23	24	25	26	27	28	29	30		1.5
50	十二	㊹	2	3	4	5	6	7	8	9	10	11	12	13	14	15	16	17	18	19	20	21	22	23	24	25	26	27	28	29								2.3

（宋）祖冲之編成《大明曆》。

大事記

正月，宋策秀才、孝廉於中堂。　二月，宋復百官祿。　三月，宋以倭國王世子興遣使奉獻，授官爵為安東將軍倭國王。　六月，魏吐京胡、長蛇鎮氏前後起事，旋敗。　七月，宋制沙門致敬人主。　十月，魏遣使聘於宋。宋南徐州從事范陽祖冲之造新曆上之。　《大明曆》首次把歲差計算在內，并精確測定了交點月和木星一周天的時間，是中國曆法的第二大改革，它是最先進的曆法，經四十八年後纔被採用。

南北朝紀年

干支癸卯　公元 463 年

朝代或國名	國家支配者	建都	廟號	謚號	建元	年號年次	輔政者	備注
宋	⑤劉駿	建康	世祖	武	2	2大明7年		
北魏	⑤拓跋濬	平城	高宗	文成	4	4和平4年		
仇池氏	⑯楊元和	白水				9年		
柔然	⑤吐賀真					19年		
吐谷渾	⑫拾寅	伏羅川				11年		青海湖西南
高昌	闞伯周	高昌				3年		柔然立

月　曆　表（建寅）

5176—355—1890557

月干支序數	星期／月序	日	1	2	3	4	5	6	日	1	2	3	4	5	6	日	1	2	3	4	5	6	日	1	2	3	4	5	6	日	1	2	3	4	5	6	日	月末陽曆
51	正		⑬	2	3	4	5	6	7	8	9	10	11	12	13	14	15	16	17	18	19	20	21	22	23	24	25	26	27	28	29	30						3.5
52	二				㊸	2	3	4	5	6	7	8	9	10	11	12	13	14	15	16	17	18	19	20	21	22	23	24	25	26	27	28	29					4.3
53	三					⑫	2	3	4	5	6	7	8	9	10	11	12	13	14	15	16	17	18	19	20	21	22	23	24	25	26	27	28	29	30			5.3
54	四							㊷	2	3	4	5	6	7	8	9	10	11	12	13	14	15	16	17	18	19	20	21	22	23	24	25	26	27	28	29	30	6.2
55	五		⑫	2	3	4	5	6	7	8	9	10	11	12	13	14	15	16	17	18	19	20	21	22	23	24	25	26	27	28	29							7.1
56	六			㊶	2	3	4	5	6	7	8	9	10	11	12	13	14	15	16	17	18	19	20	21	22	23	24	25	26	27	28	29	30					7.31
57	七					⑪	2	3	4	5	6	7	8	9	10	11	12	13	14	15	16	17	18	19	20	21	22	23	24	25	26	27	28	29				8.29
58	八						㊵	2	3	4	5	6	7	8	9	10	11	12	13	14	15	16	17	18	19	20	21	22	23	24	25	26	27	28	29	30		9.28
59	九	⑩	2	3	4	5	6	7	8	9	10	11	12	13	14	15	16	17	18	19	20	21	22	23	24	25	26	27	28	29								10.27
60	十		㊴	2	3	4	5	6	7	8	9	10	11	12	13	14	15	16	17	18	19	20	21	22	23	24	25	26	27	28	29	30						11.26
1	十一				⑨	2	3	4	5	6	7	8	9	10	11	12	13	14	15	16	17	18	19	20	21	22	23	24	25	26	27	28	29					12.25
2	十二					㊳	2	3	4	5	6	7	8	9	10	11	12	13	14	15	16	17	18	19	20	21	22	23	24	25	26	27	28	29	30			1.24

大事記

六月，柔然、高麗遣使獻於宋。　七月，宋詔重申禁佔江海田池。　八月，魏詔令凡民因饑而為奴婢者，聽贖。　九月，宋詔東郡境勸課墾殖，量貸麥種。　十月，宋詔聽受雜物當租。魏遣使聘於宋。

南北朝紀年　　干支甲辰　公元 464 年

朝代或國名	國家支配者	建都	廟號	謚號	建元	年號年次	輔政者	備注
宋	⑤劉駿	建康	世祖	武	2	2 大明 8 年		閏五月劉子業即位
北魏	⑤拓跋濬	平城	高宗	文成	4	4 和平 5 年		
柔然	⑤吐賀真					20 年		
	⑥受羅部真可汗					永康元年		
仇池氏	⑯楊元和	白水				10 年		
吐谷渾	⑫拾寅	伏羅川				12 年		青海湖西南
高昌	闞伯周	高昌				4 年		柔然立

月　曆　表（建　寅）　　5177—384—1890941

月干支序數	月序＼星期	日	1	2	3	4	5	6	日	1	2	3	4	5	6	日	1	2	3	4	5	6	日	1	2	3	4	5	6	日	1	2	3	4	5	6	日	月末陽曆
3	正							⑧	2	3	4	5	6	7	8	9	10	11	12	13	14	15	16	17	18	19	20	21	22	23	24	25	26	27	28	29		2.22
4	二	㊲	2	3	4	5	6	7	8	9	10	11	12	13	14	15	16	17	18	19	20	21	22	23	24	25	26	27	28	29	30							3.23
5	三			⑦	2	3	4	5	6	7	8	9	10	11	12	13	14	15	16	17	18	19	20	21	22	23	24	25	26	27	28	29						4.21
6	四				㊱	2	3	4	5	6	7	8	9	10	11	12	13	14	15	16	17	18	19	20	21	22	23	24	25	26	27	28	29	30				5.21
7	五						⑥	2	3	4	5	6	7	8	9	10	11	12	13	14	15	16	17	18	19	20	21	22	23	24	25	26	27	28	29			6.19
	閏							㉟	2	3	4	5	6	7	8	9	10	11	12	13	14	15	16	17	18	19	20	21	22	23	24	25	26	27	28	29	30	7.19
8	六		⑤	2	3	4	5	6	7	8	9	10	11	12	13	14	15	16	17	18	19	20	21	22	23	24	25	26	27	28	29	30						8.18
9	七				㉟	2	3	4	5	6	7	8	9	10	11	12	13	14	15	16	17	18	19	20	21	22	23	24	25	26	27	28	29					9.16
10	八					④	2	3	4	5	6	7	8	9	10	11	12	13	14	15	16	17	18	19	20	21	22	23	24	25	26	27	28	29	30			10.16
11	九							㉞	2	3	4	5	6	7	8	9	10	11	12	13	14	15	16	17	18	19	20	21	22	23	24	25	26	27	28	29		11.14
12	十	③	2	3	4	5	6	7	8	9	10	11	12	13	14	15	16	17	18	19	20	21	22	23	24	25	26	27	28	29	30							12.14
13	十一			㉝	2	3	4	5	6	7	8	9	10	11	12	13	14	15	16	17	18	19	20	21	22	23	24	25	26	27	28	29						1.12
14	十二				②	2	3	4	5	6	7	8	9	10	11	12	13	14	15	16	17	18	19	20	21	22	23	24	25	26	27	28	29	30				2.11

魏閏四月己巳、五月戊戌。

大事記

閏五月，宋孝帝卒，子業嗣，是為前廢帝。以劉義恭為中書監，柳元景領尚書令。　七月，柔然處羅可汗卒，子受羅部真可汗立，改元永康，率衆擾魏，敗還。　是年，宋境內凡有州 22，郡 274，縣 1 299，戶 94 萬有奇。宋東方諸郡連歲旱饑，米一升錢數百，餓死甚衆。魏允私鑄錢。

南北朝紀年　　干支乙巳　公元 465 年

朝代或國名	國家支配者	建都	廟號	謚號	建元	年號年次	輔政者	備注
宋	⑥劉子業	建康		前廢	2	1 永光元年		
						2 景和元年		八月癸酉改元
	⑦劉彧	建康	太宗	明	2	1 泰始元年		十二月丙寅改元

續表

朝代或國名	國家支配者	建　都	廟號	謚號	建元	年號年次	輔政者	備　　注
北魏	⑤拓跋濬	平城	高宗	文成	4	4和平6年		五月拓跋弘即位
柔然	⑥受羅部真可汗				1	永康2年		
仇池氏	⑯楊元和	白水				11年		
吐谷渾	⑫拾寅	伏羅川				13年		青海湖西南
高昌	闞伯周	高昌				5年		柔然立

月　曆　表(建寅)　　5178—354—1891295

月干支序數	月序／星期	日	1	2	3	4	5	6	日	1	2	3	4	5	6	日	1	2	3	4	5	6	日	1	2	3	4	5	6	日	1	2	3	4	5	6	日	月末陽曆
15	正						㉜	2	3	4	5	6	7	8	9	10	11	12	13	14	15	16	17	18	19	20	21	22	23	24	25	26	27	28	29			3.12
16	二							①	2	3	4	5	6	7	8	9	10	11	12	13	14	15	16	17	18	19	20	21	22	23	24	25	26	27	28	29	30	4.11
17	三		㉛	2	3	4	5	6	7	8	9	10	11	12	13	14	15	16	17	18	19	20	21	22	23	24	25	26	27	28	29							5.10
18	四			(60)	2	3	4	5	6	7	8	9	10	11	12	13	14	15	16	17	18	19	20	21	22	23	24	25	26	27	28	29	30					6.9
19	五					㉚	2	3	4	5	6	7	8	9	10	11	12	13	14	15	16	17	18	19	20	21	22	23	24	25	26	27	28	29				7.8
20	六						(59)	2	3	4	5	6	7	8	9	10	11	12	13	14	15	16	17	18	19	20	21	22	23	24	25	26	27	28	29	30		8.7
21	七	㉙	2	3	4	5	6	7	8	9	10	11	12	13	14	15	16	17	18	19	20	21	22	23	24	25	26	27	28	29								9.5
22	八		(58)	2	3	4	5	6	7	8	9	10	11	12	13	14	15	16	17	18	19	20	21	22	23	24	25	26	27	28	29	30						10.5
23	九				㉘	2	3	4	5	6	7	8	9	10	11	12	13	14	15	16	17	18	19	20	21	22	23	24	25	26	27	28	29					11.3
24	十					(57)	2	3	4	5	6	7	8	9	10	11	12	13	14	15	16	17	18	19	20	21	22	23	24	25	26	27	28	29	30			12.3
25	十一							㉗	2	3	4	5	6	7	8	9	10	11	12	13	14	15	16	17	18	19	20	21	22	23	24	25	26	27	28	29	30	1.2
26	十二		(57)	2	3	4	5	6	7	8	9	10	11	12	13	14	15	16	17	18	19	20	21	22	23	24	25	26	27	28	29							1.31

大事記

二月,宋鑄二銖錢。宋減州郡田祿之半。　五月,魏帝卒,子弘嗣,為獻文帝。　八月,宋尚書令柳元景謀立江夏王義恭,事泄,皆死。宋帝改元景和。　九月,宋義陽王昶據徐州抗命,兵敗,叛奔魏,魏封為丹陽王。宋廢帝殺新安王子鸞。宋聽民私鑄錢,於是錢質益劣,有鵝眼、綖環之目,物價踴貴,斗米萬錢。　十一月,宋寧朔將軍何邁謀立晉安王子勛,事泄,被殺。宋帝害太尉沈慶之。宋晉安王子勛起兵於江州。宋湘東王彧主衣阮佃夫等殺宋帝。　十二月,擁彧即位,改元泰始。罷二銖錢,禁鵝眼、綖環錢。晉安王子勛等拒新命。　是歲,宗慤卒。沈慶之卒(386—465)。魏雲崗石窟造像成(460始)。

南北朝紀年　　干支丙午　公元466年

朝代或國名	國家支配者	建　都	廟號	謚號	建元	年號年次	輔政者	備　　注
宋	⑦劉彧	建康	太宗	明	2	1泰始2年		
北魏	⑥拓跋弘	平城	顯祖	獻文	2	1天安元年		
柔然	⑥受羅部真可汗				1	永康3年		
	劉子勛	尋陽			1	義嘉元年		晉安王,正至八月
仇池氏	⑯楊元和	白水				12年		六月弃國奔魏
	楊僧嗣	葭蘆				元年		七月受宋册封
吐谷渾	⑫拾寅	伏羅川				14年		青海湖西南
高昌	闞伯周	高昌				6年		柔然立

月　曆　表（建　寅）　5179—354—1891649

月干支序數	月＼星期 序	日	1	2	3	4	5	6	日	1	2	3	4	5	6	日	1	2	3	4	5	6	日	1	2	3	4	5	6	日	1	2	3	4	5	6	日	月末陽曆
27	正			㉖	2	3	4	5	6	7	8	9	10	11	12	13	14	15	16	17	18	19	20	21	22	23	24	25	26	27	28	29	30					3.2
28	二					(56)	2	3	4	5	6	7	8	9	10	11	12	13	14	15	16	17	18	19	20	21	22	23	24	25	26	27	28	29				3.31
29	三						㉕	2	3	4	5	6	7	8	9	10	11	12	13	14	15	16	17	18	19	20	21	22	23	24	25	26	27	28	29	30		4.30
30	四	(55)	2	3	4	5	6	7	8	9	10	11	12	13	14	15	16	17	18	19	20	21	22	23	24	25	26	27	28	29								5.29
31	五		㉔	2	3	4	5	6	7	8	9	10	11	12	13	14	15	16	17	18	19	20	21	22	23	24	25	26	27	28	29	30						6.28
32	六				(54)	2	3	4	5	6	7	8	9	10	11	12	13	14	15	16	17	18	19	20	21	22	23	24	25	26	27	28	29					7.27
33	七					㉓	2	3	4	5	6	7	8	9	10	11	12	13	14	15	16	17	18	19	20	21	22	23	24	25	26	27	28	29	30			8.26
34	八							(53)	2	3	4	5	6	7	8	9	10	11	12	13	14	15	16	17	18	19	20	21	22	23	24	25	26	27	28	29		9.24
35	九	㉒	2	3	4	5	6	7	8	9	10	11	12	13	14	15	16	17	18	19	20	21	22	23	24	25	26	27	28	29	30							10.24
36	十			(52)	2	3	4	5	6	7	8	9	10	11	12	13	14	15	16	17	18	19	20	21	22	23	24	25	26	27	28	29						11.22
37	十一				㉑	2	3	4	5	6	7	8	9	10	11	12	13	14	15	16	17	18	19	20	21	22	23	24	25	26	27	28	29	30				12.22
38	十二						(51)	2	3	4	5	6	7	8	9	10	11	12	13	14	15	16	17	18	19	20	21	22	23	24	25	26	27	28	29			1.20

大事記

正月，魏改元天安。宋晉安王子勛即帝位於尋陽，改元義嘉，徐州刺史薛安都、吳郡太守顧琛等紛起應之，四方貢計皆歸尋陽。　二月，魏殺丞相乙渾，馮太后臨朝稱制。　三月，宋斷新錢，專用古錢。　五月，宋弋陽西山蠻田益之起兵圍義陽，以應建康。　七月，氐帥楊僧嗣附於建康，拜北秦州刺史、武都王。　八月，宋將沈攸之入尋陽，殺晉安王子勛。鮑照為亂兵所殺。大亂粗平。魏用高允議立郡學，置博士、助教、生員。　十月，宋盡殺孝武帝諸子。宋將薛安都等降於魏，魏遣兵助之。　十二月，宋益州大亂，成都被圍，逾月始解。　是年，魏州鎮十一旱，民饑。地理學家酈道元誕生(466—527)。

南北朝紀年　干支丁未　公元 467 年

朝代或國名	國家支配者	建　都	廟號	謚號	建元	年號年次	輔政者	備　注
宋	⑦劉彧	建康	太宗	明	2	1 泰始 3 年		
北魏	⑥拓跋弘	平城	顯祖	獻文	2	2 皇興元年		八月戊申改元
柔然	⑥受羅部真可汗				1	永康 4 年		
仇池氏	⑰楊僧嗣	葭蘆				2 年		武都東南
吐谷渾	⑫拾寅	伏羅川				15 年		青海湖西南
高昌	闞伯周	高昌				7 年		柔然立

月　曆　表（建　寅）　5180—384—1892033

月干支序數	月＼星期 序	日	1	2	3	4	5	6	日	1	2	3	4	5	6	日	1	2	3	4	5	6	日	1	2	3	4	5	6	日	1	2	3	4	5	6	日	月末陽曆
39	正							⑳	2	3	4	5	6	7	8	9	10	11	12	13	14	15	16	17	18	19	20	21	22	23	24	25	26	27	28	29	30	2.19
	閏		㊿	2	3	4	5	6	7	8	9	10	11	12	13	14	15	16	17	18	19	20	21	22	23	24	25	26	27	28	29							3.20
40	二			⑲	2	3	4	5	6	7	8	9	10	11	12	13	14	15	16	17	18	19	20	21	22	23	24	25	26	27	28	29	30					4.19
41	三					㊾	2	3	4	5	6	7	8	9	10	11	12	13	14	15	16	17	18	19	20	21	22	23	24	25	26	27	28	29	30			5.19
42	四							⑲	2	3	4	5	6	7	8	9	10	11	12	13	14	15	16	17	18	19	20	21	22	23	24	25	26	27	28	29		6.17
43	五	㊽	2	3	4	5	6	7	8	9	10	11	12	13	14	15	16	17	18	19	20	21	22	23	24	25	26	27	28	29	30							7.17

續表

月干支序數	月序＼星期	日	1	2	3	4	5	6	日	1	2	3	4	5	6	日	1	2	3	4	5	6	日	1	2	3	4	5	6	日	1	2	3	4	5	6	日	月末陽曆
44	六			⑱	2	3	4	5	6	7	8	9	10	11	12	13	14	15	16	17	18	19	20	21	22	23	24	25	26	27	28	29						8.15
45	七				㊼	2	3	4	5	6	7	8	9	10	11	12	13	14	15	16	17	18	19	20	21	22	23	24	25	26	27	28	29	30				9.14
46	八						⑰	2	3	4	5	6	7	8	9	10	11	12	13	14	15	16	17	18	19	20	21	22	23	24	25	26	27	28	29			10.13
47	九							㊻	2	3	4	5	6	7	8	9	10	11	12	13	14	15	16	17	18	19	20	21	22	23	24	25	26	27	28	29	30	11.12
48	十		⑯	2	3	4	5	6	7	8	9	10	11	12	13	14	15	16	17	18	19	20	21	22	23	24	25	26	27	28	29							12.11
49	十一			㊺	2	3	4	5	6	7	8	9	10	11	12	13	14	15	16	17	18	19	20	21	22	23	24	25	26	27	28	29	30					1.10
50	十二					⑬	2	3	4	5	6	7	8	9	10	11	12	13	14	15	16	17	18	19	20	21	22	23	24	25	26	27	28	29				2.8

大事記

正月，宋將沈攸之等為魏軍及薛安都所大敗，淮北及豫州淮西之地遂陷於魏。魏東平王道符據長安反，未幾敗死。　二月，魏攻宋汝陰不克。　三月，魏攻宋青州，連下四戍。　七月，薛安都子令伯擾梁、雍，敗死。　八月，魏起永寧寺，構七級浮圖，又造釋迦立像高四十三尺，用銅十萬斤，黃金六百斤。魏改元皇興。宋將沈攸之北攻魏，大敗，下邳等郡陷於魏。　九月，魏詔賜六鎮貧民人布三尺。　十月，宋復郡縣公田。　十一月，高麗、百濟獻於宋。　十二月，魏攻宋汝陰，無功。　是歲，顧歡作《夷夏論》。

南北朝紀年

干支戊申　公元 468 年

朝代或國名	國家支配者	建都	廟號	謚號	建元	年號年次	輔政者	備注
宋	⑦劉彧	建康	太宗	明	2	1泰始4年		
北魏	⑥拓跋弘	平城	顯祖	獻文	2	2皇興2年		
柔然	⑥受羅部真可汗				1	永康5年		
仇池氏	⑰楊僧嗣	葭蘆				3年		武都東南
吐谷渾	⑫拾寅	伏羅川				16年		青海湖西南
	[張鳳]	康樂山						豫章人
高昌	闞伯周	高昌				8年		柔然立

月　曆　表(建寅)

5181—355—1892388

月干支序數	月序＼星期	日	1	2	3	4	5	6	日	1	2	3	4	5	6	日	1	2	3	4	5	6	日	1	2	3	4	5	6	日	1	2	3	4	5	6	日	月末陽曆
51	正						㊹	2	3	4	5	6	7	8	9	10	11	12	13	14	15	16	17	18	19	20	21	22	23	24	25	26	27	28	29	30		3.9
52	二	⑭	2	3	4	5	6	7	8	9	10	11	12	13	14	15	16	17	18	19	20	21	22	23	24	25	26	27	28	29								4.7
53	三		㊸	2	3	4	5	6	7	8	9	10	11	12	13	14	15	16	17	18	19	20	21	22	23	24	25	26	27	28	29	30						5.7
54	四				⑬	2	3	4	5	6	7	8	9	10	11	12	13	14	15	16	17	18	19	20	21	22	23	24	25	26	27	28	29					6.5
55	五					㊷	2	3	4	5	6	7	8	9	10	11	12	13	14	15	16	17	18	19	20	21	22	23	24	25	26	27	28	29	30			7.5
56	六							⑫	2	3	4	5	6	7	8	9	10	11	12	13	14	15	16	17	18	19	20	21	22	23	24	25	26	27	28	29	30	8.4
57	七		㊷	2	3	4	5	6	7	8	9	10	11	12	13	14	15	16	17	18	19	20	21	22	23	24	25	26	27	28	29							9.2
58	八			⑪	2	3	4	5	6	7	8	9	10	11	12	13	14	15	16	17	18	19	20	21	22	23	24	25	26	27	28	29	30					10.2
59	九					㊶	2	3	4	5	6	7	8	9	10	11	12	13	14	15	16	17	18	19	20	21	22	23	24	25	26	27	28	29				10.31
60	十						⑩	2	3	4	5	6	7	8	9	10	11	12	13	14	15	16	17	18	19	20	21	22	23	24	25	26	27	28	29	30		11.30
1	十一	㊵	2	3	4	5	6	7	8	9	10	11	12	13	14	15	16	17	18	19	20	21	22	23	24	25	26	27	28	29								12.29
2	十二		⑨	2	3	4	5	6	7	8	9	10	11	12	13	14	15	16	17	18	19	20	21	22	23	24	25	26	27	28	29	30						1.28

大事記

正月，魏攻宋武津、義陽，敗還。宋東徐州、東兗州、蘭陵、厲城守將皆降魏。　二月，魏徐州司馬休符反，自稱晉王。　三月，宋交州人李長仁據州起事，殺北來部曲，自稱刺史。宋晉康太守劉思道攻俚人失利，還殺廣州刺史，旋敗死。　四月，宋減郡縣田租之半。柔然，吐谷渾奉獻於宋。宋敗魏兵於許昌。　十一月，宋發諸州兵擊魏。李長仁降。　十二月，魏陷宋不其城。　是歲，宋主徵道士陸修靜至建康，設崇虛館通天臺以待之。王玄謨卒(388—468)。

南北朝紀年

干支己酉　公元 469 年

朝代或國名	國家支配者	建都	廟號	謚號	建元	年號年次	輔政者	備注
宋	⑦劉彧	建康	太宗	明	2	1 泰始 5 年		
北魏	⑥拓跋弘	平城	顯祖	獻文	2	2 皇興 3 年		
柔然	⑥受羅部真可汗				1	永康 6 年		
	[田流]					1 年		浙江臨海
仇池氐	⑰楊僧嗣	葭蘆				4 年		武都東南
吐谷渾	⑫拾寅	伏羅川				17 年		青海湖西南
	[張鳳]	康樂山						反宋
高昌	闞伯周	高昌				9 年		柔然立

月曆表(建寅)

5182—384—1892772

月干支序數	月序＼星期	日	1	2	3	4	5	6	日	1	2	3	4	5	6	日	1	2	3	4	5	6	日	1	2	3	4	5	6	日	1	2	3	4	5	6	日	月末陽曆
3	正				㊴	2	3	4	5	6	7	8	9	10	11	12	13	14	15	16	17	18	19	20	21	22	23	24	25	26	27	28	29					2.26
4	二					⑧	2	3	4	5	6	7	8	9	10	11	12	13	14	15	16	17	18	19	20	21	22	23	24	25	26	27	28	29	30			3.28
5	三							㊳	2	3	4	5	6	7	8	9	10	11	12	13	14	15	16	17	18	19	20	21	22	23	24	25	26	27	28	29		4.26
6	四	⑦	2	3	4	5	6	7	8	9	10	11	12	13	14	15	16	17	18	19	20	21	22	23	24	25	26	27	28	29	30							5.26
7	五			㊲	2	3	4	5	6	7	8	9	10	11	12	13	14	15	16	17	18	19	20	21	22	23	24	25	26	27	28	29						6.24
8	六				⑥	2	3	4	5	6	7	8	9	10	11	12	13	14	15	16	17	18	19	20	21	22	23	24	25	26	27	28	29	30				7.24
9	七						㊱	2	3	4	5	6	7	8	9	10	11	12	13	14	15	16	17	18	19	20	21	22	23	24	25	26	27	28	29			8.22
10	八							⑤	2	3	4	5	6	7	8	9	10	11	12	13	14	15	16	17	18	19	20	21	22	23	24	25	26	27	28	29	30	9.21
11	九		㉟	2	3	4	5	6	7	8	9	10	11	12	13	14	15	16	17	18	19	20	21	22	23	24	25	26	27	28	29							10.20
12	十			④	2	3	4	5	6	7	8	9	10	11	12	13	14	15	16	17	18	19	20	21	22	23	24	25	26	27	28	29	30					11.19
13	十一					㉞	2	3	4	5	6	7	8	9	10	11	12	13	14	15	16	17	18	19	20	21	22	23	24	25	26	27	28	29	30			12.19
	閏							④	2	3	4	5	6	7	8	9	10	11	12	13	14	15	16	17	18	19	20	21	22	23	24	25	26	27	28	29		1.17
14	十二	㉝	2	3	4	5	6	7	8	9	10	11	12	13	14	15	16	17	18	19	20	21	22	23	24	25	26	27	28	29	30							2.16

魏閏九月丁卯，十月丁酉，十一月丁卯。

大事記

正月，魏陷宋東陽，於是青、冀之地盡入於魏。　二月，魏罷三等輸租法及雜調什五。宋柳欣慰等謀立廬江王禕，事泄，欣慰等被殺，禕旋亦死。　三月，吐谷渾獻於宋。魏攻宋汝陰，敗還。　五月，魏徙青、齊民於平城，置平齊郡以處之。魏用沙門統曇曜言，以民及奴分別為僧祇戶及佛圖戶。　十一月，魏遣使於宋修好，自是信使歲通。　十二月，宋以三峽蠻抄掠，於白帝置三巴校尉以鎮之。宋臨海人田流起事，稱東海王，掠海鹽，殺鄞令。

南北朝紀年

干支庚戌　公元 470 年

朝代或國名	國家支配者	建　都	廟號	謚號	建元	年號年次	輔政者	備　　注
宋	⑦劉彧	建康	太宗	明	2	1泰始6年		
北魏	⑥拓跋弘	平城	顯祖	獻文	2	2皇興4年		
柔然	⑥受羅部真可汗				1	永康7年		
	[田流]					2年		浙江臨海
	[張鳳]					1年		豫章(南昌)
仇池氏	⑰楊僧嗣	葭蘆				5年		武都東南
吐谷渾	⑫拾寅	伏羅川				18年		青海湖西南
高昌	闞伯周	高昌				10年		柔然立

月　曆　表（建　寅）

5183－354－1893126

月干支序數	月序／星期	日	1	2	3	4	5	6	日	1	2	3	4	5	6	日	1	2	3	4	5	6	日	1	2	3	4	5	6	日	1	2	3	4	5	6	日	月末陽曆
15	正			③	2	3	4	5	6	7	8	9	10	11	12	13	14	15	16	17	18	19	20	21	22	23	24	25	26	27	28	29						3.17
16	二				㉜	2	3	4	5	6	7	8	9	10	11	12	13	14	15	16	17	18	19	20	21	22	23	24	25	26	27	28	29	30				4.16
17	三						②	2	3	4	5	6	7	8	9	10	11	12	13	14	15	16	17	18	19	20	21	22	23	24	25	26	27	28	29			5.15
18	四							㉛	2	3	4	5	6	7	8	9	10	11	12	13	14	15	16	17	18	19	20	21	22	23	24	25	26	27	28	29	30	6.14
19	五		①	2	3	4	5	6	7	8	9	10	11	12	13	14	15	16	17	18	19	20	21	22	23	24	25	26	27	28	29							7.13
20	六			㉚	2	3	4	5	6	7	8	9	10	11	12	13	14	15	16	17	18	19	20	21	22	23	24	25	26	27	28	29	30					8.12
21	七					(60)	2	3	4	5	6	7	8	9	10	11	12	13	14	15	16	17	18	19	20	21	22	23	24	25	26	27	28	29				9.10
22	八						㉙	2	3	4	5	6	7	8	9	10	11	12	13	14	15	16	17	18	19	20	21	22	23	24	25	26	27	28	29	30		10.10
23	九	(59)	2	3	4	5	6	7	8	9	10	11	12	13	14	15	16	17	18	19	20	21	22	23	24	25	26	27	28	29								11.8
24	十		㉘	2	3	4	5	6	7	8	9	10	11	12	13	14	15	16	17	18	19	20	21	22	23	24	25	26	27	28	29	30						12.8
25	十一				(58)	2	3	4	5	6	7	8	9	10	11	12	13	14	15	16	17	18	19	20	21	22	23	24	25	26	27	28	29					1.6
26	十二					㉗	2	3	4	5	6	7	8	9	10	11	12	13	14	15	16	17	18	19	20	21	22	23	24	25	26	27	28	29	30			2.5

大事記

四月，魏擊吐谷渾，拾寅敗走。　八月，魏彭城民反，殺鎮將。　九月，宋立總明觀，置祭酒一人，儒、玄、文、史學士各十人。魏帝自將分道擊柔然，大破之，斬五萬餘級，降萬餘。　十一月，高麗獻於宋。魏詔弛山澤之禁。　是歲，田流敗滅。于闐為柔然所攻，請救於魏，魏以道遠不發兵。

南北朝紀年

干支辛亥　公元 471 年

朝代或國名	國家支配者	建　都	廟號	謚號	建元	年號年次	輔政者	備　　注
宋	⑦劉彧	建康	太宗	明	2	1泰始7年		
北魏	⑦拓跋宏	平城	高祖	文	3	1延興元年		八月丙午改元
柔然	⑥受羅部真可汗				1	永康8年		
晋	司馬小君	平陵			1	聖君元年		山西文水縣
仇池氏	⑰楊僧嗣	葭蘆				6年		武都東南
吐谷渾	⑫拾寅					19年		青海湖西南
高昌	闞伯周	高昌				11年		柔然立

月　曆　表(建寅)　5184－354－1893480

月干支序數	月序＼星期	日	1	2	3	4	5	6	日	1	2	3	4	5	6	日	1	2	3	4	5	6	日	1	2	3	4	5	6	日	1	2	3	4	5	6	日	月末陽曆
27	正							(57)	2	3	4	5	6	7	8	9	10	11	12	13	14	15	16	17	18	19	20	21	22	23	24	25	26	27	28	29		3.6
28	二	㉖	2	3	4	5	6	7	8	9	10	11	12	13	14	15	16	17	18	19	20	21	22	23	24	25	26	27	28	29	30								4.5
29	三			(56)	2	3	4	5	6	7	8	9	10	11	12	13	14	15	16	17	18	19	20	21	22	23	24	25	26	27	28	29	30						5.5
30	四					㉖	2	3	4	5	6	7	8	9	10	11	12	13	14	15	16	17	18	19	20	21	22	23	24	25	26	27	28	29					6.3
31	五						(55)	2	3	4	5	6	7	8	9	10	11	12	13	14	15	16	17	18	19	20	21	22	23	24	25	26	27	28	29	30			7.3
32	六	㉕	2	3	4	5	6	7	8	9	10	11	12	13	14	15	16	17	18	19	20	21	22	23	24	25	26	27	28	29									8.1
33	七		(54)	2	3	4	5	6	7	8	9	10	11	12	13	14	15	16	17	18	19	20	21	22	23	24	25	26	27	28	29	30							8.31
34	八				㉔	2	3	4	5	6	7	8	9	10	11	12	13	14	15	16	17	18	19	20	21	22	23	24	25	26	27	28	29						9.29
35	九					(53)	2	3	4	5	6	7	8	9	10	11	12	13	14	15	16	17	18	19	20	21	22	23	24	25	26	27	28	29	30				10.29
36	十							㉓	2	3	4	5	6	7	8	9	10	11	12	13	14	15	16	17	18	19	20	21	22	23	24	25	26	27	28	29			11.27
37	十一	(52)	2	3	4	5	6	7	8	9	10	11	12	13	14	15	16	17	18	19	20	21	22	23	24	25	26	27	28	29	30								12.27
38	十二			㉒	2	3	4	5	6	7	8	9	10	11	12	13	14	15	16	17	18	19	20	21	22	23	24	25	26	27	28	29							1.25

大事記

三月，魏遣使聘於宋。柔然獻於宋。魏簡西部敕勒為殿中武士。魏軍逃亡者衆，詔重申律令。　四月，宋以袁粲為尚書令，褚淵為左僕射。魏西部敕勒反。　六月，柔然遣使獻於宋。　八月，魏獻文帝傳位於子宏，改元延興，是為孝文帝，自稱太上皇。　九月，魏高陽民封辯自號齊王，起兵失敗。　十月，百濟獻於宋。魏沃野、統萬敕勒起事，旋敗，二千餘落降，殘部走枹罕、金城，被殺及俘虜殆盡。宋攻魏，至蒙山，引還。魏朔方民曹平原破石樓堡，殺軍將，未幾敗。　十一月，魏司馬小君自稱晉後，反於平陵。　是歲，宋起湘宮寺，備極壯麗。

南北朝紀年　干支壬子　公元472年

朝代或國名	國家支配者	建都	廟號	謚號	建元	年號年次	輔政者	備注
宋	⑦劉彧	建康	太宗	明	2	2泰豫元年		四月劉昱即位
北魏	⑦拓跋宏	平城	高祖	文	3	1延興2年		
柔然	⑥受羅部真可汗				1	永康9年		
仇池氏	⑰楊僧嗣	葭蘆				7年		武都東南
吐谷渾	⑫拾寅	伏羅川				20年		青海湖西南
高昌	闞伯周	高昌				12年		柔然立

月　曆　表(建寅)　5185－384－1893864

月干支序數	月序＼星期	日	1	2	3	4	5	6	日	1	2	3	4	5	6	日	1	2	3	4	5	6	日	1	2	3	4	5	6	日	1	2	3	4	5	6	日	月末陽曆
39	正				(51)	2	3	4	5	6	7	8	9	10	11	12	13	14	15	16	17	18	19	20	21	22	23	24	25	26	27	28	29	30					2.24
40	二						㉑	2	3	4	5	6	7	8	9	10	11	12	13	14	15	16	17	18	19	20	21	22	23	24	25	26	27	28	29				3.24
41	三							㊿	2	3	4	5	6	7	8	9	10	11	12	13	14	15	16	17	18	19	20	21	22	23	24	25	26	27	28	29	30		4.23
42	四		⑳	2	3	4	5	6	7	8	9	10	11	12	13	14	15	16	17	18	19	20	21	22	23	24	25	26	27	28	29								5.22
43	五			㊾	2	3	4	5	6	7	8	9	10	11	12	13	14	15	16	17	18	19	20	21	22	23	24	25	26	27	28	29	30						6.21
44	六					⑲	2	3	4	5	6	7	8	9	10	11	12	13	14	15	16	17	18	19	20	21	22	23	24	25	26	27	28	29	30				7.21
45	七							㊾	2	3	4	5	6	7	8	9	10	11	12	13	14	15	16	17	18	19	20	21	22	23	24	25	26	27	28	29			8.19

續表

月干支序數	月序＼星期	日	1	2	3	4	5	6	日	1	2	3	4	5	6	日	1	2	3	4	5	6	日	1	2	3	4	5	6	日	1	2	3	4	5	6	日	月末陽曆
	閏	⑱	2	3	4	5	6	7	8	9	10	11	12	13	14	15	16	17	18	19	20	21	22	23	24	25	26	27	28	29	30							9.18
46	八			㊽	2	3	4	5	6	7	8	9	10	11	12	13	14	15	16	17	18	19	20	21	22	23	24	25	26	27	28	29						10.17
47	九				⑰	2	3	4	5	6	7	8	9	10	11	12	13	14	15	16	17	18	19	20	21	22	23	24	25	26	27	28	29	30				11.16
48	十						㊼	2	3	4	5	6	7	8	9	10	11	12	13	14	15	16	17	18	19	20	21	22	23	24	25	26	27	28	29			12.15
49	十一							⑯	2	3	4	5	6	7	8	9	10	11	12	13	14	15	16	17	18	19	20	21	22	23	24	25	26	27	28	29	30	1.14
50	十二		㊻	2	3	4	5	6	7	8	9	10	11	12	13	14	15	16	17	18	19	20	21	22	23	24	25	26	27	28	29							2.12

魏閏，六月壬子、七月辛巳。

大事記

正月，宋改元泰豫。宋大陽蠻帥桓誕以沔北八萬餘落附魏，拜東荆州刺史、襄陽王，聽自選郡縣吏。魏統萬胡民北反。 二月，柔然擾魏，東部敕勒奔附之。 三月，魏於石城獲曹平原。魏連川敕勒反，失敗。魏徙其衆於青、徐、齊、兖四州為營戶。林邑獻於宋。 四月，宋明帝卒，太子昱立。魏詔工商雜技盡聽赴農。 七月，柔然擾魏敦煌、晉昌，皆敗還。魏光州民劉晏反，與宋通。 閏七月，宋荆州刺史苛虐，諸蠻群起，西溪蠻掠抄武陵城下，宋兵擊敗之。 八月，魏河西費也頭反。 九月，魏州郡十一大水，詔流迸之民，皆令還本，違者徙邊鎮。 十月，柔然攻魏五原。 十一月，柔然、高麗獻於宋。 十二月，魏侵宋義陽，敗退。是歲，魏有司奏諸祠祀千七十五所，歲用牲口七萬五千五百。

南北朝紀年

干支癸丑　公元 473 年

朝代或國名	國家支配者	建都	廟號	謚號	建元	年號年次	輔政者	備注
宋	⑧劉昱	建康		後廢	1	元徽元年		
北魏	⑦拓跋宏	平城	高祖	文	3	1 延興 3 年		
柔然	⑥受羅部真可汗				1	永康 10 年		
仇池氏	⑰楊僧嗣	葭蘆				8 年		十月卒
吐谷渾	⑫拾寅	伏羅川				21 年		青海湖西南
高昌	闞伯周	高昌				13 年		柔然立

月　曆　表（建寅）

5186—355—1894219

月干支序數	月序＼星期	日	1	2	3	4	5	6	日	1	2	3	4	5	6	日	1	2	3	4	5	6	日	1	2	3	4	5	6	日	1	2	3	4	5	6	日	月末陽曆
51	正			⑮	2	3	4	5	6	7	8	9	10	11	12	13	14	15	16	17	18	19	20	21	22	23	24	25	26	27	28	29	30					3.14
52	二					㊺	2	3	4	5	6	7	8	9	10	11	12	13	14	15	16	17	18	19	20	21	22	23	24	25	26	27	28	29				4.12
53	三						⑭	2	3	4	5	6	7	8	9	10	11	12	13	14	15	16	17	18	19	20	21	22	23	24	25	26	27	28	29	30		5.12
54	四	㊹	2	3	4	5	6	7	8	9	10	11	12	13	14	15	16	17	18	19	20	21	22	23	24	25	26	27	28	29								6.10
55	五		⑬	2	3	4	5	6	7	8	9	10	11	12	13	14	15	16	17	18	19	20	21	22	23	24	25	26	27	28	29	30						7.10
56	六				㊸	2	3	4	5	6	7	8	9	10	11	12	13	14	15	16	17	18	19	20	21	22	23	24	25	26	27	28	29					8.8
57	七					⑫	2	3	4	5	6	7	8	9	10	11	12	13	14	15	16	17	18	19	20	21	22	23	24	25	26	27	28	29	30			9.7
58	八							㊷	2	3	4	5	6	7	8	9	10	11	12	13	14	15	16	17	18	19	20	21	22	23	24	25	26	27	28	29		10.6
59	九	⑪	2	3	4	5	6	7	8	9	10	11	12	13	14	15	16	17	18	19	20	21	22	23	24	25	26	27	28	29	30							11.5
60	十			㊶	2	3	4	5	6	7	8	9	10	11	12	13	14	15	16	17	18	19	20	21	22	23	24	25	26	27	28	29	30					12.5
1	十一					⑪	2	3	4	5	6	7	8	9	10	11	12	13	14	15	16	17	18	19	20	21	22	23	24	25	26	27	28	29				1.3
2	十二						㊵	2	3	4	5	6	7	8	9	10	11	12	13	14	15	16	17	18	19	20	21	22	23	24	25	26	27	28	29	30		2.2

大事記

正月，宋改元元徽。魏遣使聘於宋。魏詔守令勸農，令貧富通借牛隻，又定守令治盜畀轉之法。　四月，吐谷渾攻魏澆河。魏以孔子後二十八世孫乘為崇聖大夫，給十戶供灑掃。　五月，吐谷渾獻於宋。　七月，宋顧長康、何翌之表上所撰諫林十二卷。魏詔河南六州民，戶收絹一匹、綿一斤、租三十石。　八月，宋王儉表上所撰七誌三十卷。吐谷渾王拾寅降魏，遣子入侍，自是歲獻於魏。　九月，宋遣使聘於魏。　十月，魏謀南討，詔州郡之民十丁取一，戶收租五十石。氐帥楊文度自立為武興王，降於魏，拜武興鎮將。　十二月，吐谷渾獻於宋。柔然攻魏柔玄鎮，二部敕勒附之。　是歲，魏州鎮十一水、旱，相州民饑，死者甚衆。魏齊州人劉舉以宗教聚衆起事，稱皇帝，未幾敗死。魏沙門慧隱反。王儉撰《七誌》成。

南北朝紀年

干支甲寅　公元 474 年

朝代或國名	國家支配者	建　都	廟號	謚號	建元	年號年次	輔政者	備　注
宋	⑧劉昱	建康		後廢	1	元徽 2 年		
北魏	⑦拓跋宏	平城	高祖	文	3	1 延興 4 年		
柔然	⑥受羅部真可汗				1	永康 11 年		
仇池氏	⑱楊文度	武都				元年		
吐谷渾	⑫拾寅	伏羅川				22 年		青海湖西南
高昌	闞伯周	高昌				14 年		柔然立

月　曆　表(建寅)

5187－354－1894573

月干支序數	月序＼星期	日	1	2	3	4	5	6	日	1	2	3	4	5	6	日	1	2	3	4	5	6	日	1	2	3	4	5	6	日	1	2	3	4	5	6	日	月末陽曆
3	正	⑩	2	3	4	5	6	7	8	9	10	11	12	13	14	15	16	17	18	19	20	21	22	23	24	25	26	27	28	29								3.3
4	二		㊴	2	3	4	5	6	7	8	9	10	11	12	13	14	15	16	17	18	19	20	21	22	23	24	25	26	27	28	29	30						4.2
5	三				⑨	2	3	4	5	6	7	8	9	10	11	12	13	14	15	16	17	18	19	20	21	22	23	24	25	26	27	28	29					5.1
6	四					㊳	2	3	4	5	6	7	8	9	10	11	12	13	14	15	16	17	18	19	20	21	22	23	24	25	26	27	28	29	30			5.31
7	五							⑧	2	3	4	5	6	7	8	9	10	11	12	13	14	15	16	17	18	19	20	21	22	23	24	25	26	27	28	29		6.29
8	六	㊲	2	3	4	5	6	7	8	9	10	11	12	13	14	15	16	17	18	19	20	21	22	23	24	25	26	27	28	29	30							7.29
9	七			⑦	2	3	4	5	6	7	8	9	10	11	12	13	14	15	16	17	18	19	20	21	22	23	24	25	26	27	28	29						8.27
10	八				㊱	2	3	4	5	6	7	8	9	10	11	12	13	14	15	16	17	18	19	20	21	22	23	24	25	26	27	28	29	30				9.26
11	九						⑥	2	3	4	5	6	7	8	9	10	11	12	13	14	15	16	17	18	19	20	21	22	23	24	25	26	27	28	29			10.25
12	十							㉟	2	3	4	5	6	7	8	9	10	11	12	13	14	15	16	17	18	19	20	21	22	23	24	25	26	27	28	29	30	11.24
13	十一		⑤	2	3	4	5	6	7	8	9	10	11	12	13	14	15	16	17	18	19	20	21	22	23	24	25	26	27	28	29							12.23
14	十二			㉞	2	3	4	5	6	7	8	9	10	11	12	13	14	15	16	17	18	19	20	21	22	23	24	25	26	27	28	29	30					1.22

大事記

三月，魏遣使聘於宋。　五月，宋桂陽王休範以清君側為名起兵尋陽，建康大震，宋用右衛將軍蕭道成議，堅守以待。道成使越騎校尉張敬兒詐降，殺休範，破其餘黨。柔然遣使聘於宋。　六月，宋以蕭道成為中領軍，參決朝政。魏罷門房同誅之律。　七月，柔然攻魏敦煌。魏州鎮十三大饑。　十二月，魏征吐谷渾軍反於句律城，首者千餘人被殺。

南北朝紀年

干支乙卯　公元475年

朝代或國名	國家支配者	建　都	廟號	謚號	建元	年號年次	輔政者	備　注
宋	⑧劉昱	建康		後廢	1	元徽3年		
北魏	⑦拓跋宏	平城	高祖	文	3	1延興5年		
柔然	⑥受羅部真可汗				1	永康12年		
仇池氏	⑱楊文度	武都				2年		
吐谷渾	⑫拾寅	伏羅川				23年		青海湖西南
高昌	闞伯周	高昌				15年		柔然立

月　曆　表(建寅)

5188—384—1894957

月干支序數	月序＼星期	日	1	2	3	4	5	6	日	1	2	3	4	5	6	日	1	2	3	4	5	6	日	1	2	3	4	5	6	日	1	2	3	4	5	6	日	月末陽曆
15	正					①	2	3	4	5	6	7	8	9	10	11	12	13	14	15	16	17	18	19	20	21	22	23	24	25	26	27	28	29				2.20
16	二						㉝	2	3	4	5	6	7	8	9	10	11	12	13	14	15	16	17	18	19	20	21	22	23	24	25	26	27	28	29	30		3.22
17	三	③	2	3	4	5	6	7	8	9	10	11	12	13	14	15	16	17	18	19	20	21	22	23	24	25	26	27	28	29	30							4.21
	閏			㉝	2	3	4	5	6	7	8	9	10	11	12	13	14	15	16	17	18	19	20	21	22	23	24	25	26	27	28	29						5.20
18	四				②	2	3	4	5	6	7	8	9	10	11	12	13	14	15	16	17	18	19	20	21	22	23	24	25	26	27	28	29	30				6.19
19	五						㉜	2	3	4	5	6	7	8	9	10	11	12	13	14	15	16	17	18	19	20	21	22	23	24	25	26	27	28	29			7.18
20	六							①	2	3	4	5	6	7	8	9	10	11	12	13	14	15	16	17	18	19	20	21	22	23	24	25	26	27	28	29	30	8.17
21	七		㉛	2	3	4	5	6	7	8	9	10	11	12	13	14	15	16	17	18	19	20	21	22	23	24	25	26	27	28	29							9.15
22	八			(60)	2	3	4	5	6	7	8	9	10	11	12	13	14	15	16	17	18	19	20	21	22	23	24	25	26	27	28	29	30					10.15
23	九					㉚	2	3	4	5	6	7	8	9	10	11	12	13	14	15	16	17	18	19	20	21	22	23	24	25	26	27	28	29				11.13
24	十						(59)	2	3	4	5	6	7	8	9	10	11	12	13	14	15	16	17	18	19	20	21	22	23	24	25	26	27	28	29	30		12.13
25	十一	㉙	2	3	4	5	6	7	8	9	10	11	12	13	14	15	16	17	18	19	20	21	22	23	24	25	26	27	28	29								1.11
26	十二		(58)	2	3	4	5	6	7	8	9	10	11	12	13	14	15	16	17	18	19	20	21	22	23	24	25	26	27	28	29	30						2.10

大事記

三月,吐谷渾獻於宋。　四月,宋檢括諸州民戶。　五月,魏遣使聘於宋。　六月,魏初禁殺牛馬。　九月,魏洛州人賈伯奴、豫州人田智度反。　十月,高麗獻於宋。

南北朝紀年

干支丙辰　公元476年

朝代或國名	國家支配者	建　都	廟號	謚號	建元	年號年次	輔政者	備　注
宋	⑧劉昱	建康		後廢	1	元徽4年		
北魏	⑦拓跋宏	平城	高祖	文	3	2承明元年		六月壬申改元
柔然	⑥受羅部真可汗				1	永康13年		
仇池氏	⑱楊文度	武都				3年		
吐谷渾	⑫拾寅	伏羅川				24年		青海湖西南
高昌	闞伯周	高昌				16年		柔然立

月　曆　表（建寅）　　5189—354—1895311

月干支序數	星期 月序	日	1	2	3	4	5	6	日	1	2	3	4	5	6	日	1	2	3	4	5	6	日	1	2	3	4	5	6	日	1	2	3	4	5	6	日	月末陽曆
27	正				㉘	2	3	4	5	6	7	8	9	10	11	12	13	14	15	16	17	18	19	20	21	22	23	24	25	26	27	28	29					3.10
28	二					(57)	2	3	4	5	6	7	8	9	10	11	12	13	14	15	16	17	18	19	20	21	22	23	24	25	26	27	28	29	30			4.9
29	三							㉗	2	3	4	5	6	7	8	9	10	11	12	13	14	15	16	17	18	19	20	21	22	23	24	25	26	27	28	29		5.8
30	四	(56)	2	3	4	5	6	7	8	9	10	11	12	13	14	15	16	17	18	19	20	21	22	23	24	25	26	27	28	29	30							6.7
31	五			㉖	2	3	4	5	6	7	8	9	10	11	12	13	14	15	16	17	18	19	20	21	22	23	24	25	26	27	28	29	30					7.7
32	六					(56)	2	3	4	5	6	7	8	9	10	11	12	13	14	15	16	17	18	19	20	21	22	23	24	25	26	27	28	29				8.5
33	七						㉕	2	3	4	5	6	7	8	9	10	11	12	13	14	15	16	17	18	19	20	21	22	23	24	25	26	27	28	29	30		9.4
34	八	(55)	2	3	4	5	6	7	8	9	10	11	12	13	14	15	16	17	18	19	20	21	22	23	24	25	26	27	28	29								10.3
35	九		㉔	2	3	4	5	6	7	8	9	10	11	12	13	14	15	16	17	18	19	20	21	22	23	24	25	26	27	28	29	30						11.2
36	十				(54)	2	3	4	5	6	7	8	9	10	11	12	13	14	15	16	17	18	19	20	21	22	23	24	25	26	27	28	29					12.1
37	十一					㉓	2	3	4	5	6	7	8	9	10	11	12	13	14	15	16	17	18	19	20	21	22	23	24	25	26	27	28	29	30			12.31
38	十二							(53)	2	3	4	5	6	7	8	9	10	11	12	13	14	15	16	17	18	19	20	21	22	23	24	25	26	27	28	29		1.29

大事記

五月，魏武邑民宋伏龍反，稱王，失敗被殺。　六月，魏馮太后鴆殺太上皇，改元承明，以太皇太后復臨朝稱制。七月，宋建平王景素據京口起兵，旋敗死於蕭道成手。

南北朝紀年　　干支丁巳　公元477年

朝代或國名	國家支配者	建都	廟號	謚號	建元	年號年次	輔政者	備注
宋	⑨劉準	建康		順	1	昇明元年		七月壬辰改元
北魏	⑦拓跋宏	平城	高祖	文	3	3 太和元年		
柔然	⑥受羅部真可汗				1	永康14年		
仇池氏	⑱楊文度	武都				4年		十二月被魏斬
吐谷渾	⑫拾寅	伏羅川				25年		青海湖西南
高昌	闞伯周	高昌				17年		柔然立

月　曆　表（建寅）　　5190—384—1895695

月干支序數	星期 月序	日	1	2	3	4	5	6	日	1	2	3	4	5	6	日	1	2	3	4	5	6	日	1	2	3	4	5	6	日	1	2	3	4	5	6	日	月末陽曆
39	正	㉒	2	3	4	5	6	7	8	9	10	11	12	13	14	15	16	17	18	19	20	21	22	23	24	25	26	27	28	29	30							2.28
40	二			(52)	2	3	4	5	6	7	8	9	10	11	12	13	14	15	16	17	18	19	20	21	22	23	24	25	26	27	28	29						3.29
41	三				㉑	2	3	4	5	6	7	8	9	10	11	12	13	14	15	16	17	18	19	20	21	22	23	24	25	26	27	28	29	30				4.28
42	四						(51)	2	3	4	5	6	7	8	9	10	11	12	13	14	15	16	17	18	19	20	21	22	23	24	25	26	27	28	29			5.27
43	五							⑳	2	3	4	5	6	7	8	9	10	11	12	13	14	15	16	17	18	19	20	21	22	23	24	25	26	27	28	29	30	6.26
44	六		㊿	2	3	4	5	6	7	8	9	10	11	12	13	14	15	16	17	18	19	20	21	22	23	24	25	26	27	28	29							7.25
45	七			⑲	2	3	4	5	6	7	8	9	10	11	12	13	14	15	16	17	18	19	20	21	22	23	24	25	26	27	28	29	30					8.24
46	八					㊾	2	3	4	5	6	7	8	9	10	11	12	13	14	15	16	17	18	19	20	21	22	23	24	25	26	27	28	29				9.22
47	九						⑱	2	3	4	5	6	7	8	9	10	11	12	13	14	15	16	17	18	19	20	21	22	23	24	25	26	27	28	29	30		10.22
48	十	㊽	2	3	4	5	6	7	8	9	10	11	12	13	14	15	16	17	18	19	20	21	22	23	24	25	26	27	28	29	30							11.21

續表

月干支序數	月序＼星期	日	1	2	3	4	5	6	日	1	2	3	4	5	6	日	1	2	3	4	5	6	日	1	2	3	4	5	6	日	1	2	3	4	5	6	日	月末陽曆
49	十一			⑱	2	3	4	5	6	7	8	9	10	11	12	13	14	15	16	17	18	19	20	21	22	23	24	25	26	27	28	29						12.20
50	十二				㊼	2	3	4	5	6	7	8	9	10	11	12	13	14	15	16	17	18	19	20	21	22	23	24	25	26	27	28	29	30				1.19
	閏						⑰	2	3	4	5	6	7	8	9	10	11	12	13	14	15	16	17	18	19	20	21	22	23	24	25	26	27	28	29			2.17

魏閏十一月庚戌、十二月庚辰。

大事記

正月,魏改元太和。魏略陽民王元壽起事,稱冲天王,旋敗。　三月,魏詔一夫制治田四十畝,中男二十畝。　四月,宋阮佃夫等謀廢立,事泄,被殺。　七月,宋蕭道成使人殺宋帝,貶蒼梧王,立安成王準,改元昇明,道成錄尚書事。　八月,魏詔工商皂隸非有勛勞者敍官不得過本部丞。　九月,魏更定律令。　十月,氐帥楊文度陷魏仇池。　十一月,倭國獻於宋。魏懷州民伊祁苟自稱堯後,聚衆起事於重山,未幾敗死。　十二月,宋荆州刺史沈攸之起兵討蕭道成。宋司徒袁粲等據石頭城反蕭道成,敗死。魏攻斬楊文度,以氐人楊廣香為陰平公,楊文弘為武都王。　是歲,魏京有佛寺百所,僧尼2 000餘人,四方諸寺6 478,僧尼77 258人。

南北朝紀年

干支戊午　公元478年

朝代或國名	國家支配者	建都	廟號	謚號	建元	年號年次	輔政者	備注
宋	⑨劉準	建康		順	1	昇明2年		
北魏	⑦拓跋宏	平城	高祖	文	3	3太和2年		
柔然	⑥受羅部真可汗				1	永康15年		
仇池氐	⑲楊文弘	秦州				元年		去年受魏封
	楊廣香	葭蘆				元年		魏立
吐谷渾	⑫拾寅	伏羅川				26年		青海湖西南
高昌	闞伯周	高昌				18年		柔然立

月曆表(建寅)

5191—354—1896049

月干支序數	月序＼星期	日	1	2	3	4	5	6	日	1	2	3	4	5	6	日	1	2	3	4	5	6	日	1	2	3	4	5	6	日	1	2	3	4	5	6	日	月末陽曆
51	正							㊻	2	3	4	5	6	7	8	9	10	11	12	13	14	15	16	17	18	19	20	21	22	23	24	25	26	27	28	29	30	3.19
52	二		⑯	2	3	4	5	6	7	8	9	10	11	12	13	14	15	16	17	18	19	20	21	22	23	24	25	26	27	28	29							4.17
53	三			㊺	2	3	4	5	6	7	8	9	10	11	12	13	14	15	16	17	18	19	20	21	22	23	24	25	26	27	28	29	30					5.17
54	四					⑮	2	3	4	5	6	7	8	9	10	11	12	13	14	15	16	17	18	19	20	21	22	23	24	25	26	27	28	29				6.15
55	五						㊹	2	3	4	5	6	7	8	9	10	11	12	13	14	15	16	17	18	19	20	21	22	23	24	25	26	27	28	29	30		7.15
56	六	⑭	2	3	4	5	6	7	8	9	10	11	12	13	14	15	16	17	18	19	20	21	22	23	24	25	26	27	28	29								8.13
57	七		㊸	2	3	4	5	6	7	8	9	10	11	12	13	14	15	16	17	18	19	20	21	22	23	24	25	26	27	28	29	30						9.12
58	八				⑬	2	3	4	5	6	7	8	9	10	11	12	13	14	15	16	17	18	19	20	21	22	23	24	25	26	27	28	29					10.11
59	九					㊷	2	3	4	5	6	7	8	9	10	11	12	13	14	15	16	17	18	19	20	21	22	23	24	25	26	27	28	29	30			11.10
60	十							⑫	2	3	4	5	6	7	8	9	10	11	12	13	14	15	16	17	18	19	20	21	22	23	24	25	26	27	28	29		12.9
1	十一	㊶	2	3	4	5	6	7	8	9	10	11	12	13	14	15	16	17	18	19	20	21	22	23	24	25	26	27	28	29	30							1.8
2	十二			⑪	2	3	4	5	6	7	8	9	10	11	12	13	14	15	16	17	18	19	20	21	22	23	24	25	26	27	28	29						2.6

大事記

正月，沈攸之敗死。　二月，宋蕭道成為太尉，都督南徐等十六州諸軍事。　三月，魏拜宕昌帥彌機為河南公、宕昌王。　四月，蕭道成殺南兗州刺史黄回。　五月，倭國王武遣使獻於宋，拜安東大將軍。魏禁皇族、貴戚及仕民與普通百姓為婚。　六月，宋拜氐帥楊文弘為武都王。　九月，宋以蕭道成假黄鉞、大都督督中外諸軍事、太傅、揚州牧。柔然遣使於宋。　十月，魏遣使聘於宋。　十二月，高麗獻於宋。　是歲，魏二十餘州郡水旱，民饑。

南北朝紀年　　干支己未　公元 479 年

朝代或國名	國家支配者	建都	廟號	謚號	建元	年號年次	輔政者	備注
宋	⑨劉準	建康		順	1	昇明 3 年		四月亡
北魏	⑦拓跋宏	平城	高祖	文	3	3 太和 3 年		
南齊	①蕭道成	建康	太祖	高	1	建元元年		四月甲午建元
柔然	⑥受羅部真可汗				1	永康 16 年		
仇池氐	⑲楊文弘	秦州				2 年		
	楊廣香	葭蘆				2 年		
吐谷渾	⑫拾寅	伏羅川				27 年		青海湖西南
高昌	闞伯周	高昌				19 年		柔然立

月　曆　表（建　寅）　　5192—355—1896404

月干支序數	月序＼星期	日	1	2	3	4	5	6	日	1	2	3	4	5	6	日	1	2	3	4	5	6	日	1	2	3	4	5	6	日	1	2	3	4	5	6	日	月末陽曆
3	正				㊵	2	3	4	5	6	7	8	9	10	11	12	13	14	15	16	17	18	19	20	21	22	23	24	25	26	27	28	29	30				3.8
4	二						⑩	2	3	4	5	6	7	8	9	10	11	12	13	14	15	16	17	18	19	20	21	22	23	24	25	26	27	28	29	30		4.7
5	三	㊵	2	3	4	5	6	7	8	9	10	11	12	13	14	15	16	17	18	19	20	21	22	23	24	25	26	27	28	29								5.6
6	四		⑨	2	3	4	5	6	7	8	9	10	11	12	13	14	15	16	17	18	19	20	21	22	23	24	25	26	27	28	29	30						6.5
7	五				㊴	2	3	4	5	6	7	8	9	10	11	12	13	14	15	16	17	18	19	20	21	22	23	24	25	26	27	28	29					7.4
8	六					⑧	2	3	4	5	6	7	8	9	10	11	12	13	14	15	16	17	18	19	20	21	22	23	24	25	26	27	28	29	30			8.3
9	七							㊳	2	3	4	5	6	7	8	9	10	11	12	13	14	15	16	17	18	19	20	21	22	23	24	25	26	27	28	29		9.1
10	八	⑦	2	3	4	5	6	7	8	9	10	11	12	13	14	15	16	17	18	19	20	21	22	23	24	25	26	27	28	29	30							10.1
11	九			㊲	2	3	4	5	6	7	8	9	10	11	12	13	14	15	16	17	18	19	20	21	22	23	24	25	26	27	28	29						10.30
12	十				⑥	2	3	4	5	6	7	8	9	10	11	12	13	14	15	16	17	18	19	20	21	22	23	24	25	26	27	28	29	30				11.29
13	十一						㊱	2	3	4	5	6	7	8	9	10	11	12	13	14	15	16	17	18	19	20	21	22	23	24	25	26	27	28	29			12.28
14	十二							⑤	2	3	4	5	6	7	8	9	10	11	12	13	14	15	16	17	18	19	20	21	22	23	24	25	26	27	28	29	30	1.27

大事記

三月，宋蕭道成自為相國，總百揆，封齊公，加九錫。　四月，蕭道成進爵齊王。蕭道成稱皇帝，國號稱齊，改元建元，是為齊太祖高皇帝。以宋帝為汝陰王，繼殺之，追謚順帝，宋亡。齊以陳顯達為中護軍，王敬則為南兗州刺史。齊詔二宮諸王悉不得立邸、邸，封略山湖。齊禁濫募部曲。魏罷侯官。　七月，交州刺史李長仁死，弟叔獻代領州事，拒新刺史，齊即以叔獻為刺史。魏葭盧鎮主氐帥楊廣香附於齊，以為沙州刺史。　十月，晉壽李烏奴引氐兵攻齊梁州，敗逝。　十一月，魏奉宋降王劉昶分道攻齊。柔然應齊約，攻魏邊。契丹莫賀弗勿干率部萬餘口附魏，居白狼水東。　是年，齊進倭王武為鎮東大將軍。齊襄陽人盜發古冢，得竹簡書青絲編，王僧虔(426—485)以為《考工記》周官所闕文。

南北朝紀年

干支庚申　公元 480 年

朝代或國名	國家支配者	建　都	廟號	謚號	建元	年號年次	輔政者	備　　注
北魏	⑦拓跋宏	平城	高祖	文	3	3 太和 4 年		
南齊	①蕭道成	建康	太祖	高	1	建元 2 年		
柔然	⑥受羅部真可汗				1	永康 17 年		
仇池氐	⑲楊文弘	秦州				3 年		
	楊廣香	葭蘆				3 年		
吐谷渾	⑫拾寅	伏羅川				28 年		青海湖西南
高昌	闞伯周	高昌				20 年		柔然立

月　曆　表（建寅）

5193－384－1896788

月干支序數	月序＼星期	日	1	2	3	4	5	6	日	1	2	3	4	5	6	日	1	2	3	4	5	6	日	1	2	3	4	5	6	日	1	2	3	4	5	6	日	月末陽曆
15	正		㉟	2	3	4	5	6	7	8	9	10	11	12	13	14	15	16	17	18	19	20	21	22	23	24	25	26	27	28	29							2.25
16	二			④	2	3	4	5	6	7	8	9	10	11	12	13	14	15	16	17	18	19	20	21	22	23	24	25	26	27	28	29	30					3.26
17	三					㉔	2	3	4	5	6	7	8	9	10	11	12	13	14	15	16	17	18	19	20	21	22	23	24	25	26	27	28	29				4.24
18	四						③	2	3	4	5	6	7	8	9	10	11	12	13	14	15	16	17	18	19	20	21	22	23	24	25	26	27	28	29	30		5.24
19	五	㉝	2	3	4	5	6	7	8	9	10	11	12	13	14	15	16	17	18	19	20	21	22	23	24	25	26	27	28	29	30							6.23
20	六			③	2	3	4	5	6	7	8	9	10	11	12	13	14	15	16	17	18	19	20	21	22	23	24	25	26	27	28	29						7.22
21	七					㉜	2	3	4	5	6	7	8	9	10	11	12	13	14	15	16	17	18	19	20	21	22	23	24	25	26	27	28	29	30			8.21
22	八						②	2	3	4	5	6	7	8	9	10	11	12	13	14	15	16	17	18	19	20	21	22	23	24	25	26	27	28	29			9.19
23	九							㉛	2	3	4	5	6	7	8	9	10	11	12	13	14	15	16	17	18	19	20	21	22	23	24	25	26	27	28	29	30	10.19
	閏		①	2	3	4	5	6	7	8	9	10	11	12	13	14	15	16	17	18	19	20	21	22	23	24	25	26	27	28	29							11.17
24	十			㉚	2	3	4	5	6	7	8	9	10	11	12	13	14	15	16	17	18	19	20	21	22	23	24	25	26	27	28	29	30					12.17
25	十一					(60)	2	3	4	5	6	7	8	9	10	11	12	13	14	15	16	17	18	19	20	21	22	23	24	25	26	27	28	29				1.15
26	十二						㉙	2	3	4	5	6	7	8	9	10	11	12	13	14	15	16	17	18	19	20	21	22	23	24	25	26	27	28	29	30		2.14

劉氏魏閏八月，汪氏魏閏七月乙丑、八月甲午、九月甲子。

大事記

正月，魏洮陽羌反，旋敗。魏雍州氐齊男王反，殺美陽令。齊以褚淵為司徒，王儉為尚書左僕射。魏陷齊馬頭戍，又攻鍾離，敗還。荊、湘、雍、郢、司五州蠻大動，襄陽蠻攻湞陽，殺縣令；上黃蠻攻汶陽，逐太守，齊兵擊破之。　二月，魏攻齊壽陽，失利。齊檢定民籍。齊改三巴校尉為巴州刺史，以鎮群蠻。齊屢破魏城戍。　三月，魏兵退。　四月，齊拜高麗王高璉為驃騎大將軍，樂浪公。　五月，李烏奴擾齊梁州，敗保武興。　八月，魏數道攻齊。　九月，柔然遣使於齊，齊遣使報聘。閏九月，魏攻齊朐山，大敗。　十月，齊以氐帥楊廣香為西秦州刺史。淮北民紛起反魏。魏蘭陵桓富殺其縣令，推司馬朗之為主，求援於齊。　十一月，齊以氐王楊后起為北秦州刺史、武都王。　是歲，魏州鎮十八水旱，民饑。

南北朝紀年

干支辛酉　公元 481 年

朝代或國名	國家支配者	建　都	廟號	謚號	建元	年號年次	輔政者	備　　注
北魏	⑦拓跋宏	平城	高祖	文	3	3 太和 5 年		
南齊	①蕭道成	建康	太祖	高	1	建元 3 年		南京
柔然	⑥受羅部真可汗				1	永康 18 年		

續表

朝代或國名	國家支配者	建　都	廟號	謚號	建元	年號年次	輔政者	備　注
仇池氏	⑲楊文弘	秦州				4 年		受南齊封
	楊廣香	葭蘆				4 年		約於是年前卒
吐谷渾	⑫拾寅	伏羅川				29 年		九月卒
高昌	闞伯周	高昌				21 年		柔然立

月　曆　表（建 寅）　5194—354—1897142

月干支序數	星期／月序	日	1	2	3	4	5	6	日	1	2	3	4	5	6	日	1	2	3	4	5	6	日	1	2	3	4	5	6	日	1	2	3	4	5	6	日	月末陽曆
27	正	(59)	2	3	4	5	6	7	8	9	10	11	12	13	14	15	16	17	18	19	20	21	22	23	24	25	26	27	28	29								3.15
28	二		㉘	2	3	4	5	6	7	8	9	10	11	12	13	14	15	16	17	18	19	20	21	22	23	24	25	26	27	28	29	30							4.14
29	三				(58)	2	3	4	5	6	7	8	9	10	11	12	13	14	15	16	17	18	19	20	21	22	23	24	25	26	27	28	29						5.13
30	四					㉗	2	3	4	5	6	7	8	9	10	11	12	13	14	15	16	17	18	19	20	21	22	23	24	25	26	27	28	29	30				6.12
31	五							(57)	2	3	4	5	6	7	8	9	10	11	12	13	14	15	16	17	18	19	20	21	22	23	24	25	26	27	28	29			7.11
32	六	㉖	2	3	4	5	6	7	8	9	10	11	12	13	14	15	16	17	18	19	20	21	22	23	24	25	26	27	28	29	30								8.10
33	七			(56)	2	3	4	5	6	7	8	9	10	11	12	13	14	15	16	17	18	19	20	21	22	23	24	25	26	27	28	29							9.8
34	八				㉕	2	3	4	5	6	7	8	9	10	11	12	13	14	15	16	17	18	19	20	21	22	23	24	25	26	27	28	29	30					10.8
35	九						(55)	2	3	4	5	6	7	8	9	10	11	12	13	14	15	16	17	18	19	20	21	22	23	24	25	26	27	28	29	30			11.7
36	十	㉕	2	3	4	5	6	7	8	9	10	11	12	13	14	15	16	17	18	19	20	21	22	23	24	25	26	27	28	29									12.6
27	十一		(54)	2	3	4	5	6	7	8	9	10	11	12	13	14	15	16	17	18	19	20	21	22	23	24	25	26	27	28	29	30							1.5
38	十二				㉔	2	3	4	5	6	7	8	9	10	11	12	13	14	15	16	17	18	19	20	21	22	23	24	25	26	27	28	29						2.3

大事記

正月，魏軍侵齊淮陽，大敗。　二月，魏沙門法秀聚衆，謀起事於平城，事泄，死。齊大破魏於淮北。　三月，魏詔降止族誅之制。　四月，魏掠徐、兗反民三萬餘口歸平城，以南俘萬餘口班賜群臣。南逃者數千家。魏詔以農月勿久留獄囚。五月，鄧至羌帥像舒附於魏。魏青州主崔次恩謀反失敗。　七月，齊遣使於魏。柔然別部他稽帥衆降魏。　九月，柔然遣使於齊，約共攻魏。司馬朗之失敗，被殺。　十月，齊以吐谷渾王度易侯為河南王。魏新律成。

南北朝紀年　干支壬戌　公元 482 年

朝代或國名	國家支配者	建　都	廟號	謚號	建元	年號年次	輔政者	備　注
北魏	⑦拓跋宏	平城	高祖	文	3	3 太和 6 年		
南齊	①蕭道成	建康	太祖	高	1	建元 4 年		三月蕭賾即位
柔然	⑥受羅部真可汗				1	永康 19 年		
仇池氏	⑲楊文弘	秦州				5 年		九月卒
吐谷渾	⑬度易侯	伏羅川				元年		青海湖西南
高昌	闞伯周	高昌				22 年		柔然立

月　曆　表（建寅）　5195－354－1897496

月干支序數	月序＼星期	日	1	2	3	4	5	6	日	1	2	3	4	5	6	日	1	2	3	4	5	6	日	1	2	3	4	5	6	日	1	2	3	4	5	6	日	月末陽曆
39	正					(53)	2	3	4	5	6	7	8	9	10	11	12	13	14	15	16	17	18	19	20	21	22	23	24	25	26	27	28	29	30			3.5
40	二							㉓	2	3	4	5	6	7	8	9	10	11	12	13	14	15	16	17	18	19	20	21	22	23	24	25	26	27	28	29		4.3
41	三	(52)	2	3	4	5	6	7	8	9	10	11	12	13	14	15	16	17	18	19	20	21	22	23	24	25	26	27	28	29	30							5.3
42	四			㉒	2	3	4	5	6	7	8	9	10	11	12	13	14	15	16	17	18	19	20	21	22	23	24	25	26	27	28	29						6.1
43	五				(51)	2	3	4	5	6	7	8	9	10	11	12	13	14	15	16	17	18	19	20	21	22	23	24	25	26	27	28	29	30				7.1
44	六						㉑	2	3	4	5	6	7	8	9	10	11	12	13	14	15	16	17	18	19	20	21	22	23	24	25	26	27	28	29			7.30
45	七							㊿	2	3	4	5	6	7	8	9	10	11	12	13	14	15	16	17	18	19	20	21	22	23	24	25	26	27	28	29	30	8.29
46	八		⑳	2	3	4	5	6	7	8	9	10	11	12	13	14	15	16	17	18	19	20	21	22	23	24	25	26	27	28	29							9.27
47	九			㊾	2	3	4	5	6	7	8	9	10	11	12	13	14	15	16	17	18	19	20	21	22	23	24	25	26	27	28	29	30					10.27
48	十					⑲	2	3	4	5	6	7	8	9	10	11	12	13	14	15	16	17	18	19	20	21	22	23	24	25	26	27	28	29				11.25
49	十一						㊽	2	3	4	5	6	7	8	9	10	11	12	13	14	15	16	17	18	19	20	21	22	23	24	25	26	27	28	29	30		12.25
50	十二	⑱	2	3	4	5	6	7	8	9	10	11	12	13	14	15	16	17	18	19	20	21	22	23	24	25	26	27	28	29								1.23

大事記

正月，齊置國子學生二百人。　三月，齊高帝卒，太子賾嗣位，是為武帝。以褚淵錄尚書事，王儉為侍中、尚書令。七月，魏發五萬人治靈丘道。　八月，魏罷山澤之禁。秋，褚淵卒（435—482）。　九月，齊罷國子學。魏以氐王楊后起為武都王。　十一月，魏依古制祠七廟。

南北朝紀年　干支癸亥　公元 483 年

朝代或國名	國家支配者	建都	廟號	謚號	建元	年號年次	輔政者	備注
北魏	⑦拓跋宏	平城	高祖	文	3	3太和7年		
南齊	②蕭賾	建康	世祖	武	1	永明元年		
柔然	⑥受羅部真可汗				1	永康20年		
仇池氏	⑳楊后起	武都				元年		
吐谷渾	⑬度易侯	伏羅川				2年		青海湖西南
高昌	闞伯周	高昌				23年		柔然立

月　曆　表（建寅）　5196－384－1897880

月干支序數	月序＼星期	日	1	2	3	4	5	6	日	1	2	3	4	5	6	日	1	2	3	4	5	6	日	1	2	3	4	5	6	日	1	2	3	4	5	6	日	月末陽曆
51	正		㊼	2	3	4	5	6	7	8	9	10	11	12	13	14	15	16	17	18	19	20	21	22	23	24	25	26	27	28	29	30						2.22
52	二				⑰	2	3	4	5	6	7	8	9	10	11	12	13	14	15	16	17	18	19	20	21	22	23	24	25	26	27	28	29	30				3.24
53	三						㊼	2	3	4	5	6	7	8	9	10	11	12	13	14	15	16	17	18	19	20	21	22	23	24	25	26	27	28	29			4.22
54	四							⑯	2	3	4	5	6	7	8	9	10	11	12	13	14	15	16	17	18	19	20	21	22	23	24	25	26	27	28	29	30	5.22
55	五		㊻	2	3	4	5	6	7	8	9	10	11	12	13	14	15	16	17	18	19	20	21	22	23	24	25	26	27	28	29							6.20
	閏			⑮	2	3	4	5	6	7	8	9	10	11	12	13	14	15	16	17	18	19	20	21	22	23	24	25	26	27	28	29	30					7.20
56	六					㊺	2	3	4	5	6	7	8	9	10	11	12	13	14	15	16	17	18	19	20	21	22	23	24	25	26	27	28	29				8.18
57	七						⑭	2	3	4	5	6	7	8	9	10	11	12	13	14	15	16	17	18	19	20	21	22	23	24	25	26	27	28	29	30		9.17
58	八	㊹	2	3	4	5	6	7	8	9	10	11	12	13	14	15	16	17	18	19	20	21	22	23	24	25	26	27	28	29								10.16

續表

月干支序數	月序＼星期	日	1	2	3	4	5	6	日	1	2	3	4	5	6	日	1	2	3	4	5	6	日	1	2	3	4	5	6	日	1	2	3	4	5	6	日	月末陽曆
59	九		⑬	2	3	4	5	6	7	8	9	10	11	12	13	14	15	16	17	18	19	20	21	22	23	24	25	26	27	28	29	30							11.15
60	十				㊸	2	3	4	5	6	7	8	9	10	11	12	13	14	15	16	17	18	19	20	21	22	23	24	25	26	27	28	29						12.14
1	十一					⑫	2	3	4	5	6	7	8	9	10	11	12	13	14	15	16	17	18	19	20	21	22	23	24	25	26	27	28	29	30				1.13
2	十二							㊷	2	3	4	5	6	7	8	9	10	11	12	13	14	15	16	17	18	19	20	21	22	23	24	25	26	27	28	29			2.11

魏閏四月己酉,五月戊寅。

大事記

正月,齊改元永明。齊詔郡縣丞尉普復奪秩。　二月,齊以氐帥楊炅為沙州刺史、陰平王,宕昌帥梁彌機為河涼二州刺史,鄧至羌帥像舒為西涼州刺史。　三月,齊詔郡縣官以滿三年為限。魏弛關津之禁。　五月,齊殺車騎將軍張敬兒。　七月,魏遣使聘於齊。　十月,齊遣使聘於魏。　十二月,魏始禁同姓相婚。魏秦州刺史酷暴,州民紛起反抗,魏斬刺史以謝州民。

南北朝紀年

干支甲子　公元 484 年

朝代或國名	國家支配者	建都	廟號	謚號	建元	年號年次	輔政者	備注
北魏	⑦拓跋宏	平城	高祖	文	3	3 太和 8 年		
南齊	②蕭賾	建康	世祖	武	1	永明 2 年		
柔然	⑥受羅部真可汗				1	永康 21 年		
仇池氏	⑳楊后起	武都				2 年		
吐谷渾	⑬度易侯	伏羅川				3 年		青海湖西南
高昌	闞伯周	高昌				24 年		柔然立

月曆表(建寅)

5197—355—1898235

月干支序數	月序＼星期	日	1	2	3	4	5	6	日	1	2	3	4	5	6	日	1	2	3	4	5	6	日	1	2	3	4	5	6	日	1	2	3	4	5	6	日	月末陽曆
3	正	⑪	2	3	4	5	6	7	8	9	10	11	12	13	14	15	16	17	18	19	20	21	22	23	24	25	26	27	28	29	30								3.12
4	二			㊶	2	3	4	5	6	7	8	9	10	11	12	13	14	15	16	17	18	19	20	21	22	23	24	25	26	27	28	29							4.10
5	三				⑩	2	3	4	5	6	7	8	9	10	11	12	13	14	15	16	17	18	19	20	21	22	23	24	25	26	27	28	29	30					5.10
6	四						㊵	2	3	4	5	6	7	8	9	10	11	12	13	14	15	16	17	18	19	20	21	22	23	24	25	26	27	28	29	30			6.9
7	五	⑩	2	3	4	5	6	7	8	9	10	11	12	13	14	15	16	17	18	19	20	21	22	23	24	25	26	27	28	29									7.8
8	六		㊴	2	3	4	5	6	7	8	9	10	11	12	13	14	15	16	17	18	19	20	21	22	23	24	25	26	27	28	29	30							8.7
9	七				⑨	2	3	4	5	6	7	8	9	10	11	12	13	14	15	16	17	18	19	20	21	22	23	24	25	26	27	28	29						9.5
10	八					㊳	2	3	4	5	6	7	8	9	10	11	12	13	14	15	16	17	18	19	20	21	22	23	24	25	26	27	28	29	30				10.5
11	九							⑧	2	3	4	5	6	7	8	9	10	11	12	13	14	15	16	17	18	19	20	21	22	23	24	25	26	27	28	29			11.3
12	十	㊲	2	3	4	5	6	7	8	9	10	11	12	13	14	15	16	17	18	19	20	21	22	23	24	25	26	27	28	29	30								12.3
13	十一			⑦	2	3	4	5	6	7	8	9	10	11	12	13	14	15	16	17	18	19	20	21	22	23	24	25	26	27	28	29							1.1
14	十二				㊱	2	3	4	5	6	7	8	9	10	11	12	13	14	15	16	17	18	19	20	21	22	23	24	25	26	27	28	29	30					1.31

大事記

正月,齊以竟陵王子良為司徒。子良開西邸,以范雲、任昉等為八友。　五月,魏遣使聘於齊。　六月,魏始頒俸祿,制戶增調帛三匹，谷二斛九斗，調外帛二匹，嚴贓污之罰。魏罷商人。　十月，齊以長沙王晃為中書監。高麗獻於齊、魏。齊襲滅益州大度獠。　十一月，魏遣使聘齊。　是歲，魏州郡十五水旱。

南北朝紀年

干支乙丑　公元 485 年

朝代或國名	國家支配者	建　都	廟號	謚號	建元	年號年次	輔政者	備　注
北魏	⑦拓跋宏	大同	高祖	文	3	3太和9年		
南齊	②蕭賾	建康	世祖	武	1	永明3年		
柔然	⑦伏名敦可汗				1	太平元年		
吳	唐寓之	錢塘				興平元年		十二月立
仇池氐	⑳楊后起	武都				3年		
吐谷渾	⑬度易侯	伏羅川				4年		青海湖西南
高昌	闞伯周	高昌				25年		柔然立

月　曆　表(建寅)

5198－354－1898589

月干支序數	月序＼星期	日	1	2	3	4	5	6	日	1	2	3	4	5	6	日	1	2	3	4	5	6	日	1	2	3	4	5	6	日	1	2	3	4	5	6	日	月末陽曆
15	正						⑥	2	3	4	5	6	7	8	9	10	11	12	13	14	15	16	17	18	19	20	21	22	23	24	25	26	27	28	29			3.1
16	二							㉟	2	3	4	5	6	7	8	9	10	11	12	13	14	15	16	17	18	19	20	21	22	23	24	25	26	27	28	29	30	3.31
17	三		⑤	2	3	4	5	6	7	8	9	10	11	12	13	14	15	16	17	18	19	20	21	22	23	24	25	26	27	28	29							4.29
18	四			㉞	2	3	4	5	6	7	8	9	10	11	12	13	14	15	16	17	18	19	20	21	22	23	24	25	26	27	28	29	30					5.29
19	五					④	2	3	4	5	6	7	8	9	10	11	12	13	14	15	16	17	18	19	20	21	22	23	24	25	26	27	28	29				6.27
20	六						㉝	2	3	4	5	6	7	8	9	10	11	12	13	14	15	16	17	18	19	20	21	22	23	24	25	26	27	28	29	30		7.27
21	七	③	2	3	4	5	6	7	8	9	10	11	12	13	14	15	16	17	18	19	20	21	22	23	24	25	26	27	28	29								8.25
22	八		㉜	2	3	4	5	6	7	8	9	10	11	12	13	14	15	16	17	18	19	20	21	22	23	24	25	26	27	28	29	30						9.24
23	九				②	2	3	4	5	6	7	8	9	10	11	12	13	14	15	16	17	18	19	20	21	22	23	24	25	26	27	28	29	30				10.24
24	十						㉜	2	3	4	5	6	7	8	9	10	11	12	13	14	15	16	17	18	19	20	21	22	23	24	25	26	27	28	29			11.22
25	十一							①	2	3	4	5	6	7	8	9	10	11	12	13	14	15	16	17	18	19	20	21	22	23	24	25	26	27	28	29	30	12.22
26	十二		㉛	2	3	4	5	6	7	8	9	10	11	12	13	14	15	16	17	18	19	20	21	22	23	24	25	26	27	28	29							1.20

大事記

正月，魏禁圖讖、巫覡。齊以交州刺史李叔獻斷割外國貢獻，發兵討之，叔獻還朝。齊復立國學，釋奠孔子用上公禮。　三月，魏令諸王入館受學。　四月，齊省總明觀。齊以王儉為國子祭酒。　六月，齊遣使詣吐谷渾，并送柔然使還。　七月，魏以梁彌承為宕昌王。　八月，魏詔自太和六年以來定、冀、幽、相四州被賣為奴者，各遣還所親。　十月，魏用李沖議頒均田制，有桑田、露田之別。魏遣使聘於齊。　十二月，柔然攻魏邊。魏涼州氐亂，旋定。齊富陽民唐寓之起事，陷富陽，衆至三萬，三吳大擾。　是歲，魏京師州鎮十三水旱。柔然部真可汗卒，子伏名敦可汗立，改元太平。

南北朝紀年

干支丙寅　公元 486 年

朝代或國名	國家支配者	建　都	廟號	謚號	建元	年號年次	輔政者	備　注
北魏	⑦拓跋宏	平城	高祖	文	3	3太和10年		
南齊	②蕭賾	建康	世祖	武	1	永明4年		
柔然	⑦伏名敦可汗				1	太平2年		

續表

朝代或國名	國家支配者	建都	廟號	謚號	建元	年號年次	輔政者	備注
吴	唐寓之	錢唐				興平 2 年		正月亡於齊,富陽
仇池氐	⑳楊后起	武都				4 年		閏正月卒
吐谷渾	⑬度易侯	伏羅川				5 年		青海湖西南
高昌	闞伯周	高昌				26 年		柔然立

月曆表(建寅)

5199—384—1898973

月干支序數	星期 / 月序	日	1	2	3	4	5	6	日	1	2	3	4	5	6	日	1	2	3	4	5	6	日	1	2	3	4	5	6	日	1	2	3	4	5	6	日	月末陽曆
27	正			(60)	2	3	4	5	6	7	8	9	10	11	12	13	14	15	16	17	18	19	20	21	22	23	24	25	26	27	28	29	30					2.19
	閏					㉚	2	3	4	5	6	7	8	9	10	11	12	13	14	15	16	17	18	19	20	21	22	23	24	25	26	27	28	29				3.20
28	二						(59)	2	3	4	5	6	7	8	9	10	11	12	13	14	15	16	17	18	19	20	21	22	23	24	25	26	27	28	29	30		4.19
29	三	㉙	2	3	4	5	6	7	8	9	10	11	12	13	14	15	16	17	18	19	20	21	22	23	24	25	26	27	28	29								5.18
30	四		(58)	2	3	4	5	6	7	8	9	10	11	12	13	14	15	16	17	18	19	20	21	22	23	24	25	26	27	28	29	30						6.17
31	五				㉘	2	3	4	5	6	7	8	9	10	11	12	13	14	15	16	17	18	19	20	21	22	23	24	25	26	27	28	29					7.16
32	六					(57)	2	3	4	5	6	7	8	9	10	11	12	13	14	15	16	17	18	19	20	21	22	23	24	25	26	27	28	29	30			8.15
33	七							㉗	2	3	4	5	6	7	8	9	10	11	12	13	14	15	16	17	18	19	20	21	22	23	24	25	26	27	28	29		9.13
34	八	(56)	2	3	4	5	6	7	8	9	10	11	12	13	14	15	16	17	18	19	20	21	22	23	24	25	26	27	28	29	30							10.13
35	九			㉖	2	3	4	5	6	7	8	9	10	11	12	13	14	15	16	17	18	19	20	21	22	23	24	25	26	27	28	29						11.11
36	十				(55)	2	3	4	5	6	7	8	9	10	11	12	13	14	15	16	17	18	19	20	21	22	23	24	25	26	27	28	29	30				12.11
37	十一						㉕	2	3	4	5	6	7	8	9	10	11	12	13	14	15	16	17	18	19	20	21	22	23	24	25	26	27	28	29			1.9
38	十二							(54)	2	3	4	5	6	7	8	9	10	11	12	13	14	15	16	17	18	19	20	21	22	23	24	25	26	27	28	29	30	2.8

大事記

正月,唐寓之稱帝於錢塘,國號吴,年號興平,衆至三萬人,軍敗被殺。魏帝朝會始服兗冕。柔然攻魏邊。　閏正月,齊魏皆以氐帥楊集始為武都王。　二月,魏清戶籍,立鄉黨三長法。　三月,柔然遣使於魏。柔然可汗追敕勒至西漠。　四月,魏始制五等公服。齊湘州蠻起事,未幾平。　五月,齊詔揚、南徐二州今年戶租二分取見布,一分取見錢。　九月,魏作明堂辟雍。　十一月,魏定親民官依戶給俸。　是歲,魏改中書學曰國子學。魏整齊州郡,凡三十八州,二十五在河南,十三在河北。

南北朝紀年

干支丁卯　公元 487 年

朝代或國名	國家支配者	建都	廟號	謚號	建元	年號年次	輔政者	備注
北魏	⑦拓跋宏	平城	高祖	文	3	3 太和 11 年		
南齊	②蕭賾	建康	世祖	武	1	永明 5 年		
柔然	⑦伏名敦可汗				1	太平 3 年		
仇池氐	㉑楊集始	武都				元年		
吐谷渾	⑬度易侯	伏羅川				6 年		青海湖西南
高昌	闞伯周	高昌				27 年		柔然立

月　曆　表（建寅）　5200—351—1899327

月干支序數	月序／星期	日	1	2	3	4	5	6	日	1	2	3	4	5	6	日	1	2	3	4	5	6	日	1	2	3	4	5	6	日	1	2	3	4	5	6	日	月末陽曆
39	正		㉔	2	3	4	5	6	7	8	9	10	11	12	13	14	15	16	17	18	19	20	21	22	23	24	25	26	27	28	29	30						3.10
40	二				(54)	2	3	4	5	6	7	8	9	10	11	12	13	14	15	16	17	18	19	20	21	22	23	24	25	26	27	28	29					4.8
41	三					㉓	2	3	4	5	6	7	8	9	10	11	12	13	14	15	16	17	18	19	20	21	22	23	24	25	26	27	28	29	30			5.8
42	四							(53)	2	3	4	5	6	7	8	9	10	11	12	13	14	15	16	17	18	19	20	21	22	23	24	25	26	27	28	29		6.6
43	五	㉒	2	3	4	5	6	7	8	9	10	11	12	13	14	15	16	17	18	19	20	21	22	23	24	25	26	27	28	29	30							7.6
44	六			(52)	2	3	4	5	6	7	8	9	10	11	12	13	14	15	16	17	18	19	20	21	22	23	24	25	26	27	28	29						8.4
45	七				㉑	2	3	4	5	6	7	8	9	10	11	12	13	14	15	16	17	18	19	20	21	22	23	24	25	26	27	28	29	30				9.3
46	八						(51)	2	3	4	5	6	7	8	9	10	11	12	13	14	15	16	17	18	19	20	21	22	23	24	25	26	27	28	29			10.2
47	九							⑳	2	3	4	5	6	7	8	9	10	11	12	13	14	15	16	17	18	19	20	21	22	23	24	25	26	27	28	29	30	11.1
48	十		㊿	2	3	4	5	6	7	8	9	10	11	12	13	14	15	16	17	18	19	20	21	22	23	24	25	26	27	28	29							11.30
49	十一			⑲	2	3	4	5	6	7	8	9	10	11	12	13	14	15	16	17	18	19	20	21	22	23	24	25	26	27	28	29	30					12.30
50	十二					㊾	2	3	4	5	6	7	8	9	10	11	12	13	14	15	16	17	18	19	20	21	22	23	24	25	26	27	28	29				1.28

大事記

正月，魏定樂章，除非雅者。桓天生誘動司雍二州蠻據南陽故城，引魏兵擾齊，大敗。胡丘生起兵懸瓠，附齊攻魏，敗奔齊。高允卒(390—487)。　二月，齊軍敗魏師，取舞陽。　五月，魏春夏大旱，代地尤甚。桓天生復結魏擾齊，敗竄。

六月，魏秦州民饑，齊州刺史韓麒麟上書稱：京師游食之口，三分居二。　七月，魏詔聽民出關就食。　八月，柔然攻魏邊，大敗。高車帥阿伏至羅背柔然西走，至車師前部西北，自立，號候婁匐勒，號從弟窮奇曰候倍。　十月，魏孝文帝詔罷尚方錦綉綾羅之工，任民製造。　十二月，魏重修國書，改編年為紀傳、表、誌。

南北朝紀年　干支戊辰　公元488年

朝代或國名	國家支配者	建都	廟號	謚號	建元	年號年次	輔政者	備注
北魏	⑦拓跋宏	平城	高祖	文	3	3 太和 12 年		
南齊	②蕭賾	建康	世祖	武	1	永明 6 年		
柔然	⑦伏名敦可汗				1	太平 4 年		
仇池氏	㉑楊集始	武都				2 年		
吐谷渾	⑬度易侯	伏羅川				7 年		青海湖西南
高昌	闞伯周	高昌				28 年		柔然立

月　曆　表（建寅）　5201—384—1899711

月干支序數	月序／星期	日	1	2	3	4	5	6	日	1	2	3	4	5	6	日	1	2	3	4	5	6	日	1	2	3	4	5	6	日	1	2	3	4	5	6	日	月末陽曆
51	正						⑱	2	3	4	5	6	7	8	9	10	11	12	13	14	15	16	17	18	19	20	21	22	23	24	25	26	27	28	29	30		2.27
52	二	㊽	2	3	4	5	6	7	8	9	10	11	12	13	14	15	16	17	18	19	20	21	22	23	24	25	26	27	28	29								3.27
53	三		⑰	2	3	4	5	6	7	8	9	10	11	12	13	14	15	16	17	18	19	20	21	22	23	24	25	26	27	28	29	30						4.26
54	四				㊼	2	3	4	5	6	7	8	9	10	11	12	13	14	15	16	17	18	19	20	21	22	23	24	25	26	27	28	29	30				5.26
55	五						⑰	2	3	4	5	6	7	8	9	10	11	12	13	14	15	16	17	18	19	20	21	22	23	24	25	26	27	28	29			6.24
56	六							㊻	2	3	4	5	6	7	8	9	10	11	12	13	14	15	16	17	18	19	20	21	22	23	24	25	26	27	28	29	30	7.24
57	七		⑯	2	3	4	5	6	7	8	9	10	11	12	13	14	15	16	17	18	19	20	21	22	23	24	25	26	27	28	29							8.22

續表

月干支序數	星期 / 月序	日	1	2	3	4	5	6	日	1	2	3	4	5	6	日	1	2	3	4	5	6	日	1	2	3	4	5	6	日	1	2	3	4	5	6	日	月末陽曆
58	八			㊺	2	3	4	5	6	7	8	9	10	11	12	13	14	15	16	17	18	19	20	21	22	23	24	25	26	27	28	29	30					9.21
59	九					⑬	2	3	4	5	6	7	8	9	10	11	12	13	14	15	16	17	18	19	20	21	22	23	24	25	26	27	28	29				10.20
60	十						㊹	2	3	4	5	6	7	8	9	10	11	12	13	14	15	16	17	18	19	20	21	22	23	24	25	26	27	28	29	30		11.19
	閏	⑭	2	3	4	5	6	7	8	9	10	11	12	13	14	15	16	17	18	19	20	21	22	23	24	25	26	27	28	29								12.18
1	十一		㊸	2	3	4	5	6	7	8	9	10	11	12	13	14	15	16	17	18	19	20	21	22	23	24	25	26	27	28	29	30						1.17
2	十二				⑬	2	3	4	5	6	7	8	9	10	11	12	13	14	15	16	17	18	19	20	21	22	23	24	25	26	27	28	29					2.15

魏閏九月丁未，十月丁丑。

大事記

三月，魏襲齊角城戍，無功。　四月，桓天生復引魏兵據齊隔城，大敗。齊將攻魏泚陽，無功。　五月，魏詔六鎮、雲中、河西及關内六郡各修水田，通渠灌溉。夏，齊三吳水潦為災。　十月，齊以谷帛至賤，詔出上庫及諸州錢糴買之。　十二月，柔然伊吾戍主高羔子附魏。　是歲，魏攻百濟，敗還。齊王儉、賈淵撰《百家譜》。臧榮緒卒(415—488)。

南北朝紀年

干支己巳　公元 489 年

朝代或國名	國家支配者	建都	廟號	謚號	建元	年號年次	輔政者	備注
北魏	⑦拓跋宏	平城	高祖	文	3	3 太和 13 年		
南齊	②蕭賾	建康	世祖	武	1	永明 7 年		
柔然	⑦伏名敦可汗				1	太平 5 年		
	[王伯恭]	兖州				1 年		
仇池氏	㉑楊集始	武都				3 年		
吐谷渾	⑬度易侯	伏羅川				8 年		青海湖西南
高昌	闞伯周	高昌				29 年		柔然立

月曆表(建寅)

5202—355—1900066

月干支序數	星期 / 月序	日	1	2	3	4	5	6	日	1	2	3	4	5	6	日	1	2	3	4	5	6	日	1	2	3	4	5	6	日	1	2	3	4	5	6	日	月末陽曆
3	正					㊷	2	3	4	5	6	7	8	9	10	11	12	13	14	15	16	17	18	19	20	21	22	23	24	25	26	27	28	29	30			3.17
4	二							⑫	2	3	4	5	6	7	8	9	10	11	12	13	14	15	16	17	18	19	20	21	22	23	24	25	26	27	28	29		4.15
5	三	㊶	2	3	4	5	6	7	8	9	10	11	12	13	14	15	16	17	18	19	20	21	22	23	24	25	26	27	28	29	30							5.15
6	四			⑪	2	3	4	5	6	7	8	9	10	11	12	13	14	15	16	17	18	19	20	21	22	23	24	25	26	27	28	29						6.13
7	五				㊵	2	3	4	5	6	7	8	9	10	11	12	13	14	15	16	17	18	19	20	21	22	23	24	25	26	27	28	29	30				7.13
8	六						⑩	2	3	4	5	6	7	8	9	10	11	12	13	14	15	16	17	18	19	20	21	22	23	24	25	26	27	28	29			8.11
9	七							㊴	2	3	4	5	6	7	8	9	10	11	12	13	14	15	16	17	18	19	20	21	22	23	24	25	26	27	28	29	30	9.10
10	八		⑨	2	3	4	5	6	7	8	9	10	11	12	13	14	15	16	17	18	19	20	21	22	23	24	25	26	27	28	29	30						10.10
11	九				㊴	2	3	4	5	6	7	8	9	10	11	12	13	14	15	16	17	18	19	20	21	22	23	24	25	26	27	28	29					11.8
12	十					⑧	2	3	4	5	6	7	8	9	10	11	12	13	14	15	16	17	18	19	20	21	22	23	24	25	26	27	28	29	30			12.8
13	十一							㊳	2	3	4	5	6	7	8	9	10	11	12	13	14	15	16	17	18	19	20	21	22	23	24	25	26	27	28	29		1.6
14	十二	⑦	2	3	4	5	6	7	8	9	10	11	12	13	14	15	16	17	18	19	20	21	22	23	24	25	26	27	28	29	30							2.5

大事記

正月，魏兖州民王伯恭自稱齊王，據勞山反，失敗。　五月，王儉卒(452—489)。　七月，魏立孔子廟於京師。

八月，魏遣使聘於齊。　九月，魏使聘齊。　十一月，齊聘於魏。　十二月，齊使聘魏。柔然別帥叱呂勤降魏。是歲，無神論者范縝(450—515)在齊竟陵王府與竟陵王蕭良(執政者)及佛教徒展開大辯論。

南北朝紀年

干支庚午　公元 490 年

朝代或國名	國家支配者	建都	廟號	謚號	建元	年號年次	輔政者	備　注
北魏	⑦拓跋宏	平城	高祖	文	3	3 太和 14 年		
南齊	②蕭賾	建康	世祖	武	1	永明 8 年		
柔然	⑦伏名敦可汗				1	太平 6 年		
仇池氏	㉑楊集始	武都				4 年		
吐谷渾	⑬度易侯	伏羅川				9 年		八月卒
高昌	闞伯周	高昌				30 年		柔然立

月　曆　表(建 寅)

5203—354—1900420

月干支序數	月序＼星期	日	1	2	3	4	5	6	日	1	2	3	4	5	6	日	1	2	3	4	5	6	日	1	2	3	4	5	6	日	1	2	3	4	5	6	日	月末陽曆
15	正			㊲	2	3	4	5	6	7	8	9	10	11	12	13	14	15	16	17	18	19	20	21	22	23	24	25	26	27	28	29						3.6
16	二				⑥	2	3	4	5	6	7	8	9	10	11	12	13	14	15	16	17	18	19	20	21	22	23	24	25	26	27	28	29	30				4.5
17	三						㊱	2	3	4	5	6	7	8	9	10	11	12	13	14	15	16	17	18	19	20	21	22	23	24	25	26	27	28	29			5.4
18	四							⑤	2	3	4	5	6	7	8	9	10	11	12	13	14	15	16	17	18	19	20	21	22	23	24	25	26	27	28	29	30	6.3
19	五		㉟	2	3	4	5	6	7	8	9	10	11	12	13	14	15	16	17	18	19	20	21	22	23	24	25	26	27	28	29							7.2
20	六			④	2	3	4	5	6	7	8	9	10	11	12	13	14	15	16	17	18	19	20	21	22	23	24	25	26	27	28	29	30					8.1
21	七					㉞	2	3	4	5	6	7	8	9	10	11	12	13	14	15	16	17	18	19	20	21	22	23	24	25	26	27	28	29				8.30
22	八						③	2	3	4	5	6	7	8	9	10	11	12	13	14	15	16	17	18	19	20	21	22	23	24	25	26	27	28	29	30		9.29
23	九	㉝	2	3	4	5	6	7	8	9	10	11	12	13	14	15	16	17	18	19	20	21	22	23	24	25	26	27	28	29								10.28
24	十		②	2	3	4	5	6	7	8	9	10	11	12	13	14	15	16	17	18	19	20	21	22	23	24	25	26	27	28	29	30						11.27
25	十一				㉜	2	3	4	5	6	7	8	9	10	11	12	13	14	15	16	17	18	19	20	21	22	23	24	25	26	27	28	29					12.26
26	十二					①	2	3	4	5	6	7	8	9	10	11	12	13	14	15	16	17	18	19	20	21	22	23	24	25	26	27	28	29	30			1.25

大事記

正月，齊放魏俘二千餘人還。　二月，魏初定起居注。　四月，地豆干擾魏邊。魏遣使聘於齊。　五月，庫莫奚擾魏邊。魏沙門司馬惠卿稱聖王，謀據平原郡，失敗被擒。　八月，齊巴東王子響反，被擊滅。吐谷渾世子伏連籌殺齊使。九月，魏馮太后卒(442—490)，孝文帝始親政。　十月，齊議鑄錢不果。齊罷儉籍，準因卻籍戍邊者返鄉。　十二月，齊以百濟王牟大為鎮東大將軍。高車侯婁匐勒阿伏至羅等遣使如魏，請擊柔然。

南北朝紀年

干支辛未　公元 491 年

朝代或國名	國家支配者	建　都	廟號	謚號	建元	年號年次	輔政者	備　注
北魏	⑦拓跋宏	平城	高祖	文	3	3 太和 15 年		
南齊	②蕭賾	建康	世祖	武	1	永明 9 年		
柔然	⑦伏名敦可汗				1	太平 7 年		
仇池氏	㉑楊集始	武都				5 年		
吐谷渾	⑭伏連籌	伏羅川				元年		青海湖西南
高昌	闞伯周	高昌				31 年		高車滅闞氏

月　曆　表(建寅)　　5204—384—1900804

月干支序數	星期/月序	日	1	2	3	4	5	6	日	1	2	3	4	5	6	日	1	2	3	4	5	6	日	1	2	3	4	5	6	日	1	2	3	4	5	6	日	月末陽曆
27	正							㉛	2	3	4	5	6	7	8	9	10	11	12	13	14	15	16	17	18	19	20	21	22	23	24	25	26	27	28	29	30	2.24
28	二		①	2	3	4	5	6	7	8	9	10	11	12	13	14	15	16	17	18	19	20	21	22	23	24	25	26	27	28	29							3.25
29	三			㉚	2	3	4	5	6	7	8	9	10	11	12	13	14	15	16	17	18	19	20	21	22	23	24	25	26	27	28	29	30					4.24
30	四					(60)	2	3	4	5	6	7	8	9	10	11	12	13	14	15	16	17	18	19	20	21	22	23	24	25	26	27	28	29				5.23
31	五						㉙	2	3	4	5	6	7	8	9	10	11	12	13	14	15	16	17	18	19	20	21	22	23	24	25	26	27	28	29	30		6.22
32	六	(59)	2	3	4	5	6	7	8	9	10	11	12	13	14	15	16	17	18	19	20	21	22	23	24	25	26	27	28	29								7.21
33	七		㉘	2	3	4	5	6	7	8	9	10	11	12	13	14	15	16	17	18	19	20	21	22	23	24	25	26	27	28	29	30						8.20
	閏				(58)	2	3	4	5	6	7	8	9	10	11	12	13	14	15	16	17	18	19	20	21	22	23	24	25	26	27	28	29					9.18
34	八					㉗	2	3	4	5	6	7	8	9	10	11	12	13	14	15	16	17	18	19	20	21	22	23	24	25	26	27	28	29	30			10.18
35	九							(57)	2	3	4	5	6	7	8	9	10	11	12	13	14	15	16	17	18	19	20	21	22	23	24	25	26	27	28	29		11.16
36	十	㉖	2	3	4	5	6	7	8	9	10	11	12	13	14	15	16	17	18	19	20	21	22	23	24	25	26	27	28	29	30							12.16
37	十一			(56)	2	3	4	5	6	7	8	9	10	11	12	13	14	15	16	17	18	19	20	21	22	23	24	25	26	27	28	29						1.14
38	十二				㉕	2	3	4	5	6	7	8	9	10	11	12	13	14	15	16	17	18	19	20	21	22	23	24	25	26	27	28	29	30				2.13

劉氏魏閏六月;汪氏魏閏五月壬戌、六月辛卯、七月辛酉。

大事記

正月,魏置左右史官。　二月,齊遣使如魏吊馮太后之喪。　三月,魏遣使報謝於齊。　五月,魏攻吐谷渾,拔其二戍,俘三千餘人。　八月,魏罷諸雜神之祀千二百餘處。　十一月,魏大定官品,考諸牧守。魏遣使聘於齊。　十二月,齊新律成。魏置樂官。　是歲,林邑范當根純遣使獻於齊,齊以為林邑王。是年前後,天竺僧佛陀禪師來平城,得魏孝文帝禮敬。高車攻殺親柔然的高昌王闞氏,立敦煌人張孟明為高昌王。

南北朝紀年　　干支壬申　公元 492 年

朝代或國名	國家支配者	建都	廟號	謚號	建元	年號年次	輔政者	備注
北魏	⑦拓跋宏	平城	高祖	文	3	3太和16年		
南齊	②蕭賾	建康	世祖	武	1	永明10年		
柔然	⑧候其伏代庫者可汗				1	太安元年		
仇池氏	㉑楊集始	武都				6年		
吐谷渾	⑭伏連籌	伏羅川				2年		青海湖西南
高昌	張孟明	高昌				元年		高車立

月　曆　表(建寅)　　5205—354—1901158

月干支序數	星期/月序	日	1	2	3	4	5	6	日	1	2	3	4	5	6	日	1	2	3	4	5	6	日	1	2	3	4	5	6	日	1	2	3	4	5	6	日	月末陽曆
39	正						(55)	2	3	4	5	6	7	8	9	10	11	12	13	14	15	16	17	18	19	20	21	22	23	24	25	26	27	28	29			3.13
40	二							㉔	2	3	4	5	6	7	8	9	10	11	12	13	14	15	16	17	18	19	20	21	22	23	24	25	26	27	28	29	30	4.12
41	三		(54)	2	3	4	5	6	7	8	9	10	11	12	13	14	15	16	17	18	19	20	21	22	23	24	25	26	27	28	29	30						5.12
42	四				㉔	2	3	4	5	6	7	8	9	10	11	12	13	14	15	16	17	18	19	20	21	22	23	24	25	26	27	28	29					6.10
43	五					(53)	2	3	4	5	6	7	8	9	10	11	12	13	14	15	16	17	18	19	20	21	22	23	24	25	26	27	28	29	30			7.10
44	六							㉓	2	3	4	5	6	7	8	9	10	11	12	13	14	15	16	17	18	19	20	21	22	23	24	25	26	27	28	29		8.8

續表

月 干支 序數	星期 月序	日	1	2	3	4	5	6	日	1	2	3	4	5	6	日	1	2	3	4	5	6	日	1	2	3	4	5	6	日	1	2	3	4	5	6	日	月末 陽曆
45	七	(52)	2	3	4	5	6	7	8	9	10	11	12	13	14	15	16	17	18	19	20	21	22	23	24	25	26	27	28	29	30							9.7
46	八			㉒	2	3	4	5	6	7	8	9	10	11	12	13	14	15	16	17	18	19	20	21	22	23	24	25	26	27	28	29						10.6
47	九				(51)	2	3	4	5	6	7	8	9	10	11	12	13	14	15	16	17	18	19	20	21	22	23	24	25	26	27	28	29	30				11.5
48	十						㉑	2	3	4	5	6	7	8	9	10	11	12	13	14	15	16	17	18	19	20	21	22	23	24	25	26	27	28	29			12.4
49	十一							㊿	2	3	4	5	6	7	8	9	10	11	12	13	14	15	16	17	18	19	20	21	22	23	24	25	26	27	28	29	30	1.3
50	十二		⑳	2	3	4	5	6	7	8	9	10	11	12	13	14	15	16	17	18	19	20	21	22	23	24	25	26	27	28	29							2.1

大事記

正月，魏主命群臣議行次，定為水德。魏制諸遠屬非太祖子孫為王者，皆降為公。齊遣使聘於魏。魏罷租課(一作租祼)。　二月，魏改謚孔子為文聖尼父。　三月，高句麗入貢於魏。魏封高句麗王雲為遼東公。　四月，魏頒新律令。五月，齊陶弘景隱居茅山。　七月，吐谷渾王伏連籌遣子入魏，魏遣使封為西海公。魏遣使聘於齊。　八月，魏敗柔然於大磧。柔然殺伏名敦可汗，立候其伏代庫者可汗，改元太安。魏行養三老五更禮。　九月，氐王楊集始擾齊漢中，大敗，請降於魏，封漢中郡侯、武興王。　十二月，齊遣使聘於魏。齊令太子家沈約撰《宋書》。林邑故王范陽邁之孫范諸農敗范當根純，復國。齊拜農為林邑王。

南北朝紀年

干支癸酉　公元 493 年

朝代或國名	國家支配者	建都	廟號	謚號	建元	年號年次	輔政者	備注
北魏	⑦拓跋宏	洛陽	高祖	文	3	3 太和 17 年		
南齊	②蕭賾	建康	世祖	武	1	永明 11 年		七月鬱林王即位
柔然	⑧候其伏代庫者可汗				1	太安 2 年		
仇池氏	㉑楊集始	武都				7 年		
吐谷渾	⑭伏連籌	伏羅川				3 年		青海湖西南
高昌	張孟明	高昌				2 年		高車立

月曆表(建寅)

5206—355—1901513

月 干支 序數	星期 月序	日	1	2	3	4	5	6	日	1	2	3	4	5	6	日	1	2	3	4	5	6	日	1	2	3	4	5	6	日	1	2	3	4	5	6	日	月末 陽曆
51	正			㊾	2	3	4	5	6	7	8	9	10	11	12	13	14	15	16	17	18	19	20	21	22	23	24	25	26	27	28	29	30					3.3
52	二					⑲	2	3	4	5	6	7	8	9	10	11	12	13	14	15	16	17	18	19	20	21	22	23	24	25	26	27	28	29				4.1
53	三						㊽	2	3	4	5	6	7	8	9	10	11	12	13	14	15	16	17	18	19	20	21	22	23	24	25	26	27	28	29	30		5.1
54	四	⑱	2	3	4	5	6	7	8	9	10	11	12	13	14	15	16	17	18	19	20	21	22	23	24	25	26	27	28	29								5.30
55	五		㊼	2	3	4	5	6	7	8	9	10	11	12	13	14	15	16	17	18	19	20	21	22	23	24	25	26	27	28	29	30						6.29
56	六				⑰	2	3	4	5	6	7	8	9	10	11	12	13	14	15	16	17	18	19	20	21	22	23	24	25	26	27	28	29					7.28
57	七					㊻	2	3	4	5	6	7	8	9	10	11	12	13	14	15	16	17	18	19	20	21	22	23	24	25	26	27	28	29	30			8.27
58	八							⑯	2	3	4	5	6	7	8	9	10	11	12	13	14	15	16	17	18	19	20	21	22	23	24	25	26	27	28	29	30	9.26
59	九		㊻	2	3	4	5	6	7	8	9	10	11	12	13	14	15	16	17	18	19	20	21	22	23	24	25	26	27	28	29							10.25
60	十			⑮	2	3	4	5	6	7	8	9	10	11	12	13	14	15	16	17	18	19	20	21	22	23	24	25	26	27	28	29	30					11.24
1	十一					㊺	2	3	4	5	6	7	8	9	10	11	12	13	14	15	16	17	18	19	20	21	22	23	24	25	26	27	28	29				12.23
2	十二						⑭	2	3	4	5	6	7	8	9	10	11	12	13	14	15	16	17	18	19	20	21	22	23	24	25	26	27	28	29	30		1.22

大事記

正月，魏遣使聘於齊。　二月，魏帝始藉田於平城南。　四月，宋光城蠻帥田益宗帥四千餘戶附魏。　五月，襄陽蠻帥雷婆思等帥千餘戶附魏，遷沔北。　六月，齊建康僧法智與徐州民周盤龍據州城反，未幾敗死。　七月，魏中外戒嚴，露布謂當攻齊，實將遷都。齊武帝卒，孫昭業立，後被廢，是為鬱林王。　九月，魏主至洛陽罷兵，遣使聘齊。鄧至王像舒彭遣子朝魏。　十月，魏營洛陽，解嚴。王肅降魏，見魏帝於鄴，以之為輔國將軍。　是歲，魏北地人支酉反於長安，遣使告齊，秦雍間七州民皆響應，眾至十萬。齊陸厥、沈約等討論四聲。魏詔立僧制四十七條。

南北朝紀年

干支甲戌　公元494年

朝代或國名	國家支配者	建都	廟號	謚號	建元	年號年次	輔政者	備注
北魏	⑦拓跋宏	洛陽	高祖	文	3	3 太和18年		
南齊	③蕭昭業	建康			1	隆昌元年		(鬱林王)
	④蕭昭文	建康			1	延興元年		七月丁酉改元
	⑤蕭鸞	建康	高宗	明	2	1 建武元年		十月癸亥改元
柔然	⑧候其伏代庫者可汗				1	太安3年		
仇池氏	㉑楊集始	武都				8年		
吐谷渾	⑭伏連籌	伏羅川				4年		青海湖西南
高昌	張孟明	高昌				3年		高車立

月曆表（建寅）

5207—384—1901897

月干支序數	月序＼星期	日	1	2	3	4	5	6	日	1	2	3	4	5	6	日	1	2	3	4	5	6	日	1	2	3	4	5	6	日	1	2	3	4	5	6	日	月末陽曆
3	正	㊹	2	3	4	5	6	7	8	9	10	11	12	13	14	15	16	17	18	19	20	21	22	23	24	25	26	27	28	29								2.20
4	二		⑬	2	3	4	5	6	7	8	9	10	11	12	13	14	15	16	17	18	19	20	21	22	23	24	25	26	27	28	29	30						3.22
5	三				㊸	2	3	4	5	6	7	8	9	10	11	12	13	14	15	16	17	18	19	20	21	22	23	24	25	26	27	28	29					4.20
6	四					⑫	2	3	4	5	6	7	8	9	10	11	12	13	14	15	16	17	18	19	20	21	22	23	24	25	26	27	28	29	30			5.20
	閏							㊷	2	3	4	5	6	7	8	9	10	11	12	13	14	15	16	17	18	19	20	21	22	23	24	25	26	27	28	29		6.18
7	五	⑪	2	3	4	5	6	7	8	9	10	11	12	13	14	15	16	17	18	19	20	21	22	23	24	25	26	27	28	29	30							7.18
8	六			㊶	2	3	4	5	6	7	8	9	10	11	12	13	14	15	16	17	18	19	20	21	22	23	24	25	26	27	28	29						8.16
9	七				⑩	2	3	4	5	6	7	8	9	10	11	12	13	14	15	16	17	18	19	20	21	22	23	24	25	26	27	28	29	30				9.15
10	八						㊵	2	3	4	5	6	7	8	9	10	11	12	13	14	15	16	17	18	19	20	21	22	23	24	25	26	27	28	29			10.14
11	九							⑨	2	3	4	5	6	7	8	9	10	11	12	13	14	15	16	17	18	19	20	21	22	23	24	25	26	27	28	29	30	11.13
12	十		㊴	2	3	4	5	6	7	8	9	10	11	12	13	14	15	16	17	18	19	20	21	22	23	24	25	26	27	28	29							12.12
13	十一			⑧	2	3	4	5	6	7	8	9	10	11	12	13	14	15	16	17	18	19	20	21	22	23	24	25	26	27	28	29	30					1.11
14	十二					㊳	2	3	4	5	6	7	8	9	10	11	12	13	14	15	16	17	18	19	20	21	22	23	24	25	26	27	28	29	30			2.10

劉氏魏閏三月，汪氏魏二月丙午，三月乙亥，四月乙巳。

大事記

正月，齊改元隆昌。　二月，齊遣使聘於魏。　六月，魏遣使聘於齊。　七月，齊西昌侯蕭鸞殺齊帝，貶號鬱林王，立新安王昭文，改元延興，鸞錄尚書事，自專國政。　八月，齊建鐵冶於茅山。　九月，蕭鸞大殺齊諸王。魏初行三載考績法，魏帝親臨朝堂黜陟百官。　十月，蕭鸞晉爵為宣城王，旋廢齊帝為海陵王，自為皇帝，改元建武，是為高宗明皇帝。魏禁荆、郢等州諸蠻擾齊。　十二月，魏大舉攻齊。魏禁士民胡服。

南北朝紀年

干支乙亥　公元495年

朝代或國名	國家支配者	建都	廟號	謚號	建元	年號年次	輔政者	備注
北魏	⑦拓跋宏	洛陽	高祖	文	3	3太和19年		
南齊	⑤蕭鸞	建康		明	2	1建武2年		
柔然	⑧候其伏代庫者可汗				1	太安4年		
仇池氏	㉑楊集始	武都				9年		
吐谷渾	⑭伏連籌	伏羅川				5年		青海湖西南
高昌	張孟明	高昌				4年		高車立

月　曆　表(建寅)

5208—354—1902251

月干支序數	月序＼星期	日	1	2	3	4	5	6	日	1	2	3	4	5	6	日	1	2	3	4	5	6	日	1	2	3	4	5	6	日	1	2	3	4	5	6	日	月末陽曆
15	正							⑧	2	3	4	5	6	7	8	9	10	11	12	13	14	15	16	17	18	19	20	21	22	23	24	25	26	27	28	29		3.11
16	二	㊲	2	3	4	5	6	7	8	9	10	11	12	13	14	15	16	17	18	19	20	21	22	23	24	25	26	27	28	29	30							4.10
17	三			⑦	2	3	4	5	6	7	8	9	10	11	12	13	14	15	16	17	18	19	20	21	22	23	24	25	26	27	28	29						5.9
18	四				㊱	2	3	4	5	6	7	8	9	10	11	12	13	14	15	16	17	18	19	20	21	22	23	24	25	26	27	28	29	30				6.8
19	五						⑥	2	3	4	5	6	7	8	9	10	11	12	13	14	15	16	17	18	19	20	21	22	23	24	25	26	27	28	29			7.7
20	六							㉟	2	3	4	5	6	7	8	9	10	11	12	13	14	15	16	17	18	19	20	21	22	23	24	25	26	27	28	29	30	8.6
21	七		⑤	2	3	4	5	6	7	8	9	10	11	12	13	14	15	16	17	18	19	20	21	22	23	24	25	26	27	28	29							9.4
22	八			㉞	2	3	4	5	6	7	8	9	10	11	12	13	14	15	16	17	18	19	20	21	22	23	24	25	26	27	28	29	30					10.4
23	九					④	2	3	4	5	6	7	8	9	10	11	12	13	14	15	16	17	18	19	20	21	22	23	24	25	26	27	28	29				11.2
24	十						㉝	2	3	4	5	6	7	8	9	10	11	12	13	14	15	16	17	18	19	20	21	22	23	24	25	26	27	28	29	30		12.2
25	十一	③	2	3	4	5	6	7	8	9	10	11	12	13	14	15	16	17	18	19	20	21	22	23	24	25	26	27	28	29								12.31
26	十二		㉜	2	3	4	5	6	7	8	9	10	11	12	13	14	15	16	17	18	19	20	21	22	23	24	25	26	27	28	29	30						1.30

大事記

正月,齊遣將拒魏。　二月,魏圍齊義陽(今河南新野),攻齊鍾離,皆不克。　三月,魏師退。　四月,魏別將圍齊南鄭,不克。　五月,魏帝如魯,親祠孔子,封孔子後為崇聖侯。魏別將圍赭陽,不克。　六月,魏禁鮮卑語於朝。魏求遺書。魏之代人南遷者皆著籍河南洛陽。魏改用長尺、大斗,依漢律曆誌。　七月,齊以氐帥楊馥之為北秦州刺史、仇池公。　八月,魏立國子、太學、四門、小學於洛陽,并選武勇之士十五萬人為羽林虎賁,以充宿衛。　九月,魏六宮百官遷於洛陽。　十二月,魏行太和五銖錢,復鐵官。　是歲,魏以光城蠻帥田益光為南司州刺史,聽選守令。

南北朝紀年

干支丙子　公元496年

朝代或國名	國家支配者	建都	廟號	謚號	建元	年號年次	輔政者	備注
北魏	⑦元宏	洛陽	高祖	文	3	3太和20年		
南齊	⑤蕭鸞	建康		明	2	1建武3年		
柔然	⑧候其伏代庫者可汗				1	太安5年		
仇池氏	㉑楊集始	武都				10年		
吐谷渾	⑭伏連籌	伏羅川				6年		青海湖西南
高昌	張孟明	高昌				5年		國人殺張氏

月　曆　表（建寅）　　5209—384—1902635

月干支序數	星期／月序	日	1	2	3	4	5	6	日	1	2	3	4	5	6	日	1	2	3	4	5	6	日	1	2	3	4	5	6	日	1	2	3	4	5	6	日	月末陽曆
27	正				②	2	3	4	5	6	7	8	9	10	11	12	13	14	15	16	17	18	19	20	21	22	23	24	25	26	27	28	29					2.28
28	二					㉛	2	3	4	5	6	7	8	9	10	11	12	13	14	15	16	17	18	19	20	21	22	23	24	25	26	27	28	29	30			3.29
29	三							①	2	3	4	5	6	7	8	9	10	11	12	13	14	15	16	17	18	19	20	21	22	23	24	25	26	27	28	29	30	4.28
30	四		㉛	2	3	4	5	6	7	8	9	10	11	12	13	14	15	16	17	18	19	20	21	22	23	24	25	26	27	28	29							5.27
31	五			(60)	2	3	4	5	6	7	8	9	10	11	12	13	14	15	16	17	18	19	20	21	22	23	24	25	26	27	28	29	30					6.26
32	六					㉚	2	3	4	5	6	7	8	9	10	11	12	13	14	15	16	17	18	19	20	21	22	23	24	25	26	27	28	29				7.25
33	七						(59)	2	3	4	5	6	7	8	9	10	11	12	13	14	15	16	17	18	19	20	21	22	23	24	25	26	27	28	29	30		8.24
34	八	㉙	2	3	4	5	6	7	8	9	10	11	12	13	14	15	16	17	18	19	20	21	22	23	24	25	26	27	28	29								9.22
35	九		(58)	2	3	4	5	6	7	8	9	10	11	12	13	14	15	16	17	18	19	20	21	22	23	24	25	26	27	28	29	30						10.22
36	十				㉘	2	3	4	5	6	7	8	9	10	11	12	13	14	15	16	17	18	19	20	21	22	23	24	25	26	27	28	29					11.20
37	十一					(57)	2	3	4	5	6	7	8	9	10	11	12	13	14	15	16	17	18	19	20	21	22	23	24	25	26	27	28	29	30			12.20
38	十二							㉗	2	3	4	5	6	7	8	9	10	11	12	13	14	15	16	17	18	19	20	21	22	23	24	25	26	27	28	29		1.18
	閏	(56)	2	3	4	5	6	7	8	9	10	11	12	13	14	15	16	17	18	19	20	21	22	23	24	25	26	27	28	29	30							2.17

魏閏十一月庚寅，十二月己未。

大事記

正月，魏詔改拓跋為元氏、定族姓、清流品。齊以氐王楊崇祖為沙州刺史、陰平王。　四月，魏擾齊司州。　八月，魏皇太子恂不樂南遷，謀北遁，被廢為庶人。　十月，魏詔以代遷之士皆為羽林虎賁。魏詔司州民十二夫調一吏，以供力役。又置常平倉。魏吐京胡反，旋敗。　十二月，魏開鹽池之禁。魏恒州刺史穆泰以不樂南遷，謀反事泄。

南北朝紀年　　干支丁丑　公元 497 年

朝代或國名	國家支配者	建都	廟號	謚號	建元	年號年次	輔政者	備注
北魏	⑦元宏	洛陽	高祖	文	3	3 太和 21 年		
南齊	⑤蕭鸞	建康		明	2	1 建武 4 年		
柔然	⑧候其伏代庫者可汗				1	太安 6 年		
仇池氐	㉑楊集始	武都				11 年		
吐谷渾	⑭伏連籌	伏羅川				7 年		青海湖西南
高昌	馬儒	高昌				元年		高車改立

月　曆　表（建寅）　　5210—354—1902989

月干支序數	星期／月序	日	1	2	3	4	5	6	日	1	2	3	4	5	6	日	1	2	3	4	5	6	日	1	2	3	4	5	6	日	1	2	3	4	5	6	日	月末陽曆
39	正			㉖	2	3	4	5	6	7	8	9	10	11	12	13	14	15	16	17	18	19	20	21	22	23	24	25	26	27	28	29						3.18
40	二				(55)	2	3	4	5	6	7	8	9	10	11	12	13	14	15	16	17	18	19	20	21	22	23	24	25	26	27	28	29	30				4.17
41	三						㉕	2	3	4	5	6	7	8	9	10	11	12	13	14	15	16	17	18	19	20	21	22	23	24	25	26	27	28	29			5.16
42	四							(54)	2	3	4	5	6	7	8	9	10	11	12	13	14	15	16	17	18	19	20	21	22	23	24	25	26	27	28	29	30	6.15
43	五		㉔	2	3	4	5	6	7	8	9	10	11	12	13	14	15	16	17	18	19	20	21	22	23	24	25	26	27	28	29							7.14
44	六			(53)	2	3	4	5	6	7	8	9	10	11	12	13	14	15	16	17	18	19	20	21	22	23	24	25	26	27	28	29	30					8.13
45	七					㉓	2	3	4	5	6	7	8	9	10	11	12	13	14	15	16	17	18	19	20	21	22	23	24	25	26	27	28	29	30			9.12

續表

月干支序數	星期 月序	日	1	2	3	4	5	6	日	1	2	3	4	5	6	日	1	2	3	4	5	6	日	1	2	3	4	5	6	日	1	2	3	4	5	6	日	月末陽曆
46	八							(53)	2	3	4	5	6	7	8	9	10	11	12	13	14	15	16	17	18	19	20	21	22	23	24	25	26	27	28	29		10.11
47	九	㉒	2	3	4	5	6	7	8	9	10	11	12	13	14	15	16	17	18	19	20	21	22	23	24	25	26	27	28	29	30							11.10
48	十			(52)	2	3	4	5	6	7	8	9	10	11	12	13	14	15	16	17	18	19	20	21	22	23	24	25	26	27	28	29						12.9
49	十一				㉑	2	3	4	5	6	7	8	9	10	11	12	13	14	15	16	17	18	19	20	21	22	23	24	25	26	27	28	29	30				1.8
50	十二						(51)	2	3	4	5	6	7	8	9	10	11	12	13	14	15	16	17	18	19	20	21	22	23	24	25	26	27	28	29			2.6

大事記

二月，魏誅穆泰。　三月，魏賜廢太子元恂死。　六月，魏發冀、定、瀛、相、濟五州卒三十萬謀南征。　八月，魏攻齊。武都氐內訌，魏遣將擊定之。　九月，魏南侵齊。魏梁州羌反。　十一月，齊以氐帥楊靈珍為北秦州刺史、仇池公、武都王。齊令結課田宅，詳減舊價。　十二月，齊攻魏，大敗。

南北朝紀年

干支戊寅　公元 498 年

朝代或國名	國家支配者	建都	廟號	謚號	建元	年號年次	輔政者	備注
北魏	⑦元宏	洛陽	高祖	文	3	3 太和 22 年		
南齊	⑤蕭鸞	建康		明	2	2 永泰元年		四月甲寅改元 七月東昏侯即位
柔然	⑧候其伏代庫者可汗				1	太安 7 年		
仇池氐	㉑楊集始	武都				12 年		
吐谷渾	⑭伏連籌	伏羅川				8 年		青海湖西南
高昌	馬儒	高昌				2 年		高車立

月　曆　表（建寅）

5211—355—1903344

月干支序數	星期 月序	日	1	2	3	4	5	6	日	1	2	3	4	5	6	日	1	2	3	4	5	6	日	1	2	3	4	5	6	日	1	2	3	4	5	6	日	月末陽曆
51	正							⑳	2	3	4	5	6	7	8	9	10	11	12	13	14	15	16	17	18	19	20	21	22	23	24	25	26	27	28	29	30	3.8
52	二		㊿	2	3	4	5	6	7	8	9	10	11	12	13	14	15	16	17	18	19	20	21	22	23	24	25	26	27	28	29							4.6
53	三			⑲	2	3	4	5	6	7	8	9	10	11	12	13	14	15	16	17	18	19	20	21	22	23	24	25	26	27	28	29	30					5.6
54	四					㊾	2	3	4	5	6	7	8	9	10	11	12	13	14	15	16	17	18	19	20	21	22	23	24	25	26	27	28	29				6.4
55	五						⑱	2	3	4	5	6	7	8	9	10	11	12	13	14	15	16	17	18	19	20	21	22	23	24	25	26	27	28	29	30		7.4
56	六	㊽	2	3	4	5	6	7	8	9	10	11	12	13	14	15	16	17	18	19	20	21	22	23	24	25	26	27	28	29								8.2
57	七		⑰	2	3	4	5	6	7	8	9	10	11	12	13	14	15	16	17	18	19	20	21	22	23	24	25	26	27	28	29	30						9.1
58	八				㊼	2	3	4	5	6	7	8	9	10	11	12	13	14	15	16	17	18	19	20	21	22	23	24	25	26	27	28	29					9.30
59	九					⑯	2	3	4	5	6	7	8	9	10	11	12	13	14	15	16	17	18	19	20	21	22	23	24	25	26	27	28	29	30			10.30
60	十							㊻	2	3	4	5	6	7	8	9	10	11	12	13	14	15	16	17	18	19	20	21	22	23	24	25	26	27	28	29		11.28
1	十一	⑮	2	3	4	5	6	7	8	9	10	11	12	13	14	15	16	17	18	19	20	21	22	23	24	25	26	27	28	29	30							12.28
2	十二			㊺	2	3	4	5	6	7	8	9	10	11	12	13	14	15	16	17	18	19	20	21	22	23	24	25	26	27	28	29	30					1.27

大事記

正月，魏拔新野，齊沔北守將皆棄城走。齊大殺高帝、武帝子孫。　三月，齊大破魏兵於渦陽。　四月，齊改元永泰。

齊大司馬王敬則起兵會稽。　五月，則敗死。　七月，齊高宗卒，太子寶卷嗣，後廢，稱東昏侯。高車人奉袁紇樹者為主北走，魏發兵追擊之，大敗。　九月，魏撤攻齊之兵以擊高車。　十二月，高車相率降魏。林邑王范諸農入朝於齊，溺死，以其子范文款為王。

南北朝紀年

干支己卯　公元 499 年

朝代或國名	國家支配者	建都	廟號	謚號	建元	年號年次	輔政者	備注
北魏	⑦元宏	洛陽	高祖	文	3	3 太和 23 年		四月元恪即位
南齊	⑤蕭寶卷	建康			1	永元元年		（東昏侯）
柔然	⑧候其伏代庫者可汗				1	太安 8 年		
	[王惠定]	幽州				1 年		
仇池氐	㉑楊集始	武都				13 年		
吐谷渾	⑭伏連籌	伏羅川				9 年		青海湖西南
高昌	馬儒	高昌				3 年		國人殺馬氏

月　曆　表（建　寅）

5212—383—1903727

月干支序數	星期／月序	日	1	2	3	4	5	6	日	1	2	3	4	5	6	日	1	2	3	4	5	6	日	1	2	3	4	5	6	日	1	2	3	4	5	6	日	月末陽曆
3	正					⑬	2	3	4	5	6	7	8	9	10	11	12	13	14	15	16	17	18	19	20	21	22	23	24	25	26	27	28	29				2.25
4	二						㊹	2	3	4	5	6	7	8	9	10	11	12	13	14	15	16	17	18	19	20	21	22	23	24	25	26	27	28	29	30		3.27
5	三	⑭	2	3	4	5	6	7	8	9	10	11	12	13	14	15	16	17	18	19	20	21	22	23	24	25	26	27	28	29								4.25
6	四		㊸	2	3	4	5	6	7	8	9	10	11	12	13	14	15	16	17	18	19	20	21	22	23	24	25	26	27	28	29	30						5.25
7	五				⑬	2	3	4	5	6	7	8	9	10	11	12	13	14	15	16	17	18	19	20	21	22	23	24	25	26	27	28	29					6.23
8	六					㊷	2	3	4	5	6	7	8	9	10	11	12	13	14	15	16	17	18	19	20	21	22	23	24	25	26	27	28	29	30			7.23
9	七							⑫	2	3	4	5	6	7	8	9	10	11	12	13	14	15	16	17	18	19	20	21	22	23	24	25	26	27	28	29		8.21
10	八	㊶	2	3	4	5	6	7	8	9	10	11	12	13	14	15	16	17	18	19	20	21	22	23	24	25	26	27	28	29	30							9.20
	閏			⑪	2	3	4	5	6	7	8	9	10	11	12	13	14	15	16	17	18	19	20	21	22	23	24	25	26	27	28	29						10.19
11	九				㊵	2	3	4	5	6	7	8	9	10	11	12	13	14	15	16	17	18	19	20	21	22	23	24	25	26	27	28	29	30				11.18
12	十						⑩	2	3	4	5	6	7	8	9	10	11	12	13	14	15	16	17	18	19	20	21	22	23	24	25	26	27	28	29			12.17
13	十一							㊴	2	3	4	5	6	7	8	9	10	11	12	13	14	15	16	17	18	19	20	21	22	23	24	25	26	27	28	29	30	1.16
14	十二		⑨	2	3	4	5	6	7	8	9	10	11	12	13	14	15	16	17	18	19	20	21	22	23	24	25	26	27	28	29							2.14

大事記

正月，齊改元永元。齊攻魏南鄉、馬圈，失敗。齊策孝廉、秀才。　三月，魏大破齊兵。　四月，魏孝文帝卒（467—499）於軍中，太子恪即位。　八月，齊始安王遙光起事，敗死。齊帝因大殺大臣。　九月，齊東昏侯殺蕭坦之等。齊蜀人趙續伯等起兵，益州亂。　十一月，齊太尉陳顯達舉兵尋陽。魏幽州民王惠定反，失敗被殺。　十二月，齊陳顯達敗死。魏釐定官品。　是歲，魏元景始建義縣萬佛洞石窟。

南北朝紀年

干支庚辰　公元 500 年

朝代或國名	國家支配者	建都	廟號	謚號	建元	年號年次	輔政者	備注
北魏	⑧元恪	洛陽	世宗	宣武	4	1 景明元年		
南齊	⑤蕭寶卷	建康			1	永元 2 年		
柔然	⑧候其伏代庫者可汗				1	太安 9 年		

續表

朝代或國名	國家支配者	建都	廟號	謚號	建元	年號年次	輔政者	備　注
	[雍道晞]				1	建義元年		二月建元三月亡
高昌	①麴嘉	交河城		昭成王		元年		在吐魯番西高車立
	[柳世明]	齊州				元年		
仇池氏	㉑楊集始	武都				14年		
吐谷渾	⑭伏連籌	伏羅川				10年		青海湖西南

月　曆　表(建寅)　5213－355－1901082

月干支序數	星期 月序	日	1	2	3	4	5	6	日	1	2	3	4	5	6	日	1	2	3	4	5	6	日	1	2	3	4	5	6	日	1	2	3	4	5	6	日	月末陽曆
15	正			㊳	2	3	4	5	6	7	8	9	10	11	12	13	14	15	16	17	18	19	20	21	22	23	24	25	26	27	28	29	30					3.15
16	二					⑧	2	3	4	5	6	7	8	9	10	11	12	13	14	15	16	17	18	19	20	21	22	23	24	25	26	27	28	29	30			4.14
17	三							㊳	2	3	4	5	6	7	8	9	10	11	12	13	14	15	16	17	18	19	20	21	22	23	24	25	26	27	28	29		5.13
18	四	⑦	2	3	4	5	6	7	8	9	10	11	12	13	14	15	16	17	18	19	20	21	22	23	24	25	26	27	28	29	30							6.12
19	五			㊲	2	3	4	5	6	7	8	9	10	11	12	13	14	15	16	17	18	19	20	21	22	23	24	25	26	27	28	29						7.11
20	六				⑥	2	3	4	5	6	7	8	9	10	11	12	13	14	15	16	17	18	19	20	21	22	23	24	25	26	27	28	29	30				8.10
21	七						㊱	2	3	4	5	6	7	8	9	10	11	12	13	14	15	16	17	18	19	20	21	22	23	24	25	26	27	28	29			9.8
22	八							⑤	2	3	4	5	6	7	8	9	10	11	12	13	14	15	16	17	18	19	20	21	22	23	24	25	26	27	28	29	30	10.8
23	九		㉟	2	3	4	5	6	7	8	9	10	11	12	13	14	15	16	17	18	19	20	21	22	23	24	25	26	27	28	29							11.6
24	十			④	2	3	4	5	6	7	8	9	10	11	12	13	14	15	16	17	18	19	20	21	22	23	24	25	26	27	28	29	30					12.6
25	十一					㉞	2	3	4	5	6	7	8	9	10	11	12	13	14	15	16	17	18	19	20	21	22	23	24	25	26	27	28	29				1.4
26	十二						③	2	3	4	5	6	7	8	9	10	11	12	13	14	15	16	17	18	19	20	21	22	23	24	25	26	27	28	29	30		2.3

大事記

正月,魏改元景明。齊豫州刺史裴叔業叛,以壽陽降魏,齊發兵擊之。　二月,巴西民雍道晞聚眾圍郡城,旋敗死。三月,魏大破齊兵於壽陽。　四月,齊平西將軍崔慧景奉江夏王寶玄反,攻建康,敗死。　六月,齊大陽蠻田育丘等附魏。　八月,魏大破齊兵於肥口,齊淮南多陷於魏。　九月,魏齊州民柳世明反。　十月,齊害尚書令蕭懿。　十一月,齊雍州刺史蕭衍(懿弟)起兵襄陽。蕭穎冑奉南康王蕭寶融起兵江陵。　洛陽南面的伊闕,山崖峭拔,北魏皇帝在這裡仿照平城靈巖寺為他們的父母鑿石造像,營建石窟。三個巨大的石窟,從是年始到523年,用了八十萬人工。統治者造像建寺一時成風。祖冲之卒(429—500)。

南北朝紀年

干支辛巳　公元501年

朝代或國名	國家支配者	建　都	廟號	謚號	建元	年號年次	輔政者	備　注
北魏	⑧元恪	洛陽	世宗	宣武	4	1景明2年		
南齊	⑥蕭寶融	荆州		和	1	中興元年		三月即位 乙巳改元
高昌	①麴嘉	交河城		昭武王		2年		在吐魯番西
仇池氏	㉑楊集始	武都				15年		
吐谷渾	⑭伏連籌	伏羅川				11年		青海湖西南
柔然	⑧候其伏代庫者可汗				1	太安10年		

月　曆　表(建寅)　　5214—354—1904436

月干支序數	月序＼星期	日	1	2	3	4	5	6	日	1	2	3	4	5	6	日	1	2	3	4	5	6	日	1	2	3	4	5	6	日	1	2	3	4	5	6	日	月末陽曆
27	正	㉝	2	3	4	5	6	7	8	9	10	11	12	13	14	15	16	17	18	19	20	21	22	23	24	25	26	27	28	29								3.4
28	二		②	2	3	4	5	6	7	8	9	10	11	12	13	14	15	16	17	18	19	20	21	22	23	24	25	26	27	28	29	30						4.3
29	三				㉜	2	3	4	5	6	7	8	9	10	11	12	13	14	15	16	17	18	19	20	21	22	23	24	25	26	27	28	29					5.2
30	四					①	2	3	4	5	6	7	8	9	10	11	12	13	14	15	16	17	18	19	20	21	22	23	24	25	26	27	28	29	30			6.1
31	五							㉛	2	3	4	5	6	7	8	9	10	11	12	13	14	15	16	17	18	19	20	21	22	23	24	25	26	27	28	29		6.30
32	六	(60)	2	3	4	5	6	7	8	9	10	11	12	13	14	15	16	17	18	19	20	21	22	23	24	25	26	27	28	29	30							7.30
33	七			㉚	2	3	4	5	6	7	8	9	10	11	12	13	14	15	16	17	18	19	20	21	22	23	24	25	26	27	28	29	30					8.29
34	八					(60)	2	3	4	5	6	7	8	9	10	11	12	13	14	15	16	17	18	19	20	21	22	23	24	25	26	27	28	29				9.27
35	九						㉙	2	3	4	5	6	7	8	9	10	11	12	13	14	15	16	17	18	19	20	21	22	23	24	25	26	27	28	29	30		10.27
36	十	(59)	2	3	4	5	6	7	8	9	10	11	12	13	14	15	16	17	18	19	20	21	22	23	24	25	26	27	28	29								11.25
37	十一		㉘	2	3	4	5	6	7	8	9	10	11	12	13	14	15	16	17	18	19	20	21	22	23	24	25	26	27	28	29	30						12.25
38	十二				(58)	2	3	4	5	6	7	8	9	10	11	12	13	14	15	16	17	18	19	20	21	22	23	24	25	26	27	28	29					1.23

大事記

正月，齊南康王寶融稱相國，三月即帝位於江陵，改元中興，是為和帝。魏青、齊、徐、兗四州大饑，死萬餘口。　五月，魏咸陽王禧謀反，被誅。　六月，齊巴陵王昭胄謀自立，事泄，死。　七月，王肅卒。雍州刺史張欣泰等謀立建康王寶寅，敗死。柔然攻魏邊。　九月，魏發畿民五萬築洛陽城防，四旬而罷。蕭衍督師至建康。　十月，圍宮城。　十一月，魏東豫州刺史田益宗敗齊於赤亭。　十二月，齊雍州刺史王珍國殺齊帝，迎蕭衍，以宣德太后令廢齊帝為東昏侯，衍為中書監、大司馬、錄尚書事。

本世紀中，祖日恆提出祖氏定律：若二立體等高處的截面積相等，則二者體積相等。西方直到十七世紀纔發現同一定律，稱為卡瓦列利原理。

南北朝紀年　　干支壬午　公元502年

朝代或國名	國家支配者	建都	廟號	謚號	建元	年號年次	輔政者	備注
北魏	⑧元恪	洛陽	世宗	宣武	4	1景明3年		
南齊	⑥蕭寶融	荆州		和	1	中興2年		三月亡
梁	①蕭衍	建康	高祖	武	7	1天監元年		四月建元丙寅
高昌	①麴嘉	交河		昭武王		3年		在吐魯番西
仇池氐	㉑楊集始	武都				16年		
吐谷渾	⑭伏連籌	伏羅川				12年		青海湖西南
柔然	⑧候其伏代庫者可汗				1	太安11年		

月　曆　表(建寅)　　5215—384—1904820

月干支序數	月序＼星期	日	1	2	3	4	5	6	日	1	2	3	4	5	6	日	1	2	3	4	5	6	日	1	2	3	4	5	6	日	1	2	3	4	5	6	日	月末陽曆
39	正					㉗	2	3	4	5	6	7	8	9	10	11	12	13	14	15	16	17	18	19	20	21	22	23	24	25	26	27	28	29	30			2.22
40	二							(57)	2	3	4	5	6	7	8	9	10	11	12	13	14	15	16	17	18	19	20	21	22	23	24	25	26	27	28	29		3.23
41	三	㉖	2	3	4	5	6	7	8	9	10	11	12	13	14	15	16	17	18	19	20	21	22	23	24	25	26	27	28	29	30							4.22

續表

月干支序數	星期／月序	日	1	2	3	4	5	6	日	1	2	3	4	5	6	日	1	2	3	4	5	6	日	1	2	3	4	5	6	日	1	2	3	4	5	6	日	月末陽曆
42	四			(56)	2	3	4	5	6	7	8	9	10	11	12	13	14	15	16	17	18	19	20	21	22	23	24	25	26	27	28	29						5.21
	閏				㉕	2	3	4	5	6	7	8	9	10	11	12	13	14	15	16	17	18	19	20	21	22	23	24	25	26	27	28	29	30				6.20
43	五						(55)	2	3	4	5	6	7	8	9	10	11	12	13	14	15	16	17	18	19	20	21	22	23	24	25	26	27	28	29			7.19
44	六							㉔	2	3	4	5	6	7	8	9	10	11	12	13	14	15	16	17	18	19	20	21	22	23	24	25	26	27	28	29	30	8.18
45	七		(54)	2	3	4	5	6	7	8	9	10	11	12	13	14	15	16	17	18	19	20	21	22	23	24	25	26	27	28	29							9.16
46	八			㉓	2	3	4	5	6	7	8	9	10	11	12	13	14	15	16	17	18	19	20	21	22	23	24	25	26	27	28	29	30					10.16
47	九					(53)	2	3	4	5	6	7	8	9	10	11	12	13	14	15	16	17	18	19	20	21	22	23	24	25	26	27	28	29				11.14
48	十						㉒	2	3	4	5	6	7	8	9	10	11	12	13	14	15	16	17	18	19	20	21	22	23	24	25	26	27	28	29	30		12.14
49	十一	(52)	2	3	4	5	6	7	8	9	10	11	12	13	14	15	16	17	18	19	20	21	22	23	24	25	26	27	28	29	30							1.13
50	十二			㉒	2	3	4	5	6	7	8	9	10	11	12	13	14	15	16	17	18	19	20	21	22	23	24	25	26	27	28	29						2.11

劉氏閏六月，汪氏閏五月。據《紀》及《南史》閏四月。魏劉氏閏五月，汪氏閏四月。

大事記

正月，齊大司馬蕭衍都督中外諸軍事，加殊禮，旋為相國，封梁公，加九錫。　二月，蕭衍進爵梁王，大殺齊明帝子弟，迎和帝於江陵。沈約為吏部尚書右僕射，范雲為侍中。　四月，蕭衍稱帝，國號梁，改元天監，是為梁高祖武帝。廢齊和帝為巴陵王，翌日殺之，齊亡。梁詔議贖刑條格。梁土斷南徐州諸僑郡縣。魏魯陽蠻魯北燕反，攻潁州、湖陽，敗死。魏徙蠻萬餘戶於幽、并及六鎮。閏四月，梁封宕昌師梁彌邕為宕昌王。　五月，梁江州刺史陳伯之起兵，旋敗奔魏。　六月，梁封氐帥楊紹先為武都王。前益州刺史劉季連據成都反梁。　八月，梁大旱，民多餓死。梁命删定律令。林邑、千陀利獻於梁。　十二月，梁攻淮南，無功。

是歲，劉勰(465—520)《文心雕龍》成。梁普進高句麗、百濟、宕昌、吐谷渾、倭國王官爵。

南北朝紀年

干支癸未　公元503年

朝代或國名	國家支配者	建都	廟號	謚號	建元	年號年次	輔政者	備注
北魏	⑧元恪	洛陽	世宗	宣武	4	1景明4年		
梁	①蕭衍	建康	高祖	武	7	1天監2年		四月建元丙寅
	〔樊崇安〕	東荆州			1	〔正始元年〕		河南沁陽
高昌	①麴嘉	交河		昭武王		4年		在吐魯番西
仇池氏	㉑楊集始	武都				17年		十一月卒
吐谷渾	⑭伏連籌	伏羅川				13年		青海湖西南
柔然	⑧候其伏代庫者可汗				1	太安12年		

月曆表(建寅)

5216－354－1905174

月干支序數	星期／月序	日	1	2	3	4	5	6	日	1	2	3	4	5	6	日	1	2	3	4	5	6	日	1	2	3	4	5	6	日	1	2	3	4	5	6	日	月末陽曆
51	正				(51)	2	3	4	5	6	7	8	9	10	11	12	13	14	15	16	17	18	19	20	21	22	23	24	25	26	27	28	29	30				3.13
52	二						㉑	2	3	4	5	6	7	8	9	10	11	12	13	14	15	16	17	18	19	20	21	22	23	24	25	26	27	28	29			4.11
53	三							㊿	2	3	4	5	6	7	8	9	10	11	12	13	14	15	16	17	18	19	20	21	22	23	24	25	26	27	28	29	30	5.11
54	四		⑳	2	3	4	5	6	7	8	9	10	11	12	13	14	15	16	17	18	19	20	21	22	23	24	25	26	27	28	29							6.9

續表

月干支序數	星期 月序	日	1	2	3	4	5	6	日	1	2	3	4	5	6	日	1	2	3	4	5	6	日	1	2	3	4	5	6	日	1	2	3	4	5	6	日	月末陽曆
55	五			㊾	2	3	4	5	6	7	8	9	10	11	12	13	14	15	16	17	18	19	20	21	22	23	24	25	26	27	28	29	30					7.9
56	六					⑲	2	3	4	5	6	7	8	9	10	11	12	13	14	15	16	17	18	19	20	21	22	23	24	25	26	27	28	29				8.7
57	七						㊽	2	3	4	5	6	7	8	9	10	11	12	13	14	15	16	17	18	19	20	21	22	23	24	25	26	27	28	29	30		9.6
58	八	⑱	2	3	4	5	6	7	8	9	10	11	12	13	14	15	16	17	18	19	20	21	22	23	24	25	26	27	28	29								10.5
59	九		㊼	2	3	4	5	6	7	8	9	10	11	12	13	14	15	16	17	18	19	20	21	22	23	24	25	26	27	28	29	30						11.4
60	十				⑰	2	3	4	5	6	7	8	9	10	11	12	13	14	15	16	17	18	19	20	21	22	23	24	25	26	27	28	29					12.3
1	十一					㊻	2	3	4	5	6	7	8	9	10	11	12	13	14	15	16	17	18	19	20	21	22	23	24	25	26	27	28	29	30			1.2
2	十二							⑯	2	3	4	5	6	7	8	9	10	11	12	13	14	15	16	17	18	19	20	21	22	23	24	25	26	27	28	29		1.31

大事記

正月，魏梁州氐王楊會起事。劉季連降，送建康。　三月，魏取梁二城戍。　四月，梁頒新律。魏大破楊會。　七月，魏復鹽池之禁。扶南、龜兹、中天竺獻於梁。　十月，魏攻梁，拔三城，圍義陽。　十一月，魏立氐王世子楊紹先為武興王。魏東荆州蠻樊素安等起事。

南北朝紀年

干支甲申　公元 504 年

朝代或國名	國家支配者	建　都	廟號	謚號	建元	年號年次	輔政者	備　注
北魏	⑧元恪	洛陽	世宗	宣武	4	2 正始元年		正月丙寅改元
梁	①蕭衍	建康	高祖	武	7	1 天監 3 年		
高昌	①麴嘉	交河		昭武王		5 年		在吐魯番西
仇池氐	㉒楊紹先	武都				元年	楊集起 楊集義	
吐谷渾	⑭伏連籌	伏羅川				14 年		青海湖西南
柔然	⑧候其伏代庫者可汗				1	太安 13 年		

月　曆　表(建寅)

5217—355—1905529

月干支序數	星期 月序	日	1	2	3	4	5	6	日	1	2	3	4	5	6	日	1	2	3	4	5	6	日	1	2	3	4	5	6	日	1	2	3	4	5	6	日	月末陽曆
3	正	㊺	2	3	4	5	6	7	8	9	10	11	12	13	14	15	16	17	18	19	20	21	22	23	24	25	26	27	28	29	30							3.1
4	二			⑮	2	3	4	5	6	7	8	9	10	11	12	13	14	15	16	17	18	19	20	21	22	23	24	25	26	27	28	29	30					3.31
5	三					㊺	2	3	4	5	6	7	8	9	10	11	12	13	14	15	16	17	18	19	20	21	22	23	24	25	26	27	28	29				4.29
6	四						⑭	2	3	4	5	6	7	8	9	10	11	12	13	14	15	16	17	18	19	20	21	22	23	24	25	26	27	28	29	30		5.29
7	五	㊹	2	3	4	5	6	7	8	9	10	11	12	13	14	15	16	17	18	19	20	21	22	23	24	25	26	27	28	29								6.27
8	六		⑬	2	3	4	5	6	7	8	9	10	11	12	13	14	15	16	17	18	19	20	21	22	23	24	25	26	27	28	29	30						7.27
9	七				㊸	2	3	4	5	6	7	8	9	10	11	12	13	14	15	16	17	18	19	20	21	22	23	24	25	26	27	28	29					8.25
10	八					⑫	2	3	4	5	6	7	8	9	10	11	12	13	14	15	16	17	18	19	20	21	22	23	24	25	26	27	28	29	30			9.24
11	九							㊷	2	3	4	5	6	7	8	9	10	11	12	13	14	15	16	17	18	19	20	21	22	23	24	25	26	27	28	29		10.23
12	十	⑪	2	3	4	5	6	7	8	9	10	11	12	13	14	15	16	17	18	19	20	21	22	23	24	25	26	27	28	29	30							11.22
13	十一			㊶	2	3	4	5	6	7	8	9	10	11	12	13	14	15	16	17	18	19	20	21	22	23	24	25	26	27	28	29						12.21
14	十二				⑩	2	3	4	5	6	7	8	9	10	11	12	13	14	15	16	17	18	19	20	21	22	23	24	25	26	27	28	29	30				1.20

魏閏十二月癸卯。

大事記

正月，魏破東荆州蠻樊季安等。魏改元正始。　　二月，梁攻魏於壽陽，大敗。　　三月，魏破梁援義陽之兵。　　五月，梁以扶南王憍陳如闍耶跋摩為安南將軍。　　七月，魏擊虜東荆州蠻樊素安，諸蠻皆降。　　八月，梁義陽陷於魏。九月，梁以吐谷渾王伏連籌為河南王。柔然攻魏。魏於北邊築九城。北天竺獻於梁。　　十一月，魏以地方學校大盛，修國學。梁除以金贖罪之科。魏罷郡中正。　　十二月，魏修律令。魏以苑牧公田分賜代遷之戶。冬，魏大開淮濱屯田。

南北朝紀年

干支乙酉　公元505年

朝代或國名	國家支配者	建都	廟號	謚號	建元	年號年次	輔政者	備注
北魏	⑧元恪	洛陽	世宗	宣武	4	2正始2年		
梁	①蕭衍	建康	高祖	武	7	1天監4年		
高昌	①麴嘉	交河		昭武王		6年		在吐魯番西
仇池氐	㉒楊紹先	武都				2年	楊集起 楊集義	
吐谷渾	⑭伏連籌	伏羅川				15年		青海湖西南
柔然	⑧候其伏代庫者可汗				1	太安14年		

月曆表（建寅）

5218—384—1905913

月干支序數	月序 \ 星期	日	1	2	3	4	5	6	日	1	2	3	4	5	6	日	1	2	3	4	5	6	日	1	2	3	4	5	6	日	1	2	3	4	5	6	日	月末陽曆
15	正						㊵	2	3	4	5	6	7	8	9	10	11	12	13	14	15	16	17	18	19	20	21	22	23	24	25	26	27	28	29				2.18
16	二							⑨	2	3	4	5	6	7	8	9	10	11	12	13	14	15	16	17	18	19	20	21	22	23	24	25	26	27	28	29	30		3.20
	閏		㊴	2	3	4	5	6	7	8	9	10	11	12	13	14	15	16	17	18	19	20	21	22	23	24	25	26	27	28	29								4.18
17	三			⑧	2	3	4	5	6	7	8	9	10	11	12	13	14	15	16	17	18	19	20	21	22	23	24	25	26	27	28	29	30						5.18
18	四					㊳	2	3	4	5	6	7	8	9	10	11	12	13	14	15	16	17	18	19	20	21	22	23	24	25	26	27	28	29					6.16
19	五						⑦	2	3	4	5	6	7	8	9	10	11	12	13	14	15	16	17	18	19	20	21	22	23	24	25	26	27	28	29	30			7.16
20	六	㊲	2	3	4	5	6	7	8	9	10	11	12	13	14	15	16	17	18	19	20	21	22	23	24	25	26	27	28	29	30								8.15
21	七			⑦	2	3	4	5	6	7	8	9	10	11	12	13	14	15	16	17	18	19	20	21	22	23	24	25	26	27	28	29							9.13
22	八				㊱	2	3	4	5	6	7	8	9	10	11	12	13	14	15	16	17	18	19	20	21	22	23	24	25	26	27	28	29	30					10.13
23	九						⑥	2	3	4	5	6	7	8	9	10	11	12	13	14	15	16	17	18	19	20	21	22	23	24	25	26	27	28	29				11.11
24	十							㉟	2	3	4	5	6	7	8	9	10	11	12	13	14	15	16	17	18	19	20	21	22	23	24	25	26	27	28	29	30		12.11
25	十一		⑤	2	3	4	5	6	7	8	9	10	11	12	13	14	15	16	17	18	19	20	21	22	23	24	25	26	27	28	29								1.9
26	十二			㉞	2	3	4	5	6	7	8	9	10	11	12	13	14	15	16	17	18	19	20	21	22	23	24	25	26	27	28	29	30						2.8

魏正月壬申、二月壬寅。

大事記

正月，梁置五經博士各一人，弟子射策通明者除吏，又於州郡立學。梁漢中太守夏侯道遷殺氐王楊靈珍，降魏。　　二月，魏以宕昌世子梁彌博為宕昌王。梁交州刺史李凱據州起事，旋敗死。魏攻梁漢中諸城戍，氐帥楊集起等攻魏。　　四月，梁州十四郡皆陷於魏。梁益州焦僧護起事，旋敗。　　六月，梁立孔子廟。梁攻魏小峴，大敗。　　七月，魏逼梁涪城。　八月，魏攻梁雍州，大敗梁兵。梁雍州蠻沔東太守田青喜降魏。　　九月，梁、魏戰於馬頭，大敗。　　十月，梁大舉擊魏，詔王公以下各上國租助軍。氐帥楊集起等立楊紹先為皇帝。　　十一月，魏師退離涪城，巴西復歸於梁。

是歲，江淹卒（444—505），為當時名文學家。

南北朝紀年　　干支丙戌　公元 506 年

朝代或國名	國家支配者	建　都	廟　號	謚　號	建　元	年號年次	輔政者	備　注
北魏	⑧元恪	洛陽	世宗	宣武	4	2 正始 3 年		
梁	①蕭衍	建康	高祖	武	7	1 天監 5 年		
	〔呂苟兒王法智〕	秦州			1	〔建明〕元年		正月建元七月亡
	〔陳瞻〕	（涇川）				〔聖明〕元年		正月建元七月亡於北魏
高昌	①麴嘉	交河		昭武王		7 年		在吐魯番西
仇池氐	㉒楊紹先	武都				3 年	集起、集義	魏執送洛陽
吐谷渾	⑭伏連籌	伏羅川				16 年		青海湖西南
柔然	⑨佗汗可汗				1	始平元年		

月　曆　表（建寅）　　5219—354—1906267

月干支序數	星期/月序	日	1	2	3	4	5	6	日	1	2	3	4	5	6	日	1	2	3	4	5	6	日	1	2	3	4	5	6	日	1	2	3	4	5	6	日	月末陽曆
27	正					①	2	3	4	5	6	7	8	9	10	11	12	13	14	15	16	17	18	19	20	21	22	23	24	25	26	27	28	29				3.9
28	二						㉝	2	3	4	5	6	7	8	9	10	11	12	13	14	15	16	17	18	19	20	21	22	23	24	25	26	27	28	29	30		4.8
29	三	③	2	3	4	5	6	7	8	9	10	11	12	13	14	15	16	17	18	19	20	21	22	23	24	25	26	27	28	29								5.7
30	四		㉜	2	3	4	5	6	7	8	9	10	11	12	13	14	15	16	17	18	19	20	21	22	23	24	25	26	27	28	29	30						6.6
31	五				②	2	3	4	5	6	7	8	9	10	11	12	13	14	15	16	17	18	19	20	21	22	23	24	25	26	27	28	29					7.5
32	六					㉛	2	3	4	5	6	7	8	9	10	11	12	13	14	15	16	17	18	19	20	21	22	23	24	25	26	27	28	29	30			8.4
33	七							①	2	3	4	5	6	7	8	9	10	11	12	13	14	15	16	17	18	19	20	21	22	23	24	25	26	27	28	29		9.2
34	八	㉚	2	3	4	5	6	7	8	9	10	11	12	13	14	15	16	17	18	19	20	21	22	23	24	25	26	27	28	29	30							10.2
35	九			(60)	2	3	4	5	6	7	8	9	10	11	12	13	14	15	16	17	18	19	20	21	22	23	24	25	26	27	28	29						10.31
36	十				㉙	2	3	4	5	6	7	8	9	10	11	12	13	14	15	16	17	18	19	20	21	22	23	24	25	26	27	28	29	30				11.30
37	十一						(59)	2	3	4	5	6	7	8	9	10	11	12	13	14	15	16	17	18	19	20	21	22	23	24	25	26	27	28	29	30		12.30
38	十二	㉙	2	3	4	5	6	7	8	9	10	11	12	13	14	15	16	17	18	19	20	21	22	23	24	25	26	27	28	29								1.28

大事記

正月，魏拔武興，虜楊紹先，仇池楊氏遂亡。魏秦州屠各王法智反，推呂苟兒為主，建元建明。魏涇州民陳瞻自立為王，建元聖明，皆聚眾攻擾。　二月，梁魏戰於梁城，梁敗；梁圍魏淮陽。　三月，梁敗魏於膠水。　四月，魏罷鹽池之禁。魏大發兵拒梁。　五月，梁克魏合肥等城。　六月，魏敗王法智。　七月，呂苟兒降，陳瞻亦敗死。鄧至國獻於梁。　九月，梁大敗於洛口，百萬之師，一朝崩潰。　十月，魏圍鍾離，梁馳援。柔然庫者可汗卒，子佗汗可汗立。請和於魏，被拒。　十一月，獠王趙清荆引梁兵攻魏益州，敗還。

南北朝紀年　　干支丁亥　公元 507 年

朝代或國名	國家支配者	建　都	廟　號	謚　號	建　元	年號年次	輔政者	備　注
北魏	⑧元恪	洛陽	世宗	宣武	4	2 正始 4 年		
梁	①蕭衍	建康	高祖	武	7	1 天監 6 年		
高昌	①麴嘉	交河		昭武王		8 年		在吐魯番西
吐谷渾	⑭伏連籌	伏羅川				17 年		青海湖西南
柔然	⑨佗汗可汗				1	始平 2 年		

月　曆　表(建寅)　5220－384－1906651

月干支序數	月序＼星期	日	1	2	3	4	5	6	日	1	2	3	4	5	6	日	1	2	3	4	5	6	日	1	2	3	4	5	6	日	1	2	3	4	5	6	日	月末陽曆
39	正		(58)	2	3	4	5	6	7	8	9	10	11	12	13	14	15	16	17	18	19	20	21	22	23	24	25	26	27	28	29	30						2.27
40	二				㉘	2	3	4	5	6	7	8	9	10	11	12	13	14	15	16	17	18	19	20	21	22	23	24	25	26	27	28	29					3.28
41	三					(57)	2	3	4	5	6	7	8	9	10	11	12	13	14	15	16	17	18	19	20	21	22	23	24	25	26	27	28	29	30			4.27
42	四							㉗	2	3	4	5	6	7	8	9	10	11	12	13	14	15	16	17	18	19	20	21	22	23	24	25	26	27	28	29		5.26
43	五	(56)	2	3	4	5	6	7	8	9	10	11	12	13	14	15	16	17	18	19	20	21	22	23	24	25	26	27	28	29	30							6.25
44	六			㉖	2	3	4	5	6	7	8	9	10	11	12	13	14	15	16	17	18	19	20	21	22	23	24	25	26	27	28	29						7.24
45	七				(55)	2	3	4	5	6	7	8	9	10	11	12	13	14	15	16	17	18	19	20	21	22	23	24	25	26	27	28	29	30				8.23
46	八						㉕	2	3	4	5	6	7	8	9	10	11	12	13	14	15	16	17	18	19	20	21	22	23	24	25	26	27	28	29			9.21
47	九							(54)	2	3	4	5	6	7	8	9	10	11	12	13	14	15	16	17	18	19	20	21	22	23	24	25	26	27	28	29	30	10.21
48	十		㉔	2	3	4	5	6	7	8	9	10	11	12	13	14	15	16	17	18	19	20	21	22	23	24	25	26	27	28	29							11.19
	閏			(53)	2	3	4	5	6	7	8	9	10	11	12	13	14	15	16	17	18	19	20	21	22	23	24	25	26	27	28	29	30					12.19
49	十一					㉓	2	3	4	5	6	7	8	9	10	11	12	13	14	15	16	17	18	19	20	21	22	23	24	25	26	27	28	29				1.17
50	十二						(52)	2	3	4	5	6	7	8	9	10	11	12	13	14	15	16	17	18	19	20	21	22	23	24	25	26	27	28	29	30		2.16

魏閏九月朔丁亥,十月朔丙辰。

大事記

正月,魏攻梁鍾離。　三月,魏敗於鍾離,死傷十餘萬,被俘五萬。　六月,梁馮翊等七僑郡降魏。　八月,魏中山王英以軍敗罪除名。　九月,魏開斜谷舊道以通梁、益。　閏十月,梁以蕭宏為司徒。

是歲,哲學家范縝發表了批判佛教的著作《神滅論》。梁武帝為此下詔,由大僧正法雲動員王公權貴六十四人,先後發表反駁《神滅論》的文章七十五篇。范縝始終不屈,以有力的論證回擊他的論敵。

南北朝紀年　干支戊子　公元508年

朝代或國名	國家支配者	建都	廟號	謚號	建元	年號年次	輔政者	備注
北魏	⑧元恪	洛陽	世宗	宣武	4	3永平元年		八月丁卯改元
梁	①蕭衍	建康	高祖	武	7	1天監7年		
	元愉	信都		文景	1	建平元年		八月立、九月亡
高昌	①麴嘉	交河		昭武王		9年		在吐魯番西
吐谷渾	⑭伏連籌	伏羅川				18年		青海湖西南
柔然	⑩豆羅伏跋 豆伐可汗				1	建昌元年		

月　曆　表(建寅)　5221－354－1907005

月干支序數	月序＼星期	日	1	2	3	4	5	6	日	1	2	3	4	5	6	日	1	2	3	4	5	6	日	1	2	3	4	5	6	日	1	2	3	4	5	6	日	月末陽曆
51	正	㉒	2	3	4	5	6	7	8	9	10	11	12	13	14	15	16	17	18	19	20	21	22	23	24	25	26	27	28	29	30							3.17
52	二			(52)	2	3	4	5	6	7	8	9	10	11	12	13	14	15	16	17	18	19	20	21	22	23	24	25	26	27	28	29						4.15
53	三				㉑	2	3	4	5	6	7	8	9	10	11	12	13	14	15	16	17	18	19	20	21	22	23	24	25	26	27	28	29	30				5.15
54	四						(51)	2	3	4	5	6	7	8	9	10	11	12	13	14	15	16	17	18	19	20	21	22	23	24	25	26	27	28	29			6.13
55	五							⑳	2	3	4	5	6	7	8	9	10	11	12	13	14	15	16	17	18	19	20	21	22	23	24	25	26	27	28	29	30	7.13

續表

月干支序數	月序＼星期	日	1	2	3	4	5	6	日	1	2	3	4	5	6	日	1	2	3	4	5	6	日	1	2	3	4	5	6	日	1	2	3	4	5	6	日	月末陽曆
56	六		㊿	2	3	4	5	6	7	8	9	10	11	12	13	14	15	16	17	18	19	20	21	22	23	24	25	26	27	28	29							8.12
57	七			⑲	2	3	4	5	6	7	8	9	10	11	12	13	14	15	16	17	18	19	20	21	22	23	24	25	26	27	28	29	30					9.10
58	八					㊾	2	3	4	5	6	7	8	9	10	11	12	13	14	15	16	17	18	19	20	21	22	23	24	25	26	27	28	29				10.9
59	九						⑱	2	3	4	5	6	7	8	9	10	11	12	13	14	15	16	17	18	19	20	21	22	23	24	25	26	27	28	29	30		11.8
60	十	㊽	2	3	4	5	6	7	8	9	10	11	12	13	14	15	16	17	18	19	20	21	22	23	24	25	26	27	28	29								12.7
1	十一		⑰	2	3	4	5	6	7	8	9	10	11	12	13	14	15	16	17	18	19	20	21	22	23	24	25	26	27	28	29	30						1.6
2	十二				㊼	2	3	4	5	6	7	8	9	10	11	12	13	14	15	16	17	18	19	20	21	22	23	24	25	26	27	28	29					2.4

大事記

正月，梁定百官九品十八班之制。　二月，又定將軍十品二十四班，不登十品者八班，施於外國者二十四班，凡一百零九號。梁置州望、郡宗、鄉豪各一人，專掌搜薦。　五月，梁增置列卿為十二。巴陵馬營蠻擾掠漸平。　八月，魏京兆王愉據冀州，稱皇帝，改元建平；魏發兵及蠻兵擊之，逾月平。魏改元永平。　九月，梁開山澤之禁。魏詔僧侶犯殺人罪者依俗斷，餘犯付僧官以僧制處。魏尚書令高肇害彭城王勰。魏柔然降戶被徙濟州者群起攻掠。魏郢州司馬彭珍引梁兵攻義陽。　十月，魏懸瓠軍主白早生殺豫州刺史，附於梁，於是郢、豫二州亂。　十二月，魏逐一平定，梁兵敗還。蠻帥田益宗附於魏。太陽蠻降魏者萬餘戶，置郡十六。

是歲，柔然又請和於魏，仍被拒。高車攻殺柔然佗汗可汗於蒲類海，可汗子立為豆羅伏跋豆伐可汗，改元建昌。

任昉卒(460—508)，昉為當時名文學家。

南北朝紀年

干支己丑　公元 509 年

朝代或國名	國家支配者	建都	廟號	謚號	建元	年號年次	輔政者	備注
北魏	⑧元恪	洛陽	世宗	宣武	4	3 永平 2 年		
梁	①蕭衍	建康	高祖	武	7	1 天監 8 年		
高昌	①麴嘉	交河		昭武王		10 年		在吐魯番西
吐谷渾	⑭伏連籌	伏羅川				19 年		青海湖西南
柔然	⑩豆羅伏跋豆伐可汗				1	建昌 2 年		

月曆表(建寅)

5222—355—1907360

月干支序數	月序＼星期	日	1	2	3	4	5	6	日	1	2	3	4	5	6	日	1	2	3	4	5	6	日	1	2	3	4	5	6	日	1	2	3	4	5	6	日	月末陽曆
3	正					⑯	2	3	4	5	6	7	8	9	10	11	12	13	14	15	16	17	18	19	20	21	22	23	24	25	26	27	28	29	30			3.6
4	二							㊻	2	3	4	5	6	7	8	9	10	11	12	13	14	15	16	17	18	19	20	21	22	23	24	25	26	27	28	29		4.4
5	三	⑮	2	3	4	5	6	7	8	9	10	11	12	13	14	15	16	17	18	19	20	21	22	23	24	25	26	27	28	29	30							5.4
6	四			㊺	2	3	4	5	6	7	8	9	10	11	12	13	14	15	16	17	18	19	20	21	22	23	24	25	26	27	28	29						6.2
7	五				⑭	2	3	4	5	6	7	8	9	10	11	12	13	14	15	16	17	18	19	20	21	22	23	24	25	26	27	28	29	30				7.2
8	六						㊹	2	3	4	5	6	7	8	9	10	11	12	13	14	15	16	17	18	19	20	21	22	23	24	25	26	27	28	29	30		8.1
9	七	⑭	2	3	4	5	6	7	8	9	10	11	12	13	14	15	16	17	18	19	20	21	22	23	24	25	26	27	28	29								8.30
10	八		㊸	2	3	4	5	6	7	8	9	10	11	12	13	14	15	16	17	18	19	20	21	22	23	24	25	26	27	28	29	30						9.29
11	九				⑬	2	3	4	5	6	7	8	9	10	11	12	13	14	15	16	17	18	19	20	21	22	23	24	25	26	27	28	29					10.28

續表

月干支序數	星期/月序	日	1	2	3	4	5	6	日	1	2	3	4	5	6	日	1	2	3	4	5	6	日	1	2	3	4	5	6	日	1	2	3	4	5	6	日	月末陽曆
12	十					㊷	2	3	4	5	6	7	8	9	10	11	12	13	14	15	16	17	18	19	20	21	22	23	24	25	26	27	28	29	30			11.27
13	十一							⑫	2	3	4	5	6	7	8	9	10	11	12	13	14	15	16	17	18	19	20	21	22	23	24	25	26	27	28	29		12.26
14	十二	㊶	2	3	4	5	6	7	8	9	10	11	12	13	14	15	16	17	18	19	20	21	22	23	24	25	26	27	28	29	30							1.25

大事記

三月,魏攻梁潺溝,大敗。群蠻為魏所迫,悉渡漢水降於梁。四月,魏五川鎮饑。　五月,梁詔試通經之士,不限門第授官。　九月,魏詔太常卿劉芳造樂器。　十一月,魏帝為諸僧及朝臣講佛經,於是佛教大盛,州郡共有一萬三千餘寺。西域沙門三千餘人集洛陽。

南北朝紀年

干支庚寅　公元510年

朝代或國名	國家支配者	建都	廟號	謚號	建元	年號年次	輔政者	備注
北魏	⑧元恪	洛陽	世宗	宣武	4	3永平3年		
梁	①蕭衍	建康	高祖	武	7	1天監9年		
高昌	①麴嘉	交河		昭武王		11年		在吐魯番西
	〔吴承伯〕	宣城				1年		
吐谷渾	⑭伏連籌	伏羅川				20年		青海湖西南
柔然	⑩豆羅伏跋豆伐可汗				1	建昌3年		

月曆表(建寅)

5223−384−1907744

月干支序數	星期/月序	日	1	2	3	4	5	6	日	1	2	3	4	5	6	日	1	2	3	4	5	6	日	1	2	3	4	5	6	日	1	2	3	4	5	6	日	月末陽曆
15	正			⑪	2	3	4	5	6	7	8	9	10	11	12	13	14	15	16	17	18	19	20	21	22	23	24	25	26	27	28	29						2.23
16	二				㊵	2	3	4	5	6	7	8	9	10	11	12	13	14	15	16	17	18	19	20	21	22	23	24	25	26	27	28	29	30				3.25
17	三						⑩	2	3	4	5	6	7	8	9	10	11	12	13	14	15	16	17	18	19	20	21	22	23	24	25	26	27	28	29			4.23
18	四							㊴	2	3	4	5	6	7	8	9	10	11	12	13	14	15	16	17	18	19	20	21	22	23	24	25	26	27	28	29	30	5.23
19	五		⑨	2	3	4	5	6	7	8	9	10	11	12	13	14	15	16	17	18	19	20	21	22	23	24	25	26	27	28	29							6.21
20	六			㊳	2	3	4	5	6	7	8	9	10	11	12	13	14	15	16	17	18	19	20	21	22	23	24	25	26	27	28	29	30					7.21
	閏					⑧	2	3	4	5	6	7	8	9	10	11	12	13	14	15	16	17	18	19	20	21	22	23	24	25	26	27	28	29				8.19
21	七						㊲	2	3	4	5	6	7	8	9	10	11	12	13	14	15	16	17	18	19	20	21	22	23	24	25	26	27	28	29	30		9.18
22	八	⑦	2	3	4	5	6	7	8	9	10	11	12	13	14	15	16	17	18	19	20	21	22	23	24	25	26	27	28	29								10.17
23	九		㊱	2	3	4	5	6	7	8	9	10	11	12	13	14	15	16	17	18	19	20	21	22	23	24	25	26	27	28	29	30						11.16
24	十				⑥	2	3	4	5	6	7	8	9	10	11	12	13	14	15	16	17	18	19	20	21	22	23	24	25	26	27	28	29	30				12.16
25	十一						㊱	2	3	4	5	6	7	8	9	10	11	12	13	14	15	16	17	18	19	20	21	22	23	24	25	26	27	28	29			1.14
26	十二							⑤	2	3	4	5	6	7	8	9	10	11	12	13	14	15	16	17	18	19	20	21	22	23	24	25	26	27	28	29	30	2.13

大事記

正月,梁作緣淮塘。魏秦州沙門劉光秀反。魏隴西羌殺鎮將,旋皆敗亡。　三月,梁帝親臨講肄於國子學,令皇太子及王侯之子并入學受業。于闐國獻於梁。　四月,梁改用士流為尚書都令史。　六月,梁宣城郡吏吴承伯聚衆反,殺太守,逾月敗死。　十月,梁頒行祖冲之《大明曆》。冬,魏鑄五銖錢。　是歲,中山王英卒。

南北朝紀年

干支辛卯　公元 511 年

朝代或國名	國家支配者	建　都	廟　號	謚　號	建　元	年號年次	輔政者	備　注
北魏	⑧元恪	洛陽	世宗	宣武	4	3 永平 4 年		
梁	①蕭衍	建康	高祖	武	7	1 天監 10 年		
高昌	①麴嘉	交河		昭武王		12 年		在吐魯番西
吐谷渾	⑭伏連籌	伏羅川				21 年		青海湖西南
柔然	⑩豆羅伏跋豆伐可汗				1	建昌 4 年		

月　曆　表(建寅)

5224—354—1908098

月干支序數	月序＼星期	日	1	2	3	4	5	6	日	1	2	3	4	5	6	日	1	2	3	4	5	6	日	1	2	3	4	5	6	日	1	2	3	4	5	6	日	月末陽曆
27	正		㉟	2	3	4	5	6	7	8	9	10	11	12	13	14	15	16	17	18	19	20	21	22	23	24	25	26	27	28	29							3.14
28	二			④	2	3	4	5	6	7	8	9	10	11	12	13	14	15	16	17	18	19	20	21	22	23	24	25	26	27	28	29	30					4.13
29	三					㉞	2	3	4	5	6	7	8	9	10	11	12	13	14	15	16	17	18	19	20	21	22	23	24	25	26	27	28	29				5.12
30	四						③	2	3	4	5	6	7	8	9	10	11	12	13	14	15	16	17	18	19	20	21	22	23	24	25	26	27	28	29	30		6.11
31	五	㉝	2	3	4	5	6	7	8	9	10	11	12	13	14	15	16	17	18	19	20	21	22	23	24	25	26	27	28	29								7.10
32	六		②	2	3	4	5	6	7	8	9	10	11	12	13	14	15	16	17	18	19	20	21	22	23	24	25	26	27	28	29	30						8.9
33	七				㉜	2	3	4	5	6	7	8	9	10	11	12	13	14	15	16	17	18	19	20	21	22	23	24	25	26	27	28	29					9.7
34	八					①	2	3	4	5	6	7	8	9	10	11	12	13	14	15	16	17	18	19	20	21	22	23	24	25	26	27	28	29	30			10.7
35	九							㉛	2	3	4	5	6	7	8	9	10	11	12	13	14	15	16	17	18	19	20	21	22	23	24	25	26	27	28	29		11.5
36	十	(60)	2	3	4	5	6	7	8	9	10	11	12	13	14	15	16	17	18	19	20	21	22	23	24	25	26	27	28	29	30							12.5
37	十一			㉚	2	3	4	5	6	7	8	9	10	11	12	13	14	15	16	17	18	19	20	21	22	23	24	25	26	27	28	29						1.3
38	十二				(59)	2	3	4	5	6	7	8	9	10	11	12	13	14	15	16	17	18	19	20	21	22	23	24	25	26	27	28	29	30				2.2

大事記

正月,魏汾州山胡劉龍駒反於華州,攻擾夏州。　二月,魏青、齊、徐、兗四州民饑。　三月,梁琅邪民王萬壽殺太守,據朐山降魏,魏發兵援之。　四月,魏破劉龍駒。梁發兵攻朐山。　五月,魏禁天文學。　十二月,梁軍大破魏軍,取朐山。魏以品官為河南六部尉,里正可進爵為勛品。

是歲,梁有州二十三,郡三百五十,縣千二十二。宕昌獻於梁。

南北朝紀年

干支壬辰　公元 512 年

朝代或國名	國家支配者	建　都	廟　號	謚　號	建　元	年號年次	輔政者	備　注
北魏	⑧元恪	洛陽	世宗	宣武	4	4 延昌元年		
梁	①蕭衍	建康	高祖	武	7	1 天監 11 年		
高昌	①麴嘉	交河		昭武王		13 年		在吐魯番西
吐谷渾	⑭伏連籌	伏羅川				22 年		青海湖西南
柔然	⑩豆羅伏跋豆伐可汗				1	建昌 5 年		

月　曆　表（建寅）

5225－354－1908452

月干支序數	月序＼星期	日	1	2	3	4	5	6	日	1	2	3	4	5	6	日	1	2	3	4	5	6	日	1	2	3	4	5	6	日	1	2	3	4	5	6	日	月末陽曆
39.	正						㉙	2	3	4	5	6	7	8	9	10	11	12	13	14	15	16	17	18	19	20	21	22	23	24	25	26	27	28	29	30		3.3
40	二	(59)	2	3	4	5	6	7	8	9	10	11	12	13	14	15	16	17	18	19	20	21	22	23	24	25	26	27	28	29								4.1
41	三		㉘	2	3	4	5	6	7	8	9	10	11	12	13	14	15	16	17	18	19	20	21	22	23	24	25	26	27	28	29	30						5.1
42	四				(58)	2	3	4	5	6	7	8	9	10	11	12	13	14	15	16	17	18	19	20	21	22	23	24	25	26	27	28	29					5.30
43	五					㉗	2	3	4	5	6	7	8	9	10	11	12	13	14	15	16	17	18	19	20	21	22	23	24	25	26	27	28	29	30			6.29
44	六							(57)	2	3	4	5	6	7	8	9	10	11	12	13	14	15	16	17	18	19	20	21	22	23	24	25	26	27	28	29		7.28
45	七	㉖	2	3	4	5	6	7	8	9	10	11	12	13	14	15	16	17	18	19	20	21	22	23	24	25	26	27	28	29	30							8.27
46	八			(56)	2	3	4	5	6	7	8	9	10	11	12	13	14	15	16	17	18	19	20	21	22	23	24	25	26	27	28	29						9.25
47	九				㉕	2	3	4	5	6	7	8	9	10	11	12	13	14	15	16	17	18	19	20	21	22	23	24	25	26	27	28	29	30				10.25
48	十						(55)	2	3	4	5	6	7	8	9	10	11	12	13	14	15	16	17	18	19	20	21	22	23	24	25	26	27	28	29			11.23
49	十一							㉔	2	3	4	5	6	7	8	9	10	11	12	13	14	15	16	17	18	19	20	21	22	23	24	25	26	27	28	29	30	12.23
50	十二		(54)	2	3	4	5	6	7	8	9	10	11	12	13	14	15	16	17	18	19	20	21	22	23	24	25	26	27	28	29							1.21

大事記

三月，高麗獻於梁。魏郡十一大水。　四月，魏改元延昌。百濟、扶南、林邑獻於梁。魏大饑，令饑民就食燕、恒、六鎮等邊郡。　九月，宕昌獻於梁。　十一月，梁修五禮成。

南北朝紀年

干支癸巳　公元513年

朝代或國名	國家支配者	建都	廟號	謚號	建元	年號年次	輔政者	備注
北魏	⑧元恪	洛陽	世宗	宣武	4	4延昌2年		
梁	①蕭衍	建康	高祖	武	7	1天監12年		
高昌	①麴嘉	交河		昭武王		14年		在吐魯番西
吐谷渾	⑭伏連籌	伏羅川				23年		青海湖西南
柔然	⑩豆羅伏跋豆伐可汗				1	建昌6年		

月　曆　表（建寅）

5226－384－1908836

月干支序數	月序＼星期	日	1	2	3	4	5	6	日	1	2	3	4	5	6	日	1	2	3	4	5	6	日	1	2	3	4	5	6	日	1	2	3	4	5	6	日	月末陽曆
51	正			㉓	2	3	4	5	6	7	8	9	10	11	12	13	14	15	16	17	18	19	20	21	22	23	24	25	26	27	28	29	30					2.20
52	二					(53)	2	3	4	5	6	7	8	9	10	11	12	13	14	15	16	17	18	19	20	21	22	23	24	25	26	27	28	29				3.21
53	三						㉒	2	3	4	5	6	7	8	9	10	11	12	13	14	15	16	17	18	19	20	21	22	23	24	25	26	27	28	29	30		4.20
	閏	(52)	2	3	4	5	6	7	8	9	10	11	12	13	14	15	16	17	18	19	20	21	22	23	24	25	26	27	28	29								5.19
54	四		㉑	2	3	4	5	6	7	8	9	10	11	12	13	14	15	16	17	18	19	20	21	22	23	24	25	26	27	28	29	30						6.18
55	五				(51)	2	3	4	5	6	7	8	9	10	11	12	13	14	15	16	17	18	19	20	21	22	23	24	25	26	27	28	29	30				7.18
56	六						㉑	2	3	4	5	6	7	8	9	10	11	12	13	14	15	16	17	18	19	20	21	22	23	24	25	26	27	28	29			8.16
57	七							㊿	2	3	4	5	6	7	8	9	10	11	12	13	14	15	16	17	18	19	20	21	22	23	24	25	26	27	28	29	30	9.15
58	八		⑳	2	3	4	5	6	7	8	9	10	11	12	13	14	15	16	17	18	19	20	21	22	23	24	25	26	27	28	29							10.14
59	九			㊾	2	3	4	5	6	7	8	9	10	11	12	13	14	15	16	17	18	19	20	21	22	23	24	25	26	27	28	29	30					11.13
60	十					⑲	2	3	4	5	6	7	8	9	10	11	12	13	14	15	16	17	18	19	20	21	22	23	24	25	26	27	28	29				12.12
1	十一						㊽	2	3	4	5	6	7	8	9	10	11	12	13	14	15	16	17	18	19	20	21	22	23	24	25	26	27	28	29	30		1.11
2	十二	⑱	2	3	4	5	6	7	8	9	10	11	12	13	14	15	16	17	18	19	20	21	22	23	24	25	26	27	28	29								2.9

魏閏二月乙酉,三月乙卯。

大事記

正月,魏六鎮大饑。　二月,梁鬱州民殺刺史附魏,尋敗死。　三月,魏饑民死者數萬口。閏三月,沈約卒(441—513)。約詩文均有名,著《宋書》。　是歲,魏州郡十三大水;恒、肆二州地震,逾年不已。

中國醫生楊爾去日本講授醫學。又傳入日本以《詩》、《書》、《易》、《禮》、《春秋》五經,對日本封建文化的發展有相當大的影響。

南北朝紀年　　干支甲午　公元 514 年

朝代或國名	國家支配者	建都	廟號	謚號	建元	年號年次	輔政者	備注
北魏	⑧元恪	洛陽	世宗	宣武	4	4 延昌 3 年		
梁	①蕭衍	建康	高祖	武	7	1 天監 13 年		
高昌	①麴嘉	交河		昭武王		15 年		在吐魯番西
吐谷渾	⑭伏連籌	伏羅川				21 年		青海湖西南
柔然	⑩豆羅伏跋豆伐可汗				1	建昌 7 年		

月曆表(建寅)　　5227—355—1909191

月干支序數	星期／月序	日	1	2	3	4	5	6	日	1	2	3	4	5	6	日	1	2	3	4	5	6	日	1	2	3	4	5	6	日	1	2	3	4	5	6	日	月末陽曆
3	正		㊼	2	3	4	5	6	7	8	9	10	11	12	13	14	15	16	17	18	19	20	21	22	23	24	25	26	27	28	29	30						3.11
4	二				⑰	2	3	4	5	6	7	8	9	10	11	12	13	14	15	16	17	18	19	20	21	22	23	24	25	26	27	28	29					4.9
5	三					㊻	2	3	4	5	6	7	8	9	10	11	12	13	14	15	16	17	18	19	20	21	22	23	24	25	26	27	28	29	30			5.9
6	四							⑯	2	3	4	5	6	7	8	9	10	11	12	13	14	15	16	17	18	19	20	21	22	23	24	25	26	27	28	29		6.7
7	五	㊺	2	3	4	5	6	7	8	9	10	11	12	13	14	15	16	17	18	19	20	21	22	23	24	25	26	27	28	29	30							7.7
8	六			⑮	2	3	4	5	6	7	8	9	10	11	12	13	14	15	16	17	18	19	20	21	22	23	24	25	26	27	28	29						8.5
9	七				㊹	2	3	4	5	6	7	8	9	10	11	12	13	14	15	16	17	18	19	20	21	22	23	24	25	26	27	28	29	30				9.4
10	八						⑭	2	3	4	5	6	7	8	9	10	11	12	13	14	15	16	17	18	19	20	21	22	23	24	25	26	27	28	29			10.3
11	九							㊸	2	3	4	5	6	7	8	9	10	11	12	13	14	15	16	17	18	19	20	21	22	23	24	25	26	27	28	29	30	11.2
12	十		⑬	2	3	4	5	6	7	8	9	10	11	12	13	14	15	16	17	18	19	20	21	22	23	24	25	26	27	28	29	30						12.2
13	十一				㊸	2	3	4	5	6	7	8	9	10	11	12	13	14	15	16	17	18	19	20	21	22	23	24	25	26	27	28	29					12.31
14	十二					⑫	2	3	4	5	6	7	8	9	10	11	12	13	14	15	16	17	18	19	20	21	22	23	24	25	26	27	28	29	30			1.30

大事記

二月,魏蠻帥田魯生等附梁,取光城以南諸戍。　三月,魏破田魯生等,復取諸戍。　十月,魏遣使慰喻柔然。魏大發兵攻梁益州。梁大發揚、徐民作浮山堰。　十一月,魏幽州沙門劉僧紹反,自號淨居國明法王,旋敗死。梁發役人及戰士二十萬,築淮堰(即浮山堰)。

是歲,魏於驪山、白登二地置銀官。

南北朝紀年　　干支乙未　公元 515 年

朝代或國名	國家支配者	建都	廟號	謚號	建元	年號年次	輔政者	備注
北魏	⑧元恪	洛陽	世宗	宣武	4	4 延昌 4 年		正月元詡即位
梁	①蕭衍	建康	高祖	武	7	1 天監 14 年		

續表

朝代或國名	國家支配者	建都	廟號	謚號	建元	年號年次	輔政者	備注
高昌	①麴嘉	交河		昭武王		16年		在吐魯番西
吐谷渾	⑭伏連籌	伏羅川				25年		青海湖西南
	〔僧法慶〕					元年		河北
柔然	⑩豆羅伏跋豆伐可汗				1	建昌8年		

月曆表(建寅)

5228—383—1909574

月干支序數	星期／月序	日	1	2	3	4	5	6	日	1	2	3	4	5	6	日	1	2	3	4	5	6	日	1	2	3	4	5	6	日	1	2	3	4	5	6	日	月末陽曆
15	正							㊷	2	3	4	5	6	7	8	9	10	11	12	13	14	15	16	17	18	19	20	21	22	23	24	25	26	27	28	29		2.28
16	二	⑪	2	3	4	5	6	7	8	9	10	11	12	13	14	15	16	17	18	19	20	21	22	23	24	25	26	27	28	29	30							3.30
17	三			㊶	2	3	4	5	6	7	8	9	10	11	12	13	14	15	16	17	18	19	20	21	22	23	24	25	26	27	28	29						4.28
18	四				⑩	2	3	4	5	6	7	8	9	10	11	12	13	14	15	16	17	18	19	20	21	22	23	24	25	26	27	28	29	30				5.28
19	五						㊵	2	3	4	5	6	7	8	9	10	11	12	13	14	15	16	17	18	19	20	21	22	23	24	25	26	27	28	29			6.26
20	六							⑨	2	3	4	5	6	7	8	9	10	11	12	13	14	15	16	17	18	19	20	21	22	23	24	25	26	27	28	29	30	7.26
21	七		㊴	2	3	4	5	6	7	8	9	10	11	12	13	14	15	16	17	18	19	20	21	22	23	24	25	26	27	28	29							8.24
22	八			⑧	2	3	4	5	6	7	8	9	10	11	12	13	14	15	16	17	18	19	20	21	22	23	24	25	26	27	28	29	30					9.23
23	九					㊳	2	3	4	5	6	7	8	9	10	11	12	13	14	15	16	17	18	19	20	21	22	23	24	25	26	27	28	29				10.22
24	十						⑦	2	3	4	5	6	7	8	9	10	11	12	13	14	15	16	17	18	19	20	21	22	23	24	25	26	27	28	29	30		11.21
25	十一	㊲	2	3	4	5	6	7	8	9	10	11	12	13	14	15	16	17	18	19	20	21	22	23	24	25	26	27	28	29								12.20
26	十二		⑥	2	3	4	5	6	7	8	9	10	11	12	13	14	15	16	17	18	19	20	21	22	23	24	25	26	27	28	29	30						1.19
	閏				㊱	2	3	4	5	6	7	8	9	10	11	12	13	14	15	16	17	18	19	20	21	22	23	24	25	26	27	28	29					2.17

劉氏魏閏十月庚子，十一月己巳，十二月己亥。

大事記

正月，魏帝卒，太子詡立。召還攻梁益州之師。　二月，魏殺司徒高肇。柔然遣使聘於魏。　四月，梁淮堰潰，復築之，沉鐵數千萬斤。魏梁州氐反於沮水。　五月，魏南秦州氐反，圍武興。　六月，魏冀州沙門法慶聚衆，與渤海人李歸伯起事，法慶自稱大乘，以歸伯為十住菩薩、平魔軍司、定漢王，所至毁寺殺僧，焚經燒像。　九月，法慶敗死。魏胡太后臨朝稱制。　十二月，魏葭萌民任令宗殺太守，降於梁，漢人、僚人多應之。狼牙修國獻於梁。

是歲，魏境內有寺院13 700餘所。范縝卒(約450—515)。

南北朝紀年

干支丙申　公元516年

朝代或國名	國家支配者	建都	廟號	謚號	建元	年號年次	輔政者	備注
北魏	⑨元詡	洛陽	肅宗	明	5	1熙平元年		
梁	①蕭衍	建康	高祖	武	7	1天監15年		
高昌	①麴嘉	交河		昭武王		17年		在吐魯番西
吐谷渾	⑭伏連籌	伏羅川				26年		青海湖西南
	〔僧法慶〕					2年		河北
柔然	⑩豆羅伏跋豆伐可汗				1	建昌9年		

月　曆　表（建　寅）　　5229—355—1909929

月干支序數	月序＼星期	日	1	2	3	4	5	6	日	1	2	3	4	5	6	日	1	2	3	4	5	6	日	1	2	3	4	5	6	日	1	2	3	4	5	6	日	月末陽曆
27	正					⑤	2	3	4	5	6	7	8	9	10	11	12	13	14	15	16	17	18	19	20	21	22	23	24	25	26	27	28	29	30			3.18
28	二							㉟	2	3	4	5	6	7	8	9	10	11	12	13	14	15	16	17	18	19	20	21	22	23	24	25	26	27	28	29	30	4.17
29	三		⑤	2	3	4	5	6	7	8	9	10	11	12	13	14	15	16	17	18	19	20	21	22	23	24	25	26	27	28	29							5.16
30	四			㉞	2	3	4	5	6	7	8	9	10	11	12	13	14	15	16	17	18	19	20	21	22	23	24	25	26	27	28	29	30					6.15
31	五					④	2	3	4	5	6	7	8	9	10	11	12	13	14	15	16	17	18	19	20	21	22	23	24	25	26	27	28	29				7.14
32	六						㉝	2	3	4	5	6	7	8	9	10	11	12	13	14	15	16	17	18	19	20	21	22	23	24	25	26	27	28	29	30		8.13
33	七	③	2	3	4	5	6	7	8	9	10	11	12	13	14	15	16	17	18	19	20	21	22	23	24	25	26	27	28	29								9.11
34	八		㉜	2	3	4	5	6	7	8	9	10	11	12	13	14	15	16	17	18	19	20	21	22	23	24	25	26	27	28	29	30						10.11
35	九				②	2	3	4	5	6	7	8	9	10	11	12	13	14	15	16	17	18	19	20	21	22	23	24	25	26	27	28	29					11.9
36	十					㉛	2	3	4	5	6	7	8	9	10	11	12	13	14	15	16	17	18	19	20	21	22	23	24	25	26	27	28	29	30			12.9
37	十一							①	2	3	4	5	6	7	8	9	10	11	12	13	14	15	16	17	18	19	20	21	22	23	24	25	26	27	28	29		1.7
38	十二	㉚	2	3	4	5	6	7	8	9	10	11	12	13	14	15	16	17	18	19	20	21	22	23	24	25	26	27	28	29	30							2.6

大事記

正月，魏改元熙平。　二月，魏攻拔梁峽石。　四月，梁築淮堰成。高麗獻於梁。　七月，魏攻梁，取東益州。九月，梁淮堰崩，沿淮城戍村落十餘萬口，皆漂入海。　十一月，阮宗孝掠交州，敗死。魏修伊闕，作石窟寺（龍門）。柔然伏跋可汗大破高車，殺其王，漆其頭為飲器。

南北朝紀年　　干支丁酉　公元 517 年

朝代或國名	國家支配者	建都	廟號	謚號	建元	年號年次	輔政者	備注
北魏	⑨元詡	洛陽	肅宗	明	5	1 熙平 2 年		
梁	①蕭衍	建康	高祖	武	7	1 天監 16 年		
高昌	①麴嘉	交河		昭武王		18 年		在吐魯番西
吐谷渾	⑭伏連籌	伏羅川				27 年		青海湖西南
	〔僧法慶〕					3 年		河北
柔然	⑩豆羅伏跋豆伐可汗				1	建昌 10 年		

月　曆　表（建　寅）　　5230—354—1910283

月干支序數	月序＼星期	日	1	2	3	4	5	6	日	1	2	3	4	5	6	日	1	2	3	4	5	6	日	1	2	3	4	5	6	日	1	2	3	4	5	6	日	月末陽曆
39	正			(60)	2	3	4	5	6	7	8	9	10	11	12	13	14	15	16	17	18	19	20	21	22	23	24	25	26	27	28	29						3.7
40	二				㉙	2	3	4	5	6	7	8	9	10	11	12	13	14	15	16	17	18	19	20	21	22	23	24	25	26	27	28	29	30				4.6
41	三						(59)	2	3	4	5	6	7	8	9	10	11	12	13	14	15	16	17	18	19	20	21	22	23	24	25	26	27	28	29			5.5
42	四							㉘	2	3	4	5	6	7	8	9	10	11	12	13	14	15	16	17	18	19	20	21	22	23	24	25	26	27	28	29	30	6.4
43	五		(58)	2	3	4	5	6	7	8	9	10	11	12	13	14	15	16	17	18	19	20	21	22	23	24	25	26	27	28	29	30						7.4
44	六				㉘	2	3	4	5	6	7	8	9	10	11	12	13	14	15	16	17	18	19	20	21	22	23	24	25	26	27	28	29					8.2
45	七					(57)	2	3	4	5	6	7	8	9	10	11	12	13	14	15	16	17	18	19	20	21	22	23	24	25	26	27	28	29	30			9.1
46	八							㉗	2	3	4	5	6	7	8	9	10	11	12	13	14	15	16	17	18	19	20	21	22	23	24	25	26	27	28	29		9.30
47	九	(56)	2	3	4	5	6	7	8	9	10	11	12	13	14	15	16	17	18	19	20	21	22	23	24	25	26	27	28	29	30							10.30

續表

月干支序數	月序＼星期	日	1	2	3	4	5	6	日	1	2	3	4	5	6	日	1	2	3	4	5	6	日	1	2	3	4	5	6	日	1	2	3	4	5	6	日	月末陽曆
48	十			㉖	2	3	4	5	6	7	8	9	10	11	12	13	14	15	16	17	18	19	20	21	22	23	24	25	26	27	28	29						11.28
49	十一				(55)	2	3	4	5	6	7	8	9	10	11	12	13	14	15	16	17	18	19	20	21	22	23	24	25	26	27	28	29	30				12.28
50	十二						㉕	2	3	4	5	6	7	8	9	10	11	12	13	14	15	16	17	18	19	20	21	22	23	24	25	26	27	28	29			1.26

大事記

正月，魏大乘法慶餘黨復起，旋平。魏禁鷄眼、鐶鑿諸小錢。　三月，吐谷渾獻於梁。　四月，梁詔宗廟祭品以面食代牲。　八月，扶南、婆利獻於梁。　十月，魏詔代郡士民未南遷者，聽留居為永業。　十二月，柔然請和於魏，用仇國禮。梁主敕廢境內道觀，道士皆還俗。梁主議白御僧官，沙門智臧反對。

南北朝紀年

干支戊戌　公元518年

朝代或國名	國家支配者	建都	廟號	謚號	建元	年號年次	輔政者	備注
北魏	⑨元詡	洛陽	肅宗	明	5	2 神龜元年		二月己酉改元
梁	①蕭衍	建康	高祖	武	7	1 天監 17年		
高昌	①麴嘉	交河		昭武王		19年		在吐魯番西
吐谷渾	⑭伏連籌	伏羅川				28年		青海湖西南
柔然	⑩豆羅伏跋豆伐可汗				1	建昌 11年		

月　曆　表（建寅）

5231－381－1910667

月干支序數	月序＼星期	日	1	2	3	4	5	6	日	1	2	3	4	5	6	日	1	2	3	4	5	6	日	1	2	3	4	5	6	日	1	2	3	4	5	6	日	月末陽曆
51	正							(54)	2	3	4	5	6	7	8	9	10	11	12	13	14	15	16	17	18	19	20	21	22	23	24	25	26	27	28	29	30	2.25
52	二		㉔	2	3	4	5	6	7	8	9	10	11	12	13	14	15	16	17	18	19	20	21	22	23	24	25	26	27	28	29							3.26
53	三			(52)	2	3	4	5	6	7	8	9	10	11	12	13	14	15	16	17	18	19	20	21	22	23	24	25	26	27	28	29	30					4.25
54	四					㉓	2	3	4	5	6	7	8	9	10	11	12	13	14	15	16	17	18	19	20	21	22	23	24	25	26	27	28	29				5.24
55	五						(52)	2	3	4	5	6	7	8	9	10	11	12	13	14	15	16	17	18	19	20	21	22	23	24	25	26	27	28	29	30		6.23
56	六	㉒	2	3	4	5	6	7	8	9	10	11	12	13	14	15	16	17	18	19	20	21	22	23	24	25	26	27	28	29								7.22
57	七		(51)	2	3	4	5	6	7	8	9	10	11	12	13	14	15	16	17	18	19	20	21	22	23	24	25	26	27	28	29	30						8.21
58	八				㉑	2	3	4	5	6	7	8	9	10	11	12	13	14	15	16	17	18	19	20	21	22	23	24	25	26	27	28	29					9.19
	閏					㊿	2	3	4	5	6	7	8	9	10	11	12	13	14	15	16	17	18	19	20	21	22	23	24	25	26	27	28	29	30			10.19
59	九							⑳	2	3	4	5	6	7	8	9	10	11	12	13	14	15	16	17	18	19	20	21	22	23	24	25	26	27	28	29	30	11.18
60	十		㊿	2	3	4	5	6	7	8	9	10	11	12	13	14	15	16	17	18	19	20	21	22	23	24	25	26	27	28	29							12.17
1	十一			⑲	2	3	4	5	6	7	8	9	10	11	12	13	14	15	16	17	18	19	20	21	22	23	24	25	26	27	28	29	30					1.16
2	十二					㊾	2	3	4	5	6	7	8	9	10	11	12	13	14	15	16	17	18	19	20	21	22	23	24	25	26	27	28	29				2.14

魏閏七月朔甲申，八月朔癸丑。

大事記

正月，魏秦州羌反。魏詔禁雜役之戶冒入清流。魏以氐帥楊定為陰平王。　二月，魏改元神龜。魏東益州氐反。

三月，魏南秦州氐起事。五月，千陀利獻於梁。　六月，魏補三體石經。　七月，魏河州羌卻鐵忽起事，自稱水池王，八月敗降。魏補刻熹平石經。梁以兵騶奴婢男年登六十、女年登五十，免為平民。　十月，魏遣宋雲與惠生赴西域求佛經。魏復鹽池之禁。

是歲，鍾嶸卒(469—518)。僧祐卒(445—518)。

南北朝紀年

干支己亥　公元519年

朝代或國名	國家支配者	建　都	廟　號	謚　號	建　元	年號年次	輔政者	備　注
北魏	⑨元詡	洛陽	肅宗	明	5	2神龜2年		
梁	①蕭衍	建康	高祖	武	7	1天監18年		
高昌	①麴嘉	交河		昭武王		20年		在吐魯番西
吐谷渾	⑭伏連籌	伏羅川				29年		青海湖西南
柔然	⑩豆羅伏跋豆伐可汗				1	建昌12年		

月　曆　表(建寅)

5232—354—1911021

月干支序數	月序＼星期	日	1	2	3	4	5	6	日	1	2	3	4	5	6	日	1	2	3	4	5	6	日	1	2	3	4	5	6	日	1	2	3	4	5	6	日	月末陽曆
3	正						⑱	2	3	4	5	6	7	8	9	10	11	12	13	14	15	16	17	18	19	20	21	22	23	24	25	26	27	28	29	30		3.16
4	二	㊽	2	3	4	5	6	7	8	9	10	11	12	13	14	15	16	17	18	19	20	21	22	23	24	25	26	27	28	29								4.14
5	三		⑰	2	3	4	5	6	7	8	9	10	11	12	13	14	15	16	17	18	19	20	21	22	23	24	25	26	27	28	29	30						5.14
6	四				㊼	2	3	4	5	6	7	8	9	10	11	12	13	14	15	16	17	18	19	20	21	22	23	24	25	26	27	28	29					6.12
7	五					⑯	2	3	4	5	6	7	8	9	10	11	12	13	14	15	16	17	18	19	20	21	22	23	24	25	26	27	28	29	30			7.12
8	六							㊻	2	3	4	5	6	7	8	9	10	11	12	13	14	15	16	17	18	19	20	21	22	23	24	25	26	27	28	29		8.10
9	七	⑮	2	3	4	5	6	7	8	9	10	11	12	13	14	15	16	17	18	19	20	21	22	23	24	25	26	27	28	29	30							9.9
10	八			㊺	2	3	4	5	6	7	8	9	10	11	12	13	14	15	16	17	18	19	20	21	22	23	24	25	26	27	28	29						10.8
11	九				⑭	2	3	4	5	6	7	8	9	10	11	12	13	14	15	16	17	18	19	20	21	22	23	24	25	26	27	28	29	30				11.7
12	十						㊹	2	3	4	5	6	7	8	9	10	11	12	13	14	15	16	17	18	19	20	21	22	23	24	25	26	27	28	29			12.6
13	十一							⑬	2	3	4	5	6	7	8	9	10	11	12	13	14	15	16	17	18	19	20	21	22	23	24	25	26	27	28	29	30	1.5
14	十二		㊸	2	3	4	5	6	7	8	9	10	11	12	13	14	15	16	17	18	19	20	21	22	23	24	25	26	27	28	29							2.3

大事記

正月，魏張仲瑀上疏求銓削選格，排抑武人，不使豫清流。　二月，魏羽林、虎賁士以不愜選格新法，群起鼓噪，燒殺張仲瑀父張彝，魏改，乃平。魏吏部尚書立選舉《停年格》。　九月，魏瀛州民劉宣明謀起兵，事覺逃亡。　十月，宋雲等至嚈噠。　十二月，扶南獻於梁。元澄卒。

是歲，梁慧皎作《高僧傳》。

南北朝紀年

干支庚子　公元520年

朝代或國名	國家支配者	建　都	廟　號	謚　號	建　元	年號年次	輔政者	備　注
北魏	⑨元詡	洛陽	肅宗	明	5	3正光元年		七月辛卯改元
梁	①蕭衍	建康	高祖	武	7	2普通元年		
高昌	①麴嘉	交河		昭武王		21年		在吐魯番西
吐谷渾	⑭伏連籌	伏羅川				30年		青海湖西南

續表

朝代或國名	國家支配者	建都	廟號	謚號	建元	年號年次	輔政者	備注
柔然	⑩豆羅伏跋豆伐可汗				1	建昌 13 年		被殺
	⑪阿那瓌可汗	懷朔				元年		

月　曆　表(建寅)

5233－355－1911376

月干支序數	星期 / 月序	日	1	2	3	4	5	6	日	1	2	3	4	5	6	日	1	2	3	4	5	6	日	1	2	3	4	5	6	日	1	2	3	4	5	6	日	月末陽曆
15	正			⑫	2	3	4	5	6	7	8	9	10	11	12	13	14	15	16	17	18	19	20	21	22	23	24	25	26	27	28	29	30					3.4
16	二					㊷	2	3	4	5	6	7	8	9	10	11	12	13	14	15	16	17	18	19	20	21	22	23	24	25	26	27	28	29	30			4.3
17	三							⑫	2	3	4	5	6	7	8	9	10	11	12	13	14	15	16	17	18	29	20	21	22	23	24	25	26	27	28	29		5.2
18	四	㊶	2	3	4	5	6	7	8	9	10	11	12	13	14	15	16	17	18	19	20	21	22	23	24	25	26	27	28	29	30							6.1
19	五			⑪	2	3	4	5	6	7	8	9	10	11	12	13	14	15	16	17	18	19	20	21	22	23	24	25	26	27	28	29						6.30
20	六				㊵	2	3	4	5	6	7	8	9	10	11	12	13	14	15	16	17	18	19	20	21	22	23	24	25	26	27	28	29	30				7.30
21	七						⑩	2	3	4	5	6	7	8	9	10	11	12	13	14	15	16	17	18	19	20	21	22	23	24	25	26	27	28	29			8.28
22	八							㊴	2	3	4	5	6	7	8	9	10	11	12	13	14	15	16	17	18	19	20	21	22	23	24	25	26	27	28	29	30	9.27
23	九		⑨	2	3	4	5	6	7	8	9	10	11	12	13	14	15	16	17	18	19	20	21	22	23	24	25	26	27	28	29							10.26
24	十			㊳	2	3	4	5	6	7	8	9	10	11	12	13	14	15	16	17	18	19	20	21	22	23	24	25	26	27	28	29	30					11.25
25	十一					⑧	2	3	4	5	6	7	8	9	10	11	12	13	14	15	16	17	18	19	20	21	22	23	24	25	26	27	28	29				12.24
26	十二						㊲	2	3	4	5	6	7	8	9	10	11	12	13	14	15	16	17	18	19	20	21	22	23	24	25	26	27	28	29	30		1.23

大事記

正月,梁改元普通。扶南、高麗獻於梁。　二月,梁遣使册高麗世子安為高麗王,中途為魏所執。　三月,滑國獻於梁。　四月,吐谷渾獻於梁。　七月,魏侍中元乂殺清河王懌,幽胡后。魏改元正光。魏中山王熙以討元叉等為名,起兵於鄴,旋敗死。　十一月,柔然內訌,伏跋可汗被殺,弟阿那瓌立,兵敗奔魏,魏封為朔方公、蠕蠕王。阿那瓌從父兄彌偶可社句可汗自立。　十二月,魏遣使聘梁,兩國始通好。是年,梁命王僧孺(465—522)改定《百家譜》。韋睿卒(442—520)。

南北朝紀年

干支辛丑　公元 521 年

朝代或國名	國家支配者	建都	廟號	謚號	建元	年號年次	輔政者	備注
北魏	⑨元詡	洛陽	肅宗	明	5	3 正光 2 年		
梁	①蕭衍	建康	高祖	武	7	2 普通 2 年		
高昌	①麴嘉	交河		昭武王		22 年		在吐魯番西
柔然	⑪阿那瓌可汗	懷朔				2 年		520 年七月兵敗奔魏
	彌偶可社句可汗					元年		族衆擁立
吐谷渾	⑭伏連籌	伏羅川				31 年		青海湖西南

月　曆　表(建寅)　　5234—384—1911760

月干支序數	月序＼星期	日	1	2	3	4	5	6	日	1	2	3	4	5	6	日	1	2	3	4	5	6	日	1	2	3	4	5	6	日	1	2	3	4	5	6	日	月末陽曆
27	正	⑦	2	3	4	5	6	7	8	9	10	11	12	13	14	15	16	17	18	19	20	21	22	23	24	25	26	27	28	29								2.21
28	二		㊱	2	3	4	5	6	7	8	9	10	11	12	13	14	15	16	17	18	19	20	21	22	23	24	25	26	27	28	29	30						3.23
29	三				⑥	2	3	4	5	6	7	8	9	10	11	12	13	14	15	16	17	18	19	20	21	22	23	24	25	26	27	28	29					4.21
30	四					㉟	2	3	4	5	6	7	8	9	10	11	12	13	14	15	16	17	18	19	20	21	22	23	24	25	26	27	28	29	30			5.21
31	五							⑤	2	3	4	5	6	7	8	9	10	11	12	13	14	15	16	17	18	19	20	21	22	23	24	25	26	27	28	29	30	6.20
	閏		㉟	2	3	4	5	6	7	8	9	10	11	12	13	14	15	16	17	18	19	20	21	22	23	24	25	26	27	28	29							7.19
32	六			④	2	3	4	5	6	7	8	9	10	11	12	13	14	15	16	17	18	19	20	21	22	23	24	25	26	27	28	29	30					8.18
33	七					㉞	2	3	4	5	6	7	8	9	10	11	12	13	14	15	16	17	18	19	20	21	22	23	24	25	26	27	28	29				9.16
34	八						③	2	3	4	5	6	7	8	9	10	11	12	13	14	15	16	17	18	19	20	21	22	23	24	25	26	27	28	29	30		10.16
35	九	㉝	2	3	4	5	6	7	8	9	10	11	12	13	14	15	16	17	18	19	20	21	22	23	24	25	26	27	28	29								11.14
36	十		②	2	3	4	5	6	7	8	9	10	11	12	13	14	15	16	17	18	19	20	21	22	23	24	25	26	27	28	29	30						12.14
37	十一				㉜	2	3	4	5	6	7	8	9	10	11	12	13	14	15	16	17	18	19	20	21	22	23	24	25	26	27	28	29					1.12
38	十二						①	2	3	4	5	6	7	8	9	10	11	12	13	14	15	16	17	18	19	20	21	22	23	24	25	26	27	28	29	30		2.11

魏張龍翔編成《正光曆》(《魏書·律曆誌》)。

大事記

正月,魏南秦州氐反。梁置孤獨園於建康,收養窮民。魏發兵送柔然可汗阿那瓌還國。　五月,魏南荆州刺史蠻帥恒叔興降梁。　六月,梁義州刺史蠻帥文僧明、邊城太守田守德降魏。　七月,梁復取義州。柔然彌偶可社句可汗為高車所破,請降於魏。其國人迎阿那瓌。　十月,魏置阿那瓌於懷朔鎮北,置彌偶可社句於西海郡,以舊日內附之柔然民付阿那　。柔然分為二。　十一月,魏發兵擊東益州、南秦州氐,敗。百濟、新羅獻於梁,拜百濟王余隆為寧東大將軍。

是歲,酈道元《水經注》成。劉峻(孝標)卒(462—521),峻為當時名文學家。

南北朝紀年　　干支壬寅　公元522年

朝代或國名	國家支配者	建都	廟號	謚號	建元	年號年次	輔政者	備注
北魏	⑨元詡	洛陽	肅宗	明	5	3 正光 3 年		
梁	①蕭衍	建康	高祖	武	7	2 普通 3 年		
高昌	①麴嘉	交河		昭武王		23 年		在吐魯番西
柔然	⑪阿那瓌可汗	懷朔				3 年		
柔然	彌偶可社句可汗					2 年		十二月擒送洛陽
吐谷渾	⑭伏連籌	伏羅川				32 年		青海湖西南

月　曆　表(建寅)　　5235—354—1912114

月干支序數	月序＼星期	日	1	2	3	4	5	6	日	1	2	3	4	5	6	日	1	2	3	4	5	6	日	1	2	3	4	5	6	日	1	2	3	4	5	6	日	月末陽曆
39	正							㉛	2	3	4	5	6	7	8	9	10	11	12	13	14	15	16	17	18	19	20	21	22	23	24	25	26	27	28	29		3.12
40	二	(60)	2	3	4	5	6	7	8	9	10	11	12	13	14	15	16	17	18	19	20	21	22	23	24	25	26	27	28	29	30							4.11
41	三			㉚	2	3	4	5	6	7	8	9	10	11	12	13	14	15	16	17	18	19	20	21	22	23	24	25	26	27	28	29						5.10
42	四				(59)	2	3	4	5	6	7	8	9	10	11	12	13	14	15	16	17	18	19	20	21	22	23	24	25	26	27	28	29	30				6.9

續表

月干支序數	月序＼星期	日	1	2	3	4	5	6	日	1	2	3	4	5	6	日	1	2	3	4	5	6	日	1	2	3	4	5	6	日	1	2	3	4	5	6	日	月末陽曆
43	五						㉙	2	3	4	5	6	7	8	9	10	11	12	13	14	15	16	17	18	19	20	21	22	23	24	25	26	27	28	29			7.8
44	六							(58)	2	3	4	5	6	7	8	9	10	11	12	13	14	15	16	17	18	19	20	21	22	23	24	25	26	27	28	29	30	8.7
45	七		㉘	2	3	4	5	6	7	8	9	10	11	12	13	14	15	16	17	18	19	20	21	22	23	24	25	26	27	28	29							9.5
46	八			(57)	2	3	4	5	6	7	8	9	10	11	12	13	14	15	16	17	18	19	20	21	22	23	24	25	26	27	28	29	30					10.5
47	九					㉗	2	3	4	5	6	7	8	9	10	11	12	13	14	15	16	17	18	19	20	21	22	23	24	25	26	27	28	29	30			11.4
48	十							(57)	2	3	4	5	6	7	8	9	10	11	12	13	14	15	16	17	18	19	20	21	22	23	24	25	26	27	28	29		12.3
49	十一	㉖	2	3	4	5	6	7	8	9	10	11	12	13	14	15	16	17	18	19	20	21	22	23	24	25	26	27	28	29	30							1.2
50	十二			(56)	2	3	4	5	6	7	8	9	10	11	12	13	14	15	16	17	18	19	20	21	22	23	24	25	26	27	28	29						1.31

大事記

二月，魏宋雲、惠生等自西域乾羅國取佛經一百七十部回洛陽。高車王伊匐獻於魏，拜鎮西將軍、西海郡公、高車王。五月，梁詔郡國舉賢良方正直言之士。　八月，婆利、白題獻於梁。　十一月，魏頒行《正光曆》。　十二月，柔然彌偶可社句可汗(婆羅門)叛魏附於嚈噠，魏擊擒之。是歲，梁郭祖琛請檢括僧尼，梁主不納。梁司馬達等人入日本傳佛教。梁昭明太子蕭統撰《文選》成。

南北朝紀年

干支癸卯　公元523年

朝代或國名	國家支配者	建都	廟號	謚號	建元	年號年次	輔政者	備注
北魏	⑨元詡	洛陽	肅宗	明	5	3正光4年		
梁	①蕭衍	建康	高祖	武	7	2普通4年		
〔六鎮起義〕	〔破六韓拔陵〕				1	〔真王〕元年		四月建元 河北、内蒙、寧夏
高昌	①麴嘉	交河		昭武王		24年		麴光即位
柔然	⑪阿那瓌可汗	懷朔				4年		
吐谷渾	⑭伏連籌	伏羅川				33年		青海湖西南

月曆表(建寅)

5236—354—1912468

月干支序數	月序＼星期	日	1	2	3	4	5	6	日	1	2	3	4	5	6	日	1	2	3	4	5	6	日	1	2	3	4	5	6	日	1	2	3	4	5	6	日	月末陽曆
51	正				㉕	2	3	4	5	6	7	8	9	10	11	12	13	14	15	16	17	18	19	20	21	22	23	24	25	26	27	28	29	30				3.2
52	二						(55)	2	3	4	5	6	7	8	9	10	11	12	13	14	15	16	17	18	19	20	21	22	23	24	25	26	27	28	29			3.31
53	三							㉔	2	3	4	5	6	7	8	9	10	11	12	13	14	15	16	17	18	19	20	21	22	23	24	25	26	27	28	29	30	4.30
54	四		(54)	2	3	4	5	6	7	8	9	10	11	12	13	14	15	16	17	18	19	20	21	22	23	24	25	26	27	28	29							5.29
55	五			㉓	2	3	4	5	6	7	8	9	10	11	12	13	14	15	16	17	18	19	20	21	22	23	24	25	26	27	28	29	30					6.28
56	六					(53)	2	3	4	5	6	7	8	9	10	11	12	13	14	15	16	17	18	19	20	21	22	23	24	25	26	27	28	29				7.27
57	七						㉒	2	3	4	5	6	7	8	9	10	11	12	13	14	15	16	17	18	19	20	21	22	23	24	25	26	27	28	29	30		8.26
58	八	(52)	2	3	4	5	6	7	8	9	10	11	12	13	14	15	16	17	18	19	20	21	22	23	24	25	26	27	28	29								9.24
59	九		㉑	2	3	4	5	6	7	8	9	10	11	12	13	14	15	16	17	18	19	20	21	22	23	24	25	26	27	28	29	30						10.24
60	十				(51)	2	3	4	5	6	7	8	9	10	11	12	13	14	15	16	17	18	19	20	21	22	23	24	25	26	27	28	29					11.22
1	十一					⑳	2	3	4	5	6	7	8	9	10	11	12	13	14	15	16	17	18	19	20	21	22	23	24	25	26	27	28	29	30			12.22
2	十二							㊿	2	3	4	5	6	7	8	9	10	11	12	13	14	15	16	17	18	19	20	21	22	23	24	25	26	27	28	29		1.20

大事記

二月，梁阮孝緒(479—536)作《七錄》。柔然俟匿伐朝於魏。　三月，魏司空劉騰卒。　四月，柔然阿那瓌擾魏，敗還。魏尚書李崇議改鎮為州，府戶為民，不報。魏懷荒、沃野等鎮兵民暴動，推破六韓拔陵為首，建元真王。龍門山佛龕部分完成，共用十八萬二千餘工。　七月，魏詔年七十致仕者給半祿。　十二月，梁罷銅錢，改鑄鐵錢。狼牙修國獻於梁。

是歲，呂義之卒。

南北朝紀年

干支甲辰　公元524年

朝代或國名	國家支配者	建　都	廟　號	謚　號	建　元	年號年次	輔政者	備　注
北魏	⑨元詡	洛陽	肅宗	明	5	3 正光 5 年		
梁	①蕭衍	建康	高祖	武	7	2 普通 5 年		
〔六鎮起義〕	〔破六韓拔陵〕				1	〔真王〕2 年		河北、內蒙、寧夏
	〔莫折念生〕	(天水)			1	〔天建〕元年		六月建元
高昌	②麴光	交河				元年		在吐魯番西
柔然	⑪阿那瓌可汗	懷朔				5 年		
吐谷渾	⑭伏連籌	伏羅川				31 年		青海湖西南

月　曆　表(建寅)

5237—384—1912852

月干支序數	星期／月序	日	1	2	3	4	5	6	日	1	2	3	4	5	6	日	1	2	3	4	5	6	日	1	2	3	4	5	6	日	1	2	3	4	5	6	日	月末陽曆
3	正	⑲	2	3	4	5	6	7	8	9	10	11	12	13	14	15	16	17	18	19	20	21	22	23	24	25	26	27	28	29	30							2.19
4	二			㊾	2	3	4	5	6	7	8	9	10	11	12	13	14	15	16	17	18	19	20	21	22	23	24	25	26	27	28	29	30					3.20
	閏					⑲	2	3	4	5	6	7	8	9	10	11	12	13	14	15	16	17	18	19	20	21	22	23	24	25	26	27	28	29				4.18
5	三						㊽	2	3	4	5	6	7	8	9	10	11	12	13	14	15	16	17	18	19	20	21	22	23	24	25	26	27	28	29	30		5.18
6	四	⑱	2	3	4	5	6	7	8	9	10	11	12	13	14	15	16	17	18	19	20	21	22	23	24	25	26	27	28	29								6.16
7	五		㊼	2	3	4	5	6	7	8	9	10	11	12	13	14	15	16	17	18	19	20	21	22	23	24	25	26	27	28	29	30						7.16
8	六				⑰	2	3	4	5	6	7	8	9	10	11	12	13	14	15	16	17	18	19	20	21	22	23	24	25	26	27	28	29					8.14
9	七					㊻	2	3	4	5	6	7	8	9	10	11	12	13	14	15	16	17	18	19	20	21	22	23	24	25	26	27	28	29	30			9.13
10	八							⑯	2	3	4	5	6	7	8	9	10	11	12	13	14	15	16	17	18	19	20	21	22	23	24	25	26	27	28	29		10.12
11	九	㊺	2	3	4	5	6	7	8	9	10	11	12	13	14	15	16	17	18	19	20	21	22	23	24	25	26	27	28	29	30							11.11
12	十			⑮	2	3	4	5	6	7	8	9	10	11	12	13	14	15	16	17	18	19	20	21	22	23	24	25	26	27	28	29						12.10
13	十一				㊹	2	3	4	5	6	7	8	9	10	11	12	13	14	15	16	17	18	19	20	21	22	23	24	25	26	27	28	29	30				1.9
14	十二						⑭	2	3	4	5	6	7	8	9	10	11	12	13	14	15	16	17	18	19	20	21	22	23	24	25	26	27	28	29			2.7

劉氏長曆閏正月，魏正月癸未。

大事記

四月，魏高平鎮民赫連恩等推敕勒酋胡琛為高王，以應拔陵。　五月，拔陵敗元彧於五原。　六月，梁攻魏，半年中連克十餘城。魏夏、東夏、豳、涼等州大亂。魏秦州民薛珍等起事，推莫折大提為首，稱秦王；南秦州民韓祖香等起應大提。大提尋病死，子念生稱皇帝，建元天建。　七月，破六韓拔陵敗魏師於白道。魏涼州幢主于菩提等起事，執刺史。　八月，念生遣其兄天生下隴東，敗元志於隴口。東西部敕勒皆反，附於拔陵。魏改鎮為州，諸鎮非以罪配隸者皆免為民。魏秀容人乞伏莫于反，攻殺太守。酋長爾朱榮討平之。南秀容牧民萬于乞真反。吐谷渾王伏連籌擊殺于菩提。魏營州民就德興等起事，稱燕王。魏朔方胡圍夏州。　十一月，莫折念生陷魏岐州。蜀人張映龍等攻魏雍州，旋敗死。　十二月，魏汾州胡起事。魏南秦州諸氐稍附於魏。

南北朝紀年

干支乙巳　公元525年

朝代或國名	國家支配者	建　都	廟　號	謚號	建　元	年號年次	輔政者	備　注
北魏	⑨元詡	洛陽	肅宗	明	5	4孝昌元年		六月癸未改元
梁	①蕭衍	建康	高祖	武	7	2普通6年		
〔六鎮起義〕	〔破六韓拔陵〕				1	〔真王〕3年		六月亡
	〔莫折念生〕	秦州			1	〔天建〕2年		
	劉蠡升	雲陽谷			1	神嘉元年		十二月建元
	〔杜洛周〕	上谷			1	〔真王〕元年		八月立，河北
	元法僧				1	天啓元年		正月立，三月亡
高昌	②麴光	交河				2年		在吐魯番西
柔然	⑪阿那瓌	懷朔				6年		自稱敕連頭兵豆伐可汗
吐谷渾	⑭伏連籌	伏羅川				35年		青海湖西南

月曆表（建寅）

5238—355—1913207

月干支序數	星期/月序	日	1	2	3	4	5	6	日	1	2	3	4	5	6	日	1	2	3	4	5	6	日	1	2	3	4	5	6	日	1	2	3	4	5	6	日	月末陽曆
15	正							㊸	2	3	4	5	6	7	8	9	10	11	12	13	14	15	16	17	18	19	20	21	22	23	24	25	26	27	28	29	30	3.9
16	二		⑬	2	3	4	5	6	7	8	9	10	11	12	13	14	15	16	17	18	19	20	21	22	23	24	25	26	27	28	29							4.7
17	三			㊷	2	3	4	5	6	7	8	9	10	11	12	13	14	15	16	17	18	19	20	21	22	23	24	25	26	27	28	29	30					5.7
18	四					⑫	2	3	4	5	6	7	8	9	10	11	12	13	14	15	16	17	18	19	20	21	22	23	24	25	26	27	28	29	30			6.6
19	五							㊷	2	3	4	5	6	7	8	9	10	11	12	13	14	15	16	17	18	19	20	21	22	23	24	25	26	27	28	29		7.5
20	六	⑪	2	3	4	5	6	7	8	9	10	11	12	13	14	15	16	17	18	19	20	21	22	23	24	25	26	27	28	29	30							8.4
21	七			㊶	2	3	4	5	6	7	8	9	10	11	12	13	14	15	16	17	18	19	20	21	22	23	24	25	26	27	28	29						9.2
22	八				⑩	2	3	4	5	6	7	8	9	10	11	12	13	14	15	16	17	18	19	20	21	22	23	24	25	26	27	28	29	30				10.2
23	九						㊵	2	3	4	5	6	7	8	9	10	11	12	13	14	15	16	17	18	19	20	21	22	23	24	25	26	27	28	29			10.31
24	十							⑨	2	3	4	5	6	7	8	9	10	11	12	13	14	15	16	17	18	19	20	21	22	23	24	25	26	27	28	29	30	11.30
25	十一		㊴	2	3	4	5	6	7	8	9	10	11	12	13	14	15	16	17	18	19	20	21	22	23	24	25	26	27	28	29							12.29
26	十二			⑧	2	3	4	5	6	7	8	9	10	11	12	13	14	15	16	17	18	19	20	21	22	23	24	25	26	27	28	29	30					1.28

大事記

正月，魏徐州刺史元法僧稱帝，國號宋，建元天啟，旋受魏師所迫而降梁。梁岐州刺史崔延伯破莫折天生於黑水。梁將裴邃大破魏師，斬首萬餘級，時梁已拔魏數城。　三月，魏齊州魏郡民房伯和反。齊州清河民崔畜殺太守，廣川民傅堆執太守。柔然阿那瓌自稱敕連頭兵豆伐可汗，助魏擊破六韓拔陵。　四月，魏殺尚書令元乂，胡太后復臨朝攝政。胡琛將萬俟醜奴破魏兵於安定，殺崔延伯。五月，梁攻魏益州，大敗。梁修宿預堰。　六月，拔陵圍廣陽王淵於五原。西部敕勒酋長乜列河叛拔陵降魏。阿那瓌破拔陵，魏置二十萬降衆於冀、定、瀛三州就食。魏改元孝昌。　八月，魏柔玄鎮民杜洛周起事於上谷，建元真王，高歡等從之，圍燕州。吐谷渾助魏擊定涼州。魏西荆、北荆、西郢等州蠻紛起，大者萬家，小者千室，各稱王侯，引梁兵攻魏襄陽。　九月，魏詔減天下租調之半。　十二月，魏汾州稽胡劉蠡升反，自稱天子。

是歲，魏巴州僚大擾。

南北朝紀年

干支丙午　公元 526 年

朝代或國名	國家支配者	建　都	廟　號	謚　號	建元	年號年次	輔政者	備　注
北魏	⑨元詡	洛陽	肅宗	明	5	4孝昌2年		
梁	①蕭衍	建康	高祖	武	7	2普通7年		
	〔莫折念生〕	（天水）			1	〔天建〕3年		
	劉蠡升				1	神嘉2年		
	〔杜洛周〕				1	〔真王〕2年		河北
	〔鮮于脩禮〕				1	〔魯興〕		正月建元八月亡
齊	〔葛榮〕				1	〔廣安〕元年		九月建元
高昌	②麴光	交河				3年		在吐魯番西
柔然	⑪阿那瓌	懷朔				7年		
吐谷渾	⑭伏連籌	伏羅川				36年		青海湖西南

月　曆　表（建寅）

5239—384—1913591

月干支序數	星期 / 月序	日	1	2	3	4	5	6	日	1	2	3	4	5	6	日	1	2	3	4	5	6	日	1	2	3	4	5	6	日	1	2	3	4	5	6	日	月末陽曆
27	正					㊳	2	3	4	5	6	7	8	9	10	11	12	13	14	15	16	17	18	19	20	21	22	23	24	25	26	27	28	29				2.26
28	二						⑦	2	3	4	5	6	7	8	9	10	11	12	13	14	15	16	17	18	19	20	21	22	23	24	25	26	27	28	29	30		3.28
29	三	㊲	2	3	4	5	6	7	8	9	10	11	12	13	14	15	16	17	18	19	20	21	22	23	24	25	26	27	28	29								4.26
30	四		⑥	2	3	4	5	6	7	8	9	10	11	12	13	14	15	16	17	18	19	20	21	22	23	24	25	26	27	28	29	30						5.26
31	五				㊱	2	3	4	5	6	7	8	9	10	11	12	13	14	15	16	17	18	19	20	21	22	23	24	25	26	27	28	29					6.24
32	六					⑤	2	3	4	5	6	7	8	9	10	11	12	13	14	15	16	17	18	19	20	21	22	23	24	25	26	27	28	29	30			7.24
33	七							㉟	2	3	4	5	6	7	8	9	10	11	12	13	14	15	16	17	18	19	20	21	22	23	24	25	26	27	28	29		8.22
34	八	④	2	3	4	5	6	7	8	9	10	11	12	13	14	15	16	17	18	19	20	21	22	23	24	25	26	27	28	29	30							9.21
35	九			㉞	2	3	4	5	6	7	8	9	10	11	12	13	14	15	16	17	18	19	20	21	22	23	24	25	26	27	28	29	30					10.21
36	十					④	2	3	4	5	6	7	8	9	10	11	12	13	14	15	16	17	18	19	20	21	22	23	24	25	26	27	28	29				11.19
	閏						㉝	2	3	4	5	6	7	8	9	10	11	12	13	14	15	16	17	18	19	20	21	22	23	24	25	26	27	28	29	30		12.19
37	十一	③	2	3	4	5	6	7	8	9	10	11	12	13	14	15	16	17	18	19	20	21	22	23	24	25	26	27	28	29								1.19
38	十二		㉜	2	3	4	5	6	7	8	9	10	11	12	13	14	15	16	17	18	19	20	21	22	23	24	25	26	27	28	29	30						2.16

大事記

正月，魏安州石離等三戍兵反，應洛周。魏五原降戶鮮于脩禮帥北鎮流民起事於定州左城，建元魯興。滑國獻於梁。　二月，魏西部敕勒斛律洛陽反於桑乾西，與費也頭牧子相結，旋皆為爾朱榮所敗。吐谷渾獻於梁。　三月，高麗獻於梁。四月，魏朔州民鮮於阿胡等起事，鮮於脩禮敗魏師於五鹿。　六月，魏絳郡蜀人陳雙熾起事，號始建王，旋降。林邑獻於梁。七月，魏師破杜洛周於栗園。鮮於阿胡擁朔州流民攻魏恆州。　八月，鮮於脩禮為部下元洪業所殺，葛榮又殺元洪業自立。魏將爾朱榮襲執肆州刺史。　九月，葛榮稱帝，國號齊，建元廣安。就德興陷平州。破六韓拔陵殺胡琛，萬俟醜奴盡併胡琛之衆。　十一月，梁將夏侯亶拔魏壽陽，凡降城五十二，獲男女七萬五千口。杜洛周陷魏范陽。魏齊州平原民劉樹等起事，旋敗。魏預徵六年租調，罷百官所給酒肉，稅邸店，入市者納一錢。

南北朝紀年　　干支丁未　公元 527 年

朝代或國名	國家支配者	建　都	廟　號	謚　號	建元	年號年次	輔政者	備　注
北魏	⑨元詡	洛陽	肅宗	明	5	4孝昌3年		
梁	①蕭衍	建康	高祖	武	7	3大通元年		三月甲戌改元
	〔莫折念生〕	秦州			1	〔天建〕4年		九月亡
	劉蠡升				1	神嘉3年		
	〔杜洛周〕				1	〔真王〕3年		河北
齊	〔葛榮〕				1	〔廣安〕2年		
	蕭寶寅				1	隆緒元年		十月建元
	劉獲、鄭辯	西華			1	天授元年		七月立,尋亡
高昌	②麴光	交河				4年		在吐魯番西
柔然	⑪阿那瓌	懷朔				8年		
吐谷渾	⑭伏連籌	伏羅川				37年		青海湖西南

月　曆　表(建寅)　　5240—354—1913945

月干支序數	月序＼星期	日	1	2	3	4	5	6	日	1	2	3	4	5	6	日	1	2	3	4	5	6	日	1	2	3	4	5	6	日	1	2	3	4	5	6	日	月末陽曆
39	正				②	2	3	4	5	6	7	8	9	10	11	12	13	14	15	16	17	18	19	20	21	22	23	24	25	26	27	28	29					3.17
40	二					㉛	2	3	4	5	6	7	8	9	10	11	12	13	14	15	16	17	18	19	20	21	22	23	24	25	26	27	28	29	30			4.16
41	三							①	2	3	4	5	6	7	8	9	10	11	12	13	14	15	16	17	18	19	20	21	22	23	24	25	26	27	28	29		5.15
42	四	㉚	2	3	4	5	6	7	8	9	10	11	12	13	14	15	16	17	18	19	20	21	22	23	24	25	26	27	28	29	30							6.14
43	五			(60)	2	3	4	5	6	7	8	9	10	11	12	13	14	15	16	17	18	19	20	21	22	23	24	25	26	27	28	29						7.13
44	六				㉙	2	3	4	5	6	7	8	9	10	11	12	13	14	15	16	17	18	19	20	21	22	23	24	25	26	27	28	29	30				8.12
45	七						(59)	2	3	4	5	6	7	8	9	10	11	12	13	14	15	16	17	18	19	20	21	22	23	24	25	26	27	28	29			9.10
46	八							㉘	2	3	4	5	6	7	8	9	10	11	12	13	14	15	16	17	18	19	20	21	22	23	24	25	26	27	28	29	30	10.10
47	九		(58)	2	3	4	5	6	7	8	9	10	11	12	13	14	15	16	17	18	19	20	21	22	23	24	25	26	27	28	29							11.8
48	十			㉗	2	3	4	5	6	7	8	9	10	11	12	13	14	15	16	17	18	19	20	21	22	23	24	25	26	27	28	29	30					12.8
49	十一					(57)	2	3	4	5	6	7	8	9	10	11	12	13	14	15	16	17	18	19	20	21	22	23	24	25	26	27	28	29				1.6
50	十二						㉖	2	3	4	5	6	7	8	9	10	11	12	13	14	15	16	17	18	19	20	21	22	23	24	25	26	27	28	29	30		2.5

魏十二月朔庚寅。

大事記

正月,葛榮陷魏殷州。莫折念生陷魏岐州,北華、豳州皆應,關中大擾;念生旋戰死,衆潰。梁攻魏東豫州及琅邪郡,下穆陵等三關。魏東清河郡山民群起,旋降。　二月,魏東郡民趙顯德殺太守,自號都督,旋敗死。　三月,梁帝捨身同泰寺,改元大通。林邑、師子國獻於梁。魏齊州廣川民劉鈞自稱大行臺,清河民房項自稱大都督。　四月,柔然獻於魏。　五月,梁拔魏竹邑、蕭城。　六月,劉鈞敗死。　七月,魏陳郡民劉獲、鄭辯起事於西華,改元天授,通款於梁,旋敗。魏樂安王鑒據鄴,附於葛榮。　八月,魏破鄴,斬王鑒。　九月,魏秦州民辛琛自行州事。　十月,魏尚書令蕭寶寅據關中,殺御史中尉酈道元,自稱齊帝,建元隆緒。梁拔魏廣陵,獲四萬餘口。梁拔魏渦陽,獲三萬餘口。　十一月,葛榮陷冀州。十二月,大敗魏師。秦州民駱超殺杜粲,降於魏。高麗獻於梁。

南北朝紀年

干支戊申　公元 528 年

朝代或國名	國家支配者	建　都	廟號	謚號	建元	年號年次	輔政者	備　注
北魏	⑨元詡	洛陽	肅宗	明帝	5	5武泰元年		正月改元後被胡太后殺
	⑩元釗	洛陽						與胡太后被爾朱榮所殺，沉於河
	⑪元攸	洛陽	敬宗	莊帝		建義元年		四月改元
						永安元年		九月改元
梁	①蕭衍	建康	高祖	武	7	3大通2年		
	劉蠡升				1	神嘉4年		
	〔杜洛周〕				1	〔真王〕4年		正月亡
齊	〔葛榮〕				1	〔廣安〕3年		九月亡
	蕭寶寅				1	隆緒2年		正月亡
	〔邢杲〕	青州			1	〔天統〕元年		六月建元
	〔萬俟醜奴〕				1	〔神獸(虎)〕元年		七月建元，陝、隴
	元顥	睢陽				孝基元年		十月立
高昌	②麴光	交河				5年		在吐魯番西
柔然	⑪阿那瓌	懷朔				9年		
吐谷渾	⑭伏連籌	伏羅川				38年		青海湖西南
	元悅					更興元年		八月受梁武帝封

月　曆　表（建　寅）

5241—354—1914299

月干支序數	月序＼星期	日	1	2	3	4	5	6	日	1	2	3	4	5	6	日	1	2	3	4	5	6	日	1	2	3	4	5	6	日	1	2	3	4	5	6	日	月末陽曆
51	正	(56)	2	3	4	5	6	7	8	9	10	11	12	13	14	15	16	17	18	19	20	21	22	23	24	25	26	27	28	29	30							3.6
52	二			㉖	2	3	4	5	6	7	8	9	10	11	12	13	14	15	16	17	18	19	20	21	22	23	24	25	26	27	28	29						4.4
53	三				(55)	2	3	4	5	6	7	8	9	10	11	12	13	14	15	16	17	18	19	20	21	22	23	24	25	26	27	28	29	30				5.4
54	四						㉕	2	3	4	5	6	7	8	9	10	11	12	13	14	15	16	17	18	19	20	21	22	23	24	25	26	27	28	29			6.2
55	五							(54)	2	3	4	5	6	7	8	9	10	11	12	13	14	15	16	17	18	19	20	21	22	23	24	25	26	27	28	29	30	7.2
56	六		㉔	2	3	4	5	6	7	8	9	10	11	12	13	14	15	16	17	18	19	20	21	22	23	24	25	26	27	28	29							7.31
57	七			(53)	2	3	4	5	6	7	8	9	10	11	12	13	14	15	16	17	18	19	20	21	22	23	24	25	26	27	28	29	30					8.30
58	八					㉓	2	3	4	5	6	7	8	9	10	11	12	13	14	15	16	17	18	19	20	21	22	23	24	25	26	27	28	29				9.28
59	九						(52)	2	3	4	5	6	7	8	9	10	11	12	13	14	15	16	17	18	19	20	21	22	23	24	25	26	27	28	29	30		10.28
60	十	㉒	2	3	4	5	6	7	8	9	10	11	12	13	14	15	16	17	18	19	20	21	22	23	24	25	26	27	28	29								11.26
1	十一		(51)	2	3	4	5	6	7	8	9	10	11	12	13	14	15	16	17	18	19	20	21	22	23	24	25	26	27	28	29	30						12.26
2	十二				㉑	2	3	4	5	6	7	8	9	10	11	12	13	14	15	16	17	18	19	20	21	22	23	24	25	26	27	28	29					1.24

大事記

正月，柔然遣使於梁。杜洛周陷魏定州、瀛州。魏改元武泰。蕭寶寅敗奔萬俟醜奴。魏李洪結諸蠻起事，旋敗。葛榮擊殺杜洛周。魏討虜大都督爾朱榮舉兵南下。魏胡后殺明帝，立元釗為帝。　　三月，葛榮陷滄州，屠州什八九。　　四月，爾朱榮立魏長樂王子攸為帝，是為敬宗。沉胡太后及元釗於河，殺元氏宗室公卿以下二千餘人，擁兵入洛陽，改元建義。魏郢、北青、南荆州降於梁；北海王元顥等亦奔梁。魏詔柔然頭兵可汗上書不稱臣。　　五月，魏詔入粟賜爵秩。魏高敖曹等集流民起兵河、濟之間，旋敗。　　六月，魏河間邢杲集流民十餘萬戶起於北海，稱漢王，建元天統。　　七月，魏光州民劉舉起兵濮陽，號皇武大將軍，旋敗死。萬俟醜奴稱帝，劫波斯獻魏之獅子，建元神獸。　　八月，魏蕃郡民續靈珍起兵附梁，旋敗死。　　九月，爾朱榮擊虜葛榮，平冀、定等五州。在洛陽殺害葛榮。魏改元永安。　　十月，梁以魏北海王顥為魏王，送之北還。　　十二月，葛榮餘部韓樓據幽州，魏北邊大擾。

南北朝紀年　　　　干支己酉　公元529年

朝代或國名	國家支配者	建都	廟號	謚號	建元	年號年次	輔政者	備注
北魏	⑪元子攸	洛陽	敬宗	莊	2	2永安2年		
	元顥				2	1孝基元年		四月建元
					2	2建武元年		五月亡（一説七月亡）
梁	①蕭衍	建康	高祖	武	7	4中大通元年		十月朔改元
	劉蠡升				1	神嘉5年		
	〔邢杲〕	青州			1	〔天統〕2年		四月亡
	〔萬俟醜奴〕				1	〔神獸(虎)〕2年		甘肅、陝西
高昌	②麴光	交河				6年		在吐魯番西
柔然	⑪阿那瓌	懷朔				10年		
吐谷渾	⑭伏連籌	伏羅川				39年		青海湖西南

月　曆　表（建寅）　　　　5242—384—1911683

月干支序數	月序 \ 星期	日	1	2	3	4	5	6	日	1	2	3	4	5	6	日	1	2	3	4	5	6	日	1	2	3	4	5	6	日	1	2	3	4	5	6	日	月末陽曆
3	正					㊿	2	3	4	5	6	7	8	9	10	11	12	13	14	15	16	17	18	19	20	21	22	23	24	25	26	27	28	29	30			2.23
4	二							⑳	2	3	4	5	6	7	8	9	10	11	12	13	14	15	16	17	18	19	20	21	22	23	24	25	26	27	28	29		3.24
5	三	㊾	2	3	4	5	6	7	8	9	10	11	12	13	14	15	16	17	18	19	20	21	22	23	24	25	26	27	28	29	30							4.23
6	四			⑲	2	3	4	5	6	7	8	9	10	11	12	13	14	15	16	17	18	19	20	21	22	23	24	25	26	27	28	29	30					5.23
7	五					㊾	2	3	4	5	6	7	8	9	10	11	12	13	14	15	16	17	18	19	20	21	22	23	24	25	26	27	28	29				6.21
8	六						⑱	2	3	4	5	6	7	8	9	10	11	12	13	14	15	16	17	18	19	20	21	22	23	24	25	26	27	28	29	30		7.21
	閏	㊽	2	3	4	5	6	7	8	9	10	11	12	13	14	15	16	17	18	19	20	21	22	23	24	25	26	27	28	29								8.19
9	七		⑰	2	3	4	5	6	7	8	9	10	11	12	13	14	15	16	17	18	19	20	21	22	23	24	25	26	27	28	29	30						9.18
10	八				㊼	2	3	4	5	6	7	8	9	10	11	12	13	14	15	16	17	18	19	20	21	22	23	24	25	26	27	28	29					10.17
11	九					⑯	2	3	4	5	6	7	8	9	10	11	12	13	14	15	16	17	18	19	20	21	22	23	24	25	26	27	28	29	30			11.16
12	十							㊻	2	3	4	5	6	7	8	9	10	11	12	13	14	15	16	17	18	19	20	21	22	23	24	25	26	27	28	29		12.15
13	十一	⑮	2	3	4	5	6	7	8	9	10	11	12	13	14	15	16	17	18	19	20	21	22	23	24	25	26	27	28	29	30							1.14
14	十二			㊺	2	3	4	5	6	7	8	9	10	11	12	13	14	15	16	17	18	19	20	21	22	23	24	25	26	27	28	29						2.12

魏七月朔辛亥，閏七月朔庚辰。

大事記

正月，梁更定二百四十號將軍為四十四班。　二月，柔然遣使聘於梁。魏燕州民王慶租據上黨，稱王。　三月，梁以吐谷渾王阿羅真為寧西將軍。　四月，魏北海王顥稱帝於睢陽，改元孝基。魏爾朱兆擊虜邢杲。　五月，魏北海王顥入洛陽，改元建武。元子攸奔河北。　六月，爾朱榮入洛陽，迎還元子攸，元顥走死。　七月，魏聽民與官鑄永安五銖錢。魏東益州為氐人、蜀人所陷，巴州刺史嚴始欣以巴州附於梁。　九月，梁帝捨身於同泰寺。爾朱榮遣將擊虜韓樓，平幽州。萬俟醜奴陷魏東秦州。　十月，梁改元中大通。　十一月，就德興降魏，營州平。　十二月，梁兗州刺史張景邕等叛降魏。梁北兗州僧彊聚衆起事，稱皇帝，土豪蔡伯龍起兵應之，陷北徐州，旋敗死。盤盤國獻於梁。

南北朝紀年

干支庚戌　公元530年

朝代或國名	國家支配者	建　都	廟　號	諡　號	建元	年號年次	輔政者	備　注
北魏	⑫元曄	洛陽			1	建明元年		十月壬申長廣王即位改元
梁	①蕭衍	建康	高祖	武	7	4中大通2年		
	劉蠡升				1	神嘉6年		
	〔萬俟醜奴〕				1	〔神獸(虎)〕3年		四月亡
	元悦	汝南		文宣王	1	更興元年		
高昌	②麴光	交河				7年		在吐魯番西
柔然	⑪阿那瓌	懷朔				11年		
吐谷渾	⑭伏連籌	伏羅川				40年		青海湖西南

月　曆　表(建寅)

5243—355—1915038

月干支序數	星期／月序	日	1	2	3	4	5	6	日	1	2	3	4	5	6	日	1	2	3	4	5	6	日	1	2	3	4	5	6	日	1	2	3	4	5	6	日	月末陽曆
15	正				⑭	2	3	4	5	6	7	8	9	10	11	12	13	14	15	16	17	18	19	20	21	22	23	24	25	26	27	28	29	30				3.14
16	二						㊹	2	3	4	5	6	7	8	9	10	11	12	13	14	15	16	17	18	19	20	21	22	23	24	25	26	27	28	29			4.12
17	三							⑬	2	3	4	5	6	7	8	9	10	11	12	13	14	15	16	17	18	19	20	21	22	23	24	25	26	27	28	29	30	5.12
18	四		㊸	2	3	4	5	6	7	8	9	10	11	12	13	14	15	16	17	18	19	20	21	22	23	24	25	26	27	28	29							6.10
19	五			⑫	2	3	4	5	6	7	8	9	10	11	12	13	14	15	16	17	18	19	20	21	22	23	24	25	26	27	28	29	30					7.10
20	六					㊷	2	3	4	5	6	7	8	9	10	11	12	13	14	15	16	17	18	19	20	21	22	23	24	25	26	27	28	29				8.8
21	七						⑪	2	3	4	5	6	7	8	9	10	11	12	13	14	15	16	17	18	19	20	21	22	23	24	25	26	27	28	29	30		9.7
22	八	㊶	2	3	4	5	6	7	8	9	10	11	12	13	14	15	16	17	18	19	20	21	22	23	24	25	26	27	28	29	30							10.7
23	九			⑪	2	3	4	5	6	7	8	9	10	11	12	13	14	15	16	17	18	19	20	21	22	23	24	25	26	27	28	29						11.5
24	十				㊵	2	3	4	5	6	7	8	9	10	11	12	13	14	15	16	17	18	19	20	21	22	23	24	25	26	27	28	29	30				12.5
25	十一						⑩	2	3	4	5	6	7	8	9	10	11	12	13	14	15	16	17	18	19	20	21	22	23	24	25	26	27	28	29			1.3
26	十二							㊴	2	3	4	5	6	7	8	9	10	11	12	13	14	15	16	17	18	19	20	21	22	23	24	25	26	27	28	29	30	2.2

大事記

正月，魏擊斬嚴始欣。魏東徐州民吕文欣起事，殺刺史，旋敗死。魏赤水蜀反，旋敗。　四月，魏爾朱天光等在平涼擊虜萬俟醜奴，殺於洛陽。爾朱天光執蕭寶寅於高平。梁以吐谷渾王佛輔為西秦州刺史。　六月，梁以魏汝南王悦為魏王，送之北還。醜奴部將萬俟道洛奔略陽帥王慶雲，慶雲稱帝於水洛城。　七月，爾朱天光擊虜之，屠水洛。扶南、林邑獻於梁。魏以宇文泰為征西將軍。　八月，梁山民攻會稽。　九月，魏帝殺爾朱榮。　十月，爾朱兆等立魏長廣王元曄為帝，改元建明。　十二月，爾朱兆入洛陽，囚魏孝莊帝，旋殺之，大肆殺掠。魏河西紇豆陵步蕃敗爾朱兆於秀容，晉州刺史高歡擊斬蕃。魏王悦改元更興，旋還梁。　是歲，梁南北司州刺史陳慶之屢破魏兵，開田六千頃。

南北朝紀年

干支辛亥　公元531年

朝代或國名	國家支配者	建都	廟號	諡號	建元	年號年次	輔政者	備　注
北魏	⑬元羽(恭)	洛陽		節閔	1	普泰元年		二月己巳即位改元
	⑭元朗			廢帝	1	中興元年		十月壬寅改元
梁	①蕭衍	建康	高祖	武	7	4中大通3年		

續表

朝代或國名	國家支配者	建　都	廟　號	謚　號	建　元	年號年次	輔政者	備　注
	劉蠡升				1	神嘉7年		
高昌	③麴堅	交河			1	章和元年		在吐魯番西
柔然	⑪阿那瓌	懷朔				12年		
吐谷渾	⑭伏連籌	伏羅川				41年		青海湖西南

月　曆　表(建寅)

5244—354—1915392

月干支序數	月序 \ 星期	日	1	2	3	4	5	6	日	1	2	3	4	5	6	日	1	2	3	4	5	6	日	1	2	3	4	5	6	日	1	2	3	4	5	6	日	月末陽曆
27	正		⑨	2	3	4	5	6	7	8	9	10	11	12	13	14	15	16	17	18	19	20	21	22	23	24	25	26	27	28	29							3.3
28	二			㊳	2	3	4	5	6	7	8	9	10	11	12	13	14	15	16	17	18	19	20	21	22	23	24	25	26	27	28	29	30					4.2
29	三					⑧	2	3	4	5	6	7	8	9	10	11	12	13	14	15	16	17	18	19	20	21	22	23	24	25	26	27	28	29				5.1
30	四						㊲	2	3	4	5	6	7	8	9	10	11	12	13	14	15	16	17	18	19	20	21	22	23	24	25	26	27	28	29	30		5.31
31	五	⑦	2	3	4	5	6	7	8	9	10	11	12	13	14	15	16	17	18	19	20	21	22	23	24	25	26	27	28	29								6.29
32	六		㊱	2	3	4	5	6	7	8	9	10	11	12	13	14	15	16	17	18	19	20	21	22	23	24	25	26	27	28	29	30						7.29
33	七				⑥	2	3	4	5	6	7	8	9	10	11	12	13	14	15	16	17	18	19	20	21	22	23	24	25	26	27	28	29					8.27
34	八					㉟	2	3	4	5	6	7	8	9	10	11	12	13	14	15	16	17	18	19	20	21	22	23	24	25	26	27	28	29	30			9.26
35	九							⑤	2	3	4	5	6	7	8	9	10	11	12	13	14	15	16	17	18	19	20	21	22	23	24	25	26	27	28	29		10.25
36	十	㉞	2	3	4	5	6	7	8	9	10	11	12	13	14	15	16	17	18	19	20	21	22	23	24	25	26	27	28	29	30							11.24
37	十一			①	2	3	4	5	6	7	8	9	10	11	12	13	14	15	16	17	18	19	20	21	22	23	24	25	26	27	28	29						12.23
38	十二				㉝	2	3	4	5	6	7	8	9	10	11	12	13	14	15	16	17	18	19	20	21	22	23	24	25	26	27	28	29	30				1.22

魏十二月朔丁酉。

大事記

二月，爾朱世隆等廢魏長廣王元曄，立廣陵王羽為帝，改元普泰，是為節閔帝。魏清河崔祖螭聚七郡人圍東陽。魏幽、安、營、并四州行臺劉靈助起兵，稱燕王，旋敗死。魏前河內太守封隆之等據信都，尋附於高歡。　四月，梁昭明太子蕭統卒(501—531)，統工詩文，編《文選》。五月，崔祖螭敗死。　六月，魏高歡起兵信都，討爾朱氏。　十月，歡立勃海太守元朗為帝，自為丞相，改元中興。魏南兗州民王乞得劫刺史，降於梁。　是歲，顏之推誕生。

南北朝紀年

干支壬子　公元532年

朝代或國名	國家支配者	建　都	廟　號	謚　號	建　元	年號年次	輔政者	備　注
北魏	⑮元修	洛陽		武	3	1太昌元年		四月戊子即位改元
						2永興元年		十二月丁亥改元
						3永熙元年		十二月改元
梁	①蕭衍	建康	高祖	武	7	4中大通4年		
	劉蠡升				1	神嘉8年		
高昌	③麴堅	交河			1	章和2年		在吐魯番西
柔然	⑪阿那瓌	懷朔				13年		
吐谷渾	⑭伏連籌	伏羅川				42年		青海湖西南

月曆表(建寅) 5245—384—1915776

月干支序數	月序＼星期	日	1	2	3	4	5	6	日	1	2	3	4	5	6	日	1	2	3	4	5	6	日	1	2	3	4	5	6	日	1	2	3	4	5	6	日	月末陽曆
39	正						③	2	3	4	5	6	7	8	9	10	11	12	13	14	15	16	17	18	19	20	21	22	23	24	25	26	27	28	29	30		2.21
40	二	㉝	2	3	4	5	6	7	8	9	10	11	12	13	14	15	16	17	18	19	20	21	22	23	24	25	26	27	28	29								3.21
41	三		②	2	3	4	5	6	7	8	9	10	11	12	13	14	15	16	17	18	19	20	21	22	23	24	25	26	27	28	29	30						4.20
	閏				㉜	2	3	4	5	6	7	8	9	10	11	12	13	14	15	16	17	18	19	20	21	22	23	24	25	26	27	28	29					5.19
42	四					①	2	3	4	5	6	7	8	9	10	11	12	13	14	15	16	17	18	19	20	21	22	23	24	25	26	27	28	29	30			6.18
43	五							㉛	2	3	4	5	6	7	8	9	10	11	12	13	14	15	16	17	18	19	20	21	22	23	24	25	26	27	28	29		7.17
44	六	(60)	2	3	4	5	6	7	8	9	10	11	12	13	14	15	16	17	18	19	20	21	22	23	24	25	26	27	28	29	30							8.16
45	七			㉚	2	3	4	5	6	7	8	9	10	11	12	13	14	15	16	17	18	19	20	21	22	23	24	25	26	27	28	29						9.14
46	八				(59)	2	3	4	5	6	7	8	9	10	11	12	13	14	15	16	17	18	19	20	21	22	23	24	25	26	27	28	29	30				10.14
47	九						㉙	2	3	4	5	6	7	8	9	10	11	12	13	14	15	16	17	18	19	20	21	22	23	24	25	26	27	28	29			11.12
48	十							(58)	2	3	4	5	6	7	8	9	10	11	12	13	14	15	16	17	18	19	20	21	22	23	24	25	26	27	28	29	30	12.12
49	十一		㉘	2	3	4	5	6	7	8	9	10	11	12	13	14	15	16	17	18	19	20	21	22	23	24	25	26	27	28	29							1.10
50	十二			(57)	2	3	4	5	6	7	8	9	10	11	12	13	14	15	16	17	18	19	20	21	22	23	24	25	26	27	28	29	30					2.9

北史魏閏二月。劉氏魏閏四月。

大事記

正月，梁送魏王悦還洛。高歡拔鄴。　　二月，梁以元法僧為東魏王，擬遣北還。閏三月，高歡大破爾朱天光於鄴。四月，高歡前部至洛陽河橋，盡殺爾朱氏之黨。高歡廢元朗及節閔帝，立平陽王修為帝，是為孝武帝，改元太昌。盤盤獻於梁。　　七月，高歡入晉陽，爾朱兆北走。魏夏州民被遷於青州者以郭遷為首起事，據青州，尋敗奔梁。　　十一月，高麗獻於梁。　　十二月，魏改元永興，尋又改永熙。

南北朝紀年　干支癸丑　公元 533 年

朝代或國名	國家支配者	建都	廟號	謚號	建元	年號年次	輔政者	備注
北魏	⑮元修	洛陽		武	3	3 永熙 2 年		
梁	①蕭衍	建康	高祖	武	7	4 中大通 5 年		
	劉蠡升				1	神嘉 9 年		
高昌	③麴堅	交河				章和 3 年		在吐魯番西
柔然	⑪阿那瓌	懷朔				14 年		
吐谷渾	⑭伏連籌	伏羅川				43 年		青海湖西南

月曆表(建寅) 5246—354—1916130

月干支序數	月序＼星期	日	1	2	3	4	5	6	日	1	2	3	4	5	6	日	1	2	3	4	5	6	日	1	2	3	4	5	6	日	1	2	3	4	5	6	日	月末陽曆
51	正					㉗	2	3	4	5	6	7	8	9	10	11	12	13	14	15	16	17	18	19	20	21	22	23	24	25	26	27	28	29				3.10
52	二						(56)	2	3	4	5	6	7	8	9	10	11	12	13	14	15	16	17	18	19	20	21	22	23	24	25	26	27	28	29	30		4.9
53	三	㉖	2	3	4	5	6	7	8	9	10	11	12	13	14	15	16	17	18	19	20	21	22	23	24	25	26	27	28	29	30							5.9
54	四			(56)	2	3	4	5	6	7	8	9	10	11	12	13	14	15	16	17	18	19	20	21	22	23	24	25	26	27	28	29						6.7
55	五				㉕	2	3	4	5	6	7	8	9	10	11	12	13	14	15	16	17	18	19	20	21	22	23	24	25	26	27	28	29	30				7.7
56	六						(55)	2	3	4	5	6	7	8	9	10	11	12	13	14	15	16	17	18	19	20	21	22	23	24	25	26	27	28	29			8.5

續表

月干支序數	月序＼星期	日	1	2	3	4	5	6	日	1	2	3	4	5	6	日	1	2	3	4	5	6	日	1	2	3	4	5	6	日	1	2	3	4	5	6	日	月末陽曆
57	七							㉔	2	3	4	5	6	7	8	9	10	11	12	13	14	15	16	17	18	19	20	21	22	23	24	25	26	27	28	29	30	9.4
58	八		(54)	2	3	4	5	6	7	8	9	10	11	12	13	14	15	16	17	18	19	20	21	22	23	24	25	26	27	28	29							10.3
59	九			㉓	2	3	4	5	6	7	8	9	10	11	12	13	14	15	16	17	18	19	20	21	22	23	24	25	26	27	28	29	30					11.2
60	十					(53)	2	3	4	5	6	7	8	9	10	11	12	13	14	15	16	17	18	19	20	21	22	23	24	25	26	27	28	29				12.1
1	十一						㉒	2	3	4	5	6	7	8	9	10	11	12	13	14	15	16	17	18	19	20	21	22	23	24	25	26	27	28	29	30		12.31
2	十二	(52)	2	3	4	5	6	7	8	9	10	11	12	13	14	15	16	17	18	19	20	21	22	23	24	25	26	27	28	29								1.29

大事記

正月，高歡大破爾朱兆，爾朱兆自殺。吐谷渾獻于梁。梁勞州刺史蠻帥曹鳳等附於魏。　二月，高車阿至羅率十萬戶附於魏。　四月，魏青州民耿翔聚眾起事，擾三齊，陷膠州，降於梁。　五月，魏東徐州民王早等殺刺史降梁。梁京邑大水。　八月，波斯王遣使於梁。魏以賀拔岳都督雍、華等二十州諸軍事，以牽制高歡。　九月，盤盤國獻於梁。　十二月，魏賀拔岳(勝)侵梁雍州，煽動諸蠻，拔四城，沔北蕩為丘墟。是歲，北魏農學家賈思勰始定《齊民要術》，公元544年書成。

南北朝紀年

干支甲寅　公元534年

朝代或國名	國家支配者	建都	廟號	謚號	建元	年號年次	輔政者	備注
北魏	⑮元修	長安		武	3	3永熙3年		
梁	①蕭衍	建康	高祖	武	7	4中大通6年		
	劉蠡升				1	神嘉10年		
東魏	①元善見	鄴		靜	4	1天平元年	高歡	十月丙寅建元
高昌	③麴堅	交河			1	章和4年		在吐魯番西
柔然	⑪阿那瓌	懷朔				15年		
吐谷渾	⑭伏連籌	伏羅川				44年		青海湖西南

月　曆　表(建寅)

5247—384—1916514·

月干支序數	月序＼星期	日	1	2	3	4	5	6	日	1	2	3	4	5	6	日	1	2	3	4	5	6	日	1	2	3	4	5	6	日	1	2	3	4	5	6	日	月末陽曆
3	正		㉑	2	3	4	5	6	7	8	9	10	11	12	13	14	15	16	17	18	19	20	21	22	23	24	25	26	27	28	29	30						2.28
4	二				(51)	2	3	4	5	6	7	8	9	10	11	12	13	14	15	16	17	18	19	20	21	22	23	24	25	26	27	28	29					3.29
5	三					⑳	2	3	4	5	6	7	8	9	10	11	12	13	14	15	16	17	18	19	20	21	22	23	24	25	26	27	28	29	30			4.28
6	四							㊿	2	3	4	5	6	7	8	9	10	11	12	13	14	15	16	17	18	19	20	21	22	23	24	25	26	27	28	29		5.27
7	五	⑲	2	3	4	5	6	7	8	9	10	11	12	13	14	15	16	17	18	19	20	21	22	23	24	25	26	27	28	29	30							6.26
8	六			㊾	2	3	4	5	6	7	8	9	10	11	12	13	14	15	16	17	18	19	20	21	22	23	24	25	26	27	28	29						7.25
9	七				⑱	2	3	4	5	6	7	8	9	10	11	12	13	14	15	16	17	18	19	20	21	22	23	24	25	26	27	28	29	30				8.24
10	八						㊽	2	3	4	5	6	7	8	9	10	11	12	13	14	15	16	17	18	19	20	21	22	23	24	25	26	27	28	29	30		9.23
11	九	⑱	2	3	4	5	6	7	8	9	10	11	12	13	14	15	16	17	18	19	20	21	22	23	24	25	26	27	28	29								10.22
12	十		㊼	2	3	4	5	6	7	8	9	10	11	12	13	14	15	16	17	18	19	20	21	22	23	24	25	26	27	28	29	30						11.21
13	十一				⑰	2	3	4	5	6	7	8	9	10	11	12	13	14	15	16	17	18	19	20	21	22	23	24	25	26	27	28	29					12.20
14	十二					㊻	2	3	4	5	6	7	8	9	10	11	12	13	14	15	16	17	18	19	20	21	22	23	24	25	26	27	28	29	30			1.19
	閏							⑯	2	3	4	5	6	7	8	9	10	11	12	13	14	15	16	17	18	19	20	21	22	23	24	25	26	27	28	29		2.17

大事記

正月，魏高歡擊虜五原河西流民帥紇豆陵伊利，遷其部衆於河東。魏東梁州民夷起事，旋定。　二月，魏賀拔岳為侯莫陳悦所殺，岳部擁宇文泰為帥。　三月，梁以吐谷渾王可沓振為河南王。百濟獻於梁。　四月，魏宇文泰大破侯莫陳悦，悦自殺。氐、羌、吐谷渾之衆盡降泰。　六月，高歡舉兵向洛，魏帝敗奔長安，投宇文泰。高歡入洛陽，大殺魏之大臣。林邑獻於梁。　八月，梁以氐王楊紹先為秦、南秦二州刺史。　十月，高歡於洛陽立清河王世子善見為帝，改元天平，是為孝静帝。　十一月，遷於鄴。自是魏分東、西。東魏始令常調以外，租賦分别折絹、糴粟以備國用。閏十二月，宇文泰殺魏孝武帝。東魏蠻帥樊五能破淅陽，附於西魏。　是歲，洛陽有寺 1 367 所，各地有寺三萬餘，僧尼 200 萬人。

南北朝紀年

干支乙卯　公元 535 年

朝代或國名	國家支配者	建都	廟號	謚號	建元	年號年次	輔政者	備注
梁	①蕭衍	建康	高祖	武	7	5 大同元年		
	劉蠡升				1	神嘉 11 年		正月亡(一説三月亡)
東魏	①元善見	鄴		靜	4	1 天平 2 年		
西魏	①元寶炬	長安		文	1	大統元年		
	〔鮮于琛〕	鄱陽			1	〔上願〕元年		
高昌	③麴堅	交河			1	章和 5 年		在吐魯番西
柔然	⑪阿那瓌	懷朔				16 年		
吐谷渾	⑭伏連籌	伏羅川				45 年		青海湖西南

月　曆　表(建寅)

5248—355—1916869

月干支序數	星期／月序	日	1	2	3	4	5	6	日	1	2	3	4	5	6	日	1	2	3	4	5	6	日	1	2	3	4	5	6	日	1	2	3	4	5	6	日	月末陽曆
15	正	㊺	2	3	4	5	6	7	8	9	10	11	12	13	14	15	16	17	18	19	20	21	22	23	24	25	26	27	28	29	30							3.19
16	二			⑮	2	3	4	5	6	7	8	9	10	11	12	13	14	15	16	17	18	19	20	21	22	23	24	25	26	27	28	29						4.17
17	三				㊹	2	3	4	5	6	7	8	9	10	11	12	13	14	15	16	17	18	19	20	21	22	23	24	25	26	27	28	29	30				5.17
18	四						⑭	2	3	4	5	6	7	8	9	10	11	12	13	14	15	16	17	18	19	20	21	22	23	24	25	26	27	28	29			6.15
19	五							㊸	2	3	4	5	6	7	8	9	10	11	12	13	14	15	16	17	18	19	20	21	22	23	24	25	26	27	28	29	30	7.15
20	六		⑬	2	3	4	5	6	7	8	9	10	11	12	13	14	15	16	17	18	19	20	21	22	23	24	25	26	27	28	29							8.13
21	七			㊷	2	3	4	5	6	7	8	9	10	11	12	13	14	15	16	17	18	19	20	21	22	23	24	25	26	27	28	29	30					9.12
22	八					⑫	2	3	4	5	6	7	8	9	10	11	12	13	14	15	16	17	18	19	20	21	22	23	24	25	26	27	28	29				10.11
23	九						㊶	2	3	4	5	6	7	8	9	10	11	12	13	14	15	16	17	18	19	20	21	22	23	24	25	26	27	28	29	30		11.10
24	十	⑪	2	3	4	5	6	7	8	9	10	11	12	13	14	15	16	17	18	19	20	21	22	23	24	25	26	27	28	29								12.9
25	十一		㊵	2	3	4	5	6	7	8	9	10	11	12	13	14	15	16	17	18	19	20	21	22	23	24	25	26	27	28	29	30						1.8
26	十二				⑩	2	3	4	5	6	7	8	9	10	11	12	13	14	15	16	17	18	19	20	21	22	23	24	25	26	27	28	29	30				2.7

西魏十一月甲辰。

大事記

正月，梁改元大同。西魏宇文泰立南陽王元寶炬為帝，是為文帝，改元大統。東魏高歡大破稽胡劉蠡升，蠡升旋為部下所殺，胡漢五萬餘戶皆降。　二月，高麗、丹丹獻於梁。　三月，西魏作新制二十四條。西魏以蘇綽為行臺郎中，綽始作戶籍之法。滑國王安樂、薩丹王獻於梁。　四月，波斯王遣使於梁。東魏前青州刺史侯淵起事廣州，旋敗死。梁攻東魏城父等城。　五月，宇文泰自加柱國。　七月，扶南獻於梁。梁圍西魏晉壽。東、西魏高歡、宇文泰互相聲討。　八月，東魏發民七萬六千人作鄴宮。　十一月，梁克西魏北梁州。梁以氐帥陰平王楊法深為平北將軍。　十二月，東魏官始量事給祿。　是歲，梁鄱陽鮮于琛聚衆起事，建元上願，旋敗死。東魏以宗室女為公主，妻柔然頭兵可汗。西魏與柔然約和。

南北朝紀年

干支丙辰　公元 536 年

朝代或國名	國家支配者	建　都	廟　號	謚　號	建　元	年號年次	輔政者	備　注
梁	①蕭衍	建康	高祖	武	7	5 大同 2 年		
東魏	①元善見	鄴		靜	4	1 天平 3 年		
西魏	①元寶炬	洛陽		文	1	大統 2 年		
	王迢觸曹貳龍	汾州				平都元年		九月立，尋亡(胡人)。
高昌	③麴堅	交河			1	章和 6 年		在吐魯番西
柔然	⑪阿那瓌	懷朔				17 年		
吐谷渾	⑭伏連籌	伏羅川				46 年		青海湖西南

月　曆　表(建寅)

5249－354－1917223

月干支序數	月序＼星期	日	1	2	3	4	5	6	日	1	2	3	4	5	6	日	1	2	3	4	5	6	日	1	2	3	4	5	6	日	1	2	3	4	5	6	日	月末陽曆
27	正						㊵	2	3	4	5	6	7	8	9	10	11	12	13	14	15	16	17	18	19	20	21	22	23	24	25	26	27	28	29			3.7
28	二							⑨	2	3	4	5	6	7	8	9	10	11	12	13	14	15	16	17	18	19	20	21	22	23	24	25	26	27	28	29	30	4.6
29	三		㊴	2	3	4	5	6	7	8	9	10	11	12	13	14	15	16	17	18	19	20	21	22	23	24	25	26	27	28	29							5.5
30	四			⑧	2	3	4	5	6	7	8	9	10	11	12	13	14	15	16	17	18	19	20	21	22	23	24	25	26	27	28	29	30					6.4
31	五					㊳	2	3	4	5	6	7	8	9	10	11	12	13	14	15	16	17	18	19	20	21	22	23	24	25	26	27	28	29				7.3
32	六						⑦	2	3	4	5	6	7	8	9	10	11	12	13	14	15	16	17	18	19	20	21	22	23	24	25	26	27	28	29	30		8.2
33	七	㊲	2	3	4	5	6	7	8	9	10	11	12	13	14	15	16	17	18	19	20	21	22	23	24	25	26	27	28	29								8.31
34	八		⑥	2	3	4	5	6	7	8	9	10	11	12	13	14	15	16	17	18	19	20	21	22	23	24	25	26	27	28	29	30						9.30
35	九				㊱	2	3	4	5	6	7	8	9	10	11	12	13	14	15	16	17	18	19	20	21	22	23	24	25	26	27	28	29					10.29
36	十					⑤	2	3	4	5	6	7	8	9	10	11	12	13	14	15	16	17	18	19	20	21	22	23	24	25	26	27	28	29	30			11.28
37	十一							㉟	2	3	4	5	6	7	8	9	10	11	12	13	14	15	16	17	18	19	20	21	22	23	24	25	26	27	28	29		12.27
38	十二	④	2	3	4	5	6	7	8	9	10	11	12	13	14	15	16	17	18	19	20	21	22	23	24	25	26	27	28	29	30							1.26

大事紀

正月，東魏高歡襲拔西魏夏州，遷五千戶以歸。西魏靈州刺史曹泥附於東魏，高歡遣高車阿至羅騎迎之，拔五千戶以歸。　　三月，梁陶弘景卒(452—536)。　　九月，東魏命行臺侯景攻梁，為陳慶之所敗。十月，梁大舉擊東魏，侯景敗走。十二月，東魏與梁議和。東魏高歡督軍攻西魏。　　是歲，西魏關中大饑，人相食。阮孝緒卒。孝緒著《七錄》等書。

南北朝紀年

干支丁巳　公元 537 年

朝代或國名	國家支配者	建　都	廟　號	謚　號	建　元	年號年次	輔政者	備　注
梁	①蕭衍	建康	高祖	武	7	5 大同 3 年		
東魏	①元善見	鄴		靜	4	1 天平 4 年		
西魏	①元寶炬	長安		文	1	大統 3 年		
高昌	③麴堅	交河			1	章和 7 年		在吐魯番西
柔然	⑪阿那瓌	懷朔				18 年		
吐谷渾	⑭伏連籌	伏羅川				47 年		青海湖西南

月曆表（建寅）

5250—381—1917607

月干支序數	星期 / 月序	日	1	2	3	4	5	6	日	1	2	3	4	5	6	日	1	2	3	4	5	6	日	1	2	3	4	5	6	日	1	2	3	4	5	6	日	月末陽曆
39	正			㉞	2	3	4	5	6	7	8	9	10	11	12	13	14	15	16	17	18	19	20	21	22	23	24	25	26	27	28	29						2.24
40	二				③	2	3	4	5	6	7	8	9	10	11	12	13	14	15	16	17	18	19	20	21	22	23	24	25	26	27	28	29	30				3.26
41	三						㉝	2	3	4	5	6	7	8	9	10	11	12	13	14	15	16	17	18	19	20	21	22	23	24	25	26	27	28	29	30		4.25
42	四	③	2	3	4	5	6	7	8	9	10	11	12	13	14	15	16	17	18	19	20	21	22	23	24	25	26	27	28	29								5.24
43	五		㉜	2	3	4	5	6	7	8	9	10	11	12	13	14	15	16	17	18	19	20	21	22	23	24	25	26	27	28	29	30						6.23
44	六				②	2	3	4	5	6	7	8	9	10	11	12	13	14	15	16	17	18	19	20	21	22	23	24	25	26	27	28	29					7.22
45	七					㉛	2	3	4	5	6	7	8	9	10	11	12	13	14	15	16	17	18	19	20	21	22	23	24	25	26	27	28	29	30			8.21
46	八							①	2	3	4	5	6	7	8	9	10	11	12	13	14	15	16	17	18	19	20	21	22	23	24	25	26	27	28	29		9.19
47	九	㉚	2	3	4	5	6	7	8	9	10	11	12	13	14	15	16	17	18	19	20	21	22	23	24	25	26	27	28	29	30							10.19
	閏			(60)	2	3	4	5	6	7	8	9	10	11	12	13	14	15	16	17	18	19	20	21	22	23	24	25	26	27	28	29						11.17
48	十				㉙	2	3	4	5	6	7	8	9	10	11	12	13	14	15	16	17	18	19	20	21	22	23	24	25	26	27	28	29	30				12.17
49	十一						(59)	2	3	4	5	6	7	8	9	10	11	12	13	14	15	16	17	18	19	20	21	22	23	24	25	26	27	28	29			1.15
50	十二							㉘	2	3	4	5	6	7	8	9	10	11	12	13	14	15	16	17	18	19	20	21	22	23	24	25	26	27	28	29	30	2.14

汪氏長術七月朔丙午，誤。

大事記

正月，西魏宇文泰大破高歡，歡退。　六月，東魏遣使聘梁。　八月，西魏宇文泰拔東魏恒農，河北城保降附甚衆。

九月，柔然攻東魏。梁南兗州大饑。閏九月，高歡自將擊西魏。　十月，至沙苑，為宇文泰所敗，喪甲士八萬。蒲坂民敬珍聚衆萬餘邀歡，斬獲甚衆，以河東六縣歸西魏。泰別將陷東魏洛陽、滎陽，河南郡多降。　十一月，梁遣使聘於東魏。東魏河間邢磨納等起兵海隅，以應西魏。　十二月，東魏濮陽民杜靈椿聚衆起事，尋敗。　是歲，蕭子顯卒（489—537），子顯撰《南齊書》。

南北朝紀年

干支戊午　公元538年

朝代或國名	國家支配者	建都	廟號	謚號	建元	年號年次	輔政者	備注
梁	①蕭衍	建康	高祖	武	7	5大同4年		
東魏	①元善見	鄴		靜	4	2元象元年		
西魏	①元寶炬	長安		文	1	大統4年		
高昌	③麴堅	交河			1	章和8年		在吐魯番西
柔然	⑪阿那瓌	懷朔				19年		
吐谷渾	⑭伏連籌	伏羅川				48年		青海湖西南

月曆表（建寅）

5251—354—1917961

月干支序數	星期 / 月序	日	1	2	3	4	5	6	日	1	2	3	4	5	6	日	1	2	3	4	5	6	日	1	2	3	4	5	6	日	1	2	3	4	5	6	日	月末陽曆
51	正		(58)	2	3	4	5	6	7	8	9	10	11	12	13	14	15	16	17	18	19	20	21	22	23	24	25	26	27	28	29							3.15
52	二			㉗	2	3	4	5	6	7	8	9	10	11	12	13	14	15	16	17	18	19	20	21	22	23	24	25	26	27	28	29	30					4.14
53	三					(57)	2	3	4	5	6	7	8	9	10	11	12	13	14	15	16	17	18	19	20	21	22	23	24	25	26	27	28	29				5.13
54	四						㉖	2	3	4	5	6	7	8	9	10	11	12	13	14	15	16	17	18	19	20	21	22	23	24	25	26	27	28	29	30		6.12
55	五	(56)	2	3	4	5	6	7	8	9	10	11	12	13	14	15	16	17	18	19	20	21	22	23	24	25	26	27	28	29								7.11

續表

月干支序數	星期 月序	日	1	2	3	4	5	6	日	1	2	3	4	5	6	日	1	2	3	4	5	6	日	1	2	3	4	5	6	日	1	2	3	4	5	6	日	月末陽曆
56	六		㉕	2	3	4	5	6	7	8	9	10	11	12	13	14	15	16	17	18	19	20	21	22	23	24	25	26	27	28	29	30						8.10
57	七				(55)	2	3	4	5	6	7	8	9	10	11	12	13	14	15	16	17	18	19	20	21	22	23	24	25	26	27	28	29	30				9.9
58	八						㉕	2	3	4	5	6	7	8	9	10	11	12	13	14	15	16	17	18	19	20	21	22	23	24	25	26	27	28	29			10.8
59	九							(54)	2	3	4	5	6	7	8	9	10	11	12	13	14	15	16	17	18	19	20	21	22	23	24	25	26	27	28	29	30	11.7
60	十		㉔	2	3	4	5	6	7	8	9	10	11	12	13	14	15	16	17	18	19	20	21	22	23	24	25	26	27	28	29							12.6
1	十一			(53)	2	3	4	5	6	7	8	9	10	11	12	13	14	15	16	17	18	19	20	21	22	23	24	25	26	27	28	29	30					1.5
2	十二					㉓	2	3	4	5	6	7	8	9	10	11	12	13	14	15	16	17	18	19	20	21	22	23	24	25	26	27	28	29				2.3

大事紀

正月，東魏改元元象。　二月，東魏復河南汾、潁、豫、廣四州。西魏以宗女為公主，妻柔然可汗弟塔寒，西魏又納阿那瓌女為后。　三月，吐谷渾、柔然遣使聘於梁。　五月，東魏遣使聘於梁。六月，魏山東大水。　七月，東魏圍洛陽。八月，西魏大破東魏軍，殺高敖曹。關中東魏降卒反，宇文泰破之。　九月，東魏擊平邢磨鈉等。　十月，梁遣使聘於東魏。　十二月，梁皇侃(488—545)上所撰《禮記義疏》。東魏以民多避役出家，數達二百萬，寺三萬餘區，於是詔禁擅立佛寺。東魏改崔亮《停年格》。

南北朝紀年

干支己未　公元 539 年

朝代或國名	國家支配者	建都	廟號	謚號	建元	年號年次	輔政者	備注
梁	①蕭衍	建康	高祖	武	7	5 大同 5 年		
東魏	①元善見	鄴		靜	4	3 興和元年		癸亥十月改元
西魏	①元寶炬	長安		文	1	大統 5 年		
高昌	③麴堅	交河			1	章和 9 年		在吐魯番西
柔然	⑪阿那瓌	懷朔				20 年		
吐谷渾	⑭伏連籌	伏羅川				49 年		青海湖西南

月　曆　表（建寅）

5252—355—1918316

月干支序數	星期 月序	日	1	2	3	4	5	6	日	1	2	3	4	5	6	日	1	2	3	4	5	6	日	1	2	3	4	5	6	日	1	2	3	4	5	6	日	月末陽曆
3	正						(52)	2	3	4	5	6	7	8	9	10	11	12	13	14	15	16	17	18	19	20	21	22	23	24	25	26	27	28	29	30		3.5
4	二	㉒	2	3	4	5	6	7	8	9	10	11	12	13	14	15	16	17	18	19	20	21	22	23	24	25	26	27	28	29								4.3
5	三		(51)	2	3	4	5	6	7	8	9	10	11	12	13	14	15	16	17	18	19	20	21	22	23	24	25	26	27	28	29	30						5.3
6	四				㉑	2	3	4	5	6	7	8	9	10	11	12	13	14	15	16	17	18	19	20	21	22	23	24	25	26	27	28	29					6.1
7	五					㊿	2	3	4	5	6	7	8	9	10	11	12	13	14	15	16	17	18	19	20	21	22	23	24	25	26	27	28	29	30			7.1
8	六							⑳	2	3	4	5	6	7	8	9	10	11	12	13	14	15	16	17	18	19	20	21	22	23	24	25	26	27	28	29		7.30
9	七	㊾	2	3	4	5	6	7	8	9	10	11	12	13	14	15	16	17	18	19	20	21	22	23	24	25	26	27	28	29	30							8.29
10	八			⑲	2	3	4	5	6	7	8	9	10	11	12	13	14	15	16	17	18	19	20	21	22	23	24	25	26	27	28	29						9.27
11	九				㊽	2	3	4	5	6	7	8	9	10	11	12	13	14	15	16	17	18	19	20	21	22	23	24	25	26	27	28	29	30				10.27
12	十						⑱	2	3	4	5	6	7	8	9	10	11	12	13	14	15	16	17	18	19	20	21	22	23	24	25	26	27	28	29			11.25
13	十一							㊼	2	3	4	5	6	7	8	9	10	11	12	13	14	15	16	17	18	19	20	21	22	23	24	25	26	27	28	29	30	12.25
14	十二		⑰	2	3	4	5	6	7	8	9	10	11	12	13	14	15	16	17	18	19	20	21	22	23	24	25	26	27	28	29	30						1.24

魏十一月朔辛亥。

大事紀

八月，扶南國獻於梁。　九月，東魏發民十萬修鄴城，四十日罷。　十月，東魏改元興和。　十一月，東魏遣使聘於梁。東魏行《興光曆》。　十一月，梁分諸州為五品。　是歲，劉孝綽卒(481—539)。

南北朝紀年

干支庚申　公元 540 年

朝代或國名	國家支配者	建都	廟號	謚號	建元	年號年次	輔政者	備注
梁	①蕭衍	建康	高祖	武	7	5 大同 6 年		
東魏	①元善見	鄴		靜	4	3 興和 2 年		
西魏	①元寶炬	長安		文	1	大統 6 年		
高昌	③麴堅	交河			1	章和 10 年		在吐魯番西
柔然	⑪阿那瓌	懷朔				21 年		
吐谷渾	⑭伏連籌	伏羅川				50 年		八月卒

月曆表(建寅)

5253—383—1918699

月干支序數	月序＼星期	日	1	2	3	4	5	6	日	1	2	3	4	5	6	日	1	2	3	4	5	6	日	1	2	3	4	5	6	日	1	2	3	4	5	6	日	月末陽曆
15	正				㊼	2	3	4	5	6	7	8	9	10	11	12	13	14	15	16	17	18	19	20	21	22	23	24	25	26	27	28	29					2.22
16	二					⑯	2	3	4	5	6	7	8	9	10	11	12	13	14	15	16	17	18	19	20	21	22	23	24	25	26	27	28	29	30			3.23
17	三							㊻	2	3	4	5	6	7	8	9	10	11	12	13	14	15	16	17	18	19	20	21	22	23	24	25	26	27	28	29		4.21
18	四	⑮	2	3	4	5	6	7	8	9	10	11	12	13	14	15	16	17	18	19	20	21	22	23	24	25	26	27	28	29	30							5.21
19	五			㊺	2	3	4	5	6	7	8	9	10	11	12	13	14	15	16	17	18	19	20	21	22	23	24	25	26	27	28	29						6.19
	閏				⑭	2	3	4	5	6	7	8	9	10	11	12	13	14	15	16	17	18	19	20	21	22	23	24	25	26	27	28	29	30				7.19
20	六						㊹	2	3	4	5	6	7	8	9	10	11	12	13	14	15	16	17	18	19	20	21	22	23	24	25	26	27	28	29			8.17
21	七							⑬	2	3	4	5	6	7	8	9	10	11	12	13	14	15	16	17	18	19	20	21	22	23	24	25	26	27	28	29	30	9.16
22	八		㊸	2	3	4	5	6	7	8	9	10	11	12	13	14	15	16	17	18	19	20	21	22	23	24	25	26	27	28	29							10.15
23	九			⑫	2	3	4	5	6	7	8	9	10	11	12	13	14	15	16	17	18	19	20	21	22	23	24	25	26	27	28	29	30					11.14
24	十					㊷	2	3	4	5	6	7	8	9	10	11	12	13	14	15	16	17	18	19	20	21	22	23	24	25	26	27	28	29				12.13
25	十一						⑪	2	3	4	5	6	7	8	9	10	11	12	13	14	15	16	17	18	19	20	21	22	23	24	25	26	27	28	29	30		1.12
26	十二	㊶	2	3	4	5	6	7	8	9	10	11	12	13	14	15	16	17	18	19	20	21	22	23	24	25	26	27	28	29								2.10

魏十一月朔辛亥。

大事紀

正月，西魏鑄五銖錢。柔然侵西魏。五月，吐谷渾獻於梁。　七月，東魏遣使聘於梁。　八月，盤盤國獻於梁。　十一月，吐谷渾可汗夸呂遣使聘於東魏。

南北朝紀年

干支辛酉　公元 541 年

朝代或國名	國家支配者	建都	廟號	謚號	建元	年號年次	輔政者	備注
梁	①蕭衍	建康	高祖	武	7	5 大同 7 年		
東魏	①元善見	鄴		靜	4	3 興和 3 年		
西魏	①元寶炬	長安		文	1	大統 7 年		

續表

朝代或國名	國家支配者	建　都	廟　號	謚　號	建　元	年號年次	輔政者	備　注
高昌	③麴堅	交河			1	章和 11 年		在吐魯番西
柔然	⑪阿那瓌	懷朔				22 年		
吐谷渾	⑮夸呂可汗	伏俟城				元年		青海省

月　曆　表(建寅)　5254—355—1919054

月干支序數	月序＼星期	日	1	2	3	4	5	6	日	1	2	3	4	5	6	日	1	2	3	4	5	6	日	1	2	3	4	5	6	日	1	2	3	4	5	6	日	月末陽曆
27	正		⑩	2	3	4	5	6	7	8	9	10	11	12	13	14	15	16	17	18	19	20	21	22	23	24	25	26	27	28	29	30						3.12
28	二				㊵	2	3	4	5	6	7	8	9	10	11	12	13	14	15	16	17	18	19	20	21	22	23	24	25	26	27	28	29	30				4.11
29	三						⑩	2	3	4	5	6	7	8	9	10	11	12	13	14	15	16	17	18	19	20	21	22	23	24	25	26	27	28	29			5.10
30	四							㊴	2	3	4	5	6	7	8	9	10	11	12	13	14	15	16	17	18	19	20	21	22	23	24	25	26	27	28	29	30	6.9
31	五		⑨	2	3	4	5	6	7	8	9	10	11	12	13	14	15	16	17	18	19	20	21	22	23	24	25	26	27	28	29							7.8
32	六			㊳	2	3	4	5	6	7	8	9	10	11	12	13	14	15	16	17	18	19	20	21	22	23	24	25	26	27	28	29	30					8.7
33	七					⑧	2	3	4	5	6	7	8	9	10	11	12	13	14	15	16	17	18	19	20	21	22	23	24	25	26	27	28	29				9.5
34	八						㊲	2	3	4	5	6	7	8	9	10	11	12	13	14	15	16	17	18	19	20	21	22	23	24	25	26	27	28	29	30		10.5
35	九	⑦	2	3	4	5	6	7	8	9	10	11	12	13	14	15	16	17	18	19	20	21	22	23	24	25	26	27	28	29								11.3
36	十		㊱	2	3	4	5	6	7	8	9	10	11	12	13	14	15	16	17	18	19	20	21	22	23	24	25	26	27	28	29	30						12.3
37	十一				⑥	2	3	4	5	6	7	8	9	10	11	12	13	14	15	16	17	18	19	20	21	22	23	24	25	26	27	28	29					1.1
38	十二					㉟	2	3	4	5	6	7	8	9	10	11	12	13	14	15	16	17	18	19	20	21	22	23	24	25	26	27	28	29	30			1.31

大事紀

二月,梁以宕昌王梁彌定為河、梁二州刺史。　三月,宕昌、高麗、百濟、滑各獻於梁。西魏夏州刺史劉平伏據城自立,旋敗。　五月,梁遣使聘於東魏。　九月,柔然遣使聘於梁。西魏用蘇綽議,省官員,置屯田,頒六條詔書於牧守令長。十月,東魏頒行新法令,稱麟趾格。東魏發民五萬築漳濱堰,三十五日罷。　十二月,東魏遣使聘於梁。梁交州豪李賁結連郡縣豪民起事,逐刺史。梁詔禁私家立屯與公家競作。梁立士林館,延集學者,以虞荔為士林學士。

是歲,西魏增新法制十二條。東魏定調絹以四十尺為匹。東魏豐收,谷斛九錢。

南北朝紀年　干支壬戌　公元 542 年

朝代或國名	國家支配者	建　都	廟　號	謚　號	建　元	年號年次	輔政者	備　注
梁	①蕭衍	建康	高祖	武	7	5 大同 8 年		
東魏	①元善見	鄴		靜	4	3 興和 4 年		
西魏	①元寶炬	洛陽		文	1	大統 8 年		
	〔劉敬躬〕	安城			1	〔永漢〕元年		正月建元三月亡江西安福
高昌	③麴堅	交河			1	章和 12 年		在吐魯番西
柔然	⑪阿那瓌	懷朔				23 年		
吐谷渾	⑮夸呂可汗	伏俟城				2 年		

月曆表(建寅) 5255—354—1919408

月干支序數	星期／月序	日	1	2	3	4	5	6	日	1	2	3	4	5	6	日	1	2	3	4	5	6	日	1	2	3	4	5	6	日	1	2	3	4	5	6	日	月末陽曆
39	正							⑤	2	3	4	5	6	7	8	9	10	11	12	13	14	15	16	17	18	19	20	21	22	23	24	25	26	27	28	29		3.1
40	二	㉞	2	3	4	5	6	7	8	9	10	11	12	13	14	15	16	17	18	19	20	21	22	23	24	25	26	27	28	29	30							3.31
41	三			④	2	3	4	5	6	7	8	9	10	11	12	13	14	15	16	17	18	19	20	21	22	23	24	25	26	27	28	29						4.29
42	四				㉝	2	3	4	5	6	7	8	9	10	11	12	13	14	15	16	17	18	19	20	21	22	23	24	25	26	27	28	29	30				5.29
43	五						③	2	3	4	5	6	7	8	9	10	11	12	13	14	15	16	17	18	19	20	21	22	23	24	25	26	27	28	29			6.27
44	六							㉜	2	3	4	5	6	7	8	9	10	11	12	13	14	15	16	17	18	19	20	21	22	23	24	25	26	27	28	29	30	7.27
45	七		②	2	3	4	5	6	7	8	9	10	11	12	13	14	15	16	17	18	19	20	21	22	23	24	25	26	27	28	29	30						8.26
46	八				㉜	2	3	4	5	6	7	8	9	10	11	12	13	14	15	16	17	18	19	20	21	22	23	24	25	26	27	28	29					9.24
47	九					①	2	3	4	5	6	7	8	9	10	11	12	13	14	15	16	17	18	19	20	21	22	23	24	25	26	27	28	29	30			10.24
48	十							㉛	2	3	4	5	6	7	8	9	10	11	12	13	14	15	16	17	18	19	20	21	22	23	24	25	26	27	28	29		11.22
49	十一	(60)	2	3	4	5	6	7	8	9	10	11	12	13	14	15	16	17	18	19	20	21	22	23	24	25	26	27	28	29	30							12.22
50	十二			㉚	2	3	4	5	6	7	8	9	10	11	12	13	14	15	16	17	18	19	20	21	22	23	24	25	26	27	28	29						1.20

大事紀

正月,梁安城民劉敬躬聚衆據郡起事,建元永漢,旋敗死。　二月,西魏初置六軍。　四月,東魏遣使聘於梁。　八月,東魏以侯景為河南道大行臺。　十月,東魏高歡白將攻西魏玉壁,無功而還。　十二月,東魏遣使聘於梁。梁遣將擊交州,李賁潰退。梁盧子略舉兵攻廣州,為陳霸先所敗。

南北朝紀年 干支癸亥 公元543年

朝代或國名	國家支配者	建都	廟號	謚號	建元	年號年次	輔政者	備注
梁	①蕭衍	建康	高祖	武	7	5大同9年		
東魏	①元善見	鄴		靜	4	4武定元年		
西魏	①元寶炬	洛陽		文	1	大統9年		
高昌	③麴堅	交河			1	章和13年		在吐魯番西
柔然	⑪阿那瓌	懷朔				21年		
吐谷渾	⑮夸呂可汗	伏俟城				3年		青海省

月曆表(建寅) 5256—384—1919792

月干支序數	星期／月序	日	1	2	3	4	5	6	日	1	2	3	4	5	6	日	1	2	3	4	5	6	日	1	2	3	4	5	6	日	1	2	3	4	5	6	日	月末陽曆
51	正				(59)	2	3	4	5	6	7	8	9	10	11	12	13	14	15	16	17	18	19	20	21	22	23	24	25	26	27	28	29	30				2.19
	閏						㉙	2	3	4	5	6	7	8	9	10	11	12	13	14	15	16	17	18	19	20	21	22	23	24	25	26	27	28	29			3.20
52	二							(58)	2	3	4	5	6	7	8	9	10	11	12	13	14	15	16	17	18	19	20	21	22	23	24	25	26	27	28	29	30	4.19
53	三		㉘	2	3	4	5	6	7	8	9	10	11	12	13	14	15	16	17	18	19	20	21	22	23	24	25	26	27	28	29							5.18
54	四			(57)	2	3	4	5	6	7	8	9	10	11	12	13	14	15	16	17	18	19	20	21	22	23	24	25	26	27	28	29	30					6.17
55	五					㉗	2	3	4	5	6	7	8	9	10	11	12	13	14	15	16	17	18	19	20	21	22	23	24	25	26	27	28	29				7.16
56	六						(56)	2	3	4	5	6	7	8	9	10	11	12	13	14	15	16	17	18	19	20	21	22	23	24	25	26	27	28	29	30		8.15
57	七	㉖	2	3	4	5	6	7	8	9	10	11	12	13	14	15	16	17	18	19	20	21	22	23	24	25	26	27	28	29								9.13
58	八		(55)	2	3	4	5	6	7	8	9	10	11	12	13	14	15	16	17	18	19	20	21	22	23	24	25	26	27	28	29	30						10.13

續表

月干支序數	月序＼星期	日	1	2	3	4	5	6	日	1	2	3	4	5	6	日	1	2	3	4	5	6	日	1	2	3	4	5	6	日	1	2	3	4	5	6	日	月末陽曆
59	九				㉕	2	3	4	5	6	7	8	9	10	11	12	13	14	15	16	17	18	19	20	21	22	23	24	25	26	27	28	29					11.11
60	十					(54)	2	3	4	5	6	7	8	9	10	11	12	13	14	15	16	17	18	19	20	21	22	23	24	25	26	27	28	29	30			12.11
1	十一							㉔	2	3	4	5	6	7	8	9	10	11	12	13	14	15	16	17	18	19	20	21	22	23	24	25	26	27	28	29	30	1.10
2	十二		(54)	2	3	4	5	6	7	8	9	10	11	12	13	14	15	16	17	18	19	20	21	22	23	24	25	26	27	28	29							2.8

東魏十月朔戊午。

大事紀

正月，東魏改元武定。　二月，梁詔江州民三十家出奴婢一戶配司州。東魏北豫州刺史高仲密以虎牢降西魏。三月，西魏宇文泰與高歡戰於洛陽邙山，泰敗回關中。　四月，林邑攻李賁，敗還。清水氐帥李鼠仁反西魏，尋降。東魏復取虎牢。東魏以侯景為司空。　八月，東魏遣使聘於梁。　十一月，東魏築長城於肆州北山，西自馬陵，東至土隥，四十日罷。

南北朝紀年

干支甲子　公元544年

朝代或國名	國家支配者	建都	廟號	謚號	建元	年號年次	輔政者	備注
梁	①蕭衍	建康	高祖	武	7	5大同10年		
東魏	①元善見	鄴		靜	4	4武定2年		
西魏	①元寶炬	洛陽		文	1	大統10年		
	李賁				1	天德元年		
高昌	③麴堅	交河			1	章武14年		在吐魯番西
柔然	⑪阿那瓌	懷朔				25年		
吐谷渾	⑮夸呂可汗	伏俟城				4年		青海省

月曆表(建寅)

5257—351—1920146

月干支序數	月序＼星期	日	1	2	3	4	5	6	日	1	2	3	4	5	6	日	1	2	3	4	5	6	日	1	2	3	4	5	6	日	1	2	3	4	5	6	日	月末陽曆
3	正			㉓	2	3	4	5	6	7	8	9	10	11	12	13	14	15	16	17	18	19	20	21	22	23	24	25	26	27	28	29	30					3.9
4	二					(53)	2	3	4	5	6	7	8	9	10	11	12	13	14	15	16	17	18	19	20	21	22	23	24	25	26	27	28	29				4.7
5	三						㉒	2	3	4	5	6	7	8	9	10	11	12	13	14	15	16	17	18	19	20	21	22	23	24	25	26	27	28	29	30		5.7
6	四	(52)	2	3	4	5	6	7	8	9	10	11	12	13	14	15	16	17	18	19	20	21	22	23	24	25	26	27	28	29								6.5
7	五		㉑	2	3	4	5	6	7	8	9	10	11	12	13	14	15	16	17	18	19	20	21	22	23	24	25	26	27	28	29	30						7.5
8	六				(51)	2	3	4	5	6	7	8	9	10	11	12	13	14	15	16	17	18	19	20	21	22	23	24	25	26	27	28	29					8.3
9	七					⑳	2	3	4	5	6	7	8	9	10	11	12	13	14	15	16	17	18	19	20	21	22	23	24	25	26	27	28	29	30			9.2
10	八							㊿	2	3	4	5	6	7	8	9	10	11	12	13	14	15	16	17	18	19	20	21	22	23	24	25	26	27	28	29		10.1
11	九	⑲	2	3	4	5	6	7	8	9	10	11	12	13	14	15	16	17	18	19	20	21	22	23	24	25	26	27	28	29	30							10.31
12	十			㊾	2	3	4	5	6	7	8	9	10	11	12	13	14	15	16	17	18	19	20	21	22	23	24	25	26	27	28	29						11.29
13	十一				⑱	2	3	4	5	6	7	8	9	10	11	12	13	14	15	16	17	18	19	20	21	22	23	24	25	26	27	28	29	30				12.29
14	十二						㊽	2	3	4	5	6	7	8	9	10	11	12	13	14	15	16	17	18	19	20	21	22	23	24	25	26	27	28	29			1.27

大事紀

正月，梁李賁稱帝，國號萬春，建元天德。　五月，東魏遣使聘於梁。　七月，西魏更度量衡制，又損益所頒律令三十六條為五卷行之。　十月，東魏命孫騰、高隆文行括戶，得無戶六十餘萬，僑居皆被勒還本土。　十一月，東魏襲破汾州稽胡，俘萬餘戶配諸州。東魏命魏收修國史。　十二月，梁境大雪，平地三尺。

南北朝紀年　　干支乙丑　公元545年

朝代或國名	國家支配者	建　都	廟　號	謚　號	建元	年號年次	輔政者	備　注
梁	①蕭衍	建康	高祖	武	7	5大同11年		
東魏	①元善見	鄴		靜	4	4武定3年		
西魏	①元寶炬	洛陽		文	1	大統11年		
	李賁				1	天德2年		
高昌	③麴堅	交河			1	章武15年		在吐魯番西
柔然	⑪阿那瓌	懷朔				26年		
吐谷渾	⑮夸呂可汗	伏俟城				5年		青海省

月　曆　表（建　寅）　　5258—384—1920530

月干支序數	月序＼星期	日	1	2	3	4	5	6	日	1	2	3	4	5	6	日	1	2	3	4	5	6	日	1	2	3	4	5	6	日	1	2	3	4	5	6	日	月末陽曆
15	正							⑰	2	3	4	5	6	7	8	9	10	11	12	13	14	15	16	17	18	19	20	21	22	23	24	25	26	27	28	29	30	2.26
16	二		㊼	2	3	4	5	6	7	8	9	10	11	12	13	14	15	16	17	18	19	20	21	22	23	24	25	26	27	28	29	30						3.28
17	三				⑰	2	3	4	5	6	7	8	9	10	11	12	13	14	15	16	17	18	19	20	21	22	23	24	25	26	27	28	29					4.26
18	四					㊻	2	3	4	5	6	7	8	9	10	11	12	13	14	15	16	17	18	19	20	21	22	23	24	25	26	27	28	29	30			5.26
19	五							⑯	2	3	4	5	6	7	8	9	10	11	12	13	14	15	16	17	18	19	20	21	22	23	24	25	26	27	28	29		6.24
20	六	㊺	2	3	4	5	6	7	8	9	10	11	12	13	14	15	16	17	18	19	20	21	22	23	24	25	26	27	28	29	30							7.24
21	七			⑮	2	3	4	5	6	7	8	9	10	11	12	13	14	15	16	17	18	19	20	21	22	23	24	25	26	27	28	29						8.22
22	八				㊹	2	3	4	5	6	7	8	9	10	11	12	13	14	15	16	17	18	19	20	21	22	23	24	25	26	27	28	29	30				9.21
23	九						⑭	2	3	4	5	6	7	8	9	10	11	12	13	14	15	16	17	18	19	20	21	22	23	24	25	26	27	28	29			10.20
24	十							㊸	2	3	4	5	6	7	8	9	10	11	12	13	14	15	16	17	18	19	20	21	22	23	24	25	26	27	28	29	30	11.19
	閏		⑬	2	3	4	5	6	7	8	9	10	11	12	13	14	15	16	17	18	19	20	21	22	23	24	25	26	27	28	29							12.18
25	十一			㊷	2	3	4	5	6	7	8	9	10	11	12	13	14	15	16	17	18	19	20	21	22	23	24	25	26	27	28	29	30					1.17
26	十二					⑫	2	3	4	5	6	7	8	9	10	11	12	13	14	15	16	17	18	19	20	21	22	23	24	25	26	27	28	29				2.15

大事紀

正月，東魏遣使聘於梁。東魏任胄同爾朱文暢謀殺高歡，事泄，死。　二月，東魏帝納吐谷渾可汗從妹。　三月，西魏遣使通於突厥。　六月，西魏宇文泰命蘇綽作詔令，皆仿《大誥》體，并禁文體浮華。梁將陳霸先大破李賁。柔然可汗阿那瓌以女妻高歡。　十月，東魏遣使聘於梁。　是歲，皇侃卒。侃著有《論語義疏》等書。

南北朝紀年　　干支丙寅　公元546年

朝代或國名	國家支配者	建　都	廟　號	謚　號	建元	年號年次	輔政者	備　注
梁	①蕭衍	建康	高祖	武	7	6中大同元年		四月丙戌改元
東魏	①元善見	鄴		靜	4	4武定4年		

續表

朝代或國名	國家支配者	建　都	廟　號	謚　號	建元	年號年次	輔政者	備　注
西魏	①元寶炬	洛陽		文	1	大統12年		
	李賁				1	天德3年		
高昌	③麴堅	交河			1	章武16年		在吐魯番西
柔然	⑪阿那瓌	懷朔				27年		
吐谷渾	⑮夸呂可汗	伏俟城				6年		青海省

月　曆　表(建寅)

5259－355－1920885

月干支序數	月序＼星期	日	1	2	3	4	5	6	日	1	2	3	4	5	6	日	1	2	3	4	5	6	日	1	2	3	4	5	6	日	1	2	3	4	5	6	日	月末陽曆
27	正						㊶	2	3	4	5	6	7	8	9	10	11	12	13	14	15	16	17	18	19	20	21	22	23	24	25	26	27	28	29	30		3.17
28	二	⑪	2	3	4	5	6	7	8	9	10	11	12	13	14	15	16	17	18	19	20	21	22	23	24	25	26	27	28	29								4.15
29	三		㊵	2	3	4	5	6	7	8	9	10	11	12	13	14	15	16	17	18	19	20	21	22	23	24	25	26	27	28	29	30						5.15
30	四				⑩	2	3	4	5	6	7	8	9	10	11	12	13	14	15	16	17	18	19	20	21	22	23	24	25	26	27	28	29					6.13
31	五					㊴	2	3	4	5	6	7	8	9	10	11	12	13	14	15	16	17	18	19	20	21	22	23	24	25	26	27	28	29	30			7.13
32	六							⑨	2	3	4	5	6	7	8	9	10	11	12	13	14	15	16	17	18	19	20	21	22	23	24	25	26	27	28	29	30	8.12
33	七		㊴	2	3	4	5	6	7	8	9	10	11	12	13	14	15	16	17	18	19	20	21	22	23	24	25	26	27	28	29							9.10
34	八			⑧	2	3	4	5	6	7	8	9	10	11	12	13	14	15	16	17	18	19	20	21	22	23	24	25	26	27	28	29	30					10.10
35	九					㊳	2	3	4	5	6	7	8	9	10	11	12	13	14	15	16	17	18	19	20	21	22	23	24	25	26	27	28	29				11.8
36	十						⑦	2	3	4	5	6	7	8	9	10	11	12	13	14	15	16	17	18	19	20	21	22	23	24	25	26	27	28	29	30		12.8
37	十一	㊲	2	3	4	5	6	7	8	9	10	11	12	13	14	15	16	17	18	19	20	21	22	23	24	25	26	27	28	29								1.6
38	十二		⑥	2	3	4	5	6	7	8	9	10	11	12	13	14	15	16	17	18	19	20	21	22	23	24	25	26	27	28	29	30						2.5

大事紀

正月,李賁敗奔新昌屈僚洞中,梁復交州。梁武帝捨身同泰寺。　二月,西魏涼州、瓜州亂,旋平。　四月,梁改元中大同。　七月,西魏遷涼民六千家於長安。梁禁用破陌錢。東魏遣使聘於梁。　八月,東魏遷洛陽石經五十二塊於鄴。九月,李賁復出典澈湖,陳霸先再大破之,賁奔屈僚洞中。渴槃陀獻於梁。　十一月,東魏高歡圍西魏玉壁,不克,死傷七萬人,無功而退。　是歲,蘇綽卒(498—546)。

南北朝紀年

干支丁卯　公元547年

朝代或國名	國家支配者	建　都	廟　號	謚　號	建元	年號年次	輔政者	備　注
梁	①蕭衍	建康	高祖	武	7	7太清元年		四月丁亥改元
東魏	①元善見	鄴		靜	4	4武定5年		
西魏	①元寶炬	洛陽		文	1	大統13年	宇文泰	
	李賁				1	天德4年		
高昌	③麴堅	交河			1	章武17年		在吐魯番西
柔然	⑪阿那瓌	懷朔				28年		
吐谷渾	⑮夸呂可汗	伏俟城				7年		青海省

月　曆　表(建　寅)　5260—354—1921239

月干支序數	月序＼星期	日	1	2	3	4	5	6	日	1	2	3	4	5	6	日	1	2	3	4	5	6	日	1	2	3	4	5	6	日	1	2	3	4	5	6	日	月末陽曆
39	正				㊱	2	3	4	5	6	7	8	9	10	11	12	13	14	15	16	17	18	19	20	21	22	23	24	25	26	27	28	29					3.6
40	二					⑤	2	3	4	5	6	7	8	9	10	11	12	13	14	15	16	17	18	19	20	21	22	23	24	25	26	27	28	29	30			4.5
41	三							㉟	2	3	4	5	6	7	8	9	10	11	12	13	14	15	16	17	18	19	20	21	22	23	24	25	26	27	28	29		5.4
42	四	④	2	3	4	5	6	7	8	9	10	11	12	13	14	15	16	17	18	19	20	21	22	23	24	25	26	27	28	29	30							6.3
43	五			㉞	2	3	4	5	6	7	8	9	10	11	12	13	14	15	16	17	18	19	20	21	22	23	24	25	26	27	28	29						7.2
44	六				③	2	3	4	5	6	7	8	9	10	11	12	13	14	15	16	17	18	19	20	21	22	23	24	25	26	27	28	29	30				8.1
45	七						㉝	2	3	4	5	6	7	8	9	10	11	12	13	14	15	16	17	18	19	20	21	22	23	24	25	26	27	28	29			8.30
46	八							②	2	3	4	5	6	7	8	9	10	11	12	13	14	15	16	17	18	19	20	21	22	23	24	25	26	27	28	29	30	9.29
47	九		㉜	2	3	4	5	6	7	8	9	10	11	12	13	14	15	16	17	18	19	20	21	22	23	24	25	26	27	28	29							10.28
48	十			①	2	3	4	5	6	7	8	9	10	11	12	13	14	15	16	17	18	19	20	21	22	23	24	25	26	27	28	29	30					11.27
49	十一					㉛	2	3	4	5	6	7	8	9	10	11	12	13	14	15	16	17	18	19	20	21	22	23	24	25	26	27	28	29	30			12.27
50	十二							①	2	3	4	5	6	7	8	9	10	11	12	13	14	15	16	17	18	19	20	21	22	23	24	25	26	27	28	29		1.25

魏十月朔乙丑。

大事紀

正月，東魏高歡卒。河南大行臺侯景降西魏，封上谷公；景又降梁，封河南王。梁以蕭繹為荊州刺史。　三月，梁武帝捨身同泰寺。　四月，梁改元太清。東魏遣使聘於梁。　五月，東魏圍侯景於潁川。景乞援於梁，梁遣將援侯景。西魏以援侯景為名，出兵東下攻東魏，東魏退軍。　八月，梁大舉擊東魏。東魏帝謀除大將軍高澄，事泄，澄幽之，殺同謀者。　十一月，東魏將慕容紹宗大敗梁兵於彭城，俘貞陽侯蕭淵明。　十二月，侯景請梁立元氏一人為魏主。梁以元貞為咸陽王。慕容紹宗攻侯景於渦陽，大敗。　是歲，溫子升卒(495—547)。楊衒之作《洛陽伽藍記》。

南北朝紀年　干支戊辰　公元548年

朝代或國名	國家支配者	建都	廟號	謚號	建元	年號年次	輔政者	備注
梁	①蕭衍	建康	高祖	武	7	7太清2年		
東魏	①元善見	鄴		靜	4	4武定6年		臨漳
西魏	①元寶炬	長安		文	1	大統14年		
梁	②蕭正德				1	正平元年		十一月建元
	李賁				1	天德5年		三月亡于僚人
高昌	③鞠堅	交河			1	章武18年		在吐魯番西
柔然	⑪阿那瓌	懷朔				29年		
吐谷渾	⑮夸呂可汗	伏俟城				8年		青海省

月　曆　表(建　寅)　5261—384—1921623

月干支序數	月序＼星期	日	1	2	3	4	5	6	日	1	2	3	4	5	6	日	1	2	3	4	5	6	日	1	2	3	4	5	6	日	1	2	3	4	5	6	日	月末陽曆
51	正	㉚	2	3	4	5	6	7	8	9	10	11	12	13	14	15	16	17	18	19	20	21	22	23	24	25	26	27	28	29	30							2.24
52	二			(60)	2	3	4	5	6	7	8	9	10	11	12	13	14	15	16	17	18	19	20	21	22	23	24	25	26	27	28	29						3.24
53	三				㉙	2	3	4	5	6	7	8	9	10	11	12	13	14	15	16	17	18	19	20	21	22	23	24	25	26	27	28	29	30				4.23

續表

月干支序數	月序＼星期	日	1	2	3	4	5	6	日	1	2	3	4	5	6	日	1	2	3	4	5	6	日	1	2	3	4	5	6	日	1	2	3	4	5	6	日	月末陽曆
54	四						(59)	2	3	4	5	6	7	8	9	10	11	12	13	14	15	16	17	18	19	20	21	22	23	24	25	26	27	28	29			5.22
55	五							㉘	2	3	4	5	6	7	8	9	10	11	12	13	14	15	16	17	18	19	20	21	22	23	24	25	26	27	28	29	30	6.21
56	六		(58)	2	3	4	5	6	7	8	9	10	11	12	13	14	15	16	17	18	19	20	21	22	23	24	25	26	27	28	29							7.20
57	七			㉗	2	3	4	5	6	7	8	9	10	11	12	13	14	15	16	17	18	19	20	21	22	23	24	25	26	27	28	29	30					8.19
	閏					(57)	2	3	4	5	6	7	8	9	10	11	12	13	14	15	16	17	18	19	20	21	22	23	24	25	26	27	28	29				9.17
58	八						㉖	2	3	4	5	6	7	8	9	10	11	12	13	14	15	16	17	18	19	20	21	22	23	24	25	26	27	28	29	30		10.17
59	九	(56)	2	3	4	5	6	7	8	9	10	11	12	13	14	15	16	17	18	19	20	21	22	23	24	25	26	27	28	29								11.15
60	十		㉕	2	3	4	5	6	7	8	9	10	11	12	13	14	15	16	17	18	19	20	21	22	23	24	25	26	27	28	29	30						12.15
1	十一				(55)	2	3	4	5	6	7	8	9	10	11	12	13	14	15	16	17	18	19	20	21	22	23	24	25	26	27	28	29					1.13
2	十二					㉔	2	3	4	5	6	7	8	9	10	11	12	13	14	15	16	17	18	19	20	21	22	23	24	25	26	27	28	29	30			2.12

大事記

正月,東魏慕容紹宗大敗侯景,侯景奔壽陽,擊東魏之梁將皆潰退。 二月,東魏向梁求和。 三月,梁以高麗世子息為高麗王、樂浪公。屈僚洞僚人殺李賁,賁兄天寶入九真,率殘部攻愛州,陳霸先擊平之。 五月,西魏以宇文泰為太師,梁遣使聘於東魏。 八月,侯景據壽陽反梁,率軍南下。東魏略江淮之北,凡獲二十三州。 十月,梁臨賀王蕭正德反,引侯景渡采石。 十一月,侯景圍臺城,下令免北人為奴者,從者益衆。景立蕭正德為帝,改元正平。 十二月,梁各方援軍屢敗侯景。

南北朝紀年

干支己巳 公元549年

朝代或國名	國家支配者	建都	廟號	謚號	建元	年號年次	輔政者	備注
梁	①蕭衍	建康	高祖	武	7	7太清3年		五月蕭綱即位
東魏	①元善見	鄴		靜	4	4武定7年		臨漳
西魏	①元寶炬	長安		文	1	大統15年		
梁	②蕭正德				1	正平2年（3月廢,仍稱太清3年）		6月被殺
高昌	④麴玄喜	交河			1	永平元年		在吐魯番西
柔然	⑪阿那瓌	懷朔				30年		
吐谷渾	⑬夸呂可汗	伏俟城				9年		青海省

月曆表（建寅）

5262—354—1921977

月干支序數	月序＼星期	日	1	2	3	4	5	6	日	1	2	3	4	5	6	日	1	2	3	4	5	6	日	1	2	3	4	5	6	日	1	2	3	4	5	6	日	月末陽曆
3	正							(54)	2	3	4	5	6	7	8	9	10	11	12	13	14	15	16	17	18	19	20	21	22	23	24	25	26	27	28	29	30	3.14
4	二		㉔	2	3	4	5	6	7	8	9	10	11	12	13	14	15	16	17	18	19	20	21	22	23	24	25	26	27	28	29							4.12
5	三			(53)	2	3	4	5	6	7	8	9	10	11	12	13	14	15	16	17	18	19	20	21	22	23	24	25	26	27	28	29	30					5.12
6	四					㉓	2	3	4	5	6	7	8	9	10	11	12	13	14	15	16	17	18	19	20	21	22	23	24	25	26	27	28	29				6.10
7	五						(52)	2	3	4	5	6	7	8	9	10	11	12	13	14	15	16	17	18	19	20	21	22	23	24	25	26	27	28	29	30		7.10
8	六	㉒	2	3	4	5	6	7	8	9	10	11	12	13	14	15	16	17	18	19	20	21	22	23	24	25	26	27	28	29								8.8
9	七		(51)	2	3	4	5	6	7	8	9	10	11	12	13	14	15	16	17	18	19	20	21	22	23	24	25	26	27	28	29	30						9.7

續表

月干支序數	月＼星期＼序	日	1	2	3	4	5	6	日	1	2	3	4	5	6	日	1	2	3	4	5	6	日	1	2	3	4	5	6	日	1	2	3	4	5	6	日	月末陽曆
10	八				㉑	2	3	4	5	6	7	8	9	10	11	12	13	14	15	16	17	18	19	20	21	22	23	24	25	26	27	28	29					10.6
11	九					㊿	2	3	4	5	6	7	8	9	10	11	12	13	14	15	16	17	18	19	20	21	22	23	24	25	26	27	28	29	30			11.5
12	十							⑳	2	3	4	5	6	7	8	9	10	11	12	13	14	15	16	17	18	19	20	21	22	23	24	25	26	27	28	29		12.4
13	十一	㊾	2	3	4	5	6	7	8	9	10	11	12	13	14	15	16	17	18	19	20	21	22	23	24	25	26	27	28	29	30							1.3
14	十二			⑲	2	3	4	5	6	7	8	9	10	11	12	13	14	15	16	17	18	19	20	21	22	23	24	25	26	27	28	29						2.1

大事記

二月，侯景偽請和，梁拜為大丞相。　三月，侯景陷臺城。梁青、冀、東徐、北青等州皆陷於東魏。　四月，東魏高澄為相國，封齊王。　五月，梁武帝卒（464—549）。侯景立太子綱為帝，是為太宗簡文帝。梁免北人為奴婢者以萬計。西魏詔太和中代人改漢姓者皆復舊。　六月，東魏陷西魏長社。梁湘東王蕭繹為大都督中外諸軍事、假黃鉞、承制嗣繹，與河東王譽相攻。侯景殺梁臨賀王蕭正德。　七月，梁廣州刺史元景仲附侯景，陳霸先起兵攻之，景仲自殺。　八月，東魏高澄為部下所殺。　九月，梁岳陽王蕭詧攻湘東王繹，敗還。　十月，蕭繹與蕭詧互攻。詧尋乞援於西魏，請為附庸。　十二月，梁陳霸先舉兵討侯景。東魏陷梁司州，於是盡有淮南地。是歲，蕭子雲卒（487—549）。

南北朝紀年

干支庚午　公元 550 年

朝代或國名	國家支配者	建都	廟號	謚號	建元	年號年次	輔政者	備注
梁	③蕭綱	建康	太宗	簡文	1	大寶元年		
東魏	①元善見	鄴		靜	4	4 武定 8 年		五月禪於北齊
西魏	①元寶炬	長安		文	1	大統 16 年		
北齊	①高洋	鄴	顯祖	文宣	1	天保元年		五月戊午改武定 8 年爲天保元年。
高昌	④麴玄喜	交河			1	永平 2 年		在吐魯番西
柔然	⑪阿那瓌	懷朔				31 年		
吐谷渾	⑮夸呂可汗	伏俟城				10 年		青海省

月曆表（建寅）

5263—355—1922332

月干支序數	月＼星期＼序	日	1	2	3	4	5	6	日	1	2	3	4	5	6	日	1	2	3	4	5	6	日	1	2	3	4	5	6	日	1	2	3	4	5	6	日	月末陽曆
15	正				㊽	2	3	4	5	6	7	8	9	10	11	12	13	14	15	16	17	18	19	20	21	22	23	24	25	26	27	28	29	30				3.3
16	二						⑱	2	3	4	5	6	7	8	9	10	11	12	13	14	15	16	17	18	19	20	21	22	23	24	25	26	27	28	29			4.1
17	三							㊼	2	3	4	5	6	7	8	9	10	11	12	13	14	15	16	17	18	19	20	21	22	23	24	25	26	27	28	29	30	5.1
18	四		⑰	2	3	4	5	6	7	8	9	10	11	12	13	14	15	16	17	18	19	20	21	22	23	24	25	26	27	28	29							5.30
19	五			㊻	2	3	4	5	6	7	8	9	10	11	12	13	14	15	16	17	18	19	20	21	22	23	24	25	26	27	28	29	30					6.29
20	六					⑯	2	3	4	5	6	7	8	9	10	11	12	13	14	15	16	17	18	19	20	21	22	23	24	25	26	27	28	29	30			7.29
21	七							㊻	2	3	4	5	6	7	8	9	10	11	12	13	14	15	16	17	18	19	20	21	22	23	24	25	26	27	28	29		8.27
22	八	⑮	2	3	4	5	6	7	8	9	10	11	12	13	14	15	16	17	18	19	20	21	22	23	24	25	26	27	28	29	30							9.26
23	九			㊺	2	3	4	5	6	7	8	9	10	11	12	13	14	15	16	17	18	19	20	21	22	23	24	25	26	27	28	29						10.25
24	十				⑭	2	3	4	5	6	7	8	9	10	11	12	13	14	15	16	17	18	19	20	21	22	23	24	25	26	27	28	29	30				11.24
25	十一						㊹	2	3	4	5	6	7	8	9	10	11	12	13	14	15	16	17	18	19	20	21	22	23	24	25	26	27	28	29			12.23
26	十二							⑬	2	3	4	5	6	7	8	9	10	11	12	13	14	15	16	17	18	19	20	21	22	23	24	25	26	27	28	29	30	1.22

大事記

正月，西魏取安陸，盡有梁漢水之東地。梁改元大寶。東魏高洋為丞相、齊郡王。梁邵陵王蕭綸為都督中外諸軍事、假黄鉞、承制。　　二月，梁湘東王蕭繹送質西魏，請為附庸。宕吕羌內訌，渭州民鄭五丑與羌帥傍乞鐵忽起事，西魏擊定之。　　四月，梁湘東王蕭繹攻殺河東王譽，下令討侯景。　　五月，東魏高洋廢孝静帝，自稱皇帝，改國號為齊，改元天保。以東魏帝為中山王，尋殺之，東魏亡。齊復給百官禄。　　六月，西魏封梁岳陽王詧為梁王。梁高州刺史李遷仕起事，高涼太守馮寶妻洗氏襲敗之。　　七月，梁益州沙門孫天英聚衆攻州城，敗死。　　八月，齊重定律令，又立九等户法。　　九月，西魏攻齊。梁湘東王蕭繹攻邵陵王蕭綸，綸敗，請附於齊。齊封為梁王。侯景為相國，封漢王。　　十月，氐帥楊法琛據黎州，附於西魏。侯景自稱宇宙大將軍，都督六合諸軍事。　　十一月，西魏宇文泰退軍，洛陽以東皆入於齊。　　十二月，西魏始行府兵制。　　是歲，齊綦毋懷文造宿鐵刀。齊行天保曆。

南北朝紀年

干支辛未　公元551年

朝代或國名	國家支配者	建都	廟號	謚號	建元	年號年次	輔政者	備注
梁	④蕭棟	建康			1	天正元年		八月至十一月
西魏	①元寶炬	長安		文	1	大統17年		三月亡，欽即位
北齊	①高洋	鄴	顯祖	文宣	1	天保2年		
漢	①侯景				1	太始元年		十一月建元
高昌	⑤麴□	交河			1	和平元年		在吐魯番西
柔然	⑪阿那瓌	懷朔				32年		
吐谷渾	⑮夸吕可汗	伏俟城				11年		青海省

月　曆　表（建寅）

5264—384—1922716

月干支序數	月序＼星期	日	1	2	3	4	5	6	日	1	2	3	4	5	6	日	1	2	3	4	5	6	日	1	2	3	4	5	6	日	1	2	3	4	5	6	日	月末陽曆
27	正		㊸	2	3	4	5	6	7	8	9	10	11	12	13	14	15	16	17	18	19	20	21	22	23	24	25	26	27	28	29							2.20
28	二			⑫	2	3	4	5	6	7	8	9	10	11	12	13	14	15	16	17	18	19	20	21	22	23	24	25	26	27	28	29	30					3.22
29	三					㊷	2	3	4	5	6	7	8	9	10	11	12	13	14	15	16	17	18	19	20	21	22	23	24	25	26	27	28	29				4.20
	閏						⑪	2	3	4	5	6	7	8	9	10	11	12	13	14	15	16	17	18	19	20	21	22	23	24	25	26	27	28	29	30		5.20
30	四	㊶	2	3	4	5	6	7	8	9	10	11	12	13	14	15	16	17	18	19	20	21	22	23	24	25	26	27	28	29								6.18
31	五		⑩	2	3	4	5	6	7	8	9	10	11	12	13	14	15	16	17	18	19	20	21	22	23	24	25	26	27	28	29	30						7.18
32	六				㊵	2	3	4	5	6	7	8	9	10	11	12	13	14	15	16	17	18	19	20	21	22	23	24	25	26	27	28	29					8.16
33	七					⑨	2	3	4	5	6	7	8	9	10	11	12	13	14	15	16	17	18	19	20	21	22	23	24	25	26	27	28	29	30			9.15
34	八							㊴	2	3	4	5	6	7	8	9	10	11	12	13	14	15	16	17	18	19	20	21	22	23	24	25	26	27	28	29		10.14
35	九	⑧	2	3	4	5	6	7	8	9	10	11	12	13	14	15	16	17	18	19	20	21	22	23	24	25	26	27	28	29	30							11.13
36	十			㊳	2	3	4	5	6	7	8	9	10	11	12	13	14	15	16	17	18	19	20	21	22	23	24	25	26	27	28	29	30					12.13
37	十一					⑧	2	3	4	5	6	7	8	9	10	11	12	13	14	15	16	17	18	19	20	21	22	23	24	25	26	27	28	29				1.11
38	十二						㊲	2	3	4	5	6	7	8	9	10	11	12	13	14	15	16	17	18	19	20	21	22	23	24	25	26	27	28	29	30		2.10

齊閏二月乙巳，三月甲戌。魏四月甲戌，閏四月甲辰，九月壬申。

大事記

二月，西魏陷汝南，殺梁邵陵王蕭綸。齊遣使聘於梁湘東王蕭繹，繹遣使報聘。梁擊破氐帥楊法琛。　　三月，西魏文帝卒，太子欽立。齊以梁湘東王繹為梁相國。　　四月，侯景督師西上取郢州。　　六月，梁蕭繹敗侯景於巴陵，所取城戍皆失。突厥土門可汗破鐵勒，請婚於柔然，被拒；又請婚於西魏，西魏以公主妻之。　　八月，侯景廢蕭綱為晉安王，逾月殺之，又殺太子及諸王，立豫章王蕭棟為帝，改元天正。　　九月，盤盤獻於梁湘東王繹。齊詔免諸伎作、屯、牧、雜色役吏之徒為白户。　　十一月，侯景稱帝，國號漢，建元太始，廢棟為淮陰王，幽之。　　是年，齊始建天龍山石窟。

南北朝紀年

干支壬申　公元552年

朝代或國名	國家支配者	建都	廟號	謚號	建元	年號年次	輔政者	備注
西魏	②元欽	長安		廢		元年		
北齊	①高洋	鄴	顯祖	文宣	1	天保3年		臨漳
漢	①侯景				1	太始2年		四月亡
梁	⑤蕭紀	成都			1	天正元年		四月改元
	⑥蕭繹	江陵	世祖	元	3	承聖元年		十一月丙子改
高昌	⑤麴□	交河			1	和平2年		在吐魯番西
柔然	⑪阿那瓌	懷朔				33年		自殺
	⑫鐵伐可汗					元年		
吐谷渾	⑮夸呂可汗	伏俟城				12年		青海省
突厥	①土門					元年		新疆北部

月　曆　表（建寅）

5265—354—1923070

月干支序數	星期／月序	日	1	2	3	4	5	6	日	1	2	3	4	5	6	日	1	2	3	4	5	6	日	1	2	3	4	5	6	日	1	2	3	4	5	6	日	月末陽曆
39	正	⑦	2	3	4	5	6	7	8	9	10	11	12	13	14	15	16	17	18	19	20	21	22	23	24	25	26	27	28	29								3.10
40	二		㊱	2	3	4	5	6	7	8	9	10	11	12	13	14	15	16	17	18	19	20	21	22	23	24	25	26	27	28	29	30						4.9
41	三				⑥	2	3	4	5	6	7	8	9	10	11	12	13	14	15	16	17	18	19	20	21	22	23	24	25	26	27	28	29					5.8
42	四					㉟	2	3	4	5	6	7	8	9	10	11	12	13	14	15	16	17	18	19	20	21	22	23	24	25	26	27	28	29	30			6.7
43	五							⑤	2	3	4	5	6	7	8	9	10	11	12	13	14	15	16	17	18	19	20	21	22	23	24	25	26	27	28	29		7.6
44	六	㉞	2	3	4	5	6	7	8	9	10	11	12	13	14	15	16	17	18	19	20	21	22	23	24	25	26	27	28	29	30							8.5
45	七			④	2	3	4	5	6	7	8	9	10	11	12	13	14	15	16	17	18	19	20	21	22	23	24	25	26	27	28	29						9.3
46	八				㉝	2	3	4	5	6	7	8	9	10	11	12	13	14	15	16	17	18	19	20	21	22	23	24	25	26	27	28	29	30				10.3
47	九						③	2	3	4	5	6	7	8	9	10	11	12	13	14	15	16	17	18	19	20	21	22	23	24	25	26	27	28	29			11.1
48	十							㉜	2	3	4	5	6	7	8	9	10	11	12	13	14	15	16	17	18	19	20	21	22	23	24	25	26	27	28	29	30	12.1
49	十一		②	2	3	4	5	6	7	8	9	10	11	12	13	14	15	16	17	18	19	20	21	22	23	24	25	26	27	28	29							12.30
50	十二			㉛	2	3	4	5	6	7	8	9	10	11	12	13	14	15	16	17	18	19	20	21	22	23	24	25	26	27	28	29	30					1.29

大事記

正月，齊破庫莫奚，俘四千人。突厥土門可汗大破柔然，土門自號伊利，可汗阿那瓌自殺，其子庵羅辰等奔齊，柔然餘衆立鐵弗為主。　二月，梁湘東王蕭繹大發兵討侯景。梁將王僧辯、陳霸先擊破侯景，景奔吳，尋為部下所殺。蕭繹殺蕭棟。四月，梁武陵王蕭紀稱帝於成都，改元天正。　五月，齊遣使聘於梁湘東王繹；蕭繹以平侯景，遣使告於齊及西魏。齊攻梁秦郡，陳霸先大破之，斬萬餘級。五月，西魏陷梁南鄭，虜二萬口而還，於是梁劍北之地皆失。　六月，齊遣使聘於梁。七月，西魏安康人黃衆寶起事，圍東梁州。逾三月復降。　十月，齊於黃櫨嶺起長城，北至社平戍，四百餘里，置三十六戍。十一月，湘東王蕭繹稱帝於江陵，改元承聖。梁湘州長史陸納據長沙，攻衡州。梁武陵王蕭紀自成都督師東下。

南北朝紀年

干支癸酉　公元553年

朝代或國名	國家支配者	建都	廟號	謚號	建元	年號年次	輔政者	備注
梁	⑤蕭紀	成都			1	天正2年		七月亡
	⑥蕭繹	江陵	世祖	元	3	承聖2年		
西魏	②元欽	長安		廢		2年		
北齊	①高洋	鄴	顯祖	文宣	1	天保4年		臨漳
高昌	⑤麴□	交河			1	和平3年		在吐魯番西
柔然	⑫鐵伐可汗					2年		被契丹殺
	⑬登注可汗					元年		被阿富提所殺
	⑭庫提可汗					元年		十一月被廢
	⑮庵羅辰可汗	馬邑川				元年		
	⑯鄧叔子可汗					元年		別部又立
吐谷渾	⑮夸呂可汗	伏俟城				13年		青海省
突厥	①土門					2年		二月卒
	②科羅					元年		二月立、三月卒

月曆表(建寅)

5266—381—1923454

月干支序數	月序＼星期	日	1	2	3	4	5	6	日	1	2	3	4	5	6	日	1	2	3	4	5	6	日	1	2	3	4	5	6	日	1	2	3	4	5	6	日	月末陽曆
51	正					①	2	3	4	5	6	7	8	9	10	11	12	13	14	15	16	17	18	19	20	21	22	23	24	25	26	27	28	29	30			2.28
52	二							㉛	2	3	4	5	6	7	8	9	10	11	12	13	14	15	16	17	18	19	20	21	22	23	24	25	26	27	28	29		3.29
53	三	(60)	2	3	4	5	6	7	8	9	10	11	12	13	14	15	16	17	18	19	20	21	22	23	24	25	26	27	28	29	30							4.28
54	四			㉚	2	3	4	5	6	7	8	9	10	11	12	13	14	15	16	17	18	19	20	21	22	23	24	25	26	27	28	29						5.27
55	五				(59)	2	3	4	5	6	7	8	9	10	11	12	13	14	15	16	17	18	19	20	21	22	23	24	25	26	27	28	29	30				6.26
56	六						㉙	2	3	4	5	6	7	8	9	10	11	12	13	14	15	16	17	18	19	20	21	22	23	24	25	26	27	28	29			7.25
57	七							(58)	2	3	4	5	6	7	8	9	10	11	12	13	14	15	16	17	18	19	20	21	22	23	24	25	26	27	28	29	30	8.24
58	八		㉘	2	3	4	5	6	7	8	9	10	11	12	13	14	15	16	17	18	19	20	21	22	23	24	25	26	27	28	29							9.22
59	九			(57)	2	3	4	5	6	7	8	9	10	11	12	13	14	15	16	17	18	19	20	21	22	23	24	25	26	27	28	29	30					10.22
60	十					㉗	2	3	4	5	6	7	8	9	10	11	12	13	14	15	16	17	18	19	20	21	22	23	24	25	26	27	28	29				11.20
1	十一						(56)	2	3	4	5	6	7	8	9	10	11	12	13	14	15	16	17	18	19	20	21	22	23	24	25	26	27	28	29	30		12.20
	閏	㉖	2	3	4	5	6	7	8	9	10	11	12	13	14	15	16	17	18	19	20	21	22	23	24	25	26	27	28	29								1.18
2	十二		(55)	2	3	4	5	6	7	8	9	10	11	12	13	14	15	16	17	18	19	20	21	22	23	24	25	26	27	28	29	30						2.17

通鑒閏十月,劉氏閏十二月,齊閏十一月,魏十二月己丑,閏十二月戊午。

大事記

正月,山胡圍齊離石,旋退。齊鑄常平五銖錢。　二月,突厥伊利可汗卒,弟木杆可汗俟斤立。陸納推營州刺史李洪雅為主,號大將軍。柔然內訌,三易可汗。　三月,突厥乙息記可汗獻馬於西魏。吐谷渾可汗夸呂通使於齊。梁武陵王蕭紀攻江陵,西魏攻成都以救江陵。　六月,陸納降,湘州平。　七月,梁武陵王蕭紀兵敗被殺。　八月,西魏陷成都,益州入於魏。　十月,齊大破契丹,虜十餘萬口,雜畜百萬。閏十月,梁大破齊於東關。　十一月,柔然為突厥所逼,舉國奔齊;齊以庵羅辰為可汗,處之馬邑川。齊敗突厥。請降。　十二月,齊宿預民東方白額起事,附於梁,江淮諸郡多響應。

南北朝紀年　　干支甲戌　公元 554 年

朝代或國名	國家支配者	建　都	廟　號	謚　號	建元	年號年次	輔政者	備　　注
梁	⑥蕭繹	江陵	世祖	元	1	承聖 3 年		爲西魏所殺
西魏	③拓跋廓	長安		恭		元年		
北齊	①高洋	鄴	顯祖	文宣	1	天保 5 年		臨漳
高昌	⑤麴□	交河			1	和平 1 年		在吐魯番西
柔然	⑮庵羅辰可汗					2 年		
	⑯鄧叔子可汗					2 年		
吐谷渾	⑮夸呂可汗	伏俟城				14 年		青海省
突厥	③俟斤					元年		北疆

月　曆　表（建寅）　　5267—351—1923808

月干支序數	月序 \ 星期	日	1	2	3	4	5	6	日	1	2	3	4	5	6	日	1	2	3	4	5	6	日	1	2	3	4	5	6	日	1	2	3	4	5	6	日	月末陽曆
3	正				㉕	2	3	4	5	6	7	8	9	10	11	12	13	14	15	16	17	18	19	20	21	22	23	24	25	26	27	28	29					3.18
4	二					(54)	2	3	4	5	6	7	8	9	10	11	12	13	14	15	16	17	18	19	20	21	22	23	24	25	26	27	28	29	30			4.17
5	三							㉔	2	3	4	5	6	7	8	9	10	11	12	13	14	15	16	17	18	19	20	21	22	23	24	25	26	27	28	29		5.16
6	四	(53)	2	3	4	5	6	7	8	9	10	11	12	13	14	15	16	17	18	19	20	21	22	23	24	25	26	27	28	29	30							6.15
7	五			㉓	2	3	4	5	6	7	8	9	10	11	12	13	14	15	16	17	18	19	20	21	22	23	24	25	26	27	28	29	30					7.15
8	六					(53)	2	3	4	5	6	7	8	9	10	11	12	13	14	15	16	17	18	19	20	21	22	23	24	25	26	27	28	29				8.13
9	七						㉒	2	3	4	5	6	7	8	9	10	11	12	13	14	15	16	17	18	19	20	21	22	23	24	25	26	27	28	29	30		9.12
10	八	(52)	2	3	4	5	6	7	8	9	10	11	12	13	14	15	16	17	18	19	20	21	22	23	24	25	26	27	28	29								10.11
11	九		㉑	2	3	4	5	6	7	8	9	10	11	12	13	14	15	16	17	18	19	20	21	22	23	24	25	26	27	28	29	30						11.10
12	十				(51)	2	3	4	5	6	7	8	9	10	11	12	13	14	15	16	17	18	19	20	21	22	23	24	25	26	27	28	29					12.9
13	十一					⑳	2	3	4	5	6	7	8	9	10	11	12	13	14	15	16	17	18	19	20	21	22	23	24	25	26	27	28	29	30			1.8
14	十二							㊿	2	3	4	5	6	7	8	9	10	11	12	13	14	15	16	17	18	19	20	21	22	23	24	25	26	27	28	29		2.6

大事記

正月，齊破石樓山胡，男子十三以上皆斬，女子及幼者皆賞軍。梁陳霸先等圍齊廣陵、涇州。西魏作九命之典以叙官，改流外品為九秩。西魏宇文泰廢其主欽，立齊王廓，去年號，稱元年。　三月，西魏及齊皆遣使聘於梁。柔然可汗庵羅辰反齊，齊大破之，虜三萬餘口。梁遣使聘於西魏。魏收《魏書》成。　四月，梁以陳霸先為司空。　五月，西魏直州樂熾、洋州黄國起事，敗降，巴濮民夷皆降。蠻帥向五子王陷白帝城，尋敗。柔然乙旃達官擾西魏，敗走。　六月，齊發兵援涇州，梁解圍走。柔然擾齊，敗，失名王數十。鄧至羌附於西魏。　九月，西魏開通車路五百餘里，以通漢中。　十月，西魏大發兵攻梁。十一月，入江陵，梁元帝降，旋被殺。　十二月，徙蕭詧於江陵。王僧辯、陳霸先立晉安王蕭方智為太宰、承制，還建康。

南北朝紀年　　干支乙亥　公元 555 年

朝代或國名	國家支配者	建　都	廟　號	謚　號	建元	年號年次	輔政者	備　　注
梁	⑦蕭淵明	建康	中宗	宣	1	天成元年		五月改元尋被廢
	⑧蕭方智	建康		敬	2	1 紹泰元年		十月己酉改元
西魏	③拓跋廓	長安		恭		2 年		
北齊	①高洋	鄴	顯祖	文宣	1	天保 6 年		臨漳

續表

朝代或國名	國家支配者	建都	廟號	謚號	建元	年號年次	輔政者	備注
後梁	①蕭詧	江陵	中宗	宣	1	大定元年		
高昌	⑥麴寶茂	交河			1	建昌元年		在吐魯番西
柔然	⑮庵羅辰可汗	馬邑川				3年		奔西魏被殺
	⑯鄧叔子可汗					3年		奔西魏被殺
吐谷渾	⑮夸呂可汗	伏俟城				15年		青海省
突厥	③俟斤					2年		北疆

月 曆 表(建寅)

5268—355—1921163

月干支序數	月序＼星期	日	1	2	3	4	5	6	日	1	2	3	4	5	6	日	1	2	3	4	5	6	日	1	2	3	4	5	6	日	1	2	3	4	5	6	日	月末陽曆
15	正	⑲	2	3	4	5	6	7	8	9	10	11	12	13	14	15	16	17	18	19	20	21	22	23	24	25	26	27	28	29	30							3.8
16	二			㊾	2	3	4	5	6	7	8	9	10	11	12	13	14	15	16	17	18	19	20	21	22	23	24	25	26	27	28	29						4.6
17	三				⑱	2	3	4	5	6	7	8	9	10	11	12	13	14	15	16	17	18	19	20	21	22	23	24	25	26	27	28	29	30				5.6
18	四						㊽	2	3	4	5	6	7	8	9	10	11	12	13	14	15	16	17	18	19	20	21	22	23	24	25	26	27	28	29			6.4
19	五							⑰	2	3	4	5	6	7	8	9	10	11	12	13	14	15	16	17	18	19	20	21	22	23	24	25	26	27	28	29	30	7.4
20	六		㊼	2	3	4	5	6	7	8	9	10	11	12	13	14	15	16	17	18	19	20	21	22	23	24	25	26	27	28	29							8.2
21	七			⑯	2	3	4	5	6	7	8	9	10	11	12	13	14	15	16	17	18	19	20	21	22	23	24	25	26	27	28	29	30					9.1
22	八					㊻	2	3	4	5	6	7	8	9	10	11	12	13	14	15	16	17	18	19	20	21	22	23	24	25	26	27	28	29				9.30
23	九						⑮	2	3	4	5	6	7	8	9	10	11	12	13	14	15	16	17	18	19	20	21	22	23	24	25	26	27	28	29	30		10.30
24	十	㊺	2	3	4	5	6	7	8	9	10	11	12	13	14	15	16	17	18	19	20	21	22	23	24	25	26	27	28	29	30							11.29
25	十一			⑮	2	3	4	5	6	7	8	9	10	11	12	13	14	15	16	17	18	19	20	21	22	23	24	25	26	27	28	29						12.28
26	十二				㊹	2	3	4	5	6	7	8	9	10	11	12	13	14	15	16	17	18	19	20	21	22	23	24	25	26	27	28	29	30				1.27

魏九月朔己卯。

大事記

正月,蕭詧稱帝於江陵,建元大定,稱藩於西魏,史稱後梁。齊立梁貞陽侯蕭淵明為帝,遣兵衛送。　二月,梁晉安王蕭方智即梁王位於建康。　三月,西魏免梁俘為奴婢者數千人。　五月,王僧辯迎貞陽侯蕭淵明入建康,即皇帝位,改元天成,以晉安王蕭方智為太子,稱藩於齊。　六月,齊發民一百八十萬人築長城,自幽州夏口至恒州九百餘里。齊悉遣梁民南還。　七月,齊擊柔然,俘二萬餘口。　八月,齊令道士皆剃髮為沙門。　九月,陳霸先襲殺王僧辯,廢貞陽侯淵明,十月立蕭方智為帝,改元紹泰,仍稱藩於齊。霸先為尚書令、都督中外諸軍事。梁震州刺史杜龕、吳郡太守王僧智等據地抗命。梁譙、秦二州刺史徐嗣徽附於齊,襲建康,據石頭城。　十一月,齊遣兵援嗣徽。　十二月,陳霸先大破之,因約和。　是歲,西魏諸王降爵為公。突厥破柔然,又西敗嚈噠,東逐契丹,遂為北方大國。

南北朝紀年

干支丙子　公元556年

朝代或國名	國家支配者	建都	廟號	謚號	建元	年號年次	輔政者	備注
梁	⑧蕭方智	建康		敬	2	2太平元年		九月朔改元
西魏	③拓跋廓	長安		恭		3年		十二月禪于北周
北齊	①高洋	鄴	顯祖	文宣	1	天保7年		臨漳
後梁	①蕭詧	江陵	中宗	宣帝	1	大定2年		
北周	①宇文覺	長安						稱天王元年

續表

朝代或國名	國家支配者	建　都	廟　號	謚　號	建元	年號年次	輔政者	備　注
高昌	⑥麴寶茂	交河			1	建昌2年		在吐魯番西
吐谷渾	⑮夸呂可汗	伏俟城				16年		青海省
突厥	③俟斤					3年		北疆

月　曆　表(建寅)　　5269—381—1921547

月干支序數	月序＼星期	日	1	2	3	4	5	6	日	1	2	3	4	5	6	日	1	2	3	4	5	6	日	1	2	3	4	5	6	日	1	2	3	4	5	6	日	月末陽曆
27	正						⑭	2	3	4	5	6	7	8	9	10	11	12	13	14	15	16	17	18	19	20	21	22	23	24	25	26	27	28	29			2.25
28	二							㊸	2	3	4	5	6	7	8	9	10	11	12	13	14	15	16	17	18	19	20	21	22	23	24	25	26	27	28	29	30	3.26
29	三		⑬	2	3	4	5	6	7	8	9	10	11	12	13	14	15	16	17	18	19	20	21	22	23	24	25	26	27	28	29							4.24
30	四			㊷	2	3	4	5	6	7	8	9	10	11	12	13	14	15	16	17	18	19	20	21	22	23	24	25	26	27	28	29	30					5.24
31	五					⑫	2	3	4	5	6	7	8	9	10	11	12	13	14	15	16	17	18	19	20	21	22	23	24	25	26	27	28	29				6.22
32	六						㊶	2	3	4	5	6	7	8	9	10	11	12	13	14	15	16	17	18	19	20	21	22	23	24	25	26	27	28	29	30		7.22
33	七	⑪	2	3	4	5	6	7	8	9	10	11	12	13	14	15	16	17	18	19	20	21	22	23	24	25	26	27	28	29								8.20
34	八		㊵	2	3	4	5	6	7	8	9	10	11	12	13	14	15	16	17	18	19	20	21	22	23	24	25	26	27	28	29	30						9.19
	閏				⑩	2	3	4	5	6	7	8	9	10	11	12	13	14	15	16	17	18	19	20	21	22	23	24	25	26	27	28	29					10.18
35	九					㊴	2	3	4	5	6	7	8	9	10	11	12	13	14	15	16	17	18	19	20	21	22	23	24	25	26	27	28	29	30			11.17
36	十							⑨	2	3	4	5	6	7	8	9	10	11	12	13	14	15	16	17	18	19	20	21	22	23	24	25	26	27	28	29		12.16
37	十一	㊳	2	3	4	5	6	7	8	9	10	11	12	13	14	15	16	17	18	19	20	21	22	23	24	25	26	27	28	29	30							1.15
38	十二			⑧	2	3	4	5	6	7	8	9	10	11	12	13	14	15	16	17	18	19	20	21	22	23	24	25	26	27	28	29	30					2.14

大事記

正月，西魏仿周禮建六官，宇文泰自為大冢宰。杜龕敗死，王僧智等奔齊。　二月，梁東揚州反陳霸先，尋敗。梁江州刺史侯瑱據州抗陳霸先。　三月，梁詔雜用古今錢。齊破魯陽蠻。齊大發兵攻梁，五月至秣陵故治，六月至建康，陳霸先大破之，俘齊帥四十六人。梁湘州刺史附於齊及西魏。齊發丁匠三十餘萬修宮殿。　七月，侯瑱降。　八月，西魏破陵州獠。　九月，梁改元太平，陳霸先為丞相錄尚書事。突厥襲破吐谷渾，至青海。　十月，齊發山東寡婦以配軍。西魏太師宇文泰卒(507—556)，子覺嗣，封周公，宇文護總軍國事。　十一月，齊大併省州郡。　十二月，齊自西河總秦戍築長城，東至於海，前後所築凡三千餘里，十里一戍，要害處置州鎮二十五。西魏帝"禪位"於宇文覺。

南北朝紀年　　干支丁丑　公元557年

朝代或國名	國家支配者	建　都	廟　號	謚　號	建元	年號年次	輔政者	備　注
梁	⑧蕭方智	建康		敬帝	2	2太平2年		十月亡
北齊	①高洋	鄴	顯祖	文宣	1	天保8年		臨漳
後梁	①蕭詧	江陵	中宗	宣帝	1	大定3年		
北周	①宇文覺	長安		閔		元年		
	②宇文毓	長安	世宗	明		元年		九月甲子建元
陳	①陳霸先	建康	高祖	武	1	永定元年		十月乙亥建元
高昌	⑥麴寶茂	交河			1	建昌3年		在吐魯番西
吐谷渾	⑮夸呂可汗	伏俟城				17年		青海省
突厥	③俟斤					4年		北疆

月　曆　表(建　寅)　　5270－354－1921901

月干支序數	星期／月序	日	1	2	3	4	5	6	日	1	2	3	4	5	6	日	1	2	3	4	5	6	日	1	2	3	4	5	6	日	1	2	3	4	5	6	日	月末陽曆
39	正					㊳	2	3	4	5	6	7	8	9	10	11	12	13	14	15	16	17	18	19	20	21	22	23	24	25	26	27	28	29					3.15
40	二						⑦	2	3	4	5	6	7	8	9	10	11	12	13	14	15	16	17	18	19	20	21	22	23	24	25	26	27	28	29	30			4.14
41	三	㊲	2	3	4	5	6	7	8	9	10	11	12	13	14	15	16	17	18	19	20	21	22	23	24	25	26	27	28	29									5.13
42	四		⑥	2	3	4	5	6	7	8	9	10	11	12	13	14	15	16	17	18	19	20	21	22	23	24	25	26	27	28	29	30							6.12
43	五				㊱	2	3	4	5	6	7	8	9	10	11	12	13	14	15	16	17	18	19	20	21	22	23	24	25	26	27	28	29						7.11
44	六					⑤	2	3	4	5	6	7	8	9	10	11	12	13	14	15	16	17	18	19	20	21	22	23	24	25	26	27	28	29	30				8.10
45	七							㉟	2	3	4	5	6	7	8	9	10	11	12	13	14	15	16	17	18	19	20	21	22	23	24	25	26	27	28	29			9.8
46	八	④	2	3	4	5	6	7	8	9	10	11	12	13	14	15	16	17	18	19	20	21	22	23	24	25	26	27	28	29	30								10.8
47	九			㉞	2	3	4	5	6	7	8	9	10	11	12	13	14	15	16	17	18	19	20	21	22	23	24	25	26	27	28	29							11.6
48	十				③	2	3	4	5	6	7	8	9	10	11	12	13	14	15	16	17	18	19	20	21	22	23	24	25	26	27	28	29	30					12.6
49	十一						㉝	2	3	4	5	6	7	8	9	10	11	12	13	14	15	16	17	18	19	20	21	22	23	24	25	26	27	28	29				1.4
50	十二							②	2	3	4	5	6	7	8	9	10	11	12	13	14	15	16	17	18	19	20	21	22	23	24	25	26	27	28	29	30		2.3

大事記

正月,西魏周公宇文覺廢恭帝,稱天王,國號周。以西魏恭帝為宋公,尋殺之,西魏亡。周以中山王宇文護為大司馬,詔除市門稅。吐谷渾掠周涼、河等州。　二月,梁廣州刺史蕭勃起兵,四月被殺。　四月,梁鑄四銖錢。齊請和於梁。　五月,梁陳霸先遣將擊王琳,大敗。　九月,梁進陳霸先為相國,總百揆,封陳公。周晉公宇文護廢天王覺為略陽公,尋弒死;立寧都公宇文毓為天王。　十月,陳霸先進爵陳王,尋稱皇帝,改元永定,以梁帝為江陰王,尋殺之,梁亡。　十二月,陳遣使招降閩中土豪。齊於長城內築重城,自庫洛枝東至塢紇戍,凡四百餘里。　是歲,齊境自夏至九月,大蝗。

南北朝紀年　　干支戊寅　公元558年

朝代或國名	國家支配者	建都	廟號	謚號	建元	年號年次	輔政者	備注
北齊	①高洋	鄴	顯祖	文宣	1	天保9年		臨漳
後梁	①蕭詧	江陵	中宗	宣	1	大定4年		
北周	②宇文毓	長安	世宗	明		2年		
陳	①陳霸先	建康	高祖	武	1	永定2年		南京
高昌	⑥麴寶茂	交河			1	建昌4年		在吐魯番西
梁(郢)	蕭莊	郢州			1	天啓元年		武昌,北周的附庸
吐谷渾	⑮夸呂可汗	伏俟城				18年		青海省
突厥	③俟斤					5年		北疆

月　曆　表(建　寅)　　5271－354－1925255

月干支序數	星期／月序	日	1	2	3	4	5	6	日	1	2	3	4	5	6	日	1	2	3	4	5	6	日	1	2	3	4	5	6	日	1	2	3	4	5	6	日	月末陽曆
51	正		㉜	2	3	4	5	6	7	8	9	10	11	12	13	14	15	16	17	18	19	20	21	22	23	24	25	26	27	28	29								3.4
52	二			①	2	3	4	5	6	7	8	9	10	11	12	13	14	15	16	17	18	19	20	21	22	23	24	25	26	27	28	29	30						4.3
53	三					㉛	2	3	4	5	6	7	8	9	10	11	12	13	14	15	16	17	18	19	20	21	22	23	24	25	26	27	28	29					5.2
54	四						㊿	2	3	4	5	6	7	8	9	10	11	12	13	14	15	16	17	18	19	20	21	22	23	24	25	26	27	28	29	30			6.1
55	五	㉚	2	3	4	5	6	7	8	9	10	11	12	13	14	15	16	17	18	19	20	21	22	23	24	25	26	27	28	29	30								7.1

續表

月干支序數	月序\星期	日	1	2	3	4	5	6	日	1	2	3	4	5	6	日	1	2	3	4	5	6	日	1	2	3	4	5	6	日	1	2	3	4	5	6	日	月末陽曆
56	六			(60)	2	3	4	5	6	7	8	9	10	11	12	13	14	15	16	17	18	19	20	21	22	23	24	25	26	27	28	29						7.30
57	七				㉙	2	3	4	5	6	7	8	9	10	11	12	13	14	15	16	17	18	19	20	21	22	23	24	25	26	27	28	29	30				8.29
58	八						(59)	2	3	4	5	6	7	8	9	10	11	12	13	14	15	16	17	18	19	20	21	22	23	24	25	26	27	28	29			9.28
59	九							㉘	2	3	4	5	6	7	8	9	10	11	12	13	14	15	16	17	18	19	20	21	22	23	24	25	26	27	28	29	30	10.27
60	十		(58)	2	3	4	5	6	7	8	9	10	11	12	13	14	15	16	17	18	19	20	21	22	23	24	25	26	27	28	29							11.25
1	十一			㉗	2	3	4	5	6	7	8	9	10	11	12	13	14	15	16	17	18	19	20	21	22	23	24	25	26	27	28	29	30					12.25
2	十二					(57)	2	3	4	5	6	7	8	9	10	11	12	13	14	15	16	17	18	19	20	21	22	23	24	25	26	27	28	29				1.23

大事記

正月,王琳攻陳,乞援於齊。　二月,宇文護自為太師。王琳奉蕭莊為梁帝,即位於郢州。　三月,北齊豫州刺史司馬消難奔周。齊送梁永嘉王莊還為帝,改元天啟;以王琳為侍中、大將軍、中書監。　五月,陳武帝捨身於大莊嚴寺。　六月,齊置大都督府,與尚書省分理眾務,開府置佐。　八月,陳詔罷擊王琳之軍。　九月,齊河北六州、河南十二州、畿內八郡大蝗。　是歲,陳高涼太守馮寶死,妻冼氏掌諸事。後梁略取長沙、武陵等郡。

南北朝紀年　　干支己卯　公元559年

朝代或國名	國家支配者	建都	廟號	謚號	建元	年號年次	輔政者	備注
北齊	①高洋	鄴	顯祖	文宣	1	天保10年		十月高殷即位
後梁	①蕭詧	江陵	中宗	宣	1	大定5年		
北周	②宇文毓	長安	世宗	明	1	武成元年		八月建元
陳	①陳霸先	建康	高祖	武	1	永定3年		六月陳蒨即位
高昌	⑥麴寶茂	交河			1	建昌5年		在吐魯番西
梁(後趙)	①蕭莊	郢州			1	天啓2年		武昌、北周的附庸
吐谷渾	⑮夸呂可汗	伏俟城				19年		青海
突厥	③俟斤					6年		北疆

月曆表(建寅)　5272－384－1925639

月干支序數	月序\星期	日	1	2	3	4	5	6	日	1	2	3	4	5	6	日	1	2	3	4	5	6	日	1	2	3	4	5	6	日	1	2	3	4	5	6	日	月末陽曆
3	正						㉖	2	3	4	5	6	7	8	9	10	11	12	13	14	15	16	17	18	19	20	21	22	23	24	25	26	27	28	29	30		2.22
4	二	(56)	2	3	4	5	6	7	8	9	10	11	12	13	14	15	16	17	18	19	20	21	22	23	24	25	26	27	28	29								3.23
5	三		㉕	2	3	4	5	6	7	8	9	10	11	12	13	14	15	16	17	18	19	20	21	22	23	24	25	26	27	28	29	30						4.22
6	四				(55)	2	3	4	5	6	7	8	9	10	11	12	13	14	15	16	17	18	19	20	21	22	23	24	25	26	27	28	29					5.21
	閏					㉔	2	3	4	5	6	7	8	9	10	11	12	13	14	15	16	17	18	19	20	21	22	23	24	25	26	27	28	29	30			6.20
7	五							(54)	2	3	4	5	6	7	8	9	10	11	12	13	14	15	16	17	18	19	20	21	22	23	24	25	26	27	28	29		7.19
8	六	㉓	2	3	4	5	6	7	8	9	10	11	12	13	14	15	16	17	18	19	20	21	22	23	24	25	26	27	28	29	30							8.18
9	七			(53)	2	3	4	5	6	7	8	9	10	11	12	13	14	15	16	17	18	19	20	21	22	23	24	25	26	27	28	29						9.16
10	八				㉒	2	3	4	5	6	7	8	9	10	11	12	13	14	15	16	17	18	19	20	21	22	23	24	25	26	27	28	29	30				10.16
11	九						(52)	2	3	4	5	6	7	8	9	10	11	12	13	14	15	16	17	18	19	20	21	22	23	24	25	26	27	28	29	30		11.15

續表

月干支序數	月序 \ 星期	日	1	2	3	4	5	6	日	1	2	3	4	5	6	日	1	2	3	4	5	6	日	1	2	3	4	5	6	日	1	2	3	4	5	6	日	月末陽曆
12	十	㉒	2	3	4	5	6	7	8	9	10	11	12	13	14	15	16	17	18	19	20	21	22	23	24	25	26	27	28	29									12.14
13	十一		(51)	2	3	4	5	6	7	8	9	10	11	12	13	14	15	16	17	18	19	20	21	22	23	24	25	26	27	28	29	30							1.13
14	十二				㉑	2	3	4	5	6	7	8	9	10	11	12	13	14	15	16	17	18	19	20	21	22	23	24	25	26	27	28	29						2.11

劉汪氏閏五月，據《紀》及《南北史》閏四月。周五月丁亥，閏五月丁巳，八月丙戌。

大事記

正月，周初改都督諸軍為總管。　二月，齊取周文侯鎮、立戍。　三月，吐谷渾擾周邊，周大破之，拔二城，立為洮州。　五月，齊王殺魏宗室二十五家。　六月，陳武帝卒，侄臨川王蒨立，為文帝。　八月，周天王始稱皇帝，建元武成。齊主盡殺諸元氏，前後死者凡 721 人。　十月，齊文宣帝高洋卒，太子殷立，為廢帝。　十一月，王琳攻陳大雷戍。

南北朝紀年

干支庚辰　公元 560 年

朝代或國名	國家支配者	建都	廟號	謚號	建元	年號年次	輔政者	備注
北齊	②高殷	鄴		廢	1	乾明元年		（臨漳）
	③高演	鄴	肅宗	昭	1	皇建元年		八月壬午改元
後梁	①蕭詧	江陵	中宗	宣	1	大定 6 年		
北周	①宇文毓	長安	世宗	明	1	武成 2 年		四月宇文邕即位
陳	②陳蒨	建康	世祖	文	2	1 天嘉元年		
高昌	⑥麴寶茂	交河			1	建昌 6 年		在吐魯番西
梁（鶡）	①蕭莊	郢州			1	天啓 3 年		二月亡
吐谷渾	⑮夸呂可汗	伏俟城				20 年		青海省
突厥	③俟斤					7 年		北疆

月　曆　表（建　寅）

5273—355—1925991

月干支序數	月序 \ 星期	日	1	2	3	4	5	6	日	1	2	3	4	5	6	日	1	2	3	4	5	6	日	1	2	3	4	5	6	日	1	2	3	4	5	6	日	月末陽曆
15	正					㊿	2	3	4	5	6	7	8	9	10	11	12	13	14	15	16	17	18	19	20	21	22	23	24	25	26	27	28	29	30				3.12
16	二							⑳	2	3	4	5	6	7	8	9	10	11	12	13	14	15	16	17	18	29	20	21	22	23	24	25	26	27	28	29			4.10
17	三	㊾	2	3	4	5	6	7	8	9	10	11	12	13	14	15	16	17	18	19	20	21	22	23	24	25	26	27	28	29	30								5.10
18	四			⑲	2	3	4	5	6	7	8	9	10	11	12	13	14	15	16	17	18	19	20	21	22	23	24	25	26	27	28	29							6.8
19	五				㊽	2	3	4	5	6	7	8	9	10	11	12	13	14	15	16	17	18	19	20	21	22	23	24	25	26	27	28	29	30					7.8
20	六						⑱	2	3	4	5	6	7	8	9	10	11	12	13	14	15	16	17	18	19	20	21	22	23	24	25	26	27	28	29				8.6
21	七							㊼	2	3	4	5	6	7	8	9	10	11	12	13	14	15	16	17	18	19	20	21	22	23	24	25	26	27	28	29	30		9.5
22	八		⑰	2	3	4	5	6	7	8	9	10	11	12	13	14	15	16	17	18	19	20	21	22	23	24	25	26	27	28	29								10.4
23	九			㊻	2	3	4	5	6	7	8	9	10	11	12	13	14	15	16	17	18	19	20	21	22	23	24	25	26	27	28	29	30						11.3
24	十					⑯	2	3	4	5	6	7	8	9	10	11	12	13	14	15	16	17	18	19	20	21	22	23	24	25	26	27	28	29					12.2
25	十一						㊺	2	3	4	5	6	7	8	9	10	11	12	13	14	15	16	17	18	19	20	21	22	23	24	25	26	27	28	29	30			1.1
26	十二	⑮	2	3	4	5	6	7	8	9	10	11	12	13	14	15	16	17	18	19	20	21	22	23	24	25	26	27	28	29	30								1.31

大事紀

正月，陳改元天嘉。齊改元乾明。　二月，齊助王琳攻陳，至蕪湖，大敗；王琳及梁永嘉王莊皆奔齊。齊常山王高演殺大臣，自為大丞相錄尚書事。　三月，陳通好於周。　四月，周晉公宇文護殺周明帝，立魯公邕，為武帝。　七月，陳令民不問僑舊，悉令著籍。　八月，齊常山王演為帝，改元皇建，以廢帝為濟南王。周略取陳武陵，陳遣將迎擊之，十月，破周師於楊葉洲。　十月，齊侵庫莫奚，大掠而還。　是歲，齊修石鱉等屯田，開督亢陂。

南北朝紀年　　干支辛巳　公元561年

朝代或國名	國家支配者	建　都	廟號	謚號	建元	年號年次	輔政者	備　注
北齊	④高湛	鄴	世祖	武成	2	1大(太)寧元年		十一月癸丑改元
後梁	①蕭詧	江陵	中宗	宣	1	大定7年		
北周	③宇文邕	長安	高祖	武	4	1保定元年		
陳	②陳蒨	建康	世祖	文	2	1天嘉2年		
高昌	⑦麴乾固	交河			1	延昌元年		在吐魯番西
吐谷渾	⑮夸呂可汗	伏俟城				21年		青海省
突厥	③俟斤					8年		北疆

月曆表(建寅)　　5274—354—1926348

月干支序數	星期／月序	日	1	2	3	4	5	6	日	1	2	3	4	5	6	日	1	2	3	4	5	6	日	1	2	3	4	5	6	日	1	2	3	4	5	6	日	月末陽曆
27	正			㊺	2	3	4	5	6	7	8	9	10	11	12	13	14	15	16	17	18	19	20	21	22	23	24	25	26	27	28	29						3.1
28	二				⑭	2	3	4	5	6	7	8	9	10	11	12	13	14	15	16	17	18	19	20	21	22	23	24	25	26	27	28	29	30				3.31
29	三						㊹	2	3	4	5	6	7	8	9	10	11	12	13	14	15	16	17	18	19	20	21	22	23	24	25	26	27	28	29			4.29
30	四							⑬	2	3	4	5	6	7	8	9	10	11	12	13	14	15	16	17	18	19	20	21	22	23	24	25	26	27	28	29	30	5.29
31	五		㊸	2	3	4	5	6	7	8	9	10	11	12	13	14	15	16	17	18	19	20	21	22	23	24	25	26	27	28	29							6.27
32	六			⑫	2	3	4	5	6	7	8	9	10	11	12	13	14	15	16	17	18	19	20	21	22	23	24	25	26	27	28	29	30					7.27
33	七					㊷	2	3	4	5	6	7	8	9	10	11	12	13	14	15	16	17	18	19	20	21	22	23	24	25	26	27	28	29				8.25
34	八						⑪	2	3	4	5	6	7	8	9	10	11	12	13	14	15	16	17	18	19	20	21	22	23	24	25	26	27	28	29	30		9.24
35	九	㊶	2	3	4	5	6	7	8	9	10	11	12	13	14	15	16	17	18	19	20	21	22	23	24	25	26	27	28	29								10.23
36	十		⑩	2	3	4	5	6	7	8	9	10	11	12	13	14	15	16	17	18	19	20	21	22	23	24	25	26	27	28	29	30						11.22
37	十一				㊵	2	3	4	5	6	7	8	9	10	11	12	13	14	15	16	17	18	19	20	21	22	23	24	25	26	27	28	29					12.21
38	十二					⑨	2	3	4	5	6	7	8	9	10	11	12	13	14	15	16	17	18	19	20	21	22	23	24	25	26	27	28	29	30			1.20

齊閏十二月朔壬寅。

大事記

正月，周改元保定。三月，周改八丁為十二丁兵制，率歲一月役。　六月，周遣使聘於陳。　七月，周鑄布泉，一當五，與五銖并行。　十月，霍州西山蠻附於陳。　十一月，齊孝昭帝卒，弟長廣王高湛立。改元太寧。周、陳互遣使通聘。高句麗獻於陳。　十二月，陳榷鹽酒。作鹽賦、榷酤法。陳縉州刺史留異起兵應王琳，遣兵擊之。

南北朝紀年　　干支壬午　公元562年

朝代或國名	國家支配者	建　都	廟號	謚號	建元	年號年次	輔政者	備　注
北齊	④高湛	鄴	世祖	武成	2	2河清元年		四月乙巳改元
後梁	②蕭巋	江陵	世宗孝	明	1	天保元年		二月改元

續表

朝代或國名	國家支配者	建　都	廟號	謚號	建元	年號年次	輔政者	備　注
北周	③宇文邕	長安	高祖	武	4	1保定2年		
陳	②陳蒨	建康	世祖	文	2	1天嘉3年		
高昌	⑦麴乾固	交河			1	延昌2年		在吐魯番西
吐谷渾	⑮夸呂可汗	伏俟城				22年		青海省
突厥	③俟斤					9年		北疆
西突厥	①室點密	（庫車）				元年		冬都

月　曆　表（建寅）

5275—381—1926732

月干支序數	月序＼星期	日	1	2	3	4	5	6	日	1	2	3	4	5	6	日	1	2	3	4	5	6	日	1	2	3	4	5	6	日	1	2	3	4	5	6	日	月末陽曆
39	正							㊴	2	3	4	5	6	7	8	9	10	11	12	13	14	15	16	17	18	19	20	21	22	23	24	25	26	27	28	29		2.18
40	二	⑧	2	3	4	5	6	7	8	9	10	11	12	13	14	15	16	17	18	19	20	21	22	23	24	25	26	27	28	29	30							3.20
	閏			㊳	2	3	4	5	6	7	8	9	10	11	12	13	14	15	16	17	18	19	20	21	22	23	24	25	26	27	28	29						4.18
41	三				⑦	2	3	4	5	6	7	8	9	10	11	12	13	14	15	16	17	18	19	20	21	22	23	24	25	26	27	28	29	30				5.18
42	四						㊲	2	3	4	5	6	7	8	9	10	11	12	13	14	15	16	17	18	19	20	21	22	23	24	25	26	27	28	29	30		6.17
43	五	⑦	2	3	4	5	6	7	8	9	10	11	12	13	14	15	16	17	18	19	20	21	22	23	24	25	26	27	28	29								7.16
44	六		㊱	2	3	4	5	6	7	8	9	10	11	12	13	14	15	16	17	18	19	20	21	22	23	24	25	26	27	28	29	30						8.15
45	七				⑥	2	3	4	5	6	7	8	9	10	11	12	13	14	15	16	17	18	19	20	21	22	23	24	25	26	27	28	29					9.13
46	八					㉟	2	3	4	5	6	7	8	9	10	11	12	13	14	15	16	17	18	19	20	21	22	23	24	25	26	27	28	29	30			10.13
47	九							⑤	2	3	4	5	6	7	8	9	10	11	12	13	14	15	16	17	18	19	20	21	22	23	24	25	26	27	28	29		11.11
48	十	㉞	2	3	4	5	6	7	8	9	10	11	12	13	14	15	16	17	18	19	20	21	22	23	24	25	26	27	28	29	30							12.11
49	十一			①	2	3	4	5	6	7	8	9	10	11	12	13	14	15	16	17	18	19	20	21	22	23	24	25	26	27	28	29						1.9
50	十二				㉝	2	3	4	5	6	7	8	9	10	11	12	13	14	15	16	17	18	19	20	21	22	23	24	25	26	27	28	29	30				2.8

齊正月辛未，二月辛丑。周閏正月辛未，二月辛丑。

大事記

正月，周鑿河渠於蒲州，鑿龍首渠於同州。　二月，陳江州刺史周迪起兵應留異。陳鑄五銖錢，一當鵝眼錢十。閏二月，陳以百濟王余明為撫東大將軍，高句麗王高陽為寧東將軍。齊遣使聘於陳。後梁宣帝卒，太子巋立，改元天保。　三月，留異敗奔晉安。　四月，齊改元河清。周始令受封爵者戶邑聽寄食他縣。　五月，周以楊忠為大司空。齊以斛律光為尚書令。　八月，陳遣使聘於齊。　十一月，齊遣使聘於陳。

南北朝紀年

干支癸未　公元563年

朝代或國名	國家支配者	建　都	廟號	謚號	建元	年號年次	輔政者	備　注
北齊	④高湛	鄴	世祖	武成	2	2河清2年		臨漳
後梁	②蕭巋	江陵	世宗孝	明	1	天保2年		
北周	③宇文邕	長安	高祖	武	4	1保定3年		
陳	②陳蒨	建康	世祖	文	2	1天嘉4年		
高昌	⑦麴乾固	交河			1	延昌3年		在吐魯番西
吐谷渾	⑮夸呂可汗	伏俟城				23年		青海省

續表

朝代或國名	國家支配者	建　都	廟號	謚號	建元	年號年次	輔政者	備　注
突厥	③俟斤					10年		北疆
西突厥	①室點密	(庫車)				2年		

月　曆　表(建寅)　　5276—354—1927086

月干支序數	星期／月序	日	1	2	3	4	5	6	日	1	2	3	4	5	6	日	1	2	3	4	5	6	日	1	2	3	4	5	6	日	1	2	3	4	5	6	日	月末陽曆
51	正						③	2	3	4	5	6	7	8	9	10	11	12	13	14	15	16	17	18	19	20	21	22	23	24	25	26	27	28	29			3.9
52	二							㉜	2	3	4	5	6	7	8	9	10	11	12	13	14	15	16	17	18	19	20	21	22	23	24	25	26	27	28	29	30	4.8
53	三		②	2	3	4	5	6	7	8	9	10	11	12	13	14	15	16	17	18	19	20	21	22	23	24	25	26	27	28	29							5.7
54	四			㉛	2	3	4	5	6	7	8	9	10	11	12	13	14	15	16	17	18	19	20	21	22	23	24	25	26	27	28	29	30					6.6
55	五					①	2	3	4	5	6	7	8	9	10	11	12	13	14	15	16	17	18	19	20	21	22	23	24	25	26	27	28	29				7.5
56	六						㉚	2	3	4	5	6	7	8	9	10	11	12	13	14	15	16	17	18	19	20	21	22	23	24	25	26	27	28	29	30		8.4
57	七	(60)	2	3	4	5	6	7	8	9	10	11	12	13	14	15	16	17	18	19	20	21	22	23	24	25	26	27	28	29								9.2
58	八		㉙	2	3	4	5	6	7	8	9	10	11	12	13	14	15	16	17	18	19	20	21	22	23	24	25	26	27	28	29	30						10.2
59	九				(59)	2	3	4	5	6	7	8	9	10	11	12	13	14	15	16	17	18	19	20	21	22	23	24	25	26	27	28	29	30				11.1
60	十						㉙	2	3	4	5	6	7	8	9	10	11	12	13	14	15	16	17	18	19	20	21	22	23	24	25	26	27	28	29			11.30
1	十一							(58)	2	3	4	5	6	7	8	9	10	11	12	13	14	15	16	17	18	19	20	21	22	23	24	25	26	27	28	29	30	12.30
2	十二		㉘	2	3	4	5	6	7	8	9	10	11	12	13	14	15	16	17	18	19	20	21	22	23	24	25	26	27	28	29							1.28

周八月朔癸巳。

大事記

正月，干陀利國獻於陳。周迪敗奔晉安。　二月，周造《大律》十五篇。　三月，齊築長城二百里，置十二戍。　四月，周於太學行養老禮。六月，齊遣使聘於陳。　九月，周楊忠與突厥軍十萬自恒州并侵齊，自此突厥日益擾邊。周迪復出攻擾，又敗遁。　十二月，陳以晉安陳寶應抗命，遣兵擊之。周拔齊二十餘城。

是年，沙門真諦譯《大乘論》及《唯識論》於廣州。

南北朝紀年　　干支甲申　公元561年

朝代或國名	國家支配者	建　都	廟號	謚號	建元	年號年次	輔政者	備　注
北齊	④高湛	鄴	世祖	武成	2	2河清3年		臨漳
後梁	②蕭巋	江陵	世宗孝	明	1	天保3年		
北周	③宇文邕	長安	高祖	武	4	1保定4年		
陳	②陳蒨	建康	世祖	文	2	1天嘉5年		
高昌	⑦麴乾固	交河			1	延昌4年		在吐魯番西
吐谷渾	⑮夸呂可汗	伏俟城				24年		青海省
突厥	③俟斤					11年		北疆
西突厥	①室點密	(庫車)				3年		

月 曆 表(建寅)　　5277－384－1927470

月干支序數	月序 \ 星期	日	1	2	3	4	5	6	日	1	2	3	4	5	6	日	1	2	3	4	5	6	日	1	2	3	4	5	6	日	1	2	3	4	5	6	日	月末陽曆
3	正			(57)	2	3	4	5	6	7	8	9	10	11	12	13	14	15	16	17	18	19	20	21	22	23	24	25	26	27	28	29	30					2.27
4	二					(27)	2	3	4	5	6	7	8	9	10	11	12	13	14	15	16	17	18	19	20	21	22	23	24	25	26	27	28	29				3.27
5	三						(56)	2	3	4	5	6	7	8	9	10	11	12	13	14	15	16	17	18	19	20	21	22	23	24	25	26	27	28	29	30		4.26
6	四	(26)	2	3	4	5	6	7	8	9	10	11	12	13	14	15	16	17	18	19	20	21	22	23	24	25	26	27	28	29								5.25
7	五		(55)	2	3	4	5	6	7	8	9	10	11	12	13	14	15	16	17	18	19	20	21	22	23	24	25	26	27	28	29	30						6.24
8	六				(25)	2	3	4	5	6	7	8	9	10	11	12	13	14	15	16	17	18	19	20	21	22	23	24	25	26	27	28	29					7.23
9	七					(54)	2	3	4	5	6	7	8	9	10	11	12	13	14	15	16	17	18	19	20	21	22	23	24	25	26	27	28	29	30			8.22
10	八							(24)	2	3	4	5	6	7	8	9	10	11	12	13	14	15	16	17	18	19	20	21	22	23	24	25	26	27	28	29		9.20
11	九	(53)	2	3	4	5	6	7	8	9	10	11	12	13	14	15	16	17	18	19	20	21	22	23	24	25	26	27	28	29	30							10.20
12	十			(23)	2	3	4	5	6	7	8	9	10	11	12	13	14	15	16	17	18	19	20	21	22	23	24	25	26	27	28	29						11.18
	閏				(52)	2	3	4	5	6	7	8	9	10	11	12	13	14	15	16	17	18	19	20	21	22	23	24	25	26	27	28	29	30				12.18
13	十一						(22)	2	3	4	5	6	7	8	9	10	11	12	13	14	15	16	17	18	19	20	21	22	23	24	25	26	27	28	29	30		1.17
14	十二	(52)	2	3	4	5	6	7	8	9	10	11	12	13	14	15	16	17	18	19	20	21	22	23	24	25	26	27	28	29								2.15

周閏九月朔丙戌,十月朔乙卯。

大事記

正月,周與突厥聯軍被齊人敗於晉陽,突厥大掠而北。　三月,齊頒新修律令,更定民受田輸租及徵調之制,謂"河清均田",并令男子十八以上,六十五以下為丁。　四月,齊、周各遣使聘於陳。　八月,周與突厥攻齊,無功。九月,突厥入齊幽州,大掠而還。聯軍東進至洛陽。周封李昞為唐公。　十月,周、突厥大舉攻齊。周迪復出攻擾,陷東興,殺刺史。陳擊虜陳寶應、留異,殺之。齊遣使聘於陳。　十二月,齊敗周、突厥軍,洛陽解圍。

是歲,齊山東大水,民多饑死。周滅宕昌,置宕州。

南北朝紀年　　干支乙酉　公元 565 年

朝代或國名	國家支配者	建都	廟號	謚號	建元	年號年次	輔政者	備注
北齊	⑤高緯	鄴		後主	3	1 天統元年		四月丙子改元
後梁	②蕭巋	江陵	世宗孝	明	1	天保 4 年		
北周	③宇文邕	長安	高祖	武	4	1 保定 5 年		
陳	②陳蒨	建康	世祖	文	2	1 天嘉 6 年		
高昌	⑦麴乾固	交河			1	延昌 5 年		在吐魯番西
吐谷渾	⑮夸呂可汗	伏俟城				25 年		青海省
突厥	③俟斤					12 年		北疆
西突厥	①室點密					4 年		

月 曆 表(建寅)　　5278－354－1927824

月干支序數	月序 \ 星期	日	1	2	3	4	5	6	日	1	2	3	4	5	6	日	1	2	3	4	5	6	日	1	2	3	4	5	6	日	1	2	3	4	5	6	日	月末陽曆
15	正		(21)	2	3	4	5	6	7	8	9	10	11	12	13	14	15	16	17	18	19	20	21	22	23	24	25	26	27	28	29	30						3.17
16	二				(51)	2	3	4	5	6	7	8	9	10	11	12	13	14	15	16	17	18	19	20	21	22	23	24	25	26	27	28	29					4.15
17	三					(20)	2	3	4	5	6	7	8	9	10	11	12	13	14	15	16	17	18	19	20	21	22	23	24	25	26	27	28	29	30			5.15
18	四							(50)	2	3	4	5	6	7	8	9	10	11	12	13	14	15	16	17	18	19	20	21	22	23	24	25	26	27	28	29		6.13

續表

月干支序數	星期／月序	日	1	2	3	4	5	6	日	1	2	3	4	5	6	日	1	2	3	4	5	6	日	1	2	3	4	5	6	日	1	2	3	4	5	6	日	月末陽曆
19	五	⑲	2	3	4	5	6	7	8	9	10	11	12	13	14	15	16	17	18	19	20	21	22	23	24	25	26	27	28	29	30							7.13
20	六			㊾	2	3	4	5	6	7	8	9	10	11	12	13	14	15	16	17	18	19	20	21	22	23	24	25	26	27	28	29						8.11
21	七				⑱	2	3	4	5	6	7	8	9	10	11	12	13	14	15	16	17	18	19	20	21	22	23	24	25	26	27	28	29	30				9.10
22	八						㊽	2	3	4	5	6	7	8	9	10	11	12	13	14	15	16	17	18	19	20	21	22	23	24	25	26	27	28	29			10.9
23	九							⑰	2	3	4	5	6	7	8	9	10	11	12	13	14	15	16	17	18	19	20	21	22	23	24	25	26	27	28	29	30	11.8
24	十		㊼	2	3	4	5	6	7	8	9	10	11	12	13	14	15	16	17	18	19	20	21	22	23	24	25	26	27	28	29							12.7
25	十一			⑯	2	3	4	5	6	7	8	9	10	11	12	13	14	15	16	17	18	19	20	21	22	23	24	25	26	27	28	29	30					1.6
26	十二					㊻	2	3	4	5	6	7	8	9	10	11	12	13	14	15	16	17	18	19	20	21	22	23	24	25	26	27	28	29				2.4

大事記

二月，齊禁酤酒。周使聘突厥，迎可汗女為后。　三月，齊西兖、梁、滄、趙等州大水。　四月，齊武成帝禪位於太子緯，自為太上皇，改元天統。周遣使聘於陳。　五月，突厥遣使通於齊。　六月，齊遣使聘於後梁。七月，陳擊殺周迪。

南北朝紀年

干支丙戌　公元566年

朝代或國名	國家支配者	建都	廟號	謚號	建元	年號年次	輔政者	備注
北齊	⑤高緯	鄴		後主	3	1天統2年		臨漳
後梁	②蕭巋	江陵		明	1	天保5年		
北周	③宇文邕	長安	高祖	武	4	2天和元年		
陳	②陳蒨	建康	世祖	文	2	2天康元年		二月丙子陳伯宗即位改元
高昌	⑦麴乾固	交河			1	延昌6年		在吐魯番西
吐谷渾	⑮夸呂可汗	伏俟城				26年		青海省
突厥	③俟斤					13年		北疆
西突厥	①室點密					5年		

月　曆　表（建寅）

5279—355—1928179

月干支序數	星期／月序	日	1	2	3	4	5	6	日	1	2	3	4	5	6	日	1	2	3	4	5	6	日	1	2	3	4	5	6	日	1	2	3	4	5	6	日	月末陽曆
27	正						⑮	2	3	4	5	6	7	8	9	10	11	12	13	14	15	16	17	18	29	20	21	22	23	24	25	26	27	28	29	30		3.6
28	二	㊺	2	3	4	5	6	7	8	9	10	11	12	13	14	15	16	17	18	19	20	21	22	23	24	25	26	27	28	29								4.4
29	三		⑭	2	3	4	5	6	7	8	9	10	11	12	13	14	15	16	17	18	19	20	21	22	23	24	25	26	27	28	29	30						5.4
30	四				㊹	2	3	4	5	6	7	8	9	10	11	12	13	14	15	16	17	18	19	20	21	22	23	24	25	26	27	28	29	30				6.3
31	五						⑭	2	3	4	5	6	7	8	9	10	11	12	13	14	15	16	17	18	19	20	21	22	23	24	25	26	27	28	29			7.2
32	六							㊸	2	3	4	5	6	7	8	9	10	11	12	13	14	15	16	17	18	19	20	21	22	23	24	25	26	27	28	29	30	8.1
33	七		⑬	2	3	4	5	6	7	8	9	10	11	12	13	14	15	16	17	18	19	20	21	22	23	24	25	26	27	28	29							8.30
34	八			㊷	2	3	4	5	6	7	8	9	10	11	12	13	14	15	16	17	18	19	20	21	22	23	24	25	26	27	28	29	30					9.29
35	九					⑫	2	3	4	5	6	7	8	9	10	11	12	13	14	15	16	17	18	19	20	21	22	23	24	25	26	27	28	29				10.28
36	十						㊶	2	3	4	5	6	7	8	9	10	11	12	13	14	15	16	17	18	19	20	21	22	23	24	25	26	27	28	29	30		11.27
37	十一	⑪	2	3	4	5	6	7	8	9	10	11	12	13	14	15	16	17	18	19	20	21	22	23	24	25	26	27	28	29								12.26
38	十二		㊵	2	3	4	5	6	7	8	9	10	11	12	13	14	15	16	17	18	19	20	21	22	23	24	25	26	27	28	29	30						1.25

周天和元年始用《天和曆》，陳仍用《大明曆》。

朔閏異同表

	正	二	三	四	五	六	七	八	九	十	十一	十二	閏
陳（大明曆）	戊寅	戊申	丁丑	丁未	丁丑	丙午	丙子	乙巳	乙亥	甲辰	甲戌	癸未	
周（天和曆）	己卯		戊寅										

大事記

正月，周改元天和。周遣使聘於陳。　二月，陳改元天康。　四月，陳文帝卒，太子伯宗立。　五月，陳以安成王頊為司徒，錄尚書事。吐谷渾別部附於周，以其地為扶州。　六月，齊遣使聘於陳。　八月，周迫降信州蠻冉令賢、向五子王等。周萬榮郡民反，旋敗。　十一月，周遣使吊陳。　十二月，齊始用士人為縣令。

是歲，李淵誕世（566—635）。周甄鸞造《天和曆》。

南北朝紀年

干支丁亥　公元567年

朝代或國名	國家支配者	建都	廟號	謚號	建元	年號年次	輔政者	備注
北齊	⑤高緯	鄴		後主	3	1天統3年		臨漳
後梁	②蕭巋	江陵	世宗孝	明	1	天保6年		
北周	③宇文邕	長安	高祖	武	4	2天和2年		
陳	③陳伯宗	建康		廢	1	光大元年		
高昌	⑦麴乾固	交河			1	延昌7年		在吐魯番西
吐谷渾	⑮夸呂可汗	伏俟城				27年		青海省
突厥	③俟斤					14年		北疆
西突厥	①室點密					6年		

月曆表（建寅）

5280—384—1928563

月干支序數	星期／月序	日	1	2	3	4	5	6	日	1	2	3	4	5	6	日	1	2	3	4	5	6	日	1	2	3	4	5	6	日	1	2	3	4	5	6	日	月末陽曆
39	正				⑩	2	3	4	5	6	7	8	9	10	11	12	13	14	15	16	17	18	19	20	21	22	23	24	25	26	27	28	29					2.23
40	二					㊴	2	3	4	5	6	7	8	9	10	11	12	13	14	15	16	17	18	19	20	21	22	23	24	25	26	27	28	29	30			3.25
41	三							⑨	2	3	4	5	6	7	8	9	10	11	12	13	14	15	16	17	18	19	20	21	22	23	24	25	26	27	28	29		4.23
42	四	㊳	2	3	4	5	6	7	8	9	10	11	12	13	14	15	16	17	18	19	20	21	22	23	24	25	26	27	28	29	30							5.23
43	五			⑧	2	3	4	5	6	7	8	9	10	11	12	13	14	15	16	17	18	19	20	21	22	23	24	25	26	27	28	29						6.21
44	六				㊲	2	3	4	5	6	7	8	9	10	11	12	13	14	15	16	17	18	19	20	21	22	23	24	25	26	27	28	29	30				7.21
	閏						⑦	2	3	4	5	6	7	8	9	10	11	12	13	14	15	16	17	18	19	20	21	22	23	24	25	26	27	28	29			8.19
45	七							㊱	2	3	4	5	6	7	8	9	10	11	12	13	14	15	16	17	18	19	20	21	22	23	24	25	26	27	28	29	30	9.18
46	八		⑥	2	3	4	5	6	7	8	9	10	11	12	13	14	15	16	17	18	19	20	21	22	23	24	25	26	27	28	29	30						10.18
47	九					㊱	2	3	4	5	6	7	8	9	10	11	12	13	14	15	16	17	18	19	20	21	22	23	24	25	26	27	28	29				11.16
48	十					⑤	2	3	4	5	6	7	8	9	10	11	12	13	14	15	16	17	18	19	20	21	22	23	24	25	26	27	28	29	30			12.16
49	十一							㉟	2	3	4	5	6	7	8	9	10	11	12	13	14	15	16	17	18	19	20	21	22	23	24	25	26	27	28	29		1.14
50	十二	④	2	3	4	5	6	7	8	9	10	11	12	13	14	15	16	17	18	19	20	21	22	23	24	25	26	27	28	29	30							2.13

朔閏異同表

	正	二	三	四	五	六	七	八	九	十	十一	十二	閏
陳	癸酉	壬寅	壬申	辛丑	辛未	庚子	己亥	己巳	己亥	戊辰	戊戌	丁卯	六庚午
周		癸卯		壬寅		辛丑	庚午	庚子					八己巳

大事記：

正月，陳改元光大。　四月，齊遣使聘陳。　五月，陳湘州刺史華皎降周，潛結周師。閏六月，斛律金卒。　九月，陳敗周師及華皎，皎奔後梁。　十月，齊山東大饑。周衛元嵩上書請省寺減僧。　十二月，陳以孔英哲為奉聖亭侯，奉孔子祀。

南北朝紀年

干支戊子　公元 568 年

朝代或國名	國家支配者	建　都	廟號	謚號	建元	年號年次	輔政者	備　注
北齊	⑤高緯	鄴		後主	3	1 天統 4 年		臨漳
後梁	②蕭巋	江陵	世宗孝	明	1	天保 7 年		
北周	③宇文邕	長安	高祖	武	4	2 天和 3 年		
陳	③陳伯宗	建康		廢	1	光大 2 年		
高昌	⑦麴乾固	交河			1	延昌 8 年		在吐魯番西
吐谷渾	⑮夸呂可汗	伏俟城				28 年		青海省
突厥	③俟斤					15 年		北疆
西突厥	①室點密					7 年		

月　曆　表（建　寅）

5281—354—1928917

月干支序數	月序＼星期	日	1	2	3	4	5	6	日	1	2	3	4	5	6	日	1	2	3	4	5	6	日	1	2	3	4	5	6	日	1	2	3	4	5	6	日	月末陽曆
51	正			㉞	2	3	4	5	6	7	8	9	10	11	12	13	14	15	16	17	18	19	20	21	22	23	24	25	26	27	28	29						3.13
52	二				③	2	3	4	5	6	7	8	9	10	11	12	13	14	15	16	17	18	19	20	21	22	23	24	25	26	27	28	29	30				4.12
53	三						㉝	2	3	4	5	6	7	8	9	10	11	12	13	14	15	16	17	18	19	20	21	22	23	24	25	26	27	28	29			5.11
54	四							②	2	3	4	5	6	7	8	9	10	11	12	13	14	15	16	17	18	19	20	21	22	23	24	25	26	27	28	29	30	6.10
55	五		㉜	2	3	4	5	6	7	8	9	10	11	12	13	14	15	16	17	18	19	20	21	22	23	24	25	26	27	28	29							7.9
56	六			①	2	3	4	5	6	7	8	9	10	11	12	13	14	15	16	17	18	19	20	21	22	23	24	25	26	27	28	29	30					8.8
57	七					㉛	2	3	4	5	6	7	8	9	10	11	12	13	14	15	16	17	18	19	20	21	22	23	24	25	26	27	28	29				9.6
58	八						(60)	2	3	4	5	6	7	8	9	10	11	12	13	14	15	16	17	18	19	20	21	22	23	24	25	26	27	28	29	30		10.6
59	九	㉚	2	3	4	5	6	7	8	9	10	11	12	13	14	15	16	17	18	19	20	21	22	23	24	25	26	27	28	29								11.4
60	十		(59)	2	3	4	5	6	7	8	9	10	11	12	13	14	15	16	17	18	19	20	21	22	23	24	25	26	27	28	29	30						12.4
1	十一				㉙	2	3	4	5	6	7	8	9	10	11	12	13	14	15	16	17	18	19	20	21	22	23	24	25	26	27	28	29	30				1.3
2	十二						(59)	2	3	4	5	6	7	8	9	10	11	12	13	14	15	16	17	18	19	20	21	22	23	24	25	26	27	28	29			2.1

朔閏異同表

	正	二	三	四	五	六	七	八	九	十	十一	十二	閏
陳	丁酉	丙寅	丙申	乙丑	乙未	甲子	甲午	癸亥	癸巳	壬戌	壬辰	壬戌	
周				丙寅		乙丑		甲子		癸亥			

大事記：

正月，齊遣使聘於陳。三月，陳攻後梁江陵，敗還。　七月，周隋國公楊忠卒，子堅襲爵。新羅獻於陳。　八月，周、齊通使修好。　九月，林邑、狼牙修獻於陳。　十一月，齊遣使聘於陳。陳安成王陳頊廢陳帝為臨海王，殺始興王伯茂。周梁州恆稜僚反，旋定。周遣使聘於齊。齊武成帝卒。

南北朝紀年

干支己丑　公元569年

朝代或國名	國家支配者	建　都	廟號	謚號	建元	年號年次	輔政者	備　注
北齊	⑤高緯	鄴		後主	3	1天統5年		臨漳
後梁	②蕭巋	江陵	世宗孝	明	1	天保8年		
北周	③宇文邕	長安	高祖	武	4	2天和4年		
陳	④陳頊	建康	高宗	宣	1	太建元年		
高昌	⑦麴乾固	交河			1	延昌9年		在吐魯番西
吐谷渾	⑮夸呂可汗	伏俟城				29年		青海省
突厥	③俟斤					16年		北疆
西突厥	①室點密					8年		

月　曆　表(建寅)

5282—354—1929271

月干支序數	星期/月序	日	1	2	3	4	5	6	日	1	2	3	4	5	6	日	1	2	3	4	5	6	日	1	2	3	4	5	6	日	1	2	3	4	5	6	日	月末陽曆
3	正							㉘	2	3	4	5	6	7	8	9	10	11	12	13	14	15	16	17	18	19	20	21	22	23	24	25	26	27	28	29	30	3.3
4	二		(58)	2	3	4	5	6	7	8	9	10	11	12	13	14	15	16	17	18	19	20	21	22	23	24	25	26	27	28	29							4.1
5	三			㉗	2	3	4	5	6	7	8	9	10	11	12	13	14	15	16	17	18	19	20	21	22	23	24	25	26	27	28	29	30					5.1
6	四					(57)	2	3	4	5	6	7	8	9	10	11	12	13	14	15	16	17	18	19	20	21	22	23	24	25	26	27	28	29				5.30
7	五						㉖	2	3	4	5	6	7	8	9	10	11	12	13	14	15	16	17	18	19	20	21	22	23	24	25	26	27	28	29	30		6.29
8	六	(56)	2	3	4	5	6	7	8	9	10	11	12	13	14	15	16	17	18	19	20	21	22	23	24	25	26	27	28	29								7.28
9	七		㉕	2	3	4	5	6	7	8	9	10	11	12	13	14	15	16	17	18	19	20	21	22	23	24	25	26	27	28	29	30						8.27
10	八				(55)	2	3	4	5	6	7	8	9	10	11	12	13	14	15	16	17	18	19	20	21	22	23	24	25	26	27	28	29					9.25
11	九					㉔	2	3	4	5	6	7	8	9	10	11	12	13	14	15	16	17	18	19	20	21	22	23	24	25	26	27	28	29	30			10.25
12	十							(54)	2	3	4	5	6	7	8	9	10	11	12	13	14	15	16	17	18	19	20	21	22	23	24	25	26	27	28	29		11.23
13	十一	㉓	2	3	4	5	6	7	8	9	10	11	12	13	14	15	16	17	18	19	20	21	22	23	24	25	26	27	28	29	30							12.23
14	十二			(53)	2	3	4	5	6	7	8	9	10	11	12	13	14	15	16	17	18	19	20	21	22	23	24	25	26	27	28	29						1.21

朔閏異同表

	正	二	三	四	五	六	七	八	九	十	十一	十二	閏
陳	辛卯	辛酉	庚寅	庚申	己丑	己未	戊子	戊午	丁亥	丁巳	丙戌	丙辰	
周									戊子		丁亥		

大事記：

正月，陳安成王陳頊稱皇帝，改元太建。周遣使吊於齊。　二月，齊遣使聘於周。　三月，周議三教優劣廢立。五月，齊遣使聘於陳。　九月，周左衛將軍廣州刺史歐陽紇據廣州起事。　十二月，周圍齊宜陽。周、陳通使修好。

南北朝紀年

干支庚寅　公元570年

朝代或國名	國家支配者	建　都	廟號	謚號	建元	年號年次	輔政者	備　注
北齊	⑤高緯	鄴		後主	3	2武平元年		臨漳
後梁	②蕭巋	江陵	世宗孝	明	1	天保9年		
北周	③宇文邕	長安	高祖	武	4	2天和5年		
陳	④陳頊	建康	高宗	宣	1	太建2年		
高昌	⑦麴乾固	交河			1	延昌10年		在吐魯番西

續表

朝代或國名	國家支配者	建　都	廟號	謚號	建元	年號年次	輔政者	備　注
吐谷渾	⑮夸呂可汗	伏俟城				30 年		青海省
突厥	③俟斤					17 年		北疆
西突厥	①室點密					9 年		

月　曆　表(建 寅)

5283—381—1929655

月干支序數	星期／月序	日	1	2	3	4	5	6	日	1	2	3	4	5	6	日	1	2	3	4	5	6	日	1	2	3	4	5	6	日	1	2	3	4	5	6	日	月末陽曆
15	正				㉒	2	3	4	5	6	7	8	9	10	11	12	13	14	15	16	17	18	19	20	21	22	23	24	25	26	27	28	29	30				2.20
16	二						(52)	2	3	4	5	6	7	8	9	10	11	12	13	14	15	16	17	18	19	20	21	22	23	24	25	26	27	28	29			3.21
17	三							㉑	2	3	4	5	6	7	8	9	10	11	12	13	14	15	16	17	18	19	20	21	22	23	24	25	26	27	28	29	30	4.20
18	四		(51)	2	3	4	5	6	7	8	9	10	11	12	13	14	15	16	17	18	19	20	21	22	23	24	25	26	27	28	29	30						5.20
	閏				㉑	2	3	4	5	6	7	8	9	10	11	12	13	14	15	16	17	18	19	20	21	22	23	24	25	26	27	28	29					6.18
19	五					㊿	2	3	4	5	6	7	8	9	10	11	12	13	14	15	16	17	18	19	20	21	22	23	24	25	26	27	28	29	30			7.18
20	六							⑳	2	3	4	5	6	7	8	9	10	11	12	13	14	15	16	17	18	19	20	21	22	23	24	25	26	27	28	29		8.16
21	七	㊾	2	3	4	5	6	7	8	9	10	11	12	13	14	15	16	17	18	19	20	21	22	23	24	25	26	27	28	29	30							9.15
22	八			⑲	2	3	4	5	6	7	8	9	10	11	12	13	14	15	16	17	18	19	20	21	22	23	24	25	26	27	28	29						10.14
23	九				㊽	2	3	4	5	6	7	8	9	10	11	12	13	14	15	16	17	18	19	20	21	22	23	24	25	26	27	28	29	30				11.13
24	十						⑱	2	3	4	5	6	7	8	9	10	11	12	13	14	15	16	17	18	19	20	21	22	23	24	25	26	27	28	29			12.12
25	十一							㊼	2	3	4	5	6	7	8	9	10	11	12	13	14	15	16	17	18	19	20	21	22	23	24	25	26	27	28	29	30	1.11
26	十二		⑰	2	3	4	5	6	7	8	9	10	11	12	13	14	15	16	17	18	19	20	21	22	23	24	25	26	27	28	29							2.9

劉氏周閏五月，齊閏二月甲申、三月甲寅、四月甲申。

朔閏異同表

	正	二	三	四	五	六	七	八	九	十	十一	十二	閏
陳	乙酉	乙卯	甲申	甲寅	癸丑	癸未	壬子	壬午	辛亥	辛巳	庚戌	庚辰	四甲申
周	丙戌		乙酉										四甲申

大事記

正月，齊改元武平。齊遣使聘於陳。齊破周圍宜陽之師。　二月，陳討斬歐陽紇。　五月，齊遣使吊陳太后喪。　六月，新羅獻於陳。　七月，陳攻後梁，周救梁，陳軍引還。　八月，陳攻後梁江陵，不利。陳詔軍士年登六十悉許放還。　十一月，高句麗獻於陳。　十二月，周迫降越巂夷，置西寧州。齊攻周汾北地。

南北朝紀年

干支辛卯　公元 571 年

朝代或國名	國家支配者	建　都	廟號	謚號	建元	年號年次	輔政者	備　注
北齊	⑤高緯	鄴		後主	3	2 武平 2 年		臨漳
後梁	②蕭巋	江陵	世宗孝	明	1	天保 10 年		
北周	③宇文邕	長安	高祖	武	4	2 天和 6 年		
陳	④陳頊	建康	高宗	宣	1	太建 3 年		
高昌	⑦麴乾固	交河			1	延昌 11 年		在吐魯番西
吐谷渾	⑮夸呂可汗	伏俟城				31 年		青海省

續表

朝代或國名	國家支配者	建　都	廟號	謚號	建元	年號年次	輔政者	備　注
突厥	③俟斤					18年		北疆
西突厥	①室點密					10年		

月　曆　表(建寅)

5284—355—1930010

月干支序數	月序＼星期	日	1	2	3	4	5	6	日	1	2	3	4	5	6	日	1	2	3	4	5	6	日	1	2	3	4	5	6	日	1	2	3	4	5	6	日	月末陽曆
27	正			㊻	2	3	4	5	6	7	8	9	10	11	12	13	14	15	16	17	18	19	20	21	22	23	24	25	26	27	28	29	30					3.11
28	二					⑯	2	3	4	5	6	7	8	9	10	11	12	13	14	15	16	17	18	19	20	21	22	23	24	25	26	27	28	29				4.9
29	三						㊺	2	3	4	5	6	7	8	9	10	11	12	13	14	15	16	17	18	19	20	21	22	23	24	25	26	27	28	29	30		5.9
30	四	⑮	2	3	4	5	6	7	8	9	10	11	12	13	14	15	16	17	18	19	20	21	22	23	24	25	26	27	28	29								6.7
31	五		㊹	2	3	4	5	6	7	8	9	10	11	12	13	14	15	16	17	18	19	20	21	22	23	24	25	26	27	28	29	30						7.7
32	六				⑭	2	3	4	5	6	7	8	9	10	11	12	13	14	15	16	17	18	19	20	21	22	23	24	25	26	27	28	29					8.5
33	七					㊸	2	3	4	5	6	7	8	9	10	11	12	13	14	15	16	17	18	19	20	21	22	23	24	25	26	27	28	29	30			9.4
34	八							⑬	2	3	4	5	6	7	8	9	10	11	12	13	14	15	16	17	18	19	20	21	22	23	24	25	26	27	28	29	30	10.4
35	九		㊸	2	3	4	5	6	7	8	9	10	11	12	13	14	15	16	17	18	19	20	21	22	23	24	25	26	27	28	29							11.2
36	十			⑫	2	3	4	5	6	7	8	9	10	11	12	13	14	15	16	17	18	19	20	21	22	23	24	25	26	27	28	29	30					12.2
37	十一					㊷	2	3	4	5	6	7	8	9	10	11	12	13	14	15	16	17	18	19	20	21	22	23	24	25	26	27	28	29				12.31
38	十二						⑪	2	3	4	5	6	7	8	9	10	11	12	13	14	15	16	17	18	19	20	21	22	23	24	25	26	27	28	29	30		1.30

朔閏異同表

	正	二	三	四	五	六	七	八	九	十	十一	十二	閏
陳	己酉	己卯	戊申	戊寅	丁未	丁丑	丙午	丙子	丙午	乙亥	乙巳	甲戌	
周	庚戌		己酉		戊申		丁未						

大事記:

正月,齊斛律光敗周韋孝寬於汾北。　四月,齊遣使聘於陳。周取齊宜陽等九城。　五月,周遣使聘於陳。新羅、丹丹、天竺、盤盤等國獻於陳。　六月,齊段韶陷周汾州,又取周四戍。　七月,齊琅邪王儼殺倖臣及中領軍和士開。　九月,齊帝殺儼。周、齊互遣使通聘。　十月,周遣使聘於陳。　是歲,周以平、鄀等州予後梁。

南北朝紀年

干支壬辰　公元572年

朝代或國名	國家支配者	建　都	廟號	謚號	建元	年號年次	輔政者	備　注
北齊	⑤高緯	鄴		後主	3	2武平3年		臨漳
後梁	②蕭巋	江陵	世宗孝	明	1	天保11年		
北周	③宇文邕	長安	高祖	武	4	3建德元年		三月丙辰改元
陳	④陳頊	建康	高宗	宣	1	太建4年		
高昌	⑦麴乾固	交河			1	延昌12年		在吐魯番西
吐谷渾	⑮夸呂可汗	伏俟城				32年		青海省
突厥	③俟斤					19年		卒
西突厥	①室點密					11年		

月　曆　表(建寅)　　5285—384—1530394

月干支序數	星期／月序	日	1	2	3	4	5	6	日	1	2	3	4	5	6	日	1	2	3	4	5	6	日	1	2	3	4	5	6	日	1	2	3	4	5	6	日	月末陽曆
39	正	㊶	2	3	4	5	6	7	8	9	10	11	12	13	14	15	16	17	18	19	20	21	22	23	24	25	26	27	28	29								2.28
40	二		⑩	2	3	4	5	6	7	8	9	10	11	12	13	14	15	16	17	18	19	20	21	22	23	24	25	26	27	28	29	30						3.29
41	三				㊵	2	3	4	5	6	7	8	9	10	11	12	13	14	15	16	17	18	19	20	21	22	23	24	25	26	27	28	29					4.27
42	四					⑨	2	3	4	5	6	7	8	9	10	11	12	13	14	15	16	17	18	19	20	21	22	23	24	25	26	27	28	29	30			5.27
43	五							㊴	2	3	4	5	6	7	8	9	10	11	12	13	14	15	16	17	18	19	20	21	22	23	24	25	26	27	28	29		6.25
44	六	⑧	2	3	4	5	6	7	8	9	10	11	12	13	14	15	16	17	18	19	20	21	22	23	24	25	26	27	28	29	30							7.25
45	七			㊳	2	3	4	5	6	7	8	9	10	11	12	13	14	15	16	17	18	19	20	21	22	23	24	25	26	27	28	29						8.23
46	八				⑦	2	3	4	5	6	7	8	9	10	11	12	13	14	15	16	17	18	19	20	21	22	23	24	25	26	27	28	29	30				9.22
47	九						㊲	2	3	4	5	6	7	8	9	10	11	12	13	14	15	16	17	18	19	20	21	22	23	24	25	26	27	28	29			10.21
48	十							⑥	2	3	4	5	6	7	8	9	10	11	12	13	14	15	16	17	18	19	20	21	22	23	24	25	26	27	28	29	30	11.20
49	十一		㊱	2	3	4	5	6	7	8	9	10	11	12	13	14	15	16	17	18	19	20	21	22	23	24	25	26	27	28	29	30						12.20
50	十二				⑥	2	3	4	5	6	7	8	9	10	11	12	13	14	15	16	17	18	19	20	21	22	23	24	25	26	27	28	29					1.18
	閏					㉟	2	3	4	5	6	7	8	9	10	11	12	13	14	15	16	17	18	19	20	21	22	23	24	25	26	27	28	29	30			2.17

齊閏十一月己巳，十二月戊戌。

朔閏異同表

	正	二	三	四	五	六	七	八	九	十	十一	十二	閏
陳	甲辰	癸酉	癸卯	壬申	壬寅	辛未	辛丑	庚午	庚子	己巳	己亥	己巳	十二戊戌
周				癸酉		壬申		辛未		庚午			

大事記

正月，周分別遣使聘於突厥及齊。　二月，齊以祖珽為左僕射。　三月，周武帝殺宇文護及諸子，改元建德。扶南、林邑獻於陳。四月，周遣使聘於齊。　六月，齊帝殺左丞相斛律光(515—572)。　七月，陳遣使聘於周。　八月，周遣使聘於陳。　十月，周免所虜江陵人充官口者為民。周遣使聘於陳。

是歲，突厥木杆可汗卒，國內漸呈分裂之象。魏收卒(506—572)，收著有《魏書》。

南北朝紀年　　干支癸巳　公元 573 年

朝代或國名	國家支配者	建　都	廟號	謚號	建元	年號年次	輔政者	備　注
北齊	⑤高緯	鄴		後主	3	2 武平 4 年		臨漳
後梁	②蕭巋	江陵	世宗孝	明	1	天保 12 年		
北周	③宇文邕	長安	高祖	武	4	3 建德 2 年		
陳	④陳頊	建康	高宗	宣	1	太建 5 年		
高昌	⑦麴乾固	交河			1	延昌 13 年		在吐魯番西
吐谷渾	⑮夸呂可汗	伏俟城				33 年		青海省
突厥	④佗鉢可汗					元年		北疆
西突厥	①室點密					12 年		

月　曆　表（建寅）　5286－354－1930748

月干支序數	星期／月序	日	1	2	3	4	5	6	日	1	2	3	4	5	6	日	1	2	3	4	5	6	日	1	2	3	4	5	6	日	1	2	3	4	5	6	日	月末陽曆
51	正							⑤	2	3	4	5	6	7	8	9	10	11	12	13	14	15	16	17	18	19	20	21	22	23	24	25	26	27	28	29		3.18
52	二	㉞	2	3	4	5	6	7	8	9	10	11	12	13	14	15	16	17	18	19	20	21	22	23	24	25	26	27	28	29	30							4.17
53	三			①	2	3	4	5	6	7	8	9	10	11	12	13	14	15	16	17	18	19	20	21	22	23	24	25	26	27	28	29						5.16
54	四				㉝	2	3	4	5	6	7	8	9	10	11	12	13	14	15	16	17	18	19	20	21	22	23	24	25	26	27	28	29	30				6.15
55	五					③	2	3	4	5	6	7	8	9	10	11	12	13	14	15	16	17	18	19	20	21	22	23	24	25	26	27	28	29				7.14
56	六						㉜	2	3	4	5	6	7	8	9	10	11	12	13	14	15	16	17	18	19	20	21	22	23	24	25	26	27	28	29	30		8.13
57	七		②	2	3	4	5	6	7	8	9	10	11	12	13	14	15	16	17	18	19	20	21	22	23	24	25	26	27	28	29							9.11
58	八			㉛	2	3	4	5	6	7	8	9	10	11	12	13	14	15	16	17	18	19	20	21	22	23	24	25	26	27	28	29	30					10.11
59	九					①	2	3	4	5	6	7	8	9	10	11	12	13	14	15	16	17	18	19	20	21	22	23	24	25	26	27	28	29				11.9
60	十						㉚	2	3	4	5	6	7	8	9	10	11	12	13	14	15	16	17	18	19	20	21	22	23	24	25	26	27	28	29	30		12.9
1	十一	(60)	2	3	4	5	6	7	8	9	10	11	12	13	14	15	16	17	18	19	20	21	22	23	24	25	26	27	28	29								1.7
2	十二		㉙	2	3	4	5	6	7	8	9	10	11	12	13	14	15	16	17	18	19	20	21	22	23	24	25	26	27	28	29	30						2.6

朔閏異同表

	正	二	三	四	五	六	七	八	九	十	十一	十二	閏
陳	戊辰	丁酉	丁卯	丙申	丙寅	乙未	乙丑	甲午	甲子	癸巳	癸亥	壬辰	
周								乙未		甲午		癸巳	正戊辰

大事記：

正月，齊遣使聘於陳。　二月，齊置文林館，以顏之推等判館事，撰《修文殿御覽》。周遣使聘於齊。　三月，陳吳明徹率軍大舉攻齊，取齊江北數十城戍，十月下壽陽，至十二月，幾盡復江北及淮泗諸地。　八月，周太子贇納楊堅女為妃。

是歲，周始募夏人為兵。

南北朝紀年　干支甲午　公元574年

朝代或國名	國家支配者	建都	廟號	謚號	建元	年號年次	輔政者	備注
北齊	⑤高緯	鄴		後主	3	2武平5年		臨漳
後梁	②蕭巋	江陵	世宗孝	明	1	天保13年		
北周	③宇文邕	長安	高祖	武	4	3建德3年		
陳	④陳頊	建康	高宗	宣	1	太建6年		
高昌	⑦麴乾固	交河			1	延昌14年		在吐魯番西
吐谷渾	⑮夸呂可汗	伏俟城				34年		青海省
突厥	④佗鉢可汗					2年		北疆
西突厥	①室點密					13年		

月　曆　表（建寅）　5287－354－1931102

月干支序數	星期／月序	日	1	2	3	4	5	6	日	1	2	3	4	5	6	日	1	2	3	4	5	6	日	1	2	3	4	5	6	日	1	2	3	4	5	6	日	月末陽曆
3	正				㊾	2	3	4	5	6	7	8	9	10	11	12	13	14	15	16	17	18	19	20	21	22	23	24	25	26	27	28	29					3.7
4	二					㉘	2	3	4	5	6	7	8	9	10	11	12	13	14	15	16	17	18	19	20	21	22	23	24	25	26	27	28	29	30			4.6

續表

月干支序數	星期／月序	日	1	2	3	4	5	6	日	1	2	3	4	5	6	日	1	2	3	4	5	6	日	1	2	3	4	5	6	日	1	2	3	4	5	6	日	月末陽曆
5	三							(58)	2	3	4	5	6	7	8	9	10	11	12	13	14	15	16	17	18	19	20	21	22	23	24	25	26	27	28	29	30	5.6
6	四		㉘	2	3	4	5	6	7	8	9	10	11	12	13	14	15	16	17	18	19	20	21	22	23	24	25	26	27	28	29							6.4
7	五			(57)	2	3	4	5	6	7	8	9	10	11	12	13	14	15	16	17	18	19	20	21	22	23	24	25	26	27	28	29	30					7.4
8	六					㉗	2	3	4	5	6	7	8	9	10	11	12	13	14	15	16	17	18	19	20	21	22	23	24	25	26	27	28	29				8.2
9	七						(56)	2	3	4	5	6	7	8	9	10	11	12	13	14	15	16	17	18	19	20	21	22	23	24	25	26	27	28	29	30		9.1
10	八	㉖	2	3	4	5	6	7	8	9	10	11	12	13	14	15	16	17	18	19	20	21	22	23	24	25	26	27	28	29								9.30
11	九		(55)	2	3	4	5	6	7	8	9	10	11	12	13	14	15	16	17	18	19	20	21	22	23	24	25	26	27	28	29	30						10.30
12	十				㉕	2	3	4	5	6	7	8	9	10	11	12	13	14	15	16	17	18	19	20	21	22	23	24	25	26	27	28	29					11.28
13	十一					(54)	2	3	4	5	6	7	8	9	10	11	12	13	14	15	16	17	18	19	20	21	22	23	24	25	26	27	28	29	30			12.28
14	十二							㉔	2	3	4	5	6	7	8	9	10	11	12	13	14	15	16	17	18	19	20	21	22	23	24	25	26	27	28	29		1.26

朔閏異同表

	正	二	三	四	五	六	七	八	九	十	十一	十二	閏
陳	壬戌	辛卯	辛酉	辛卯	庚申	庚寅	己未	己丑	戊午	戊子	丁巳	丁亥	
周		壬辰									戊午		

大事記:

二月,齊朔州行臺高思好以清君側為名,舉兵,未幾敗死。　四月,齊遣使吊周太后之喪。　五月,周禁佛、道二教,毀經像,勒僧、道還俗,有二百萬人。　六月,周鑄五行大布錢,一當十,與布泉并行。　七月,周衛國公直率徒黨攻宮城,敗死。九月,周遣使聘於陳。

南北朝紀年

干支乙未　公元 575 年

朝代或國名	國家支配者	建都	廟號	謚號	建元	年號年次	輔政者	備注
北齊	⑤高緯	鄴		後主	3	2 武平 6 年		臨漳
後梁	②蕭巋	江陵	世宗孝	明	1	天保 14 年		
北周	③宇文邕	長安	高祖	武	4	3 建德 4 年		
陳	④陳頊	建康	高宗	宣	1	太建 7 年		
高昌	⑦麴乾固	交河			1	延昌 15 年		在吐魯番西
吐谷渾	⑬夸呂可汗	伏俟城				35 年		青海省
突厥	④佗鉢可汗					3 年		北疆
西突厥	①室點密					14 年		

月　曆　表(建寅)

5288—384—1931186

月干支序數	星期／月序	日	1	2	3	4	5	6	日	1	2	3	4	5	6	日	1	2	3	4	5	6	日	1	2	3	4	5	6	日	1	2	3	4	5	6	日	月末陽曆
15	正	(53)	2	3	4	5	6	7	8	9	10	11	12	13	14	15	16	17	18	19	20	21	22	23	24	25	26	27	28	29	30							2.25
16	二			㉓	2	3	4	5	6	7	8	9	10	11	12	13	14	15	16	17	18	19	20	21	22	23	24	25	26	27	28	29						3.26
17	三				(52)	2	3	4	5	6	7	8	9	10	11	12	13	14	15	16	17	18	19	20	21	22	23	24	25	26	27	28	29	30				4.25

續表

月干支序數	星期／月序	日	1	2	3	4	5	6	日	1	2	3	4	5	6	日	1	2	3	4	5	6	日	1	2	3	4	5	6	日	1	2	3	4	5	6	日	月末陽曆
18	四						㉒	2	3	4	5	6	7	8	9	10	11	12	13	14	15	16	17	18	19	20	21	22	23	24	25	26	27	28	29			5.24
19	五							(51)	2	3	4	5	6	7	8	9	10	11	12	13	14	15	16	17	18	19	20	21	22	23	24	25	26	27	28	29	30	6.23
20	六		㉑	2	3	4	5	6	7	8	9	10	11	12	13	14	15	16	17	18	19	20	21	22	23	24	25	26	27	28	29							7.22
21	七			㊿	2	3	4	5	6	7	8	9	10	11	12	13	14	15	16	17	18	19	20	21	22	23	24	25	26	27	28	29	30					8.21
22	八					⑳	2	3	4	5	6	7	8	9	10	11	12	13	14	15	16	17	18	19	20	21	22	23	24	25	26	27	28	29	30			9.20
23	九							㊿	2	3	4	5	6	7	8	9	10	11	12	13	14	15	16	17	18	19	20	21	22	23	24	25	26	27	28	29		10.19
	閏	⑲	2	3	4	5	6	7	8	9	10	11	12	13	14	15	16	17	18	19	20	21	22	23	24	25	26	27	28	29	30							11.18
24	十			㊾	2	3	4	5	6	7	8	9	10	11	12	13	14	15	16	17	18	19	20	21	22	23	24	25	26	27	28	29						12.17
25	十一				⑱	2	3	4	5	6	7	8	9	10	11	12	13	14	15	16	17	18	19	20	21	22	23	24	25	26	27	28	29	30				1.16
26	十二						㊽	2	3	4	5	6	7	8	9	10	11	12	13	14	15	16	17	18	19	20	21	22	23	24	25	26	27	28	29			2.14

劉氏、汪氏閏八月，據《紀》及《南史》閏九月，齊閏八月，周閏十月。

朔閏異同表

	正	二	三	四	五	六	七	八	九	十	十一	十二	閏
陳	丙辰	丙戌	乙卯	乙酉	甲寅	甲申	癸丑	癸未	癸丑	壬子	辛巳	辛亥	九壬午
周	丁巳		丙辰		乙卯		甲寅			壬午			十壬子

大事記

三月，周遣使於齊以觀釁。　七月，周大舉攻齊。周禁五行大布錢不得出入關。　八月，周遣使聘於陳。周陷齊河陰，攻金墉不克而還。　九月，周取齊三十餘城。閏九月，陳大敗齊於呂梁。

是歲，齊稅關市、舟車、山澤、鹽鐵、店肆。

南北朝紀年

干支丙申　公元576年

朝代或國名	國家支配者	建都	廟號	謚號	建元	年號年次	輔政者	備注
北齊	⑤高緯	鄴		後主	3	3隆化元年		十二月丁巳改元
後梁	②蕭巋	江陵	世宗孝	明	1	天保15年		
北周	③宇文邕	長安	高祖	武	4	3建德5年		
陳	④陳頊	建康	高宗	宣	1	太建8年		
高昌	⑦麴乾固	交河			1	延昌16年		在吐魯番西
	高延宗	晋陽			1	德昌元年		十二月戊午改元
	劉没鐸				1	石平元年		冬立(劉蠡升孫)
吐谷渾	⑮夸呂可汗	伏俟城				36年		青海省
突厥	④佗鉢可汗					4年		北疆
西突厥	①室點密					15年		卒

月 曆 表(建 寅)　　5289—355—1931841

月干支序數	星期／月序	日	1	2	3	4	5	6	日	1	2	3	4	5	6	日	1	2	3	4	5	6	日	1	2	3	4	5	6	日	1	2	3	4	5	6	日	月末陽曆
27	正							⑰	2	3	4	5	6	7	8	9	10	11	12	13	14	15	16	17	18	19	20	21	22	23	24	25	26	27	28	29	30	3.15
28	二		㊼	2	3	4	5	6	7	8	9	10	11	12	13	14	15	16	17	18	19	20	21	22	23	24	25	26	27	28	29							4.13
29	三			⑯	2	3	4	5	6	7	8	9	10	11	12	13	14	15	16	17	18	19	20	21	22	23	24	25	26	27	28	29	30					5.13
30	四					㊻	2	3	4	5	6	7	8	9	10	11	12	13	14	15	16	17	18	19	20	21	22	23	24	25	26	27	28	29				6.11
31	五						⑮	2	3	4	5	6	7	8	9	10	11	12	13	14	15	16	17	18	19	20	21	22	23	24	25	26	27	28	29	30		7.11
32	六	㊺	2	3	4	5	6	7	8	9	10	11	12	13	14	15	16	17	18	19	20	21	22	23	24	25	26	27	28	29								8.9
33	七		⑭	2	3	4	5	6	7	8	9	10	11	12	13	14	15	16	17	18	19	20	21	22	23	24	25	26	27	28	29	30						9.8
34	八				㊹	2	3	4	5	6	7	8	9	10	11	12	13	14	15	16	17	18	19	20	21	22	23	24	25	26	27	28	29					10.7
35	九					⑬	2	3	4	5	6	7	8	9	10	11	12	13	14	15	16	17	18	19	20	21	22	23	24	25	26	27	28	29	30			11.6
36	十							㊸	2	3	4	5	6	7	8	9	10	11	12	13	14	15	16	17	18	19	20	21	22	23	24	25	26	27	28	29	30	12.6
37	十一		⑬	2	3	4	5	6	7	8	9	10	11	12	13	14	15	16	17	18	19	20	21	22	23	24	25	26	27	28	29							1.4
38	十二			㊷	2	3	4	5	6	7	8	9	10	11	12	13	14	15	16	17	18	19	20	21	22	23	24	25	26	27	28	29	30					2.3

朔閏異同表

	正	二	三	四	五	六	七	八	九	十	十一	十二	閏
陳	庚辰	庚戌	己卯	己酉	戊寅	戊申	丁丑	丁未	丙子	丙午	丙子	乙巳	
周			庚辰		己卯		戊寅		丁丑				

大事記：

正月，周廢布泉錢，并禁私鑄錢。　二月，周遣太子贇伐吐谷渾，無功而還。　十月，周帝自將攻齊，取平陽；齊帝來救，大敗。　十二月，齊改元隆化。齊安德王延宗稱帝於晉陽，改元德昌；周旋陷晉陽，俘延宗。西突厥達頭可汗立。

是歲，高麗國僧至北齊。

南北朝紀年　　干支丁酉　公元577年

朝代或國名	國家支配者	建　都	廟號	謚號	建元	年號年次	輔政者	備　注
北齊	⑥高恒			幼主	1	承光元年		正月改元、亡於周
後梁	②蕭巋	江陵	世宗孝	明	1	天保16年		
北周	③宇文邕	長安	高祖	武	4	3建德6年		
陳	④陳頊	建康	高宗	宣	1	太建9年		
高昌	⑦麴乾固	交河			1	延昌17年		在吐魯番西
	高紹義				1	武平元年		
	劉没鐸				1	石平2年		冬亡
吐谷渾	⑮夸呂可汗	伏俟城				37年		青海省
突厥	④佗鉢可汗					5年		北疆
西突厥	②達頭可汗					元年		

月　曆　表(建寅)　　5290－354－1932195

月干支序數	月序＼星期	日	1	2	3	4	5	6	日	1	2	3	4	5	6	日	1	2	3	4	5	6	日	1	2	3	4	5	6	日	1	2	3	4	5	6	日	月末陽曆
39	正					⑫	2	3	4	5	6	7	8	9	10	11	12	13	14	15	16	17	18	19	20	21	22	23	24	25	26	27	28	29				3.4
40	二						㊶	2	3	4	5	6	7	8	9	10	11	12	13	14	15	16	17	18	19	20	21	22	23	24	25	26	27	28	29	30		4.3
41	三	⑪	2	3	4	5	6	7	8	9	10	11	12	13	14	15	16	17	18	19	20	21	22	23	24	25	26	27	28	29								5.2
42	四		㊵	2	3	4	5	6	7	8	9	10	11	12	13	14	15	16	17	18	19	20	21	22	23	24	25	26	27	28	29	30						6.1
43	五				⑩	2	3	4	5	6	7	8	9	10	11	12	13	14	15	16	17	18	19	20	21	22	23	24	25	26	27	28	29					6.30
44	六					㊴	2	3	4	5	6	7	8	9	10	11	12	13	14	15	16	17	18	19	20	21	22	23	24	25	26	27	28	29	30			7.30
45	七							⑨	2	3	4	5	6	7	8	9	10	11	12	13	14	15	16	17	18	19	20	21	22	23	24	25	26	27	28	29		8.28
46	八	㊳	2	3	4	5	6	7	8	9	10	11	12	13	14	15	16	17	18	19	20	21	22	23	24	25	26	27	28	29	30							9.27
47	九			⑧	2	3	4	5	6	7	8	9	10	11	12	13	14	15	16	17	18	19	20	21	22	23	24	25	26	27	28	29						10.26
48	十				㊲	2	3	4	5	6	7	8	9	10	11	12	13	14	15	16	17	18	19	20	21	22	23	24	25	26	27	28	29	30				11.25
49	十一						⑦	2	3	4	5	6	7	8	9	10	11	12	13	14	15	16	17	18	19	20	21	22	23	24	25	26	27	28	29			12.24
50	十二							㊱	2	3	4	5	6	7	8	9	10	11	12	13	14	15	16	17	18	19	20	21	22	23	24	25	26	27	28	29	30	1.23

朔閏異同表

	正	二	三	四	五	六	七	八	九	十	十一	十二	閏
陳	乙亥	甲辰	甲戌	癸卯	癸酉	壬寅	壬申	辛丑	辛未	庚子	庚午	己亥	
周								壬寅		辛丑		庚子	

大事記：

正月，齊帝傳位太子恒，自為太上皇，改元承光。周陷鄴，齊太上皇等奔青州，齊幼帝遣人持璽紱於瀛州禪位於任城王湝，尊太上皇為無上皇，幼帝為守國天王。周師追至青州，俘無上皇及幼帝等，凡州 50、郡 162、縣 380、戶 3 032 500，皆入於周。周令廢止北齊境內佛教，寺院四萬盡賜王公為第宅，沙門三百萬皆勒令還俗。　二月，周陷齊瀛州，俘任城王湝。齊范陽王高紹義謀恢復，敗奔突厥，齊亡。　三月，周詔山東各州舉明經於治者為吏。　八月，陳頒新定度量衡。周免齊之隸戶為民。九月，陳吳明徹圍彭城。　十月，陳出兵爭徐、兗，敗周師於呂梁。稽胡主劉沒鐸為聖武皇帝，建元石平；周擊破之。周免東土及江陵所掠為奴婢者為民。周初行《刑書要制》。　十二月，周徙并州軍民四萬戶於關中。故齊營州刺史高寶寧擁高紹義為皇帝，改元武平，突厥佗鉢可汗助之。

南北朝紀年　　干支戊戌　公元 578 年

朝代或國名	國家支配者	建都	廟號	謚號	建元	年號年次	輔政者	備注
後梁	②蕭巋	江陵	世宗孝	明	1	天保 17 年		
北周	③宇文邕	長安	高祖	武	4	4 宣政元年		三月壬辰改元，六月宇文贇即位
陳	④陳頊	建康	高宗	宣	1	太建 10 年		
高昌	⑦麴乾固	交河			1	延昌 18 年		在吐魯番西
	高紹義				1	武平 2 年		
吐谷渾	⑮夸呂可汗	伏俟城				38 年		青海省
突厥	④佗鉢可汗					6 年		北疆
西突厥	②達頭可汗					2 年		

月　曆　表（建寅）　5291－384－1932579

月干支序數	星期／月序	日	1	2	3	4	5	6	日	1	2	3	4	5	6	日	1	2	3	4	5	6	日	1	2	3	4	5	6	日	1	2	3	4	5	6	日	月末陽曆
51	正		⑥	2	3	4	5	6	7	8	9	10	11	12	13	14	15	16	17	18	19	20	21	22	23	24	25	26	27	28	29							2.21
52	二			㉟	2	3	4	5	6	7	8	9	10	11	12	13	14	15	16	17	18	19	20	21	22	23	24	25	26	27	28	29	30					3.23
53	三					⑤	2	3	4	5	6	7	8	9	10	11	12	13	14	15	16	17	18	19	20	21	22	23	24	25	26	27	28	29	30			4.22
54	四							㉟	2	3	4	5	6	7	8	9	10	11	12	13	14	15	16	17	18	19	20	21	22	23	24	25	26	27	28	29		5.21
55	五	④	2	3	4	5	6	7	8	9	10	11	12	13	14	15	16	17	18	19	20	21	22	23	24	25	26	27	28	29	30							6.20
	閏			㉞	2	3	4	5	6	7	8	9	10	11	12	13	14	15	16	17	18	19	20	22	22	23	24	25	26	27	28	29						7.19
56	六				③	2	3	4	5	6	7	8	9	10	11	12	13	14	15	16	17	18	19	20	21	22	23	24	25	26	27	28	29	30				8.18
57	七						㉝	2	3	4	5	6	7	8	9	10	11	12	13	14	15	16	17	18	19	20	21	22	23	24	25	26	27	28	29			9.16
58	八							②	2	3	4	5	6	7	8	9	10	11	12	13	14	15	16	17	18	19	20	21	22	23	24	25	26	27	28	29	30	10.16
59	九		㉜	2	3	4	5	6	7	8	9	10	11	12	13	14	15	16	17	18	19	20	21	22	23	24	25	26	27	28	29							11.14
60	十			①	2	3	4	5	6	7	8	9	10	11	12	13	14	15	16	17	18	19	20	21	22	23	24	25	26	27	28	29	30					12.14
1	十一					㉛	2	3	4	5	6	7	8	9	10	11	12	13	14	15	16	17	18	19	20	21	22	23	24	25	26	27	28	29				1.12
2	十二						(60)	2	3	4	5	6	7	8	9	10	11	12	13	14	15	16	17	18	19	20	21	22	23	24	25	26	27	28	29	30		2.11

朔閏異同表

	正	二	三	四	五	六	七	八	九	十	十一	十二	閏
陳	己巳	戊戌	戊辰	戊戌	丁卯	丙寅	丙申	乙丑	乙未	甲子	甲午	癸亥	五丁酉
周		己亥				丁酉				乙丑		甲子	六丙寅

大事記：

二月，周救彭城，俘吳明徹及將士三萬人。　三月，周改元宣政。　四月，突厥入周幽州，大殺掠。宇文邕伐之，以疾還。　六月，周武帝卒(543—578)，太子贇立。閏六月，周幽州人盧昌期起事據范陽，迎齊范陽王紹義；昌期尋敗死，高紹義奔突厥。　七月，周楊堅為上柱國、大司馬。新羅國獻於陳。　十一月，突厥入周酒泉，大殺掠。　十二月，陳合州廬江蠻田伯興擾樅陽，尋敗。

南北朝紀年　干支己亥　公元579年

朝代或國名	國家支配者	建都	廟號	謚號	建元	年號年次	輔政者	備注
後梁	②蕭巋	江陵	世宗孝	明	1	天保18年		
北周	④宇文贇	長安		宣	1	大成元年		(陳垣作“二月辛巳又改大象”)
陳	④陳頊	建康	高宗	宣	1	太建11年		
高昌	⑦麴乾固	交河			1	延昌19年		在吐魯番西
	高紹義				1	武平3年		
吐谷渾	⑮夸呂可汗	伏俟城				39年		青海省
突厥	④佗鉢可汗					7年		北疆
西突厥	②達頭可汗					3年		

月　曆　表（建寅）　5292－354－1932933

月干支序數	星期／月序	日	1	2	3	4	5	6	日	1	2	3	4	5	6	日	1	2	3	4	5	6	日	1	2	3	4	5	6	日	1	2	3	4	5	6	日	月末陽曆
3	正	(30)	2	3	4	5	6	7	8	9	10	11	12	13	14	15	16	17	18	19	20	21	22	23	24	25	26	27	28	29								3.12
4	二		(59)	2	3	4	5	6	7	8	9	10	11	12	13	14	15	16	17	18	19	20	21	22	23	24	25	26	27	28	29	30						4.11
5	三				(29)	2	3	4	5	6	7	8	9	10	11	12	13	14	15	16	17	18	19	20	21	22	23	24	25	26	27	28	29					5.10
6	四					(58)	2	3	4	5	6	7	8	9	10	11	12	13	14	15	16	17	18	19	20	21	22	23	24	25	26	27	28	29	30			6.9
7	五							(28)	2	3	4	5	6	7	8	9	10	11	12	13	14	15	16	17	18	19	20	21	22	23	24	25	26	27	28	29		7.8
8	六	(57)	2	3	4	5	6	7	8	9	10	11	12	13	14	15	16	17	18	19	20	21	22	23	24	25	26	27	28	29	30							8.7
9	七			(27)	2	3	4	5	6	7	8	9	10	11	12	13	14	15	16	17	18	19	20	21	22	23	24	25	26	27	28	29	30					9.6
10	八					(57)	2	3	4	5	6	7	8	9	10	11	12	13	14	15	16	17	18	19	20	21	22	23	24	25	26	27	28	29				10.5
11	九						(26)	2	3	4	5	6	7	8	9	10	11	12	13	14	15	16	17	18	19	20	21	22	23	24	25	26	27	28	29	30		11.4
12	十	(56)	2	3	4	5	6	7	8	9	10	11	12	13	14	15	16	17	18	19	20	21	22	23	24	25	26	27	28	29								12.3
13	十一		(25)	2	3	4	5	6	7	8	9	10	11	12	13	14	15	16	17	18	19	20	21	22	23	24	25	26	27	28	29	30						1.2
14	十二				(55)	2	3	4	5	6	7	8	9	10	11	12	13	14	15	16	17	18	19	20	21	22	23	24	25	26	27	28	29					1.31

朔閏異同表

	正	二	三	四	五	六	七	八	九	十	十一	十二	閏
陳（大明曆）	癸巳	壬戌	壬辰	辛酉	辛卯	庚申	庚寅	庚申	己丑	己未	戊子	戊午	
周（丙寅元曆）		癸亥		壬戌		辛酉					己丑		（應爲大象曆？）

大事記：

正月，周始詔服漢魏衣冠朝賀，改元大成。周以《刑書要制》太重，廢之，尋又頒《刑經聖制》，益嚴酷。　二月，周以洛陽為東京，發山東兵治宮室，常役者四萬人。周與突厥和親，周宣帝自稱天元皇帝，傳位太子闡，改元大象。周徙鄴石經還洛陽。　五月，突厥掠周并州。　六月，周發山東民修長城。　七月，陳行大貨六銖錢。　九月，周遣將攻陳淮南，仍遣使聘於陳。　十月，周弛造佛、道二教及尊像之禁。　十一月，周拔陳壽陽。周鑄永通萬國錢，一當千，與五行大布并行。　十二月，周取陳北徐州，於是江北、淮南之地皆入周。

南北朝紀年　　干支庚子　公元580年

朝代或國名	國家支配者	建都	廟號	謚號	建元	年號年次	輔政者	備注
後梁	②蕭巋	江陵	世宗孝	明	1	天保19年		
北周	⑤宇文衍（闡）	長安		靜	2	1大象元年		二月改元
陳	④陳頊	建康	高宗	宣	1	太建12年		
高昌	⑦麴乾固	交河			1	延昌20年		在吐魯番西
	高紹義				1	武平4年		七月亡
吐谷渾	⑮夸呂可汗	伏俟城				40年		青海省
突厥	④佗鉢可汗					8年		北疆
西突厥	②達頭可汗					4年		

月曆表（建寅） 5293—355—1933288

月干支序數	星期/月序	日	1	2	3	4	5	6	日	1	2	3	4	5	6	日	1	2	3	4	5	6	日	1	2	3	4	5	6	日	1	2	3	4	5	6	日	月末陽曆
15	正					㉔	2	3	4	5	6	7	8	9	10	11	12	13	14	15	16	17	18	19	20	21	22	23	24	25	26	27	28	29	30			3.1
16	二							(54)	2	3	4	5	6	7	8	9	10	11	12	13	14	15	16	17	18	19	20	21	22	23	24	25	26	27	28	29		3.30
17	三	㉓	2	3	4	5	6	7	8	9	10	11	12	13	14	15	16	17	18	19	20	21	22	23	24	25	26	27	28	29	30							4.29
18	四			(53)	2	3	4	5	6	7	8	9	10	11	12	13	14	15	16	17	18	19	20	21	22	23	24	25	26	27	28	29						5.28
19	五				㉒	2	3	4	5	6	7	8	9	10	11	12	13	14	15	16	17	18	19	20	21	22	23	24	25	26	27	28	29	30				6.27
20	六						(52)	2	3	4	5	6	7	8	9	10	11	12	13	14	15	16	17	18	19	20	21	22	23	24	25	26	27	28	29			7.26
21	七							㉑	2	3	4	5	6	7	8	9	10	11	12	13	14	15	16	17	18	19	20	21	22	23	24	25	26	27	28	29	30	8.25
22	八		(51)	2	3	4	5	6	7	8	9	10	11	12	13	14	15	16	17	18	19	20	21	22	23	24	25	26	27	28	29							9.23
23	九			⑳	2	3	4	5	6	7	8	9	10	11	12	13	14	15	16	17	18	19	20	21	22	23	24	25	26	27	28	29	30					10.23
24	十					㊿	2	3	4	5	6	7	8	9	10	11	12	13	14	15	16	17	18	19	20	21	22	23	24	25	26	27	28	29	30			11.22
25	十一							⑳	2	3	4	5	6	7	8	9	10	11	12	13	14	15	16	17	18	19	20	21	22	23	24	25	26	27	28	29		12.21
26	十二	㊾	2	3	4	5	6	7	8	9	10	11	12	13	14	15	16	17	18	19	20	21	22	23	24	25	26	27	28	29	30							1.20

朔閏異同表

	正	二	三	四	五	六	七	八	九	十	十一	十二	閏
陳	丁亥	丁巳	丙戌	丙辰	乙酉	乙卯	甲申	甲寅	癸未	癸丑	癸未	壬子	
周	戊子		丁亥		丙戌		乙酉		甲申				

大事記：

正月，周税入市者人一錢。周令江左新附民給復二十年。突厥遣使於周，迎千金公主。　五月，周宣帝卒，子闡年幼，楊堅為假黄鉞，左大丞相，百官總己以聽。六月，周復行佛、道二教。周相州尉遲迥起兵討楊堅，司馬消難、王謙先後應之。　七月，突厥執高紹義歸於周。　八月，司馬消難請援於陳，陳遣將助之。沙州氐帥楊永安應王謙。尉遲迥敗死，司馬消難奔陳。　十月，王謙敗死。　十一月，楊永安被擊滅。　十二月，周詔諸改代姓者皆復舊。周楊堅為相國總百揆，進爵為隋王，加九錫。堅大殺周宗族諸王。

是歲，周有州二百一十一，郡五百八。

南北朝紀年　　干支辛丑　公元581年

朝代或國名	國家支配者	建都	廟號	謚號	建元	年號年次	輔政者	備注
後梁	②蕭巋	江陵	世宗孝	明	1	天保20年		
北周	⑤宇文衍（闡）	長安		静	2	1大象2年		陳垣作"改大定，二月甲子禪隋"。
陳	④陳頊	建康	高宗	宣	1	太建13年		
隋	①楊堅	長安		文	2	1開皇元年		二月建元
高昌	⑦麴乾固	交河			1	延昌21年		在吐魯番西
吐谷渾	⑮夸呂可汗	伏俟城				41年		青海省
突厥	④佗鉢可汗					9年		卒
西突厥	②達頭可汗					5年		

月　曆　表（建寅）　　5294—383—1933671

月干支序數	星期／月序	日	1	2	3	4	5	6	日	1	2	3	4	5	6	日	1	2	3	4	5	6	日	1	2	3	4	5	6	日	1	2	3	4	5	6	日	月末陽曆
27	正			⑲	2	3	4	5	6	7	8	9	10	11	12	13	14	15	16	17	18	19	20	21	22	23	24	25	26	27	28	29						2.18
28	二				㊽	2	3	4	5	6	7	8	9	10	11	12	13	14	15	16	17	18	19	20	21	22	23	24	25	26	27	28	29	30				3.20
	閏						⑱	2	3	4	5	6	7	8	9	10	11	12	13	14	15	16	17	18	19	20	21	22	23	24	25	26	27	28	29			4.18
29	三							㊼	2	3	4	5	6	7	8	9	10	11	12	13	14	15	16	17	18	19	20	21	22	23	24	25	26	27	28	29	30	5.18
30	四		⑰	2	3	4	5	6	7	8	9	10	11	12	13	14	15	16	17	18	19	20	21	22	23	24	25	26	27	28	29							6.16
31	五			㊻	2	3	4	5	6	7	8	9	10	11	12	13	14	15	16	17	18	19	20	21	22	23	24	25	26	27	28	29	30					7.16
32	六					⑯	2	3	4	5	6	7	8	9	10	11	12	13	14	15	16	17	18	19	20	21	22	23	24	25	26	27	28	29				8.14
33	七						㊺	2	3	4	5	6	7	8	9	10	11	12	13	14	15	16	17	18	19	20	21	22	23	24	25	26	27	28	29	30		9.13
34	八	⑮	2	3	4	5	6	7	8	9	10	11	12	13	14	15	16	17	18	19	20	21	22	23	24	25	26	27	28	29								10.12
35	九		㊹	2	3	4	5	6	7	8	9	10	11	12	13	14	15	16	17	18	19	20	21	22	23	24	25	26	27	28	29	30						11.11
36	十				⑭	2	3	4	5	6	7	8	9	10	11	12	13	14	15	16	17	18	19	20	21	22	23	24	25	26	27	28	29					12.10
37	十一					㊸	2	3	4	5	6	7	8	9	10	11	12	13	14	15	16	17	18	19	20	21	22	23	24	25	26	27	28	29	30			1.9
38	十二							⑬	2	3	4	5	6	7	8	9	10	11	12	13	14	15	16	17	18	19	20	21	22	23	24	25	26	27	28	29		2.7

劉氏隋閏四月，汪氏隋閏三月。陳仍用《大明曆》，隋用《丙寅元曆》。

朔閏異同表

	正	二	三	四	五	六	七	八	九	十	十一	十二	閏
陳	壬午	辛亥	庚戌	庚辰	己酉	己卯	戊申	戊寅	丁未	丁丑	丙午	丙子	二辛巳
隋		壬子	辛巳		庚戌		己酉		戊申		丁未		三辛亥

大事記

二月，楊堅稱帝，國號隋，改元開皇，以周靜帝為介公，北周亡。除六官，依漢魏之制，置尚書等五省、御史等二臺、太常等十一寺、左右衛等十二府，又置勛官、散官。隋大殺宇文氏。白狼國獻於隋。　三月，隋弛山澤之禁，減賦役。後梁遣使賀隋。隋發稽胡築長城，二旬而罷。　八月，吐谷渾擾隋涼州，大敗，可汗夸呂遠遁，突厥阿波可汗遣使於隋。　九月，陳攻隋江北，隋發兵南下。隋鑄五銖錢，悉禁古錢及私錢。突厥沙鉢略可汗遣使於隋。　十月，隋頒新律。百濟獻於陳。十一月，隋遣使於陳。丹丹國獻於陳。　十二月，高句麗獻於隋。是歲，隋詔任民出家，聽大造經像。突厥四可汗分立。突厥沙鉢略可汗與故齊營州刺史高寶寧擾隋邊。　是歲，庾信卒(513—581)，信河南新野人，為當時名文學家。

南北朝紀年　　干支壬寅　公元582年

朝代或國名	國家支配者	建都	廟號	謚號	建元	年號年次	輔政者	備注
後梁	②蕭巋	江陵	世宗孝	明	1	天保21年		
北周	⑤宇文衍(闡)	長安		靜	2	2大定元年		禪於隋
陳	④陳頊	建康	高宗	宣	1	太建14年		正月卒陳叔寶即位
隋	①楊堅	長安		文	2	1開皇2年		
高昌	⑦麴乾固	交河			1	延昌22年		在吐魯番西
吐谷渾	⑮夸呂可汗	伏俟城				42年		青海省
突厥	⑤攝圖					元年		北疆
西突厥	②達頭可汗					6年		

月　　曆　　表（建　寅）　　5295—355—1934026

月干支序數	星期／月序	日	1	2	3	4	5	6	日	1	2	3	4	5	6	日	1	2	3	4	5	6	日	1	2	3	4	5	6	日	1	2	3	4	5	6	日	月末陽曆
39	正	㊷	2	3	4	5	6	7	8	9	10	11	12	13	14	15	16	17	18	19	20	21	22	23	24	25	26	27	28	29	30							3.9
40	二			⑫	2	3	4	5	6	7	8	9	10	11	12	13	14	15	16	17	18	19	20	21	22	23	24	25	26	27	28	29	30					4.8
41	三					㊷	2	3	4	5	6	7	8	9	10	11	12	13	14	15	16	17	18	19	20	21	22	23	24	25	26	27	28	29				5.7
42	四						⑪	2	3	4	5	6	7	8	9	10	11	12	13	14	15	16	17	18	19	20	21	22	23	24	25	26	27	28	29	30		6.6
43	五	㊶	2	3	4	5	6	7	8	9	10	11	12	13	14	15	16	17	18	19	20	21	22	23	24	25	26	27	28	29								7.5
44	六		⑩	2	3	4	5	6	7	8	9	10	11	12	13	14	15	16	17	18	19	20	21	22	23	24	25	26	27	28	29	30						8.4
45	七				㊵	2	3	4	5	6	7	8	9	10	11	12	13	14	15	16	17	18	19	20	21	22	23	24	25	26	27	28	29					9.2
46	八					⑨	2	3	4	5	6	7	8	9	10	11	12	13	14	15	16	17	18	19	20	21	22	23	24	25	26	27	28	29	30			10.2
47	九							㊴	2	3	4	5	6	7	8	9	10	11	12	13	14	15	16	17	18	19	20	21	22	23	24	25	26	27	28	29		10.31
48	十	⑧	2	3	4	5	6	7	8	9	10	11	12	13	14	15	16	17	18	19	20	21	22	23	24	25	26	27	28	29	30							11.30
49	十一			㊳	2	3	4	5	6	7	8	9	10	11	12	13	14	15	16	17	18	19	20	21	22	23	24	25	26	27	28	29						12.29
50	十二				⑦	2	3	4	5	6	7	8	9	10	11	12	13	14	15	16	17	18	19	20	21	22	23	24	25	26	27	28	29	30				1.28

朔閏異同表

	正	二	三	四	五	六	七	八	九	十	十一	十二	閏
陳	乙巳	乙亥	乙巳	甲戌	甲辰	癸酉	癸卯	壬申	壬寅	辛未	辛丑	庚午	
隋	丙午					甲戌		癸酉		壬申		辛未	

大事記：

正月，陳宣帝頊卒（531—582），始興王叔陵叛，敗死。叔寶即位，史稱後主。陳請和於隋。四月，隋破突厥於鷄頭山及河北山。五月，突厥四十萬攻入長安，隋敗之於馬邑及可洛峐。　六月，隋遣使吊於陳。隋作新都於龍首山，名大興城。七月，陳設無礙大會，捨身。　十一月，高麗獻於隋。　十二月，突厥入武威等郡大掠，六畜殆盡。隋罷江陵總管，後梁帝始得專治其國。

南北朝紀年　　干支癸卯　公元 583 年

朝代或國名	國家支配者	建都	廟號	謚號	建元	年號年次	輔政者	備注
後梁	②蕭巋	江陵	世宗孝	明	1	天保 22 年		
陳	⑤陳叔寶	建康		後主	2	1 至德元年		
隋	①楊堅	大興城		文	2	1 開皇 3 年		
高昌	⑦麴乾固	交河			1	延昌 23 年		在吐魯番西
吐谷渾	⑮夸呂可汗	伏俟城				43 年		青海省
突厥	⑤攝圖					2 年		北疆
西突厥	②達頭可汗					7 年		正式分裂爲東西兩部

月　　曆　　表（建　寅）　　5296—384—1934110

月干支序數	星期／月序	日	1	2	3	4	5	6	日	1	2	3	4	5	6	日	1	2	3	4	5	6	日	1	2	3	4	5	6	日	1	2	3	4	5	6	日	月末陽曆
51	正						㊲	2	3	4	5	6	7	8	9	10	11	12	13	14	15	16	17	18	19	20	21	22	23	24	25	26	27	28	29			2.26
52	二							⑥	2	3	4	5	6	7	8	9	10	11	12	13	14	15	16	17	18	19	20	21	22	23	24	25	26	27	28	29	30	3.28

續表

月干支序數	星期 月序	日	1	2	3	4	5	6	日	1	2	3	4	5	6	日	1	2	3	4	5	6	日	1	2	3	4	5	6	日	1	2	3	4	5	6	日	月末陽曆
53	三		㊱	2	3	4	5	6	7	8	9	10	11	12	13	14	15	16	17	18	19	20	21	22	23	24	25	26	27	28	29							4.26
54	四			⑤	2	3	4	5	6	7	8	9	10	11	12	13	14	15	16	17	18	19	20	21	22	23	24	25	26	27	28	29	30					5.26
55	五					㉟	2	3	4	5	6	7	8	9	10	11	12	13	14	15	16	17	18	19	20	21	22	23	24	25	26	27	28	29				6.24
56	六						④	2	3	4	5	6	7	8	9	10	11	12	13	14	15	16	17	18	19	20	21	22	23	24	25	26	27	28	29	30		7.24
57	七	㉞	2	3	4	5	6	7	8	9	10	11	12	13	14	15	16	17	18	19	20	21	22	23	24	25	26	27	28	29	30							8.23
58	八			④	2	3	4	5	6	7	8	9	10	11	12	13	14	15	16	17	18	19	20	21	22	23	24	25	26	27	28	29						9.21
59	九				㉝	2	3	4	5	6	7	8	9	10	11	12	13	14	15	16	17	18	19	20	21	22	23	24	25	26	27	28	29	30				10.21
60	十						③	2	3	4	5	6	7	8	9	10	11	12	13	14	15	16	17	18	19	20	21	22	23	24	25	26	27	28	29			11.19
1	十一							㉜	2	3	4	5	6	7	8	9	10	11	12	13	14	15	16	17	18	19	20	21	22	23	24	25	26	27	28	29	30	12.19
	閏		②	2	3	4	5	6	7	8	9	10	11	12	13	14	15	16	17	18	19	20	21	22	23	24	25	26	27	28	29							1.17
2	十二			㉛	2	3	4	5	6	7	8	9	10	11	12	13	14	15	16	17	18	19	20	21	22	23	24	25	26	27	28	29	30					2.16

朔閏異同表

	正	二	三	四	五	六	七	八	九	十	十一	十二	閏
陳	庚子	己巳	己亥	戊辰	戊戌	丁卯	丁酉	丁卯	丙申	丙寅	乙未	甲午	十一乙丑
隋		庚午		己巳		戊辰					丙申	乙丑	十二乙未

大事記：

正月，陳改元至德。　二月，陳遣使聘於隋。突厥擾隋北邊。　三月，隋減丁役制，罷榷鹽酒。隋購求遺書。隋遷新都大興城。　四月，吐谷渾擾隋邊。隋大發兵分八道擊突厥，大破於白道。故齊將高寶寧亦敗，走死契丹。突厥遣使於隋。隋遣使聘於陳。　五月，高句麗獻於隋。　六月，隋破吐谷渾。　八月，隋再出兵擊突厥。靺鞨獻於隋。　十一月，陳遣使聘於隋。隋罷郡為州。　十二月，頭和國獻於陳。隋遣使聘於陳。隋命蘇威等更定新律，凡十二卷，五百條。隋詔自衛、汴至蒲、陝，水次十三州，募丁運米於衛，陝、華州分置黎陽等倉，轉漕東方粟米以給長安。隋禁止上元燃燈游戲。是歲，徐陵卒(507—583)，當時的名文學家。

南北朝紀年

干支甲辰　公元 581 年

朝代或國名	國家支配者	建　都	廟號	謚號	建元	年號年次	輔政者	備　注
後梁	②蕭巋	江陵	世宗孝	明	1	天保 23 年		
陳	⑤陳叔寶	建康		後主	2	1 至德 2 年		
隋	①楊堅	大興城		文	2	1 開皇 4 年		
高昌	⑦麴乾固	交河			1	延昌 24 年		在吐魯番西
吐谷渾	⑮夸呂可汗	伏俟城				44 年		青海省
突厥	⑤攝圖					3 年		北疆
西突厥	②達頭可汗					8 年		

月　曆　表（建寅）　　5297－354－1934764

月干支序數	月序＼星期	日	1	2	3	4	5	6	日	1	2	3	4	5	6	日	1	2	3	4	5	6	日	1	2	3	4	5	6	日	1	2	3	4	5	6	日	月末陽曆
3	正					①	2	3	4	5	6	7	8	9	10	11	12	13	14	15	16	17	18	19	20	21	22	23	24	25	26	27	28	29				3.16
4	二						㉚	2	3	4	5	6	7	8	9	10	11	12	13	14	15	16	17	18	19	20	21	22	23	24	25	26	27	28	29	30		4.15
5	三	(60)	2	3	4	5	6	7	8	9	10	11	12	13	14	15	16	17	18	19	20	21	22	23	24	25	26	27	28	29								5.14
6	四		㉙	2	3	4	5	6	7	8	9	10	11	12	13	14	15	16	17	18	19	20	21	22	23	24	25	26	27	28	29	30						6.13
7	五				(59)	2	3	4	5	6	7	8	9	10	11	12	13	14	15	16	17	18	19	20	21	22	23	24	25	26	27	28	29					7.12
8	六					㉘	2	3	4	5	6	7	8	9	10	11	12	13	14	15	16	17	18	19	20	21	22	23	24	25	26	27	28	29	30			8.11
9	七							(58)	2	3	4	5	6	7	8	9	10	11	12	13	14	15	16	17	18	19	20	21	22	23	24	25	26	27	28	29		9.9
10	八	㉗	2	3	4	5	6	7	8	9	10	11	12	13	14	15	16	17	18	19	20	21	22	23	24	25	26	27	28	29	30							10.9
11	九			(57)	2	3	4	5	6	7	8	9	10	11	12	13	14	15	16	17	18	19	20	21	22	23	24	25	26	27	28	29	30					11.8
12	十					㉗	2	3	4	5	6	7	8	9	10	11	12	13	14	15	16	17	18	19	20	21	22	23	24	25	26	27	28	29				12.7
13	十一						(56)	2	3	4	5	6	7	8	9	10	11	12	13	14	15	16	17	18	19	20	21	22	23	24	25	26	27	28	29	30		1.6
14	十二	㉖	2	3	4	5	6	7	8	9	10	11	12	13	14	15	16	17	18	19	20	21	22	23	24	25	26	27	28	29								2.4

隋張賓作《開皇曆》(隋書律曆誌)。

朔閏異同表

	正	二	三	四	五	六	七	八	九	十	十一	十二	閏
陳	甲子	癸巳	癸亥	壬辰	壬戌	辛卯	辛酉	庚寅	庚申	庚寅	己未	己丑	
隋				癸巳		壬辰		辛卯					

大事記

正月，隋頒《甲子元曆》。後梁帝朝於隋。　二月，突厥內訌，其蘇尼部及達頭可汗降於隋。靺鞨獻於隋。　四月，隋破吐谷渾，殺男女萬餘口。　五月，契丹莫賀弗附於隋。　六月，隋自大興城至潼關，鑿廣通渠三百餘里以通運。　七月，陳遣使聘於隋。　九月，突厥沙鉢略可汗請親於隋，許之。　十一月，隋遣使聘於陳。盤盤、百濟獻於陳。陳增關市之徵，軍人士人皆令納稅。　是歲，陳主起臨春、結綺、望仙閣，以江總為僕射，選宮人為女學士。

南北朝紀年　　干支乙巳　公元585年

朝代或國名	國家支配者	建　都	廟號	謚號	建元	年號年次	輔政者	備　注
後梁	②蕭巋	江陵	世宗	明	1	天保24年		五月蕭琮即位
陳	⑤陳叔寶	建康		後主	2	1至德3年		
隋	①楊堅	大興城		文	2	1開皇5年		
高昌	⑦麴乾固	交河			1	延昌25年		在吐魯番西
吐谷渾	⑮夸呂可汗	伏俟城				45年		青海省
突厥	⑤攝圖					4年		北疆
西突厥	②達頭可汗					9年		

月　曆　表（建寅）　　5298－354－1935118

月干支序數	星期 月序	日	1	2	3	4	5	6	日	1	2	3	4	5	6	日	1	2	3	4	5	6	日	1	2	3	4	5	6	日	1	2	3	4	5	6	日	月末陽曆
15	正		(55)	2	3	4	5	6	7	8	9	10	11	12	13	14	15	16	17	18	19	20	21	22	23	24	25	26	27	28	29	30						3.6
16	二				㉕	2	3	4	5	6	7	8	9	10	11	12	13	14	15	16	17	18	19	20	21	22	23	24	25	26	27	28	29					4.4
17	三					(54)	2	3	4	5	6	7	8	9	10	11	12	13	14	15	16	17	18	19	20	21	22	23	24	25	26	27	28	29	30			5.4
18	四							㉔	2	3	4	5	6	7	8	9	10	11	12	13	14	15	16	17	18	19	20	21	22	23	24	25	26	27	28	29		6.2
19	五	(53)	2	3	4	5	6	7	8	9	10	11	12	13	14	15	16	17	18	19	20	21	22	23	24	25	26	27	28	29	30							7.2
20	六			㉓	2	3	4	5	6	7	8	9	10	11	12	13	14	15	16	17	18	19	20	21	22	23	24	25	26	27	28	29						7.31
21	七				(52)	2	3	4	5	6	7	8	9	10	11	12	13	14	15	16	17	18	19	20	21	22	23	24	25	26	27	28	29	30				8.30
22	八						㉒	2	3	4	5	6	7	8	9	10	11	12	13	14	15	16	17	18	19	20	21	22	23	24	25	26	27	28	29			9.28
23	九							(51)	2	3	4	5	6	7	8	9	10	11	12	13	14	15	16	17	18	19	20	21	22	23	24	25	26	27	28	29	30	10.28
24	十		㉑	2	3	4	5	6	7	8	9	10	11	12	13	14	15	16	17	18	19	20	21	22	23	24	25	26	27	28	29							11.26
25	十一			㊿	2	3	4	5	6	7	8	9	10	11	12	13	14	15	16	17	18	19	20	21	22	23	24	25	26	27	28	29	30					12.26
26	十二					⑳	2	3	4	5	6	7	8	9	10	11	12	13	14	15	16	17	18	19	20	21	22	23	24	25	26	27	28	29				1.24

朔閏異同表

	正	二	三	四	五	六	七	八	九	十	十一	十二	閏
陳	戊午	戊子	丁巳	丁亥	丙辰	丙戌	乙卯	乙酉	甲寅	甲申	癸丑	癸未	
隋							丙辰		乙卯		甲寅		

大事記：

正月，隋頒行新修五禮。　三月，陳豐州刺史章大寶舉兵攻建康，旋敗死。　四月，契丹、多彌獻於隋。　五月，隋置義倉。隋檢核戶籍，得新附一百六十餘萬口，立輸籍法下諸州。後梁明帝卒，太子琮立。隋遣使通於西突厥阿波可汗。　七月，陳遣使聘於隋。突厥沙鉢略可汗稱藩於隋。　九月，隋使聘陳。陳攻隋和州，敗。　十月，丹丹國獻於陳。　十二月，高句麗獻於陳。

是歲，後梁攻陳公安，不克。隋復置江陵總管，以監后梁。隋發丁三萬築長城，東至河，西至綏州，凡七百里。

南北朝紀年　　干支丙午　公元586年

朝代或國名	國家支配者	建都	廟號	謚號	建元	年號年次	輔政者	備注
後梁	③蕭琮	江陵		後主	1	廣運元年		
陳	⑤陳叔寶	建康		後主	2	1至德4年		
隋	①楊堅	大興城		文	2	1開皇6年		
高昌	⑦麴乾固	交河			1	延昌26年		在吐魯番西
吐谷渾	⑮夸呂可汗	伏俟城				46年		青海省
突厥	⑤攝圖					5年		北疆
西突厥	②達頭可汗					10年		

月　曆　表(建　寅)　5299—384—1935502

月干支序數	星期／月序	日	1	2	3	4	5	6	日	1	2	3	4	5	6	日	1	2	3	4	5	6	日	1	2	3	4	5	6	日	1	2	3	4	5	6	日	月末陽曆
27	正						㊾	2	3	4	5	6	7	8	9	10	11	12	13	14	15	16	17	18	19	20	21	22	23	24	25	26	27	28	29	30		2.23
28	二	⑲	2	3	4	5	6	7	8	9	10	11	12	13	14	15	16	17	18	19	20	21	22	23	24	25	26	27	28	29	30							3.25
29	三			㊾	2	3	4	5	6	7	8	9	10	11	12	13	14	15	16	17	18	19	20	21	22	23	24	25	26	27	28	29						4.23
30	四				⑱	2	3	4	5	6	7	8	9	10	11	12	13	14	15	16	17	18	19	20	21	22	23	24	25	26	27	28	29	30				5.23
31	五						㊽	2	3	4	5	6	7	8	9	10	11	12	13	14	15	16	17	18	19	20	21	22	23	24	25	26	27	28	29			6.21
32	六							⑰	2	3	4	5	6	7	8	9	10	11	12	13	14	15	16	17	18	19	20	21	22	23	24	25	26	27	28	29	30	7.21
33	七		㊼	2	3	4	5	6	7	8	9	10	11	12	13	14	15	16	17	18	19	20	21	22	23	24	25	26	27	28	29							8.19
	閏			⑯	2	3	4	5	6	7	8	9	10	11	12	13	14	15	16	17	18	19	20	21	22	23	24	25	26	27	28	29	30					9.18
34	八					㊻	2	3	4	5	6	7	8	9	10	11	12	13	14	15	16	17	18	19	20	21	22	23	24	25	26	27	28	29				10.17
35	九						⑮	2	3	4	5	6	7	8	9	10	11	12	13	14	15	16	17	18	19	20	21	22	23	24	25	26	27	28	29	30		11.16
36	十	㊺	2	3	4	5	6	7	8	9	10	11	12	13	14	15	16	17	18	19	20	21	22	23	24	25	26	27	28	29								12.15
37	十一		⑭	2	3	4	5	6	7	8	9	10	11	12	13	14	15	16	17	18	19	20	21	22	23	24	25	26	27	28	29	30						1.14
38	十二				㊹	2	3	4	5	6	7	8	9	10	11	12	13	14	15	16	17	18	19	20	21	22	23	24	25	26	27	28	29					2.12

朔閏異同表

	正	二	三	四	五	六	七	八	九	十	十一	十二	閏
陳	壬子	壬午	壬子	辛巳	辛亥	庚辰	庚戌	己酉	戊寅	戊申	丁丑	丁未	七己卯
隋	癸丑							己卯			戊寅		八己酉

大事記：

正月，後梁改元廣運。黨項羌附於隋。　二月，隋發丁十五萬於朔方東築數十城。　四月，隋遣使聘於陳。　八月，隋因旱免關內七州賦稅。　九月，百濟獻於陳。

南北朝紀年　干支丁未　公元587年

朝代或國名	國家支配者	建都	廟號	謚號	建元	年號年次	輔政者	備注
後梁	③蕭琮	江陵		後主	1	廣運2年		九月亡
陳	⑤陳叔寶	建康		後主	2	2禎明元年		
隋	①楊堅	大興城		文	2	1開皇7年		
高昌	⑦麴乾固	交河			1	延昌27年		在吐魯番西
吐谷渾	⑮夸呂可汗	伏俟城				47年		青海省
突厥	⑤攝圖					6年		四月卒
西突厥	②達頭可汗					11年		

月　曆　表(建　寅)　5300—355—1935857

月干支序數	星期／月序	日	1	2	3	4	5	6	日	1	2	3	4	5	6	日	1	2	3	4	5	6	日	1	2	3	4	5	6	日	1	2	3	4	5	6	日	月末陽曆
39	正					⑬	2	3	4	5	6	7	8	9	10	11	12	13	14	15	16	17	18	19	20	21	22	23	24	25	26	27	28	29	30			3.14
40	二							㊸	2	3	4	5	6	7	8	9	10	11	12	13	14	15	16	17	18	19	20	21	22	23	24	25	26	27	28	29		4.12

續表

月干支序數	星期／月序	日	1	2	3	4	5	6	日	1	2	3	4	5	6	日	1	2	3	4	5	6	日	1	2	3	4	5	6	日	1	2	3	4	5	6	日	月末陽曆
41	三	⑫	2	3	4	5	6	7	8	9	10	11	12	13	14	15	16	17	18	19	20	21	22	23	24	25	26	27	28	29	30							5.12
*42	四			㊷	2	3	4	5	6	7	8	9	10	11	12	13	14	15	16	17	18	19	20	21	22	23	24	25	26	27	28	29						6.10
43	五				⑪	2	3	4	5	6	7	8	9	10	11	12	13	14	15	16	17	18	19	20	21	22	23	24	25	26	27	28	29	30				7.10
44	六						㊶	2	3	4	5	6	7	8	9	10	11	12	13	14	15	16	17	18	19	20	21	22	23	24	25	26	27	28	29	30		8.9
45	七	⑪	2	3	4	5	6	7	8	9	10	11	12	13	14	15	16	17	18	19	20	21	22	23	24	25	26	27	28	29								9.7
46	八		㊵	2	3	4	5	6	7	8	9	10	11	12	13	14	15	16	17	18	19	20	21	22	23	24	25	26	27	28	29	30						10.7
47	九				⑩	2	3	4	5	6	7	8	9	10	11	12	13	14	15	16	17	18	19	20	21	22	23	24	25	26	27	28	29					11.5
48	十					㊴	2	3	4	5	6	7	8	9	10	11	12	13	14	15	16	17	18	19	20	21	22	23	24	25	26	27	28	29	30			12.5
49	十一							⑨	2	3	4	5	6	7	8	9	10	11	12	13	14	15	16	17	18	19	20	21	22	23	24	25	26	27	28	29		1.3
50	十二	㊳	2	3	4	5	6	7	8	9	10	11	12	13	14	15	16	17	18	19	20	21	22	23	24	25	26	27	28	29	30							2.2

朔閏異同表

	正	二	三	四	五	六	七	八	九	十	十一	十二	閏
陳	丙子	丙午	乙亥	乙巳	甲戌	甲辰	甲戌	癸卯	癸酉	壬寅	壬申	辛丑	
隋	丁丑		丙子		乙亥								

大事記：

正月，陳改元禎明。隋令諸州歲貢士三人。　二月，陳使聘於隋。隋發丁男十餘萬人築長城，二旬而罷。　四月，隋於揚州開山陽瀆以通運。突厥沙鉢略可汗卒，弟莫何可汗立。隋徵後梁帝入朝。　九月，廢之，後梁亡。後梁安平王巖等驅男女十萬口奔陳。　十一月，隋高熲等上取陳之策。

是歲，隋楊素於永安造戰艦。陳後主稅江稅市，刑罰苛濫。又造大皇寺，起七級浮圖，未畢焚之。

南北朝紀年

干支戊申　公元 588 年

朝代或國名	國家支配者	建都	廟號	諡號	建元	年號年次	輔政者	備注
陳	⑤陳叔寶	建康		後主	2	2 禎明 2 年		
隋	①楊堅	大興城	文帝	文	2	1 開皇 8 年		
高昌	⑦麴乾固	交河			1	延昌 28 年		在吐魯番西
吐谷渾	⑮夸呂可汗	伏俟城				48 年		青海省
突厥	⑥處羅侯					元年		十二月中流矢卒
西突厥	②達頭可汗					12 年		

月曆表（建寅）

5301—354—1936211

月干支序數	星期／月序	日	1	2	3	4	5	6	日	1	2	3	4	5	6	日	1	2	3	4	5	6	日	1	2	3	4	5	6	日	1	2	3	4	5	6	日	月末陽曆
51	正			⑧	2	3	4	5	6	7	8	9	10	11	12	13	14	15	16	17	18	19	20	21	22	23	24	25	26	27	28	29						3.2
52	二				㊲	2	3	4	5	6	7	8	9	10	11	12	13	14	15	16	17	18	19	20	21	22	23	24	25	26	27	28	29	30				4.1
53	三						⑦	2	3	4	5	6	7	8	9	10	11	12	13	14	15	16	17	18	19	20	21	22	23	24	25	26	27	28	29			4.30
54	四							㊱	2	3	4	5	6	7	8	9	10	11	12	13	14	15	16	17	18	19	20	21	22	23	24	25	26	27	28	29	30	5.30

續表

月干支序數	星期 月序	日	1	2	3	4	5	6	日	1	2	3	4	5	6	日	1	2	3	4	5	6	日	1	2	3	4	5	6	日	1	2	3	4	5	6	日	月末陽曆
55	五		⑥	2	3	4	5	6	7	8	9	10	11	12	13	14	15	16	17	18	19	20	21	22	23	24	25	26	27	28	29							6.28
56	六			㉟	2	3	4	5	6	7	8	9	10	11	12	13	14	15	16	17	18	19	20	21	22	23	24	25	26	27	28	29	30					7.28
57	七					⑤	2	3	4	5	6	7	8	9	10	11	12	13	14	15	16	17	18	19	20	21	22	23	24	25	26	27	28	29				8.26
58	八						㉞	2	3	4	5	6	7	8	9	10	11	12	13	14	15	16	17	18	19	20	21	22	23	24	25	26	27	28	29	30		9.25
59	九	④	2	3	4	5	6	7	8	9	10	11	12	13	14	15	16	17	18	19	20	21	22	23	24	25	26	27	28	29	30							10.25
60	十			㉞	2	3	4	5	6	7	8	9	10	11	12	13	14	15	16	17	18	19	20	21	22	23	24	25	26	27	28	29						11.23
1	十一				③	2	3	4	5	6	7	8	9	10	11	12	13	14	15	16	17	18	19	20	21	22	23	24	25	26	27	28	29	30				12.23
2	十二						㉝	2	3	4	5	6	7	8	9	10	11	12	13	14	15	16	17	18	19	20	21	22	23	24	25	26	27	28	29			1.21

朔閏異同表

	正	二	三	四	五	六	七	八	九	十	十一	十二	閏
陳	辛未	庚子	庚午	己亥	己巳	戊戌	戊辰	丁酉	丁卯	丁酉	丙寅	丙申	
隋				庚子		己亥		戊戌					

大事記:

正月,陳遣使聘於隋。陳侵隋峽州。　三月,隋使聘於陳。隋下詔伐陳。　六月,扶南獻於陳。　十月,陳遣使聘於隋。　十一月,隋大發兵以晉王楊廣為元帥攻陳。　十二月,突厥莫何可汗卒,兄子頡伽施多那都藍可汗立。隋軍臨江,陳不為備。吐谷渾拓跋木彌降隋。

隋紀年

干支己酉　公元 589 年

朝代或國名	國家支配者	建　都	廟　號	謚　號	建　元	年號年次	輔政者	備　注
陳	⑤陳叔寶	建康		後主	2	2 禎明 3 年		正月亡
隋	①楊堅	大興城	高祖	文	2	1 開皇 9 年		
高昌	⑦麴乾固	交河			1	延昌 29 年		在吐魯番西
吐谷渾	⑮夸呂可汗	伏俟城				49 年		青海省
突厥	⑦雍虞閭					元年		北疆
西突厥	②達頭可汗					13 年		

月　曆　表(建　寅)

5302—384—1936595

月干支序數	星期 月序	日	1	2	3	4	5	6	日	1	2	3	4	5	6	日	1	2	3	4	5	6	日	1	2	3	4	5	6	日	1	2	3	4	5	6	日	月末陽曆
3	正							②	2	3	4	5	6	7	8	9	10	11	12	13	14	15	16	17	18	19	20	21	22	23	24	25	26	27	28	29	30	2.20
4	二		㉜	2	3	4	5	6	7	8	9	10	11	12	13	14	15	16	17	18	19	20	21	22	23	24	25	26	27	28	29							3.21
5	三			①	2	3	4	5	6	7	8	9	10	11	12	13	14	15	16	17	18	19	20	21	22	23	24	25	26	27	28	29	30					4.20
	閏					㉛	2	3	4	5	6	7	8	9	10	11	12	13	14	15	16	17	18	19	20	21	22	23	24	25	26	27	28	29				5.19
6	四						(60)	2	3	4	5	6	7	8	9	10	11	12	13	14	15	16	17	18	19	20	21	22	23	24	25	26	27	28	29	30		6.18
7	五	㉚	2	3	4	5	6	7	8	9	10	11	12	13	14	15	16	17	18	19	20	21	22	23	24	25	26	27	28	29								7.17
8	六		(59)	2	3	4	5	6	7	8	9	10	11	12	13	14	15	16	17	18	19	20	21	22	23	24	25	26	27	28	29	30						8.16
9	七				㉙	2	3	4	5	6	7	8	9	10	11	12	13	14	15	16	17	18	19	20	21	22	23	24	25	26	27	28	29					9.14

續表

月干支序數	月序＼星期	日	1	2	3	4	5	6	日	1	2	3	4	5	6	日	1	2	3	4	5	6	日	1	2	3	4	5	6	日	1	2	3	4	5	6	日	月末陽曆
10	八					(58)	2	3	4	5	6	7	8	9	10	11	12	13	14	15	16	17	18	19	20	21	22	23	24	25	26	27	28	29	30			10.14
11	九							㉘	2	3	4	5	6	7	8	9	10	11	12	13	14	15	16	17	18	19	20	21	22	23	24	25	26	27	28	29		11.12
12	十	(57)	2	3	4	5	6	7	8	9	10	11	12	13	14	15	16	17	18	19	20	21	22	23	24	25	26	27	28	29	30							12.12
13	十一			㉗	2	3	4	5	6	7	8	9	10	11	12	13	14	15	16	17	18	19	20	21	22	23	24	25	26	27	28	29						1.10
14	十二				(56)	2	3	4	5	6	7	8	9	10	11	12	13	14	15	16	17	18	19	20	21	22	23	24	25	26	27	28	29	30				2.9

隋閏四月，劉氏隋閏六月。

朔閏異同表

	正	二	三	四	五	六	七	八	九	十	十一	十二	閏
陳	乙丑	乙未	甲子	癸亥	癸巳	壬戌	壬辰	辛酉	辛卯	庚申	庚寅	己未	三甲午
隋				甲午		癸亥		壬戌		辛酉		庚申	四癸亥

大事記

正月，隋師入建康，俘陳後主，陳亡。　二月，隋置鄉正、里長治民。嶺南共奉高涼冼夫人為主，號聖母，拒隋師。隋命陳後主與冼夫人書，始降。於是陳之州三十，郡一百，縣四百，皆入於隋。　四月，給復故陳境十年，餘州一年。

隋紀年

干支庚戌　公元590年

朝代或國名	國家支配者	建都	廟號	謚號	建元	年號年次	輔政者	備注
隋	①楊堅	大興城	高祖	文	2	1 開皇10年		
高昌	⑦麴乾固	交河			1	延昌30年		在吐魯番西
吐谷渾	⑮夸呂可汗	伏俟城				50年		青海省
突厥	⑦雍虞閭					2年		北疆
西突厥	②達頭可汗					14年		

月曆表（建寅）

5303－355－1936950

月干支序數	月序＼星期	日	1	2	3	4	5	6	日	1	2	3	4	5	6	日	1	2	3	4	5	6	日	1	2	3	4	5	6	日	1	2	3	4	5	6	日	月末陽曆
15	正						㉖	2	3	4	5	6	7	8	9	10	11	12	13	14	15	16	17	18	19	20	21	22	23	24	25	26	27	28	29	30		3.11
16	二	(56)	2	3	4	5	6	7	8	9	10	11	12	13	14	15	16	17	18	19	20	21	22	23	24	25	26	27	28	29								4.9
17	三		㉕	2	3	4	5	6	7	8	9	10	11	12	13	14	15	16	17	18	19	20	21	22	23	24	25	26	27	28	29	30						5.9
18	四				(55)	2	3	4	5	6	7	8	9	10	11	12	13	14	15	16	17	18	19	20	21	22	23	24	25	26	27	28	29					6.7
19	五					㉔	2	3	4	5	6	7	8	9	10	11	12	13	14	15	16	17	18	19	20	21	22	23	24	25	26	27	28	29	30			7.7
20	六							(54)	2	3	4	5	6	7	8	9	10	11	12	13	14	15	16	17	18	19	20	21	22	23	24	25	26	27	28	29		8.5
21	七	㉓	2	3	4	5	6	7	8	9	10	11	12	13	14	15	16	17	18	19	20	21	22	23	24	25	26	27	28	29	30							9.4
22	八			(53)	2	3	4	5	6	7	8	9	10	11	12	13	14	15	16	17	18	19	20	21	22	23	24	25	26	27	28	29						10.3
23	九				㉒	2	3	4	5	6	7	8	9	10	11	12	13	14	15	16	17	18	19	20	21	22	23	24	25	26	27	28	29	30				11.2
24	十						(52)	2	3	4	5	6	7	8	9	10	11	12	13	14	15	16	17	18	19	20	21	22	23	24	25	26	27	28	29	30		12.2
25	十一	㉒	2	3	4	5	6	7	8	9	10	11	12	13	14	15	16	17	18	19	20	21	22	23	24	25	26	27	28	29								12.31
26	十二		(51)	2	3	4	5	6	7	8	9	10	11	12	13	14	15	16	17	18	19	20	21	22	23	24	25	26	27	28	29	30						1.30

大事記

五月，詔罷軍府，軍人并籍於州縣與民同。　六月，詔民年五十免役收庸。　十一月，楊素平定江南婺州人汪文進、會稽人高智慧、蘇州人沈玄懀等叛亂，高涼洗夫人助隋，封之為譙國夫人，開府置官屬。契丹獻於隋。

隋紀年

干支辛亥　公元 591 年

朝代或國名	國家支配者	建　都	廟　號	謚　號	建　元	年號年次	輔政者	備　注
隋	①楊堅	大興城	高祖	文	2	1 開皇 11 年		
高昌	⑦麴乾固	交河			1	延昌 31 年		在吐魯番西
吐谷渾	⑮夸呂可汗	伏俟城				51 年		二月卒
突厥	⑦雍虞閭					3 年		北疆
西突厥	②達頭可汗					15 年		

月　曆　表（建　寅）

5304—383—1937333

月干支序數	月序 \ 星期	日	1	2	3	4	5	6	日	1	2	3	4	5	6	日	1	2	3	4	5	6	日	1	2	3	4	5	6	日	1	2	3	4	5	6	日	月末陽曆
27	正				㉑	2	3	4	5	6	7	8	9	10	11	12	13	14	15	16	17	18	19	20	21	22	23	24	25	26	27	28	29					2.28
28	二					㊿	2	3	4	5	6	7	8	9	10	11	12	13	14	15	16	17	18	19	20	21	22	23	24	25	26	27	28	29	30			3.30
29	三							⑳	2	3	4	5	6	7	8	9	10	11	12	13	14	15	16	17	18	19	20	21	22	23	24	25	26	27	28	29		4.28
30	四	㊾	2	3	4	5	6	7	8	9	10	11	12	13	14	15	16	17	18	19	20	21	22	23	24	25	26	27	28	29	30							5.28
31	五			⑲	2	3	4	5	6	7	8	9	10	11	12	13	14	15	16	17	18	19	20	21	22	23	24	25	26	27	28	29						6.26
32	六				㊽	2	3	4	5	6	7	8	9	10	11	12	13	14	15	16	17	18	19	20	21	22	23	24	25	26	27	28	29	30				7.26
33	七						⑱	2	3	4	5	6	7	8	9	10	11	12	13	14	15	16	17	18	19	20	21	22	23	24	25	26	27	28	29			8.24
34	八							㊼	2	3	4	5	6	7	8	9	10	11	12	13	14	15	16	17	18	19	20	21	22	23	24	25	26	27	28	29	30	9.23
35	九		⑰	2	3	4	5	6	7	8	9	10	11	12	13	14	15	16	17	18	19	20	21	22	23	24	25	26	27	28	29							10.22
36	十			㊻	2	3	4	5	6	7	8	9	10	11	12	13	14	15	16	17	18	19	20	21	22	23	24	25	26	27	28	29	30					11.21
37	十一					⑯	2	3	4	5	6	7	8	9	10	11	12	13	14	15	16	17	18	19	20	21	22	23	24	25	26	27	28	29				12.20
38	十二						㊺	2	3	4	5	6	7	8	9	10	11	12	13	14	15	16	17	18	19	20	21	22	23	24	25	26	27	28	29	30		1.19
	閏	⑮	2	3	4	5	6	7	8	9	10	11	12	13	14	15	16	17	18	19	20	21	22	23	24	25	26	27	28	29								2.17

汪氏長術六月己亥，誤。劉氏長曆閏明年二月。

大事記

正月，高句麗遣使朝見。　二月，吐谷渾遣使奉獻。吐谷渾可汗夸呂卒，子世伏立。　三月，遣使於吐谷渾。四月，突厥遣使朝見。　五月，高句麗遣使奉獻。　十二月，靺鞨遣使奉獻。　開皇中廢九品中正制。

隋紀年

干支壬子　公元 592 年

朝代或國名	國家支配者	建　都	廟　號	謚　號	建　元	年號年次	輔政者	備　注
隋	①楊堅	大興城	高祖	文	2	1 開皇 12 年		
高昌	⑦麴乾固	交河			1	延昌 32 年		在吐魯番西
吐谷渾	⑯世伏可汗	伏俟城				元年		青海省
突厥	⑦雍虞閭					4 年		北疆
西突厥	②達頭可汗					16 年		

月　曆　表（建寅）　5305—355—1937688

月 干支 序數	星期 月序	日	1	2	3	4	5	6	日	1	2	3	4	5	6	日	1	2	3	4	5	6	日	1	2	3	4	5	6	日	1	2	3	4	5	6	日	月末 陽曆
39	正		㊹	2	3	4	5	6	7	8	9	10	11	12	13	14	15	16	17	18	19	20	21	22	23	24	25	26	27	28	29	30						3.18
40	二				⑭	2	3	4	5	6	7	8	9	10	11	12	13	14	15	16	17	18	19	20	21	22	23	24	25	26	27	28	29	30				4.17
41	三						㊹	2	3	4	5	6	7	8	9	10	11	12	13	14	15	16	17	18	19	20	21	22	23	24	25	26	27	28	29			5.16
42	四							⑬	2	3	4	5	6	7	8	9	10	11	12	13	14	15	16	17	18	19	20	21	22	23	24	25	26	27	28	29	30	6.15
43	五		㊸	2	3	4	5	6	7	8	9	10	11	12	13	14	15	16	17	18	19	20	21	22	23	24	25	26	27	28	29							7.14
44	六			⑫	2	3	4	5	6	7	8	9	10	11	12	13	14	15	16	17	18	19	20	21	22	23	24	25	26	27	28	29	30					8.13
45	七					㊷	2	3	4	5	6	7	8	9	10	11	12	13	14	15	16	17	18	19	20	21	22	23	24	25	26	27	28	29				9.11
46	八						⑪	2	3	4	5	6	7	8	9	10	11	12	13	14	15	16	17	18	19	20	21	22	23	24	25	26	27	28	29	30		10.11
47	九	㊶	2	3	4	5	6	7	8	9	10	11	12	13	14	15	16	17	18	19	20	21	22	23	24	25	26	27	28	29								11.9
48	十		⑩	2	3	4	5	6	7	8	9	10	11	12	13	14	15	16	17	18	19	20	21	22	23	24	25	26	27	28	29	30						12.9
49	十一				㊵	2	3	4	5	6	7	8	9	10	11	12	13	14	15	16	17	18	19	20	21	22	23	24	25	26	27	28	29					1.7
50	十二					⑨	2	3	4	5	6	7	8	9	10	11	12	13	14	15	16	17	18	19	20	21	22	23	24	25	26	27	28	29	30			2.6

大事記

八月，詔死罪刑悉移大理寺奏裁，諸州不得專決。　十二月，置左藏院以儲戶調餘帛。詔河北、河東田租三分減一，兵減半功，調全免。遣使均田。　突厥遣使朝見。吐谷渾、靺鞨遣使奉獻。

隋紀年　干支癸丑　公元593年

朝代或國名	國家支配者	建都	廟號	謚號	建元	年號年次	輔政者	備注
隋	①楊堅	大興城	高祖	文	2	1開皇13年		
高昌	⑦麴乾固	交河			1	延昌33年		在吐魯番西
吐谷渾	⑯世伏可汗	伏俟城				2年		青海省
突厥	⑦雍虞閭					5年		北疆
西突厥	②達頭可汗					17年		

月　曆　表（建寅）　5306—354—1938042

月 干支 序數	星期 月序	日	1	2	3	4	5	6	日	1	2	3	4	5	6	日	1	2	3	4	5	6	日	1	2	3	4	5	6	日	1	2	3	4	5	6	日	月末 陽曆
51	正							㊴	2	3	4	5	6	7	8	9	10	11	12	13	14	15	16	17	18	19	20	21	22	23	24	25	26	27	28	29		3.7
52	二	⑧	2	3	4	5	6	7	8	9	10	11	12	13	14	15	16	17	18	19	20	21	22	23	24	25	26	27	28	29	30							4.6
53	三			㊳	2	3	4	5	6	7	8	9	10	11	12	13	14	15	16	17	18	19	20	21	22	23	24	25	26	27	28	29						5.5
54	四				⑦	2	3	4	5	6	7	8	9	10	11	12	13	14	15	16	17	18	19	20	21	22	23	24	25	26	27	28	29	30				6.4
55	五						㊲	2	3	4	5	6	7	8	9	10	11	12	13	14	15	16	17	18	19	20	21	22	23	24	25	26	27	28	29	30		7.4
56	六	⑦	2	3	4	5	6	7	8	9	10	11	12	13	14	15	16	17	18	19	20	21	22	23	24	25	26	27	28	29								8.2
57	七		㊱	2	3	4	5	6	7	8	9	10	11	12	13	14	15	16	17	18	19	20	21	22	23	24	25	26	27	28	29	30						9.1
58	八				⑥	2	3	4	5	6	7	8	9	10	11	12	13	14	15	16	17	18	19	20	21	22	23	24	25	26	27	28	29					9.30
59	九					㉟	2	3	4	5	6	7	8	9	10	11	12	13	14	15	16	17	18	19	20	21	22	23	24	25	26	27	28	29	30			10.30
60	十							⑤	2	3	4	5	6	7	8	9	10	11	12	13	14	15	16	17	18	19	20	21	22	23	24	25	26	27	28	29		11.28
1	十一	㉞	2	3	4	5	6	7	8	9	10	11	12	13	14	15	16	17	18	19	20	21	22	23	24	25	26	27	28	29	30							12.28
2	十二			④	2	3	4	5	6	7	8	9	10	11	12	13	14	15	16	17	18	19	20	21	22	23	24	25	26	27	28	29						1.26

大事記

正月，契丹、奚霫室韋并遣使奉獻。　二月，作仁壽宮於岐州普閏縣，丁夫死者萬數。禁私藏緯侯、圖讖。　四月，定戰亡之家給復一年。　五月，禁私撰國史。　七月，靺鞨遣使奉獻。突厥突利可汗請婚，許以公主妻突厥突利可汗以離間突厥統治者之關係。修定雅樂，銷毁前代金石樂器以息異議。

隋紀年　　干支甲寅　公元594年

朝代或國名	國家支配者	建都	廟號	謚號	建元	年號年次	輔政者	備注
隋	①楊堅	大興城	高祖	文	2	1開皇14年		
高昌	⑦麴乾固	交河			1	延昌34年		在吐魯番西
吐谷渾	⑯世伏可汗	伏俟城				3年		青海省
突厥	⑦雍虞閭					6年		北疆
西突厥	②達頭可汗					18年		

月曆表（建寅）　5307—384—1938426

月干支序數	月序＼星期	日	1	2	3	4	5	6	日	1	2	3	4	5	6	日	1	2	3	4	5	6	日	1	2	3	4	5	6	日	1	2	3	4	5	6	日	月末陽曆
3	正				㉝	2	3	4	5	6	7	8	9	10	11	12	13	14	15	16	17	18	19	20	21	22	23	24	25	26	27	28	29	30				2.25
4	二						③	2	3	4	5	6	7	8	9	10	11	12	13	14	15	16	17	18	19	20	21	22	23	24	25	26	27	28	29			3.26
5	三							㉜	2	3	4	5	6	7	8	9	10	11	12	13	14	15	16	17	18	19	20	21	22	23	24	25	26	27	28	29	30	4.25
6	四		②	2	3	4	5	6	7	8	9	10	11	12	13	14	15	16	17	18	19	20	21	22	23	24	25	26	27	28	29							5.24
7	五			㉛	2	3	4	5	6	7	8	9	10	11	12	13	14	15	16	17	18	19	20	21	22	23	24	25	26	27	28	29	30					6.23
8	六					①	2	3	4	5	6	7	8	9	10	11	12	13	14	15	16	17	18	19	20	21	22	23	24	25	26	27	28	29				7.22
9	七						㉚	2	3	4	5	6	7	8	9	10	11	12	13	14	15	16	17	18	19	20	21	22	23	24	25	26	27	28	29	30		8.21
10	八	(60)	2	3	4	5	6	7	8	9	10	11	12	13	14	15	16	17	18	19	20	21	22	23	24	25	26	27	28	29								9.19
11	九		㉙	2	3	4	5	6	7	8	9	10	11	12	13	14	15	16	17	18	19	20	21	22	23	24	25	26	27	28	29	30						10.19
12	十				(59)	2	3	4	5	6	7	8	9	10	11	12	13	14	15	16	17	18	19	20	21	22	23	24	25	26	27	28	29	30				11.18
	閏						㉙	2	3	4	5	6	7	8	9	10	11	12	13	14	15	16	17	18	19	20	21	22	23	24	25	26	27	28	29			12.17
13	十一							(58)	2	3	4	5	6	7	8	9	10	11	12	13	14	15	16	17	18	19	20	21	22	23	24	25	26	27	28	29	30	1.16
14	十二		㉘	2	3	4	5	6	7	8	9	10	11	12	13	14	15	16	17	18	19	20	21	22	23	24	25	26	27	28	29							2.14

大事記

四月，詔行新樂，禁民間流行音樂。　六月，詔公卿以下皆給公廨田。詔廢公廨錢制。　八月，關中大旱，民饑，文帝帥民就食洛陽。　十一月，詔州縣佐吏三年一代，不得重任。

隋紀年　　干支乙卯　公元595年

朝代或國名	國家支配者	建都	廟號	謚號	建元	年號年次	輔政者	備注
隋	①楊堅	大興城	高祖	文	2	1開皇15年		
高昌	⑦麴乾固	交河			1	延昌35年		在吐魯番西
吐谷渾	⑯世伏可汗	伏俟城				4年		青海省
突厥	⑦雍虞閭					7年		北疆
西突厥	②達頭可汗					19年		

月　曆　表(建 寅)　　5308—354—1938780

月干支序數	月序＼星期	日	1	2	3	4	5	6	日	1	2	3	4	5	6	日	1	2	3	4	5	6	日	1	2	3	4	5	6	日	1	2	3	4	5	6	日	月末陽曆
15	正			(57)	2	3	4	5	6	7	8	9	10	11	12	13	14	15	16	17	18	19	20	21	22	23	24	25	26	27	28	29	30					3.16
16	二					㉗	2	3	4	5	6	7	8	9	10	11	12	13	14	15	16	17	18	19	20	21	22	23	24	25	26	27	28	29				4.14
17	三						(56)	2	3	4	5	6	7	8	9	10	11	12	13	14	15	16	17	18	19	20	21	22	23	24	25	26	27	28	29	30		5.14
18	四	㉖	2	3	4	5	6	7	8	9	10	11	12	13	14	15	16	17	18	19	20	21	22	23	24	25	26	27	28	29								6.12
19	五		(55)	2	3	4	5	6	7	8	9	10	11	12	13	14	15	16	17	18	19	20	21	22	23	24	25	26	27	28	29	30						7.12
20	六				㉕	2	3	4	5	6	7	8	9	10	11	12	13	14	15	16	17	18	19	20	21	22	23	24	25	26	27	28	29					8.10
21	七					(54)	2	3	4	5	6	7	8	9	10	11	12	13	14	15	16	17	18	19	20	21	22	23	24	25	26	27	28	29	30			9.9
22	八							㉔	2	3	4	5	6	7	8	9	10	11	12	13	14	15	16	17	18	19	20	21	22	23	24	25	26	27	28	29		10.8
23	九	(53)	2	3	4	5	6	7	8	9	10	11	12	13	14	15	16	17	18	19	20	21	22	23	24	25	26	27	28	29	30							11.7
24	十			㉓	2	3	4	5	6	7	8	9	10	11	12	13	14	15	16	17	18	19	20	21	22	23	24	25	26	27	28	29						12.6
25	十一				(52)	2	3	4	5	6	7	8	9	10	11	12	13	14	15	16	17	18	19	20	21	22	23	24	25	26	27	28	29	30				1.5
26	十二						㉒	2	3	4	5	6	7	8	9	10	11	12	13	14	15	16	17	18	19	20	21	22	23	24	25	26	27	28	29			2.3

大事記

正月,文帝東巡,祀於泰山。　二月,詔除關中、緣邊外,禁私藏、私造兵器。　五月,吐谷渾遣使奉獻。　六月,詔鑿底柱,以暢河運。林邑遣使奉獻。　十二月,詔盜邊糧一升以上者斬,并籍沒其家。詔文武官以四年為一任。罷州縣鄉官。

隋紀年

干支丙辰　公元 596 年

朝代或國名	國家支配者	建都	廟號	謚號	建元	年號年次	輔政者	備注
隋	①楊堅	大興城	高祖	文	2	1開皇16年		
高昌	⑦麴乾固	交河			1	延昌36年		在吐魯番西
吐谷渾	⑯世伏可汗	伏俟城				5年		青海省
突厥	⑦雍虞閭					8年		北疆
西突厥	②達頭可汗					20年		

月　曆　表(建 寅)　　5309—355—1939135

月干支序數	月序＼星期	日	1	2	3	4	5	6	日	1	2	3	4	5	6	日	1	2	3	4	5	6	日	1	2	3	4	5	6	日	1	2	3	4	5	6	日	月末陽曆
27	正							(51)	2	3	4	5	6	7	8	9	10	11	12	13	14	15	16	17	18	19	20	21	22	23	24	25	26	27	28	29	30	3.4
28	二		㉑	2	3	4	5	6	7	8	9	10	11	12	13	14	15	16	17	18	19	20	21	22	23	24	25	26	27	28	29	30						4.3
29	三				(51)	2	3	4	5	6	7	8	9	10	11	12	13	14	15	16	17	18	19	20	21	22	23	24	25	26	27	28	29					5.2
30	四					⑳	2	3	4	5	6	7	8	9	10	11	12	13	14	15	16	17	18	19	20	21	22	23	24	25	26	27	28	29	30			6.1
31	五							㊿	2	3	4	5	6	7	8	9	10	11	12	13	14	15	16	17	18	19	20	21	22	23	24	25	26	27	28	29		6.30
32	六	⑲	2	3	4	5	6	7	8	9	10	11	12	13	14	15	16	17	18	19	20	21	22	23	24	25	26	27	28	29	30							7.30
33	七			㊾	2	3	4	5	6	7	8	9	10	11	12	13	14	15	16	17	18	19	20	21	22	23	24	25	26	27	28	29						8.28
34	八				⑱	2	3	4	5	6	7	8	9	10	11	12	13	14	15	16	17	18	19	20	21	22	23	24	25	26	27	28	29	30				9.27
35	九						㊽	2	3	4	5	6	7	8	9	10	11	12	13	14	15	16	17	18	19	20	21	22	23	24	25	26	27	28	29			10.26
36	十							⑰	2	3	4	5	6	7	8	9	10	11	12	13	14	15	16	17	18	19	20	21	22	23	24	25	26	27	28	29	30	11.25

續表

月干支序數	星期／月序	日	1	2	3	4	5	6	日	1	2	3	4	5	6	日	1	2	3	4	5	6	日	1	2	3	4	5	6	日	1	2	3	4	5	6	日	月末陽曆
37	十一		㊼	2	3	4	5	6	7	8	9	10	11	12	13	14	15	16	17	18	19	20	21	22	23	24	25	26	27	28	29								12.24
38	十二			⑯	2	3	4	5	6	7	8	9	10	11	12	13	14	15	16	17	18	19	20	21	22	23	24	25	26	27	28	29	30						1.23

大事記

六月，詔工商不得仕進。詔九品之妻，五品之妾，夫亡不得改嫁。　八月，詔决死者三奏然後行刑。　十一月，黨項羌擾會州，旋平。以光化公主妻吐谷渾世伏可汗。　是歲，詔盜一錢以上棄市。

隋紀年

干支丁巳　公元 597 年

朝代或國名	國家支配者	建都	廟號	謚號	建元	年號年次	輔政者	備注
隋	①楊堅	大興城	高祖	文	2	1開皇 17 年		
高昌	⑦麴乾固	交河			1	延昌 37 年		在吐魯番西
吐谷渾	⑯世伏可汗	伏俟城				6 年		十二月被殺
突厥	⑦雍虞閭					9 年		北疆
西突厥	②達頭可汗					21 年		

月曆表（建寅）

5310—384—1939519

月干支序數	星期／月序	日	1	2	3	4	5	6	日	1	2	3	4	5	6	日	1	2	3	4	5	6	日	1	2	3	4	5	6	日	1	2	3	4	5	6	日	月末陽曆
39	正					㊻	2	3	4	5	6	7	8	9	10	11	12	13	14	15	16	17	18	19	20	21	22	23	24	25	26	27	28	29					2.21
40	二						⑮	2	3	4	5	6	7	8	9	10	11	12	13	14	15	16	17	18	19	20	21	22	23	24	25	26	27	28	29	30			3.23
41	三	㊺	2	3	4	5	6	7	8	9	10	11	12	13	14	15	16	17	18	19	20	21	22	23	24	25	26	27	28	29									4.21
42	四		⑭	2	3	4	5	6	7	8	9	10	11	12	13	14	15	16	17	18	19	20	21	22	23	24	25	26	27	28	29	30							5.21
43	五				㊹	2	3	4	5	6	7	8	9	10	11	12	13	14	15	16	17	18	19	20	21	22	23	24	25	26	27	28	29						6.19
	閏					⑬	2	3	4	5	6	7	8	9	10	11	12	13	14	15	16	17	18	19	20	21	22	23	24	25	26	27	28	29	30				7.19
44	六							㊸	2	3	4	5	6	7	8	9	10	11	12	13	14	15	16	17	18	19	20	21	22	23	24	25	26	27	28	29			8.17
45	七	⑫	2	3	4	5	6	7	8	9	10	11	12	13	14	15	16	17	18	19	20	21	22	23	24	25	26	27	28	29	30								9.16
46	八			㊷	2	3	4	5	6	7	8	9	10	11	12	13	14	15	16	17	18	19	20	21	22	23	24	25	26	27	28	29							10.15
47	九				⑪	2	3	4	5	6	7	8	9	10	11	12	13	14	15	16	17	18	19	20	21	22	23	24	25	26	27	28	29	30					11.14
48	十						㊶	2	3	4	5	6	7	8	9	10	11	12	13	14	15	16	17	18	19	20	21	22	23	24	25	26	27	28	29	30			12.14
49	十一	⑪	2	3	4	5	6	7	8	9	10	11	12	13	14	15	16	17	18	19	20	21	22	23	24	25	26	27	28	29									1.12
50	十二		㊵	2	3	4	5	6	7	8	9	10	11	12	13	14	15	16	17	18	19	20	21	22	23	24	25	26	27	28	29	30							2.11

大事記

二月，南寧州夷帥爨翫抗命，遣兵擊降之，虜二萬餘口。桂州夷帥李光仕抗命，遣兵擊殺之。　三月，停盜一錢弃市之法。　四月，詔頒張胄玄新曆。　五月，高句麗遣使奉獻。　七月，桂州民李世賢起事，為虞慶則鎮壓失敗。以宗女安義公主嫁突厥突利可汗；都藍可汗怨怒，漸擾邊鄙。　十二月，吐谷渾主世伏為臣下所殺，另立伏允。高句麗王湯卒，子元嗣，拜開府儀同三司、遼東公。吐谷渾內訌。

隋紀年

干支戊午　公元 598 年

朝代或國名	國家支配者	建都	廟號	謚號	建元	年號年次	輔政者	備注
隋	①楊堅	大興城	高祖	文	2	1開皇 18 年		
高昌	⑦麴乾固	交河			1	延昌 38 年		在吐魯番西
吐谷渾	⑰伏允可汗	伏俟城				元年		青海省
突厥	⑦雍虞閭					10 年		北疆
西突厥	②達頭可汗					22 年		

月　曆　表（建寅）

5311－354－1939873

月干支序數	星期 / 月序	日	1	2	3	4	5	6	日	1	2	3	4	5	6	日	1	2	3	4	5	6	日	1	2	3	4	5	6	日	1	2	3	4	5	6	日	月末陽曆
51	正				⑩	2	3	4	5	6	7	8	9	10	11	12	13	14	15	16	17	18	19	20	21	22	23	24	25	26	27	28	29					3.12
52	二					㊴	2	3	4	5	6	7	8	9	10	11	12	13	14	15	16	17	18	19	20	21	22	23	24	25	26	27	28	29	30			4.11
53	三							⑨	2	3	4	5	6	7	8	9	10	11	12	13	14	15	16	17	18	19	20	21	22	23	24	25	26	27	28	29		5.10
54	四	㊳	2	3	4	5	6	7	8	9	10	11	12	13	14	15	16	17	18	19	20	21	22	23	24	25	26	27	28	29	30							6.9
55	五			⑧	2	3	4	5	6	7	8	9	10	11	12	13	14	15	16	17	18	19	20	21	22	23	24	25	26	27	28	29						7.8
56	六				㊲	2	3	4	5	6	7	8	9	10	11	12	13	14	15	16	17	18	19	20	21	22	23	24	25	26	27	28	29	30				8.7
57	七						⑦	2	3	4	5	6	7	8	9	10	11	12	13	14	15	16	17	18	19	20	21	22	23	24	25	26	27	28	29			9.5
58	八							㊱	2	3	4	5	6	7	8	9	10	11	12	13	14	15	16	17	18	19	20	21	22	23	24	25	26	27	28	29	30	10.5
59	九		⑥	2	3	4	5	6	7	8	9	10	11	12	13	14	15	16	17	18	19	20	21	22	23	24	25	26	27	28	29							11.3
60	十			㉟	2	3	4	5	6	7	8	9	10	11	12	13	14	15	16	17	18	19	20	21	22	23	24	25	26	27	28	29	30					12.3
1	十一					⑤	2	3	4	5	6	7	8	9	10	11	12	13	14	15	16	17	18	19	20	21	22	23	24	25	26	27	28	29				1.1
2	十二						㉞	2	3	4	5	6	7	8	9	10	11	12	13	14	15	16	17	18	19	20	21	22	23	24	25	26	27	28	29	30		1.31

《明史·曆誌》以本年為回曆元年，誤。

大事記

正月，詔江南人有船三丈以上者盡括入官。　二月，高句麗王元結靺鞨侵擾遼西，遣楊諒發水陸兵分道擊討之。九月，擊高句麗之師，遇疾疫而還，死者十之八九。高句麗王元遣使謝罪。　十二月，南寧夷帥爨翫復抗命。

隋紀年

干支己未　公元 599 年

朝代或國名	國家支配者	建都	廟號	謚號	建元	年號年次	輔政者	備注
隋	①楊堅	大興城	高祖	文	2	1開皇 19 年		
高昌	⑦麴乾固	交河			1	延昌 39 年		在吐魯番西
吐谷渾	⑰伏允可汗	伏俟城				2 年		青海省
突厥	⑦雍虞閭					11 年		十二月被殺
西突厥	②達頭可汗					23 年		

月　曆　表(建寅)　　5312—354—1940227

月干支序數	星期／月序	日	1	2	3	4	5	6	日	1	2	3	4	5	6	日	1	2	3	4	5	6	日	1	2	3	4	5	6	日	1	2	3	4	5	6	日	月末陽曆
3	正	④	2	3	4	5	6	7	8	9	10	11	12	13	14	15	16	17	18	19	20	21	22	23	24	25	26	27	28	29								3.1
4	二		㉝	2	3	4	5	6	7	8	9	10	11	12	13	14	15	16	17	18	19	20	21	22	23	24	25	26	27	28	29	30						3.31
5	三				③	2	3	4	5	6	7	8	9	10	11	12	13	14	15	16	17	18	19	20	21	22	23	24	25	26	27	28	29	30				4.30
6	四						㉝	2	3	4	5	6	7	8	9	10	11	12	13	14	15	16	17	18	19	20	21	22	23	24	25	26	27	28	29			5.29
7	五							②	2	3	4	5	6	7	8	9	10	11	12	13	14	15	16	17	18	19	20	21	22	23	24	25	26	27	28	29	30	6.28
8	六		㉜	2	3	4	5	6	7	8	9	10	11	12	13	14	15	16	17	18	19	20	21	22	23	24	25	26	27	28	29							7.27
9	七			①	2	3	4	5	6	7	8	9	10	11	12	13	14	15	16	17	18	19	20	21	22	23	24	25	26	27	28	29	30					8.26
10	八					㉛	2	3	4	5	6	7	8	9	10	11	12	13	14	15	16	17	18	19	20	21	22	23	24	25	26	27	28	29				9.24
11	九						(60)	2	3	4	5	6	7	8	9	10	11	12	13	14	15	16	17	18	19	20	21	22	23	24	25	26	27	28	29	30		10.24
12	十	㉚	2	3	4	5	6	7	8	9	10	11	12	13	14	15	16	17	18	19	20	21	22	23	24	25	26	27	28	29								11.23
13	十一		(59)	2	3	4	5	6	7	8	9	10	11	12	13	14	15	16	17	18	19	20	21	22	23	24	25	26	27	28	29	30						12.22
14	十二				㉙	2	3	4	5	6	7	8	9	10	11	12	13	14	15	16	17	18	19	20	21	22	23	24	25	26	27	28	29					1.20

大事記

唐太宗李世民誕生(599—649)。

二月,突厥內訌。突利可汗奔隋,隋詔以漢王楊諒為元帥,討突厥都藍。　四月,隋大破達頭可汗。　十月,以突利可汗為意利珍豆啟民可汗并妻以宗女義成公主,處之於朔州。突厥達頭可汗擾邊,大敗。　十二月,突厥都藍可汗為部人所殺,餘部多附啟民可汗。

隋紀年　　干支庚申　公元600年

朝代或國名	國家支配者	建都	廟號	謚號	建元	年號年次	輔政者	備注
隋	①楊堅	大興城	高祖	文	2	1開皇20年		
高昌	⑦麴乾固	交河			1	延昌40年		在吐魯番西
吐谷渾	⑰伏允可汗	伏俟城				3年		青海省
突厥	⑧啓民可汗					元年		北疆
西突厥	②達頭可汗					24年		

月　曆　表(建寅)　　5313—384—1940611

月干支序數	星期／月序	日	1	2	3	4	5	6	日	1	2	3	4	5	6	日	1	2	3	4	5	6	日	1	2	3	4	5	6	日	1	2	3	4	5	6	日	月末陽曆
15	正					(58)	2	3	4	5	6	7	8	9	10	11	12	13	14	15	16	17	18	19	20	21	22	23	24	25	26	27	28	29	30			2.19
	閏							㉘	2	3	4	5	6	7	8	9	10	11	12	13	14	15	16	17	18	19	20	21	22	23	24	25	26	27	28	29		3.19
16	二	(57)	2	3	4	5	6	7	8	9	10	11	12	13	14	15	16	17	18	19	20	21	22	23	24	25	26	27	28	29	30							4.18
17	三			㉗	2	3	4	5	6	7	8	9	10	11	12	13	14	15	16	17	18	19	20	21	22	23	24	25	26	27	28	29						5.17
18	四				(56)	2	3	4	5	6	7	8	9	10	11	12	13	14	15	16	17	18	19	20	21	22	23	24	25	26	27	28	29	30				6.16
19	五						㉖	2	3	4	5	6	7	8	9	10	11	12	13	14	15	16	17	18	19	20	21	22	23	24	25	26	27	28	29			7.15
20	六							(55)	2	3	4	5	6	7	8	9	10	11	12	13	14	15	16	17	18	19	20	21	22	23	24	25	26	27	28	29	30	8.14
21	七		㉕	2	3	4	5	6	7	8	9	10	11	12	13	14	15	16	17	18	19	20	21	22	23	24	25	26	27	28	29	30						9.13
22	八				(55)	2	3	4	5	6	7	8	9	10	11	12	13	14	15	16	17	18	19	20	21	22	23	24	25	26	27	28	29					10.12

續表

月干支序數	月序＼星期	日	1	2	3	4	5	6	日	1	2	3	4	5	6	日	1	2	3	4	5	6	日	1	2	3	4	5	6	日	1	2	3	4	5	6	日	月末陽曆
23	九					㉔	2	3	4	5	6	7	8	9	10	11	12	13	14	15	16	17	18	19	20	21	22	23	24	25	26	27	28	29	30			11.11
24	十							(54)	2	3	4	5	6	7	8	9	10	11	12	13	14	15	16	17	18	19	20	21	22	23	24	25	26	27	28	29		12.10
25	十一	㉓	2	3	4	5	6	7	8	9	10	11	12	13	14	15	16	17	18	19	20	21	22	23	24	25	26	27	28	29	30							1.9
26	十二			(53)	2	3	4	5	6	7	8	9	10	11	12	13	14	15	16	17	18	19	20	21	22	23	24	25	26	27	28	29						2.7

大事記

正月,高句麗、契丹遣使奉獻。　二月,熙州民李英林起事。　三月,林為張衡鎮壓,失敗。　四月,達頭可汗犯塞,突利可汗奔隋,隋遣楊廣分道擊御之。　十一月,立晉王楊廣為太子。十二月,詔盜毀佛像及天尊像以惡逆論。倭國推古女皇遣使聘隋。劉焯(544—610)制《皇極曆》。用"內插法"計算日、月的正確位置。(有說在明年)。581 至是年,全國人口約 44 500 000 人。

隋紀年

干支辛酉　公元 601 年

朝代或國名	國家支配者	建都	廟號	謚號	建元	年號年次	輔政者	備注
隋	①楊堅	大興城	高祖	文	2	2 仁壽元年		
高昌	⑦麴乾固	交河			1	延昌 41 年		在吐魯番西
吐谷渾	⑰伏允可汗	伏俟城				4 年		青海省
突厥	⑧啓民可汗					2 年		北疆
西突厥	②達頭可汗					25 年		

月曆表(建寅)

5314—355—1940966

月干支序數	月序＼星期	日	1	2	3	4	5	6	日	1	2	3	4	5	6	日	1	2	3	4	5	6	日	1	2	3	4	5	6	日	1	2	3	4	5	6	日	月末陽曆
27	正				㉒	2	3	4	5	6	7	8	9	10	11	12	13	14	15	16	17	18	19	20	21	22	23	24	25	26	27	28	29	30				3.9
28	二						(52)	2	3	4	5	6	7	8	9	10	11	12	13	14	15	16	17	18	19	20	21	22	23	24	25	26	27	28	29			4.7
29	三							㉑	2	3	4	5	6	7	8	9	10	11	12	13	14	15	16	17	18	19	20	21	22	23	24	25	26	27	28	29	30	5.7
30	四		(51)	2	3	4	5	6	7	8	9	10	11	12	13	14	15	16	17	18	19	20	21	22	23	24	25	26	27	28	29							6.5
31	五			⑳	2	3	4	5	6	7	8	9	10	11	12	13	14	15	16	17	18	19	20	21	22	23	24	25	26	27	28	29	30					7.5
32	六					㊿	2	3	4	5	6	7	8	9	10	11	12	13	14	15	16	17	18	19	20	21	22	23	24	25	26	27	28	29				8.3
33	七						⑲	2	3	4	5	6	7	8	9	10	11	12	13	14	15	16	17	18	19	20	21	22	23	24	25	26	27	28	29	30		9.2
34	八	㊾	2	3	4	5	6	7	8	9	10	11	12	13	14	15	16	17	18	19	20	21	22	23	24	25	26	27	28	29								10.1
35	九		⑱	2	3	4	5	6	7	8	9	10	11	12	13	14	15	16	17	18	19	20	21	22	23	24	25	26	27	28	29	30						10.31
36	十				㊽	2	3	4	5	6	7	8	9	10	11	12	13	14	15	16	17	18	19	20	21	22	23	24	25	26	27	28	29	30				11.30
37	十一						⑱	2	3	4	5	6	7	8	9	10	11	12	13	14	15	16	17	18	19	20	21	22	23	24	25	26	27	28	29			12.29
38	十二							㊼	2	3	4	5	6	7	8	9	10	11	12	13	14	15	16	17	18	19	20	21	22	23	24	25	26	27	28	29	30	1.28

大事記

正月,改元仁壽。突厥步迦可汗擾邊。　五月,突厥男女九萬口降,遷於塞內。　六月,詔廢太學、四門及州縣學,只留國子生七十人。　七月,改國子學為太學。　十一月,資州山僚起事,旋撫定之。潮、成等五州僚起事,旋平。詔以楊素、長孫晟助啟民可汗北擊步迦可汗。　是歲,陸法言著成《切韻》五卷。

隋紀年　　　　干支壬戌　公元 602 年

朝代或國名	國家支配者	建　都	廟　號	謚　號	建　元	年號年次	輔政者	備　注
隋	①楊堅	大興城	高祖	文	2	2 仁壽 2 年		
高昌	⑧麴伯雅	交河			1	延和元年		在吐魯番西
吐谷渾	⑰伏允可汗	伏俟城				5 年		青海省
突厥	⑧啓民可汗					3 年		北疆
西突厥	②達頭可汗					26 年		

月　曆　表（建寅）　　　　5315—383—1911349

月干支序數	月序＼星期	日	1	2	3	4	5	6	日	1	2	3	4	5	6	日	1	2	3	4	5	6	日	1	2	3	4	5	6	日	1	2	3	4	5	6	日	月末陽曆
39	正		⑰	2	3	4	5	6	7	8	9	10	11	12	13	14	15	16	17	18	19	20	21	22	23	24	25	26	27	28	29							2.26
40	二			㊻	2	3	4	5	6	7	8	9	10	11	12	13	14	15	16	17	18	19	20	21	22	23	24	25	26	27	28	29	30					3.28
41	三					⑯	2	3	4	5	6	7	8	9	10	11	12	13	14	15	16	17	18	19	20	21	22	23	24	25	26	27	28	29				4.26
42	四						㊺	2	3	4	5	6	7	8	9	10	11	12	13	14	15	16	17	18	19	20	21	22	23	24	25	26	27	28	29	30		5.26
43	五	⑮	2	3	4	5	6	7	8	9	10	11	12	13	14	15	16	17	18	19	20	21	22	23	24	25	26	27	28	29								6.24
44	六		㊹	2	3	4	5	6	7	8	9	10	11	12	13	14	15	16	17	18	19	20	21	22	23	24	25	26	27	28	29	30						7.24
45	七				⑭	2	3	4	5	6	7	8	9	10	11	12	13	14	15	16	17	18	19	20	21	22	23	24	25	26	27	28	29					8.22
46	八					㊸	2	3	4	5	6	7	8	9	10	11	12	13	14	15	16	17	18	19	20	21	22	23	24	25	26	27	28	29	30			9.21
47	九							⑬	2	3	4	5	6	7	8	9	10	11	12	13	14	15	16	17	18	19	20	21	22	23	24	25	26	27	28	29		10.20
48	十	㊷	2	3	4	5	6	7	8	9	10	11	12	13	14	15	16	17	18	19	20	21	22	23	24	25	26	27	28	29	30							11.19
	閏			⑫	2	3	4	5	6	7	8	9	10	11	12	13	14	15	16	17	18	19	20	21	22	23	24	25	26	27	28	29						12.18
49	十一				㊶	2	3	4	5	6	7	8	9	10	11	12	13	14	15	16	17	18	19	20	21	22	23	24	25	26	27	28	29	30				1.17
50	十二						⑪	2	3	4	5	6	7	8	9	10	11	12	13	14	15	16	17	18	19	20	21	22	23	24	25	26	27	28	29			2.15

大事記

三月，楊素大破突厥，步迦可汗敗逃磧北，自是磧南無復寇掠。　九月，遣楊達賑恤河南諸州水災。十月，詔楊素、蘇威、牛弘等修定五禮。閏十月，定五禮。十二月，交州俚帥李佛子起事，攻據龍編等城，旋擊降之。

是歲，唐高僧玄奘誕生(602—664)於河南偃師縣緱氏鎮陳家河。

隋紀年　　　　干支癸亥　公元 603 年

朝代或國名	國家支配者	建　都	廟　號	謚　號	建　元	年號年次	輔政者	備　注
隋	①楊堅	大興城	高祖	文	2	2 仁壽 3 年		
高昌	⑧麴伯雅	交河			1	延和 2 年		在吐魯番西
吐谷渾	⑰伏允可汗	伏俟城				6 年		青海省
突厥	⑧啓民可汗					4 年		北疆
西突厥	③處羅可汗					元年		

月 曆 表(建 寅) 5316－355－1941704

月干支序數	月序＼星期	日	1	2	3	4	5	6	日	1	2	3	4	5	6	日	1	2	3	4	5	6	日	1	2	3	4	5	6	日	1	2	3	4	5	6	日	月末陽曆
51	正							㊵	2	3	4	5	6	7	8	9	10	11	12	13	14	15	16	17	18	19	20	21	22	23	24	25	26	27	28	29	30	3.17
52	二		⑩	2	3	4	5	6	7	8	9	10	11	12	13	14	15	16	17	18	19	20	21	22	23	24	25	26	27	28	29	30						4.16
53	三				㊵	2	3	4	5	6	7	8	9	10	11	12	13	14	15	16	17	18	19	20	21	22	23	24	25	26	27	28	29					5.15
54	四					⑨	2	3	4	5	6	7	8	9	10	11	12	13	14	15	16	17	18	19	20	21	22	23	24	25	26	27	28	29	30			6.14
55	五							㊴	2	3	4	5	6	7	8	9	10	11	12	13	14	15	16	17	18	19	20	21	22	23	24	25	26	27	28	29		7.13
56	六	⑧	2	3	4	5	6	7	8	9	10	11	12	13	14	15	16	17	18	19	20	21	22	23	24	25	26	27	28	29	30							8.12
57	七			㊳	2	3	4	5	6	7	8	9	10	11	12	13	14	15	16	17	18	19	20	21	22	23	24	25	26	27	28	29						9.10
58	八				⑦	2	3	4	5	6	7	8	9	10	11	12	13	14	15	16	17	18	19	20	21	22	23	24	25	26	27	28	29	30				10.10
59	九						㊲	2	3	4	5	6	7	8	9	10	11	12	13	14	15	16	17	18	19	20	21	22	23	24	25	26	27	28	29			11.8
60	十							⑥	2	3	4	5	6	7	8	9	10	11	12	13	14	15	16	17	18	19	20	21	22	23	24	25	26	27	28	29	30	12.8
1	十一		㊱	2	3	4	5	6	7	8	9	10	11	12	13	14	15	16	17	18	19	20	21	22	23	24	25	26	27	28	29							1.6
2	十二			⑤	2	3	4	5	6	7	8	9	10	11	12	13	14	15	16	17	18	19	20	21	22	23	24	25	26	27	28	29	30					2.5

大事記

九月，置常平官。是年，突厥啟民可汗歸國。達頭可汗降於啟民可汗，旋奔吐谷渾。文中子王通(584—618)獻太平十二策。突厥大亂，步迦可汗奔吐谷渾，鐵勒、僕骨等十餘部皆降於啟民可汗。

隋紀年

干支甲子 公元604年

朝代或國名	國家支配者	建 都	廟 號	謚 號	建 元	年號年次	輔政者	備 注
隋	①楊堅	大興城	高祖	文	2	2仁壽4年		七月楊廣篡位
高昌	⑧麴伯雅	交河			1	延和3年		在吐魯番西
吐谷渾	⑰伏允可汗	伏俟城				7年		青海省
突厥	⑧啓民可汗					5年		北疆
西突厥	③處羅可汗					2年		

月 曆 表(建 寅) 5317－354－1942058

月干支序數	月序＼星期	日	1	2	3	4	5	6	日	1	2	3	4	5	6	日	1	2	3	4	5	6	日	1	2	3	4	5	6	日	1	2	3	4	5	6	日	月末陽曆
3	正					㉟	2	3	4	5	6	7	8	9	10	11	12	13	14	15	16	17	18	19	20	21	22	23	24	25	26	27	28	29				3.5
4	二						④	2	3	4	5	6	7	8	9	10	11	12	13	14	15	16	17	18	19	20	21	22	23	24	25	26	27	28	29	30		4.4
5	三	㉞	2	3	4	5	6	7	8	9	10	11	12	13	14	15	16	17	18	19	20	21	22	23	24	25	26	27	28	29								5.3
6	四		③	2	3	4	5	6	7	8	9	10	11	12	13	14	15	16	17	18	19	20	21	22	23	24	25	26	27	28	29	30						6.2
7	五				㉝	2	3	4	5	6	7	8	9	10	11	12	13	14	15	16	17	18	19	20	21	22	23	24	25	26	27	28	29					7.1
8	六					②	2	3	4	5	6	7	8	9	10	11	12	13	14	15	16	17	18	19	20	21	22	23	24	25	26	27	28	29	30			7.31
9	七							㉜	2	3	4	5	6	7	8	9	10	11	12	13	14	15	16	17	18	19	20	21	22	23	24	25	26	27	28	29	30	8.30
10	八		②	2	3	4	5	6	7	8	9	10	11	12	13	14	15	16	17	18	19	20	21	22	23	24	25	26	27	28	29							9.28
11	九			㉛	2	3	4	5	6	7	8	9	10	11	12	13	14	15	16	17	18	19	20	21	22	23	24	25	26	27	28	29	30					10.28
12	十					①	2	3	4	5	6	7	8	9	10	11	12	13	14	15	16	17	18	19	20	21	22	23	24	25	26	27	28	29				11.26
13	十一						㉚	2	3	4	5	6	7	8	9	10	11	12	13	14	15	16	17	18	19	20	21	22	23	24	25	26	27	28	29	30		12.26
14	十二	(60)	2	3	4	5	6	7	8	9	10	11	12	13	14	15	16	17	18	19	20	21	22	23	24	25	26	27	28	29								1.24

大事記

七月，文帝(541—604)為太子楊廣所害，廣即位，是為煬帝。　八月，以討楊素為名，漢王楊諒起兵，遣楊素擊殺之。　十月，詔除婦人及奴婢部曲之課，男子二十二歲成丁。　十一月，發丁男數十萬掘塹，自龍門東接長平、汲郡，抵臨清關，渡河至浚儀、襄城，達於上洛，以置關防。

隋紀年

干支乙丑　公元 605 年

朝代或國名	國家支配者	建都	廟號	謚號	建元	年號年次	輔政者	備注
隋	②楊廣	大興城	世祖	煬(明)	1	大業元年		
高昌	⑧麴伯雅	交河			1	延和 4 年		在吐魯番西
吐谷渾	⑰伏允可汗	伏俟城				8 年		青海省
突厥	⑧啓民可汗					6 年		北疆
西突厥	③處羅可汗					3 年		

月　曆　表(建寅)

5318—384—1942442

月干支序數	月序 \ 星期	日	1	2	3	4	5	6	日	1	2	3	4	5	6	日	1	2	3	4	5	6	日	1	2	3	4	5	6	日	1	2	3	4	5	6	日	月末陽曆
15	正		㉙	2	3	4	5	6	7	8	9	10	11	12	13	14	15	16	17	18	19	20	21	22	23	24	25	26	27	28	29	30						2.23
16	二				(59)	2	3	4	5	6	7	8	9	10	11	12	13	14	15	16	17	18	19	20	21	22	23	24	25	26	27	28	29					3.24
17	三					㉘	2	3	4	5	6	7	8	9	10	11	12	13	14	15	16	17	18	19	20	21	22	23	24	25	26	27	28	29	30			4.23
18	四							(58)	2	3	4	5	6	7	8	9	10	11	12	13	14	15	16	17	18	19	20	21	22	23	24	25	26	27	28	29		5.22
19	五	㉗	2	3	4	5	6	7	8	9	10	11	12	13	14	15	16	17	18	19	20	21	22	23	24	25	26	27	28	29	30							6.21
20	六			(57)	2	3	4	5	6	7	8	9	10	11	12	13	14	15	16	17	18	19	20	21	22	23	24	25	26	27	28	29						7.20
21	七				㉖	2	3	4	5	6	7	8	9	10	11	12	13	14	15	16	17	18	19	20	21	22	23	24	25	26	27	28	29	30				8.19
	閏						(56)	2	3	4	5	6	7	8	9	10	11	12	13	14	15	16	17	18	19	20	21	22	23	24	25	26	27	28	29			9.17
22	八							㉕	2	3	4	5	6	7	8	9	10	11	12	13	14	15	16	17	18	19	20	21	22	23	24	25	26	27	28	29	30	10.17
23	九		(55)	2	3	4	5	6	7	8	9	10	11	12	13	14	15	16	17	18	19	20	21	22	23	24	25	26	27	28	29	30						11.16
24	十				㉕	2	3	4	5	6	7	8	9	10	11	12	13	14	15	16	17	18	19	20	21	22	23	24	25	26	27	28	29					12.15
25	十一					(54)	2	3	4	5	6	7	8	9	10	11	12	13	14	15	16	17	18	19	20	21	22	23	24	25	26	27	28	29	30			1.14
26	十二							㉔	2	3	4	5	6	7	8	9	10	11	12	13	14	15	16	17	18	19	20	21	22	23	24	25	26	27	28	29		2.12

大事記

正月，發使巡省各地風俗。廢諸州總管府。遣將攻林邑，闚掠珍寶。　三月，命宇文愷建東京，月役二百萬人，營顯仁宮。徵奇花、異石、珍禽、奇獸實園苑。發民百萬開通濟渠；又發民十餘萬開邗溝；自長安至江都，置離宮四十餘所。遣王弘往江南造龍舟。　四月，劉方破林邑國都，其王梵志逃入海。　五月，築西苑，周二百里，窮極壯麗。　八月，煬帝巡游江都，循水路，舳艫相接二百餘里。契丹擾營州，遣將與突厥連兵擊破之，俘男女四萬，盡殺男口。

是歲，西突厥大亂，鐵勒各部群起攻處羅可汗，立契苾歌楞為莫何可汗，薛延陀俟斤字也咥為小可汗。

隋紀年

干支丙寅　公元 606 年

朝代或國名	國家支配者	建都	廟號	謚號	建元	年號年次	輔政者	備注
隋	②楊廣	長安	世祖	煬(明)	1	大業 2 年		
高昌	⑧麴伯雅	交河			1	延和 5 年		在吐魯番西
吐谷渾	⑰伏允可汗	伏俟城				9 年		青海省

續表

朝代或國名	國家支配者	建都	廟號	謚號	建元	年號年次	輔政者	備注
突厥	⑧啓民可汗					7年		北疆
西突厥	③處羅可汗					4年		

月曆表(建寅)

5319—354—1942796

月干支序數	月序＼星期	日	1	2	3	4	5	6	日	1	2	3	4	5	6	日	1	2	3	4	5	6	日	1	2	3	4	5	6	日	1	2	3	4	5	6	日	月末陽曆
27	正	(53)	2	3	4	5	6	7	8	9	10	11	12	13	14	15	16	17	18	19	20	21	22	23	24	25	26	27	28	29	30							3.14
28	二			(23)	2	3	4	5	6	7	8	9	10	11	12	13	14	15	16	17	18	19	20	21	22	23	24	25	26	27	28	29						4.12
29	三				(52)	2	3	4	5	6	7	8	9	10	11	12	13	14	15	16	17	18	19	20	21	22	23	24	25	26	27	28	29	30				5.12
30	四						(22)	2	3	4	5	6	7	8	9	10	11	12	13	14	15	16	17	18	19	20	21	22	23	24	25	26	27	28	29			6.10
31	五							(51)	2	3	4	5	6	7	8	9	10	11	12	13	14	15	16	17	18	19	20	21	22	23	24	25	26	27	28	29	30	7.10
32	六		(21)	2	3	4	5	6	7	8	9	10	11	12	13	14	15	16	17	18	19	20	21	22	23	24	25	26	27	28	29							8.8
33	七			(50)	2	3	4	5	6	7	8	9	10	11	12	13	14	15	16	17	18	19	20	21	22	23	24	25	26	27	28	29	30					9.7
34	八					(20)	2	3	4	5	6	7	8	9	10	11	12	13	14	15	16	17	18	19	20	21	22	23	24	25	26	27	28	29				10.6
35	九						(49)	2	3	4	5	6	7	8	9	10	11	12	13	14	15	16	17	18	19	20	21	22	23	24	25	26	27	28	29	30		11.5
36	十	(19)	2	3	4	5	6	7	8	9	10	11	12	13	14	15	16	17	18	19	20	21	22	23	24	25	26	27	28	29								12.4
37	十一		(48)	2	3	4	5	6	7	8	9	10	11	12	13	14	15	16	17	18	19	20	21	22	23	24	25	26	27	28	29	30						1.3
38	十二				(18)	2	3	4	5	6	7	8	9	10	11	12	13	14	15	16	17	18	19	20	21	22	23	24	25	26	27	28	29					2.1

大事記

正月，東京成。遣十使併省州縣。　二月，詔牛弘等議定輿服儀衛制度，課州縣送羽毛，務為華盛，役工十餘萬人，費金帛巨億。　四月，煬帝自江都還東京，普免今年租賦。　七月，詔百官不得計考增級。　十月，詔重定律令，置洛口倉，容二千餘萬石。　十二月，置回洛倉，容二百餘萬石。征集天下散樂於東京。括州郡樂工、雜技為樂戶。

隋紀年

干支丁卯　公元607年

朝代或國名	國家支配者	建都	廟號	謚號	建元	年號年次	輔政者	備注
隋	②楊廣	長安	世祖	煬(明)	1	大業3年		
高昌	⑧麴伯雅	交河			1	延和6年		在吐魯番西
吐谷渾	⑰伏允可汗	伏俟城				10年		青海省
突厥	⑧啓民可汗					8年		北疆
西突厥	③處羅可汗					5年		

月曆表(建寅)

5320—355—1943151

月干支序數	月序＼星期	日	1	2	3	4	5	6	日	1	2	3	4	5	6	日	1	2	3	4	5	6	日	1	2	3	4	5	6	日	1	2	3	4	5	6	日	月末陽曆
39	正					(47)	2	3	4	5	6	7	8	9	10	11	12	13	14	15	16	17	18	19	20	21	22	23	24	25	26	27	28	29	30			3.3
40	二							(17)	2	3	4	5	6	7	8	9	10	11	12	13	14	15	16	17	18	19	20	21	22	23	24	25	26	27	28	29	30	4.2
41	三		(47)	2	3	4	5	6	7	8	9	10	11	12	13	14	15	16	17	18	19	20	21	22	23	24	25	26	27	28	29							5.1
42	四			(16)	2	3	4	5	6	7	8	9	10	11	12	13	14	15	16	17	18	19	20	21	22	23	24	25	26	27	28	29	30					5.31

續表

月干支序數	月序（星期）	日	1	2	3	4	5	6	日	1	2	3	4	5	6	日	1	2	3	4	5	6	日	1	2	3	4	5	6	日	1	2	3	4	5	6	日	月末陽曆
43	五					㊻	2	3	4	5	6	7	8	9	10	11	12	13	14	15	16	17	18	19	20	21	22	23	24	25	26	27	28	29				6.29
44	六						⑮	2	3	4	5	6	7	8	9	10	11	12	13	14	15	16	17	18	19	20	21	22	23	24	25	26	27	28	29	30		7.29
45	七	㊺	2	3	4	5	6	7	8	9	10	11	12	13	14	15	16	17	18	19	20	21	22	23	24	25	26	27	28	29								8.27
46	八		⑭	2	3	4	5	6	7	8	9	10	11	12	13	14	15	16	17	18	19	20	21	22	23	24	25	26	27	28	29	30						9.26
47	九				㊹	2	3	4	5	6	7	8	9	10	11	12	13	14	15	16	17	18	19	20	21	22	23	24	25	26	27	28	29					10.25
48	十					⑬	2	3	4	5	6	7	8	9	10	11	12	13	14	15	16	17	18	19	20	21	22	23	24	25	26	27	28	29	30			11.24
49	十一							㊸	2	3	4	5	6	7	8	9	10	11	12	13	14	15	16	17	18	19	20	21	22	23	24	25	26	27	28	29		12.23
50	十二	⑫	2	3	4	5	6	7	8	9	10	11	12	13	14	15	16	17	18	19	20	21	22	23	24	25	26	27	28	29	30							1.22

大事記

正月，突厥啟民可汗朝見。　三月，煬帝還長安。遣朱寬入海訪異俗，至琉球國。　四月，頒布大業新律，更定官制，改州為郡，改度量衡依古式。煬帝北巡。　五月，發河北十餘郡丁男鑿太行山，達於并州。　六月，煬帝入突厥境，奚、霫室韋等酋長皆來朝見。啟民可汗及義成公主來朝。吐谷渾、高昌遣使入貢。　七月，發丁男百餘萬築長城，西起榆林，東至紫河，二旬而畢，死者十之五六。大臣高熲、賀若弼、宇文弼坐誹謗朝政被殺。　八月，令宇文愷等造觀風行殿。煬帝至金河入啟民可汗帳。倭國遣小野妹子使隋。　九月，煬帝還東京。　十月，使裴矩駐張掖，經略西域。鐵勒擾敦煌，旋撫定之。於河北招募工藝戶三千餘戶。

隋紀年

干支戊辰　公元 608 年

朝代或國名	國家支配者	建　都	廟　號	謚　號	建　元	年號年次	輔政者	備　注
隋	②楊廣	洛陽	世祖	煬(明)	1	大業 4 年		
高昌	⑧麴伯雅	交河			1	延和 7 年		在吐魯番西
吐谷渾	⑰伏允可汗	伏俟城				11 年		青海省
突厥	⑧啓民可汗					9 年		北疆
西突厥	③處羅可汗					6 年		

月　曆　表(建寅)

5321—384—1943535

月干支序數	月序（星期）	日	1	2	3	4	5	6	日	1	2	3	4	5	6	日	1	2	3	4	5	6	日	1	2	3	4	5	6	日	1	2	3	4	5	6	日	月末陽曆
51	正			㊷	2	3	4	5	6	7	8	9	10	11	12	13	14	15	16	17	18	19	20	21	22	23	24	25	26	27	28	29						2.20
52	二				⑪	2	3	4	5	6	7	8	9	10	11	12	13	14	15	16	17	18	19	20	21	22	23	24	25	26	27	28	29	30				3.21
53	三						㊶	2	3	4	5	6	7	8	9	10	11	12	13	14	15	16	17	18	19	20	21	22	23	24	25	26	27	28	29			4.19
	閏							⑩	2	3	4	5	6	7	8	9	10	11	12	13	14	15	16	17	18	19	20	21	22	23	24	25	26	27	28	29	30	5.19
54	四		㊵	2	3	4	5	6	7	8	9	10	11	12	13	14	15	16	17	18	19	20	21	22	23	24	25	26	27	28	29							6.17
55	五			⑨	2	3	4	5	6	7	8	9	10	11	12	13	14	15	16	17	18	19	20	21	22	23	24	25	26	27	28	29	30					7.17
56	六					㊴	2	3	4	5	6	7	8	9	10	11	12	13	14	15	16	17	18	19	20	21	22	23	24	25	26	27	28	29	30			8.16
57	七							⑨	2	3	4	5	6	7	8	9	10	11	12	13	14	15	16	17	18	19	20	21	22	23	24	25	26	27	28	29		9.14
58	八	㊳	2	3	4	5	6	7	8	9	10	11	12	13	14	15	16	17	18	19	20	21	22	23	24	25	26	27	28	29	30							10.14
59	九			⑧	2	3	4	5	6	7	8	9	10	11	12	13	14	15	16	17	18	19	20	21	22	23	24	25	26	27	28	29						11.12

續表

月干支序數	月序＼星期	日	1	2	3	4	5	6	日	1	2	3	4	5	6	日	1	2	3	4	5	6	日	1	2	3	4	5	6	日	1	2	3	4	5	6	日	月末陽曆
60	十				㊲	2	3	4	5	6	7	8	9	10	11	12	13	14	15	16	17	18	19	20	21	22	23	24	25	26	27	28	29	30				12.12
1	十一						⑦	2	3	4	5	6	7	8	9	10	11	12	13	14	15	16	17	18	19	20	21	22	23	24	25	26	27	28	29			1.10
2	十二							㊱	2	3	4	5	6	7	8	9	10	11	12	13	14	15	16	17	18	19	20	21	22	23	24	25	26	27	28	29	30	2.9

大事記

正月，徵河北男女百餘萬開鑿永濟渠。　二月，西突厥入貢，遣使慰諭西突厥處羅可汗。　三月，倭王多利思比孤遣使入貢。百濟、赤土、迦羅舍國遣使奉獻；遣使於赤土。四月，遣裴世清使倭。建汾陽宮。　七月，發丁男二十餘萬築長城，自榆谷而東。吐谷渾伏允可汗為鐵勒所敗奔黨項，遣使請救；隋遣宇文述率軍往，伏允懼，奔雪山，其故地皆空，因置郡、縣、鎮戍，徙輕罪徙居之。　八月，煬廣祠恆岳，西域十餘國皆來助祭。　九月，徵郡縣鷹師悉集東京，至者萬餘人。倭王再遣小野妹子隨裴世清使隋，并率學生四人，高向玄理等八僧來隋學佛。　十月，遣常駿等至南海赤土，赤土王遣子隨使者入貢。封孔子後為紹聖侯。遣將擊降伊吾，置戍。

是歲，倭國藥師惠日、倭漢直福因等來隋學醫。

隋紀年

干支己巳　公元609年

朝代或國名	國家支配者	建都	廟號	謚號	建元	年號年次	輔政者	備注
隋	②楊廣	洛陽	世祖	煬(明)	1	大業5年		
高昌	⑧麴伯雅	交河			1	延和8年		在吐魯番西
吐谷渾	⑰伏允可汗					12年		避居黨項
	伏允子慕容順							居長安不敢返國
突厥	⑧啓民可汗					10年		十一月卒
西突厥	③處羅可汗					7年		

月曆表(建寅)

5322—354—1943889

月干支序數	月序＼星期	日	1	2	3	4	5	6	日	1	2	3	4	5	6	日	1	2	3	4	5	6	日	1	2	3	4	5	6	日	1	2	3	4	5	6	日	月末陽曆
3	正		⑥	2	3	4	5	6	7	8	9	10	11	12	13	14	15	16	17	18	19	20	21	22	23	24	25	26	27	28	29							3.10
4	二			㉟	2	3	4	5	6	7	8	9	10	11	12	13	14	15	16	17	18	19	20	21	22	23	24	25	26	27	28	29	30					4.9
5	三					⑤	2	3	4	5	6	7	8	9	10	11	12	13	14	15	16	17	18	19	20	21	22	23	24	25	26	27	28	29				5.8
6	四						㉞	2	3	4	5	6	7	8	9	10	11	12	13	14	15	16	17	18	19	20	21	22	23	24	25	26	27	28	29	30		6.7
7	五	④	2	3	4	5	6	7	8	9	10	11	12	13	14	15	16	17	18	19	20	21	22	23	24	25	26	27	28	29								7.6
8	六		㉝	2	3	4	5	6	7	8	9	10	11	12	13	14	15	16	17	18	19	20	21	22	23	24	25	26	27	28	29	30						8.5
9	七				③	2	3	4	5	6	7	8	9	10	11	12	13	14	15	16	17	18	19	20	21	22	23	24	25	26	27	28	29					9.3
10	八					㉜	2	3	4	5	6	7	8	9	10	11	12	13	14	15	16	17	18	19	20	21	22	23	24	25	26	27	28	29	30			10.3
11	九							②	2	3	4	5	6	7	8	9	10	11	12	13	14	15	16	17	18	19	20	21	22	23	24	25	26	27	28	29	30	11.2
12	十		㉜	2	3	4	5	6	7	8	9	10	11	12	13	14	15	16	17	18	19	20	21	22	23	24	25	26	27	28	29							12.1
13	十一			①	2	3	4	5	6	7	8	9	10	11	12	13	14	15	16	17	18	19	20	21	22	23	24	25	26	27	28	29	30					12.31
14	十二					㉛	2	3	4	5	6	7	8	9	10	11	12	13	14	15	16	17	18	19	20	21	22	23	24	25	26	27	28	29				1.29

大事記

正月，改東京為東都。突厥啟民可汗來朝。詔均郡縣田。禁民間鐵叉、搭鈎、鑽刃之類。　三月，煬帝西巡。　五月，遣將柳武建等分四道圍吐谷渾，降者男女十餘萬口，可汗伏允遠遁。仙頭王率男女十餘萬口來降。　六月，煬帝至張掖，高昌王麴伯雅及伊吾吐屯設等以得厚賂，相率朝見，以吐屯設所獻地置西海、河源、鄯善、且末四郡，遣罪人戍之。命將鎮積石，開屯田，并禦吐谷渾，以通西域之路。立吐谷渾可汗伏允質子順為可汗。　十一月，煬帝至東都。令清查戶口。突厥啟民可汗卒，子始畢可汗立。

是歲，全國有郡 190，縣 1 255，戶 890 萬有奇，是為隋之極盛時代。

隋紀年

干支庚午　公元 610 年

朝代或國名	國家支配者	建都	廟號	謚號	建元	年號年次	輔政者	備注
隋	②楊廣	洛陽	世祖	煬(明)	1	大業 6 年		
高昌	⑧麴伯雅	交河			1	延和 9 年		在吐魯番西
吐谷渾	⑰伏允可汗					13 年		避居黨項
突厥	⑨始畢可汗					元年		北疆
西突厥	③處羅可汗					8 年		

月曆表(建寅)

5323—384—1944273

月干支序數	月序 \ 星期	日	1	2	3	4	5	6	日	1	2	3	4	5	6	日	1	2	3	4	5	6	日	1	2	3	4	5	6	日	1	2	3	4	5	6	日	月末陽曆
15	正						(60)	2	3	4	5	6	7	8	9	10	11	12	13	14	15	16	17	18	19	20	21	22	23	24	25	26	27	28	29	30		2.28
16	二	㉚	2	3	4	5	6	7	8	9	10	11	12	13	14	15	16	17	18	19	20	21	22	23	24	25	26	27	28	29								3.29
17	三		(59)	2	3	4	5	6	7	8	9	10	11	12	13	14	15	16	17	18	19	20	21	22	23	24	25	26	27	28	29	30						4.28
18	四				㉙	2	3	4	5	6	7	8	9	10	11	12	13	14	15	16	17	18	19	20	21	22	23	24	25	26	27	28	29					5.27
19	五					(58)	2	3	4	5	6	7	8	9	10	11	12	13	14	15	16	17	18	19	20	21	22	23	24	25	26	27	28	29	30			6.26
20	六							㉘	2	3	4	5	6	7	8	9	10	11	12	13	14	15	16	17	18	19	20	21	22	23	24	25	26	27	28	29		7.25
21	七	(57)	2	3	4	5	6	7	8	9	10	11	12	13	14	15	16	17	18	19	20	21	22	23	24	25	26	27	28	29	30							8.24
22	八			㉗	2	3	4	5	6	7	8	9	10	11	12	13	14	15	16	17	18	19	20	21	22	23	24	25	26	27	28	29						9.22
23	九				(56)	2	3	4	5	6	7	8	9	10	11	12	13	14	15	16	17	18	19	20	21	22	23	24	25	26	27	28	29	30				10.22
24	十						㉖	2	3	4	5	6	7	8	9	10	11	12	13	14	15	16	17	18	19	20	21	22	23	24	25	26	27	28	29			11.20
25	十一							(55)	2	3	4	5	6	7	8	9	10	11	12	13	14	15	16	17	18	19	20	21	22	23	24	25	26	27	28	29	30	12.20
	閏		㉕	2	3	4	5	6	7	8	9	10	11	12	13	14	15	16	17	18	19	20	21	22	23	24	25	26	27	28	29							1.18
26	十二			(54)	2	3	4	5	6	7	8	9	10	11	12	13	14	15	16	17	18	19	20	21	22	23	24	25	26	27	28	29	30					2.17

劉氏長曆閏十二月。

大事記

正月，有數十人素冠練衣，焚香持花，自稱彌勒佛，自建國門入，鬪起事，皆被殺，連坐者千餘家。諸蕃入朝，於東都盛陳百戲以夸示諸蕃酋長。倭國遣使奉獻。　二月，奉使招琉球者殺其王，俘萬七千餘人回。以所徵樂工配太常，置博士弟子以相傳授，樂工至三萬餘人。　三月，煬帝再游江都。以王世充領江都宮監。　六月，室韋、赤土遣使奉獻。雁門尉文通聚衆三千起事，尋為楊百泉鎮壓。　十二月，牛弘卒(545—610)。穿江南河，自京口至余杭八百餘里。朱崖王萬昌起事，旋敗。　是歲，課富人買馬備擊高句麗，匹至十萬錢。巢元方著《諸病源候論》成。

隋紀年

干支辛未　公元 611 年

朝代或國名	國家支配者	建　都	廟號	謚號	建元	年號年次	輔政者	備　注
隋	②楊廣	洛陽	世祖	煬(明)	1	大業 7 年		
	〔王薄〕	山東長白山				元年		反隋
	〔竇建德〕	樂壽				元年		反隋
	〔翟讓、李密〕	滑縣				元年		反隋
高昌	⑧麴伯雅	交河			1	延和 10 年		在吐魯番西
吐谷渾	⑰伏允可汗	伏俟城				14 年		居青海避黨項
突厥	⑨始畢可汗					2 年		北疆
西突厥	③處羅可汗					9 年		朝隋被留
	④射匱可汗	三彌山				元年		族人擁立
	〔高士達〕	清河郡				元年		今河北南宮東南

月　曆　表(建寅)

5324—354—1944627

月干支序數	星期／月序	日	1	2	3	4	5	6	日	1	2	3	4	5	6	日	1	2	3	4	5	6	日	1	2	3	4	5	6	日	1	2	3	4	5	6	日	月末陽曆
27	正					㉔	2	3	4	5	6	7	8	9	10	11	12	13	14	15	16	17	18	19	20	21	22	23	24	25	26	27	28	29	30			3.19
28	二							(54)	2	3	4	5	6	7	8	9	10	11	12	13	14	15	16	17	18	19	20	21	22	23	24	25	26	27	28	29		4.17
29	三	㉓	2	3	4	5	6	7	8	9	10	11	12	13	14	15	16	17	18	19	20	21	22	23	24	25	26	27	28	29	30							5.17
30	四			(53)	2	3	4	5	6	7	8	9	10	11	12	13	14	15	16	17	18	19	20	21	22	23	24	25	26	27	28	29						6.15
31	五				㉒	2	3	4	5	6	7	8	9	10	11	12	13	14	15	16	17	18	19	20	21	22	23	24	25	26	27	28	29	30				7.15
32	六						(52)	2	3	4	5	6	7	8	9	10	11	12	13	14	15	16	17	18	19	20	21	22	23	24	25	26	27	28	29			8.13
33	七							㉑	2	3	4	5	6	7	8	9	10	11	12	13	14	15	16	17	18	19	20	21	22	23	24	25	26	27	28	29	30	9.12
34	八		(51)	2	3	4	5	6	7	8	9	10	11	12	13	14	15	16	17	18	19	20	21	22	23	24	25	26	27	28	29							10.11
35	九			⑳	2	3	4	5	6	7	8	9	10	11	12	13	14	15	16	17	18	19	20	21	22	23	24	25	26	27	28	29	30					11.10
36	十					㊿	2	3	4	5	6	7	8	9	10	11	12	13	14	15	16	17	18	19	20	21	22	23	24	25	26	27	28	29				12.9
37	十一						⑲	2	3	4	5	6	7	8	9	10	11	12	13	14	15	16	17	18	19	20	21	22	23	24	25	26	27	28	29	30		1.8
38	十二	㊾	2	3	4	5	6	7	8	9	10	11	12	13	14	15	16	17	18	19	20	21	22	23	24	25	26	27	28	29								2.6

大事記

二月,徵天下兵會涿郡,於東萊海口造船備征高麗。百濟遣使奉獻。　　四月,煬帝至涿郡。七月,山東、河南大水,漂沒三十餘郡,民相賣為奴婢。　　十二月,西突厥處羅可汗為射匱所攻,則奔高昌,遂來朝。

是歲,因擬擊高麗,調兵遣將征糧,舉國騷動,民不聊生,紛紛起義。鄒平民王薄據長白山,號知世郎,作"無向遼東浪死歌"以號召。平原民劉霸道據豆子䴚,號阿舅。漳南民孫安祖據高鷄泊,號將軍。脩人高士達據青河,號東海公,以漳南竇建德為司兵。又有鄃人張金稱據河曲,河間格謙號燕王,勃海孫宣雅號齊王,東郡法曹、韋城翟讓與單雄信、徐世勣等據瓦崗,外黃王當仁、濟陽王伯當、雍兵李公逸、韋城周文舉以及不知名者紛紛起義。

隋紀年

干支壬申　公元 612 年

朝代或國名	國家支配者	建　都	廟　號	謚　號	建　元	年號年次	輔政者	備　注
隋	②楊廣	洛陽	世祖	煬(明)	1	大業 8 年		
	〔王薄〕					2 年		山東長白山

續表

朝代或國名	國家支配者	建都	廟號	謚號	建元	年號年次	輔政者	備注
	〔竇建德〕	樂壽				2年		
	〔高士達〕					2年		
	〔翟讓、李密〕	滑縣				2年		
高昌	⑧麴伯雅	交河			1	延和11年		在新疆吐魯番西
吐谷渾	⑰伏允可汗	伏俟城				15年		避居黨項
突厥	始畢可汗咄吉							嗣立年不詳
突厥	⑨始畢可汗					3年		北疆
西突厥	③處羅可汗					10年		正月隋賜號曷那可汗
	④射匱可汗	三彌山				2年		龜茲北

月　曆　表（建寅）　5325—355—1944982

月干支序數	月序＼星期	日	1	2	3	4	5	6	日	1	2	3	4	5	6	日	1	2	3	4	5	6	日	1	2	3	4	5	6	日	1	2	3	4	5	6	日	月末陽曆
39	正		⑱	2	3	4	5	6	7	8	9	10	11	12	13	14	15	16	17	18	19	20	21	22	23	24	25	26	27	28	29	30						3.7
40	二				㊽	2	3	4	5	6	7	8	9	10	11	12	13	14	15	16	17	18	19	20	21	22	23	24	25	26	27	28	29					4.5
41	三					⑰	2	3	4	5	6	7	8	9	10	11	12	13	14	15	16	17	18	19	20	21	22	23	24	25	26	27	28	29	30			5.5
42	四							㊼	2	3	4	5	6	7	8	9	10	11	12	13	14	15	16	17	18	19	20	21	22	23	24	25	26	27	28	29		6.3
43	五	⑯	2	3	4	5	6	7	8	9	10	11	12	13	14	15	16	17	18	19	20	21	22	23	24	25	26	27	28	29	30							7.3
44	六			㊻	2	3	4	5	6	7	8	9	10	11	12	13	14	15	16	17	18	19	20	21	22	23	24	25	26	27	28	29	30					8.2
45	七					⑯	2	3	4	5	6	7	8	9	10	11	12	13	14	15	16	17	18	19	20	21	22	23	24	25	26	27	28	29				8.31
46	八						㊺	2	3	4	5	6	7	8	9	10	11	12	13	14	15	16	17	18	19	20	21	22	23	24	25	26	27	28	29	30		9.30
47	九	⑮	2	3	4	5	6	7	8	9	10	11	12	13	14	15	16	17	18	19	20	21	22	23	24	25	26	27	28	29								10.29
48	十		㊹	2	3	4	5	6	7	8	9	10	11	12	13	14	15	16	17	18	19	20	21	22	23	24	25	26	27	28	29	30						11.28
49	十一				⑭	2	3	4	5	6	7	8	9	10	11	12	13	14	15	16	17	18	19	20	21	22	23	24	25	26	27	28	29					12.27
50	十二					㊸	2	3	4	5	6	7	8	9	10	11	12	13	14	15	16	17	18	19	20	21	22	23	24	25	26	27	28	29	30			1.26

大事記

正月，煬帝親率水陸大軍征高句麗，凡一百三十萬餘人，號二百萬。分西突厥處羅可汗之衆為三，分處於會寧、樓煩等地。　三月，煬帝至遼水。　六月，隋將來護兒以水軍攻平壤，敗績。　七月，隋陸軍宇文述等部於高麗境內大敗而還，喪師三十萬人，資械不可勝計。煬帝詔班師。　九月，煬帝還至東都。　十月，宇文愷卒(555—612)。　十一月，以宗室女華容公主妻高昌麴伯雅。　是歲，大旱疫，山東尤甚。密詔江淮選貢美女。

隋紀年　　干支癸酉　公元613年

朝代或國名	國家支配者	建都	廟號	謚號	建元	年號年次	輔政者	備注
隋	②楊廣	洛陽	世祖	煬(明)	1	大業9年		
	〔向海明〕	三輔				白馬元年		七至十二月，陝西中部
	〔王薄〕					3年		山東長白山
	〔竇建德〕	樂壽				3年		

續表

朝代或國名	國家支配者	建都	廟號	謚號	建元	年號年次	輔政者	備注
	〔翟讓、李密〕	滑縣				3年		
	〔杜伏威〕					元年		江淮
	〔孫宣雅〕							山東無棣
	〔白玉娑〕							寧夏、甘肅
	〔劉元進〕							江南
	〔郭方預〕							益都
高昌	⑧麴伯雅	交河			1	延和 12年		吐魯番西
吐谷渾	⑰伏允可汗	伏俟城				16年		青海
突厥	⑨始畢可汗					4年		北疆
西突厥	③曷那可汗					元年		
	④射匱可汗	三彌山				3年		龜兹北
	〔高士達〕					3年		

月曆表(建寅)

5326—384—1945366

月干支序數	月序＼星期	日	1	2	3	4	5	6	日	1	2	3	4	5	6	日	1	2	3	4	5	6	日	1	2	3	4	5	6	日	1	2	3	4	5	6	日	月末陽曆
51	正							⑬	2	3	4	5	6	7	8	9	10	11	12	13	14	15	16	17	18	19	20	21	22	23	24	25	26	27	28	29		2.24
52	二	㊷	2	3	4	5	6	7	8	9	10	11	12	13	14	15	16	17	18	19	20	21	22	23	24	25	26	27	28	29	30							3.26
53	三			⑫	2	3	4	5	6	7	8	9	10	11	12	13	14	15	16	17	18	19	20	21	22	23	24	25	26	27	28	29						4.24
54	四				㊶	2	3	4	5	6	7	8	9	10	11	12	13	14	15	16	17	18	19	20	21	22	23	24	25	26	27	28	29	30				5.24
55	五						⑪	2	3	4	5	6	7	8	9	10	11	12	13	14	15	16	17	18	19	20	21	22	23	24	25	26	27	28	29			6.22
56	六							㊵	2	3	4	5	6	7	8	9	10	11	12	13	14	15	16	17	18	19	20	21	22	23	24	25	26	27	28	29	30	7.22
57	七		⑩	2	3	4	5	6	7	8	9	10	11	12	13	14	15	16	17	18	19	20	21	22	23	24	25	26	27	28	29							8.20
58	八			㊴	2	3	4	5	6	7	8	9	10	11	12	13	14	15	16	17	18	19	20	21	22	23	24	25	26	27	28	29	30					9.19
59	九					⑨	2	3	4	5	6	7	8	9	10	11	12	13	14	15	16	17	18	19	20	21	22	23	24	25	26	27	28	29	30			10.19
	閏							㊴	2	3	4	5	6	7	8	9	10	11	12	13	14	15	16	17	18	19	20	21	22	23	24	25	26	27	28	29		11.17
60	十	⑧	2	3	4	5	6	7	8	9	10	11	12	13	14	15	16	17	18	19	20	21	22	23	24	25	26	27	28	29	30							12.17
1	十一			㊳	2	3	4	5	6	7	8	9	10	11	12	13	14	15	16	17	18	19	20	21	22	23	24	25	26	27	28	29						1.15
2	十二				⑦	2	3	4	5	6	7	8	9	10	11	12	13	14	15	16	17	18	19	20	21	22	23	24	25	26	27	28	29	30				2.14

大事記

正月,再徵兵募民為驍果,集於涿郡。平民杜彥冰、王誾等破郡城,李德逸等附於阿舅。靈武白瑜娑劫牧馬,連突厥,人稱"奴賊"。　二月,濟北韓進洛聚衆。煬帝再次率軍入攻高麗。　三月,濟陰孟海公起事。孟讓、孫宣雅等聚衆起事。王薄為隋將張須陁所敗。北海郭方預起事,號盧公。　四月,煬帝至遼東,遣兵趣平壤。　五月,濟北甄寶車起事。　六月,禮部尚書楊玄感起兵黎陽,圍東都,煬帝班師。余杭劉元進起兵應玄感。　八月,楊玄感敗死。韓相國散潰,被殺。窮治楊玄感黨與,死者三萬餘人。吳郡朱燮,晉陵管崇起義,號將軍。信安陳瑱起義,破郡城。　九月,東海彭孝才、濟陰吳海流起義,東陽李三兒起義。　十月,東郡呂明星起義,旋敗。劉元進等據吳郡稱帝。　十二月,扶風僧人向海明起義,章丘杜伏威、臨濟輔公祏起義,會合苗海潮,海陵趙破陣之衆,號將軍。真可謂"群雄并起,天下大亂"。

隋紀年

干支甲戌　公元 614 年

朝代或國名	國家支配者	建都	廟號	謚號	建元	年號年次	輔政者	備注
隋	②楊廣	洛陽	世祖	明(煬)	1	大業 10 年		
	〔劉迦論〕	上郡				大世元年		五月建元，尋亡
	〔王薄〕					4 年		山東長白山
	〔竇建德〕	樂壽				4 年		
	〔翟讓、李密〕	滑縣				4 年		
	〔杜伏威〕					2 年		江淮
	〔盧明月〕	齊郡				元年		濟南
	〔高士達〕					4 年		
高昌	⑨麴□	交河			1	義和元年		吐魯番西
吐谷渾	⑰伏允可汗	伏俟城				17 年		青海
突厥	⑨始畢可汗					5 年		北疆
西突厥	③曷那可汗					2 年		
	④射匱可汗	三彌山				4 年		龜兹北

月　曆　表（建寅）

5327—354—1945720

月干支序數	星期／月序	日	1	2	3	4	5	6	日	1	2	3	4	5	6	日	1	2	3	4	5	6	日	1	2	3	4	5	6	日	1	2	3	4	5	6	日	月末陽曆
3	正						㊲	2	3	4	5	6	7	8	9	10	11	12	13	14	15	16	17	18	19	20	21	22	23	24	25	26	27	28	29			3.15
4	二							⑥	2	3	4	5	6	7	8	9	10	11	12	13	14	15	16	17	18	19	20	21	22	23	24	25	26	27	28	29	30	4.14
5	三		㊱	2	3	4	5	6	7	8	9	10	11	12	13	14	15	16	17	18	19	20	21	22	23	24	25	26	27	28	29							5.13
6	四			⑤	2	3	4	5	6	7	8	9	10	11	12	13	14	15	16	17	18	19	20	21	22	23	24	25	26	27	28	29	30					6.12
7	五					㉟	2	3	4	5	6	7	8	9	10	11	12	13	14	15	16	17	18	19	20	21	22	23	24	25	26	27	28	29				7.11
8	六						④	2	3	4	5	6	7	8	9	10	11	12	13	14	15	16	17	18	19	20	21	22	23	24	25	26	27	28	29	30		8.10
9	七	㉞	2	3	4	5	6	7	8	9	10	11	12	13	14	15	16	17	18	19	20	21	22	23	24	25	26	27	28	29								9.8
10	八		③	2	3	4	5	6	7	8	9	10	11	12	13	14	15	16	17	18	19	20	21	22	23	24	25	26	27	28	29	30						10.8
11	九				㉝	2	3	4	5	6	7	8	9	10	11	12	13	14	15	16	17	18	19	20	21	22	23	24	25	26	27	28	29					11.6
12	十					②	2	3	4	5	6	7	8	9	10	11	12	13	14	15	16	17	18	19	20	21	22	23	24	25	26	27	28	29	30			12.6
13	十一							㉜	2	3	4	5	6	7	8	9	10	11	12	13	14	15	16	17	18	19	20	21	22	23	24	25	26	27	28	29		1.4
14	十二	①	2	3	4	5	6	7	8	9	10	11	12	13	14	15	16	17	18	19	20	21	22	23	24	25	26	27	28	29	30							2.3

大事記

二月，煬帝再徵兵擊高句麗。扶風唐弼起義，立李弘芝為皇帝，號唐王。　四月，彭城張大虎起義，旋敗。　五月，延安劉迦論結稽胡起兵，稱皇王，建元大世，旋敗死。以屈突通為關內討捕大使。　六月，建安鄭文雅、林寶護等陷郡城。七月，煬帝至懷遠鎮，高句麗請降，班師。　八月，邯鄲楊公卿率眾襲煬帝後隊。　十月，煬帝還東都。　十一月，長平司馬長安起兵，破郡城。離石胡劉苗王起義，稱帝。汲郡王德仁起義，據林慮山。　十二月，孟讓率軍南下，王世充破之。齊郡左孝友據蹲狗山，尋為張須陁所敗，出降。涿郡盧明月攻祝阿，為張須陁部將羅士信、秦叔寶所破。

隋紀年

干支乙亥　公元615年

朝代或國名	國家支配者	建都	廟號	謚號	建元	年號年次	輔政者	備注
隋	②楊廣	洛陽	世祖	明(煬)	1	大業11年		
	朱粲	漢南				昌達元年		十一月建元
	〔王薄〕					5年		山東長白山
	〔竇建德〕	樂壽				5年		
	〔翟讓、李密〕	滑縣				5年		
	〔杜伏威〕					3年		江淮
	〔盧明月〕	齊郡				2年		濟南
	〔王須拔〕					元年		河北
	〔魏刀兒〕					元年		
	〔高世達〕					5年		
高昌	⑨麴□	交河			1	義和2年		吐魯番西
吐谷渾	⑰伏允可汗	伏俟城				18年		青海
突厥	⑨始畢可汗					6年		北疆
西突厥	③曷那可汗					3年		
	④射匱可汗	三彌山				5年		龜兹北

月曆表(建寅)

5328－354－1946074

月干支序數	月序	日	1	2	3	4	5	6	日	1	2	3	4	5	6	日	1	2	3	4	5	6	日	1	2	3	4	5	6	日	1	2	3	4	5	6	日	月末陽曆
15	正			㉛	2	3	4	5	6	7	8	9	10	11	12	13	14	15	16	17	18	19	20	21	22	23	24	25	26	27	28	29	30					3.5
16	二					①	2	3	4	5	6	7	8	9	10	11	12	13	14	15	16	17	18	19	20	21	22	23	24	25	26	27	28	29				4.3
17	三						㉚	2	3	4	5	6	7	8	9	10	11	12	13	14	15	16	17	18	19	20	21	22	23	24	25	26	27	28	29	30		5.3
18	四	(60)	2	3	4	5	6	7	8	9	10	11	12	13	14	15	16	17	18	19	20	21	22	23	24	25	26	27	28	29								6.1
19	五		㉙	2	3	4	5	6	7	8	9	10	11	12	13	14	15	16	17	18	19	20	21	22	23	24	25	26	27	28	29	30						7.1
20	六				(59)	2	3	4	5	6	7	8	9	10	11	12	13	14	15	16	17	18	19	20	21	22	23	24	25	26	27	28	29					7.30
21	七					㉘	2	3	4	5	6	7	8	9	10	11	12	13	14	15	16	17	18	19	20	21	22	23	24	25	26	27	28	29	30			8.29
22	八							(58)	2	3	4	5	6	7	8	9	10	11	12	13	14	15	16	17	18	19	20	21	22	23	24	25	26	27	28	29		9.27
23	九	㉗	2	3	4	5	6	7	8	9	10	11	12	13	14	15	16	17	18	19	20	21	22	23	24	25	26	27	28	29	30							10.27
24	十			(57)	2	3	4	5	6	7	8	9	10	11	12	13	14	15	16	17	18	19	20	21	22	23	24	25	26	27	28	29						11.25
25	十一				㉖	2	3	4	5	6	7	8	9	10	11	12	13	14	15	16	17	18	19	20	21	22	23	24	25	26	27	28	29	30				12.25
26	十二						(56)	2	3	4	5	6	7	8	9	10	11	12	13	14	15	16	17	18	19	20	21	22	23	24	25	26	27	28	29			1.23

大事記

正月,突厥、契丹、新羅、靺鞨、吐火羅、龜兹等二十餘國并遣使朝見。齊郡顏宣政起義,旋敗。　二月,北平楊仲緒攻郡城,敗死。詔郡、縣、驛、亭、村、塢皆築城。上谷人王須拔稱漫天王,國號燕。魏刀兒起兵,北結突厥,號歷山飛。　五月,司馬長安破西河郡。李淵為山西、河東撫慰大使。李淵擊龍門毋端兒,破之。　七月,淮南張起緒起義。　八月,煬帝北巡,突厥始畢可汗圍之於雁門,九月,始解圍去。　十月,煬帝還東都。彭城魏麒麟起義,攻魯郡。盧明月攻陳、汝。東海李子通據海陵,稱楚王。　十一月,王須拔破高陽。城父朱粲起義,攻荊沔,自稱迦樓羅王。　十二月,絳郡敬盤陀、柴寶昌等攻汾水左右,李淵擊平之。

隋紀年

干支丙子　公元616年

朝代或國名	國家支配者	建都	廟號	謚號	建元	年號年次	輔政者	備注
隋	②楊廣	洛陽	世祖	明(煬)	1	大業12年		
〔楚〕	〔林士弘〕	鄱陽			1	太平(延康)元年		十二月建元
	朱粲					昌達2年		一説十二月立
	〔操師乞〕					始興元年		十二月建元尋亡
	〔王薄〕					6年		山東長白山
	〔竇建德〕	樂壽				6年		
	〔翟讓、李密〕	滑縣				6年		
	〔杜伏威〕					4年		江淮
	〔盧明月〕	齊郡				3年		濟南
	〔魏刀兒〕					2年		河北
	〔高士達〕					6年		
高昌	⑨麴□	交河			1	義和3年		吐魯番西
吐谷渾	⑰伏允可汗	伏俟城				19年		青海
突厥	⑨始畢可汗					7年		北疆
西突厥	③曷那可汗					4年		
	④射匱可汗	三彌山				6年		龜玆北

月　曆　表(建寅)

5329—384—1946458

月干支序數	星期／月序	日	1	2	3	4	5	6	日	1	2	3	4	5	6	日	1	2	3	4	5	6	日	1	2	3	4	5	6	日	1	2	3	4	5	6	日	月末陽曆
27	正							㉕	2	3	4	5	6	7	8	9	10	11	12	13	14	15	16	17	18	19	20	21	22	23	24	25	26	27	28	29	30	2.22
28	二		(55)	2	3	4	5	6	7	8	9	10	11	12	13	14	15	16	17	18	19	20	21	22	23	24	25	26	27	28	29							3.22
29	三			㉔	2	3	4	5	6	7	8	9	10	11	12	13	14	15	16	17	18	19	20	21	22	23	24	25	26	27	28	29	30					4.21
30	四					(54)	2	3	4	5	6	7	8	9	10	11	12	13	14	15	16	17	18	19	20	21	22	23	24	25	26	27	28	29				5.20
31	五						㉓	2	3	4	5	6	7	8	9	10	11	12	13	14	15	16	17	18	19	20	21	22	23	24	25	26	27	28	29	30		6.19
	閏	(53)	2	3	4	5	6	7	8	9	10	11	12	13	14	15	16	17	18	19	20	21	22	23	24	25	26	27	28	29	30							7.19
32	六			㉓	2	3	4	5	6	7	8	9	10	11	12	13	14	15	16	17	18	19	20	21	22	23	24	25	26	27	28	29						8.17
33	七				(52)	2	3	4	5	6	7	8	9	10	11	12	13	14	15	16	17	18	19	20	21	22	23	24	25	26	27	28	29	30				9.16
34	八						㉒	2	3	4	5	6	7	8	9	10	11	12	13	14	15	16	17	18	19	20	21	22	23	24	25	26	27	28	29			10.15
35	九							(51)	2	3	4	5	6	7	8	9	10	11	12	13	14	15	16	17	18	19	20	21	22	23	24	25	26	27	28	29	30	11.14
36	十		㉑	2	3	4	5	6	7	8	9	10	11	12	13	14	15	16	17	18	19	20	21	22	23	24	25	26	27	28	29							12.13
37	十一			㊿	2	3	4	5	6	7	8	9	10	11	12	13	14	15	16	17	18	19	20	21	22	23	24	25	26	27	28	29	30					1.12
38	十二					⑳	2	3	4	5	6	7	8	9	10	11	12	13	14	15	16	17	18	19	20	21	22	23	24	25	26	27	28	29				2.10

大事記

正月，建毗陵郡宮，壯麗過於東都西苑。分遣使者十二道發兵鎮壓起義軍。　二月，真臘遣使奉獻。　三月，張金稱陷平恩、武安、鉅鹿、清河等縣。　四月，歷山飛別將甄翟兒攻太原。　七月，煬帝南逃江都。馮翊孫華起義，號總管。高涼通守冼珤徹起事，嶺南溪洞多應之。　八月，恒山趙萬海攻高陽。　九月，揚州沈覓敵等攻江淮。安定荔非世雄殺臨涇令，號將軍。　十月，李密投翟讓，破張須陁。操師乞據鄱陽起義，號元興王，建元始興，陷豫章，旋敗死，部將林士弘代統其衆，稱皇帝，國號楚，建元太平，取九江、臨川、南康、宜春等郡。以李淵為太原留守。淵破甄翟兒。張金稱、高士達敗死，竇建德統其部，號將軍。格謙敗死，渤海高開道統其殘部，攻掠燕地。涿郡虎賁郎將羅藝據郡，號幽州總管。突厥侵擾北邊，李淵拒御之。

隋紀年

干支丁丑　公元617年

朝代或國名	國家支配者	建都	廟號	謚號	建元	年號年次	輔政者	備注
隋	②楊廣	洛陽	世祖	明(煬)	1	大業13年		
	③楊侑	洛陽		恭	1	義寧元年		十一月壬戌改元
〔楚〕	〔林士弘〕	鄱陽			1	太平(延康)2年		
	朱粲					昌達3年		
〔魏〕	〔李密〕	洛口倉				永平元年		二月建元
	劉武周	馬邑				天興元年		三月建元
梁	梁師都	朔方				永隆元年		三月建元(今銀川)
	〔竇建德〕	樂壽			2	1丁丑元年		
	郭子和	榆林				丑(正)平元年		
秦	薛舉	隴西				秦興元年		八月建元
梁	蕭銑	江陵				鳴鳳元年		十月建元
	〔王薄〕					7年		
	〔杜伏威〕					5年		江淮
	〔曹武徹〕					通聖元年		
	李軌					安樂元年		
	〔盧明月〕	齊郡				4年		濟南
	〔魏刀兒〕					3年		河北
	〔李文相〕	魏郡				元年		河南安陽
高昌	⑨麴□	交河			1	義和4年		吐魯番西
吐蕃	①弃宗弄贊	(即松贊干布，吐蕃王朝第33代)				元年		
吐谷渾	⑰伏允可汗	伏俟城				20年		青海
突厥	⑨始畢可汗					8年		北疆
西突厥	③曷那可汗					5年		
	④射匱可汗	三彌山				7年		龜茲北

月　曆　表(建寅)

5330—355—1946813

月干支序數	月序＼星期	日	1	2	3	4	5	6	日	1	2	3	4	5	6	日	1	2	3	4	5	6	日	1	2	3	4	5	6	日	1	2	3	4	5	6	日	月末陽曆
39	正						㊾	2	3	4	5	6	7	8	9	10	11	12	13	14	15	16	17	18	19	20	21	22	23	24	25	26	27	28	29	30		3.12
40	二	⑲	2	3	4	5	6	7	8	9	10	11	12	13	14	15	16	17	18	19	20	21	22	23	24	25	26	27	28	29								4.10
41	三			㊽	2	3	4	5	6	7	8	9	10	11	12	13	14	15	16	17	18	19	20	21	22	23	24	25	26	27	28	29	30					5.10
42	四				⑱	2	3	4	5	6	7	8	9	10	11	12	13	14	15	16	17	18	19	20	21	22	23	24	25	26	27	28	29					6.8
43	五					㊼	2	3	4	5	6	7	8	9	10	11	12	13	14	15	16	17	18	19	20	21	22	23	24	25	26	27	28	29	30			7.8
44	六							⑰	2	3	4	5	6	7	8	9	10	11	12	13	14	15	16	17	18	19	20	21	22	23	24	25	26	27	28	29		8.6
45	七	㊻	2	3	4	5	6	7	8	9	10	11	12	13	14	15	16	17	18	19	20	21	22	23	24	25	26	27	28	29	30							9.5
46	八			⑯	2	3	4	5	6	7	8	9	10	11	12	13	14	15	16	17	18	19	20	21	22	23	24	25	26	27	28	29	30					10.5

續表

月干支序數	星期 月序	日	1	2	3	4	5	6	日	1	2	3	4	5	6	日	1	2	3	4	5	6	日	1	2	3	4	5	6	日	1	2	3	4	5	6	日	月末陽曆
47	九					㊻	2	3	4	5	6	7	8	9	10	11	12	13	14	15	16	17	18	19	20	21	22	23	24	25	26	27	28	29				11.3
48	十						⑮	2	3	4	5	6	7	8	9	10	11	12	13	14	15	16	17	18	19	20	21	22	23	24	25	26	27	28	29	30		12.3
49	十一	㊺	2	3	4	5	6	7	8	9	10	11	12	13	14	15	16	17	18	19	20	21	22	23	24	25	26	27	28	29								1.1
50	十二		⑭	2	3	4	5	6	7	8	9	10	11	12	13	14	15	16	17	18	19	20	21	22	23	24	25	26	27	28	29	30						1.31

大事記

正月，杜伏威進據歷陽，稱總管。竇建德據樂壽，稱長樂王，建元丁丑。魯郡徐圓朗陷東平。弘化劉企成起義。盧明月據淮北，號無上王，旋敗死。　二月，朔方鷹揚郎將梁師都起事，附於突厥。上谷王子英破郡城。馬邑鷹揚校尉劉武周起事，附於突厥。李密、翟讓陷興洛倉，密號魏公，稱元年，江淮、河南多附之。　三月，蒲城郭子和起事，號永樂王，建元丑平，附於突厥。劉武周稱皇帝，建元天興。梁師都稱梁帝，建元永隆。突厥以劉武周為定陽可汗，梁師都為大度毗伽可汗。郭子和為平陽可汗，旋改子和為屋利設。廬江張子路、李通德等起義，旋皆敗。　四月，金城府校尉薛舉起事，號西秦霸王，旋稱帝，建元秦興。孟讓襲東都，河南郡縣盡附。　五月，太原留守李淵起兵。　七月，竇建德於河間大敗隋主力薛世雄軍。武威鷹揚府司馬李軌起兵據河西。　十月，羅縣令蕭銑據江陵起兵。　十一月，李淵入長安，立代王楊侑（恭帝），改元義寧，遙尊煬帝為太上皇，淵為大丞相，進封唐王。與民約法十二章，除隋煩苛。李密殺翟讓。　十二月，東都被圍，人餓死者十二三。

唐紀年

干支戊寅　公元618年

朝代或國名	國家支配者	建都	廟號	謚號	建元	年號年次	輔政者	備注
隋	③楊侑	長安		恭	1	大業14年 義寧2年		三月改元 五月禪於唐
	④楊侗	東京				皇泰元年		五月改元
唐	①李淵	長安	高祖		1	武德元年	李世民裴寂劉文靜	五月甲子建元
〔燕〕	〔高開道〕					始興元年	（一說天成元年）	十二月建元（一說在613年）
許	宇文化及	魏縣				天壽元年		九月建元
	李軌					安樂2年		一說在上年
	〔王薄〕					8年		
	〔杜伏威〕					6年		江淮
	〔高曇晟〕	懷來				法輪元年		十二月建元，尋亡
〔楚〕	〔林士弘〕	鄱陽				太平3年		
	朱粲					昌達4年		
〔魏〕	〔李密〕					永平2年		九月亡
	劉武周	汾陽宮				天興2年		
梁	梁師都	朔方				永隆2年		今銀川
〔夏〕	竇建德	（獻縣）			2	2五鳳元年		十一月改國號夏
	郭子和	榆林				丑（正）平2年		七月亡
秦	薛仁杲	隴西				秦興2年		十一月亡
梁	蕭銑					鳴鳳2年		

續表

朝代或國名	國家支配者	建都	廟號	謚號	建元	年號年次	輔政者	備注
	〔李文相〕	魏郡				2年		安陽
高昌	⑨麴□	交河			1	義和5年		吐魯番西
吐蕃	①弃宗弄贊					2年		
吐谷渾	⑰伏允可汗	伏俟城				21年		由黨項返國
突厥	⑨始畢可汗					9年		北疆
西突厥	③曷那可汗					6年		
	④射匱可汗	三彌山				8年		龜兹北

月 曆 表(建寅) 5331—354—1947167

月干支序數	星期/月序	日	1	2	3	4	5	6	日	1	2	3	4	5	6	日	1	2	3	4	5	6	日	1	2	3	4	5	6	日	1	2	3	4	5	6	日	月末陽曆
51	正				㊹	2	3	4	5	6	7	8	9	10	11	12	13	14	15	16	17	18	19	20	21	22	23	24	25	26	27	28	29					3.1
52	二					⑬	2	3	4	5	6	7	8	9	10	11	12	13	14	15	16	17	18	19	20	21	22	23	24	25	26	27	28	29	30			3.31
53	三							㊸	2	3	4	5	6	7	8	9	10	11	12	13	14	15	16	17	18	19	20	21	22	23	24	25	26	27	28	29		4.29
54	四	⑫	2	3	4	5	6	7	8	9	10	11	12	13	14	15	16	17	18	19	20	21	22	23	24	25	26	27	28	29	30							5.29
55	五			㊷	2	3	4	5	6	7	8	9	10	11	12	13	14	15	16	17	18	19	20	21	22	23	24	25	26	27	28	29						6.27
56	六				⑪	2	3	4	5	6	7	8	9	10	11	12	13	14	15	16	17	18	19	20	21	22	23	24	25	26	27	28	29	30				7.27
57	七						㊶	2	3	4	5	6	7	8	9	10	11	12	13	14	15	16	17	18	19	20	21	22	23	24	25	26	27	28	29			8.25
58	八							⑩	2	3	4	5	6	7	8	9	10	11	12	13	14	15	16	17	18	19	20	21	22	23	24	25	26	27	28	29	30	9.24
59	九		㊵	2	3	4	5	6	7	8	9	10	11	12	13	14	15	16	17	18	19	20	21	22	23	24	25	26	27	28	29							10.23
60	十			⑨	2	3	4	5	6	7	8	9	10	11	12	13	14	15	16	17	18	19	20	21	22	23	24	25	26	27	28	29	30					11.22
1	十一					㊴	2	3	4	5	6	7	8	9	10	11	12	13	14	15	16	17	18	19	20	21	22	23	24	25	26	27	28	29				12.21
2	十二						⑧	2	3	4	5	6	7	8	9	10	11	12	13	14	15	16	17	18	19	20	21	22	23	24	25	26	27	28	29	30		1.20

大事記

三月，宇文化及於江都殺煬帝(569—618)，立秦王浩為帝，化及為大丞相，擁兵北上。　四月，稽胡掠富平、宜君，大敗，喪男女二萬口。蕭銑稱皇帝，九江以南抵三峽，漢水以南至交趾，皆附之。　五月，唐王李淵稱皇帝，建元武德，國號唐。罷郡置州。王世充奉隋越王楊侗稱帝於東都。　六月，唐王立子建成為太子，世民、元吉為秦王、齊王。廢大業律令，頒新格。涼州李軌降唐。薛舉卒，子仁杲立。　十月，李密降唐。　十一月，竇建德改國號為夏，改元五鳳。李世民率軍進攻西北，薛仁杲、徐世勣等降唐。李軌稱帝，年號安樂。　十二月，唐殺李密(582—618)。置公廨本錢。

唐紀年

干支己卯　公元619年

朝代或國名	國家支配者	建都	廟號	謚號	建元	年號年次	輔政者	備注
唐	①李淵	長安	高祖		1	武德2年	裴寂等	
〔燕〕	〔高開道〕					始興2年		在東北
許	宇文化及					天壽2年		閏二月亡
	李軌					安樂2年		五月亡
鄭	王世充	洛陽				開明元年		四月建元
	〔沈法興〕	毗陵				延康元年		九月建元
	〔李子通〕	江都				明政元年		九月建元(有作在大業11年)

續表

朝代或國名	國家支配者	建都	廟號	謚號	建元	年號年次	輔政者	備注
	朱粲					昌達5年		閏二月亡
	〔王薄〕					9年		
	〔杜伏威〕					7年		
	〔李文相〕					3年		安陽
隋	④楊侗	東京			1	皇泰元年		四月被王世充廢
〔楚〕	〔林士弘〕	鄱陽				太平4年		
	劉武周					天興3年		
梁	梁師都	朔方				永隆3年		
夏	竇建德	洺州			2	2五鳳2年		河北永年東南
高昌	麴□	交河			1	義和6年		吐魯番西
吐蕃	①弃宗弄贊					3年		
吐谷渾	⑰伏允可汗	伏俟城				22年		青海省
突厥	⑨始畢可汗					10年		四月卒
西突厥	③曷那可汗					7年		被殺
	④射匱可汗	三彌山				9年		七月卒
梁	蕭銑					鳴鳳3年		

月　　曆　　表(建寅)　　5332—384—1947551

月干支序數	月序＼星期	日	1	2	3	4	5	6	日	1	2	3	4	5	6	日	1	2	3	4	5	6	日	1	2	3	4	5	6	日	1	2	3	4	5	6	日	月末陽曆
3	正	㊳	2	3	4	5	6	7	8	9	10	11	12	13	14	15	16	17	18	19	20	21	22	23	24	25	26	27	28	29	30								2.19
4	二			⑧	2	3	4	5	6	7	8	9	10	11	12	13	14	15	16	17	18	19	20	21	22	23	24	25	26	27	28	29	30						3.21
	閏					㊳	2	3	4	5	6	7	8	9	10	11	12	13	14	15	16	17	18	19	20	21	22	23	24	25	26	27	28	29					4.19
5	三						⑦	2	3	4	5	6	7	8	9	10	11	12	13	14	15	16	17	18	19	20	21	22	23	24	25	26	27	28	29				5.18
6	四							㊱	2	3	4	5	6	7	8	9	10	11	12	13	14	15	16	17	18	19	20	21	22	23	24	25	26	27	28	29			6.16
7	五	⑤	2	3	4	5	6	7	8	9	10	11	12	13	14	15	16	17	18	19	20	21	22	23	24	25	26	27	28	29	30								7.16
8	六			㉟	2	3	4	5	6	7	8	9	10	11	12	13	14	15	16	17	18	19	20	21	22	23	24	25	26	27	28	29							8.14
9	七				④	2	3	4	5	6	7	8	9	10	11	12	13	14	15	16	17	18	19	20	21	22	23	24	25	26	27	28	29	30					9.13
10	八						㉞	2	3	4	5	6	7	8	9	10	11	12	13	14	15	16	17	18	19	20	21	22	23	24	25	26	27	28	29				10.12
11	九							③	2	3	4	5	6	7	8	9	10	11	12	13	14	15	16	17	18	19	20	21	22	23	24	25	26	27	28	29	30		11.11
12	十		㉝	2	3	4	5	6	7	8	9	10	11	12	13	14	15	16	17	18	19	20	21	22	23	24	25	26	27	28	29	30							12.11
13	十一				③	2	3	4	5	6	7	8	9	10	11	12	13	14	15	16	17	18	19	20	21	22	23	24	25	26	27	28	29	30					1.10
14	十二						㉝	2	3	4	5	6	7	8	9	10	11	12	13	14	15	16	17	18	19	20	21	22	23	24	25	26	27	28	29				2.8

大事記

正月,唐兵圍宇文化及於聊城,不克。　二月,唐初定租庸調法。竇建德斬宇文化及於聊城。閏二月,王世充將秦叔寶、程知節降唐。　三月,劉武周攻并州。　四月,王世充稱帝於洛陽,國號鄭。始畢可汗卒。李軌被執,河西平。七月,置十二軍。徐圓朗降唐,王世充將羅士信降唐。西突厥、高昌入貢。　九月,李子通稱吳帝於江都。沈法興稱梁王於毗陵。杜伏威降唐。　十一月,竇建德陷黎陽,盡有山東之地。　是歲,罽賓遣使朝唐。

唐紀年

干支庚辰　公元 620 年

朝代或國名	國家支配者	建　都	廟　號	謚　號	建　元	年號年次	輔政者	備　注
唐	①李淵	長安	高祖		1	武德3年	李世民等	
〔楚〕	〔林士弘〕	鄱陽				太平5年		
	劉武周					天興4年		四月亡
梁	梁師都	朔方				永隆4年		
〔夏〕	竇建德	洺州			2	2 五鳳3年		
梁	蕭銑					鳴鳳4年		
〔燕〕	〔高開道〕					始興3年		在東北
鄭	王世充	洛陽				開明2年		
	〔沈法興〕					延康2年		十二月亡
	〔李子通〕	江都				明政2年		
	〔李文相〕	魏郡				4年		安陽
高昌	⑩麴文泰	交河			2	1 重光元年		吐魯番西
吐蕃	①弃宗弄贊					4年		
吐谷渾	⑰伏允可汗	伏俟城				23年		青海省
突厥	⑩處羅可汗					元年		十一月卒
西突厥	⑤統葉護可汗					元年		

月　曆　表（建寅）

5333—354—1947905

月干支序數	月序＼星期	日	1	2	3	4	5	6	日	1	2	3	4	5	6	日	1	2	3	4	5	6	日	1	2	3	4	5	6	日	1	2	3	4	5	6	日	月末陽曆
15	正							②	2	3	4	5	6	7	8	9	10	11	12	13	14	15	16	17	18	19	20	21	22	23	24	25	26	27	28	29	30	3.9
16	二		㉜	2	3	4	5	6	7	8	9	10	11	12	13	14	15	16	17	18	19	20	21	22	23	24	25	26	27	28	29							4.7
17	三			①	2	3	4	5	6	7	8	9	10	11	12	13	14	15	16	17	18	19	20	21	22	23	24	25	26	27	28	29	30					5.7
18	四					㉛	2	3	4	5	6	7	8	9	10	11	12	13	14	15	16	17	18	19	20	21	22	23	24	25	26	27	28	29				6.5
19	五						(60)	2	3	4	5	6	7	8	9	10	11	12	13	14	15	16	17	18	19	20	21	22	23	24	25	26	27	28	29			7.4
20	六							㉙	2	3	4	5	6	7	8	9	10	11	12	13	14	15	16	17	18	19	20	21	22	23	24	25	26	27	28	29	30	8.3
21	七		(59)	2	3	4	5	6	7	8	9	10	11	12	13	14	15	16	17	18	19	20	21	22	23	24	25	26	27	28	29							9.1
22	八			㉘	2	3	4	5	6	7	8	9	10	11	12	13	14	15	16	17	18	19	20	21	22	23	24	25	26	27	28	29	30					10.1
23	九					(58)	2	3	4	5	6	7	8	9	10	11	12	13	14	15	16	17	18	19	20	21	22	23	24	25	26	27	28	29				10.30
24	十						㉗	2	3	4	5	6	7	8	9	10	11	12	13	14	15	16	17	18	19	20	21	22	23	24	25	26	27	28	29	30		11.29
25	十一	(57)	2	3	4	5	6	7	8	9	10	11	12	13	14	15	16	17	18	19	20	21	22	23	24	25	26	27	28	29								12.28
26	十二		㉖	2	3	4	5	6	7	8	9	10	11	12	13	14	15	16	17	18	19	20	21	22	23	24	25	26	27	28	29	30						1.27

大事記

正月，王行本敗降，被殺。　二月，劉武周陷長子、壺關。　三月，劉武周擾浩州。劉季真降於唐。旋以謀反，被殺。　四月，李世民平定并州。尉遲敬德降唐。劉武周弃并州走突厥（後欲叛突厥，事泄被殺）。　五月，竇建德攻幽州，大敗。突厥遣使結王世充。　六月，楊士林為部下所殺，其地入於王世充。　七月，秦王李世民擊王世充。梁師都引突厥、稽胡兵入邊，敗還。　八月，南寧西爨"蠻"遣使貢於唐。　九月，王世充所佔州縣多降於唐。突厥大掠涼州。　十月，高開道降於唐。竇建德再攻幽州，不克。　十一月，突厥處羅可汗卒，頡利可汗立。竇建德攻孟海公。　十二月，瓜州刺史賀拔行威據州反唐。是歲，李子通滅沈法興。

唐紀年

干支辛巳　公元621年

朝代或國名	國家支配者	建　都	廟　號	謚　號	建　元	年號年次	輔政者	備　注
唐	①李淵	長安	高祖		1	武德4年	李世民等	
〔楚〕	〔林士弘〕	鄱陽				太平6年		
梁	梁師都	朔方				永隆5年		
〔夏〕	竇建德	洺州			2	2 五鳳1年		五月亡
梁	蕭銑					鳴鳳5年		十月亡
〔燕〕	〔高開道〕					始興4年		在東北
鄭	王世充	洛陽				開明3年		五月亡
	〔李子通〕					明政3年		十一月亡
高昌	⑩麴文泰	交河			2	1 重光2年		吐魯番西
吐蕃	①弃宗弄贊					5年		
吐谷渾	⑰伏允可汗	伏俟城				21年		青海省
突厥	⑪頡利可汗					元年		北疆
西突厥	⑤統葉護可汗					2年		伊犁河上游

月　曆　表(建寅)

5334—384—1948289

月干支序數	月序＼星期	日	1	2	3	4	5	6	日	1	2	3	4	5	6	日	1	2	3	4	5	6	日	1	2	3	4	5	6	日	1	2	3	4	5	6	日	月末陽曆
27	正				(56)	2	3	4	5	6	7	8	9	10	11	12	13	14	15	16	17	18	19	20	21	22	23	24	25	26	27	28	29	30				2.26
28	二						㉖	2	3	4	5	6	7	8	9	10	11	12	13	14	15	16	17	18	19	20	21	22	23	24	25	26	27	28	29	30		3.28
29	三	(56)	2	3	4	5	6	7	8	9	10	11	12	13	14	15	16	17	18	19	20	21	22	23	24	25	26	27	28	29								4.26
30	四		㉕	2	3	4	5	6	7	8	9	10	11	12	13	14	15	16	17	18	19	20	21	22	23	24	25	26	27	28	29	30						5.26
31	五				(55)	2	3	4	5	6	7	8	9	10	11	12	13	14	15	16	17	18	19	20	21	22	23	24	25	26	27	28	29					6.24
32	六					㉔	2	3	4	5	6	7	8	9	10	11	12	13	14	15	16	17	18	19	20	21	22	23	24	25	26	27	28	29				7.23
33	七						(53)	2	3	4	5	6	7	8	9	10	11	12	13	14	15	16	17	18	19	20	21	22	23	24	25	26	27	28	29	30		8.22
34	八	㉓	2	3	4	5	6	7	8	9	10	11	12	13	14	15	16	17	18	19	20	21	22	23	24	25	26	27	28	29								9.20
35	九		(52)	2	3	4	5	6	7	8	9	10	11	12	13	14	15	16	17	18	19	20	21	22	23	24	25	26	27	28	29	30						10.20
36	十				㉒	2	3	4	5	6	7	8	9	10	11	12	13	14	15	16	17	18	19	20	21	22	23	24	25	26	27	28	29					11.18
	閏					(51)	2	3	4	5	6	7	8	9	10	11	12	13	14	15	16	17	18	19	20	21	22	23	24	25	26	27	28	29	30			12.18
37	十一							㉑	2	3	4	5	6	7	8	9	10	11	12	13	14	15	16	17	18	19	20	21	22	23	24	25	26	27	28	29		1.16
38	十二	㊿	2	3	4	5	6	7	8	9	10	11	12	13	14	15	16	17	18	19	20	21	22	23	24	25	26	27	28	29	30							2.15

大事記

正月，稽胡帥劉仚成擾邊。　二月，李靖為行軍總管，擊蕭銑。　三月，竇建德率軍援助王世充。　四月，頡利可汗擾雁門、并州。　五月，虎牢關之戰，竇建德軍全潰，河北悉平。王世充不戰降唐，河南平，世充旋為仇家所殺。六月，營州人石世則反，奉靺鞨帥突地稽為主。海州帥臧君相降於唐。　七月，廢五銖錢，行開元通寶。竇建德於長安被害(573—621)。竇建德部下劉黑闥起兵臨漳南。　八月，徐圓朗起兵應劉黑闥。　九月，唐將李靖率軍南征。唐詔括天下戶口。　十月，蕭銑降。　十一月，杜伏威敗李子通，執之，送於長安；伏威又迫降汪華，於是盡有淮南、江東。十二月，劉黑闥陷冀州，又破唐兵於洺州，繼陷相、黎、衛、邢、趙、魏諸州，北結突厥，勢大震。昆彌遣使附於唐。

唐紀年

干支壬午　公元 622 年

朝代或國名	國家支配者	建都	廟號	謚號	建元	年號年次	輔政者	備注
唐	①李淵	長安	高祖		1	武德 5 年	楊恭仁等	
高昌	⑩麴文泰	交河			2	1 重光 3 年		在吐魯番西
[楚]	[林士弘]	鄱陽				[太平]7 年		十月亡 (一説十一月)
梁	梁師都	朔方				永隆 6 年		(今銀川)
[燕]	[高開道]					[始興]5 年		在東北
	[劉黑闥]	[洺州]				[天造]元年		一説起自 618 年在河北
吐蕃	①弃宗弄贊					6 年		
吐谷渾	⑰伏允可汗	伏俟城				25 年		青海省
突厥	⑪頡利可汗					2 年		北疆
西突厥	⑤統葉護可汗					3 年		伊犁河上游

月曆表

5335－354－1948643

月干支序數	月序＼星期	日	1	2	3	4	5	6	日	1	2	3	4	5	6	日	1	2	3	4	5	6	日	1	2	3	4	5	6	日	1	2	3	4	5	6	日	1
	公曆1月						1	2	3	4	5	6	7	8	9	10	11	12	13	14	15	16	17	18	19	20	21	22	23	24	25	26	27	28	29	30	31	
38	夏曆十二月						14	15	16	17	18	19	20	21	22	23	24	25	26	27	28	29	㊿	2	3	4	5	6	7	8	9	10	11	12	13	14	15	
	公曆2月		1	2	3	4	5	6	7	8	9	10	11	12	13	14	15	16	17	18	19	20	21	22	23	24	25	26	27	28								
39	夏曆正月		16	17	18	19	20	21	22	23	24	25	26	27	28	29	30	⑳	2	3	4	5	6	7	8	9	10	11	12	13								
	公曆3月		1	2	3	4	5	6	7	8	9	10	11	12	13	14	15	16	17	18	19	20	21	22	23	24	25	26	27	28	29	30	31					
40	夏曆二月		14	15	16	17	18	19	20	21	22	23	24	25	26	27	28	29	30	㊿	2	3	4	5	6	7	8	9	10	11	12	13	14					
	公曆4月					1	2	3	4	5	6	7	8	9	10	11	12	13	14	15	16	17	18	19	20	21	22	23	24	25	26	27	28	29	30			
41	夏曆三月					15	16	17	18	19	20	21	22	23	24	25	26	27	28	29	⑲	2	3	4	5	6	7	8	9	10	11	12	13	14	15			
	公曆5月							1	2	3	4	5	6	7	8	9	10	11	12	13	14	15	16	17	18	19	20	21	22	23	24	25	26	27	28	29	30	31
42	夏曆四月							16	17	18	19	20	21	22	23	24	25	26	27	28	29	30	㊾	2	3	4	5	6	7	8	9	10	11	12	13	14	15	16
	公曆6月			1	2	3	4	5	6	7	8	9	10	11	12	13	14	15	16	17	18	19	20	21	22	23	24	25	26	27	28	29	30					
43	夏曆五月			17	18	19	20	21	22	23	24	25	26	27	28	29	30	⑲	2	3	4	5	6	7	8	9	10	11	12	13	14	15	16					
	公曆7月					1	2	3	4	5	6	7	8	9	10	11	12	13	14	15	16	17	18	19	20	21	22	23	24	25	26	27	28	29	30	31		
44	夏曆六月					17	18	19	20	21	22	23	24	25	26	27	28	29	㊽	2	3	4	5	6	7	8	9	10	11	12	13	14	15	16	17	18		
回曆元年	回曆1月																				①	2	3	4	5	6	7	8	9	10	11	12	13	14	15	16		
	公曆8月	1	2	3	4	5	6	7	8	9	10	11	12	13	14	15	16	17	18	19	20	21	22	23	24	25	26	27	28	29	30	31						
45	夏曆七月	19	20	21	22	23	24	25	26	27	28	29	⑰	2	3	4	5	6	7	8	9	10	11	12	13	14	15	16	17	18	19	20						
	回曆2月	17	18	19	20	21	22	23	24	25	26	27	28	29	30	1	2	3	4	5	6	7	8	9	10	11	12	13	14	15	16	17						
	公曆9月				1	2	3	4	5	6	7	8	9	10	11	12	13	14	15	16	17	18	19	20	21	22	23	24	25	26	27	28	29	30				
46	夏曆八月				21	22	23	24	25	26	27	28	29	30	㊼	2	3	4	5	6	7	8	9	10	11	12	13	14	15	16	17	18	19	20				
	回曆3月				18	19	20	21	22	23	24	25	26	27	28	29	1	2	3	4	5	6	7	8	9	10	11	12	13	14	15	16	17	18				
	公曆10月						1	2	3	4	5	6	7	8	9	10	11	12	13	14	15	16	17	18	19	20	21	22	23	24	25	26	27	28	29	30	31	
47	夏曆九月						21	22	23	24	25	26	27	28	29	⑯	2	3	4	5	6	7	8	9	10	11	12	13	14	15	16	17	18	19	20	21	22	
	回曆4月						19	20	21	22	23	24	25	26	27	28	29	30	1	2	3	4	5	6	7	8	9	10	11	12	13	14	15	16	17	18	19	
	公曆11月		1	2	3	4	5	6	7	8	9	10	11	12	13	14	15	16	17	18	19	20	21	22	23	24	25	26	27	28	29	30						

續表

月干支序數	月序＼星期	日	1	2	3	4	5	6	日	1	2	3	4	5	6	日	1	2	3	4	5	6	日	1	2	3	4	5	6	日	1	2	3	4	5	6	日	1
48	夏曆十月		23	24	25	26	27	28	29	30	㊻	2	3	4	5	6	7	8	9	10	11	12	13	14	15	16	17	18	19	20	21	22						
	回曆5月		20	21	22	23	24	25	26	27	28	29	1	2	3	4	5	6	7	8	9	10	11	12	13	14	15	16	17	18	19	20						
	公曆12月				1	2	3	4	5	6	7	8	9	10	11	12	13	14	15	16	17	18	19	20	21	22	23	24	25	26	27	28	29	30	31			
49	夏曆十一月				23	24	25	26	27	28	29	⑮	2	3	4	5	6	7	8	9	10	11	12	13	14	15	16	17	18	19	20	21	22	23	24			
	回曆6月				21	22	23	24	25	26	27	28	29	30	1	2	3	4	5	6	7	8	9	10	11	12	13	14	15	16	17	18	19	20	21			

公曆7月16日為回曆元年元旦。

大事記

正月，劉黑闥稱漢東王，都洺州，建元天造。　二月，豫章帥張善安以虔、吉等五州降唐。　三月，李世民破劉黑闥於洺水。　四月，李世民擊徐圓朗。　五月，瓜州土豪王幹來降。突厥擾忻州。　六月，劉黑闥引突厥擾山東。七月，杜伏威獻地入朝。　八月，吐谷渾擾岷州。突厥頡利可汗分擾并州、原州、廉州，發大兵禦之。　九月，各路紛敗突厥兵。十月，齊王元吉擊劉黑闥無功。　十一月，太子建成擊劉黑闥。　十二月，太子建成、齊王元吉合軍大敗劉黑闥。高句麗王建武遣還隋末被俘戰士萬餘人。

唐紀年

干支癸未　公元623年

朝代或國名	國家支配者	建都	廟號	謚號	建元	年號年次	輔政者	備注
唐	①李淵	長安	高祖		1	武德6年	楊恭仁等	
高昌	⑩麴文泰	交河			2	1 重光4年		在吐魯番西
梁	梁師都	朔方				永隆7年		(今銀川)
[宋]	輔公祏(一説輔公祐)	丹楊				[天明]元年		八月建元(一説起於613年)
[燕]	[高開道]					[始興]6年		在東北
	[劉黑闥]					[天造]2年		正月亡
	[王摩沙]					[進通]元年		
吐蕃	①棄宗弄贊					7年		
吐谷渾	⑰伏允可汗	伏俟城				26年		青海省
突厥	⑪頡利可汗					3年		北疆
西突厥	⑤統葉護可汗					4年		

月曆表

5336—355—1948998

月干支序數	月序＼星期	日	1	2	3	4	5	6	日	1	2	3	4	5	6	日	1	2	3	4	5	6	日	1	2	3	4	5	6	日	1	2	3	4	5	6	日	1
	公曆1月							1	2	3	4	5	6	7	8	9	10	11	12	13	14	15	16	17	18	19	20	21	22	23	24	25	26	27	28	29	30	31
50	夏曆十二月							25	26	27	28	29	30	㊺	2	3	4	5	6	7	8	9	10	11	12	13	14	15	16	17	18	19	20	21	22	23	24	25
	回曆7月							22	23	24	25	26	27	28	29	1	2	3	4	5	6	7	8	9	10	11	12	13	14	15	16	17	18	19	20	21	22	23
	公曆2月			1	2	3	4	5	6	7	8	9	10	11	12	13	14	15	16	17	18	19	20	21	22	23	24	25	26	27	28							
51	夏曆正月			26	27	28	29	⑭	2	3	4	5	6	7	8	9	10	11	12	13	14	15	16	17	18	19	20	21	22	23	24							
	回曆8月			24	25	26	27	28	29	30	1	2	3	4	5	6	7	8	9	10	11	12	13	14	15	16	17	18	19	20	21							
	公曆3月			1	2	3	4	5	6	7	8	9	10	11	12	13	14	15	16	17	18	19	20	21	22	23	24	25	26	27	28	29	30	31				

續表

月干支序數	星期／月序	日	1	2	3	4	5	6	日	1	2	3	4	5	6	日	1	2	3	4	5	6	日	1	2	3	4	5	6	日	1	2	3	4	5	6	日	1
52	夏曆二月			25	26	27	28	29	30	㊹	2	3	4	5	6	7	8	9	10	11	12	13	14	15	16	17	18	19	20	21	22	23	24	25				
	回曆9月			22	23	24	25	26	27	28	29	1	2	3	4	5	6	7	8	9	10	11	12	13	14	15	16	17	18	19	20	21	22	23				
	公曆4月						1	2	3	4	5	6	7	8	9	10	11	12	13	14	15	16	17	18	19	20	21	22	23	24	25	26	27	28	29	30		
53	夏曆三月						26	27	28	29	30	⑭	2	3	4	5	6	7	8	9	10	11	12	13	14	15	16	17	18	19	20	21	22	23	24	25		
	回曆10月						24	25	26	27	28	29	30	1	2	3	4	5	6	7	8	9	10	11	12	13	14	15	16	17	18	19	20	21	22	23		
	公曆5月	1	2	3	4	5	6	7	8	9	10	11	12	13	14	15	16	17	18	19	20	21	22	23	24	25	26	27	28	29	30	31						
54	夏曆四月	26	27	28	29	㊸	2	3	4	5	6	7	8	9	10	11	12	13	14	15	16	17	18	19	20	21	22	23	24	25	26	27						
	回曆11月	24	25	26	27	28	29	1	2	3	4	5	6	7	8	9	10	11	12	13	14	15	16	17	18	19	20	21	22	23	24	25						
	公曆6月				1	2	3	4	5	6	7	8	9	10	11	12	13	14	15	16	17	18	19	20	21	22	23	24	25	26	27	28	29	30				
55	夏曆五月				28	29	30	⑬	2	3	4	5	6	7	8	9	10	11	12	13	14	15	16	17	18	19	20	21	22	23	24	25	26	27				
	回曆12月				26	27	28	29	30	1	2	3	4	5	6	7	8	9	10	11	12	13	14	15	16	17	18	19	20	21	22	23	24	25				
	公曆7月						1	2	3	4	5	6	7	8	9	10	11	12	13	14	15	16	17	18	19	20	21	22	23	24	25	26	27	28	29	30	31	
56	夏曆六月						28	29	㊷	2	3	4	5	6	7	8	9	10	11	12	13	14	15	16	17	18	19	20	21	22	23	24	25	26	27	28	29	
2年閏	回曆1月						26	27	28	29	①	2	3	4	5	6	7	8	9	10	11	12	13	14	15	16	17	18	19	20	21	22	23	24	25	26	27	
	公曆8月		1	2	3	4	5	6	7	8	9	10	11	12	13	14	15	16	17	18	19	20	21	22	23	24	25	26	27	28	29	30	31					
57 58	夏曆七 八月		30	⑫	2	3	4	5	6	7	8	9	10	11	12	13	14	15	16	17	18	19	20	21	22	23	24	25	26	27	28	29	㊶					
	回曆2月		28	29	30	1	2	3	4	5	6	7	8	9	10	11	12	13	14	15	16	17	18	19	20	21	22	23	24	25	26	27	28					
	公曆9月					1	2	3	4	5	6	7	8	9	10	11	12	13	14	15	16	17	18	19	20	21	22	23	24	25	26	27	28	29	30			
59	夏曆九月					2	3	4	5	6	7	8	9	10	11	12	13	14	15	16	17	18	19	20	21	22	23	24	25	26	27	28	29	30	⑪			
	回曆3月					29	1	2	3	4	5	6	7	8	9	10	11	12	13	14	15	16	17	18	19	20	21	22	23	24	25	26	27	28	29			
	公曆10月							1	2	3	4	5	6	7	8	9	10	11	12	13	14	15	16	17	18	19	20	21	22	23	24	25	26	27	28	29	30	31
60	夏曆十月							2	3	4	5	6	7	8	9	10	11	12	13	14	15	16	17	18	19	20	21	22	23	24	25	26	27	28	29	㊵	2	3
	回曆4、5月							30	1	2	3	4	5	6	7	8	9	10	11	12	13	14	15	16	17	18	19	20	21	22	23	24	25	26	27	28	29	1
	公曆11月			1	2	3	4	5	6	7	8	9	10	11	12	13	14	15	16	17	18	19	20	21	22	23	24	25	26	27	28	29	30					
1	夏曆十一月			4	5	6	7	8	9	10	11	12	13	14	15	16	17	18	19	20	21	22	23	24	25	26	27	28	29	30	⑩	2	3					
	回曆6月			2	3	4	5	6	7	8	9	10	11	12	13	14	15	16	17	18	19	20	21	22	23	24	25	26	27	28	29	30	1					
	公曆12月					1	2	3	4	5	6	7	8	9	10	11	12	13	14	15	16	17	18	19	20	21	22	23	24	25	26	27	28	29	30	31		
2	夏曆十二月					4	5	6	7	8	9	10	11	12	13	14	15	16	17	18	19	20	21	22	23	24	25	26	27	28	29	㊴	2	3	4	5		
	回曆7月					2	3	4	5	6	7	8	9	10	11	12	13	14	15	16	17	18	19	20	21	22	23	24	25	26	27	28	29	1	2	3		

大事記

正月，劉黑闥為部下所執，送太子建成軍，斬之。　二月，徐圓朗敗死。林邑王梵志遣使入貢。　三月，高開道掠文安等縣。　四月，吐谷渾擾洮、芳、岷等州。　五月，吐谷渾及黨項擾河州。　六月，高滿政殺突厥戍卒，以馬邑來降。　七月，高開道掠靈壽等縣。　八月，輔公祏據丹楊，稱皇帝，國號宋，建元天明，後改乾德。　九月，邛州僚起事。　十月，真臘遣使來朝。　十一月，置屯田於并州。　十二月，李大亮誘執張善安。突厥擾定州。白蘭、白狗羌并遣使入貢。

唐紀年

干支甲申　公元624年

朝代或國名	國家支配者	建都	廟號	謚號	建元	年號年次	輔政者	備注
唐	①李淵	長安	高祖		1	武德7年	楊恭仁等	
高昌	⑩麴文泰	交河			2	2延壽元年		在吐魯番西
梁	梁師都	朔方				永隆8年		（今銀川）

續表

朝代或國名	國家支配者	建都	廟號	謚號	建元	年號年次	輔政者	備注
[宋]	輔公祏 一説輔公祐	丹楊				[天明]2年		三月亡
[燕]	[高開道]					[始興](天成)7年		二月亡
吐蕃	①棄宗弄贊					8年		
吐谷渾	⑰伏允可汗	伏俟城				27年		青海省
突厥	⑪頡利可汗					4年		北疆
西突厥	⑤統葉護可汗					5年		

月 曆 表

5337—384—1949382

月干支序數	星期／月序	日	1	2	3	4	5	6	日	1	2	3	4	5	6	日	1	2	3	4	5	6	日	1	2	3	4	5	6	日	1	2	3	4	5	6	日	1
	公曆1月	1	2	3	4	5	6	7	8	9	10	11	12	13	14	15	16	17	18	19	20	21	22	23	24	25	26	27	28	29	30	31						
3	夏曆正月	6	7	8	9	10	11	12	13	14	15	16	17	18	19	20	21	22	23	24	25	26	27	28	29	30	⑨	2	3	4	5	6						
	回曆8月	4	5	6	7	8	9	10	11	12	13	14	15	16	17	18	19	20	21	22	23	24	25	26	27	28	29	30	1	2	3	4						
	公曆2月				1	2	3	4	5	6	7	8	9	10	11	12	13	14	15	16	17	18	19	20	21	22	23	24	25	26	27	28	29					
4	夏曆二月				7	8	9	10	11	12	13	14	15	16	17	18	19	20	21	22	23	24	25	26	27	28	29	㊳	2	3	4	5	6					
	回曆9月				5	6	7	8	9	10	11	12	13	14	15	16	17	18	19	20	21	22	23	24	25	26	27	28	29	1	2	3	4					
	公曆3月					1	2	3	4	5	6	7	8	9	10	11	12	13	14	15	16	17	18	19	20	21	22	23	24	25	26	27	28	29	30	31		
5	夏曆三月					7	8	9	10	11	12	13	14	15	16	17	18	19	20	21	22	23	24	25	26	27	28	29	30	⑧	2	3	4	5	6	7		
	回曆10月					5	6	7	8	9	10	11	12	13	14	15	16	17	18	19	20	21	22	23	24	25	26	27	28	29	30	1	2	3	4	5		
	公曆4月	1	2	3	4	5	6	7	8	9	10	11	12	13	14	15	16	17	18	19	20	21	22	23	24	25	26	27	28	29	30							
6	夏曆四月	8	9	10	11	12	13	14	15	16	17	18	19	20	21	22	23	24	25	26	27	28	29	㊲	2	3	4	5	6	7	8							
	回曆11月	6	7	8	9	10	11	12	13	14	15	16	17	18	19	20	21	22	23	24	25	26	27	28	29	1	2	3	4	5	6							
	公曆5月			1	2	3	4	5	6	7	8	9	10	11	12	13	14	15	16	17	18	19	20	21	22	23	24	25	26	27	28	29	30	31				
7	夏曆五月			9	10	11	12	13	14	15	16	17	18	19	20	21	22	23	24	25	26	27	28	29	30	⑦	2	3	4	5	6	7	8	9				
	回曆12月			7	8	9	10	11	12	13	14	15	16	17	18	19	20	21	22	23	24	25	26	27	28	29	30	1	2	3	4	5	6	7				
	公曆6月						1	2	3	4	5	6	7	8	9	10	11	12	13	14	15	16	17	18	19	20	21	22	23	24	25	26	27	28	29	30		
8	夏曆六月						10	11	12	13	14	15	16	17	18	19	20	21	22	23	24	25	26	27	28	29	㊱	2	3	4	5	6	7	8	9	10		
3年	回曆1月						8	9	10	11	12	13	14	15	16	17	18	19	20	21	22	23	24	25	26	27	28	29	30	①	2	3	4	5	6	7		
	公曆7月	1	2	3	4	5	6	7	8	9	10	11	12	13	14	15	16	17	18	19	20	21	22	23	24	25	26	27	28	29	30	31						
9	夏曆七月	11	12	13	14	15	16	17	18	19	20	21	22	23	24	25	26	27	28	29	30	⑥	2	3	4	5	6	7	8	9	10	11						
	回曆2月	8	9	10	11	12	13	14	15	16	17	18	19	20	21	22	23	24	25	26	27	28	29	30	1	2	3	4	5	6	7	8						
	公曆8月				1	2	3	4	5	6	7	8	9	10	11	12	13	14	15	16	17	18	19	20	21	22	23	24	25	26	27	28	29	30	31			
	夏曆閏七月				12	13	14	15	16	17	18	19	20	21	22	23	24	25	26	27	28	29	30	㊱	2	3	4	5	6	7	8	9	10	11	12			
	回曆3月				9	10	11	12	13	14	15	16	17	18	19	20	21	22	23	24	25	26	27	28	29	1	2	3	4	5	6	7	8	9	10			
	公曆9月							1	2	3	4	5	6	7	8	9	10	11	12	13	14	15	16	17	18	19	20	21	22	23	24	25	26	27	28	29	30	
10	夏曆八月							13	14	15	16	17	18	19	20	21	22	23	24	25	26	27	28	29	⑤	2	3	4	5	6	7	8	9	10	11	12	13	
	回曆4月							11	12	13	14	15	16	17	18	19	20	21	22	23	24	25	26	27	28	29	30	1	2	3	4	5	6	7	8	9	10	
	公曆10月		1	2	3	4	5	6	7	8	9	10	11	12	13	14	15	16	17	18	19	20	21	22	23	24	25	26	27	28	29	30	31					
11	夏曆九月		14	15	16	17	18	19	20	21	22	23	24	25	26	27	28	29	30	㉟	2	3	4	5	6	7	8	9	10	11	12	13	14					
	回曆5月		11	12	13	14	15	16	17	18	19	20	21	22	23	24	25	26	27	28	29	1	2	3	4	5	6	7	8	9	10	11	12					
	公曆11月					1	2	3	4	5	6	7	8	9	10	11	12	13	14	15	16	17	18	19	20	21	22	23	24	25	26	27	28	29	30			
12	夏曆十月					15	16	17	18	19	20	21	22	23	24	25	26	27	28	29	①	2	3	4	5	6	7	8	9	10	11	12	13	14	15			

續表

月 干支 序數	星期 月序	日	1	2	3	4	5	6	日	1	2	3	4	5	6	日	1	2	3	4	5	6	日	1	2	3	4	5	6	日	1	2	3	4	5	6	日	1
	回曆6月					13	14	15	16	17	18	19	20	21	22	23	24	25	26	27	28	29	30	1	2	3	4	5	6	7	8	9	10	11	12			
	公曆12月							1	2	3	4	5	6	7	8	9	10	11	12	13	14	15	16	17	18	19	20	21	22	23	24	25	26	27	28	29	30	31
13	夏曆十一月							16	17	18	19	20	21	22	23	24	25	26	27	28	29	30	㉞	2	3	4	5	6	7	8	9	10	11	12	13	14	15	16
	回曆7月							13	14	15	16	17	18	19	20	21	22	23	24	25	26	27	28	29	1	2	3	4	5	6	7	8	9	10	11	12	13	14

大事記

正月，封高麗、百濟、新羅諸王為郡王。置大中正於各州，無品秩。　二月，高開道為部下所攻，自殺。　三月，確定官制。趙郡王孝恭擒公祏，江南平。　四月，頒行新律令，定均田、租庸調法。　五月，突厥擾朔州。羌與吐谷渾擾松州。破始州僚於方山，俘二萬餘口。　六月，瀘州、扶州僚起事，旋平。　七月，苑君璋與突厥擾朔、并等州。　八月，突厥擄原、忻、并、綏等州。　九月，日南人姜子路起事，旋敗。突厥擾綏州。　十月，突厥又擾甘州。吐谷渾與羌擾疊州。

唐紀年

干支乙酉　公元625年

朝代或國名	國家支配者	建都	廟號	謚號	建元	年號年次	輔政者	備注
唐	①李淵	長安	高祖		1	武德8年	李世民等	
高昌	⑩麴文泰	交河			2	2延壽2年		在吐魯番西
梁	梁師都	朔方				永隆9年		(今銀川)
吐番	①棄宗弄贊					9年		
吐谷渾	⑰伏允可汗	伏俟城				28年		青海省
突厥	⑪頡利可汗					5年		北疆
西突厥	⑤統葉護可汗					6年		

月曆表

5338—354—1949736

月 干支 序數	星期 月序	日	1	2	3	4	5	6	日	1	2	3	4	5	6	日	1	2	3	4	5	6	日	1	2	3	4	5	6	日	1	2	3	4	5	6	日	1
	公曆1月			1	2	3	4	5	6	7	8	9	10	11	12	13	14	15	16	17	18	19	20	21	22	23	24	25	26	27	28	29	30	31				
14	夏曆十二月			17	18	19	20	21	22	23	24	25	26	27	28	29	③	2	3	4	5	6	7	8	9	10	11	12	13	14	15	16	17	18				
	回曆8月			15	16	17	18	19	20	21	22	23	24	25	26	27	28	29	30	1	2	3	4	5	6	7	8	9	10	11	12	13	14	15				
	公曆2月						1	2	3	4	5	6	7	8	9	10	11	12	13	14	15	16	17	18	19	20	21	22	23	24	25	26	27	28				
15	夏曆正月						19	20	21	22	23	24	25	26	27	28	29	30	⑬	2	3	4	5	6	7	8	9	10	11	12	13	14	15	16				
	回曆9月						16	17	18	19	20	21	22	23	24	25	26	27	28	29	1	2	3	4	5	6	7	8	9	10	11	12	13	14				
	公曆3月						1	2	3	4	5	6	7	8	9	10	11	12	13	14	15	16	17	18	19	20	21	22	23	24	25	26	27	28	29	30	31	
16	夏曆二月						17	18	19	20	21	22	23	24	25	26	27	28	29	②	2	3	4	5	6	7	8	9	10	11	12	13	14	15	16	17	18	
	回曆10月						15	16	17	18	19	20	21	22	23	24	25	26	27	28	29	30	1	2	3	4	5	6	7	8	9	10	11	12	13	14	15	
	公曆4月		1	2	3	4	5	6	7	8	9	10	11	12	13	14	15	16	17	18	19	20	21	22	23	24	25	26	27	28	29	30						
17	夏曆三月		19	20	21	22	23	24	25	26	27	28	29	30	㉜	2	3	4	5	6	7	8	9	10	11	12	13	14	15	16	17	18						
	回曆11月		16	17	18	19	20	21	22	23	24	25	26	27	28	29	1	2	3	4	5	6	7	8	9	10	11	12	13	14	15	16						
	公曆5月				1	2	3	4	5	6	7	8	9	10	11	12	13	14	15	16	17	18	19	20	21	22	23	24	25	26	27	28	29	30	31			
18	夏曆四月				19	20	21	22	23	24	25	26	27	28	29	①	2	3	4	5	6	7	8	9	10	11	12	13	14	15	16	17	18	19	20			
	回曆12月				17	18	19	20	21	22	23	24	25	26	27	28	29	30	1	2	3	4	5	6	7	8	9	10	11	12	13	14	15	16	17			

續表

月干支序數	星期／月序	日	1	2	3	4	5	6	日	1	2	3	4	5	6	日	1	2	3	4	5	6	日	1	2	3	4	5	6	日	1	2	3	4	5	6	日	1
	公曆6月							1	2	3	4	5	6	7	8	9	10	11	12	13	14	15	16	17	18	19	20	21	22	23	24	25	26	27	28	29	30	
19	夏曆五月							21	22	23	24	25	26	27	28	29	30	㉛	2	3	4	5	6	7	8	9	10	11	12	13	14	15	16	17	18	19	20	
4年	回曆1月							18	19	20	21	22	23	24	25	26	27	28	29	①	2	3	4	5	6	7	8	9	10	11	12	13	14	15	16	17	18	
	公曆7月		1	2	3	4	5	6	7	8	9	10	11	12	13	14	15	16	17	18	19	20	21	22	23	24	25	26	27	28	29	30	31					
20	夏曆六月		21	22	23	24	25	26	27	28	29	(60)	2	3	4	5	6	7	8	9	10	11	12	13	14	15	16	17	18	19	20	21	22					
	回曆2月		19	20	21	22	23	24	25	26	27	28	29	30	1	2	3	4	5	6	7	8	9	10	11	12	13	14	15	16	17	18	19					
	公曆8月					1	2	3	4	5	6	7	8	9	10	11	12	13	14	15	16	17	18	19	20	21	22	23	24	25	26	27	28	29	30	31		
21	夏曆七月					23	24	25	26	27	28	29	30	㉚	2	3	4	5	6	7	8	9	10	11	12	13	14	15	16	17	18	19	20	21	22	23		
	回曆3月					20	21	22	23	24	25	26	27	28	29	1	2	3	4	5	6	7	8	9	10	11	12	13	14	15	16	17	18	19	20	21		
	公曆9月	1	2	3	4	5	6	7	8	9	10	11	12	13	14	15	16	17	18	19	20	21	22	23	24	25	26	27	28	29	30							
22	夏曆八月	24	25	26	27	28	29	(59)	2	3	4	5	6	7	8	9	10	11	12	13	14	15	16	17	18	19	20	21	22	23	24							
	回曆4月	22	23	24	25	26	27	28	29	30	1	2	3	4	5	6	7	8	9	10	11	12	13	14	15	16	17	18	19	20	21							
	公曆10月			1	2	3	4	5	6	7	8	9	10	11	12	13	14	15	16	17	18	19	20	21	22	23	24	25	26	27	28	29	30	31				
23	夏曆九月			25	26	27	28	29	30	㉙	2	3	4	5	6	7	8	9	10	11	12	13	14	15	16	17	18	19	20	21	22	23	24	25				
	回曆5月			22	23	24	25	26	27	28	29	1	2	3	4	5	6	7	8	9	10	11	12	13	14	15	16	17	18	19	20	21	22	23				
	公曆11月						1	2	3	4	5	6	7	8	9	10	11	12	13	14	15	16	17	18	19	20	21	22	23	24	25	26	27	28	29	30		
24	夏曆十月						26	27	28	29	30	(59)	2	3	4	5	6	7	8	9	10	11	12	13	14	15	16	17	18	19	20	21	22	23	24	25		
	回曆6月						24	25	26	27	28	29	30	1	2	3	4	5	6	7	8	9	10	11	12	13	14	15	16	17	18	19	20	21	22	23		
	公曆12月	1	2	3	4	5	6	7	8	9	10	11	12	13	14	15	16	17	18	19	20	21	22	23	24	25	26	27	28	29	30	31						
25	夏曆十一月	26	27	28	29	㉘	2	3	4	5	6	7	8	9	10	11	12	13	14	15	16	17	18	19	20	21	22	23	24	25	26	27						
	回曆7月	24	25	26	27	28	29	1	2	3	4	5	6	7	8	9	10	11	12	13	14	15	16	17	18	19	20	21	22	23	24	25						

大事記

正月，吐谷渾擾疊州。突厥、吐谷渾請互市，許之，自是不乏耕牛。　四月，黨項擾渭州。西突厥統葉護可汗請婚，許之。　五月，王孝通撰《緝古算經》成。　六月，突厥頡利可汗擾靈州，擊御之。　七月，與突厥書改用詔敕，停用敵國禮。　八月，突厥擾并、潞、沁、韓等州，頡利可汗大掠朔州，唐兵數不利。　九月，令檢校諸州衡量。突厥擾幽州，大敗；突厥擾豳、鄯二州。　十月，吐谷渾擾疊州。　十一月，突厥擾彭州。吐谷渾擾岷州。眉州山僚起事。

是歲，林邑遣使來朝。

唐紀年

干支丙戌　公元626年

朝代或國名	國家支配者	建都	廟號	謚號	建元	年號年次	輔政者	備注
唐	①李淵	長安	高祖		1	武德9年	房玄齡	八月李世民即位
高昌	⑩麴文泰	交河			2	2延壽3年		在吐魯番西
梁	梁師都	朔方				永隆10年		(今銀川)
吐蕃	①棄宗弄贊					10年		
吐谷渾	⑰伏允可汗	伏俟城				29年		青海省
突厥	⑪頡利可汗					6年		北疆
西突厥	⑤統葉護可汗					7年		

月 曆 表　5339—355—1950091

月干支序數	月序＼星期	日	1	2	3	4	5	6	日	1	2	3	4	5	6	日	1	2	3	4	5	6	日	1	2	3	4	5	6	日	1	2	3	4	5	6	日	1
	公曆1月				1	2	3	4	5	6	7	8	9	10	11	12	13	14	15	16	17	18	19	20	21	22	23	24	25	26	27	28	29	30	31			
26	夏曆十二月				28	29	30	(58)	2	3	4	5	6	7	8	9	10	11	12	13	14	15	16	17	18	19	20	21	22	23	24	25	26	27	28			
	回曆8月				26	27	28	29	30	1	2	3	4	5	6	7	8	9	10	11	12	13	14	15	16	17	18	19	20	21	22	23	24	25	26			
	公曆2月							1	2	3	4	5	6	7	8	9	10	11	12	13	14	15	16	17	18	19	20	21	22	23	24	25	26	27	28			
27	夏曆正月							29	㉗	2	3	4	5	6	7	8	9	10	11	12	13	14	15	16	17	18	19	20	21	22	23	24	25	26	27			
	回曆9月							27	28	29	1	2	3	4	5	6	7	8	9	10	11	12	13	14	15	16	17	18	19	20	21	22	23	24	25			
	公曆3月							1	2	3	4	5	6	7	8	9	10	11	12	13	14	15	16	17	18	19	20	21	22	23	24	25	26	27	28	29	30	31
28	夏曆二月							28	29	30	(57)	2	3	4	5	6	7	8	9	10	11	12	13	14	15	16	17	18	19	20	21	22	23	24	25	26	27	28
	回曆10月							26	27	28	29	30	1	2	3	4	5	6	7	8	9	10	11	12	13	14	15	16	17	18	19	20	21	22	23	24	25	26
	公曆4月			1	2	3	4	5	6	7	8	9	10	11	12	13	14	15	16	17	18	19	20	21	22	23	24	25	26	27	28	29	30					
29	夏曆三月			29	㉖	2	3	4	5	6	7	8	9	10	11	12	13	14	15	16	17	18	19	20	21	22	23	24	25	26	27	28	29					
	回曆11月			27	28	29	1	2	3	4	5	6	7	8	9	10	11	12	13	14	15	16	17	18	19	20	21	22	23	24	25	26	27					
	公曆5月					1	2	3	4	5	6	7	8	9	10	11	12	13	14	15	16	17	18	19	20	21	22	23	24	25	26	27	28	29	30	31		
30 31	夏曆四五月					30	(56)	2	3	4	5	6	7	8	9	10	11	12	13	14	15	16	17	18	19	20	21	22	23	24	25	26	27	28	29	㉕		
	回曆12月					28	29	30	①	2	3	4	5	6	7	8	9	10	11	12	13	14	15	16	17	18	19	20	21	22	23	24	25	26	27	28		
	公曆6月	1	2	3	4	5	6	7	8	9	10	11	12	13	14	15	16	17	18	19	20	21	22	23	24	25	26	27	28	29	30							
32	夏曆六月	2	3	4	5	6	7	8	9	10	11	12	13	14	15	16	17	18	19	20	21	22	23	24	25	26	27	28	29	(54)	2							
5年閏	回曆1月	29	①	2	3	4	5	6	7	8	9	10	11	12	13	14	15	16	17	18	19	20	21	22	23	24	25	26	27	28	29							
	公曆7月			1	2	3	4	5	6	7	8	9	10	11	12	13	14	15	16	17	18	19	20	21	22	23	24	25	26	27	28	29	30	31				
33	夏曆七月			3	4	5	6	7	8	9	10	11	12	13	14	15	16	17	18	19	20	21	22	23	24	25	26	27	28	29	30	㉔	2	3				
	回曆2、3月			30	1	2	3	4	5	6	7	8	9	10	11	12	13	14	15	16	17	18	19	20	21	22	23	24	25	26	27	28	29	1				
	公曆8月						1	2	3	4	5	6	7	8	9	10	11	12	13	14	15	16	17	18	19	20	21	22	23	24	25	26	27	28	29	30	31	
34	夏曆八月						4	5	6	7	8	9	10	11	12	13	14	15	16	17	18	19	20	21	22	23	24	25	26	27	28	29	(53)	2	3	4	5	
	回曆4月						2	3	4	5	6	7	8	9	10	11	12	13	14	15	16	17	18	19	20	21	22	23	24	25	26	27	28	29	30	1	2	
	公曆9月		1	2	3	4	5	6	7	8	9	10	11	12	13	14	15	16	17	18	19	20	21	22	23	24	25	26	27	28	29	30						
35	夏曆九月		6	7	8	9	10	11	12	13	14	15	16	17	18	19	20	21	22	23	24	25	26	27	28	29	30	㉓	2	3	4	5						
	回曆5月		3	4	5	6	7	8	9	10	11	12	13	14	15	16	17	18	19	20	21	22	23	24	25	26	27	28	29	1	2	3						
	公曆10月				1	2	3	4	5	6	7	8	9	10	11	12	13	14	15	16	17	18	19	20	21	22	23	24	25	26	27	28	29	30	31			
36	夏曆十月				6	7	8	9	10	11	12	13	14	15	16	17	18	19	20	21	22	23	24	25	26	27	28	29	30	(53)	2	3	4	5	6			
	回曆6月				4	5	6	7	8	9	10	11	12	13	14	15	16	17	18	19	20	21	22	23	24	25	26	27	28	29	30	1	2	3	4			
	公曆11月							1	2	3	4	5	6	7	8	9	10	11	12	13	14	15	16	17	18	19	20	21	22	23	24	25	26	27	28	29	30	
37	夏曆十一月							7	8	9	10	11	12	13	14	15	16	17	18	19	20	21	22	23	24	25	26	27	28	29	30	㉓	2	3	4	5	6	
	回曆7月							5	6	7	8	9	10	11	12	13	14	15	16	17	18	19	20	21	22	23	24	25	26	27	28	29	1	2	3	4	5	
	公曆12月		1	2	3	4	5	6	7	8	9	10	11	12	13	14	15	16	17	18	19	20	21	22	23	24	25	26	27	28	29	30	31					
38	夏曆十二月		7	8	9	10	11	12	13	14	15	16	17	18	19	20	21	22	23	24	25	26	27	28	29	(52)	2	3	4	5	6	7	8					
	回曆8月		6	7	8	9	10	11	12	13	14	15	16	17	18	19	20	21	22	23	24	25	26	27	28	29	30	1	2	3	4	5	6					

大事記

正月，更定雅樂。　二月，突厥擾原州。　三月，吐谷渾、黨項擾岷州。壓服眉州山僚。　四月，詔沙汰僧尼。　五月，慶州胡人成郎殺長史，附梁師都，旋敗死。　六月，庚申玄武門之變，李世民殺建成(589—626)、元吉及其諸子。癸亥，立世民為太子。　八月，突厥、吐谷渾皆遣使請和。李淵自稱太上皇，傳位太子李世民。　九月，頡利可汗獻羊、馬萬餘，不受。　十月，立皇子中山王承乾為皇太子。

是歲，龜茲、突厥、高麗、百濟、新羅、黨項并遣使入貢。中天竺學者波頗密多羅來唐。

唐紀年

干支丁亥　公元 627 年

朝代或國名	國家支配者	建都	廟號	謚號	建元	年號年次	輔政者	備注
唐	②李世民	長安	太宗		1	貞觀元年		
高昌	⑩麴文泰	交河			2	2 延壽 4 年		在吐魯番西
梁	梁師都	朔方				永隆 11 年		(今銀川)
薛延陀								
回紇								
拔野古								
吐蕃	①棄宗弄贊					11 年		
吐谷渾	⑰伏允可汗	伏俟城				30 年		青海省
突厥	⑪頡利可汗					7 年		北疆
西突厥	⑤統葉護可汗					8 年		

月曆表

5340－384－1950475

月干支序數	星期／月序	日	1	2	3	4	5	6	日	1	2	3	4	5	6	日	1	2	3	4	5	6	日	1	2	3	4	5	6	日	1	2	3	4	5	6	日	1
	公曆 1 月					1	2	3	4	5	6	7	8	9	10	11	12	13	14	15	16	17	18	19	20	21	22	23	24	25	26	27	28	29	30	31		
39	夏曆正月					9	10	11	12	13	14	15	16	17	18	19	20	21	22	23	24	25	26	27	28	29	30	㉒	2	3	4	5	6	7	8	9		
	回曆 9 月					7	8	9	10	11	12	13	14	15	16	17	18	19	20	21	22	23	24	25	26	27	28	29	1	2	3	4	5	6	7	8		
	公曆 2 月	1	2	3	4	5	6	7	8	9	10	11	12	13	14	15	16	17	18	19	20	21	22	23	24	25	26	27	28									
40	夏曆二月	10	11	12	13	14	15	16	17	18	19	20	21	22	23	24	25	26	27	28	29	(51)	2	3	4	5	6	7	8									
	回曆 10 月	9	10	11	12	13	14	15	16	17	18	19	20	21	22	23	24	25	26	27	28	29	30	1	2	3	4	5	6									
	公曆 3 月	1	2	3	4	5	6	7	8	9	10	11	12	13	14	15	16	17	18	19	20	21	22	23	24	25	26	27	28	29	30	31						
41	夏曆三月	9	10	11	12	13	14	15	16	17	18	19	20	21	22	23	24	25	26	27	28	29	30	㉑	2	3	4	5	6	7	8	9						
	回曆 11 月	7	8	9	10	11	12	13	14	15	16	17	18	19	20	21	22	23	24	25	26	27	28	29	1	2	3	4	5	6	7	8						
	公曆 4 月				1	2	3	4	5	6	7	8	9	10	11	12	13	14	15	16	17	18	19	20	21	22	23	24	25	26	27	28	29	30				
	夏曆閏三月				10	11	12	13	14	15	16	17	18	19	20	21	22	23	24	25	26	27	28	29	㊿	2	3	4	5	6	7	8	9	10				
	回曆 12 月				9	10	11	12	13	14	15	16	17	18	19	20	21	22	23	24	25	26	27	28	29	30	1	2	3	4	5	6	7	8				
	公曆 5 月						1	2	3	4	5	6	7	8	9	10	11	12	13	14	15	16	17	18	19	20	21	22	23	24	25	26	27	28	29	30	31	
42	夏曆四月						11	12	13	14	15	16	17	18	19	20	21	22	23	24	25	26	27	28	29	⑲	2	3	4	5	6	7	8	9	10	11	12	
6 年	回曆 1 月						9	10	11	12	13	14	15	16	17	18	19	20	21	22	23	24	25	26	27	28	29	30	①	2	3	4	5	6	7	8	9	
	公曆 6 月		1	2	3	4	5	6	7	8	9	10	11	12	13	14	15	16	17	18	19	20	21	22	23	24	25	26	27	28	29	30						
43	夏曆五月		13	14	15	16	17	18	19	20	21	22	23	24	25	26	27	28	29	30	㊾	2	3	4	5	6	7	8	9	10	11	12						
	回曆 2 月		10	11	12	13	14	15	16	17	18	19	20	21	22	23	24	25	26	27	28	29	30	1	2	3	4	5	6	7	8	9						
	公曆 7 月				1	2	3	4	5	6	7	8	9	10	11	12	13	14	15	16	17	18	19	20	21	22	23	24	25	26	27	28	29	30	31			
44	夏曆六月				13	14	15	16	17	18	19	20	21	22	23	24	25	26	27	28	29	⑱	2	3	4	5	6	7	8	9	10	11	12	13	14			
	回曆 3 月				10	11	12	13	14	15	16	17	18	19	20	21	22	23	24	25	26	27	28	29	1	2	3	4	5	6	7	8	9	10	11			
	公曆 8 月							1	2	3	4	5	6	7	8	9	10	11	12	13	14	15	16	17	18	19	20	21	22	23	24	25	26	27	28	29	30	31
45	夏曆七月							15	16	17	18	19	20	21	22	23	24	25	26	27	28	29	30	㊽	2	3	4	5	6	7	8	9	10	11	12	13	14	15
	回曆 4 月							12	13	14	15	16	17	18	19	20	21	22	23	24	25	26	27	28	29	30	1	2	3	4	5	6	7	8	9	10	11	12
	公曆 9 月			1	2	3	4	5	6	7	8	9	10	11	12	13	14	15	16	17	18	19	20	21	22	23	24	25	26	27	28	29	30					
46	夏曆八月			16	17	18	19	20	21	22	23	24	25	26	27	28	29	⑰	2	3	4	5	6	7	8	9	10	11	12	13	14	15	16					
	回曆 5 月			13	14	15	16	17	18	19	20	21	22	23	24	25	26	27	28	29	1	2	3	4	5	6	7	8	9	10	11	12	13					

續表

月 干支 序數	星期 月序	日	1	2	3	4	5	6	日	1	2	3	4	5	6	日	1	2	3	4	5	6	日	1	2	3	4	5	6	日	1	2	3	4	5	6	日	1
	公曆10月					1	2	3	4	5	6	7	8	9	10	11	12	13	14	15	16	17	18	19	20	21	22	23	24	25	26	27	28	29	30	31		
47	夏曆九月					17	18	19	20	21	22	23	24	25	26	27	28	29	30	㊼	2	3	4	5	6	7	8	9	10	11	12	13	14	15	16	17		
	回曆6月					14	15	16	17	18	19	20	21	22	23	24	25	26	27	28	29	30	1	2	3	4	5	6	7	8	9	10	11	12	13	14		
	公曆11月	1	2	3	4	5	6	7	8	9	10	11	12	13	14	15	16	17	18	19	20	21	22	23	24	25	26	27	28	29	30							
48	夏曆十月	18	19	20	21	22	23	24	25	26	27	28	29	30	⑰	2	3	4	5	6	7	8	9	10	11	12	13	14	15	16	17							
	回曆7月	15	16	17	18	19	20	21	22	23	24	25	26	27	28	29	1	2	3	4	5	6	7	8	9	10	11	12	13	14	15							
	公曆12月			1	2	3	4	5	6	7	8	9	10	11	12	13	14	15	16	17	18	19	20	21	22	23	24	25	26	27	28	29	30	31				
49	夏曆十一月			18	19	20	21	22	23	24	25	26	27	28	29	㊻	2	3	4	5	6	7	8	9	10	11	12	13	14	15	16	17	18	19				
	回曆8月			16	17	18	19	20	21	22	23	24	25	26	27	28	29	30	1	2	3	4	5	6	7	8	9	10	11	12	13	14	15	16				

大事記

正月,更定律令,寬絞刑五十條為加役流。李藝據涇州反,為部下所殺。　二月,大併州縣,分天下為十道。　五月,苑君璋降。　六月,山東大旱,詔所在賑恤。　九月,嶺南酋帥馮盎、談殿等互相攻戰,遣使諭之;盎遣子入朝。　十二月,利州都督李孝常等謀反,事泄,死。

是歲,西突厥統葉護可汗遣使迎公主,頡利可汗撓之。玄奘從長安起程去天竺游學求經(一說貞觀三年起程)。

唐紀年

干支戊子　公元628年

朝代或國名	國家支配者	建都	廟號	謚號	建元	年號年次	輔政者	備注
唐	②李世民	長安	太宗		1	貞觀2年	李靖等	
高昌	⑩麴文泰	交河			2	2延壽5年		在吐魯番西
梁	梁師都	朔方				永隆12年		四月亡
薛延陀	①夷男					元年		
回紇	葉護可汗							是年死
拔野古								
吐蕃	①棄宗弄贊					12年		今西藏
吐谷渾	⑰伏允可汗	伏俟城				31年		青海省
突厥	⑪頡利可汗					8年		北疆
西突厥	⑤統葉護可汗					9年		被殺

月曆表

5341—354—1950829

月 干支 序數	星期 月序	日	1	2	3	4	5	6	日	1	2	3	4	5	6	日	1	2	3	4	5	6	日	1	2	3	4	5	6	日	1	2	3	4	5	6	日	1
	公曆1月						1	2	3	4	5	6	7	8	9	10	11	12	13	14	15	16	17	18	19	20	21	22	23	24	25	26	27	28	29	30	31	
50	夏曆十二月						20	21	22	23	24	25	26	27	28	29	30	⑯	2	3	4	5	6	7	8	9	10	11	12	13	14	15	16	17	18	19	20	
	回曆9月						17	18	19	20	21	22	23	24	25	26	27	28	29	1	2	3	4	5	6	7	8	9	10	11	12	13	14	15	16	17	18	
	公曆2月		1	2	3	4	5	6	7	8	9	10	11	12	13	14	15	16	17	18	19	20	21	22	23	24	25	26	27	28	29							
51	夏曆正月		21	22	23	24	25	26	27	28	29	30	㊻	2	3	4	5	6	7	8	9	10	11	12	13	14	15	16	17	18	19							
	回曆10月		19	20	21	22	23	24	25	26	27	28	29	30	1	2	3	4	5	6	7	8	9	10	11	12	13	14	15	16	17							

續表

月干支序數	星期 / 月序	日	1	2	3	4	5	6	日	1	2	3	4	5	6	日	1	2	3	4	5	6	日	1	2	3	4	5	6	日	1	2	3	4	5	6	日	1
	公曆3月			1	2	3	4	5	6	7	8	9	10	11	12	13	14	15	16	17	18	19	20	21	22	23	24	25	26	27	28	29	30	31				
52	夏曆二月			20	21	22	23	24	25	26	27	28	29	⑮	2	3	4	5	6	7	8	9	10	11	12	13	14	15	16	17	18	19	20	21				
	回曆11月			18	19	20	21	22	23	24	25	26	27	28	29	1	2	3	4	5	6	7	8	9	10	11	12	13	14	15	16	17	18	19				
	公曆4月						1	2	3	4	5	6	7	8	9	10	11	12	13	14	15	16	17	18	19	20	21	22	23	24	25	26	27	28	29	30		
53	夏曆三月						22	23	24	25	26	27	28	29	30	㊺	2	3	4	5	6	7	8	9	10	11	12	13	14	15	16	17	18	19	20	21		
	回曆12月						20	21	22	23	24	25	26	27	28	29	30	1	2	3	4	5	6	7	8	9	10	11	12	13	14	15	16	17	18	19		
	公曆5月	1	2	3	4	5	6	7	8	9	10	11	12	13	14	15	16	17	18	19	20	21	22	23	24	25	26	27	28	29	30	31						
54	夏曆四月	22	23	24	25	26	27	28	29	⑭	2	3	4	5	6	7	8	9	10	11	12	13	14	15	16	17	18	19	20	21	22	23						
7年閏	回曆1月	20	21	22	23	24	25	26	27	28	29	①	2	3	4	5	6	7	8	9	10	11	12	13	14	15	16	17	18	19	20	21						
	公曆6月				1	2	3	4	5	6	7	8	9	10	11	12	13	14	15	16	17	18	19	20	21	22	23	24	25	26	27	28	29	30				
55	夏曆五月				24	25	26	27	28	29	㊸	2	3	4	5	6	7	8	9	10	11	12	13	14	15	16	17	18	19	20	21	22	23	24				
	回曆2月				22	23	24	25	26	27	28	29	30	1	2	3	4	5	6	7	8	9	10	11	12	13	14	15	16	17	18	19	20	21				
	公曆7月						1	2	3	4	5	6	7	8	9	10	11	12	13	14	15	16	17	18	19	20	21	22	23	24	25	26	27	28	29	30	31	
56	夏曆六月						25	26	27	28	29	30	⑬	2	3	4	5	6	7	8	9	10	11	12	13	14	15	16	17	18	19	20	21	22	23	24	25	
	回曆3月						22	23	24	25	26	27	28	29	1	2	3	4	5	6	7	8	9	10	11	12	13	14	15	16	17	18	19	20	21	22	23	
	公曆8月		1	2	3	4	5	6	7	8	9	10	11	12	13	14	15	16	17	18	19	20	21	22	23	24	25	26	27	28	29	30	31					
57	夏曆七月		26	27	28	29	㊷	2	3	4	5	6	7	8	9	10	11	12	13	14	15	16	17	18	19	20	21	22	23	24	25	26	27					
	回曆4月		24	25	26	27	28	29	30	1	2	3	4	5	6	7	8	9	10	11	12	13	14	15	16	17	18	19	20	21	22	23	24					
	公曆9月					1	2	3	4	5	6	7	8	9	10	11	12	13	14	15	16	17	18	19	20	21	22	23	24	25	26	27	28	29	30			
58	夏曆八月					28	29	⑪	2	3	4	5	6	7	8	9	10	11	12	13	14	15	16	17	18	19	20	21	22	23	24	25	26	27	28			
	回曆5月					25	26	27	28	29	1	2	3	4	5	6	7	8	9	10	11	12	13	14	15	16	17	18	19	20	21	22	23	24	25			
	公曆10月							1	2	3	4	5	6	7	8	9	10	11	12	13	14	15	16	17	18	19	20	21	22	23	24	25	26	27	28	29	30	31
59	夏曆九月							29	30	㊶	2	3	4	5	6	7	8	9	10	11	12	13	14	15	16	17	18	19	20	21	22	23	24	25	26	27	28	29
	回曆6月							26	27	28	29	30	1	2	3	4	5	6	7	8	9	10	11	12	13	14	15	16	17	18	19	20	21	22	23	24	25	26
	公曆11月			1	2	3	4	5	6	7	8	9	10	11	12	13	14	15	16	17	18	19	20	21	22	23	24	25	26	27	28	29	30					
60	夏曆十月			30	⑪	2	3	4	5	6	7	8	9	10	11	12	13	14	15	16	17	18	19	20	21	22	23	24	25	26	27	28	29					
	回曆7月			27	28	29	1	2	3	4	5	6	7	8	9	10	11	12	13	14	15	16	17	18	19	20	21	22	23	24	25	26	27					
	公曆12月					1	2	3	4	5	6	7	8	9	10	11	12	13	14	15	16	17	18	19	20	21	22	23	24	25	26	27	28	29	30	31		
1 2	夏曆十一 十二月					㊵	2	3	4	5	6	7	8	9	10	11	12	13	14	15	16	17	18	19	20	21	22	23	24	25	26	27	28	29	30	⑩		
	回曆8月					28	29	30	1	2	3	4	5	6	7	8	9	10	11	12	13	14	15	16	17	18	19	20	21	22	23	24	25	26	27	28		

大事記

正月,吐谷渾擾岷州。　四月,突厥突利可汗因頡利可汗相攻,遣使求救。梁師都為部下所殺,全國統一。　六月,祖孝孫奏上唐雅樂。　八月,河南、河北大霜,人饑。　九月,放宮女三千餘人。突厥擾邊。　十一月,真臘及林邑并來朝貢。　十二月,册薛延陀夷男為真珠毗伽可汗。

唐紀年

干支己丑　公元629年

朝代或國名	國家支配者	建都	廟號	謚號	建元	年號年次	輔政者	備注
唐	②李世民	長安	太宗		1	貞觀3年	房玄齡杜如晦魏徵等	
高昌	⑩麴文泰	交河			2	2延壽6年		在吐魯番西
吐蕃	①棄宗弄贊					13年		

續表

朝代或國名	國家支配者	建　都	廟　號	謚　號	建　元	年號年次	輔政者	備　注
薛延陀	①夷男					2年		稱可汗
回紇								
拔野古								
吐谷渾	⑰伏允可汗	伏俟城				32年		青海省
突厥	⑪頡利可汗					9年		北疆
西突厥	⑥莫賀咄					元年		
	⑦咄力特勤					元年		

月曆表

5342—384—1951213

月干支序數	星期／月序	日	1	2	3	4	5	6	日	1	2	3	4	5	6	日	1	2	3	4	5	6	日	1	2	3	4	5	6	日	1	2	3	4	5	6	日	1
	公曆1月	1	2	3	4	5	6	7	8	9	10	11	12	13	14	15	16	17	18	19	20	21	22	23	24	25	26	27	28	29	30	31						
3	夏曆正月	2	3	4	5	6	7	8	9	10	11	12	13	14	15	16	17	18	19	20	21	22	23	24	25	26	27	28	29	30	㊵	2						
	回曆9月	29	1	2	3	4	5	6	7	8	9	10	11	12	13	14	15	16	17	18	19	20	21	22	23	24	25	26	27	28	29	30						
	公曆2月				1	2	3	4	5	6	7	8	9	10	11	12	13	14	15	16	17	18	19	20	21	22	23	24	25	26	27	28						
	夏曆閏正月				3	4	5	6	7	8	9	10	11	12	13	14	15	16	17	18	19	20	21	22	23	24	25	26	27	28	29	30						
	回曆10月				1	2	3	4	5	6	7	8	9	10	11	12	13	14	15	16	17	18	19	20	21	22	23	24	25	26	27	28						
	公曆3月				1	2	3	4	5	6	7	8	9	10	11	12	13	14	15	16	17	18	19	20	21	22	23	24	25	26	27	28	29	30	31			
4 5	夏曆二 三月				⑩	2	3	4	5	6	7	8	9	10	11	12	13	14	15	16	17	18	19	20	21	22	23	24	25	26	27	28	29	㊴	2			
	回曆11月				29	1	2	3	4	5	6	7	8	9	10	11	12	13	14	15	16	17	18	19	20	21	22	23	24	25	26	27	28	29	30			
	公曆4月							1	2	3	4	5	6	7	8	9	10	11	12	13	14	15	16	17	18	19	20	21	22	23	24	25	26	27	28	29	30	
6	夏曆四月							3	4	5	6	7	8	9	10	11	12	13	14	15	16	17	18	19	20	21	22	23	24	25	26	27	28	29	30	⑨	2	
	回曆12月							1	2	3	4	5	6	7	8	9	10	11	12	13	14	15	16	17	18	19	20	21	22	23	24	25	26	27	28	29	30	
	公曆5月		1	2	3	4	5	6	7	8	9	10	11	12	13	14	15	16	17	18	19	20	21	22	23	24	25	26	27	28	29	30	31					
7	夏曆五月		3	4	5	6	7	8	9	10	11	12	13	14	15	16	17	18	29	20	21	22	23	24	25	26	27	28	29	㊳	2	3	4					
8年	回曆1、2月		①	2	3	4	5	6	7	8	9	10	11	12	13	14	15	16	17	18	19	20	21	22	23	24	25	26	27	28	29	30	1					
	公曆6月					1	2	3	4	5	6	7	8	9	10	11	12	13	14	15	16	17	18	19	20	21	22	23	24	25	26	27	28	29	30			
8	夏曆六月					5	6	7	8	9	10	11	12	13	14	15	16	17	18	19	20	21	22	23	24	25	26	27	28	29	30	⑧	2	3	4			
	回曆3月					2	3	4	5	6	7	8	9	10	11	12	13	14	15	16	17	18	19	20	21	22	23	24	25	26	27	28	29	1	2			
	公曆7月							1	2	3	4	5	6	7	8	9	10	11	12	13	14	15	16	17	18	19	20	21	22	23	24	25	26	27	28	29	30	31
9	夏曆七月							5	6	7	8	9	10	11	12	13	14	15	16	17	18	19	20	21	22	23	24	25	26	27	28	29	㊲	2	3	4	5	6
	回曆4月							3	4	5	6	7	8	9	10	11	12	13	14	15	16	17	18	19	20	21	22	23	24	25	26	27	28	29	30	1	2	3
	公曆8月			1	2	3	4	5	6	7	8	9	10	11	12	13	14	15	16	17	18	19	20	21	22	23	24	25	26	27	28	29	30	31				
10	夏曆八月			7	8	9	10	11	12	13	14	15	16	17	18	19	20	21	22	23	24	25	26	27	28	29	⑥	2	3	4	5	6	7	8				
	回曆5月			4	5	6	7	8	9	10	11	12	13	14	15	16	17	18	19	20	21	22	23	24	25	26	27	28	29	1	2	3	4	5				
	公曆9月						1	2	3	4	5	6	7	8	9	10	11	12	13	14	15	16	17	18	19	20	21	22	23	24	25	26	27	28	29	30		
11	夏曆九月						9	10	11	12	13	14	15	16	17	18	19	20	21	22	23	24	25	26	27	28	29	㉟	2	3	4	5	6	7	8	9		
	回曆6月						6	7	8	9	10	11	12	13	14	15	16	17	18	19	20	21	22	23	24	25	26	27	28	29	30	1	2	3	4	5		
	公曆10月	1	2	3	4	5	6	7	8	9	10	11	12	13	14	15	16	17	18	19	20	21	22	23	24	25	26	27	28	29	30	31						
12	夏曆十月	10	11	12	13	14	15	16	17	18	19	20	21	22	23	24	25	26	27	28	29	30	⑤	2	3	4	5	6	7	8	9	10						
	回曆7月	6	7	8	9	10	11	12	13	14	15	16	17	18	19	20	21	22	23	24	25	26	27	28	29	1	2	3	4	5	6	7						

續表

月 干支 序數	星期 月序	日	1	2	3	4	5	6	日	1	2	3	4	5	6	日	1	2	3	4	5	6	日	1	2	3	4	5	6	日	1	2	3	4	5	6	日	1
	公曆 11 月				1	2	3	4	5	6	7	8	9	10	11	12	13	14	15	16	17	18	19	20	21	22	23	24	25	26	27	28	29	30				
13	夏曆十一月				11	12	13	14	15	16	17	18	19	20	21	22	23	24	25	26	27	28	29	30	㉟	2	3	4	5	6	7	8	9	10				
	回曆 8 月				8	9	10	11	12	13	14	15	16	17	18	19	20	21	22	23	24	25	26	27	28	29	30	1	2	3	4	5	6	7				
	公曆 12 月						1	2	3	4	5	6	7	8	9	10	11	12	13	14	15	16	17	18	19	20	21	22	23	24	25	26	27	28	29	30	31	
14	夏曆十二月						11	12	13	14	15	16	17	18	19	20	21	22	23	24	25	26	27	28	29	①	2	3	4	5	6	7	8	9	10	11	12	
	回曆 9 月						8	9	10	11	12	13	14	15	16	17	18	19	20	21	22	23	24	25	26	27	28	29	1	2	3	4	5	6	7	8	9	

舊紀誌、新誌明年閏正月，不合。

大事記

八月，薛延陀毗伽可汗遣使入貢。突厥頡利可汗懼，請稱臣、尚主，不許，且命李靖等擊之。　十一月，突厥擾河西。命李靖統諸軍十萬人討突厥。　十二月，突厥突利可汗來朝。　是歲，中國人自塞外歸及各族內附者男女一百二十餘萬口。

唐紀年

干支庚寅　公元 630 年

朝代或國名	國家支配者	建都	廟號	謚號	建元	年號年次	輔政者	備注
唐	②李世民	長安	太宗		1	貞觀 4 年		
高昌	⑩麴文泰	交河			2	2 延壽 7 年		在吐魯番西
吐蕃	①棄宗弄贊					14 年		
薛延陀	①夷男					3 年		
回紇								
吐谷渾	⑰伏允可汗					33 年		青海省
突厥	⑪頡利可汗					10 年		三月亡
西突厥	⑥莫賀咄					2 年		十二月被殺
	⑦咄力特勤					2 年		

月曆表

5343—354—1951567

月 干支 序數	星期 月序	日	1	2	3	4	5	6	日	1	2	3	4	5	6	日	1	2	3	4	5	6	日	1	2	3	4	5	6	日	1	2	3	4	5	6	日	1
	公曆 1 月		1	2	3	4	5	6	7	8	9	10	11	12	13	14	15	16	17	18	19	20	21	22	23	24	25	26	27	28	29	30	31					
	夏曆閏十二月		13	14	15	16	17	18	19	20	21	22	23	24	25	26	27	28	29	30	㉞	2	3	4	5	6	7	8	9	10	11	12	13					
	回曆 10 月		10	11	12	13	14	15	16	17	18	19	20	21	22	23	24	25	26	27	28	29	30	1	2	3	4	5	6	7	8	9	10					
	公曆 2 月					1	2	3	4	5	6	7	8	9	10	11	12	13	14	15	16	17	18	19	20	21	22	23	24	25	26	27	28					
15	夏曆正月					14	15	16	17	18	19	20	21	22	23	24	25	26	27	28	29	30	①	2	3	4	5	6	7	8	9	10	11					
	回曆 11 月					11	12	13	14	15	16	17	18	19	20	21	22	23	24	25	26	27	28	29	1	2	3	4	5	6	7	8	9					
	公曆 3 月					1	2	3	4	5	6	7	8	9	10	11	12	13	14	15	16	17	18	19	20	21	22	23	24	25	26	27	28	29	30	31		
16	夏曆二月					12	13	14	15	16	17	18	19	20	21	22	23	24	25	26	27	28	29	30	㉞	2	3	4	5	6	7	8	9	10	11	12		
	回曆 12 月					10	11	12	13	14	15	16	17	18	19	20	21	22	23	24	25	26	27	28	29	30	1	2	3	4	5	6	7	8	9	10		

續表

月干支序數	月序＼星期	日	1	2	3	4	5	6	日	1	2	3	4	5	6	日	1	2	3	4	5	6	日	1	2	3	4	5	6	日	1	2	3	4	5	6	日	1
	公曆4月	1	2	3	4	5	6	7	8	9	10	11	12	13	14	15	16	17	18	19	20	21	22	23	24	25	26	27	28	29	30							
17	夏曆三月	13	14	15	16	17	18	19	20	21	22	23	24	25	26	27	28	29	③	2	3	4	5	6	7	8	9	10	11	12	13							
9年	回曆1月	11	12	13	14	15	16	17	18	19	20	21	22	23	24	25	26	27	28	29	①	2	3	4	5	6	7	8	9	10	11							
	公曆5月			1	2	3	4	5	6	7	8	9	10	11	12	13	14	15	16	17	18	19	20	21	22	23	24	25	26	27	28	29	30	31				
18	夏曆四月			14	15	16	17	18	19	20	21	22	23	24	25	26	27	28	29	30	㉝	2	3	4	5	6	7	8	9	10	11	12	13	14				
	回曆2月			12	13	14	15	16	17	18	19	20	21	22	23	24	25	26	27	28	29	30	1	2	3	4	5	6	7	8	9	10	11	12				
	公曆6月						1	2	3	4	5	6	7	8	9	10	11	12	13	14	15	16	17	18	19	20	21	22	23	24	25	26	27	28	29	30		
19	夏曆五月						15	16	17	18	19	20	21	22	23	24	25	26	27	28	29	②	2	3	4	5	6	7	8	9	10	11	12	13	14	15		
	回曆3月						13	14	15	16	17	18	19	20	21	22	23	24	25	26	27	28	29	1	2	3	4	5	6	7	8	9	10	11	12	13		
	公曆7月	1	2	3	4	5	6	7	8	9	10	11	12	13	14	15	16	17	18	19	20	21	22	23	24	25	26	27	28	29	30	31						
20	夏曆六月	16	17	18	19	20	21	22	23	24	25	26	27	28	29	㉛	2	3	4	5	6	7	8	9	10	11	12	13	14	15	16	17						
	回曆4月	14	15	16	17	18	19	20	21	22	23	24	25	26	27	28	29	30	1	2	3	4	5	6	7	8	9	10	11	12	13	14						
	公曆8月				1	2	3	4	5	6	7	8	9	10	11	12	13	14	15	16	17	18	19	20	21	22	23	24	25	26	27	28	29	30	31			
21	夏曆七月				18	19	20	21	22	23	24	25	26	27	28	29	30	①	2	3	4	5	6	7	8	9	10	11	12	13	14	15	16	17	18			
	回曆5月				15	16	17	18	19	20	21	22	23	24	25	26	27	28	29	1	2	3	4	5	6	7	8	9	10	11	12	13	14	15	16			
	公曆9月							1	2	3	4	5	6	7	8	9	10	11	12	13	14	15	16	17	18	19	20	21	22	23	24	25	26	27	28	29	30	
22	夏曆八月							19	20	21	22	23	24	25	26	27	28	29	㉚	2	3	4	5	6	7	8	9	10	11	12	13	14	15	16	17	18	19	
	回曆6月							17	18	19	20	21	22	23	24	25	26	27	28	29	30	1	2	3	4	5	6	7	8	9	10	11	12	13	14	15	16	
	公曆10月		1	2	3	4	5	6	7	8	9	10	11	12	13	14	15	16	17	18	19	20	21	22	23	24	25	26	27	28	29	30	31					
23	夏曆九月		20	21	22	23	24	25	26	27	28	29	30	(60)	2	3	4	5	6	7	8	9	10	11	12	13	14	15	16	17	18	19	20					
	回曆7月		17	18	19	20	21	22	23	24	25	26	27	28	29	1	2	3	4	5	6	7	8	9	10	11	12	13	14	15	16	17	18					
	公曆11月					1	2	3	4	5	6	7	8	9	10	11	12	13	14	15	16	17	18	19	20	21	22	23	24	25	26	27	28	29	30			
24	夏曆十月					21	22	23	24	25	26	27	28	29	㉙	2	3	4	5	6	7	8	9	10	11	12	13	14	15	16	17	18	19	20	21			
	回曆8月					19	20	21	22	23	24	25	26	27	28	29	30	1	2	3	4	5	6	7	8	9	10	11	12	13	14	15	16	17	18			
	公曆12月							1	2	3	4	5	6	7	8	9	10	11	12	13	14	15	16	17	18	19	20	21	22	23	24	25	26	27	28	29	30	31
25	夏曆十一月							22	23	24	25	26	27	28	29	30	(59)	2	3	4	5	6	7	8	9	10	11	12	13	14	15	16	17	18	19	20	21	22
	回曆9月							19	20	21	22	23	24	25	26	27	28	29	1	2	3	4	5	6	7	8	9	10	11	12	13	14	15	16	17	18	19	20

大事記

正月，李靖等敗突厥，頡利可汗退磧口。　二月，靖又大破突厥於陰山，斬萬餘級，俘男女十餘萬口，獲雜畜數十萬，其大酋長皆降，頡利可汗奔蘇尼失。　三月，頡利可汗被張寶相俘，突厥亡。　四月，西北諸藩請上太宗尊號為天可汗。分頡利地為六州，左置定襄都督府，右置雲中都督府。　八月，定品官服色。奚、霫、室韋等十餘部皆來降。　九月，伊吾城主舉其屬七城來降，置西伊州。　十一月，禁笞背之刑。　十二月，高昌王麴文泰來朝。

是歲，大稔，米斗三四錢；斷死刑僅二十九人。西突厥內亂定，共推肆葉護為大可汗。杜如晦卒(585—630)，為當時名相。　倭遣犬上御田鍬等入唐，是為第一次遣使朝唐。

唐紀年

干支辛卯　公元631年

朝代或國名	國家支配者	建都	廟號	謚號	建元	年號年次	輔政者	備注
唐	②李世民	長安	太宗		1	貞觀5年	李靖等	
高昌	⑩麴文泰	交河			2	2延壽8年		在吐魯番西
吐蕃	①棄宗弄贊					15年		

續表

朝代或國名	國家支配者	建都	廟號	謚號	建元	年號年次	輔政者	備注
西突厥	⑦咄力特勤					3 年		
回紇								
吐谷渾	⑰伏允可汗	伏俟城				34 年		青海省
薛延陀	①夷男					4 年		

月曆表

5344—354—1951921

月干支序數	月序＼星期	日	1	2	3	4	5	6	日	1	2	3	4	5	6	日	1	2	3	4	5	6	日	1	2	3	4	5	6	日	1	2	3	4	5	6	日	1
	公曆 1 月			1	2	3	4	5	6	7	8	9	10	11	12	13	14	15	16	17	18	19	20	21	22	23	24	25	26	27	28	29	30	31				
26	夏曆十二月			23	24	25	26	27	28	29	㉘	2	3	4	5	6	7	8	9	10	11	12	13	14	15	16	17	18	19	20	21	22	23	24				
	回曆 10 月			21	22	23	24	25	26	27	28	29	30	1	2	3	4	5	6	7	8	9	10	11	12	13	14	15	16	17	18	19	20	21				
	公曆 2 月						1	2	3	4	5	6	7	8	9	10	11	12	13	14	15	16	17	18	19	20	21	22	23	24	25	26	27	28				
27	夏曆正月						25	26	27	28	29	30	(58)	2	3	4	5	6	7	8	9	10	11	12	13	14	15	16	17	18	19	20	21	22				
	回曆 11 月						22	23	24	25	26	27	28	29	1	2	3	4	5	6	7	8	9	10	11	12	13	14	15	16	17	18	19	20				
	公曆 3 月						1	2	3	4	5	6	7	8	9	10	11	12	13	14	15	16	17	18	19	20	21	22	23	24	25	26	27	28	29	30	31	
28	夏曆二月						23	24	25	26	27	28	29	30	㉘	2	3	4	5	6	7	8	9	10	11	12	13	14	15	16	17	18	19	20	21	22	23	
	回曆 12 月						21	22	23	24	25	26	27	28	29	30	1	2	3	4	5	6	7	8	9	10	11	12	13	14	15	16	17	18	19	20	21	
	公曆 4 月		1	2	3	4	5	6	7	8	9	10	11	12	13	14	15	16	17	18	19	20	21	22	23	24	25	26	27	28	29	30						
29	夏曆三月		24	25	26	27	28	29	(57)	2	3	4	5	6	7	8	9	10	11	12	13	14	15	16	17	18	19	20	21	22	23	24						
10 年閏	回曆 1 月		22	23	24	25	26	27	28	29	①	2	3	4	5	6	7	8	9	10	11	12	13	14	15	16	17	18	19	20	21	22						
	公曆 5 月				1	2	3	4	5	6	7	8	9	10	11	12	13	14	15	16	17	18	19	20	21	22	23	24	25	26	27	28	29	30	31			
30	夏曆四月				25	26	27	28	29	30	㉗	2	3	4	5	6	7	8	9	10	11	12	13	14	15	16	17	18	19	20	21	22	23	24	25			
	回曆 2 月				23	24	25	26	27	28	29	30	1	2	3	4	5	6	7	8	9	10	11	12	13	14	15	16	17	18	19	20	21	22	23			
	公曆 6 月							1	2	3	4	5	6	7	8	9	10	11	12	13	14	15	16	17	18	19	20	21	22	23	24	25	26	27	28	29	30	
31	夏曆五月							26	27	28	29	(56)	2	3	4	5	6	7	8	9	10	11	12	13	14	15	16	17	18	19	20	21	22	23	24	25	26	
	回曆 3 月							24	25	26	27	28	29	1	2	3	4	5	6	7	8	9	10	11	12	13	14	15	16	17	18	19	20	21	22	23	24	
	公曆 7 月		1	2	3	4	5	6	7	8	9	10	11	12	13	14	15	16	17	18	19	20	21	22	23	24	25	26	27	28	29	30	31					
32	夏曆六月		27	28	29	30	㉖	2	3	4	5	6	7	8	9	10	11	12	13	14	15	16	17	18	19	20	21	22	23	24	25	26	27					
	回曆 4 月		25	26	27	28	29	30	1	2	3	4	5	6	7	8	9	10	11	12	13	14	15	16	17	18	19	20	21	22	23	24	25					
	公曆 8 月					1	2	3	4	5	6	7	8	9	10	11	12	13	14	15	16	17	18	19	20	21	22	23	24	25	26	27	28	29	30	31		
33	夏曆七月					28	29	(55)	2	3	4	5	6	7	8	9	10	11	12	13	14	15	16	17	18	19	20	21	22	23	24	25	26	27	28	29		
	回曆 5 月					26	27	28	29	1	2	3	4	5	6	7	8	9	10	11	12	13	14	15	16	17	18	19	20	21	22	23	24	25	26	27		
	公曆 9 月	1	2	3	4	5	6	7	8	9	10	11	12	13	14	15	16	17	18	19	20	21	22	23	24	25	26	27	28	29	30							
34	夏曆八月	30	㉕	2	3	4	5	6	7	8	9	10	11	12	13	14	15	16	17	18	19	20	21	22	23	24	25	26	27	28	29							
	回曆 6 月	28	29	30	1	2	3	4	5	6	7	8	9	10	11	12	13	14	15	16	17	18	19	20	21	22	23	24	25	26	27							
	公曆 10 月			1	2	3	4	5	6	7	8	9	10	11	12	13	14	15	16	17	18	19	20	21	22	23	24	25	26	27	28	29	30	31				
35 36	夏曆九十月			(54)	2	3	4	5	6	7	8	9	10	11	12	13	14	15	16	17	18	19	20	21	22	23	24	25	26	27	28	29	30	㉔				
	回曆 7 月			28	29	1	2	3	4	5	6	7	8	9	10	11	12	13	14	15	16	17	18	19	20	21	22	23	24	25	26	27	28	29				
	公曆 11 月						1	2	3	4	5	6	7	8	9	10	11	12	13	14	15	16	17	18	19	20	21	22	23	24	25	26	27	28	29	30		
37	夏曆十一月						2	3	4	5	6	7	8	9	10	11	12	13	14	15	16	17	18	19	20	21	22	23	24	25	26	27	28	29	(53)	2		
	回曆 8 月						30	1	2	3	4	5	6	7	8	9	10	11	12	13	14	15	16	17	18	19	20	21	22	23	24	25	36	27	28	29		

續表

月干支序數	月序＼星期	日	1	2	3	4	5	6	日	1	2	3	4	5	6	日	1	2	3	4	5	6	日	1	2	3	4	5	6	日	1	2	3	4	5	6	日	1
	公曆12月	1	2	3	4	5	6	7	8	9	10	11	12	13	14	15	16	17	18	19	20	21	22	23	24	25	26	27	28	29	30	31						
38	夏曆十二月	3	4	5	6	7	8	9	10	11	12	13	14	15	16	17	18	19	20	21	22	23	24	25	26	27	28	29	30	㉓	2	3						
	回曆9、10月	1	2	3	4	5	6	7	8	9	10	11	12	13	14	15	16	17	18	19	20	21	22	23	24	25	26	27	28	29	30	1						

大事記

四月，以金帛給突厥，贖回漢民男女八萬口。斛薛部叛，靈州兵擊破之。　　八月，初令天下決死刑必三復奏，在京諸司五復奏。　　十一月，林邑、新羅遣使奉獻。倭國遣使入貢。　　十二月，康國求內附，不受。

是歲，開黨項之地為十六州，四十七縣。高州總管馮盎入朝。羅、竇諸州僚起事，馮盎破之。

唐紀年

干支壬辰　公元632年

朝代或國名	國家支配者	建都	廟號	謚號	建元	年號年次	輔政者	備注
唐	②李世民	長安	太宗		1	貞觀6年	魏徵等	
高昌	⑩麴文泰	交河			2	2延壽9年		在吐魯番西
吐蕃	①棄宗弄贊					16年		
西突厥	⑦咄力特勤					4年		
	⑧泥熟莫賀汲					元年		
回紇								
吐谷渾	⑰伏允可汗	伏俟城				35年		青海省
薛延陀	①夷男					5年		

月曆表

5345—384—1952305

月干支序數	月序＼星期	日	1	2	3	4	5	6	日	1	2	3	4	5	6	日	1	2	3	4	5	6	日	1	2	3	4	5	6	日	1	2	3	4	5	6	日	1
	公曆1月				1	2	3	4	5	6	7	8	9	10	11	12	13	14	15	16	17	18	19	20	21	22	23	24	25	26	27	28	29	30	31			
39	夏曆正月				4	5	6	7	8	9	10	11	12	13	14	15	16	17	18	19	20	21	22	23	24	25	26	27	28	29	(52)	2	3	4	5			
	回曆11月				2	3	4	5	6	7	8	9	10	11	12	13	14	15	16	17	18	19	20	21	22	23	24	25	26	27	28	29	1	2	3			
	公曆2月							1	2	3	4	5	6	7	8	9	10	11	12	13	14	15	16	17	18	19	20	21	22	23	24	25	26	27	28	29		
40	夏曆二月							6	7	8	9	10	11	12	13	14	15	16	17	18	19	20	21	22	23	24	25	26	27	28	29	30	㉒	2	3	4		
	回曆12月							4	5	6	7	8	9	10	11	12	13	14	15	16	17	18	19	20	21	22	23	24	25	26	27	28	29	30	1	2		
	公曆3月	1	2	3	4	5	6	7	8	9	10	11	12	13	14	15	16	17	18	19	20	21	22	23	24	25	26	27	28	29	30	31						
41	夏曆三月	5	6	7	8	9	10	11	12	13	14	15	16	17	18	19	20	21	22	23	24	25	26	27	28	29	(51)	2	3	4	5	6						
11年	回曆1月	3	4	5	6	7	8	9	10	11	12	13	14	15	16	17	18	19	20	21	22	23	24	25	26	27	28	29	30	①	2	3						
	公曆4月				1	2	3	4	5	6	7	8	9	10	11	12	13	14	15	16	17	18	19	20	21	22	23	24	25	26	27	28	29	30				
42	夏曆四月				7	8	9	10	11	12	13	14	15	16	17	18	19	20	21	22	23	24	25	26	27	28	29	30	㉑	2	3	4	5	6				
	回曆2月				4	5	6	7	8	9	10	11	12	13	14	15	16	17	18	19	20	21	22	23	24	25	26	27	28	29	30	1	2	3				
	公曆5月						1	2	3	4	5	6	7	8	9	10	11	12	13	14	15	16	17	18	19	20	21	22	23	24	25	26	27	28	29	30	31	
43	夏曆五月						7	8	9	10	11	12	13	14	15	16	17	18	19	20	21	22	23	24	25	26	27	28	29	30	(51)	2	3	4	5	6	7	
	回曆3月						4	5	6	7	8	9	10	11	12	13	14	15	16	17	18	19	20	21	22	23	24	25	26	27	28	29	1	2	3	4	5	

續表

月干支序數	月序＼星期	日	1	2	3	4	5	6	日	1	2	3	4	5	6	日	1	2	3	4	5	6	日	1	2	3	4	5	6	日	1	2	3	4	5	6	日	1
	公暦6月		1	2	3	4	5	6	7	8	9	10	11	12	13	14	15	16	17	18	19	20	21	22	23	24	25	26	27	28	29	30						
44	夏暦六月		8	9	10	11	12	13	14	15	16	17	18	19	20	21	22	23	24	25	26	27	28	29	⑳	2	3	4	5	6	7	8						
	回暦4月		6	7	8	9	10	11	12	13	14	15	16	17	18	19	20	21	22	23	24	25	26	27	28	29	30	1	2	3	4	5						
	公暦7月				1	2	3	4	5	6	7	8	9	10	11	12	13	14	15	16	17	18	19	20	21	22	23	24	25	26	27	28	29	30	31			
45	夏暦七月				9	10	11	12	13	14	15	16	17	18	19	20	21	22	23	24	25	26	27	28	29	30	㊵	2	3	4	5	6	7	8	9			
	回暦5月				6	7	8	9	10	11	12	13	14	15	16	17	18	19	20	21	22	23	24	25	26	27	28	29	1	2	3	4	5	6	7			
	公暦8月							1	2	3	4	5	6	7	8	9	10	11	12	13	14	15	16	17	18	19	20	21	22	23	24	25	26	27	28	29	30	31
46	夏暦八月							10	11	12	13	14	15	16	17	18	19	20	21	22	23	24	25	26	27	28	29	⑲	2	3	4	5	6	7	8	9	10	11
	回暦6月							8	9	10	11	12	13	14	15	16	17	18	19	20	21	22	23	24	25	26	27	28	29	30	1	2	3	4	5	6	7	8
	公暦9月			1	2	3	4	5	6	7	8	9	10	11	12	13	14	15	16	17	18	19	20	21	22	23	24	25	26	27	28	29	30					
	夏暦閏八月			12	13	14	15	16	17	18	19	20	21	22	23	24	25	26	27	28	29	30	㊾	2	3	4	5	6	7	8	9	10	11					
	回暦7月			9	10	11	12	13	14	15	16	17	18	19	20	21	22	23	24	25	26	27	28	29	1	2	3	4	5	6	7	8	9					
	公暦10月					1	2	3	4	5	6	7	8	9	10	11	12	13	14	15	16	17	18	19	20	21	22	23	24	25	26	27	28	29	30	31		
47	夏暦九月					12	13	14	15	16	17	18	19	20	21	22	23	24	25	26	27	28	29	⑱	2	3	4	5	6	7	8	9	10	11	12	13		
	回暦8月					10	11	12	13	14	15	16	17	18	19	20	21	22	23	24	25	26	27	28	29	30	1	2	3	4	5	6	7	8	9	10		
	公暦11月	1	2	3	4	5	6	7	8	9	10	11	12	13	14	15	16	17	18	19	20	21	22	23	24	25	26	27	28	29	30							
48	夏暦十月	14	15	16	17	18	19	20	21	22	23	24	25	26	27	28	29	30	㊽	2	3	4	5	6	7	8	9	10	11	12	13							
	回暦9月	11	12	13	14	15	16	17	18	19	20	21	22	23	24	25	26	27	28	29	1	2	3	4	5	6	7	8	9	10	11							
	公暦12月			1	2	3	4	5	6	7	8	9	10	11	12	13	14	15	16	17	18	19	20	21	22	23	24	25	26	27	28	29	30	31				
49	夏暦十一月			14	15	16	17	18	19	20	21	22	23	24	25	26	27	28	29	⑰	2	3	4	5	6	7	8	9	10	11	12	13	14	15				
	回暦10月			12	13	14	15	16	17	18	19	20	21	22	23	24	25	26	27	28	29	30	1	2	3	4	5	6	7	8	9	10	11	12				

大事記

正月，靜州僚起事，旋敗。　三月，吐谷渾擾蘭州。　七月、西突厥咄陸可汗遣使內附。　十一月，契苾首領何力來降，處其部衆於甘、涼之間。

是歲，黨項前後內屬者三十萬口。縱死囚三百九十人歸家，後皆如期回獄，皆赦之。唐遣使䍐者偕倭國遣唐使詣倭。

唐紀年

干支癸巳　公元633年

朝代或國名	國家支配者	建都	廟號	謚號	建元	年號年次	輔政者	備注
唐	②李世民	長安	太宗		1	貞觀7年	魏徵等	
高昌	⑩麴文泰	交河			2	2延壽10年		在吐魯番西
吐蕃	①棄宗弄贊	邏些				17年		遷都拉薩
西突厥	⑧泥熟莫賀汲					2年		
回紇								
吐谷渾	⑰伏允可汗	伏俟城				36年		青海省
薛延陀	①夷男					6年		

月曆表

5346－355－1952660

月干支序數	星期 / 月序	日	1	2	3	4	5	6	日	1	2	3	4	5	6	日	1	2	3	4	5	6	日	1	2	3	4	5	6	日	1	2	3	4	5	6	日	1
	公曆1月						1	2	3	4	5	6	7	8	9	10	11	12	13	14	15	16	17	18	19	20	21	22	23	24	25	26	27	28	29	30	31	
50	夏曆十二月						16	17	18	19	20	21	22	23	24	25	26	27	28	29	30	㊼	2	3	4	5	6	7	8	9	10	11	12	13	14	15	16	
	回曆11月						13	14	15	16	17	18	19	20	21	22	23	24	25	26	27	28	29	1	2	3	4	5	6	7	8	9	10	11	12	13	14	
	公曆2月		1	2	3	4	5	6	7	8	9	10	11	12	13	14	15	16	17	18	19	20	21	22	23	24	25	26	27	28								
51	夏曆正月		17	18	19	20	21	22	23	24	25	26	27	28	29	⑯	2	3	4	5	6	7	8	9	10	11	12	13	14	15								
	回曆12月		15	16	17	18	19	20	21	22	23	24	25	26	27	28	29	30	1	2	3	4	5	6	7	8	9	10	11	12								
	公曆3月		1	2	3	4	5	6	7	8	9	10	11	12	13	14	15	16	17	18	19	20	21	22	23	24	25	26	27	28	29	30	31					
52	夏曆二月		16	17	18	19	20	21	22	23	24	25	26	27	28	29	30	㊻	2	3	4	5	6	7	8	9	10	11	12	13	14	15	16					
12年	回曆1月		13	14	15	16	17	18	19	20	21	22	23	24	25	26	27	28	29	①	2	3	4	5	6	7	8	9	10	11	12	13	14					
	公曆4月					1	2	3	4	5	6	7	8	9	10	11	12	13	14	15	16	17	18	19	20	21	22	23	24	25	26	27	28	29	30			
53	夏曆三月					17	18	19	20	21	22	23	24	25	26	27	28	29	⑮	2	3	4	5	6	7	8	9	10	11	12	13	14	15	16	17			
	回曆2月					15	16	17	18	19	20	21	22	23	24	25	26	27	28	29	30	1	2	3	4	5	6	7	8	9	10	11	12	13	14			
	公曆5月							1	2	3	4	5	6	7	8	9	10	11	12	13	14	15	16	17	18	19	20	21	22	23	24	25	26	27	28	29	30	31
54	夏曆四月							18	19	20	21	22	23	24	25	26	27	28	29	30	㊺	2	3	4	5	6	7	8	9	10	11	12	13	14	15	16	17	18
	回曆3月							15	16	17	18	19	20	21	22	23	24	25	26	27	28	29	1	2	3	4	5	6	7	8	9	10	11	12	13	14	15	16
	公曆6月			1	2	3	4	5	6	7	8	9	10	11	12	13	14	15	16	17	18	19	20	21	22	23	24	25	26	27	28	29	30					
55	夏曆五月			19	20	21	22	23	24	25	26	27	28	29	⑭	2	3	4	5	6	7	8	9	10	11	12	13	14	15	16	17	18	19					
	回曆4月			17	18	19	20	21	22	23	24	25	26	27	28	29	30	1	2	3	4	5	6	7	8	9	10	11	12	13	14	15	16					
	公曆7月					1	2	3	4	5	6	7	8	9	10	11	12	13	14	15	16	17	18	19	20	21	22	23	24	25	26	27	28	29	30	31		
56	夏曆六月					20	21	22	23	24	25	26	27	28	29	30	㊹	2	3	4	5	6	7	8	9	10	11	12	13	14	15	16	17	18	19	20		
	回曆5月					17	18	19	20	21	22	23	24	25	26	27	28	29	1	2	3	4	5	6	7	8	9	10	11	12	13	14	15	16	17	18		
	公曆8月	1	2	3	4	5	6	7	8	9	10	11	12	13	14	15	16	17	18	19	20	21	22	23	24	25	26	27	28	29	30	31						
57	夏曆七月	21	22	23	24	25	26	27	28	29	30	⑭	2	3	4	5	6	7	8	9	10	11	12	13	14	15	16	17	18	19	20	21						
	回曆6月	19	20	21	22	23	24	25	26	27	28	29	30	1	2	3	4	5	6	7	8	9	10	11	12	13	14	15	16	17	18	19						
	公曆9月				1	2	3	4	5	6	7	8	9	10	11	12	13	14	15	16	17	18	19	20	21	22	23	24	25	26	27	28	29	30				
58	夏曆八月				22	23	24	25	26	27	28	29	㊸	2	3	4	5	6	7	8	9	10	11	12	13	14	15	16	17	18	19	20	21	22				
	回曆7月				20	21	22	23	24	25	26	27	28	29	1	2	3	4	5	6	7	8	9	10	11	12	13	14	15	16	17	18	19	20				
	公曆10月						1	2	3	4	5	6	7	8	9	10	11	12	13	14	15	16	17	18	19	20	21	22	23	24	25	26	27	28	29	30	31	
59	夏曆九月						23	24	25	26	27	28	29	30	⑬	2	3	4	5	6	7	8	9	10	11	12	13	14	15	16	17	18	19	20	21	22	23	
	回曆8月						21	22	23	24	25	26	27	28	29	30	1	2	3	4	5	6	7	8	9	10	11	12	13	14	15	16	17	18	19	20	21	
	公曆11月		1	2	3	4	5	6	7	8	9	10	11	12	13	14	15	16	17	18	19	20	21	22	23	24	25	26	27	28	29	30						
60	夏曆十月		24	25	26	27	28	29	㊷	2	3	4	5	6	7	8	9	10	11	12	13	14	15	16	17	18	19	20	21	22	23	24						
	回曆9月		22	23	24	25	26	27	28	29	1	2	3	4	5	6	7	8	9	10	11	12	13	14	15	16	17	18	19	20	21	22						
	公曆12月				1	2	3	4	5	6	7	8	9	10	11	12	13	14	15	16	17	18	19	20	21	22	23	24	25	26	27	28	29	30	31			
1	夏曆十一月				25	26	27	28	29	30	⑫	2	3	4	5	6	7	8	9	10	11	12	13	14	15	16	17	18	19	20	21	22	23	24	25			
	回曆10月				23	24	25	26	27	28	29	30	1	2	3	4	5	6	7	8	9	10	11	12	13	14	15	16	17	18	19	20	21	22	23			

大事記

正月，太宗李世民宴玄武門，奏九宮七德舞。薛延陀遣使入朝。　　三月，李淳風更造渾天黄道儀成。　　五月，雅州僚起事，旋敗。　　八月，山東、河南三十州大水，遣使賑恤。　　十一月，頒新定五經。　　十二月，嘉、陵二州僚起事，旋敗。　是年，在夏州朔方縣開延化渠，溉田二百頃。

唐紀年

干支甲午　公元634年

朝代或國名	國家支配者	建都	廟號	謚號	建元	年號年次	輔政者	備注
唐	②李世民	長安	太宗		1	貞觀8年	魏徵等	
高昌	⑩麴文泰	交河			2	2延壽11年		在吐魯番西
吐蕃	① 棄宗弄贊	邏些				18年	祿東贊	
西突厥	⑧泥熟莫賀汲					3年		十二月卒
回紇								
吐谷渾	⑰伏允可汗	伏俟城				37年		青海省
薛延陀	①夷男					7年		

月曆表

5347—354—1953014

月干支序數	月序 \ 星期	日	1	2	3	4	5	6	日	1	2	3	4	5	6	日	1	2	3	4	5	6	日	1	2	3	4	5	6	日	1	2	3	4	5	6	日	1
	公曆1月							1	2	3	4	5	6	7	8	9	10	11	12	13	14	15	16	17	18	19	20	21	22	23	24	25	26	27	28	29	30	31
2	夏曆十二月							26	27	28	29	㊶	2	3	4	5	6	7	8	9	10	11	12	13	14	15	16	17	18	19	20	21	22	23	24	25	26	27
	回曆11月							24	25	26	27	28	29	1	2	3	4	5	6	7	8	9	10	11	12	13	14	15	16	17	18	19	20	21	22	23	24	25
	公曆2月			1	2	3	4	5	6	7	8	9	10	11	12	13	14	15	16	17	18	19	20	21	22	23	24	25	26	27	28							
3	夏曆正月			28	29	30	⑪	2	3	4	5	6	7	8	9	10	11	12	13	14	15	16	17	18	19	20	21	22	23	24	25							
	回曆12月			26	27	28	29	30	1	2	3	4	5	6	7	8	9	10	11	12	13	14	15	16	17	18	19	20	21	22	23							
	公曆3月			1	2	3	4	5	6	7	8	9	10	11	12	13	14	15	16	17	18	19	20	21	22	23	24	25	26	27	28	29	30	31				
4	夏曆二月			26	27	28	29	㊵	2	3	4	5	6	7	8	9	10	11	12	13	14	15	16	17	18	19	20	21	22	23	24	25	26	27				
13年	回曆1月			24	25	26	27	28	29	①	2	3	4	5	6	7	8	9	10	11	12	13	14	15	16	17	18	19	20	21	22	23	24	25				
	公曆4月						1	2	3	4	5	6	7	8	9	10	11	12	13	14	15	16	17	18	19	20	21	22	23	24	25	26	27	28	29	30		
5	夏曆三月						28	29	30	⑩	2	3	4	5	6	7	8	9	10	11	12	13	14	15	16	17	18	19	20	21	22	23	24	25	26	27		
	回曆2月						26	27	28	29	30	1	2	3	4	5	6	7	8	9	10	11	12	13	14	15	16	17	18	19	20	21	22	23	24	25		
	公曆5月	1	2	3	4	5	6	7	8	9	10	11	12	13	14	15	16	17	18	19	20	21	22	23	24	25	26	27	28	29	30	31						
6	夏曆四月	28	29	㊴	2	3	4	5	6	7	8	9	10	11	12	13	14	15	16	17	18	19	20	21	22	23	24	25	26	27	28	29						
	回曆3月	26	27	28	29	1	2	3	4	5	6	7	8	9	10	11	12	13	14	15	16	17	18	19	20	21	22	23	24	25	26	27						
	公曆6月				1	2	3	4	5	6	7	8	9	10	11	12	13	14	15	16	17	18	19	20	21	22	23	24	25	26	27	28	29	30				
7	夏曆五月				⑧	2	3	4	5	6	7	8	9	10	11	12	13	14	15	16	17	18	19	20	21	22	23	24	25	26	27	28	29	30				
	回曆4月				28	29	30	1	2	3	4	5	6	7	8	9	10	11	12	13	14	15	16	17	18	19	20	21	22	23	24	25	26	27				
	公曆7月						1	2	3	4	5	6	7	8	9	10	11	12	13	14	15	16	17	18	19	20	21	22	23	24	25	26	27	28	29	30	31	
8 9	夏曆六七月						㊳	2	3	4	5	6	7	8	9	10	11	12	13	14	15	16	17	18	19	20	21	22	23	24	25	26	27	28	29	30	⑧	
	回曆5月						28	29	1	2	3	4	5	6	7	8	9	10	11	12	13	14	15	16	17	18	19	20	21	22	23	24	25	26	27	28	29	
	公曆8月		1	2	3	4	5	6	7	8	9	10	11	12	13	14	15	16	17	18	19	20	21	22	23	24	25	26	27	28	29	30	31					
10	夏曆八月		2	3	4	5	6	7	8	9	10	11	12	13	14	15	16	17	18	19	20	21	22	23	24	25	26	27	28	29	㊲	2	3					
	回曆6、7月		30	1	2	3	4	5	6	7	8	9	10	11	12	13	14	15	16	17	18	19	20	21	22	23	24	25	26	27	28	29	1					
	公曆9月					1	2	3	4	5	6	7	8	9	10	11	12	13	14	15	16	17	18	19	20	21	22	23	24	25	26	27	28	29	30			
11	夏曆九月					4	5	6	7	8	9	10	11	12	13	14	15	16	17	18	19	20	21	22	23	24	25	26	27	28	29	30	⑦	2	3			
	回曆8月					2	3	4	5	6	7	8	9	10	11	12	13	14	15	16	17	18	19	20	21	22	23	24	25	26	27	28	29	30	1			
	公曆10月							1	2	3	4	5	6	7	8	9	10	11	12	13	14	15	16	17	18	19	20	21	22	23	24	25	26	27	28	29	30	31
12	夏曆十月							4	5	6	7	8	9	10	11	12	13	14	15	16	17	18	19	20	21	22	23	24	25	26	27	28	29	30	㊲	2	3	4
	回曆9月							2	3	4	5	6	7	8	9	10	11	12	13	14	15	16	17	18	19	20	21	22	23	24	25	26	27	28	29	1	2	3
	公曆11月			1	2	3	4	5	6	7	8	9	10	11	12	13	14	15	16	17	18	19	20	21	22	23	24	25	26	27	28	29	30					

續表

月干支序數	月序＼星期	日	1	2	3	4	5	6	日	1	2	3	4	5	6	日	1	2	3	4	5	6	日	1	2	3	4	5	6	日	1	2	3	4	5	6	日	1
13	夏曆十一月			5	6	7	8	9	10	11	12	13	14	15	16	17	18	19	20	21	22	23	24	25	26	27	28	29	⑥	2	3	4	5					
	回曆 10 月			4	5	6	7	8	9	10	11	12	13	14	15	16	17	18	19	20	21	22	23	24	25	26	27	28	29	30	1	2	3					
	公曆 12 月					1	2	3	4	5	6	7	8	9	10	11	12	13	14	15	16	17	18	19	20	21	22	23	24	25	26	27	28	29	30	31		
14	夏曆十二月					6	7	8	9	10	11	12	13	14	15	16	17	18	19	20	21	22	23	24	25	26	27	28	29	30	㊱	2	3	4	5	6		
	回曆 11 月					4	5	6	7	8	9	10	11	12	13	14	15	16	17	18	19	20	21	22	23	24	25	26	27	28	29	1	2	3	4	5		

大事記

正月，壓服龔州獠。以李靖等十三人為黜陟大使，分赴諸道。　六月，遣段志玄等統邊兵及契苾、黨項之衆二道擊吐谷渾，八月破之，追至去青海三十里，不及而還。　七月，山東、河南、淮南大水，遣使賑恤。　十月，營大明宮。　十一月，吐蕃贊普棄宗弄贊使入貢，請婚。吐谷渾擾涼州。　十二月，李靖為大總管，督五總兵擊吐谷渾。西突厥咄陸可汗卒，弟沙鉢羅咥利失可汗立。　是歲，龜兹、吐蕃、高昌、女國、石國遣使入貢。

唐紀年

干支乙未　公元 635 年

朝代或國名	國家支配者	建都	廟號	謚號	建元	年號年次	輔政者	備注
唐	②李世民	長安	太宗		1	貞觀 9 年	魏徵等	
高昌	⑩麴文泰	交河			2	2 延壽 12 年		在吐魯番西
吐蕃	①松贊干布	邏些				19 年	祿東贊	即棄宗弄贊
回紇								
吐谷渾	⑰伏允可汗	伏俟城				38 年		五月被殺
	⑯趉故呂烏甘豆可汗(慕容順)							五月立，十一月被殺
西突厥南庭	⑨同娥設					元年		
薛延陀	①夷男					8 年		

月曆表

5348—384—1953398

月干支序數	月序＼星期	日	1	2	3	4	5	6	日	1	2	3	4	5	6	日	1	2	3	4	5	6	日	1	2	3	4	5	6	日	1	2	3	4	5	6	日	1
	公曆 1 月	1	2	3	4	5	6	7	8	9	10	11	12	13	14	15	16	17	18	19	20	21	22	23	24	25	26	27	28	29	30	31						
15	夏曆正月	7	8	9	10	11	12	13	14	15	16	17	18	19	20	21	22	23	24	25	26	27	28	29	⑤	2	3	4	5	6	7	8						
	回曆 12 月	6	7	8	9	10	11	12	13	14	15	16	17	18	19	20	21	22	23	24	25	26	27	28	29	30	1	2	3	4	5	6						
	公曆 2 月				1	2	3	4	5	6	7	8	9	10	11	12	13	14	15	16	17	18	19	20	21	22	23	24	25	26	27	28						
16	夏曆二月				9	10	11	12	13	14	15	16	17	18	19	20	21	22	23	24	25	26	27	28	29	30	㉟	2	3	4	5	6						
14年	回曆 1 月				7	8	9	10	11	12	13	14	15	16	17	18	19	20	21	22	23	24	25	26	27	28	29	30	①	2	3	4						
	公曆 3 月				1	2	3	4	5	6	7	8	9	10	11	12	13	14	15	16	17	18	19	20	21	22	23	24	25	26	27	28	29	30	31			
17	夏曆三月				7	8	9	10	11	12	13	14	15	16	17	18	19	20	21	22	23	24	25	26	27	28	29	④	2	3	4	5	6	7	8			
	回曆 2 月				5	6	7	8	9	10	11	12	13	14	15	16	17	18	19	20	21	22	23	24	25	26	27	28	29	30	1	2	3	4	5			
	公曆 4 月							1	2	3	4	5	6	7	8	9	10	11	12	13	14	15	16	17	18	19	20	21	22	23	24	25	26	27	28	29	30	
18	夏曆四月							9	10	11	12	13	14	15	16	17	18	19	20	21	22	23	24	25	26	27	28	29	30	㉞	2	3	4	5	6	7	8	
	回曆 3 月							6	7	8	9	10	11	12	13	14	15	16	17	18	19	20	21	22	23	24	25	26	27	28	29	1	2	3	4	5	6	

續表

月干支序數	星期／月序	日	1	2	3	4	5	6	日	1	2	3	4	5	6	日	1	2	3	4	5	6	日	1	2	3	4	5	6	日	1	2	3	4	5	6	日	1
	公曆5月		1	2	3	4	5	6	7	8	9	10	11	12	13	14	15	16	17	18	19	20	21	22	23	24	25	26	27	28	29	30	31					
	夏曆閏四月		9	10	11	12	13	14	15	16	17	18	19	20	21	22	23	24	25	26	27	28	29	③	2	3	4	5	6	7	8	9	10					
	回曆4月		7	8	9	10	11	12	13	14	15	16	17	18	19	20	21	22	23	24	25	26	27	28	29	30	1	2	3	4	5	6	7					
	公曆6月					1	2	3	4	5	6	7	8	9	10	11	12	13	14	15	16	17	18	19	20	21	22	23	24	25	26	27	28	29	30			
19	夏曆五月					11	12	13	14	15	16	17	18	19	20	21	22	23	24	25	26	27	28	29	㉜	2	3	4	5	6	7	8	9	10	11			
	回曆5月					8	9	10	11	12	13	14	15	16	17	18	19	20	21	22	23	24	25	26	27	28	29	1	2	3	4	5	6	7	8			
	公曆7月							1	2	3	4	5	6	7	8	9	10	11	12	13	14	15	16	17	18	19	20	21	22	23	24	25	26	27	28	29	30	31
20	夏曆六月							12	13	14	15	16	17	18	19	20	21	22	23	24	25	26	27	28	29	30	②	2	3	4	5	6	7	8	9	10	11	12
	回曆6月							9	10	11	12	13	14	15	16	17	18	19	20	21	22	23	24	25	26	27	28	29	30	1	2	3	4	5	6	7	8	9
	公曆8月			1	2	3	4	5	6	7	8	9	10	11	12	13	14	15	16	17	18	19	20	21	22	23	24	25	26	27	28	29	30	31				
21	夏曆七月			13	14	15	16	17	18	19	20	21	22	23	24	25	26	27	28	29	㉛	2	3	4	5	6	7	8	9	10	11	12	13	14				
	回曆7月			10	11	12	13	14	15	16	17	18	19	20	21	22	23	24	25	26	27	28	29	1	2	3	4	5	6	7	8	9	10	11				
	公曆9月						1	2	3	4	5	6	7	8	9	10	11	12	13	14	15	16	17	18	19	20	21	22	23	24	25	26	27	28	29	30		
22	夏曆八月						15	16	17	18	19	20	21	22	23	24	25	26	27	28	29	30	①	2	3	4	5	6	7	8	9	10	11	12	13	14		
	回曆8月						12	13	14	15	16	17	18	19	20	21	22	23	24	25	26	27	28	29	30	1	2	3	4	5	6	7	8	9	10	11		
	公曆10月	1	2	3	4	5	6	7	8	9	10	11	12	13	14	15	16	17	18	19	20	21	22	23	24	25	26	27	28	29	30	31						
23	夏曆九月	15	16	17	18	19	20	21	22	23	24	25	26	27	28	29	30	㉛	2	3	4	5	6	7	8	9	10	11	12	13	14	15						
	回曆9月	12	13	14	15	16	17	18	19	20	21	22	23	24	25	26	27	28	29	1	2	3	4	5	6	7	8	9	10	11	12	13						
	公曆11月				1	2	3	4	5	6	7	8	9	10	11	12	13	14	15	16	17	18	19	20	21	22	23	24	25	26	27	28	29	30				
24	夏曆十月				16	17	18	19	20	21	22	23	24	25	26	27	28	29	30	①	2	3	4	5	6	7	8	9	10	11	12	13	14	15				
	回曆10月				14	15	16	17	18	19	20	21	22	23	24	25	26	27	28	29	30	1	2	3	4	5	6	7	8	9	10	11	12	13				
	公曆12月						1	2	3	4	5	6	7	8	9	10	11	12	13	14	15	16	17	18	19	20	21	22	23	24	25	26	27	28	29	30	31	
25	夏曆十一月						16	17	18	19	20	21	22	23	24	25	26	27	28	29	㉚	2	3	4	5	6	7	8	9	10	11	12	13	14	15	16	17	
	回曆11月						14	15	16	17	18	19	20	21	22	23	24	25	26	27	28	29	1	2	3	4	5	6	7	8	9	10	11	12	13	14	15	

大事記

正月，黨項降者皆附於吐谷渾。　三月，分民戶為九等。洮州羌殺刺史，附於吐谷渾，旋平。　四月，李靖等屢敗吐谷渾。　五月，又追破之，其可汗伏允欲走于闐，為部下所殺，國人立其子順為主。靖奏平吐谷渾，詔復其國，以順為趉故呂烏甘豆可汗。太上皇李淵卒(566—635)。　七月，黨項擾疊州，其首領拓跋赤辭以唐將侵掠，率部反擊，殺唐兵數萬。　十月，西突厥處月部遣使入貢。　十一月，吐谷渾甘豆可汗為其部下所殺，子諾曷鉢立，國中大亂。　十二月，命侯君集援之。　是歲，景教教士阿羅本由波斯來中國，開始於長安傳教建寺。

唐紀年

干支丙申　公元636年

朝代或國名	國家支配者	建都	廟號	謚號	建元	年號年次	輔政者	備注
唐	②李世民	長安	太宗		1	貞觀10年	温彦博等	
高昌	⑩麴文泰	交河			2	2延壽13年		在吐魯番西
吐蕃	①松贊干布	邏些				20年	祿東贊	
回紇								
吐谷渾	⑱諾曷鉢					元年		青海省
西突厥南庭	⑨同娥設					2年		
薛延陀	①夷男					9年		

月曆表　　5349－355－1953753

月干支序數	月序＼星期	日	1	2	3	4	5	6	日	1	2	3	4	5	6	日	1	2	3	4	5	6	日	1	2	3	4	5	6	日	1	2	3	4	5	6	日	1
	公曆1月		1	2	3	4	5	6	7	8	9	10	11	12	13	14	15	16	17	18	19	20	21	22	23	24	25	26	27	28	29	30	31					
26	夏曆十二月		18	19	20	21	22	23	24	25	26	27	28	29	30	(60)	2	3	4	5	6	7	8	9	10	11	12	13	14	15	16	17	18					
	回曆12月		16	17	18	19	20	21	22	23	24	25	26	27	28	29	30	1	2	3	4	5	6	7	8	9	10	11	12	13	14	15	16					
	公曆2月					1	2	3	4	5	6	7	8	9	10	11	12	13	14	15	16	17	18	19	20	21	22	23	24	25	26	27	28	29				
27	夏曆正月					19	20	21	22	23	24	25	26	27	28	29	(29)	2	3	4	5	6	7	8	9	10	11	12	13	14	15	16	17	18				
15年	回曆1月					17	18	19	20	21	22	23	24	25	26	27	28	29	(1)	2	3	4	5	6	7	8	9	10	11	12	13	14	15	16				
	公曆3月						1	2	3	4	5	6	7	8	9	10	11	12	13	14	15	16	17	18	19	20	21	22	23	24	25	26	27	28	29	30	31	
28	夏曆二月						19	20	21	22	23	24	25	26	27	28	29	30	(59)	2	3	4	5	6	7	8	9	10	11	12	13	14	15	16	17	18	19	
	回曆2月						17	18	19	20	21	22	23	24	25	26	27	28	29	30	1	2	3	4	5	6	7	8	9	10	11	12	13	14	15	16	17	
	公曆4月		1	2	3	4	5	6	7	8	9	10	11	12	13	14	15	16	17	18	19	20	21	22	23	24	25	26	27	28	29	30						
29	夏曆三月		20	21	22	23	24	25	26	27	28	29	(28)	2	3	4	5	6	7	8	9	10	11	12	13	14	15	16	17	18	19	20						
	回曆3月		18	19	20	21	22	23	24	25	26	27	28	29	1	2	3	4	5	6	7	8	9	10	11	12	13	14	15	16	17	18						
	公曆5月				1	2	3	4	5	6	7	8	9	10	11	12	13	14	15	16	17	18	19	20	21	22	23	24	25	26	27	28	29	30	31			
30	夏曆四月				21	22	23	24	25	26	27	28	29	30	(58)	2	3	4	5	6	7	8	9	10	11	12	13	14	15	16	17	18	19	20	21			
	回曆4月				19	20	21	22	23	24	25	26	27	28	29	30	1	2	3	4	5	6	7	8	9	10	11	12	13	14	15	16	17	18	19			
	公曆6月							1	2	3	4	5	6	7	8	9	10	11	12	13	14	15	16	17	18	19	20	21	22	23	24	25	26	27	28	29	30	
31	夏曆五月							22	23	24	25	26	27	28	29	(27)	2	3	4	5	6	7	8	9	10	11	12	13	14	15	16	17	18	19	20	21	22	
	回曆5月							20	21	22	23	24	25	26	27	28	29	1	2	3	4	5	6	7	8	9	10	11	12	13	14	15	16	17	18	19	20	
	公曆7月		1	2	3	4	5	6	7	8	9	10	11	12	13	14	15	16	17	18	19	20	21	22	23	24	25	26	27	28	29	30	31					
32	夏曆六月		23	24	25	26	27	28	29	(56)	2	3	4	5	6	7	8	9	10	11	12	13	14	15	16	17	18	19	20	21	22	23	24					
	回曆6月		21	22	23	24	25	26	27	28	29	30	1	2	3	4	5	6	7	8	9	10	11	12	13	14	15	16	17	18	19	20	21					
	公曆8月					1	2	3	4	5	6	7	8	9	10	11	12	13	14	15	16	17	18	19	20	21	22	23	24	25	26	27	28	29	30	31		
33	夏曆七月					25	26	27	28	29	30	(26)	2	3	4	5	6	7	8	9	10	11	12	13	14	15	16	17	18	19	20	21	22	23	24	25		
	回曆7月					22	23	24	25	26	27	28	29	1	2	3	4	5	6	7	8	9	10	11	12	13	14	15	16	17	18	19	20	21	22	23		
	公曆9月	1	2	3	4	5	6	7	8	9	10	11	12	13	14	15	16	17	18	19	20	21	22	23	24	25	26	27	28	29	30							
34	夏曆八月	26	27	28	29	(55)	2	3	4	5	6	7	8	9	10	11	12	13	14	15	16	17	18	19	20	21	22	23	24	25	26							
	回曆8月	24	25	26	27	28	29	30	1	2	3	4	5	6	7	8	9	10	11	12	13	14	15	16	17	18	19	20	21	22	23							
	公曆10月			1	2	3	4	5	6	7	8	9	10	11	12	13	14	15	16	17	18	19	20	21	22	23	24	25	26	27	28	29	30	31				
35	夏曆九月			27	28	29	30	(25)	2	3	4	5	6	7	8	9	10	11	12	13	14	15	16	17	18	19	20	21	22	23	24	25	26	27				
	回曆9月			24	25	26	27	28	29	1	2	3	4	5	6	7	8	9	10	11	12	13	14	15	16	17	18	19	20	21	22	23	24	25				
	公曆11月						1	2	3	4	5	6	7	8	9	10	11	12	13	14	15	16	17	18	19	20	21	22	23	24	25	26	27	28	29	30		
36	夏曆十月						28	29	(54)	2	3	4	5	6	7	8	9	10	11	12	13	14	15	16	17	18	19	20	21	22	23	24	25	26	27	28		
	回曆10月						26	27	28	29	30	1	2	3	4	5	6	7	8	9	10	11	12	13	14	15	16	17	18	19	20	21	22	23	24	25		
	公曆12月	1	2	3	4	5	6	7	8	9	10	11	12	13	14	15	16	17	18	19	20	21	22	23	24	25	26	27	28	29	30	31						
37	夏曆十一月	29	30	(24)	2	3	4	5	6	7	8	9	10	11	12	13	14	15	16	17	18	19	20	21	22	23	24	25	26	27	28	29						
	回曆11月	26	27	28	29	1	2	3	4	5	6	7	8	9	10	11	12	13	14	15	16	17	18	19	20	21	22	23	24	25	26	27						

大事記

正月，房玄齡、魏徵上梁、陳、齊、周、隋史，詔藏於秘閣。突厥殘部答布可汗阿史那社爾擊薛延陀，大敗，走保高昌，命處其部落於靈州之北。　　三月，以吐谷渾王諾曷鉢為烏地也拔勤豆可汗。　　十二月，朱俱波、甘棠遣使入貢。

是歲，改定府兵制，改統軍為折衝都尉，別將為果毅都尉；凡置府六百三十四。

唐紀年

干支丁酉　公元 637 年

朝代或國名	國家支配者	建都	廟號	謚號	建元	年號年次	輔政者	備注
唐	②李世民	長安	太宗		1	貞觀 11 年	温彦博等	
高昌	⑩麴文泰	交河			2	2 延壽 14 年		在吐魯番西
吐蕃	①松贊干布	邏些				21 年	祿東贊	
回紇	骨咄祿							
吐谷渾	⑱諾曷鉢					2 年		青海省
西突厥南庭	⑨同娥設					3 年		
薛延陀	①夷男					10 年		

月曆表

5350—354—1954107

月干支序數	月序＼星期	日	1	2	3	4	5	6	日	1	2	3	4	5	6	日	1	2	3	4	5	6	日	1	2	3	4	5	6	日	1	2	3	4	5	6	日	1
	公曆 1 月				1	2	3	4	5	6	7	8	9	10	11	12	13	14	15	16	17	18	19	20	21	22	23	24	25	26	27	28	29	30	31			
38	夏曆十二月				30	(54)	2	3	4	5	6	7	8	9	10	11	12	13	14	15	16	17	18	19	20	21	22	23	24	25	26	27	28	29	30			
	回曆 12 月				28	29	30	1	2	3	4	5	6	7	8	9	10	11	12	13	14	15	16	17	18	19	20	21	22	23	24	25	26	27	28			
	公曆 2 月							1	2	3	4	5	6	7	8	9	10	11	12	13	14	15	16	17	18	19	20	21	22	23	24	25	26	27	28			
39	夏曆正月							㉔	2	3	4	5	6	7	8	9	10	11	12	13	14	15	16	17	18	19	20	21	22	23	24	25	26	27	28			
16 年	回曆 1 月							29	①	2	3	4	5	6	7	8	9	10	11	12	13	14	15	16	17	18	19	20	21	22	23	24	25	26	27			
	公曆 3 月							1	2	3	4	5	6	7	8	9	10	11	12	13	14	15	16	17	18	19	20	21	22	23	24	25	26	27	28	29	30	31
40	夏曆二月							29	(53)	2	3	4	5	6	7	8	9	10	11	12	13	14	15	16	17	18	19	20	21	22	23	24	25	26	27	28	29	30
	回曆 2 月							28	29	30	1	2	3	4	5	6	7	8	9	10	11	12	13	14	15	16	17	18	19	20	21	22	23	24	25	26	27	28
	公曆 4 月			1	2	3	4	5	6	7	8	9	10	11	12	13	14	15	16	17	18	19	20	21	22	23	24	25	26	27	28	29	30					
41 42	夏曆三 四月			㉓	2	3	4	5	6	7	8	9	10	11	12	13	14	15	16	17	18	19	20	21	22	23	24	25	26	27	28	29	(52)					
	回曆 3 月			29	1	2	3	4	5	6	7	8	9	10	11	12	13	14	15	16	17	18	19	20	21	22	23	24	25	26	27	28	29					
	公曆 5 月					1	2	3	4	5	6	7	8	9	10	11	12	13	14	15	16	17	18	19	20	21	22	23	24	25	26	27	28	29	30	31		
43	夏曆五月					2	3	4	5	6	7	8	9	10	11	12	13	14	15	16	17	18	19	20	21	22	23	24	25	26	27	28	29	30	㉒	2		
	回曆 4、5 月					30	1	2	3	4	5	6	7	8	9	10	11	12	13	14	15	16	17	18	19	20	21	22	23	24	25	26	27	28	29	1		
	公曆 6 月	1	2	3	4	5	6	7	8	9	10	11	12	13	14	15	16	17	18	19	20	21	22	23	24	25	26	27	28	29	30							
44	夏曆六月	3	4	5	6	7	8	9	10	11	12	13	14	15	16	17	18	19	20	21	22	23	24	25	26	27	28	29	(51)	2	3							
	回曆 6 月	2	3	4	5	6	7	8	9	10	11	12	13	14	15	16	17	18	19	20	21	22	23	24	25	26	27	28	29	30	1							
	公曆 7 月			1	2	3	4	5	6	7	8	9	10	11	12	13	14	15	16	17	18	19	20	21	22	23	24	25	26	27	28	29	30	31				
45	夏曆七月			4	5	6	7	8	9	10	11	12	13	14	15	16	17	18	19	20	21	22	23	24	25	26	27	28	29	⑳	2	3	4	5				
	回曆 7 月			2	3	4	5	6	7	8	9	10	11	12	13	14	15	16	17	18	19	20	21	22	23	24	25	26	27	28	29	1	2	3				
	公曆 8 月						1	2	3	4	5	6	7	8	9	10	11	12	13	14	15	16	17	18	19	20	21	22	23	24	25	26	27	28	29	30	31	
46	夏曆八月						6	7	8	9	10	11	12	13	14	15	16	17	18	19	20	21	22	23	24	25	26	27	28	29	30	㊿	2	3	4	5	6	
	回曆 8 月						4	5	6	7	8	9	10	11	12	13	14	15	16	17	18	19	20	21	22	23	24	25	26	27	28	29	30	1	2	3	4	
	公曆 9 月		1	2	3	4	5	6	7	8	9	10	11	12	13	14	15	16	17	18	19	20	21	22	23	24	25	26	27	28	29	30						
47	夏曆九月		7	8	9	10	11	12	13	14	15	16	17	18	19	20	21	22	23	24	25	26	27	28	29	⑲	2	3	4	5	6	7						
	回曆 9 月		5	6	7	8	9	10	11	12	13	14	15	16	17	18	19	20	21	22	23	24	25	26	27	28	29	1	2	3	4	5						
	公曆 10 月				1	2	3	4	5	6	7	8	9	10	11	12	13	14	15	16	17	18	19	20	21	22	23	24	25	26	27	28	29	30	31			
48	夏曆十月				8	9	10	11	12	13	14	15	16	17	18	19	20	21	22	23	24	25	26	27	28	29	30	㊾	2	3	4	5	6	7	8			
	回曆 10 月				6	7	8	9	10	11	12	13	14	15	16	17	18	19	20	21	22	23	24	25	26	27	28	29	30	1	2	3	4	5	6			

續表

月干支序數	月序＼星期	日	1	2	3	4	5	6	日	1	2	3	4	5	6	日	1	2	3	4	5	6	日	1	2	3	4	5	6	日	1	2	3	4	5	6	日	1
	公曆11月							1	2	3	4	5	6	7	8	9	10	11	12	13	14	15	16	17	18	19	20	21	22	23	24	25	26	27	28	29	30	
49	夏曆十一月							9	10	11	12	13	14	15	16	17	18	19	20	21	22	23	24	25	26	27	28	29	⑱	2	3	4	5	6	7	8	9	
	回曆11月							7	8	9	10	11	12	13	14	15	16	17	18	19	20	21	22	23	24	25	26	27	28	29	1	2	3	4	5	6	7	
	公曆12月		1	2	3	4	5	6	7	8	9	10	11	12	13	14	15	16	17	18	19	20	21	22	23	24	25	26	27	28	29	30	31					
50	夏曆十二月		10	11	12	13	14	15	16	17	18	19	20	21	22	23	24	25	26	27	28	29	30	㊽	2	3	4	5	6	7	8	9	10					
	回曆12月		8	9	10	11	12	13	14	15	16	17	18	19	20	21	22	23	24	25	26	27	28	29	30	1	2	3	4	5	6	7	8					

大事記

正月，房玄齡更定律令成，除古死刑太半，變重為輕者甚多。　三月，房玄齡等上所定新禮。　六月，詔王二十一人、功臣十四人所任刺史，令子孫世襲。　七月，修老君廟於亳州，修宣尼廟於兗州。　十一月，以武則天為才人。　十二月，百濟王太子來朝。

是歲，姚思廉卒(557—637)。思廉撰《梁書》、《陳書》。罽賓遣使來朝。

唐紀年

干支戊戌　公元638年

朝代或國名		國家支配者	建都	廟號	謚號	建元	年號年次	輔政者	備注
唐		②李世民	長安	太宗		1	貞觀12年	高士廉等	
高昌		⑩麴文泰	交河			2	2 延壽15年		在吐魯番西
吐蕃		①松贊干布	邏些				22年	祿東贊	
回紇									
吐谷渾		⑱諾曷鉢					3年		青海省
西突厥	南庭	⑨同娥設					4年		
	北庭	①欲谷設					元年		
薛延陀		①夷男					11年		

月曆表

5351—384—1954491

月干支序數	月序＼星期	日	1	2	3	4	5	6	日	1	2	3	4	5	6	日	1	2	3	4	5	6	日	1	2	3	4	5	6	日	1	2	3	4	5	6	日	1
	公曆1月					1	2	3	4	5	6	7	8	9	10	11	12	13	14	15	16	17	18	19	20	21	22	23	24	25	26	27	28	29	30	31		
51	夏曆正月					11	12	13	14	15	16	17	18	19	20	21	22	23	24	25	26	27	28	29	30	⑱	2	3	4	5	6	7	8	9	10	11		
17年	回曆1月					9	10	11	12	13	14	15	16	17	18	19	20	21	22	23	24	25	26	27	28	29	30	①	2	3	4	5	6	7	8	9		
	公曆2月	1	2	3	4	5	6	7	8	9	10	11	12	13	14	15	16	17	18	19	20	21	22	23	24	25	26	27	28									
52	夏曆二月	12	13	14	15	16	17	18	19	20	21	22	23	24	25	26	27	28	29	30	㊽	2	3	4	5	6	7	8	9									
	回曆2月	10	11	12	13	14	15	16	17	18	19	20	21	22	23	24	25	26	27	28	29	30	1	2	3	4	5	6	7									
	公曆3月	1	2	3	4	5	6	7	8	9	10	11	12	13	14	15	16	17	18	19	20	21	22	23	24	25	26	27	28	29	30	31						
	夏曆閏二月	10	11	12	13	14	15	16	17	18	19	20	21	22	23	24	25	26	27	28	29	⑰	2	3	4	5	6	7	8	9	10	11						
	回曆3月	8	9	10	11	12	13	14	15	16	17	18	19	20	21	22	23	24	25	26	27	28	29	1	2	3	4	5	6	7	8	9						
	公曆4月				1	2	3	4	5	6	7	8	9	10	11	12	13	14	15	16	17	18	19	20	21	22	23	24	25	26	27	28	29	30				
53	夏曆三月				12	13	14	15	16	17	18	19	20	21	22	23	24	25	26	27	28	29	30	㊼	2	3	4	5	6	7	8	9	10	11				

續表

月序 干支 序數	星期 月序	日	1	2	3	4	5	6	日	1	2	3	4	5	6	日	1	2	3	4	5	6	日	1	2	3	4	5	6	日	1	2	3	4	5	6	日	1
	回曆4月				10	11	12	13	14	15	16	17	18	19	20	21	22	23	24	25	26	27	28	29	30	1	2	3	4	5	6	7	8	9				
	公曆5月						1	2	3	4	5	6	7	8	9	10	11	12	13	14	15	16	17	18	19	20	21	22	23	24	25	26	27	28	29	30	31	
54	夏曆四月						12	13	14	15	16	17	18	19	20	21	22	23	24	25	26	27	28	29	⑯	2	3	4	5	6	7	8	9	10	11	12	13	
	回曆5月						10	11	12	13	14	15	16	17	18	19	20	21	22	23	24	25	26	27	28	29	1	2	3	4	5	6	7	8	9	10	11	
	公曆6月		1	2	3	4	5	6	7	8	9	10	11	12	13	14	15	16	17	18	19	20	21	22	23	24	25	26	27	28	29	30						
55	夏曆五月		14	15	16	17	18	19	20	21	22	23	24	25	26	27	28	29	㊺	2	3	4	5	6	7	8	9	10	11	12	13	14						
	回曆6月		12	13	14	15	16	17	18	19	20	21	22	23	24	25	26	27	28	29	30	1	2	3	4	5	6	7	8	9	10	11						
	公曆7月				1	2	3	4	5	6	7	8	9	10	11	12	13	14	15	16	17	18	19	20	21	22	23	24	25	26	27	28	29	30	31			
56	夏曆六月				15	16	17	18	19	20	21	22	23	24	25	26	27	28	29	30	⑮	2	3	4	5	6	7	8	9	10	11	12	13	14	15			
	回曆7月				12	13	14	15	16	17	18	19	20	21	22	23	24	25	26	27	28	29	1	2	3	4	5	6	7	8	9	10	11	12	13			
	公曆8月							1	2	3	4	5	6	7	8	9	10	11	12	13	14	15	16	17	18	19	20	21	22	23	24	25	26	27	28	29	30	31
57	夏曆七月							16	17	18	19	20	21	22	23	24	25	26	27	28	29	㊹	2	3	4	5	6	7	8	9	10	11	12	13	14	15	16	17
	回曆8月							14	15	16	17	18	19	20	21	22	23	24	25	26	27	28	29	30	1	2	3	4	5	6	7	8	9	10	11	12	13	14
	公曆9月			1	2	3	4	5	6	7	8	9	10	11	12	13	14	15	16	17	18	19	20	21	22	23	24	25	26	27	28	29	30					
58	夏曆八月			18	19	20	21	22	23	24	25	26	27	28	29	⑬	2	3	4	5	6	7	8	9	10	11	12	13	14	15	16	17	18					
	回曆9月			15	16	17	18	19	20	21	22	23	24	25	26	27	28	29	1	2	3	4	5	6	7	8	9	10	11	12	13	14	15					
	公曆10月					1	2	3	4	5	6	7	8	9	10	11	12	13	14	15	16	17	18	19	20	21	22	23	24	25	26	27	28	29	30	31		
59	夏曆九月					19	20	21	22	23	24	25	26	27	28	29	30	㊸	2	3	4	5	6	7	8	9	10	11	12	13	14	15	16	17	18	19		
	回曆10月					16	17	18	19	20	21	22	23	24	25	26	27	28	29	30	1	2	3	4	5	6	7	8	9	10	11	12	13	14	15	16		
	公曆11月	1	2	3	4	5	6	7	8	9	10	11	12	13	14	15	16	17	18	19	20	21	22	23	24	25	26	27	28	29	30							
60	夏曆十月	20	21	22	23	24	25	26	27	28	29	⑫	2	3	4	5	6	7	8	9	10	11	12	13	14	15	16	17	18	19	20							
	回曆11月	17	18	19	20	21	22	23	24	25	26	27	28	29	1	2	3	4	5	6	7	8	9	10	11	12	13	14	15	16	17							
	公曆12月			1	2	3	4	5	6	7	8	9	10	11	12	13	14	15	16	17	18	19	20	21	22	23	24	25	26	27	28	29	30	31				
1	夏曆十一月			21	22	23	24	25	26	27	28	29	30	㊷	2	3	4	5	6	7	8	9	10	11	12	13	14	15	16	17	18	19	20	21				
	回曆12月			18	19	20	21	22	23	24	25	26	27	28	29	30	1	2	3	4	5	6	7	8	9	10	11	12	13	14	15	16	17	18				

大事記

正月，高士廉等上《氏族誌》，以崔氏為第一；詔更訂，以皇族為首，外戚次之，崔氏為第三，凡二百九十三姓，頒行之。二月，巫州僚起事，旋敗，被俘者三千餘口。　　七月，詔於義寧坊建大秦壽。吐蕃贊普弃宗弄贊以唐拒請婚，起兵攻吐谷渾，破諸羌，進攻松州；遣侯君集等分道擊之。霸州山僚起事，殺刺史。　　九月，吐蕃敗，謝罪，復請婚，許之。立薛延陀真珠可汗二子為小可汗，以分其勢。　　十月，巴州僚起事。鈞州僚起事，旋敗。十一月，明州僚起事，旋敗。十二月，大敗巴州僚，俘萬餘口。　　是歲，西突厥内亂。名書家虞世南卒(558—638)。

唐紀年

干支己亥　公元639年

朝代或國名	國家支配者	建都	廟號	謚號	建元	年號年次	輔政者	備注
唐	②李世民	長安	太宗		1	貞觀13年	楊師道等	
高昌	⑩麴文泰	交河			2	2延壽16年		在吐魯番西
吐蕃	①松贊干布	邏些				23年	祿東贊	
薛延陀	①夷男					12年		
回紇								
吐谷渾	⑱諾曷鉢					4年		青海省

續表

朝代或國名		國家支配者	建都	廟號	謚號	建元	年號年次	輔政者	備注
西突厥	南庭	⑨同娥設					5年		奔拔汗那
		⑩薄布特勤					元年		
	北庭	①欲谷設					2年		

月曆表

5352—354—1954845

月 干支 序數	星期 月序	日	1	2	3	4	5	6	日	1	2	3	4	5	6	日	1	2	3	4	5	6	日	1	2	3	4	5	6	日	1	2	3	4	5	6	日	1
	公曆1月						1	2	3	4	5	6	7	8	9	10	11	12	13	14	15	16	17	18	19	20	21	22	23	24	25	26	27	28	29	30	31	
2	夏曆十二月						22	23	24	25	26	27	28	29	30	⑫	2	3	4	5	6	7	8	9	10	11	12	13	14	15	16	17	18	19	20	21	22	
18年閏	回曆1月						19	20	21	22	23	24	25	26	27	28	29	①	2	3	4	5	6	7	8	9	10	11	12	13	14	15	16	17	18	19	20	
	公曆2月		1	2	3	4	5	6	7	8	9	10	11	12	13	14	15	16	17	18	19	20	21	22	23	24	25	26	27	28								
3	夏曆正月		23	24	25	26	27	28	29	30	㊷	2	3	4	5	6	7	8	9	10	11	12	13	14	15	16	17	18	19	20								
	回曆2月		21	22	23	24	25	26	27	28	29	30	1	2	3	4	5	6	7	8	9	10	11	12	13	14	15	16	17	18								
	公曆3月		1	2	3	4	5	6	7	8	9	10	11	12	13	14	15	16	17	18	19	20	21	22	23	24	25	26	27	28	29	30	31					
4	夏曆二月		21	22	23	24	25	26	27	28	29	⑪	2	3	4	5	6	7	8	9	10	11	12	13	14	15	16	17	18	19	20	21	22					
	回曆3月		19	20	21	22	23	24	25	26	27	28	29	1	2	3	4	5	6	7	8	9	10	11	12	13	14	15	16	17	18	19	20					
	公曆4月					1	2	3	4	5	6	7	8	9	10	11	12	13	14	15	16	17	18	19	20	21	22	23	24	25	26	27	28	29	30			
5	夏曆三月					23	24	25	26	27	28	29	30	㊶	2	3	4	5	6	7	8	9	10	11	12	13	14	15	16	17	18	19	20	21	22			
	回曆4月					21	22	23	24	25	26	27	28	29	30	1	2	3	4	5	6	7	8	9	10	11	12	13	14	15	16	17	18	19	20			
	公曆5月							1	2	3	4	5	6	7	8	9	10	11	12	13	14	15	16	17	18	19	20	21	22	23	24	25	26	27	28	29	30	31
6	夏曆四月							23	24	25	26	27	28	29	30	⑪	2	3	4	5	6	7	8	9	10	11	12	13	14	15	16	17	18	19	20	21	22	23
	回曆5月							21	22	23	24	25	26	27	28	29	1	2	3	4	5	6	7	8	9	10	11	12	13	14	15	16	17	18	19	20	21	22
	公曆6月			1	2	3	4	5	6	7	8	9	10	11	12	13	14	15	16	17	18	19	20	21	22	23	24	25	26	27	28	29	30					
7	夏曆五月			24	25	26	27	28	29	㊵	2	3	4	5	6	7	8	9	10	11	12	13	14	15	16	17	18	19	20	21	22	23	24					
	回曆6月			23	24	25	26	27	28	29	30	1	2	3	4	5	6	7	8	9	10	11	12	13	14	15	16	17	18	19	20	21	22					
	公曆7月					1	2	3	4	5	6	7	8	9	10	11	12	13	14	15	16	17	18	19	20	21	22	23	24	25	26	27	28	29	30	31		
8	夏曆六月					25	26	27	28	29	⑨	2	3	4	5	6	7	8	9	10	11	12	13	14	15	16	17	18	19	20	21	22	23	24	25	26		
	回曆7月					23	24	25	26	27	28	29	1	2	3	4	5	6	7	8	9	10	11	12	13	14	15	16	17	18	19	20	21	22	23	24		
	公曆8月	1	2	3	4	5	6	7	8	9	10	11	12	13	14	15	16	17	18	19	20	21	22	23	24	25	26	27	28	29	30	31						
9	夏曆七月	27	28	29	30	㊴	2	3	4	5	6	7	8	9	10	11	12	13	14	15	16	17	18	19	20	21	22	23	24	25	26	27						
	回曆8月	25	26	27	28	29	30	1	2	3	4	5	6	7	8	9	10	11	12	13	14	15	16	17	18	19	20	21	22	23	24	25						
	公曆9月				1	2	3	4	5	6	7	8	9	10	11	12	13	14	15	16	17	18	19	20	21	22	23	24	25	26	27	28	29	30				
10	夏曆八月				28	29	⑧	2	3	4	5	6	7	8	9	10	11	12	13	14	15	16	17	18	19	20	21	22	23	24	25	26	27	28				
	回曆9月				26	27	28	29	1	2	3	4	5	6	7	8	9	10	11	12	13	14	15	16	17	18	19	20	21	22	23	24	25	26				
	公曆10月						1	2	3	4	5	6	7	8	9	10	11	12	13	14	15	16	17	18	19	20	21	22	23	24	25	26	27	28	29	30	31	
11	夏曆九月						29	㊲	2	3	4	5	6	7	8	9	10	11	12	13	14	15	16	17	18	19	20	21	22	23	24	25	26	27	28	29	30	
	回曆10月						27	28	29	30	1	2	3	4	5	6	7	8	9	10	11	12	13	14	15	16	17	18	19	20	21	22	23	24	25	26	27	
	公曆11月		1	2	3	4	5	6	7	8	9	10	11	12	13	14	15	16	17	18	19	20	21	22	23	24	25	26	27	28	29	30						
12 13	夏曆十 十一月		⑦	2	3	4	5	6	7	8	9	10	11	12	13	14	15	16	17	18	19	20	21	22	23	24	25	26	27	28	29	㊱						
	回曆11月		28	29	1	2	3	4	5	6	7	8	9	10	11	12	13	14	15	16	17	18	19	20	21	22	23	24	25	26	27	28						
	公曆12月				1	2	3	4	5	6	7	8	9	10	11	12	13	14	15	16	17	18	19	20	21	22	23	24	25	26	27	28	29	30	31			
14	夏曆十二月				2	3	4	5	6	7	8	9	10	11	12	13	14	15	16	17	18	19	20	21	22	23	24	25	26	27	28	29	30	⑧	2			
	回曆12月				29	30	1	2	3	4	5	6	7	8	9	10	11	12	13	14	15	16	17	18	19	20	21	22	23	24	25	26	27	28	29			

大事記

二月，停諸王、功臣子孫世襲刺史之令。　三月，薛延陀可汗請擊高昌，遣使與謀進取。　四月，突厥突利可汗之弟結社率入朝陰結舊部謀亂，被殺。　五月，詔五品以上言事。　六月，渝州人侯弘仁自牂牁開道，經西趙出邕州以通交、桂，蠻、俚人降者二萬八千餘戶。　七月，令突厥、諸胡安置諸州者皆還漠南舊地，拜李思摩為乙彌泥孰俟利苾可汗以統之，并諭薛延陀不得逾漠侵陵。　十二月，遣侯君集等擊高昌。

是歲，凡州府358，縣1 551。傅奕卒(555—639)。高麗、新羅、波斯及西域諸國遣使入貢。自高昌傳入制葡萄酒法。

唐紀年

干支庚子　公元640年

朝代或國名		國家支配者	建都	廟號	謚號	建元	年號年次	輔政者	備注
唐		②李世民	長安	太宗		1	貞觀14年	李師道等	
高昌		⑩麴文泰	交河			2	2延壽17年		在吐魯番西
吐蕃		①松贊干布	邏些				24年	祿東贊	
回紇									
吐谷渾		⑱諾曷鉢					5年		青海省
西突厥	南庭	⑩薄布特勤					2年		
	北庭	①欲谷設					3年		
薛延陀		①夷男					13年		

月曆表

5353—384—1955229

月干支序數	月序＼星期	日	1	2	3	4	5	6	日	1	2	3	4	5	6	日	1	2	3	4	5	6	日	1	2	3	4	5	6	日	1	2	3	4	5	6	日	1
	公曆1月							1	2	3	4	5	6	7	8	9	10	11	12	13	14	15	16	17	18	19	20	21	22	23	24	25	26	27	28	29	30	31
15	夏曆正月							3	4	5	6	7	8	9	10	11	12	13	14	15	16	17	18	19	20	21	22	23	24	25	26	27	28	29	30	㊱	2	3
19年	回曆1月							30	①	2	3	4	5	6	7	8	9	10	11	12	13	14	15	16	17	18	19	20	21	22	23	24	25	26	27	28	29	30
	公曆2月			1	2	3	4	5	6	7	8	9	10	11	12	13	14	15	16	17	18	19	20	21	22	23	24	25	26	27	28	29						
16	夏曆二月			4	5	6	7	8	9	10	11	12	13	14	15	16	17	18	19	20	21	22	23	24	25	26	27	28	29	⑤	2	3						
	回曆2月			1	2	3	4	5	6	7	8	9	10	11	12	13	14	15	16	17	18	19	20	21	22	23	24	25	26	27	28	29						
	公曆3月				1	2	3	4	5	6	7	8	9	10	11	12	13	14	15	16	17	18	19	20	21	22	23	24	25	26	27	28	29	30	31			
17	夏曆三月				4	5	6	7	8	9	10	11	12	13	14	15	16	17	18	19	20	21	22	23	24	25	26	27	28	29	30	㉟	2	3	4			
	回曆3、4月				1	2	3	4	5	6	7	8	9	10	11	12	13	14	15	16	17	18	19	20	21	22	23	24	25	26	27	28	29	30	1			
	公曆4月							1	2	3	4	5	6	7	8	9	10	11	12	13	14	15	16	17	18	19	20	21	22	23	24	25	26	27	28	29	30	
18	夏曆四月							5	6	7	8	9	10	11	12	13	14	15	16	17	18	19	20	21	22	23	24	25	26	27	28	29	30	⑤	2	3	4	
	回曆5月							2	3	4	5	6	7	8	9	10	11	12	13	14	15	16	17	18	19	20	21	22	23	24	25	26	27	28	29	1	2	
	公曆5月		1	2	3	4	5	6	7	8	9	10	11	12	13	14	15	16	17	18	19	20	21	22	23	24	25	26	27	28	29	30	31					
19	夏曆五月		5	6	7	8	9	10	11	12	13	14	15	16	17	18	19	20	21	22	23	24	25	26	27	28	29	㉞	2	3	4	5	6					
	回曆6月		3	4	5	6	7	8	9	10	11	12	13	14	15	16	17	18	19	20	21	22	23	24	25	26	27	28	29	30	1	2	3					
	公曆6月					1	2	3	4	5	6	7	8	9	10	11	12	13	14	15	16	17	18	19	20	21	22	23	24	25	26	27	28	29	30			
20	夏曆六月					7	8	9	10	11	12	13	14	15	16	17	18	19	20	21	22	23	24	25	26	27	28	29	30	④	2	3	4	5	6			
	回曆7月					4	5	6	7	8	9	10	11	12	13	14	15	16	17	18	19	20	21	22	23	24	25	26	27	28	29	1	2	3	4			
	公曆7月							1	2	3	4	5	6	7	8	9	10	11	12	13	14	15	16	17	18	19	20	21	22	23	24	25	26	27	28	29	30	31
21	夏曆七月							7	8	9	10	11	12	13	14	15	16	17	18	19	20	21	22	23	24	25	26	27	28	29	㉝	2	3	4	5	6	7	8
	回曆8月							5	6	7	8	9	10	11	12	13	14	15	16	17	18	19	20	21	22	23	24	25	26	27	28	29	30	1	2	3	4	5
	公曆8月			1	2	3	4	5	6	7	8	9	10	11	12	13	14	15	16	17	18	19	20	21	22	23	24	25	26	27	28	29	30	31				

續表

月 干支 序數	星期 月序	日	1	2	3	4	5	6	日	1	2	3	4	5	6	日	1	2	3	4	5	6	日	1	2	3	4	5	6	日	1	2	3	4	5	6	日	1
22	夏曆八月			9	10	11	12	13	14	15	16	17	18	19	20	21	22	23	24	25	26	27	28	29	30	③	2	3	4	5	6	7	8	9				
	回曆9月			6	7	8	9	10	11	12	13	14	15	16	17	18	19	20	21	22	23	24	25	26	27	28	29	1	2	3	4	5	6	7				
	公曆9月						1	2	3	4	5	6	7	8	9	10	11	12	13	14	15	16	17	18	19	20	21	22	23	24	25	26	27	28	29	30		
23	夏曆九月						10	11	12	13	14	15	16	17	18	19	20	21	22	23	24	25	26	27	28	29	㉜	2	3	4	5	6	7	8	9	10		
	回曆10月						8	9	10	11	12	13	14	15	16	17	18	19	20	21	22	23	24	25	26	27	28	29	30	1	2	3	4	5	6	7		
	公曆10月	1	2	3	4	5	6	7	8	9	10	11	12	13	14	15	16	17	18	19	20	21	22	23	24	25	26	27	28	29	30	31						
24	夏曆十月	11	12	13	14	15	16	17	18	19	20	21	22	23	24	25	26	27	28	29	30	②	2	3	4	5	6	7	8	9	10	11						
	回曆11月	8	9	10	11	12	13	14	15	16	17	18	19	20	21	22	23	24	25	26	27	28	29	1	2	3	4	5	6	7	8	9						
	公曆11月				1	2	3	4	5	6	7	8	9	10	11	12	13	14	15	16	17	18	19	20	21	22	23	24	25	26	27	28	29	30				
	夏曆閏十月				12	13	14	15	16	17	18	19	20	21	22	23	24	25	26	27	28	29	㉛	2	3	4	5	6	7	8	9	10	11	12				
	回曆12月				10	11	12	13	14	15	16	17	18	19	20	21	22	23	24	25	26	27	28	29	30	1	2	3	4	5	6	7	8	9				
	公曆12月						1	2	3	4	5	6	7	8	9	10	11	12	13	14	15	16	17	18	19	20	21	22	23	24	25	26	27	28	29	30	31	
25	夏曆十一月						13	14	15	16	17	18	19	20	21	22	23	24	25	26	27	28	29	30	①	2	3	4	5	6	7	8	9	10	11	12	13	
20年	回曆1月						10	11	12	13	14	15	16	17	18	19	20	21	22	23	24	25	26	27	28	29	①	2	3	4	5	6	7	8	9	10	11	

大事記

二月，詔孔穎達會諸儒撰《五經正義》。高麗、百濟、新羅、吐蕃遣子弟請入國學。以宗室女弘化公主嫁吐谷渾王諾曷鉢。　三月，破羅、竇諸州僚，俘七千餘口。流鬼國在靺鞨北，向未通中國，至是遣使重三譯入貢。　八月，侯君集等至磧口，麴文泰憂懼死，子智盛立。大軍至城下猛攻，智盛出降，得二十二城，分立西、庭二州，置安西都護府於交河城。　十月，吐蕃贊普獻金寶請婚，以宗女文成公主妻之。　十一月，詔李淳風考定《戊寅曆》。

唐紀年

干支辛丑　公元641年

朝代或國名		國家支配者	建都	廟號	謚號	建元	年號年次	輔政者	備注
唐		②李世民	長安	太宗		1	貞觀15年	李師道等	
吐蕃		①松贊干布	邏些				25年	祿東贊	
回紇		李思摩							
吐谷渾		⑱諾曷鉢					6年		青海省
西突厥	南庭	⑩薄布特勤					3年		七月被擒
	北庭	①欲谷設					4年		九月奔吐火羅
薛延陀		①夷男					14年		

月曆表

5354—354—1955583

月 干支 序數	星期 月序	日	1	2	3	4	5	6	日	1	2	3	4	5	6	日	1	2	3	4	5	6	日	1	2	3	4	5	6	日	1	2	3	4	5	6	日	1
	公曆1月		1	2	3	4	5	6	7	8	9	10	11	12	13	14	15	16	17	18	19	20	21	22	23	24	25	26	27	28	29	30	31					
26	夏曆十二月		14	15	16	17	18	19	20	21	22	23	24	25	26	27	28	29	㉚	2	3	4	5	6	7	8	9	10	11	12	13	14	15					
	回曆2月		12	13	14	15	16	17	18	19	20	21	22	23	24	25	26	27	28	29	30	1	2	3	4	5	6	7	8	9	10	11	12					
	公曆2月					1	2	3	4	5	6	7	8	9	10	11	12	13	14	15	16	17	18	19	20	21	22	23	24	25	26	27	28					

月曆表

5357－354－1956676

月干支序數	月序 \ 星期	日	1	2	3	4	5	6	日	1	2	3	4	5	6	日	1	2	3	4	5	6	日	1	2	3	4	5	6	日	1	2	3	4	5	6	日	1
	公曆1月					1	2	3	4	5	6	7	8	9	10	11	12	13	14	15	16	17	18	19	20	21	22	23	24	25	26	27	28	29	30	31		
2	夏曆十二月					16	17	18	19	20	21	22	23	24	25	26	27	28	29	30	㊹	2	3	4	5	6	7	8	9	10	11	12	13	14	15	16		
	回曆3月					14	15	16	17	18	19	20	21	22	23	24	25	26	27	28	29	1	2	3	4	5	6	7	8	9	10	11	12	13	14	15		
	公曆2月	1	2	3	4	5	6	7	8	9	10	11	12	13	14	15	16	17	18	19	20	21	22	23	24	25	26	27	28	29								
3	夏曆正月	17	18	19	20	21	22	23	24	25	26	27	28	29	⑬	2	3	4	5	6	7	8	9	10	11	12	13	14	15	16								
	回曆4月	16	17	18	19	20	21	22	23	24	25	26	27	28	29	30	1	2	3	4	5	6	7	8	9	10	11	12	13	14								
	公曆3月		1	2	3	4	5	6	7	8	9	10	11	12	13	14	15	16	17	18	19	20	21	22	23	24	25	26	27	28	29	30	31					
4	夏曆二月		17	18	19	20	21	22	23	24	25	26	27	28	29	㊷	2	3	4	5	6	7	8	9	10	11	12	13	14	15	16	17	18					
	回曆5月		15	16	17	18	19	20	21	22	23	24	25	26	27	28	29	1	2	3	4	5	6	7	8	9	10	11	12	13	14	15	16					
	公曆4月					1	2	3	4	5	6	7	8	9	10	11	12	13	14	15	16	17	18	19	20	21	22	23	24	25	26	27	28	29	30			
5	夏曆三月					19	20	21	22	23	24	25	26	27	28	29	30	⑫	2	3	4	5	6	7	8	9	10	11	12	13	14	15	16	17	18			
	回曆6月					17	18	19	20	21	22	23	24	25	26	27	28	29	30	1	2	3	4	5	6	7	8	9	10	11	12	13	14	15	16			
	公曆5月							1	2	3	4	5	6	7	8	9	10	11	12	13	14	15	16	17	18	19	20	21	22	23	24	25	26	27	28	29	30	31
6	夏曆四月							19	20	21	22	23	24	25	26	27	28	29	㊶	2	3	4	5	6	7	8	9	10	11	12	13	14	15	16	17	18	19	20
	回曆7月							17	18	19	20	21	22	23	24	25	26	27	28	29	1	2	3	4	5	6	7	8	9	10	11	12	13	14	15	16	17	18
	公曆6月			1	2	3	4	5	6	7	8	9	10	11	12	13	14	15	16	17	18	19	20	21	22	23	24	25	26	27	28	29	30					
7	夏曆五月			21	22	23	24	25	26	27	28	29	⑩	2	3	4	5	6	7	8	9	10	11	12	13	14	15	16	17	18	19	20	21					
	回曆8月			19	20	21	22	23	24	25	26	27	28	29	30	1	2	3	4	5	6	7	8	9	10	11	12	13	14	15	16	17	18					
	公曆7月					1	2	3	4	5	6	7	8	9	10	11	12	13	14	15	16	17	18	19	20	21	22	23	24	25	26	27	28	29	30	31		
8	夏曆六月					22	23	24	25	26	27	28	29	30	㊵	2	3	4	5	6	7	8	9	10	11	12	13	14	15	16	17	18	19	20	21	22		
	回曆9月					19	20	21	22	23	24	25	26	27	28	29	1	2	3	4	5	6	7	8	9	10	11	12	13	14	15	16	17	18	19	20		
	公曆8月	1	2	3	4	5	6	7	8	9	10	11	12	13	14	15	16	17	18	19	20	21	22	23	24	25	26	27	28	29	30	31						
9	夏曆七月	23	24	25	26	27	28	29	⑨	2	3	4	5	6	7	8	9	10	11	12	13	14	15	16	17	18	19	20	21	22	23	24						
	回曆10月	21	22	23	24	25	26	27	28	29	30	1	2	3	4	5	6	7	8	9	10	11	12	13	14	15	16	17	18	19	20	21						
	公曆9月				1	2	3	4	5	6	7	8	9	10	11	12	13	14	15	16	17	18	19	20	21	22	23	24	25	26	27	28	29	30				
10	夏曆八月				25	26	27	28	29	30	㊴	2	3	4	5	6	7	8	9	10	11	12	13	14	15	16	17	18	19	20	21	22	23	24				
	回曆11月				22	23	24	25	26	27	28	29	1	2	3	4	5	6	7	8	9	10	11	12	13	14	15	16	17	18	19	20	21	22				
	公曆10月						1	2	3	4	5	6	7	8	9	10	11	12	13	14	15	16	17	18	19	20	21	22	23	24	25	26	27	28	29	30	31	
11	夏曆九月						25	26	27	28	29	⑧	2	3	4	5	6	7	8	9	10	11	12	13	14	15	16	17	18	19	20	21	22	23	24	25	26	
	回曆12月						23	24	25	26	27	28	29	30	1	2	3	4	5	6	7	8	9	10	11	12	13	14	15	16	17	18	19	20	21	22	23	
	公曆11月		1	2	3	4	5	6	7	8	9	10	11	12	13	14	15	16	17	18	19	20	21	22	23	24	25	26	27	28	29	30						
12	夏曆十月		27	28	29	30	㊳	2	3	4	5	6	7	8	9	10	11	12	13	14	15	16	17	18	19	20	21	22	23	24	25	26						
24年閏	回曆1月		24	25	26	27	28	29	①	2	3	4	5	6	7	8	9	10	11	12	13	14	15	16	17	18	19	20	21	22	23	24						
	公曆12月				1	2	3	4	5	6	7	8	9	10	11	12	13	14	15	16	17	18	19	20	21	22	23	24	25	26	27	28	29	30	31			
13	夏曆十一月				27	28	29	30	⑧	2	3	4	5	6	7	8	9	10	11	12	13	14	15	16	17	18	19	20	21	22	23	24	25	26	27			
	回曆2月				25	26	27	28	29	30	1	2	3	4	5	6	7	8	9	10	11	12	13	14	15	16	17	18	19	20	21	22	23	24	25			

大事記

三月，火辭彌國遣使入貢。　七月，以高句麗不聽諭告，決意興兵擊之，令洪、饒、江三州造船以運軍米，并發幽、營二府兵及契丹、奚、靺鞨之衆先攻遼東以試之。　九月，焉耆王突騎支附西突厥，安西都護郭孝恪擊之，俘突騎支，西突厥來救，亦敗走。孝恪去，焉耆立薛婆阿那支為王。高句麗莫離支泉蓋蘇文貢白金，卻之。以褚遂良為黄門侍郎，參預朝政。　十一月，命張亮、李世勣統軍分由海陸擊高麗，并詔新羅、百濟、奚、契丹分道并舉。　十二月，突厥餘部數為薛延陀所攻，渡河，處之於勝、夏之間，召其俟利苾可汗李思摩還朝為右武衛將軍。

唐紀年

干支乙巳 公元645年

朝代或國名	國家支配者	建都	廟號	謚號	建元	年號年次	輔政者	備注
唐	②李世民	長安	太宗		1	貞觀19年	褚遂良等	
吐蕃	①松贊干布	邏些				29年	祿東贊	
回紇								卒
吐谷渾	⑱諾曷鉢					10年		青海省
西突厥北庭	②乙毗射匱可汗					4年		
薛延陀	①夷男					18年		

月曆表

5358—354—1957030

月干支序數	月序 \ 星期	日	1	2	3	4	5	6	日	1	2	3	4	5	6	日	1	2	3	4	5	6	日	1	2	3	4	5	6	日	1	2	3	4	5	6	日	1
	公曆1月							1	2	3	4	5	6	7	8	9	10	11	12	13	14	15	16	17	18	19	20	21	22	23	24	25	26	27	28	29	30	31
14	夏曆十二月							28	29	30	㊳	2	3	4	5	6	7	8	9	10	11	12	13	14	15	16	17	18	19	20	21	22	23	24	25	26	27	28
	回曆3月							26	27	28	29	1	2	3	4	5	6	7	8	9	10	11	12	13	14	15	16	17	18	19	20	21	22	23	24	25	26	27
	公曆2月			1	2	3	4	5	6	7	8	9	10	11	12	13	14	15	16	17	18	19	20	21	22	23	24	25	26	27	28							
15	夏曆正月			29	⑦	2	3	4	5	6	7	8	9	10	11	12	13	14	15	16	17	18	19	20	21	22	23	24	25	26	27							
	回曆4月			28	29	30	1	2	3	4	5	6	7	8	9	10	11	12	13	14	15	16	17	18	19	20	21	22	23	24	25							
	公曆3月			1	2	3	4	5	6	7	8	9	10	11	12	13	14	15	16	17	18	19	20	21	22	23	24	25	26	27	28	29	30	31				
16	夏曆二月			28	29	㊱	2	3	4	5	6	7	8	9	10	11	12	13	14	15	16	17	18	19	20	21	22	23	24	25	26	27	28	29				
	回曆5月			26	27	28	29	1	2	3	4	5	6	7	8	9	10	11	12	13	14	15	16	17	18	19	20	21	22	23	24	25	26	27				
	公曆4月						1	2	3	4	5	6	7	8	9	10	11	12	13	14	15	16	17	18	19	20	21	22	23	24	25	26	27	28	29	30		
17	夏曆三月						30	⑥	2	3	4	5	6	7	8	9	10	11	12	13	14	15	16	17	18	19	20	21	22	23	24	25	26	27	28	29		
	回曆6月						28	29	30	1	2	3	4	5	6	7	8	9	10	11	12	13	14	15	16	17	18	19	20	21	22	23	24	25	26	27		
	公曆5月	1	2	3	4	5	6	7	8	9	10	11	12	13	14	15	16	17	18	19	20	21	22	23	24	25	26	27	28	29	30	31						
18 19	夏曆四 五月	㉟	2	3	4	5	6	7	8	9	10	11	12	13	14	15	16	17	18	19	20	21	22	23	24	25	26	27	28	29	30	⑤						
	回曆7月	28	29	1	2	3	4	5	6	7	8	9	10	11	12	13	14	15	16	17	18	19	20	21	22	23	24	25	26	27	28	29						
	公曆6月				1	2	3	4	5	6	7	8	9	10	11	12	13	14	15	16	17	18	19	20	21	22	23	24	25	26	27	28	29	30				
20	夏曆六月				2	3	4	5	6	7	8	9	10	11	12	13	14	15	16	17	18	19	20	21	22	23	24	25	26	27	28	29	㉞	2				
	回曆8月				30	1	2	3	4	5	6	7	8	9	10	11	12	13	14	15	16	17	18	19	20	21	22	23	24	25	26	27	28	29				
	公曆7月						1	2	3	4	5	6	7	8	9	10	11	12	13	14	15	16	17	18	19	20	21	22	23	24	25	26	27	28	29	30	31	
21	夏曆七月						3	4	5	6	7	8	9	10	11	12	13	14	15	16	17	18	19	20	21	22	23	24	25	26	27	28	29	30	①	2	3	
	回曆9、10月						1	2	3	4	5	6	7	8	9	10	11	12	13	14	15	16	17	18	19	20	21	22	23	24	25	26	27	28	29	30	1	
	公曆8月		1	2	3	4	5	6	7	8	9	10	11	12	13	14	15	16	17	18	19	20	21	22	23	24	25	26	27	28	29	30	31					
22	夏曆八月		4	5	6	7	8	9	10	11	12	13	14	15	16	17	18	19	20	21	22	23	24	25	26	27	28	29	30	㉞	2	3	4					
	回曆11月		2	3	4	5	6	7	8	9	10	11	12	13	14	15	16	17	18	19	20	21	22	23	24	25	26	27	28	29	1	2	3					
	公曆9月					1	2	3	4	5	6	7	8	9	10	11	12	13	14	15	16	17	18	19	20	21	22	23	24	25	26	27	28	29	30			
23	夏曆九月					5	6	7	8	9	10	11	12	13	14	15	16	17	18	19	20	21	22	23	24	25	26	27	28	29	③	2	3	4	5			
	回曆12月					4	5	6	7	8	9	10	11	12	13	14	15	16	17	18	19	20	21	22	23	24	25	26	27	28	29	30	1	2	3			
	公曆10月							1	2	3	4	5	6	7	8	9	10	11	12	13	14	15	16	17	18	19	20	21	22	23	24	25	26	27	28	29	30	31
24	夏曆十月							6	7	8	9	10	11	12	13	14	15	16	17	18	19	20	21	22	23	24	25	26	27	28	29	30	㉝	2	3	4	5	6
25年	回曆1月							4	5	6	7	8	9	10	11	12	13	14	15	16	17	18	19	20	21	22	23	24	25	26	27	28	29	30	①	2	3	4
	公曆11月			1	2	3	4	5	6	7	8	9	10	11	12	13	14	15	16	17	18	19	20	21	22	23	24	25	26	27	28	29	30					

月曆表

5363—354—1958861

月干支序數	星期／月序	日	1	2	3	4	5	6	日	1	2	3	4	5	6	日	1	2	3	4	5	6	日	1	2	3	4	5	6	日	1	2	3	4	5	6	日	1
	公曆1月						1	2	3	4	5	6	7	8	9	10	11	12	13	14	15	16	17	18	19	20	21	22	23	24	25	26	27	28	29	30	31	
14	夏曆十二月						23	24	25	26	27	28	29	⑧	2	3	4	5	6	7	8	9	10	11	12	13	14	15	16	17	18	19	20	21	22	23	24	
	回曆5月						21	22	23	24	25	26	27	28	29	1	2	3	4	5	6	7	8	9	10	11	12	13	14	15	16	17	18	19	20	21	22	
	公曆2月		1	2	3	4	5	6	7	8	9	10	11	12	13	14	15	16	17	18	19	20	21	22	23	24	25	26	27	28								
15	夏曆正月		25	26	27	28	29	30	㊳	2	3	4	5	6	7	8	9	10	11	12	13	14	15	16	17	18	19	20	21	22								
	回曆6月		23	24	25	26	27	28	29	30	1	2	3	4	5	6	7	8	9	10	11	12	13	14	15	16	17	18	19	20								
	公曆3月		1	2	3	4	5	6	7	8	9	10	11	12	13	14	15	16	17	18	19	20	21	22	23	24	25	26	27	28	29	30	31					
16	夏曆二月		23	24	25	26	27	28	29	⑦	2	3	4	5	6	7	8	9	10	11	12	13	14	15	16	17	18	19	20	21	22	23	24					
	回曆7月		21	22	23	24	25	26	27	28	29	1	2	3	4	5	6	7	8	9	10	11	12	13	14	15	16	17	18	19	20	21	22					
	公曆4月					1	2	3	4	5	6	7	8	9	10	11	12	13	14	15	16	17	18	19	20	21	22	23	24	25	26	27	28	29	30			
17	夏曆三月					25	26	27	28	29	30	㊲	2	3	4	5	6	7	8	9	10	11	12	13	14	15	16	17	18	19	20	21	22	23	24			
	回曆8月					23	24	25	26	27	28	29	30	1	2	3	4	5	6	7	8	9	10	11	12	13	14	15	16	17	18	19	20	21	22			
	公曆5月							1	2	3	4	5	6	7	8	9	10	11	12	13	14	15	16	17	18	19	20	21	22	23	24	25	26	27	28	29	30	31
18	夏曆四月							25	26	27	28	29	⑥	2	3	4	5	6	7	8	9	10	11	12	13	14	15	16	17	18	19	20	21	22	23	24	25	26
	回曆9月							23	24	25	26	27	28	29	1	2	3	4	5	6	7	8	9	10	11	12	13	14	15	16	17	18	19	20	21	22	23	24
	公曆6月			1	2	3	4	5	6	7	8	9	10	11	12	13	14	15	16	17	18	19	20	21	22	23	24	25	26	27	28	29	30					
19	夏曆五月			27	28	29	30	㊱	2	3	4	5	6	7	8	9	10	11	12	13	14	15	16	17	18	19	20	21	22	23	24	25	26					
	回曆10月			25	26	27	28	29	30	1	2	3	4	5	6	7	8	9	10	11	12	13	14	15	16	17	18	19	20	21	22	23	24					
	公曆7月					1	2	3	4	5	6	7	8	9	10	11	12	13	14	15	16	17	18	19	20	21	22	23	24	25	26	27	28	29	30	31		
20	夏曆六月					27	28	29	⑤	2	3	4	5	6	7	8	9	10	11	12	13	14	15	16	17	18	19	20	21	22	23	24	25	26	27	28		
	回曆11月					25	26	27	28	29	1	2	3	4	5	6	7	8	9	10	11	12	13	14	15	16	17	18	19	20	21	22	23	24	25	26		
	公曆8月	1	2	3	4	5	6	7	8	9	10	11	12	13	14	15	16	17	18	19	20	21	22	23	24	25	26	27	28	29	30	31						
21	夏曆七月	29	30	㉟	2	3	4	5	6	7	8	9	10	11	12	13	14	15	16	17	18	19	20	21	22	23	24	25	26	27	28	29						
	回曆12月	27	28	29	30	1	2	3	4	5	6	7	8	9	10	11	12	13	14	15	16	17	18	19	20	21	22	23	24	25	26	27						
	公曆9月				1	2	3	4	5	6	7	8	9	10	11	12	13	14	15	16	17	18	19	20	21	22	23	24	25	26	27	28	29	30				
22	夏曆八月				④	2	3	4	5	6	7	8	9	10	11	12	13	14	15	16	17	18	19	20	21	22	23	24	25	26	27	28	29	30				
30年	回曆1月				28	29	30	①	2	3	4	5	6	7	8	9	10	11	12	13	14	15	16	17	18	19	20	21	22	23	24	25	26	27				
	公曆10月						1	2	3	4	5	6	7	8	9	10	11	12	13	14	15	16	17	18	19	20	21	22	23	24	25	26	27	28	29	30	31	
23 24	夏曆九、十月						㉞	2	3	4	5	6	7	8	9	10	11	12	13	14	15	16	17	18	19	20	21	22	23	24	25	26	27	28	29	③	2	
	回曆2月						28	29	30	1	2	3	4	5	6	7	8	9	10	11	12	13	14	15	16	17	18	19	20	21	22	23	24	25	26	27	28	
	公曆11月		1	2	3	4	5	6	7	8	9	10	11	12	13	14	15	16	17	18	19	20	21	22	23	24	25	26	27	28	29	30						
25	夏曆十一月		3	4	5	6	7	8	9	10	11	12	13	14	15	16	17	18	19	20	21	22	23	24	25	26	27	28	29	30	㉝	2						
	回曆3月		29	1	2	3	4	5	6	7	8	9	10	11	12	13	14	15	16	17	18	19	20	21	22	23	24	25	26	27	28	29						
	公曆12月				1	2	3	4	5	6	7	8	9	10	11	12	13	14	15	16	17	18	19	20	21	22	23	24	25	26	27	28	29	30	31			
26	夏曆十二月				3	4	5	6	7	8	9	10	11	12	13	14	15	16	17	18	19	20	21	22	23	24	25	26	27	28	29	30	③	2	3			
	回曆4,5月				30	1	2	3	4	5	6	7	8	9	10	11	12	13	14	15	16	17	18	19	20	21	22	23	24	25	26	27	28	29	1			

大事記

五月，吐蕃贊普棄宗弄贊卒(617—650)，孫嗣。政事皆決於國相祿東贊。　六月，高侃俘突厥車鼻可汗。　八月，遣龜茲舊王布失畢歸國，復其位。　九月，置都護府，以統車鼻可汗殘部，且置單于、瀚海二都護府分護突厥之衆。　十二月，琰州僚起事，遣兵擊之。　是歲，雍、絳、同等九州旱蝗，齊、定等十六州水災。

唐紀年

干支辛亥　公元651年

朝代或國名	國家支配者	建都	廟號	謚號	建元	年號年次	輔政者	備注
唐	③李 治	長安	高宗		14	1永徽2年	張行成等	
大蒙(南詔)	①蒙細奴邏	巍山	高祖	奇嘉王		3年		在雲南
吐蕃	②棄芒論芒贊	邏些				元年	祿東贊	(贊普當年幼)
回紇								
吐谷渾	⑱諾曷鉢					16年		青海省
西突厥北庭	②乙毗射匱可汗					10年		正月被阿史那賀魯攻併
	③阿史那賀魯					元年		

月曆表

5364—384—1959245

月干支序數	星期 / 月序	日	1	2	3	4	5	6	日	1	2	3	4	5	6	日	1	2	3	4	5	6	日	1	2	3	4	5	6	日	1	2	3	4	5	6	日	1
	公曆1月							1	2	3	4	5	6	7	8	9	10	11	12	13	14	15	16	17	18	19	20	21	22	23	24	25	26	27	28	29	30	31
27	夏曆正月							4	5	6	7	8	9	10	11	12	13	14	15	16	17	18	19	20	21	22	23	24	25	26	27	28	29	㉜	2	3	4	5
	回曆6月							2	3	4	5	6	7	8	9	10	11	12	13	14	15	16	17	18	19	20	21	22	23	24	25	26	27	28	29	30	1	2
	公曆2月			1	2	3	4	5	6	7	8	9	10	11	12	13	14	15	16	17	18	19	20	21	22	23	24	25	26	27	28							
28	夏曆二月			6	7	8	9	10	11	12	13	14	15	16	17	18	19	20	21	22	23	24	25	26	27	28	29	30	②	2	3							
	回曆7月			3	4	5	6	7	8	9	10	11	12	13	14	15	16	17	18	19	20	21	22	23	24	25	26	27	28	29	1							
	公曆3月			1	2	3	4	5	6	7	8	9	10	11	12	13	14	15	16	17	18	19	20	21	22	23	24	25	26	27	28	29	30	31				
29	夏曆三月			4	5	6	7	8	9	10	11	12	13	14	15	16	17	18	19	20	21	22	23	24	25	26	27	28	29	㉛	2	3	4	5				
	回曆8月			2	3	4	5	6	7	8	9	10	11	12	13	14	15	16	17	18	19	20	21	22	23	24	25	26	27	28	29	30	1	2				
	公曆4月						1	2	3	4	5	6	7	8	9	10	11	12	13	14	15	16	17	18	19	20	21	22	23	24	25	26	27	28	29	30		
30	夏曆四月						6	7	8	9	10	11	12	13	14	15	16	17	18	19	20	21	22	23	24	25	26	27	28	29	30	①	2	3	4	5		
	回曆9月						3	4	5	6	7	8	9	10	11	12	13	14	15	16	17	18	19	20	21	22	23	24	25	26	27	28	29	1	2	3		
	公曆5月	1	2	3	4	5	6	7	8	9	10	11	12	13	14	15	16	17	18	19	20	21	22	23	24	25	26	27	28	29	30	31						
31	夏曆五月	6	7	8	9	10	11	12	13	14	15	16	17	18	29	20	21	22	23	24	25	26	27	28	29	㉚	2	3	4	5	6	7						
	回曆10月	4	5	6	7	8	9	10	11	12	13	14	15	16	17	18	19	20	21	22	23	24	25	26	27	28	29	30	1	2	3	4						
	公曆6月				1	2	3	4	5	6	7	8	9	10	11	12	13	14	15	16	17	18	19	20	21	22	23	24	25	26	27	28	29	30				
32	夏曆六月				8	9	10	11	12	13	14	15	16	17	18	19	20	21	22	23	24	25	26	27	28	29	30	(60)	2	3	4	5	6	7				
	回曆11月				5	6	7	8	9	10	11	12	13	14	15	16	17	18	19	20	21	22	23	24	25	26	27	28	29	1	2	3	4	5				
	公曆7月						1	2	3	4	5	6	7	8	9	10	11	12	13	14	15	16	17	18	19	20	21	22	23	24	25	26	27	28	29	30	31	
33	夏曆七月						8	9	10	11	12	13	14	15	16	17	18	19	20	21	22	23	24	25	26	27	28	29	㉙	2	3	4	5	6	7	8	9	
	回曆12月						6	7	8	9	10	11	12	13	14	15	16	17	18	19	20	21	22	23	24	25	26	27	28	29	30	1	2	3	4	5	6	
	公曆8月		1	2	3	4	5	6	7	8	9	10	11	12	13	14	15	16	17	18	19	20	21	22	23	24	25	26	27	28	29	30	31					
34	夏曆八月		10	11	12	13	14	15	16	17	18	19	20	21	22	23	24	25	26	27	28	29	30	(59)	2	3	4	5	6	7	8	9	10					
31年	回曆1月		7	8	9	10	11	12	13	14	15	16	17	18	19	20	21	22	23	24	25	26	27	28	29	①	2	3	4	5	6	7	8					
	公曆9月					1	2	3	4	5	6	7	8	9	10	11	12	13	14	15	16	17	18	19	20	21	22	23	24	25	26	27	28	29	30			
35	夏曆九月					11	12	13	14	15	16	17	18	19	20	21	22	23	24	25	26	27	28	29	㉘	2	3	4	5	6	7	8	9	10	11			
	回曆2月					9	10	11	12	13	14	15	16	17	18	19	20	21	22	23	24	25	26	27	28	29	30	1	2	3	4	5	6	7	8			
	公曆10月							1	2	3	4	5	6	7	8	9	10	11	12	13	14	15	16	17	18	19	20	21	22	23	24	25	26	27	28	29	30	31
	夏曆閏九月							12	13	14	15	16	17	18	19	20	21	22	23	24	25	26	27	28	29	30	(58)	2	3	4	5	6	7	8	9	10	11	12
	回曆3月							9	10	11	12	13	14	15	16	17	18	19	20	21	22	23	24	25	26	27	28	29	1	2	3	4	5	6	7	8	9	10
	公曆11月			1	2	3	4	5	6	7	8	9	10	11	12	13	14	15	16	17	18	19	20	21	22	23	24	25	26	27	28	29	30					

續表

月干支序數	星期／月序	日	1	2	3	4	5	6	日	1	2	3	4	5	6	日	1	2	3	4	5	6	日	1	2	3	4	5	6	日	1	2	3	4	5	6	日	1
36	夏曆十月			13	14	15	16	17	18	19	20	21	22	23	24	25	26	27	28	29	㉗	2	3	4	5	6	7	8	9	10	11	12	13					
	回曆4月			11	12	13	14	15	16	17	18	19	20	21	22	23	24	25	26	27	28	29	30	1	2	3	4	5	6	7	8	9	10					
	公曆12月					1	2	3	4	5	6	7	8	9	10	11	12	13	14	15	16	17	18	19	20	21	22	23	24	25	26	27	28	29	30	31		
37	夏曆十一月					14	15	16	17	18	19	20	21	22	23	24	25	26	27	28	29	30	(57)	2	3	4	5	6	7	8	9	10	11	12	13	14		
	回曆5月					11	12	13	14	15	16	17	18	19	20	21	22	23	24	25	26	27	28	29	1	2	3	4	5	6	7	8	9	10	11	12		

大事記

正月，西突厥賀魯自立為沙鉢羅可汗。　四月，焉耆王婆伽利卒，遣舊王突騎支歸復其位。　七月，西突厥沙鉢羅可汗擾庭州；發兵及回紇騎擊之。　八月，郎州白水"蠻"起事，攻麻州。大食國始遣使來唐。閏九月，長孫無忌等上刪定律令。　十一月，特浪、辟惠羌首領來降。　十二月，西突厥處月部首領朱邪孤注殺唐使者，附於沙鉢羅可汗。

唐紀年

干支壬子　公元652年

朝代或國名	國家支配者	建都	廟號	謚號	建元	年號年次	輔政者	備注
唐	③李治	長安	高宗		14	1 永徽 3 年	柳奭等	
大蒙(南詔)	①蒙細奴邏	巍山	高祖	奇嘉王		4 年		在雲南
吐蕃	②棄芒論芒贊	邏些				2 年	祿東贊	棄芒論芒又名乞黎拔布
回紇								
吐谷渾	⑱諾曷鉢					17 年		青海省
西突厥北庭	③阿史那賀魯					2 年		

月曆表

5365—354—1959599

月干支序數	星期／月序	日	1	2	3	4	5	6	日	1	2	3	4	5	6	日	1	2	3	4	5	6	日	1	2	3	4	5	6	日	1	2	3	4	5	6	日	1
	公曆1月	1	2	3	4	5	6	7	8	9	10	11	12	13	14	15	16	17	18	19	20	21	22	23	24	25	26	27	28	29	30	31						
38	夏曆十二月	15	16	17	18	19	20	21	22	23	24	25	26	27	28	29	㉖	2	3	4	5	6	7	8	9	10	11	12	13	14	15	16						
	回曆6月	13	14	15	16	17	18	19	20	21	22	23	24	25	26	27	28	29	30	1	2	3	4	5	6	7	8	9	10	11	12	13						
	公曆2月				1	2	3	4	5	6	7	8	9	10	11	12	13	14	15	16	17	18	19	20	21	22	23	24	25	26	27	28	29					
39	夏曆正月				17	18	19	20	21	22	23	24	25	26	27	28	29	30	(56)	2	3	4	5	6	7	8	9	10	11	12	13	14	15					
	回曆7月				14	15	16	17	18	19	20	21	22	23	24	25	26	27	28	29	1	2	3	4	5	6	7	8	9	10	11	12	13					
	公曆3月					1	2	3	4	5	6	7	8	9	10	11	12	13	14	15	16	17	18	19	20	21	22	23	24	25	26	27	28	29	30	31		
40	夏曆二月					16	17	18	19	20	21	22	23	24	25	26	27	28	29	㉕	2	3	4	5	6	7	8	9	10	11	12	13	14	15	16	17		
	回曆8月					14	15	16	17	18	19	20	21	22	23	24	25	26	27	28	29	30	1	2	3	4	5	6	7	8	9	10	11	12	13	14		
	公曆4月	1	2	3	4	5	6	7	8	9	10	11	12	13	14	15	16	17	18	19	20	21	22	23	24	25	26	27	28	29	30							
41	夏曆三月	18	19	20	21	22	23	24	25	26	27	28	29	30	(55)	2	3	4	5	6	7	8	9	10	11	12	13	14	15	16	17							
	回曆9月	15	16	17	18	19	20	21	22	23	24	25	26	27	28	29	1	2	3	4	5	6	7	8	9	10	11	12	13	14	15							
	公曆5月			1	2	3	4	5	6	7	8	9	10	11	12	13	14	15	16	17	18	19	20	21	22	23	24	25	26	27	28	29	30	31				
42	夏曆四月			18	19	20	21	22	23	24	25	26	27	28	29	30	㉕	2	3	4	5	6	7	8	9	10	11	12	13	14	15	16	17	18				
	回曆10月			16	17	18	19	20	21	22	23	24	25	26	27	28	29	30	1	2	3	4	5	6	7	8	9	10	11	12	13	14	15	16				

續表

月 干支 序數	星期	日	1	2	3	4	5	6	日	1	2	3	4	5	6	日	1	2	3	4	5	6	日	1	2	3	4	5	6	日	1	2	3	4	5	6	日	1
	公曆6月						1	2	3	4	5	6	7	8	9	10	11	12	13	14	15	16	17	18	19	20	21	22	23	24	25	26	27	28	29	30		
43	夏曆五月						19	20	21	22	23	24	25	26	27	28	29	(54)	2	3	4	5	6	7	8	9	10	11	12	13	14	15	16	17	18	19		
	回曆11月						17	18	19	20	21	22	23	24	25	26	27	28	29	1	2	3	4	5	6	7	8	9	10	11	12	13	14	15	16	17		
	公曆7月	1	2	3	4	5	6	7	8	9	10	11	12	13	14	15	16	17	18	19	20	21	22	23	24	25	26	27	28	29	30	31						
44	夏曆六月	20	21	22	23	24	25	26	27	28	29	30	㉔	2	3	4	5	6	7	8	9	10	11	12	13	14	15	16	17	18	19	20						
	回曆12月	18	19	20	21	22	23	24	25	26	27	28	29	30	1	2	3	4	5	6	7	8	9	10	11	12	13	14	15	16	17	18						
	公曆8月				1	2	3	4	5	6	7	8	9	10	11	12	13	14	15	16	17	18	19	20	21	22	23	24	25	26	27	28	29	30	31			
45	夏曆七月				21	22	23	24	25	26	27	28	29	(53)	2	3	4	5	6	7	8	9	10	11	12	13	14	15	16	17	18	19	20	21	22			
32年閏	回曆1月				19	20	21	22	23	24	25	26	27	28	29	①	2	3	4	5	6	7	8	9	10	11	12	13	14	15	16	17	18	19	20			
	公曆9月							1	2	3	4	5	6	7	8	9	10	11	12	13	14	15	16	17	18	19	20	21	22	23	24	25	26	27	28	29	30	
46	夏曆八月							23	24	25	26	27	28	29	30	㉓	2	3	4	5	6	7	8	9	10	11	12	13	14	15	16	17	18	19	20	21	22	
	回曆2月							21	22	23	24	25	26	27	28	29	30	1	2	3	4	5	6	7	8	9	10	11	12	13	14	15	16	17	18	19	20	
	公曆10月		1	2	3	4	5	6	7	8	9	10	11	12	13	14	15	16	17	18	19	20	21	22	23	24	25	26	27	28	29	30	31					
47	夏曆九月		23	24	25	26	27	28	29	(52)	2	3	4	5	6	7	8	9	10	11	12	13	14	15	16	17	18	19	20	21	22	23	24					
	回曆3月		21	22	23	24	25	26	27	28	29	1	2	3	4	5	6	7	8	9	10	11	12	13	14	15	16	17	18	19	20	21	22					
	公曆11月					1	2	3	4	5	6	7	8	9	10	11	12	13	14	15	16	17	18	19	20	21	22	23	24	25	26	27	28	29	30			
48	夏曆十月					25	26	27	28	29	30	㉒	2	3	4	5	6	7	8	9	10	11	12	13	14	15	16	17	18	19	20	21	22	23	24			
	回曆4月					23	24	25	26	27	28	29	30	1	2	3	4	5	6	7	8	9	10	11	12	13	14	15	16	17	18	19	20	21	22			
	公曆12月							1	2	3	4	5	6	7	8	9	10	11	12	13	14	15	16	17	18	19	20	21	22	23	24	25	26	27	28	29	30	31
49	夏曆十一月							25	26	27	28	29	(51)	2	3	4	5	6	7	8	9	10	11	12	13	14	15	16	17	18	19	20	21	22	23	24	25	26
	回曆5月							23	24	25	26	27	28	29	1	2	3	4	5	6	7	8	9	10	11	12	13	14	15	16	17	18	19	20	21	22	23	24

大事記

正月，吐谷渾、新羅、高句麗、百濟并遣使入貢。梁建方等大破處月，擒朱邪孤注。　三月，長安建大雁塔。　四月，趙孝祖擒殺大小勃弄首領，西南遂定。　六月，置祁連州以處薛延陀餘衆。　七月，立子忠為皇太子。戶部計，全國380萬戶。　十一月，駁馬國遣使朝貢。　是歲，孫思邈著《千金方》。

唐紀年

干支癸丑　公元653年

朝代或國名	國家支配者	建都	廟號	謚號	建元	年號年次	輔政者	備注
唐	③李治	長安	高宗		14	1永徽4年	柳奭等	
大蒙(南詔)	①蒙細奴邏	巍山	高祖	奇嘉王		5年		在雲南
	[陳碩真](女)	睦州						在浙江
吐蕃	②棄芒論芒贊	邏些				3年	祿東贊	
回紇								
吐谷渾	⑱諾曷鉢					18年		青海省
西突厥北庭	③阿史那賀魯					3年		

月干支序數	月序／星期	日	1	2	3	4	5	6	日	1	2	3	4	5	6	日	1	2	3	4	5	6	日	1	2	3	4	5	6	日	1	2	3	4	5	6	日	1
	公曆1月			1	2	3	4	5	6	7	8	9	10	11	12	13	14	15	16	17	18	19	20	21	22	23	24	25	26	27	28	29	30	31				
50	夏曆十二月			27	28	29	30	㉑	2	3	4	5	6	7	8	9	10	11	12	13	14	15	16	17	18	19	20	21	22	23	24	25	26	27				
	回曆6月			25	26	27	28	29	30	1	2	3	4	5	6	7	8	9	10	11	12	13	14	15	16	17	18	19	20	21	22	23	24	25				
	公曆2月						1	2	3	4	5	6	7	8	9	10	11	12	13	14	15	16	17	18	19	20	21	22	23	24	25	26	27	28				
51	夏曆正月						28	29	㊿	2	3	4	5	6	7	8	9	10	11	12	13	14	15	16	17	18	19	20	21	22	23	24	25	26				
	回曆7月						26	27	28	29	1	2	3	4	5	6	7	8	9	10	11	12	13	14	15	16	17	18	19	20	21	22	23	24				
	公曆3月						1	2	3	4	5	6	7	8	9	10	11	12	13	14	15	16	17	18	19	20	21	22	23	24	25	26	27	28	29	30	31	
52	夏曆二月						27	28	29	30	⑳	2	3	4	5	6	7	8	9	10	11	12	13	14	15	16	17	18	19	20	21	22	23	24	25	26	27	
	回曆8月						25	26	27	28	29	30	1	2	3	4	5	6	7	8	9	10	11	12	13	14	15	16	17	18	19	20	21	22	23	24	25	
	公曆4月		1	2	3	4	5	6	7	8	9	10	11	12	13	14	15	16	17	18	19	20	21	22	23	24	25	26	27	28	29	30						
53	夏曆三月		28	29	㊾	2	3	4	5	6	7	8	9	10	11	12	13	14	15	16	17	18	19	20	21	22	23	24	25	26	27	28						
	回曆9月		26	27	28	29	1	2	3	4	5	6	7	8	9	10	11	12	13	14	15	16	17	18	19	20	21	22	23	24	25	26						
	公曆5月				1	2	3	4	5	6	7	8	9	10	11	12	13	14	15	16	17	18	19	20	21	22	23	24	25	26	27	28	29	30	31			
54	夏曆四月				29	30	⑲	2	3	4	5	6	7	8	9	10	11	12	13	14	15	16	17	18	19	20	21	22	23	24	25	26	27	28	29			
	回曆10月				27	28	29	30	1	2	3	4	5	6	7	8	9	10	11	12	13	14	15	16	17	18	19	20	21	22	23	24	25	26	27			
	公曆6月							1	2	3	4	5	6	7	8	9	10	11	12	13	14	15	16	17	18	19	20	21	22	23	24	25	26	27	28	29	30	
55	夏曆五月							㊽	2	3	4	5	6	7	8	9	10	11	12	13	14	15	16	17	18	19	20	21	22	23	24	25	26	27	28	29	30	
	回曆11月							28	29	1	2	3	4	5	6	7	8	9	10	11	12	13	14	15	16	17	18	19	20	21	22	23	24	25	26	27	28	
	公曆7月		1	2	3	4	5	6	7	8	9	10	11	12	13	14	15	16	17	18	19	20	21	22	23	24	25	26	27	28	29	30	31					
56 57	夏曆六七月		⑱	2	3	4	5	6	7	8	9	10	11	12	13	14	15	16	17	18	19	20	21	22	23	24	25	26	27	28	29	30	㊽					
	回曆12月		29	30	1	2	3	4	5	6	7	8	9	10	11	12	13	14	15	16	17	18	19	20	21	22	23	24	25	26	27	28	29					
	公曆8月					1	2	3	4	5	6	7	8	9	10	11	12	13	14	15	16	17	18	19	20	21	22	23	24	25	26	27	28	29	30	31		
58	夏曆八月					2	3	4	5	6	7	8	9	10	11	12	13	14	15	16	17	18	19	20	21	22	23	24	25	26	27	28	29	⑰	2	3		
33年	回曆1月					30	①	2	3	4	5	6	7	8	9	10	11	12	13	14	15	16	17	18	19	20	21	22	23	24	25	26	27	28	29	30		
	公曆9月	1	2	3	4	5	6	7	8	9	10	11	12	13	14	15	16	17	18	19	20	21	22	23	24	25	26	27	28	29	30							
59	夏曆九月	4	5	6	7	8	9	10	11	12	13	14	15	16	17	18	19	20	21	22	23	24	25	26	27	28	29	30	㊼	2	3							
	回曆2、3月	1	2	3	4	5	6	7	8	9	10	11	12	13	14	15	16	17	18	19	20	21	22	23	24	25	26	27	28	29	1							
	公曆10月			1	2	3	4	5	6	7	8	9	10	11	12	13	14	15	16	17	18	19	20	21	22	23	24	25	26	27	28	29	30	31				
60	夏曆十月			4	5	6	7	8	9	10	11	12	13	14	15	16	17	18	19	20	21	22	23	24	25	26	27	28	29	⑯	2	3	4	5				
	回曆4月			2	3	4	5	6	7	8	9	10	11	12	13	14	15	16	17	18	19	20	21	22	23	24	25	26	27	28	29	30	1	2				
	公曆11月						1	2	3	4	5	6	7	8	9	10	11	12	13	14	15	16	17	18	19	20	21	22	23	24	25	26	27	28	29	30		
1	夏曆十一月						6	7	8	9	10	11	12	13	14	15	16	17	18	19	20	21	22	23	24	25	26	27	28	29	30	㊻	2	3	4	5		
	回曆5月						3	4	5	6	7	8	9	10	11	12	13	14	15	16	17	18	19	20	21	22	23	24	25	26	27	28	29	1	2	3		
	公曆12月	1	2	3	4	5	6	7	8	9	10	11	12	13	14	15	16	17	18	19	20	21	22	23	24	25	26	27	28	29	30	31						
2	夏曆十二月	6	7	8	9	10	11	12	13	14	15	16	17	18	19	20	21	22	23	24	25	26	27	28	29	⑮	2	3	4	5	6	7						
	回曆6月	4	5	6	7	8	9	10	11	12	13	14	15	16	17	18	19	20	21	22	23	24	25	26	27	28	29	30	1	2	3	4						

大事記

二月，高陽公主及駙馬都尉房遺愛等謀反，事發，皆死。　三月，頒孔穎達《五經正義》。廢瑤池都護府。　四月，林邑王諸葛地遣使入貢馴象。　十月，睦州女子陳碩真與章叔胤起事，稱文佳皇帝，陷睦州、桐廬、于潛；發兵擊之。　十一月，頒新《唐律疏義》。睦州義軍被唐軍崔義玄鎮壓失敗，碩真被俘死。

是歲，西突厥乙毗咄陸可汗死，子真珠葉護立，擊沙鉢羅可汗，破之。

唐紀年

干支甲寅　公元654年

朝代或國名	國家支配者	建　都	廟　號	謚　號	建　元	年號年次	輔政者	備　注
唐	③李　治	長安	高宗		14	1永徽5年	柳奭等	
大蒙(南詔)	①蒙細奴邏	巍山	高祖	奇嘉王		6年		在雲南
吐蕃	②棄芒論芒贊	邏些				4年	祿東贊	
回紇								
吐谷渾	⑱諾曷鉢					19年		青海省
西突厥北庭	③阿史那賀魯					4年		

月曆表

5367－384－1960338

月干支序數	月序＼星期	日	1	2	3	4	5	6	日	1	2	3	4	5	6	日	1	2	3	4	5	6	日	1	2	3	4	5	6	日	1	2	3	4	5	6	日	1
	公暦1月				1	2	3	4	5	6	7	8	9	10	11	12	13	14	15	16	17	18	19	20	21	22	23	24	25	26	27	28	29	30	31			
3	夏暦正月				8	9	10	1	12	13	14	15	16	17	18	19	20	21	22	23	24	25	26	27	28	29	30	㊺	2	3	4	5	6	7	8			
	回暦7月				5	6	7	8	9	10	11	12	13	14	15	16	17	18	19	20	21	22	23	24	25	26	27	28	29	1	2	3	4	5	6			
	公暦2月							1	2	3	4	5	6	7	8	9	10	11	12	13	14	15	16	17	18	19	20	21	22	23	24	25	26	27	28			
4	夏暦二月							9	10	11	12	13	14	15	16	17	18	19	20	21	22	23	24	25	26	27	28	29	⑭	2	3	4	5	6	7			
	回暦8月							7	8	9	10	11	12	13	14	15	16	17	18	19	20	21	22	23	24	25	26	27	28	29	30	1	2	3	4			
	公暦3月							1	2	3	4	5	6	7	8	9	10	11	12	13	14	15	16	17	18	19	20	21	22	23	24	25	26	27	28	29	30	31
5	夏暦三月							8	9	10	11	12	13	14	15	16	17	18	19	20	21	22	23	24	25	26	27	28	29	30	㊹	2	3	4	5	6	7	8
	回暦9月							5	6	7	8	9	10	11	12	13	14	15	16	17	18	19	20	21	22	23	24	25	26	27	28	29	1	2	3	4	5	6
	公暦4月			1	2	3	4	5	6	7	8	9	10	11	12	13	14	15	16	17	18	19	20	21	22	23	24	25	26	27	28	29	30					
6	夏暦四月			9	10	11	12	13	14	15	16	17	18	19	20	21	22	23	24	25	26	27	28	29	⑬	2	3	4	5	6	7	8	9					
	回暦10月			7	8	9	10	11	12	13	14	15	16	17	18	19	20	21	22	23	24	25	26	27	28	29	30	1	2	3	4	5	6					
	公暦5月					1	2	3	4	5	6	7	8	9	10	11	12	13	14	15	16	17	18	19	20	21	22	23	24	25	26	27	28	29	30	31		
7	夏暦五月					10	11	12	13	14	15	16	17	18	19	20	21	22	23	24	25	26	27	28	29	30	㊸	2	3	4	5	6	7	8	9	10		
	回暦11月					7	8	9	10	11	12	13	14	15	16	17	18	19	20	21	22	23	24	25	26	27	28	29	1	2	3	4	5	6	7	8		
	公暦6月	1	2	3	4	5	6	7	8	9	10	11	12	13	14	15	16	17	18	19	20	21	22	23	24	25	26	27	28	29	30							
	夏暦閏五月	11	12	13	14	15	16	17	18	19	20	21	22	23	24	25	26	27	28	29	⑫	2	3	4	5	6	7	8	9	10	11							
	回暦12月	9	10	11	12	13	14	15	16	17	18	19	20	21	22	23	24	25	26	27	28	29	30	1	2	3	4	5	6	7	8							
	公暦7月			1	2	3	4	5	6	7	8	9	10	11	12	13	14	15	16	17	18	19	20	21	22	23	24	25	26	27	28	29	30	31				
8	夏暦六月			12	13	14	15	16	17	18	19	20	21	22	23	24	25	26	27	28	29	30	㊷	2	3	4	5	6	7	8	9	10	11	12				
34年	回暦1月			9	10	11	12	13	14	15	16	17	18	19	20	21	22	23	24	25	26	27	28	29	①	2	3	4	5	6	7	8	9	10				
	公暦8月						1	2	3	4	5	6	7	8	9	10	11	12	13	14	15	16	17	18	19	20	21	22	23	24	25	26	27	28	29	30	31	
9	夏暦七月						13	14	15	16	17	18	19	20	21	22	23	24	25	26	27	28	29	⑪	2	3	4	5	6	7	8	9	10	11	12	13	14	
	回暦2月						11	12	13	14	15	16	17	18	19	20	21	22	23	24	25	26	27	28	29	30	1	2	3	4	5	6	7	8	9	10	11	
	公暦9月		1	2	3	4	5	6	7	8	9	10	11	12	13	14	15	16	17	18	19	20	21	22	23	24	25	26	27	28	29	30						
10	夏暦八月		15	16	17	18	19	20	21	22	23	24	25	26	27	28	29	30	㊶	2	3	4	5	6	7	8	9	10	11	12	13	14						
	回暦3月		12	13	14	15	16	17	18	19	20	21	22	23	24	25	26	27	28	29	1	2	3	4	5	6	7	8	9	10	11	12						
	公暦10月				1	2	3	4	5	6	7	8	9	10	11	12	13	14	15	16	17	18	19	20	21	22	23	24	25	26	27	28	29	30	31			
11	夏暦九月				15	16	17	18	19	20	21	22	23	24	25	26	27	28	29	⑩	2	3	4	5	6	7	8	9	10	11	12	13	14	15	16			
	回暦4月				13	14	15	16	17	18	19	20	21	22	23	24	25	26	27	28	29	30	1	2	3	4	5	6	7	8	9	10	11	12	13			
	公暦11月							1	2	3	4	5	6	7	8	9	10	11	12	13	14	15	16	17	18	19	20	21	22	23	24	25	26	27	28	29	30	
12	夏暦十月							17	18	19	20	21	22	23	24	25	26	27	28	29	30	㊵	2	3	4	5	6	7	8	9	10	11	12	13	14	15	16	
	回暦5月							14	15	16	17	18	19	20	21	22	23	24	25	26	27	28	29	1	2	3	4	5	6	7	8	9	10	11	12	13	14	

續表

月干支序數	星期／月序	日	1	2	3	4	5	6	日	1	2	3	4	5	6	日	1	2	3	4	5	6	日	1	2	3	4	5	6	日	1	2	3	4	5	6	日	1
	公曆 12 月		1	2	3	4	5	6	7	8	9	10	11	12	13	14	15	16	17	18	19	20	21	22	23	24	25	26	27	28	29	30	31					
13	夏曆十一月		17	18	19	20	21	22	23	24	25	26	27	28	29	30	⑩	2	3	4	5	6	7	8	9	10	11	12	13	14	15	16	17					
	回曆 6 月		15	16	17	18	19	20	21	22	23	24	25	26	27	28	29	30	1	2	3	4	5	6	7	8	9	10	11	12	13	14	15					

大事記

正月，特浪羌來降，以其地置劍州。　三月，以太宗才人武則天為昭儀。命閻立德領丁夫四萬築長安外郭。　四月，大食破波斯，殺其王伊嗣侯；王子卑路斯奔吐火羅，大食兵退，卑路斯還國為王。（卑路斯奔唐，見 651 年）。　閏五月，以處月部為金滿州。　十月，雇雍州四萬一千人板築長安外郭，三十日而罷。高句麗結鞣鞨侵契丹，大敗。　十二月，倭國獻琥珀、瑪瑙。

是歲，洛州刺史賈敦頤掠獲豪富籍外佔田三千餘頃，以給貧乏。倭國遣高向玄理等入唐，是為第三次遣唐使。

唐紀年

干支乙卯　公元 655 年

朝代或國名	國家支配者	建都	廟號	謚號	建元	年號年次	輔政者	備注
唐	③李治	長安	高宗		14	1 永徽 6 年	來濟等	
大蒙(南詔)	①蒙細奴邏	巍山	高祖	奇嘉王		7 年		在雲南
吐蕃	②棄芒論芒贊	邏些				5 年	祿東贊	
回紇								
吐谷渾	⑱諾曷鉢					20 年		青海省
西突厥北庭	③阿史那賀魯					5 年		

月曆表

5368—354—1960692

月干支序數	星期／月序	日	1	2	3	4	5	6	日	1	2	3	4	5	6	日	1	2	3	4	5	6	日	1	2	3	4	5	6	日	1	2	3	4	5	6	日	1
	公曆 1 月					1	2	3	4	5	6	7	8	9	10	11	12	13	14	15	16	17	18	19	20	21	22	23	24	25	26	27	28	29	30	31		
14	夏曆十二月					18	19	20	21	22	23	24	25	26	27	28	29	㊴	2	3	4	5	6	7	8	9	10	11	12	13	14	15	16	17	18	19		
	回曆 7 月					16	17	18	19	20	21	22	23	24	25	26	27	28	29	1	2	3	4	5	6	7	8	9	10	11	12	13	14	15	16	17		
	公曆 2 月	1	2	3	4	5	6	7	8	9	10	11	12	13	14	15	16	17	18	19	20	21	22	23	24	25	26	27	28									
15	夏曆正月	20	21	22	23	24	25	26	27	28	29	30	⑨	2	3	4	5	6	7	8	9	10	11	12	13	14	15	16	17									
	回曆 8 月	18	29	20	21	22	23	24	25	26	27	28	29	30	1	2	3	4	5	6	7	8	9	10	11	12	13	14	15									
	公曆 3 月	1	2	3	4	5	6	7	8	9	10	11	12	13	14	15	16	17	18	19	20	21	22	23	24	25	26	27	28	29	30	31						
16	夏曆二月	18	19	20	21	22	23	24	25	26	27	28	29	㊳	2	3	4	5	6	7	8	9	10	11	12	13	14	15	16	17	18	19						
	回曆 9 月	16	17	18	19	20	21	22	23	24	25	26	27	28	29	1	2	3	4	5	6	7	8	9	10	11	12	13	14	15	16	17						
	公曆 4 月				1	2	3	4	5	6	7	8	9	10	11	12	13	14	15	16	17	18	19	20	21	22	23	24	25	26	27	28	29	30				
17	夏曆三月				20	21	22	23	24	25	26	27	28	29	30	⑧	2	3	4	5	6	7	8	9	10	11	12	13	14	15	16	17	18	19				
	回曆 10 月				18	19	20	21	22	23	24	25	26	27	28	29	30	1	2	3	4	5	6	7	8	9	10	11	12	13	14	15	16	17				
	公曆 5 月						1	2	3	4	5	6	7	8	9	10	11	12	13	14	15	16	17	18	19	20	21	22	23	24	25	26	27	28	29	30	31	
18	夏曆四月						20	21	22	23	24	25	26	27	28	29	㊲	2	3	4	5	6	7	8	9	10	11	12	13	14	15	16	17	18	19	20	21	
	回曆 11 月						18	19	20	21	22	23	24	25	26	27	28	29	1	2	3	4	5	6	7	8	9	10	11	12	13	14	15	16	17	18	19	
	公曆 6 月		1	2	3	4	5	6	7	8	9	10	11	12	13	14	15	16	17	18	19	20	21	22	23	24	25	26	27	28	29	30						

續表

月干支序數	月序＼星期	日	1	2	3	4	5	6	日	1	2	3	4	5	6	日	1	2	3	4	5	6	日	1	2	3	4	5	6	日	1	2	3	4	5	6	日	1
19	夏曆五月		22	23	24	25	26	27	28	29	30	⑦	2	3	4	5	6	7	8	9	10	11	12	13	14	15	16	17	18	19	20	21						
	回曆12月		20	21	22	23	24	25	26	27	28	29	30	1	2	3	4	5	6	7	8	9	10	11	12	13	14	15	16	17	18	19						
	公曆7月				1	2	3	4	5	6	7	8	9	10	11	12	13	14	15	16	17	18	19	20	21	22	23	24	25	26	27	28	29	30	31			
20	夏曆六月				22	23	24	25	26	27	28	29	㊱	2	3	4	5	6	7	8	9	10	11	12	13	14	15	16	17	18	19	20	21	22	23			
35年閏	回曆1月				20	21	22	23	24	25	26	27	28	29	①	2	3	4	5	6	7	8	9	10	11	12	13	14	15	16	17	18	19	20	21			
	公曆8月							1	2	3	4	5	6	7	8	9	10	11	12	13	14	15	16	17	18	19	20	21	22	23	24	25	26	27	28	29	30	31
21	夏曆七月							24	25	26	27	28	29	30	⑥	2	3	4	5	6	7	8	9	10	11	12	13	14	15	16	17	18	19	20	21	22	23	24
	回曆2月							22	23	24	25	26	27	28	29	30	1	2	3	4	5	6	7	8	9	10	11	12	13	14	15	16	17	18	19	20	21	22
	公曆9月			1	2	3	4	5	6	7	8	9	10	11	12	13	14	15	16	17	18	19	20	21	22	23	24	25	26	27	28	29	30					
22	夏曆八月			25	16	27	28	29	㉟	2	3	4	5	6	7	8	9	10	11	12	13	14	15	16	17	18	19	20	21	22	23	24	25					
	回曆3月			23	24	25	26	27	28	29	1	2	3	4	5	6	7	8	9	10	11	12	13	14	15	16	17	18	19	20	21	22	23					
	公曆10月					1	2	3	4	5	6	7	8	9	10	11	12	13	14	15	16	17	18	19	20	21	22	23	24	25	26	27	28	29	30	31		
23	夏曆九月					26	27	28	29	30	⑤	2	3	4	5	6	7	8	9	10	11	12	13	14	15	16	17	18	19	20	21	22	23	24	25	26		
	回曆4月					24	25	26	27	28	29	30	1	2	3	4	5	6	7	8	9	10	11	12	13	14	15	16	17	18	19	20	21	22	23	24		
	公曆11月	1	2	3	4	5	6	7	8	9	10	11	12	13	14	15	16	17	18	19	20	21	22	23	24	25	26	27	28	29	30							
24	夏曆十月	27	28	29	㉞	2	3	4	5	6	7	8	9	10	11	12	13	14	15	16	17	18	19	20	21	22	23	24	25	26	27							
	回曆5月	25	26	27	28	29	1	2	3	4	5	6	7	8	9	10	11	12	13	14	15	16	17	18	19	20	21	22	23	24	25							
	公曆12月			1	2	3	4	5	6	7	8	9	10	11	12	13	14	15	16	17	18	19	20	21	22	23	24	25	26	27	28	29	30	31				
25	夏曆十一月			28	29	30	④	2	3	4	5	6	7	8	9	10	11	12	13	14	15	16	17	18	19	20	21	22	23	24	25	26	27	28				
	回曆6月			26	27	28	29	30	1	2	3	4	5	6	7	8	9	10	11	12	13	14	15	16	17	18	19	20	21	22	23	24	25	26				

大事記

正月，巂州道兵破胡叢等"蠻"。　二月，新羅為高句麗、百濟、靺鞨所侵，遣使求救；遣程名振等擊高麗。　五月，程名振破高麗於貴端水。遣程知節擊西突厥沙鉢羅可汗。　六月，大食遣使來唐。　八月，始置員外同正官，京師東西市置常平倉。　九月，帝欲立武昭儀為皇后，長孫無忌、褚遂良等力諫，不聽。　十月，廢皇后王氏、淑妃蕭氏為庶人。十一月，册立武昭儀為皇后，王后、蕭妃旋為武后所害。遣使册西突厥真珠葉護為可汗。沙鉢羅可汗阻使者不得前進。

唐紀年

干支丙辰　公元 656 年

朝代或國名	國家支配者	建都	廟號	謚號	建元	年號年次	輔政者	備注
唐	③李　治	長安	高宗		14	2 顯慶元年	杜正倫等	
大蒙(南詔)	①蒙細奴邏	巍山	高祖	奇嘉王		8 年		在雲南
吐蕃	②棄芒論芒贊	邏些				6 年	祿東贊	
回紇								
吐谷渾	⑱諾曷鉢					21 年		青海省
西突厥北庭	③阿史那賀魯					6 年		

月曆表

5369－354－1961046

月干支序數	月序 / 星期	日	1	2	3	4	5	6	日	1	2	3	4	5	6	日	1	2	3	4	5	6	日	1	2	3	4	5	6	日	1	2	3	4	5	6	日	1
	公曆1月						1	2	3	4	5	6	7	8	9	10	11	12	13	14	15	16	17	18	19	20	21	22	23	24	25	26	27	28	29	30	31	
26	夏曆十二月						29	㉝	2	3	4	5	6	7	8	9	10	11	12	13	14	15	16	17	18	19	20	21	22	23	24	25	26	27	28	29	30	
	回曆7月						27	28	29	1	2	3	4	5	6	7	8	9	10	11	12	13	14	15	16	17	18	19	20	21	22	23	24	25	26	27	28	
	公曆2月		1	2	3	4	5	6	7	8	9	10	11	12	13	14	15	16	17	18	19	20	21	22	23	24	25	26	27	28	29							
27	夏曆正月		③	2	3	4	5	6	7	8	9	10	11	12	13	14	15	16	17	18	19	20	21	22	23	24	25	26	27	28	29							
	回曆8月		29	30	1	2	3	4	5	6	7	8	9	10	11	12	13	14	15	16	17	18	19	20	21	22	23	24	25	26	27							
	公曆3月			1	2	3	4	5	6	7	8	9	10	11	12	13	14	15	16	17	18	19	20	21	22	23	24	25	26	27	28	29	30	31				
28 29	夏曆二 三月			㉜	2	3	4	5	6	7	8	9	10	11	12	13	14	15	16	17	18	19	20	21	22	23	24	25	26	27	28	29	30	②				
	回曆9月			28	29	1	2	3	4	5	6	7	8	9	10	11	12	13	14	15	16	17	18	19	20	21	22	23	24	25	26	27	28	29				
	公曆4月						1	2	3	4	5	6	7	8	9	10	11	12	13	14	15	16	17	18	19	20	21	22	23	24	25	26	27	28	29	30		
30	夏曆四月						2	3	4	5	6	7	8	9	10	11	12	13	14	15	16	17	18	19	20	21	22	23	24	25	26	27	28	29	30	㉜		
	回曆10月						30	1	2	3	4	5	6	7	8	9	10	11	12	13	14	15	16	17	18	19	20	21	22	23	24	25	26	27	28	29		
	公曆5月	1	2	3	4	5	6	7	8	9	10	11	12	13	14	15	16	17	18	19	20	21	22	23	24	25	26	27	28	29	30	31						
31	夏曆五月	2	3	4	5	6	7	8	9	10	11	12	13	14	15	16	17	18	19	20	21	22	23	24	25	26	27	28	29	①	2	3						
	回曆11、12月	1	2	3	4	5	6	7	8	9	10	11	12	13	14	15	16	17	18	19	20	21	22	23	24	25	26	27	28	29	30	1						
	公曆6月				1	2	3	4	5	6	7	8	9	10	11	12	13	14	15	16	17	18	19	20	21	22	23	24	25	26	27	28	29	30				
32	夏曆六月				4	5	6	7	8	9	10	11	12	13	14	15	16	17	18	19	20	21	22	23	24	25	26	27	28	29	30	㉛	2	3				
36年	回曆1月				2	3	4	5	6	7	8	9	10	11	12	13	14	15	16	17	18	19	20	21	22	23	24	25	26	27	28	29	30	①				
	公曆7月						1	2	3	4	5	6	7	8	9	10	11	12	13	14	15	16	17	18	19	20	21	22	23	24	25	26	27	28	29	30	31	
33	夏曆七月						4	5	6	7	8	9	10	11	12	13	14	15	16	17	18	19	20	21	22	23	24	25	26	27	28	29	(60)	2	3	4	5	
	回曆2月						2	3	4	5	6	7	8	9	10	11	12	13	14	15	16	17	18	19	20	21	22	23	24	25	26	27	28	29	30	1	2	
	公曆8月		1	2	3	4	5	6	7	8	9	10	11	12	13	14	15	16	17	18	19	20	21	22	23	24	25	26	27	28	29	30	31					
34	夏曆八月		6	7	8	9	10	11	12	13	14	15	16	17	18	19	20	21	22	23	24	25	26	27	28	29	30	㉚	2	3	4	5	6					
	回曆3月		3	4	5	6	7	8	9	10	11	12	13	14	15	16	17	18	19	20	21	22	23	24	25	26	27	28	29	1	2	3	4					
	公曆9月					1	2	3	4	5	6	7	8	9	10	11	12	13	14	15	16	17	18	19	20	21	22	23	24	25	26	27	28	29	30			
35	夏曆九月					7	8	9	10	11	12	13	14	15	16	17	18	19	20	21	22	23	24	25	26	27	28	29	(59)	2	3	4	5	6	7			
	回曆4月					5	6	7	8	9	10	11	12	13	14	15	16	17	18	19	20	21	22	23	24	25	26	27	28	29	30	1	2	3	4			
	公曆10月							1	2	3	4	5	6	7	8	9	10	11	12	13	14	15	16	17	18	19	20	21	22	23	24	25	26	27	28	29	30	31
36	夏曆十月							8	9	10	11	12	13	14	15	16	17	18	19	20	21	22	23	24	25	26	27	28	29	30	㉙	2	3	4	5	6	7	8
	回曆5月							5	6	7	8	9	10	11	12	13	14	15	16	17	18	19	20	21	22	23	24	25	26	27	28	29	1	2	3	4	5	6
	公曆11月			1	2	3	4	5	6	7	8	9	10	11	12	13	14	15	16	17	18	19	20	21	22	23	24	25	26	27	28	29	30					
37	夏曆十一月			9	10	11	12	13	14	15	16	17	18	19	20	21	22	23	24	25	26	27	28	29	(58)	2	3	4	5	6	7	8	9					
	回曆6月			7	8	9	10	11	12	13	14	15	16	17	18	19	20	21	22	23	24	25	26	27	28	29	30	1	2	3	4	5	6					
	公曆12月					1	2	3	4	5	6	7	8	9	10	11	12	13	14	15	16	17	18	19	20	21	22	23	24	25	26	27	28	29	30	31		
38	夏曆十二月					10	11	12	13	14	15	16	17	18	19	20	21	22	23	24	25	26	27	28	29	30	㉘	2	3	4	5	6	7	8	9	10		
	回曆7月					7	8	9	10	11	12	13	14	15	16	17	18	19	20	21	22	23	24	25	26	27	28	29	1	2	3	4	5	6	7	8		

大事記

正月，以太子忠為梁王，立代王弘為皇太子。　四月，矩州"蠻"謝無靈起事，旋敗。　五月，長孫無忌進史官所撰梁、陳、周、齊、隋五代史誌三十卷。　七月，西洱等部首領來降。　八月，程知節大破西突厥歌邏祿、突騎施等部，斬三萬級。龜兹王布失畢來朝。　九月，詔戶滿三萬以上為上州，二萬以上為中州。　十一月，生羌首領浪我利波等來降，以其地為二州。　十二月，程知節前軍蘇定方大敗西突厥鼠尼施部，欲乘勝深入，知節不許，坐逗留免。置算學。是歲，李淳風撰《孫子十部算經》書成。

唐紀年

干支丁巳　公元 657 年

朝代或國名		國家支配者	建都	廟號	謚號	建元	年號年次	輔政者	備注
唐		③李　治	長安	高宗		14	2 顯慶 2 年	杜正倫等	
大蒙(南詔)		①蒙細奴邏	巍山	高祖	奇嘉王		9 年		在雲南
吐蕃		②棄芒論芒贊	邏些				7 年	祿東贊	
回紇									
吐谷渾		⑱諾曷鉢					22 年		青海省
西突厥	南庭	⑪興昔亡可汗					元年		
	北庭	③阿史那賀魯					7 年		十二月兵敗奔石國執送長安
		④繼往絶可汗					元年		

月曆表

5370－384－1961430

月干支序數	星期 / 月序	日	1	2	3	4	5	6	日	1	2	3	4	5	6	日	1	2	3	4	5	6	日	1	2	3	4	5	6	日	1	2	3	4	5	6	日	1
	公曆 1 月	1	2	3	4	5	6	7	8	9	10	11	12	13	14	15	16	17	18	19	20	21	22	23	24	25	26	27	28	29	30	31						
39	夏曆正月	11	12	13	14	15	16	17	18	19	20	21	22	23	24	25	26	27	28	29	(57)	2	3	4	5	6	7	8	9	10	11	12						
	回曆 8 月	9	10	11	12	13	14	15	16	17	18	19	20	21	22	23	24	25	26	27	28	29	30	1	2	3	4	5	6	7	8	9						
	公曆 2 月				1	2	3	4	5	6	7	8	9	10	11	12	13	14	15	16	17	18	19	20	21	22	23	24	25	26	27	28						
	夏曆閏正月				13	14	15	16	17	18	19	20	21	22	23	24	25	26	27	28	29	30	㉗	2	3	4	5	6	7	8	9	10						
	回曆 9 月				10	11	12	13	14	15	16	17	18	19	20	21	22	23	24	25	26	27	28	29	1	2	3	4	5	6	7	8						
	公曆 3 月				1	2	3	4	5	6	7	8	9	10	11	12	13	14	15	16	17	18	19	20	21	22	23	24	25	26	27	28	29	30	31			
40	夏曆二月				11	12	13	14	15	16	17	18	19	20	21	22	23	24	25	26	27	28	29	(56)	2	3	4	5	6	7	8	9	10	11	12			
	回曆 10 月				9	10	11	12	13	14	15	16	17	18	19	20	21	22	23	24	25	26	27	28	29	30	1	2	3	4	5	6	7	8	9			
	公曆 4 月							1	2	3	4	5	6	7	8	9	10	11	12	13	14	15	16	17	18	19	20	21	22	23	24	25	26	27	28	29	30	
41	夏曆三月							13	14	15	16	17	18	19	20	21	22	23	24	25	26	27	28	29	30	㉖	2	3	4	5	6	7	8	9	10	11	12	
	回曆 11 月							10	11	12	13	14	15	16	17	18	19	20	21	22	23	24	25	26	27	28	29	1	2	3	4	5	6	7	8	9	10	
	公曆 5 月		1	2	3	4	5	6	7	8	9	10	11	12	13	14	15	16	17	18	19	20	21	22	23	24	25	26	27	28	29	30	31					
42	夏曆四月		13	14	15	16	17	18	19	20	21	22	23	24	25	26	27	28	29	(55)	2	3	4	5	6	7	8	9	10	11	12	13	14					
	回曆 12 月		11	12	13	14	15	16	17	18	19	20	21	22	23	24	25	26	27	28	29	30	1	2	3	4	5	6	7	8	9	10	11					
	公曆 6 月					1	2	3	4	5	6	7	8	9	10	11	12	13	14	15	16	17	18	19	20	21	22	23	24	25	26	27	28	29	30			
43	夏曆五月					15	16	17	18	19	20	21	22	23	24	25	26	27	28	29	30	㉕	2	3	4	5	6	7	8	9	10	11	12	13	14			
37 年閏	回曆 1 月					12	13	14	15	16	17	18	19	20	21	22	23	24	25	26	27	28	29	①	2	3	4	5	6	7	8	9	10	11	12			
	公曆 7 月							1	2	3	4	5	6	7	8	9	10	11	12	13	14	15	16	17	18	19	20	21	22	23	24	25	26	27	28	29	30	31
44	夏曆六月							15	16	17	18	19	20	21	22	23	24	25	26	27	28	29	30	(55)	2	3	4	5	6	7	8	9	10	11	12	13	14	15
	回曆 2 月							13	14	15	16	17	18	19	20	21	22	23	24	25	26	27	28	29	30	1	2	3	4	5	6	7	8	9	10	11	12	13
	公曆 8 月			1	2	3	4	5	6	7	8	9	10	11	12	13	14	15	16	17	18	19	20	21	22	23	24	25	26	27	28	29	30	31				
45	夏曆七月			16	17	18	19	20	21	22	23	24	25	26	27	28	29	㉔	2	3	4	5	6	7	8	9	10	11	12	13	14	15	16	17				
	回曆 3 月			14	15	16	17	18	19	20	21	22	23	24	25	26	27	28	29	1	2	3	4	5	6	7	8	9	10	11	12	13	14	15				
	公曆 9 月						1	2	3	4	5	6	7	8	9	10	11	12	13	14	15	16	17	18	19	20	21	22	23	24	25	26	27	28	29	30		
46	夏曆八月						18	19	20	21	22	23	24	25	26	27	28	29	30	(54)	2	3	4	5	6	7	8	9	10	11	12	13	14	15	16	17		
	回曆 4 月						16	17	18	19	20	21	22	23	24	25	26	27	28	29	30	1	2	3	4	5	6	7	8	9	10	11	12	13	14	15		
	公曆 10 月	1	2	3	4	5	6	7	8	9	10	11	12	13	14	15	16	17	18	19	20	21	22	23	24	25	26	27	28	29	30	31						
47	夏曆九月	18	19	20	21	22	23	24	25	26	27	28	29	㉓	2	3	4	5	6	7	8	9	10	11	12	13	14	15	16	17	18	19						

續表

月干支序數	星期 月序	日	1	2	3	4	5	6	日	1	2	3	4	5	6	日	1	2	3	4	5	6	日	1	2	3	4	5	6	日	1	2	3	4	5	6	日	1
	回曆5月	16	17	18	19	20	21	22	23	24	25	26	27	28	29	1	2	3	4	5	6	7	8	9	10	11	12	13	14	15	16	17						
	公曆11月				1	2	3	4	5	6	7	8	9	10	11	12	13	14	15	16	17	18	19	20	21	22	23	24	25	26	27	28	29	30				
48	夏曆十月				20	21	22	23	24	25	26	27	28	29	30	(53)	2	3	4	5	6	7	8	9	10	11	12	13	14	15	16	17	18	19				
	回曆6月				18	19	20	21	22	23	24	25	26	27	28	29	30	1	2	3	4	5	6	7	8	9	10	11	12	13	14	15	16	17				
	公曆12月						1	2	3	4	5	6	7	8	9	10	11	12	13	14	15	16	17	18	19	20	21	22	23	24	25	26	27	28	29	30	31	
49	夏曆十一月						20	21	22	23	24	25	26	27	28	29	30	㉓	2	3	4	5	6	7	8	9	10	11	12	13	14	15	16	17	18	19	20	
	回曆7月						18	19	20	21	22	23	24	25	26	27	28	29	1	2	3	4	5	6	7	8	9	10	11	12	13	14	15	16	17	18	19	

大事記

正月，分歌邏祿部，置二都督府。　閏正月，命蘇定方率師及回紇等兵擊突厥沙鉢羅可汗。　三月，李義府任中書令。　七月，放還天竺方士。　十二月，蘇定方等大破西突厥，沙鉢羅可汗奔石國，被擒。分其地為二都護府，以阿史那彌射為崑陵都護、興昔亡可汗，押五咄陸部；阿史那步真為濛池都護、繼往絕可汗，押五弩失畢部。以洛陽為東都。

唐紀年

干支戊午　公元658年

朝代或國名		國家支配者	建都	廟號	謚號	建元	年號年次	輔政者	備注
唐		③李治	長安	高宗		14	2顯慶3年	許敬宗等	
大蒙(南詔)		①蒙細奴邏	巍山	高祖	奇嘉王		10年		在雲南
吐蕃		②棄芒論芒贊	邏些				8年	祿東贊	
回紇									
吐谷渾		⑱諾曷鉢					23年		青海省
西突厥	南庭	⑪興昔亡可汗					2年		
	北庭	④繼往絕可汗					2年		

月曆表

5371—355—1961785

月干支序數	星期 月序	日	1	2	3	4	5	6	日	1	2	3	4	5	6	日	1	2	3	4	5	6	日	1	2	3	4	5	6	日	1	2	3	4	5	6	日	1
	公曆1月		1	2	3	4	5	6	7	8	9	10	11	12	13	14	15	16	17	18	19	20	21	22	23	24	25	26	27	28	29	30	31					
50	夏曆十二月		21	22	23	24	25	26	27	28	29	(52)	2	3	4	5	6	7	8	9	10	11	12	13	14	15	16	17	18	19	20	21	22					
	回曆8月		20	21	22	23	24	25	26	27	28	29	30	1	2	3	4	5	6	7	8	9	10	11	12	13	14	15	16	17	18	19	20					
	公曆2月					1	2	3	4	5	6	7	8	9	10	11	12	13	14	15	16	17	18	19	20	21	22	23	24	25	26	27	28					
51	夏曆正月					23	24	25	26	27	28	29	㉑	2	3	4	5	6	7	8	9	10	11	12	13	14	15	16	17	18	19	20	21					
	回曆9月					21	22	23	24	25	26	27	28	29	1	2	3	4	5	6	7	8	9	10	11	12	13	14	15	16	17	18	19					
	公曆3月					1	2	3	4	5	6	7	8	9	10	11	12	13	14	15	16	17	18	19	20	21	22	23	24	25	26	27	28	29	30	31		
52	夏曆二月					22	23	24	25	26	27	28	29	30	(51)	2	3	4	5	6	7	8	9	10	11	12	13	14	15	16	17	18	19	20	21	22		
	回曆10月					20	21	22	23	24	25	26	27	28	29	30	1	2	3	4	5	6	7	8	9	10	11	12	13	14	15	16	17	18	19	20		
	公曆4月	1	2	3	4	5	6	7	8	9	10	11	12	13	14	15	16	17	18	19	20	21	22	23	24	25	26	27	28	29	30							
53	夏曆三月	23	24	25	26	27	28	29	⑳	2	3	4	5	6	7	8	9	10	11	12	13	14	15	16	17	18	19	20	21	22	23							
	回曆11月	21	22	23	24	25	26	27	28	29	1	2	3	4	5	6	7	8	9	10	11	12	13	14	15	16	17	18	19	20	21							
	公曆5月			1	2	3	4	5	6	7	8	9	10	11	12	13	14	15	16	17	18	19	20	21	22	23	24	25	26	27	28	29	30	31				

續表

月干支序數	星期／月序	日	1	2	3	4	5	6	日	1	2	3	4	5	6	日	1	2	3	4	5	6	日	1	2	3	4	5	6	日	1	2	3	4	5	6	日	1
54	夏曆四月			24	25	26	27	28	29	30	㊿	2	3	4	5	6	7	8	9	10	11	12	13	14	15	16	17	18	19	20	21	22	23	24				
	回曆12月			22	23	24	25	26	27	28	29	30	1	2	3	4	5	6	7	8	9	10	11	12	13	14	15	16	17	18	19	20	21	22				
	公曆6月						1	2	3	4	5	6	7	8	9	10	11	12	13	14	15	16	17	18	19	20	21	22	23	24	25	26	27	28	29	30		
55	夏曆五月						25	26	27	28	29	⑲	2	3	4	5	6	7	8	9	10	11	12	13	14	15	16	17	18	19	20	21	22	23	24	25		
38年	回曆1月						23	24	25	26	27	28	29	30	①	2	3	4	5	6	7	8	9	10	11	12	13	14	15	16	17	18	19	20	21	22		
	公曆7月	1	2	3	4	5	6	7	8	9	10	11	12	13	14	15	16	17	18	19	20	21	22	23	24	25	26	27	28	29	30	31						
56	夏曆六月	26	27	28	29	30	㊾	2	3	4	5	6	7	8	9	10	11	12	13	14	15	16	17	18	19	20	21	22	23	24	25	26						
	回曆2月	23	24	25	26	27	28	29	30	1	2	3	4	5	6	7	8	9	10	11	12	13	14	15	16	17	18	19	20	21	22	23						
	公曆8月				1	2	3	4	5	6	7	8	9	10	11	12	13	14	15	16	17	18	19	20	21	22	23	24	25	26	27	28	29	30	31			
57	夏曆七月				27	28	29	⑱	2	3	4	5	6	7	8	9	10	11	12	13	14	15	16	17	18	19	20	21	22	23	24	25	26	27	28			
	回曆3月				24	25	26	27	28	29	1	2	3	4	5	6	7	8	9	10	11	12	13	14	15	16	17	18	19	20	21	22	23	24	25			
	公曆9月							1	2	3	4	5	6	7	8	9	10	11	12	13	14	15	16	17	18	19	20	21	22	23	24	25	26	27	28	29	30	
58	夏曆八月							29	30	㊽	2	3	4	5	6	7	8	9	10	11	12	13	14	15	16	17	18	19	20	21	22	23	24	25	26	27	28	
	回曆4月							26	27	28	29	30	1	2	3	4	5	6	7	8	9	10	11	12	13	14	15	16	17	18	19	20	21	22	23	24	25	
	公曆10月		1	2	3	4	5	6	7	8	9	10	11	12	13	14	15	16	17	18	19	20	21	22	23	24	25	26	27	28	29	30	31					
59	夏曆九月		29	⑰	2	3	4	5	6	7	8	9	10	11	12	13	14	15	16	17	18	19	20	21	22	23	24	25	26	27	28	29	30					
	回曆5月		26	27	28	29	1	2	3	4	5	6	7	8	9	10	11	12	13	14	15	16	17	18	19	20	21	22	23	24	25	26	27					
	公曆11月					1	2	3	4	5	6	7	8	9	10	11	12	13	14	15	16	17	18	19	20	21	22	23	24	25	26	27	28	29	30			
60	夏曆十月					㊼	2	3	4	5	6	7	8	9	10	11	12	13	14	15	16	17	18	19	20	21	22	23	24	25	26	27	28	29	30			
	回曆6月					28	29	30	1	2	3	4	5	6	7	8	9	10	11	12	13	14	15	16	17	18	19	20	21	22	23	24	25	26	27			
	公曆12月							1	2	3	4	5	6	7	8	9	10	11	12	13	14	15	16	17	18	19	20	21	22	23	24	25	26	27	28	29	30	31
1 2	夏曆十一／十二月							⑰	2	3	4	5	6	7	8	9	10	11	12	13	14	15	16	17	18	19	20	21	22	23	24	25	26	27	28	29	㊻	2
	回曆7月							28	29	1	2	3	4	5	6	7	8	9	10	11	12	13	14	15	16	17	18	19	20	21	22	23	24	25	26	27	28	29

大事記

正月，長孫無忌上所修新禮。龜兹將拒其王，派兵擊定之。龜兹王布失畢卒，立其子素稽為王，兼龜兹都督。　五月，遷安西都護府於龜兹，以舊安西為西州都督，鎮高昌故地。　六月，程名振、薛仁貴等敗高句麗兵，拔赤烽鎮。　八月，播羅哀僚來降。　九月，廢書算律學。　十月，吐蕃贊普來請婚。　十一月，許敬宗任檢校中書令。

是歲，褚遂良卒(596—658)。尉遲恭卒(585—658)。

唐紀年

干支己未　公元659年

朝代或國名		國家支配者	建都	廟號	謚號	建元	年號年次	輔政者	備注
唐		③李　治	長安	高宗		14	2顯慶4年	許圉師等	
大蒙(南詔)		①蒙細奴邏	巍山	高祖	奇嘉王		11年		在雲南
吐蕃		②棄芒論芒贊	邏些				9年	祿東贊	
・回紇									
吐谷渾		⑱諾曷鉢					21年		青海省
西突厥	南庭	⑪興昔亡可汗					3年		
	北庭	④繼往絶可汗					3年		

月干支序數	星期 / 月序	日	1	2	3	4	5	6	日	1	2	3	4	5	6	日	1	2	3	4	5	6	日	1	2	3	4	5	6	日	1	2	3	4	5	6	日	1
	公曆1月			1	2	3	4	5	6	7	8	9	10	11	12	13	14	15	16	17	18	19	20	21	22	23	24	25	26	27	28	29	30	31				
3	夏曆正月			3	4	5	6	7	8	9	10	11	12	13	14	15	16	17	18	19	20	21	22	23	24	25	26	27	28	29	30	⑯	2	3				
	回曆8月			30	1	2	3	4	5	6	7	8	9	10	11	12	13	14	15	16	17	18	19	20	21	22	23	24	25	26	27	28	29	1				
	公曆2月						1	2	3	4	5	6	7	8	9	10	11	12	13	14	15	16	17	18	19	20	21	22	23	24	25	26	27	28				
4	夏曆二月						4	5	6	7	8	9	10	11	12	13	14	15	16	17	18	19	20	21	22	23	24	25	26	27	28	29	㊺	2				
	回曆9月						2	3	4	5	6	7	8	9	10	11	12	13	14	15	16	17	18	29	20	21	22	23	24	25	26	27	28	29				
	公曆3月						1	2	3	4	5	6	7	8	9	10	11	12	13	14	15	16	17	18	19	20	21	22	23	24	25	26	27	28	29	30	31	
5	夏曆三月						3	4	5	6	7	8	9	10	11	12	13	14	15	16	17	18	19	20	21	22	23	24	25	26	27	28	29	30	⑮	2	3	
	回曆10,11月						30	1	2	3	4	5	6	7	8	9	10	11	12	13	14	15	16	17	18	19	20	21	22	23	24	25	26	27	28	29	1	
	公曆4月		1	2	3	4	5	6	7	8	9	10	11	12	13	14	15	16	17	18	19	20	21	22	23	24	25	26	27	28	29	30						
6	夏曆四月		4	5	6	7	8	9	10	11	12	13	14	15	16	17	18	19	20	21	22	23	24	25	26	27	28	29	㊹	2	3	4						
	回曆12月		2	3	4	5	6	7	8	9	10	11	12	13	14	15	16	17	18	19	20	21	22	23	24	25	26	27	28	29	30	1						
	公曆5月				1	2	3	4	5	6	7	8	9	10	11	12	13	14	15	16	17	18	19	20	21	22	23	24	25	26	27	28	29	30	31			
7	夏曆五月				5	6	7	8	9	10	11	12	13	14	15	16	17	18	19	20	21	22	23	24	25	26	27	28	29	30	⑭	2	3	4	5			
39年	回曆1月				2	3	4	5	6	7	8	9	10	11	12	13	14	15	16	17	18	19	20	21	22	23	24	25	26	27	28	29	①	2	3			
	公曆6月							1	2	3	4	5	6	7	8	9	10	11	12	13	14	15	16	17	18	19	20	21	22	23	24	25	26	27	28	29	30	
8	夏曆六月							6	7	8	9	10	11	12	13	14	15	16	17	18	19	20	21	22	23	24	25	26	27	28	29	㊸	2	3	4	5	6	
	回曆2月							4	5	6	7	8	9	10	11	12	13	14	15	16	17	18	19	20	21	22	23	24	25	26	27	28	29	30	1	2	3	
	公曆7月		1	2	3	4	5	6	7	8	9	10	11	12	13	14	15	16	17	18	19	20	21	22	23	24	25	26	27	28	29	30	31					
9	夏曆七月		7	8	9	10	11	12	13	14	15	16	17	18	19	20	21	22	23	24	25	26	27	28	29	30	⑬	2	3	4	5	6	7					
	回曆3月		4	5	6	7	8	9	10	11	12	13	14	15	16	17	18	19	20	21	22	23	24	25	26	27	28	29	1	2	3	4	5					
	公曆8月					1	2	3	4	5	6	7	8	9	10	11	12	13	14	15	16	17	18	19	20	21	22	23	24	25	26	27	28	29	30	31		
10	夏曆八月					8	9	10	11	12	13	14	15	16	17	18	19	20	21	22	23	24	25	26	27	28	29	㊷	2	3	4	5	6	7	8	9		
	回曆4月					6	7	8	9	10	11	12	13	14	15	16	17	18	19	20	21	22	23	24	25	26	27	28	29	30	1	2	3	4	5	6		
	公曆9月	1	2	3	4	5	6	7	8	9	10	11	12	13	14	15	16	17	18	19	20	21	22	23	24	25	26	27	28	29	30							
11	夏曆九月	10	11	12	13	14	15	16	17	18	19	20	21	22	23	24	25	26	27	28	29	30	⑫	2	3	4	5	6	7	8	9							
	回曆5月	7	8	9	10	11	12	13	14	15	16	17	18	19	20	21	22	23	24	25	26	27	28	29	1	2	3	4	5	6	7							
	公曆10月			1	2	3	4	5	6	7	8	9	10	11	12	13	14	15	16	17	18	19	20	21	22	23	24	25	26	27	28	29	30	31				
12	夏曆十月			10	11	12	13	14	15	16	17	18	19	20	21	22	23	24	25	26	27	28	29	㊶	2	3	4	5	6	7	8	9	10	11				
	回曆6月			8	9	10	11	12	13	14	15	16	17	18	19	20	21	22	23	24	25	26	27	28	29	30	1	2	3	4	5	6	7	8				
	公曆11月						1	2	3	4	5	6	7	8	9	10	11	12	13	14	15	16	17	18	19	20	21	22	23	24	25	26	27	28	29	30		
	夏曆閏十月						12	13	14	15	16	17	18	19	20	21	22	23	24	25	26	27	28	29	30	⑪	2	3	4	5	6	7	8	9	10	11		
	回曆7月						9	10	11	12	13	14	15	16	17	18	19	20	21	22	23	24	25	26	27	28	29	1	2	3	4	5	6	7	8	9		
	公曆12月	1	2	3	4	5	6	7	8	9	10	11	12	13	14	15	16	17	18	19	20	21	22	23	24	25	26	27	28	29	30	31						
13	夏曆十一月	12	13	14	15	16	17	18	19	20	21	22	23	24	25	26	27	28	29	㊵	2	3	4	5	6	7	8	9	10	11	12	13						
	回曆8月	10	11	12	13	14	15	16	17	18	19	20	21	22	23	24	25	26	27	28	29	30	1	2	3	4	5	6	7	8	9	10						

大事記

三月，西突厥與昔亡可汗擊殺真珠葉護。　四月，許敬宗希武后旨誣長孫無忌謀反，安置黔州，并削奪褚遂良等官爵。　六月，改氏族誌為姓氏錄，升后族為第一，餘悉以仕唐官品高下為準，凡九等，一時豫士流者甚多。　七月，許敬宗希武后旨，遣人逼長孫無忌自縊，一時誅貶頗多，自是政歸武后。以李義府為吏部尚書同中書門下三品。　九月，以石、米、史、大安、小安、曹、拔汗那、悒怛、疏勒、朱駒半等國置州、縣、府百二十七。　十月，令山東著姓崔、盧、李、鄭、王不得自為婚姻。　十一月，思結部結疏勒、朱俱波、喝盤陀三國抗唐，破于闐；蘇定方擊降之。薛仁貴破高句麗兵於橫山。

是歲，李延壽上所撰南北史。蘇敬等編成《唐修本草》五十三卷。

唐紀年

干支庚申　公元 660 年

朝代或國名		國家支配者	建都	廟號	謚號	建元	年號年次	輔政者	備注
唐		③李　治	長安	高宗		14	2 顯慶 5 年	許圉師等	
大蒙(南詔)		①蒙細奴邏	巍山	高祖	奇嘉王		12 年		在雲南
吐蕃		②棄芒論芒贊	邏些				10 年	祿東贊	
回紇									
吐谷渾		⑱諾曷鉢					25 年		青海省
西突厥	南庭	⑪興昔亡可汗					4 年		
	北庭	④繼往絶可汗					4 年		

月曆表

5373－355－1962523

月干支序數	星期／月序	日	1	2	3	4	5	6	日	1	2	3	4	5	6	日	1	2	3	4	5	6	日	1	2	3	4	5	6	日	1	2	3	4	5	6	日	1
	公曆 1 月				1	2	3	4	5	6	7	8	9	10	11	12	13	14	15	16	17	18	19	20	21	22	23	24	25	26	27	28	29	30	31			
14	夏曆十二月				14	15	16	17	18	19	20	21	22	23	24	25	26	27	28	29	30	⑩	2	3	4	5	6	7	8	9	10	11	12	13	14			
	回曆 9 月				11	12	13	14	15	16	17	18	19	20	21	22	23	24	25	26	27	28	29	1	2	3	4	5	6	7	8	9	10	11	12			
	公曆 2 月							1	2	3	4	5	6	7	8	9	10	11	12	13	14	15	16	17	18	19	20	21	22	23	24	25	26	27	28	29		
15	夏曆正月							15	16	17	18	19	20	21	22	23	24	25	26	27	28	29	㊴	2	3	4	5	6	7	8	9	10	11	12	13	14		
	回曆 10 月							13	14	15	16	17	18	19	20	21	22	23	24	25	26	27	28	29	30	1	2	3	4	5	6	7	8	9	10	11		
	公曆 3 月	1	2	3	4	5	6	7	8	9	10	11	12	13	14	15	16	17	18	19	20	21	22	23	24	25	26	27	28	29	30	31						
16	夏曆二月	15	16	17	18	19	20	21	22	23	24	25	26	27	28	29	30	⑨	2	3	4	5	6	7	8	9	10	11	12	13	14	15						
	回曆 11 月	12	13	14	15	16	17	18	19	20	21	22	23	24	25	26	27	28	29	1	2	3	4	5	6	7	8	9	10	11	12	13						
	公曆 4 月				1	2	3	4	5	6	7	8	9	10	11	12	13	14	15	16	17	18	19	20	21	22	23	24	25	26	27	28	29	30				
17	夏曆三月				16	17	18	19	20	21	22	23	24	25	26	27	28	29	30	㊴	2	3	4	5	6	7	8	9	10	11	12	13	14	15				
	回曆 12 月				14	15	16	17	18	19	20	21	22	23	24	25	26	27	28	29	30	1	2	3	4	5	6	7	8	9	10	11	12	13				
	公曆 5 月						1	2	3	4	5	6	7	8	9	10	11	12	13	14	15	16	17	18	19	20	21	22	23	24	25	26	27	28	29	30	31	
18	夏曆四月						16	17	18	19	20	21	22	23	24	25	26	27	28	29	⑧	2	3	4	5	6	7	8	9	10	11	12	13	14	15	16	17	
40 年閏	回曆 1 月						14	15	16	17	18	19	20	21	22	23	24	25	26	27	28	29	①	2	3	4	5	6	7	8	9	10	11	12	13	14	15	
	公曆 6 月		1	2	3	4	5	6	7	8	9	10	11	12	13	14	15	16	17	18	19	20	21	22	23	24	25	26	27	28	29	30						
19	夏曆五月		18	19	20	21	22	23	24	25	26	27	28	29	30	㊳	2	3	4	5	6	7	8	9	10	11	12	13	14	15	16	17						
	回曆 2 月		16	17	18	19	20	21	22	23	24	25	26	27	28	29	30	1	2	3	4	5	6	7	8	9	10	11	12	13	14	15						
	公曆 7 月				1	2	3	4	5	6	7	8	9	10	11	12	13	14	15	16	17	18	19	20	21	22	23	24	25	26	27	28	29	30	31			
20	夏曆六月				18	19	20	21	22	23	24	25	26	27	28	29	⑦	2	3	4	5	6	7	8	9	10	11	12	13	14	15	16	17	18	19			
	回曆 3 月				16	17	18	19	20	21	22	23	24	25	26	27	28	29	1	2	3	4	5	6	7	8	9	10	11	12	13	14	15	16	17			
	公曆 8 月							1	2	3	4	5	6	7	8	9	10	11	12	13	14	15	16	17	18	19	20	21	22	23	24	25	26	27	28	29	30	31
21	夏曆七月							20	21	22	23	24	25	26	27	28	29	30	㊲	2	3	4	5	6	7	8	9	10	11	12	13	14	15	16	17	18	19	20
	回曆 4 月							18	19	20	21	22	23	24	25	26	27	28	29	30	1	2	3	4	5	6	7	8	9	10	11	12	13	14	15	16	17	18
	公曆 9 月			1	2	3	4	5	6	7	8	9	10	11	12	13	14	15	16	17	18	19	20	21	22	23	24	25	26	27	28	29	30					
22	夏曆八月			21	22	23	24	25	26	27	28	29	⑥	2	3	4	5	6	7	8	9	10	11	12	13	14	15	16	17	18	19	20	21					
	回曆 5 月			19	20	21	22	23	24	25	26	27	28	29	1	2	3	4	5	6	7	8	9	10	11	12	13	14	15	16	17	18	19					
	公曆 10 月					1	2	3	4	5	6	7	8	9	10	11	12	13	14	15	16	17	18	19	20	21	22	23	24	25	26	27	28	29	30	31		
23	夏曆九月					22	23	24	25	26	27	28	29	30	㊱	2	3	4	5	6	7	8	9	10	11	12	13	14	15	16	17	18	19	20	21	22		
	回曆 6 月					20	21	22	23	24	25	26	27	28	29	30	1	2	3	4	5	6	7	8	9	10	11	12	13	14	15	16	17	18	19	20		
	公曆 11 月	1	2	3	4	5	6	7	8	9	10	11	12	13	14	15	16	17	18	19	20	21	22	23	24	25	26	27	28	29	30							

續表

月干支序數	月序＼星期	日	1	2	3	4	5	6	日	1	2	3	4	5	6	日	1	2	3	4	5	6	日	1	2	3	4	5	6	日	1	2	3	4	5	6	日	1
24	夏曆十月	23	24	25	26	27	28	29	⑤	2	3	4	5	6	7	8	9	10	11	12	13	14	15	16	17	18	19	20	21	22	23							
	回曆7月	21	22	23	24	25	26	27	28	29	1	2	3	4	5	6	7	8	9	10	11	12	13	14	15	16	17	18	19	20	21							
	公曆12月			1	2	3	4	5	6	7	8	9	10	11	12	13	14	15	16	17	18	19	20	21	22	23	24	25	26	27	28	29	30	31				
25	夏曆十一月			24	25	26	27	28	29	30	㉟	2	3	4	5	6	7	8	9	10	11	12	13	14	15	16	17	18	19	20	21	22	23	24				
	回曆8月			22	23	24	25	26	27	28	29	30	1	2	3	4	5	6	7	8	9	10	11	12	13	14	15	16	17	18	19	20	21	22				

大事記

三月，新羅以百濟侵擾，請救；遣蘇定方等擊之。　四月，奚、契丹反唐，遣將擊降之，俘契丹首領阿卜固。　七月，廢故太子梁王忠為庶人，徙黔州。　八月，吐蕃以吐谷渾附於唐，攻之。蘇定方等自海道至百濟，擊降之，以其地置五都督府，命各部首領為都督、刺史。思結、拔野古、僕骨、同羅四部騷動，遣將擊定之。　十月，帝苦風眩，政事委武后裁決。　十二月，命契苾何力、蘇定方等四道擊高句麗。

唐紀年

干支辛酉　公元661年

朝代或國名		國家支配者	建都	廟號	謚號	建元	年號年次	輔政者	備注
唐		③李　治	長安	高宗		14	3龍朔元年	許圉師等	三月朔改元（一作二月晦）
大蒙(南詔)		①蒙細奴邏	巍山	高祖	奇嘉王		13年		在雲南
吐蕃		②棄芒論芒贊	邏些				11年	祿東贊	
回紇									
吐谷渾		⑱諾曷鉢					26年		青海省
西突厥	南庭	⑪興昔亡可汗					5年		
	北庭	④繼往絶可汗					5年		

月曆表

5374—354—1962877

月干支序數	月序＼星期	日	1	2	3	4	5	6	日	1	2	3	4	5	6	日	1	2	3	4	5	6	日	1	2	3	4	5	6	日	1	2	3	4	5	6	日	1
	公曆1月						1	2	3	4	5	6	7	8	9	10	11	12	13	14	15	16	17	18	19	20	21	22	23	24	25	26	27	28	29	30	31	
26	夏曆十二月						25	26	27	28	29	④	2	3	4	5	6	7	8	9	10	11	12	13	14	15	16	17	18	19	20	21	22	23	24	25	26	
	回曆9月						23	24	25	26	27	28	29	1	2	3	4	5	6	7	8	9	10	11	12	13	14	15	16	17	18	19	20	21	22	23	24	
	公曆2月		1	2	3	4	5	6	7	8	9	10	11	12	13	14	15	16	17	18	19	20	21	22	23	24	25	26	27	28								
27	夏曆正月		27	28	29	30	㉞	2	3	4	5	6	7	8	9	10	11	12	13	14	15	16	17	18	19	20	21	22	23	24								
	回曆10月		25	26	27	28	29	30	1	2	3	4	5	6	7	8	9	10	11	12	13	14	15	16	17	18	19	20	21	22								
	公曆3月		1	2	3	4	5	6	7	8	9	10	11	12	13	14	15	16	17	18	19	20	21	22	23	24	25	26	27	28	29	30	31					
28	夏曆二月		25	26	27	28	29	③	2	3	4	5	6	7	8	9	10	11	12	13	14	15	16	17	18	19	20	21	22	23	24	25	26					
	回曆11月		23	24	25	26	27	28	29	1	2	3	4	5	6	7	8	9	10	11	12	13	14	15	16	17	18	19	20	21	22	23	24					
	公曆4月					1	2	3	4	5	6	7	8	9	10	11	12	13	14	15	16	17	18	19	20	21	22	23	24	25	26	27	28	29	30			
29	夏曆三月					27	28	29	30	㉝	2	3	4	5	6	7	8	9	10	11	12	13	14	15	16	17	18	19	20	21	22	23	24	25	26			
	回曆12月					25	26	27	28	29	30	1	2	3	4	5	6	7	8	9	10	11	12	13	14	15	16	17	18	19	20	21	22	23	24			
	公曆5月							1	2	3	4	5	6	7	8	9	10	11	12	13	14	15	16	17	18	19	20	21	22	23	24	25	26	27	28	29	30	31
30	夏曆四月							27	28	29	②	2	3	4	5	6	7	8	9	10	11	12	13	14	15	16	17	18	19	20	21	22	23	24	25	26	27	28

續表

月干支序數	月序＼星期	日	1	2	3	4	5	6	日	1	2	3	4	5	6	日	1	2	3	4	5	6	日	1	2	3	4	5	6	日	1	2	3	4	5	6	日	1
41年	回暦1月							25	26	27	28	29	30	①	2	3	4	5	6	7	8	9	10	11	12	13	14	15	16	17	18	19	20	21	22	23	24	25
	公暦6月			1	2	3	4	5	6	7	8	9	10	11	12	13	14	15	16	17	18	19	20	21	22	23	24	25	26	27	28	29	30					
31	夏暦五月			29	30	㉜	2	3	4	5	6	7	8	9	10	11	12	13	14	15	16	17	18	19	20	21	22	23	24	25	26	27	28					
	回暦2月			26	27	28	29	30	1	2	3	4	5	6	7	8	9	10	11	12	13	14	15	16	17	18	19	20	21	22	23	24	25					
	公暦7月					1	2	3	4	5	6	7	8	9	10	11	12	13	14	15	16	17	18	19	20	21	22	23	24	25	26	27	28	29	30	31		
32	夏暦六月					29	30	②	2	3	4	5	6	7	8	9	10	11	12	13	14	15	16	17	18	19	20	21	22	23	24	25	26	27	28	29		
	回暦3月					26	27	28	29	1	2	3	4	5	6	7	8	9	10	11	12	13	14	15	16	17	18	19	20	21	22	23	24	25	26	27		
	公暦8月	1	2	3	4	5	6	7	8	9	10	11	12	13	14	15	16	17	18	19	20	21	22	23	24	25	26	27	28	29	30	31						
33 34	夏暦七八月	㉛	2	3	4	5	6	7	8	9	10	11	12	13	14	15	16	17	18	19	20	21	22	23	24	25	26	27	28	29	30	①						
	回暦4月	28	29	30	1	2	3	4	5	6	7	8	9	10	11	12	13	14	15	16	17	18	19	20	21	22	23	24	25	26	27	28						
	公暦9月				1	2	3	4	5	6	7	8	9	10	11	12	13	14	15	16	17	18	19	20	21	22	23	24	25	26	27	28	29	30				
35	夏暦九月				2	3	4	5	6	7	8	9	10	11	12	13	14	15	16	17	18	19	20	21	22	23	24	25	26	27	28	29	㉚	2				
	回暦5月				29	1	2	3	4	5	6	7	8	9	10	11	12	13	14	15	16	17	18	19	20	21	22	23	24	25	26	27	28	29				
	公暦10月						1	2	3	4	5	6	7	8	9	10	11	12	13	14	15	16	17	18	19	20	21	22	23	24	25	26	27	28	29	30	31	
36	夏暦十月						3	4	5	6	7	8	9	10	11	12	13	14	15	16	17	18	19	20	21	22	23	24	25	26	27	28	29	30	(60)	2	3	
	回暦6、7月						30	1	2	3	4	5	6	7	8	9	10	11	12	13	14	15	16	17	18	19	20	21	22	23	24	25	26	27	28	29	1	
	公暦11月		1	2	3	4	5	6	7	8	9	10	11	12	13	14	15	16	17	18	19	20	21	22	23	24	25	26	27	28	29	30						
37	夏暦十一月		4	5	6	7	8	9	10	11	12	13	14	15	16	17	18	19	20	21	22	23	24	25	26	27	28	29	㉙	2	3	4						
	回暦8月		2	3	4	5	6	7	8	9	10	11	12	13	14	15	16	17	18	19	20	21	22	23	24	25	26	27	28	29	30	1						
	公暦12月				1	2	3	4	5	6	7	8	9	10	11	12	13	14	15	16	17	18	19	20	21	22	23	24	25	26	27	28	29	30	31			
38	夏暦十二月				5	6	7	8	9	10	11	12	13	14	15	16	17	18	19	20	21	22	23	24	25	26	27	28	29	30	(59)	2	3	4	5			
	回暦9月				2	3	4	5	6	7	8	9	10	11	12	13	14	15	16	17	18	19	20	21	22	23	24	25	26	27	28	29	1	2	3			

大事記

正月，募河南北、淮南六十七州兵擊高句麗。　二月晦，改元龍朔。　三月，百濟僧道琛等迎立故王子豐於倭，圍唐守兵；遣仁軌會新羅兵擊之。　四月，增擊高麗之兵水陸凡三十五軍。　五月，命蘇定方率軍再攻高句麗。　六月，以吐火羅、罽賓、波斯等十六國置督府八，隸安西都護府。　七月，蘇定方圍平壤。　九月，契苾何力大破高句麗兵於鴨綠江。　十月，鐵勒、回紇、同羅、僕骨等部犯邊，命鄭仁泰、薛仁貴等擊之。

是年，波斯為大食所侵，卑路斯來唐求救，唐高宗以"鞭長莫及"不許。唐封卑路斯(679年死於中國)為左威將軍。

唐紀年

干支壬戌　公元662年

朝代或國名		國家支配者	建都	廟號	謚號	建元	年號年次	輔政者	備注
唐		③李治	長安	高宗		14	3龍朔2年	許圉師等	
大蒙(南詔)		①蒙細奴邏	巍山	高祖	奇嘉王		14年		在雲南
吐蕃		②棄芒論芒贊	邏些				12年	祿東贊	
吐屯政權		①阿史那都支					元年		西突厥族
回紇									
吐谷渾		⑱諾曷鉢					27年		青海省
西突厥	南庭	⑪興昔亡可汗					6年		十二月被斬
	北庭	④繼往絶可汗					6年		

月 曆 表

5375－384－1963261

月干支序數	星期／月序	日	1	2	3	4	5	6	日	1	2	3	4	5	6	日	1	2	3	4	5	6	日	1	2	3	4	5	6	日	1	2	3	4	5	6	日	1
	公曆1月							1	2	3	4	5	6	7	8	9	10	11	12	13	14	15	16	17	18	19	20	21	22	23	24	25	26	27	28	29	30	31
39	夏曆正月							6	7	8	9	10	11	12	13	14	15	16	17	18	19	20	21	22	23	24	25	26	27	28	29	㉘	2	3	4	5	6	7
	回曆10月							4	5	6	7	8	9	10	11	12	13	14	15	16	17	18	19	20	21	22	23	24	25	26	27	28	29	30	1	2	3	4
	公曆2月			1	2	3	4	5	6	7	8	9	10	11	12	13	14	15	16	17	18	19	20	21	22	23	24	25	26	27	28							
40	夏曆二月			8	9	10	11	12	13	14	15	16	17	18	19	20	21	22	23	24	25	26	27	28	29	30	(58)	2	3	4	5							
	回曆11月			5	6	7	8	9	10	11	12	13	14	15	16	17	18	19	20	21	22	23	24	25	26	27	28	29	1	2	3							
	公曆3月			1	2	3	4	5	6	7	8	9	10	11	12	13	14	15	16	17	18	19	20	21	22	23	24	25	26	27	28	29	30	31				
41	夏曆三月			6	7	8	9	10	11	12	13	14	15	16	17	18	19	20	21	22	23	24	25	26	27	28	29	㉗	2	3	4	5	6	7				
	回曆12月			4	5	6	7	8	9	10	11	12	13	14	15	16	17	18	19	20	21	22	23	24	25	26	27	28	29	30	1	2	3	4				
	公曆4月						1	2	3	4	5	6	7	8	9	10	11	12	13	14	15	16	17	18	19	20	21	22	23	24	25	26	27	28	29	30		
42	夏曆四月						8	9	10	11	12	13	14	15	16	17	18	19	20	21	22	23	24	25	26	27	28	29	30	(57)	2	3	4	5	6	7		
42年	回曆1月						5	6	7	8	9	10	11	12	13	14	15	16	17	18	19	20	21	22	23	24	25	26	27	28	29	①	2	3	4	5		
	公曆5月	1	2	3	4	5	6	7	8	9	10	11	12	13	14	15	16	17	18	19	20	21	22	23	24	25	26	27	28	29	30	31						
43	夏曆五月	8	9	10	11	12	13	14	15	16	17	18	19	20	21	22	23	24	25	26	27	28	29	㉖	2	3	4	5	6	7	8	9						
	回曆2月	6	7	8	9	10	11	12	13	14	15	16	17	18	19	20	21	22	23	24	25	26	27	28	29	30	1	2	3	4	5	6						
	公曆6月				1	2	3	4	5	6	7	8	9	10	11	12	13	14	15	16	17	18	19	20	21	22	23	24	25	26	27	28	29	30				
44	夏曆六月				10	11	12	13	14	15	16	17	18	19	20	21	22	23	24	25	26	27	28	29	30	(56)	2	3	4	5	6	7	8	9				
	回曆3月				7	8	9	10	11	12	13	14	15	16	17	18	19	20	21	22	23	24	25	26	27	28	29	1	2	3	4	5	6	7				
	公曆7月						1	2	3	4	5	6	7	8	9	10	11	12	13	14	15	16	17	18	19	20	21	22	23	24	25	26	27	28	29	30	31	
45	夏曆七月						10	11	12	13	14	15	16	17	18	19	20	21	22	23	24	25	26	27	28	29	㉕	2	3	4	5	6	7	8	9	10	11	
	回曆4月						8	9	10	11	12	13	14	15	16	17	18	19	20	21	22	23	24	25	26	27	28	29	30	1	2	3	4	5	6	7	8	
	公曆8月		1	2	3	4	5	6	7	8	9	10	11	12	13	14	15	16	17	18	19	20	21	22	23	24	25	26	27	28	29	30	31					
	夏曆閏七月		12	13	14	15	16	17	18	19	20	21	22	23	24	25	26	27	28	29	30	(55)	2	3	4	5	6	7	8	9	10	11	12					
	回曆5月		9	10	11	12	13	14	15	16	17	18	19	20	21	22	23	24	25	26	27	28	29	1	2	3	4	5	6	7	8	9	10					
	公曆9月					1	2	3	4	5	6	7	8	9	10	11	12	13	14	15	16	17	18	19	20	21	22	23	24	25	26	27	28	29	30			
46	夏曆八月					13	14	15	16	17	18	19	20	21	22	23	24	25	26	27	28	29	㉔	2	3	4	5	6	7	8	9	10	11	12	13			
	回曆6月					11	12	13	14	15	16	17	18	19	20	21	22	23	24	25	26	27	28	29	30	1	2	3	4	5	6	7	8	9	10			
	公曆10月							1	2	3	4	5	6	7	8	9	10	11	12	13	14	15	16	17	18	19	20	21	22	23	24	25	26	27	28	29	30	31
47	夏曆九月							14	15	16	17	18	19	20	21	22	23	24	25	26	27	28	29	30	(54)	2	3	4	5	6	7	8	9	10	11	12	13	14
	回曆7月							11	12	13	14	15	16	17	18	19	20	21	22	23	24	25	26	27	28	29	1	2	3	4	5	6	7	8	9	10	11	12
	公曆11月			1	2	3	4	5	6	7	8	9	10	11	12	13	14	15	16	17	18	19	20	21	22	23	24	25	26	27	28	29	30					
48	夏曆十月			15	16	17	18	19	20	21	22	23	24	25	26	27	28	29	30	㉔	2	3	4	5	6	7	8	9	10	11	12	13	14					
	回曆8月			13	14	15	16	17	18	19	20	21	22	23	24	25	26	27	28	29	30	1	2	3	4	5	6	7	8	9	10	11	12					
	公曆12月					1	2	3	4	5	6	7	8	9	10	11	12	13	14	15	16	17	18	19	20	21	22	23	24	25	26	27	28	29	30	31		
49	夏曆十一月					15	16	17	18	19	20	21	22	23	24	25	26	27	28	29	(53)	2	3	4	5	6	7	8	9	10	11	12	13	14	15	16		
	回曆9月					13	14	15	16	17	18	19	20	21	22	23	24	25	26	27	28	29	1	2	3	4	5	6	7	8	9	10	11	12	13	14		

舊紀七月丁亥，不合。

大事記

正月，立波斯都督卑路斯為波斯王。東都初置國子監。　　二月，大改官名。龐孝泰與高麗兵戰於蛇水上，兵敗死之；蘇定方圍平壤不下，解圍而還。　　三月，薛仁貴敗鐵勒於天山，追入磧北。鄭仁泰縱兵大掠，至仙萼，糧盡而還，人馬死者大半。詔以契苾何力為鐵勒道安撫史，説降之。　　四月，復置律、書、算三學。　　七月，劉仁軌等大破百濟，拔真峴等城；百濟遣使請援於倭及高句麗。　　十二月，蘇海政奉命擊龜兹，聽西突厥繼往絶可汗譖，誘殺興昔亡可汗，諸部怨憤，有附於吐蕃者。西突厥別部擾庭州，刺史來濟死之。

唐紀年

干支癸亥　公元663年

朝代或國名	國家支配者	建都	廟號	謚號	建元	年號年次	輔政者	備注
唐	③李　治	長安	高宗		14	3龍朔3年	李義府等	
大蒙(南詔)	①蒙細奴邏	巍山	高祖	奇嘉王		15年		在雲南
吐蕃	②棄芒論芒贊	邏些				13年	祿東贊	
吐屯	①阿史那都支					2年		西突厥
回紇								
吐谷渾	⑱諾曷鉢					28年		青海省
西突厥北庭	④繼往絶可汗					7年		

月曆表

5376—354—1963615

月干支序數	星期 / 月序	日	1	2	3	4	5	6	日	1	2	3	4	5	6	日	1	2	3	4	5	6	日	1	2	3	4	5	6	日	1	2	3	4	5	6	日	1
	公曆1月	1	2	3	4	5	6	7	8	9	10	11	12	13	14	15	16	17	18	19	20	21	22	23	24	25	26	27	28	29	30	31						
50	夏曆十二月	17	18	19	20	21	22	23	24	25	26	27	28	29	30	㉓	2	3	4	5	6	7	8	9	10	11	12	13	14	15	16	17						
	回曆10月	15	16	17	18	19	20	21	22	23	24	25	26	27	28	29	30	1	2	3	4	5	6	7	8	9	10	11	12	13	14	15						
	公曆2月				1	2	3	4	5	6	7	8	9	10	11	12	13	14	15	16	17	18	19	20	21	22	23	24	25	26	27	28						
51	夏曆正月				18	19	20	21	22	23	24	25	26	27	28	29	(52)	2	3	4	5	6	7	8	9	10	11	12	13	14	15	16						
	回曆11月				16	17	18	19	20	21	22	23	24	25	26	27	28	29	1	2	3	4	5	6	7	8	9	10	11	12	13	14						
	公曆3月				1	2	3	4	5	6	7	8	9	10	11	12	13	14	15	16	17	18	19	20	21	22	23	24	25	26	27	28	29	30	31			
52	夏曆二月				17	18	19	20	21	22	23	24	25	26	27	28	29	30	㉒	2	3	4	5	6	7	8	9	10	11	12	13	14	15	16	17			
	回曆12月				15	16	17	18	19	20	21	22	23	24	25	26	27	28	29	30	1	2	3	4	5	6	7	8	9	10	11	12	13	14	15			
	公曆4月							1	2	3	4	5	6	7	8	9	10	11	12	13	14	15	16	17	18	19	20	21	22	23	24	25	26	27	28	29	30	
53	夏曆三月							18	19	20	21	22	23	24	25	26	27	28	29	(51)	2	3	4	5	6	7	8	9	10	11	12	13	14	15	16	17	18	
43年閏	回曆1月							16	17	18	19	20	21	22	23	24	25	26	27	28	29	①	2	3	4	5	6	7	8	9	10	11	12	13	14	15	16	
	公曆5月		1	2	3	4	5	6	7	8	9	10	11	12	13	14	15	16	17	18	19	20	21	22	23	24	25	26	27	28	29	30	31					
54	夏曆四月		19	20	21	22	23	24	25	26	27	28	29	30	㉑	2	3	4	5	6	7	8	9	10	11	12	13	14	15	16	17	18	19					
	回曆2月		17	18	19	20	21	22	23	24	25	26	27	28	29	30	1	2	3	4	5	6	7	8	9	10	11	12	13	14	15	16	17					
	公曆6月					1	2	3	4	5	6	7	8	9	10	11	12	13	14	15	16	17	18	19	20	21	22	23	24	25	26	27	28	29	30			
55	夏曆五月					20	21	22	23	24	25	26	27	28	29	㊿	2	3	4	5	6	7	8	9	10	11	12	13	14	15	16	17	18	19	20			
	回曆3月					18	19	20	21	22	23	24	25	26	27	28	29	1	2	3	4	5	6	7	8	9	10	11	12	13	14	15	16	17	18			
	公曆7月							1	2	3	4	5	6	7	8	9	10	11	12	13	14	15	16	17	18	19	20	21	22	23	24	25	26	27	28	29	30	31
56	夏曆六月							21	22	23	24	25	26	27	28	29	30	⑳	2	3	4	5	6	7	8	9	10	11	12	13	14	15	16	17	18	19	20	21
	回曆4月							19	20	21	22	23	24	25	26	27	28	29	30	1	2	3	4	5	6	7	8	9	10	11	12	13	14	15	16	17	18	19
	公曆8月			1	2	3	4	5	6	7	8	9	10	11	12	13	14	15	16	17	18	19	20	21	22	23	24	25	26	27	28	29	30	31				
57	夏曆七月			22	23	24	25	26	27	28	29	㊾	2	3	4	5	6	7	8	9	10	11	12	13	14	15	16	17	18	19	20	21	22	23				
	回曆5月			20	21	22	23	24	25	26	27	28	29	1	2	3	4	5	6	7	8	9	10	11	12	13	14	15	16	17	18	19	20	21				
	公曆9月						1	2	3	4	5	6	7	8	9	10	11	12	13	14	15	16	17	18	19	20	21	22	23	24	25	26	27	28	29	30		
58	夏曆八月						24	25	26	27	28	29	30	⑲	2	3	4	5	6	7	8	9	10	11	12	13	14	15	16	17	18	19	20	21	22	23		
	回曆6月						22	23	24	25	26	27	28	29	30	1	2	3	4	5	6	7	8	9	10	11	12	13	14	15	16	17	18	19	20	21		
	公曆10月	1	2	3	4	5	6	7	8	9	10	11	12	13	14	15	16	17	18	19	20	21	22	23	24	25	26	27	28	29	30	31						
59	夏曆九月	24	25	26	27	28	29	㊽	2	3	4	5	6	7	8	9	10	11	12	13	14	15	16	17	18	19	20	21	22	23	24	25						
	回曆7月	22	23	24	25	26	27	28	29	1	2	3	4	5	6	7	8	9	10	11	12	13	14	15	16	17	18	19	20	21	22	23						
	公曆11月				1	2	3	4	5	6	7	8	9	10	11	12	13	14	15	16	17	18	19	20	21	22	23	24	25	26	27	28	29	30				

續表

月 干支 序數	星期 月序	日	1	2	3	4	5	6	日	1	2	3	4	5	6	日	1	2	3	4	5	6	日	1	2	3	4	5	6	日	1	2	3	4	5	6	日	1
60	夏曆十月				26	27	28	29	30	⑱	2	3	4	5	6	7	8	9	10	11	12	13	14	15	16	17	18	19	20	21	22	23	24	25				
	回曆 8 月				24	25	26	27	28	29	30	1	2	3	4	5	6	7	8	9	10	11	12	13	14	15	16	17	18	19	20	21	22	23				
	公曆 12 月						1	2	3	4	5	6	7	8	9	10	11	12	13	14	15	16	17	18	19	20	21	22	23	24	25	26	27	28	29	30	31	
1	夏曆十一月						26	27	28	29	㊼	2	3	4	5	6	7	8	9	10	11	12	13	14	15	16	17	18	19	20	21	22	23	24	25	26	27	
	回曆 9 月						24	25	26	27	28	29	1	2	3	4	5	6	7	8	9	10	11	12	13	14	15	16	17	18	19	20	21	22	23	24	25	

大事記

正月，鄭仁泰擊鐵勒，盡平之。　二月，徙燕然都護府於回紇部落，改名為瀚海都護府；徙故瀚海都護於雲中古城，改名雲中；以磧為境，南屬雲中，北屬瀚海。　四月，右相李義府以賣官聚斂，陰有異圖，下獄，除名，流巂州。置鷄林大都督府於新羅，以其王領之。　五月，鄭仁泰等分屯涼、鄯備吐蕃。吐蕃發兵擊吐谷渾，大破之。吐谷渾可汗曷鉢帥數千帳請徙居內地。柳州“蠻”吳君解起事，發兵擊之。　八月，罷三十六州造船之役。　九月，劉仁軌等大破倭援百濟之兵於白江口，焚其舟四百。百濟王扶餘豐奔高句麗，王子忠勝等降，百濟盡平。仁軌屯田百濟，以圖高句麗。　十二月，西突厥弓月部攻于闐；發兵救之。　是歲，大食破波斯、拂菻，侵婆羅門吞滅諸胡。

唐紀年

干支甲子　公元 664 年

朝代或國名	國家支配者	建都	廟號	謚號	建元	年號年次	輔政者	備注
唐	③李治	長安	高宗		14	4 麟德元年	李義府等	
大蒙(南詔)	①蒙細奴邏	巍山	高祖	奇嘉王		16 年		在雲南
吐蕃	②棄芒論芒贊	邏些				14 年	祿東贊	
吐屯	①阿史那都支					3 年		西突厥
回紇								
吐谷渾	⑱諾曷鉢					29 年		青海省
西突厥北庭	④繼往絶可汗					8 年		

月曆表

5377—355—1963970

月 干支 序數	星期 月序	日	1	2	3	4	5	6	日	1	2	3	4	5	6	日	1	2	3	4	5	6	日	1	2	3	4	5	6	日	1	2	3	4	5	6	日	1
	公曆 1 月		1	2	3	4	5	6	7	8	9	10	11	12	13	14	15	16	17	18	19	20	21	22	23	24	25	26	27	28	29	30	31					
2	夏曆十二月		28	29	30	⑰	2	3	4	5	6	7	8	9	10	11	12	13	14	15	16	17	18	19	20	21	22	23	24	25	26	27	28					
	回曆 10 月		26	27	28	29	30	1	2	3	4	5	6	7	8	9	10	11	12	13	14	15	16	17	18	19	20	21	22	23	24	25	26					
	公曆 2 月					1	2	3	4	5	6	7	8	9	10	11	12	13	14	15	16	17	18	19	20	21	22	23	24	25	26	27	28	29				
3	夏曆正月					29	㊻	2	3	4	5	6	7	8	9	10	11	12	13	14	15	16	17	18	19	20	21	22	23	24	25	26	27	28				
	回曆 11 月					27	28	29	1	2	3	4	5	6	7	8	9	10	11	12	13	14	15	16	17	18	19	20	21	22	23	24	25	26				
	公曆 3 月						1	2	3	4	5	6	7	8	9	10	11	12	13	14	15	16	17	18	19	20	21	22	23	24	25	26	27	28	29	30	31	
4	夏曆二月						29	30	⑯	2	3	4	5	6	7	8	9	10	11	12	13	14	15	16	17	18	19	20	21	22	23	24	25	26	27	28	29	
	回曆 12 月						27	28	29	30	1	2	3	4	5	6	7	8	9	10	11	12	13	14	15	16	17	18	19	20	21	22	23	24	25	26	27	
	公曆 4 月		1	2	3	4	5	6	7	8	9	10	11	12	13	14	15	16	17	18	19	20	21	22	23	24	25	26	27	28	29	30						
5	夏曆三月		30	㊻	2	3	4	5	6	7	8	9	10	11	12	13	14	15	16	17	18	19	20	21	22	23	24	25	26	27	28	29						
44 年	回曆 1 月		28	29	30	①	2	3	4	5	6	7	8	9	10	11	12	13	14	15	16	17	18	19	20	21	22	23	24	25	26	27						

續表

月干支序數	星期 月序	日	1	2	3	4	5	6	日	1	2	3	4	5	6	日	1	2	3	4	5	6	日	1	2	3	4	5	6	日	1	2	3	4	5	6	日	1
	公曆5月				1	2	3	4	5	6	7	8	9	10	11	12	13	14	15	16	17	18	19	20	21	22	23	24	25	26	27	28	29	30	31			
6 7	夏曆四五月				⑮	2	3	4	5	6	7	8	9	10	11	12	13	14	15	16	17	18	19	20	21	22	23	24	25	26	27	28	29	30	㊺			
	回曆2月				28	29	30	1	2	3	4	5	6	7	8	9	10	11	12	13	14	15	16	17	18	19	20	21	22	23	24	25	26	27	28			
	公曆6月							1	2	3	4	5	6	7	8	9	10	11	12	13	14	15	16	17	18	19	20	21	22	23	24	25	26	27	28	29	30	
8	夏曆六月							2	3	4	5	6	7	8	9	10	11	12	13	14	15	16	17	18	19	20	21	22	23	24	25	26	27	28	29	⑭	2	
	回曆3月							29	1	2	3	4	5	6	7	8	9	10	11	12	13	14	15	16	17	18	19	20	21	22	23	24	25	26	27	28	29	
	公曆7月		1	2	3	4	5	6	7	8	9	10	11	12	13	14	15	16	17	18	19	20	21	22	23	24	25	26	27	28	29	30	31					
9	夏曆七月		3	4	5	6	7	8	9	10	11	12	13	14	15	16	17	18	19	20	21	22	23	24	25	26	27	28	29	30	㊹	2	3					
	回曆4、5月		30	1	2	3	4	5	6	7	8	9	10	11	12	13	14	15	16	17	18	19	20	21	22	23	24	25	26	27	28	29	1					
	公曆8月					1	2	3	4	5	6	7	8	9	10	11	12	13	14	15	16	17	18	19	20	21	22	23	24	25	26	27	28	29	30	31		
10	夏曆八月					4	5	6	7	8	9	10	11	12	13	14	15	16	17	18	19	20	21	22	23	24	25	26	27	28	29	⑬	2	3	4	5		
	回曆6月					2	3	4	5	6	7	8	9	10	11	12	13	14	15	16	17	18	19	20	21	22	23	24	25	26	27	28	29	30	1	2		
	公曆9月	1	2	3	4	5	6	7	8	9	10	11	12	13	14	15	16	17	18	19	20	21	22	23	24	25	26	27	28	29	30							
11	夏曆九月	6	7	8	9	10	11	12	13	14	15	16	17	18	19	20	21	22	23	24	25	26	27	28	29	30	㊸	2	3	4	5							
	回曆7月	3	4	5	6	7	8	9	10	11	12	13	14	15	16	17	18	19	20	21	22	23	24	25	26	27	28	29	1	2	3							
	公曆10月			1	2	3	4	5	6	7	8	9	10	11	12	13	14	15	16	17	18	19	20	21	22	23	24	25	26	27	28	29	30	31				
12	夏曆十月			6	7	8	9	10	11	12	13	14	15	16	17	18	19	20	21	22	23	24	25	26	27	28	29	⑫	2	3	4	5	6	7				
	回曆8月			4	5	6	7	8	9	10	11	12	13	14	15	16	17	18	19	20	21	22	23	24	25	26	27	28	29	30	1	2	3	4				
	公曆11月						1	2	3	4	5	6	7	8	9	10	11	12	13	14	15	16	17	18	19	20	21	22	23	24	25	26	27	28	29	30		
13	夏曆十一月						8	9	10	1	12	13	14	15	16	17	18	19	20	21	22	23	24	25	26	27	28	29	30	㊷	2	3	4	5	6	7		
	回曆9月						5	6	7	8	9	10	11	12	13	14	15	16	17	18	19	20	21	22	23	24	25	26	27	28	29	1	2	3	4	5		
	公曆12月	1	2	3	4	5	6	7	8	9	10	11	12	13	14	15	16	17	18	19	20	21	22	23	24	25	26	27	28	29	30	31						
14	夏曆十二月	8	9	10	11	12	13	14	15	16	17	18	19	20	21	22	23	24	25	26	27	28	29	⑪	2	3	4	5	6	7	8	9						
	回曆10月	6	7	8	9	10	11	12	13	14	15	16	17	18	19	20	21	22	23	24	25	26	27	28	29	30	1	2	3	4	5	6						

大事記

正月，改雲中都護為單于大都護。　　二月，高僧玄奘卒(602—644)，自天竺取經回歸後，從事譯經工作，且為佛教法相宗之創始者。　　五月，於昆明之弄棟川置姚州都督府。　　十二月，殺宰相上官儀，賜廢太子梁王忠死。　　自是政無大小皆歸武后，上下稱"二聖"。

唐紀年

干支乙丑　公元665年

朝代或國名	國家支配者	建都	廟號	謚號	建元	年號年次	輔政者	備注
唐	③李　治	長安	高宗		14	4麟德2年	陸敦信等	
大蒙(南詔)	①蒙細奴邏	巍山	高祖	奇嘉王		17年		在雲南
吐蕃	②棄芒論芒贊	邏些				15年	祿東贊	
吐屯	①阿史那都支					4年		西突厥
回紇								
吐谷渾	⑱諾曷鉢					30年		青海省
西突厥北庭	④繼往絶可汗					9年		

月干支序數	星期／月序	日	1	2	3	4	5	6	日	1	2	3	4	5	6	日	1	2	3	4	5	6	日	1	2	3	4	5	6	日	1	2	3	4	5	6	日	1
	公曆 1 月				1	2	3	4	5	6	7	8	9	10	11	12	13	14	15	16	17	18	19	20	21	22	23	24	25	26	27	28	29	30	31			
15	夏曆正月				10	11	12	13	14	15	16	17	18	19	20	21	22	23	24	25	26	27	28	29	30	㊶	2	3	4	5	6	7	8	9	10			
	回曆 11 月				7	8	9	10	11	12	13	14	15	16	17	18	19	20	21	22	23	24	25	26	27	28	29	1	2	3	4	5	6	7	8			
	公曆 2 月							1	2	3	4	5	6	7	8	9	10	11	12	13	14	15	16	17	18	19	20	21	22	23	24	25	26	27	28			
16	夏曆二月							11	12	13	14	15	16	17	18	19	20	21	22	23	24	25	26	27	28	29	⑩	2	3	4	5	6	7	8	9			
	回曆 12 月							9	10	11	12	13	14	15	16	17	18	19	20	21	22	23	24	25	26	27	28	29	30	1	2	3	4	5	6			
	公曆 3 月							1	2	3	4	5	6	7	8	9	10	11	12	13	14	15	16	17	18	19	20	21	22	23	24	25	26	27	28	29	30	31
17	夏曆三月							10	11	12	13	14	15	16	17	18	19	20	21	22	23	24	25	26	27	28	29	30	㊵	2	3	4	5	6	7	8	9	10
45年	回曆 1 月							7	8	9	10	11	12	13	14	15	16	17	18	19	20	21	22	23	24	25	26	27	28	29	①	2	3	4	5	6	7	8
	公曆 4 月			1	2	3	4	5	6	7	8	9	10	11	12	13	14	15	16	17	18	19	20	21	22	23	24	25	26	27	28	29	30					
	夏曆閏三月			11	12	13	14	15	16	17	18	19	20	21	22	23	24	25	26	27	28	29	⑨	2	3	4	5	6	7	8	9	10	11					
	回曆 2 月			9	10	11	12	13	14	15	16	17	18	19	20	21	22	23	24	25	26	27	28	29	30	1	2	3	4	5	6	7	8					
	公曆 5 月					1	2	3	4	5	6	7	8	9	10	11	12	13	14	15	16	17	18	19	20	21	22	23	24	25	26	27	28	29	30	31		
18	夏曆四月					12	13	14	15	16	17	18	19	20	21	22	23	24	25	26	27	28	29	30	㊴	2	3	4	5	6	7	8	9	10	11	12		
	回曆 3 月					9	10	11	12	13	14	15	16	17	18	19	20	21	22	23	24	25	26	27	28	29	1	2	3	4	5	6	7	8	9	10		
	公曆 6 月	1	2	3	4	5	6	7	8	9	10	11	12	13	14	15	16	17	18	19	20	21	22	23	24	25	26	27	28	29	30							
19	夏曆五月	13	14	15	16	17	18	19	20	21	22	23	24	25	26	27	28	29	30	⑨	2	3	4	5	6	7	8	9	10	11	12							
	回曆 4 月	11	12	13	14	15	16	17	18	19	20	21	22	23	24	25	26	27	28	29	30	1	2	3	4	5	6	7	8	9	10							
	公曆 7 月			1	2	3	4	5	6	7	8	9	10	11	12	13	14	15	16	17	18	19	20	21	22	23	24	25	26	27	28	29	30	31				
20	夏曆六月			13	14	15	16	17	18	19	20	21	22	23	24	25	26	27	28	29	㊳	2	3	4	5	6	7	8	9	10	11	12	13	14				
	回曆 5 月			11	12	13	14	15	16	17	18	19	20	21	22	23	24	25	26	27	28	29	1	2	3	4	5	6	7	8	9	10	11	12				
	公曆 8 月						1	2	3	4	5	6	7	8	9	10	11	12	13	14	15	16	17	18	19	20	21	22	23	24	25	26	27	28	29	30	31	
21	夏曆七月						15	16	17	18	19	20	21	22	23	24	25	26	27	28	29	30	⑧	2	3	4	5	6	7	8	9	10	11	12	13	14	15	
	回曆 6 月						13	14	15	16	17	18	19	20	21	22	23	24	25	26	27	28	29	30	1	2	3	4	5	6	7	8	9	10	11	12	13	
	公曆 9 月		1	2	3	4	5	6	7	8	9	10	11	12	13	14	15	16	17	18	19	20	21	22	23	24	25	26	27	28	29	30						
22	夏曆八月		16	17	18	19	20	21	22	23	24	25	26	27	28	29	㊲	2	3	4	5	6	7	8	9	10	11	12	13	14	15	16						
	回曆 7 月		14	15	16	17	18	19	20	21	22	23	24	25	26	27	28	29	1	2	3	4	5	6	7	8	9	10	11	12	13	14						
	公曆 10 月				1	2	3	4	5	6	7	8	9	10	11	12	13	14	15	16	17	18	19	20	21	22	23	24	25	26	27	28	29	30	31			
23	夏曆九月				17	18	19	20	21	22	23	24	25	26	27	28	29	30	⑦	2	3	4	5	6	7	8	9	10	11	12	13	14	15	16	17			
	回曆 8 月				15	16	17	18	19	20	21	22	23	24	25	26	27	28	29	30	1	2	3	4	5	6	7	8	9	10	11	12	13	14	15			
	公曆 11 月							1	2	3	4	5	6	7	8	9	10	11	12	13	14	15	16	17	18	19	20	21	22	23	24	25	26	27	28	29	30	
24	夏曆十月							18	19	20	21	22	23	24	25	26	27	28	29	㊱	2	3	4	5	6	7	8	9	10	11	12	13	14	15	16	17	18	
	回曆 9 月							16	17	18	19	20	21	22	23	24	25	26	27	28	29	1	2	3	4	5	6	7	8	9	10	11	12	13	14	15	16	
	公曆 12 月		1	2	3	4	5	6	7	8	9	10	11	12	13	14	15	16	17	18	19	20	21	22	23	24	25	26	27	28	29	30	31					
25	夏曆十一月		19	20	21	22	23	24	25	26	27	28	29	30	⑥	2	3	4	5	6	7	8	9	10	11	12	13	14	15	16	17	18	19					
	回曆 10 月		17	18	19	20	21	22	23	24	25	26	27	28	29	30	1	2	3	4	5	6	7	8	9	10	11	12	13	14	15	16	17					

大事記

正月丁卯，吐蕃遣使入見，請與吐谷渾和親及赤水地，拒之。　閏三月，疏勒引吐蕃侵于闐；發兵救之。　五月，頒李淳風所造《麟德曆》，以代《戊寅曆》。　十月，武后以將行封禪禮，表請參與奠獻；詔禪社首以后為亞獻。高句麗王高藏遣子聘唐。

是歲，歲大稔豐，斗米五錢，麥豆不列於市。是時，太僕有馬七十萬匹，分八坊、四十八監領之。呂才卒(600—665)。

唐紀年

干支丙寅　公元666年

朝代或國名	國家支配者	建都	廟號	謚號	建元	年號年次	輔政者	備注
唐	③李　治	長安	高宗		14	5乾封元年	劉仁軌等	
大蒙(南詔)	①蒙細奴邏	巍山	高祖	奇嘉王		18年		在雲南
吐蕃	②棄芒論芒贊	邏些				16年	祿東贊	
吐屯	①阿史那都支					5年		西突厥
回紇								
吐谷渾	⑱諾曷鉢					31年		青海省
西突厥北庭	④繼往絶可汗					10年		是年或明年卒

月曆表

5379—354—1964708

月 干支 序數	星期 月序	日	1	2	3	4	5	6	日	1	2	3	4	5	6	日	1	2	3	4	5	6	日	1	2	3	4	5	6	日	1	2	3	4	5	6	日	1
	公曆1月					1	2	3	4	5	6	7	8	9	10	11	12	13	14	15	16	17	18	19	20	21	22	23	24	25	26	27	28	29	30	31		
26	夏曆十二月					20	21	22	23	24	25	26	27	28	29	㉟	2	3	4	5	6	7	8	9	10	11	12	13	14	15	16	17	18	19	20	21		
	回曆11月					18	19	20	21	22	23	24	25	26	27	28	29	1	2	3	4	5	6	7	8	9	10	11	12	13	14	15	16	17	18	19		
	公曆2月	1	2	3	4	5	6	7	8	9	10	11	12	13	14	15	16	17	18	19	20	21	22	23	24	25	26	27	28									
27	夏曆正月	22	23	24	25	26	27	28	29	30	⑤	2	3	4	5	6	7	8	9	10	11	12	13	14	15	16	17	18	19									
	回曆12月	20	21	22	23	24	25	26	27	28	29	30	1	2	3	4	5	6	7	8	9	10	11	12	13	14	15	16	17									
	公曆3月	1	2	3	4	5	6	7	8	9	10	11	12	13	14	15	16	17	18	19	20	21	22	23	24	25	26	27	28	29	30	31						
28	夏曆二月	20	21	22	23	24	25	26	27	28	29	30	㉟	2	3	4	5	6	7	8	9	10	11	12	13	14	15	16	17	18	19	20						
46年閏	回曆1月	18	19	20	21	22	23	24	25	26	27	28	29	①	2	3	4	5	6	7	8	9	10	11	12	13	14	15	16	17	18	19						
	公曆4月				1	2	3	4	5	6	7	8	9	10	11	12	13	14	15	16	17	18	19	20	21	22	23	24	25	26	27	28	29	30				
29	夏曆三月				21	22	23	24	25	26	27	28	29	④	2	3	4	5	6	7	8	9	10	11	12	13	14	15	16	17	18	19	20	21				
	回曆2月				20	21	22	23	24	25	26	27	28	29	30	1	2	3	4	5	6	7	8	9	10	11	12	13	14	15	16	17	18	19				
	公曆5月						1	2	3	4	5	6	7	8	9	10	11	12	13	14	15	16	17	18	19	20	21	22	23	24	25	26	27	28	29	30	31	
30	夏曆四月						22	23	24	25	26	27	28	29	30	㉞	2	3	4	5	6	7	8	9	10	11	12	13	14	15	16	17	18	19	20	21	22	
	回曆3月						20	21	22	23	24	25	26	27	28	29	1	2	3	4	5	6	7	8	9	10	11	12	13	14	15	16	17	18	19	20	21	
	公曆6月		1	2	3	4	5	6	7	8	9	10	11	12	13	14	15	16	17	18	19	20	21	22	23	24	25	26	27	28	29	30						
31	夏曆五月		23	24	25	26	27	28	29	③	2	3	4	5	6	7	8	9	10	11	12	13	14	15	16	17	18	19	20	21	22	23						
	回曆4月		22	23	24	25	26	27	28	29	30	1	2	3	4	5	6	7	8	9	10	11	12	13	14	15	16	17	18	19	20	21						
	公曆7月				1	2	3	4	5	6	7	8	9	10	11	12	13	14	15	16	17	18	19	20	21	22	23	24	25	26	27	28	29	30	31			
32	夏曆六月				24	25	26	27	28	29	30	㉝	2	3	4	5	6	7	8	9	10	11	12	13	14	15	16	17	18	19	20	21	22	23	24			
	回曆5月				22	23	24	25	26	27	28	29	1	2	3	4	5	6	7	8	9	10	11	12	13	14	15	16	17	18	19	20	21	22	23			
	公曆8月							1	2	3	4	5	6	7	8	9	10	11	12	13	14	15	16	17	18	19	20	21	22	23	24	25	26	27	28	29	30	31
33	夏曆七月							25	26	27	28	29	②	2	3	4	5	6	7	8	9	10	11	12	13	14	15	16	17	18	19	20	21	22	23	24	25	26
	回曆5月							24	25	26	27	28	29	30	1	2	3	4	5	6	7	8	9	10	11	12	13	14	15	16	17	18	19	20	21	22	23	24
	公曆9月			1	2	3	4	5	6	7	8	9	10	11	12	13	14	15	16	17	18	19	20	21	22	23	24	25	26	27	28	29	30					
34	夏曆八月			27	28	29	㉛	2	3	4	5	6	7	8	9	10	11	12	13	14	15	16	17	18	19	20	21	22	23	24	25	26	27					
	回曆7月			25	26	27	28	29	1	2	3	4	5	6	7	8	9	10	11	12	13	14	15	16	17	18	19	20	21	22	23	24	25					
	公曆10月					1	2	3	4	5	6	7	8	9	10	11	12	13	14	15	16	17	18	19	20	21	22	23	24	25	26	27	28	29	30	31		
35	夏曆九月					28	29	30	①	2	3	4	5	6	7	8	9	10	11	12	13	14	15	16	17	18	19	20	21	22	23	24	25	26	27	28		
	回曆8月					26	27	28	29	30	1	2	3	4	5	6	7	8	9	10	11	12	13	14	15	16	17	18	19	20	21	22	23	24	25	26		
	公曆11月	1	2	3	4	5	6	7	8	9	10	11	12	13	14	15	16	17	18	19	20	21	22	23	24	25	26	27	28	29	30							

續表

月干支序數	星期／月序	日	1	2	3	4	5	6	日	1	2	3	4	5	6	日	1	2	3	4	5	6	日	1	2	3	4	5	6	日	1	2	3	4	5	6	日	1
36	夏曆十月	29	㉚	2	3	4	5	6	7	8	9	10	11	12	13	14	15	16	17	18	19	20	21	22	23	24	25	26	27	28	29							
	回曆9月	27	28	29	1	2	3	4	5	6	7	8	9	10	11	12	13	14	15	16	17	18	19	20	21	22	23	24	25	26	27							
	公曆12月			1	2	3	4	5	6	7	8	9	10	11	12	13	14	15	16	17	18	19	20	21	22	23	24	25	26	27	28	29	30	31				
37 38	夏曆十一 十二月			30	(60)	2	3	4	5	6	7	8	9	10	11	12	13	14	15	16	17	18	19	20	21	22	23	24	25	26	27	28	29	㉙				
	回曆10月			28	29	30	1	2	3	4	5	6	7	8	9	10	11	12	13	14	15	16	17	18	19	20	21	22	23	24	25	26	27	28				

大事記

正月，唐高宗行封禪禮於泰山、社首，東自高句麗、新羅、倭，西至波斯、烏萇諸國皆來助祭。還至曲阜，祀孔子，尊為太師。　三月，至亳州，尊老子為太上玄元皇帝。　四月，還京師。　五月，鑄乾封元寶錢，一當十。高句麗莫離支泉蓋蘇文卒，子男生繼之，為其男建所逐，遣使求救。　六月，契苾何力、龐同善等擊高句麗。　九月，龐同善破高句麗兵，與泉男生合軍。　十二月，遣李勣為遼東行軍大總管攻高句麗。　是歲，令狐德棻卒（583—666），德棻著有《後周書》等。

唐紀年

干支丁卯　公元667年

朝代或國名	國家支配者	建都	廟號	謚號	建元	年號年次	輔政者	備注
唐	③李治	長安	高宗		14	5乾封2年	劉仁軌等	
大蒙（南詔）	①蒙細奴邏	巍山	高祖	奇嘉王		19年		在雲南
吐蕃	②棄芒論芒贊	邏些				17年	祿東贊	
吐屯	①阿史那都支					6年		西突厥
回紇								
吐谷渾	⑱諾曷鉢					32年		青海省

月曆表

5380—384—1965092

月干支序數	星期／月序	日	1	2	3	4	5	6	日	1	2	3	4	5	6	日	1	2	3	4	5	6	日	1	2	3	4	5	6	日	1	2	3	4	5	6	日	1
	公曆1月						1	2	3	4	5	6	7	8	9	10	11	12	13	14	15	16	17	18	19	20	21	22	23	24	25	26	27	28	29	30	31	
39	夏曆正月						2	3	4	5	6	7	8	9	10	11	12	13	14	15	16	17	18	19	20	21	22	23	24	25	26	27	28	29	30	(59)	2	
	回曆11月						29	1	2	3	4	5	6	7	8	9	10	11	12	13	14	15	16	17	18	19	20	21	22	23	24	25	26	27	28	29	30	
	公曆2月		1	2	3	4	5	6	7	8	9	10	11	12	13	14	15	16	17	18	19	20	21	22	23	24	25	26	27	28								
	夏曆閏正月		3	4	5	6	7	8	9	10	11	12	13	14	15	16	17	18	19	20	21	22	23	24	25	26	27	28	29	30								
	回曆12月		1	2	3	4	5	6	7	8	9	10	11	12	13	14	15	16	17	18	19	20	21	22	23	24	25	26	27	28								
	公曆3月		1	2	3	4	5	6	7	8	9	10	11	12	13	14	15	16	17	18	19	20	21	22	23	24	25	26	27	28	29	30	31					
40 41	夏曆二 三月		㉙	2	3	4	5	6	7	8	9	10	11	12	13	14	15	16	17	18	29	20	21	22	23	24	25	26	27	28	29	(58)	2					
47年	回曆1月		29	30	①	2	3	4	5	6	7	8	9	10	11	12	13	14	15	16	17	18	19	20	21	22	23	24	25	26	27	28	29					
	公曆4月					1	2	3	4	5	6	7	8	9	10	11	12	13	14	15	16	17	18	19	20	21	22	23	24	25	26	27	28	29	30			
42	夏曆四月					3	4	5	6	7	8	9	10	11	12	13	14	15	16	17	18	19	20	21	22	23	24	25	26	27	28	29	30	㉘	2			
	回曆2月					30	1	2	3	4	5	6	7	8	9	10	11	12	13	14	15	16	17	18	19	20	21	22	23	24	25	26	27	28	29			
	公曆5月							1	2	3	4	5	6	7	8	9	10	11	12	13	14	15	16	17	18	19	20	21	22	23	24	25	26	27	28	29	30	31

續表

月干支序數	星期 月序	日	1	2	3	4	5	6	日	1	2	3	4	5	6	日	1	2	3	4	5	6	日	1	2	3	4	5	6	日	1	2	3	4	5	6	日	1
43	夏曆五月							3	4	5	6	7	8	9	10	11	12	13	14	15	16	17	18	19	20	21	22	23	24	25	26	27	28	29	30	(58)	2	3
	回曆3、4月							1	2	3	4	5	6	7	8	9	10	11	12	13	14	15	16	17	18	19	20	21	22	23	24	25	26	27	28	29	30	1
	公曆6月			1	2	3	4	5	6	7	8	9	10	11	12	13	14	15	16	17	18	19	20	21	22	23	24	25	26	27	28	29	30					
44	夏曆六月			4	5	6	7	8	9	10	11	12	13	14	15	16	17	18	19	20	21	22	23	24	25	26	27	28	29	㉗	2	3	4					
	回曆5月			2	3	4	5	6	7	8	9	10	11	12	13	14	15	16	17	18	19	20	21	22	23	24	25	26	27	28	29	1	2					
	公曆7月					1	2	3	4	5	6	7	8	9	10	11	12	13	14	15	16	17	18	19	20	21	22	23	24	25	26	27	28	29	30	31		
45	夏曆七月					5	6	7	8	9	10	11	12	13	14	15	16	17	18	19	20	21	22	23	24	25	26	27	28	29	30	(57)	2	3	4	5		
	回曆6月					3	4	5	6	7	8	9	10	11	12	13	14	15	16	17	18	19	20	21	22	23	24	25	26	27	28	29	30	1	2	3		
	公曆8月	1	2	3	4	5	6	7	8	9	10	11	12	13	14	15	16	17	18	19	20	21	22	23	24	25	26	27	28	29	30	31						
46	夏曆八月	6	7	8	9	10	11	12	13	14	15	16	17	18	19	20	21	22	23	24	25	26	27	28	29	㉖	2	3	4	5	6	7						
	回曆7月	4	5	6	7	8	9	10	11	12	13	14	15	16	17	18	19	20	21	22	23	24	25	26	27	28	29	1	2	3	4	5						
	公曆9月				1	2	3	4	5	6	7	8	9	10	11	12	13	14	15	16	17	18	19	20	21	22	23	24	25	26	27	28	29	30				
47	夏曆九月				8	9	10	11	12	13	14	15	16	17	18	19	20	21	22	23	24	25	26	27	28	29	(55)	2	3	4	5	6	7	8				
	回曆8月				6	7	8	9	10	11	12	13	14	15	16	17	18	19	20	21	22	23	24	25	26	27	28	29	30	1	2	3	4	5				
	公曆10月						1	2	3	4	5	6	7	8	9	10	11	12	13	14	15	16	17	18	19	20	21	22	23	24	25	26	27	28	29	30	31	
48	夏曆十月						9	10	11	12	13	14	15	16	17	18	19	20	21	22	23	24	25	26	27	28	29	30	㉕	2	3	4	5	6	7	8	9	
	回曆9月						6	7	8	9	10	11	12	13	14	15	16	17	18	19	20	21	22	23	24	25	26	27	28	29	1	2	3	4	5	6	7	
	公曆11月		1	2	3	4	5	6	7	8	9	10	11	12	13	14	15	16	17	18	19	20	21	22	23	24	25	26	27	28	29	30						
49	夏曆十一月		10	11	12	13	14	15	16	17	18	19	20	21	22	23	24	25	26	27	28	29	(54)	2	3	4	5	6	7	8	9	10						
	回曆10月		8	9	10	11	12	13	14	15	16	17	18	19	20	21	22	23	24	25	26	27	28	29	30	1	2	3	4	5	6	7						
	公曆12月				1	2	3	4	5	6	7	8	9	10	11	12	13	14	15	16	17	18	19	20	21	22	23	24	25	26	27	28	29	30	31			
50	夏曆十二月				11	12	13	14	15	16	17	18	19	20	21	22	23	24	25	26	27	28	29	30	㉔	2	3	4	5	6	7	8	9	10	11			
	回曆11月				8	9	10	11	12	13	14	15	16	17	18	19	20	21	22	23	24	25	26	27	28	29	1	2	3	4	5	6	7	8	9			

舊新誌八月己酉，誤。

大事記

正月，以乾封錢行，物價踴貴，罷之。　二月，前於羌地所置諸州皆為吐蕃所破，悉罷之。　九月，李勣拔高句麗新城，又連下十六城。高句麗襲別軍，薛仁貴大破之於金山，拔三城。

是歲，海南僚陷瓊州。

唐紀年

干支戊辰　公元668年

朝代或國名	國家支配者	建都	廟號	謚號	建元	年號年次	輔政者	備注
唐	③李治	長安	高宗		14	6總章元年	閻立本等	3月庚寅改元
大蒙(南詔)	①蒙細奴邏	巍山	高祖	奇嘉王		20年		在雲南
吐蕃	②棄芒論芒贊	邏些				18年	祿東贊	
吐屯	①阿史那都支					7年		西突厥
回紇								
吐谷渾	⑱諾曷鉢					33年		青海省

月 干支 序數	星期 月序	日	1	2	3	4	5	6	日	1	2	3	4	5	6	日	1	2	3	4	5	6	日	1	2	3	4	5	6	日	1	2	3	4	5	6	日	1
	公曆 1 月							1	2	3	4	5	6	7	8	9	10	11	12	13	14	15	16	17	18	19	20	21	22	23	24	25	26	27	28	29	30	31
	夏曆閏十二月							12	13	14	15	16	17	18	19	20	21	22	23	24	25	26	27	28	29	(53)	2	3	4	5	6	7	8	9	10	11	12	13
	回曆 12 月							10	11	12	13	14	15	16	17	18	19	20	21	22	23	24	25	26	27	28	29	30	1	2	3	4	5	6	7	8	9	10
	公曆 2 月			1	2	3	4	5	6	7	8	9	10	11	12	13	14	15	16	17	18	19	20	21	22	23	24	25	26	27	28	29						
51	夏曆正月			14	15	16	17	18	19	20	21	22	23	24	25	26	27	28	29	30	㉓	2	3	4	5	6	7	8	9	10	11	12						
48 年閏	回曆 1 月			11	12	13	14	15	16	17	18	19	20	21	22	23	24	25	26	27	28	29	①	2	3	4	5	6	7	8	9	10						
	公曆 3 月				1	2	3	4	5	6	7	8	9	10	11	12	13	14	15	16	17	18	19	20	21	22	23	24	25	26	27	28	29	30	31			
52	夏曆二月				13	14	15	16	17	18	19	20	21	22	23	24	25	26	27	28	29	(52)	2	3	4	5	6	7	8	9	10	11	12	13	14			
	回曆 2 月				11	12	13	14	15	16	17	18	19	20	21	22	23	24	25	26	27	28	29	30	1	2	3	4	5	6	7	8	9	10	11			
	公曆 4 月							1	2	3	4	5	6	7	8	9	10	11	12	13	14	15	16	17	18	19	20	21	22	23	24	25	26	27	28	29	30	
53	夏曆三月							15	16	17	18	19	20	21	22	23	24	25	26	27	28	29	30	㉒	2	3	4	5	6	7	8	9	10	11	12	13	14	
	回曆 3 月							12	13	14	15	16	17	18	19	20	21	22	23	24	25	26	27	28	29	1	2	3	4	5	6	7	8	9	10	11	12	
	公曆 5 月		1	2	3	4	5	6	7	8	9	10	11	12	13	14	15	16	17	18	19	20	21	22	23	24	25	26	27	28	29	30	31					
54	夏曆四月		15	16	17	18	19	20	21	22	23	24	25	26	27	28	29	30	(52)	2	3	4	5	6	7	8	9	10	11	12	13	14	15					
	回曆 4 月		13	14	15	16	17	18	19	20	21	22	23	24	25	26	27	28	29	30	1	2	3	4	5	6	7	8	9	10	11	12	13					
	公曆 6 月					1	2	3	4	5	6	7	8	9	10	11	12	13	14	15	16	17	18	19	20	21	22	23	24	25	26	27	28	29	30			
55	夏曆五月					16	17	18	19	20	21	22	23	24	25	26	27	28	39	㉑	2	3	4	5	6	7	8	9	10	11	12	13	14	15	16			
	回曆 5 月					14	15	16	17	18	19	20	21	22	23	24	25	26	27	28	29	1	2	3	4	5	6	7	8	9	10	11	12	13	14			
	公曆 7 月							1	2	3	4	5	6	7	8	9	10	11	12	13	14	15	16	17	18	19	20	21	22	23	24	25	26	27	28	29	30	31
56	夏曆六月							17	18	19	20	21	22	23	24	25	26	27	28	29	30	(51)	2	3	4	5	6	7	8	9	10	11	12	13	14	15	16	17
	回曆 6 月							15	16	17	18	19	20	21	22	23	24	25	26	27	28	29	30	1	2	3	4	5	6	7	8	9	10	11	12	13	14	15
	公曆 8 月			1	2	3	4	5	6	7	8	9	10	11	12	13	14	15	16	17	18	19	20	21	22	23	24	25	26	27	28	29	30	31				
57	夏曆七月			18	19	20	21	22	23	24	25	26	27	28	29	⑳	2	3	4	5	6	7	8	9	10	11	12	13	14	15	16	17	18	19				
	回曆 7 月			16	17	18	19	20	21	22	23	24	25	26	27	28	29	1	2	3	4	5	6	7	8	9	10	11	12	13	14	15	16	17				
	公曆 9 月						1	2	3	4	5	6	7	8	9	10	11	12	13	14	15	16	17	18	19	20	21	22	23	24	25	26	27	28	29	30		
58	夏曆八月						20	21	22	23	24	25	26	27	28	29	30	㊿	2	3	4	5	6	7	8	9	10	11	12	13	14	15	16	17	18	19		
	回曆 8 月						18	19	20	21	22	23	24	25	26	27	28	29	30	1	2	3	4	5	6	7	8	9	10	11	12	13	14	15	16	17		
	公曆 10 月	1	2	3	4	5	6	7	8	9	10	11	12	13	14	15	16	17	18	19	20	21	22	23	24	25	26	27	28	29	30	31						
59	夏曆九月	20	21	22	23	24	25	26	27	28	29	⑲	2	3	4	5	6	7	8	9	10	11	12	13	14	15	16	17	18	19	20	21						
	回曆 9 月	18	19	20	21	22	23	24	25	26	27	28	29	1	2	3	4	5	6	7	8	9	10	11	12	13	14	15	16	17	18	19						
	公曆 11 月				1	2	3	4	5	6	7	8	9	10	11	12	13	14	15	16	17	18	19	20	21	22	23	24	25	26	27	28	29	30				
60	夏曆十月				22	23	24	25	26	27	28	29	30	㊾	2	3	4	5	6	7	8	9	10	11	12	13	14	15	16	17	18	19	20	21				
	回曆 10 月				20	21	22	23	24	25	26	27	28	29	30	1	2	3	4	5	6	7	8	9	10	11	12	13	14	15	16	17	18	19				
	公曆 12 月						1	2	3	4	5	6	7	8	9	10	11	12	13	14	15	16	17	18	19	20	21	22	23	24	25	26	27	28	29	30	31	
1	夏曆十一月						22	23	24	25	26	27	28	29	⑱	2	3	4	5	6	7	8	9	10	11	12	13	14	15	16	17	18	19	20	21	22	23	
	回曆 11 月						20	21	22	23	24	25	26	27	28	29	1	2	3	4	5	6	7	8	9	10	11	12	13	14	15	16	17	18	19	20	21	

大事記

二月，薛仁貴拔高句麗扶餘城，扶余川中四十餘城皆下；李勣又破高句麗兵於隆賀水，拔大行城。　三月，改元總章。　九月，李勣拔平壤，高句麗王臧降，俘泉男建及百濟王豐。凡下城百七十，戶六十九萬七千。置安東都護府於平壤，薛仁貴任安東都護。留兵二萬戍其地。　是歲，京師及山東、江、淮旱饑。

唐紀年

干支己巳　公元669年

朝代或國名	國家支配者	建　都	廟　號	謚·號	建　元	年號年次	輔 政 者	備　注
唐	③李　治	長安	高宗		14	6總章2年	閻立本等	
大蒙(南詔)	①蒙細奴邏	巍山	高祖	奇嘉王		21年		在雲南
吐蕃	②棄芒論芒贊	邏些				19年	祿東贊	
吐屯	①阿史那都支					8年		西突厥
回紇								
吐谷渾	⑱諾曷鉢					34年		青海省

月曆表

5382－355－1965801

月 干支 序數	星期 月序	日	1	2	3	4	5	6	日	1	2	3	4	5	6	日	1	2	3	4	5	6	日	1	2	3	4	5	6	日	1	2	3	4	5	6	日	1
	公曆1月		1	2	3	4	5	6	7	8	9	10	11	12	13	14	15	16	17	18	19	20	21	22	23	24	25	26	27	28	29	30	31					
2	夏曆十二月		24	25	26	27	28	29	30	㊽	2	3	4	5	6	7	8	9	10	11	12	13	14	15	16	17	18	19	20	21	22	23	24					
	回曆12月		22	23	24	25	26	27	28	29	30	1	2	3	4	5	6	7	8	9	10	11	12	13	14	15	16	17	18	19	20	21	22					
	公曆2月					1	2	3	4	5	6	7	8	9	10	11	12	13	14	15	16	17	18	19	20	21	22	23	24	25	26	27	28					
3	夏曆正月					25	26	27	28	29	⑰	2	3	4	5	6	7	8	9	10	11	12	13	14	15	16	17	18	19	20	21	22	23					
49年	回曆1月					23	24	25	26	27	28	29	30	①	2	3	4	5	6	7	8	9	10	11	12	13	14	15	16	17	18	19	20					
	公曆3月					1	2	3	4	5	6	7	8	9	10	11	12	13	14	15	16	17	18	19	20	21	22	23	24	25	26	27	28	29	30	31		
4	夏曆二月					24	25	26	27	28	29	30	㊼	2	3	4	5	6	7	8	9	10	11	12	13	14	15	16	17	18	19	20	21	22	23	24		
	回曆2月					21	22	23	24	25	26	27	28	29	30	1	2	3	4	5	6	7	8	9	10	11	12	13	14	15	16	17	18	19	29	21		
	公曆4月	1	2	3	4	5	6	7	8	9	10	11	12	13	14	15	16	17	18	19	20	21	22	23	24	25	26	27	28	29	30							
5	夏曆三月	25	26	27	28	29	⑯	2	3	4	5	6	7	8	9	10	11	12	13	14	15	16	17	18	19	20	21	22	23	24	25							
	回曆3月	22	23	24	25	26	27	28	29	1	2	3	4	5	6	7	8	9	10	11	12	13	14	15	16	17	18	19	20	21	22							
	公曆5月			1	2	3	4	5	6	7	8	9	10	11	12	13	14	15	16	17	18	19	20	21	22	23	24	25	26	27	28	29	30	31				
6	夏曆四月			26	27	28	29	30	㊻	2	3	4	5	6	7	8	9	10	11	12	13	14	15	16	17	18	19	20	21	22	23	24	25	26				
	回曆4月			23	24	25	26	27	28	29	30	1	2	3	4	5	6	7	8	9	10	11	12	13	14	15	16	17	18	19	20	21	22	23				
	公曆6月						1	2	3	4	5	6	7	8	9	10	11	12	13	14	15	16	17	18	19	20	21	22	23	24	25	26	27	28	29	30		
7	夏曆五月						27	28	29	⑮	2	3	4	5	6	7	8	9	10	11	12	13	14	15	16	17	18	19	20	21	22	23	24	25	26	27		
	回曆5月						24	25	26	27	28	29	1	2	3	4	5	6	7	8	9	10	11	12	13	14	15	16	17	18	19	20	21	22	23	24		
	公曆7月	1	2	3	4	5	6	7	8	9	10	11	12	13	14	15	16	17	18	19	20	21	22	23	24	25	26	27	28	29	30	31						
8	夏曆六月	28	29	30	㊺	2	3	4	5	6	7	8	9	10	11	12	13	14	15	16	17	18	19	20	21	22	23	24	25	26	27	28						
	回曆6月	25	26	27	28	29	30	1	2	3	4	5	6	7	8	9	10	11	12	13	14	15	16	17	18	19	20	21	22	23	24	25						
	公曆8月				1	2	3	4	5	6	7	8	9	10	11	12	13	14	15	16	17	18	19	20	21	22	23	24	25	26	27	28	29	30	31			
9	夏曆七月				29	⑭	2	3	4	5	6	7	8	9	10	11	12	13	14	15	16	17	18	19	20	21	22	23	24	25	26	27	28	29	30			
	回曆7月				26	27	28	29	1	2	3	4	5	6	7	8	9	10	11	12	13	14	15	16	17	18	19	20	21	22	23	24	25	26	27			
	公曆9月							1	2	3	4	5	6	7	8	9	10	11	12	13	14	15	16	17	18	19	20	21	22	23	24	25	26	27	28	29	30	
10	夏曆八月							㊹	2	3	4	5	6	7	8	9	10	11	12	13	14	15	16	17	18	19	20	21	22	23	24	25	26	27	28	29	30	
	回曆8月							28	29	30	1	2	3	4	5	6	7	8	9	10	11	12	13	14	15	16	17	18	19	20	21	22	23	24	25	26	27	
	公曆10月		1	2	3	4	5	6	7	8	9	10	11	12	13	14	15	16	17	18	19	20	21	22	23	24	25	26	27	28	29	30	31					
11 12	夏曆九 十月		⑭	2	3	4	5	6	7	8	9	10	11	12	13	14	15	16	17	18	19	20	21	22	23	24	25	26	27	28	29	㊸	2					
	回曆9月		28	29	1	2	3	4	5	6	7	8	9	10	11	12	13	14	15	16	17	18	19	20	21	22	23	24	25	26	27	28	29					
	公曆11月					1	2	3	4	5	6	7	8	9	10	11	12	13	14	15	16	17	18	19	20	21	22	23	24	25	26	27	28	29	30			
13	夏曆十一月					3	4	5	6	7	8	9	10	11	12	13	14	15	16	17	18	19	20	21	22	23	24	25	26	27	28	29	30	⑬	2			

續表

月 干支 序數	星期 月序	日	1	2	3	4	5	6	日	1	2	3	4	5	6	日	1	2	3	4	5	6	日	1	2	3	4	5	6	日	1	2	3	4	5	6	日	1
	回曆 10 月					30	1	2	3	4	5	6	7	8	9	10	11	12	13	14	15	16	17	18	19	20	21	22	23	24	25	26	27	28	29			
	公曆 12 月							1	2	3	4	5	6	7	8	9	10	11	12	13	14	15	16	17	18	19	20	21	22	23	24	25	26	27	28	29	30	31
14	夏曆十二月							3	4	5	6	7	8	9	10	11	12	13	14	15	16	17	18	19	20	21	22	23	24	25	26	27	28	29	30	㊸	2	3
	回曆 11、12 月							1	2	3	4	5	6	7	8	9	10	11	12	13	14	15	16	17	18	19	20	21	22	23	24	25	26	27	28	29	30	1

大事記

四月，徙高句麗戶三萬八千二百於江、淮之南及山南、京西諸州，留其貧弱者守安東。　七月，冀州大雨，毀屋一萬四千三百九十區，害田四千四百九十六頃。　八月，改瀚海都護府為安北。　九月，大風海溢，漂永嘉、安固六千餘家。　十一月，發九州人伕轉運太原倉粟入京。　十二月，裴行儉等定銓注法，後為永制。李勣卒(594—669)。

唐紀年

干支庚午　公元 670 年

朝代或國名	國家支配者	建都	廟號	謚號	建元	年號年次	輔政者	備注
唐	③李治	長安	高宗		14	7 咸亨元年	閻立本等	三月朔改元
大蒙(南詔)	①蒙細奴邏	巍山	高祖	奇嘉王		22 年		在雲南
吐蕃	②棄芒論芒贊	邏些				20 年	論欽陵	
吐屯	①阿史那都支					9 年		西突厥
回紇								
吐谷渾	⑱諾曷鉢					35 年		青海省

月曆表

5383—384—1966185

月 干支 序數	星期 月序	日	1	2	3	4	5	6	日	1	2	3	4	5	6	日	1	2	3	4	5	6	日	1	2	3	4	5	6	日	1	2	3	4	5	6	日	1
	公曆 1 月			1	2	3	4	5	6	7	8	9	10	11	12	13	14	15	16	17	18	19	20	21	22	23	24	25	26	27	28	29	30	31				
15	夏曆正月			4	5	6	7	8	9	10	11	12	13	14	15	16	17	18	19	20	21	22	23	24	25	26	27	28	29	⑫	2	3	4	5				
50 年	回曆 1 月			2	3	4	5	6	7	8	9	10	11	12	13	14	15	16	17	18	19	20	21	22	23	24	25	26	27	28	29	①	2	3				
	公曆 2 月						1	2	3	4	5	6	7	8	9	10	11	12	13	14	15	16	17	18	19	20	21	22	23	24	25	26	27	28				
16	夏曆二月						6	7	8	9	10	11	12	13	14	15	16	17	18	19	20	21	22	23	24	25	26	27	28	29	㊶	2	3	4				
	回曆 2 月						4	5	6	7	8	9	10	11	12	13	14	15	16	17	18	19	20	21	22	23	24	25	26	27	28	29	30	1				
	公曆 3 月						1	2	3	4	5	6	7	8	9	10	11	12	13	14	15	16	17	18	19	20	21	22	23	24	25	26	27	28	29	30	31	
17	夏曆三月						5	6	7	8	9	10	11	12	13	14	15	16	17	18	19	20	21	22	23	24	25	26	27	28	29	30	⑪	2	3	4	5	
	回曆 3 月						2	3	4	5	6	7	8	9	10	11	12	13	14	15	16	17	18	19	20	21	22	23	24	25	26	27	28	29	1	2	3	
	公曆 4 月		1	2	3	4	5	6	7	8	9	10	11	12	13	14	15	16	17	18	19	20	21	22	23	24	25	26	27	28	29	30						
18	夏曆四月		6	7	8	9	10	11	12	13	14	15	16	17	18	19	20	21	22	23	24	25	26	27	28	29	㊵	2	3	4	5	6						
	回曆 4 月		4	5	6	7	8	9	10	11	12	13	14	15	16	17	18	19	20	21	22	23	24	25	26	27	28	29	30	1	2	3						
	公曆 5 月				1	2	3	4	5	6	7	8	9	10	11	12	13	14	15	16	17	18	19	20	21	22	23	24	25	26	27	28	29	30	31			
19	夏曆五月				7	8	9	10	11	12	13	14	15	16	17	18	19	20	21	22	23	24	25	26	27	28	29	30	⑩	2	3	4	5	6	7			
	回曆 5 月				4	5	6	7	8	9	10	11	12	13	14	15	16	17	18	19	20	21	22	23	24	25	26	27	28	29	1	2	3	4	5			
	公曆 6 月							1	2	3	4	5	6	7	8	9	10	11	12	13	14	15	16	17	18	19	20	21	22	23	24	25	26	27	28	29	30	

續表

月干支序數	月序 星期	日	1	2	3	4	5	6	日	1	2	3	4	5	6	日	1	2	3	4	5	6	日	1	2	3	4	5	6	日	1	2	3	4	5	6	日	1
20	夏曆六月							8	9	10	11	12	13	14	15	16	17	18	19	20	21	22	23	24	25	26	27	28	29	㊴	2	3	4	5	6	7	8	
	回曆6月							6	7	8	9	10	11	12	13	14	15	16	17	18	19	20	21	22	23	24	25	26	27	28	29	30	1	2	3	4	5	
	公曆7月		1	2	3	4	5	6	7	8	9	10	11	12	13	14	15	16	17	18	19	20	21	22	23	24	25	26	27	28	29	30	31					
21	夏曆七月		9	10	11	12	13	14	15	16	17	18	19	20	21	22	23	24	25	26	27	28	29	30	⑨	2	3	4	5	6	7	8	9					
	回曆7月		6	7	8	9	10	11	12	13	14	15	16	17	18	19	20	21	22	23	24	25	26	27	28	29	1	2	3	4	5	6	7					
	公曆8月					1	2	3	4	5	6	7	8	9	10	11	12	13	14	15	16	17	18	19	20	21	22	23	24	25	26	27	28	29	30	31		
22	夏曆八月					10	11	12	13	14	15	16	17	18	19	20	21	22	23	24	25	26	27	28	29	㊳	2	3	4	5	6	7	8	9	10	11		
	回曆8月					8	9	10	11	12	13	14	15	16	17	18	19	20	21	22	23	24	25	26	27	28	29	30	1	2	3	4	5	6	7	8		
	公曆9月	1	2	3	4	5	6	7	8	9	10	11	12	13	14	15	16	17	18	19	20	21	22	23	24	25	26	27	28	29	30							
23	夏曆九月	12	13	14	15	16	17	18	19	20	21	22	23	24	25	26	27	28	29	30	⑧	2	3	4	5	6	7	8	9	10	11							
	回曆9月	9	10	11	12	13	14	15	16	17	18	19	20	21	22	23	24	25	26	27	28	29	1	2	3	4	5	6	7	8	9							
	公曆10月			1	2	3	4	5	6	7	8	9	10	11	12	13	14	15	16	17	18	19	20	21	22	23	24	25	26	27	28	29	30	31				
	夏曆閏九月			12	13	14	15	16	17	18	19	20	21	22	23	24	25	26	27	28	29	30	㊳	2	3	4	5	6	7	8	9	10	11	12				
	回曆10月			10	11	12	13	14	15	16	17	18	19	20	21	22	23	24	25	26	27	28	29	30	1	2	3	4	5	6	7	8	9	10				
	公曆11月						1	2	3	4	5	6	7	8	9	10	11	12	13	14	15	16	17	18	19	20	21	22	23	24	25	26	27	28	29	30		
24	夏曆十月						13	14	15	16	17	18	19	20	21	22	23	24	25	26	27	28	29	⑦	2	3	4	5	6	7	8	9	10	11	12	13		
	回曆11月						11	12	13	14	15	16	17	18	19	20	21	22	23	24	25	26	27	28	29	1	2	3	4	5	6	7	8	9	10	11		
	公曆12月	1	2	3	4	5	6	7	8	9	10	11	12	13	14	15	16	17	18	19	20	21	22	23	24	25	26	27	28	29	30	31						
25	夏曆十一月	14	15	16	17	18	19	20	21	22	23	24	25	26	27	28	29	30	㊲	2	3	4	5	6	7	8	9	10	11	12	13	14						
	回曆12月	12	13	14	15	16	17	18	19	20	21	22	23	24	25	26	27	28	29	30	1	2	3	4	5	6	7	8	9	10	11	12						

大事記

正月，於遼東地置州縣。　三月，改元咸亨。　四月，以吐蕃陷西域十八州，又結于闐陷龜兹、拔換城，罷龜兹、于闐、焉耆、疏勒四鎮；遣薛仁貴等擊吐蕃，且援吐谷渾還故地。高句麗劍牟岑起事，遣高侃擊之。　八月，薛仁貴等擊吐蕃，大敗於大非川，吐谷渾盡沒，餘衆盡遷靈州。與吐蕃約和而返。　十月，詔官名皆復舊。

是歲，天下四十餘州旱及霜蝗，百姓饑乏，詔令任往諸州逐食，仍轉江南租米賑給。獅子國遣使來唐。

唐紀年

干支辛未　公元671年

朝代或國名	國家支配者	建都	廟號	謚號	建元	年號年次	輔政者	備注
唐	③李治	長安	高宗		14	7咸亨2年	閻立本等	
大蒙(南詔)	①蒙細奴邏	巍山	高祖	奇嘉王		23年		在雲南
吐蕃	②棄芒論芒贊	邏些				21年	論欽陵	
吐屯	①阿史那都支					10年		西突厥
回紇								
吐谷渾	⑱諾曷鉢					36年		青海省

月 曆 表

5384—355—1966540

月干支序數	星期／月序	日	1	2	3	4	5	6	日	1	2	3	4	5	6	日	1	2	3	4	5	6	日	1	2	3	4	5	6	日	1	2	3	4	5	6	日	1
	公曆 1 月				1	2	3	4	5	6	7	8	9	10	11	12	13	14	15	16	17	18	19	20	21	22	23	24	25	26	27	28	29	30	31			
26	夏曆十二月				15	16	17	18	19	20	21	22	23	24	25	26	27	28	29	30	⑦	2	3	4	5	6	7	8	9	10	11	12	13	14	15			
51 年閏	回曆 1 月				13	14	15	16	17	18	19	20	21	22	23	24	25	26	27	28	29	①	2	3	4	5	6	7	8	9	10	11	12	13	14			
	公曆 2 月							1	2	3	4	5	6	7	8	9	10	11	12	13	14	15	16	17	18	19	20	21	22	23	24	25	26	27	28			
27	夏曆正月							16	17	18	19	20	21	22	23	24	25	26	27	28	29	㊱	2	3	4	5	6	7	8	9	10	11	12	13	14			
	回曆 2 月							15	16	17	18	19	20	21	22	23	24	25	26	27	28	29	30	1	2	3	4	5	6	7	8	9	10	11	12			
	公曆 3 月							1	2	3	4	5	6	7	8	9	10	11	12	13	14	15	16	17	18	19	20	21	22	23	24	25	26	27	28	29	30	31
28	夏曆二月							15	16	17	18	19	20	21	22	23	24	25	26	27	28	29	⑤	2	3	4	5	6	7	8	9	10	11	12	13	14	15	16
	回曆 3 月							13	14	15	16	17	18	19	20	21	22	23	24	25	26	27	28	29	1	2	3	4	5	6	7	8	9	10	11	12	13	14
	公曆 4 月			1	2	3	4	5	6	7	8	9	10	11	12	13	14	15	16	17	18	19	20	21	22	23	24	25	26	27	28	29	30					
29	夏曆三月			17	18	19	20	21	22	23	24	25	26	27	28	29	30	㉟	2	3	4	5	6	7	8	9	10	11	12	13	14	15	16					
	回曆 4 月			15	16	17	18	19	20	21	22	23	24	25	26	27	28	29	30	1	2	3	4	5	6	7	8	9	10	11	12	13	14					
	公曆 5 月					1	2	3	4	5	6	7	8	9	10	11	12	13	14	15	16	17	18	19	20	21	22	23	24	25	26	27	28	29	30	31		
30	夏曆四月					17	18	19	20	21	22	23	24	25	26	27	28	29	④	2	3	4	5	6	7	8	9	10	11	12	13	14	15	16	17	18		
	回曆 5 月					15	16	17	18	19	20	21	22	23	24	25	26	27	28	29	1	2	3	4	5	6	7	8	9	10	11	12	13	14	15	16		
	公曆 6 月	1	2	3	4	5	6	7	8	9	10	11	12	13	14	15	16	17	18	19	20	21	22	23	24	25	26	27	28	29	30							
31	夏曆五月	19	20	21	22	23	24	25	26	27	28	29	㉝	2	3	4	5	6	7	8	9	10	11	12	13	14	15	16	17	18	19							
	回曆 6 月	17	18	19	20	21	22	23	24	25	26	27	28	29	30	1	2	3	4	5	6	7	8	9	10	11	12	13	14	15	16							
	公曆 7 月			1	2	3	4	5	6	7	8	9	10	11	12	13	14	15	16	17	18	19	20	21	22	23	24	25	26	27	28	29	30	31				
32	夏曆六月			20	21	22	23	24	25	26	27	28	29	30	③	2	3	4	5	6	7	8	9	10	11	12	13	14	15	16	17	18	19	20				
	回曆 7 月			17	18	19	20	21	22	23	24	25	26	27	28	29	1	2	3	4	5	6	7	8	9	10	11	12	13	14	15	16	17	18				
	公曆 8 月						1	2	3	4	5	6	7	8	9	10	11	12	13	14	15	16	17	18	19	20	21	22	23	24	25	26	27	28	29	30	31	
33	夏曆七月						21	22	23	24	25	26	27	28	29	㉜	2	3	4	5	6	7	8	9	10	11	12	13	14	15	16	17	18	19	20	21	22	
	回曆 8 月						19	20	21	22	23	24	25	26	27	28	29	30	1	2	3	4	5	6	7	8	9	10	11	12	13	14	15	16	17	18	19	
	公曆 9 月		1	2	3	4	5	6	7	8	9	10	11	12	13	14	15	16	17	18	19	20	21	22	23	24	25	26	27	28	29	30						
34	夏曆八月		23	24	25	26	27	28	29	30	②	2	3	4	5	6	7	8	9	10	11	12	13	14	15	16	17	18	19	20	21	22						
	回曆 9 月		20	21	22	23	24	25	26	27	28	29	1	2	3	4	5	6	7	8	9	10	11	12	13	14	15	16	17	18	19	20						
	公曆 10 月				1	2	3	4	5	6	7	8	9	10	11	12	13	14	15	16	17	18	19	20	21	22	23	24	25	26	27	28	29	30	31			
35	夏曆九月				23	24	25	26	27	28	29	30	㉜	2	3	4	5	6	7	8	9	10	11	12	13	14	15	16	17	18	19	20	21	22	23			
	回曆 10 月				21	22	23	24	25	26	27	28	29	30	1	2	3	4	5	6	7	8	9	10	11	12	13	14	15	16	17	18	19	20	21			
	公曆 11 月							1	2	3	4	5	6	7	8	9	10	11	12	13	14	15	16	17	18	19	20	21	22	23	24	25	26	27	28	29	30	
36	夏曆十月							24	25	26	27	28	29	①	2	3	4	5	6	7	8	9	10	11	12	13	14	15	16	17	18	19	20	21	2	23	24	
	回曆 11 月							22	23	24	25	26	27	28	29	1	2	3	4	5	6	7	8	9	10	11	12	13	14	15	16	17	18	19	20	21	22	
	公曆 12 月		1	2	3	4	5	6	7	8	9	10	11	12	13	14	15	16	17	18	19	20	21	22	23	24	25	26	27	28	29	30	31					
37	夏曆十一月		25	26	27	28	29	30	㉛	2	3	4	5	6	7	8	9	10	11	12	13	14	15	16	17	18	19	20	21	22	23	24	25					
	回曆 12 月		23	24	25	26	27	28	29	30	1	2	3	4	5	6	7	8	9	10	11	12	13	14	15	16	17	18	19	20	21	22	23					

大事記

四月，以西突厥阿史那都支為匐延都督，安集五咄陸。　七月，高侃破高句麗餘衆於安市城。　是歲，義淨浮海赴印度。

唐紀年

干支壬申　公元672年

朝代或國名	國家支配者	建都	廟號	謚號	建元	年號年次	輔政者	備注
唐	③李　治	長安	高宗		14	7咸亨3年	閻立本等	
大蒙(南詔)	①蒙細奴邏	巍山	高祖	奇嘉王		24年		在雲南
吐蕃	②棄芒論芒贊	邏些				22年	論欽陵	
吐屯	①阿史那都支					11年		西突厥
回紇								
吐谷渾	⑱諾曷鉢					37年		青海省

月曆表

5385—354—1966894

月干支序數	月序＼星期	日	1	2	3	4	5	6	日	1	2	3	4	5	6	日	1	2	3	4	5	6	日	1	2	3	4	5	6	日	1	2	3	4	5	6	日	1
	公暦1月					1	2	3	4	5	6	7	8	9	10	11	12	13	14	15	16	17	18	19	20	21	22	23	24	25	26	27	28	29	30	31		
38	夏暦十二月					26	27	28	29	30	①	2	3	4	5	6	7	8	9	10	11	12	13	14	15	16	17	18	19	20	21	22	23	24	25	26		
52年	回暦1月					24	25	26	27	28	29	30	①	2	3	4	5	6	7	8	9	10	11	12	13	14	15	16	17	18	19	20	21	22	23	24		
	公暦2月	1	2	3	4	5	6	7	8	9	10	11	12	13	14	15	16	17	18	19	20	21	22	23	24	25	26	27	28	29								
39	夏暦正月	27	28	29	30	㉛	2	3	4	5	6	7	8	9	10	11	12	13	14	15	16	17	18	19	20	21	22	23	24	25								
	回暦2月	25	26	27	28	29	30	1	2	3	4	5	6	7	8	9	10	11	12	13	14	15	16	17	18	19	20	21	22	23								
	公暦3月		1	2	3	4	5	6	7	8	9	10	11	12	13	14	15	16	17	18	19	20	21	22	23	24	25	26	27	28	29	30	31					
40	夏暦二月		26	27	28	29	(60)	2	3	4	5	6	7	8	9	10	11	12	13	14	15	16	17	18	19	20	21	22	23	24	25	26	27					
	回暦3月		24	25	26	27	28	29	1	2	3	4	5	6	7	8	9	10	11	12	13	14	15	16	17	18	19	20	21	22	23	24	25					
	公暦4月					1	2	3	4	5	6	7	8	9	10	11	12	13	14	15	16	17	18	19	20	21	22	23	24	25	26	27	28	29	30			
41	夏暦三月					28	29	30	㉚	2	3	4	5	6	7	8	9	10	11	12	13	14	15	16	17	18	19	20	21	22	23	24	25	26	27			
	回暦4月					26	27	28	29	30	1	2	3	4	5	6	7	8	9	10	11	12	13	14	15	16	17	18	19	20	21	22	23	24	25			
	公暦5月							1	2	3	4	5	6	7	8	9	10	11	12	13	14	15	16	17	18	19	20	21	22	23	24	25	26	27	28	29	30	31
42	夏暦四月							28	29	(59)	2	3	4	5	6	7	8	9	10	11	12	13	14	15	16	17	18	19	20	21	22	23	24	25	26	27	28	29
	回暦5月							26	27	28	29	1	2	3	4	5	6	7	8	9	10	11	12	13	14	15	16	17	18	19	20	21	22	23	24	25	26	27
	公暦6月			1	2	3	4	5	6	7	8	9	10	11	12	13	14	15	16	17	18	19	20	21	22	23	24	25	26	27	28	29	30					
43 44	夏暦五/六月			㉘	2	3	4	5	6	7	8	9	10	11	12	13	14	15	16	17	18	19	20	21	22	23	24	25	26	27	28	29	(57)					
	回暦6月			28	29	30	1	2	3	4	5	6	7	8	9	10	11	12	13	14	15	16	17	18	19	20	21	22	23	24	25	26	27					
	公暦7月					1	2	3	4	5	6	7	8	9	10	11	12	13	14	15	16	17	18	19	20	21	22	23	24	25	26	27	28	29	30	31		
45	夏暦七月					2	3	4	5	6	7	8	9	10	11	12	13	14	15	16	17	18	19	20	21	22	23	24	25	26	27	28	29	30	㉗	2		
	回暦7月					28	29	1	2	3	4	5	6	7	8	9	10	11	12	13	14	15	16	17	18	19	20	21	22	23	24	25	26	27	28	29		
	公暦8月	1	2	3	4	5	6	7	8	9	10	11	12	13	14	15	16	17	18	19	20	21	22	23	24	25	26	27	28	29	30	31						
46	夏暦八月	3	4	5	6	7	8	9	10	11	12	13	14	15	16	17	18	19	20	21	22	23	24	25	26	27	28	29	(56)	2	3	4						
	回暦8、9月	30	1	2	3	4	5	6	7	8	9	10	11	12	13	14	15	16	17	18	19	20	21	22	23	24	25	26	27	28	29	1						
	公暦9月				1	2	3	4	5	6	7	8	9	10	11	12	13	14	15	16	17	18	19	20	21	22	23	24	25	26	27	28	29	30				
47	夏暦九月				5	6	7	8	9	10	11	12	13	14	15	16	17	18	19	20	21	22	23	24	25	26	27	28	29	30	㉖	2	3	4				
	回暦10月				2	3	4	5	6	7	8	9	10	11	12	13	14	15	16	17	18	19	20	21	22	23	24	25	26	27	28	29	30	1				
	公暦10月						1	2	3	4	5	6	7	8	9	10	11	12	13	14	15	16	17	18	19	20	21	22	23	24	25	26	27	28	29	30	31	
48	夏暦十月						5	6	7	8	9	10	11	12	13	14	15	16	17	18	19	20	21	22	23	24	25	26	27	28	29	(55)	2	3	4	5	6	
	回暦11月						2	3	4	5	6	7	8	9	10	11	12	13	14	15	16	17	18	19	20	21	22	23	24	25	26	27	28	29	1	2	3	
	公暦11月		1	2	3	4	5	6	7	8	9	10	11	12	13	14	15	16	17	18	19	20	21	22	23	24	25	26	27	28	29	30						

續表

月干支序數	月序＼星期	日	1	2	3	4	5	6	日	1	2	3	4	5	6	日	1	2	3	4	5	6	日	1	2	3	4	5	6	日	1	2	3	4	5	6	日	1
49	夏曆十一月		7	8	9	10	11	12	13	14	15	16	17	18	19	20	21	22	23	24	25	26	27	28	29	30	㉕	2	3	4	5	6						
	回曆 12 月		4	5	6	7	8	9	10	11	12	13	14	15	16	17	18	19	20	21	22	23	24	25	26	27	28	29	30	1	2	3						
	公曆 12 月				1	2	3	4	5	6	7	8	9	10	11	12	13	14	15	16	17	18	19	20	21	22	23	24	25	26	27	28	29	30	31			
50	夏曆十二月				7	8	9	10	11	12	13	14	15	16	17	18	19	20	21	22	23	24	25	26	27	28	29	30	㊿55	2	3	4	5	6	7			
53 年	回曆 1 月				4	5	6	7	8	9	10	11	12	13	14	15	16	17	18	19	20	21	22	23	24	25	26	27	28	29	①	2	3	4	5			

大事記

正月，姚州蠻起事，遣梁積壽擊之。昆明蠻十四姓、二萬三千戶來降，置殷、敦、總三州。　二月，徙吐谷渾於州，旋又徙靈州，以其部落置安樂州，可汗諾曷鉢為刺史，其故地皆入於吐蕃。　四月，吐蕃貢使來，遣使報聘。　六月，於洛州柏崖置倉。　十二月，高偘破高句麗餘衆於白水山，又敗新羅援高句麗之師。

唐紀年

干支癸酉　公元 673 年

朝代或國名	國家支配者	建都	廟號	謚號	建元	年號年次	輔政者	備注
唐	③李治	長安	高宗		14	7 咸亨 4 年	閻立本等	
大蒙(南詔)	①蒙細奴邏	巍山	高祖	奇嘉王		25 年		在雲南
吐蕃	②棄芒論芒贊	邏些				23 年	論欽陵	
吐屯	①阿史那都支					12 年		西突厥
回紇								
吐谷渾	⑱諾曷鉢					38 年		青海省

月曆表

5386—384—1967278

月干支序數	月序＼星期	日	1	2	3	4	5	6	日	1	2	3	4	5	6	日	1	2	3	4	5	6	口	1	2	3	4	5	6	日	1	2	3	4	5	6	日	1
	公曆 1 月							1	2	3	4	5	6	7	8	9	10	11	12	13	14	15	16	17	18	19	20	21	22	23	24	25	26	27	28	29	30	31
51	夏曆正月							8	9	10	11	12	13	14	15	16	17	18	19	20	21	22	23	24	25	26	27	28	29	30	㉕	2	3	4	5	6	7	8
	回曆 2 月							6	7	8	9	10	11	12	13	14	15	16	17	18	19	20	21	22	23	24	25	26	27	28	29	30	1	2	3	4	5	6
	公曆 2 月			1	2	3	4	5	6	7	8	9	10	11	12	13	14	15	16	17	18	19	20	21	22	23	24	25	26	27	28							
52	夏曆二月			9	10	11	12	13	14	15	16	17	18	19	20	21	22	23	24	25	26	27	28	29	㊹54	2	3	4	5	6	7							
	回曆 3 月			7	8	9	10	11	12	13	14	15	16	17	18	19	20	21	22	23	24	25	26	27	28	29	1	2	3	4	5							
	公曆 3 月			1	2	3	4	5	6	7	8	9	10	11	12	13	14	15	16	17	18	19	20	21	22	23	24	25	26	27	28	29	30	31				
53	夏曆三月			8	9	10	11	12	13	14	15	16	17	18	19	20	21	22	23	24	25	26	27	28	29	30	㉔	2	3	4	5	6	7	8				
	回曆 4 月			6	7	8	9	10	11	12	13	14	15	16	17	18	19	20	21	22	23	24	25	26	27	28	29	30	1	2	3	4	5	6				
	公曆 4 月						1	2	3	4	5	6	7	8	9	10	11	12	13	14	15	16	17	18	19	20	21	22	23	24	25	26	27	28	29	30		
54	夏曆四月						9	10	11	12	13	14	15	16	17	18	19	20	21	22	23	24	25	26	27	28	29	㊸53	2	3	4	5	6	7	8	9		
	回曆 5 月						7	8	9	10	11	12	13	14	15	16	17	18	19	20	21	22	23	24	25	26	27	28	29	1	2	3	4	5	6	7		
	公曆 5 月	1	2	3	4	5	6	7	8	9	10	11	12	13	14	15	16	17	18	19	20	21	22	23	24	25	26	27	28	29	30	31						
55	夏曆五月	10	11	12	13	14	15	16	17	18	19	20	21	22	23	24	25	26	27	28	29	30	㉓	2	3	4	5	6	7	8	9	10						
	回曆 6 月	8	9	10	11	12	13	14	15	16	17	18	19	20	21	22	23	24	25	26	27	28	29	30	1	32	3	4	5	6	7	8						
	公曆 6 月				1	2	3	4	5	6	7	8	9	10	11	12	13	14	15	16	17	18	19	20	21	22	23	24	25	26	27	28	29	30				

續表

月 干支 序數	月序＼星期	日	1	2	3	4	5	6	日	1	2	3	4	5	6	日	1	2	3	4	5	6	日	1	2	3	4	5	6	日	1	2	3	4	5	6	日	1
	夏曆閏五月				11	12	13	14	15	16	17	18	19	20	21	22	23	24	25	26	27	28	29	(52)	2	3	4	5	6	7	8	9	10	11				
	回曆7月				9	10	11	12	13	14	15	16	17	18	19	20	21	22	23	24	25	26	27	28	29	1	2	3	4	5	6	7	8	9				
	公曆7月						1	2	3	4	5	6	7	8	9	10	11	12	13	14	15	16	17	18	19	20	21	22	23	24	25	26	27	28	29	30	31	
56	夏曆六月						12	13	14	15	16	17	18	19	20	21	22	23	24	25	26	27	28	29	㉑	2	3	4	5	6	7	8	9	10	11	12	13	
	回曆8月						10	11	12	13	14	15	16	17	18	19	20	21	22	23	24	25	26	27	28	29	30	1	2	3	4	5	6	7	8	9	10	
	公曆8月		1	2	3	4	5	6	7	8	9	10	11	12	13	14	15	16	17	18	19	20	21	22	23	24	25	26	27	28	29	30	31					
57	夏曆七月		14	15	16	17	18	19	20	21	22	23	24	25	26	27	28	29	30	(51)	2	3	4	5	6	7	8	9	10	11	12	13	14					
	回曆9月		11	12	13	14	15	16	17	18	19	20	21	22	23	24	25	26	27	28	29	1	2	3	4	5	6	7	8	9	10	11	12					
	公曆9月					1	2	3	4	5	6	7	8	9	10	11	12	13	14	15	16	17	18	19	20	21	22	23	24	25	26	27	28	29	30			
58	夏曆八月					15	16	17	18	19	20	21	22	23	24	25	26	27	28	29	⑳	2	3	4	5	6	7	8	9	10	11	12	13	14	15			
	回曆10月					13	14	15	16	17	18	19	20	21	22	23	24	25	26	27	28	29	30	1	2	3	4	5	6	7	8	9	10	11	12			
	公曆10月							1	2	3	4	5	6	7	8	9	10	11	12	13	14	15	16	17	18	19	20	21	22	23	24	25	26	27	28	29	30	31
59	夏曆九月							16	17	18	19	20	21	22	23	24	25	26	27	28	29	30	㊿	2	3	4	5	6	7	8	9	10	11	12	13	14	15	16
	回曆11月							13	14	15	16	17	18	19	20	21	22	23	24	25	26	27	28	29	1	2	3	4	5	6	7	8	9	10	11	12	13	14
	公曆11月			1	2	3	4	5	6	7	8	9	10	11	12	13	14	15	16	17	18	19	20	21	22	23	24	25	26	27	28	29	30					
60	夏曆十月			17	18	19	20	21	22	23	24	25	26	27	28	29	⑲	2	3	4	5	6	7	8	9	10	11	12	13	14	15	16	17					
	回曆12月			15	16	17	18	19	20	21	22	23	24	25	26	27	28	29	30	1	2	3	4	5	6	7	8	9	10	11	12	13	14					
	公曆12月					1	2	3	4	5	6	7	8	9	10	11	12	13	14	15	16	17	18	19	20	21	22	23	24	25	26	27	28	29	30	31		
1	夏曆十一月					18	19	20	21	22	23	24	25	26	27	28	29	30	㊾	2	3	4	5	6	7	8	9	10	11	12	13	14	15	16	17	18		
54年閏	回曆1月					15	16	17	18	19	20	21	22	23	24	25	26	27	28	29	①	2	3	4	5	6	7	8	9	10	11	12	13	14	15	16		

大事記

三月，詔劉仁軌修改國史。　閏五月，燕山道總管靺鞨人李謹行大破高句麗餘衆於瓠盧河，殘部皆奔新羅。　十月，閻立本卒，立本為當時名畫家。　十二月，弓月、疏勒二王來降。

唐紀年

干支甲戌　公元674年

朝代或國名	國家支配者	建都	廟號	謚號	建元	年號年次	輔政者	備注
唐	③李治	長安	高宗		14	8上元元年	劉仁軌等	八月壬辰改元
大蒙(南詔)	②蒙邏盛炎	巍山	世宗	興宗王	1	元年		在雲南
吐蕃	②棄芒論芒贊	邏些				24年	論欽陵	
吐屯	①阿史那都支					13年		西突厥
回紇								
吐谷渾	⑱諾曷鉢					39年		青海省

月曆表

5387－354－1967632

月 干支 序數	月序＼星期	日	1	2	3	4	5	6	日	1	2	3	4	5	6	日	1	2	3	4	5	6	日	1	2	3	4	5	6	日	1	2	3	4	5	6	日	1
	公曆1月	1	2	3	4	5	6	7	8	9	10	11	12	13	14	15	16	17	18	19	20	21	22	23	24	25	26	27	28	29	30	31						
2	夏曆十二月	19	20	21	22	23	24	25	26	27	28	29	30	⑲	2	3	4	5	6	7	8	9	10	11	12	13	14	15	16	17	18	19						
	回曆2月	17	18	19	20	21	22	23	24	25	26	27	28	29	30	1	2	3	4	5	6	7	8	9	10	11	12	13	14	15	16	17						

續表

月干支序數	星期 月序	日	1	2	3	4	5	6	日	1	2	3	4	5	6	日	1	2	3	4	5	6	日	1	2	3	4	5	6	日	1	2	3	4	5	6	日	1
	公曆2月				1	2	3	4	5	6	7	8	9	10	11	12	13	14	15	16	17	18	19	20	21	22	23	24	25	26	27	28						
3	夏曆正月				20	21	22	23	24	25	26	27	28	29	30	㊾	2	3	4	5	6	7	8	9	10	11	12	13	14	15	16	17						
	回曆3月				18	19	20	21	22	23	24	25	26	27	28	29	1	2	3	4	5	6	7	8	9	10	11	12	13	14	15	16						
	公曆3月				1	2	3	4	5	6	7	8	9	10	11	12	13	14	15	16	17	18	19	20	21	22	23	24	25	26	27	28	29	30	31			
4	夏曆二月				18	19	20	21	22	23	24	25	26	27	28	29	⑱	2	3	4	5	6	7	8	9	10	11	12	13	14	15	16	17	18	19			
	回曆4月				17	18	19	20	21	22	23	24	25	26	27	28	29	30	1	2	3	4	5	6	7	8	9	10	11	12	13	14	15	16	17			
	公曆4月							1	2	3	4	5	6	7	8	9	10	11	12	13	14	15	16	17	18	19	20	21	22	23	24	25	26	27	28	29	30	
5	夏曆三月							20	21	22	23	24	25	26	27	28	29	30	㊽	2	3	4	5	6	7	8	9	10	11	12	13	14	15	16	17	18	19	
	回曆5月							18	19	20	21	22	23	24	25	26	27	28	29	1	2	3	4	5	6	7	8	9	10	11	12	13	14	15	16	17	18	
	公曆5月		1	2	3	4	5	6	7	8	9	10	11	12	13	14	15	16	17	18	19	20	21	22	23	24	25	26	27	28	29	30	31					
6	夏曆四月		20	21	22	23	24	25	26	27	28	29	⑰	2	3	4	5	6	7	8	9	10	11	12	13	14	15	16	17	18	19	20	21					
	回曆6月		19	20	21	22	23	24	25	26	27	28	29	30	1	2	3	4	5	6	7	8	9	10	11	12	13	14	15	16	17	18	19					
	公曆6月					1	2	3	4	5	6	7	8	9	10	11	12	13	14	15	16	17	18	19	20	21	22	23	24	25	26	27	28	29	30			
7	夏曆五月					22	23	24	25	26	27	28	29	30	㊼	2	3	4	5	6	7	8	9	10	11	12	13	14	15	16	17	18	19	20	21			
	回曆7月					20	21	22	23	24	25	26	27	28	29	1	2	3	4	5	6	7	8	9	10	11	12	13	14	15	16	17	18	19	20			
	公曆7月							1	2	3	4	5	6	7	8	9	10	11	12	13	14	15	16	17	18	19	20	21	22	23	24	25	26	27	28	29	30	31
8	夏曆六月							22	23	24	25	26	27	28	29	⑯	2	3	4	5	6	7	8	9	10	11	12	13	14	15	16	17	18	19	20	21	22	23
	回曆8月							21	22	23	24	25	26	27	28	29	30	1	2	3	4	5	6	7	8	9	10	11	12	13	14	15	16	17	18	19	20	21
	公曆8月			1	2	3	4	5	6	7	8	9	10	11	12	13	14	15	16	17	18	19	20	21	22	23	24	25	26	27	28	29	30	31				
9	夏曆七月			24	25	26	27	28	29	㊺	2	3	4	5	6	7	8	9	10	11	12	13	14	15	16	17	18	19	20	21	22	23	24	25				
	回曆9月			22	23	24	25	26	27	28	29	1	2	3	4	5	6	7	8	9	10	11	12	13	14	15	16	17	18	19	20	21	22	23				
	公曆9月						1	2	3	4	5	6	7	8	9	10	11	12	13	14	15	16	17	18	19	20	21	22	23	24	25	26	27	28	29	30		
10	夏曆八月						26	27	28	29	30	⑮	2	3	4	5	6	7	8	9	10	11	12	13	14	15	16	17	18	19	20	21	22	23	24	25		
	回曆10月						24	25	26	27	28	29	30	1	2	3	4	5	6	7	8	9	10	11	12	13	14	15	16	17	18	19	20	21	22	23		
	公曆10月	1	2	3	4	5	6	7	8	9	10	11	12	13	14	15	16	17	18	19	20	21	22	23	24	25	26	27	28	29	30	31						
11	夏曆九月	26	27	28	29	㊹	2	3	4	5	6	7	8	9	10	11	12	13	14	15	16	17	18	19	20	21	22	23	24	25	26	27						
	回曆11月	24	25	26	27	28	29	1	2	3	4	5	6	7	8	9	10	11	12	13	14	15	16	17	18	19	20	21	22	23	24	25						
	公曆11月				1	2	3	4	5	6	7	8	9	10	11	12	13	14	15	16	17	18	19	20	21	22	23	24	25	26	27	28	29	30				
12	夏曆十月				28	29	30	⑭	2	3	4	5	6	7	8	9	10	11	12	13	14	15	16	17	18	19	20	21	22	23	24	25	26	27				
	回曆12月				26	27	28	29	30	1	2	3	4	5	6	7	8	9	10	11	12	13	14	15	16	17	18	19	20	21	22	23	24	25				
	公曆12月						1	2	3	4	5	6	7	8	9	10	11	12	13	14	15	16	17	18	19	20	21	22	23	24	25	26	27	28	29	30	31	
13	夏曆十一月						28	29	㊸	2	3	4	5	6	7	8	9	10	11	12	13	14	15	16	17	18	19	20	21	22	23	24	25	26	27	28	29	
55年	回曆1月						26	27	28	29	30	①	2	3	4	5	6	7	8	9	10	11	12	13	14	15	16	17	18	19	20	21	22	23	24	25	26	

大事記

正月，以新羅王金法敏納高句麗逃人，據百濟故地，遣劉仁軌等擊之。　八月，高宗李治稱天皇，武則天稱天后，改元上元。改品官至庶人章服制。　十二月，于闐王尉遲伏闍雄、波斯王卑路斯來朝。因武后請，詔王公以下習《老子》，舉明經者加試《老子》。　是年，李治召見孫思邈，思邈辭疾請歸。

唐紀年

干支乙亥　公元675年

朝代或國名	國家支配者	建都	廟號	謚號	建元	年號年次	輔政者	備注
唐	③李治	長安	高宗		14	8上元2年	郝處俊等	
大蒙(南詔)	②蒙邏盛炎	巍山	世宗	興宗王	1	2年		在雲南
吐蕃	②棄芒論芒贊	邏些				25年	論欽陵	
吐屯	①阿史那都支					14年		西突厥
回紇								
吐谷渾	⑱諾曷鉢					40年		青海省

月曆表

5388—354—1967986

月干支序數	星期／月序	日	1	2	3	4	5	6	日	1	2	3	4	5	6	日	1	2	3	4	5	6	日	1	2	3	4	5	6	日	1	2	3	4	5	6	日	1
	公曆1月		1	2	3	4	5	6	7	8	9	10	11	12	13	14	15	16	17	18	19	20	21	22	23	24	25	26	27	28	29	30	31					
14	夏曆十二月		30	⑬	2	3	4	5	6	7	8	9	10	11	12	13	14	15	16	17	18	19	20	21	22	23	24	25	26	27	28	29	30					
	回曆2月		27	28	29	30	1	2	3	4	5	6	7	8	9	10	11	12	13	14	15	16	17	18	19	20	21	22	23	24	25	26	27					
	公曆2月					1	2	3	4	5	6	7	8	9	10	11	12	13	14	15	16	17	18	19	20	21	22	23	24	25	26	27	28					
15	夏曆正月					㊸	2	3	4	5	6	7	8	9	10	11	12	13	14	15	16	17	18	19	20	21	22	23	24	25	26	27	28					
	回曆3月					28	29	1	2	3	4	5	6	7	8	9	10	11	12	13	14	15	16	17	18	19	20	21	22	23	24	25	26					
	公曆3月					1	2	3	4	5	6	7	8	9	10	11	12	13	14	15	16	17	18	19	20	21	22	23	24	25	26	27	28	29	30	31		
16	夏曆二月					29	⑫	2	3	4	5	6	7	8	9	10	11	12	13	14	15	16	17	18	19	20	21	22	23	24	25	26	27	28	29	30		
	回曆4月					27	28	29	30	1	2	3	4	5	6	7	8	9	10	11	12	13	14	15	16	17	18	19	20	21	22	23	24	25	26	27		
	公曆4月	1	2	3	4	5	6	7	8	9	10	11	12	13	14	15	16	17	18	19	20	21	22	23	24	25	26	27	28	29	30							
17	夏曆三月	㊷	2	3	4	5	6	7	8	9	10	11	12	13	14	15	16	17	18	19	20	21	22	23	24	25	26	27	28	29	30							
	回曆5月	28	29	1	2	3	4	5	6	7	8	9	10	11	12	13	14	15	16	17	18	19	20	21	22	23	24	25	26	27	28							
	公曆5月			1	2	3	4	5	6	7	8	9	10	11	12	13	14	15	16	17	18	19	20	21	22	23	24	25	26	27	28	29	30	31				
18 19	夏曆四五月			⑫	2	3	4	5	6	7	8	9	10	11	12	13	14	15	16	17	18	19	20	21	22	23	24	25	26	27	28	29	㊶	2				
	回曆6月			29	30	1	2	3	4	5	6	7	8	9	10	11	12	13	14	15	16	17	18	19	20	21	22	23	24	25	26	27	28	29				
	公曆6月						1	2	3	4	5	6	7	8	9	10	11	12	13	14	15	16	17	18	19	20	21	22	23	24	25	26	27	28	29	30		
20	夏曆六月						3	4	5	6	7	8	9	10	11	12	13	14	15	16	17	18	19	20	21	22	23	24	25	26	27	28	29	30	⑪	2		
	回曆7月						1	2	3	4	5	6	7	8	9	10	11	12	13	14	15	16	17	18	19	20	21	22	23	24	25	26	27	28	29	30		
	公曆7月	1	2	3	4	5	6	7	8	9	10	11	12	13	14	15	16	17	18	19	20	21	22	23	24	25	26	27	28	29	30	31						
21	夏曆七月	3	4	5	6	7	8	9	10	11	12	13	14	15	16	17	18	19	20	21	22	23	24	25	26	27	28	29	㊵	2	3	4						
	回曆8、9月	1	2	3	4	5	6	7	8	9	10	11	12	13	14	15	16	17	18	19	20	21	22	23	24	25	26	27	28	29	1	2						
	公曆8月				1	2	3	4	5	6	7	8	9	10	11	12	13	14	15	16	17	18	19	20	21	22	23	24	25	26	27	28	29	30	31			
22	夏曆八月				5	6	7	8	9	10	11	12	13	14	15	16	17	18	19	20	21	22	23	24	25	26	27	28	29	⑨	2	3	4	5	6			
	回曆10月				3	4	5	6	7	8	9	10	11	12	13	14	15	16	17	18	19	20	21	22	23	24	25	26	27	28	29	30	1	2	3			
	公曆9月							1	2	3	4	5	6	7	8	9	10	11	12	13	14	15	16	17	18	19	20	21	22	23	24	25	26	27	28	29	30	
23	夏曆九月							7	8	9	10	11	12	13	14	15	16	17	18	19	20	21	22	23	24	25	26	27	28	29	30	㊴	2	3	4	5	6	
	回曆11月							4	5	6	7	8	9	10	11	12	13	14	15	16	17	18	19	20	21	22	23	24	25	26	27	28	29	1	2	3	4	
	公曆10月		1	2	3	4	5	6	7	8	9	10	11	12	13	14	15	16	17	18	19	20	21	22	23	24	25	26	27	28	29	30	31					
24	夏曆十月		7	8	9	10	11	12	13	14	15	16	17	18	19	20	21	22	23	24	25	26	27	28	29	⑧	2	3	4	5	6	7	8					
	回曆12月		5	6	7	8	9	10	11	12	13	14	15	16	17	18	19	20	21	22	23	24	25	26	27	28	29	30	1	2	3	4	5					
	公曆11月					1	2	3	4	5	6	7	8	9	10	11	12	13	14	15	16	17	18	19	20	21	22	23	24	25	26	27	28	29	30			
25	夏曆十一月					9	10	11	12	13	14	15	16	17	18	19	20	21	22	23	24	25	26	27	28	29	30	㊳	2	3	4	5	6	7	8			

續表

月 干支 序數	星期 月 序	日	1	2	3	4	5	6	日	1	2	3	4	5	6	日	1	2	3	4	5	6	日	1	2	3	4	5	6	日	1	2	3	4	5	6	日	1
56年	回曆 1 月					6	7	8	9	10	11	12	13	14	15	16	17	18	19	20	21	22	23	24	25	26	27	28	29	①	2	3	4	5	6			
	公曆 12 月							1	2	3	4	5	6	7	8	9	10	11	12	13	14	15	16	17	18	19	20	21	22	23	24	25	26	27	28	29	30	31
26	夏曆十二月							9	10	11	12	13	14	15	16	17	18	19	20	21	22	23	24	25	26	27	28	29	⑦	2	3	4	5	6	7	8	9	10
	回曆 2 月							7	8	9	10	11	12	13	14	15	16	17	18	19	20	21	22	23	24	25	26	27	28	29	30	1	2	3	4	5	6	7

大事記

正月，以于闐國為毗沙都督府，其王為都督。吐蕃遣使請和，且與吐谷渾修好，拒之。　二月，劉仁軌大破新羅於七重城，新羅遣使謝罪。　三月，高宗苦風眩，議使武后攝知國事，宰相郝處俊諫止之。武后引文學之士撰列女傳、臣軌、百僚新戒、樂書，凡千余卷；且密令參決疏奏，以分宰相之權。時人稱元萬頃、劉禕之等為"北門學士"。　四月，皇太子弘死，人以為武氏所酖，追謚孝敬皇帝。　六月，立雍王賢為皇太子。

是歲，王勃卒。勃為初唐文學四家之一。

唐紀年

干支丙子　公元 676 年

朝代或國名	國家支配者	建都	廟號	謚號	建元	年號年次	輔政者	備注
唐	③李　治	長安	高宗		14	9 儀鳳元年	郝處俊等	十一月壬申改元
大蒙(南詔)	②蒙邏盛炎	巍山	世宗	興宗王	1	3 年		在雲南
吐蕃	②棄芒論芒贊	邏些				26 年	論欽陵	
吐屯	①阿史那都支					15 年		西突厥
回紇								
吐谷渾	⑱諾曷鉢					41 年		青海省

月曆表

5389—384—1968370

月 干支 序數	星期 月 序	日	1	2	3	4	5	6	日	1	2	3	4	5	6	日	1	2	3	4	5	6	日	1	2	3	4	5	6	日	1	2	3	4	5	6	日	1
	公曆 1 月			1	2	3	4	5	6	7	8	9	10	11	12	13	14	15	16	17	18	19	20	21	22	23	24	25	26	27	28	29	30	31				
27	夏曆正月			11	12	13	14	15	16	17	18	19	20	21	22	23	24	25	26	27	28	29	30	㊲	2	3	4	5	6	7	8	9	10	11				
	回曆 3 月			8	9	10	11	12	13	14	15	16	17	18	19	20	21	22	23	24	25	26	27	28	29	1	2	3	4	5	6	7	8	9				
	公曆 2 月						1	2	3	4	5	6	7	8	9	10	11	12	13	14	15	16	17	18	19	20	21	22	23	24	25	26	27	28	29			
28	夏曆二月						12	13	14	15	16	17	18	19	20	21	22	23	24	25	26	27	28	29	⑥	2	3	4	5	6	7	8	9	10	11			
	回曆 4 月						10	11	12	13	14	15	16	17	18	19	20	21	22	23	24	25	26	27	28	29	30	1	2	3	4	5	6	7	8			
	公曆 3 月							1	2	3	4	5	6	7	8	9	10	11	12	13	14	15	16	17	18	19	20	21	22	23	24	25	26	27	28	29	30	31
29	夏曆三月							12	13	14	15	16	17	18	19	20	21	22	23	24	25	26	27	28	29	30	㊱	2	3	4	5	6	7	8	9	10	11	12
	回曆 5 月							9	10	11	12	13	14	15	16	17	18	19	20	21	22	23	24	25	26	27	28	29	1	2	3	4	5	6	7	8	9	10
	公曆 4 月			1	2	3	4	5	6	7	8	9	10	11	12	13	14	15	16	17	18	19	20	21	22	23	24	25	26	27	28	29	30					
	夏曆閏三月			13	14	15	16	17	18	19	20	21	22	23	24	25	26	27	28	29	30	⑥	2	3	4	5	6	7	8	9	10	11	12					
	回曆 6 月			11	12	13	14	15	16	17	18	19	20	21	22	23	24	25	26	27	28	29	30	1	2	3	4	5	6	7	8	9	10					
	公曆 5 月					1	2	3	4	5	6	7	8	9	10	11	12	13	14	15	16	17	18	19	20	21	22	23	24	25	26	27	28	29	30	31		
30	夏曆四月					13	14	15	16	17	18	19	20	21	22	23	24	25	26	27	28	29	㉟	2	3	4	5	6	7	8	9	10	11	12	13	14		
	回曆 7 月					11	12	13	14	15	16	17	18	19	20	21	22	23	24	25	26	27	28	29	1	2	3	4	5	6	7	8	9	10	11	12		

續表

月干支序數	月/星期/序	日	1	2	3	4	5	6	日	1	2	3	4	5	6	日	1	2	3	4	5	6	日	1	2	3	4	5	6	日	1	2	3	4	5	6	日	1
	公曆6月	1	2	3	4	5	6	7	8	9	10	11	12	13	14	15	16	17	18	19	20	21	22	23	24	25	26	27	28	29	30							
31	夏曆五月	15	16	17	18	19	20	21	22	23	24	25	26	27	28	29	30	⑤	2	3	4	5	6	7	8	9	10	11	12	13	14							
	回曆8月	13	14	15	16	17	18	19	20	21	22	23	24	25	26	27	28	29	30	1	2	3	4	5	6	7	8	9	10	11	12							
	公曆7月			1	2	3	4	5	6	7	8	9	10	11	12	13	14	15	16	17	18	19	20	21	22	23	24	25	26	27	28	29	30	31				
32	夏曆六月			15	16	17	18	19	20	21	22	23	24	25	26	27	28	29	㉞	2	3	4	5	6	7	8	9	10	11	12	13	14	15	16				
	回曆9月			13	14	15	16	17	18	19	20	21	22	23	24	25	26	27	28	29	1	2	3	4	5	6	7	8	9	10	11	12	13	14				
	公曆8月						1	2	3	4	5	6	7	8	9	10	11	12	13	14	15	16	17	18	19	20	21	22	23	24	25	26	27	28	29	30	31	
33	夏曆七月						17	18	19	20	21	22	23	24	25	26	27	28	29	30	④	2	3	4	5	6	7	8	9	10	11	12	13	14	15	16	17	
	回曆10月						15	16	17	18	19	20	21	22	23	24	25	26	27	28	29	30	1	2	3	4	5	6	7	8	9	10	11	12	13	14	15	
	公曆9月		1	2	3	4	5	6	7	8	9	10	11	12	13	14	15	16	17	18	19	20	21	22	23	24	25	26	27	28	29	30						
34	夏曆八月		18	19	20	21	22	23	24	25	26	27	28	29	㉝	2	3	4	5	6	7	8	9	10	11	12	13	14	15	16	17	18						
	回曆11月		16	17	18	19	20	21	22	23	24	25	26	27	28	29	1	2	3	4	5	6	7	8	9	10	11	12	13	14	15	16						
	公曆10月				1	2	3	4	5	6	7	8	9	10	11	12	13	14	15	16	17	18	19	20	21	22	23	24	25	26	27	28	29	30	31			
35	夏曆九月				19	20	21	22	23	24	25	26	27	28	29	30	③	2	3	4	5	6	7	8	9	10	11	12	13	14	15	16	17	18	19			
	回曆12月				17	18	19	20	21	22	23	24	25	26	27	28	29	30	1	2	3	4	5	6	7	8	9	10	11	12	13	14	15	16	17			
	公曆11月							1	2	3	4	5	6	7	8	9	10	11	12	13	14	15	16	17	18	19	20	21	22	23	24	25	26	27	28	29	30	
36	夏曆十月							20	21	22	23	24	25	26	27	28	29	㉜	2	3	4	5	6	7	8	9	10	11	12	13	14	15	16	17	18	19	20	
57年	回曆1月							18	19	20	21	22	23	24	25	26	27	28	29	30	①	2	3	4	5	6	7	8	9	10	11	12	13	14	15	16	17	
	公曆12月		1	2	3	4	5	6	7	8	9	10	11	12	13	14	15	16	17	18	19	20	21	22	23	24	25	26	27	28	29	30	31					
37	夏曆十一月		21	22	23	24	25	26	27	28	29	30	②	2	3	4	5	6	7	8	9	10	11	12	13	14	15	16	17	18	19	20	21					
	回曆2月		18	19	20	21	22	23	24	25	26	27	28	29	30	1	2	3	4	5	6	7	8	9	10	11	12	13	14	15	16	17	18					

大事記

正月，納州獠起事，發黔州民擊之。　　二月，徙安東都護府於遼東故城，華人任東官者皆罷之；又徙熊津都督府於建安故城；其百濟人先徙於徐、兗等州者皆還置於建安。　　三月，吐蕃擾鄯、廓、河、芳等州，遣十二總管督師擊之。　　八月，吐蕃擾疊州。行南選法，幾桂、廣、交、黔四府官銓選，遣京官往其地注擬。青、齊等州海泛濫，漂溺居人五千家。　　十一月，改元儀鳳。　　十二月，遣官為大使，巡撫河北、河南、江南等道。

唐紀年

干支丁丑　公元677年

朝代或國名	國家支配者	建都	廟號	謚號	建元	年號年次	輔政者	備注
唐	③李　治	長安	高宗		14	9儀鳳2年	郝處俊等	
大蒙(南詔)	②蒙邏盛炎	巍山	世宗	興宗王	1	4年		在雲南
吐蕃	②棄芒論芒贊	邏些				27年	論欽陵	
吐屯	①阿史那都支					16年		西突厥
回紇								
吐谷渾	⑱諾曷鉢					42年		青海省

月干支序數	星期/月序	日	1	2	3	4	5	6	日	1	2	3	4	5	6	日	1	2	3	4	5	6	日	1	2	3	4	5	6	日	1	2	3	4	5	6	日	1
	公曆1月					1	2	3	4	5	6	7	8	9	10	11	12	13	14	15	16	17	18	19	20	21	22	23	24	25	26	27	28	29	30	31		
38	夏曆十二月					22	23	24	25	26	27	28	29	㉛	2	3	4	5	6	7	8	9	10	11	12	13	14	15	16	17	18	19	20	21	22	23		
	回曆3月					19	20	21	22	23	24	25	26	27	28	29	1	2	3	4	5	6	7	8	9	10	11	12	13	14	15	16	17	18	19	20		
	公曆2月	1	2	3	4	5	6	7	8	9	10	11	12	13	14	15	16	17	18	19	20	21	22	23	24	25	26	27	28									
39	夏曆正月	24	25	26	27	28	29	30	①	2	3	4	5	6	7	8	9	10	11	12	13	14	15	16	17	18	19	20	21									
	回曆4月	21	22	23	24	25	26	27	28	29	30	1	2	3	4	5	6	7	8	9	10	11	12	13	14	15	16	17	18									
	公曆3月	1	2	3	4	5	6	7	8	9	10	11	12	13	14	15	16	17	18	19	20	21	22	23	24	25	26	27	28	29	30	31						
40	夏曆二月	22	23	24	25	26	27	28	29	㉚	2	3	4	5	6	7	8	9	10	11	12	13	14	15	16	17	18	19	20	21	22	23						
	回曆5月	19	20	21	22	23	24	25	26	27	28	29	1	2	3	4	5	6	7	8	9	10	11	12	13	14	15	16	17	18	19	20						
	公曆4月				1	2	3	4	5	6	7	8	9	10	11	12	13	14	15	16	17	18	19	20	21	22	23	24	25	26	27	28	29	30				
41	夏曆三月				24	25	26	27	28	29	30	(60)	2	3	4	5	6	7	8	9	10	11	12	13	14	15	16	17	18	19	20	21	22	23				
	回曆6月				21	22	23	24	25	26	27	28	29	30	1	2	3	4	5	6	7	8	9	10	11	12	13	14	15	16	17	18	19	20				
	公曆5月						1	2	3	4	5	6	7	8	9	10	11	12	13	14	15	16	17	18	19	20	21	22	23	24	25	26	27	28	29	30	31	
42	夏曆四月						24	25	26	27	28	29	㉙	2	3	4	5	6	7	8	9	10	11	12	13	14	15	16	17	18	19	20	21	22	23	24	25	
	回曆7月						21	22	23	24	25	26	27	28	29	1	2	3	4	5	6	7	8	9	10	11	12	13	14	15	16	17	18	19	20	21	22	
	公曆6月		1	2	3	4	5	6	7	8	9	10	11	12	13	14	15	16	17	18	19	20	21	22	23	24	25	26	27	28	29	30						
43	夏曆五月		26	27	28	29	30	(59)	2	3	4	5	6	7	8	9	10	11	12	13	14	15	16	17	18	19	20	21	22	23	24	25						
	回曆8月		23	24	25	26	27	28	29	30	1	2	3	4	5	6	7	8	9	10	11	12	13	14	15	16	17	18	19	20	21	22						
	公曆7月				1	2	3	4	5	6	7	8	9	10	11	12	13	14	15	16	17	18	19	20	21	22	23	24	25	26	27	28	29	30	31			
44	夏曆六月				26	27	28	29	30	㉙	2	3	4	5	6	7	8	9	10	11	12	13	14	15	16	17	18	19	20	21	22	23	24	25	26			
	回曆9月				23	24	25	26	27	28	29	1	2	3	4	5	6	7	8	9	10	11	12	13	14	15	16	17	18	19	20	21	22	23	24			
	公曆8月							1	2	3	4	5	6	7	8	9	10	11	12	13	14	15	16	17	18	19	20	21	22	23	24	25	26	27	28	29	30	31
45	夏曆七月							27	28	29	(58)	2	3	4	5	6	7	8	9	10	11	12	13	14	15	16	17	18	19	20	21	22	23	24	25	26	27	28
	回曆10月							25	26	27	28	29	30	1	2	3	4	5	6	7	8	9	10	11	12	13	14	15	16	17	18	19	20	21	22	23	24	25
	公曆9月			1	2	3	4	5	6	7	8	9	10	11	12	13	14	15	16	17	18	19	20	21	22	23	24	25	26	27	28	29	30					
46	夏曆八月			29	30	㉘	2	3	4	5	6	7	8	9	10	11	12	13	14	15	16	17	18	19	20	21	22	23	24	25	26	27	28					
	回曆11月			26	27	28	29	1	2	3	4	5	6	7	8	9	10	11	12	13	14	15	16	17	18	19	20	21	22	23	24	25	26					
	公曆10月					1	2	3	4	5	6	7	8	9	10	11	12	13	14	15	16	17	18	19	20	21	22	23	24	25	26	27	28	29	30	31		
47	夏曆九月					29	(57)	2	3	4	5	6	7	8	9	10	11	12	13	14	15	16	17	18	19	20	21	22	23	24	25	26	27	28	29	30		
	回曆12月					27	28	29	30	1	2	3	4	5	6	7	8	9	10	11	12	13	14	15	16	17	18	19	20	21	22	23	24	25	26	27		
	公曆11月	1	2	3	4	5	6	7	8	9	10	11	12	13	14	15	16	17	18	19	20	21	22	23	24	25	26	27	28	29	30							
48 49	夏曆十月 十一月	㉗	2	3	4	5	6	7	8	9	10	11	12	13	14	15	16	17	18	19	20	21	22	23	24	25	26	27	28	29	(56)							
58年	回曆1月	28	29	①	2	3	4	5	6	7	8	9	10	11	12	13	14	15	16	17	18	19	20	21	22	23	24	25	26	27	28							
	公曆12月			1	2	3	4	5	6	7	8	9	10	11	12	13	14	15	16	17	18	19	20	21	22	23	24	25	26	27	28	29	30	31				
50	夏曆十二月			2	3	4	5	6	7	8	9	10	11	12	13	14	15	16	17	18	19	20	21	22	23	24	25	26	27	28	29	30	㉖	2				
	回曆2月			29	30	1	2	3	4	5	6	7	8	9	10	11	12	13	14	15	16	17	18	19	20	21	22	23	24	25	26	27	28	29				

大事記

二月,遣還故高句麗王臧,以為遼東州都督,封朝鮮王;高句麗人在內地者從之歸;又遣還故百濟王扶餘隆,以為熊津都督,封帶方王;徙安東都護府於新城以統之。高臧還至遼東,潛結靺鞨謀起事,召還,散其衆於河南、隴右。高句麗人沒於新羅者多散入靺鞨、突厥。扶餘隆亦不敢歸,於是,高氏、扶餘氏皆亡。　四月,河南、河北旱,詔賑給。　五月,吐蕃攻扶州。　十二月,敕關內、河東諸州招募勇敢以討吐蕃,募兵制始此。　是年,册卑路斯為波斯王。

唐紀年

干支戊寅　公元 678 年

朝代或國名	國家支配者	建都	廟號	謚號	建元	年號年次	輔政者	備注
唐	③李 治	長安	高宗		14	9儀鳳3年	郝處俊等	
大蒙(南詔)	②蒙邏盛炎	巍山	世宗	興宗王	1	5年		在雲南
吐蕃	②棄芒論芒贊	邏些				28年	論欽陵	
吐屯	①阿史那都支					17年		西突厥
回紇								
吐谷渾	⑱諾曷鉢					43年		青海省

月曆表

5391—384—1969108

月干支序數	月序 \ 星期	日	1	2	3	4	5	6	日	1	2	3	4	5	6	日	1	2	3	4	5	6	日	1	2	3	4	5	6	日	1	2	3	4	5	6	日	1
	公曆1月						1	2	3	4	5	6	7	8	9	10	11	12	13	14	15	16	17	18	19	20	21	22	23	24	25	26	27	28	29	30	31	
51	夏曆正月						3	4	5	6	7	8	9	10	11	12	13	14	15	16	17	18	19	20	21	22	23	24	25	26	27	28	29	(55)	2	3	4	
	回曆3月						1	2	3	4	5	6	7	8	9	10	11	12	13	14	15	16	17	18	19	20	21	22	23	24	25	26	27	28	29	30	1	
	公曆2月		1	2	3	4	5	6	7	8	9	10	11	12	13	14	15	16	17	18	19	20	21	22	23	24	25	26	27	28								
52	夏曆二月		5	6	7	8	9	10	11	12	13	14	15	16	17	18	19	20	21	22	23	24	25	26	27	28	29	30	㉕	2								
	回曆4月		2	3	4	5	6	7	8	9	10	11	12	13	14	15	16	17	18	19	20	21	22	23	24	25	26	27	28	29								
	公曆3月		1	2	3	4	5	6	7	8	9	10	11	12	13	14	15	16	17	18	19	20	21	22	23	24	25	26	27	28	29	30	31					
53	夏曆三月		3	4	5	6	7	8	9	10	11	12	13	14	15	16	17	18	19	20	21	22	23	24	25	26	27	28	29	(54)	2	3	4					
	回曆5、6月		1	2	3	4	5	6	7	8	9	10	11	12	13	14	15	16	17	18	19	20	21	22	23	24	25	26	27	28	29	30	1					
	公曆4月					1	2	3	4	5	6	7	8	9	10	11	12	13	14	15	16	17	18	19	20	21	22	23	24	25	26	27	28	29	30			
54	夏曆四月					5	6	7	8	9	10	11	12	13	14	15	16	17	18	19	20	21	22	23	24	25	26	27	28	29	30	㉔	2	3	4			
	回曆7月					2	3	4	5	6	7	8	9	10	11	12	13	14	15	16	17	18	19	20	21	22	23	24	25	26	27	28	29	1	2			
	公曆5月							1	2	3	4	5	6	7	8	9	10	11	12	13	14	15	16	17	18	19	20	21	22	23	24	25	26	27	28	29	30	31
55	夏曆五月							5	6	7	8	9	10	11	12	13	14	15	16	17	18	19	20	21	22	23	24	25	26	27	28	29	(53)	2	3	4	5	6
	回曆8月							3	4	5	6	7	8	9	10	11	12	13	14	15	16	17	18	19	20	21	22	23	24	25	26	27	28	29	30	1	2	3
	公曆6月			1	2	3	4	5	6	7	8	9	10	11	12	13	14	15	16	17	18	19	20	21	22	23	24	25	26	27	28	29	30					
56	夏曆六月			7	8	9	10	11	12	13	14	15	16	17	18	19	20	21	22	23	24	25	26	27	28	29	30	㉓	2	3	4	5	6					
	回曆9月			4	5	6	7	8	9	10	11	12	13	14	15	16	17	18	19	20	21	22	23	24	25	26	27	28	29	1	2	3	4					
	公曆7月					1	2	3	4	5	6	7	8	9	10	11	12	13	14	15	16	17	18	19	20	21	22	23	24	25	26	27	28	29	30	31		
57	夏曆七月					7	8	9	10	11	12	13	14	15	16	17	18	19	20	21	22	23	24	25	26	27	28	29	(52)	2	3	4	5	6	7	8		
	回曆10月					5	6	7	8	9	10	11	12	13	14	15	16	17	18	19	20	21	22	23	24	25	26	27	28	29	30	1	2	3	4	5		
	公曆8月	1	2	3	4	5	6	7	8	9	10	11	12	13	14	15	16	17	18	19	20	21	22	23	24	25	26	27	28	29	30	31						
58	夏曆八月	9	10	11	12	13	14	15	16	17	18	19	20	21	22	23	24	25	26	27	28	29	30	㉒	2	3	4	5	6	7	8	9						
	回曆11月	6	7	8	9	10	11	12	13	14	15	16	17	18	19	20	21	22	23	24	25	26	27	28	29	1	2	3	4	5	6	7						
	公曆9月				1	2	3	4	5	6	7	8	9	10	11	12	13	14	15	16	17	18	19	20	21	22	23	24	25	26	27	28	29	30				
59	夏曆九月				10	11	12	13	14	15	16	17	18	19	20	21	22	23	24	25	26	27	28	29	30	(52)	2	3	4	5	6	7	8	9				
	回曆12月				8	9	10	11	12	13	14	15	16	17	18	19	20	21	22	23	24	25	26	27	28	29	30	1	2	3	4	5	6	7				
	公曆10月						1	2	3	4	5	6	7	8	9	10	11	12	13	14	15	16	17	18	19	20	21	22	23	24	25	26	27	28	29	30	31	
60	夏曆十月						10	11	12	13	14	15	16	17	18	19	20	21	22	23	24	25	26	27	28	29	㉑	2	3	4	5	6	7	8	9	10	11	
59年閏	回曆1月						8	9	10	11	12	13	14	15	16	17	18	19	20	21	22	23	24	25	26	27	28	29	①	2	3	4	5	6	7	8	9	
	公曆11月		1	2	3	4	5	6	7	8	9	10	11	12	13	14	15	16	17	18	19	20	21	22	23	24	25	26	27	28	29	30						
1	夏曆十一月		12	13	14	15	16	17	18	19	20	21	22	23	24	25	26	27	28	29	30	(51)	2	3	4	5	6	7	8	9	10	11						
	回曆2月		10	11	12	13	14	15	16	17	18	19	20	21	22	23	24	25	26	27	28	29	30	1	2	3	4	5	6	7	8	9						

續表

月干支序數	月序＼星期	日	1	2	3	4	5	6	日	1	2	3	4	5	6	日	1	2	3	4	5	6	日	1	2	3	4	5	6	日	1	2	3	4	5	6	日	1
	公曆 12 月				1	2	3	4	5	6	7	8	9	10	11	12	13	14	15	16	17	18	19	20	21	22	23	24	25	26	27	28	29	30	31			
	夏曆閏十一月				12	13	14	15	16	17	18	19	20	21	22	23	24	25	26	27	28	29	⑳	2	3	4	5	6	7	8	9	10	11	12	13			
	回曆 3 月				10	11	12	13	14	15	16	17	18	19	20	21	22	23	24	25	26	27	28	29	1	2	3	4	5	6	7	8	9	10	11			

舊紀閏十月。

大事記

正月，百官及四裔諸部族首領朝武后。遣曹懷舜等分往河南北募猛士，不問布衣及仕官。　七月，李敬玄破吐蕃於龍支。　九月，李敬玄大敗於青海上，將士多為吐蕃所虜。

唐紀年

干支己卯　公元 679 年

朝代或國名	國家支配者	建都	廟號	謚號	建元	年號年次	輔政者	備注
唐	③李　治	長安	高宗		14	10 調露元年	郝處俊等	六月辛亥改元
大蒙(南詔)	②蒙邏盛炎	巍山	世宗	興宗王	1	6 年		在雲南
吐蕃	③器弩悉弄	邏些				元年	論欽陵	二月立
吐屯	②阿史那車薄					元年		西突厥
回紇								
吐谷渾	⑱諾曷鉢					44 年		青海省

月曆表

5392—355—1969463

月干支序數	月序＼星期	日	1	2	3	4	5	6	日	1	2	3	4	5	6	日	1	2	3	4	5	6	日	1	2	3	4	5	6	日	1	2	3	4	5	6	日	1
	公曆 1 月							1	2	3	4	5	6	7	8	9	10	11	12	13	14	15	16	17	18	19	20	21	22	23	24	25	26	27	28	29	30	31
2	夏曆十二月							14	15	16	17	18	19	20	21	22	23	24	25	26	27	28	29	30	㊿	2	3	4	5	6	7	8	9	10	11	12	13	14
	回曆 4 月							12	13	14	15	16	17	18	19	20	21	22	23	24	25	26	27	28	29	30	1	2	3	4	5	6	7	8	9	10	11	12
	公曆 2 月			1	2	3	4	5	6	7	8	9	10	11	12	13	14	15	16	17	18	19	20	21	22	23	24	25	26	27	28							
3	夏曆正月			15	16	17	18	19	20	21	22	23	24	25	26	27	28	29	⑲	2	3	4	5	6	7	8	9	10	11	12	13							
	回曆 5 月			13	14	15	16	17	18	19	20	21	22	23	24	25	26	27	28	29	1	2	3	4	5	6	7	8	9	10	11							
	公曆 3 月			1	2	3	4	5	6	7	8	9	10	11	12	13	14	15	16	17	18	19	20	21	22	23	24	25	26	27	28	29	30	31				
4	夏曆二月			14	15	16	17	18	19	20	21	22	23	24	25	26	27	28	29	30	㊾	2	3	4	5	6	7	8	9	10	1	12	13	14				
	回曆 6 月			12	13	14	15	16	17	18	19	20	21	22	23	24	25	26	27	28	29	30	1	2	3	4	5	6	7	8	9	10	11	12				
	公曆 4 月						1	2	3	4	5	6	7	8	9	10	11	12	13	14	15	16	17	18	19	20	21	22	23	24	25	26	27	28	29	30		
5	夏曆三月						15	16	17	18	19	20	21	22	23	24	25	26	27	28	29	⑱	2	3	4	5	6	7	8	9	10	11	12	13	14	15		
	回曆 7 月						13	14	15	16	17	18	19	20	21	22	23	24	25	26	27	28	29	1	2	3	4	5	6	7	8	9	10	11	12	13		
	公曆 5 月	1	2	3	4	5	6	7	8	9	10	11	12	13	14	15	16	17	18	19	20	21	22	23	24	25	26	27	28	29	30	31						
6	夏曆四月	16	17	18	19	20	21	22	23	24	25	26	27	28	29	㊼	2	3	4	5	6	7	8	9	10	11	12	13	14	15	16	17						
	回曆 8 月	14	15	16	17	18	19	20	21	22	23	24	25	26	27	28	29	30	1	2	3	4	5	6	7	8	9	10	11	12	13	14						
	公曆 6 月				1	2	3	4	5	6	7	8	9	10	11	12	13	14	15	16	17	18	19	20	21	22	23	24	25	26	27	28	29	30				
7	夏曆五月				18	19	20	21	22	23	24	25	26	27	28	29	30	⑰	2	3	4	5	6	7	8	9	10	11	12	13	14	15	16	17				
	回曆 9 月				15	16	17	18	19	20	21	22	23	24	25	26	27	28	29	1	2	3	4	5	6	7	8	9	10	11	12	13	14	15				
	公曆 7 月						1	2	3	4	5	6	7	8	9	10	11	12	13	14	15	16	17	18	19	20	21	22	23	24	25	26	27	28	29	30	31	
8	夏曆六月						18	19	20	21	22	23	24	25	26	27	28	29	㊻	2	3	4	5	6	7	8	9	10	11	12	13	14	15	16	17	18	19	

續表

月 干支 序數	月序＼星期	日	1	2	3	4	5	6	日	1	2	3	4	5	6	日	1	2	3	4	5	6	日	1	2	3	4	5	6	日	1	2	3	4	5	6	日	
	回暦10月						16	17	18	19	20	21	22	23	24	25	26	27	28	29	30	1	2	3	4	5	6	7	8	9	10	11	12	13	14	15	16	
	公暦8月		1	2	3	4	5	6	7	8	9	10	11	12	13	14	15	16	17	18	19	20	21	22	23	24	25	26	27	28	29	30	31					
9	夏暦七月		20	21	22	23	24	25	26	27	28	29	30	⑯	2	3	4	5	6	7	8	9	10	11	12	13	14	15	16	17	18	19	20					
	回暦11月		17	18	19	20	21	22	23	24	25	26	27	28	29	1	2	3	4	5	6	7	8	9	10	11	12	13	14	15	16	17	18					
	公暦9月					1	2	3	4	5	6	7	8	9	10	11	12	13	14	15	16	17	18	19	20	21	22	23	24	25	26	27	28	29	30			
10	夏暦八月					21	22	23	24	25	26	27	28	29	30	㊻	2	3	4	5	6	7	8	9	10	11	12	13	14	15	16	17	18	19	20			
	回暦12月					19	20	21	22	23	24	25	26	27	28	29	30	1	2	3	4	5	6	7	8	9	10	11	12	13	14	15	16	17	18			
	公暦10月							1	2	3	4	5	6	7	8	9	10	11	12	13	14	15	16	17	18	19	20	21	22	23	24	25	26	27	28	29	30	3
11	夏暦九月							21	22	23	24	25	26	27	28	29	⑮	2	3	4	5	6	7	8	9	10	11	12	13	14	15	16	17	18	19	20	21	2
60年	回暦1月							19	20	21	22	23	24	25	26	27	28	29	30	①	2	3	4	5	6	7	8	9	10	11	12	13	14	15	16	17	18	1
	公暦11月			1	2	3	4	5	6	7	8	9	10	11	12	13	14	15	16	17	18	19	20	21	22	23	24	25	26	27	28	29	30					
12	夏暦十月			23	24	25	26	27	28	29	30	㊺	2	3	4	5	6	7	8	9	10	11	12	13	14	15	16	17	18	19	20	21	22					
	回暦2月			20	21	22	23	24	25	26	27	28	29	30	1	2	3	4	5	6	7	8	9	10	11	12	13	14	15	16	17	18	19					
	公暦12月					1	2	3	4	5	6	7	8	9	10	11	12	13	14	15	16	17	18	19	20	21	22	23	24	25	26	27	28	29	30	31		
13	夏暦十一月					23	24	25	26	27	28	29	30	⑮	2	3	4	5	6	7	8	9	10	11	12	13	14	15	16	17	18	19	20	21	22	23		
	回暦3月					20	21	22	23	24	25	26	27	28	29	1	2	3	4	5	6	7	8	9	10	11	12	13	14	15	16	17	18	19	20	21		

大事記

二月,吐蕃贊普卒,子器弩悉弄立。東都饑,官出糙米賑饑,時錢物漸貴。　六月,改元調露。西突厥阿史那都支結吐蕃侵安西,會波斯王卑路斯死,册其子泥涅師為波斯王,遣裴行儉送之歸國,便圖都支。　七月,行儉擒都支,遣波斯王自歸其國。安西都護王方翼築碎葉城,五十天成。　八月,設安南都護府於交州。　十月,單于大都護府突厥阿史德溫傅奉職二部擁阿史那泥熟匐為可汗起事,二十四州首領皆應之;遣蕭嗣業等擊之,大敗。突厥擾定州,遣將備之。突厥誘奚、契丹共擾營州,敗走。文成公主遣使來告喪,并為贊普器弩悉弄請婚。　十一月,遣裴行儉等擊突厥。

唐紀年

干支庚辰　公元680年

朝代或國名	國家支配者	建都	廟號	謚號	建元	年號年次	輔政者	備注
唐	③李治	長安	高宗		14	11永隆元年	王德真等	八月乙丑改元
大蒙(南詔)	②蒙邏盛炎	巍山	世宗	興宗王	1	7年		在雲南
吐蕃	③器弩悉弄	邏些				2年	論欽陵	
吐屯	②阿史那車薄					2年		西突厥
回紇								
吐谷渾	⑱諾曷鉢					45年		青海省

月曆表

5393—354—1969817

月 干支 序數	月序＼星期	日	1	2	3	4	5	6	日	1	2	3	4	5	6	日	1	2	3	4	5	6	日	1	2	3	4	5	6	日	1	2	3	4	5	6	日	1
	公暦1月	1	2	3	4	5	6	7	8	9	10	11	12	13	14	15	16	17	18	19	20	21	22	23	24	25	26	27	28	29	30	31						
14	夏暦十二月	24	25	26	27	28	29	㊹	2	3	4	5	6	7	8	9	10	11	12	13	14	15	16	17	18	19	20	21	22	23	24	25						
	回暦4月	22	23	24	25	26	27	28	29	30	1	2	3	4	5	6	7	8	9	10	11	12	13	14	15	16	17	18	19	20	21	22						

續表

月干支序數	星期 月序	日	1	2	3	4	5	6	日	1	2	3	4	5	6	日	1	2	3	4	5	6	日	1	2	3	4	5	6	日	1	2	3	4	5	6	日	1
	公曆2月				1	2	3	4	5	6	7	8	9	10	11	12	13	14	15	16	17	18	19	20	21	22	23	24	25	26	27	28	29					
15	夏曆正月				26	27	28	29	30	⑭	2	3	4	5	6	7	8	9	10	11	12	13	14	15	16	17	18	19	20	21	22	23	24					
	回曆5月				23	24	25	26	27	28	29	1	2	3	4	5	6	7	8	9	10	11	12	13	14	15	16	17	18	19	20	21	22					
	公曆3月					1	2	3	4	5	6	7	8	9	10	11	12	13	14	15	16	17	18	19	20	21	22	23	24	25	26	27	28	29	30	31		
16	夏曆二月					25	26	27	28	29	㊸	2	3	4	5	6	7	8	9	10	11	12	13	14	15	16	17	18	19	20	21	22	23	24	25	26		
	回曆6月					23	24	25	26	27	28	29	30	1	2	3	4	5	6	7	8	9	10	11	12	13	14	15	16	17	18	19	20	21	22	23		
	公曆4月	1	2	3	4	5	6	7	8	9	10	11	12	13	14	15	16	17	18	19	20	21	22	23	24	25	26	27	28	29	30							
17	夏曆三月	27	28	29	30	⑬	2	3	4	5	6	7	8	9	10	11	12	13	14	15	16	17	18	19	20	21	22	23	24	25	26							
	回曆7月	24	25	26	27	28	29	1	2	3	4	5	6	7	8	9	10	11	12	13	14	15	16	17	18	19	20	21	22	23	24							
	公曆5月			1	2	3	4	5	6	7	8	9	10	11	12	13	14	15	16	17	18	19	20	21	22	23	24	25	26	27	28	29	30	31				
18	夏曆四月			27	28	29	㊷	2	3	4	5	6	7	8	9	10	11	12	13	14	15	16	17	18	19	20	21	22	23	24	25	26	27	28				
	回曆8月			25	26	27	28	29	30	1	2	3	4	5	6	7	8	9	10	11	12	13	14	15	16	17	18	19	20	21	22	23	24	25				
	公曆6月						1	2	3	4	5	6	7	8	9	10	11	12	13	14	15	16	17	18	19	20	21	22	23	24	25	26	27	28	29	30		
19	夏曆五月						29	⑪	2	3	4	5	6	7	8	9	10	11	12	13	14	15	16	17	18	19	20	21	22	23	24	25	26	27	28	29		
	回曆9月						26	27	28	29	1	2	3	4	5	6	7	8	9	10	11	12	13	14	15	16	17	18	19	20	21	22	23	24	25	26		
	公曆7月	1	2	3	4	5	6	7	8	9	10	11	12	13	14	15	16	17	18	19	20	21	22	23	24	25	26	27	28	29	30	31						
20 21	夏曆六 七月	30	㊶	2	3	4	5	6	7	8	9	10	11	12	13	14	15	16	17	18	19	20	21	22	23	24	25	26	27	28	29	⑩						
	回曆10月	27	28	29	30	1	2	3	4	5	6	7	8	9	10	11	12	13	14	15	16	17	18	19	20	21	22	23	24	25	26	27						
	公曆8月				1	2	3	4	5	6	7	8	9	10	11	12	13	14	15	16	17	18	19	20	21	22	23	24	25	26	27	28	29	30	31			
22	夏曆八月				2	3	4	5	6	7	8	9	10	11	12	13	14	15	16	17	18	19	20	21	22	23	24	25	26	27	28	29	30	㊵	2			
	回曆11月				28	29	1	2	3	4	5	6	7	8	9	10	11	12	13	14	15	16	17	18	19	20	21	22	23	24	25	26	27	28	29			
	公曆9月							1	2	3	4	5	6	7	8	9	10	11	12	13	14	15	16	17	18	19	20	21	22	23	24	25	26	27	28	29	30	
23	夏曆九月							3	4	5	6	7	8	9	10	11	12	13	14	15	16	17	18	19	20	21	22	23	24	25	26	27	28	29	⑨	2	3	
	回曆12月							30	1	2	3	4	5	6	7	8	9	10	11	12	13	14	15	16	17	18	19	20	21	22	23	24	25	26	27	28	29	
	公曆10月		1	2	3	4	5	6	7	8	9	10	11	12	13	14	15	16	17	18	19	20	21	22	23	24	25	26	27	28	29	30	31					
24	夏曆十月		4	5	6	7	8	9	10	11	12	13	14	15	16	17	18	19	20	21	22	23	24	25	26	27	28	29	30	㊴	2	3	4					
61年	回曆1、2月		①	2	3	4	5	6	7	8	9	10	11	12	13	14	15	16	17	18	19	20	21	22	23	24	25	26	27	28	29	30	1					
	公曆11月					1	2	3	4	5	6	7	8	9	10	11	12	13	14	15	16	17	18	19	20	21	22	23	24	25	26	27	28	29	30			
25	夏曆十一月					5	6	7	8	9	10	11	12	13	14	15	16	17	18	19	20	21	22	23	24	25	26	27	28	29	30	⑨	2	3	4			
	回曆3月					2	3	4	5	6	7	8	9	10	11	12	13	14	15	16	17	18	19	20	21	22	23	24	25	26	27	28	29	1	2			
	公曆12月							1	2	3	4	5	6	7	8	9	10	11	12	13	14	15	16	17	18	19	20	21	22	23	24	25	26	27	28	29	30	31
26	夏曆十二月							5	6	7	8	9	10	11	12	13	14	15	16	17	18	19	20	21	22	23	24	25	26	27	28	29	30	㊴	2	3	4	5
	回曆4月							3	4	5	6	7	8	9	10	11	12	13	14	15	16	17	18	19	20	21	22	23	24	25	26	27	28	29	30	1	2	3

舊誌十一月壬寅，不合。

大事記

三月，裴行儉等大破突厥於黑山，俘奉職可汗，泥熟匐為部下所殺，餘衆走保狼山。　七月，吐蕃擾河源，守將黑齒常之擊卻之。時吐蕃已陷茂州安戎城，西洱諸部皆降之。於是吐蕃盡據諸羌地，東接涼、松、茂、嶲等州，西陷龜茲、疏勒四鎮，南接天竺，北抵突厥，聲勢甚盛。突厥殘衆圍雲州，敗遁。　八月，廢太子賢為庶人，立英王哲為皇太子，改元永隆。　九月，遣使賑恤河南、河北諸州水災。　十月，文成公主卒。　十二月，李淳風卒。

永隆中，王方翼在夏州都督任內，以牛疫無法耕作，造人耕之法。

唐紀年

干支辛巳　公元 681 年

朝代或國名	國家支配者	建　都	廟　號	謚　號	建　元	年號年次	輔　政　者	備　注
唐	③李　治	長安	高宗		14	12 開耀元年	王德真等	十月改元(一作九月乙丑)
大蒙(南詔)	②蒙邏盛炎	巍山	世宗	興宗王	1	8 年		在雲南
吐蕃	③器弩悉弄	邏些				3 年	論欽陵	
吐屯	②阿史那車薄					3 年		西突厥
回紇								
吐谷渾	⑱諾曷鉢					46 年		青海省

月曆表

5394—384—1970201

月干支序數	星期 / 月序	日	1	2	3	4	5	6	日	1	2	3	4	5	6	日	1	2	3	4	5	6	日	1	2	3	4	5	6	日	1	2	3	4	5	6	日	1
	公曆 1 月			1	2	3	4	5	6	7	8	9	10	11	12	13	14	15	16	17	18	19	20	21	22	23	24	25	26	27	28	29	30	31				
27	夏曆正月			6	7	8	9	10	11	12	13	14	15	16	17	18	19	20	21	22	23	24	25	26	27	28	29	⑧	2	3	4	5	6	7				
	回曆 5 月			4	5	6	7	8	9	10	11	12	13	14	15	16	17	18	19	20	21	22	23	24	25	26	27	28	29	1	2	3	4	5				
	公曆 2 月						1	2	3	4	5	6	7	8	9	10	11	12	13	14	15	16	17	18	19	20	21	22	23	24	25	26	27	28				
28	夏曆二月						8	9	10	11	12	13	14	15	16	17	18	19	20	21	2	23	24	25	26	27	28	29	30	㊳	2	3	4	5				
	回曆 6 月						6	7	8	9	10	11	12	13	14	15	16	17	18	19	20	21	22	23	24	25	26	27	28	29	30	1	2	3				
	公曆 3 月						1	2	3	4	5	6	7	8	9	10	11	12	13	14	15	16	17	18	19	20	21	22	23	24	25	26	27	28	29	30	31	
29	夏曆三月						6	7	8	9	10	11	12	13	14	15	16	17	18	19	20	21	22	23	24	25	26	27	28	29	⑦	2	3	4	5	6	7	
	回曆 7 月						4	5	6	7	8	9	10	11	12	13	14	15	16	17	18	19	20	21	22	23	24	25	26	27	28	29	1	2	3	4	5	
	公曆 4 月		1	2	3	4	5	6	7	8	9	10	11	12	13	14	15	16	17	18	19	20	21	22	23	24	25	26	27	28	29	30						
30	夏曆四月		8	9	10	11	12	13	14	15	16	17	18	19	20	21	22	23	24	25	26	27	28	29	30	㊲	2	3	4	5	6	7						
	回曆 8 月		6	7	8	9	10	11	12	13	14	15	16	17	18	19	20	21	22	23	24	25	26	27	28	29	30	1	2	3	4	5						
	公曆 5 月				1	2	3	4	5	6	7	8	9	10	11	12	13	14	15	16	17	18	19	20	21	22	23	24	25	26	27	28	29	30	31			
31	夏曆五月				8	9	10	11	12	13	14	15	16	17	18	19	20	21	22	23	24	25	26	27	28	29	⑥	2	3	4	5	6	7	8	9			
	回曆 9 月				6	7	8	9	10	11	12	13	14	15	16	17	18	19	20	21	22	23	24	25	26	27	28	29	1	2	3	4	5	6	7			
	公曆 6 月							1	2	3	4	5	6	7	8	9	10	11	12	13	14	15	16	17	18	19	20	21	22	23	24	25	26	27	28	29	30	
32	夏曆六月							10	11	12	13	14	15	16	17	18	19	20	21	22	23	24	25	26	27	28	29	㉟	2	3	4	5	6	7	8	9	10	
	回曆 10 月							8	9	10	11	12	13	14	15	16	17	18	19	20	21	22	23	24	25	26	27	28	29	30	1	2	3	4	5	6	7	
	公曆 7 月		1	2	3	4	5	6	7	8	9	10	11	12	13	14	15	16	17	18	19	20	21	22	23	24	25	26	27	28	29	30	31					
33	夏曆七月		11	12	13	14	15	16	17	18	19	20	21	22	23	24	25	26	27	28	29	30	⑤	2	3	4	5	6	7	8	9	10	11					
	回曆 11 月		8	9	10	11	12	13	14	15	16	17	18	19	20	21	22	23	24	25	26	27	28	29	1	2	3	4	5	6	7	8	9					
	公曆 8 月					1	2	3	4	5	6	7	8	9	10	11	12	13	14	15	16	17	18	19	20	21	22	23	24	25	26	27	28	29	30	31		
	夏曆閏七月					12	13	14	15	16	17	18	19	20	21	22	23	24	25	26	27	28	29	㉞	2	3	4	5	6	7	8	9	10	11	12	13		
	回曆 12 月					10	11	12	13	14	15	16	17	18	19	20	21	22	23	24	25	26	27	28	29	30	1	2	3	4	5	6	7	8	9	10		
	公曆 9 月	1	2	3	4	5	6	7	8	9	10	11	12	13	14	15	16	17	18	19	20	21	22	23	24	25	26	27	28	29	30							
34	夏曆八月	14	15	16	17	18	19	20	21	22	23	24	25	26	27	28	29	30	④	2	3	4	5	6	7	8	9	10	11	12	13							
62 年閏	回曆 1 月	11	12	13	14	15	16	17	18	19	20	21	22	23	24	25	26	27	28	29	①	2	3	4	5	6	7	8	9	10	11							
	公曆 10 月			1	2	3	4	5	6	7	8	9	10	11	12	13	14	15	16	17	18	19	20	21	22	23	24	25	26	27	28	29	30	31				
35	夏曆九月			14	15	16	17	18	19	20	21	22	23	24	25	26	27	28	29	㉝	2	3	4	5	6	7	8	9	10	11	12	13	14	15				
	回曆 2 月			12	13	14	15	16	17	18	19	20	21	22	23	24	25	26	27	28	29	30	1	2	3	4	5	6	7	8	9	10	11	12				
	公曆 11 月						1	2	3	4	5	6	7	8	9	10	11	12	13	14	15	16	17	18	19	20	21	22	23	24	25	26	27	28	29	30		
36	夏曆十月						16	17	18	19	20	21	22	23	24	25	26	27	28	29	30	③	2	3	4	5	6	7	8	9	10	11	12	13	14	15		

續表

月干支序數	星期 月序	日	1	2	3	4	5	6	日	1	2	3	4	5	6	日	1	2	3	4	5	6	日	1	2	3	4	5	6	日	1	2	3	4	5	6	日	1
	回曆3月						13	14	15	16	17	18	19	20	21	22	23	24	25	26	27	28	29	1	2	3	4	5	6	7	8	9	10	11	12	13		
	公曆12月	1	2	3	4	5	6	7	8	9	10	11	12	13	14	15	16	17	18	19	20	21	22	23	24	25	26	27	28	29	30	31						
37	夏曆十一月	16	17	18	19	20	21	22	23	24	25	26	27	28	29	30	㉝	2	3	4	5	6	7	8	9	10	11	12	13	14	15	16						
	回曆4月	14	15	16	17	18	19	20	21	22	23	24	25	26	27	28	29	30	1	2	3	4	5	6	7	8	9	10	11	12	13	14						

大事記

正月，突厥殘部侵原、慶等州。突厥阿史那伏念自立為可汗，結阿史德溫傅；遣裴行儉擊之，別將曹懷舜大敗，與伏念結盟而還。　五月，黑齒常之破吐蕃於良非川。　七月，夏州群牧使奏自調露元年九月以來喪馬十八萬匹，吏卒為胡所殺者八百餘人。薛延陀達渾等五州來降。裴行儉擊降伏念，俘溫傅，盡平突厥殘部。　八月，河南、河北大水，許災區往江淮以南就食。　十月，改元開耀。

唐紀年

干支壬午　公元682年

朝代或國名	國家支配者	建都	廟號	謚號	建元	年號年次	輔政者	備注
唐	③李治	長安	高宗		14	13 永淳元年	郭待舉等	二月癸未改元
大蒙(南詔)	②蒙邏盛炎	巍山	世宗	興宗王	1	9年		在雲南
吐蕃	③器弩悉弄	邏些				4年	論欽陵	
吐屯	②阿史那車薄					4年		亡
回紇								
吐谷渾	⑱諾曷鉢					47年		青海省
後突厥	①阿史那骨咄祿	烏德鞬山				元年		

月曆表

5395—354—1970555

月干支序數	星期 月序	日	1	2	3	4	5	6	日	1	2	3	4	5	6	日	1	2	3	4	5	6	日	1	2	3	4	5	6	日	1	2	3	4	5	6	日	1
	公曆1月				1	2	3	4	5	6	7	8	9	10	11	12	13	14	15	16	17	18	19	20	21	22	23	24	25	26	27	28	29	30	31			
38	夏曆十二月				17	18	19	20	21	22	23	24	25	26	27	28	29	30	③	2	3	4	5	6	7	8	9	10	11	12	13	14	15	16	17			
	回曆5月				15	16	17	18	19	20	21	22	23	24	25	26	27	28	29	1	2	3	4	5	6	7	8	9	10	11	12	13	14	15	16			
	公曆2月							1	2	3	4	5	6	7	8	9	10	11	12	13	14	15	16	17	18	19	20	21	22	23	24	25	26	27	28			
39	夏曆正月							18	19	20	21	22	23	24	25	26	27	28	29	㉜	2	3	4	5	6	7	8	9	10	11	12	13	14	15	16			
	回曆6月							17	18	19	20	21	22	23	24	25	26	27	28	29	30	1	2	3	4	5	6	7	8	9	10	11	12	13	14			
	公曆3月							1	2	3	4	5	6	7	8	9	10	11	12	13	14	15	16	17	18	19	20	21	22	23	24	25	26	27	28	29	30	31
40	夏曆二月							17	18	19	20	21	22	23	24	25	26	27	28	29	30	②	2	3	4	5	6	7	8	9	10	11	12	13	14	15	16	17
	回曆7月							15	16	17	18	19	20	21	22	23	24	25	26	27	28	29	1	2	3	4	5	6	7	8	9	10	11	12	13	14	15	16
	公曆4月			1	2	3	4	5	6	7	8	9	10	11	12	13	14	15	16	17	18	19	20	21	22	23	24	25	26	27	28	29	30					
41	夏曆三月			18	19	20	21	22	23	24	25	26	27	28	29	㉛	2	3	4	5	6	7	8	9	10	11	12	13	14	15	16	17	18					
	回曆8月			17	18	19	20	21	22	23	24	25	26	27	28	29	30	1	2	3	4	5	6	7	8	9	10	11	12	13	14	15	16					
	公曆5月					1	2	3	4	5	6	7	8	9	10	11	12	13	14	15	16	17	18	19	20	21	22	23	24	25	26	27	28	29	30	31		
42	夏曆四月					19	20	21	22	23	24	25	26	27	28	29	30	①	2	3	4	5	6	7	8	9	10	11	12	13	14	15	16	17	18	19		
	回曆9月					17	18	19	20	21	22	23	24	25	26	27	28	29	1	2	3	4	5	6	7	8	9	10	11	12	13	14	15	16	17	18		

續表

月干支序數	月序＼星期	日	1	2	3	4	5	6	日	1	2	3	4	5	6	日	1	2	3	4	5	6	日	1	2	3	4	5	6	日	1	2	3	4	5	6	日	1
	公曆6月	1	2	3	4	5	6	7	8	9	10	11	12	13	14	15	16	17	18	19	20	21	22	23	24	25	26	27	28	29	30							
43	夏曆五月	20	21	22	23	24	25	26	27	28	29	㉚	2	3	4	5	6	7	8	9	10	11	12	13	14	15	16	17	18	19	20							
	回曆10月	19	20	21	22	23	24	25	26	27	28	29	30	1	2	3	4	5	6	7	8	9	10	11	12	13	14	15	16	17	18							
	公曆7月			1	2	3	4	5	6	7	8	9	10	11	12	13	14	15	16	17	18	19	20	21	22	23	24	25	26	27	28	29	30	31				
44	夏曆六月			21	22	23	24	25	26	27	28	29	(59)	2	3	4	5	6	7	8	9	10	11	12	13	14	15	16	17	18	19	20	21	22				
	回曆11月			19	20	21	22	23	24	25	26	27	28	29	1	2	3	4	5	6	7	8	9	10	11	12	13	14	15	16	17	18	19	20				
	公曆8月						1	2	3	4	5	6	7	8	9	10	11	12	13	14	15	16	17	18	19	20	21	22	23	24	25	26	27	28	29	30	31	
45	夏曆七月						23	24	25	26	27	28	29	30	㉙	2	3	4	5	6	7	8	9	10	11	12	13	14	15	16	17	18	19	20	21	22	23	
	回曆12月						21	22	23	24	25	26	27	28	29	30	1	2	3	4	5	6	7	8	9	10	11	12	13	14	15	16	17	18	19	20	21	
	公曆9月		1	2	3	4	5	6	7	8	9	10	11	12	13	14	15	16	17	18	19	20	21	22	23	24	25	26	27	28	29	30						
46	夏曆八月		24	25	26	27	28	29	(58)	2	3	4	5	6	7	8	9	10	11	12	13	14	15	16	17	18	19	20	21	22	23	24						
63年	回曆1月		22	23	24	25	26	27	28	29	30	①	2	3	4	5	6	7	8	9	10	11	12	13	14	15	16	17	18	19	20	21						
	公曆10月				1	2	3	4	5	6	7	8	9	10	11	12	13	14	15	16	17	18	19	20	21	22	23	24	25	26	27	28	29	30	31			
47	夏曆九月				25	26	27	28	29	㉗	2	3	4	5	6	7	8	9	10	11	12	13	14	15	16	17	18	19	20	21	22	23	24	25	26			
	回曆2月				22	23	24	25	26	27	28	29	30	1	2	3	4	5	6	7	8	9	10	11	12	13	14	15	16	17	18	19	20	21	22			
	公曆11月							1	2	3	4	5	6	7	8	9	10	11	12	13	14	15	16	17	18	19	20	21	22	23	24	25	26	27	28	29	30	
48	夏曆十月							27	28	29	30	(57)	2	3	4	5	6	7	8	9	10	11	12	13	14	15	16	17	18	19	20	21	22	23	24	25	26	
	回曆3月							23	24	25	26	27	28	29	1	2	3	4	5	6	7	8	9	10	11	12	13	14	15	16	17	18	19	20	21	22	23	
	公曆12月		1	2	3	4	5	6	7	8	9	10	11	12	13	14	15	16	17	18	19	20	21	22	23	24	25	26	27	28	29	30	31					
49	夏曆十一月		27	28	29	30	㉗	2	3	4	5	6	7	8	9	10	11	12	13	14	15	16	17	18	19	20	21	22	23	24	25	26	27					
	回曆4月		24	25	26	27	28	29	30	1	2	3	4	5	6	7	8	9	10	11	12	13	14	15	16	17	18	19	20	21	22	23	24					

舊誌十一月庚申，不合。

大事記

正月，以年饑，令關内諸府兵於鄭、綏等州就谷。　二月，改元永淳。西突厥阿史那車薄帥十姓起事。　四月，圍弓月城；王方翼破之於伊麗水，又破之於熱海，擒其首領等三百餘人，事平。　六月，關內先水後旱、蝗，繼以疾，米斗四百，兩京間死者相枕於路，人相食。　七月，吐蕃擾柘、松、翼等州。

是歲，突厥阿史那骨篤祿、阿史德元珍等據黑沙城起事，擾并州，殺嵐州刺史；薛仁貴大破之，俘二萬餘人。孫思邈卒(581—682)。

唐紀年　　干支癸未　公元683年

朝代或國名	國家支配者	建都	廟號	謚號	建元	年號年次	輔政者	備注
唐	③李治	長安	高宗		14	14弘道元年	郭正一等	十二月丁巳改元、李顯即位
大蒙(南詔)	②蒙邏盛炎	巍山	世宗	興宗王	1	10年		在雲南
吐蕃	③器弩悉弄	邏些				5年	論欽陵	
回紇								
吐谷渾	⑱諾曷鉢					48年		青海省
後突厥	①阿史那骨咄祿	烏德鞬山				2年		

月干支序數	月序＼星期	日	1	2	3	4	5	6	日	1	2	3	4	5	6	日	1	2	3	4	5	6	日	1	2	3	4	5	6	日	1	2	3	4	5	6	日	1
	公曆1月					1	2	3	4	5	6	7	8	9	10	11	12	13	14	15	16	17	18	19	20	21	22	23	24	25	26	27	28	29	30	31		
50	夏曆十二月					28	29	(56)	2	3	4	5	6	7	8	9	10	11	12	13	14	15	16	17	18	19	20	21	22	23	24	25	26	27	28	29		
	回曆5月					25	26	27	28	29	1	2	3	4	5	6	7	8	9	10	11	12	13	14	15	16	17	18	19	20	21	22	23	24	25	26		
	公曆2月	1	2	3	4	5	6	7	8	9	10	11	12	13	14	15	16	17	18	19	20	21	22	23	24	25	26	27	28									
51	夏曆正月	30	㉖	2	3	4	5	6	7	8	9	10	11	12	13	14	15	16	17	18	19	20	21	22	23	24	25	26	27									
	回曆6月	27	28	29	30	1	2	3	4	5	6	7	8	9	10	11	12	13	14	15	16	17	18	19	20	21	22	23	24									
	公曆3月	1	2	3	4	5	6	7	8	9	10	11	12	13	14	15	16	17	18	19	20	21	22	23	24	25	26	27	28	29	30	31						
52	夏曆二月	28	29	30	(56)	2	3	4	5	6	7	8	9	10	11	12	13	14	15	16	17	18	19	20	21	22	23	24	25	26	27	28						
	回曆7月	25	26	27	28	29	1	2	3	4	5	6	7	8	9	10	11	12	13	14	15	16	17	18	19	20	21	22	23	24	25	26						
	公曆4月				1	2	3	4	5	6	7	8	9	10	11	12	13	14	15	16	17	18	19	20	21	22	23	24	25	26	27	28	29	30				
53	夏曆三月				29	30	㉖	2	3	4	5	6	7	8	9	10	11	12	13	14	15	16	17	18	19	20	21	22	23	24	25	26	27	28				
	回曆8月				27	28	29	30	1	2	3	4	5	6	7	8	9	10	11	12	13	14	15	16	17	18	19	20	21	22	23	24	25	26				
	公曆5月						1	2	3	4	5	6	7	8	9	10	11	12	13	14	15	16	17	18	19	20	21	22	23	24	25	26	27	28	29	30	31	
54	夏曆四月						29	(55)	2	3	4	5	6	7	8	9	10	11	12	13	14	15	16	17	18	19	20	21	22	23	24	25	26	27	28	29	30	
	回曆9月						27	28	29	1	2	3	4	5	6	7	8	9	10	11	12	13	14	15	16	17	18	19	20	21	22	23	24	25	26	27	28	
	公曆6月		1	2	3	4	5	6	7	8	9	10	11	12	13	14	15	16	17	18	19	20	21	22	23	24	25	26	27	28	29	30						
55 56	夏曆五 六月		㉕	2	3	4	5	6	7	8	9	10	11	12	13	14	15	16	17	18	19	20	21	22	23	24	25	26	27	28	29	(54)						
	回曆10月		29	30	1	2	3	4	5	6	7	8	9	10	11	12	13	14	15	16	17	18	19	20	21	22	23	24	25	26	27	28						
	公曆7月				1	2	3	4	5	6	7	8	9	10	11	12	13	14	15	16	17	18	19	20	21	22	23	24	25	26	27	28	29	30	31			
57	夏曆七月				2	3	4	5	6	7	8	9	10	11	12	13	14	15	16	17	18	19	20	21	22	23	24	25	26	27	28	29	㉓	2	3			
	回曆11月				29	1	2	3	4	5	6	7	8	9	10	11	12	13	14	15	16	17	18	19	20	21	22	23	24	25	26	27	28	29	30			
	公曆8月							1	2	3	4	5	6	7	8	9	10	11	12	13	14	15	16	17	18	19	20	21	22	23	24	25	26	27	28	29	30	31
58	夏曆八月							4	5	6	7	8	9	10	11	12	13	14	15	16	17	18	19	20	21	22	23	24	25	26	27	28	29	30	(53)	2	3	4
64年	回曆12、1月							1	2	3	4	5	6	7	8	9	10	11	12	13	14	15	16	17	18	19	20	21	22	23	24	25	26	27	28	29	①	2
	公曆9月			1	2	3	4	5	6	7	8	9	10	11	12	13	14	15	16	17	18	19	20	21	22	23	24	25	26	27	28	29	30					
59	夏曆九月			5	6	7	8	9	10	11	12	13	14	15	16	17	18	19	20	21	22	23	24	25	26	27	28	29	㉒	2	3	4	5					
	回曆2月			3	4	5	6	7	8	9	10	11	12	13	14	15	16	17	18	19	20	21	22	23	24	25	26	27	28	29	30	1	2					
	公曆10月					1	2	3	4	5	6	7	8	9	10	11	12	13	14	15	16	17	18	19	20	21	22	23	24	25	26	27	28	29	30	31		
60	夏曆十月					6	7	8	9	10	11	12	13	14	15	16	17	18	19	20	21	22	23	24	25	26	27	28	29	(51)	2	3	4	5	6	7		
	回曆3月					3	4	5	6	7	8	9	10	11	12	13	14	15	16	17	18	19	20	21	22	23	24	25	26	27	28	29	1	2	3	4		
	公曆11月	1	2	3	4	5	6	7	8	9	10	11	12	13	14	15	16	17	18	19	20	21	22	23	24	25	26	27	28	29	30							
1	夏曆十一月	8	9	10	11	12	13	14	15	16	17	18	19	20	21	22	23	24	25	26	27	28	29	30	㉑	2	3	4	5	6	7							
	回曆4月	5	6	7	8	9	10	11	12	13	14	15	16	17	18	19	20	21	22	23	24	25	26	27	28	29	30	1	2	3	4							
	公曆12月			1	2	3	4	5	6	7	8	9	10	11	12	13	14	15	16	17	18	19	20	21	22	23	24	25	26	27	28	29	30	31				
2	夏曆十二月			8	9	10	11	12	13	14	15	16	17	18	19	20	21	22	23	24	25	26	27	28	29	30	(51)	2	3	4	5	6	7	8				
	回曆5月			5	6	7	8	9	10	11	12	13	14	15	16	17	18	19	20	21	22	23	24	25	26	27	28	29	1	2	3	4	5	6				

舊紀正月甲午，不合。

大事記

二月，突厥擾定州、嬀州。　三月，骨篤祿等圍單于都護府，遣將禦之。　四月，綏州稽胡步落稽部白鐵余詐稱佛光見，聚衆據城平縣，自稱光明聖皇帝，大攻掠；程務挺、王方翼等擊平之。　五月，骨篤祿擾蔚州，殺刺史，俘豐州都督。　六月，突厥擾嵐州。　十一月，遣務挺等擊骨篤祿。　十二月，改元弘道。高宗卒，太子顯立，是謂中宗；遺詔大事取決武后。　是年，薛仁貴卒(614—683)。

唐紀年

干支甲申　公元684年

朝代或國名	國家支配者	建都	廟號	謚號	建元	年號年次	輔政者	備注
唐	④李　顯	長安	中宗		1	嗣聖元年		
	⑤李　旦	長安	睿宗		1	文明元年		二月己未改元
	⑥武則天	長安		則天后	4	1光宅元年	武承嗣等	九月甲寅即位改元
大蒙(南詔)	②蒙邏盛炎	巍山	世宗	興宗王	1	11年		在雲南
吐蕃	③器弩悉弄	邏些				6年	論欽陵	
回紇								
吐谷渾	⑱諾曷鉢					49年		青海省
後突厥	①阿史那骨咄祿	烏德鞬山				3年		

月曆表

5397－383－1971293

月干支序數	月序＼星期	日	1	2	3	4	5	6	日	1	2	3	4	5	6	日	1	2	3	4	5	6	日	1	2	3	4	5	6	日	1	2	3	4	5	6	日	1
	公曆1月						1	2	3	4	5	6	7	8	9	10	11	12	13	14	15	16	17	18	19	20	21	22	23	24	25	26	27	28	29	30	31	
3	夏曆正月						9	10	11	12	13	14	15	16	17	18	19	20	21	22	23	24	25	26	27	28	29	30	㉑	2	3	4	5	6	7	8	9	
	回曆6月						7	8	9	10	11	12	13	14	15	16	17	18	19	20	21	22	23	24	25	26	27	28	29	30	1	2	3	4	5	6	7	
	公曆2月		1	2	3	4	5	6	7	8	9	10	11	12	13	14	15	16	17	18	19	20	21	22	23	24	25	26	27	28	29							
4	夏曆二月		10	11	12	13	14	15	16	17	18	19	20	21	22	23	24	25	26	27	28	29	㊿	2	3	4	5	6	7	8	9							
	回曆7月		8	9	10	11	12	13	14	15	16	17	18	19	20	21	22	23	24	25	26	27	28	29	1	2	3	4	5	6	7							
	公曆3月			1	2	3	4	5	6	7	8	9	10	11	12	13	14	15	16	17	18	19	20	21	22	23	24	25	26	27	28	29	30	31				
5	夏曆三月			10	11	12	13	14	15	16	17	18	19	20	21	22	23	24	25	26	27	28	29	30	⑳	2	3	4	5	6	7	8	9	10				
	回曆8月			8	9	10	11	12	13	14	15	16	17	18	19	20	21	22	23	24	25	26	27	28	29	30	1	2	3	4	5	6	7	8				
	公曆4月						1	2	3	4	5	6	7	8	9	10	11	12	13	14	15	16	17	18	19	20	21	22	23	24	25	26	27	28	29	30		
5	夏曆四月						11	12	13	14	15	16	17	18	19	20	21	22	23	24	25	26	27	28	29	㊾	2	3	4	5	6	7	8	9	10	11		
	回曆9月						9	10	11	12	13	14	15	16	17	18	19	20	21	22	23	24	25	26	27	28	29	1	2	3	4	5	6	7	8	9		
	公曆5月	1	2	3	4	5	6	7	8	9	10	11	12	13	14	15	16	17	18	19	20	21	22	23	24	25	26	27	28	29	30	31						
7	夏曆五月	12	13	14	15	16	17	18	19	20	21	22	23	24	25	26	27	28	29	30	⑲	2	3	4	5	6	7	8	9	10	11	12						
	回曆10月	10	11	12	13	14	15	16	17	18	19	20	21	22	23	24	25	26	27	28	29	30	1	2	3	4	5	6	7	8	9	10						
	公曆6月				1	2	3	4	5	6	7	8	9	10	11	12	13	14	15	16	17	18	19	20	21	22	23	24	25	26	27	28	29	30				
	夏曆閏五月				13	14	15	16	17	18	19	20	21	22	23	24	25	26	27	28	29	30	㊾	2	3	4	5	6	7	8	9	10	11	12				
	回曆11月				11	12	13	14	15	16	17	18	19	20	21	22	23	24	25	26	27	28	29	1	2	3	4	5	6	7	8	9	10	11				
	公曆7月						1	2	3	4	5	6	7	8	9	10	11	12	13	14	15	16	17	18	19	20	21	22	23	24	25	26	27	28	29	30	31	
8	夏曆六月						13	14	15	16	17	18	19	20	21	22	23	24	25	26	27	28	29	⑱	2	3	4	5	6	7	8	9	10	11	12	13	14	
	回曆12月						12	13	14	15	16	17	18	19	20	21	22	23	24	25	26	27	28	29	30	1	2	3	4	5	6	7	8	9	10	11	12	
	公曆8月		1	2	3	4	5	6	7	8	9	10	11	12	13	14	15	16	17	18	19	20	21	22	23	24	25	26	27	28	29	30	31					
9	夏曆七月		15	16	17	18	19	20	21	22	23	24	25	26	27	28	29	㊼	2	3	4	5	6	7	8	9	10	11	12	13	14	15	16					
65年	回曆1月		13	14	15	16	17	18	19	20	21	22	23	24	25	26	27	28	29	①	2	3	4	5	6	7	8	9	10	11	12	13	14					
	公曆9月					1	2	3	4	5	6	7	8	9	10	11	12	13	14	15	16	17	18	19	20	21	22	23	24	25	26	27	28	29	30			
10	夏曆八月					17	18	19	20	21	22	23	24	25	26	27	28	29	30	⑰	2	3	4	5	6	7	8	9	10	11	12	13	14	15	16			
	回曆2月					15	16	17	18	19	20	21	22	23	24	25	26	27	28	29	30	1	2	3	4	5	6	7	8	9	10	11	12	13	14			
	公曆10月							1	2	3	4	5	6	7	8	9	10	11	12	13	14	15	16	17	18	19	20	21	22	23	24	25	26	27	28	29	30	31
11	夏曆九月							17	18	19	20	21	22	23	24	25	26	27	28	29	㊻	2	3	4	5	6	7	8	9	10	11	12	13	14	15	16	17	18
	回曆3月							15	16	17	18	19	20	21	22	23	24	25	26	27	28	29	1	2	3	4	5	6	7	8	9	10	11	12	13	14	15	16

續表

月干支序數	星期 月序	日	1	2	3	4	5	6	日	1	2	3	4	5	6	日	1	2	3	4	5	6	日	1	2	3	4	5	6	日	1	2	3	4	5	6	日	1
	公曆 11 月			1	2	3	4	5	6	7	8	9	10	11	12	13	14	15	16	17	18	19	20	21	22	23	24	25	26	27	28	29	30					
12	夏曆十月			19	20	21	22	23	24	25	26	27	28	29	30	⑯	2	3	4	5	6	7	8	9	10	11	12	13	14	15	16	17	18					
	回曆 4 月			17	18	19	20	21	22	23	24	25	26	27	28	29	30	1	2	3	4	5	6	7	8	9	10	11	12	13	14	15	16					
	公曆 12 月					1	2	3	4	5	6	7	8	9	10	11	12	13	14	15	16	17	18	19	20	21	22	23	24	25	26	27	28	29	30	31		
13	夏曆十一月					19	20	21	22	23	24	25	26	27	28	29	㊺	2	3	4	5	6	7	8	9	10	11	12	13	14	15	16	17	18	19	20		
	回曆 5 月					17	18	19	20	21	22	23	24	25	26	27	28	29	1	2	3	4	5	6	7	8	9	10	11	12	13	14	15	16	17	18		

大事記

二月，武后廢李顯為廬陵王，立豫王李旦為帝，改元文明，政事皆決於武后，帝居别殿，不得有所預。告密之端起。　三月，逼廢太子李賢自殺。　四月，遷廬陵王於房州。　七月，廣州都督路元睿縱屬侵商胡，為崑崙所殺。骨篤禄擾朔州。　九月，武則天改元光宅，并改服色、官名、易旗幟，改東都為神都，立武氏七廟。徐敬業起兵揚州，移檄聲討武后，敬業自號匡復府上將、領揚州大都督；武后遣李孝逸擊之，宰相裴炎忤武后，被誣謀反，下獄死。　十月，楚州司馬李崇福率所部三縣以應敬業。　十一月，徐敬業兵敗，為部下所殺，事平。　十二月，誣單于道安撫大使程務挺與徐敬業通謀，殺之。流放夏州都督王方翼於崖州。　是歲，駱賓王卒。

唐紀年

干支乙酉　公元 685 年

朝代或國名	國家支配者	建都	廟號	謚號	建元	年號年次	輔政者	備注
唐	⑥武則天	長安		則天后	4	2 垂拱元年	韋思謙等	
大蒙(南詔)	②蒙邏盛炎	巍山	世宗	興宗王	1	12 年		在雲南
吐蕃	③器弩悉弄	邏些				7 年	論欽陵	
回紇								
吐谷渾	⑱諾曷鉢					50 年		青海省
西突厥南庭	⑫元慶					元年		
後突厥	①阿史那骨咄祿	烏德鞬山				4 年		

月曆表

5398—355—1971648

月干支序數	星期 月序	日	1	2	3	4	5	6	日	1	2	3	4	5	6	日	1	2	3	4	5	6	日	1	2	3	4	5	6	日	1	2	3	4	5	6	日	1
	公曆 1 月	1	2	3	4	5	6	7	8	9	10	11	12	13	14	15	16	17	18	19	20	21	22	23	24	25	26	27	28	29	30	31						
14	夏曆十二月	21	22	23	24	25	26	27	28	29	30	⑮	2	3	4	5	6	7	8	9	10	11	12	13	14	15	16	17	18	19	20	21						
	回曆 6 月	19	20	21	22	23	24	25	26	27	28	29	30	1	2	3	4	5	6	7	8	9	10	11	12	13	14	15	16	17	18	19						
	公曆 2 月				1	2	3	4	5	6	7	8	9	10	11	12	13	14	15	16	17	18	19	20	21	22	23	24	25	26	27	28						
15	夏曆正月				22	23	24	25	26	27	28	29	㊹	2	3	4	5	6	7	8	9	10	11	12	13	14	15	16	17	18	19	20						
	回曆 7 月				20	21	22	23	24	25	26	27	28	29	1	2	3	4	5	6	7	8	9	10	11	12	13	14	15	16	17	18						
	公曆 3 月				1	2	3	4	5	6	7	8	9	10	11	12	13	14	15	16	17	18	19	20	21	22	23	24	25	26	27	28	29	30	31			
16	夏曆二月				21	22	23	24	25	26	27	28	29	30	⑭	2	3	4	5	6	7	8	9	10	11	12	13	14	15	16	17	18	19	20	21			
	回曆 8 月				19	20	21	22	23	24	25	26	27	28	29	30	1	2	3	4	5	6	7	8	9	10	11	12	13	14	15	16	17	18	19			
	公曆 4 月							1	2	3	4	5	6	7	8	9	10	11	12	13	14	15	16	17	18	19	20	21	22	23	24	25	26	27	28	29	30	

續表

月 干支 序數	月 星期 序	日	1	2	3	4	5	6	日	1	2	3	4	5	6	日	1	2	3	4	5	6	日	1	2	3	4	5	6	日	1	2	3	4	5	6	日	1
17	夏暦三月							22	23	24	25	26	27	28	29	㊸	2	3	4	5	6	7	8	9	10	11	12	13	14	15	16	17	18	19	20	21	22	
	回暦9月							20	21	22	23	24	25	26	27	28	29	1	2	3	4	5	6	7	8	9	10	11	12	13	14	15	16	17	18	19	20	
	公暦5月		1	2	3	4	5	6	7	8	9	10	11	12	13	14	15	16	17	18	19	20	21	22	23	24	25	26	27	28	29	30	31					
18	夏暦四月		23	24	25	26	27	28	29	30	⑬	2	3	4	5	6	7	8	9	10	11	12	13	14	15	16	17	18	19	20	21	22	23					
	回暦10月		21	22	23	24	25	26	27	28	29	30	1	2	3	4	5	6	7	8	9	10	11	12	13	14	15	16	17	18	19	20	21					
	公暦6月					1	2	3	4	5	6	7	8	9	10	11	12	13	14	15	16	17	18	19	20	21	22	23	24	25	26	27	28	29	30			
19	夏暦五月					24	25	26	27	28	29	30	㊸	2	3	4	5	6	7	8	9	10	11	12	13	14	15	16	17	18	19	20	21	22	23			
	回暦11月					22	23	24	25	26	27	28	29	1	2	3	4	5	6	7	8	9	10	11	12	13	14	15	16	17	18	19	20	21	22			
	公暦7月							1	2	3	4	5	6	7	8	9	10	11	12	13	14	15	16	17	18	19	20	21	22	23	24	25	26	27	28	29	30	31
20	夏暦六月							24	25	26	27	28	29	⑫	2	3	4	5	6	7	8	9	10	11	12	13	14	15	16	17	18	19	20	21	22	23	24	25
	回暦12月							23	24	25	26	27	28	29	30	1	2	3	4	5	6	7	8	9	10	11	12	13	14	15	16	17	18	19	20	21	22	23
	公暦8月			1	2	3	4	5	6	7	8	9	10	11	12	13	14	15	16	17	18	19	20	21	22	23	24	25	26	27	28	29	30	31				
21	夏暦七月			26	27	28	29	30	㊷	2	3	4	5	6	7	8	9	10	11	12	13	14	15	16	17	18	19	20	21	22	23	24	25	26				
66年	回暦1月			24	25	26	27	28	29	30	①	2	3	4	5	6	7	8	9	10	11	12	13	14	15	16	17	18	19	20	21	22	23	24				
	公暦9月						1	2	3	4	5	6	7	8	9	10	11	12	13	14	15	16	17	18	19	20	21	22	23	24	25	26	27	28	29	30		
22	夏暦八月						27	28	29	⑪	2	3	4	5	6	7	8	9	10	11	12	13	14	15	16	17	18	19	20	21	22	23	24	25	26	27		
	回暦2月						25	26	27	28	29	30	1	2	3	4	5	6	7	8	9	10	11	12	13	14	15	16	17	18	19	20	21	22	23	24		
	公暦10月	1	2	3	4	5	6	7	8	9	10	11	12	13	14	15	16	17	18	19	20	21	22	23	24	25	26	27	28	29	30	31						
23	夏暦九月	28	29	30	㊶	2	3	4	5	6	7	8	9	10	11	12	13	14	15	16	17	18	19	20	21	22	23	24	25	26	27	28						
	回暦3月	25	26	27	28	29	1	2	3	4	5	6	7	8	9	10	11	12	13	14	15	16	17	18	19	20	21	22	23	24	25	26						
	公暦11月				1	2	3	4	5	6	7	8	9	10	11	12	13	14	15	16	17	18	19	20	21	22	23	24	25	26	27	28	29	30				
24	夏暦十月				29	⑩	2	3	4	5	6	7	8	9	10	11	12	13	14	15	16	17	18	19	20	21	22	23	24	25	26	27	28	29				
	回暦4月				27	28	29	30	1	2	3	4	5	6	7	8	9	10	11	12	13	14	15	16	17	18	19	20	21	22	23	24	25	26				
	公暦12月						1	2	3	4	5	6	7	8	9	10	11	12	13	14	15	16	17	18	19	20	21	22	23	24	25	26	27	28	29	30	31	
25 26	夏暦十一 十二月						30	㊵	2	3	4	5	6	7	8	9	10	11	12	13	14	15	16	17	18	19	20	21	22	23	24	25	26	27	28	29	⑨	
	回暦5月						27	28	29	1	2	3	4	5	6	7	8	9	10	11	12	13	14	15	16	17	18	19	20	21	22	23	24	25	26	27	28	

大事記

正月,以徐敬業平,改元垂拱。劉仁軌卒。　二月,朝堂設登聞鼓及肺石,有撾鼓立石者,令御史受狀以聞。　三月,頒《垂拱格》。　四月,骨篤祿擾代州,殺五千人。　五月,令內外九品以上及百姓咸自舉。　六月,同羅、僕骨等部起事,尋敗散;令僑置安北都護府於刪丹以納降者。　九月,廣州僚起事,旋敗。　十一月,遣韋待價擊吐蕃。以突厥興昔亡可汗子元慶為崑陵都護,襲可汗號,押五咄陸部。以僧懷義為白馬寺主;懷義幸於武后,縱橫犯法,人莫敢言。

唐紀年

干支丙戌　公元686年

朝代或國名	國家支配者	建都	廟號	謚號	建元	年號年次	輔政者	備注
唐	⑥武則天	長安		則天后	4	2垂拱2年	韋思謙等	
大蒙(南詔)	②蒙邏盛炎	巍山	世宗	興宗王	1	13年		在雲南
吐蕃	③器弩悉弄	邏些				8年		
回紇								
吐谷渾	⑱諾曷鉢					51年		青海省

續表

朝代或國名		國家支配者	建都	廟號	謚號	建元	年號年次	輔政者	備注
西突厥	南庭	⑫元慶					2年		
	北庭	⑤斛瑟羅					元年		
後突厥		①阿史那骨咄祿	烏德鞬山				5年		

月曆表

5399—354—1972002

月干支序數	月序＼星期	日	1	2	3	4	5	6	日	1	2	3	4	5	6	日	1	2	3	4	5	6	日	1	2	3	4	5	6	日	1	2	3	4	5	6	日	1
	公曆1月		1	2	3	4	5	6	7	8	9	10	11	12	13	14	15	16	17	18	19	20	21	22	23	24	25	26	27	28	29	30	31					
27	夏曆正月		2	3	4	5	6	7	8	9	10	11	12	13	14	15	16	17	18	19	20	21	22	23	24	25	26	27	28	29	30	㊴	2					
	回曆6月		29	30	1	2	3	4	5	6	7	8	9	10	11	12	13	14	15	16	17	18	19	20	21	22	23	24	25	26	27	28	29					
	公曆2月					1	2	3	4	5	6	7	8	9	10	11	12	13	14	15	16	17	18	19	20	21	22	23	24	25	26	27	28					
28	夏曆二月					3	4	5	6	7	8	9	10	11	12	13	14	15	16	17	18	19	20	21	22	23	24	25	26	27	28	29	⑧					
	回曆7月					1	2	3	4	5	6	7	8	9	10	11	12	13	14	15	16	17	18	19	20	21	22	23	24	25	26	27	28					
	公曆3月					1	2	3	4	5	6	7	8	9	10	11	12	13	14	15	16	17	18	19	20	21	22	23	24	25	26	27	28	29	30	31		
29	夏曆三月					2	3	4	5	6	7	8	9	10	11	12	13	14	15	16	17	18	19	20	21	22	23	24	25	26	27	28	29	30	㊳	2		
	回曆8月					29	30	1	2	3	4	5	6	7	8	9	10	11	12	13	14	15	16	17	18	19	20	21	22	23	24	25	26	27	28	29		
	公曆4月	1	2	3	4	5	6	7	8	9	10	11	12	13	14	15	16	17	18	19	20	21	22	23	24	25	26	27	28	29	30							
30	夏曆四月	3	4	5	6	7	8	9	10	11	12	13	14	15	16	17	18	19	20	21	22	23	24	25	26	27	28	29	⑦	2	3							
	回曆9月	1	2	3	4	5	6	7	8	9	10	11	12	13	14	15	16	17	18	19	20	21	22	23	24	25	26	27	28	29	30							
	公曆5月			1	2	3	4	5	6	7	8	9	10	11	12	13	14	15	16	17	18	19	20	21	22	23	24	25	26	27	28	29	30	31				
31	夏曆五月			4	5	6	7	8	9	10	11	12	13	14	15	16	17	18	19	20	21	22	23	24	25	26	27	28	29	30	㊲	2	3	4				
	回曆10、11月			1	2	3	4	5	6	7	8	9	10	11	12	13	14	15	16	17	18	19	20	21	22	23	24	25	26	27	28	29	1	2				
	公曆6月						1	2	3	4	5	6	7	8	9	10	11	12	13	14	15	16	17	18	19	20	21	22	23	24	25	26	27	28	29	30		
32	夏曆六月						5	6	7	8	9	10	11	12	13	14	15	16	17	18	19	20	21	22	23	24	25	26	27	28	29	⑥	2	3	4	5		
	回曆12月						3	4	5	6	7	8	9	10	11	12	13	14	15	16	17	18	19	20	21	22	23	24	25	26	27	28	29	30	1	2		
	公曆7月	1	2	3	4	5	6	7	8	9	10	11	12	13	14	15	16	17	18	19	20	21	22	23	24	25	26	27	28	29	30	31						
33	夏曆七月	6	7	8	9	10	11	12	13	14	15	16	17	18	19	20	21	22	23	24	25	26	27	28	29	30	㊱	2	3	4	5	6						
67年閏	回曆1月	3	4	5	6	7	8	9	10	11	12	13	14	15	16	17	18	19	20	21	22	23	24	25	26	27	28	29	①	2	3	4						
	公曆8月				1	2	3	4	5	6	7	8	9	10	11	12	13	14	15	16	17	18	19	20	21	22	23	24	25	26	27	28	29	30	31			
34	夏曆八月				7	8	9	10	11	12	13	14	15	16	17	18	19	20	21	22	23	24	25	26	27	28	29	30	⑥	2	3	4	5	6	7			
	回曆2月				5	6	7	8	9	10	11	12	13	14	15	16	17	18	19	20	21	22	23	24	25	26	27	28	29	30	1	2	3	4	5			
	公曆9月							1	2	3	4	5	6	7	8	9	10	11	12	13	14	15	16	17	18	19	20	21	22	23	24	25	26	27	28	29	30	
35	夏曆九月							8	9	10	11	12	13	14	15	16	17	18	19	20	21	22	23	24	25	26	27	28	29	㉟	2	3	4	5	6	7	8	
	回曆3月							6	7	8	9	10	11	12	13	14	15	16	17	18	19	20	21	22	23	24	25	26	27	28	29	1	2	3	4	5	6	
	公曆10月		1	2	3	4	5	6	7	8	9	10	11	12	13	14	15	16	17	18	19	20	21	22	23	24	25	26	27	28	29	30	31					
36	夏曆十月		9	10	11	12	13	14	15	16	17	18	19	20	21	22	23	24	25	26	27	28	29	30	⑤	2	3	4	5	6	7	8	9					
	回曆4月		7	8	9	10	11	12	13	14	15	16	17	18	19	20	21	22	23	24	25	26	27	28	29	30	1	2	3	4	5	6	7					
	公曆11月					1	2	3	4	5	6	7	8	9	10	11	12	13	14	15	16	17	18	19	20	21	22	23	24	25	26	27	28	29	30			
37	夏曆十一月					10	11	12	13	14	15	16	17	18	19	20	21	22	23	24	25	26	27	28	29	㉞	2	3	4	5	6	7	8	9	10			
	回曆5月					8	9	10	11	12	13	14	15	16	17	18	19	20	21	22	23	24	25	26	27	28	29	1	2	3	4	5	6	7	8			
	公曆12月							1	2	3	4	5	6	7	8	9	10	11	12	13	14	15	16	17	18	19	20	21	22	23	24	25	26	27	28	29	30	31
38	夏曆十二月							11	12	13	14	15	16	17	18	19	20	21	22	23	24	25	26	27	28	29	30	④	2	3	4	5	6	7	8	9	10	11
	回曆6月							9	10	11	12	13	14	15	16	17	18	19	20	21	22	23	24	25	26	27	28	29	30	1	2	3	4	5	6	7	8	9

大事記

二月，新羅請《禮記》等書，賜之。　三月，武后命鑄銅匭受密奏，告密之風大起。以索元禮為游擊將軍，令案置獄。四月，鑄大儀，置北闕。　六月，蘇良嗣、韋待價為文昌左、右相，同鳳閣鸞臺三品。　九月，以狄仁傑為冬官侍郎。命西突厥繼往絕可汗子斛瑟羅襲可汗號，押五弩失畢部。

唐紀年

干支丁亥　公元687年

朝代或國名		國家支配者	建　都	廟號	謚號	建元	年號年次	輔政者	備　注
唐		⑥武則天	長安		則天后	4	2垂拱3年	韋思謙等	
大蒙(南詔)		②蒙邏盛炎	巍山	世宗	興宗王	1	14年		在雲南
吐蕃		③器弩悉弄	邏些				9年		
回紇									
吐谷渾		⑱諾曷鉢					52年		青海省
西突厥	南庭	⑫元慶					3年		
	北庭	⑤斛瑟羅					2年		
後突厥		①阿史那骨咄祿	烏德鞬山				6年		

月曆表

5400—384—1972386

月干支序數	月序＼星期	日	1	2	3	4	5	6	日	1	2	3	4	5	6	日	1	2	3	4	5	6	日	1	2	3	4	5	6	日	1	2	3	4	5	6	日	1
	公曆1月			1	2	3	4	5	6	7	8	9	10	11	12	13	14	15	16	17	18	19	20	21	22	23	24	25	26	27	28	29	30	31				
39	夏曆正月			12	13	14	15	16	17	18	19	20	21	22	23	24	25	26	27	28	29	㉝	2	3	4	5	6	7	8	9	10	11	12	13				
	回曆7月			10	11	12	13	14	15	16	17	18	19	20	21	22	23	24	25	26	27	28	29	1	2	3	4	5	6	7	8	9	10	11				
	公曆2月						1	2	3	4	5	6	7	8	9	10	11	12	13	14	15	16	17	18	19	20	21	22	23	24	25	26	27	28				
	夏曆閏正月						14	15	16	17	18	19	20	21	22	23	24	25	26	27	28	29	30	③	2	3	4	5	6	7	8	9	10	11				
	回曆8月						12	13	14	15	16	17	18	19	20	21	22	23	24	25	26	27	28	29	30	1	2	3	4	5	6	7	8	9				
	公曆3月						1	2	3	4	5	6	7	8	9	10	11	12	13	14	15	16	17	18	19	20	21	22	23	24	25	26	27	28	29	30	31	
40	夏曆二月						12	13	14	15	16	17	18	19	20	21	22	23	24	25	26	27	28	29	㉜	2	3	4	5	6	7	8	9	10	11	12	13	
	回曆9月						10	11	12	13	14	15	16	17	18	19	20	21	22	23	24	25	26	27	28	29	1	2	3	4	5	6	7	8	9	10	11	
	公曆4月		1	2	3	4	5	6	7	8	9	10	11	12	13	14	15	16	17	18	19	20	21	22	23	24	25	26	27	28	29	30						
41	夏曆三月		14	15	16	17	18	19	20	21	22	23	24	25	26	27	28	29	30	②	2	3	4	5	6	7	8	9	10	11	12	13						
	回曆10月		12	13	14	15	16	17	18	19	20	21	22	23	24	25	26	27	28	29	30	1	2	3	4	5	6	7	8	9	10	11						
	公曆5月				1	2	3	4	5	6	7	8	9	10	11	12	13	14	15	16	17	18	19	20	21	22	23	24	25	26	27	28	29	30	31			
42	夏曆四月				14	15	16	17	18	19	20	21	22	23	24	25	26	27	28	29	㉛	2	3	4	5	6	7	8	9	10	11	12	13	14	15			
	回曆11月				12	13	14	15	16	17	18	19	20	21	22	23	24	25	26	27	28	29	1	2	3	4	5	6	7	8	9	10	11	12	13			
	公曆6月							1	2	3	4	5	6	7	8	9	10	11	12	13	14	15	16	17	18	19	20	21	22	23	24	25	26	27	28	29	30	
43	夏曆五月							16	17	18	19	20	21	22	23	24	25	26	27	28	29	30	①	2	3	4	5	6	7	8	9	10	11	12	13	14	15	
	回曆12月							14	15	16	17	18	19	20	21	22	23	24	25	26	27	28	29	30	1	2	3	4	5	6	7	8	9	10	11	12	13	
	公曆7月		1	2	3	4	5	6	7	8	9	10	11	12	13	14	15	16	17	18	19	20	21	22	23	24	25	26	27	28	29	30	31					
44	夏曆六月		16	17	18	19	20	21	22	23	24	25	26	27	28	29	㉚	2	3	4	5	6	7	8	9	10	11	12	13	14	15	16	17					
68年	回曆1月		14	15	16	17	18	19	20	21	22	23	24	25	26	27	28	29	30	①	2	3	4	5	6	7	8	9	10	11	12	13	14					
	公曆8月					1	2	3	4	5	6	7	8	9	10	11	12	13	14	15	16	17	18	19	20	21	22	23	24	25	26	27	28	29	30	31		
45	夏曆七月					18	19	20	21	22	23	24	25	26	27	28	29	30	(60)	2	3	4	5	6	7	8	9	10	11	12	13	14	15	16	17	18		
	回曆2月					15	16	17	18	19	20	21	22	23	24	25	26	27	28	29	30	1	2	3	4	5	6	7	8	9	10	11	12	13	14	15		
	公曆9月	1	2	3	4	5	6	7	8	9	10	11	12	13	14	15	16	17	18	19	20	21	22	23	24	25	26	27	28	29	30							

續表

月 干支 序數	星期 月序	日	1	2	3	4	5	6	日	1	2	3	4	5	6	日	1	2	3	4	5	6	日	1	2	3	4	5	6	日	1	2	3	4	5	6	日	1
46	夏曆八月	19	20	21	22	23	24	25	26	27	28	29	㉙	2	3	4	5	6	7	8	9	10	11	12	13	14	15	16	17	18	19							
	回曆3月	16	17	18	19	20	21	22	23	24	25	26	27	28	29	1	2	3	4	5	6	7	8	9	10	11	12	13	14	15	16							
	公曆10月			1	2	3	4	5	6	7	8	9	10	11	12	13	14	15	16	17	18	19	20	21	22	23	24	25	26	27	28	29	30	31				
47	夏曆九月			20	21	22	23	24	25	26	27	28	29	30	(59)	2	3	4	5	6	7	8	9	10	11	12	13	14	15	16	17	18	19	20				
	回曆4月			17	18	19	20	21	22	23	24	25	26	27	28	29	30	1	2	3	4	5	6	7	8	9	10	11	12	13	14	15	16	17				
	公曆11月						1	2	3	4	5	6	7	8	9	10	11	12	13	14	15	16	17	18	19	20	21	22	23	24	25	26	27	28	29	30		
48	夏曆十月						21	22	23	24	25	26	27	28	29	30	㉙	2	3	4	5	6	7	8	9	10	11	12	13	14	15	16	17	18	19	20		
	回曆5月						18	19	20	21	22	23	24	25	26	27	28	29	1	2	3	4	5	6	7	8	9	10	11	12	13	14	15	16	17	18		
	公曆12月	1	2	3	4	5	6	7	8	9	10	11	12	13	14	15	16	17	18	19	20	21	22	23	24	25	26	27	28	29	30	31						
49	夏曆十一月	21	22	23	24	25	26	27	28	29	(58)	2	3	4	5	6	7	8	9	10	11	12	13	14	15	16	17	18	19	20	21	22						
	回曆6月	19	20	21	22	23	24	25	26	27	28	29	30	1	2	3	4	5	6	7	8	9	10	11	12	13	14	15	16	17	18	19						

大事記

二月，骨篤祿等擾昌平，遣黑齒常之等擊之。　五月，殺劉禕之。　七月，交趾都護劉延祐苛征，俚戶起事殺之，旋平。骨篤祿等擾朔州，黑齒常之等大破之於黃花堆。　九月，虢州人楊初成矯制募人迎廬陵王，事覺，死。　十月，骨篤祿大敗追兵；制改其名為"不卒祿"。　十一月，罷御史監軍之制。

是歲，天下大饑，山東、關內尤甚。

唐紀年

干支戊子　公元688年

朝代或國名		國家支配者	建都	廟號	謚號	建元	年號年次	輔政者	備注
唐		⑥武則天	長安		則天后	4	2 垂拱4年	王立本等	
大蒙(南詔)		②蒙邏盛炎	巍山	世宗	興宗王	1	15年		在雲南
吐蕃		③器弩悉弄	邏些				10年		
回紇									
吐谷渾		⑱諾曷鉢					53年		是年卒
西突厥	南庭	⑫元慶					4年		
	北庭	⑤斛瑟羅					3年		
後突厥		①阿史那骨咄祿	烏德鞬山				7年		

月曆表

5401—355—1972741

月 干支 序數	星期 月序	日	1	2	3	4	5	6	日	1	2	3	4	5	6	日	1	2	3	4	5	6	日	1	2	3	4	5	6	日	1	2	3	4	5	6	日	1
	公曆1月				1	2	3	4	5	6	7	8	9	10	11	12	13	14	15	16	17	18	19	20	21	22	23	24	25	26	27	28	29	30	31			
50	夏曆十二月				23	24	25	26	27	28	29	30	㉘	2	3	4	5	6	7	8	9	10	11	12	13	14	15	16	17	18	19	20	21	22	23			
	回曆7月				20	21	22	23	24	25	26	27	28	29	1	2	3	4	5	6	7	8	9	10	11	12	13	14	15	16	17	18	19	20	21			
	公曆2月							1	2	3	4	5	6	7	8	9	10	11	12	13	14	15	16	17	18	19	20	21	22	23	24	25	26	27	28	29		
51	夏曆正月							24	25	26	27	28	29	(57)	2	3	4	5	6	7	8	9	10	11	12	13	14	15	16	17	18	19	20	21	22	23		
	回曆8月							22	23	24	25	26	27	28	29	30	1	2	3	4	5	6	7	8	9	10	11	12	13	14	15	16	17	18	19	20		

續表

月干支序數	月序＼星期	日	1	2	3	4	5	6	日	1	2	3	4	5	6	日	1	2	3	4	5	6	日	1	2	3	4	5	6	日	1	2	3	4	5	6	日	1
	公曆3月	1	2	3	4	5	6	7	8	9	10	11	12	13	14	15	16	17	18	19	20	21	22	23	24	25	26	27	28	29	30	31						
52	夏曆二月	24	25	26	27	28	29	30	㉗	2	3	4	5	6	7	8	9	10	11	12	13	14	15	16	17	18	19	20	21	22	23	24						
	回曆9月	21	22	23	24	25	26	27	28	29	1	2	3	4	5	6	7	8	9	10	11	12	13	14	15	16	17	18	19	20	21	22						
	公曆4月				1	2	3	4	5	6	7	8	9	10	11	12	13	14	15	16	17	18	19	20	21	22	23	24	25	26	27	28	29	30				
53	夏曆三月				25	26	27	28	29	(56)	2	3	4	5	6	7	8	9	10	11	12	13	14	15	16	17	18	19	20	21	22	23	24	25				
	回曆10月				23	24	25	26	27	28	29	30	1	2	3	4	5	6	7	8	9	10	11	12	13	14	15	16	17	18	19	20	21	22				
	公曆5月						1	2	3	4	5	6	7	8	9	10	11	12	13	14	15	16	17	18	19	20	21	22	23	24	25	26	27	28	29	30	31	
54	夏曆四月						26	27	28	29	㉕	2	3	4	5	6	7	8	9	10	11	12	13	14	15	16	17	18	19	20	21	22	23	24	25	26	27	
	回曆11月						23	24	25	26	27	28	29	1	2	3	4	5	6	7	8	9	10	11	12	13	14	15	16	17	18	19	20	21	22	23	24	
	公曆6月		1	2	3	4	5	6	7	8	9	10	11	12	13	14	15	16	17	18	19	20	21	22	23	24	25	26	27	28	29	30						
55	夏曆五月		28	29	30	(55)	2	3	4	5	6	7	8	9	10	11	12	13	14	15	16	17	18	19	20	21	22	23	24	25	26	27						
	回曆12月		25	26	27	28	29	30	1	2	3	4	5	6	7	8	9	10	11	12	13	14	15	16	17	18	19	20	21	22	23	24						
	公曆7月				1	2	3	4	5	6	7	8	9	10	11	12	13	14	15	16	17	18	19	20	21	22	23	24	25	26	27	28	29	30	31			
56	夏曆六月				28	29	㉔	2	3	4	5	6	7	8	9	10	11	12	13	14	15	16	17	18	19	20	21	22	23	24	25	26	27	28	29			
69年	回曆1月				25	26	27	28	29	①	2	3	4	5	6	7	8	9	10	11	12	13	14	15	16	17	18	19	20	21	22	23	24	25	26			
	公曆8月							1	2	3	4	5	6	7	8	9	10	11	12	13	14	15	16	17	18	19	20	21	22	23	24	25	26	27	28	29	30	31
57 58	夏曆七 八月							30	(54)	2	3	4	5	6	7	8	9	10	11	12	13	14	15	16	17	18	19	20	21	22	23	24	25	26	27	28	29	㉓
	回曆2月							27	28	29	30	1	2	3	4	5	6	7	8	9	10	11	12	13	14	15	16	17	18	19	20	21	22	23	24	25	26	27
	公曆9月			1	2	3	4	5	6	7	8	9	10	11	12	13	14	15	16	17	18	19	20	21	22	23	24	25	26	27	28	29	30					
59	夏曆九月			2	3	4	5	6	7	8	9	10	11	12	13	14	15	16	17	18	19	20	21	22	23	24	25	26	27	28	29	30	(53)					
	回曆3月			28	29	1	2	3	4	5	6	7	8	9	10	11	12	13	14	15	16	17	18	19	20	21	22	23	24	25	26	27	28					
	公曆10月					1	2	3	4	5	6	7	8	9	10	11	12	13	14	15	16	17	18	19	20	21	22	23	24	25	26	27	28	29	30	31		
60	夏曆十月					2	3	4	5	6	7	8	9	10	11	12	13	14	15	16	17	18	19	20	21	22	23	24	25	26	27	28	29	30	㉓	2		
	回曆4月					29	30	1	2	3	4	5	6	7	8	9	10	11	12	13	14	15	16	17	18	19	20	21	22	23	24	25	26	27	28	29		
	公曆11月	1	2	3	4	5	6	7	8	9	10	11	12	13	14	15	16	17	18	19	20	21	22	23	24	25	26	27	28	29	30							
1	夏曆十一月	3	4	5	6	7	8	9	10	11	12	13	14	15	16	17	18	19	20	21	22	23	24	25	26	27	28	29	30	(53)	2							
	回曆5月	1	2	3	4	5	6	7	8	9	10	11	12	13	14	15	16	17	18	19	20	21	22	23	24	25	26	27	28	29	30							
	公曆12月			1	2	3	4	5	6	7	8	9	10	11	12	13	14	15	16	17	18	19	20	21	22	23	24	25	26	27	28	29	30	31				
2	夏曆十二月			3	4	5	6	7	8	9	10	11	12	13	14	15	16	17	18	19	20	21	22	23	24	25	26	27	28	29	㉒	2	3	4				
	回曆6、7月			1	2	3	4	5	6	7	8	9	10	11	12	13	14	15	16	17	18	19	20	21	22	23	24	25	26	27	28	29	1	2				

大事記

二月，毁乾元殿，作明堂，以僧懷義為之使，凡役數萬人。　四月，太子通事舍人被誣謀反，臨刑極口罵武后，發其隱慝；自是終後世，刑人皆先以木丸塞口。武承嗣偽以白石為寶圖，稱得於洛水，獻之。　五月，武后加尊號為聖母神皇，作神皇璽，稱寶圖為天授聖圖，洛水為永昌洛水，祭比四瀆，改嵩山為神岳。　六月，狄仁傑奏廢淫祠。　八月，博州刺史琅琊王衝起兵，凡七日而敗。豫州刺史越王貞亦起兵，兵敗自殺。於是，武后大殺唐諸王、公主及與有連者。　十二月，明堂成，號曰“萬象神宮”。

唐紀年

干支己丑　公元689年

朝代或國名		國家支配者	建都	廟號	謚號	建元	年號年次	輔政者	備注
唐		⑥武曌	長安		則天后	4	3永昌元年	武承嗣等	
						4	4載初元年		十一月改元
大蒙(南詔)		②蒙邏盛炎	巍山	世宗	興宗王	1	16年		在雲南
吐蕃		③器弩悉弄	邏些				11年		
回紇									
吐谷渾		⑲忠可汗					元年		青海省
西突厥	南庭	⑫元慶					5年		
	北庭	⑤斛瑟羅					4年		
後突厥		①阿史那骨咄祿	烏德鞬山				8年		

月曆表(建子——十一月始)

5402—325—1973066

月干支序數	星期／月序	日	1	2	3	4	5	6	日	1	2	3	4	5	6	日	1	2	3	4	5	6	日	1	2	3	4	5	6	日	1	2	3	4	5	6	日	1
	公曆1月						1	2	3	4	5	6	7	8	9	10	11	12	13	14	15	16	17	18	19	20	21	22	23	24	25	26	27	28	29	30	31	
3	夏曆正月						5	6	7	8	9	10	11	12	13	14	15	16	17	18	19	20	21	22	23	24	25	26	27	28	29	30	(52)	2	3	4	5	
	回曆8月						3	4	5	6	7	8	9	10	11	12	13	14	15	16	17	18	19	20	21	22	23	24	25	26	27	28	29	30	1	2	3	
	公曆2月		1	2	3	4	5	6	7	8	9	10	11	12	13	14	15	16	17	18	19	20	21	22	23	24	25	26	27	28								
4	夏曆二月		6	7	8	9	10	11	12	13	14	15	16	17	18	19	20	21	22	23	24	25	26	27	28	29	㉑	2	3	4								
	回曆9月		4	5	6	7	8	9	10	11	12	13	14	15	16	17	18	19	20	21	22	23	24	25	26	27	28	29	1	2								
	公曆3月		1	2	3	4	5	6	7	8	9	10	11	12	13	14	15	16	17	18	19	20	21	22	23	24	25	26	27	28	29	30	31					
5	夏曆三月		5	6	7	8	9	10	11	12	13	14	15	16	17	18	19	20	21	22	23	24	25	26	27	28	29	30	(51)	2	3	4	5					
	回曆10月		3	4	5	6	7	8	9	10	11	12	13	14	15	16	17	18	19	20	21	22	23	24	25	26	27	28	29	30	1	2	3					
	公曆4月					1	2	3	4	5	6	7	8	9	10	11	12	13	14	15	16	17	18	19	20	21	22	23	24	25	26	27	28	29	30			
6	夏曆四月					6	7	8	9	10	11	12	13	14	15	16	17	18	19	20	21	22	23	24	25	26	27	28	29	⑳	2	3	4	5	6			
	回曆11月					4	5	6	7	8	9	10	11	12	13	14	15	16	17	18	19	20	21	22	23	24	25	26	27	28	29	1	2	3	4			
	公曆5月							1	2	3	4	5	6	7	8	9	10	11	12	13	14	15	16	17	18	19	20	21	22	23	24	25	26	27	28	29	30	31
7	夏曆五月							7	8	9	10	11	12	13	14	15	16	17	18	19	20	21	22	23	24	25	26	27	28	29	㊾	2	3	4	5	6	7	8
	回曆12月							5	6	7	8	9	10	11	12	13	14	15	16	17	18	19	20	21	22	23	24	25	26	27	28	29	30	1	2	3	4	5
	公曆6月			1	2	3	4	5	6	7	8	9	10	11	12	13	14	15	16	17	18	19	20	21	22	23	24	25	26	27	28	29	30					
8	夏曆六月			9	10	11	12	13	14	15	16	17	18	19	20	21	22	23	24	25	26	27	28	29	30	⑲	2	3	4	5	6	7	8					
70年閏	回曆1月			6	7	8	9	10	11	12	13	14	15	16	17	18	19	20	21	22	23	24	25	26	27	28	29	①	2	3	4	5	6					
	公曆7月					1	2	3	4	5	6	7	8	9	10	11	12	13	14	15	16	17	18	19	20	21	22	23	24	25	26	27	28	29	30	31		
9	夏曆七月					9	10	11	12	13	14	15	16	17	18	19	20	21	22	23	24	25	26	27	28	29	㊽	2	3	4	5	6	7	8	9	10		
	回曆2月					7	8	9	10	11	12	13	14	15	16	17	18	19	20	21	22	23	24	25	26	27	28	29	30	1	2	3	4	5	6	7		
	公曆8月	1	2	3	4	5	6	7	8	9	10	11	12	13	14	15	16	17	18	19	20	21	22	23	24	25	26	27	28	29	30	31						
10	夏曆八月	11	12	13	14	15	16	17	18	19	20	21	22	23	24	25	26	27	28	29	30	⑱	2	3	4	5	6	7	8	9	10	11						
	回曆3月	8	9	10	11	12	13	14	15	16	17	18	19	20	21	22	23	24	25	26	27	28	29	1	2	3	4	5	6	7	8	9						
	公曆9月				1	2	3	4	5	6	7	8	9	10	11	12	13	14	15	16	17	18	19	20	21	22	23	24	25	26	27	28	29	30				
11	夏曆九月				12	13	14	15	16	17	18	19	20	21	22	23	24	25	26	27	28	29	㊼	2	3	4	5	6	7	8	9	10	11	12				
	回曆4月				10	11	12	13	14	15	16	17	18	19	20	21	22	23	24	25	26	27	28	29	30	1	2	3	4	5	6	7	8	9				
	公曆10月						1	2	3	4	5	6	7	8	9	10	11	12	13	14	15	16	17	18	19	20	21	22	23	24	25	26	27	28	29	30	31	

續表

月 干支 序數	星期 月序	日	1	2	3	4	5	6	日	1	2	3	4	5	6	日	1	2	3	4	5	6	日	1	2	3	4	5	6	日	1	2	3	4	5	6	日	1
	夏曆閏九月						13	14	15	16	17	18	19	20	21	22	23	24	25	26	27	28	29	30	⑰	2	3	4	5	6	7	8	9	10	11	12	13	
	回曆5月						10	11	12	13	14	15	16	17	18	19	20	21	22	23	24	25	26	27	28	29	1	2	3	4	5	6	7	8	9	10	11	
	公曆11月		1	2	3	4	5	6	7	8	9	10	11	12	13	14	15	16	17	18	19	20	21	22	23	24	25	26	27	28	29	30						
12	夏曆十月		14	15	16	17	18	19	20	21	22	23	24	25	26	27	28	29	30	㊼	2	3	4	5	6	7	8	9	10	11	12	13						
	回曆6月		12	13	14	15	16	17	18	19	20	21	22	23	24	25	26	27	28	29	30	1	2	3	4	5	6	7	8	9	10	11						
	公曆12月				1	2	3	4	5	6	7	8	9	10	11	12	13	14	15	16	17	18	19	20	21	22	23	24	25	26	27	28	29	30	31			
正月 13	夏曆正月				14	15	16	17	18	19	20	21	22	23	24	25	26	27	28	29	30	⑰	2	3	4	5	6	7	8	9	10	11	12	13	14			
	回曆7月				12	13	14	15	16	17	18	19	20	21	22	23	24	25	26	27	28	29	1	2	3	4	5	6	7	8	9	10	11	12	13			

大事記

二月,武后追尊其父為太皇,母為太后。　五月,遣韋待價擊吐蕃。浪穹州蠻二十五部來降。遣僧懷義擊突厥,至紫河,不見敵,刻石紀功而還。七月,韋待價大敗於寅識迦河。　九月,遣僧懷義擊骨篤祿。　閏九月,周興等羅織故相魏玄同,賜死,内外大臣坐死及流貶者甚多。　十一月,始用周正,改是月為載初元年正月,十二月為臘月,明年正月為一月,至公元700年復寅正。宗秦客改造天地等字以獻,頒行之,武后自名曌,改詔曰制。周興嗣奏除唐新屬籍。

唐紀年

干支庚寅　公元690年

朝代或國名		國家支配者	建都	廟號	謚號	建元	年號年次	輔政者	備注
周		①武曌	長安		則天后	13	1天授元年	武承嗣等	九月壬午改國號建元
大蒙(南詔)		②蒙邏盛炎	巍山	世宗	興宗王	1	17年		在雲南
吐蕃		③器弩悉弄	邏些				12年		
突騎施		①烏質勒					元年		
回紇									
吐谷渾		⑲忠可汗					2年		青海省
西突厥	南庭	⑫元慶					6年		
	北庭	竭忠事主可汗					元年		斛瑟羅入居内地改號
後突厥		①阿史那骨咄祿	烏德鞬山				9年		

月曆表(建子)

5403－353－1973419

月 干支 序數	星期 月序	日	1	2	3	4	5	6	日	1	2	3	4	5	6	日	1	2	3	4	5	6	日	1	2	3	4	5	6	日	1	2	3	4	5	6	日	1
	公曆1月							1	2	3	4	5	6	7	8	9	10	11	12	13	14	15	16	17	18	19	20	21	22	23	24	25	26	27	28	29	30	31
14	夏曆臘月							15	16	17	18	19	20	21	22	23	24	25	26	27	28	29	㊻	2	3	4	5	6	7	8	9	10	11	12	13	14	15	16
	回曆8月							14	15	16	17	18	19	20	21	22	23	24	25	26	27	28	29	30	1	2	3	4	5	6	7	8	9	10	11	12	13	14
	公曆2月			1	2	3	4	5	6	7	8	9	10	11	12	13	14	15	16	17	18	19	20	21	22	23	24	25	26	27	28							
15	夏曆一月			17	18	19	20	21	22	23	24	25	26	27	28	29	30	⑯	2	3	4	5	6	7	8	9	10	11	12	13	14							
	回曆9月			15	16	17	18	19	20	21	22	23	24	25	26	27	28	29	1	2	3	4	5	6	7	8	9	10	11	12	13							
	公曆3月			1	2	3	4	5	6	7	8	9	10	11	12	13	14	15	16	17	18	19	20	21	22	23	24	25	26	27	28	29	30	31				
16	夏曆二月			15	16	17	18	19	20	21	22	23	24	25	26	27	28	29	㊺	2	3	4	5	6	7	8	9	10	11	12	13	14	15	16				

續表

月干支序數	月序＼星期	日	1	2	3	4	5	6	日	1	2	3	4	5	6	日	1	2	3	4	5	6	日	1	2	3	4	5	6	日	1	2	3	4	5	6	日	1
	回曆10月			14	15	16	17	18	19	20	21	22	23	24	25	26	27	28	29	30	1	2	3	4	5	6	7	8	9	10	11	12	13	14				
	公曆4月						1	2	3	4	5	6	7	8	9	10	11	12	13	14	15	16	17	18	19	20	21	22	23	24	25	26	27	28	29	30		
17	夏曆三月						17	18	19	20	21	22	23	24	25	26	27	28	29	30	⑮	2	3	4	5	6	7	8	9	10	11	12	13	14	15	16		
	回曆11月						15	16	17	18	19	20	21	22	23	24	25	26	27	28	29	1	2	3	4	5	6	7	8	9	10	11	12	13	14	15		
	公曆5月	1	2	3	4	5	6	7	8	9	10	11	12	13	14	15	16	17	18	19	20	21	22	23	24	25	26	27	28	29	30	31						
18	夏曆四月	17	18	19	20	21	22	23	24	25	26	27	28	29	㊹	2	3	4	5	6	7	8	9	10	11	12	13	14	15	16	17	18						
	回曆12月	16	17	18	19	20	21	22	23	24	25	26	27	28	29	30	1	2	3	4	5	6	7	8	9	10	11	12	13	14	15	16						
	公曆6月				1	2	3	4	5	6	7	8	9	10	11	12	13	14	15	16	17	18	19	20	21	22	23	24	25	26	27	28	29	30				
19	夏曆五月				19	20	21	22	23	24	25	26	27	28	29	⑬	2	3	4	5	6	7	8	9	10	11	12	13	14	15	16	17	18	19				
71年	回曆1月				17	18	19	20	21	22	23	24	25	26	27	28	29	30	①	2	3	4	5	6	7	8	9	10	11	12	13	14	15	16				
	公曆7月						1	2	3	4	5	6	7	8	9	10	11	12	13	14	15	16	17	18	19	20	21	22	23	24	25	26	27	28	29	30	31	
20	夏曆六月						20	21	22	23	24	25	26	27	28	29	30	㊸	2	3	4	5	6	7	8	9	10	11	12	13	14	15	16	17	18	19	20	
	回曆2月						17	18	19	20	21	22	23	24	25	26	27	28	29	30	1	2	3	4	5	6	7	8	9	10	11	12	13	14	15	16	17	
	公曆8月		1	2	3	4	5	6	7	8	9	10	11	12	13	14	15	16	17	18	19	20	21	22	23	24	25	26	27	28	29	30	31					
21	夏曆七月		21	22	23	24	25	26	27	28	29	⑫	2	3	4	5	6	7	8	9	10	11	12	13	14	15	16	17	18	19	20	21	22					
	回曆3月		18	19	20	21	22	23	24	25	26	27	28	29	1	2	3	4	5	6	7	8	9	10	11	12	13	14	15	16	17	18	19					
	公曆9月					1	2	3	4	5	6	7	8	9	10	11	12	13	14	15	16	17	18	19	20	21	22	23	24	25	26	27	28	29	30			
22	夏曆八月					23	24	25	26	27	28	29	㊶	2	3	4	5	6	7	8	9	10	11	12	13	14	15	16	17	18	19	20	21	22	23			
	回曆4月					20	21	22	23	24	25	26	27	28	29	30	1	2	3	4	5	6	7	8	9	10	11	12	13	14	15	16	17	18	19			
	公曆10月							1	2	3	4	5	6	7	8	9	10	11	12	13	14	15	16	17	18	19	20	21	22	23	24	25	26	27	28	29	30	31
23	夏曆九月							24	25	26	27	28	29	30	⑪	2	3	4	5	6	7	8	9	10	11	12	13	14	15	16	17	18	19	20	21	22	23	24
	回曆5月							20	21	22	23	24	25	26	27	28	29	1	2	3	4	5	6	7	8	9	10	11	12	13	14	15	16	17	18	19	20	21
	公曆11月			1	2	3	4	5	6	7	8	9	10	11	12	13	14	15	16	17	18	19	20	21	22	23	24	25	26	27	28	29	30					
24	夏曆十月			25	26	27	28	29	30	㊶	2	3	4	5	6	7	8	9	10	11	12	13	14	15	16	17	18	19	20	21	22	23	24					
	回曆6月			22	23	24	25	26	27	28	29	30	1	2	3	4	5	6	7	8	9	10	11	12	13	14	15	16	17	18	19	20	21					
	公曆12月					1	2	3	4	5	6	7	8	9	10	11	12	13	14	15	16	17	18	19	20	21	22	23	24	25	26	27	28	29	30	31		
25	夏曆正月					25	26	27	28	29	⑩	2	3	4	5	6	7	8	9	10	11	12	13	14	15	16	17	18	19	20	21	22	23	24	25	26		
	回曆7月					22	23	24	25	26	27	28	29	1	2	3	4	5	6	7	8	9	10	11	12	13	14	15	16	17	18	19	20	21	22	23		

大事記

正月，武承嗣、岑長倩為左右丞相、同鳳閣鸞臺三品，武攸寧為納言。　二月，武后親策貢士；殿試始此。告密者紛紛，朝士人人自危，置制獄於麗景門，下獄者非死不出，因呼曰"例竟門"。僧法明等撰大雲經上之，謂武后為彌勒佛下生，當代唐為主。　七月，頒沙門所撰《大雲經》，令諸州置大雲寺。　八月，殺唐故太子賢二子，唐之宗王存者無幾。　九月，改國號曰周，改元天授。以李旦為皇嗣。命史務滋等十人巡撫諸道。立武氏七廟，追尊周文王曰始祖文皇帝，平王少子武曰睿祖康皇帝，封武氏多人為王，天下武氏皆免課役。　十月，西突厥繼往絕可汗斛瑟羅為東突厥所侵，率餘衆六七萬人入居內地，改號竭忠事主可汗。

唐紀年

干支辛卯　公元691年

朝代或國名	國家支配者	建都	廟號	謚號	建元	年號年次	輔政者	備注
周	①武曌	長安		則天后	13	1天授2年	格輔元等	
大蒙(南詔)	②蒙邏盛炎	巍山	世宗	興宗王	1	18年		在雲南
吐蕃	③器弩悉弄	邏些				13年		

續表

朝代或國名		國家支配者	建都	廟號	謚號	建元	年號年次	輔政者	備注
突騎施		①烏質勒					2年		
回紇									
吐谷渾		⑲忠可汗					3年		青海省
西突厥	南庭	⑫元慶					7年		
	北庭	竭忠事主可汗					2年		入居內地
後突厥		①阿史那骨咄祿	烏德鞬山				10年		

月曆表(建子)

5404－355－1973774

月干支序數	月序＼星期	日	1	2	3	4	5	6	日	1	2	3	4	5	6	日	1	2	3	4	5	6	日	1	2	3	4	5	6	日	1	2	3	4	5	6	日	1
	公曆1月	1	2	3	4	5	6	7	8	9	10	11	12	13	14	15	16	17	18	19	20	21	22	23	24	25	26	27	28	29	30	31						
26	夏曆臘月	27	28	29	30	㊵	2	3	4	5	6	7	8	9	10	11	12	13	14	15	16	17	18	19	20	21	22	23	24	25	26	27						
	回曆8月	24	25	26	27	28	29	30	1	2	3	4	5	6	7	8	9	10	11	12	13	14	15	16	17	18	19	20	21	22	23	24						
	公曆2月				1	2	3	4	5	6	7	8	9	10	11	12	13	14	15	16	17	18	19	20	21	22	23	24	25	26	27	28						
27	夏曆一月				28	29	30	⑩	2	3	4	5	6	7	8	9	10	11	12	13	14	15	16	17	18	19	20	21	22	23	24	25						
	回曆9月				25	26	27	28	29	1	2	3	4	5	6	7	8	9	10	11	12	13	14	15	16	17	18	19	20	21	22	23						
	公曆3月				1	2	3	4	5	6	7	8	9	10	11	12	13	14	15	16	17	18	19	20	21	22	23	24	25	26	27	28	29	30	31			
28	夏曆二月				26	27	28	29	30	㊵	2	3	4	5	6	7	8	9	10	11	12	13	14	15	16	17	18	19	20	21	22	23	24	25	26			
	回曆10月				24	25	26	27	28	29	30	1	2	3	4	5	6	7	8	9	10	11	12	13	14	15	16	17	18	19	20	21	22	23	24			
	公曆4月							1	2	3	4	5	6	7	8	9	10	11	12	13	14	15	16	17	18	19	20	21	22	23	24	25	26	27	28	29	30	
29	夏曆三月							27	28	29	⑨	2	3	4	5	6	7	8	9	10	11	12	13	14	15	16	17	18	19	20	21	22	23	24	25	26	27	
	回曆11月							25	26	27	28	29	1	2	3	4	5	6	7	8	9	10	11	12	13	14	15	16	17	18	19	20	21	22	23	24	25	
	公曆5月		1	2	3	4	5	6	7	8	9	10	11	12	13	14	15	16	17	18	19	20	21	22	23	24	25	26	27	28	29	30	31					
30	夏曆四月		28	29	30	㊴	2	3	4	5	6	7	8	9	10	11	12	13	14	15	16	17	18	19	20	21	22	23	24	25	26	27	28					
	回曆12月		26	27	28	29	30	1	2	3	4	5	6	7	8	9	10	11	12	13	14	15	16	17	18	19	20	21	22	23	24	25	26					
	公曆6月					1	2	3	4	5	6	7	8	9	10	11	12	13	14	15	16	17	18	19	20	21	22	23	24	25	26	27	28	29	30			
31	夏曆五月					29	⑧	2	3	4	5	6	7	8	9	10	11	12	13	14	15	16	17	18	19	20	21	22	23	24	25	26	27	28	29			
72年	回曆1月					27	28	29	①	2	3	4	5	6	7	8	9	10	11	12	13	14	15	16	17	18	19	20	21	22	23	24	25	26	27			
	公曆7月							1	2	3	4	5	6	7	8	9	10	11	12	13	14	15	16	17	18	19	20	21	22	23	24	25	26	27	28	29	30	31
32 33	夏曆六 七月							㊲	2	3	4	5	6	7	8	9	10	11	12	13	14	15	16	17	18	19	20	21	22	23	24	25	26	27	28	29	30	⑦
	回曆2月							28	29	30	1	2	3	4	5	6	7	8	9	10	11	12	13	14	15	16	17	18	19	20	21	22	23	24	25	26	27	28
	公曆8月			1	2	3	4	5	6	7	8	9	10	11	12	13	14	15	16	17	18	19	20	21	22	23	24	25	26	27	28	29	30	31				
34	夏曆八月			2	3	4	5	6	7	8	9	10	11	12	13	14	15	16	17	18	19	20	21	22	23	24	25	26	27	28	29	㊱	2	3				
	回曆3月			29	1	2	3	4	5	6	7	8	9	10	11	12	13	14	15	16	17	18	19	20	21	22	23	24	25	26	27	28	29	30				
	公曆9月						1	2	3	4	5	6	7	8	9	10	11	12	13	14	15	16	17	18	19	20	21	22	23	24	25	26	27	28	29	30		
35	夏曆九月						4	5	6	7	8	9	10	11	12	13	14	15	16	17	18	19	20	21	22	23	24	25	26	27	28	29	⑤	2	3	4		
	回曆4、5月						1	2	3	4	5	6	7	8	9	10	11	12	13	14	15	16	17	18	19	20	21	22	23	24	25	26	27	28	29	1		
	公曆10月	1	2	3	4	5	6	7	8	9	10	11	12	13	14	15	16	17	18	19	20	21	22	23	24	25	26	27	28	29	30	31						
36	夏曆十月	5	6	7	8	9	10	11	12	13	14	15	16	17	18	19	20	21	22	23	24	25	26	27	28	29	30	㉟	2	3	4	5						
	回曆6月	2	3	4	5	6	7	8	9	10	11	12	13	14	15	16	17	18	19	20	21	22	23	24	25	26	27	28	29	30	1	2						
	公曆11月				1	2	3	4	5	6	7	8	9	10	11	12	13	14	15	16	17	18	19	20	21	22	23	24	25	26	27	28	29	30				
37	夏曆正月				6	7	8	9	10	11	12	13	14	15	16	17	18	19	20	21	22	23	24	25	26	27	28	29	30	⑤	2	3	4	5				

續表

月 干支 序數	星期 月序	日	1	2	3	4	5	6	日	1	2	3	4	5	6	日	1	2	3	4	5	6	日	1	2	3	4	5	6	日	1	2	3	4	5	6	日	1
	回曆7月				3	4	5	6	7	8	9	10	11	12	13	14	15	16	17	18	19	20	21	22	23	24	25	26	27	28	29	1	2	3				
	公曆12月						1	2	3	4	5	6	7	8	9	10	11	12	13	14	15	16	17	18	19	20	21	22	23	24	25	26	27	28	29	30	31	
38	夏曆臘月						6	7	8	9	10	11	12	13	14	15	16	17	18	19	20	21	22	23	24	25	26	27	28	29	㉞	2	3	4	5	6	7	
	回曆8月						4	5	6	7	8	9	10	11	12	13	14	15	16	17	18	19	20	21	22	23	24	25	26	27	28	29	30	1	2	3	4	

大事記

四月，陞釋教在道教之前，僧尼處道士女冠之前。　七月，徙關內雍、同等七州戶數十萬於洛陽。　九月，以狄仁傑為相。　十月，制官人咸令自舉。

唐紀年　　干支壬辰　公元692年

朝代或國名		國家支配者	建都	廟號	謚號	建元	年號年次	輔政者	備注
周		①武曌	長安		則天后	13	2如意元年	楊執柔等	四月朔改元
							3長壽元年		九月庚子改元
大蒙(南詔)		②蒙邏盛炎	巍山	世宗	興宗王	1	19年		在雲南
吐蕃		③器弩悉弄	邏些				14年		
突騎施		①烏質勒					3年		
回紇									
吐谷渾		⑲忠可汗					4年		青海省
西突厥	南庭	⑫元慶					8年		被殺
	北庭	竭忠事主可汗					3年		入居內地
		阿史那俀子可汗					元年		西突厥所立
後突厥		①阿史那骨咄祿	烏德鞬山				11年		

月曆表(建子)　　5405—384—1974158

月 干支 序數	星期	日	1	2	3	4	5	6	日	1	2	3	4	5	6	日	1	2	3	4	5	6	日	1	2	3	4	5	6	日	1	2	3	4	5	6	日	1
	公曆1月		1	2	3	4	5	6	7	8	9	10	11	12	13	14	15	16	17	18	19	20	21	22	23	24	25	26	27	28	29	30	31					
39	夏曆一月		8	9	10	11	12	13	14	15	16	17	18	19	20	21	22	23	24	25	26	27	28	29	30	①	2	3	4	5	6	7	8					
	回曆9月		5	6	7	8	9	10	11	12	13	14	15	16	17	18	19	20	21	22	23	24	25	26	27	28	29	1	2	3	4	5	6					
	公曆2月					1	2	3	4	5	6	7	8	9	10	11	12	13	14	15	16	17	18	19	20	21	22	23	24	25	26	27	28	29				
40	夏曆二月					9	10	11	12	13	14	15	16	17	18	19	20	21	22	23	24	25	26	27	28	29	30	㉞	2	3	4	5	6	7				
	回曆10月					7	8	9	10	11	12	13	14	15	16	17	18	19	20	21	22	23	24	25	26	27	28	29	30	1	2	3	4	5				
	公曆3月						1	2	3	4	5	6	7	8	9	10	11	12	13	14	15	16	17	18	19	20	21	22	23	24	25	26	27	28	29	30	31	
41	夏曆三月						8	9	10	11	12	13	14	15	16	17	18	19	20	21	22	23	24	25	26	27	28	29	30	①	2	3	4	5	6	7	8	
	回曆11月						6	7	8	9	10	11	12	13	14	15	16	17	18	19	20	21	22	23	24	25	26	27	28	29	1	2	3	4	5	6	7	
	公曆4月		1	2	3	4	5	6	7	8	9	10	11	12	13	14	15	16	17	18	19	20	21	22	23	24	25	26	27	28	29	30						
42	夏曆四月		9	10	11	12	13	14	15	16	17	18	19	20	21	22	23	24	25	26	27	28	29	㉝	2	3	4	5	6	7	8	9						
	回曆12月		8	9	10	11	12	13	14	15	16	17	18	19	20	21	22	23	24	25	26	27	28	29	30	1	2	3	4	5	6	7						
	公曆5月				1	2	3	4	5	6	7	8	9	10	11	12	13	14	15	16	17	18	19	20	21	22	23	24	25	26	27	28	29	30	31			

續表

月干支序數	月序＼星期	日	1	2	3	4	5	6	日	1	2	3	4	5	6	日	1	2	3	4	5	6	日	1	2	3	4	5	6	日	1	2	3	4	5	6	日	1
43	夏曆五月				10	11	12	13	14	15	16	17	18	19	20	21	22	23	24	25	26	27	28	29	30	③	2	3	4	5	6	7	8	9	10			
73年閏	回曆1月				8	9	10	11	12	13	14	15	16	17	18	19	20	21	22	23	24	25	26	27	28	29	①	2	3	4	5	6	7	8	9			
	公曆6月							1	2	3	4	5	6	7	8	9	10	11	12	13	14	15	16	17	18	19	20	21	22	23	24	25	26	27	28	29	30	
	夏曆閏五月							11	12	13	14	15	16	17	18	19	20	21	22	23	24	25	26	27	28	29	㉜	2	3	4	5	6	7	8	9	10	11	
	回曆2月							10	11	12	13	14	15	16	17	18	19	20	21	22	23	24	25	26	27	28	29	30	1	2	3	4	5	6	7	8	9	
	公曆7月		1	2	3	4	5	6	7	8	9	10	11	12	13	14	15	16	17	18	19	20	21	22	23	24	25	26	27	28	29	30	31					
44	夏曆六月		12	13	14	15	16	17	18	19	20	21	22	23	24	25	26	27	28	29	①	2	3	4	5	6	7	8	9	10	11	12	13					
	回曆3月		10	11	12	13	14	15	16	17	18	19	20	21	22	23	24	25	26	27	28	29	1	2	3	4	5	6	7	8	9	10	11					
	公曆8月					1	2	3	4	5	6	7	8	9	10	11	12	13	14	15	16	17	18	19	20	21	22	23	24	25	26	27	28	29	30	31		
45	夏曆七月					14	15	16	17	18	19	20	21	22	23	24	25	26	27	28	29	30	㉛	2	3	4	5	6	7	8	9	10	11	12	13	14		
	回曆4月					12	13	14	15	16	17	18	19	20	21	22	23	24	25	26	27	28	29	30	1	2	3	4	5	6	7	8	9	10	11	12		
	公曆9月	1	2	3	4	5	6	7	8	9	10	11	12	13	14	15	16	17	18	19	20	21	22	23	24	25	26	27	28	29	30							
46	夏曆八月	15	16	17	18	19	20	21	22	23	24	25	26	27	28	29	(60)	2	3	4	5	6	7	8	9	10	11	12	13	14	15							
	回曆5月	13	14	15	16	17	18	19	20	21	22	23	24	25	26	27	28	29	1	2	3	4	5	6	7	8	9	10	11	12	13							
	公曆10月			1	2	3	4	5	6	7	8	9	10	11	12	13	14	15	16	17	18	19	20	21	22	23	24	25	26	27	28	29	30	31				
47	夏曆九月			16	17	18	19	20	21	22	23	24	25	26	27	28	29	㉙	2	3	4	5	6	7	8	9	10	11	12	13	14	15	16	17				
	回曆6月			14	15	16	17	18	19	20	21	22	23	24	25	26	27	28	29	30	1	2	3	4	5	6	7	8	9	10	11	12	13	14				
	公曆11月						1	2	3	4	5	6	7	8	9	10	11	12	13	14	15	16	17	18	19	20	21	22	23	24	25	26	27	28	29	30		
48	夏曆十月						18	19	20	21	22	23	24	25	26	27	28	29	30	(59)	2	3	4	5	6	7	8	9	10	11	12	13	14	15	16	17		
	回曆7月						15	16	17	18	19	20	21	22	23	24	25	26	27	28	29	1	2	3	4	5	6	7	8	9	10	11	12	13	14	15		
	公曆12月	1	2	3	4	5	6	7	8	9	10	11	12	13	14	15	16	17	18	19	20	21	22	23	24	25	26	27	28	29	30	31						
49	夏曆正月	18	19	20	21	22	23	24	25	26	27	28	29	30	㉙	2	3	4	5	6	7	8	9	10	11	12	13	14	15	16	17	18						
	回曆8月	16	17	18	19	20	21	22	23	24	25	26	27	28	29	30	1	2	3	4	5	6	7	8	9	10	11	12	13	14	15	16						

大事記

臘月,立故于闐王尉遲伏闍雄子瑕為王。　　一月,武后引見舉人,悉加擢用,由試鳳閣舍人至試校書郎有差;試官自此始。　　二月,吐蕃、黨項萬餘人來降,分置十州。　　三月,五天竺國遣使來周。　　四月,改元如意。　　五月,吐蕃首領曷蘇請降,事泄,為國人所執,别部首領昝捶請降,置一州。　　七月,大雨,洛水泛溢,漂流居民五千餘家,遣使巡問賑貸。諸臣多言酷吏之害,自是制獄少衰,時唐宗室、貴戚及大臣被羅織死亡流徙者已數百家,刺史、郎將以下冤死者無數。九月,改元長壽。於并州置北都。改用九月為社。　　十月,遣王孝傑等擊吐蕃,大破之,復四鎮,又置安西都護於龜兹。

唐紀年

干支癸巳　公元693年

朝代或國名		國家支配者	建都	廟號	謚號	建元	年號年次	輔政者	備注
周		①武曌	長安		則天后	13	3長壽2年	婁師德等	
大蒙(南詔)		②蒙邏盛炎	巍山	世宗	興宗王	1	20年		在雲南
吐蕃		③器弩悉弄	邏些				15年		
突騎施		①烏質勒					4年		
回紇									
吐谷渾		⑲忠可汗					5年		青海省
西突厥	北庭	竭忠事主可汗					4年		入居内地
		阿史那倭子可汗					2年		共立可汗
後突厥		①阿史那骨咄祿	烏德鞬山				12年		

月　曆　表(建子)　　5406—354—1974512

月干支序數	星期 月序	日	1	2	3	4	5	6	日	1	2	3	4	5	6	日	1	2	3	4	5	6	日	1	2	3	4	5	6	日	1	2	3	4	5	6	日	1
	公曆1月				1	2	3	4	5	6	7	8	9	10	11	12	13	14	15	16	17	18	19	20	21	22	23	24	25	26	27	28	29	30	31			
50	夏曆臘月				19	20	21	22	23	24	25	26	27	28	29	(58)	2	3	4	5	6	7	8	9	10	11	12	13	14	15	16	17	18	19	20			
	回曆9月				17	18	19	20	21	22	23	24	25	26	27	28	29	1	2	3	4	5	6	7	8	9	10	11	12	13	14	15	16	17	18			
	公曆2月							1	2	3	4	5	6	7	8	9	10	11	12	13	14	15	16	17	18	19	20	21	22	23	24	25	26	27	28			
51	夏曆一月							21	22	23	24	25	26	27	28	29	30	(28)	2	3	4	5	6	7	8	9	10	11	12	13	14	15	16	17	18			
	回曆10月							19	20	21	22	23	24	25	26	27	28	29	30	1	2	3	4	5	6	7	8	9	10	11	12	13	14	15	16			
	公曆3月							1	2	3	4	5	6	7	8	9	10	11	12	13	14	15	16	17	18	19	20	21	22	23	24	25	26	27	28	29	30	31
52	夏曆二月							19	20	21	22	23	24	25	26	27	28	29	30	(58)	2	3	4	5	6	7	8	9	10	11	12	13	14	15	16	17	18	19
	回曆11月							17	18	19	20	21	22	23	24	25	26	27	28	29	1	2	3	4	5	6	7	8	9	10	11	12	13	14	15	16	17	18
	公曆4月			1	2	3	4	5	6	7	8	9	10	11	12	13	14	15	16	17	18	19	20	21	22	23	24	25	26	27	28	29	30					
53	夏曆三月			20	21	22	23	24	25	26	27	28	29	(27)	2	3	4	5	6	7	8	9	10	11	12	13	14	15	16	17	18	19	20					
	回曆12月			19	20	21	22	23	24	25	26	27	28	29	30	1	2	3	4	5	6	7	8	9	10	11	12	13	14	15	16	17	18					
	公曆5月					1	2	3	4	5	6	7	8	9	10	11	12	13	14	15	16	17	18	19	20	21	22	23	24	25	26	27	28	29	30	31		
54	夏曆四月					21	22	23	24	25	26	27	28	29	30	(57)	2	3	4	5	6	7	8	9	10	11	12	13	14	15	16	17	18	19	20	21		
74年	回曆1月					19	20	21	22	23	24	25	26	27	28	29	30	(1)	2	3	4	5	6	7	8	9	10	11	12	13	14	15	16	17	18	19		
	公曆6月	1	2	3	4	5	6	7	8	9	10	11	12	13	14	15	16	17	18	19	20	21	22	23	24	25	26	27	28	29	30							
55	夏曆五月	22	23	24	25	26	27	28	29	(26)	2	3	4	5	6	7	8	9	10	11	12	13	14	15	16	17	18	19	20	21	22							
	回曆2月	20	21	22	23	24	25	26	27	28	29	30	1	2	3	4	5	6	7	8	9	10	11	12	13	14	15	16	17	18	19							
	公曆7月			1	2	3	4	5	6	7	8	9	10	11	12	13	14	15	16	17	18	19	20	21	22	23	24	25	26	27	28	29	30	31				
56	夏曆六月			23	24	25	26	27	28	29	30	(56)	2	3	4	5	6	7	8	9	10	11	12	13	14	15	16	17	18	19	20	21	22	23				
	回曆3月			20	21	22	23	24	25	26	27	28	29	1	2	3	4	5	6	7	8	9	10	11	12	13	14	15	16	17	18	19	20	21				
	公曆8月						1	2	3	4	5	6	7	8	9	10	11	12	13	14	15	16	17	18	19	20	21	22	23	24	25	26	27	28	29	30	31	
57	夏曆七月						24	25	26	27	28	29	(25)	2	3	4	5	6	7	8	9	10	11	12	13	14	15	16	17	18	19	20	21	22	23	24	25	
	回曆4月						22	23	24	25	26	27	28	29	30	1	2	3	4	5	6	7	8	9	10	11	12	13	14	15	16	17	18	19	20	21	22	
	公曆9月		1	2	3	4	5	6	7	8	9	10	11	12	13	14	15	16	17	18	19	20	21	22	23	24	25	26	27	28	29	30						
58	夏曆八月		26	27	28	29	30	(55)	2	3	4	5	6	7	8	9	10	11	12	13	14	15	16	17	18	19	20	21	22	23	24	25						
	回曆5月		23	24	25	26	27	28	29	1	2	3	4	5	6	7	8	9	10	11	12	13	14	15	16	17	18	19	20	21	22	23						
	公曆10月				1	2	3	4	5	6	7	8	9	10	11	12	13	14	15	16	17	18	19	20	21	22	23	24	25	26	27	28	29	30	31			
59	夏曆九月				26	27	28	29	(24)	2	3	4	5	6	7	8	9	10	11	12	13	14	15	16	17	18	19	20	21	22	23	24	25	26	27			
	回曆6月				24	25	26	27	28	29	30	1	2	3	4	5	6	7	8	9	10	11	12	13	14	15	16	17	18	19	20	21	22	23	24			
	公曆11月							1	2	3	4	5	6	7	8	9	10	11	12	13	14	15	16	17	18	19	20	21	22	23	24	25	26	27	28	29	30	
60	夏曆十月							28	29	30	(54)	2	3	4	5	6	7	8	9	10	11	12	13	14	15	16	17	18	19	20	21	22	23	24	25	26	27	
	回曆7月							25	26	27	28	29	1	2	3	4	5	6	7	8	9	10	11	12	13	14	15	16	17	18	19	20	21	22	23	24	25	
	公曆12月		1	2	3	4	5	6	7	8	9	10	11	12	13	14	15	16	17	18	19	20	21	22	23	24	25	26	27	28	29	30	31					
1	夏曆正月		28	29	(23)	2	3	4	5	6	7	8	9	10	11	12	13	14	15	16	17	18	19	20	21	22	23	24	25	26	27	28	29					
	回曆8月		26	27	28	29	30	1	2	3	4	5	6	7	8	9	10	11	12	13	14	15	16	17	18	19	20	21	22	23	24	25	26					

大事記

正月,令宰相撰《時政記》,月送史館,《時政記》自是始。　一月,罷舉人習《老子》,更習武后所撰《臣軌》。　二月,大殺諸道流人。　九月,武后加尊號曰"金輪聖神皇帝",作金輪等七寶置殿庭。

唐紀年

干支甲午　公元694年

朝代或國名		國家支配者	建都	廟號	謚號	建元	年號年次	輔政者	備注
周		①武曌	長安		則天后	13	4延載元年	婁師德等	五月甲午改元
大蒙(南詔)		②蒙邏盛炎	巍山	世宗	興宗王	1	21年		在雲南
吐蕃		③器弩悉弄	邏些				16年		
突騎施		①烏質勒					5年		
回紇									
吐谷渾		⑲忠可汗					6年		青海省
西突厥	南庭	竭忠事主可汗					5年		入居内地
		阿史那倭子可汗					3年		此後不詳
後突厥		①阿史那骨咄祿	烏德鞬山				13年		正月卒

月曆表(建子)

5407－355－1974867

月干支序數	月序 \ 星期	日	1	2	3	4	5	6	日	1	2	3	4	5	6	日	1	2	3	4	5	6	日	1	2	3	4	5	6	日	1	2	3	4	5	6	日	1
	公曆1月					1	2	3	4	5	6	7	8	9	10	11	12	13	14	15	16	17	18	19	20	21	22	23	24	25	26	27	28	29	30	31		
2 3	夏曆臘一月					30	(53)	2	3	4	5	6	7	8	9	10	11	12	13	14	15	16	17	18	19	20	21	22	23	24	25	26	27	28	29	㉒		
	回曆9月					27	28	29	1	2	3	4	5	6	7	8	9	10	11	12	13	14	15	16	17	18	19	20	21	22	23	24	25	26	27	28		
	公曆2月	1	2	3	4	5	6	7	8	9	10	11	12	13	14	15	16	17	18	19	20	21	22	23	24	25	26	27	28									
	夏曆一月	2	3	4	5	6	7	8	9	10	11	12	13	14	15	16	17	18	19	20	21	22	23	24	25	26	27	28	29									
	回曆10月	29	30	1	2	3	4	5	6	7	8	9	10	11	12	13	14	15	16	17	18	19	20	21	22	23	24	25	26									
	公曆3月	1	2	3	4	5	6	7	8	9	10	11	12	13	14	15	16	17	18	19	20	21	22	23	24	25	26	27	28	29	30	31						
4 5	夏曆二三月	30	(52)	2	3	4	5	6	7	8	9	10	11	12	13	14	15	16	17	18	19	20	21	22	23	24	25	26	27	28	29	㉑						
	回曆11月	27	28	29	1	2	3	4	5	6	7	8	9	10	11	12	13	14	15	16	17	18	19	20	21	22	23	24	25	26	27	28						
	公曆4月				1	2	3	4	5	6	7	8	9	10	11	12	13	14	15	16	17	18	19	20	21	22	23	24	25	26	27	28	29	30				
6	夏曆四月				2	3	4	5	6	7	8	9	10	11	12	13	14	15	16	17	18	19	20	21	22	23	24	25	26	27	28	29	30	(51)				
	回曆12月				29	30	1	2	3	4	5	6	7	8	9	10	11	12	13	14	15	16	17	18	19	20	21	22	23	24	25	26	27	28				
	公曆5月						1	2	3	4	5	6	7	8	9	10	11	12	13	14	15	16	17	18	19	20	21	22	23	24	25	26	27	28	29	30	31	
7	夏曆五月						2	3	4	5	6	7	8	9	10	11	12	13	14	15	16	17	18	19	20	21	22	23	24	25	26	27	28	29	30	㉑	2	
75年	回曆1月						29	①	2	3	4	5	6	7	8	9	10	11	12	13	14	15	16	17	18	19	20	21	22	23	24	25	26	27	28	29	30	
	公曆6月		1	2	3	4	5	6	7	8	9	10	11	12	13	14	15	16	17	18	19	20	21	22	23	24	25	26	27	28	29	30						
8	夏曆六月		3	4	5	6	7	8	9	10	11	12	13	14	15	16	17	18	19	20	21	22	23	24	25	26	27	28	29	㊿	2	3						
	回曆2、3月		1	2	3	4	5	6	7	8	9	10	11	12	13	14	15	16	17	18	19	20	21	22	23	24	25	26	27	28	29	1						
	公曆7月				1	2	3	4	5	6	7	8	9	10	11	12	13	14	15	16	17	18	19	20	21	22	23	24	25	26	27	28	29	30	31			
9	夏曆七月				4	5	6	7	8	9	10	11	12	13	14	15	16	17	18	19	20	21	22	23	24	25	26	27	28	29	30	⑳	2	3	4			
	回曆4月				2	3	4	5	6	7	8	9	10	11	12	13	14	15	16	17	18	19	20	21	22	23	24	25	26	27	28	29	30	1	2			
	公曆8月							1	2	3	4	5	6	7	8	9	10	11	12	13	14	15	16	17	18	19	20	21	22	23	24	25	26	27	28	29	30	31
10	夏曆八月							5	6	7	8	9	10	11	12	13	14	15	16	17	18	19	20	21	22	23	24	25	26	27	28	29	㊾	2	3	4	5	6
	回曆5月							3	4	5	6	7	8	9	10	11	12	13	14	15	16	17	18	19	20	21	22	23	24	25	26	27	28	29	1	2	3	4
	公曆9月			1	2	3	4	5	6	7	8	9	10	11	12	13	14	15	16	17	18	19	20	21	22	23	24	25	26	27	28	29	30					
11	夏曆九月			7	8	9	10	11	12	13	14	15	16	17	18	19	20	21	22	23	24	25	26	27	28	29	30	⑲	2	3	4	5	6					
	回曆6月			5	6	7	8	9	10	11	12	13	14	15	16	17	18	19	20	21	22	23	24	25	26	27	28	29	30	1	2	3	4					
	公曆10月					1	2	3	4	5	6	7	8	9	10	11	12	13	14	15	16	17	18	19	20	21	22	23	24	25	26	27	28	29	30	31		

續表

月干支序數	星期 月序	日	1	2	3	4	5	6	日	1	2	3	4	5	6	日	1	2	3	4	5	6	日	1	2	3	4	5	6	日	1	2	3	4	5	6	日	1
12	夏曆十月					7	8	9	10	11	12	13	14	15	16	17	18	19	20	21	22	23	24	25	26	27	28	29	㊽	2	3	4	5	6	7	8		
	回曆7月					5	6	7	8	9	10	11	12	13	14	15	16	17	18	19	20	21	22	23	24	25	26	27	28	29	1	2	3	4	5	6		
	公曆11月	1	2	3	4	5	6	7	8	9	10	11	12	13	14	15	16	17	18	19	20	21	22	23	24	25	26	27	28	29	30							
13	夏曆正月	9	10	11	12	13	14	15	16	17	18	19	20	21	22	23	24	25	26	27	28	29	30	⑱	2	3	4	5	6	7	8							
	回曆8月	7	8	9	10	11	12	13	14	15	16	17	18	19	20	21	22	23	24	25	26	27	28	29	30	1	2	3	4	5	6							
	公曆12月			1	2	3	4	5	6	7	8	9	10	11	12	13	14	15	16	17	18	19	20	21	22	23	24	25	26	27	28	29	30	31				
14	夏曆臘月			9	10	11	12	13	14	15	16	17	18	19	20	21	22	23	24	25	26	27	28	29	㊼	2	3	4	5	6	7	8	9	10				
	回曆9月			7	8	9	10	11	12	13	14	15	16	17	18	19	20	21	22	23	24	25	26	27	28	29	1	2	3	4	5	6	7	8				

大事記

正月，突厥可汗骨篤祿卒，弟默啜自立為可汗。　臘月，默啜擾靈州。室韋反周，李多祚擊破之。　二月，王孝傑大破吐蕃、突厥於冷泉及大嶺。遣僧懷義擊默啜。　三月，以僧懷義等十八將軍討默啜。蘇味道為鳳閣侍郎、同平章事。　五月，魏王武承嗣等上武則天尊號為越古金輪聖神皇帝，改元延載。　六月，永昌"蠻"二十餘萬戶來降。　十月，嶺南僚起事，遣玄遇擊之。　是歲，摩尼教始傳入中國。

唐紀年

干支乙未　公元695年

朝代或國名	國家支配者	建都	廟號	謚號	建元	年號年次	輔政者	備注
周	①武曌	長安		則天后	13	5 證聖元年	婁師德等	
						6 天冊萬歲元年		九月甲寅改元
大蒙(南詔)	②蒙邏盛炎	巍山	世宗	興宗王	1	22 年		在雲南
吐蕃	③器弩悉弄	邏些				17 年		
突騎施	①烏質勒					6 年		
回紇								
吐谷渾	⑲忠可汗					7 年		青海省
西突厥	竭忠事主可汗					6 年		入居內地
後突厥	②默啜可汗	烏德鞬山				元年		

月曆表(建子)

5408—384—1975251

月干支序數	星期 月序	日	1	2	3	4	5	6	日	1	2	3	4	5	6	日	1	2	3	4	5	6	日	1	2	3	4	5	6	日	1	2	3	4	5	6	日	1
	公曆1月						1	2	3	4	5	6	7	8	9	10	11	12	13	14	15	16	17	18	19	20	21	22	23	24	25	26	27	28	29	30	31	
15	夏曆一月						11	12	13	14	15	16	17	18	19	20	21	22	23	24	25	26	27	28	29	30	⑰	2	3	4	5	6	7	8	9	10	11	
	回曆10月						9	10	11	12	13	14	15	16	17	18	19	20	21	22	23	24	25	26	27	28	29	30	1	2	3	4	5	6	7	8	9	
	公曆2月		1	2	3	4	5	6	7	8	9	10	11	12	13	14	15	16	17	18	19	20	21	22	23	24	25	26	27	28								
16	夏曆二月		12	13	14	15	16	17	18	19	20	21	22	23	24	25	26	27	28	29	㊻	2	3	4	5	6	7	8	9	10								
	回曆11月		10	11	12	13	14	15	16	17	18	19	20	21	22	23	24	25	26	27	28	29	1	2	3	4	5	6	7	8								
	公曆3月		1	2	3	4	5	6	7	8	9	10	11	12	13	14	15	16	17	18	19	20	21	22	23	24	25	26	27	28	29	30	31					
	夏曆閏二月		11	12	13	14	15	16	17	18	19	20	21	22	23	24	25	26	27	28	29	30	⑯	2	3	4	5	6	7	8	9	10	11					
	回曆12月		9	10	11	12	13	14	15	16	17	18	19	20	21	22	23	24	25	26	27	28	29	30	1	2	3	4	5	6	7	8	9					

續表

月干支序數	月序＼星期	日	1	2	3	4	5	6	日	1	2	3	4	5	6	日	1	2	3	4	5	6	日	1	2	3	4	5	6	日	1	2	3	4	5	6	日	1
	公暦4月					1	2	3	4	5	6	7	8	9	10	11	12	13	14	15	16	17	18	19	20	21	22	23	24	25	26	27	28	29	30			
17	夏暦三月					12	13	14	15	16	17	18	19	20	21	22	23	24	25	26	27	28	29	㊺	2	3	4	5	6	7	8	9	10	11	12			
76年閏	回暦1月					10	11	12	13	14	15	16	17	18	19	20	21	22	23	24	25	26	27	28	29	①	2	3	4	5	6	7	8	9	10			
	公暦5月							1	2	3	4	5	6	7	8	9	10	11	12	13	14	15	16	17	18	19	20	21	22	23	24	25	26	27	28	29	30	31
18	夏暦四月							13	14	15	16	17	18	19	20	21	22	23	24	25	26	27	28	29	30	⑮	2	3	4	5	6	7	8	9	10	11	12	13
	回暦2月							11	12	13	14	15	16	17	18	19	20	21	22	23	24	25	26	27	28	29	30	1	2	3	4	5	6	7	8	9	10	11
	公暦6月			1	2	3	4	5	6	7	8	9	10	11	12	13	14	15	16	17	18	19	20	21	22	23	24	25	26	27	28	29	30					
19	夏暦五月			14	15	16	17	18	19	20	21	22	23	24	25	26	27	28	29	㊹	2	3	4	5	6	7	8	9	10	11	12	13	14					
	回暦3月			12	13	14	15	16	17	18	19	20	21	22	23	24	25	26	27	28	29	1	2	3	4	5	6	7	8	9	10	11	12					
	公暦7月					1	2	3	4	5	6	7	8	9	10	11	12	13	14	15	16	17	18	19	20	21	22	23	24	25	26	27	28	29	30	31		
20	夏暦六月					15	16	17	18	19	20	21	22	23	24	25	26	27	28	29	30	⑭	2	3	4	5	6	7	8	9	10	11	12	13	14	15		
	回暦4月					13	14	15	16	17	18	19	20	21	22	23	24	25	26	27	28	29	30	1	2	3	4	5	6	7	8	9	10	11	12	13		
	公暦8月	1	2	3	4	5	6	7	8	9	10	11	12	13	14	15	16	17	18	19	20	21	22	23	24	25	26	27	28	29	30	31						
21	夏暦七月	16	17	18	19	20	21	22	23	24	25	26	27	28	29	30	㊹	2	3	4	5	6	7	8	9	10	11	12	13	14	15	16						
	回暦5月	14	15	16	17	18	19	20	21	22	23	24	25	26	27	28	29	1	2	3	4	5	6	7	8	9	10	11	12	13	14	15						
	公暦9月				1	2	3	4	5	6	7	8	9	10	11	12	13	14	15	16	17	18	19	20	21	22	23	24	25	26	27	28	29	30				
22	夏暦八月				17	18	19	20	21	22	23	24	25	26	27	28	29	⑬	2	3	4	5	6	7	8	9	10	11	12	13	14	15	16	17				
	回暦6月				16	17	18	19	20	21	22	23	24	25	26	27	28	29	30	1	2	3	4	5	6	7	8	9	10	11	12	13	14	15				
	公暦10月						1	2	3	4	5	6	7	8	9	10	11	12	13	14	15	16	17	18	19	20	21	22	23	24	25	26	27	28	29	30	31	
23	夏暦九月						18	19	20	21	22	23	24	25	26	27	28	29	30	㊸	2	3	4	5	6	7	8	9	10	11	12	13	14	15	16	17	18	
	回暦7月						16	17	18	19	20	21	22	23	24	25	26	27	28	29	1	2	3	4	5	6	7	8	9	10	11	12	13	14	15	16	17	
	公暦11月		1	2	3	4	5	6	7	8	9	10	11	12	13	14	15	16	17	18	19	20	21	22	23	24	25	26	27	28	29	30						
24	夏暦十月		19	20	21	22	23	24	25	26	27	28	29	⑫	2	3	4	5	6	7	8	9	10	11	12	13	14	15	16	17	18	19						
	回暦8月		18	19	20	21	22	23	24	25	26	27	28	29	30	1	2	3	4	5	6	7	8	9	10	11	12	13	14	15	16	17						
	公暦12月				1	2	3	4	5	6	7	8	9	10	11	12	13	14	15	16	17	18	19	20	21	22	23	24	25	26	27	28	29	30	31			
25	夏暦正月				20	21	22	23	24	25	26	27	28	29	30	㊷	2	3	4	5	6	7	8	9	10	11	12	13	14	15	16	17	18	19	20			
	回暦9月				18	19	20	21	22	23	24	25	26	27	28	29	1	2	3	4	5	6	7	8	9	10	11	12	13	14	15	16	17	18	19			

大事記

正月，武后加尊號為慈氏越古金輪聖神皇帝，改元證聖。　一月，遣王孝傑擊突厥。　二月，武后去"慈氏越古"之號。僧懷義被殺。　四月，鑄天樞成，高五百尺，名曰"大周萬國頌德天樞"。　七月，吐蕃擾臨洮，遣王孝傑擊之。九月，武后加尊號"天册金輪大聖皇帝"，改元天册萬歲。　十月，默啜請降，封歸國公。

是歲，義淨回洛陽，帶回佛經四百部。

唐紀年

干支丙申　公元696年

朝代或國名	國家支配者	建都	廟號	謚號	建元	年號年次	輔政者	備注
周	①武曌	長安		則天后	13	7萬歲登封元年	婁師德等	十二月朔改元在乙未年
						8萬歲通天元年		三月丁巳改元
大蒙(南詔)	②蒙邏盛炎	巍山	世宗	興宗王	1	23年		在雲南
吐蕃	③器弩悉弄	邏些				18年		
突騎施	①烏質勒					7年		
回紇								

續表

朝代或國名	國家支配者	建都	廟號	謚號	建元	年號年次	輔政者	備注
吐谷渾	⑲忠可汗					8年		青海省
西突厥	竭忠事主可汗					7年		入居内地
後突厥	②默啜可汗					2年		

月曆表(建子)　5409—354—1975605

月干支序數	月序＼星期	日	1	2	3	4	5	6	日	1	2	3	4	5	6	日	1	2	3	4	5	6	日	1	2	3	4	5	6	日	1	2	3	4	5	6	日	1
	公曆1月							1	2	3	4	5	6	7	8	9	10	11	12	13	14	15	16	17	18	19	20	21	22	23	24	25	26	27	28	29	30	31
26	夏曆臘月							21	22	23	24	25	26	27	28	29	⑪	2	3	4	5	6	7	8	9	10	11	12	13	14	15	16	17	18	19	20	21	22
	回曆10月							20	21	22	23	24	25	26	27	28	29	30	1	2	3	4	5	6	7	8	9	10	11	12	13	14	15	16	17	18	19	20
	公曆2月			1	2	3	4	5	6	7	8	9	10	11	12	13	14	15	16	17	18	19	20	21	22	23	24	25	26	27	28	29						
27	夏曆一月			23	24	25	26	27	28	29	30	㊶	2	3	4	5	6	7	8	9	10	11	12	13	14	15	16	17	18	19	20	21						
	回曆11月			21	22	23	24	25	26	27	28	29	1	2	3	4	5	6	7	8	9	10	11	12	13	14	15	16	17	18	19	20						
	公曆3月				1	2	3	4	5	6	7	8	9	10	11	12	13	14	15	16	17	18	19	20	21	22	23	24	25	26	27	28	29	30	31			
28	夏曆二月				22	23	24	25	26	27	28	29	⑩	2	3	4	5	6	7	8	9	10	11	12	13	14	15	16	17	18	19	20	21	22	23			
	回曆12月				21	22	23	24	25	26	27	28	29	30	1	2	3	4	5	6	7	8	9	10	11	12	13	14	15	16	17	18	19	20	21			
	公曆4月							1	2	3	4	5	6	7	8	9	10	11	12	13	14	15	16	17	18	19	20	21	22	23	24	25	26	27	28	29	30	
29	夏曆三月							24	25	26	27	28	29	㊴	2	3	4	5	6	7	8	9	10	11	12	13	14	15	16	17	18	19	20	21	22	23	24	
77年	回曆1月							22	23	24	25	26	27	28	29	30	①	2	3	4	5	6	7	8	9	10	11	12	13	14	15	16	17	18	19	20	21	
	公曆5月		1	2	3	4	5	6	7	8	9	10	11	12	13	14	15	16	17	18	19	20	21	22	23	24	25	26	27	28	29	30	31					
30	夏曆四月		25	26	27	28	29	30	⑨	2	3	4	5	6	7	8	9	10	11	12	13	14	15	16	17	18	19	20	21	22	23	24	25					
	回曆2月		22	23	24	25	26	27	28	29	30	1	2	3	4	5	6	7	8	9	10	11	12	13	14	15	16	17	18	19	20	21	22					
	公曆6月					1	2	3	4	5	6	7	8	9	10	11	12	13	14	15	16	17	18	19	20	21	22	23	24	25	26	27	28	29	30			
31	夏曆五月					26	27	28	29	㊳	2	3	4	5	6	7	8	9	10	11	12	13	14	15	16	17	18	19	20	21	22	23	24	25	26			
	回曆3月					23	24	25	26	27	28	29	1	2	3	4	5	6	7	8	9	10	11	12	13	14	15	16	17	18	19	20	21	22	23			
	公曆7月							1	2	3	4	5	6	7	8	9	10	11	12	13	14	15	16	17	18	19	20	21	22	23	24	25	26	27	28	29	30	31
32	夏曆六月							27	28	29	30	⑧	2	3	4	5	6	7	8	9	10	11	12	13	14	15	16	17	18	19	20	21	22	23	24	25	26	27
	回曆4月							24	25	26	27	28	29	30	1	2	3	4	5	6	7	8	9	10	11	12	13	14	15	16	17	18	19	20	21	22	23	24
	公曆8月			1	2	3	4	5	6	7	8	9	10	11	12	13	14	15	16	17	18	19	20	21	22	23	24	25	26	27	28	29	30	31				
33	夏曆七月			28	29	30	㊳	2	3	4	5	6	7	8	9	10	11	12	13	14	15	16	17	18	19	20	21	22	23	24	25	26	27	28				
	回曆5月			25	26	27	28	29	1	2	3	4	5	6	7	8	9	10	11	12	13	14	15	16	17	18	19	20	21	22	23	24	25	26				
	公曆9月						1	2	3	4	5	6	7	8	9	10	11	12	13	14	15	16	17	18	19	20	21	22	23	24	25	26	27	28	29	30		
34	夏曆八月						29	⑦	2	3	4	5	6	7	8	9	10	11	12	13	14	15	16	17	18	19	20	21	22	23	24	25	26	27	28	29		
	回曆6月						27	28	29	30	1	2	3	4	5	6	7	8	9	10	11	12	13	14	15	16	17	18	19	20	21	22	23	24	25	26		
	公曆10月	1	2	3	4	5	6	7	8	9	10	11	12	13	14	15	16	17	18	19	20	21	22	23	24	25	26	27	28	29	30	31						
35	夏曆九月	30	㊲	2	3	4	5	6	7	8	9	10	11	12	13	14	15	16	17	18	19	20	21	22	23	24	25	26	27	28	29	30						
	回曆7月	27	28	29	1	2	3	4	5	6	7	8	9	10	11	12	13	14	15	16	17	18	19	20	21	22	23	24	25	26	27	28						
	公曆11月				1	2	3	4	5	6	7	8	9	10	11	12	13	14	15	16	17	18	19	20	21	22	23	24	25	26	27	28	29	30				
36 37	夏曆十正月				⑦	2	3	4	5	6	7	8	9	10	11	12	13	14	15	16	17	18	19	20	21	22	23	24	25	26	27	28	29	㊱				
	回曆8月				29	30	1	2	3	4	5	6	7	8	9	10	11	12	13	14	15	16	17	18	19	20	21	22	23	24	25	26	27	28				
	公曆12月						1	2	3	4	5	6	7	8	9	10	11	12	13	14	15	16	17	18	19	20	21	22	23	24	25	26	27	28	29	30	31	
38	夏曆臘月						2	3	4	5	6	7	8	9	10	11	12	13	14	15	16	17	18	19	20	21	22	23	24	25	26	27	28	29	30	⑥	2	
	回曆9月						29	1	2	3	4	5	6	7	8	9	10	11	12	13	14	15	16	17	18	19	20	21	22	23	24	25	26	27	28	29	30	

大事記

臘月，武后封禪神岳少室(河南登封嵩山)，普免一年租税。改元萬歲登封。　一月，遣婁師德擊吐蕃。　三月，王孝傑、婁師德與吐蕃戰於素羅汗山，大敗。新明堂成，名曰"通天宫"，改元萬歲通天。　五月，營州契丹李盡忠、孫萬榮等起事，陷州城，殺都督，盡忠自稱無上可汗；遣曹仁師等擊之。自是營州都督徙治幽州漁陽。　七月，改李盡忠為"李盡滅"，孫萬榮為"孫萬斬"。萬榮圍檀州，不克。　八月，曹仁師等戰契丹於硤石谷，大敗，全軍幾盡。　九月，發繫囚及士庶家奴驍勇者，官給其值以擊契丹，令山東近邊諸州置武騎團兵。突厥擾涼州，執都督。吐蕃遣使請和親，命郭元振往覘之。默啜請悉歸河西降戶，帥衆擊契丹，授為遷善可汗。十月，李盡忠死，孫萬榮代領其衆。默啜襲虜萬榮妻子，進封頡跌利施大單于立功報國可汗。孫萬榮陷冀州，殺刺史，屠吏民數千人，又擾瀛州。　以姚元崇為夏官侍郎。

唐紀年

干支丁酉　公元697年

朝代或國名	國家支配者	建都	廟號	謚號	建元	年號年次	輔政者	備注
周	①武曌	長安		則天后	13	9神功元年	婁師德等	九月壬寅改元
大蒙(南詔)	②蒙邏盛炎	巍山	世宗	興宗王	1	24年		在雲南
吐蕃	③器弩悉弄	邏些				19年		
突騎施	①烏質勒					8年		
回紇								
吐谷渾	⑲忠可汗					9年		青海省
西突厥	竭忠事主可汗					8年		入居内地
後突厥	②默啜可汗					3年		

月曆表(建子)

5410—385—1975990

月干支序數	月序＼星期	日	1	2	3	4	5	6	日	1	2	3	4	5	6	日	1	2	3	4	5	6	日	1	2	3	4	5	6	日	1	2	3	4	5	6	日	1
	公曆1月		1	2	3	4	5	6	7	8	9	10	11	12	13	14	15	16	17	18	19	20	21	22	23	24	25	26	27	28	29	30	31					
39	夏曆一月		3	4	5	6	7	8	9	10	11	12	13	14	15	16	17	18	19	20	21	22	23	24	25	26	27	28	29	㉟	2	3	4					
	回曆10月		1	2	3	4	5	6	7	8	9	10	11	12	13	14	15	16	17	18	19	20	21	22	23	24	25	26	27	28	29	1	2					
	公曆2月					1	2	3	4	5	6	7	8	9	10	11	12	13	14	15	16	17	18	19	20	21	22	23	24	25	26	27	28					
40	夏曆二月					5	6	7	8	9	10	11	12	13	14	15	16	17	18	19	20	21	22	23	24	25	26	27	28	29	30	⑤	2					
	回曆11月					3	4	5	6	7	8	9	10	11	12	13	14	15	16	17	18	19	20	21	22	23	24	25	26	27	28	29	30					
	公曆3月					1	2	3	4	5	6	7	8	9	10	11	12	13	14	15	16	17	18	19	20	21	22	23	24	25	26	27	28	29	30	31		
41	夏曆三月					3	4	5	6	7	8	9	10	11	12	13	14	15	16	17	18	19	20	21	22	23	24	25	26	27	28	29	㉞	2	3	4		
78年閏	回曆12、1月					1	2	3	4	5	6	7	8	9	10	11	12	13	14	15	16	17	18	19	20	21	22	23	24	25	26	27	28	29	①	2		
	公曆4月	1	2	3	4	5	6	7	8	9	10	11	12	13	14	15	16	17	18	19	20	21	22	23	24	25	26	27	28	29	30							
42	夏曆四月	5	6	7	8	9	10	11	12	13	14	15	16	17	18	19	20	21	22	23	24	25	26	27	28	29	③	2	3	4	5							
	回曆2月	3	4	5	6	7	8	9	10	11	12	13	14	15	16	17	18	19	20	21	22	23	24	25	26	27	28	29	30	1	2							
	公曆5月			1	2	3	4	5	6	7	8	9	10	11	12	13	14	15	16	17	18	19	20	21	22	23	24	25	26	27	28	29	30	31				
43	夏曆五月			6	7	8	9	10	11	12	13	14	15	16	17	18	19	20	21	22	23	24	25	26	27	28	29	30	㉝	2	3	4	5	6				
	回曆3月			3	4	5	6	7	8	9	10	11	12	13	14	15	16	17	18	19	20	21	22	23	24	25	26	27	28	29	1	2	3	4				
	公曆6月						1	2	3	4	5	6	7	8	9	10	11	12	13	14	15	16	17	18	19	20	21	22	23	24	25	26	27	28	29	30		
44	夏曆六月						7	8	9	10	11	12	13	14	15	16	17	18	19	20	21	22	23	24	25	26	27	28	29	②	2	3	4	5	6	7		
	回曆4月						5	6	7	8	9	10	11	12	13	14	15	16	17	18	19	20	21	22	23	24	25	26	27	28	29	30	1	2	3	4		
	公曆7月	1	2	3	4	5	6	7	8	9	10	11	12	13	14	15	16	17	18	19	20	21	22	23	24	25	26	27	28	29	30	31						
45	夏曆七月	8	9	10	11	12	13	14	15	16	17	18	19	20	21	22	23	24	25	26	27	28	29	30	㉜	2	3	4	5	6	7	8						

續表

月 干支 序數	星期 月序	日	1	2	3	4	5	6	日	1	2	3	4	5	6	日	1	2	3	4	5	6	日	1	2	3	4	5	6	日	1	2	3	4	5	6	日	1
	回曆5月	5	6	7	8	9	10	11	12	13	14	15	16	17	18	19	20	21	22	23	24	25	26	27	28	29	1	2	3	4	5	6						
	公曆8月				1	2	3	4	5	6	7	8	9	10	11	12	13	14	15	16	17	18	19	20	21	22	23	24	25	26	27	28	29	30	31			
46	夏曆八月				9	10	11	12	13	14	15	16	17	18	19	20	21	22	23	24	25	26	27	28	29	①	2	3	4	5	6	7	8	9	10			
	回曆6月				7	8	9	10	11	12	13	14	15	16	17	18	19	20	21	22	23	24	25	26	27	28	29	30	1	2	3	4	5	6	7			
	公曆9月							1	2	3	4	5	6	7	8	9	10	11	12	13	14	15	16	17	18	19	20	21	22	23	24	25	26	27	28	29	30	
47	夏曆九月							11	12	13	14	15	16	17	18	19	20	21	22	23	24	25	26	27	28	29	30	㉛	2	3	4	5	6	7	8	9	10	
	回曆7月							8	9	10	11	12	13	14	15	16	17	18	19	20	21	22	23	24	25	26	27	28	29	1	2	3	4	5	6	7	8	
	公曆10月		1	2	3	4	5	6	7	8	9	10	11	12	13	14	15	16	17	18	19	20	21	22	23	24	25	26	27	28	29	30	31					
48	夏曆十月		11	12	13	14	15	16	17	18	19	20	21	22	23	24	25	26	27	28	29	30	①	2	3	4	5	6	7	8	9	10	11					
	回曆8月		9	10	11	12	13	14	15	16	17	18	19	20	21	22	23	24	25	26	27	28	29	30	1	2	3	4	5	6	7	8	9					
	公曆11月					1	2	3	4	5	6	7	8	9	10	11	12	13	14	15	16	17	18	19	20	21	22	23	24	25	26	27	28	29	30			
	夏曆閏十月					12	13	14	15	16	17	18	19	20	21	22	23	24	25	26	27	28	29	30	㉛	2	3	4	5	6	7	8	9	10	11			
	回曆9月					10	11	12	13	14	15	16	17	18	19	20	21	22	23	24	25	26	27	28	29	1	2	3	4	5	6	7	8	9	10			
	公曆12月							1	2	3	4	5	6	7	8	9	10	11	12	13	14	15	16	17	18	19	20	21	22	23	24	25	26	27	28	29	30	31
49	夏曆正月							12	13	14	15	16	17	18	19	20	21	22	23	24	25	26	27	28	29	30	①	2	3	4	5	6	7	8	9	10	11	12
	回曆10月							11	12	13	14	15	16	17	18	19	20	21	22	23	24	25	26	27	28	29	30	1	2	3	4	5	6	7	8	9	10	11

大事記

正月，武懿宗治劉思禮謀反事，誣引朝士李之素、孫元亨等海内名士三十六家，皆滅族，流竄者千餘人。張易之、張昌宗入侍武后。默啜先後擾靈、勝二州，敗遁。　三月，王孝傑等擊契丹於東硤石谷，大敗，孝傑死之。契丹乘勝陷幽州。默啜求豐、勝、靈、夏、朔、代六州突厥降戶和單于都護府之地及穀帛繒鐵農具，皆允之。　四月，鑄九鼎成，共用銅五十六萬零七百餘斤。　五月，大發兵擊契丹。　六月，誅酷吏來俊臣，其肉盡為仇家所啖。契丹游兵屠趙州。默啜襲契丹新城，盡俘以歸。奚人叛孫萬榮相攻，唐兵乘之，萬榮大敗，逃至潞水東，為部下所殺；契丹餘衆及奚、霫皆降於突厥。　七月，昆明來降。　九月，改元神功。　十月，始置員外官數千人。

唐紀年

干支戊戌　公元698年

朝代或國名	國家支配者	建都	廟號	謚號	建元	年號年次	輔政者	備注
周	①武曌	長安		則天后	13	10聖曆元年	婁師德等	
渤海	①大祚榮	龍泉府		高王	1	元年		
大蒙(南詔)	②蒙邏盛炎	巍山	世宗	興宗王	1	25年		在雲南
吐蕃	③器弩悉弄	邏些				20年		
突騎施	①烏質勒					9年		
回紇								
吐谷渾	⑲忠可汗					10年		青海省
西突厥	竭忠事主可汗					9年		入居内地
後突厥	②默啜可汗	烏德鞬山				4年		

月曆表(建子)　　5411－353－1976343

月干支序數	月序＼星期	日	1	2	3	4	5	6	日	1	2	3	4	5	6	日	1	2	3	4	5	6	日	1	2	3	4	5	6	日	1	2	3	4	5	6	日	1
	公曆1月			1	2	3	4	5	6	7	8	9	10	11	12	13	14	15	16	17	18	19	20	21	22	23	24	25	26	27	28	29	30	31				
50	夏曆臘月			13	14	15	16	17	18	19	20	21	22	23	24	25	26	27	28	29	㉚	2	3	4	5	6	7	8	9	10	11	12	13	14				
	回曆11月			12	13	14	15	16	17	18	19	20	21	22	23	24	25	26	27	28	29	1	2	3	4	5	6	7	8	9	10	11	12	13				
	公曆2月						1	2	3	4	5	6	7	8	9	10	11	12	13	14	15	16	17	18	19	20	21	22	23	24	25	26	27	28				
51	夏曆一月						15	16	17	18	19	20	21	22	23	24	25	26	27	28	29	(59)	2	3	4	5	6	7	8	9	10	11	12	13				
	回曆12月						14	15	16	17	18	19	20	21	22	23	24	25	26	27	28	29	30	1	2	3	4	5	6	7	8	9	10	11				
	公曆3月						1	2	3	4	5	6	7	8	9	10	11	12	13	14	15	16	17	18	19	20	21	22	23	24	25	26	27	28	29	30	31	
52	夏曆二月						14	15	16	17	18	19	20	21	22	23	24	25	26	27	28	29	30	㉙	2	3	4	5	6	7	8	9	10	11	12	13	14	
79年	回曆1月						12	13	14	15	16	17	18	19	20	21	22	23	24	25	26	27	28	29	30	①	2	3	4	5	6	7	8	9	10	11	12	
	公曆4月		1	2	3	4	5	6	7	8	9	10	11	12	13	14	15	16	17	18	19	20	21	22	23	24	25	26	27	28	29	30						
53	夏曆三月		15	16	17	18	19	20	21	22	23	24	25	26	27	28	29	(58)	2	3	4	5	6	7	8	9	10	11	12	13	14	15						
	回曆2月		13	14	15	16	17	18	19	20	21	22	23	24	25	26	27	28	29	30	1	2	3	4	5	6	7	8	9	10	11	12						
	公曆5月				1	2	3	4	5	6	7	8	9	10	11	12	13	14	15	16	17	18	19	20	21	22	23	24	25	26	27	28	29	30	31			
54	夏曆四月				16	17	18	19	20	21	22	23	24	25	26	27	28	29	㉗	2	3	4	5	6	7	8	9	10	11	12	13	14	15	16	17			
	回曆3月				13	14	15	16	17	18	19	20	21	22	23	24	25	26	27	28	29	1	2	3	4	5	6	7	8	9	10	11	12	13	14			
	公曆6月							1	2	3	4	5	6	7	8	9	10	11	12	13	14	15	16	17	18	19	20	21	22	23	24	25	26	27	28	29	30	
55	夏曆五月							18	19	20	21	22	23	24	25	26	27	28	29	30	(57)	2	3	4	5	6	7	8	9	10	11	12	13	14	15	16	17	
	回曆4月							15	16	17	18	19	20	21	22	23	24	25	26	27	28	29	30	1	2	3	4	5	6	7	8	9	10	11	12	13	14	
	公曆7月		1	2	3	4	5	6	7	8	9	10	11	12	13	14	15	16	17	18	19	20	21	22	23	24	25	26	27	28	29	30	31					
56	夏曆六月		18	19	20	21	22	23	24	25	26	27	28	29	㉖	2	3	4	5	6	7	8	9	10	11	12	13	14	15	16	17	18	19					
	回曆5月		15	16	17	18	19	20	21	22	23	24	25	26	27	28	29	1	2	3	4	5	6	7	8	9	10	11	12	13	14	15	16					
	公曆8月					1	2	3	4	5	6	7	8	9	10	11	12	13	14	15	16	17	18	19	20	21	22	23	24	25	26	27	28	29	30	31		
57	夏曆七月					20	21	22	23	24	25	26	27	28	29	30	(56)	2	3	4	5	6	7	8	9	10	11	12	13	14	15	16	17	18	19	20		
	回曆6月					17	18	19	20	21	22	23	24	25	26	27	28	29	30	1	2	3	4	5	6	7	8	9	10	11	12	13	14	15	16	17		
	公曆9月	1	2	3	4	5	6	7	8	9	10	11	12	13	14	15	16	17	18	19	20	21	22	23	24	25	26	27	28	29	30							
58	夏曆八月	21	22	23	24	25	26	27	28	29	㉕	2	3	4	5	6	7	8	9	10	11	12	13	14	15	16	17	18	19	20	21							
	回曆7月	18	19	20	21	22	23	24	25	26	27	28	29	1	2	3	4	5	6	7	8	9	10	11	12	13	14	15	16	17	18							
	公曆10月			1	2	3	4	5	6	7	8	9	10	11	12	13	14	15	16	17	18	19	20	21	22	23	24	25	26	27	28	29	30	31				
59	夏曆九月			22	23	24	25	26	27	28	29	30	(55)	2	3	4	5	6	7	8	9	10	11	12	13	14	15	16	17	18	19	20	21	22				
	回曆8月			19	20	21	22	23	24	25	26	27	28	29	30	1	2	3	4	5	6	7	8	9	10	11	12	13	14	15	16	17	18	19				
	公曆11月						1	2	3	4	5	6	7	8	9	10	11	12	13	14	15	16	17	18	19	20	21	22	23	24	25	26	27	28	29	30		
60	夏曆十月						23	24	25	26	27	28	29	㉔	2	3	4	5	6	7	8	9	10	11	12	13	14	15	16	17	18	19	20	21	22	23		
	回曆9月						20	21	22	23	24	25	26	27	28	29	1	2	3	4	5	6	7	8	9	10	11	12	13	14	15	16	17	18	19	20		
	公曆12月	1	2	3	4	5	6	7	8	9	10	11	12	13	14	15	16	17	18	19	20	21	22	23	24	25	26	27	28	29	30	31						
1	夏曆正月	24	25	26	27	28	29	30	(54)	2	3	4	5	6	7	8	9	10	11	12	13	14	15	16	17	18	19	20	21	22	23	24						
	回曆10月	21	22	23	24	25	26	27	28	29	30	1	2	3	4	5	6	7	8	9	10	11	12	13	14	15	16	17	18	19	20	21						

大事記

三月，召廬陵王李哲於房州。　六月，命武延秀入突厥，納默啜女。　八月，延秀至黑沙，默啜拘之，不許婚，發兵攻靜難、平狄、清夷等軍，擾嬀、檀等州，陷定州、趙州，聲言將取河北輔李氏；遣武重規、沙吒忠義、張仁願擊之，改默啜為"斬啜"。　九月，立廬陵王為皇太子，更名顯，命為元帥擊突厥，狄仁傑副之。默啜盡殺所掠趙、定之人萬餘北歸。　十月，以姚元崇、李嶠并同章事。　是歲，大祚榮建立政權，國號震。

唐紀年

干支己亥　公元 699 年

朝代或國名	國家支配者	建都	廟號	謚號	建元	年號年次	輔政者	備注
周	①武曌	長安		則天后	13	10 聖暦 2 年	婁師德等	
渤海	①大祚榮	龍泉府		高王	1	2 年		在東北
大蒙(南詔)	②蒙邏盛炎	巍山	世宗	興宗王	1	26 年		在雲南
吐蕃	③器弩悉弄	邏些				21 年		
突騎施	①烏質勒					10 年		
回紇								
吐谷渾	⑲忠可汗					11 年		青海省
西突厥	竭忠事主可汗					10 年		入居内地
後突厥	②默啜可汗					5 年		
	③匐俱小可汗					元年		

月曆表(建子)

5412—354—1976697

月干支序數	月序＼星期	日	1	2	3	4	5	6	日	1	2	3	4	5	6	日	1	2	3	4	5	6	日	1	2	3	4	5	6	日	1	2	3	4	5	6	日	1
	公暦 1 月				1	2	3	4	5	6	7	8	9	10	11	12	13	14	15	16	17	18	19	20	21	22	23	24	25	26	27	28	29	30	31			
2	夏暦臘月				25	26	27	28	29	30	㉔	2	3	4	5	6	7	8	9	10	11	12	13	14	15	16	17	18	19	20	21	22	23	24	25			
	回暦 11 月				22	23	24	25	26	27	28	29	1	2	3	4	5	6	7	8	9	10	11	12	13	14	15	16	17	18	19	20	21	22	23			
	公暦 2 月							1	2	3	4	5	6	7	8	9	10	11	12	13	14	15	16	17	18	19	20	21	22	23	24	25	26	27	28			
3	夏暦一月							26	27	28	29	30	(54)	2	3	4	5	6	7	8	9	10	11	12	13	14	15	16	17	18	19	20	21	22	23			
	回暦 12 月							24	25	26	27	28	29	30	1	2	3	4	5	6	7	8	9	10	11	12	13	14	15	16	17	18	19	20	21			
	公暦 3 月							1	2	3	4	5	6	7	8	9	10	11	12	13	14	15	16	17	18	19	20	21	22	23	24	25	26	27	28	29	30	31
4	夏暦二月							24	25	26	27	28	29	㉓	2	3	4	5	6	7	8	9	10	11	12	13	14	15	16	17	18	19	20	21	22	23	24	25
80 年	回暦 1 月							22	23	24	25	26	27	28	29	①	2	3	4	5	6	7	8	9	10	11	12	13	14	15	16	17	18	19	20	21	22	23
	公暦 4 月			1	2	3	4	5	6	7	8	9	10	11	12	13	14	15	16	17	18	19	20	21	22	23	24	25	26	27	28	29	30					
5	夏暦三月			26	27	28	29	30	(53)	2	3	4	5	6	7	8	0	10	11	12	13	14	15	16	17	18	19	20	21	22	23	24	25					
	回暦 2 月			24	25	26	27	28	29	30	1	2	3	4	5	6	7	8	9	10	11	12	13	14	15	16	17	18	19	20	21	22	23					
	公暦 5 月					1	2	3	4	5	6	7	8	9	10	11	12	13	14	15	16	17	18	19	20	21	22	23	24	25	26	27	28	29	30	31		
6	夏暦四月					26	27	28	29	㉒	2	3	4	5	6	7	8	9	10	11	12	13	14	15	16	17	18	19	20	21	22	23	24	25	26	27		
	回暦 3 月					24	25	26	27	28	29	1	2	3	4	5	6	7	8	9	10	11	12	13	14	15	16	17	18	19	20	21	22	23	24	25		
	公暦 6 月	1	2	3	4	5	6	7	8	9	10	11	12	13	14	15	16	17	18	19	20	21	22	23	24	25	26	27	28	29	30							
7	夏暦五月	28	29	(51)	2	3	4	5	6	7	8	9	10	11	12	13	14	15	16	17	18	19	20	21	22	23	24	25	26	27	28							
	回暦 4 月	26	27	28	29	30	1	2	3	4	5	6	7	8	9	10	11	12	13	14	15	16	17	18	19	20	21	22	23	24	25							
	公暦 7 月			1	2	3	4	5	6	7	8	9	10	11	12	13	14	15	16	17	18	19	20	21	22	23	24	25	26	27	28	29	30	31				
8	夏暦六月			29	30	㉑	2	3	4	5	6	7	8	9	10	11	12	13	14	15	16	17	18	19	20	21	22	23	24	25	26	27	28	29				
	回暦 5 月			26	27	28	29	1	2	3	4	5	6	7	8	9	10	11	12	13	14	15	16	17	18	19	20	21	22	23	24	25	26	27				
	公暦 8 月						1	2	3	4	5	6	7	8	9	10	11	12	13	14	15	16	17	18	19	20	21	22	23	24	25	26	27	28	29	30	31	
9 10	夏暦七/八月						㊿	2	3	4	5	6	7	8	9	10	11	12	13	14	15	16	17	18	19	20	21	22	23	24	25	26	27	28	29	⑲	2	
	回暦 6 月						28	29	30	1	2	3	4	5	6	7	8	9	10	11	12	13	14	15	16	17	18	19	20	21	22	23	24	25	26	27	28	
	公暦 9 月		1	2	3	4	5	6	7	8	9	10	11	12	13	14	15	16	17	18	19	20	21	22	23	24	25	26	27	28	29	30						
11	夏暦九月		3	4	5	6	7	8	9	10	11	12	13	14	15	16	17	18	19	20	21	22	23	24	25	26	27	28	29	30	㊾	2						
	回暦 7 月		29	1	2	3	4	5	6	7	8	9	10	11	12	13	14	15	16	17	18	19	20	21	22	23	24	25	26	27	28	29						

續表

月干支序數	星期 / 月序	日	1	2	3	4	5	6	日	1	2	3	4	5	6	日	1	2	3	4	5	6	日	1	2	3	4	5	6	日	1	2	3	4	5	6	日	1
	公曆10月				1	2	3	4	5	6	7	8	9	10	11	12	13	14	15	16	17	18	19	20	21	22	23	24	25	26	27	28	29	30	31			
12	夏曆十月				3	4	5	6	7	8	9	10	11	12	13	14	15	16	17	18	19	20	21	22	23	24	25	26	27	28	29	30	⑲	2	3			
	回曆8、9月				30	1	2	3	4	5	6	7	8	9	10	11	12	13	14	15	16	17	18	19	20	21	22	23	24	25	26	27	28	29	1			
	公曆11月							1	2	3	4	5	6	7	8	9	10	11	12	13	14	15	16	17	18	19	20	21	22	23	24	25	26	27	28	29	30	
13	夏曆正月							4	5	6	7	8	9	10	11	12	13	14	15	16	17	18	19	20	21	22	23	24	25	26	27	28	29	㊽	2	3	4	
	回曆10月							2	3	4	5	6	7	8	9	10	11	12	13	14	15	16	17	18	19	20	21	22	23	24	25	26	27	28	29	30	1	
	公曆12月		1	2	3	4	5	6	7	8	9	10	11	12	13	14	15	16	17	18	19	20	21	22	23	24	25	26	27	28	29	30	31					
14	夏曆臘月		5	6	7	8	9	10	11	12	13	14	15	16	17	18	19	20	21	22	23	24	25	26	27	28	29	30	⑱	2	3	4	5					
	回曆11月		2	3	4	5	6	7	8	9	10	11	12	13	14	15	16	17	18	19	20	21	22	23	24	25	26	27	28	29	1	2	3					

大事記

正月，置控鶴監丞、主簿等官，以張易之、張昌宗等領之。　臘月，賜太子姓武氏。河南北置武騎團，以備突厥。　四月，吐蕃內訌，其相論欽陵自殺，大將贊婆、欽陵子弓仁以所統吐谷渾七千帳來降。　七月，吐谷渾千四百帳來降。　八月，突騎施烏質勒遣子來朝。　是歲，默啜立其弟姪為左右廂察，子匐俱為拓西可汗。

唐紀年

干支庚子　公元700年

朝代或國名	國家支配者	建都	廟號	謚號	建元	年號年次	輔政者	備注
周	①武曌	長安		則天后	13	11久視元年	韋巨源等	五月癸丑改元，十月復用寅正
渤海	①大祚榮	龍泉府		高王	1	3年		在東北
大蒙(南詔)	②蒙邏盛炎	巍山	世宗	興宗王	1	27年		在雲南
吐蕃	③器弩悉弄	邏些				22年		
突騎施	①烏質勒					11年		
回紇								
吐谷渾	⑲忠可汗					12年		是年卒
	⑳宣超					元年		此后世系不詳
西突厥	竭忠事主可汗	碎葉				11年		十二月唐派駐
後突厥	②默啜可汗					6年		
	③匐俱小可汗					2年		

月曆表(建子)

5413－444－1977141

月干支序數	星期 / 月序	日	1	2	3	4	5	6	日	1	2	3	4	5	6	日	1	2	3	4	5	6	日	1	2	3	4	5	6	日	1	2	3	4	5	6	日	1
	公曆1月					1	2	3	4	5	6	7	8	9	10	11	12	13	14	15	16	17	18	19	20	21	22	23	24	25	26	27	28	29	30	31		
15	夏曆一月					6	7	8	9	10	11	12	13	14	15	16	17	18	19	20	21	22	23	24	25	26	27	28	29	30	㊽	2	3	4	5	6		
	回曆12月					4	5	6	7	8	9	10	11	12	13	14	15	16	17	18	19	20	21	22	23	24	25	26	27	28	29	30	1	2	3	4		
	公曆2月	1	2	3	4	5	6	7	8	9	10	11	12	13	14	15	16	17	18	19	20	21	22	23	24	25	26	27	28	29								
16	夏曆二月	7	8	9	10	11	12	13	14	15	16	17	18	19	20	21	22	23	24	25	26	27	28	29	30	⑱	2	3	4	5								

續表

月 干支 序數	星期 月序	日	1	2	3	4	5	6	日	1	2	3	4	5	6	日	1	2	3	4	5	6	日	1	2	3	4	5	6	日	1	2	3	4	5	6	日	1
81年閏	回曆1月	5	6	7	8	9	10	11	12	13	14	15	16	17	18	19	20	21	22	23	24	25	26	27	28	29	①	2	3	4								
	公曆3月		1	2	3	4	5	6	7	8	9	10	11	12	13	14	15	16	17	18	19	20	21	22	23	24	25	26	27	28	29	30	31					
17	夏曆三月		6	7	8	9	10	11	12	13	14	15	16	17	18	19	20	21	22	23	24	25	26	27	28	29	㊼	2	3	4	5	6	7					
	回曆2月		5	6	7	8	9	10	11	12	13	14	15	16	17	18	19	20	21	22	23	24	25	26	27	28	29	30	1	2	3	4	5					
	公曆4月					1	2	3	4	5	6	7	8	9	10	11	12	13	14	15	16	17	18	19	20	21	22	23	24	25	26	27	28	29	30	31		
18	夏曆四月					8	9	10	11	12	13	14	15	16	17	18	19	20	21	22	23	24	25	26	27	28	29	30	⑰	2	3	4	5	6	7			
	回曆3月					6	7	8	9	10	11	12	13	14	15	16	17	18	19	20	21	22	23	24	25	26	27	28	29	1	2	3	4	5	6			
	公曆5月							1	2	3	4	5	6	7	8	9	10	11	12	13	14	15	16	17	18	19	20	21	22	23	24	25	26	27	28	29	30	31
19	夏曆五月							8	9	10	11	12	13	14	15	16	17	18	19	20	21	22	23	24	25	26	27	28	29	㊻	2	3	4	5	6	7	8	9
	回曆4月							7	8	9	10	11	12	13	14	15	16	17	18	19	20	21	22	23	24	25	26	27	28	29	30	1	2	3	4	5	6	7
	公曆6月			1	2	3	4	5	6	7	8	9	10	11	12	13	14	15	16	17	18	19	20	21	22	23	24	25	26	27	28	29	30					
20	夏曆六月			10	11	12	13	14	15	16	17	18	19	20	21	22	23	24	25	26	27	28	29	⑮	2	3	4	5	6	7	8	9	10					
	回曆5月			8	9	10	11	12	13	14	15	16	17	18	19	20	21	22	23	24	25	26	27	28	29	1	2	3	4	5	6	7	8					
	公曆7月					1	2	3	4	5	6	7	8	9	10	11	12	13	14	15	16	17	18	19	20	21	22	23	24	25	26	27	28	29	30	31		
21	夏曆七月					11	12	13	14	15	16	17	18	19	20	21	22	23	24	25	26	27	28	29	30	㊺	2	3	4	5	6	7	8	9	10	11		
	回曆6月					9	10	11	12	13	14	15	16	17	18	19	20	21	22	23	24	25	26	27	28	29	30	1	2	3	4	5	6	7	8	9		
	公曆8月	1	2	3	4	5	6	7	8	9	10	11	12	13	14	15	16	17	18	19	20	21	22	23	24	25	26	27	28	29	30	31						
	夏曆閏七月	12	13	14	15	16	17	18	19	20	21	22	23	24	25	26	27	28	29	⑭	2	3	4	5	6	7	8	9	10	11	12	13						
	回曆7月	10	11	12	13	14	15	16	17	18	19	20	21	22	23	24	25	26	27	28	29	1	2	3	4	5	6	7	8	9	10	11						
	公曆9月				1	2	3	4	5	6	7	8	9	10	11	12	13	14	15	16	17	18	19	20	21	22	23	24	25	26	27	28	29	30				
22	夏曆八月				14	15	16	17	18	19	20	21	22	23	24	25	26	27	28	29	㊸	2	3	4	5	6	7	8	9	10	11	12	13	14				
	回曆8月				12	13	14	15	16	17	18	19	20	21	22	23	24	25	26	27	28	29	30	1	2	3	4	5	6	7	8	9	10	11				
	公曆10月						1	2	3	4	5	6	7	8	9	10	11	12	13	14	15	16	17	18	19	20	21	22	23	24	25	26	27	28	29	30	31	
23	夏曆九月						15	16	17	18	19	20	21	22	23	24	25	26	27	28	29	30	⑬	2	3	4	5	6	7	8	9	10	11	12	13	14	15	
	回曆9月						12	13	14	15	16	17	18	19	20	21	22	23	24	25	26	27	28	29	1	2	3	4	5	6	7	8	9	10	11	12	13	
	公曆11月		1	2	3	4	5	6	7	8	9	10	11	12	13	14	15	16	17	18	19	20	21	22	23	24	25	26	27	28	29	30						
24	夏曆十月		16	17	18	19	20	21	22	23	24	25	26	27	28	29	㊷	2	3	4	5	6	7	8	9	10	11	12	13	14	15	16						
	回曆10月		14	15	16	17	18	19	20	21	22	23	24	25	26	27	28	29	30	1	2	3	4	5	6	7	8	9	10	11	12	13						
	公曆12月				1	2	3	4	5	6	7	8	9	10	11	12	13	14	15	16	17	18	19	20	21	22	23	24	25	26	27	28	29	30	31			
25	夏曆十一月				17	18	19	20	21	22	23	24	25	26	27	28	29	30	⑫	2	3	4	5	6	7	8	9	10	11	12	13	14	15	16	17			
	回曆11月				14	15	16	17	18	19	20	21	22	23	24	25	26	27	28	29	1	2	3	4	5	6	7	8	9	10	11	12	13	14	15			

大事記

臘月，命西突厥竭忠事主可汗斛瑟羅鎮碎葉。　三月，以吐谷渾青海王宣超為烏地也拔勤忠可汗。　五月，改元久視。武后去"天册金輪大聖"之號。　六月，命張易之等修《三教珠英》。契丹將李楷固、駱務整來降，使之擊平契丹餘黨。閏七月，吐蕃擾涼州，圍昌松，唐休璟大破之。　九月，西突厥弩失畢部阿悉結薄露反唐，旋平。狄仁傑卒(607—700)。十月，復寅正(建寅一月為正月)。　十二月，突厥掠隴右諸監馬萬餘匹。張易之引蜀商宋霸子入宮侍宴同博。

唐紀年

干支辛丑　公元701年

朝代或國名	國家支配者	建都	廟號	謚號	建元	年號年次	輔政者	備注
周	武曌	長安		則天后	13	12大足元年 13長安元年	李懷遠等	正月丁丑改元 十月壬寅改元
渤海	①大祚榮	龍泉府		高王	1	4年		在東北
大蒙(南詔)	②蒙邏盛炎	巍山	世宗		1	28年		在雲南
吐蕃	③器弩悉弄	邏些				23年		
突騎施	烏質勒					12年		
回紇								
西突厥	竭忠事主可汗	碎葉				12年		唐派駐
後突厥	②默啜可汗					7年		
	③匐俱小可汗					3年		

月曆表

5414—354—1977495

月干支序數	月序 \ 星期	日	1	2	3	4	5	6	日	1	2	3	4	5	6	日	1	2	3	4	5	6	日	1	2	3	4	5	6	日	1	2	3	4	5	6	日	1
	公曆1月							1	2	3	4	5	6	7	8	9	10	11	12	13	14	15	16	17	18	19	20	21	22	23	24	25	26	27	28	29	30	31
26	夏曆十二月							18	19	20	21	22	23	24	25	26	27	28	29	30	㊷	2	3	4	5	6	7	8	9	10	11	12	13	14	15	16	17	18
	回曆12月							16	18	18	19	20	21	22	23	24	25	26	27	28	29	30	1	2	3	4	5	6	7	8	9	10	11	12	13	14	15	16
	公曆2月			1	2	3	4	5	6	7	8	9	10	11	12	13	14	15	16	17	18	19	20	21	22	23	24	25	26	27	28							
27	夏曆正月			19	20	21	22	23	24	25	26	27	28	29	30	⑫	2	3	4	5	6	7	8	9	10	11	12	13	14	15	16							
82年	回曆1月			17	18	19	20	21	22	23	24	25	26	27	28	29	30	①	2	3	4	5	6	7	8	9	10	11	12	13	14							
	公曆3月			1	2	3	4	5	6	7	8	9	10	11	12	13	14	15	16	17	18	19	20	21	22	23	24	25	26	27	28	29	30	31				
28	夏曆二月			17	18	19	20	21	22	23	24	25	26	27	28	29	㊶	2	3	4	5	6	7	8	9	10	11	12	13	14	15	16	17	18				
	回曆2月			15	16	17	18	19	20	21	22	23	24	25	26	27	28	29	30	1	2	3	4	5	6	7	8	9	10	11	12	13	14	15				
	公曆4月						1	2	3	4	5	6	7	8	9	10	11	12	13	14	15	16	17	18	19	20	21	22	23	24	25	26	27	28	29	30		
29	夏曆三月						19	20	21	22	23	24	25	26	27	28	29	30	⑪	2	3	4	5	6	7	8	9	10	11	12	13	14	15	16	17	18		
	回曆3月						16	17	18	19	20	21	22	23	24	25	26	27	28	29	1	2	3	4	5	6	7	8	9	10	11	12	13	14	15	16		
	公曆5月	1	2	3	4	5	6	7	8	9	10	11	12	13	14	15	16	17	18	19	20	21	22	23	24	25	26	27	28	29	30	31						
30	夏曆四月	19	20	21	22	23	24	25	26	27	28	29	30	㊶	2	3	4	5	6	7	8	9	10	11	12	13	14	15	16	17	18	19						
	回曆4月	17	18	19	20	21	22	23	24	25	26	27	28	29	30	1	2	3	4	5	6	7	8	9	10	11	12	13	14	15	16	17						
	公曆6月				1	2	3	4	5	6	7	8	9	10	11	12	13	14	15	16	17	18	19	20	21	22	23	24	25	26	27	28	29	30				
31	夏曆五月				20	21	22	23	24	25	26	27	28	29	⑩	2	3	4	5	6	7	8	9	10	11	12	13	14	15	16	17	18	19	20				
	回曆5月				18	19	20	21	22	23	24	25	26	27	28	29	1	2	3	4	5	6	7	8	9	10	11	12	13	14	15	16	17	18				
	公曆7月						1	2	3	4	5	6	7	8	9	10	11	12	13	14	15	16	17	18	19	20	21	22	23	24	25	26	27	28	29	30	31	
32	夏曆六月						21	22	23	24	25	26	27	28	29	㊴	2	3	4	5	6	7	8	9	10	11	12	13	14	15	16	17	18	19	20	21	22	
	回曆6月						19	20	21	22	23	24	25	26	27	28	29	30	1	2	3	4	5	6	7	8	9	10	11	12	13	14	15	16	17	18	19	
	公曆8月		1	2	3	4	5	6	7	8	9	10	11	12	13	14	15	16	17	18	19	20	21	22	23	24	25	26	27	28	29	30	31					
33	夏曆七月		23	24	25	26	27	28	29	30	⑨	2	3	4	5	6	7	8	9	10	11	12	13	14	15	16	17	18	19	20	21	22	23					
	回曆7月		20	21	22	23	24	25	26	27	28	29	1	2	3	4	5	6	7	8	9	10	11	12	13	14	15	16	17	18	19	20	21					
	公曆9月					1	2	3	4	5	6	7	8	9	10	11	12	13	14	15	16	17	18	19	20	21	22	23	24	25	26	27	28	29	30			
34	夏曆八月					24	25	26	27	28	29	㊳	2	3	4	5	6	7	8	9	10	11	12	13	14	15	16	17	18	19	20	21	22	23	24			
	回曆8月					22	23	24	25	26	27	28	29	30	1	2	3	4	5	6	7	8	9	10	11	12	13	14	15	16	17	18	19	20	21			
	公曆10月							1	2	3	4	5	6	7	8	9	10	11	12	13	14	15	16	17	18	19	20	21	22	23	24	25	26	27	28	29	30	31
35	夏曆九月							25	26	27	28	29	⑦	2	3	4	5	6	7	8	9	10	11	12	13	14	15	16	17	18	19	20	21	22	23	24	25	26

續表

月干支序數	星期 月序	日	1	2	3	4	5	6	日	1	2	3	4	5	6	日	1	2	3	4	5	6	日	1	2	3	4	5	6	日	1	2	3	4	5	6	日	1
	回暦9月							22	23	24	25	26	27	28	29	1	2	3	4	5	6	7	8	9	10	11	12	13	14	15	16	17	18	19	20	21	22	23
	公暦11月			1	2	3	4	5	6	7	8	9	10	11	12	13	14	15	16	17	18	19	20	21	22	23	24	25	26	27	28	29	30					
36	夏暦十月			27	28	29	30	㊲	2	3	4	5	6	7	8	9	10	11	12	13	14	15	16	17	18	19	20	21	22	23	24	25	26					
	回暦10月			24	25	26	27	28	29	30	1	2	3	4	5	6	7	8	9	10	11	12	13	14	15	16	17	18	19	20	21	22	23					
	公暦12月					1	2	3	4	5	6	7	8	9	10	11	12	13	14	15	16	17	18	19	20	21	22	23	24	25	26	27	28	29	30	31		
37	夏暦十一月					27	28	29	⑥	2	3	4	5	6	7	8	9	10	11	12	13	14	15	16	17	18	19	20	21	22	23	24	25	26	27	28		
	回暦11月					24	25	26	27	28	29	1	2	3	4	5	6	7	8	9	10	11	12	13	14	15	16	17	18	19	20	21	22	23	24	25		

大事記

五月，遣魏元忠備突厥。　八月，默啜擾邊。　十月，武則天還京都，改元長安。　十一月，以郭元振為涼州都督。

唐紀年

干支壬寅　公元702年

朝代或國名	國家支配者	建都	廟號	謚號	建元	年號年次	輔政者	備注
周	武曌	長安		則天后	13	13長安2年	姚元崇等	
渤海	①大祚榮	龍泉府		高王	1	5年		在東北
大蒙(南詔)	②蒙邏盛炎	巍山	世宗	興宗王	1	29年		在雲南
吐蕃	③器弩悉弄	邏些				24年		
突騎施	烏質勒					13年		
回紇								
西突厥	竭忠事主可汗	碎葉				13年		唐派駐
後突厥	②默啜可汗					8年		
	③匐俱小可汗					4年		

月曆表

5415—354—1977849

月干支序數	星期 月序	日	1	2	3	4	5	6	日	1	2	3	4	5	6	日	1	2	3	4	5	6	日	1	2	3	4	5	6	日	1	2	3	4	5	6	日	1
	公暦1月	1	2	3	4	5	6	7	8	9	10	11	12	13	14	15	16	17	18	19	20	21	22	23	24	25	26	27	28	29	30	31						
38	夏暦十二月	29	30	㊱	2	3	4	5	6	7	8	9	10	11	12	13	14	15	16	17	18	19	20	21	22	23	24	25	26	27	28	29						
	回暦12月	26	27	28	29	30	1	2	3	4	5	6	7	8	9	10	11	12	13	14	15	16	17	18	19	20	21	22	23	24	25	26						
	公暦2月				1	2	3	4	5	6	7	8	9	10	11	12	13	14	15	16	17	18	19	20	21	22	23	24	25	26	27	28						
39	夏暦正月				30	⑥	2	3	4	5	6	7	8	9	10	11	12	13	14	15	16	17	18	19	20	21	22	23	24	25	26	27						
83年	回暦1月				27	28	29	①	2	3	4	5	6	7	8	9	10	11	12	13	14	15	16	17	18	19	20	21	22	23	24	25						
	公暦3月				1	2	3	4	5	6	7	8	9	10	11	12	13	14	15	16	17	18	19	20	21	22	23	24	25	26	27	28	29	30	31			
40	夏暦二月				28	29	㉟	2	3	4	5	6	7	8	9	10	11	12	13	14	15	16	17	18	19	20	21	22	23	24	25	26	27	28	29			
	回暦2月				26	27	28	29	30	1	2	3	4	5	6	7	8	9	10	11	12	13	14	15	16	17	18	19	20	21	22	23	24	25	26			
	公暦4月							1	2	3	4	5	6	7	8	9	10	11	12	13	14	15	16	17	18	19	20	21	22	23	24	25	26	27	28	29	30	
41	夏暦三月							30	⑤	2	3	4	5	6	7	8	9	10	11	12	13	14	15	16	17	18	19	20	21	22	23	24	25	26	27	28	29	
	回暦3月							27	28	29	1	2	3	4	5	6	7	8	9	10	11	12	13	14	15	16	17	18	19	20	21	22	23	24	25	26	27	
	公暦5月		1	2	3	4	5	6	7	8	9	10	11	12	13	14	15	16	17	18	19	20	21	22	23	24	25	26	27	28	29	30	31					

續表

月干支序數	月序＼星期	日	1	2	3	4	5	6	日	1	2	3	4	5	6	日	1	2	3	4	5	6	日	1	2	3	4	5	6	日	1	2	3	4	5	6	日	1
42 43	夏曆四 五月		30	㉟	2	3	4	5	6	7	8	9	10	11	12	13	14	15	16	17	18	19	20	21	22	23	24	25	26	27	28	29	④					
	回曆4月		28	29	30	1	2	3	4	5	6	7	8	9	10	11	12	13	14	15	16	17	18	19	20	21	22	23	24	25	26	27	28					
	公曆6月					1	2	3	4	5	6	7	8	9	10	11	12	13	14	15	16	17	18	19	20	21	22	23	24	25	26	27	28	29	30			
44	夏曆六月					2	3	4	5	6	7	8	9	10	11	12	13	14	15	16	17	18	19	20	21	22	23	24	25	26	27	28	29	30	㉞			
	回曆5月					29	1	2	3	4	5	6	7	8	9	10	11	12	13	14	15	16	17	18	19	20	21	22	23	24	25	26	27	28	29			
	公曆7月							1	2	3	4	5	6	7	8	9	10	11	12	13	14	15	16	17	18	19	20	21	22	23	24	25	26	27	28	29	30	31
45	夏曆七月							2	3	4	5	6	7	8	9	10	11	12	13	14	15	16	17	18	19	20	21	22	23	24	25	26	27	28	29	③	2	3
	回曆6、7月							30	1	2	3	4	5	6	7	8	9	10	11	12	13	14	15	16	17	18	19	20	21	22	23	24	25	26	27	28	29	1
	公曆8月			1	2	3	4	5	6	7	8	9	10	11	12	13	14	15	16	17	18	19	20	21	22	23	24	25	26	27	28	29	30	31				
46	夏曆八月			4	5	6	7	8	9	10	11	12	13	14	15	16	17	18	19	20	21	22	23	24	25	26	27	28	29	30	㉝	2	3	4				
	回曆8月			2	3	4	5	6	7	8	9	10	11	12	13	14	15	16	17	18	19	20	21	22	23	24	25	26	27	28	29	30	1	2				
	公曆9月						1	2	3	4	5	6	7	8	9	10	11	12	13	14	15	16	17	18	19	20	21	22	23	24	25	26	27	28	29	30		
47	夏曆九月						5	6	7	8	9	10	11	12	13	14	15	16	17	18	19	20	21	22	23	24	25	26	27	28	29	②	2	3	4	5		
	回曆9月						3	4	5	6	7	8	9	10	11	12	13	14	15	16	17	18	19	20	21	22	23	24	25	26	27	28	29	1	2	3		
	公曆10月	1	2	3	4	5	6	7	8	9	10	11	12	13	14	15	16	17	18	19	20	21	22	23	24	25	26	27	28	29	30	31						
48	夏曆十月	6	7	8	9	10	11	12	13	14	15	16	17	18	19	20	21	22	23	24	25	26	27	28	29	30	㉜	2	3	4	5	6						
	回曆10月	4	5	6	7	8	9	10	11	12	13	14	15	16	17	18	19	20	21	22	23	24	25	26	27	28	29	30	1	2	3	4						
	公曆11月				1	2	3	4	5	6	7	8	9	10	11	12	13	14	15	16	17	18	19	20	21	22	23	24	25	26	27	28	29	30				
49	夏曆十一月				7	8	9	10	11	12	13	14	15	16	17	18	19	20	21	22	23	24	25	26	27	28	29	①	2	3	4	5	6	7				
	回曆11月				5	6	7	8	9	10	11	12	13	14	15	16	17	18	19	20	21	22	23	24	25	26	27	28	29	1	2	3	4	5				
	公曆12月						1	2	3	4	5	6	7	8	9	10	11	12	13	14	15	16	17	18	19	20	21	22	23	24	25	26	27	28	29	30	31	
50	夏曆十二月						8	9	10	11	12	13	14	15	16	17	18	19	20	21	22	23	24	25	26	27	28	29	㉚	2	3	4	5	6	7	8	9	
	回曆12月						6	7	8	9	10	11	12	13	14	15	16	17	18	19	20	21	22	23	24	25	26	27	28	29	30	1	2	3	4	5	6	

新誌三月壬戌，九月庚寅，不合。

大事記

正月，初設武舉。突厥擾鹽州、夏州。　三月，突厥破石嶺，擾并州，遣將拒之。　七月，突厥擾代州。　九月，突厥擾忻州。吐蕃遣使求和。　十月，吐蕃贊普擾茂州，敗還。倭國遣使貢方物。　十二月，置北庭都護府於庭州。是歲，陳子昂卒(661—702)。

唐紀年

干支癸卯　公元703年

朝代或國名	國家支配者	建都	廟號	謚號	建元	年號年次	輔政者	備注
周	武曌	長安		則天后	13	13長安3年	朱敬則等	
渤海	①大祚榮	龍泉府		高王	1	6年		在東北
大蒙(南詔)	②蒙邏盛炎	巍山	世宗	興宗王	1	30年		在雲南
吐蕃	③器弩悉弄	邏些				25年		
突騎施	烏質勒					14年		
回紇								
西突厥	竭忠事主可汗	碎葉				14年		西突厥破長安
後突厥	②默啜可汗					9年		
	③匐俱小可汗					5年		

月干支序數	月序＼星期	日	1	2	3	4	5	6	日	1	2	3	4	5	6	日	1	2	3	4	5	6	日	1	2	3	4	5	6	日	1	2	3	4	5	6	日	1
	公曆1月		1	2	3	4	5	6	7	8	9	10	11	12	13	14	15	16	17	18	19	20	21	22	23	24	25	26	27	28	29	30	31					
51	夏曆正月		10	11	12	13	14	15	16	17	18	19	20	21	22	23	24	25	26	27	28	29	30	(60)	2	3	4	5	6	7	8	9	10					
84年	回曆1月		7	8	9	10	11	12	13	14	15	16	17	18	19	20	21	22	23	24	25	26	27	28	29	①	2	3	4	5	6	7	8					
	公曆2月					1	2	3	4	5	6	7	8	9	10	11	12	13	14	15	16	17	18	19	20	21	22	23	24	25	26	27	28					
52	夏曆二月					11	12	13	14	15	16	17	18	19	20	21	22	23	24	25	26	27	28	29	30	㉚	2	3	4	5	6	7	8					
	回曆2月					9	10	11	12	13	14	15	16	17	18	19	20	21	22	23	24	25	26	27	28	29	30	1	2	3	4	5	6					
	公曆3月					1	2	3	4	5	6	7	8	9	10	11	12	13	14	15	16	17	18	19	20	21	22	23	24	25	26	27	28	29	30	31		
53	夏曆三月					9	10	11	12	13	14	15	16	17	18	19	20	21	22	23	24	25	26	27	28	29	(59)	2	3	4	5	6	7	8	9	10		
	回曆3月					7	8	9	10	11	12	13	14	15	16	17	18	19	20	21	22	23	24	25	26	27	28	29	1	2	3	4	5	6	7	8		
	公曆4月	1	2	3	4	5	6	7	8	9	10	11	12	13	14	15	16	17	18	19	20	21	22	23	24	25	26	27	28	29	30							
54	夏曆四月	11	12	13	14	15	16	17	18	19	20	21	22	23	24	25	26	27	28	29	30	㉙	2	3	4	5	6	7	8	9	10							
	回曆4月	9	10	11	12	13	14	15	16	17	18	19	20	21	22	23	24	25	26	27	28	29	30	1	2	3	4	5	6	7	8							
	公曆5月			1	2	3	4	5	6	7	8	9	10	11	12	13	14	15	16	17	18	19	20	21	22	23	24	25	26	27	28	29	30	31				
	夏曆閏四月			11	12	13	14	15	16	17	18	19	20	21	22	23	24	25	26	27	28	29	(58)	2	3	4	5	6	7	8	9	10	11	12				
	回曆5月			9	10	11	12	13	14	15	16	17	18	19	20	21	22	23	24	25	26	27	28	29	1	2	3	4	5	6	7	8	9	10				
	公曆6月						1	2	3	4	5	6	7	8	9	10	11	12	13	14	15	16	17	18	19	20	21	22	23	24	25	26	27	28	29	30		
55	夏曆五月						13	14	15	16	17	18	19	20	21	22	23	24	25	26	27	28	29	30	㉘	2	3	4	5	6	7	8	9	10	11	12		
	回曆6月						11	12	13	14	15	16	17	18	19	20	21	22	23	24	25	26	27	28	29	30	1	2	3	4	5	6	7	8	9	10		
	公曆7月	1	2	3	4	5	6	7	8	9	10	11	12	13	14	15	16	17	18	19	20	21	22	23	24	25	26	27	28	29	30	31						
56	夏曆六月	13	14	15	16	17	18	19	20	21	22	23	24	25	26	27	28	29	30	(58)	2	3	4	5	6	7	8	9	10	11	12	13						
	回曆7月	11	12	13	14	15	16	17	18	19	20	21	22	23	24	25	26	27	28	29	1	2	3	4	5	6	7	8	9	10	11	12						
	公曆8月				1	2	3	4	5	6	7	8	9	10	11	12	13	14	15	16	17	18	19	20	21	22	23	24	25	26	27	28	29	30	31			
57	夏曆七月				14	15	16	17	18	19	20	21	22	23	24	25	26	27	28	29	㉗	2	3	4	5	6	7	8	9	10	11	12	13	14	15			
	回曆8月				13	14	15	16	17	18	19	20	21	22	23	24	25	26	27	28	29	30	1	2	3	4	5	6	7	8	9	10	11	12	13			
	公曆9月							1	2	3	4	5	6	7	8	9	10	11	12	13	14	15	16	17	18	19	20	21	22	23	24	25	26	27	28	29	30	
58	夏曆八月							16	17	18	19	20	21	22	23	24	25	26	27	28	29	30	(57)	2	3	4	5	6	7	8	9	10	11	12	13	14	15	
	回曆9月							14	15	16	17	18	19	20	21	22	23	24	25	26	27	28	29	1	2	3	4	5	6	7	8	9	10	11	12	13	14	
	公曆10月		1	2	3	4	5	6	7	8	9	10	11	12	13	14	15	16	17	18	19	20	21	22	23	24	25	26	27	28	29	30	31					
59	夏曆九月		16	17	18	19	20	21	22	23	24	25	26	27	28	29	㉖	2	3	4	5	6	7	8	9	10	11	12	13	14	15	16	17					
	回曆10月		15	16	17	18	19	20	21	22	23	24	25	26	27	28	29	30	1	2	3	4	5	6	7	8	9	10	11	12	13	14	15					
	公曆11月					1	2	3	4	5	6	7	8	9	10	11	12	13	14	15	16	17	18	19	20	21	22	23	24	25	26	27	28	29	30			
60	夏曆十月					18	19	20	21	22	23	24	25	26	27	28	29	30	(56)	2	3	4	5	6	7	8	9	10	11	12	13	14	15	16	17			
	回曆11月					16	17	18	19	20	21	22	23	24	25	26	27	28	29	1	2	3	4	5	6	7	8	9	10	11	12	13	14	15	16			
	公曆12月							1	2	3	4	5	6	7	8	9	10	11	12	13	14	15	16	17	18	19	20	21	22	23	24	25	26	27	28	29	30	31
1	夏曆十一月							18	19	20	21	22	23	24	25	26	27	28	29	㉕	2	3	4	5	6	7	8	9	10	11	12	13	14	15	16	17	18	19
	回曆12月							17	18	19	20	21	22	23	24	25	26	27	28	29	30	1	2	3	4	5	6	7	8	9	10	11	12	13	14	15	16	17

舊誌、新紀九月庚寅不合。

大事記

四月，吐蕃獻馬千匹、金二千兩以求婚。　閏四月，新羅王金理洪卒，使册其弟崇基為王。　六月，默啜請以女妻太子之子。　七月，突騎施酋烏質勒與西突厥相攻，陷碎葉，可汗斛瑟羅歸朝不敢還。

是歲，分遣使者以六條察州、縣。吐蕃南部亂，贊普器弩悉弄擊之，死於軍中，諸子爭立，後以棄隸蹜贊為贊普。

唐紀年

干支甲辰　公元704年

朝代或國名	國家支配者	建都	廟號	謚號	建元	年號年次	輔政者	備注
周	武曌	長安		則天后	13	13長安4年	宗楚客等	
渤海	①大祚榮	龍泉府		高王	1	7年		在東北
大蒙(南詔)	②蒙邏盛炎	巍山	世宗	興宗王	1	31年		在雲南
吐蕃	④棄隸蹜贊	邏些				元年		
突騎施	烏質勒					15年		
回紇								
西突厥北庭	⑥阿史那懷道					元年		正月則天帝拜爲十姓可汗
後突厥	②默啜可汗					10年		
	③匐俱小可汗					6年		

月曆表

5417－355－1978588

月干支序數	月序＼星期	日	1	2	3	4	5	6	日	1	2	3	4	5	6	日	1	2	3	4	5	6	日	1	2	3	4	5	6	日	1	2	3	4	5	6	日	1
	公暦1月			1	2	3	4	5	6	7	8	9	10	11	12	13	14	15	16	17	18	19	20	21	22	23	24	25	26	27	28	29	30	31				
2	夏暦十二月			20	21	22	23	24	25	26	27	28	29	30	(55)	2	3	4	5	6	7	8	9	10	11	12	13	14	15	16	17	18	19	20				
85年	回暦1月			18	19	20	21	22	23	24	25	26	27	28	29	30	①	2	3	4	5	6	7	8	9	10	11	12	13	14	15	16	17	18				
	公暦2月						1	2	3	4	5	6	7	8	9	10	11	12	13	14	15	16	17	18	19	20	21	22	23	24	25	26	27	28	29			
3	夏暦正月						21	22	23	24	25	26	27	28	29	㉔	2	3	4	5	6	7	8	9	10	11	12	13	14	15	16	17	18	19	20			
	回暦2月						19	20	21	22	23	24	25	26	27	28	29	30	1	2	3	4	5	6	7	8	9	10	11	12	13	14	15	16	17			
	公暦3月							1	2	3	4	5	6	7	8	9	10	11	12	13	14	15	16	17	18	19	20	21	22	23	24	25	26	27	28	29	30	31
4	夏暦二月							21	22	23	24	25	26	27	28	29	(53)	2	3	4	5	6	7	8	9	10	11	12	13	14	15	16	17	18	19	20	21	22
	回暦3月							18	19	20	21	22	23	24	25	26	27	28	29	1	2	3	4	5	6	7	8	9	10	11	12	13	14	15	16	17	18	19
	公暦4月			1	2	3	4	5	6	7	8	9	10	11	12	13	14	15	16	17	18	19	20	21	22	23	24	25	26	27	28	29	30					
5	夏暦三月			23	24	25	26	27	28	29	30	㉓	2	3	4	5	6	7	8	9	10	11	12	13	14	15	16	17	18	19	20	21	22					
	回暦4月			20	21	22	23	24	25	26	27	28	29	30	1	2	3	4	5	6	7	8	9	10	11	12	13	14	15	16	17	18	19					
	公暦5月					1	2	3	4	5	6	7	8	9	10	11	12	13	14	15	16	17	18	19	20	21	22	23	24	25	26	27	28	29	30	31		
6	夏暦四月					23	24	25	26	27	28	29	30	(53)	2	3	4	5	6	7	8	9	10	11	12	13	14	15	16	17	18	19	20	21	22	23		
	回暦5月					20	21	22	23	24	25	26	27	28	29	1	2	3	4	5	6	7	8	9	10	11	12	13	14	15	16	17	18	19	20	21		
	公暦6月	1	2	3	4	5	6	7	8	9	10	11	12	13	14	15	16	17	18	19	20	21	22	23	24	25	26	27	28	29	30							
7	夏暦五月	24	25	26	27	28	29	㉒	2	3	4	5	6	7	8	9	10	11	12	13	14	15	16	17	18	19	20	21	22	23	24							
	回暦6月	22	23	24	25	26	27	28	29	30	1	2	3	4	5	6	7	8	9	10	11	12	13	14	15	16	17	18	19	20	21							
	公暦7月			1	2	3	4	5	6	7	8	9	10	11	12	13	14	15	16	17	18	19	20	21	22	23	24	25	26	27	28	29	30	31				
8	夏暦六月			25	26	27	28	29	30	(52)	2	3	4	5	6	7	8	9	10	11	12	13	14	15	16	17	18	19	20	21	22	23	24	25				
	回暦7月			22	23	24	25	26	27	28	29	1	2	3	4	5	6	7	8	9	10	11	12	13	14	15	16	17	18	19	20	21	22	23				
	公暦8月						1	2	3	4	5	6	7	8	9	10	11	12	13	14	15	16	17	18	19	20	21	22	23	24	25	26	27	28	29	30	31	
9	夏暦七月						26	27	28	29	㉑	2	3	4	5	6	7	8	9	10	11	12	13	14	15	16	17	18	19	20	21	22	23	24	25	26	27	
	回暦8月						24	25	26	27	28	29	30	1	2	3	4	5	6	7	8	9	10	11	12	13	14	15	16	17	18	19	20	21	22	23	24	
	公暦9月		1	2	3	4	5	6	7	8	9	10	11	12	13	14	15	16	17	18	19	20	21	22	23	24	25	26	27	28	29	30						
10	夏暦八月		28	29	30	(51)	2	3	4	5	6	7	8	9	10	11	12	13	14	15	16	17	18	19	20	21	22	23	24	25	26	27						
	回暦9月		25	26	27	28	29	1	2	3	4	5	6	7	8	9	10	11	12	13	14	15	16	17	18	19	20	21	22	23	24	25						
	公暦10月				1	2	3	4	5	6	7	8	9	10	11	12	13	14	15	16	17	18	19	20	21	22	23	24	25	26	27	28	29	30	31			

續表

月干支序數	月序＼星期	日	1	2	3	4	5	6	日	1	2	3	4	5	6	日	1	2	3	4	5	6	日	1	2	3	4	5	6	日	1	2	3	4	5	6	日	1
11	夏曆九月				28	29	30	㉑	2	3	4	5	6	7	8	9	10	11	12	13	14	15	16	17	18	19	20	21	22	23	24	25	26	27	28			
	回曆10月				26	27	28	29	30	1	2	3	4	5	6	7	8	9	10	11	12	13	14	15	16	17	18	19	20	21	22	23	24	25	26			
	公曆11月							1	2	3	4	5	6	7	8	9	10	11	12	13	14	15	16	17	18	19	20	21	22	23	24	25	26	27	28	29	30	
12	夏曆十月							29	㊿	2	3	4	5	6	7	8	9	10	11	12	13	14	15	16	17	18	19	20	21	22	23	24	25	26	27	28	29	
	回曆11月							27	28	29	1	2	3	4	5	6	7	8	9	10	11	12	13	14	15	16	17	18	19	20	21	22	23	24	25	26	27	
	公曆12月		1	2	3	4	5	6	7	8	9	10	11	12	13	14	15	16	17	18	19	20	21	22	23	24	25	26	27	28	29	30	31					
13 14	夏曆十一 十二月		30	⑳	2	3	4	5	6	7	8	9	10	11	12	13	14	15	16	17	18	19	20	21	22	23	24	25	26	27	28	29	㊾					
	回曆12月		28	29	30	1	2	3	4	5	6	7	8	9	10	11	12	13	14	15	16	17	18	19	20	21	22	23	24	25	26	27	28					

大事記

正月，阿史那懷道為西突厥十姓可汗。　四月，復税僧尼。　十一月，以張柬之為鳳閣鸞臺平章事。　十二月，敕大足以來新置官并停。

唐紀年

干支乙巳　公元705年

朝代或國名	國家支配者	建都	廟號	謚號	建元	年號年次	輔政者	備注
唐	④李顯	長安	中宗		3	2神龍元年	桓彦範等	正月改元
渤海	①大祚榮	龍泉府		高王	1	8年		在東北
大蒙(南詔)	②蒙邏盛炎	巍山	世宗	興宗王	1	32年		在雲南
吐蕃	④棄隸蹜贊	邏些				2年		
突騎施	烏質勒					16年		
回紇								
西突厥北庭	⑥阿史那懷道					2年		
後突厥	②默啜可汗					11年		
	③匐俱小可汗					7年		

月曆表

5418－354－1978942

月干支序數	月序＼星期	日	1	2	3	4	5	6	日	1	2	3	4	5	6	日	1	2	3	4	5	6	日	1	2	3	4	5	6	日	1	2	3	4	5	6	日	1
	公曆1月					1	2	3	4	5	6	7	8	9	10	11	12	13	14	15	16	17	18	19	20	21	22	23	24	25	26	27	28	29	30	31		
15	夏曆正月					2	3	4	5	6	7	8	9	10	11	12	13	14	15	16	17	18	19	20	21	22	23	24	25	26	27	28	29	30	⑲	2		
86年閏	回曆1月					29	①	2	3	4	5	6	7	8	9	10	11	12	13	14	15	16	17	18	19	20	21	22	23	24	25	26	27	28	29	30		
	公曆2月	1	2	3	4	5	6	7	8	9	10	11	12	13	14	15	16	17	18	19	20	21	22	23	24	25	26	27	28									
16	夏曆二月	3	4	5	6	7	8	9	10	11	12	13	14	15	16	17	18	19	20	21	22	23	24	25	26	27	28	29	㊽									
	回曆2月	1	2	3	4	5	6	7	8	9	10	11	12	13	14	15	16	17	18	19	20	21	22	23	24	25	26	27	28									
	公曆3月	1	2	3	4	5	6	7	8	9	10	11	12	13	14	15	16	17	18	19	20	21	22	23	24	25	26	27	28	29	30	31						
17	夏曆三月	2	3	4	5	6	7	8	9	10	11	12	13	14	15	16	17	18	19	20	21	22	23	24	25	26	27	28	29	⑰	2	3						
	回曆3月	29	1	2	3	4	5	6	7	8	9	10	11	12	13	14	15	16	17	18	19	20	21	22	23	24	25	26	27	28	29	30						
	公曆4月				1	2	3	4	5	6	7	8	9	10	11	12	13	14	15	16	17	18	19	20	21	22	23	24	25	26	27	28	29	30				

續表

月干支序數	月序＼星期	日	1	2	3	4	5	6	日	1	2	3	4	5	6	日	1	2	3	4	5	6	日	1	2	3	4	5	6	日	1	2	3	4	5	6	日	1
18	夏曆四月				4	5	6	7	8	9	10	11	12	13	14	15	16	17	18	19	20	21	22	23	24	25	26	27	28	29	30	㊼	2	3				
	回曆4、5月				1	2	3	4	5	6	7	8	9	10	11	12	13	14	15	16	17	18	19	20	21	22	23	24	25	26	27	28	29	1				
	公曆5月						1	2	3	4	5	6	7	8	9	10	11	12	13	14	15	16	17	18	19	20	21	22	23	24	25	26	27	28	29	30	31	
19	夏曆五月						4	5	6	7	8	9	10	11	12	13	14	15	16	17	18	19	20	21	22	23	24	25	26	27	28	29	⑯	2	3	4	5	
	回曆6月						2	3	4	5	6	7	8	9	10	11	12	13	14	15	16	17	18	19	20	21	22	23	24	25	26	27	28	29	30	1	2	
	公曆6月		1	2	3	4	5	6	7	8	9	10	11	12	13	14	15	16	17	18	19	20	21	22	23	24	25	26	27	28	29	30						
20	夏曆六月		6	7	8	9	10	11	12	13	14	15	16	17	18	19	20	21	22	23	24	25	26	27	28	29	30	㊻	2	3	4	5						
	回曆7月		3	4	5	6	7	8	9	10	11	12	13	14	15	16	17	18	19	20	21	22	23	24	25	26	27	28	29	1	2	3						
	公曆7月				1	2	3	4	5	6	7	8	9	10	11	12	13	14	15	16	17	18	19	20	21	22	23	24	25	26	27	28	29	30	31			
21	夏曆七月				6	7	8	9	10	11	12	13	14	15	16	17	18	19	20	21	22	23	24	25	26	27	28	29	30	⑯	2	3	4	5	6			
	回曆8月				4	5	6	7	8	9	10	11	12	13	14	15	16	17	18	19	20	21	22	23	24	25	26	27	28	29	30	1	2	3	4			
	公曆8月							1	2	3	4	5	6	7	8	9	10	11	12	13	14	15	16	17	18	19	20	21	22	23	24	25	26	27	28	29	30	31
22	夏曆八月							7	8	9	10	11	12	13	14	15	16	17	18	19	20	21	22	23	24	25	26	27	28	29	㊺	2	3	4	5	6	7	8
	回曆9月							5	6	7	8	9	10	11	12	13	14	15	16	17	18	19	20	21	22	23	24	25	26	27	28	29	1	2	3	4	5	6
	公曆9月			1	2	3	4	5	6	7	8	9	10	11	12	13	14	15	16	17	18	19	20	21	22	23	24	25	26	27	28	29	30					
23	夏曆九月			9	10	11	12	13	14	15	16	17	18	19	20	21	22	23	24	25	26	27	28	29	30	⑮	2	3	4	5	6	7	8					
	回曆10月			7	8	9	10	11	12	13	14	15	16	17	18	19	20	21	22	23	24	25	26	27	28	29	30	1	2	3	4	5	6					
	公曆10月					1	2	3	4	5	6	7	8	9	10	11	12	13	14	15	16	17	18	19	20	21	22	23	24	25	26	27	28	29	30	31		
24	夏曆十月					9	10	11	12	13	14	15	16	17	18	19	20	21	22	23	24	25	26	27	28	29	㊹	2	3	4	5	6	7	8	9	10		
	回曆11月					7	8	9	10	11	12	13	14	15	16	17	18	19	20	21	22	23	24	25	26	27	28	29	1	2	3	4	5	6	7	8		
	公曆11月	1	2	3	4	5	6	7	8	9	10	11	12	13	14	15	16	17	18	19	20	21	22	23	24	25	26	27	28	29	30							
25	夏曆十一月	11	12	13	14	15	16	17	18	19	20	21	22	23	24	25	26	27	28	29	30	⑭	2	3	4	5	6	7	8	9	10							
	回曆12月	9	10	11	12	13	14	15	16	17	18	19	20	21	22	23	24	25	26	27	28	29	30	1	2	3	4	5	6	7	8							
	公曆12月			1	2	3	4	5	6	7	8	9	10	11	12	13	14	15	16	17	18	19	20	21	22	23	24	25	26	27	28	29	30	31				
26	夏曆十二月			11	12	13	14	15	16	17	18	19	20	21	22	23	24	25	26	27	28	29	30	㊹	2	3	4	5	6	7	8	9	10	11				
87年	回曆1月			9	10	11	12	13	14	15	16	17	18	19	20	21	22	23	24	25	26	27	28	29	30	①	2	3	4	5	6	7	8	9				

大事記

正月，張柬之等擁立太子李顯，殺張易之、張昌宗等，武后尋傳位太子，上武后尊號為則天大聖皇帝。　二月，復唐國號，以神都為東都，北都為并州。立妃韋氏為皇后。百官、旗幟、服色、文字皆如永淳以前。以武三思為司空、同中書門下三品。　五月，韋后表請百姓年二十三為丁，五十九免役，從之。韋后專權用事。　六月，命右僕射豆盧欽望，有軍國重事，可共平章。僕射本為正相，後多兼門下、中書之職，欽望專為僕射，不敢預政，故有是命。自是專拜僕射者不復為宰相。　七月，河南、北十七州大水。　十一月，帝加尊號曰應天皇帝，韋后曰順天皇后。武后卒，遺制去帝號，稱則天大聖皇后。

是歲，戶六百一十五萬，口三千七百一十四萬有奇。

唐紀年

干支丙午　公元706年

朝代或國名	國家支配者	建都	廟號	謚號	建元	年號年次	輔政者	備注
唐	④李顯	長安	中宗		3	2神龍2年	于惟謙等	
渤海	①大祚榮	龍泉府		高王	1	9年		在東北
大蒙(南詔)	②蒙邏盛炎	巍山	世宗	興宗王	1	33年		在雲南
吐蕃	④棄隸蹜贊	邏些				3年		

續表

朝代或國名	國家支配者	建都	廟號	謚號	建元	年號年次	輔政者	備注
突騎施	烏質勒					17年		
回紇								
西突厥北庭	⑥阿史那懷道					3年		
後突厥	②默啜可汗					12年		
	③匐俱小可汗					8年		

月曆表

5419－384－1979326

月干支序數	月序＼星期	日	1	2	3	4	5	6	日	1	2	3	4	5	6	日	1	2	3	4	5	6	日	1	2	3	4	5	6	日	1	2	3	4	5	6	日	1
	公暦1月						1	2	3	4	5	6	7	8	9	10	11	12	13	14	15	16	17	18	19	20	21	22	23	24	25	26	27	28	29	30	31	
27	夏暦正月						12	13	14	15	16	17	18	19	20	21	22	23	24	25	26	27	28	29	⑬	2	3	4	5	6	7	8	9	10	11	12	13	
	回暦2月						10	11	12	13	14	15	16	17	18	19	20	21	22	23	24	25	26	27	28	29	30	1	2	3	4	5	6	7	8	9	10	
	公暦2月		1	2	3	4	5	6	7	8	9	10	11	12	13	14	15	16	17	18	19	20	21	22	23	24	25	26	27	28								
	夏暦閏正月		14	15	16	17	18	19	20	21	22	23	24	25	26	27	28	29	30	㊸	2	3	4	5	6	7	8	9	10	11								
	回暦3月		11	12	13	14	15	16	17	18	19	20	21	22	23	24	25	26	27	28	29	1	2	3	4	5	6	7	8	9								
	公暦3月		1	2	3	4	5	6	7	8	9	10	11	12	13	14	15	16	17	18	19	20	21	22	23	24	25	26	27	28	29	30	31					
28	夏暦二月		12	13	14	15	16	17	18	19	20	21	22	23	24	25	26	27	28	29	⑫	2	3	4	5	6	7	8	9	10	11	12	13					
	回暦4月		10	11	12	13	14	15	16	17	18	19	20	21	22	23	24	25	26	27	28	29	30	1	2	3	4	5	6	7	8	9	10					
	公暦4月					1	2	3	4	5	6	7	8	9	10	11	12	13	14	15	16	17	18	19	20	21	22	23	24	25	26	27	28	29	30			
29	夏暦三月					14	15	16	17	18	19	20	21	22	23	24	25	26	27	28	29	㊶	2	3	4	5	6	7	8	9	10	11	12	13	14			
	回暦5月					11	12	13	14	15	16	17	18	19	20	21	22	23	4	25	26	27	28	29	1	2	3	4	5	6	7	8	9	10	11			
	公暦5月							1	2	3	4	5	6	7	8	9	10	11	12	13	14	15	16	17	18	19	20	21	22	23	24	25	26	27	28	29	30	31
30	夏暦四月							15	16	17	18	19	20	21	22	23	24	25	26	27	28	29	30	⑪	2	3	4	5	6	7	8	9	10	11	12	13	14	15
	回暦6月							12	13	14	15	16	17	18	19	20	21	22	23	24	25	26	27	28	29	30	1	2	3	4	5	6	7	8	9	10	11	12
	公暦6月			1	2	3	4	5	6	7	8	9	10	11	12	13	14	15	16	17	18	19	20	21	22	23	24	25	26	27	28	29	30					
31	夏暦五月			16	17	18	19	20	21	22	23	24	25	26	27	28	29	㊵	2	3	4	5	6	7	8	9	10	11	12	13	14	15	16					
	回暦7月			13	14	15	16	17	18	19	20	21	22	23	24	25	26	27	28	29	1	2	3	4	5	6	7	8	9	10	11	12	13					
	公暦7月					1	2	3	4	5	6	7	8	9	10	11	12	13	14	15	16	17	18	19	20	21	22	23	24	25	26	27	28	29	30	31		
32	夏暦六月					17	18	19	20	21	22	23	24	25	26	27	28	29	30	⑩	2	3	4	5	6	7	8	9	10	11	12	13	14	15	12	17		
	回暦8月					14	15	16	17	18	19	20	21	22	23	24	25	26	27	28	29	30	1	2	3	4	5	6	7	8	9	10	11	12	13	14		
	公暦8月	1	2	3	4	5	6	7	8	9	10	11	12	13	14	15	16	17	18	19	20	21	22	23	24	25	26	27	28	29	30	31						
33	夏暦七月	18	19	20	21	22	23	24	25	26	27	28	29	㊴	2	3	4	5	6	7	8	9	10	11	12	13	14	15	16	17	18	19						
	回暦9月	15	16	17	18	19	20	21	22	23	24	25	26	27	28	29	1	2	3	4	5	6	7	8	9	10	11	12	13	14	15	16						
	公暦9月				1	2	3	4	5	6	7	8	9	10	11	12	13	14	15	16	17	18	19	20	21	22	23	24	25	26	27	28	29	30				
34	夏暦八月				20	21	22	23	24	25	26	27	28	29	30	⑨	2	3	4	5	6	7	8	9	10	11	12	13	14	15	16	17	18	19				
	回暦10月				17	18	19	20	21	22	23	24	25	26	27	28	29	30	1	2	3	4	5	6	7	8	9	10	11	12	13	14	15	16				
	公暦10月						1	2	3	4	5	6	7	8	9	10	11	12	13	14	15	16	17	18	19	20	21	22	23	24	25	26	27	28	29	30	31	
35	夏暦九月						20	21	22	23	24	25	26	27	28	29	30	㊴	2	3	4	5	6	7	8	9	10	11	12	13	14	15	16	17	18	19	20	
	回暦11月						17	18	19	20	21	22	23	24	25	26	27	28	29	1	2	3	4	5	6	7	8	9	10	11	12	13	14	15	16	17	18	
	公暦11月		1	2	3	4	5	6	7	8	9	10	11	12	13	14	15	16	17	18	19	20	21	22	23	24	25	26	27	28	29	30						
36	夏暦十月		21	22	23	24	25	26	27	28	29	⑧	2	3	4	5	6	7	8	9	10	11	12	13	14	15	16	17	18	19	20	21						
	回暦12月		19	20	21	22	23	24	25	26	27	28	29	30	1	2	3	4	5	6	7	8	9	10	11	12	13	14	15	16	17	18						

續表

月 干支 序數	月序 \ 星期	日	1	2	3	4	5	6	日	1	2	3	4	5	6	日	1	2	3	4	5	6	日	1	2	3	4	5	6	日	1	2	3	4	5	6	日	1
	公曆12月				1	2	3	4	5	6	7	8	9	10	11	12	13	14	15	16	17	18	19	20	21	22	23	24	25	26	27	28	29	30	31			
37	夏曆十一月				22	23	24	25	26	27	28	29	30	㊳	2	3	4	5	6	7	8	9	10	11	12	13	14	15	16	17	18	19	20	21	22			
88年	回曆1月				19	20	21	22	23	24	25	26	27	28	29	①	2	3	4	5	6	7	8	9	10	11	12	13	14	15	16	17	18	19	20			

大事記

閏正月，太平等七公主皆開府，置官屬。　二月，僧慧範等賜爵郡縣公，道士崇恩等為國子祭酒、同正。選官二十人為十道巡察使，委之察吏、撫人、薦賢、直獄，二年一代。　三月，大置員外官，凡二千餘人，超授閹宦七品以上及員外者千餘人。　五月，欽州蠻帥寧承基曾殺韋后兄弟四人，至是命廣州都督討之，殺其部衆殆盡。　十二月，默啜擾鳴沙，大敗唐兵，尋擾原、會等州，掠牧馬萬餘而去。

唐紀年

干支丁未　公元707年

朝代或國名	國家支配者	建都	廟號	謚號	建元	年號年次	輔政者	備注
唐	④李顯	長安	中宗		3	3景龍元年	李湛等	九月庚子改元
渤海	①大祚榮	龍泉府		高王	1	10年		在東北
大蒙(南詔)	②蒙邏盛炎	巍山	世宗	興宗王	1	34年		在雲南
吐蕃	④棄隸蹜贊	邏些				4年		
突騎施	娑葛					元年		
回紇								
西突厥北庭	⑥阿史那懷道					4年		
後突厥	②默啜可汗					13年		
	③匐俱小可汗					9年		

月曆表

5420－355－1979681

月 干支 序數	月序 \ 星期	日	1	2	3	4	5	6	日	1	2	3	4	5	6	日	1	2	3	4	5	6	日	1	2	3	4	5	6	日	1	2	3	4	5	6	日	1
	公曆1月							1	2	3	4	5	6	7	8	9	10	11	12	13	14	15	16	17	18	19	20	21	22	23	24	25	26	27	28	29	30	31
38	夏曆十二月							23	24	25	26	27	28	29	30	⑧	2	3	4	5	6	7	8	9	10	11	12	13	14	15	16	17	18	19	20	21	22	23
	回曆2月							21	22	23	24	25	26	27	28	29	30	1	2	3	4	5	6	7	8	9	10	11	12	13	14	15	16	17	18	19	20	21
	公曆2月			1	2	3	4	5	6	7	8	9	10	11	12	13	14	15	16	17	18	19	20	21	22	23	24	25	26	27	28							
39	夏曆正月			24	25	26	27	28	29	㊲	2	3	4	5	6	7	8	9	10	11	12	13	14	15	16	17	18	19	20	21	22							
	回曆3月			22	23	24	25	26	27	28	29	1	2	3	4	5	6	7	8	9	10	11	12	13	14	15	16	17	18	19	20							
	公曆3月			1	2	3	4	5	6	7	8	9	10	11	12	13	14	15	16	17	18	19	20	21	22	23	24	25	26	27	28	29	30	31				
40	夏曆二月			23	24	25	26	27	28	29	30	⑦	2	3	4	5	6	7	8	9	10	11	12	13	14	15	16	17	18	19	20	21	22	23				
	回曆4月			21	22	23	24	25	26	27	28	29	30	1	2	3	4	5	6	7	8	9	10	11	12	13	14	15	16	17	18	19	20	21				
	公曆4月						1	2	3	4	5	6	7	8	9	10	11	12	13	14	15	16	17	18	19	20	21	22	23	24	25	26	27	28	29	30		
41	夏曆三月						24	25	26	27	28	29	㊱	2	3	4	5	6	7	8	9	10	11	12	13	14	15	16	17	18	19	20	21	22	23	24		
	回曆5月						22	23	24	25	26	27	28	29	1	2	3	4	5	6	7	8	9	10	11	12	13	14	15	16	17	18	19	20	21	22		
	公曆5月	1	2	3	4	5	6	7	8	9	10	11	12	13	14	15	16	17	18	19	20	21	22	23	24	25	26	27	28	29	30	31						

續表

月干支序數	星期/月序	日	1	2	3	4	5	6	日	1	2	3	4	5	6	日	1	2	3	4	5	6	日	1	2	3	4	5	6	日	1	2	3	4	5	6	日	1
42	夏曆四月	25	26	27	28	29	⑤	2	3	4	5	6	7	8	9	10	11	12	13	14	15	16	17	18	19	20	21	22	23	24	25	26						
	回曆6月	23	24	25	26	27	28	29	30	1	2	3	4	5	6	7	8	9	10	11	12	13	14	15	16	17	18	19	20	21	22	23						
	公曆6月				1	2	3	4	5	6	7	8	9	10	11	12	13	14	15	16	17	18	19	20	21	22	23	24	25	26	27	28	29	30				
43	夏曆五月				27	28	29	30	㉟	2	3	4	5	6	7	8	9	10	11	12	13	14	15	16	17	18	19	20	21	22	23	24	25	26				
	回曆7月				24	25	26	27	28	29	1	2	3	4	5	6	7	8	9	10	11	12	13	14	15	16	17	18	19	20	21	22	23	24				
	公曆7月						1	2	3	4	5	6	7	8	9	10	11	12	13	14	15	16	17	18	19	20	21	22	23	24	25	26	27	28	29	30	31	
44	夏曆六月						27	28	29	④	2	3	4	5	6	7	8	9	10	11	12	13	14	15	16	17	18	19	20	21	22	23	24	25	26	27	28	
	回曆8月						25	26	27	28	29	30	1	2	3	4	5	6	7	8	9	10	11	12	13	14	15	16	17	18	19	20	21	22	23	24	25	
	公曆8月		1	2	3	4	5	6	7	8	9	10	11	12	13	14	15	16	17	18	19	20	21	22	23	24	25	26	27	28	29	30	31					
45	夏曆七月		29	㉝	2	3	4	5	6	7	8	9	10	11	12	13	14	15	16	17	18	19	20	21	22	23	24	25	26	27	28	29	30					
	回曆9月		26	27	28	29	1	2	3	4	5	6	7	8	9	10	11	12	13	14	15	16	17	18	19	20	21	22	23	24	25	26	27					
	公曆9月					1	2	3	4	5	6	7	8	9	10	11	12	13	14	15	16	17	18	19	20	21	22	23	24	25	26	27	28	29	30			
46	夏曆八月					③	2	3	4	5	6	7	8	9	10	11	12	13	14	15	16	17	18	19	20	21	22	23	24	25	26	27	28	29	30			
	回曆10月					28	29	30	1	2	3	4	5	6	7	8	9	10	11	12	13	14	15	16	17	18	19	20	21	22	23	24	25	26	27			
	公曆10月							1	2	3	4	5	6	7	8	9	10	11	12	13	14	15	16	17	18	19	20	21	22	23	24	25	26	27	28	29	30	31
47 48	夏曆九月 十							㉝	2	3	4	5	6	7	8	9	10	11	12	13	14	15	16	17	18	19	20	21	22	23	24	25	26	27	28	29	②	2
	回曆11月							28	29	1	2	3	4	5	6	7	8	9	10	11	12	13	14	15	16	17	18	19	20	21	22	23	24	25	26	27	28	29
	公曆11月			1	2	3	4	5	6	7	8	9	10	11	12	13	14	15	16	17	18	19	20	21	22	23	24	25	26	27	28	29	30					
49	夏曆十一月			3	4	5	6	7	8	9	10	11	12	13	14	15	16	17	18	19	20	21	22	23	24	25	26	27	28	29	30	㉜	2					
	回曆12月			30	1	2	3	4	5	6	7	8	9	10	11	12	13	14	15	16	17	18	19	20	21	22	23	24	25	26	27	28	29					
	公曆12月					1	2	3	4	5	6	7	8	9	10	11	12	13	14	15	16	17	18	19	20	21	22	23	24	25	26	27	28	29	30	31		
50	夏曆十二月					3	4	5	6	7	8	9	10	11	12	13	14	15	16	17	18	19	20	21	22	23	24	25	26	27	28	29	30	②	2	3		
89年閏	回曆1、2月					①	2	3	4	5	6	7	8	9	10	11	12	13	14	15	16	17	18	19	20	21	22	23	24	25	26	27	28	29	30	1		

大事記

三月，吐蕃遣使入貢。　四月，以金城公主妻吐蕃贊普。　六月，姚州蠻反唐，旋敗。　七月，太子重俊矯制發兵殺武三思等，攻宮城，敗死。　八月，帝加尊號曰應天神龍皇帝，韋后曰順天翊聖皇后。　九月，改元景龍。　十月，張仁願大破突厥。

唐紀年

干支戊申　公元708年

朝代或國名		國家支配者	建都	廟號	謚號	建元	年號年次	輔政者	備注
唐		④李顯	長安	中宗		3	3景龍2年	張仁蓟等	
渤海		①大祚榮	龍泉府		高王	1	11年		在東北
大蒙(南詔)		②蒙邏盛炎	巍山	世宗	興宗王	1	35年		在雲南
吐蕃		④棄隸蹜贊	邏些				5年		
突騎施		娑葛					2年		
回紇									
西突厥	北庭	阿史那懷道					5年		
	南庭	阿史那獻	焉耆				元年		十一月唐拜爲十姓可汗

續表

朝代或國名	國家支配者	建都	廟號	謚號	建元	年號年次	輔政者	備注
後突厥	②默啜可汗					14年		
	③匐俱小可汗					10年		

月曆表

5421—381—1980065

月干支序數	月序＼星期	日	1	2	3	4	5	6	日	1	2	3	4	5	6	日	1	2	3	4	5	6	日	1	2	3	4	5	6	日	1	2	3	4	5	6	日	1
	公曆1月	1	2	3	4	5	6	7	8	9	10	11	12	13	14	15	16	17	18	19	20	21	22	23	24	25	26	27	28	29	30	31						
51	夏曆正月	4	5	6	7	8	9	10	11	12	13	14	15	16	17	18	19	20	21	22	23	24	25	26	27	28	29	30	㉜	2	3	4						
	回曆3月	2	3	4	5	6	7	8	9	10	11	12	13	14	15	16	17	18	19	20	21	22	23	24	25	26	27	28	29	1	2	3						
	公曆2月				1	2	3	4	5	6	7	8	9	10	11	12	13	14	15	16	17	18	19	20	21	22	23	24	25	26	27	28	29					
52	夏曆二月				5	6	7	8	9	10	11	12	13	14	15	16	17	18	19	20	21	22	23	24	25	26	27	28	29	①	2	3	4					
	回曆4月				4	5	6	7	8	9	10	11	12	13	14	15	16	17	18	19	20	21	22	23	24	25	26	27	28	29	30	1	2					
	公曆3月					1	2	3	4	5	6	7	8	9	10	11	12	13	14	15	16	17	18	19	20	21	22	23	24	25	26	27	28	29	30	31		
53	夏曆三月					5	6	7	8	9	10	11	12	13	14	15	16	17	18	19	20	21	22	23	24	25	26	27	28	29	30	㉛	2	3	4	5		
	回曆5月					3	4	5	6	7	8	9	10	11	12	13	14	15	16	17	18	19	20	21	22	23	24	25	26	27	28	29	1	2	3	4		
	公曆4月	1	2	3	4	5	6	7	8	9	10	11	12	13	14	15	16	17	18	19	20	21	22	23	24	25	26	27	28	29	30							
54	夏曆四月	6	7	8	9	10	11	12	13	14	15	16	17	18	19	20	21	22	23	24	25	26	27	28	29	(60)	2	3	4	5	6							
	回曆6月	5	6	7	8	9	10	11	12	13	14	15	16	17	18	19	20	21	22	23	24	25	26	27	28	29	30	1	2	3	4							
	公曆5月			1	2	3	4	5	6	7	8	9	10	11	12	13	14	15	16	17	18	19	20	21	22	23	24	25	26	27	28	29	30	31				
55	夏曆五月			7	8	9	10	11	12	13	14	15	16	17	18	19	20	21	22	23	24	25	26	27	28	29	㉙	2	3	4	5	6	7	8				
	回曆7月			5	6	7	8	9	10	11	12	13	14	15	16	17	18	19	20	21	22	23	24	25	26	27	28	29	1	2	3	4	5	6				
	公曆6月						1	2	3	4	5	6	7	8	9	10	11	12	13	14	15	16	17	18	19	20	21	22	23	24	25	26	27	28	29	30		
56	夏曆六月						9	10	11	12	13	14	15	16	17	18	19	20	21	22	23	24	25	26	27	28	29	30	(59)	2	3	4	5	6	7	8		
	回曆8月						7	8	9	10	11	12	13	14	15	16	17	18	19	20	21	22	23	24	25	26	27	28	29	30	(59)	2	3	4	5	6		
	公曆7月	1	2	3	4	5	6	7	8	9	10	11	12	13	14	15	16	17	18	19	20	21	22	23	24	25	26	27	28	29	30	31						
57	夏曆七月	9	10	11	12	13	14	15	16	17	18	19	20	21	22	23	24	25	26	27	28	29	㉘	2	3	4	5	6	7	8	9	10						
	回曆9月	7	8	9	10	11	12	13	14	15	16	17	18	19	20	21	22	23	24	25	26	27	28	29	1	2	3	4	5	6	7	8						
	公曆8月				1	2	3	4	5	6	7	8	9	10	11	12	13	14	15	16	17	18	19	20	21	22	23	24	25	26	27	28	29	30	31			
58	夏曆八月				11	12	13	14	15	16	17	18	19	20	21	22	23	24	25	26	27	28	29	(57)	2	3	4	5	6	7	8	9	10	11	12			
	回曆10月				9	10	11	12	13	14	15	16	17	18	19	20	21	22	23	24	25	26	27	28	29	30	1	2	3	4	5	6	7	8	9			
	公曆9月							1	2	3	4	5	6	7	8	9	10	11	12	13	14	15	16	17	18	19	20	21	22	23	24	25	26	27	28	29	30	
59	夏曆九月							13	14	15	16	17	18	19	20	21	22	23	24	25	26	27	28	29	30	㉗	2	3	4	5	6	7	8	9	10	11	12	
	回曆11月							10	11	12	13	14	15	16	17	18	19	20	21	22	23	24	25	26	27	28	29	1	2	3	4	5	6	7	8	9	10	
	公曆10月		1	2	3	4	5	6	7	8	9	10	11	12	13	14	15	16	17	18	19	20	21	22	23	24	25	26	27	28	29	30	31					
	夏曆閏九月		13	14	15	16	17	18	19	20	21	22	23	24	25	26	27	28	29	30	(57)	2	3	4	5	6	7	8	9	10	11	12	13					
	回曆12月		11	12	13	14	15	16	17	18	19	20	21	22	23	24	25	26	27	28	29	30	1	2	3	4	5	6	7	8	9	10	11					
	公曆11月					1	2	3	4	5	6	7	8	9	10	11	12	13	14	15	16	17	18	19	20	21	22	23	24	25	26	27	28	29	30			
60	夏曆十月					14	15	16	17	18	19	20	21	22	23	24	25	26	27	28	29	㉖	2	3	4	5	6	7	8	9	10	11	12	13	14			
90年	回曆1月					12	13	14	15	16	17	18	19	20	21	22	23	24	25	26	27	28	29	30	①	2	3	4	5	6	7	8	9	10	11			
	公曆12月							1	2	3	4	5	6	7	8	9	10	11	12	13	14	15	16	17	18	19	20	21	22	23	24	25	26	27	28	29	30	31
1	夏曆十一月							15	16	17	18	19	20	21	22	23	24	25	26	27	28	29	30	(56)	2	3	4	5	6	7	8	9	10	11	12	13	14	15
	回曆2月							12	13	14	15	16	17	18	19	20	21	22	23	24	25	26	27	28	29	30	1	2	3	4	5	6	7	8	9	10	11	12

大事記

三月，朔方總管張仁願乘默啜擊突騎施，築三受降城於河上，自是減鎮兵數萬人，突厥不敢度山擾掠。　四月，置修文館大學士、直學士、學士等員，以善為文者充其選。安樂公主等依勢賣官，墨敕斜封官之員外同正、試、攝、檢校、判、知官凡數千人，率不由中書門下，東西京參選者歲數萬人。　十一月，突騎施娑葛憤宰相宗楚客受賄，自立為可汗，殺唐使者，遣兵分四道入，陷安西。

唐紀年

干支己酉　公元709年

朝代或國名		國家支配者	建都	廟號	謚號	建元	年號年次	輔政者	備注
唐		④李顯	長安	中宗		3	3景龍3年	宗楚客等	
渤海		①大祚榮	龍泉府		高王	1	12年		在東北
大蒙(南詔)		②蒙邏盛炎	巍山	世宗	興宗王	1	36年		在雲南
吐蕃		④棄隸蹜贊	邏些				6年		
突騎施		娑葛					3年		
回紇									
西突厥	北庭	阿史那懷道					6年		
	南庭	阿史那獻	焉耆				2年		
後突厥		②默啜可汗					15年		
		③匐俱小可汗					11年		

月曆表

5422—354—1980419

月干支序數	星期／月序	日	1	2	3	4	5	6	日	1	2	3	4	5	6	日	1	2	3	4	5	6	日	1	2	3	4	5	6	日	1	2	3	4	5	6	日	1
	公曆1月			1	2	3	4	5	6	7	8	9	10	11	12	13	14	15	16	17	18	19	20	21	22	23	24	25	26	27	28	29	30	31				
2	夏曆十二月			16	17	18	19	20	21	22	23	24	25	26	27	28	29	30	㉖	2	3	4	5	6	7	8	9	10	11	12	13	14	15	16				
	回曆3月			13	14	15	16	17	18	19	20	21	22	23	24	25	26	27	28	29	1	2	3	4	5	6	7	8	9	10	11	12	13	14				
	公曆2月						1	2	3	4	5	6	7	8	9	10	11	12	13	14	15	16	17	18	19	20	21	22	23	24	25	26	27	28				
3	夏曆正月						17	18	19	20	21	22	23	24	25	26	27	28	29	30	(56)	2	3	4	5	6	7	8	9	10	11	12	13	14				
	回曆4月						15	16	17	18	19	20	21	22	23	24	25	26	27	28	29	30	1	2	3	4	5	6	7	8	9	10	11	12				
	公曆3月						1	2	3	4	5	6	7	8	9	10	11	12	13	14	15	16	17	18	19	20	21	22	23	24	25	26	27	28	29	30	31	
4	夏曆二月						15	16	17	18	19	20	21	22	23	24	25	26	27	28	29	㉕	2	3	4	5	6	7	8	9	10	11	12	13	14	15	16	
	回曆5月						13	14	15	16	17	18	19	20	21	22	23	24	25	26	27	28	29	1	2	3	4	5	6	7	8	9	10	11	12	13	14	
	公曆4月		1	2	3	4	5	6	7	8	9	10	11	12	13	14	15	16	17	18	19	20	21	22	23	24	25	26	27	28	29	30						
5	夏曆三月		17	18	19	20	21	22	23	24	25	26	27	28	29	30	(55)	2	3	4	5	6	7	8	9	10	11	12	13	14	15	16						
	回曆6月		15	16	17	18	19	20	21	22	23	24	25	26	27	28	29	30	1	2	3	4	5	6	7	8	9	10	11	12	13	14						
	公曆5月				1	2	3	4	5	6	7	8	9	10	11	12	13	14	15	16	17	18	19	20	21	22	23	24	25	26	27	28	29	30	31			
6	夏曆四月				17	18	19	20	21	22	23	24	25	26	27	28	29	㉔	2	3	4	5	6	7	8	9	10	11	12	13	14	15	16	17	18			
	回曆7月				15	16	17	18	19	20	21	22	23	24	25	26	27	28	29	1	2	3	4	5	6	7	8	9	10	11	12	13	14	15	16			
	公曆6月							1	2	3	4	5	6	7	8	9	10	11	12	13	14	15	16	17	18	19	20	21	22	23	24	25	26	27	28	29	30	
7	夏曆五月							19	20	21	22	23	24	25	26	27	28	29	(53)	2	3	4	5	6	7	8	9	10	11	12	13	14	15	16	17	18	19	
	回曆8月							17	18	19	20	21	22	23	24	25	26	27	28	29	30	1	2	3	4	5	6	7	8	9	10	11	12	13	14	15	16	
	公曆7月		1	2	3	4	5	6	7	8	9	10	11	12	13	14	15	16	17	18	19	20	21	22	23	24	25	26	27	28	29	30	31					
8	夏曆六月		20	21	22	23	24	25	26	27	28	29	30	㉓	2	3	4	5	6	7	8	9	10	11	12	13	14	15	16	17	18	19	20					

續表

月 干支 序數	星期 月序	日	1	2	3	4	5	6	日	1	2	3	4	5	6	日	1	2	3	4	5	6	日	1	2	3	4	5	6	日	1	2	3	4	5	6	日	1
	回暦9月		17	18	19	20	21	22	23	24	25	26	27	28	29	1	2	3	4	5	6	7	8	9	10	11	12	13	14	15	16	17	18					
	公暦8月					1	2	3	4	5	6	7	8	9	10	11	12	13	14	15	16	17	18	19	20	21	22	23	24	25	26	27	28	29	30	31		
9	夏暦七月					21	22	23	24	25	26	27	28	29	(52)	2	3	4	5	6	7	8	9	10	11	12	13	14	15	16	17	18	19	20	21	22		
	回暦10月					19	20	21	22	23	24	25	26	27	28	29	30	1	2	3	4	5	6	7	8	9	10	11	12	13	14	15	16	17	18	19		
	公暦9月	1	2	3	4	5	6	7	8	9	10	11	12	13	14	15	16	17	18	19	20	21	22	23	24	25	26	27	28	29	30							
10	夏暦八月	23	24	25	26	27	28	29	30	㉒	2	3	4	5	6	7	8	9	10	11	12	13	14	15	16	17	18	19	20	21	22							
	回暦11月	20	21	22	23	24	25	26	27	28	29	1	2	3	4	5	6	7	8	9	10	11	12	13	14	15	16	17	18	19	20							
	公暦10月			1	2	3	4	5	6	7	8	9	10	11	12	13	14	15	16	17	18	19	20	21	22	23	24	25	26	27	28	29	30	31				
11	夏暦九月			23	24	25	26	27	28	29	(51)	2	3	4	5	6	7	8	9	10	11	12	13	14	15	16	17	18	19	20	21	22	23	24				
	回暦12月			21	22	23	24	25	26	27	28	29	30	1	2	3	4	5	6	7	8	9	10	11	12	13	14	15	16	17	18	19	20	21				
	公暦11月						1	2	3	4	5	6	7	8	9	10	11	12	13	14	15	16	17	18	19	20	21	22	23	24	25	26	27	28	29	30		
12	夏暦十月						25	26	27	28	29	⑳	2	3	4	5	6	7	8	9	10	11	12	13	14	15	16	17	18	19	20	21	22	23	24	25		
91年	回暦1月						22	23	24	25	26	27	28	29	①	2	3	4	5	6	7	8	9	10	11	12	13	14	15	16	17	18	19	20	21	22		
	公暦12月	1	2	3	4	5	6	7	8	9	10	11	12	13	14	15	16	17	18	19	20	21	22	23	24	25	26	27	28	29	30	31						
13	夏暦十一月	26	27	28	29	30	㊿	2	3	4	5	6	7	8	9	10	11	12	13	14	15	16	17	18	19	20	21	22	23	24	25	26						
	回暦2月	23	24	25	26	27	28	29	30	1	2	3	4	5	6	7	8	9	10	11	12	13	14	15	16	17	18	19	20	21	22	23						

大事記

七月，突騎施娑葛遣使請降，拜欽化可汗，賜名守忠。　十一月，河南巡察使請改食封者收租之制，不從。時食封者凡百四十餘家，應出封戶者凡五十四州，丁絹百二十余萬匹，過於太府所征。　是歲，關中饑，斗米百錢。

唐紀年

干支庚戌　公元710年

朝代或國名	國家支配者	建都	廟號	謚號	建元	年號年次	輔政者	備注
唐	⑦李重茂	長安			1	唐隆元年		六月甲申即位改元
	⑤李旦	長安	睿宗		4	2景雲元年	蕭至忠等	六月復位，七月己巳改元
	李重福					克復元年		八月改元
渤海	①大祚榮	龍泉府		高王	1	13年		在東北
	李重福					中元(宗)克復元年		八月建元八月亡
大蒙(南詔)	②蒙邏盛炎	巍山	世宗	興宗王	1	37年		在雲南
吐蕃	④棄隸蹜贊	邏些				7年		
突騎施	娑葛					4年		
回紇								
西突厥 北庭	阿史那懷道					7年		
西突厥 南庭	阿史那獻	焉耆				3年		
後突厥	②默啜可汗					16年		
	③匐俱小可汗					12年		

月曆表　　5423－354－1980773

月干支序數	星期／月序	日	1	2	3	4	5	6	日	1	2	3	4	5	6	日	1	2	3	4	5	6	日	1	2	3	4	5	6	日	1	2	3	4	5	6	日	1
	公曆 1 月				1	2	3	4	5	6	7	8	9	10	11	12	13	14	15	16	17	18	19	20	21	22	23	24	25	26	27	28	29	30	31			
14	夏曆十二月				27	28	29	30	⑳	2	3	4	5	6	7	8	9	10	11	12	13	14	15	16	17	18	19	20	21	22	23	24	25	26	27			
	回曆 3 月				24	25	26	27	28	29	1	2	3	4	5	6	7	8	9	10	11	12	13	14	15	16	17	18	19	20	21	22	23	24	25			
	公曆 2 月							1	2	3	4	5	6	7	8	9	10	11	12	13	14	15	16	17	18	19	20	21	22	23	24	25	26	27	28			
15	夏曆正月							28	29	30	㊿	2	3	4	5	6	7	8	9	10	11	12	13	14	15	16	17	18	19	20	21	22	23	24	25			
	回曆 4 月							26	27	28	29	30	1	2	3	4	5	6	7	8	9	10	11	12	13	14	15	16	17	18	19	20	21	22	23			
	公曆 3 月							1	2	3	4	5	6	7	8	9	10	11	12	13	14	15	16	17	18	19	20	21	22	23	24	25	26	27	28	29	30	31
16	夏曆二月							26	27	28	29	⑲	2	3	4	5	6	7	8	9	10	11	12	13	14	15	16	17	18	19	20	21	22	23	24	25	26	27
	回曆 5 月							24	25	26	27	28	29	1	2	3	4	5	6	7	8	9	10	11	12	13	14	15	16	17	18	19	20	21	22	23	24	25
	公曆 4 月			1	2	3	4	5	6	7	8	9	10	11	12	13	14	15	16	17	18	19	20	21	22	23	24	25	26	27	28	29	30					
17	夏曆三月			28	29	30	㊾	2	3	4	5	6	7	8	9	10	11	12	13	14	15	16	17	18	19	20	21	22	23	24	25	26	27					
	回曆 6 月			26	27	28	29	30	1	2	3	4	5	6	7	8	9	10	11	12	13	14	15	16	17	18	19	20	21	22	23	24	25					
	公曆 5 月					1	2	3	4	5	6	7	8	9	10	11	12	13	14	15	16	17	18	19	20	21	22	23	24	25	26	27	28	29	30	31		
18	夏曆四月					28	29	30	⑲	2	3	4	5	6	7	8	9	10	11	12	13	14	15	16	17	18	19	20	21	22	23	24	25	26	27	28		
	回曆 7 月					26	27	28	29	1	2	3	4	5	6	7	8	9	10	11	12	13	14	15	16	17	18	19	20	21	22	23	24	25	26	27		
	公曆 6 月	1	2	3	4	5	6	7	8	9	10	11	12	13	14	15	16	17	18	19	20	21	22	23	24	25	26	27	28	29	30							
19	夏曆五月	29	㊽	2	3	4	5	6	7	8	9	10	11	12	13	14	15	16	17	18	19	20	21	22	23	24	25	26	27	28	29							
	回曆 8 月	28	29	30	1	2	3	4	5	6	7	8	9	10	11	12	13	14	15	16	17	18	19	20	21	22	23	24	25	26	27							
	公曆 7 月			1	2	3	4	5	6	7	8	9	10	11	12	13	14	15	16	17	18	19	20	21	22	23	24	25	26	27	28	29	30	31				
20 21	夏曆六／七月			30	⑱	2	3	4	5	6	7	8	9	10	11	12	13	14	15	16	17	18	19	20	21	22	23	24	25	26	27	28	29	㊼				
	回曆 9 月			28	29	1	2	3	4	5	6	7	8	9	10	11	12	13	14	15	16	17	18	19	20	21	22	23	24	25	26	27	28	29				
	公曆 8 月						1	2	3	4	5	6	7	8	9	10	11	12	13	14	15	16	17	18	19	20	21	22	23	24	25	26	27	28	29	30	31	
22	夏曆八月						2	3	4	5	6	7	8	9	10	11	12	13	14	15	16	17	18	19	20	21	22	23	24	25	26	27	28	29	⑯	2	3	
	回曆 10、11 月						30	1	2	3	4	5	6	7	8	9	10	11	12	13	14	15	16	17	18	19	20	21	22	23	24	25	26	27	28	29	1	
	公曆 9 月		1	2	3	4	5	6	7	8	9	10	11	12	13	14	15	16	17	18	19	20	21	22	23	24	25	26	27	28	29	30						
23	夏曆九月		4	5	6	7	8	9	10	11	12	13	14	15	16	17	18	19	20	21	22	23	24	25	26	27	28	29	30	㊻	2	3						
	回曆 12 月		2	3	4	5	6	7	8	9	10	11	12	13	14	15	16	17	18	19	20	21	22	23	24	25	26	27	28	29	30	1						
	公曆 10 月				1	2	3	4	5	6	7	8	9	10	11	12	13	14	15	16	17	18	19	20	21	22	23	24	25	26	27	28	29	30	31			
24	夏曆十月				4	5	6	7	8	9	10	11	12	13	14	15	16	17	18	19	20	21	22	23	24	25	26	27	28	29	⑮	2	3	4	5			
92 年	回曆 1 月				2	3	4	5	6	7	8	9	10	11	12	13	14	15	16	17	18	19	20	21	22	23	24	25	26	27	28	29	1	2	3			
	公曆 11 月							1	2	3	4	5	6	7	8	9	10	11	12	13	14	15	16	17	18	19	20	21	22	23	24	25	26	27	28	29	30	
25	夏曆十一月							6	7	8	9	10	11	12	13	14	15	16	17	18	19	20	21	22	23	24	25	26	27	28	29	30	㊺	2	3	4	5	
	回曆 2 月							4	5	6	7	8	9	10	11	12	13	14	15	16	17	18	19	20	21	22	23	24	25	26	27	28	29	30	1	2	3	
	公曆 12 月		1	2	3	4	5	6	7	8	9	10	11	12	13	14	15	16	17	18	19	20	21	22	23	24	25	26	27	28	29	30	31					
26	夏曆十二月		6	7	8	9	10	11	12	13	14	15	16	17	18	19	20	21	22	23	24	25	26	27	28	29	⑭	2	3	4	5	6	7					
	回曆 3 月		4	5	6	7	8	9	10	11	12	13	14	15	16	17	18	19	20	21	22	23	24	25	26	27	28	29	⑭	2	3	4	5					

大事記

正月，送金城公主歸吐蕃。　　四月，定州人郎岌上書，言韋后、宗楚客將為逆亂，殺之。　　五月，許州司兵參軍燕欽融上書，言韋后淫亂，宗楚客等圖危宗社；楚客矯制殺之，中宗不悅，韋后等懼。　　六月，帝食餅中毒死。立溫王重茂為皇太子，尋即帝位，是為少帝；韋后臨朝攝政，南北軍諸要司皆命於韋氏子弟。相王旦子臨淄王隆基結禁軍豪士起事，殺韋后及其徒黨，諸韋死者甚多，武氏宗屬亦流竄殆盡。尋迫少帝遜位，相王即位，是為睿宗，立隆基為皇太子。　七月，改元景雲。姚崇、宋璟為相。　八月，譙王重福闖入洛陽起事，未成，自溺死。停先朝斜封官凡數千人。　十月，以幽州鎮守經略節度大使薛訥為左武衛大將軍兼幽州都督；節度使之名自訥始。　十二月，奚、霫入漁陽、雍奴，大掠而去。置河西節度營田等使，領涼、甘、肅、伊、瓜、沙、西七州，治涼州。姚州蠻苦官吏侵暴，引吐蕃殺官。吐蕃賂請河西九曲地為公主湯沐邑；與之。

唐紀年

干支辛亥　公元711年

朝代或國名		國家支配者	建都	廟號	謚號	建元	年號年次	輔政者	備注
唐		⑤李旦	長安	睿宗		4	2景雲2年	韋安石等	
渤海		①大祚榮	龍泉府		高王	1	14年		在東北
大蒙(南詔)		②蒙邏盛炎	巍山	世宗	興宗王	1	38年		在雲南
吐蕃		④棄隸蹜贊	邏些				8年		
突騎施		娑葛					5年		
回紇									
西突厥	北庭	阿史那懷道					8年		
	南庭	阿史那獻	焉耆				4年		
後突厥		②默啜可汗					17年		
		③匐俱小可汗					13年		

月曆表

5424—384—1981157

月干支序數	星期／月序	日	1	2	3	4	5	6	日	1	2	3	4	5	6	日	1	2	3	4	5	6	日	1	2	3	4	5	6	日	1	2	3	4	5	6	日	1
	公暦1月					1	2	3	4	5	6	7	8	9	10	11	12	13	14	15	16	17	18	19	20	21	22	23	24	25	26	27	28	29	30	31		
27	夏暦正月					8	9	10	11	12	13	14	15	16	17	18	19	20	21	22	23	24	25	26	27	28	29	30	㊹	2	3	4	5	6	7	8		
	回暦4月					6	7	8	9	10	11	12	13	14	15	16	17	18	19	20	21	22	23	24	25	26	27	28	29	30	1	2	3	4	5	6		
	公暦2月	1	2	3	4	5	6	7	8	9	10	11	12	13	14	15	16	17	18	19	20	21	22	23	24	25	26	27	28									
28	夏暦二月	9	10	11	12	13	14	15	16	17	18	19	20	21	22	23	24	25	26	27	28	29	⑬	2	3	4	5	6	7									
	回暦5月	7	8	9	10	11	12	13	14	15	16	17	18	19	20	21	22	23	24	25	26	27	28	29	1	2	3	4	5									
	公暦3月	1	2	3	4	5	6	7	8	9	10	11	12	13	14	15	16	17	18	19	20	21	22	23	24	25	26	27	28	29	30	31						
29	夏暦三月	8	9	10	11	12	13	14	15	16	17	18	19	20	21	22	23	24	25	26	27	28	29	30	㊸	2	3	4	5	6	7	8						
	回暦6月	6	7	8	9	10	11	12	13	14	15	16	17	18	19	20	21	22	23	24	25	26	27	28	29	30	1	2	3	4	5	6						
	公暦4月				1	2	3	4	5	6	7	8	9	10	11	12	13	14	15	16	17	18	19	20	21	22	23	24	25	26	27	28	29	30				
30	夏暦四月				9	10	11	12	13	14	15	16	17	18	19	20	21	22	23	24	25	26	27	28	29	30	⑬	2	3	4	5	6	7	8				
	回暦7月				7	8	9	10	11	12	13	14	15	16	17	18	19	20	21	22	23	24	25	26	27	28	29	1	2	3	4	5	6	7				
	公暦5月						1	2	3	4	5	6	7	8	9	10	11	12	13	14	15	16	17	18	19	20	21	22	23	24	25	26	27	28	29	30	31	
31	夏暦五月						9	10	11	12	13	14	15	16	17	18	19	20	21	22	23	24	25	26	27	28	29	㊷	2	3	4	5	6	7	8	9	10	
	回暦8月						8	9	10	11	12	13	14	15	16	17	18	19	20	21	22	23	24	25	26	27	28	29	30	1	2	3	4	5	6	7	8	
	公暦6月		1	2	3	4	5	6	7	8	9	10	11	12	13	14	15	16	17	18	19	20	21	22	23	24	25	26	27	28	29	30						
32	夏暦六月		11	12	13	14	15	16	17	18	19	20	21	22	23	24	25	26	27	28	29	30	⑫	2	3	4	5	6	7	8	9	10						
	回暦9月		9	10	11	12	13	14	15	16	17	18	19	20	21	22	23	24	25	26	27	28	29	1	2	3	4	5	6	7	8	9						
	公暦7月				1	2	3	4	5	6	7	8	9	10	11	12	13	14	15	16	17	18	19	20	21	22	23	24	25	26	27	28	29	30	31			
	夏暦閏六月				11	12	13	14	15	16	17	18	19	20	21	22	23	24	25	26	27	28	29	㊶	2	3	4	5	6	7	8	9	10	11	12			

續表

月干支序數	星期／月序	日	1	2	3	4	5	6	日	1	2	3	4	5	6	日	1	2	3	4	5	6	日	1	2	3	4	5	6	日	1	2	3	4	5	6	日	1
	回曆 10 月				10	11	12	13	14	15	16	17	18	19	20	21	22	23	24	25	26	27	18	29	30	1	2	3	4	5	6	7	8	9	10			
	公曆 8 月							1	2	3	4	5	6	7	8	9	10	11	12	13	14	15	16	17	18	19	20	21	22	23	24	25	26	27	28	29	30	31
33	夏曆七月							13	14	15	16	17	18	19	20	21	22	23	24	25	26	27	28	29	30	⑪	2	3	4	5	6	7	8	9	10	11	12	13
	回曆 11 月							11	12	13	14	15	16	17	18	19	20	21	22	23	24	25	26	27	28	29	1	2	3	4	5	6	7	8	9	10	11	12
	公曆 9 月			1	2	3	4	5	6	7	8	9	10	11	12	13	14	15	16	17	18	19	20	21	22	23	24	25	26	27	28	29	30					
34	夏曆八月			14	15	16	17	18	19	20	21	22	23	24	25	26	27	28	29	㊵	2	3	4	5	6	7	8	9	10	11	12	13	14					
	回曆 12 月			13	14	15	16	17	18	19	20	21	22	23	24	25	26	27	28	29	30	1	2	3	4	5	6	7	8	9	10	11	12					
	公曆 10 月					1	2	3	4	5	6	7	8	9	10	11	12	13	14	15	16	17	18	19	20	21	22	23	24	25	26	27	28	29	30	31		
35	夏曆九月					15	16	17	18	19	20	21	22	23	24	25	26	27	28	29	30	⑩	2	3	4	5	6	7	8	9	10	11	12	13	14	15		
93 年	回曆 1 月					13	14	15	16	17	18	19	20	21	22	23	24	25	26	27	28	29	30	①	2	3	4	5	6	7	8	9	10	11	12	13		
	公曆 11 月	1	2	3	4	5	6	7	8	9	10	11	12	13	14	15	16	17	18	19	20	21	22	23	24	25	26	27	28	29	30							
36	夏曆十月	16	17	18	19	20	21	22	23	24	25	26	27	28	29	㊴	2	3	4	5	6	7	8	9	10	11	12	13	14	15	16							
	回曆 2 月	14	15	16	17	18	19	20	21	22	23	24	25	26	27	28	29	30	1	2	3	4	5	6	7	8	9	10	11	12	13							
	公曆 12 月			1	2	3	4	5	6	7	8	9	10	11	12	13	14	15	16	17	18	19	20	21	22	23	24	25	26	27	28	29	30	31				
37	夏曆十一月			17	18	19	20	21	22	23	24	25	26	27	28	29	⑧	2	3	4	5	6	7	8	9	10	11	12	13	14	15	16	17	18				
	回曆 3 月			14	15	16	17	18	19	20	21	22	23	24	25	26	27	28	29	1	2	3	4	5	6	7	8	9	10	11	12	13	14	15				

舊誌閏九月，不合。

大事記

正月，突厥可汗默啜請和，許之。　二月，命太子監國，秉決政事。量材錄用斜封官停任者。以左右萬騎、左右羽林為北門四軍。　四月，初於河西置節度使。　五月，遣使按察十道；嗣分山南為東西道、隴右分置河西道。　閏六月，減三受降城戍兵十萬人。　十一月，令百姓二十五歲入軍，五十五歲免。　十二月，以興昔亡可汗阿史納獻為招慰十姓使。

唐紀年　　干支壬子　公元 712 年

朝代或國名	國家支配者	建都	廟號	謚號	建元	年號年次	輔政者	備注
唐	⑤李旦	長安	睿宗		4	3 太極元年	崔湜等	正月己丑改元
						4 延和元年		正月改元
	⑧李隆基	長安	玄宗	明	3	1 先天元年		八月甲辰即位改元
渤海	①大衼榮	龍泉府		高王	1	15 年		在東北
大蒙（南詔）	③蒙盛邏皮	巍山	太宗	威成王	1	元年		在雲南
吐蕃	④棄隸蹜贊	邏些				9 年		
回紇								
西突厥　北庭	阿史那懷道					9 年		
西突厥　南庭	阿史那獻	焉耆				5 年		
後突厥	②默啜可汗					18 年		
	③匐俱小可汗					14 年		

月 曆 表

5425－354－1981511

月干支序數	月序＼星期	日	1	2	3	4	5	6	日	1	2	3	4	5	6	日	1	2	3	4	5	6	日	1	2	3	4	5	6	日	1	2	3	4	5	6	日	1
	公暦1月						1	2	3	4	5	6	7	8	9	10	11	12	13	14	15	16	17	18	19	20	21	22	23	24	25	26	27	28	29	30	31	
38	夏暦十二月						19	20	21	22	23	24	25	26	27	28	29	30	㊳	2	3	4	5	6	7	8	9	10	11	12	13	14	15	16	17	18	19	
	回暦4月						16	17	18	19	20	21	22	23	24	25	26	27	28	29	30	1	2	3	4	5	6	7	8	9	10	11	12	13	14	15	16	
	公暦2月		1	2	3	4	5	6	7	8	9	10	11	12	13	14	15	16	17	18	19	20	21	22	23	24	25	26	27	28	29							
39	夏暦正月		20	21	22	23	24	25	26	27	28	29	30	⑧	2	3	4	5	6	7	8	9	10	11	12	13	14	15	16	17	18							
	回暦5月		17	18	19	20	21	22	23	24	25	26	27	28	29	1	2	3	4	5	6	7	8	9	10	11	12	13	14	15	16							
	公暦3月			1	2	3	4	5	6	7	8	9	10	11	12	13	14	15	16	17	18	19	20	21	22	23	24	25	26	27	28	29	30	31				
40	夏暦二月			19	20	21	22	23	24	25	26	27	28	29	㊲	2	3	4	5	6	7	8	9	10	11	12	13	14	15	16	17	18	19	20				
	回暦6月			17	18	19	20	21	22	23	24	25	26	27	28	29	30	1	2	3	4	5	6	7	8	9	10	11	12	13	14	15	16	17				
	公暦4月						1	2	3	4	5	6	7	8	9	10	11	12	13	14	15	16	17	18	19	20	21	22	23	24	25	26	27	28	29	30		
41	夏暦三月						21	22	23	24	25	26	27	28	29	30	⑦	2	3	4	5	6	7	8	9	10	11	12	13	14	15	16	17	18	19	20		
	回暦7月						18	19	20	21	22	23	24	25	26	27	28	29	1	2	3	4	5	6	7	8	9	10	11	12	13	14	15	16	17	18		
	公暦5月	1	2	3	4	5	6	7	8	9	10	11	12	13	14	15	16	17	18	19	20	21	22	23	24	25	26	27	28	29	30	31						
42	夏暦四月	21	22	23	24	25	26	27	28	29	㊱	2	3	4	5	6	7	8	9	10	11	12	13	14	15	16	17	18	19	20	21	22						
	回暦8月	19	20	21	22	23	24	25	26	27	28	29	30	1	2	3	4	5	6	7	8	9	10	11	12	13	14	15	16	17	18	19						
	公暦6月				1	2	3	4	5	6	7	8	9	10	11	12	13	14	15	16	17	18	19	20	21	22	23	24	25	26	27	28	29	30				
43	夏暦五月				23	24	25	26	27	28	29	30	⑥	2	3	4	5	6	7	8	9	10	11	12	13	14	15	16	17	18	19	20	21	22				
	回暦9月				20	21	22	23	24	25	26	27	28	29	1	2	3	4	5	6	7	8	9	10	11	12	13	14	15	16	17	18	19	20				
	公暦7月						1	2	3	4	5	6	7	8	9	10	11	12	13	14	15	16	17	18	19	20	21	22	23	24	25	26	27	28	29	30	31	
44	夏暦六月						23	24	25	26	27	28	29	30	㊱	2	3	4	5	6	7	8	9	10	11	12	13	14	15	6	17	18	19	20	21	22	23	
	回暦10月						21	22	23	24	25	26	27	28	29	30	1	2	3	4	5	6	7	8	9	10	11	12	13	14	15	6	17	18	19	20	21	
	公暦8月		1	2	3	4	5	6	7	8	9	10	11	12	13	14	15	16	17	18	19	20	21	22	23	24	25	26	27	28	29	30	31					
45	夏暦七月		24	25	26	27	28	29	⑤	2	3	4	5	6	7	8	9	10	11	12	13	14	15	16	17	18	19	20	21	22	23	24	25					
	回暦11月		22	23	24	25	26	27	28	29	1	2	3	4	5	6	7	8	9	10	11	12	13	14	15	16	17	18	19	20	21	22	23					
	公暦9月					1	2	3	4	5	6	7	8	9	10	11	12	13	14	15	16	17	18	19	20	21	22	23	24	25	26	27	28	29	30			
46	夏暦八月					26	27	28	29	30	㉟	2	3	4	5	6	7	8	9	10	11	12	13	14	15	16	17	18	19	20	21	22	23	24	25			
	回暦12月					24	25	26	27	28	29	30	1	2	3	4	5	6	7	8	9	10	11	12	13	14	15	16	17	18	19	20	21	22	23			
	公暦10月							1	2	3	4	5	6	7	8	9	10	11	12	13	14	15	16	17	18	19	20	21	22	23	24	25	26	27	28	29	30	31
47	夏暦九月							26	27	28	29	④	2	3	4	5	6	7	8	9	10	11	12	13	14	15	16	17	18	19	20	21	22	23	24	25	26	27
94年	回暦1月							24	25	26	27	28	29	①	2	3	4	5	6	7	8	9	10	11	12	13	14	15	16	17	18	19	20	21	22	23	24	25
	公暦11月			1	2	3	4	5	6	7	8	9	10	11	12	13	14	15	16	17	18	19	20	21	22	23	24	25	26	27	28	29	30					
48	夏暦十月			28	29	30	㉞	2	3	4	5	6	7	8	9	10	11	12	13	14	15	16	17	18	19	20	21	22	23	24	25	26	27					
	回暦2月			26	27	28	29	30	1	2	3	4	5	6	7	8	9	10	11	12	13	14	15	16	17	18	19	20	21	22	23	24	25					
	公暦12月					1	2	3	4	5	6	7	8	9	10	11	12	13	14	15	16	17	18	19	20	21	22	23	24	25	26	27	28	29	30	31		
49	夏暦十一月					28	29	③	2	3	4	5	6	7	8	9	10	11	12	13	14	15	16	17	18	19	20	21	22	23	24	25	26	27	28	29		
	回暦3月					26	27	28	29	1	2	3	4	5	6	7	8	9	10	11	12	13	14	15	16	17	18	19	20	21	22	23	24	25	26	27		

大事記

二月，頒新格式。　五月，益州獠起事。改元延和。　六月，幽州大都督孫佺擬復營州，襲奚、契丹，敗於冷陘，奚俘之，獻於突厥，默啜殺之。　八月，睿宗傳位於太子隆基，自稱太上皇；隆基即位，是為玄宗，改元先天。置渤海、恆陽、懷柔三軍，屯兵五萬。　十月，西突厥處月别部沙陀首領朱邪氏遣使入貢。　十一月，奚、契丹擾漁陽，大掠而去。

是歲，詩聖杜甫誕生(712—770)。

唐 紀 年

干支癸丑　公元 713 年

朝代或國名		國家支配者	建　都	廟　號	謚　號	建　元	年號年次	輔政者	備　注
唐		⑧李隆基	長　安	玄宗		3	2開元元年	張　説等	十二月朔改元
渤　海		①大祚榮	龍泉府		高　王	1	16年		在東北
大蒙(南詔)		③蒙盛邏皮	巍　山	太　宗	威成王	1	2年		在雲南
吐　蕃		④棄隸蹜贊	邏　些				10年		
回　紇									
西突厥	北庭	阿史那懷道					10年		
	南庭	阿史那獻	焉　耆				6年		
後　突　厥		②默啜可汗					19年		
		③匐俱小可汗					15年		

月 曆 表

5426—355—1981866

月干支序數	星期／月序	日	1	2	3	4	5	6	日	1	2	3	4	5	6	日	1	2	3	4	5	6	日	1	2	3	4	5	6	日	1	2	3	4	5	6	日	1
	公曆1月	1	2	3	4	5	6	7	8	9	10	11	12	13	14	15	16	17	18	19	20	21	22	23	24	25	26	27	28	29	30	31						
50 51	夏曆十二/正月	30	㉝	2	3	4	5	6	7	8	9	10	11	12	13	14	15	16	17	18	19	20	21	22	23	24	25	26	27	28	29	②						
	回曆4月	28	29	30	1	2	3	4	5	6	7	8	9	10	11	12	13	14	15	16	17	18	19	20	21	22	23	24	25	26	27	28						
	公曆2月				1	2	3	4	5	6	7	8	9	10	11	12	13	14	15	16	17	18	19	20	21	22	23	24	25	26	27	28						
	夏曆正月				2	3	4	5	6	7	8	9	10	11	12	13	14	15	16	17	18	19	20	21	22	23	24	25	26	27	28	29						
	回曆5月				29	1	2	3	4	5	6	7	8	9	10	11	12	13	14	15	16	17	18	19	20	21	22	23	24	25	26	27						
	公曆3月				1	2	3	4	5	6	7	8	9	10	11	12	13	14	15	16	17	18	19	20	21	22	23	24	25	26	27	28	29	30	31			
52 53	夏曆二/三月				㉛	2	3	4	5	6	7	8	9	10	11	12	13	14	15	16	17	18	19	20	21	22	23	24	25	26	27	28	29	30	①			
	回曆6月				28	29	30	1	2	3	4	5	6	7	8	9	10	11	12	13	14	15	16	17	18	19	20	21	22	23	24	25	26	27	28			
	公曆4月							1	2	3	4	5	6	7	8	9	10	11	12	13	14	15	16	17	18	19	20	21	22	23	24	25	26	27	28	29	30	
54	夏曆四月							2	3	4	5	6	7	8	9	10	11	12	13	14	15	16	17	18	19	20	21	22	23	24	25	26	27	28	29	30	㉛	
	回曆7月							29	1	2	3	4	5	6	7	8	9	10	11	12	13	14	15	16	17	18	19	20	21	22	23	24	25	26	27	28	29	
	公曆5月		1	2	3	4	5	6	7	8	9	10	11	12	13	14	15	16	17	18	19	20	21	22	23	24	25	26	27	28	29	30	31					
55	夏曆五月		2	3	4	5	6	7	8	9	10	11	12	13	14	15	16	17	18	19	20	21	22	23	24	25	26	27	28	29	(60)	2	3					
	回曆8、9月		30	1	2	3	4	5	6	7	8	9	10	11	12	13	14	15	16	17	18	19	20	21	22	23	24	25	26	27	28	29	1					
	公曆6月					1	2	3	4	5	6	7	8	9	10	11	12	13	14	15	16	17	18	19	20	21	22	23	24	25	26	27	28	29	30			
56	夏曆六月					4	5	6	7	8	9	10	11	12	13	14	15	16	17	18	19	20	21	22	23	24	25	26	27	28	29	30	㉚	2	3			
	回曆10月					2	3	4	5	6	7	8	9	10	11	12	13	14	15	16	17	18	19	20	21	22	23	24	25	26	27	28	29	30	1			
	公曆7月							1	2	3	4	5	6	7	8	9	10	11	12	13	14	15	16	17	18	19	20	21	22	23	24	25	26	27	28	29	30	31
57	夏曆七月							4	5	6	7	8	9	10	11	12	13	14	15	16	17	18	19	20	21	22	23	24	25	26	27	28	29	(59)	2	3	4	5
	回曆11月							2	3	4	5	6	7	8	9	10	11	12	13	14	15	16	17	18	19	20	21	22	23	24	25	26	27	28	29	1	2	3
	公曆8月			1	2	3	4	5	6	7	8	9	10	11	12	13	14	15	16	17	18	19	20	21	22	23	24	25	26	27	28	29	30	31				
58	夏曆八月			6	7	8	9	10	11	12	13	14	15	16	17	18	19	20	21	22	23	24	25	26	27	28	29	30	㉙	2	3	4	5	6				
	回曆12月			4	5	6	7	8	9	10	11	12	13	14	15	16	17	18	19	20	21	22	23	24	25	26	27	28	29	30	1	2	3	4				
	公曆9月						1	2	3	4	5	6	7	8	9	10	11	12	13	14	15	16	17	18	19	20	21	22	23	24	25	26	27	28	29	30		
59	夏曆九月						7	8	9	10	11	12	13	14	15	16	17	18	19	20	21	22	23	24	25	26	27	28	29	(58)	2	3	4	5	6	7		

續表

月干支序數	星期/月序	日	1	2	3	4	5	6	日	1	2	3	4	5	6	日	1	2	3	4	5	6	日	1	2	3	4	5	6	日	1	2	3	4	5	6	日	1
95年閏	回暦1月						5	6	7	8	9	10	11	12	13	14	15	16	17	18	19	20	21	22	23	24	25	26	27	28	29	①	2	3	4	5		
	公暦10月	1	2	3	4	5	6	7	8	9	10	11	12	13	14	15	16	17	18	19	20	21	22	23	24	25	26	27	28	29	30	31						
60	夏暦十月	8	9	10	11	12	13	14	15	16	17	18	19	20	21	22	23	24	25	26	27	28	29	30	㉘	2	3	4	5	6	7	8						
	回暦2月	6	7	8	9	10	11	12	13	14	15	16	17	18	19	20	21	22	23	24	25	26	27	28	29	30	1	2	3	4	5	6						
	公暦11月				1	2	3	4	5	6	7	8	9	10	11	12	13	14	15	16	17	18	19	20	21	22	23	24	25	26	27	28	29	30				
1	夏暦十一月				9	10	11	12	13	14	15	16	17	18	19	20	21	22	23	24	25	26	27	28	29	30	(58)	2	3	4	5	6	7	8				
	回暦3月				7	8	9	10	11	12	13	14	15	16	17	18	19	20	21	22	23	24	25	26	27	28	29	1	2	3	4	5	6	7				
	公暦12月						1	2	3	4	5	6	7	8	9	10	11	12	13	14	15	16	17	18	19	20	21	22	23	24	25	26	27	28	29	30	31	
2	夏暦十二月						9	10	11	12	13	14	15	16	17	18	19	20	21	22	23	24	25	26	27	28	29	㉗	2	3	4	5	6	7	8	9	10	
	回暦4月						8	9	10	11	12	13	14	15	16	17	18	19	20	21	22	23	24	25	26	27	28	29	30	1	2	3	4	5	6	7	8	

大事記

正月，令衛士二十五歲入軍，五十歲免；羽林飛騎并以衛士簡補。　二月，以靺鞨大祚榮所部為忽汗州，以祚榮為都督，封渤海郡王。　七月，太平公主結宰相等陰謀廢帝，帝與郭元振等先發，殺助逆者，賜公主死；以宦官高力士有功，破格命為右監門將軍、知內侍省事；宦官之盛自此始。　八月，默啜求婚，許妻以南和縣主。　九月，復置右御史臺，督察諸州，罷諸道按察使。　十一月，帝加尊號為開元神武皇帝。　十二月，改元開元。改官名，雍、洛二州皆為府。吐蕃遣使請和。

唐紀年

干支甲寅　公元714年

朝代或國名		國家支配者	建　都	廟　號	謚　號	建　元	年號年次	輔政者	備　注
唐		⑧李隆基	長　安	玄宗		3	2開元2年	張　說等	
渤　海		①大祚榮	龍泉府		高　王	1	17年		在東北
大蒙(南詔)		③蒙盛邏皮	巍　山	太　宗	威成王	1	3年		在雲南
吐　蕃		④棄隸蹜贊	邏　些				11年	坌達延	
回　紇									
西突厥	北庭	阿史那懷道					11年		
	南庭	阿史那獻	焉　者				7年		
後突厥		②默啜可汗					20年		
		③匐俱小可汗					16年		

月曆表

5427—384—1982250

月干支序數	星期/月序	日	1	2	3	4	5	6	日	1	2	3	4	5	6	日	1	2	3	4	5	6	日	1	2	3	4	5	6	日	1	2	3	4	5	6	日	1
	公暦1月		1	2	3	4	5	6	7	8	9	10	11	12	13	14	15	16	17	18	19	20	21	22	23	24	25	26	27	28	29	30	31					
3	夏暦正月		11	12	13	14	15	16	17	18	19	20	21	22	23	24	25	26	27	28	29	30	(57)	2	3	4	5	6	7	8	9	10	11					
	回暦5月		9	10	11	12	13	14	15	16	17	18	19	20	21	22	23	24	25	26	27	28	29	1	2	3	4	5	6	7	8	9	10					
	公暦2月					1	2	3	4	5	6	7	8	9	10	11	12	13	14	15	16	17	18	19	20	21	22	23	24	25	26	27	28					

續表

月干支序數	星期／月序	日	1	2	3	4	5	6	日	1	2	3	4	5	6	日	1	2	3	4	5	6	日	1	2	3	4	5	6	日	1	2	3	4	5	6	日	1
4	夏曆二月					12	13	14	15	16	17	18	19	20	21	22	23	24	25	26	27	28	29	㉖	2	3	4	5	6	7	8	9	10					
	回曆6月					11	12	13	14	15	16	17	18	19	20	21	22	23	24	25	26	27	28	29	30	1	2	3	4	5	6	7	8					
	公曆3月					1	2	3	4	5	6	7	8	9	10	11	12	13	14	15	16	17	18	19	20	21	22	23	24	25	26	27	28	29	30	31		
	夏曆閏二月					11	12	13	14	15	16	17	18	19	20	21	22	23	24	25	26	27	28	29	30	(56)	2	3	4	5	6	7	8	9	10	11		
	回曆7月					9	10	11	12	13	14	15	16	17	18	19	20	21	22	23	24	25	26	27	28	29	1	2	3	4	5	6	7	8	9	10		
	公曆4月	1	2	3	4	5	6	7	8	9	10	11	12	13	14	15	16	17	18	19	20	21	22	23	24	25	26	27	28	29	30							
5	夏曆三月	12	13	14	15	16	17	18	19	20	21	22	23	24	25	26	27	28	29	㉕	2	3	4	5	6	7	8	9	10	11	12							
	回曆8月	11	12	13	14	15	16	17	18	19	20	21	22	23	24	25	26	27	28	29	30	1	2	3	4	5	6	7	8	9	10							
	公曆5月			1	2	3	4	5	6	7	8	9	10	11	12	13	14	15	16	17	18	19	20	21	22	23	24	25	26	27	28	29	30	31				
6	夏曆四月			13	14	15	16	17	18	19	20	21	22	23	24	25	26	27	28	29	(54)	2	3	4	5	6	7	8	9	10	11	12	13	14				
	回曆9月			11	12	13	14	15	16	17	18	19	20	21	22	23	24	25	26	27	28	29	1	2	3	4	5	6	7	8	9	10	11	12				
	公曆6月						1	2	3	4	5	6	7	8	9	10	11	12	13	14	15	16	17	18	19	20	21	22	23	24	25	26	27	28	29	30		
7	夏曆五月						15	16	17	18	19	20	21	22	23	24	25	26	27	28	29	30	㉔	2	3	4	5	6	7	8	9	10	11	12	13	14		
	回曆10月						13	14	15	16	17	18	19	20	21	22	23	24	25	26	27	28	29	30	1	2	3	4	5	6	7	8	9	10	11	12		
	公曆7月	1	2	3	4	5	6	7	8	9	10	11	12	13	14	15	16	17	18	19	20	21	22	23	24	25	26	27	28	29	30	31						
8	夏曆六月	15	16	17	18	19	20	21	22	23	24	25	26	27	28	29	(53)	2	3	4	5	6	7	8	9	10	11	12	13	14	15	16						
	回曆11月	13	14	15	16	17	18	19	20	21	22	23	24	25	26	27	28	29	1	2	3	4	5	6	7	8	9	10	11	12	13	14						
	公曆8月				1	2	3	4	5	6	7	8	9	10	11	12	13	14	15	16	17	18	19	20	21	22	23	24	25	26	27	28	29	30	31			
9	夏曆七月				17	18	19	20	21	22	23	24	25	26	27	28	29	30	㉓	2	3	4	5	6	7	8	9	10	11	12	13	14	15	16	17			
	回曆12月				15	16	17	18	19	20	21	22	23	24	25	26	27	28	29	30	1	2	3	4	5	6	7	8	9	10	11	12	13	14	15			
	公曆9月							1	2	3	4	5	6	7	8	9	10	11	12	13	14	15	16	17	18	19	20	21	22	23	24	25	26	27	28	29	30	
10	夏曆八月							18	19	20	21	22	23	24	25	26	27	28	29	30	(53)	2	3	4	5	6	7	8	9	10	11	12	13	14	15	16	17	
96年	回曆1月							16	17	18	19	20	21	22	23	24	25	26	27	28	29	30	①	2	3	4	5	6	7	8	9	10	11	12	13	14	15	
	公曆10月		1	2	3	4	5	6	7	8	9	10	11	12	13	14	15	16	17	18	19	20	21	22	23	24	25	26	27	28	29	30	31					
11	夏曆九月		18	19	20	21	22	23	24	25	26	27	28	29	㉒	2	3	4	5	6	7	8	9	10	11	12	13	14	15	16	17	18	19					
	回曆2月		16	17	18	19	20	21	22	23	24	25	26	27	28	29	30	1	2	3	4	5	6	7	8	9	10	11	12	13	14	15	16					
	公曆11月					1	2	3	4	5	6	7	8	9	10	11	12	13	14	15	16	17	18	19	20	21	22	23	24	25	26	27	28	29	30			
12	夏曆十月					20	21	22	23	24	25	26	27	28	29	30	(52)	2	3	4	5	6	7	8	9	10	11	12	13	14	15	16	17	18	19			
	回曆3月					17	18	19	20	21	22	23	24	25	26	27	28	29	1	2	3	4	5	6	7	8	9	10	11	12	13	14	15	16	17			
	公曆12月							1	2	3	4	5	6	7	8	9	10	11	12	13	14	15	16	17	18	19	20	21	22	23	24	25	26	27	28	29	30	31
13	夏曆十一月							20	21	22	23	24	25	26	27	28	29	30	㉒	2	3	4	5	6	7	8	9	10	11	12	13	14	15	16	17	18	19	20
	回曆4月							18	19	20	21	22	23	24	25	26	27	28	29	30	1	2	3	4	5	6	7	8	9	10	11	12	13	14	15	16	17	18

大事記

正月，沙汰僧尼二萬餘人。令京官有才識者除都督、刺史，都督、刺史有政迹者除京官，出入常均，永為恆式。置左右教坊；又選樂工教法典於梨園，選伎女置宜春院。并州長史、和戎、大武等軍節度使薛訥請擊契丹，許之。　二月，默啜遣子同俄特勤等攻北庭，都護郭虔瓘敗之，斬同俄。閏二月，徙安北大都護府於中受降城，置兵屯田。三月，毀天樞。西突厥十姓首領都擔起事，磧西節度使阿史那獻擊斬之，降其部落二萬餘帳。　四月，默啜復遣使請婚。五月，罷員外、試、檢校官。吐蕃請正二國封疆，然后結盟。　六月，吐蕃使其宰相獻盟書。　七月，薛訥擊契丹，大敗於灤水山峽中。　八月，吐蕃擾臨洮軍，至渭源掠牧馬；遣薛訥等擊之。　九月，突厥、葛邏祿等部詣涼州降。　十月，薛訥等破吐蕃於武街。　十二月，沙陀首領來朝；置隴右節度使。　是歲，徙安東都護府於平州。

唐 紀 年

干支乙卯　公元715年

朝代或國名		國家支配者	建都	廟號	謚號	建元	年號年次	輔政者	備注
唐		⑧李隆基	長安	玄宗		3	2開元3年	張說等	
渤海		①大祚榮	龍泉府		高王	1	18年		在東北
大蒙(南詔)		③蒙盛邏皮	巍山	太宗	威成王	1	4年		在雲南
吐蕃		④棄隸蹜贊					12年		
回紇									
西突厥	北庭	阿史那懷道					12年		
	南庭	阿史那獻•	焉耆				8年		
後突厥		②默啜可汗					21年		
		③匐俱小可汗					17年		

月曆表

5428－354－1982604

月干支序數	月序＼星期	日	1	2	3	4	5	6	日	1	2	3	4	5	6	日	1	2	3	4	5	6	日	1	2	3	4	5	6	日	1	2	3	4	5	6	日	1
	公曆1月			1	2	3	4	5	6	7	8	9	10	11	12	13	14	15	16	17	18	19	20	21	22	23	24	25	26	27	28	29	30	31				
14	夏曆十二月			21	22	23	24	25	26	27	28	29	(51)	2	3	4	5	6	7	8	9	10	11	12	13	14	15	16	17	18	19	20	21	22				
	回曆5月			19	20	21	22	23	24	25	26	27	28	29	1	2	3	4	5	6	7	8	9	10	11	12	13	14	15	16	17	18	19	20				
	公曆2月						1	2	3	4	5	6	7	8	9	10	11	12	13	14	15	16	17	18	19	20	21	22	23	24	25	26	27	28				
15	夏曆正月						23	24	25	26	27	28	29	30	㉑	2	3	4	5	6	7	8	9	10	11	12	13	14	15	16	17	18	19	20				
	回曆6月						21	22	23	24	25	26	27	28	29	30	1	2	3	4	5	6	7	8	9	10	11	12	13	14	15	16	17	18				
	公曆3月						1	2	3	4	5	6	7	8	9	10	11	12	13	14	15	16	17	18	19	20	21	22	23	24	25	26	27	28	29	30	31	
16	夏曆二月						21	22	23	24	25	26	27	28	29	㊿	2	3	4	5	6	7	8	9	10	11	12	13	14	15	16	17	18	19	20	21	22	
	回曆7月						19	20	21	22	23	24	25	26	27	28	29	1	2	3	4	5	6	7	8	9	10	11	12	13	14	15	16	17	18	19	20	
	公曆4月		1	2	3	4	5	6	7	8	9	10	11	12	13	14	15	16	17	18	19	20	21	22	23	24	25	26	27	28	29	30						
17	夏曆三月		23	24	25	26	27	28	29	30	⑳	2	3	4	5	6	7	8	9	10	11	12	13	14	15	16	17	18	19	20	21	22						
	回曆8月		21	22	23	24	25	26	27	28	29	30	1	2	3	4	5	6	7	8	9	10	11	12	13	14	15	16	17	18	19	20						
	公曆5月				1	2	3	4	5	6	7	8	9	10	11	12	13	14	15	16	17	18	19	20	21	22	23	24	25	26	27	28	29	30	31			
18	夏曆四月				23	24	25	26	27	28	29	㊾	2	3	4	5	6	7	8	9	10	11	12	13	14	15	16	17	18	19	20	21	22	23	24			
	回曆9月				21	22	23	24	25	26	27	28	29	1	2	3	4	5	6	7	8	9	10	11	12	13	14	15	16	17	18	19	20	21	22			
	公曆6月							1	2	3	4	5	6	7	8	9	10	11	12	13	14	15	16	17	18	19	20	21	22	23	24	25	26	27	28	29	30	
19	夏曆五月							25	26	27	28	29	⑱	2	3	4	5	6	7	8	9	10	11	12	13	14	15	16	17	18	19	20	21	22	23	24	25	
	回曆10月							23	24	25	26	27	28	29	30	1	2	3	4	5	6	7	8	9	10	11	12	13	14	15	16	17	18	19	20	21	22	
	公曆7月		1	2	3	4	5	6	7	8	9	10	11	12	13	14	15	16	17	18	19	20	21	22	23	24	25	26	27	28	29	30	31					
20	夏曆六月		26	27	28	29	30	㊽	2	3	4	5	6	7	8	9	10	11	12	13	14	15	16	17	18	19	20	21	22	23	24	25	26					
	回曆11月		23	24	25	26	27	28	29	1	2	3	4	5	6	7	8	9	10	11	12	13	14	15	16	17	18	19	20	21	22	23	24					
	公曆8月					1	2	3	4	5	6	7	8	9	10	11	12	13	14	15	16	17	18	19	20	21	22	23	24	25	26	27	28	29	30	31		
21	夏曆七月					27	28	29	⑰	2	3	4	5	6	7	8	9	10	11	12	13	14	15	16	17	18	19	20	21	22	23	24	25	26	27	28		
	回曆12月					25	26	27	28	29	30	1	2	3	4	5	6	7	8	9	10	11	12	13	14	15	16	17	18	19	20	21	22	23	24	25		
	公曆9月	1	2	3	4	5	6	7	8	9	10	11	12	13	14	15	16	17	18	19	20	21	22	23	24	25	26	27	28	29	30							
22	夏曆八月	29	30	㊼	2	3	4	5	6	7	8	9	10	11	12	13	14	15	16	17	18	19	20	21	22	23	24	25	26	27	28							
97年閏	回曆1月	26	27	28	29	①	2	3	4	5	6	7	8	9	10	11	12	13	14	15	16	17	18	19	20	21	22	23	24	25	26							
	公曆10月			1	2	3	4	5	6	7	8	9	10	11	12	13	14	15	16	17	18	19	20	21	22	23	24	25	26	27	28	29	30	31				
23	夏曆九月			29	⑯	2	3	4	5	6	7	8	9	10	11	12	13	14	15	16	17	18	19	20	21	22	23	24	25	26	27	28	29	30				

續表

月干支序數	星期／月序	日	1	2	3	4	5	6	日	1	2	3	4	5	6	日	1	2	3	4	5	6	日	1	2	3	4	5	6	日	1	2	3	4	5	6	日	1
	回曆2月			27	28	29	30	1	2	3	4	5	6	7	8	9	10	11	12	13	14	15	16	17	18	19	20	21	22	23	24	25	26	27				
	公曆11月						1	2	3	4	5	6	7	8	9	10	11	12	13	14	15	16	17	18	19	20	21	22	23	24	25	26	27	28	29	30		
24	夏曆十月						㊻	2	3	4	5	6	7	8	9	10	11	12	13	14	15	16	17	18	19	20	21	22	23	24	25	26	27	28	29	30		
	回曆3月						28	29	1	2	3	4	5	6	7	8	9	10	11	12	13	14	15	16	17	18	19	20	21	22	23	24	25	26	27	28		
	公曆12月	1	2	3	4	5	6	7	8	9	10	11	12	13	14	15	16	17	18	19	20	21	22	23	24	25	26	27	28	29	30	31						
25 26	夏曆十一 十二月	⑯	2	3	4	5	6	7	8	9	10	11	12	13	14	15	16	17	18	19	20	21	22	23	24	25	26	27	28	29	30	㊻						
	回曆4月	29	30	1	2	3	4	5	6	7	8	9	10	11	12	13	14	15	16	17	18	19	20	21	22	23	24	25	26	27	28	29						

大事記

二月，突厥跌跌都督思泰等帥衆來降，十姓降者先後萬餘帳，皆以河南地處之。　三月，西突厥胡祿屋首領等來朝。六月，山東諸州大蝗，遣使督州縣捕埋之。　九月，九姓思結都督等來降。　十一月，命郭虔瓘兼安西大都護、四鎮經略大使，募兵萬人，赴安西。拔汗那為吐蕃與大食所侵，其王奔安西求救；張孝嵩等發兵援之，大捷，康居等國皆遣使請降。

十二月，突騎施可汗蘇祿遣使來朝，授金方道經略大使。

唐紀年

干支丙辰　公元716年

朝代或國名	國家支配者	建都	廟號	謚號	建元	年號年次	輔政者	備注
唐	⑧李隆基	長安	玄宗		3	2開元4年	張說等	
渤海	①大祚榮	龍泉府		高王	1	19年		在東北
大蒙(南詔)	③蒙盛邏皮	巍山	太宗	威成王	1	5年		在雲南
吐蕃	④棄隸蹜贊	邏些				13年		
突騎施，車鼻施汗國	蘇祿（職務名稱）					元年		
回紇								
西突厥 北庭	阿史那懷道					13年		
西突厥 南庭	阿史那獻	焉耆				9年		
後突厥	③匐俱小可汗					元年		六月立，旋被殺

月曆表

5429－384－1982988

月干支序數	星期／月序	日	1	2	3	4	5	6	日	1	2	3	4	5	6	日	1	2	3	4	5	6	日	1	2	3	4	5	6	日	1	2	3	4	5	6	日	1
	公曆1月				1	2	3	4	5	6	7	8	9	10	11	12	13	14	15	16	17	18	19	20	21	22	23	24	25	26	27	28	29	30	31			
27	夏曆正月				2	3	4	5	6	7	8	9	10	11	12	13	14	15	16	17	18	19	20	21	22	23	24	25	26	27	28	29	⑮	2	3			
	回曆5、6月				1	2	3	4	5	6	7	8	9	10	11	12	13	14	15	16	17	18	19	20	21	22	23	24	25	26	27	28	29	30	1			
	公曆2月							1	2	3	4	5	6	7	8	9	10	11	12	13	14	15	16	17	18	19	20	21	22	23	24	25	26	27	28	29		
28	夏曆二月							4	5	6	7	8	9	10	11	12	13	14	15	16	17	18	19	20	21	22	23	24	25	26	27	28	29	30	㊺	2		
	回曆7月							2	3	4	5	6	7	8	9	10	11	12	13	14	15	16	17	18	19	20	21	22	23	24	25	26	27	28	29	1		
	公曆3月	1	2	3	4	5	6	7	8	9	10	11	12	13	14	15	16	17	18	19	20	21	22	23	24	25	26	27	28	29	30	31						
29	夏曆三月	3	4	5	6	7	8	9	10	11	12	13	14	15	16	17	18	19	20	21	22	23	24	25	26	27	28	29	⑭	2	3	4						
	回曆8月	2	3	4	5	6	7	8	9	10	11	12	13	14	15	16	17	18	19	20	21	22	23	24	25	26	27	28	29	30	1	2						

續表

月干支序數	月序＼星期	日	1	2	3	4	5	6	日	1	2	3	4	5	6	日	1	2	3	4	5	6	日	1	2	3	4	5	6	日	1	2	3	4	5	6	日	1
	公曆4月				1	2	3	4	5	6	7	8	9	10	11	12	13	14	15	16	17	18	19	20	21	22	23	24	25	26	27	28	29	30				
30	夏曆四月				5	6	7	8	9	10	11	12	13	14	15	16	17	18	19	20	21	22	23	24	25	26	27	28	29	30	㊹	2	3	4				
	回曆9月				3	4	5	6	7	8	9	10	11	12	13	14	15	16	17	18	19	20	21	22	23	24	25	26	27	28	29	1	2	3				
	公曆5月						1	2	3	4	5	6	7	8	9	10	11	12	13	14	15	16	17	18	19	20	21	22	23	24	25	26	27	28	29	30	31	
31	夏曆五月						5	6	7	8	9	10	11	12	13	14	15	16	17	18	19	20	21	22	23	24	25	26	27	28	29	⑬	2	3	4	5	6	
	回曆10月						4	5	6	7	8	9	10	11	12	13	14	15	16	17	18	19	20	21	22	23	24	25	26	27	28	29	30	1	2	3	4	
	公曆6月		1	2	3	4	5	6	7	8	9	10	11	12	13	14	15	16	17	18	19	20	21	22	23	24	25	26	27	28	29	30						
32	夏曆六月		7	8	9	10	11	12	13	14	15	16	17	18	19	20	21	22	23	24	25	26	27	28	29	㊷	2	3	4	5	6	7						
	回曆11月		5	6	7	8	9	10	11	12	13	14	15	16	17	18	19	20	21	22	23	24	25	26	27	28	29	1	2	3	4	5						
	公曆7月				1	2	3	4	5	6	7	8	9	10	11	12	13	14	15	16	17	18	19	20	21	22	23	24	25	26	27	28	29	30	31			
33	夏曆七月				8	9	10	11	12	13	14	15	16	17	18	19	20	21	22	23	24	25	26	27	28	29	30	⑫	2	3	4	5	6	7	8			
	回曆12月				6	7	8	9	10	11	12	13	14	15	16	17	18	19	20	21	22	23	24	25	26	27	28	29	30	1	2	3	4	5	6			
	公曆8月							1	2	3	4	5	6	7	8	9	10	11	12	13	14	15	16	17	18	19	20	21	22	23	24	25	26	27	28	29	30	31
34	夏曆八月							9	10	11	12	13	14	15	16	17	18	19	20	21	22	23	24	25	26	27	28	29	㊶	2	3	4	5	6	7	8	9	10
98年	回曆1月							7	8	9	10	11	12	13	14	15	16	17	18	19	20	21	22	23	24	25	26	27	28	29	30	①	2	3	4	5	6	7
	公曆9月			1	2	3	4	5	6	7	8	9	10	11	12	13	14	15	16	17	18	19	20	21	22	23	24	25	26	27	28	29	30					
35	夏曆九月			11	12	13	14	15	16	17	18	19	20	21	22	23	24	25	26	27	28	29	30	⑪	2	3	4	5	6	7	8	9	10					
	回曆2月			8	9	10	11	12	13	14	15	16	17	18	19	20	21	22	23	24	25	26	27	28	29	30	1	2	3	4	5	6	7					
	公曆10月					1	2	3	4	5	6	7	8	9	10	11	12	13	14	15	16	17	18	19	20	21	22	23	24	25	26	27	28	29	30	31		
36	夏曆十月					11	12	13	14	15	16	17	18	19	20	21	22	23	24	25	26	27	28	29	㊵	2	3	4	5	6	7	8	9	10	11	12		
	回曆3月					8	9	10	11	12	13	14	15	16	17	18	19	20	21	22	23	24	25	26	27	28	29	1	2	3	4	5	6	7	8	9		
	公曆11月	1	2	3	4	5	6	7	8	9	10	11	12	13	14	15	16	17	18	19	20	21	22	23	24	25	26	27	28	29	30							
37	夏曆十一月	13	14	15	16	17	18	19	20	21	22	23	24	25	26	27	28	29	30	⑩	2	3	4	5	6	7	8	9	10	11	12							
	回曆4月	10	11	12	13	14	15	16	17	18	19	20	21	22	23	24	25	26	27	28	29	30	1	2	3	4	5	6	7	8	9							
	公曆12月			1	2	3	4	5	6	7	8	9	10	11	12	13	14	15	16	17	18	19	20	21	22	23	24	25	26	27	28	29	30	31				
38	夏曆十二月			13	14	15	16	17	18	19	20	21	22	23	24	25	26	27	28	29	30	㊵	2	3	4	5	6	7	8	9	10	11	12	13				
	回曆5月			10	11	12	13	14	15	16	17	18	19	20	21	22	23	24	25	26	27	28	29	1	2	3	4	5	6	7	8	9	10	11				

大事記

二月，吐蕃困松州，旋為州兵所敗。　六月，睿宗卒。回紇、同羅、霫、拔曳固、僕固五部來降。　八月，契丹李失活、奚李大酺帥部來降，皆受封。吐蕃請和，許之。　十月，突厥跌跌等部降者多逋歸毗伽可汗，發兵追之，斬獲三千級。　閏十二月，罷十道按察使。姚崇罷相，以宋璟繼之。

唐紀年

干支丁巳　公元717年

朝代或國名	國家支配者	建都	廟號	謚號	建元	年號年次	輔政者	備注
唐	⑧李隆基	長安	玄宗		3	2開元5年	張説等	
渤海	①大祚榮	龍泉府		高王	1	20年		在東北
大蒙(南詔)	③蒙盛邏皮	巍山	太宗	威成王	1	6年		在雲南
吐蕃	④棄隸蹜贊	邏些				14年		
突騎施	蘇祿					2年		
回紇								

續表

朝代或國名	國家支配者	建都	廟號	謚號	建元	年號年次	輔政者	備注
西突厥 北庭	阿史那懷道					14 年		
西突厥 南庭	阿史那獻	焉耆				10 年		之後卒,此後世系不明
後突厥	④毗伽可汗					元年		

月曆表

5430－354－1983342

月干支序數	星期 / 月序	日	1	2	3	4	5	6	日	1	2	3	4	5	6	日	1	2	3	4	5	6	日	1	2	3	4	5	6	日	1	2	3	4	5	6	日	1
	公曆 1 月						1	2	3	4	5	6	7	8	9	10	11	12	13	14	15	16	17	18	19	20	21	22	23	24	25	26	27	28	29	30	31	
	夏曆閏十二月						14	15	16	17	18	19	20	21	22	23	24	25	26	27	28	29	⑨	2	3	4	5	6	7	8	9	10	11	12	13	14	15	
	回曆 6 月						12	13	14	15	16	17	18	19	20	21	22	23	24	25	26	27	28	29	30	1	2	3	4	5	6	7	8	9	10	11	12	
	公曆 2 月		1	2	3	4	5	6	7	8	9	10	11	12	13	14	15	16	17	18	19	20	21	22	23	24	25	26	27	28								
39	夏曆正月		16	17	18	19	20	21	22	23	24	25	26	27	28	29	30	㊴	2	3	4	5	6	7	8	9	10	11	12	13								
	回曆 7 月		13	14	15	16	17	18	19	20	21	22	23	24	25	26	27	28	29	1	2	3	4	5	6	7	8	9	10	11								
	公曆 3 月		1	2	3	4	5	6	7	8	9	10	11	12	13	14	15	16	17	18	19	20	21	22	23	24	25	26	27	28	29	30	31					
40	夏曆二月		14	15	16	17	18	19	20	21	22	23	24	25	26	27	28	29	30	⑨	2	3	4	5	6	7	8	9	10	11	12	13	14					
	回曆 8 月		12	13	14	15	16	17	18	19	20	21	22	23	24	25	26	27	28	29	30	1	2	3	4	5	6	7	8	9	10	11	12					
	公曆 4 月					1	2	3	4	5	6	7	8	9	10	11	12	13	14	15	16	17	18	19	20	21	22	23	24	25	26	27	28	29	30			
41	夏曆三月					15	16	17	18	19	20	21	22	23	24	25	26	27	28	29	㊳	2	3	4	5	6	7	8	9	10	11	12	13	14	15			
	回曆 9 月					13	14	15	16	17	18	19	20	21	22	23	24	25	26	27	28	29	1	2	3	4	5	6	7	8	9	10	11	12	13			
	公曆 5 月							1	2	3	4	5	6	7	8	9	10	11	12	13	14	15	16	17	18	19	20	21	22	23	24	25	26	27	28	29	30	31
42	夏曆四月							16	17	18	19	20	21	22	23	24	25	26	27	28	20	⑦	2	3	4	5	6	7	8	9	10	11	12	13	14	15	16	17
	回曆 10 月							14	15	16	17	18	19	20	21	22	23	24	25	26	27	28	29	30	1	2	3	4	5	6	7	8	9	10	11	12	13	14
	公曆 6 月			1	2	3	4	5	6	7	8	9	10	11	12	13	14	15	16	17	18	19	20	21	22	23	24	25	26	27	28	29	30					
43	夏曆五月			18	19	20	21	22	23	24	25	26	27	28	29	30	㊲	2	3	4	5	6	7	8	9	10	11	12	13	14	15	16	17					
	回曆 11 月			15	16	17	18	19	20	21	22	23	24	25	26	27	28	29	1	2	3	4	5	6	7	8	9	10	11	12	13	14	15					
	公曆 7 月					1	2	3	4	5	6	7	8	9	10	11	12	13	14	15	16	17	18	19	20	21	22	23	24	25	26	27	28	29	30	31		
44	夏曆六月					18	19	20	21	22	23	24	25	26	27	28	29	⑥	2	3	4	5	6	7	8	9	10	11	12	13	14	15	16	17	18	19		
	回曆 12 月					16	17	18	19	20	21	22	23	24	25	26	27	28	29	30	1	2	3	4	5	6	7	8	9	10	11	12	13	14	15	16		
	公曆 8 月	1	2	3	4	5	6	7	8	9	10	11	12	13	14	15	16	17	18	19	20	21	22	23	24	25	26	27	28	29	30	31						
45	夏曆七月	20	21	22	23	24	25	26	27	28	29	㉟	2	3	4	5	6	7	8	9	10	11	12	13	14	15	16	17	18	19	20	21						
99 年	回曆 1 月	17	18	19	20	21	22	23	24	25	26	27	28	29	①	2	3	4	5	6	7	8	9	10	11	12	13	14	15	16	17	18						
	公曆 9 月				1	2	3	4	5	6	7	8	9	10	11	12	13	14	15	16	17	18	19	20	21	22	23	24	25	26	27	28	29	30				
46	夏曆八月				22	23	24	25	26	27	28	29	30	⑤	2	3	4	5	6	7	8	9	10	11	12	13	14	15	16	17	18	19	20	21				
	回曆 2 月				19	20	21	22	23	24	25	26	27	28	29	30	1	2	3	4	5	6	7	8	9	10	11	12	13	14	15	16	17	18				
	公曆 10 月						1	2	3	4	5	6	7	8	9	10	11	12	13	14	15	16	17	18	19	20	21	22	23	24	25	26	27	28	29	30	31	
47	夏曆九月						22	23	24	25	26	27	28	29	㉞	2	3	4	5	6	7	8	9	10	11	12	13	14	15	16	17	18	19	20	21	22	23	
	回曆 3 月						19	20	21	22	23	24	25	26	27	28	29	1	2	3	4	5	6	7	8	9	10	11	12	13	14	15	16	17	18	19	20	
	公曆 11 月		1	2	3	4	5	6	7	8	9	10	11	12	13	14	15	16	17	18	19	20	21	22	23	24	25	26	27	28	29	30						
48	夏曆十月		24	25	26	27	28	29	30	④	2	3	4	5	6	7	8	9	10	11	12	13	14	15	16	17	18	19	20	21	22	23						
	回曆 4 月		21	22	23	24	25	26	27	28	29	30	1	2	3	4	5	6	7	8	9	10	11	12	13	14	15	16	17	18	19	20						
	公曆 12 月				1	2	3	4	5	6	7	8	9	10	11	12	13	14	15	16	17	18	19	20	21	22	23	24	25	26	27	28	29	30	31			
49	夏曆十一月				24	25	26	27	28	29	30	㉞	2	3	4	5	6	7	8	9	10	11	12	13	14	15	16	17	18	19	20	21	22	23	24			
	回曆 5 月				21	22	23	24	25	26	27	28	29	1	2	3	4	5	6	7	8	9	10	11	12	13	14	15	16	17	18	19	20	21	22			

大事記

三月，復置營州都督於柳城，兼平盧軍使。　　七月，隴右節度使郭知運大破吐蕃於九曲。突騎施引大食、吐蕃圍大石城，謀取四鎮；發三姓葛邏祿兵及十姓可汗阿史那獻兵擊之。置天兵軍使於太原北，鎮撫突厥降戶。　　九月，復舊官名。　　十二月，以東平王外孫楊氏為永樂公主妻契丹首領李失活。訪求逸書，令馬懷素、褚無量編校於乾元殿。

唐紀年

干支戊午　公元718年

朝代或國名	國家支配者	建都	廟號	謚號	建元	年號年次	輔政者	備注
唐	⑧李隆基	長安	玄宗		3	2開元6年	張說等	
渤海	①大祚榮	龍泉府		高王	1	21年		在東北
大蒙(南詔)	③蒙盛邏皮	巍山	太宗	威成王	1	7年		在雲南
吐蕃	④棄隸蹜贊	邏些				15年		
突騎施	蘇祿					3年		
回紇								
西突厥北庭	阿史那懷道					15年		
後突厥	④毗伽可汗					2年		

月曆表

5431—355—1983697

月干支序數	月序＼星期	日	1	2	3	4	5	6	日	1	2	3	4	5	6	日	1	2	3	4	5	6	日	1	2	3	4	5	6	日	1	2	3	4	5	6	日	1
	公曆1月							1	2	3	4	5	6	7	8	9	10	11	12	13	14	15	16	17	18	19	20	21	22	23	24	25	26	27	28	29	30	31
50	夏曆十二月							25	26	27	28	29	③	2	3	4	5	6	7	8	9	10	11	12	13	14	15	16	17	18	19	20	21	22	23	24	25	26
	回曆6月							23	24	25	26	27	28	29	30	1	2	3	4	5	6	7	8	9	10	11	12	13	14	15	16	17	18	19	20	21	22	23
	公曆2月			1	2	3	4	5	6	7	8	9	10	11	12	13	14	15	16	17	18	19	20	21	22	23	24	25	26	27	28							
51	夏曆正月			27	28	29	30	㉝	2	3	4	5	6	7	8	9	10	11	12	13	14	15	16	17	18	19	20	21	22	23	24							
	回曆7月			24	25	26	27	28	29	1	2	3	4	5	6	7	8	9	10	11	12	13	14	15	16	17	18	19	20	21	22							
	公曆3月			1	2	3	4	5	6	7	8	9	10	11	12	13	14	15	16	17	18	19	20	21	22	23	24	25	26	27	28	29	30	31				
52	夏曆二月			25	26	27	28	29	30	③	2	3	4	5	6	7	8	9	10	11	12	13	14	15	16	17	18	19	20	21	22	23	24	25				
	回曆8月			23	24	25	26	27	28	29	30	1	2	3	4	5	6	7	8	9	10	11	12	13	14	15	16	17	18	19	20	21	22	23				
	公曆4月						1	2	3	4	5	6	7	8	9	10	11	12	13	14	15	16	17	18	19	20	21	22	23	24	25	26	27	28	29	30		
53	夏曆三月						26	27	28	29	30	㉝	2	3	4	5	6	7	8	9	10	11	12	13	14	15	16	17	18	19	20	21	22	23	24	25		
	回曆9月						24	25	26	27	28	29	1	2	3	4	5	6	7	8	9	10	11	12	13	14	15	16	17	18	19	20	21	22	23	24		
	公曆5月	1	2	3	4	5	6	7	8	9	10	11	12	13	14	15	16	17	18	19	20	21	22	23	24	25	26	27	28	29	30	31						
54	夏曆四月	26	27	28	29	②	2	3	4	5	6	7	8	9	10	11	12	13	14	15	16	17	18	19	20	21	22	23	24	25	26	27						
	回曆10月	25	26	27	28	29	30	1	2	3	4	5	6	7	8	9	10	11	12	13	14	15	16	17	18	19	20	21	22	23	24	25						
	公曆6月				1	2	3	4	5	6	7	8	9	10	11	12	13	14	15	16	17	18	19	20	21	22	23	24	25	26	27	28	29	30				
55	夏曆五月				28	29	㉛	2	3	4	5	6	7	8	9	10	11	12	13	14	15	16	17	18	19	20	21	22	23	24	25	26	27	28				
	回曆11月				26	27	28	29	1	2	3	4	5	6	7	8	9	10	11	12	13	14	15	16	17	18	19	20	21	22	23	24	25	26				
	公曆7月						1	2	3	4	5	6	7	8	9	10	11	12	13	14	15	16	17	18	19	20	21	22	23	24	25	26	27	28	29	30	31	
56	夏曆六月						28	30	①	2	3	4	5	6	7	8	9	10	11	12	13	14	15	16	17	18	19	20	21	22	23	24	25	26	27	28	29	
	回曆12月						27	28	29	30	1	2	3	4	5	6	7	8	9	10	11	12	13	14	15	16	17	18	19	20	21	22	23	24	25	26	27	
	公曆8月		1	2	3	4	5	6	7	8	9	10	11	12	13	14	15	16	17	18	19	20	21	22	23	24	25	26	27	28	29	30	31					
57 58	夏曆七 八月		㉚	2	3	4	5	6	7	8	9	10	11	12	13	14	15	16	17	18	19	20	21	22	23	24	25	26	27	28	29	30	(60)					
100年閏	回曆1月		28	29	①	2	3	4	5	6	7	8	9	10	11	12	13	14	15	16	17	18	19	20	21	22	23	24	25	26	27	28	29					

續表

月干支序數	星期 / 月序	日	1	2	3	4	5	6	日	1	2	3	4	5	6	日	1	2	3	4	5	6	日	1	2	3	4	5	6	日	1	2	3	4	5	6	日	1
	公曆 9 月					1	2	3	4	5	6	7	8	9	10	11	12	13	14	15	16	17	18	19	20	21	22	23	24	25	26	27	28	29	30			
59	夏曆九月					2	3	4	5	6	7	8	9	10	11	12	13	14	15	16	17	18	19	20	21	22	23	24	25	26	27	28	29	㉙	2			
	回曆 2 月					30	1	2	3	4	5	6	7	8	9	10	11	12	13	14	15	16	17	18	19	20	21	22	23	24	25	26	27	28	29			
	公曆 10 月							1	2	3	4	5	6	7	8	9	10	11	12	13	14	15	16	17	18	19	20	21	22	23	24	25	26	27	28	29	30	31
60	夏曆十月							3	4	5	6	7	8	9	10	11	12	13	14	15	16	17	18	19	20	21	22	23	24	25	26	27	28	29	(58)	2	3	4
	回曆 3、4 月							1	2	3	4	5	6	7	8	9	10	11	12	13	14	15	16	17	18	19	20	21	22	23	24	25	26	27	28	29	30	1
	公曆 11 月			1	2	3	4	5	6	7	8	9	10	11	12	13	14	15	16	17	18	19	20	21	22	23	24	25	26	27	28	29	30					
1	夏曆十一月			5	6	7	8	9	10	11	12	13	14	15	16	17	18	19	20	21	22	23	24	25	26	27	28	29	30	㉘	2	3	4					
	回曆 5 月			2	3	4	5	6	7	8	9	10	11	12	13	14	15	16	17	18	19	20	21	22	23	24	25	26	27	28	29	1	2					
	公曆 12 月					1	2	3	4	5	6	7	8	9	10	11	12	13	14	15	16	17	18	19	20	21	22	23	24	25	26	27	28	29	30	31		
2	夏曆十二月					5	6	7	8	9	10	11	12	13	14	15	16	17	18	19	20	21	22	23	24	25	26	27	28	29	30	(58)	2	3	4	5		
	回曆 6 月					3	4	5	6	7	8	9	10	11	12	13	14	15	16	17	18	19	20	21	22	23	24	25	26	27	28	29	30	1	2	3		

舊紀正月丙辰，舊誌五月己丑，皆不合。

大事記

正月，突厥毗伽可汗請和，許之。禁惡錢(小錢)。　二月，移蔚州橫野軍於山北，屯兵三萬為九姓之援；以拔曳固等部首領為討擊大使，皆受天兵軍節度。　五月，以突騎施蘇祿為金方道經略大使。契丹首領李失活卒，弟娑固代之。　八月，始加賦以給官俸。　十一月，吐蕃請和，乞帝亦親署誓文，嗣又再請，帝不許。

唐紀年

干支己未　公元 719 年

朝代或國名	國家支配者	建都	廟號	謚號	建元	年號年次	輔政者	備注
唐	⑧李隆基	長安	玄宗		3	2 開元 7 年	張說等	
渤海	①大祚榮	龍泉府		高王	1	22 年		在東北
大蒙(南詔)	③蒙盛邏皮	巍山	太宗	威成王	1	8 年		在雲南
吐蕃	④棄隸蹜贊	邏些				16 年		
突騎施	蘇祿					4 年		
回紇								
西突厥北庭	阿史那懷道					16 年		
後突厥	④毗伽可汗					3 年		

月曆表

5432—383—1984080

月干支序數	星期 / 月序	日	1	2	3	4	5	6	日	1	2	3	4	5	6	日	1	2	3	4	5	6	日	1	2	3	4	5	6	日	1	2	3	4	5	6	日	1
	公曆 1 月	1	2	3	4	5	6	7	8	9	10	11	12	13	14	15	16	17	18	19	20	21	22	23	24	25	26	27	28	29	30	31						
3	夏曆正月	6	7	8	9	10	11	12	13	14	15	16	17	18	19	20	21	22	23	24	25	26	27	28	29	30	㉘	2	3	4	5	6						
	回曆 7 月	4	5	6	7	8	9	10	11	12	13	14	15	16	17	18	19	20	21	22	23	24	25	26	27	28	29	1	2	3	4	5						
	公曆 2 月				1	2	3	4	5	6	7	8	9	10	11	12	13	14	15	16	17	18	19	20	21	22	23	24	25	26	27	28						
4	夏曆二月				7	8	9	10	11	12	13	14	15	16	17	18	19	20	21	22	23	24	25	26	27	28	29	(57)	2	3	4	5						
	回曆 8 月				6	7	8	9	10	11	12	13	14	15	16	17	18	19	20	21	22	23	24	25	26	27	28	29	30	1	2	3						

續表

月干支序數	月序＼星期	日	1	2	3	4	5	6	日	1	2	3	4	5	6	日	1	2	3	4	5	6	日	1	2	3	4	5	6	日	1	2	3	4	5	6	日	1
	公曆3月				1	2	3	4	5	6	7	8	9	10	11	12	13	14	15	16	17	18	19	20	21	22	23	24	25	26	27	28	29	30	31			
5	夏曆三月				6	7	8	9	10	11	12	13	14	15	16	17	18	19	20	21	22	23	24	25	26	27	28	29	30	㉗	2	3	4	5	6			
	回曆9月				4	5	6	7	8	9	10	11	12	13	14	15	16	17	18	19	20	21	22	23	24	25	26	27	28	29	1	2	3	4	5			
	公曆4月							1	2	3	4	5	6	7	8	9	10	11	12	13	14	15	16	17	18	19	20	21	22	23	24	25	26	27	28	29	30	
6	夏曆四月							7	8	9	10	11	12	13	14	15	16	17	18	19	20	21	22	23	24	25	26	27	28	29	(56)	2	3	4	5	6	7	
	回曆10月							6	7	8	9	10	11	12	13	14	15	16	17	18	19	20	21	22	23	24	25	26	27	28	29	30	1	2	3	4	5	
	公曆5月		1	2	3	4	5	6	7	8	9	10	11	12	13	14	15	16	17	18	19	20	21	22	23	24	25	26	27	28	29	30	31					
7	夏曆五月		8	9	10	11	12	13	14	15	16	17	18	19	20	21	22	23	24	25	26	27	28	29	30	㉖	2	3	4	5	6	7	8					
	回曆11月		6	7	8	9	10	11	12	13	14	15	16	17	18	19	20	21	22	23	24	25	26	27	28	29	1	2	3	4	5	6	7					
	公曆6月					1	2	3	4	5	6	7	8	9	10	11	12	13	14	15	16	17	18	19	20	21	22	23	24	25	26	27	28	29	30			
8	夏曆六月					9	10	11	12	13	14	15	16	17	18	19	20	21	22	23	24	25	26	27	28	29	(55)	2	3	4	5	6	7	8	9			
	回曆12月					8	9	10	11	12	13	14	15	16	17	18	19	20	21	22	23	24	25	26	27	28	29	30	1	2	3	4	5	6	7			
	公曆7月							1	2	3	4	5	6	7	8	9	10	11	12	13	14	15	16	17	18	19	20	21	22	23	24	25	26	27	28	29	30	31
9	夏曆七月							10	11	12	13	14	15	16	17	18	19	20	21	22	23	24	25	26	27	28	29	30	㉕	2	3	4	5	6	7	8	9	10
101年	回曆1月							8	9	10	11	12	13	14	15	16	17	18	19	20	21	22	23	24	25	26	27	28	29	30	①	2	3	4	5	6	7	8
	公曆8月			1	2	3	4	5	6	7	8	9	10	11	12	13	14	15	16	17	18	19	20	21	22	23	24	25	26	27	28	29	30	31				
	夏曆閏七月			11	12	13	14	15	16	17	18	19	20	21	22	23	24	25	26	27	28	29	(54)	2	3	4	5	6	7	8	9	10	11	12				
	回曆2月			9	10	11	12	13	14	15	16	17	18	19	20	21	22	23	24	25	26	27	28	29	30	1	2	3	4	5	6	7	8	9				
	公曆9月						1	2	3	4	5	6	7	8	9	10	11	12	13	14	15	16	17	18	19	20	21	22	23	24	25	26	27	28	29	30		
10	夏曆八月						13	14	15	16	17	18	19	20	21	22	23	24	25	26	27	28	29	㉓	2	3	4	5	6	7	8	9	10	11	12	13		
	回曆3月						10	11	12	13	14	15	16	17	18	19	20	21	22	23	24	25	26	27	28	29	1	2	3	4	5	6	7	8	9	10		
	公曆10月	1	2	3	4	5	6	7	8	9	10	11	12	13	14	15	16	17	18	19	20	21	22	23	24	25	26	27	28	29	30	31						
11	夏曆九月	14	15	16	17	18	19	20	21	22	23	24	25	26	27	28	29	30	(53)	2	3	4	5	6	7	8	9	10	11	12	13	14						
	回曆4月	11	12	13	14	15	16	17	18	19	20	21	22	23	24	25	26	27	28	29	30	1	2	3	4	5	6	7	8	9	10	11						
	公曆11月				1	2	3	4	5	6	7	8	9	10	11	12	13	14	15	16	17	18	19	20	21	22	23	24	25	26	27	28	29	30				
12	夏曆十月				15	16	17	18	19	20	21	22	23	24	25	26	27	28	29	㉒	2	3	4	5	6	7	8	9	10	11	12	13	14	15				
	回曆5月				12	13	14	15	16	17	18	19	20	21	22	23	24	25	26	27	28	29	1	2	3	4	5	6	7	8	9	10	11	12				
	公曆12月						1	2	3	4	5	6	7	8	9	10	11	12	13	14	15	16	17	18	19	20	21	22	23	24	25	26	27	28	29	30	31	
13	夏曆十一月						16	17	18	19	20	21	22	23	24	25	26	27	28	29	30	(52)	2	3	4	5	6	7	8	9	10	11	12	13	14	15	16	
	回曆6月						13	14	15	16	17	18	19	20	21	22	23	24	25	26	27	28	29	30	1	2	3	4	5	6	7	8	9	10	11	12	13	

大事記

二月，俱密、康、安三國為大食所侵，請救。　三月，渤海王大祚榮卒，子武藝嗣。　十月，册突騎施蘇祿為忠順可汗。　是歲，置劍南節度使，領益、彭等二十五州。

唐紀年

干支庚申　公元720年

朝代或國名	國家支配者	建都	廟號	謚號	建元	年號年次	輔政者	備注
唐	⑧李隆基	長安	玄宗		3	2開元8年	張嘉貞等	
渤海	②大武藝	龍泉府		武王	1	仁安元年		在東北
大蒙(南詔)	③蒙盛邏皮	巍山	太宗	威成王	1	9年		在雲南
吐蕃	④棄隸蹜贊	邏些				17年		
突騎施	蘇祿					5年		

續表

朝代或國名	國家支配者	建　都	廟　號	謚　號	建　元	年號年次	輔政者	備　注
回　紇								
西突厥北庭	阿史那懷道					17 年		
後　突　厥	④毗伽可汗					4 年		

月 曆 表

5433—354—1984434

月干支序數	月序 \ 星期	日	1	2	3	4	5	6	日	1	2	3	4	5	6	日	1	2	3	4	5	6	日	1	2	3	4	5	6	日	1	2	3	4	5	6	日	1
	公曆 1 月		1	2	3	4	5	6	7	8	9	10	11	12	13	14	15	16	17	18	19	20	21	22	23	24	25	26	27	28	29	30	31					
14	夏曆十二月		17	18	19	20	21	22	23	24	25	26	27	28	29	㉑	2	3	4	5	6	7	8	9	10	11	12	13	14	15	16	17	18					
	回曆 7 月		14	15	16	17	18	19	20	21	22	23	24	25	26	27	28	29	1	2	3	4	5	6	7	8	9	10	11	12	13	14	15					
	公曆 2 月					1	2	3	4	5	6	7	8	9	10	11	12	13	14	15	16	17	18	19	20	21	22	23	24	25	26	27	28	29				
15	夏曆正月					19	20	21	22	23	24	25	26	27	28	29	30	(51)	2	3	4	5	6	7	8	9	10	11	12	13	14	15	16	17				
	回曆 8 月					16	17	18	19	20	21	22	23	24	25	26	27	28	29	30	1	2	3	4	5	6	7	8	9	10	11	12	13	14				
	公曆 3 月						1	2	3	4	5	6	7	8	9	10	11	12	13	14	15	16	17	18	19	20	21	22	23	24	25	26	27	28	29	30	31	
16	夏曆二月						18	19	20	21	22	23	24	25	26	27	28	29	30	㉑	2	3	4	5	6	7	8	9	10	11	12	13	14	15	16	17	18	
	回曆 9 月						15	16	17	18	19	20	21	22	23	24	25	26	27	28	29	1	2	3	4	5	6	7	8	9	10	11	12	13	14	15	16	
	公曆 4 月		1	2	3	4	5	6	7	8	9	10	11	12	13	14	15	16	17	18	19	20	21	22	23	24	25	26	27	28	29	30						
17	夏曆三月		19	20	21	22	23	24	25	26	27	28	29	㊿	2	3	4	5	6	7	8	9	10	11	12	13	14	15	16	17	18	19						
	回曆 10 月		17	18	19	20	21	22	23	24	25	26	27	28	29	30	1	2	3	4	5	6	7	8	9	10	11	12	13	14	15	16						
	公曆 5 月				1	2	3	4	5	6	7	8	9	10	11	12	13	14	15	16	17	18	19	20	21	22	23	24	25	26	27	28	29	30	31			
18	夏曆四月				20	21	22	23	24	25	26	27	28	29	30	⑳	2	3	4	5	6	7	8	9	10	11	12	13	14	15	16	17	18	19	20			
	回曆 11 月				17	18	19	20	21	22	23	24	25	26	27	28	29	1	2	3	4	5	6	7	8	9	10	11	12	13	14	15	16	17	18			
	公曆 6 月							1	2	3	4	5	6	7	8	9	10	11	12	13	14	15	16	17	18	19	20	21	22	23	24	25	26	27	28	29	30	
19	夏曆五月							21	22	23	24	25	26	27	28	29	30	㊿	2	3	4	5	6	7	8	9	10	11	12	13	14	15	16	17	18	19	20	
	回曆 12 月							19	20	21	22	23	24	25	26	27	28	29	30	1	2	3	4	5	6	7	8	9	10	11	12	13	14	15	16	17	18	
	公曆 7 月		1	2	3	4	5	6	7	8	9	10	11	12	13	14	15	16	17	18	19	20	21	22	23	24	25	26	27	28	29	30	31					
20	夏曆六月		21	22	23	24	25	26	27	28	29	⑲	2	3	4	5	6	7	8	9	10	11	12	13	14	15	16	17	18	19	20	21	22					
102 年	回曆 1 月		19	20	21	22	23	24	25	26	27	28	29	①	2	3	4	5	6	7	8	9	10	11	12	13	14	15	16	17	18	19	20					
	公曆 8 月					1	2	3	4	5	6	7	8	9	10	11	12	13	14	15	16	17	18	19	20	21	22	23	24	25	26	27	28	29	30	31		
21	夏曆七月					23	24	25	26	27	28	29	30	㊾	2	3	4	5	6	7	8	9	10	11	12	13	14	15	16	17	18	19	20	21	22	23		
	回曆 2 月					21	22	23	24	25	26	27	28	29	30	1	2	3	4	5	6	7	8	9	10	11	12	13	14	15	16	17	18	19	20	21		
	公曆 9 月	1	2	3	4	5	6	7	8	9	10	11	12	13	14	15	16	17	18	19	20	21	22	23	24	25	26	27	28	29	30							
22	夏曆八月	24	25	26	27	28	29	⑱	2	3	4	5	6	7	8	9	10	11	12	13	14	15	16	17	18	19	20	21	22	23	24							
	回曆 3 月	22	23	24	25	26	27	28	29	1	2	3	4	5	6	7	8	9	10	11	12	13	14	15	16	17	18	19	20	21	22							
	公曆 10 月			1	2	3	4	5	6	7	8	9	10	11	12	13	14	15	16	17	18	19	20	21	22	23	24	25	26	27	28	29	30	31				
23	夏曆九月			25	26	27	28	29	㊼	2	3	4	5	6	7	8	9	10	11	12	13	14	15	16	17	18	19	20	21	22	23	24	25	26				
	回曆 4 月			23	24	25	26	27	28	29	30	1	2	3	4	5	6	7	8	9	10	11	12	13	14	15	16	17	18	19	20	21	22	23				
	公曆 11 月						1	2	3	4	5	6	7	8	9	10	11	12	13	14	15	16	17	18	19	20	21	22	23	24	25	26	27	28	29	30		
24	夏曆十月						27	28	29	30	⑰	2	3	4	5	6	7	8	9	10	11	12	13	14	15	16	17	18	19	20	21	22	23	24	25	26		
	回曆 5 月						24	25	26	27	28	29	1	2	3	4	5	6	7	8	9	10	11	12	13	14	15	16	17	18	19	20	21	22	23	24		
	公曆 12 月	1	2	3	4	5	6	7	8	9	10	11	12	13	14	15	16	17	18	19	20	21	22	23	24	25	26	27	28	29	30	31						
25	夏曆十一月	27	28	29	㊻	2	3	4	5	6	7	8	9	10	11	12	13	14	15	16	17	18	19	20	21	22	23	24	25	26	27	28						
	回曆 6 月	25	26	27	28	29	30	1	2	3	4	5	6	7	8	9	10	11	12	13	14	15	16	17	18	19	20	21	22	23	24	25						

大事記

正月，弛惡錢禁。　二月，敕減衛士應役年限。　四月，以烏萇、骨咄、懼密三國不聽大食之誘，遣使賜之册命。　五月，復置十道按察使。　六月，僕固都督勺磨及䟫跌部落謀引突厥入掠朔方，大使王晙誘殺之於受降城。

唐紀年

干支辛酉　公元721年

朝代或國名	國家支配者	建都	廟號	謚號	建元	年號年次	輔政者	備注
唐	⑧李隆基	長安	玄宗		3	2開元9年	張嘉貞等	
渤海	②大武藝	龍泉府		武王	1	仁安2年		在東北
大蒙(南詔)	③蒙盛邏皮	巍山	太宗	威成王	1	10年		在雲南
吐蕃	④棄隸蹜贊	邏些				18年		
突騎施	蘇祿					6年		
回紇								
西突厥北庭	阿史那懷道					18年		
後突厥	④毗伽可汗					5年		

月曆表

5434－355－1984789

月干支序數	星期／月序	日	1	2	3	4	5	6	日	1	2	3	4	5	6	日	1	2	3	4	5	6	日	1	2	3	4	5	6	日	1	2	3	4	5	6	日	
	公曆1月				1	2	3	4	5	6	7	8	9	10	11	12	13	14	15	16	17	18	19	20	21	22	23	24	25	26	27	28	29	30	31			
26	夏曆十二月				29	30	⑯	2	3	4	5	6	7	8	9	10	11	12	13	14	15	16	17	18	19	20	21	22	23	24	25	26	27	28	29			
	回曆7月				26	27	28	29	1	2	3	4	5	6	7	8	9	10	11	12	13	14	15	16	17	18	19	20	21	22	23	24	25	26	27			
	公曆2月							1	2	3	4	5	6	7	8	9	10	11	12	13	14	15	16	17	18	19	20	21	22	23	24	25	26	27	28			
27	夏曆正月							㊺	2	3	4	5	6	7	8	9	10	11	12	13	14	15	16	17	18	19	20	21	22	23	24	25	26	27	28			
	回曆8月							28	29	30	1	2	3	4	5	6	7	8	9	10	11	12	13	14	15	16	17	18	19	20	21	22	23	24	25			
	公曆3月							1	2	3	4	5	6	7	8	9	10	11	12	13	14	15	16	17	18	19	20	21	22	23	24	25	26	27	28	29	30	3
28	夏曆二月							29	30	⑮	2	3	4	5	6	7	8	9	10	11	12	13	14	15	16	17	18	19	20	21	22	23	24	25	26	27	28	2
	回曆9月							26	27	28	29	1	2	3	4	5	6	7	8	9	10	11	12	13	14	15	16	17	18	19	20	21	22	23	24	25	26	2
	公曆4月			1	2	3	4	5	6	7	8	9	10	11	12	13	14	15	16	17	18	19	20	21	22	23	24	25	26	27	28	29	30					
29	夏曆三月			㊹	2	3	4	5	6	7	8	9	10	11	12	13	14	15	16	17	18	19	20	21	22	23	24	25	26	27	28	29	30					
	回曆10月			28	29	30	1	2	3	4	5	6	7	8	9	10	11	12	13	14	15	16	17	18	19	20	21	22	23	24	25	26	27					
	公曆5月					1	2	3	4	5	6	7	8	9	10	11	12	13	14	15	16	17	18	19	20	21	22	23	24	25	26	27	28	29	30	31		
30 31	夏曆四五月					⑭	2	3	4	5	6	7	8	9	10	11	12	13	14	15	16	17	18	19	20	21	22	23	24	25	26	27	28	29	30	㊹		
	回曆11月					28	29	1	2	3	4	5	6	7	8	9	10	11	12	13	14	15	16	17	18	19	20	21	22	23	24	25	26	27	28	29		
	公曆6月	1	2	3	4	5	6	7	8	9	10	11	12	13	14	15	16	17	18	19	20	21	22	23	24	25	26	27	28	29	30							
32	夏曆六月	2	3	4	5	6	7	8	9	10	11	12	13	14	15	16	17	18	19	20	21	22	23	24	25	26	27	28	29	30	⑭							
	回曆12月	30	1	2	3	4	5	6	7	8	9	10	11	12	13	14	15	16	17	18	19	20	21	22	23	24	25	26	27	28	29							
	公曆7月			1	2	3	4	5	6	7	8	9	10	11	12	13	14	15	16	17	18	19	20	21	22	23	24	25	26	27	28	29	30	31				
33	夏曆七月			2	3	4	5	6	7	8	9	10	11	12	13	14	15	16	17	18	19	20	21	22	23	24	25	26	27	28	29	㊸	2	3				
103年閏	回曆1、2月			①	2	3	4	5	6	7	8	9	10	11	12	13	14	15	16	17	18	19	20	21	22	23	24	25	26	27	28	29	30	1				
	公曆8月						1	2	3	4	5	6	7	8	9	10	11	12	13	14	15	16	17	18	19	20	21	22	23	24	25	26	27	28	29	30	31	
34	夏曆八月						4	5	6	7	8	9	10	11	12	13	14	15	16	17	18	19	20	21	22	23	24	25	26	27	28	29	⑫	2	3	4	5	
	回曆3月						2	3	4	5	6	7	8	9	10	11	12	13	14	15	16	17	18	19	20	21	22	23	24	25	26	27	28	29	1	2	3	
	公曆9月		1	2	3	4	5	6	7	8	9	10	11	12	13	14	15	16	17	18	19	20	21	22	23	24	25	26	27	28	29	30						

續表

月干支序數	月序＼星期	日	1	2	3	4	5	6	日	1	2	3	4	5	6	日	1	2	3	4	5	6	日	1	2	3	4	5	6	日	1	2	3	4	5	6	日	1
35	夏曆九月		6	7	8	9	10	11	12	13	14	15	16	17	18	19	20	21	22	23	24	25	26	27	28	29	30	㊷	2	3	4	5						
	回曆4月		4	5	6	7	8	9	10	11	12	13	14	15	16	17	18	19	20	21	22	23	24	25	26	27	28	29	30	1	2	3						
	公曆10月				1	2	3	4	5	6	7	8	9	10	11	12	13	14	15	16	17	18	19	20	21	22	23	24	25	26	27	28	29	30	31			
36	夏曆十月				6	7	8	9	10	11	12	13	14	15	16	17	18	19	20	21	22	23	24	25	26	27	28	29	30	⑫	2	3	4	5	6			
	回曆5月				4	5	6	7	8	9	10	11	12	13	14	15	16	17	18	19	20	21	22	23	24	25	26	27	28	29	1	2	3	4	5			
	公曆11月							1	2	3	4	5	6	7	8	9	10	11	12	13	14	15	16	17	18	19	20	21	22	23	24	25	26	27	28	29	30	
37	夏曆十一月							7	8	9	10	11	12	13	14	15	16	17	18	19	20	21	22	23	24	25	26	27	28	29	㊶	2	3	4	5	6	7	
	回曆6月							6	7	8	9	10	11	12	13	14	15	16	17	18	19	20	21	22	23	24	25	26	27	28	29	30	1	2	3	4	5	
	公曆12月		1	2	3	4	5	6	7	8	9	10	11	12	13	14	15	16	17	18	19	20	21	22	23	24	25	26	27	28	29	30	31					
38	夏曆十二月		8	9	10	11	12	13	14	15	16	17	18	19	20	21	22	23	24	25	26	27	28	29	⑩	2	3	4	5	6	7	8	9					
	回曆7月		6	7	8	9	10	11	12	13	14	15	16	17	18	19	20	21	22	23	24	25	26	27	28	29	1	2	3	4	5	6	7					

舊紀九月己巳,舊誌五月乙巳,皆不合。

大事記

正月,改蒲州為河中府,置中都。二月,突厥毗伽可汗請和,許之。遣使括逃戶,凡得戶八十餘萬。　二月,以宇文融爲勸農使。　四月,蘭池州胡康待賓誘諸降戶反唐,陷六胡州;遣王晙等擊之。　六月,罷中都、河中府復為蒲州。　七月,王晙等大破康待賓,擒斬之,殺胡萬五千人。時諸胡又結黨項謀攻銀城、連谷,張說擊破之;黨項倒戈攻胡;說奏置麟州以撫黨項餘衆。九月,姚崇卒(650—721)。　十一月,元行衝上《群書四錄》,凡書四萬八千一百六十九卷。　十二月,置朔方節度使,領單于都護府、夏、鹽等六州、定遠、豐安二軍、三受降城。

是歲,劉知幾卒(661—721)。命僧一行作《大衍曆》。梁令瓚造黄道游儀,以測候七政。

唐紀年

干支壬戌　公元722年

朝代或國名	國家支配者	建都	廟號	謚號	建元	年號年次	輔政者	備注
唐	⑧李隆基	長安	玄宗	明	3	2開元10年	張嘉貞等	
渤海	②大武藝	龍泉府		武王	1	仁安3年		在東北
大蒙(南詔)	③蒙盛邏皮	巍山	太宗	威成王	1	11年		在雲南
吐蕃	④棄隸蹜贊	邏些				19年		
突騎施	蘇祿					7年		
回紇								
西突厥北庭	阿史那懷道					19年		
後突厥	①毗伽可汗					6年		

月曆表

5435—384—1985173

月干支序數	月序＼星期	日	1	2	3	4	5	6	日	1	2	3	4	5	6	日	1	2	3	4	5	6	日	1	2	3	4	5	6	日	1	2	3	4	5	6	日	1
	公曆1月					1	2	3	4	5	6	7	8	9	10	11	12	13	14	15	16	17	18	19	20	21	22	23	24	25	26	27	28	29	30	31		
39	夏曆正月					10	11	12	13	14	15	16	17	18	19	20	21	22	23	24	25	26	27	28	29	30	㊵	2	3	4	5	6	7	8	9	10		
	回曆8月					8	9	10	11	12	13	14	15	16	17	18	19	20	21	22	23	24	25	26	27	28	29	30	1	2	3	4	5	6	7	8		

續表

月干支序數	月序＼星期	日	1	2	3	4	5	6	日	1	2	3	4	5	6	日	1	2	3	4	5	6	日	1	2	3	4	5	6	日	1	2	3	4	5	6	日	
	公曆2月	1	2	3	4	5	6	7	8	9	10	11	12	13	14	15	16	17	18	19	20	21	22	23	24	25	26	27	28									
40	夏曆二月	11	12	13	14	15	16	17	18	19	20	21	22	23	24	25	26	27	28	29	⑨	2	3	4	5	6	7	8	9									
	回曆9月	9	10	11	12	13	14	15	16	17	18	19	20	21	22	23	24	25	26	27	28	29	1	2	3	4	5	6	7									
	公曆3月	1	2	3	4	5	6	7	8	9	10	11	12	13	14	15	16	17	18	19	20	21	22	23	24	25	26	27	28	29	30	31						
41	夏曆三月	10	11	12	13	14	15	16	17	18	19	20	21	22	23	24	25	26	27	28	29	30	㊴	2	3	4	5	6	7	8	9	10						
	回曆10月	8	9	10	11	12	13	14	15	16	17	18	19	20	21	22	23	24	25	26	27	28	29	30	1	2	3	4	5	6	7	8						
	公曆4月				1	2	3	4	5	6	7	8	9	10	11	12	13	14	15	16	17	18	19	20	21	22	23	24	25	26	27	28	29	30				
42	夏曆四月				11	12	13	14	15	16	17	18	19	20	21	22	23	24	25	26	27	28	29	⑧	2	3	4	5	6	7	8	9	10	11				
	回曆11月				9	10	11	12	13	14	15	16	17	18	19	20	21	22	23	24	25	26	27	28	29	1	2	3	4	5	6	7	8	9				
	公曆5月						1	2	3	4	5	6	7	8	9	10	11	12	13	14	15	16	17	18	19	20	21	22	23	24	25	26	27	28	29	30	31	
43	夏曆五月						12	13	14	15	16	17	18	19	20	21	22	23	24	25	26	27	28	29	30	㊳	2	3	4	5	6	7	8	9	10	11	12	
	回曆12月						10	11	12	13	14	15	16	17	18	19	20	21	22	23	24	25	26	27	28	29	30	1	2	3	4	5	6	7	8	9	10	
	公曆6月		1	2	3	4	5	6	7	8	9	10	11	12	13	14	15	16	17	18	19	20	21	22	23	24	25	26	27	28	29	30						
	夏曆閏五月		13	14	15	16	17	18	19	20	21	22	23	24	25	26	27	28	29	30	⑧	2	3	4	5	6	7	8	9	10	11	12						
104年	回曆1月		11	12	13	14	15	16	17	18	19	20	21	22	23	24	25	26	27	28	29	30	①	2	3	4	5	6	7	8	9	10						
	公曆7月				1	2	3	4	5	6	7	8	9	10	11	12	13	14	15	16	17	18	19	20	21	22	23	24	25	26	27	28	29	30	31			
44	夏曆六月				13	14	15	16	17	18	19	20	21	22	23	24	25	26	27	28	29	㊲	2	3	4	5	6	7	8	9	10	11	12	13	14			
	回曆2月				11	12	13	14	15	16	17	18	19	20	21	22	23	24	25	26	27	28	29	30	1	2	3	4	5	6	7	8	9	10	11			
	公曆8月							1	2	3	4	5	6	7	8	9	10	11	12	13	14	15	16	17	18	19	20	21	22	23	24	25	26	27	28	29	30	31
45	夏曆七月							15	16	17	18	19	20	21	22	23	24	25	26	27	28	29	30	⑦	2	3	4	5	6	7	8	9	10	11	12	13	14	15
	回曆3月							12	13	14	15	16	17	18	19	20	21	22	23	24	25	26	27	28	29	1	2	3	4	5	6	7	8	9	10	11	12	13
	公曆9月			1	2	3	4	5	6	7	8	9	10	11	12	13	14	15	16	17	18	19	20	21	22	23	24	25	26	27	28	29	30					
46	夏曆八月			16	17	18	19	20	21	22	23	24	25	26	27	28	29	30	㊲	2	3	4	5	6	7	8	9	10	11	12	13	14	15					
	回曆4月			14	15	16	17	18	19	20	21	22	23	24	25	26	27	28	29	30	1	2	3	4	5	6	7	8	9	10	11	12	13					
	公曆10月					1	2	3	4	5	6	7	8	9	10	11	12	13	14	15	16	17	18	19	20	21	22	23	24	25	26	27	28	29	30	31		
47	夏曆九月					16	17	18	19	20	21	22	23	24	25	26	27	28	29	⑥	2	3	4	5	6	7	8	9	10	11	12	13	14	15	16	17		
	回曆5月					14	15	16	17	18	19	20	21	22	23	24	25	26	27	28	29	1	2	3	4	5	6	7	8	9	10	11	12	13	14	15		
	公曆11月	1	2	3	4	5	6	7	8	9	10	11	12	13	14	15	16	17	18	19	20	21	22	23	24	25	26	27	28	29	30							
48	夏曆十月	18	19	20	21	22	23	24	25	26	27	28	29	30	㊱	2	3	4	5	6	7	8	9	10	11	12	13	14	15	16	17							
	回曆6月	16	17	18	19	20	21	22	23	24	25	26	27	28	29	30	1	2	3	4	5	6	7	8	9	10	11	12	13	14	15							
	公曆12月			1	2	3	4	5	6	7	8	9	10	11	12	13	14	15	16	17	18	19	20	21	22	23	24	25	26	27	28	29	30	31				
49	夏曆十一月			18	19	20	21	22	23	24	25	26	27	28	29	⑤	2	3	4	5	6	7	8	9	10	11	12	13	14	15	16	17	18	19				
	回曆7月			16	17	18	19	20	21	22	23	24	25	26	27	28	29	1	2	3	4	5	6	7	8	9	10	11	12	13	14	15	16	17				

大事記

正月，命收公廨錢，以税充百官俸；又收職田，畝給粟二斗。　五月，以余姚縣主慕容氏為燕郡公主，妻契丹王鬱干。　河南許、汝、陳等州大水，漂沒民居，溺者甚衆。　八月，安南梅叔鸞（焉）等起事，遣驃騎將軍兼內侍楊思勗擊敗之。　九月，左領軍兵曹權楚璧等謀亂，立其兄子梁山為光帝，擁數百人入宮，敗死。　十二月，以十姓可汗阿史那懷道女為交河公主，嫁突騎施可汗蘇祿。

唐紀年

干支癸亥　公元 723 年

朝代或國名	國家支配者	建都	廟號	謚號	建元	年號年次	輔政者	備注
唐	⑧李隆基	長安	玄宗	明	3	2開元 11 年	張說等	
渤海	②大武藝	龍泉府		武王	1	仁安 4 年		在東北
大蒙(南詔)	③蒙盛邏皮	巍山	太宗	威成王	1	12 年		在雲南
吐蕃	④棄隸蹜贊	邏些				20 年		
突騎施	蘇祿					8 年		
回紇								
西突厥北庭	阿史那懷道					20 年		
後突厥	④毗伽可汗					7 年		

月曆表

5436—355—1985528

月 干支 序數	月序＼星期	日	1	2	3	4	5	6	日	1	2	3	4	5	6	日	1	2	3	4	5	6	日	1	2	3	4	5	6	日	1	2	3	4	5	6	日	1
	公曆 1 月						1	2	3	4	5	6	7	8	9	10	11	12	13	14	15	16	17	18	19	20	21	22	23	24	25	26	27	28	29	30	31	
50	夏曆十二月						20	21	22	23	24	25	26	27	28	29	30	㉟	2	3	4	5	6	7	8	9	10	11	12	13	14	15	16	17	18	19	20	
	回曆 8 月						18	19	20	21	22	23	24	25	26	27	28	29	30	1	2	3	4	5	6	7	8	9	10	11	12	13	14	15	16	17	18	
	公曆 2 月		1	2	3	4	5	6	7	8	9	10	11	12	13	14	15	16	17	18	19	20	21	22	23	24	25	26	27	28								
51	夏曆正月		21	22	23	24	25	26	27	28	29	①	2	3	4	5	6	7	8	9	10	11	12	13	14	15	16	17	18	19								
	回曆 9 月		19	20	21	22	23	24	25	26	27	28	29	1	2	3	4	5	6	7	8	9	10	11	12	13	14	15	16	17								
	公曆 3 月		1	2	3	4	5	6	7	8	9	10	11	12	13	14	15	16	17	18	19	20	21	22	23	24	25	26	27	28	29	30	31					
52	夏曆二月		20	21	22	23	24	25	26	27	28	29	30	㉞	2	3	4	5	6	7	8	9	10	11	12	13	14	15	16	17	18	19	20					
	回曆 10 月		18	19	20	21	22	23	24	25	26	27	28	29	30	1	2	3	4	5	6	7	8	9	10	11	12	13	14	15	16	17	18					
	公曆 4 月					1	2	3	4	5	6	7	8	9	10	11	12	13	14	15	16	17	18	19	20	21	22	23	24	25	26	27	28	29	30			
53	夏曆三月					21	22	23	24	25	26	27	28	29	③	2	3	4	5	6	7	8	9	10	11	12	13	14	15	16	17	18	19	20	21			
	回曆 11 月					19	20	21	22	23	24	25	26	27	28	29	1	2	3	4	5	6	7	8	9	10	11	12	13	14	15	16	17	18	19			
	公曆 5 月							1	2	3	4	5	6	7	8	9	10	11	12	13	14	15	16	17	18	19	20	21	22	23	24	25	26	27	28	29	30	31
54	夏曆四月							22	23	24	25	26	27	28	29	㉜	2	3	4	5	6	7	8	9	10	11	12	13	14	15	16	17	18	19	20	21	22	23
	回曆 12 月							20	21	22	23	24	25	26	27	28	29	30	1	2	3	4	5	6	7	8	9	10	11	12	13	14	15	16	17	18	19	20
	公曆 6 月			1	2	3	4	5	6	7	8	9	10	11	12	13	14	15	16	17	18	19	20	21	22	23	24	25	26	27	28	29	30					
55	夏曆五月			24	25	26	27	28	29	30	②	2	3	4	5	6	7	8	9	10	11	12	13	14	15	16	17	18	19	20	21	22	23					
105 年	回曆 1 月			21	22	23	24	25	26	27	28	29	①	2	3	4	5	6	7	8	9	10	11	12	13	14	15	16	17	18	19	20	21					
	公曆 7 月					1	2	3	4	5	6	7	8	9	10	11	12	13	14	15	16	17	18	19	20	21	22	23	24	25	26	27	28	29	30	31		
56	夏曆六月					24	25	26	27	28	29	㉛	2	3	4	5	6	7	8	9	10	11	12	13	14	15	16	17	18	19	20	21	22	23	24	25		
	回曆 2 月					22	23	24	25	26	27	28	29	30	1	2	3	4	5	6	7	8	9	10	11	12	13	14	15	16	17	18	19	20	21	22		
	公曆 8 月	1	2	3	4	5	6	7	8	9	10	11	12	13	14	15	16	17	18	19	20	21	22	23	24	25	26	27	28	29	30	31						
57	夏曆七月	26	27	28	29	30	①	2	3	4	5	6	7	8	9	10	11	12	13	14	15	16	17	18	19	20	21	22	23	24	25	26						
	回曆 3 月	23	24	25	26	27	28	29	1	2	3	4	5	6	7	8	9	10	11	12	13	14	15	16	17	18	19	20	21	22	23	24						
	公曆 9 月				1	2	3	4	5	6	7	8	9	10	11	12	13	14	15	16	17	18	19	20	21	22	23	24	25	26	27	28	29	30				
58	夏曆八月				27	28	29	30	㉛	2	3	4	5	6	7	8	9	10	11	12	13	14	15	16	17	18	19	20	21	22	23	24	25	26				
	回曆 4 月				25	26	27	28	29	30	1	2	3	4	5	6	7	8	9	10	11	12	13	14	15	16	17	18	19	20	21	22	23	24				
	公曆 10 月						1	2	3	4	5	6	7	8	9	10	11	12	13	14	15	16	17	18	19	20	21	22	23	24	25	26	27	28	29	30	31	
59	夏曆九月						27	28	29	(60)	2	3	4	5	6	7	8	9	10	11	12	13	14	15	16	17	18	19	20	21	22	23	24	25	26	27	28	
	回曆 5 月						25	26	27	28	29	1	2	3	4	5	6	7	8	9	10	11	12	13	14	15	16	17	18	19	20	21	22	23	24	25	26	

續表

月 干支 序數	月序＼星期	日	1	2	3	4	5	6	日	1	2	3	4	5	6	日	1	2	3	4	5	6	日	1	2	3	4	5	6	日	1	2	3	4	5	6	日	1
	公曆11月		1	2	3	4	5	6	7	8	9	10	11	12	13	14	15	16	17	18	19	20	21	22	23	24	25	26	27	28	29	30						
60	夏曆十月		29	30	㉚	2	3	4	5	6	7	8	9	10	11	12	13	14	15	16	17	18	19	20	21	22	23	24	25	26	27	28						
	回曆6月		27	28	29	30	1	2	3	4	5	6	7	8	9	10	11	12	13	14	15	16	17	18	19	20	21	22	23	24	25	26						
	公曆12月				1	2	3	4	5	6	7	8	9	10	11	12	13	14	15	16	17	18	19	20	21	22	23	24	25	26	27	28	29	30	31			
1	夏曆十一月				29	30	(60)	2	3	4	5	6	7	8	9	10	11	12	13	14	15	16	17	18	19	20	21	22	23	24	25	26	27	28	29			
	回曆7月				27	28	29	1	2	3	4	5	6	7	8	9	10	11	12	13	14	15	16	17	18	19	20	21	22	23	24	25	26	27	28			

大事記

正月，以并州為太原府，置北都。　二月，罷天兵、大武等軍，以大同軍為太原以北節度使，領太原、遼、石、嵐、汾、代、忻、朔、蔚、雲十州。　五月，置麗正書院，聚文學士，或修書，或侍講。九月，吐谷渾去吐蕃，至沙州降。　十一月，選京兆、蒲、同、華、岐州府兵及白丁十二萬，謂之"長從宿衛"，一年兩番，州縣不得役使。

是歲，改政事堂曰中書門下，列五房於其後，分掌庶政。

唐紀年

干支甲子　公元724年

朝代或國名	國家支配者	建都	廟號	謚號	建元	年號年次	輔政者	備注
唐	⑧李隆基	長安	玄宗	明	3	2開元12年	張說等	
渤海	②大武藝	龍泉府		武王	1	仁安5年		在東北
大蒙(南詔)	③蒙盛邏皮	巍山	太宗	威成王	1	13年		在雲南
吐蕃	④棄隸蹜贊	邏些				21年		
突騎施	蘇祿					9年		
回紇								
西突厥北庭	阿史那懷道					21年		
後突厥	④毗伽可汗					8年		

月曆表

5437—384—1985912

月 干支 序數	月序＼星期	日	1	2	3	4	5	6	日	1	2	3	4	5	6	日	1	2	3	4	5	6	日	1	2	3	4	5	6	日	1	2	3	4	5	6	日	1
	公曆1月							1	2	3	4	5	6	7	8	9	10	11	12	13	14	15	16	17	18	19	20	21	22	23	24	25	26	27	28	29	30	31
2 3	夏曆十二 正月							㉙	2	3	4	5	6	7	8	9	10	11	12	13	14	15	16	17	18	19	20	21	22	23	24	25	26	27	28	29	30	(59)
	回曆8月							29	30	1	2	3	4	5	6	7	8	9	10	11	12	13	14	15	16	17	18	19	20	21	22	23	24	25	26	27	28	29
	公曆2月			1	2	3	4	5	6	7	8	9	10	11	12	13	14	15	16	17	18	19	20	21	22	23	24	25	26	27	28	29						
4	夏曆二月			2	3	4	5	6	7	8	9	10	11	12	13	14	15	16	17	18	19	20	21	22	23	24	25	26	27	28	29	㉘						
	回曆9月			1	2	3	4	5	6	7	8	9	10	11	12	13	14	15	16	17	18	19	20	21	22	23	24	25	26	27	28	29						
	公曆3月				1	2	3	4	5	6	7	8	9	10	11	12	13	14	15	16	17	18	19	20	21	22	23	24	25	26	27	28	29	30	31			
5	夏曆三月				2	3	4	5	6	7	8	9	10	11	12	13	14	15	16	17	18	19	20	21	22	23	24	25	26	27	28	29	(57)	2	3			
	回曆10、11月				30	1	2	3	4	5	6	7	8	9	10	11	12	13	14	15	16	17	18	19	20	21	22	23	24	25	26	27	28	29	1			
	公曆4月							1	2	3	4	5	6	7	8	9	10	11	12	13	14	15	16	17	18	19	20	21	22	23	24	25	26	27	28	29	30	
6	夏曆四月							4	5	6	7	8	9	10	11	12	13	14	15	16	17	18	19	20	21	22	23	24	25	26	27	28	29	30	㉗	2	3	

續表

月序干支序數	月序＼星期	日	1	2	3	4	5	6	日	1	2	3	4	5	6	日	1	2	3	4	5	6	日	1	2	3	4	5	6	日	1	2	3	4	5	6	日	1
	回曆 12 月							2	3	4	5	6	7	8	9	10	11	12	13	14	15	16	17	18	19	20	21	22	23	24	25	26	27	28	29	30	1	
	公曆 5 月		1	2	3	4	5	6	7	8	9	10	11	12	13	14	15	16	17	18	19	20	21	22	23	24	25	26	27	28	29	30	31					
7	夏曆五月		4	5	6	7	8	9	10	11	12	13	14	15	16	17	18	19	20	21	22	23	24	25	26	27	28	29	(56)	2	3	4	5					
106 年閏	回曆 1 月		2	3	4	5	6	7	8	9	10	11	12	13	14	15	16	17	18	19	20	21	22	23	24	25	26	27	28	29	①	2	3					
	公曆 6 月					1	2	3	4	5	6	7	8	9	10	11	12	13	14	15	16	17	18	19	20	21	22	23	24	25	26	27	28	29	30			
8	夏曆六月					6	7	8	9	10	11	12	13	14	15	16	17	18	19	20	21	22	23	24	25	26	27	28	29	㉕	2	3	4	5	6			
	回曆 2 月					4	5	6	7	8	9	10	11	12	13	14	15	16	17	18	19	20	21	22	23	24	25	26	27	28	29	30	1	2	3			
	公曆 7 月							1	2	3	4	5	6	7	8	9	10	11	12	13	14	15	16	17	18	19	20	21	22	23	24	25	26	27	28	29	30	31
9	夏曆七月							7	8	9	10	11	12	13	14	15	16	17	18	19	20	21	22	23	24	25	26	27	28	29	30	(55)	2	3	4	5	6	7
	回曆 3 月							4	5	6	7	8	9	10	11	12	13	14	15	16	17	18	19	20	21	22	23	24	25	26	27	28	29	1	2	3	4	5
	公曆 8 月			1	2	3	4	5	6	7	8	9	10	11	12	13	14	15	16	17	18	19	20	21	22	23	24	25	26	27	28	29	30	31				
10	夏曆八月			8	9	10	11	12	13	14	15	16	17	18	19	20	21	22	23	24	25	26	27	28	29	30	㉕	2	3	4	5	6	7	8				
	回曆 4 月			6	7	8	9	10	11	12	13	14	15	16	17	18	19	20	21	22	23	24	25	26	27	28	29	30	1	2	3	4	5	6				
	公曆 9 月						1	2	3	4	5	6	7	8	9	10	11	12	13	14	15	16	17	18	19	20	21	22	23	24	25	26	27	28	29	30		
11	夏曆九月						9	10	11	12	13	14	15	16	17	18	19	20	21	22	23	24	25	26	27	28	29	(54)	2	3	4	5	6	7	8	9		
	回曆 5 月						7	8	9	10	11	12	13	14	15	16	17	18	19	20	21	22	23	24	25	26	27	28	29	1	2	3	4	5	6	7		
	公曆 10 月	1	2	3	4	5	6	7	8	9	10	11	12	13	14	15	16	17	18	19	20	21	22	23	24	25	26	27	28	29	30	31						
12	夏曆十月	10	11	12	13	14	15	16	17	18	19	20	21	22	23	24	25	26	27	28	29	30	㉔	2	3	4	5	6	7	8	9	10						
	回曆 6 月	8	9	10	11	12	13	14	15	16	17	18	19	20	21	22	23	24	25	26	27	28	29	30	1	2	3	4	5	6	7	8						
	公曆 11 月				1	2	3	4	5	6	7	8	9	10	11	12	13	14	15	16	17	18	19	20	21	22	23	24	25	26	27	28	29	30				
13	夏曆十一月				11	12	13	14	15	16	17	18	19	20	21	22	23	24	25	26	27	28	29	30	(54)	2	3	4	5	6	7	8	9	10				
	回曆 7 月				9	10	11	12	13	14	15	16	17	18	19	20	21	22	23	24	25	26	27	28	29	1	2	3	4	5	6	7	8	9				
	公曆 12 月						1	2	3	4	5	6	7	8	9	10	11	12	13	14	15	16	17	18	19	20	21	22	23	24	25	26	27	28	29	30	31	
14	夏曆十二月						11	12	13	14	15	16	17	18	19	20	21	22	23	24	25	26	27	28	29	30	㉔	2	3	4	5	6	7	8	9	10	11	
	回曆 8 月						10	11	12	13	14	15	16	17	18	19	20	21	22	23	24	25	26	27	28	29	30	1	2	3	4	5	6	7	8	9	10	

舊誌閏十二月壬辰，誤。

大事記

三月，命太史監於河南、北平地測日晷及極星。　五月，停諸道按察使。　六月，以宇文融為勸農使，巡行州縣與吏民議定賦役。　七月，突厥毗伽可汗遣使請婚，拒之。溪州蠻覃行璋起事，遣兵擊敗之，殺三萬人。　十月，謝颶國王遣使奏金城公主欲向之借兵拒吐蕃。

是歲，契丹王李鬱干死，弟吐干嗣。尋吐干與可突干不相容，攜公主來奔，可突干立李盡忠弟邵固為主。吐火羅送來藥物干陀婆羅等二百餘品。

唐紀年

干支乙丑　公元 725 年

朝代或國名	國家支配者	建都	廟號	謚號	建元	年號年次	輔政者	備注
唐	⑧李隆基	長安	玄宗	明	3	2 開元 13 年	張說等	
渤海	②大武藝	龍泉府		武王	1	仁安 6 年		在東北
大蒙(南詔)	③蒙盛邏皮	巍山	太宗	威成王	1	14 年		在雲南
吐蕃	④棄隸蹜贊					22 年		
突騎施	蘇祿					10 年		

續表

朝代或國名	國家支配者	建都	廟號	謚號	建元	年號年次	輔政者	備注
回紇								
西突厥北庭	阿史那懷道					22年		
後突厥	④毗伽可汗					9年		

月曆表

5438－354－1986266

月干支序數	星期 月序	日	1	2	3	4	5	6	日	1	2	3	4	5	6	日	1	2	3	4	5	6	日	1	2	3	4	5	6	日	1	2	3	4	5	6	日	1
	公曆1月		1	2	3	4	5	6	7	8	9	10	11	12	13	14	15	16	17	18	19	20	21	22	23	24	25	26	27	28	29	30	31					
	夏曆閏十二月		12	13	14	15	16	17	18	19	20	21	22	23	24	25	26	27	28	29	(53)	2	3	4	5	6	7	8	9	10	11	12	13					
	回曆9月		11	12	13	14	15	16	17	18	19	20	21	22	23	24	25	26	27	28	29	1	2	3	4	5	6	7	8	9	10	11	12					
	公曆2月					1	2	3	4	5	6	7	8	9	10	11	12	13	14	15	16	17	18	19	20	21	22	23	24	25	26	27	28					
15	夏曆正月					14	15	16	17	18	19	20	21	22	23	24	25	26	27	28	29	30	㉓	2	3	4	5	6	7	8	9	10	11					
	回曆10月					13	14	15	16	17	18	19	20	21	22	23	24	25	26	27	28	29	30	1	2	3	4	5	6	7	8	9	10					
	公曆3月					1	2	3	4	5	6	7	8	9	10	11	12	13	14	15	16	17	18	19	20	21	22	23	24	25	26	27	28	29	30	31		
16	夏曆二月					12	13	14	15	16	17	18	19	20	21	22	23	24	25	26	27	28	29	(52)	2	3	4	5	6	7	8	9	10	11	12	13		
	回曆11月					11	12	13	14	15	16	17	18	19	20	21	22	23	24	25	26	27	28	29	1	2	3	4	5	6	7	8	9	10	11	12		
	公曆4月	1	2	3	4	5	6	7	8	9	10	11	12	13	14	15	16	17	18	19	20	21	22	23	24	25	26	27	28	29	30							
17	夏曆三月	14	15	16	17	18	19	20	21	22	23	24	25	26	27	28	29	30	㉒	2	3	4	5	6	7	8	9	10	11	12	13							
	回曆12月	13	14	15	16	17	18	19	20	21	22	23	24	25	26	27	28	29	30	1	2	3	4	5	6	7	8	9	10	11	12							
	公曆5月			1	2	3	4	5	6	7	8	9	10	11	12	13	14	15	16	17	18	19	20	21	22	23	24	25	26	27	28	29	30	31				
18	夏曆四月			14	15	16	17	18	19	20	21	22	23	24	25	26	27	28	29	(51)	2	3	4	5	6	7	8	9	10	11	12	13	14	15				
107年	回曆1月			13	14	15	16	17	18	19	20	21	22	23	24	25	26	27	28	29	30	①	2	3	4	5	6	7	8	9	10	11	12	13				
	公曆6月						1	2	3	4	5	6	7	8	9	10	11	12	13	14	15	16	17	18	19	20	21	22	23	24	25	26	27	28	29	30		
19	夏曆五月						16	17	18	19	20	21	22	23	24	25	26	27	28	29	⑳	2	3	4	5	6	7	8	9	10	11	12	13	14	15	16		
	回曆2月						14	15	16	17	18	19	20	21	22	23	24	25	26	27	28	29	30	1	2	3	4	5	6	7	8	9	10	11	12	13		
	公曆7月	1	2	3	4	5	6	7	8	9	10	11	12	13	14	15	16	17	18	19	20	21	22	23	24	25	26	27	28	29	30	31						
20	夏曆六月	17	18	19	20	21	22	23	24	25	26	27	28	29	30	㊿	2	3	4	5	6	7	8	9	10	11	12	13	14	15	16	17						
	回曆3月	14	15	16	17	18	19	20	21	22	23	24	25	26	27	28	29	1	2	3	4	5	6	7	8	9	10	11	12	13	14	15						
	公曆8月				1	2	3	4	5	6	7	8	9	10	11	12	13	14	15	16	17	18	19	20	21	22	23	24	25	26	27	28	29	30	31			
21	夏曆七月				18	19	20	21	22	23	24	25	26	27	28	29	⑲	2	3	4	5	6	7	8	9	10	11	12	13	14	15	16	17	18	19			
	回曆4月				16	17	18	19	20	21	22	23	24	25	26	27	28	29	30	1	2	3	4	5	6	7	8	9	10	11	12	13	14	15	16			
	公曆9月							1	2	3	4	5	6	7	8	9	10	11	12	13	14	15	16	17	18	19	20	21	22	23	24	25	26	27	28	29	30	
22	夏曆八月							20	21	22	23	24	25	26	27	28	29	㊽	2	3	4	5	6	7	8	9	10	11	12	13	14	15	16	17	18	19	20	
	回曆5月							17	18	19	20	21	22	23	24	25	26	27	28	29	1	2	3	4	5	6	7	8	9	10	11	12	13	14	15	16	17	
	公曆10月		1	2	3	4	5	6	7	8	9	10	11	12	13	14	15	16	17	18	19	20	21	22	23	24	25	26	27	28	29	30	31					
23	夏曆九月		21	22	23	24	25	26	27	28	29	30	⑱	2	3	4	5	6	7	8	9	10	11	12	13	14	15	16	17	18	19	20	21					
	回曆6月		18	19	20	21	22	23	24	25	26	27	28	29	30	1	2	3	4	5	6	7	8	9	10	11	12	13	14	15	16	17	18					
	公曆11月					1	2	3	4	5	6	7	8	9	10	11	12	13	14	15	16	17	18	19	20	21	22	23	24	25	26	27	28	29	30			
24	夏曆十月					22	23	24	25	26	27	28	29	30	㊽	2	3	4	5	6	7	8	9	10	11	12	13	14	15	16	17	18	19	20	21			
	回曆7月					19	20	21	22	23	24	25	26	27	28	29	1	2	3	4	5	6	7	8	9	10	11	12	13	14	15	16	17	18	19			
	公曆12月							1	2	3	4	5	6	7	8	9	10	11	12	13	14	15	16	17	18	19	20	21	22	23	24	25	26	27	28	29	30	31
25	夏曆十一月							22	23	24	25	26	27	28	29	30	⑱	2	3	4	5	6	7	8	9	10	11	12	13	14	15	16	17	18	19	20	21	22
	回曆8月							20	21	22	23	24	25	26	27	28	29	30	1	2	3	4	5	6	7	8	9	10	11	12	13	14	15	16	17	18	19	20

大事記

二月，更命“長從宿衛”之士曰“彍騎”，分隸十二衛。　三月，禁錮酷吏來俊臣等子孫。　四月，改集仙殿為集賢殿，置學士、直學士等員。遣使於突厥，告以將行封禪；突厥遣使入貢，藉陪祠。　五月，劉定高以迷信聚衆，攻通洛門，敗死。　十月，作水運渾天儀成。　十一月，帝封泰山，禪社首。　十二月，以契丹王邵固為靜折軍經略大使。于闐王尉遲眺陰結突厥及諸國謀反唐，安西副大都護殺之，更為立王。　是歲，隴右牧馬增至四十三萬匹。

唐紀年

干支丙寅　公元 726 年

朝代或國名	國家支配者	建都	廟號	謚號	建元	年號年次	輔政者	備注
唐	⑧李隆基	長安	玄宗	明	3	2開元 14 年	李元紘等	
渤海	②大武藝	龍泉府		武王	1	仁安 7 年		在東北
大蒙(南詔)	③蒙盛邏皮	巍山	太宗	威成王	1	15 年		在雲南
吐蕃	④棄隸蹜贊	邏些				23 年		
突騎施	蘇祿					11 年		
回紇								
西突厥北庭	阿史那懷道					23 年		
後突厥	④毗伽可汗					10 年		

月曆表

5439－354－1986620

月干支序數	月序＼星期	日	1	2	3	4	5	6	日	1	2	3	4	5	6	日	1	2	3	4	5	6	日	1	2	3	4	5	6	日	1	2	3	4	5	6	日	1
	公曆 1 月			1	2	3	4	5	6	7	8	9	10	11	12	13	14	15	16	17	18	19	20	21	22	23	24	25	26	27	28	29	30	31				
26	夏曆十二月			23	24	25	26	27	28	29	㊼	2	3	4	5	6	7	8	9	10	11	12	13	14	15	16	17	18	19	20	21	22	23	24				
	回曆 9 月			21	22	23	24	25	26	27	28	29	1	2	3	4	5	6	7	8	9	10	11	12	13	14	15	16	17	18	19	20	21	22				
	公曆 2 月						1	2	3	4	5	6	7	8	9	10	11	12	13	14	15	16	17	18	19	20	21	22	23	24	25	26	27	28				
27	夏曆正月						25	26	27	28	29	30	⑰	2	3	4	5	6	7	8	9	10	11	12	13	14	15	16	17	18	19	20	21	22				
	回曆 10 月						23	24	25	26	27	28	29	30	1	2	3	4	5	6	7	8	9	10	11	12	13	14	15	16	17	18	19	20				
	公曆 3 月						1	2	3	4	5	6	7	8	9	10	11	12	13	14	15	16	17	18	19	20	21	22	23	24	25	26	27	28	29	30	31	
28	夏曆二月						23	24	25	26	27	28	29	30	㊼	2	3	4	5	6	7	8	9	10	11	12	13	14	15	16	17	18	19	20	21	22	23	
	回曆 11 月						21	22	23	24	25	26	27	28	29	1	2	3	4	5	6	7	8	9	10	11	12	13	14	15	16	17	18	19	20	21	22	
	公曆 4 月		1	2	3	4	5	6	7	8	9	10	11	12	13	14	15	16	17	18	19	20	21	22	23	24	25	26	27	28	29	30						
29	夏曆三月		24	25	26	27	28	29	⑯	2	3	4	5	6	7	8	9	10	11	12	13	14	15	16	17	18	19	20	21	22	23	24						
	回曆 12 月		23	24	25	26	27	28	29	30	1	2	3	4	5	6	7	8	9	10	11	12	13	14	15	16	17	18	19	20	21	22						
	公曆 5 月				1	2	3	4	5	6	7	8	9	10	11	12	13	14	15	16	17	18	19	20	21	22	23	24	25	26	27	28	29	30	31			
30	夏曆四月				25	26	27	28	29	30	㊻	2	3	4	5	6	7	8	9	10	11	12	13	14	15	16	17	18	19	20	21	22	23	24	25			
08 年閏	回曆 1 月				23	24	25	26	27	28	29	①	2	3	4	5	6	7	8	9	10	11	12	13	14	15	16	17	18	19	20	21	22	23	24			
	公曆 6 月							1	2	3	4	5	6	7	8	9	10	11	12	13	14	15	16	17	18	19	20	21	22	23	24	25	26	27	28	29	30	
31	夏曆五月							26	27	28	29	⑮	2	3	4	5	6	7	8	9	10	11	12	13	14	15	16	17	18	19	20	21	22	23	24	25	26	
	回曆 2 月							25	26	27	28	29	30	1	2	3	4	5	6	7	8	9	10	11	12	13	14	15	16	17	18	19	20	21	22	23	24	
	公曆 7 月		1	2	3	4	5	6	7	8	9	10	11	12	13	14	15	16	17	18	19	20	21	22	23	24	25	26	27	28	29	30	31					
32	夏曆六月		27	28	29	㊹	2	3	4	5	6	7	8	9	10	11	12	13	14	15	16	17	18	19	20	21	22	23	24	25	26	27	28					
	回曆 3 月		25	26	27	28	29	1	2	3	4	5	6	7	8	9	10	11	12	13	14	15	16	17	18	19	20	21	22	23	24	25	26					
	公曆 8 月					1	2	3	4	5	6	7	8	9	10	11	12	13	14	15	16	17	18	19	20	21	22	23	24	25	26	27	28	29	30	31		

續表

月干支序數	月序＼星期	日	1	2	3	4	5	6	日	1	2	3	4	5	6	日	1	2	3	4	5	6	日	1	2	3	4	5	6	日	1	2	3	4	5	6	日	1
33	夏曆七月					29	⑬	2	3	4	5	6	7	8	9	10	11	12	13	14	15	16	17	18	19	20	21	22	23	24	25	26	27	28	29	30		
	回曆4月					27	28	29	30	1	2	3	4	5	6	7	8	9	10	11	12	13	14	15	16	17	18	19	20	21	22	23	24	25	26	27		
	公曆9月	1	2	3	4	5	6	7	8	9	10	11	12	13	14	15	16	17	18	19	20	21	22	23	24	25	26	27	28	29	30							
34 35	夏曆八九月	㊸	2	3	4	5	6	7	8	9	10	11	12	13	14	15	16	17	18	19	20	21	22	23	24	25	26	27	28	29	⑫							
	回曆5月	28	29	1	2	3	4	5	6	7	8	9	10	11	12	13	14	15	16	17	18	19	20	21	22	23	24	25	26	27	28							
	公曆10月			1	2	3	4	5	6	7	8	9	10	11	12	13	14	15	16	17	18	19	20	21	22	23	24	25	26	27	28	29	30	31				
36	夏曆十月			2	3	4	5	6	7	8	9	10	11	12	13	14	15	16	17	18	19	20	21	22	23	24	25	26	27	28	29	30	㊷	2				
	回曆6月			29	30	1	2	3	4	5	6	7	8	9	10	11	12	13	14	15	16	17	18	19	20	21	22	23	24	25	26	27	28	29				
	公曆11月						1	2	3	4	5	6	7	8	9	10	11	12	13	14	15	16	17	18	19	20	21	22	23	24	25	26	27	28	29	30		
37	夏曆十一月						3	4	5	6	7	8	9	10	11	12	13	14	15	16	17	18	19	20	21	22	23	24	25	26	27	28	29	30	⑫	2		
	回曆7月						1	2	3	4	5	6	7	8	9	10	11	12	1	14	15	16	17	18	19	20	21	22	23	24	25	26	27	28	29	30		
	公曆12月	1	2	3	4	5	6	7	8	9	10	11	12	13	14	15	16	17	18	19	20	21	22	23	24	25	26	27	28	29	30	31						
38	夏曆十二月	3	4	5	6	7	8	9	10	11	12	13	14	15	16	17	18	19	20	21	22	23	24	25	26	27	28	29	㊶	2	3	4						
	回曆8、9月	1	2	3	4	5	6	7	8	9	10	11	12	13	14	15	16	17	18	19	20	21	22	23	24	25	26	27	28	29	1	2						

大事記

正月，以帝從甥陳氏為東華公主，妻契丹王李邵固；以成安公主女韋氏為東光公主，妻奚王魯蘇。　二月，邕州封陵僚梁大海等據賓、横二州，遣内侍楊思勗擊之。　四月，分置北平、恒陽、唐興、高陽、横海等軍於定、恒、莫、易、滄等州，以備突厥。　五月，戶部奏今歲戶 7 069 500 餘，口 4 140 餘萬。　七月，河南、北大水，溺死者以千計。　十二月，楊思勗擒梁大海等三千餘人，殺萬人。

是歲，黑水靺鞨遣使來朝，以其國為黑水州。突騎施可汗蘇祿以都護無禮，怒掠四鎮。

唐紀年

干支丁卯　公元 727 年

朝代或國名	國家支配者	建都	廟號	謚號	建元	年號年次	輔政者	備注
唐	⑧李隆基	長安	玄宗	明	3	2 開元 15 年	李元紘等	
渤海	②大武藝	龍泉府		武王	1	仁安 8 年		在東北
大蒙(南詔)	③蒙盛邏皮	巍山	太宗	威成王	1	16 年		在雲南
吐蕃	④棄隸蹜贊	邏些				24 年		
突騎施	蘇祿					12 年		
回紇								
西突厥北庭	阿史那懷道					24 年		
後突厥	④毗伽可汗					11 年		

月干支序數	星期 / 月序	日	1	2	3	4	5	6	日	1	2	3	4	5	6	日	1	2	3	4	5	6	日	1	2	3	4	5	6	日	1	2	3	4	5	6	日	1
	公曆 1 月				1	2	3	4	5	6	7	8	9	10	11	12	13	14	15	16	17	18	19	20	21	22	23	24	25	26	27	28	29	30	31			
39	夏曆正月				5	6	7	8	9	10	11	12	13	14	15	16	17	18	19	20	21	22	23	24	25	26	27	28	29	30	⑪	2	3	4	5			
	回曆 10 月				3	4	5	6	7	8	9	10	11	12	13	14	15	16	17	18	19	20	21	22	23	24	25	26	27	28	29	30	1	2	3			
	公曆 2 月							1	2	3	4	5	6	7	8	9	10	11	12	13	14	15	16	17	18	19	20	21	22	23	24	25	26	27	28			
40	夏曆二月							6	7	8	9	10	11	12	13	14	15	16	17	18	19	20	21	22	23	24	25	26	27	28	29	30	㊶	2	3			
	回曆 11 月							4	5	6	7	8	9	10	11	12	13	14	15	16	17	18	19	20	21	22	23	24	25	26	27	28	29	1	2			
	公曆 3 月							1	2	3	4	5	6	7	8	9	10	11	12	13	14	15	16	17	18	19	20	21	22	23	24	25	26	27	28	29	30	31
41	夏曆三月							4	5	6	7	8	9	10	11	12	13	14	15	16	17	18	19	20	21	22	23	24	25	26	27	28	29	⑩	2	3	4	5
	回曆 12 月							3	4	5	6	7	8	9	10	11	12	13	14	15	16	17	18	19	20	21	22	23	24	25	26	27	28	29	30	1	2	3
	公曆 4 月			1	2	3	4	5	6	7	8	9	10	11	12	13	14	15	16	17	18	19	20	21	22	23	24	25	26	27	28	29	30					
42	夏曆四月			6	7	8	9	10	11	12	13	14	15	16	17	18	19	20	21	22	23	24	25	26	27	28	29	30	㊵	2	3	4	5					
109 年	回曆 1 月			4	5	6	7	8	9	10	11	12	13	14	15	16	17	18	19	20	21	22	23	24	25	26	27	28	29	30	①	2	3					
	公曆 5 月					1	2	3	4	5	6	7	8	9	10	11	12	13	14	15	16	17	18	19	20	21	22	23	24	25	26	27	28	29	30	31		
43	夏曆五月					6	7	8	9	10	11	12	13	14	15	16	17	18	19	20	21	22	23	24	25	26	27	28	29	30	⑩	2	3	4	5	6		
	回曆 2 月					4	5	6	7	8	9	10	11	12	13	14	15	16	17	18	19	20	21	22	23	24	25	26	27	28	29	30	1	2	3	4		
	公曆 6 月	1	2	3	4	5	6	7	8	9	10	11	12	13	14	15	16	17	18	19	20	21	22	23	24	25	26	27	28	29	30							
44	夏曆六月	7	8	9	10	11	12	13	14	15	16	17	18	19	20	21	22	23	24	25	26	27	28	29	㊴	2	3	4	5	6	7							
	回曆 3 月	5	6	7	8	9	10	11	12	13	14	15	16	17	18	19	20	21	22	23	24	25	26	27	28	29	1	2	3	4	5							
	公曆 7 月			1	2	3	4	5	6	7	8	9	10	11	12	13	14	15	16	17	18	19	20	21	22	23	24	25	26	27	28	29	30	31				
45	夏曆七月			8	9	10	11	12	13	14	15	16	17	18	19	20	21	22	23	24	25	26	27	28	29	⑧	2	3	4	5	6	7	8	9				
	回曆 4 月			6	7	8	9	10	11	12	13	14	15	16	17	18	19	20	21	22	23	24	25	26	27	28	29	30	1	2	3	4	5	6				
	公曆 8 月						1	2	3	4	5	6	7	8	9	10	11	12	13	14	15	16	17	18	19	20	21	22	23	24	25	26	27	28	29	30	31	
46	夏曆八月						10	11	12	13	14	15	16	17	18	19	20	21	22	23	24	25	26	27	28	29	30	㊳	2	3	4	5	6	7	8	9	10	
	回曆 5 月						7	8	9	10	11	12	13	14	15	16	17	18	19	20	21	22	23	24	25	26	27	28	29	1	2	3	4	5	6	7	8	
	公曆 9 月		1	2	3	4	5	6	7	8	9	10	11	12	13	14	15	16	17	18	19	20	21	22	23	24	25	26	27	28	29	30						
47	夏曆九月		11	12	13	14	15	16	17	18	19	20	21	22	23	24	25	26	27	28	29	⑦	2	3	4	5	6	7	8	9	10	11						
	回曆 6 月		9	10	11	12	13	14	15	16	17	18	19	20	21	22	23	24	25	26	27	28	29	30	1	2	3	4	5	6	7	8						
	公曆 10 月				1	2	3	4	5	6	7	8	9	10	11	12	13	14	15	16	17	18	19	20	21	22	23	24	25	26	27	28	29	30	31			
48	夏曆十月				12	13	14	15	16	17	18	19	20	21	22	23	24	25	26	27	28	29	㊱	2	3	4	5	6	7	8	9	10	11	12	13			
	回曆 7 月				9	10	11	12	13	14	15	16	17	18	19	20	21	22	23	24	25	26	27	28	29	1	2	3	4	5	6	7	8	9	10			
	公曆 11 月							1	2	3	4	5	6	7	8	9	10	11	12	13	14	15	16	17	18	19	20	21	22	23	24	25	26	27	28	29	30	
	夏曆閏十月							14	15	16	17	18	19	20	21	22	23	24	25	26	27	28	29	30	⑥	2	3	4	5	6	7	8	9	10	11	12	13	
	回曆 8 月							11	12	13	14	15	16	17	18	19	20	21	22	23	24	25	26	27	28	29	30	1	2	3	4	5	6	7	8	9	10	
	公曆 12 月		1	2	3	4	5	6	7	8	9	10	11	12	13	14	15	16	17	18	19	20	21	22	23	24	25	26	27	28	29	30	31					
49	夏曆十一月		14	15	16	17	18	19	20	21	22	23	24	25	26	27	28	29	30	㊱	2	3	4	5	6	7	8	9	10	11	12	13	14					
	回曆 9 月		11	12	13	14	15	16	17	18	19	20	21	22	23	24	25	26	27	28	29	1	2	3	4	5	6	7	8	9	10	11	12					

大事記

正月，吐蕃軍侵入瓜州，唐將王君㚟追擊吐蕃於青海西，獲羊、馬萬計。　二月，令括逃戶，後復有逃來者輸當年租庸，有征役先差。　九月，吐蕃陷瓜州，執刺史及王君㚟之父，進攻玉門軍常樂縣。王君㚟言回紇、契苾、思結、渾等四部居甘、涼者潛有叛計，於是流四部都督等於江南嶺外，以回紇伏帝難為瀚海大都督。　突厥毗伽可汗遣使入貢，且獻吐蕃勾結之書，因許於西受降城互市，以帛易馬。閏九月，吐蕃贊普與突騎施可汗圍安西，敗還。回紇護輸襲殺王君㚟。　十一月，瓜州刺史張守珪敗吐蕃於城下，陞州為都督府，守珪為都督。　十二月，集隴右、河西等道兵十五萬防吐蕃。

唐紀年

干支戊辰　公元728年

朝代或國名	國家支配者	建都	廟號	謚號	建元	年號年次	輔政者	備注
唐	⑧李隆基	長安	玄宗	明	3	2開元16年	蕭嵩等	
渤海	②大武藝	龍泉府		武王	1	仁安9年		在東北
南詔(大蒙)	④蒙皮羅閣	陽苴咩		南詔王	1	元年		在雲南大理
吐蕃	④棄隸蹜贊	邏些				25年		
突騎施	蘇祿					13年		
回紇								
西突厥北庭	阿史那懷道					25年		
後突厥	④毗伽可汗					12年		

月曆表

5441—354—1987358

月干支序數	月序＼星期	日	1	2	3	4	5	6	日	1	2	3	4	5	6	日	1	2	3	4	5	6	日	1	2	3	4	5	6	日	1	2	3	4	5	6	日	1
	公暦1月					1	2	3	4	5	6	7	8	9	10	11	12	13	14	15	16	17	18	19	20	21	22	23	24	25	26	27	28	29	30	31		
50	夏暦十二月					15	16	17	18	19	20	21	22	23	24	25	26	27	28	29	⑤	2	3	4	5	6	7	8	9	10	11	12	13	14	15	16		
	回暦10月					13	14	15	16	17	18	19	20	21	22	23	24	25	26	27	28	29	30	1	2	3	4	5	6	7	8	9	10	11	12	13		
	公暦2月	1	2	3	4	5	6	7	8	9	10	11	12	13	14	15	16	17	18	19	20	21	22	23	24	25	26	27	28	29								
51	夏暦正月	17	18	19	20	21	22	23	24	25	26	27	28	29	30	㉟	2	3	4	5	6	7	8	9	10	11	12	13	14	15								
	回暦11月	14	15	16	17	18	19	20	21	22	23	24	25	26	27	28	29	1	2	3	4	5	6	7	8	9	10	11	12	13								
	公暦3月		1	2	3	4	5	6	7	8	9	10	11	12	13	14	15	16	17	18	19	20	21	22	23	24	25	26	27	28	29	30	31					
52	夏暦二月		16	17	18	19	20	21	22	23	24	25	26	27	28	29	④	2	3	4	5	6	7	8	9	10	11	12	13	14	15	16	17					
	回暦12月		14	15	16	17	18	19	20	21	22	23	24	25	26	27	28	29	30	1	2	3	4	5	6	7	8	9	10	11	12	13	14					
	公暦4月					1	2	3	4	5	6	7	8	9	10	11	12	13	14	15	16	17	18	19	20	21	22	23	24	25	26	27	28	29	30			
53	夏暦三月					18	19	20	21	22	23	24	25	26	27	28	29	30	㉞	2	3	4	5	6	7	8	9	10	11	12	13	14	15	16	17			
110年	回暦1月					15	16	17	18	19	20	21	22	23	24	25	26	27	28	29	①	2	3	4	5	6	7	8	9	10	11	12	13	14	15			
	公暦5月							1	2	3	4	5	6	7	8	9	10	11	12	13	14	15	16	17	18	19	20	21	22	23	24	25	26	27	28	29	30	31
54	夏暦四月							18	19	20	21	22	23	24	25	26	27	28	29	30	④	2	3	4	5	6	7	8	9	10	11	12	13	14	15	16	17	18
	回暦2月							16	17	18	19	20	21	22	23	24	25	26	27	28	29	30	1	2	3	4	5	6	7	8	9	10	11	12	13	14	15	16
	公暦6月			1	2	3	4	5	6	7	8	9	10	11	12	13	14	15	16	17	18	19	20	21	22	23	24	25	26	27	28	29	30					
55	夏暦五月			19	20	21	22	23	24	25	26	27	28	29	㉝	2	3	4	5	6	7	8	9	10	11	12	13	14	15	16	17	18	19					
	回暦3月			17	18	19	20	21	22	23	24	25	26	27	28	29	1	2	3	4	5	6	7	8	9	10	11	12	13	14	15	16	17					
	公暦7月					1	2	3	4	5	6	7	8	9	10	11	12	13	14	15	16	17	18	19	20	21	22	23	24	25	26	27	28	29	30	31		
56	夏暦六月					20	21	22	23	24	25	26	27	28	29	30	③	2	3	4	5	6	7	8	9	10	11	12	13	14	15	16	17	18	19	20		
	回暦4月					18	19	20	21	22	23	24	25	26	27	28	29	30	1	2	3	4	5	6	7	8	9	10	11	12	13	14	15	16	17	18		
	公暦8月	1	2	3	4	5	6	7	8	9	10	11	12	13	14	15	16	17	18	19	20	21	22	23	24	25	26	27	28	29	30	31						
57	夏暦七月	21	22	23	24	25	26	27	28	29	㉜	2	3	4	5	6	7	8	9	10	11	12	13	14	15	16	17	18	19	20	21	22						
	回暦5月	19	20	21	22	23	24	25	26	27	28	29	1	2	3	4	5	6	7	8	9	10	11	12	13	14	15	16	17	18	19	20						
	公暦9月				1	2	3	4	5	6	7	8	9	10	11	12	13	14	15	16	17	18	19	20	21	22	23	24	25	26	27	28	29	30				
58	夏暦八月				23	24	25	26	27	28	29	①	2	3	4	5	6	7	8	9	10	11	12	13	14	15	16	17	18	19	20	21	22	23				
	回暦6月				21	22	23	24	25	26	27	28	29	30	1	2	3	4	5	6	7	8	9	10	11	12	13	14	15	16	17	18	19	20				
	公暦10月						1	2	3	4	5	6	7	8	9	10	11	12	13	14	15	16	17	18	19	20	21	22	23	24	25	26	27	28	29	30	31	
59	夏暦九月						24	25	26	27	28	29	30	㉛	2	3	4	5	6	7	8	9	10	11	12	13	14	15	16	17	18	19	20	21	22	23	24	
	回暦7月						21	22	23	24	25	26	27	28	29	1	2	3	4	5	6	7	8	9	10	11	12	13	14	15	16	17	18	19	20	21	22	

續表

月干支序數	月序＼星期	日	1	2	3	4	5	6	日	1	2	3	4	5	6	日	1	2	3	4	5	6	日	1	2	3	4	5	6	日	1	2	3	4	5	6	日	1
	公曆 11 月		1	2	3	4	5	6	7	8	9	10	11	12	13	14	15	16	17	18	19	20	21	22	23	24	25	26	27	28	29	30						
60	夏曆十月		25	26	27	28	29	(60)	2	3	4	5	6	7	8	9	10	11	12	13	14	15	16	17	18	19	20	21	22	23	24	25						
	回曆 8 月		23	24	25	26	27	28	29	30	1	2	3	4	5	6	7	8	9	10	11	12	13	14	15	16	17	18	19	20	21	22						
	公曆 12 月				1	2	3	4	5	6	7	8	9	10	11	12	13	14	15	16	17	18	19	20	21	22	23	24	25	26	27	28	29	30	31			
1	夏曆十一月				26	27	28	29	30	(30)	2	3	4	5	6	7	8	9	10	11	12	13	14	15	16	17	18	19	20	21	22	23	24	25	26			
	回曆 9 月				23	24	25	26	27	28	29	1	2	3	4	5	6	7	8	9	10	11	12	13	14	15	16	17	18	19	20	21	22	23	24			

大事記

正月，安西兵敗吐蕃於曲子城。春，瀧州僚陳行範、馮璘、何游魯起事，陷四十餘城，行範稱帝，游魯稱定國大將軍，璘稱南越王；遣内侍楊思勗擊之。　二月，改彍騎為左右羽林軍飛騎。　七月，吐蕃擾瓜州，張守珪敗之；尋河西、隴右軍大破吐蕃於渴波谷，拔大莫門城。　八月，頒行《開元大衍曆》。吐蕃復來擾，河西兵又大破之。　十二月，令長征兵分五番，歲遣一番還家，五年酬助五轉。　是歲，令戶籍分九等，三歲一定。楊思勗擒斬陳行範、馮璘、何游魯，斬獲六萬級。

唐紀年

干支己巳　公元 729 年

朝代或國名	國家支配者	建都	廟號	謚號	建元	年號年次	輔政者	備注
唐	⑧李隆基	長安	玄宗	明	3	2 開元 17 年	蕭嵩等	
渤海	②大武藝	龍泉府		武王	1	仁安 10 年		在東北
南詔	④蒙皮邏閣	陽苴咩		南詔王	1	2 年		在雲南
吐蕃	④棄隸蹜贊	邏些				26 年		
突騎施	蘇祿					14 年		
回紇								
西突厥北庭	阿史那懷道					26 年		
後突厥	④毗伽可汗					13 年		

月曆表

5442—354—1987712

月干支序數	月序＼星期	日	1	2	3	4	5	6	日	1	2	3	4	5	6	日	1	2	3	4	5	6	日	1	2	3	4	5	6	日	1	2	3	4	5	6	日	1
	公曆 1 月							1	2	3	4	5	6	7	8	9	10	11	12	13	14	15	16	17	18	19	20	21	22	23	24	25	26	27	28	29	30	31
2	夏曆十二月							27	28	29	(59)	2	3	4	5	6	7	8	9	10	11	12	13	14	15	16	17	18	19	20	21	22	23	24	25	26	27	28
	回曆 10 月							25	26	27	28	29	30	1	2	3	4	5	6	7	8	9	10	11	12	13	14	15	16	17	18	19	20	21	22	23	24	25
	公曆 2 月			1	2	3	4	5	6	7	8	9	10	11	12	13	14	15	16	17	18	19	20	21	22	23	24	25	26	27	28							
3	夏曆正月			29	30	(29)	2	3	4	5	6	7	8	9	10	11	12	13	14	15	16	17	18	19	20	21	22	23	24	25	26							
	回曆 11 月			26	27	28	29	1	2	3	4	5	6	7	8	9	10	11	12	13	14	15	16	17	18	19	20	21	22	23	24							
	公曆 3 月			1	2	3	4	5	6	7	8	9	10	11	12	13	14	15	16	17	18	19	20	21	22	23	24	25	26	27	28	29	30	31				
4	夏曆二月			27	28	29	30	(59)	2	3	4	5	6	7	8	9	10	11	12	13	14	15	16	17	18	19	20	21	22	23	24	25	26	27				
	回曆 12 月			25	26	27	28	29	30	1	2	3	4	5	6	7	8	9	10	11	12	13	14	15	16	17	18	19	20	21	22	23	24	25				
	公曆 4 月						1	2	3	4	5	6	7	8	9	10	11	12	13	14	15	16	17	18	19	20	21	22	23	24	25	26	27	28	29	30		
5	夏曆三月						28	29	(28)	2	3	4	5	6	7	8	9	10	11	12	13	14	15	16	17	18	19	20	21	22	23	24	25	26	27	28		
111 年閏	回曆 1 月						26	27	28	29	(1)	2	3	4	5	6	7	8	9	10	11	12	13	14	15	16	17	18	19	20	21	22	23	24	25	26		
	公曆 5 月	1	2	3	4	5	6	7	8	9	10	11	12	13	14	15	16	17	18	19	20	21	22	23	24	25	26	27	28	29	30	31						

續表

月干支序數	月序＼星期	日	1	2	3	4	5	6	日	1	2	3	4	5	6	日	1	2	3	4	5	6	日	1	2	3	4	5	6	日	1	2	3	4	5	6	日	1
6	夏曆四月	29	30	(58)	2	3	4	5	6	7	8	9	10	11	12	13	14	15	16	17	18	19	20	21	22	23	24	25	26	27	28	29						
	回曆2月	27	28	29	30	1	2	3	4	5	6	7	8	9	10	11	12	13	14	15	16	17	18	19	20	21	22	23	24	25	26	27						
	公曆6月				1	2	3	4	5	6	7	8	9	10	11	12	13	14	15	16	17	18	19	20	21	22	23	24	25	26	27	28	29	30				
7	夏曆五月				㉗	2	3	4	5	6	7	8	9	10	11	12	13	14	15	16	17	18	19	20	21	22	23	24	25	26	27	28	29	30				
	回曆3月				28	29	1	2	3	4	5	6	7	8	9	10	11	12	13	14	15	16	17	18	19	20	21	22	23	24	25	26	27	28				
	公曆7月						1	2	3	4	5	6	7	8	9	10	11	12	13	14	15	16	17	18	19	20	21	22	23	24	25	26	27	28	29	30	31	
8 9	夏曆六 七月						(57)	2	3	4	5	6	7	8	9	10	11	12	13	14	15	16	17	18	19	20	21	22	23	24	25	26	27	28	29	㉖	2	
	回曆4月						29	30	1	2	3	4	5	6	7	8	9	10	11	12	13	14	15	16	17	18	19	20	21	22	23	24	25	26	27	28	29	
	公曆8月		1	2	3	4	5	6	7	8	9	10	11	12	13	14	15	16	17	18	19	20	21	22	23	24	25	26	27	28	29	30	31					
10	夏曆八月		3	4	5	6	7	8	9	10	11	12	13	14	15	16	17	18	19	20	21	22	23	24	25	26	27	28	29	30	(56)	2	3					
	回曆5、6月		1	2	3	4	5	6	7	8	9	10	11	12	13	14	15	16	17	18	19	20	21	22	23	24	25	26	27	28	29	30	1					
	公曆9月					1	2	3	4	5	6	7	8	9	10	11	12	13	14	15	16	17	18	19	20	21	22	23	24	25	26	27	28	29	30			
11	夏曆九月					4	5	6	7	8	9	10	11	12	13	14	15	16	17	18	19	20	21	22	23	24	25	26	27	28	29	㉕	2	3	4			
	回曆7月					2	3	4	5	6	7	8	9	10	11	12	13	14	15	16	17	18	19	20	21	22	23	24	25	26	27	28	29	1	2			
	公曆10月							1	2	3	4	5	6	7	8	9	10	11	12	13	14	15	16	17	18	19	20	21	22	23	24	25	26	27	28	29	30	31
12	夏曆十月							5	6	7	8	9	10	11	12	13	14	15	16	17	18	19	20	21	22	23	24	25	26	27	28	29	30	(55)	2	3	4	5
	回曆8月							3	4	5	6	7	8	9	10	11	12	13	14	15	16	17	18	19	20	21	22	23	24	25	26	27	28	29	30	1	2	3
	公曆11月			1	2	3	4	5	6	7	8	9	10	11	12	13	14	15	16	17	18	19	20	21	22	23	24	25	26	27	28	29	30					
13	夏曆十一月			6	7	8	9	10	11	12	13	14	15	16	17	18	19	20	21	22	23	24	25	26	27	28	29	㉔	2	3	4	5	6					
	回曆9月			4	5	6	7	8	9	10	11	12	13	14	15	16	17	18	19	20	21	22	23	24	25	26	27	28	29	1	2	3	4					
	公曆12月					1	2	3	4	5	6	7	8	9	10	11	12	13	14	15	16	17	18	19	20	21	22	23	24	25	26	27	28	29	30	31		
14	夏曆十二月					7	8	9	10	11	12	13	14	15	16	17	18	19	20	21	22	23	24	25	26	27	28	29	30	(54)	2	3	4	5	6	7		
	回曆10月					5	6	7	8	9	10	11	12	13	14	15	16	17	18	19	20	21	22	23	24	25	26	27	28	29	30	1	2	3	4	5		

舊誌十月丙午,誤。

大事記

二月，　州兵破西南夷，拔昆明、鹽城，斬獲萬人。　　三月，張守珪等擊吐蕃，大破之。朔方兵拔石城堡，更名振武軍。　　五月，復置十道及京都兩畿按察使。　　八月，以盜鑄錢者多，禁私賣銅、鉛、錫及以銅為器皿，采銅、鉛、錫者售於官。　　十一月，免百姓地稅之半。

唐紀年

干支庚午　公元730年

朝代或國名	國家支配者	建都	廟號	謚號	建元	年號年次	輔政者	備注
唐	⑧李隆基	長安	玄宗	明	3	2開元18年	蕭嵩等	
渤海	②大武藝	龍泉府		武王	1	仁安11年		在東北
南詔	④蒙皮邏閣	陽苴咩		南詔王	1	3年		在雲南
吐蕃	④棄隸蹜贊	邏些				27年		
突騎施	蘇祿					15年		
回紇								
西突厥北庭	阿史那懷道					27年		
後突厥	④毗伽可汗					14年		

月曆表

月干支序數	星期 / 月序	日	1	2	3	4	5	6	日	1	2	3	4	5	6	日	1	2	3	4	5	6	日	1	2	3	4	5	6	日	1	2	3	4	5	6	日	1
	公暦1月	1	2	3	4	5	6	7	8	9	10	11	12	13	14	15	16	17	18	19	20	21	22	23	24	25	26	27	28	29	30	31						
15	夏暦正月	8	9	10	11	12	13	14	15	16	17	18	19	20	21	22	23	24	25	26	27	28	29	(23)	2	3	4	5	6	7	8	9						
	回暦11月	6	7	8	9	10	11	12	13	14	15	16	17	18	19	20	21	22	23	24	25	26	27	28	29	1	2	3	4	5	6	7						
	公暦2月				1	2	3	4	5	6	7	8	9	10	11	12	13	14	15	16	17	18	19	20	21	22	23	24	25	26	27	28						
16	夏暦二月				10	11	12	13	14	15	16	17	18	19	20	21	22	23	24	25	26	27	28	29	30	(53)	2	3	4	5	6	7						
	回暦12月				8	9	10	11	12	13	14	15	16	17	18	19	20	21	22	23	24	25	26	27	28	29	30	1	2	3	4	5						
	公暦3月				1	2	3	4	5	6	7	8	9	10	11	12	13	14	15	16	17	18	19	20	21	22	23	24	25	26	27	28	29	30	31			
17	夏暦三月				8	9	10	11	12	13	14	15	16	17	18	19	20	21	22	23	24	25	26	27	28	29	(22)	2	3	4	5	6	7	8	9			
112年	回暦1月				6	7	8	9	10	11	12	13	14	15	16	17	18	19	20	21	22	23	24	25	26	27	28	29	30	1	2	3	4	5	6			
	公暦4月							1	2	3	4	5	6	7	8	9	10	11	12	13	14	15	16	17	18	19	20	21	22	23	24	25	26	27	28	29	30	
18	夏暦四月							10	11	12	13	14	15	16	17	18	19	20	21	22	23	24	25	26	27	28	29	30	(52)	2	3	4	5	6	7	8	9	
	回暦2月							7	8	9	10	11	12	13	14	15	16	17	18	19	20	21	22	23	24	25	26	27	28	29	30	1	2	3	4	5	6	
	公暦5月		1	2	3	4	5	6	7	8	9	10	11	12	13	14	15	16	17	18	19	20	21	22	23	24	25	26	27	28	29	30	31					
19	夏暦五月		10	11	12	13	14	15	16	17	18	19	20	21	22	23	24	25	26	27	28	29	(21)	2	3	4	5	6	7	8	9	10	11					
	回暦3月		7	8	9	10	11	12	13	14	15	16	17	18	19	20	21	22	23	24	25	26	27	28	29	1	2	3	4	5	6	7	8					
	公暦6月					1	2	3	4	5	6	7	8	9	10	11	12	13	14	15	16	17	18	19	20	21	22	23	24	25	26	27	28	29	30			
20	夏暦六月					12	13	14	15	16	17	18	19	20	21	22	23	24	25	26	27	28	29	30	(51)	2	3	4	5	6	7	8	9	10	11			
	回暦4月					9	10	11	12	13	14	15	16	17	18	19	20	21	22	23	24	25	26	27	28	29	30	1	2	3	4	5	6	7	8			
	公暦7月							1	2	3	4	5	6	7	8	9	10	11	12	13	14	15	16	17	18	19	20	21	22	23	24	25	26	27	28	29	30	31
	夏暦閏六月							12	13	14	15	16	17	18	19	20	21	22	23	24	25	26	27	28	29	30	(21)	2	3	4	5	6	7	8	9	10	11	12
	回暦5月							9	10	11	12	13	14	15	16	17	18	19	20	21	22	23	24	25	26	27	28	29	1	2	3	4	5	6	7	8	9	10
	公暦8月			1	2	3	4	5	6	7	8	9	10	11	12	13	14	15	16	17	18	19	20	21	22	23	24	25	26	27	28	29	30	31				
21	夏暦七月			13	14	15	16	17	18	19	20	21	22	23	24	25	26	27	28	29	(50)	2	3	4	5	6	7	8	9	10	11	12	13	14				
	回暦6月			11	12	13	14	15	16	17	18	19	20	21	22	23	24	25	26	27	28	29	20	1	2	3	4	5	6	7	8	9	10	11				
	公暦9月						1	2	3	4	5	6	7	8	9	10	11	12	13	14	15	16	17	18	19	20	21	22	23	24	25	26	27	28	29	30		
22	夏暦八月						15	16	17	18	19	20	21	22	23	24	25	26	27	28	29	30	(20)	2	3	4	5	6	7	8	9	10	11	12	13	14		
	回暦7月						12	13	14	15	16	17	18	19	20	21	22	23	24	25	26	27	28	29	1	2	3	4	5	6	7	8	9	10	11	12		
	公暦10月	1	2	3	4	5	6	7	8	9	10	11	12	13	14	15	16	17	18	19	20	21	22	23	24	25	26	27	28	29	30	31						
23	夏暦九月	15	16	17	18	19	20	21	22	23	24	25	26	27	28	29	(49)	2	3	4	5	6	7	8	9	10	11	12	13	14	15	16						
	回暦8月	13	14	15	16	17	18	19	20	21	22	23	24	25	26	27	28	29	30	1	2	3	4	5	6	7	8	9	10	11	12	13						
	公暦11月				1	2	3	4	5	6	7	8	9	10	11	12	13	14	15	16	17	18	19	20	21	22	23	24	25	26	27	28	29	30				
24	夏暦十月				17	18	19	20	21	22	23	24	25	26	27	28	29	30	(19)	2	3	4	5	6	7	8	9	10	11	12	13	14	15	16				
	回暦9月				14	15	16	17	18	19	20	21	22	23	24	25	26	27	28	29	1	2	3	4	5	6	7	8	9	10	11	12	13	14				
	公暦12月						1	2	3	4	5	6	7	8	9	10	11	12	13	14	15	16	17	18	19	20	21	22	23	24	25	26	27	28	29	30	31	
25	夏暦十一月						17	18	19	20	21	22	23	24	25	26	27	28	29	(48)	2	3	4	5	6	7	8	9	10	11	12	13	14	15	16	17	18	
	回暦10月						15	16	17	18	19	20	21	22	23	24	25	26	27	28	29	30	1	2	3	4	5	6	7	8	9	10	11	12	13	14	15	

大事記

三月，復給京官職田。　四月，兼吏部尚書裴光庭改選法，一循資格。　五月，吐蕃遣使致書於境上請和。契丹將可突干殺其王李邵固，并脅奚人附於突厥；奚王李魯蘇及東光、東華二公主皆來奔。　六月，發十八總管兵擊之。可突干擾平盧軍，敗於捺祿山。　十月，吐蕃贊普遣使入貢。護密王羅真檀來朝。　是歲，斷天下死罪止二十四人。

唐紀年

干支辛未　公元731年

朝代或國名	國家支配者	建都	廟號	謚號	建元	年號年次	輔政者	備注
唐	⑧李隆基	長安	玄宗	明	3	2開元19年	蕭嵩等	
渤海	②大武藝	龍泉府		武王	1	仁安12年		在東北
南詔	④蒙皮邏閣	陽苴咩		南詔王	1	4年		在雲南
吐蕃	④棄隸蹜贊	邏些				28年		
突騎施	蘇祿					16年		
回紇								
西突厥北庭	阿史那懷道					28年		
後突厥	④毗伽可汗					15年		

月曆表

5444—355—1988451

月干支序數	月序 ＼ 星期	日	1	2	3	4	5	6	日	1	2	3	4	5	6	日	1	2	3	4	5	6	日	1	2	3	4	5	6	日	1	2	3	4	5	6	日	1
	公曆1月		1	2	3	4	5	6	7	8	9	10	11	12	13	14	15	16	17	18	19	20	21	22	23	24	25	26	27	28	29	30	31					
26	夏曆十二月		19	20	21	22	23	24	25	26	27	28	29	30	⑱	2	3	4	5	6	7	8	9	10	11	12	13	14	15	16	17	18	19					
	回曆11月		16	17	18	19	20	21	22	23	24	25	26	27	28	29	1	2	3	4	5	6	7	8	9	10	11	12	13	14	15	16	17					
	公曆2月					1	2	3	4	5	6	7	8	9	10	11	12	13	14	15	16	17	18	19	20	21	22	23	24	25	26	27	28					
27	夏曆正月					20	21	22	23	24	25	26	27	28	29	㊼	2	3	4	5	6	7	8	9	10	11	12	13	14	15	16	17	18					
	回曆12月					18	19	20	21	22	23	24	25	26	27	28	29	30	1	2	3	4	5	6	7	8	9	10	11	12	13	14	15					
	公曆3月					1	2	3	4	5	6	7	8	9	10	11	12	13	14	15	16	17	18	19	20	21	22	23	24	25	26	27	28	29	30	31		
28	夏曆二月					19	20	21	22	23	24	25	26	27	28	29	30	⑰	2	3	4	5	6	7	8	9	10	11	12	13	14	15	16	17	18	19		
113年	回曆1月					16	17	18	19	20	21	22	23	24	25	26	27	28	29	①	2	3	4	5	6	7	8	9	10	11	12	13	14	15	16	17		
	公曆4月	1	2	3	4	5	6	7	8	9	10	11	12	13	14	15	16	17	18	19	20	21	22	23	24	25	26	27	28	29	30							
29	夏曆三月	20	21	22	23	24	25	26	27	28	29	㊻	2	3	4	5	6	7	8	9	10	11	12	13	14	15	16	17	18	19	20							
	回曆2月	18	19	20	21	22	23	24	25	26	27	28	29	30	1	2	3	4	5	6	7	8	9	10	11	12	13	14	15	16	17							
	公曆5月			1	2	3	4	5	6	7	8	9	10	11	12	13	14	15	16	17	18	19	20	21	22	23	24	25	26	27	28	29	30	31				
30	夏曆四月			21	22	23	24	25	26	27	28	29	30	⑯	2	3	4	5	6	7	8	9	10	11	12	13	14	15	16	17	18	19	20	21				
	回曆3月			18	19	20	21	22	23	24	25	26	27	28	29	1	2	3	4	5	6	7	8	9	10	11	12	13	14	15	16	17	18	19				
	公曆6月						1	2	3	4	5	6	7	8	9	10	11	12	13	14	15	16	17	18	19	20	21	22	23	24	25	26	27	28	29	30		
31	夏曆五月						22	23	24	25	26	27	28	29	㊺	2	3	4	5	6	7	8	9	10	11	12	13	14	15	16	17	18	19	20	21	22		
	回曆4月						20	21	22	23	24	25	26	27	28	29	30	1	2	3	4	5	6	7	8	9	10	11	12	13	14	15	16	17	18	19		
	公曆7月	1	2	3	4	5	6	7	8	9	10	11	12	13	14	15	16	17	18	19	20	21	22	23	24	25	26	27	28	29	30	31						
32	夏曆六月	23	24	25	26	27	28	29	30	⑮	2	3	4	5	6	7	8	9	10	11	12	13	14	15	16	17	18	19	20	21	22	23						
	回曆5月	20	21	22	23	24	25	26	27	28	29	1	2	3	4	5	6	7	8	9	10	11	12	13	14	15	16	17	18	19	20	21						
	公曆8月				1	2	3	4	5	6	7	8	9	10	11	12	13	14	15	16	17	18	19	20	21	22	23	24	25	26	27	28	29	30	31			
33	夏曆七月				24	25	26	27	28	29	㊹	2	3	4	5	6	7	8	9	10	11	12	13	14	15	16	17	18	19	20	21	22	23	24	25			
	回曆6月				22	23	24	25	26	27	28	29	30	1	2	3	4	5	6	7	8	9	10	11	12	13	14	15	16	17	18	19	20	21	22			
	公曆9月							1	2	3	4	5	6	7	8	9	10	11	12	13	14	15	16	17	18	19	20	21	22	23	24	25	26	27	28	29	30	
34	夏曆八月							26	27	28	29	30	⑭	2	3	4	5	6	7	8	9	10	11	12	13	14	15	16	17	18	19	20	21	22	23	24	25	
	回曆7月							23	24	25	26	27	28	29	1	2	3	4	5	6	7	8	9	10	11	12	13	14	15	16	17	18	19	20	21	22	23	
	公曆10月		1	2	3	4	5	6	7	8	9	10	11	12	13	14	15	16	17	18	19	20	21	22	23	24	25	26	27	28	29	30	31					
35	夏曆九月		26	27	28	29	30	㊹	2	3	4	5	6	7	8	9	10	11	12	13	14	15	16	17	18	19	20	21	22	23	24	25	26					
	回曆8月		24	25	26	27	28	29	30	1	2	3	4	5	6	7	8	9	10	11	12	13	14	15	16	17	18	19	20	21	22	23	24					

續表

月干支序數	星期 月序	日	1	2	3	4	5	6	日	1	2	3	4	5	6	日	1	2	3	4	5	6	日	1	2	3	4	5	6	日	1	2	3	4	5	6	日	1
	公曆 11 月					1	2	3	4	5	6	7	8	9	10	11	12	13	14	15	16	17	18	19	20	21	22	23	24	25	26	27	28	29	30			
36	夏曆十月					27	28	29	⑬	2	3	4	5	6	7	8	9	10	11	12	13	14	15	16	17	18	19	20	21	22	23	24	25	26	27			
	回曆 9 月					25	26	27	28	29	1	2	3	4	5	6	7	8	9	10	11	12	13	14	15	16	17	18	19	20	21	22	23	24	25			
	公曆 12 月							1	2	3	4	5	6	7	8	9	10	11	12	13	14	15	16	17	18	19	20	21	22	23	24	25	26	27	28	29	30	31
37	夏曆十一月							28	29	30	㊸	2	3	4	5	6	7	8	9	10	11	12	13	14	15	16	17	18	19	20	21	22	23	24	25	26	27	28
	回曆 10 月							26	27	28	29	30	1	2	3	4	5	6	7	8	9	10	11	12	13	14	15	16	17	18	19	20	21	22	23	24	25	26

舊紀，三月乙酉，誤

大事記

正月，宦官高力士譖死王毛仲，自是宦官勢益盛。吐蕃求《毛詩》、《禮記》、《春秋》，與之。　三月，令兩京諸州置太公廟，致祭如孔子禮。　九月，吐蕃求於赤嶺互市，許之。

唐紀年

干支壬申　公元 732 年

朝代或國名	國家支配者	建都	廟號	謚號	建元	年號年次	輔政者	備注
唐	⑧李隆基	長安	玄宗	明	3	2 開元 20 年	蕭嵩等	
渤海	②大武藝	龍泉府		武王	1	仁安 13 年		在東北
南詔	④蒙皮邏閣	陽苴咩		南詔王	1	5 年		在雲南
吐蕃	④棄隸蹜贊	邏些				29 年		
突騎施	蘇祿					17 年		
回紇								
西突厥北庭	阿史那懷道					29 年		
後突厥	④毗伽可汗					16 年		

月曆表

5445—355—1988806

月干支序數	星期 月序	日	1	2	3	4	5	6	日	1	2	3	4	5	6	日	1	2	3	4	5	6	日	1	2	3	4	5	6	日	1	2	3	4	5	6	日	1
	公曆 1 月			1	2	3	4	5	6	7	8	9	10	11	12	13	14	15	16	17	18	19	20	21	22	23	24	25	26	27	28	29	30	31				
38	夏曆十二月			29	30	⑬	2	3	4	5	6	7	8	9	10	11	12	13	14	15	16	17	18	19	20	21	22	23	24	25	26	27	28	29				
	回曆 11 月			27	28	29	1	2	3	4	5	6	7	8	9	10	11	12	13	14	15	16	17	18	19	20	21	22	23	24	25	26	27	28				
	公曆 2 月						1	2	3	4	5	6	7	8	9	10	11	12	13	14	15	16	17	18	19	20	21	22	23	24	25	26	27	28	29			
39	夏曆正月						㊷	2	3	4	5	6	7	8	9	10	11	12	13	14	15	16	17	18	19	20	21	22	23	24	25	26	27	28	29			
	回曆 12 月						29	30	1	2	3	4	5	6	7	8	9	10	11	12	13	14	15	16	17	18	19	20	21	22	23	24	25	26	27			
	公曆 3 月							1	2	3	4	5	6	7	8	9	10	11	12	13	14	15	16	17	18	19	20	21	22	23	24	25	26	27	28	29	30	31
40 41	夏曆二/三月							⑪	2	3	4	5	6	7	8	9	10	11	12	13	14	15	16	17	18	19	20	21	22	23	24	25	26	27	28	29	30	㊶
114 年閏	回曆 1 月							28	29	①	2	3	4	5	6	7	8	9	10	11	12	13	14	15	16	17	18	19	20	21	22	23	24	25	26	27	28	29
	公曆 4 月			1	2	3	4	5	6	7	8	9	10	11	12	13	14	15	16	17	18	19	20	21	22	23	24	25	26	27	28	29	30					
42	夏曆四月			2	3	4	5	6	7	8	9	10	11	12	13	14	15	16	17	18	19	20	21	22	23	24	25	26	27	28	29	⑩	2					
	回曆 2 月			30	1	2	3	4	5	6	7	8	9	10	11	12	13	14	15	16	17	18	19	20	21	22	23	24	25	26	27	28	29					

續表

月千支序數	月序＼星期	日	1	2	3	4	5	6	日	1	2	3	4	5	6	日	1	2	3	4	5	6	日	1	2	3	4	5	6	日	1	2	3	4	5	6	日	1
	公曆5月					1	2	3	4	5	6	7	8	9	10	11	12	13	14	15	16	17	18	19	20	21	22	23	24	25	26	27	28	29	30	31		
43	夏曆五月					3	4	5	6	7	8	9	10	11	12	13	14	15	16	17	18	19	20	21	22	23	24	25	26	27	28	29	30	㊵	2	3		
	回曆3、4月					1	2	3	4	5	6	7	8	9	10	11	12	13	14	15	16	17	18	19	20	21	22	23	24	25	26	27	28	29	30	1		
	公曆6月	1	2	3	4	5	6	7	8	9	10	11	12	13	14	15	16	17	18	19	20	21	22	23	24	25	26	27	28	29	30							
44	夏曆六月	4	5	6	7	8	9	10	11	12	13	14	15	16	17	18	19	20	21	22	23	24	25	26	27	28	29	⑨	2	3	4							
	回曆5月	2	3	4	5	6	7	8	9	10	11	12	13	14	15	16	17	18	19	20	21	22	23	24	25	26	27	28	29	1	2							
	公曆7月			1	2	3	4	5	6	7	8	9	10	11	12	13	14	15	16	17	18	19	20	21	22	23	24	25	26	27	28	29	30	31				
45	夏曆七月			5	6	7	8	9	10	11	12	13	14	15	16	17	18	19	20	21	22	23	24	25	26	27	28	29	30	㊴	2	3	4	5				
	回曆6月			3	4	5	6	7	8	9	10	11	12	13	14	15	16	17	18	19	20	21	22	23	24	25	26	27	28	29	30	1	2	3				
	公曆8月						1	2	3	4	5	6	7	8	9	10	11	12	13	14	15	16	17	18	19	20	21	22	23	24	25	26	27	28	29	30	31	
46	夏曆八月						6	7	8	9	10	11	12	13	14	15	16	17	18	19	20	21	22	23	24	25	26	27	28	29	⑧	2	3	4	5	6	7	
	回曆7月						4	5	6	7	8	9	10	11	12	13	14	15	16	17	18	19	20	21	22	23	24	25	26	27	28	29	1	2	3	4	5	
	公曆9月		1	2	3	4	5	6	7	8	9	10	11	12	13	14	15	16	17	18	19	20	21	22	23	24	25	26	27	28	29	30						
47	夏曆九月		8	9	10	11	12	13	14	15	16	17	18	19	20	21	22	23	24	25	26	27	28	29	30	㊳	2	3	4	5	6	7						
	回曆8月		6	7	8	9	10	11	12	13	14	15	16	17	18	19	20	21	22	23	24	25	26	27	28	29	30	1	2	3	4	5						
	公曆10月				1	2	3	4	5	6	7	8	9	10	11	12	13	14	15	16	17	18	19	20	21	22	23	24	25	26	27	28	29	30	31			
48	夏曆十月				8	9	10	11	12	13	14	15	16	17	18	19	20	21	22	23	24	25	26	27	28	29	30	⑧	2	3	4	5	6	7	8			
	回曆9月				6	7	8	9	10	11	12	13	14	15	16	17	18	19	20	21	22	23	24	25	26	27	28	29	1	2	3	4	5	6	7			
	公曆11月							1	2	3	4	5	6	7	8	9	10	11	12	13	14	15	16	17	18	19	20	21	22	23	24	25	26	27	28	29	30	
49	夏曆十一月							9	10	11	12	13	14	15	16	17	18	19	20	21	22	23	24	25	26	27	28	29	㊲	2	3	4	5	6	7	8	9	
	回曆10月							8	9	10	11	12	13	14	15	16	17	18	19	20	21	22	23	24	25	26	27	28	29	30	1	2	3	4	5	6	7	
	公曆12月		1	2	3	4	5	6	7	8	9	10	11	12	13	14	15	16	17	18	19	20	21	22	23	24	25	26	27	28	29	30	31					
50	夏曆十二月		10	11	12	13	14	15	16	17	18	19	20	21	22	23	24	25	26	27	28	29	30	⑦	2	3	4	5	6	7	8	9	10					
	回曆11月		8	9	10	11	12	13	14	15	16	17	18	19	20	21	22	23	24	25	26	27	28	29	1	2	3	4	5	6	7	8	9					

大事記

正月，遣信安王禕等擊奚、契丹。三月，禕等大破奚、契，契丹可突干遠遁，奚首領李詩瑣高帥五千餘帳降，封歸義王，徙其部落於幽州。　　九月，張説等上《新修開元禮》。渤海王大武藝遣將擾登州，殺刺史；發兵擊之。

是歲，以幽州節度使兼河北采訪處置使，增領衛、相、洺、貝、冀、魏、深、趙、恒、定、邢、德、棣、博、營、莫十六州及安東都護府。時戶 7 861 236，口 45 431 265。

唐紀年

干支癸酉　公元 733 年

朝代或國名	國家支配者	建都	廟號	謚號	建元	年號年次	輔政者	備注
唐	⑧李隆基	長安	玄宗	明	3	2開元21年	張九齡等	
渤海	②大武藝	龍泉府		武王	1	仁安14年		在東北
南詔	④蒙皮邏閣	陽苴咩		南詔王	1	6年		在雲南
吐蕃	④棄隸蹜贊	邏些				30年		
突騎施	蘇祿					18年		
回紇								
西突厥北庭	阿史那懷道					30年		
後突厥	④毗伽可汗					17年		

月 曆 表

月干支序數	月序＼星期	日	1	2	3	4	5	6	日	1	2	3	4	5	6	日	1	2	3	4	5	6	日	1	2	3	4	5	6	日	1	2	3	4	5	6	日	1
	公曆1月					1	2	3	4	5	6	7	8	9	10	11	12	13	14	15	16	17	18	19	20	21	22	23	24	25	26	27	28	29	30	31		
51	夏曆正月					11	12	13	14	15	16	17	18	19	20	21	22	23	24	25	26	27	28	29	30	㊲	2	3	4	5	6	7	8	9	10	11		
	回曆12月					10	11	12	13	14	15	16	17	18	19	20	21	22	23	24	25	26	27	28	29	30	1	2	3	4	5	6	7	8	9	10		
	公曆2月	1	2	3	4	5	6	7	8	9	10	11	12	13	14	15	16	17	18	19	20	21	22	23	24	25	26	27	28									
52	夏曆二月	12	13	14	15	16	17	18	19	20	21	22	23	24	25	26	27	28	29	⑥	2	3	4	5	6	7	8	9	10									
115年	回曆1月	11	12	13	14	15	16	17	18	19	20	21	22	23	24	25	26	27	28	29	30	①	2	3	4	5	6	7	8									
	公曆3月	1	2	3	4	5	6	7	8	9	10	11	12	13	14	15	16	17	18	19	20	21	22	23	24	25	26	27	28	29	30	31						
53	夏曆三月	11	12	13	14	15	16	17	18	19	20	21	22	23	24	25	26	27	28	29	30	㊱	2	3	4	5	6	7	8	9	10	11						
	回曆2月	9	10	11	12	13	14	15	16	17	18	19	20	21	22	23	24	25	26	27	28	29	30	1	2	3	4	5	6	7	8	9						
	公曆4月				1	2	3	4	5	6	7	8	9	10	11	12	13	14	15	16	17	18	19	20	21	22	23	24	25	26	27	28	29	30				
	夏曆閏三月				12	13	14	15	16	17	18	19	20	21	22	23	24	25	26	27	28	29	⑤	2	3	4	5	6	7	8	9	10	11	12				
	回曆3月				10	11	12	13	14	15	16	17	18	19	20	21	22	23	24	25	26	27	28	29	1	2	3	4	5	6	7	8	9	10				
	公曆5月						1	2	3	4	5	6	7	8	9	10	11	12	13	14	15	16	17	18	19	20	21	22	23	24	25	26	27	28	29	30	31	
54	夏曆四月						13	14	15	16	17	18	19	20	21	22	23	24	25	26	27	28	29	㉞	2	3	4	5	6	7	8	9	10	11	12	13	14	
	回曆4月						11	12	13	14	15	16	17	18	19	20	21	22	23	24	25	26	27	28	29	30	1	2	3	4	5	6	7	8	9	10	11	
	公曆6月		1	2	3	4	5	6	7	8	9	10	11	12	13	14	15	16	17	18	19	20	21	22	23	24	25	26	27	28	29	30						
55	夏曆五月		15	16	17	18	19	20	21	22	23	24	25	26	27	28	29	30	④	2	3	4	5	6	7	8	9	10	11	12	13	14						
	回曆5月		12	13	14	15	16	17	18	19	20	21	22	23	24	25	26	27	28	29	1	2	3	4	5	6	7	8	9	10	11	12						
	公曆7月				1	2	3	4	5	6	7	8	9	10	11	12	13	14	15	16	17	18	19	20	21	22	23	24	25	26	27	28	29	30	31			
56	夏曆六月				15	16	17	18	19	20	21	22	23	24	25	26	27	28	29	㉝	2	3	4	5	6	7	8	9	10	11	12	13	14	15	16			
	回曆6月				13	14	15	16	17	18	19	20	21	22	23	24	25	26	27	28	29	30	1	2	3	4	5	6	7	8	9	10	11	12	13			
	公曆8月							1	2	3	4	5	6	7	8	9	10	11	12	13	14	15	16	17	18	19	20	21	22	23	24	25	26	27	28	29	30	31
57	夏曆七月							17	18	19	20	21	22	23	24	25	26	27	28	29	②	2	3	4	5	6	7	8	9	10	11	12	13	14	15	16	17	18
	回曆7月							14	15	16	17	18	19	20	21	22	23	24	25	26	27	28	29	1	2	3	4	5	6	7	8	9	10	11	12	13	14	15
	公曆9月			1	2	3	4	5	6	7	8	9	10	11	12	13	14	15	16	17	18	19	20	21	22	23	24	25	26	27	28	29	30					
58	夏曆八月			19	20	21	22	23	24	25	26	27	28	29	30	㉜	2	3	4	5	6	7	8	9	10	11	12	13	14	15	16	17	18					
	回曆8月			16	17	18	19	20	21	22	23	24	25	26	27	28	29	30	1	2	3	4	5	6	7	8	9	10	11	12	13	14	15					
	公曆10月					1	2	3	4	5	6	7	8	9	10	11	12	13	14	15	16	17	18	19	20	21	22	23	24	25	26	27	28	29	30	31		
59	夏曆九月					19	20	21	22	23	24	25	26	27	28	29	30	②	2	3	4	5	6	7	8	9	10	11	12	13	14	15	16	17	18	19		
	回曆9月					16	17	18	19	20	21	22	23	24	25	26	27	28	29	1	2	3	4	5	6	7	8	9	10	11	12	13	14	15	16	17		
	公曆11月	1	2	3	4	5	6	7	8	9	10	11	12	13	14	15	16	17	18	19	20	21	22	23	24	25	26	27	28	29	30							
60	夏曆十月	20	21	22	23	24	25	26	27	28	29	㉛	2	3	4	5	6	7	8	9	10	11	12	13	14	15	16	17	18	19	20							
	回曆10月	18	19	20	21	22	23	24	25	26	27	28	29	30	1	2	3	4	5	6	7	8	9	10	11	12	13	14	15	16	17							
	公曆12月			1	2	3	4	5	6	7	8	9	10	11	12	13	14	15	16	17	18	19	20	21	22	23	24	25	26	27	28	29	30	31				
1	夏曆十一月			21	22	23	24	25	26	27	28	29	30	①	2	3	4	5	6	7	8	9	10	11	12	13	14	15	16	17	18	19	20	21				
	回曆11月			18	19	20	21	22	23	24	25	26	27	28	29	1	2	3	4	5	6	7	8	9	10	11	12	13	14	15	16	17	18	19				

大事記

正月，命大門藝擊大武藝，并使新羅夾攻，無功而還。　二月，金城公主請立唐蕃界碑於赤嶺，許之。　閏三月，幽州道副總管郭英傑與契丹、突厥戰於都山，死之，所部六千人無一降者。　六月，令有才業操行者，由吏部臨時擢用；惟有司仍踵裴光庭循資格法。時有官一萬七千六百八十員，吏五萬七千四百一十六員。　九月，裴耀卿奏請於河口、三門東西各置倉。　是歲，分全國為十五道，各置採訪使，以六條察事；兩畿以御史中丞領之，餘擇刺史領之。

唐紀年

干支甲戌　公元734年

朝代或國名	國家支配者	建都	廟號	謚號	建元	年號年次	輔政者	備注
唐	⑧李隆基	長安	玄宗	明	3	2開元22年	張九嶺等	
渤海	②大武藝	龍泉府		武王	1	仁安15年		在東北
南詔	④蒙皮邏閣	陽苴咩		南詔王	1	7年		在雲南
吐蕃	④棄隸蹜贊	邏些				31年		
突騎施	蘇祿					19年		
回紇								
西突厥北庭	阿史那懷道					31年		
後突厥	④毗伽可汗					18年		十二月被毒死
	⑤伊然可汗					元年		十二月立，旋死

月曆表

5447—354—1989544

月干支序數	月 星期 序	日	1	2	3	4	5	6	日	1	2	3	4	5	6	日	1	2	3	4	5	6	日	1	2	3	4	5	6	日	1	2	3	4	5	6	日	1
	公曆1月						1	2	3	4	5	6	7	8	9	10	11	12	13	14	15	16	17	18	19	20	21	22	23	24	25	26	27	28	29	30	31	
2	夏曆十二月						22	23	24	25	26	27	28	29	30	㉛	2	3	4	5	6	7	8	9	10	11	12	13	14	15	16	17	18	19	20	21	22	
	回曆12月						20	21	22	23	24	25	26	27	28	29	30	1	2	3	4	5	6	7	8	9	10	11	12	13	14	15	16	17	18	19	20	
	公曆2月		1	2	3	4	5	6	7	8	9	10	11	12	13	14	15	16	17	18	19	20	21	22	23	24	25	26	27	28								
3	夏曆正月		23	24	25	26	27	28	29	30	①	2	3	4	5	6	7	8	9	10	11	12	13	14	15	16	17	18	19	20								
116年閏	回曆1月		21	22	23	24	25	26	27	28	29	①	2	3	4	5	6	7	8	9	10	11	12	13	14	15	16	17	18	19								
	公曆3月		1	2	3	4	5	6	7	8	9	10	11	12	13	14	15	16	17	18	19	20	21	22	23	24	25	26	27	28	29	30	31					
4	夏曆二月		21	22	23	24	25	26	27	28	29	㉚	2	3	4	5	6	7	8	9	10	11	12	13	14	15	16	17	18	19	20	21	22					
	回曆2月		20	21	22	23	24	25	26	27	28	29	30	1	2	3	4	5	6	7	8	9	10	11	12	13	14	15	16	17	18	19	20					
	公曆4月					1	2	3	4	5	6	7	8	9	10	11	12	13	14	15	16	17	18	19	20	21	22	23	24	25	26	27	28	29	30			
5	夏曆三月					23	24	25	26	27	28	29	(59)	2	3	4	5	6	7	8	9	10	11	12	13	14	15	16	17	18	19	20	21	22	23			
	回曆3月					21	22	23	24	25	26	27	28	29	1	2	3	4	5	6	7	8	9	10	11	12	13	14	15	16	17	18	19	20	21			
	公曆5月							1	2	3	4	5	6	7	8	9	10	11	12	13	14	15	16	17	18	19	20	21	22	23	24	25	26	27	28	29	30	31
6	夏曆四月							24	25	26	27	28	29	30	㉙	2	3	4	5	6	7	8	9	10	11	12	13	14	15	16	17	18	19	20	21	22	23	24
	回曆4月							22	23	24	25	26	27	28	29	30	1	2	3	4	5	6	7	8	9	10	11	12	13	14	15	16	17	18	19	20	21	22
	公曆6月			1	2	3	4	5	6	7	8	9	10	11	12	13	14	15	16	17	18	19	20	21	22	23	24	25	26	27	28	29	30					
7	夏曆五月			25	26	27	28	29	(58)	2	3	4	5	6	7	8	9	10	11	12	13	14	15	16	17	18	19	20	21	22	23	24	25					
	回曆5月			23	24	25	26	27	28	29	1	2	3	4	5	6	7	8	9	10	11	12	13	14	15	16	17	18	19	20	21	22	23					
	公曆7月					1	2	3	4	5	6	7	8	9	10	11	12	13	14	15	16	17	18	19	20	21	22	23	24	25	26	27	28	29	30	31		
8	夏曆六月					26	27	28	29	㉗	2	3	4	5	6	7	8	9	10	11	12	13	14	15	16	17	18	19	20	21	22	23	24	25	26	27		
	回曆6月					24	25	26	27	28	29	30	1	2	3	4	5	6	7	8	9	10	11	12	13	14	15	16	17	18	19	20	21	22	23	24		
	公曆8月	1	2	3	4	5	6	7	8	9	10	11	12	13	14	15	16	17	18	19	20	21	22	23	24	25	26	27	28	29	30	31						
9	夏曆七月	28	29	30	(57)	2	3	4	5	6	7	8	9	10	11	12	13	14	15	16	17	18	19	20	21	22	23	24	25	26	27	28						
	回曆7月	25	26	27	28	29	1	2	3	4	5	6	7	8	9	10	11	12	13	14	15	16	17	18	19	20	21	22	23	24	25	26						
	公曆9月				1	2	3	4	5	6	7	8	9	10	11	12	13	14	15	16	17	18	19	20	21	22	23	24	25	26	27	28	29	30				
10	夏曆八月				29	㉖	2	3	4	5	6	7	8	9	10	11	12	13	14	15	16	17	18	19	20	21	22	23	24	25	26	27	28	29				
	回曆8月				27	28	29	30	1	2	3	4	5	6	7	8	9	10	11	12	13	14	15	16	17	18	19	20	21	22	23	24	25	26				
	公曆10月						1	2	3	4	5	6	7	8	9	10	11	12	13	14	15	16	17	18	19	20	21	22	23	24	25	26	27	28	29	30	31	

續表

月 干支 序數	月序＼星期	日	1	2	3	4	5	6	日	1	2	3	4	5	6	日	1	2	3	4	5	6	日	1	2	3	4	5	6	日	1	2	3	4	5	6	日	1
11 12	夏暦九十月						30	(56)	2	3	4	5	6	7	8	9	10	11	12	13	14	15	16	17	18	19	20	21	22	23	24	25	26	27	28	29	㉕	
	回暦 9 月						27	28	29	1	2	3	4	5	6	7	8	9	10	11	12	13	14	15	16	17	18	19	20	21	22	23	24	25	26	27	28	
	公暦 11 月		1	2	3	4	5	6	7	8	9	10	11	12	13	14	15	16	17	18	19	20	21	22	23	24	25	26	27	28	29	30						
13	夏暦十一月		2	3	4	5	6	7	8	9	10	11	12	13	14	15	16	17	18	19	20	21	22	23	24	25	26	27	28	29	30	(55)						
	回暦 10 月		29	30	1	2	3	4	5	6	7	8	9	10	11	12	13	14	15	16	17	18	19	20	21	22	23	24	25	26	27	28						
	公暦 12 月				1	2	3	4	5	6	7	8	9	10	11	12	13	14	15	16	17	18	19	20	21	22	23	24	25	26	27	28	29	30	31			
14	夏暦十二月				2	3	4	5	6	7	8	9	10	11	12	13	14	15	16	17	18	19	20	21	22	23	24	25	26	27	28	29	30	㉕	2			
	回暦 11 月				29	1	2	3	4	5	6	7	8	9	10	11	12	13	14	15	16	17	18	19	20	21	22	23	24	25	26	27	28	29	30			

舊紀正月癸亥。

大事記

四月，關內道采訪處置使，除朔方節度使轄地外，增領涇、原等十二州。　六月，幽州節度使張守珪大破契丹。　七月，以裴耀卿為江淮、河南轉運使，督運漕米，鑿漕渠十八里以避三門之險，三年凡運米七百萬石，省僦車錢三十萬緡。　十二月，張守珪斬契丹王屈烈及可突干，餘衆皆降。突厥毗伽可汗被毒死，子伊然可汗立，尋死，弟登利可汗立，告喪於唐。　禁京城丐，置病坊於諸寺以養之。　是歲，詔男十五、女十三以上得嫁娶。

唐紀年

干支乙亥　公元 735 年

朝代或國名	國家支配者	建都	廟號	謚號	建元	年號年次	輔政者	備注
唐	⑧李隆基	長安	玄宗	明	3	2 開元 23 年	李林甫等	
渤海	②大武藝	龍泉府		武王	1	仁安 16 年		在東北
南詔	④蒙皮邏閣	陽苴咩		南詔王	1	8 年		在雲南
吐蕃	④棄隸蹜贊	邏些				32 年		
突騎施	蘇祿					20 年		
回紇								
西突厥北庭	阿史那懷道					32 年		
後突厥	⑥登利可汗					元年		

月曆表

5448—383—1989927

月 干支 序數	月序＼星期	日	1	2	3	4	5	6	日	1	2	3	4	5	6	日	1	2	3	4	5	6	日	1	2	3	4	5	6	日	1	2	3	4	5	6	日	1
	公暦 1 月							1	2	3	4	5	6	7	8	9	10	11	12	13	14	15	16	17	18	19	20	21	22	23	24	25	26	27	28	29	30	31
15	夏暦正月							3	4	5	6	7	8	9	10	11	12	13	14	15	16	17	18	19	20	21	22	23	24	25	26	27	28	29	30	(55)	2	3
117 年	回暦 12、1 月							1	2	3	4	5	6	7	8	9	10	11	12	13	14	15	16	17	18	19	20	21	22	23	24	25	26	27	28	29	30	①
	公暦 2 月			1	2	3	4	5	6	7	8	9	10	11	12	13	14	15	16	17	18	19	20	21	22	23	24	25	26	27	28							
16	夏暦二月			4	5	6	7	8	9	10	11	12	13	14	15	16	17	18	19	20	21	22	23	24	25	26	27	28	29	㉔	2							
	回暦 1 月			2	3	4	5	6	7	8	9	10	11	12	13	14	15	16	17	18	19	20	21	22	23	24	25	26	27	28	29							
	公暦 3 月			1	2	3	4	5	6	7	8	9	10	11	12	13	14	15	16	17	18	19	20	21	22	23	24	25	26	27	28	29	30	31				
17	夏暦三月			3	4	5	6	7	8	9	10	11	12	13	14	15	16	17	18	19	20	21	22	23	24	25	26	27	28	29	30	(54)	2	3				

續表

月干支序數	月序＼星期	日	1	2	3	4	5	6	日	1	2	3	4	5	6	日	1	2	3	4	5	6	日	1	2	3	4	5	6	日	1	2	3	4	5	6	日	1
	回曆2、3月			30	1	2	3	4	5	6	7	8	9	10	11	12	13	14	15	16	17	18	19	20	21	22	23	24	25	26	27	28	29	1				
	公曆4月						1	2	3	4	5	6	7	8	9	10	11	12	13	14	15	16	17	18	19	20	21	22	23	24	25	26	27	28	29	30		
18	夏曆四月						4	5	6	7	8	9	10	11	12	13	14	15	16	17	18	19	20	21	22	23	24	25	26	27	28	29	㉓	2	3	4		
	回曆4月						2	3	4	5	6	7	8	9	10	11	12	13	14	15	16	17	18	19	20	21	22	23	24	25	26	27	28	29	30	1		
	公曆5月	1	2	3	4	5	6	7	8	9	10	11	12	13	14	15	16	17	18	19	20	21	22	23	24	25	26	27	28	29	30	31						
19	夏曆五月	5	6	7	8	9	10	11	12	13	14	15	16	17	18	19	20	21	22	23	24	25	26	27	28	29	30	(53)	2	3	4	5						
	回曆5月	2	3	4	5	6	7	8	9	10	11	12	13	14	15	16	17	18	19	20	21	22	23	24	25	26	27	28	29	1	2	3						
	公曆6月				1	2	3	4	5	6	7	8	9	10	11	12	13	14	15	16	17	18	19	20	21	22	23	24	25	26	27	28	29	30				
20	夏曆六月				6	7	8	9	10	11	12	13	14	15	16	17	18	19	20	21	22	23	24	25	26	27	28	29	㉒	2	3	4	5	6				
	回曆6月				4	5	6	7	8	9	10	11	12	13	14	15	16	17	18	19	20	21	22	23	24	25	26	27	28	29	30	1	2	3				
	公曆7月						1	2	3	4	5	6	7	8	9	10	11	12	13	14	15	16	17	18	19	20	21	22	23	24	25	26	27	28	29	30	31	
21	夏曆七月						7	8	9	10	11	12	13	14	15	16	17	18	19	20	21	22	23	24	25	26	27	28	29	(51)	2	3	4	5	6	7	8	
	回曆7月						4	5	6	7	8	9	10	11	12	13	14	15	16	17	18	19	20	21	22	23	24	25	26	27	28	29	1	2	3	4	5	
	公曆8月		1	2	3	4	5	6	7	8	9	10	11	12	13	14	15	16	17	18	19	20	21	22	23	24	25	26	27	28	29	30	31					
22	夏曆八月		9	10	11	12	13	14	15	16	17	18	19	20	21	22	23	24	25	26	27	28	29	30	㉑	2	3	4	5	6	7	8	9					
	回曆8月		6	7	8	9	10	11	12	13	14	15	16	17	18	19	20	21	22	23	24	25	26	27	28	29	30	1	2	3	4	5	6					
	公曆9月					1	2	3	4	5	6	7	8	9	10	11	12	13	14	15	16	17	18	19	20	21	22	23	24	25	26	27	28	29	30			
23	夏曆九月					10	11	12	13	14	15	16	17	18	19	20	21	22	23	24	25	26	27	28	29	㊿	2	3	4	5	6	7	8	9	10			
	回曆9月					7	8	9	10	11	12	13	14	15	16	17	18	19	20	21	22	23	24	25	26	27	28	29	1	2	3	4	5	6	7			
	公曆10月							1	2	3	4	5	6	7	8	9	10	11	12	13	14	15	16	17	18	19	20	21	22	23	24	25	26	27	28	29	30	31
24	夏曆十月							11	12	13	14	15	16	17	18	19	20	21	22	23	24	25	26	27	28	29	30	⑳	2	3	4	5	6	7	8	9	10	11
	回曆10月							8	9	10	11	12	13	14	15	16	17	18	19	20	21	22	23	24	25	26	27	28	29	30	1	2	3	4	5	6	7	8
	公曆11月			1	2	3	4	5	6	7	8	9	10	11	12	13	14	15	16	17	18	19	20	21	22	23	24	25	26	27	28	29	30					
25	夏曆十一月			12	13	14	15	16	17	18	19	20	21	22	23	24	25	26	27	28	29	㊾	2	3	4	5	6	7	8	9	10	11	12					
	回曆11月			9	10	11	12	13	14	15	16	17	18	19	20	21	22	23	24	25	26	27	28	29	1	2	3	4	5	6	7	8	9					
	公曆12月					1	2	3	4	5	6	7	8	9	10	11	12	13	14	15	16	17	18	19	20	21	22	23	24	25	26	27	28	29	30	31		
	夏曆閏十一月					13	14	15	16	17	18	19	20	21	22	23	24	25	26	27	28	29	30	⑲	2	3	4	5	6	7	8	9	10	11	12	13		
	回曆12月					10	11	12	13	14	15	16	17	18	19	20	21	22	23	24	25	26	27	28	29	30	1	2	3	4	5	6	7	8	9	10		

舊紀十月壬申，誤

大事記

正月，封契丹降將李過折為北平王、松謨都督。　七月，諸公主實封皆加至千戶。　十月，突騎施擾北庭及安西。　十二月，新羅遣使朝獻。

是歲，契丹王李過折為其臣涅禮所殺；以涅禮為松謨都督。突厥侵奚、契丹，涅禮、奚王李歸國敗之。

唐紀年

干支丙子　公元736年

朝代或國名	國家支配者	建都	廟號	謚號	建元	年號年次	輔政者	備注
唐	⑧李隆基	長安	玄宗	明	3	2開元24年	李林甫等	
渤海	②大武藝	龍泉府		武王	1	仁安17年		在東北
南詔	④蒙皮邏閣	陽苴咩		南詔王	1	9年		在雲南
吐蕃	④棄隸蹜贊	邏些				33年		

續表

朝代或國名	國家支配者	建都	廟號	謚號	建元	年號年次	輔政者	備注
突騎施	蘇祿					21年		
回紇								
西突厥北庭	阿史那懐道					33年		
後突厥	⑥登利可汗					2年		

月曆表

5449—354—1990281

月干支序數	月序 \ 星期	日	1	2	3	4	5	6	日	1	2	3	4	5	6	日	1	2	3	4	5	6	日	1	2	3	4	5	6	日	1	2	3	4	5	6	日	1
	公暦1月	1	2	3	4	5	6	7	8	9	10	11	12	13	14	15	16	17	18	19	20	21	22	23	24	25	26	27	28	29	30	31						
26	夏暦十二月	14	15	16	17	18	19	20	21	22	23	24	25	26	27	28	29	30	㊾	2	3	4	5	6	7	8	9	10	11	12	13	14						
118年閏	回暦1月	11	12	13	14	15	16	17	18	19	20	21	22	23	24	25	26	27	28	29	①	2	3	4	5	6	7	8	9	10	11	12						
	公暦2月				1	2	3	4	5	6	7	8	9	10	11	12	13	14	15	16	17	18	19	20	21	22	23	24	25	26	27	28	29					
27	夏暦正月				15	16	17	18	19	20	21	22	23	24	25	26	27	28	29	⑱	2	3	4	5	6	7	8	9	10	11	12	13	14					
	回暦2月				13	14	15	16	17	18	19	20	21	22	23	24	25	26	27	28	29	30	1	2	3	4	5	6	7	8	9	10	11					
	公暦3月					1	2	3	4	5	6	7	8	9	10	11	12	13	14	15	16	17	18	19	20	21	22	23	24	25	26	27	28	29	30	31		
28	夏暦二月					15	16	17	18	19	20	21	22	23	24	25	26	27	28	29	30	㊽	2	3	4	5	6	7	8	9	10	11	12	13	14	15		
	回暦3月					12	13	14	15	16	17	18	19	20	21	22	23	24	25	26	27	28	29	1	2	3	4	5	6	7	8	9	10	11	12	13		
	公暦4月	1	2	3	4	5	6	7	8	9	10	11	12	13	14	15	16	17	18	19	20	21	22	23	24	25	26	27	28	29	30							
29	夏暦三月	16	17	18	19	20	21	22	23	24	25	26	27	28	29	30	⑱	2	3	4	5	6	7	8	9	10	11	12	13	14	15							
	回暦4月	14	15	16	17	18	19	20	21	22	23	24	25	26	27	28	29	30	1	2	3	4	5	6	7	8	9	10	11	12	13							
	公暦5月			1	2	3	4	5	6	7	8	9	10	11	12	13	14	15	16	17	18	19	20	21	22	23	24	25	26	27	28	29	30	31				
30	夏暦四月			16	17	18	19	20	21	22	23	24	25	26	27	28	29	㊼	2	3	4	5	6	7	8	9	10	11	12	13	14	15	16	17				
	回暦5月			14	15	16	17	18	19	20	21	22	23	24	25	26	27	28	29	1	2	3	4	5	6	7	8	9	10	11	12	13	14	15				
	公暦6月						1	2	3	4	5	6	7	8	9	10	11	12	13	14	15	16	17	18	19	20	21	22	23	24	25	26	27	28	29	30		
31	夏暦五月						18	19	20	21	22	23	24	25	26	27	28	29	30	⑰	2	3	4	5	6	7	8	9	10	11	12	13	14	15	16	17		
	回暦6月						16	17	18	19	20	21	22	23	24	25	26	27	28	29	30	1	2	3	4	5	6	7	8	9	10	11	12	13	14	15		
	公暦7月	1	2	3	4	5	6	7	8	9	10	11	12	13	14	15	16	17	18	19	20	21	22	23	24	25	26	27	28	29	30	31						
32	夏暦六月	18	19	20	21	22	23	24	25	26	27	28	29	㊻	2	3	4	5	6	7	8	9	10	11	12	13	14	15	16	17	18	19						
	回暦7月	16	17	18	19	20	21	22	23	24	25	26	27	28	29	1	2	3	4	5	6	7	8	9	10	11	12	13	14	15	16	17						
	公暦8月				1	2	3	4	5	6	7	8	9	10	11	12	13	14	15	16	17	18	19	20	21	22	23	24	25	26	27	28	29	30	31			
33	夏暦七月				20	21	22	23	24	25	26	27	28	29	⑮	2	3	4	5	6	7	8	9	10	11	12	13	14	15	16	17	18	19	20	21			
	回暦8月				18	19	20	21	22	23	24	25	26	27	28	29	30	1	2	3	4	5	6	7	8	9	10	11	12	13	14	15	16	17	18			
	公暦9月							1	2	3	4	5	6	7	8	9	10	11	12	13	14	15	16	17	18	19	20	21	22	23	24	25	26	27	28	29	30	
34	夏暦八月							22	23	24	25	26	27	28	29	30	㊺	2	3	4	5	6	7	8	9	10	11	12	13	14	15	16	17	18	19	20	21	
	回暦9月							19	20	21	22	23	24	25	26	27	28	29	1	2	3	4	5	6	7	8	9	10	11	12	13	14	15	16	17	18	19	
	公暦10月		1	2	3	4	5	6	7	8	9	10	11	12	13	14	15	16	17	18	19	20	21	22	23	24	25	26	27	28	29	30	31					
35	夏暦九月		22	23	24	25	26	27	28	29	⑭	2	3	4	5	6	7	8	9	10	11	12	13	14	15	16	17	18	19	20	21	22	23					
	回暦10月		20	21	22	23	24	25	26	27	28	29	30	1	2	3	4	5	6	7	8	9	10	11	12	13	14	15	16	17	18	19	20					
	公暦11月					1	2	3	4	5	6	7	8	9	10	11	12	13	14	15	16	17	18	19	20	21	22	23	24	25	26	27	28	29	30			
36	夏暦十月					24	25	26	27	28	29	30	㊹	2	3	4	5	6	7	8	9	10	11	12	13	14	15	16	17	18	19	20	21	22	23			
	回暦11月					21	22	23	24	25	26	27	28	29	1	2	3	4	5	6	7	8	9	10	11	12	13	14	15	16	17	18	19	20	21			
	公暦12月							1	2	3	4	5	6	7	8	9	10	11	12	13	14	15	16	17	18	19	20	21	22	23	24	25	26	27	28	29	30	31
37	夏暦十一月							24	25	26	27	28	29	⑬	2	3	4	5	6	7	8	9	10	11	12	13	14	15	16	17	18	19	20	21	22	23	24	25
	回暦12月							22	23	24	25	26	27	28	29	30	1	2	3	4	5	6	7	8	9	10	11	12	13	14	15	16	17	18	19	20	21	22

大事記

正月，敕逃戶聽盡今年自首，逾限者搜配諸軍。北庭都護蓋嘉運破突騎施。 三月，停考功員外郎知貢舉，委禮部侍郎司之。張守珪使平盧討擊使安祿山擊奚、契丹，敗還，守珪執安祿山送京師，赦之。 五月，醴泉劉至誠以迷信聚衆起事，旋敗死。 六月，初分月給百官俸錢。 八月，突騎施遣使請降，許之。 十一月，裴耀卿、張九齡受李林甫所譖，罷知政事，自是李林甫用事，兼中書令。

唐紀年

干支丁丑　公元 737 年

朝代或國名	國家支配者	建都	廟號	謚號	建元	年號年次	輔政者	備注
唐	⑧李隆基	長安	玄宗	明	3	2開元 25 年	李林甫等	
渤海	②大武藝	龍泉府		武王	1	仁安 18 年		在東北
南詔	④蒙皮邏閣	陽苴咩		南詔王	1	10 年		在雲南
吐蕃	④棄隸蹜贊	邏些				34 年		
突騎施	蘇祿					22 年		
回紇								
西突厥北庭	阿史那懷道					34 年		
後突厥	⑥登利可汗					3 年		

月曆表

5450—355—1990636

月干支序數	星期/月序	日	1	2	3	4	5	6	日	1	2	3	4	5	6	日	1	2	3	4	5	6	日	1	2	3	4	5	6	日	1	2	3	4	5	6	日	1
	公曆1月			1	2	3	4	5	6	7	8	9	10	11	12	13	14	15	16	17	18	19	20	21	22	23	24	25	26	27	28	29	30	31				
38	夏曆十二月			26	27	28	29	30	㊸	2	3	4	5	6	7	8	9	10	11	12	13	14	15	16	17	18	19	20	21	22	23	24	25	26				
119年	回曆1月			23	24	25	26	27	28	29	①	2	3	4	5	6	7	8	9	10	11	12	13	14	15	16	17	18	19	20	21	22	23	24				
	公曆2月						1	2	3	4	5	6	7	8	9	10	11	12	13	14	15	16	17	18	19	20	21	22	23	24	25	26	27	28				
39	夏曆正月						27	28	29	⑫	2	3	4	5	6	7	8	9	10	11	12	13	14	15	16	17	18	19	20	21	22	23	24	25				
	回曆2月						25	26	27	28	29	30	1	2	3	4	5	6	7	8	9	10	11	12	13	14	15	16	17	18	19	20	21	22				
	公曆3月						1	2	3	4	5	6	7	8	9	10	11	12	13	14	15	16	17	18	19	20	21	22	23	24	25	26	27	28	29	30	31	
40	夏曆二月						26	27	28	29	30	㊷	2	3	4	5	6	7	8	9	10	11	12	13	14	15	16	17	18	19	20	21	22	23	24	25	26	
	回曆3月						23	24	25	26	27	28	29	1	2	3	4	5	6	7	8	9	10	11	12	13	14	15	16	17	18	19	20	21	22	23	24	
	公曆4月		1	2	3	4	5	6	7	8	9	10	11	12	13	14	15	16	17	18	19	20	21	22	23	24	25	26	27	28	29	30						
41	夏曆三月		27	28	29	30	⑫	2	3	4	5	6	7	8	9	10	11	12	13	14	15	16	17	18	19	20	21	22	23	24	25	26						
	回曆4月		25	26	27	28	29	30	1	2	3	4	5	6	7	8	9	10	11	12	13	14	15	16	17	18	19	20	21	22	23	24						
	公曆5月				1	2	3	4	5	6	7	8	9	10	11	12	13	14	15	16	17	18	19	20	21	22	23	24	25	26	27	28	29	30	31			
42	夏曆四月				27	28	29	30	㊷	2	3	4	5	6	7	8	9	10	11	12	13	14	15	16	17	18	19	20	21	22	23	24	25	26	27			
	回曆5月				25	26	27	28	29	1	2	3	4	5	6	7	8	9	10	11	12	13	14	15	16	17	18	19	20	21	22	23	24	25	26			
	公曆6月							1	2	3	4	5	6	7	8	9	10	11	12	13	14	15	16	17	18	19	20	21	22	23	24	25	26	27	28	29	30	
43	夏曆五月							28	29	⑪	2	3	4	5	6	7	8	9	10	11	12	13	14	15	16	17	18	19	20	21	22	23	24	25	26	27	28	
	回曆6月							27	28	29	30	1	2	3	4	5	6	7	8	9	10	11	12	13	14	15	16	17	18	19	20	21	22	23	24	25	26	
	公曆7月		1	2	3	4	5	6	7	8	9	10	11	12	13	14	15	16	17	18	19	20	21	22	23	24	25	26	27	28	29	30	31					
44	夏曆六月		29	30	㊶	2	3	4	5	6	7	8	9	10	11	12	13	14	15	16	17	18	19	20	21	22	23	24	25	26	27	28	29					
	回曆7月		27	28	29	1	2	3	4	5	6	7	8	9	10	11	12	13	14	15	16	17	18	19	20	21	22	23	24	25	26	27	28					
	公曆8月					1	2	3	4	5	6	7	8	9	10	11	12	13	14	15	16	17	18	19	20	21	22	23	24	25	26	27	28	29	30	31		
45 46	夏曆七八月					⑩	2	3	4	5	6	7	8	9	10	11	12	13	14	15	16	17	18	19	20	21	22	23	24	25	26	27	28	29	30	㊵		

續表

月干支序數	星期/月序	日	1	2	3	4	5	6	日	1	2	3	4	5	6	日	1	2	3	4	5	6	日	1	2	3	4	5	6	日	1	2	3	4	5	6	日	1
	回曆8月					29	30	1	2	3	4	5	6	7	8	9	10	11	12	13	14	15	16	17	18	19	20	21	22	23	24	25	26	27	28	29		
	公曆9月	1	2	3	4	5	6	7	8	9	10	11	12	13	14	15	16	17	18	19	20	21	22	23	24	25	26	27	28	29	30							
47	夏曆九月	2	3	4	5	6	7	8	9	10	11	12	13	14	15	16	17	18	19	20	21	22	23	24	25	26	27	28	29	⑨	2							
	回曆9月	1	2	3	4	5	6	7	8	9	10	11	12	13	14	15	16	17	18	19	20	21	22	23	24	25	26	27	28	29	30							
	公曆10月			1	2	3	4	5	6	7	8	9	10	11	12	13	14	15	16	17	18	19	20	21	22	23	24	25	26	27	28	29	30	31				
48	夏曆十月			3	4	5	6	7	8	9	10	11	12	13	14	15	16	17	18	19	20	21	22	23	24	25	26	27	28	29	㊳	2	3	4				
	回曆10,11月			1	2	3	4	5	6	7	8	9	10	11	12	13	14	15	16	17	18	19	20	21	22	23	24	25	26	27	28	29	1	2				
	公曆11月						1	2	3	4	5	6	7	8	9	10	11	12	13	14	15	16	17	18	19	20	21	22	23	24	25	26	27	28	29	30		
49	夏曆十一月						5	6	7	8	9	10	11	12	13	14	15	16	17	18	19	20	21	22	23	24	25	26	27	28	29	30	⑧	2	3	4		
	回曆12月						3	4	5	6	7	8	9	10	11	12	13	14	15	16	17	18	19	20	21	22	23	24	25	26	27	28	29	30	1	2		
	公曆12月	1	2	3	4	5	6	7	8	9	10	11	12	13	14	15	16	17	18	19	20	21	22	23	24	25	26	27	28	29	30	31						
50	夏曆十二月	5	6	7	8	9	10	11	12	13	14	15	16	17	18	19	20	21	22	23	24	25	26	27	28	29	㊲	2	3	4	5	6						
120年	回曆1月	3	4	5	6	7	8	9	10	11	12	13	14	15	16	17	18	19	20	21	22	23	24	25	26	27	28	29	30	①	2	3						

大事記

正月，置玄學博士，每歲舉人依明經法。　二月，張守珪破契丹於捺祿山。勃律為吐蕃所攻，來告急，帝令吐蕃罷兵，不從，因命河西兵擊吐蕃，戰於青海西，大破之，自是吐蕃復絕朝貢。　四月，廢太子英為庶人，尋賜死。　五月，令諸色徵人及客戶中募丁壯長充邊軍，給田宅，予撫恤。　九月，頒新修律令格式。行和糴法於東西畿，加時價十之二三，自是關中蓄積足，不復因就食往東部。　十一月，宋璟卒(663—737)。　是歲，初令租庸租資課皆以土物輸京師。

唐紀年

干支戊寅　公元738年

朝代或國名	國家支配者	建都	廟號	謚號	建元	年號年次	輔政者	備注
唐	⑧李隆基	長安	玄宗	明	3	2開元26年	牛仙客等	
渤海	③大欽茂	龍泉府		文王	2	1大興元年		在東北
南詔	④蒙皮邏閣	太和城		南詔王	1	11年		在雲南
吐蕃	④棄隸蹜贊	邏些				35年		
突騎施	蘇祿					23年		
回紇								
西突厥北庭	阿史那懷道					35年		
後突厥	⑥登利可汗					4年		

月曆表

5451—384—1991020

月干支序數	星期/月序	日	1	2	3	4	5	6	日	1	2	3	4	5	6	日	1	2	3	4	5	6	日	1	2	3	4	5	6	日	1	2	3	4	5	6	日	1
	公曆1月				1	2	3	4	5	6	7	8	9	10	11	12	13	14	15	16	17	18	19	20	21	22	23	24	25	26	27	28	29	30	31			
51	夏曆正月				7	8	9	10	11	12	13	14	15	16	17	18	19	20	21	22	23	24	25	26	27	28	29	30	⑦	2	3	4	5	6	7			
	回曆2月				4	5	6	7	8	9	10	11	12	13	14	15	16	17	18	19	20	21	22	23	24	25	26	27	28	29	30	1	2	3	4			
	公曆2月							1	2	3	4	5	6	7	8	9	10	11	12	13	14	15	16	17	18	19	20	21	22	23	24	25	26	27	28			

續表

月干支序數	月序 \ 星期	日	1	2	3	4	5	6	日	1	2	3	4	5	6	日	1	2	3	4	5	6	日	1	2	3	4	5	6	日	1	2	3	4	5	6	日	1
52	夏曆二月							8	9	10	11	12	13	14	15	16	17	18	19	20	21	22	23	24	25	26	27	28	29	㊱	2	3	4	5	6			
	回曆3月							5	6	7	8	9	10	11	12	13	14	15	16	17	18	19	20	21	22	23	24	25	26	27	28	29	1	2	3			
	公曆3月							1	2	3	4	5	6	7	8	9	10	11	12	13	14	15	16	17	18	19	20	21	22	23	24	25	26	27	28	29	30	31
53	夏曆三月							7	8	9	10	11	12	13	14	15	16	17	18	19	20	21	22	23	24	25	26	27	28	29	30	⑥	2	3	4	5	6	7
	回曆4月							4	5	6	7	8	9	10	11	12	13	14	15	16	17	18	19	20	21	22	23	24	25	26	27	28	29	30	1	2	3	4
	公曆4月			1	2	3	4	5	6	7	8	9	10	11	12	13	14	15	16	17	18	19	20	21	22	23	24	25	26	27	28	29	30					
54	夏曆四月			8	9	10	11	12	13	14	15	16	17	18	19	20	21	22	23	24	25	26	27	28	29	30	㊱	2	3	4	5	6	7					
	回曆5月			5	6	7	8	9	10	11	12	13	14	15	16	17	18	19	20	21	22	23	24	25	26	27	28	29	1	2	3	4	5					
	公曆5月					1	2	3	4	5	6	7	8	9	10	11	12	13	14	15	16	17	18	19	20	21	22	23	24	25	26	27	28	29	30	31		
55	夏曆五月					8	9	10	11	12	13	14	15	16	17	18	19	20	21	22	23	24	25	26	27	28	29	⑤	2	3	4	5	6	7	8	9		
	回曆6月					6	7	8	9	10	11	12	13	14	15	16	17	18	19	20	21	22	23	24	25	26	27	28	29	30	1	2	3	4	5	6		
	公曆6月	1	2	3	4	5	6	7	8	9	10	11	12	13	14	15	16	17	18	19	20	21	22	23	24	25	26	27	28	29	30							
56	夏曆六月	10	11	12	13	14	15	16	17	18	19	20	21	22	23	24	25	26	27	28	29	30	㉟	2	3	4	5	6	7	8	9							
	回曆7月	7	8	9	10	11	12	13	14	15	16	17	18	19	20	21	22	23	24	25	26	27	28	29	1	2	3	4	5	6	7							
	公曆7月			1	2	3	4	5	6	7	8	9	10	11	12	13	14	15	16	17	18	19	20	21	22	23	24	25	26	27	28	29	30	31				
57	夏曆七月			10	11	12	13	14	15	16	17	18	19	20	21	22	23	24	25	26	27	28	29	30	⑤	2	3	4	5	6	7	8	9	10				
	回曆8月			8	9	10	11	12	13	14	15	16	17	18	19	20	21	22	23	24	25	26	27	28	29	30	1	2	3	4	5	6	7	8				
	公曆8月						1	2	3	4	5	6	7	8	9	10	11	12	13	14	15	16	17	18	19	20	21	22	23	24	25	26	27	28	29	30	31	
58	夏曆八月						11	12	13	14	15	16	17	18	19	20	21	22	23	24	25	26	27	28	29	㉞	2	3	4	5	6	7	8	9	10	11	12	
	回曆9月						9	10	11	12	13	14	15	16	17	18	19	20	21	22	23	24	25	26	27	28	29	1	2	3	4	5	6	7	8	9	10	
	公曆9月		1	2	3	4	5	6	7	8	9	10	11	12	13	14	15	16	17	18	19	20	21	22	23	24	25	26	27	28	29	30						
	夏曆閏八月		13	14	15	16	17	18	19	20	21	22	23	24	25	26	27	28	29	30	④	2	3	4	5	6	7	8	9	10	11	12						
	回曆10月		11	12	13	14	15	16	17	18	19	20	21	22	23	24	25	26	27	28	29	30	1	2	3	4	5	6	7	8	9	10						
	公曆10月				1	2	3	4	5	6	7	8	9	10	11	12	13	14	15	16	17	18	19	20	21	22	23	24	25	26	27	28	29	30	31			
59	夏曆九月				13	14	15	16	17	18	19	20	21	22	23	24	25	26	27	28	29	㉝	2	3	4	5	6	7	8	9	10	11	12	13	14			
	回曆11月				11	12	13	14	15	16	17	18	19	20	21	22	23	24	25	26	27	28	29	1	2	3	4	5	6	7	8	9	10	11	12			
	公曆11月							1	2	3	4	5	6	7	8	9	10	11	12	13	14	15	16	17	18	19	20	21	22	23	24	25	26	27	28	29	30	
60	夏曆十月							15	16	17	18	19	20	21	22	23	24	25	26	27	28	29	②	2	3	4	5	6	7	8	9	10	11	12	13	14	15	
	回曆12月							13	14	15	16	17	18	19	20	21	22	23	24	25	26	27	28	29	30	1	2	3	4	5	6	7	8	9	10	11	12	
	公曆12月		1	2	3	4	5	6	7	8	9	10	11	12	13	14	15	16	17	18	19	20	21	22	23	24	25	26	27	28	29	30	31					
1	夏曆十一月		16	17	18	19	20	21	22	23	24	25	26	27	28	29	30	㉜	2	3	4	5	6	7	8	9	10	11	12	13	14	15	16					
121年	回曆1月		13	14	15	16	17	18	19	20	21	22	23	24	25	26	27	28	29	①	2	3	4	5	6	7	8	9	10	11	12	13	14					

劉氏長曆閏七月。

大事記

正月，令州縣鄉里置學。以邊地長征兵已足，令勿再遣鎮兵。　二月，令河曲六州胡散隸諸州者聽還故土，於鹽、夏間置宥州以處之。　三月，吐蕃擾河西，敗還。唐兵拔吐蕃新城，置威武軍。　六月，立忠王璵為皇太子。突騎施莫賀達干襲殺其可汗蘇祿，別部首領都摩度立蘇祿子骨啜為吐火仙可汗，據碎葉城，與莫賀達干相攻，且與據怛邏斯之黑姓可汗爾微特勤連兵拒唐。渤海求寫《唐禮》、《三國志》、《晉書》、《十六國春秋》等書，許之。　七月，鄯州裨將王忠嗣大敗吐蕃，置鎮西軍於鹽泉城。　八月，渤海王大武藝卒，子欽茂嗣。　九月，劍南兵戰吐蕃於安戎城，大敗。南詔首領皮邏閣曾助唐破西洱河蠻，求合附近五部為一，許之，且册為雲南王，賜名蒙歸義。此後遂脅鄰部、破吐蕃，勢日盛，徙都太和城。

唐紀年

干支己卯　公元 739 年

朝代或國名	國家支配者	建都	廟號	謚號	建元	年號年次	輔政者	備注
唐	⑧李隆基	長安	玄宗	明	3	2 開元 27 年	牛仙客等	
渤海	③大欽茂	龍泉府		文王	2	1 大興 2 年		在東北
南詔	④蒙皮邏閣	太和城		南詔王	1	12 年		在雲南
吐蕃	④棄隸蹜贊	邏些				36 年		
回紇								
西突厥北庭	阿史那懷道					36 年		
後突厥	⑥登利可汗					5 年		

月曆表

5452—354—1991374

月干支序數	月序／星期	日	1	2	3	4	5	6	日	1	2	3	4	5	6	日	1	2	3	4	5	6	日	1	2	3	4	5	6	日	1	2	3	4	5	6	日	1
	公曆 1 月					1	2	3	4	5	6	7	8	9	10	11	12	13	14	15	16	17	18	19	20	21	22	23	24	25	26	27	28	29	30	31		
2	夏曆十二月					17	18	19	20	21	22	23	24	25	26	27	28	29	①	2	3	4	5	6	7	8	9	10	11	12	13	14	15	16	17	18		
	回曆 2 月					15	16	17	18	19	20	21	22	23	24	25	26	27	28	29	30	1	2	3	4	5	6	7	8	9	10	11	12	13	14	15		
	公曆 2 月	1	2	3	4	5	6	7	8	9	10	11	12	13	14	15	16	17	18	19	20	21	22	23	24	25	26	27	28									
3	夏曆正月	19	20	21	22	23	24	25	26	27	28	29	30	㉛	2	3	4	5	6	7	8	9	10	11	12	13	14	15	16									
	回曆 3 月	16	17	18	19	20	21	22	23	24	25	26	27	28	29	1	2	3	4	5	6	7	8	9	10	11	12	13	14									
	公曆 3 月	1	2	3	4	5	6	7	8	9	10	11	12	13	14	15	16	17	18	19	20	21	22	23	24	25	26	27	28	29	30	31						
4	夏曆二月	17	18	19	20	21	22	23	24	25	26	27	28	29	(60)	2	3	4	5	6	7	8	9	10	11	12	13	14	15	16	17	18						
	回曆 4 月	15	16	17	18	19	20	21	22	23	24	25	26	27	28	29	30	1	2	3	4	5	6	7	8	9	10	11	12	13	14	15						
	公曆 4 月				1	2	3	4	5	6	7	8	9	10	11	12	13	14	15	16	17	18	19	20	21	22	23	24	25	26	27	28	29	30				
5	夏曆三月				19	20	21	22	23	24	25	26	27	28	29	30	㉚	2	3	4	5	6	7	8	9	10	11	12	13	14	15	16	17	18				
	回曆 5 月				16	17	18	19	20	21	22	23	24	25	26	27	28	29	1	2	3	4	5	6	7	8	9	10	11	12	13	14	15	16				
	公曆 5 月						1	2	3	4	5	6	7	8	9	10	11	12	13	14	15	16	17	18	19	20	21	22	23	24	25	26	27	28	29	30	31	
6	夏曆四月						19	20	21	22	23	24	25	26	27	28	29	(59)	2	3	4	5	6	7	8	9	10	11	12	13	14	15	16	17	18	19	20	
	回曆 6 月						17	18	19	20	21	22	23	24	25	26	27	28	29	30	1	2	3	4	5	6	7	8	9	10	11	12	13	14	15	16	17	
	公曆 6 月		1	2	3	4	5	6	7	8	9	10	11	12	13	14	15	16	17	18	19	20	21	22	23	24	25	26	27	28	29	30						
7	夏曆五月		21	22	23	24	25	26	27	28	29	30	㉙	2	3	4	5	6	7	8	9	10	11	12	13	14	15	16	17	18	19	20						
	回曆 7 月		18	19	20	21	22	23	24	25	26	27	28	29	1	2	3	4	5	6	7	8	9	10	11	12	13	14	15	16	17	18						
	公曆 7 月				1	2	3	4	5	6	7	8	9	10	11	12	13	14	15	16	17	18	19	20	21	22	23	24	25	26	27	28	29	30	31			
8	夏曆六月				21	22	23	24	25	26	27	28	29	30	(59)	2	3	4	5	6	7	8	9	10	11	12	13	14	15	16	17	18	19	20	21			
	回曆 8 月				19	20	21	22	23	24	25	26	27	28	29	30	1	2	3	4	5	6	7	8	9	10	11	12	13	14	15	16	17	18	19			
	公曆 8 月							1	2	3	4	5	6	7	8	9	10	11	12	13	14	15	16	17	18	19	20	21	22	23	24	25	26	27	28	29	30	31
9	夏曆七月							22	23	24	25	26	27	28	29	㉘	2	3	4	5	6	7	8	9	10	11	12	13	14	15	16	17	18	19	20	21	22	23
	回曆 9 月							20	21	22	23	24	25	26	27	28	29	1	2	3	4	5	6	7	8	9	10	11	12	13	14	15	16	17	18	19	20	21
	公曆 9 月			1	2	3	4	5	6	7	8	9	10	11	12	13	14	15	16	17	18	19	20	21	22	23	24	25	26	27	28	29	30					
10	夏曆八月			24	25	26	27	28	29	30	(58)	2	3	4	5	6	7	8	9	10	11	12	13	14	15	16	17	18	19	20	21	22	23					
	回曆 10 月			22	23	24	25	26	27	28	29	30	1	2	3	4	5	6	7	8	9	10	11	12	13	14	15	16	17	18	19	20	21					
	公曆 10 月					1	2	3	4	5	6	7	8	9	10	11	12	13	14	15	16	17	18	19	20	21	22	23	24	25	26	27	28	29	30	31		
11	夏曆九月					24	25	26	27	28	29	㉗	2	3	4	5	6	7	8	9	10	11	12	13	14	15	16	17	18	19	20	21	22	23	24	25		
	回曆 11 月					22	23	24	25	26	27	28	29	1	2	3	4	5	6	7	8	9	10	11	12	13	14	15	16	17	18	19	20	21	22	23		
	公曆 11 月	1	2	3	4	5	6	7	8	9	10	11	12	13	14	15	16	17	18	19	20	21	22	23	24	25	26	27	28	29	30							

續表

月干支序數	星期／月序	日	1	2	3	4	5	6	日	1	2	3	4	5	6	日	1	2	3	4	5	6	日	1	2	3	4	5	6	日	1	2	3	4	5	6	日	1
12	夏曆十月	26	27	28	29	30	(57)	2	3	4	5	6	7	8	9	10	11	12	13	14	15	16	17	18	19	20	21	22	23	24	25							
	回曆12月	24	25	26	27	28	29	30	1	2	3	4	5	6	7	8	9	10	11	12	13	14	15	16	17	18	19	20	21	22	23							
	公曆12月			1	2	3	4	5	6	7	8	9	10	11	12	13	14	15	16	17	18	19	20	21	22	23	24	25	26	27	28	29	30	31				
13	夏曆十一月			26	27	28	29	㉖	2	3	4	5	6	7	8	9	10	11	12	13	14	15	16	17	18	19	20	21	22	23	24	25	26	27				
122年閏	回曆1月			24	25	26	27	28	29	①	2	3	4	5	6	7	8	9	10	11	12	13	14	15	16	17	18	19	20	21	22	23	24	25				

大事記

正月，命還募關內、河東壯士三、五萬人詣隴右增防，秋末無警聽還。　四月，禁陰陽術數之書無干婚喪、卜擇者。八月，磧西節度使擒突騎施吐火仙可汗，又遣將與拔汗那王擒黑姓可汗，唐在西陲威勢復振。吐蕃擾白草、安人等軍，敗走。追謚孔子為文宣王，弟子皆贈公、侯、伯。　九月，處木昆、鼠尼施、弓月等部之隸突騎施者皆來降，請徙安西管內。

唐紀年

干支庚辰　公元740年

朝代或國名	國家支配者	建都	廟號	謚號	建元	年號年次	輔政者	備注
唐	⑧李隆基	長安	玄宗	明	3	2開元28年	牛仙客等	
渤海	③大欽茂	龍泉府		文王	2	1大興3年		在東北
南詔	④蒙皮邏閣	太和城		南詔王	1	13年		在雲南
吐蕃	④棄隸蹜贊	邏些				37年		
回紇								
西突厥北庭	阿史那懷道					37年		約在是年之前卒
	阿史昕可汗							三月受唐册立爲十姓可汗，此後世系不明
後突厥	⑥登利可汗					6年		

月曆表

5453—355—1991729

月干支序數	星期／月序	日	1	2	3	4	5	6	日	1	2	3	4	5	6	日	1	2	3	4	5	6	日	1	2	3	4	5	6	日	1	2	3	4	5	6	日	1
	公曆1月						1	2	3	4	5	6	7	8	9	10	11	12	13	14	15	16	17	18	19	20	21	22	23	24	25	26	27	28	29	30	31	
14	夏曆十二月						28	29	30	(56)	2	3	4	5	6	7	8	9	10	11	12	13	14	15	16	17	18	19	20	21	22	23	24	25	26	27	28	
	回曆2月						26	27	28	29	30	1	2	3	4	5	6	7	8	9	10	11	12	13	14	15	16	17	18	19	20	21	22	23	24	25	26	
	公曆2月		1	2	3	4	5	6	7	8	9	10	11	12	13	14	15	16	17	18	19	20	21	22	23	24	25	26	27	28	29							
15	夏曆正月		29	㉕	2	3	4	5	6	7	8	9	10	11	12	13	14	15	16	17	18	19	20	21	22	23	24	25	26	27	28							
	回曆3月		27	28	29	1	2	3	4	5	6	7	8	9	10	11	12	13	14	15	16	17	18	19	20	21	22	23	24	25	26							
	公曆3月			1	2	3	4	5	6	7	8	9	10	11	12	13	14	15	16	17	18	19	20	21	22	23	24	25	26	27	28	29	30	31				
16	夏曆二月			29	30	(55)	2	3	4	5	6	7	8	9	10	11	12	13	14	15	16	17	18	19	20	21	22	23	24	25	26	27	28	29				
	回曆4月			27	28	29	30	1	2	3	4	5	6	7	8	9	10	11	12	13	14	15	16	17	18	19	20	21	22	23	24	25	26	27				
	公曆4月						1	2	3	4	5	6	7	8	9	10	11	12	13	14	15	16	17	18	19	20	21	22	23	24	25	26	27	28	29	30		
17	夏曆三月						㉔	2	3	4	5	6	7	8	9	10	11	12	13	14	15	16	17	18	19	20	21	22	23	24	25	26	27	28	29	30		
	回曆5月						28	29	1	2	3	4	5	6	7	8	9	10	11	12	13	14	15	16	17	18	19	20	21	22	23	24	25	26	27	28		

續表

月 干支 序數	星期 月序	日	1	2	3	4	5	6	日	1	2	3	4	5	6	日	1	2	3	4	5	6	日	1	2	3	4	5	6	日	1	2	3	4	5	6	日	1
	公暦5月	1	2	3	4	5	6	7	8	9	10	11	12	13	14	15	16	17	18	19	20	21	22	23	24	25	26	27	28	29	30	31						
18 19	夏暦四五月	(54)	2	3	4	5	6	7	8	9	10	11	12	13	14	15	16	17	18	19	20	21	22	23	24	25	26	27	28	29	㉓	2						
	回暦6月	29	30	1	2	3	4	5	6	7	8	9	10	11	12	13	14	15	16	17	18	19	20	21	22	23	24	25	26	27	28	29						
	公暦6月				1	2	3	4	5	6	7	8	9	10	11	12	13	14	15	16	17	18	19	20	21	22	23	24	25	26	27	28	29	30				
20	夏暦六月				3	4	5	6	7	8	9	10	11	12	13	14	15	16	17	18	19	20	21	22	23	24	25	26	27	28	29	30	(53)	2				
	回暦7月				1	2	3	4	5	6	7	8	9	10	11	12	13	14	15	16	17	18	19	20	21	22	23	24	25	26	27	28	29	30				
	公暦7月						1	2	3	4	5	6	7	8	9	10	11	12	13	14	15	16	17	18	19	20	21	22	23	24	25	26	27	28	29	30	31	
21	夏暦七月						3	4	5	6	7	8	9	10	11	12	13	14	15	16	17	18	19	20	21	22	23	24	25	26	27	28	29	㉒	2	3	4	
	回暦8、9月						1	2	3	4	5	6	7	8	9	10	11	12	13	14	15	16	17	18	19	20	21	22	23	24	25	26	27	28	29	1	2	
	公暦8月		1	2	3	4	5	6	7	8	9	10	11	12	13	14	15	16	17	18	19	20	21	22	23	24	25	26	27	28	29	30	31					
22	夏暦八月		5	6	7	8	9	10	11	12	13	14	15	16	17	18	19	20	21	22	23	24	25	26	27	28	29	30	(52)	2	3	4	5					
	回暦10月		3	4	5	6	7	8	9	10	11	12	13	14	15	16	17	18	19	20	21	22	23	24	25	26	27	28	29	30	1	2	3					
	公暦9月					1	2	3	4	5	6	7	8	9	10	11	12	13	14	15	16	17	18	19	20	21	22	23	24	25	26	27	28	29	30			
23	夏暦九月					6	7	8	9	10	11	12	13	14	15	16	17	18	19	20	21	22	23	24	25	26	27	28	29	30	㉒	2	3	4	5			
	回暦11月					4	5	6	7	8	9	10	11	12	13	14	15	16	17	18	19	20	21	22	23	24	25	26	27	28	29	1	2	3	4			
	公暦10月							1	2	3	4	5	6	7	8	9	10	11	12	13	14	15	16	17	18	19	20	21	22	23	24	25	26	27	28	29	30	31
24	夏暦十月							6	7	8	9	10	11	12	13	14	15	16	17	18	19	20	21	22	23	24	25	26	27	28	29	(51)	2	3	4	5	6	7
	回暦12月							5	6	7	8	9	10	11	12	13	14	15	16	17	18	19	20	21	22	23	24	25	26	27	28	29	30	1	2	3	4	5
	公暦11月			1	2	3	4	5	6	7	8	9	10	11	12	13	14	15	16	17	18	19	20	21	22	23	24	25	26	27	28	29	30					
25	夏暦十一月			8	9	10	11	12	13	14	15	16	17	18	19	20	21	22	23	24	25	26	27	28	29	30	㉑	2	3	4	5	6	7					
123年	回暦1月			6	7	8	9	10	11	12	13	14	15	16	17	18	19	20	21	22	23	24	25	26	27	28	29	30	①	2	3	4	5					
	公暦12月					1	2	3	4	5	6	7	8	9	10	11	12	13	14	15	16	17	18	19	20	21	22	23	24	25	26	27	28	29	30	31		
26	夏暦十二月					8	9	10	11	12	13	14	15	16	17	18	19	20	21	22	23	24	25	26	27	28	29	㊿	2	3	4	5	6	7	8	9		
	回暦2月					6	7	8	9	10	11	12	13	14	15	16	17	18	19	20	21	22	23	24	25	26	27	28	29	30	1	2	3	4	5	6		

大事記

三月，劍南兵拔安戎城。立阿史那懷道之子昕為十姓可汗。　六月，吐蕃攻安戎城。　八月，幽州兵破奚、契丹。十月，吐蕃攻安戎城及維州；發關中彍騎救之，吐蕃退，改安戎曰平戎。　十二月，以莫賀達干為突騎施可汗。金城公主死，吐蕃來告喪，且講和，不許。　是歲，州 321，縣 1573，戶 8 412 871，口 48 143 609；兩京米斛值錢不滿二百。孟浩然卒(689—740)。

唐紀年

干支辛巳　公元 741 年

朝代或國名	國家支配者	建都	廟號	諡號	建元	年號年次	輔政者	備注
唐	⑧李隆基	長安	玄宗	明	3	2 開元 29 年	牛仙客等	
渤海	③大欽茂	龍泉府		文王	2	1 大興 4 年		在東北
南詔	④蒙皮邏閣	太和城		南詔王	1	14 年		在雲南
吐蕃	④棄隸蹜贊	邏些				38 年		
回紇								
後突厥	⑥登利可汗					7 年		七月被殺

月曆表

月干支序數	月 \ 星期 序	日	1	2	3	4	5	6	日	1	2	3	4	5	6	日	1	2	3	4	5	6	日	1	2	3	4	5	6	日	1	2	3	4	5	6	日	1
	公曆 1 月	1	2	3	4	5	6	7	8	9	10	11	12	13	14	15	16	17	18	19	20	21	22	23	24	25	26	27	28	29	30	31						
27	夏曆正月	10	11	12	13	14	15	16	17	18	19	20	21	22	23	24	25	26	27	28	29	30	㉑	2	3	4	5	6	7	8	9	10						
	回曆 3 月	7	8	9	10	11	12	13	14	15	16	17	18	19	20	21	22	23	24	25	26	27	28	29	1	2	3	4	5	6	7	8						
	公曆 2 月				1	2	3	4	5	6	7	8	9	10	11	12	13	14	15	16	17	18	19	20	21	22	23	24	25	26	27	28						
28	夏曆二月				11	12	13	14	15	16	17	18	19	20	21	22	23	24	25	26	27	28	29	30	㊿	2	3	4	5	6	7	8						
	回曆 4 月				9	10	11	12	13	14	15	16	17	18	19	20	21	22	23	24	25	26	27	28	29	30	1	2	3	4	5	6						
	公曆 3 月				1	2	3	4	5	6	7	8	9	10	11	12	13	14	15	16	17	18	19	20	21	22	23	24	25	26	27	28	29	30	31			
29	夏曆三月				9	10	11	12	13	14	15	16	17	18	19	20	21	22	23	24	25	26	27	28	29	⑲	2	3	4	5	6	7	8	9	10			
	回曆 5 月				7	8	9	10	11	12	13	14	15	16	17	18	19	20	21	22	23	24	25	26	27	28	29	1	2	3	4	5	6	7	8			
	公曆 4 月							1	2	3	4	5	6	7	8	9	10	11	12	13	14	15	16	17	18	19	20	21	22	23	24	25	26	27	28	29	30	
30	夏曆四月							11	12	13	14	15	16	17	18	19	20	21	22	23	24	25	26	27	28	29	㊽	2	3	4	5	6	7	8	9	10	11	
	回曆 6 月							9	10	11	12	13	14	15	16	17	18	19	20	21	22	23	24	25	26	27	28	29	30	1	2	3	4	5	6	7	8	
	公曆 5 月		1	2	3	4	5	6	7	8	9	10	11	12	13	14	15	16	17	18	19	20	21	22	23	24	25	26	27	28	29	30	31					
	夏曆閏四月		12	13	14	15	16	17	18	19	20	21	22	23	24	25	26	27	28	29	30	⑱	2	3	4	5	6	7	8	9	10	11	12					
	回曆 7 月		9	10	11	12	13	14	15	16	17	18	19	20	21	22	23	24	25	26	27	28	29	1	2	3	4	5	6	7	8	9	10					
	公曆 6 月					1	2	3	4	5	6	7	8	9	10	11	12	13	14	15	16	17	18	19	20	21	22	23	24	25	26	27	28	29	30			
31	夏曆五月					13	14	15	16	17	18	19	20	21	22	23	24	25	26	27	28	29	㊼	2	3	4	5	6	7	8	9	10	11	12	13			
	回曆 8 月					11	12	13	14	15	16	17	18	19	20	21	22	23	24	25	26	27	28	29	30	1	2	3	4	5	6	7	8	9	10			
	公曆 7 月							1	2	3	4	5	6	7	8	9	10	11	12	13	14	15	16	17	18	19	20	21	22	23	24	25	26	27	28	29	30	31
32	夏曆六月							14	15	16	17	18	19	20	21	22	23	24	25	26	27	28	29	30	⑰	2	3	4	5	6	7	8	9	10	11	12	13	14
	回曆 9 月							11	12	13	14	15	16	17	18	19	20	21	22	23	24	25	26	27	28	29	1	2	3	4	5	6	7	8	9	10	11	12
	公曆 8 月			1	2	3	4	5	6	7	8	9	10	11	12	13	14	15	16	17	18	19	20	21	22	23	24	25	26	27	28	29	30	31				
33	夏曆七月			15	16	17	18	19	20	21	22	23	24	25	26	27	28	29	㊻	2	3	4	5	6	7	8	9	10	11	12	13	14	15	16				
	回曆 10 月			13	14	15	16	17	18	19	20	21	22	23	24	25	26	27	28	29	30	1	2	3	4	5	6	7	8	9	10	11	12	13				
	公曆 9 月						1	2	3	4	5	6	7	8	9	10	11	12	13	14	15	16	17	18	19	20	21	22	23	24	25	26	27	28	29	30		
34	夏曆八月						17	18	19	20	21	22	23	24	25	26	27	28	29	30	⑯	2	3	4	5	6	7	8	9	10	11	12	13	14	15	16		
	回曆 11 月						14	15	16	17	18	19	20	21	22	23	24	25	26	27	28	29	1	2	3	4	5	6	7	8	9	10	11	12	13	14		
	公曆 10 月	1	2	3	4	5	6	7	8	9	10	11	12	13	14	15	16	17	18	19	20	21	22	23	24	25	26	27	28	29	30	31						
35	夏曆九月	17	18	19	20	21	22	23	24	25	26	27	28	29	30	㊻	2	3	4	5	6	7	8	9	10	11	12	13	14	15	16	17						
	回曆 12 月	15	16	17	18	19	20	21	22	23	24	25	26	27	28	29	30	1	2	3	4	5	6	7	8	9	10	11	12	13	14	15						
	公曆 11 月				1	2	3	4	5	6	7	8	9	10	11	12	13	14	15	16	17	18	19	20	21	22	23	24	25	26	27	28	29	30				
36	夏曆十月				18	19	20	21	22	23	24	25	26	27	28	29	⑮	2	3	4	5	6	7	8	9	10	11	12	13	14	15	16	17	18				
124 年	回曆 1 月				16	17	18	19	20	21	22	23	24	25	26	27	28	29	①	2	3	4	5	6	7	8	9	10	11	12	13	14	15	16				
	公曆 12 月						1	2	3	4	5	6	7	8	9	10	11	12	13	14	15	16	17	18	19	20	21	22	23	24	25	26	27	28	29	30	31	
37	夏曆十一月						19	20	21	22	23	24	25	26	27	28	29	30	㊺	2	3	4	5	6	7	8	9	10	11	12	13	14	15	16	17	18	19	
	回曆 2 月						17	18	19	20	21	22	23	24	25	26	27	28	29	30	1	2	3	4	5	6	7	8	9	10	11	12	13	14	15	15	17	

舊紀四月庚戌。

大事記

正月，立賑饑法。　六月，吐蕃四十萬入邊，至安人軍渾崖峰，騎將臧希液以五千人破之。　七月，突厥內訌，左殺攻殺登利可汗，立毗伽可汗子為可汗，尋為骨咄葉護所殺，更立其弟；旋又殺之，骨咄葉護自為可汗。　八月，以平盧兵馬使安祿山為營州都督，充平盧軍使、兩蕃、渤海、黑水四府經略使。　十月，分北庭、安西為二節度。　十二月，吐蕃屠達化縣，陷石堡城。

唐紀年

干支壬午　公元742年

朝代或國名	國家支配者	建都	廟號	謚號	建元	年號年次	輔政者	備注
唐	⑧李隆基	長安	玄宗	明	3	3天寶元年	李林甫等	
渤海	③大欽茂	龍泉府		文王	2	1大興5年		在東北
南詔	④蒙皮邏閣	太和城		南詔王	1	15年		在雲南
吐蕃	④棄隸蹜贊	邏些				39年		
突騎施	黑姓伊里底密施 骨咄祿毗伽可汗							
回紇								
後突厥	⑦骨咄葉護可汗					元年		

月曆表

5455—354—1992467

月干支序數	月序／星期	日	1	2	3	4	5	6	日	1	2	3	4	5	6	日	1	2	3	4	5	6	日	1	2	3	4	5	6	日	1	2	3	4	5	6	日	1
	公曆1月		1	2	3	4	5	6	7	8	9	10	11	12	13	14	15	16	17	18	19	20	21	22	23	24	25	26	27	28	29	30	31					
38	夏曆十二月		20	21	22	23	24	25	26	27	28	29	30	⑮	2	3	4	5	6	7	8	9	10	11	12	13	14	15	16	17	18	19	20					
	回曆3月		18	19	20	21	22	23	24	25	26	27	28	29	1	2	3	4	5	6	7	8	9	10	11	12	13	14	15	16	17	18	19					
	公曆2月					1	2	3	4	5	6	7	8	9	10	11	12	13	14	15	16	17	18	19	20	21	22	23	24	25	26	27	28					
39	夏曆正月					21	22	23	24	25	26	27	28	29	㊹	2	3	4	5	6	7	8	9	10	11	12	13	14	15	16	17	18	19					
	回曆4月					20	21	22	23	24	25	26	27	28	29	30	1	2	3	4	5	6	7	8	9	10	11	12	13	14	15	16	17					
	公曆3月					1	2	3	4	5	6	7	8	9	10	11	12	13	14	15	16	17	18	19	20	21	22	23	24	25	26	27	28	29	30	31		
40	夏曆二月					20	21	22	23	24	25	26	27	28	29	30	⑭	2	3	4	5	6	7	8	9	10	11	12	13	14	15	16	17	18	19	20		
	回曆5月					18	19	20	21	22	23	24	25	26	27	28	29	1	2	3	4	5	6	7	8	9	10	11	12	13	14	15	16	17	18	19		
	公曆4月	1	2	3	4	5	6	7	8	9	10	11	12	13	14	15	16	17	18	19	20	21	22	23	24	25	26	27	28	29	30							
41	夏曆三月	21	22	23	24	25	26	27	28	29	㊸	2	3	4	5	6	7	8	9	10	11	12	13	14	15	16	17	18	19	20	21							
	回曆6月	20	21	22	23	24	25	26	27	28	29	30	1	2	3	4	5	6	7	8	9	10	11	12	13	14	15	16	17	18	19							
	公曆5月			1	2	3	4	5	6	7	8	9	10	11	12	13	14	15	16	17	18	19	20	21	22	23	24	25	26	27	28	29	30	31				
42	夏曆四月			22	23	24	25	26	27	28	29	⑫	2	3	4	5	6	7	8	9	10	11	12	13	14	15	16	17	18	19	20	21	22	23				
	回曆7月			20	21	22	23	24	25	26	27	28	29	1	2	3	4	5	6	7	8	9	10	11	12	13	14	15	16	17	18	19	20	21				
	公曆6月						1	2	3	4	5	6	7	8	9	10	11	12	13	14	15	16	17	18	19	20	21	22	23	24	25	26	27	28	29	30		
43	夏曆五月						24	25	26	27	28	29	30	㊷	2	3	4	5	6	7	8	9	10	11	12	13	14	15	16	17	18	19	20	21	22	23		
	回曆8月						22	23	24	25	26	27	28	29	30	1	2	3	4	5	6	7	8	9	10	11	12	13	14	15	16	17	18	19	20	21		
	公曆7月	1	2	3	4	5	6	7	8	9	10	11	12	13	14	15	16	17	18	19	20	21	22	23	24	25	26	27	28	29	30	31						
44	夏曆六月	24	25	26	27	28	29	⑪	2	3	4	5	6	7	8	9	10	11	12	13	14	15	16	17	18	19	20	21	22	23	24	25						
	回曆9月	22	23	24	25	26	27	28	29	1	2	3	4	5	6	7	8	9	10	11	12	13	14	15	16	17	18	19	20	21	22	23						
	公曆8月				1	2	3	4	5	6	7	8	9	10	11	12	13	14	15	16	17	18	19	20	21	22	23	24	25	26	27	28	29	30	31			
45	夏曆七月				26	27	28	29	㊵	2	3	4	5	6	7	8	9	10	11	12	13	14	15	16	17	18	19	20	21	22	23	24	25	26	27			
	回曆10月				24	25	26	27	28	29	30	1	2	3	4	5	6	7	8	9	10	11	12	13	14	15	16	17	18	19	20	21	22	23	24			
	公曆9月							1	2	3	4	5	6	7	8	9	10	11	12	13	14	15	16	17	18	19	20	21	22	23	24	25	26	27	28	29	30	
46	夏曆八月							28	29	30	⑩	2	3	4	5	6	7	8	9	10	11	12	13	14	15	16	17	18	19	20	21	22	23	24	25	26	27	
	回曆11月							25	26	27	28	29	1	2	3	4	5	6	7	8	9	10	11	12	13	14	15	16	17	18	19	20	21	22	23	24	25	
	公曆10月		1	2	3	4	5	6	7	8	9	10	11	12	13	14	15	16	17	18	19	20	21	22	23	24	25	26	27	28	29	30	31					
47	夏曆九月		28	29	30	㊵	2	3	4	5	6	7	8	9	10	11	12	13	14	15	16	17	18	19	20	21	22	23	24	25	26	27	28					
	回曆12月		26	27	28	29	30	1	2	3	4	5	6	7	8	9	10	11	12	13	14	15	16	17	18	19	20	21	22	23	24	25	26					

續表

月 干支 序數	月 星期 序	日	1	2	3	4	5	6	日	1	2	3	4	5	6	日	1	2	3	4	5	6	日	1	2	3	4	5	6	日	1	2	3	4	5	6	日	1
	公曆11月					1	2	3	4	5	6	7	8	9	10	11	12	13	14	15	16	17	18	19	20	21	22	23	24	25	26	27	28	29	30			
48	夏曆十月					29	⑨	2	3	4	5	6	7	8	9	10	11	12	13	14	15	16	17	18	19	20	21	22	23	24	25	26	27	28	29			
125年	回曆1月					27	28	29	①	2	3	4	5	6	7	8	9	10	11	12	13	14	15	16	17	18	19	20	21	22	23	24	25	26	27			
	公曆12月							1	2	3	4	5	6	7	8	9	10	11	12	13	14	15	16	17	18	19	20	21	22	23	24	25	26	27	28	29	30	31
49	夏曆十一月							30	㊴	2	3	4	5	6	7	8	9	10	11	12	13	14	15	16	17	18	19	20	21	22	23	24	25	26	27	28	29	30
	回曆2月							28	29	30	1	2	3	4	5	6	7	8	9	10	11	12	13	14	15	16	17	18	19	20	21	22	23	24	25	26	27	28

大事記

正月，以安祿山為平盧節度使。是時有安西、北庭、河西、朔方、河東、范陽、平盧、隴右、劍南、嶺南等十節度使，凡鎮兵四十九萬，馬八萬。　二月，改官名，更州為郡。　十二月，隴右軍破吐蕃大嶺等軍；河西軍破吐蕃漁海等軍。

唐紀年

干支癸未　公元743年

朝代或國名	國家支配者	建都	廟號	謚號	建元	年號年次	輔政者	備注
唐	⑧李隆基	長安	玄宗	明	3	3 天寶 2 年	李林甫等	
渤海	③大欽茂	龍泉府		文王	2	1 大興 6 年		在東北
南詔	④蒙皮邏閣	太和城		南詔王	1	16 年		在雲南
吐蕃	④棄隸蹜贊	邏些				40 年		
回紇								
後突厥	⑧烏蘇米施可汗					元年		

月曆表

5456—355—1992822

月 干支 序數	月 星期 序	日	1	2	3	4	5	6	日	1	2	3	4	5	6	日	1	2	3	4	5	6	日	1	2	3	4	5	6	日	1	2	3	4	5	6	日	1
	公曆1月			1	2	3	4	5	6	7	8	9	10	11	12	13	14	15	16	17	18	19	20	21	22	23	24	25	26	27	28	29	30	31				
50 51	夏曆十二 正月			⑨	2	3	4	5	6	7	8	9	10	11	12	13	14	15	16	17	18	19	20	21	22	23	24	25	26	27	28	29	㊳	2				
	回曆3月			29	1	2	3	4	5	6	7	8	9	10	11	12	13	14	15	16	17	18	19	20	21	22	23	24	25	26	27	28	29	30				
	公曆2月						1	2	3	4	5	6	7	8	9	10	11	12	13	14	15	16	17	18	19	20	21	22	23	24	25	26	27	28				
	夏曆正月						3	4	5	6	7	8	9	10	11	12	13	14	15	16	17	18	19	20	21	22	23	24	25	26	27	28	29	30				
	回曆4月						1	2	3	4	5	6	7	8	9	10	11	12	13	14	15	16	17	18	19	20	21	22	23	24	25	26	27	28				
	公曆3月						1	2	3	4	5	6	7	8	9	10	11	12	13	14	15	16	17	18	19	20	21	22	23	24	25	26	27	28	29	30	31	
52 53	夏曆二 三月						⑧	2	3	4	5	6	7	8	9	10	11	12	13	14	15	16	17	18	19	20	21	22	23	24	25	26	27	28	29	30	㊳	
	回曆5月						29	1	2	3	4	5	6	7	8	9	10	11	12	13	14	15	16	17	18	19	20	21	22	23	24	25	26	27	28	29	30	
	公曆4月		1	2	3	4	5	6	7	8	9	10	11	12	13	14	15	16	17	18	19	20	21	22	23	24	25	26	27	28	29	30						
54	夏曆四月		2	3	4	5	6	7	8	9	10	11	12	13	14	15	16	17	18	19	20	21	22	23	24	25	26	27	28	29	⑦	2						
	回曆6、7月		1	2	3	4	5	6	7	8	9	10	11	12	13	14	15	16	17	18	19	20	21	22	23	24	25	26	27	28	29	1						
	公曆5月				1	2	3	4	5	6	7	8	9	10	11	12	13	14	15	16	17	18	19	20	21	22	23	24	25	26	27	28	29	30	31			
55	夏曆五月				3	4	5	6	7	8	9	10	11	12	13	14	15	16	17	18	19	20	21	22	23	24	25	26	27	28	29	㊱	2	3	4			
	回曆8月				2	3	4	5	6	7	8	9	10	11	12	13	14	15	16	17	18	19	20	21	22	23	24	25	26	27	28	29	30	1	2			

續表

月干支序數	星期 / 月序	日	1	2	3	4	5	6	日	1	2	3	4	5	6	日	1	2	3	4	5	6	日	1	2	3	4	5	6	日	1	2	3	4	5	6	日	1
	公曆6月							1	2	3	4	5	6	7	8	9	10	11	12	13	14	15	16	17	18	19	20	21	22	23	24	25	26	27	28	29	30	
56	夏曆六月							5	6	7	8	9	10	11	12	13	14	15	16	17	18	19	20	21	22	23	24	25	26	27	28	29	30	⑥	2	3	4	
	回曆9月							3	4	5	6	7	8	9	10	11	12	13	14	15	16	17	18	19	20	21	22	23	24	25	26	27	28	29	1	2	3	
	公曆7月		1	2	3	4	5	6	7	8	9	10	11	12	13	14	15	16	17	18	19	20	21	22	23	24	25	26	27	28	29	30	31					
57	夏曆七月		5	6	7	8	9	10	11	12	13	14	15	16	17	18	19	20	21	22	23	24	25	26	27	28	29	㉟	2	3	4	5	6					
	回曆10月		4	5	6	7	8	9	10	11	12	13	14	15	16	17	18	19	20	21	22	23	24	25	26	27	28	29	30	1	2	3	4					
	公曆8月					1	2	3	4	5	6	7	8	9	10	11	12	13	14	15	16	17	18	19	20	21	22	23	24	25	26	27	28	29	30	31		
58	夏曆八月					7	8	9	10	11	12	13	14	15	16	17	18	19	20	21	22	23	24	25	26	27	28	29	④	2	3	4	5	6	7	8		
	回曆11月					5	6	7	8	9	10	11	12	13	14	15	16	17	18	19	20	21	22	23	24	25	26	27	28	29	1	2	3	4	5	6		
	公曆9月	1	2	3	4	5	6	7	8	9	10	11	12	13	14	15	16	17	18	19	20	21	22	23	24	25	26	27	28	29	30							
59	夏曆九月	9	10	11	12	13	14	15	16	17	18	19	20	21	22	23	24	25	26	27	28	29	30	㉞	2	3	4	5	6	7	8							
	回曆12月	7	8	9	10	11	12	13	14	15	16	17	18	19	20	21	22	23	24	25	26	27	28	29	30	1	2	3	4	5	6							
	公曆10月			1	2	3	4	5	6	7	8	9	10	11	12	13	14	15	16	17	18	19	20	21	22	23	24	25	26	27	28	29	30	31				
60	夏曆十月			9	10	11	12	13	14	15	16	17	18	19	20	21	22	23	24	25	26	27	28	29	③	2	3	4	5	6	7	8	9	10				
126年	回曆1月			7	8	9	10	11	12	13	14	15	16	17	18	19	20	21	22	23	24	25	26	27	28	29	30	①	2	3	4	5	6	7				
	公曆11月						1	2	3	4	5	6	7	8	9	10	11	12	13	14	15	16	17	18	19	20	21	22	23	24	25	26	27	28	29	30		
1	夏曆十一月						11	12	13	14	15	16	17	18	19	20	21	22	23	24	25	26	27	28	29	30	㉝	2	3	4	5	6	7	8	9	10		
	回曆2月						8	9	10	11	12	13	14	15	16	17	18	19	20	21	22	23	24	25	26	27	28	29	1	2	3	4	5	6	7	8		
	公曆12月	1	2	3	4	5	6	7	8	9	10	11	12	13	14	15	16	17	18	19	20	21	22	23	24	25	26	27	28	29	30	31						
2	夏曆十二月	11	12	13	14	15	16	17	18	19	20	21	22	23	24	25	26	27	28	29	30	③	2	3	4	5	6	7	8	9	10	11						
	回曆3月	9	10	11	12	13	14	15	16	17	18	19	20	21	22	23	24	25	26	27	28	29	30	1	2	3	4	5	6	7	8	9						

大事記

正月,追尊玄元皇帝為大聖祖玄元皇帝,玄元皇帝父為先天太皇,皋陶為德明皇帝,涼武昭王為興聖皇帝。兩京崇玄學改為崇玄館。安祿山入朝。　三月,引滻水為潭,成,聚江淮運船,賜名廣運潭。　四月,隴右兵破吐蕃洪濟城。

唐紀年

干支甲申　公元744年

朝代或國名	國家支配者	建都	廟號	謚號	建元	年號年次	輔政者	備注
唐	⑧李隆基	長安	玄宗	明	3	3天寶3載	李林甫等	
渤海	③大欽茂	龍泉府		文王	2	1大興7年		在東北
南詔	④蒙皮邏閣	太和城		南詔王	1	17年		在雲南
吐蕃	④棄隸蹜贊	邏些				41年		
回紇	①骨力裴羅					元年		唐拜爲懷仁可汗
後突厥	⑧烏蘇米施可汗					2年		

月曆表

5457－383－1993205

月干支序數	星期／月序	日	1	2	3	4	5	6	日	1	2	3	4	5	6	日	1	2	3	4	5	6	日	1	2	3	4	5	6	日	1	2	3	4	5	6	日	
	公曆1月				1	2	3	4	5	6	7	8	9	10	11	12	13	14	15	16	17	18	19	20	21	22	23	24	25	26	27	28	29	30	31			
3	夏曆正月				12	13	14	15	16	17	18	19	20	21	22	23	24	25	26	27	28	29	30	㉝	2	3	4	5	6	7	8	9	10	11	12			
	回曆4月				10	11	12	13	14	15	16	17	18	19	20	21	22	23	24	25	26	27	28	29	30	1	2	3	4	5	6	7	8	9	10			
	公曆2月							1	2	3	4	5	6	7	8	9	10	11	12	13	14	15	16	17	18	19	20	21	22	23	24	25	26	27	28	29		
4	夏曆二月							13	14	15	16	17	18	19	20	21	22	23	24	25	26	27	28	29	②	2	3	4	5	6	7	8	9	10	11	12		
	回曆5月							11	12	13	14	15	16	17	18	19	20	21	22	23	24	25	26	27	28	29	1	2	3	4	5	6	7	8	9	10		
	公曆3月	1	2	3	4	5	6	7	8	9	10	11	12	13	14	15	16	17	18	19	20	21	22	23	24	25	26	27	28	29	30	31						
	夏曆閏二月	13	14	15	16	17	18	19	20	21	22	23	24	25	26	27	28	29	30	㉜	2	3	4	5	6	7	8	9	10	11	12	13						
	回曆6月	11	12	13	14	15	16	17	18	19	20	21	22	23	24	25	26	27	28	29	30	1	2	3	4	5	6	7	8	9	10	11						
	公曆4月				1	2	3	4	5	6	7	8	9	10	11	12	13	14	15	16	17	18	19	20	21	22	23	24	25	26	27	28	29	30				
5	夏曆三月				14	15	16	17	18	19	20	21	22	23	24	25	26	27	28	29	30	②	2	3	4	5	6	7	8	9	10	11	12	13				
	回曆7月				12	13	14	15	16	17	18	19	20	21	22	23	24	25	26	27	28	29	1	2	3	4	5	6	7	8	9	10	11	12				
	公曆5月						1	2	3	4	5	6	7	8	9	10	11	12	13	14	15	16	17	18	19	20	21	22	23	24	25	26	27	28	29	30	31	
6	夏曆四月						14	15	16	17	18	19	20	21	22	23	24	25	26	27	28	29	㉛	2	3	4	5	6	7	8	9	10	11	12	13	14	15	
	回曆8月						13	14	15	16	17	18	19	20	21	22	23	24	25	26	27	28	29	30	1	2	3	4	5	6	7	8	9	10	11	12	13	
	公曆6月		1	2	3	4	5	6	7	8	9	10	11	12	13	14	15	16	17	18	19	20	21	22	23	24	25	26	27	28	29	30						
7	夏曆五月		16	17	18	19	20	21	22	23	24	25	26	27	28	29	(60)	2	3	4	5	6	7	8	9	10	11	12	13	14	15	16						
	回曆9月		14	15	16	17	18	19	20	21	22	23	24	25	26	27	28	29	1	2	3	4	5	6	7	8	9	10	11	12	13	14						
	公曆7月				1	2	3	4	5	6	7	8	9	10	11	12	13	14	15	16	17	18	19	20	21	22	23	24	25	26	27	28	29	30	31			
8	夏曆六月				17	18	19	20	21	22	23	24	25	26	27	28	29	30	㉚	2	3	4	5	6	7	8	9	10	11	12	13	14	15	16	17			
	回曆10月				15	16	17	18	19	20	21	22	23	24	25	26	27	28	29	30	1	2	3	4	5	6	7	8	9	10	11	12	13	14	15			
	公曆8月							1	2	3	4	5	6	7	8	9	10	11	12	13	14	15	16	17	18	19	20	21	22	23	24	25	26	27	28	29	30	31
9	夏曆七月							18	19	20	21	22	23	24	25	26	27	28	29	(59)	2	3	4	5	6	7	8	9	10	11	12	13	14	15	16	17	18	19
	回曆11月							16	17	18	19	20	21	22	23	24	25	26	27	28	29	1	2	3	4	5	6	7	8	9	10	11	12	13	14	15	16	17
	公曆9月			1	2	3	4	5	6	7	8	9	10	11	12	13	14	15	16	17	18	19	20	21	22	23	24	25	26	27	28	29	30					
10	夏曆八月			20	21	22	23	24	25	26	27	28	29	㉘	2	3	4	5	6	7	8	9	10	11	12	13	14	15	16	17	18	19	20					
	回曆12月			18	19	20	21	22	23	24	25	26	27	28	29	30	1	2	3	4	5	6	7	8	9	10	11	12	13	14	15	16	17					
	公曆10月					1	2	3	4	5	6	7	8	9	10	11	12	13	14	15	16	17	18	19	20	21	22	23	24	25	26	27	28	29	30	31		
11	夏曆九月					21	22	23	24	25	26	27	28	29	30	(58)	2	3	4	5	6	7	8	9	10	11	12	13	14	15	16	17	18	19	20	21		
127年	回曆1月					18	19	20	21	22	23	24	25	26	27	28	29	①	2	3	4	5	6	7	8	9	10	11	12	13	14	15	16	17	18	19		
	公曆11月	1	2	3	4	5	6	7	8	9	10	11	12	13	14	15	16	17	18	19	20	21	22	23	24	25	26	27	28	29	30							
12	夏曆十月	22	23	24	25	26	27	28	29	㉗	2	3	4	5	6	7	8	9	10	11	12	13	14	15	16	17	18	19	20	21	22							
	回曆2月	20	21	22	23	24	25	26	27	28	29	30	1	2	3	4	5	6	7	8	9	10	11	12	13	14	15	16	17	18	19							
	公曆12月			1	2	3	4	5	6	7	8	9	10	11	12	13	14	15	16	17	18	19	20	21	22	23	24	25	26	27	28	29	30	31				
13	夏曆十一月			23	24	25	26	27	28	29	30	(57)	2	3	4	5	6	7	8	9	10	11	12	13	14	15	16	17	18	19	20	21	22	23				
	回曆3月			20	21	22	23	24	25	26	27	28	29	1	2	3	4	5	6	7	8	9	10	11	12	13	14	15	16	17	18	19	20	21				

大事記

正月，朔，改年曰載。　三月，以安祿山兼範陽節度使。　八月，册回紇骨力裴羅為懷仁可汗。　十二月，以宗女為和義公主嫁寧遠奉化王阿悉爛達干。初令百姓十八歲為中，二十三歲為丁。

唐紀年

干支乙酉　公元745年

朝代或國名	國家支配者	建都	廟號	謚號	建元	年號年次	輔政者	備注
唐	⑧李隆基	長安	玄宗	明	3	3天寶4載	李林甫等	
渤海	③大欽茂	龍泉府		文王	2	1大興8年		在東北
南詔	④蒙皮邏閣	太和城		南詔王	1	18年		在雲南
吐蕃	④棄隸蹜贊	邏些				42年		
回紇	①骨力裴羅					2年		正月卒
後突厥	⑨白眉可汗					元年		正月被回紇擊殺，亡

月曆表

5458—354—1993559

月干支序數	月序＼星期	日	1	2	3	4	5	6	日	1	2	3	4	5	6	日	1	2	3	4	5	6	日	1	2	3	4	5	6	日	1	2	3	4	5	6	日	1
	公曆1月						1	2	3	4	5	6	7	8	9	10	11	12	13	14	15	16	17	18	19	20	21	22	23	24	25	26	27	28	29	30	31	
14	夏曆十二月						24	25	26	27	28	29	30	㉗	2	3	4	5	6	7	8	9	10	11	12	13	14	15	16	17	18	19	20	21	22	23	24	
	回曆4月						22	23	24	25	26	27	28	29	30	1	2	3	4	5	6	7	8	9	10	11	12	13	14	15	16	17	18	19	20	21	22	
	公曆2月		1	2	3	4	5	6	7	8	9	10	11	12	13	14	15	16	17	18	19	20	21	22	23	24	25	26	27	28								
15	夏曆正月		25	26	27	28	29	(56)	2	3	4	5	6	7	8	9	10	11	12	13	14	15	16	17	18	19	20	21	22	23								
	回曆5月		23	24	25	26	27	28	29	1	2	3	4	5	6	7	8	9	10	11	12	13	14	15	16	17	18	19	20	21								
	公曆3月		1	2	3	4	5	6	7	8	9	10	11	12	13	14	15	16	17	18	19	20	21	22	23	24	25	26	27	28	29	30	31					
16	夏曆二月		24	25	26	27	28	29	30	㉖	2	3	4	5	6	7	8	9	10	11	12	13	14	15	16	17	18	19	20	21	22	23	24					
	回曆6月		22	23	24	25	26	27	28	29	30	1	2	3	4	5	6	7	8	9	10	11	12	13	14	15	16	17	18	19	20	21	22					
	公曆4月					1	2	3	4	5	6	7	8	9	10	11	12	13	14	15	16	17	18	19	20	21	22	23	24	25	26	27	28	29	30			
17	夏曆三月					25	26	27	28	29	30	(56)	2	3	4	5	6	7	8	9	10	11	12	13	14	15	16	17	18	19	20	21	22	23	24			
	回曆7月					23	24	25	26	27	28	29	1	2	3	4	5	6	7	8	9	10	11	12	13	14	15	16	17	18	19	20	21	22	23			
	公曆5月							1	2	3	4	5	6	7	8	9	10	11	12	13	14	15	16	17	18	19	20	21	22	23	24	25	26	27	28	29	30	31
18	夏曆四月							25	26	27	28	29	㉕	2	3	4	5	6	7	8	9	10	11	12	13	14	15	16	17	18	19	20	21	22	23	24	25	26
	回曆8月							24	25	26	27	28	29	30	1	2	3	4	5	6	7	8	9	10	11	12	13	14	15	16	17	18	19	20	21	22	23	24
	公曆6月			1	2	3	4	5	6	7	8	9	10	11	12	13	14	15	16	17	18	19	20	21	22	23	24	25	26	27	28	29	30					
19	夏曆五月			27	28	29	30	(55)	2	3	4	5	6	7	8	9	10	11	12	13	14	15	16	17	18	19	20	21	22	23	24	25	26					
	回曆9月			25	26	27	28	29	1	2	3	4	5	6	7	8	9	10	11	12	13	14	15	16	17	18	19	20	21	22	23	24	25					
	公曆7月					1	2	3	4	5	6	7	8	9	10	11	12	13	14	15	16	17	18	19	20	21	22	23	24	25	26	27	28	29	30	31		
20	夏曆六月					27	28	29	㉔	2	3	4	5	6	7	8	9	10	11	12	13	14	15	16	17	18	19	20	21	22	23	24	25	26	27	28		
	回曆10月					26	27	28	29	30	1	2	3	4	5	6	7	8	9	10	11	12	13	14	15	16	17	18	19	20	21	22	23	24	25	26		
	公曆8月	1	2	3	4	5	6	7	8	9	10	11	12	13	14	15	16	17	18	19	20	21	22	23	24	25	26	27	28	29	30	31						
21	夏曆七月	29	30	(54)	2	3	4	5	6	7	8	9	10	11	12	13	14	15	16	17	18	19	20	21	22	23	24	25	26	27	28	29						
	回曆11月	27	28	29	1	2	3	4	5	6	7	8	9	10	11	12	13	14	15	16	17	18	19	20	21	22	23	24	25	26	27	28						
	公曆9月				1	2	3	4	5	6	7	8	9	10	11	12	13	14	15	16	17	18	19	20	21	22	23	24	25	26	27	28	29	30				
22 23	夏曆八 九月				㉓	2	3	4	5	6	7	8	9	10	11	12	13	14	15	16	17	18	19	20	21	22	23	24	25	26	27	28	29	(52)				
	回曆12月				29	30	1	2	3	4	5	6	7	8	9	10	11	12	13	14	15	16	17	18	19	20	21	22	23	24	25	26	27	28				
	公曆10月						1	2	3	4	5	6	7	8	9	10	11	12	13	14	15	16	17	18	19	20	21	22	23	24	25	26	27	28	29	30	31	
24	夏曆十月						2	3	4	5	6	7	8	9	10	11	12	13	14	15	16	17	18	19	20	21	22	23	24	25	26	27	28	29	30	㉒	2	
128年	回曆1月						29	30	①	2	3	4	5	6	7	8	9	10	11	12	13	14	15	16	17	18	19	20	21	22	23	24	25	26	27	28	29	
	公曆11月		1	2	3	4	5	6	7	8	9	10	11	12	13	14	15	16	17	18	19	20	21	22	23	24	25	26	27	28	29	30						
25	夏曆十一月		3	4	5	6	7	8	9	10	11	12	13	14	15	16	17	18	19	20	21	22	23	24	25	26	27	28	29	(51)	2	3						

續表

月干支序數	月序＼星期	日	1	2	3	4	5	6	日	1	2	3	4	5	6	日	1	2	3	4	5	6	日	1	2	3	4	5	6	日	1	2	3	4	5	6	日	1
	回曆2月		30	1	2	3	4	5	6	7	8	9	10	11	12	13	14	15	16	17	18	19	20	21	22	23	24	25	26	27	28	29						
	公曆12月				1	2	3	4	5	6	7	8	9	10	11	12	13	14	15	16	17	18	19	20	21	22	23	24	25	26	27	28	29	30	31			
26	夏曆十二月				4	5	6	7	8	9	10	11	12	13	14	15	16	17	18	19	20	21	22	23	24	25	26	27	28	29	30	㉑	2	3	4			
	回曆3、4月				1	2	3	4	5	6	7	8	9	10	11	12	13	14	15	16	17	18	19	20	21	22	23	24	25	26	27	28	29	30	1			

大事記

正月，回紇懷仁可汗擊殺突厥白眉可汗，自是北邊稍安，回紇盡有突厥故地。懷仁可汗旋卒，子葛勒可汗立。　三月，以外孫獨孤氏為靜樂公主，嫁契丹王李懷節，甥楊氏為宜芳公主，嫁奚王李延寵。　七月，册楊太真為貴妃。　九月，安祿山敗奚、契丹。奚、契丹以安祿山數來侵擾，各殺公主反抗。吐蕃敗隴右軍於石堡城。　十月，遣官為戶口色役使。

唐紀年

干支丙戌　公元746年

朝代或國名	國家支配者	建都	廟號	謚號	建元	年號年次	輔政者	備注
唐	⑧李隆基	長安	玄宗	明	3	3天寶5載	陳希烈等	
渤海	③大欽茂	龍泉府		文王	2	1大興9年		在東北
南詔	④蒙皮邏閣	太和城		南詔王	1	19年		在雲南
吐蕃	④棄隸蹜贊	邏些				43年		
回紇	②磨延啜					元年		

月曆表

5159—384—1993943

月干支序數	月序＼星期	日	1	2	3	4	5	6	日	1	2	3	4	5	6	日	1	2	3	4	5	6	日	1	2	3	4	5	6	日	1	2	3	4	5	6	日	1
	公曆1月							1	2	3	4	5	6	7	8	9	10	11	12	13	14	15	16	17	18	19	20	21	22	23	24	25	26	27	28	29	30	31
27	夏曆正月							5	6	7	8	9	10	11	12	13	14	15	16	17	18	19	20	21	22	23	24	25	26	27	28	29	㊿	2	3	4	5	6
	回曆5月							2	3	4	5	6	7	8	9	10	11	12	13	14	15	16	17	18	19	20	21	22	23	24	25	26	27	28	29	1	2	3
	公曆2月			1	2	3	4	5	6	7	8	9	10	11	12	13	14	15	16	17	18	19	20	21	22	23	24	25	26	27	28							
28	夏曆二月			7	8	9	10	11	12	13	14	15	16	17	18	19	20	21	22	23	24	25	26	27	28	29	30	⑳	2	3	4							
	回曆6月			4	5	6	7	8	9	10	11	12	13	14	15	16	17	18	19	20	21	22	23	24	25	26	27	28	29	30	1							
	公曆3月			1	2	3	4	5	6	7	8	9	10	11	12	13	14	15	16	17	18	19	20	21	22	23	24	25	26	27	28	29	30	31				
29	夏曆三月			5	6	7	8	9	10	11	12	13	14	15	16	17	18	19	20	21	22	23	24	25	26	27	28	29	30	㊿	2	3	4	5				
	回曆7月			2	3	4	5	6	7	8	9	10	11	12	13	14	15	16	17	18	19	20	21	22	23	24	25	26	27	28	29	1	2	3				
	公曆4月						1	2	3	4	5	6	7	8	9	10	11	12	13	14	15	16	17	18	19	20	21	22	23	24	25	26	27	28	29	30		
30	夏曆四月						6	7	8	9	10	11	12	13	14	15	16	17	18	19	20	21	22	23	24	25	26	27	28	29	30	㉑	2	3	4	5		
	回曆8月						4	5	6	7	8	9	10	11	12	13	14	15	16	17	18	19	20	21	22	23	24	25	26	27	28	29	30	1	2	3		
	公曆5月	1	2	3	4	5	6	7	8	9	10	11	12	13	14	15	16	17	18	19	20	21	22	23	24	25	26	27	28	29	30	31						
31	夏曆五月	6	7	8	9	10	11	12	13	14	15	16	17	18	19	20	21	22	23	24	25	26	27	28	29	㊾	2	3	4	5	6	7						
	回曆9月	4	5	6	7	8	9	10	11	12	13	14	15	16	17	18	19	20	21	22	23	24	25	26	27	28	29	1	2	3	4	5						
	公曆6月				1	2	3	4	5	6	7	8	9	10	11	12	13	14	15	16	17	18	19	20	21	22	23	24	25	26	27	28	29	30				
32	夏曆六月				8	9	10	11	12	13	14	15	16	17	18	19	20	21	22	23	24	25	26	27	28	29	30	⑲	2	3	4	5	6	7				
	回曆10月				6	7	8	9	10	11	12	13	14	15	16	17	18	19	20	21	22	23	24	25	26	27	28	29	30	1	2	3	4	5				

續表

月 干支 序數	星期 月＼序	日	1	2	3	4	5	6	日	1	2	3	4	5	6	日	1	2	3	4	5	6	日	1	2	3	4	5	6	日	1	2	3	4	5	6	日	1
	公曆7月						1	2	3	4	5	6	7	8	9	10	11	12	13	14	15	16	17	18	19	20	21	22	23	24	25	26	27	28	29	30	31	
33	夏曆七月						8	9	10	11	12	13	14	15	16	17	18	19	20	21	22	23	24	25	26	27	28	29	㊽	2	3	4	5	6	7	8	9	
	回曆11月						6	7	8	9	10	11	12	13	14	15	16	17	18	19	20	21	22	23	24	25	26	27	28	29	1	2	3	4	5	6	7	
	公曆8月		1	2	3	4	5	6	7	8	9	10	11	12	13	14	15	16	17	18	19	20	21	22	23	24	25	26	27	28	29	30	31					
34	夏曆八月		10	11	12	13	14	15	16	17	18	19	20	21	22	23	24	25	26	27	28	29	30	⑱	2	3	4	5	6	7	8	9	10					
	回曆12月		8	9	10	11	12	13	14	15	16	17	18	19	20	21	22	23	24	25	26	27	28	29	30	1	2	3	4	5	6	7	8					
	公曆9月					1	2	3	4	5	6	7	8	9	10	11	12	13	14	15	16	17	18	19	20	21	22	23	24	25	26	27	28	29	30			
35	夏曆九月					11	12	13	14	15	16	17	18	19	20	21	22	23	24	25	26	27	28	29	㊼	2	3	4	5	6	7	8	9	10	11			
129年	回曆1月					9	10	11	12	13	14	15	16	17	18	19	20	21	22	23	24	25	26	27	28	29	①	2	3	4	5	6	7	8	9			
	公曆10月							1	2	3	4	5	6	7	8	9	10	11	12	13	14	15	16	17	18	19	20	21	22	23	24	25	26	27	28	29	30	31
36	夏曆十月							12	13	14	15	16	17	18	19	20	21	22	23	24	25	26	27	28	29	⑯	2	3	4	5	6	7	8	9	10	11	12	13
	回曆2月							10	11	12	13	14	15	16	17	18	19	20	21	22	23	24	25	26	27	28	29	30	1	2	3	4	5	6	7	8	9	10
	公曆11月			1	2	3	4	5	6	7	8	9	10	11	12	13	14	15	16	17	18	19	20	21	22	23	24	25	26	27	28	29	30					
	夏曆閏十月			14	15	16	17	18	19	20	21	22	23	24	25	26	27	28	29	30	㊻	2	3	4	5	6	7	8	9	10	11	12	13					
	回曆3月			11	12	13	14	15	16	17	18	19	20	21	22	23	24	25	26	27	28	29	1	2	3	4	5	6	7	8	9	10	11					
	公曆12月					1	2	3	4	5	6	7	8	9	10	11	12	13	14	15	16	17	18	19	20	21	22	23	24	25	26	27	28	29	30	31		
37	夏曆十一月					14	15	16	17	18	19	20	21	22	23	24	25	26	27	28	29	⑮	2	3	4	5	6	7	8	9	10	11	12	13	14	15		
	回曆4月					12	13	14	15	16	17	18	19	20	21	22	23	24	25	26	27	28	29	30	1	2	3	4	5	6	7	8	9	10	11	12		

大事記

正月，以王忠嗣為河西、隴右節度使，兼知朔方、河東節度使事。忠嗣數與吐蕃戰於青海、積石，皆大捷，又擊吐谷渾於墨離軍，虜其全部而歸。　四月，封奚王娑固為昭信王，契丹王楷洛為恭仁王。　是歲，宰相李林甫傾陷勝己者，數興大獄，皆令酷吏吉溫審訊之，殺北海太守李邕等，前後死流者甚多。

是歲，海內富實。米斗價錢十三，青、齊間斗米三錢，絹一匹錢二百。天下歲入之物：租錢 200 餘萬緡，粟 1 980 餘萬斛，庸調絹 740 萬匹，棉 180 餘萬屯，布 1 035 萬餘端。

唐紀年

干支丁亥　公元 747 年

朝代或國名	國家支配者	建都	廟號	謚號	建元	年號年次	輔政者	備注
唐	⑧李隆基	長安	玄宗	明	3	3 天寶 6 載	陳希烈等	
渤海	③大欽茂	龍泉府		文王	2	1 大興 10 年		在東北
南詔	④蒙皮邏閣	太和城		南詔王	1	20 年		在雲南
吐蕃	④棄隸蹜贊	邏些				44 年		
回紇	②磨延啜					2 年		

月曆表

5460—355—1994298

月 干支 序數	星期 月＼序	日	1	2	3	4	5	6	日	1	2	3	4	5	6	日	1	2	3	4	5	6	日	1	2	3	4	5	6	日	1	2	3	4	5	6	日	1
	公曆1月	1	2	3	4	5	6	7	8	9	10	11	12	13	14	15	16	17	18	19	20	21	22	23	24	25	26	27	28	29	30	31						
38	夏曆十二月	16	17	18	19	20	21	22	23	24	25	26	27	28	29	30	㊺	2	3	4	5	6	7	8	9	10	11	12	13	14	15	16						
	回曆5月	13	14	15	16	17	18	19	20	21	22	23	24	25	26	27	28	29	1	2	3	4	5	6	7	8	9	10	11	12	13	14						

續表

月干支序數	月序＼星期	日	1	2	3	4	5	6	日	1	2	3	4	5	6	日	1	2	3	4	5	6	日	1	2	3	4	5	6	日	1	2	3	4	5	6	日	1
	公曆2月				1	2	3	4	5	6	7	8	9	10	11	12	13	14	15	16	17	18	19	20	21	22	23	24	25	26	27	28						
49	夏曆正月				17	18	19	20	21	22	23	24	25	26	27	28	29	⑭	2	3	4	5	6	7	8	9	10	11	12	13	14	15						
	回曆6月				15	16	17	18	19	20	21	22	23	24	25	26	27	28	29	30	1	2	3	4	5	6	7	8	9	10	11	12						
	公曆3月				1	2	3	4	5	6	7	8	9	10	11	12	13	14	15	16	17	18	19	20	21	22	23	24	25	26	27	28	29	30	31			
40	夏曆二月				16	17	18	19	20	21	22	23	24	25	26	27	28	29	30	㊹	2	3	4	5	6	7	8	9	10	11	12	13	14	15	16			
	回曆7月				13	14	15	16	17	18	19	20	21	22	23	24	25	26	27	28	29	1	2	3	4	5	6	7	8	9	10	11	12	13	14			
	公曆4月							1	2	3	4	5	6	7	8	9	10	11	12	13	14	15	16	17	18	19	20	21	22	23	24	25	26	27	28	29	30	
41	夏曆三月							17	18	19	20	21	22	23	24	25	26	27	28	29	30	⑭	2	3	4	5	6	7	8	9	10	11	12	13	14	15	16	
	回曆8月							15	16	17	18	19	20	21	22	23	24	25	26	27	28	29	30	1	2	3	4	5	6	7	8	9	10	11	12	13	14	
	公曆5月		1	2	3	4	5	6	7	8	9	10	11	12	13	14	15	16	17	18	19	20	21	22	23	24	25	26	27	28	29	30	31					
42	夏曆四月		17	18	19	20	21	22	23	24	25	26	27	28	29	㊸	2	3	4	5	6	7	8	9	10	11	12	13	14	15	16	17	18					
	回曆9月		15	16	17	18	19	20	21	22	23	24	25	26	27	28	29	1	2	3	4	5	6	7	8	9	10	11	12	13	14	15	16					
	公曆6月					1	2	3	4	5	6	7	8	9	10	11	12	13	14	15	16	17	18	19	20	21	22	23	24	25	26	27	28	29	30			
43	夏曆五月					19	20	21	22	23	24	25	26	27	28	29	30	⑬	2	3	4	5	6	7	8	9	10	11	12	13	14	15	16	17	18			
	回曆10月					17	18	19	20	21	22	23	24	25	26	27	28	29	30	1	2	3	4	5	6	7	8	9	10	11	12	13	14	15	16			
	公曆7月							1	2	3	4	5	6	7	8	9	10	11	12	13	14	15	16	17	18	19	20	21	22	23	24	25	26	27	28	29	30	31
44	夏曆六月							19	20	21	22	23	24	25	26	27	28	29	㊷	2	3	4	5	6	7	8	9	10	11	12	13	14	15	16	17	18	19	20
	回曆11月							17	18	19	20	21	22	23	24	25	26	27	28	29	1	2	3	4	5	6	7	8	9	10	11	12	13	14	15	16	17	18
	公曆8月			1	2	3	4	5	6	7	8	9	10	11	12	13	14	15	16	17	18	19	20	21	22	23	24	25	26	27	28	29	30	31				
45	夏曆七月			21	22	23	24	25	26	27	28	29	30	⑫	2	3	4	5	6	7	8	9	10	11	12	13	14	15	16	17	18	19	20	21				
	回曆12月			19	20	21	22	23	24	25	26	27	28	29	30	1	2	3	4	5	6	7	8	9	10	11	12	13	14	15	16	17	18	19				
	公曆9月						1	2	3	4	5	6	7	8	9	10	11	12	13	14	15	16	17	18	19	20	21	22	23	24	25	26	27	28	29	30		
46	夏曆八月						22	23	24	25	26	27	28	29	㊶	2	3	4	5	6	7	8	9	10	11	12	13	14	15	16	17	18	19	20	21	22		
130年閏	回曆1月						20	21	22	23	24	25	26	27	28	29	①	2	3	4	5	6	7	8	9	10	11	12	13	14	15	16	17	18	19	20		
	公曆10月	1	2	3	4	5	6	7	8	9	10	11	12	13	14	15	16	17	18	19	20	21	22	23	24	25	26	27	28	29	30	31						
47	夏曆九月	23	24	25	26	27	28	29	30	⑪	2	3	4	5	6	7	8	9	10	11	12	13	14	15	16	17	18	19	20	21	22	23						
	回曆2月	21	22	23	24	25	26	27	28	29	30	1	2	3	4	5	6	7	8	9	10	11	12	13	14	15	16	17	18	19	20	21						
	公曆11月				1	2	3	4	5	6	7	8	9	10	11	12	13	14	15	16	17	18	19	20	21	22	23	24	25	26	27	28	29	30				
48	夏曆十月				24	25	26	27	28	29	㊵	2	3	4	5	6	7	8	9	10	11	12	13	14	15	16	17	18	19	20	21	22	23	24				
	回曆3月				22	23	24	25	26	27	28	29	1	2	3	4	5	6	7	8	9	10	11	12	13	14	15	16	17	18	19	20	21	22				
	公曆12月						1	2	3	4	5	6	7	8	9	10	11	12	13	14	15	16	17	18	19	20	21	22	23	24	25	26	27	28	29	30	31	
49	夏曆十一月						25	26	27	28	29	30	⑩	2	3	4	5	6	7	8	9	10	11	12	13	14	15	16	17	18	19	20	21	22	23	24	25	
	回曆4月						23	24	25	26	27	28	29	30	1	2	3	4	5	6	7	8	9	10	11	12	13	14	15	16	17	18	19	20	21	22	23	

舊紀正月辛巳，誤。

大事記

正月，令通一藝者皆送京師，以廣求賢才，李林甫故艱其試，無一人及第，於是李林甫表賀野無遺賢。以安祿山兼御史大夫，出入宮中。　四月，王忠嗣言安祿山必反，忤李林甫，林甫誣忠嗣有逆言，貶漢陽太守。　七月，小勃律王娶吐蕃王女，因附於吐蕃。安西副都護高仙芝擊破小勃律，俘其王及吐蕃公主。　十一月，以哥舒翰為隴右節度使。　十二月以高仙芝為安西四鎮節度使。

唐紀年

干支戊子　公元 748 年

朝代或國名	國家支配者	建都	廟號	謚號	建元	年號年次	輔政者	備注
唐	⑧李隆基	長安	玄宗	明	3	3 天寶 7 載	陳希烈等	
渤海	③大欽茂	龍泉府		文王	2	1 大興 11 年		在東北
南詔	⑤蒙閣邏鳳	太和城		神武王	3	元年		在雲南
吐蕃	④棄隸蹜贊	邏些				45 年		
回紇	②磨延啜					3 年		

月曆表

5461－354－1994652

月干支序數	月序＼星期	日	1	2	3	4	5	6	日	1	2	3	4	5	6	日	1	2	3	4	5	6	日	1	2	3	4	5	6	日	1	2	3	4	5	6	日	1
	公暦 1 月		1	2	3	4	5	6	7	8	9	10	11	12	13	14	15	16	17	18	19	20	21	22	23	24	25	26	27	28	29	30	31					
50	夏暦十二月		26	27	28	29	㊴	2	3	4	5	6	7	8	9	10	11	12	13	14	15	16	17	18	19	20	21	22	23	24	25	26	27					
	回暦 5 月		24	25	26	27	28	29	1	2	3	4	5	6	7	8	9	10	11	12	13	14	15	16	17	18	19	20	21	22	23	24	25					
	公暦 2 月					1	2	3	4	5	6	7	8	9	10	11	12	13	14	15	16	17	18	19	20	21	22	23	24	25	26	27	28	29				
51	夏暦正月					28	29	30	⑨	2	3	4	5	6	7	8	9	10	11	12	13	14	15	16	17	18	19	20	21	22	23	24	25	26				
	回暦 6 月					26	27	28	29	30	1	2	3	4	5	6	7	8	9	10	11	12	13	14	15	16	17	18	19	20	21	22	23	24				
	公暦 3 月						1	2	3	4	5	6	7	8	9	10	11	12	13	14	15	16	17	18	19	20	21	22	23	24	25	26	27	28	29	30	31	
52	夏暦二月						27	28	29	㊳	2	3	4	5	6	7	8	9	10	11	12	13	14	15	16	17	18	19	20	21	22	23	24	25	26	27	28	
	回暦 7 月						25	26	27	28	29	1	2	3	4	5	6	7	8	9	10	11	12	13	14	15	16	17	18	19	20	21	22	23	24	25	26	
	公暦 4 月		1	2	3	4	5	6	7	8	9	10	11	12	13	14	15	16	17	18	19	20	21	22	23	24	25	26	27	28	29	30						
53	夏暦三月		29	30	⑧	2	3	4	5	6	7	8	9	10	11	12	13	14	15	16	17	18	19	20	21	22	23	24	25	26	27	28						
	回暦 8 月		27	28	29	30	1	2	3	4	5	6	7	8	9	10	11	12	13	14	15	16	17	18	19	20	21	22	23	24	25	26						
	公暦 5 月				1	2	3	4	5	6	7	8	9	10	11	12	13	14	15	16	17	18	19	20	21	22	23	24	25	26	27	28	29	30	31			
54	夏暦四月				29	㊲	2	3	4	5	6	7	8	9	10	11	12	13	14	15	16	17	18	19	20	21	22	23	24	25	26	27	28	29	30			
	回暦 9 月				27	28	29	1	2	3	4	5	6	7	8	9	10	11	12	13	14	15	16	17	18	19	20	21	22	23	24	25	26	27	28			
	公暦 6 月							1	2	3	4	5	6	7	8	9	10	11	12	13	14	15	16	17	18	19	20	21	22	23	24	25	26	27	28	29	30	
55	夏暦五月							⑦	2	3	4	5	6	7	8	9	10	11	12	13	14	15	16	17	18	19	20	21	22	23	24	25	26	27	28	29	30	
	回暦 10 月							29	30	1	2	3	4	5	6	7	8	9	10	11	12	13	14	15	16	17	18	19	20	21	22	23	24	25	26	27	28	
	公暦 7 月		1	2	3	4	5	6	7	8	9	10	11	12	13	14	15	16	17	18	19	20	21	22	23	24	25	26	27	28	29	30	31					
56 57	夏暦六 七月		㊲	2	3	4	5	6	7	8	9	10	11	12	13	14	15	16	17	18	19	20	21	22	23	24	25	26	27	28	29	⑥	2					
	回暦 11 月		29	1	2	3	4	5	6	7	8	9	10	11	12	13	14	15	16	17	18	19	20	21	22	23	24	25	26	27	28	29	30					
	公暦 8 月					1	2	3	4	5	6	7	8	9	10	11	12	13	14	15	16	17	18	19	20	21	22	23	24	25	26	27	28	29	30	31		
58	夏暦八月					3	4	5	6	7	8	9	10	11	12	13	14	15	16	17	18	19	20	21	22	23	24	25	26	27	28	29	30	㊱	2	3		
131 年	回暦 12、1 月					1	2	3	4	5	6	7	8	9	10	11	12	13	14	15	16	17	18	19	20	21	22	23	24	25	26	27	28	29	30	①		
	公暦 9 月	1	2	3	4	5	6	7	8	9	10	11	12	13	14	15	16	17	18	19	20	21	22	23	24	25	26	27	28	29	30							
59	夏暦九月	4	5	6	7	8	9	10	11	12	13	14	15	16	17	18	19	20	21	22	23	24	25	26	27	28	29	⑤	2	3	4							
	回暦 2 月	2	3	4	5	6	7	8	9	10	11	12	13	14	15	16	17	18	19	20	21	22	23	24	25	26	27	28	29	30	1							
	公暦 10 月			1	2	3	4	5	6	7	8	9	10	11	12	13	14	15	16	17	18	19	20	21	22	23	24	25	26	27	28	29	30	31				
60	夏暦十月			5	6	7	8	9	10	11	12	13	14	15	16	17	18	19	20	21	22	23	24	25	26	27	28	29	30	㉟	2	3	4	5				
	回暦 3 月			2	3	4	5	6	7	8	9	10	11	12	13	14	15	16	17	18	19	20	21	22	23	24	25	26	27	28	29	1	2	3				
	公暦 11 月						1	2	3	4	5	6	7	8	9	10	11	12	13	14	15	16	17	18	19	20	21	22	23	24	25	26	27	28	29	30		
1	夏暦十一月						6	7	8	9	10	11	12	13	14	15	16	17	18	19	20	21	22	23	24	25	26	27	28	29	④	2	3	4	5	6		

續表

月干支序數	月序＼星期	日	1	2	3	4	5	6	日	1	2	3	4	5	6	日	1	2	3	4	5	6	日	1	2	3	4	5	6	日	1	2	3	4	5	6	日
	回曆4月						4	5	6	7	8	9	10	11	12	13	14	15	16	17	18	19	20	21	22	23	24	25	26	27	28	29	30	1	2	3	
	公曆12月	1	2	3	4	5	6	7	8	9	10	11	12	13	14	15	16	17	18	19	20	21	22	23	24	25	26	27	28	29	30	31					
2	夏曆十二月	7	8	9	10	11	12	13	14	15	16	17	18	19	20	21	22	23	24	25	26	27	28	29	30	㉞	2	3	4	5	6	7					
	回曆5月	4	5	6	7	8	9	10	11	12	13	14	15	16	17	18	19	20	21	22	23	24	25	26	27	28	29	1	2	3	4	5					

大事記

四月，知內侍省事高力士加驃騎大將軍。　六月，賜安祿山鐵券。以楊釗判度支事。　十二月，隴右節度使哥舒翰築神威軍城於青海上，又築應龍城於青海中龍駒島，自是吐蕃不敢近青海。　是歲，雲南王皮邏閣卒，子閣羅鳳嗣。

唐紀年

干支己丑　公元749年

朝代或國名	國家支配者	建都	廟號	謚號	建元	年號年次	輔政者	備注
唐	⑧李隆基	長安	玄宗	明	3	3天寶8載	陳希烈等	
渤海	③大欽茂	龍泉府		文王	2	1大興12年		在東北
南詔	⑤蒙閣邏鳳	太和城		神武王	3	2年		在雲南
吐蕃	④棄隸蹜贊	邏些				46年		
回紇	②磨延啜					4年		

月曆表

5462—384—1995036

月干支序數	月序＼星期	日	1	2	3	4	5	6	日	1	2	3	4	5	6	日	1	2	3	4	5	6	日	1	2	3	4	5	6	日	1	2	3	4	5	6	日	1
	公曆1月				1	2	3	4	5	6	7	8	9	10	11	12	13	14	15	16	17	18	19	20	21	22	23	24	25	26	27	28	29	30	31			
3	夏曆正月				8	9	10	11	12	13	14	15	16	17	18	19	20	21	22	23	24	25	26	27	28	29	③	2	3	4	5	6	7	8	9			
	回曆6月				6	7	8	9	10	11	12	13	14	15	16	17	18	19	20	21	22	23	24	25	26	27	28	29	30	1	2	3	4	5	6			
	公曆2月							1	2	3	4	5	6	7	8	9	10	11	12	13	14	15	16	17	18	19	20	21	22	23	24	25	26	27	28			
4	夏曆二月							10	11	12	13	14	15	16	17	18	19	20	21	22	23	24	25	26	27	28	29	30	㉝	2	3	4	5	6	7			
	回曆7月							7	8	9	10	11	12	13	14	15	16	17	18	19	20	21	22	23	24	25	26	27	28	29	1	2	3	4	5			
	公曆3月							1	2	3	4	5	6	7	8	9	10	11	12	13	14	15	16	17	18	19	20	21	22	23	24	25	26	27	28	29	30	31
5	夏曆三月							8	9	10	11	12	13	14	15	16	17	18	19	20	21	22	23	24	25	26	27	28	29	②	2	3	4	5	6	7	8	9
	回曆8月							6	7	8	9	10	11	12	13	14	15	16	17	18	19	20	21	22	23	24	25	26	27	28	29	30	1	2	3	4	5	6
	公曆4月			1	2	3	4	5	6	7	8	9	10	11	12	13	14	15	16	17	18	19	20	21	22	23	24	25	26	27	28	29	30					
6	夏曆四月			10	11	12	13	14	15	16	17	18	19	20	21	22	23	24	25	26	27	28	29	30	㉜	2	3	4	5	6	7	8	9					
	回曆9月			7	8	9	10	11	12	13	14	15	16	17	18	19	20	21	22	23	24	25	26	27	28	29	1	2	3	4	5	6	7					
	公曆5月					1	2	3	4	5	6	7	8	9	10	11	12	13	14	15	16	17	18	19	20	21	22	23	24	25	26	27	28	29	30	31		
7	夏曆五月					10	11	12	13	14	15	16	17	18	19	20	21	22	23	24	25	26	27	28	29	①	2	3	4	5	6	7	8	9	10	11		
	回曆10月					8	9	10	11	12	13	14	15	16	17	18	19	20	21	22	23	24	25	26	27	28	29	30	1	2	3	4	5	6	7	8		
	公曆6月	1	2	3	4	5	6	7	8	9	10	11	12	13	14	15	16	17	18	19	20	21	22	23	24	25	26	27	28	29	30							
8	夏曆六月	12	13	14	15	16	17	18	19	20	21	22	23	24	25	26	27	28	29	30	㉛	2	3	4	5	6	7	8	9	10	11							
	回曆11月	9	10	11	12	13	14	15	16	17	18	19	20	21	22	23	24	25	26	27	28	29	1	2	3	4	5	6	7	8	9							
	公曆7月			1	2	3	4	5	6	7	8	9	10	11	12	13	14	15	16	17	18	19	20	21	22	23	24	25	26	27	28	29	30	31				

續表

月干支序數	月序 \ 星期	日	1	2	3	4	5	6	日	1	2	3	4	5	6	日	1	2	3	4	5	6	日	1	2	3	4	5	6	日	1	2	3	4	5	6	日	1
	夏曆閏六月			12	13	14	15	16	17	18	19	20	21	22	23	24	25	26	27	28	29	(60)	2	3	4	5	6	7	8	9	10	11	12	13				
	回曆12月			10	11	12	13	14	15	16	17	18	19	20	21	22	23	24	25	26	27	28	29	30	1	2	3	4	5	6	7	8	9	10				
	公曆8月						1	2	3	4	5	6	7	8	9	10	11	12	13	14	15	16	17	18	19	20	21	22	23	24	25	26	27	28	29	30	31	
9	夏曆七月						14	15	16	17	18	19	20	21	22	23	24	25	26	27	28	29	30	㉚	2	3	4	5	6	7	8	9	10	11	12	13	14	
132年	回曆1月						11	12	13	14	15	16	17	18	19	20	21	22	23	24	25	26	27	28	29	①	2	3	4	5	6	7	8	9	10	11	12	
	公曆9月		1	2	3	4	5	6	7	8	9	10	11	12	13	14	15	16	17	18	19	20	21	22	23	24	25	26	27	28	29	30						
10	夏曆八月		15	16	17	18	19	20	21	22	23	24	25	26	27	28	29	(59)	2	3	4	5	6	7	8	9	10	11	12	13	14	15						
	回曆2月		13	14	15	16	17	18	19	20	21	22	23	24	25	26	27	28	29	30	1	2	3	4	5	6	7	8	9	10	11	12						
	公曆10月				1	2	3	4	5	6	7	8	9	10	11	12	13	14	15	16	17	18	19	20	21	22	23	24	25	26	27	28	29	30	31			
11	夏曆九月				16	17	18	19	20	21	22	23	24	25	26	27	28	29	30	㉙	2	3	4	5	6	7	8	9	10	11	12	13	14	15	16			
	回曆3月				13	14	15	16	17	18	19	20	21	22	23	24	25	26	27	28	29	1	2	3	4	5	6	7	8	9	10	11	12	13	14			
	公曆11月							1	2	3	4	5	6	7	8	9	10	11	12	13	14	15	16	17	18	19	20	21	22	23	24	25	26	27	28	29	30	
12	夏曆十月							17	18	19	20	21	22	23	24	25	26	27	28	29	30	(59)	2	3	4	5	6	7	8	9	10	11	12	13	14	15	16	
	回曆4月							15	16	17	18	19	20	21	22	23	24	25	26	27	28	29	30	1	2	3	4	5	6	7	8	9	10	11	12	13	14	
	公曆12月		1	2	3	4	5	6	7	8	9	10	11	12	13	14	15	16	17	18	19	20	21	22	23	24	25	26	27	28	29	30	31					
13	夏曆十一月		17	18	19	20	21	22	23	24	25	26	27	28	29	㉘	2	3	4	5	6	7	8	9	10	11	12	13	14	15	16	17	18					
	回曆5月		15	16	17	18	19	20	21	22	23	24	25	26	27	28	29	1	2	3	4	5	6	7	8	9	10	11	12	13	14	15	16					

大事記

三月，朔方節度使於中受降城西北五百餘里木剌山築橫塞軍城。　五月，府兵制大壞，停折衝府上下魚書，是後府兵徒有官吏而已。　閏六月，哥舒翰攻拔吐蕃石堡城，獲四百人，唐士卒死者數萬，遣兵以戍。以城為神武軍。置保寧都護府於劍南西山索磨川。　七月，以突騎施移撥為十姓可汗。　八月，護密王羅真檀來朝。　十一月，吐火羅葉護失里怛伽羅以朅師附吐蕃阻糧道，請發安西兵擊之。

唐紀年

干支庚寅　公元750年

朝代或國名	國家支配者	建都	廟號	謚號	建元	年號年次	輔政者	備注
唐	⑧李隆基	長安	玄宗	明	3	3天寶9載	陳希烈等	
渤海	③大欽茂	龍泉府		文王	2	1大興13年		在東北
南詔	⑤蒙閣邏鳳	太和城		神武王	3	3年		在雲南
吐蕃	④棄隸蹜贊	邏些				47年		
回紇	②磨延啜					5年		

月曆表

5463—355—1995391

月干支序數	月序 \ 星期	日	1	2	3	4	5	6	日	1	2	3	4	5	6	日	1	2	3	4	5	6	日	1	2	3	4	5	6	日	1	2	3	4	5	6	日	1
	公曆1月					1	2	3	4	5	6	7	8	9	10	11	12	13	14	15	16	17	18	19	20	21	22	23	24	25	26	27	28	29	30	31		
14	夏曆十二月					19	20	21	22	23	24	25	26	27	28	29	30	(58)	2	3	4	5	6	7	8	9	10	11	12	13	14	15	16	17	18	19		
	回曆6月					17	18	19	20	21	22	23	24	25	26	27	28	29	30	1	2	3	4	5	6	7	8	9	10	11	12	13	14	15	16	17		
	公曆2月	1	2	3	4	5	6	7	8	9	10	11	12	13	14	15	16	17	18	19	20	21	22	23	24	25	26	27	28									
15	夏曆正月	20	21	22	23	24	25	26	27	28	29	㉗	2	3	4	5	6	7	8	9	10	11	12	13	14	15	16	17	18									

續表

月 干支 序數	星期 月序	日	1	2	3	4	5	6	日	1	2	3	4	5	6	日	1	2	3	4	5	6	日	1	2	3	4	5	6	日	1	2	3	4	5	6	日	
	回曆7月	18	19	20	21	22	23	24	25	26	27	28	29	1	2	3	4	5	6	7	8	9	10	11	12	13	14	15	16									
	公曆3月	1	2	3	4	5	6	7	8	9	10	11	12	13	14	15	16	17	18	19	20	21	22	23	24	25	26	27	28	29	30	31						
16	夏曆二月	19	20	21	22	23	24	25	26	27	28	29	30	(57)	2	3	4	5	6	7	8	9	10	11	12	13	14	15	16	17	18	19						
	回曆8月	17	18	19	20	21	22	23	24	25	26	27	28	29	30	1	2	3	4	5	6	7	8	9	10	11	12	13	14	15	16	17						
	公曆4月				1	2	3	4	5	6	7	8	9	10	11	12	13	14	15	16	17	18	19	20	21	22	23	24	25	26	27	28	29	30				
17	夏曆三月				20	1	22	23	24	25	26	27	28	29	㉖	2	3	4	5	6	7	8	9	10	11	12	13	14	15	16	17	18	19	20				
	回曆9月				18	19	20	21	22	23	24	25	26	27	28	29	1	2	3	4	5	6	7	8	9	10	11	12	13	14	15	16	17	18				
	公曆5月						1	2	3	4	5	6	7	8	9	10	11	12	13	14	15	16	17	18	19	20	21	22	23	24	25	26	27	28	29	30	31	
18	夏曆四月						21	22	23	24	25	26	27	28	29	30	(56)	2	3	4	5	6	7	8	9	10	11	12	13	14	15	16	17	18	19	20	21	
	回曆10月						19	20	21	22	23	24	25	26	27	28	29	30	1	2	3	4	5	6	7	8	9	10	11	12	13	14	15	16	17	18	19	
	公曆6月		1	2	3	4	5	6	7	8	9	10	11	12	13	14	15	16	17	18	19	20	21	22	23	24	25	26	27	28	29	30						
19	夏曆五月		22	23	24	25	26	27	28	29	㉕	2	3	4	5	6	7	8	9	10	11	12	13	14	15	16	17	18	19	20	21	22						
	回曆11月		20	21	22	23	24	25	26	27	28	29	1	2	3	4	5	6	7	8	9	10	11	12	13	14	15	16	17	18	19	20						
	公曆7月				1	2	3	4	5	6	7	8	9	10	11	12	13	14	15	16	17	18	19	20	21	22	23	24	25	26	27	28	29	30	31			
20	夏曆六月				23	24	25	26	27	28	29	(54)	2	3	4	5	6	7	8	9	10	11	12	13	14	15	16	17	18	19	20	21	22	23	24			
	回曆12月				21	22	23	24	25	26	27	28	29	30	1	2	3	4	5	6	7	8	9	10	11	12	13	14	15	16	17	18	19	20	21			
	公曆8月							1	2	3	4	5	6	7	8	9	10	11	12	13	14	15	16	17	18	19	20	21	22	23	24	25	26	27	28	29	30	31
21	夏曆七月							25	26	27	28	29	30	㉔	2	3	4	5	6	7	8	9	10	11	12	13	14	15	16	17	18	19	20	21	22	23	24	25
133年	回曆1月							22	23	24	25	26	27	28	29	①	2	3	4	5	6	7	8	9	10	11	12	13	14	15	16	17	18	19	20	21	22	23
	公曆9月			1	2	3	4	5	6	7	8	9	10	11	12	13	14	15	16	17	18	19	20	21	22	23	24	25	26	27	28	29	30					
22	夏曆八月			26	27	28	29	30	(54)	2	3	4	5	6	7	8	9	10	11	12	13	14	15	16	17	18	19	20	21	22	23	24	25					
	回曆2月			24	25	26	27	28	29	30	1	2	3	4	5	6	7	8	9	10	11	12	13	14	15	16	17	18	19	20	21	22	23					
	公曆10月					1	2	3	4	5	6	7	8	9	10	11	12	13	14	15	16	17	18	19	20	21	22	23	24	25	26	27	28	29	30	31		
23	夏曆九月					26	27	28	29	㉓	2	3	4	5	6	7	8	9	10	11	12	13	14	15	16	17	18	19	20	21	22	23	24	25	26	27		
	回曆3月					24	25	26	27	28	29	1	2	3	4	5	6	7	8	9	10	11	12	13	14	15	16	17	18	19	20	21	22	23	24	25		
	公曆11月	1	2	3	4	5	6	7	8	9	10	11	12	13	14	15	16	17	18	19	20	21	22	23	24	25	26	27	28	29	30							
24	夏曆十月	28	29	30	(53)	2	3	4	5	6	7	8	9	10	11	12	13	14	15	16	17	18	19	20	21	22	23	24	25	26	27							
	回曆4月	26	27	28	29	30	1	2	3	4	5	6	7	8	9	10	11	12	13	14	15	16	17	18	19	20	21	22	23	24	25							
	公曆12月			1	2	3	4	5	6	7	8	9	10	11	12	13	14	15	16	17	18	19	20	21	22	23	24	25	26	27	28	29	30	31				
25	夏曆十一月			28	29	30	㉓	2	3	4	5	6	7	8	9	10	11	12	13	14	15	16	17	18	19	20	21	22	23	24	25	26	27	28				
	回曆5月			26	27	28	29	1	2	3	4	5	6	7	8	9	10	11	12	13	14	15	16	17	18	19	20	21	22	23	24	25	26	27				

大事記

二月，安西兵破朅師，虜其王勃特沒，立其兄素迦為王。　五月，封安祿山為東平郡王。將帥封王自此始。　七月，置廣文館於國子監，以教習進士者。　八月，以安祿山兼河北道采訪處置使。　十月，安祿山入朝，獻奚俘八千；前許安祿山於上谷置五爐鑄錢，因獻錢樣千緡。　十二月，關西游奕軍攻吐蕃樹敦城。安西兵襲虜石國王及其部衆。南詔王閣羅鳳起兵攻陷雲南，殺太守張虔陀，取夷州三十二。

唐紀年

干支辛卯　公元751年

朝代或國名	國家支配者	建都	廟號	謚號	建元	年號年次	輔政者	備注
唐	⑧李隆基	長安	玄宗	明	3	3天寶10載	陳希烈等	
渤海	③大欽茂	龍泉府		文王	2	1大興14年		在東北

續表

朝代或國名	國家支配者	建都	廟號	謚號	建元	年號年次	輔政者	備注
南詔	⑤蒙閣邏鳳	太和城		神武王	3	4年		在雲南
吐蕃	④棄隸蹜贊	邏些				48年		
回紇	②磨延啜					6年		

月曆表

5464—354—1995745

月干支序數	星期/月序	日	1	2	3	4	5	6	日	1	2	3	4	5	6	日	1	2	3	4	5	6	日	1	2	3	4	5	6	日	1	2	3	4	5	6	日	1
	公曆1月						1	2	3	4	5	6	7	8	9	10	11	12	13	14	15	16	17	18	19	20	21	22	23	24	25	26	27	28	29	30	31	
26	夏曆十二月						29	30	(53)	2	3	4	5	6	7	8	9	10	11	12	13	14	15	16	17	18	19	20	21	22	23	24	25	26	27	28	29	
	回曆6月						28	29	30	1	2	3	4	5	6	7	8	9	10	11	12	13	14	15	16	17	18	19	20	21	22	23	24	25	26	27	28	
	公曆2月		1	2	3	4	5	6	7	8	9	10	11	12	13	14	15	16	17	18	19	20	21	22	23	24	25	26	27	28								
27	夏曆正月		㉒	2	3	4	5	6	7	8	9	10	11	12	13	14	15	16	17	18	19	20	21	22	23	24	25	26	27	28								
	回曆7月		29	1	2	3	4	5	6	7	8	9	10	11	12	13	14	15	16	17	18	19	20	21	22	23	24	25	26	27								
	公曆3月		1	2	3	4	5	6	7	8	9	10	11	12	13	14	15	16	17	18	19	20	21	22	23	24	25	26	27	28	29	30	31					
28	夏曆二月		29	30	(52)	2	3	4	5	6	7	8	9	10	11	12	13	14	15	16	17	18	19	20	21	22	23	24	25	26	27	28	29					
	回曆8月		28	29	30	1	2	3	4	5	6	7	8	9	10	11	12	13	14	15	16	17	18	19	20	21	22	23	24	25	26	27	28					
	公曆4月					1	2	3	4	5	6	7	8	9	10	11	12	13	14	15	16	17	18	19	20	21	22	23	24	25	26	27	28	29	30			
29 30	夏曆三四月					㉑	2	3	4	5	6	7	8	9	10	11	12	13	14	15	16	17	18	19	20	21	22	23	24	25	26	27	28	29	㊿			
	回曆9月					29	1	2	3	4	5	6	7	8	9	10	11	12	13	14	15	16	17	18	19	20	21	22	23	24	25	26	27	28	29			
	公曆5月							1	2	3	4	5	6	7	8	9	10	11	12	13	14	15	16	17	18	19	20	21	22	23	24	25	26	27	28	29	30	31
31	夏曆五月							2	3	4	5	6	7	8	9	10	11	12	13	14	15	16	17	18	19	20	21	22	23	24	25	26	27	28	29	30	⑳	2
	回曆10、11月							30	1	2	3	4	5	6	7	8	9	10	11	12	13	14	15	16	17	18	19	20	21	22	23	24	25	26	27	28	29	1
	公曆6月			1	2	3	4	5	6	7	8	9	10	11	12	13	14	15	16	17	18	19	20	21	22	23	24	25	26	27	28	29	30					
32	夏曆六月			3	4	5	6	7	8	9	10	11	12	13	14	15	16	17	18	19	20	21	22	23	24	25	26	27	28	29	㊾	2	3					
	回曆12月			2	3	4	5	6	7	8	9	10	11	12	13	14	15	16	17	18	19	20	21	22	23	24	25	26	27	28	29	30	1					
	公曆7月					1	2	3	4	5	6	7	8	9	10	11	12	13	14	15	16	17	18	19	20	21	22	23	24	25	26	27	28	29	30	31		
33	夏曆七月					4	5	6	7	8	9	10	11	12	13	14	15	16	17	18	19	20	21	22	23	24	25	26	27	28	29	⑱	2	3	4	5		
134年	回曆1月					2	3	4	5	6	7	8	9	10	11	12	13	14	15	16	17	18	19	20	21	22	23	24	25	26	27	28	29	30	①	2		
	公曆8月	1	2	3	4	5	6	7	8	9	10	11	12	13	14	15	16	17	18	19	20	21	22	23	24	25	26	27	28	29	30	31						
34	夏曆八月	6	7	8	9	10	11	12	13	14	15	16	17	18	19	20	21	22	23	24	25	26	27	28	29	30	㊽	2	3	4	5	6						
	回曆2月	3	4	5	6	7	8	9	10	11	12	13	14	15	16	17	18	19	20	21	22	23	24	25	26	27	28	29	30	1	2	3						
	公曆9月				1	2	3	4	5	6	7	8	9	10	11	12	13	14	15	16	17	18	19	20	21	22	23	24	25	26	27	28	29	30				
35	夏曆九月				7	8	9	10	11	12	13	14	15	16	17	18	19	20	21	22	23	24	25	26	27	28	29	⑰	2	3	4	5	6	7				
	回曆3月				4	5	6	7	8	9	10	11	12	13	14	15	16	17	18	19	20	21	22	23	24	25	26	27	28	29	1	2	3	4				
	公曆10月						1	2	3	4	5	6	7	8	9	10	11	12	13	14	15	16	17	18	19	20	21	22	23	24	25	26	27	28	29	30	31	
36	夏曆十月						8	9	10	11	12	13	14	15	16	17	18	19	20	21	22	23	24	25	26	27	28	29	30	㊼	2	3	4	5	6	7	8	
	回曆4月						5	6	7	8	9	10	11	12	13	14	15	16	17	18	19	20	21	22	23	24	25	26	27	28	29	30	1	2	3	4	5	
	公曆11月		1	2	3	4	5	6	7	8	9	10	11	12	13	14	15	16	17	18	19	20	21	22	23	24	25	26	27	28	29	30						
37	夏曆十一月		9	10	11	12	13	14	15	16	17	18	19	20	21	22	23	24	25	26	27	28	29	30	⑰	2	3	4	5	6	7	8						
	回曆5月		6	7	8	9	10	11	12	13	14	15	16	17	18	19	20	21	22	23	24	25	26	27	28	29	1	2	3	4	5	6						
	公曆12月				1	2	3	4	5	6	7	8	9	10	11	12	13	14	15	16	17	18	19	20	21	22	23	24	25	26	27	28	29	30	31			
38	夏曆十二月				9	10	11	12	13	14	15	16	17	18	19	20	21	22	23	24	25	26	27	28	29	30	㊼	2	3	4	5	6	7	8	9			
	回曆6月				7	8	9	10	11	12	13	14	15	16	17	18	19	20	21	22	23	24	25	26	27	28	29	30	1	2	3	4	5	6	7			

大事記

正月，為安祿山起第於親仁坊。二月，命安兼河東節度使。　四月，劍南節度使鮮于仲通擊南詔，大敗於瀘南，死者六萬人，閤羅鳳取勝後，臣於吐蕃。高仙芝擊大食，敗于怛羅斯城，死者二萬餘人。　八月，安祿山擊契丹，大敗，死者數萬。十一月，以楊國忠領劍南節度使。

唐紀年

干支壬辰　公元 752 年

朝代或國名	國家支配者	建都	廟號	謚號	建元	年號年次	輔政者	備注
唐	⑧李隆基	長安	玄宗	明	3	3 天寶 11 載	楊國忠等	
渤海	③大欽茂	龍泉府		文王	2	1 大興 15 年		在東北
南詔	⑤蒙閣邏鳳	太和城		神武王	3	2 贊普鐘元年		在雲南
吐蕃	④棄隸蹜贊	邏些				49 年		
回紇	②磨延啜					7 年		

月曆表

5465—384—1996129

月干支序數	月序＼星期	日	1	2	3	4	5	6	日	1	2	3	4	5	6	日	1	2	3	4	5	6	日	1	2	3	4	5	6	日	1	2	3	4	5	6	日	1
	公曆 1 月							1	2	3	4	5	6	7	8	9	10	11	12	13	14	15	16	17	18	19	20	21	22	23	24	25	26	27	28	29	30	31
39	夏曆正月							10	11	12	13	14	15	16	17	18	19	20	21	22	23	24	25	26	27	28	29	⑯	2	3	4	5	6	7	8	9	10	11
	回曆 7 月							8	9	10	11	12	13	14	15	16	17	18	19	20	21	22	23	24	25	26	27	28	29	1	2	3	4	5	6	7	8	9
	公曆 2 月			1	2	3	4	5	6	7	8	9	10	11	12	13	14	15	16	17	18	19	20	21	22	23	24	25	26	27	28	29						
40	夏曆二月			12	13	14	15	16	17	18	19	20	21	22	23	24	25	26	27	28	29	30	㊻	2	3	4	5	6	7	8	9	10						
	回曆 8 月			10	11	12	13	14	15	16	17	18	19	20	21	22	23	24	25	26	27	28	29	30	1	2	3	4	5	6	7	8						
	公曆 3 月				1	2	3	4	5	6	7	8	9	10	11	12	13	14	15	16	17	18	19	20	21	22	23	24	25	26	27	28	29	30	31			
41	夏曆三月				11	12	13	14	15	16	17	18	19	20	21	22	23	24	25	26	27	28	29	⑮	2	3	4	5	6	7	8	9	10	11	12			
	回曆 9 月				9	10	11	12	13	14	15	16	17	18	19	20	21	22	23	24	25	26	27	28	29	1	2	3	4	5	6	7	8	9	10			
	公曆 4 月							1	2	3	4	5	6	7	8	9	10	11	12	13	14	15	16	17	18	19	20	21	22	23	24	25	26	27	28	29	30	
	夏曆閏三月							13	14	15	16	17	18	19	20	21	22	23	24	25	26	27	28	29	30	㊺	2	3	4	5	6	7	8	9	10	11	12	
	回曆 10 月							11	12	13	14	15	16	17	18	19	20	21	22	23	24	25	26	27	28	29	30	1	2	3	4	5	6	7	8	9	10	
	公曆 5 月		1	2	3	4	5	6	7	8	9	10	11	12	13	14	15	16	17	18	19	20	21	22	23	24	25	26	27	28	29	30	31					
42	夏曆四月		13	14	15	16	17	18	19	20	21	22	23	24	25	26	27	28	29	⑭	2	3	4	5	6	7	8	9	10	11	12	13	14					
	回曆 11 月		11	12	13	14	15	16	17	18	19	20	21	22	23	24	25	26	27	28	29	1	2	3	4	5	6	7	8	9	10	11	12					
	公曆 6 月					1	2	3	4	5	6	7	8	9	10	11	12	13	14	15	16	17	18	19	20	21	22	23	24	25	26	27	28	29	30			
43	夏曆五月					15	16	17	18	19	20	21	22	23	24	25	26	27	28	29	㊸	2	3	4	5	6	7	8	9	10	11	12	13	14	15			
	回曆 12 月					13	14	15	16	17	18	19	20	21	22	23	24	25	26	27	28	29	30	1	2	3	4	5	6	7	8	9	10	11	12			
	公曆 7 月							1	2	3	4	5	6	7	8	9	10	11	12	13	14	15	16	17	18	19	20	21	22	23	24	25	26	27	28	29	30	31
44	夏曆六月							16	17	18	19	20	21	22	23	24	25	26	27	28	29	30	⑬	2	3	4	5	6	7	8	9	10	11	12	13	14	15	16
135 年	回曆 1 月							13	14	15	16	17	18	19	20	21	22	23	24	25	26	27	28	29	①	2	3	4	5	6	7	8	9	10	11	12	13	14
	公曆 8 月			1	2	3	4	5	6	7	8	9	10	11	12	13	14	15	16	17	18	19	20	21	22	23	24	25	26	27	28	29	30	31				
45	夏曆七月			17	18	19	20	21	22	23	24	25	26	27	28	29	㊷	2	3	4	5	6	7	8	9	10	11	12	13	14	15	16	17	18				
	回曆 2 月			15	16	17	18	19	20	21	22	23	24	25	26	27	28	29	30	1	2	3	4	5	6	7	8	9	10	11	12	13	14	15				
	公曆 9 月						1	2	3	4	5	6	7	8	9	10	11	12	13	14	15	16	17	18	19	20	21	22	23	24	25	26	27	28	29	30		
46	夏曆八月						19	20	21	22	23	24	25	26	27	28	29	30	⑫	2	3	4	5	6	7	8	9	10	11	12	13	14	15	16	17	18		
	回曆 3 月						16	17	18	19	20	21	22	23	24	25	26	27	28	29	1	2	3	4	5	6	7	8	9	10	11	12	13	14	15	16		
	公曆 10 月	1	2	3	4	5	6	7	8	9	10	11	12	13	14	15	16	17	18	19	20	21	22	23	24	25	26	27	28	29	30	31						

續表

月干支序數	星期 / 月序	日	1	2	3	4	5	6	日	1	2	3	4	5	6	日	1	2	3	4	5	6	日	1	2	3	4	5	6	日	1	2	3	4	5	6	日	1
47	夏曆九月	19	20	21	22	23	24	25	26	27	28	29	㊶	2	3	4	5	6	7	8	9	10	11	12	13	14	15	16	17	18	19	20						
	回曆 4 月	17	18	19	20	21	22	23	24	25	26	27	28	29	30	1	2	3	4	5	6	7	8	9	10	11	12	13	14	15	16	17						
	公曆 11 月				1	2	3	4	5	6	7	8	9	10	11	12	13	14	15	16	17	18	19	20	21	22	23	24	25	26	27	28	29	30				
48	夏曆十月				21	22	23	24	25	26	27	28	29	30	⑪	2	3	4	5	6	7	8	9	10	11	12	13	14	15	16	17	18	19	20				
	回曆 5 月				18	19	20	21	22	23	24	25	26	27	28	29	1	2	3	4	5	6	7	8	9	10	11	12	13	14	15	16	17	18				
	公曆 12 月						1	2	3	4	5	6	7	8	9	10	11	12	13	14	15	16	17	18	19	20	21	22	23	24	25	26	27	28	29	30	31	
49	夏曆十一月						21	22	23	24	25	26	27	28	29	30	㊶	2	3	4	5	6	7	8	9	10	11	12	13	14	15	16	17	18	19	20	21	
	回曆 6 月						19	20	21	22	23	24	25	26	27	28	29	30	1	2	3	4	5	6	7	8	9	10	11	12	13	14	15	16	17	18	19	

大事記

二月，禁惡錢；旋以商賈不便，稍弛其禁。　三月，突厥降將阿布思為安祿山所逼，率部大掠，走歸漠北。　五月，京兆尹楊國忠加御史大夫、京畿內采訪等使，領二十餘使。　六月，吐蕃兵援南詔，劍南兵破之於雲南，克三城。　九月，阿布思入邊擾掠。十一月，詔王公百官勛蔭等置莊田不得逾於式令。李林甫卒。以楊國忠為右相兼文部(吏部)尚書。　十二月，以平盧兵馬使史思明為盧龍軍使。　是歲，閣羅鳳自立，國號大蒙。

唐紀年

干支癸巳　公元 753 年

朝代或國名	國家支配者	建都	廟號	謚號	建元	年號年次	輔政者	備注
唐	⑧李隆基	長安	玄宗	明	3	3 天寶 12 載	楊國忠等	
渤海	③大欽茂	龍泉府		文王	2	1 大興 16 年		在東北
南詔	⑤蒙閣邏鳳	太和城		神武王	3	2 贊普鐘 2 年		在雲南
吐蕃	④棄隸蹜贊	邏些				50 年		
突騎施	黑姓登里伊羅密施可汗							
回紇	②磨延啜					8 年		

月曆表

5466—354—1996483

月干支序數	星期 / 月序	日	1	2	3	4	5	6	日	1	2	3	4	5	6	日	1	2	3	4	5	6	日	1	2	3	4	5	6	日	1	2	3	4	5	6	日	1
	公曆 1 月		1	2	3	4	5	6	7	8	9	10	11	12	13	14	15	16	17	18	19	20	21	22	23	24	25	26	27	28	29	30	31					
50	夏曆十二月		22	23	24	25	26	27	28	29	⑩	2	3	4	5	6	7	8	9	10	11	12	13	14	15	16	17	18	19	20	21	22	23					
	回曆 7 月		20	21	22	23	24	25	26	27	28	29	1	2	3	4	5	6	7	8	9	10	11	12	13	14	15	16	17	18	19	20	21					
	公曆 2 月					1	2	3	4	5	6	7	8	9	10	11	12	13	14	15	16	17	18	19	20	21	22	23	24	25	26	27	28					
51	夏曆正月					24	25	26	27	28	29	30	㊵	2	3	4	5	6	7	8	9	10	11	12	13	14	15	16	17	18	19	20	21					
	回曆 8 月					22	23	24	25	26	27	28	29	30	1	2	3	4	5	6	7	8	9	10	11	12	13	14	15	16	17	18	19					
	公曆 3 月					1	2	3	4	5	6	7	8	9	10	11	12	13	14	15	16	17	18	19	20	21	22	23	24	25	26	27	28	29	30	31		
52	夏曆二月					22	23	24	25	26	27	28	29	30	⑪	2	3	4	5	6	7	8	9	10	11	12	13	14	15	16	17	18	19	20	21	22		
	回曆 9 月					20	21	22	23	24	25	26	27	28	29	1	2	3	4	5	6	7	8	9	10	11	12	13	14	15	16	17	18	19	20	21		
	公曆 4 月	1	2	3	4	5	6	7	8	9	10	11	12	13	14	15	16	17	18	19	20	21	22	23	24	25	26	27	28	29	30							
53	夏曆三月	23	24	25	26	27	28	29	㊴	2	3	4	5	6	7	8	9	10	11	12	13	14	15	16	17	18	19	20	21	22	23							

續表

月干支序數	月序＼星期	日	1	2	3	4	5	6	日	1	2	3	4	5	6	日	1	2	3	4	5	6	日	1	2	3	4	5	6	日	1	2	3	4	5	6	日	
	回暦 10 月	22	23	24	25	26	27	28	29	30	1	2	3	4	5	6	7	8	9	10	11	12	13	14	15	16	17	18	19	20	21							
	公暦 5 月			1	2	3	4	5	6	7	8	9	10	11	12	13	14	15	16	17	18	19	20	21	22	23	24	25	26	27	28	29	30	31				
54	夏暦四月			24	25	26	27	28	29	30	⑨	2	3	4	5	6	7	8	9	10	11	12	13	14	15	16	17	18	19	20	21	22	23	24				
	回暦 11 月			22	23	24	25	26	27	28	29	1	2	3	4	5	6	7	8	9	10	11	12	13	14	15	16	17	18	19	20	21	22	23				
	公暦 6 月						1	2	3	4	5	6	7	8	9	10	11	12	13	14	15	16	17	18	19	20	21	22	23	24	25	26	27	28	29	30		
55	夏暦五月						25	26	27	28	29	㊳	2	3	4	5	6	7	8	9	10	11	12	13	14	15	16	17	18	19	20	21	22	23	24	25		
	回暦 12 月						24	25	26	27	28	29	30	1	2	3	4	5	6	7	8	9	10	11	12	13	14	15	16	17	18	19	20	21	22	23		
	公暦 7 月	1	2	3	4	5	6	7	8	9	10	11	12	13	14	15	16	17	18	19	20	21	22	23	24	25	26	27	28	29	30	31						
56	夏暦六月	26	27	28	29	⑦	2	3	4	5	6	7	8	9	10	11	12	13	14	15	16	17	18	19	20	21	22	23	24	25	26	27						
136 年閏	回暦 1 月	24	25	26	27	28	29	①	2	3	4	5	6	7	8	9	10	11	12	13	14	15	16	17	18	19	20	21	22	23	24	25						
	公暦 8 月				1	2	3	4	5	6	7	8	9	10	11	12	13	14	15	16	17	18	19	20	21	22	23	24	25	26	27	28	29	30	31			
57	夏暦七月				28	29	30	㊲	2	3	4	5	6	7	8	9	10	11	12	13	14	15	16	17	18	19	20	21	22	23	24	25	26	27	28			
	回暦 2 月				26	27	28	29	30	1	2	3	4	5	6	7	8	9	10	11	12	13	14	15	16	17	18	19	20	21	22	23	24	25	26			
	公暦 9 月							1	2	3	4	5	6	7	8	9	10	11	12	13	14	15	16	17	18	19	20	21	22	23	24	25	26	27	28	29	30	
58	夏暦八月							29	⑥	2	3	4	5	6	7	8	9	10	11	12	13	14	15	16	17	18	19	20	21	22	23	24	25	26	27	28	29	
	回暦 3 月							27	28	29	1	2	3	4	5	6	7	8	9	10	11	12	13	14	15	16	17	18	19	20	21	22	23	24	25	26	27	
	公暦 10 月		1	2	3	4	5	6	7	8	9	10	11	12	13	14	15	16	17	18	19	20	21	22	23	24	25	26	27	28	29	30	31					
59 60	夏暦九十月		30	㊱	2	3	4	5	6	7	8	9	10	11	12	13	14	15	16	17	18	19	20	21	22	23	24	25	26	27	28	29	⑤					
	回暦 4 月		28	29	30	1	2	3	4	5	6	7	8	9	10	11	12	13	14	15	16	17	18	19	20	21	22	23	24	25	26	27	28					
	公暦 11 月					1	2	3	4	5	6	7	8	9	10	11	12	13	14	15	16	17	18	19	20	21	22	23	24	25	26	27	28	29	30			
1	夏暦十一月					2	3	4	5	6	7	8	9	10	11	12	13	14	15	16	17	18	19	20	21	22	23	24	25	26	27	28	29	30	㉟			
	回暦 5 月					29	1	2	3	4	5	6	7	8	9	10	11	12	13	14	15	16	17	18	19	20	21	22	23	24	25	26	27	28	29			
	公暦 12 月							1	2	3	4	5	6	7	8	9	10	11	12	13	14	15	16	17	18	19	20	21	22	23	24	25	26	27	28	29	30	31
2	夏暦十二月							2	3	4	5	6	7	8	9	10	11	12	13	14	15	16	17	18	19	20	21	22	23	24	25	26	27	28	29	④	2	3
	回暦 6 月							30	1	2	3	4	5	6	7	8	9	10	11	12	13	14	15	16	17	18	19	20	21	22	23	24	25	26	27	28	29	[illegible]

大事記

五月，阿布思為回紇所破。安祿山誘降其部衆。發嶺南五府兵擊南詔。　八月，令隴右節度使哥舒翰兼河西節度使，晉封西平郡王。　九月，以黑姓可汗登里伊羅密施為突騎施可汗。阿布思遁至葛羅祿，被執，送於北庭都護。　是歲，王燾著《外臺秘要》四十卷。藏醫藥文獻《據悉》編成。鑒真和尚東渡到達日本。

唐紀年

干支甲午　公元 754 年

朝代或國名	國家支配者	建都	廟號	謚號	建元	年號年次	輔政者	備注
唐	⑧李隆基	長安	玄宗	明	3	3 天寶 13 載	韋見素等	
渤海	③大欽茂	龍泉府		文王	2	1 大興 17 年		在東北
南詔	⑤蒙閣邏鳳	太和城		神武王	3	2 贊普鐘 3 年		在雲南
吐蕃	④棄隸蹜贊	邏些				51 年		
回紇	②磨延啜					9 年		

月干支序數	星期／月序	日	1	2	3	4	5	6	日	1	2	3	4	5	6	日	1	2	3	4	5	6	日	1	2	3	4	5	6	日	1	2	3	4	5	6	日	1
	公曆1月			1	2	3	4	5	6	7	8	9	10	11	12	13	14	15	16	17	18	19	20	21	22	23	25	26	27	28	29	30	31					
3	夏曆正月			4	5	6	7	8	9	10	11	12	13	14	15	16	17	18	19	20	21	22	23	25	26	27	28	29	30	㉞	2	3	4					
	回曆7、8月			1	2	3	4	5	6	7	8	9	10	11	12	13	14	15	16	17	18	19	20	21	22	23	25	26	27	28	29	1	2					
	公曆2月						1	2	3	4	5	6	7	8	9	10	11	12	13	14	15	16	17	18	19	20	21	22	23	24	25	26	27	28				
4	夏曆二月						5	6	7	8	9	10	11	12	13	14	15	16	17	18	19	20	21	22	23	24	25	26	27	28	29	30	④	2				
	回曆8月						3	4	5	6	7	8	9	10	11	12	13	14	15	16	17	18	19	20	21	22	23	24	25	26	27	28	29	30				
	公曆3月						1	2	3	4	5	6	7	8	9	10	11	12	13	14	15	16	17	18	19	20	21	22	23	24	25	26	27	28	29	30	31	
5	夏曆三月						3	4	5	6	7	8	9	10	11	12	13	14	15	16	17	18	19	20	21	22	23	24	25	26	27	28	29	30	㉞	2	3	
	回曆9、10月						1	2	3	4	5	6	7	8	9	10	11	12	13	14	15	16	17	18	19	20	21	22	23	24	25	26	27	28	29	1	2	
	公曆4月		1	2	3	4	5	6	7	8	9	10	11	12	13	14	15	16	17	18	19	20	21	22	23	24	25	26	27	28	29	30						
6	夏曆四月		4	5	6	7	8	9	10	11	12	13	14	15	16	17	18	19	20	21	22	23	24	25	26	27	28	29	③	2	3	4						
	回曆11月		3	4	5	6	7	8	9	10	11	12	13	14	15	16	17	18	19	20	21	22	23	24	25	26	27	28	29	30	1	2						
	公曆5月				1	2	3	4	5	6	7	8	9	10	11	12	13	14	15	16	17	18	19	20	21	22	23	24	25	26	27	28	29	30	31			
7	夏曆五月				5	6	7	8	9	10	11	12	13	14	15	16	17	18	19	20	21	22	23	24	25	26	27	28	29	30	㉝	2	3	4	5			
	回曆12月				3	4	5	6	7	8	9	10	11	12	13	14	15	16	17	18	19	20	21	22	23	24	25	26	27	28	29	1	2	3	4			
	公曆6月							1	2	3	4	5	6	7	8	9	10	11	12	13	14	15	16	17	18	19	20	21	22	23	24	25	26	27	28	29	30	
8	夏曆六月							6	7	8	9	10	11	12	13	14	15	16	17	18	19	20	21	22	23	24	25	26	27	28	29	②	2	3	4	5	6	
137年	回曆1月							5	6	7	8	9	10	11	12	13	14	15	16	17	18	19	20	21	22	23	24	25	26	27	28	29	30	①	2	3	4	
	公曆7月		1	2	3	4	5	6	7	8	9	10	11	12	13	14	15	16	17	18	19	20	21	22	23	24	25	26	27	28	29	30	31					
9	夏曆七月		7	8	9	10	11	12	13	14	15	16	17	18	19	20	21	22	23	24	25	26	27	28	29	㉛	2	3	4	5	6	7	8					
	回曆2月		5	6	7	8	9	10	11	12	13	14	15	16	17	18	19	20	21	22	23	24	25	26	27	28	29	30	1	2	3	4	5					
	公曆8月					1	2	3	4	5	6	7	8	9	10	11	12	13	14	15	16	17	18	19	20	21	22	23	24	25	26	27	28	29	30	31		
10	夏曆八月					9	10	11	12	13	14	15	16	17	18	19	20	21	22	23	24	25	26	27	28	29	30	①	2	3	4	5	6	7	8	9		
	回曆3月					6	7	8	9	10	11	12	13	14	15	16	17	18	19	20	21	22	23	24	25	26	27	28	29	1	2	3	4	5	6	7		
	公曆9月	1	2	3	4	5	6	7	8	9	10	11	12	13	14	15	16	17	18	19	20	21	22	23	24	25	26	27	28	29	30							
11	夏曆九月	10	11	12	13	14	15	16	17	18	19	20	21	22	23	24	25	26	27	28	29	㉚	2	3	4	5	6	7	8	9	10							
	回曆4月	8	9	10	11	12	13	14	15	16	17	18	19	20	21	22	23	24	25	26	27	28	29	30	1	2	3	4	5	6	7							
	公曆10月			1	2	3	4	5	6	7	8	9	10	11	12	13	14	15	16	17	18	19	20	21	22	23	24	25	26	27	28	29	30	31				
12	夏曆十月			11	12	13	14	15	16	17	18	19	20	21	22	23	24	25	26	27	28	29	30	(60)	2	3	4	5	6	7	8	9	10	11				
	回曆5月			8	9	10	11	12	13	14	15	16	17	18	19	20	21	22	23	24	25	26	27	28	29	1	2	3	4	5	6	7	8	9				
	公曆11月						1	2	3	4	5	6	7	8	9	10	11	12	13	14	15	16	17	18	19	20	21	22	23	24	25	26	27	28	29	30		
13	夏曆十一月						12	13	14	15	16	17	18	19	20	21	22	23	24	25	26	27	28	29	㉙	2	3	4	5	6	7	8	9	10	11	12		
	回曆6月						10	11	12	13	14	15	16	17	18	19	20	21	22	23	24	25	26	27	28	29	30	1	2	3	4	5	6	7	8	9		
	公曆12月	1	2	3	4	5	6	7	8	9	10	11	12	13	14	15	16	17	18	19	20	21	22	23	24	25	26	27	28	29	30	31						
	夏曆閏十一月	13	14	15	16	17	18	19	20	21	22	23	24	25	26	27	28	29	30	(59)	2	3	4	5	6	7	8	9	10	11	12	13						
	回曆7月	10	11	12	13	14	15	16	17	18	19	20	21	22	23	24	25	26	27	28	29	1	2	3	4	5	6	7	8	9	10	11						

大事記

正月，安祿山入朝，太子及楊國忠皆言祿山必反，不聽。　二月，安祿山奏討契丹等立功將士超授將軍者五百餘人，中郎將者二千餘人。　四月，安祿山擊虜奚王李日越。　六月，楊國忠遣劍南留後李宓擊南詔，敗沒七萬。李宓被擒；再發兵擊之，前後死者幾二十萬人。　七月，於九曲地置洮陽、澆河二郡及神策軍。

是歲，郡321，縣1 538，鄉16 829，戶9 069 154，口52 880 488，其中不課口45 218 480。唐代戶口極盛於此。

唐紀年

干支乙未　公元755年

朝代或國名	國家支配者	建都	廟號	謚號	建元	年號年次	輔政者	備注
唐	⑧李隆基	長安	玄宗	明	3	3天寶14載	韋見素等	
渤海	③大欽茂	龍泉府		文王	2	1大興18年		在東北
南詔	⑤蒙閣邏鳳	太和城		神武王	3	2贊普鐘4年		在雲南
吐蕃	⑤挲悉籠臘贊	邏些				元年		
回紇	②磨延啜					10年		

月曆表

5468－354－1997221

月干支序數	月序＼星期	日	1	2	3	4	5	6	日	1	2	3	4	5	6	日	1	2	3	4	5	6	日	1	2	3	4	5	6	日	1	2	3	4	5	6	日	1
	公曆1月				1	2	3	4	5	6	7	8	9	10	11	12	13	14	15	16	17	18	19	20	21	22	23	24	25	26	27	28	29	30	31			
14	夏曆十二月				14	15	16	17	18	19	20	21	22	23	24	25	26	27	28	29	㉘	2	3	4	5	6	7	8	9	10	11	12	13	14	15			
	回曆8月				12	13	14	15	16	17	18	19	20	21	22	23	24	25	26	27	28	29	30	1	2	3	4	5	6	7	8	9	10	11	12			
	公曆2月							1	2	3	4	5	6	7	8	9	10	11	12	13	14	15	16	17	18	19	20	21	22	23	24	25	26	27	28			
15	夏曆正月							16	17	18	19	20	21	22	23	24	25	26	27	28	29	30	(58)	2	3	4	5	6	7	8	9	10	11	12	13			
	回曆9月							13	14	15	16	17	18	19	20	21	22	23	24	25	26	27	28	29	1	2	3	4	5	6	7	8	9	10	11			
	公曆3月							1	2	3	4	5	6	7	8	9	10	11	12	13	14	15	16	17	18	19	20	21	22	23	23	25	26	27	28	29	30	31
16	夏曆二月							14	15	16	17	18	19	20	21	22	23	24	25	26	27	28	29	㉗	2	3	4	5	6	7	8	9	10	11	12	13	14	15
	回曆10月							12	13	14	15	16	17	18	19	20	21	22	23	24	25	26	27	28	29	30	1	2	3	4	5	6	7	8	9	10	11	12
	公曆4月			1	2	3	4	5	6	7	8	9	10	11	12	13	14	15	16	17	18	19	20	21	22	23	24	25	26	27	28	29	30					
17	夏曆三月			16	17	18	19	20	21	22	23	24	25	26	27	28	29	30	(57)	2	3	4	5	6	7	8	9	10	11	12	13	14	15					
	回曆11月			13	14	15	16	17	18	19	20	21	22	23	24	25	26	27	28	29	1	2	3	4	5	6	7	8	9	10	11	12	13					
	公曆5月					1	2	3	4	5	6	7	8	9	10	11	12	13	14	15	16	17	18	19	20	21	22	23	24	25	26	27	28	29	30	31		
18	夏曆四月					16	17	18	19	20	21	22	23	24	25	26	27	28	29	30	㉗	2	3	4	5	6	7	8	9	10	11	12	13	14	15	16		
	回曆12月					14	15	16	17	18	19	20	21	22	23	24	25	26	27	28	29	30	1	2	3	4	5	6	7	8	9	10	11	12	13	14		
	公曆6月	1	2	3	4	5	6	7	8	9	10	11	12	13	14	15	16	17	18	19	20	21	22	23	24	25	26	27	28	29	30							
19	夏曆五月	17	18	19	20	21	22	23	24	25	26	27	28	29	(56)	2	3	4	5	6	7	8	9	10	11	12	13	14	15	16	17							
138年閏	回曆1月	15	16	17	18	19	20	21	22	23	24	25	26	27	28	29	①	2	3	4	5	6	7	8	9	10	11	12	13	14	15							
	公曆7月			1	2	3	4	5	6	7	8	9	10	11	12	13	14	15	16	17	18	19	20	21	22	23	24	25	26	27	28	29	30	31				
20	夏曆六月			18	19	20	21	22	23	24	25	26	27	28	29	30	㉖	2	3	4	5	6	7	8	9	10	11	12	13	14	15	16	17	18				
	回曆2月			16	17	18	19	20	21	22	23	24	25	26	27	28	29	30	1	2	3	4	5	6	7	8	9	10	11	12	13	14	15	16				
	公曆8月						1	2	3	4	5	6	7	8	9	10	11	12	13	14	15	16	17	18	19	20	21	22	23	24	25	26	27	28	29	30	31	
21	夏曆七月						19	20	21	22	23	24	25	26	27	28	29	(55)	2	3	4	5	6	7	8	9	10	11	12	13	14	15	16	17	18	19	20	
	回曆3月						17	18	19	20	21	22	23	24	25	26	27	28	29	1	2	3	4	5	6	7	8	9	10	11	12	13	14	15	16	17	18	
	公曆9月		1	2	3	4	5	6	7	8	9	10	11	12	13	14	15	16	17	18	19	20	21	22	23	24	25	26	27	28	29	30						
22	夏曆八月		21	22	23	24	25	26	27	28	29	30	㉕	2	3	4	5	6	7	8	9	10	11	12	13	14	15	16	17	18	19	20						
	回曆4月		19	20	21	22	23	24	25	26	27	28	29	30	1	2	3	4	5	6	7	8	9	10	11	12	13	14	15	16	17	18						
	公曆10月				1	2	3	4	5	6	7	8	9	10	11	12	13	14	15	16	17	18	19	20	21	22	23	24	25	26	27	28	29	30	31			
23	夏曆九月				21	22	23	24	25	26	27	28	29	(54)	2	3	4	5	6	7	8	9	10	11	12	13	14	15	16	17	18	19	20	21	22			
	回曆5月				19	20	21	22	23	24	25	26	27	28	29	1	2	3	4	5	6	7	8	9	10	11	12	13	14	15	16	17	18	19	20			
	公曆11月							1	2	3	4	5	6	7	8	9	10	11	12	13	14	15	16	17	18	19	20	21	22	23	24	25	26	27	28	29	30	
24	夏曆十月							23	24	25	26	27	28	29	30	㉔	2	3	4	5	6	7	8	9	10	11	12	13	14	15	16	17	18	19	20	21	22	
	回曆6月							21	22	23	24	25	26	27	28	29	30	1	2	3	4	5	6	7	8	9	10	11	12	13	14	15	16	17	18	19	20	

續表

月 干支 序數	星期 月序	日	1	2	3	4	5	6	日	1	2	3	4	5	6	日	1	2	3	4	5	6	日	1	2	3	4	5	6	日	1	2	3	4	5	6	日	1
	公曆12月		1	2	3	4	5	6	7	8	9	10	11	12	13	14	15	16	17	18	19	20	21	22	23	24	25	26	27	28	29	30	31					
25	夏曆十一月		23	24	25	26	27	28	29	(53)	2	3	4	5	6	7	8	9	10	11	12	13	14	15	16	17	18	19	20	21	22	23	24					
	回曆7月		21	22	23	24	25	26	27	28	29	1	2	3	4	5	6	7	8	9	10	11	12	13	14	15	16	17	18	19	20	21	22					

舊紀十一月戊午，誤。

大事記

正月，蘇毗王子悉諾邏去吐蕃來降，封懷義王，賜姓名李忠信。　二月，安祿山請以蕃將三十二人代漢將，宰相韋見素極言不可，帝不聽，竟許之。　四月，安祿山破奚、契丹。　六月，召安祿山來京，辭疾不至。　八月，免本年租庸。　十一月，安祿山發所部兵及同羅、奚、契丹、室韋十五萬反於範陽，以討楊國忠為名，河北郡縣多望風迎降。帝聞，遣人分詣東京、河東募兵，令封常清禦之，置河南節度使，領陳留等十三郡，諸郡當衝途者置防禦使。又命高仙芝副榮王琬統諸軍東征，募兵於京畿十一萬，號天武軍。杜甫作《自京赴奉先咏懷》。　十二月，安祿山渡河，陳留降，又陷滎陽。封常清五戰五敗，遂陷東京。安祿山遣將東略，平原太守顏真卿等起兵拒之。封常清、高仙芝退潼關，旋皆被誅，以哥舒翰為兵馬副元帥，討安祿山。朔方節度使郭子儀敗安祿山大同軍，乘勝拔靜邊軍、馬邑城。常山太守顏杲卿起兵殺安祿山將吏，河北十七郡皆應之，只六郡附祿山。　是歲，吐蕃贊普乞黎蘇籠獵贊卒，子娑悉籠獵贊立。吐蕃奪取唐隴右、河西、西域等四鎮。

唐紀年

干支丙申　公元 756 年

朝代或國名	國家支配者	建都	廟號	謚號	建元	年號年次	輔政者	備注
唐	⑧李隆基	長安	玄宗	明	3	3 天寶 15 載		
	⑨李亨	長安	肅宗	宣	4	1 至德元年		
渤海	③大欽茂	龍泉府		文王	2	1 大興 19 年		在東北
南詔	⑤蒙閣邏鳳	太和城		神武王	3	2 贊普鐘 5 年		在雲南
燕	①安祿山	洛陽			1	聖武元年		正月立
吐蕃	⑤娑悉籠臘贊	邏些				2 年		
回紇	②磨延啜					11 年		

月曆表

5469—355—1997576

月 干支 序數	星期 月序	日	1	2	3	4	5	6	日	1	2	3	4	5	6	日	1	2	3	4	5	6	日	1	2	3	4	5	6	日	1	2	3	4	5	6	日	1
	公曆1月					1	2	3	4	5	6	7	8	9	10	11	12	13	14	15	16	17	18	19	20	21	22	23	24	25	26	27	28	29	30	31		
26	夏曆十二月					25	26	27	28	29	30	㉓	2	3	4	5	6	7	8	9	10	11	12	13	14	15	16	17	18	19	20	21	22	23	24	25		
	回曆8月					23	24	25	26	27	28	29	30	1	2	3	4	5	6	7	8	9	10	11	12	13	14	15	16	17	18	19	20	21	22	23		
	公曆2月	1	2	3	4	5	6	7	8	9	10	11	12	13	14	15	16	17	18	19	20	21	22	23	24	25	26	27	28	29								
27	夏曆正月	26	27	28	29	(52)	2	3	4	5	6	7	8	9	10	11	12	13	14	15	16	17	18	19	20	21	22	23	24	25								
	回曆9月	24	25	26	27	28	29	1	2	3	4	5	6	7	8	9	10	11	12	13	14	15	16	17	18	19	20	21	22	23								
	公曆3月		1	2	3	4	5	6	7	8	9	10	11	12	13	14	15	16	17	18	19	20	21	22	23	24	25	26	27	28	29	30	31					
28	夏曆二月		26	27	28	29	30	㉒	2	3	4	5	6	7	8	9	10	11	12	13	14	15	16	17	18	19	20	21	22	23	24	25	26					
	回曆10月		24	25	26	27	28	29	30	1	2	3	4	5	6	7	8	9	10	11	12	13	14	15	16	17	18	19	20	21	22	23	24					
	公曆4月					1	2	3	4	5	6	7	8	9	10	11	12	13	14	15	16	17	18	19	20	21	22	23	24	25	26	27	28	29	30			

續表

月干支序數	星期／月序	日	1	2	3	4	5	6	日	1	2	3	4	5	6	日	1	2	3	4	5	6	日	1	2	3	4	5	6	日	1	2	3	4	5	6	日	1
29	夏曆三月					27	28	29	(51)	2	3	4	5	6	7	8	9	10	11	12	13	14	15	16	17	18	19	20	21	22	23	24	25	26	27			
	回曆 11 月					25	26	27	28	29	1	2	3	4	5	6	7	8	9	10	11	12	13	14	15	16	17	18	19	20	21	22	23	24	25			
	公曆 5 月							1	2	3	4	5	6	7	8	9	10	11	12	13	14	15	16	17	18	19	20	21	22	23	24	25	26	27	28	29	30	31
30	夏曆四月							28	29	30	㉑	2	3	4	5	6	7	8	9	10	11	12	13	14	15	16	17	18	19	20	21	22	23	24	25	26	27	28
	回曆 12 月							26	27	28	29	30	1	2	3	4	5	6	7	8	9	10	11	12	13	14	15	16	17	18	19	20	21	22	23	24	25	26
	公曆 6 月			1	2	3	4	5	6	7	8	9	10	11	12	13	14	15	16	17	18	19	20	21	22	23	24	25	26	27	28	29	30					
31	夏曆五月			29	30	(51)	2	3	4	5	6	7	8	9	10	11	12	13	14	15	16	17	18	19	20	21	22	23	24	25	26	27	28					
139 年	回曆 1 月			27	28	29	30	①	2	3	4	5	6	7	8	9	10	11	12	13	14	15	16	17	18	19	20	21	22	23	24	25	26					
	公曆 7 月					1	2	3	4	5	6	7	8	9	10	11	12	13	14	15	16	17	18	19	20	21	22	23	24	25	26	27	28	29	30	31		
32	夏曆六月					29	⑳	2	3	4	5	6	7	8	9	10	11	12	13	14	15	16	17	18	19	20	21	22	23	24	25	26	27	28	29	30		
	回曆 2 月					27	28	29	30	1	2	3	4	5	6	7	8	9	10	11	12	13	14	15	16	17	18	19	20	21	22	23	24	25	26	27		
	公曆 8 月	1	2	3	4	5	6	7	8	9	10	11	12	13	14	15	16	17	18	19	20	21	22	23	24	25	26	27	28	29	30	31						
33 34	夏曆七八月	㊿	2	3	4	5	6	7	8	9	10	11	12	13	14	15	16	17	18	19	20	21	22	23	24	25	26	27	28	29	⑲	2						
	回曆 3 月	28	29	1	2	3	4	5	6	7	8	9	10	11	12	13	14	15	16	17	18	19	20	21	22	23	24	25	26	27	28	29						
	公曆 9 月				1	2	3	4	5	6	7	8	9	10	11	12	13	14	15	16	17	18	19	20	21	22	23	24	25	26	27	28	29	30				
35	夏曆九月				3	4	5	6	7	8	9	10	11	12	13	14	15	16	17	18	19	20	21	22	23	24	25	26	27	28	29	30	㊾	2				
	回曆 4 月				30	1	2	3	4	5	6	7	8	9	10	11	12	13	14	15	16	17	18	19	20	21	22	23	24	25	26	27	28	29				
	公曆 10 月						1	2	3	4	5	6	7	8	9	10	11	12	13	14	15	16	17	18	19	20	21	22	23	24	25	26	27	28	29	30	31	
36	夏曆十月						3	4	5	6	7	8	9	10	11	12	13	14	15	16	17	18	19	20	21	22	23	24	25	26	27	28	29	⑱	2	3	4	
	回曆 5、6 月						1	2	3	4	5	6	7	8	9	10	11	12	13	14	15	16	17	18	19	20	21	22	23	24	25	26	27	28	29	30	1	
	公曆 11 月		1	2	3	4	5	6	7	8	9	10	11	12	13	14	15	16	17	18	19	20	21	22	23	24	25	26	27	28	29	30						
37	夏曆十一月		5	6	7	8	9	10	11	12	13	14	15	16	17	18	19	20	21	22	23	24	25	26	27	28	29	30	㊽	2	3	4						
	回曆 7 月		2	3	4	5	6	7	8	9	10	11	12	13	14	15	16	17	18	19	20	21	22	23	24	25	26	27	28	29	1	2						
	公曆 12 月				1	2	3	4	5	6	7	8	9	10	11	12	13	14	15	16	17	18	19	20	21	22	23	24	25	26	27	28	29	30	31			
38	夏曆十二月				5	6	7	8	9	10	11	12	13	14	15	16	17	18	19	20	21	22	23	24	25	26	27	28	29	⑰	2	3	4	5	6			
	回曆 8 月				3	4	5	6	7	8	9	10	11	12	13	14	15	16	17	18	19	20	21	22	23	24	25	26	27	28	29	30	1	2	3			

舊紀三月壬午，八月癸未，皆誤。

大事記

正月，安祿山於洛陽稱大燕皇帝。建元聖武。史思明陷常山，顏杲卿戰死(692—756)。命郭子儀進圖東京，以李光弼為河東節度使規復河北。置南陽節度使，將嶺南、黔中子弟備安祿山。　二月，李光弼屢敗安祿山將史思明於饒陽。真源令張巡起兵，屢敗安祿山將令狐潮於雍丘。　三月，顏真卿拔魏郡。　四月，郭子儀援李光弼，大敗史思明。　五月，安祿山遣將攻南陽。郭子儀、李光弼大敗史思明於嘉山。　六月，哥舒翰與安祿山將崔乾祐戰於靈寶，大敗，死者十之八九。乾祐陷潼關，哥舒翰為部下迫降於祿山。玄宗倉皇西走，至馬嵬驛，軍士殺楊國忠等，帝被迫縊殺楊貴妃。百姓請留太子，許之；遂至成都，太子北趨靈武。安祿山遣將入長安。　七月，太子即位於靈武，尊帝為上皇天帝，改元至德，是為肅宗。回紇、吐蕃贊普皆遣使請助討安祿山。　八月，李光弼大敗叛軍於嘉山。第五琦充江淮租庸使。　九月，以廣平王俶為天下兵馬元帥。突厥阿史那從禮誘九姓、六州胡圖攻朔方，郭子儀破之。南詔陷越嶲會同軍。　十月，令狐潮等攻雍丘，張巡擊敗之。　十一月，史思明陷河間、景城等郡，攻平原，顏真卿敗走，於是河北諸郡多陷。　十二月，回紇援兵至，與郭子儀軍合，大破同羅等胡於榆林河北，河曲皆平。永王璘反。

張巡棄雍丘，守寧陵，與睢陽(今河南商丘)太守許遠會兵，大破叛軍，斬首萬餘級。

唐紀年

干支丁酉　公元 757 年

朝代或國名	國家支配者	建都	廟號	謚號	建元	年號年次	輔政者	備注
唐	⑨李　亨	長安	肅宗	宣	4	1 至德 2 載		
渤海	③大欽茂	龍泉府		文王	2	1 大興 20 年		在東北
南詔	⑤蒙閣邏鳳	太和城		神武王	3	2 贊普鐘 6 年		在雲南
燕	②安慶緒				2	1 載初元年		正月改
						2 天成元年		十月改元
吐蕃	⑤挲悉籠臘贊	邏些				3 年		
回紇	②磨延啜					12 年		

月曆表

5470－384－1997960

月干支序數	星期／月序	日	1	2	3	4	5	6	日	1	2	3	4	5	6	日	1	2	3	4	5	6	日	1	2	3	4	5	6	日	1	2	3	4	5	6	日	1
	公曆 1 月							1	2	3	4	5	6	7	8	9	10	11	12	13	14	15	16	17	18	19	20	21	22	23	24	25	26	27	28	29	30	31
39	夏曆正月							7	8	9	10	11	12	13	14	15	16	17	18	19	20	21	22	23	24	25	26	27	28	29	30	㊼	2	3	4	5	6	7
	回曆 9 月							4	5	6	7	8	9	10	11	12	13	14	15	16	17	18	19	20	21	22	23	24	25	26	27	28	29	1	2	3	4	5
	公曆 2 月			1	2	3	4	5	6	7	8	9	10	11	12	13	14	15	16	17	18	19	20	21	22	23	24	25	26	27	28							
40	夏曆二月			8	9	10	11	12	13	14	15	16	17	18	19	20	23	22	23	24	25	26	27	28	29	⑯	2	3	4	5	6							
	回曆 10 月			6	7	8	9	10	11	12	13	14	15	16	17	18	19	20	21	22	23	24	25	26	27	28	29	30	1	2	3							
	公曆 3 月			1	2	3	4	5	6	7	8	9	10	11	12	13	14	15	16	17	18	19	20	21	22	23	24	25	26	27	28	29	30	31				
41	夏曆三月			7	8	9	10	11	12	13	14	15	16	17	18	19	20	21	22	23	24	25	26	27	28	29	30	㊻	2	3	4	5	6	7				
	回曆 11 月			4	5	6	7	8	9	10	11	12	13	14	15	16	17	18	19	20	21	22	23	24	25	26	27	28	29	1	2	3	4	5				
	公曆 4 月						1	2	3	4	5	6	7	8	9	10	11	12	13	14	15	16	17	18	19	20	21	22	23	24	25	26	27	28	29	30		
42	夏曆四月						8	9	10	11	12	13	14	15	16	17	18	19	20	21	22	23	24	25	26	27	28	29	⑮	2	3	4	5	6	7	8		
	回曆 12 月						6	7	8	9	10	11	12	13	14	15	16	17	18	19	20	21	22	23	24	25	26	27	28	29	30	1	2	3	4	5		
	公曆 5 月	1	2	3	4	5	6	7	8	9	10	11	12	13	14	15	16	17	18	19	20	21	22	23	24	25	26	27	28	29	30	31						
43	夏曆五月	9	10	11	12	13	14	15	16	17	18	19	20	21	22	23	24	25	26	27	28	29	30	㊺	2	3	4	5	6	7	8	9						
140年	回曆 1 月	6	7	8	9	10	11	12	13	14	15	16	17	18	19	20	21	22	23	24	25	26	27	28	29	①	2	3	4	5	6	7						
	公曆 6 月				1	2	3	4	5	6	7	8	9	10	11	12	13	14	15	16	17	18	19	20	21	22	23	24	25	26	27	28	29	30				
44	夏曆六月				10	11	12	13	14	15	16	17	18	19	20	21	22	23	24	25	26	27	28	29	⑭	2	3	4	5	6	7	8	9	10				
	回曆 2 月				8	9	10	11	12	13	14	15	16	17	18	19	20	21	22	23	24	25	26	27	28	29	30	1	2	3	4	5	6	7				
	公曆 7 月						1	2	3	4	5	6	7	8	9	10	11	12	13	14	15	16	17	18	19	20	21	22	23	24	25	26	27	28	29	30	31	
45	夏曆七月						11	12	13	14	15	16	17	18	19	20	21	22	23	24	25	26	27	28	29	30	㊹	2	3	4	5	6	7	8	9	10	11	
	回曆 3 月						8	9	10	11	12	13	14	15	16	17	18	19	20	21	22	23	24	25	26	27	28	29	1	2	3	4	5	6	7	8	9	
	公曆 8 月		1	2	3	4	5	6	7	8	9	10	11	12	13	14	15	16	17	18	19	20	21	22	23	24	25	26	27	28	29	30	31					
46	夏曆八月		12	13	14	15	16	17	18	19	20	21	22	23	24	25	26	27	28	29	30	⑭	2	3	4	5	6	7	8	9	10	11	12					
	回曆 4 月		10	11	12	13	14	15	16	17	18	19	20	21	22	23	24	25	26	27	28	29	30	1	2	3	4	5	6	7	8	9	10					
	公曆 9 月					1	2	3	4	5	6	7	8	9	10	11	12	13	14	15	16	17	18	19	20	21	22	23	24	25	26	27	28	29	30			
	夏曆閏八月					13	14	15	16	17	18	19	20	21	22	23	24	25	26	27	28	29	㊸	2	3	4	5	6	7	8	9	10	11	12	13			
	回曆 5 月					11	12	13	14	15	16	17	18	19	20	21	22	23	24	25	26	27	28	29	1	2	3	4	5	6	7	8	9	10	11			
	公曆 10 月							1	2	3	4	5	6	7	8	9	10	11	12	13	14	15	16	17	18	19	20	21	22	23	24	25	26	27	28	29	30	31
47	夏曆九月							14	15	16	17	18	19	20	21	22	23	24	25	26	27	28	29	30	⑬	2	3	4	5	6	7	8	9	10	11	12	13	14
	回曆 6 月							12	13	14	15	16	17	18	19	20	21	22	23	24	25	26	27	28	29	30	1	2	3	4	5	6	7	8	9	10	11	12
	公曆 11 月			1	2	3	4	5	6	7	8	9	10	11	12	13	14	15	16	17	18	19	20	21	22	23	24	25	26	27	28	29	30					
48	夏曆十月			15	16	17	18	19	20	21	22	23	24	25	26	27	28	29	㊷	2	3	4	5	6	7	8	9	10	11	12	13	14	15					

續表

月干支序數	月序＼星期	日	1	2	3	4	5	6	日	1	2	3	4	5	6	日	1	2	3	4	5	6	日	1	2	3	4	5	6	日	1	2	3	4	5	6	日	1
	回暦7月			13	14	15	16	17	18	19	20	21	22	23	24	25	26	27	28	29	1	2	3	4	5	6	7	8	9	10	11	12	13					
	公暦12月				1	2	3	4	5	6	7	8	9	10	11	12	13	14	15	16	17	18	19	20	21	22	23	24	25	26	27	28	29	30	31			
49	夏暦十一月				16	17	18	19	20	21	22	23	24	25	26	27	28	29	30	⑫	2	3	4	5	6	7	8	9	10	11	12	13	14	15	16			
	回暦8月				14	15	16	17	18	19	20	21	22	23	24	25	26	27	28	29	30	1	2	3	4	5	6	7	8	9	10	11	12	13	14			

舊紀十月壬申，十二月戊午，誤。

大事記

正月，安祿山為其子安慶緒所殺；慶緒即位。劍南兵亂，旋定。河西兵馬使反，旋平。史思明圍太原，李光弼敗之。安慶緒遣將攻睢陽，張巡棄寧陵入睢陽，與太守許遠合禦退之。　二月，郭子儀敗崔乾祐，定河東。安慶緒以史思明為範陽節度使。永王璘敗死。　三月，安慶緒再遣兵攻睢陽，敗還。　五月，南陽失守。安慶緒復遣兵攻睢陽，又敗還。　七月，安慶緒將尹子奇圍睢陽。　閏八月，御史大夫崔光遠破安慶緒兵於駱谷。　九月，回紇懷仁可汗遣子葉護等將兵至鳳翔，隨廣平王俶、郭子儀東進，與安慶緒兵戰於香積寺，大勝之，遂復長安。　十月，吐蕃陷西平郡。睢陽(河南商丘)陷，張巡、許遠死。郭子儀等大破安慶緒兵於陝川，安慶緒倉皇走鄴，改鄴為安成府，改元天成。　十一月，以回紇葉護為忠義王，歲遺回紇絹二萬匹。　十二月，上皇還長安，改郡為州，以蜀郡為南京，鳳翔為西京，西京為中京。史思明遣人請降，封歸義王、範陽節度使。派人詳理降安祿山諸臣獄，自棄市至流貶分六等罪。宦官李輔國開始用事專政。

唐紀年

干支戊戌　公元758年

朝代或國名	國家支配者	建都	廟號	謚號	建元	年號年次	輔政者	備注
唐	⑨李　亨	長安	肅宗	宣	4	1至德3載 2乾元元年	郭子儀等	二月改元
渤海	③大欽茂	龍泉府		文王	2	1大興21年		在東北
南詔	⑤蒙閣邏鳳	太和城		神武王	3	2贊普鐘7年		在雲南
燕	②安慶緒				2	2天成2年		
吐蕃	⑤挲悉籠臘贊	邏些				4年		
回紇	②磨延啜					13年		七月唐册 爲可汗

月曆表

5471—355—1998315

月干支序數	月序＼星期	日	1	2	3	4	5	6	日	1	2	3	4	5	6	日	1	2	3	4	5	6	日	1	2	3	4	5	6	日	1	2	3	4	5	6	日	1
	公暦1月	1	2	3	4	5	6	7	8	9	10	11	12	13	14	15	16	17	18	19	20	21	22	23	24	25	26	27	28	29	30	31						
50	夏暦十二月	17	18	19	20	21	22	23	24	25	26	27	28	29	㊶	2	3	4	5	6	7	8	9	10	11	12	13	14	15	16	17	18						
	回暦9月	15	16	17	18	19	20	21	22	23	24	25	26	27	28	29	1	2	3	4	5	6	7	8	9	10	11	12	13	14	15	16						
	公暦2月				1	2	3	4	5	6	7	8	9	10	11	12	13	14	15	16	17	18	19	20	21	22	23	24	25	26	27	28						
51	夏暦正月				19	20	21	22	23	24	25	26	27	28	29	30	⑪	2	3	4	5	6	7	8	9	10	11	12	13	14	15	16						
	回暦10月				17	18	19	20	21	22	23	24	25	26	27	28	29	30	1	2	3	4	5	6	7	8	9	10	11	12	13	14						
	公暦3月				1	2	3	4	5	6	7	8	9	10	11	12	13	14	15	16	17	18	19	20	21	22	23	24	25	26	27	28	29	30	31			
52	夏暦二月				17	18	19	20	21	22	23	24	25	26	27	28	29	㊵	2	3	4	5	6	7	8	9	10	11	12	13	14	15	16	17	18			
	回暦11月				15	16	17	18	19	20	21	22	23	24	25	26	27	28	29	1	2	3	4	5	6	7	8	9	10	11	12	13	14	15	16			
	公暦4月							1	2	3	4	5	6	7	8	9	10	11	12	13	14	15	16	17	18	19	20	21	22	23	24	25	26	27	28	29	30	

續表

月干支序數	星期／月序	日	1	2	3	4	5	6	日	1	2	3	4	5	6	日	1	2	3	4	5	6	日	1	2	3	4	5	6	日	1	2	3	4	5	6	日	1
53	夏曆三月							19	20	21	22	23	24	25	26	27	28	29	30	⑩	2	3	4	5	6	7	8	9	10	11	12	13	14	15	16	17	18	
	回曆12月							17	18	19	20	21	22	23	24	25	26	27	28	29	30	1	2	3	4	5	6	7	8	9	10	11	12	13	14	15	16	
	公曆5月		1	2	3	4	5	6	7	8	9	10	11	12	13	14	15	16	17	18	19	20	21	22	23	24	25	26	27	28	29	30	31					
54	夏曆四月		19	20	21	22	23	24	25	26	27	28	29	㊴	2	3	4	5	6	7	8	9	10	11	12	13	14	15	16	17	18	19	20					
141年閏	回曆1月		17	18	19	20	21	22	23	24	25	26	27	28	29	①	2	3	4	5	6	7	8	9	10	11	12	13	14	15	16	17	18					
	公曆6月					1	2	3	4	5	6	7	8	9	10	11	12	13	14	15	16	17	18	19	20	21	22	23	24	25	26	27	28	29	30			
55	夏曆五月					21	22	23	24	25	26	27	28	29	30	⑨	2	3	4	5	6	7	8	9	10	11	12	13	14	15	16	17	18	19	20			
	回曆2月					19	20	21	22	23	24	25	26	27	28	29	30	1	2	3	4	5	6	7	8	9	10	11	12	13	14	15	16	17	18			
	公曆7月							1	2	3	4	5	6	7	8	9	10	11	12	13	14	15	16	17	18	19	20	21	22	23	24	25	26	27	28	29	30	31
56	夏曆六月							21	22	23	24	25	26	27	28	29	㊳	2	3	4	5	6	7	8	9	10	11	12	13	14	15	16	17	18	19	20	21	22
	回曆3月							19	20	21	22	23	24	25	26	27	28	29	1	2	3	4	5	6	7	8	9	10	11	12	13	14	15	16	17	18	19	20
	公曆8月			1	2	3	4	5	6	7	8	9	10	11	12	13	14	15	16	17	18	19	20	21	22	23	24	25	26	27	28	29	30	31				
57	夏曆七月			23	24	25	26	27	28	29	30	⑧	2	3	4	5	6	7	8	9	10	11	12	13	14	15	16	17	18	19	20	21	22	23				
	回曆4月			21	22	23	24	25	26	27	28	29	30	1	2	3	4	5	6	7	8	9	10	11	12	13	14	15	16	17	18	19	20	21				
	公曆9月						1	2	3	4	5	6	7	8	9	10	11	12	13	14	15	16	17	18	19	20	21	22	23	24	25	26	27	28	29	30		
58	夏曆八月						24	25	26	27	28	29	㊲	2	3	4	5	6	7	8	9	10	11	12	13	14	15	16	17	18	19	20	21	22	23	24		
	回曆5月						22	23	24	25	26	27	28	29	1	2	3	4	5	6	7	8	9	10	11	12	13	14	15	16	17	18	19	20	21	22		
	公曆10月	1	2	3	4	5	6	7	8	9	10	11	12	13	14	15	16	17	18	19	20	21	22	23	24	25	26	27	28	29	30	31						
59	夏曆九月	25	26	27	28	29	30	⑦	2	3	4	5	6	7	8	9	10	11	12	13	14	15	16	17	18	19	20	21	22	23	24	25						
	回曆6月	23	24	25	26	27	28	29	30	1	2	3	4	5	6	7	8	9	10	11	12	13	14	15	16	17	18	19	20	21	22	23						
	公曆11月				1	2	3	4	5	6	7	8	9	10	11	12	13	14	15	16	17	18	19	20	21	22	23	24	25	26	27	28	29	30				
60	夏曆十月				26	27	28	29	30	㊲	2	3	4	5	6	7	8	9	10	11	12	13	14	15	16	17	18	19	20	21	22	23	24	25				
	回曆7月				24	25	26	27	28	29	1	2	3	4	5	6	7	8	9	10	11	12	13	14	15	16	17	18	19	20	21	22	23	24				
	公曆12月						1	2	3	4	5	6	7	8	9	10	11	12	13	14	15	16	17	18	19	20	21	22	23	24	25	26	27	28	29	30	31	
1	夏曆十一月						26	27	28	29	30	⑦	2	3	4	5	6	7	8	9	10	11	12	13	14	15	16	17	18	19	20	21	22	23	24	25	26	
	回曆8月						25	26	27	28	29	30	1	2	3	4	5	6	7	8	9	10	11	12	13	14	15	16	17	18	19	20	21	22	23	24	25	

大事記

二月，改元乾元，復以載為年。普免一年租庸。　三月，北庭兵馬使王惟良謀亂，被殺。　五月，停采訪使，改黜陟使為觀察使。　六月，改行韓潁所造新曆。史思明復反。　七月，鑄乾元重寶，當十大錢。回紇遣兵助討安慶緒。遣郭子儀等七節度使討安慶緒，以宦官魚朝恩為觀軍容宣慰處置使以監護之；子儀大破安慶緒，圍之。大食、波斯大掠廣州。册回紇英武可汗，以寧國公主妻之。　十月，册立皇太子俶，更名豫。　十二月，平盧節度使王玄志死，裨將殺玄志子，推侯希逸為平盧軍使，因命希逸為節度副使。節度使由軍士廢立自此始。

唐紀年

干支己亥　公元759年

朝代或國名	國家支配者	建都	廟號	謚號	建元	年號年次	輔政者	備注
唐	⑨李亨	長安	肅宗	宣	4	2乾元2年	郭子儀等	
渤海	③大欽茂	龍泉府		文王	2	1大興22年		在東北
南詔	⑤蒙閣邏鳳	太和城		神武王	3	2贊普鐘8年		在雲南
燕	②安慶緒				2	2天成3年		三月亡
	①史思明				2	1應天元年		正月立
						2順天元年		四月改元

續表

朝代或國名	國家支配者	建都	廟號	謚號	建元	年號年次	輔政者	備注
吐蕃	⑤挲悉籠臘贊	邏些				5年		
回紇	②磨延啜					14年		四月卒

月曆表

5472—354—1998669

月干支序數	星期 / 月序	日	1	2	3	4	5	6	日	1	2	3	4	5	6	日	1	2	3	4	5	6	日	1	2	3	4	5	6	日	1	2	3	4	5	6	日	1
	公曆1月		1	2	3	4	5	6	7	8	9	10	11	12	13	14	15	16	17	18	19	20	21	22	23	24	25	26	27	28	29	30	31					
2	夏曆十二月		27	28	29	㊱	2	3	4	5	6	7	8	9	10	11	12	13	14	15	16	17	18	19	20	21	22	23	24	25	26	27	28					
	回曆9月		26	27	28	29	1	2	3	4	5	6	7	8	9	10	11	12	13	14	15	16	17	18	19	20	21	22	23	24	25	26	27					
	公曆2月					1	2	3	4	5	6	7	8	9	10	11	12	13	14	15	16	17	18	19	20	21	22	23	24	25	26	27	28					
3	夏曆正月					29	30	⑥	2	3	4	5	6	7	8	9	10	11	12	13	14	15	16	17	18	19	20	21	22	23	24	25	26					
	回曆10月					28	29	30	1	2	3	4	5	6	7	8	9	10	11	12	13	14	15	16	17	18	19	20	21	22	23	24	25					
	公曆3月					1	2	3	4	5	6	7	8	9	10	11	12	13	14	15	16	17	18	19	20	21	22	23	24	25	26	27	28	29	30	31		
4	夏曆二月					27	28	29	㉟	2	3	4	5	6	7	8	9	10	11	12	13	14	15	16	17	18	19	20	21	22	23	24	25	26	27	28		
	回曆11月					26	27	28	29	1	2	3	4	5	6	7	8	9	10	11	12	13	14	15	16	17	18	19	20	21	22	23	24	25	26	27		
	公曆4月	1	2	3	4	5	6	7	8	9	10	11	12	13	14	15	16	17	18	19	20	21	22	23	24	25	26	27	28	29	30							
5	夏曆三月	29	④	2	3	4	5	6	7	8	9	10	11	12	13	14	15	16	17	18	19	20	21	22	23	24	25	26	27	28	29							
	回曆12月	28	29	30	1	2	3	4	5	6	7	8	9	10	11	12	13	14	15	16	17	18	19	20	21	22	23	24	25	26	27							
	公曆5月			1	2	3	4	5	6	7	8	9	10	11	12	13	14	15	16	17	18	19	20	21	22	23	24	25	26	27	28	29	30	31				
6 7	夏曆四 五月			30	㉞	2	3	4	5	6	7	8	9	10	11	12	13	14	15	16	17	18	19	20	21	22	23	24	25	26	27	28	29	③				
142年	回曆1月			28	29	30	①	2	3	4	5	6	7	8	9	10	11	12	13	14	15	16	17	18	19	20	21	22	23	24	25	26	27	28				
	公曆6月						1	2	3	4	5	6	7	8	9	10	11	12	13	14	15	16	17	18	19	20	21	22	23	24	25	26	27	28	29	30		
8	夏曆六月						2	3	4	5	6	7	8	9	10	11	12	13	14	15	16	17	18	19	20	21	22	23	24	25	26	27	28	29	㉜	2		
	回曆2月						29	30	1	2	3	4	5	6	7	8	9	10	11	12	13	14	15	16	17	18	19	20	21	22	23	24	25	26	27	28		
	公曆7月	1	2	3	4	5	6	7	8	9	10	11	12	13	14	15	16	17	18	19	20	21	22	23	24	25	26	27	28	29	30	31						
9	夏曆七月	3	4	5	6	7	8	9	10	11	12	13	14	15	16	17	18	19	20	21	22	23	24	25	26	27	28	29	30	②	2	3						
	回曆3月	29	1	2	3	4	5	6	7	8	9	10	11	12	13	14	15	16	17	18	19	20	21	22	23	24	25	26	27	28	29	30						
	公曆8月				1	2	3	4	5	6	7	8	9	10	11	12	13	14	15	16	17	18	19	20	21	22	23	24	25	26	27	28	29	30	31			
10	夏曆八月				4	5	6	7	8	9	10	11	12	13	14	15	16	17	18	19	20	21	22	23	24	25	26	27	28	29	㉛	2	3	4	5			
	回曆4、5月				1	2	3	4	5	6	7	8	9	10	11	12	13	14	15	16	17	18	19	20	21	22	23	24	25	26	27	28	29	1	2			
	公曆9月							1	2	3	4	5	6	7	8	9	10	11	12	13	14	15	16	17	18	19	20	21	22	23	24	25	26	27	28	29	30	
11	夏曆九月							6	7	8	9	10	11	12	13	14	15	16	17	18	19	20	21	22	23	24	25	26	27	28	29	30	①	2	3	4	5	
	回曆6月							3	4	5	6	7	8	9	10	11	12	13	14	15	16	17	18	19	20	21	22	23	24	25	26	27	28	29	30	1	2	
	公曆10月		1	2	3	4	5	6	7	8	9	10	11	12	13	14	15	16	17	18	19	20	21	22	23	24	25	26	27	28	29	30	31					
12	夏曆十月		6	7	8	9	10	11	12	13	14	15	16	17	18	19	20	21	22	23	24	25	26	27	28	29	30	㉛	2	3	4	5	6					
	回曆7月		3	4	5	6	7	8	9	10	11	12	13	14	15	16	17	18	19	20	21	22	23	24	25	26	27	28	29	1	2	3	4					
	公曆11月					1	2	3	4	5	6	7	8	9	10	11	12	13	14	15	16	17	18	19	20	21	22	23	24	25	26	27	28	29	30			
13	夏曆十一月					7	8	9	10	11	12	13	14	15	16	17	18	19	20	21	22	23	24	25	26	27	28	29	30	①	2	3	4	5	6			
	回曆8月					5	6	7	8	9	10	11	12	13	14	15	16	17	18	19	20	21	22	23	24	25	26	27	28	29	30	1	2	3	4			
	公曆12月							1	2	3	4	5	6	7	8	9	10	11	12	13	14	15	16	17	18	19	20	21	22	23	24	25	26	27	28	29	30	31
14	夏曆十二月							7	8	9	10	11	12	13	14	15	16	17	18	19	20	21	22	23	24	25	26	27	28	29	㉚	2	3	4	5	6	7	8
	回曆9月							5	6	7	8	9	10	11	12	13	14	15	16	17	18	19	20	21	22	23	24	25	26	27	28	29	1	2	3	4	5	6

大事記

正月，史思明自稱大聖燕王於魏州(鄴)。　三月，郭子儀等九節度使之師六十萬戰史思明於相州，大潰。史思明殺安慶緒，留子史朝義守相州，自還範陽。　四月，史思明自稱皇帝，國號燕，建元順天，改範陽為燕京，州為郡。回紇毗伽闕可汗死，子登里可汗立。　六月，分朔方置閤、寧等九州節度使。　七月，以李光弼代郭子儀為兵馬元帥，尋以趙王系為天下兵馬元帥，光弼副之。　八月，襄州將康楚元等作亂，自稱南楚霸王；遣人諭解之，不聽。　九月，鑄乾元重寶，加重輪，一當五十。史思明攻汴州，下之。李光弼棄東京，退守河陽。鄭、滑等州相繼陷沒。　十一月，康楚元被執，死。十二月，史思明兵攻陝州，敗。

唐紀年

干支庚子　公元760年

朝代或國名	國家支配者	建都	廟號	謚號	建元	年號年次	輔政者	備注
唐	⑨李亨	長安	肅宗	宣	4	2乾元3年		
						3上元元年		
渤海	③大欽茂	龍泉府		文王	2	1大興23年		在東北
南詔	⑤蒙閣邏鳳	太和城		神武王	3	2贊普鐘9年		在雲南
燕	①史思明				2	2順天2年		
吐蕃	⑤挲悉龍臘贊	邏些				6年		
回紇	③登里可汗					元年		

月曆表

5473—384—1999053

月干支序數	月序＼星期	日	1	2	3	4	5	6	日	1	2	3	4	5	6	日	1	2	3	4	5	6	日	1	2	3	4	5	6	日	1	2	3	4	5	6	日	1
	公曆1月			1	2	3	4	5	6	7	8	9	10	11	12	13	14	15	16	17	18	19	20	21	22	23	24	25	26	27	28	29	30	31				
15	夏曆正月			9	10	11	12	13	14	15	16	17	18	19	20	21	22	23	24	25	26	27	28	29	30	(60)	2	3	4	5	6	7	8	9				
	回曆10月			7	8	9	10	11	12	13	14	15	16	17	18	19	20	21	22	23	24	25	26	27	28	29	30	1	2	3	4	5	6	7				
	公曆2月						1	2	3	4	5	6	7	8	9	10	11	12	13	14	15	16	17	18	19	20	21	22	23	24	25	26	27	28	29			
16	夏曆二月						10	11	12	13	14	15	16	17	18	19	20	21	22	23	24	25	26	27	28	29	30	㉚	2	3	4	5	6	7	8			
	回曆11月						8	9	10	11	12	13	14	15	16	17	18	19	20	21	22	23	24	25	26	27	28	29	1	2	3	4	5	6	7			
	公曆3月							1	2	3	4	5	6	7	8	9	10	11	12	13	14	15	16	17	18	19	20	21	22	23	24	25	26	27	28	29	30	31
17	夏曆三月							9	10	11	12	13	14	15	16	17	18	19	20	21	22	23	24	25	26	27	28	29	(59)	2	3	4	5	6	7	8	9	10
	回曆12月							8	9	10	11	12	13	14	15	16	17	18	19	20	21	22	23	24	25	26	27	28	29	30	1	2	3	4	5	6	7	8
	公曆4月			1	2	3	4	5	6	7	8	9	10	11	12	13	14	15	16	17	18	19	20	21	22	23	24	25	26	27	28	29	30					
18	夏曆四月			11	12	13	14	15	16	17	18	19	20	21	22	23	24	25	26	27	28	29	㉘	2	3	4	5	6	7	8	9	10	11					
143年	回曆1月			9	10	11	12	13	14	15	16	17	18	19	20	21	22	23	24	25	26	27	28	29	①	2	3	4	5	6	7	8	9					
	公曆5月					1	2	3	4	5	6	7	8	9	10	11	12	13	14	15	16	17	18	19	20	21	22	23	24	25	26	27	28	29	30	31		
	夏曆閏四月					12	13	14	15	16	17	18	19	20	21	22	23	24	25	26	27	28	29	30	(58)	2	3	4	5	6	7	8	9	10	11	12		
	回曆2月					10	11	12	13	14	15	16	17	18	19	20	21	22	23	24	25	26	27	28	29	30	1	2	3	4	5	6	7	8	9	10		
	公曆6月	1	2	3	4	5	6	7	8	9	10	11	12	13	14	15	16	17	18	19	20	21	22	23	24	25	26	27	28	29	30							
19	夏曆五月	13	14	15	16	17	18	19	20	21	22	23	24	25	26	27	28	29	㉗	2	3	4	5	6	7	8	9	10	11	12	13							
	回曆3月	11	12	13	14	15	16	17	18	19	20	21	22	23	24	25	26	27	28	29	1	2	3	4	5	6	7	8	9	10	11							
	公曆7月			1	2	3	4	5	6	7	8	9	10	11	12	13	14	15	16	17	18	19	20	21	22	23	24	25	26	27	28	29	30	31				
20	夏曆六月			14	15	16	17	18	19	20	21	22	23	24	25	26	27	28	29	(56)	2	3	4	5	6	7	8	9	10	11	12	13	14	15				
	回曆4月			12	13	14	15	16	17	18	19	20	21	22	23	24	25	26	27	28	29	30	1	2	3	4	5	6	7	8	9	10	11	12				
	公曆8月						1	2	3	4	5	6	7	8	9	10	11	12	13	14	15	16	17	18	19	20	21	22	23	24	25	26	27	28	29	30	31	
21	夏曆七月						16	17	18	19	20	21	22	23	24	25	26	27	28	29	30	㉖	2	3	4	5	6	7	8	9	10	11	12	13	14	15	16	

續表

月干支序數	月序＼星期	日	1	2	3	4	5	6	日	1	2	3	4	5	6	日	1	2	3	4	5	6	日	1	2	3	4	5	6	日	1	2	3	4	5	6	日	1
	回暦5月						13	14	15	16	17	18	19	20	21	22	23	24	25	26	27	28	29	1	2	3	4	5	6	7	8	9	10	11	12	13	14	
	公暦9月		1	2	3	4	5	6	7	8	9	10	11	12	13	14	15	16	17	18	19	20	21	22	23	24	25	26	27	28	29	30						
22	夏暦八月		17	18	19	20	21	22	23	24	25	26	27	28	29	(55)	2	3	4	5	6	7	8	9	10	11	12	13	14	15	16	17						
	回暦6月		15	16	17	18	19	20	21	22	23	24	25	26	27	28	29	30	1	2	3	4	5	6	7	8	9	10	11	12	13	14						
	公暦10月				1	2	3	4	5	6	7	8	9	10	11	12	13	14	15	16	17	18	19	20	21	22	23	24	25	26	27	28	29	30	31			
23	夏暦九月				18	19	20	21	22	23	24	25	26	27	28	29	30	㉕	2	3	4	5	6	7	8	9	10	11	12	13	14	15	16	17	18			
	回暦7月				15	16	17	18	19	20	21	22	23	24	25	26	27	28	29	1	2	3	4	5	6	7	8	9	10	11	12	13	14	15	16			
	公暦11月							1	2	3	4	5	6	7	8	9	10	11	12	13	14	15	16	17	18	19	20	21	22	23	24	25	26	27	28	29	30	
24	夏暦十月							19	20	21	22	23	24	25	26	27	28	29	30	(55)	2	3	4	5	6	7	8	9	10	11	12	13	14	15	16	17	18	
	回暦8月							17	18	19	20	21	22	23	24	25	26	27	28	29	30	1	2	3	4	5	6	7	8	9	10	11	12	13	14	15	16	
	公暦12月		1	2	3	4	5	6	7	8	9	10	11	12	13	14	15	16	17	18	19	20	21	22	23	24	25	26	27	28	29	30	31					
25	夏暦十一月		19	20	21	22	23	24	25	26	27	28	29	㉔	2	3	4	5	6	7	8	9	10	11	12	13	14	15	16	17	18	19	20					
	回暦9月		17	18	19	20	21	22	23	24	25	26	27	28	29	1	2	3	4	5	6	7	8	9	10	11	12	13	14	15	16	17	18					

大事記

二月,李光弼敗史思明於沁水之上。　三月,改蒲州為河中府。　四月,李光弼破史思明於河陽。襄州將張維瑾等作亂,殺節度使,旋降。　閏四月,改元上元。史思明入東京。　六月,史思明鑄順天得一錢,一當開元錢百,物價尤貴。平盧兵馬使田神功破史思明兵於鄭州。　十二月,黨項大掠美原、同官。

唐紀年

干支辛丑　公元761年

朝代或國名	國家支配者	建都	廟號	謚號	建元	年號年次	輔政者	備注
唐	⑨李亨	長安	肅宗	宣	4	3上元2年	蕭華等	
渤海	③大欽茂	龍泉府		文王	2	1大興24年		在東北
南詔	⑤蒙閣邏鳳	太和城		神武王	3	2贊普鐘10年		在雲南
燕	②史朝義				1	顯聖元年		三月改
	段子璋	錦州			1	黄龍元年		四月建元五月亡
	李珍				1	正德元年		四月立,旋亡
吐蕃	⑤挲悉籠臘贊	邏些				7年		
回紇	③登里可汗					2年		

月曆表

5474—295—1999348

月干支序數	月序＼星期	日	1	2	3	4	5	6	日	1	2	3	4	5	6	日	1	2	3	4	5	6	日	1	2	3	4	5	6	日	1	2	3	4	5	6	日	1
	公暦1月					1	2	3	4	5	6	7	8	9	10	11	12	13	14	15	16	17	18	19	20	21	22	23	24	25	26	27	28	29	30	31		
26	夏暦十二月					21	22	23	24	25	26	27	28	29	30	(54)	2	3	4	5	6	7	8	9	10	11	12	13	14	15	16	17	18	19	20	21		
	回暦10月					19	20	21	22	23	24	25	26	27	28	29	30	1	2	3	4	5	6	7	8	9	10	11	12	13	14	15	16	17	18	19		
	公暦2月	1	2	3	4	5	6	7	8	9	10	11	12	13	14	15	16	17	18	19	20	21	22	23	24	25	26	27	28									
27	夏暦正月	22	23	24	25	26	27	28	29	30	㉔	2	3	4	5	6	7	8	9	10	11	12	13	14	15	16	17	18	19									

續表

月干支序數	月序＼星期	日	1	2	3	4	5	6	日	1	2	3	4	5	6	日	1	2	3	4	5	6	日	1	2	3	4	5	6	日	1	2	3	4	5	6	日	1
	回曆 11 月	20	21	22	23	24	25	26	27	28	29	1	2	3	4	5	6	7	8	9	10	11	12	13	14	15	16	17	18									
	公曆 3 月	1	2	3	4	5	6	7	8	9	10	11	12	13	14	15	16	17	18	19	20	21	22	23	24	25	26	27	28	29	30	31						
28	夏曆二月	20	21	22	23	24	25	26	27	28	29	(53)	2	3	4	5	6	7	8	9	10	11	12	13	14	15	16	17	18	19	20	21						
	回曆 12 月	19	20	21	22	23	24	25	26	27	28	29	30	1	2	3	4	5	6	7	8	9	10	11	12	13	14	15	16	17	18	19						
	公曆 4 月				1	2	3	4	5	6	7	8	9	10	11	12	13	14	15	16	17	18	19	20	21	22	23	24	25	26	27	28	29	30				
29	夏曆三月				22	23	24	25	26	27	28	29	30	㉓	2	3	4	5	6	7	8	9	10	11	12	13	14	15	16	17	18	19	20	21				
144 年	回曆 1 月				20	21	22	23	24	25	26	27	28	29	①	2	3	4	5	6	7	8	9	10	11	12	13	14	15	16	17	18	19	20				
	公曆 5 月						1	2	3	4	5	6	7	8	9	10	11	12	13	14	15	16	17	18	19	20	21	22	23	24	25	26	27	28	29	30	31	
30	夏曆四月						22	23	24	25	26	27	28	29	(52)	2	3	4	5	6	7	8	9	10	11	12	13	14	15	16	17	18	19	20	21	22	23	
	回曆 2 月						21	22	23	24	25	26	27	28	29	30	1	2	3	4	5	6	7	8	9	10	11	12	13	14	15	16	17	18	19	20	21	
	公曆 6 月		1	2	3	4	5	6	7	8	9	10	11	12	13	14	15	16	17	18	19	20	21	22	23	24	25	26	27	28	29	30						
31	夏曆五月		24	25	26	27	28	29	30	㉒	2	3	4	5	6	7	8	9	10	11	12	13	14	15	16	17	18	19	20	21	22	23						
	回曆 3 月		22	23	24	25	26	27	28	29	1	2	3	4	5	6	7	8	9	10	11	12	13	14	15	16	17	18	19	20	21	22						
	公曆 7 月				1	2	3	4	5	6	7	8	9	10	11	12	13	14	15	16	17	18	19	20	21	22	23	24	25	26	27	28	29	30	31			
32	夏曆六月				24	25	26	27	28	29	(51)	2	3	4	5	6	7	8	9	10	11	12	13	14	15	16	17	18	19	20	21	22	23	24	25			
	回曆 4 月				23	24	25	26	27	28	29	30	1	2	3	4	5	6	7	8	9	10	11	12	13	14	15	16	17	18	19	20	21	22	23			
	公曆 8 月							1	2	3	4	5	6	7	8	9	10	11	12	13	14	15	16	17	18	19	20	21	22	23	24	25	26	27	28	29	30	31
33	夏曆七月							26	27	28	29	⑳	2	3	4	5	6	7	8	9	10	11	12	13	14	15	16	17	18	19	20	21	22	23	24	25	26	27
	回曆 5 月							24	25	26	27	28	29	1	2	3	4	5	6	7	8	9	10	11	12	13	14	15	16	17	18	19	20	21	22	23	24	25
	公曆 9 月			1	2	3	4	5	6	7	8	9	10	11	12	13	14	15	16	17	18	19	20	21	22	23	24	25	26	27	28	29	30					
34	夏曆八月			28	29	30	㊿	2	3	4	5	6	7	8	9	10	11	12	13	14	15	16	17	18	19	20	21	22	23	24	25	26	27					
	回曆 6 月			26	27	28	29	30	1	2	3	4	5	6	7	8	9	10	11	12	13	14	15	16	17	18	19	20	21	22	23	24	25					
	公曆 10 月					1	2	3	4	5	6	7	8	9	10	11	12	13	14	15	16	17	18	19	20	21	22	23	24	25	26	27	28	29	30	31		
35	夏曆九月					28	29	⑲	2	3	4	5	6	7	8	9	10	11	12	13	14	15	16	17	18	19	20	21	22	23	24	25	26	27	28	29		
	回曆 7 月					26	27	28	29	1	2	3	4	5	6	7	8	9	10	11	12	13	14	15	16	17	18	19	20	21	22	23	24	25	26	27		
	公曆 11 月	1	2	3	4	5	6	7	8	9	10	11	12	13	14	15	16	17	18	19	20	21	22	23	24	25	26	27	28	29	30							
36	夏曆十月	30	㊾	2	3	4	5	6	7	8	9	10	11	12	13	14	15	16	17	18	19	20	21	22	23	24	25	26	27	28	29							
	回曆 8 月	28	29	30	1	2	3	4	5	6	7	8	9	10	11	12	13	14	15	16	17	18	19	20	21	22	23	24	25	26	27							
	公曆 12 月			1	2	3	4	5	6	7	8	9	10	11	12	13	14	15	16	17	18	19	20	21	22	23	24	25	26	27	28	29	30	31				
歲首 37 38	夏曆十一月 十二月			30	⑲	2	3	4	5	6	7	8	9	10	11	12	13	14	15	16	17	18	19	20	21	22	23	24	25	26	27	28	29	㊽				
	回曆 9 月			28	29	1	2	3	4	5	6	7	8	9	10	11	12	13	14	15	16	17	18	19	20	21	22	23	24	25	26	27	28	29				

大事記

正月，史思明改元應天。　二月，奴剌、黨項掠寶鷄，殺鳳州刺史。新羅王金嶷入朝。魚朝恩迫李光弼攻洛陽，光弼等與史思明戰於邙山，大敗，河阿、懷州皆陷。　三月，史思明為其子史朝義部將所殺，史朝義即立，改元顯聖。　四月，長塞鎮將朱融等謀立嗣岐王珍，事泄，珍廢為庶人，朱融等死貶有差。梓州刺史段子璋反，自稱梁王，建改黃龍，以綿州為龍安府，進陷劍州。　五月，黨項掠寶鷄。史朝義將令狐彰降，命為滑、衛六州節度使。平盧節度使侯希逸破史朝義兵。東西川兵破斬段子璋，事平。　九月，制去尊號，但稱皇帝，去年號，但稱元年，令以建子月（十一月）為歲首，月皆以所建為名。停京兆、河南、太原、鳳翔四京及江陵南都號。江淮大饑，人相食。

唐紀年

干支壬寅　公元762年

朝代或國名	國家支配者	建都	廟號	謚號	建元	年號年次	輔政者	備注
唐	⑨李亨	長安	肅宗	宣	4	4寶應元年		四月代宗即位
渤海	③大欽茂	龍泉府		文王	2	1大興25年		在東北
南詔	⑤蒙閣邏鳳	太和城		神武王	3	2贊普鐘11年		在雲南
燕	②史朝義				1	顯聖2年		
	〔袁晁〕				1	〔寶勝〕元年		八月建元,一作升國在舟山群島
	〔方清〕	歙州				1年		歙縣
吐蕃	⑤挲悉龍臘贊	邏些				8年		
回紇	③登里可汗					3年		

月曆表

5475—413—1999761

月干支序數	月序＼星期	日	1	2	3	4	5	6	日	1	2	3	4	5	6	日	1	2	3	4	5	6	日	1	2	3	4	5	6	日	1	2	3	4	5	6	日	1
	公曆1月						1	2	3	4	5	6	7	8	9	10	11	12	13	14	15	16	17	18	19	20	21	22	23	24	25	26	27	28	29	30	31	
39	夏曆正月						2	3	4	5	6	7	8	9	10	11	12	13	14	15	16	17	18	19	20	21	22	23	24	25	26	27	28	29	30	⑱	2	
	回曆10、11月						30	1	2	3	4	5	6	7	8	9	10	11	12	13	14	15	16	17	18	19	20	21	22	23	24	25	26	27	28	29	1	
	公曆2月		1	2	3	4	5	6	7	8	9	10	11	12	13	14	15	16	17	18	19	20	21	22	23	24	25	26	27	28								
	夏曆正月		3	4	5	6	7	8	9	10	11	12	13	14	15	16	17	18	19	20	21	22	23	24	25	26	27	28	29	30								
	回曆11月		2	3	4	5	6	7	8	9	10	11	12	13	14	15	16	17	18	19	20	21	22	23	24	25	26	27	28	29								
	公曆3月		1	2	3	4	5	6	7	8	9	10	11	12	13	14	15	16	17	18	19	20	21	22	23	24	25	26	27	28	29	30	31					
40 41	夏曆二、三月		㊽	2	3	4	5	6	7	8	9	10	11	12	13	14	15	16	17	18	19	20	21	22	23	24	25	26	27	28	29	⑰	2					
	回曆12月		30	1	2	3	4	5	6	7	8	9	10	11	12	13	14	15	16	17	18	19	20	21	22	23	24	25	26	27	28	29	30					
	公曆4月					1	2	3	4	5	6	7	8	9	10	11	12	13	14	15	16	17	18	19	20	21	22	23	24	25	26	27	28	29	30			
42	夏曆四月					3	4	5	6	7	8	9	10	11	12	13	14	15	16	17	18	19	20	21	22	23	24	25	26	27	28	29	30	㊼	2			
145年	回曆1月					①	2	3	4	5	6	7	8	9	10	11	12	13	14	15	16	17	18	19	20	21	22	23	24	25	26	27	28	29	30			
	公曆5月							1	2	3	4	5	6	7	8	9	10	11	12	13	14	15	16	17	18	19	20	21	22	23	24	25	26	27	28	29	30	31
43	夏曆五月							3	4	5	6	7	8	9	10	11	12	13	14	15	16	17	18	19	20	21	22	23	24	25	26	27	28	29	⑯	2	3	4
	回曆2、3月							1	2	3	4	5	6	7	8	9	10	11	12	13	14	15	16	17	18	19	20	21	22	23	24	25	26	27	28	29	1	2
	公曆6月			1	2	3	4	5	6	7	8	9	10	11	12	13	14	15	16	17	18	19	20	21	22	23	24	25	26	27	28	29	30					
44	夏曆六月			5	6	7	8	9	10	11	12	13	14	15	16	17	18	19	20	21	22	23	24	25	26	27	28	29	30	㊻	2	3	4					
	回曆4月			3	4	5	6	7	8	9	10	11	12	13	14	15	16	17	18	19	20	21	22	23	24	25	26	27	28	29	30	1	2					
	公曆7月					1	2	3	4	5	6	7	8	9	10	11	12	13	14	15	16	17	18	19	20	21	22	23	24	25	26	27	28	29	30	31		
45	夏曆七月					5	6	7	8	9	10	11	12	13	14	15	16	17	18	19	20	21	22	23	24	25	26	27	28	29	⑮	2	3	4	5	6		
	回曆5月					3	4	5	6	7	8	9	10	11	12	13	14	15	16	17	18	19	20	21	22	23	24	25	26	27	28	29	1	2	3	4		
	公曆8月	1	2	3	4	5	6	7	8	9	10	11	12	13	14	15	16	17	18	19	20	21	22	23	24	25	26	27	28	29	30	31						
46	夏曆八月	7	8	9	10	11	12	13	14	15	16	17	18	19	20	21	22	23	24	25	26	27	28	29	㊹	2	3	4	5	6	7	8						
	回曆6月	5	6	7	8	9	10	11	12	13	14	15	16	17	18	19	20	21	22	23	24	25	26	27	28	29	30	1	2	3	4	5						
	公曆9月				1	2	3	4	5	6	7	8	9	10	11	12	13	14	15	16	17	18	19	20	21	22	23	24	25	26	27	28	29	30				
47	夏曆九月				9	10	11	12	13	14	15	16	17	18	19	20	21	22	23	24	25	26	27	28	29	30	⑭	2	3	4	5	6	7	8				
	回曆7月				6	7	8	9	10	11	12	13	14	15	16	17	18	19	20	21	22	23	24	25	26	27	28	29	1	2	3	4	5	6				
	公曆10月						1	2	3	4	5	6	7	8	9	10	11	12	13	14	15	16	17	18	19	20	21	22	23	24	25	26	27	28	29	30	31	

續表

月干支序數	月序＼星期	日	1	2	3	4	5	6	日	1	2	3	4	5	6	日	1	2	3	4	5	6	日	1	2	3	4	5	6	日	1	2	3	4	5	6	日	1
48	夏曆十月						9	10	11	12	13	14	15	16	17	18	19	20	21	22	23	24	25	26	27	28	29	㊸	2	3	4	5	6	7	8	9	10	
	回曆 8 月						7	8	9	10	11	12	13	14	15	16	17	18	19	20	21	22	23	24	25	26	27	28	29	30	1	2	3	4	5	6	7	
	公曆 11 月		1	2	3	4	5	6	7	8	9	10	11	12	13	14	15	16	17	18	19	20	21	22	23	24	25	26	27	28	29	30						
49	夏曆十一月		11	12	13	14	15	16	17	18	19	20	21	22	23	24	25	26	27	28	29	30	⑬	2	3	4	5	6	7	8	9	10						
	回曆 9 月		8	9	10	11	12	13	14	15	16	17	18	19	20	21	22	23	24	25	26	27	28	29	1	2	3	4	5	6	7	8						
	公曆 12 月				1	2	3	4	5	6	7	8	9	10	11	12	13	14	15	16	17	18	19	20	21	22	23	24	25	26	27	28	29	30	31			
50	夏曆十二月				11	12	13	14	15	16	17	18	19	20	21	22	23	24	25	26	27	28	29	㊷	2	3	4	5	6	7	8	9	10	11	12			
	回曆 10 月				9	10	11	12	13	14	15	16	17	18	19	20	21	22	23	24	25	26	27	28	29	30	1	2	3	4	5	6	7	8	9			

大事記

正月，吐蕃遣使請和。李光弼拔許州。租庸使征江淮各道八年逋負租調，民苦暴政，多聚而反抗。　　二月，復以京兆為上都，河南為東都，鳳翔為西都，江陵為南都，太原為北都。賜郭子儀爵汾陽王，鎮河東。　　四月，後以建寅為正月（正月壬寅為建寅月，二月癸卯為建卯月，三月甲辰為建辰月，四月乙巳為建巳月，五月復常。）。玄宗卒（685—762），肅宗亦卒，李豫即位。　　五月，以宦官李輔國為司空兼中書令。田神功大破史朝義。　　八月，袁晁起事，攻陷浙東諸州，建立政權，年號寶勝（一作升國）。　　十月，雍王李適率蕃漢軍大破史朝義，克東京。回紇兵入洛陽，大肆搶劫。袁晁陷溫州、明州。

是歲，大詩人李白卒（701—762）。

唐紀年

干支癸卯　公元 763 年

朝代或國名	國家支配者	建都	廟號	謚號	建元	年號年次	輔政者	備注
唐	⑩李豫	長安	代宗	武	3	1 廣德元年		
渤海	③大欽茂	龍泉府		文王	2	1 大興 26 年		在東北
南詔	⑤蒙閣邏鳳	太和城		神武王	3	2 贊普鐘 12 年		在雲南
燕	②史朝義				1	顯聖 3 年		正月亡
	〔袁晁〕				1	寶勝 2 年		四月亡
	〔方清〕					2 年		歙縣
吐蕃	⑤娑悉籠臘贊	邏些				9 年		
回紇	③登里可汗					4 年		

月曆表

5476—384—2000145

月干支序數	月序＼星期	日	1	2	3	4	5	6	日	1	2	3	4	5	6	日	1	2	3	4	5	6	日	1	2	3	4	5	6	日	1	2	3	4	5	6	日	1
	公曆 1 月							1	2	3	4	5	6	7	8	9	10	11	12	13	14	15	16	17	18	19	20	21	22	23	24	25	26	27	28	29	30	31
51	夏曆正月							13	14	15	16	17	18	19	20	21	22	23	24	25	26	27	28	29	30	⑫	2	3	4	5	6	7	8	9	10	11	12	13
	回曆 11 月							10	11	12	13	14	15	16	17	18	19	20	21	22	23	24	25	26	27	28	29	1	2	3	4	5	6	7	8	9	10	11
	公曆 2 月			1	2	3	4	5	6	7	8	9	10	11	12	13	14	15	16	17	18	19	20	21	22	23	24	25	26	27	28							
	夏曆閏正月			14	15	16	17	18	19	20	21	22	23	24	25	26	27	28	29	30	㊷	2	3	4	5	6	7	8	9	10	11							
	回曆 12 月			12	13	14	15	16	17	18	19	20	21	22	23	24	25	26	27	28	29	30	1	2	3	4	5	6	7	8	9							
	公曆 3 月			1	2	3	4	5	6	7	8	9	10	11	12	13	14	15	16	17	18	19	20	21	22	23	24	25	26	27	28	29	30	31				

續表

月干支、序數	月序＼星期	日	1	2	3	4	5	6	日	1	2	3	4	5	6	日	1	2	3	4	5	6	日	1	2	3	4	5	6	日	1	2	3	4	5	6	日	1
52	夏曆二月			12	13	14	15	16	17	18	19	20	21	22	23	24	25	26	27	28	29	⑪	2	3	4	5	6	7	8	9	10	11	12	13				
146年閏	回曆1月			10	11	12	13	14	15	16	17	18	19	20	21	22	23	24	25	26	27	28	29	①	2	3	4	5	6	7	8	9	10	11				
	公曆4月						1	2	3	4	5	6	7	8	9	10	11	12	13	14	15	16	17	18	19	20	21	22	23	24	25	26	27	28	29	30		
53	夏曆三月						14	15	16	17	18	19	20	21	22	23	24	25	26	27	28	29	30	㊶	2	3	4	5	6	7	8	9	10	11	12	13		
	回曆2月						12	13	14	15	16	17	18	19	20	21	22	23	24	25	26	27	28	29	30	1	2	3	4	5	6	7	8	9	10	11		
	公曆5月	1	2	3	4	5	6	7	8	9	10	11	12	13	14	15	16	17	18	19	20	21	22	23	24	25	26	27	28	29	30	31						
54	夏曆四月	14	15	16	17	18	19	20	21	22	23	24	25	26	27	28	29	30	⑪	2	3	4	5	6	7	8	9	10	11	12	13	14						
	回曆3月	12	13	14	15	16	17	18	19	20	21	22	23	24	25	26	27	28	29	1	2	3	4	5	6	7	8	9	10	11	12	13						
	公曆6月				1	2	3	4	5	6	7	8	9	10	11	12	13	14	15	16	17	18	19	20	21	22	23	24	25	26	27	28	29	30				
55	夏曆五月				15	16	17	18	19	20	21	22	23	24	25	26	27	28	29	㊵	2	3	4	5	6	7	8	9	10	11	12	13	14	15				
	回曆4月				14	15	16	17	18	19	20	21	22	23	24	25	26	27	28	29	30	1	2	3	4	5	6	7	8	9	10	11	12	13				
	公曆7月						1	2	3	4	5	6	7	8	9	10	11	12	13	14	15	16	17	18	19	20	21	22	23	24	25	26	27	28	29	30	31	
56	夏曆六月						16	17	18	19	20	21	22	23	24	25	26	27	28	29	30	⑩	2	3	4	5	6	7	8	9	10	11	12	13	14	15	16	
	回曆5月						14	15	16	17	18	19	20	21	22	23	24	25	26	27	28	29	1	2	3	4	5	6	7	8	9	10	11	12	13	14	15	
	公曆8月		1	2	3	4	5	6	7	8	9	10	11	12	13	14	15	16	17	18	19	20	21	22	23	24	25	26	27	28	29	30	31					
57	夏曆七月		17	18	19	20	21	22	23	24	25	26	27	28	29	㊴	2	3	4	5	6	7	8	9	10	11	12	13	14	15	16	17	18					
	回曆6月		16	17	18	19	20	21	22	23	24	25	26	27	28	29	30	1	2	3	4	5	6	7	8	9	10	11	12	13	14	15	16					
	公曆9月					1	2	3	4	5	6	7	8	9	10	11	12	13	14	15	16	17	18	19	20	21	22	23	24	25	26	27	28	29	30			
58	夏曆八月					19	20	21	22	23	24	25	26	27	28	29	⑧	2	3	4	5	6	7	8	9	10	11	12	13	14	15	16	17	18	19			
	回曆7月					17	18	19	20	21	22	23	24	25	26	27	28	29	1	2	3	4	5	6	7	8	9	10	11	12	13	14	15	16	17			
	公曆10月							1	2	3	4	5	6	7	8	9	10	11	12	13	14	15	16	17	18	19	20	21	22	23	24	25	26	27	28	29	30	31
59	夏曆九月							20	21	22	23	24	25	26	27	28	29	30	㊳	2	3	4	5	6	7	8	9	10	11	12	13	14	15	16	17	18	19	20
	回曆8月							18	19	20	21	22	23	24	25	26	27	28	29	30	1	2	3	4	5	6	7	8	9	10	11	12	13	14	15	16	17	18
	公曆11月			1	2	3	4	5	6	7	8	9	10	11	12	13	14	15	16	17	18	19	20	21	22	23	24	25	26	27	28	29	30					
60	夏曆十月			21	22	23	24	25	26	27	28	29	⑦	2	3	4	5	6	7	8	9	10	11	12	13	14	15	16	17	18	19	20	21					
	回曆9月			19	20	21	22	23	24	25	26	27	28	29	1	2	3	4	5	6	7	8	9	10	11	12	13	14	15	16	17	18	19					
	公曆12月					1	2	3	4	5	6	7	8	9	10	11	12	13	14	15	16	17	18	19	20	21	22	23	24	25	26	27	28	29	30	31		
1	夏曆十一月					22	23	24	25	26	27	28	29	30	㊲	2	3	4	5	6	7	8	9	10	11	12	13	14	15	16	17	18	19	20	21	22		
	回曆10月					20	21	22	23	24	25	26	27	28	29	30	1	2	3	4	5	6	7	8	9	10	11	12	13	14	15	16	17	18	19	20		

大事記

正月，史朝義自莫州走，其部將田承嗣降。範陽李懷仙亦降，史朝義自縊死，安史之亂平。　閏正月，以薛嵩為相兼衛等六州節度使，田承嗣為魏、博等五州都防禦使，李懷仙為幽州、盧龍節度使。回紇兵北歸。　三月，梁崇義為山南東道節度留後。袁晁義軍失敗。　七月，改元廣德。吐蕃入犯，盡取河西、隴右之地。　八月，僕固懷恩據汾州叛。　十月，吐蕃掠涇州，攻閤州、武功、奉天，命雍王適為關內元帥，郭子儀為副元帥以禦之，帝東走陝州，吐蕃入長安，立閤王之孫承宏為帝。越十二日，郭子儀兵至，吐蕃遁去；承宏匿於草野，赦不誅，放於華州。　十一月，削程元振官爵，逐之。廣州市舶使呂太一逐節度使張休，旋平。　十二月，代宗還長安。以宦官魚朝恩為天下觀軍容宣慰處置使，總禁兵。吐蕃佔有劍南、西川諸州。

唐紀年

干支甲辰　公元 764 年

朝代或國名	國家支配者	建都	廟號	謚號	建元	年號年次	輔政者	備注
唐	⑩李　豫	長　安	代宗	武	3	1 廣德 2 年		
渤　海	③大欽茂	龍泉府		文　王	2	1 大興 27 年		在東北
南　詔	⑤蒙閣邏鳳	太和城		神武王	3	2 贊普鐘 13 年		在雲南
	〔方　淸〕					3 年		欽縣
吐　蕃	⑤乞悉籠臘贊	邏　些				10 年		
回　紇	③登里可汗					5 年		

月曆表

5477—354—2000499

月干支序數	月序 \ 星期	日	1	2	3	4	5	6	日	1	2	3	4	5	6	日	1	2	3	4	5	6	日	1	2	3	4	5	6	日	1	2	3	4	5	6	日	1
	公曆 1 月	1	2	3	4	5	6	7	8	9	10	11	12	13	14	15	16	17	18	19	20	21	22	23	24	25	26	27	28	29	30	31						
2	夏曆十二月	23	24	25	26	27	28	29	⑥	2	3	4	5	6	7	8	9	10	11	12	13	14	15	16	17	18	19	20	21	22	23	24						
	回曆 11 月	21	22	23	24	25	26	27	28	29	1	2	3	4	5	6	7	8	9	10	11	12	13	14	15	16	17	18	19	20	21	22						
	公曆 2 月				1	2	3	4	5	6	7	8	9	10	11	12	13	14	15	16	17	18	19	20	21	22	23	24	25	26	27	28	29					
3	夏曆正月				25	26	27	28	29	30	㊱	2	3	4	5	6	7	8	9	10	11	12	13	14	15	16	17	18	19	20	21	22	23					
	回曆 12 月				23	24	25	26	27	28	29	30	1	2	3	4	5	6	7	8	9	10	11	12	13	14	15	16	17	18	19	20	21					
	公曆 3 月					1	2	3	4	5	6	7	8	9	10	11	12	13	14	15	16	17	18	19	20	21	22	23	24	25	26	27	28	29	30	31		
4	夏曆二月					24	25	26	27	28	29	30	⑥	2	3	4	5	6	7	8	9	10	11	12	13	14	15	16	17	18	19	20	21	22	23	24		
147 年	回曆 1 月					22	23	24	25	26	27	28	29	30	①	2	3	4	5	6	7	8	9	10	11	12	13	14	15	16	17	18	19	20	21	22		
	公曆 4 月	1	2	3	4	5	6	7	8	9	10	11	12	13	14	15	16	17	18	19	20	21	22	23	24	25	26	27	28	29	30							
5	夏曆三月	25	26	27	28	29	㉟	2	3	4	5	6	7	8	9	10	11	12	13	14	15	16	17	18	19	20	21	22	23	24	25							
	回曆 2 月	23	24	25	26	27	28	29	30	1	2	3	4	5	6	7	8	9	10	11	12	13	14	15	16	17	18	19	20	21	22							
	公曆 5 月			1	2	3	4	5	6	7	8	9	10	11	12	13	14	15	16	17	18	19	20	21	22	23	24	25	26	27	28	29	30	31				
6	夏曆四月			26	27	28	29	30	⑤	2	3	4	5	6	7	8	9	10	11	12	13	14	15	16	17	18	19	20	21	22	23	24	25	26				
	回曆 3 月			23	24	25	26	27	28	29	1	2	3	4	5	6	7	8	9	10	11	12	13	14	15	16	17	18	19	20	21	22	23	24				
	公曆 6 月						1	2	3	4	5	6	7	8	9	10	11	12	13	14	15	16	17	18	19	20	21	22	23	24	25	26	27	28	29	30		
7	夏曆五月						27	28	29	㉞	2	3	4	5	6	7	8	9	10	11	12	13	14	15	16	17	18	19	20	21	22	23	24	25	26	27		
	回曆 4 月						25	26	27	28	29	30	1	2	3	4	5	6	7	8	9	10	11	12	13	14	15	16	17	18	19	20	21	22	23	24		
	公曆 7 月	1	2	3	4	5	6	7	8	9	10	11	12	13	14	15	16	17	18	19	20	21	22	23	24	25	26	27	28	29	30	31						
8	夏曆六月	28	29	30	④	2	3	4	5	6	7	8	9	10	11	12	13	14	15	16	17	18	19	20	21	22	23	24	25	26	27	28						
	回曆 5 月	25	26	27	28	29	1	2	3	4	5	6	7	8	9	10	11	12	13	14	15	16	17	18	19	20	21	22	23	24	25	26						
	公曆 8 月				1	2	3	4	5	6	7	8	9	10	11	12	13	14	15	16	17	18	19	20	21	22	23	24	25	26	27	28	29	30	31			
9	夏曆七月				29	㉝	2	3	4	5	6	7	8	9	10	11	12	13	14	15	16	17	18	19	20	21	22	23	24	25	26	27	28	29	30			
	回曆 6 月				27	28	29	30	1	2	3	4	5	6	7	8	9	10	11	12	13	14	15	16	17	18	19	20	21	22	23	24	25	26	27			
	公曆 9 月							1	2	3	4	5	6	7	8	9	10	11	12	13	14	15	16	17	18	19	20	21	22	23	24	25	26	27	28	29	30	
10 11	夏曆八月 九月							③	2	3	4	5	6	7	8	9	10	11	12	13	14	15	16	17	18	19	20	21	22	23	24	25	26	27	28	29	㉜	
	回曆 7 月							28	29	1	2	3	4	5	6	7	8	9	10	11	12	13	14	15	16	17	18	19	20	21	22	23	24	25	26	27	28	
	公曆 10 月		1	2	3	4	5	6	7	8	9	10	11	12	13	14	15	16	17	18	19	20	21	22	23	24	25	26	27	28	29	30	31					
12	夏曆十月		2	3	4	5	6	7	8	9	10	11	12	13	14	15	16	17	18	19	20	21	22	23	24	25	26	27	28	29	30	②	2					
	回曆 8 月		29	30	1	2	3	4	5	6	7	8	9	10	11	12	13	14	15	16	17	18	19	20	21	22	23	24	25	26	27	28	29					
	公曆 11 月					1	2	3	4	5	6	7	8	9	10	11	12	13	14	15	16	17	18	19	20	21	22	23	24	25	26	27	28	29	30			
13	夏曆十一月					3	4	5	6	7	8	9	10	11	12	13	14	15	16	17	18	19	20	21	22	23	24	25	26	27	28	29	㉛	2	3			

續表

月 干支 序數	星期 月序	日	1	2	3	4	5	6	日	1	2	3	4	5	6	日	1	2	3	4	5	6	日	1	2	3	4	5	6	日	1	2	3	4	5	6	日	1
	回曆9月					1	2	3	4	5	6	7	8	9	10	11	12	13	14	15	16	17	18	19	20	21	22	23	24	25	26	27	28	29	30			
	公曆12月							1	2	3	4	5	6	7	8	9	10	11	12	13	14	15	16	17	18	19	20	21	22	23	24	25	26	27	28	29	30	31
14	夏曆十二月							4	5	6	7	8	9	10	11	12	13	14	15	16	17	18	19	20	21	22	23	24	25	26	27	28	29	30	①	2	3	4
	回曆10,11月							1	2	3	4	5	6	7	8	9	10	11	12	13	14	15	16	17	18	19	20	21	22	23	24	25	26	27	28	29	1	2

大事記

正月，僕固懷恩圍榆次。　三月，關中米斗千錢。劉晏為河南、江、淮轉運使，開汴渠，均賦役，關中粟漸充裕。　五月，行《五紀曆》。罷歲貢孝弟力田及童子科。　六月，郭子儀請罷安史之亂以來所置節度以省民力，并請自河中為始，許之。解僕固懷恩河北副元帥、朔方節度使，餘官爵如故。　七月，税天下青苗錢以給官俸。　八月，僕固懷恩引回紇、吐蕃兵入犯，遣郭子儀鎮奉天禦之。河中亂，旋定。　是歲，戶 290 餘萬，口 1 690 餘萬。始征酒税。李光弼卒(708—764)。

唐紀年

干支乙巳　公元 765 年

朝代或國名	國家支配者	建都	廟號	謚號	建元	年號年次	輔政者	備注
唐	⑩李豫	長安	代宗	武	3	2 永泰元年		
渤海	③大欽茂	龍泉府		文王	2	1 大興 28 年		在東北
南詔	⑤蒙閣邏鳳	太和城		神武王	3	2 贊普鐘 14 年		在雲南
	〔方清〕					4 年		歙縣
吐蕃	⑤挲悉龍臘贊	邏些				11 年		
回紇	③登里可汗					6 年		

月曆表

5478—384—2000883

月 干支 序數	星期 月序	日	1	2	3	4	5	6	日	1	2	3	4	5	6	日	1	2	3	4	5	6	日	1	2	3	4	5	6	日	1	2	3	4	5	6	日	1
	公曆1月			1	2	3	4	5	6	7	8	9	10	11	12	13	14	15	16	17	18	19	20	21	22	23	24	25	26	27	28	29	30	31				
15	夏曆正月			5	6	7	8	9	10	11	12	13	14	15	16	17	18	19	20	21	22	23	24	25	26	27	28	29	㉚	2	3	4	5	6				
	回曆12月			3	4	5	6	7	8	9	10	11	12	13	14	15	16	17	18	19	20	21	22	23	24	25	26	27	28	29	30	1	2	3				
	公曆2月						1	2	3	4	5	6	7	8	9	10	11	12	13	14	15	16	17	18	19	20	21	22	23	24	25	26	27	28				
16	夏曆二月						7	8	9	10	11	12	13	14	15	16	17	18	19	20	21	22	23	24	25	26	27	28	29	30	(60)	2	3	4				
148年	回曆1月						4	5	6	7	8	9	10	11	12	13	14	15	16	17	18	19	20	21	22	23	24	25	26	27	28	29	①	2				
	公曆3月						1	2	3	4	5	6	7	8	9	10	11	12	13	14	15	16	17	18	19	20	21	22	23	24	25	26	27	28	29	30	31	
17	夏曆三月						5	6	7	8	9	10	11	12	13	14	15	16	17	18	19	20	21	22	23	24	25	26	27	28	29	㉙	2	3	4	5	6	
	回曆2月						3	4	5	6	7	8	9	10	11	12	13	14	15	16	17	18	19	20	21	22	23	24	25	26	27	28	29	30	1	2	3	
	公曆4月		1	2	3	4	5	6	7	8	9	10	11	12	13	14	15	16	17	18	19	20	21	22	23	24	25	26	27	28	29	30						
18	夏曆四月		7	8	9	10	11	12	13	14	15	16	17	18	19	20	21	22	23	24	25	26	27	28	29	30	(59)	2	3	4	5	6						
	回曆3月		4	5	6	7	8	9	10	11	12	13	14	15	16	17	18	19	20	21	22	23	24	25	26	27	28	29	1	2	3	4						
	公曆5月				1	2	3	4	5	6	7	8	9	10	11	12	13	14	15	16	17	18	19	20	21	22	23	24	25	26	27	28	29	30	31			
19	夏曆五月				7	8	9	10	11	12	13	14	15	16	17	18	19	20	21	22	23	24	25	26	27	28	29	30	㉙	2	3	4	5	6	7			
	回曆4月				5	6	7	8	9	10	11	12	13	14	15	16	17	18	19	20	21	22	23	24	25	26	27	28	29	30	1	2	3	4	5			

續表

月干支序數	月序＼星期	日	1	2	3	4	5	6	日	1	2	3	4	5	6	日	1	2	3	4	5	6	日	1	2	3	4	5	6	日	1	2	3	4	5	6	日	1
	公曆6月							1	2	3	4	5	6	7	8	9	10	11	12	13	14	15	16	17	18	19	20	21	22	23	24	25	26	27	28	29	30	
20	夏曆六月							8	9	10	11	12	13	14	15	16	17	18	19	20	21	22	23	24	25	26	27	28	29	(58)	2	3	4	5	6	7	8	
	回曆5月							6	7	8	9	10	11	12	13	14	15	16	17	18	19	20	21	22	23	24	25	26	27	28	29	1	2	3	4	5	6	
	公曆7月		1	2	3	4	5	6	7	8	9	10	11	12	13	14	15	16	17	18	19	20	21	22	23	24	25	26	27	28	29	30	31					
21	夏曆七月		9	10	11	12	13	14	15	16	17	18	19	20	21	22	23	24	25	26	27	28	29	30	㉘	2	3	4	5	6	7	8	9					
	回曆6月		7	8	9	10	11	12	13	14	15	16	17	18	19	20	21	22	23	24	25	26	27	28	29	30	1	2	3	4	5	6	7					
	公曆8月					1	2	3	4	5	6	7	8	9	10	11	12	13	14	15	16	17	18	19	20	21	22	23	24	25	26	27	28	29	30	31		
22	夏曆八月					10	11	12	13	14	15	16	17	18	19	20	21	22	23	24	25	26	27	28	29	(57)	2	3	4	5	6	7	8	9	10	11		
	回曆7月					8	9	10	11	12	13	14	15	16	17	18	19	20	21	22	23	24	25	26	27	28	29	1	2	3	4	5	6	7	8	9		
	公曆9月	1	2	3	4	5	6	7	8	9	10	11	12	13	14	15	16	17	18	19	20	21	22	23	24	25	26	27	28	29	30							
23	夏曆九月	12	13	14	15	16	17	18	19	20	21	22	23	24	25	26	27	28	29	30	㉗	2	3	4	5	6	7	8	9	10	11							
	回曆8月	10	11	12	13	14	15	16	17	18	19	20	21	22	23	24	25	26	27	28	29	30	1	2	3	4	5	6	7	8	9							
	公曆10月			1	2	3	4	5	6	7	8	9	10	11	12	13	14	15	16	17	18	19	20	21	22	23	24	25	26	27	28	29	30	31				
24	夏曆十月			12	13	14	15	16	17	18	19	20	21	22	23	24	25	26	27	28	29	(56)	2	3	4	5	6	7	8	9	10	11	12	13				
	回曆9月			10	11	12	13	14	15	16	17	18	19	20	21	22	23	24	25	26	27	28	29	1	2	3	4	5	6	7	8	9	10	11				
	公曆11月						1	2	3	4	5	6	7	8	9	10	11	12	13	14	15	16	17	18	19	20	21	22	23	24	25	26	27	28	29	30		
	夏曆閏十月						14	15	16	17	18	19	20	21	22	23	24	25	26	27	28	29	30	㉖	2	3	4	5	6	7	8	9	10	11	12	13		
	回曆10月						12	13	14	15	16	17	18	19	20	21	22	23	24	25	26	27	28	29	30	1	2	3	4	5	6	7	8	9	10	11		
	公曆12月	1	2	3	4	5	6	7	8	9	10	11	12	13	14	15	16	17	18	19	20	21	22	23	24	25	26	27	28	29	30	31						
25	夏曆十一月	14	15	16	17	18	19	20	21	22	23	24	25	26	27	28	29	(55)	2	3	4	5	6	7	8	9	10	11	12	13	14	15						
	回曆11月	12	13	14	15	16	17	18	19	20	21	22	23	24	25	26	27	28	29	1	2	3	4	5	6	7	8	9	10	11	12	13						

大事記

三月，吐蕃請和。　五月，平盧軍亂，李正己逐節度使侯希逸，奉兵馬使李懷玉為帥，佔據山東，北方藩鎮割據逐漸形成。　九月，僕固懷恩復引回紇、吐蕃兵入犯，旋遁死。　十月，郭子儀與回紇和盟，吐蕃兵夜遁。

是歲，高適卒(706—765)。

唐紀年

干支丙午　公元766年

朝代或國名	國家支配者	建都	廟號	謚號	建元	年號年次	輔政者	備注
唐	⑩李　豫	長　安	代宗	武	3	2永泰2年 3大曆元年	杜鴻漸等	十月改元
渤　海	③大欽茂	龍泉府		文王	2	1大興29年		在東北
南　詔	⑤蒙閣邏鳳	太和城		神武	3	2贊普鐘15年		在雲南
	[方　清]					5年		歙縣
吐　蕃	⑤挲悉籠臘贊	邏　些				12年		
回　紇	③登里可汗					7年		

月曆表

月干支序數	星期 / 月序	日	1	2	3	4	5	6	日	1	2	3	4	5	6	日	1	2	3	4	5	6	日	1	2	3	4	5	6	日	1	2	3	4	5	6	日	1
	公曆1月				1	2	3	4	5	6	7	8	9	10	11	12	13	14	15	16	17	18	19	20	21	22	23	24	25	26	27	28	29	30	31			
26	夏曆十二月				16	17	18	19	20	21	22	23	24	25	26	27	28	29	30	㉕	2	3	4	5	6	7	8	9	10	11	12	13	14	15	16			
	回曆12月				14	15	16	17	18	19	20	21	22	23	24	25	26	27	28	29	30	1	2	3	4	5	6	7	8	9	10	11	12	13	14			
	公曆2月							1	2	3	4	5	6	7	8	9	10	11	12	13	14	15	16	17	18	19	20	21	22	23	24	25	26	27	28			
27	夏曆正月							17	18	19	20	21	22	23	24	25	26	27	28	29	(54)	2	3	4	5	6	7	8	9	10	11	12	13	14	15			
149年	回曆1月							15	16	17	18	19	20	21	22	23	24	25	26	27	28	29	①	2	3	4	5	6	7	8	9	10	11	12	13			
	公曆3月							1	2	3	4	5	6	7	8	9	10	11	12	13	14	15	16	17	18	19	20	21	22	23	24	25	26	27	28	29	30	31
28	夏曆二月							16	17	18	19	20	21	22	23	24	25	26	27	28	29	30	㉔	2	3	4	5	6	7	8	9	10	11	12	13	14	15	16
	回曆2月							14	15	16	17	18	19	20	21	22	23	24	25	26	27	28	29	30	1	2	3	4	5	6	7	8	9	10	11	12	13	14
	公曆4月			1	2	3	4	5	6	7	8	9	10	11	12	13	14	15	16	17	18	19	20	21	22	23	24	25	26	27	28	29	30					
29	夏曆三月			17	18	19	20	21	22	23	24	25	26	27	28	29	(53)	2	3	4	5	6	7	8	9	10	11	12	13	14	15	16	17					
	回曆3月			15	16	17	18	19	20	21	22	23	24	25	26	27	28	29	1	2	3	4	5	6	7	8	9	10	11	12	13	14	15					
	公曆5月					1	2	3	4	5	6	7	8	9	10	11	12	13	14	15	16	17	18	19	20	21	22	23	24	25	26	27	28	29	30	31		
30	夏曆四月					18	19	20	21	22	23	24	25	26	27	28	29	30	㉓	2	3	4	5	6	7	8	9	10	11	12	13	14	15	16	17	18		
	回曆4月					16	17	18	19	20	21	22	23	24	25	26	27	28	29	30	1	2	3	4	5	6	7	8	9	10	11	12	13	14	15	16		
	公曆6月	1	2	3	4	5	6	7	8	9	10	11	12	13	14	15	16	17	18	19	20	21	22	23	24	25	26	27	28	29	30							
31	夏曆五月	19	20	21	22	23	24	25	26	27	28	29	(52)	2	3	4	5	6	7	8	9	10	11	12	13	14	15	16	17	18	19							
	回曆5月	17	18	19	20	21	22	23	24	25	26	27	28	29	1	2	3	4	5	6	7	8	9	10	11	12	13	14	15	16	17							
	公曆7月			1	2	3	4	5	6	7	8	9	10	11	12	13	14	15	16	17	18	19	20	21	22	23	24	25	26	27	28	29	30	31				
32	夏曆六月			20	21	22	23	24	25	26	27	28	29	30	㉒	2	3	4	5	6	7	8	9	10	11	12	13	14	15	16	17	18	19	20				
	回曆6月			18	19	20	21	22	23	24	25	26	27	28	29	30	1	2	3	4	5	6	7	8	9	10	11	12	13	14	15	16	17	18				
	公曆8月						1	2	3	4	5	6	7	8	9	10	11	12	13	14	15	16	17	18	19	20	21	22	23	24	25	26	27	28	29	30	31	
33	夏曆七月						21	22	23	24	25	26	27	28	29	(51)	2	3	4	5	6	7	8	9	10	11	12	13	14	15	16	17	18	19	20	21	22	
	回曆7月						19	20	21	22	23	24	25	26	27	28	29	1	2	3	4	5	6	7	8	9	10	11	12	13	14	15	16	17	18	19	20	
	公曆9月		1	2	3	4	5	6	7	8	9	10	11	12	13	14	15	16	17	18	19	20	21	22	23	24	25	26	27	28	29	30						
34	夏曆八月		23	24	25	26	27	28	29	30	㉑	2	3	4	5	6	7	8	9	10	11	12	13	14	15	16	17	18	19	20	21	22						
	回曆8月		21	22	23	24	25	26	27	28	29	30	1	2	3	4	5	6	7	8	9	10	11	12	13	14	15	16	17	18	19	20						
	公曆10月				1	2	3	4	5	6	7	8	9	10	11	12	13	14	15	16	17	18	19	20	21	22	23	24	25	26	27	28	29	30	31			
35	夏曆九月				23	24	25	26	27	28	29	30	(51)	2	3	4	5	6	7	8	9	10	11	12	13	14	15	16	17	18	19	20	21	22	23			
	回曆9月				21	22	23	24	25	26	27	28	29	1	2	3	4	5	6	7	8	9	10	11	12	13	14	15	16	17	18	19	20	21	22			
	公曆11月							1	2	3	4	5	6	7	8	9	10	11	12	13	14	15	16	17	18	19	20	21	22	23	24	25	26	27	28	29	30	
36	夏曆十月							24	25	26	27	28	29	⑳	2	3	4	5	6	7	8	9	10	11	12	13	14	15	16	17	18	19	20	21	22	23	24	
	回曆10月							23	24	25	26	27	28	29	30	1	2	3	4	5	6	7	8	9	10	11	12	13	14	15	16	17	18	19	20	21	22	
	公曆12月		1	2	3	4	5	6	7	8	9	10	11	12	13	14	15	16	17	18	19	20	21	22	23	24	25	26	27	28	29	30	31					
37	夏曆十一月		25	26	27	28	29	30	㊿	2	3	4	5	6	7	8	9	10	11	12	13	14	15	16	17	18	19	20	21	22	23	24	25					
	回曆11月		23	24	25	26	27	28	29	1	2	3	4	5	6	7	8	9	10	11	12	13	14	15	16	17	18	19	20	21	22	23	24					

大事記

正月，令復補國子學生，修國子監。命劉晏、第五琦分理財賦。　二月，遣使通好吐蕃。命杜鴻漸為山南西道、劍南東西川副元帥，以平蜀亂。　五月，以涼州陷於吐蕃，徙河西節度使於沙州。　八月，杜鴻漸到蜀，調停崔旰等，因命崔旰為成都尹、西川行軍司馬。　十月，第五琦於京兆行什一稅法，民苦甚重，多流亡。　十一月，改元大曆。停"什一稅法"。　十二月，宦官董秀掌樞密。

唐紀年

干支丁未　公元767年

朝代或國名	國家支配者	建　都	廟　號	謚　號	建　元	年號年次	輔政者	備　注
唐	⑩李　豫	長　安	代宗	武	3	3大曆2年	杜鴻漸等	
渤　海	③大欽茂	龍泉府		文　王	2	1大興30年		在東北
南　詔	⑤蒙閣邏鳳	太和城		神武王	3	2贊普鐘16年		在雲南
吐　蕃	⑤娑悉籠臘贊	邏　些				13年		
回　紇	③登里可汗					8年		

月曆表

5480—354—2001592

月干支序數	星期／月序	日	1	2	3	4	5	6	日	1	2	3	4	5	6	日	1	2	3	4	5	6	日	1	2	3	4	5	6	日	1	2	3	4	5	6	日	1
	公曆1月					1	2	3	4	5	6	7	8	9	10	11	12	13	14	15	16	17	18	19	20	21	22	23	24	25	26	27	28	29	30	31		
38	夏曆十二月					26	27	28	29	⑲	2	3	4	5	6	7	8	9	10	11	12	13	14	15	16	17	18	19	20	21	22	23	24	25	26	27		
	回曆12月					25	26	27	28	29	30	1	2	3	4	5	6	7	8	9	10	11	12	13	14	15	16	17	18	19	20	21	22	23	24	25		
	公曆2月	1	2	3	4	5	6	7	8	9	10	11	12	13	14	15	16	17	18	19	20	21	22	23	24	25	26	27	28									
39	夏曆正月	28	29	30	㊾	2	3	4	5	6	7	8	9	10	11	12	13	14	15	16	17	18	19	20	21	22	23	24	25									
150年	回曆1月	26	27	28	29	30	①	2	3	4	5	6	7	8	9	10	11	12	13	14	15	16	17	18	19	20	21	22	23									
	公曆3月	1	2	3	4	5	6	7	8	9	10	11	12	13	14	15	16	17	18	19	20	21	22	23	24	25	26	27	28	29	30	31						
40	夏曆二月	26	27	28	29	⑱	2	3	4	5	6	7	8	9	10	11	12	13	14	15	16	17	18	19	20	21	22	23	24	25	26	27						
	回曆2月	24	25	26	27	28	29	30	1	2	3	4	5	6	7	8	9	10	11	12	13	14	15	16	17	18	19	20	21	22	23	24						
	公曆4月				1	2	3	4	5	6	7	8	9	10	11	12	13	14	15	16	17	18	19	20	21	22	23	24	25	26	27	28	29	30				
41	夏曆三月				28	29	30	㊽	2	3	4	5	6	7	8	9	10	11	12	13	14	15	16	17	18	19	20	21	22	23	24	25	26	27				
	回曆3月				25	26	27	28	29	1	2	3	4	5	6	7	8	9	10	11	12	13	14	15	16	17	18	19	20	21	22	23	24	25				
	公曆5月						1	2	3	4	5	6	7	8	9	10	11	12	13	14	15	16	17	18	19	20	21	22	23	24	25	26	27	28	29	30	31	
42	夏曆四月						28	29	⑰	2	3	4	5	6	7	8	9	10	11	12	13	14	15	16	17	18	19	20	21	22	23	24	25	26	27	28	29	
	回曆4月						26	27	28	29	30	1	2	3	4	5	6	7	8	9	10	11	12	13	14	15	16	17	18	19	20	21	22	23	24	25	26	
	公曆6月		1	2	3	4	5	6	7	8	9	10	11	12	13	14	15	16	17	18	19	20	21	22	23	24	25	26	27	28	29	30						
43	夏曆五月		㊻	2	3	4	5	6	7	8	9	10	11	12	13	14	15	16	17	18	19	20	21	22	23	24	25	26	27	28	29	30						
	回曆5月		27	28	29	1	2	3	4	5	6	7	8	9	10	11	12	13	14	15	16	17	18	19	20	21	22	23	24	25	26	27						
	公曆7月				1	2	3	4	5	6	7	8	9	10	11	12	13	14	15	16	17	18	19	20	21	22	23	24	25	26	27	28	29	30	31			
44 45	夏曆六、七月				⑯	2	3	4	5	6	7	8	9	10	11	12	13	14	15	16	17	18	19	20	21	22	23	24	25	26	27	28	29	㊺	2			
	回曆6月				28	29	30	1	2	3	4	5	6	7	8	9	10	11	12	13	14	15	16	17	18	19	20	21	22	23	24	25	26	27	28			
	公曆8月							1	2	3	4	5	6	7	8	9	10	11	12	13	14	15	16	17	18	19	20	21	22	23	24	25	26	27	28	29	30	31
46	夏曆八月							3	4	5	6	7	8	9	10	11	12	13	14	15	16	17	18	19	20	21	22	23	24	25	26	27	28	29	30	⑮	2	3
	回曆7月							29	1	2	3	4	5	6	7	8	9	10	11	12	13	14	15	16	17	18	19	20	21	22	23	24	25	26	27	28	29	30
	公曆9月			1	2	3	4	5	6	7	8	9	10	11	12	13	14	15	16	17	18	19	20	21	22	23	24	25	26	27	28	29	30					
47	夏曆九月			4	5	6	7	8	9	10	11	12	13	14	15	16	17	18	19	20	21	22	23	24	25	26	27	28	29	30	㊺	2	3					
	回曆8、9月			1	2	3	4	5	6	7	8	9	10	11	12	13	14	15	16	17	18	19	20	21	22	23	24	25	26	27	28	29	1					
	公曆10月					1	2	3	4	5	6	7	8	9	10	11	12	13	14	15	16	17	18	19	20	21	22	23	24	25	26	27	28	29	30	31		
48	夏曆十月					4	5	6	7	8	9	10	11	12	13	14	15	16	17	18	19	20	21	22	23	24	25	26	27	28	29	30	⑮	2	3	4		
	回曆10月					2	3	4	5	6	7	8	9	10	11	12	13	14	15	16	17	18	19	20	21	22	23	24	25	26	27	28	29	30	1	2		
	公曆11月	1	2	3	4	5	6	7	8	9	10	11	12	13	14	15	16	17	18	19	20	21	22	23	24	25	26	27	28	29	30							
49	夏曆十一月	5	6	7	8	9	10	11	12	13	14	15	16	17	18	19	20	21	22	23	24	25	26	27	28	29	㊹	2	3	4	5							

續表

月干支序數	月序＼星期	日	1	2	3	4	5	6	日	1	2	3	4	5	6	日	1	2	3	4	5	6	日	1	2	3	4	5	6	日	1	2	3	4	5	6	日	1
	回曆11月	3	4	5	6	7	8	9	10	11	12	13	14	15	16	17	18	19	20	21	22	23	24	25	26	27	28	29	1	2	3							
	公曆12月			1	2	3	4	5	6	7	8	9	10	11	12	13	14	15	16	17	18	19	20	21	22	23	24	25	26	27	28	29	30	31				
50	夏曆十二月			6	7	8	9	10	11	12	13	14	15	16	17	18	19	20	21	22	23	24	25	26	27	28	29	30	⑭	2	3	4	5	6				
	回曆12月			4	5	6	7	8	9	10	11	12	13	14	15	16	17	18	19	20	21	22	23	24	25	26	27	28	29	30	1	2	3	4				

大事記

正月，同華節度使周智光橫暴不法，殺監軍；命郭子儀討之，周智光旋為部下所殺。淮西兵大掠潼關，至赤水。分劍南置東川觀察使，鎮遂州。　四月，命宰相及魚朝恩盟吐蕃於興唐寺。　七月，以崔旰為西川節度使，杜濟為東川節度使。九月，吐蕃擾靈州，旋敗走。山僚陷桂州，逐刺史。是秋，河東、河南等六道五十五州大水。　是歲，復以鎮西為安西。

唐紀年

干支戊申　公元768年

朝代或國名	國家支配者	建都	廟號	謚號	建元	年號年次	輔政者	備注
唐	⑩李豫	長安	代宗	武	3	3 大曆 3 年	郭子儀等	
渤海	③大欽茂	龍泉府		文王	2	1 大興 31 年		在東北
南詔	⑤蒙閣邏鳳	太和城		神武王	3	2 贊普鐘 17 年		在雲南
吐蕃	⑤掌悉龍臘贊	邏些				14 年		
回紇	③登里可汗					9 年		

月曆表

5481—384—2001976

月干支序數	月序＼星期	日	1	2	3	4	5	6	日	1	2	3	4	5	6	日	1	2	3	4	5	6	日	1	2	3	4	5	6	日	1	2	3	4	5	6	日	1
	公曆1月						1	2	3	4	5	6	7	8	9	10	11	12	13	14	15	16	17	18	19	20	21	22	23	24	25	26	27	28	29	30	31	
51	夏曆正月						7	8	9	10	11	12	13	14	15	16	17	18	19	20	21	22	23	24	25	26	27	28	29	㊸	2	3	4	5	6	7	8	
151年	回曆1月						5	6	7	8	9	10	11	12	13	14	15	16	17	18	19	20	21	22	23	24	25	26	27	28	29	①	2	3	4	5	6	
	公曆2月		1	2	3	4	5	6	7	8	9	10	11	12	13	14	15	16	17	18	19	20	21	22	23	24	25	26	27	28	29							
52	夏曆二月		9	10	11	12	13	14	15	16	17	18	19	20	21	22	23	24	25	26	27	28	29	30	⑬	2	3	4	5	6	7							
	回曆2月		7	8	9	10	11	12	13	14	15	16	17	18	19	20	21	22	23	24	25	26	27	28	29	30	1	2	3	4	5							
	公曆3月			1	2	3	4	5	6	7	8	9	10	11	12	13	14	15	16	17	18	19	20	21	22	23	24	25	26	27	28	29	30	31				
53	夏曆三月			8	9	10	11	12	13	14	15	16	17	18	19	20	21	22	23	24	25	26	27	28	29	㊷	2	3	4	5	6	7	8	9				
	回曆3月			6	7	8	9	10	11	12	13	14	15	16	17	18	19	20	21	22	23	24	25	26	27	28	29	1	2	3	4	5	6	7				
	公曆4月						1	2	3	4	5	6	7	8	9	10	11	12	13	14	15	16	17	18	19	20	21	22	23	24	25	26	27	28	29	30		
54	夏曆四月						10	11	12	13	14	15	16	17	18	19	20	21	22	23	24	25	26	27	28	29	30	⑫	2	3	4	5	6	7	8	9		
	回曆4月						8	9	10	11	12	13	14	15	16	17	18	19	20	21	22	23	24	25	26	27	28	29	30	1	2	3	4	5	6	7		
	公曆5月	1	2	3	4	5	6	7	8	9	10	11	12	13	14	15	16	17	18	19	20	21	22	23	24	25	26	27	28	29	30	31						
55	夏曆五月	10	11	12	13	14	15	16	17	18	19	20	21	22	23	24	25	26	27	28	29	㊶	2	3	4	5	6	7	8	9	10	11						
	回曆5月	8	9	10	11	12	13	14	15	16	17	18	19	20	21	22	23	24	25	26	27	28	29	1	2	3	4	5	6	7	8	9						
	公曆6月				1	2	3	4	5	6	7	8	9	10	11	12	13	14	15	16	17	18	19	20	21	22	23	24	25	26	27	28	29	30				
56	夏曆六月				12	13	14	15	16	17	18	19	20	21	22	23	24	25	26	27	28	29	⑩	2	3	4	5	6	7	8	9	10	11	12				

續表

月干支序數	星期 月序	日	1	2	3	4	5	6	日	1	2	3	4	5	6	日	1	2	3	4	5	6	日	1	2	3	4	5	6	日	1	2	3	4	5	6	日	1
	回曆 6 月				10	11	12	13	14	15	16	17	18	19	20	21	22	23	24	25	26	27	28	29	30	1	2	3	4	5	6	7	8	9				
	公曆 7 月						1	2	3	4	5	6	7	8	9	10	11	12	13	14	15	16	17	18	19	20	21	22	23	24	25	26	27	28	29	30	31	
	夏曆閏六月						13	14	15	16	17	18	19	20	21	22	23	24	25	26	27	28	29	30	㊵	2	3	4	5	6	7	8	9	10	11	12	13	
	回曆 7 月						10	11	12	13	14	15	16	17	18	19	20	21	22	23	24	25	26	27	28	29	1	2	3	4	5	6	7	8	9	10	11	
	公曆 8 月		1	2	3	4	5	6	7	8	9	10	11	12	13	14	15	16	17	18	19	20	21	22	23	24	25	26	27	28	29	30	31					
57	夏曆七月		14	15	16	17	18	19	20	21	22	23	24	25	26	27	28	29	⑨	2	3	4	5	6	7	8	9	10	11	12	13	14	15					
	回曆 8 月		12	13	14	15	16	17	18	19	20	21	22	23	24	25	26	27	28	29	30	1	2	3	4	5	6	7	8	9	10	11	12					
	公曆 9 月					1	2	3	4	5	6	7	8	9	10	11	12	13	14	15	16	17	18	19	20	21	22	23	24	25	26	27	28	29	30			
58	夏曆八月					16	17	18	19	20	21	22	23	24	25	26	27	28	29	30	㊴	2	3	4	5	6	7	8	9	10	11	12	13	14	15			
	回曆 9 月					13	14	15	16	17	18	19	20	21	22	23	24	25	26	27	28	29	1	2	3	4	5	6	7	8	9	10	11	12	13			
	公曆 10 月							1	2	3	4	5	6	7	8	9	10	11	12	13	14	15	16	17	18	19	20	21	22	23	24	25	26	27	28	29	30	31
59	夏曆九月							16	17	18	19	20	21	22	23	24	25	26	27	28	29	30	⑨	2	3	4	5	6	7	8	9	10	11	12	13	14	15	16
	回曆 10 月							14	15	16	17	18	19	20	21	22	23	24	25	26	27	28	29	30	1	2	3	4	5	6	7	8	9	10	11	12	13	14
	公曆 11 月			1	2	3	4	5	6	7	8	9	10	11	12	13	14	15	16	17	18	19	20	21	22	23	24	25	26	27	28	29	30					
60	夏曆十月			17	18	19	20	21	22	23	24	25	26	27	28	29	㊳	2	3	4	5	6	7	8	9	10	11	12	13	14	15	16	17					
	回曆 11 月			15	16	17	18	19	20	21	22	23	24	25	26	27	28	29	1	2	3	4	5	6	7	8	9	10	11	12	13	14	15					
	公曆 12 月					1	2	3	4	5	6	7	8	9	10	11	12	13	14	15	16	17	18	19	20	21	22	23	24	25	26	27	28	29	30	31		
1	夏曆十一月					18	19	20	21	22	23	24	25	26	27	28	29	30	⑧	2	3	4	5	6	7	8	9	10	11	12	13	14	15	16	17	18		
	回曆 12 月					16	17	18	19	20	21	22	23	24	25	26	27	28	29	30	1	2	3	4	5	6	7	8	9	10	11	12	13	14	15	16		

大事記

正月,李豫至章敬寺,度僧千人。　二月,商州軍亂,殺防禦使,尋定。　四月,山南西道節度使張獻誠病,舉從父弟獻恭自代,許之。　六月,幽州兵馬使朱希彩等殺節度使李懷仙,朱希彩自稱留後。　七月,崔旰入朝,賜名寧;瀘州刺史楊子琳突入成都,寧妾任氏擊走之。　八月,吐蕃擾靈武,別將攻邠州。　九月,邠寧節度使馬璘擊破之,吐蕃軍敗走。　十一月,以幽州節度留後朱希彩為節度使。　是歲,許回紇在長安建摩尼教寺,賜額"大雲光明寺"。

唐紀年

干支己酉　公元 769 年

朝代或國名	國家支配者	建都	廟號	謚號	建元	年號年次	輔政者	備注
唐	⑩李豫	長安	代宗	武	3	3 大曆 4 年		
渤海	③大欽茂	龍泉府		文王	2	1 大興 32 年		在東北
南詔	⑤蒙閣邏鳳	太和城		神武王	3	3 長壽元年		在雲南
吐蕃	⑤挲悉籠臘贊	邏些				15 年		
回紇	③登里可汗					10 年		

月曆表

5482－355－2002331

月干支序數	月序＼星期	日	1	2	3	4	5	6	日	1	2	3	4	5	6	日	1	2	3	4	5	6	日	1	2	3	4	5	6	日	1	2	3	4	5	6	日	1
	公曆1月	1	2	3	4	5	6	7	8	9	10	11	12	13	14	15	16	17	18	19	20	21	22	23	24	25	26	27	28	29	30	31						
2	夏曆十二月	19	20	21	22	23	24	25	26	27	28	29	30	㊳	2	3	4	5	6	7	8	9	10	11	12	13	14	15	16	17	18	19						
152年閏	回曆1月	17	18	19	20	21	22	23	24	25	26	27	28	29	①	2	3	4	5	6	7	8	9	10	11	12	13	14	15	16	17	18						
	公曆2月				1	2	3	4	5	6	7	8	9	10	11	12	13	14	15	16	17	18	19	20	21	22	23	24	25	26	27	28						
3	夏曆正月				20	21	22	23	24	25	26	27	28	29	⑦	2	3	4	5	6	7	8	9	10	11	12	13	14	15	16	17	18						
	回曆2月				19	20	21	22	23	24	25	26	27	28	29	30	1	2	3	4	5	6	7	8	9	10	11	12	13	14	15	16						
	公曆3月				1	2	3	4	5	6	7	8	9	10	11	12	13	14	15	16	17	18	19	20	21	22	23	24	25	26	27	28	29	30	31			
4	夏曆二月				19	20	21	22	23	24	25	26	27	28	29	30	㊲	2	3	4	5	6	7	8	9	10	11	12	13	14	15	16	17	18	19			
	回曆3月				17	18	19	20	21	22	23	24	25	26	27	28	29	1	2	3	4	5	6	7	8	9	10	11	12	13	14	15	16	17	18			
	公曆4月							1	2	3	4	5	6	7	8	9	10	11	12	13	14	15	16	17	18	19	20	21	22	23	24	25	26	27	28	29	30	
5	夏曆三月							20	21	22	23	24	25	26	27	28	29	⑥	2	3	4	5	6	7	8	9	10	11	12	13	14	15	16	17	18	19	20	
	回曆4月							19	20	21	22	23	24	25	26	27	28	29	30	1	2	3	4	5	6	7	8	9	10	11	12	13	14	15	16	17	18	
	公曆5月		1	2	3	4	5	6	7	8	9	10	11	12	13	14	15	16	17	18	19	20	21	22	23	24	25	26	27	28	29	30	31					
6	夏曆四月		21	22	23	24	25	26	27	28	29	30	㊱	2	3	4	5	6	7	8	9	10	11	12	13	14	15	16	17	18	19	20	21					
	回曆5月		19	20	21	22	23	24	25	26	27	28	29	1	2	3	4	5	6	7	8	9	10	11	12	13	14	15	16	17	18	19	20					
	公曆6月					1	2	3	4	5	6	7	8	9	10	11	12	13	14	15	16	17	18	19	20	21	22	23	24	25	26	27	28	29	30			
7	夏曆五月					22	23	24	25	26	27	28	29	⑤	2	3	4	5	6	7	8	9	10	11	12	13	14	15	16	17	18	19	20	21	22			
	回曆6月					21	22	23	24	25	26	27	28	29	30	1	2	3	4	5	6	7	8	9	10	11	12	13	14	15	16	17	18	19	20			
	公曆7月							1	2	3	4	5	6	7	8	9	10	11	12	13	14	15	16	17	18	19	20	21	22	23	24	25	26	27	28	29	30	31
8	夏曆六月							23	24	25	26	27	28	29	㉞	2	3	4	5	6	7	8	9	10	11	12	13	14	15	16	17	18	19	20	21	22	23	24
	回曆7月							21	22	23	24	25	26	27	28	29	1	2	3	4	5	6	7	8	9	10	11	12	13	14	15	16	17	18	19	20	21	22
	公曆8月			1	2	3	4	5	6	7	8	9	10	11	12	13	14	15	16	17	18	19	20	21	22	23	24	25	26	27	28	29	30	31				
9	夏曆七月			25	26	27	28	29	③	2	3	4	5	6	7	8	9	10	11	12	13	14	15	16	17	18	19	20	21	22	23	24	25	26				
	回曆8月			23	24	25	26	27	28	29	30	1	2	3	4	5	6	7	8	9	10	11	12	13	14	15	16	17	18	19	20	21	22	23				
	公曆9月						1	2	3	4	5	6	7	8	9	10	11	12	13	14	15	16	17	18	19	20	21	22	23	24	25	26	27	28	29	30		
10	夏曆八月						27	28	29	30	㉝	2	3	4	5	6	7	8	9	10	11	12	13	14	15	16	17	18	19	20	21	22	23	24	25	26		
	回曆9月						24	25	26	27	28	29	1	2	3	4	5	6	7	8	9	10	11	12	13	14	15	16	17	18	19	20	21	22	23	24		
	公曆10月	1	2	3	4	5	6	7	8	9	10	11	12	13	14	15	16	17	18	19	20	21	22	23	24	25	26	27	28	29	30	31						
11	夏曆九月	27	28	29	30	③	2	3	4	5	6	7	8	9	10	11	12	13	14	15	16	17	18	19	20	21	22	23	24	25	26	27						
	回曆10月	25	26	27	28	29	30	1	2	3	4	5	6	7	8	9	10	11	12	13	14	15	16	17	18	19	20	21	22	23	24	25						
	公曆11月				1	2	3	4	5	6	7	8	9	10	11	12	13	14	15	16	17	18	19	20	21	22	23	24	25	26	27	28	29	30				
12	夏曆十月				28	29	㉜	2	3	4	5	6	7	8	9	10	11	12	13	14	15	16	17	18	19	20	21	22	23	24	25	26	27	28				
	回曆11月				26	27	28	29	1	2	3	4	5	6	7	8	9	10	11	12	13	14	15	16	17	18	19	20	21	22	23	24	25	26				
	公曆12月						1	2	3	4	5	6	7	8	9	10	11	12	13	14	15	16	17	18	19	20	21	22	23	24	25	26	27	28	29	30	31	
13	夏曆十一月						29	30	②	2	3	4	5	6	7	8	9	10	11	12	13	14	15	16	17	18	19	20	21	22	23	24	25	26	27	28	29	
	回曆12月						27	28	29	30	1	2	3	4	5	6	7	8	9	10	11	12	13	14	15	16	17	18	19	20	21	22	23	24	25	26	27	

大事記

正月，敕有司定王公士庶每戶稅錢分上中下三等。　二月，以好畤、麟游、普潤三縣隸神策軍。楊子琳殺涪州守捉使，入夔州，殺別駕；命為峽州團練使。　五月，册僕固懷恩女為崇徽公主，妻回紇可汗。　九月，吐蕃擾靈州，又攻鳴沙，旋敗走。　十二月，敕京兆府稅分兩等，上等稅畝一斗，下等稅畝六升，墾荒者稅畝二升。

唐紀年

朝代或國名	國家支配者	建都	廟號	謚號	建元	年號年次	輔政者	備注
唐	⑩李豫	長安	代宗	武	3	3大曆5年		
渤海	③大欽茂	龍泉府		文王	2	1大興33年		在東北
南詔	⑤蒙閣邏鳳	太和城		神武王	3	3長壽2年		在雲南
吐蕃	⑤挲悉龍臘贊	邏些				16年		
回紇	③登里可汗					11年		

月曆表

5483—354—2002685

月干支序數	月序／星期	日	1	2	3	4	5	6	日	1	2	3	4	5	6	日	1	2	3	4	5	6	日	1	2	3	4	5	6	日	1	2	3	4	5	6	日	1
	公曆1月		1	2	3	4	5	6	7	8	9	10	11	12	13	14	15	16	17	18	19	20	21	22	23	24	25	26	27	28	29	30	31					
14	夏曆十二月		30	㉜	2	3	4	5	6	7	8	9	10	11	12	13	14	15	16	17	18	19	20	21	22	23	24	25	26	27	28	29	30					
153年	回曆1月		28	29	30	①	2	3	4	5	6	7	8	9	10	11	12	13	14	15	16	17	18	19	20	21	22	23	24	25	26	27	28					
	公曆2月					1	2	3	4	5	6	7	8	9	10	11	12	13	14	15	16	17	18	19	20	21	22	23	24	25	26	27	28					
15	夏曆正月					②	2	3	4	5	6	7	8	9	10	11	12	13	14	15	16	17	18	19	20	21	22	23	24	25	26	27	28					
	回曆2月					29	30	1	2	3	4	5	6	7	8	9	10	11	12	13	14	15	16	17	18	19	20	21	22	23	24	25	26					
	公曆3月					1	2	3	4	5	6	7	8	9	10	11	12	13	14	15	16	17	18	19	20	21	22	23	24	25	26	27	28	29	30	31		
16	夏曆二月					29	㉛	2	3	4	5	6	7	8	9	10	11	12	13	14	15	16	17	18	19	20	21	22	23	24	25	26	27	28	29	30		
	回曆3月					27	28	29	1	2	3	4	5	6	7	8	9	10	11	12	13	14	15	16	17	18	19	20	21	22	23	24	25	26	27	28		
	公曆4月	1	2	3	4	5	6	7	8	9	10	11	12	13	14	15	16	17	18	19	20	21	22	23	24	25	26	27	28	29	30							
17 18	夏曆三四月	①	2	3	4	5	6	7	8	9	10	11	12	13	14	15	16	17	18	19	20	21	22	23	24	25	26	27	28	29	㉚							
	回曆4月	29	30	1	2	3	4	5	6	7	8	9	10	11	12	13	14	15	16	17	18	19	20	21	22	23	24	25	26	27	28							
	公曆5月			1	2	3	4	5	6	7	8	9	10	11	12	13	14	15	16	17	18	19	20	21	22	23	24	25	26	27	28	29	30	31				
19	夏曆五月			2	3	4	5	6	7	8	9	10	11	12	13	14	15	16	17	18	19	20	21	22	23	24	25	26	27	28	29	30	(60)	2				
	回曆5月			29	1	2	3	4	5	6	7	8	9	10	11	12	13	14	15	16	17	18	19	20	21	22	23	24	25	26	27	28	29	30				
	公曆6月						1	2	3	4	5	6	7	8	9	10	11	12	13	14	15	16	17	18	19	20	21	22	23	24	25	26	27	28	29	30		
20	夏曆六月						3	4	5	6	7	8	9	10	11	12	13	14	15	16	17	18	19	20	21	22	23	24	25	26	27	28	29	㉙	2	3		
	回曆6、7月						1	2	3	4	5	6	7	8	9	10	11	12	13	14	15	16	17	18	19	20	21	22	23	24	25	26	27	28	29	1		
	公曆7月	1	2	3	4	5	6	7	8	9	10	11	12	13	14	15	16	17	18	19	20	21	22	23	24	25	26	27	28	29	30	31						
21	夏曆七月	4	5	6	7	8	9	10	11	12	13	14	15	16	17	18	19	20	21	22	23	24	25	26	27	28	29	(58)	2	3	4	5						
	回曆8月	2	3	4	5	6	7	8	9	10	11	12	13	14	15	16	17	18	19	20	21	22	23	24	25	26	27	28	29	30	1	2						
	公曆8月				1	2	3	4	5	6	7	8	9	10	11	12	13	14	15	16	17	18	19	20	21	22	23	24	25	26	27	28	29	30	31			
22	夏曆八月				6	7	8	9	10	11	12	13	14	15	16	17	18	19	20	21	22	23	24	25	26	27	28	29	30	㉘	2	3	4	5	6			
	回曆9月				3	4	5	6	7	8	9	10	11	12	13	14	15	16	17	18	19	20	21	22	23	24	25	26	27	28	29	1	2	3	4			
	公曆9月							1	2	3	4	5	6	7	8	9	10	11	12	13	14	15	16	17	18	19	20	21	22	23	24	25	26	27	28	29	30	
23	夏曆九月							7	8	9	10	11	12	13	14	15	16	17	18	19	20	21	22	23	24	25	26	27	28	29	(57)	2	3	4	5	6	7	
	回曆10月							5	6	7	8	9	10	11	12	13	14	15	16	17	18	19	20	21	22	23	24	25	26	27	28	29	30	1	2	3	4	
	公曆10月		1	2	3	4	5	6	7	8	9	10	11	12	13	14	15	16	17	18	19	20	21	22	23	24	25	26	27	28	29	30	31					
24	夏曆十月		8	9	10	11	12	13	14	15	16	17	18	19	20	21	22	23	24	25	26	27	28	29	㉖	2	3	4	5	6	7	8	9					
	回曆11月		5	6	7	8	9	10	11	12	13	14	15	16	17	18	19	20	21	22	23	24	25	26	27	28	29	1	2	3	4	5	6					
	公曆11月					1	2	3	4	5	6	7	8	9	10	11	12	13	14	15	16	17	18	19	20	21	22	23	24	25	26	27	28	29	30			
25	夏曆十一月					10	11	12	13	14	15	16	17	18	19	20	21	22	23	24	25	26	27	28	29	30	(56)	2	3	4	5	6	7	8	9			
	回曆12月					7	8	9	10	11	12	13	14	15	16	17	18	19	20	21	22	23	24	25	26	27	28	29	30	1	2	3	4	5	6			

續表

月干支序數	月序 \ 星期	日	1	2	3	4	5	6	日	1	2	3	4	5	6	日	1	2	3	4	5	6	日	1	2	3	4	5	6	日	1	2	3	4	5	6	日	1
	公曆12月							1	2	3	4	5	6	7	8	9	10	11	12	13	14	15	16	17	18	19	20	21	22	23	24	25	26	27	28	29	30	31
26	夏曆十二月							10	11	12	13	14	15	16	17	18	19	20	21	22	23	24	25	26	27	28	29	30	㉖	2	3	4	5	6	7	8	9	10
154年	回曆1月							7	8	9	10	11	12	13	14	15	16	17	18	19	20	21	22	23	24	25	26	27	28	29	①	2	3	4	5	6	7	8

大事記

正月，羌首領白對蓬等來降。　二月，誅魚朝恩。　三月，罷度支轉運、常平、鹽鐵等使，委宰相領其事。大詩人杜甫卒(712—770)。　四月，湖南兵馬使臧玠殺觀察使。　五月，令併地頭錢於青苗錢，畝三十五文。　九月，吐蕃擾永壽。　是歲，詔諸州置田。倭國高僧晁衡(阿倍仲麻呂)逝於長安(701—770)。造金閣寺，費錢巨億。

唐紀年

干支辛亥　公元771年

朝代或國名	國家支配者	建都	廟號	謚號	建元	年號年次	輔政者	備注
唐	⑩李豫	長安	代宗	武	3	3大曆6年		
渤海	③大欽茂	龍泉府		文王	2	1大興34年		在東北
南詔	⑤蒙閣邏鳳	太和城		神武王	3	3長壽3年		在雲南
吐蕃	⑤挲悉籠臘贊	邏些				17年		
回紇	③登里可汗					12年		

月曆表

5484－384－2003069

月干支序數	月序 \ 星期	日	1	2	3	4	5	6	日	1	2	3	4	5	6	日	1	2	3	4	5	6	日	1	2	3	4	5	6	日	1	2	3	4	5	6	日	1
	公曆1月			1	2	3	4	5	6	7	8	9	10	11	12	13	14	15	16	17	18	19	20	21	22	23	24	25	26	27	28	29	30	31				
27	夏曆正月			11	12	13	14	15	16	17	18	19	20	21	22	23	24	25	26	27	28	29	30	(56)	2	3	4	5	6	7	8	9	10	11				
	回曆2月			9	10	11	12	13	14	15	16	17	18	19	20	21	22	23	24	25	26	27	28	29	30	1	2	3	4	5	6	7	8	9				
	公曆2月						1	2	3	4	5	6	7	8	9	10	11	12	13	14	15	16	17	18	19	20	21	22	23	24	25	26	27	28				
28	夏曆二月						12	13	14	15	16	17	18	19	20	21	22	23	24	25	26	27	28	29	㉕	2	3	4	5	6	7	8	9	10				
	回曆3月						10	11	12	13	14	15	16	17	18	19	20	21	22	23	24	25	26	27	28	29	1	2	3	4	5	6	7	8				
	公曆3月						1	2	3	4	5	6	7	8	9	10	11	12	13	14	15	16	17	18	19	20	21	22	23	24	25	26	27	28	29	30	31	
29	夏曆三月						11	12	13	14	15	16	17	18	19	20	21	22	23	24	25	26	27	28	29	30	(55)	2	3	4	5	6	7	8	9	10	11	
	回曆4月						9	10	11	12	13	14	15	16	17	18	19	20	21	22	23	24	25	26	27	28	29	30	1	2	3	4	5	6	7	8	9	
	公曆4月		1	2	3	4	5	6	7	8	9	10	11	12	13	14	15	16	17	18	19	20	21	22	23	24	25	26	27	28	29	30						
	夏曆閏三月		12	13	14	15	16	17	18	19	20	21	22	23	24	25	26	27	28	29	30	㉕	2	3	4	5	6	7	8	9	10	11						
	回曆5月		10	11	12	13	14	15	16	17	18	19	20	21	22	23	24	25	26	27	28	29	1	2	3	4	5	6	7	8	9	10						
	公曆5月				1	2	3	4	5	6	7	8	9	10	11	12	13	14	15	16	17	18	19	20	21	22	23	24	25	26	27	28	29	30	31			
30	夏曆四月				12	13	14	15	16	17	18	19	20	21	22	23	24	25	26	27	28	29	(54)	2	3	4	5	6	7	8	9	10	11	12	13			
	回曆6月				11	12	13	14	15	16	17	18	19	20	21	22	23	24	25	26	27	28	29	30	1	2	3	4	5	6	7	8	9	10	11			
	公曆6月							1	2	3	4	5	6	7	8	9	10	11	12	13	14	15	16	17	18	19	20	21	22	23	24	25	26	27	28	29	30	
31	夏曆五月							14	15	16	17	18	19	20	21	22	23	24	25	26	27	28	29	㉓	2	3	4	5	6	7	8	9	10	11	12	13	14	
	回曆7月							12	13	14	15	16	17	18	19	20	21	22	23	24	25	26	27	28	29	1	2	3	4	5	6	7	8	9	10	11	12	

續表

月 干支 序數	星期 / 月序	日	1	2	3	4	5	6	日	1	2	3	4	5	6	日	1	2	3	4	5	6	日	1	2	3	4	5	6	日	1	2	3	4	5	6	日	1
	公曆7月		1	2	3	4	5	6	7	8	9	10	11	12	13	14	15	16	17	18	19	20	21	22	23	24	25	26	27	28	29	30	31					
32	夏曆六月		15	16	17	18	19	20	21	22	23	24	25	26	27	28	29	30	(53)	2	3	4	5	6	7	8	9	10	11	12	13	14	15					
	回曆8月		13	14	15	16	17	18	19	20	21	22	23	24	25	26	27	28	29	30	1	2	3	4	5	6	7	8	9	10	11	12	13					
	公曆8月					1	2	3	4	5	6	7	8	9	10	11	12	13	14	15	16	17	18	19	20	21	22	23	24	25	26	27	28	29	30	31		
33	夏曆七月					16	17	18	19	20	21	22	23	24	25	26	27	28	29	㉒	2	3	4	5	6	7	8	9	10	11	12	13	14	15	16	17		
	回曆9月					14	15	16	17	18	19	20	21	22	23	24	25	26	27	28	29	1	2	3	4	5	6	7	8	9	10	11	12	13	14	15		
	公曆9月	1	2	3	4	5	6	7	8	9	10	11	12	13	14	15	16	17	18	19	20	21	22	23	24	25	26	27	28	29	30							
34	夏曆八月	18	19	20	21	22	23	24	25	26	27	28	29	(51)	2	3	4	5	6	7	8	9	10	11	12	13	14	15	16	17	18							
	回曆10月	16	17	18	19	20	21	22	23	24	25	26	27	28	29	30	1	2	3	4	5	6	7	8	9	10	11	12	13	14	15							
	公曆10月			1	2	3	4	5	6	7	8	9	10	11	12	13	14	15	16	17	18	19	20	21	22	23	24	25	26	27	28	29	30	31				
35	夏曆九月			19	20	21	22	23	24	25	26	27	28	29	30	㉑	2	3	4	5	6	7	8	9	10	11	12	13	14	15	16	17	18	19				
	回曆11月			16	17	18	19	20	21	22	23	24	25	26	27	28	29	1	2	3	4	5	6	7	8	9	10	11	12	13	14	15	16	17				
	公曆11月						1	2	3	4	5	6	7	8	9	10	11	12	13	14	15	16	17	18	19	20	21	22	23	24	25	26	27	28	29	30		
36	夏曆十月						20	21	22	23	24	25	26	27	28	29	㊿	2	3	4	5	6	7	8	9	10	11	12	13	14	15	16	17	18	19	20		
	回曆12月						18	19	20	21	22	23	24	25	26	27	28	29	30	1	2	3	4	5	6	7	8	9	10	11	12	13	14	15	16	17		
	公曆12月	1	2	3	4	5	6	7	8	9	10	11	12	13	14	15	16	17	18	19	20	21	22	23	24	25	26	27	28	29	30	31						
37	夏曆十一月	21	22	23	24	25	26	27	28	29	30	⑳	2	3	4	5	6	7	8	9	10	11	12	13	14	15	16	17	18	19	20	21						
155年閏	回曆1月	18	19	20	21	22	23	24	25	26	27	28	29	①	2	3	4	5	6	7	8	9	10	11	12	13	14	15	16	17	18	19						

大事記

三月，嶺南蠻首領梁崇牽自稱平南十道大都統，據容州，結西原蠻張侯、夏永等攻陷城邑；容管經略使王　翃等破之。番禺馮崇道及桂州將朱濟時皆起事，陷十餘州；王翃等擊斬之。　　四月，吐蕃請和，遣使答之。

是歲，春旱，米斛至萬錢。回紇請於荆、楊、洪、越等州興建"大雲光明寺"。

唐紀年

干支壬子　公元 772 年

朝代或國名	國家支配者	建都	廟號	謚號	建元	年號年次	輔政者	備注
唐	⑩李　豫	長安	代宗	武	3	3 大曆 7 年		
渤海	③大欽茂	龍泉府		文王	2	1 大興 35 年		在東北
南詔	⑤蒙閣邏鳳	太和城		神武王	3	3 長壽 4 年		在雲南
吐蕃	⑤挲悉龍臘贊	邏些				18 年		
回紇	③登里可汗					13 年		

月曆表

5485—354—2003423

月 干支 序數	星期 / 月序	日	1	2	3	4	5	6	日	1	2	3	4	5	6	日	1	2	3	4	5	6	日	1	2	3	4	5	6	日	1	2	3	4	5	6	日	1
	公曆1月				1	2	3	4	5	6	7	8	9	10	11	12	13	14	15	16	17	18	19	20	21	22	23	24	25	26	27	28	29	30	31			
38	夏曆十二月				22	23	24	25	26	27	28	29	30	㊿	2	3	4	5	6	7	8	9	10	11	12	13	14	15	16	17	18	19	20	21	22			
	回曆2月				20	21	22	23	24	25	26	27	28	29	30	1	2	3	4	5	6	7	8	9	10	11	12	13	14	15	16	17	18	19	20			
	公曆2月							1	2	3	4	5	6	7	8	9	10	11	12	13	14	15	16	17	18	19	20	21	22	23	24	25	26	27	28	29		

續表

月干支序數	星期 月序	日	1	2	3	4	5	6	日	1	2	3	4	5	6	日	1	2	3	4	5	6	日	1	2	3	4	5	6	日	1	2	3	4	5	6	日	1
39	夏曆正月							23	24	25	26	27	28	29	30	⑳	2	3	4	5	6	7	8	9	10	11	12	13	14	15	16	17	18	19	20	21		
	回曆3月							21	22	23	24	25	26	27	28	29	1	2	3	4	5	6	7	8	9	10	11	12	13	14	15	16	17	18	19	20		
	公曆3月	1	2	3	4	5	6	7	8	9	10	11	12	13	14	15	16	17	18	19	20	21	22	23	24	25	26	27	28	29	30	31						
40	夏曆二月	22	23	24	25	26	27	28	29	㊾	2	3	4	5	6	7	8	9	10	11	12	13	14	15	16	17	18	19	20	21	22	23						
	回曆4月	21	22	23	24	25	26	27	28	29	30	1	2	3	4	5	6	7	8	9	10	11	12	13	14	15	16	17	18	19	20	21						
	公曆4月				1	2	3	4	5	6	7	8	9	10	11	12	13	14	15	16	17	18	19	20	21	22	23	24	25	26	27	28	29	30				
41	夏曆三月				24	25	26	27	28	29	30	⑲	2	3	4	5	6	7	8	9	10	11	12	13	14	15	16	17	18	19	20	21	22	23				
	回曆5月				22	23	24	25	26	27	28	29	1	2	3	4	5	6	7	8	9	10	11	12	13	14	15	16	17	18	19	20	21	22				
	公曆5月						1	2	3	4	5	6	7	8	9	10	11	12	13	14	15	16	17	18	19	20	21	22	23	24	25	26	27	28	29	30	31	
42	夏曆四月						24	25	26	27	28	29	㊽	2	3	4	5	6	7	8	9	10	11	12	13	14	15	16	17	18	19	20	21	22	23	24	25	
	回曆6月						23	24	25	26	27	28	29	30	1	2	3	4	5	6	7	8	9	10	11	12	13	14	15	16	17	18	19	20	21	22	23	
	公曆6月		1	2	3	4	5	6	7	8	9	10	11	12	13	14	15	16	17	18	19	20	21	22	23	24	25	26	27	28	29	30						
43	夏曆五月		26	27	28	29	30	⑱	2	3	4	5	6	7	8	9	10	11	12	13	14	15	16	17	18	19	20	21	22	23	24	25						
	回曆7月		24	25	26	27	28	29	1	2	3	4	5	6	7	8	9	10	11	12	13	14	15	16	17	18	19	20	21	22	23	24						
	公曆7月				1	2	3	4	5	6	7	8	9	10	11	12	13	14	15	16	17	18	19	20	21	22	23	24	25	26	27	28	29	30	31			
44	夏曆六月				26	27	28	29	㊼	2	3	4	5	6	7	8	9	10	11	12	13	14	15	16	17	18	19	20	21	22	23	24	25	26	27			
	回曆8月				25	26	27	28	29	30	1	2	3	4	5	6	7	8	9	10	11	12	13	14	15	16	17	18	19	20	21	22	23	24	25			
	公曆8月							1	2	3	4	5	6	7	8	9	10	11	12	13	14	15	16	17	18	19	20	21	22	23	24	25	26	27	28	29	30	31
45	夏曆七月							28	29	30	⑰	2	3	4	5	6	7	8	9	10	11	12	13	14	15	16	17	18	19	20	21	22	23	24	25	26	27	28
	回曆9月							26	27	28	29	1	2	3	4	5	6	7	8	9	10	11	12	13	14	15	16	17	18	19	20	21	22	23	24	25	26	27
	公曆9月			1	2	3	4	5	6	7	8	9	10	11	12	13	14	15	16	17	18	19	20	21	22	23	24	25	26	27	28	29	30					
46	夏曆八月			29	㊻	2	3	4	5	6	7	8	9	10	11	12	13	14	15	16	17	18	19	20	21	22	23	24	25	26	27	28	29					
	回曆10月			28	29	30	1	2	3	4	5	6	7	8	9	10	11	12	13	14	15	16	17	18	19	20	21	22	23	24	25	26	27					
	公曆10月					1	2	3	4	5	6	7	8	9	10	11	12	13	14	15	16	17	18	19	20	21	22	23	24	25	26	27	28	29	30	31		
47 48	夏曆九月 十					30	⑯	2	3	4	5	6	7	8	9	10	11	12	13	14	15	16	17	18	19	20	21	22	23	24	25	26	27	28	29	㊺		
	回曆11月					28	29	1	2	3	4	5	6	7	8	9	10	11	12	13	14	15	16	17	18	19	20	21	22	23	24	25	26	27	28	29		
	公曆11月	1	2	3	4	5	6	7	8	9	10	11	12	13	14	15	16	17	18	19	20	21	22	23	24	25	26	27	28	29	30							
49	夏曆十一月	2	3	4	5	6	7	8	9	10	11	12	13	14	15	16	17	18	19	20	21	22	23	24	25	26	27	28	29	⑭	2							
	回曆12月	30	1	2	3	4	5	6	7	8	9	10	11	12	13	14	15	16	17	18	19	20	21	22	23	24	25	26	27	28	29							
	公曆12月			1	2	3	4	5	6	7	8	9	10	11	12	13	14	15	16	17	18	19	20	21	22	23	24	25	26	27	28	29	30	31				
50	夏曆十二月			3	4	5	6	7	8	9	10	11	12	13	14	15	16	17	18	19	20	21	22	23	24	25	26	27	28	29	30	㊹	2	3				
156年	回曆1月			30	①	2	3	4	5	6	7	8	9	10	11	12	13	14	15	16	17	18	19	20	21	22	23	24	25	26	27	28	29	30				

大事記

正月，回紇使者擅出鴻臚寺掠人子女，所司禁之，被毆；又以二百騎犯金光、朱雀門，諭止之。　七月，又逐長安令，奪其馬。　十月，盧龍節度使朱希彩為部下所殺，擁經略副使朱泚為留後，即命泚為節度使。　十二月，置永平軍於滑州。

是年，詩人白居易誕生(772—846)。元次山卒(719—772)。禁天下鑄銅器。回紇、吐蕃、大食、渤海、室韋、靺鞨、契丹、奚、牂牁、康國、石國等遣使朝貢。

唐 紀 年

干支癸丑　公元 773 年

朝代或國名	國家支配者	建　都	廟　號	謚　號	建　元	年號年次	輔政者	備　注
唐	⑩李　豫	長　安	代宗	武	3	3 大曆 8 年		
渤　海	③大欽茂	龍泉府		文　王	2	1 大興 36 年		在東北
南　詔	⑤蒙閣邏鳳	太和城		神武王	3	3 長壽 5 年		在雲南
吐　蕃	⑤挲悉籠臘贊	邏　些				19 年		
回　紇	③登里可汗					14 年		

月 曆 表

5486－383－2003806

月干支序數	星期／月序	日	1	2	3	4	5	6	日	1	2	3	4	5	6	日	1	2	3	4	5	6	日	1	2	3	4	5	6	日	1	2	3	4	5	6	日	1
	公曆 1 月						1	2	3	4	5	6	7	8	9	10	11	12	13	14	15	16	17	18	19	20	21	22	23	24	25	26	27	28	29	30	31	
51	夏曆正月						4	5	6	7	8	9	10	11	12	13	14	15	16	17	18	19	20	21	22	23	24	25	26	27	28	29	30	⑭	2	3	4	
	回曆 2、3 月						1	2	3	4	5	6	7	8	9	10	11	12	13	14	15	16	17	18	19	20	21	22	23	24	25	26	27	28	29	1	2	
	公曆 2 月		1	2	3	4	5	6	7	8	9	10	11	12	13	14	15	16	17	18	19	20	21	22	23	24	25	26	27	28								
52	夏曆二月		5	6	7	8	9	10	11	12	13	14	15	16	17	18	19	20	21	22	23	24	25	26	27	28	29	㊸	3	4								
	回曆 3 月		3	4	5	6	7	8	9	10	11	12	13	14	15	16	17	18	19	20	21	22	23	24	25	26	27	28	29	30								
	公曆 3 月		1	2	3	4	5	6	7	8	9	10	11	12	13	14	15	16	17	18	19	20	21	22	23	24	25	26	27	28	29	30	31					
53	夏曆三月		4	5	6	7	8	9	10	11	12	13	14	15	16	17	18	19	20	21	22	23	24	25	26	27	28	29	30	⑬	2	3	4					
	回曆 4、5 月		1	2	3	4	5	6	7	8	9	10	11	12	13	14	15	16	17	18	19	20	21	22	23	24	25	26	27	28	29	1	2					
	公曆 4 月					1	2	3	4	5	6	7	8	9	10	11	12	13	14	15	16	17	18	19	20	21	22	23	24	25	26	27	28	29	30			
54	夏曆四月					5	6	7	8	9	10	11	12	13	14	15	16	17	18	19	20	21	22	23	24	25	26	27	28	29	30	㊸	2	3	4			
	回曆 6 月					3	4	5	6	7	8	9	10	11	12	13	14	15	16	17	18	19	20	21	22	23	24	25	26	27	28	29	30	1	2			
	公曆 5 月							1	2	3	4	5	6	7	8	9	10	11	12	13	14	15	16	17	18	19	20	21	22	23	24	25	26	27	28	29	30	31
55	夏曆五月							5	6	7	8	9	10	11	12	13	14	15	16	17	18	19	20	21	22	23	24	25	26	27	28	29	⑫	2	3	4	5	6
	回曆 7 月							3	4	5	6	7	8	9	10	11	12	13	14	15	16	17	18	19	20	21	22	23	24	25	26	27	28	29	1	2	3	4
	公曆 6 月			1	2	3	4	5	6	7	8	9	10	11	12	13	14	15	16	17	18	19	20	21	22	23	24	25	26	27	28	29	30					
56	夏曆六月			7	8	9	10	11	12	13	14	15	16	17	18	19	20	21	22	23	24	25	26	27	28	29	30	㊷	2	3	4	5	6					
	回曆 8 月			5	6	7	8	9	10	11	12	13	14	15	16	17	18	19	20	21	22	23	24	25	26	27	28	29	30	1	2	3	4					
	公曆 7 月					1	2	3	4	5	6	7	8	9	10	11	12	13	14	15	16	17	18	19	20	21	22	23	24	25	26	27	28	29	30	31		
57	夏曆七月					7	8	9	10	11	12	13	14	15	16	17	18	19	20	21	22	23	24	25	26	27	28	29	⑪	2	3	4	5	6	7	8		
	回曆 9 月					5	6	7	8	9	10	11	12	13	14	15	16	17	18	19	20	21	22	23	24	25	26	27	28	29	1	2	3	4	5	6		
	公曆 8 月	1	2	3	4	5	6	7	8	9	10	11	12	13	14	15	16	17	18	19	20	21	22	23	24	25	26	27	28	29	30	31						
58	夏曆八月	9	10	11	12	13	14	15	16	17	18	19	20	21	22	23	24	25	26	27	28	29	30	㊶	2	3	4	5	6	7	8	9						
	回曆 10 月	7	8	9	10	11	12	13	14	15	16	17	18	19	20	21	22	23	24	25	26	27	28	29	30	1	2	3	4	5	6	7						
	公曆 9 月				1	2	3	4	5	6	7	8	9	10	11	12	13	14	15	16	17	18	19	20	21	22	23	24	25	26	27	28	29	30				
59	夏曆九月				10	11	12	13	14	15	16	17	18	19	20	21	22	23	24	25	26	27	28	29	⑩	2	3	4	5	6	7	8	9	10				
	回曆 11 月				8	9	10	11	12	13	14	15	16	17	18	19	20	21	22	23	24	25	26	27	28	29	1	2	3	4	5	6	7	8				
	公曆 10 月						1	2	3	4	5	6	7	8	9	10	11	12	13	14	15	16	17	18	19	20	21	22	23	24	25	26	27	28	29	30	31	
60	夏曆十月						11	12	13	14	15	16	17	18	19	20	21	22	23	24	25	26	27	28	29	30	㊵	2	3	4	5	6	7	8	9	10	11	
	回曆 12 月						9	10	11	12	13	14	15	16	17	18	19	20	21	22	23	24	25	26	27	28	29	30	1	2	3	4	5	6	7	8	9	
	公曆 11 月		1	2	3	4	5	6	7	8	9	10	11	12	13	14	15	16	17	18	19	20	21	22	23	24	25	26	27	28	29	30						
1	夏曆十一月		12	13	14	15	16	17	18	19	20	21	22	23	24	25	26	27	28	29	⑨	2	3	4	5	6	7	8	9	10	11	12						
157 年閏	回曆 1 月		10	11	12	13	14	15	16	17	18	19	20	21	22	23	24	25	26	27	28	29	①	2	3	4	5	6	7	8	9	10						

續表

月 干支 序數	月序＼星期	日	1	2	3	4	5	6	日	1	2	3	4	5	6	日	1	2	3	4	5	6	日	1	2	3	4	5	6	日	1	2	3	4	5	6	日	1
	公曆12月				1	2	3	4	5	6	7	8	9	10	11	12	13	14	15	16	17	18	19	20	21	22	23	24	25	26	27	28	29	30	31			
	夏曆閏十一月				13	14	15	16	17	18	19	20	21	22	23	24	25	26	27	28	29	30	㊴	2	3	4	5	6	7	8	9	10	11	12	13			
	回曆2月				11	12	13	14	15	16	17	18	19	20	21	22	23	24	25	26	27	28	29	30	1	2	3	4	5	6	7	8	9	10	11			

大事記

正月，敕青苗錢地頭錢每畝十五文。昭義節度使薛嵩死，以其弟崿知留後。　　二月，永平節度使令狐彰死，遺命令其子歸東都，請朝命遣代。　　七月，回紇使者歸，載賜遺及互市馬價縑千餘車。　　八月，回紇遣使以馬萬匹求互市，吐蕃擾靈武，踐禾稼而去。　　九月，循州刺史哥舒晃反，殺嶺南節度使呂崇賁；遣兵討之。　　十月，魏博節度使田承嗣求為相；加同平章事。吐蕃以十萬衆擾邠、涇，郭子儀遣朔方兵馬使渾瑊擊之，初大敗於宜祿，涇原節度使馬璘亦敗於鹽倉；瑊、璘復分別擊敗之。

唐紀年

干支甲寅　公元774年

朝代或國名	國家支配者	建都	廟號	謚號	建元	年號年次	輔政者	備注
唐	⑩李豫	長安	代宗	武	3	3大曆9年		
渤海	③大欽茂	龍泉府		文王	2	2寶曆元年		《貞惠公主墓碑》云是年改元《日本逸史》云無此年號
南詔	⑤蒙閣邏鳳	太和城		神武王	3	3長壽6年		在雲南
吐蕃	⑤挲悉籠臘贊	邏些				20年		
回紇	③登里可汗					15年		

月曆表

5487—355—2004161

月 干支 序數	月序＼星期	日	1	2	3	4	5	6	日	1	2	3	4	5	6	日	1	2	3	4	5	6	日	1	2	3	4	5	6	日	1	2	3	4	5	6	日	1
	公曆1月							1	2	3	4	5	6	7	8	9	10	11	12	13	14	15	16	17	18	19	20	21	22	23	24	25	26	27	28	29	30	31
2	夏曆十二月							14	15	16	17	18	19	20	21	22	23	24	25	26	27	28	29	⑧	2	3	4	5	6	7	8	9	10	11	12	13	14	15
	回曆3月							12	13	14	15	16	17	18	19	20	21	22	23	24	25	26	27	28	29	1	2	3	4	5	6	7	8	9	10	11	12	13
	公曆2月			1	2	3	4	5	6	7	8	9	10	11	12	13	14	15	16	17	18	19	20	21	22	23	24	25	26	27	28							
3	夏曆正月			16	17	18	19	20	21	22	23	24	25	26	27	28	29	㊲	2	3	4	5	6	7	8	9	10	11	12	13	14							
	回曆4月			14	15	16	17	18	19	20	21	22	23	24	25	26	27	28	29	30	1	2	3	4	5	6	7	8	9	10	11							
	公曆3月			1	2	3	4	5	6	7	8	9	10	11	12	13	14	15	16	17	18	19	20	21	22	23	24	25	26	27	28	29	30	31				
4	夏曆二月			15	16	17	18	19	20	21	22	23	24	25	26	27	28	29	30	⑦	2	3	4	5	6	7	8	9	10	11	12	13	14	15				
	回曆5月			12	13	14	15	16	17	18	19	20	21	22	23	24	25	26	27	28	29	1	2	3	4	5	6	7	8	9	10	11	12	13				
	公曆4月						1	2	3	4	5	6	7	8	9	10	11	12	13	14	15	16	17	18	19	20	21	22	23	24	25	26	27	28	29	30		
5	夏曆三月						16	17	18	19	20	21	22	23	24	25	26	27	28	29	30	㊲	2	3	4	5	6	7	8	9	10	11	12	13	14	15		
	回曆6月						14	15	16	17	18	19	20	21	22	23	24	25	26	27	28	29	30	1	2	3	4	5	6	7	8	9	10	11	12	13		
	公曆5月	1	2	3	4	5	6	7	8	9	10	11	12	13	14	15	16	17	18	19	20	21	22	23	24	25	26	27	28	29	30	31						
6	夏曆四月	16	17	18	19	20	21	22	23	24	25	26	27	28	29	⑥	2	3	4	5	6	7	8	9	10	11	12	13	14	15	16	17						
	回曆7月	14	15	16	17	18	19	20	21	22	23	24	25	26	27	28	29	1	2	3	4	5	6	7	8	9	10	11	12	13	14	15						

續表

月干支序數	月序＼星期	日	1	2	3	4	5	6	日	1	2	3	4	5	6	日	1	2	3	4	5	6	日	1	2	3	4	5	6	日	1	2	3	4	5	6	日	1
	公曆 6 月				1	2	3	4	5	6	7	8	9	10	11	12	13	14	15	16	17	18	19	20	21	22	23	24	25	26	27	28	29	30				
7	夏曆五月				18	19	20	21	22	23	24	25	26	27	28	29	30	㊱	2	3	4	5	6	7	8	9	10	11	12	13	14	15	16	17				
	回曆 8 月				16	17	18	19	20	21	22	23	24	25	26	27	28	29	30	1	2	3	4	5	6	7	8	9	10	11	12	13	14	15				
	公曆 7 月						1	2	3	4	5	6	7	8	9	10	11	12	13	14	15	16	17	18	19	20	21	22	23	24	25	26	27	28	29	30	31	
8	夏曆六月						18	19	20	21	22	23	24	25	26	27	28	29	30	⑥	2	3	4	5	6	7	8	9	10	11	12	13	14	15	16	17	18	
	回曆 9 月						16	17	18	19	20	21	22	23	24	25	26	27	28	29	1	2	3	4	5	6	7	8	9	10	11	12	13	14	15	16	17	
	公曆 8 月		1	2	3	4	5	6	7	8	9	10	11	12	13	14	15	16	17	18	19	20	21	22	23	24	25	26	27	28	29	30	31					
9	夏曆七月		19	20	21	22	23	24	25	26	27	28	29	㉟	2	3	4	5	6	7	8	9	10	11	12	13	14	15	16	17	18	19	20					
	回曆 10 月		18	19	20	21	22	23	24	25	26	27	28	29	30	1	2	3	4	5	6	7	8	9	10	11	12	13	14	15	16	17	18					
	公曆 9 月					1	2	3	4	5	6	7	8	9	10	11	12	13	14	15	16	17	18	19	20	21	22	23	24	25	26	27	28	29	30			
10	夏曆八月					21	22	23	24	25	26	27	28	29	30	⑤	2	3	4	5	6	7	8	9	10	11	12	13	14	15	16	17	18	19	20			
	回曆 11 月					19	20	21	22	23	24	25	26	27	28	29	1	2	3	4	5	6	7	8	9	10	11	12	13	14	15	16	17	18	19			
	公曆 10 月							1	2	3	4	5	6	7	8	9	10	11	12	13	14	15	16	17	18	19	20	21	22	23	24	25	26	27	28	29	30	31
11	夏曆九月							21	22	23	24	25	26	27	28	29	㉞	2	3	4	5	6	7	8	9	10	11	12	13	14	15	16	17	18	19	20	21	22
	回曆 12 月							20	21	22	23	24	25	26	27	28	29	30	1	2	3	4	5	6	7	8	9	10	11	12	13	14	15	16	17	18	19	20
	公曆 11 月			1	2	3	4	5	6	7	8	9	10	11	12	13	14	15	16	17	18	19	20	21	22	23	24	25	26	27	28	29	30					
12	夏曆十月			23	24	25	26	27	28	29	30	④	2	3	4	5	6	7	8	9	10	11	12	13	14	15	16	17	18	19	20	21	22					
158 年	回曆 1 月			21	22	23	24	25	26	27	28	29	30	①	2	3	4	5	6	7	8	9	10	11	12	13	14	15	16	17	18	19	20					
	公曆 12 月					1	2	3	4	5	6	7	8	9	10	11	12	13	14	15	16	17	18	19	20	21	22	23	24	25	26	27	28	29	30	31		
13	夏曆十一月					23	24	25	26	27	28	29	㉝	2	3	4	5	6	7	8	9	10	11	12	13	14	15	16	17	18	19	20	21	22	23	24		
	回曆 2 月					21	22	23	24	25	26	27	28	29	30	1	2	3	4	5	6	7	8	9	10	11	12	13	14	15	16	17	18	19	20	21		

大事記

正月，汴宋節度使田神功死，以其弟神玉知留後。　二月，徐州軍亂，逐刺史。詔度支使支七十萬貫，轉運使五十五萬貫和糴。盧龍節度使入朝。　五月，胡僧不空死，贈司空、肅國公，予謚。　九月，回紇於長安白晝殺人，有司擒之，釋而不問。　十月，魏博節度使田承嗣誘昭義將吏反。

唐紀年

干支乙卯　公元 775 年

朝代或國名	國家支配者	建都	廟號	謚號	建元	年號年次	輔政者	備注
唐	⑩李豫	長安	代宗	武	3	3 大曆 10 年		
渤海	③大欽茂	龍泉府		文王	2	2 寶曆 2 年		在東北
南詔	⑤蒙閣邏鳳	太和城		神武王	3	3 長壽 7 年		在雲南
吐蕃	⑤挲悉籠臘贊	邏些				21 年		
回紇	③登里可汗					16 年		

月曆表

5488—355—2004516

月干支序數	月序＼星期	日	1	2	3	4	5	6	日	1	2	3	4	5	6	日	1	2	3	4	5	6	日	1	2	3	4	5	6	日	1	2	3	4	5	6	日	1
	公曆 1 月	1	2	3	4	5	6	7	8	9	10	11	12	13	14	15	16	17	18	19	20	21	22	23	24	25	26	27	28	29	30	31						
14	夏曆十二月	25	26	27	28	29	30	③	2	3	4	5	6	7	8	9	10	11	12	13	14	15	16	17	18	19	20	21	22	23	24	25						

續表

月干支序數	月序＼星期	日	1	2	3	4	5	6	日	1	2	3	4	5	6	日	1	2	3	4	5	6	日	1	2	3	4	5	6	日	1	2	3	4	5	6	日	1
	回暦3月	22	23	24	25	26	27	28	29	1	2	3	4	5	6	7	8	9	10	11	12	13	14	15	16	17	18	19	20	21	22	23						
	公暦2月				1	2	3	4	5	6	7	8	9	10	11	12	13	14	15	16	17	18	19	20	21	22	23	24	25	26	27	28						
15	夏暦正月				26	27	28	29	㉜	2	3	4	5	6	7	8	9	10	11	12	13	14	15	16	17	18	19	20	21	22	23	24						
	回暦4月				24	25	26	27	28	29	30	1	2	3	4	5	6	7	8	9	10	11	12	13	14	15	16	17	18	19	20	21						
	公暦3月				1	2	3	4	5	6	7	8	9	10	11	12	13	14	15	16	17	18	19	20	21	22	23	24	25	26	27	28	29	30	31			
16	夏暦二月				25	26	27	28	29	30	②	2	3	4	5	6	7	8	9	10	11	12	13	14	15	16	17	18	19	20	21	22	23	24	25			
	回暦5月				22	23	24	25	26	27	28	29	1	2	3	4	5	6	7	8	9	10	11	12	13	14	15	16	17	18	19	20	21	22	23			
	公暦4月							1	2	3	4	5	6	7	8	9	10	11	12	13	14	15	16	17	18	19	20	21	22	23	24	25	26	27	28	29	30	
17	夏暦三月							26	27	28	29	㉛	2	3	4	5	6	7	8	9	10	11	12	13	14	15	16	17	18	19	20	21	22	23	24	25	26	
	回暦6月							24	25	26	27	28	29	30	1	2	3	4	5	6	7	8	9	10	11	12	13	14	15	16	17	18	19	20	21	22	23	
	公暦5月		1	2	3	4	5	6	7	8	9	10	11	12	13	14	15	16	17	18	19	20	21	22	23	24	25	26	27	28	29	30	31					
18	夏暦四月		27	28	29	(60)	2	3	4	5	6	7	8	9	10	11	12	13	14	15	16	17	18	19	20	21	22	23	24	25	26	27	28					
	回暦7月		24	25	26	27	28	29	1	2	3	4	5	6	7	8	9	10	11	12	13	14	15	16	17	18	19	20	21	22	23	24	25					
	公暦6月					1	2	3	4	5	6	7	8	9	10	11	12	13	14	15	16	17	18	19	20	21	22	23	24	25	26	27	28	29	30			
19	夏暦五月					29	30	㉚	2	3	4	5	6	7	8	9	10	11	12	13	14	15	16	17	18	19	20	21	22	23	24	25	26	27	28			
	回暦8月					26	27	28	29	30	1	2	3	4	5	6	7	8	9	10	11	12	13	14	15	16	17	18	19	20	21	22	23	24	25			
	公暦7月							1	2	3	4	5	6	7	8	9	10	11	12	13	14	15	16	17	18	19	20	21	22	23	24	25	26	27	28	29	30	31
20	夏暦六月							29	30	(60)	2	3	4	5	6	7	8	9	10	11	12	13	14	15	16	17	18	19	20	21	22	23	24	25	26	27	28	29
	回暦9月							26	27	28	29	1	2	3	4	5	6	7	8	9	10	11	12	13	14	15	16	17	18	19	20	21	22	23	24	25	26	27
	公暦8月			1	2	3	4	5	6	7	8	9	10	11	12	13	14	15	16	17	18	19	20	21	22	23	24	25	26	27	28	29	30	31				
21 22	夏暦七 八月			㉙	2	3	4	5	6	7	8	9	10	11	12	13	14	15	16	17	18	19	20	21	22	23	24	25	26	27	28	29	30	(59)				
	回暦10月			28	29	30	1	2	3	4	5	6	7	8	9	10	11	12	13	14	15	16	17	18	19	20	21	22	23	24	25	26	27	28				
	公暦9月						1	2	3	4	5	6	7	8	9	10	11	12	13	14	15	16	17	18	19	20	21	22	23	24	25	26	27	28	29	30		
23	夏暦九月						2	3	4	5	6	7	8	9	10	11	12	13	14	15	16	17	18	19	20	21	22	23	24	25	26	27	28	29	30	㉙		
	回暦11月						29	1	2	3	4	5	6	7	8	9	10	11	12	13	14	15	16	17	18	19	20	21	22	23	24	25	26	27	28	29		
	公暦10月	1	2	3	4	5	6	7	8	9	10	11	12	13	14	15	16	17	18	19	20	21	22	23	24	25	26	27	28	29	30	31						
24	夏暦十月	2	3	4	5	6	7	8	9	10	11	12	13	14	15	16	17	18	19	20	21	22	23	24	25	26	27	28	29	(58)	2	3						
159年	回暦12,1月	30	1	2	3	4	5	6	7	8	9	10	11	12	13	14	15	16	17	18	19	20	21	22	23	24	25	26	27	28	29	①						
	公暦11月				1	2	3	4	5	6	7	8	9	10	11	12	13	14	15	16	17	18	19	20	21	22	23	24	25	26	27	28	29	30				
25	夏暦十一月				4	5	6	7	8	9	10	11	12	13	14	15	16	17	18	19	20	21	22	23	24	25	26	27	28	29	30	㉘	2	3				
	回暦2月				2	3	4	5	6	7	8	9	10	11	12	13	14	15	16	17	18	19	20	21	22	23	24	25	26	27	28	29	30	1				
	公暦12月						1	2	3	4	5	6	7	8	9	10	11	12	13	14	15	16	17	18	19	20	21	22	23	24	25	26	27	28	29	30	31	
26	夏暦十二月						4	5	6	7	8	9	10	11	12	13	14	15	16	17	18	19	20	21	22	23	24	25	26	27	28	29	(57)	2	3	4	5	
	回暦3月						2	3	4	5	6	7	8	9	10	11	12	13	14	15	16	17	18	19	20	21	22	23	24	25	26	27	28	29	1	2	3	

大事記

正月，田承嗣陷相州，發兵攻洺、衛二州。盧龍節度使朱泚請留長安，以其弟滔知盧龍留後，西川破吐蕃於西山。二月，河陽三城軍亂，逐其使常休明，擁兵馬使王惟恭為帥，大掠數日。　三月，陜州兵亂，逐兵馬使趙令珍，大掠庫物。　四月，命成德等八道兵討田承嗣，混戰百餘日。　八月，承嗣表請束身歸朝。　九月，回紇白晝殺人於長安，有司繫之獄，其首領入獄劫去，釋不問。吐蕃擾臨涇、隴州，大掠而去；又擾涇州，敗於百里城。　十月，成德軍節度使李寶臣與盧龍軍留後朱滔共攻滄州。　十一月，嶺南節度使路嗣恭擊斬哥舒晃，嶺南平。　十二月，回紇擾夏州，敗走。

唐紀年

干支丙辰　公元 776 年

朝代或國名	國家支配者	建　都	廟　號	謚　號	建　元	年號年次	輔政者	備　注
唐	⑩李　豫	長　安	代宗	武	3	3 大曆 11 年		
渤　海	③大欽茂	龍泉府		文　王	2	2 寶曆 3 年		東北
南　詔	⑤蒙閣邏鳳	太和城		神武王	3	3 長壽 8 年		在雲南
吐　蕃	⑤娑悉籠臘贊	邏　些				22 年		
回　紇	③登里可汗					17 年		

月曆表

5489—384—2004900

月干支序數	星期／月序	日	1	2	3	4	5	6	日	1	2	3	4	5	6	日	1	2	3	4	5	6	日	1	2	3	4	5	6	日	1	2	3	4	5	6	日	1
	公曆 1 月		1	2	3	4	5	6	7	8	9	10	11	12	13	14	15	16	17	18	19	20	21	22	23	24	25	26	27	28	29	30	31					
27	夏曆正月		6	7	8	9	10	11	12	13	14	15	16	17	18	19	20	21	22	23	24	25	26	27	28	29	30	㉗	2	3	4	5	6					
	回曆 4 月		4	5	6	7	8	9	10	11	12	13	14	15	16	17	18	19	20	21	22	23	24	25	26	27	28	29	30	1	2	3	4					
	公曆 2 月					1	2	3	4	5	6	7	8	9	10	11	12	13	14	15	16	17	18	19	20	21	22	23	24	25	26	27	28	29				
28	夏曆二月					7	8	9	10	11	12	13	14	15	16	17	18	19	20	21	22	23	24	25	26	27	28	29	(56)	2	3	4	5	6				
	回曆 5 月					5	6	7	8	9	10	11	12	13	14	15	16	17	18	19	20	21	22	23	24	25	26	27	28	29	1	2	3	4				
	公曆 3 月						1	2	3	4	5	6	7	8	9	10	11	12	13	14	15	16	17	18	19	20	21	22	23	24	25	26	27	28	29	30	31	
29	夏曆三月						7	8	9	10	11	12	13	14	15	16	17	18	19	20	21	22	23	24	25	26	27	28	29	㉕	2	3	4	5	6	7	8	
	回曆 6 月						5	6	7	8	9	10	11	12	13	14	15	16	17	18	19	20	21	22	23	24	25	26	27	28	29	30	1	2	3	4	5	
	公曆 4 月		1	2	3	4	5	6	7	8	9	10	11	12	13	14	15	16	17	18	19	20	21	22	23	24	25	26	27	28	29	30						
30	夏曆四月		9	10	11	12	13	14	15	16	17	18	19	20	21	22	23	24	25	26	27	28	29	30	(55)	2	3	4	5	6	7	8						
	回曆 7 月		6	7	8	9	10	11	12	13	14	15	16	17	18	19	20	21	22	23	24	25	26	27	28	29	1	2	3	4	5	6						
	公曆 5 月				1	2	3	4	5	6	7	8	9	10	11	12	13	14	15	16	17	18	19	20	21	22	23	24	25	26	27	28	29	30	31			
31	夏曆五月				9	10	11	12	13	14	15	16	17	18	19	20	21	22	23	24	25	26	27	28	29	㉔	2	3	4	5	6	7	8	9	10			
	回曆 8 月				7	8	9	10	11	12	13	14	15	16	17	18	19	20	21	22	23	24	25	26	27	28	29	30	1	2	3	4	5	6	7			
	公曆 6 月							1	2	3	4	5	6	7	8	9	10	11	12	13	14	15	16	17	18	19	20	21	22	23	24	25	26	27	28	29	30	
32	夏曆六月							11	12	13	14	15	16	17	18	19	20	21	22	23	24	25	26	27	28	29	30	(54)	2	3	4	5	6	7	8	9	10	
	回曆 9 月							8	9	10	11	12	13	14	15	16	17	18	19	20	21	22	23	24	25	26	27	28	29	1	2	3	4	5	6	7	8	
	公曆 7 月		1	2	3	4	5	6	7	8	9	10	11	12	13	14	15	16	17	18	19	20	21	22	23	24	25	26	27	28	29	30	31					
33	夏曆七月		11	12	13	14	15	16	17	18	19	20	21	22	23	24	25	26	27	28	29	㉓	2	3	4	5	6	7	8	9	10	11	12					
	回曆 10 月		9	10	11	12	13	14	15	16	17	18	19	20	21	22	23	24	25	26	27	28	29	30	1	2	3	4	5	6	7	8	9					
	公曆 8 月					1	2	3	4	5	6	7	8	9	10	11	12	13	14	15	16	17	18	19	20	21	22	23	24	25	26	27	28	29	30	31		
34	夏曆八月					13	14	15	16	17	18	19	20	21	22	23	24	25	26	27	28	29	30	(53)	2	3	4	5	6	7	8	9	10	11	12	13		
	回曆 11 月					10	11	12	13	14	15	16	17	18	19	20	21	22	23	24	25	26	27	28	29	1	2	3	4	5	6	7	8	9	10	11		
	公曆 9 月	1	2	3	4	5	6	7	8	9	10	11	12	13	14	15	16	17	18	19	20	21	22	23	24	25	26	27	28	29	30							
	夏曆閏八月	14	15	16	17	18	19	20	21	22	23	24	25	26	27	28	29	30	㉓	2	3	4	5	6	7	8	9	10	11	12	13							
	回曆 12 月	12	13	14	15	16	17	18	19	20	21	22	23	24	25	26	27	28	29	30	1	2	3	4	5	6	7	8	9	10	11							
	公曆 10 月			1	2	3	4	5	6	7	8	9	10	11	12	13	14	15	16	17	18	19	20	21	22	23	24	25	26	27	28	29	30	31				
35	夏曆九月			14	15	16	17	18	19	20	21	22	23	24	25	26	27	28	29	(52)	2	3	4	5	6	7	8	9	10	11	12	13	14	15				
160 年	回曆 1 月			12	13	14	15	16	17	18	19	20	21	22	23	24	25	26	27	28	29	①	2	3	4	5	6	7	8	9	10	11	12	13				
	公曆 11 月						1	2	3	4	5	6	7	8	9	10	11	12	13	14	15	16	17	18	19	20	21	22	23	24	25	26	27	28	29	30		
36	夏曆十月						16	17	18	19	20	21	22	23	24	25	26	27	28	29	30	㉒	2	3	4	5	6	7	8	9	10	11	12	13	14	15		
	回曆 2 月						14	15	16	17	18	19	20	21	22	23	24	25	26	27	28	29	30	1	2	3	4	5	6	7	8	9	10	11	12	13		
	公曆 12 月	1	2	3	4	5	6	7	8	9	10	11	12	13	14	15	16	17	18	19	20	21	22	23	24	25	26	27	28	29	30	31						

續表

月干支序數	月序 \ 星期	日	1	2	3	4	5	6	日	1	2	3	4	5	6	日	1	2	3	4	5	6	日	1	2	3	4	5	6	日	1	2	3	4	5	6	日	1
37	夏曆十一月	16	17	18	19	20	21	22	23	24	25	26	27	28	29	30	(52)	2	3	4	5	6	7	8	9	10	11	12	13	14	15	16						
	回曆3月	14	15	16	17	18	19	20	21	22	23	24	25	26	27	28	29	1	2	3	4	5	6	7	8	9	10	11	12	13	14	15						

大事記

正月，西川破吐蕃及突厥、吐谷渾、氐、羌二十萬。　二月，赦田承嗣。增朔方兵備回紇。田承嗣上表入朝，詔許之，復其官爵。　三月，河陽軍亂，逐監軍，冉庭蘭出城大掠三日。　五月，汴宋留後田神玉死，都虞侯李靈曜作亂；詔以靈曜為濮州刺史，不受，乃以留後。　七月，田承嗣援滑州。吐蕃援石門，入長澤州。　八月，發五道兵討李靈曜，靈曜屢敗。十月，田承嗣救之，敗還。靈曜走韋城，被擒，死。　十二月，昭義節度使李承昭病亟，以澤潞行軍司馬兼知留後。

唐紀年

干支丁巳　公元777年

朝代或國名	國家支配者	建都	廟號	謚號	建元	年號年次	輔政者	備注
唐	⑩李豫	長安	代宗	武	3	3大曆12年	楊綰等	
渤海	③大欽茂	龍泉府		文王	2	2寶曆4年		在東北
南詔	⑤蒙閣邏鳳	太和城		神武王	3	3長壽9年		在雲南
吐蕃	⑤娑悉籠臘贊	邏些				23年		
回紇	③登里可汗					18年		

月曆表

5490—354—2005254

月干支序數	月序 \ 星期	日	1	2	3	4	5	6	日	1	2	3	4	5	6	日	1	2	3	4	5	6	日	1	2	3	4	5	6	日	1	2	3	4	5	6	日	1
	公曆1月				1	2	3	4	5	6	7	8	9	10	11	12	13	14	15	16	17	18	19	20	21	22	23	24	25	26	27	28	29	30	31			
38	夏曆十二月				17	18	19	20	21	22	23	24	25	26	27	28	29	㉑	2	3	4	5	6	7	8	9	10	11	12	13	14	15	16	17	18			
	回曆4月				16	17	18	19	20	21	22	23	24	25	26	27	28	29	30	1	2	3	4	5	6	7	8	9	10	11	12	13	14	15	16			
	公曆2月							1	2	3	4	5	6	7	8	9	10	11	12	13	14	15	16	17	18	19	20	21	22	23	24	25	26	27	28			
39	夏曆正月							19	20	21	22	23	24	25	26	27	28	29	30	(51)	2	3	4	5	6	7	8	9	10	11	12	13	14	15	16			
	回曆5月							17	18	19	20	21	22	23	24	25	26	27	28	29	1	2	3	4	5	6	7	8	9	10	11	12	13	14	15			
	公曆3月							1	2	3	4	5	6	7	8	9	10	11	12	13	14	15	16	17	18	19	20	21	22	23	24	25	26	27	28	29	30	31
40	夏曆二月							17	18	19	20	21	22	23	24	25	26	27	28	29	⑳	2	3	4	5	6	7	8	9	10	11	12	13	14	15	16	17	18
	回曆6月							16	17	18	19	20	21	22	23	24	25	26	27	28	29	30	1	2	3	4	5	6	7	8	9	10	11	12	13	14	15	16
	公曆4月			1	2	3	4	5	6	7	8	9	10	11	12	13	14	15	16	17	18	19	20	21	22	23	24	25	26	27	28	29	30					
41	夏曆三月			19	20	21	22	23	24	25	26	27	28	29	30	㊿	2	3	4	5	6	7	8	9	10	11	12	13	14	15	16	17	18					
	回曆7月			17	18	19	20	21	22	23	24	25	26	27	28	29	1	2	3	4	5	6	7	8	9	10	11	12	13	14	15	16	17					
	公曆5月					1	2	3	4	5	6	7	8	9	10	11	12	13	14	15	16	17	18	19	20	21	22	23	24	25	26	27	28	29	30	31		
42	夏曆四月					19	20	21	22	23	24	25	26	27	28	29	⑲	2	3	4	5	6	7	8	9	10	11	12	13	14	15	16	17	18	19	20		
	回曆8月					18	19	20	21	22	23	24	25	26	27	28	29	30	1	2	3	4	5	6	7	8	9	10	11	12	13	14	15	16	17	18		
	公曆6月	1	2	3	4	5	6	7	8	9	10	11	12	13	14	15	16	17	18	19	20	21	22	23	24	25	26	27	28	29	30							
43	夏曆五月	21	22	23	24	25	26	27	28	29	㊽	2	3	4	5	6	7	8	9	10	11	12	13	14	15	16	17	18	19	20	21							
	回曆9月	19	20	21	22	23	24	25	26	27	28	29	1	2	3	4	5	6	7	8	9	10	11	12	13	14	15	16	17	18	19							
	公曆7月			1	2	3	4	5	6	7	8	9	10	11	12	13	14	15	16	17	18	19	20	21	22	23	24	25	26	27	28	29	30	31				

續表

月干支序數	星期／月序	日	1	2	3	4	5	6	日	1	2	3	4	5	6	日	1	2	3	4	5	6	日	1	2	3	4	5	6	日	1	2	3	4	5	6	日	1
44	夏曆六月			22	23	24	25	26	27	28	29	30	⑱	2	3	4	5	6	7	8	9	10	11	12	13	14	15	16	17	18	19	20	21	22				
	回曆 10 月			20	21	22	23	24	25	26	27	28	29	30	1	2	3	4	5	6	7	8	9	10	11	12	13	14	15	16	17	18	19	20				
	公曆 8 月						1	2	3	4	5	6	7	8	9	10	11	12	13	14	15	16	17	18	19	20	21	22	23	24	25	26	27	28	29	30	31	
45	夏曆七月						23	24	25	26	27	28	29	㊼	2	3	4	5	6	7	8	9	10	11	12	13	14	15	16	17	18	19	20	21	22	23	24	
	回曆 11 月						21	22	23	24	25	26	27	28	29	1	2	3	4	5	6	7	8	9	10	11	12	13	14	15	16	17	18	19	20	21	22	
	公曆 9 月		1	2	3	4	5	6	7	8	9	10	11	12	13	14	15	16	17	18	19	20	21	22	23	24	25	26	27	28	29	30						
46	夏曆八月		25	26	27	28	29	30	⑰	2	3	4	5	6	7	8	9	10	11	12	13	14	15	16	17	18	19	20	21	22	23	24						
	回曆 12 月		23	24	25	26	27	28	29	30	1	2	3	4	5	6	7	8	9	10	11	12	13	14	15	16	17	18	19	20	21	22						
	公曆 10 月				1	2	3	4	5	6	7	8	9	10	11	12	13	14	15	16	17	18	19	20	21	22	23	24	25	26	27	28	29	30	31			
47	夏曆九月				25	26	27	28	29	㊻	2	3	4	5	6	7	8	9	10	11	12	13	14	15	16	17	18	19	20	21	22	23	24	25	26			
161 年	回曆 1 月				23	24	25	26	27	28	29	30	①	2	3	4	5	6	7	8	9	10	11	12	13	14	15	16	17	18	19	20	21	22	23			
	公曆 11 月							1	2	3	4	5	6	7	8	9	10	11	12	13	14	15	16	17	18	19	20	21	22	23	24	25	26	27	28	29	30	
48	夏曆十月							27	28	29	30	⑯	2	3	4	5	6	7	8	9	10	11	12	13	14	15	16	17	18	19	20	21	22	23	24	25	26	
	回曆 2 月							24	25	26	27	28	29	30	1	2	3	4	5	6	7	8	9	10	11	12	13	14	15	16	17	18	19	20	21	22	23	
	公曆 12 月		1	2	3	4	5	6	7	8	9	10	11	12	13	14	15	16	17	18	19	20	21	22	23	24	25	26	27	28	29	30	31					
49	夏曆十一月		27	28	29	30	㊻	2	3	4	5	6	7	8	9	10	11	12	13	14	15	16	17	18	19	20	21	22	23	24	25	26	27					
	回曆 3 月		24	25	26	27	28	29	1	2	3	4	5	6	7	8	9	10	11	12	13	14	15	16	17	18	19	20	21	22	23	24	25					

大事記

三月，鳳翔、懷澤潞、秦隴節度使李抱玉死，以其弟李抱真領懷澤潞留後。以田承嗣反復，命討之；田承嗣復謝罪，乃止。宰相元載貪横，賜自盡，妻子皆死。　四月，吐蕃擾黎、雅二州，西川兵破之。詔加京官俸，歲約十五萬六千餘緡。　五月，除都團練使外悉罷諸州團練守捉使；又定諸州兵數，召募者曰"官健"，差點者曰"團結"。重定節度使至主薄、縣尉俸祿。六月，元載黨卓英倩杖死，其弟卓英璘據險作亂，發禁兵及金州兵平之。　九月，吐蕃破方渠，擾坊州。　十月，西川兵破吐蕃於望漢城。吐蕃擾鹽州、夏州、長武，郭子儀擊禦之。　十一月，山南西道兵破吐蕃於岷州。　十二月，西川兵破吐蕃兵十餘萬。

唐紀年

干支戊午　公元 778 年

朝代或國名	國家支配者	建都	廟號	謚號	建元	年號年次	輔政者	備注
唐	⑩李豫	長安	代宗	武	3	3 大曆 13 年		
渤海	③大欽茂	龍泉府		文王	2	2 寶曆 5 年		在東北
南詔	⑤蒙閣邏鳳	太和城		神武王	3	3 長壽 10 年		在雲南
吐蕃	⑤挲悉籠臘贊	邏些				24 年		
回紇	③登里可汗					19 年		

月曆表

5491—354—2005608

月干支序數	星期／月序	日	1	2	3	4	5	6	日	1	2	3	4	5	6	日	1	2	3	4	5	6	日	1	2	3	4	5	6	日	1	2	3	4	5	6	日	1
	公曆 1 月					1	2	3	4	5	6	7	8	9	10	11	12	13	14	15	16	17	18	19	20	21	22	23	24	25	26	27	28	29	30	31		
50	夏曆十二月					28	29	30	⑯	2	3	4	5	6	7	8	9	10	11	12	13	14	15	16	17	18	19	20	21	22	23	24	25	26	27	28		

續表

月干支序數	星期 月序	日	1	2	3	4	5	6	日	1	2	3	4	5	6	日	1	2	3	4	5	6	日	1	2	3	4	5	6	日	1	2	3	4	5	6	日	1
	回曆4月					26	27	28	29	30	1	2	3	4	5	6	7	8	9	10	11	12	13	14	15	16	17	18	19	20	21	22	23	24	25	26		
	公曆2月	1	2	3	4	5	6	7	8	9	10	11	12	13	14	15	16	17	18	19	20	21	22	23	24	25	26	27	28									
51	夏曆正月	29	㊺	2	3	4	5	6	7	8	9	10	11	12	13	14	15	16	17	18	19	20	21	22	23	24	25	26	27									
	回曆5月	27	28	29	1	2	3	4	5	6	7	8	9	10	11	12	13	14	15	16	17	18	19	20	21	22	23	24	25									
	公曆3月	1	2	3	4	5	6	7	8	9	10	11	12	13	14	15	16	17	18	19	20	21	22	23	24	25	26	27	28	29	30	31						
52	夏曆二月	28	29	30	⑮	2	3	4	5	6	7	8	9	10	11	12	13	14	15	16	17	18	19	20	21	22	23	24	25	26	27	28						
	回曆6月	26	27	28	29	30	1	2	3	4	5	6	7	8	9	10	11	12	13	14	15	16	17	18	19	20	21	22	23	24	25	26						
	公曆4月				1	2	3	4	5	6	7	8	9	10	11	12	13	14	15	16	17	18	19	20	21	22	23	24	25	26	27	28	29	30				
53	夏曆三月				29	㊹	2	3	4	5	6	7	8	9	10	11	12	13	14	15	16	17	18	19	20	21	22	23	24	25	26	27	28	29				
	回曆7月				27	28	29	1	2	3	4	5	6	7	8	9	10	11	12	13	14	15	16	17	18	19	20	21	22	23	24	25	26	27				
	公曆5月						1	2	3	4	5	6	7	8	9	10	11	12	13	14	15	16	17	18	19	20	21	22	23	24	25	26	27	28	29	30	31	
54 55	夏曆四五月						30	⑭	2	3	4	5	6	7	8	9	10	11	12	13	14	15	16	17	18	19	20	21	22	23	24	25	26	27	28	29	㊸	
	回曆8月						28	29	30	1	2	3	4	5	6	7	8	9	10	11	12	13	14	15	16	17	18	19	20	21	22	23	24	25	26	27	28	
	公曆6月		1	2	3	4	5	6	7	8	9	10	11	12	13	14	15	16	17	18	19	20	21	22	23	24	25	26	27	28	29	30						
56	夏曆六月		2	3	4	5	6	7	8	9	10	11	12	13	14	15	16	17	18	19	20	21	22	23	24	25	26	27	28	29	⑫	2						
	回曆9月		29	1	2	3	4	5	6	7	8	9	10	11	12	13	14	15	16	17	18	19	20	21	22	23	24	25	26	27	28	29						
	公曆7月				1	2	3	4	5	6	7	8	9	10	11	12	13	14	15	16	17	18	19	20	21	22	23	24	25	26	27	28	29	30	31			
57	夏曆七月				3	4	5	6	7	8	9	10	11	12	13	14	15	16	17	18	19	20	21	22	23	24	25	26	27	28	29	30	㊷	2	3			
	回曆10、11月				30	1	2	3	4	5	6	7	8	9	10	11	12	13	14	15	16	17	18	19	20	21	22	23	24	25	26	27	28	29	1			
	公曆8月							1	2	3	4	5	6	7	8	9	10	11	12	13	14	15	16	17	18	19	20	21	22	23	24	25	26	27	28	29	30	31
58	夏曆八月							4	5	6	7	8	9	10	11	12	13	14	15	16	17	18	19	20	21	22	23	24	25	26	27	28	29	⑪	2	3	4	5
	回曆12月							2	3	4	5	6	7	8	9	10	11	12	13	14	15	16	17	18	19	20	21	22	23	24	25	26	27	28	29	30	1	2
	公曆9月			1	2	3	4	5	6	7	8	9	10	11	12	13	14	15	16	17	18	19	20	21	22	23	24	25	26	27	28	29	30					
59	夏曆九月			6	7	8	9	10	11	12	13	14	15	16	17	18	19	20	21	22	23	24	25	26	27	28	29	30	㊶	2	3	4	5					
162年	回曆1月			3	4	5	6	7	8	9	10	11	12	13	14	15	16	17	18	19	20	21	22	23	24	25	26	27	28	29	①	2	3					
	公曆10月					1	2	3	4	5	6	7	8	9	10	11	12	13	14	15	16	17	18	19	20	21	22	23	24	25	26	27	28	29	30	31		
60	夏曆十月					6	7	8	9	10	11	12	13	14	15	16	17	18	19	20	21	22	23	24	25	26	27	28	29	⑩	2	3	4	5	6	7		
	回曆2月					4	5	6	7	8	9	10	11	12	13	14	15	16	17	18	19	20	21	22	23	24	25	26	27	28	29	30	1	2	3	4		
	公曆11月	1	2	3	4	5	6	7	8	9	10	11	12	13	14	15	16	17	18	19	20	21	22	23	24	25	26	27	28	29	30							
1	夏曆十一月	8	9	10	11	12	13	14	15	16	17	18	19	20	21	22	23	24	25	26	27	28	29	30	㊵	2	3	4	5	6	7							
	回曆3月	5	6	7	8	9	10	11	12	13	14	15	16	17	18	19	20	21	22	23	24	25	26	27	28	29	1	2	3	4	5							
	公曆12月			1	2	3	4	5	6	7	8	9	10	11	12	13	14	15	16	17	18	19	20	21	22	23	24	25	26	27	28	29	30	31				
2	夏曆十二月			8	9	10	11	12	13	14	15	16	17	18	19	20	21	22	23	24	25	26	27	28	29	30	⑩	2	3	4	5	6	7	8				
	回曆4月			6	7	8	9	10	11	12	13	14	15	16	17	18	19	20	21	21	22	23	24	25	26	27	28	29	30	1	2	3	4	5				

大事記

正月，回紇擾太原，節度兵迎擊，大敗，死萬餘人，回紇大掠。　二月，代州兵破回紇兵。吐蕃擾靈州，毀三渠水口以弊屯田。　四月，吐蕃復來擾，朔方兵擊，卻之。　七月，又擾鹽、慶二州，復為朔方兵所敗。　八月，又擾銀、麟二州，掠黨項，又為朔方兵逐走。　九月，又逼涇州，郭子儀等共破之。　是歲，財賦所入約一千二百萬緡，鹽利居大半。

唐紀年

干支己未　公元 779 年

朝代或國名	國家支配者	建　都	廟　號	謚　號	建　元	年號年次	輔政者	備　注
唐	⑩李　豫	長　安	代宗	武	3	3 大曆 14 年	郭子儀等	五月德宗李適即位
渤　海	③大欽茂	龍泉府		文　王	2	2 寶曆 6 年		在東北
南　詔	⑤蒙閣邏鳳	太和城		神武王	3	3 長壽 11 年		异牟尋嗣位
吐　蕃	⑤挲悉龍臘贊	邏　些				25 年		
回　紇	③登里可汗					20 年		

月曆表

5492－385－2005993

月干支序數	月序＼星期	日	1	2	3	4	5	6	日	1	2	3	4	5	6	日	1	2	3	4	5	6	日	1	2	3	4	5	6	日	1	2	3	4	5	6	日	1
	公曆 1 月						1	2	3	4	5	6	7	8	9	10	11	12	13	14	15	16	17	18	19	20	21	22	23	24	25	26	27	28	29	30	31	
3	夏曆正月						9	10	11	12	13	14	15	16	17	18	19	20	21	22	23	24	25	26	27	28	29	㊴	2	3	4	5	6	7	8	9	10	
	回曆 5 月						6	7	8	9	10	11	12	13	14	15	16	17	18	19	20	21	22	23	24	25	26	27	28	29	1	2	3	4	5	6	7	
	公曆 2 月		1	2	3	4	5	6	7	8	9	10	11	12	13	14	15	16	17	18	19	20	21	22	23	24	25	26	27	28								
4	夏曆二月		11	12	13	14	15	16	17	18	19	20	21	22	23	24	25	26	27	28	29	30	⑨	2	3	4	5	6	7	8								
	回曆 6 月		8	9	10	11	12	13	14	15	16	17	18	19	20	21	22	23	24	25	26	27	28	29	30	1	2	3	4	5								
	公曆 3 月		1	2	3	4	5	6	7	8	9	10	11	12	13	14	15	16	17	18	19	20	21	22	23	24	25	26	27	28	29	30	31					
5	夏曆三月		9	10	11	12	13	14	15	16	17	18	19	20	21	22	23	24	25	26	27	28	29	30	㊴	2	3	4	5	6	7	8	9					
	回曆 7 月		6	7	8	9	10	11	12	13	14	15	16	17	18	19	20	21	22	23	24	25	26	27	28	29	1	2	3	4	5	6	7					
	公曆 4 月					1	2	3	4	5	6	7	8	9	10	11	12	13	14	15	16	17	18	19	20	21	22	23	24	25	26	27	28	29	30			
6	夏曆四月					10	11	12	13	14	15	16	17	18	19	20	21	22	23	24	25	26	27	28	29	⑧	2	3	4	5	6	7	8	9	10			
	回曆 8 月					8	9	10	11	12	13	14	15	16	17	18	19	20	21	22	23	24	25	26	27	28	29	30	1	2	3	4	5	6	7			
	公曆 5 月							1	2	3	4	5	6	7	8	9	10	11	12	13	14	15	16	17	18	19	20	21	22	23	24	25	26	27	28	29	30	31
7	夏曆五月							11	12	13	14	15	16	17	18	19	20	21	22	23	24	25	26	27	28	29	30	⑧	2	3	4	5	6	7	8	9	10	11
	回曆 9 月							9	10	11	12	13	14	15	16	17	18	19	20	21	22	23	24	25	26	27	28	29	1	2	3	4	5	6	7	8	9	10
	公曆 6 月			1	2	3	4	5	6	7	8	9	10	11	12	13	14	15	16	17	18	19	20	21	22	23	24	25	26	27	28	29	30					
	夏曆閏五月			12	13	14	15	16	17	18	19	20	21	22	23	24	25	26	27	28	29	⑦	2	3	4	5	6	7	8	9	10	11	12					
	回曆 10 月			11	12	13	14	15	16	17	18	19	20	21	22	23	24	25	26	27	28	29	30	1	2	3	4	5	6	7	8	9	10					
	公曆 7 月					1	2	3	4	5	6	7	8	9	10	11	12	13	14	15	16	17	18	19	20	21	22	23	24	25	26	27	28	29	30	31		
8	夏曆六月					13	14	15	16	17	18	19	20	21	22	23	24	25	26	27	28	29	㊱	2	3	4	5	6	7	8	9	10	11	12	13	14		
	回曆 11 月					11	12	13	14	15	16	17	18	19	20	21	22	23	24	25	26	27	28	29	1	2	3	4	5	6	7	8	9	10	11	12		
	公曆 8 月	1	2	3	4	5	6	7	8	9	10	11	12	13	14	15	16	17	18	19	20	21	22	23	24	25	26	27	28	29	30	31						
9	夏曆七月	15	16	17	18	19	20	21	22	23	24	25	26	27	28	29	⑤	2	3	4	5	6	7	8	9	10	11	12	13	14	15	16						
	回曆 12 月	13	14	15	16	17	18	19	20	21	22	23	24	25	26	27	28	29	30	1	2	3	4	5	6	7	8	9	10	11	12	13						
	公曆 9 月				1	2	3	4	5	6	7	8	9	10	11	12	13	14	15	16	17	18	19	20	21	22	23	24	25	26	27	28	29	30				
10	夏曆八月				17	18	19	20	21	22	23	24	25	26	27	28	29	30	㉟	2	3	4	5	6	7	8	9	10	11	12	13	14	15	16				
163 年	回曆 1 月				14	15	16	17	18	19	20	21	22	23	24	25	26	27	28	29	①	2	3	4	5	6	7	8	9	10	11	12	13	14				
	公曆 10 月						1	2	3	4	5	6	7	8	9	10	11	12	13	14	15	16	17	18	19	20	21	22	23	24	25	26	27	28	29	30	31	
11	夏曆九月						17	18	19	20	21	22	23	24	25	26	27	28	29	30	⑤	2	3	4	5	6	7	8	9	10	11	12	13	14	15	16	17	
	回曆 2 月						15	16	17	18	19	20	21	22	23	24	25	26	27	28	29	30	1	2	3	4	5	6	7	8	9	10	11	12	13	14	15	
	公曆 11 月		1	2	3	4	5	6	7	8	9	10	11	12	13	14	15	16	17	18	19	20	21	22	23	24	25	26	27	28	29	30						
12	夏曆十月		18	19	20	21	22	23	24	25	26	27	28	29	㉞	2	3	4	5	6	7	8	9	10	11	12	13	14	15	16	17	18						
	回曆 3 月		16	17	18	19	20	21	22	23	24	25	26	27	28	29	1	2	3	4	5	6	7	8	9	10	11	12	13	14	15	16						

續表

月干支序數	月序＼星期	日	1	2	3	4	5	6	日	1	2	3	4	5	6	日	1	2	3	4	5	6	日	1	2	3	4	5	6	日	1	2	3	4	5	6	日	1
	公暦12月				1	2	3	4	5	6	7	8	9	10	11	12	13	14	15	16	17	18	19	20	21	22	23	24	25	26	27	28	29	30	31			
13	夏暦十一月				19	20	21	22	23	24	25	26	27	28	29	30	④	2	3	4	5	6	7	8	9	10	11	12	13	14	15	16	17	18	19			
	回暦4月				17	18	19	20	21	22	23	24	25	26	27	28	29	30	1	2	3	4	5	6	7	8	9	10	11	12	13	14	15	16	17			

大事記

二月,魏博節度使田承嗣死,其侄悦為留後。　三月,淮西將李希烈等逐節度使李忠臣,希烈為留後,旋為節度使。　五月,代宗卒,太子適即位,是為德宗。罷梨園使及樂工三百餘人,留者隸太常。以郭子儀領職多,分其權,尊為尚父,以裨將李懷光、常謙光、渾瑊等為節度使。　六月,禁宦官出使求賂遺,又奪宦官王駕鶴神策軍都知兵馬使職。　七月,以回紇留京者及千,商胡倍之,多效華裝,開肆牟利,因禁回紇不得效華人服飾。罷榷酒。　八月,遣使吐蕃,歸其俘五百。　十月,南詔王閣羅鳳卒,孫異牟尋立,與吐蕃連兵擾蜀;遣李晟等率禁軍及範陽、邠、隴諸道兵往,大破之,死者八九萬。異牟尋懼,築陽苴咩城徙居之。　十二月,立宣王誦為皇太子。湖南牙將王國良以冤憤據邵州,結西原蠻四出鈔掠;遣兵撫之。

唐紀年

干支庚申　公元780年

朝代或國名	國家支配者	建都	廟號	謚號	建元	年號年次	輔政者	備注
唐	⑪李適	長安	德宗		3	1建中元年	郭子儀等	
渤海	③大欽茂	龍泉府		文王	2	2寶曆7年		在東北
南詔	⑥蒙異牟尋	陽苴咩		孝恒王	2	1見龍元年		在雲南,一作在779年
吐蕃	⑤挲悉籠臘贊	邏些				26年		
回紇	③登里可汗					21年		六月被擊殺

月曆表

5493－353－2006346

月干支序數	月序＼星期	日	1	2	3	4	5	6	日	1	2	3	4	5	6	日	1	2	3	4	5	6	日	1	2	3	4	5	6	日	1	2	3	4	5	6	日	1
	公暦1月							1	2	3	4	5	6	7	8	9	10	11	12	13	14	15	16	17	18	19	20	21	22	23	24	25	26	27	28	29	30	31
14	夏暦十二月							20	21	22	23	24	25	26	27	28	29	30	㉞	2	3	4	5	6	7	8	9	10	11	12	13	14	15	16	17	18	19	20
	回暦5月							18	19	20	21	22	23	24	25	26	27	28	29	1	2	3	4	5	6	7	8	9	10	11	12	13	14	15	16	17	18	19
	公暦2月			1	2	3	4	5	6	7	8	9	10	11	12	13	14	15	16	17	18	19	20	21	22	23	24	25	26	27	28	29						
15	夏暦正月			21	22	23	24	25	26	27	28	29	30	④	2	3	4	5	6	7	8	9	10	11	12	13	14	15	16	17	18	19						
	回暦6月			20	21	22	23	24	25	26	27	28	29	30	1	2	3	4	5	6	7	8	9	10	11	12	13	14	15	16	17	18						
	公暦3月				1	2	3	4	5	6	7	8	9	10	11	12	13	14	15	16	17	18	19	20	21	22	23	24	25	26	27	28	29	30	31			
16	夏暦二月				20	21	22	23	24	25	26	27	28	29	㉝	2	3	4	5	6	7	8	9	10	11	12	13	14	15	16	17	18	19	20	21			
	回暦7月				19	20	21	22	23	24	25	26	27	28	29	1	2	3	4	5	6	7	8	9	10	11	12	13	14	15	16	17	18	19	20			
	公暦4月							1	2	3	4	5	6	7	8	9	10	11	12	13	14	15	16	17	18	19	20	21	22	23	24	25	26	27	28	29	30	
17	夏暦三月							22	23	24	25	26	27	28	29	30	③	2	3	4	5	6	7	8	9	10	11	12	13	14	15	16	17	18	19	20	21	
	回暦8月							21	22	23	24	25	26	27	28	29	30	1	2	3	4	5	6	7	8	9	10	11	12	13	14	15	16	17	18	19	20	
	公暦5月		1	2	3	4	5	6	7	8	9	10	11	12	13	14	15	16	17	18	19	20	21	22	23	24	25	26	27	28	29	30	31					
18	夏暦四月		22	23	24	25	26	27	28	29	㉜	2	3	4	5	6	7	8	9	10	11	12	13	14	15	16	17	18	19	20	21	22	23					
	回暦9月		21	22	23	24	25	26	27	28	29	1	2	3	4	5	6	7	8	9	10	11	12	13	14	15	16	17	18	19	20	21	22					

續表

月 干支 序數	星期 月 序	日	1	2	3	4	5	6	日	1	2	3	4	5	6	日	1	2	3	4	5	6	日	1	2	3	4	5	6	日	1	2	3	4	5	6	日	1
	公曆 6 月					1	2	3	4	5	6	7	8	9	10	11	12	13	14	15	16	17	18	19	20	21	22	23	24	25	26	27	28	29	30			
19	夏曆五月					24	25	26	27	28	29	①	2	3	4	5	6	7	8	9	10	11	12	13	14	15	16	17	18	19	20	21	22	23	24			
	回曆 10 月					23	24	25	26	27	28	29	30	1	2	3	4	5	6	7	8	9	10	11	12	13	14	15	16	17	18	19	20	21	22			
	公曆 7 月							1	2	3	4	5	6	7	8	9	10	11	12	13	14	15	16	17	18	19	20	21	22	23	24	25	26	27	28	29	30	31
20	夏曆六月							25	26	27	28	29	30	㉛	2	3	4	5	6	7	8	9	10	11	12	13	14	15	16	17	18	19	20	21	22	23	24	25
	回曆 11 月							23	24	25	26	27	28	29	1	2	3	4	5	6	7	8	9	10	11	12	13	14	15	16	17	18	19	20	21	22	23	24
	公曆 8 月			1	2	3	4	5	6	7	8	9	10	11	12	13	14	15	16	17	18	19	20	21	22	23	24	25	26	27	28	29	30	31				
21	夏曆七月			26	27	28	29	(60)	2	3	4	5	6	7	8	9	10	11	12	13	14	15	16	17	18	19	20	21	22	23	24	25	26	27				
	回曆 12 月			25	26	27	28	29	30	1	2	3	4	5	6	7	8	9	10	11	12	13	14	15	16	17	18	19	20	21	22	23	24	25				
	公曆 9 月						1	2	3	4	5	6	7	8	9	10	11	12	13	14	15	16	17	18	19	20	21	22	23	24	25	26	27	28	29	30		
22	夏曆八月						28	29	㉙	2	3	4	5	6	7	8	9	10	11	12	13	14	15	16	17	18	19	20	21	22	23	24	25	26	27	28		
164 年	回曆 1 月						26	27	28	29	30	①	2	3	4	5	6	7	8	9	10	11	12	13	14	15	16	17	18	19	20	21	22	23	24	25		
	公曆 10 月	1	2	3	4	5	6	7	8	9	10	11	12	13	14	15	16	17	18	19	20	21	22	23	24	25	26	27	28	29	30	31						
23	夏曆九月	29	30	(59)	2	3	4	5	6	7	8	9	10	11	12	13	14	15	16	17	18	19	20	21	22	23	24	25	26	27	28	29						
	回曆 2 月	26	27	28	29	30	1	2	3	4	5	6	7	8	9	10	11	12	13	14	15	16	17	18	19	20	21	22	23	24	25	26						
	公曆 11 月				1	2	3	4	5	6	7	8	9	10	11	12	13	14	15	16	17	18	19	20	21	22	23	24	25	26	27	28	29	30				
24	夏曆十月				㉘	2	3	4	5	6	7	8	9	10	11	12	13	14	15	16	17	18	19	20	21	22	23	24	25	26	27	28	29	30				
	回曆 3 月				27	28	29	1	2	3	4	5	6	7	8	9	10	11	12	13	14	15	16	17	18	19	20	21	22	23	24	25	26	27				
	公曆 12 月						1	2	3	4	5	6	7	8	9	10	11	12	13	14	15	16	17	18	19	20	21	22	23	24	25	26	27	28	29	30	31	
25 26	夏曆十一月 十二月						(58)	2	3	4	5	6	7	8	9	10	11	12	13	14	15	16	17	18	19	20	21	22	23	24	25	26	27	28	29	30	㉘	
	回曆 4 月						28	29	30	1	2	3	4	5	6	7	8	9	10	11	12	13	14	15	16	17	18	19	20	21	22	23	24	25	26	27	28	

大事記

正月，用宰相楊炎議，詔廢租庸調法，作兩稅法。　二月，命黜陟使十一人分巡天下。以朱泚為涇原道節度使。倭國遣使來唐。　三月，以杜佑權為江淮轉運使。　四月，文喜據涇州求援於吐蕃，命朱泚等討之。　五月，文喜為部下所殺，事平。　六月，回紇登里可汗欲犯唐邊，其相頓莫賀達干以諫不從，殺登里，自為合骨咄祿毗伽可汗，遣使請命，册為武義成功可汗。　七月，王國良受撫，賜名惟新。前宰相劉晏(715—780)理財有盛名，為楊炎所譖，貶忠州刺史，又誣以欲反，殺之。　八月，振武留後張光晟殺回紇使者等九百餘人。　九月，置吏閱商賈錢，每緡稅二十，竹、木、茶、漆十之一，是為商稅之始。銀、銅、鐵、奴婢不得與諸蕃互市。加增鹽稅。

是歲，天下稅戶 3 085 076，籍兵 768 000 餘人，稅錢 10 898 000 餘緡，穀 2 157 000 餘斛。

唐紀年

干支辛酉　公元 781 年

朝代或國名	國家支配者	建都	廟號	謚號	建元	年號年次	輔政者	備注
唐	⑪李适	長安	德宗		3	1 建中 2 年	張鎰等	
渤海	③大欽茂	龍泉府		文王	2	2 寶曆 8 年		在東北
南詔	⑥蒙異牟尋	陽苴咩		孝恒王	2	1 見龍 2 年		也作羊苴咩
吐蕃	⑤挲悉龍臘贊	邏些				27 年		
回紇	④頓莫達干					元年		

月曆表　　5494—355—2006701

月 干支 序數	星期 月序	日	1	2	3	4	5	6	日	1	2	3	4	5	6	日	1	2	3	4	5	6	日	1	2	3	4	5	6	日	1	2	3	4	5	6	日	1
	公暦1月		1	2	3	4	5	6	7	8	9	10	11	12	13	14	15	16	17	18	19	20	21	22	23	24	25	26	27	28	29	30	31					
27	夏暦正月		2	3	4	5	6	7	8	9	10	11	12	13	14	15	16	17	18	19	20	21	22	23	24	25	26	27	28	29	(57)	2	3					
	回暦5月		29	1	2	3	4	5	6	7	8	9	10	11	12	13	14	15	16	17	18	19	20	21	22	23	24	25	26	27	28	29	30					
	公暦2月					1	2	3	4	5	6	7	8	9	10	11	12	13	14	15	16	17	18	19	20	21	22	23	24	25	26	27	28					
28	夏暦二月					4	5	6	7	8	9	10	11	12	13	14	15	16	17	18	19	20	21	22	23	24	25	26	27	28	29	30	㉗					
	回暦6月					1	2	3	4	5	6	7	8	9	10	11	12	13	14	15	16	17	18	19	20	21	22	23	24	25	26	27	28					
	公暦3月					1	2	3	4	5	6	7	8	9	10	11	12	13	14	15	16	17	18	19	20	21	22	23	24	25	26	27	28	29	30	31		
29	夏暦三月					2	3	4	5	6	7	8	9	10	11	12	13	14	15	16	17	18	19	20	21	22	23	24	25	26	27	28	29	30	(57)	2		
	回暦7月					29	1	2	3	4	5	6	7	8	9	10	11	12	13	14	15	16	17	18	19	20	21	22	23	24	25	26	27	28	29	30		
	公暦4月	1	2	3	4	5	6	7	8	9	10	11	12	13	14	15	16	17	18	19	20	21	22	23	24	25	26	27	28	29	30							
30	夏暦四月	3	4	5	6	7	8	9	10	11	12	13	14	15	16	17	18	19	20	21	22	23	24	25	26	27	28	29	㉖	2	3							
	回暦8、9月	1	2	3	4	5	6	7	8	9	10	11	12	13	14	15	16	17	18	19	20	21	22	23	24	25	26	27	28	29	1							
	公暦5月			1	2	3	4	5	6	7	8	9	10	11	12	13	14	15	16	17	18	19	20	21	22	23	24	25	26	27	28	29	30	31				
31	夏暦五月			4	5	6	7	8	9	10	11	12	13	14	15	16	17	18	19	20	21	22	23	24	25	26	27	28	29	30	(56)	2	3	4				
	回暦10月			2	3	4	5	6	7	8	9	10	11	12	13	14	15	16	17	18	19	20	21	22	23	24	25	26	27	28	29	30	1	2				
	公暦6月						1	2	3	4	5	6	7	8	9	10	11	12	13	14	15	16	17	18	19	20	21	22	23	24	25	26	27	28	29	30		
32	夏暦六月						5	6	7	8	9	10	11	12	13	14	15	16	17	18	19	20	21	22	23	24	25	26	27	28	29	㉕	2	3	4	5		
	回暦11月						3	4	5	6	7	8	9	10	11	12	13	14	15	16	17	18	19	20	21	22	23	24	25	26	27	28	29	1	2	3		
	公暦7月	1	2	3	4	5	6	7	8	9	10	11	12	13	14	15	16	17	18	19	20	21	22	23	24	25	26	27	28	29	30	31						
33	夏暦七月	6	7	8	9	10	11	12	13	14	15	16	17	18	19	20	21	22	23	24	25	26	27	28	29	30	(55)	2	3	4	5	6						
	回暦12月	4	5	6	7	8	9	10	11	12	13	14	15	16	17	18	19	20	21	22	23	24	25	26	27	28	29	30	1	2	3	4						
	公暦8月				1	2	3	4	5	6	7	8	9	10	11	12	13	14	15	16	17	18	19	20	21	22	23	24	25	26	27	28	29	30	31			
34	夏暦八月				7	8	9	10	11	12	13	14	15	16	17	18	19	20	21	22	23	24	25	26	27	28	29	㉔	2	3	4	5	6	7	8			
165年	回暦1月				5	6	7	8	9	10	11	12	13	14	15	16	17	18	19	20	21	22	23	24	25	26	27	28	29	①	2	3	4	5	6			
	公暦9月							1	2	3	4	5	6	7	8	9	10	11	12	13	14	15	16	17	18	19	20	21	22	23	24	25	26	27	28	29	30	
35	夏暦九月							9	10	11	12	13	14	15	16	17	18	19	20	21	22	23	24	25	26	27	28	29	(53)	2	3	4	5	6	7	8	9	
	回暦2月							7	8	9	10	11	12	13	14	15	16	17	18	19	20	21	22	23	24	25	26	27	28	29	30	1	2	3	4	5	6	
	公暦10月		1	2	3	4	5	6	7	8	9	10	11	12	13	14	15	16	17	18	19	20	21	22	23	24	25	26	27	28	29	30	31					
36	夏暦十月		10	11	12	13	14	15	16	17	18	19	20	21	22	23	24	25	26	27	28	29	30	㉓	2	3	4	5	6	7	8	9	10					
	回暦3月		7	8	9	10	11	12	13	14	15	16	17	18	19	20	21	22	23	24	25	26	27	28	29	1	2	3	4	5	6	7	8					
	公暦11月					1	2	3	4	5	6	7	8	9	10	11	12	13	14	15	16	17	18	19	20	21	22	23	24	25	26	27	28	29	30			
37	夏暦十一月					11	12	13	14	15	16	17	18	19	20	21	22	23	24	25	26	27	28	29	(52)	2	3	4	5	6	7	8	9	10	11			
	回暦4月					9	10	11	12	13	14	15	16	17	18	19	20	21	22	23	24	25	26	27	28	29	30	1	2	3	4	5	6	7	8			
	公暦12月							1	2	3	4	5	6	7	8	9	10	11	12	13	14	15	16	17	18	19	20	21	22	23	24	25	26	27	28	29	30	31
38	夏暦十二月							12	13	14	15	16	17	18	19	20	21	22	23	24	25	26	27	28	29	30	㉒	2	3	4	5	6	7	8	9	10	11	12
	回暦5月							9	10	11	12	13	14	15	16	17	18	19	20	21	22	23	24	25	26	27	28	29	1	2	3	4	5	6	7	8	9	10

大事記

正月，成德節度使李寶臣卒，子惟岳自為留後，請授旌節，不許。於是結四鎮潛謀勒兵為亂。　　二月，振武軍亂，殺節度使及監軍，旋定。　　三月，遣使於吐蕃。　　五月，郭子儀卒(697—)。以軍興，增商税為什一。　　六月，四鎮亂起，加李希烈為漢南、北兵馬招討使，督諸道兵討四鎮。　　七月，安西、北庭節度使李元忠及四鎮留後郭昕遣使迂道回紇中來，時為吐蕃隔絕已十餘年。封元忠、昕為郡王。河東節度使馬燧等大破田悦於臨洺。　　八月，淄青節度使李正己卒，子李納請襲，不許。梁崇義敗死，李希烈大掠襄州。　　十月，楊炎被貶崖州，尋被縊殺(727—781)。　　十一月，宣武節度使劉洽等大破李納於徐州。　　十二月，吐蕃贊普請不以臣禮見處，及以賀蘭山為界，皆許之。

唐紀年

干支壬戌　公元 782 年

朝代或國名	國家支配者	建　都	廟　號	謚　號	建　元	年號年次	輔政者	備　注
唐	⑪李　適	長　安	德宗		3	1 建中 3 年	關　播等	
渤　海	③大欽茂	龍泉府		文　王	2	2 寶曆 9 年		在東北
南　詔	⑥蒙異牟尋	陽苴咩		孝恒王	2	1 見龍 3 年		在雲南
吐　蕃	⑤挲悉龍臘贊	邏　些				28 年		
回　紇	④頓莫達干					2 年		

月曆表

5495—383—2007084

月干支序數	月序＼星期	日	1	2	3	4	5	6	日	1	2	3	4	5	6	日	1	2	3	4	5	6	日	1	2	3	4	5	6	日	1	2	3	4	5	6	日	1
	公曆 1 月			1	2	3	4	5	6	7	8	9	10	11	12	13	14	15	16	17	18	19	20	21	22	23	24	25	26	27	28	29	30	31				
39	夏曆正月			13	14	15	16	17	18	19	20	21	22	23	24	25	26	27	28	29	30	(52)	2	3	4	5	6	7	8	9	10	11	12	13				
	回曆 6 月			11	12	13	14	15	16	17	18	19	20	21	22	23	24	25	26	27	28	29	30	1	2	3	4	5	6	7	8	9	10	11				
	公曆 2 月						1	2	3	4	5	6	7	8	9	10	11	12	13	14	15	16	17	18	19	20	21	22	23	24	25	26	27	28				
	夏曆閏正月						14	15	16	17	18	19	20	21	22	23	24	25	26	27	28	29	㉑	2	3	4	5	6	7	8	9	10	11	12				
	回曆 7 月						12	13	14	15	16	17	18	19	20	21	22	23	24	25	26	27	28	29	1	2	3	4	5	6	7	8	9	10				
	公曆 3 月						1	2	3	4	5	6	7	8	9	10	11	12	13	14	15	16	17	18	19	20	21	22	23	24	25	26	27	28	29	30	31	
40	夏曆二月						13	14	15	16	17	18	19	20	21	22	23	24	25	26	27	28	29	30	(51)	2	3	4	5	6	7	8	9	10	11	12	13	
	回曆 8 月						11	12	13	14	15	16	17	18	19	20	21	22	23	24	25	26	27	28	29	30	1	2	3	4	5	6	7	8	9	10	11	
	公曆 4 月		1	2	3	4	5	6	7	8	9	10	11	12	13	14	15	16	17	18	19	20	21	22	23	24	25	26	27	28	29	30						
41	夏曆三月		14	15	16	17	18	19	20	21	22	23	24	25	26	27	28	29	⑳	2	3	4	5	6	7	8	9	10	11	12	13	14						
	回曆 9 月		12	13	14	15	16	17	18	19	20	21	22	23	24	25	26	27	28	29	1	2	3	4	5	6	7	8	9	10	11	12						
	公曆 5 月				1	2	3	4	5	6	7	8	9	10	11	12	13	14	15	16	17	18	19	20	21	22	23	24	25	26	27	28	29	30	31			
42	夏曆四月				15	16	17	18	19	20	21	22	23	24	25	26	27	28	29	30	㊿	2	3	4	5	6	7	8	9	10	11	12	13	14	15			
	回曆 10 月				13	14	15	16	17	18	19	20	21	22	23	24	25	26	27	28	29	30	1	2	3	4	5	6	7	8	9	10	11	12	13			
	公曆 6 月							1	2	3	4	5	6	7	8	9	10	11	12	13	14	15	16	17	18	19	20	21	22	23	24	25	26	27	28	29	30	
43	夏曆五月							16	17	18	19	20	21	22	23	24	25	26	27	28	29	30	⑳	2	3	4	5	6	7	8	9	10	11	12	13	14	15	
	回曆 11 月							14	15	16	17	18	19	20	21	22	23	24	25	26	27	28	29	1	2	3	4	5	6	7	8	9	10	11	12	13	14	
	公曆 7 月		1	2	3	4	5	6	7	8	9	10	11	12	13	14	15	16	17	18	19	20	21	22	23	24	25	26	27	28	29	30	31					
44	夏曆六月		16	17	18	19	20	21	22	23	24	25	26	27	28	29	㊾	2	3	4	5	6	7	8	9	10	11	12	13	14	15	16	17					
	回曆 12 月		15	16	17	18	19	20	21	22	23	24	25	26	27	28	29	30	1	2	3	4	5	6	7	8	9	10	11	12	13	14	15					
	公曆 8 月					1	2	3	4	5	6	7	8	9	10	11	12	13	14	15	16	17	18	19	20	21	22	23	24	25	26	27	28	29	30	31		
45	夏曆七月					18	19	20	21	22	23	24	25	26	27	28	29	30	⑲	2	3	4	5	6	7	8	9	10	11	12	13	14	15	16	17	18		
166 年	回曆 1 月					16	17	18	19	20	21	22	23	24	25	26	27	28	29	①	2	3	4	5	6	7	8	9	10	11	12	13	14	15	16	17		
	公曆 9 月	1	2	3	4	5	6	7	8	9	10	11	12	13	14	15	16	17	18	19	20	21	22	23	24	25	26	27	28	29	30							
46	夏曆八月	19	20	21	22	23	24	25	26	27	28	29	㊽	2	3	4	5	6	7	8	9	10	11	12	13	14	15	16	17	18	19							
	回曆 2 月	18	19	20	21	22	23	24	25	26	27	28	29	30	1	2	3	4	5	6	7	8	9	10	11	12	13	14	15	16	17							
	公曆 10 月			1	2	3	4	5	6	7	8	9	10	11	12	13	14	15	16	17	18	19	20	21	22	23	24	25	26	27	28	29	30	31				
47	夏曆九月			20	21	22	23	24	25	26	27	28	29	30	⑱	2	3	4	5	6	7	8	9	10	11	12	13	14	15	16	17	18	19	20				
	回曆 3 月			18	19	20	21	22	23	24	25	26	27	28	29	1	2	3	4	5	6	7	8	9	10	11	12	13	14	15	16	17	18	19				
	公曆 11 月						1	2	3	4	5	6	7	8	9	10	11	12	13	14	15	16	17	18	19	20	21	22	23	24	25	26	27	28	29	30		
48	夏曆十月						21	22	23	24	25	26	27	28	29	㊼	2	3	4	5	6	7	8	9	10	11	12	13	14	15	16	17	18	19	20	21		
	回曆 4 月						20	21	22	23	24	25	26	27	28	29	30	1	2	3	4	5	6	7	8	9	10	11	12	13	14	15	16	17	18	19		
	公曆 12 月	1	2	3	4	5	6	7	8	9	10	11	12	13	14	15	16	17	18	19	20	21	22	23	24	25	26	27	28	29	30	31						

續表

月干支序數	月序＼星期	日	1	2	3	4	5	6	日	1	2	3	4	5	6	日	1	2	3	4	5	6	日	1	2	3	4	5	6	日	1	2	3	4	5	6	日	1
49	夏暦十一月	22	23	24	25	26	27	28	29	⑯	2	3	4	5	6	7	8	9	10	11	12	13	14	15	16	17	18	19	20	21	22	23						
	回暦5月	20	21	22	23	24	25	26	27	28	29	1	2	3	4	5	6	7	8	9	10	11	12	13	14	15	16	17	18	19	20	21						

大事記

正月，馬燧等再大破田悦於洹水，斬二萬餘，俘三千，悦遁魏州。盧龍留後朱滔等大破李惟岳於束鹿，惟岳遁恒州。閏正月，李惟岳為部將王武俊所殺，遣使請命。　四月，詔括富商錢，得二百萬緡，長安大擾。　七月，演州司馬李孟秋反，自稱安南節度使，旋敗死。　九月，吐蕃使來。　十一月，朱滔等結盟稱王，滔為盟主，田悦、王武俊、李納皆稱王，反抗唐室。　十二月，淮西節度使李希烈反，自稱“天下都元帥太尉建興王”。

唐紀年

干支癸亥　公元783年

朝代或國名	國家支配者	建都	廟號	謚號	建元	年號年次	輔政者	備注
唐	⑪李適		德宗		3	1建中4年	李懷光等	涇源兵亂，出奔
渤海	③大欽茂	龍泉府		文王	2	2寶曆10年		在東北
南詔	⑥蒙異牟尋	陽苴咩		孝恒王	2	1見龍4年		在雲南
秦	朱泚	長安			2	1應天元年		十月建元
吐蕃	⑤掌悉籠臘贊	邏些				29年		
回紇	④頓莫達干					3年		

月曆表

5496—355—2007439

月干支序數	月序＼星期	日	1	2	3	4	5	6	日	1	2	3	4	5	6	日	1	2	3	4	5	6	日	1	2	3	4	5	6	日	1	2	3	4	5	6	日	1
	公暦1月				1	2	3	4	5	6	7	8	9	10	11	12	13	14	15	16	17	18	19	20	21	22	23	24	25	26	27	28	29	30	31			
50	夏暦十二月				24	25	26	27	28	29	30	㊻	2	3	4	5	6	7	8	9	10	11	12	13	14	15	16	17	18	19	20	21	22	23	24			
	回暦6月				22	23	24	25	26	27	28	29	30	1	2	3	4	5	6	7	8	9	10	11	12	13	14	15	16	17	18	19	20	21	22			
	公暦2月							1	2	3	4	5	6	7	8	9	10	11	12	13	14	15	16	17	18	19	20	21	22	23	24	25	26	27	28			
51	夏暦正月							25	26	27	28	29	⑮	2	3	4	5	6	7	8	9	10	11	12	13	14	15	16	17	18	19	20	21	22	23			
	回暦7月							23	24	25	26	27	28	29	1	2	3	4	5	6	7	8	9	10	11	12	13	14	15	16	17	18	19	20	21			
	公暦3月							1	2	3	4	5	6	7	8	9	10	11	12	13	14	15	16	17	18	19	20	21	22	23	24	25	26	27	28	29	30	31
52	夏暦二月							24	25	26	27	28	29	30	㊺	2	3	4	5	6	7	8	9	10	11	12	13	14	15	16	17	18	19	20	21	22	23	24
	回暦8月							22	23	24	25	26	27	28	29	30	1	2	3	4	5	6	7	8	9	10	11	12	13	14	15	16	17	18	19	20	21	22
	公暦4月			1	2	3	4	5	6	7	8	9	10	11	12	13	14	15	16	17	18	19	20	21	22	23	24	25	26	27	28	29	30					
53	夏暦三月			25	26	27	28	29	30	⑮	2	3	4	5	6	7	8	9	10	11	12	13	14	15	16	17	18	19	20	21	22	23	24					
	回暦9月			23	24	25	26	27	28	29	1	2	3	4	5	6	7	8	9	10	11	12	13	14	15	16	17	18	19	20	21	22	23					
	公暦5月					1	2	3	4	5	6	7	8	9	10	11	12	13	14	15	16	17	18	19	20	21	22	23	24	25	26	27	28	29	30	31		
54	夏暦四月					25	26	27	28	29	㊹	2	3	4	5	6	7	8	9	10	11	12	13	14	15	16	17	18	19	20	21	22	23	24	25	26		
	回暦10月					24	25	26	27	28	29	30	1	2	3	4	5	6	7	8	9	10	11	12	13	14	15	16	17	18	19	20	21	22	23	24		
	公暦6月	1	2	3	4	5	6	7	8	9	10	11	12	13	14	15	16	17	18	19	20	21	22	23	24	25	26	27	28	29	30							
55	夏暦五月	27	28	29	30	⑭	2	3	4	5	6	7	8	9	10	11	12	13	14	15	16	17	18	19	20	21	22	23	24	25	26							
	回暦11月	25	26	27	28	29	1	2	3	4	5	6	7	8	9	10	11	12	13	14	15	16	17	18	19	20	21	22	23	24	25							

續表

月干支序數	月序＼星期	日	1	2	3	4	5	6	日	1	2	3	4	5	6	日	1	2	3	4	5	6	日	1	2	3	4	5	6	日	1	2	3	4	5	6	日	1
	公曆 7 月			1	2	3	4	5	6	7	8	9	10	11	12	13	14	15	16	17	18	19	20	21	22	23	24	25	26	27	28	29	30	31				
56	夏曆六月			27	28	29	㊸	2	3	4	5	6	7	8	9	10	11	12	13	14	15	16	17	18	19	20	21	22	23	24	25	26	27	28				
	回曆 12 月			26	27	28	29	30	1	2	3	4	5	6	7	8	9	10	11	12	13	14	15	16	17	18	19	20	21	22	23	24	25	26				
	公曆 8 月						1	2	3	4	5	6	7	8	9	10	11	12	13	14	15	16	17	18	19	20	21	22	23	24	25	26	27	28	29	30	31	
57	夏曆七月						29	30	⑬	2	3	4	5	6	7	8	9	10	11	12	13	14	15	16	17	18	19	20	21	22	23	24	25	26	27	28	29	
167 年	回曆 1 月						27	28	29	30	①	2	3	4	5	6	7	8	9	10	11	12	13	14	15	16	17	18	19	20	21	22	23	24	25	26	27	
	公曆 9 月		1	2	3	4	5	6	7	8	9	10	11	12	13	14	15	16	17	18	19	20	21	22	23	24	25	26	27	28	29	30						
58	夏曆八月		30	㊸	2	3	4	5	6	7	8	9	10	11	12	13	14	15	16	17	18	19	20	21	22	23	24	25	26	27	28	29						
	回曆 2 月		28	29	30	1	2	3	4	5	6	7	8	9	10	11	12	13	14	15	16	17	18	19	20	21	22	23	24	25	26	27						
	公曆 10 月				1	2	3	4	5	6	7	8	9	10	11	12	13	14	15	16	17	18	19	20	21	22	23	24	25	26	27	28	29	30	31			
59 60	夏曆九十月				⑫	2	3	4	5	6	7	8	9	10	11	12	13	14	15	16	17	18	19	20	21	22	23	24	25	26	27	28	29	30	㊷			
	回曆 3 月				28	29	1	2	3	4	5	6	7	8	9	10	11	12	13	14	15	16	17	18	19	20	21	22	23	24	25	26	27	28	29			
	公曆 11 月							1	2	3	4	5	6	7	8	9	10	11	12	13	14	15	16	17	18	19	20	21	22	23	24	25	26	27	28	29	30	
1	夏曆十一月							2	3	4	5	6	7	8	9	10	11	12	13	14	15	16	17	18	19	20	21	22	23	24	25	26	27	28	29	⑪	2	
	回曆 4 月							30	1	2	3	4	5	6	7	8	9	10	11	12	13	14	15	16	17	18	19	20	21	22	23	24	25	26	27	28	29	
	公曆 12 月		1	2	3	4	5	6	7	8	9	10	11	12	13	14	15	16	17	18	19	20	21	22	23	24	25	26	27	28	29	30	31					
2	夏曆十二月		3	4	5	6	7	8	9	10	11	12	13	14	15	16	17	18	19	20	21	22	23	24	25	26	27	28	29	30	㊶	2	3					
	回曆 5、6 月		1	2	3	4	5	6	7	8	9	10	11	12	13	14	15	16	17	18	19	20	21	22	23	24	25	26	27	28	29	30	1					

大事記

正月，隴右節度使張鎰與吐蕃尚結贊普盟於清水。李希烈陷汝州。　五月，初行稅間架與除陌錢法。　七月，遣禮部尚書李揆為入蕃會盟使。　八月，發涇原等兵討李希烈。　九月，禁軍與李希烈兵戰於滬澗，大敗。　十月，涇原兵被命東征，過長安，以食劣無賞嘩變，奉朱泚為主，德宗出奔奉天。泚謀稱帝，司農卿段秀實死之。鳳翔將李楚林作亂，殺節度使張鎰等，自為節度使，附於朱泚。泚於是稱帝，國號秦，建元應天，殺唐宗室 77 人，旋攻奉天。　十一月，各道兵討朱泚，先後至長安，李懷光兵亦至奉天，泚乃奔回。劍南兵亂，旋定。　十二月，李懷光表言宰相盧杞等罪。貶盧杞等人。朱滔結回紇為朱泚聲援。李希烈陷汴州。淮南節度使陳少游資助李希烈，又結李納。

唐紀年

干支甲子　公元 784 年

朝代或國名	國家支配者	建都	廟號	謚號	建元	年號年次	輔政者	備注
唐	⑪李適	長安	德宗		3	2 興元元年	李晟等	還京師
渤海	③大欽茂	龍泉府		文王	2	2 寶曆 11 年		在東北
南詔	⑥蒙異牟尋	陽苴咩		孝恒王	2	2 上元元年		在雲南
漢	朱泚	長安			2	2 天皇元年		一月改元，六月亡
	李希烈				1	武成元年		
吐蕃	⑤挲悉籠臘贊	邏些				30 年		
回紇	④頓莫達干					4 年		

月曆表　　5497－384－2007823

月干支序數	月序＼星期	日	1	2	3	4	5	6	日	1	2	3	4	5	6	日	1	2	3	4	5	6	日	1	2	3	4	5	6	日	1	2	3	4	5	6	日	1
	公曆1月					1	2	3	4	5	6	7	8	9	10	11	12	13	14	15	16	17	18	19	20	21	22	23	24	25	26	27	28	29	30	31		
3	夏曆正月					4	5	6	7	8	9	10	11	12	13	14	15	16	17	18	19	20	21	22	23	24	25	26	27	28	29	⑩	2	3	4	5		
	回曆7月					2	3	4	5	6	7	8	9	10	11	12	13	14	15	16	17	18	19	20	21	22	23	24	25	26	27	28	29	1	2	3		
	公曆2月	1	2	3	4	5	6	7	8	9	10	11	12	13	14	15	16	17	18	19	20	21	22	23	24	25	26	27	28	29								
4	夏曆二月	6	7	8	9	10	11	12	13	14	15	16	17	18	19	20	21	22	23	24	25	26	27	28	29	㊴	2	3	4	5								
	回曆8月	4	5	6	7	8	9	10	11	12	13	14	15	16	17	18	19	20	21	22	23	24	25	26	27	28	29	30	1	2								
	公曆3月		1	2	3	4	5	6	7	8	9	10	11	12	13	14	15	16	17	18	19	20	21	22	23	24	25	26	27	28	29	30	31					
5	夏曆三月		6	7	8	9	10	11	12	13	14	15	16	17	18	19	20	21	22	23	24	25	26	27	28	29	30	⑨	2	3	4	5	6					
	回曆9月		3	4	5	6	7	8	9	10	11	12	13	14	15	16	17	18	19	20	21	22	23	24	25	26	27	28	29	1	2	3	4					
	公曆4月					1	2	3	4	5	6	7	8	9	10	11	12	13	14	15	16	17	18	19	20	21	22	23	24	25	26	27	28	29	30			
6	夏曆四月					7	8	9	10	11	12	13	14	15	16	17	18	19	20	21	22	23	24	25	26	27	28	29	㊳	2	3	4	5	6	7			
	回曆10月					5	6	7	8	9	10	11	12	13	14	15	16	17	18	19	20	21	22	23	24	25	26	27	28	29	30	1	2	3	4			
	公曆5月							1	2	3	4	5	6	7	8	9	10	11	12	13	14	15	16	17	18	19	20	21	22	23	24	25	26	27	28	29	30	31
7	夏曆五月							8	9	10	11	12	13	14	15	16	17	18	19	20	21	22	23	24	25	26	27	28	29	30	⑧	2	3	4	5	6	7	8
	回曆11月							5	6	7	8	9	10	11	12	13	14	15	16	17	18	19	20	21	22	23	24	25	26	27	28	29	1	2	3	4	5	6
	公曆6月			1	2	3	4	5	6	7	8	9	10	11	12	13	14	15	16	17	18	19	20	21	22	23	24	25	26	27	28	29	30					
8	夏曆六月			9	10	11	12	13	14	15	16	17	18	19	20	21	22	23	24	25	26	27	28	29	㊲	2	3	4	5	6	7	8	9					
	回曆12月			7	8	9	10	11	12	13	14	15	16	17	18	19	20	21	22	23	24	25	26	27	28	29	30	1	2	3	4	5	6					
	公曆7月					1	2	3	4	5	6	7	8	9	10	11	12	13	14	15	16	17	18	19	20	21	22	23	24	25	26	27	28	29	30	31		
9	夏曆七月					10	11	12	13	14	15	16	17	18	19	20	21	22	23	24	25	26	27	28	29	30	⑦	2	3	4	5	6	7	8	9	10		
168年閏	回曆12,1月					7	8	9	10	11	12	13	14	15	16	17	18	19	20	21	22	23	24	25	26	27	28	29	①	2	3	4	5	6	7	8		
	公曆8月	1	2	3	4	5	6	7	8	9	10	11	12	13	14	15	16	17	18	19	20	21	22	23	24	25	26	27	28	29	30	31						
10	夏曆八月	11	12	13	14	15	16	17	18	19	20	21	22	23	24	25	26	27	28	29	30	㊲	2	3	4	5	6	7	8	9	10	11						
	回曆2月	9	10	11	12	13	14	15	16	17	18	19	20	21	22	23	24	25	26	27	28	29	30	1	2	3	4	5	6	7	8	9						
	公曆9月				1	2	3	4	5	6	7	8	9	10	11	12	13	14	15	16	17	18	19	20	21	22	23	24	25	26	27	28	29	30				
11	夏曆九月				12	13	14	15	16	17	18	19	20	21	22	23	24	25	26	27	28	29	⑥	2	3	4	5	6	7	8	9	10	11	12				
	回曆3月				10	11	12	13	14	15	16	17	18	19	20	21	22	23	24	25	26	27	28	29	1	2	3	4	5	6	7	8	9	10				
	公曆10月						1	2	3	4	5	6	7	8	9	10	11	12	13	14	15	16	17	18	19	20	21	22	23	24	25	26	27	28	29	30	31	
12	夏曆十月						13	14	15	16	17	18	19	20	21	22	23	24	25	26	27	28	29	30	㊱	2	3	4	5	6	7	8	9	10	11	12	13	
	回曆4月						11	12	13	14	15	16	17	18	19	20	21	22	23	24	25	26	27	28	29	30	1	2	3	4	5	6	7	8	9	10	11	
	公曆11月		1	2	3	4	5	6	7	8	9	10	11	12	13	14	15	16	17	18	19	20	21	22	23	24	25	26	27	28	29	30						
	夏曆閏十月		14	15	16	17	18	19	20	21	22	23	24	25	26	27	28	29	30	⑥	2	3	4	5	6	7	8	9	10	11	12	13						
	回曆5月		12	13	14	15	16	17	18	19	20	21	22	23	24	25	26	27	28	29	1	2	3	4	5	6	7	8	9	10	11	12						
	公曆12月				1	2	3	4	5	6	7	8	9	10	11	12	13	14	15	16	17	18	19	20	21	22	23	24	25	26	27	28	29	30	31			
13	夏曆十一月				14	15	16	17	18	19	20	21	22	23	24	25	26	27	28	29	㉟	2	3	4	5	6	7	8	9	10	11	12	13	14	15			
	回曆6月				13	14	15	16	17	18	19	20	21	22	23	24	25	26	27	28	29	30	1	2	3	4	5	6	7	8	9	10	11	12	13			

劉氏長曆閏十一月,誤。

大事記

正月,除朱泚外,李希烈、田悦、王武俊、李納、朱滔皆赦其罪,赴難諸將概加"奉天定難功臣"之號。朱泚更國號曰漢,改元天皇,自號漢元天皇。王武俊、田悦、李納皆去王號,謝罪;惟李希烈稱皇帝,國號大楚,建元武成,以汴州為大梁府,四出攻掠。朱滔怒田悦,攻之,圍魏州,縱回紇大掠。吐蕃請發兵助收復京城,遣使趣之。　二月,李懷光以怨望反,與朱泚相結。德宗走梁州。田緒殺田悦,遣使請命,以為魏博節度使。李懷光走河中,沿途鈔掠。　四月,吐蕃兵從渾瑊破朱泚兵於武亭川，大掠而去。李晟等入長安，朱泚逃至彭原，為其部下所殺。　七月，帝還京。李懷光謝罪，赦之。遣給事中孔巢父赴河中慰諭，巢父輕躁，為軍士所殺，懷光因又抗命，遣渾瑊等討之。　十月，復以宦官監神策軍。　十一月，宋亳節度使劉洽等攻汴州，李希烈奔蔡州。

唐紀年

干支乙丑　公元 785 年

朝代或國名	國家支配者	建都	廟號	謚號	建元	年號年次	輔政者	備注
唐	⑪李　適	長安	德宗		3	3 貞元元年	張延賞等	正月改元
渤海	③大欽茂	龍泉府		文王	2	2 寶曆 12 年		在東北
大楚	李希烈				1	武成 2 年		
南詔	⑥蒙異牟尋	陽苴咩		孝恒王				在雲南
吐蕃	⑤挲悉籠臘贊	邏些				31 年		
回紇	④頓莫達干					5 年		

月曆表

5498—355—2008178

月干支序數	月序＼星期	日	1	2	3	4	5	6	日	1	2	3	4	5	6	日	1	2	3	4	5	6	日	1	2	3	4	5	6	日	1	2	3	4	5	6	日	1
	公曆 1 月							1	2	3	4	5	6	7	8	9	10	11	12	13	14	15	16	17	18	19	20	21	22	23	24	25	26	27	28	29	30	31
14	夏曆十二月							16	17	18	19	20	21	22	23	24	25	26	27	28	29	30	⑤	2	3	4	5	6	7	8	9	10	11	12	13	14	15	16
	回曆 7 月							14	15	16	17	18	19	20	21	22	23	24	25	26	27	28	29	1	2	3	4	5	6	7	8	9	10	11	12	13	14	15
	公曆 2 月			1	2	3	4	5	6	7	8	9	10	11	12	13	14	15	16	17	18	19	20	21	22	23	24	25	26	27	28							
15	夏曆正月			17	18	19	20	21	22	23	24	25	26	27	28	29	㉞	2	3	4	5	6	7	8	9	10	11	12	13	14	15							
	回曆 8 月			16	17	18	19	20	21	22	23	24	25	26	27	28	29	30	1	2	3	4	5	6	7	8	9	10	11	12	13							
	公曆 3 月			1	2	3	4	5	6	7	8	9	10	11	12	13	14	15	16	17	18	19	20	21	22	23	24	25	26	27	28	29	30	31				
16	夏曆二月			16	17	18	19	20	21	22	23	24	25	26	27	28	29	③	2	3	4	5	6	7	8	9	10	11	12	13	14	15	16	17				
	回曆 9 月			14	15	16	17	18	19	20	21	22	23	24	25	26	27	28	29	1	2	3	4	5	6	7	8	9	10	11	12	13	14	15				
	公曆 4 月						1	2	3	4	5	6	7	8	9	10	11	12	13	14	15	16	17	18	19	20	21	22	23	24	25	26	27	28	29	30		
17	夏曆三月						18	19	20	21	22	23	24	25	26	27	28	29	30	㉝	2	3	4	5	6	7	8	9	10	11	12	13	14	15	16	17		
	回曆 10 月						16	17	18	19	20	21	22	23	24	25	26	27	28	29	30	1	2	3	4	5	6	7	8	9	10	11	12	13	14	15		
	公曆 5 月	1	2	3	4	5	6	7	8	9	10	11	12	13	14	15	16	17	18	19	20	21	22	23	24	25	26	27	28	29	30	31						
18	夏曆四月	18	19	20	21	22	23	24	25	26	27	28	29	②	2	3	4	5	6	7	8	9	10	11	12	13	14	15	16	17	18	19						
	回曆 11 月	16	17	18	19	20	21	22	23	24	25	26	27	28	29	1	2	3	4	5	6	7	8	9	10	11	12	13	14	15	16	17						
	公曆 6 月				1	2	3	4	5	6	7	8	9	10	11	12	13	14	15	16	17	18	19	20	21	22	23	24	25	26	27	28	29	30				
19	夏曆五月				20	21	22	23	24	25	26	27	28	29	30	㉜	2	3	4	5	6	7	8	9	10	11	12	13	14	15	16	17	18	19				
	回曆 12 月				18	19	20	21	22	23	24	25	26	27	28	29	30	1	2	3	4	5	6	7	8	9	10	11	12	13	14	15	16	17				
	公曆 7 月						1	2	3	4	5	6	7	8	9	10	11	12	13	14	15	16	17	18	19	20	21	22	23	24	25	26	27	28	29	30	31	
20	夏曆六月						20	21	22	23	24	25	26	27	28	29	①	2	3	4	5	6	7	8	9	10	11	12	13	14	15	16	17	18	19	20	21	
169 年	回曆 1 月						18	19	20	21	22	23	24	25	26	27	28	29	30	①	2	3	4	5	6	7	8	9	10	11	12	13	14	15	16	17	18	
	公曆 8 月		1	2	3	4	5	6	7	8	9	10	11	12	13	14	15	16	17	18	19	20	21	22	23	24	25	26	27	28	29	30	31					
21	夏曆七月		22	23	24	25	26	27	28	29	30	㉛	2	3	4	5	6	7	8	9	10	11	12	13	14	15	16	17	18	19	20	21	22					
	回曆 2 月		19	20	21	22	23	24	25	26	27	28	29	30	1	2	3	4	5	6	7	8	9	10	11	12	13	14	15	16	17	18	19					
	公曆 9 月					1	2	3	4	5	6	7	8	9	10	11	12	13	14	15	16	17	18	19	20	21	22	23	24	25	26	27	28	29	30			
22	夏曆八月					23	24	25	26	27	28	29	(60)	2	3	4	5	6	7	8	9	10	11	12	13	14	15	16	17	18	19	20	21	22	23			
	回曆 3 月					20	21	22	23	24	25	26	27	28	29	1	2	3	4	5	6	7	8	9	10	11	12	13	14	15	16	17	18	19	20			
	公曆 10 月							1	2	3	4	5	6	7	8	9	10	11	12	13	14	15	16	17	18	19	20	21	22	23	24	25	26	27	28	29	30	31

續表

月干支序數	月序＼星期	日	1	2	3	4	5	6	日	1	2	3	4	5	6	日	1	2	3	4	5	6	日	1	2	3	4	5	6	日	1	2	3	4	5	6	日	1
23	夏曆九月							24	25	26	27	28	29	30	㉚	2	3	4	5	6	7	8	9	10	11	12	13	14	15	16	17	18	19	20	21	22	23	24
	回曆4月							21	22	23	24	25	26	27	28	29	30	1	2	3	4	5	6	7	8	9	10	11	12	13	14	15	16	17	18	19	20	21
	公曆11月			1	2	3	4	5	6	7	8	9	10	11	12	13	14	15	16	17	18	19	20	21	22	23	24	25	26	27	28	29	30					
24	夏曆十月			25	26	27	28	29	30	(60)	2	3	4	5	6	7	8	9	10	11	12	13	14	15	16	17	18	19	20	21	22	23	24					
	回曆5月			22	23	24	25	26	27	28	29	1	2	3	4	5	6	7	8	9	10	11	12	13	14	15	16	17	18	19	20	21	22					
	公曆12月					1	2	3	4	5	6	7	8	9	10	11	12	13	14	15	16	17	18	19	20	21	22	23	24	25	26	27	28	29	30	31		
25	夏曆十一月					25	26	27	28	29	30	㉚	2	3	4	5	6	7	8	9	10	11	12	13	14	15	16	17	18	19	20	21	22	23	24	25		
	回曆6月					23	24	25	26	27	28	29	30	1	2	3	4	5	6	7	8	9	10	11	12	13	14	15	16	17	18	19	20	21	22	23		

大事記

三月,李希烈陷鄧州。　四月,李晟等屢破李懷光,逼河中。　六月,朱滔死,將士奉劉怦知幽州軍事,旋命為盧龍節度使。　八月,馬燧平河中,李懷光自縊死,部下斷其首出降,河中平。　九月,劉怦死,以其子李濟權知節度使事。　十二月,戶部奏歲貢者凡百五十州。　是歲,顏真卿卒(709—785)。僧懷素卒(725—785)。

唐紀年

干支丙寅　公元 786 年

朝代或國名	國家支配者	建都	廟號	謚號	建元	年號年次	輔政者	備注
唐	⑪李适	長安	德宗		3	3貞元2年	齊映等	
渤海	③大欽茂	龍泉府		文王	2	2寶暦13年		在東北
楚	李希烈	淮西			1	武成3年		四月亡
南詔	⑥蒙異牟尋	陽苴咩		孝恒王				在雲南
吐蕃	⑤挲悉籠臘贊	邏些				32年		
回紇	④頓莫達干					6年		

月曆表

5499—354—2008532

月干支序數	月序＼星期	日	1	2	3	4	5	6	日	1	2	3	4	5	6	日	1	2	3	4	5	6	日	1	2	3	4	5	6	日	1	2	3	4	5	6	日	1
	公曆1月	1	2	3	4	5	6	7	8	9	10	11	12	13	14	15	16	17	18	19	20	21	22	23	24	25	26	27	28	29	30	31						
26	夏曆十二月	26	27	28	29	(59)	2	3	4	5	6	7	8	9	10	11	12	13	14	15	16	17	18	19	20	21	22	23	24	25	26	27						
	回曆7月	24	25	26	27	28	29	1	2	3	4	5	6	7	8	9	10	11	12	13	14	15	16	17	18	19	20	21	22	23	24	25						
	公曆2月				1	2	3	4	5	6	7	8	9	10	11	12	13	14	15	16	17	18	19	20	21	22	23	24	25	26	27	28						
27	夏曆正月				28	29	30	㉙	2	3	4	5	6	7	8	9	10	11	12	13	14	15	16	17	18	19	20	21	22	23	24	25						
	回曆8月				26	27	28	29	30	1	2	3	4	5	6	7	8	9	10	11	12	13	14	15	16	17	18	19	20	21	22	23						
	公曆3月				1	2	3	4	5	6	7	8	9	10	11	12	13	14	15	16	17	18	19	20	21	22	23	24	25	26	27	28	29	30	31			
28	夏曆二月				26	27	28	29	(58)	2	3	4	5	6	7	8	9	10	11	12	13	14	15	16	17	18	19	20	21	22	23	24	25	26	27			
	回曆9月				24	25	26	27	28	29	1	2	3	4	5	6	7	8	9	10	11	12	13	14	15	16	17	18	19	20	21	22	23	24	25			
	公曆4月							1	2	3	4	5	6	7	8	9	10	11	12	13	14	15	16	17	18	19	20	21	22	23	24	25	26	27	28	29	30	
29	夏曆三月							28	29	㉗	2	3	4	5	6	7	8	9	10	11	12	13	14	15	16	17	18	19	20	21	22	23	24	25	26	27	28	
	回曆10月							26	27	28	29	30	1	2	3	4	5	6	7	8	9	10	11	12	13	14	15	16	17	18	19	20	21	22	23	24	25	

續表

月干支序數	月序＼星期	日	1	2	3	4	5	6	日	1	2	3	4	5	6	日	1	2	3	4	5	6	日	1	2	3	4	5	6	日	1	2	3	4	5	6	日	1
	公曆5月		1	2	3	4	5	6	7	8	9	10	11	12	13	14	15	16	17	18	19	20	21	22	23	24	25	26	27	28	29	30	31					
30	夏曆四月		29	30	(57)	2	3	4	5	6	7	8	9	10	11	12	13	14	15	16	17	18	19	20	21	22	23	24	25	26	27	28	29					
	回曆11月		26	27	28	29	1	2	3	4	5	6	7	8	9	10	11	12	13	14	15	16	17	18	19	20	21	22	23	24	25	26	27					
	公曆6月					1	2	3	4	5	6	7	8	9	10	11	12	13	14	15	16	17	18	19	20	21	22	23	24	25	26	27	28	29	30			
31 32	夏曆五、六月					㉖	2	3	4	5	6	7	8	9	10	11	12	13	14	15	16	17	18	19	20	21	22	23	24	25	26	27	28	29	(55)			
	回曆12月					28	29	30	1	2	3	4	5	6	7	8	9	10	11	12	13	14	15	16	17	18	19	20	21	22	23	24	25	26	27			
	公曆7月							1	2	3	4	5	6	7	8	9	10	11	12	13	14	15	16	17	18	19	20	21	22	23	24	25	26	27	28	29	30	31
33	夏曆七月							2	3	4	5	6	7	8	9	10	11	12	13	14	15	16	17	18	19	20	21	22	23	24	25	26	27	28	29	30	㉕	2
170年	回曆1月							28	29	①	2	3	4	5	6	7	8	9	10	11	12	13	14	15	16	17	18	19	20	21	22	23	24	25	26	27	28	29
	公曆8月			1	2	3	4	5	6	7	8	9	10	11	12	13	14	15	16	17	18	19	20	21	22	23	24	25	26	27	28	29	30	31				
34	夏曆八月			3	4	5	6	7	8	9	10	11	12	13	14	15	16	17	18	19	20	21	22	23	24	25	26	27	28	29	(54)	2	3	4				
	回曆2、3月			30	1	2	3	4	5	6	7	8	9	10	11	12	13	14	15	16	17	18	19	20	21	22	23	24	25	26	27	28	29	1				
	公曆9月						1	2	3	4	5	6	7	8	9	10	11	12	13	14	15	16	17	18	19	20	21	22	23	24	25	26	27	28	29	30		
35	夏曆九月						5	6	7	8	9	10	11	12	13	14	15	16	17	18	19	20	21	22	23	24	25	26	27	28	29	30	㉔	2	3	4		
	回曆4月						2	3	4	5	6	7	8	9	10	11	12	13	14	15	16	17	18	19	20	21	22	23	24	25	26	27	28	29	30	1		
	公曆10月	1	2	3	4	5	6	7	8	9	10	11	12	13	14	15	16	17	18	19	20	21	22	23	24	25	26	27	28	29	30	31						
36	夏曆十月	5	6	7	8	9	10	11	12	13	14	15	16	17	18	19	20	21	22	23	24	25	26	27	28	29	30	(54)	2	3	4	5						
	回曆5月	2	3	4	5	6	7	8	9	10	11	12	13	14	15	16	17	18	19	20	21	22	23	24	25	26	27	28	29	1	2	3						
	公曆11月				1	2	3	4	5	6	7	8	9	10	11	12	13	14	15	16	17	18	19	20	21	22	23	24	25	26	27	28	29	30				
37	夏曆十一月				6	7	8	9	10	11	12	13	14	15	16	17	18	19	20	21	22	23	24	25	26	27	28	29	30	㉔	2	3	4	5				
	回曆6月				4	5	6	7	8	9	10	11	12	13	14	15	16	17	18	19	20	21	22	23	24	25	26	27	28	29	30	1	2	3				
	公曆12月						1	2	3	4	5	6	7	8	9	10	11	12	13	14	15	16	17	18	19	20	21	22	23	24	25	26	27	28	29	30	31	
38	夏曆十二月						6	7	8	9	10	11	12	13	14	15	16	17	18	19	20	21	22	23	24	25	26	27	28	29	(53)	2	3	4	5	6	7	
	回曆7月						4	5	6	7	8	9	10	11	12	13	14	15	16	17	18	19	20	21	22	23	24	25	26	27	28	29	1	2	3	4	5	

大事記

正月，罷水陸運使、度支巡院、江淮轉運使等，各道租賦委觀察使、刺史部送，令宰相分判尚書六曹。　二月，李泌自集津至三門，鑿山開車道十八里，以避砥柱之險。　四月，淮西將陳仙奇毒殺李希烈以降；以陳仙奇為淮西節度使。陞橫海軍使為節度使。　七月，淮西將吳少誠殺陳仙奇，誠自為留後。　八月，吐蕃大掠涇、隴、邠、寧，京師戒嚴。　十月，李晟等破吐蕃。　十一月，吐蕃陷鹽州。　十二月，又陷夏、銀、麟等州。遷河曲六州於銀、朔之間。以韓滉兼度支、鹽鐵等使。

唐紀年

干支丁卯　公元787年

朝代或國名	國家支配者	建都	廟號	謚號	建元	年號年次	輔政者	備注
唐	⑪李適	長安	德宗		3	3貞元3年	李泌等	
渤海	③大欽茂	龍泉府		文王	2	2寶曆14年		在東北
南詔	⑥蒙異牟尋	陽苴咩		孝恒王				在雲南
吐蕃	⑤挲悉籠臘贊	邏些				33年		
回紇	④頓莫達干					7年		

月曆表

5500－384－2008916

月干支序數	星期／月序	日	1	2	3	4	5	6	日	1	2	3	4	5	6	日	1	2	3	4	5	6	日	1	2	3	4	5	6	日	1	2	3	4	5	6	日	1
	公曆1月		1	2	3	4	5	6	7	8	9	10	11	12	13	14	15	16	17	18	19	20	21	22	23	24	25	26	27	28	29	30	31					
39	夏曆正月		8	9	10	11	12	13	14	15	16	17	18	19	20	21	22	23	24	25	26	27	28	29	30	㉓	2	3	4	5	6	7	8					
	回曆8月		6	7	8	9	10	11	12	13	14	15	16	17	18	19	20	21	22	23	24	25	26	27	28	29	30	1	2	3	4	5	6					
	公曆2月					1	2	3	4	5	6	7	8	9	10	11	12	13	14	15	16	17	18	19	20	21	22	23	24	25	26	27	28					
40	夏曆二月					9	10	11	12	13	14	15	16	17	18	19	20	21	22	23	24	25	26	27	28	29	30	(53)	2	3	4	5	6					
	回曆9月					7	8	9	10	11	12	13	14	15	16	17	18	19	20	21	22	23	24	25	26	27	28	29	1	2	3	4	5					
	公曆3月					1	2	3	4	5	6	7	8	9	10	11	12	13	14	15	16	17	18	19	20	21	22	23	24	25	26	27	28	29	30	31		
41	夏曆三月					7	8	9	10	11	12	13	14	15	16	17	18	19	20	21	22	23	24	25	26	27	28	29	㉒	2	3	4	5	6	7	8		
	回曆10月					6	7	8	9	10	11	12	13	14	15	16	17	18	19	20	21	22	23	24	25	26	27	28	29	30	1	2	3	4	5	6		
	公曆4月	1	2	3	4	5	6	7	8	9	10	11	12	13	14	15	16	17	18	19	20	21	22	23	24	25	26	27	28	29	30							
42	夏曆四月	9	10	11	12	13	14	15	16	17	18	19	20	21	22	23	24	25	26	27	28	29	30	(52)	2	3	4	5	6	7	8							
	回曆11月	7	8	9	10	11	12	13	14	15	16	17	18	19	20	21	22	23	24	25	26	27	28	29	1	2	3	4	5	6	7							
	公曆5月			1	2	3	4	5	6	7	8	9	10	11	12	13	14	15	16	17	18	19	20	21	22	23	24	25	26	27	28	29	30	31				
43	夏曆五月			9	10	11	12	13	14	15	16	17	18	19	20	21	22	23	24	25	26	27	28	29	㉑	2	3	4	5	6	7	8	9	10				
	回曆12月			8	9	10	11	12	13	14	15	16	17	18	19	20	21	22	23	24	25	26	27	28	29	30	1	2	3	4	5	6	7	8				
	公曆6月						1	2	3	4	5	6	7	8	9	10	11	12	13	14	15	16	17	18	19	20	21	22	23	24	25	26	27	28	29	30		
	夏曆閏五月						11	12	13	14	15	16	17	18	19	20	21	22	23	24	25	26	27	28	29	㊿	2	3	4	5	6	7	8	9	10	11		
171年	回曆1月						9	10	11	12	13	14	15	16	17	18	19	20	21	22	23	24	25	26	27	28	29	①	2	3	4	5	6	7	8	9		
	公曆7月	1	2	3	4	5	6	7	8	9	10	11	12	13	14	15	16	17	18	19	20	21	22	23	24	25	26	27	28	29	30	31						
44	夏曆六月	12	13	14	15	16	17	18	19	20	21	22	23	24	25	26	27	28	29	⑲	2	3	4	5	6	7	8	9	10	11	12	13						
	回曆2月	10	11	12	13	14	15	16	17	18	19	20	21	22	23	24	25	26	27	28	29	30	1	2	3	4	5	6	7	8	9	10						
	公曆8月				1	2	3	4	5	6	7	8	9	10	11	12	13	14	15	16	17	18	19	20	21	22	23	24	25	26	27	28	29	30	31			
45	夏曆七月				14	15	16	17	18	19	20	21	22	23	24	25	26	27	28	29	30	㊾	2	3	4	5	6	7	8	9	10	11	12	13	14			
	回曆3月				11	12	13	14	15	16	17	18	19	20	21	22	23	24	25	26	27	28	29	1	2	3	4	5	6	7	8	9	10	11	12			
	公曆9月							1	2	3	4	5	6	7	8	9	10	11	12	13	14	15	16	17	18	19	20	21	22	23	24	25	26	27	28	29	30	
46	夏曆八月							15	16	17	18	19	20	21	22	23	24	25	26	27	28	29	⑱	2	3	4	5	6	7	8	9	10	11	12	13	14	15	
	回曆4月							13	14	15	16	17	18	19	20	21	22	23	24	25	26	27	28	29	30	1	2	3	4	5	6	7	8	9	10	11	12	
	公曆10月		1	2	3	4	5	6	7	8	9	10	11	12	13	14	15	16	17	18	19	20	21	22	23	24	25	26	27	28	29	30	31					
47	夏曆九月		16	17	18	19	20	21	22	23	24	25	26	27	28	29	30	㊽	2	3	4	5	6	7	8	9	10	11	12	13	14	15	16					
	回曆5月		13	14	15	16	17	18	19	20	21	22	23	24	25	26	27	28	29	1	2	3	4	5	6	7	8	9	10	11	12	13	14					
	公曆11月					1	2	3	4	5	6	7	8	9	10	11	12	13	14	15	16	17	18	19	20	21	22	23	24	25	26	27	28	29	30			
48	夏曆十月					17	18	19	20	21	22	23	24	25	26	27	28	29	30	⑱	2	3	4	5	6	7	8	9	10	11	12	13	14	15	16			
	回曆6月					15	16	17	18	19	20	21	22	23	24	25	26	27	28	29	30	1	2	3	4	5	6	7	8	9	10	11	12	13	14			
	公曆12月							1	2	3	4	5	6	7	8	9	10	11	12	13	14	15	16	17	18	19	20	21	22	23	24	25	26	27	28	29	30	3
49	夏曆十一月							17	18	19	20	21	22	23	24	25	26	27	28	29	30	㊽	2	3	4	5	6	7	8	9	10	11	12	13	14	15	16	1
	回曆7月							15	16	17	18	19	20	21	22	23	24	25	26	27	28	29	1	2	3	4	5	6	7	8	9	10	11	12	13	14	15	1

大事記

正月，李希烈叛軍餘衆徹底覆滅。雲南巽牟尋請內附。　二月，遣使吐蕃。　三月，再使吐蕃。　四月，又使吐蕃商和盟。　五月，以渾瑊為與吐蕃會盟使。　閏五月，渾瑊與吐蕃盟於平涼，吐蕃背信劫盟，瑊遁歸。　六月，吐蕃棄鹽、夏。　七月，募戍卒屯田京師。　八月，吐蕃遣使請和，拒之。　九月，吐蕃帥羌、渾之衆攻隴州，連營數十里京師震恐。用李泌策，和回紇、南詔以抗吐蕃，以咸安公主妻回紇可汗，可汗上書稱兒臣。　十月，吐蕃擾豐義城、長武城僧人李軟奴結北軍將士謀反，事泄，死八百餘人。　是歲豐稔，米斗錢五十，粟斗錢八十。詔所在"和糴"。　·

唐紀年

干支戊辰　公元 788 年

朝代或國名	國家支配者	建都	廟號	謚號	建元	年號年次	輔政者	備注
唐	⑪李　適	長安	德宗		3	3 貞元 4 年	李　泌等	
渤海	③大欽茂	龍泉府		文王	2	2 寶曆 15 年		在東北
南詔	⑥蒙異牟尋	陽苴咩		孝恒王				在雲南
吐蕃	⑤犖悉籠臘贊	邏些				34 年		
回鶻	④頓莫達干					8 年		

月曆表

5501—354—2009270

月干支序數	星期 / 月序	日	1	2	3	4	5	6	日	1	2	3	4	5	6	日	1	2	3	4	5	6	日	1	2	3	4	5	6	日	1	2	3	4	5	6	日	1
	公曆 1 月			1	2	3	4	5	6	7	8	9	10	11	12	13	14	15	16	17	18	19	20	21	22	23	24	25	26	27	28	29	30	31				
50	夏曆十二月			18	19	20	21	22	23	24	25	26	27	28	29	⑰	2	3	4	5	6	7	8	9	10	11	12	13	14	15	16	17	18	19				
	回曆 8 月			17	18	19	20	21	22	23	24	25	26	27	28	29	30	1	2	3	4	5	6	7	8	9	10	11	12	13	14	15	16	17				
	公曆 2 月						1	2	3	4	5	6	7	8	9	10	11	12	13	14	15	16	17	18	19	20	21	22	23	24	25	26	27	28	29			
51	夏曆正月						20	21	22	23	24	25	26	27	28	29	30	㊼	2	3	4	5	6	7	8	9	10	11	12	13	14	15	16	17	18			
	回曆 9 月						18	19	20	21	22	23	24	25	26	27	28	29	1	2	3	4	5	6	7	8	9	10	11	12	13	14	15	16	17			
	公曆 3 月							1	2	3	4	5	6	7	8	9	10	11	12	13	14	15	16	17	18	19	20	21	22	23	24	25	26	27	28	29	30	31
52	夏曆二月							19	20	21	22	23	24	25	26	27	28	29	30	⑰	2	3	4	5	6	7	8	9	10	11	12	13	14	15	16	17	18	19
	回曆 10 月							18	19	20	21	22	23	24	25	26	27	28	29	30	1	2	3	4	5	6	7	8	9	10	11	12	13	14	15	16	17	18
	公曆 4 月			1	2	3	4	5	6	7	8	9	10	11	12	13	14	15	16	17	18	19	20	21	22	23	24	25	26	27	28	29	30					
53	夏曆三月			20	21	22	23	24	25	26	27	28	29	㊻	2	3	4	5	6	7	8	9	10	11	12	13	14	15	16	17	18	19	20					
	回曆 11 月			19	20	21	22	23	24	25	26	27	28	29	1	2	3	4	5	6	7	8	9	10	11	12	13	14	15	16	17	18	19					
	公曆 5 月					1	2	3	4	5	6	7	8	9	10	11	12	13	14	15	16	17	18	19	20	21	22	23	24	25	26	27	28	29	30	31		
54	夏曆四月					21	22	23	24	25	26	27	28	29	⑮	2	3	4	5	6	7	8	9	10	11	12	13	14	15	16	17	18	19	20	21	22		
	回曆 12 月					20	21	22	23	24	25	26	27	28	29	30	1	2	3	4	5	6	7	8	9	10	11	12	13	14	15	16	17	18	19	20		
	公曆 6 月	1	2	3	4	5	6	7	8	9	10	11	12	13	14	15	16	17	18	19	20	21	22	23	24	25	26	27	28	29	30							
55	夏曆五月	23	24	25	26	27	28	29	30	㊺	2	3	4	5	6	7	8	9	10	11	12	13	14	15	16	17	18	19	20	21	22							
172 年	回曆 1 月	21	22	23	24	25	26	27	28	29	30	①	2	3	4	5	6	7	8	9	10	11	12	13	14	15	16	17	18	19	20							
	公曆 7 月			1	2	3	4	5	6	7	8	9	10	11	12	13	14	15	16	17	18	19	20	21	22	23	24	25	26	27	28	29	30	31				
56	夏曆六月			23	24	25	26	27	28	29	⑭	2	3	4	5	6	7	8	9	10	11	12	13	14	15	16	17	18	19	20	21	22	23	24				
	回曆 2 月			21	22	23	24	25	26	27	28	29	30	1	2	3	4	5	6	7	8	9	10	11	12	13	14	15	16	17	18	19	20	21				
	公曆 8 月						1	2	3	4	5	6	7	8	9	10	11	12	13	14	15	16	17	18	19	20	21	22	23	24	25	26	27	28	29	30	31	
57	夏曆七月						25	26	27	28	29	㊸	2	3	4	5	6	7	8	9	10	11	12	13	14	15	16	17	18	19	20	21	22	23	24	25	26	
	回曆 3 月						22	23	24	25	26	27	28	29	1	2	3	4	5	6	7	8	9	10	11	12	13	14	15	16	17	18	19	20	21	22	23	
	公曆 9 月		1	2	3	4	5	6	7	8	9	10	11	12	13	14	15	16	17	18	19	20	21	22	23	24	25	26	27	28	29	30						
58	夏曆八月		27	28	29	30	⑬	2	3	4	5	6	7	8	9	10	11	12	13	14	15	16	17	18	19	20	21	22	23	24	25	26						
	回曆 4 月		24	25	26	27	28	29	30	1	2	3	4	5	6	7	8	9	10	11	12	13	14	15	16	17	18	19	20	21	22	23						
	公曆 10 月				1	2	3	4	5	6	7	8	9	10	11	12	13	14	15	16	17	18	19	20	21	22	23	24	25	26	27	28	29	30	31			
59	夏曆九月				27	28	29	㊷	2	3	4	5	6	7	8	9	10	11	12	13	14	15	16	17	18	19	20	21	22	23	24	25	26	27	28			
	回曆 5 月				24	25	26	27	28	29	1	2	3	4	5	6	7	8	9	10	11	12	13	14	15	16	17	18	19	20	21	22	23	24	25			
	公曆 11 月							1	2	3	4	5	6	7	8	9	10	11	12	13	14	15	16	17	18	19	20	21	22	23	24	25	26	27	28	29	30	
60	夏曆十月							29	30	⑫	2	3	4	5	6	7	8	9	10	11	12	13	14	15	16	17	18	19	20	21	22	23	24	25	26	27	28	
	回曆 6 月							26	27	28	29	30	1	2	3	4	5	6	7	8	9	10	11	12	13	14	15	16	17	18	19	20	21	22	23	24	25	
	公曆 12 月		1	2	3	4	5	6	7	8	9	10	11	12	13	14	15	16	17	18	19	20	21	22	23	24	25	26	27	28	29	30	31					

續表

月干支序數	月序＼星期	日	1	2	3	4	5	6	日	1	2	3	4	5	6	日	1	2	3	4	5	6	日	1	2	3	4	5	6	日	1	2	3	4	5	6	日
1	夏曆十一月		29	30	㊷	2	3	4	5	6	7	8	9	10	11	12	13	14	15	16	17	18	19	20	21	22	23	24	25	26	27	28	29				
	回曆7月		26	27	28	29	1	2	3	4	5	6	7	8	9	10	11	12	13	14	15	16	17	18	19	20	21	22	23	24	25	26	27				

大事記

正月，詔兩稅等第，三年一定，增京官俸。　五月，南詔王異牟尋遣使入見。吐蕃挾所虜唐人大掠涇、邠、寧、慶、鄜等州。掠人畜萬計。　七月，邠、寧軍亂，旋定。奚、室韋大掠振武軍。　九月，吐蕃掠鄜、坊二州。　十月，回紇絕吐蕃，請改稱"回鶻"，許之，加可汗號為長壽天親可汗。吐蕃擾西川等地，節度使韋皋遣將敗之。　十一月，再大破之。

是歲，倭國空海來唐。

唐紀年

干支己巳　公元789年

朝代或國名	國家支配者	建都	廟號	謚號	建元	年號年次	輔政者	備注
唐	⑪李適	長安	德宗		3	3貞元5年	竇參等	
渤海	③大欽茂	龍泉府		文王	2	2寶曆16年		在東北
南詔	⑥蒙異牟尋	陽苴咩		孝恒王				在雲南
吐蕃	⑤墀悉籠臘贊	邏些				35年		
回鶻	④頓莫達干					9年		十二月卒

月曆表

5502－354－2009624

月干支序數	月序＼星期	日	1	2	3	4	5	6	日	1	2	3	4	5	6	日	1	2	3	4	5	6	日	1	2	3	4	5	6	日	1	2	3	4	5	6	日	1
	公曆1月					1	2	3	4	5	6	7	8	9	10	11	12	13	14	15	16	17	18	19	20	21	22	23	24	25	26	27	28	29	30	31		
2 3	夏曆十二正月					⑪	2	3	4	5	6	7	8	9	10	11	12	13	14	15	16	17	18	19	20	21	22	23	24	25	26	27	28	29	30	㊶		
	回曆8月					28	29	30	1	2	3	4	5	6	7	8	9	10	11	12	13	14	15	16	17	18	19	20	21	22	23	24	25	26	27	28		
	公曆2月	1	2	3	4	5	6	7	8	9	10	11	12	13	14	15	16	17	18	19	20	21	22	23	24	25	26	27	28									
	夏曆正月	2	3	4	5	6	7	8	9	10	11	12	13	14	15	16	17	18	19	20	21	22	23	24	25	26	27	28	29									
	回曆9月	29	1	2	3	4	5	6	7	8	9	10	11	12	13	14	15	16	17	18	19	20	21	22	23	24	25	26	27									
	公曆3月	1	2	3	4	5	6	7	8	9	10	11	12	13	14	15	16	17	18	19	20	21	22	23	24	25	26	27	28	29	30	31						
4 5	夏曆二三月	30	⑪	2	3	4	5	6	7	8	9	10	11	12	13	14	15	16	17	18	19	20	21	22	23	24	25	26	27	28	29	㊵						
	回曆10月	28	29	30	1	2	3	4	5	6	7	8	9	10	11	12	13	14	15	16	17	18	19	20	21	22	23	24	25	26	27	28						
	公曆4月				1	2	3	4	5	6	7	8	9	10	11	12	13	14	15	16	17	18	19	20	21	22	23	24	25	26	27	28	29	30				
6	夏曆四月				2	3	4	5	6	7	8	9	10	11	12	13	14	15	16	17	18	19	20	21	22	23	24	25	26	27	28	29	30	⑩				
	回曆11月				29	1	2	3	4	5	6	7	8	9	10	11	12	13	14	15	16	17	18	19	20	21	22	23	24	25	26	27	28	29				
	公曆5月						1	2	3	4	5	6	7	8	9	10	11	12	13	14	15	16	17	18	19	20	21	22	23	24	25	26	27	28	29	30	31	
7	夏曆五月						2	3	4	5	6	7	8	9	10	11	12	13	14	15	16	17	18	19	20	21	22	23	24	25	26	27	28	29	㊴	2	3	
173年	回曆12、1月						30	1	2	3	4	5	6	7	8	9	10	11	12	13	14	15	16	17	18	19	20	21	22	23	24	25	26	27	28	29	①	
	公曆6月		1	2	3	4	5	6	7	8	9	10	11	12	13	14	15	16	17	18	19	20	21	22	23	24	25	26	27	28	29	30						
8	夏曆六月		4	5	6	7	8	9	10	11	12	13	14	15	16	17	18	19	20	21	22	23	24	25	26	27	28	29	30	⑨	2	3						
	回曆2月		2	3	4	5	6	7	8	9	10	11	12	13	14	15	16	17	18	19	20	21	22	23	24	25	26	27	28	29	30	1						

續表

月干支序數	月序＼星期	日	1	2	3	4	5	6	日	1	2	3	4	5	6	日	1	2	3	4	5	6	日	1	2	3	4	5	6	日	1	2	3	4	5	6	日	1
	公曆7月				1	2	3	4	5	6	7	8	9	10	11	12	13	14	15	16	17	18	19	20	21	22	23	24	25	26	27	28	29	30	31			
9	夏曆七月				4	5	6	7	8	9	10	11	12	13	14	15	16	17	18	19	20	21	22	23	24	25	26	27	28	29	㊳	2	3	4	5			
	回曆3月				2	3	4	5	6	7	8	9	10	11	12	13	14	15	16	17	18	19	20	21	22	23	24	25	26	27	28	29	1	2	3			
	公曆8月							1	2	3	4	5	6	7	8	9	10	11	12	13	14	15	16	17	18	19	20	21	22	23	24	25	26	27	28	29	30	31
10	夏曆八月							6	7	8	9	10	11	12	13	14	15	16	17	18	19	20	21	22	23	24	25	26	27	28	29	⑦	2	3	4	5	6	7
	回曆4月							4	5	6	7	8	9	10	11	12	13	14	15	16	17	18	19	20	21	22	23	24	25	26	27	28	29	30	1	2	3	4
	公曆9月			1	2	3	4	5	6	7	8	9	10	11	12	13	14	15	16	17	18	19	20	21	22	23	24	25	26	27	28	29	30					
11	夏曆九月			8	9	10	11	12	13	14	15	16	17	18	19	20	21	22	23	24	25	26	27	28	29	30	㊲	2	3	4	5	6	7					
	回曆5月			5	6	7	8	9	10	11	12	13	14	15	16	17	18	19	20	21	22	23	24	25	26	27	28	29	1	2	3	4	5					
	公曆10月					1	2	3	4	5	6	7	8	9	10	11	12	13	14	15	16	17	18	19	20	21	22	23	24	25	26	27	28	29	30	31		
12	夏曆十月					8	9	10	11	12	13	14	15	16	17	18	19	20	21	22	23	24	25	26	27	28	29	⑥	2	3	4	5	6	7	8	9		
	回曆6月					6	7	8	9	10	11	12	13	14	15	16	17	18	19	20	21	22	23	24	25	26	27	28	29	30	1	2	3	4	5	6		
	公曆11月	1	2	3	4	5	6	7	8	9	10	11	12	13	14	15	16	17	18	19	20	21	22	23	24	25	26	27	28	29	30							
13	夏曆十一月	10	11	12	13	14	15	16	17	18	19	20	21	22	23	24	25	26	27	28	29	30	㊱	2	3	4	5	6	7	8	9							
	回曆7月	7	8	9	10	11	12	13	14	15	16	17	18	19	20	21	22	23	24	25	26	27	28	29	1	2	3	4	5	6	7							
	公曆12月			1	2	3	4	5	6	7	8	9	10	11	12	13	14	15	16	17	18	19	20	21	22	23	24	25	26	27	28	29	30	31				
14	夏曆十二月			10	11	12	13	14	15	16	17	18	19	20	21	22	23	24	25	26	27	28	29	⑤	2	3	4	5	6	7	8	9	10	11				
	回曆8月			8	9	10	11	12	13	14	15	16	17	18	19	20	21	22	23	24	25	26	27	28	29	30	1	2	3	4	5	6	7	8				

大事記

十月，韋皋遣將與兩林蠻等部大破吐蕃于嶲州臺登谷，漸復吐蕃侵地。易定節度使張孝忠襲蔚州，大掠。瓊州自乾封為土人所陷，至是嶺南兵始拔之。　　十二月，回鶻天親可汗卒，册其子為登里羅沒密施俱錄忠貞毗伽可汗。吐蕃結葛邏祿、白服突厥攻北庭，回紇兵破之。

唐紀年

干支庚午　公元790年

朝代或國名	國家支配者	建都	廟號	謚號	建元	年號年次	輔政者	備注
唐	⑪李適	長安	德宗		3	3貞元6年	竇參等	
渤海	③大欽茂	龍泉府		文王	2	2寶曆17年		在東北
南詔	⑥蒙異牟尋	陽苴咩		孝恒王				在雲南
吐蕃	⑤挲悉籠臘贊	邏些				36年		
回鶻	⑤忠貞可汗					元年		三月被殺

月曆表

5503—384—2010008

月干支序數	月序＼星期	日	1	2	3	4	5	6	日	1	2	3	4	5	6	日	1	2	3	4	5	6	日	1	2	3	4	5	6	日	1	2	3	4	5	6	日	1
	公曆1月						1	2	3	4	5	6	7	8	9	10	11	12	13	14	15	16	17	18	19	20	21	22	23	24	25	26	27	28	29	30	31	
15	夏曆正月						12	13	14	15	16	17	18	19	20	21	22	23	24	25	26	27	28	29	30	㉟	2	3	4	5	6	7	8	9	10	11	12	
	回曆9月						9	10	11	12	13	14	15	16	17	18	19	20	21	22	23	24	25	26	27	28	29	1	2	3	4	5	6	7	8	9	10	
	公曆2月		1	2	3	4	5	6	7	8	9	10	11	12	13	14	15	16	17	18	19	20	21	22	23	24	25	26	27	28								

續表

月干支序數	月序＼星期	日	1	2	3	4	5	6	日	1	2	3	4	5	6	日	1	2	3	4	5	6	日	1	2	3	4	5	6	日	1	2	3	4	5	6	日	1
16	夏曆二月		13	14	15	16	17	18	19	20	21	22	23	24	25	26	27	28	29	30	⑤	2	3	4	5	6	7	8	9	10								
	回曆10月		11	12	13	14	15	16	17	18	19	20	21	22	23	24	25	26	27	28	29	30	1	2	3	4	5	6	7	8								
	公曆3月		1	2	3	4	5	6	7	8	9	10	11	12	13	14	15	16	17	18	19	20	21	22	23	24	25	26	27	28	29	30	31					
17	夏曆三月		11	12	13	14	15	16	17	18	19	20	21	22	23	24	25	26	27	28	29	30	㉟	2	3	4	5	6	7	8	9	10	11					
	回曆11月		9	10	11	12	13	14	15	16	17	18	19	20	21	22	23	24	25	26	27	28	29	1	2	3	4	5	6	7	8	9	10					
	公曆4月					1	2	3	4	5	6	7	8	9	10	11	12	13	14	15	16	17	18	19	20	21	22	23	24	25	26	27	28	29	30			
18	夏曆四月					12	13	14	15	16	17	18	19	20	21	22	23	24	25	26	27	28	29	④	2	3	4	5	6	7	8	9	10	11	12			
	回曆12月					11	12	13	14	15	16	17	18	19	20	21	22	23	24	25	26	27	28	29	30	1	2	3	4	5	6	7	8	9	10			
	公曆5月							1	2	3	4	5	6	7	8	9	10	11	12	13	14	15	16	17	18	19	20	21	22	23	24	25	26	27	28	29	30	31
	夏曆閏四月							13	14	15	16	17	18	19	20	21	22	23	24	25	26	27	28	29	30	㉞	2	3	4	5	6	7	8	9	10	11	12	13
174年閏	回曆1月							11	12	13	14	15	16	17	18	19	20	21	22	23	24	25	26	27	28	29	①	2	3	4	5	6	7	8	9	10	11	12
	公曆6月			1	2	3	4	5	6	7	8	9	10	11	12	13	14	15	16	17	18	19	20	21	22	23	24	25	26	27	28	29	30					
19	夏曆五月			14	15	16	17	18	19	20	21	22	23	24	25	26	27	28	29	③	2	3	4	5	6	7	8	9	10	11	12	13	14					
	回曆2月			13	14	15	16	17	18	19	20	21	22	23	24	25	26	27	28	29	30	1	2	3	4	5	6	7	8	9	10	11	12					
	公曆7月					1	2	3	4	5	6	7	8	9	10	11	12	13	14	15	16	17	18	19	20	21	22	23	24	5	26	27	28	29	30	31		
20	夏曆六月					15	16	17	18	19	20	21	22	23	24	25	26	27	28	29	30	㉝	2	3	4	5	6	7	8	9	10	11	12	13	14	15		
	回曆3月					13	14	15	16	17	18	19	20	21	22	23	24	25	26	27	28	29	1	2	3	4	5	6	7	8	9	10	11	12	13	14		
	公曆8月	1	2	3	4	5	6	7	8	9	10	11	12	13	14	15	16	17	18	19	20	21	22	23	24	25	26	27	28	29	30	31						
21	夏曆七月	16	17	18	19	20	21	22	23	24	25	26	27	28	29	②	2	3	4	5	6	7	8	9	10	11	12	13	14	15	16	17						
	回曆4月	15	16	17	18	19	20	21	22	23	24	25	26	27	28	29	30	1	2	3	4	5	6	7	8	9	10	11	12	13	14	15						
	公曆9月				1	2	3	4	5	6	7	8	9	10	11	12	13	14	15	16	17	18	19	20	21	22	23	24	25	26	27	28	29	30				
22	夏曆八月				18	19	20	21	22	23	24	25	26	27	28	29	㉛	2	3	4	5	6	7	8	9	10	11	12	13	14	15	16	17	18				
	回曆5月				16	17	18	19	20	21	22	23	24	25	26	27	28	29	1	2	3	4	5	6	7	8	9	10	11	12	13	14	15	16				
	公曆10月						1	2	3	4	5	6	7	8	9	10	11	12	13	14	15	16	17	18	19	20	21	22	23	24	25	26	27	28	29	30	31	
23	夏曆九月						19	20	21	22	23	24	25	26	27	28	29	30	①	2	3	4	5	6	7	8	9	10	11	12	13	14	15	16	17	18	19	
	回曆6月						17	18	19	20	21	22	23	24	25	26	27	28	29	30	1	2	3	4	5	6	7	8	9	10	11	12	13	14	15	16	17	
	公曆11月		1	2	3	4	5	6	7	8	9	10	11	12	13	14	15	16	17	18	19	20	21	22	23	24	25	26	27	28	29	30						
24	夏曆十月		20	21	22	23	24	25	26	27	28	29	㉚	2	3	4	5	6	7	8	9	10	11	12	13	14	15	16	17	18	19	20						
	回曆7月		18	19	20	21	22	23	24	25	26	27	28	29	1	2	3	4	5	6	7	8	9	10	11	12	13	14	15	16	17	18						
	公曆12月				1	2	3	4	5	6	7	8	9	10	11	12	13	14	15	16	17	18	19	20	21	22	23	24	25	26	27	28	29	30	31			
25	夏曆十一月				21	22	23	24	25	26	27	28	29	30	(60)	2	3	4	5	6	7	8	9	10	11	12	13	14	15	16	17	18	19	20	21			
	回曆8月				11	20	21	22	23	24	25	26	27	28	29	30	1	2	3	4	5	6	7	8	9	10	11	12	13	14	15	16	17	18	19			

大事記

三月，李納奪棣州，王武俊攻之。　四月，回鶻忠貞可汗為其弟所殺，部人殺其弟，立其子阿啜為可汗。　五月，王武俊以田緒助李納，奪其四縣。北庭陷於吐蕃，回鶻兵敗，節度使楊襲古奔西州，沙陀首領朱邪盡忠降於吐蕃，由是安西遂絕音問。葛邏祿取回鶻之浮圖川，回鶻遷西北部落於南以避之。　十二月，李納歸棣州於王武俊，武俊歸四縣於田緒，事定。

唐紀年

干支辛未　公元 791 年

朝代或國名	國家支配者	建　都	廟　號	謚　號	建　元	年號年次	輔政者	備　注
唐	⑪李　適	長　安	德宗		3	3 貞元 7 年	竇　參等	
渤　海	③大欽茂	龍泉府		文　王	2	2 寶曆 18 年		在東北
南　詔	⑥蒙異牟尋	陽苴咩		孝恒王				在雲南
吐　蕃	⑤挲悉籠臘贊	邏　些				37 年		
回　鶻	⑥奉誠可汗					元年		

月曆表

5504－354－2010362

月干支序數	星期／月序	日	1	2	3	4	5	6	日	1	2	3	4	5	6	日	1	2	3	4	5	6	日	1	2	3	4	5	6	日	1	2	3	4	5	6	日	1
	公曆 1 月							1	2	3	4	5	6	7	8	9	10	11	12	13	14	15	16	17	18	19	20	21	22	23	24	25	26	27	28	29	30	31
26	夏曆十二月							22	23	24	25	26	27	28	29	㉙	2	3	4	5	6	7	8	9	10	11	12	13	14	15	16	17	18	19	20	21	22	23
	回曆 9 月							20	21	22	23	24	25	26	27	28	29	1	2	3	4	5	6	7	8	9	10	11	12	13	14	15	16	17	18	19	20	21
	公曆 2 月			1	2	3	4	5	6	7	8	9	10	11	12	13	14	15	16	17	18	19	20	21	22	23	24	25	26	27	28							
27	夏曆正月			24	25	26	27	28	29	30	(59)	2	3	4	5	6	7	8	9	10	11	12	13	14	15	16	17	18	19	20	21							
	回曆 10 月			22	23	24	25	26	27	28	29	30	1	2	3	4	5	6	7	8	9	10	11	12	13	14	15	16	17	18	19							
	公曆 3 月			1	2	3	4	5	6	7	8	9	10	11	12	13	14	15	16	17	18	19	20	21	22	23	24	25	26	27	28	29	30	31				
28	夏曆二月			22	23	24	25	26	27	28	29	30	㉙	2	3	4	5	6	7	8	9	10	11	12	13	14	15	16	17	18	19	20	21	22				
	回曆 11 月			20	21	22	23	24	25	26	27	28	29	1	2	3	4	5	6	7	8	9	10	11	12	13	14	15	16	17	18	19	20	21				
	公曆 4 月						1	2	3	4	5	6	7	8	9	10	11	12	13	14	15	16	17	18	19	20	21	22	23	24	25	26	27	28	29	30		
29	夏曆三月						23	24	25	26	27	28	29	(58)	2	3	4	5	6	7	8	9	10	11	12	13	14	15	16	17	18	19	20	21	22	23		
	回曆 12 月						22	23	24	25	26	27	28	29	30	1	2	3	4	5	6	7	8	9	10	11	12	13	14	15	16	17	18	19	20	21		
	公曆 5 月	1	2	3	4	5	6	7	8	9	10	11	12	13	14	15	16	17	18	19	20	21	22	23	24	25	26	27	28	29	30	31						
30	夏曆四月	24	25	26	27	28	29	30	㉘	2	3	4	5	6	7	8	9	10	11	12	13	14	15	16	17	18	19	20	21	22	23	24						
175 年閏	回曆 1 月	22	23	24	25	26	27	28	29	30	①	2	3	4	5	6	7	8	9	10	11	12	13	14	15	16	17	18	19	20	21	22						
	公曆 6 月				1	2	3	4	5	6	7	8	9	10	11	12	13	14	15	16	17	18	19	20	21	22	23	24	25	26	27	28	29	30				
31	夏曆五月				25	26	27	28	29	(57)	2	3	4	5	6	7	8	9	10	11	12	13	14	15	16	17	18	19	20	21	22	23	24	25				
	回曆 2 月				23	24	25	26	27	28	29	1	2	3	4	5	6	7	8	9	10	11	12	13	14	15	16	17	18	19	20	21	22	23				
	公曆 7 月						1	2	3	4	5	6	7	8	9	10	11	12	13	14	15	16	17	18	19	20	21	22	23	24	25	26	27	28	29	30	31	
32	夏曆六月						26	27	28	29	30	㉗	2	3	4	5	6	7	8	9	10	11	12	13	14	15	16	17	18	19	20	21	22	23	24	25	26	
	回曆 3 月						24	25	26	27	28	29	1	2	3	4	5	6	7	8	9	10	11	12	13	14	15	16	17	18	19	20	21	22	23	24	25	
	公曆 8 月		1	2	3	4	5	6	7	8	9	10	11	12	13	14	15	16	17	18	19	20	21	22	23	24	25	26	27	28	29	30	31					
33	夏曆七月		27	28	29	30	(57)	2	3	4	5	6	7	8	9	10	11	12	13	14	15	16	17	18	19	20	21	22	23	24	25	26	27					
	回曆 4 月		26	27	28	29	30	1	2	3	4	5	6	7	8	9	10	11	12	13	14	15	16	17	18	19	20	21	22	23	24	25	26					
	公曆 9 月					1	2	3	4	5	6	7	8	9	10	11	12	13	14	15	16	17	18	19	20	21	22	23	24	25	26	27	28	29	30			
34	夏曆八月					28	29	㉖	2	3	4	5	6	7	8	9	10	11	12	13	14	15	16	17	18	19	20	21	22	23	24	25	26	27	28			
	回曆 5 月					27	28	29	1	2	3	4	5	6	7	8	9	10	11	12	13	14	15	16	17	18	19	20	21	22	23	24	25	26	27			
	公曆 10 月							1	2	3	4	5	6	7	8	9	10	11	12	13	14	15	16	17	18	19	20	21	22	23	24	25	26	27	28	29	30	31
35	夏曆九月							29	30	(56)	2	3	4	5	6	7	8	9	10	11	12	13	14	15	16	17	18	19	20	21	22	23	24	25	26	27	28	29
	回曆 6 月							28	29	30	1	2	3	4	5	6	7	8	9	10	11	12	13	14	15	16	17	18	19	20	21	22	23	24	25	26	27	28
	公曆 11 月			1	2	3	4	5	6	7	8	9	10	11	12	13	14	15	16	17	18	19	20	21	22	23	24	25	26	27	28	29	30					
36 37	夏曆十 十一月			㉕	2	3	4	5	6	7	8	9	10	11	12	13	14	15	16	17	18	19	20	21	22	23	24	25	26	27	28	29	(54)					
	回曆 7 月			29	1	2	3	4	5	6	7	8	9	10	11	12	13	14	15	16	17	18	19	20	21	22	23	24	25	26	27	28	29					

續表

月干支序數	月序＼星期	日	1	2	3	4	5	6	日	1	2	3	4	5	6	日	1	2	3	4	5	6	日	1	2	3	4	5	6	日	1	2	3	4	5	6	日	1
	公曆 12 月					1	2	3	4	5	6	7	8	9	10	11	12	13	14	15	16	17	18	19	20	21	22	23	24	25	26	27	28	29	30	31		
38	夏曆十二月					2	3	4	5	6	7	8	9	10	11	12	13	14	15	16	17	18	19	20	21	22	23	24	25	26	27	28	29	30	㉔	2		
	回曆 8、9 月					30	1	2	3	4	5	6	7	8	9	10	11	12	13	14	15	16	17	18	19	20	21	22	23	24	25	26	27	28	29	1		

大事記

二月，册回鶻可汗為奉誠可汗。以神策等軍侵暴百姓，陵忽府縣，嚴誡之。　四月，安南土人首領杜英翰等以賦斂苛重起事，都護高平正以憂死，尋定。　五月，置柔遠軍於安南。　八月，吐蕃攻靈州，回鶻敗之。開延化渠，溉田二百頃。　九月，回鶻獻俘。

唐紀年

干支壬申　公元 792 年

朝代或國名	國家支配者	建都	廟號	謚號	建元	年號年次	輔政者	備注
唐	⑪李　適	長安	德宗		3	3 貞元 8 年	趙　憬等	
渤海	③大欽茂	龍泉府		文王	2	2 寶曆 19 年		在東北
南詔	⑥蒙異牟尋	陽苴咩		孝恒王				在雲南
吐蕃	⑤挲悉籠臘贊	邏些				38 年		
回鶻	⑥奉誠可汗					2 年		

月曆表

5505—384—2010746

月干支序數	月序＼星期	日	1	2	3	4	5	6	日	1	2	3	4	5	6	日	1	2	3	4	5	6	日	1	2	3	4	5	6	日	1	2	3	4	5	6	日	1
	公曆 1 月	1	2	3	4	5	6	7	8	9	1	11	12	13	14	15	16	17	18	19	20	21	21	23	24	25	26	27	28	29	30	31						
39	夏曆正月	3	4	5	6	7	8	9	10	11	12	13	14	15	16	17	18	19	20	21	22	23	24	25	26	27	28	29	㊳	2	3	4						
	回曆 10 月	2	3	4	5	6	7	8	9	10	11	12	13	14	15	16	17	18	19	20	21	22	23	24	25	26	27	28	29	30	1	2						
	公曆 2 月				1	2	3	4	5	6	7	8	9	10	11	12	13	14	15	16	17	18	19	20	21	22	23	24	25	26	27	28	29					
40	夏曆二月				5	6	7	8	9	10	11	12	13	14	15	16	17	18	19	20	21	22	23	24	25	26	27	28	29	30	㉓	2	3					
	回曆 11 月				3	4	5	6	7	8	9	10	11	12	13	14	15	16	17	18	19	20	21	22	23	24	25	26	27	28	29	1	2					
	公曆 3 月					1	2	3	4	5	6	7	8	9	10	11	12	13	14	15	16	17	18	19	20	21	22	23	24	25	26	27	28	29	30	31		
41	夏曆三月					4	5	6	7	8	9	10	11	12	13	14	15	16	17	18	19	20	21	22	23	24	25	26	27	28	29	㊾	2	3	4	5		
	回曆 12 月					3	4	5	6	7	8	9	10	11	12	13	14	15	16	17	18	19	20	21	22	23	24	25	26	27	28	29	30	1	2	3		
	公曆 4 月	1	2	3	4	5	6	7	8	9	10	11	12	13	14	15	16	17	18	19	20	21	22	23	24	25	26	27	28	29	30							
42	夏曆四月	6	7	8	9	10	11	12	13	14	15	16	17	18	19	20	21	22	23	24	25	26	27	28	29	30	㉒	2	3	4	5							
176 年閏	回曆 1 月	4	5	6	7	8	9	10	11	12	13	14	15	16	17	18	19	20	21	22	23	24	25	26	27	28	29	30	①	2	3							
	公曆 5 月			1	2	3	4	5	6	7	8	9	10	11	12	13	14	15	16	17	18	19	20	21	22	23	24	25	26	27	28	29	30	31				
43	夏曆五月			6	7	8	9	10	11	12	13	14	15	16	17	18	19	20	21	22	23	24	25	26	27	28	29	30	㊾	2	3	4	5	6				
	回曆 2 月			4	5	6	7	8	9	10	11	12	13	14	15	16	17	18	19	20	21	22	23	24	25	26	27	28	29	30	1	2	3	4				
	公曆 6 月						1	2	3	4	5	6	7	8	9	10	11	12	13	14	15	16	17	18	19	20	21	22	23	24	25	26	27	28	29	30		
44	夏曆六月						7	8	9	10	11	12	13	14	15	16	17	18	19	20	21	22	23	24	25	26	27	28	29	㉑	2	3	4	5	6	7		
	回曆 3 月						5	6	7	8	9	10	11	12	13	14	15	16	17	18	19	20	21	22	23	24	25	26	27	28	29	1	2	3	4	5		

續表

月干支序數	星期／月序	日	1	2	3	4	5	6	日	1	2	3	4	5	6	日	1	2	3	4	5	6	日	1	2	3	4	5	6	日	1	2	3	4	5	6	日	1
	公暦7月	1	2	3	4	5	6	7	8	9	10	11	12	13	14	15	16	17	18	19	20	21	22	23	24	25	26	27	28	29	30	31						
45	夏暦七月	8	9	10	11	12	13	14	15	16	17	18	19	20	21	22	23	24	25	26	27	28	29	30	(51)	2	3	4	5	6	7	8						
	回暦4月	6	7	8	9	10	11	12	13	14	15	16	17	18	19	20	21	22	23	24	25	26	27	28	29	30	1	2	3	4	5	6						
	公暦8月				1	2	3	4	5	6	7	8	9	10	11	12	13	14	15	16	17	18	19	20	21	22	23	24	25	26	27	28	29	30	31			
46	夏暦八月				9	10	11	12	13	14	15	16	17	18	19	20	21	22	23	24	25	26	27	28	29	⑳	2	3	4	5	6	7	8	9	10			
	回暦5月				7	8	9	10	11	12	13	14	15	16	17	18	19	20	21	22	23	24	25	26	27	28	29	1	2	3	4	5	6	7	8			
	公暦9月							1	2	3	4	5	6	7	8	9	10	11	12	13	14	15	16	17	18	19	20	21	22	23	24	25	26	27	28	29	30	
47	夏暦九月							11	12	13	14	15	16	17	18	19	20	21	22	23	24	25	26	27	28	29	30	㊿	2	3	4	5	6	7	8	9	10	
	回暦6月							9	10	11	12	13	14	15	16	17	18	19	20	21	22	23	24	25	26	27	28	29	30	1	2	3	4	5	6	7	8	
	公暦10月		1	2	3	4	5	6	7	8	9	10	11	12	13	14	15	16	17	18	19	20	21	22	23	24	25	26	27	28	29	30	31					
48	夏暦十月		11	12	13	14	15	16	17	18	19	20	21	22	23	24	25	26	27	28	29	30	⑳	2	3	4	5	6	7	8	9	10	11					
	回暦7月		9	10	11	12	13	14	15	16	17	18	19	20	21	22	23	24	25	26	27	28	29	1	2	3	4	5	6	7	8	9	10					
	公暦11月					1	2	3	4	5	6	7	8	9	10	11	12	13	14	15	16	17	18	19	20	21	22	23	24	25	26	27	28	29	30			
49	夏暦十一月					12	13	14	15	16	17	18	19	20	21	22	23	24	25	26	27	28	29	㊾	2	3	4	5	6	7	8	9	10	11	12			
	回暦8月					11	12	13	14	15	16	17	18	19	20	21	22	23	24	25	26	27	28	29	30	1	2	3	4	5	6	7	8	9	10			
	公暦12月							1	2	3	4	5	6	7	8	9	10	11	12	13	14	15	16	17	18	19	20	21	22	23	24	25	26	27	28	29	30	31
50	夏暦十二月							13	14	15	16	17	18	19	20	21	22	23	24	25	26	27	28	29	30	⑲	2	3	4	5	6	7	8	9	10	11	12	13
	回暦9月							11	12	13	14	15	16	17	18	19	20	21	22	23	24	25	26	27	28	29	1	2	3	4	5	6	7	8	9	10	11	12

大事記

二月，勿鄧首領苴夢冲潛結吐蕃，韋皋遣兵擒斬之。　三月，山南東道軍亂，旋定。　四月，趙憬、陸贄任相。宣武軍節度使劉玄佐死，命吳湊往代；軍亂，擁玄佐子士寧為留後，遂命為節度使。吐蕃擾靈州，毀營田。　五月，京兆青苗增稅，每畝三錢。平盧節度使李納死，其子師古知留後，旋命為節度使。　六月，吐蕃擾涇州，虜田卒。　八月，韋皋攻維州，敗吐蕃。　十一月，山南西道兵敗吐蕃於芳州。王武俊發兵圖奪平盧之三汊城，李師古遣將拒之；遣人諭止。盧龍節度使劉濟擊其弟瀛州刺史澭，破之。左神策監軍竇文場譖統將柏良器，去之。自是宦官始專軍政。

唐紀年

干支癸酉　公元 793 年

朝代或國名	國家支配者	建都	廟號	謚號	建元	年號年次	輔政者	備注
唐	⑪李适	長安	德宗		3	3 貞元 9 年	趙憬等	
渤海	③大欽茂	龍泉府		文王	2	2 寶曆 20 年		在東北
南詔	⑥蒙異牟尋	陽苴咩		孝恒王				在雲南
吐蕃	⑤挲悉籠臘贊	邏些				39 年		
回鶻	⑥奉誠可汗					3 年		

月曆表

5506—355—2011101

月干支序數	星期／月序	日	1	2	3	4	5	6	日	1	2	3	4	5	6	日	1	2	3	4	5	6	日	1	2	3	4	5	6	日	1	2	3	4	5	6	日	1
	公暦1月			1	2	3	4	5	6	7	8	9	10	11	12	13	14	15	16	17	18	19	20	21	22	23	24	25	26	27	28	29	30	31				
	夏暦閏十二月			14	15	16	17	18	19	20	21	22	23	24	25	26	27	28	29	㊽	2	3	4	5	6	7	8	9	10	11	12	13	14	15				

續表

月干支序數	月序＼星期	日	1	2	3	4	5	6	日	1	2	3	4	5	6	日	1	2	3	4	5	6	日	1	2	3	4	5	6	日	1	2	3	4	5	6	日	1
	回曆10月			13	14	15	16	17	18	19	20	21	22	23	24	25	26	27	28	29	30	1	2	3	4	5	6	7	8	9	10	11	12	13				
	公曆2月						1	2	3	4	5	6	7	8	9	10	11	12	13	14	15	16	17	18	19	20	21	22	23	24	25	26	27	28				
51	夏曆正月						16	17	18	19	20	21	22	23	24	25	26	27	28	29	⑰	2	3	4	5	6	7	8	9	10	11	12	13	14				
	回曆11月						14	15	16	17	18	19	20	21	22	23	24	25	26	27	28	29	1	2	3	4	5	6	7	8	9	10	11	12				
	公曆3月						1	2	3	4	5	6	7	8	9	10	11	12	13	14	15	16	17	18	19	20	21	22	23	24	25	26	27	28	29	30	31	
52	夏曆二月						15	16	17	18	19	20	21	22	23	24	25	26	27	28	29	30	㊼	2	3	4	5	6	7	8	9	10	11	12	13	14	15	
	回曆12月						13	14	15	16	17	18	19	20	21	22	23	24	25	26	27	28	29	30	1	2	3	4	5	6	7	8	9	10	11	12	13	
	公曆4月		1	2	3	4	5	6	7	8	9	10	11	12	13	14	15	16	17	18	19	20	21	22	23	24	25	26	27	28	29	30						
53	夏曆三月		16	17	18	19	20	21	22	23	24	25	26	27	28	29	⑯	2	3	4	5	6	7	8	9	10	11	12	13	14	15	16						
177年	回曆1月		14	15	16	17	18	19	20	21	22	23	24	25	26	27	28	29	30	①	2	3	4	5	6	7	8	9	10	11	12	13						
	公曆5月				1	2	3	4	5	6	7	8	9	10	11	12	13	14	15	16	17	18	19	20	21	22	23	24	25	26	27	28	29	30	31			
54	夏曆四月				17	18	19	20	21	22	23	24	25	26	27	28	29	30	㊻	2	3	4	5	6	7	8	9	10	11	12	13	14	15	16	17			
	回曆2月				14	15	16	17	18	19	20	21	22	23	24	25	26	27	28	29	30	1	2	3	4	5	6	7	8	9	10	11	12	13	14			
	公曆6月							1	2	3	4	5	6	7	8	9	10	11	12	13	14	15	16	17	18	19	20	21	22	23	24	25	26	27	28	29	30	
55	夏曆五月							18	19	20	21	22	23	24	25	26	27	28	29	⑮	2	3	4	5	6	7	8	9	10	11	12	13	14	15	16	17	18	
	回曆3月							15	16	17	18	19	20	21	22	23	24	25	26	27	28	29	1	2	3	4	5	6	7	8	9	10	11	12	13	14	15	
	公曆7月		1	2	3	4	5	6	7	8	9	10	11	12	13	14	15	16	17	18	19	20	21	22	23	24	25	26	27	28	29	30	31					
56	夏曆六月		19	20	21	22	23	24	25	26	27	28	29	30	㊺	2	3	4	5	6	7	8	9	10	11	12	13	14	15	16	17	18	19					
	回曆4月		16	17	18	19	20	21	22	23	24	25	26	27	28	29	30	1	2	3	4	5	6	7	8	9	10	11	12	13	14	15	16					
	公曆8月					1	2	3	4	5	6	7	8	9	10	11	12	13	14	15	16	17	18	19	20	21	22	23	24	25	26	27	28	29	30	31		
57	夏曆七月					20	21	22	23	24	25	26	27	28	29	⑭	2	3	4	5	6	7	8	9	10	11	12	13	14	15	16	17	18	19	20	21		
	回曆5月					17	18	19	20	21	22	23	24	25	26	27	28	29	1	2	3	4	5	6	7	8	9	10	11	12	13	14	15	16	17	18		
	公曆9月	1	2	3	4	5	6	7	8	9	10	11	12	13	14	15	16	17	18	19	20	21	22	23	24	25	26	27	28	29	30							
58	夏曆八月	22	23	24	25	26	27	28	29	30	㊹	2	3	4	5	6	7	8	9	10	11	12	13	14	15	16	17	18	19	20	21							
	回曆6月	19	20	21	22	23	24	25	26	27	28	29	30	1	2	3	4	5	6	7	8	9	10	11	12	13	14	15	16	17	18							
	公曆10月			1	2	3	4	5	6	7	8	9	10	11	12	13	14	15	16	17	18	19	20	21	22	23	24	25	26	27	28	29	30	31				
59	夏曆九月			22	23	24	25	26	27	28	29	30	⑭	2	3	4	5	6	7	8	9	10	11	12	13	14	15	16	17	18	19	20	21	22				
	回曆7月			19	20	21	22	23	24	25	26	27	28	29	1	2	3	4	5	6	7	8	9	10	11	12	13	14	15	16	17	18	19	20				
	公曆11月						1	2	3	4	5	6	7	8	9	10	11	12	13	14	15	16	17	18	19	20	21	22	23	24	25	26	27	28	29	30		
60	夏曆十月						23	24	25	26	27	28	29	30	㊹	2	3	4	5	6	7	8	9	10	11	12	13	14	15	16	17	18	19	20	21	22		
	回曆8月						21	22	23	24	25	26	27	28	29	30	1	2	3	4	5	6	7	8	9	10	11	12	13	14	15	16	17	18	19	20		
	公曆12月	1	2	3	4	5	6	7	8	9	10	11	12	13	14	15	16	17	18	19	20	21	22	23	24	25	26	27	28	29	30	31						
1	夏曆十一月	23	24	25	26	27	28	29	⑬	2	3	4	5	6	7	8	9	10	11	12	13	14	15	16	17	18	19	20	21	22	23	24						
	回曆9月	21	22	23	24	25	26	27	28	29	1	2	3	4	5	6	7	8	9	10	11	12	13	14	15	16	17	18	19	20	21	22						

大事記

正月，始征茶十稅一，歲入四十五萬緡。　四月，王武俊襲取義武軍之義豐，又掠安喜、無極民萬餘，徙之德、棣。　五月，韋皋遣將拔吐蕃所侵堡寨五十餘。南詔王遣使上表歸唐。　七月，劍南西山諸羌女王湯立志等八部去吐蕃來附，處之維、保、霸州，授諸首領官。　十二月，宣武官都知兵馬使李萬榮逐節度使劉士寧，自為留後，逾年，命為節度使。

唐紀年

干支甲戌　公元794年

朝代或國名	國家支配者	建都	廟號	謚號	建元	年號年次	輔政者	備注
唐	⑪李　適	長　安	德宗		3	3 貞元10年	趙　憬等	
渤海	③大欽茂	龍泉府		文　王	2	2 寶曆21年		在東北
渤海	④大華嶼	龍泉府		成　王	1	中興元年		
南詔	⑥蒙異牟尋	陽苴咩		孝恒王				在雲南
吐蕃	⑤挲悉龍臘贊	邏　些				40年		
回鶻	⑥奉誠可汗					4年		

月曆表

5507—355—2011456

月干支序數	月序＼星期	日	1	2	3	4	5	6	日	1	2	3	4	5	6	日	1	2	3	4	5	6	日	1	2	3	4	5	6	日	1	2	3	4	5	6	日	1
	公曆1月				1	2	3	4	5	6	7	8	9	10	11	12	13	14	15	16	17	18	19	20	21	22	23	24	25	26	27	28	29	30	31			
2	夏曆十二月				25	26	27	28	29	30	㊸	2	3	4	5	6	7	8	9	10	11	12	13	14	15	16	17	18	19	20	21	22	23	24	25			
	回曆10月				23	24	25	26	27	28	29	30	1	2	3	4	5	6	7	8	9	10	11	12	13	14	15	16	17	18	19	20	21	22	23			
	公曆2月							1	2	3	4	5	6	7	8	9	10	11	12	13	14	15	16	17	18	19	20	21	22	23	24	25	26	27	28			
3	夏曆正月							26	27	28	29	⑫	2	3	4	5	6	7	8	9	10	11	12	13	14	15	16	17	18	19	20	21	22	23	24			
	回曆11月							24	25	26	27	28	29	1	2	3	4	5	6	7	8	9	10	11	12	13	14	15	16	17	18	19	20	21	22			
	公曆3月							1	2	3	4	5	6	7	8	9	10	11	12	13	14	15	16	17	18	19	20	21	22	23	24	25	26	27	28	29	30	31
4	夏曆二月							25	26	27	28	29	㊶	2	3	4	5	6	7	8	9	10	11	12	13	14	15	16	17	18	19	20	21	22	23	24	25	26
	回曆12月							23	24	25	26	27	28	29	30	1	2	3	4	5	6	7	8	9	10	11	12	13	14	15	16	17	18	19	20	21	22	23
	公曆4月			1	2	3	4	5	6	7	8	9	10	11	12	13	14	15	16	17	18	19	20	21	22	23	24	25	26	27	28	29	30					
5	夏曆三月			27	28	29	30	⑪	2	3	4	5	6	7	8	9	10	11	12	13	14	15	16	17	18	19	20	21	22	23	24	25	26					
178年	回曆1月			24	25	26	27	28	29	①	2	3	4	5	6	7	8	9	10	11	12	13	14	15	16	17	18	19	20	21	22	23	24					
	公曆5月					1	2	3	4	5	6	7	8	9	10	11	12	13	14	15	16	17	18	19	20	21	22	23	24	25	26	27	28	29	30	31		
6	夏曆四月					27	28	29	㊵	2	3	4	5	6	7	8	9	10	11	12	13	14	15	16	17	18	19	20	21	22	23	24	25	26	27	28		
	回曆2月					25	26	27	28	29	30	1	2	3	4	5	6	7	8	9	10	11	12	13	14	15	16	17	18	19	20	21	22	23	24	25		
	公曆6月	1	2	3	4	5	6	7	8	9	10	11	12	13	14	15	16	17	18	19	20	21	22	23	24	25	26	27	28	29	30							
7	夏曆五月	29	30	⑩	2	3	4	5	6	7	8	9	10	11	12	13	14	15	16	17	18	19	20	21	22	23	24	25	26	27	28							
	回曆3月	26	27	28	29	1	2	3	4	5	6	7	8	9	10	11	12	13	14	15	16	17	18	19	20	21	22	23	24	25	26							
	公曆7月			1	2	3	4	5	6	7	8	9	10	11	12	13	14	15	16	17	18	19	20	21	22	23	24	25	26	27	28	29	30	31				
8	夏曆六月			29	㊴	2	3	4	5	6	7	8	9	10	11	12	13	14	15	16	17	18	19	20	21	22	23	24	25	26	27	28	29	30				
	回曆4月			27	28	29	30	1	2	3	4	5	6	7	8	9	10	11	12	13	14	15	16	17	18	19	20	21	22	23	24	25	26	27				
	公曆8月						1	2	3	4	5	6	7	8	9	10	11	12	13	14	15	16	17	18	19	20	21	22	23	24	25	26	27	28	29	30	31	
9 10	夏曆七八月						⑨	2	3	4	5	6	7	8	9	10	11	12	13	14	15	16	17	18	19	20	21	22	23	24	25	26	27	28	29	㊳	2	
	回曆5月						28	29	1	2	3	4	5	6	7	8	9	10	11	12	13	14	15	16	17	18	19	20	21	22	23	24	25	26	27	28	29	
	公曆9月		1	2	3	4	5	6	7	8	9	10	11	12	13	14	15	16	17	18	19	20	21	22	23	24	25	26	27	28	29	30						
11	夏曆九月		3	4	5	6	7	8	9	10	11	12	13	14	15	16	17	18	19	20	21	22	23	24	25	26	27	28	29	30	⑧	2						
	回曆6月		30	1	2	3	4	5	6	7	8	9	10	11	12	13	14	15	16	17	18	19	20	21	22	23	24	25	26	27	28	29						
	公曆10月				1	2	3	4	5	6	7	8	9	10	11	12	13	14	15	16	17	18	19	20	21	22	23	24	25	26	27	28	29	30	31			
12	夏曆十月				3	4	5	6	7	8	9	10	11	12	13	14	15	16	17	18	19	20	21	22	23	24	25	26	27	28	29	30	㊳	2	3			
	回曆7、8月				1	2	3	4	5	6	7	8	9	10	11	12	13	14	15	16	17	18	19	20	21	22	23	24	25	26	27	28	29	30	1			
	公曆11月							1	2	3	4	5	6	7	8	9	10	11	12	13	14	15	16	17	18	19	20	21	22	23	24	25	26	27	28	29	30	
13	夏曆十一月							4	5	6	7	8	9	10	11	12	13	14	15	16	17	18	19	20	21	22	23	24	25	26	27	28	29	⑦	2	3	4	

續表

月干支序數	月序＼星期	日	1	2	3	4	5	6	日	1	2	3	4	5	6	日	1	2	3	4	5	6	日	1	2	3	4	5	6	日	1	2	3	4	5	6	日	1
	回暦9月							2	3	4	5	6	7	8	9	10	11	12	13	14	15	16	17	18	19	20	21	22	23	24	25	26	27	28	29	1	2	
	公暦12月		1	2	3	4	5	6	7	8	9	10	11	12	13	14	15	16	17	18	19	20	21	22	23	24	25	26	27	28	29	30	31					
14	夏暦十二月		5	6	7	8	9	10	11	12	13	14	15	16	17	18	19	20	21	22	23	24	25	26	27	28	29	30	㊲	2	3	4	5					
	回暦10月		3	4	5	6	7	8	9	10	11	12	13	14	15	16	17	18	19	20	21	22	23	24	25	26	27	28	29	30	1	2	3					

大事記

正月，南詔王異牟尋與唐盟，絕吐蕃，繼攻吐蕃。劍南西山羌、夷二萬餘戶來降；詔加韋皋押進界羌、蠻及西山八國使。四月，宣武軍亂，尋定。欽州土人首領黄少卿攻陷州城，尋又陷横、尋、桂等州。攻邕州。　六月，昭義節度使李抱真死，其子李緘請襲，不許；以軍將王虔休為留後，後命為節度使。遣使册南詔王異牟尋。韋皋破吐蕃於峨和城。　七月，賜異牟尋金印。昭義軍將洺州刺史不服王虔休，請分磁、邢、洺三州别置節度，虔休攻之，逾年方定。

唐紀年

干支乙亥　公元795年

朝代或國名	國家支配者	建都	廟號	謚號	建元	年號年次	輔政者	備注
唐	⑪李　適	長安	德宗		3	3貞元11年	盧邁等	
渤海	⑤大嵩璘	龍泉府		康王	1	正暦元年		在東北
南詔	⑥蒙異牟尋	陽苴咩		孝恒王				在雲南
吐蕃	⑤挲悉龍臘贊	邏些				41年		
回鶻	⑥奉誠可汗					5年		四月卒

月曆表

5508－384－2011840

月干支序數	月序＼星期	日	1	2	3	4	5	6	日	1	2	3	4	5	6	日	1	2	3	4	5	6	日	1	2	3	4	5	6	日	1	2	3	4	5	6	日	1
	公暦1月					1	2	3	4	5	6	7	8	9	10	11	12	13	14	15	16	17	18	19	20	21	22	23	24	25	26	27	28	29	30	31		
15	夏暦正月					6	7	8	9	10	11	12	13	14	1	16	17	18	19	20	21	22	23	24	25	26	27	28	29	30	⑦	2	3	4	5	6		
	回暦11月					4	5	6	7	8	9	10	11	12	13	14	15	16	17	18	19	20	21	22	23	24	25	26	27	28	29	1	2	3	4	5		
	公暦2月	1	2	3	4	5	6	7	8	9	10	11	12	13	14	15	16	17	18	19	20	21	22	23	24	25	26	27	28									
16	夏暦二月	7	8	9	10	11	12	13	14	15	16	17	18	19	20	21	22	23	24	25	26	27	28	29	㊱	2	3	4	5									
	回暦12月	6	7	8	9	10	11	12	13	14	15	16	17	18	19	20	21	22	23	24	25	26	27	28	29	30	1	2	3									
	公暦3月	1	2	3	4	5	6	7	8	9	10	11	12	13	14	15	16	17	18	19	20	21	22	23	24	25	26	27	28	29	30	31						
17	夏暦三月	6	7	8	9	10	11	12	13	14	15	16	17	18	19	20	21	22	23	24	25	26	27	28	29	30	⑥	2	3	4	5	6						
179年閏	回暦1月	4	5	6	7	8	9	10	11	12	13	14	15	16	17	18	19	20	21	22	23	24	25	26	27	28	29	①	2	3	4	5						
	公暦4月				1	2	3	4	5	6	7	8	9	10	11	12	13	14	15	16	17	18	19	20	21	22	23	24	25	26	27	28	29	30				
18	夏暦四月				7	8	9	10	11	12	13	14	15	16	17	18	19	20	21	22	23	24	25	26	27	28	29	㉟	2	3	4	5	6	7				
	回暦2月				6	7	8	9	10	11	12	13	14	15	16	17	18	19	20	21	22	23	24	25	26	27	28	29	30	1	2	3	4	5				
	公暦5月						1	2	3	4	5	6	7	8	9	10	11	12	13	14	15	16	17	18	19	20	21	22	23	24	25	26	27	28	29	30	31	
19	夏暦五月						8	9	10	11	12	13	14	15	16	17	18	19	20	21	22	23	24	25	26	27	28	29	④	2	3	4	5	6	7	8	9	
	回暦3月						6	7	8	9	10	11	12	13	14	15	16	17	18	19	20	21	22	23	24	25	26	27	28	29	1	2	3	4	5	6	7	
	公暦6月		1	2	3	4	5	6	7	8	9	10	11	12	13	14	15	16	17	18	19	20	21	22	23	24	25	26	27	28	29	30						
20	夏暦六月		10	11	12	13	14	15	16	17	18	19	20	21	22	23	24	25	26	27	28	29	30	㉞	2	3	4	5	6	7	8	9						
	回暦4月		8	9	10	11	12	13	14	15	16	17	18	19	20	21	22	23	24	25	26	27	28	29	30	1	2	3	4	5	6	7						

續表

月 干支 序數	星期 / 月序	日	1	2	3	4	5	6	日	1	2	3	4	5	6	日	1	2	3	4	5	6	日	1	2	3	4	5	6	日	1	2	3	4	5	6	日	1
	公曆7月				1	2	3	4	5	6	7	8	9	10	11	12	13	14	15	16	17	18	19	20	21	22	23	24	25	26	27	28	29	30	31			
21	夏曆七月				10	11	12	13	14	15	16	17	18	19	20	21	22	23	24	25	26	27	28	29	③	2	3	4	5	6	7	8	9	10	11			
	回曆5月				8	9	10	11	12	13	14	15	16	17	18	19	20	21	22	23	24	25	26	27	28	29	1	2	3	4	5	6	7	8	9			
	公曆8月							1	2	3	4	5	6	7	8	9	10	11	12	13	14	15	16	17	18	19	20	21	22	23	24	25	26	27	28	29	30	31
22	夏曆八月							12	13	14	15	16	17	18	19	20	21	22	23	24	25	26	27	28	29	㉜	2	3	4	5	6	7	8	9	10	11	12	13
	回曆6月							10	11	12	13	14	15	16	17	18	19	20	21	22	23	24	25	26	27	28	29	30	1	2	3	4	5	6	7	8	9	10
	公曆9月			1	2	3	4	5	6	7	8	9	10	11	12	13	14	15	16	17	18	19	20	21	22	23	24	25	26	27	28	29	30					
	夏曆閏八月			14	15	16	17	18	19	20	21	22	23	24	25	26	27	28	29	30	②	2	3	4	5	6	7	8	9	10	11	12	13					
	回曆7月			11	12	13	14	15	16	17	18	19	20	21	22	23	24	25	26	27	28	29	1	2	3	4	5	6	7	8	9	10	11					
	公曆10月					1	2	3	4	5	6	7	8	9	10	11	12	13	14	15	16	17	18	19	20	21	22	23	24	25	26	27	28	29	30	31		
23	夏曆九月					14	15	16	17	18	19	20	21	22	23	24	25	26	27	28	29	30	㉜	2	3	4	5	6	7	8	9	10	11	12	13	14		
	回曆8月					12	13	14	15	16	17	18	19	20	21	22	23	24	25	26	27	28	29	30	1	2	3	4	5	6	7	8	9	10	11	12		
	公曆11月	1	2	3	4	5	6	7	8	9	10	11	12	13	14	15	16	17	18	19	20	21	22	23	24	25	26	27	28	29	30							
24	夏曆十月	15	16	17	18	19	20	21	22	23	24	25	26	27	28	29	①	2	3	4	5	6	7	8	9	10	11	12	13	14	15							
	回曆9月	13	14	15	16	17	18	19	20	21	22	23	24	25	26	27	28	29	1	2	3	4	5	6	7	8	9	10	11	12	13							
	公曆12月			1	2	3	4	5	6	7	8	9	10	11	12	13	14	15	16	17	18	19	20	21	22	23	24	25	26	27	28	29	30	31				
25	夏曆十一月			16	17	18	19	20	21	22	23	24	25	26	27	28	29	30	㉛	2	3	4	5	6	7	8	9	10	11	12	13	14	15	16				
	回曆10月			14	15	16	17	18	19	20	21	22	23	24	25	26	27	28	29	30	1	2	3	4	5	6	7	8	9	10	11	12	13	14				

大事記

二月，渤海國中幾經爭亂，大嵩璘為王，改元正曆，遣使册之。　四月，幽州劉濟破奚王啜利軍六萬餘衆。回鶻奉誠可汗卒，其相𨁂跌骨啜祿為可汗，冒姓藥葛羅氏。　五月，册為騰里邏羽錄沒密施合胡祿毗伽懷信可汗。　七月，河東監軍恣橫，軍將嘩噪，監軍墮城死。　十月，南詔取吐蕃昆明城，虜施、順二蠻王。

唐紀年

干支丙子　公元796年

朝代或國名	國家支配者	建都	廟號	謚號	建元	年號年次	輔政者	備注
唐	⑪李　適	長安	德宗		3	3 貞元12年	渾瑊等	
渤海	⑤大嵩璘	龍泉府		康王	1	正曆2年		在東北
南詔	⑥蒙異牟尋	陽苴咩		孝恒王				在雲南
吐蕃	⑤挲悉籠臘贊	邏些				42年		
回鶻	⑦懷信可汗					元年		

月曆表

5509—354—2012194

月 干支 序數	星期 / 月序	日	1	2	3	4	5	6	日	1	2	3	4	5	6	日	1	2	3	4	5	6	日	1	2	3	4	5	6	日	1	2	3	4	5	6	日	1
	公曆1月						1	2	3	4	5	6	7	8	9	10	11	12	13	14	15	16	17	18	19	20	21	22	23	24	25	26	27	28	29	30	31	
26	夏曆十二月						17	18	19	20	21	22	23	24	25	26	27	28	29	30	①	2	3	4	5	6	7	8	9	10	11	12	13	14	15	16	17	
	回曆11月						15	16	17	18	19	20	21	22	23	24	25	26	27	28	29	1	2	3	4	5	6	7	8	9	10	11	12	13	14	15	16	
	公曆2月		1	2	3	4	5	6	7	8	9	10	11	12	13	14	15	16	17	18	19	20	21	22	23	24	25	26	27	28	29							
27	夏曆正月		18	19	20	21	22	23	24	25	26	27	28	29	30	㉛	2	3	4	5	6	7	8	9	10	11	12	13	14	15	16							

續表

月 干支 序數	星期 月序	日	1	2	3	4	5	6	日	1	2	3	4	5	6	日	1	2	3	4	5	6	日	1	2	3	4	5	6	日	1	2	3	4	5	6	日	1
	回暦 12 月		17	18	19	20	21	22	23	24	25	26	27	28	29	30	1	2	3	4	5	6	7	8	9	10	11	12	13	14	15							
	公暦 3 月			1	2	3	4	5	6	7	8	9	10	11	12	13	14	15	16	17	18	19	20	21	22	23	24	25	26	27	28	29	30	31				
28	夏暦二月			17	18	19	20	21	22	23	24	25	26	27	28	29	(60)	2	3	4	5	6	7	8	9	10	11	12	13	14	15	16	17	18				
180 年	回暦 1 月			16	17	18	19	20	21	22	23	24	25	26	27	28	29	30	①	2	3	4	5	6	7	8	9	10	11	12	13	14	15	16				
	公暦 4 月						1	2	3	4	5	6	7	8	9	10	11	12	13	14	15	16	17	18	19	20	21	22	23	24	25	26	27	28	29	30		
29	夏暦三月						19	20	21	22	23	24	25	26	27	28	29	30	㉚	2	3	4	5	6	7	8	9	10	11	12	13	14	15	16	17	18		
	回暦 2 月						17	18	19	20	21	22	23	24	25	26	27	28	29	30	1	2	3	4	5	6	7	8	9	10	11	12	13	14	15	16		
	公暦 5 月	1	2	3	4	5	6	7	8	9	10	11	12	13	14	15	16	17	18	19	20	21	22	23	24	25	26	27	28	29	30	31						
30	夏暦四月	19	20	21	22	23	24	25	26	27	28	29	(59)	2	3	4	5	6	7	8	9	10	11	12	13	14	15	16	17	18	19	20						
	回暦 3 月	17	18	19	20	21	22	23	24	25	26	27	28	29	1	2	3	4	5	6	7	8	9	10	11	12	13	14	15	16	17	18						
	公暦 6 月				1	2	3	4	5	6	7	8	9	10	11	12	13	14	15	16	17	18	19	20	21	22	23	24	25	26	27	28	29	30				
31	夏暦五月				21	22	23	24	25	26	27	28	29	㉘	2	3	4	5	6	7	8	9	10	11	12	13	14	15	16	17	18	19	20	21				
	回暦 4 月				19	20	21	22	23	24	25	26	27	28	29	30	1	2	3	4	5	6	7	8	9	10	11	12	13	14	15	16	17	18				
	公暦 7 月						1	2	3	4	5	6	7	8	9	10	11	12	13	14	15	16	17	18	19	20	21	22	23	24	25	26	27	28	29	30	31	
32	夏暦六月						22	23	24	25	26	27	28	29	(57)	2	3	4	5	6	7	8	9	10	11	12	13	14	15	16	17	18	19	20	21	22	23	
	回暦 5 月						19	20	21	22	23	24	25	26	27	28	29	1	2	3	4	5	6	7	8	9	10	11	12	13	14	15	16	17	18	19	20	
	公暦 8 月		1	2	3	4	5	6	7	8	9	10	11	12	13	14	15	16	17	18	19	20	21	22	23	24	25	26	27	28	29	30	31					
33	夏暦七月		24	25	26	27	28	29	30	㉗	2	3	4	5	6	7	8	9	10	11	12	13	14	15	16	17	18	19	20	21	22	23	24					
	回暦 6 月		21	22	23	24	25	26	27	28	29	30	1	2	3	4	5	6	7	8	9	10	11	12	13	14	15	16	17	18	19	20	21					
	公暦 9 月					1	2	3	4	5	6	7	8	9	10	11	12	13	14	15	16	17	18	19	20	21	22	23	24	25	26	27	28	29	30			
34	夏暦八月					25	26	27	28	29	(56)	2	3	4	5	6	7	8	9	10	11	12	13	14	15	16	17	18	19	20	21	22	23	24	25			
	回暦 7 月					22	23	24	25	26	27	28	29	1	2	3	4	5	6	7	8	9	10	11	12	13	14	15	16	17	18	19	20	21	22			
	公暦 10 月							1	2	3	4	5	6	7	8	9	10	11	12	13	14	15	16	17	18	19	20	21	22	23	24	25	26	27	28	29	30	31
35	夏暦九月							26	27	28	29	30	㉖	2	3	4	5	6	7	8	9	10	11	12	13	14	15	16	17	18	19	20	21	22	23	24	25	26
	回暦 8 月							23	24	25	26	27	28	29	30	1	2	3	4	5	6	7	8	9	10	11	12	13	14	15	16	17	18	19	20	21	22	23
	公暦 11 月			1	2	3	4	5	6	7	8	9	10	11	12	13	14	15	16	17	18	19	20	21	22	23	24	25	26	27	28	29	30					
36	夏暦十月			27	28	29	(55)	2	3	4	5	6	7	8	9	10	11	12	13	14	15	16	17	18	19	20	21	22	23	24	25	26	27					
	回暦 9 月			24	25	26	27	28	29	1	2	3	4	5	6	7	8	9	10	11	12	13	14	15	16	17	18	19	20	21	22	23	24					
	公暦 12 月					1	2	3	4	5	6	7	8	9	10	11	12	13	14	15	16	17	18	19	20	21	22	23	24	25	26	27	28	29	30	31		
37	夏暦十一月					28	29	30	㉕	2	3	4	5	6	7	8	9	10	11	12	13	14	15	16	17	18	19	20	21	22	23	24	25	26	27	28		
	回暦 10 月					25	26	27	28	29	30	1	2	3	4	5	6	7	8	9	10	11	12	13	14	15	16	17	18	19	20	21	22	23	24	25		

大事記

正月，普加節度使檢校官。　三月，西南夷高萬唐等二萬餘口來降。　四月，魏博節度使田緒死，幼子季安為留後，尋命為節度使。　六月，以宦官竇文場等為護軍中尉監北軍，於是宦官權勢益大。　七月，宣武軍節度使李萬榮將死，子迺謀旌節，部將鄧惟恭與監軍執迺，權軍事；朝命以董晉為節度使，繫惟恭，捕斬其黨。　九月，吐蕃攻慶州。

唐紀年

干支丁丑　公元 797 年

朝代或國名	國家支配者	建都	廟號	謚號	建元	年號年次	輔政者	備注
唐	⑪李适	長安	德宗		3	3 貞元 13 年	渾瑊等	
渤海	⑤大嵩璘	龍泉府		康王	1	正暦 3 年		在東北
南詔	⑥蒙異牟尋	陽苴咩		孝恒王				在雲南

續表

朝代或國名	國家支配者	建都	廟號	謚號	建元	年號年次	輔政者	備注
吐蕃	⑤挲悉籠臘贊	邏些				43年		
回鶻	⑦懷信可汗					2年		

月曆表

5510—354—2012548

月干支序數	月序＼星期	日	1	2	3	4	5	6	日	1	2	3	4	5	6	日	1	2	3	4	5	6	日	1	2	3	4	5	6	日	1	2	3	4	5	6	日	1
	公曆1月	1	2	3	4	5	6	7	8	9	10	11	12	13	14	15	16	17	18	19	20	21	22	23	24	25	26	27	28	29	30	31						
38	夏曆十二月	29	30	(55)	2	3	4	5	6	7	8	9	10	11	12	13	14	15	16	17	18	19	20	21	22	23	24	25	26	27	28	29						
	回曆11月	26	27	28	29	1	2	3	4	5	6	7	8	9	10	11	12	13	14	15	16	17	18	19	20	21	22	23	24	25	26	27						
	公曆2月				1	2	3	4	5	6	7	8	9	10	11	12	13	14	15	16	17	18	19	20	21	22	23	24	25	26	27	28						
39	夏曆正月				30	㉕	2	3	4	5	6	7	8	9	10	11	12	13	14	15	16	17	18	19	20	21	22	23	24	25	26	27						
	回曆12月				28	29	30	1	2	3	4	5	6	7	8	9	10	11	12	13	14	15	16	17	18	19	20	21	22	23	24	25						
	公曆3月				1	2	3	4	5	6	7	8	9	10	11	12	13	14	15	16	17	18	19	20	21	22	23	24	25	26	27	28	29	30	31			
40	夏曆二月				28	29	(54)	2	3	4	5	6	7	8	9	10	11	12	13	14	15	16	17	18	19	20	21	22	23	24	25	26	27	28	29			
181年	回曆1月				26	27	28	29	①	2	3	4	5	6	7	8	9	10	11	12	13	14	15	16	17	18	19	20	21	22	23	24	25	26	27			
	公曆4月							1	2	3	4	5	6	7	8	9	10	11	12	13	14	15	16	17	18	19	20	21	22	23	24	25	26	27	28	29	30	
41	夏曆三月							30	㉔	2	3	4	5	6	7	8	9	10	11	12	13	14	15	16	17	18	19	20	21	22	23	24	25	26	27	28	29	
	回曆2月							28	29	30	1	2	3	4	5	6	7	8	9	10	11	12	13	14	15	16	17	18	19	20	21	22	23	24	25	26	27	
	公曆5月		1	2	3	4	5	6	7	8	9	10	11	12	13	14	15	16	17	18	19	20	21	22	23	24	25	26	27	28	29	30	31					
42 43	夏曆四五月		(53)	2	3	4	5	6	7	8	9	10	11	12	13	14	15	16	17	18	19	20	21	22	23	24	25	26	27	28	29	30	㉓					
	回曆3月		28	29	1	2	3	4	5	6	7	8	9	10	11	12	13	14	15	16	17	18	19	20	21	22	23	24	25	26	27	28	29					
	公曆6月					1	2	3	4	5	6	7	8	9	10	11	12	13	14	15	16	17	18	19	20	21	22	23	24	25	26	27	28	29	30			
44	夏曆六月					2	3	4	5	6	7	8	9	10	11	12	13	14	15	16	17	18	19	20	21	22	23	24	25	26	27	28	29	(52)	2			
	回曆4月					30	1	2	3	4	5	6	7	8	9	10	11	12	13	14	15	16	17	18	19	20	21	22	23	24	25	26	27	28	29			
	公曆7月							1	2	3	4	5	6	7	8	9	10	11	12	13	14	15	16	17	18	19	20	21	22	23	24	25	26	27	28	29	30	31
45	夏曆七月							3	4	5	6	7	8	9	10	11	12	13	14	15	16	17	18	19	20	21	22	23	24	25	26	27	28	29	㉑	2	3	4
	回曆5、6月							1	2	3	4	5	6	7	8	9	10	11	12	13	14	15	16	17	18	19	20	21	22	23	24	25	26	27	28	29	30	1
	公曆8月				1	2	3	4	5	6	7	8	9	10	11	12	13	14	15	16	17	18	19	20	21	22	23	24	25	26	27	28	29	30	31			
46	夏曆八月				5	6	7	8	9	10	11	12	13	14	15	16	17	18	19	20	21	22	23	24	25	26	27	28	29	30	(51)	2	3	4	5			
	回曆7月				2	3	4	5	6	7	8	9	10	11	12	13	14	15	16	17	18	19	20	21	22	23	24	25	26	27	28	29	1	2	3			
	公曆9月						1	2	3	4	5	6	7	8	9	10	11	12	13	14	15	16	17	18	19	20	21	22	23	24	25	26	27	28	29	30		
47	夏曆九月						6	7	8	9	10	11	12	13	14	15	16	17	18	19	20	21	22	23	24	25	26	27	28	29	⑳	2	3	4	5	6		
	回曆8月						4	5	6	7	8	9	10	11	12	13	14	15	16	17	18	19	20	21	22	23	24	25	26	27	28	29	30	1	2	3		
	公曆10月	1	2	3	4	5	6	7	8	9	10	11	12	13	14	15	16	17	18	19	20	21	22	23	24	25	26	27	28	29	30	31						
48	夏曆十月	7	8	9	10	11	12	13	14	15	16	17	18	19	20	21	22	23	24	25	26	27	28	29	30	㊿	2	3	4	5	6	7						
	回曆9月	4	5	6	7	8	9	10	11	12	13	14	15	16	17	18	19	20	21	22	23	24	25	26	27	28	29	1	2	3	4	5						
	公曆11月				1	2	3	4	5	6	7	8	9	10	11	12	13	14	15	16	17	18	19	20	21	22	23	24	25	26	27	28	29	30				
49	夏曆十一月				8	9	10	11	12	13	14	15	16	17	18	19	20	21	22	23	24	25	26	27	28	29	⑲	2	3	4	5	6	7	8				
	回曆10月				6	7	8	9	10	11	12	13	14	15	16	17	18	19	20	21	22	23	24	25	26	27	28	29	30	1	2	3	4	5				
	公曆12月						1	2	3	4	5	6	7	8	9	10	11	12	13	14	15	16	17	18	19	20	21	22	23	24	25	26	27	28	29	30	31	
50	夏曆十二月						9	10	11	12	13	14	15	16	17	18	19	20	21	22	23	24	25	26	27	28	29	30	㊾	2	3	4	5	6	7	8	9	
	回曆11月						6	7	8	9	10	11	12	13	14	15	16	17	18	19	20	21	22	23	24	25	26	27	28	29	1	2	3	4	5	6	7	

大事記

正月，吐蕃遣使請和，不許。築方渠、合道、木波三城，以備吐蕃。　四月，吐蕃贊普乞立贊卒，子足之煎立。　六月，吐蕃擾巂州，敗還。　十二月，以宦官為宮市使。

唐紀年

干支戊寅　公元798年

朝代或國名	國家支配者	建都	廟號	謚號	建元	年號年次	輔政者	備注
唐	⑪李適	長安	德宗		3	3貞元14年	渾瑊等	
渤海	⑤大嵩璘	龍泉府		康王	1	正曆4年		在東北
南詔	⑥蒙異牟尋	陽苴咩		孝恒王				在雲南
吐蕃	⑥足之煎	邏些				元年		
回鶻	⑦懷信可汗					3年		

月曆表

5511—384—2012932

月干支序數	月序＼星期	日	1	2	3	4	5	6	日	1	2	3	4	5	6	日	1	2	3	4	5	6	日	1	2	3	4	5	6	日	1	2	3	4	5	6	日	1
	公曆1月		1	2	3	4	5	6	7	8	9	10	11	12	13	14	15	16	17	18	19	20	21	22	23	24	25	26	27	28	29	30	31					
51	夏曆正月		10	11	12	13	14	15	16	17	18	19	20	21	22	23	24	25	26	27	28	29	30	⑲	2	3	4	5	6	7	8	9	10					
	回曆12月		8	9	10	11	12	13	14	15	16	17	18	19	20	21	22	23	24	25	26	27	28	29	30	1	2	3	4	5	6	7	8					
	公曆2月					1	2	3	4	5	6	7	8	9	10	11	12	13	14	15	16	17	18	19	20	21	22	23	24	25	26	27	28					
52	夏曆二月					11	12	13	14	15	16	17	18	19	20	21	22	23	24	25	26	27	28	29	30	㊾	2	3	4	5	6	7	8					
182年	回曆1月					9	10	11	12	13	14	15	16	17	18	19	20	21	22	23	24	25	26	27	28	29	①	2	3	4	5	6	7					
	公曆3月					1	2	3	4	5	6	7	8	9	10	11	12	13	14	15	16	17	18	19	20	21	22	23	24	25	26	27	28	29	30	31		
53	夏曆三月					9	10	11	12	13	14	15	16	17	18	19	20	21	22	23	24	25	26	27	28	29	⑱	2	3	4	5	6	7	8	9	10		
	回曆2月					8	9	10	11	12	13	14	15	16	17	18	19	20	21	22	23	24	25	26	27	28	29	30	1	2	3	4	5	6	7	8		
	公曆4月	1	2	3	4	5	6	7	8	9	10	11	12	13	14	15	16	17	18	19	20	21	22	23	24	25	26	27	28	29	30							
54	夏曆四月	11	12	13	14	15	16	17	18	19	20	21	22	23	24	25	26	27	28	29	30	㊽	2	3	4	5	6	7	8	9	10							
	回曆3月	9	10	11	12	13	14	15	16	17	18	19	20	21	22	23	24	25	26	27	28	29	1	2	3	4	5	6	7	8	9							
	公曆5月			1	2	3	4	5	6	7	8	9	10	11	12	13	14	15	16	17	18	19	20	21	22	23	24	25	26	27	28	29	30	31				
55	夏曆五月			11	12	13	14	15	16	17	18	19	20	21	22	23	24	25	26	27	28	29	⑰	2	3	4	5	6	7	8	9	10	11	12				
	回曆4月			10	11	12	13	14	15	16	17	18	19	20	21	22	23	24	25	26	27	28	29	30	1	2	3	4	5	6	7	8	9	10				
	公曆6月						1	2	3	4	5	6	7	8	9	10	11	12	13	14	15	16	17	18	19	20	21	22	23	24	25	26	27	28	29	30		
	夏曆閏五月						13	14	15	16	17	18	19	20	21	22	23	24	25	26	27	28	29	30	㊼	2	3	4	5	6	7	8	9	10	11	12		
	回曆5月						11	12	13	14	15	16	17	18	19	20	21	22	23	24	25	26	27	28	29	1	2	3	4	5	6	7	8	9	10	11		
	公曆7月	1	2	3	4	5	6	7	8	9	10	11	12	13	14	15	16	17	18	19	20	21	22	23	24	25	26	27	28	29	30	31						
56	夏曆六月	13	14	15	16	17	18	19	20	21	22	23	24	25	26	27	28	29	⑯	2	3	4	5	6	7	8	9	10	11	12	13	14						
	回曆6月	12	13	14	15	16	17	18	19	20	21	22	23	24	25	26	27	28	29	30	1	2	3	4	5	6	7	8	9	10	11	12						
	公曆8月				1	2	3	4	5	6	7	8	9	10	11	12	13	14	15	16	17	18	19	20	21	22	23	24	25	26	27	28	29	30	31			
57	夏曆七月				15	16	17	18	19	20	21	22	23	24	25	26	27	28	29	㊺	2	3	4	5	6	7	8	9	10	11	12	13	14	15	16			
	回曆7月				13	14	15	16	17	18	19	20	21	22	23	24	25	26	27	28	29	1	2	3	4	5	6	7	8	9	10	11	12	13	14			
	公曆9月							1	2	3	4	5	6	7	8	9	10	11	12	13	14	15	16	17	18	19	20	21	22	23	24	25	26	27	28	29	30	
58	夏曆八月							17	18	19	20	21	22	23	24	25	26	27	28	29	30	⑮	2	3	4	5	6	7	8	9	10	11	12	13	14	15	16	
	回曆8月							15	16	17	18	19	20	21	22	23	24	25	26	27	28	29	30	1	2	3	4	5	6	7	8	9	10	11	12	13	14	
	公曆10月		1	2	3	4	5	6	7	8	9	10	11	12	13	14	15	16	17	18	19	20	21	22	23	24	25	26	27	28	29	30	31					
59	夏曆九月		17	18	19	20	21	22	23	24	25	26	27	28	29	㊹	2	3	4	5	6	7	8	9	10	11	12	13	14	15	16	17	18					

續表

月干支序數	星期/月序	日	1	2	3	4	5	6	日	1	2	3	4	5	6	日	1	2	3	4	5	6	日	1	2	3	4	5	6	日	1	2	3	4	5	6	日	1
	回曆 9 月		15	16	17	18	19	20	21	22	23	24	25	26	27	28	29	1	2	3	4	5	6	7	8	9	10	11	12	13	14	15	16					
	公曆 11 月					1	2	3	4	5	6	7	8	9	10	11	12	13	14	15	16	17	18	19	20	21	22	23	24	25	26	27	28	29	30			
60	夏曆十月					19	20	21	22	23	24	25	26	27	28	29	30	⑭	2	3	4	5	6	7	8	9	10	11	12	13	14	15	16	17	18			
	回曆 10 月					17	18	19	20	21	22	23	24	25	26	27	28	29	30	1	2	3	4	5	6	7	8	9	10	11	12	13	14	15	16			
	公曆 12 月							1	2	3	4	5	6	7	8	9	10	11	12	13	14	15	16	17	18	19	20	21	22	23	24	25	26	27	28	29	30	31
1	夏曆十一月							19	20	21	22	23	24	25	26	27	28	29	㊸	2	3	4	5	6	7	8	9	10	11	12	13	14	15	16	17	18	19	20
	回曆 11 月							17	18	19	20	21	22	23	24	25	26	27	28	29	1	2	3	4	5	6	7	8	9	10	11	12	13	14	15	16	17	18

大事記

閏五月，夏州軍亂，逐神策軍行營節度使韓全義，旋定。　八月，置左右神策統軍。　九月，彰義軍節度使吳少誠作亂。　十月，夏州兵破吐蕃於鹽州西北。明州將栗鍠殺刺史，結山越，掠浙東。

唐紀年

干支己卯　公元 799 年

朝代或國名	國家支配者	建都	廟號	謚號	建元	年號年次	輔政者	備注
唐	⑪李適	長安	德宗		3	3 貞元 15 年	渾瑊等	
渤海	⑤大嵩璘	龍泉府		康王	1	正曆 5 年		在東北
南詔	⑥蒙異牟尋	陽苴咩		孝恒王				在雲南
吐蕃	⑦棄臘松贊	邏些				元年		
回鶻	⑦懷信可汗					4 年		

月曆表

5512—354—2013286

月干支序數	星期/月序	日	1	2	3	4	5	6	日	1	2	3	4	5	6	日	1	2	3	4	5	6	日	1	2	3	4	5	6	日	1	2	3	4	5	6	日	1
	公曆 1 月			1	2	3	4	5	6	7	8	9	10	11	12	13	14	15	16	17	18	19	20	21	22	23	24	25	26	27	28	29	30	31				
2	夏曆十二月			21	22	23	24	25	26	27	28	29	30	⑬	2	3	4	5	6	7	8	9	10	11	12	13	14	15	16	17	18	19	20	21				
	回曆 12 月			19	20	21	22	23	24	25	26	27	28	29	30	1	2	3	4	5	6	7	8	9	10	11	12	13	14	15	16	17	18	19				
	公曆 2 月						1	2	3	4	5	6	7	8	9	10	11	12	13	14	15	16	17	18	19	20	21	22	23	24	25	26	27	28				
3	夏曆正月						22	23	24	25	26	27	28	29	30	㊸	2	3	4	5	6	7	8	9	10	11	12	13	14	15	16	17	18	19				
183 年	回曆 1 月						20	21	22	23	24	25	26	27	28	29	30	①	2	3	4	5	6	7	8	9	10	11	12	13	14	15	16	17				
	公曆 3 月						1	2	3	4	5	6	7	8	9	10	11	12	13	14	15	16	17	18	19	20	21	22	23	24	25	26	27	28	29	30	31	
4	夏曆二月						20	21	22	23	24	25	26	27	28	29	⑫	2	3	4	5	6	7	8	9	10	11	12	13	14	15	16	17	18	19	20	21	
	回曆 2 月						18	19	20	21	22	23	24	25	26	27	28	29	30	1	2	3	4	5	6	7	8	9	10	11	12	13	14	15	16	17	18	
	公曆 4 月		1	2	3	4	5	6	7	8	9	10	11	12	13	14	15	16	17	18	19	20	21	22	23	24	25	26	27	28	29	30						
5	夏曆三月		22	23	24	25	26	27	28	29	30	㊷	2	3	4	5	6	7	8	9	10	11	12	13	14	15	16	17	18	19	20	21						
	回曆 3 月		19	20	21	22	23	24	25	26	27	28	29	1	2	3	4	5	6	7	8	9	10	11	12	13	14	15	16	17	18	19						
	公曆 5 月				1	2	3	4	5	6	7	8	9	10	11	12	13	14	15	16	17	18	19	20	21	22	23	24	25	26	27	28	29	30	31			
6	夏曆四月				22	23	24	25	26	27	28	29	30	⑫	2	3	4	5	6	7	8	9	10	11	12	13	14	15	16	17	18	19	20	21	22			
	回曆 4 月				20	21	22	23	24	25	26	27	28	29	30	1	2	3	4	5	6	7	8	9	10	11	12	13	14	15	16	17	18	19	20			
	公曆 6 月							1	2	3	4	5	6	7	8	9	10	11	12	13	14	15	16	17	18	19	20	21	22	23	24	25	26	27	28	29	30	
7	夏曆五月							23	24	25	26	27	28	29	㊶	2	3	4	5	6	7	8	9	10	11	12	13	14	15	16	17	18	19	20	21	22	23	

續表

月干支序數	星期／月序	日	1	2	3	4	5	6	日	1	2	3	4	5	6	日	1	2	3	4	5	6	日	1	2	3	4	5	6	日	1	2	3	4	5	6	日	1
	回暦5月							21	22	23	24	25	26	27	28	29	1	2	3	4	5	6	7	8	9	10	11	12	13	14	15	16	17	18	19	20	21	
	公暦7月		1	2	3	4	5	6	7	8	9	10	11	12	13	14	15	16	17	18	19	20	21	22	23	24	25	26	27	28	29	30	31					
8	夏暦六月		24	25	26	27	28	29	30	⑪	2	3	4	5	6	7	8	9	10	11	12	13	14	15	16	17	18	19	20	21	22	23	24					
	回暦6月		22	23	24	25	26	27	28	29	30	1	2	3	4	5	6	7	8	9	10	11	12	13	14	15	16	17	18	19	20	21	22					
	公暦8月					1	2	3	4	5	6	7	8	9	10	11	12	13	14	15	16	17	18	19	20	21	22	23	24	25	26	27	28	29	30	31		
9	夏暦七月					25	26	27	28	29	㊵	2	3	4	5	6	7	8	9	10	11	12	13	14	15	16	17	18	19	20	21	22	23	24	25	26		
	回暦7月					23	24	25	26	27	28	29	1	2	3	4	5	6	7	8	9	10	11	12	13	14	15	16	17	18	19	20	21	22	23	24		
	公暦9月	1	2	3	4	5	6	7	8	9	10	11	12	13	14	15	16	17	18	19	20	21	22	23	24	25	26	27	28	29	30							
10	夏暦八月	27	28	29	⑨	2	3	4	5	6	7	8	9	10	11	12	13	14	15	16	17	18	19	20	21	22	23	24	25	26	27							
	回暦8月	25	26	27	28	29	30	1	2	3	4	5	6	7	8	9	10	11	12	13	14	15	16	17	18	19	20	21	22	23	24							
	公暦10月			1	2	3	4	5	6	7	8	9	10	11	12	13	14	15	16	17	18	19	20	21	22	23	24	25	26	27	28	29	30	31				
11	夏暦九月			28	29	30	㊴	2	3	4	5	6	7	8	9	10	11	12	13	14	15	16	17	18	19	20	21	22	23	24	25	26	27	28				
	回暦9月			25	26	27	28	29	1	2	3	4	5	6	7	8	9	10	11	12	13	14	15	16	17	18	19	20	21	22	23	24	25	26				
	公暦11月						1	2	3	4	5	6	7	8	9	10	11	12	13	14	15	16	17	18	19	20	21	22	23	24	25	26	27	28	29	30		
12	夏暦十月						29	⑧	2	3	4	5	6	7	8	9	10	11	12	13	14	15	16	17	18	19	20	21	22	23	24	25	26	27	28	29		
	回暦10月						27	28	29	30	1	2	3	4	5	6	7	8	9	10	11	12	13	14	15	16	17	18	19	20	21	22	23	24	25	26		
	公暦12月	1	2	3	4	5	6	7	8	9	10	11	12	13	14	15	16	17	18	19	20	21	22	23	24	25	26	27	28	29	30	31						
13 14	夏暦十一 十二月	30	㊳	2	3	4	5	6	7	8	9	10	11	12	13	14	15	16	17	18	19	20	21	22	23	24	25	26	27	28	29	⑦						
	回暦11月	27	28	29	1	2	3	4	5	6	7	8	9	10	11	12	13	14	15	16	17	18	19	20	21	22	23	24	25	26	27	28						

大事記

二月，宣武軍節度使董晉死，以行軍司馬陸長源代之，軍亂，將陸長源切塊而食。監軍引宋州刺史劉逸準來，亂乃定。旋以逸準為節度使，改名全諒。栗鍠敗死。　三月，吳少誠襲唐州，掠千餘人；八月，又圍許州，掠西華；詔削少誠官爵，討之。宣武軍節度使劉全諒死，軍中推都知兵馬使韓弘為留後，尋命為節度使。　十一月，山南東道等處兵屢破吳少誠。　十二月，六州黨項奔河西。吐蕃擊南詔及嶲州，無攻而還。

唐紀年

干支庚辰　公元800年

朝代或國名	國家支配者	建　都	廟　號	謚　號	建　元	年號年次	輔政者	備　注
唐	⑪李　適	長　安	德宗		3	3 貞元16年	齊　抗等	
渤　海	⑤大嵩璘	龍泉府		康　王	1	正曆6年		在東北
南　詔	⑥蒙異牟尋	陽苴咩		孝恒王				在雲南
吐　蕃	⑦棄臘松贊	邏　些				2年		
回　鶻	⑦懷信可汗					5年		

月曆表

5513—354—2013640

月干支序數	星期／月序	日	1	2	3	4	5	6	日	1	2	3	4	5	6	日	1	2	3	4	5	6	日	1	2	3	4	5	6	日	1	2	3	4	5	6	日	1
	公暦1月				1	2	3	4	5	6	7	8	9	10	11	12	13	14	15	16	17	18	19	20	21	22	23	24	25	26	27	28	29	30	31			
15	夏暦正月				2	3	4	5	6	7	8	9	10	11	12	13	14	15	16	17	18	19	20	21	22	23	24	25	26	27	28	29	30	㊲	2			

續表

月 干支 序數	星期 月序	日	1	2	3	4	5	6	日	1	2	3	4	5	6	日	1	2	3	4	5	6	日	1	2	3	4	5	6	日	1	2	3	4	5	6	日	1
	回暦 12 月				29	30	1	2	3	4	5	6	7	8	9	10	11	12	13	14	15	16	17	18	19	20	21	22	23	24	25	26	27	28	29			
	公暦 2 月							1	2	3	4	5	6	7	8	9	10	11	12	13	14	15	16	17	18	19	20	21	22	23	24	25	26	27	28	29		
16	夏暦二月							3	4	5	6	7	8	9	10	11	12	13	14	15	16	17	18	19	20	21	22	23	24	25	26	27	28	29	⑥	2		
184年	回暦 1 月							①	2	3	4	5	6	7	8	9	10	11	12	13	14	15	16	17	18	19	20	21	22	23	24	25	26	27	28	29		
	公暦 3 月	1	2	3	4	5	6	7	8	9	10	11	12	13	14	15	16	17	18	19	20	21	22	23	24	25	26	27	28	29	30	31						
17	夏暦三月	3	4	5	6	7	8	9	10	11	12	13	14	15	16	17	18	19	20	21	22	23	24	25	26	27	28	29	30	㊱	2	3						
	回暦 2、3 月	30	1	2	3	4	5	6	7	8	9	10	11	12	13	14	15	16	17	18	19	20	21	22	23	24	25	26	27	28	29	1						
	公暦 4 月				1	2	3	4	5	6	7	8	9	10	11	12	13	14	15	16	17	18	19	20	21	22	23	24	25	26	27	28	29	30				
18	夏暦四月				4	5	6	7	8	9	10	11	12	13	14	15	16	17	18	19	20	21	22	23	24	25	26	27	28	29	30	⑥	2	3				
	回暦 4 月				2	3	4	5	6	7	8	9	10	11	12	13	14	15	16	17	18	19	20	21	22	23	24	25	26	27	28	29	30	1				
	公暦 5 月						1	2	3	4	5	6	7	8	9	10	11	12	13	14	15	16	17	18	19	20	21	22	23	24	25	26	27	28	29	30	31	
19	夏暦五月						4	5	6	7	8	9	10	11	12	13	14	15	16	17	18	19	20	21	22	23	24	25	26	27	28	29	㉟	2	3	4	5	
	回暦 5 月						2	3	4	5	6	7	8	9	10	11	12	13	14	15	16	17	18	19	20	21	22	23	24	25	26	27	28	29	1	2	3	
	公暦 6 月		1	2	3	4	5	6	7	8	9	10	11	12	13	14	15	16	17	18	19	20	21	22	23	24	25	26	27	28	29	30						
20	夏暦六月		6	7	8	9	10	11	12	13	14	15	16	17	18	19	20	21	22	23	24	25	26	27	28	29	30	⑤	2	3	4	5						
	回暦 6 月		4	5	6	7	8	9	10	11	12	13	14	15	16	17	18	19	20	21	22	23	24	25	26	27	28	29	30	1	2	3						
	公暦 7 月				1	2	3	4	5	6	7	8	9	10	11	12	13	14	15	16	17	18	19	20	21	22	23	24	25	26	27	28	29	30	31			
21	夏暦七月				6	7	8	9	10	11	12	13	14	15	16	17	18	19	20	21	22	23	24	25	26	27	28	29	㉞	2	3	4	5	6	7			
	回暦 7 月				4	5	6	7	8	9	10	11	12	13	14	15	16	17	18	19	20	21	22	23	24	25	26	27	28	29	1	2	3	4	5			
	公暦 8 月							1	2	3	4	5	6	7	8	9	10	11	12	13	14	15	16	17	18	19	20	21	22	23	24	25	26	27	28	29	30	31
22	夏暦八月							8	9	10	11	12	13	14	15	16	17	18	19	20	21	22	23	24	25	26	27	28	29	30	④	2	3	4	5	6	7	8
	回暦 8 月							6	7	8	9	10	11	12	13	14	15	16	17	18	19	20	21	22	23	24	25	26	27	28	29	30	1	2	3	4	5	6
	公暦 9 月			1	2	3	4	5	6	7	8	9	10	11	12	13	14	15	16	17	18	19	20	21	22	23	24	25	26	27	28	29	30					
23	夏暦九月			9	10	11	12	13	14	15	16	17	18	19	20	21	22	23	24	25	26	27	28	29	㉝	2	3	4	5	6	7	8	9					
	回暦 9 月			7	8	9	10	11	12	13	14	15	16	17	18	19	20	21	22	23	24	25	26	27	28	29	1	2	3	4	5	6	7					
	公暦 10 月					1	2	3	4	5	6	7	8	9	10	11	12	13	14	15	16	17	18	19	20	21	22	23	24	25	26	27	28	29	30	31		
24	夏暦十月					10	11	12	13	14	15	16	17	18	19	20	21	22	23	24	25	26	27	28	29	30	③	2	3	4	5	6	7	8	9	10		
	回暦 10 月					8	9	10	11	12	13	14	15	16	17	18	19	20	21	22	23	24	25	26	27	28	29	30	1	2	3	4	5	6	7	8		
	公暦 11 月	1	2	3	4	5	6	7	8	9	10	11	12	13	14	15	16	17	18	19	20	21	22	23	24	25	26	27	28	29	30							
25	夏暦十一月	11	12	13	14	15	16	17	18	19	20	21	22	23	24	25	26	27	28	29	㉜	2	3	4	5	6	7	8	9	10	11							
	回暦 11 月	9	10	11	12	13	14	15	16	17	18	19	20	21	22	23	24	25	26	27	28	29	1	2	3	4	5	6	7	8	9							
	公暦 12 月			1	2	3	4	5	6	7	8	9	10	11	12	13	14	15	16	17	18	19	20	21	22	23	24	25	26	27	28	29	30	31				
26	夏暦十二月			12	13	14	15	16	17	18	19	20	21	22	23	24	25	26	27	28	29	30	②	2	3	4	5	6	7	8	9	10	11	12				
	回暦 12 月			10	11	12	13	14	15	16	17	18	19	20	21	22	23	24	25	26	27	28	29	30	1	2	3	4	5	6	7	8	9	10				

大事記

正月，韓全義統十七道兵討吳少誠。　四月，黔州將傅進逐觀察使韋士宗。　五月，加淮南節度使杜佑同平章事。徐泗濠節度使張建封死，軍亂，擁建封子愔為徐州團練使，旋又命為留後。　七月，盧龍節度使劉濟以其弟源抗命，擊擒之。　十月，韓全義屢敗，會吳少誠謝罪，乃罷兵。復少誠官爵。吐蕃將馬定德率部落來降。

唐紀年

干支辛巳　公元 801 年

朝代或國名	國家支配者	建　都	廟　號	謚　號	建　元	年號年次	輔政者	備　注
唐	⑪李適	長安	德宗		3	3 貞元 17 年	齊抗等	
渤海	⑤大嵩璘	龍泉府		康王	1	正曆 7 年		在東北
南詔	⑥蒙異牟尋	陽苴咩		孝恒王	2			在雲南
吐蕃	⑦棄臘松贊	邏些				3 年		西藏
回鶻	⑦懷信可汗					6 年		

月曆表

5514—384—2014024

月干支序數	月序＼星期	日	1	2	3	4	5	6	日	1	2	3	4	5	6	日	1	2	3	4	5	6	日	1	2	3	4	5	6	日	1	2	3	4	5	6	日	1
	公曆 1 月						1	2	3	4	5	6	7	8	9	10	11	12	13	14	15	16	17	18	19	20	21	22	23	24	25	26	27	28	29	30	31	
27	夏曆正月						13	14	15	16	17	18	19	20	21	22	23	24	25	26	27	28	29	㉛	2	3	4	5	6	7	8	9	10	11	12	13	14	
185 年	回曆 1 月						11	12	13	14	15	16	17	18	19	20	21	22	23	24	25	26	27	28	29	①	2	3	4	5	6	7	8	9	10	11	12	
	公曆 2 月		1	2	3	4	5	6	7	8	9	10	11	12	13	14	15	16	17	18	19	20	21	22	23	24	25	26	27	28								
	夏曆閏正月		15	16	17	18	19	20	21	22	23	24	25	26	27	28	29	30	①	2	3	4	5	6	7	8	9	10	11	12								
	回曆 2 月		13	14	15	16	17	18	19	20	21	22	23	24	25	26	27	28	29	30	1	2	3	4	5	6	7	8	9	10								
	公曆 3 月		1	2	3	4	5	6	7	8	9	10	11	12	13	14	15	16	17	18	19	20	21	22	23	24	25	26	27	28	29	30	31					
28	夏曆二月		13	14	15	16	17	18	19	20	21	22	23	24	25	26	27	28	29	㉚	2	3	4	5	6	7	8	9	10	11	12	13	14					
	回曆 3 月		11	12	13	14	15	16	17	18	19	20	21	22	23	24	25	26	27	28	29	1	2	3	4	5	6	7	8	9	10	11	12					
	公曆 4 月					1	2	3	4	5	6	7	8	9	10	11	12	13	14	15	16	17	18	19	20	21	22	23	24	25	26	27	28	29	30			
29	夏曆三月					15	16	17	18	19	20	21	22	23	24	25	26	27	28	29	30	(60)	2	3	4	5	6	7	8	9	10	11	12	13	14			
	回曆 4 月					13	14	15	16	17	18	19	20	21	22	23	24	25	26	27	28	29	30	1	2	3	4	5	6	7	8	9	10	11	12			
	公曆 5 月							1	2	3	4	5	6	7	8	9	10	11	12	13	14	15	16	17	18	19	20	21	22	23	24	25	26	27	28	29	30	31
30	夏曆四月							15	16	17	18	19	20	21	22	23	24	25	26	27	28	29	㉙	2	3	4	5	6	7	8	9	10	11	12	13	14	15	16
	回曆 5 月							13	14	15	16	17	18	19	20	21	22	23	24	25	26	27	28	29	1	2	3	4	5	6	7	8	9	10	11	12	13	14
	公曆 6 月			1	2	3	4	5	6	7	8	9	10	11	12	13	14	15	16	17	18	19	20	21	22	23	24	25	26	27	28	29	30					
31	夏曆五月			17	18	19	20	21	22	23	24	25	26	27	28	29	30	(59)	2	3	4	5	6	7	8	9	10	11	12	13	14	15	16					
	回曆 6 月			15	16	17	18	19	20	21	22	23	24	25	26	27	28	29	30	1	2	3	4	5	6	7	8	9	10	11	12	13	14					
	公曆 7 月					1	2	3	4	5	6	7	8	9	10	11	12	13	14	15	16	17	18	19	20	21	22	23	24	25	26	27	28	29	30	31		
32	夏曆六月					17	18	19	20	21	22	23	24	25	26	27	28	29	30	㉙	2	3	4	5	6	7	8	9	10	11	12	13	14	15	16	17		
	回曆 7 月					15	16	17	18	19	20	21	22	23	24	25	26	27	28	29	1	2	3	4	5	6	7	8	9	10	11	12	13	14	15	16		
	公曆 8 月	1	2	3	4	5	6	7	8	9	10	11	12	13	14	15	16	17	18	19	20	21	22	23	24	25	26	27	28	29	30	31						
33	夏曆七月	18	19	20	21	22	23	24	25	26	27	28	29	(58)	2	3	4	5	6	7	8	9	10	11	12	13	14	15	16	17	18	19						
	回曆 8 月	17	18	19	20	21	22	23	24	25	26	27	28	29	30	1	2	3	4	5	6	7	8	9	10	11	12	13	14	15	16	17						
	公曆 9 月				1	2	3	4	5	6	7	8	9	10	11	12	13	14	15	16	17	18	19	20	21	22	23	24	25	26	27	28	29	30				
34	夏曆八月				20	21	22	23	24	25	26	27	28	29	30	㉘	2	3	4	5	6	7	8	9	10	11	12	13	14	15	16	17	18	19				
	回曆 9 月				18	19	20	21	22	23	24	25	26	27	28	29	1	2	3	4	5	6	7	8	9	10	11	12	13	14	15	16	17	18				
	公曆 10 月						1	2	3	4	5	6	7	8	9	10	11	12	13	14	15	16	17	18	19	20	21	22	23	24	25	26	27	28	29	30	31	
35	夏曆九月						20	21	22	23	24	25	26	27	28	29	(57)	2	3	4	5	6	7	8	9	10	11	12	13	14	15	16	17	18	19	20	21	
	回曆 10 月						19	20	21	22	23	24	25	26	27	28	29	30	1	2	3	4	5	6	7	8	9	10	11	12	13	14	15	16	17	18	19	
	公曆 11 月		1	2	3	4	5	6	7	8	9	10	11	12	13	14	15	16	17	18	19	20	21	22	23	24	25	26	27	28	29	30						
36	夏曆十月		22	23	24	25	26	27	28	29	30	㉗	2	3	4	5	6	7	8	9	10	11	12	13	14	15	16	17	18	19	20	21						
	回曆 11 月		20	21	22	23	24	25	26	27	28	29	1	2	3	4	5	6	7	8	9	10	11	12	13	14	15	16	17	18	19	20						

續表

月 干支 序數	星期 月序	日	1	2	3	4	5	6	日	1	2	3	4	5	6	日	1	2	3	4	5	6	日	1	2	3	4	5	6	日	1	2	3	4	5	6	日	1
	公曆 12 月				1	2	3	4	5	6	7	8	9	10	11	12	13	14	15	16	17	18	19	20	21	22	23	24	25	26	27	28	29	30	31			
37	夏曆十一月				22	23	24	25	26	27	28	29	(56)	2	3	4	5	6	7	8	9	10	11	12	13	14	15	16	17	18	19	20	21	22	23			
	回曆 12 月				21	22	23	24	25	26	27	28	29	30	1	2	3	4	5	6	7	8	9	10	11	12	13	14	15	16	17	18	19	20	21			

大事記

五月，邠、寧、慶節度使楊朝晟死，以李朝宷代之，劉南金為副；軍亂，殺南金，擁兵馬使高固為主。即命固知軍事，尋以為節度使。成德節度使王武俊死，以其子士真為節度使。　七月，吐蕃掠鹽、麟二州。　九月，韋皋破吐蕃雅州，圍維州及昆明城。　十月，鹽州刺史杜彥先為吐蕃所逼，棄城走。

賈耽上《海內華夷圖》及《古都郡國縣道四夷述》四十卷。杜佑進《通典》二百卷。

唐紀年

干支壬午　公元 802 年

朝代或國名	國家支配者	建都	廟號	謚號	建元	年號年次	輔政者	備注
唐	⑪李適	長安	德宗		3	3 貞元 18 年	齊抗等	
渤海	⑤大嵩璘	龍泉府		康王	1	正曆 8 年		在東北
南詔	⑥蒙異牟尋	陽苴咩		孝恒王	2			在雲南
吐蕃	⑦棄臘松贊	邏些				4 年		西藏
回鶻	⑦懷信可汗					7 年		

月曆表

5515－355－2014379

月 干支 序數	星期 月序	日	1	2	3	4	5	6	日	1	2	3	4	5	6	日	1	2	3	4	5	6	日	1	2	3	4	5	6	日	1	2	3	4	5	6	日	1
	公曆 1 月							1	2	3	4	5	6	7	8	9	10	11	12	13	14	15	16	17	18	19	20	21	22	23	24	25	26	27	28	29	30	31
38	夏曆十二月							24	25	26	27	28	29	30	⑳	2	3	4	5	6	7	8	9	10	11	12	13	14	15	16	17	18	19	20	21	22	23	24
186 年	回曆 1 月							22	23	24	25	26	27	28	29	30	①	2	3	4	5	6	7	8	9	10	11	12	13	14	15	16	17	18	19	20	21	22
	公曆 2 月			1	2	3	4	5	6	7	8	9	10	11	12	13	14	15	16	17	18	19	20	21	22	23	24	25	26	27	28							
39	夏曆正月			25	26	27	28	29	(55)	2	3	4	5	6	7	8	9	10	11	12	13	14	15	16	17	18	19	20	21	22	23							
	回曆 2 月			23	24	25	26	27	28	29	30	1	2	3	4	5	6	7	8	9	10	11	12	13	14	15	16	17	18	19	20							
	公曆 3 月			1	2	3	4	5	6	7	8	9	10	11	12	13	14	15	16	17	18	19	20	21	22	23	24	25	26	27	28	29	30	31				
40	夏曆二月			24	25	26	27	28	29	30	㉕	2	3	4	5	6	7	8	9	10	11	12	13	14	15	16	17	18	19	20	21	22	23	24				
	回曆 3 月			21	22	23	24	25	26	27	28	29	1	2	3	4	5	6	7	8	9	10	11	12	13	14	15	16	17	18	19	20	21	22				
	公曆 4 月						1	2	3	4	5	6	7	8	9	10	11	12	13	14	15	16	17	18	19	20	21	22	23	24	25	26	27	28	29	30		
41	夏曆三月						25	26	27	28	29	(54)	2	3	4	5	6	7	8	9	10	11	12	13	14	15	16	17	18	19	20	21	22	23	24	25		
	回曆 4 月						23	24	25	26	27	28	29	30	1	2	3	4	5	6	7	8	9	10	11	12	13	14	15	16	17	18	19	20	21	22		
	公曆 5 月	1	2	3	4	5	6	7	8	9	10	11	12	13	14	15	16	17	18	19	20	21	22	23	24	25	26	27	28	29	30	31						
42	夏曆四月	26	27	28	29	30	㉔	2	3	4	5	6	7	8	9	10	11	12	13	14	15	16	17	18	19	20	21	22	23	24	25	26						
	回曆 5 月	23	24	25	26	27	28	29	1	2	3	4	5	6	7	8	9	10	11	12	13	14	15	16	17	18	19	20	21	22	23	24						
	公曆 6 月				1	2	3	4	5	6	7	8	9	10	11	12	13	14	15	16	17	18	19	20	21	22	23	24	25	26	27	28	29	30				
43	夏曆五月				27	28	29	(53)	2	3	4	5	6	7	8	9	10	11	12	13	14	15	16	17	18	19	20	21	22	23	24	25	26	27				
	回曆 6 月				25	26	27	28	29	30	1	2	3	4	5	6	7	8	9	10	11	12	13	14	15	16	17	18	19	20	21	22	23	24				
	公曆 7 月						1	2	3	4	5	6	7	8	9	10	11	12	13	14	15	16	17	18	19	20	21	22	23	24	25	26	27	28	29	30	31	

續表

月 干支 序數	星期 月序	日	1	2	3	4	5	6	日	1	2	3	4	5	6	日	1	2	3	4	5	6	日	1	2	3	4	5	6	日	1	2	3	4	5	6	日	1
44	夏曆六月						28	29	30	㉓	2	3	4	5	6	7	8	9	10	11	12	13	14	15	16	17	18	19	20	21	22	23	24	25	26	27	28	
	回曆7月						25	26	27	28	29	1	2	3	4	5	6	7	8	9	10	11	12	13	14	15	16	17	18	19	20	21	22	23	24	25	26	
	公曆8月		1	2	3	4	5	6	7	8	9	10	11	12	13	14	15	16	17	18	19	20	21	22	23	24	25	26	27	28	29	30	31					
45	夏曆七月		29	(52)	2	3	4	5	6	7	8	9	10	11	12	13	14	15	16	17	18	19	20	21	22	23	24	25	26	27	28	29	30					
	回曆8月		27	28	29	30	1	2	3	4	5	6	7	8	9	10	11	12	13	14	15	16	17	18	19	20	21	22	23	24	25	26	27					
	公曆9月					1	2	3	4	5	6	7	8	9	10	11	12	13	14	15	16	17	18	19	20	21	22	23	24	25	26	27	28	29	30			
46	夏曆八月					㉒	2	3	4	5	6	7	8	9	10	11	12	13	14	15	16	17	18	19	20	21	22	23	24	25	26	27	28	29	30			
	回曆9月					28	29	1	2	3	4	5	6	7	8	9	10	11	12	13	14	15	16	17	18	19	20	21	22	23	24	25	26	27	28			
	公曆10月							1	2	3	4	5	6	7	8	9	10	11	12	13	14	15	16	17	18	19	20	21	22	23	24	25	26	27	28	29	30	31
47 48	夏曆九月 十							(52)	2	3	4	5	6	7	8	9	10	11	12	13	14	15	16	17	18	19	20	21	22	23	24	25	26	27	28	29	㉑	2
	回曆10月							29	30	1	2	3	4	5	6	7	8	9	10	11	12	13	14	15	16	17	18	19	20	21	22	23	24	25	26	27	28	29
	公曆11月			1	2	3	4	5	6	7	8	9	10	11	12	13	14	15	16	17	18	19	20	21	22	23	24	25	26	27	28	29	30					
49	夏曆十一月			3	4	5	6	7	8	9	10	11	12	13	14	15	16	17	18	19	20	21	22	23	24	25	26	27	28	29	30	(51)	2					
	回曆11月			1	2	3	4	5	6	7	8	9	10	11	12	13	14	15	16	17	18	19	20	21	22	23	24	25	26	27	28	29	30					
	公曆12月					1	2	3	4	5	6	7	8	9	10	11	12	13	14	15	16	17	18	19	20	21	22	23	24	25	26	27	28	29	30	31		
50	夏曆十二月					3	4	5	6	7	8	9	10	11	12	13	14	15	16	17	18	19	20	21	22	23	24	25	26	27	28	29	30	㉑	2	3		
187年	回曆12、1月					1	2	3	4	5	6	7	8	9	10	11	12	13	14	15	16	17	18	19	20	21	22	23	24	25	26	27	28	29	①	2		

大事記

正月，驃王摩羅斯那遣子入貢，獻其樂十二曲，樂工三十五人。韋皋大敗吐蕃於維州，俘其大相論莽熱。　十月，鄜坊軍亂，旋定，以劉公濟為節度使。

唐紀年

干支癸未　公元 803 年

朝代或國名	國家支配者	建都	廟號	謚號	建元	年號年次	輔政者	備注
唐	⑪李適	長安	德宗		3	3 貞元 19 年	高郢等	
渤海	⑤大嵩璘	龍泉府		康王	1	正曆 9 年		在東北
南詔	⑥蒙異牟尋	陽苴咩		孝恒王	2			在雲南
吐蕃	⑦棄臘松贊	邏些				5 年		西藏
回鶻	⑦懷信可汗					8 年		

月曆表

5516－384－2014763

月 干支 序數	星期 月序	日	1	2	3	4	5	6	日	1	2	3	4	5	6	日	1	2	3	4	5	6	日	1	2	3	4	5	6	日	1	2	3	4	5	6	日	1
	公曆1月	1	2	3	4	5	6	7	8	9	10	11	12	13	14	15	16	17	18	19	20	21	22	23	24	25	26	27	28	29	30	31						
51	夏曆正月	4	5	6	7	8	9	10	11	12	13	14	15	16	17	18	19	20	21	22	23	24	25	26	27	28	29	㊿	2	3	4	5						
	回曆2月	3	4	5	6	7	8	9	10	11	12	13	14	15	16	17	18	19	20	21	22	23	24	25	26	27	28	29	30	1	2	3						
	公曆2月				1	2	3	4	5	6	7	8	9	10	11	12	13	14	15	16	17	18	19	20	21	22	23	24	25	26	27	28						
52	夏曆二月				6	7	8	9	10	11	12	13	14	15	16	17	18	19	20	21	22	23	24	25	26	27	28	29	⑲	2	3	4						

續表

月 干支 序數	星期 月序	日	1	2	3	4	5	6	日	1	2	3	4	5	6	日	1	2	3	4	5	6	日	1	2	3	4	5	6	日	1	2	3	4	5	6	日	1
	回曆3月				4	5	6	7	8	9	10	11	12	13	14	15	16	17	18	19	20	21	22	23	24	25	26	27	28	29	1	2						
	公曆3月				1	2	3	4	5	6	7	8	9	10	11	12	13	14	15	16	17	18	19	20	21	22	23	24	25	26	27	28	29	30	31			
53	夏曆三月				5	6	7	8	9	10	11	12	13	14	15	16	17	18	19	20	21	22	23	24	25	26	27	28	29	30	㊾	2	3	4	5			
	回曆4月				3	4	5	6	7	8	9	10	11	12	13	14	15	16	17	18	19	20	21	22	23	24	25	26	27	28	29	30	1	2	3			
	公曆4月							1	2	3	4	5	6	7	8	9	10	11	12	13	14	15	16	17	18	19	20	21	22	23	24	25	26	27	28	29	30	
54	夏曆四月							6	7	8	9	10	11	12	13	14	15	16	17	18	19	20	21	22	23	24	25	26	27	28	29	⑱	2	3	4	5	6	
	回曆5月							4	5	6	7	8	9	10	11	12	13	14	15	16	17	18	19	20	21	22	23	24	25	26	27	28	29	1	2	3	4	
	公曆5月		1	2	3	4	5	6	7	8	9	10	11	12	13	14	15	16	17	18	19	20	21	22	23	24	25	26	27	28	29	30	31					
55	夏曆五月		7	8	9	10	11	12	13	14	15	16	17	18	19	20	21	22	23	24	25	26	27	28	29	㊼	2	3	4	5	6	7	8					
	回曆6月		5	6	7	8	9	10	11	12	13	14	15	16	17	18	19	20	21	22	23	24	25	26	27	28	29	30	1	2	3	4	5					
	公曆6月					1	2	3	4	5	6	7	8	9	10	11	12	13	14	15	16	17	18	19	20	21	22	23	24	25	26	27	28	29	30			
56	夏曆六月					9	10	11	12	13	14	15	16	17	18	19	20	21	22	23	24	25	26	27	28	29	30	⑰	2	3	4	5	6	7	8			
	回曆7月					6	7	8	9	10	11	12	13	14	15	16	17	18	19	20	21	22	23	24	25	26	27	28	29	1	2	3	4	5	6			
	公曆7月							1	2	3	4	5	6	7	8	9	10	11	12	13	14	15	16	17	18	19	20	21	22	23	24	25	26	27	28	29	30	31
57	夏曆七月							9	10	11	12	13	14	15	16	17	18	19	20	21	22	23	24	25	26	27	28	29	㊻	2	3	4	5	6	7	8	9	10
	回曆8月							7	8	9	10	11	12	13	14	15	16	17	18	19	20	21	22	23	24	25	26	27	28	29	30	1	2	3	4	5	6	7
	公曆8月			1	2	3	4	5	6	7	8	9	10	11	12	13	14	15	16	17	18	19	20	21	22	23	24	25	26	27	28	29	30	31				
58	夏曆八月			11	12	13	14	15	16	17	18	19	20	21	22	23	24	25	26	27	28	29	30	⑯	2	3	4	5	6	7	8	9	10	11				
	回曆9月			8	9	10	11	12	13	14	15	16	17	18	19	20	21	22	23	24	25	26	27	28	29	1	2	3	4	5	6	7	8	9				
	公曆9月						1	2	3	4	5	6	7	8	9	10	11	12	13	14	15	16	17	18	19	20	21	22	23	24	25	26	27	28	29	30		
59	夏曆九月						12	13	14	15	16	17	18	19	20	21	22	23	24	25	26	27	28	29	30	㊻	2	3	4	5	6	7	8	9	10	11		
	回曆10月						10	11	12	13	14	15	16	17	18	19	20	21	22	23	24	25	26	27	28	29	30	1	2	3	4	5	6	7	8	9		
	公曆10月	1	2	3	4	5	6	7	8	9	10	11	12	13	14	15	16	17	18	19	20	21	22	23	24	25	26	27	28	29	30	31						
60	夏曆十月	12	13	14	15	16	17	18	19	20	21	22	23	24	25	26	27	28	29	⑮	2	3	4	5	6	7	8	9	10	11	12	13						
	回曆11月	10	11	12	13	14	15	16	17	18	19	20	21	22	23	24	25	26	27	28	29	1	2	3	4	5	6	7	8	9	10	11						
	公曆11月				1	2	3	4	5	6	7	8	9	10	11	12	13	14	15	16	17	18	19	20	21	22	23	24	25	26	27	28	29	30				
	夏曆閏十月				14	15	16	17	18	19	20	21	22	23	24	25	26	27	28	29	30	㊺	2	3	4	5	6	7	8	9	10	11	12	13				
	回曆12月				12	13	14	15	16	17	18	19	20	21	22	23	24	25	26	27	28	29	30	1	2	3	4	5	6	7	8	9	10	11				
	公曆12月						1	2	3	4	5	6	7	8	9	10	11	12	13	14	15	16	17	18	19	20	21	22	23	24	25	26	27	28	29	30	31	
1	夏曆十一月						14	15	16	17	18	19	20	21	22	23	24	25	26	27	28	29	30	⑮	2	3	4	5	6	7	8	9	10	11	12	13	14	
188年	回曆1月						12	13	14	15	16	17	18	19	20	21	22	23	24	25	26	27	28	29	30	①	2	3	4	5	6	7	8	9	10	11	12	

大事記

正月，賜安、黄軍名奉義。安南牙將王季元逐觀察使，旋平。　二月，蘇弁撰《會要》四十卷。　三月，杜佑同中書門下平章事。以王鍔為淮南節度使。　四月，吐蕃遣使入貢。　六月，遣使於吐蕃。　閏十月，鹽州將李庭俊殺權知州事崔文先，分食文先肉；庭俊旋被殺，事平。

是歲，倭國遣藤原葛野麿磨等入唐，僧空海、最澄等同行，是為第十七次遣唐使。

唐　紀　年

干支甲申　公元804年

朝代或國名	國家支配者	建　都	廟　號	謚　號	建　元	年號年次	輔政者	備　注
唐	⑪李適	長安	德宗		3	3 貞元20年	高郢等	
渤海	⑤大嵩璘	龍泉府		康王	1	正曆10年		在東北

續表

朝代或國名	國家支配者	建都	廟號	謚號	建元	年號年次	輔政者	備注
南詔	⑥蒙異牟尋	陽苴咩		孝恒王	2			在雲南
吐蕃	⑦棄臘松贊	邏些				6年		西藏
回鶻	⑦懷信可汗					9年		

月曆表

5517—354—2015117

月干支序數	月序 \ 星期	日	1	2	3	4	5	6	日	1	2	3	4	5	6	日	1	2	3	4	5	6	日	1	2	3	4	5	6	日	1	2	3	4	5	6	日	1
	公曆1月		1	2	3	4	5	6	7	8	9	10	11	12	13	14	15	16	17	18	19	20	21	22	23	24	25	26	27	28	29	30	31					
2	夏曆十二月		15	16	17	18	19	20	21	22	23	24	25	26	27	28	29	30	㊺	2	3	4	5	6	7	8	9	10	11	12	13	14	15					
	回曆2月		13	14	15	16	17	18	19	20	21	22	23	24	25	26	27	28	29	30	1	2	3	4	5	6	7	8	9	10	11	12	13					
	公曆2月					1	2	3	4	5	6	7	8	9	10	11	12	13	14	15	16	17	18	19	20	21	22	23	24	25	26	27	28	29				
3	夏曆正月					16	17	18	19	20	21	22	23	24	25	26	27	28	29	⑭	2	3	4	5	6	7	8	9	10	11	12	13	14	15				
	回曆3月					14	15	16	17	18	19	20	21	22	23	24	25	26	27	28	29	1	2	3	4	5	6	7	8	9	10	11	12	13				
	公曆3月						1	2	3	4	5	6	7	8	9	10	11	12	13	14	15	16	17	18	19	20	21	22	23	24	25	26	27	28	29	30	31	
4	夏曆二月						16	17	18	19	20	21	22	23	24	25	26	27	28	29	㊸	2	3	4	5	6	7	8	9	10	11	12	13	14	15	16	17	
	回曆4月						14	15	16	17	18	19	20	21	22	23	24	25	26	27	28	29	30	1	2	3	4	5	6	7	8	9	10	11	12	13	14	
	公曆4月		1	2	3	4	5	6	7	8	9	10	11	12	13	14	15	16	17	18	19	20	21	22	23	24	25	26	27	28	29	30						
5	夏曆三月		18	19	20	21	22	23	24	25	26	27	28	29	30	⑬	2	3	4	5	6	7	8	9	10	11	12	13	14	15	16	17						
	回曆5月		15	16	17	18	19	20	21	22	23	24	25	26	27	28	29	1	2	3	4	5	6	7	8	9	10	11	12	13	14	15						
	公曆5月				1	2	3	4	5	6	7	8	9	10	11	12	13	14	15	16	17	18	19	20	21	22	23	24	25	26	27	28	29	30	31			
6	夏曆四月				18	19	20	21	22	23	24	25	26	27	28	29	㊷	2	3	4	5	6	7	8	9	10	11	12	13	14	15	16	17	18	19			
	回曆6月				16	17	18	19	20	21	22	23	24	25	26	27	28	29	30	1	2	3	4	5	6	7	8	9	10	11	12	13	14	15	16			
	公曆6月							1	2	3	4	5	6	7	8	9	10	11	12	13	14	15	16	17	18	19	20	21	22	23	24	25	26	27	28	29	30	
7	夏曆五月							20	21	22	23	24	25	26	27	28	29	⑪	2	3	4	5	6	7	8	9	10	11	12	13	14	15	16	17	18	19	20	
	回曆7月							17	18	19	20	21	22	23	24	25	26	27	28	29	1	2	3	4	5	6	7	8	9	10	11	12	13	14	15	16	17	
	公曆7月		1	2	3	4	5	6	7	8	9	10	11	12	13	14	15	16	17	18	19	20	21	22	23	24	25	26	27	28	29	30	31					
8	夏曆六月		21	22	23	24	25	26	27	28	29	30	㊶	2	3	4	5	6	7	8	9	10	11	12	13	14	15	16	17	18	19	20	21					
	回曆8月		18	19	20	21	22	23	24	25	26	27	28	29	30	1	2	3	4	5	6	7	8	9	10	11	12	13	14	15	16	17	18					
	公曆8月					1	2	3	4	5	6	7	8	9	10	11	12	13	14	15	16	17	18	19	20	21	22	23	24	25	26	27	28	29	30	31		
9	夏曆七月					22	23	24	25	26	27	28	29	⑩	2	3	4	5	6	7	8	9	10	11	12	13	14	15	16	17	18	19	20	21	22	23		
	回曆9月					19	20	21	22	23	24	25	26	27	28	29	1	2	3	4	5	6	7	8	9	10	11	12	13	14	15	16	17	18	19	20		
	公曆9月	1	2	3	4	5	6	7	8	9	10	11	12	13	14	15	16	17	18	19	20	21	22	23	24	25	26	27	28	29	30							
10	夏曆八月	24	25	26	27	28	29	30	㊵	2	3	4	5	6	7	8	9	10	11	12	13	14	15	16	17	18	19	20	21	22	23							
	回曆10月	21	22	23	24	25	26	27	28	29	30	1	2	3	4	5	6	7	8	9	10	11	12	13	14	15	16	17	18	19	20							
	公曆10月			1	2	3	4	5	6	7	8	9	10	11	12	13	14	15	16	17	18	19	20	21	22	23	24	25	26	27	28	29	30	31				
11	夏曆九月			24	25	26	27	28	29	⑨	2	3	4	5	6	7	8	9	10	11	12	13	14	15	16	17	18	19	20	21	22	23	24	25				
	回曆11月			21	22	23	24	25	26	27	28	29	1	2	3	4	5	6	7	8	9	10	11	12	13	14	15	16	17	18	19	20	21	22				
	公曆11月						1	2	3	4	5	6	7	8	9	10	11	12	13	14	15	16	17	18	19	20	21	22	23	24	25	26	27	28	29	30		
12	夏曆十月						26	27	28	29	30	㊴	2	3	4	5	6	7	8	9	10	11	12	13	14	15	16	17	18	19	20	21	22	23	24	25		
	回曆12月						23	24	25	26	27	28	29	30	1	2	3	4	5	6	7	8	9	10	11	12	13	14	15	16	17	18	19	20	21	22		
	公曆12月	1	2	3	4	5	6	7	8	9	10	11	12	13	14	15	16	17	18	19	20	21	22	23	24	25	26	27	28	29	30	31						
13	夏曆十一月	26	27	28	29	30	⑧	2	3	4	5	6	7	8	9	10	11	12	13	14	15	16	17	18	19	20	21	22	23	24	25	26						
189年	回曆1月	23	24	25	26	27	28	29	①	2	3	4	5	6	7	8	9	10	11	12	13	14	15	16	17	18	19	20	21	22	23	24						

大事記

四月，賜陳、許軍名忠武。　六月，昭義節度使李長榮死，兵馬使盧從史自薦句當此軍，即命為節度使。　十二月，吐蕃、南詔、倭國遣使朝貢。

唐紀年

干支乙酉　公元 805 年

朝代或國名	國家支配者	建都	廟號	謚號	建元	年號年次	輔政者	備注
唐	⑫李誦	長安	順宗		1	永貞元年	韋執誼等	正月改，八月退位，李純即位，辛丑改。
渤海	⑤大嵩璘	龍泉府		康王	1	正曆 11 年		在東北
南詔	⑥蒙異牟尋	陽苴咩		孝恒王	2			在雲南
吐蕃	⑦棄臘松贊	邏些				7 年		西藏
回鶻	⑦懷信可汗					10 年		十一月卒

月曆表

5518—355—2015472

月干支序數	月序＼星期	日	1	2	3	4	5	6	日	1	2	3	4	5	6	日	1	2	3	4	5	6	日	1	2	3	4	5	6	日	1	2	3	4	5	6	日	1
	公曆 1 月				1	2	3	4	5	6	7	8	9	10	11	12	13	14	15	16	17	18	19	20	21	22	23	24	25	26	27	28	29	30	31			
14	夏曆十二月				27	28	29	30	㊴	2	3	4	5	6	7	8	9	10	11	12	13	14	15	16	17	18	19	20	21	22	23	24	25	26	27			
	回曆 2 月				25	26	27	28	29	30	1	2	3	4	5	6	7	8	9	10	11	12	13	14	15	16	17	18	19	20	21	22	23	24	25			
	公曆 2 月							1	2	3	4	5	6	7	8	9	10	11	12	13	14	15	16	17	18	19	20	21	22	23	24	25	26	27	28			
15	夏曆正月							28	29	⑧	2	3	4	5	6	7	8	9	10	11	12	13	14	15	16	17	18	19	20	21	22	23	24	25	26			
	回曆 3 月							26	27	28	29	1	2	3	4	5	6	7	8	9	10	11	12	13	14	15	16	17	18	19	20	21	22	23	24			
	公曆 3 月							1	2	3	4	5	6	7	8	9	10	11	12	13	14	15	16	17	18	19	20	21	22	23	24	25	26	27	28	29	30	31
16	夏曆二月							27	28	29	30	㊳	2	3	4	5	6	7	8	9	10	11	12	13	14	15	16	17	18	19	20	21	22	23	24	25	26	27
	回曆 4 月							25	26	27	28	29	30	1	2	3	4	5	6	7	8	9	10	11	12	13	14	15	16	17	18	19	20	21	22	23	24	25
	公曆 4 月			1	2	3	4	5	6	7	8	9	10	11	12	13	14	15	16	17	18	19	20	21	22	23	24	25	26	27	28	29	30					
17	夏曆三月			28	29	⑦	2	3	4	5	6	7	8	9	10	11	12	13	14	15	16	17	18	19	20	21	22	23	24	25	26	27	28					
	回曆 5 月			26	27	28	29	1	2	3	4	5	6	7	8	9	10	11	12	13	14	15	16	17	18	19	20	21	22	23	24	25	26					
	公曆 5 月					1	2	3	4	5	6	7	8	9	10	11	12	13	14	15	16	17	18	19	20	21	22	23	24	25	26	27	28	29	30	31		
18	夏曆四月					29	30	㊲	2	3	4	5	6	7	8	9	10	11	12	13	14	15	16	17	18	19	20	21	22	23	24	25	26	27	28	29		
	回曆 6 月					27	28	29	30	1	2	3	4	5	6	7	8	9	10	11	12	13	14	15	16	17	18	19	20	21	22	23	24	25	26	27		
	公曆 6 月	1	2	3	4	5	6	7	8	9	10	11	12	13	14	15	16	17	18	19	20	21	22	23	24	25	26	27	28	29	30							
19 20	夏曆五六月	⑥	2	3	4	5	6	7	8	9	10	11	12	13	14	15	16	17	18	19	20	21	22	23	24	25	26	27	28	29	㉟							
	回曆 7 月	28	29	1	2	3	4	5	6	7	8	9	10	11	12	13	14	15	16	17	18	19	20	21	22	23	24	25	26	27	28							
	公曆 7 月			1	2	3	4	5	6	7	8	9	10	11	12	13	14	15	16	17	18	19	20	21	22	23	24	25	26	27	28	29	30	31				
21	夏曆七月			2	3	4	5	6	7	8	9	10	11	12	13	14	15	16	17	18	19	20	21	22	23	24	25	26	27	28	29	30	⑤	2				
	回曆 8 月			29	30	1	2	3	4	5	6	7	8	9	10	11	12	13	14	15	16	17	18	19	20	21	22	23	24	25	26	27	28	29				
	公曆 8 月						1	2	3	4	5	6	7	8	9	10	11	12	13	14	15	16	17	18	19	20	21	22	23	24	25	26	27	28	29	30	31	
22	夏曆八月						3	4	5	6	7	8	9	10	11	12	13	14	15	16	17	18	19	20	21	22	23	24	25	26	27	28	29	㉞	2	3	4	
	回曆 9、10 月						1	2	3	4	5	6	7	8	9	10	11	12	13	14	15	16	17	18	19	20	21	22	23	24	25	26	27	28	29	30	1	
	公曆 9 月		1	2	3	4	5	6	7	8	9	10	11	12	13	14	15	16	17	18	19	20	21	22	23	24	25	26	27	28	29	30						
23	夏曆九月		5	6	7	8	9	10	11	12	13	14	15	16	17	18	19	20	21	22	23	24	25	26	27	28	29	30	④	2	3	4						
	回曆 11 月		2	3	4	5	6	7	8	9	10	11	12	13	14	15	16	17	18	19	20	21	22	23	24	25	26	27	28	29	1	2						

續表

月干支序數	月序 \ 星期	日	1	2	3	4	5	6	日	1	2	3	4	5	6	日	1	2	3	4	5	6	日	1	2	3	4	5	6	日	1	2	3	4	5	6	日	1
	公曆10月				1	2	3	4	5	6	7	8	9	10	1	12	13	14	15	16	17	18	19	20	21	22	23	24	25	26	27	28	29	30	31			
24	夏曆十月				5	6	7	8	9	10	11	12	13	14	15	16	17	18	19	20	21	22	23	24	25	26	27	28	29	㉝	2	3	4	5	6			
	回曆12月				3	4	5	6	7	8	9	10	11	12	13	14	15	16	17	18	19	20	21	22	23	24	25	26	27	28	29	30	1	2	3			
	公曆11月							1	2	3	4	5	6	7	8	9	10	11	12	13	14	15	16	17	18	19	20	21	22	23	24	25	26	27	28	29	30	
25	夏曆十一月							7	8	9	10	11	12	13	14	15	16	17	18	19	20	21	22	23	24	25	26	27	28	29	30	③	2	3	4	5	6	
190年	回曆1月							4	5	6	7	8	9	10	11	12	13	14	15	16	17	18	19	20	21	22	23	24	25	26	27	28	29	①	2	3	4	
	公曆12月		1	2	3	4	5	6	7	8	9	10	11	12	13	14	15	16	17	18	19	20	21	22	23	24	25	26	27	28	29	30	31					
26	夏曆十二月		7	8	9	10	11	12	13	14	15	16	17	18	19	20	21	22	23	24	25	26	27	28	29	30	㉝	2	3	4	5	6	7					
	回曆2月		5	6	7	8	9	10	11	12	13	14	15	16	17	18	19	20	21	22	23	24	25	26	27	28	29	30	1	2	3	4	5					

大事記

正月,德宗卒,太子誦立,是為順宗,時已病不能言,王伾、王叔文等居中用事。　　二月,以京兆尹道王李實殘暴掊斂,貶之,市井歡呼。罷諸道進奉、宮市、五坊小兒皆病民者,又罷鹽鐵使月進錢。　　三月,賜徐州軍名武寧。立廣陵王淳為皇太子,更名純。五月,王叔文思奪宦官兵權,奏以宿將范希朝為左右神策、京西諸城鎮行營節度使,韓泰為行軍司馬專其事。軍為宦官所持,希朝不能行其令,後數月,希朝還本任。　　七月,令太子句當軍國政事。　　八月,帝自稱太上皇,純即位,為憲宗,改元永貞,貶王叔文等。西川節度使韋皋死,支度副使劉闢自為留後,求旌節,尋命闢為節度副使知節度事。九月,始令史官撰日曆。　　十一月,貶韓泰、韓曄、柳宗元、劉禹錫、陳諫、凌準、程異等八人為司馬。回鶻懷信可汗卒。

唐紀年

干支丙戌　公元 806 年

朝代或國名	國家支配者	建都	廟號	謚號	建元	年號年次	輔政者	備注
唐	⑬李純	長安	憲宗		1	元和元年	鄭絪等	
渤海	⑤大嵩璘	龍泉府		康王	1	正曆12年		在東北
南詔	⑥蒙異牟尋	陽苴咩		孝恒王	2			在雲南
吐蕃	⑦棄臘松贊	邏些				8年		西藏
回鶻	⑧騰里可汗					元年		

月曆表

5519－383－2015855

月干支序數	月序 \ 星期	日	1	2	3	4	5	6	日	1	2	3	4	5	6	日	1	2	3	4	5	6	日	1	2	3	4	5	6	日	1	2	3	4	5	6	日	1
	公曆1月					1	2	3	4	5	6	7	8	9	10	11	12	13	14	15	16	17	18	19	20	21	22	23	24	25	26	27	28	29	30	31		
27	夏曆正月					8	9	10	11	12	13	14	15	16	17	18	19	20	21	22	23	24	25	26	27	28	29	30	③	2	3	4	5	6	7	8		
	回曆3月					6	7	8	9	10	11	12	13	14	15	16	17	18	19	20	21	22	23	24	25	26	27	28	29	1	2	3	4	5	6	7		
	公曆2月	1	2	3	4	5	6	7	8	9	10	11	12	13	14	15	16	17	18	19	20	21	22	23	24	25	26	27	28									
28	夏曆二月	9	10	11	12	13	14	15	16	17	18	19	20	21	22	23	24	25	26	27	28	29	㉜	2	3	4	5	6	7									
	回曆4月	8	9	10	11	12	13	14	15	16	17	18	19	20	21	22	23	24	25	26	27	28	29	30	1	2	3	4	5									
	公曆3月	1	2	3	4	5	6	7	8	9	10	11	12	13	14	15	16	17	18	19	20	21	22	23	24	25	26	27	28	29	30	31						
29	夏曆三月	8	9	10	11	12	13	14	15	16	17	18	19	20	21	22	23	24	25	26	27	28	29	30	②	2	3	4	5	6	7	8						
	回曆5月	6	7	8	9	10	11	12	13	14	15	16	17	18	19	20	21	22	23	24	25	26	27	28	29	1	2	3	4	5	6	7						
	公曆4月				1	2	3	4	5	6	7	8	9	10	11	12	13	14	15	16	17	18	19	20	21	22	23	24	25	26	27	28	29	30				

續表

月干支序數	月序＼星期	日	1	2	3	4	5	6	日	1	2	3	4	5	6	日	1	2	3	4	5	6	日	1	2	3	4	5	6	日	1	2	3	4	5	6	日	1
30	夏曆四月				9	10	11	12	13	14	15	16	17	18	19	20	21	22	23	24	25	26	27	28	29	㉛	2	3	4	5	6	7	8	9				
	回曆 6 月				8	9	10	11	12	13	14	15	16	17	18	19	20	21	22	23	24	25	26	27	28	29	30	1	2	3	4	5	6	7				
	公曆 5 月						1	2	3	4	5	6	7	8	9	10	11	12	13	14	15	16	17	18	19	20	21	22	23	24	25	26	27	28	29	30	31	
31	夏曆五月						10	11	12	13	14	15	16	17	18	19	20	21	22	23	24	25	26	27	28	29	30	①	2	3	4	5	6	7	8	9	10	
	回曆 7 月						8	9	10	11	12	13	14	15	16	17	18	19	20	21	22	23	24	25	26	27	28	29	1	2	3	4	5	6	7	8	9	
	公曆 6 月		1	2	3	4	5	6	7	8	9	10	11	12	13	14	15	16	17	18	19	20	21	22	23	24	25	26	27	28	29	30						
32	夏曆六月		11	12	13	14	15	16	17	18	19	20	21	22	23	24	25	26	27	28	29	㉚	2	3	4	5	6	7	8	9	10	11						
	回曆 8 月		10	11	12	13	14	15	16	17	18	19	20	21	22	23	24	25	26	27	28	29	30	1	2	3	4	5	6	7	8	9						
	公曆 7 月				1	2	3	4	5	6	7	8	9	10	11	12	13	14	15	16	17	18	19	20	21	22	23	24	25	26	27	28	29	30	31			
	夏曆閏六月				12	13	14	15	16	17	18	19	20	21	22	23	24	25	26	27	28	29	(59)	2	3	4	5	6	7	8	9	10	11	12	13			
	回曆 9 月				10	11	12	13	14	15	16	17	18	19	20	21	22	23	24	25	26	27	28	29	1	2	3	4	5	6	7	8	9	10	11			
	公曆 8 月							1	2	3	4	5	6	7	8	9	10	11	12	13	14	15	16	17	18	19	20	21	22	23	24	25	26	27	28	29	30	31
33	夏曆七月							14	15	16	17	18	19	20	21	22	23	24	25	26	27	28	29	30	㉙	2	3	4	5	6	7	8	9	10	11	12	13	14
	回曆 10 月							12	13	14	15	16	17	18	19	20	21	22	23	24	25	26	27	28	29	30	1	2	3	4	5	6	7	8	9	10	11	12
	公曆 9 月			1	2	3	4	5	6	7	8	9	10	11	12	13	14	15	16	17	18	19	20	21	22	23	24	25	26	27	28	29	30					
34	夏曆八月			15	16	17	18	19	20	21	22	23	24	25	26	27	28	29	(58)	2	3	4	5	6	7	8	9	10	11	12	13	14	15					
	回曆 11 月			13	14	15	16	17	18	19	20	21	22	23	24	25	26	27	28	29	1	2	3	4	5	6	7	8	9	10	11	12	13					
	公曆 10 月					1	2	3	4	5	6	7	8	9	10	11	12	13	14	15	16	17	18	19	20	21	22	23	24	25	26	27	28	29	30	31		
35	夏曆九月					16	17	18	19	20	21	22	23	24	25	26	27	28	29	30	㉘	2	3	4	5	6	7	8	9	10	11	12	13	14	15	16		
	回曆 12 月					14	15	16	17	18	19	20	21	22	23	24	25	26	27	28	29	30	1	2	3	4	5	6	7	8	9	10	11	12	13	14		
	公曆 11 月	1	2	3	4	5	6	7	8	9	10	11	12	13	14	15	16	17	18	19	20	21	22	23	24	25	26	27	28	29	30							
36	夏曆十月	17	18	19	20	21	22	23	24	25	26	27	28	29	(51)	2	3	4	5	6	7	8	9	10	11	12	13	14	15	16	17							
191 年	回曆 1 月	15	16	17	18	19	20	21	22	23	24	25	26	27	28	29	30	①	2	3	4	5	6	7	8	9	10	11	12	13	14							
	公曆 12 月			1	2	3	4	5	6	7	8	9	10	11	12	13	14	15	16	17	18	19	20	21	22	23	24	25	26	27	28	29	30	31				
37	夏曆十一月			18	19	20	21	22	23	24	25	26	27	28	29	30	㉗	2	3	4	5	6	7	8	9	10	11	12	13	14	15	16	17	18				
	回曆 2 月			15	16	17	18	19	20	21	22	23	24	25	26	27	28	29	30	1	2	3	4	5	6	7	8	9	10	11	12	13	14	15				

大事記

正月，順宗誦卒。　二月，奚王誨落入朝。　三月，西川節度使劉闢反，命高崇文討之。夏綏留後楊惠琳拒新節度使，命討之，惠琳為其部下所殺。　閏六月，平盧節度使李師古死，幕僚奉其弟師道為副使，尋命為留後，再命為節度使。　九月，高崇文克成都，擒斬劉闢。　十月，高崇文為西川節度使。　十一月，以内常侍吐突承璀為神策護軍中尉。回鶻入貢。始以摩尼僧偕來，置寺處之。　十二月，新羅、渤海、牂牁、回鶻各遣使朝貢。

是歲，冀、鎮二州蝗，浙東大疫，死者大半。定兩稅三分制。

唐　紀　年

干支丁亥　公元 807 年

朝代或國名	國家支配者	建　都	廟　號	謚　號	建　元	年號年次	輔政者	備　注
唐	⑬李純	長安	憲宗		1	元和 2 年	李吉甫等	
渤海	⑤大嵩璘	龍泉府			1	正曆 13 年		在東北
南詔	⑥蒙異牟尋	陽苴咩		孝恒王	2			在雲南
吐蕃	⑦棄臘松贊	邏些				9 年		西藏
回鶻	⑧騰里可汗					2 年		

月曆表　　5520—354—2016209

月干支序數	月序＼星期	日	1	2	3	4	5	6	日	1	2	3	4	5	6	日	1	2	3	4	5	6	日	1	2	3	4	5	6	日	1	2	3	4	5	6	日	1
	公曆1月						1	2	3	4	5	6	7	8	9	10	11	12	13	14	15	16	17	18	19	20	21	22	23	24	25	26	27	28	29	30	31	
38	夏曆十二月						19	20	21	22	23	24	25	26	27	28	29	30	㊼	2	3	4	5	6	7	8	9	10	11	12	13	14	15	16	17	18	19	
	回曆3月						16	17	18	19	20	21	22	23	24	25	26	27	28	29	1	2	3	4	5	6	7	8	9	10	11	12	13	14	15	16	17	
	公曆2月		1	2	3	4	5	6	7	8	9	10	11	12	13	14	15	16	17	18	19	20	21	22	23	24	25	26	27	28								
39	夏曆正月		20	21	22	23	24	25	26	27	28	29	㉖	2	3	4	5	6	7	8	9	10	11	12	13	14	15	16	17	18								
	回曆4月		18	19	20	21	22	23	24	25	26	27	28	29	30	1	2	3	4	5	6	7	8	9	10	11	12	13	14	15								
	公曆3月		1	2	3	4	5	6	7	8	9	10	11	12	13	14	15	16	17	18	19	20	21	22	23	24	25	26	27	28	29	30	31					
40	夏曆二月		19	20	21	22	23	24	25	26	27	28	29	30	㊻	2	3	4	5	6	7	8	9	10	11	12	13	14	15	16	17	18	19					
	回曆5月		16	17	18	19	20	21	22	23	24	25	26	27	28	29	1	2	3	4	5	6	7	8	9	10	11	12	13	14	15	16	17					
	公曆4月					1	2	3	4	5	6	7	8	9	10	11	12	13	14	15	16	17	18	19	20	21	22	23	24	25	26	27	28	29	30			
41	夏曆三月					20	21	22	23	24	25	26	27	28	29	30	㉖	2	3	4	5	6	7	8	9	10	11	12	13	14	15	16	17	18	19			
	回曆6月					18	19	20	21	22	23	24	25	26	27	28	29	30	1	2	3	4	5	6	7	8	9	10	11	12	13	14	15	16	17			
	公曆5月							1	2	3	4	5	6	7	8	9	10	11	12	13	14	15	16	17	18	19	20	21	22	23	24	25	26	27	28	29	30	31
42	夏曆四月							20	21	22	23	24	25	26	27	28	29	㊺	2	3	4	5	6	7	8	9	10	11	12	13	14	15	16	17	18	19	20	21
	回曆7月							18	19	20	21	22	23	24	25	26	27	28	29	1	2	3	4	5	6	7	8	9	10	11	12	13	14	15	16	17	18	19
	公曆6月			1	2	3	4	5	6	7	8	9	10	11	12	13	14	15	16	17	18	19	20	21	22	23	24	25	26	27	28	29	30					
43	夏曆五月			22	23	24	25	26	27	28	29	30	㉕	2	3	4	5	6	7	8	9	10	11	12	13	14	15	16	17	18	19	20	21					
	回曆8月			20	21	22	23	24	25	26	27	28	29	30	1	2	3	4	5	6	7	8	9	10	11	12	13	14	15	16	17	18	19					
	公曆7月					1	2	3	4	5	6	7	8	9	10	11	12	13	14	15	16	17	18	19	20	21	22	23	24	25	26	27	28	29	30	31		
44	夏曆六月					22	23	24	25	26	27	28	29	㊹	2	3	4	5	6	7	8	9	10	11	12	13	14	15	16	17	18	19	20	21	22	23		
	回曆9月					20	21	22	23	24	25	26	27	28	29	1	2	3	4	5	6	7	8	9	10	11	12	13	14	15	16	17	18	19	20	21		
	公曆8月	1	2	3	4	5	6	7	8	9	10	11	12	13	14	15	16	17	18	19	20	21	22	23	24	25	26	27	28	29	30	31						
45	夏曆七月	24	25	26	27	28	29	㉓	2	3	4	5	6	7	8	9	10	11	12	13	14	15	16	17	18	19	20	21	22	23	24	25						
	回曆10月	22	23	24	25	26	27	28	29	30	1	2	3	4	5	6	7	8	9	10	11	12	13	14	15	16	17	18	19	20	21	22						
	公曆9月				1	2	3	4	5	6	7	8	9	10	11	12	13	14	15	16	17	18	19	20	21	22	23	24	25	26	27	28	29	30				
46	夏曆八月				26	27	28	29	30	㊸	2	3	4	5	6	7	8	9	10	11	12	13	14	15	16	17	18	19	20	21	22	23	24	25				
	回曆11月				23	24	25	26	27	28	29	1	2	3	4	5	6	7	8	9	10	11	12	13	14	15	16	17	18	19	20	21	22	23				
	公曆10月						1	2	3	4	5	6	7	8	9	10	11	12	13	14	15	16	17	18	19	20	21	22	23	24	25	26	27	28	29	30	31	
47	夏曆九月						26	27	28	29	㉒	2	3	4	5	6	7	8	9	10	11	12	13	14	15	16	17	18	19	20	21	22	23	24	25	26	27	
	回曆12月						24	25	26	27	28	29	30	1	2	3	4	5	6	7	8	9	10	11	12	13	14	15	16	17	18	19	20	21	22	23	24	
	公曆11月		1	2	3	4	5	6	7	8	9	10	11	12	13	14	15	16	17	18	19	20	21	22	23	24	25	26	27	28	29	30						
48	夏曆十月		28	29	30	㊷	2	3	4	5	6	7	8	9	10	11	12	13	14	15	16	17	18	19	20	21	22	23	24	25	26	27						
192年	回曆1月		25	26	27	28	29	①	2	3	4	5	6	7	8	9	10	11	12	13	14	15	16	17	18	19	20	21	22	23	24	25						
	公曆12月				1	2	3	4	5	6	7	8	9	10	11	12	13	14	15	16	17	18	19	20	21	22	23	24	25	26	27	28	29	30	31			
49	夏曆十一月				28	29	㉑	2	3	4	5	6	7	8	9	10	11	12	13	14	15	16	17	18	19	20	21	22	23	24	25	26	27	28	29			
	回曆2月				26	27	28	29	30	1	2	3	4	5	6	7	8	9	10	11	12	13	14	15	16	17	18	19	20	21	22	23	24	25	26			

大事記

正月，武元衡、李吉甫(758—814)為相。　二月，西原洞蠻首領黄承慶等起事，邕州兵破擒之。　四月，右金吾大將軍范希朝為朔方、靈、鹽節度使。自安史之亂後，邊將率即本軍中任命，至是始革其弊。　八月，盧龍劉濟、成德王士貞、義武張茂昭互訌，遣官為宣慰使，和解之。　十月，鎮海節度使李錡反，遣將討之；錡旋為部下所執送長安，殺之。

是歲，宰相李吉甫撰《元和國計簿》，計方鎮 48，州、府 295，縣 1 453，戶 2 440 254，租税緫人 35 151 228 貫、石，除鳳翔等 15 道不申戶口外，賦税倚辦止於浙江等八道、49 州、1 440 000 戶，比天寶戶減四分之三；兵 830 000 餘人，比天寶增三分之一。

唐 紀 年

干支戊子　公元 808 年

朝代或國名	國家支配者	建　都	廟　號	謚　號	建　元	年號年次	輔政者	備　注
唐	⑬李純	長安	憲宗		1	元和 3 年	李吉甫等	
渤海	⑤大嵩璘	龍泉府		康王	1	正曆 14 年		在東北
南詔	⑥蒙異牟尋	陽苴咩		孝恒王	2	元封元年		尋閣勸嗣立
吐蕃	⑦棄臘松贊	邏些				10 年		西藏
回鶻	⑧騰里可汗					3 年		三月卒

月 曆 表

5521—355—2016564

月干支序數	星期／月序	日	1	2	3	4	5	6	日	1	2	3	4	5	6	日	1	2	3	4	5	6	日	1	2	3	4	5	6	日	1	2	3	4	5	6	日	1
	公曆 1 月							1	2	3	4	5	6	7	8	9	10	11	12	13	14	15	16	17	18	19	20	21	22	23	24	25	26	27	28	29	30	31
50 51	夏曆十二/正月							30	㊿51	2	3	4	5	6	7	8	9	10	11	12	13	14	15	16	17	18	19	20	21	22	23	24	25	26	27	28	29	⑳
	回曆 3 月							27	28	29	1	2	3	4	5	6	7	8	9	10	11	12	13	14	15	16	17	18	19	20	21	22	23	24	25	26	27	28
	公曆 2 月			1	2	3	4	5	6	7	8	9	10	11	12	13	14	15	16	17	18	19	20	21	22	23	24	25	26	27	28	29						
	夏曆正月			2	3	4	5	6	7	8	9	10	11	12	13	14	15	16	17	18	19	20	21	22	23	24	25	26	27	28	29	30						
	回曆 4 月			29	30	1	2	3	4	5	6	7	8	9	10	11	12	13	14	15	16	17	18	19	20	21	22	23	24	25	26	27						
	公曆 3 月				1	2	3	4	5	6	7	8	9	10	11	12	13	14	15	16	17	18	19	20	21	22	23	24	25	26	27	28	29	30	31			
52 53	夏曆二/三月				㊿	2	3	4	5	6	7	8	9	10	11	12	13	14	15	16	17	18	19	20	21	22	23	24	25	26	27	28	29	30	⑳			
	回曆 5 月				28	29	1	2	3	4	5	6	7	8	9	10	11	12	13	14	15	16	17	18	19	20	21	22	23	24	25	26	27	28	29			
	公曆 4 月							1	2	3	4	5	6	7	8	9	10	11	12	13	14	15	16	17	18	19	20	21	22	23	24	25	26	27	28	29	30	
54	夏曆四月							2	3	4	5	6	7	8	9	10	11	12	13	14	15	16	17	18	19	20	21	22	23	24	25	26	27	28	29	30	㊿	
	回曆 6 月							30	1	2	3	4	5	6	7	8	9	10	11	12	13	14	15	16	17	18	19	20	21	22	23	24	25	26	27	28	29	
	公曆 5 月		1	2	3	4	5	6	7	8	9	10	11	12	13	14	15	16	17	18	19	20	21	22	23	24	25	26	27	28	29	30	31					
55	夏曆五月		2	3	4	5	6	7	8	9	10	11	12	13	14	15	16	17	18	19	20	21	22	23	24	25	26	27	28	29	⑲	2	3					
	回曆 7、8 月		1	2	3	4	5	6	7	8	9	10	11	12	13	14	15	16	17	18	19	20	21	22	23	24	25	26	27	28	29	30	1					
	公曆 6 月					1	2	3	4	5	6	7	8	9	10	11	12	13	14	15	16	17	18	19	20	21	22	23	24	25	26	27	28	29	30			
56	夏曆六月					4	5	6	7	8	9	10	11	12	13	14	15	16	17	18	19	20	21	22	23	24	25	26	27	28	29	30	㊾	2	3			
	回曆 9 月					2	3	4	5	6	7	8	9	10	11	12	13	14	15	16	17	18	19	20	21	22	23	24	25	26	27	28	29	1	2			
	公曆 7 月							1	2	3	4	5	6	7	8	9	10	11	12	13	14	15	16	17	18	19	20	21	22	23	24	25	26	27	28	29	30	31
57	夏曆七月							4	5	6	7	8	9	10	11	12	13	14	15	16	17	18	19	20	21	22	23	24	25	26	27	28	29	⑱	2	3	4	5
	回曆 10 月							3	4	5	6	7	8	9	10	11	12	13	14	15	16	17	18	19	20	21	22	23	24	25	26	27	28	29	30	1	2	3
	公曆 8 月			1	2	3	4	5	6	7	8	9	10	11	12	13	14	15	16	17	18	19	20	21	22	23	24	25	26	27	28	29	30	31				
58	夏曆八月			6	7	8	9	10	11	12	13	14	15	16	17	18	19	20	21	22	23	24	25	26	27	28	29	30	㊽	2	3	4	5	6				
	回曆 11 月			4	5	6	7	8	9	10	11	12	13	14	15	16	17	18	19	20	21	22	23	24	25	26	27	28	29	1	2	3	4	5				
	公曆 9 月						1	2	3	4	5	6	7	8	9	10	11	12	13	14	15	16	17	18	19	20	21	22	23	24	25	26	27	28	29	30		
59	夏曆九月						7	8	9	10	11	12	13	14	15	16	17	18	19	20	21	22	23	24	25	26	27	2	29	⑰	2	3	4	5	6	7		
	回曆 12 月						6	7	8	9	10	11	12	13	14	15	16	17	18	19	20	21	22	23	24	25	26	27	28	29	30	1	2	3	4	5		
	公曆 10 月	1	2	3	4	5	6	7	8	9	10	11	12	13	14	15	16	17	18	19	20	21	22	23	24	25	26	27	28	29	30	31						
60	夏曆十月	8	9	10	11	12	13	14	15	16	17	18	19	20	21	22	23	24	25	26	27	28	29	㊻	2	3	4	5	6	7	8	9						
193 年	回曆 1 月	6	7	8	9	10	11	12	13	14	15	16	17	18	19	20	21	22	23	24	25	26	27	28	29	①	2	3	4	5	6	7						
	公曆 11 月				1	2	3	4	5	6	7	8	9	10	11	12	13	14	15	16	17	18	19	20	21	22	23	24	25	26	27	28	29	30				
1	夏曆十一月				10	11	12	13	14	15	16	17	18	19	20	21	22	23	24	25	26	27	28	29	30	⑯	2	3	4	5	6	7	8	9				

續表

月干支序數	星期／月序	日	1	2	3	4	5	6	日	1	2	3	4	5	6	日	1	2	3	4	5	6	日	1	2	3	4	5	6	日	1	2	3	4	5	6	日	1
	回暦2月				8	9	10	11	12	13	14	15	16	17	18	19	20	21	22	23	24	25	26	27	28	29	30	1	2	3	4	5	6	7				
	公暦12月						1	2	3	4	5	6	7	8	9	10	11	12	13	14	15	16	17	18	19	20	21	22	23	24	25	26	27	28	29	30	31	
2	夏暦十二月						10	11	12	13	14	15	16	17	18	19	20	21	22	23	24	25	26	27	28	29	㊺	2	3	4	5	6	7	8	9	10	11	
	回暦3月						8	9	10	11	12	13	14	15	16	17	18	19	20	21	22	23	24	25	26	27	28	29	1	2	3	4	5	6	7	8	9	

大事記

三月，回鶻騰里可汗卒。　四月，策試賢良方正直言極諫科舉人，牛僧孺、皇甫湜、李宗閔指陳時政之失，直言無隱；李吉甫擯而不用，黨禍始此。　五月，册回鶻新可汗為愛登里羅汨密施合毗伽保義可汗。　六月，沙陀酋長朱邪執宜降。禁私采銀。詔商賈不得私蓄銀。回鶻攻吐蕃，取涼州。西原首領黄少卿降，以為歸順州刺史。　十二月，南詔王異牟尋卒，子尋閣勸立。

唐紀年

干支己丑　公元809年

朝代或國名	國家支配者	建都	廟號	謚號	建元	年號年次	輔政者	備注
唐	⑬李純	長安	憲宗		1	元和4年	李吉甫等	
渤海	⑤大嵩璘	龍泉府		康王	1	正暦15年		在東北
南詔	⑦尋閣勸	陽苴咩		孝恒王	1	應道元年		在雲南
吐蕃	⑦棄臘松贊	邏些				11年		西藏
回鶻	⑨保義可汗					元年		

月曆表

5522—384—2016948

月干支序數	星期／月序	日	1	2	3	4	5	6	日	1	2	3	4	5	6	日	1	2	3	4	5	6	日	1	2	3	4	5	6	日	1	2	3	4	5	6	日	1
	公暦1月		1	2	3	4	5	6	7	8	9	10	11	12	13	14	15	16	17	18	19	20	21	22	23	24	25	26	27	28	29	30	31					
3	夏暦正月		12	13	14	15	16	17	18	19	20	21	22	23	24	25	26	27	28	29	30	⑮	2	3	4	5	6	7	8	9	10	11	12					
	回暦4月		10	11	12	13	14	15	16	17	18	19	20	21	22	23	24	25	26	27	28	29	30	1	2	3	4	5	6	7	8	9	10					
	公暦2月					1	2	3	4	5	6	7	8	9	10	11	12	13	14	15	16	17	18	19	20	21	22	23	24	25	26	27	28					
4	夏暦二月					13	14	15	16	17	18	19	20	21	22	23	24	25	26	27	28	29	㊹	2	3	4	5	6	7	8	9	10	11					
	回暦5月					11	12	13	14	15	16	17	18	19	20	21	22	23	24	25	26	27	28	29	1	2	3	4	5	6	7	8	9					
	公暦3月					1	2	3	4	5	6	7	8	9	10	11	12	13	14	15	16	17	18	19	20	21	22	23	24	25	26	27	28	29	30	31		
5	夏暦三月					12	13	14	15	16	17	18	19	20	21	22	23	24	25	26	27	28	29	30	⑭	2	3	4	5	6	7	8	9	10	11	12		
	回暦6月					10	11	12	13	14	15	16	17	18	19	20	21	22	23	24	25	26	27	28	29	30	1	2	3	4	5	6	7	8	9	10		
	公暦4月	1	2	3	4	5	6	7	8	9	10	11	12	13	14	15	16	17	18	19	20	21	22	23	24	25	26	27	28	29	30							
	夏暦閏三月	13	14	15	16	17	18	19	20	21	22	23	24	25	26	27	28	29	30	㊹	2	3	4	5	6	7	8	9	10	11	12							
	回暦7月	11	12	13	14	15	16	17	18	19	20	21	22	23	24	25	26	27	28	29	1	2	3	4	5	6	7	8	9	10	11							
	公暦5月			1	2	3	4	5	6	7	8	9	10	11	12	3	14	15	16	17	18	19	20	21	22	23	24	25	26	27	28	29	30	31				
6	夏暦四月			13	14	15	16	17	18	19	20	21	22	23	24	25	26	27	28	29	⑬	2	3	4	5	6	7	8	9	10	11	12	13	14				
	回暦8月			12	13	14	15	16	17	18	19	20	21	22	23	24	25	26	27	28	29	30	1	2	3	4	5	6	7	8	9	10	11	12				
	公暦6月						1	2	3	4	5	6	7	8	9	10	11	12	13	14	15	16	17	18	19	20	21	22	23	24	25	26	27	28	29	30		
7	夏暦五月						15	16	17	18	19	20	21	22	23	24	25	26	27	28	29	30	㊸	2	3	4	5	6	7	8	9	10	11	12	13	14		

續表

月干支序數	星期／月序	日	1	2	3	4	5	6	日	1	2	3	4	5	6	日	1	2	3	4	5	6	日	1	2	3	4	5	6	日	1	2	3	4	5	6	日	1
	回曆9月						13	14	15	16	17	18	19	20	21	22	23	24	25	26	27	28	29	1	2	3	4	5	6	7	8	9	10	11	12	13		
	公曆7月	1	2	3	4	5	6	7	8	9	10	11	12	13	14	15	16	17	18	19	20	21	22	23	24	25	26	27	28	29	30	31						
8	夏曆六月	15	16	17	18	19	20	21	22	23	24	25	26	27	28	29	⑫	2	3	4	5	6	7	8	9	10	11	12	13	14	15	16						
	回曆10月	14	15	16	17	18	19	20	21	22	23	24	25	26	27	28	29	30	1	2	3	4	5	6	7	8	9	10	11	12	13	14						
	公曆8月				1	2	3	4	5	6	7	8	9	10	11	12	13	14	15	16	17	18	19	20	21	22	23	24	25	26	27	28	29	30	31			
9	夏曆七月				17	18	19	20	21	22	23	24	25	26	27	28	29	30	㊷	2	3	4	5	6	7	8	9	10	11	12	13	14	15	16	17			
	回曆11月				15	16	17	18	19	20	21	22	23	24	25	26	27	28	29	1	2	3	4	5	6	7	8	9	10	11	12	13	14	15	16			
	公曆9月							1	2	3	4	5	6	7	8	9	10	11	12	13	14	15	16	17	18	19	20	21	22	23	24	25	26	27	28	29	30	
10	夏曆八月							18	19	20	21	22	23	24	25	26	27	28	29	⑪	2	3	4	5	6	7	8	9	10	11	12	13	14	15	16	17	18	
	回曆12月							17	18	19	20	21	22	23	24	25	26	27	28	29	30	1	2	3	4	5	6	7	8	9	10	11	12	13	14	15	16	
	公曆10月		1	2	3	4	5	6	7	8	9	10	11	12	13	14	15	16	17	18	19	20	21	22	23	24	25	26	27	28	29	30	31					
11	夏曆九月		19	20	21	22	23	24	25	26	27	28	29	30	㊶	2	3	4	5	6	7	8	9	10	11	12	13	14	15	16	17	18	19					
194年	回曆1月		17	18	19	20	21	22	23	24	25	26	27	28	29	30	①	2	3	4	5	6	7	8	9	10	11	12	13	14	15	16	17					
	公曆11月					1	2	3	4	5	6	7	8	9	10	11	12	13	14	15	16	17	18	19	20	21	22	23	24	25	26	27	28	29	30			
12	夏曆十月					20	21	22	23	24	25	26	27	28	29	⑩	2	3	4	5	6	7	8	9	10	11	12	13	14	15	16	17	18	19	20			
	回曆2月					18	19	20	21	22	23	24	25	26	27	28	29	30	1	2	3	4	5	6	7	8	9	10	11	12	13	14	15	16	17			
	公曆12月							1	2	3	4	5	6	7	8	9	10	11	12	13	14	15	16	17	18	19	20	21	22	23	24	25	26	27	28	29	30	31
13	夏曆十一月							21	22	23	24	25	26	27	28	29	30	㊵	2	3	4	5	6	7	8	9	10	11	12	13	14	15	16	17	18	19	20	21
	回曆3月							18	19	20	21	22	23	24	25	26	27	28	29	1	2	3	4	5	6	7	8	9	10	11	12	13	14	15	16	17	18	19

大事記

正月，渤海王大嵩璘卒，子元瑜立，改元永德。　三月，成德軍節度使王士真死，子承宗自為留後。閏三月，減租稅，出宮人，絕進奉，禁掠賣。　五月，吐蕃請和，許之。　六月，徙范希朝為河東節度使，命沙陀隨往，處於定襄。五嶺以北銀坑任人開采，禁錢不得過五嶺。　八月，王承宗獻德、棣二州於朝，尋反。　十一月，彰義節度使吳少誠死，部將吳少陽自為留後。　十二月，元稹奏均田狀。　是歲，南詔王尋閣勸卒，子勸龍晟立。

唐紀年

干支庚寅　公元810年

朝代或國名	國家支配者	建都	廟號	謚號	建元	年號年次	輔政者	備注
唐	⑬李純	長安	憲宗		1	元和5年	李吉甫等	
渤海	⑥大元瑜	龍泉府		定王	1	永德元年		在東北
南詔	⑧蒙勸龍晟	陽苴咩		幽王	1	龍興元年		在雲南
吐蕃	⑦棄臘松贊	邏些				12年		西藏
回鶻	⑨保義可汗					2年		

月曆表

5523—354—2017302

月干支序數	星期／月序	日	1	2	3	4	5	6	日	1	2	3	4	5	6	日	1	2	3	4	5	6	日	1	2	3	4	5	6	日	1	2	3	4	5	6	日	1
	公曆1月			1	2	3	4	5	6	7	8	9	10	11	12	13	14	15	16	17	18	19	20	21	22	23	24	25	26	27	28	29	30	31				
14	夏曆十二月			22	23	24	25	26	27	28	29	⑨	2	3	4	5	6	7	8	9	10	11	12	13	14	15	16	17	18	19	20	21	22	23				

續表

月干支序數	月序 \ 星期	日	1	2	3	4	5	6	日	1	2	3	4	5	6	日	1	2	3	4	5	6	日	1	2	3	4	5	6	日	1	2	3	4	5	6	日	1
	回曆4月			20	21	22	23	24	25	26	27	28	29	30	1	2	3	4	5	6	7	8	9	10	11	12	13	14	15	16	17	18	19	20				
	公曆2月						1	2	3	4	5	6	7	8	9	10	11	12	13	14	15	16	17	18	19	20	21	22	23	24	25	26	27	28				
15	夏曆正月						24	25	26	27	28	29	30	㊴	2	3	4	5	6	7	8	9	10	11	12	13	14	15	16	17	18	19	20	21				
	回曆5月						21	22	23	24	25	26	27	28	29	1	2	3	4	5	6	7	8	9	10	11	12	13	14	15	16	17	18	19				
	公曆3月						1	2	3	4	5	6	7	8	9	10	11	12	13	14	15	16	17	18	19	20	21	22	23	24	25	26	27	28	29	30	31	
16	夏曆二月						22	23	24	25	26	27	28	29	⑧	2	3	4	5	6	7	8	9	10	11	12	13	14	15	16	17	18	19	20	21	22	23	
	回曆6月						20	21	22	23	24	25	26	27	28	29	30	1	2	3	4	5	6	7	8	9	10	11	12	13	14	15	16	17	18	19	20	
	公曆4月		1	2	3	4	5	6	7	8	9	10	11	12	13	14	15	16	17	18	19	20	21	22	23	24	25	26	27	28	29	30						
17	夏曆三月		24	25	26	27	28	29	30	㊳	2	3	4	5	6	7	8	9	10	11	12	13	14	15	16	17	18	19	20	21	22	23						
	回曆7月		21	22	23	24	25	26	27	28	29	1	2	3	4	5	6	7	8	9	10	11	12	13	14	15	16	17	18	19	20	21						
	公曆5月				1	2	3	4	5	6	7	8	9	10	11	12	13	14	15	16	17	18	19	20	21	22	23	24	25	26	27	28	29	30	31			
18	夏曆四月				24	25	26	27	28	29	⑦	2	3	4	5	6	7	8	9	10	11	12	13	14	15	16	17	18	19	20	21	22	23	24	25			
	回曆8月				22	23	24	25	26	27	28	29	30	1	2	3	4	5	6	7	8	9	10	11	12	13	14	15	16	17	18	19	20	21	22			
	公曆6月							1	2	3	4	5	6	7	8	9	10	11	12	13	14	15	16	17	18	19	20	21	22	23	24	25	26	27	28	29	30	
19	夏曆五月							26	27	28	29	30	㊲	2	3	4	5	6	7	8	9	10	11	12	13	14	15	16	17	18	19	20	21	22	23	24	25	
	回曆9月							23	24	25	26	27	28	29	1	2	3	4	5	6	7	8	9	10	11	12	13	14	15	16	17	18	19	20	21	22	23	
	公曆7月		1	2	3	4	5	6	7	8	9	10	11	12	13	14	15	16	17	18	19	20	21	22	23	24	25	26	27	28	29	30	31					
20	夏曆六月		26	27	28	29	30	⑦	2	3	4	5	6	7	8	9	10	11	12	13	14	15	16	17	18	19	20	21	22	23	24	25	26					
	回曆10月		24	25	26	27	28	29	30	1	2	3	4	5	6	7	78	9	10	11	12	13	14	15	16	17	18	19	20	21	22	23	24					
	公曆8月					1	2	3	4	5	6	7	8	9	10	11	12	13	14	15	16	17	18	19	20	21	22	23	24	25	26	27	28	29	30	31		
21	夏曆七月					27	28	29	㊱	2	3	4	5	6	7	8	9	10	11	12	13	14	15	16	17	18	19	20	21	22	23	24	25	26	27	28		
	回曆11月					25	26	27	28	29	1	2	3	4	5	6	7	8	9	10	11	12	13	14	15	16	17	18	19	20	21	22	23	24	25	26		
	公曆9月	1	2	3	4	5	6	7	8	9	10	11	12	13	14	15	16	17	18	19	20	21	22	23	24	25	26	27	28	29	30							
22	夏曆八月	29	30	⑥	2	3	4	5	6	7	8	9	10	11	12	13	14	15	16	17	18	19	20	21	22	23	24	25	26	27	28							
	回曆12月	27	28	29	30	1	2	3	4	5	6	7	8	9	10	11	12	13	14	15	16	17	18	19	20	21	22	23	24	25	26							
	公曆10月			1	2	3	4	5	6	7	8	9	10	11	12	13	14	15	16	17	18	19	20	21	22	23	24	25	26	27	28	29	30	31				
23	夏曆九月			29	㉟	2	3	4	5	6	7	8	9	10	11	12	13	14	15	16	17	18	19	20	21	22	23	24	25	26	27	28	29	30				
195年	回曆1月			27	28	29	①	2	3	4	5	6	7	8	9	10	11	12	13	14	15	16	17	18	19	20	21	22	23	24	25	26	27	28				
	公曆11月						1	2	3	4	5	6	7	8	9	10	11	12	13	14	15	16	17	18	19	20	21	22	23	24	25	26	27	28	29	30		
24	夏曆十月						⑤	2	3	4	5	6	7	8	9	10	11	12	13	14	15	16	17	18	19	20	21	22	23	24	25	26	27	28	29	30		
	回曆2月						29	30	1	2	3	4	5	6	7	8	9	10	11	12	13	14	15	16	17	18	19	20	21	22	23	24	25	26	27	28		
	公曆12月	1	2	3	4	5	6	7	8	9	10	11	12	13	14	15	16	17	18	19	20	21	22	23	24	25	26	27	28	29	30	31						
25 26	夏曆十一 十二月	㉟	2	3	4	5	6	7	8	9	10	11	12	13	14	15	16	17	18	19	20	21	22	23	24	25	26	27	28	29	④	2						
	回曆3月	29	1	2	3	4	5	6	7	8	9	10	11	12	13	14	15	16	17	18	19	20	21	22	23	24	25	26	27	28	29	30						

大事記

正月，劉濟助討王承宗，拔二縣。吐突承璀與王承宗戰，屢敗。　四月，以昭義節度使盧從史暗結王承宗，討擒之。　五月，吐蕃使來。奚擾靈州。　七月，王承宗請罪，赦之，復以德、棣二州，兵罷。劉濟為其子劉總毒死，總又殺其兄，自領軍務。　九月，吐突承璀以出兵無功貶，越三年復為神策中尉。　十月，義武節度使張茂昭請舉族入朝，許之；以任迪簡代，軍亂，旋定。

唐紀年

干支辛卯　公元 811 年

朝代或國名	國家支配者	建都	廟號	謚號	建元	年號年次	輔政者	備注
唐	⑬李純	長安	憲宗		1	元和 6 年	李吉甫等	
渤海	⑥大元瑜	龍泉府		定王	1	永德 2 年		在東北
南詔	⑧蒙勸龍晟	陽苴咩		幽王	1	龍興 2 年		在雲南
吐蕃	⑦棄臘松贊	邏些				13 年		西藏
回鶻	⑨保義可汗					3 年		

月曆表

5524－385－2017687

月干支序數	月序＼星期	日	1	2	3	4	5	6	日	1	2	3	4	5	6	日	1	2	3	4	5	6	日	1	2	3	4	5	6	日	1	2	3	4	5	6	日	1
	公曆 1 月				1	2	3	4	5	6	7	8	9	10	11	12	13	14	15	16	17	18	19	20	21	22	23	24	25	26	27	28	29	30	31			
27	夏曆正月				3	4	5	6	7	8	9	10	11	12	13	14	15	16	17	18	19	20	21	22	23	24	25	26	27	28	29	㉝	2	3	4			
	回曆 4、5 月				1	2	3	4	5	6	7	8	9	10	11	12	13	14	15	16	17	18	19	20	21	22	23	24	25	26	27	28	29	1	2			
	公曆 2 月							1	2	3	4	5	6	7	8	9	10	11	12	13	14	15	16	17	18	19	20	21	22	23	24	25	26	27	28			
28	夏曆二月							5	6	7	8	9	10	11	12	13	14	15	16	17	18	19	20	21	22	23	24	25	26	27	28	29	30	③	2			
	回曆 5 月							3	4	5	6	7	8	9	10	11	12	13	14	15	16	17	18	19	20	21	22	23	24	25	26	27	28	29	30			
	公曆 3 月							1	2	3	4	5	6	7	8	9	10	11	12	13	14	15	16	17	18	19	20	21	22	23	24	25	26	27	28	29	30	31
29	夏曆三月							3	4	5	6	7	8	9	10	11	12	13	14	15	16	17	18	19	20	21	22	23	24	25	26	27	28	29	㉜	2	3	4
	回曆 6、7 月							1	2	3	4	5	6	7	8	9	10	11	12	13	14	15	16	17	18	19	20	21	22	23	24	25	26	27	28	29	1	2
	公曆 4 月			1	2	3	4	5	6	7	8	9	10	11	12	13	14	15	16	17	18	19	20	21	22	23	24	25	26	27	28	29	30					
30	夏曆四月			5	6	7	8	9	10	11	12	13	14	15	16	17	18	19	20	21	22	23	24	25	26	27	28	29	30	②	2	3	4					
	回曆 8 月			3	4	5	6	7	8	9	10	11	12	13	14	15	16	17	18	19	20	21	22	23	24	25	26	27	28	29	30	1	2					
	公曆 5 月					1	2	3	4	5	6	7	8	9	10	11	12	13	14	15	16	17	18	19	20	21	22	23	24	25	26	27	28	29	30	31		
31	夏曆五月					5	6	7	8	9	10	11	12	13	14	15	16	17	18	19	20	21	22	23	24	25	26	27	28	29	㉛	2	3	4	5	6		
	回曆 9 月					3	4	5	6	7	8	9	10	11	12	13	14	15	16	17	18	19	20	21	22	23	24	25	26	27	28	29	1	2	3	4		
	公曆 6 月	1	2	3	4	5	6	7	8	9	10	11	12	13	14	15	16	17	18	19	20	21	22	23	24	25	26	27	28	29	30							
32	夏曆六月	7	8	9	10	11	12	13	14	15	16	17	18	19	20	21	22	23	24	25	26	27	28	29	30	①	2	3	4	5	6							
	回曆 10 月	5	6	7	8	9	10	11	12	13	14	15	16	17	18	19	20	21	22	23	24	25	26	27	28	29	30	1	2	3	4							
	公曆 7 月			1	2	3	4	5	6	7	8	9	10	11	12	13	14	15	16	17	18	19	20	21	22	23	24	25	26	27	28	29	30	31				
33	夏曆七月			7	8	9	10	11	12	13	14	15	16	17	18	19	20	21	22	23	24	25	26	27	28	29	㉚	2	3	4	5	6	7	8				
	回曆 11 月			5	6	7	8	9	10	11	12	13	14	15	16	17	18	19	20	21	22	23	24	25	26	27	28	29	1	2	3	4	5	6				
	公曆 8 月						1	2	3	4	5	6	7	8	9	10	11	12	13	14	15	16	17	18	19	20	21	22	23	24	25	26	27	28	29	30	31	
34	夏曆八月						9	10	11	12	13	14	15	16	17	18	19	20	21	22	23	24	25	26	27	28	29	30	(60)	2	3	4	5	6	7	8	9	
	回曆 12 月						7	8	9	10	11	12	13	14	15	16	17	18	19	20	21	22	23	24	25	26	27	28	29	30	1	2	3	4	5	6	7	
	公曆 9 月		1	2	3	4	5	6	7	8	9	10	11	12	13	14	15	16	17	18	19	20	21	22	23	24	25	26	27	28	29	30						
35	夏曆九月		10	11	12	13	14	15	16	17	18	19	20	21	22	23	24	25	26	27	28	29	30	㉚	2	3	4	5	6	7	8	9						
196 年	回曆 1 月		8	9	10	11	12	13	14	15	16	17	18	19	20	21	22	23	24	25	26	27	28	29	①	2	3	4	5	6	7	8						
	公曆 10 月				1	2	3	4	5	6	7	8	9	10	11	12	13	14	15	16	17	18	19	20	21	22	23	24	25	26	27	28	29	30	31			
36	夏曆十月				10	11	12	13	14	15	16	17	18	19	20	21	22	23	24	25	26	27	28	29	(59)	2	3	4	5	6	7	8	9	10	11			
	回曆 2 月				9	10	11	12	13	14	15	16	17	18	19	20	21	22	23	24	25	26	27	28	29	30	1	2	3	4	5	6	7	8	9			
	公曆 11 月							1	2	3	4	5	6	7	8	9	10	11	12	13	14	15	16	17	18	19	20	21	22	23	24	25	26	27	28	29	30	
37	夏曆十一月							12	13	14	15	16	17	18	19	20	21	22	23	24	25	26	27	28	29	30	㉙	2	3	4	5	6	7	8	9	10	11	
	回曆 3 月							10	11	12	13	14	15	16	17	18	19	20	21	22	23	24	25	26	27	28	29	1	2	3	4	5	6	7	8	9	10	

續表

月干支序數	星期 月序	日	1	2	3	4	5	6	日	1	2	3	4	5	6	日	1	2	3	4	5	6	日	1	2	3	4	5	6	日	1	2	3	4	5	6	日	1
	公曆12月		1	2	3	4	5	6	7	8	9	10	11	12	13	14	15	16	17	18	19	20	21	22	23	24	25	26	27	28	29	30	31					
38	夏曆十二月		12	13	14	15	16	17	18	19	20	21	22	23	24	25	26	27	28	29	30	(59)	2	3	4	5	6	7	8	9	10	11	12					
	回曆4月		11	12	13	14	15	16	17	18	19	20	21	22	23	24	25	26	27	28	29	30	1	2	3	4	5	6	7	8	9	10	11					

大事記

六月,詳議官員俸料、雜給。　九月,用宰相李吉甫言,併省內外官808員,諸司流外1769人。黔州觀察使竇群嚴急,辰、溆二州蠻首領張伯靖等率衆起事。閏十二月,攻播州、費州。　十一月,以吐突承璀為淮監軍。　十二月,以李絳為中書侍郎,同平章事。　是歲,大稔,米斗有值二錢者,詔貿易十緡以上參用布帛。

唐紀年

干支壬辰　公元812年

朝代或國名	國家支配者	建都	廟號	謚號	建元	年號年次	輔政者	備注
唐	⑬李純	長安	憲宗		1	元和7年	李絳等	
渤海	⑥大元瑜	龍泉府		定王	1	永德3年		在東北
南詔	⑧蒙勸龍晟	陽苴咩		幽王	1	龍興3年		在雲南
吐蕃	⑦棄臘松贊	邏些				14年		西藏
回鶻	⑨保義可汗					4年		

月曆表

5525—354—2018041

月干支序數	星期	日	1	2	3	4	5	6	日	1	2	3	4	5	6	日	1	2	3	4	5	6	日	1	2	3	4	5	6	日	1	2	3	4	5	6	日	1
	公曆1月					1	2	3	4	5	6	7	8	9	10	11	12	13	14	15	16	17	18	19	20	21	22	23	24	25	26	27	28	29	30	31		
	夏曆閏十二月					13	14	15	16	17	18	19	20	21	22	23	24	25	26	27	28	29	㉘	2	3	4	5	6	7	8	9	10	11	12	13	14		
	回曆5月					12	13	14	15	16	17	18	19	20	21	22	23	24	25	26	27	28	29	1	2	3	4	5	6	7	8	9	10	11	12	13		
	公曆2月	1	2	3	4	5	6	7	8	9	10	11	12	13	14	15	16	17	18	19	20	21	22	23	24	25	26	27	28	29								
39	夏曆正月	15	16	17	18	19	20	21	22	23	24	25	26	27	28	29	30	(58)	2	3	4	5	6	7	8	9	10	11	12	13								
	回曆6月	14	15	16	17	18	19	20	21	22	23	24	25	26	27	28	29	30	1	2	3	4	5	6	7	8	9	10	11	12								
	公曆3月		1	2	3	4	5	6	7	8	9	10	11	12	13	14	15	16	17	18	19	20	21	22	23	24	25	26	27	28	29	30	31					
40	夏曆二月		14	15	16	17	18	19	20	21	22	23	24	25	26	27	28	29	㉗	2	3	4	5	6	7	8	9	10	11	12	13	14	15					
	回曆7月		13	14	15	16	17	18	19	20	21	22	23	24	25	26	27	28	29	1	2	3	4	5	6	7	8	9	10	11	12	13	14					
	公曆4月					1	2	3	4	5	6	7	8	9	10	11	12	13	14	15	16	17	18	19	20	21	22	23	24	25	26	27	28	29	30			
41	夏曆三月					16	17	18	19	20	21	22	23	24	25	26	27	28	29	(56)	2	3	4	5	6	7	8	9	10	11	12	13	14	15	16			
	回曆8月					15	16	17	18	19	20	21	22	23	24	25	26	27	28	29	30	1	2	3	4	5	6	7	8	9	10	11	12	13	14			
	公曆5月							1	2	3	4	5	6	7	8	9	10	11	12	13	14	15	16	17	18	19	20	21	22	23	24	25	26	27	28	29	30	31
42	夏曆四月							17	18	19	20	21	22	23	24	25	26	27	28	29	㉕	2	3	4	5	6	7	8	9	10	11	12	13	14	15	16	17	18
	回曆9月							15	16	17	18	19	20	21	22	23	24	25	26	27	28	29	1	2	3	4	5	6	7	8	9	10	11	12	13	14	15	16
	公曆6月			1	2	3	4	5	6	7	8	9	10	11	12	13	14	15	16	17	18	19	20	21	22	23	24	25	26	27	28	29	30					
43	夏曆五月			19	20	21	22	23	24	25	26	27	28	29	30	(55)	2	3	4	5	6	7	8	9	10	11	12	13	14	15	16	17	18					
	回曆10月			17	18	19	20	21	22	23	24	25	26	27	28	29	30	1	2	3	4	5	6	7	8	9	10	11	12	13	14	15	16					
	公曆7月					1	2	3	4	5	6	7	8	9	10	11	12	13	14	15	16	17	18	19	20	21	22	23	24	25	26	27	28	29	30	31		

續表

月 干支 序數	星期 月序	日	1	2	3	4	5	6	日	1	2	3	4	5	6	日	1	2	3	4	5	6	日	1	2	3	4	5	6	日	1	2	3	4	5	6	日	1
44	夏曆六月					19	20	21	22	23	24	25	26	27	28	29	㉔	2	3	4	5	6	7	8	9	10	11	12	13	14	15	16	17	18	19	20		
	回曆 11 月					17	18	19	20	21	22	23	24	25	26	27	28	29	1	2	3	4	5	6	7	8	9	10	11	12	13	14	15	16	17	18		
	公曆 8 月	1	2	3	4	5	6	7	8	9	10	11	12	13	14	15	16	17	18	19	20	21	22	23	24	25	26	27	28	29	30	31						
45	夏曆七月	21	22	23	24	25	26	27	28	29	30	(54)	2	3	4	5	6	7	8	9	10	11	12	13	14	15	16	17	18	19	20	21						
	回曆 12 月	19	20	21	22	23	24	25	26	27	28	29	30	1	2	3	4	5	6	7	8	9	10	11	12	13	14	15	16	17	18	19						
	公曆 9 月				1	2	3	4	5	6	7	8	9	10	11	12	13	14	15	16	17	18	19	20	21	22	23	24	25	26	27	28	29	30				
46	夏曆八月				22	23	24	25	26	27	28	29	30	㉔	2	3	4	5	6	7	8	9	10	11	12	13	14	15	16	17	18	19	20	21				
197 年	回曆 1 月				20	21	22	23	24	25	26	27	28	29	30	①	2	3	4	5	6	7	8	9	10	11	12	13	14	15	16	17	18	19				
	公曆 10 月						1	2	3	4	5	6	7	8	9	10	11	12	13	14	15	16	17	18	19	20	21	22	23	24	25	26	27	28	29	30	31	
47	夏曆九月						22	23	24	25	26	27	28	29	(53)	2	3	4	5	6	7	8	9	10	11	12	13	14	15	16	17	18	19	20	21	22	23	
	回曆 2 月						20	21	22	23	24	25	26	27	28	29	30	1	2	3	4	5	6	7	8	9	10	11	12	13	14	15	16	17	18	19	20	
	公曆 11 月		1	2	3	4	5	6	7	8	9	10	11	12	13	14	15	16	17	18	19	20	21	22	23	24	25	26	27	28	29	30						
48	夏曆十月		24	25	26	27	28	29	30	㉓	2	3	4	5	6	7	8	9	10	11	12	13	14	15	16	17	18	19	20	21	22	23						
	回曆 3 月		21	22	23	24	25	26	27	28	29	1	2	3	4	5	6	7	8	9	10	11	12	13	14	15	16	17	18	19	20	21						
	公曆 12 月				1	2	3	4	5	6	7	8	9	10	11	12	13	14	15	16	17	18	19	20	21	22	23	24	25	26	27	28	29	30	31			
49	夏曆十一月				24	25	26	27	28	29	30	(53)	2	3	4	5	6	7	8	9	10	11	12	13	14	15	16	17	18	19	20	21	22	23	24			
	回曆 4 月				22	23	24	25	26	27	28	29	30	1	2	3	4	5	6	7	8	9	10	11	12	13	14	15	16	17	18	19	20	21	22			

大事記

七月，以遂王宥為皇太子，更名恆。　八月，魏博節度使田季安死，部將田興為留後，將魏博六州歸於朝廷。　十月，以興為節度使，改名弘正，遣使宣慰，厚賞將士，六州百姓給復一年；弘正請有司注擬缺官，輸賦稅。　十一月，用李絳議。置振武、天德營田。後四年中，併田 4800 頃，收谷 4000 餘萬斛，歲省軍費二十萬緡。

是歲，吐蕃掠涇州。杜佑卒(735—812)。佑撰有《通典》。許商人向戶部、度支、鹽鐵三司飛錢(便變)。

唐 紀 年

干支癸巳　公元 813 年

朝代或國名	國家支配者	建　都	廟　號	謚　號	建　元	年號年次	輔政者	備　注
唐	⑬李純	長安	憲宗		1	元和 8 年	李絳等	
渤海	⑦大言義	龍泉府		釐王	1	朱雀元年		在東北
南詔	⑧蒙勸龍晟	陽苴咩		幽王	1	龍興 4 年		在雲南
吐蕃	⑦棄臘松贊	邏些				15 年		西藏
回鶻	⑨保義可汗					5 年		

月 曆 表

5526—354—2018395

月 干支 序數	星　期	日	1	2	3	4	5	6	日	1	2	3	4	5	6	日	1	2	3	4	5	6	日	1	2	3	4	5	6	日	1	2	3	4	5	6	日	1
	公曆 1 月							1	2	3	4	5	6	7	8	9	10	11	12	13	14	15	16	17	18	19	20	21	22	23	24	25	26	27	28	29	30	31
50	夏曆十二月							25	26	27	28	29	30	㉓	2	3	4	5	6	7	8	9	10	11	12	13	14	15	16	17	18	19	20	21	22	23	24	25
	回曆 5 月							23	24	25	26	27	28	29	1	2	3	4	5	6	7	8	9	10	11	12	13	14	15	16	17	18	19	20	21	22	23	24
	公曆 2 月			1	2	3	4	5	6	7	8	9	10	11	12	13	14	15	16	17	18	19	20	21	22	23	24	25	26	27	28							

續表

月干支序數	星期 / 月序	日	1	2	3	4	5	6	日	1	2	3	4	5	6	日	1	2	3	4	5	6	日	1	2	3	4	5	6	日	1	2	3	4	5	6	日	1
51	夏曆正月			26	27	28	29	(52)	2	3	4	5	6	7	8	9	10	11	12	13	14	15	16	17	18	19	20	21	22	23	24							
	回曆6月			25	26	27	28	29	30	1	2	3	4	5	6	7	8	9	10	11	12	13	14	15	16	17	18	19	20	21	22							
	公曆3月			1	2	3	4	5	6	7	8	9	10	11	12	13	14	15	16	17	18	19	20	21	22	23	24	25	26	27	28	29	30	31				
52	夏曆二月			25	26	27	28	29	30	㉒	2	3	4	5	6	7	8	9	10	11	12	13	14	15	16	17	18	19	20	21	22	23	24	25				
	回曆7月			23	24	25	26	27	28	29	1	2	3	4	5	6	7	8	9	10	11	12	13	14	15	16	17	18	19	20	21	22	23	24				
	公曆4月						1	2	3	4	5	6	7	8	9	10	11	12	13	14	15	16	17	18	19	20	21	22	23	24	25	26	27	28	29	30		
53	夏曆三月						26	27	28	29	(51)	2	3	4	5	6	7	8	9	10	11	12	13	14	15	16	17	18	19	20	21	22	23	24	25	26		
	回曆8月						25	26	27	28	29	30	1	2	3	4	5	6	7	8	9	10	11	12	13	14	15	16	17	18	19	20	21	22	23	24		
	公曆5月	1	2	3	4	5	6	7	8	9	10	11	12	13	14	15	16	17	18	19	20	21	22	23	24	25	26	27	28	29	30	31						
54	夏曆四月	27	28	29	⑳	2	3	4	5	6	7	8	9	10	11	12	13	14	15	16	17	18	19	20	21	22	23	24	25	26	27	28						
	回曆9月	25	26	27	28	29	1	2	3	4	5	6	7	8	9	10	11	12	13	14	15	16	17	18	19	20	21	22	23	24	25	26						
	公曆6月				1	2	3	4	5	6	7	8	9	10	11	12	13	14	15	16	17	18	19	20	21	22	23	24	25	26	27	28	29	30				
55	夏曆五月				29	㊾	2	3	4	5	6	7	8	9	10	11	12	13	14	15	16	17	18	19	20	21	22	23	24	25	26	27	28	29				
	回曆10月				27	28	29	30	1	2	3	4	5	6	7	8	9	10	11	12	13	14	15	16	17	18	19	20	21	22	23	24	25	26				
	公曆7月						1	2	3	4	5	6	7	8	9	10	11	12	13	14	15	16	17	18	19	20	21	22	23	24	25	26	27	28	29	30	31	
56 57	夏曆六月 七						30	⑲	2	3	4	5	6	7	8	9	10	11	12	13	14	15	16	17	18	19	20	21	22	23	24	25	26	27	28	29	㊽	
	回曆11月						27	28	29	1	2	3	4	5	6	7	8	9	10	11	12	13	14	15	16	17	18	19	20	21	22	23	24	25	26	27	28	
	公曆8月		1	2	3	4	5	6	7	8	9	10	11	12	13	14	15	16	17	18	19	20	21	22	23	24	25	26	27	28	29	30	31					
58	夏曆八月		2	3	4	5	6	7	8	9	10	11	12	13	14	15	16	17	18	19	20	21	22	23	24	25	26	27	28	29	30	⑱	2					
	回曆12月		29	30	1	2	3	4	5	6	7	8	9	10	11	12	13	14	15	16	17	18	19	20	21	22	23	24	25	26	27	28	29					
	公曆9月					1	2	3	4	5	6	7	8	9	10	11	12	13	14	15	16	17	18	19	20	21	22	23	24	25	26	27	28	29	30			
59	夏曆九月					3	4	5	6	7	8	9	10	11	12	13	14	15	16	17	18	19	20	21	22	23	24	25	26	27	28	29	㊼	2	3			
198年	回曆1月					①	2	3	4	5	6	7	8	9	10	11	12	13	14	15	16	17	18	19	20	21	22	23	24	25	26	27	28	29	30			
	公曆10月							1	2	3	4	5	6	7	8	9	10	11	12	13	14	15	16	17	18	19	20	21	22	23	24	25	26	27	28	29	30	31
60	夏曆十月							4	5	6	7	8	9	10	11	12	13	14	15	16	17	18	19	20	21	22	23	24	25	26	27	28	29	30	⑰	2	3	4
	回曆2、3月							1	2	3	4	5	6	7	8	9	10	11	12	13	14	15	16	17	18	19	20	21	22	23	24	25	26	27	28	29	1	2
	公曆11月			1	2	3	4	5	6	7	8	9	10	11	12	13	14	15	16	17	18	19	20	21	22	23	24	25	26	27	28	29	30					
1	夏曆十一月			5	6	7	8	9	10	11	12	13	14	15	16	17	18	19	20	21	22	23	24	25	26	27	28	29	30	㊼	2	3	4					
	回曆4月			3	4	5	6	7	8	9	10	11	12	13	14	15	16	17	18	19	20	21	22	23	24	25	26	27	28	29	30	1	2					
	公曆12月					1	2	3	4	5	6	7	8	9	10	11	12	13	14	15	16	17	18	19	20	21	22	23	24	25	26	27	28	29	30	31		
2	夏曆十二月					5	6	7	8	9	10	11	12	13	14	15	16	17	18	19	20	21	22	23	24	25	26	27	28	29	30	⑰	2	3	4	5		
	回曆5月					3	4	5	6	7	8	9	10	11	12	13	14	15	16	17	18	19	20	21	22	23	24	25	26	27	28	29	1	2	3	4		

大事記

正月，渤海王大元瑜卒，以其弟言義為王。　二月，李吉甫進《元和郡國圖誌》三十卷。　七月，中受降城毁於河，用李吉甫議，罷修復，移其軍於天德故城，廢併天威軍於神策軍。溆州蠻帥張伯靖降。　十月，韓弘進《聖朝百歲樂譜》三百卷。回鶻度磧自柳谷擊吐蕃，振武節度使李進賢發兵備之，軍亂，屠進賢家，進賢逃免；以夏綏節度使張煦為振武節度使，旋定。發鄭滑、魏博兩鎮兵鑿黎陽古河十四里，以紓水患。孟簡開漕古孟瀆四十里，得沃壤四千餘頃。和糴粟 123 萬石。

唐紀年　　干支甲午　公元814年

朝代或國名	國家支配者	建都	廟號	謚號	建元	年號年次	輔政者	備注
唐	⑬李純	長安	憲宗		1	元和9年	張弘靖等	
渤海	⑦大言義	龍泉府		釐王	1	朱雀2年		在東北
南詔	⑧蒙勸龍晟	陽苴咩		幽王	1	龍興5年		在雲南
吐蕃	⑦棄臘松贊	邏些				16年		西藏
回鶻	⑨保義可汗					6年		
古格						元年		西藏阿里

月曆表　　5527－384－2018779

月干支序數	星期／月序	日	1	2	3	4	5	6	日	1	2	3	4	5	6	日	1	2	3	4	5	6	日	1	2	3	4	5	6	日	1	2	3	4	5	6	日	1
	公曆1月	1	2	3	4	5	6	7	8	9	10	11	12	13	14	15	16	17	18	19	20	21	22	23	24	25	26	27	28	29	30	31						
3	夏曆正月	6	7	8	9	10	11	12	13	14	15	16	17	18	19	20	21	22	23	24	25	26	27	28	29	㊻	2	3	4	5	6	7						
	回曆6月	5	6	7	8	9	10	11	12	13	14	15	16	17	18	19	20	21	22	23	24	25	26	27	28	29	30	1	2	3	4	5						
	公曆2月				1	2	3	4	5	6	7	8	9	10	11	12	13	14	15	16	17	18	19	20	21	22	23	24	25	26	27	28						
4	夏曆二月				8	9	10	11	12	13	14	15	16	17	18	19	20	21	22	23	24	25	26	27	28	29	30	⑯	2	3	4	5						
	回曆7月				6	7	8	9	10	11	12	13	14	15	16	17	18	19	20	21	22	23	24	25	26	27	28	29	1	2	3	4						
	公曆3月				1	2	3	4	5	6	7	8	9	10	11	12	13	14	15	16	17	18	19	20	21	22	23	24	25	26	27	28	29	30	31			
5	夏曆三月				6	7	8	9	10	11	12	13	14	15	16	17	18	19	20	21	22	23	24	25	26	27	28	29	30	㊻	2	3	4	5	6			
	回曆8月				5	6	7	8	9	10	11	12	13	14	15	16	17	18	19	20	21	22	23	24	25	26	27	28	29	30	1	2	3	4	5			
	公曆4月							1	2	3	4	5	6	7	8	9	10	11	12	13	14	15	16	17	18	19	20	21	22	23	24	25	26	27	28	29	30	
6	夏曆四月							7	8	9	10	11	12	13	14	15	16	17	18	19	20	21	22	23	24	25	26	27	28	29	⑮	2	3	4	5	6	7	
	回曆9月							6	7	8	9	10	11	12	13	14	15	16	17	18	19	20	21	22	23	24	25	26	27	28	29	1	2	3	4	5	6	
	公曆5月		1	2	3	4	5	6	7	8	9	10	11	12	13	14	15	16	17	18	19	20	21	22	23	24	25	26	27	28	29	30	31					
7	夏曆五月		8	9	10	11	12	13	14	15	16	17	18	19	20	21	22	23	24	25	26	27	28	29	㊹	2	3	4	5	6	7	8	9					
	回曆10月		7	8	9	10	11	12	13	14	15	16	17	18	19	20	21	22	23	24	25	26	27	28	29	30	1	2	3	4	5	6	7					
	公曆6月					1	2	3	4	5	6	7	8	9	10	11	12	13	14	15	16	17	18	19	20	21	22	23	24	25	26	27	28	29	30			
8	夏曆六月					10	11	12	13	14	15	16	17	18	19	20	21	22	23	24	25	26	27	28	29	⑬	2	3	4	5	6	7	8	9	10			
	回曆11月					8	9	10	11	12	13	14	15	16	17	18	19	20	21	22	23	24	25	26	27	28	29	1	2	3	4	5	6	7	8			
	公曆7月							1	2	3	4	5	6	7	8	9	10	11	12	13	14	15	16	17	18	19	20	21	22	23	24	25	26	27	28	29	30	31
9	夏曆七月							11	12	13	14	15	16	17	18	19	20	21	22	23	24	25	26	27	28	29	30	㊸	2	3	4	5	6	7	8	9	10	11
	回曆12月							9	10	11	12	13	14	15	16	17	18	19	20	21	22	23	24	25	26	27	28	29	30	1	2	3	4	5	6	7	8	9
	公曆8月			1	2	3	4	5	6	7	8	9	10	11	12	13	14	15	16	17	18	19	20	21	22	23	24	25	26	27	28	29	30	31				
10	夏曆八月			12	13	14	15	16	17	18	19	20	21	22	23	24	25	26	27	28	29	⑫	2	3	4	5	6	7	8	9	10	11	12	13				
199年	回曆1月			10	11	12	13	14	15	16	17	18	19	20	21	22	23	24	25	26	27	28	29	30	①	2	3	4	5	6	7	8	9	10				
	公曆9月						1	2	3	4	5	6	7	8	9	10	11	12	13	14	15	16	17	18	19	20	21	22	23	24	25	26	27	28	29	30		
	夏曆閏八月						14	15	16	17	18	19	20	21	22	23	24	25	26	27	28	29	30	㊷	2	3	4	5	6	7	8	9	10	11	12	13		
	回曆2月						11	12	13	14	15	16	17	18	19	20	21	22	23	24	25	26	27	28	29	30	1	2	3	4	5	6	7	8	9	10		
	公曆10月	1	2	3	4	5	6	7	8	9	10	11	12	13	14	15	16	17	18	19	20	21	22	23	24	25	26	27	28	29	30	31						
11	夏曆九月	14	15	16	17	18	19	20	21	22	23	24	25	26	27	28	29	⑪	2	3	4	5	6	7	8	9	10	11	12	13	14	15						
	回曆3月	11	12	13	14	15	16	17	18	19	20	21	22	23	24	25	26	27	28	29	1	2	3	4	5	6	7	8	9	10	11	12						
	公曆11月				1	2	3	4	5	6	7	8	9	10	11	12	13	14	15	16	17	18	19	20	21	22	23	24	25	26	27	28	29	30				
12	夏曆十月				16	17	18	19	20	21	22	23	24	25	26	27	28	29	30	㊶	2	3	4	5	6	7	8	9	10	11	12	13	14	15				

續表

月干支序數	月序＼星期	日	1	2	3	4	5	6	日	1	2	3	4	5	6	日	1	2	3	4	5	6	日	1	2	3	4	5	6	日	1	2	3	4	5	6	日	1
	回曆4月				13	14	15	16	17	18	19	20	21	22	23	24	25	26	27	28	29	30	1	2	3	4	5	6	7	8	9	10	11	12				
	公曆12月						1	2	3	4	5	6	7	8	9	10	11	12	13	14	15	16	17	18	19	20	21	22	23	24	25	26	27	28	29	30	31	
13	夏曆十一月						16	17	18	19	20	21	22	23	24	25	26	27	28	29	30	⑪	2	3	4	5	6	7	8	9	10	11	12	13	14	15	16	
	回曆5月						13	14	15	16	17	18	19	20	21	22	23	24	25	26	27	28	29	1	2	3	4	5	6	7	8	9	10	11	12	13	14	

大事記

二月，命宦官吐突承璀為左神策中尉。李絳罷為禮部尚書。　五月，復置宥州，治經略軍，遣神策軍戍之。　閏八月，彰義節度使吳少陽死，其子元濟匿喪自為留後，四出焚掠。　九月，淮西吳元濟叛，發兵屠舞陽等四縣。　十月，黨項擾振武。以嚴授為申、光、蔡招撫使，督兵招討吳元濟。　是歲，名詩人孟郊卒(751—814)。古格王朝建立。

唐紀年

干支乙未　公元815年

朝代或國名	國家支配者	建都	廟號	謚號	建元	年號年次	輔政者	備注
唐	⑬李純	長安	憲宗		1	元和10年	裴度等	
渤海	⑦大言義	龍泉府		釐王	1	朱雀3年		在東北
南詔	⑧蒙勸龍晟	陽苴咩		幽王	1	龍興6年		在雲南
吐蕃	⑦棄臘松贊	邏些				17年		在西藏
回鶻	⑨保義可汗					7年		
古格						2年		西藏阿里

月曆表

5528—354—2019133

月干支序數	月序＼星期	日	1	2	3	4	5	6	日	1	2	3	4	5	6	日	1	2	3	4	5	6	日	1	2	3	4	5	6	日	1	2	3	4	5	6	日	1
	公曆1月		1	2	3	4	5	6	7	8	9	10	11	12	13	14	15	16	17	18	19	20	21	22	23	24	25	26	27	28	29	30	31					
14	夏曆十二月		17	18	19	20	21	22	23	24	25	26	27	28	29	30	㊶	2	3	4	5	6	7	8	9	10	11	12	13	14	15	16	17					
	回曆6月		15	16	17	18	19	20	21	22	23	24	25	26	27	28	29	30	1	2	3	4	5	6	7	8	9	10	11	12	13	14	15					
	公曆2月					1	2	3	4	5	6	7	8	9	10	11	12	13	14	15	16	17	18	19	20	21	22	23	24	25	26	27	28					
15	夏曆正月					18	19	20	21	22	23	24	25	26	27	28	29	⑩	2	3	4	5	6	7	8	9	10	11	12	13	14	15	16					
	回曆7月					16	17	18	19	20	21	22	23	24	25	26	27	28	29	1	2	3	4	5	6	7	8	9	10	11	12	13	14					
	公曆3月					1	2	3	4	5	6	7	8	9	10	11	12	13	14	15	16	17	18	19	20	21	22	23	24	25	26	27	28	29	30	31		
16	夏曆二月					17	18	19	20	21	22	23	24	25	26	27	28	29	30	㊵	2	3	4	5	6	7	8	9	10	11	12	13	14	15	16	17		
	回曆8月					15	16	17	18	19	20	21	22	23	24	25	26	27	28	29	30	1	2	3	4	5	6	7	8	9	10	11	12	13	14	15		
	公曆4月	1	2	3	4	5	6	7	8	9	10	11	12	13	14	15	16	17	18	19	20	21	22	23	24	25	26	27	28	29	30							
17	夏曆三月	18	19	20	21	22	23	24	25	26	27	28	29	⑨	2	3	4	5	6	7	8	9	10	11	12	13	14	15	16	17	18							
	回曆9月	16	17	18	19	20	21	22	23	24	25	26	27	28	29	1	2	3	4	5	6	7	8	9	10	11	12	13	14	15	16							
	公曆5月			1	2	3	4	5	6	7	8	9	10	11	12	13	14	15	16	17	18	19	20	21	22	23	24	25	26	27	28	29	30	31				
18	夏曆四月			19	20	21	22	23	24	25	26	27	28	29	30	㊴	2	3	4	5	6	7	8	9	10	11	12	13	14	15	16	17	18	19				
	回曆10月			17	18	19	20	21	22	23	24	25	26	27	28	29	30	1	2	3	4	5	6	7	8	9	10	11	12	13	14	15	16	17				
	公曆6月						1	2	3	4	5	6	7	8	9	10	11	12	13	14	15	16	17	18	19	20	21	22	23	24	25	26	27	28	29	30		
19	夏曆五月						20	21	22	23	24	25	26	27	28	29	⑧	2	3	4	5	6	7	8	9	10	11	12	13	14	15	16	17	18	19	20		

續表

月 干支 序數	月＼星期 序	日	1	2	3	4	5	6	日	1	2	3	4	5	6	日	1	2	3	4	5	6	日	1	2	3	4	5	6	日	1	2	3	4	5	6	日	1
	回暦 11 月						18	19	20	21	22	23	24	25	26	27	28	29	1	2	3	4	5	6	7	8	9	10	11	12	13	14	15	16	17	18		
	公暦 7 月	1	2	3	4	5	6	7	8	9	10	11	12	13	14	15	16	17	18	19	20	21	22	23	24	25	26	27	28	29	30	31						
20	夏暦六月	21	22	23	24	25	26	27	28	29	30	㊳	2	3	4	5	6	7	8	9	10	11	12	13	14	15	16	17	18	19	20	21						
	回暦 12 月	19	20	21	22	23	24	25	26	27	28	29	30	1	2	3	4	5	6	7	8	9	10	11	12	13	14	15	16	17	18	19						
	公暦 8 月				1	2	3	4	5	6	7	8	9	10	11	12	13	14	15	16	17	18	19	20	21	22	23	24	25	26	27	28	29	30	31			
21	夏暦七月				22	23	24	25	26	27	28	29	⑦	2	3	4	5	6	7	8	9	10	11	12	13	14	15	16	17	18	19	20	21	22	23			
200 年	回暦 1 月				20	21	22	23	24	25	26	27	28	29	①	2	3	4	5	6	7	8	9	10	11	12	13	14	15	16	17	18	19	20	21			
	公暦 9 月							1	2	3	4	5	6	7	8	9	10	11	12	13	14	15	16	17	18	19	20	21	22	23	24	25	26	27	28	29	30	
22	夏暦八月							24	25	26	27	28	29	㊱	2	3	4	5	6	7	8	9	10	11	12	13	14	15	16	17	18	19	20	21	22	23	24	
	回暦 2 月							22	23	24	25	26	27	28	29	30	1	2	3	4	5	6	7	8	9	10	11	12	13	14	15	16	17	18	19	20	21	
	公暦 10 月		1	2	3	4	5	6	7	8	9	10	11	12	13	14	15	16	17	18	19	20	21	22	23	24	25	26	27	28	29	30	31					
23	夏暦九月		25	26	27	28	29	30	⑥	2	3	4	5	6	7	8	9	10	11	12	13	14	15	16	17	18	19	20	21	22	23	24	25					
	回暦 3 月		22	23	24	25	26	27	28	29	1	2	3	4	5	6	7	8	9	10	11	12	13	14	15	16	17	18	19	20	21	22	23					
	公暦 11 月					1	2	3	4	5	6	7	8	9	10	11	12	13	14	15	16	17	18	19	20	21	22	23	24	25	26	27	28	29	30			
24	夏暦十月					26	27	28	29	㉟	2	3	4	5	6	7	8	9	10	11	12	13	14	15	16	17	18	19	20	21	22	23	24	25	26			
	回暦 4 月					24	25	26	27	28	29	30	1	2	3	4	5	6	7	8	9	10	11	12	13	14	15	16	17	18	19	20	21	22	23			
	公暦 12 月							1	2	3	4	5	6	7	8	9	10	11	12	13	14	15	16	17	18	19	20	21	22	23	24	25	26	27	28	29	30	31
25	夏暦十一月							27	28	29	30	⑤	2	3	4	5	6	7	8	9	10	11	12	13	14	15	16	17	18	19	20	21	22	23	24	25	26	27
	回暦 5 月							24	25	26	27	28	29	1	2	3	4	5	6	7	8	9	10	11	12	13	14	15	16	17	18	19	20	21	22	23	24	25

大事記

正月，發十六道討吳元濟，互有勝負。王承宗、李師道表請赦元濟，不從，師道暗助元濟，遣人焚各道軍儲。六月，師道使人刺殺宰相武元衡。時疑王承宗所為，詔責之，絕其朝貢；後知為師道，未暇治之。　十月，分山南東道為襄、復、郢、均、房及唐、隨、鄧兩節度使。長行敕刪定為三十卷，頒行之。　十一月，王承宗縱兵四擾，幽州等軍擊敗之。吐蕃請互市，許之。

唐紀年

干支丙申　公元 816 年

朝代或國名	國家支配者	建都	廟號	謚號	建元	年號年次	輔政者	備注
唐	⑬李純	長安	憲宗		1	元和 11 年	裴度等	
渤海	⑦大言義	龍泉府		釐王	1	朱雀 1 年		在東北
吐蕃	⑦棄臘松贊	邏些				18 年		西藏
南詔	⑧蒙勸龍晟	陽苴咩		幽王		龍興 7 年		勸利晟嗣立
回鶻	⑨保義可汗					8 年		
古格						3 年		西藏阿里

月暦表

5529－354－2019487

月 干支 序數	月＼星期 序	日	1	2	3	4	5	6	日	1	2	3	4	5	6	日	1	2	3	4	5	6	日	1	2	3	4	5	6	日	1	2	3	4	5	6	日	1
	公暦 1 月			1	2	3	4	5	6	7	8	9	10	11	12	13	14	15	16	17	18	19	20	21	22	23	24	25	26	27	28	29	30	31				
26	夏暦十二月			28	29	30	㉟	2	3	4	5	6	7	8	9	10	11	12	13	14	15	16	17	18	19	20	21	22	23	24	25	26	27	28				

續表

月干支序數	月序＼星期	日	1	2	3	4	5	6	日	1	2	3	4	5	6	日	1	2	3	4	5	6	日	1	2	3	4	5	6	日	1	2	3	4	5	6	日	1
	回曆6月			26	27	28	29	30	1	2	3	4	5	6	7	8	9	10	11	12	13	14	15	16	17	18	19	20	21	22	23	24	25	26				
	公曆2月						1	2	3	4	5	6	7	8	9	10	11	12	13	14	15	16	17	18	19	20	21	22	23	24	25	26	27	28	29			
27	夏曆正月						29	④	2	3	4	5	6	7	8	9	10	11	12	13	14	15	16	17	18	19	20	21	22	23	24	25	26	27	28			
	回曆7月						27	28	29	1	2	3	4	5	6	7	8	9	10	11	12	13	14	15	16	17	18	19	20	21	22	23	24	25	26			
	公曆3月							1	2	3	4	5	6	7	8	9	10	11	12	13	14	15	16	17	18	19	20	21	22	23	24	25	26	27	28	29	30	31
28	夏曆二月							29	30	㉞	2	3	4	5	6	7	8	9	10	11	12	13	14	15	16	17	18	19	20	21	22	23	24	25	26	27	28	29
	回曆8月							27	28	29	30	1	2	3	4	5	6	7	8	9	10	11	12	13	14	15	16	17	18	19	20	21	22	23	24	25	26	27
	公曆4月			1	2	3	4	5	6	7	8	9	10	11	12	13	14	15	16	17	18	19	20	21	22	23	24	25	26	27	28	29	30					
29	夏曆三月			30	④	2	3	4	5	6	7	8	9	10	11	12	13	14	15	16	17	18	19	20	21	22	23	24	25	26	27	28	29					
	回曆9月			28	29	1	2	3	4	5	6	7	8	9	10	11	12	13	14	15	16	17	18	19	20	21	22	23	24	25	26	27	28					
	公曆5月					1	2	3	4	5	6	7	8	9	10	11	12	13	14	15	16	17	18	19	20	21	22	23	24	25	26	27	28	29	30	31		
30 31	夏曆四月 五月					㉝	2	3	4	5	6	7	8	9	10	11	12	13	14	15	16	17	18	19	20	21	22	23	24	25	26	27	28	29	30	③		
	回曆10月					29	30	1	2	3	4	5	6	7	8	9	10	11	12	13	14	15	16	17	18	19	20	21	22	23	24	25	26	27	28	29		
	公曆6月	1	2	3	4	5	6	7	8	9	10	11	12	13	14	15	16	17	18	19	20	21	22	23	24	25	26	27	28	29	30							
32	夏曆六月	2	3	4	5	6	7	8	9	10	11	12	13	14	15	16	17	18	19	20	21	22	23	24	25	26	27	28	29	㉜	2							
	回曆11月	1	2	3	4	5	6	7	8	9	10	11	12	13	14	15	16	17	18	19	20	21	22	23	24	25	26	27	28	29	30							
	公曆7月			1	2	3	4	5	6	7	8	9	10	11	12	13	14	15	16	17	18	19	20	21	22	23	24	25	26	27	28	29	30	31				
33	夏曆七月			3	4	5	6	7	8	9	10	11	12	13	14	15	16	17	18	19	20	21	22	23	24	25	26	27	28	29	30	②	2	3				
201年	回曆12月 1月			1	2	3	4	5	6	7	8	9	10	11	12	13	14	15	16	17	18	19	20	21	22	23	24	25	26	27	28	29	①	2				
	公曆8月						1	2	3	4	5	6	7	8	9	10	11	12	13	14	15	16	17	18	19	20	21	22	23	24	25	26	27	28	29	30	31	
34	夏曆八月						4	5	6	7	8	9	10	11	12	13	14	15	16	17	18	19	20	21	22	23	24	25	26	27	28	29	㉛	2	3	4	5	
	回曆2月						3	4	5	6	7	8	9	10	11	12	13	14	15	16	17	18	19	20	21	22	23	24	25	26	27	28	29	30	1	2	3	
	公曆9月		1	2	3	4	5	6	7	8	9	10	11	12	13	14	15	16	17	18	19	20	21	22	23	24	25	26	27	28	29	30						
35	夏曆九月		6	7	8	9	10	11	12	13	14	15	16	17	18	19	20	21	22	23	24	25	26	27	28	29	(60)	2	3	4	5	6						
	回曆3月		4	5	6	7	8	9	10	11	12	13	14	15	16	17	18	19	20	21	22	23	24	25	26	27	28	29	1	2	3	4						
	公曆10月				1	2	3	4	5	6	7	8	9	10	11	12	13	14	15	16	17	18	19	20	21	22	23	24	25	26	27	28	29	30	31			
36	夏曆十月				7	8	9	10	11	12	13	14	15	16	17	18	19	20	21	22	23	24	25	26	27	28	29	30	㉚	2	3	4	5	6	7			
	回曆4月				5	6	7	8	9	10	11	12	13	14	15	16	17	18	19	20	21	22	23	24	25	26	27	28	29	30	1	2	3	4	5			
	公曆11月							1	2	3	4	5	6	7	8	9	10	11	12	13	14	15	16	17	18	19	20	21	22	23	24	25	26	27	28	29	30	
37	夏曆十一月							8	9	10	11	12	13	14	15	16	17	18	19	20	21	22	23	24	25	26	27	28	29	(59)	2	3	4	5	6	7	8	
	回曆5月							6	7	8	9	10	11	12	13	14	15	16	17	18	19	20	21	22	23	24	25	26	27	28	29	1	2	3	4	5	6	
	公曆12月		1	2	3	4	5	6	7	8	9	10	11	12	13	14	15	16	17	18	19	20	21	22	23	24	25	26	27	28	29	30	31					
38	夏曆十二月		9	10	11	12	13	14	15	16	17	18	19	20	21	22	23	24	25	26	27	28	29	30	㉙	2	3	4	5	6	7	8	9					
	回曆6月		7	8	9	10	11	12	13	14	15	16	17	18	19	20	21	22	23	24	25	26	27	28	29	30	1	2	3	4	5	6	7					

大事記

正月，詔討王承宗。　二月，吐蕃贊普卒，新贊普可黎可足立。南詔王勸龍晟淫虐無道，為其下所殺，其弟勸利晟被立為王。　四月，宥州軍亂，逐刺史，旋平。　九月，饒州大水，漂失四千七百戶。　十一月，黄洞蠻擾賓州，旋又攻嚴州。

是歲，文學家李賀卒(790—816)。渤海大言義卒，弟明忠立，改元太始。

唐 紀 年

干支丁酉　公元 817 年

朝代或國名	國家支配者	建 都	廟 號	謚 號	建 元	年號年次	輔政者	備 注
唐	⑬李純	長安	憲宗		1	元和 12 年	裴度等	
渤海	⑦大言義	龍泉府		釐王	1	朱雀 5 年		在東北
南詔	⑨蒙勸利晟	陽苴咩		靖王	2	1 全義元年		在雲南
吐蕃	⑧可黎可足	邏些				彝泰元年		西藏
回鶻	⑨保義可汗					9 年		
古格						4 年		西藏阿里

月 曆 表

5530—384—2019871

月干支序數	月序＼星期	日	1	2	3	4	5	6	日	1	2	3	4	5	6	日	1	2	3	4	5	6	日	1	2	3	4	5	6	日	1	2	3	4	5	6	日	1
	公曆 1 月					1	2	3	4	5	6	7	8	9	10	11	12	13	14	15	16	17	18	19	20	21	22	23	24	25	26	27	28	29	30	31		
39	夏曆正月					10	11	12	13	14	15	16	17	18	19	20	21	22	23	24	25	26	27	28	29	(58)	2	3	4	5	6	7	8	9	10	11		
	回曆 7 月					8	9	10	11	12	13	14	15	16	17	18	19	20	21	22	23	24	25	26	27	28	29	1	2	3	4	5	6	7	8	9		
	公曆 2 月	1	2	3	4	5	6	7	8	9	10	11	12	13	14	15	16	17	18	19	20	21	22	23	24	25	26	27	28									
40	夏曆二月	12	13	14	15	16	17	18	19	20	21	22	23	24	25	26	27	28	29	30	㉘	2	3	4	5	6	7	8	9									
	回曆 8 月	10	11	12	13	14	15	16	17	18	19	20	21	22	23	24	25	26	27	28	29	30	1	2	3	4	5	6	7									
	公曆 3 月	1	2	3	4	5	6	7	8	9	10	11	12	13	14	15	16	17	18	19	20	21	22	23	24	25	26	27	28	29	30	31						
41	夏曆三月	10	11	12	13	14	15	16	17	18	19	20	21	22	23	24	25	26	27	28	29	30	(58)	2	3	4	5	6	7	8	9	10						
	回曆 9 月	8	9	10	11	12	13	14	15	16	17	18	19	20	21	22	23	24	25	26	27	28	29	1	2	3	4	5	6	7	8	9						
	公曆 4 月				1	2	3	4	5	6	7	8	9	10	11	12	13	14	15	16	17	18	19	20	21	22	23	24	25	6	27	28	29	30				
42	夏曆四月				11	12	13	14	15	16	17	18	19	20	21	22	23	24	25	26	27	28	29	㉗	2	3	4	5	6	7	8	9	10	11				
	回曆 10 月				10	11	12	13	14	15	16	17	18	19	20	21	22	23	24	25	26	27	28	29	30	1	2	3	4	5	6	7	8	9				
	公曆 5 月						1	2	3	4	5	6	7	8	9	10	11	12	13	14	15	16	17	18	19	20	21	22	23	24	25	26	27	28	29	30	31	
43	夏曆五月						12	13	14	15	16	17	18	19	20	21	22	23	24	25	26	27	28	29	30	(57)	2	3	4	5	6	7	8	9	10	11	12	
	回曆 11 月						10	11	12	13	14	15	16	17	18	19	20	21	22	23	24	25	26	27	28	29	1	2	3	4	5	6	7	8	9	10	11	
	公曆 6 月		1	2	3	4	5	6	7	8	9	10	11	12	13	14	15	16	17	18	19	20	21	22	23	24	25	26	27	28	29	30						
	夏曆閏五月		13	14	15	16	17	18	19	20	21	22	23	24	25	26	27	28	29	30	㉗	2	3	4	5	6	7	8	9	10	11	12						
	回曆 12 月		12	13	14	15	16	17	18	19	20	21	22	23	24	25	26	27	28	29	30	1	2	3	4	5	6	7	8	9	10	11						
	公曆 7 月				1	2	3	4	5	6	7	8	9	10	11	12	13	14	15	16	17	18	19	20	21	22	23	24	25	26	27	28	29	30	31			
44	夏曆六月				13	14	15	16	17	18	19	20	21	22	23	24	25	26	27	28	29	(56)	2	3	4	5	6	7	8	9	10	11	12	13	14			
202 年	回曆 1 月				12	13	14	15	16	17	18	19	20	21	22	23	24	25	26	27	28	29	30	①	2	3	4	5	6	7	8	9	10	11	12			
	公曆 8 月							1	2	3	4	5	6	7	8	9	10	11	12	13	14	15	16	17	18	19	20	21	22	23	24	25	26	27	28	29	30	31
45	夏曆七月							15	16	17	18	19	20	21	22	23	24	25	26	27	28	29	㉕	2	3	4	5	6	7	8	9	10	11	12	13	14	15	16
	回曆 2 月							13	14	15	16	17	18	19	20	21	22	23	24	25	26	27	28	29	30	1	2	3	4	5	6	7	8	9	10	11	12	13
	公曆 9 月			1	2	3	4	5	6	7	8	9	10	11	12	13	14	15	16	17	18	19	20	21	22	23	24	25	26	27	28	29	30					
46	夏曆八月			17	18	19	20	21	22	23	24	25	26	27	28	29	30	(55)	2	3	4	5	6	7	8	9	10	11	12	13	14	15	16					
	回曆 3 月			14	15	16	17	18	19	20	21	22	23	24	25	26	27	28	29	1	2	3	4	5	6	7	8	9	10	11	12	13	14					
	公曆 10 月					1	2	3	4	5	6	7	8	9	10	11	12	13	14	15	16	17	18	19	20	21	22	23	24	25	26	27	28	29	30	31		
47	夏曆九月					17	18	19	20	21	22	23	24	25	26	27	28	29	㉔	2	3	4	5	6	7	8	9	10	11	12	13	14	15	16	17	18		
	回曆 4 月					15	16	17	18	19	20	21	22	23	24	25	26	27	28	29	30	1	2	3	4	5	6	7	8	9	10	11	12	13	14	15		
	公曆 11 月	1	2	3	4	5	6	7	8	9	10	11	12	13	14	15	16	17	18	19	20	21	22	23	24	25	26	27	28	29	30							
48	夏曆十月	19	20	21	22	23	24	25	26	27	28	29	30	(54)	2	3	4	5	6	7	8	9	10	11	12	13	14	15	16	17	18							
	回曆 5 月	16	17	18	19	20	21	22	23	24	25	26	27	28	29	1	2	3	4	5	6	7	8	9	10	11	12	13	14	15	16							

續表

月 干支 序數	星期 月序	日	1	2	3	4	5	6	日	1	2	3	4	5	6	日	1	2	3	4	5	6	日	1	2	3	4	5	6	日	1	2	3	4	5	6	日	1
	公曆12月			1	2	3	4	5	6	7	8	9	10	11	12	13	14	15	16	17	18	19	20	21	22	23	24	25	26	27	28	29	30	31				
49	夏曆十一月			19	20	21	22	23	24	25	26	27	28	29	㉓	2	3	4	5	6	7	8	9	10	11	12	13	14	15	16	17	18	19	20				
	回曆6月			17	18	19	20	21	22	23	24	25	26	27	28	29	30	1	2	3	4	5	6	7	8	9	10	11	12	13	14	15	16	17				

大事記

五月，以諸道討王承宗久無功，暫罷之。　六月，吳元濟以勢日蹙，上表謝罪，詔許以不死；元濟為部下所制，不得出。　八月，討吳元濟幾三年，無功，宰相裴度請督師，許之，以為淮西宣慰處置使。度至軍，以郾城為治所。　十月，唐、鄧、隨節度使李愬入蔡州，擒吳元濟，淮西平。　是歲，渤海大明忠死，從父大仁秀立，改元建興。

唐紀年

干支戊戌　公元 818 年

朝代或國名	國家支配者	建都	廟號	謚號	建元	年號年次	輔政者	備注
唐	⑬李純	長安	憲宗		1	元和 13 年	李夷簡等	
渤海	⑧大明忠	龍泉府		簡王	1	太始元年		一作太延元年，在東北
	大仁秀					建興元年		
南詔	⑨蒙勸利晟	陽苴咩		靖王	2	1全義 2 年		在雲南
吐蕃	⑧可黎可足	邏些				彝泰 2 年		西藏
回鶻	⑨保義可汗					10 年		
古格						5 年		西藏阿里

月曆表

5531－355－2020226

月 干支 序數	星期 月序	日	1	2	3	4	5	6	日	1	2	3	4	5	6	日	1	2	3	4	5	6	日	1	2	3	4	5	6	日	1	2	3	4	5	6	日	1
	公曆1月						1	2	3	4	5	6	7	8	9	10	11	12	13	14	15	16	17	18	19	20	21	22	23	24	25	26	27	28	29	30	31	
50	夏曆十二月						21	22	23	24	25	26	27	28	29	30	(53)	2	3	4	5	6	7	8	9	10	11	12	13	14	15	16	17	18	19	20	21	
	回曆7月						18	19	20	21	22	23	24	25	26	27	28	29	1	2	3	4	5	6	7	8	9	10	11	12	13	14	15	16	17	18	19	
	公曆2月		1	2	3	4	5	6	7	8	9	10	11	12	13	14	15	16	17	18	19	20	21	22	23	24	25	26	27	28								
51	夏曆正月		22	23	24	25	26	27	28	29	㉒	2	3	4	5	6	7	8	9	10	11	12	13	14	15	16	17	18	19	20								
	回曆8月		20	21	22	23	24	25	26	27	28	29	30	1	2	3	4	5	6	7	8	9	10	11	12	13	14	15	16	17								
	公曆3月		1	2	3	4	5	6	7	8	9	10	11	12	13	14	15	16	17	18	19	20	21	22	23	24	25	26	27	28	29	30	31					
52	夏曆二月		21	22	23	24	25	26	27	28	29	30	(52)	2	3	4	5	6	7	8	9	10	11	12	13	14	15	16	17	18	19	20	21					
	回曆9月		18	19	20	21	22	23	24	25	26	27	28	29	1	2	3	4	5	6	7	8	9	10	11	12	13	14	15	16	17	18	19					
	公曆4月					1	2	3	4	5	6	7	8	9	10	11	12	13	14	15	16	17	18	19	20	21	22	23	24	25	26	27	28	29	30			
53	夏曆三月					22	23	24	25	26	27	28	29	㉑	2	3	4	5	6	7	8	9	10	11	12	13	14	15	16	17	18	19	20	21	22			
	回曆10月					20	21	22	23	24	25	26	27	28	29	30	1	2	3	4	5	6	7	8	9	10	11	12	13	14	15	16	17	18	19			
	公曆5月							1	2	3	4	5	6	7	8	9	10	11	12	13	14	15	16	17	18	19	20	21	22	23	24	25	26	27	28	29	30	31
54	夏曆四月							23	24	25	26	27	28	29	30	(51)	2	3	4	5	6	7	8	9	10	11	12	13	14	15	16	17	18	19	20	21	22	23
	回曆11月							20	21	22	23	24	25	26	27	28	29	1	2	3	4	5	6	7	8	9	10	11	12	13	14	15	16	17	18	19	20	21
	公曆6月			1	2	3	4	5	6	7	8	9	10	11	12	13	14	15	16	17	18	19	20	21	22	23	24	25	26	27	28	29	30					
55	夏曆五月			24	25	26	27	28	29	30	㉑	2·	3	4	5	6	7	8	9	10	11	12	13	14	15	16	17	18	19	20	21	22	23					

續表

月 干支 序數	月序＼星期	日	1	2	3	4	5	6	日	1	2	3	4	5	6	日	1	2	3	4	5	6	日	1	2	3	4	5	6	日	1	2	3	4	5	6	日	1
	回暦 12 月			22	23	24	25	26	27	28	29	30	1	2	3	4	5	6	7	8	9	10	11	12	13	14	15	16	17	18	19	20	21					
	公暦 7 月					1	2	3	4	5	6	7	8	9	10	11	12	13	14	15	16	17	18	19	20	21	22	23	24	25	26	27	28	29	30	31		
56	夏暦六月					24	25	26	27	28	29	㊿	2	3	4	5	6	7	8	9	10	11	12	13	14	15	16	17	18	19	20	21	22	23	24	25		
203 年	回暦 1 月					22	23	24	25	26	27	28	29	①	2	3	4	5	6	7	8	9	10	11	12	13	14	15	16	17	18	19	20	21	22	23		
	公暦 8 月	1	2	3	4	5	6	7	8	9	10	11	12	13	14	15	16	17	18	19	20	21	22	23	24	25	26	27	28	29	30	31						
57	夏暦七月	26	27	28	29	30	⑳	2	3	4	5	6	7	8	9	10	11	12	13	14	15	16	17	18	19	20	21	22	23	24	25	26						
	回暦 2 月	24	25	26	27	28	29	30	1	2	3	4	5	6	7	8	9	10	11	12	13	14	15	16	17	18	19	20	21	22	23	24						
	公暦 9 月				1	2	3	4	5	6	7	8	9	10	11	12	13	14	15	16	17	18	19	20	21	22	23	24	25	26	27	28	29	30				
58	夏暦八月				27	28	29	㊾	2	3	4	5	6	7	8	9	10	11	12	13	14	15	16	17	18	19	20	21	22	23	24	25	26	27				
	回暦 3 月				25	26	27	28	29	1	2	3	4	5	6	7	8	9	10	11	12	13	14	15	16	17	18	19	20	21	22	23	24	25				
	公暦 10 月						1	2	3	4	5	6	7	8	9	10	11	12	13	14	15	16	17	18	19	20	21	22	23	24	25	26	27	28	29	30	31	
59	夏暦九月						28	29	30	⑲	2	3	4	5	6	7	8	9	10	11	12	13	14	15	16	17	18	19	20	21	22	23	24	25	26	27	28	
	回暦 4 月						26	27	28	29	30	1	2	3	4	5	6	7	8	9	10	11	12	13	14	15	16	17	18	19	20	21	22	23	24	25	26	
	公暦 11 月		1	2	3	4	5	6	7	8	9	10	11	12	13	14	15	16	17	18	19	20	21	22	23	24	25	26	27	28	29	30						
60	夏暦十月		29	㊽	2	3	4	5	6	7	8	9	10	11	12	13	14	15	16	17	18	19	20	21	22	23	24	25	26	27	28	29						
	回暦 5 月		27	28	29	1	2	3	4	5	6	7	8	9	10	11	12	13	14	15	16	17	18	19	20	21	22	23	24	25	26	27						
	公暦 12 月				1	2	3	4	5	6	7	8	9	10	11	12	13	14	15	16	17	18	19	20	21	22	23	24	25	26	27	28	29	30	31			
1 2	夏暦十一 十二月				30	⑱	2	3	4	5	6	7	8	9	10	11	12	13	14	15	16	17	18	19	20	21	22	23	24	25	26	27	28	29	㊼			
	回暦 6 月				28	29	30	1	2	3	4	5	6	7	8	9	10	11	12	13	14	15	16	17	18	19	20	21	22	23	24	25	26	27	28			

大事記

正月，李師道獻沂、密、海三州。　二月，横海節度使程權請舉族入朝，許之。　四月，王承宗介田弘正謝罪，獻德、棣二州，原之。　五月，以大仁秀為渤海王。　七月，詔討李師道。　十月，吐蕃擾河曲、夏州，靈武兵破吐蕃長樂州。以山人柳泌為臺州刺吏，求長生藥。　十一月，遣中使往鳳翔法門寺迎佛指骨。

唐紀年

干支己亥　公元 819 年

朝代或國名	國家支配者	建都	廟號	謚號	建元	年號年次	輔政者	備注
唐	⑬李純	長安	憲宗		1	元和 14 年	韓弘等	
渤海	⑨大仁秀	龍泉府		宣王	1	建興元年		在東北
南詔	⑨蒙勸利晟	陽苴咩		靖王	2	1 全義 3 年		在雲南
吐蕃	⑧可黎可足	邏些				彝泰 3 年		西藏
回鶻	⑨保義可汗					11 年		
古格						6 年		西藏阿里

月曆表

5532－354－2020580

月 干支 序數	月序＼星期	日	1	2	3	4	5	6	日	1	2	3	4	5	6	日	1	2	3	4	5	6	日	1	2	3	4	5	6	日	1	2	3	4	5	6	日	1
	公暦 1 月							1	2	3	4	5	6	7	8	9	10	11	12	13	14	15	16	17	18	19	20	21	22	23	24	25	26	27	28	29	30	31
3	夏暦正月							2	3	4	5	6	7	8	9	10	11	12	13	14	15	16	17	18	19	20	21	22	23	24	25	26	27	28	29	30	⑰	2

續表

月 干支 序數	月序＼星期	日	1	2	3	4	5	6	日	1	2	3	4	5	6	日	1	2	3	4	5	6	日	1	2	3	4	5	6	日	1	2	3	4	5	6	日	1
	回暦7月							29	1	2	3	4	5	6	7	8	9	10	11	12	13	14	15	16	17	18	19	20	21	22	23	24	25	26	27	28	29	30
	公暦2月			1	2	3	4	5	6	7	8	9	10	11	12	13	14	15	16	17	18	19	20	21	22	23	24	25	26	27	28							
4	夏暦二月			3	4	5	6	7	8	9	10	11	12	13	14	15	16	17	18	19	20	21	22	23	24	25	26	27	28	29	㊻							
	回暦8月			1	2	3	4	5	6	7	8	9	10	11	12	13	14	15	16	17	18	19	20	21	22	23	24	25	26	27	28							
	公暦3月			1	2	3	4	5	6	7	8	9	10	11	12	13	14	15	16	17	18	19	20	21	22	23	24	25	26	27	28	29	30	31				
5	夏暦三月			2	3	4	5	6	7	8	9	10	11	12	13	14	15	16	17	18	19	20	21	22	23	24	25	26	27	28	29	30	⑯	2				
	回暦9月			29	1	2	3	4	5	6	7	8	9	10	11	12	13	14	15	16	17	18	19	20	21	22	23	24	25	26	27	28	29	30				
	公暦4月						1	2	3	4	5	6	7	8	9	10	11	12	13	14	15	16	17	18	19	20	21	22	23	24	25	26	27	28	29	30		
6	夏暦四月						3	4	5	6	7	8	9	10	11	12	13	14	15	16	17	18	19	20	21	22	23	24	25	26	27	28	29	㊺	2	3		
	回暦10、11月						1	2	3	4	5	6	7	8	9	10	11	12	13	14	15	16	17	18	19	20	21	22	23	24	25	26	27	28	29	1		
	公暦5月	1	2	3	4	5	6	7	8	9	10	11	12	13	14	15	16	17	18	19	20	21	22	23	24	25	26	27	28	29	30	31						
7	夏暦五月	4	5	6	7	8	9	10	11	12	13	14	15	16	17	18	19	20	21	22	23	24	25	26	27	28	29	30	⑮	2	3	4						
	回暦12月	2	3	4	5	6	7	8	9	10	11	12	13	14	15	16	17	18	19	20	21	22	23	24	25	26	27	28	29	30	1	2						
	公暦6月				1	2	3	4	5	6	7	8	9	10	11	12	13	14	15	16	17	18	19	20	21	22	23	24	25	26	27	28	29	30				
8	夏暦六月				5	6	7	8	9	10	11	12	13	14	15	16	17	18	19	20	21	22	23	24	25	26	27	28	29	㊹	2	3	4	5				
204年	回暦1月				3	4	5	6	7	8	9	10	11	12	13	14	15	16	17	18	19	20	21	22	23	24	25	26	27	28	29	①	2	3				
	公暦7月						1	2	3	4	5	6	7	8	9	10	11	12	13	14	15	16	17	18	19	20	21	22	23	24	25	26	27	28	29	30	31	
9	夏暦七月						6	7	8	9	10	11	12	13	14	15	16	17	18	19	20	21	22	23	24	25	26	27	28	29	30	⑭	2	3	4	5	6	
	回暦2月						4	5	6	7	8	9	10	11	12	13	14	15	16	17	18	19	20	21	22	23	24	25	26	27	28	29	30	1	2	3	4	
	公暦8月		1	2	3	4	5	6	7	8	9	10	11	12	13	14	15	16	17	18	19	20	21	22	23	24	25	26	27	28	29	30	31					
10	夏暦八月		7	8	9	10	11	12	13	14	15	16	17	18	19	20	21	22	23	24	25	26	27	28	29	30	㊹	2	3	4	5	6	7					
	回暦3月		5	6	7	8	9	10	11	12	13	14	15	16	17	18	19	20	21	22	23	24	25	26	27	28	29	1	2	3	4	5	6					
	公暦9月					1	2	3	4	5	6	7	8	9	10	11	12	13	14	15	16	17	18	19	20	21	22	23	24	25	26	27	28	29	30			
11	夏暦九月					8	9	10	11	12	13	14	15	16	17	18	19	20	21	22	23	24	25	26	27	28	29	⑬	2	3	4	5	6	7	8			
	回暦4月					7	8	9	10	11	12	13	4	15	16	17	18	19	20	21	22	23	24	25	26	27	28	29	30	1	2	3	4	5	6			
	公暦10月							1	2	3	4	5	6	7	8	9	10	11	12	13	14	15	16	17	18	19	20	21	22	23	24	25	26	27	28	29	30	31
12	夏暦十月							9	10	11	12	13	14	15	16	17	18	19	20	21	22	23	24	25	26	27	28	29	30	㊸	2	3	4	5	6	7	8	9
	回暦5月							7	8	9	10	11	12	13	14	15	16	17	18	19	20	21	22	23	24	25	26	27	28	29	1	2	3	4	5	6	7	8
	公暦11月			1	2	3	4	5	6	7	8	9	10	11	12	13	14	15	16	17	18	19	20	21	22	23	24	25	26	27	28	29	30					
13	夏暦十一月			10	11	12	13	14	15	16	17	18	19	20	21	22	23	24	25	26	27	28	29	⑫	2	3	4	5	6	7	8	0	10					
	回暦6月			9	10	11	12	13	14	15	16	17	18	19	20	21	22	23	24	25	26	27	28	29	30	1	2	3	4	5	6	7	8					
	公暦12月					1	2	3	4	5	6	7	8	9	10	11	12	13	14	15	16	17	18	19	20	21	22	23	24	25	26	27	28	29	30	31		
14	夏暦十二月					11	12	13	14	15	16	17	18	19	20	21	22	23	24	25	26	27	28	29	30	㊷	2	3	4	5	6	7	8	9	10	11		
	回暦7月					9	10	11	12	13	14	15	16	17	18	19	20	21	22	23	24	25	26	27	28	29	1	2	3	4	5	6	7	8	9	10		

大事記

正月，韓愈諫迎佛骨，犯顔，以"狂言"罪敕斬，經裴度等力諍得免，貶為潮州刺史。　二月，劉悟殺李師道以降，淄、青等十二州事平。　四月，詔諸道節度、都團練、都防禦、經略等使所統支郡兵馬，并令刺史領之。　七月，沂州卒王弁以兗海沂密觀察使王遂酷虐，殺之，自稱留後；後除弁開州刺史，於赴任途中執送長安，殺之。　八月，吐蕃擾慶州。　九月，兗海沂密觀察使曹華到任，詐殺鄆州降卒一千二百人。　十月，安南牙將土人楊清以都護李象古苛暴，殺之；尋赦清以為瓊州刺史，清不受。吐蕃、黨項兵十五萬圍鹽州急，靈武牙將史奉敬率兵襲吐蕃後路，大破之，圍解。　是歲，著名文學家柳宗元卒(773—819)。

唐 紀 年

干支庚子　公元 820 年

朝代或國名	國家支配者	建 都	廟 號	謚 號	建 元	年號年次	輔政者	備 注
唐	⑬李純	長安	憲宗		1	元和 15 年	崔植等	閏正月李恒即位
渤海	⑨大仁秀	龍泉府		宣王	1	建興 2 年		在東北
南詔	⑨蒙勸利晟	陽苴咩		靖王	2	2 大豐元年		在雲南
吐蕃	⑧可黎可足	邏些				彝泰 4 年		西藏
回鶻	⑨保義可汗					12 年		
古格						7 年		西藏阿里

月 曆 表

5533—384—2020964

月 干支 序數	星期 月序	日	1	2	3	4	5	6	日	1	2	3	4	5	6	日	1	2	3	4	5	6	日	1	2	3	4	5	6	日	1	2	3	4	5	6	日	1
	公曆 1 月	1	2	3	4	5	6	7	8	9	10	11	12	13	14	15	16	17	18	19	20	21	22	23	24	25	26	27	28	29	30	31						
15	夏曆正月	12	13	14	15	16	17	18	19	20	21	22	23	24	25	26	27	28	29	⑪	2	3	4	5	6	7	8	9	10	11	12	13						
	回曆 8 月	11	12	13	14	15	16	17	18	19	20	21	22	23	24	25	26	27	28	29	30	1	2	3	4	5	6	7	8	9	10	11						
	公曆 2 月				1	2	3	4	5	6	7	8	9	10	11	12	13	14	15	16	17	18	19	20	21	22	23	24	25	26	27	28	29					
	夏曆閏正月				14	15	16	17	18	19	20	21	22	23	24	25	26	27	28	29	30	㊶	2	3	4	5	6	7	8	9	10	11	12					
	回曆 9 月				12	13	14	15	16	17	18	19	20	21	22	23	24	25	26	27	28	29	1	2	3	4	5	6	7	8	9	10	11					
	公曆 3 月					1	2	3	4	5	6	7	8	9	10	11	12	13	14	15	16	17	18	19	20	21	22	23	24	25	26	27	28	29	30	31		
16	夏曆二月					13	14	15	16	17	18	19	20	21	22	23	24	25	26	27	28	29	⑩	2	3	4	5	6	7	8	9	10	11	12	13	14		
	回曆 10 月					12	13	14	15	16	17	18	19	20	21	22	23	24	25	26	27	28	29	30	1	2	3	4	5	6	7	8	9	10	11	12		
	公曆 4 月	1	2	3	4	5	6	7	8	9	10	11	12	13	14	15	16	17	18	19	20	21	22	23	24	25	26	27	28	29	30							
17	夏曆三月	15	16	17	18	19	20	21	22	23	24	25	26	27	28	29	30	㊵	2	3	4	5	6	7	8	9	10	11	12	13	14							
	回曆 11 月	13	14	15	16	17	18	19	20	21	22	23	24	25	26	27	28	29	1	2	3	4	5	6	7	8	9	10	11	12	13							
	公曆 5 月			1	2	3	4	5	6	7	8	9	10	11	12	13	14	15	16	17	18	19	20	21	22	23	24	25	26	27	28	29	30	31				
18	夏曆四月			15	16	17	18	19	20	21	22	23	24	25	26	27	28	29	⑨	2	3	4	5	6	7	8	9	10	11	12	13	14	15	16				
	回曆 12 月			14	15	16	17	18	19	20	21	22	23	24	25	26	27	28	29	30	1	2	3	4	5	6	7	8	9	10	11	12	13	14				
	公曆 6 月						1	2	3	4	5	6	7	8	9	10	11	12	13	14	15	16	17	18	19	20	21	22	23	24	25	26	27	28	29	30		
19	夏曆五月						17	18	19	20	21	22	23	24	25	26	27	28	29	30	㊴	2	3	4	5	6	7	8	9	10	11	12	13	14	15	16		
205 年	回曆 1 月						15	16	17	18	19	20	21	22	23	24	25	26	27	28	29	30	①	2	3	4	5	6	7	8	9	10	11	12	13	14		
	公曆 7 月	1	2	3	4	5	6	7	8	9	10	11	12	13	14	15	16	17	18	19	20	21	22	23	24	25	26	27	28	29	30	31						
20	夏曆六月	17	18	19	20	21	22	23	24	25	26	27	28	29	⑧	2	3	4	5	6	7	8	9	10	11	12	13	14	15	16	17	18						
	回曆 2 月	15	16	17	18	19	20	21	22	23	24	25	26	27	28	29	30	1	2	3	4	5	6	7	8	9	10	11	12	13	14	15						
	公曆 8 月				1	2	3	4	5	6	7	8	9	10	11	12	13	14	15	16	17	18	19	20	21	22	23	24	25	26	27	28	29	30	31			
21	夏曆七月				19	20	21	22	23	24	25	26	27	28	29	30	㊳	2	3	4	5	6	7	8	9	10	11	12	13	14	15	16	17	18	19			
	回曆 3 月				16	17	18	19	20	21	22	23	24	25	26	27	28	29	1	2	3	4	5	6	7	8	9	10	11	12	13	14	15	16	17			
	公曆 9 月							1	2	3	4	5	6	7	8	9	10	11	12	13	14	15	16	17	18	19	20	21	22	23	24	25	26	27	28	29	30	
22	夏曆八月							20	21	22	23	24	25	26	27	28	29	⑦	2	3	4	5	6	7	8	9	10	11	12	13	14	15	16	17	18	19	20	
	回曆 4 月							18	19	20	21	22	23	24	25	26	27	28	29	30	1	2	3	4	5	6	7	8	9	10	11	12	13	14	15	16	17	

續表

月 干支 序數	星期 月序	日	1	2	3	4	5	6	日	1	2	3	4	5	6	日	1	2	3	4	5	6	日	1	2	3	4	5	6	日	1	2	3	4	5	6	日	1
	公曆10月		1	2	3	4	5	6	7	8	9	10	11	12	13	14	15	16	17	18	19	20	21	22	23	24	25	26	27	28	29	30	31					
23	夏曆九月		21	22	23	24	25	26	27	28	29	30	㊲	2	3	4	5	6	7	8	9	10	11	12	13	14	15	16	17	18	19	20	21					
	回曆5月		18	19	20	21	22	23	24	25	26	27	28	29	1	2	3	4	5	6	7	8	9	10	11	12	13	14	15	16	17	18	19					
	公曆11月					1	2	3	4	5	6	7	8	9	10	11	12	13	14	15	16	17	18	19	20	21	22	23	24	25	26	27	28	29	30			
24	夏曆十月					22	23	24	25	26	27	28	29	30	⑦	2	3	4	5	6	7	8	9	10	11	12	13	14	15	16	17	18	19	20	21			
	回曆6月					20	21	22	23	24	25	26	27	28	29	30	1	2	3	4	5	6	7	8	9	10	11	12	13	14	15	16	17	18	19			
	公曆12月							1	2	3	4	5	6	7	8	9	10	11	12	13	14	15	16	17	18	19	20	21	22	23	24	25	26	27	28	29	30	31
25	夏曆十一月							22	23	24	25	26	27	28	29	㊱	2	3	4	5	6	7	8	9	10	11	12	13	14	15	16	17	18	19	20	21	22	23
	回曆7月							20	21	22	23	24	25	26	27	28	29	1	2	3	4	5	6	7	8	9	10	11	12	13	14	15	16	17	18	19	20	21

大事記

正月，憲宗暴卒，宦官梁守謙等共擁太子李恒即位。　二月，吐蕃擾靈武，繼又擾鹽州。廢併邕管於容管。　三月，楊清慘虐，部下開城納新都護桂仲武，仲武殺楊清，安南事平。　七月，賜鄆曹濮軍名天平軍。　十月，成德節度使王承宗死，諸將立其弟承元，遣使請命。黨項引吐蕃入邊，涇州告急，發神策軍，以宦官梁守謙統之赴援，無濟，其邠寧兵至，吐蕃始退。吐蕃擾雅州。移王承元為義成軍節度使，田弘正為成德軍節度使，劉悟為昭義節度使，李愬為魏博節度使。成德諸將堅留承元，不可，乃行。　十二月，吐蕃圍烏池、白池。容管軍大破黄少卿。

是歲，戶 2 375 400，口 1 576 萬，合 97 州不申戶帳。

唐紀年

干支辛丑　公元 821 年

朝代或國名	國家支配者	建都	廟號	謚號	建元	年號年次	輔政者	備注
唐	⑭李恒	長安	穆宗		1	長慶元年	崔植等	
渤海	⑨大仁秀	龍泉府		宣王	1	建興 3 年		在東北
南詔	⑨蒙勸利晟	陽苴咩		靖王	2	2 大豐 2 年		在雲南
吐蕃	⑧可黎可足	邏些				彝泰 5 年		西藏
回鶻	⑨保義可汗					13 年		二月卒
古格						8 年		西藏阿里

月曆表

5534—355—2021319

月 干支 序數	星期 月序	日	1	2	3	4	5	6	日	1	2	3	4	5	6	日	1	2	3	4	5	6	日	1	2	3	4	5	6	日	1	2	3	4	5	6	日	1
	公曆1月			1	2	3	4	5	6	7	8	9	10	11	12	13	14	15	16	17	18	19	20	21	22	23	24	25	26	27	28	29	30	31				
26	夏曆十二月			24	25	26	27	28	29	30	⑥	2	3	4	5	6	7	8	9	10	11	12	13	14	15	16	17	18	19	20	21	22	23	24				
	回曆8月			22	23	24	25	26	27	28	29	30	1	2	3	4	5	6	7	8	9	10	11	12	13	14	15	16	17	18	19	20	21	22				
	公曆2月						1	2	3	4	5	6	7	8	9	10	11	12	13	14	15	16	17	18	19	20	21	22	23	24	25	26	27	28				
27	夏曆正月						25	26	27	28	29	㉟	2	3	4	5	6	7	8	9	10	11	12	13	14	15	16	17	18	19	20	21	22	23				
	回曆9月						23	24	25	26	27	28	29	1	2	3	4	5	6	7	8	9	10	11	12	13	14	15	16	17	18	19	20	21				

續表

月干支序數	星期／月序	日	1	2	3	4	5	6	日	1	2	3	4	5	6	日	1	2	3	4	5	6	日	1	2	3	4	5	6	日	1	2	3	4	5	6	日	1
	公曆 3 月						1	2	3	4	5	6	7	8	9	10	11	12	13	14	15	16	17	18	19	20	21	22	23	24	25	26	27	28	29	30	31	
28	夏曆二月						24	25	26	27	28	29	30	⑤	2	3	4	5	6	7	8	9	10	11	12	13	14	15	16	17	18	19	20	21	22	23	24	
	回曆 10 月						22	23	24	25	26	27	28	29	30	1	2	3	4	5	6	7	8	9	10	11	12	13	14	15	16	17	18	19	20	21	22	
	公曆 4 月		1	2	3	4	5	6	7	8	9	10	11	12	13	14	15	16	17	18	19	20	21	22	23	24	25	26	27	28	29	30						
29	夏曆三月		25	26	27	28	29	㉞	2	3	4	5	6	7	8	9	10	11	12	13	14	15	16	17	18	19	20	21	22	23	24	25						
	回曆 11 月		23	24	25	26	27	28	29	1	2	3	4	5	6	7	8	9	10	11	12	13	14	15	16	17	18	19	20	21	22	23						
	公曆 5 月				1	2	3	4	5	6	7	8	9	10	11	12	13	14	15	16	17	18	19	20	21	22	23	24	25	26	27	28	29	30	31			
30	夏曆四月				26	27	28	29	30	④	2	3	4	5	6	7	8	9	10	11	12	13	14	15	16	17	18	19	20	21	22	23	24	25	26			
	回曆 12 月				24	25	26	27	28	29	30	1	2	3	4	5	6	7	8	9	10	11	12	13	14	15	16	17	18	19	20	21	22	23	24			
	公曆 6 月							1	2	3	4	5	6	7	8	9	10	11	12	13	14	15	16	17	18	19	20	21	22	23	24	25	26	27	28	29	30	
31	夏曆五月							27	28	29	㉝	2	3	4	5	6	7	8	9	10	11	12	13	14	15	16	17	18	19	20	21	22	23	24	25	26	27	
206 年	回曆 1 月							25	26	27	28	29	①	2	3	4	5	6	7	8	9	10	11	12	13	14	15	16	17	18	19	20	21	22	23	24	25	
	公曆 7 月		1	2	3	4	5	6	7	8	9	10	11	12	13	14	15	16	17	18	19	20	21	22	23	24	25	26	27	28	29	30	31					
32	夏曆六月		28	29	②	2	3	4	5	6	7	8	9	10	11	12	13	14	15	16	17	18	19	20	21	22	23	24	25	26	27	28	29					
	回曆 2 月		26	27	28	29	30	1	2	3	4	5	6	7	8	9	10	11	12	13	14	15	16	17	18	19	20	21	22	23	24	25	26					
	公曆 8 月					1	2	3	4	5	6	7	8	9	10	11	12	13	14	15	16	17	18	19	20	21	22	23	24	25	26	27	28	29	30	31		
33 34	夏曆七/八月					30	㉜	2	3	4	5	6	7	8	9	10	11	12	13	14	15	16	17	18	19	20	21	22	23	24	25	26	27	28	29	①		
	回曆 3 月					27	28	29	1	2	3	4	5	6	7	8	9	10	11	12	13	14	15	16	17	18	19	20	21	22	23	24	25	26	27	28		
	公曆 9 月	1	2	3	4	5	6	7	8	9	10	11	12	13	14	15	16	17	18	19	20	21	22	23	24	25	26	27	28	29	30							
35	夏曆九月	2	3	4	5	6	7	8	9	10	11	12	13	14	15	16	17	18	19	20	21	22	23	24	25	26	27	28	29	30	㉛							
	回曆 4 月	29	30	1	2	3	4	5	6	7	8	9	10	11	12	13	14	15	16	17	18	19	20	21	22	23	24	25	26	27	28							
	公曆 10 月			1	2	3	4	5	6	7	8	9	10	11	12	13	14	15	16	17	18	19	20	21	22	23	24	25	26	27	28	29	30	31				
36	夏曆十月			2	3	4	5	6	7	8	9	10	11	12	13	14	15	16	17	18	19	20	21	22	23	24	25	26	27	28	29	30	①	2				
	回曆 5 月			29	1	2	3	4	5	6	7	8	9	10	11	12	13	14	15	16	17	18	19	20	21	22	23	24	25	26	27	28	29	30				
	公曆 11 月						1	2	3	4	5	6	7	8	9	10	11	12	13	14	15	16	17	18	19	20	21	22	23	24	25	26	27	28	29	30		
37	夏曆十一月						3	4	5	6	7	8	9	10	11	12	13	14	15	16	17	18	19	20	21	22	23	24	25	26	27	28	29	30	㉛	2		
	回曆 6、7 月						1	2	3	4	5	6	7	8	9	10	11	12	13	14	15	16	17	18	19	20	21	22	23	24	25	26	27	28	29	1		
	公曆 12 月	1	2	3	4	5	6	7	8	9	10	11	12	13	14	15	16	17	18	19	20	21	22	23	24	25	26	27	28	29	30	31						
38	夏曆十二月	3	4	5	6	7	8	9	10	11	12	13	14	15	16	17	18	19	20	21	22	23	24	25	26	27	28	29	(60)	2	3	4						
	回曆 8 月	2	3	4	5	6	7	8	9	10	11	12	13	14	15	16	17	18	19	20	21	22	23	24	25	26	27	28	29	30	1	2						

大事記

正月，改元長慶。令河北諸道均定兩稅。　二月，回鶻保義可汗卒。以張弘靖為盧龍節度使。劉總請為僧，徙為天平節度使，以張弘靖代之；總削髮逝，死於定州。翰林學士李德裕惡中書舍李宗閔譏其父吉甫，借貢舉事與元稹等傾之，自是朋黨相軋垂四十年。　四月，詔貶李宗閔等十人，於是李德裕、李宗閔各分朋黨，更相傾軋。册回鶻新可汗為登羅羽錄沒密施句主毗伽崇德可汗。增茶稅，每百錢加五十。　五月，以太和長公主嫁回鶻可汗。　六月，吐蕃擾鹽州，擊御之。回鶻請安西、北庭出兵擊吐蕃。　七月，盧龍軍亂，囚張弘靖，擁朱克融為帥。成德軍亂，都知兵馬使王庭湊殺田弘正，自稱留後;命裴度護諸道兵討之。　八月,瀛州軍亂,執觀察使盧士玫。　九月,相州軍亂,殺刺史邢滻。吐蕃請盟,遣官為會盟使,越月盟成。　十月,靈武兵破吐蕃於大石山。淄青將馬廷崟作亂,尋平。　十二月,赦朱克融,以為盧龍節度使。

唐紀年

干支壬寅　公元 822 年

朝代或國名	國家支配者	建都	廟號	謚號	建元	年號年次	輔政者	備注
唐	⑭李恒	長安	穆宗		1	長慶 2 年	裴度等	
渤海	⑨大仁秀	龍泉府		宣王	1	建興 4 年		在東北
南詔	⑨蒙勸利晟	陽苴咩		靖王	2	2 大豐 3 年		在雲南
吐蕃	⑧可黎可足	邏些				彝泰 6 年		西藏
回鶻	⑩崇德可汗					元年		
古格						9 年		西藏阿里

月曆表

5535—384—2021703

月干支序數	月序＼星期	日	1	2	3	4	5	6	日	1	2	3	4	5	6	日	1	2	3	4	5	6	日	1	2	3	4	5	6	日	1	2	3	4	5	6	日	1
	公曆 1 月				1	2	3	4	5	6	7	8	9	10	11	12	13	14	15	16	17	18	19	20	21	22	23	24	25	26	27	28	29	30	31			
39	夏曆正月				5	6	7	8	9	10	11	12	13	14	15	16	17	18	19	20	21	22	23	24	25	26	27	28	29	30	㉚	2	3	4	5			
	回曆 9 月				3	4	5	6	7	8	9	10	11	12	13	14	15	16	17	18	19	20	21	22	23	24	25	26	27	28	29	1	2	3	4			
	公曆 2 月							1	2	3	4	5	6	7	8	9	10	11	12	13	14	15	16	17	18	19	20	21	22	23	24	25	26	27	28			
40	夏曆二月							6	7	8	9	10	11	12	13	14	15	16	17	18	19	20	21	22	23	24	25	26	27	28	29	30	(60)	2	3			
	回曆 10 月							5	6	7	8	9	10	11	12	13	14	15	16	17	18	19	20	21	22	23	24	25	26	27	28	29	30	1	2			
	公曆 3 月							1	2	3	4	5	6	7	8	9	10	11	12	13	14	15	16	17	18	19	20	21	22	23	24	25	26	27	28	29	30	31
41	夏曆三月							4	5	6	7	8	9	10	11	12	13	14	15	16	17	18	19	20	21	22	23	24	25	26	27	28	29	㉙	2	3	4	5
	回曆 11 月							3	4	5	6	7	8	9	10	11	12	13	14	15	16	17	18	19	20	21	22	23	24	25	26	27	28	29	1	2	3	4
	公曆 4 月			1	2	3	4	5	6	7	8	9	10	11	12	13	14	15	16	17	18	19	20	21	22	23	24	25	26	27	28	29	30					
42	夏曆四月			6	7	8	9	10	11	12	13	14	15	16	17	18	19	20	21	22	23	24	25	26	27	28	29	(58)	2	3	4	5	6					
	回曆 12 月			5	6	7	8	9	10	11	12	13	14	15	16	17	18	19	20	21	22	23	24	25	26	27	28	29	30	1	2	3	4					
	公曆 5 月					1	2	3	4	5	6	7	8	9	10	11	12	13	14	15	16	17	18	19	20	21	22	23	24	25	26	27	28	29	30	31		
43	夏曆五月					7	8	9	10	11	12	13	14	15	16	17	18	19	20	21	22	23	24	25	26	27	28	29	30	㉘	2	3	4	5	6	7		
207 年	回曆 1 月					5	6	7	8	9	10	11	12	13	14	15	16	17	18	19	20	21	22	23	24	25	26	27	28	29	30	①	2	3	4	5		
	公曆 6 月	1	2	3	4	5	6	7	8	9	10	11	12	13	14	15	16	17	18	19	20	21	22	23	24	25	26	27	28	29	30							
44	夏曆六月	8	9	10	11	12	13	14	15	16	17	18	19	20	21	22	23	24	25	26	27	28	29	(57)	2	3	4	5	6	7	8							
	回曆 2 月	6	7	8	9	10	11	12	13	14	15	16	17	18	19	20	21	22	23	24	25	26	27	28	29	30	1	2	3	4	5							
	公曆 7 月			1	2	3	4	5	6	7	8	9	10	11	12	13	14	15	16	17	18	19	20	21	22	23	24	25	26	27	28	29	30	31				
45	夏曆七月			9	10	11	12	13	14	15	16	17	18	19	20	21	22	23	24	25	26	27	28	29	㉖	2	3	4	5	6	7	8	9	10				
	回曆 3 月			6	7	8	9	10	11	12	13	14	15	16	17	18	19	20	21	22	23	24	25	26	27	28	29	1	2	3	4	5	6	7				
	公曆 8 月						1	2	3	4	5	6	7	8	9	10	11	12	13	14	15	16	17	18	19	20	21	22	23	24	25	26	27	28	29	30	31	
46	夏曆八月						11	12	13	14	15	16	17	18	19	20	21	22	23	24	25	26	27	28	29	30	(56)	2	3	4	5	6	7	8	9	10	11	
	回曆 4 月						8	9	10	11	12	13	14	15	16	17	18	19	20	21	22	23	24	25	26	27	28	29	30	1	2	3	4	5	6	7	8	
	公曆 9 月		1	2	3	4	5	6	7	8	9	10	11	12	13	14	15	16	17	18	19	20	21	22	23	24	25	26	27	28	29	30						

續表

月 干支 序數	月\星期 序	日	1	2	3	4	5	6	日	1	2	3	4	5	6	日	1	2	3	4	5	6	日	1	2	3	4	5	6	日	1	2	3	4	5	6	日	1
47	夏曆九月		12	13	14	15	16	17	18	19	20	21	22	23	24	25	26	27	28	29	㉕	2	3	4	5	6	7	8	9	10	11	12						
	回曆 5 月		9	10	11	12	13	14	15	16	17	18	19	20	21	22	23	24	25	26	27	28	29	1	2	3	4	5	6	7	8	9						
	公曆 10 月				1	2	3	4	5	6	7	8	9	10	11	12	13	14	15	16	17	18	19	20	21	22	23	24	25	26	27	28	29	30	31			
48	夏曆十月				13	14	15	16	17	18	19	20	21	22	23	24	25	26	27	28	29	30	(55)	2	3	4	5	6	7	8	9	10	11	12	13			
	回曆 6 月				10	11	12	13	14	15	16	17	18	19	20	21	22	23	24	25	26	27	28	29	30	1	2	3	4	5	6	7	8	9	10			
	公曆 11 月							1	2	3	4	5	6	7	8	9	10	11	12	13	14	15	16	17	18	19	20	21	22	23	24	25	26	27	28	29	30	
	夏曆閏 10 月							14	15	16	17	18	19	20	21	22	23	24	25	26	27	28	29	30	㉕	2	3	4	5	6	7	8	9	10	11	12	13	
	回曆 7 月							11	12	13	14	15	16	17	18	19	20	21	22	23	24	25	26	27	28	29	1	2	3	4	5	6	7	8	9	10	11	
	公曆 12 月		1	2	3	4	5	6	7	8	9	10	11	12	13	14	15	16	17	18	19	20	21	22	23	24	25	26	27	28	29	30	31					
49	夏曆十一月		14	15	16	17	18	19	20	21	22	23	24	25	26	27	28	29	(54)	2	3	4	5	6	7	8	9	10	11	12	13	14	15					
	回曆 8 月		12	13	14	15	16	17	18	19	20	21	22	23	24	25	26	27	28	29	30	1	2	3	4	5	6	7	8	9	10	11	12					

大事記

正月，魏博節度使田布為先鋒兵馬使史憲誠所逼自殺，以憲誠為節度使。　二月，以工部侍郎元稹同平章事。因諸軍久無戰功，以王庭湊為成德節度使。自是河北又不受長安號令。昭義節度使劉悟嗾軍士作亂，殺磁州刺史張汶，囚監軍。三月，裴度入朝輔政。武寧節度副使王智興逐節度使崔群，大掠商旅及汴河中諸道進奉船，又襲濠州；以智興為節度使。六月，元稹、裴度并罷相，以李逢吉同平章事。吐蕃擾靈武、鹽州。復置邕管經略使。　七月，宣武軍亂，節度使李願逃，衆推都押牙李齐為留後，請命，不許。征之，齐拒，其下殺之，事平。浙西將王國清作亂，旋平。　十二月，立景王湛為皇太子。

是歲，初行宣明曆。溫造於朗州開浚鄉渠，溉田二千頃。

唐紀年

干支癸卯　公元 823 年

朝代或國名	國家支配者	建都	廟號	謚號	建元	年號年次	輔政者	備注
唐	⑭李恒	長安	穆宗		1	長慶 3 年	牛僧孺等	
渤海	⑨大仁秀	龍泉府		宣王	1	建興 5 年		在東北
南詔	⑨蒙勸利晟	陽苴咩		靖王	2	2 大豐 4 年		在雲南，勸豐祐嗣立
吐蕃	⑧可黎可足	邏些				彝泰 7 年		西藏
回鶻	⑩崇德可汗					2 年		
古格						10 年		西藏阿里

月曆表

5536—354—2022057

月 干支 序數	月\星期 序	日	1	2	3	4	5	6	日	1	2	3	4	5	6	日	1	2	3	4	5	6	日	1	2	3	4	5	6	日	1	2	3	4	5	6	日	1
	公曆 1 月					1	2	3	4	5	6	7	8	9	10	11	12	13	14	15	16	17	18	19	20	21	22	23	24	25	26	27	28	29	30	31		
50	夏曆十二月					16	17	18	19	20	21	22	23	24	25	26	27	28	29	30	㉔	2	3	4	5	6	7	8	9	10	11	12	13	14	15	16		
	回曆 9 月					13	14	15	16	17	18	19	20	21	22	23	24	25	26	27	28	29	1	2	3	4	5	6	7	8	9	10	11	12	13	14		
	公曆 2 月	1	2	3	4	5	6	7	8	9	10	11	12	13	14	15	16	17	18	19	20	21	22	23	24	25	26	27	28									

續表

月干支序數	星期／月序	日	1	2	3	4	5	6	日	1	2	3	4	5	6	日	1	2	3	4	5	6	日	1	2	3	4	5	6	日	1	2	3	4	5	6	日	1
51	夏曆正月	17	18	19	20	21	22	23	24	25	26	27	28	29	30	(54)	2	3	4	5	6	7	8	9	10	11	12	13	14									
	回曆10月	15	16	17	18	19	20	21	22	23	24	25	26	27	28	29	30	1	2	3	4	5	6	7	8	9	10	11	12									
	公曆3月	1	2	3	4	5	6	7	8	9	10	11	12	13	14	15	16	17	18	19	20	21	22	23	24	25	26	27	28	29	30	31						
52	夏曆二月	15	16	17	18	19	20	21	22	23	24	25	26	27	28	29	㉓	2	3	4	5	6	7	8	9	10	11	12	13	14	15	16						
	回曆11月	13	14	15	16	17	18	19	20	21	22	23	24	25	26	27	28	29	1	2	3	4	5	6	7	8	9	10	11	12	13	14						
	公曆4月				1	2	3	4	5	6	7	8	9	10	11	12	13	14	15	16	17	18	19	20	21	22	23	24	25	26	27	28	29	30				
53	夏曆三月				17	18	19	20	21	22	23	24	25	26	27	28	29	30	(53)	2	3	4	5	6	7	8	9	10	11	12	13	14	15	16				
	回曆12月				15	16	17	18	19	20	21	22	23	24	25	26	27	28	29	30	1	2	3	4	5	6	7	8	9	10	11	12	13	14				
	公曆5月						1	2	3	4	5	6	7	8	9	10	11	12	13	14	15	16	17	18	19	20	21	22	23	24	25	26	27	28	29	30	31	
54	夏曆四月						17	18	19	20	21	22	23	24	25	26	27	28	29	㉒	2	3	4	5	6	7	8	9	10	11	12	13	14	15	16	17	18	
208年	回曆1月						15	16	17	18	19	20	21	22	23	24	25	26	27	28	29	①	2	3	4	5	6	7	8	9	10	11	12	13	14	15	16	
	公曆6月		1	2	3	4	5	6	7	8	9	10	11	12	13	14	15	16	17	18	19	20	21	22	23	24	25	26	27	28	29	30						
55	夏曆五月		19	20	21	22	23	24	25	26	27	28	29	30	(52)	2	3	4	5	6	7	8	9	10	11	12	13	14	15	16	17	18						
	回曆2月		17	18	19	20	21	22	23	24	25	26	27	28	29	30	1	2	3	4	5	6	7	8	9	10	11	12	13	14	15	16						
	公曆7月				1	2	3	4	5	6	7	8	9	10	11	12	13	14	15	16	17	18	19	20	21	22	23	24	25	26	27	28	29	30	31			
56	夏曆六月				19	20	21	22	23	24	25	26	27	28	29	㉑	2	3	4	5	6	7	8	9	10	11	12	13	14	15	16	17	18	19	20			
	回曆3月				17	18	19	20	21	22	23	24	25	26	27	28	29	1	2	3	4	5	6	7	8	9	10	11	12	13	14	15	16	17	18			
	公曆8月							1	2	3	4	5	6	7	8	9	10	11	12	13	14	15	16	17	18	19	20	21	22	23	24	25	26	27	28	29	30	31
57	夏曆七月							21	22	23	24	25	26	27	28	29	㊿	2	3	4	5	6	7	8	9	10	11	12	13	14	15	16	17	18	19	20	21	22
	回曆4月							19	20	21	22	23	24	25	26	27	28	29	30	1	2	3	4	5	6	7	8	9	10	11	12	13	14	15	16	17	18	19
	公曆9月			1	2	3	4	5	6	7	8	9	10	11	12	13	14	15	16	17	18	19	20	21	22	23	24	25	26	27	28	29	30					
58	夏曆八月			23	24	25	26	27	28	29	30	⑳	2	3	4	5	6	7	8	9	10	11	12	13	14	15	16	17	18	19	20	21	22					
	回曆5月			20	21	22	23	24	25	26	27	28	29	1	2	3	4	5	6	7	8	9	10	11	12	13	14	15	16	17	18	19	20					
	公曆10月					1	2	3	4	5	6	7	8	9	10	11	12	13	14	15	16	17	18	19	20	21	22	23	24	25	26	27	28	29	30	31		
59	夏曆九月					23	24	25	26	27	28	29	㊾	2	3	4	5	6	7	8	9	10	11	12	13	14	15	16	17	18	19	20	21	22	23	24		
	回曆6月					21	22	23	24	25	26	27	28	29	30	1	2	3	4	5	6	7	8	9	10	11	12	13	14	15	16	17	18	19	20	21		
	公曆11月	1	2	3	4	5	6	7	8	9	10	11	12	13	14	15	16	17	18	19	20	21	22	23	24	25	26	27	28	29	30							
60	夏曆十月	25	26	27	28	29	30	⑲	2	3	4	5	6	7	8	9	10	11	12	13	14	15	16	17	18	19	20	21	22	23	24							
	回曆7月	22	23	24	25	26	27	28	29	1	2	3	4	5	6	7	8	9	10	11	12	13	14	15	16	17	18	19	20	21	22							
	公曆12月			1	2	3	4	5	6	7	8	9	10	11	12	13	14	15	16	17	18	19	20	21	22	23	24	25	26	27	28	29	30	31				
1	夏曆十一月			25	26	27	28	29	㊽	2	3	4	5	6	7	8	9	10	11	12	13	14	15	16	17	18	19	20	21	22	23	24	25	26				
	回曆8月			23	24	25	26	27	28	29	30	1	2	3	4	5	6	7	8	9	10	11	12	13	14	15	16	17	18	19	20	21	22	23				

大事記

三月，牛僧孺同平章事。牛李黨爭日熾。　四月，安南奏陸州僚攻掠州縣。　五月，以晉慈二州為保義軍，置節度使。　七月，南詔勸利晟卒，弟勸豐祐立。黄洞蠻掠邕州，破左江鎮，又破欽州千金鎮。　十月，以韓愈為吏部侍郎。安南奏黄洞蠻鈔掠。

唐紀年

干支甲辰　公元 824 年

朝代或國名	國家支配者	建都	廟號	諡號	建元	年號年次	輔政者	備注
唐	⑭李恒	長安	穆宗		1	長慶 4 年	牛僧孺等	正月李湛即位
渤海	⑨大仁秀	龍泉府		宣王	1	建興 6 年		在東北
吐蕃	⑧可黎可足	邏些				彝泰 8 年		西藏
南詔	⑩蒙勸豐祐	陽苴咩		昭成王		保和元年		在雲南，一作 825 年
回鶻	⑩崇德可汗					3 年		卒
古格						11 年		西藏阿里

月曆表

5537－354－2022411

月干支序數	月序＼星期	日	1	2	3	4	5	6	日	1	2	3	4	5	6	日	1	2	3	4	5	6	日	1	2	3	4	5	6	日	1	2	3	4	5	6	日	1
	公曆 1 月						1	2	3	4	5	6	7	8	9	10	11	12	13	14	15	16	17	18	19	20	21	22	23	24	25	26	27	28	29	30	31	
2	夏曆十二月						27	28	29	30	⑱	2	3	4	5	6	7	8	9	10	11	12	13	14	15	16	17	18	19	20	21	22	23	24	25	26	27	
	回曆 9 月						24	25	26	27	28	29	1	2	3	4	5	6	7	8	9	10	11	12	13	14	15	16	17	18	19	20	21	22	23	24	25	
	公曆 2 月		1	2	3	4	5	6	7	8	9	10	11	12	13	14	15	16	17	18	19	20	21	22	23	24	25	26	27	28	29							
3	夏曆正月		28	29	30	㊽	2	3	4	5	6	7	8	9	10	11	12	13	14	15	16	17	18	19	20	21	22	23	24	25	26							
	回曆 10 月		26	27	28	29	30	1	2	3	4	5	6	7	8	9	10	11	12	13	14	15	16	17	18	19	20	21	22	23	24							
	公曆 3 月			1	2	3	4	5	6	7	8	9	10	11	12	13	14	15	16	17	18	19	20	21	22	23	24	25	26	27	28	29	30	31				
4	夏曆二月			27	28	29	30	⑱	2	3	4	5	6	7	8	9	10	11	12	13	14	15	16	17	18	19	20	21	22	23	24	25	26	27				
	回曆 11 月			25	26	27	28	29	1	2	3	4	5	6	7	8	9	10	11	12	13	14	15	16	17	18	19	20	21	22	23	24	25	26				
	公曆 4 月						1	2	3	4	5	6	7	8	9	10	11	12	13	14	15	16	17	18	19	20	21	22	23	24	25	26	27	28	29	30		
5	夏曆三月						28	29	㊼	2	3	4	5	6	7	8	9	10	11	12	13	14	15	16	17	18	19	20	21	22	23	24	25	26	27	28		
	回曆 12 月						27	28	29	30	1	2	3	4	5	6	7	8	9	10	11	12	13	14	15	16	17	18	19	20	21	22	23	24	25	26		
	公曆 5 月	1	2	3	4	5	6	7	8	9	10	11	12	13	14	15	16	17	18	19	20	21	22	23	24	25	26	27	28	29	30	31						
6	夏曆四月	29	30	⑰	2	3	4	5	6	7	8	9	10	11	12	13	14	15	16	17	18	19	20	21	22	23	24	25	26	27	28	29						
209 年	回曆 1 月	27	28	29	①	2	3	4	5	6	7	8	9	10	11	12	13	14	15	16	17	18	19	20	21	22	23	24	25	26	27	28						
	公曆 6 月				1	2	3	4	5	6	7	8	9	10	11	12	13	14	15	16	17	18	19	20	21	22	23	24	25	26	27	28	29	30				
7	夏曆五月				㊻	2	3	4	5	6	7	8	9	10	11	12	13	14	15	16	17	18	19	20	21	22	23	24	25	26	27	28	29	30				
	回曆 2 月				29	30	1	2	3	4	5	6	7	8	9	10	11	12	13	14	15	16	17	18	19	20	21	22	23	24	25	26	27	28				
	公曆 7 月						1	2	3	4	5	6	7	8	9	10	11	12	13	14	15	16	17	18	19	20	21	22	23	24	25	26	27	28	29	30	31	
8 9	夏曆六／七月						⑯	2	3	4	5	6	7	8	9	10	11	12	13	14	15	16	17	18	19	20	21	22	23	24	25	26	27	28	29	㊺	2	
	回曆 3 月						29	1	2	3	4	5	6	7	8	9	10	11	12	13	14	15	16	17	18	19	20	21	22	23	24	25	26	27	28	29	30	
	公曆 8 月		1	2	3	4	5	6	7	8	9	10	11	12	13	14	15	16	17	18	19	20	21	22	23	24	25	26	27	28	29	30	31					
10	夏曆八月		3	4	5	6	7	8	9	10	11	12	13	14	15	16	17	18	19	20	21	22	23	24	25	26	27	28	29	⑭	2	3	4					
	回曆 4、5 月		1	2	3	4	5	6	7	8	9	10	11	12	13	14	15	16	17	18	19	20	21	22	23	24	25	26	27	28	29	1	2					
	公曆 9 月					1	2	3	4	5	6	7	8	9	10	11	12	13	14	15	16	17	18	19	20	21	22	23	24	25	26	27	28	29	30			
11	夏曆九月					5	6	7	8	9	10	11	12	13	14	15	16	17	18	19	20	21	22	23	24	25	26	27	28	29	㊸	2	3	4	5			

續表

月干支序數	月序＼星期	日	1	2	3	4	5	6	日	1	2	3	4	5	6	日	1	2	3	4	5	6	日	1	2	3	4	5	6	日	1	2	3	4	5	6	日	1
	回暦6月					3	4	5	6	7	8	9	10	11	12	13	14	15	16	17	18	19	20	21	22	23	24	25	26	27	28	29	30	1	2			
	公暦10月							1	2	3	4	5	6	7	8	9	10	11	12	13	14	15	16	17	18	19	20	21	22	23	24	25	26	27	28	29	30	31
12	夏暦十月							6	7	8	9	10	11	12	13	14	15	16	17	18	19	20	21	22	23	24	25	26	27	28	29	30	⑬	2	3	4	5	6
	回暦7月							3	4	5	6	7	8	9	10	11	12	13	14	15	16	17	18	19	20	21	22	23	24	25	26	27	28	29	1	2	3	4
	公暦11月			1	2	3	4	5	6	7	8	9	10	11	12	13	14	15	16	17	18	19	20	21	22	23	24	25	26	27	28	29	30					
13	夏暦十一月			7	8	9	10	11	12	13	14	15	16	17	18	19	20	21	22	23	24	25	26	27	28	29	30	㊸	2	3	4	5	6					
	回暦8月			5	6	7	8	9	10	11	12	13	14	15	16	17	18	19	20	21	22	23	24	25	26	27	28	29	30	1	2	3	4					
	公暦12月					1	2	3	4	5	6	7	8	9	10	11	12	13	14	15	16	17	18	19	20	21	22	23	24	25	26	27	28	29	30	31		
14	夏暦十二月					7	8	9	10	11	12	13	14	15	16	17	18	19	20	21	22	23	24	25	26	27	28	29	⑫	2	3	4	5	6	7	8		
	回暦9月					5	6	7	8	9	10	11	12	13	14	15	16	17	18	19	20	21	22	23	24	25	26	27	28	29	1	2	3	4	5	6		

汪氏長術九月丁未,此據舊紀。

大事記

正月,穆宗卒,太子李湛即位。黄洞蠻掠欽州。　四月,卜者蘇玄明與染坊人張韶結染工數百人入宮作亂,旋平。　六月,加裴度平章事。　八月,安南奏黄洞蠻鈔掠。　九月,波斯獻沉香。吐蕃遣使求五臺山圖。　十一月,安南奏黄洞蠻與環王陷陸州。　十二月,韓愈卒(768—824)。　是歲,回紇崇德可汗卒,弟曷薩特勒立。

唐紀年

干支乙巳　公元825年

朝代或國名	國家支配者	建都	廟號	謚號	建元	年號年次	輔政者	備注
唐	⑮李湛	長安	敬宗		1	寶曆元年	裴度等	
渤海	⑨大仁秀	龍泉府		宣王	1	建興7年		在東北
南詔	⑩蒙勸豐祐	陽苴咩		昭成王	1	保和2年		在雲南
吐蕃	⑧可黎可足	邏些				彝泰9年		西藏
回鶻	⑪昭禮可汗					元年		
古格						12年		西藏阿里

月曆表

5538－384－2022795

月干支序數	月序＼星期	日	1	2	3	4	5	6	日	1	2	3	4	5	6	日	1	2	3	4	5	6	日	1	2	3	4	5	6	日	1	2	3	4	5	6	日	1
	公暦1月	1	2	3	4	5	6	7	8	9	10	11	12	13	14	15	16	17	18	19	20	21	22	23	24	25	26	27	28	29	30	31						
15	夏暦正月	9	10	11	12	13	14	15	16	17	18	19	20	21	22	23	24	25	26	27	28	29	30	㊷	2	3	4	5	6	7	8	9						
	回暦10月	7	8	9	10	11	12	13	14	15	16	17	18	19	20	21	22	23	24	25	26	27	28	29	30	1	2	3	4	5	6	7						
	公暦2月				1	2	3	4	5	6	7	8	9	10	11	12	13	14	15	16	17	18	19	20	21	22	23	24	25	26	27	28						
16	夏暦二月				10	11	12	13	14	15	16	17	18	19	20	21	22	23	24	25	26	27	28	29	30	⑫	2	3	4	5	6	7						
	回暦11月				8	9	10	11	12	13	14	15	16	17	18	19	20	21	22	23	24	25	26	27	28	29	1	2	3	4	5	6						
	公暦3月				1	2	3	4	5	6	7	8	9	10	11	12	13	14	15	16	17	18	19	20	21	22	23	24	25	26	27	28	29	30	31			

續表

月干支序數	星期／月序	日	1	2	3	4	5	6	日	1	2	3	4	5	6	日	1	2	3	4	5	6	日	1	2	3	4	5	6	日	1	2	3	4	5	6	日	1
17	夏曆三月				8	9	10	11	12	13	14	15	16	17	18	19	20	21	22	23	24	25	26	27	28	29	30	㊷	2	3	4	5	6	7	8			
	回曆12月				7	8	9	10	11	12	13	14	15	16	17	18	19	20	21	22	23	24	25	26	27	28	29	30	1	2	3	4	5	6	7			
	公曆4月							1	2	3	4	5	6	7	8	9	10	11	12	13	14	15	16	17	18	19	20	21	22	23	24	25	26	27	28	29	30	
18	夏曆四月							9	10	11	12	13	14	15	16	17	18	19	20	21	22	23	24	25	26	27	28	29	⑪	2	3	4	5	6	7	8	9	
210年	回曆1月							8	9	10	11	12	13	14	15	16	17	18	19	20	21	22	23	24	25	26	27	28	29	30	①	2	3	4	5	6	7	
	公曆5月		1	2	3	4	5	6	7	8	9	10	11	12	13	14	15	16	17	18	19	20	21	22	23	24	25	26	27	28	29	30	31					
19	夏曆五月		10	11	12	13	14	15	16	17	18	19	20	21	22	23	24	25	26	27	28	29	30	㊶	2	3	4	5	6	7	8	9	10					
	回曆2月		8	9	10	11	12	13	14	15	16	17	18	19	20	21	22	23	24	25	26	27	28	29	30	1	2	3	4	5	6	7	8					
	公曆6月					1	2	3	4	5	6	7	8	9	10	11	12	13	14	15	16	17	18	19	20	21	22	23	24	25	26	27	28	29	30			
20	夏曆六月					11	12	13	14	15	16	17	18	19	20	21	22	23	24	25	26	27	28	29	⑩	2	3	4	5	6	7	8	9	10	11			
	回曆3月					9	10	11	12	13	14	15	16	17	18	19	20	21	22	23	24	25	26	27	28	29	1	2	3	4	5	6	7	8	9			
	公曆7月							1	2	3	4	5	6	7	8	9	10	11	12	13	14	15	16	17	18	19	20	21	22	23	24	25	26	27	28	29	30	31
21	夏曆七月							12	13	14	15	16	17	18	19	20	21	22	23	24	25	26	27	28	29	30	㊵	2	3	4	5	6	7	8	9	10	11	12
	回曆4月							10	11	12	13	14	15	16	17	18	19	20	21	22	23	24	25	26	27	28	29	30	1	2	3	4	5	6	7	8	9	10
	公曆8月			1	2	3	4	5	6	7	8	9	10	11	12	13	14	15	16	17	18	19	20	21	22	23	24	25	26	27	28	29	30	31				
	夏曆閏七月			13	14	15	16	17	18	19	20	21	22	23	24	25	26	27	28	29	⑨	2	3	4	5	6	7	8	9	10	11	12	13	14				
	回曆5月			11	12	13	14	15	16	17	18	19	20	21	22	23	24	25	26	27	28	29	1	2	3	4	5	6	7	8	9	10	11	12				
	公曆9月						1	2	3	4	5	6	7	8	9	10	11	12	13	14	15	16	17	18	19	20	21	22	23	24	25	26	27	28	29	30		
22	夏曆八月						15	16	17	18	19	20	21	22	23	24	25	26	27	28	29	㊳	2	3	4	5	6	7	8	9	10	11	12	13	14	15		
	回曆6月						13	14	15	16	17	18	19	20	21	22	23	24	25	26	27	28	29	30	1	2	3	4	5	6	7	8	9	10	11	12		
	公曆10月	1	2	3	4	5	6	7	8	9	10	11	12	13	14	15	16	17	18	19	20	21	22	23	24	25	26	27	28	29	30	31						
23	夏曆九月	16	17	18	19	20	21	22	23	24	25	26	27	28	29	30	⑧	2	3	4	5	6	7	8	9	10	11	12	13	14	15	16						
	回曆7月	13	14	15	16	17	18	19	20	21	22	23	24	25	26	27	28	29	1	2	3	4	5	6	7	8	9	10	11	12	13	14						
	公曆11月				1	2	3	4	5	6	7	8	9	10	11	12	13	14	15	16	17	18	19	20	21	22	23	24	25	26	27	28	29	30				
24	夏曆十月				17	18	19	20	21	22	23	24	25	26	27	28	29	㊲	2	3	4	5	6	7	8	9	10	11	12	13	14	15	16	17				
	回曆8月				15	16	17	18	19	20	21	22	23	24	25	26	27	28	29	30	1	2	3	4	5	6	7	8	9	10	11	12	13	14				
	公曆12月						1	2	3	4	5	6	7	8	9	10	11	12	13	14	15	16	17	18	19	20	21	22	23	24	25	26	27	28	29	30	31	
25	夏曆十一月						18	19	20	21	22	23	24	25	26	27	28	29	30	⑦	2	3	4	5	6	7	8	9	10	11	12	13	14	15	16	17	18	
	回曆9月						15	16	17	18	19	20	21	22	23	24	25	26	27	28	29	1	2	3	4	5	6	7	8	9	10	11	12	13	14	15	16	

大事記

二月，浙西觀察使李德裕獻《丹扆六箴》。　三月，册回鶻新可汗為愛登里囉汨沒密於合毗伽昭禮可汗。　七月，造競渡船。鹽鐵使王播進羨餘絹百萬匹。　八月，昭義節度使劉悟卒。十二月，以劉悟子從諫為留後，越四月牛黨乃命為節度使。　是歲，兩京、河西和糴二百萬斛。淮南、浙西、宣、襄、鄂等州旱災。

唐紀年

朝代或國名	國家支配者	建都	廟號	謚號	建元	年號年次	輔政者	備注
唐	⑮李湛	長安	敬宗		1	寶暦2年	裴度等	十二月李昂即位
渤海	⑨大仁秀	龍泉府		宣王	1	建興8年		在東北
南詔	⑩蒙勸豐祐	陽苴咩		昭成王		保和3年		在雲南
吐蕃	⑧可黎可足	邏些				彝泰10年		西藏
回鶻	⑪昭禮可汗					2年		
古格						13年		西藏阿里

月曆表

5539—354—2023149

月干支序數	星期／月序	日	1	2	3	4	5	6	日	1	2	3	4	5	6	日	1	2	3	4	5	6	日	1	2	3	4	5	6	日	1	2	3	4	5	6	日	1
	公暦1月		1	2	3	4	5	6	7	8	9	10	11	12	13	14	15	16	17	18	19	20	21	22	23	24	25	26	27	28	29	30	31					
26	夏暦十二月		19	20	21	22	23	24	25	26	27	28	29	㊱	2	3	4	5	6	7	8	9	10	11	12	13	14	15	16	17	18	19	20					
	回暦10月		17	18	19	20	21	22	23	24	25	26	27	28	29	30	1	2	3	4	5	6	7	8	9	10	11	12	13	14	15	16	17					
	公暦2月					1	2	3	4	5	6	7	8	9	10	11	12	13	14	15	16	17	18	19	20	21	22	23	24	25	26	27	28					
27	夏暦正月					21	22	23	24	25	26	27	28	29	30	⑥	2	3	4	5	6	7	8	9	10	11	12	13	14	15	16	17	18					
	回暦11月					18	19	20	21	22	23	24	25	26	27	28	29	1	2	3	4	5	6	7	8	9	10	11	12	13	14	15	16					
	公暦3月					1	2	3	4	5	6	7	8	9	10	11	12	13	14	15	16	17	18	19	20	21	22	23	24	25	26	27	28	29	30	31		
28	夏暦二月					19	20	21	22	23	24	25	26	27	28	29	30	㊱	2	3	4	5	6	7	8	9	10	11	12	13	14	15	16	17	18	19		
	回暦12月					17	18	19	20	21	22	23	24	25	26	27	28	29	30	1	2	3	4	5	6	7	8	9	10	11	12	13	14	15	16	17		
	公暦4月	1	2	3	4	5	6	7	8	9	10	11	12	13	14	15	16	17	18	19	20	21	22	23	24	25	26	27	28	29	30							
29	夏暦三月	20	21	22	23	24	25	26	27	28	29	⑤	2	3	4	5	6	7	8	9	10	11	12	13	14	15	16	17	18	19	20							
211年	回暦1月	18	19	20	21	22	23	24	25	26	27	28	29	①	2	3	4	5	6	7	8	9	10	11	12	13	14	15	16	17	18							
	公暦5月			1	2	3	4	5	6	7	8	9	10	11	12	13	14	15	16	17	18	19	20	21	22	23	24	25	26	27	28	29	30	31				
30	夏暦四月			21	22	23	24	25	26	27	28	29	30	㉟	2	3	4	5	6	7	8	9	10	11	12	13	14	15	16	17	18	19	20	21				
	回暦2月			19	20	21	22	23	24	25	26	27	28	29	30	1	2	3	4	5	6	7	8	9	10	11	12	13	14	15	16	17	18	19				
	公暦6月						1	2	3	4	5	6	7	8	9	10	11	12	13	14	15	16	17	18	19	20	21	22	23	24	25	26	27	28	29	30		
31	夏暦五月						22	23	24	25	26	27	28	29	30	⑤	2	3	4	5	6	7	8	9	10	11	12	13	14	15	16	17	18	19	20	21		
	回暦3月						20	21	22	23	24	25	26	27	28	29	1	2	3	4	5	6	7	8	9	10	11	12	13	14	15	16	17	18	19	20		
	公暦7月	1	2	3	4	5	6	7	8	9	10	11	12	13	14	15	16	17	18	19	20	21	22	23	24	25	26	27	28	29	30	31						
32	夏暦六月	22	23	24	25	26	27	28	29	㉞	2	3	4	5	6	7	8	9	10	11	12	13	14	15	16	17	18	19	20	21	22	23						
	回暦4月	21	22	23	24	25	26	27	28	29	30	1	2	3	4	5	6	7	8	9	10	11	12	13	14	15	16	17	18	19	20	21						
	公暦8月				1	2	3	4	5	6	7	8	9	10	11	12	13	14	15	16	17	18	19	20	21	22	23	24	25	26	27	28	29	30	31			
33	夏暦七月				24	25	26	27	28	29	③	2	3	4	5	6	7	8	9	10	11	12	13	14	15	16	17	18	19	20	21	22	23	24	25			
	回暦5月				22	23	24	25	26	27	28	29	1	2	3	4	5	6	7	8	9	10	11	12	13	14	15	16	17	18	19	20	21	22	23			
	公暦9月							1	2	3	4	5	6	7	8	9	10	11	12	13	14	15	16	17	18	19	20	21	22	23	24	25	26	27	28	29	30	
34	夏暦八月							26	27	28	29	30	㉝	2	3	4	5	6	7	8	9	10	11	12	13	14	15	16	17	18	19	20	21	22	23	24	25	
	回暦6月							24	25	26	27	28	29	30	1	2	3	4	5	6	7	8	9	10	11	12	13	14	15	16	17	18	19	20	21	22	23	
	公暦10月		1	2	3	4	5	6	7	8	9	10	11	12	13	14	15	16	17	18	19	20	21	22	23	24	25	26	27	28	29	30	31					

續表

月 干支 序數	星期 月序	日	1	2	3	4	5	6	日	1	2	3	4	5	6	日	1	2	3	4	5	6	日	1	2	3	4	5	6	日	1	2	3	4	5	6	日	1
35	夏曆九月		26	27	28	29	②	2	3	4	5	6	7	8	9	10	11	12	13	14	15	16	17	18	19	20	21	22	23	24	25	26	27					
	回曆 7 月		24	25	26	27	28	29	1	2	3	4	5	6	7	8	9	10	11	12	13	14	15	16	17	18	19	20	21	22	23	24	25					
	公曆 11 月					1	2	3	4	5	6	7	8	9	10	11	12	13	14	15	16	17	18	19	20	21	22	23	24	25	26	27	28	29	30			
36	夏曆十月					28	29	30	㉜	2	3	4	5	6	7	8	9	10	11	12	13	14	15	16	17	18	19	20	21	22	23	24	25	26	27			
	回曆 8 月					26	27	28	29	30	1	2	3	4	5	6	7	8	9	10	11	12	13	14	15	16	17	18	19	20	21	22	23	24	25			
	公曆 12 月							1	2	3	4	5	6	7	8	9	10	11	12	13	14	15	16	17	18	19	20	21	22	23	24	25	26	27	28	29	30	31
37	夏曆十一月							28	29	①	2	3	4	5	6	7	8	9	10	11	12	13	14	15	16	17	18	19	20	21	22	23	24	25	26	27	28	29
	回曆 9 月							26	27	28	29	1	2	3	4	5	6	7	8	9	10	11	12	13	14	15	16	17	18	19	20	21	22	23	24	25	26	27

大事記

三月，橫海節度使李全略死，其子副大使同捷自為留後。　五月，盧龍軍亂，殺節度使朱克融，立其少子延嗣主軍務。八月，都知兵馬使李載義殺延嗣，權知留後。　十月，以載義為節度使。　十二月，宦官劉克明等殺敬宗，宦官王守澄等殺克明等，擁立皇弟江王涵即位，是為文宗，更名昂。放宮女三千餘人，省教坊、翰林總監冗食千二百餘員。以韋處厚為相。

唐紀年

干支丁未　公元 827 年

朝代或國名	國家支配者	建都	廟號	謚號	建元	年號年次	輔政者	備注
唐	⑯李昂	長安	文宗		2	1 大(太)和元年	裴度等	二月乙巳改元
渤海	⑨大仁秀	龍泉府		宣王	1	建興 9 年		在東北
南詔	⑩蒙勸豐祐	陽苴咩		昭成王		保和 4 年		在雲南
吐蕃	⑧可黎可足	邏些				彝泰 11 年		西藏
回鶻	⑪昭禮可汗					3 年		
古格						14 年		西藏阿里

月曆表

5540—355—2023504

月 干支 序數	星期 月序	日	1	2	3	4	5	6	日	1	2	3	4	5	6	日	1	2	3	4	5	6	日	1	2	3	4	5	6	日	1	2	3	4	5	6	日	1
	公曆 1 月			1	2	3	4	5	6	7	8	9	10	11	12	13	14	15	16	17	18	19	20	21	22	23	24	25	26	27	28	29	30	31				
38 39	夏曆十二/正月			30	㉛	2	3	4	5	6	7	8	9	10	11	12	13	14	15	16	17	18	19	20	21	22	23	24	25	26	27	28	29	(60)				
	回曆 10 月			28	29	30	1	2	3	4	5	6	7	8	9	10	11	12	13	14	15	16	17	18	19	20	21	22	23	24	25	26	27	28				
	公曆 2 月						1	2	3	4	5	6	7	8	9	10	11	12	13	14	15	16	17	18	19	20	21	22	23	24	25	26	27	28				
	夏曆正月						2	3	4	5	6	7	8	9	10	11	12	13	14	15	16	17	18	19	20	21	22	23	24	25	26	27	28	29				
	回曆 11 月						29	1	2	3	4	5	6	7	8	9	10	11	12	13	14	15	16	17	18	19	20	21	22	23	24	25	26	27				
	公曆 3 月						1	2	3	4	5	6	7	8	9	10	11	12	13	14	15	16	17	18	19	20	21	22	23	24	25	26	27	28	29	30	31	
40 41	夏曆二/三月						30	㉚	2	3	4	5	6	7	8	9	10	11	12	13	14	15	16	17	18	19	20	21	22	23	24	25	26	27	28	29	(59)	
	回曆 12 月						28	29	30	1	2	3	4	5	6	7	8	9	10	11	12	13	14	15	16	17	18	19	20	21	22	23	24	25	26	27	28	
	公曆 4 月		1	2	3	4	5	6	7	8	9	10	11	12	13	14	15	16	17	18	19	20	21	22	23	24	25	26	27	28	29	30						

續表

月干支序數	星期 / 月序	日	1	2	3	4	5	6	日	1	2	3	4	5	6	日	1	2	3	4	5	6	日	1	2	3	4	5	6	日	1	2	3	4	5	6	日	1
42	夏曆四月		2	3	4	5	6	7	8	9	10	11	12	13	14	15	16	17	18	19	20	21	22	23	24	25	26	27	28	29	30	㉙						
212年	回曆1月		29	①	2	3	4	5	6	7	8	9	10	11	12	13	14	15	16	17	18	19	20	21	22	23	24	25	26	27	28	29						
	公曆5月				1	2	3	4	5	6	7	8	9	10	11	12	13	14	15	16	17	18	19	20	21	22	23	24	25	26	27	28	29	30	31			
43	夏曆五月				2	3	4	5	6	7	8	9	10	11	12	13	14	15	16	17	18	19	20	21	22	23	24	25	26	27	28	29	30	(59)	2			
	回曆2、3月				30	1	2	3	4	5	6	7	8	9	10	11	12	13	14	15	16	17	18	19	20	21	22	23	24	25	26	27	28	29	1			
	公曆6月							1	2	3	4	5	6	7	8	9	10	11	12	13	14	15	16	17	18	19	20	21	22	23	24	25	26	27	28	29	30	
44	夏曆六月							3	4	5	6	7	8	9	10	11	12	13	14	15	16	17	18	19	20	21	22	23	24	25	26	27	28	29	㉘	2	3	
	回曆4月							2	3	4	5	6	7	8	9	10	11	12	13	14	15	16	17	18	19	20	21	22	23	24	25	26	27	28	29	30	1	
	公曆7月		1	2	3	4	5	6	7	8	9	10	11	12	13	14	15	16	17	18	19	20	21	22	23	24	25	26	27	28	29	30	31					
45	夏曆七月		4	5	6	7	8	9	10	11	12	13	14	15	16	17	18	19	20	21	22	23	24	25	26	27	28	29	30	(58)	2	3	4					
	回曆5月		2	3	4	5	6	7	8	9	10	11	12	13	14	15	16	17	18	19	20	21	22	23	24	25	26	27	28	29	1	2	3					
	公曆8月					1	2	3	4	5	6	7	8	9	10	11	12	13	14	15	16	17	18	19	20	21	22	23	24	25	26	27	28	29	30	31		
46	夏曆八月					5	6	7	8	9	10	11	12	13	14	15	16	17	18	19	20	21	22	23	24	25	26	27	28	29	㉗	2	3	4	5	6		
	回曆6月					4	5	6	7	8	9	10	11	12	13	14	15	16	17	18	19	20	21	22	23	24	25	26	27	28	29	30	1	2	3	4		
	公曆9月	1	2	3	4	5	6	7	8	9	10	11	12	13	14	15	16	17	18	19	20	21	22	23	24	25	26	27	28	29	30							
47	夏曆九月	7	8	9	10	11	12	13	14	15	16	17	18	19	20	21	22	23	24	25	26	27	28	29	30	(57)	2	3	4	5	6							
	回曆7月	5	6	7	8	9	10	11	12	13	14	15	16	17	18	19	20	21	22	23	24	25	26	27	28	29	1	2	3	4	5							
	公曆10月			1	2	3	4	5	6	7	8	9	10	11	12	13	14	15	16	17	18	19	20	21	22	23	24	25	26	27	28	29	30	31				
48	夏曆十月			7	8	9	10	11	12	13	14	15	16	17	18	19	20	21	22	23	24	25	26	27	28	29	㉖	2	3	4	5	6	7	8				
	回曆8月			6	7	8	9	10	11	12	13	14	15	16	17	18	19	20	21	22	23	24	25	26	27	28	29	30	1	2	3	4	5	6				
	公曆11月						1	2	3	4	5	6	7	8	9	10	11	12	13	14	15	16	17	18	19	20	21	22	23	24	25	26	27	28	29	30		
49	夏十一月						9	10	11	12	13	14	15	16	17	18	19	20	21	22	23	24	25	26	27	28	29	30	(56)	2	3	4	5	6	7	8		
	回曆9月						7	8	9	10	11	12	13	14	15	16	17	18	19	20	21	22	23	24	25	26	27	28	29	1	2	3	4	5	6	7		
	公曆12月	1	2	3	4	5	6	7	8	9	10	11	12	13	14	15	16	17	18	19	20	21	22	23	24	25	26	27	28	29	30	31						
50	夏曆十二月	9	10	11	12	13	14	15	16	17	18	19	20	21	22	23	24	25	26	27	28	29	㉕	2	3	4	5	6	7	8	9	10						
	回曆10月	8	9	10	11	12	13	14	15	16	17	18	19	20	21	22	23	24	25	26	27	28	29	30	1	2	3	4	5	6	7	8						

大事記

二月，改元大和。　五月，以烏重胤為橫海節度使，徙前橫海副使李同捷為兗海節度使，同捷不受詔。　六月，以王播為左僕射，同平章事。　八月，王庭湊助李同捷為亂，發七道兵討之。

唐紀年

干支戊申　公元828年

朝代或國名	國家支配者	建都	廟號	謚號	建元	年號年次	輔政者	備注
唐	⑯李昂	長安	文宗	獻	2	1大(太)和2年	竇易直等	
渤海	⑨大仁秀	龍泉府		宣王	1	建興10年		在東北
南詔	⑩蒙勸豊祐	陽苴咩		昭成王		保和5年		在雲南
吐蕃	⑧可黎可足	邏些				彝泰12年		西藏
回鶻	⑪昭禮可汗					4年		
古格						15年		西藏阿里

月干支序數	星期 / 月序	日	1	2	3	4	5	6	日	1	2	3	4	5	6	日	1	2	3	4	5	6	日	1	2	3	4	5	6	日	1	2	3	4	5	6	日	1
	公曆 1 月				1	2	3	4	5	6	7	8	9	10	11	12	13	14	15	16	17	18	19	20	21	22	23	24	25	26	27	28	29	30	31			
51	夏曆正月				11	12	13	14	15	16	17	18	19	20	21	22	23	24	25	26	27	28	29	30	(55)	2	3	4	5	6	7	8	9	10	11			
	回曆 11 月				9	10	11	12	13	14	15	16	17	18	19	20	21	22	23	24	25	26	27	28	29	1	2	3	4	5	6	7	8	9	10			
	公曆 2 月							1	2	3	4	5	6	7	8	9	10	11	12	13	14	15	16	17	18	19	20	21	22	23	24	25	26	27	28	29		
52	夏曆二月							12	13	14	15	16	17	18	19	20	21	22	23	24	25	26	27	28	29	㉔	2	3	4	5	6	7	8	9	10	11		
	回曆 12 月							11	12	13	14	15	16	17	18	19	20	21	22	23	24	25	16	17	18	19	20	1	2	3	4	5	6	7	8	9		
	公曆 3 月	1	2	3	4	5	6	7	8	9	10	11	12	13	14	15	16	17	18	19	20	21	22	23	24	25	26	27	28	29	30	31						
53	夏曆三月	12	13	14	15	16	17	18	19	20	21	22	23	24	25	26	27	28	29	30	(54)	2	3	4	5	6	7	8	9	10	11	12						
213 年	回曆 1 月	10	11	12	13	14	15	16	17	18	19	20	21	22	23	24	25	26	27	28	29	30	①	2	3	4	5	6	7	8	9	10						
	公曆 4 月				1	2	3	4	5	6	7	8	9	10	11	12	13	14	15	16	17	18	19	20	21	22	23	24	25	26	27	28	29	30				
	夏曆閏三月				13	14	15	16	17	18	19	20	21	22	23	24	25	26	27	28	29	㉓	2	3	4	5	6	7	8	9	10	11	12	13				
	回曆 2 月				11	12	13	14	15	16	17	18	19	20	21	22	23	24	25	26	27	28	29	30	1	2	3	4	5	6	7	8	9	10				
	公曆 5 月						1	2	3	4	5	6	7	8	9	10	11	12	13	14	15	16	17	18	19	20	21	22	23	24	25	26	27	28	29	30	31	
54	夏曆四月						14	15	16	17	18	19	20	21	22	23	24	25	26	27	28	29	30	(53)	2	3	4	5	6	7	8	9	10	11	12	13	14	
	回曆 3 月						11	12	13	14	15	16	17	18	19	20	21	22	23	24	25	26	27	28	29	1	2	3	4	5	6	7	8	9	10	11	12	
	公曆 6 月		1	2	3	4	5	6	7	8	9	10	11	12	13	14	15	16	17	18	19	20	21	22	23	24	25	26	27	28	29	30						
55	夏曆五月		15	16	17	18	19	20	21	22	23	24	25	26	27	28	29	㉒	2	3	4	5	6	7	8	9	10	11	12	13	14	15						
	回曆 4 月		13	14	15	16	17	18	19	20	21	22	23	24	25	26	27	28	29	30	1	2	3	4	5	6	7	8	9	10	11	12						
	公曆 7 月				1	2	3	4	5	6	7	8	9	10	11	12	13	14	15	16	17	18	19	20	21	22	23	24	25	26	27	28	29	30	31			
56	夏曆六月				16	17	18	19	20	21	22	23	24	25	26	27	28	29	30	(52)	2	3	4	5	6	7	8	9	10	11	12	13	14	15	16			
	回曆 5 月				13	14	15	16	17	18	19	20	21	22	23	24	25	26	27	28	29	1	2	3	4	5	6	7	8	9	10	11	12	13	14			
	公曆 8 月							1	2	3	4	5	6	7	8	9	10	11	12	13	14	15	16	17	18	19	20	21	22	23	24	25	26	27	28	29	30	31
57	夏曆七月							17	18	19	20	21	22	23	24	25	26	27	28	29	30	㉒	2	3	4	5	6	7	8	9	10	11	12	13	14	15	16	17
	回曆 6 月							15	16	17	18	19	20	21	22	23	24	25	26	27	28	29	30	1	2	3	4	5	6	7	8	9	10	11	12	13	14	15
	公曆 9 月			1	2	3	4	5	6	7	8	9	10	11	12	13	14	15	16	17	18	19	20	21	22	23	24	25	26	27	28	29	30					
58	夏曆八月			18	19	20	21	22	23	24	25	26	27	28	29	(51)	2	3	4	5	6	7	8	9	10	11	12	13	14	15	16	17	18					
	回曆 7 月			16	17	18	19	20	21	22	23	24	25	26	27	28	29	1	2	3	4	5	6	7	8	9	10	11	12	13	14	15	16					
	公曆 10 月					1	2	3	4	5	6	7	8	9	10	11	12	13	14	15	16	17	18	19	20	21	22	23	24	25	26	27	28	29	30	31		
59	夏曆九月					19	20	21	22	23	24	25	26	27	28	29	30	㉑	2	3	4	5	6	7	8	9	10	11	12	13	14	15	16	17	18	19		
	回曆 8 月					17	18	19	20	21	22	23	24	25	26	27	28	29	30	1	2	3	4	5	6	7	8	9	10	11	12	13	14	15	16	17		
	公曆 11 月	1	2	3	4	5	6	7	8	9	10	11	12	13	14	15	16	17	18	19	20	21	22	23	24	25	26	27	28	29	30							
60	夏曆十月	20	21	22	23	24	25	26	27	28	29	㊿	2	3	4	5	6	7	8	9	10	11	12	13	14	15	16	17	18	19	20							
	回曆 9 月	18	19	20	21	22	23	24	25	26	27	28	29	1	2	3	4	5	6	7	8	9	10	11	12	13	14	15	16	17	18							
	公曆 12 月			1	2	3	4	5	6	7	8	9	10	11	12	13	14	15	16	17	18	19	20	21	22	23	24	25	26	27	28	29	30	31				
1	夏十一月			21	22	23	24	25	26	27	28	29	30	⑳	2	3	4	5	6	7	8	9	10	11	12	13	14	15	16	17	18	19	20	21				
	回曆 10 月			19	20	21	22	23	24	25	26	27	28	29	30	1	2	3	4	5	6	7	8	9	10	11	12	13	14	15	16	17	18	19				

大事記

三月，令京兆府造水車，散給沿鄭白渠百姓作溉田用。　六月，峰州刺史王生朝反，安南都護兵討斬之。　九月，以王庭湊助李同捷，命諸軍討之。安南軍亂，逐都護韓約。　十二月，魏博將亓志紹作亂，命討之。

唐紀年

干支己酉　公元829年

朝代或國名	國家支配者	建都	廟號	謚號	建元	年號年次	輔政者	備注
唐	⑯李昂	長安	文宗		2	1大(太)和3年	李宗閔等	
渤海	⑨大仁秀	龍泉府		宣王	1	建興11年		在東北
南詔	⑩蒙勸豐祐	陽苴咩		昭成王		保和6年		在雲南
吐蕃	⑧可黎可足	邏些				彝泰13年		西藏
回鶻	⑪昭禮可汗					5年		
古格						16年		西藏阿里

月曆表

5542—354—2024242

月干支序數	月序＼星期	日	1	2	3	4	5	6	日	1	2	3	4	5	6	日	1	2	3	4	5	6	日	1	2	3	4	5	6	日	1	2	3	4	5	6	日	1
	公曆1月						1	2	3	4	5	6	7	8	9	10	11	12	13	14	15	16	17	18	19	20	21	22	23	24	25	26	27	28	29	30	31	
2	夏曆十二月						22	23	24	25	26	27	28	29	㊾	2	3	4	5	6	7	8	9	10	11	12	13	14	15	16	17	18	19	20	21	22	23	
	回曆11月						20	21	22	23	24	25	26	27	28	29	1	2	3	4	5	6	7	8	9	10	11	12	13	14	15	16	17	18	19	20	21	
	公曆2月		1	2	3	4	5	6	7	8	9	10	11	12	13	14	15	16	17	18	19	20	21	22	23	24	25	26	27	28								
3	夏曆正月		24	25	26	27	28	29	30	⑲	2	3	4	5	6	7	8	9	10	11	12	13	14	15	16	17	18	19	20	21								
	回曆12月		22	23	24	25	26	27	28	29	30	1	2	3	4	5	6	7	8	9	10	11	12	13	14	15	16	17	18	19								
	公曆3月		1	2	3	4	5	6	7	8	9	10	11	12	13	14	15	16	17	18	19	20	21	22	23	24	25	26	27	28	29	30	31					
4	夏曆二月		22	23	24	25	26	27	28	29	㊽	2	3	4	5	6	7	8	9	10	11	12	13	14	15	16	17	18	19	20	21	22	23					
214年	回曆1月		20	21	22	23	24	25	26	27	28	29	①	2	3	4	5	6	7	8	9	10	11	12	13	14	15	16	17	18	19	20	21					
	公曆4月					1	2	3	4	5	6	7	8	9	10	11	12	13	14	15	16	17	18	19	20	21	22	23	24	25	26	27	28	29	30			
5	夏曆三月					24	25	26	27	28	29	30	⑱	2	3	4	5	6	7	8	9	10	11	12	13	14	15	16	17	18	19	20	21	22	23			
	回曆2月					22	23	24	25	26	27	28	29	30	1	2	3	4	5	6	7	8	9	10	11	12	13	14	15	16	17	18	19	20	21			
	公曆5月							1	2	3	4	5	6	7	8	9	10	11	12	13	14	15	16	17	18	19	20	21	22	23	24	25	26	27	28	29	30	31
6	夏曆四月							24	25	26	27	28	29	㊼	2	3	4	5	6	7	8	9	10	11	12	13	14	15	16	17	18	19	20	21	22	23	24	25
	回曆3月							22	23	24	25	26	27	28	29	1	2	3	4	5	6	7	8	9	10	11	12	13	14	15	16	17	18	19	20	21	22	23
	公曆6月			1	2	3	4	5	6	7	8	9	10	11	12	13	14	15	16	17	18	19	20	21	22	23	24	25	26	27	28	29	30					
7	夏曆五月			26	27	28	29	⑯	2	3	4	5	6	7	8	9	10	11	12	13	14	15	16	17	18	19	20	21	22	23	24	25	26					
	回曆4月			24	25	26	27	28	29	30	1	2	3	4	5	6	7	8	9	10	11	12	13	14	15	16	17	18	19	20	21	22	23					
	公曆7月					1	2	3	4	5	6	7	8	9	10	11	12	13	14	15	16	17	18	19	20	21	22	23	24	25	26	27	28	29	30	31		
8	夏曆六月					27	28	29	30	㊻	2	3	4	5	6	7	8	9	10	11	12	13	14	15	16	17	18	19	20	21	22	23	24	25	26	27		
	回曆5月					24	25	26	27	28	29	1	2	3	4	5	6	7	8	9	10	11	12	13	14	15	16	17	18	19	20	21	22	23	24	25		
	公曆8月	1	2	3	4	5	6	7	8	9	10	11	12	13	14	15	16	17	18	19	20	21	22	23	24	25	26	27	28	29	30	31						
9	夏曆七月	28	29	30	⑯	2	3	4	5	6	7	8	9	10	11	12	13	14	15	16	17	18	19	20	21	22	23	24	25	26	27	28						
	回曆6月	26	27	28	29	30	1	2	3	4	5	6	7	8	9	10	11	12	13	14	15	16	17	18	19	20	21	22	23	24	25	26						
	公曆9月				1	2	3	4	5	6	7	8	9	10	11	12	13	14	15	16	17	18	19	20	21	22	23	24	25	26	27	28	29	30				
10	夏曆八月				29	㊺	2	3	4	5	6	7	8	9	10	11	12	13	14	15	16	17	18	19	20	21	22	23	24	25	26	27	28	29				
	回曆7月				27	28	29	1	2	3	4	5	6	7	8	9	10	11	12	13	14	15	16	17	18	19	20	21	22	23	24	25	26	27				
	公曆10月						1	2	3	4	5	6	7	8	9	10	11	12	13	14	15	16	17	18	19	20	21	22	23	24	25	26	27	28	29	30	31	
11	夏曆九月						30	⑮	2	3	4	5	6	7	8	9	10	11	12	13	14	15	16	17	18	19	20	21	22	23	24	25	26	27	28	29	30	
	回曆8月						28	29	30	1	2	3	4	5	6	7	8	9	10	11	12	13	14	15	16	17	18	19	20	21	22	23	24	25	26	27	28	
	公曆11月		1	2	3	4	5	6	7	8	9	10	11	12	13	14	15	16	17	18	19	20	21	22	23	24	25	26	27	28	29	30						
12 13	夏曆十月 十一月		㊺	2	3	4	5	6	7	8	9	10	11	12	13	14	15	16	17	18	19	20	21	22	23	24	25	26	27	28	29	⑭						

續表

月干支序數	月序＼星期	日	1	2	3	4	5	6	日	1	2	3	4	5	6	日	1	2	3	4	5	6	日	1	2	3	4	5	6	日	1	2	3	4	5	6	日	1
	回曆 9 月		29	1	2	3	4	5	6	7	8	9	10	11	12	13	14	15	16	17	18	19	20	21	22	23	24	25	26	27	28	29						
	公曆 12 月				1	2	3	4	5	6	7	8	9	10	11	12	13	14	15	16	17	18	19	20	21	22	23	24	25	26	27	28	29	30	31			
14	夏曆十二月				2	3	4	5	6	7	8	9	10	11	12	13	14	15	16	17	18	19	20	21	22	23	24	25	26	27	2	29	30	㊹	2			
	回曆 10、11 月				30	1	2	3	4	5	6	7	8	9	10	11	12	13	14	15	16	17	18	19	20	21	22	23	24	25	26	27	28	29	1			

大事記

正月，亓志紹降。　四月，李同捷請降，宣慰使柏耆取同捷詣長安，中道殺之，攘為己功。　六月，魏博節度使史憲誠請入朝，許之。以李聽為魏博節度使，魏博軍亂，殺憲誠，擁牙將何進滔知留後，拒聽。　八月，以進滔為魏博節度使。王庭湊介鄰道請服，赦之。徵李德裕入朝，將大用，會李宗閔以宦官之助拜相，出李德裕為義成節度使。　九月，令宦官毋得衣紗、縠、綾、羅。　，十一月，南詔入邊，陷嶲、戎二州，大敗西川兵於邛州，遂陷之。　十二月，更陷成都外郭，西川節度使杜元穎保牙城，又纔入東川，節度使郭釗以書責其將嵯顛，南詔兵始退，俘男女百工數萬人而去。郭釗至成都，與南詔約和，後遣中使以國信賜嵯顛。

唐紀年

干支庚戌　公元 830 年

朝代或國名	國家支配者	建都	廟號	謚號	建元	年號年次	輔政者	備注
唐	⑯李昂	長安	文宗		2	1 大(太)和 4 年	裴度等	
渤海	⑨大仁秀	龍泉府		宣王	1	建興 12 年		在東北
南詔	⑩蒙勸豐祐	陽苴咩		昭成王		保和 7 年		雲南
吐蕃	⑧可黎可足	邏些				彝泰 14 年		西藏
回鶻	⑪昭禮可汗					6 年		
古格						17 年		西藏阿里

月曆表

5543—384—2024626

月干支序數	月序＼星期	日	1	2	3	4	5	6	日	1	2	3	4	5	6	日	1	2	3	4	5	6	日	1	2	3	4	5	6	日	1	2	3	4	5	6	日	1
	公曆 1 月							1	2	3	4	5	6	7	8	9	10	11	12	13	14	15	16	17	18	19	20	21	22	23	24	25	26	27	28	29	30	31
15	夏曆正月							3	4	5	6	7	8	9	10	11	12	13	14	15	16	17	18	19	20	21	22	23	24	25	26	27	28	29	⑬	2	3	4
	回曆 12 月							2	3	4	5	6	7	8	9	10	11	12	13	14	15	16	17	18	19	20	21	22	23	24	25	26	27	28	29	30	1	2
	公曆 2 月			1	2	3	4	5	6	7	8	9	10	11	12	13	14	15	16	17	18	19	20	21	22	23	24	25	26	27	28							
16	夏曆二月			5	6	7	8	9	10	11	12	13	14	15	16	17	18	19	20	21	22	23	24	25	26	27	28	29	30	㊸	2							
215 年	回曆 1 月			3	4	5	6	7	8	9	10	11	12	13	14	15	16	17	18	19	20	21	22	23	24	25	26	27	28	29	①							
	公曆 3 月			1	2	3	4	5	6	7	8	9	10	11	12	13	14	15	16	17	18	19	20	21	22	23	24	25	26	27	28	29	30	31				
17	夏曆三月			3	4	5	6	7	8	9	10	11	12	13	14	15	16	17	18	19	20	21	22	23	24	25	26	27	28	29	⑫	2	3	4				
	回曆 2 月			2	3	4	5	6	7	8	9	10	11	12	13	14	15	16	17	18	19	20	21	22	23	24	25	26	27	28	29	30	1	2				
	公曆 4 月						1	2	3	4	5	6	7	8	9	10	11	12	13	14	15	16	17	18	19	20	21	22	23	24	25	26	27	28	29	30		
18	夏曆四月						5	6	7	8	9	10	11	12	13	14	15	16	17	18	19	20	21	22	23	24	25	26	27	28	29	30	㊷	2	3	4		
	回曆 3 月						3	4	5	6	7	8	9	10	11	12	13	14	15	16	17	18	19	20	21	22	23	24	25	26	27	28	29	1	2	3		
	公曆 5 月	1	2	3	4	5	6	7	8	9	10	11	12	13	14	15	16	17	18	19	20	21	22	23	24	25	26	27	28	29	30	31						

續表

月干支序數	星期／月序	日	1	2	3	4	5	6	日	1	2	3	4	5	6	日	1	2	3	4	5	6	日	1	2	3	4	5	6	日	1	2	3	4	5	6	日	1
19	夏曆五月	5	6	7	8	9	10	11	12	13	14	15	16	17	18	19	20	21	22	23	24	25	26	27	28	29	⑪	2	3	4	5	6						
	回曆4月	4	5	6	7	8	9	10	11	12	13	14	15	16	17	18	19	20	21	22	23	24	25	26	27	28	29	30	1	2	3	4						
	公曆6月				1	2	3	4	5	6	7	8	9	10	11	12	13	14	15	16	17	18	19	20	21	22	23	24	25	26	27	28	29	30				
20	夏曆六月				7	8	9	10	11	12	13	14	15	16	17	18	19	20	21	22	23	24	25	26	27	28	29	㊵	2	3	4	5	6	7				
	回曆5月				5	6	7	8	9	10	11	12	13	14	15	16	17	18	19	20	21	22	23	24	25	26	27	28	29	1	2	3	4	5				
	公曆7月						1	2	3	4	5	6	7	8	9	10	11	12	13	14	15	16	17	18	19	20	21	22	23	24	25	26	27	28	29	30	31	
21	夏曆七月						8	9	10	11	12	13	14	15	16	17	18	19	20	21	22	23	24	25	26	27	28	29	30	⑩	2	3	4	5	6	7	8	
	回曆6月						6	7	8	9	10	11	12	13	14	15	16	17	18	19	20	21	22	23	24	25	26	27	28	29	30	1	2	3	4	5	6	
	公曆8月		1	2	3	4	5	6	7	8	9	10	11	12	13	14	15	16	17	18	19	20	21	22	23	24	25	26	27	28	29	30	31					
22	夏曆八月		9	10	11	12	13	14	15	16	17	18	19	20	21	22	23	24	25	26	27	28	29	㊴	2	3	4	5	6	7	8	9	10					
	回曆7月		7	8	9	10	11	12	13	14	15	16	17	18	19	20	21	22	23	24	25	26	27	28	29	1	2	3	4	5	6	7	8					
	公曆9月					1	2	3	4	5	6	7	8	9	10	11	12	13	14	15	16	17	18	19	20	21	22	23	24	25	26	27	28	29	30			
23	夏曆九月					11	12	13	14	15	16	17	18	19	20	21	22	23	24	25	26	27	28	29	30	⑨	2	3	4	5	6	7	8	9	10			
	回曆8月					9	10	11	12	13	14	15	16	17	18	19	20	21	22	23	24	25	26	27	28	29	30	1	2	3	4	5	6	7	8			
	公曆10月							1	2	3	4	5	6	7	8	9	10	11	12	13	14	15	16	17	18	19	20	21	22	23	24	25	26	27	28	29	30	31
24	夏曆十月							11	12	13	14	15	16	17	18	19	20	21	22	23	24	25	26	27	28	29	30	㊴	2	3	4	5	6	7	8	9	10	11
	回曆9月							9	10	11	12	13	14	15	16	17	18	19	20	21	22	23	24	25	26	27	28	29	1	2	3	4	5	6	7	8	9	10
	公曆11月			1	2	3	4	5	6	7	8	9	10	11	12	13	14	15	16	17	18	19	20	21	22	23	24	25	26	27	28	29	30					
25	夏曆十一月			12	13	14	15	16	17	18	19	20	21	22	23	24	25	26	27	28	29	⑧	2	3	4	5	6	7	8	9	10	11	12					
	回曆10月			11	12	13	14	15	16	17	18	19	20	21	22	23	24	25	26	27	28	29	30	1	2	3	4	5	6	7	8	9	10					
	公曆12月					1	2	3	4	5	6	7	8	9	10	11	12	13	14	15	16	17	18	19	20	21	22	23	24	25	26	27	28	29	30	31		
26	夏曆十二月					13	14	15	16	17	18	19	20	21	22	23	24	25	26	27	28	29	30	㊳	2	3	4	5	6	7	8	9	10	11	12	13		
	回曆11月					11	12	13	14	15	16	17	18	19	20	21	22	23	24	25	26	27	28	29	1	2	3	4	5	6	7	8	9	10	11	12		

大事記

正月，李宗閔引牛僧孺同平章事，排斥李德裕。　二月，山南西道新軍受監軍楊叔元煽惑，殺節度使李絳。　三月，以柳公綽為河東節度使，柳公綽奏以沙陀首領朱邪執宜為陰山都督，代北行營招撫使，居雲朔塞下，以捍北邊。新山南西道節度使溫造殺新軍八百餘人，囚楊叔元，流之。　四月，奚擾幽州，節度使李載義破之，擒其王茹羯。　六月，以裴度為司徒。　九月，以裴度兼侍中，充山南東道節度使。　十月，以李德裕為西川節度使。

是歲，渤海國王大仁秀卒，孫彝震立，改元咸和。河南、江南、湖南大水害稼。

唐紀年

干支辛亥　公元 831 年

朝代或國名	國家支配者	建都	廟號	謚號	建元	年號年次	輔政者	備注
唐	⑯李昂	長安	文宗		2	1 大(太)和 5 年	牛僧孺等	
渤海	⑩大彝震	龍泉府		□王	1	咸和元年		在東北、一作咸淳
南詔	⑩蒙勸豐祐	陽苴咩		昭成王		保和 8 年		在雲南
吐蕃	⑧可黎可足	邏些				彝泰 15 年		西藏
回鶻	⑪昭禮可汗					7 年		
古格						18 年		西藏阿里

月 曆 表　　5544—355—2024981

月 干支 序數	星期 月序	日	1	2	3	4	5	6	日	1	2	3	4	5	6	日	1	2	3	4	5	6	日	1	2	3	4	5	6	日	1	2	3	4	5	6	日	1
	公曆 1 月	1	2	3	4	5	6	7	8	9	10	11	12	13	14	15	16	17	18	19	20	21	22	23	24	25	26	27	28	29	30	31						
	夏曆閏十二月	14	15	16	17	18	19	20	21	22	23	24	25	26	27	28	29	30	⑧	2	3	4	5	6	7	8	9	10	11	12	13	14						
	回曆 12 月	13	14	15	16	17	18	19	20	21	22	23	24	25	26	27	28	29	30	1	2	3	4	5	6	7	8	9	10	11	12	13						
	公曆 2 月				1	2	3	4	5	6	7	8	9	10	11	12	13	14	15	16	17	18	19	20	21	22	23	24	25	26	27	28						
27	夏曆正月				15	16	17	18	19	20	21	22	23	24	25	26	27	28	29	㊲	2	3	4	5	6	7	8	9	10	11	12	13						
216 年	回曆 1 月				14	15	16	17	18	19	20	21	22	23	24	25	26	27	28	29	30	①	2	3	4	5	6	7	8	9	10	11						
	公曆 3 月				1	2	3	4	5	6	7	8	9	10	11	12	13	14	15	16	17	18	19	20	21	22	23	24	25	26	27	28	29	30	31			
28	夏曆二月				14	15	16	17	18	19	20	21	22	23	24	25	26	27	28	29	30	⑦	2	3	4	5	6	7	8	9	10	11	12	13	14			
	回曆 2 月				12	13	14	15	16	17	18	19	20	21	22	23	24	25	26	27	28	29	30	1	2	3	4	5	6	7	8	9	10	11	12			
	公曆 4 月							1	2	3	4	5	6	7	8	9	10	11	12	13	14	15	16	17	18	19	20	21	22	23	24	25	26	27	28	29	30	
29	夏曆三月							15	16	17	18	19	20	21	22	23	24	25	26	27	28	29	㊱	2	3	4	5	6	7	8	9	10	11	12	13	14	15	
	回曆 3 月							13	14	15	16	17	18	19	20	21	22	23	24	25	26	27	28	29	1	2	3	4	5	6	7	8	9	10	11	12	13	
	公曆 5 月		1	2	3	4	5	6	7	8	9	10	11	12	13	14	15	16	17	18	19	20	21	22	23	24	25	26	27	28	29	30	31					
30	夏曆四月		16	17	18	19	20	21	22	23	24	25	26	27	28	29	30	⑥	2	3	4	5	6	7	8	9	10	11	12	13	14	15	16					
	回曆 4 月		14	15	16	17	18	19	20	21	22	23	24	25	26	27	28	29	30	1	2	3	4	5	6	7	8	9	10	11	12	13	14					
	公曆 6 月					1	2	3	4	5	6	7	8	9	10	11	12	13	14	15	16	17	18	19	20	21	22	23	24	25	26	27	28	29	30			
31	夏曆五月					17	18	19	20	21	22	23	24	25	26	27	28	29	㉟	2	3	4	5	6	7	8	9	10	11	12	13	14	15	16	17			
	回曆 5 月					15	16	17	18	19	20	21	22	23	24	25	26	27	28	29	1	2	3	4	5	6	7	8	9	10	11	12	13	14	15			
	公曆 7 月							1	2	3	4	5	6	7	8	9	10	11	12	13	14	15	16	17	18	19	20	21	22	23	24	25	26	27	28	29	30	31
32	夏曆六月							18	19	20	21	22	23	24	25	26	27	28	29	④	2	3	4	5	6	7	8	9	10	11	12	13	14	15	16	17	18	19
	回曆 6 月							16	17	18	19	20	21	22	23	24	25	26	27	28	29	30	1	2	3	4	5	6	7	8	9	10	11	12	13	14	15	16
	公曆 8 月			1	2	3	4	5	6	7	8	9	10	11	12	13	14	15	16	17	18	19	20	21	22	23	24	25	26	27	28	29	30	31				
33	夏曆七月			20	21	22	23	24	25	26	27	28	29	30	㉞	2	3	4	5	6	7	8	9	10	11	12	13	14	15	16	17	18	19	20				
	回曆 7 月			17	18	19	20	21	22	23	24	25	26	27	28	29	1	2	3	4	5	6	7	8	9	10	11	12	13	14	15	16	17	18				
	公曆 9 月						1	2	3	4	5	6	7	8	9	10	11	12	13	14	15	16	17	18	19	20	21	22	23	24	25	26	27	28	29	30		
34	夏曆八月						21	22	23	24	25	26	27	28	29	③	2	3	4	5	6	7	8	9	10	11	12	13	14	15	16	17	18	19	20	21		
	回曆 8 月						19	20	21	22	23	24	25	26	27	28	29	30	1	2	3	4	5	6	7	8	9	10	11	12	13	14	15	16	17	18		
	公曆 10 月	1	2	3	4	5	6	7	8	9	10	11	12	13	14	15	16	17	18	19	20	21	22	23	24	25	26	27	28	29	30	31						
35	夏曆九月	22	23	24	25	26	27	28	29	30	㉝	2	3	4	5	6	7	8	9	10	11	12	13	14	15	16	17	18	19	20	21	22						
	回曆 9 月	19	20	21	22	23	24	25	26	27	28	29	1	2	3	4	5	6	7	8	9	10	11	12	13	14	15	16	17	18	19	20						
	公曆 11 月				1	2	3	4	5	6	7	8	9	10	11	12	13	14	15	16	17	18	19	20	21	22	23	24	25	26	27	28	29	30				
36	夏曆十月				23	24	25	26	27	28	29	②	2	3	4	5	6	7	8	9	10	11	12	13	14	15	16	17	18	19	20	21	22	23				
	回曆 10 月				21	22	23	24	25	26	27	28	29	30	1	2	3	4	5	6	7	8	9	10	11	12	13	14	15	16	17	18	19	20				
	公曆 12 月						1	2	3	4	5	6	7	8	9	10	11	12	13	14	15	16	17	18	19	20	21	22	23	24	25	26	27	28	29	30	31	
37	夏曆十一月						24	25	26	27	28	29	30	㉜	2	3	4	5	6	7	8	9	10	11	12	13	14	15	16	17	18	19	20	21	22	23	24	
	回曆 11 月						21	22	23	24	25	26	27	28	29	1	2	3	4	5	6	7	8	9	10	11	12	13	14	15	16	17	18	19	20	21	22	

大事記

正月，賜滄州、齊州、德州軍名義昌軍。盧龍將楊志誠作亂，逐節度使李載義。二月，以志誠為留後，旋以為節度使。三月，帝與宰相宋申錫謀誅宦官，事泄。宦官王守澄等誣奏申錫謀立漳王，欲殺之；群臣力爭，降漳王為巢縣公，申錫為開州司馬，坐死及流竄者數十百人。　五月，西川節度使李德裕使人索南詔所虜百姓，得四千人而還。　七月，溫造浚懷州古渠枋口渠，溉四五千頃。　八月，元稹卒(779—831)。　九月，吐蕃維州副使悉怛謀來降，李德裕遣兵據其城，請遣生羌攻吐蕃以雪耻，牛僧孺力梗之，且令執悉怛謀送還，吐蕃盡殺之，德裕怨僧孺益深。　十月，南詔陷嶲州三縣。

唐紀年

干支壬子　公元 832 年

朝代或國名	國家支配者	建都	廟號	謚號	建元	年號年次	輔政者	備注
唐	⑯李昂	長安	文宗		2	1 大(太)和 6 年	牛僧孺等	
渤海	⑩大彝震	龍泉府		□王	1	咸和 2 年		在東北
南詔	⑩蒙勸豊祐	陽苴咩		昭成王		保和 9 年		在雲南
吐蕃	⑧可黎可足	邏些				彝泰 16 年		西藏
回鶻	⑪昭禮可汗					8 年		
古格						19 年		西藏阿里

月曆表

5545—354—2025335

月干支序數	月序＼星期	日	1	2	3	4	5	6	日	1	2	3	4	5	6	日	1	2	3	4	5	6	日	1	2	3	4	5	6	日	1	2	3	4	5	6	日	1
	公曆1月		1	2	3	4	5	6	7	8	9	10	11	12	13	14	15	16	17	18	19	20	21	22	23	24	25	26	27	28	29	30	31					
38	夏曆十二月		25	26	27	28	29	30	②	2	3	4	5	6	7	8	9	10	11	12	13	14	15	16	17	18	19	20	21	22	23	24	25					
	回曆12月		23	24	25	26	27	28	29	30	1	2	3	4	5	6	7	8	9	10	11	12	13	14	15	16	17	18	19	20	21	22	23					
	公曆2月					1	2	3	4	5	6	7	8	9	10	11	12	13	14	15	16	17	18	19	20	21	22	23	24	25	26	27	28	29				
39	夏曆正月					26	27	28	29	30	㉜	2	3	4	5	6	7	8	9	10	11	12	13	14	15	16	17	18	19	20	21	22	23	24				
217年	回曆1月					24	25	26	27	28	29	①	2	3	4	5	6	7	8	9	10	11	12	13	14	15	16	17	18	19	20	21	22	23				
	公曆3月						1	2	3	4	5	6	7	8	9	10	11	12	13	14	15	16	17	18	19	20	21	22	23	24	25	26	27	28	29	30	31	
40	夏曆二月						25	26	27	28	29	①	2	3	4	5	6	7	8	9	10	11	12	13	14	15	16	17	18	19	20	21	22	23	24	25	26	
	回曆2月						24	25	26	27	28	29	30	1	2	3	4	5	6	7	8	9	10	11	12	13	14	15	16	17	18	19	20	21	22	23	24	
	公曆4月		1	2	3	4	5	6	7	8	9	10	11	12	13	14	15	16	17	18	19	20	21	22	23	24	25	26	27	28	29	30						
41	夏曆三月		27	28	29	30	㉛	2	3	4	5	6	7	8	9	10	11	12	13	14	15	16	17	18	19	20	21	22	23	24	25	26						
	回曆3月		25	26	27	28	29	1	2	3	4	5	6	7	8	9	10	11	12	13	14	15	16	17	18	19	20	21	22	23	24	25						
	公曆5月				1	2	3	4	5	6	7	8	9	10	11	12	13	14	15	16	17	18	19	20	21	22	23	24	25	26	27	28	29	30	31			
42	夏曆四月				27	28	29	(60)	2	3	4	5	6	7	8	9	10	11	12	13	14	15	16	17	18	19	20	21	22	23	24	25	26	27	28			
	回曆4月				26	27	28	29	30	1	2	3	4	5	6	7	8	9	10	11	12	13	14	15	16	17	18	19	20	21	22	23	24	25	26			
	公曆6月							1	2	3	4	5	6	7	8	9	10	11	12	13	14	15	16	17	18	19	20	21	22	23	24	25	26	27	28	29	30	
43	夏曆五月							29	30	㉚	2	3	4	5	6	7	8	9	10	11	12	13	14	15	16	17	18	19	20	21	22	23	24	25	26	27	28	
	回曆5月							27	28	29	1	2	3	4	5	6	7	8	9	10	11	12	13	14	15	16	17	18	19	20	21	22	23	24	25	26	27	
	公曆7月		1	2	3	4	5	6	7	8	9	10	11	12	13	14	15	16	17	18	19	20	21	22	23	24	25	26	27	28	29	30	31					
44 45	夏曆六七月		29	(59)	2	3	4	5	6	7	8	9	10	11	12	13	14	15	16	17	18	19	20	21	22	23	24	25	26	27	28	29	㉘					
	回曆6月		28	29	30	1	2	3	4	5	6	7	8	9	10	11	12	13	14	15	16	17	18	19	20	21	22	23	24	25	26	27	28					
	公曆8月					1	2	3	4	5	6	7	8	9	10	11	12	13	14	15	16	17	18	19	20	21	22	23	24	25	26	27	28	29	30	31		
46	夏曆八月					2	3	4	5	6	7	8	9	10	11	12	13	14	15	16	17	18	19	20	21	22	23	24	25	26	27	28	29	30	(58)	2		
	回曆7月					29	1	2	3	4	5	6	7	8	9	10	11	12	13	14	15	16	17	18	19	20	21	22	23	24	25	26	27	28	29	30		
	公曆9月	1	2	3	4	5	6	7	8	9	10	11	12	13	14	15	16	17	18	19	20	21	22	23	24	25	26	27	28	29	30							
47	夏曆九月	3	4	5	6	7	8	9	10	11	12	13	14	15	16	17	18	19	20	21	22	23	24	25	26	27	28	29	㉗	2	3							
	回曆8、9月	1	2	3	4	5	6	7	8	9	10	11	12	13	14	15	16	17	18	19	20	21	22	23	24	25	26	27	28	29	1							
	公曆10月			1	2	3	4	5	6	7	8	9	10	11	12	13	14	15	16	17	18	19	20	21	22	23	24	25	26	27	28	29	30	31				
48	夏曆十月			4	5	6	7	8	9	10	11	12	13	14	15	16	17	18	19	20	21	22	23	24	25	26	27	28	29	30	(57)	2	3	4				
	回曆10月			2	3	4	5	6	7	8	9	10	11	12	13	14	15	16	17	18	19	20	21	22	23	24	25	26	27	28	29	30	1	2				

續表

月干支序數	月序＼星期	日	1	2	3	4	5	6	日	1	2	3	4	5	6	日	1	2	3	4	5	6	日	1	2	3	4	5	6	日	1	2	3	4	5	6	日	1
	公曆 11 月						1	2	3	4	5	6	7	8	9	10	11	12	13	14	15	16	17	18	19	20	21	22	23	24	25	26	27	28	29	30		
49	夏曆十一月						5	6	7	8	9	10	11	12	13	14	15	16	17	18	19	20	21	22	23	24	25	26	27	28	29	㉖	2	3	4	5		
	回曆 11 月						3	4	5	6	7	8	9	10	11	12	13	14	15	16	17	18	19	20	21	22	23	24	25	26	27	28	29	1	2	3		
	公曆 12 月	1	2	3	4	5	6	7	8	9	10	11	12	13	14	15	16	17	18	19	20	21	22	23	24	25	26	27	28	29	30	31						
50	夏曆十二月	6	7	8	9	10	11	12	13	14	15	16	17	18	19	20	21	22	23	24	25	26	27	28	29	30	(56)	2	3	4	5	6						
	回曆 12 月	4	5	6	7	8	9	10	11	12	13	14	15	16	17	18	19	20	21	22	23	24	25	26	27	28	29	30	1	2	3	4						

大事記

三月，回鶻昭禮可汗為其下所殺，立其從子胡特勤。　九月，淄、青初定兩稅額，自此始有上供。　十二月，牛僧孺罷為淮南節度使。以李德裕為兵部尚書。　是歲，劍南、江東、河南、關輔饑；劍南、浙西一帶大疫。

唐紀年

干支癸丑　公元 833 年

朝代或國名	國家支配者	建都	廟號	謚號	建元	年號年次	輔政者	備注
唐	⑯李昂	長安	文宗		2	1 大(太)和 7 年	李德裕等	
渤海	⑩大彝震	龍泉府		□王	1	咸和 3 年		在東北
南詔	⑩蒙勸豐祐	陽苴咩		昭成王		保和 10 年		在雲南
吐蕃	⑧可黎可足	邏些				彝泰 17 年		西藏
回鶻	⑫彰信可汗					元年		
古格						20 年		西藏阿里

月曆表

5546—384—2025719

月干支序數	月序＼星期	日	1	2	3	4	5	6	日	1	2	3	4	5	6	日	1	2	3	4	5	6	日	1	2	3	4	5	6	日	1	2	3	4	5	6	日	1
	公曆 1 月				1	2	3	4	5	6	7	8	9	10	11	12	13	14	15	16	17	18	19	20	21	22	23	24	25	26	27	28	29	30	31			
51	夏曆正月				7	8	9	10	11	12	13	14	15	16	17	18	19	20	21	22	23	24	25	26	27	28	29	30	㉖	2	3	4	5	6	7			
218 年	回曆 1 月				5	6	7	8	9	10	11	12	13	14	15	16	17	18	19	20	21	22	23	24	25	26	27	28	29	30	①	2	3	4	5			
	公曆 2 月							1	2	3	4	5	6	7	8	9	10	11	12	13	14	15	16	17	18	19	20	21	22	23	24	25	26	27	28			
52	夏曆二月							8	9	10	11	12	13	14	15	16	17	18	19	20	21	22	23	24	25	26	27	28	29	30	(56)	2	3	4	5			
	回曆 2 月							6	7	8	9	10	11	12	13	14	15	16	17	18	19	20	21	22	23	24	25	26	27	28	29	30	1	2	3			
	公曆 3 月							1	2	3	4	5	6	7	8	9	10	11	12	13	14	15	16	17	18	19	20	21	22	23	24	25	26	27	28	29	30	31
53	夏曆三月							6	7	8	9	10	11	12	13	14	15	16	17	18	19	20	21	22	23	24	25	26	27	28	29	㉕	2	3	4	5	6	7
	回曆 3 月							4	5	6	7	8	9	10	11	12	13	14	15	16	17	18	19	20	21	22	23	24	25	26	27	28	29	1	2	3	4	5
	公曆 4 月			1	2	3	4	5	6	7	8	9	10	11	12	13	14	15	16	17	18	19	20	21	22	23	24	25	26	27	28	29	30					
54	夏曆四月			8	9	10	11	12	13	14	15	16	17	18	19	20	21	22	23	24	25	26	27	28	29	30	(55)	2	3	4	5	6	7					
	回曆 4 月			6	7	8	9	10	11	12	13	14	15	16	17	18	19	20	21	22	23	24	25	26	27	28	29	30	1	2	3	4	5					
	公曆 5 月					1	2	3	4	5	6	7	8	9	10	11	12	13	14	15	16	17	18	19	20	21	22	23	24	25	26	27	28	29	30	31		
55	夏曆五月					8	9	10	11	12	13	14	15	16	17	18	19	20	21	22	23	24	25	26	27	28	29	㉔	2	3	4	5	6	7	8	9		
	回曆 5 月					6	7	8	9	10	11	12	13	14	15	16	17	18	19	20	21	22	23	24	25	26	27	28	29	1	2	3	4	5	6	7		

續表

月干支序數	月序 \ 星期	日	1	2	3	4	5	6	日	1	2	3	4	5	6	日	1	2	3	4	5	6	日	1	2	3	4	5	6	日	1	2	3	4	5	6	日	1
	公暦6月	1	2	3	4	5	6	7	8	9	10	11	12	13	14	15	16	17	18	19	20	21	22	23	24	25	26	27	28	29	30							
56	夏暦六月	10	11	12	13	14	15	16	17	18	19	20	21	22	23	24	25	26	27	28	29	30	(54)	2	3	4	5	6	7	8	9							
	回暦6月	8	9	10	11	12	13	14	15	16	17	18	19	20	21	22	23	24	25	26	27	28	29	30	1	2	3	4	5	6	7							
	公暦7月			1	2	3	4	5	6	7	8	9	10	11	12	13	14	15	16	17	18	19	20	21	22	23	24	25	26	27	28	29	30	31				
57	夏暦七月			10	11	12	13	14	15	16	17	18	19	20	21	22	23	24	25	26	27	28	29	㉓	2	3	4	5	6	7	8	9	10	11				
	回暦7月			8	9	10	11	12	13	14	15	16	17	18	19	20	21	22	23	24	25	26	27	28	29	1	2	3	4	5	6	7	8	9				
	公暦8月						1	2	3	4	5	6	7	8	9	10	11	12	13	14	15	16	17	18	19	20	21	22	23	24	25	26	27	28	29	30	31	
	夏暦閏7月						12	13	14	15	16	17	18	19	20	21	22	23	24	25	26	27	28	29	(52)	2	3	4	5	6	7	8	9	10	11	12	13	
	回暦8月						10	11	12	13	14	15	16	17	18	19	20	21	22	23	24	25	26	27	28	29	30	1	2	3	4	5	6	7	8	9	10	
	公暦9月		1	2	3	4	5	6	7	8	9	10	11	12	13	14	15	16	17	18	19	20	21	22	23	24	25	26	27	28	29	30						
58	夏暦八月		14	15	16	17	18	19	20	21	22	23	24	25	26	27	28	29	㉑	2	3	4	5	6	7	8	9	10	11	12	13	14						
	回暦9月		11	12	13	14	15	16	17	18	19	20	21	22	23	24	25	26	27	28	29	1	2	3	4	5	6	7	8	9	10	11						
	公暦10月				1	2	3	4	5	6	7	8	9	10	11	12	13	14	15	16	17	18	19	20	21	22	23	24	25	26	27	28	29	30	31			
59	夏暦九月				15	16	17	18	19	20	21	22	23	24	25	26	27	28	29	30	(51)	2	3	4	5	6	7	8	9	10	11	12	13	14	15			
	回暦10月				12	13	14	15	16	17	18	19	20	21	22	23	24	25	26	27	28	29	30	1	2	3	4	5	6	7	8	9	10	11	12			
	公暦11月							1	2	3	4	5	6	7	8	9	10	11	12	13	14	15	16	17	18	19	20	21	22	23	24	25	26	27	28	29	30	
60	夏暦十月							16	17	18	19	20	21	22	23	24	25	26	27	28	29	⑳	2	3	4	5	6	7	8	9	10	11	12	13	14	15	16	
	回暦11月							13	14	15	16	17	18	19	20	21	22	23	24	25	26	27	28	29	1	2	3	4	5	6	7	8	9	10	11	12	13	
	公暦12月		1	2	3	4	5	6	7	8	9	10	11	12	13	14	15	16	17	18	19	20	21	22	23	24	25	26	27	28	29	30	31					
1	夏暦十一月		17	18	19	20	21	22	23	24	25	26	27	28	29	30	㊿	2	3	4	5	6	7	8	9	10	11	12	13	14	15	16	17					
	回暦12月		14	15	16	17	18	19	20	21	22	23	24	25	26	27	28	29	30	1	2	3	4	5	6	7	8	9	10	11	12	13	14					

大事記

二月，以兵部尚書李德裕同平章事。加盧龍節度使楊志誠檢校吏部尚書。留官告使，讓官不受。李德裕拜相，漸排所惡者。　　四月，册回鶻新可汗為愛登里囉汨沒密施合句祿毗伽彰信可汗。　　六月，以李宗閔充山南西道節度使。河南修防口堰，溉五縣田五千餘頃。　　七月，以王涯同平章事，兼度支、鹽鐵轉運使。　　八月，令進士試論議，停詩賦。加楊志誠檢校右僕射，仍遣使慰諭之。　　九月，以鄭注為右神策判官。

唐紀年

干支甲寅　公元834年

朝代或國名	國家支配者	建都	廟號	謚號	建元	年號年次	輔政者	備注
唐	⑯李昂	長安	文宗		2	1大(太)和8年	李德裕等	
渤海	⑩大彝震	龍泉府		□王	1	咸和4年		在東北
南詔	⑩蒙勸豐祐	陽苴咩		昭成王		保和11年		在雲南
吐蕃	⑧可黎可足	邏些				彝泰18年		西藏
回鶻	⑫彰信可汗					2年		
古格						21年		西藏阿里

月曆表

5547—354—2026073

月 干支 序數	星期	日	1	2	3	4	5	6	日	1	2	3	4	5	6	日	1	2	3	4	5	6	日	1	2	3	4	5	6	日	1	2	3	4	5	6	日	1
	公曆1月					1	2	3	4	5	6	7	8	9	10	11	12	13	14	15	16	17	18	19	20	21	22	23	24	25	26	27	28	29	30	31		
2	夏曆十二月					18	19	20	21	22	23	24	25	26	27	28	29	30	⑳	2	3	4	5	6	7	8	9	10	11	12	13	14	15	16	17	18		
219年	回曆1月					15	16	17	18	19	20	21	22	23	24	25	26	27	28	29	①	2	3	4	5	6	7	8	9	10	11	12	13	14	15	16		
	公曆2月	1	2	3	4	5	6	7	8	9	10	11	12	13	14	15	16	17	18	19	20	21	22	23	24	25	26	27	28									
3	夏曆正月	19	20	21	22	23	24	25	26	27	28	29	30	㊿	2	3	4	5	6	7	8	9	10	11	12	13	14	15	16									
	回曆2月	17	18	19	20	21	22	23	24	25	26	27	28	29	30	1	2	3	4	5	6	7	8	9	10	11	12	13	14									
	公曆3月	1	2	3	4	5	6	7	8	9	10	11	12	13	14	15	16	17	18	19	20	21	22	23	24	25	26	27	28	29	30	31						
4	夏曆二月	17	18	19	20	21	22	23	24	25	26	27	28	29	⑲	2	3	4	5	6	7	8	9	10	11	12	13	14	15	16	17	18						
	回曆3月	15	16	17	18	19	20	21	22	23	24	25	26	27	28	29	1	2	3	4	5	6	7	8	9	10	11	12	13	14	15	16						
	公曆4月				1	2	3	4	5	6	7	8	9	10	11	12	13	14	15	16	17	18	19	20	21	22	23	24	25	26	27	28	29	30				
5	夏曆三月				19	20	21	22	23	24	25	26	27	28	29	30	㊾	2	3	4	5	6	7	8	9	10	11	12	13	14	15	16	17	18				
	回曆4月				17	18	19	20	21	22	23	24	25	26	27	28	29	30	1	2	3	4	5	6	7	8	9	10	11	12	13	14	15	16				
	公曆5月						1	2	3	4	5	6	7	8	9	10	11	12	13	14	15	16	17	18	19	20	21	22	23	24	25	26	27	28	29	30	31	
6	夏曆四月						19	20	21	22	23	24	25	26	27	28	29	30	⑲	2	3	4	5	6	7	8	9	10	11	12	13	14	15	16	17	18	19	
	回曆5月						17	18	19	20	21	22	23	24	25	26	27	28	29	1	2	3	4	5	6	7	8	9	10	11	12	13	14	15	16	17	18	
	公曆6月		1	2	3	4	5	6	7	8	9	10	11	12	13	14	15	16	17	18	19	20	21	22	23	24	25	26	27	28	29	30						
7	夏曆五月		20	21	22	23	24	25	26	27	28	29	㊽	2	3	4	5	6	7	8	9	10	11	12	13	14	15	16	17	18	19	20						
	回曆6月		19	20	21	22	23	24	25	26	27	28	29	30	1	2	3	4	5	6	7	8	9	10	11	12	13	14	15	16	17	18						
	公曆7月				1	2	3	4	5	6	7	8	9	10	11	12	13	14	15	16	17	18	19	20	21	22	23	24	25	26	27	28	29	30	31			
8	夏曆六月				21	22	23	24	25	26	27	28	29	⑰	2	3	4	5	6	7	8	9	10	11	12	13	14	15	16	17	18	19	20	21	22			
	回曆7月				19	20	21	22	23	24	25	26	27	28	29	1	2	3	4	5	6	7	8	9	10	11	12	13	14	15	16	17	18	19	20			
	公曆8月							1	2	3	4	5	6	7	8	9	10	11	12	13	14	15	16	17	18	19	20	21	22	23	24	25	26	27	28	29	30	31
9	夏曆七月							23	24	25	26	27	28	29	30	㊼	2	3	4	5	6	7	8	9	10	11	12	13	14	15	16	17	18	19	20	21	22	23
	回曆8月							21	22	23	24	25	26	27	28	29	30	1	2	3	4	5	6	7	8	9	10	11	12	13	14	15	16	17	18	19	20	21
	公曆9月			1	2	3	4	5	6	7	8	9	10	11	12	13	14	15	16	17	18	19	20	21	22	23	24	25	26	27	28	29	30					
10	夏曆八月			24	25	26	27	28	29	⑯	2	3	4	5	6	7	8	9	10	11	12	13	14	15	16	17	18	19	20	21	22	23	24					
	回曆9月			22	23	24	25	26	27	28	29	1	2	3	4	5	6	7	8	9	10	11	12	13	14	15	16	17	18	19	20	21	22					
	公曆10月					1	2	3	4	5	6	7	8	9	10	11	12	13	14	15	16	17	18	19	20	21	22	23	24	25	26	27	28	29	30	31		
11	夏曆九月					25	26	27	28	29	30	㊻	2	3	4	5	6	7	8	9	10	11	12	13	14	15	16	17	18	19	20	21	22	23	24	25		
	回曆10月					23	24	25	26	27	28	29	30	1	2	3	4	5	6	7	8	9	10	11	12	13	14	15	16	17	18	19	20	21	22	23		
	公曆11月	1	2	3	4	5	6	7	8	9	10	11	12	13	14	15	16	17	18	19	20	21	22	23	24	25	26	27	28	29	30							
12	夏曆十月	26	27	28	29	⑮	2	3	4	5	6	7	8	9	10	11	12	13	14	15	16	17	18	19	20	21	22	23	24	25	26							
	回曆11月	24	25	26	27	28	29	1	2	3	43	5	6	7	8	9	10	11	12	13	14	15	16	17	18	19	20	21	22	23	24							
	公曆12月			1	2	3	4	5	6	7	8	9	10	11	12	13	14	15	16	17	18	19	20	21	22	23	24	25	26	27	28	29	30	31				
13	夏曆十一月			27	28	29	㊹	2	3	4	5	6	7	8	9	10	11	12	13	14	15	16	17	18	19	20	21	22	23	24	25	26	27	28				
	回曆12月			25	26	27	28	29	30	1	2	3	4	5	6	7	8	9	10	11	12	13	14	15	16	17	18	19	20	21	22	23	24	25				

大事記

二月，蔚州飛狐鎮置鑄錢院。　十月，盧龍軍亂，逐節度使楊志誠，擁兵馬使史元忠主留務。志誠奔長安，以元忠獻其所造衮衣，遂命元忠為留後，後命為節度使。宦官王守澄等惡李德裕，排去之，引李宗閔復入相；李德裕為兵部尚書，宗閔出李德裕為鎮海節度使，德裕既去，令進士仍試詩賦。　十一月，流楊志誠於嶺南道，殺之。成德節度使王庭湊死，子元逵知留後，逾月命為節度使。莫州軍亂，刺史不知所在。　十二月，以鄭注為太僕卿。　是歲，日本遣使來唐。

唐紀年

干支乙卯　公元 835 年

朝代或國名	國家支配者	建都	廟號	謚號	建元	年號年次	輔政者	備注
唐	⑯李昂	長安	文宗		2	1大(太)和9年	李訓等	
渤海	⑩大彝震	龍泉府		□王	1	咸和5年		在東北
南詔	⑩蒙勸豊祐	陽苴咩		昭成王		保和12年		在雲南
吐蕃	⑧可黎可足	邏些				彝泰19年		西藏
回鶻	⑫彰信可汗					3年		
古格						22年		西藏阿里

月曆表

5548—354—2026427

月干支序數	月序＼星期	日	1	2	3	4	5	6	日	1	2	3	4	5	6	日	1	2	3	4	5	6	日	1	2	3	4	5	6	日	1	2	3	4	5	6	日	1
	公曆1月						1	2	3	4	5	6	7	8	9	10	11	12	13	14	15	16	17	18	19	20	21	22	23	24	25	26	27	28	29	30	31	
14	夏曆十二月						29	30	⑭	2	3	4	5	6	7	8	9	10	11	12	13	14	15	16	17	18	19	20	21	22	23	24	25	26	27	28	29	
220年	回曆1月						26	27	28	29	①	2	3	4	5	6	7	8	9	10	11	12	13	14	15	16	17	18	19	20	21	22	23	24	25	26	27	
	公曆2月		1	2	3	4	5	6	7	8	9	10	11	12	13	14	15	16	17	18	19	20	21	22	23	24	25	26	27	28								
15	夏曆正月		30	㊹	2	3	4	5	6	7	8	9	10	11	12	13	14	15	16	17	18	19	20	21	22	23	24	25	26	27								
	回曆2月		28	29	30	1	2	3	4	5	6	7	8	9	10	11	12	13	14	15	16	17	18	19	20	21	22	23	24	25								
	公曆3月		1	2	3	4	5	6	7	8	9	10	11	12	13	14	15	16	17	18	19	20	21	22	23	24	25	26	27	28	29	30	31					
16	夏曆二月		28	29	⑬	2	3	4	5	6	7	8	9	10	11	12	13	14	15	16	17	18	19	20	21	22	23	24	25	26	27	28	29					
	回曆3月		26	27	28	29	1	2	3	4	5	6	7	8	9	10	11	12	13	14	15	16	17	18	19	20	21	22	23	24	25	26	27					
	公曆4月					1	2	3	4	5	6	7	8	9	10	11	12	13	14	15	16	17	18	19	20	21	22	23	24	25	26	27	28	29	30			
17	夏曆三月					30	㊸	2	3	4	5	6	7	8	9	10	11	12	13	14	15	16	17	18	19	20	21	22	23	24	25	26	27	28	29			
	回曆4月					28	29	30	1	2	3	4	5	6	7	8	9	10	11	12	13	14	15	16	17	18	19	20	21	22	23	24	25	26	27			
	公曆5月							1	2	3	4	5	6	7	8	9	10	11	12	13	14	15	16	17	18	19	20	21	22	23	24	25	26	27	28	29	30	31
18 19	夏曆四月 五月							30	⑬	2	3	4	5	6	7	8	9	10	11	12	13	14	15	16	17	18	19	20	21	22	23	24	25	26	27	28	29	㊷
	回曆5月							28	29	1	2	3	4	5	6	7	8	9	10	11	12	13	14	15	16	17	18	19	20	21	22	23	24	25	26	27	28	29
	公曆6月			1	2	3	4	5	6	7	8	9	10	11	12	13	14	15	16	17	18	19	20	21	22	23	24	25	26	27	28	29	30					
20	夏曆六月			2	3	4	5	6	7	8	9	10	11	12	13	14	15	16	17	18	19	20	21	22	23	24	25	26	27	28	29	30	⑫					
	回曆6月			30	1	2	3	4	5	6	7	8	9	10	11	12	13	14	15	16	17	18	19	20	21	22	23	24	25	26	27	28	29					
	公曆7月					1	2	3	4	5	6	7	8	9	10	11	12	13	14	15	16	17	18	19	20	21	22	23	24	25	26	27	28	29	30	31		
21	夏曆七月					2	3	4	5	6	7	8	9	10	11	12	13	14	15	16	17	18	19	20	21	22	23	24	25	26	27	28	29	㊶	2	3		
	回曆7、8月					1	2	3	4	5	6	7	8	9	10	11	12	13	14	15	16	17	18	19	20	21	22	23	24	25	26	27	28	29	30	1		
	公曆8月	1	2	3	4	5	6	7	8	9	10	11	12	13	14	15	16	17	18	19	20	21	22	23	24	25	26	27	28	29	30	31						
22	夏曆八月	4	5	6	7	8	9	10	11	12	13	14	15	16	17	18	19	20	21	22	23	24	25	26	27	28	29	30	⑪	2	3	4						
	回曆9月	2	3	4	5	6	7	8	9	10	11	12	13	14	15	16	17	18	19	20	21	22	23	24	25	26	27	28	29	1	2	3						
	公曆9月				1	2	3	4	5	6	7	8	9	10	11	12	13	14	15	16	17	18	19	20	21	22	23	24	25	26	27	28	29	30				
23	夏曆九月				5	6	7	8	9	10	11	12	13	14	25	16	17	18	19	20	21	22	23	24	25	26	27	28	29	㊵	2	3	4	5				
	回曆10月				4	5	6	7	8	9	10	11	12	13	14	15	16	17	18	19	20	21	22	23	24	25	26	27	28	29	30	1	2	3				
	公曆10月						1	2	3	4	5	6	7	8	9	10	11	12	13	14	15	16	17	18	19	20	21	22	23	24	25	26	27	28	29	30	31	
24	夏曆十月						6	7	8	9	10	11	12	13	14	15	16	17	18	19	20	21	22	23	24	25	26	27	28	29	30	⑩	2	3	4	5	6	
	回曆11月						4	5	6	7	8	9	10	11	12	13	14	15	16	17	18	19	20	21	22	23	24	25	26	27	28	29	1	2	3	4	5	

續表

月干支序數	月序＼星期	日	1	2	3	4	5	6	日	1	2	3	4	5	6	日	1	2	3	4	5	6	日	1	2	3	4	5	6	日	1	2	3	4	5	6	日	1
	公曆11月		1	2	3	4	5	6	7	8	9	10	11	12	13	14	15	16	17	18	19	20	21	22	23	24	25	26	27	28	29	30						
25	夏曆十一月		7	8	9	10	11	12	13	14	15	16	17	18	19	20	21	22	23	24	25	26	27	28	29	㊴	2	3	4	5	6	7						
	回曆12月		6	7	8	9	10	11	12	13	14	15	16	17	18	19	20	21	22	23	24	25	26	27	28	29	30	1	2	3	4	5						
	公曆12月				1	2	3	4	5	6	7	8	9	10	11	12	13	14	15	16	17	18	19	20	21	22	23	24	25	26	27	28	29	30	31			
26	夏曆十二月				8	9	10	11	12	13	14	15	16	17	18	19	20	21	22	23	24	25	26	27	28	29	30	⑨	2	3	4	5	6	7	8			
221年	回曆1月				6	7	8	9	10	11	12	13	14	15	16	17	18	19	20	21	22	23	24	25	26	27	28	29	30	①	2	3	4	5	6			

大事記

三月，翰林侍講學士李訓、大僕卿鄭注得帝寵信，皆憾李德裕，使人誣德裕結琁王，貶為太子賓客，次月繼又以他事再貶李德裕為袁州長史。　五月，以仇士良為左神策中尉。　六月，鄭注憾李宗閔，毀之，貶為明州刺史。　七月，禁置寺及私度僧尼。再貶宗閔為處州長史，後更貶為潮州司戶。　八月，增江淮、嶺南茶稅。　九月，李訓、鄭注與帝謀除宦官，欲中外協勢以圖之，以注為鳳翔節度使，又以虛名與王守澄而奪其權，因以守澄為左右神策觀軍容使兼十二衛統軍。十月，李訓殺守澄。用鄭注言榷茶。　十一月，李訓等詐稱左金吾廳事後石榴有甘露降，請帝臨視，就圖殺宦官；事泄，宦官仇士良等族訓、注等，事後死者數千人。自是宦官之權益大，宰相但奉行文書。　十二月，罷榷茶。

唐紀年

干支丙辰　公元 836 年

朝代或國名	國家支配者	建都	廟號	謚號	建元	年號年次	輔政者	備注
唐	⑯李昂	長安	文宗		2	2 開成元年	李石等	
渤海	⑩大彝震	龍泉府		□王	1	咸和 6 年		在東北
南詔	⑩蒙勸豐祐	陽苴咩		昭成王		保和 13 年		在雲南
吐蕃	⑧可黎可足	邏些				彝泰 20 年		西藏
回鶻	⑫彰信可汗					4 年		
古格						23 年		西藏阿里

月曆表

5549—384—2026811

月干支序數	月序＼星期	日	1	2	3	4	5	6	日	1	2	3	4	5	6	日	1	2	3	4	5	6	日	1	2	3	4	5	6	日	1	2	3	4	5	6	日	1
	公曆1月							1	2	3	4	5	6	7	8	9	10	11	12	13	14	15	16	17	18	19	20	21	22	23	24	25	26	27	28	29	30	31
27	夏曆正月							9	10	11	12	13	14	15	16	17	18	19	20	21	22	23	24	25	26	27	28	29	㊳	2	3	4	5	6	7	8	9	10
	回曆2月							7	8	9	10	11	12	13	14	15	16	17	18	19	20	21	22	23	24	25	26	27	28	29	30	1	2	3	4	5	6	7
	公曆2月			1	2	3	4	5	6	7	8	9	10	11	12	13	14	11	16	17	18	19	20	21	22	23	24	25	26	27	28	29						
28	夏曆二月			11	12	13	14	15	16	17	18	19	20	21	22	23	24	25	26	27	28	29	30	⑧	2	3	4	5	6	7	8	9						
	回曆3月			8	9	10	11	12	13	14	15	16	17	18	19	20	21	22	23	24	25	26	27	28	29	1	2	3	4	5	6	7						
	公曆3月				1	2	3	4	5	6	7	8	9	10	11	12	13	14	15	16	17	18	19	20	21	22	23	24	25	26	27	28	29	30	31			
29	夏曆三月				10	11	12	13	14	15	16	17	18	19	20	21	22	23	24	25	26	27	28	29	㊲	2	3	4	5	6	7	8	9	10	11			
	回曆4月				8	9	10	11	12	13	14	15	16	17	18	19	20	21	22	23	24	25	26	27	28	29	30	1	2	3	4	5	6	7	8			
	公曆4月							1	2	3	4	5	6	7	8	9	10	11	12	13	14	15	16	17	18	19	20	21	22	23	24	25	26	27	28	29	30	
30	夏曆四月							12	13	14	15	16	17	18	19	20	21	22	23	24	25	26	27	28	29	30	⑦	2	3	4	5	6	7	8	9	10	11	
	回曆5月							9	10	11	12	13	14	15	16	17	18	19	20	21	22	23	24	25	26	27	28	29	1	2	3	4	5	6	7	8	9	

續表

月干支序數	月序 \ 星期	日	1	2	3	4	5	6	日	1	2	3	4	5	6	日	1	2	3	4	5	6	日	1	2	3	4	5	6	日	1	2	3	4	5	6	日	1
	公曆5月		1	2	3	4	5	6	7	8	9	10	11	12	13	14	15	16	17	18	19	20	21	22	23	24	25	26	27	28	29	30	31					
31	夏曆五月		12	13	14	15	16	17	18	19	20	21	22	23	24	25	26	27	28	29	㊱	2	3	4	5	6	7	8	9	10	11	12	13					
	回曆6月		10	11	12	13	14	15	16	17	18	19	20	21	22	23	24	25	26	27	28	29	30	1	2	3	4	5	6	7	8	9	10					
	公曆6月					1	2	3	4	5	6	7	8	9	10	11	12	13	14	15	16	17	18	19	20	21	22	23	24	25	26	27	28	29	30			
	夏曆閏5月					14	15	16	17	18	19	20	21	22	23	24	25	26	27	28	29	30	⑥	2	3	4	5	6	7	8	9	10	11	12	13			
	回曆7月					11	12	13	14	15	16	17	18	19	20	21	22	23	24	25	26	27	28	29	1	2	3	4	5	6	7	8	9	10	11			
	公曆7月							1	2	3	4	5	6	7	8	9	10	11	12	13	14	15	16	17	18	19	20	21	22	23	24	25	26	27	28	29	30	31
32	夏曆六月							14	15	16	17	18	19	20	21	22	23	24	25	26	27	28	29	㉟	2	3	4	5	6	7	8	9	10	11	12	13	14	15
	回曆8月							12	13	14	15	16	17	18	19	20	21	22	23	24	25	26	27	28	29	30	1	2	3	4	5	6	7	8	9	10	11	12
	公曆8月			1	2	3	4	5	6	7	8	9	10	11	12	13	14	15	16	17	18	19	20	21	22	23	24	25	26	27	28	29	30	31				
33	夏曆七月			16	17	18	19	20	21	22	23	24	25	26	27	28	29	30	⑤	2	3	4	5	6	7	8	9	10	11	12	13	14	15	16				
	回曆9月			13	14	15	16	17	18	19	20	21	22	23	24	25	26	27	28	29	1	2	3	4	5	6	7	8	9	10	11	12	13	14				
	公曆9月						1	2	3	4	5	6	7	8	9	10	11	12	13	14	15	16	17	18	19	20	21	22	23	24	25	26	27	28	29	30		
34	夏曆八月						17	18	19	20	21	22	23	24	25	26	27	28	29	30	㉟	2	3	4	5	6	7	8	9	10	11	12	13	14	15	16		
	回曆10月						15	16	17	18	19	20	21	22	23	24	25	26	27	28	29	30	1	2	3	4	5	6	7	8	9	10	11	12	13	14		
	公曆10月	1	2	3	4	5	6	7	8	9	10	11	12	13	14	15	16	17	18	19	20	21	22	23	24	25	26	27	28	29	30	31						
35	夏曆九月	17	18	19	20	21	22	23	24	25	26	27	28	29	④	2	3	4	5	6	7	8	9	10	11	12	13	14	15	16	17	18						
	回曆11月	15	16	17	18	19	20	21	22	23	24	25	26	27	28	29	1	2	3	4	5	6	7	8	9	10	11	12	13	14	15	16						
	公曆11月				1	2	3	4	5	6	7	8	9	10	11	12	13	14	15	16	17	18	19	20	21	22	23	24	25	26	27	28	29	30				
36	夏曆十月				19	20	21	22	23	24	25	26	27	28	29	30	㉞	2	3	4	5	6	7	8	9	10	11	12	13	14	15	16	17	18				
	回曆12月				17	18	19	20	21	22	23	24	25	26	27	28	29	30	1	2	3	4	5	6	7	8	9	10	11	12	13	14	15	16				
	公曆12月						1	2	3	4	5	6	7	8	9	10	11	12	13	14	15	16	17	18	19	20	21	22	23	24	25	26	27	28	29	30	31	
37	夏曆十一月						19	20	21	22	23	24	25	26	27	28	29	③	2	3	4	5	6	7	8	9	10	11	12	13	14	15	16	17	18	19	20	
222年	回曆1月						17	18	19	20	21	22	23	24	25	26	27	28	29	①	2	3	4	5	6	7	8	9	10	11	12	13	14	15	16	17	18	

大事記

二月，昭義節度使劉從諫表間王涯等罪名，宦官微有忌憚。吐谷渾三千帳詣豐州降。　九月，秘書集賢院應欠書四萬五千二百六十一卷，配諸道繕寫。　十一月，以李德裕為戶部尚書。

唐紀年

干支丁巳　公元 837 年

朝代或國名	國家支配者	建都	廟號	謚號	建元	年號年次	輔政者	備注
唐	⑯李昂	長安	文宗		2	2 開成 2 年	陳夷行等	
渤海	⑩大彝震	龍泉府		□王	1	咸和 7 年		在東北
南詔	⑩蒙勸豐祐	陽苴咩		昭成王		保和 14 年		在雲南
吐蕃	⑧可黎可足	邏些				彝泰 21 年		西藏
回鶻	⑫彰信可汗					5 年		
古格						24 年		西藏阿里

月干支序數	星期／月序	日	1	2	3	4	5	6	日	1	2	3	4	5	6	日	1	2	3	4	5	6	日	1	2	3	4	5	6	日	1	2	3	4	5	6	日	1
	公曆1月		1	2	3	4	5	6	7	8	9	10	11	12	13	14	15	16	17	18	19	20	21	22	23	24	25	26	27	28	29	30	31					
38	夏曆十二月		21	22	23	24	25	26	27	28	29	30	㉝	2	3	4	5	6	7	8	9	10	11	12	13	14	15	16	17	18	19	20	21					
	回曆2月		19	20	21	22	23	24	25	26	27	28	29	30	1	2	3	4	5	6	7	8	9	10	11	12	13	14	15	16	17	18	19					
	公曆2月					1	2	3	4	5	6	7	8	9	10	11	12	13	14	15	16	17	18	19	20	21	22	23	24	25	26	27	28					
39	夏曆正月					22	23	24	25	26	27	28	29	②	2	3	4	5	6	7	8	9	10	11	12	13	14	15	16	17	18	19	20					
	回曆3月					20	21	22	23	24	25	26	27	28	29	1	2	3	4	5	6	7	8	9	10	11	12	13	14	15	16	17	18					
	公曆3月					1	2	3	4	5	6	7	8	9	10	11	12	13	14	15	16	17	18	19	20	21	22	23	24	25	26	27	28	29	30	31		
40	夏曆二月					21	22	23	24	25	26	27	28	29	30	㉜	2	3	4	5	6	7	8	9	10	11	12	13	14	15	16	17	18	19	20	21		
	回曆4月					19	20	21	22	23	24	25	26	27	28	29	30	1	2	3	4	5	6	7	8	9	10	11	12	13	14	15	16	17	18	19		
	公曆4月	1	2	3	4	5	6	7	8	9	10	11	12	13	14	15	16	17	18	19	20	21	22	23	24	25	26	27	28	29	30							
41	夏曆三月	22	23	24	25	26	27	28	29	①	2	3	4	5	6	7	8	9	10	11	12	13	14	15	16	17	18	19	20	21	22							
	回曆5月	20	21	22	23	24	25	26	27	28	29	1	2	3	4	5	6	7	8	9	10	11	12	13	14	15	16	17	18	19	20							
	公曆5月			1	2	3	4	5	6	7	8	9	10	11	12	13	14	15	16	17	18	19	20	21	22	23	24	25	26	27	28	29	30	31				
42	夏曆四月			23	24	25	26	27	28	29	30	㉛	2	3	4	5	6	7	8	9	10	11	12	13	14	15	16	17	18	19	20	21	22	23				
	回曆6月			21	22	23	24	25	26	27	28	29	30	1	2	3	4	5	6	7	8	9	10	11	12	13	14	15	16	17	18	19	20	21				
	公曆6月						1	2	3	4	5	6	7	8	9	10	11	12	13	14	15	16	17	18	19	20	21	22	23	24	25	26	27	28	29	30		
43	夏曆五月						24	25	26	27	28	29	(60)	2	3	4	5	6	7	8	9	10	11	12	13	14	15	16	17	18	19	20	21	22	23	24		
	回曆7月						22	23	24	25	26	27	28	29	1	2	3	4	5	6	7	8	9	10	11	12	13	14	15	16	17	18	19	20	21	22		
	公曆7月	1	2	3	4	5	6	7	8	9	10	11	12	13	14	15	16	17	18	19	20	21	22	23	24	25	26	27	28	29	30	31						
44	夏曆六月	25	26	27	28	29	30	㉚	2	3	4	5	6	7	8	9	10	11	12	13	14	15	16	17	18	19	20	21	22	23	24	25						
	回曆8月	23	24	25	26	27	28	29	30	1	2	3	4	5	6	7	8	9	10	11	12	13	14	15	16	17	18	19	20	21	22	23						
	公曆8月				1	2	3	4	5	6	7	8	9	10	11	12	13	14	15	16	17	18	19	20	21	22	23	24	25	26	27	28	29	30	31			
45	夏曆七月				26	27	28	29	(59)	2	3	4	5	6	7	8	9	10	11	12	13	14	15	16	17	18	19	20	21	22	23	24	25	26	27			
	回曆9月				24	25	26	27	28	29	1	2	3	4	5	6	7	8	9	10	11	12	13	14	15	16	17	18	19	20	21	22	23	24	25			
	公曆9月							1	2	3	4	5	6	7	8	9	10	11	12	13	14	15	16	17	18	19	20	21	22	23	24	25	26	27	28	29	30	
46	夏曆八月							28	29	30	㉙	2	3	4	5	6	7	8	9	10	11	12	13	14	15	16	17	18	10	20	21	22	23	24	25	26	27	
	回曆10月							26	27	28	29	30	1	2	3	4	5	6	7	8	9	10	11	12	13	14	15	16	17	18	19	20	21	22	23	24	25	
	公曆10月		1	2	3	4	5	6	7	8	9	10	11	12	13	14	15	16	17	18	19	20	21	22	23	24	25	26	27	28	29	30	31					
47	夏曆九月		28	29	30	(59)	2	3	4	5	6	7	8	9	10	11	12	13	14	15	16	17	18	19	20	21	22	23	24	25	26	27	28					
	回曆11月		26	27	28	29	1	2	3	4	5	6	7	8	9	10	11	12	13	14	15	16	17	18	19	20	21	22	23	24	25	26	27					
	公曆11月					1	2	3	4	5	6	7	8	9	10	11	12	13	14	15	16	17	18	19	20	21	22	23	24	25	26	27	28	29	30			
48	夏曆十月					29	㉘	2	3	4	5	6	7	8	9	10	11	12	13	14	15	16	17	18	19	20	21	22	23	24	25	26	27	28	29			
	回曆12月					28	29	30	1	2	3	4	5	6	7	8	9	10	11	12	13	14	15	16	17	18	19	20	21	22	23	24	25	26	27			
	公曆12月							1	2	3	4	5	6	7	8	9	10	11	12	13	14	15	16	17	18	19	20	21	22	23	24	25	26	27	28	29	30	31
49 50	夏曆十一 十二月							30	(58)	2	3	4	5	6	7	8	9	10	11	12	13	14	15	16	17	18	19	20	21	22	23	24	25	26	27	28	29	㉗
223年	回曆1月							28	29	①	2	3	4	5	6	7	8	9	10	11	12	13	14	15	16	17	18	19	20	21	22	23	24	25	26	27	28	29

大事記

六月，河陽節度使李泳貪暴，其下逐之，殺其二子。　七月，振武所領黨項、突厥紛起鈔掠。　十月，國子監《石經》成。

唐紀年

干支戊午　公元 838 年

朝代或國名	國家支配者	建都	廟號	謚號	建元	年號年次	輔政者	備注
唐	⑯李昂	長安	文宗		2	2開成3年	李珏等	
渤海	⑩大彝震	龍泉府		□王	1	咸和8年		在東北
南詔	⑩蒙勸豊祐	陽苴咩		昭成王		保和15年		在雲南
吐蕃	⑧可黎可足	邏些				彝泰22年		西藏
回鶻	⑫彰信可汗					6年		
古格						25年		西藏阿里

月曆表

5551—354—2027520

月干支序數	月序＼星期	日	1	2	3	4	5	6	日	1	2	3	4	5	6	日	1	2	3	4	5	6	日	1	2	3	4	5	6	日	1	2	3	4	5	6	日	1
	公曆1月			1	2	3	4	5	6	7	8	9	10	11	12	13	14	15	16	17	18	19	20	21	22	23	24	25	26	27	28	29	30	31				
51	夏曆正月			2	3	4	5	6	7	8	9	10	11	12	13	14	15	16	17	18	19	20	21	22	23	24	25	26	27	28	29	30	(57)	2				
	回曆2、3月			30	1	2	3	4	5	6	7	8	9	10	11	12	13	14	15	16	17	18	19	20	21	22	23	24	25	26	27	28	29	1				
	公曆2月						1	2	3	4	5	6	7	8	9	10	11	12	13	14	15	16	17	18	19	20	21	22	23	24	25	26	27	28				
52	夏曆二月						3	4	5	6	7	8	9	10	11	12	13	14	15	16	17	18	19	20	21	22	23	24	25	26	27	28	29	㉖				
	回曆3月						2	3	4	5	6	7	8	9	10	11	12	13	14	15	16	17	18	19	20	21	22	23	24	25	26	27	28	29				
	公曆3月						1	2	3	4	5	6	7	8	9	10	11	12	13	14	15	16	17	18	19	20	21	22	23	24	25	26	27	28	29	30	31	
53	夏曆三月						2	3	4	5	6	7	8	9	10	11	12	13	14	15	16	17	18	19	20	21	22	23	24	25	26	27	28	29	30	(56)	2	
	回曆4、5月						30	1	2	3	4	5	6	7	8	9	10	11	12	13	14	15	16	17	18	19	20	21	22	23	24	25	26	27	28	29	1	
	公曆4月		1	2	3	4	5	6	7	8	9	10	11	12	13	14	15	16	17	18	19	20	21	22	23	24	25	26	27	28	29	30						
54	夏曆四月		3	4	5	6	7	8	9	10	11	12	13	14	15	16	17	18	19	20	21	22	23	24	25	26	27	28	29	㉕	2	3						
	回曆6月		2	3	4	5	6	7	8	9	10	11	12	13	14	15	16	17	18	19	20	21	22	23	24	25	26	27	28	29	30	1						
	公曆5月				1	2	3	4	5	6	7	8	9	10	11	12	13	14	15	16	17	18	19	20	21	22	23	24	25	26	27	28	29	30	31			
55	夏曆五月				4	5	6	7	8	9	10	11	12	13	14	15	16	17	18	19	20	21	22	23	24	25	26	27	28	29	(54)	2	3	4	5			
	回曆7月				2	3	4	5	6	7	8	9	10	11	12	13	14	15	16	17	18	19	20	21	22	23	24	25	26	27	28	29	1	2	3			
	公曆6月							1	2	3	4	5	6	7	8	9	10	11	12	13	14	15	16	17	18	19	20	21	22	23	24	25	26	27	28	29	30	
56	夏曆六月							6	7	8	9	10	11	12	13	14	15	16	17	18	19	20	21	22	23	24	25	26	27	28	29	30	㉔	2	3	4	5	
	回曆8月							4	5	6	7	8	9	10	11	12	13	14	15	16	17	18	19	20	21	22	23	24	25	26	27	28	29	30	1	2	3	
	公曆7月		1	2	3	4	5	6	7	8	9	10	11	12	13	14	15	16	17	18	19	20	21	22	23	24	25	26	27	28	29	30	31					
57	夏曆七月		6	7	8	9	10	11	12	13	14	15	16	17	18	19	20	21	22	23	24	25	26	27	28	29	(53)	2	3	4	5	6	7					
	回曆9月		4	5	6	7	8	9	10	11	12	13	14	15	16	17	18	19	20	21	22	23	24	25	26	27	28	29	1	2	3	4	5					
	公曆8月					1	2	3	4	5	6	7	8	9	10	11	12	13	14	15	16	17	18	19	20	21	22	23	24	25	26	27	28	29	30	31		
58	夏曆八月					8	9	10	11	12	13	14	15	16	17	18	19	20	21	22	23	24	25	26	27	28	29	30	㉓	2	3	4	5	6	7	8		
	回曆10月					6	7	8	9	10	11	12	13	14	15	16	17	18	19	20	21	22	23	24	25	26	27	28	29	30	1	2	3	4	5	6		
	公曆9月	1	2	3	4	5	6	7	8	9	10	11	12	13	14	15	16	17	18	19	20	21	22	23	24	25	26	27	28	29	30							
59	夏曆九月	9	10	11	12	13	14	15	16	17	18	19	20	21	22	23	24	25	26	27	28	29	30	(53)	2	3	4	5	6	7	8							
	回曆11月	7	8	9	10	11	12	13	14	15	16	17	18	19	20	21	22	23	24	25	26	27	28	29	1	2	3	4	5	6	7							
	公曆10月			1	2	3	4	5	6	7	8	9	10	11	12	13	14	15	16	17	18	19	20	21	22	23	24	25	26	27	28	29	30	31				
60	夏曆十月			9	10	11	12	13	14	15	16	17	18	19	20	21	22	23	24	25	26	27	28	29	㉒	2	3	4	5	6	7	8	9	10				
	回曆12月			8	9	10	11	12	13	14	15	16	17	18	19	20	21	22	23	24	25	26	27	28	29	30	1	2	3	4	5	6	7	8				
	公曆11月						1	2	3	4	5	6	7	8	9	10	11	12	13	14	15	16	17	18	19	20	21	22	23	24	25	26	27	28	29	30		

續表

月 干支 序數	月 星期 序	日	1	2	3	4	5	6	日	1	2	3	4	5	6	日	1	2	3	4	5	6	日	1	2	3	4	5	6	日	1	2	3	4	5	6	日	1
1	夏曆十一月						11	12	13	14	15	16	17	18	19	20	21	22	23	24	25	26	27	28	29	30	(52)	2	3	4	5	6	7	8	9	10		
224年	回曆1月						9	10	11	12	13	14	15	16	17	18	19	20	21	22	23	24	25	26	27	28	29	30	①	2	3	4	5	6	7	8		
	公曆12月	1	2	3	4	5	6	7	8	9	10	11	12	13	14	15	16	17	18	19	20	21	22	23	24	25	26	27	28	29	30	31						
2	夏曆十二月	11	12	13	14	15	16	17	18	19	20	21	22	23	24	25	26	27	28	29	30	㉒	2	3	4	5	6	7	8	9	10	11						
	回曆2月	9	10	11	12	13	14	15	16	17	18	19	20	21	22	23	24	25	26	27	28	29	20	1	2	3	4	5	6	7	8	9						

大事記

正月，宦官仇士良使人刺宰相李石未中，李石懼請辭，出為荆南節度使。　三月，牂牁蠻擾涪州。　八月，山南東道諸州大水。　九月，以牛僧儒為左僕射。義武節度使張璠死，遺囑其子元益歸朝。軍中欲奉元益為留後，殺異議者十餘人。逾月，元益始得行。　十二月，日本貢珍珠絹。

唐紀年

干支己未　公元839年

朝代或國名	國家支配者	建都	廟號	謚號	建元	年號年次	輔政者	備注
唐	⑯李昂	長安	文宗		2	2開成4年	崔鄲等	
渤海	⑩大彝震	龍泉府		□王	1	咸和9年		在東北
南詔	⑩蒙勸豐祐	陽苴咩		昭成王		保和16年		在雲南
吐蕃	⑧可黎可足	邏些				彝泰23年		西藏
回鶻	⑫彰信可汗					7年		兵敗自殺
古格						26年		西藏阿里

月曆表

5552—384—2027904

月 干支 序數	星期	日	1	2	3	4	5	6	日	1	2	3	4	5	6	日	1	2	3	4	5	6	日	1	2	3	4	5	6	日	1	2	3	4	5	6	日	1
	公曆1月				1	2	3	4	5	6	7	8	9	10	11	12	13	14	15	16	17	18	19	20	21	22	23	24	25	26	27	28	29	30	31			
3	夏曆正月				12	13	14	15	16	17	18	19	20	21	22	23	24	25	26	27	28	29	(51)	2	3	4	5	6	7	8	9	10	11	12	13			
	回曆3月				10	11	12	13	14	15	16	17	18	19	20	21	22	23	24	25	26	27	28	29	1	2	3	4	5	6	7	8	9	10	11			
	公曆2月							1	2	3	4	5	6	7	8	9	10	11	12	13	14	15	16	17	18	19	20	21	22	23	24	25	26	27	28			
	夏曆閏正月							14	15	16	17	18	19	20	21	22	23	24	25	26	27	28	29	30	㉑	2	3	4	5	6	7	8	9	10	11			
	回曆4月							12	13	14	15	16	17	18	19	20	21	22	23	24	25	26	27	28	29	30	1	2	3	4	5	6	7	8	9			
	公曆3月							1	2	3	4	5	6	7	8	9	10	11	12	13	14	15	16	17	18	19	20	21	22	23	24	25	26	27	28	29	30	31
4	夏曆二月							12	13	14	15	16	17	18	19	20	21	22	23	24	25	26	27	28	29	㊿	2	3	4	5	6	7	8	9	10	11	12	13
	回曆5月							10	11	12	13	14	15	16	17	18	19	20	21	22	23	24	25	26	27	28	29	1	2	3	4	5	6	7	8	9	10	11
	公曆4月			1	2	3	4	5	6	7	8	9	10	11	12	13	14	15	16	17	18	19	20	21	22	23	24	25	26	27	28	29	30					
5	夏曆三月			14	15	16	17	18	19	20	21	22	23	24	25	26	27	28	29	30	⑳	2	3	4	5	6	7	8	9	10	11	12	13					
	回曆6月			12	13	14	15	16	17	18	19	20	21	22	23	24	25	26	27	28	29	30	1	2	3	4	5	6	7	8	9	10	11					
	公曆5月					1	2	3	4	5	6	7	8	9	10	11	12	13	14	15	16	17	18	19	20	21	22	23	24	25	26	27	28	29	30	31		
6	夏曆四月					14	15	16	17	18	19	20	21	22	23	24	25	26	27	28	29	㊾	2	3	4	5	6	7	8	9	10	11	12	13	14	15		
	回曆7月					12	13	14	15	16	17	18	19	20	21	22	23	24	25	26	27	28	29	1	2	3	4	5	6	7	8	9	10	11	12	13		

續表

月 干支 序數	月 星期 序	日	1	2	3	4	5	6	日	1	2	3	4	5	6	日	1	2	3	4	5	6	日	1	2	3	4	5	6	日	1	2	3	4	5	6	日	1
	公曆6月	1	2	3	4	5	6	7	8	9	10	11	12	13	14	15	16	17	18	19	20	21	22	23	24	25	26	27	28	29	30							
7	夏曆五月	16	17	18	19	20	21	22	23	24	25	26	27	28	29	⑱	2	3	4	5	6	7	8	9	10	11	12	13	14	15	16							
	回曆8月	14	15	16	17	18	19	20	21	22	23	24	25	26	27	28	29	30	1	2	3	4	5	6	7	8	9	10	11	12	13							
	公曆7月			1	2	3	4	5	6	7	8	9	10	11	12	13	14	15	16	17	18	19	20	21	22	23	24	25	26	27	28	29	30	31				
8	夏曆六月			17	18	19	20	21	22	23	24	25	26	27	28	29	30	㊽	2	3	4	5	6	7	8	9	10	11	12	13	14	15	16	17				
	回曆9月			14	15	16	17	18	19	20	21	22	23	24	25	26	27	28	29	1	2	3	4	5	6	7	8	9	10	11	12	13	14	15				
	公曆8月						1	2	3	4	5	6	7	8	9	10	11	12	13	14	15	16	17	18	19	20	21	22	23	24	25	26	27	28	29	30	31	
9	夏曆七月						18	19	20	21	22	23	24	25	26	27	28	29	⑰	2	3	4	5	6	7	8	9	10	11	12	13	14	15	16	17	18	19	
	回曆10月						16	17	18	19	20	21	22	23	24	25	26	27	28	29	30	1	2	3	4	5	6	7	8	9	10	11	12	13	14	15	16	
	公曆9月		1	2	3	4	5	6	7	8	9	10	11	12	13	14	15	16	17	18	19	20	21	22	23	24	25	26	27	28	29	30						
10	夏曆八月		20	21	22	23	24	25	26	27	28	29	30	㊼	2	3	4	5	6	7	8	9	10	11	12	13	14	15	16	17	18	19						
	回曆11月		17	18	19	20	21	22	23	24	25	26	27	28	29	1	2	3	4	5	6	7	8	9	10	11	12	13	14	15	16	17						
	公曆10月				1	2	3	4	5	6	7	8	9	10	11	12	13	14	15	16	17	18	19	20	21	22	23	24	25	26	27	28	29	30	31			
11	夏曆九月				20	21	22	23	24	25	26	27	28	29	⑯	2	3	4	5	6	7	8	9	10	11	12	13	14	15	16	17	18	19	20	21			
	回曆12月				18	19	20	21	22	23	24	25	26	27	28	29	30	1	2	3	4	5	6	7	8	9	10	11	12	13	14	15	16	17	18			
	公曆11月							1	2	3	4	5	6	7	8	9	10	11	12	13	14	15	16	17	18	19	20	21	22	23	24	25	26	27	28	29	30	
12	夏曆十月							22	23	24	25	26	27	28	29	30	㊻	2	3	4	5	6	7	8	9	10	11	12	13	14	15	16	17	18	19	20	21	
225年	回曆1月							19	20	21	22	23	24	25	26	27	28	29	①	2	3	4	5	6	7	8	9	10	11	12	13	14	15	16	17	18	19	
	公曆12月		1	2	3	4	5	6	7	8	9	10	11	12	13	14	15	16	17	18	19	20	21	22	23	24	25	26	27	28	29	30	31					
13	夏曆十一月		22	23	24	25	26	27	28	29	30	⑯	2	3	4	5	6	7	8	9	10	11	12	13	14	15	16	17	18	19	20	21	22					
	回曆2月		20	21	22	23	24	25	26	27	28	29	30	1	2	3	4	5	6	7	8	9	10	11	12	13	14	15	16	17	18	19	20					

大事記

三月，裴度卒。　八月，鎮、冀四州蝗災。　十月，立敬宗子陳王成美為皇太子。　十二月，以李宗閔為太子賓客，分司東都。　是歲，回鶻內訌，其相掘羅勿引沙陀朱邪赤心兵攻彰信可汗，可汗自殺。國人立㕎馺特勒為可汗。其勢漸衰。天下戶 4 996 752。

唐紀年

干支庚申　公元 840 年

朝代或國名	國家支配者	建都	廟號	謚號	建元	年號年次	輔政者	備注
唐	⑯李昂	長安	文宗		2	2 開成 5 年	李珏等	正月李炎即位
渤海	⑩大彝震	龍泉府		□王	1	咸和 10 年		在東北
南詔	⑩蒙勸豐祐	陽苴咩		昭成王				在雲南
吐蕃	⑧可黎可足					彝泰 24 年		西藏
回鶻	⑬㕎馺特勒可汗							九月被攻殺，諸部逃散
哈拉汗王朝	毗伽闕啜的兒汗							早於是年即存在於新疆
古格						27 年		西藏阿里

月曆表

月 干支 序數	星期 月序	日	1	2	3	4	5	6	日	1	2	3	4	5	6	日	1	2	3	4	5	6	日	1	2	3	4	5	6	日	1	2	3	4	5	6	日	1
	公曆1月					1	2	3	4	5	6	7	8	9	10	11	12	13	14	15	16	17	18	19	20	21	22	23	24	25	26	27	28	29	30	31		
14	夏曆十二月					23	24	25	26	27	28	29	30	㊻	2	3	4	5	6	7	8	9	10	11	12	13	14	15	16	17	18	19	20	21	22	23		
	回曆3月					21	22	23	24	25	26	27	28	29	30	1	2	3	4	5	6	7	8	9	10	11	12	13	14	15	16	17	18	19	20	21		
	公曆2月	1	2	3	4	5	6	7	8	9	10	11	12	13	14	15	16	17	18	19	20	21	22	23	24	25	26	27	28	29								
15	夏曆正月	24	25	26	27	28	29	⑮	2	3	4	5	6	7	8	9	10	11	12	13	14	15	16	17	18	19	20	21	22	23								
	回曆4月	22	23	24	25	26	27	28	29	1	2	3	4	5	6	7	8	9	10	11	12	13	14	15	16	17	18	19	20	21								
	公曆3月		1	2	3	4	5	6	7	8	9	10	11	12	13	14	15	16	17	18	19	20	21	22	23	24	25	26	27	28	29	30	31					
16	夏曆二月		24	25	26	27	28	29	30	㊺	2	3	4	5	6	7	8	9	10	11	12	13	14	15	16	17	18	19	20	21	22	23	24					
	回曆5月		22	23	24	25	26	27	28	29	30	1	2	3	4	5	6	7	8	9	10	11	12	13	14	15	16	17	18	19	20	21	22					
	公曆4月					1	2	3	4	5	6	7	8	9	10	11	12	13	14	15	16	17	18	19	20	21	22	23	24	25	26	27	28	29	30			
17	夏曆三月					25	26	27	28	29	⑭	2	3	4	5	6	7	8	9	10	11	12	13	14	15	16	17	18	19	20	21	22	23	24	25			
	回曆6月					23	24	25	26	27	28	29	1	2	3	4	5	6	7	8	9	10	11	12	13	14	15	16	17	18	19	20	21	22	23			
	公曆5月							1	2	3	4	5	6	7	8	9	10	11	12	13	14	15	16	17	18	19	20	21	22	23	24	25	26	27	28	29	30	31
18	夏曆四月							26	27	28	29	30	㊹	2	3	4	5	6	7	8	9	10	11	12	13	14	15	16	17	18	19	20	21	22	23	24	25	26
	回曆7月							24	25	26	27	28	29	30	1	2	3	4	5	6	7	8	9	10	11	12	13	14	15	16	17	18	19	20	21	22	23	24
	公曆6月			1	2	3	4	5	6	7	8	9	10	11	12	13	14	15	16	17	18	19	20	21	22	23	24	25	26	27	28	29	30					
19	夏曆五月			27	28	29	⑬	2	3	4	5	6	7	8	9	10	11	12	13	14	15	16	17	18	19	20	21	22	23	24	25	26	27					
	回曆8月			25	26	27	28	29	1	2	3	4	5	6	7	8	9	10	11	12	13	14	15	16	17	18	19	20	21	22	23	24	25					
	公曆7月					1	2	3	4	5	6	7	8	9	10	11	12	13	14	15	16	17	18	19	20	21	22	23	24	25	26	27	28	29	30	31		
20	夏曆六月					28	29	㊷	2	3	4	5	6	7	8	9	10	11	12	13	14	15	16	17	18	19	20	21	22	23	24	25	26	27	28	29		
	回曆9月					26	27	28	29	1	2	3	4	5	6	7	8	9	10	11	12	13	14	15	16	17	18	19	20	21	22	23	24	25	26	27		
	公曆8月	1	2	3	4	5	6	7	8	9	10	11	12	13	14	15	16	17	18	19	20	21	22	23	24	25	26	27	28	29	30	31						
21 22	夏曆七 八月	30	⑫	2	3	4	5	6	7	8	9	10	11	12	13	14	15	16	17	18	19	20	21	22	23	24	25	26	27	28	29	㊶						
	回曆10月	28	29	30	1	2	3	4	5	6	7	8	9	10	11	12	13	14	15	16	17	18	19	20	21	22	23	24	25	26	27	28						
	公曆9月				1	2	3	4	5	6	7	8	9	10	11	12	13	14	15	16	17	18	19	20	21	22	23	24	25	26	27	28	29	30				
23	夏曆九月				2	3	4	5	6	7	8	9	10	11	12	13	14	15	16	17	18	19	20	21	22	23	24	25	26	27	28	29	30	⑪				
	回曆11月				29	1	2	3	4	5	6	7	8	9	10	11	12	13	14	15	16	17	18	19	20	21	22	23	24	25	26	27	28	29				
	公曆10月						1	2	3	4	5	6	7	8	9	10	11	12	13	14	15	16	17	18	19	20	21	22	23	24	25	26	27	28	29	30	31	
24	夏曆十月						2	3	4	5	6	7	8	9	10	11	12	13	14	15	16	17	18	19	20	21	22	23	24	25	26	27	28	29	㊵	2	3	
226年	回曆12,1月						30	1	2	3	4	5	6	7	8	9	10	11	12	13	14	15	16	17	18	19	20	21	22	23	24	25	26	27	28	29	①	
	公曆11月		1	2	3	4	5	6	7	8	9	10	11	12	13	14	15	16	17	18	19	20	21	22	23	24	25	26	27	28	29	30						
25	夏曆十一月		4	5	6	7	8	9	10	11	12	13	14	15	16	17	18	19	20	21	22	23	24	25	26	27	28	29	30	⑩	2	3						
	回曆2月		2	3	4	5	6	7	8	9	10	11	12	13	14	15	16	17	18	19	20	21	22	23	24	25	26	27	28	29	30	1						
	公曆12月				1	2	3	4	5	6	7	8	9	10	11	12	13	14	15	16	17	18	19	20	21	22	23	24	25	26	27	28	29	30	31			
26	夏曆十二月				4	5	6	7	8	9	10	11	12	13	14	15	16	17	18	19	20	21	22	23	24	25	26	27	28	29	30	㊵	2	3	4			
	回曆3月				2	3	4	5	6	7	8	9	10	11	12	13	14	15	16	17	18	19	20	21	22	23	24	25	26	27	28	29	1	2	3			

大事記

正月，帝病亟，宦官魚弘志、仇士良矯詔立潁王瀍(炎)為皇太弟，廢太子成美仍為陳王。帝旋崩，皇太弟即位，是為武宗。　八月，義武軍亂，旋定。　九月，李德裕依宦官而進同平章事。　十月，回鶻內訌，別將句錄莫賀引黠戛斯攻殺㕎馺可汗，諸部逃散，一支奔葛邏祿，一支奔吐蕃，一支奔安西，一支奔天德軍求內附。自是回鶻遂不振，黠戛斯興起。魏博節度使何進滔死，軍中立其子重順知留後，越半年命為節度使，改名弘敬。　十一月，江淮以南復稅茶。

唐紀年

干支辛酉　公元 841 年

朝代或國名	國家支配者	建都	廟號	謚號	建元	年號年次	輔政者	備注
唐	⑰李炎	長安	武宗		1	會昌元年	陳夷行等	
渤海	⑩大彝震	龍泉府		□王	1	咸和 11 年		在東北
南詔	⑩蒙勸豊祐	陽苴咩		昭成王				在雲南
吐蕃	⑧可黎可足	邏些				彝泰 25 年		西藏
回鶻	⑭烏介可汗					元年		
古格						28 年		西藏阿里
哈拉汗	子巴兹俑					在位年不明		後見 955 年

月曆表

5554—383—2028642

月干支序數	月序＼星期	日	1	2	3	4	5	6	日	1	2	3	4	5	6	日	1	2	3	4	5	6	日	1	2	3	4	5	6	日	1	2	3	4	5	6	日	1
	公曆 1 月							1	2	3	4	5	6	7	8	9	10	11	12	13	14	15	16	17	18	19	20	21	22	23	24	25	26	27	28	29	30	31
27	夏曆正月							5	6	7	8	9	10	11	12	13	14	15	16	17	18	19	20	21	22	23	24	25	26	27	28	29	30	⑩	2	3	4	5
	回曆 4 月							4	5	6	7	8	9	10	11	12	13	14	15	16	17	18	19	20	21	22	23	24	25	26	27	28	29	30	1	2	3	4
	公曆 2 月			1	2	3	4	5	6	7	8	9	10	11	12	13	14	15	16	17	18	19	20	21	22	23	24	25	26	27	28							
28	夏曆二月			6	7	8	9	10	11	12	13	14	15	16	17	18	19	20	21	22	23	24	25	26	27	28	29	㊴	2	3	4							
	回曆 5 月			5	6	7	8	9	10	11	12	13	14	15	16	17	18	19	20	21	22	23	24	25	26	27	28	29	1	2	3							
	公曆 3 月			1	2	3	4	5	6	7	8	9	10	11	12	13	14	15	16	17	18	19	20	21	22	23	24	25	26	27	28	29	30	31				
29	夏曆三月			5	6	7	8	9	10	11	12	13	14	15	16	17	18	19	20	21	22	23	24	25	26	27	28	29	30	⑨	2	3	4	5				
	回曆 6 月			4	5	6	7	8	9	10	11	12	13	14	15	16	17	18	19	20	21	22	23	24	25	26	27	28	29	30	1	2	3	4				
	公曆 4 月						1	2	3	4	5	6	7	8	9	10	11	12	13	14	15	16	17	18	19	20	21	22	23	24	25	26	27	28	29	30		
30	夏曆四月						6	7	8	9	10	11	12	13	14	15	16	17	18	19	20	21	22	23	24	25	26	27	28	29	㊳	2	3	4	5	6		
	回曆 7 月						5	6	7	8	9	10	11	12	13	14	15	16	17	18	19	20	21	22	23	24	25	26	27	28	29	1	2	3	4	5		
	公曆 5 月	1	2	3	4	5	6	7	8	9	10	11	12	13	14	15	16	17	18	19	20	21	22	23	24	25	26	27	28	29	30	31						
31	夏曆五月	7	8	9	10	11	12	13	14	15	16	17	18	19	20	21	22	23	24	25	26	27	28	29	30	⑧	2	3	4	5	6	7						
	回曆 8 月	6	7	8	9	10	11	12	13	14	15	16	17	18	19	20	21	22	23	24	25	26	27	28	29	30	1	2	3	4	5	6						
	公曆 6 月				1	2	3	4	5	6	7	8	9	10	11	12	13	14	15	16	17	18	19	20	21	22	23	24	25	26	27	28	29	30				
32	夏曆六月				8	9	10	11	12	13	14	15	16	17	18	19	20	21	22	23	24	25	26	27	28	29	㊲	2	3	4	5	6	7	8				
	回曆 9 月				7	8	9	10	11	12	13	14	15	16	17	18	19	20	21	22	23	24	25	26	27	28	29	1	2	3	4	5	6	7				
	公曆 7 月						1	2	3	4	5	6	7	8	9	10	11	12	13	14	15	16	17	18	19	20	21	22	23	24	25	26	27	28	29	30	31	
33	夏曆七月						9	10	11	12	13	14	15	16	17	18	19	20	21	22	23	24	25	26	27	28	29	⑥	2	3	4	5	6	7	8	9	10	
	回曆 10 月						8	9	10	11	12	13	14	15	16	17	18	19	20	21	22	23	24	25	26	27	28	29	30	1	2	3	4	5	6	7	8	
	公曆 8 月		1	2	3	4	5	6	7	8	9	10	11	12	13	14	15	16	17	18	19	20	21	22	23	24	25	26	27	28	29	30	31					
34	夏曆八月		11	12	13	14	15	16	17	18	19	20	21	22	23	24	25	26	27	28	29	㉟	2	3	4	5	6	7	8	9	10	11	12					
	回曆 11 月		9	10	11	12	13	14	15	16	17	18	19	20	21	22	23	24	25	26	27	28	29	1	2	3	4	5	6	7	8	9	10					
	公曆 9 月					1	2	3	4	5	6	7	8	9	10	11	12	13	14	15	16	17	18	19	20	21	22	23	24	25	26	27	28	29	30			
35	夏曆九月					13	14	15	16	17	18	19	20	21	22	23	24	25	26	27	28	29	30	⑤	2	3	4	5	6	7	8	9	10	11	12			
	回曆 12 月					11	12	13	14	15	16	17	18	19	20	21	22	23	24	25	26	27	28	29	30	1	2	3	4	5	6	7	8	9	10			
	公曆 10 月							1	2	3	4	5	6	7	8	9	10	11	12	13	14	15	16	17	18	19	20	21	22	23	24	25	26	27	28	29	30	31
	夏曆閏九月							13	14	15	16	17	18	19	20	21	22	23	24	25	26	27	28	29	㉞	2	3	4	5	6	7	8	9	10	11	12	13	14
227 年	回曆 1 月							11	12	13	14	15	16	17	18	19	20	21	22	23	24	25	26	27	28	29	30	①	2	3	4	5	6	7	8	9	10	11
	公曆 11 月				1	2	3	4	5	6	7	8	9	10	11	12	13	14	15	16	17	18	19	20	21	22	23	24	25	26	27	28	29	30				

續表

月干支序數	星期／月序	日	1	2	3	4	5	6	日	1	2	3	4	5	6	日	1	2	3	4	5	6	日	1	2	3	4	5	6	日	1	2	3	4	5	6	日	1
36	夏曆十月			15	16	17	18	19	20	21	22	23	24	25	26	27	28	29	30	④	2	3	4	5	6	7	8	9	10	11	12	13	14					
	回曆2月			12	13	14	15	16	17	18	19	20	21	22	23	24	25	26	27	28	29	30	1	2	3	4	5	6	7	8	9	10	11					
	公曆12月					1	2	3	4	5	6	7	8	9	10	11	12	13	14	15	16	17	18	19	20	21	22	23	24	25	26	27	28	29	30	31		
37	夏曆十一月					15	16	17	18	19	20	21	22	23	24	25	26	27	28	29	30	㉞	2	3	4	5	6	7	8	9	10	11	12	13	14	15		
	回曆3月					12	13	14	15	16	17	18	19	20	21	22	23	24	25	26	27	28	29	1	2	3	4	5	6	7	8	9	10	11	12	13		

大事記

正月，詔今後州縣所征科斛㪷，一切依額為定，不得隨年檢數外。　二月，回鶻十三部進牙帳者立烏希特勤為烏介可汗，南保錯子山。　九月，盧龍軍將陳行泰殺節度使元忠，自為留後。　閏九月，盧龍軍牙將張絳殺行泰，自主軍務，雄武軍使張仲武擊破絳。　十月，以仲武為留後，逾二月命為節度使。李德裕惡山南東道節度使牛僧孺，罷為太子太師。十一月，黠戛斯自謂漢李陵之後，與唐同姓，破回鶻時得太和公主，遣使送歸。回鶻烏介可汗邀擊劫之至天德軍，求借一城以居。　十二月，遣使賑之，并察虛實，拒借城事。　是歲，敕浙西、東、鄂岳三處置官酤酒。茶商所過州縣有重稅。諸道置邸收稅，謂之塌地錢。吐蕃彝泰贊普卒，弟達磨立。吐蕃遂衰。

唐紀年

干支壬戌　公元842年

朝代或國名	國家支配者	建都	廟號	謚號	建元	年號年次	輔政者	備注
唐	⑰李炎	長安	武宗		1	會昌2年	李訨夷等	
渤海	⑩大彝震	龍泉府		□王	1	咸和12年		在東北
南詔	⑩蒙勸豐祐	陽苴咩		昭成王				在雲南
吐蕃	⑨達磨（即朗達瑪）	邏些				元年		
回鶻	⑭烏介可汗					2年		
古格						29年		西藏阿里

月曆表

5555－354－2028996

月干支序數	星期／月序	日	1	2	3	4	5	6	日	1	2	3	4	5	6	日	1	2	3	4	5	6	日	1	2	3	4	5	6	日	1	2	3	4	5	6	日	1
	公曆1月	1	2	3	4	5	6	7	8	9	10	11	12	13	14	15	16	17	18	19	20	21	22	23	24	25	26	27	28	29	30	31						
38	夏曆十二月	16	17	18	19	20	21	22	23	24	25	26	27	28	29	30	④	2	3	4	5	6	7	8	9	10	11	12	13	14	15	16						
	回曆4月	14	15	16	17	18	19	20	21	22	23	24	25	26	27	28	29	30	1	2	3	4	5	6	7	8	9	10	11	12	13	14						
	公曆2月				1	2	3	4	5	6	7	8	9	10	11	12	13	14	15	16	17	18	19	20	21	22	23	24	25	26	27	28						
39	夏曆正月				17	18	19	20	21	22	23	24	25	26	27	28	29	㉝	2	3	4	5	6	7	8	9	10	11	12	13	14	15						
	回曆5月				15	16	17	18	19	20	21	22	23	24	25	26	27	28	29	1	2	3	4	5	6	7	8	9	10	11	12	13						
	公曆3月				1	2	3	4	5	6	7	8	9	10	11	12	13	14	15	16	17	18	19	20	21	22	23	24	25	26	27	28	29	30	31			
40	夏曆二月				16	17	18	19	20	21	22	23	24	25	26	27	28	29	30	③	2	3	4	5	6	7	8	9	10	11	12	13	14	15	16			
	回曆6月				14	15	16	17	18	19	20	21	22	23	24	25	25	27	28	29	30	1	2	3	4	5	6	7	8	9	10	11	12	13	14			
	公曆4月							1	2	3	4	5	6	7	8	9	10	11	12	13	14	15	16	17	18	19	20	21	22	23	24	25	26	27	28	29	30	
41	夏曆三月							17	18	19	20	21	22	23	24	25	26	27	28	29	30	㉝	2	3	4	5	6	7	8	9	10	11	12	13	14	15	16	
	回曆7月							15	16	17	18	19	20	21	22	23	24	25	26	27	28	29	1	2	3	4	5	6	7	8	9	10	11	12	13	14	15	

續表

月干支序數	月序＼星期	日	1	2	3	4	5	6	日	1	2	3	4	5	6	日	1	2	3	4	5	6	日	1	2	3	4	5	6	日	1	2	3	4	5	6	日	1
	公曆5月		1	2	3	4	5	6	7	8	9	10	11	12	13	14	15	16	17	18	19	20	21	22	23	24	25	26	27	28	29	30	31					
42	夏曆四月		17	18	19	20	21	22	23	24	25	26	27	28	29	②	2	3	4	5	6	7	8	9	10	11	12	13	14	15	16	17	18					
	回曆8月		16	17	18	19	20	21	22	23	24	25	26	27	28	29	30	1	2	3	4	5	6	7	8	9	10	11	12	13	14	15	16					
	公曆6月					1	2	3	4	5	6	7	8	9	10	11	12	13	14	15	16	17	18	19	20	21	22	23	24	25	26	27	28	29	30			
43	夏曆五月					19	20	21	22	23	24	25	26	27	28	29	30	㉜	2	3	4	5	6	7	8	9	10	11	12	13	14	15	16	17	18			
	回曆9月					17	18	19	20	21	22	23	24	25	26	27	28	29	1	2	3	4	5	6	7	87	9	10	11	12	13	14	15	16	17			
	公曆7月							1	2	3	4	5	6	7	8	9	10	11	12	13	14	15	16	17	18	19	20	21	22	23	24	25	26	27	28	29	30	31
44	夏曆六月							19	20	21	22	23	24	25	26	27	28	29	①	2	3	4	5	6	7	8	9	10	11	12	13	14	15	16	17	18	19	20
	回曆10月							18	19	20	21	22	23	24	25	26	27	28	29	30	1	2	3	4	5	6	7	8	9	10	11	12	13	14	15	16	17	18
	公曆8月			1	2	3	4	5	6	7	8	9	10	11	12	13	14	15	16	17	18	19	20	21	22	23	24	25	26	27	28	29	30	31				
45	夏曆七月			21	22	23	24	25	26	27	28	29	㉚	2	3	4	5	6	7	8	9	10	11	12	13	14	15	16	17	18	19	20	21	22				
	回曆11月			19	20	21	22	23	24	25	26	27	28	29	1	2	3	4	5	6	7	8	9	10	11	12	13	14	15	16	17	18	19	20				
	公曆9月						1	2	3	4	5	6	7	8	9	10	11	12	13	14	15	16	17	18	19	20	21	22	23	24	25	26	27	28	29	30		
46	夏曆八月						23	24	25	26	27	28	29	(59)	2	3	4	5	6	7	8	9	10	11	12	13	14	15	16	17	18	19	20	21	22	23		
	回曆12月						21	22	23	24	25	26	27	28	29	30	1	2	3	4	5	6	7	8	9	10	11	12	13	14	15	16	17	18	19	20		
	公曆10月	1	2	3	4	5	6	7	8	9	10	11	12	13	14	15	16	17	18	19	20	21	22	23	24	25	26	27	28	29	30	31						
47	夏曆九月	24	25	26	27	28	29	30	㉙	2	3	4	5	6	7	8	9	10	11	12	13	14	15	16	17	18	19	20	21	22	23	24						
228年	回曆1月	21	22	23	24	25	26	27	28	29	①	2	3	4	5	6	7	8	9	10	11	12	13	14	15	16	17	18	19	20	21	22						
	公曆11月				1	2	3	4	5	6	7	8	9	10	11	12	13	14	15	16	17	18	19	20	21	22	23	24	25	26	27	28	29	30				
48	夏曆十月				25	26	27	28	29	(58)	2	3	4	5	6	7	8	9	10	11	12	13	14	15	16	17	18	19	20	21	22	23	24	25				
	回曆2月				23	24	25	26	27	28	29	30	1	2	3	4	5	6	7	8	9	10	11	12	13	14	15	16	17	18	19	20	21	22				
	公曆12月						1	2	3	4	5	6	7	8	9	10	11	12	13	14	15	16	17	18	19	20	21	22	23	24	25	26	27	28	29	30	31	
49	夏曆十一月						26	27	28	29	30	㉘	2	3	4	5	6	7	8	9	10	11	12	13	14	15	16	17	18	19	20	21	22	23	24	25	26	
	回曆3月						23	24	25	26	27	28	29	1	2	3	4	5	6	7	8	9	10	11	12	13	14	15	16	17	18	19	20	21	22	23	24	

大事記

二月，令戶部加給河東、鳳翔、鄜、坊、邠、寧等道州縣官課錢歲六萬二千五百貫。修河東烽壘及東、中二受降城以備回鶻。時回鶻分三支：烏介可汗居大同軍北，那頡啜東走，嗢沒斯居天德軍北。　四月，嗢沒斯來降，以其部為歸義軍。賜嗢沒斯及其諸弟姓名為李思忠、思貞、思義、思禮。　五月，那頡啜窺幽州，張仲武大破之。悉收降其衆七千帳。那頡斯尋為烏介可汗所殺。　七月，嵐州人田滿川據城起事，河東節度使劉沔擊平之。　八月，烏介可汗入大同川大掠。　九月以劉沔為振撫回鶻使，張仲武為東面招撫回鶻使，李思忠為西南面招討使。　十月，黠戛斯遣人至天德詢送太和公主事。十二月，吐蕃使來告達磨贊普喪，(?)。遣使吊祭。吐蕃旋大亂。　是歲，著名文學家劉禹錫卒(772—842)。

唐紀年

干支癸亥　公元 843 年

朝代或國名	國家支配者	建都	廟號	謚號	建元	年號年次	輔政者	備注
唐	⑰李炎	長安	武宗		1	會昌 3 年	崔鉉等	
渤海	⑩大彝震	龍泉府		□王	1	咸和 13 年		在東北
南詔	⑩蒙勸豊祐	陽苴咩		昭成王				在雲南
吐蕃	⑨達磨	邏些				2 年		
回鶻	⑭烏介可汗					3 年		
古格						30 年		西藏阿里

月干支序數	星期 / 月序	日	1	2	3	4	5	6	日	1	2	3	4	5	6	日	1	2	3	4	5	6	日	1	2	3	4	5	6	日	1	2	3	4	5	6	日	1
	公曆1月		1	2	3	4	5	6	7	8	9	10	11	12	13	14	15	16	17	18	19	20	21	22	23	24	25	26	27	28	29	30	31					
50	夏曆十二月		27	28	29	(57)	2	3	4	5	6	7	8	9	10	11	12	13	14	15	16	17	18	19	20	21	22	23	24	25	26	27	28					
	回曆4月		25	26	27	28	29	30	1	2	3	4	5	6	7	8	9	10	11	12	13	14	15	16	17	18	19	20	21	22	23	24	25					
	公曆2月					1	2	3	4	5	6	7	8	9	10	11	12	13	14	15	16	17	18	19	20	21	22	23	24	25	26	27	28					
51	夏曆正月					29	30	㉗	2	3	4	5	6	7	8	9	10	11	12	13	14	15	16	17	18	19	20	21	22	23	24	25	26					
	回曆5月					26	27	28	29	1	2	3	4	5	6	7	8	9	10	11	12	13	14	15	16	17	18	19	20	21	22	23	24					
	公曆3月					1	2	3	4	5	6	7	8	9	10	11	12	13	14	15	16	17	18	19	20	21	22	23	24	25	26	27	28	29	30	31		
52	夏曆二月					27	28	29	30	(57)	2	3	4	5	6	7	8	9	10	11	12	13	14	15	16	17	18	19	20	21	22	23	24	25	26	27		
	回曆6月					25	26	27	28	29	30	1	2	3	4	5	6	7	8	9	10	11	12	13	14	15	16	17	18	19	20	21	22	23	24	25		
	公曆4月	1	2	3	4	5	6	7	8	9	10	11	12	13	14	15	16	17	18	19	20	21	22	23	24	25	26	27	28	29	30							
53	夏曆三月	28	29	30	㉗	2	3	4	5	6	7	8	9	10	11	12	13	14	15	16	17	18	19	20	21	22	23	24	25	26	27							
	回曆7月	26	27	28	29	1	2	3	4	5	6	7	8	9	10	11	12	13	14	15	16	17	18	19	20	21	22	23	24	25	26							
	公曆5月			1	2	3	4	5	6	7	8	9	10	11	12	13	14	15	16	17	18	19	20	21	22	23	24	25	26	27	28	29	30	31				
54	夏曆四月			28	29	(56)	2	3	4	5	6	7	8	9	10	11	12	13	14	15	16	17	18	19	20	21	22	23	24	25	26	27	28	29				
	回曆8月			27	28	29	30	1	2	3	4	5	6	7	8	9	10	11	12	13	14	15	16	17	18	19	20	21	22	23	24	25	26	27				
	公曆6月						1	2	3	4	5	6	7	8	9	10	11	12	13	14	15	16	17	18	19	20	21	22	23	24	25	26	27	28	29	30		
55	夏曆五月						30	㉖	2	3	4	5	6	7	8	9	10	11	12	13	14	15	16	17	18	19	20	21	22	23	24	25	26	27	28	29		
	回曆9月						28	29	1	2	3	4	5	6	7	8	9	10	11	12	13	14	15	16	17	18	19	20	21	22	23	24	25	26	27	28		
	公曆7月	1	2	3	4	5	6	7	8	9	10	11	12	13	14	15	16	17	18	19	20	21	22	23	24	25	26	27	28	29	30	31						
56 57	夏曆六 七月	(55)	2	3	4	5	6	7	8	9	10	11	12	13	14	15	16	17	18	19	20	21	22	23	24	25	26	27	28	29	30	㉕						
	回曆10月	29	30	1	2	3	4	5	6	7	8	9	10	11	12	13	14	15	16	17	18	19	20	21	22	23	24	25	26	27	28	29						
	公曆8月				1	2	3	4	5	6	7	8	9	10	11	12	13	14	15	16	17	18	19	20	21	22	23	24	25	26	27	28	29	30	31			
58	夏曆八月				2	3	4	5	6	7	8	9	10	11	12	13	14	15	16	17	18	19	20	21	22	23	24	25	26	27	28	29	㉞	2	3			
	回曆11、12月				1	2	3	4	5	6	7	8	9	10	11	12	13	14	15	16	17	18	19	20	21	22	23	24	25	26	27	28	29	30	1			
	公曆9月							1	2	3	4	5	6	7	8	9	10	11	12	13	14	15	16	17	18	19	20	21	22	23	24	25	26	27	28	29	30	
59	夏曆九月							4	5	6	7	8	9	10	11	12	13	14	15	16	17	18	19	20	21	22	23	24	25	26	27	28	29	30	㉔	2	3	
229年	回曆1月							2	3	4	5	6	7	8	9	10	11	12	13	14	15	16	17	18	19	20	21	22	23	24	25	26	27	28	29	30	①	
	公曆10月		1	2	3	4	5	6	7	8	9	10	11	12	13	14	15	16	17	18	19	20	21	22	23	24	25	26	27	28	29	30	31					
60	夏曆十月		4	5	6	7	8	9	10	11	12	13	14	15	16	17	18	19	20	21	22	23	24	25	26	27	28	29	(53)	2	3	4	5					
	回曆2月		2	3	4	5	6	7	8	9	10	11	12	13	14	15	16	17	18	19	20	21	22	23	24	25	26	27	28	29	30	1	2					
	公曆11月					1	2	3	4	5	6	7	8	9	10	11	12	13	14	15	16	17	18	19	20	21	22	23	24	25	26	27	28	29	30			
1	夏曆十一月					6	7	8	9	10	11	12	13	14	15	16	17	18	19	20	21	22	23	24	25	26	27	28	29	㉒	2	3	4	5	6			
	回曆3月					3	4	5	6	7	8	9	10	11	12	13	14	15	16	17	18	19	20	21	22	23	24	25	26	27	28	29	1	2	3			
	公曆12月							1	2	3	4	5	6	7	8	9	10	11	12	13	14	15	16	17	18	19	20	21	22	23	24	25	26	27	28	29	30	31
2	夏曆十二月							7	8	9	10	11	12	13	14	15	16	17	18	19	20	21	22	23	24	25	26	27	28	29	30	(52)	2	3	4	5	6	7
	回曆4月							4	5	6	7	8	9	10	11	12	13	14	15	16	17	18	19	20	21	22	23	24	25	26	27	28	29	30	1	2	3	4

大事記

正月，河東將石雄大破回鶻於殺胡山，降其部落二萬；烏介可汗走保黑車子族；迎太和公主回。　二月，罷回鶻歸義軍，分隸諸道為騎兵，後以不受命，皆殺之。回鶻降幽州者三萬餘，皆散隸諸道。黠戛斯遣使來求册命。　三月，趙蕃奉使安撫黠戛斯。　四月，昭義節度使劉從諫死，從子稹請為留後，不許。　五月，李德裕謂賓客分司，李宗閔交通劉從諫，命為湖州刺史。命各道討劉稹。　六月，黠戛斯使來，令速平回鶻乃行册命。吐蕃相論恐熱擊其鄯州節度使尚婢婢，尚婢婢卑辭卻之。內侍監仇士良致仕。　九月，尚婢婢遣將擊論恐熱，大破之。　十一月，安南軍亂，旋定。

是歲，詩人賈島卒(779—843)。

唐紀年

干支甲子　公元844年

朝代或國名	國家支配者	建都	廟號	謚號	建元	年號年次	輔政者	備注
唐	⑰李炎	長安	武宗		1	會昌4年	李德裕等	
渤海	⑩大彝震	龍泉府		□王	1	咸和14年		在東北
南詔	⑩蒙勸豊祐	陽苴咩		昭成王				在雲南
吐蕃	⑨達磨	邏些				3年		
回鶻	⑭烏介可汗					4年		
古格						31年		西藏阿里

月曆表

5557—384—2029735

月干支序數	月序＼星期	日	1	2	3	4	5	6	日	1	2	3	4	5	6	日	1	2	3	4	5	6	日	1	2	3	4	5	6	日	1	2	3	4	5	6	日	1
	公暦1月			1	2	3	4	5	6	7	8	9	10	11	12	13	14	15	16	17	18	19	20	21	22	23	24	25	26	27	28	29	30	31				
3	夏暦正月			8	9	10	11	12	13	14	15	16	17	18	19	20	21	22	23	24	25	26	27	28	29	30	㉒	2	3	4	5	6	7	8				
	回暦5月			5	6	7	8	9	10	11	12	13	14	15	16	17	18	19	20	21	22	23	24	25	26	27	28	29	1	2	3	4	5	6				
	公暦2月						1	2	3	4	5	6	7	8	9	10	11	12	13	14	15	16	17	18	19	20	21	22	23	24	25	26	27	28	29			
4	夏暦二月						9	10	11	12	13	14	15	16	17	18	19	20	21	22	23	24	25	26	27	28	29	(51)	2	3	4	5	6	7	8			
	回暦6月						7	8	9	10	11	12	13	14	15	16	17	18	19	20	21	22	23	24	25	26	27	28	29	30	1	2	3	4	5			
	公暦3月							1	2	3	4	5	6	7	8	9	10	11	12	13	14	15	16	17	18	19	20	21	22	23	24	25	26	27	28	29	30	31
5	夏暦三月							9	10	11	12	13	14	15	16	17	18	19	20	21	22	23	24	25	26	27	28	29	30	㉑	2	3	4	5	6	7	8	9
	回暦7月							6	7	8	9	10	11	12	13	14	15	16	17	18	19	20	21	22	23	24	25	26	27	28	29	1	2	3	4	5	6	7
	公暦4月			1	2	3	4	5	6	7	8	9	10	11	12	13	14	15	16	17	18	19	20	21	22	23	24	25	26	27	28	29	30					
6	夏暦四月			10	11	12	13	14	15	16	17	18	19	20	21	22	23	24	25	26	26	28	29	30	(51)	2	3	4	5	6	7	8	9					
	回暦8月			8	9	10	11	12	13	14	15	16	17	18	19	20	21	22	23	24	25	26	27	28	29	30	1	2	3	4	5	6	7					
	公暦5月					1	2	3	4	5	6	7	8	9	10	11	12	13	14	15	16	17	18	19	20	21	22	23	24	25	26	27	28	29	30	31		
7	夏暦五月					10	11	12	13	14	15	16	17	18	19	20	21	22	23	24	25	26	27	28	29	⑳	2	3	4	5	6	7	8	9	10	11		
	回暦9月					8	9	10	11	12	13	14	15	16	17	18	19	20	21	22	23	24	25	26	27	28	29	1	2	3	4	5	6	7	8	9		
	公暦6月	1	2	3	4	5	6	7	8	9	10	11	12	13	14	15	16	17	18	19	20	21	22	23	24	25	26	27	28	29	30							
8	夏暦六月	12	13	14	15	16	17	18	19	20	21	22	23	24	25	26	27	28	29	30	㊿	2	3	4	5	6	7	8	9	10	11							
	回暦10月	10	11	12	13	14	15	16	17	18	19	20	21	22	23	24	25	26	27	28	29	30	1	2	3	4	5	6	7	8	9							
	公暦7月			1	2	3	4	5	6	7	8	9	10	11	12	13	14	15	16	17	18	19	20	21	22	23	24	25	26	27	28	29	30	31				
9	夏暦七月			12	13	14	15	16	17	18	19	20	21	22	23	24	25	26	27	28	29	⑲	2	3	4	5	6	7	8	9	10	11	12	13				
	回暦11月			10	11	12	13	14	15	16	17	18	19	20	21	22	23	24	25	26	27	28	29	1	2	3	4	5	6	7	8	9	10	11				
	公暦8月						1	2	3	4	5	6	7	8	9	10	11	12	13	14	15	16	17	18	19	20	21	22	23	24	25	26	27	28	29	30	31	
	夏暦閏七月						14	15	16	17	18	19	20	21	22	23	24	25	26	27	28	29	30	㊾	2	3	4	5	6	7	8	9	10	11	12	13	14	
	回暦12月						12	13	14	15	16	17	18	19	20	21	22	23	24	25	26	27	28	29	30	1	2	3	4	5	6	7	8	9	10	11	12	
	公暦9月		1	2	3	4	5	6	7	8	9	10	11	12	13	14	15	16	17	18	19	20	21	22	23	24	25	26	27	28	29	30						
10	夏暦八月		15	16	17	18	19	20	21	22	23	24	25	26	27	28	29	⑱	2	3	4	5	6	7	8	9	10	11	12	13	14	15						
230年	回暦1月		13	14	15	16	17	18	19	20	21	22	23	24	25	26	27	28	29	①	2	3	4	5	6	7	8	9	10	11	12	13						
	公暦10月				1	2	3	4	5	6	7	8	9	10	11	12	13	14	15	16	17	18	19	20	21	22	23	24	25	26	27	28	29	30	31			
11	夏暦九月				16	17	18	19	20	21	22	23	24	25	26	27	28	29	30	㊽	2	3	4	5	6	7	8	9	10	11	12	13	14	15	16			
	回暦2月				14	15	16	17	18	19	20	21	22	23	24	25	26	27	28	29	30	31	2	3	4	5	6	7	8	9	10	11	12	13	14			
	公暦11月							1	2	3	4	5	6	7	8	9	10	11	12	13	14	15	16	17	18	19	20	21	22	23	24	25	26	27	28	29	30	
12	夏暦十月							17	18	19	20	21	22	23	24	25	26	27	28	29	⑰	2	3	4	5	6	7	8	9	10	11	12	13	14	15	16	17	

續表

月干支序數	星期／月序	日	1	2	3	4	5	6	日	1	2	3	4	5	6	日	1	2	3	4	5	6	日	1	2	3	4	5	6	日	1	2	3	4	5	6	日	1
	回曆 3 月							15	16	17	18	19	20	21	22	23	24	25	26	27	28	29	1	2	3	4	5	6	7	8	9	10	11	12	13	14	15	
	公曆 12 月		1	2	3	4	5	6	7	8	9	10	11	12	13	14	15	16	17	18	19	20	21	22	23	24	25	26	27	28	29	30	31					
13	夏曆十一月		18	19	20	21	22	23	24	25	26	27	28	29	㊻	2	3	4	5	6	7	8	9	10	11	12	13	14	15	16	17	18	19					
	回曆 4 月		16	17	18	19	20	21	22	23	24	25	26	27	28	29	30	1	2	3	4	5	6	7	8	9	10	11	12	13	14	15	16					

大事記

正月，河東將楊弁作亂，結劉稹，逾月平。　三月，以道士趙歸真為左右街道門教授先生。黠戛斯使來請師期以擊回鶻。吐蕃相論恐熱擊尚婢婢，大敗。　六月，減州縣佐官一千二百一十四員。削宦官仇士良爵，籍沒家貲。　八月，昭義軍郭誼等殺劉稹，降，事平。　十月，李德裕借昭義事羅織東都留守牛僧孺、湖州刺史李宗閔罪，皆貶之，僧孺為循州長史，宗閔長流封州。　十二月，李德裕上言朝廷，顯官須以公卿子弟為之。

唐紀年

干支乙丑　公元 845 年

朝代或國名	國家支配者	建都	廟號	謚號	建元	年號年次	輔政者	備注
唐	⑰李炎	長安	武宗		1	會昌 5 年	李回等	
渤海	⑩大彝震	龍泉府		□王	1	咸和 15 年		在東北
南詔	⑩蒙勸豐祐	陽苴咩		昭成王				在雲南
吐蕃	⑨達磨	邏些				4 年		
回鶻	⑭烏介可汗					5 年		
古格						32 年		西藏阿里

月曆表

5558－354－2030089

月干支序數	星期／月序	日	1	2	3	4	5	6	日	1	2	3	4	5	6	日	1	2	3	4	5	6	日	1	2	3	4	5	6	日	1	2	3	4	5	6	日	1
	公曆 1 月					1	2	3	4	5	6	7	8	9	10	11	12	13	14	15	16	17	18	19	20	21	22	23	24	25	26	27	28	29	30	31		
14	夏曆十二月					20	21	22	23	24	25	26	27	28	29	30	⑯	2	3	4	5	6	7	8	9	10	11	12	13	14	15	16	17	18	19	20		
	回曆 5 月					17	18	19	20	21	22	23	24	25	26	27	28	29	1	2	3	4	5	6	7	8	9	10	11	12	13	14	15	16	17	18		
	公曆 2 月	1	2	3	4	5	6	7	8	9	10	11	12	13	14	15	16	17	18	19	20	21	22	23	24	25	26	27	28									
15	夏曆正月	21	22	23	24	25	26	27	28	29	30	㊻	2	3	4	5	6	7	8	9	10	11	12	13	14	15	16	17	18									
	回曆 6 月	19	20	21	22	23	24	25	26	27	28	29	30	1	2	3	4	5	6	7	8	9	10	11	12	13	14	15	16									
	公曆 3 月	1	2	3	4	5	6	7	8	9	10	11	12	13	14	15	16	17	18	19	20	21	22	23	24	25	26	27	28	29	30	31						
16	夏曆二月	19	20	21	22	23	24	25	26	27	28	29	⑮	2	3	4	5	6	7	8	9	10	11	12	13	14	15	16	17	18	19	20						
	回曆 7 月	17	18	19	20	21	22	23	24	25	26	27	28	29	1	2	3	4	5	6	7	8	9	10	11	12	13	14	15	16	17	18						
	公曆 4 月				1	2	3	4	5	6	7	8	9	10	11	12	13	14	15	16	17	18	19	20	21	22	23	24	25	26	27	28	29	30				
17	夏曆三月				21	22	23	24	25	26	27	28	29	30	㊺	2	3	4	5	6	7	8	9	10	11	12	13	14	15	16	17	18	19	20				
	回曆 8 月				19	20	21	22	23	24	25	26	27	28	29	30	1	2	3	4	5	6	7	8	9	10	11	12	13	14	15	16	17	18				
	公曆 5 月						1	2	3	4	5	6	7	8	9	10	11	12	13	14	15	16	17	18	19	20	21	22	23	24	25	26	27	28	29	30	31	
18	夏曆四月						21	22	23	24	25	26	27	28	29	⑭	2	3	4	5	6	7	8	9	10	11	12	13	14	15	16	17	18	19	20	21	22	
	回曆 9 月						19	20	21	22	23	24	25	26	27	28	29	1	2	3	4	5	6	7	8	9	10	11	12	13	14	15	16	17	18	19	20	
	公曆 6 月		1	2	3	4	5	6	7	8	9	10	11	12	13	14	15	16	17	18	19	20	21	22	23	24	25	26	27	28	29	30						

續表

月干支序數	月序／星期	日	1	2	3	4	5	6	日	1	2	3	4	5	6	日	1	2	3	4	5	6	日	1	2	3	4	5	6	日	1	2	3	4	5	6	日	1
19	夏曆五月		23	24	25	26	27	28	29	30	㊹	2	3	4	5	6	7	87	9	10	11	12	13	14	15	16	17	18	19	20	21	22						
	回曆 10 月		21	22	23	24	25	26	27	28	29	30	1	2	3	4	5	6	7	8	9	10	11	12	13	14	15	16	17	18	19	20						
	公曆 7 月				1	2	3	4	5	6	7	8	9	10	11	12	13	14	15	16	17	18	19	20	21	22	23	24	25	26	27	28	29	30	31			
20	夏曆六月				23	24	25	26	27	28	29	⑬	2	3	4	5	6	7	8	9	10	11	12	13	14	15	16	17	18	19	20	21	22	23	24			
	回曆 11 月				21	22	23	24	25	26	27	28	29	1	2	3	4	5	6	7	8	9	10	11	12	13	14	15	16	17	18	19	20	21	22			
	公曆 8 月							1	2	3	4	5	6	7	8	9	10	11	12	13	14	15	16	17	18	19	20	21	22	23	24	25	26	27	28	29	30	31
21	夏曆七月							25	26	27	28	29	30	㊸	2	3	4	5	6	7	8	9	10	11	12	13	14	15	16	17	18	19	20	21	22	23	24	25
	回曆 12 月							23	24	25	26	27	28	29	30	1	2	3	4	5	6	7	8	9	10	11	12	13	14	15	16	17	18	19	20	21	22	23
	公曆 9 月			1	2	3	4	5	6	7	8	9	10	11	12	13	14	15	16	17	18	19	20	21	22	23	24	25	26	27	28	29	30					
22	夏曆八月			26	27	28	29	30	⑬	2	3	4	5	6	7	8	9	10	11	12	13	14	15	16	17	18	19	20	21	22	23	24	25					
231 年	回曆 1 月			24	25	26	27	28	29	①	2	3	4	5	6	7	8	9	10	11	12	13	14	15	16	17	18	19	20	21	22	23	24					
	公曆 10 月					1	2	3	4	5	6	7	8	9	10	11	12	13	14	15	16	17	18	19	20	21	22	23	24	25	26	27	28	29	30	31		
23	夏曆九月					26	27	28	29	㊷	2	3	4	5	6	7	8	9	10	11	12	13	14	15	16	17	18	19	20	21	22	23	24	25	26	27		
	回曆 2 月					25	26	27	28	29	30	1	2	3	4	5	6	7	8	9	10	11	12	13	14	15	16	17	18	19	20	21	22	23	24	25		
	公曆 11 月	1	2	3	4	5	6	7	8	9	10	11	12	13	14	15	16	17	18	19	20	21	22	23	24	25	26	27	28	29	30							
24	夏曆十月	28	29	30	⑫	2	3	4	5	6	7	8	9	10	11	12	13	14	15	16	17	18	19	20	21	22	23	24	25	26	27							
	回曆 3 月	26	27	28	29	1	2	3	4	5	6	7	8	9	10	11	12	13	14	15	16	17	18	19	20	21	22	23	24	25	26							
	公曆 12 月			1	2	3	4	5	6	7	8	9	10	11	12	13	14	15	16	17	18	19	20	21	22	23	24	25	26	27	28	29	30	31				
25	夏曆十一月			28	29	㊶	2	3	4	5	6	7	8	9	10	11	12	13	14	15	16	17	18	19	20	21	22	23	24	25	26	27	28	29				
	回曆 4 月			27	28	29	30	1	2	3	4	5	6	7	8	9	10	11	12	13	14	15	16	17	18	19	20	21	22	23	24	25	26	27				

大事記

正月，築望仙臺於南郊。　四月，遣使册黠戛斯可汗為宗英雄武誠明可汗。　七月，敕毁山野招提、蘭若，西都兩街各留二寺，寺僧三十人；東都留二寺，各僧十人。敕并省天下佛寺，其餘僧尼及大秦穆護祆僧皆勒還俗。　八月，凡天下毁寺四千六百區，還俗僧尼二十六萬餘，大秦穆護祆僧三千餘，毁招提、蘭若四萬餘區，收良田數千萬頃，奴婢十五萬人。　十月，以劉玄靜為崇學館學士。昭義步騎二千人遣赴振武，憚遠戍，噪變，旋定。　十二月，吐蕃論恐熱攻尚婢婢，又大敗。

是歲，戶 4 955 151。

唐紀年

干支丙寅　公元 846 年

朝代或國名	國家支配者	建都	廟號	謚號	建元	年號年次	輔政者	備注
唐	⑰李炎	長安	武宗		1	會昌 6 年	白敏中等	三月李忱即位
渤海	⑩大彝震	龍泉府		□王	1	咸和 16 年		在東北
南詔	⑩蒙勸豐祐	陽苴咩		昭成王				在雲南
吐蕃	⑨達磨	邏些				5 年		是年繼位者①内侄乞離胡②俄松（并立）皆被殺，分裂瓦解
回鶻	⑭烏介可汗					6 年		七月被其相所殺
古格						33 年		西藏阿里

月干支序數	月序＼星期	日	1	2	3	4	5	6	日	1	2	3	4	5	6	日	1	2	3	4	5	6	日	1	2	3	4	5	6	日	1	2	3	4	5	6	日	1
	公曆1月						1	2	3	4	5	6	7	8	9	10	11	12	13	14	15	16	17	18	19	20	21	22	23	24	25	26	27	28	29	30	31	
26 27	夏曆十二 正月						30	⑪	2	3	4	5	6	7	8	9	10	11	12	13	14	15	16	17	18	19	20	21	22	23	24	25	26	27	28	29	㊵	
	回曆5月						28	29	1	2	3	4	5	6	7	8	9	10	11	12	13	14	15	16	17	18	19	20	21	22	23	24	25	26	27	28	29	
	公曆2月		1	2	3	4	5	6	7	8	9	10	11	12	13	14	15	16	17	18	19	20	21	22	23	24	25	26	27	28								
	夏曆正月		2	3	4	5	6	7	8	9	10	11	12	13	14	15	16	17	18	19	20	21	22	23	24	25	26	27	28	29								
	回曆6月		30	1	2	3	4	5	6	7	8	9	10	11	12	13	14	15	16	17	18	19	20	21	22	23	24	25	26	27								
	公曆3月		1	2	3	4	5	6	7	8	9	10	11	12	13	14	15	16	17	18	19	20	21	22	23	24	25	26	27	28	29	30	31					
28 29	夏曆二 三月		⑨	2	3	4	5	6	7	8	9	10	11	12	13	14	15	16	17	18	19	20	21	22	23	24	25	26	27	28	29	30	㊴					
	回曆7月		28	29	1	2	3	4	5	6	7	8	9	10	11	12	13	14	15	16	17	18	19	20	21	22	23	24	25	26	27	28	29					
	公曆4月					1	2	3	4	5	6	7	8	9	10	11	12	13	14	15	16	17	18	19	20	21	22	23	24	25	26	27	28	29	30			
30	夏曆四月					2	3	4	5	6	7	8	9	10	11	12	13	14	15	16	17	18	19	20	21	22	23	24	25	26	27	28	29	⑧	2			
	回曆8月					30	1	2	3	4	5	6	7	8	9	10	11	12	13	14	15	16	17	18	19	20	21	22	23	24	25	26	27	28	29			
	公曆5月							1	2	3	4	5	6	7	8	9	10	11	12	13	14	15	16	17	18	19	20	21	22	23	24	25	26	27	28	29	30	31
31	夏曆五月							3	4	5	6	7	8	9	10	11	12	13	14	15	16	17	18	19	20	21	22	23	24	25	26	27	28	29	30	㊳	2	3
	回曆9、10月							1	2	3	4	5	6	7	8	9	10	11	12	13	14	15	16	17	18	19	20	21	22	23	24	25	25	27	28	29	30	1
	公曆6月			1	2	3	4	5	6	7	8	9	10	11	12	13	14	15	16	17	18	19	20	21	22	23	24	25	26	27	28	29	30					
32	夏曆六月			4	5	6	7	8	9	10	11	12	13	14	15	16	17	18	19	20	21	22	23	24	25	26	27	28	29	30	⑧	2	3					
	回曆11月			2	3	4	5	6	7	8	9	10	11	12	13	14	15	16	17	18	19	20	21	22	23	24	25	26	27	28	29	1	2					
	公曆7月					1	2	3	4	5	6	7	8	9	10	11	12	13	14	15	16	17	18	19	20	21	22	23	24	25	26	27	28	29	30	31		
33	夏曆七月					4	5	6	7	8	9	10	11	12	13	14	15	16	17	18	19	20	21	22	23	24	25	26	27	28	29	㊲	2	3	4	5		
	回曆12月					3	4	5	6	7	8	9	10	11	12	13	14	15	16	17	18	19	20	21	22	23	24	25	26	27	28	29	30	1	2	3		
	公曆8月	1	2	3	4	5	6	7	8	9	10	11	12	13	14	15	16	17	18	19	20	21	22	23	24	25	26	27	28	29	30	31						
34	夏曆八月	6	7	8	9	10	11	12	13	14	15	16	17	18	19	20	21	22	23	24	25	26	27	28	29	30	⑦	2	3	4	5	6						
232年	回曆1月	4	5	6	7	8	9	10	11	12	13	14	15	16	17	18	19	20	21	22	23	24	25	26	27	28	29	30	①	2	3	4						
	公曆9月				1	2	3	4	5	6	7	8	9	10	11	12	13	14	15	16	17	18	19	20	21	22	23	24	25	26	27	28	29	30				
35	夏曆九月				7	8	9	10	11	12	13	14	15	16	17	18	19	20	21	22	23	24	25	26	27	28	29	㊱	2	3	4	5	6	7				
	回曆2月				5	6	7	8	9	10	11	12	13	14	15	16	17	18	19	20	21	22	23	24	25	26	27	28	29	30	1	2	3	4				
	公曆10月						1	2	3	4	5	6	7	8	9	10	11	12	13	14	15	16	17	18	19	20	21	22	23	24	25	26	27	28	29	30	31	
36	夏曆十月						8	9	10	11	12	13	14	15	16	17	18	19	20	21	22	23	24	25	26	27	28	29	30	⑥	2	3	4	5	6	7	8	
	回曆3月						5	6	7	8	9	10	11	12	13	14	15	16	17	18	19	20	21	22	23	24	25	26	27	28	29	1	2	3	4	5	6	
	公曆11月		1	2	3	4	5	6	7	8	9	10	11	12	13	14	15	16	17	18	19	20	21	22	23	24	25	26	27	28	29	30						
37	夏曆十一月		9	10	11	12	13	14	15	16	17	18	19	20	21	22	23	24	25	26	27	28	29	30	㊱	2	3	4	5	6	7	8						
	回曆4月		7	8	9	10	11	12	13	14	15	16	17	18	19	20	21	22	23	24	25	26	27	28	29	30	1	2	3	4	5	6						
	公曆12月				1	2	3	4	5	6	7	8	9	10	11	12	13	14	15	16	17	18	19	20	21	22	23	24	25	26	27	28	29	30	31			
38	夏曆十二月				9	10	11	12	13	14	15	16	17	18	19	20	21	22	23	24	25	26	27	28	29	⑤	2	3	4	5	6	7	8	9	10			
	回曆5月				7	8	9	10	11	12	13	14	15	16	17	18	19	20	21	22	23	24	25	26	27	28	29	1	2	3	4	5	6	7	8			

大事記

正月，以黨項鈔掠不已，遣將擊之。　三月，帝病亟，宦官擁憲宗子光王怡為皇太叔，更名忱。帝卒，太叔即位，是為宣宗。　四月，宰相李德裕罷，漸逐其黨。　五月，令各道增置八寺，杖殺道士趙歸真等數人。　七月，回鶻烏介可汗為其下所殺，立其弟特勤遏捻為可汗。重移牛僧孺等於內地。　是歲，著名詩人白居易卒（772—846）。

唐紀年

干支丁卯　公元847年

朝代或國名	國家支配者	建都	廟號	謚號	建元	年號年次	輔政者	備注
唐	⑱李忱	長安	宣宗		1	大中元年	白敏中等	
渤海	⑩大彝震	龍泉府		□王	1	咸和17年		在東北
南詔	⑩蒙勸豐祐	陽苴咩		昭成王				在雲南
回鶻	⑮遏捻可汗							此後可汗之號不詳
古格						34年		西藏阿里

月曆表

5560—384—2030828

月干支序數	月序＼星期	日	1	2	3	4	5	6	日	1	2	3	4	5	6	日	1	2	3	4	5	6	日	1	2	3	4	5	6	日	1	2	3	4	5	6	日	1
	公曆1月							1	2	3	4	5	6	7	8	9	10	11	12	13	14	15	16	17	18	19	20	21	22	23	24	25	26	27	28	29	30	31
39	夏曆正月							11	12	13	14	15	16	17	18	19	20	21	22	23	24	25	26	27	28	29	30	㉟	2	3	4	5	6	7	8	9	10	11
	回曆6月							9	10	11	12	13	14	15	16	17	18	19	20	21	22	23	24	25	26	27	28	29	30	1	2	3	4	5	6	7	8	9
	公曆2月			1	2	3	4	5	6	7	8	9	10	11	12	13	14	15	16	17	18	19	20	21	22	23	24	25	26	27	28							
40	夏曆二月			12	13	14	15	16	17	18	19	20	21	22	23	24	25	26	27	28	29	④	2	3	4	5	6	7	8	9	10							
	回曆7月			10	11	12	13	14	15	16	17	18	19	20	21	22	23	24	25	26	27	28	29	1	2	3	4	5	6	7	8							
	公曆3月			1	2	3	4	5	6	7	8	9	10	11	12	13	14	15	16	17	18	19	20	21	22	23	24	25	26	27	28	29	30	31				
41	夏曆三月			11	12	13	14	15	16	17	18	19	20	21	22	23	24	25	26	27	28	29	30	㉞	2	3	4	5	6	7	8	9	10	11				
	回曆8月			9	10	11	12	13	14	15	16	17	18	19	20	21	22	23	24	25	26	27	28	29	30	1	2	3	4	5	6	7	8	9				
	公曆4月						1	2	3	4	5	6	7	8	9	10	11	12	13	14	15	16	17	18	19	20	21	22	23	24	25	26	27	28	29	30		
	夏曆閏三月						12	13	14	15	16	17	18	19	20	21	22	23	24	25	26	27	28	29	③	2	3	4	5	6	7	8	9	10	11	12		
	回曆9月						10	11	12	13	14	15	16	17	18	19	20	21	22	23	24	25	26	27	28	29	1	2	3	4	5	6	7	8	9	10		
	公曆5月	1	2	3	4	5	6	7	8	9	10	11	12	13	14	15	16	17	18	19	20	21	22	23	24	25	26	27	28	29	30	31						
42	夏曆四月	13	14	15	16	17	18	19	20	21	22	23	24	25	26	27	28	29	㉜	2	3	4	5	6	7	8	9	10	11	12	13	14						
	回曆10月	11	12	13	14	15	16	17	18	19	20	21	22	23	24	25	26	27	28	29	30	1	2	3	4	5	6	7	8	9	10	11						
	公曆6月				1	2	3	4	5	6	7	8	9	10	11	12	13	14	15	16	17	18	19	20	21	22	23	24	25	26	27	28	29	30				
43	夏曆五月				15	16	17	18	19	20	21	22	23	24	25	26	27	28	29	30	②	2	3	4	5	6	7	8	9	10	11	12	13	14				
	回曆11月				12	13	14	15	16	17	18	19	20	21	22	23	24	25	26	27	28	29	1	2	3	4	5	6	7	8	9	10	11	12				
	公曆7月						1	2	3	4	5	6	7	8	9	10	11	12	13	14	15	16	17	18	19	20	21	22	23	24	25	26	27	28	29	30	31	
44	夏曆六月						15	16	17	18	19	20	21	22	23	24	25	26	27	28	29	㉛	2	3	4	5	6	7	8	9	10	11	12	13	14	15	16	
	回曆12月						13	14	15	16	17	18	19	20	21	22	23	24	25	26	27	28	29	30	1	2	3	4	5	6	7	8	9	10	11	12	13	
	公曆8月		1	2	3	4	5	6	7	8	9	10	11	12	13	14	15	16	17	18	19	20	21	22	23	24	25	26	27	28	29	30	31					
45	夏曆七月		17	18	19	20	21	22	23	2	25	26	27	28	29	30	①	2	3	4	5	6	7	8	9	10	11	12	13	14	15	16	17					
233年	回曆1月		14	15	16	17	18	19	20	21	22	23	24	25	26	27	28	29	①	2	3	4	5	6	7	8	9	10	11	12	13	14	15					
	公曆9月					1	2	3	4	5	6	7	8	9	10	11	12	13	14	15	16	17	18	19	20	21	22	23	24	25	26	27	28	29	30			
46	夏曆八月					18	19	20	21	22	23	24	25	26	27	28	29	30	㉛	2	3	4	5	6	7	8	9	10	11	12	13	14	15	16	17			
	回曆2月					16	17	18	19	20	21	22	23	24	25	26	27	28	29	30	1	2	3	4	5	6	7	8	9	10	11	12	13	14	15			
	公曆10月							1	2	3	4	5	6	7	8	9	10	11	12	13	14	15	16	17	18	19	20	21	22	23	24	25	26	27	28	29	30	31
47	夏曆九月							18	19	20	21	22	23	24	25	26	27	28	29	(60)	2	3	4	5	6	7	8	9	10	11	12	13	14	15	16	17	18	19
	回曆3月							16	17	18	19	20	21	22	23	24	25	26	27	28	29	1	2	3	4	5	6	7	8	9	10	11	12	13	14	15	16	17
	公曆11月			1	2	3	4	5	6	7	8	9	10	11	12	13	14	15	16	17	18	19	20	21	22	23	24	25	26	27	28	29	30					
48	夏曆十月			20	21	22	23	24	25	26	27	28	29	30	㉚	2	3	4	5	6	7	8	9	10	11	12	13	14	15	16	17	18	19					

續表

月 干支 序數	月＼星期 序	日	1	2	3	4	5	6	日	1	2	3	4	5	6	日	1	2	3	4	5	6	日	1	2	3	4	5	6	日	1	2	3	4	5	6	日	1
	回曆 4 月			18	19	20	21	22	23	24	25	26	27	28	29	30	1	2	3	4	5	6	7	8	9	10	11	12	13	14	15	16	17					
	公曆 12 月					1	2	3	4	5	6	7	8	9	10	11	12	13	14	15	16	17	18	19	20	21	22	23	24	25	26	27	28	29	30	31		
49	夏曆十一月					20	21	22	23	24	25	26	27	28	29	30	(60)	2	3	4	5	6	7	8	9	10	11	12	13	14	15	16	17	18	19	20		
	回曆 5 月					18	19	20	21	22	23	24	25	26	27	28	29	1	2	3	4	5	6	7	8	9	10	11	12	13	14	15	16	17	18	19		

大事記

閏三月，敕凡恢復前廢佛寺，有司不得禁止，聽僧尼修復。　五月，張仲武大破諸奚。吐蕃論恐熱結黨項、回鶻擾河西，沙陀朱邪赤心擊走之。　八月，突厥內屬者鈔掠，振武兵破之。　十二月，貶李德裕為潮州司馬。

是歲，會昌四年所減州縣官內復增三百八十三員。日本僧圓仁攜經論章疏傳記等五百八十四部歸國。

唐紀年

干支戊辰　公元 848 年

朝代或國名	國家支配者	建都	廟號	謚號	建元	年號年次	輔政者	備注
唐	⑱李忱	長安	宣宗		1	大中 2 年	周墀等	
渤海	⑩大彝震	龍泉府		□王	1	咸和 18 年		在東北
南詔	⑩蒙勸豐祐	陽苴咩		昭成王				在雲南
古格						35 年		西藏阿里

月曆表

5561—354—2031182

月 干支 序數	月＼星期 序	日	1	2	3	4	5	6	日	1	2	3	4	5	6	日	1	2	3	4	5	6	日	1	2	3	4	5	6	日	1	2	3	4	5	6	日	1
	公曆 1 月	1	2	3	4	5	6	7	8	9	10	11	12	13	14	15	16	17	18	19	20	21	22	23	24	25	26	27	28	29	30	31						
50	夏曆十二月	21	22	23	24	25	26	27	28	29	㉙	2	3	4	5	6	7	8	9	10	11	12	13	14	15	16	17	18	19	20	21	22						
	回曆 6 月	20	21	22	23	24	25	26	27	28	29	30	1	2	3	4	5	6	7	8	9	10	11	12	13	14	15	16	17	18	19	20						
	公曆 2 月				1	2	3	4	5	6	7	8	9	10	11	12	13	14	15	16	17	18	19	20	21	22	23	24	25	26	27	28	29					
51	夏曆正月				23	24	25	26	27	28	29	30	(59)	2	3	4	5	6	7	8	9	10	11	12	13	14	15	16	17	18	19	20	21					
	回曆 7 月				21	22	23	24	25	26	27	28	29	1	2	3	4	5	6	7	8	9	10	11	12	13	14	15	16	17	18	19	20					
	公曆 3 月					1	2	3	4	5	6	7	8	9	10	11	12	13	14	15	16	17	18	19	20	21	22	23	24	25	26	27	28	29	30	31		
52	夏曆二月					22	23	24	25	26	27	28	29	㉘	2	3	4	5	6	7	8	9	10	11	12	13	14	15	16	17	18	19	20	21	22	23		
	回曆 8 月					21	22	23	24	25	26	27	28	29	30	1	2	3	4	5	6	7	8	9	10	11	12	13	14	15	16	17	18	19	20	21		
	公曆 4 月	1	2	3	4	5	6	7	8	9	10	11	12	13	14	15	16	17	18	19	20	21	22	23	24	25	26	27	28	29	30							
53	夏曆三月	24	25	26	27	28	29	30	(58)	2	3	4	5	6	7	8	9	10	11	12	13	14	15	16	17	18	19	20	21	22	23							
	回曆 9 月	22	23	24	25	26	27	28	29	1	2	3	4	5	6	7	8	9	10	11	12	13	14	15	16	17	18	19	20	21	22							
	公曆 5 月			1	2	3	4	5	6	7	8	9	10	11	12	13	14	15	16	17	18	19	20	21	22	23	24	25	26	27	28	29	30	31				
54	夏曆四月			24	25	26	27	28	29	㉗	2	3	4	5	6	7	8	9	10	11	12	13	14	15	16	17	18	19	20	21	22	23	24	25				
	回曆 10 月			23	24	25	26	27	28	29	30	1	2	3	4	5	6	7	8	9	10	11	12	13	14	15	16	17	18	19	20	21	22	23				
	公曆 6 月						1	2	3	4	5	6	7	8	9	10	11	12	13	14	15	16	17	18	19	20	21	22	23	24	25	26	27	28	29	30		
55	夏曆五月						26	27	28	29	(56)	2	3	4	5	6	7	8	9	10	11	12	13	14	15	16	17	18	19	20	21	22	23	24	25	26		
	回曆 11 月						24	25	26	27	28	29	1	2	3	4	5	6	7	8	9	10	11	12	13	14	15	16	17	18	19	20	21	22	23	24		
	公曆 7 月	1	2	3	4	5	6	7	8	9	10	11	12	13	14	15	16	17	18	19	20	21	22	23	24	25	26	27	28	29	30	31						

續表

月 干支 序數	星期 月序	日	1	2	3	4	5	6	日	1	2	3	4	5	6	日	1	2	3	4	5	6	日	1	2	3	4	5	6	日	1	2	3	4	5	6	日	1
56	夏曆六月	27	28	29	30	㉖	2	3	4	5	6	7	8	9	10	11	12	13	14	15	16	17	18	19	20	21	22	23	24	25	26	27						
	回曆12月	25	26	27	28	29	30	1	2	3	4	5	6	7	8	9	10	11	12	13	14	15	16	17	18	19	20	21	22	23	24	25						
	公曆8月				1	2	3	4	5	6	7	8	9	10	11	12	13	14	15	16	17	18	19	20	21	22	23	24	25	26	27	28	29	30	31			
57	夏曆七月				28	29	(55)	2	3	4	5	6	7	8	9	10	11	12	13	14	15	16	17	18	19	20	21	22	23	24	25	26	27	28	29			
234年	回曆1月				26	27	28	29	①	2	3	4	5	6	7	8	9	10	11	12	13	14	15	16	17	18	19	20	21	22	23	24	25	26	27			
	公曆9月							1	2	3	4	5	6	7	8	9	10	11	12	13	14	15	16	17	18	19	20	21	22	23	24	25	26	27	28	29	30	
58	夏曆八月							30	㉕	2	3	4	5	6	7	8	9	10	11	12	13	14	15	16	17	18	19	20	21	22	23	24	25	26	27	28	29	
	回曆2月							28	29	30	1	2	3	4	5	6	7	8	9	10	11	12	13	14	15	16	17	18	19	20	21	22	23	24	25	26	27	
	公曆10月		1	2	3	4	5	6	7	8	9	10	11	12	13	14	15	16	17	18	19	20	21	22	23	24	25	26	27	28	29	30	31					
59 60	夏曆九十月		(54)	2	3	4	5	6	7	8	9	10	11	12	13	14	15	16	17	18	19	20	21	22	23	24	25	26	27	28	29	30	㉔					
	回曆3月		28	29	1	2	3	4	5	6	7	8	9	10	11	12	13	14	15	16	17	18	19	20	21	22	23	24	25	26	27	28	29					
	公曆11月					1	2	3	4	5	6	7	8	9	10	11	12	13	14	15	16	17	18	19	20	21	22	23	24	25	26	27	28	29	30			
1	夏曆十一月					2	3	4	5	6	7	8	9	10	11	12	13	14	15	16	17	18	19	20	21	22	23	24	25	26	27	28	29	30	(54)			
	回曆4月					30	1	2	3	4	5	6	7	8	9	10	11	12	13	14	15	16	17	18	19	20	21	22	23	24	25	26	27	28	29			
	公曆12月							1	2	3	4	5	6	7	8	9	10	11	12	13	14	15	16	17	18	19	20	21	22	23	24	25	26	27	28	29	30	31
2	夏曆十二月							2	3	4	5	6	7	8	9	10	11	12	13	14	15	16	17	18	19	20	21	22	23	24	25	26	27	28	29	30	㉔	2
	回曆5、6月							1	2	3	4	5	6	7	8	9	10	11	12	13	14	15	16	17	18	19	20	21	22	23	24	25	26	27	28	29	30	1

大事記

正月,回鶻遏捻可汗依室韋,張仲武令室韋獻之;遏捻可汗與妻九騎西奔,餘部附於室韋;黠戛斯破室韋,取回鶻殘部還。其別部龐勒先在安西者亦稱可汗,居甘州磧西,自是回鶻遂散。　三月,日本國王子入朝,貢方物。　九月,再貶李德裕為崖州司戶。　十二月,鳳翔軍破吐蕃,克清水。吐蕃論恐熱遣兵西略,為尚婢婢所敗。　是歲,張義潮在沙州起事。

唐紀年

干支己巳　公元849年

朝代或國名	國家支配者	建都	廟號	謚號	建元	年號年次	輔政者	備注
唐	⑱李忱	長安	宣宗		1	大中3年	白敏中等	
渤海	⑩大彝震	龍泉府		□王	1	咸和19年		在東北
南詔	⑩蒙勸豐祐	陽苴咩		昭成王				在雲南
古格						36年		西藏阿里

月曆表

5562—384—2031566

月 干支 序數	星期 月序	日	1	2	3	4	5	6	日	1	2	3	4	5	6	日	1	2	3	4	5	6	日	1	2	3	4	5	6	日	1	2	3	4	5	6	日	1
	公曆1月			1	2	3	4	5	6	7	8	9	10	11	12	13	14	15	16	17	18	19	20	21	22	23	24	25	26	27	28	29	30	31				
3	夏曆正月			3	4	5	6	7	8	9	10	11	12	13	14	15	16	17	18	19	20	21	22	23	24	25	26	27	28	29	(53)	2	3	4				
	回曆7月			2	3	4	5	6	7	8	9	10	11	12	13	14	15	16	17	18	19	20	21	22	23	24	25	26	27	28	29	1	2	3				
	公曆2月						1	2	3	4	5	6	7	8	9	10	11	12	13	14	15	16	17	18	19	20	21	22	23	24	25	26	27	28				
4	夏曆二月						5	6	7	8	9	10	11	12	13	14	15	16	17	18	19	20	21	22	23	24	25	26	27	28	29	30	㉓	2				

續表

月干支序數	月序＼星期	日	1	2	3	4	5	6	日	1	2	3	4	5	6	日	1	2	3	4	5	6	日	1	2	3	4	5	6	日	1	2	3	4	5	6	日	1
	回曆8月						4	5	6	7	8	9	10	11	12	13	14	15	16	17	18	19	20	21	22	23	24	25	26	27	28	29	30	1				
	公曆3月						1	2	3	4	5	6	7	8	9	10	11	12	13	14	15	16	17	18	19	20	21	22	23	24	25	26	27	28	29	30	31	
5	夏曆三月						3	4	5	6	7	8	9	10	11	12	13	14	15	16	17	18	19	20	21	22	23	24	25	26	27	28	29	(52)	2	3	4	
	回曆9月						2	3	4	5	6	7	8	9	10	11	12	13	14	15	16	17	18	19	20	21	22	23	24	25	26	27	28	29	1	2	3	
	公曆4月		1	2	3	4	5	6	7	8	9	10	11	12	13	14	15	16	17	18	19	20	21	22	23	24	25	26	27	28	29	30						
6	夏曆四月		5	6	7	8	9	10	11	12	13	14	15	16	17	18	19	20	21	22	23	24	25	26	27	28	29	30	㉒	2	3	4						
	回曆10月		4	5	6	7	8	9	10	11	12	13	14	15	16	17	18	19	20	21	22	23	24	25	26	27	28	29	30	1	2	3						
	公曆5月				1	2	3	4	5	6	7	8	9	10	11	12	13	14	15	16	17	18	19	20	21	22	23	24	25	26	27	28	29	30	31			
7	夏曆五月				5	6	7	8	9	10	11	12	13	14	15	16	17	18	19	20	21	22	23	24	25	26	27	28	29	(51)	2	3	4	5	6			
	回曆11月				4	5	6	7	8	9	10	11	12	13	14	15	16	17	18	19	20	21	22	23	24	25	26	27	28	29	1	2	3	4	5			
	公曆6月							1	2	3	4	5	6	7	8	9	10	11	12	13	14	15	16	17	18	19	20	21	22	23	24	25	26	27	28	29	30	
8	夏曆六月							7	8	9	10	11	12	13	14	15	16	17	18	19	20	21	22	23	24	25	26	27	28	29	⑳	2	3	4	5	6	7	
	回曆12月							6	7	8	9	10	11	12	13	14	15	16	17	18	19	20	21	22	23	24	25	26	27	28	29	30	1	2	3	4	5	
	公曆7月		1	2	3	4	5	6	7	8	9	10	11	12	13	14	15	16	17	18	19	20	21	22	23	24	25	26	27	28	29	30	31					
9	夏曆七月		8	9	10	11	12	13	14	15	16	17	18	19	20	21	22	23	24	25	26	27	28	29	㊾	2	3	4	5	6	7	8	9					
235年	回曆1月		6	7	8	9	10	11	12	13	14	15	16	17	18	19	20	21	22	23	24	25	26	27	28	29	30	①	2	3	4	5	6					
	公曆8月					1	2	3	4	5	6	7	8	9	10	11	12	13	14	15	16	17	18	19	20	21	22	23	24	25	26	27	28	29	30	31		
10	夏曆八月					10	11	12	13	14	15	16	17	18	19	20	21	22	23	24	25	26	27	28	29	30	⑲	2	3	4	5	6	7	8	9	10		
	回曆2月					7	8	9	10	11	12	13	14	15	16	17	18	19	20	21	22	23	24	25	26	27	28	29	30	1	2	3	4	5	6	7		
	公曆9月	1	2	3	4	5	6	7	8	9	10	11	12	13	14	15	16	17	18	19	20	21	22	23	24	25	26	27	28	29	30							
11	夏曆九月	11	12	13	14	15	16	17	18	19	20	21	22	23	24	25	26	27	28	29	㊽	2	3	4	5	6	7	8	9	10	11							
	回曆3月	8	9	10	11	12	13	14	15	16	17	18	19	20	21	22	23	24	25	26	27	28	29	1	2	3	4	5	6	7	8							
	公曆10月			1	2	3	4	5	6	7	8	9	10	11	12	13	14	15	16	17	18	19	20	21	22	23	24	25	26	27	28	29	30	31				
12	夏曆十月			12	13	14	15	16	17	18	19	20	21	22	23	24	25	26	27	28	29	30	⑱	2	3	4	5	6	7	8	9	10	11	12				
	回曆4月			9	10	11	12	13	14	15	16	17	18	19	20	21	22	23	24	25	26	27	28	29	30	1	2	3	4	5	6	7	8	9				
	公曆11月						1	2	3	4	5	6	7	8	9	10	11	12	13	14	15	16	17	18	19	20	21	22	23	24	25	26	27	28	29	30		
13	夏曆十一月						13	14	15	16	17	18	19	20	21	22	23	24	25	26	27	28	29	30	㊽	2	3	4	5	6	7	8	9	10	11	12		
	回曆5月						10	11	12	13	14	15	16	17	18	19	20	21	22	23	24	25	26	27	28	29	1	2	3	4	5	6	7	8	9	10		
	公曆12月	1	2	3	4	5	6	7	8	9	10	11	12	13	14	15	16	17	18	19	20	21	22	23	24	25	26	27	28	29	30	31						
	夏曆閏十一月	13	14	15	16	17	18	19	20	21	22	23	24	25	26	27	28	29	30	⑱	2	3	4	5	6	7	8	9	10	11	12	13						
	回曆6月	11	12	13	14	15	16	17	18	19	20	21	22	23	24	25	26	27	28	29	30	1	2	3	4	5	6	7	8	9	10	11						

大事記

二月，吐蕃秦、原、安樂等州及石門七關來降。　四月，盧龍節度使張仲武死，其子直方為留後，逾月命為節度使。　五月，武寧軍亂，逐節度使李廓。　八月，詔募百姓墾闢三州、七關土地，五年不租稅。　十月，改備邊庫為延資庫。西川兵收復維州。　閏十一月，盧龍軍亂，推牙將周綝為留後，節度使張直方奔長安，尋命綝為節度使。山南西道兵收復扶州。李德裕(787—849)卒於崖州，由是朋黨之爭漸平。

唐 紀 年

干支庚午　公元850年

朝代或國名	國家支配者	建　都	廟　號	謚　號	建　元	年號年次	輔政者	備　注
唐	⑱李忱	長安	宣宗		1	大中4年	令狐綯等	
渤海	⑩大彝震	龍泉府		□王	1	咸和20年		在東北
南詔	⑩蒙勸豐祐	陽苴咩		昭成王				
古格						37年		西藏阿里

月 曆 表

5563－354－2031920

月干支序數	月序＼星期	日	1	2	3	4	5	6	日	1	2	3	4	5	6	日	1	2	3	4	5	6	日	1	2	3	4	5	6	日	1	2	3	4	5	6	日	1
	公曆1月				1	2	3	4	5	6	7	8	9	10	11	12	13	14	15	16	17	18	19	20	21	22	23	24	25	26	27	28	29	30	31			
14	夏曆十二月				14	15	16	17	18	19	20	21	22	23	24	25	26	27	28	29	㊼	2	3	4	5	6	7	8	9	10	11	12	13	14	15			
	回曆7月				12	13	14	15	16	17	18	19	20	21	22	23	24	25	26	27	28	29	1	2	3	4	5	6	7	8	9	10	11	12	13			
	公曆2月							1	2	3	4	5	6	7	8	9	10	11	12	13	14	15	16	17	18	19	20	21	22	23	24	25	26	27	28			
15	夏曆正月							16	17	18	19	20	21	22	23	24	25	26	27	28	29	30	⑰	2	3	4	5	6	7	8	9	10	11	12	13			
	回曆8月							14	15	16	17	18	19	20	21	22	23	24	25	26	27	28	29	30	1	2	3	4	5	6	7	8	9	10	11			
	公曆3月							1	2	3	4	5	6	7	8	9	10	11	12	13	14	15	16	17	18	19	20	21	22	23	24	25	26	27	28	29	30	31
16	夏曆二月							14	15	16	17	18	19	20	21	22	23	24	25	26	27	28	29	30	㊼	2	3	4	5	6	7	8	9	10	11	12	13	14
	回曆9月							12	13	14	15	16	17	18	19	20	21	22	23	24	25	26	27	28	29	1	2	3	4	5	6	7	8	9	10	11	12	13
	公曆4月			1	2	3	4	5	6	7	8	9	10	11	12	13	14	15	16	17	18	19	20	21	22	23	24	25	26	27	28	29	30					
17	夏曆三月			15	16	17	18	19	20	21	22	23	24	25	26	27	28	29	⑯	2	3	4	5	6	7	8	9	10	11	12	13	14	15					
	回曆10月			14	15	16	17	18	19	20	21	22	23	24	25	26	27	28	29	30	1	2	3	4	5	6	7	8	9	10	11	12	13					
	公曆5月					1	2	3	4	5	6	7	8	9	10	11	12	13	14	15	16	17	18	19	20	21	22	23	24	25	26	27	28	29	30	31		
18	夏曆四月					16	17	18	19	20	21	22	23	24	25	26	27	28	29	30	㊻	2	3	4	5	6	7	8	9	10	11	12	13	14	15	16		
	回曆11月					14	15	16	17	18	19	20	21	22	23	24	25	26	27	28	29	1	2	3	4	5	6	7	8	9	10	11	12	13	14	15		
	公曆6月	1	2	3	4	5	6	7	8	9	10	11	12	13	14	15	16	17	18	19	20	21	22	23	24	25	26	27	28	29	30							
19	夏曆五月	17	18	19	20	21	22	23	24	25	26	27	28	29	⑮	2	3	4	5	6	7	8	9	10	11	12	13	14	15	16	17							
	回曆12月	16	17	18	19	20	21	22	23	24	25	26	27	28	29	30	1	2	3	4	5	6	7	8	9	10	11	12	13	14	15							
	公曆7月			1	2	3	4	5	6	7	8	9	10	11	12	13	14	15	16	17	18	19	20	21	22	23	24	25	26	27	28	29	30	31				
20	夏曆六月			18	19	20	21	22	23	24	25	26	27	28	29	㊹	2	3	4	5	6	7	8	9	10	11	12	13	14	15	16	17	18	19				
236年	回曆1月			16	17	18	19	20	21	22	23	24	25	26	27	28	29	①	2	3	4	5	6	7	8	9	10	11	12	13	14	15	16	17				
	公曆8月						1	2	3	4	5	6	7	8	9	10	11	12	13	14	15	16	17	18	19	20	21	22	23	24	25	26	27	28	29	30	31	
21	夏曆七月						20	21	22	23	24	25	26	27	28	29	⑬	2	3	4	5	6	7	8	9	10	11	12	13	14	15	16	17	18	19	20	21	
	回曆2月						18	19	20	21	22	23	24	25	26	27	28	29	30	1	2	3	4	5	6	7	8	9	10	11	12	13	14	15	16	17	18	
	公曆9月		1	2	3	4	5	6	7	8	9	10	11	12	13	14	15	16	17	18	19	20	21	22	23	24	25	26	27	28	29	30						
22	夏曆八月		22	23	24	25	26	27	28	29	30	㊸	2	3	4	5	6	7	8	9	10	11	12	13	14	15	16	17	18	19	20	21						
	回曆3月		19	20	21	22	23	24	25	26	27	28	29	1	2	3	4	5	6	7	8	9	10	11	12	13	14	15	16	17	18	19						
	公曆10月				1	2	3	4	5	6	7	8	9	10	11	12	13	14	15	16	17	18	19	20	21	22	23	24	25	26	27	28	29	30	31			
23	夏曆九月				22	23	24	25	26	27	28	29	⑫	2	3	4	5	6	7	8	9	10	11	12	13	14	15	16	17	18	19	20	21	22	23			
	回曆4月				20	21	22	23	24	25	26	27	28	29	30	1	2	3	4	5	6	7	8	9	10	11	12	13	14	15	16	17	18	19	20			
	公曆11月							1	2	3	4	5	6	7	8	9	10	11	12	13	14	15	16	17	18	19	20	21	22	23	24	25	26	27	28	29	30	
24	夏曆十月							24	25	26	27	28	29	30	㊷	2	3	4	5	6	7	8	9	10	11	12	13	14	15	16	17	18	19	20	21	22	23	
	回曆5月							21	22	23	24	25	26	27	28	29	1	2	3	4	5	6	7	8	9	10	11	12	13	14	15	16	17	18	19	20	21	
	公曆12月		1	2	3	4	5	6	7	8	9	10	11	12	13	14	15	16	17	18	19	20	21	22	23	24	25	26	27	28	29	30	31					
25	夏曆十一月		24	25	26	27	28	29	30	⑫	2	3	4	5	6	7	8	9	10	11	12	13	14	15	16	17	18	19	20	21	22	23	24					
	回曆6月		22	23	24	25	26	27	28	29	30	1	2	3	4	5	6	7	8	9	10	11	12	13	14	15	16	17	18	19	20	21	22					

大事記

八月，盧龍節度使周綝死，軍中推張允伸為留後，尋命為節度使。　九月，吐蕃論恐熱敗尚婢婢兵，大焚掠河西八州。　十一月，以黨項鈔掠不已，再遣兵擊之。

唐紀年

干支辛未　公元 851 年

朝代或國名	國家支配者	建都	廟號	謚號	建元	年號年次	輔政者	備注
唐	⑱李忱	長安	宣宗		1	大中 5 年	崔龜從等	
渤海	⑩大彝震	龍泉府		□王	1	咸和 21 年		在東北
南詔	⑩蒙勸豐祐	陽苴咩		昭成王				在雲南
古格						38 年		西藏阿里

月曆表

5564—354—2032274

月干支序數	月序＼星期	日	1	2	3	4	5	6	日	1	2	3	4	5	6	日	1	2	3	4	5	6	日	1	2	3	4	5	6	日	1	2	3	4	5	6	日	1
	公曆 1 月					1	2	3	4	5	6	7	8	9	10	11	12	13	14	15	16	17	18	19	20	21	22	23	24	25	26	27	28	29	30	31		
26	夏曆十二月					25	26	27	28	29	㊶	2	3	4	5	6	7	8	9	10	11	12	13	14	15	16	17	18	19	20	21	22	23	24	25	26		
	回曆 7 月					23	24	25	26	27	28	29	1	2	3	4	5	6	7	8	9	10	11	12	13	14	15	16	17	18	19	20	21	22	23	24		
	公曆 2 月	1	2	3	4	5	6	7	8	9	10	11	12	13	14	15	16	17	18	19	20	21	22	23	24	25	26	27	28									
27	夏曆正月	27	28	29	30	⑪	2	3	4	5	6	7	8	9	10	11	12	13	14	15	16	17	18	19	20	21	22	23	24									
	回曆 8 月	25	26	27	28	29	30	1	2	3	4	5	6	7	8	9	10	11	12	13	14	15	16	17	18	19	20	21	22									
	公曆 3 月	1	2	3	4	5	6	7	8	9	10	11	12	13	14	15	16	17	18	19	20	21	22	23	24	25	26	27	28	29	30	31						
28	夏曆二月	25	26	27	28	29	30	㊶	2	3	4	5	6	7	8	9	10	11	12	13	14	15	16	17	18	19	20	21	22	23	24	25						
	回曆 9 月	23	24	25	26	27	28	29	1	2	3	4	5	6	7	8	9	10	11	12	13	14	15	16	17	18	19	20	21	22	23	24						
	公曆 4 月				1	2	3	4	5	6	7	8	9	10	11	12	13	14	15	16	17	18	19	20	21	22	23	24	25	26	27	28	29	30				
29	夏曆三月				26	27	28	29	30	⑪	2	3	4	5	6	7	8	9	10	11	12	13	14	15	16	17	18	19	20	21	22	23	24	25				
	回曆 10 月				25	26	27	28	29	30	1	2	3	4	5	6	7	8	9	10	11	12	13	14	15	16	17	18	19	20	21	22	23	24				
	公曆 5 月						1	2	3	4	5	6	7	8	9	10	11	12	13	14	15	16	17	18	19	20	21	22	23	24	25	26	27	28	29	30	31	
30	夏曆四月						26	27	28	29	㊵	2	3	4	5	6	7	8	9	10	11	12	13	14	15	16	17	18	19	20	21	22	23	24	25	26	27	
	回曆 11 月						25	26	27	28	29	1	2	3	4	5	6	7	8	9	10	11	12	13	14	15	16	17	18	19	20	21	22	23	24	25	26	
	公曆 6 月		1	2	3	4	5	6	7	8	9	10	11	12	13	14	15	16	17	18	19	20	21	22	23	24	25	26	27	28	29	30						
31	夏曆五月		28	29	30	⑩	2	3	4	5	6	7	8	9	10	11	12	13	14	15	16	17	18	19	20	21	22	23	24	25	26	27						
	回曆 12 月		27	28	29	30	1	2	3	4	5	6	7	8	9	10	11	12	13	14	15	16	17	18	19	20	21	22	23	24	25	26						
	公曆 7 月				1	2	3	4	5	6	7	8	9	10	11	12	13	14	15	16	17	18	19	20	21	22	23	24	25	26	27	28	29	30	31			
32	夏曆六月				28	29	㊴	2	3	4	5	6	7	8	9	10	11	12	13	14	15	16	17	18	19	20	21	22	23	24	25	26	27	28	29			
237 年	回曆 1 月				27	28	29	30	①	2	3	4	5	6	7	8	9	10	11	12	13	14	15	16	17	18	19	20	21	22	23	24	25	26	27			
	公曆 8 月							1	2	3	4	5	6	7	8	9	10	11	12	13	14	15	16	17	18	19	20	21	22	23	24	25	26	27	28	29	30	31
33 34	夏曆七八月							⑧	2	3	4	5	6	7	8	9	10	11	12	13	14	15	16	17	18	19	20	21	22	23	24	25	26	27	28	29	㊲	2
	回曆 2 月							28	29	30	1	2	3	4	5	6	7	8	9	10	11	12	13	14	15	16	17	18	19	20	21	22	23	24	25	26	27	28
	公曆 9 月			1	2	3	4	5	6	7	8	9	10	11	12	13	14	15	16	17	18	19	20	21	22	23	24	25	26	27	28	29	30					
35	夏曆九月			3	4	5	6	7	8	9	10	11	12	13	14	15	16	17	18	19	20	21	22	23	24	25	26	27	28	29	30	⑦	2					
	回曆 3 月			29	1	2	3	4	5	6	7	8	9	10	11	12	13	14	15	16	17	18	19	20	21	22	23	24	25	26	27	28	29					
	公曆 10 月					1	2	3	4	5	6	7	8	9	10	11	12	13	14	15	16	17	18	19	20	21	22	23	24	25	26	27	28	29	30	31		
36	夏曆十月					3	4	5	6	7	8	9	10	11	12	13	14	15	16	17	18	19	20	21	22	23	24	25	26	27	28	29	㊱	2	3	4		
	回曆 4、5 月					1	2	3	4	5	6	7	8	9	10	11	12	13	14	15	16	17	18	19	20	21	22	23	24	25	26	27	28	29	30	1		

續表

月干支序數	星期 月序	日	1	2	3	4	5	6	日	1	2	3	4	5	6	日	1	2	3	4	5	6	日	1	2	3	4	5	6	日	1	2	3	4	5	6	日	1
	公曆11月	1	2	3	4	5	6	7	8	9	10	11	12	13	14	15	16	17	18	19	20	21	22	23	24	25	26	27	28	29	30							
37	夏曆十一月	5	6	7	8	9	10	11	12	13	14	15	16	17	18	19	20	21	22	23	24	25	26	27	28	29	30	⑥	2	3	4							
	回曆6月	2	3	4	5	6	7	8	9	10	11	12	13	14	15	16	17	18	19	20	21	22	23	24	25	26	27	28	29	30	1							
	公曆12月			1	2	3	4	5	6	7	8	9	10	11	12	13	14	15	16	17	18	19	20	21	22	23	24	25	26	27	28	29	30	31				
38	夏曆十二月			5	6	7	8	9	10	11	12	13	14	15	16	17	18	19	20	21	22	23	24	25	26	27	28	29	㉟	2	3	4	5	6				
	回曆7月			2	3	4	5	6	7	8	9	10	11	12	13	14	15	16	17	18	19	20	21	22	23	24	25	26	27	28	29	1	2	3				

大事記

正月,沙州人張義潮逐吐蕃守將,攝州事,奉表來報,命為沙州防禦使。　二月,以裴休為鹽鐵轉運使,立漕法十條,歲運米至渭倉者二十萬斛。　三月,以白敏中為招討黨項行營都統、制置等使。　四月,黨項粗定,詔綏撫之,靈、夏、邠、鄜四道百姓給復三年。　五月,吐蕃論恐熱窮蹙來朝,求為河渭節度使,不許,放還,奔廓州。　十月,令大縣遠於州者置一寺,鄉村不得更置佛舍。蓬、果諸州人苦苛政,假神道聚衆據鷄山,擾三川,尋敗散。張義潮略定瓜、伊、西、甘、肅、蘭、鄯、河、岷、廓十州,遣兄義澤入獻圖籍,於是河湟等地盡入於唐,置歸義軍於沙州,以義潮為節度使、十一州觀察使,其判官曹義全為長史。

唐紀年

干支壬申　公元852年

朝代或國名	國家支配者	建都	廟號	謚號	建元	年號年次	輔政者	備注
唐	⑱李忱	長安	宣宗		1	大中6年	裴休等	
渤海	⑩大彝震	龍泉府		□王	1	咸和22年		在東北
南詔	⑩蒙勸豐祐	陽苴咩		昭成王				在雲南
古格						39年		西藏阿里

月曆表

5565—384—2032658

月干支序數	星期 月序	日	1	2	3	4	5	6	日	1	2	3	4	5	6	日	1	2	3	4	5	6	日	1	2	3	4	5	6	日	1	2	3	4	5	6	日	1
	公曆1月						1	2	3	4	5	6	7	8	9	10	11	12	13	14	15	16	17	18	19	20	21	22	23	24	25	26	27	28	29	30	31	
39	夏曆正月						7	8	9	10	11	12	13	14	15	16	17	18	19	20	21	22	23	24	25	26	27	28	29	30	⑤	2	3	4	5	6	7	
	回曆8月						4	5	6	7	8	9	10	11	12	13	14	15	16	17	18	19	20	21	22	23	24	25	26	27	28	29	30	1	2	3	4	
	公曆2月		1	2	3	4	5	6	7	8	9	10	11	12	13	14	15	16	17	18	19	20	21	22	23	24	25	26	27	28	29							
40	夏曆二月		8	9	10	11	12	13	14	15	16	17	18	19	20	21	22	23	24	25	26	27	28	29	30	㉟	2	3	4	5	6							
	回曆9月		5	6	7	8	9	10	11	12	13	14	15	16	17	18	19	20	21	22	23	24	25	26	27	28	29	1	2	3	4							
	公曆3月			1	2	3	4	5	6	7	8	9	10	11	12	13	14	15	16	17	18	19	20	21	22	23	24	25	26	27	28	29	30	31				
41	夏曆三月			7	8	9	10	11	12	13	14	15	16	17	18	19	20	21	22	23	24	25	26	27	28	29	30	⑤	2	3	4	5	6	7				
	回曆10月			5	6	7	8	9	10	11	12	13	14	15	16	17	18	19	20	21	22	23	24	25	26	27	28	29	30	1	2	3	4	5				
	公曆4月						1	2	3	4	5	6	7	8	9	10	11	12	13	14	15	16	17	18	19	20	21	22	23	24	25	26	27	28	29	30		
42	夏曆四月						8	9	10	11	12	13	14	15	16	17	18	19	20	21	22	23	24	25	26	27	28	29	㉞	2	3	4	5	6	7	8		
	回曆11月						6	7	8	9	10	11	12	13	14	15	16	17	18	19	20	21	22	23	24	25	26	27	28	29	1	2	3	4	5	6		
	公曆5月	1	2	3	4	5	6	7	8	9	10	11	12	13	14	15	16	17	18	19	20	21	22	23	24	25	26	27	28	29	30	31						
43	夏曆五月	9	10	11	12	13	14	15	16	17	18	19	20	21	22	23	24	25	26	27	28	29	30	④	2	3	4	5	6	7	8	9						

續表

月干支序數	月序＼星期	日	1	2	3	4	5	6	日	1	2	3	4	5	6	日	1	2	3	4	5	6	日	1	2	3	4	5	6	日	1	2	3	4	5	6	日	1
	回曆 12 月	7	8	9	10	11	12	13	14	15	16	17	18	19	20	21	22	23	24	25	26	27	28	29	30	1	2	3	4	5	6	7						
	公曆 6 月				1	2	3	4	5	6	7	8	9	10	11	12	13	14	15	16	17	18	19	20	21	22	23	24	25	26	27	28	29	30				
44	夏曆六月				10	11	12	13	14	15	16	17	18	19	20	21	22	23	24	25	26	27	28	29	㉝	2	3	4	5	6	7	8	9	10				
238 年	回曆 1 月				8	9	10	11	12	13	14	15	16	17	18	19	20	21	22	23	24	25	26	27	28	29	①	2	3	4	5	6	7	8				
	公曆 7 月						1	2	3	4	5	6	7	8	9	10	11	12	13	14	15	16	17	18	19	20	21	22	23	24	25	26	27	28	29	30	31	
45	夏曆七月						11	12	13	14	15	16	17	18	19	20	21	22	23	24	25	26	27	28	29	30	③	2	3	4	5	6	7	8	9	10	11	
	回曆 2 月						9	10	11	12	13	14	15	16	17	18	19	20	21	22	23	24	25	26	27	28	29	30	1	2	3	4	5	6	7	8	9	
	公曆 8 月		1	2	3	4	5	6	7	8	9	10	11	12	13	14	15	16	17	18	19	20	21	22	23	24	25	26	27	28	29	30	31					
	夏曆閏七月		12	13	14	15	16	17	18	19	20	21	22	23	24	25	26	27	28	29	㉜	2	3	4	5	6	7	8	9	10	11	12	13					
	回曆 3 月		10	11	12	13	14	15	16	17	18	19	20	21	22	23	24	25	26	27	28	29	1	2	3	4	5	6	7	8	9	10	11					
	公曆 9 月					1	2	3	4	5	6	7	8	9	10	11	12	13	14	15	16	17	18	19	20	21	22	23	24	25	26	27	28	29	30			
46	夏曆八月					14	15	16	17	18	19	20	21	22	23	24	25	26	27	28	29	①	2	3	4	5	6	7	8	9	10	11	12	13	14			
	回曆 4 月					12	13	14	15	16	17	18	19	20	21	22	23	24	25	26	27	28	29	3	1	2	3	4	5	6	7	8	9	10	11			
	公曆 10 月							1	2	3	4	5	6	7	8	9	10	11	12	13	14	15	16	17	18	19	20	21	22	23	24	25	26	27	28	29	30	31
47	夏曆九月							15	16	17	18	19	20	21	22	23	24	25	26	27	28	29	30	㉛	2	3	4	5	6	7	8	9	10	11	12	13	14	15
	回曆 5 月							12	13	14	15	16	17	18	19	20	21	22	23	24	25	26	27	28	29	1	2	3	4	5	6	7	8	9	10	11	12	13
	公曆 11 月			1	2	3	4	5	6	7	8	9	10	11	12	13	14	15	16	17	18	19	20	21	22	23	24	25	26	27	28	29	30					
48	夏曆十月			16	17	18	19	20	21	22	23	24	25	26	27	28	29	(60)	2	3	4	5	6	7	8	9	10	11	12	13	14	15	16					
	回曆 6 月			14	15	16	17	18	19	20	21	22	23	24	25	26	27	28	29	30	1	2	3	4	5	6	7	8	9	10	11	12	13					
	公曆 12 月					1	2	3	4	5	6	7	8	9	10	11	12	13	14	15	16	17	18	19	20	21	22	23	24	25	26	27	28	29	30	31		
49	夏曆十一月					17	18	19	20	21	22	23	24	25	26	27	28	29	30	㉚	2	3	4	5	6	7	8	9	10	11	12	13	14	15	16	17		
	回曆 7 月					14	15	16	17	18	19	20	21	22	23	24	25	26	27	28	29	1	2	3	4	5	6	7	8	9	10	11	12	13	14	15		

大事記

四月，衡州民鄧裴等起事，尋敗。　八月，以裴休同平章事。僚掠昌、資二州。　十二月，嚴禁私度僧尼。　是歲，文學家杜牧卒(803—852)。

唐　紀　年

干支癸酉　公元 853 年

朝代或國名	國家支配者	建　都	廟　號	謚　號	建　元	年號年次	輔政者	備　注
唐	⑱李忱	長安	宣宗		1	大中 7 年	裴休等	
渤海	⑩大彝震	龍泉府		□王	1	咸和 23 年		在東北
南詔	⑩蒙勸豐祐	陽苴咩		昭成王				在雲南
古格						40 年		西藏阿里

月　曆　表

5566—354—2033012

月干支序數	月序＼星期	日	1	2	3	4	5	6	日	1	2	3	4	5	6	日	1	2	3	4	5	6	日	1	2	3	4	5	6	日	1	2	3	4	5	6	日	1
	公曆 1 月	1	2	3	4	5	6	7	8	9	10	11	12	13	14	15	16	17	18	19	20	21	22	23	24	25	26	27	28	29	30	31						
50	夏曆十二月	18	19	20	21	22	23	24	25	26	27	28	29	(59)	2	3	4	5	6	7	8	9	10	11	12	13	14	15	16	17	18	19						
	回曆 8 月	16	17	18	19	20	21	22	23	24	25	26	27	28	29	30	1	2	3	4	5	6	7	8	9	10	11	12	13	14	15	16						

續表

月干支序數	月序＼星期	日	1	2	3	4	5	6	日	1	2	3	4	5	6	日	1	2	3	4	5	6	日	1	2	3	4	5	6	日	1	2	3	4	5	6	日	1
	公曆2月				1	2	3	4	5	6	7	8	9	10	11	12	13	14	15	16	17	18	19	20	21	22	23	24	25	26	27	28						
51	夏曆正月				20	21	22	23	24	25	26	27	28	29	30	㉙	2	3	4	5	6	7	8	9	10	11	12	13	14	15	16	17						
	回曆9月				17	18	19	20	21	22	23	24	25	26	27	28	29	1	2	3	4	5	6	7	8	9	10	11	12	13	14	15						
	公曆3月				1	2	3	4	5	6	7	8	9	10	11	12	13	14	15	16	17	18	19	20	21	22	23	24	25	26	27	28	29	30	31			
52	夏曆二月				18	19	20	21	22	23	24	25	26	27	28	29	30	(59)	2	3	4	5	6	7	8	9	10	11	12	13	14	15	16	17	18			
	回曆10月				16	17	18	19	20	21	22	23	24	25	26	27	28	29	30	1	2	3	4	5	6	7	8	9	10	11	12	13	14	15	16			
	公曆4月							1	2	3	4	5	6	7	8	9	10	11	12	13	14	15	16	17	18	19	20	21	22	23	24	25	26	27	28	29	30	
53	夏曆三月							19	20	21	22	23	24	25	26	27	28	29	㉘	2	3	4	5	6	7	8	9	10	11	12	13	14	15	16	17	18	19	
	回曆11月							17	18	19	20	21	22	23	24	25	26	27	28	29	1	2	3	4	5	6	7	8	9	10	11	12	13	14	15	16	17	
	公曆5月		1	2	3	4	5	6	7	8	9	10	11	12	13	14	15	16	17	18	19	20	21	22	23	24	25	26	27	28	29	30	31					
54	夏曆四月		20	21	22	23	24	25	26	27	28	29	30	(58)	2	3	4	5	6	7	8	9	10	11	12	13	14	15	16	17	18	19	20					
	回曆12月		18	19	20	21	22	23	24	25	26	27	28	29	30	1	2	3	4	5	6	7	8	9	10	11	12	13	14	15	16	17	18					
	公曆6月					1	2	3	4	5	6	7	8	9	10	11	12	13	14	15	16	17	18	19	20	21	22	23	24	25	26	27	28	29	30			
55	夏曆五月					21	22	23	24	25	26	27	28	29	30	㉘	2	3	4	5	6	7	8	9	10	11	12	13	14	15	16	17	18	19	20			
239年	回曆1月					19	20	21	22	23	24	25	26	27	28	29	①	2	3	4	5	6	7	8	9	10	11	12	13	14	15	16	17	18	19			
	公曆7月							1	2	3	4	5	6	7	8	9	10	11	12	13	14	15	16	17	18	19	20	21	22	23	24	25	26	27	28	29	30	31
56	夏曆六月							21	22	23	24	25	26	27	28	29	(57)	2	3	4	5	6	7	8	9	10	11	12	13	14	15	16	17	18	19	20	21	22
	回曆2月							20	21	22	23	24	25	26	27	28	29	30	1	2	3	4	5	6	7	8	9	10	11	12	13	14	15	16	17	18	19	20
	公曆8月			1	2	3	4	5	6	7	8	9	10	11	12	13	14	15	16	17	18	19	20	21	22	23	24	25	26	27	28	29	30	31				
57	夏曆七月			23	24	25	26	27	28	29	30	㉗	2	3	4	5	6	7	8	9	10	11	12	13	14	15	16	17	18	19	20	21	22	23				
	回曆3月			21	22	23	24	25	26	27	28	29	1	2	3	4	5	6	7	8	9	10	11	12	13	14	15	16	17	18	19	20	21	22				
	公曆9月						1	2	3	4	5	6	7	8	9	10	11	12	13	14	15	16	17	18	19	20	21	22	23	24	25	26	27	28	29	30		
58	夏曆八月						24	25	26	27	28	29	(56)	2	3	4	5	6	7	8	9	10	11	12	13	14	15	16	17	18	19	20	21	22	23	24		
	回曆4月						23	24	25	26	27	28	29	30	1	2	3	4	5	6	7	8	9	10	11	12	13	14	15	16	17	18	19	20	21	22		
	公曆10月	1	2	3	4	5	6	7	8	9	10	11	12	13	14	15	16	17	18	19	20	21	22	23	24	25	26	27	28	29	30	31						
59	夏曆九月	25	26	27	28	29	30	㉖	2	3	4	5	6	7	8	9	10	11	12	13	14	15	16	17	18	19	20	21	22	23	24	25						
	回曆5月	23	24	25	26	27	28	29	1	2	3	4	5	6	7	8	9	10	11	12	13	14	15	16	17	18	19	20	21	22	23	24						
	公曆11月				1	2	3	4	5	6	7	8	9	10	11	12	13	14	15	16	17	18	19	20	21	22	23	24	25	26	27	28	29	30				
60	夏曆十月				26	27	28	29	(55)	2	3	4	5	6	7	8	9	10	11	12	13	14	15	16	17	18	19	20	21	22	23	24	25	26				
	回曆6月				25	26	27	28	29	30	1	2	3	4	5	6	7	8	9	10	11	12	13	14	15	16	17	18	19	20	21	22	23	24				
	公曆12月						1	2	3	4	5	6	7	8	9	10	11	12	13	14	15	16	17	18	19	20	21	22	23	24	25	26	27	28	29	30	31	
1	夏曆十一月						27	28	29	㉔	2	3	4	5	6	7	8	9	10	11	12	13	14	15	16	17	18	19	20	21	22	23	24	25	26	27	28	
	回曆7月						25	26	27	28	29	1	2	3	4	5	6	7	8	9	10	11	12	13	14	15	16	17	18	19	20	21	22	23	24	25	26	

大事記

四月，定行刑折杖法。　五月，張戣上《刑法統類》。　十月，崔鉉進《續會要》四十卷。　十二月，度支奏歲入租稅 550 萬餘緡，榷酤 82 萬餘緡，鹽利 278 萬餘緡，共 925 萬餘緡。

唐紀年

干支甲戌　公元854年

朝代或國名	國家支配者	建都	廟號	謚號	建元	年號年次	輔政者	備注
唐	⑱李忱	長安	宣宗		1	大中8年	令狐綯等	
渤海	⑩大彝震	龍泉府		□王	1	咸和24年		在東北
南詔	⑩蒙勸豊祐	陽苴咩		昭成王				在雲南
古格						41年		西藏阿里

月曆表

5567—355—2033367

月干支序數	月序＼星期	日	1	2	3	4	5	6	日	1	2	3	4	5	6	日	1	2	3	4	5	6	日	1	2	3	4	5	6	日	1	2	3	4	5	6	日	1
	公曆1月		1	2	3	4	5	6	7	8	9	10	11	12	13	14	15	16	17	18	19	20	21	22	23	24	25	26	27	28	29	30	31					
2	夏曆十二月		29	30	(54)	2	3	4	5	6	7	8	9	10	11	12	13	14	15	16	17	18	19	20	21	22	23	24	25	26	27	28	29					
	回曆8月		27	28	29	30	1	2	3	4	5	6	7	8	9	10	11	12	13	14	15	16	17	18	19	20	21	22	23	24	25	26	27					
	公曆2月					1	2	3	4	5	6	7	8	9	10	11	12	13	14	15	16	17	18	19	20	21	22	23	24	25	26	27	28					
3	夏曆正月					㉓	2	3	4	5	6	7	8	9	10	11	12	13	14	15	16	17	18	19	20	21	22	23	24	25	26	27	28					
	回曆9月					28	29	1	2	3	4	5	6	7	8	9	10	11	12	13	14	15	16	17	18	19	20	21	22	23	24	25	26					
	公曆3月					1	2	3	4	5	6	7	8	9	10	11	12	13	14	15	16	17	18	19	20	21	22	23	24	25	26	27	28	29	30	31		
4	夏曆二月					29	30	(53)	2	3	4	5	6	7	8	9	10	11	12	13	14	15	16	17	18	19	20	21	22	23	24	25	26	27	28	29		
	回曆10月					27	28	29	30	1	2	3	4	5	6	7	8	9	10	11	12	13	14	15	16	17	18	19	20	21	22	23	24	25	26	27		
	公曆4月	1	2	3	4	5	6	7	8	9	10	11	12	13	14	15	16	17	18	19	20	21	22	23	24	25	26	27	28	29	30							
5	夏曆三月	㉒	2	3	4	5	6	7	8	9	10	11	12	13	14	15	16	17	18	19	20	21	22	23	24	25	26	27	28	29	30							
	回曆11月	28	29	1	2	3	4	5	6	7	8	9	10	11	12	13	14	15	16	17	18	19	20	21	22	23	24	25	26	27	28							
	公曆5月			1	2	3	4	5	6	7	8	9	10	11	12	13	14	15	16	17	18	19	20	21	22	23	24	25	26	27	28	29	30	31				
6 7	夏曆四五月			(52)	2	3	4	5	6	7	8	9	10	11	12	13	14	15	16	17	18	19	20	21	22	23	24	25	26	27	28	29	30	㉒				
	回曆12月			29	30	1	2	3	4	5	6	7	8	9	10	11	12	13	14	15	16	17	18	19	20	21	22	23	24	25	26	27	28	29				
	公曆6月						1	2	3	4	5	6	7	8	9	10	11	12	13	14	15	16	17	18	19	20	21	22	23	24	25	26	27	28	29	30		
8	夏曆六月						2	3	4	5	6	7	8	9	10	11	12	13	14	15	16	17	18	19	20	21	22	23	24	25	26	27	28	29	(51)	2		
240年	回曆1月						30	①	2	3	4	5	6	7	8	9	10	11	12	13	14	15	16	17	18	19	20	21	22	23	24	25	26	27	28	29		
	公曆7月	1	2	3	4	5	6	7	8	9	10	11	12	13	14	15	16	17	18	19	20	21	22	23	24	25	26	27	28	29	30	31						
9	夏曆七月	3	4	5	6	7	8	9	10	11	12	13	14	15	16	17	18	19	20	21	22	23	24	25	26	27	28	29	30	㉑	2	3						
	回曆2、3月	30	1	2	3	4	5	6	7	8	9	10	11	12	13	14	15	16	17	18	19	20	21	22	23	24	25	26	27	28	29	1						
	公曆8月				1	2	3	4	5	6	7	8	9	10	11	12	13	14	15	16	17	18	19	20	21	22	23	24	25	26	27	28	29	30	31			
10	夏曆八月				4	5	6	7	8	9	10	11	12	13	14	15	16	17	18	19	20	21	22	23	24	25	26	27	28	29	㊿	2	3	4	5			
	回曆4月				2	3	4	5	6	7	8	9	10	11	12	13	14	15	16	17	18	19	20	21	22	23	24	25	26	27	28	29	30	1	2			
	公曆9月							1	2	3	4	5	6	7	8	9	10	11	12	13	14	15	16	17	18	19	20	21	22	23	24	25	26	27	28	29	30	
11	夏曆九月							6	7	8	9	10	11	12	13	14	15	16	17	18	19	20	21	22	23	24	25	26	27	28	29	30	⑳	2	3	4	5	
	回曆5月							3	4	5	6	7	8	9	10	11	12	13	14	15	16	17	18	19	20	21	22	23	24	25	26	27	28	29	1	2	3	
	公曆10月		1	2	3	4	5	6	7	8	9	10	11	12	13	14	15	16	17	18	19	20	21	22	23	24	25	26	27	28	29	30	31					
12	夏曆十月		6	7	8	9	10	11	12	13	14	15	16	17	18	19	20	21	22	23	24	25	26	27	28	29	30	㊿	2	3	4	5	6					
	回曆6月		4	5	6	7	8	9	10	11	12	13	14	15	16	17	18	19	20	21	22	23	24	25	26	27	28	29	30	1	2	3	4					
	公曆11月					1	2	3	4	5	6	7	8	9	10	11	12	13	14	15	16	17	18	19	20	21	22	23	24	25	26	27	28	29	30			
13	夏曆十一月					7	8	9	10	11	12	13	14	15	16	17	18	19	20	21	22	23	24	25	26	27	28	29	⑲	2	3	4	5	6	7			
	回曆7月					5	6	7	8	9	10	11	12	13	14	15	16	17	18	19	20	21	22	23	24	25	26	27	28	29	1	2	3	4	5			
	公曆12月							1	2	3	4	5	6	7	8	9	10	11	12	13	14	15	16	17	18	19	20	21	22	23	24	25	26	27	28	29	30	31

續表

月干支序數	月序＼星期	日	1	2	3	4	5	6	日	1	2	3	4	5	6	日	1	2	3	4	5	6	日	1	2	3	4	5	6	日	1	2	3	4	5	6	日	1
14	夏曆十二月							8	9	10	11	12	13	14	15	16	17	18	19	20	21	22	23	24	25	26	27	28	29	30	㊾	2	3	4	5	6	7	8
	回曆8月							6	7	8	9	10	11	12	13	14	15	16	17	18	19	20	21	22	23	24	25	26	27	28	29	30	1	2	3	4	5	6

大事記

十月，詔雪甘露之變王涯、賈餗等冤。宰相令狐綯與李忱密陳黜宦官權之策，為宦官所知，由是益惡朝士，南北益如水火。

唐紀年

干支乙亥　公元855年

朝代或國名	國家支配者	建都	廟號	謚號	建元	年號年次	輔政者	備注
唐	⑱李忱	長安	宣宗		1	大中9年	裴休等	
渤海	⑩大彝震	龍泉府		□王	1	咸和25年		在東北
南詔	⑩蒙勸豐祐	陽苴咩		昭成王				在雲南
古格						42年		西藏阿里

月曆表

5568—384—2033751

月干支序數	月序＼星期	日	1	2	3	4	5	6	日	1	2	3	4	5	6	日	1	2	3	4	5	6	日	1	2	3	4	5	6	日	1	2	3	4	5	6	日	1
	公曆1月			1	2	3	4	5	6	7	8	9	10	11	12	13	14	15	16	17	18	19	20	21	22	23	24	25	26	27	28	29	30	31				
15	夏曆正月			9	10	11	12	13	14	15	16	17	18	19	20	21	22	23	24	25	26	27	28	29	⑱	2	3	4	5	6	7	8	9	10				
	回曆9月			7	8	9	10	11	12	13	14	15	16	17	18	19	20	21	22	23	24	25	26	27	28	29	1	2	3	4	5	6	7	8				
	公曆2月						1	2	3	4	5	6	7	8	9	10	11	12	13	14	15	16	17	18	19	20	21	22	23	24	25	26	27	28				
16	夏曆二月						11	12	13	14	15	16	17	18	19	20	21	22	23	24	25	26	27	28	29	㊼	2	3	4	5	6	7	8	9				
	回曆10月						9	10	11	12	13	14	15	16	17	18	19	20	21	22	23	24	25	26	27	28	29	30	1	2	3	4	5	6				
	公曆3月						1	2	3	4	5	6	7	8	9	10	11	12	13	14	15	16	17	18	19	20	21	22	23	24	2	26	27	28	29	30	31	
17	夏曆三月						10	11	12	13	14	15	16	17	18	19	20	21	22	23	24	25	26	27	28	29	30	⑰	2	3	4	5	6	7	8	9	10	
	回曆11月						7	8	9	10	11	12	13	14	15	16	17	18	19	20	21	22	23	24	25	26	27	28	29	1	2	3	4	5	6	7	8	
	公曆4月		1	2	3	4	5	6	7	8	9	10	11	12	13	14	15	16	17	18	19	20	21	22	23	24	25	26	27	28	29	30						
18	夏曆四月		11	12	13	14	15	16	17	18	19	20	21	22	23	24	25	26	27	28	29	㊻	2	3	4	5	6	7	8	9	10	11						
	回曆12月		9	10	11	12	13	14	15	16	17	18	19	20	21	22	23	24	25	26	27	28	29	30	1	2	3	4	5	6	7	8						
	公曆5月				1	2	3	4	5	6	7	8	9	10	11	12	13	14	15	16	17	18	19	20	21	22	23	24	25	26	27	28	29	30	31			
	夏曆閏四月				12	13	14	15	16	17	18	19	20	21	22	23	24	25	26	27	28	29	30	⑯	2	3	4	5	6	7	8	9	10	11	12			
241年	回曆1月				9	10	11	12	13	14	15	16	17	18	19	20	21	22	23	24	25	26	27	28	20	①	2	3	4	5	6	7	8	9	10			
	公曆6月							1	2	3	4	5	6	7	8	9	10	11	12	13	14	15	16	17	18	19	20	21	22	23	24	25	26	27	28	29	30	
19	夏曆五月							13	14	15	16	17	18	19	20	21	22	23	24	25	26	27	28	29	㊺	2	3	4	5	6	7	8	9	10	11	12	13	
	回曆2月							11	12	13	14	15	16	17	18	19	20	21	22	23	24	25	26	27	28	29	30	1	2	3	4	5	6	7	8	9	10	
	公曆7月		1	2	3	4	5	6	7	8	9	10	11	12	13	14	15	16	17	18	19	20	21	22	23	24	25	26	27	28	29	30	31					
20	夏曆六月		14	15	16	17	18	19	20	21	22	23	24	25	26	27	28	29	30	⑮	2	3	4	5	6	7	8	9	10	11	12	13	14					
	回曆3月		11	12	13	14	15	16	17	18	19	20	21	22	23	24	25	26	27	28	29	1	2	3	4	5	6	7	8	9	10	11	12					
	公曆8月					1	2	3	4	5	6	7	8	9	10	11	12	13	14	15	16	17	18	19	20	21	22	23	24	25	26	27	28	29	30	31		
21	夏曆七月					15	16	17	18	19	20	21	22	23	24	25	26	27	28	29	30	㊺	2	3	4	5	6	7	8	9	10	11	12	13	14	15		

續表

月干支序數	月序＼星期	日	1	2	3	4	5	6	日	1	2	3	4	5	6	日	1	2	3	4	5	6	日	1	2	3	4	5	6	日	1	2	3	4	5	6	日	1
	回曆4月					13	14	15	16	17	18	19	20	21	22	23	24	25	26	27	28	29	30	1	2	3	4	5	6	7	8	9	10	11	12	13		
	公曆9月	1	2	3	4	5	6	7	8	9	10	11	12	13	14	15	16	17	18	19	20	21	22	23	24	25	26	27	28	29	30							
22	夏曆八月	16	17	18	19	20	21	22	23	24	25	26	27	28	29	⑭	2	3	4	5	6	7	8	9	10	11	12	13	14	15	16							
	回曆5月	14	15	16	17	18	19	20	21	22	23	24	25	26	27	28	29	1	2	3	4	5	6	7	8	9	10	11	12	13	14							
	公曆10月			1	2	3	4	5	6	7	8	9	10	11	12	13	14	15	16	17	18	19	20	21	22	23	24	25	26	27	28	29	30	31				
23	夏曆九月			17	18	19	20	21	22	23	24	25	26	27	28	29	30	㊹	2	3	4	5	6	7	8	9	10	11	12	13	14	15	16	17				
	回曆6月			15	16	17	18	19	20	21	22	23	24	25	26	27	28	29	30	1	2	3	4	5	6	7	8	9	10	11	12	13	14	15				
	公曆11月						1	2	3	4	5	6	7	8	9	10	11	12	13	14	15	16	17	18	19	20	21	22	23	24	25	26	27	28	29	30		
24	夏曆十月						18	19	20	21	22	23	24	25	26	27	28	29	30	⑭	2	3	4	5	6	7	8	9	10	11	12	13	14	15	16	17		
	回曆7月						16	17	18	19	20	21	22	23	24	25	26	27	28	29	1	2	3	4	5	6	7	8	9	10	11	12	13	14	15	16		
	公曆12月	1	2	3	4	5	6	7	8	9	10	11	12	13	14	15	16	17	18	19	20	21	22	23	24	25	26	27	28	29	30	31						
25	夏曆十一月	18	19	20	21	22	23	24	25	26	27	28	29	㊸	2	3	4	5	6	7	8	9	10	11	12	13	14	15	16	17	18	19						
	回曆8月	17	18	19	20	21	22	23	24	25	26	27	28	29	30	1	2	3	4	5	6	7	8	9	10	11	12	13	14	15	16	17						

大事記

正月，成德節度使王元逵死，子紹鼎為留後，旋命為節度使。　閏四月，令每縣據人貧富及役輕重作差科簿，每有役事據簿定差。　七月，浙東軍亂，逐觀察使李納。　十一月，以柳仲郢為鹽鐵轉運使。

唐紀年

干支丙子　公元856年

朝代或國名	國家支配者	建都	廟號	謚號	建元	年號年次	輔政者	備注
唐	⑱李忱	長安	宣宗		1	大中10年	裴休等	
渤海	⑩大彝震	龍泉府		□王	1	咸和26年		在東北
南詔	⑩蒙勸豐祐	陽苴咩		昭成王				在雲南
古格						43年		西藏阿里

月曆表

5569—355—2034106

月干支序數	月序＼星期	日	1	2	3	4	5	6	日	1	2	3	4	5	6	日	1	2	3	4	5	6	日	1	2	3	4	5	6	日	1	2	3	4	5	6	日	1
	公曆1月				1	2	3	4	5	6	7	8	9	10	11	12	13	14	15	16	17	18	19	20	21	22	23	24	25	26	27	28	29	30	31			
26	夏曆十二月				20	21	22	23	24	25	26	27	28	29	30	⑬	2	3	4	5	6	7	8	9	10	11	12	13	14	15	16	17	18	19	20			
	回曆9月				18	19	20	21	22	23	24	25	26	27	28	29	1	2	3	4	5	6	7	8	9	10	11	12	13	14	15	16	17	18	19			
	公曆2月							1	2	3	4	5	6	7	8	9	10	11	12	13	14	15	16	17	18	19	20	21	22	23	24	25	26	27	28	29		
27	夏曆正月							21	22	23	24	25	26	27	28	29	㊷	2	3	4	5	6	7	8	9	10	11	12	13	14	15	16	17	18	19	20		
	回曆10月							20	21	22	23	24	25	26	27	28	29	30	1	2	3	4	5	6	7	8	9	10	11	12	13	14	15	16	17	18		
	公曆3月	1	2	3	4	5	6	7	8	9	10	11	12	13	14	15	16	17	18	19	20	21	22	23	24	25	26	27	28	29	30	31						
28	夏曆二月	21	22	23	24	25	26	27	28	29	⑪	2	3	4	5	6	7	8	9	10	11	12	13	14	15	16	17	18	19	20	21	22						
	回曆11月	19	20	21	22	23	24	25	26	27	28	29	1	2	3	4	5	6	7	8	9	10	11	12	13	14	15	16	17	18	19	20						
	公曆4月				1	2	3	4	5	6	7	8	9	10	11	12	13	14	15	16	17	18	19	20	21	22	23	24	25	26	27	28	29	30				
29	夏曆三月				23	24	25	26	27	28	29	30	㊶	2	3	4	5	6	7	8	9	10	11	12	13	14	15	16	17	18	19	20	21	22				
	回曆12月				21	22	23	24	25	26	27	28	29	30	1	2	3	4	5	6	7	8	9	10	11	12	13	14	15	16	17	18	19	20				

續表

月 干支 序數	星期 月序	日	1	2	3	4	5	6	日	1	2	3	4	5	6	日	1	2	3	4	5	6	日	1	2	3	4	5	6	日	1	2	3	4	5	6	日	1
	公曆5月						1	2	3	4	5	6	7	8	9	10	11	12	13	14	15	16	17	18	19	20	21	22	23	24	25	26	27	28	29	30	31	
30	夏曆四月						23	24	25	26	27	28	29	⑩	2	3	4	5	6	7	8	9	10	11	12	13	14	15	16	17	18	19	20	21	22	23	24	
242年	回曆1月						21	22	23	24	25	26	27	28	29	①	2	3	4	5	6	7	8	9	10	11	12	13	14	15	16	17	18	19	20	21	22	
	公曆6月		1	2	3	4	5	6	7	8	9	10	11	12	13	14	15	16	17	18	19	20	21	22	23	24	25	26	27	28	29	30						
31	夏曆五月		25	26	27	28	29	30	㊵	2	3	4	5	6	7	8	9	10	11	12	13	14	15	16	17	18	19	20	21	22	23	24						
	回曆2月		23	24	25	26	27	28	29	30	1	2	3	4	5	6	7	8	9	10	11	12	13	14	15	16	17	18	19	20	21	22						
	公曆7月				1	2	3	4	5	6	7	8	9	10	11	12	13	14	15	16	17	18	19	20	21	22	23	24	25	26	27	28	29	30	31			
32	夏曆六月				25	26	27	28	29	⑨	2	3	4	5	6	7	8	9	10	11	12	13	14	15	16	17	18	19	20	21	22	23	24	25	26			
	回曆3月				23	24	25	26	27	28	29	1	2	3	4	5	6	7	8	9	10	11	12	13	14	15	16	17	18	19	20	21	22	23	24			
	公曆8月							1	2	3	4	5	6	7	8	9	10	11	12	13	14	15	16	17	18	19	20	21	22	23	24	25	26	27	28	29	30	31
33	夏曆七月							27	28	29	30	㊴	2	3	4	5	6	7	8	9	10	11	12	13	14	15	16	17	18	19	20	21	22	23	24	25	26	27
	回曆4月							25	26	27	28	29	30	1	2	3	4	5	6	7	8	9	10	11	12	13	14	15	16	17	18	19	20	21	22	23	24	25
	公曆9月			1	2	3	4	5	6	7	8	9	10	11	12	13	14	15	16	17	18	19	20	21	22	23	24	25	26	27	28	29	30					
34	夏曆八月			28	29	⑧	2	3	4	5	6	7	8	9	10	11	12	13	14	15	16	17	18	19	20	21	22	23	24	25	26	27	28					
	回曆5月			26	27	28	29	1	2	3	4	5	6	7	8	9	10	11	12	13	14	15	16	17	18	19	20	21	22	23	24	25	26					
	公曆10月					1	2	3	4	5	6	7	8	9	10	11	12	13	14	15	16	17	18	19	20	21	22	23	24	25	26	27	28	29	30	31		
35	夏曆九月					29	30	㊳	2	3	4	5	6	7	8	9	10	11	12	13	14	15	16	17	18	19	20	21	22	23	24	25	26	27	28	29		
	回曆6月					27	28	29	30	1	2	3	4	5	6	7	8	9	10	11	12	13	14	15	16	17	18	19	20	21	22	23	24	25	26	27		
	公曆11月	1	2	3	4	5	6	7	8	9	10	11	12	13	14	15	16	17	18	19	20	21	22	23	24	25	26	27	28	29	30							
36	夏曆十月	30	⑧	2	3	4	5	6	7	8	9	10	11	12	13	14	15	16	17	18	19	20	21	22	23	24	25	26	27	28	29							
	回曆7月	28	29	1	2	3	4	5	6	7	8	9	10	11	12	13	14	15	16	17	18	19	20	21	22	23	24	25	26	27	28							
	公曆12月			1	2	3	4	5	6	7	8	9	10	11	12	13	14	15	16	17	18	19	20	21	22	23	24	25	26	27	28	29	30	31				
37 38	夏曆十一 十二月			㊼	2	3	4	5	6	7	8	9	10	11	12	13	14	15	16	17	18	19	20	21	22	23	24	25	26	27	28	29	30	⑦				
	回曆8月			29	30	1	2	3	4	5	6	7	8	9	10	11	12	13	14	15	16	17	18	19	20	21	22	23	24	25	26	27	28	29				

大事記

三月，詔招徠回鶻龐勒可汗。　十一月，可汗遣使入貢，册為嗢祿登里羅汨沒密施合俱錄毗伽懷建可汗。

唐紀年

干支丁丑　公元857年

朝代或國名	國家支配者	建都	廟號	謚號	建元	年號年次	輔政者	備注
唐	⑱李忱	長安	宣宗		1	大中11年	崔慎由等	
渤海	⑩大彝震	龍泉府		□王	1	咸和27年		在東北
南詔	⑩蒙勸豐祐	陽苴咩		昭成王				在雲南
古格						44年		西藏阿里

月曆表

5570—354—2034460

月 干支 序數	星期 月序	日	1	2	3	4	5	6	日	1	2	3	4	5	6	日	1	2	3	4	5	6	日	1	2	3	4	5	6	日	1	2	3	4	5	6	日	1
	公曆1月						1	2	3	4	5	6	7	8	9	10	11	12	13	14	15	16	17	18	19	20	21	22	23	24	25	26	27	28	29	30	31	
39	夏曆正月						2	3	4	5	6	7	8	9	10	11	12	13	14	15	16	17	18	19	20	21	22	23	24	25	26	27	28	29	30	㊲	2	

續表

月 干支 序數	星期 月序	日	1	2	3	4	5	6	日	1	2	3	4	5	6	日	1	2	3	4	5	6	日	1	2	3	4	5	6	日	1	2	3	4	5	6	日	1
	回曆 9 月						1	2	3	4	5	6	7	8	9	10	11	12	13	14	15	16	17	18	19	20	21	22	23	24	25	26	27	28	29	30	1	
	公曆 2 月		1	2	3	4	5	6	7	8	9	10	11	12	13	14	15	16	17	18	19	20	21	22	23	24	25	26	27	28								
40	夏曆二月		3	4	5	6	7	8	9	10	11	12	13	14	15	16	17	18	19	20	21	22	23	24	25	26	27	28	29	⑥								
	回曆 10 月		2	3	4	5	6	7	8	9	10	11	12	13	14	15	16	17	18	19	20	21	22	23	24	25	26	27	28	29								
	公曆 3 月		1	2	3	4	5	6	7	8	9	10	11	12	13	14	15	16	17	18	19	20	21	22	23	24	25	26	27	28	29	30	31					
41	夏曆三月		2	3	4	5	6	7	8	9	10	11	12	13	14	15	16	17	18	19	20	21	22	23	24	25	26	27	28	29	30	㊱	2					
	回曆 11、12 月		1	2	3	4	5	6	7	8	9	10	11	12	13	14	15	16	17	18	19	20	21	22	23	24	25	26	27	28	29	30	1					
	公曆 4 月					1	2	3	4	5	6	7	8	9	10	11	12	13	14	15	16	17	18	19	20	21	22	23	24	25	26	27	28	29	30			
42	夏曆四月					3	4	5	6	7	8	9	10	11	12	13	14	15	16	17	18	19	20	21	22	23	24	25	26	27	28	29	⑤	2	3			
243 年	回曆 1 月					2	3	4	5	6	7	8	9	10	11	12	13	14	15	16	17	18	19	20	21	22	23	24	25	26	27	28	29	30	①			
	公曆 5 月							1	2	3	4	5	6	7	8	9	10	11	12	13	14	15	16	17	18	19	20	21	22	23	24	25	26	27	28	29	30	31
43	夏曆五月							4	5	6	7	8	9	10	11	12	13	14	15	16	17	18	19	20	21	22	23	24	25	26	27	28	29	㉞	2	3	4	5
	回曆 2 月							2	3	4	5	6	7	8	9	10	11	12	13	14	15	16	17	18	19	20	21	22	23	24	25	26	27	28	29	30	1	2
	公曆 6 月			1	2	3	4	5	6	7	8	9	10	11	12	13	14	15	16	17	18	19	20	21	22	23	24	25	26	27	28	29	30					
44	夏曆六月			6	7	8	9	10	11	12	13	14	15	16	17	18	19	20	21	22	23	24	25	26	27	28	29	30	④	2	3	4	5					
	回曆 3 月			3	4	5	6	7	8	9	10	11	12	13	14	15	16	17	18	19	20	21	22	23	24	25	2	27	28	29	1	2	3					
	公曆 7 月					1	2	3	4	5	6	7	8	9	10	11	12	13	14	15	16	17	18	19	20	21	22	23	24	25	26	27	28	29	30	31		
45	夏曆七月					6	7	8	9	10	11	12	13	14	15	16	17	18	19	20	21	22	23	24	25	26	27	28	29	㉝	2	3	4	5	6	7		
	回曆 4 月					4	5	6	7	8	9	10	11	12	13	14	15	16	17	18	19	20	21	22	23	24	25	26	27	28	29	30	1	2	3	4		
	公曆 8 月	1	2	3	4	5	6	7	8	9	10	11	12	13	14	15	16	17	18	19	20	21	22	23	24	25	26	27	28	29	30	31						
46	夏曆八月	8	9	10	11	12	13	14	15	16	17	18	19	20	21	22	23	24	25	26	27	28	29	②	2	3	4	5	6	7	8	9						
	回曆 5 月	5	6	7	8	9	10	11	12	13	14	15	16	17	18	19	20	21	22	23	24	25	26	27	28	29	1	2	3	4	5	6						
	公曆 9 月				1	2	3	4	5	6	7	8	9	10	11	12	13	14	15	16	17	18	19	20	21	22	23	24	25	26	27	28	29	30				
47	夏曆九月				10	11	12	13	14	15	16	17	18	19	20	21	22	23	24	25	26	27	28	29	30	㉜	2	3	4	5	6	7	8	9				
	回曆 6 月				7	8	9	10	11	12	13	14	15	16	17	18	19	20	21	22	23	24	25	26	27	28	29	30	1	2	3	4	5	6				
	公曆 10 月						1	2	3	4	5	6	7	8	9	10	11	12	13	14	15	16	17	18	19	20	21	22	23	24	25	26	27	28	29	30	31	
48	夏曆十月						10	11	12	13	14	15	16	17	18	19	20	21	22	23	24	25	26	27	28	29	30	②	2	3	4	5	6	7	8	9	10	
	回曆 7 月						7	8	9	10	11	12	13	14	15	16	17	18	19	20	21	22	23	24	25	26	27	28	29	1	2	3	4	5	6	7	8	
	公曆 11 月		1	2	3	4	5	6	7	8	9	10	11	12	13	14	15	16	17	18	19	20	21	22	23	24	25	26	27	28	29	30						
49	夏曆十一月		11	12	13	14	15	16	17	18	19	20	21	22	23	24	25	26	27	28	29	30	㉜	2	3	4	5	6	7	8	9	10						
	回曆 8 月		9	10	11	12	13	14	15	16	17	18	19	20	21	22	23	24	25	26	27	28	29	30	1	2	3	4	5	6	7	8						
	公曆 12 月				1	2	3	4	5	6	7	8	9	10	11	12	13	14	15	16	17	18	19	20	21	22	23	24	25	26	27	28	29	30	31			
50	夏曆十二月				11	12	13	14	15	16	17	18	19	20	21	22	23	24	25	26	27	28	29	①	2	3	4	5	6	7	8	9	10	11	12			
	回曆 9 月				9	10	11	12	13	14	15	16	17	18	19	20	21	22	23	24	25	26	27	28	29	1	2	3	4	5	6	7	8	9	10			

大事記

四月，以嶺南溪洞屢出鈔掠，遣使宣慰之。　五月，容州軍亂，逐經略使王球。　八月，成德節度使王紹鼎死，軍中奉其弟紹懿為留後，後命為節度使。　是歲，重建佛光寺。

唐紀年

干支戊寅　公元 858 年

朝代或國名	國家支配者	建都	廟號	謚號	建元	年號年次	輔政者	備注
唐	⑱李忱	長安	宣宗		1	大中 12 年	夏侯孜等	
渤海	⑪大虔晃	龍泉府		□王		元年		在東北
南詔	⑩蒙勸豐祐	陽苴咩		昭成王				在雲南
古格						45 年		西藏阿里

月曆表

5571—384—2034844

月 干支 序數	星期 月序	日	1	2	3	4	5	6	日	1	2	3	4	5	6	日	1	2	3	4	5	6	日	1	2	3	4	5	6	日	1	2	3	4	5	6	日	1
	公曆 1 月							1	2	3	4	5	6	7	8	9	10	11	12	13	14	15	16	17	18	19	20	21	22	23	24	25	26	27	28	29	30	31
51	夏曆正月							13	14	15	16	17	18	19	20	21	22	23	24	25	26	27	28	29	30	㉛	2	3	4	5	6	7	8	9	10	11	12	13
	回曆 10 月							11	12	13	14	15	16	17	18	19	20	21	22	23	24	25	26	27	28	29	30	1	2	3	4	5	6	7	8	9	10	11
	公曆 2 月			1	2	3	4	5	6	7	8	9	10	11	12	13	14	15	16	17	18	19	20	21	22	23	24	25	26	27	28							
52	夏曆二月			14	15	16	17	18	19	20	21	22	23	24	25	26	27	28	29	30	①	2	3	4	5	6	7	8	9	10	11							
	回曆 11 月			12	13	14	15	16	17	18	19	20	21	22	23	24	25	26	27	28	29	1	2	3	4	5	6	7	8	9	10							
	公曆 3 月			1	2	3	4	5	6	7	8	9	10	11	12	13	14	15	16	17	18	19	20	21	22	23	24	25	26	27	28	29	30	31				
	夏曆閏二月			12	13	14	15	16	17	18	19	20	21	22	23	24	25	26	27	28	29	㉚	2	3	4	5	6	7	8	9	10	11	12	13				
	回曆 12 月			11	12	13	14	15	16	17	18	19	20	21	22	23	24	25	26	27	28	29	30	1	2	3	4	5	6	7	8	9	10	11				
	公曆 4 月						1	2	3	4	5	6	7	8	9	10	11	12	13	14	15	16	17	18	19	20	21	22	23	24	25	26	27	28	29	30		
53	夏曆三月						14	15	16	17	18	19	20	21	22	23	24	25	26	27	28	29	30	(60)	2	3	4	5	6	7	8	9	10	11	12	13		
244 年	回曆 1 月						12	13	14	15	16	17	18	19	20	21	22	23	24	25	26	27	28	29	①	2	3	4	5	6	7	8	9	10	11	12		
	公曆 5 月	1	2	3	4	5	6	7	8	9	10	11	12	13	14	15	16	17	18	19	20	21	22	23	24	25	26	27	28	29	30	31						
54	夏曆四月	14	15	16	17	18	19	20	21	22	23	24	25	26	26	28	29	㉙	2	3	4	5	6	7	8	9	10	11	12	13	14	15						
	回曆 2 月	13	14	15	16	17	18	19	20	21	22	23	24	25	26	27	28	29	30	1	2	3	4	5	6	7	8	9	10	11	12	13						
	公曆 6 月				1	2	3	4	5	6	7	8	9	10	11	12	13	14	15	16	17	18	19	20	21	22	23	24	25	26	27	28	29	30				
55	夏曆五月				16	17	18	19	20	21	22	23	24	25	26	27	28	29	(58)	2	3	4	5	6	7	8	9	10	11	12	13	14	15	16				
	回曆 3 月				14	15	16	17	18	19	20	21	22	23	24	25	26	27	28	29	1	2	3	4	5	6	7	8	9	10	11	12	13	14				
	公曆 7 月						1	2	3	4	5	6	7	8	9	10	11	12	13	14	15	16	17	18	19	20	21	22	23	24	25	26	27	28	29	30	31	
56	夏曆六月						17	18	19	20	21	22	23	24	25	26	27	28	29	30	㉘	2	3	4	5	6	7	8	9	10	11	12	13	14	15	16	17	
	回曆 4 月						15	16	17	18	19	20	21	22	23	24	25	26	27	28	29	30	1	2	3	4	5	6	7	8	9	10	11	12	13	14	15	
	公曆 8 月		1	2	3	4	5	6	7	8	9	10	11	12	13	14	15	16	17	18	19	20	21	22	23	24	25	26	27	28	29	30	31					
57	夏曆七月		18	19	20	21	22	23	24	25	26	27	28	29	(57)	2	3	4	5	6	7	8	9	10	11	12	13	14	15	16	17	18	19					
	回曆 5 月		16	17	18	19	20	21	22	23	24	25	26	27	28	29	1	2	3	4	5	6	7	8	9	10	11	12	13	14	15	16	17					
	公曆 9 月					1	2	3	4	5	6	7	8	9	10	11	12	13	14	15	16	17	18	19	20	21	22	23	24	25	26	27	28	29	30			
58	夏曆八月					20	21	22	23	24	25	26	27	28	29	㉖	2	3	4	5	6	7	8	9	10	11	12	13	14	15	16	17	18	19	20			
	回曆 6 月					18	19	20	21	22	23	24	25	26	27	28	29	30	1	2	3	4	5	6	7	8	9	10	11	12	13	14	15	16	17			
	公曆 10 月							1	2	3	4	5	6	7	8	9	10	11	12	13	14	15	16	17	18	19	20	21	22	23	24	25	26	27	28	29	30	31
59	夏曆九月							21	22	23	24	25	26	27	28	29	30	(56)	2	3	4	5	6	7	8	9	10	11	12	13	14	15	16	17	18	19	20	21
	回曆 7 月							18	19	20	21	22	23	24	25	26	27	28	29	1	2	3	4	5	6	7	8	9	10	11	12	13	14	15	16	17	18	19
	公曆 11 月			1	2	3	4	5	6	7	8	9	10	11	12	13	14	15	16	17	18	19	20	21	22	23	24	25	26	27	28	29	30					
60	夏曆十月			22	23	24	25	26	27	28	29	30	㉖	2	3	4	5	6	7	8	9	10	11	12	13	14	15	16	17	18	19	20	21					
	回曆 8 月			20	21	22	23	24	25	26	27	28	29	30	1	2	3	4	5	6	7	8	9	10	11	12	13	14	15	16	17	18	19					
	公曆 12 月					1	2	3	4	5	6	7	8	9	10	11	12	13	14	15	16	17	18	19	20	21	22	23	24	25	26	27	28	29	30	31		
1	夏曆十一月					22	23	24	25	26	27	28	29	(55)	2	3	4	5	6	7	8	9	10	11	12	13	14	15	16	17	18	19	20	21	22	23		
	回曆 9 月					20	21	22	23	24	25	26	27	28	29	1	2	3	4	5	6	7	8	9	10	11	12	13	14	15	16	17	18	19	20	21		

大事記

二月，渤海國王大彝震死，其弟虔晃嗣。　三月，南蠻攻安南府。　四月，嶺南軍亂，囚節度使楊發，旋定。　五月，湖南軍亂，逐觀察使韓悰，旋定。　六月，江西軍亂，逐觀察使鄭憲，半年方平。蠻擾安南。　七月，宣州軍亂，逐觀察使鄭薰，旋定。　八月，河南北、淮南大水，漂沒數萬家。　是歲，著名詩人李商隱卒(813—858)。

唐紀年

干支己卯　公元 859 年

朝代或國名	國家支配者	建都	廟號	謚號	建元	年號年次	輔政者	備注
唐	⑱李忱	長安	宣宗		1	大中 13 年	蔣伸等	八月十三日李漼即位
渤海	⑪大虔晃	龍泉府		□王		2 年		在東北
南詔	⑩蒙勸豐祐	陽苴咩		昭成王		天啓		世隆(?)嗣立
	〔裘甫〕					1 年		浙東
古格						46 年		西藏阿里

月曆表

5572—354—2035198

月干支序數	月序＼星期	日	1	2	3	4	5	6	日	1	2	3	4	5	6	日	1	2	3	4	5	6	日	1	2	3	4	5	6	日	1	2	3	4	5	6	日	1
	公曆 1 月	1	2	3	4	5	6	7	8	9	10	11	12	13	14	15	16	17	18	19	20	21	22	23	24	25	26	27	28	29	30	31						
2	夏曆十二月	24	25	26	27	28	29	30	㉕	2	3	4	5	6	7	8	9	10	11	12	13	14	15	16	17	18	19	20	21	22	23	24						
	回曆 10 月	22	23	24	25	26	27	28	29	30	1	2	3	4	5	6	7	8	9	10	11	12	13	14	15	16	17	18	19	20	21	22						
	公曆 2 月				1	2	3	4	5	6	7	8	9	10	11	12	13	14	15	16	17	18	19	20	21	22	23	24	25	26	27	28						
3	夏曆正月				25	26	27	28	29	30	(55)	2	3	4	5	6	7	8	9	10	11	12	13	14	15	16	17	18	19	20	21	22						
	回曆 11 月				23	24	25	26	27	28	29	1	2	3	4	5	6	7	8	9	10	11	12	13	14	15	16	17	18	19	20	21						
	公曆 3 月				1	2	3	4	5	6	7	8	9	10	11	12	13	14	15	16	17	18	19	20	21	22	23	24	25	26	27	28	29	30	31			
4	夏曆二月				23	24	25	26	27	28	29	30	㉕	2	3	4	5	6	7	8	9	10	11	12	13	14	15	16	17	18	19	20	21	22	23			
	回曆 12 月				22	23	24	25	26	27	28	29	30	1	2	3	4	5	6	7	8	9	10	11	12	13	14	15	16	17	18	19	20	21	22			
	公曆 4 月							1	2	3	4	5	6	7	8	9	10	11	12	13	14	15	16	17	18	19	20	21	22	23	24	25	26	27	28	29	30	
5	夏曆三月							24	25	26	27	28	29	(54)	2	3	4	5	6	7	8	9	10	11	12	13	14	15	16	17	18	19	20	21	22	23	24	
245 年	回曆 1 月							23	24	25	26	27	28	29	①	2	3	4	5	6	7	8	9	10	11	12	13	14	15	16	17	18	19	20	21	22	23	
	公曆 5 月		1	2	3	4	5	6	7	8	9	10	11	12	13	14	15	16	17	18	19	20	21	22	23	24	25	26	27	28	29	30	31					
6	夏曆四月		25	26	27	28	29	30	㉔	2	3	4	5	6	7	8	9	10	11	12	13	14	15	16	17	18	19	20	21	22	23	24	25					
	回曆 2 月		24	25	26	27	28	29	30	1	2	3	4	5	6	7	8	9	10	11	12	13	14	15	16	17	18	19	20	21	22	23	24					
	公曆 6 月					1	2	3	4	5	6	7	8	9	10	11	12	13	14	15	16	17	18	19	20	21	22	23	24	25	26	27	28	29	30			
7	夏曆五月					26	27	28	29	(53)	2	3	4	5	6	7	8	9	10	11	12	13	14	15	16	17	18	19	20	21	22	23	24	25	26			
	回曆 3 月					25	26	27	28	29	1	2	3	4	5	6	7	8	9	10	11	12	13	14	15	16	17	18	19	20	21	22	23	24	25			
	公曆 7 月							1	2	3	4	5	6	7	8	9	10	11	12	13	14	15	16	17	18	19	20	21	22	23	24	25	26	27	28	29	30	31
8	夏曆六月							27	28	29	㉒	2	3	4	5	6	7	8	9	10	11	12	13	14	15	16	17	18	19	20	21	22	23	24	25	26	27	28
	回曆 4 月							26	27	28	29	30	1	2	3	4	5	6	7	8	9	10	11	12	13	14	15	16	17	18	19	20	21	22	23	24	25	26
	公曆 8 月			1	2	3	4	5	6	7	8	9	10	11	12	13	14	15	16	17	18	19	20	21	22	23	24	25	26	27	28	29	30	31				
9	夏曆七月			29	(51)	2	3	4	5	6	7	8	9	10	11	12	13	14	15	16	17	18	19	20	21	22	23	24	25	26	27	28	29	30				
	回曆 5 月			27	28	29	1	2	3	4	5	6	7	8	9	10	11	12	13	14	15	16	17	18	19	20	21	22	23	24	25	26	27	28				
	公曆 9 月						1	2	3	4	5	6	7	8	9	10	11	12	13	14	15	16	17	18	19	20	21	22	23	24	25	26	27	28	29	30		
10 11	夏曆八／九月						㉑	2	3	4	5	6	7	8	9	10	11	12	13	14	15	16	17	18	19	20	21	22	23	24	25	26	27	28	29	㊿		
	回曆 6 月						29	30	1	2	3	4	5	6	7	8	9	10	11	12	13	14	15	16	17	18	19	20	21	22	23	24	25	26	27	28		

續表

月干支序數	月序\星期	日	1	2	3	4	5	6	日	1	2	3	4	5	6	日	1	2	3	4	5	6	日	1	2	3	4	5	6	日	1	2	3	4	5	6	日	1
	公曆10月	1	2	3	4	5	6	7	8	9	10	11	12	13	14	15	16	17	18	19	20	21	22	23	24	25	26	27	28	29	30	31						
12	夏曆十月	2	3	4	5	6	7	8	9	10	11	12	13	14	15	16	17	18	19	20	21	22	23	24	25	26	27	28	29	30	⑳	2						
	回曆7月	29	1	2	3	4	5	6	7	8	9	10	11	12	13	14	15	16	17	18	19	20	21	22	23	24	25	26	27	28	29	30						
	公曆11月				1	2	3	4	5	6	7	8	9	10	11	12	13	14	15	16	17	18	19	20	21	22	23	24	25	26	27	28	29	30				
13	夏曆十一月				3	4	5	6	7	8	9	10	11	12	13	14	15	16	17	18	19	20	21	22	23	24	25	26	27	28	29	㊾	2	3				
	回曆8、9月				1	2	3	4	5	6	7	8	9	10	11	12	13	14	15	16	17	18	19	20	21	22	23	24	25	26	27	28	29	1				
	公曆12月						1	2	3	4	5	6	7	8	9	10	11	12	13	14	15	16	17	18	19	20	21	22	23	24	25	26	27	28	29	30	31	
14	夏曆十二月						4	5	6	7	8	9	10	11	12	13	14	15	16	17	18	19	20	21	22	23	24	25	26	27	28	29	30	⑲	2	3	4	
	回曆10月						2	3	4	5	6	7	8	9	10	11	12	13	14	15	16	17	18	19	20	21	22	23	24	25	26	27	28	29	30	1	2	

大事記

正月，分河東雲、蔚、朔三州隸大同軍。　四月，武寧軍亂，逐節度使康季榮，旋定。　六月，宣宗卒，宦官王宗實等立鄆王溫（或曰李鄆）為皇太子，更名漼，旋即位，為懿宗。　十二月，裘甫以百人起事，陷象山，屢敗官軍；浙東觀察使派兵合臺州兵擊之。南詔王蒙勸豐祐卒，子酋龍稱大皇帝，國號大禮，建元建極，遣兵陷播州。　是歲，昝殷著《經效產寶》成。

唐紀年

干支庚辰　公元860年

朝代或國名	國家支配者	建都	廟號	謚號	建元	年號年次	輔政者	備注
唐	⑲李漼	長安	懿宗		1	咸通元年	白敏中等	十一月始改元
渤海	⑪大虔晃	龍泉府		□王		3年		在東北
大禮（南詔）	⑪蒙世隆	陽苴咩		景莊	2	1建極元年		在雲南，是年改國號
	〔裘甫〕				1	羅平元年		正月立，八月亡
古格						47年		西藏阿里

月曆表

5573—384—2035582

月干支序數	月序\星期	日	1	2	3	4	5	6	日	1	2	3	4	5	6	日	1	2	3	4	5	6	日	1	2	3	4	5	6	日	1	2	3	4	5	6	日	1
	公曆1月		1	2	3	4	5	6	7	8	9	10	11	12	13	14	15	16	17	18	19	20	21	22	23	24	25	26	27	28	29	30	31					
15	夏曆正月		5	6	7	8	9	10	11	12	13	14	15	16	17	18	19	20	21	22	23	24	25	26	27	28	29	30	㊾	2	3	4	5					
	回曆11月		3	4	5	6	7	8	9	10	11	12	13	14	15	16	17	18	19	20	21	22	23	24	25	26	27	28	29	1	2	3	4					
	公曆2月					1	2	3	4	5	6	7	8	9	10	11	12	13	14	15	16	17	18	19	20	21	22	23	24	25	26	27	28	29				
16	夏曆二月					6	7	8	9	10	11	12	13	14	15	16	17	18	19	20	21	22	23	24	25	26	27	28	29	30	⑲	2	3	4				
	回曆12月					5	6	7	8	9	10	11	12	13	14	15	16	17	18	19	20	21	22	23	24	25	26	27	28	29	30	1	2	3				
	公曆3月						1	2	3	4	5	6	7	8	9	10	11	12	13	14	15	16	17	18	19	20	21	22	23	24	25	26	27	28	29	30	31	
17	夏曆三月						5	6	7	8	9	10	11	12	13	14	15	16	17	18	19	20	21	22	23	24	25	26	27	28	29	㊽	2	3	4	5	6	
246年	回曆1月						4	5	6	7	8	9	10	11	12	13	14	15	16	17	18	19	20	21	22	23	24	25	26	27	28	29	30	①	2	3	4	
	公曆4月		1	2	3	4	5	6	7	8	9	10	11	12	13	14	15	16	17	18	19	20	21	22	23	24	25	26	27	28	29	30						
18	夏曆四月		7	8	9	10	11	12	13	14	15	16	17	18	19	20	21	22	23	24	25	26	27	28	29	30	⑱	2	3	4	5	6						
	回曆2月		5	6	7	88	9	10	11	12	13	14	15	16	17	18	19	20	21	22	23	24	25	26	27	28	29	30	1	2	3	4						

續表

月干支序數	星期 月序	日	1	2	3	4	5	6	日	1	2	3	4	5	6	日	1	2	3	4	5	6	日	1	2	3	4	5	6	日	1	2	3	4	5	6	日	1
	公曆5月				1	2	3	4	5	6	7	8	9	10	11	12	13	14	15	16	17	18	19	20	21	22	23	24	25	26	27	28	29	30	31			
19	夏曆五月				7	8	9	10	11	12	13	14	15	16	17	18	19	20	21	22	23	24	25	26	27	28	29	㊼	2	3	4	5	6	7	8			
	回曆3月				5	6	7	8	9	10	11	12	13	14	15	16	17	18	19	20	21	22	23	24	25	26	27	28	29	1	2	3	4	5	6			
	公曆6月							1	2	3	4	5	6	7	8	9	10	11	12	13	14	15	16	17	18	19	20	21	22	23	24	25	26	27	28	29	30	
20	夏曆六月							9	10	11	12	13	14	15	16	17	18	19	20	21	22	23	24	25	26	27	28	29	30	⑰	2	3	4	5	6	7	8	
	回曆4月							7	8	9	10	11	12	13	14	15	16	17	18	19	20	21	22	23	24	25	26	27	28	29	30	1	2	3	4	5	6	
	公曆7月		1	2	3	4	5	6	7	8	9	10	11	12	13	14	15	16	17	18	19	20	21	22	23	24	25	26	27	28	29	30	31					
21	夏曆七月		9	10	11	12	13	14	15	16	17	18	19	20	21	22	23	24	25	26	27	28	29	㊻	2	3	4	5	6	7	8	9	10					
	回曆5月		7	8	9	10	11	12	13	14	15	16	17	18	19	20	21	22	23	24	25	26	27	28	29	1	2	3	4	5	6	7	8					
	公曆8月					1	2	3	4	5	6	7	8	9	10	11	12	13	14	15	16	17	18	19	20	21	22	23	24	25	26	27	28	29	30	31		
22	夏曆八月					11	12	13	14	15	16	17	18	19	20	21	22	23	24	25	26	27	28	29	30	⑯	2	3	4	5	6	7	8	9	10	11		
	回曆6月					9	10	11	12	13	14	15	16	17	18	19	20	21	22	23	24	25	26	27	28	29	30	1	2	3	4	5	6	7	8	9		
	公曆9月	1	2	3	4	5	6	7	8	9	10	11	12	13	14	15	16	17	18	19	20	21	22	23	24	25	26	27	28	29	30							
23	夏曆九月	12	13	14	15	16	17	18	19	20	21	22	23	24	25	26	27	28	29	㊺	2	3	4	5	6	7	8	9	10	11	12							
	回曆7月	10	11	12	13	14	15	16	17	18	19	20	21	22	23	24	25	26	27	28	29	1	2	3	4	5	6	7	8	9	10							
	公曆10月			1	2	3	4	5	6	7	8	9	10	11	12	13	14	15	16	17	18	19	20	21	22	23	24	25	26	27	28	29	30	31				
24	夏曆十月			13	14	15	16	17	18	19	20	21	22	23	24	25	26	27	28	29	⑭	2	3	4	5	6	7	8	9	10	11	12	13	14				
	回曆8月			11	12	13	14	15	16	17	18	19	20	21	22	23	24	25	26	27	28	29	30	1	2	3	4	5	6	7	8	9	10	11				
	公曆11月						1	2	3	4	5	6	7	8	9	10	11	12	13	14	15	16	17	18	19	20	21	22	23	24	25	26	27	28	29	30		
	夏曆閏十月						15	16	17	18	19	20	21	22	23	24	25	26	27	28	29	30	㊹	2	3	4	5	6	7	8	9	10	11	12	13	14		
	回曆9月						12	13	14	15	16	17	18	19	20	21	22	23	24	25	26	27	28	29	1	2	3	4	5	6	7	8	9	10	11	12		
	公曆12月	1	2	3	4	5	6	7	8	9	10	11	12	13	14	15	16	17	18	19	20	21	22	23	24	25	26	27	28	29	30	31						
25	夏曆十一月	15	16	17	18	19	20	21	22	23	24	25	26	27	28	29	⑬	2	3	4	5	6	7	8	9	10	11	12	13	14	15	16						
	回曆10月	13	14	15	16	17	18	19	20	21	22	23	24	25	26	27	28	29	30	1	2	3	4	5	6	7	8	9	10	11	12	13						

大事記

正月，裘甫敗浙東臺州兵，陷剡縣，衆至數千。　二月，又大敗浙東兵，衆至三萬，自稱天下都知兵馬使，建元羅平，鑄印曰天平。　三月，又陷余姚、慈溪、奉化、寧海，中原大震，遣前安南都護王式統忠武等道兵擊之。　五月，敕州縣稅外毋得科率。　六月，王式擒裘甫。　七月，破降其殘部，浙東平。　十月，安南都護李鄠收復播州。　十一月，改元咸通。　十二月，安南土人引南詔兵乘虛陷交趾。

唐紀年

干支辛巳　公元861年

朝代或國名	國家支配者	建都	廟號	謚號	建元	年號年次	輔政者	備注
唐	⑲李漼	長安	懿宗		1	咸通2年	白敏中等	
渤海	⑪大虔晃	龍泉府		□王		4年		在東北
南詔國	⑪蒙世隆	陽苴咩		景莊	2	1建極2年		在雲南
古格						48年		西藏阿里

月 曆 表

5574－354－2035936

月干支序數	月序＼星期	日	1	2	3	4	5	6	日	1	2	3	4	5	6	日	1	2	3	4	5	6	日	1	2	3	4	5	6	日	1	2	3	4	5	6	日	1
	公曆1月				1	2	3	4	5	6	7	8	9	10	11	12	13	14	15	16	17	18	19	20	21	22	23	24	25	26	27	28	29	30	31			
26	夏曆十二月				17	18	19	20	21	22	23	24	25	26	27	28	29	30	㊸	2	3	4	5	6	7	8	9	10	11	12	13	14	15	16	17			
	回曆11月				14	15	16	17	18	19	20	21	22	23	24	25	26	27	28	29	1	2	3	4	5	6	7	8	9	10	11	12	13	14	15			
	公曆2月							1	2	3	4	5	6	7	8	9	10	11	12	13	14	15	16	17	18	19	20	21	22	23	24	25	26	27	28			
27	夏曆正月							18	19	20	21	22	23	24	25	26	27	28	29	30	⑬	2	3	4	5	6	7	8	9	10	11	12	13	14	15			
	回曆12月							16	17	18	19	20	21	22	23	24	25	26	27	28	29	30	1	2	3	4	5	6	7	8	9	10	11	12	13			
	公曆3月							1	2	3	4	5	6	7	8	9	10	11	12	13	14	15	16	17	18	19	20	21	22	23	24	25	26	27	28	29	30	31
28	夏曆二月							16	17	18	19	20	21	22	23	24	25	26	27	28	29	㊷	2	3	4	5	6	7	8	9	10	11	12	13	14	15	16	17
247年	回曆1月							14	15	16	17	18	19	20	21	22	23	24	25	26	27	28	29	①	2	3	4	5	6	7	8	9	10	11	12	13	14	15
	公曆4月			1	2	3	4	5	6	7	8	9	10	11	12	13	14	15	16	17	18	19	20	21	22	23	24	25	26	27	28	29	30					
29	夏曆三月			18	19	20	21	22	23	24	25	26	27	28	29	30	⑫	2	3	4	5	6	7	8	9	10	11	12	13	14	15	16	17					
	回曆2月			16	17	18	19	20	21	22	23	24	25	26	27	28	29	30	1	2	3	4	5	6	7	8	9	10	11	12	13	14	15					
	公曆5月					1	2	3	4	5	6	7	8	9	10	11	12	13	14	15	16	17	18	19	20	21	22	23	24	25	26	27	28	29	30	31		
30	夏曆四月					18	19	20	21	22	23	24	25	26	27	28	29	30	㊷	2	3	4	5	6	7	8	9	10	11	12	13	14	15	16	17	18		
	回曆3月					16	17	18	19	20	21	22	23	24	25	26	27	28	29	1	2	3	4	5	6	7	8	9	10	11	12	13	14	15	16	17		
	公曆6月	1	2	3	4	5	6	7	8	9	10	11	12	13	14	15	16	17	18	19	20	21	22	23	24	25	26	27	28	29	30							
31	夏曆五月	19	20	21	22	23	24	25	26	27	28	29	⑪	2	3	4	5	6	7	8	9	10	11	12	13	14	15	16	17	18	19							
	回曆四月	18	19	20	21	22	23	24	25	26	27	28	29	30	1	2	3	4	5	6	7	8	9	10	11	12	13	14	15	16	17							
	公曆7月			1	2	3	4	5	6	7	8	9	10	11	12	13	14	15	16	17	18	19	20	21	22	23	24	25	26	27	28	29	30	31				
32	夏曆六月			20	21	22	23	24	25	26	27	28	29	30	㊶	2	3	4	5	6	7	8	9	10	11	12	13	14	15	16	17	18	19	20				
	回曆5月			18	19	20	21	22	23	24	25	26	27	28	29	1	2	3	4	5	6	7	8	9	10	11	12	13	14	15	16	17	18	19				
	公曆8月						1	2	3	4	5	6	7	8	9	10	11	12	13	14	15	16	17	18	19	20	21	22	23	24	25	26	27	28	29	30	31	
33	夏曆七月						21	22	23	24	25	26	27	28	29	⑩	2	3	4	5	6	7	8	9	10	11	12	13	14	15	16	17	18	19	20	21	22	
	回曆6月						20	21	22	23	24	25	26	27	28	29	30	1	2	3	4	5	6	7	8	9	10	11	12	13	14	15	16	17	18	19	20	
	公曆9月		1	2	3	4	5	6	7	8	9	10	11	12	13	14	15	16	17	18	19	20	21	22	23	24	25	26	27	28	29	30						
34	夏曆八月		23	24	25	26	27	28	29	30	㊵	2	3	4	5	6	7	8	9	10	11	12	13	14	15	16	17	18	19	20	21	22						
	回曆7月		21	22	23	24	25	26	27	28	29	1	2	3	4	5	6	7	8	9	10	11	12	13	14	15	16	17	18	19	20	21						
	公曆10月				1	2	3	4	5	6	7	8	9	10	11	12	13	14	15	16	17	18	19	20	21	22	23	24	25	26	27	28	29	30	31			
35	夏曆九月				23	24	25	26	27	28	29	⑨	2	3	4	5	6	7	8	9	10	11	12	13	14	15	16	17	18	19	20	21	22	23	24			
	回曆8月				22	23	24	25	26	27	28	29	30	1	2	3	4	5	6	7	8	9	10	11	12	13	14	15	16	17	18	19	20	21	22			
	公曆11月							1	2	3	4	5	6	7	8	9	10	11	12	13	14	15	16	17	18	19	20	21	22	23	24	25	26	27	28	29	30	
36	夏曆十月							25	26	27	28	29	㊳	2	3	4	5	6	7	8	9	10	11	12	13	14	15	16	17	18	19	20	21	22	23	24	25	
	回曆9月							23	24	25	26	27	28	29	1	2	3	4	5	6	7	8	9	10	11	12	13	14	15	16	17	18	19	20	21	22	23	
	公曆12月		1	2	3	4	5	6	7	8	9	10	11	12	13	14	15	16	17	18	19	20	21	22	23	24	25	26	27	28	29	30	31					
37	夏曆十一月		26	27	28	29	30	⑧	2	3	4	5	6	7	8	9	10	11	12	13	14	15	16	17	18	19	20	21	22	23	24	25	26					
	回曆10月		24	25	26	27	28	29	30	1	2	3	4	5	6	7	8	9	10	11	12	13	14	15	16	17	18	19	20	21	22	23	24					

大事記

正月，都護李鄠收復交趾。以白敏中兼中書令，充鳳翔節度使。　五月，分嶺南為兩道，東道治廣州，西道治邕州，各置節度使。　七月，南詔攻邕州，陷之，二十餘日乃去。

唐紀年

干支壬午　公元862年

朝代或國名	國家支配者	建都	廟號	謚號	建元	年號年次	輔政者	備注
唐	⑲李漼	長安	懿宗		1	咸通3年	畢誠等	
渤海	⑪大虔晃	龍泉府		□王		5年		在東北
南詔	⑪蒙世隆	陽苴咩		景莊	2	1建極3年		在雲南
古格						49年		西藏阿里

月曆表

5575—354—2036290

月干支序數	星期／月序	日	1	2	3	4	5	6	日	1	2	3	4	5	6	日	1	2	3	4	5	6	日	1	2	3	4	5	6	日	1	2	3	4	5	6	日	1
	公曆1月					1	2	3	4	5	6	7	8	9	10	11	12	13	14	15	16	17	18	19	20	21	22	23	24	25	26	27	28	29	30	31		
38	夏曆十二月					27	28	29	㊲	2	3	4	5	6	7	8	9	10	11	12	13	14	15	16	17	18	19	20	21	22	23	24	25	26	27	28		
	回曆11月					25	26	27	28	29	1	2	3	4	5	6	7	8	9	10	11	12	13	14	15	16	17	18	19	20	21	22	23	24	25	26		
	公曆2月	1	2	3	4	5	6	7	8	9	10	11	12	13	14	15	16	17	18	19	20	21	22	23	24	25	26	27	28									
39	夏曆正月	29	30	⑦	2	3	4	5	6	7	8	9	10	11	12	13	14	15	16	17	18	19	20	21	22	23	24	25	26									
	回曆12月	27	28	29	30	1	2	3	4	5	6	7	8	9	10	11	12	13	14	15	16	17	18	19	20	21	22	23	24									
	公曆3月	1	2	3	4	5	6	7	8	9	10	11	12	13	14	15	16	17	18	19	20	21	22	23	24	25	26	27	28	29	30	31						
40	夏曆二月	27	28	29	30	㊲	2	3	4	5	6	7	8	9	10	11	12	13	14	15	16	17	18	19	20	21	22	23	24	25	26	27						
248年	回曆1月	25	26	27	28	29	30	①	2	3	4	5	6	7	8	9	10	11	12	13	14	15	16	17	18	19	20	21	22	23	24	25						
	公曆4月				1	2	3	4	5	6	7	8	9	10	11	12	13	14	15	16	17	18	19	20	21	22	23	24	25	26	27	28	29	30				
41	夏曆三月				28	29	⑥	2	3	4	5	6	7	8	9	10	11	12	13	14	15	16	17	18	19	20	21	22	23	24	25	26	27	28				
	回曆2月				26	27	28	29	30	1	2	3	4	5	6	7	8	9	10	11	12	13	14	15	16	17	18	19	20	21	22	23	24	25				
	公曆5月						1	2	3	4	5	6	7	8	9	10	11	12	13	14	15	16	17	18	19	20	21	22	23	24	25	26	27	28	29	30	31	
42	夏曆四月						29	30	㊱	2	3	4	5	6	7	8	9	10	11	12	13	14	15	16	17	18	19	20	21	22	23	24	25	26	27	28	29	
	回曆3月						26	27	28	29	1	2	3	4	5	6	7	8	9	10	11	12	13	14	15	16	17	18	19	20	21	22	23	24	25	26	27	
	公曆6月		1	2	3	4	5	6	7	8	9	10	11	12	13	14	15	16	17	18	19	20	21	22	23	24	25	26	27	28	29	30						
43	夏曆五月		⑤	2	3	4	5	6	7	8	9	10	11	12	13	14	15	16	17	18	19	20	21	22	23	24	25	26	27	28	29	30						
	回曆4月		28	29	30	1	2	3	4	5	6	7	8	9	10	11	12	13	14	15	16	17	18	19	20	21	22	23	24	25	26	27						
	公曆7月				1	2	3	4	5	6	7	8	9	10	11	12	13	14	15	16	17	18	19	20	21	22	23	24	25	26	27	28	29	30	31			
44 45	夏曆六 七月				㉟	2	3	4	5	6	7	8	9	10	11	12	13	14	15	16	17	18	19	20	21	22	23	24	25	26	27	28	29	30	⑤			
	回曆5月				28	29	1	2	3	4	5	6	7	8	9	10	11	12	13	14	15	16	17	18	19	20	21	22	23	24	25	26	27	28	29			
	公曆8月							1	2	3	4	5	6	7	8	9	10	11	12	13	14	15	16	17	18	19	20	21	22	23	24	25	26	27	28	29	30	31
46	夏曆八月							2	3	4	5	6	7	8	9	10	11	12	13	14	15	16	17	18	19	20	21	22	23	24	25	26	27	28	29	㉞	2	3
	回曆6、7月							30	1	2	3	4	5	6	7	8	9	10	11	12	13	14	15	16	17	18	19	20	21	22	23	24	25	26	27	28	29	1
	公曆9月			1	2	3	4	5	6	7	8	9	10	11	12	13	14	15	16	17	18	19	20	21	22	23	24	25	26	27	28	29	30					
47	夏曆九月			4	5	6	7	8	9	10	11	12	13	14	15	16	17	18	19	20	21	22	23	24	25	26	27	28	29	30	④	2	3					
	回曆8月			2	3	4	5	6	7	8	9	10	11	12	13	14	15	16	17	18	19	20	21	22	23	24	25	26	27	28	29	30	1					
	公曆10月					1	2	3	4	5	6	7	8	9	10	11	12	13	14	15	16	17	18	19	20	21	22	23	24	25	26	27	28	29	30	31		
48	夏曆十月					4	5	6	7	8	9	10	11	12	13	14	15	16	17	18	19	20	21	22	23	24	25	26	27	28	29	㉝	2	3	4	5		
	回曆9月					2	3	4	5	6	7	8	9	10	11	12	13	14	15	16	17	18	19	20	21	22	23	24	25	26	27	28	29	1	2	3		
	公曆11月	1	2	3	4	5	6	7	8	9	10	11	12	13	14	15	16	17	18	19	20	21	22	23	24	25	26	27	28	29	30							
49	夏曆十一月	6	7	8	9	10	11	12	13	14	15	16	17	18	19	20	21	22	23	24	25	26	27	28	29	②	2	3	4	5	6							
	回曆10月	4	5	6	7	8	9	10	11	12	13	14	15	16	17	18	19	20	21	22	23	24	25	26	27	28	29	30	1	2	3							
	公曆12月			1	2	3	4	5	6	7	8	9	10	11	12	13	14	15	16	17	18	19	20	21	22	23	24	25	26	27	28	29	30	31				

續表

月干支序數	月序＼星期	日	1	2	3	4	5	6	日	1	2	3	4	5	6	日	1	2	3	4	5	6	日	1	2	3	4	5	6	日	1	2	3	4	5	6	日	1
50	夏曆十二月			7	8	9	10	11	12	13	14	15	16	17	18	19	20	21	22	23	24	25	26	27	28	29	30	㉜	2	3	4	5	6	7				
	回曆11月			4	5	6	7	8	9	10	11	12	13	14	15	16	17	18	19	20	21	22	23	24	25	26	27	28	29	1	2	3	4	5				

大事記

二月，南詔又擾安南，旋退。　四月，置戒壇度僧尼。　七月，徐州軍亂，逐節度使溫璋。以王式代璋，式至，殺驕悍者數千人。　八月，嶺南西道節度使蔡京以慘虐為軍士所逐。　十一月，南詔擾安南，圍交趾。　是歲，吐蕃嗢末入貢。

唐紀年

干支癸未　公元863年

朝代或國名	國家支配者	建都	廟號	諡號	建元	年號年次	輔政者	備注
唐	⑲李漼	長安	懿宗		1	咸通4年	楊收等	
渤海	⑪大虔晃	龍泉府		□王		6年		在東北
南詔	⑪蒙世隆	陽苴咩		景莊	2	1建極4年		在雲南
古格						50年		西藏阿里

月曆表

5576—384—2036674

月干支序數	月序＼星期	日	1	2	3	4	5	6	日	1	2	3	4	5	6	日	1	2	3	4	5	6	日	1	2	3	4	5	6	日	1	2	3	4	5	6	日	1
	公曆1月						1	2	3	4	5	6	7	8	9	10	11	12	13	14	15	16	17	18	19	20	21	22	23	24	25	26	27	28	29	30	31	
51	夏曆正月						8	9	10	11	12	13	14	15	16	17	18	19	20	21	22	23	24	25	26	27	28	29	①	2	3	4	5	6	7	8	9	
	回曆12月						6	7	8	9	10	11	12	13	14	15	16	17	18	19	20	21	22	23	24	25	26	27	28	29	30	1	2	3	4	5	6	
	公曆2月		1	2	3	4	5	6	7	8	9	10	11	12	13	14	15	16	17	18	19	20	21	22	23	24	25	26	27	28								
52	夏曆二月		10	11	12	13	14	15	16	17	18	19	20	21	22	23	24	25	26	27	28	29	30	㉛	2	3	4	5	6	7								
249年	回曆1月		7	8	9	10	11	12	13	14	15	16	17	18	19	20	21	22	23	24	25	26	27	28	29	①	2	3	4	5								
	公曆3月		1	2	3	4	5	6	7	8	9	10	11	12	13	14	15	16	17	18	19	20	21	22	23	24	25	26	27	28	29	30	31					
53	夏曆三月		8	9	10	11	12	13	14	15	16	17	18	19	20	21	22	23	24	25	26	27	28	29	(60)	2	3	4	5	6	7	8	9					
	回曆2月		6	7	8	9	10	11	12	13	14	15	16	17	18	19	20	21	22	23	24	25	26	27	28	29	30	1	2	3	4	5	6					
	公曆4月					1	2	3	4	5	6	7	8	9	10	11	12	13	14	15	16	17	18	19	20	21	22	23	24	25	26	27	28	29	30			
54	夏曆四月					10	11	12	13	14	15	16	17	18	19	20	21	22	23	24	25	26	27	28	29	30	㉚	2	3	4	5	6	7	8	9			
	回曆3月					7	8	9	10	11	12	13	14	15	16	17	18	19	20	21	22	23	24	25	26	27	28	29	1	2	3	4	5	6	7			
	公曆5月							1	2	3	4	5	6	7	8	9	10	11	12	13	14	15	16	17	18	19	20	21	22	23	24	25	26	27	28	29	30	3.
55	夏曆五月							10	11	12	13	14	15	16	17	18	19	20	21	22	23	24	25	26	27	28	29	30	(60)	2	3	4	5	6	7	8	9	1
	回曆4月							8	9	10	11	12	13	14	15	16	17	18	19	20	21	22	23	24	25	26	27	28	29	30	1	2	3	4	5	6	7	8
	公曆6月			1	2	3	4	5	6	7	8	9	10	11	12	13	14	15	16	17	18	19	20	21	22	23	24	25	26	27	28	29	30					
56	夏曆六月			11	12	13	14	15	16	17	18	19	20	21	22	23	24	25	26	27	28	29	㉙	2	3	4	5	6	7	8	9	10	11					
	回曆5月			9	10	11	12	13	14	15	16	17	18	19	20	21	22	23	24	25	26	27	28	29	1	2	3	4	5	6	7	8	9					
	公曆7月					1	2	3	4	5	6	7	8	9	10	11	12	13	14	15	16	17	18	19	20	21	22	23	24	25	26	27	28	29	30	31		
	夏曆閏六月					12	13	14	15	16	17	18	19	20	21	22	23	24	25	26	27	28	29	30	㊾	2	3	4	5	6	7	8	9	10	11	12		
	回曆6月					10	11	12	13	14	15	16	17	18	19	20	21	22	23	24	25	26	27	28	29	30	1	2	3	4	5	6	7	8	9	10		
	公曆8月	1	2	3	4	5	6	7	8	9	10	11	12	13	14	15	16	17	18	19	20	21	22	23	24	25	26	27	28	29	30	31						

續表

月干支序數	星期/月序	日	1	2	3	4	5	6	日	1	2	3	4	5	6	日	1	2	3	4	5	6	日	1	2	3	4	5	6	日	1	2	3	4	5	6	日	1
57	夏曆七月	13	14	15	16	17	18	19	20	21	22	23	24	25	26	27	28	29	㉘	2	3	4	5	6	7	8	9	10	11	12	13	14						
	回曆7月	11	12	13	14	15	16	17	18	19	20	21	22	23	24	25	26	27	28	29	1	2	3	4	5	6	7	8	9	10	11	12						
	公曆9月				1	2	3	4	5	6	7	8	9	10	11	12	13	14	15	16	17	18	19	20	21	22	23	24	25	26	27	28	29	30				
58	夏曆八月				15	16	17	18	19	20	21	22	23	24	25	26	27	28	29	30	(58)	2	3	4	5	6	7	8	9	10	11	12	13	14				
	回曆8月				13	14	15	16	17	18	19	20	21	22	23	24	25	26	27	28	29	30	1	2	3	4	5	6	7	8	9	10	11	12				
	公曆10月					1	2	3	4	5	6	7	8	9	10	11	12	13	14	15	16	17	18	19	20	21	22	23	24	25	26	27	28	29	30	31		
59	夏曆九月					15	16	17	18	19	20	21	22	23	24	25	26	27	28	29	㉗	2	3	4	5	6	7	8	9	10	11	12	13	14	15	16		
	回曆9月					13	14	15	16	17	18	19	20	21	22	23	24	25	26	27	28	29	1	2	3	4	5	6	7	8	9	10	11	12	13	14		
	公曆11月		1	2	3	4	5	6	7	8	9	10	11	12	13	14	15	16	17	18	19	20	21	22	23	24	25	26	27	28	29	30						
60	夏曆十月		17	18	19	20	21	22	23	24	25	26	27	28	29	30	(57)	2	3	4	5	6	7	8	9	10	11	12	13	14	15	16						
	回曆10月		15	16	17	18	19	20	21	22	23	24	25	26	27	28	29	30	1	2	3	4	5	6	7	8	9	10	11	12	13	14						
	公曆12月				1	2	3	4	5	6	7	8	9	10	11	12	13	14	15	16	17	18	19	20	21	22	23	24	25	26	27	28	29	30	31			
1	夏曆十一月				17	18	19	20	21	22	23	24	25	26	27	28	29	30	㉗	2	3	4	5	6	7	8	9	10	11	12	13	14	15	16	17			
	回曆11月				15	16	17	18	19	20	21	22	23	24	25	26	27	28	29	1	2	3	4	5	6	7	8	9	10	11	12	13	14	15	16			

大事記

正月，南詔陷交趾，都護蔡襲死。南詔二陷交趾，前後殺虜十五萬。　二月，置天雄軍於秦州，以成、河、渭三州隸之。三月，歸義節度使張義潮逐吐蕃，復涼州。南蠻擾邕州。　四月，徐州多人入州城殺官吏，旋定。　五月，廢容管，隸嶺南西道。　六月，廢安南都護府，置行交州於海門，旋又置南都護於行交州。　七月，東都、許、汝、徐、泗等州大水。發山東兵萬人鎮交州。　八月，黠戛斯遣使求經籍。　十二月，南詔擾西川。昭義軍亂，殺節度使沈詢，旋平。

唐　紀　年

干支甲申　公元 864 年

朝代或國名	國家支配者	建都	廟號	謚號	建元	年號年次	輔政者	備注
唐	⑲李漼	長安	懿宗		1	咸通 5 年	蕭寘等	
渤海	⑪大虔晃	龍泉府		□王		7 年		在東北
南詔	⑪蒙世隆	陽苴咩		景莊	2	1 建極 5 年		在雲南
古格						51 年		西藏阿里

月　曆　表

5577－355－2037029

月干支序數	星期/月序	日	1	2	3	4	5	6	日	1	2	3	4	5	6	日	1	2	3	4	5	6	日	1	2	3	4	5	6	日	1	2	3	4	5	6	日	1
	公曆1月							1	2	3	4	5	6	7	8	9	10	11	12	13	14	15	16	17	18	19	20	21	22	23	24	25	26	27	28	29	30	31
2	夏曆十二月							18	19	20	21	22	23	24	25	26	27	28	29	(56)	2	3	4	5	6	7	8	9	10	11	12	13	14	15	16	17	18	19
	回曆12月							17	18	19	20	21	22	23	24	25	26	27	28	29	30	1	2	3	4	5	6	7	8	9	10	11	12	13	14	15	16	17
	公曆2月			1	2	3	4	5	6	7	8	9	10	11	12	13	14	15	16	17	18	19	20	21	22	23	24	25	26	27	28	29						
3	夏曆正月			20	21	22	23	24	25	26	27	28	29	㉕	2	3	4	5	6	7	8	9	10	11	12	13	14	15	16	17	18	19						
250年	回曆1月			18	19	20	21	22	23	24	25	26	27	28	29	①	2	3	4	5	6	7	8	9	10	11	12	13	14	15	16	17						
	公曆3月				1	2	3	4	5	6	7	8	9	10	11	12	13	14	15	16	17	18	19	20	21	22	23	24	25	26	27	28	29	30	31			
4	夏曆二月				20	21	22	23	24	25	26	27	28	29	30	(55)	2	3	4	5	6	7	8	9	10	11	12	13	14	15	16	17	18	19	20			
	回曆2月				18	19	20	21	22	23	24	25	26	27	28	29	30	1	2	3	4	5	6	7	8	9	10	11	12	13	14	15	16	17	18			

續表

月 干支 序数	星期 月序	日	1	2	3	4	5	6	日	1	2	3	4	5	6	日	1	2	3	4	5	6	日	1	2	3	4	5	6	日	1	2	3	4	5	6	日	1
	公曆4月							1	2	3	4	5	6	7	8	9	10	11	12	13	14	15	16	17	18	19	20	21	22	23	24	25	26	27	28	29	30	
5	夏曆三月							21	22	23	24	25	26	27	28	29	㉔	2	3	4	5	6	7	8	9	10	11	12	13	14	15	16	17	18	19	20	21	
	回曆3月							19	20	21	22	23	24	25	26	27	28	29	1	2	3	4	5	6	7	8	9	10	11	12	13	14	15	16	17	18	19	
	公曆5月		1	2	3	4	5	6	7	8	9	10	11	12	13	14	15	16	17	18	19	20	21	22	23	24	25	26	27	28	29	30	31					
6	夏曆四月		22	23	24	25	26	27	28	29	30	(54)	2	3	4	5	6	7	8	9	10	11	12	13	14	1	16	17	18	19	20	21	22					
	回曆4月		20	21	22	23	24	25	26	27	28	29	30	1	2	3	4	5	6	7	8	9	10	11	12	13	14	15	16	17	18	19	20					
	公曆6月					1	2	3	4	5	6	7	8	9	10	11	12	13	14	15	16	17	18	19	20	21	22	23	24	25	26	27	28	29	30			
7	夏曆五月					23	24	25	26	27	28	29	㉓	2	3	4	5	6	7	8	9	10	11	12	13	14	15	16	17	18	19	20	21	22	23			
	回曆5月					21	22	23	24	25	26	27	28	29	1	2	3	4	5	6	7	8	9	10	11	12	13	14	15	16	17	18	19	20	21			
	公曆7月							1	2	3	4	5	6	7	8	9	10	11	12	13	14	15	16	17	18	19	20	21	22	23	24	25	26	27	28	29	30	31
8	夏曆六月							24	25	26	27	28	29	30	(53)	2	3	4	5	6	7	8	9	10	11	12	13	14	15	16	17	18	19	20	21	22	23	24
	回曆6月							22	23	24	25	26	27	28	29	30	1	2	3	4	5	6	7	8	9	10	11	12	13	14	15	16	17	18	19	20	21	22
	公曆8月			1	2	3	4	5	6	7	8	9	10	11	12	13	14	15	16	17	18	19	20	21	22	23	24	25	26	27	28	29	30	31				
9	夏曆七月			25	26	27	28	29	㉒	2	3	4	5	6	7	8	9	10	11	12	13	14	15	16	17	18	19	20	21	22	23	24	25	26				
	回曆7月			23	24	25	26	27	28	29	1	2	3	4	5	6	7	8	9	10	11	12	13	14	15	16	17	18	19	20	21	22	23	24				
	公曆9月						1	2	3	4	5	6	7	8	9	10	11	12	13	14	15	16	17	18	19	20	21	22	23	24	25	26	27	28	29	30		
10	夏曆八月						27	28	29	30	(52)	2	3	4	5	6	7	8	9	10	11	12	13	14	15	16	17	18	19	20	21	22	23	24	25	26		
	回曆8月						25	26	27	28	29	30	1	2	3	4	5	6	7	8	9	10	11	12	13	14	15	16	17	18	19	20	21	22	23	24		
	公曆10月	1	2	3	4	5	6	7	8	9	10	11	12	13	14	15	16	17	18	19	20	21	22	23	24	25	26	27	28	29	30	31						
11	夏曆九月	27	28	29	30	㉒	2	3	4	5	6	7	8	9	10	11	12	13	14	15	16	17	18	19	20	21	22	23	24	25	26	27						
	回曆9月	25	26	27	28	29	1	2	3	4	5	6	7	8	9	10	11	12	13	14	15	16	17	18	19	20	21	22	23	24	25	26						
	公曆11月				1	2	3	4	5	6	7	8	9	10	11	12	13	14	15	16	17	18	19	20	21	22	23	24	25	26	27	28	29	30				
12	夏曆十月				28	29	(51)	2	3	4	5	6	7	8	9	10	11	12	13	14	15	16	17	18	19	20	21	22	23	24	25	26	27	28				
	回曆10月				27	28	29	30	1	2	3	4	5	6	7	8	9	10	11	12	13	14	15	16	17	18	19	20	21	22	23	24	25	26				
	公曆12月						1	2	3	4	5	6	7	8	9	10	11	12	13	14	15	16	17	18	19	20	21	22	23	24	25	26	27	28	29	30	31	
13	夏曆十一月						29	30	㉑	2	3	4	5	6	7	8	9	10	11	12	13	14	15	16	17	18	19	20	21	22	23	24	25	26	27	28	29	
	回曆11月						27	28	29	1	2	3	4	5	6	7	8	9	10	11	12	13	14	15	16	17	18	19	20	21	22	23	24	25	26	27	28	

大事記

正月，南詔攻嶲州，西川破南詔兵。　三月，嶺南西道節度使康錄訓擊南詔擾邕之師，大敗，後小勝，謊報大捷。七月，兩林鬼主敗南詔擾西川之師。復置容管。以驍衛將軍高駢為安南都護、經略招討使。

唐紀年

干支乙酉　公元865年

朝代或國名	國家支配者	建都	廟號	謚號	建元	年號年次	輔政者	備注
唐	⑲李漼	長安	懿宗		1	咸通6年	楊收等	
渤海	⑪大虔晃	龍泉府		□王		8年		在東北
南詔	⑪蒙世隆	陽苴咩		景莊	2	1建極6年		在雲南
古格						52年		西藏阿里

月曆表

月干支序數	星期 / 月序	日	1	2	3	4	5	6	日	1	2	3	4	5	6	日	1	2	3	4	5	6	日	1	2	3	4	5	6	日	1	2	3	4	5	6	日	1
	公曆1月		1	2	3	4	5	6	7	8	9	10	11	12	13	14	15	16	17	18	19	20	21	22	23	24	25	26	27	28	29	30	31					
14 15	夏曆十二 正月		30	㊿1	2	3	4	5	6	7	8	9	10	11	12	13	14	15	16	17	18	19	20	21	22	23	24	25	26	27	28	29	⑳					
	回曆12月		29	30	1	2	3	4	5	6	7	8	9	10	11	12	13	14	15	16	17	18	19	20	21	22	23	24	25	26	27	28	29					
	公曆2月					1	2	3	4	5	6	7	8	9	10	11	12	13	14	15	16	17	18	19	20	21	22	23	24	25	26	27	28					
	夏曆正月					2	3	4	5	6	7	8	9	10	11	12	13	14	15	16	17	18	19	20	21	22	23	24	25	26	27	28	29					
251年	回曆1月					30	①	2	3	4	5	6	7	8	9	10	11	12	13	14	15	16	17	18	19	20	21	22	23	24	25	26	27					
	公曆3月					1	2	3	4	5	6	7	8	9	10	11	12	13	14	15	16	17	18	19	20	21	22	23	24	25	26	27	28	29	30	31		
16 17	夏曆二 三月					㊾	2	3	4	5	6	7	8	9	10	11	12	13	14	15	16	17	18	19	20	21	22	23	24	25	26	27	28	29	30	⑲		
	回曆2月					28	29	30	1	2	3	4	5	6	7	8	9	10	11	12	13	14	15	16	17	18	19	20	21	22	23	24	25	26	27	28		
	公曆4月	1	2	3	4	5	6	7	8	9	10	11	12	13	14	15	16	17	18	19	20	21	22	23	24	25	26	27	28	29	30							
18	夏曆四月	2	3	4	5	6	7	8	9	10	11	12	13	14	15	16	17	18	19	20	21	22	23	24	25	26	27	28	29	㊽	2							
	回曆3月	29	1	2	3	4	5	6	7	8	9	10	11	12	13	14	15	16	17	18	19	20	21	22	23	24	25	26	27	28	29							
	公曆5月			1	2	3	4	5	6	7	8	9	10	11	12	13	14	15	16	17	18	19	20	21	22	23	24	25	26	27	28	29	30	31				
19	夏曆五月			3	4	5	6	7	8	9	10	11	12	13	14	15	16	17	18	19	20	21	22	23	24	25	26	27	28	29	30	⑱	2	3				
	回曆4、5月			30	1	2	3	4	5	6	7	8	9	10	11	12	13	14	15	16	17	18	19	20	21	22	23	24	25	26	27	28	29	1				
	公曆6月						1	2	3	4	5	6	7	8	9	10	11	12	13	14	15	16	17	18	19	20	21	22	23	24	25	26	27	28	29	30		
20	夏曆六月						4	5	6	7	8	9	10	11	12	13	14	15	16	17	18	19	20	21	22	23	24	25	26	27	28	29	㊼	2	3	4		
	回曆6月						2	3	4	5	6	7	8	9	10	11	12	13	14	15	16	17	18	19	20	21	22	23	24	25	26	27	28	29	30	1		
	公曆7月	1	2	3	4	5	6	7	8	9	10	11	12	13	14	15	16	17	18	19	20	21	22	23	24	25	26	27	28	29	30	31						
21	夏曆七月	5	6	7	8	9	10	11	12	13	14	15	16	17	18	19	20	21	22	23	24	25	26	27	28	29	30	⑰	2	3	4	5						
	回曆7月	2	3	4	5	6	7	8	9	10	11	12	13	14	15	16	17	18	19	20	21	22	23	24	25	26	27	28	29	1	2	3						
	公曆8月				1	2	3	4	5	6	7	8	9	10	11	12	13	14	15	16	17	18	19	20	21	22	23	24	25	26	27	28	29	30	31			
22	夏曆八月				6	7	8	9	10	11	12	13	14	15	16	17	18	19	20	21	22	23	24	25	26	27	28	29	㊻	2	3	4	5	6	7			
	回曆8月				4	5	6	7	8	9	10	11	12	13	14	15	16	17	18	19	20	21	22	23	24	25	26	27	28	29	30	1	2	3	4			
	公曆9月							1	2	3	4	5	6	7	8	9	10	11	12	13	14	15	16	17	18	19	20	21	22	23	24	25	26	27	28	29	30	
23	夏曆九月							8	9	10	11	12	13	14	15	16	17	18	19	20	21	22	23	24	25	26	27	28	29	30	⑯	2	3	4	5	6	7	
	回曆9月							5	6	7	8	9	10	11	12	13	14	15	16	17	18	19	20	21	22	23	24	25	26	27	28	29	1	2	3	4	5	
	公曆10月		1	2	3	4	5	6	7	8	9	10	11	12	13	14	15	16	17	18	19	20	21	22	23	24	25	26	27	28	29	30	31					
24	夏曆十月		8	9	10	11	12	13	14	15	16	17	18	19	20	21	22	23	24	25	26	27	28	29	30	㊻	2	3	4	5	6	7	8					
	回曆10月		6	7	8	9	10	11	12	13	14	15	16	17	18	19	20	21	22	23	24	25	26	27	28	29	30	1	2	3	4	5	6					
	公曆11月					1	2	3	4	5	6	7	8	9	10	11	12	13	14	15	16	17	18	19	20	21	22	23	24	25	26	27	28	29	30			
25	夏曆十一月					9	10	11	12	13	14	15	16	17	18	19	20	21	22	23	24	25	26	27	28	29	⑮	2	3	4	5	6	7	8	9			
	回曆11月					7	8	9	10	11	12	13	14	15	16	17	18	19	20	21	22	23	24	25	26	27	28	29	1	2	3	4	5	6	7			
	公曆12月							1	2	3	4	5	6	7	8	9	10	11	12	13	14	15	16	17	18	19	20	21	22	23	24	25	26	27	28	29	30	31
26	夏曆十二月							10	11	12	13	14	15	16	17	18	19	20	21	22	23	24	25	26	27	28	29	30	㊺	2	3	4	5	6	7	8	9	10
	回曆12月							8	9	10	11	12	13	14	15	16	17	18	19	20	21	22	23	24	25	26	27	28	29	30	1	2	3	4	5	6	7	8

大事記

五月，置鎮南軍於洪州，以應接嶺南軍事，兩林蠻引南詔入嶲州。　九月，高駢大破峰州蠻。　是歲，著名書法家柳公權卒(778—856)。

唐紀年

干支丙戌　公元866年

朝代或國名	國家支配者	建都	廟號	謚號	建元	年號年次	輔政者	備注
唐	⑲李漼	長安	懿宗		1	咸通7年	徐商等	
渤海	⑪大虔晃	龍泉府		□王		9年		在東北
南詔	⑪蒙世隆	陽苴咩		景莊	2	1建極7年		在雲南
古格						53年		西藏阿里

月曆表

5579－384－2037768

月干支序數	星期／月序	日	1	2	3	4	5	6	日	1	2	3	4	5	6	日	1	2	3	4	5	6	日	1	2	3	4	5	6	日	1	2	3	4	5	6	日	1
	公暦1月			1	2	3	4	5	6	7	8	9	10	11	12	13	14	15	16	17	18	19	20	21	22	23	24	25	26	27	28	29	30	31				
27	夏暦正月			11	12	13	14	15	16	17	18	19	20	21	22	23	24	25	26	27	28	29	30	⑮	2	3	4	5	6	7	8	9	10	11				
252年	回暦1月			9	10	11	12	13	14	15	16	17	18	19	20	21	22	23	24	25	26	27	28	29	①	2	3	4	5	6	7	8	9	10				
	公暦2月						1	2	3	4	5	6	7	8	9	10	11	12	13	14	15	16	17	18	19	20	21	22	23	24	25	26	27	28				
28	夏暦二月						12	13	14	15	16	17	18	19	20	21	22	23	24	25	26	27	28	29	㊹	2	3	4	5	6	7	8	9	10				
	回暦2月						11	12	13	14	15	16	17	18	19	20	21	22	23	24	25	26	27	28	29	30	1	2	3	4	5	6	7	8				
	公暦3月						1	2	3	4	5	6	7	8	9	10	11	12	13	14	15	16	17	18	19	20	21	22	23	24	25	26	27	28	29	30	31	
29	夏暦三月						11	12	13	14	15	16	17	18	19	20	21	22	23	24	25	26	27	28	29	30	⑭	2	3	4	5	6	7	8	9	10	11	
	回暦3月						9	10	11	12	13	14	15	16	17	18	19	20	21	22	23	24	25	26	27	28	29	1	2	3	4	5	6	7	8	9	10	
	公暦4月		1	2	3	4	5	6	7	8	9	10	11	12	13	14	15	16	17	18	19	20	21	22	23	24	25	26	27	28	29	30						
	夏暦閏三月		12	13	14	15	16	17	18	19	20	21	22	23	24	25	26	27	28	29	㊸	2	3	4	5	6	7	8	9	10	11	12						
	回暦4月		11	12	13	14	15	16	17	18	19	20	21	22	23	24	25	26	27	28	29	30	1	2	3	4	5	6	7	8	9	10						
	公暦5月				1	2	3	4	5	6	7	8	9	10	11	12	13	14	15	16	17	18	19	20	21	22	23	24	25	26	27	28	29	30	31			
30	夏暦四月				13	14	15	16	17	18	19	20	21	22	23	24	25	26	27	28	29	⑫	2	3	4	5	6	7	8	9	10	11	12	13	14			
	回暦5月				11	12	13	14	15	16	17	18	19	20	21	22	23	24	25	26	27	28	29	1	2	3	4	5	6	7	8	9	10	11	12			
	公暦6月							1	2	3	4	5	6	7	8	9	10	11	12	13	14	15	16	17	18	19	20	21	22	23	24	25	26	27	28	29	30	
31	夏暦五月							15	16	17	18	19	20	21	22	23	24	25	26	27	28	29	㊶	2	3	4	5	6	7	8	9	10	11	12	13	14	15	
	回暦6月							13	14	15	16	17	18	19	20	21	22	23	24	25	26	27	28	29	30	1	2	3	4	5	6	7	8	9	10	11	12	
	公暦7月		1	2	3	4	5	6	7	8	9	10	11	12	13	14	15	16	17	18	19	20	21	22	23	24	25	26	27	28	29	30	31					
32	夏暦六月		16	17	18	19	20	21	22	23	24	25	26	27	28	29	30	⑪	2	3	4	5	6	7	8	9	10	11	12	13	14	15	16					
	回暦7月		13	14	15	16	17	18	19	20	21	22	23	24	25	26	27	28	29	1	2	3	4	5	6	7	8	9	10	11	12	13	14					
	公暦8月					1	2	3	4	5	6	7	8	9	10	11	12	13	14	15	16	17	18	19	20	21	22	23	24	25	26	27	28	29	30	31		
33	夏暦七月					17	18	19	20	21	22	23	24	25	26	27	28	29	㊵	2	3	4	5	6	7	8	9	10	11	12	13	14	15	16	17	18		
	回暦8月					15	16	17	18	19	20	21	22	23	24	25	26	27	28	29	30	1	2	3	4	5	6	7	8	9	10	11	12	13	14	15		
	公暦9月	1	2	3	4	5	6	7	8	9	10	11	12	13	14	15	16	17	18	19	20	21	22	23	24	25	26	27	28	29	30							
34	夏暦八月	19	20	21	22	23	24	25	26	27	28	29	30	⑩	2	3	4	5	6	7	8	9	10	11	12	13	14	15	16	17	18							
	回暦9月	16	17	18	19	20	21	22	23	24	25	26	27	28	29	1	2	3	4	5	6	7	8	9	10	11	12	13	14	15	16							
	公暦10月			1	2	3	4	5	6	7	8	9	10	11	12	13	14	15	16	17	18	19	20	21	22	23	24	25	26	27	28	29	30	31				
35	夏暦九月			19	20	21	22	23	24	25	26	27	28	29	30	㊵	2	3	4	5	6	7	8	9	10	11	12	13	14	15	16	17	18	19				
	回暦10月			17	18	19	20	21	22	23	24	25	26	27	28	29	30	1	2	3	4	5	6	7	8	9	10	11	12	13	14	15	16	17				
	公暦11月						1	2	3	4	5	6	7	8	9	10	11	12	13	14	15	16	17	18	19	20	21	22	23	24	25	26	27	28	29	30		
36	夏暦十月						20	21	22	23	24	25	26	27	28	29	⑨	2	3	4	5	6	7	8	9	10	11	12	13	14	15	16	17	18	19	20		
	回暦11月						18	19	20	21	22	23	24	25	26	27	28	29	1	2	3	4	5	6	7	8	9	10	11	12	13	14	15	16	17	18		
	公暦12月	1	2	3	4	5	6	7	8	9	10	11	12	13	14	15	16	17	18	19	20	21	22	23	24	25	26	27	28	29	30	31						
37	夏暦十一月	21	22	23	24	25	26	27	28	29	30	㊴	2	3	4	5	6	7	8	9	10	11	12	13	14	15	16	17	18	19	20	21						
	回暦12月	19	20	21	22	23	24	25	26	27	28	29	30	1	2	3	4	5	6	7	8	9	10	11	12	13	14	15	16	17	18	19						

大事記

二月，張義潮奏逐吐蕃，克西州、北庭、輪臺、清鎮等城。　三月，南詔使至成都，詔送詣長安。成德節度使王紹懿死，以子景崇為留後，尋命為節度使。　閏三月，吐蕃擾邠州。　六月，魏博節度使何弘敬死，子全皞為留後，尋以為節度使。南詔大發兵援安南，高駢大破之，圍交趾。　十月，吐蕃論恐熱被殺，其部衆奔秦州，悉遷之於嶺南，後大衰。高駢克交趾，南詔潰退。　十一月。置靜海軍於安南，以駢為節度使。　十二月，黠戛斯遣使入貢，并請明年曆日。

是歲，著名詩人、詞人溫庭筠卒(約 812—866)。

唐紀年

干支丁亥　公元 867 年

朝代或國名	國家支配者	建都	廟號	謚號	建元	年號年次	輔政者	備注
唐	⑲李漼	長安	懿宗		1	咸通 8 年	於琮等	
渤海	⑪大虔晃	龍泉府		□王		10 年		在東北
南詔	⑪蒙世隆	陽苴咩		景莊	2	1 建極 8 年		在雲南
古格						54 年		西藏阿里

月曆表

5580－354－2038122

月干支序數	星期／月序	日	1	2	3	4	5	6	日	1	2	3	4	5	6	日	1	2	3	4	5	6	日	1	2	3	4	5	6	日	1	2	3	4	5	6	日	1
	公曆 1 月				1	2	3	4	5	6	7	8	9	10	11	12	13	14	15	16	17	18	19	20	21	22	23	24	25	26	27	28	29	30	31			
38	夏曆十二月				22	23	24	25	26	27	28	29	30	⑨	2	3	4	5	6	7	8	9	10	11	12	13	14	15	16	17	18	19	20	21	22			
253 年	回曆 1 月				20	21	22	23	24	25	26	27	28	29	①	2	3	4	5	6	7	8	9	10	11	12	13	14	15	16	17	18	19	20	21			
	公曆 2 月							1	2	3	4	5	6	7	8	9	10	11	12	13	14	15	16	17	18	19	20	21	22	23	24	25	26	27	28			
39	夏曆正月							23	24	25	26	27	28	29	30	㊴	2	3	4	5	6	7	8	9	10	11	12	13	14	15	16	17	18	19	20			
	回曆 2 月							22	23	24	25	26	27	28	29	30	1	2	3	4	5	6	7	8	9	10	11	12	13	14	15	16	17	18	19			
	公曆 3 月							1	2	3	4	5	6	7	8	9	10	11	12	13	14	15	16	17	18	19	20	21	22	23	24	25	26	27	28	29	30	31
40	夏曆二月							21	22	23	24	25	26	27	28	29	⑧	2	3	4	5	6	7	8	9	10	11	12	13	14	15	16	17	18	19	20	21	22
	回曆 3 月							20	21	22	23	24	25	26	27	28	29	1	2	3	4	5	6	7	8	9	10	11	12	13	14	15	16	17	18	19	20	21
	公曆 4 月			1	2	3	4	5	6	7	8	9	10	11	12	13	14	15	16	17	18	19	20	21	22	23	24	25	26	27	28	29	30					
41	夏曆三月			23	24	25	26	27	28	29	30	㊳	2	3	4	5	6	7	8	9	10	11	12	13	14	15	16	17	18	19	20	21	22					
	回曆 4 月			22	23	24	25	26	27	28	29	30	1	2	3	4	5	6	7	8	9	10	11	12	13	14	15	16	17	18	19	20	21					
	公曆 5 月					1	2	3	4	5	6	7	8	9	10	11	12	13	14	15	16	17	18	19	20	21	22	23	24	25	26	27	28	29	30	31		
42	夏曆四月					23	24	25	26	27	28	29	⑦	2	3	4	5	6	7	8	9	10	11	12	13	14	15	16	17	18	19	20	21	22	23	24		
	回曆 5 月					22	23	24	25	26	27	28	29	1	2	3	4	5	6	7	8	9	10	11	12	13	14	15	16	17	18	19	20	21	22	23		
	公曆 6 月	1	2	3	4	5	6	7	8	9	10	11	12	13	14	15	16	17	18	19	20	21	22	23	24	25	26	27	28	29	30							
43	夏曆五月	25	26	27	28	29	㊱	2	3	4	5	6	7	8	9	10	11	12	13	14	15	16	17	18	19	20	21	22	23	24	25							
	回曆 6 月	24	25	26	27	28	29	30	1	2	3	4	5	6	7	8	9	10	11	12	13	14	15	16	17	18	19	20	21	22	23							
	公曆 7 月			1	2	3	4	5	6	7	8	9	10	11	12	13	14	15	16	17	18	19	20	21	22	23	24	25	26	27	28	29	30	31				
44	夏曆六月			26	27	28	29	⑤	2	3	4	5	6	7	8	9	10	11	12	13	14	15	16	17	18	19	20	21	22	23	24	25	26	27				
	回曆 7 月			24	25	26	27	28	29	1	2	3	4	5	6	7	8	9	10	11	12	13	14	15	16	17	18	19	20	21	22	23	24	25				
	公曆 8 月						1	2	3	4	5	6	7	8	9	10	11	12	13	14	15	16	17	18	19	20	21	22	23	24	25	26	27	28	29	30	31	
45	夏曆七月						28	29	30	㉟	2	3	4	5	6	7	8	9	10	11	12	13	14	15	16	17	18	19	20	21	22	23	24	25	26	27	28	
	回曆 8 月						26	27	28	29	30	1	2	3	4	5	6	7	8	9	10	11	12	13	14	15	16	17	18	19	20	21	22	23	24	25	26	
	公曆 9 月		1	2	3	4	5	6	7	8	9	10	11	12	13	14	15	16	17	18	19	20	21	22	23	24	25	26	27	28	29	30						
46	夏曆八月		29	④	2	3	4	5	6	7	8	9	10	11	12	13	14	15	16	17	18	19	20	21	22	23	24	25	26	27	28	29						
	回曆 9 月		27	28	29	1	2	3	4	5	6	7	8	9	10	11	12	13	14	15	16	17	18	19	20	21	22	23	24	25	26	27						

續表

月干支序數	月序 \ 星期	日	1	2	3	4	5	6	日	1	2	3	4	5	6	日	1	2	3	4	5	6	日	1	2	3	4	5	6	日	1	2	3	4	5	6	日	1
	公曆10月				1	2	3	4	5	6	7	8	9	10	11	12	13	14	15	16	17	18	19	20	21	22	23	24	25	26	27	28	29	30	31			
47 48	夏曆九 十月				30	㉞	2	3	4	5	6	7	8	9	10	11	12	13	14	15	16	17	18	19	20	21	22	23	24	25	26	27	28	29	③			
	回曆10月				28	29	30	1	2	3	4	5	6	7	8	9	10	11	12	13	14	15	16	17	18	19	20	21	22	23	24	25	26	27	28			
	公曆11月							1	2	3	4	5	6	7	8	9	10	11	12	13	14	15	16	17	18	19	20	21	22	23	24	25	26	27	28	29	30	
49	夏曆十一月							2	3	4	5	6	7	8	9	10	11	12	13	14	15	16	17	18	19	20	21	22	23	24	25	26	27	28	29	30	㉝	
	回曆11月							29	1	2	3	4	5	6	7	8	9	10	11	12	13	14	15	16	17	18	19	20	21	22	23	24	25	26	27	28	29	
	公曆12月		1	2	3	4	5	6	7	8	9	10	11	12	13	14	15	16	17	18	19	20	21	22	23	24	25	26	27	28	29	30	31					
50	夏曆十二月		2	3	4	5	6	7	8	9	10	11	12	13	14	15	16	17	18	19	20	21	22	23	24	25	26	27	28	29	30	③	2					
	回曆12月		30	1	2	3	4	5	6	7	8	9	10	11	12	13	14	15	16	17	18	19	20	21	22	23	24	25	26	27	28	29	30					

大事記

二月，張義潮入朝，命其族子張惟深知歸義軍事。高駢募工鑿安南至邕廣海路潛石。西川以六姓部落持兩端，擊破之。七月，懷州刺史劉仁規禁民訴旱，民怒逐之，久之乃定。　　十月，詔諸通州府場監院依限送納兩稅榷酒諸色屬省錢及給還商人便換，不得托稱佔留。

唐紀年

干支戊子　公元868年

朝代或國名	國家支配者	建都	廟號	謚號	建元	年號年次	輔政者	備注
唐	⑲李漼	長安	懿宗		1	咸通9年	於琮等	
渤海	⑪大虔晃	龍泉府		□王		11年		在東北
南詔	⑪蒙世隆	陽苴咩		景莊	2	1 建極9年		在雲南
	龐勛	徐州			元年			
古格						55年		西藏阿里

月曆表

5581－383－2038505

月干支序數	月序 \ 星期	日	1	2	3	4	5	6	日	1	2	3	4	5	6	日	1	2	3	4	5	6	日	1	2	3	4	5	6	日	1	2	3	4	5	6	日	1
	公曆1月					1	2	3	4	5	6	7	8	9	10	11	12	13	14	15	16	17	18	19	20	21	22	23	24	25	26	27	28	29	30	31		
51	夏曆正月					3	4	5	6	7	8	9	10	11	12	13	14	15	16	17	18	19	20	21	22	23	24	25	26	27	28	29	30	㉝	2	3		
254年	回曆1、2月					①	2	3	4	5	6	7	8	9	10	11	12	13	14	15	16	17	18	19	20	21	22	23	24	25	26	27	28	29	30	1		
	公曆2月	1	2	3	4	5	6	7	8	9	10	11	12	13	14	15	16	17	18	19	20	21	22	23	24	25	26	27	28	29								
52	夏曆二月	4	5	6	7	8	9	10	11	12	13	14	15	16	17	18	19	20	21	22	23	24	25	26	27	28	29	②	2	3								
	回曆3月	2	3	4	5	6	7	8	9	10	11	12	13	14	15	16	17	18	19	20	21	22	23	24	25	26	27	28	29	1								
	公曆3月		1	2	3	4	5	6	7	8	9	10	11	12	13	14	15	16	17	18	19	20	21	22	23	24	25	26	27	28	29	30	31					
53	夏曆三月		4	5	6	7	8	9	10	11	12	13	14	15	16	17	18	19	20	21	22	23	24	25	26	27	28	29	30	㉜	2	3	4					
	回曆4月		2	3	4	5	6	7	8	9	10	11	12	13	14	15	16	17	18	19	20	21	22	23	24	25	26	27	28	29	30	1	2					
	公曆4月					1	2	3	4	5	6	7	8	9	10	11	12	13	14	15	16	17	18	19	20	21	22	23	24	25	26	27	28	29	30			
54	夏曆四月					5	6	7	8	9	10	11	12	13	14	15	16	17	18	19	20	21	22	23	24	25	26	27	28	29	30	②	2	3	4			
	回曆5月					3	4	5	6	7	8	9	10	11	12	13	14	15	16	17	18	19	20	21	22	23	24	25	26	27	28	29	1	2	3			
	公曆5月							1	2	3	4	5	6	7	8	9	10	11	12	13	14	15	16	17	18	19	20	21	22	23	24	25	26	27	28	29	30	31

續表

月 干支 序數	星期 月序	日	1	2	3	4	5	6	日	1	2	3	4	5	6	日	1	2	3	4	5	6	日	1	2	3	4	5	6	日	1	2	3	4	5	6	日	1
55	夏曆五月							5	6	7	8	9	10	11	12	13	14	15	16	17	18	19	20	21	22	23	24	25	26	27	28	29	㉛	2	3	4	5	6
	回曆6月							4	5	6	7	8	9	10	11	12	13	14	15	16	17	18	19	20	21	22	23	24	25	26	27	28	29	30	1	2	3	4
	公曆6月			1	2	3	4	5	6	7	8	9	10	11	12	13	14	15	16	17	18	19	20	21	22	23	24	25	26	27	28	29	30					
56	夏曆六月			7	8	9	10	11	12	13	14	15	16	17	18	19	20	21	22	23	24	25	26	27	28	29	(60)	2	3	4	5	6	7					
	回曆7月			5	6	7	8	9	10	11	12	13	14	15	16	17	18	19	20	21	22	23	24	25	26	27	28	29	1	2	3	4	5					
	公曆7月					1	2	3	4	5	6	7	8	9	10	11	12	13	14	15	16	17	18	19	20	21	22	23	24	25	26	27	28	29	30	31		
57	夏曆七月					8	9	10	11	12	13	14	15	16	17	18	19	20	21	22	23	24	25	26	27	28	29	㉙	2	3	4	5	6	7	8	9		
	回曆8月					6	7	8	9	10	11	12	13	14	15	16	17	18	19	20	21	22	23	24	25	26	27	28	29	30	1	2	3	4	5	6		
	公曆8月	1	2	3	4	5	6	7	8	9	10	11	12	13	14	15	16	17	18	19	20	21	22	23	24	25	26	27	28	29	30	31						
58	夏曆八月	10	11	12	13	14	15	16	17	18	19	20	21	22	23	24	25	26	27	28	29	30	(59)	2	3	4	5	6	7	8	9	10						
	回曆9月	7	8	9	10	11	12	13	14	15	16	17	18	19	20	21	22	23	24	25	26	27	28	29	1	2	3	4	5	6	7	8						
	公曆9月				1	2	3	4	5	6	7	8	9	10	11	12	13	14	15	16	17	18	19	20	21	22	23	24	25	26	27	28	29	30				
59	夏曆九月				11	12	13	14	15	16	17	18	19	20	21	22	23	24	25	26	27	28	29	㉘	2	3	4	5	6	7	8	9	10	11				
	回曆10月				9	10	11	12	13	14	15	16	17	18	19	20	21	22	23	24	25	26	27	28	29	30	1	2	3	4	5	6	7	8				
	公曆10月						1	2	3	4	5	6	7	8	9	10	11	12	13	14	15	16	17	18	19	20	21	22	23	24	25	26	27	28	29	30	31	
60	夏曆十月						12	13	14	15	16	17	18	19	20	21	22	23	24	25	26	27	28	29	30	(58)	2	3	4	5	6	7	8	9	10	11	12	
	回曆11月						9	10	11	12	13	14	15	16	17	18	19	20	21	22	23	24	25	26	27	28	29	1	2	3	4	5	6	7	8	9	10	
	公曆11月		1	2	3	4	5	6	7	8	9	10	11	12	13	14	15	16	17	18	19	20	21	22	23	24	25	26	27	28	29	30						
1	夏曆十一月		13	14	15	16	17	18	19	20	21	22	23	24	25	26	27	28	29	㉗	2	3	4	5	6	7	8	9	10	11	12	13						
	回曆12月		11	12	13	14	15	16	17	18	19	20	21	22	23	24	25	26	27	28	29	30	1	2	3	4	5	6	7	8	9	10						
	公曆12月				1	2	3	4	5	6	7	8	9	10	11	12	13	14	15	16	17	18	19	20	21	22	23	24	25	26	27	28	29	30	31			
2	夏曆十二月				14	15	16	17	18	19	20	21	22	23	24	25	26	27	28	29	30	(57)	2	3	4	5	6	7	8	9	10	11	12	13	14			
255年	回曆1月				11	12	13	14	15	16	17	18	19	20	21	22	23	24	25	26	27	28	29	①	2	3	4	5	6	7	8	9	10	11	12			

大事記

六月，置定邊軍節度使，以邛、眉、蜀、雅、嘉、黎、嶲七州隸之，以制南詔。　七月，徐泗兵赴援安南駐桂州者，以六年不得代，怒殺都將，擁糧料判官龐勛為主，北還。十月，陷宿州，勛稱兵馬留後，繼入徐州，囚觀察使崔彥曾，表請旌節，一時歸附者甚多。　十一月，發諸道兵及沙陀、吐谷渾、達靼、契苾諸部兵，遣康承訓等擊勛。勛分兵破魚臺，圍宋州、泗州，攻舒、廬，擾沂、海，陷滁州、和州，屢敗官兵。　是年，江淮蝗旱，東都尤甚，貧者以蓮蓬子為麵，槐葉為齏。敦煌千佛洞保留下來一本印刷精良的《金剛經》，是世界上最早有明確日期(咸通九年四月十五日)記載的印刷物。

唐紀年

干支己丑　公元869年

朝代或國名	國家支配者	建都	廟號	謚號	建元	年號年次	輔政者	備注
唐	⑲李漼	長安	懿宗		1	咸通10年	劉瞻等	
渤海	⑪大虔晃	龍泉府		□王		12年		在東北
南詔	⑪蒙世隆	陽苴咩		景莊	2	1 建極10年		在雲南
	〔龐勛〕	徐州				2年		
古格						56年		西藏阿里

月 曆 表

5582—355—2038860

月干支序數	星期 / 月序	日	1	2	3	4	5	6	日	1	2	3	4	5	6	日	1	2	3	4	5	6	日	1	2	3	4	5	6	日	1	2	3	4	5	6	日	1
	公曆1月							1	2	3	4	5	6	7	8	9	10	11	12	13	14	15	16	17	18	19	20	21	22	23	24	25	26	27	28	29	30	31
	夏曆閏十二月							15	16	17	18	19	20	21	22	23	24	25	26	27	28	29	30	㉗	2	3	4	5	6	7	8	9	10	11	12	13	14	15
	回曆2月							13	14	15	16	17	18	19	20	21	22	23	24	25	26	27	28	29	30	1	2	3	4	5	6	7	8	9	10	11	12	13
	公曆2月			1	2	3	4	5	6	7	8	9	10	11	12	13	14	15	16	17	18	19	20	21	22	23	24	25	26	27	28							
3	夏曆正月			16	17	18	19	20	21	22	23	24	25	26	27	28	29	(56)	2	3	4	5	6	7	8	9	10	11	12	13	14							
	回曆3月			14	15	16	17	18	19	20	21	22	23	24	25	26	27	28	29	1	2	3	4	5	6	7	8	9	10	11	12							
	公曆3月			1	2	3	4	5	6	7	8	9	10	11	12	13	14	15	16	17	18	19	20	21	22	23	24	25	26	27	28	29	30	31				
4	夏曆二月			15	16	17	18	19	20	21	22	23	24	25	26	27	28	29	30	㉖	2	3	4	5	6	7	8	9	10	11	12	13	14	15				
	回曆4月			13	14	15	16	17	18	19	20	21	22	23	24	25	26	27	28	29	30	1	2	3	4	5	6	7	8	9	10	11	12	13				
	公曆4月						1	2	3	4	5	6	7	8	9	10	11	12	13	14	15	16	17	18	19	20	21	22	23	24	25	26	27	28	29	30		
5	夏曆三月						16	17	18	19	20	21	22	23	24	25	26	27	28	29	30	(56)	2	3	4	5	6	7	8	9	10	11	12	13	14	15		
	回曆5月						14	15	16	17	18	19	20	21	22	23	24	25	26	27	28	29	1	2	3	4	5	6	7	8	9	10	11	12	13	14		
	公曆5月	1	2	3	4	5	6	7	8	9	10	11	12	13	14	15	16	17	18	19	20	21	22	23	24	25	26	27	28	29	30	31						
6	夏曆四月	16	17	18	19	20	21	22	23	24	25	26	27	28	29	㉕	2	3	4	5	6	7	8	9	10	11	12	13	14	15	16	17						
	回曆6月	15	16	17	18	19	20	21	22	23	24	25	26	27	28	29	30	1	2	3	4	5	6	7	8	9	10	11	12	13	14	15						
	公曆6月				1	2	3	4	5	6	7	8	9	10	11	12	13	14	15	16	17	18	19	20	21	22	23	24	25	26	27	28	29	30				
7	夏曆五月				18	19	20	21	22	23	24	25	26	27	28	29	30	(55)	2	3	4	5	6	7	8	9	10	11	12	13	14	15	16	17				
	回曆7月				16	17	18	19	20	21	22	23	24	25	26	27	28	29	1	2	3	4	5	6	7	8	9	10	11	12	13	14	15	16				
	公曆7月						1	2	3	4	5	6	7	8	9	10	11	12	13	14	15	16	17	18	19	20	21	22	23	24	25	26	27	28	29	30	31	
8	夏曆六月						18	19	20	21	22	23	24	25	26	27	28	29	㉔	2	3	4	5	6	7	8	9	10	11	12	13	14	15	16	17	18	19	
	回曆8月						17	18	19	20	21	22	23	24	25	26	27	28	29	30	1	2	3	4	5	6	7	8	9	10	11	12	13	14	15	16	17	
	公曆8月		1	2	3	4	5	6	7	8	9	10	11	12	13	14	15	16	17	18	19	20	21	22	23	24	25	26	27	28	29	30	31					
9	夏曆七月		20	21	22	23	24	25	26	27	28	29	30	(54)	2	3	4	5	6	7	8	9	10	11	12	13	14	15	16	17	18	19	20					
	回曆9月		18	19	20	21	22	23	24	25	26	27	28	29	1	2	3	4	5	6	7	8	9	10	11	12	13	14	15	16	17	18	19					
	公曆9月					1	2	3	4	5	6	7	8	9	10	11	12	13	14	15	16	17	18	19	20	21	22	23	24	25	26	27	28	29	30			
10	夏曆八月					21	22	23	24	25	26	27	28	29	㉓	2	3	4	5	6	7	8	9	10	11	12	13	14	15	16	17	18	19	20	21			
	回曆10月					20	21	22	23	24	25	26	27	28	29	30	1	2	3	4	5	6	7	8	9	10	11	12	13	14	15	16	17	18	19			
	公曆10月							1	2	3	4	5	6	7	8	9	10	11	12	13	14	15	16	17	18	19	20	21	22	23	24	25	26	27	28	29	30	31
11	夏曆九月							22	23	24	25	26	27	28	29	(52)	2	3	4	5	6	7	8	9	10	11	12	13	14	15	16	17	18	19	20	21	22	23
	回曆11月							20	21	22	23	24	25	26	27	28	29	1	2	3	4	5	6	7	8	9	10	11	12	13	14	15	16	17	18	19	20	21
	公曆11月			1	2	3	4	5	6	7	8	9	10	11	12	13	14	15	16	17	18	19	20	21	22	23	24	25	26	27	28	29	30					
12	夏曆十月			24	25	26	27	28	29	30	㉒	2	3	4	5	6	7	8	9	10	11	12	13	14	15	16	17	18	19	20	21	22	23					
	回曆12月			22	23	24	25	26	27	28	29	30	1	2	3	4	5	6	7	8	9	10	11	12	13	14	15	16	17	18	19	20	21					
	公曆12月					1	2	3	4	5	6	7	8	9	10	11	12	13	14	15	16	17	18	19	20	21	22	23	24	25	26	27	28	29	30	31		
13	夏曆十一月					24	25	26	27	28	29	(51)	2	3	4	5	6	7	8	9	10	11	12	13	14	15	16	17	18	19	20	21	22	23	24	25		
256年	回曆1月					22	23	24	25	26	27	28	29	①	2	3	4	5	6	7	8	9	10	11	12	13	14	15	16	17	18	19	20	21	22	23		

大事記

四月，龐勛兵屢敗於沙陀騎，乃殺崔彥曾等，稱天册將軍以係衆心。　六月，陝州民以訴旱不為觀察使崔蕘所聽，逐之。　八月，康承訓破徐州，大屠殺。龐勛率部西走，為沙陀騎所逼，溺死。　十月，勛別將守濠州者始敗走，事定。以沙陀首領朱邪赤心有功，命為大同軍節度使，賜姓名李國昌。　十一月，南詔大舉攻西川。　十二月，南詔攻陷犍為，焚掠陵、榮州，進據嘉、黎、雅諸州。

唐紀年

干支庚寅　公元 870 年

朝代或國名	國家支配者	建　都	廟　號	謚　號	建　元	年號年次	輔政者	備　注
唐	⑲李漼	長安	懿宗		1	咸通 11 年	韋保衡等	
渤海	⑪大虔晃	龍泉府		□王		13 年		在東北
南詔	⑪蒙世隆	陽苴咩		景莊	2	1 建極 11 年		在雲南
古格						57 年		西藏阿里

月曆表

5583—354—2039214

月干支序數	星期 / 月序	日	1	2	3	4	5	6	日	1	2	3	4	5	6	日	1	2	3	4	5	6	日	1	2	3	4	5	6	日	1	2	3	4	5	6	日	1
	公曆 1 月	1	2	3	4	5	6	7	8	9	10	11	12	13	14	15	16	17	18	19	20	21	22	23	24	25	26	27	28	29	30	31						
14	夏曆十二月	26	27	28	29	30	㉑	2	3	4	5	6	7	8	9	10	11	12	13	14	15	16	17	18	19	20	21	22	23	24	25	26						
	回曆 2 月	24	25	26	27	28	29	30	1	2	3	4	5	6	7	8	9	10	11	12	13	14	15	16	17	18	19	20	21	22	23	24						
	公曆 2 月				1	2	3	4	5	6	7	8	9	10	11	12	13	14	15	16	17	18	19	20	21	22	23	24	25	26	27	28						
15	夏曆正月				27	28	29	30	㊿①	2	3	4	5	6	7	8	9	10	11	12	13	14	15	16	17	18	19	20	21	22	23	24						
	回曆 3 月				25	26	27	28	29	1	2	3	4	5	6	7	8	9	10	11	12	13	14	15	16	17	18	19	20	21	22	23						
	公曆 3 月				1	2	3	4	5	6	7	8	9	10	11	12	13	14	15	16	17	18	19	20	21	22	23	24	25	26	27	28	29	30	31			
16	夏曆二月				25	26	27	28	29	⑳	2	3	4	5	6	7	8	9	10	11	12	13	14	15	16	17	18	19	20	21	22	23	24	25	26			
	回曆 4 月				24	25	26	27	28	29	30	1	2	3	4	5	6	7	8	9	10	11	12	13	14	15	16	17	18	19	20	21	22	23	24			
	公曆 4 月							1	2	3	4	5	6	7	8	9	10	11	12	13	14	15	16	17	18	19	20	21	22	23	24	25	26	27	28	29	30	
17	夏曆三月							27	28	29	30	㊿	2	3	4	5	6	7	8	9	10	11	12	13	14	15	16	17	18	19	20	21	22	23	24	25	26	
	回曆 5 月							25	26	27	28	29	1	2	3	4	5	6	7	8	9	10	11	12	13	14	15	16	17	18	19	20	21	22	23	24	25	
	公曆 5 月		1	2	3	4	5	6	7	8	9	10	11	12	13	14	15	16	17	18	19	20	21	22	23	24	25	26	27	28	29	30	31					
18	夏曆四月		27	28	29	30	⑳	2	3	4	5	6	7	8	9	10	11	12	13	14	15	16	17	18	19	20	21	22	23	24	25	26	27					
	回曆 6 月		26	27	28	29	30	1	2	3	4	5	6	7	8	9	10	11	12	13	14	15	16	17	18	19	20	21	22	23	24	25	26					
	公曆 6 月					1	2	3	4	5	6	7	8	9	10	11	12	13	14	15	16	17	18	19	20	21	22	23	24	25	26	27	28	29	30			
19	夏曆五月					28	29	㊾	2	3	4	5	6	7	8	9	10	11	12	13	14	15	16	17	18	19	20	21	22	23	24	25	26	27	28			
	回曆 7 月					27	28	29	1	2	3	4	5	6	7	8	9	10	11	12	13	14	15	16	17	18	19	20	21	22	23	24	25	26	27			
	公曆 7 月							1	2	3	4	5	6	7	8	9	10	11	12	13	14	15	16	17	18	19	20	21	22	23	24	25	26	27	28	29	30	31
20	夏曆六月							29	30	⑲	2	3	4	5	6	7	8	9	10	11	12	13	14	15	16	17	18	19	20	21	22	23	24	25	26	27	28	29
	回曆 8 月							28	29	30	1	2	3	4	5	6	7	8	9	10	11	12	13	14	15	16	17	18	19	20	21	22	23	24	25	26	27	28
	公曆 8 月			1	2	3	4	5	6	7	8	9	10	11	12	13	14	15	16	17	18	19	20	21	22	23	24	25	26	27	28	29	30	31				
21 22	夏曆七/八月			㊽	2	3	4	5	6	7	8	9	10	11	12	13	14	15	16	17	18	19	20	21	22	23	24	25	26	27	28	29	30	⑱				
	回曆 9 月			29	1	2	3	4	5	6	7	8	9	10	11	12	13	14	15	16	17	18	19	20	21	22	23	24	25	26	27	28	29	30				
	公曆 9 月						1	2	3	4	5	6	7	8	9	10	11	12	13	14	15	16	17	18	19	20	21	22	23	24	25	26	27	28	29	30		
23	夏曆九月						2	3	4	5	6	7	8	9	10	11	12	13	14	15	16	17	18	19	20	21	22	23	24	25	26	27	28	29	㊼	2		
	回曆 10,11 月						1	2	3	4	5	6	7	8	9	10	11	12	13	14	15	16	17	18	19	20	21	22	23	24	25	26	27	28	29	1		
	公曆 10 月	1	2	3	4	5	6	7	8	9	10	11	12	13	14	15	16	17	18	19	20	21	22	23	24	25	26	27	28	29	30	31						
24	夏曆十月	3	4	5	6	7	8	9	10	11	12	13	14	15	16	17	18	19	20	21	22	23	24	25	26	27	28	29	⑯	2	3	4						
	回曆 12 月	2	3	4	5	6	7	8	9	10	11	12	13	14	15	16	17	18	19	20	21	22	23	24	25	26	27	28	29	30	1	2						
	公曆 11 月				1	2	3	4	5	6	7	8	9	10	11	12	13	14	15	16	17	18	19	20	21	22	23	24	25	26	27	28	29	30				
25	夏曆十一月				5	6	7	8	9	10	11	12	13	14	15	16	17	18	19	20	21	22	23	24	25	26	27	28	29	30	㊻	2	3	4				
257 年	回曆 1 月				3	4	5	6	7	8	9	10	11	12	13	14	15	16	17	18	19	20	21	22	23	24	25	26	27	28	29	30	①	2				
	公曆 12 月						1	2	3	4	5	6	7	8	9	10	11	12	13	14	15	16	17	18	19	20	21	22	23	24	25	26	27	28	29	30	31	

續表

月 干支 序數	星期 月序	日	1	2	3	4	5	6	日	1	2	3	4	5	6	日	1	2	3	4	5	6	日	1	2	3	4	5	6	日	1	2	3	4	5	6	日	1
26	夏暦十二月						5	6	7	8	9	10	11	12	13	14	15	16	17	18	19	20	21	22	23	24	25	26	27	28	29	⑮	2	3	4	5	6	
	回暦2月						3	4	5	6	7	8	9	10	11	12	13	14	15	16	17	18	19	20	21	22	23	24	25	26	27	28	29	30	1	2	3	

大事記

正月，遣使通和於南詔。廢定邊軍。南詔圍成都。　二月，援軍至，成都解圍。　四月，龐勛餘部攻兗、鄆、青、齊之間，遣使招諭之。　五月，光州民逐刺史李弱翁。　八月，魏博軍殺節度使何全皞，推韓君雄為留後，逾半年以為節度使，改名允中。　十一月，命名徐州軍為感化軍，置節度使。　十二月，命李國昌為振武節度使。

唐紀年

干支辛卯　公元871年

朝代或國名	國家支配者	建都	廟號	謚號	建元	年號年次	輔政者	備注
唐	⑲李漼	長安	懿宗		1	咸通12年	韋保衡等	
渤海	⑪大虔晃	龍泉府		□王		14年		在東北
南詔	⑪蒙世隆	陽苴咩		景莊	2	1建極12年		在雲南
古格						58年		西藏阿里

月曆表

5584—384—2039598

月 干支 序數	星期 月序	日	1	2	3	4	5	6	日	1	2	3	4	5	6	日	1	2	3	4	5	6	日	1	2	3	4	5	6	日	1	2	3	4	5	6	日	1
	公暦1月		1	2	3	4	5	6	7	8	9	10	11	12	13	14	15	16	17	18	19	20	21	22	23	24	25	26	27	28	29	30	31					
27	夏暦正月		7	8	9	10	11	12	13	14	15	16	17	18	19	20	21	22	23	24	25	26	27	28	29	30	㊺	2	3	4	5	6	7					
	回暦3月		4	5	6	7	8	9	10	11	12	13	14	15	16	17	18	19	20	21	22	23	24	25	26	27	28	29	1	2	3	4	5					
	公暦2月					1	2	3	4	5	6	7	8	9	10	11	12	13	14	15	16	17	18	19	20	21	22	23	24	25	26	27	28					
28	夏暦二月					8	9	10	11	12	13	14	15	16	17	18	19	20	21	22	23	24	25	26	27	28	29	⑭	2	3	4	5	6					
	回暦4月					6	7	8	9	10	11	12	13	14	15	16	17	18	19	20	21	22	23	24	25	26	27	28	29	30	1	2	3					
	公暦3月					1	2	3	4	5	6	7	8	9	10	11	12	13	14	15	16	17	18	19	20	21	22	23	24	25	26	27	28	29	30	31		
29	夏暦三月					7	8	9	10	11	12	13	14	15	16	17	18	19	20	21	22	23	24	25	26	27	28	29	30	㊹	2	3	4	5	6	7		
	回暦5月					4	5	6	7	8	9	10	11	12	13	14	15	16	17	18	19	20	21	22	23	24	25	26	27	28	29	1	2	3	4	5		
	公暦4月	1	2	3	4	5	6	7	8	9	10	11	12	13	14	15	16	17	18	19	20	21	22	23	24	25	26	27	28	29	30							
30	夏暦四月	8	9	10	11	12	13	14	15	16	17	18	19	20	21	22	23	24	25	26	27	28	29	30	⑭	2	3	4	5	6	7							
	回暦6月	6	7	8	9	10	11	12	13	14	15	16	17	18	19	20	21	22	23	24	25	26	27	28	29	30	1	2	3	4	5							
	公暦5月			1	2	3	4	5	6	7	8	9	10	11	12	13	14	15	16	17	18	19	20	21	22	23	24	25	26	27	28	29	30	31				
31	夏暦五月			8	9	10	11	12	13	14	15	16	17	18	19	20	21	22	23	24	25	26	27	28	29	㊸	2	3	4	5	6	7	8	9				
	回暦7月			6	7	8	9	10	11	12	13	14	15	16	17	18	19	20	21	22	23	24	25	26	27	28	29	1	2	3	4	5	6	7				
	公暦6月						1	2	3	4	5	6	7	8	9	10	11	12	13	14	15	16	17	18	19	20	21	22	23	24	25	26	27	28	29	30		
32	夏暦六月						10	11	12	13	14	15	16	17	18	19	20	21	22	23	24	25	26	27	28	29	30	⑬	2	3	4	5	6	7	8	9		
	回暦8月						8	9	10	11	12	13	14	15	16	17	18	19	20	21	22	23	24	25	26	27	28	29	30	1	2	3	4	5	6	7		
	公暦7月	1	2	3	4	5	6	7	8	9	10	11	12	13	14	15	16	17	18	19	20	21	22	23	24	25	26	27	28	29	30	31						
33	夏暦七月	10	11	12	13	14	15	16	17	18	19	20	21	22	23	24	25	26	27	28	29	㊷	2	3	4	5	6	7	8	9	10	11						
	回暦9月	8	9	10	11	12	13	14	15	16	17	18	19	20	21	22	23	24	25	26	27	28	29	1	2	3	4	5	6	7	8	9						
	公暦8月				1	2	3	4	5	6	7	8	9	10	11	12	13	14	15	16	17	18	19	20	21	22	23	24	25	26	27	28	29	30	31			

續表

月干支序數	月序＼星期	日	1	2	3	4	5	6	日	1	2	3	4	5	6	日	1	2	3	4	5	6	日	1	2	3	4	5	6	日	1	2	3	4	5	6	日	1
34	夏曆八月				12	13	14	15	16	17	18	19	20	21	22	23	24	25	26	27	28	29	30	⑫	2	3	4	5	6	7	8	9	10	11	12			
	回曆10月				10	11	12	13	14	15	16	17	18	19	20	21	22	23	24	25	26	27	28	29	30	1	2	3	4	5	6	7	8	9	10			
	公曆9月							1	2	3	4	5	6	7	8	9	10	11	12	13	14	15	16	17	18	19	20	21	22	23	24	25	26	27	28	29	30	
	夏曆閏八月							13	14	15	16	17	18	19	20	21	22	23	24	25	26	27	28	29	㊶	2	3	4	5	6	7	8	9	10	11	12	13	
	回曆11月							11	12	13	14	15	16	17	18	19	20	21	22	23	24	25	26	27	28	29	1	2	3	4	5	6	7	8	9	10	11	
	公曆10月		1	2	3	4	5	6	7	8	9	10	11	12	13	14	15	16	17	18	19	20	21	22	23	24	25	26	27	28	29	30	31					
35	夏曆九月		14	15	16	17	18	19	20	21	22	23	24	25	26	27	28	29	30	⑪	2	3	4	5	6	7	8	9	10	11	12	13	14					
	回曆12月		12	13	14	15	16	17	18	19	20	21	22	23	24	25	26	27	28	29	30	1	2	3	4	5	6	7	8	9	10	11	12					
	公曆11月					1	2	3	4	5	6	7	8	9	10	11	12	13	14	15	16	17	18	19	20	21	22	23	24	25	26	27	28	29	30			
36	夏曆十月					15	16	17	18	19	20	21	22	23	24	25	26	27	28	29	㊵	2	3	4	5	6	7	8	9	10	11	12	13	14	15			
258年	回曆1月					13	14	15	16	17	18	19	20	21	22	23	24	25	26	27	28	29	①	2	3	4	5	6	7	8	9	10	11	12	13			
	公曆12月							1	2	3	4	5	6	7	8	9	10	11	12	13	14	15	16	17	18	19	20	21	22	23	24	25	26	27	28	29	30	31
37	夏曆十一月							16	17	18	19	20	21	22	23	24	25	26	27	28	29	30	⑩	2	3	4	5	6	7	8	9	10	11	12	13	14	15	16
	回曆2月							14	15	16	17	18	19	20	21	22	23	24	25	26	27	28	29	30	1	2	3	4	5	6	7	8	9	10	11	12	13	14

大事記

正月，同昌公主死，極度鋪奢，揮霍驚人。　四月，路岩罷相，充西川節度使。五月，懿宗到安國寺，設萬人齋。

唐　紀　年

干支壬辰　公元 872 年

朝代或國名	國家支配者	建　都	廟　號	謚　號	建　元	年號年次	輔政者	備　注
唐	⑲李漼	長安	懿宗		1	咸通 13 年	韋保衡等	
渤海	⑫大玄錫	龍泉府		□王		元年		在東北
南詔	⑪蒙世隆	陽苴咩		景莊	2	1 建極 13 年		在雲南
古格						59 年		西藏阿里

月　曆　表

5585—354—2039952

月干支序數	月序＼星期	日	1	2	3	4	5	6	日	1	2	3	4	5	6	日	1	2	3	4	5	6	日	1	2	3	4	5	6	日	1	2	3	4	5	6	日	1
	公曆1月			1	2	3	4	5	6	7	8	9	10	11	12	13	14	15	16	17	18	19	20	21	22	23	24	25	26	27	28	29	30	31				
38	夏曆十二月			17	18	19	20	21	22	23	24	25	26	27	28	29	㊴	2	3	4	5	6	7	8	9	10	11	12	13	14	15	16	17	18				
	回曆3月			15	16	17	18	19	20	21	22	23	24	25	26	27	28	29	1	2	3	4	5	6	7	8	9	10	11	12	13	14	15	16				
	公曆2月						1	2	3	4	5	6	7	8	9	10	11	12	13	14	15	16	17	18	19	20	21	22	23	24	25	26	27	28	29			
39	夏曆正月						19	20	21	22	23	24	25	26	27	28	29	30	⑨	2	3	4	5	6	7	8	9	10	11	12	13	14	15	16	17			
	回曆4月						17	18	19	20	21	22	23	24	25	26	27	28	29	30	1	2	3	4	5	6	7	8	9	10	11	12	13	14	15			
	公曆3月							1	2	3	4	5	6	7	8	9	10	11	12	13	14	15	16	17	18	19	20	21	22	23	24	25	26	27	28	29	30	31
40	夏曆二月							18	19	20	21	22	23	24	25	26	27	28	29	㊳	2	3	4	5	6	7	8	9	10	11	12	13	14	15	16	17	18	19
	回曆5月							16	17	18	19	20	21	22	23	24	25	26	27	28	29	1	2	3	4	5	6	7	8	9	10	11	12	13	14	15	16	17
	公曆4月			1	2	3	4	5	6	7	8	9	10	11	12	13	14	15	16	17	18	19	20	21	22	23	24	25	26	27	28	29	30					
41	夏曆三月			20	21	22	23	24	25	26	27	28	29	30	⑧	2	3	4	5	6	7	8	9	10	11	12	13	14	15	16	17	18	19					
	回曆6月			18	19	20	21	22	23	24	25	26	27	28	29	30	1	2	3	4	5	6	7	8	9	10	11	12	13	14	15	16	17					

續表

月干支序數	星期／月序	日	1	2	3	4	5	6	日	1	2	3	4	5	6	日	1	2	3	4	5	6	日	1	2	3	4	5	6	日	1	2	3	4	5	6	日	1
	公曆5月					1	2	3	4	5	6	7	8	9	10	11	12	13	14	15	16	17	18	19	20	21	22	23	24	25	26	27	28	29	30	31		
42	夏曆四月					20	21	22	23	24	25	26	27	28	29	㊲	2	3	4	5	6	7	8	9	10	11	12	13	14	15	16	17	18	19	20	21		
	回曆7月					18	19	20	21	22	23	24	25	26	27	28	29	1	2	3	4	5	6	7	8	9	10	11	12	13	14	15	16	17	18	19		
	公曆6月	1	2	3	4	5	6	7	8	9	10	11	12	13	14	15	16	17	18	19	20	21	22	23	24	25	26	27	28	29	30							
43	夏曆五月	22	23	24	25	26	27	28	29	30	⑦	2	3	4	5	6	7	8	9	10	11	12	13	14	15	16	17	18	19	20	21							
	回曆8月	20	21	22	23	24	25	26	27	28	29	30	1	2	3	4	5	6	7	8	9	10	11	12	13	14	15	16	17	18	19							
	公曆7月			1	2	3	4	5	6	7	8	9	10	11	12	13	14	15	16	17	18	19	20	21	22	23	24	25	26	27	28	29	30	31				
44	夏曆六月			22	23	24	25	26	27	28	29	30	㊲	2	3	4	5	6	7	8	9	10	11	12	13	14	15	16	17	18	19	20	21	22				
	回曆9月			20	21	22	23	24	25	26	27	28	29	1	2	3	4	5	6	7	8	9	10	11	12	13	14	15	16	17	18	19	20	21				
	公曆8月						1	2	3	4	5	6	7	8	9	10	11	12	13	14	15	16	17	18	19	20	21	22	23	24	25	26	27	28	29	30	31	
45	夏曆七月						23	24	25	26	27	28	29	⑥	2	3	4	5	6	7	8	9	10	11	12	13	14	15	16	17	18	19	20	21	22	23	24	
	回曆10月						22	23	24	25	26	27	28	29	30	1	2	3	4	5	6	7	8	9	10	11	12	13	14	15	16	17	18	19	20	21	22	
	公曆9月		1	2	3	4	5	6	7	8	9	10	11	12	13	14	15	16	17	18	19	20	21	22	23	24	25	26	27	28	29	30						
46	夏曆八月		25	26	27	28	29	30	㊱	2	3	4	5	6	7	8	9	10	11	12	13	14	15	16	17	18	19	20	21	2	23	24						
	回曆11月		23	24	25	26	27	28	29	1	2	3	4	5	6	7	8	9	10	11	12	13	14	15	16	17	18	19	20	21	22	23						
	公曆10月				1	2	3	4	5	6	7	8	9	10	11	12	13	14	15	16	17	18	19	20	21	22	23	24	25	26	27	28	29	30	31			
47	夏曆九月				25	26	27	28	29	⑤	2	3	4	5	6	7	8	9	10	11	12	13	14	15	16	17	18	19	20	21	22	23	24	25	26			
	回曆12月				24	25	26	27	28	29	30	1	2	3	4	5	6	7	8	9	10	11	12	13	14	15	16	17	18	19	20	21	22	23	24			
	公曆11月							1	2	3	4	5	6	7	8	9	10	11	12	13	14	15	16	17	18	19	20	21	22	23	24	25	26	27	28	29	30	
48	夏曆十月							27	28	29	30	㉟	2	3	4	5	6	7	8	9	10	11	12	13	14	15	16	17	18	19	20	21	22	23	24	25	26	
259年	回曆1月							25	26	27	28	29	30	①	2	3	4	5	6	7	8	9	10	11	12	13	14	15	16	17	18	19	20	21	22	23	24	
	公曆12月		1	2	3	4	5	6	7	8	9	10	11	12	13	14	15	16	17	18	19	20	21	22	23	24	25	26	27	28	29	30	31					
49	夏曆十一月		27	28	29	④	2	3	4	5	6	7	8	9	10	11	12	13	14	15	16	17	18	19	20	21	22	23	24	25	26	27	28					
	回曆2月		25	26	27	28	29	30	1	2	3	4	5	6	7	8	9	10	11	12	13	14	15	16	17	18	19	20	21	22	23	24	25					

大事記

正月，盧龍節度使張允伸死，子張簡會知留後。　二月，幽州刺史張公素帥軍奔允伸喪，簡會懼，奔長安，公素遂為留後，旋為節度使。　八月，歸義節度使張義潮卒，長史曹義金代領軍府，尋為節度使。回鶻陷甘州。　十二月，以振武節度使李國昌專橫奢殺，遷為大同軍防禦使，不受。

唐紀年

干支癸巳　公元873年

朝代或國名	國家支配者	建都	廟號	謚號	建元	年號年次	輔政者	備注
唐	⑲李漼	長安	懿宗		1	咸通14年	蕭倣等	七月二十日李儇即位
渤海	⑫大玄錫	龍泉府		□王		2年		在東北
南詔	⑪蒙世隆	陽苴咩		景莊				在雲南
古格						60年		西藏阿里

月曆表

5586－355－2040307

月干支序數	星期 / 月序	日	1	2	3	4	5	6	日	1	2	3	4	5	6	日	1	2	3	4	5	6	日	1	2	3	4	5	6	日	1	2	3	4	5	6	日	1
	公曆1月					1	2	3	4	5	6	7	8	9	10	11	12	13	14	15	16	17	18	19	20	21	22	23	24	25	26	27	28	29	30	31		
50	夏曆十二月					29	30	㉞	2	3	4	5	6	7	8	9	10	11	12	13	14	15	16	17	18	19	20	21	22	23	24	25	26	27	28	29		
	回曆3月					26	27	28	29	1	2	3	4	5	6	7	8	9	10	11	12	13	14	15	16	17	18	19	20	21	22	23	24	25	26	27		
	公曆2月	1	2	3	4	5	6	7	8	9	10	11	12	13	14	15	16	17	18	19	20	21	22	23	24	25	26	27	28									
51	夏曆正月	③	2	3	4	5	6	7	8	9	10	11	12	13	14	15	16	17	18	19	20	21	22	23	24	25	26	27	28									
	回曆4月	28	29	30	1	2	3	4	5	6	7	8	9	10	11	12	13	14	15	16	17	18	19	20	21	22	23	24	25									
	公曆3月	1	2	3	4	5	6	7	8	9	10	11	12	13	14	15	16	17	18	19	20	21	22	23	24	25	26	27	28	29	30	31						
52	夏曆二月	29	30	㉝	2	3	4	5	6	7	8	9	10	11	12	13	14	15	16	17	18	19	20	21	22	23	24	25	26	27	28	29						
	回曆5月	26	27	28	29	1	2	3	4	5	6	7	8	9	10	11	12	13	14	15	16	17	18	19	20	21	22	23	24	25	26	27						
	公曆4月				1	2	3	4	5	6	7	8	9	10	11	12	13	14	15	16	17	18	19	20	21	22	23	24	25	26	27	28	29	30				
53	夏曆三月				②	2	3	4	5	6	7	8	9	10	11	12	13	14	15	16	17	18	19	20	21	22	23	24	25	26	27	28	29	30				
	回曆6月				28	29	30	1	2	3	4	5	6	7	8	9	10	11	12	13	14	15	16	17	18	19	20	21	22	23	24	25	26	27				
	公曆5月						1	2	3	4	5	6	7	8	9	10	11	12	13	14	15	16	17	18	19	20	21	22	23	24	25	26	27	28	29	30	31	
54 55	夏曆四 五月						㉜	2	3	4	5	6	7	8	9	10	11	12	13	14	15	16	17	18	19	20	21	22	23	24	25	26	27	28	29	①	2	
	回曆7月						28	29	1	2	3	4	5	6	7	8	9	10	11	12	13	14	15	16	17	18	19	20	21	22	23	24	25	26	27	28	29	
	公曆6月		1	2	3	4	5	6	7	8	9	10	11	12	13	14	15	16	17	18	19	20	21	22	23	24	25	26	27	28	29	30						
56	夏曆六月		3	4	5	6	7	8	9	10	11	12	13	14	15	16	17	18	19	20	21	22	23	24	25	26	27	28	29	30	㉛	2						
	回曆8月		30	1	2	3	4	5	6	7	8	9	10	11	12	13	14	15	16	17	18	19	20	21	22	23	24	25	26	27	28	29						
	公曆7月				1	2	3	4	5	6	7	8	9	10	11	12	13	14	15	16	17	18	19	20	21	22	23	24	25	26	27	28	29	30	31			
57	夏曆七月				3	4	5	6	7	8	9	10	11	12	13	14	15	16	17	18	19	20	21	22	23	24	25	26	27	28	29	(60)	2	3	4			
	回曆9,10月				1	2	3	4	5	6	7	8	9	10	11	12	13	14	15	16	17	18	19	20	21	22	23	24	25	26	27	28	29	30	1			
	公曆8月							1	2	3	4	5	6	7	8	9	10	11	12	13	14	15	16	17	18	19	20	21	22	23	24	25	26	27	28	29	30	31
58	夏曆八月							5	6	7	8	9	10	11	12	13	14	15	16	17	18	19	20	21	22	23	24	25	26	27	28	29	30	㉚	2	3	4	5
	回曆11月							2	3	4	5	6	7	8	9	10	11	12	13	14	15	16	17	18	19	20	21	22	23	24	25	26	27	28	29	1	2	3
	公曆9月			1	2	3	4	5	6	7	8	9	10	11	12	13	14	15	16	17	18	19	20	21	22	23	24	25	26	27	28	29	30					
59	夏曆九月			6	7	8	9	10	11	12	13	14	15	16	17	18	19	20	21	22	23	24	25	26	27	28	29	30	(60)	2	3	4	5					
	回曆12月			4	5	6	7	8	9	10	11	12	13	14	15	16	17	18	19	20	21	22	23	24	25	26	27	28	29	30	1	2	3					
	公曆10月					1	2	3	4	5	6	7	8	9	10	11	12	13	14	15	16	17	18	19	20	21	22	23	24	25	26	27	28	29	30	31		
60	夏曆十月					6	7	8	9	10	11	12	13	14	15	16	17	18	19	20	21	22	23	24	25	26	27	28	29	㉙	2	3	4	5	6	7		
260年	回曆1月					4	5	6	7	8	9	10	11	12	13	14	15	16	17	18	19	20	21	22	23	24	25	26	27	28	29	①	2	3	4	5		
	公曆11月	1	2	3	4	5	6	7	8	9	10	11	12	13	14	15	16	17	18	19	20	21	22	23	24	25	26	27	28	29	30							
1	夏曆十一月	8	9	10	11	12	13	14	15	16	17	18	19	20	21	22	23	24	25	26	27	28	29	30	(59)	2	3	4	5	6	7							
	回曆2月	6	7	8	9	10	11	12	13	14	15	16	17	18	19	20	21	22	23	24	25	26	27	28	29	30	1	2	3	4	5							
	公曆12月			1	2	3	4	5	6	7	8	9	10	11	12	13	14	15	16	17	18	19	20	21	22	23	24	25	26	27	28	29	30	31				
2	夏曆十二月			8	9	10	11	12	13	14	15	16	17	18	19	20	21	22	23	24	25	26	27	28	29	30	㉙	2	3	4	5	6	7	8				
	回曆3月			6	7	8	9	10	11	12	13	14	15	16	17	18	19	20	21	22	23	24	25	26	27	28	29	1	2	3	4	5	6	7				

大事記

二月，遣使至法門寺迎佛骨。　五月，南詔擾西川、黔南。　七月，懿宗病危，宦官劉行深等立普王李儼為太子。懿宗卒，太子即位，改名儇。　八月，關東、河南水患。

唐紀年

干支甲午　公元 874 年

朝代或國名	國家支配者	建　都	廟　號	謚　號	建　元	年號年次	輔政者	備　注
唐	⑳李儇	長安	僖宗		5	1乾符元年	劉瞻等	十一月庚寅改元
渤海	⑫大玄錫	龍泉府		□王		3年		在東北
南詔	⑪蒙世隆	陽苴咩		景莊				在雲南
	〔王仙芝〕					1年		濮州長垣
古格						61年		西藏阿里

月曆表

5587－384－2040691

月干支序數	月序＼星期	日	1	2	3	4	5	6	日	1	2	3	4	5	6	日	1	2	3	4	5	6	日	1	2	3	4	5	6	日	1	2	3	4	5	6	日	1
	公曆1月						1	2	3	4	5	6	7	8	9	10	11	12	13	14	15	16	17	18	19	20	21	22	23	24	25	26	27	28	29	30	31	
3	夏曆正月						9	10	11	12	13	14	15	16	17	18	19	20	21	22	23	24	25	26	27	28	29	(58)	2	3	4	5	6	7	8	9	10	
	回曆4月						8	9	10	11	12	13	14	15	16	17	18	19	20	21	22	23	24	25	26	27	28	29	30	1	2	3	4	5	6	7	8	
	公曆2月		1	2	3	4	5	6	7	8	9	10	11	12	13	14	15	16	17	18	19	20	21	22	23	24	25	26	27	28								
4	夏曆二月		11	12	13	14	15	16	17	18	19	20	21	22	23	24	25	26	27	28	29	㉗	2	3	4	5	6	7	8	9								
	回曆5月		9	10	11	12	13	14	15	16	17	18	19	20	21	22	23	24	25	26	27	28	29	1	2	3	4	5	6	7								
	公曆3月		1	2	3	4	5	6	7	8	9	10	11	12	13	14	15	16	17	18	19	20	21	22	23	24	25	26	27	28	29	30	31					
5	夏曆三月		10	11	12	13	14	15	16	17	18	19	20	21	22	23	24	25	26	27	28	29	30	(57)	2	3	4	5	6	7	8	9	10					
	回曆6月		8	9	10	11	12	13	14	15	16	17	18	19	20	21	22	23	24	25	26	27	28	29	30	1	2	3	4	5	6	7	8					
	公曆4月					1	2	3	4	5	6	7	8	9	10	11	12	13	14	15	16	17	18	19	20	21	22	23	24	25	26	27	28	29	30			
6	夏曆四月					11	12	13	14	15	16	17	18	19	20	21	22	23	24	25	26	27	28	29	㉖	2	3	4	5	6	7	8	9	10	11			
	回曆7月					9	10	11	12	13	14	15	16	17	18	19	20	21	22	23	24	25	26	27	28	29	1	2	3	4	5	6	7	8	9			
	公曆5月							1	2	3	4	5	6	7	8	9	10	11	12	13	14	15	16	17	18	19	20	21	22	23	24	25	26	27	28	29	30	31
	夏曆閏四月							12	13	14	15	16	17	18	19	20	21	22	23	24	25	26	27	28	29	30	(56)	2	3	4	5	6	7	8	9	10	11	12
	回曆8月							10	11	12	13	14	15	16	17	18	19	20	21	22	23	24	25	26	27	28	29	30	1	2	3	4	5	6	7	8	9	10
	公曆6月			1	2	3	4	5	6	7	8	9	10	11	12	13	14	15	16	17	18	19	20	21	22	23	24	25	26	27	28	29	30					
7	夏曆五月			13	14	15	16	17	18	19	20	21	22	23	24	25	26	27	28	29	㉕	2	3	4	5	6	7	8	9	10	11	12	13					
	回曆9月			11	12	13	14	15	16	17	18	19	20	21	22	23	24	25	26	27	28	29	1	2	3	4	5	6	7	8	9	10	11					
	公曆7月					1	2	3	4	5	6	7	8	9	10	11	12	13	14	15	16	17	18	19	20	21	22	23	24	25	26	27	28	29	30	31		
8	夏曆六月					14	15	16	17	18	19	20	21	22	23	24	25	26	27	28	29	(54)	2	3	4	5	6	7	8	9	10	11	12	13	14	15		
	回曆10月					12	13	14	15	16	17	18	19	20	21	22	23	24	25	26	27	28	29	30	1	2	3	4	5	6	7	8	9	10	11	12		
	公曆8月	1	2	3	4	5	6	7	8	9	10	11	12	13	14	15	16	17	18	19	20	21	22	23	24	25	26	27	28	29	30	31						
9	夏曆七月	16	17	18	19	20	21	22	23	24	25	26	27	28	29	30	㉔	2	3	4	5	6	7	8	9	10	11	12	13	14	15	16						
	回曆11月	13	14	15	16	17	18	19	20	21	22	23	24	25	26	27	28	29	1	2	3	4	5	6	7	8	9	10	11	12	13	14						
	公曆9月				1	2	3	4	5	6	7	8	9	10	11	12	13	14	15	16	17	18	19	20	21	22	23	24	25	26	27	28	29	30				
10	夏曆八月				17	18	19	20	21	22	23	24	25	26	27	28	29	30	(54)	2	3	4	5	6	7	8	9	10	11	12	13	14	15	16				
	回曆12月				15	16	17	18	19	20	21	22	23	24	25	26	27	28	29	30	1	2	3	4	5	6	7	8	9	10	11	12	13	14				
	公曆10月						1	2	3	4	5	6	7	8	9	10	11	12	13	14	15	16	17	18	19	20	21	22	23	24	25	26	27	28	29	30	31	
11	夏曆九月						17	18	19	20	21	22	23	24	25	26	27	28	29	㉓	2	3	4	5	6	7	8	9	10	11	12	13	14	15	16	17	18	
261年	回曆1月						15	16	17	18	19	20	21	22	23	24	25	26	27	28	29	①	2	3	4	5	6	7	8	9	10	11	12	13	14	15	16	
	公曆11月		1	2	3	4	5	6	7	8	9	10	11	12	13	14	15	16	17	18	19	20	21	22	23	24	25	26	27	28	29	30						
12	夏曆十月		19	20	21	22	23	24	25	26	27	28	29	30	(53)	2	3	4	5	6	7	8	9	10	11	12	13	14	15	16	17	18						
	回曆2月		17	18	19	20	21	22	23	24	25	26	27	28	29	30	1	2	3	4	5	6	7	8	9	10	11	12	13	14	15	16						

續表

月干支序數	月序＼星期	日	1	2	3	4	5	6	日	1	2	3	4	5	6	日	1	2	3	4	5	6	日	1	2	3	4	5	6	日	1	2	3	4	5	6	日	1
	公曆 12 月				1	2	3	4	5	6	7	8	9	10	11	12	13	14	15	16	17	18	19	20	21	22	23	24	25	26	27	28	29	30	31			
13	夏曆十一月				19	20	21	22	23	24	25	26	27	28	29	30	㉓	2	3	4	5	6	7	8	9	10	11	12	13	14	15	16	17	18	19			
	回曆 3 月				17	18	19	20	21	22	23	24	25	26	27	28	29	1	2	3	4	5	6	7	8	9	10	11	12	13	14	15	16	17	18			

大事記

十一月，魏博節度使韓允中卒，子韓簡為留後，旋為節度使。南詔擾西川。　十二月，南詔陷黎州，焚掠新津而退。黨項、回鶻擾天德軍。龐勛殘部攻徐州境，命兗、鄆等道助擊之。商州民以刺史減折糴錢毆之，旋事平。回鶻為吐谷渾及吐蕃嗢末所破，西遁。濮州人王仙芝於長垣起事。　是歲，關東連年水旱，百姓起事，官軍多敗。

唐紀年

干支乙未　公元 875 年

朝代或國名	國家支配者	建都	廟號	謚號	建元	年號年次	輔政者	備注
唐	⑳李儇	長安	僖宗		5	1 乾符 2 年	李蔚等	
渤海	⑫大玄錫	龍泉府		□王		4 年		在東北
南詔	⑪蒙世隆	陽苴咩		景莊		法堯?		在雲南
	〔王仙芝〕					2 年		
	〔黄巢〕					1 年		
古格						62 年		西藏阿里

月曆表

5588—354—2041045

月干支序數	月序＼星期	日	1	2	3	4	5	6	日	1	2	3	4	5	6	日	1	2	3	4	5	6	日	1	2	3	4	5	6	日	1	2	3	4	5	6	日	1
	公曆 1 月							1	2	3	4	5	6	7	8	9	10	11	12	13	14	15	16	17	18	19	20	21	22	23	24	25	26	27	28	29	30	31
14	夏曆十二月							20	21	22	23	24	25	26	27	28	29	(52)	2	3	4	5	6	7	8	9	10	11	12	13	14	15	16	17	18	19	20	21
	回曆 4 月							19	20	21	22	23	24	25	26	27	28	29	30	1	2	3	4	5	6	7	8	9	10	11	12	13	14	15	16	17	18	19
	公曆 2 月			1	2	3	4	5	6	7	8	9	10	11	12	13	14	15	16	17	18	19	20	21	22	23	24	25	26	27	28							
15	夏曆正月			22	23	24	25	26	27	28	29	30	㉒	2	3	4	5	6	7	8	9	10	11	12	13	14	15	16	17	18	19							
	回曆 5 月			20	21	22	23	24	25	26	27	28	29	1	2	3	4	5	6	7	8	9	10	11	12	13	14	15	16	17	18							
	公曆 3 月			1	2	3	4	5	6	7	8	9	10	11	12	13	14	15	16	17	18	19	20	21	22	23	24	25	26	27	28	29	30	31				
16	夏曆二月			20	21	22	23	24	25	26	27	28	29	30	(52)	2	3	4	5	6	7	8	9	10	11	12	13	14	15	16	17	18	19	20				
	回曆 6 月			19	20	21	22	23	24	25	26	27	28	29	30	1	2	3	4	5	6	7	8	9	10	11	12	13	14	15	16	17	18	19				
	公曆 4 月						1	2	3	4	5	6	7	8	9	10	11	12	13	14	15	16	17	18	19	20	21	22	23	24	25	26	27	28	29	30		
17	夏曆三月						21	22	23	24	25	26	27	28	29	㉑	2	3	4	5	6	7	8	9	10	11	12	13	14	15	16	17	18	19	20	21		
	回曆 7 月						20	21	22	23	24	25	26	27	28	29	1	2	3	4	5	6	7	8	9	10	11	12	13	14	15	16	17	18	19	20		
	公曆 5 月	1	2	3	4	5	6	7	8	9	10	11	12	13	14	15	16	17	18	19	20	21	22	23	24	25	26	27	28	29	30	31						
18	夏曆四月	22	23	24	25	26	27	28	29	㊿	2	3	4	5	6	7	8	9	10	11	12	13	14	15	16	17	18	19	20	21	22	23						
	回曆 8 月	21	22	23	24	25	26	27	28	29	30	1	2	3	4	5	6	7	8	9	10	11	12	13	14	15	16	17	18	19	20	21						
	公曆 6 月				1	2	3	4	5	6	7	8	9	10	11	12	13	14	15	16	17	18	19	20	21	22	23	24	25	26	27	28	29	30				
19	夏曆五月				24	25	26	27	28	29	30	⑳	2	3	4	5	6	7	8	9	10	11	12	13	14	15	16	17	18	19	20	21	22	23				
	回曆 9 月				22	23	24	25	26	27	28	29	1	2	3	4	5	6	7	8	9	10	11	12	13	14	15	16	17	18	19	20	21	22				

續表

月干支序數	月序＼星期	日	1	2	3	4	5	6	日	1	2	3	4	5	6	日	1	2	3	4	5	6	日	1	2	3	4	5	6	日	1	2	3	4	5	6	日	1
	公暦7月						1	2	3	4	5	6	7	8	9	10	11	12	13	14	15	16	17	18	19	20	21	22	23	24	25	26	27	28	29	30	31	
20	夏暦六月						24	25	26	27	28	29	㊾	2	3	4	5	6	7	8	9	10	11	12	13	14	15	16	17	18	19	20	21	22	23	24	25	
	回暦10月						23	24	25	26	27	28	29	30	1	2	3	4	5	6	7	8	9	10	11	12	13	14	15	16	17	18	19	20	21	22	23	
	公暦8月		1	2	3	4	5	6	7	8	9	10	11	12	13	14	15	16	17	18	19	20	21	22	23	24	25	26	27	28	29	30	31					
21	夏暦七月		26	27	28	29	⑱	2	3	4	5	6	7	8	9	10	11	12	13	14	15	16	17	18	19	20	21	22	23	24	25	26	27					
	回暦11月		24	25	26	27	28	29	1	2	3	4	5	6	7	8	9	10	11	12	13	14	15	16	17	18	19	20	21	22	23	24	25					
	公暦9月					1	2	3	4	5	6	7	8	9	10	11	12	13	14	15	16	17	18	19	20	21	22	23	24	25	26	27	28	29	30			
22	夏暦八月					28	29	30	㊽	2	3	4	5	6	7	8	9	10	11	12	13	14	15	16	17	18	19	20	21	22	23	24	25	26	27			
	回暦12月					26	27	28	29	30	1	2	3	4	5	6	7	8	9	10	11	12	13	14	15	16	17	18	19	20	21	22	23	24	25			
	公暦10月							1	2	3	4	5	6	7	8	9	10	11	12	13	14	15	16	17	18	19	20	21	22	23	24	25	26	27	28	29	30	31
23	夏暦九月							28	29	⑰	2	3	4	5	6	7	8	9	10	11	12	13	14	15	16	17	18	19	20	21	22	23	24	25	26	27	28	29
262年	回暦1月							26	27	28	29	30	①	2	3	4	5	6	7	8	9	10	11	12	13	14	15	16	17	18	19	20	21	22	23	24	25	26
	公暦11月			1	2	3	4	5	6	7	8	9	10	11	12	13	14	15	16	17	18	19	20	21	22	23	24	25	26	27	28	29	30					
24	夏暦十月			30	㊼	2	3	4	5	6	7	8	9	10	11	12	13	14	15	16	17	18	19	20	21	22	23	24	25	26	27	28	29					
	回暦2月			27	28	29	30	1	2	3	4	5	6	7	8	9	10	11	12	13	14	15	16	17	18	19	20	21	22	23	24	25	26					
	公暦12月					1	2	3	4	5	6	7	8	9	10	11	12	13	14	15	16	17	18	19	20	21	22	23	24	25	26	27	28	29	30	31		
25	夏暦十一月					30	⑰	2	3	4	5	6	7	8	9	10	11	12	13	14	15	16	17	18	19	20	21	22	23	24	25	26	27	28	29	30		
	回暦3月					27	28	29	1	2	3	4	5	6	7	8	9	10	11	12	13	14	15	16	17	18	19	20	21	22	23	24	25	26	27	28		

大事記

正月,用宦官田令孜言,籍長安東西市寶貨輸內庫。以田令孜為中尉。西川節度使高駢大破南詔於大渡河。　四月,西川軍亂,尋定,高駢皆殺之。浙西將王郢等起事,陷蘇、常,掠二浙、福建。　六月,王仙芝義軍陷濮、曹,敗天平軍,冤句人黃巢起而響應。盧龍軍亂,大將李茂勛逐節度使張公素,自為留後,旋為節度使。　十月,昭義軍亂,大將逐節度使高湜,自為留後。　十一月,回鶻還至羅川,遣使入貢。淮南等五道大亂,命擊撫之。　十二月,王仙芝攻沂州。

唐紀年

干支丙申　公元876年

朝代或國名	國家支配者	建都	廟號	謚號	建元	年號年次	輔政者	備注
唐	⑳李儇	長安	僖宗		5	1乾符3年	李蔚等	
勃海	⑫大玄錫	龍泉府		□王		5年		在東北
南詔	⑪蒙世隆	陽苴咩		景莊				在雲南
	〔王仙芝〕					3年		
	〔黃巢〕					2年		
古格						63年		西藏阿里

月曆表

5589—351—2041399

月干支序數	月序＼星期	日	1	2	3	4	5	6	日	1	2	3	4	5	6	日	1	2	3	4	5	6	日	1	2	3	4	5	6	日	1	2	3	4	5	6	日	1
	公暦1月	1	2	3	4	5	6	7	8	9	10	11	12	13	14	15	16	17	18	19	20	21	22	23	24	25	26	27	28	29	30	31						
26 27	夏暦十二 正月	㊼	2	3	4	5	6	7	8	9	10	11	12	13	14	15	16	17	18	19	20	21	22	23	24	25	26	27	28	29	⑯	2						

續表

月干支序數	月序＼星期	日	1	2	3	4	5	6	日	1	2	3	4	5	6	日	1	2	3	4	5	6	日	1	2	3	4	5	6	日	1	2	3	4	5	6	日	1
	回曆4月	29	30	1	2	3	4	5	6	7	8	9	10	11	12	13	14	15	16	17	18	19	20	21	22	23	24	25	26	27	28	29						
	公曆2月				1	2	3	4	5	6	7	8	9	10	11	12	13	14	15	16	17	18	19	20	21	22	23	24	25	26	27	28	29					
28	夏曆二月				3	4	5	6	7	8	9	10	11	12	13	14	15	16	17	18	19	20	21	22	23	24	25	26	27	28	29	30	㊻					
	回曆5月				1	2	3	4	5	6	7	8	9	10	11	12	13	14	15	16	17	18	19	20	21	22	23	24	25	26	27	28	29					
	公曆3月					1	2	3	4	5	6	7	8	9	10	11	12	13	14	15	16	17	18	19	20	21	22	23	24	25	26	27	28	29	30	31		
29	夏曆三月					2	3	4	5	6	7	8	9	10	11	12	13	14	15	16	17	18	19	20	21	22	23	24	25	26	27	28	29	30	⑯	2		
	回曆6、7月					30	1	2	3	4	5	6	7	8	9	10	11	12	13	14	15	16	17	18	19	20	21	22	23	24	25	26	27	28	29	1		
	公曆4月	1	2	3	4	5	6	7	8	9	10	11	12	13	14	15	16	17	18	19	20	21	22	23	24	25	26	27	28	29	30							
30	夏曆四月	3	4	5	6	7	8	9	10	11	12	13	14	15	16	17	18	19	20	21	22	23	24	25	26	27	28	29	㊺	2	3							
	回曆8月	2	3	4	5	6	7	8	9	10	11	12	13	14	15	16	17	18	19	20	21	22	23	24	25	26	27	28	29	30	1							
	公曆5月			1	2	3	4	5	6	7	8	9	10	11	12	13	14	15	16	17	18	19	20	21	22	23	24	25	26	27	28	29	30	31				
31	夏曆五月			4	5	6	7	8	9	10	11	12	13	14	15	16	17	18	19	20	21	22	23	24	25	26	27	28	29	⑭	2	3	4	5				
	回曆9月			2	3	4	5	6	7	8	9	10	11	12	13	14	15	16	17	18	19	20	21	22	23	24	25	26	27	28	29	1	2	3				
	公曆6月						1	2	3	4	5	6	7	8	9	10	11	12	13	14	15	16	17	18	19	20	21	22	23	24	25	26	27	28	29	30		
32	夏曆六月						6	7	8	9	10	11	12	13	14	15	16	17	18	19	20	21	22	23	24	25	26	27	28	29	㊸	2	3	4	5	6		
	回曆10月						4	5	6	7	8	9	10	11	12	13	14	15	16	17	18	19	20	21	22	23	24	25	26	27	28	29	30	1	2	3		
	公曆7月	1	2	3	4	5	6	7	8	9	10	11	12	13	14	15	16	17	18	19	20	21	22	23	24	25	26	27	28	29	30	31						
33	夏曆七月	7	8	9	10	11	12	13	14	15	16	17	18	19	20	21	22	23	24	25	26	27	28	29	30	⑬	2	3	4	5	6	7						
	回曆11月	4	5	6	7	8	9	10	11	12	13	14	15	16	17	18	19	20	21	22	23	24	25	26	27	28	29	1	2	3	4	5						
	公曆8月				1	2	3	4	5	6	7	8	9	10	11	12	13	14	15	16	17	18	19	20	21	22	23	24	25	26	27	28	29	30	31			
34	夏曆八月				8	9	10	11	12	13	14	15	16	17	18	19	20	21	22	23	24	25	26	27	28	29	㊷	2	3	4	5	6	7	8	9			
	回曆12月				6	7	8	9	10	11	12	13	14	15	16	17	18	19	20	21	22	23	24	25	26	27	28	29	30	1	2	3	4	5	6			
	公曆9月							1	2	3	4	5	6	7	8	9	10	11	12	13	14	15	16	17	18	19	20	21	22	23	24	25	26	27	28	29	30	
35	夏曆九月							10	11	12	13	14	15	16	17	18	19	20	21	22	23	24	25	26	27	28	29	30	⑫	2	3	4	5	6	7	8	9	
263年	回曆1月							7	8	9	10	11	12	13	14	15	16	17	18	19	20	21	22	23	24	25	26	27	28	29	①	2	3	4	5	6	7	
	公曆10月		1	2	3	4	5	6	7	8	9	10	11	12	13	14	15	16	17	18	19	20	21	22	23	24	25	26	27	28	29	30	31					
36	夏曆十月		10	11	12	13	14	15	16	17	18	19	20	21	22	23	24	25	26	27	28	29	㊶	2	3	4	5	6	7	8	9	10	11					
	回曆2月		8	9	10	11	12	13	14	15	16	17	18	19	20	21	22	23	24	25	26	27	28	29	30	1	2	3	4	5	6	7	8					
	公曆11月					1	2	3	4	5	6	7	8	9	10	11	12	13	14	15	16	17	18	19	20	21	22	23	24	25	26	27	28	29	30			
37	夏曆十一月					12	13	14	15	16	17	18	19	20	21	22	23	24	25	26	27	28	29	30	⑪	2	3	4	5	6	7	8	9	10	11			
	回曆3月					9	10	11	12	13	14	15	16	17	18	19	20	21	22	23	24	25	26	27	28	29	1	2	3	4	5	6	7	8	9			
	公曆12月							1	2	3	4	5	6	7	8	9	10	11	12	13	14	15	16	17	18	19	20	21	22	23	24	25	26	27	28	29	30	31
38	夏曆十二月							12	13	14	15	16	17	18	19	20	21	22	23	24	25	26	27	28	29	30	㊶	2	3	4	5	6	7	8	9	10	11	12
	回曆4月							10	11	12	13	14	15	16	17	18	19	20	21	22	23	24	25	26	27	28	29	30	1	2	3	4	5	6	7	8	9	10

大事記

正月，令福建、江西、湖南練兵，各地鄉村置弓刀弩鼓以擊農民軍。賜兗、海軍號曰泰寧。　三月，盧龍節度使李茂勛請致仕，以子可舉知留後，旋為節度使。　四月，原州軍亂，逐刺史。密詔汴、徐、泗等州於管內巡奕，衛綱船，五日一具上供錢米平安狀。　七月，以高傑為沿海水軍都知兵馬使，擊王郢。王仙芝敗於沂州，還陷陽翟等地。　九月，王仙芝陷汝州、陽武。命招諭王仙芝等。　十一月，王仙芝陷郢、復二州。王郢請降。　十二月，命宋威鎮壓黄巢。青、滄軍士戍安南者，還至桂州，逐觀察使李瓚。王仙芝等攻申、光、廬、壽等州至蘄州，刺史裴偓延仙芝、黄巢等入城，置酒，贈金帛，表請赦罪。宰相王鐸亦為之固請，因授仙芝為左神策軍押牙。而黄巢以官不及己，怒，仙芝不敢受命。王、黄分軍為二部。

唐 紀 年

干支丁酉　公元 877 年

朝代或國名	國家支配者	建　都	廟　號	謚　號	建　元	年號年次	輔政者	備　注
唐	⑳李儇	長安	僖宗		5	1乾符4年	王鐸等	
渤海	⑫大玄錫	龍泉府		□王		6年		在東北
南詔	⑪蒙世隆	陽苴咩		景莊		法堯		隆舜(?)即位改國號
	〔王仙芝〕					4年		
	〔黃巢〕					3年		
古格						64年		西藏阿里

月 曆 表

5590—384—2041783

月干支序數	月序＼星期	日	1	2	3	4	5	6	日	1	2	3	4	5	6	日	1	2	3	4	5	6	日	1	2	3	4	5	6	日	1	2	3	4	5	6	日	1
	公曆1月			1	2	3	4	5	6	7	8	9	10	11	12	13	14	15	16	17	18	19	20	21	22	23	24	25	26	27	28	29	30	31				
39	夏曆正月			13	14	15	16	17	18	19	20	21	22	23	24	25	26	27	28	29	⑩	2	3	4	5	6	7	8	9	10	11	12	13	14				
	回曆5月			11	12	13	14	15	16	17	18	19	20	21	22	23	24	25	26	27	28	29	1	2	3	4	5	6	7	8	9	10	11	12				
	公曆2月						1	2	3	4	5	6	7	8	9	10	11	12	13	14	15	16	17	18	19	20	21	22	23	24	25	26	27	28				
40	夏曆二月						15	16	17	18	19	20	21	22	23	24	25	26	27	28	29	30	㊵	2	3	4	5	6	7	8	9	10	11	12				
	回曆6月						13	14	15	16	17	18	19	20	21	22	23	24	25	26	27	28	29	30	1	2	3	4	5	6	7	8	9	10				
	公曆3月						1	2	3	4	5	6	7	8	9	10	11	12	13	14	15	16	17	18	19	20	21	22	23	24	25	26	27	28	29	30	31	
	夏曆閏二月						13	14	15	16	17	18	19	20	21	22	23	24	25	26	27	28	29	30	⑪	2	3	4	5	6	7	8	9	10	11	12	13	
	回曆7月						11	12	13	14	15	16	17	18	19	20	21	22	23	24	25	26	27	28	29	1	2	3	4	5	6	7	8	9	10	11	12	
	公曆4月		1	2	3	4	5	6	7	8	9	10	11	12	13	14	15	16	17	18	19	20	21	22	23	24	25	26	27	28	29	30						
41	夏曆三月		14	15	16	17	18	19	20	21	22	23	24	25	26	27	28	29	㊴	2	3	4	5	6	7	8	9	10	11	12	13	14						
	回曆8月		13	14	15	16	17	18	19	20	21	22	23	24	25	26	27	28	29	30	1	2	3	4	5	6	7	8	9	10	11	12						
	公曆5月				1	2	3	4	5	6	7	8	9	10	11	12	13	14	15	16	17	18	19	20	21	22	23	24	25	26	27	28	29	30	31			
42	夏曆四月				15	16	17	18	19	20	21	22	23	24	25	26	27	28	29	30	⑨	2	3	4	5	6	7	8	9	10	11	12	13	14	15			
	回曆9月				13	14	15	16	17	18	19	20	21	22	23	24	25	26	27	28	29	1	2	3	4	5	6	7	8	9	10	11	12	13	14			
	公曆6月							1	2	3	4	5	6	7	8	9	10	11	12	13	14	15	16	17	18	19	20	21	22	23	24	25	26	27	28	29	30	
43	夏曆五月							16	17	18	19	20	21	22	23	24	25	26	27	28	29	㊳	2	3	4	5	6	7	8	9	10	11	12	13	14	15	16	
	回曆10月							15	16	17	18	19	20	21	22	23	24	25	26	27	28	29	30	1	2	3	4	5	6	7	8	9	10	11	12	13	14	
	公曆7月		1	2	3	4	5	6	7	8	9	10	11	12	13	14	15	16	17	18	19	20	21	22	23	24	25	26	27	28	29	30	31					
44	夏曆六月		17	18	19	20	21	22	23	24	25	26	27	28	29	30	⑧	2	3	4	5	6	7	8	9	10	11	12	13	14	15	16	17					
	回曆11月		15	16	17	18	19	20	21	22	23	24	25	26	27	28	29	1	2	3	4	5	6	7	8	9	10	11	12	13	14	15	16					
	公曆8月					1	2	3	4	5	6	7	8	9	10	11	12	13	14	15	16	17	18	19	20	21	22	23	24	25	26	27	28	29	30	31		
45	夏曆七月					18	19	20	21	22	23	24	25	26	27	28	29	㊲	2	3	4	5	6	7	8	9	10	11	12	13	14	15	16	17	18	19		
	回曆12月					17	18	19	20	21	22	23	24	25	26	27	28	29	30	1	2	3	4	5	6	7	8	9	10	11	12	13	14	15	16	17		
	公曆9月	1	2	3	4	5	6	7	8	9	10	11	12	13	14	15	16	17	18	19	20	21	22	23	24	25	26	27	28	29	30							
46	夏曆八月	20	21	22	23	24	25	26	27	28	29	⑥	2	3	4	5	6	7	8	9	10	11	12	13	14	15	16	17	18	19	20							
264年	回曆1月	18	19	20	21	22	23	24	25	26	27	28	29	①	2	3	4	5	6	7	8	9	10	11	12	13	14	15	16	17	18							
	公曆10月			1	2	3	4	5	6	7	8	9	10	11	12	13	14	15	16	17	18	19	20	21	22	23	24	25	26	27	28	29	30	31				
47	夏曆九月			21	22	23	24	25	26	27	28	29	30	㊱	2	3	4	5	6	7	8	9	10	11	12	13	14	15	16	17	18	19	20	21				
	回曆2月			19	20	21	22	23	24	25	26	27	28	29	30	1	2	3	4	5	6	7	8	9	10	11	12	13	14	15	16	17	18	19				
	公曆11月						1	2	3	4	5	6	7	8	9	10	11	12	13	14	15	16	17	18	19	20	21	22	23	24	25	26	27	28	29	30		
48	夏曆十月						22	23	24	25	26	27	28	29	⑤	2	3	4	5	6	7	8	9	10	11	12	13	14	15	16	17	18	19	20	21	22		

續表

月 干支 序數	星期 月序	日	1	2	3	4	5	6	日	1	2	3	4	5	6	日	1	2	3	4	5	6	日	1	2	3	4	5	6	日	1	2	3	4	5	6	日	1
	回曆3月						20	21	22	23	24	25	26	27	28	29	1	2	3	4	5	6	7	8	9	10	11	12	13	14	15	16	17	18	19	20		
	公曆12月	1	2	3	4	5	6	7	8	9	10	11	12	13	14	15	16	17	18	19	20	21	22	23	24	25	26	27	28	29	30	31						
49	夏曆十一月	23	24	25	26	27	28	29	30	㉟	2	3	4	5	6	7	8	9	10	11	12	13	14	15	16	17	18	19	20	21	22	23						
	回曆4月	21	22	23	24	25	26	27	28	29	30	1	2	3	4	5	6	7	8	9	10	11	12	13	14	15	16	17	18	19	20	21						

大事記

二月，王郢復起攻占臺州。王仙芝陷鄂州。黃巢陷鄆州。南詔王蒙世隆卒，子蒙隆舜立，改元貞明，遂勢衰。　閏二月，南詔請和，許之。　三月，黃巢陷沂州。　四月，巢與尚讓合保查牙山。陝州軍亂，逐觀察使崔碣。柳彥章掠江西。六月，彥章陷江州，請降，許之，令赴京，不從，後敗死。　七月，王仙芝、黃巢合兵攻宋州，敗。　八月，王仙芝陷安州、隨州。鹽州軍亂，逐刺史王承顏，請以王宗誠為刺史，不許，遣兵擊之，逾月定。　十月，河中軍亂，逐節度使劉侔。黃巢攻蘄、黃，敗走。　十一月，王仙芝遣尚君長請降，被劫，報以擒獲。　十二月，君長被殺，黃巢陷匡城、濮州。

唐紀年

干支戊戌　公元878年

朝代或國名	國家支配者	建都	廟號	謚號	建元	年號年次	輔政者	備注
唐	⑳李儇	長安	僖宗		5	1乾符5年	鄭從讜等	
渤海	⑫大玄錫	龍泉府		□王		7年		在東北
大封民(南詔)	⑫蒙隆舜	陽苴咩		宣武		貞明元年		在雲南
〔齊〕	〔黃巢〕					〔王霸〕元年		二月建元
	〔王仙芝〕					5年		敗死
古格						65年		西藏阿里

月曆表

5591—354—2042137

月 干支 序數	星期 月序	日	1	2	3	4	5	6	日	1	2	3	4	5	6	日	1	2	3	4	5	6	日	1	2	3	4	5	6	日	1	2	3	4	5	6	日	1
	公曆1月				1	2	3	4	5	6	7	8	9	10	11	12	13	14	15	16	17	18	19	20	21	22	23	24	25	26	27	28	29	30	31			
50	夏曆十二月				24	25	26	27	28	29	④	2	3	4	5	6	7	8	9	10	11	12	13	14	15	16	17	18	19	20	21	22	23	24	25			
	回曆5月				22	23	24	25	26	27	28	29	1	2	3	4	5	6	7	8	9	10	11	12	13	14	15	16	17	18	19	20	21	22	23			
	公曆2月							1	2	3	4	5	6	7	8	9	10	11	12	13	14	15	16	17	18	19	20	21	22	23	24	25	26	27	28			
51	夏曆正月							26	27	28	29	30	㉞	2	3	4	5	6	7	8	9	10	11	12	13	14	15	16	17	18	19	20	21	22	23			
	回曆6月							24	25	26	27	28	29	30	1	2	3	4	5	6	7	8	9	10	11	12	13	14	15	16	17	18	19	20	21			
	公曆3月							1	2	3	4	5	6	7	8	9	10	11	12	13	14	15	16	17	18	19	20	21	22	23	24	25	26	27	28	29	30	31
52	夏曆二月							24	25	26	27	28	29	30	①	2	3	4	5	6	7	8	9	10	11	12	13	14	15	16	17	18	19	20	21	22	23	24
	回曆7月							22	23	24	25	26	27	28	29	1	2	3	4	5	6	7	8	9	10	11	12	13	14	15	16	17	18	19	20	21	22	23
	公曆4月			1	2	3	4	5	6	7	8	9	10	11	12	13	14	15	16	17	18	19	20	21	22	23	24	25	26	27	28	29	30					
53	夏曆三月			25	26	27	28	29	30	㉞	2	3	4	5	6	7	8	9	10	11	12	13	14	15	16	17	18	19	20	21	22	23	24					
	回曆8月			24	25	26	27	28	29	30	1	2	3	4	5	6	7	8	9	10	11	12	13	14	15	16	17	18	19	20	21	22	23					
	公曆5月					1	2	3	4	5	6	7	8	9	10	11	12	13	14	15	16	17	18	19	20	21	22	23	24	25	26	27	28	29	30	31		
54	夏曆四月					25	26	27	28	29	③	2	3	4	5	6	7	8	9	10	11	12	13	14	15	16	17	18	19	20	21	22	23	24	25	26		
	回曆9月					24	25	26	27	28	29	1	2	3	4	5	6	7	8	9	10	11	12	13	14	15	16	17	18	19	20	21	22	23	24	25		

續表

月 干支 序數	月＼星期 序	日	1	2	3	4	5	6	日	1	2	3	4	5	6	日	1	2	3	4	5	6	日	1	2	3	4	5	6	日	1	2	3	4	5	6	日	1
	公曆6月	1	2	3	4	5	6	7	8	9	10	11	12	13	14	15	16	17	18	19	20	21	22	23	24	25	26	27	28	29	30							
55	夏曆五月	27	28	29	30	㉝	2	3	4	5	6	7	8	9	10	11	12	13	14	15	16	17	18	19	20	21	22	23	24	25	26							
	回曆10月	26	27	28	29	30	1	2	3	4	5	6	7	8	9	10	11	12	13	14	15	16	17	18	19	20	21	22	23	24	25							
	公曆7月			1	2	3	4	5	6	7	8	9	10	11	12	13	14	15	16	17	18	19	20	21	22	23	24	25	26	27	28	29	30	31				
56	夏曆六月			27	28	29	②	2	3	4	5	6	7	8	9	10	11	12	13	14	15	16	17	18	19	20	21	22	23	24	25	26	27	28				
	回曆11月			26	27	28	29	1	2	3	4	5	6	7	8	9	10	11	12	13	14	15	16	17	18	19	20	21	22	23	24	25	26	27				
	公曆8月						1	2	3	4	5	6	7	8	9	10	11	12	13	14	15	16	17	18	19	20	21	22	23	24	25	26	27	28	29	30	31	
57	夏曆七月						29	30	㉜	2	3	4	5	6	7	8	9	10	11	12	13	14	15	16	17	18	19	20	21	22	23	24	25	26	27	28	29	
	回曆12月						28	29	30	1	2	3	4	5	6	7	8	9	10	11	12	13	14	15	16	17	18	19	20	21	22	23	24	25	26	27	28	
	公曆9月		1	2	3	4	5	6	7	8	9	10	11	12	13	14	15	16	17	18	19	20	21	22	23	24	25	26	27	28	29	30						
58 59	夏曆八九月		①	2	3	4	5	6	7	8	9	10	11	12	13	14	15	16	17	18	19	20	21	22	23	24	25	26	27	28	29	㉚						
265年	回曆1月		29	30	①	2	3	4	5	6	7	8	9	10	11	12	13	14	15	16	17	18	19	20	21	22	23	24	25	26	27	28						
	公曆10月				1	2	3	4	5	6	7	8	9	10	11	12	13	14	15	16	17	18	19	20	21	22	23	24	25	26	27	28	29	30	31			
60	夏曆十月				2	3	4	5	6	7	8	9	10	11	12	13	14	15	16	17	18	19	20	21	22	23	24	25	26	27	28	29	30	(60)	2			
	回曆2月				29	30	1	2	3	4	5	6	7	8	9	10	11	12	13	14	15	16	17	18	19	20	21	22	23	24	25	26	27	28	29			
	公曆11月							1	2	3	4	5	6	7	8	9	10	11	12	13	14	15	16	17	18	19	20	21	22	23	24	25	26	27	28	29	30	
1	夏曆十一月							3	4	5	6	7	8	9	10	11	12	13	14	15	16	17	18	19	20	21	22	23	24	25	25	27	28	29	㉙	2	3	
	回曆3月							1	2	3	4	5	6	7	8	9	10	11	12	13	14	15	16	17	18	19	20	21	22	23	24	25	26	27	28	29	30	
	公曆12月		1	2	3	4	5	6	7	8	9	10	11	12	13	14	15	16	17	18	19	20	21	22	23	24	25	26	27	28	29	30	31					
2	夏曆十二月		4	5	6	7	8	9	10	11	12	13	14	15	16	17	18	19	20	21	22	23	24	25	26	27	28	29	30	(59)	2	3	4					
	回曆4、5月		1	2	3	4	5	6	7	8	9	10	11	12	13	14	15	16	17	18	19	20	21	22	23	24	25	26	27	28	29	1	2					

大事記

正月，黄巢屢敗於高駢，部將多降，遂趨嶺南。大同軍亂，二月推李克用(沙陀人)為留後。　　二月，黄巢稱"冲天大將軍"，建元王霸，署官屬，巢數敗，請降，許之，令解甲，不從。雲州沙陀李盡忠等囚大同防禦使段文楚，迎李國昌之子李克用，克用殺文楚，請敕命，不許。王仙芝戰死。　　三月，黄巢引軍渡江，下虔、吉、饒、信等州。　　八月，黄巢引兵入浙東。十一月，沙陀陷岢嵐軍，攻石州。　　十二月，李克用敗河東昭義兵，昭義潰卒掠州縣，民截殺殆盡。

唐紀年

干支己亥　公元879年

朝代或國名	國家支配者	建都	廟號	謚號	建元	年號年次	輔政者	備注
唐	⑳李儇	長安	僖宗		5	1乾符6年	豆盧瑑等	
渤海	⑫大玄錫	龍泉府		□王		8年		在東北
大封民(南詔)	⑫蒙隆舜	陽苴咩		宣武				在雲南
〔齊〕	〔黄巢〕					〔王霸〕2年		
古格						66年		西藏阿里

月 曆 表

5592—384—2042521

月干支序數	星期	日	1	2	3	4	5	6	日	1	2	3	4	5	6	日	1	2	3	4	5	6	日	1	2	3	4	5	6	日	1	2	3	4	5	6	日	1
	公曆1月					1	2	3	4	5	6	7	8	9	10	11	12	13	14	15	16	17	18	19	20	21	22	23	24	25	26	27	28	29	30	31		
3	夏曆正月					5	6	7	8	9	10	11	12	13	14	15	16	17	18	19	20	21	22	23	24	25	26	27	28	29	㉘	2	3	4	5	6		
	回曆6月					3	4	5	6	7	8	9	10	11	12	13	14	15	16	17	18	19	20	21	22	23	24	25	26	27	28	29	30	1	2	3		
	公曆2月	1	2	3	4	5	6	7	8	9	10	11	12	13	14	15	16	17	18	19	20	21	22	23	24	25	26	27	28									
4	夏曆二月	7	8	9	10	11	12	13	14	15	16	17	18	19	20	21	22	23	24	25	26	27	28	29	30	(58)	2	3	4									
	回曆7月	4	5	6	7	8	9	10	11	12	13	14	15	16	17	18	19	20	21	22	23	24	25	26	27	28	29	1	2									
	公曆3月	1	2	3	4	5	6	7	8	9	10	11	12	13	14	15	16	17	18	19	20	21	22	23	24	25	26	27	28	29	30	31						
5	夏曆三月	5	6	7	8	9	10	11	12	13	14	15	16	17	18	19	20	21	22	23	24	25	26	27	28	29	30	㉘	2	3	4	5						
	回曆8月	3	4	5	6	7	8	9	10	11	12	13	14	15	16	17	18	19	20	21	22	23	24	25	26	27	28	29	30	1	2	3						
	公曆4月				1	2	3	4	5	6	7	8	9	10	11	12	13	14	15	16	17	18	19	20	21	22	23	24	25	26	27	28	29	30				
6	夏曆四月				6	7	8	9	10	11	12	13	14	15	16	17	18	19	20	21	22	23	24	25	26	27	28	29	(57)	2	3	4	5	6				
	回曆9月				4	5	6	7	8	9	10	11	12	13	14	15	16	17	18	19	20	21	22	23	24	25	26	27	28	29	1	2	3	4				
	公曆5月						1	2	3	4	5	6	7	8	9	10	11	12	13	14	15	16	17	18	19	20	21	22	23	24	25	26	27	28	29	30	31	
7	夏曆五月						7	8	9	10	11	12	13	14	15	16	17	18	19	20	21	22	23	24	25	26	27	28	29	30	㉗	2	3	4	5	6	7	
	回曆10月						5	6	7	8	9	10	11	12	13	14	15	16	17	18	19	20	21	22	23	24	25	26	27	28	29	30	1	2	3	4	5	
	公曆6月		1	2	3	4	5	6	7	8	9	10	11	12	13	14	15	16	17	18	19	20	21	22	23	24	25	26	27	28	29	30						
8	夏曆六月		8	9	10	11	12	13	14	15	16	17	18	19	20	21	22	23	24	25	26	27	28	29	30	(57)	2	3	4	5	6	7						
	回曆11月		6	7	8	9	10	11	12	13	14	15	16	17	18	19	20	21	22	23	24	25	26	27	28	29	1	2	3	4	5	6						
	公曆7月				1	2	3	4	5	6	7	8	9	10	11	12	13	14	15	16	17	18	19	20	21	22	23	24	25	26	27	28	29	30	31			
9	夏曆七月				8	9	10	11	12	13	14	15	16	17	18	19	20	21	22	23	24	25	26	27	28	29	㉖	2	3	4	5	6	7	8	9			
	回曆12月				7	8	9	10	11	12	13	14	15	16	17	18	19	20	21	22	23	24	25	26	27	28	29	30	1	2	3	4	5	6	7			
	公曆8月							1	2	3	4	5	6	7	8	9	10	11	12	13	14	15	16	17	18	19	20	21	22	23	24	25	26	27	28	29	30	31
10	夏曆八月							10	11	12	13	14	15	16	17	18	19	20	21	22	23	24	25	26	27	28	29	(55)	2	3	4	5	6	7	8	9	10	11
266年	回曆1月							8	9	10	11	12	13	14	15	16	17	18	19	20	21	22	23	24	25	26	27	28	29	①	2	3	4	5	6	7	8	9
	公曆9月			1	2	3	4	5	6	7	8	9	10	11	12	13	14	15	16	17	18	19	20	21	22	23	24	25	26	27	28	29	30					
11	夏曆九月			12	13	14	15	16	17	18	19	20	21	22	23	24	25	26	27	28	29	30	㉕	2	3	4	5	6	7	8	9	10	11					
	回曆2月			10	11	12	13	14	15	16	17	18	19	20	21	22	23	24	25	26	27	28	29	30	1	2	3	4	5	6	7	8	9					
	公曆10月					1	2	3	4	5	6	7	8	9	10	11	12	13	14	15	16	17	18	19	20	21	22	23	24	25	26	27	28	29	30	31		
12	夏曆十月					12	13	14	15	16	17	18	19	20	21	22	23	24	25	26	27	28	29	(54)	2	3	4	5	6	7	8	9	10	11	12	13		
	回曆3月					10	11	12	13	14	15	16	17	18	19	20	21	22	23	24	25	26	27	28	29	1	2	3	4	5	6	7	8	9	10	11		
	公曆11月	1	2	3	4	5	6	7	8	9	10	11	12	13	14	15	16	17	18	19	20	21	22	23	24	25	26	27	28	29	30							
	夏曆閏十月	14	15	16	17	18	19	20	21	22	23	24	25	26	27	28	29	30	㉔	2	3	4	5	6	7	8	9	10	11	12	13							
	回曆4月	12	13	14	15	16	17	18	19	20	21	22	23	24	25	26	27	28	29	30	1	2	3	4	5	6	7	8	9	10	11							
	公曆12月			1	2	3	4	5	6	7	8	9	10	11	12	13	14	15	16	17	18	19	20	21	22	23	24	25	26	27	28	29	30	31				
13	夏曆十一月			14	15	16	17	18	19	20	21	22	23	24	25	26	27	28	29	(53)	2	3	4	5	6	7	8	9	10	11	12	13	14	15				
	回曆5月			12	13	14	15	16	17	18	19	20	21	22	23	24	25	26	27	28	29	1	2	3	4	5	6	7	8	9	10	11	12	13				

大事記

正月，黄巢屢敗於高駢，遂分路南征。　二月，嶺南西道使人赴南詔約和，南詔不肯奉表進貢。　六月，黄巢求為節度使，不許，命為府率。九月，命至，巢怒，陷廣州，殺節度使李迢。　十月，黄巢軍北歸，入桂林，陷譚州，逼江陵，王鋒率衆逃奔襄陽。　十一月，巢敗於荆門，攻鄂、饒等十五州，衆至二十萬。　是歲，桂陽人陳彥謙起事，攻克柳州。

唐紀年

干支庚子　公元 880 年

朝代或國名	國家支配者	建　都	廟　號	謚　號	建　元	年號年次	輔政者	備　注
唐	⑳李儇		僖宗		5	2 廣明元年	豆盧瑑等	奔蜀
渤海	⑫大玄錫	龍泉府		□王		9 年		在東北
大封民(南詔)	⑫蒙隆舜	陽苴咩		宣武				在雲南
〔齊〕	〔黄巢〕	長安				〔金統〕元年		十二月改元
古格						67 年		西藏阿里

月曆表

5593－355－2042876

月干支序數	月序＼星期	日	1	2	3	4	5	6	日	1	2	3	4	5	6	日	1	2	3	4	5	6	日	1	2	3	4	5	6	日	1	2	3	4	5	6	日	1
	公曆 1 月						1	2	3	4	5	6	7	8	9	10	11	12	13	14	15	16	17	18	19	20	21	22	23	24	25	26	27	28	29	30	31	
14	夏曆十二月						16	17	18	19	20	21	22	23	24	25	26	27	28	29	30	㉓	2	3	4	5	6	7	8	9	10	11	12	13	14	15	16	
	回曆 6 月						14	15	16	17	18	19	20	21	22	23	24	25	26	27	28	29	30	1	2	3	4	5	6	7	8	9	10	11	12	13	14	
	公曆 2 月		1	2	3	4	5	6	7	8	9	10	11	12	13	14	15	16	17	18	19	20	21	22	23	24	25	26	27	28	29							
15	夏曆正月		17	18	19	20	21	22	23	24	25	26	27	28	29	(52)	2	3	4	5	6	7	8	9	10	11	12	13	14	15	16							
	回曆 7 月		15	16	17	18	19	20	21	22	23	24	25	26	27	28	29	1	2	3	4	5	6	7	8	9	10	11	12	13	14							
	公曆 3 月			1	2	3	4	5	6	7	8	9	10	11	12	13	14	15	16	17	18	19	20	21	22	23	24	25	26	27	28	29	30	31				
16	夏曆二月			17	18	19	20	21	22	23	24	25	26	27	28	29	30	㉒	2	3	4	5	6	7	8	9	10	11	12	13	14	15	16	17				
	回曆 8 月			15	16	17	18	19	20	21	22	23	24	25	26	27	28	29	30	1	2	3	4	5	6	7	8	9	10	11	12	13	14	15				
	公曆 4 月						1	2	3	4	5	6	7	8	9	10	11	12	13	14	15	16	17	18	19	20	21	22	23	24	25	26	27	28	29	30		
17	夏曆三月						18	19	20	21	22	23	24	25	26	27	28	29	(51)	2	3	4	5	6	7	8	9	10	11	12	13	14	15	16	17	18		
	回曆 9 月						16	17	18	19	20	21	22	23	24	25	26	27	28	29	1	2	3	4	5	6	7	8	9	10	11	12	13	14	15	16		
	公曆 5 月	1	2	3	4	5	6	7	8	9	10	11	12	13	14	15	16	17	18	19	20	21	22	23	24	25	26	27	28	29	30	31						
18	夏曆四月	19	20	21	22	23	24	25	26	27	28	29	30	㉑	2	3	4	5	6	7	8	9	10	11	12	13	14	15	16	17	18	19						
	回曆 10 月	17	18	19	20	21	22	23	24	25	26	27	28	29	30	1	2	3	4	5	6	7	8	9	10	11	12	13	14	15	16	17						
	公曆 6 月				1	2	3	4	5	6	7	8	9	10	11	12	13	14	15	16	17	18	19	20	21	22	23	24	25	26	27	28	29	30				
19	夏曆五月				20	21	22	23	24	25	26	27	28	29	30	(51)	2	3	4	5	6	7	8	9	10	11	12	13	14	15	16	17	18	19				
	回曆 11 月				18	19	20	21	22	23	24	25	26	27	28	29	1	2	3	4	5	6	7	8	9	10	11	12	13	14	15	16	17	18				
	公曆 7 月						1	2	3	4	5	6	7	8	9	10	11	12	13	14	15	16	17	18	19	20	21	22	23	24	25	26	27	28	29	30	31	
20	夏曆六月						20	21	22	23	24	25	26	27	28	29	⑳	2	3	4	5	6	7	8	9	10	11	12	13	14	15	16	17	18	19	20	21	
	回曆 12 月						19	20	21	22	23	24	25	26	27	28	29	30	1	2	3	4	5	6	7	8	9	10	11	12	13	14	15	16	17	18	19	
	公曆 8 月		1	2	3	4	5	6	7	8	9	10	11	12	13	14	15	16	17	18	19	20	21	22	23	24	25	26	27	28	29	30	31					
21	夏曆七月		22	23	24	25	26	27	28	29	30	㊿	2	3	4	5	6	7	8	9	10	11	12	13	14	15	16	17	18	19	20	21	22					
267 年	回曆 1 月		20	21	22	23	24	25	26	27	28	29	30	①	2	3	4	5	6	7	8	9	10	11	12	13	14	15	16	17	18	19	20					
	公曆 9 月					1	2	3	4	5	6	7	8	9	10	11	12	13	14	15	16	17	18	19	20	21	22	23	24	25	26	27	28	29	30			
22	夏曆八月					23	24	25	26	27	28	29	⑲	2	3	4	5	6	7	8	9	10	11	12	13	14	15	16	17	18	19	20	21	22	23			
	回曆 2 月					21	22	23	24	25	26	27	28	29	30	1	2	3	4	5	6	7	8	9	10	11	12	13	14	15	16	17	18	19	20			
	公曆 10 月							1	2	3	4	5	6	7	8	9	10	11	12	13	14	15	16	17	18	19	20	21	22	23	24	25	26	27	28	29	30	31
23	夏曆九月							24	25	26	27	28	29	30	㊾	2	3	4	5	6	7	8	9	10	11	12	13	14	15	16	17	18	19	20	21	22	23	24
	回曆 3 月							21	22	23	24	25	26	27	28	29	1	2	3	4	5	6	7	8	9	10	11	12	13	14	15	16	17	18	19	20	21	22
	公曆 11 月			1	2	3	4	5	6	7	8	9	10	11	12	13	14	15	16	17	18	19	20	21	22	23	24	25	26	27	28	29	30					
24	夏曆十月			25	26	27	28	29	⑱	2	3	4	5	6	7	8	9	10	11	12	13	14	15	16	17	18	19	20	21	22	23	24	25					
	回曆 4 月			23	24	25	26	27	28	29	30	1	2	3	4	5	6	7	8	9	10	11	12	13	14	15	16	17	18	19	20	21	22					
	公曆 12 月					1	2	3	4	5	6	7	8	9	10	11	12	13	14	15	16	17	18	19	20	21	22	23	24	25	26	27	28	29	30	31		

續表

月干支序數	星期 / 月序	日	1	2	3	4	5	6	日	1	2	3	4	5	6	日	1	2	3	4	5	6	日	1	2	3	4	5	6	日	1	2	3	4	5	6	日	1
25	夏曆十一月					26	27	28	29	30	㊽	2	3	4	5	6	7	8	9	10	11	12	13	14	15	16	17	18	19	20	21	22	23	24	25	26		
	回曆5月					23	24	25	26	27	28	29	1	2	3	4	5	6	7	8	9	10	11	12	13	14	15	16	17	18	19	20	21	22	23	24		

大事記

正月，沙陀軍攻入雁門。　三月，宦官田令孜之兄陳敬瑄以賭毬技絕，命為西川節度使。　六月，遣使與南詔和親，南詔不稱臣。　七月，黃巢渡江北上，高駢不敢阻，詔河南諸道兵防堵。李國昌、克用敗奔韃靼。　十一月，黃巢入洛陽。　十二月，田令孜擁帝奔成都，巢入長安，稱皇帝，國號齊，改元金統。

唐紀年

干支辛丑　公元 881 年

朝代或國名	國家支配者	建都	廟號	謚號	建元	年號年次	輔政者	備注
唐	⑳李儇		僖宗		5	3 中和元年	韋昭度等	七月丁巳改元，在蜀
渤海	⑫大玄錫	龍泉府		□王		10 年		在東北
大封民(南詔)	⑫蒙隆舜	陽苴咩		宣武				在雲南
〔齊〕	〔黃巢〕	長安				〔金統〕2 年		
古格						68 年		西藏阿里

月曆表

5594—354—2043230

月干支序數	星期 / 月序	日	1	2	3	4	5	6	日	1	2	3	4	5	6	日	1	2	3	4	5	6	日	1	2	3	4	5	6	日	1	2	3	4	5	6	日	1
	公曆1月	1	2	3	4	5	6	7	8	9	10	11	12	13	14	15	16	17	18	19	20	21	22	23	24	25	26	27	28	29	30	31						
26	夏曆十二月	27	28	29	⑰	2	3	4	5	6	7	8	9	10	11	12	13	14	15	16	17	18	19	20	21	22	23	24	25	26	27	28						
	回曆6月	25	26	27	28	29	30	1	2	3	4	5	6	7	8	9	10	11	12	13	14	15	16	17	18	19	20	21	22	23	24	25						
	公曆2月				1	2	3	4	5	6	7	8	9	10	11	12	13	14	15	16	17	18	19	20	21	22	23	24	25	26	27	28						
27	夏曆正月				29	30	㊼	2	3	4	5	6	7	8	9	10	11	12	13	14	15	16	17	18	19	20	21	22	23	24	25	26						
	回曆7月				26	27	28	29	1	2	3	4	5	6	7	8	9	10	11	12	13	14	15	16	17	18	19	20	21	22	23	24						
	公曆3月				1	2	3	4	5	6	7	8	9	10	11	12	13	14	15	16	17	18	19	20	21	22	23	24	25	26	27	28	29	30	31			
28	夏曆二月				27	28	29	⑯	2	3	4	5	6	7	8	9	10	11	12	13	14	15	16	17	18	19	20	21	22	23	24	25	26	27	28			
	回曆8月				25	26	27	28	29	30	1	2	3	4	5	6	7	8	9	10	11	12	13	14	15	16	17	18	19	20	21	22	23	24	25			
	公曆4月							1	2	3	4	5	6	7	8	9	10	11	12	13	14	15	16	17	18	19	20	21	22	23	24	25	26	27	28	29	30	
29	夏曆三月							29	30	㊻	2	3	4	5	6	7	8	9	10	11	12	13	14	15	16	17	18	19	20	21	22	23	24	25	26	27	28	
	回曆9月							26	27	28	29	1	2	3	4	5	6	7	8	9	10	11	12	13	14	15	16	17	18	19	20	21	22	23	24	25	26	
	公曆5月		1	2	3	4	5	6	7	8	9	10	11	12	13	14	15	16	17	18	19	20	21	22	23	24	25	26	27	28	29	30	31					
30	夏曆四月		29	⑮	2	3	4	5	6	7	8	9	10	11	12	13	14	15	16	17	18	19	20	21	22	23	24	25	26	27	28	29	30					
	回曆10月		27	28	29	30	1	2	3	4	5	6	7	8	9	10	11	12	13	14	15	16	17	18	19	20	21	22	23	24	25	26	27					
	公曆6月					1	2	3	4	5	6	7	8	9	10	11	12	13	14	15	16	17	18	19	20	21	22	23	24	25	26	27	28	29	30			
31 32	夏曆五月 六月					㊺	2	3	4	5	6	7	8	9	10	11	12	13	14	15	16	17	18	19	20	21	22	23	24	25	26	27	28	29	⑭			
	回曆11月					28	29	1	2	3	4	5	6	7	8	9	10	11	12	13	14	15	16	17	18	19	20	21	22	23	24	25	26	27	28			
	公曆7月							1	2	3	4	5	6	7	8	9	10	11	12	13	14	15	16	17	18	19	20	21	22	23	24	25	26	27	28	29	30	31

續表

月干支序數	月序＼星期	日	1	2	3	4	5	6	日	1	2	3	4	5	6	日	1	2	3	4	5	6	日	1	2	3	4	5	6	日	1	2	3	4	5	6	日	1
33	夏曆七月							2	3	4	5	6	7	8	9	10	11	12	13	14	15	16	17	18	19	20	21	22	23	24	25	26	27	28	29	30	㊹	2
	回曆12月							29	30	1	2	3	4	5	6	7	8	9	10	11	12	13	14	15	16	17	18	19	20	21	22	23	24	25	26	27	28	29
	公曆8月			1	2	3	4	5	6	7	8	9	10	11	12	13	14	15	16	17	18	19	20	21	22	23	24	25	26	27	28	29	30	31				
34	夏曆八月			3	4	5	6	7	8	9	10	11	12	13	14	15	16	17	18	19	20	21	22	23	24	25	26	27	28	29	30	⑭	2	3				
268年	回曆1、2月			①	2	3	4	5	6	7	8	9	10	11	12	13	14	15	16	17	18	19	20	21	22	23	24	25	26	27	28	29	30	1				
	公曆9月						1	2	3	4	5	6	7	8	9	10	11	12	13	14	15	16	17	18	19	20	21	22	23	24	25	26	27	28	29	30		
35	夏曆九月						4	5	6	7	8	9	10	11	12	13	14	15	16	17	18	19	20	21	22	23	24	25	26	27	28	29	㊸	2	3	4		
	回曆3月						2	3	4	5	6	7	8	9	10	11	12	13	14	15	16	17	18	19	20	21	22	23	24	25	26	27	28	29	1	2		
	公曆10月	1	2	3	4	5	6	7	8	9	10	11	12	13	14	15	16	17	18	19	20	21	22	23	24	25	26	27	28	29	30	31						
36	夏曆十月	5	6	7	8	9	10	11	12	13	14	15	16	17	18	19	20	21	22	23	24	25	26	27	28	29	30	⑬	2	3	4	5						
	回曆4月	3	4	5	6	7	8	9	10	11	12	13	14	15	16	17	18	19	20	21	22	23	24	25	26	27	28	29	30	1	2	3						
	公曆11月				1	2	3	4	5	6	7	8	9	10	11	12	13	14	15	16	17	18	19	20	21	22	23	24	25	26	27	28	29	30				
37	夏曆十一月				6	7	8	9	10	11	12	13	14	15	16	17	18	19	20	21	22	23	24	25	26	27	28	29	㊷	2	3	4	5	6				
	回曆5月				4	5	6	7	8	9	10	11	12	13	14	15	16	17	18	19	20	21	22	23	24	25	26	27	28	29	1	2	3	4				
	公曆12月						1	2	3	4	5	6	7	8	9	10	11	12	13	14	15	16	17	18	19	20	21	22	23	24	25	26	27	28	29	30	31	
38	夏曆十二月						7	8	9	10	11	12	13	14	15	16	17	18	19	20	21	22	23	24	25	26	27	28	29	30	⑫	2	3	4	5	6	7	
	回曆6月						5	6	7	8	9	10	11	12	13	14	15	16	17	18	19	20	21	22	23	24	25	26	27	28	29	30	1	2	3	4	5	

大事記

二月，命薩葛、吐谷渾諸部入援。　三月，巢將朱溫陷鄧州。赦李克用，命帥韃靼諸部入援。黨項首領拓跋思恭等合抗黄巢，因命權夏綏節度使。　四月，唐軍陷長安。巢後知官兵不整，復歸長安，尋加尊號為承天應運啟聖睿文宣武皇帝。唐召沙陀李克用赴援。　五月，李克用至晉陽，大掠而歸，陷忻、代。　七月，唐改元中和。　九月，臨海杜雄陷臺州。永嘉朱褒陷溫州。十月，鳳翔將李昌言引兵逼走鳳翔節度使鄭畋，自為留後。

唐紀年

干支壬寅　公元 882 年

朝代或國名	國家支配者	建都	廟號	謚號	建元	年號年次	輔政者	備注
唐	⑳李儇		僖宗		5	3 中和 2 年	鄭畋等	在蜀
渤海	⑫大玄錫	龍泉府		□王		11 年		在東北
大封民(南詔)	⑫蒙隆舜	陽苴咩		宣武		承智?		在雲南
〔齊〕	〔黄巢〕	長安				〔金統〕3 年		
	〔阡能〕					1 年		四川
古格						69 年		西藏阿里

月曆表

5595－384－2043614

月干支序數	月序＼星期	日	1	2	3	4	5	6	日	1	2	3	4	5	6	日	1	2	3	4	5	6	日	1	2	3	4	5	6	日	1	2	3	4	5	6	日	1
	公曆1月		1	2	3	4	5	6	7	8	9	10	11	12	13	14	15	16	17	18	19	20	21	22	23	24	25	26	27	28	29	30	31					
39	夏曆正月		8	9	10	11	12	13	14	15	16	17	18	19	20	21	22	23	24	25	26	27	28	29	㊶	2	3	4	5	6	7	8	9					
	回曆7月		6	7	8	9	10	11	12	13	14	15	16	17	18	19	20	21	22	23	24	25	26	27	28	29	1	2	3	4	5	6	7					

續表

月干支序數	星期 / 月序	日	1	2	3	4	5	6	日	1	2	3	4	5	6	日	1	2	3	4	5	6	日	1	2	3	4	5	6	日	1	2	3	4	5	6	日	1
	公曆2月					1	2	3	4	5	6	7	8	9	10	11	12	13	14	15	16	17	18	19	20	21	22	23	24	25	26	27	28					
40	夏曆二月					10	11	12	13	14	15	16	17	18	19	20	21	22	23	24	25	26	27	28	29	30	⑪	2	3	4	5	6	7					
	回曆8月					8	9	10	11	12	13	14	15	16	17	18	19	20	21	22	23	24	25	26	27	28	29	30	1	2	3	4	5					
	公曆3月					1	2	3	4	5	6	7	8	9	10	11	12	13	14	15	16	17	18	19	20	21	22	23	24	25	26	27	28	29	30	31		
41	夏曆三月					8	9	10	11	12	13	14	15	16	17	18	19	20	21	22	23	24	25	26	27	28	29	㊵	2	3	4	5	6	7	8	9		
	回曆9月					6	7	8	9	10	11	12	13	14	15	16	17	18	19	20	21	22	23	24	25	26	27	28	29	1	2	3	4	5	6	7		
	公曆4月	1	2	3	4	5	6	7	8	9	10	11	12	13	14	15	16	17	18	19	20	21	22	23	24	25	26	27	28	29	30							
42	夏曆四月	10	11	12	13	14	15	16	17	18	19	20	21	22	23	24	25	26	27	28	29	30	⑩	2	3	4	5	6	7	8	9							
	回曆10月	8	9	10	11	12	13	14	15	16	17	18	19	20	21	22	23	24	25	26	27	28	29	30	1	2	3	4	5	6	7							
	公曆5月			1	2	3	4	5	6	7	8	9	10	11	12	13	14	15	16	17	18	19	20	21	22	23	24	25	26	27	28	29	30	31				
43	夏曆五月			10	11	12	13	14	15	16	17	18	19	20	21	22	23	24	25	26	27	28	29	㊴	2	3	4	5	6	7	8	9	10	11				
	回曆11月			8	9	10	11	12	13	14	15	16	17	18	19	20	21	22	23	24	25	26	27	28	29	1	2	3	4	5	6	7	8	9				
	公曆6月						1	2	3	4	5	6	7	8	9	10	11	12	13	14	15	16	17	18	19	20	21	22	23	24	25	26	27	28	29	30		
44	夏曆六月						12	13	14	15	16	17	18	19	20	21	22	23	24	25	26	27	28	29	30	⑨	2	3	4	5	6	7	8	9	10	11		
	回曆12月						10	11	12	13	14	15	16	17	18	19	20	21	22	23	24	25	26	27	28	29	30	1	2	3	4	5	6	7	8	9		
	公曆7月	1	2	3	4	5	6	7	8	9	10	11	12	13	14	15	16	17	18	19	20	21	22	23	24	25	26	27	28	29	30	31						
45	夏曆七月	12	13	14	15	16	17	18	19	20	21	22	23	24	25	26	27	28	29	㊳	2	3	4	5	6	7	8	9	10	11	12	13						
269年	回曆1月	10	11	12	13	14	15	16	17	18	19	20	21	22	23	24	25	26	27	28	29	①	2	3	4	5	6	7	8	9	10	11						
	公曆8月				1	2	3	4	5	6	7	8	9	10	11	12	13	14	15	16	17	18	19	20	21	22	23	24	25	26	27	28	29	30	31			
	夏曆閏七月				14	15	16	17	18	19	20	21	22	23	24	25	26	27	28	29	30	⑧	2	3	4	5	6	7	8	9	10	11	12	13	14			
	回曆2月				12	13	14	15	16	17	18	19	20	21	22	23	24	25	26	27	28	29	30	1	2	3	4	5	6	7	8	9	10	11	12			
	公曆9月							1	2	3	4	5	6	7	8	9	10	11	12	13	14	15	16	17	18	19	20	21	22	23	24	25	26	27	28	29	30	
46	夏曆八月							15	16	17	18	19	20	21	22	23	24	25	26	27	28	29	㊲	2	3	4	5	6	7	8	9	10	11	12	13	14	15	
	回曆3月							13	14	15	16	17	18	19	20	21	22	23	24	25	26	27	28	29	1	2	3	4	5	6	7	8	9	10	11	12	13	
	公曆10月		1	2	3	4	5	6	7	8	9	10	11	12	13	14	15	16	17	18	19	20	21	22	23	24	25	26	27	28	29	30	31					
47	夏曆九月		16	17	18	19	20	21	22	23	24	25	26	27	28	29	30	⑦	2	3	4	5	6	7	8	9	10	11	12	13	14	15	16					
	回曆4月		14	15	16	17	18	19	20	21	22	23	24	25	26	27	28	29	30	1	2	3	4	5	6	7	8	9	10	11	12	13	14					
	公曆11月					1	2	3	4	5	6	7	8	9	10	11	12	13	14	15	16	17	18	19	20	21	22	23	24	25	26	27	28	29	30			
48	夏曆十月					17	18	19	20	21	22	23	24	25	26	27	28	29	30	㊲	2	3	4	5	6	7	8	9	10	11	12	13	14	15	16			
	回曆5月					15	16	17	18	19	20	21	22	23	24	25	26	27	28	29	1	2	3	4	5	6	7	8	9	10	11	12	13	14	15			
	公曆12月							1	2	3	4	5	6	7	8	9	10	11	12	13	14	15	16	17	18	19	20	21	22	23	24	25	26	27	28	29	30	31
49	夏曆十一月							17	18	19	20	21	22	23	24	25	26	27	28	29	⑥	2	3	4	5	6	7	8	9	10	11	12	13	14	15	16	17	18
	回曆6月							16	17	18	19	20	21	22	23	24	25	26	27	28	29	30	1	2	3	4	5	6	7	8	9	10	11	12	13	14	15	16

大事記

正月,命宰相王鐸為諸道行營都都統,以攻黄巢。　二月,朱溫據同州,李克用掠蔚州。　五月,黄巢攻興平。　八月,劉漢宏襲杭州,錢鏐擊破之。　九月,朱溫叛黄巢降唐,唐以為同華節度使。　十月,唐賜朱溫名全忠,授河西行營招討使。　十二月,李克用趨河中,唐授以雁門招討使。

干支癸卯　公元 883 年

朝代或國名	國家支配者	建都	廟號	謚號	建元	年號年次	輔政者	備注
唐	⑳李儇		僖宗		5	3中和3年	裴澈等	在蜀
渤海	⑫大玄錫	龍泉府		□王		12年		在東北
大封民(南詔)	⑫蒙隆舜	陽苴咩		宣武				在雲南
〔齊〕	〔黃巢〕	長安				〔金統〕4年		
古格						70年		西藏阿里

月曆表

5596—355—2043969

月干支序數	月序＼星期	日	1	2	3	4	5	6	日	1	2	3	4	5	6	日	1	2	3	4	5	6	日	1	2	3	4	5	6	日	1	2	3	4	5	6	日	1
	公曆1月			1	2	3	4	5	6	7	8	9	10	11	12	13	14	15	16	17	18	19	20	21	22	23	24	25	26	27	28	29	30	31				
50	夏曆十二月			19	20	21	22	23	24	25	26	27	28	29	30	㊱	2	3	4	5	6	7	8	9	10	11	12	13	14	15	16	17	18	19				
	回曆7月			17	18	19	20	21	22	23	24	25	26	27	28	29	1	2	3	4	5	6	7	8	9	10	11	12	13	14	15	16	17	18				
	公曆2月						1	2	3	4	5	6	7	8	9	10	11	12	13	14	15	16	17	18	19	20	21	22	23	24	25	26	27	28				
51	夏曆正月						20	21	22	23	24	25	26	27	28	29	⑤	2	3	4	5	6	7	8	9	10	11	12	13	14	15	16	17	18				
	回曆8月						19	20	21	22	23	24	25	26	27	28	29	30	1	2	3	4	5	6	7	8	9	10	11	12	13	14	15	16				
	公曆3月						1	2	3	4	5	6	7	8	9	10	11	12	13	14	15	16	17	18	19	20	21	22	23	24	25	26	27	28	29	30	31	
52	夏曆二月						19	20	21	22	23	24	25	26	27	28	29	30	㉟	2	3	4	5	6	7	8	9	10	11	12	13	14	15	16	17	18	19	
	回曆9月						17	18	19	20	21	22	23	24	25	26	27	28	29	1	2	3	4	5	6	7	8	9	10	11	12	13	14	15	16	17	18	
	公曆4月		1	2	3	4	5	6	7	8	9	10	11	12	13	14	15	16	17	18	19	20	21	22	23	24	25	26	27	28	29	30						
53	夏曆三月		20	21	22	23	24	25	26	27	28	29	④	2	3	4	5	6	7	8	9	10	11	12	13	14	15	16	17	18	19	20						
	回曆10月		19	20	21	22	23	24	25	26	27	28	29	30	1	2	3	4	5	6	7	8	9	10	11	12	13	14	15	16	17	18						
	公曆5月				1	2	3	4	5	6	7	8	9	10	11	12	13	14	15	16	17	18	19	20	21	22	23	24	25	26	27	28	29	30	31			
54	夏曆四月				21	22	23	24	25	26	27	28	29	30	㉞	2	3	4	5	6	7	8	9	10	11	12	13	14	15	16	17	18	19	20	21			
	回曆11月				19	20	21	22	23	24	25	26	27	28	29	1	2	3	4	5	6	7	8	9	10	11	12	13	14	15	16	17	18	19	20			
	公曆6月							1	2	3	4	5	6	7	8	9	10	11	12	13	14	15	16	17	18	19	20	21	22	23	24	25	26	27	28	29	30	
55	夏曆五月							22	23	24	25	26	27	28	29	③	2	3	4	5	6	7	8	9	10	11	12	13	14	15	16	17	18	19	20	21	22	
	回曆12月							21	22	23	24	25	26	27	28	29	30	1	2	3	4	5	6	7	8	9	10	11	12	13	14	15	16	17	18	19	20	
	公曆7月		1	2	3	4	5	6	7	8	9	10	11	12	13	14	15	16	17	18	19	20	21	22	23	24	25	26	27	28	29	30	31					
56	夏曆六月		23	24	25	26	27	28	29	㉜	2	3	4	5	6	7	8	9	10	11	12	13	14	15	16	17	18	19	20	21	22	23	24					
270年	回曆1月		21	22	23	24	25	26	27	28	29	30	①	2	3	4	5	6	7	8	9	10	11	12	13	14	15	16	17	18	19	20	21					
	公曆8月					1	2	3	4	5	6	7	8	9	10	11	12	13	14	15	16	17	18	19	20	21	22	23	24	25	26	27	28	29	30	31		
57	夏曆七月					25	26	27	28	29	30	②	2	3	4	5	6	7	8	9	10	11	12	13	14	15	16	17	18	19	20	21	22	23	24	25		
	回曆2月					22	23	24	25	26	27	28	29	30	1	2	3	4	5	6	7	8	9	10	11	12	13	14	15	16	17	18	19	20	21	22		
	公曆9月	1	2	3	4	5	6	7	8	9	10	11	12	13	14	15	16	17	18	19	20	21	22	23	24	25	26	27	28	29	30							
58	夏曆八月	26	27	28	29	㉛	2	3	4	5	6	7	8	9	10	11	12	13	14	15	16	17	18	19	20	21	22	23	24	25	26							
	回曆3月	23	24	25	26	27	28	29	1	2	3	4	5	6	7	8	9	10	11	12	13	14	15	16	17	18	19	20	21	22	23							
	公曆10月			1	2	3	4	5	6	7	8	9	10	11	12	13	14	15	16	17	18	19	20	21	22	23	24	25	26	27	28	29	30	31				
59	夏曆九月			27	28	29	30	①	2	3	4	5	6	7	8	9	10	11	12	13	14	15	16	17	18	19	20	21	22	23	24	25	26	27				
	回曆4月			24	25	26	27	28	29	30	1	2	3	4	5	6	7	8	9	10	11	12	13	14	15	16	17	18	19	20	21	22	23	24				
	公曆11月						1	2	3	4	5	6	7	8	9	10	11	12	13	14	15	16	17	18	19	20	21	22	23	24	25	26	27	28	29	30		
60	夏曆十月						28	29	30	㉛	2	3	4	5	6	7	8	9	10	11	12	13	14	15	16	17	18	19	20	21	22	23	24	25	26	27		
	回曆5月						25	26	27	28	29	1	2	3	4	5	6	7	8	9	10	11	12	13	14	15	16	17	18	19	20	21	22	23	24	25		

續表

月 干支 序數	月＼星期 序	日	1	2	3	4	5	6	日	1	2	3	4	5	6	日	1	2	3	4	5	6	日	1	2	3	4	5	6	日	1	2	3	4	5	6	日	1
	公曆12月	1	2	3	4	5	6	7	8	9	10	11	12	13	14	15	16	17	18	19	20	21	22	23	24	25	26	27	28	29	30	31						
1	夏曆十一月	28	29	30	①	2	3	4	5	6	7	8	9	10	11	12	13	14	15	16	17	18	19	20	21	22	23	24	25	26	27	28						
	回曆6月	26	27	28	29	30	1	2	3	4	5	6	7	8	9	10	11	12	13	14	15	16	17	18	19	20	21	22	23	24	25	26						

大事記

正月，鄜王鐸諸道行營都都統職，以宦官田令孜為觀軍容使。　二月，李克用大敗黄巢軍於梁田陂。　三月，以朱全忠為宣武節度使。　四月，李克用攻入長安，大掠，黄巢東走。　五月，蔡州節度使秦宗權降於黄巢。　六月，黄巢圍陳州。　七月，加朱全忠東北面都招討使，以攻黄巢。以李克用為河東節度使。　十月，唐以宗女為安化長公主，妻南詔王。　十二月，陞浙東為義勝軍。　是歲，皮日休卒(834—883)。

唐紀年

干支甲辰　公元884年

朝代或國名	國家支配者	建都	廟號	謚號	建元	年號年次	輔政者	備注
唐	⑳李儇		僖宗		5	3 中和 4 年	裴澈等	在蜀
渤海	⑫大玄錫	龍泉府		□王		13 年		在東北
大封民(南詔)	⑫蒙隆舜	陽苴咩		宣武				在雲南
〔齊〕	〔黄巢〕	長安				〔金統〕5 年		六月亡
古格						71 年		西藏阿里

月曆表

5597—354—2044323

月 干支 序數	月＼星期 序	日	1	2	3	4	5	6	日	1	2	3	4	5	6	日	1	2	3	4	5	6	日	1	2	3	4	5	6	日	1	2	3	4	5	6	日	1
	公曆1月				1	2	3	4	5	6	7	8	9	10	11	12	13	14	15	16	17	18	19	20	21	22	23	24	25	26	27	28	29	30	31			
2	夏曆十二月				29	㉚	2	3	4	5	6	7	8	9	10	11	12	13	14	15	16	17	18	19	20	21	22	23	24	25	26	27	28	29	30			
	回曆7月				27	28	29	1	2	3	4	5	6	7	8	9	10	11	12	13	14	15	16	17	18	19	20	21	22	23	24	25	26	27	28			
	公曆2月							1	2	3	4	5	6	7	8	9	10	11	12	13	14	15	16	17	18	19	20	21	22	23	24	25	26	27	28	29		
3	夏曆正月							(60)	2	3	4	5	6	7	8	9	10	11	12	13	14	15	16	17	18	19	20	21	22	23	24	25	26	27	28	29		
	回曆8月							29	30	1	2	3	4	5	6	7	8	9	10	11	12	13	14	15	16	17	18	19	20	21	22	23	24	25	26	27		
	公曆3月	1	2	3	4	5	6	7	8	9	10	11	12	13	14	15	16	17	18	19	20	21	22	23	24	25	26	27	28	29	30	31						
4 5	夏曆二/三月	㉙	2	3	4	5	6	7	8	9	10	11	12	13	14	15	16	17	18	19	20	21	22	23	24	25	26	27	28	29	30	(59)						
	回曆9月	28	29	1	2	3	4	5	6	7	8	9	10	11	12	13	14	15	16	17	18	19	20	21	22	23	24	25	26	27	28	29						
	公曆4月				1	2	3	4	5	6	7	8	9	10	11	12	13	14	15	16	17	18	19	20	21	22	23	24	25	26	27	28	29	30				
6	夏曆四月				2	3	4	5	6	7	8	9	10	11	12	13	14	15	16	17	18	19	20	21	22	23	24	25	26	27	28	29	㉘	2				
	回曆10月				30	1	2	3	4	5	6	7	8	9	10	11	12	13	14	15	16	17	18	19	20	21	22	23	24	25	26	27	28	29				
	公曆5月						1	2	3	4	5	6	7	8	9	10	11	12	13	14	15	16	17	18	19	20	21	22	23	24	25	26	27	28	29	30	31	
7	夏曆五月						3	4	5	6	7	8	9	10	11	12	13	14	15	16	17	18	19	20	21	22	23	24	25	26	27	28	29	30	(58)	2	3	
	回曆11月						1	2	3	4	5	6	7	8	9	10	11	12	13	14	15	16	17	18	19	20	21	22	23	24	25	26	27	28	29	30	1	
	公曆6月		1	2	3	4	5	6	7	8	9	10	11	12	13	14	15	16	17	18	19	20	21	22	23	24	25	26	27	28	29	30						
8	夏曆六月		4	5	6	7	8	9	10	11	12	13	14	15	16	17	18	19	20	21	22	23	24	25	26	27	28	29	㉗	2	3	4						
271年	回曆1月		2	3	4	5	6	7	8	9	10	11	12	13	14	15	16	17	18	19	20	21	22	23	24	25	26	27	28	29	①	2						

續表

月 干支 序數	星期 月序	日	1	2	3	4	5	6	日	1	2	3	4	5	6	日	1	2	3	4	5	6	日	1	2	3	4	5	6	日	1	2	3	4	5	6	日	1
	公曆7月				1	2	3	4	5	6	7	8	9	10	11	12	13	14	15	16	17	18	19	20	21	22	23	24	25	26	27	28	29	30	31			
9	夏曆七月				5	6	7	8	9	10	11	12	13	14	15	16	17	18	19	20	21	22	23	24	25	26	27	28	29	(56)	2	3	4	5	6			
	回曆2月				3	4	5	6	7	8	9	10	11	12	13	14	15	16	17	18	19	20	21	22	23	24	25	26	27	28	29	30	1	2	3			
	公曆8月							1	2	3	4	5	6	7	8	9	10	11	12	13	14	15	16	17	18	19	20	21	22	23	24	25	26	27	28	29	30	31
10	夏曆八月							7	8	9	10	11	12	13	14	15	16	17	18	19	20	21	22	23	24	25	26	27	28	29	30	㉖	2	3	4	5	6	7
	回曆3月							4	5	6	7	8	9	10	11	12	13	14	15	16	17	18	19	20	21	22	23	24	25	26	27	28	29	1	2	3	4	5
	公曆9月			1	2	3	4	5	6	7	8	9	10	11	12	13	14	15	16	17	18	19	20	21	22	23	24	25	26	27	28	29	30					
11	夏曆九月			8	9	10	11	12	13	14	15	16	17	18	19	20	21	22	23	24	25	26	27	28	29	(55)	2	3	4	5	6	7	8					
	回曆4月			6	7	8	9	10	11	12	13	14	15	16	17	18	19	20	21	22	23	24	25	26	27	28	29	30	1	2	3	4	5					
	公曆10月					1	2	3	4	5	6	7	8	9	10	11	12	13	14	15	16	17	18	19	20	21	22	23	24	25	26	27	28	29	30	31		
12	夏曆十月					9	10	11	12	13	14	15	16	17	18	19	20	21	22	23	24	25	26	27	28	29	30	㉕	2	3	4	5	6	7	8	9		
	回曆5月					6	7	8	9	10	11	12	13	14	15	16	17	18	19	20	21	22	23	24	25	26	27	28	29	1	2	3	4	5	6	7		
	公曆11月	1	2	3	4	5	6	7	8	9	10	11	12	13	14	15	16	17	18	19	20	21	22	23	24	25	26	27	28	29	30							
13	夏曆十一月	10	11	12	13	14	15	16	17	18	19	20	21	22	23	24	25	26	27	28	29	30	(55)	2	3	4	5	6	7	8	9							
	回曆6月	8	9	10	11	12	13	14	15	16	17	18	19	20	21	22	23	24	25	26	27	28	29	30	1	2	3	4	5	6	7							
	公曆12月			1	2	3	4	5	6	7	8	9	10	11	12	13	14	15	16	17	18	19	20	21	22	23	24	25	26	27	28	29	30	31				
14	夏曆十二月			10	11	12	13	14	15	16	17	18	19	20	21	22	23	24	25	26	27	28	29	㉔	2	3	4	5	6	7	8	9	10	11				
	回曆7月			8	9	10	11	12	13	14	15	16	17	18	19	20	21	22	23	24	25	26	27	28	29	1	2	3	4	5	6	7	8	9				

大事記

二月,東川節度使攻西川。李克用攻黄巢。　四月,李克用至陳州,黄巢兵退。　五月,巢趨汴州,朱全忠告急,李克用追逐,數破之,巢奔兗州。朱全忠圖害李克用未遂,自此結怨,後相攻伐,達三十年之久。　六月,感化節度使時溥遣兵追黄巢,巢至泰山狼虎谷,為其甥林言所殺,義軍敗。　七月,李克用表訟朱全忠,請誅討;慰諭之,而未準其請。八月,李克用請割麟州歸河東,許之,進封為隴西郡王。　是歲,蔡州節度使秦宗權寇掠鄰道。

唐紀年

干支乙巳　公元885年

朝代或國名	國家支配者	建都	廟號	謚號	建元	年號年次	輔政者	備注
唐	⑳李儇	長安	僖宗		5	4光啓元年	裴澈等	三月己巳改元,自蜀還都
渤海	⑫大玄錫	龍泉府		□王		14年		在東北
大封民(南詔)	⑫蒙隆舜	陽苴咩		宣武				在雲南
古格						72年		西藏阿里

月曆表

5598—384—2044707

月 干支 序數	星期 月序	日	1	2	3	4	5	6	日	1	2	3	4	5	6	日	1	2	3	4	5	6	日	1	2	3	4	5	6	日	1	2	3	4	5	6	日	1
	公曆1月						1	2	3	4	5	6	7	8	9	10	11	12	13	14	15	16	17	18	19	20	21	22	23	24	25	26	27	28	29	30	31	
15	夏曆正月						12	13	14	15	16	17	18	19	20	21	22	23	24	25	26	27	28	29	30	(54)	2	3	4	5	6	7	8	9	10	11	12	
	回曆8月						10	11	12	13	14	15	16	17	18	19	20	21	22	23	24	25	26	27	28	29	30	1	2	3	4	5	6	7	8	9	10	
	公曆2月		1	2	3	4	5	6	7	8	9	10	11	12	13	14	15	16	17	18	19	20	21	22	23	24	25	26	27	28								

續表

月干支序數	月序＼星期	日	1	2	3	4	5	6	日	1	2	3	4	5	6	日	1	2	3	4	5	6	日	1	2	3	4	5	6	日	1	2	3	4	5	6	日	1
16	夏曆二月		13	14	15	16	17	18	19	20	21	22	23	24	25	26	27	28	29	30	㉔	2	3	4	5	6	7	8	9	10								
	回曆 9 月		11	12	13	14	15	16	17	18	19	20	21	22	23	24	25	26	27	28	29	1	2	3	4	5	6	7	8	9								
	公曆 3 月		1	2	3	4	5	6	7	8	9	10	11	12	13	14	15	16	17	18	19	20	21	22	23	24	25	26	27	28	29	30	31					
17	夏曆三月		11	12	13	14	15	16	17	18	19	20	21	22	23	24	25	26	27	28	29	(53)	2	3	4	5	6	7	8	9	10	11	12					
	回曆 10 月		10	11	12	13	14	15	16	17	18	19	20	21	22	23	24	25	26	27	28	29	30	1	2	3	4	5	6	7	8	9	10					
	公曆 4 月					1	2	3	4	5	6	7	8	9	10	11	12	13	14	15	16	17	18	19	20	21	22	23	24	25	26	27	28	29	30			
	夏曆閏三月					13	14	15	16	17	18	19	20	21	22	23	24	25	26	27	28	29	30	㉓	2	3	4	5	6	7	8	9	10	11	12			
	回曆 11 月					11	12	13	14	15	16	17	18	19	20	21	22	23	24	25	26	27	28	29	1	2	3	4	5	6	7	8	9	10	11			
	公曆 5 月							1	2	3	4	5	6	7	8	9	10	11	12	13	14	15	16	17	18	19	20	21	22	23	24	25	26	27	28	29	30	31
18	夏曆四月							13	14	15	16	17	18	19	20	21	22	23	24	25	26	27	28	29	(52)	2	3	4	5	6	7	8	9	10	11	12	13	14
	回曆 12 月							12	13	14	15	16	17	18	19	20	21	22	23	24	25	26	27	28	29	30	1	2	3	4	5	6	7	8	9	10	11	12
	公曆 6 月			1	2	3	4	5	6	7	8	9	10	11	12	13	14	15	16	17	18	19	20	21	22	23	24	25	26	27	28	29	30					
19	夏曆五月			15	16	17	18	19	20	21	22	23	24	25	26	27	28	29	30	㉒	2	3	4	5	6	7	8	9	10	11	12	13	14					
272 年	回曆 1 月			13	14	15	16	17	18	19	20	21	22	23	24	25	26	27	28	29	①	2	3	4	5	6	7	8	9	10	11	12	13					
	公曆 7 月					1	2	3	4	5	6	7	8	9	10	11	12	13	14	15	16	17	18	19	20	21	22	23	24	25	26	27	28	29	30	31		
20	夏曆六月					15	16	17	18	19	20	21	22	23	24	25	26	27	28	29	(51)	2	3	4	5	6	7	8	9	10	11	12	13	14	15	16		
	回曆 2 月					14	15	16	17	18	19	20	21	22	23	24	25	26	27	28	29	30	1	2	3	4	5	6	7	8	9	10	11	12	13	14		
	公曆 8 月	1	2	3	4	5	6	7	8	9	10	11	12	13	14	15	16	17	18	19	20	21	22	23	24	25	26	27	28	29	30	31						
21	夏曆七月	17	18	19	20	21	22	23	24	25	26	27	28	29	⑳	2	3	4	5	6	7	8	9	10	11	12	13	14	15	16	17	18						
	回曆 3 月	15	16	17	18	19	20	21	22	23	24	25	26	27	28	29	1	2	3	4	5	6	7	8	9	10	11	12	13	14	15	16						
	公曆 9 月				1	2	3	4	5	6	7	8	9	10	11	12	13	14	15	16	17	18	19	20	21	22	23	24	25	26	27	28	29	30				
22	夏曆八月				19	20	21	22	23	24	25	26	27	28	29	30	㊿	2	3	4	5	6	7	8	9	10	11	12	13	14	15	16	17	18				
	回曆 4 月				17	18	19	20	21	22	23	24	25	26	27	28	29	30	1	2	3	4	5	6	7	8	9	10	11	12	13	14	15	16				
	公曆 10 月						1	2	3	4	5	6	7	8	9	10	11	12	13	14	15	16	17	18	19	20	21	22	23	24	25	26	27	28	29	30	31	
23	夏曆九月						19	20	21	22	23	24	25	26	27	28	29	⑲	2	3	4	5	6	7	8	9	10	11	12	13	14	15	16	17	18	19	20	
	回曆 5 月						17	18	19	20	21	22	23	24	25	26	27	28	29	1	2	3	4	5	6	7	8	9	10	11	12	13	14	15	16	17	18	
	公曆 11 月		1	2	3	4	5	6	7	8	9	10	11	12	13	14	15	16	17	18	19	20	21	22	23	24	25	26	27	28	29	30						
24	夏曆十月		21	22	23	24	25	26	27	28	29	30	㊾	2	3	4	5	6	7	8	9	10	11	12	13	14	15	16	17	18	19	20						
	回曆 6 月		19	20	21	22	23	24	25	26	27	28	29	30	1	2	3	4	5	6	7	8	9	10	11	12	13	14	15	16	17	18						
	公曆 12 月				1	2	3	4	5	6	7	8	9	10	11	12	13	14	15	16	17	18	19	20	21	22	23	24	25	26	27	28	29	30	31			
25	夏曆十一月				21	22	23	24	25	26	27	28	29	⑱	2	3	4	5	6	7	8	9	10	11	12	13	14	15	16	17	18	19	20	21	22			
	回曆 7 月				19	20	21	22	23	24	25	26	27	28	29	1	2	3	4	5	6	7	8	9	10	11	12	13	14	15	16	17	18	19	20			

大事記

正月，秦宗權將王緒帥部掠江、洪、虔三州，入汀、漳二州。　三月，僖宗還長安，改元光啟。秦宗權稱帝，置百官。六月，秦宗權陷東都洛陽，焚掠而去。　七月，滄州軍亂，逐節度使楊全玫，立牙將盧彥威為留後。　十二月，宦官田令孜惡河中節度使王重榮，重榮與李克用合，敗令孜之兵，進逼長安；令孜脅僖宗李儇奔鳳翔。諸道兵入城大焚掠。　是歲，賜沙中號護國軍。

唐紀年

干支丙午　公元 886 年

朝代或國名	國家支配者	建都	廟號	謚號	建元	年號年次	輔政者	備注
唐	⑳李儇	長安	僖宗		5	4 光啓 2 年	孔緯等	
渤海	⑫大玄錫	龍泉府		□王		15 年		在東北

續表

朝代或國名	國家支配者	建都	廟號	謚號	建元	年號年次	輔政者	備注
大封民(南詔)	⑫蒙隆舜	陽苴咩		宣武				在雲南
	李熅					建貞元年		十月建元十二月亡
古格						73年		西藏阿里

月曆表

5599—354—2045061

月干支序數	星期／月序	日	1	2	3	4	5	6	日	1	2	3	4	5	6	日	1	2	3	4	5	6	日	1	2	3	4	5	6	日	1	2	3	4	5	6	日	1
	公暦1月							1	2	3	4	5	6	7	8	9	10	11	12	13	14	15	16	17	18	19	20	21	22	23	24	25	26	27	28	29	30	31
26	夏暦十二月							23	24	25	26	27	28	29	30	㊽	2	3	4	5	6	7	8	9	10	11	12	13	14	15	16	17	18	19	20	21	22	23
	回暦8月							21	22	23	24	25	26	27	28	29	30	1	2	3	4	5	6	7	8	9	10	11	12	13	14	15	16	17	18	19	20	21
	公暦2月			1	2	3	4	5	6	7	8	9	10	11	12	13	14	15	16	17	18	19	20	21	22	23	24	25	26	27	28							
27	夏暦正月			24	25	26	27	28	29	30	⑱	2	3	4	5	6	7	8	9	10	11	12	13	14	15	16	17	18	19	20	21							
	回暦9月			22	23	24	25	26	27	28	29	1	2	3	4	5	6	7	8	9	10	11	12	13	14	15	16	17	18	19	20							
	公暦3月			1	2	3	4	5	6	7	8	9	10	11	12	13	14	15	16	17	18	19	20	21	22	23	24	25	26	27	28	29	30	31				
28	夏暦二月			22	23	24	25	26	27	28	29	30	㊽	2	3	4	5	6	7	8	9	10	11	12	13	14	15	16	17	18	19	20	21	22				
	回暦10月			21	22	23	24	25	26	27	28	29	30	1	2	3	4	5	6	7	8	9	10	11	12	13	14	15	16	17	18	19	20	21				
	公暦4月						1	2	3	4	5	6	7	8	9	10	11	12	13	14	15	16	17	18	19	20	21	22	23	24	25	26	27	28	29	30		
29	夏暦三月						23	24	25	26	27	28	29	⑰	2	3	4	5	6	7	8	9	10	11	12	13	14	15	16	17	18	19	20	21	22	23		
	回暦11月						22	23	24	25	26	27	28	29	1	2	3	4	5	6	7	8	9	10	11	12	13	14	15	16	17	18	19	20	21	22		
	公暦5月	1	2	3	4	5	6	7	8	9	10	11	12	13	14	15	16	17	18	19	20	21	22	23	24	25	26	27	28	29	30	31						
30	夏暦四月	24	25	26	27	28	29	30	㊼	2	3	4	5	6	7	8	9	10	11	12	13	14	15	16	17	18	19	20	21	22	23	24						
	回暦12月	23	24	25	26	27	28	29	30	1	2	3	4	5	6	7	8	9	10	11	12	13	14	15	16	17	18	19	20	21	22	23						
	公暦6月				1	2	3	4	5	6	7	8	9	10	11	12	13	14	15	16	17	18	19	20	21	22	23	24	25	26	27	28	29	30				
31	夏暦五月				25	26	27	28	29	⑯	2	3	4	5	6	7	8	9	10	11	12	13	14	15	16	17	18	19	20	21	22	23	24	25				
273年	回暦1月				24	25	26	27	28	29	30	①	2	3	4	5	6	7	8	9	10	11	12	13	14	15	16	17	18	19	20	21	22	23				
	公暦7月						1	2	3	4	5	6	7	8	9	10	11	12	13	14	15	16	17	18	19	20	21	22	23	24	25	26	27	28	29	30	31	
32	夏暦六月						26	27	28	29	30	㊻	2	3	4	5	6	7	8	9	10	11	12	13	14	15	16	17	18	19	20	21	22	23	24	25	26	
	回暦2月						24	25	26	27	28	29	30	1	2	3	4	5	6	7	8	9	10	11	12	13	14	15	16	17	18	19	20	21	22	23	24	
	公暦8月		1	2	3	4	5	6	7	8	9	10	11	12	13	14	15	16	17	18	19	20	21	22	23	24	25	26	27	28	29	30	31					
33	夏暦七月		27	28	29	⑮	2	3	4	5	6	7	8	9	10	11	12	13	14	15	16	17	18	19	20	21	22	23	24	25	26	27	28					
	回暦3月		25	26	27	28	29	1	2	3	4	5	6	7	8	9	10	11	12	13	14	15	16	17	18	19	20	21	22	23	24	25	26					
	公暦9月					1	2	3	4	5	6	7	8	9	10	11	12	13	14	15	16	17	18	19	20	21	22	23	24	25	26	27	28	29	30			
34	夏暦八月					29	㊹	2	3	4	5	6	7	8	9	10	11	12	13	14	15	16	17	18	19	20	21	22	23	24	25	26	27	28	29			
	回暦4月					27	28	29	30	1	2	3	4	5	6	7	8	9	10	11	12	13	14	15	16	17	18	19	20	21	22	23	24	25	26			
	公暦10月							1	2	3	4	5	6	7	8	9	10	11	12	13	14	15	16	17	18	19	20	21	22	23	24	25	26	27	28	29	30	31
35 36	夏暦九十月							30	⑭	2	3	4	5	6	7	8	9	10	11	12	13	14	15	16	17	18	19	20	21	22	23	24	25	26	27	28	29	㊸
	回暦5月							27	28	29	1	2	3	4	5	6	7	8	9	10	11	12	13	14	15	16	17	18	19	20	21	22	23	24	25	26	27	28
	公暦11月			1	2	3	4	5	6	7	8	9	10	11	12	13	14	15	16	17	18	19	20	21	22	23	24	25	26	27	28	29	30					
37	夏暦十一月			2	3	4	5	6	7	8	9	10	11	12	13	14	15	16	17	18	19	20	21	22	23	24	25	26	27	28	29	30	⑬					
	回暦6月			29	30	1	2	3	4	5	6	7	8	9	10	11	12	13	14	15	16	17	18	19	20	21	22	23	24	25	26	27	28					
	公暦12月					1	2	3	4	5	6	7	8	9	10	11	12	13	14	15	16	17	18	19	20	21	22	23	24	25	26	27	28	29	30	31		
38	夏暦十二月					2	3	4	5	6	7	8	9	10	11	12	13	14	15	16	17	18	19	20	21	22	23	24	25	26	27	28	29	㊷	2	3		
	回暦7月					29	1	2	3	4	5	6	7	8	9	10	11	12	13	14	15	16	17	18	19	20	21	22	23	24	25	26	27	28	29	30		

大事記

正月，田令孜挾僖宗奔寶鷄。　四月，邠寧節度使朱玫奉襄王熅，權監軍國事，還長安，玫自為左右神策軍使。　五月，詔討朱玫。　六月，李克用等共討朱玫。　十月，襄王熅即皇帝位，改元建貞，遙尊僖宗為太上元皇聖帝。　十一月，朱全忠襲併義成軍。　十二月，朱玫為部將王行瑜所殺；襄王奔河中，為王重榮所殺。　是歲，荆襄饑，斗米四十緡。

唐紀年

干支丁未　公元 887 年

朝代或國名	國家支配者	建都	廟號	謚號	建元	年號年次	輔政者	備注
唐	⑳李儇	長安	僖宗		5	4 光啓 3 年	杜讓能等	在蜀
渤海	⑫大玄錫	龍泉府		□王		16 年		在東北
大封民(南詔)	⑫蒙隆舜	陽苴咩		宣武		大同?		在雲南
古格						74 年		西藏阿里

月曆表

5600—384—2045445

月干支序數	月序＼星期	日	1	2	3	4	5	6	日	1	2	3	4	5	6	日	1	2	3	4	5	6	日	1	2	3	4	5	6	日	1	2	3	4	5	6	日	1
	公曆 1月	1	2	3	4	5	6	7	8	9	10	11	12	13	14	15	16	17	18	19	20	21	22	23	24	25	26	27	28	29	30	31						
39	夏曆正月	4	5	6	7	8	9	10	11	12	13	14	15	16	17	18	19	20	21	22	23	24	25	26	27	28	29	30	⑫	2	3	4						
	回曆 8、9月	1	2	3	4	5	6	7	8	9	10	11	12	13	14	15	16	17	18	19	20	21	22	23	24	25	26	27	28	29	1	2						
	公曆 2月				1	2	3	4	5	6	7	8	9	10	11	12	13	14	15	16	17	18	19	20	21	22	23	24	25	26	27	28						
40	夏曆二月				5	6	7	8	9	10	11	12	13	14	15	16	17	18	19	20	21	22	23	24	25	26	27	28	29	30	㊷	2						
	回曆 9月				3	4	5	6	7	8	9	10	11	12	13	14	15	16	17	18	19	20	21	22	23	24	25	26	27	28	29	30						
	公曆 3月				1	2	3	4	5	6	7	8	9	10	11	12	13	14	15	16	17	18	19	20	21	22	23	24	25	26	27	28	29	30	31			
41	夏曆三月				3	4	5	6	7	8	9	10	11	12	13	14	15	16	17	18	19	20	21	22	23	24	25	26	27	28	29	30	⑫	2	3			
	回曆 10、11月				1	2	3	4	5	6	7	8	9	10	11	12	13	14	15	16	17	18	19	20	21	22	23	24	25	26	27	28	29	1	2			
	公曆 4月							1	2	3	4	5	6	7	8	9	10	11	12	13	14	15	16	17	18	19	20	21	22	23	24	25	26	27	28	29	30	
42	夏曆四月							4	5	6	7	8	9	10	11	12	13	14	15	16	17	18	19	20	21	22	23	24	25	26	27	28	29	㊶	2	3	4	
	回曆 12月							3	4	5	6	7	8	9	10	11	12	13	14	15	16	17	18	19	20	21	22	23	24	25	26	27	28	29	30	1	2	
	公曆 5月		1	2	3	4	5	6	7	8	9	10	11	12	13	14	15	16	17	18	19	20	21	22	23	24	25	26	27	28	29	30	31					
43	夏曆五月		5	6	7	8	9	10	11	12	13	14	15	16	17	18	19	20	21	22	23	24	25	26	27	28	29	30	⑪	2	3	4	5					
274年	回曆 1月		3	4	5	6	7	8	9	10	11	12	13	14	15	16	17	18	19	20	21	22	23	24	25	26	27	28	29	①	2	3	4					
	公曆 6月					1	2	3	4	5	6	7	8	9	10	11	12	13	14	15	16	17	18	19	20	21	22	23	24	25	26	27	28	29	30			
44	夏曆六月					6	7	8	9	10	11	12	13	14	15	16	17	18	19	20	21	22	23	24	25	26	27	28	29	㊵	2	3	4	5	6			
	回曆 2月					5	6	7	8	9	10	11	12	13	14	15	16	17	18	19	20	21	22	23	24	25	26	27	28	29	30	1	2	3	4			
	公曆 7月							1	2	3	4	5	6	7	8	9	10	11	12	13	14	15	16	17	18	19	20	21	22	23	24	25	26	27	28	29	30	31
45	夏曆七月							7	8	9	10	11	12	13	14	15	16	17	18	19	20	21	22	23	24	25	26	27	28	29	⑨	2	3	4	5	6	7	8
	回曆 3月							5	6	7	8	9	10	11	12	13	14	15	16	17	18	19	20	21	22	23	24	25	26	27	28	29	1	2	3	4	5	6
	公曆 8月			1	2	3	4	5	6	7	8	9	10	11	12	13	14	15	16	17	18	19	20	21	22	23	24	25	26	27	28	29	30	31				
46	夏曆八月			9	10	11	12	13	14	15	16	17	18	19	20	21	22	23	24	25	26	27	28	29	30	㊴	2	3	4	5	6	7	8	9				
	回曆 4月			7	8	9	10	11	12	13	14	15	16	17	18	19	20	21	22	23	24	25	26	27	28	29	30	1	2	3	4	5	6	7				
	公曆 9月						1	2	3	4	5	6	7	8	9	10	11	12	13	14	15	16	17	18	19	20	21	22	23	24	25	26	27	28	29	30		
47	夏曆九月						10	11	12	13	14	15	16	17	18	19	20	21	22	23	24	25	26	27	28	29	⑧	2	3	4	5	6	7	8	9	10		
	回曆 5月						8	9	10	11	12	13	14	15	16	17	18	19	20	21	22	23	24	25	26	27	28	29	1	2	3	4	5	6	7	8		

續表

月 干支 序數	星期 月序	日	1	2	3	4	5	6	日	1	2	3	4	5	6	日	1	2	3	4	5	6	日	1	2	3	4	5	6	日	1	2	3	4	5	6	日
	公曆10月	1	2	3	4	5	6	7	8	9	10	11	12	13	14	15	16	17	18	19	20	21	22	23	24	25	26	27	28	29	30	31					
48	夏曆十月	11	12	13	14	15	16	17	18	19	20	21	22	23	24	25	26	27	28	29	30	㊳	2	3	4	5	6	7	8	9	10	11					
	回曆6月	9	10	11	12	13	14	15	16	17	18	19	20	21	22	23	24	25	26	27	28	29	30	1	2	3	4	5	6	7	8	9					
	公曆11月				1	2	3	4	5	6	7	8	9	10	11	12	13	14	15	16	17	18	19	20	21	22	23	24	25	26	27	28	29	30			
49	夏曆十一月				12	13	14	15	16	17	18	19	20	21	22	23	24	25	26	27	28	29	⑦	2	3	4	5	6	7	8	9	10	11	12			
	回曆7月				10	11	12	13	14	15	16	17	18	19	20	21	22	23	24	25	26	27	28	29	1	2	3	4	5	6	7	8	9	10			
	公曆12月						1	2	3	4	5	6	7	8	9	10	11	12	13	14	15	16	17	18	19	20	21	22	23	24	25	26	27	28	29	30	31
	夏曆閏十一月						13	14	15	16	17	18	19	20	21	22	23	24	25	26	27	28	29	30	㊲	2	3	4	5	6	7	8	9	10	11	12	13
	回曆8月						11	12	13	14	15	16	17	18	19	20	21	22	23	24	25	26	27	28	29	30	1	2	3	4	5	6	7	8	9	10	11

大事記

三月，僖宗還鳳翔。　四月，淮南亂，大將畢師鐸囚節度使高駢，迎宣州觀察使秦彥為帥，彥尋殺駢。朱全忠破秦宗權。　十月，楊行密入揚州。　十一月，楊行密自稱留後。　十二月，錢鏐陷潤州。

唐紀年

干支戊申　公元 888 年

朝代或國名	國家支配者	建都	廟號	謚號	建元	年號年次	輔政者	備注
唐	⑳李儇	長安	僖宗		5	5 文德元年	杜讓能等	二月改元，三月李曄即位
渤海	⑫大玄錫	龍泉府		□王		17 年		在東北
大封民(南詔)	⑫蒙隆舜	陽苴咩		宣武				在雲南
古格						75 年		西藏阿里

月曆表

5601—354—2045799

月 干支 序數	星期 月序	日	1	2	3	4	5	6	日	1	2	3	4	5	6	日	1	2	3	4	5	6	日	1	2	3	4	5	6	日	1	2	3	4	5	6	日	1
	公曆1月		1	2	3	4	5	6	7	8	9	10	11	12	13	14	15	16	17	18	19	20	21	22	23	24	25	26	27	28	29	30	31					
50	夏曆十二月		14	15	16	17	18	19	20	21	22	23	24	25	26	27	28	29	⑥	2	3	4	5	6	7	8	9	10	11	12	13	14	15					
	回曆9月		12	13	14	15	16	17	18	19	20	21	22	23	24	25	26	27	28	29	1	2	3	4	5	6	7	8	9	10	11	12	13					
	公曆2月					1	2	3	4	5	6	7	8	9	10	11	12	13	14	15	16	17	18	19	20	21	22	23	24	25	26	27	28	29				
51	夏曆正月					16	17	18	19	20	21	22	23	24	25	26	27	28	29	30	㊱	2	3	4	5	6	7	8	9	10	11	12	13	14				
	回曆10月					14	15	16	17	18	19	20	21	22	23	24	25	26	27	28	29	30	1	2	3	4	5	6	7	8	9	10	11	12				
	公曆3月						1	2	3	4	5	6	7	8	9	10	11	12	13	14	15	16	17	18	19	20	21	22	23	24	25	26	27	28	29	30	31	
52	夏曆二月						15	16	17	18	19	20	21	22	23	24	25	26	27	28	29	30	⑥	2	3	4	5	6	7	8	9	10	11	12	13	14	15	
	回曆11月						13	14	15	16	17	18	19	20	21	22	23	24	25	26	27	28	29	1	2	3	4	5	6	7	8	9	10	11	12	13	14	
	公曆4月	1	2	3	4	5	6	7	8	9	10	11	12	13	14	15	16	17	18	19	20	21	22	23	24	25	26	27	28	29	30							
53	夏曆三月	16	17	18	19	20	21	22	23	24	25	26	27	28	29	㉟	2	3	4	5	6	7	8	9	10	11	12	13	14	15	16							
	回曆12月	15	16	17	18	19	20	21	22	23	24	25	26	27	28	29	30	1	2	3	4	5	6	7	8	9	10	11	12	13	14							
	公曆5月				1	2	3	4	5	6	7	8	9	10	11	12	13	14	15	16	17	18	19	20	21	22	23	24	25	26	27	28	29	30	31			
54	夏曆四月				17	18	19	20	21	22	23	24	25	26	27	28	29	30	⑤	2	3	4	5	6	7	8	9	10	11	12	13	14	15	16	17			
275年	回曆1月				15	16	17	18	19	20	21	22	23	24	25	26	27	28	29	①	2	3	4	5	6	7	8	9	10	11	12	13	14	15	16			

續表

月干支序數	月序＼星期	日	1	2	3	4	5	6	日	1	2	3	4	5	6	日	1	2	3	4	5	6	日	1	2	3	4	5	6	日	1	2	3	4	5	6	日	1
	公曆6月							1	2	3	4	5	6	7	8	9	10	11	12	13	14	15	16	17	18	19	20	21	22	23	24	25	26	27	28	29	30	
55	夏曆五月							18	19	20	21	22	23	24	25	26	27	28	29	㉞	2	3	4	5	6	7	8	9	10	11	12	13	14	15	16	17	18	
	回曆2月							17	18	19	20	21	22	23	24	25	26	27	28	29	30	1	2	3	4	5	6	7	8	9	10	11	12	13	14	15	16	
	公曆7月		1	2	3	4	5	6	7	8	9	10	11	12	13	14	15	16	17	18	19	20	21	22	23	24	25	26	27	28	29	30	31					
56	夏曆六月		19	20	21	22	23	24	25	26	27	28	29	30	④	2	3	4	5	6	7	8	9	10	11	12	13	14	15	16	17	18	19					
	回曆3月		17	18	19	20	21	22	23	24	25	26	27	28	29	1	2	3	4	5	6	7	8	9	10	11	12	13	14	15	16	17	18					
	公曆8月					1	2	3	4	5	6	7	8	9	10	11	12	13	14	15	16	17	18	19	20	21	22	23	24	25	26	27	28	29	30	31		
57	夏曆七月					20	21	22	23	24	25	26	27	28	29	㉝	2	3	4	5	6	7	8	9	10	11	12	13	14	15	16	17	18	19	20	21		
	回曆4月					19	20	21	22	23	24	25	26	27	28	29	30	1	2	3	4	5	6	7	8	9	10	11	12	13	14	15	16	17	18	19		
	公曆9月	1	2	3	4	5	6	7	8	9	10	11	12	13	14	15	16	17	18	19	20	21	22	23	24	25	26	27	28	29	30							
58	夏曆八月	22	23	24	25	26	27	28	29	30	③	2	3	4	5	6	7	8	9	10	11	12	13	14	15	16	17	18	19	20	21							
	回曆5月	20	21	22	23	24	25	26	27	28	29	1	2	3	4	5	6	7	8	9	10	11	12	13	14	15	16	17	18	19	20							
	公曆10月			1	2	3	4	5	6	7	8	9	10	11	12	13	14	15	16	17	18	19	20	21	22	23	24	25	26	27	28	29	30	31				
59	夏曆九月			22	23	24	25	26	27	28	29	㉜	2	3	4	5	6	7	8	9	10	11	12	13	14	15	16	17	18	19	20	21	22	23				
	回曆6月			21	22	23	24	25	26	27	28	29	30	1	2	3	4	5	6	7	8	9	10	11	12	13	14	15	16	17	18	19	20	21				
	公曆11月						1	2	3	4	5	6	7	8	9	10	11	12	13	14	15	16	17	18	19	20	21	22	23	24	25	26	27	28	29	30		
60	夏曆十月						24	25	26	27	28	29	30	②	2	3	4	5	6	7	8	9	10	11	12	13	14	15	16	17	18	19	20	21	22	23		
	回曆7月						22	23	24	25	26	27	28	29	1	2	3	4	5	6	7	8	9	10	11	12	13	14	15	16	17	18	19	20	21	22		
	公曆12月	1	2	3	4	5	6	7	8	9	10	11	12	13	14	15	16	17	18	19	20	21	22	23	24	25	26	27	28	29	30	31						
1	夏曆十一月	24	25	26	27	28	29	㉛	2	3	4	5	6	7	8	9	10	11	12	13	14	15	16	17	18	19	20	21	22	23	24	25						
	回曆8月	23	24	25	26	27	28	29	30	1	2	3	4	5	6	7	8	9	10	11	12	13	14	15	16	17	18	19	20	21	22	23						

大事記

二月，僖宗還長安，改元文德。　三月，僖宗病危，宦官楊復恭立壽王傑為皇太弟。僖宗卒，太弟即位，改名敏，後又改名曄，是為昭宗。朱全忠兼有河陽。　四月，孫儒攻下揚州，楊行密奔還廬州。　六月，荆南節度使王建攻西川節度使陳敬瑄，綿竹等處土豪多附之，建表訟敬瑄罪，內召之，敬瑄拒命。　八月，楊行密取池州。　十一月，朱全忠取宿州。十二月，蔡州將申叢執秦宗權降於朱全忠，於是全忠兼有淮西。於西川置永平軍，以王建為節度使。

唐紀年

干支己酉　公元 889 年

朝代或國名	國家支配者	建都	廟號	謚號	建元	年號年次	輔政者	備注
唐	㉑李曄	長安	昭宗		7	1 龍紀元年	劉崇望等	
渤海	⑫大玄錫	龍泉府		□王		18 年		在東北
大封民(南詔)	⑫蒙隆舜	陽苴咩		宣武				在雲南
古格						76 年		西藏阿里

月曆表

5602—355—2046154

月干支序數	月序＼星期	日	1	2	3	4	5	6	日	1	2	3	4	5	6	日	1	2	3	4	5	6	日	1	2	3	4	5	6	日	1	2	3	4	5	6	日	1
	公曆1月				1	2	3	4	5	6	7	8	9	10	11	12	13	14	15	16	17	18	19	20	21	22	23	24	25	26	27	28	29	30	31			
2	夏曆十二月				26	27	28	29	30	①	2	3	4	5	6	7	8	9	10	11	12	13	14	15	16	17	18	19	20	21	22	23	24	25	26			

續表

月干支序數	月序＼星期	日	1	2	3	4	5	6	日	1	2	3	4	5	6	日	1	2	3	4	5	6	日	1	2	3	4	5	6	日	1	2	3	4	5	6	日	1
	回暦9月				24	25	26	27	28	29	1	2	3	4	5	6	7	8	9	10	11	12	13	14	15	16	17	18	19	20	21	22	23	24	25			
	公暦2月							1	2	3	4	5	6	7	8	9	10	11	12	13	14	15	16	17	18	19	20	21	22	23	24	25	26	27	28			
3	夏暦正月							27	28	29	㉚	2	3	4	5	6	7	8	9	10	11	12	13	14	15	16	17	18	19	20	21	22	23	24	25			
	回暦10月							26	27	28	29	30	1	2	3	4	5	6	7	8	9	10	11	12	13	14	15	16	17	18	19	20	21	22	23			
	公暦3月							1	2	3	4	5	6	7	8	9	10	11	12	13	14	15	16	17	18	19	20	21	22	23	24	25	26	27	28	29	30	31
4	夏暦二月							26	27	28	29	30	(60)	2	3	4	5	6	7	8	9	10	11	12	13	14	15	16	17	18	19	20	21	22	23	24	25	26
	回暦11月							24	25	26	27	28	29	1	2	3	4	5	6	7	8	9	10	11	12	13	14	15	16	17	18	19	20	21	22	23	24	25
	公暦4月			1	2	3	4	5	6	7	8	9	10	11	12	13	14	15	16	17	18	19	20	21	22	23	24	25	26	27	28	29	30					
5	夏暦三月			27	28	29	㉙	2	3	4	5	6	7	8	9	10	11	12	13	14	15	16	17	18	19	20	21	22	23	24	25	26	27					
	回暦12月			26	27	28	29	30	1	2	3	4	5	6	7	8	9	10	11	12	13	14	15	16	17	18	19	20	21	22	23	24	25					
	公暦5月					1	2	3	4	5	6	7	8	9	10	11	12	13	14	15	16	17	18	19	20	21	22	23	24	25	26	27	28	29	30	31		
6	夏暦四月					28	29	30	(59)	2	3	4	5	6	7	8	9	10	11	12	13	14	15	16	17	18	19	20	21	22	23	24	25	26	27	28		
276年	回暦1月					26	27	28	29	30	①	2	3	4	5	6	7	8	9	10	11	12	13	14	15	16	17	18	19	20	21	22	23	24	25	26		
	公暦6月	1	2	3	4	5	6	7	8	9	10	11	12	13	14	15	16	17	18	19	20	21	22	23	24	25	26	27	28	29	30							
7	夏暦五月	29	30	㉙	2	3	4	5	6	7	8	9	10	11	12	13	14	15	16	17	18	19	20	21	22	23	24	25	26	27	28							
	回暦2月	27	28	29	30	1	2	3	4	5	6	7	8	9	10	11	12	13	14	15	16	17	18	19	20	21	22	23	24	25	26							
	公暦7月			1	2	3	4	5	6	7	8	9	10	11	12	13	14	15	16	17	18	19	20	21	22	23	24	25	26	27	28	29	30	31				
8	夏暦六月			29	(58)	2	3	4	5	6	7	8	9	10	11	12	13	14	15	16	17	18	19	20	21	22	23	24	25	26	27	28	29	30				
	回暦3月			27	28	29	1	2	3	4	5	6	7	8	9	10	11	12	13	14	15	16	17	18	19	20	21	22	23	24	25	26	27	28				
	公暦8月						1	2	3	4	5	6	7	8	9	10	11	12	13	14	15	16	17	18	19	20	21	22	23	24	25	26	27	28	29	30	31	
9 10	夏暦七 八月						㉘	2	3	4	5	6	7	8	9	10	11	12	13	14	15	16	17	18	19	20	21	22	23	24	25	26	27	28	29	(57)	2	
	回暦4月						29	30	1	2	3	4	5	6	7	8	9	10	11	12	13	14	15	16	17	18	19	20	21	22	23	24	25	26	27	28	29	
	公暦9月		1	2	3	4	5	6	7	8	9	10	11	12	13	14	15	16	17	18	19	20	21	22	23	24	25	26	27	28	29	30						
11	夏暦九月		3	4	5	6	7	8	9	10	11	12	13	14	15	16	17	18	19	20	21	22	23	24	25	26	27	28	29	30	㉗	2						
	回暦5月		1	2	3	4	5	6	7	8	9	10	11	12	13	14	15	16	17	18	19	20	21	22	23	24	25	26	27	28	29	30						
	公暦10月				1	2	3	4	5	6	7	8	9	10	11	12	13	14	15	16	17	18	19	20	21	22	23	24	25	26	27	28	29	30	31			
12	夏暦十月				3	4	5	6	7	8	9	10	11	12	13	14	15	16	17	18	19	20	21	22	23	24	25	26	27	28	29	(56)	2	3	4			
	回暦6、7月				1	2	3	4	5	6	7	8	9	10	11	12	13	14	15	16	17	18	19	20	21	22	23	24	25	26	27	28	29	1	2			
	公暦11月							1	2	3	4	5	6	7	8	9	10	11	12	13	14	15	16	17	18	19	20	21	22	23	24	25	26	27	28	29	30	
13	夏暦十一月							5	6	7	8	9	10	11	12	13	14	15	16	17	18	19	20	21	22	23	24	25	26	27	28	29	30	㉖	2	3	4	
	回暦8月							3	4	5	6	7	8	9	10	11	12	13	14	15	16	17	18	19	20	21	22	23	24	25	26	27	28	29	30	1	2	
	公暦12月		1	2	3	4	5	6	7	8	9	10	11	12	13	14	15	16	17	18	19	20	21	22	23	24	25	26	27	28	29	30	31					
14	夏暦十二月		5	6	7	8	9	10	11	12	13	14	15	16	17	18	19	20	21	22	23	24	25	26	27	28	29	(55)	2	3	4	5	6					
	回暦9月		3	4	5	6	7	8	9	10	11	12	13	14	15	16	17	18	19	20	21	22	23	24	25	26	27	28	29	1	2	3	4					

大事記

二月，秦宗權伏誅。　三月，封朱全忠為東平郡王。錢鏐取蘇州。　七月，詔杭州置武勝軍，錢鏐為防禦觀察使。十一月，楊行密取常州，尋為孫儒所奪，又取潤州。

唐紀年

干支庚戌　公元 890 年

朝代或國名	國家支配者	建都	廟號	謚號	建元	年號年次	輔政者	備注
唐	㉑李曄	長安	昭宗		7	2 大順元年	劉崇望等	
渤海	⑫大玄錫	龍泉府		□王		19 年		在東北
大封民(南詔)	⑫蒙隆舜	陽苴咩		宣武				在雲南
古格						77 年		西藏阿里

月曆表

5603—384—2046538

月 干支 序數	星期 月序	日	1	2	3	4	5	6	日	1	2	3	4	5	6	日	1	2	3	4	5	6	日	1	2	3	4	5	6	日	1	2	3	4	5	6	日	1
	公曆 1 月					1	2	3	4	5	6	7	8	9	10	11	12	13	14	15	16	17	18	19	20	21	22	23	24	25	26	27	28	29	30	31		
15	夏曆正月					7	8	9	10	11	12	13	14	15	16	17	18	19	20	21	22	23	24	25	26	27	28	29	30	㉕	2	3	4	5	6	7		
	回曆 10 月					5	6	7	8	9	10	11	12	13	14	15	16	17	18	19	20	21	22	23	24	25	26	27	28	29	30	1	2	3	4	5		
	公曆 2 月	1	2	3	4	5	6	7	8	9	10	11	12	13	14	15	16	17	18	19	20	21	22	23	24	25	26	27	28									
16	夏曆二月	8	9	10	11	12	13	14	15	16	17	18	19	20	21	22	23	24	25	26	27	28	29	(54)	2	3	4	5	6									
	回曆 11 月	6	7	8	9	10	11	12	13	14	15	16	17	18	19	20	21	22	23	24	25	26	27	28	29	1	2	3	4									
	公曆 3 月	1	2	3	4	5	6	7	8	9	10	11	12	13	14	15	16	17	18	19	20	21	22	23	24	25	26	27	28	29	30	31						
17	夏曆三月	7	8	9	10	11	12	13	14	15	16	17	18	19	20	21	22	23	24	25	26	27	28	29	30	㉔	2	3	4	5	6	7						
	回曆 12 月	5	6	7	8	9	10	11	12	13	14	15	16	17	18	19	20	21	22	23	24	25	26	27	28	29	30	1	2	3	4	5						
	公曆 4 月				1	2	3	4	5	6	7	8	9	10	11	12	13	14	15	16	17	18	19	20	21	22	23	24	25	26	27	28	29	30				
18	夏曆四月				8	9	10	11	12	13	14	15	16	17	18	19	20	21	22	23	24	25	26	27	28	29	(53)	2	3	4	5	6	7	8				
277 年	回曆 1 月				6	7	8	9	10	11	12	13	14	15	16	17	18	19	20	21	22	23	24	25	26	27	28	29	①	2	3	4	5	6				
	公曆 5 月						1	2	3	4	5	6	7	8	9	10	11	12	13	14	15	16	17	18	19	20	21	22	23	24	25	26	27	28	29	30	31	
19	夏曆五月						9	10	11	12	13	14	15	16	17	18	19	20	21	22	23	24	25	26	27	28	29	30	㉓	2	3	4	5	6	7	8	9	
	回曆 2 月						7	8	9	10	11	12	13	14	15	16	17	18	19	20	21	22	23	24	25	26	27	28	29	30	1	2	3	4	5	6	7	
	公曆 6 月		1	2	3	4	5	6	7	8	9	10	11	12	13	14	15	16	17	18	19	20	21	22	23	24	25	26	27	28	29	30						
20	夏曆六月		10	11	12	13	14	15	16	17	18	19	20	21	22	23	24	25	26	27	28	29	(52)	2	3	4	5	6	7	8	9	10						
	回曆 3 月		8	9	10	11	12	13	14	15	16	17	18	19	20	21	22	23	24	25	26	27	28	29	1	2	3	4	5	6	7	8						
	公曆 7 月				1	2	3	4	5	6	7	8	9	10	11	12	13	14	15	16	17	18	19	20	21	22	23	24	25	26	27	28	29	30	31			
21	夏曆七月				11	12	13	14	15	16	17	18	19	20	21	22	23	24	25	26	27	28	29	30	㉒	2	3	4	5	6	7	8	9	10	11			
	回曆 4 月				9	10	11	12	13	14	15	16	17	18	19	20	21	22	23	24	25	26	27	28	29	30	1	2	3	4	5	6	7	8	9			
	公曆 8 月							1	2	3	4	5	6	7	8	9	10	11	12	13	14	15	16	17	18	19	20	21	22	23	24	25	26	27	28	29	30	31
22	夏曆八月							12	13	14	15	16	17	18	19	20	21	22	23	24	25	26	27	28	29	(51)	2	3	4	5	6	7	8	9	10	11	12	13
	回曆 5 月							10	11	12	13	14	15	16	17	18	19	20	21	22	23	24	25	26	27	28	29	1	2	3	4	5	6	7	8	9	10	11
	公曆 9 月			1	2	3	4	5	6	7	8	9	10	11	12	13	14	15	16	17	18	19	20	21	22	23	24	25	26	27	28	29	30					
23	夏曆九月			14	15	16	17	18	19	20	21	22	23	24	25	26	27	28	29	30	㉑	2	3	4	5	6	7	8	9	10	11	12	13					
	回曆 6 月			12	13	14	15	16	17	18	19	20	21	22	23	24	25	26	27	28	29	30	1	2	3	4	5	6	7	8	9	10	11					
	公曆 10 月					1	2	3	4	5	6	7	8	9	10	11	12	13	14	15	16	17	18	19	20	21	22	23	24	25	26	27	28	29	30	31		
	夏曆閏九月					14	15	16	17	18	19	20	21	22	23	24	25	26	27	28	29	30	(51)	2	3	4	5	6	7	8	9	10	11	12	13	14		
	回曆 7 月					12	13	14	15	16	17	18	19	20	21	22	23	24	25	26	27	28	29	1	2	3	4	5	6	7	8	9	10	11	12	13		
	公曆 11 月	1	2	3	4	5	6	7	8	9	10	11	12	13	14	15	16	17	18	19	20	21	22	23	24	25	26	27	28	29	30							
24	夏曆十月	15	16	17	18	19	20	21	22	23	24	25	26	27	28	29	⑳	2	3	4	5	6	7	8	9	10	11	12	13	14	15							
	回曆 8 月	14	15	16	17	18	19	20	21	22	23	24	25	26	27	28	29	30	1	2	3	4	5	6	7	8	9	10	11	12	13							
	公曆 12 月			1	2	3	4	5	6	7	8	9	10	11	12	13	14	15	16	17	18	19	20	21	22	23	24	25	26	27	28	29	30	31				
25	夏曆十一月			16	17	18	19	20	21	22	23	24	25	26	27	28	29	30	㊿	2	3	4	5	6	7	8	9	10	11	12	13	14	15	16				
	回曆 9 月			14	15	16	17	18	19	20	21	22	23	24	25	26	27	28	29	1	2	3	4	5	6	7	8	9	10	11	12	13	14	15				

大事記

正月，李克用下邢州，孟遷降。　二月，楊行密襲潤州。徐州帥時溥以朱全忠來侵，向克用求援，克用遣將赴之。朱全忠進位中書令。　三月，賜宣歙號寧國軍，以楊行密為寧國軍節度使。　五月，命張濬討李克用，朱全忠取潞州，李克圍之。　九月，朱全忠攻昭義，為李存孝所敗，遁還。　十一月，李存孝屢破張濬，濬遁走，師喪殆盡。

唐紀年

干支辛亥　公元 891 年

朝代或國名	國家支配者	建都	廟號	謚號	建元	年號年次	輔政者	備注
唐	㉑李曄	長安	昭宗		7	2 大順 2 年	劉崇望等	
渤海	⑫大玄錫	龍泉府		□王		20 年		在東北
大封民(南詔)	⑫蒙隆舜	陽苴咩		宣武				在雲南
古格						78 年		西藏阿里

月曆表

5604—354—2046892

月干支序數	月序＼星期	日	1	2	3	4	5	6	日	1	2	3	4	5	6	日	1	2	3	4	5	6	日	1	2	3	4	5	6	日	1	2	3	4	5	6	日	
	公曆 1 月						1	2	3	4	5	6	7	8	9	10	11	12	13	14	15	16	17	18	19	20	21	22	23	24	25	26	27	28	29	30	31	
26	夏曆十二月						17	18	19	20	21	22	23	24	25	26	27	28	29	⑲	2	3	4	5	6	7	8	9	10	11	12	13	14	15	16	17	18	
	回曆 10 月						16	17	18	19	20	21	22	23	24	25	26	27	28	29	30	1	2	3	4	5	6	7	8	9	10	11	12	13	14	15	16	
	公曆 2 月		1	2	3	4	5	6	7	8	9	10	11	12	13	14	15	16	17	18	19	20	21	22	23	24	25	26	27	28								
27	夏曆正月		19	20	21	22	23	24	25	26	27	28	29	30	㊾	2	3	4	5	6	7	8	9	10	11	12	13	14	15	16								
	回曆 11 月		17	18	19	20	21	22	23	24	25	26	27	28	29	1	2	3	4	5	6	7	8	9	10	11	12	13	14	15								
	公曆 3 月		1	2	3	4	5	6	7	8	9	10	11	12	13	14	15	16	17	18	19	20	21	22	23	24	25	26	27	28	29	30	31					
28	夏曆二月		17	18	19	20	21	22	23	24	25	26	27	28	29	⑱	2	3	4	5	6	7	8	9	10	11	12	13	14	15	16	17	18					
	回曆 12 月		16	17	18	19	20	21	22	23	24	25	26	27	28	29	30	1	2	3	4	5	6	7	8	9	10	11	12	13	14	15	16					
	公曆 4 月					1	2	3	4	5	6	7	8	9	10	11	12	13	14	15	16	17	18	19	20	21	22	23	24	25	26	27	28	29	30			
29	夏曆三月					19	20	21	22	23	24	25	26	27	28	29	30	㊽	2	3	4	5	6	7	8	9	10	11	12	13	14	15	16	17	18			
278 年	回曆 1 月					17	18	19	20	21	22	23	24	25	26	27	28	29	30	①	2	3	4	5	6	7	8	9	10	11	12	13	14	15	16			
	公曆 5 月							1	2	3	4	5	6	7	8	9	10	11	12	13	14	15	16	17	18	19	20	21	22	23	24	25	26	27	28	29	30	3
30	夏曆四月							19	20	21	22	23	24	25	26	27	28	29	⑰	2	3	4	5	6	7	8	9	10	11	12	13	14	15	16	17	18	19	2
	回曆 2 月							17	18	19	20	21	22	23	24	25	26	27	28	29	1	2	3	4	5	6	7	8	9	10	11	12	13	14	15	16	17	1
	公曆 6 月			1	2	3	4	5	6	7	8	9	10	11	12	13	14	15	16	17	18	19	20	21	22	23	24	25	26	27	28	29	30					
31	夏曆五月			21	22	23	24	25	26	27	28	29	㊻	2	3	4	5	6	7	8	9	10	11	12	13	14	15	16	17	18	19	20	21					
	回曆 3 月			19	20	21	22	23	24	25	26	27	28	29	30	1	2	3	4	5	6	7	8	9	10	11	12	13	14	15	16	17	18					
	公曆 7 月					1	2	3	4	5	6	7	8	9	10	11	12	13	14	15	16	17	18	19	20	21	22	23	24	25	26	27	28	29	30	31		
32	夏曆六月					22	23	24	25	26	27	28	29	30	⑯	2	3	4	5	6	7	8	9	10	11	12	13	14	15	16	17	18	19	20	21	22		
	回曆 4 月					19	20	21	22	23	24	25	26	27	28	29	30	1	2	3	4	5	6	7	8	9	10	11	12	13	14	15	16	17	18	19		
	公曆 8 月	1	2	3	4	5	6	7	8	9	10	11	12	13	14	15	16	17	18	19	20	21	22	23	24	25	26	27	28	29	30	31						
33	夏曆七月	23	24	25	26	27	28	29	㊺	2	3	4	5	6	7	8	9	10	11	12	13	14	15	16	17	18	19	20	21	22	23	24						
	回曆 5 月	20	21	22	23	24	25	26	27	28	29	1	2	3	4	5	6	7	8	9	10	11	12	13	14	15	16	17	18	19	20	21						
	公曆 9 月				1	2	3	4	5	6	7	8	9	10	11	12	13	14	15	16	17	18	19	20	21	22	23	24	25	26	27	28	29	30				
34	夏曆八月				25	26	27	28	29	30	⑮	2	3	4	5	6	7	8	9	10	11	12	13	14	15	16	17	18	19	20	21	22	23	24				
	回曆 6 月				22	23	24	25	26	27	28	29	30	1	2	3	4	5	6	7	8	9	10	11	12	13	14	15	16	17	18	19	20	21				
	公曆 10 月						1	2	3	4	5	6	7	8	9	10	11	12	13	14	15	16	17	18	19	20	21	22	23	24	25	26	27	28	29	30	31	
35	夏曆九月						25	26	27	28	29	30	㊺	2	3	4	5	6	7	8	9	10	11	12	13	14	15	16	17	18	19	20	21	22	23	24	25	

續表

月干支序數	星期 / 月序	日	1	2	3	4	5	6	日	1	2	3	4	5	6	日	1	2	3	4	5	6	日	1	2	3	4	5	6	日	1	2	3	4	5	6	日	1
	回曆 7 月						22	23	24	25	26	27	28	29	1	2	3	4	5	6	7	8	9	10	11	12	13	14	15	16	17	18	19	20	21	22	23	
	公曆 11 月		1	2	3	4	5	6	7	8	9	10	11	12	13	14	15	16	17	18	19	20	21	22	23	24	25	26	27	28	29	30						
36	夏曆十月		26	27	28	29	30	⑮	2	3	4	5	6	7	8	9	10	11	12	13	14	15	16	17	18	19	20	21	22	23	24	25						
	回曆 8 月		24	25	26	27	28	29	30	1	2	3	4	5	6	7	8	9	10	11	12	13	14	15	16	17	18	19	20	21	22	23						
	公曆 12 月				1	2	3	4	5	6	7	8	9	10	11	12	13	14	15	16	17	18	19	20	21	22	23	24	25	26	27	28	29	30	31			
37	夏曆十一月				26	27	28	29	㊹	2	3	4	5	6	7	8	9	10	11	12	13	14	15	16	17	18	19	20	21	22	23	24	25	26	27			
	回曆 9 月				24	25	26	27	28	29	1	2	3	4	5	6	7	8	9	10	11	12	13	14	15	16	17	18	19	20	21	22	23	24	25			

事記

正月，朱全忠遣龐古擊魏博，羅弘信請和於朱全忠，魏博附於汴。孫儒攻宣州楊行密，無功而還。　三月，王建圍成。　四月，李克用圍雲州防禦使赫連鐸。　七月，鐸遁。　八月，王建入成都，陳敬瑄迎之。唐寵宦官楊復恭兵權，為鳳翔監軍。　十月，詔神策軍攻宦官楊復恭，楊奔興元，依假子山南西道節度使楊守亮等。　十二月，錢鏐取蘇州，軍糧助楊行密。王建助東川節度使顧彥暉。

唐 紀 年

干支壬子　公元 892 年

朝代或國名	國家支配者	建都	廟號	謚號	建元	年號年次	輔政者	備注
唐	㉑李曄	長安	昭宗		7	3 景福元年	鄭彦昌等	
渤海	⑫大玄錫	龍泉府		□王		21 年		在東北
大封民(南詔)	⑫蒙隆舜	陽苴咩		宣武		嵯耶		在雲南
古格						79 年		西藏阿里

月 曆 表

5605—355—2047247

月干支序數	星期 / 月序	日	1	2	3	4	5	6	日	1	2	3	4	5	6	日	1	2	3	4	5	6	日	1	2	3	4	5	6	日	1	2	3	4	5	6	日	1
	公曆 1 月							1	2	3	4	5	6	7	8	9	10	11	12	13	14	15	16	17	18	19	20	21	22	23	24	25	26	27	28	29	30	31
38	夏曆十二月							28	29	30	⑭	2	3	4	5	6	7	8	9	10	11	12	13	14	15	16	17	18	19	20	21	22	23	24	25	26	27	28
	回曆 10 月							26	27	28	29	30	1	2	3	4	5	6	7	8	9	10	11	12	13	14	15	16	17	18	19	20	21	22	23	24	25	26
	公曆 2 月			1	2	3	4	5	6	7	8	9	10	11	12	13	14	15	16	17	18	19	20	21	22	23	24	25	26	27	28	29						
39	夏曆正月			29	㊸	2	3	4	5	6	7	8	9	10	11	12	13	14	15	16	17	18	19	20	21	22	23	24	25	26	27	28						
	回曆 11 月			27	28	29	1	2	3	4	5	6	7	8	9	10	11	12	13	14	15	16	17	18	19	20	21	22	23	24	25	26						
	公曆 3 月				1	2	3	4	5	6	7	8	9	10	11	12	13	14	15	16	17	18	19	20	21	22	23	24	25	26	27	28	29	30	31			
40	夏曆二月				29	30	⑬	2	3	4	5	6	7	8	9	10	11	12	13	14	15	16	17	18	19	20	21	22	23	24	25	26	27	28	29			
	回曆 12 月				27	28	29	30	1	2	3	4	5	6	7	8	9	10	11	12	13	14	15	16	17	18	19	20	21	22	23	24	25	26	27			
	公曆 4 月							1	2	3	4	5	6	7	8	9	10	11	12	13	14	15	16	17	18	19	20	21	22	23	24	25	26	27	28	29	30	
41 42	夏曆三/四月							㊷	2	3	4	5	6	7	8	9	10	11	12	13	14	15	16	17	18	19	20	21	22	23	24	25	26	27	28	29	⑪	
279 年	回曆 1 月							28	29	①	2	3	4	5	6	7	8	9	10	11	12	13	14	15	16	17	18	19	20	21	22	23	24	25	26	27	28	
	公曆 5 月		1	2	3	4	5	6	7	8	9	10	11	12	13	14	15	16	17	18	19	20	21	22	23	24	25	26	27	28	29	30	31					
43	夏曆五月		2	3	4	5	6	7	8	9	10	11	12	13	14	15	16	17	18	19	20	21	22	23	24	25	26	27	28	29	30	㊶	2					
	回曆 2 月		29	30	1	2	3	4	5	6	7	8	9	10	11	12	13	14	15	16	17	18	19	20	21	22	23	24	25	26	27	28	29					

續表

月 干支 序數	星期 月序	日	1	2	3	4	5	6	日	1	2	3	4	5	6	日	1	2	3	4	5	6	日	1	2	3	4	5	6	日	1	2	3	4	5	6	日	1
	公暦6月					1	2	3	4	5	6	7	8	9	10	11	12	13	14	15	16	17	18	19	20	21	22	23	24	25	26	27	28	29	30			
44	夏暦六月					3	4	5	6	7	8	9	10	11	12	13	14	15	16	17	18	19	20	21	22	23	24	25	26	27	28	29	⑩	2	3			
	回暦3月					1	2	3	4	5	6	7	8	9	10	11	12	13	14	15	16	17	18	19	20	21	22	23	24	25	26	27	28	29	30			
	公暦7月							1	2	3	4	5	6	7	8	9	10	11	12	13	14	15	16	17	18	19	20	21	22	23	24	25	26	27	28	29	30	3
45	夏暦七月							4	5	6	7	8	9	10	11	12	13	14	15	16	17	18	19	20	21	22	23	24	25	26	27	28	29	30	㊵	2	3	4
	回暦4、5月							1	2	3	4	5	6	7	8	9	10	11	12	13	14	15	16	17	18	19	20	21	22	23	24	25	26	27	28	29	1	2
	公暦8月			1	2	3	4	5	6	7	8	9	10	11	12	13	14	15	16	17	18	19	20	21	22	23	24	25	26	27	28	29	30	31				
46	夏暦八月			5	6	7	8	9	10	11	12	13	14	15	16	17	18	19	20	21	22	23	24	25	26	27	28	29	⑨	2	3	4	5	6				
	回暦6月			3	4	5	6	7	8	9	10	11	12	13	14	15	16	17	18	19	20	21	22	23	24	25	26	27	28	29	30	1	2	3				
	公暦9月						1	2	3	4	5	6	7	8	9	10	11	12	13	14	15	16	17	18	19	20	21	22	23	24	25	26	27	28	29	30		
47	夏暦九月						7	8	9	10	11	12	13	14	15	16	17	18	19	20	21	22	23	24	25	26	27	28	29	30	㊴	2	3	4	5	6		
	回暦7月						4	5	6	7	8	9	10	11	12	13	14	15	16	17	18	19	20	21	22	23	24	25	26	27	28	29	1	2	3	4		
	公暦10月	1	2	3	4	5	6	7	8	9	10	11	12	13	14	15	16	17	18	19	20	21	22	23	24	25	26	27	28	29	30	31						
48	夏暦十月	7	8	9	10	11	12	13	14	15	16	17	18	19	20	21	22	23	24	25	26	27	28	29	30	⑨	2	3	4	5	6	7						
	回暦8月	5	6	7	8	9	10	11	12	13	14	15	16	17	18	19	20	21	22	23	24	25	26	27	28	29	30	1	2	3	4	5						
	公暦11月				1	2	3	4	5	6	7	8	9	10	11	12	13	14	15	16	17	18	19	20	21	22	23	24	25	26	27	28	29	30				
49	夏暦十一月				8	9	10	11	12	13	14	15	16	17	18	19	20	21	22	23	24	25	26	27	28	29	㊳	2	3	4	5	6	7	8				
	回暦9月				6	7	8	9	10	11	12	13	14	15	16	17	18	19	20	21	22	23	24	25	26	27	28	29	1	2	3	4	5	6				
	公暦12月						1	2	3	4	5	6	7	8	9	10	11	12	13	14	15	16	17	18	19	20	21	22	23	24	25	26	27	28	29	30	31	
50	夏暦十二月						9	10	11	12	13	14	15	16	17	18	19	20	21	22	23	24	25	26	27	28	29	30	⑧	2	3	4	5	6	7	8	9	
	回暦10月						7	8	9	10	11	12	13	14	15	16	17	18	19	20	21	22	23	24	25	26	27	28	29	30	1	2	3	4	5	6	7	

大事記

正月，鳳翔李茂貞等請討楊復恭、楊守亮，未奉命即進軍。王鎔與李克用互攻。　　二月，楊守亮攻王建，敗於梓州。以李茂貞為山南西道招討使。　　三月，錢鏐為杭州防禦使。　　六月，楊行密戰殺孫儒，部將劉建鋒、馬殷等走江西，楊行密歸揚州，為節度使。　　十月，李存孝叛李克用，據邢州，命為邢洺磁節度使。　　十一月，朱全忠取濮州。　　十二月，行《景福崇玄曆》。

唐紀年

干支癸丑　公元893年

朝代或國名	國家支配者	建都	廟號	謚號	建元	年號年次	輔政者	備注
唐	㉑李曄	長安	昭宗		7	3景福2年	崔胤等	
渤海	⑫大玄錫	龍泉府		□王		22年		在東北
大封民(南詔)	⑫蒙隆舜	陽苴咩		宣武				在雲南
	李茂貞	鳳翔				1年		
古格						80年		西藏阿里

月 曆 表　　5606－384－2047631

月干支序數	星期／月序	日	1	2	3	4	5	6	日	1	2	3	4	5	6	日	1	2	3	4	5	6	日	1	2	3	4	5	6	日	1	2	3	4	5	6	日	1
	公曆1月		1	2	3	4	5	6	7	8	9	10	11	12	13	14	15	16	17	18	19	20	21	22	23	24	25	26	27	28	29	30	31					
51	夏曆正月		10	11	12	13	14	15	16	17	18	19	20	21	22	23	24	25	26	27	28	29	30	㊳	2	3	4	5	6	7	8	9	10					
	回曆11月		8	9	10	11	12	13	14	15	16	17	18	19	20	21	22	23	24	25	26	27	28	29	1	2	3	4	5	6	7	8	9					
	公曆2月					1	2	3	4	5	6	7	8	9	10	11	12	13	14	15	16	17	18	19	20	21	22	23	24	25	26	27	28					
52	夏曆二月					11	12	13	14	15	16	17	18	19	20	21	22	23	24	25	26	27	28	29	⑦	2	3	4	5	6	7	8	9					
	回曆12月					10	11	12	13	14	15	16	17	18	19	20	21	22	23	24	25	26	27	28	29	30	1	2	3	4	5	6	7					
	公曆3月					1	2	3	4	5	6	7	8	9	10	11	12	13	14	15	16	17	18	19	20	21	22	23	24	25	26	27	28	29	30	31		
53	夏曆三月					10	11	12	13	14	15	16	17	18	19	20	21	22	23	24	25	26	27	28	29	30	㊲	2	3	4	5	6	7	8	9	10		
280年	回曆1月					8	9	10	11	12	13	14	15	16	17	18	19	20	21	22	23	24	25	26	27	28	29	①	2	3	4	5	6	7	8	9		
	公曆4月	1	2	3	4	5	6	7	8	9	10	11	12	13	14	15	16	17	18	19	20	21	22	23	24	25	26	27	28	29	30							
54	夏曆四月	11	12	13	14	15	16	17	18	19	20	21	22	23	24	25	26	27	28	29	⑥	2	3	4	5	6	7	8	9	10	11							
	回曆2月	10	11	12	13	14	15	16	17	18	19	20	21	22	23	24	25	26	27	28	29	30	1	2	3	4	5	6	7	8	9							
	公曆5月			1	2	3	4	5	6	7	8	9	10	11	12	13	14	15	16	17	18	19	20	21	22	23	24	25	26	27	28	29	30	31				
55	夏曆五月			12	13	14	15	16	17	18	19	20	21	22	23	24	25	26	27	28	29	30	㊱	2	3	4	5	6	7	8	9	10	11	12				
	回曆3月			10	11	12	13	14	15	16	17	18	19	20	21	22	23	24	25	26	27	28	29	1	2	3	4	5	6	7	8	9	10	11				
	公曆6月						1	2	3	4	5	6	7	8	9	10	11	12	13	14	15	16	17	18	19	20	21	22	23	24	25	26	27	28	29	30		
	夏曆閏五月						13	14	15	16	17	18	19	20	21	22	23	24	25	26	27	28	29	⑤	2	3	4	5	6	7	8	9	10	11	12	13		
	回曆4月						12	13	14	15	16	17	18	19	20	21	22	23	24	25	26	27	28	29	30	1	2	3	4	5	6	7	8	9	10	11		
	公曆7月	1	2	3	4	5	6	7	8	9	10	11	12	13	14	15	16	17	18	19	20	21	22	23	24	25	26	27	28	29	30	31						
56	夏曆六月	14	15	16	17	18	19	20	21	22	23	24	25	26	27	28	29	㉞	2	3	4	5	6	7	8	9	10	11	12	13	14	15						
	回曆5月	12	13	14	15	16	17	18	19	20	21	22	23	24	25	26	27	28	29	1	2	3	4	5	6	7	8	9	10	11	12	13						
	公曆8月				1	2	3	4	5	6	7	8	9	10	11	12	13	14	15	16	17	18	19	20	21	22	23	24	25	26	27	28	29	30	31			
57	夏曆七月				16	17	18	19	20	21	22	23	24	25	26	27	28	29	30	④	2	3	4	5	6	7	8	9	10	11	12	13	14	15	16			
	回曆6月				14	15	16	17	18	19	20	21	22	23	24	25	26	27	28	29	30	1	2	3	4	5	6	7	8	9	10	11	12	13	14			
	公曆9月							1	2	3	4	5	6	7	8	9	10	11	12	13	14	15	16	17	18	19	20	21	22	23	24	25	26	27	28	29	30	
58	夏曆八月							17	18	19	20	21	22	23	24	25	26	27	28	29	㉝	2	3	4	5	6	7	8	9	10	11	12	13	14	15	16	17	
	回曆7月							15	16	17	18	19	20	21	22	23	24	25	26	27	28	29	1	2	3	4	5	6	7	8	9	10	11	12	13	14	15	
	公曆10月		1	2	3	4	5	6	7	8	9	10	11	12	13	14	15	16	17	18	19	20	21	22	23	24	25	26	27	28	29	30	31					
59	夏曆九月		18	19	20	21	22	23	24	25	26	27	28	29	30	③	2	3	4	5	6	7	8	9	10	11	12	13	14	15	16	17	18					
	回曆8月		16	17	18	19	20	21	22	23	24	25	26	27	28	29	30	1	2	3	4	5	6	7	8	9	10	11	12	13	14	15	16					
	公曆11月					1	2	3	4	5	6	7	8	9	10	11	12	13	14	15	16	17	18	19	20	21	22	23	24	25	26	27	28	29	30			
60	夏曆十月					19	20	21	22	23	24	25	26	27	28	29	㉜	2	3	4	5	6	7	8	9	10	11	12	13	14	15	16	17	18	19			
	回曆9月					17	18	19	20	21	22	23	24	25	26	27	28	29	1	2	3	4	5	6	7	8	9	10	11	12	13	14	15	16	17			
	公曆12月							1	2	3	4	5	6	7	8	9	10	11	12	13	14	15	16	17	18	19	20	21	22	23	24	25	26	27	28	29	30	31
1	夏曆十一月							20	21	22	23	24	25	26	27	28	29	30	②	2	3	4	5	6	7	8	9	10	11	12	13	14	15	16	17	18	19	20
	回曆10月							18	19	20	21	22	23	24	25	26	27	28	29	30	1	2	3	4	5	6	7	8	9	10	11	12	13	14	15	16	17	18

大事記

正月，以李茂貞為山南西道兼武定節度使，不受。　二月，李克用圍邢州。　四月，王建殺陳敬瑄、田令孜。　五月，泉州刺史王潮取福州，自稱留後。　閏五月，以錢鏐為蘇、杭觀察使。　七月，錢鏐發民夫二十萬築杭州羅城。　九月，錢鏐為鎮海節度使。　十月，以李茂貞為鳳翔兼山南西道節度使，自是茂貞盡有十五州。　十一月，以王行瑜為太師，號尚父，賜鐵券。

唐紀年

干支甲寅　公元894年

朝代或國名	國家支配者	建都	廟號	謚號	建元	年號年次	輔政者	備注
唐	㉑李曄	長安	昭宗		7	4乾寧元年	崔胤等	
渤海	⑬大瑋瑎	龍泉府		□王		元年		在東北
大封民(南詔)	⑫蒙隆舜	陽苴咩		宣武				在雲南
	董昌					大聖元年		
	李茂貞	鳳翔				2年		
古格						81年		西藏阿里

月曆表

5607－354－2047985

月干支序數	月序＼星期	日	1	2	3	4	5	6	日	1	2	3	4	5	6	日	1	2	3	4	5	6	日	1	2	3	4	5	6	日	1	2	3	4	5	6	日	1
	公曆1月			1	2	3	4	5	6	7	8	9	10	11	12	13	14	15	16	17	18	19	20	21	22	23	24	25	26	27	28	29	30	31				
2	夏曆十二月			21	22	23	24	25	26	27	28	29	30	㉜	2	3	4	5	6	7	8	9	10	11	12	13	14	15	16	17	18	19	20	21				
	回曆11月			19	20	21	22	23	24	25	26	27	28	29	1	2	3	4	5	6	7	8	9	10	11	12	13	14	15	16	17	18	19	20				
	公曆2月						1	2	3	4	5	6	7	8	9	10	11	12	13	14	15	16	17	18	19	20	21	22	23	24	25	26	27	28				
3	夏曆正月						22	23	24	25	26	27	28	29	30	②	2	3	4	5	6	7	8	9	10	11	12	13	14	15	16	17	18	19				
	回曆12月						21	22	23	24	25	26	27	28	29	30	1	2	3	4	5	6	7	8	9	10	11	12	13	14	15	16	17	18				
	公曆3月						1	2	3	4	5	6	7	8	9	10	11	12	13	14	15	16	17	18	19	20	21	22	23	24	25	26	27	28	29	30	31	
4	夏曆二月						20	21	22	23	24	25	26	27	28	29	㉛	2	3	4	5	6	7	8	9	10	11	12	13	14	15	16	17	18	19	20	21	
281年	回曆1月						19	20	21	22	23	24	25	26	27	28	29	30	①	2	3	4	5	6	7	8	9	10	11	12	13	14	15	16	17	18	19	
	公曆4月		1	2	3	4	5	6	7	8	9	10	11	12	13	14	15	16	17	18	19	20	21	22	23	24	25	26	27	28	29	30						
5	夏曆三月		22	23	24	25	26	27	28	29	30	①	2	3	4	5	6	7	8	9	10	11	12	13	14	15	16	17	18	19	20	21						
	回曆2月		20	21	22	23	24	25	26	27	28	29	30	1	2	3	4	5	6	7	8	9	10	11	12	13	14	15	16	17	18	19						
	公曆5月				1	2	3	4	5	6	7	8	9	10	11	12	13	14	15	16	17	18	19	20	21	22	23	24	25	26	27	28	29	30	31			
6	夏曆四月				22	23	24	25	26	27	28	29	㉚	2	3	4	5	6	7	8	9	10	11	12	13	14	15	16	17	18	19	20	21	22	23			
	回曆3月				20	21	22	23	24	25	26	27	28	29	1	2	3	4	5	6	7	8	9	10	11	12	13	14	15	16	17	18	19	20	21			
	公曆6月							1	2	3	4	5	6	7	8	9	10	11	12	13	14	15	16	17	18	19	20	21	22	23	24	25	26	27	28	29	30	
7	夏曆五月							24	25	26	27	28	29	(59)	2	3	4	5	6	7	8	9	10	11	12	13	14	15	16	17	18	19	20	21	22	23	24	
	回曆4月							22	23	24	25	26	27	28	29	30	1	2	3	4	5	6	7	8	9	10	11	12	13	14	15	16	17	18	19	20	21	
	公曆7月		1	2	3	4	5	6	7	8	9	10	11	12	13	14	15	16	17	18	19	20	21	22	23	24	25	26	27	28	29	30	31					
8	夏曆六月		25	26	27	28	29	30	㉙	2	3	4	5	6	7	8	9	10	11	12	13	14	15	16	17	18	19	20	21	22	23	24	25					
	回曆5月		22	23	24	25	26	27	28	29	1	2	3	4	5	6	7	8	9	10	11	12	13	14	15	16	17	18	19	20	21	22	23					
	公曆8月					1	2	3	4	5	6	7	8	9	10	11	12	13	14	15	16	17	18	19	20	21	22	23	24	25	26	27	28	29	30	31		
9	夏曆七月					26	27	28	29	(58)	2	3	4	5	6	7	8	9	10	11	12	13	14	15	16	17	18	19	20	21	22	23	24	25	26	27		
	回曆6月					24	25	26	27	28	29	30	1	2	3	4	5	6	7	8	9	10	11	12	13	14	15	16	17	18	19	20	21	22	23	24		
	公曆9月	1	2	3	4	5	6	7	8	9	10	11	12	13	14	15	16	17	18	19	20	21	22	23	24	25	26	27	28	29	30							
10	夏曆八月	28	29	㉗	2	3	4	5	6	7	8	9	10	11	12	13	14	15	16	17	18	19	20	21	22	23	24	25	26	27	28							
	回曆7月	25	26	27	28	29	1	2	3	4	5	6	7	8	9	10	11	12	13	14	15	16	17	18	19	20	21	22	23	24	25							
	公曆10月			1	2	3	4	5	6	7	8	9	10	11	12	13	14	15	16	17	18	19	20	21	22	23	24	25	26	27	28	29	30	31				
11	夏曆九月			29	30	(57)	2	3	4	5	6	7	8	9	10	11	12	13	14	15	16	17	18	19	20	21	22	23	24	25	26	27	28	29				
	回曆8月			26	27	28	29	30	1	2	3	4	5	6	7	8	9	10	11	12	13	14	15	16	17	18	19	20	21	22	23	24	25	26				
	公曆11月						1	2	3	4	5	6	7	8	9	10	11	12	13	14	15	16	17	18	19	20	21	22	23	24	25	26	27	28	29	30		
12	夏曆十月						30	㉗	2	3	4	5	6	7	8	9	10	11	12	13	14	15	16	17	18	19	20	21	22	23	24	25	26	27	28	29		

續表

月 干支 序數	星期 月序	日	1	2	3	4	5	6	日	1	2	3	4	5	6	日	1	2	3	4	5	6	日	1	2	3	4	5	6	日	1	2	3	4	5	6	日	1
	回曆9月						27	28	29	1	2	3	4	5	6	7	8	9	10	11	12	13	14	15	16	17	18	19	20	21	22	23	24	25	26	27		
	公曆12月	1	2	3	4	5	6	7	8	9	10	11	12	13	14	15	16	17	18	19	20	21	22	23	24	25	26	27	28	29	30	31						
13 14	夏曆十一 十二月	(56)	2	3	4	5	6	7	8	9	10	11	12	13	14	15	16	17	18	19	20	21	22	23	24	25	26	27	28	29	30	㉖						
	回曆10月	28	29	30	1	2	3	4	5	6	7	8	9	10	11	12	13	14	15	16	17	18	19	20	21	22	23	24	25	26	27	28						

大事記

二月，朱全忠攻朱瑄，大敗於魚山。　三月，李克用下邢州，執李存孝，車裂之。　五月，王建取彭州。李克用援朱瑄。　六月，李克用擊破吐谷渾，赫連鐸被殺。　七月，李茂貞取閬州。　八月，鎮國軍節度使韓建執楊復恭，送長安，殺之。　十一月，楊行密與朱全忠構怨。

唐紀年

干支乙卯　公元895年

朝代或國名	國家支配者	建都	廟號	謚號	建元	年號年次	輔政者	備注
唐	㉑李曄	長安	昭宗		7	4 乾寧2年	崔胤等	
渤海	⑬大瑋瑎	龍泉府		□王		2年		在東北
大封民(南詔)	⑫蒙隆舜	陽苴咩		宣武				在雲南
	董昌					順天元年		二月建元
	李茂貞	鳳翔				3年		
古格						82年		西藏阿里

月曆表

5608—354—2048339

月 干支 序數	星期 月序	日	1	2	3	4	5	6	日	1	2	3	4	5	6	日	1	2	3	4	5	6	日	1	2	3	4	5	6	日	1	2	3	4	5	6	日	1
	公曆1月				1	2	3	4	5	6	7	8	9	10	11	12	13	14	15	16	17	18	19	20	21	22	23	24	25	26	27	28	29	30	31			
15	夏曆正月				2	3	4	5	6	7	8	9	10	11	12	13	14	15	16	17	18	19	20	21	22	23	24	25	26	27	28	29	30	(56)	2			
	回曆11月				29	1	2	3	4	5	6	7	8	9	10	11	12	13	14	15	16	17	18	19	20	21	22	23	24	25	26	27	28	29	30			
	公曆2月							1	2	3	4	5	6	7	8	9	10	11	12	13	14	15	16	17	18	19	20	21	22	23	24	25	26	27	28			
16	夏曆二月							3	4	5	6	7	8	9	10	11	12	13	14	15	16	17	18	19	20	21	22	23	24	25	26	27	28	29	30			
	回曆12月							1	2	3	4	5	6	7	8	9	10	11	12	13	14	15	16	17	18	19	20	21	22	23	24	25	26	27	28			
	公曆3月							1	2	3	4	5	6	7	8	9	10	11	12	13	14	15	16	17	18	19	20	21	22	23	24	25	26	27	28	29	30	31
17	夏曆三月							㉖	2	3	4	5	6	7	8	9	10	11	12	13	14	15	16	17	18	19	20	21	22	23	24	25	26	27	28	29	(55)	2
282年	回曆1月							29	①	2	3	4	5	6	7	8	9	10	11	12	13	14	15	16	17	18	19	20	21	22	23	24	25	26	27	28	29	30
	公曆4月			1	2	3	4	5	6	7	8	9	10	11	12	13	14	15	16	17	18	19	20	21	22	23	24	25	26	27	28	29	30					
18	夏曆四月			3	4	5	6	7	8	9	10	11	12	13	14	15	16	17	18	19	20	21	22	23	24	25	26	27	28	29	30	㉕	2					
	回曆2、3月			1	2	3	4	5	6	7	8	9	10	11	12	13	14	15	16	17	18	19	20	21	22	23	24	25	26	27	28	29	1					
	公曆5月					1	2	3	4	5	6	7	8	9	10	11	12	13	14	15	16	17	18	19	20	21	22	23	24	25	26	27	28	29	30	31		
19	夏曆五月					3	4	5	6	7	8	9	10	11	12	13	14	15	16	17	18	19	20	21	22	23	24	25	26	27	28	29	(54)	2	3	4		
	回曆4月					2	3	4	5	6	7	8	9	10	11	12	13	14	15	16	17	18	19	20	21	22	23	24	25	26	27	28	29	30	1	2		
	公曆6月	1	2	3	4	5	6	7	8	9	10	11	12	13	14	15	16	17	18	19	20	21	22	23	24	25	26	27	28	29	30							

續表

月 干支 序數	月序 \ 星期	日	1	2	3	4	5	6	日	1	2	3	4	5	6	日	1	2	3	4	5	6	日	1	2	3	4	5	6	日	1	2	3	4	5	6	日	1
20	夏曆六月	5	6	7	8	9	10	11	12	13	14	15	16	17	18	19	20	21	22	23	24	25	26	27	28	29	30	㉔	2	3	4							
	回曆5月	3	4	5	6	7	8	9	10	11	12	13	14	15	16	17	18	19	20	21	22	23	24	25	26	27	28	29	1	2	3							
	公曆7月			1	2	3	4	5	6	7	8	9	10	11	12	13	14	15	16	17	18	19	20	21	22	23	24	25	26	27	28	29	30	31				
21	夏曆七月			5	6	7	8	9	10	11	12	13	14	15	16	17	18	19	20	21	22	23	24	25	26	27	28	29	㊿	2	3	4	5	6				
	回曆6月			4	5	6	7	8	9	10	11	12	13	14	15	16	17	18	19	20	21	22	23	24	25	26	27	28	29	30	1	2	3	4				
	公曆8月						1	2	3	4	5	6	7	8	9	10	11	12	13	14	15	16	17	18	19	20	21	22	23	24	25	26	27	28	29	30	31	
22	夏曆八月						7	8	9	10	11	12	13	14	15	16	17	18	19	20	21	22	23	24	25	26	27	28	29	㉒	2	3	4	5	6	7	8	
	回曆7月						5	6	7	8	9	10	11	12	13	14	15	16	17	18	19	20	21	22	23	24	25	26	27	28	29	1	2	3	4	5	6	
	公曆9月		1	2	3	4	5	6	7	8	9	10	11	12	13	14	15	16	17	18	19	20	21	22	23	24	25	26	27	28	29	30						
23	夏曆九月		9	10	11	12	13	14	15	16	17	18	19	20	21	22	23	24	25	26	27	28	29	㊿	2	3	4	5	6	7	8	9						
	回曆8月		7	8	9	10	11	12	13	14	15	16	17	18	19	20	21	22	23	24	25	26	27	28	29	30	1	2	3	4	5	6						
	公曆10月				1	2	3	4	5	6	7	8	9	10	11	12	13	14	15	16	17	18	19	20	21	22	23	24	25	26	27	28	29	30	31			
24	夏曆十月				10	11	12	13	14	15	16	17	18	19	20	21	22	23	24	25	26	27	28	29	30	㉑	2	3	4	5	6	7	8	9	10			
	回曆9月				7	8	9	10	11	12	13	14	15	16	17	18	19	20	21	22	23	24	25	26	27	28	29	1	2	3	4	5	6	7	8			
	公曆11月							1	2	3	4	5	6	7	8	9	10	11	12	13	14	15	16	17	18	19	20	21	22	23	24	25	26	27	28	29	30	
25	夏曆十一月							11	12	13	14	15	16	17	18	19	20	21	22	23	24	25	26	27	28	29	㊿	2	3	4	5	6	7	8	9	10	11	
	回曆10月							9	10	11	12	13	14	15	16	17	18	19	20	21	22	23	24	25	26	27	28	29	30	1	2	3	4	5	6	7	8	
	公曆12月		1	2	3	4	5	6	7	8	9	10	11	12	13	14	15	16	17	18	19	20	21	22	23	24	25	26	27	28	29	30	31					
26	夏曆十二月		12	13	14	15	16	17	18	19	20	21	22	23	24	25	26	27	28	29	30	⑳	2	3	4	5	6	7	8	9	10	11	12					
	回曆11月		9	10	11	12	13	14	15	16	17	18	19	20	21	22	23	24	25	26	27	28	29	1	2	3	4	5	6	7	8	9	10					

大事記

二月，義勝軍節度使董昌稱帝，國號大越羅平，建元順天。　三月，楊行密取濠州。　四月，又取壽州、漣水。　五月，李茂貞等引兵至長安，殺前宰相韋昭度及宦官數人，京師大恐。　六月，錢鏐於浙東討董昌。董昌求援於楊行密；行密攻蘇州、杭州以救。　七月，削王行瑜爵。　十一月，王行瑜為部下所殺。　十二月，王建攻東川節度使顧彥暉。李克用進爵晉王。

唐紀年

干支丙辰　公元 896 年

朝代或國名	國家支配者	建都	廟號	謚號	建元	年號年次	輔政者	備注
唐	㉑李曄	長安	昭宗		7	4乾寧3年	崔胤等	
渤海	⑬大瑋瑎	龍泉府		□王		3年		在東北
大封民(南詔)	⑫蒙隆舜	陽苴咩		宣武				在雲南
	董昌					順天2年		五月亡
	李茂貞	鳳翔				4年		
古格						83年		西藏阿里

月曆表　　5609—384—2048723

月干支序數	星期/月序	日	1	2	3	4	5	6	日	1	2	3	4	5	6	日	1	2	3	4	5	6	日	1	2	3	4	5	6	日	1	2	3	4	5	6	日	1
	公曆1月					1	2	3	4	5	6	7	8	9	10	11	12	13	14	15	16	17	18	19	20	21	22	23	24	25	26	27	28	29	30	31		
27	夏曆正月					13	14	15	16	17	18	19	20	21	22	23	24	25	26	27	28	29	30	㊿	2	3	4	5	6	7	8	9	10	11	12	13		
	回曆12月					11	12	13	14	15	16	17	18	19	20	21	22	23	24	25	26	27	28	29	30	1	2	3	4	5	6	7	8	9	10	11		
	公曆2月	1	2	3	4	5	6	7	8	9	10	11	12	13	14	15	16	17	18	19	20	21	22	23	24	25	26	27	28	29								
	夏曆閏正月	14	15	16	17	18	19	20	21	22	23	24	25	26	27	28	29	30	⑳	2	3	4	5	6	7	8	9	10	11	12								
283年	回曆1月	12	13	14	15	16	17	18	19	20	21	22	23	24	25	26	27	28	29	①	2	3	4	5	6	7	8	9	10	11								
	公曆3月		1	2	3	4	5	6	7	8	9	10	11	12	13	14	15	16	17	18	19	20	21	22	23	24	25	26	27	28	29	30	31					
28	夏曆二月		13	14	15	16	17	18	19	20	21	22	23	24	25	26	27	28	29	㊾	2	3	4	5	6	7	8	9	10	11	12	13	14					
	回曆2月		12	13	14	15	16	17	18	19	20	21	22	23	24	25	26	27	28	29	30	1	2	3	4	5	6	7	8	9	10	11	12					
	公曆4月					1	2	3	4	5	6	7	8	9	10	11	12	13	14	15	16	17	18	19	20	21	22	23	24	25	26	27	28	29	30			
29	夏曆三月					15	16	17	18	19	20	21	22	23	24	25	26	27	28	29	30	⑲	2	3	4	5	6	7	8	9	10	11	12	13	14			
	回曆3月					13	14	15	16	17	18	19	20	21	22	23	24	25	26	27	28	29	1	2	3	4	5	6	7	8	9	10	11	12	13			
	公曆5月							1	2	3	4	5	6	7	8	9	10	11	12	13	14	15	16	17	18	19	20	21	22	23	24	25	26	27	28	29	30	31
30	夏曆四月							15	16	17	18	19	20	21	22	23	24	25	26	27	28	29	30	㊾	2	3	4	5	6	7	8	9	10	11	12	13	14	15
	回曆4月							14	15	16	17	18	19	20	21	22	23	24	25	26	27	28	29	30	1	2	3	4	5	6	7	8	9	10	11	12	13	14
	公曆6月			1	2	3	4	5	6	7	8	9	10	11	12	13	14	15	16	17	18	19	20	21	22	23	24	25	26	27	28	29	30					
31	夏曆五月			16	17	18	19	20	21	22	23	24	25	26	27	28	29	⑱	2	3	4	5	6	7	8	9	10	11	12	13	14	15	16					
	回曆5月			15	16	17	18	19	20	21	22	23	24	25	26	27	28	29	1	2	3	4	5	6	7	8	9	10	11	12	13	14	15					
	公曆7月					1	2	3	4	5	6	7	8	9	10	11	12	13	14	15	16	17	18	19	20	21	22	23	24	25	26	27	28	29	30	31		
32	夏曆六月					17	18	19	20	21	22	23	24	25	26	27	28	29	㊼	2	3	4	5	6	7	8	9	10	11	12	13	14	15	16	17	18		
	回曆6月					16	17	18	19	20	21	22	23	24	25	26	27	28	29	30	1	2	3	4	5	6	7	8	9	10	11	12	13	14	15	16		
	公曆8月	1	2	3	4	5	6	7	8	9	10	11	12	13	14	15	16	17	18	19	20	21	22	23	24	25	26	27	28	29	30	31						
33	夏曆七月	19	20	21	22	23	24	25	26	27	28	29	30	⑰	2	3	4	5	6	7	8	9	10	11	12	13	14	15	16	17	18	19						
	回曆7月	17	18	19	20	21	22	23	24	25	26	27	28	29	1	2	3	4	5	6	7	8	9	10	11	12	13	14	15	16	17	18						
	公曆9月				1	2	3	4	5	6	7	8	9	10	11	12	13	14	15	16	17	18	19	20	21	22	23	24	25	26	27	28	29	30				
34	夏曆八月				20	21	22	23	24	25	26	27	28	29	㊻	2	3	4	5	6	7	8	9	10	11	12	13	14	15	16	17	18	19	20				
	回曆8月				19	20	21	22	23	24	25	26	27	28	29	30	1	2	3	4	5	6	7	8	9	10	11	12	13	14	15	16	17	18				
	公曆10月						1	2	3	4	5	6	7	8	9	10	11	12	13	14	15	16	17	18	19	20	21	22	23	24	25	26	27	28	29	30	31	
35	夏曆九月						21	22	23	24	25	26	27	28	29	30	⑯	2	3	4	5	6	7	8	9	10	11	12	13	14	15	16	17	18	19	20	21	
	回曆9月						19	20	21	22	23	24	25	26	27	28	29	1	2	3	4	5	6	7	8	9	10	11	12	13	14	15	16	17	18	19	20	
	公曆11月		1	2	3	4	5	6	7	8	9	10	11	12	13	14	15	16	17	18	19	20	21	22	23	24	25	26	27	28	29	30						
36	夏曆十月		22	23	24	25	26	27	28	29	㊺	2	3	4	5	6	7	8	9	10	11	12	13	14	15	16	17	18	19	20	21	22						
	回曆10月		21	22	23	24	25	26	27	28	29	30	1	2	3	4	5	6	7	8	9	10	11	12	13	14	15	16	17	18	19	20						
	公曆12月				1	2	3	4	5	6	7	8	9	10	11	12	13	14	15	16	17	18	19	20	21	22	23	24	25	26	27	28	29	30	31			
37	夏曆十一月				23	24	25	26	27	28	29	⑭	2	3	4	5	6	7	8	9	10	11	12	13	14	15	16	17	18	19	20	21	22	23	24			
	回曆11月				21	22	23	24	25	26	27	28	29	1	2	3	4	5	6	7	8	9	10	11	12	13	14	15	16	17	18	19	20	21	22			

大事記

正月，羅弘信於莘縣擊敗太原軍。　二月，武安軍陳贍殺節度使劉建鋒，陳贍又被諸將所殺，奉馬殷為留後。　五月，錢鏐克越州，斬董昌。　七月，李茂貞攻長安，李曄出奔。茂貞入長安，大焚掠。　九月，王潮為威武軍節度使，以馬殷判湖南軍府事。　十月，李茂貞上表請罪，獻助修宮室錢。錢鏐據有兩浙。　十二月，劉隱據廣州。

唐紀年

干支丁巳　公元897年

朝代或國名	國家支配者	建都	廟號	謚號	建元	年號年次	輔政者	備注
唐	㉑李曄	長安	昭宗		7	4乾寧4年	崔胤等	
渤海	⑬大瑋瑎	龍泉府		□王		4年		在東北
大封民(南詔)	⑫蒙隆舜	陽苴咩		宣武				舜化貞(?)即位
	李茂貞	鳳翔				5年		
古格						84年		西藏阿里

月曆表

5610－354－2049077

月干支序數	星期／月序	日	1	2	3	4	5	6	日	1	2	3	4	5	6	日	1	2	3	4	5	6	日	1	2	3	4	5	6	日	1	2	3	4	5	6	日	1
	公曆1月							1	2	3	4	5	6	7	8	9	10	11	12	13	14	15	16	17	18	19	20	21	22	23	24	25	26	27	28	29	30	31
38	夏曆十二月							25	26	27	28	29	30	㊹	2	3	4	5	6	7	8	9	10	11	12	13	14	15	16	17	18	19	20	21	22	23	24	25
	回曆12月							23	24	25	26	27	28	29	30	1	2	3	4	5	6	7	8	9	10	11	12	13	14	15	16	17	18	19	20	21	22	23
·	公曆2月			1	2	3	4	5	6	7	8	9	10	11	12	13	14	15	16	17	18	19	20	21	22	23	24	25	26	27	28							
39	夏曆正月			26	27	28	29	30	⑭	2	3	4	5	6	7	8	9	10	11	12	13	14	15	16	17	18	19	20	21	22	23							
284年	回曆1月			24	25	26	27	28	29	30	①	2	3	4	5	6	7	8	9	10	11	12	13	14	15	16	17	18	19	20	21							
	公曆3月			1	2	3	4	5	6	7	8	9	10	11	12	13	14	15	16	17	18	19	20	21	22	23	24	25	26	27	28	29	30	31				
40	夏曆二月			24	25	26	27	28	29	㊸	2	3	4	5	6	7	8	9	10	11	12	13	14	15	16	17	18	19	20	21	22	23	24	25				
	回曆2月			22	23	24	25	26	27	28	29	30	1	2	3	4	5	6	7	8	9	10	11	12	13	14	15	16	17	18	19	20	21	22				
	公曆4月						1	2	3	4	5	6	7	8	9	10	11	12	13	14	15	16	17	18	19	20	21	22	23	24	25	26	27	28	29	30		
41	夏曆三月						26	27	28	29	30	⑬	2	3	4	5	6	7	8	9	10	11	12	13	14	15	16	17	18	19	20	21	22	23	24	25		
	回曆3月						23	24	25	26	27	28	29	1	2	3	4	5	6	7	8	9	10	11	12	13	14	15	16	17	18	19	20	21	22	23		
	公曆5月	1	2	3	4	5	6	7	8	9	10	11	12	13	14	15	16	17	18	19	20	21	22	23	24	25	26	27	28	29	30	31						
42	夏曆四月	26	27	28	29	30	㊸	2	3	4	5	6	7	8	9	10	11	12	13	14	15	16	17	18	19	20	21	22	23	24	25	26						
	回曆4月	24	25	26	27	28	29	30	1	2	3	4	5	6	7	8	9	10	11	12	13	14	15	16	17	18	19	20	21	22	23	24						
	公曆6月				1	2	3	4	5	6	7	8	9	10	11	12	13	14	15	16	17	18	19	20	21	22	23	24	25	26	27	28	29	30				
43	夏曆五月				27	28	29	⑫	2	3	4	5	6	7	8	9	10	11	12	13	14	15	16	17	18	19	20	21	22	23	24	25	26	27				
	回曆5月				25	26	27	28	29	1	2	3	4	5	6	7	8	9	10	11	12	13	14	15	16	17	18	19	20	21	22	23	24	25				
	公曆7月						1	2	3	4	5	6	7	8	9	10	11	12	13	14	15	16	17	18	19	20	21	22	23	24	25	26	27	28	29	30	31	
44	夏曆六月						28	29	30	㊷	2	3	4	5	6	7	8	9	10	11	12	13	14	15	16	17	18	19	20	21	22	23	24	25	26	27	28	
	回曆6月						26	27	28	29	30	1	2	3	4	5	6	7	8	9	10	11	12	13	14	15	16	17	18	19	20	21	22	23	24	25	26	
	公曆8月		1	2	3	4	5	6	7	8	9	10	11	12	13	14	15	16	17	18	19	20	21	22	23	24	25	26	27	28	29	30	31					
45	夏曆七月		29	⑪	2	3	4	5	6	7	8	9	10	11	12	13	14	15	16	17	18	19	20	21	22	23	24	25	26	27	28	29	30					
	回曆7月		27	28	29	1	2	3	4	5	6	7	8	9	10	11	12	13	14	15	16	17	18	19	20	21	22	23	24	25	26	27	28					
	公曆9月					1	2	3	4	5	6	7	8	9	10	11	12	13	14	15	16	17	18	19	20	21	22	23	24	25	26	27	28	29	30			
46 47	夏曆八九月					㊶	2	3	4	5	6	7	8	9	10	11	12	13	14	15	16	17	18	19	20	21	22	23	24	25	26	27	28	29	⑩			
	回曆8月					29	30	1	2	3	4	5	6	7	8	9	10	11	12	13	14	15	16	17	18	19	20	21	22	23	24	25	26	27	28			
	公曆10月							1	2	3	4	5	6	7	8	9	10	11	12	13	14	15	16	17	18	19	20	21	22	23	24	25	26	27	28	29	30	31
48	夏曆十月							2	3	4	5	6	7	8	9	10	11	12	13	14	15	16	17	18	19	20	21	22	23	24	25	26	27	28	29	30	㊵	2
	回曆9月							29	1	2	3	4	5	6	7	8	9	10	11	12	13	14	15	16	17	18	19	20	21	22	23	24	25	26	27	28	29	30
	公曆11月			1	2	3	4	5	6	7	8	9	10	11	12	13	14	15	16	17	18	19	20	21	22	23	24	25	26	27	28	29	30					
49	夏曆十一月			3	4	5	6	7	8	9	10	11	12	13	14	15	16	17	18	19	20	21	22	23	24	25	26	27	28	29	⑨	2	3					

續表

月干支序數	星期／月序	日	1	2	3	4	5	6	日	1	2	3	4	5	6	日	1	2	3	4	5	6	日	1	2	3	4	5	6	日	1	2	3	4	5	6	日	1
	回曆10,11月			1	2	3	4	5	6	7	8	9	10	11	12	13	14	15	16	17	18	19	20	21	22	23	24	25	26	27	28	29	1					
	公曆12月					1	2	3	4	5	6	7	8	9	10	11	12	13	14	15	16	17	18	19	20	21	22	23	24	25	26	27	28	29	30	31		
50	夏曆十二月					4	5	6	7	8	9	10	11	12	13	14	15	16	17	18	19	20	21	22	23	24	25	26	27	28	29	30	㊴	2	3	4		
	回曆12月					2	3	4	5	6	7	8	9	10	11	12	13	14	15	16	17	18	19	20	21	22	23	24	25	26	27	28	29	30	1	2		

大事記

正月，韓建圍行宮，挾帝罷諸王兵權，逐幽諸王。　二月，朱全忠取鄆、兗二鎮。　四月，楊行密攻武昌節度使杜洪。　八月，韓建殺十一王，誣以謀反。　九月，以李茂貞反復，削奪官爵，反其本姓名宋文通，討之。　十月，顧彥暉自殺，王建入梓州。建并有東西川。　十二月，威武節度使王潮卒，其弟王審知自稱留後，尋為節度使。

唐紀年

干支戊午　公元 898 年

朝代或國名	國家支配者	建都	廟號	謚號	建元	年號年次	輔政者	備注
唐	㉑李曄	長安	昭宗		7	5 光化元年	崔胤等	八月甲子改元
渤海	⑬大瑋瑎	龍泉府		□王		5 年		在東北
大封民(南詔)	⑬蒙舜化貞	陽苴咩		哀		中興元年		在雲南
古格						85 年		西藏阿里

月曆表

5611—384—2049461

月干支序數	星期／月序	日	1	2	3	4	5	6	日	1	2	3	4	5	6	日	1	2	3	4	5	6	日	1	2	3	4	5	6	日	1	2	3	4	5	6	日	1
	公曆1月	1	2	3	4	5	6	7	8	9	10	11	12	13	14	15	16	17	18	19	20	21	22	23	24	25	26	27	28	29	30	31						
51	夏曆正月	5	6	7	8	9	10	11	12	13	14	15	16	17	18	19	20	21	22	23	24	25	26	27	28	29	⑧	2	3	4	5	6						
285年	回曆1月	3	4	5	6	7	8	9	10	11	12	13	14	15	16	17	18	19	20	21	22	23	24	25	26	27	28	29	①	2	3	4						
	公曆2月				1	2	3	4	5	6	7	8	9	10	11	12	13	14	15	16	17	18	19	20	21	22	23	24	25	26	27	28						
52	夏曆二月				7	8	9	10	11	12	13	14	15	16	17	18	19	20	21	22	23	24	25	26	27	28	29	30	㊳	2	3	4						
	回曆2月				5	6	7	8	9	10	11	12	13	14	15	16	17	18	19	20	21	22	23	24	25	26	27	28	29	30	1	2						
	公曆3月				1	2	3	4	5	6	7	8	9	10	11	12	13	14	15	16	17	18	19	20	21	22	23	24	25	26	27	28	29	30	31			
53	夏曆三月				5	6	7	8	9	10	11	12	13	14	15	16	17	18	19	20	21	22	23	24	25	26	27	28	29	⑦	2	3	4	5	6			
	回曆3月				3	4	5	6	7	8	9	10	11	12	13	14	15	16	17	18	19	20	21	22	23	24	25	26	27	28	29	1	2	3	4			
	公曆4月							1	2	3	4	5	6	7	8	9	10	11	12	13	14	15	16	17	18	19	20	21	22	23	24	25	26	27	28	29	30	
54	夏曆四月							7	8	9	10	11	12	13	14	15	16	17	18	19	20	21	22	23	24	25	26	27	28	29	30	㊲	2	3	4	5	6	
	回曆4月							5	6	7	8	9	10	11	12	13	14	15	16	17	18	19	20	21	22	23	24	25	26	27	28	29	30	1	2	3	4	
	公曆5月		1	2	3	4	5	6	7	8	9	10	11	12	13	14	15	16	17	18	19	20	21	22	23	24	25	26	27	28	29	30	31					
55	夏曆五月		7	8	9	10	11	12	13	14	15	16	17	18	19	20	21	22	23	24	25	26	27	28	29	⑥	2	3	4	5	6	7	8						
	回曆5月		5	6	7	8	9	10	11	12	13	14	15	16	17	18	19	20	21	22	23	24	25	26	27	28	29	1	2	3	4	5	6						
	公曆6月					1	2	3	4	5	6	7	8	9	10	11	12	13	14	15	16	17	18	19	20	21	22	23	24	25	26	27	28	29	30			
56	夏曆六月					9	10	11	12	13	14	15	16	17	18	19	20	21	22	23	24	25	26	27	28	29	30	㊱	2	3	4	5	6	7	8			
	回曆6月					7	8	9	10	11	12	13	14	15	16	17	18	19	20	21	22	23	24	25	26	27	28	29	30	1	2	3	4	5	6			
	公曆7月							1	2	3	4	5	6	7	8	9	10	11	12	13	14	15	16	17	18	19	20	21	22	23	24	25	26	27	28	29	30	31

續表

月干支序數	星期 月序	日	1	2	3	4	5	6	日	1	2	3	4	5	6	日	1	2	3	4	5	6	日	1	2	3	4	5	6	日	1	2	3	4	5	6	日	1
57	夏曆七月							9	10	11	12	13	14	15	16	17	18	19	20	21	22	23	24	25	26	27	28	29	30	⑥	2	3	4	5	6	7	8	9
	回曆7月							7	8	9	10	11	12	13	14	15	16	17	18	19	20	21	22	23	24	25	26	27	28	29	1	2	3	4	5	6	7	8
	公曆8月			1	2	3	4	5	6	7	8	9	10	11	12	13	14	15	16	17	18	19	20	21	22	23	24	25	26	27	28	29	30	31				
58	夏曆八月			10	11	12	13	14	15	16	17	18	19	20	21	22	23	24	25	26	27	28	29	㉟	2	3	4	5	6	7	8	9	10	11				
	回曆8月			9	10	11	12	13	14	15	16	17	18	19	20	21	22	23	24	25	26	27	28	29	30	1	2	3	4	5	6	7	8	9				
	公曆9月						1	2	3	4	5	6	7	8	9	10	11	12	13	14	15	16	17	18	19	20	21	22	23	24	25	26	27	28	29	30		
59	夏曆九月						12	13	14	15	16	17	18	19	20	21	22	23	24	25	26	27	28	29	30	⑤	2	3	4	5	6	7	8	9	10	11		
	回曆9月						10	11	12	13	14	15	16	17	18	19	20	21	22	23	24	25	26	27	28	29	1	2	3	4	5	6	7	8	9	10		
	公曆10月	1	2	3	4	5	6	7	8	9	10	11	12	13	14	15	16	17	18	19	20	21	22	23	24	25	26	27	28	29	30	31						
60	夏曆十月	12	13	14	15	16	17	18	19	20	21	22	23	24	25	26	27	28	29	㉞	2	3	4	5	6	7	8	9	10	11	12	13						
	回曆10月	11	12	13	14	15	16	17	18	19	20	21	22	23	24	25	26	27	28	29	30	1	2	3	4	5	6	7	8	9	10	11						
	公曆11月				1	2	3	4	5	6	7	8	9	10	11	12	13	14	15	16	17	18	19	20	21	22	23	24	25	26	27	28	29	30				
	夏曆閏十月				14	15	16	17	18	19	20	21	22	23	24	25	26	27	28	29	30	④	2	3	4	5	6	7	8	9	10	11	12	13				
	回曆11月				12	13	14	15	16	17	18	19	20	21	22	23	24	25	26	27	28	29	1	2	3	4	5	6	7	8	9	10	11	12				
	公曆12月						1	2	3	4	5	6	7	8	9	10	11	12	13	14	15	16	17	18	19	20	21	22	23	24	25	26	27	28	29	30	31	
1	夏曆十一月						14	15	16	17	18	19	20	21	22	23	24	25	26	27	28	29	㉝	2	3	4	5	6	7	8	9	10	11	12	13	14	15	
	回曆12月						13	14	15	16	17	18	19	20	21	22	23	24	25	26	27	28	29	30	1	2	3	4	5	6	7	8	9	10	11	12	13	

大事記

正月，昭宗下罪己詔。復茂貞官爵、姓名。　二月，錢鏐徙鎮海軍於杭州。　三月，朱全忠為宣武、宣義、天平三鎮節度使。　四月，李克用在洺州敗於朱全忠。朱全忠取磁、洺、邢三州。馬殷取衡、永二州。　八月，李曄回長安，改元光化。　十月，李克用攻邢州，不克。以王審知為威武節度使。

唐紀年

干支己未　公元 899 年

朝代或國名	國家支配者	建都	廟號	謚號	建元	年號年次	輔政者	備注
唐	㉑李曄	長安	昭宗		7	5光化2年	陸扆等	
渤海	⑬大瑋瑎	龍泉府		□王		6年		在東北
大封民(南詔)	⑬舜化貞	陽苴咩		哀	1	中興2年		在雲南
古格						86年		西藏阿里

月曆表

5612－355－2049816

月干支序數	星期 月序	日	1	2	3	4	5	6	日	1	2	3	4	5	6	日	1	2	3	4	5	6	日	1	2	3	4	5	6	日	1	2	3	4	5	6	日	1
	公曆1月		1	2	3	4	5	6	7	8	9	10	11	12	13	14	15	16	17	18	19	20	21	22	23	24	25	26	27	28	29	30	31					
2	夏曆十二月		16	17	18	19	20	21	22	23	24	25	26	27	28	29	30	③	2	3	4	5	6	7	8	9	10	11	12	13	14	15	16					
286年	回曆1月		14	15	16	17	18	19	20	21	22	23	24	25	26	27	28	29	①	2	3	4	5	6	7	8	9	10	11	12	13	14	15					
	公曆2月					1	2	3	4	5	6	7	8	9	10	11	12	13	14	15	16	17	18	19	20	21	22	23	24	25	26	27	28					
3	夏曆正月					17	18	19	20	21	22	23	24	25	26	27	28	29	㉜	2	3	4	5	6	7	8	9	10	11	12	13	14	15					
	回曆2月					16	17	18	19	20	21	22	23	24	25	26	27	28	29	30	1	2	3	4	5	6	7	8	9	10	11	12	13					
	公曆3月					1	2	3	4	5	6	7	8	9	10	11	12	13	14	15	16	17	18	19	20	21	22	23	24	25	26	27	28	29	30	31		

續表

月干支序數	月序＼星期	日	1	2	3	4	5	6	日	1	2	3	4	5	6	日	1	2	3	4	5	6	日	1	2	3	4	5	6	日	1	2	3	4	5	6	日	1
4	夏曆二月					16	17	18	19	20	21	22	23	24	25	26	27	28	29	①	2	3	4	5	6	7	8	9	10	11	12	13	14	15	16	17		
	回曆 3 月					14	15	16	17	18	19	20	21	22	23	24	25	26	27	28	29	1	2	3	4	5	6	7	8	9	10	11	12	13	14	15		
	公曆 4 月	1	2	3	4	5	6	7	8	9	10	11	12	13	14	15	16	17	18	19	20	21	22	23	24	25	26	27	28	29	30							
5	夏曆三月	18	19	20	21	22	23	24	25	26	27	28	29	30	㉛	2	3	4	5	6	7	8	9	10	11	12	13	14	15	16	17							
	回曆 4 月	16	17	18	19	20	21	22	23	24	25	26	27	28	29	30	1	2	3	4	5	6	7	8	9	10	11	12	13	14	15							
	公曆 5 月			1	2	3	4	5	6	7	8	9	10	11	12	13	14	15	16	17	18	19	20	21	22	23	24	25	26	27	28	29	30	31				
6	夏曆四月			18	19	20	21	22	23	24	25	26	27	28	29	30	①	2	3	4	5	6	7	8	9	10	11	12	13	14	15	16	17	18				
	回曆 5 月			16	17	18	19	20	21	22	23	24	25	26	27	28	29	1	2	3	4	5	6	7	8	9	10	11	12	13	14	15	16	17				
	公曆 6 月						1	2	3	4	5	6	7	8	9	10	11	12	13	14	15	16	17	18	19	20	21	22	23	24	25	26	27	28	29	30		
7	夏曆五月						19	20	21	22	23	24	25	26	27	28	29	㉚	2	3	4	5	6	7	8	9	10	11	12	13	14	15	16	17	18	19		
	回曆 6 月						18	19	20	21	22	23	24	25	26	27	28	29	30	1	2	3	4	5	6	7	8	9	10	11	12	13	14	15	16	17		
	公曆 7 月	1	2	3	4	5	6	7	8	9	10	11	12	13	14	15	16	17	18	19	20	21	22	23	24	25	26	27	28	29	30	31						
8	夏曆六月	20	21	22	23	24	25	26	27	28	29	30	(60)	2	3	4	5	6	7	8	9	10	11	12	13	14	15	16	17	18	19	20						
	回曆 7 月	18	19	20	21	22	23	24	25	26	27	28	29	1	2	3	4	5	6	7	8	9	10	11	12	13	14	15	16	17	18	19						
	公曆 8 月				1	2	3	4	5	6	7	8	9	10	11	12	13	14	15	16	17	18	19	20	21	22	23	24	25	26	27	28	29	30	31			
9	夏曆七月				21	22	23	24	25	26	27	28	29	㉙	2	3	4	5	6	7	8	9	10	11	12	13	14	15	16	17	18	19	20	21	22			
	回曆 8 月				20	21	22	23	24	25	26	27	28	29	30	1	2	3	4	5	6	7	8	9	10	11	12	13	14	15	16	17	18	19	20			
	公曆 9 月							1	2	3	4	5	6	7	8	9	10	11	12	13	14	15	16	17	18	19	20	21	22	23	24	25	26	27	28	29	30	
10	夏曆八月							23	24	25	26	27	28	29	30	(59)	2	3	4	5	6	7	8	9	10	11	12	13	14	15	16	17	18	19	20	21	22	
	回曆 9 月							21	22	23	24	25	26	27	28	29	1	2	3	4	5	6	7	8	9	10	11	12	13	14	15	16	17	18	19	20	21	
	公曆 10 月		1	2	3	4	5	6	7	8	9	10	11	12	13	14	15	16	17	18	19	20	21	22	23	24	25	26	27	28	29	30	31					
11	夏曆九月		23	24	25	26	27	28	29	30	㉙	2	3	4	5	6	7	8	9	10	11	12	13	14	15	16	17	18	19	20	21	22	23					
	回曆 10 月		22	23	24	25	26	27	28	29	30	1	2	3	4	5	6	7	8	9	10	11	12	13	14	15	16	17	18	19	20	21	22					
	公曆 11 月					1	2	3	4	5	6	7	8	9	10	11	12	13	14	15	16	17	18	19	20	21	22	23	24	25	26	27	28	29	30			
12	夏曆十月					24	25	26	27	28	29	(58)	2	3	4	5	6	7	8	9	10	11	12	13	14	15	16	17	18	19	20	21	22	23	24			
	回曆 11 月					23	24	25	26	27	28	29	1	2	3	4	5	6	7	8	9	10	11	12	13	14	15	16	17	18	19	20	21	22	23			
	公曆 12 月							1	2	3	4	5	6	7	8	9	10	11	12	13	14	15	16	17	18	19	20	21	22	23	24	25	26	27	28	29	30	31
13	夏曆十一月							25	26	27	28	29	30	㉘	2	3	4	5	6	7	8	9	10	11	12	13	14	15	16	17	18	19	20	21	22	23	24	25
	回曆 12 月							24	25	26	27	28	29	30	1	2	3	4	5	6	7	8	9	10	11	12	13	14	15	16	17	18	19	20	21	22	23	24

大事記

正月，劉仁恭發兵侵魏博，屠貝州，攻魏州；羅紹武求救於朱全忠。　三月，內黄之戰，朱全忠大敗劉仁恭。　五月，李克用遣將攻李罕之，圍潞州，朱全忠遣將禦之。　六月，保義軍亂，殺節度使王珙，推李璠為留後。　七月，海州附於楊行密。馬殷取道州。　八月，李克用克潞州。　十一月，保義軍朱友謙殺李璠，自稱留後，附於朱全忠。馬殷取郴州、連州，幾盡有湖南。

唐紀年

干支庚申　公元 900 年

朝代或國名	國家支配者	建都	廟號	謚號	建元	年號年次	輔政者	備注
唐	㉑李曄	長安	昭宗		7	5 光化 3 年	崔胤等	
渤海	⑬大瑋瑎	龍泉府		□王		7 年		在東北
大封民(南詔)	⑬舜化貞	陽苴咩		哀	1	中興 3 年		在雲南
古格						87 年		西藏阿里

月曆表

5613—354—2050170

月干支序數	星期 月序	日	1	2	3	4	5	6	日	1	2	3	4	5	6	日	1	2	3	4	5	6	日	1	2	3	4	5	6	日	1	2	3	4	5	6	日	1
	公暦1月			1	2	3	4	5	6	7	8	9	10	11	12	13	14	15	16	17	18	19	20	21	22	23	24	25	26	27	28	29	30	31				
14	夏暦十二月			26	27	28	29	(57)	2	3	4	5	6	7	8	9	10	11	12	13	14	15	16	17	18	19	20	21	22	23	24	25	26	27				
287年	回暦1月			25	26	27	28	29	30	①	2	3	4	5	6	7	8	9	10	11	12	13	14	15	16	17	18	19	20	21	22	23	24	25				
	公暦2月						1	2	3	4	5	6	7	8	9	10	11	12	13	14	15	16	17	18	19	20	21	22	23	24	25	26	27	28	29			
15	夏暦正月						28	29	30	㉗	2	3	4	5	6	7	8	9	10	11	12	13	14	15	16	17	18	19	20	21	22	23	24	25	26			
	回暦2月						26	27	28	29	30	1	2	3	4	5	6	7	8	9	10	11	12	13	14	15	16	17	18	19	20	21	22	23	24			
	公暦3月							1	2	3	4	5	6	7	8	9	10	11	12	13	14	15	16	17	18	19	20	21	22	23	24	25	26	27	28	29	30	31
16	夏暦二月							27	28	29	(56)	2	3	4	5	6	7	8	9	10	11	12	13	14	15	16	17	18	19	20	21	22	23	24	25	26	27	28
	回暦3月							25	26	27	28	29	1	2	3	4	5	6	7	8	9	10	11	12	13	14	15	16	17	18	19	20	21	22	23	24	25	26
	公暦4月			1	2	3	4	5	6	7	8	9	10	11	12	13	14	15	16	17	18	19	20	21	22	23	24	25	26	27	28	29	30					
17	夏暦三月			29	㉕	2	3	4	5	6	7	8	9	10	11	12	13	14	15	16	17	18	19	20	21	22	23	24	25	26	27	28	29					
	回暦4月			27	28	29	30	1	2	3	4	5	6	7	8	9	10	11	12	13	14	15	16	17	18	19	20	21	22	23	24	25	26					
	公暦5月					1	2	3	4	5	6	7	8	9	10	11	12	13	14	15	16	17	18	19	20	21	22	23	24	25	26	27	28	29	30	31		
18 19	夏暦四五月					30	(55)	2	3	4	5	6	7	8	9	10	11	12	13	14	15	16	17	18	19	20	21	22	23	24	25	26	27	28	29	㉔		
	回暦5月					27	28	29	1	2	3	4	5	6	7	8	9	10	11	12	13	14	15	16	17	18	19	20	21	22	23	24	25	26	27	28		
	公暦6月	1	2	3	4	5	6	7	8	9	10	11	12	13	14	15	16	17	18	19	20	21	22	23	24	25	26	27	28	29	30							
20	夏暦六月	2	3	4	5	6	7	8	9	10	11	12	13	14	15	16	17	18	19	20	21	22	23	24	25	26	27	28	29	30	(54)							
	回暦6月	29	30	1	2	3	4	5	6	7	8	9	10	11	12	13	14	15	16	17	18	19	20	21	22	23	24	25	26	27	28							
	公暦7月			1	2	3	4	5	6	7	8	9	10	11	12	13	14	15	16	17	18	19	20	21	22	23	24	25	26	27	28	29	30	31				
21	夏暦七月			2	3	4	5	6	7	8	9	10	11	12	13	14	15	16	17	18	19	20	21	22	23	24	25	26	27	28	29	㉓	2	3				
	回暦7月			29	1	2	3	4	5	6	7	8	9	10	11	12	13	14	15	16	17	18	19	20	21	22	23	24	25	26	27	28	29	30				
	公暦8月						1	2	3	4	5	6	7	8	9	10	11	12	13	14	15	16	17	18	19	20	21	22	23	24	25	26	27	28	29	30	31	
22	夏暦八月						4	5	6	7	8	9	10	11	12	13	14	15	16	17	18	19	20	21	22	23	24	25	26	27	28	29	30	(53)	2	3	4	
	回暦8、9月						1	2	3	4	5	6	7	8	9	10	11	12	13	14	15	16	17	18	19	20	21	22	23	24	25	26	27	28	29	1	2	
	公暦9月		1	2	3	4	5	6	7	8	9	10	11	12	13	14	15	16	17	18	19	20	21	22	23	24	25	26	27	28	29	30						
23	夏暦九月		5	6	7	8	9	10	11	12	13	14	15	16	17	18	19	20	21	22	23	24	25	26	27	28	29	30	㉓	2	3	4						
	回暦10月		3	4	5	6	7	8	9	10	11	12	13	14	15	16	17	18	19	20	21	22	23	24	25	26	27	28	29	30	1	2						
	公暦10月				1	2	3	4	5	6	7	8	9	10	11	12	13	14	15	16	17	18	19	20	21	22	23	24	25	26	27	28	29	30	31			
24	夏暦十月				5	6	7	8	9	10	11	12	13	14	15	16	17	18	19	20	21	22	23	24	25	26	27	28	29	(52)	2	3	4	5	6			
	回暦11月				3	4	5	6	7	8	9	10	11	12	13	14	15	16	17	18	19	20	21	22	23	24	25	26	27	28	29	1	2	3	4			
	公暦11月							1	2	3	4	5	6	7	8	9	10	11	12	13	14	15	16	17	18	19	20	21	22	23	24	25	26	27	28	29	30	
25	夏暦十一月							7	8	9	10	11	12	13	14	15	16	17	18	19	20	21	22	23	24	25	26	27	28	29	30	㉒	2	3	4	5	6	
	回暦12月							5	6	7	8	9	10	11	12	13	14	15	16	17	18	19	20	21	22	23	24	25	26	27	28	29	30	1	2	3	4	
	公暦12月		1	2	3	4	5	6	7	8	9	10	11	12	13	14	15	16	17	18	19	20	21	22	23	24	25	26	27	28	29	30	31					
26	夏暦十二月		7	8	9	10	11	12	13	14	15	16	17	18	19	20	21	22	23	24	25	26	27	28	29	30	(52)	2	3	4	5	6	7					
288年	回暦1月		5	6	7	8	9	10	11	12	13	14	15	16	17	18	19	20	21	22	23	24	25	26	27	28	29	①	2	3	4	5	6					

大事記

四月，朱全忠大發兵攻劉仁恭。　五月，拔德州，圍滄州。　六月，復崔胤相。　八月，李克用取洺州。　九月，朱全忠復奪之。　十月，馬殷取桂、宜、岩、柳、象五州。　十一月，宦官劉季述囚幽昭帝，矯詔立太子李裕，以李曄為太上皇。

唐紀年

干支辛酉　公元 901 年

朝代或國名	國家支配者	建都	廟號	謚號	建元	年號年次	輔政者	備注
唐	㉑李曄	長安	昭宗		7	6 天復元年	陸扆等	四月改元
渤海	⑬大瑋瑎	龍泉府		□王		8 年		在東北
封民(南詔)	⑬蒙舜化貞	陽苴咩		哀	1	中興 4 年		在雲南
古格						88 年		西藏阿里

月曆表

5614—384—2050554

月干支序數	月序＼星期	日	1	2	3	4	5	6	日	1	2	3	4	5	6	日	1	2	3	4	5	6	日	1	2	3	4	5	6	日	1	2	3	4	5	6	日	1
	公曆 1 月					1	2	3	4	5	6	7	8	9	10	11	12	13	14	15	16	17	18	19	20	21	22	23	24	25	26	27	28	29	30	31		
27	夏曆正月					8	9	10	11	12	13	14	15	16	17	18	19	20	21	22	23	24	25	26	27	28	29	㉑	2	3	4	5	6	7	8	9		
	回曆 2 月					7	8	9	10	11	12	13	14	15	16	17	18	19	20	21	22	23	24	25	26	27	28	29	30	1	2	3	4	5	6	7		
	公曆 2 月	1	2	3	4	5	6	7	8	9	10	11	12	13	14	15	16	17	18	19	20	21	22	23	24	25	26	27	28									
28	夏曆二月	10	11	12	13	14	15	16	17	18	19	20	21	22	23	24	25	26	27	28	29	30	㉛	2	3	4	5	6	7									
	回曆 3 月	8	9	10	11	12	13	14	15	16	17	18	19	20	21	22	23	24	25	26	27	28	29	1	2	3	4	5	6									
	公曆 3 月	1	2	3	4	5	6	7	8	9	10	11	12	13	14	15	16	17	18	19	20	21	22	23	24	25	26	27	28	29	30	31						
29	夏曆三月	8	9	10	11	12	13	14	15	16	17	18	19	20	21	22	23	24	25	26	27	28	29	⑳	2	3	4	5	6	7	8	9						
	回曆 4 月	7	8	9	10	11	12	13	14	15	16	17	18	19	20	21	22	23	24	25	26	27	28	29	30	1	2	3	4	5	6	7						
	公曆 4 月				1	2	3	4	5	6	7	8	9	10	11	12	13	14	15	16	17	18	19	20	21	22	23	24	25	26	27	28	29	30				
30	夏曆四月				10	11	12	13	14	15	16	17	18	19	20	21	22	23	24	25	26	27	28	29	30	㊿	2	3	4	5	6	7	8	9				
	回曆 5 月				8	9	10	11	12	13	14	15	16	17	18	19	20	21	22	23	24	25	26	27	28	29	1	2	3	4	5	6	7	8				
	公曆 5 月						1	2	3	4	5	6	7	8	9	10	11	12	13	14	15	16	17	18	19	20	21	22	23	24	25	26	27	28	29	30	31	
31	夏曆五月						10	11	12	13	14	15	16	17	18	19	20	21	22	23	24	25	26	27	28	29	⑲	2	3	4	5	6	7	8	9	10	11	
	回曆 6 月						9	10	11	12	13	14	15	16	17	18	19	20	21	22	23	24	25	26	27	28	29	30	1	2	3	4	5	6	7	8	9	
	公曆 6 月		1	2	3	4	5	6	7	8	9	10	11	12	13	14	15	16	17	18	19	20	21	22	23	24	25	26	27	28	29	30						
32	夏曆六月		12	13	14	15	16	17	18	19	20	21	22	23	24	25	26	27	28	29	㊽	2	3	4	5	6	7	8	9	10	11	12						
	回曆 7 月		10	11	12	13	14	15	16	17	18	19	20	21	22	23	24	25	26	27	28	29	1	2	3	4	5	6	7	8	9	10						
	公曆 7 月				1	2	3	4	5	6	7	8	9	10	11	12	13	14	15	16	17	18	19	20	21	22	23	24	25	26	27	28	29	30	31			
	夏曆閏六月				13	14	15	16	17	18	19	20	21	22	23	24	25	26	27	28	29	30	⑱	2	3	4	5	6	7	8	9	10	11	12	13			
	回曆 8 月				11	12	13	14	15	16	17	18	19	20	21	22	23	24	25	26	27	28	29	30	1	2	3	4	5	6	7	8	9	10	11			
	公曆 8 月							1	2	3	4	5	6	7	8	9	10	11	12	13	14	15	16	17	18	19	20	21	22	23	24	25	26	27	28	29	30	31
33	夏曆七月							14	15	16	17	18	19	20	21	22	23	24	25	26	27	28	29	㊼	2	3	4	5	6	7	8	9	10	11	12	13	14	15
	回曆 9 月							12	13	14	15	16	17	18	19	20	21	22	23	24	25	26	27	28	29	1	2	3	4	5	6	7	8	9	10	11	12	13
	公曆 9 月			1	2	3	4	5	6	7	8	9	10	11	12	13	14	15	16	17	18	19	20	21	22	23	24	25	26	27	28	29	30					
34	夏曆八月			16	17	18	19	20	21	22	23	24	25	26	27	28	29	30	⑰	2	3	4	5	6	7	8	9	10	11	12	13	14	15					
	回曆 10 月			14	15	16	17	18	19	20	21	22	23	24	25	26	27	28	29	30	1	2	3	4	5	6	7	8	9	10	11	12	13					
	公曆 10 月					1	2	3	4	5	6	7	8	9	10	11	12	13	14	15	16	17	18	19	20	21	22	23	24	25	26	27	28	29	30	31		
35	夏曆九月					16	17	18	19	20	21	22	23	24	25	26	27	28	29	㊻	2	3	4	5	6	7	8	9	10	11	12	13	14	15	16	17		
	回曆 11 月					14	15	16	17	18	19	20	21	22	23	24	25	26	27	28	29	1	2	3	4	5	6	7	8	9	10	11	12	13	14	15		
	公曆 11 月	1	2	3	4	5	6	7	8	9	10	11	12	13	14	15	16	17	18	19	20	21	22	23	24	25	26	27	28	29	30							
36	夏曆十月	18	19	20	21	22	23	24	25	26	27	28	29	30	⑯	2	3	4	5	6	7	8	9	10	11	12	13	14	15	16	17							
	回曆 12 月	16	17	18	19	20	21	22	23	24	25	26	27	28	29	30	1	2	3	4	5	6	7	8	9	10	11	12	13	14	15							
	公曆 12 月			1	2	3	4	5	6	7	8	9	10	11	12	13	14	15	16	17	18	19	20	21	22	23	24	25	26	27	28	29	30	31				
37	夏曆十一月			18	19	20	21	22	23	24	25	26	27	28	29	30	㊻	2	3	4	5	6	7	8	9	10	11	12	13	14	15	16	17	18				
289 年	回曆 1 月			16	17	18	19	20	21	22	23	24	25	26	27	28	29	30	①	2	3	4	5	6	7	8	9	10	11	12	13	14	15	19				

大事記

正月，孫德昭殺劉季述，昭宗復辟，黜太子李裕為德王，進朱全忠為東平王。李茂貞為岐王，入朝總政。　三月，朱全忠攻李克用，連下數州，逼近晉陽。　四月，改元天復。宰相崔胤謀誅宦官，雪甘露之變冤(見835年)。　五月，朱全忠以久雨，兵疾而解晉陽之圍。　七月，崔胤密召朱全忠入京。　十月，朱全忠大發兵西向，表請幸東都。　十一月，長安亂，宦官韓全誨等挾李曄奔鳳翔李茂貞。全忠入長安。

唐紀年

干支壬戌　公元902年

朝代或國名	國家支配者	建都	廟號	謚號	建元	年號年次	輔政者	備注
唐	㉑李曄	長安	昭宗		7	6天復2年	陸扆等	
渤海	⑬大瑋瑎	龍泉府		□王		9年		在東北
大封民(南詔)	⑬蒙舜化貞	陽苴咩		哀	1	中興5年		鄭買嗣(?)篡位，蒙氏亡
吴	①楊行密	揚州	太祖	武	3	1天復2年		從唐年號
古格						89年		西藏阿里

月曆表

5615—355—2050909

月干支序數	月序＼星期	日	1	2	3	4	5	6	日	1	2	3	4	5	6	日	1	2	3	4	5	6	日	1	2	3	4	5	6	日	1	2	3	4	5	6	日	1
	公曆1月						1	2	3	4	5	6	7	8	9	10	11	12	13	14	15	16	17	18	19	20	21	22	23	24	25	26	27	28	29	30	31	
38	夏曆十二月						19	20	21	22	23	24	25	26	27	28	29	30	⑯	2	3	4	5	6	7	8	9	10	11	12	13	14	15	16	17	18	19	
	回曆2月						17	18	19	20	21	22	23	24	25	26	27	28	29	30	1	2	3	4	5	6	7	8	9	10	11	12	13	14	15	16	17	
	公曆2月		1	2	3	4	5	6	7	8	9	10	11	12	13	14	15	16	17	18	19	20	21	22	23	24	25	26	27	28								
39	夏曆正月		20	21	22	23	24	25	26	27	28	29	㊺	2	3	4	5	6	7	8	9	10	11	12	13	14	15	16	17	18								
	回曆3月		18	19	20	21	22	23	24	25	26	27	28	29	1	2	3	4	5	6	7	8	9	10	11	12	13	14	15	16								
	公曆3月		1	2	3	4	5	6	7	8	9	10	11	12	13	14	15	16	17	18	19	20	21	22	23	24	25	26	27	28	29	30	31					
40	夏曆二月		19	20	21	22	23	24	25	26	27	28	29	30	⑮	2	3	4	5	6	7	8	9	10	11	12	13	14	15	16	17	18	19					
	回曆4月		17	18	19	20	21	22	23	24	25	26	27	28	29	30	1	2	3	4	5	6	7	8	9	10	11	12	13	14	15	16	17					
	公曆4月					1	2	3	4	5	6	7	8	9	10	11	12	13	14	15	16	17	18	19	20	21	22	23	24	25	26	27	28	29	30			
41	夏曆三月					20	21	22	23	24	25	26	27	28	29	㊹	2	3	4	5	6	7	8	9	10	11	12	13	14	15	16	17	18	19	20			
	回曆5月					18	19	20	21	22	23	24	25	26	27	28	29	1	2	3	4	5	6	7	8	9	10	11	12	13	14	15	16	17	18			
	公曆5月							1	2	3	4	5	6	7	8	9	10	11	12	13	14	15	16	17	18	19	20	21	22	23	24	25	26	27	28	29	30	31
42	夏曆四月							21	22	23	24	25	26	27	28	29	30	⑭	2	3	4	5	6	7	8	9	10	11	12	13	14	15	16	17	18	19	20	21
	回曆6月							19	20	21	22	23	24	25	26	27	28	29	30	1	2	3	4	5	6	7	8	9	10	11	12	13	14	15	16	17	18	19
	公曆6月			1	2	3	4	5	6	7	8	9	10	11	12	13	14	15	16	17	18	19	20	21	22	23	24	25	26	27	28	29	30					
43	夏曆五月			22	23	24	25	26	27	28	29	㊸	2	3	4	5	6	7	8	9	10	11	12	13	14	15	16	17	18	19	20	21	22					
	回曆7月			20	21	22	23	24	25	26	27	28	29	1	2	3	4	5	6	7	8	9	10	11	12	13	14	15	16	17	18	19	20					
	公曆7月					1	2	3	4	5	6	7	8	9	10	11	12	13	14	15	16	17	18	19	20	21	22	23	24	25	26	27	28	29	30	31		
44	夏曆六月					23	24	25	26	27	28	29	⑫	2	3	4	5	6	7	8	9	10	11	12	13	14	15	16	17	18	19	20	21	22	23	24		
	回曆8月					21	22	23	24	25	26	27	28	29	30	1	2	3	4	5	6	7	8	9	10	11	12	13	14	15	16	17	18	19	20	21		
	公曆8月	1	2	3	4	5	6	7	8	9	10	11	12	13	14	15	16	17	18	19	20	21	22	23	24	25	26	27	28	29	30	31						
45	夏曆七月	25	26	27	28	29	㊶	2	3	4	5	6	7	8	9	10	11	12	13	14	15	16	17	18	19	20	21	22	23	24	25	26						
	回曆9月	22	23	24	25	26	27	28	29	1	2	3	4	5	6	7	8	9	10	11	12	13	14	15	16	17	18	19	20	21	22	23						
	公曆9月				1	2	3	4	5	6	7	8	9	10	11	12	13	14	15	16	17	18	19	20	21	22	23	24	25	26	27	28	29	30				
46	夏曆八月				27	28	29	30	⑪	2	3	4	5	6	7	8	9	10	11	12	13	14	15	16	17	18	19	20	21	22	23	24	25	26				
	回曆10月				24	25	26	27	28	29	30	1	2	3	4	5	6	7	8	9	10	11	12	13	14	15	16	17	18	19	20	21	22	23				

續表

月 干支 序數	星期 月序	日	1	2	3	4	5	6	日	1	2	3	4	5	6	日	1	2	3	4	5	6	日	1	2	3	4	5	6	日	1	2	3	4	5	6	日	1
	公曆 10 月						1	2	3	4	5	6	7	8	9	10	11	12	13	14	15	16	17	18	19	20	21	22	23	24	25	26	27	28	29	30	31	
47	夏曆九月						27	28	29	30	㊶	2	3	4	5	6	7	8	9	10	11	12	13	14	15	16	17	18	19	20	21	22	23	24	25	26	27	
	回曆 11 月						24	25	26	27	28	29	1	2	3	4	5	6	7	8	9	10	11	12	13	14	15	16	17	18	19	20	21	22	23	24	25	
	公曆 11 月		1	2	3	4	5	6	7	8	9	10	11	12	13	14	15	16	17	18	19	20	21	22	23	24	25	26	27	28	29	30						
48	夏曆十月		28	29	⑩	2	3	4	5	6	7	8	9	10	11	12	13	14	15	16	17	18	19	20	21	22	23	24	25	26	27	28						
	回曆 12 月		26	27	28	29	30	1	2	3	4	5	6	7	8	9	10	11	12	13	14	15	16	17	18	19	20	21	22	23	24	25						
	公曆 12 月				1	2	3	4	5	6	7	8	9	10	11	12	13	14	15	16	17	18	19	20	21	22	23	24	25	26	27	28	29	30	31			
49	夏曆十一月				29	30	㊵	2	3	4	5	6	7	8	9	10	11	12	13	14	15	16	17	18	19	20	21	22	23	24	25	26	27	28	29			
290 年	回曆 1 月				26	27	28	29	①	2	3	4	5	6	7	8	9	10	11	12	13	14	15	16	17	18	19	20	21	22	23	24	25	26	27			

大事記

正月，李克用攻慈、隰，以制朱全忠。　二月，朱全忠敗李克用。　三月，唐封楊行密為吳王。朱全忠圍晉陽，因疫未果。　四月，朱全忠用崔胤謀圍鳳翔，迎昭宗。回鶻入貢。　五月，封錢鏐為越王。　九月，李茂貞攻朱全忠，敗績。十月，朱全忠遣使奉表迎昭宗。　十二月，李茂貞因被圍半年，食盡，請和，全忠許之。

是年，南詔鄭買嗣滅蒙氏，自立為王，國號大長和。

唐紀年

干支癸亥　公元 903 年

朝代或國名	國家支配者	建都	廟號	謚號	建元	年號年次	輔政者	備注
唐	㉑李曄	長安	昭宗		7	6 天復 3 年	崔胤等	
吳	①楊行密	揚州	太祖	武	3	1 天復 3 年		從唐年號
渤海	⑬大瑋瑎	龍泉府				10 年		在東北
大長和	①鄭買嗣	陽苴咩		聖明	1	安國元年		在雲南
古格						90 年		西藏阿里

月曆表

5616－354－2051263

月 干支 序數	星期 月序	日	1	2	3	4	5	6	日	1	2	3	4	5	6	日	1	2	3	4	5	6	日	1	2	3	4	5	6	日	1	2	3	4	5	6	日	1
	公曆 1 月							1	2	3	4	5	6	7	8	9	10	11	12	13	14	15	16	17	18	19	20	21	22	23	24	25	26	27	28	29	30	31
50	夏曆十二月							30	⑪	2	3	4	5	6	7	8	9	10	11	12	13	14	15	16	17	18	19	20	21	22	23	24	25	26	27	28	29	30
	回曆 2 月							28	29	30	1	2	3	4	5	6	7	8	9	10	11	12	13	14	15	16	17	18	19	20	21	22	23	24	25	26	27	28
	公曆 2 月			1	2	3	4	5	6	7	8	9	10	11	12	13	14	15	16	17	18	19	20	21	22	23	24	25	26	27	28							
51	夏曆正月			㊵	2	3	4	5	6	7	8	9	10	11	12	13	14	15	16	17	18	19	20	21	22	23	24	25	26	27	28							
	回曆 3 月			29	1	2	3	4	5	6	7	8	9	10	11	12	13	14	15	16	17	18	19	20	21	22	23	24	25	26	27							
	公曆 3 月			1	2	3	4	5	6	7	8	9	10	11	12	13	14	15	16	17	18	19	20	21	22	23	24	25	26	27	28	29	30	31				
52	夏曆二月			29	⑨	2	3	4	5	6	7	8	9	10	11	12	13	14	15	16	17	18	19	20	21	22	23	24	25	26	27	28	29	30				
	回曆 4 月			28	29	30	1	2	3	4	5	6	7	8	9	10	11	12	13	14	15	16	17	18	19	20	21	22	23	24	25	26	27	28				
	公曆 4 月						1	2	3	4	5	6	7	8	9	10	11	12	13	14	15	16	17	18	19	20	21	22	23	24	25	26	27	28	29	30		
53 54	夏曆三四月						㊴	2	3	4	5	6	7	8	9	10	11	12	13	14	15	16	17	18	19	20	21	22	23	24	25	26	27	28	29	⑧		
	回曆 5 月						29	1	2	3	4	5	6	7	8	9	10	11	12	13	14	15	16	17	18	19	20	21	22	23	24	25	26	27	28	29		

續表

月 干支 序數	星期 月序	日	1	2	3	4	5	6	日	1	2	3	4	5	6	日	1	2	3	4	5	6	日	1	2	3	4	5	6	日	1	2	3	4	5	6	日	1
	公曆5月	1	2	3	4	5	6	7	8	9	10	11	12	13	14	15	16	17	18	19	20	21	22	23	24	25	26	27	28	29	30	31						
55	夏曆五月	2	3	4	5	6	7	8	9	10	11	12	13	14	15	16	17	18	19	20	21	22	23	24	25	26	27	28	29	30	㊳	2						
	回曆6、7月	30	1	2	3	4	5	6	7	8	9	10	11	12	13	14	15	16	17	18	19	20	21	22	23	24	25	26	27	28	29	1						
	公曆6月				1	2	3	4	5	6	7	8	9	10	11	12	13	14	15	16	17	18	19	20	21	22	23	24	25	26	27	28	29	30				
56	夏曆六月				3	4	5	6	7	8	9	10	11	12	13	14	15	16	17	18	19	20	21	22	23	24	25	26	27	28	29	⑦	2	3				
	回曆8月				2	3	4	5	6	7	8	9	10	11	12	13	14	15	16	17	18	19	20	21	22	23	24	25	26	27	28	29	30	1				
	公曆7月						1	2	3	4	5	6	7	8	9	10	11	12	13	14	15	16	17	18	19	20	21	22	23	24	25	26	27	28	29	30	31	
57	夏曆七月						4	5	6	7	8	9	10	11	12	13	14	15	16	17	18	19	20	21	22	23	24	25	26	27	28	29	㊱	2	3	4	5	
	回曆9月						2	3	4	5	6	7	8	9	10	11	12	13	14	15	16	17	18	19	20	21	22	23	24	25	26	27	28	29	1	2	3	
	公曆8月		1	2	3	4	5	6	7	8	9	10	11	12	13	14	15	16	17	18	19	20	21	22	23	24	25	26	27	28	29	30	31					
58	夏曆八月		6	7	8	9	10	11	12	13	14	15	16	17	18	19	20	21	22	23	24	25	26	27	28	29	⑤	2	3	4	5	6	7					
	回曆10月		4	5	6	7	8	9	10	11	12	13	14	15	16	17	18	19	20	21	22	23	24	25	26	27	28	29	30	1	2	3	4					
	公曆9月					1	2	3	4	5	6	7	8	9	10	11	12	13	14	15	16	17	18	19	20	21	22	23	24	25	26	27	28	29	30			
59	夏曆九月					8	9	10	11	12	13	14	15	16	17	18	19	20	21	22	23	24	25	26	27	28	29	30	㉟	2	3	4	5	6	7			
	回曆11月					5	6	7	8	9	10	11	12	13	14	15	16	17	18	19	20	21	22	23	24	25	26	27	28	29	1	2	3	4	5			
	公曆10月							1	2	3	4	5	6	7	8	9	10	11	12	13	14	15	16	17	18	19	20	21	22	23	24	25	26	27	28	29	30	31
60	夏曆十月							8	9	10	11	12	13	14	15	16	17	18	19	20	21	22	23	24	25	26	27	28	29	④	2	3	4	5	6	7	8	9
	回曆12月							6	7	8	9	10	11	12	13	14	15	16	17	18	19	20	21	22	23	24	25	26	27	28	29	30	1	2	3	4	5	6
	公曆11月			1	2	3	4	5	6	7	8	9	10	11	12	13	14	15	16	17	18	19	20	21	22	23	24	25	26	27	28	29	30					
1	夏曆十一月			10	11	12	13	14	15	16	17	18	19	20	21	22	23	24	25	26	27	28	29	30	㉞	2	3	4	5	6	7	8	9					
291年	回曆1月			7	8	9	10	11	12	13	14	15	16	17	18	19	20	21	22	23	24	25	26	27	28	29	①	2	3	4	5	6	7					
	公曆12月					1	2	3	4	5	6	7	8	9	10	11	12	13	14	15	16	17	18	19	20	21	22	23	24	25	26	27	28	29	30	31		
2	夏曆十二月					10	11	12	13	14	15	16	17	18	19	20	21	22	23	24	25	26	27	28	29	30	④	2	3	4	5	6	7	8	9	10		
	回曆2月					8	9	10	11	12	13	14	15	16	17	18	19	20	21	22	23	24	25	26	27	28	29	30	1	2	3	4	5	6	7	8		

大事記

正月，李茂貞殺韓全誨等二十餘人，李曄至朱全忠營，遂還長安。　二月，加朱全忠爵，進位梁王。　三月，朱全忠圍青州王師範。　八月，封王建為蜀王。　十月，契丹以耶律阿保機為于越總知國事。

唐紀年

干支甲子　公元904年

朝代或國名	國家支配者	建都	廟號	謚號	建元	年號年次	輔政者	備注
唐	㉑李曄	洛陽	昭宗		7	7天祐元年	崔遠等	閏四月乙巳改元
	㉒李柷	洛陽		哀帝	1	天祐元年		八月丙午即位
吳	①楊行密	揚州	太祖	武	3	2天祐元年		從唐年號
渤海	⑬大瑋瑎	龍泉府				11年		在東北
大長和	①鄭買嗣	陽苴咩		聖明	1	安國2年		在雲南
古格						91年		西藏阿里

月曆表

5617－383－2051646

月干支序數	月序＼星期	日	1	2	3	4	5	6	日	1	2	3	4	5	6	日	1	2	3	4	5	6	日	1	2	3	4	5	6	日	1	2	3	4	5	6	日	1
	公暦 1 月	1	2	3	4	5	6	7	8	9	10	11	12	13	14	15	16	17	18	19	20	21	22	23	24	25	26	27	28	29	30	31						
3	夏暦正月	11	12	13	14	15	16	17	18	19	20	21	22	23	24	25	26	27	28	29	30	㉞	2	3	4	5	6	7	8	9	10	11						
	回暦 3 月	9	10	11	12	13	14	15	16	17	18	19	20	21	22	23	24	25	26	27	28	29	1	2	3	4	5	6	7	8	9	10						
	公暦 2 月				1	2	3	4	5	6	7	8	9	10	11	12	13	14	15	16	17	18	19	20	21	22	23	24	25	26	27	28	29					
4	夏暦二月				12	13	14	15	16	17	18	19	20	21	22	23	24	25	26	27	28	29	③	2	3	4	5	6	7	8	9	10	11					
	回暦 4 月				11	12	13	14	15	16	17	18	19	20	21	22	23	24	25	26	27	28	29	30	1	2	3	4	5	6	7	8	9					
	公暦 3 月					1	2	3	4	5	6	7	8	9	10	11	12	13	14	15	16	17	18	19	20	21	22	23	24	25	26	27	28	29	30	31		
5	夏暦三月					12	13	14	15	16	17	18	19	20	21	22	23	24	25	26	27	28	29	30	㉝	2	3	4	5	6	7	8	9	10	11	12		
	回暦 5 月					10	11	12	13	14	15	16	17	18	19	20	21	22	23	24	25	26	27	28	29	1	2	3	4	5	6	7	8	9	10	11		
	公暦 4 月	1	2	3	4	5	6	7	8	9	10	11	12	13	14	15	16	17	18	19	20	21	22	23	24	25	26	27	28	29	30							
6	夏暦四月	13	14	15	16	17	18	19	20	21	22	23	24	25	26	27	28	29	30	③	2	3	4	5	6	7	8	9	10	11	12							
	回暦 6 月	12	13	14	15	16	17	18	19	20	21	22	23	24	25	26	27	28	29	30	1	2	3	4	5	6	7	8	9	10	11							
	公暦 5 月			1	2	3	4	5	6	7	8	9	10	11	12	13	14	15	16	17	18	19	20	21	22	23	24	25	26	27	28	29	30	31				
	夏暦閏四月			13	14	15	16	17	18	19	20	21	22	23	24	25	26	27	28	29	㉜	2	3	4	5	6	7	8	9	10	11	12	13	14				
	回暦 7 月			12	13	14	15	16	17	18	19	20	21	22	23	24	25	26	27	28	29	1	2	3	4	5	6	7	8	9	10	11	12	13				
	公暦 6 月						1	2	3	4	5	6	7	8	9	10	11	12	13	14	15	16	17	18	19	20	21	22	23	24	25	26	27	28	29	30		
7	夏暦五月						15	16	17	18	19	20	21	22	23	24	25	26	27	28	29	30	②	2	3	4	5	6	7	8	9	10	11	12	13	14		
	回暦 8 月						14	15	16	17	18	19	20	21	22	23	24	25	26	27	28	29	30	1	2	3	4	5	6	7	8	9	10	11	12	13		
	公暦 7 月	1	2	3	4	5	6	7	8	9	10	11	12	13	14	15	16	17	18	19	20	21	22	23	24	25	26	27	28	29	30	31						
8	夏暦六月	15	16	17	18	19	20	21	22	23	24	25	26	27	28	29	㉛	2	3	4	5	6	7	8	9	10	11	12	13	14	15	16						
	回暦 9 月	14	15	16	17	18	19	20	21	22	23	24	25	26	27	28	29	1	2	3	4	5	6	7	8	9	10	11	12	13	14	15						
	公暦 8 月				1	2	3	4	5	6	7	8	9	10	11	12	13	14	15	16	17	18	19	20	21	22	23	24	25	26	27	28	29	30	31			
9	夏暦七月				17	18	19	20	21	22	23	24	25	26	27	28	29	(60)	2	3	4	5	6	7	8	9	10	11	12	13	14	15	16	17	18			
	回暦 10 月				16	17	18	19	20	21	22	23	24	25	26	27	28	29	30	1	2	3	4	5	6	7	8	9	10	11	12	13	14	15	16			
	公暦 9 月							1	2	3	4	5	6	7	8	9	10	11	12	13	14	15	16	17	18	19	20	21	22	23	24	25	26	27	28	29	30	
10	夏暦八月							19	20	21	22	23	24	25	26	27	28	29	㉙	2	3	4	5	6	7	8	9	10	11	12	13	14	15	16	17	18	19	
	回暦 11 月							17	18	19	20	21	22	23	24	25	26	27	28	29	1	2	3	4	5	6	7	8	9	10	11	12	13	14	15	16	17	
	公暦 10 月		1	2	3	4	5	6	7	8	9	10	11	12	13	14	15	16	17	18	19	20	21	22	23	24	25	26	27	28	29	30	31					
11	夏暦九月		20	21	22	23	24	25	26	27	28	29	30	(59)	2	3	4	5	6	7	8	9	10	11	12	13	14	15	16	17	18	19	20					
	回暦 12 月		18	19	20	21	22	23	24	25	26	27	28	29	30	1	2	3	4	5	6	7	8	9	10	11	12	13	14	15	16	17	18					
	公暦 11 月					1	2	3	4	5	6	7	8	9	10	11	12	13	14	15	16	17	18	19	20	21	22	23	24	25	26	27	28	29	30			
12	夏暦十月					21	22	23	24	25	26	27	28	29	㉘	2	3	4	5	6	7	8	9	10	11	12	13	14	15	16	17	18	19	20	21			
292 年	回暦 1 月					19	20	21	22	23	24	25	26	27	28	29	30	①	2	3	4	5	6	7	8	9	10	11	12	13	14	15	16	17	18			
	公暦 12 月							1	2	3	4	5	6	7	8	9	10	11	12	13	14	15	16	17	18	19	20	21	22	23	24	25	26	27	28	29	30	31
13	夏暦十一月							22	23	24	25	26	27	28	29	30	(58)	2	3	4	5	6	7	8	9	10	11	12	13	14	15	16	17	18	19	20	21	22
	回暦 2 月							19	20	21	22	23	24	25	26	27	28	29	30	1	2	3	4	5	6	7	8	9	10	11	12	13	14	15	16	17	18	19

大事記

正月，朱全忠挾帝遷洛陽。　三月，帝密詔王建、楊行密、李克用等圖謀匡復。　閏四月，改元天祐。越王錢鏐更封吳王。　六月，李茂貞、王建等檄討朱全忠。　八月，朱全忠殺李曄，立李祚為太子，更名李柷，旋即位，尊何后為皇太后。

唐紀年

干支乙丑　公元905年

朝代或國名	國家支配者	建都	廟號	謚號	建元	年號年次	輔政者	備注
唐	㉒李柷	洛陽		哀帝	1	天祐2年	張文蔚等	
吳	①楊行密	揚州	太祖	武帝	3	2天祐2年		十一月楊渥即位
渤海	⑬大瑋瑎	龍泉府				12年		在東北
大長和	①鄭買嗣	陽苴咩		聖明	1	安國3年		在雲南
古格						92年		西藏阿里

月曆表

5618－355－2052001

月干支序數	月序＼星期	日	1	2	3	4	5	6	日	1	2	3	4	5	6	日	1	2	3	4	5	6	日	1	2	3	4	5	6	日	1	2	3	4	5	6	日	1
	公暦1月			1	2	3	4	5	6	7	8	9	10	11	12	13	14	15	16	17	18	19	20	21	22	23	24	25	26	27	28	29	30	31				
14	夏暦十二月			23	24	25	26	27	28	29	30	㉘	2	3	4	5	6	7	8	9	10	11	12	13	14	15	16	17	18	19	20	21	22	23				
	回暦3月			20	21	22	23	24	25	26	27	28	29	1	2	3	4	5	6	7	8	9	10	11	12	13	14	15	16	17	18	19	20	21				
	公暦2月						1	2	3	4	5	6	7	8	9	10	11	12	13	14	15	16	17	18	19	20	21	22	23	24	25	26	27	28				
15	夏暦正月						24	25	26	27	28	29	(57)	2	3	4	5	6	7	8	9	10	11	12	13	14	15	16	17	18	19	20	21	22				
	回暦4月						22	23	24	25	26	27	28	29	30	1	2	3	4	5	6	7	8	9	10	11	12	13	14	15	16	17	18	19				
	公暦3月						1	2	3	4	5	6	7	8	9	10	11	12	13	14	15	16	17	18	19	20	21	22	23	24	25	26	27	28	29	30	31	
16	夏暦二月						23	24	25	26	27	28	29	30	㉗	2	3	4	5	6	7	8	9	10	11	12	13	14	15	16	17	18	19	20	21	22	23	
	回暦5月						20	21	22	23	24	25	26	27	28	29	1	2	3	4	5	6	7	8	9	10	11	12	13	14	15	16	17	18	19	20	21	
	公暦4月		1	2	3	4	5	6	7	8	9	10	11	12	13	14	15	16	17	18	19	20	21	22	23	24	25	26	27	28	29	30						
17	夏暦三月		24	25	26	27	28	29	30	(57)	2	3	4	5	6	7	8	9	10	11	12	13	14	15	16	17	18	19	20	21	22	23						
	回暦6月		22	23	24	25	26	27	28	29	30	1	2	3	4	5	6	7	8	9	10	11	12	13	14	15	16	17	18	19	20	21						
	公暦5月				1	2	3	4	5	6	7	8	9	10	11	12	13	14	15	16	17	18	19	20	21	22	23	24	25	26	27	28	29	30	31			
18	夏暦四月				24	25	26	27	28	29	㉖	2	3	4	5	6	7	8	9	10	11	12	13	14	15	16	17	18	19	20	21	22	23	24	25			
	回暦7月				22	23	24	25	26	27	28	29	1	2	3	4	5	6	7	8	9	10	11	12	13	14	15	16	17	18	19	20	21	22	23			
	公暦6月							1	2	3	4	5	6	7	8	9	10	11	12	13	14	15	16	17	18	19	20	21	22	23	24	25	26	27	28	29	30	
19	夏暦五月							26	27	28	29	30	(56)	2	3	4	5	6	7	8	9	10	11	12	13	14	15	16	17	18	19	20	21	22	23	24	25	
	回暦8月							24	25	26	27	28	29	30	1	2	3	4	5	6	7	8	9	10	11	12	13	14	15	16	17	18	19	20	21	22	23	
	公暦7月		1	2	3	4	5	6	7	8	9	10	11	12	13	14	15	16	17	18	19	20	21	22	23	24	25	26	27	28	29	30	31					
20	夏暦六月		26	27	28	29	㉕	2	3	4	5	6	7	8	9	10	11	12	13	14	15	16	17	18	19	20	21	22	23	24	25	26	27					
	回暦9月		24	25	26	27	28	29	1	2	3	4	5	6	7	8	9	10	11	12	13	14	15	16	17	18	19	20	21	22	23	24	25					
	公暦8月					1	2	3	4	5	6	7	8	9	10	11	12	13	14	15	16	17	18	19	20	21	22	23	24	25	26	27	28	29	30	31		
21	夏暦七月					28	29	30	(55)	2	3	4	5	6	7	8	9	10	11	12	13	14	15	16	17	18	19	20	21	22	23	24	25	26	27	28		
	回暦10月					26	27	28	29	30	1	2	3	4	5	6	7	8	9	10	11	12	13	14	15	16	17	18	19	20	21	22	23	24	25	26		
	公暦9月	1	2	3	4	5	6	7	8	9	10	11	12	13	14	15	16	17	18	19	20	21	22	23	24	25	26	27	28	29	30							
22	夏暦八月	29	㉔	2	3	4	5	6	7	8	9	10	11	12	13	14	15	16	17	18	19	20	21	22	23	24	25	26	27	28	29							
	回暦11月	27	28	29	1	2	3	4	5	6	7	8	9	10	11	12	13	14	15	16	17	18	19	20	21	22	23	24	25	26	27							
	公暦10月			1	2	3	4	5	6	7	8	9	10	11	12	13	14	15	16	17	18	19	20	21	22	23	24	25	26	27	28	29	30	31				
23 24	夏暦九十月			30	(54)	2	3	4	5	6	7	8	9	10	11	12	13	14	15	16	17	18	19	20	21	22	23	24	25	26	27	28	29	㉓				
	回暦12月			28	29	30	1	2	3	4	5	6	7	8	9	10	11	12	13	14	15	16	17	18	19	20	21	22	23	24	25	26	27	28				
	公暦11月						1	2	3	4	5	6	7	8	9	10	11	12	13	14	15	16	17	18	19	20	21	22	23	24	25	26	27	28	29	30		
25	夏暦十一月						2	3	4	5	6	7	8	9	10	11	12	13	14	15	16	17	18	19	20	21	22	23	24	25	26	27	28	29	(52)	2		
293年	回暦1月						29	①	2	3	4	5	6	7	8	9	10	11	12	13	14	15	16	17	18	19	20	21	22	23	24	25	26	27	28	29		

續表

月 干支 序數	月序 \ 星期	日	1	2	3	4	5	6	日	1	2	3	4	5	6	日	1	2	3	4	5	6	日	1	2	3	4	5	6	日	1	2	3	4	5	6	日	1
	公曆12月	1	2	3	4	5	6	7	8	9	10	11	12	13	14	15	16	17	18	19	20	21	22	23	24	25	26	27	28	29	30	31						
26	夏曆十二月	3	4	5	6	7	8	9	10	11	12	13	14	15	16	17	18	19	20	21	22	23	24	25	26	27	28	29	30	㉒	2	3						
	回曆2、3月	30	1	2	3	4	5	6	7	8	9	10	11	12	13	14	15	16	17	18	19	20	21	22	23	24	25	26	27	28	29	1						

大事記

正月，楊行密克潤州。　二月，朱全忠殺諸王。　八月，朱全忠攻趙匡凝，連下唐、鄧等州。　九月，全忠下襄陽，匡凝奔楊行密。　十月，全忠為諸道兵馬元帥。　十一月，全忠擁有二十一道。楊行密卒，子渥為淮南節度使。　全忠為相國、魏王，加九錫，以宣武等二十道為魏國，不受。　十二月，全忠殺何太后，楊渥襲吳王位。

是歲，契丹阿保機與李克用盟於雲州。相約攻盧龍節度使劉仁恭。

唐紀年

干支丙寅　公元906年

朝代或國名	國家支配者	建都	廟號	謚號	建元	年號年次	輔政者	備注
唐	㉒李柷	洛陽		哀帝	1	天祐3年	張文蔚等	
吳	②楊渥	揚州	烈祖		3	2天祐3年		從唐年號
渤海	⑬大瑋瑎	龍泉府				13年		在東北
大長和	①鄭買嗣	陽苴咩		聖明	1	安國4年		在雲南
古格						93年		西藏阿里

月曆表

5619—383—2052384

月 干支 序數	月序 \ 星期	日	1	2	3	4	5	6	日	1	2	3	4	5	6	日	1	2	3	4	5	6	日	1	2	3	4	5	6	日	1	2	3	4	5	6	日	1
	公曆1月				1	2	3	4	5	6	7	8	9	10	11	12	13	14	15	16	17	18	19	20	21	22	23	24	25	26	27	28	29	30	31			
27	夏曆正月				4	5	6	7	8	9	10	11	12	13	14	15	16	17	18	19	20	21	22	23	24	25	26	27	28	29	30	(52)	2	3	4			
	回曆4月				2	3	4	5	6	7	8	9	10	11	12	13	14	15	16	17	18	19	20	21	22	23	24	25	26	27	28	29	30	1	2			
	公曆2月							1	2	3	4	5	6	7	8	9	10	11	12	13	14	15	16	17	18	19	20	21	22	23	24	25	26	27	28			
28	夏曆二月							5	6	7	8	9	10	11	12	13	14	15	16	17	18	19	20	21	22	23	24	25	26	27	28	29	㉑	2	3			
	回曆5月							3	4	5	6	7	8	9	10	11	12	13	14	15	16	17	18	19	20	21	22	23	24	25	26	27	28	29	1			
	公曆3月							1	2	3	4	5	6	7	8	9	10	11	12	13	14	15	16	17	18	19	20	21	22	23	24	25	26	27	28	29	30	31
29	夏曆三月							4	5	6	7	8	9	10	11	12	13	14	15	16	17	18	19	20	21	22	23	24	25	26	27	28	29	30	(51)	2	3	4
	回曆6月							2	3	4	5	6	7	8	9	10	11	12	13	14	15	16	17	18	19	20	21	22	23	24	25	26	27	28	29	30	1	2
	公曆4月			1	2	3	4	5	6	7	8	9	10	11	12	13	14	15	16	17	18	19	20	21	22	23	24	25	26	27	28	29	30					
30	夏曆四月			5	6	7	8	9	10	11	12	13	14	15	16	17	18	19	20	21	22	23	24	25	26	27	28	29	⑳	2	3	4	5					
	回曆7月			3	4	5	6	7	8	9	10	11	12	13	14	15	16	17	18	19	20	21	22	23	24	25	26	27	28	29	1	2	3					
	公曆5月					1	2	3	4	5	6	7	8	9	10	11	12	13	14	15	16	17	18	19	20	21	22	23	24	25	26	27	28	29	30	31		
31	夏曆五月					6	7	8	9	10	11	12	13	14	15	16	17	18	19	20	21	22	23	24	25	26	27	28	29	30	㊿	2	3	4	5	6		
	回曆8月					4	5	6	7	8	9	10	11	12	13	14	15	16	17	18	19	20	21	22	23	24	25	26	27	28	29	30	1	2	3	4		
	公曆6月	1	2	3	4	5	6	7	8	9	10	11	12	13	14	15	16	17	18	19	20	21	22	23	24	25	26	27	28	29	30							
32	夏曆六月	7	8	9	10	11	12	13	14	15	16	17	18	19	20	21	22	23	24	25	26	27	28	29	30	⑳	2	3	4	5	6							
	回曆9月	5	6	7	8	9	10	11	12	13	14	15	16	17	18	19	20	21	22	23	24	25	26	27	28	29	1	2	3	4	5							

續表

月干支序數	星期／月序	日	1	2	3	4	5	6	日	1	2	3	4	5	6	日	1	2	3	4	5	6	日	1	2	3	4	5	6	日	1	2	3	4	5	6	日	1
	公暦7月			1	2	3	4	5	6	7	8	9	10	11	12	13	14	15	16	17	18	19	20	21	22	23	24	25	26	27	28	29	30	31				
33	夏暦七月			7	8	9	10	11	12	13	14	15	16	17	18	19	20	21	22	23	24	25	26	27	28	29	㊾	2	3	4	5	6	7	8				
	回暦10月			6	7	8	9	10	11	12	13	14	15	16	17	18	19	20	21	22	23	24	25	26	27	28	29	30	1	2	3	4	5	6				
	公暦8月						1	2	3	4	5	6	7	8	9	10	11	12	13	14	15	16	17	18	19	20	21	22	23	24	25	26	27	28	29	30	31	
34	夏暦八月						9	10	11	12	13	14	15	16	17	18	19	20	21	22	23	24	25	26	27	28	29	30	⑲	2	3	4	5	6	7	8	9	
	回暦11月						7	8	9	10	11	12	13	14	15	16	17	18	19	20	21	22	23	24	25	26	27	28	29	1	2	3	4	5	6	7	8	
	公暦9月		1	2	3	4	5	6	7	8	9	10	11	12	13	14	15	16	17	18	19	20	21	22	23	24	25	26	27	28	29	30						
35	夏暦九月		10	11	12	13	14	15	16	17	18	19	20	21	22	23	24	25	26	27	28	29	㊽	2	3	4	5	6	7	8	9	10						
	回暦12月		9	10	11	12	13	14	15	16	17	18	19	20	21	22	23	24	25	26	27	28	29	30	1	2	3	4	5	6	7	8						
	公暦10月				1	2	3	4	5	6	7	8	9	10	11	12	13	14	15	16	17	18	19	20	21	22	23	24	25	26	27	28	29	30	31			
36	夏暦十月				11	12	13	14	15	16	17	18	19	20	21	22	23	24	25	26	27	28	29	30	⑱	2	3	4	5	6	7	8	9	10	11			
294年	回暦1月				9	10	11	12	13	14	15	16	17	18	19	20	21	22	23	24	25	26	27	28	29	①	2	3	4	5	6	7	8	9	10			
	公暦11月							1	2	3	4	5	6	7	8	9	10	11	12	13	14	15	16	17	18	19	20	21	22	23	24	25	26	27	28	29	30	
37	夏暦十一月							12	13	14	15	16	17	18	19	20	21	22	23	24	25	26	27	28	29	㊼	2	3	4	5	6	7	8	9	10	11	12	
	回暦2月							11	12	13	14	15	16	17	18	19	20	21	22	23	24	25	26	27	28	29	30	1	2	3	4	5	6	7	8	9	10	
	公暦12月		1	2	3	4	5	6	7	8	9	10	11	12	13	14	15	16	17	18	19	20	21	22	23	24	25	26	27	28	29	30	31					
38	夏暦十二月		13	14	15	16	17	18	19	20	21	22	23	24	25	26	27	28	29	⑯	2	3	4	5	6	7	8	9	10	11	12	13	14					
	回暦3月		11	12	13	14	15	16	17	18	19	20	21	22	23	24	25	26	27	28	29	1	2	3	4	5	6	7	8	9	10	11	12					

大事記

正月，朱全忠助羅紹威屠天雄牙兵八千家。　三月，楊渥拔岳州。　四月，鎮南節度使鍾傳卒，子匡時為留後。五月，楊渥遣兵攻鍾匡時。　九月，拔洪州，執匡時，楊渥遂有江西。　十月，王建立行臺於成都。

五代十國紀年　　干支丁卯　公元907年

朝代或國名	國家支配者	建都	廟號	謚號	建元	年號年次	輔政者	備注
唐	㉒李柷	洛陽		哀帝	1	天祐4年		四月亡
吳	②楊渥	揚州	烈祖		3	2天祐4年		從唐年號
(後)梁	①朱溫	大梁	太祖		2	1開平元年		四月戊辰建元
吳越	①錢鏐	(余杭)		武肅王	8	1天祐4年		從唐年號
漢	①王建	成都	高祖	惠	6	1天復7年		九月建元從唐昭宗年號
契丹	①耶律阿保機		太祖	天	4	元年		
岐	李茂貞	鳳翔				天祐4年		從唐年號
渤海	⑭大諲譔	龍泉府		末王		元年		在東北
大長和	①鄭買嗣	陽苴咩		聖明	1	安國5年		在雲南
古格						94年		西藏阿里

月 干支 序數	星期 月序	日	1	2	3	4	5	6	日	1	2	3	4	5	6	日	1	2	3	4	5	6	日	1	2	3	4	5	6	日	1	2	3	4	5	6	日	1
	公曆1月					1	2	3	4	5	6	7	8	9	10	11	12	13	14	15	16	17	18	19	20	21	22	23	24	25	26	27	28	29	30	31		
	夏曆閏十二月					15	16	17	18	19	20	21	22	23	24	25	26	27	28	29	30	㊻	2	3	4	5	6	7	8	9	10	11	12	13	14	15		
	回曆4月					13	14	15	16	17	18	19	20	21	22	23	24	25	26	27	28	29	30	1	2	3	4	5	6	7	8	9	10	1	12	13		
	公曆2月	1	2	3	4	5	6	7	8	9	10	11	12	13	14	15	16	17	18	19	20	21	22	23	24	25	26	27	28									
39	夏曆正月	16	17	18	19	20	21	22	23	24	25	26	27	28	29	⑮	2	3	4	5	6	7	8	9	10	11	12	13	14									
	回曆5月	14	15	16	17	18	19	20	21	22	23	24	25	26	27	28	29	1	2	3	4	5	6	7	8	9	10	11	12									
	公曆3月	1	2	3	4	5	6	7	8	9	10	11	12	13	14	15	16	17	18	19	20	21	22	23	24	25	26	27	28	29	30	31						
40	夏曆二月	15	16	17	18	19	20	21	22	23	24	25	26	27	28	29	30	㊺	2	3	4	5	6	7	8	9	10	11	12	13	14	15						
	回曆6月	13	14	15	16	17	18	19	20	21	22	23	24	25	26	27	28	29	30	1	2	3	4	5	6	7	8	9	10	11	12	13						
	公曆4月				1	2	3	4	5	6	7	8	9	10	11	12	13	14	15	16	17	18	19	20	21	22	23	24	25	26	27	28	29	30				
41	夏曆三月				16	17	18	19	20	21	22	23	24	25	26	27	28	29	30	⑮	2	3	4	5	6	7	8	9	10	11	12	13	14	15				
	回曆7月				14	15	16	17	18	19	20	21	22	23	24	25	26	27	28	29	1	2	3	4	5	6	7	8	9	10	11	12	13	14				
	公曆5月						1	2	3	4	5	6	7	8	9	10	11	12	13	14	15	16	17	18	19	20	21	22	23	24	25	26	27	28	29	30	31	
42	夏曆四月						16	17	18	19	20	21	22	23	24	25	26	27	28	29	㊹	2	3	4	5	6	7	8	9	10	11	12	13	14	15	16	17	
	回曆8月						15	16	17	18	19	20	21	22	23	24	25	26	27	28	29	30	1	2	3	4	5	6	7	8	9	10	11	12	13	14	15	
	公曆6月		1	2	3	4	5	6	7	8	9	10	11	12	13	14	15	16	17	18	19	20	21	22	23	24	25	26	27	28	29	30						
43	夏曆五月		18	19	20	21	22	23	24	25	26	27	28	29	30	⑭	2	3	4	5	6	7	8	9	10	11	12	13	14	15	16	17						
	回曆9月		16	17	18	19	20	21	22	23	24	25	26	27	28	29	1	2	3	4	5	6	7	8	9	10	11	12	13	14	15	16						
	公曆7月				1	2	3	4	5	6	7	8	9	10	11	12	13	14	15	16	17	18	19	20	21	22	23	24	25	26	27	28	29	30	31			
44	夏曆六月				18	19	20	21	22	23	24	25	26	27	28	29	㊸	2	3	4	5	6	7	8	9	10	11	12	13	14	15	16	17	18	19			
	回曆10月				17	18	19	20	21	22	23	24	25	26	27	28	29	30	1	2	3	4	5	6	7	8	9	10	11	12	13	14	15	16	17			
	公曆8月							1	2	3	4	5	6	7	8	9	10	11	12	13	14	15	16	17	18	19	20	21	22	23	24	25	26	27	28	29	30	31
45	夏曆七月							20	21	22	23	24	25	26	27	28	29	30	⑬	2	3	4	5	6	7	8	9	10	11	12	13	14	15	16	17	18	19	20
	回曆11月							18	19	20	21	22	23	24	25	26	27	28	29	1	2	3	4	5	6	7	8	9	10	11	12	13	14	15	16	17	18	19
	公曆9月			1	2	3	4	5	6	7	8	9	10	11	12	13	14	15	16	17	18	19	20	21	22	23	24	25	26	27	28	29	30					
46	夏曆八月			21	22	23	24	25	26	27	28	29	30	㊸	2	3	4	5	6	7	8	9	10	11	12	13	14	15	16	17	18	19	20					
	回曆12月			20	21	22	23	24	25	26	27	28	29	30	1	2	3	4	5	6	7	8	9	10	11	12	13	14	15	16	17	18	19					
	公曆10月					1	2	3	4	5	6	7	8	9	10	11	12	13	14	15	16	17	18	19	20	21	22	23	24	25	26	27	28	29	30	31		
47	夏曆九月					21	22	23	24	25	26	27	28	29	⑫	2	3	4	5	6	7	8	9	10	11	12	13	14	15	16	17	18	19	20	21	22		
295年	回曆1月					20	21	22	23	24	25	26	27	28	29	30	①	2	3	4	5	6	7	8	9	10	11	12	13	14	15	16	17	18	19	20		
	公曆11月	1	2	3	4	5	6	7	8	9	10	11	12	13	14	15	16	17	18	19	20	21	22	23	24	25	26	27	28	29	30							
48	夏曆十月	23	24	25	26	27	28	29	30	㊷	2	3	4	5	6	7	8	9	10	11	12	13	14	15	16	17	18	19	20	21	22							
	回曆2月	21	22	23	24	25	26	27	28	29	30	1	2	3	4	5	6	7	8	9	10	11	12	13	14	15	16	17	18	19	20							
	公曆12月			1	2	3	4	5	6	7	8	9	10	11	12	13	14	15	16	17	18	19	20	21	22	23	24	25	26	27	28	29	30	31				
49	夏曆十一月			23	24	25	26	27	28	29	⑪	2	3	4	5	6	7	8	9	10	11	12	13	14	15	16	17	18	19	20	21	22	23	24				
	回曆3月			21	22	23	24	25	26	27	28	29	1	2	3	4	5	6	7	8	9	10	11	12	13	14	15	16	17	18	19	20	21	22				

大事記

四月，李柷禪位於朱全忠，唐亡。全忠即位，國號梁，建元開平，更名晃，都汴州。朱晃以馬殷為楚王。　五月，阿保機與梁通好。梁以錢鏐為吳越王，以劉隱為大彭王，以高季昌為荊南節度使。　九月，王建在成都稱帝，國號曰蜀(前蜀)。

是歲，韓鄂《四時纂要》成書。

五代十國紀年

干支戊辰　公元908年

朝代或國名	國家支配者	建都	廟號	謚號	建元	年號年次	輔政者	備注
(後)梁	①朱温	大梁	太祖		2	1開平2年		
吴	②楊渥	揚州	烈祖		3	2天祐5年		五月楊隆演即位
吴越	①錢鏐	錢塘		武肅王	8	2天寶元年		
漢	①王建	成都	高祖	惠	6	2武成元年		
晉	①李克用	太原	太祖	武	2	1天祐5年		從唐年號莊宗即位
岐	李茂貞	鳳翔				天祐5年		
契丹	①耶律阿保機		太祖	天	4	2年		
渤海	⑭大諲譔	龍泉府		末王		2年		在東北
大長和	鄭買嗣	陽苴咩		聖明	1	安國6年		在雲南
古格						95年		西藏阿里

月曆表

5621—355—2053094

月干支序數	月序 \ 星期	日	1	2	3	4	5	6	日	1	2	3	4	5	6	日	1	2	3	4	5	6	日	1	2	3	4	5	6	日	1	2	3	4	5	6	日	1
	公曆1月						1	2	3	4	5	6	7	8	9	10	11	12	13	14	15	16	17	18	19	20	21	22	23	24	25	26	27	28	29	30	31	
50	夏曆十二月						25	26	27	28	29	30	㊶	2	3	4	5	6	7	8	9	10	11	12	13	14	15	16	17	18	19	20	21	22	23	24	25	
	回曆4月						23	24	25	26	27	28	29	30	1	2	3	4	5	6	7	8	9	10	11	12	13	14	15	16	17	18	19	20	21	22	23	
	公曆2月		1	2	3	4	5	6	7	8	9	10	11	12	13	14	15	16	17	18	19	20	21	22	23	24	25	26	27	28	29							
51	夏曆正月		26	27	28	29	⑩	2	3	4	5	6	7	8	9	10	11	12	13	14	15	16	17	18	19	20	21	22	23	24	25							
	回曆5月		24	25	26	27	28	29	1	2	3	4	5	6	7	8	9	10	11	12	13	14	15	16	17	18	19	20	21	22	23							
	公曆3月			1	2	3	4	5	6	7	8	9	10	11	12	13	14	15	16	17	18	19	20	21	22	23	24	25	26	27	28	29	30	31				
52	夏曆二月			26	27	28	29	㊴	2	3	4	5	6	7	8	9	10	11	12	13	14	15	16	17	18	19	20	21	22	23	24	25	26	27				
	回曆6月			24	25	26	27	28	29	30	1	2	3	4	5	6	7	8	9	10	11	12	13	14	15	16	17	18	19	20	21	22	23	24				
	公曆4月						1	2	3	4	5	6	7	8	9	10	11	12	13	14	15	16	17	18	19	20	21	22	23	24	25	26	27	28	29	30		
53	夏曆三月						28	29	30	⑨	2	3	4	5	6	7	8	9	10	11	12	13	14	15	16	17	18	19	20	21	22	23	24	25	26	27		
	回曆7月						25	26	27	28	29	1	2	3	4	5	6	7	8	9	10	11	12	13	14	15	16	17	18	19	20	21	22	23	24	25		
	公曆5月	1	2	3	4	5	6	7	8	9	10	11	12	13	14	15	16	17	18	19	20	21	22	23	24	25	26	27	28	29	30	31						
54	夏曆四月	28	29	㊳	2	3	4	5	6	7	8	9	10	11	12	13	14	15	16	17	18	19	20	21	22	23	24	25	26	27	28	29						
	回曆8月	26	27	28	29	30	1	2	3	4	5	6	7	8	9	10	11	12	13	14	15	16	17	18	19	20	21	22	23	24	25	26						
	公曆6月				1	2	3	4	5	6	7	8	9	10	11	12	13	14	15	16	17	18	19	20	21	22	23	24	25	26	27	28	29	30				
55	夏曆五月				30	⑧	2	3	4	5	6	7	8	9	10	11	12	13	14	15	16	17	18	19	20	21	22	23	24	25	26	27	28	29				
	回曆9月				27	28	29	1	2	3	4	5	6	7	8	9	10	11	12	13	14	15	16	17	18	19	20	21	22	23	24	25	26	27				
	公曆7月						1	2	3	4	5	6	7	8	9	10	11	12	13	14	15	16	17	18	19	20	21	22	23	24	25	26	27	28	29	30	31	
56 57	夏曆六月 七						㊲	2	3	4	5	6	7	8	9	10	11	12	13	14	15	16	17	18	19	20	21	22	23	24	25	26	27	28	29	30	⑦	
	回曆10月						28	29	30	1	2	3	4	5	6	7	8	9	10	11	12	13	14	15	16	17	18	19	20	21	22	23	24	25	26	27	28	
	公曆8月		1	2	3	4	5	6	7	8	9	10	11	12	13	14	15	16	17	18	19	20	21	22	23	24	25	26	27	28	29	30	31					
58	夏曆八月		2	3	4	5	6	7	8	9	10	11	12	13	14	15	16	17	18	19	20	21	22	23	24	25	26	27	28	29	30	㊲	2					
	回曆11月		29	1	2	3	4	5	6	7	8	9	10	11	12	13	14	15	16	17	18	19	20	21	22	23	24	25	26	27	28	29	30					
	公曆9月					1	2	3	4	5	6	7	8	9	10	11	12	13	14	15	16	17	18	19	20	21	22	23	24	25	26	27	28	29	30			
59	夏曆九月					3	4	5	6	7	8	9	10	11	12	13	14	15	16	17	18	19	20	21	22	23	24	25	26	27	28	29	⑥	2	3			

續表

月 干支 序數	星期 月序	日	1	2	3	4	5	6	日	1	2	3	4	5	6	日	1	2	3	4	5	6	日	1	2	3	4	5	6	日	1	2	3	4	5	6	日	1
296 年	回曆 12,1 月					1	2	3	4	5	6	7	8	9	10	11	12	13	14	15	16	17	18	19	20	21	22	23	24	25	26	27	28	29	①			
	公曆 10 月							1	2	3	4	5	6	7	8	9	10	11	12	13	14	15	16	17	18	19	20	21	22	23	24	25	26	27	28	29	30	31
60	夏曆十月							4	5	6	7	8	9	10	11	12	13	14	15	16	17	18	19	20	21	22	23	24	25	26	27	28	29	30	㊱	2	3	4
	回曆 2 月							2	3	4	5	6	7	8	9	10	11	12	13	14	15	16	17	18	19	20	21	22	23	24	25	26	27	28	29	30	1	2
	公曆 11 月			1	2	3	4	5	6	7	8	9	10	11	12	13	14	15	16	17	18	19	20	21	22	23	24	25	26	27	28	29	30					
1	夏曆十一月			5	6	7	8	9	10	11	12	13	14	15	16	17	18	19	20	21	22	23	24	25	26	27	28	29	30	⑥	2	3	4					
	回曆 3 月			3	4	5	6	7	8	9	10	11	12	13	14	15	16	17	18	19	20	21	22	23	24	25	26	27	28	29	1	2	3					
	公曆 12 月					1	2	3	4	5	6	7	8	9	10	11	12	13	14	15	16	17	18	19	20	21	22	23	24	25	26	27	28	29	30	31		
2	夏曆十二月					5	6	7	8	9	10	11	12	13	14	15	16	17	18	19	20	21	22	23	24	25	26	27	28	29	㉟	2	3	4	5	6		
	回曆 4 月					4	5	6	7	8	9	10	11	12	13	14	15	16	17	18	19	20	21	22	23	24	25	26	27	28	29	30	1	2	3	4		

大事記

正月，蜀王建元武成。　二月，李克用卒，子存勖襲位為晉王。　三月，梁急攻潞州。　四月，李存勖來救。　五月，大破梁師。淮南將徐溫等殺楊渥，奉其弟楊隆演為主。契丹遣使求梁册命。蜀帝遣兵會李茂貞結李存勖攻梁，茂貞敗。　八月，楊隆演遣兵攻錢鏐。　九月，楚軍攻嶺南，取昭、賀、梧、蒙、龔、富六州。　十月，溫韜據雍州，發唐諸陵。　十一月，梁兵攻淮南，敗績。

五代十國紀年

干支己巳　公元 909 年

朝代或國名	國家支配者	建都	廟號	謚號	建元	年號年次	輔政者	備注
(後)梁	①朱溫	洛陽	太祖		2	1 開平 3 年		
吳	③楊隆演	揚州	高祖	宣	3	2 天祐 6 年		從唐年號
吳越	①錢鏐	錢塘		武肅王	8	2 天寶 2 年		
閩	①王審知	福州	太祖		7	1 開平 3 年		四月建元 從梁年號
漢	①王建	成都	高祖	惠	6	2 武成 2 年		
晉	②李存勖	太原	莊宗		2	1 天祐 6 年		從唐年號
岐	李茂貞	鳳翔				天祐 6 年		
契丹	①耶律阿保機		太祖	天	4	3 年		
渤海	⑭大諲譔	龍泉府		末王		3 年		在東北
大長和	①鄭買嗣	陽苴咩		聖明	1	安國 7 年		八月鄭仁旻即位
古格						96 年		西藏阿里

月曆表

5622—384—2053478

月 干支 序數	星期 月序	日	1	2	3	4	5	6	日	1	2	3	4	5	6	日	1	2	3	4	5	6	日	1	2	3	4	5	6	日	1	2	3	4	5	6	日	1
	公曆 1 月	1	2	3	4	5	6	7	8	9	10	11	12	13	14	15	16	17	18	19	20	21	22	23	24	25	2	72	28	29	30	31						
3	夏曆正月	7	8	9	10	11	12	13	14	15	16	17	18	19	20	21	22	23	24	25	26	27	28	29	30	⑤	2	3	4	5	6	7						
	回曆 5 月	5	6	7	8	9	10	11	12	13	14	15	16	17	18	19	20	21	22	23	24	25	26	27	28	29	1	2	3	4	5	6						

續表

月序干支序數	月序＼星期	日	1	2	3	4	5	6	日	1	2	3	4	5	6	日	1	2	3	4	5	6	日	1	2	3	4	5	6	日	1	2	3	4	5	6	日	1
	公曆2月				1	2	3	4	5	6	7	8	9	10	11	12	13	14	15	16	17	18	19	20	21	22	23	24	25	26	27	28						
4	夏曆二月				8	9	10	11	12	13	14	15	16	17	18	19	20	21	22	23	24	25	26	27	28	29	㉞	2	3	4	5	6						
	回曆6月				7	8	9	10	11	12	13	14	15	16	17	18	19	20	21	22	23	24	25	26	27	28	29	30	1	2	3	4						
	公曆3月				1	2	3	4	5	6	7	8	9	10	11	12	13	14	15	16	17	18	19	20	21	22	23	24	25	26	27	28	29	30	31			
5	夏曆三月				7	8	9	10	11	12	13	14	15	16	17	18	19	20	21	22	23	24	25	26	27	28	29	③	2	3	4	5	6	7	8			
	回曆7月				5	6	7	8	9	10	11	12	13	14	15	16	17	18	19	20	21	22	23	24	25	26	27	28	29	1	2	3	4	5	6			
	公曆4月							1	2	3	4	5	6	7	8	9	10	11	12	13	14	15	16	17	18	19	20	21	22	23	24	25	26	27	28	29	30	
6	夏曆四月							9	10	11	12	13	14	15	16	17	18	19	20	21	22	23	24	25	26	27	28	29	30	㉝	2	3	4	5	6	7	8	
	回曆8月							7	8	9	10	11	12	13	14	15	16	17	18	19	20	21	22	23	24	25	26	27	28	29	30	1	2	3	4	5	6	
	公曆5月		1	2	3	4	5	6	7	8	9	10	11	12	13	14	15	16	17	18	19	20	21	22	23	24	25	26	27	28	29	30	31					
7	夏曆五月		9	10	11	12	13	14	15	16	17	18	19	20	21	22	23	24	25	26	27	28	29	②	2	3	4	5	6	7	8	9	10					
	回曆9月		7	8	9	10	11	12	13	14	15	16	17	18	19	20	21	22	23	24	25	26	27	28	29	1	2	3	4	5	6	7	8					
	公曆6月					1	2	3	4	5	6	7	8	9	10	11	12	13	14	15	16	17	18	19	20	21	22	23	24	25	26	27	28	29	30			
8	夏曆六月					11	12	13	14	15	16	17	18	19	20	21	22	23	24	25	26	27	28	29	30	㉜	2	3	4	5	6	7	8	9	10			
	回曆10月					9	10	11	12	13	14	15	16	17	18	19	20	21	22	23	24	25	26	27	28	29	30	1	2	3	4	5	6	7	8			
	公曆7月							1	2	3	4	5	6	7	8	9	10	11	12	13	14	15	16	17	18	19	20	21	22	23	24	25	26	27	28	29	30	31
9	夏曆七月							11	12	13	14	15	16	17	18	19	20	21	22	23	24	25	26	27	28	29	①	2	3	4	5	6	7	8	9	10	11	12
	回曆11月							9	10	11	12	13	14	15	16	17	18	19	20	21	22	23	24	25	26	27	28	29	1	2	3	4	5	6	7	8	9	10
	公曆8月			1	2	3	4	5	6	7	8	9	10	11	12	13	14	15	16	17	18	19	20	21	22	23	24	25	26	27	28	29	30	31				
10	夏曆八月			13	14	15	16	17	18	19	20	21	22	23	24	25	26	27	28	29	30	㉛	2	3	4	5	6	7	8	9	10	11	12	13				
	回曆12月			11	12	13	14	15	16	17	18	19	20	21	22	23	24	25	26	27	28	29	30	1	2	3	4	5	6	7	8	9	10	11				
	公曆9月						1	2	3	4	5	6	7	8	9	10	11	12	13	14	15	16	17	18	19	20	21	22	23	24	25	26	27	28	29	30		
	夏曆閏八月						14	15	16	17	18	19	20	21	22	23	24	25	26	27	28	29	(60)	2	3	4	5	6	7	8	9	10	11	12	13	14		
297年	回曆1月						12	13	14	15	16	17	18	19	20	21	22	23	24	25	26	27	28	29	30	①	2	3	4	5	6	7	8	9	10	11		
	公曆10月	1	2	3	4	5	6	7	8	9	10	11	12	13	14	15	16	17	18	19	20	21	22	23	24	25	26	27	28	29	30	31						
11	夏曆九月	15	16	17	18	19	20	21	22	23	24	25	26	27	28	29	30	㉚	2	3	4	5	6	7	8	9	10	11	12	13	14	15						
	回曆2月	12	13	14	15	16	17	18	19	20	21	22	23	24	25	26	27	28	29	30	1	2	3	4	5	6	7	8	9	10	11	12						
	公曆11月				1	2	3	4	5	6	7	8	9	10	11	12	13	14	15	16	17	18	19	20	21	22	23	24	25	26	27	28	29	30				
12	夏曆十月				16	17	18	19	20	21	22	23	24	25	26	27	28	29	30	(60)	2	3	4	5	6	7	8	9	10	11	12	13	14	15				
	回曆3月				13	14	15	16	17	18	19	20	21	22	23	24	25	26	27	28	29	1	2	3	4	5	6	7	8	9	10	11	12	13				
	公曆12月						1	2	3	4	5	6	7	8	9	10	11	12	13	14	15	16	17	18	19	20	21	22	23	24	25	26	27	28	29	30	31	
13	夏曆十一月						16	17	18	19	20	21	22	23	24	25	26	27	28	29	30	㉚	2	3	4	5	6	7	8	9	10	11	12	13	14	15	16	
	回曆4月						14	15	16	17	18	19	20	21	22	23	24	25	26	27	28	29	30	1	2	3	4	5	6	7	8	9	10	11	12	13	14	

大事記

正月，梁徙都於洛陽。　三月，梁取鄜、坊、丹、延等州。　四月，梁封王審知為閩王，封劉隱為南平王。　七月，梁封劉守光為燕王。　八月，吳盡取江西地。　十月，蜀行永昌曆。

五代十國紀年　　干支庚午　公元910年

朝代或國名	國家支配者	建都	廟號	謚號	建元	年號年次	輔政者	備注
(後)梁	①朱温	洛陽	太祖		2	1開平4年		
吳	③楊隆演	揚州	高祖	宣	3	2天祐7年		從唐年號
吳越	①錢鏐	錢塘		武肅王	8	2天寶3年		
閩	①王審知	福州	太祖		2	1開平4年		從後梁年號
漢	①王建	成都	高祖	惠	6	2武成3年		
晋	②李存勖	太原	莊宗		2	1天祐7年		從唐年號
岐	李茂貞	鳳翔				天祐7年		
契丹	①耶律阿保機		太祖	天	4	4年		
渤海	⑭大諲譔	龍泉府		末王		4年		在東北
大長和	②鄭仁旻	陽苴咩		肅文太上		始元元年		在雲南
古格						97年		西藏阿里

月曆表　　5623—354—2053832

月干支序數	月序＼星期	日	1	2	3	4	5	6	日	1	2	3	4	5	6	日	1	2	3	4	5	6	日	1	2	3	4	5	6	日	1	2	3	4	5	6	日	1
	公曆1月		1	2	3	4	5	6	7	8	9	10	11	12	13	14	15	16	17	18	19	20	21	22	23	24	25	26	27	28	29	30	31					
14	夏曆十二月		17	18	19	20	21	22	23	24	25	26	27	28	29	30	(60)	2	3	4	5	6	7	8	9	10	11	12	13	14	15	16	17					
	回曆5月		15	16	17	18	19	20	21	22	23	24	25	26	27	28	29	1	2	3	4	5	6	7	8	9	10	11	12	13	14	15	16					
	公曆2月					1	2	3	4	5	6	7	8	9	10	11	12	13	14	15	16	17	18	19	20	21	22	23	24	25	26	27	28					
15	夏曆正月					18	19	20	21	22	23	24	25	26	27	28	29	㉙	2	3	4	5	6	7	8	9	10	11	12	13	14	15	16					
	回曆6月					17	18	19	20	21	22	23	24	25	26	27	28	29	30	1	2	3	4	5	6	7	8	9	10	11	12	13	14					
	公曆3月					1	2	3	4	5	6	7	8	9	10	11	12	13	14	15	16	17	18	19	20	21	22	23	24	25	26	27	28	29	30	31		
16	夏曆二月					17	18	19	20	21	22	23	24	25	26	27	28	29	(58)	2	3	4	5	6	7	8	9	10	11	12	13	14	15	16	17	18		
	回曆7月					15	16	17	18	19	20	21	22	23	24	25	26	27	28	29	1	2	3	4	5	6	7	8	9	10	11	12	13	14	15	16		
	公曆4月	1	2	3	4	5	6	7	8	9	10	11	12	13	14	15	16	17	18	19	20	21	22	23	24	25	26	27	28	29	30							
17	夏曆三月	19	20	21	22	23	24	25	26	27	28	29	30	㉘	2	3	4	5	6	7	8	9	10	11	12	13	14	15	16	17	18							
	回曆8月	17	18	19	20	21	22	23	24	25	26	27	28	29	30	1	2	3	4	5	6	7	8	9	10	11	12	13	14	15	16							
	公曆5月			1	2	3	4	5	6	7	8	9	10	11	12	13	14	15	16	17	18	19	20	21	22	23	24	25	26	27	28	29	30	31				
18	夏曆四月			19	20	21	22	23	24	25	26	27	28	29	(57)	2	3	4	5	6	7	8	9	10	11	12	13	14	15	16	17	18	19	20				
	回曆9月			17	18	19	20	21	22	23	24	25	26	27	28	29	1	2	3	4	5	6	7	8	9	10	11	12	13	14	15	16	17	18				
	公曆6月						1	2	3	4	5	6	7	8	9	10	11	12	13	14	15	16	17	18	19	20	21	22	23	24	25	26	27	28	29	30		
19	夏曆五月						21	22	23	24	25	26	27	28	29	㉖	2	3	4	5	6	7	8	9	10	11	12	13	14	15	16	17	18	19	20	21		
	回曆10月						19	20	21	22	23	24	25	26	27	28	29	30	1	2	3	4	5	6	7	8	9	10	11	12	13	14	15	16	17	18		
	公曆7月	1	2	3	4	5	6	7	8	9	10	11	12	13	14	15	16	17	18	19	20	21	22	23	24	25	26	27	28	29	30	31						
20	夏曆六月	22	23	24	25	26	27	28	29	30	(56)	2	3	4	5	6	7	8	9	10	11	12	13	14	15	16	17	18	19	20	21	22						
	回曆11月	19	20	21	22	23	24	25	26	27	28	29	1	2	3	4	5	6	7	8	9	10	11	12	13	14	15	16	17	18	19	20						
	公曆8月				1	2	3	4	5	6	7	8	9	10	11	12	13	14	15	16	17	18	19	20	21	22	23	24	25	26	27	28	29	30	31			
21	夏曆七月				23	24	25	26	27	28	29	㉕	2	3	4	5	6	7	8	9	10	11	12	13	14	15	16	17	18	19	20	21	22	23	24			
	回曆12月				21	22	23	24	25	26	27	28	29	30	1	2	3	4	5	6	7	8	9	10	11	12	13	14	15	16	17	18	19	20	21			
	公曆9月							1	2	3	4	5	6	7	8	9	10	11	12	13	14	15	16	17	18	19	20	21	22	23	24	25	26	27	28	29	30	
22	夏曆八月							25	26	27	28	29	30	(55)	2	3	4	5	6	7	8	9	10	11	12	13	14	15	16	17	18	19	20	21	22	23	24	
298年	回曆1月							22	23	24	25	26	27	28	29	①	2	3	4	5	6	7	8	9	10	11	12	13	14	15	16	17	18	19	20	21	22	

續表

月 干支 序數	星期 月序	日	1	2	3	4	5	6	日	1	2	3	4	5	6	日	1	2	3	4	5	6	日	1	2	3	4	5	6	日	1	2	3	4	5	6	日	1
	公曆 10 月		1	2	3	4	5	6	7	8	9	10	11	12	13	14	15	16	17	18	19	20	21	22	23	24	25	26	27	28	29	30	31					
23	夏曆九月		25	26	27	28	29	㉔	2	3	4	5	6	7	8	9	10	11	12	13	14	15	16	17	18	19	20	21	22	23	24	25	26					
	回曆 2 月		23	24	25	26	27	28	29	30	1	2	3	4	5	6	7	8	9	10	11	12	13	14	15	16	17	18	19	20	21	22	23					
	公曆 11 月					1	2	3	4	5	6	7	8	9	10	11	12	13	14	15	16	17	18	19	20	21	22	23	24	25	26	27	28	29	30			
24	夏曆十月					27	28	29	30	(54)	2	3	4	5	6	7	8	9	10	11	12	13	14	15	16	17	18	19	20	21	22	23	24	25	26			
	回曆 3 月					24	25	26	27	28	29	1	2	3	4	5	6	7	8	9	10	11	12	13	14	15	16	17	18	19	20	21	22	23	24			
	公曆 12 月							1	2	3	4	5	6	7	8	9	10	11	12	13	14	15	16	17	18	19	20	21	22	23	24	25	26	27	28	29	30	31
25	夏曆十一月							27	28	29	30	㉔	2	3	4	5	6	7	8	9	10	11	12	13	14	15	16	17	18	19	20	21	22	23	24	25	26	27
	回曆 4 月							25	26	27	28	29	30	1	2	3	4	5	6	7	8	9	10	11	12	13	14	15	16	17	18	19	20	21	22	23	24	25

大事記

正月，劉守光拔滄州。　二月，岐王李茂貞封楊隆演嗣吳王。　六月，梁加楚王馬殷天策上將軍，殷置左右相。　七月，李茂貞結李存勗攻夏州，李仁福向朱晃告急，遣兵救之。　八月，吳王築捍海石塘，由是錢唐富庶。　十二月，梁頒行新修律令格式。

五代十國紀年

干支辛未　公元 911 年

朝代或國名	國家支配者	建都	廟號	謚號	建元	年號年次	輔政者	備注
(後)梁	①朱温	洛陽	太祖		2	2 乾化元年		五月朔改元
吳	③楊隆演	揚州	高祖	宣	3	2 天祐 8 年		從唐年號
吳越	①錢鏐	錢塘		武肅王	8	2 天寶 4 年		
閩	①王審知	福州	太祖		7	2 乾化元年		從後梁年號
燕	劉守光	盧龍			1	應天元年		八月建元，在河北
漢	①王建	成都	高祖	惠	6	3 永平元年		
晉	②李存勗	太原	莊宗		2	1 天祐 8 年		從唐年號
岐	李茂貞	鳳翔				天祐 8 年		
契丹	①耶律阿保機		太祖	天	4	5 年		
渤海	⑭大諲譔	龍泉府		末王		5 年		在東北
大長和	②鄭仁旻	陽苴咩		肅文太上		始元 2 年		在雲南
古格						98 年		西藏阿里

月曆表

5624—354—2054186

月 干支 序數	星期 月序	日	1	2	3	4	5	6	日	1	2	3	4	5	6	日	1	2	3	4	5	6	日	1	2	3	4	5	6	日	1	2	3	4	5	6	日	1
	公曆 1 月			1	2	3	4	5	6	7	8	9	10	11	12	13	14	15	16	17	18	19	20	21	22	23	24	25	26	27	28	29	30	31				
26	夏曆十二月			28	29	30	(54)	2	3	4	5	6	7	8	9	10	11	12	13	14	15	16	17	18	19	20	21	22	23	24	25	26	27	28				
	回曆 5 月			26	27	28	29	1	2	3	4	5	6	7	8	9	10	11	12	13	14	15	16	17	18	19	20	21	22	23	24	25	26	27				
	公曆 2 月						1	2	3	4	5	6	7	8	9	10	11	12	13	14	15	16	17	18	19	20	21	22	23	24	25	26	27	28				
27	夏曆正月						29	㉓	2	3	4	5	6	7	8	9	10	11	12	13	14	15	16	17	18	19	20	21	22	23	24	25	26	27				

續表

月干支序數	月序＼星期	日	1	2	3	4	5	6	日	1	2	3	4	5	6	日	1	2	3	4	5	6	日	1	2	3	4	5	6	日	1	2	3	4	5	6	日	1
	回曆6月						28	29	30	1	2	3	4	5	6	7	8	9	10	11	12	13	14	15	16	17	18	19	20	21	22	23	24	25				
	公曆3月						1	2	3	4	5	6	7	8	9	10	11	12	13	14	15	16	17	18	19	20	21	22	23	24	25	26	27	28	29	30	31	
28	夏曆二月						28	29	30	㊼	2	3	4	5	6	7	8	9	10	11	12	13	14	15	16	17	18	19	20	21	22	23	24	25	26	27	28	
	回曆7月						26	27	28	29	1	2	3	4	5	6	7	8	9	10	11	12	13	14	15	16	17	18	19	20	21	22	23	24	25	26	27	
	公曆4月		1	2	3	4	5	6	7	8	9	10	11	12	13	14	15	16	17	18	19	20	21	22	23	24	25	26	27	28	29	30						
29	夏曆三月		29	㉒	2	3	4	5	6	7	8	9	10	11	12	13	14	15	16	17	18	19	20	21	22	23	24	25	26	27	28	29						
	回曆8月		28	29	30	1	2	3	4	5	6	7	8	9	10	11	12	13	14	15	16	17	18	19	20	21	22	23	24	25	26	27						
	公曆5月				1	2	3	4	5	6	7	8	9	10	11	12	13	14	15	16	17	18	19	20	21	22	23	24	25	26	27	28	29	30	31			
30 31	夏曆四五月				30	㊾	2	3	4	5	6	7	8	9	10	11	12	13	14	15	16	17	18	19	20	21	22	23	24	25	26	27	28	29	㉑			
	回曆9月				28	29	1	2	3	4	5	6	7	8	9	10	11	12	13	14	15	16	17	18	19	20	21	22	23	24	25	26	27	28	29			
	公曆6月							1	2	3	4	5	6	7	8	9	10	11	12	13	14	15	16	17	18	19	20	21	22	23	24	25	26	27	28	29	30	
32	夏曆六月							2	3	4	5	6	7	8	9	10	11	12	13	14	15	16	17	18	19	20	21	22	23	24	25	26	27	28	29	㊿	2	
	回曆10月							30	1	2	3	4	5	6	7	8	9	10	11	12	13	14	15	16	17	18	19	20	21	22	23	24	25	26	27	28	29	
	公曆7月		1	2	3	4	5	6	7	8	9	10	11	12	13	14	15	16	17	18	19	20	21	22	23	24	25	26	27	28	29	30	31					
33	夏曆七月		3	4	5	6	7	8	9	10	11	12	13	14	15	16	17	18	19	20	21	22	23	24	25	26	27	28	29	⑲	2	3	4					
	回曆11月		1	2	3	4	5	6	7	8	9	10	11	12	13	14	15	16	17	18	19	20	21	22	23	24	25	26	27	28	29	30	1					
	公曆8月					1	2	3	4	5	6	7	8	9	10	11	12	13	14	15	16	17	18	19	20	21	22	23	24	25	26	27	28	29	30	31		
34	夏曆八月					5	6	7	8	9	10	11	12	13	14	15	16	17	18	19	20	21	22	23	24	25	26	27	28	29	30	㊾	2	3	4	5		
299年	回曆1月					2	3	4	5	6	7	8	9	10	11	12	13	14	15	16	17	18	19	20	21	22	23	24	25	26	27	28	29	①	2	3		
	公曆9月	1	2	3	4	5	6	7	8	9	10	11	12	13	14	15	16	17	18	19	20	21	22	23	24	25	26	27	28	29	30							
35	夏曆九月	6	7	8	9	10	11	12	13	14	15	16	17	18	19	20	21	22	23	24	25	26	27	28	29	⑱	2	3	4	5	6							
	回曆2月	4	5	6	7	8	9	10	11	12	13	14	15	16	17	18	19	20	21	22	23	24	25	26	27	28	29	30	1	2	3							
	公曆10月			1	2	3	4	5	6	7	8	9	10	11	12	13	14	15	16	17	18	19	20	21	22	23	24	25	26	27	28	29	30	31				
36	夏曆十月			7	8	9	10	11	12	13	14	15	16	17	18	19	20	21	22	23	24	25	26	27	28	29	30	㊽	2	3	4	5	6	7				
	回曆3月			4	5	6	7	8	9	10	11	12	13	14	15	16	17	18	19	20	21	22	23	24	25	26	27	28	29	1	2	3	4	5				
	公曆11月						1	2	3	4	5	6	7	8	9	10	11	12	13	14	15	16	17	18	19	20	21	22	23	24	25	26	27	28	29	30		
37	夏曆十一月						8	9	10	11	12	13	14	15	16	17	18	19	20	21	22	23	24	25	26	27	28	29	30	⑱	2	3	4	5	6	7		
	回曆4月						6	7	8	9	10	11	12	13	14	15	16	17	18	19	20	21	22	23	24	25	26	27	28	29	30	1	2	3	4	5		
	公曆12月	1	2	3	4	5	6	7	8	9	10	11	12	13	14	15	16	17	18	19	20	21	22	23	24	25	26	27	28	29	30	31						
38	夏曆十二月	8	9	10	11	12	13	14	15	16	17	18	19	20	21	22	23	24	25	26	27	28	29	30	㊽	2	3	4	5	6	7	8						
	回曆5月	6	7	8	9	10	11	12	13	14	15	16	17	18	19	20	21	22	23	24	25	26	27	28	29	1	2	3	4	5	6	7						

大事記

正月，晉大敗梁軍於高邑柏鄉。　三月，南平王劉隱卒，弟巖襲位。　八月，守光稱燕帝，國號燕，建元應天；即位之日，契丹陷平州，尋去。　十一月，岐王李茂貞侵蜀之兵大敗。甘州回鶻遣使入貢。

五代十國紀年

干支壬申　公元912年

朝代或國名	國家支配者	建都	廟號	謚號	建元	年號年次	輔政者	備注
(後)梁	①朱温	洛陽	太祖		2	2乾化2年		六月朱友珪即位
吳	③楊隆演	揚州	高祖	宣	3	2天祐9年		從唐年號
吳越	①錢鏐	(余杭)		武肅王	8	2天寶5年		
閩	①王審知	福州	太祖		7	2乾化2年		從後梁年號

續表

朝代或國名	國家支配者	建　都	廟　號	謚　號	建　元	年號年次	輔政者	備　注
于闐	①李聖天	和田			1	同慶元年		在新疆
燕	劉守光	盧龍			1	應天2年		在河北
漢	①王建	成都	高祖	惠	6	3永平2年		
晉	②李存勖	太原	莊宗		2	1天祐9年		
岐	李茂貞	鳳翔				天祐9年		
契丹	①耶律阿保機		太祖	天	4	6年		
渤海	⑭大諲譔	龍泉府		末王		6年		在東北
大長和	鄭仁旻	陽苴咩	肅文太上			始元3年		在雲南
古格						99年		西藏阿里

月曆表

5625－384－2054570

月 干支 序數	星期 月序	日	1	2	3	4	5	6	日	1	2	3	4	5	6	日	1	2	3	4	5	6	日	1	2	3	4	5	6	日	1	2	3	4	5	6	日	1
	公曆1月				1	2	3	4	5	6	7	8	9	10	11	12	13	14	15	16	17	18	19	20	21	22	23	24	25	26	27	28	29	30	31			
39	夏曆正月				9	10	11	12	13	14	15	16	17	18	19	20	21	22	23	24	25	26	27	28	29	⑰	2	3	4	5	6	7	8	9	10			
	回曆6月				8	9	10	11	12	13	14	15	16	17	18	19	20	21	22	23	24	25	26	27	28	29	30	1	2	3	4	5	6	7	8			
	公曆2月							1	2	3	4	5	6	7	8	9	10	11	12	13	14	15	16	17	18	19	20	21	22	23	24	25	26	27	28	29		
40	夏曆二月							11	12	13	14	15	16	17	18	19	20	21	22	23	24	25	26	27	28	29	30	㊼	2	3	4	5	6	7	8	9		
	回曆7月							9	10	11	12	13	14	15	16	17	18	19	20	21	22	23	24	25	26	27	28	29	1	2	3	4	5	6	7	8		
	公曆3月	1	2	3	4	5	6	7	8	9	10	11	12	13	14	15	16	17	18	19	20	21	22	23	24	25	26	27	28	29	30	31						
41	夏曆三月	10	11	12	13	14	15	16	17	18	19	20	21	22	23	24	25	26	27	28	29	30	⑰	2	3	4	5	6	7	8	9	10						
	回曆8月	9	10	11	12	13	14	15	16	17	18	19	20	21	22	23	24	25	26	27	28	29	30	1	2	3	4	5	6	7	8	9						
	公曆4月				1	2	3	4	5	6	7	8	9	10	11	12	13	14	15	16	17	18	19	20	21	22	23	24	25	26	27	28	29	30				
42	夏曆四月				11	12	13	14	15	16	17	18	19	20	21	22	23	24	25	26	27	28	29	㊻	2	3	4	5	6	7	8	9	10	11				
	回曆9月				10	11	12	13	14	15	16	17	18	19	20	21	22	23	24	25	26	27	28	29	1	2	3	4	5	6	7	8	9	10				
	公曆5月						1	2	3	4	5	6	7	8	9	10	11	12	13	14	15	16	17	18	19	20	21	22	23	24	25	26	27	28	29	30	31	
43	夏曆五月						12	13	14	15	16	17	18	19	20	21	22	23	24	25	26	27	28	29	30	⑯	2	3	4	5	6	7	8	9	10	11	12	
	回曆10月						11	12	13	14	15	16	17	18	19	20	21	22	23	24	25	26	27	28	29	30	1	2	3	4	5	6	7	8	9	10	11	
	公曆6月		1	2	3	4	5	6	7	8	9	10	11	12	13	14	15	16	17	18	19	20	21	22	23	24	25	26	27	28	29	30						
	夏曆閏五月		13	14	15	16	17	18	19	20	21	22	23	24	25	26	27	28	29	㊺	2	3	4	5	6	7	8	9	10	11	12	13						
	回曆11月		12	13	14	15	16	17	18	19	20	21	22	23	24	25	26	27	28	29	1	2	3	4	5	6	7	8	9	10	11	12						
	公曆7月				1	2	3	4	5	6	7	8	9	10	11	12	13	14	15	16	17	18	19	20	21	22	23	24	25	26	27	28	29	30	31			
44	夏曆六月				14	15	16	17	18	19	20	21	22	23	24	25	26	27	28	29	⑭	2	3	4	5	6	7	8	9	10	11	12	13	14	15			
	回曆12月				13	14	15	16	17	18	19	20	21	22	23	24	25	26	27	28	29	30	1	2	3	4	5	6	7	8	9	10	11	12	13			
	公曆8月							1	2	3	4	5	6	7	8	9	10	11	12	13	14	15	16	17	18	19	20	21	22	23	24	25	26	27	28	29	30	31
45	夏曆七月							16	17	18	19	20	21	22	23	24	25	26	27	28	29	㊸	2	3	4	5	6	7	8	9	10	11	12	13	14	15	16	17
300年	回曆1月							14	15	16	17	18	19	20	21	22	23	24	25	26	27	28	29	30	①	2	3	4	5	6	7	8	9	10	11	12	13	14
	公曆9月			1	2	3	4	5	6	7	8	9	10	11	12	13	14	15	16	17	18	19	20	21	22	23	24	25	26	27	28	29	30					
46	夏曆八月			18	19	20	21	22	23	24	25	26	27	28	29	30	⑬	2	3	4	5	6	7	8	9	10	11	12	13	14	15	16	17					
	回曆2月			15	16	17	18	19	20	21	22	23	24	25	26	27	28	29	30	1	2	3	4	5	6	7	8	9	10	11	12	13	14					
	公曆10月					1	2	3	4	5	6	7	8	9	10	11	12	13	14	15	16	17	18	19	20	21	22	23	24	25	26	27	28	29	30	31		
47	夏曆九月					18	19	20	21	22	23	24	25	26	27	28	29	㊷	2	3	4	5	6	7	8	9	10	11	12	13	14	15	16	17	18	19		

續表

月干支序數	星期／月序	日	1	2	3	4	5	6	日	1	2	3	4	5	6	日	1	2	3	4	5	6	日	1	2	3	4	5	6	日	1	2	3	4	5	6	日	1
	回曆3月					15	16	17	18	19	20	21	22	23	24	25	26	27	28	29	1	2	3	4	5	6	7	8	9	10	11	12	13	14	15	16		
	公曆11月	1	2	3	4	5	6	7	8	9	10	11	12	13	14	15	16	17	18	19	20	21	22	23	24	25	26	27	28	29	30							
48	夏曆十月	20	21	22	23	24	25	26	27	28	29	30	⑫	2	3	4	5	6	7	8	9	10	11	12	13	14	15	16	17	18	19							
	回曆4月	17	18	19	20	21	22	23	24	25	26	27	28	29	30	1	2	3	4	5	6	7	8	9	10	11	12	13	14	15	16							
	公曆12月			1	2	3	4	5	6	7	8	9	10	11	12	13	14	15	16	17	18	19	20	21	22	23	24	25	26	27	28	29	30	31				
49	夏曆十一月			20	21	22	23	24	25	26	27	28	29	30	㊷	2	3	4	5	6	7	8	9	10	11	12	13	14	15	16	17	18	19	20				
	回曆5月			17	18	19	20	21	22	23	24	25	26	27	28	29	1	2	3	4	5	6	7	8	9	10	11	12	13	14	15	16	17	18				

大事記

正月，晋將周德威下燕數城，至幽州。燕主劉守光請援於梁。　二月，辰州"蠻"宋鄴、昌師益降於楚。　三月，梁帝自將攻王鎔，屠棗強，攻蓨縣，為晋軍所敗。　六月，梁郢王朱友珪殺父朱晃自立，稱皇帝。　七月，梁加吳越王錢鏐尚父。　九月，吳徐溫進楊隆演為吳王。

五代十國紀年　　干支癸酉　公元913年

朝代或國名	國家支配者	建都	廟號	謚號	建元	年號年次	輔政者	備注
(後)梁	②朱友珪	洛陽	庶人		1	鳳曆元年		一作"庶人"元年
	③朱友貞	大梁		末	3	1乾化3年		二月改元
吳	③楊隆演	揚州	高祖	宣	3	2天祐10年		從唐年號
吳越	①錢鏐	錢塘		武肅王	8	3鳳曆元年		從後梁年號
						4乾化3年		從後梁年號
閩	①王審知	福州	太祖		7	3鳳曆元年		從後梁年號
						4乾化3年		從後梁年號
燕	劉守光	盧龍			1	應天3年		十一月亡
漢	①王建	成都	高祖	惠	6	3永平3年		
晉	②李存勗	太原	莊宗		2	1天祐10年		從唐年號
契丹	①耶律阿保機		太祖	天	4	7年		
渤海	⑭大諲譔	龍泉府		末王		7年		在東北
大長和	②鄭仁旻	陽苴咩		肅文太上		天瑞景星		在雲南
岐	李茂貞	鳳翔				天祐10年		從唐年號
古格						100年		西藏阿里
于闐	①李聖天	和田			1	同慶2年		在新疆

月曆表　　5626—354—2054924

月干支序數	星期／月序	日	1	2	3	4	5	6	日	1	2	3	4	5	6	日	1	2	3	4	5	6	日	1	2	3	4	5	6	日	1	2	3	4	5	6	日	1
	公曆1月						1	2	3	4	5	6	7	8	9	10	11	12	13	14	15	16	17	18	19	20	21	22	23	24	25	26	27	28	29	30	31	
50	夏曆十二月						21	22	23	24	25	26	27	28	29	⑪	2	3	4	5	6	7	8	9	10	11	12	13	14	15	16	17	18	19	20	21	22	
	回曆6月						19	20	21	22	23	24	25	26	27	28	29	30	1	2	3	4	5	6	7	8	9	10	11	12	13	14	15	16	17	18	19	

續表

月干支序數	星期 月序	日	1	2	3	4	5	6	日	1	2	3	4	5	6	日	1	2	3	4	5	6	日	1	2	3	4	5	6	日	1	2	3	4	5	6	日	1
	公曆2月		1	2	3	4	5	6	7	8	9	10	11	12	13	14	15	16	17	18	19	20	21	22	23	24	25	26	27	28								
51	夏曆正月		23	24	25	26	27	28	29	30	㊶	2	3	4	5	6	7	8	9	10	11	12	13	14	15	16	17	18	19	20								
	回曆7月		20	21	22	23	24	25	26	27	28	29	1	2	3	4	5	6	7	8	9	10	11	12	13	14	15	16	17	18								
	公曆3月		1	2	3	4	5	6	7	8	9	10	11	12	13	14	15	16	17	18	19	20	21	22	23	24	25	26	27	28	29	30	31					
52	夏曆二月		21	22	23	24	25	26	27	28	29	30	⑪	2	3	4	5	6	7	8	9	10	11	12	13	14	15	16	17	18	19	20	21					
	回曆8月		19	20	21	22	23	24	25	26	27	28	29	30	1	2	3	4	5	6	7	8	9	10	11	12	13	14	15	16	17	18	19					
	公曆4月					1	2	3	4	5	6	7	8	9	10	11	12	13	14	15	16	17	18	19	20	21	22	23	24	25	26	27	28	29	30			
53	夏曆三月					22	23	24	25	26	27	28	29	30	㊶	2	3	4	5	6	7	8	9	10	11	12	13	14	15	16	17	18	19	20	21			
	回曆9月					20	21	22	23	24	25	26	27	28	29	1	2	3	4	5	6	7	8	9	10	11	12	13	14	15	16	17	18	19	20			
	公曆5月							1	2	3	4	5	6	7	8	9	10	11	12	13	14	15	16	17	18	19	20	21	22	23	24	25	26	27	28	29	30	31
54	夏曆四月							22	23	24	25	26	27	28	29	⑩	2	3	4	5	6	7	8	9	10	11	12	13	14	15	16	17	18	19	20	21	22	23
	回曆10月							21	22	23	24	25	26	27	28	29	30	1	2	3	4	5	6	7	8	9	10	11	12	13	14	15	16	17	18	19	20	21
	公曆6月			1	2	3	4	5	6	7	8	9	10	11	12	13	14	15	16	17	18	19	20	21	22	23	24	25	26	27	28	29	30					
55	夏曆五月			24	25	26	27	28	29	㊴	2	3	4	5	6	7	8	9	10	11	12	13	14	15	16	17	18	19	20	21	22	23	24					
	回曆11月			22	23	24	25	26	27	28	29	1	2	3	4	5	6	7	8	9	10	11	12	13	14	15	16	17	18	19	20	21	22					
	公曆7月					1	2	3	4	5	6	7	8	9	10	11	12	13	14	15	16	17	18	19	20	21	22	23	24	25	26	27	28	29	30	31		
56	夏曆六月					25	26	27	28	29	30	⑨	2	3	4	5	6	7	8	9	10	11	12	13	14	15	16	17	18	19	20	21	22	23	24	25		
	回曆12月					23	24	25	26	27	28	29	30	1	2	3	4	5	6	7	8	9	10	11	12	13	14	15	16	17	18	19	20	21	22	23		
	公曆8月	1	2	3	4	5	6	7	8	9	10	11	12	13	14	15	16	17	18	19	20	21	22	23	24	25	26	27	28	29	30	31						
57	夏曆七月	26	27	28	29	㊳	2	3	4	5	6	7	8	9	10	11	12	13	14	15	16	17	18	19	20	21	22	23	24	25	26	27						
301年	回曆1月	24	25	26	27	28	29	①	2	3	4	5	6	7	8	9	10	11	12	13	14	15	16	17	18	19	20	21	22	23	24	25						
	公曆9月				1	2	3	4	5	6	7	8	9	10	11	12	13	14	15	16	17	18	19	20	21	22	23	24	25	26	27	28	29	30				
58	夏曆八月				28	29	⑦	2	3	4	5	6	7	8	9	10	11	12	13	14	15	16	17	18	19	20	21	22	23	24	25	26	27	28				
	回曆2月				26	27	28	29	30	1	2	3	4	5	6	7	8	9	10	11	12	13	14	15	16	17	18	19	20	21	22	23	24	25				
	公曆10月						1	2	3	4	5	6	7	8	9	10	11	12	13	14	15	16	17	18	19	20	21	22	23	24	25	26	27	28	29	30	31	
59	夏曆九月						29	30	㊲	2	3	4	5	6	7	8	9	10	11	12	13	14	15	16	17	18	19	20	21	22	23	24	25	26	27	28	29	
	回曆3月						26	27	28	29	1	2	3	4	5	6	7	8	9	10	11	12	13	14	15	16	17	18	19	20	21	22	23	24	25	26	27	
	公曆11月		1	2	3	4	5	6	7	8	9	10	11	12	13	14	15	16	17	18	19	20	21	22	23	24	25	26	27	28	29	30						
60	夏曆十月		⑥	2	3	4	5	6	7	8	9	10	11	12	13	14	15	16	17	18	19	20	21	22	23	24	25	26	27	28	29	30						
	回曆4月		28	29	30	1	2	3	4	5	6	7	8	9	10	11	12	13	14	15	16	17	18	19	20	21	22	23	24	25	26	27						
	公曆12月				1	2	3	4	5	6	7	8	9	10	11	12	13	14	15	16	17	18	19	20	21	22	23	24	25	26	27	28	29	30	31			
1 2	夏曆十一 十二月				㊱	2	3	4	5	6	7	8	9	10	11	12	13	14	15	16	17	18	19	20	21	22	23	24	25	26	27	28	29	⑤	2			
	回曆5月				28	29	1	2	3	4	5	6	7	8	9	10	11	12	13	14	15	16	17	18	19	20	21	22	23	24	25	26	27	28	29			

大事記

正月，梁改元鳳曆。　二月，梁均王朱友貞結禁軍起兵殺友珪，即位於開封，稱乾化三年。後改名鍠。　三月，又改曰瑱。　七月，蜀太子王元膺，舉兵殺大臣，後敗死。　八月，梁封荆南節度使高季昌為渤海王。　九月，吳越攻吳常州，大敗。　十一月，晉軍克幽州，俘劉仁恭。　十二月，燕樂民田父張師造獲劉守光，獻於李存勖，存勖繫守光、仁恭至太原。晉全有盧龍之地。

五 代 十 國 紀 年

干支甲戌　公元 914 年

朝代或國名	國家支配者	建　都	廟　號	謚　號	建　元	年號年次	輔政者	備　注
(後)梁	③朱友貞	大梁		末	3	1 乾化 4 年		
吳	③楊隆演	揚州	高祖	宣	3	2 天祐 11 年		從唐年號
吳越	①錢鏐	錢塘		武肅王	8	4 乾化 4 年		從後梁年號
閩	①王審知	福州	太祖		7	4 乾化 4 年		從後梁年號
漢	①王建	成都	高祖	惠	6	3 永平 4 年		
晉	②李存勖	太原	莊宗		2	1 天祐 11 年		從唐年號
契丹	①耶律阿保機	龍眉宮	太祖	天	4	8 年		今林西
渤海	⑭大諲譔	龍泉府		末王		8 年		在東北
大長和	②鄭仁旻	陽苴咩		肅文太上				在雲南
岐	李茂貞	鳳翔				天祐 11 年		
于闐	①李聖天	和田			1	同慶 3 年		在新疆
古格						101 年		西藏阿里

月 曆 表

5627—354—2055278

月干支序數	月序＼星期	日	1	2	3	4	5	6	日	1	2	3	4	5	6	日	1	2	3	4	5	6	日	1	2	3	4	5	6	日	1	2	3	4	5	6	日	1
	公曆 1 月							1	2	3	4	5	6	7	8	9	10	11	12	13	14	15	16	17	18	19	20	21	22	23	24	25	26	27	28	29	30	31
3	夏曆正月							3	4	5	6	7	8	9	10	11	12	13	14	15	16	17	18	19	20	21	22	23	24	25	26	27	28	29	30	㉟	2	3
	回曆 6、7 月							30	1	2	3	4	5	6	7	8	9	10	11	12	13	14	15	16	17	18	19	20	21	22	23	24	25	26	27	28	29	1
	公曆 2 月			1	2	3	4	5	6	7	8	9	10	11	12	13	14	15	16	17	18	19	20	21	22	23	24	25	26	27	28							
4	夏曆二月			4	5	6	7	8	9	10	11	12	13	14	15	16	17	18	19	20	21	22	23	24	25	26	27	28	29	30	⑤							
	回曆 8 月			2	3	4	5	6	7	8	9	10	11	12	13	14	15	16	17	18	19	20	21	22	23	24	25	26	27	28	29							
	公曆 3 月			1	2	3	4	5	6	7	8	9	10	11	12	13	14	15	16	17	18	19	20	21	22	23	24	25	26	27	28	29	30	31				
5	夏曆三月			2	3	4	5	6	7	8	9	10	11	12	13	14	15	16	17	18	19	20	21	22	23	24	25	26	27	28	29	30	㉟	2				
	回曆 8、9 月			30	1	2	3	4	5	6	7	8	9	10	11	12	13	14	15	16	17	18	19	20	21	22	23	24	25	26	27	28	29	1				
	公曆 4 月						1	2	3	4	5	6	7	8	9	10	11	12	13	14	15	16	17	18	19	20	21	22	23	24	25	26	27	28	29	30		
6	夏曆四月						3	4	5	6	7	8	9	10	11	12	13	14	15	16	17	18	19	20	21	22	23	24	25	26	27	28	29	④	2	3		
	回曆 10 月						2	3	4	5	6	7	8	9	10	11	12	13	14	15	16	17	18	19	20	21	22	23	24	25	26	27	28	29	30	1		
	公曆 5 月	1	2	3	4	5	6	7	8	9	10	11	12	13	14	15	16	17	18	19	20	21	22	23	24	25	26	27	28	29	30	31						
7	夏曆五月	4	5	6	7	8	9	10	11	12	13	14	15	16	17	18	19	20	21	22	23	24	25	26	27	28	29	30	㉞	2	3	4						
	回曆 11 月	2	3	4	5	6	7	8	9	10	11	12	13	14	15	16	17	18	19	20	21	22	23	24	25	26	27	28	29	1	2	3						
	公曆 6 月				1	2	3	4	5	6	7	8	9	10	11	12	13	14	15	16	17	18	19	20	21	22	23	24	25	26	27	28	29	30				
8	夏曆六月				5	6	7	8	9	10	11	12	13	14	15	16	17	18	19	20	21	22	23	24	25	26	27	28	29	③	2	3	4	5				
	回曆 12 月				4	5	6	7	8	9	10	11	12	13	14	15	16	17	18	19	20	21	22	23	24	25	26	27	28	29	30	1	2	3				
	公曆 7 月						1	2	3	4	5	6	7	8	9	10	11	12	13	14	15	16	17	18	19	20	21	22	23	24	25	26	27	28	29	30	31	
9	夏曆七月						6	7	8	9	10	11	12	13	14	15	16	17	18	19	20	21	22	23	24	25	26	27	28	29	30	㉝	2	3	4	5	6	
302 年	回曆 1 月						4	5	6	7	8	9	10	11	12	13	14	15	16	17	18	19	20	21	22	23	24	25	26	27	28	29	①	2	3	4	5	
	公曆 8 月		1	2	3	4	5	6	7	8	9	10	11	12	13	14	15	16	17	18	19	20	21	22	23	24	25	26	27	28	29	30	31					
10	夏曆八月		7	8	9	10	11	12	13	14	15	16	17	18	19	20	21	22	23	24	25	26	27	28	29	②	2	3	4	5	6	7	8					
	回曆 2 月		6	7	8	9	10	11	12	13	14	15	16	17	18	19	20	21	22	23	24	25	26	27	28	29	30	1	2	3	4	5	6					
	公曆 9 月					1	2	3	4	5	6	7	8	9	10	11	12	13	14	15	16	17	18	19	20	21	22	23	24	25	26	27	28	29	30			

續表

月 干支 序數	月序＼星期	日	1	2	3	4	5	6	日	1	2	3	4	5	6	日	1	2	3	4	5	6	日	1	2	3	4	5	6	日	1	2	3	4	5	6	日	1
11	夏曆九月					9	10	11	12	13	14	15	16	17	18	19	20	21	22	23	24	25	26	27	28	29	30	㉜	2	3	4	5	6	7	8			
	回曆 3 月					7	8	9	10	11	12	13	14	15	16	17	18	19	20	21	22	23	24	25	26	27	28	29	1	2	3	4	5	6	7			
	公曆 10 月							1	2	3	4	5	6	7	8	9	10	11	12	13	14	15	16	17	18	19	20	21	22	23	24	25	26	27	28	29	30	31
12	夏曆十月							9	10	11	12	13	14	15	16	17	18	19	20	21	22	23	24	25	26	27	28	29	①	2	3	4	5	6	7	8	9	10
	回曆 4 月							8	9	10	11	12	13	14	15	16	17	18	19	20	21	22	23	24	25	26	27	28	29	30	1	2	3	4	5	6	7	8
	公曆 11 月			1	2	3	4	5	6	7	8	9	10	11	12	13	14	15	16	17	18	19	20	21	22	23	24	25	26	27	28	29	30					
13	夏曆十一月			11	12	13	14	15	16	17	18	19	20	21	22	23	24	25	26	27	28	29	㉚	2	3	4	5	6	7	8	9	10	11					
	回曆 5 月			9	10	11	12	13	14	15	16	17	18	19	20	21	22	23	24	25	26	27	28	29	1	2	3	4	5	6	7	8	9					
	公曆 12 月					1	2	3	4	5	6	7	8	9	10	11	12	13	14	15	16	17	18	19	20	21	22	23	24	25	26	27	28	29	30	31		
14	夏曆十二月					12	13	14	15	16	17	18	19	20	21	22	23	24	25	26	27	28	29	30	⑥⓪	2	3	4	5	6	7	8	9	10	11	12		
	回曆 6 月					10	11	12	13	14	15	16	17	18	19	20	21	22	23	24	25	26	27	28	29	30	1	2	3	4	5	6	7	8	9	10		

大事記

正月，劉仁恭、劉守光在太原被殺。高季昌攻蜀夔州，敗績。四月，蜀置鎮江軍於夔州。楚兵入吴黄州，大掠而去。九月，梁武寧節度使王殷附於吴，遣兵攻之，殷敗死。　十一月，南詔侵蜀，蜀敗之於大渡河。　十二月，蜀攻岐階州。

五代十國紀年

干支乙亥　公元 915 年

朝代或國名	國家支配者	建都	廟號	謚號	建元	年號年次	輔政者	備注
(後)梁	③朱友貞	大梁		末	3	2 貞明元年		十一月改元
吴	③楊隆演	揚州	高祖	宣	3	2 天祐 12 年		從唐年號
吴越	①錢鏐	錢塘		武肅	8	5 貞明元年		從後梁年號
閩	①王審知	福州	太祖	昭成	7	5 貞明元年		從後梁年號
漢	①王建	成都	高祖	惠	6	3 永平 5 年		
晉	②李存勖	太原	莊宗		2	1 天祐 12 年		從唐年號
于闐	①李聖天	和田			1	同慶 4 年		在新疆
契丹	①耶律阿保機	龍眉宮	太祖	天	4	9 年		今内蒙林西
渤海	⑭大諲譔	龍泉府		末王		9 年		在東北
大長和	②鄭仁旻	陽苴咩		肅文太上				在雲南
岐	李茂貞	鳳翔				天祐 12 年		
古格						102 年		西藏阿里

月曆表

5628—384—2055662

月 干支 序數	月序＼星期	日	1	2	3	4	5	6	日	1	2	3	4	5	6	日	1	2	3	4	5	6	日	1	2	3	4	5	6	日	1	2	3	4	5	6	日	1
	公曆 1 月	1	2	3	4	5	6	7	8	9	10	11	12	13	14	15	16	17	18	19	20	21	22	23	24	25	26	27	28	29	30	31						
15	夏曆正月	13	14	15	16	17	18	19	20	21	22	23	24	25	26	27	28	29	㉙	2	3	4	5	6	7	8	9	10	11	12	13	14						
	回曆 7 月	11	12	13	14	15	16	17	18	19	20	21	22	23	24	25	26	27	28	29	1	2	3	4	5	6	7	8	9	10	11	12						
	公曆 2 月				1	2	3	4	5	6	7	8	9	10	11	12	13	14	15	16	17	18	19	20	21	22	23	24	25	26	27	28						

續表

月干支序數	星期／月序	日	1	2	3	4	5	6	日	1	2	3	4	5	6	日	1	2	3	4	5	6	日	1	2	3	4	5	6	日	1	2	3	4	5	6	日	1
16	夏曆二月				15	16	17	18	19	20	21	22	23	24	25	26	27	28	29	30	(59)	2	3	4	5	6	7	8	9	10	11	12						
	回曆 8 月				13	14	15	16	17	18	19	20	21	22	23	24	25	26	27	28	29	30	1	2	3	4	5	6	7	8	9	10						
	公曆 3 月				1	2	3	4	5	6	7	8	9	10	11	12	13	14	15	16	17	18	19	20	21	22	23	24	25	26	27	28	29	30	31			
	夏曆閏二月				13	14	15	16	17	18	19	20	21	22	23	24	25	26	27	28	29	30	㉙	2	3	4	5	6	7	8	9	10	11	12	13			
	回曆 9 月				11	12	13	14	15	16	17	18	19	20	21	22	23	24	25	26	27	28	29	1	2	3	4	5	6	7	8	9	10	11	12			
	公曆 4 月							1	2	3	4	5	6	7	8	9	10	11	12	13	14	15	16	17	18	19	20	21	22	23	24	25	26	27	28	29	30	
17	夏曆三月							14	15	16	17	18	19	20	21	22	23	24	25	26	27	28	29	(58)	2	3	4	5	6	7	8	9	10	11	12	13	14	
	回曆 10 月							13	14	15	16	17	18	19	20	21	22	23	24	25	26	27	28	29	30	1	2	3	4	5	6	7	8	9	10	11	12	
	公曆 5 月		1	2	3	4	5	6	7	8	9	10	11	12	13	14	15	16	17	18	19	20	21	22	23	24	25	26	27	28	29	30	31					
18	夏曆四月		15	16	17	18	19	20	21	22	23	24	25	26	27	28	29	30	㉘	2	3	4	5	6	7	8	9	10	11	12	13	14	15					
	回曆 11 月		13	14	15	16	17	18	19	20	21	22	23	24	25	26	27	28	29	1	2	3	4	5	6	7	8	9	10	11	12	13	14					
	公曆 6 月					1	2	3	4	5	6	7	8	9	10	11	12	13	14	15	16	17	18	19	20	21	22	23	24	25	26	27	28	29	30			
19	夏曆五月					16	17	18	19	20	21	22	23	24	25	26	27	28	29	30	(58)	2	3	4	5	6	7	8	9	10	11	12	13	14	15			
	回曆 12 月					15	16	17	18	19	20	21	22	23	24	25	26	27	28	29	30	1	2	3	4	5	6	7	8	9	10	11	12	13	14			
	公曆 7 月							1	2	3	4	5	6	7	8	9	10	11	12	13	14	15	16	17	18	19	20	21	22	23	24	25	26	27	28	29	30	31
20	夏曆六月							16	17	18	19	20	21	22	23	24	25	26	27	28	29	㉗	2	3	4	5	6	7	8	9	10	11	12	13	14	15	16	17
303 年	回曆 1 月							15	16	17	18	19	20	21	22	23	24	25	26	27	28	29	30	①	2	3	4	5	6	7	8	9	10	11	12	13	14	15
	公曆 8 月			1	2	3	4	5	6	7	8	9	10	11	12	13	14	15	16	17	18	19	20	21	22	23	24	25	26	27	28	29	30	31				
21	夏曆七月			18	19	20	21	22	23	24	25	26	27	28	29	30	(57)	2	3	4	5	6	7	8	9	10	11	12	13	14	15	16	17	18				
	回曆 2 月			16	17	18	19	20	21	22	23	24	25	26	27	28	29	30	1	2	3	4	5	6	7	8	9	10	11	12	13	14	15	16				
	公曆 9 月						1	2	3	4	5	6	7	8	9	10	11	12	13	14	15	16	17	18	19	20	21	22	23	24	25	26	27	28	29	30		
22	夏曆八月						19	20	21	22	23	24	25	26	27	28	29	㉖	2	3	4	5	6	7	8	9	10	11	12	13	14	15	16	17	18	19		
	回曆 3 月						17	18	19	20	21	22	23	24	25	26	27	28	29	1	2	3	4	5	6	7	8	9	10	11	12	13	14	15	16	17		
	公曆 10 月	1	2	3	4	5	6	7	8	9	10	11	12	13	14	15	16	17	18	19	20	21	22	23	24	25	26	27	28	29	30	31						
23	夏曆九月	20	21	22	23	24	25	26	27	28	29	30	(56)	2	3	4	5	6	7	8	9	10	11	12	13	14	15	16	17	18	19	20						
	回曆 4 月	18	19	20	21	22	23	24	25	26	27	28	29	30	1	2	3	4	5	6	7	8	9	10	11	12	13	14	15	16	17	18						
	公曆 11 月				1	2	3	4	5	6	7	8	9	10	11	12	13	14	15	16	17	18	19	20	21	22	23	24	25	26	27	28	29	30				
24	夏曆十月				21	22	23	24	25	26	27	28	29	㉕	2	3	4	5	6	7	8	9	10	11	12	13	14	15	16	17	18	19	20	21				
	回曆 5 月				19	20	21	22	23	24	25	26	27	28	29	1	2	3	4	5	6	7	8	9	10	11	12	13	14	15	16	17	18	19				
	公曆 12 月						1	2	3	4	5	6	7	8	9	10	11	12	13	14	15	16	17	18	19	20	21	22	23	24	25	26	27	28	29	30	31	
25	夏曆十一月						22	23	24	25	26	27	28	29	(54)	2	3	4	5	6	7	8	9	10	11	12	13	14	15	16	17	18	19	20	21	22	23	
	回曆 6 月						20	21	22	23	24	25	26	27	28	29	30	1	2	3	4	5	6	7	8	9	10	11	12	13	14	15	16	17	18	19	20	

大事記

正月，蜀主王建以黎、雅"蠻"王劉昌嗣、郝玄鑒、楊師泰里通南詔而殺之。　三月，梁分天雄軍為二鎮，節度使賀德倫降晉，梁攻之。　五月，晉王李存勖自將來援，入魏州，襲取德州，自是晉、梁瀕河戰鬥八年。　七月，晉軍克澶州。　八月，蜀攻岐，連下階、成、秦、鳳等州。　十一月，梁改元貞明。　是歲，南平王劉巖求封南越王，不許。遂與梁絕。

朝代或國名	國家支配者	建都	廟號	諡號	建元	年號年次	輔政者	備注
(後)梁	③朱友貞	大梁		末	3	2貞明2年		
吳	③楊隆演	揚州	高祖	宣	3	2天祐13年		從唐年號
吳越	①錢鏐	錢塘		武肅	8	5貞明2年		從後梁年號
閩	①王審知	福州	太祖	昭成	7	5貞明2年		從後梁年號
漢	①王建	成都	高祖	惠	6	4通正元年		
晉	②李存勖	太原	莊宗		2	1天祐13年		從唐年號
岐	李茂貞	鳳翔				天祐13年		
契丹	①耶律阿保機	龍眉宫	太祖	天	4	2神册元年		十二月建元
于闐	①李聖天	和田			1	同慶5年		在新疆
渤海	⑭大諲譔	龍泉府		末		10年		在東北
大長和	②鄭仁旻	陽苴咩		肅文太上				在雲南
古格						103年		西藏阿里

月曆表

5629－355－2056017

月干支序數	月序＼星期	日	1	2	3	4	5	6	日	1	2	3	4	5	6	日	1	2	3	4	5	6	日	1	2	3	4	5	6	日	1	2	3	4	5	6	日	1
	公曆1月		1	2	3	4	5	6	7	8	9	10	11	12	13	14	15	16	17	18	19	20	21	22	23	24	25	26	27	28	29	30	31					
26	夏曆十二月		24	25	26	27	28	29	30	㉔	2	3	4	5	6	7	8	9	10	11	12	13	14	15	16	17	18	19	20	21	22	23	24					
	回曆7月		21	22	23	24	25	26	27	28	29	1	2	3	4	5	6	7	8	9	10	11	12	13	14	15	16	17	18	19	20	21	22					
	公曆2月					1	2	3	4	5	6	7	8	9	10	11	12	13	14	15	16	17	18	19	20	21	22	23	24	25	26	27	28	29				
27	夏曆正月					25	26	27	28	29	(53)	2	3	4	5	6	7	8	9	10	11	12	13	14	15	16	17	18	19	20	21	22	23	24				
	回曆8月					23	24	25	26	27	28	29	30	1	2	3	4	5	6	7	8	9	10	11	12	13	14	15	16	17	18	19	20	21				
	公曆3月						1	2	3	4	5	6	7	8	9	10	11	12	13	14	15	16	17	18	19	20	21	22	23	24	25	26	27	28	29	30	31	
28	夏曆二月						25	26	27	28	29	30	㉓	2	3	4	5	6	7	8	9	10	11	12	13	14	15	16	17	18	19	20	21	22	23	24	25	
	回曆9月						22	23	24	25	26	27	28	29	1	2	3	4	5	6	7	8	9	10	11	12	13	14	15	16	17	18	19	20	21	22	23	
	公曆4月		1	2	3	4	5	6	7	8	9	10	11	12	13	14	15	16	17	18	19	20	21	22	23	24	25	26	27	28	29	30						
29	夏曆三月		26	27	28	29	(52)	2	3	4	5	6	7	8	9	10	11	12	13	14	15	16	17	18	19	20	21	22	23	24	25	26						
	回曆10月		24	25	26	27	28	29	30	1	2	3	4	5	6	7	8	9	10	11	12	13	14	15	16	17	18	19	20	21	22	23						
	公曆5月				1	2	3	4	5	6	7	8	9	10	11	12	13	14	15	16	17	18	19	20	21	22	23	24	25	26	27	28	29	30	31			
30	夏曆四月				27	28	29	30	㉒	2	3	4	5	6	7	8	9	10	11	12	13	14	15	16	17	18	19	20	21	22	23	24	25	26	27			
	回曆11月				24	25	26	27	28	29	1	2	3	4	5	6	7	8	9	10	11	12	13	14	15	16	17	18	19	20	21	22	23	24	25			
	公曆6月							1	2	3	4	5	6	7	8	9	10	11	12	13	14	15	16	17	18	19	20	21	22	23	24	25	26	27	28	29	30	
31	夏曆五月							28	29	30	(52)	2	3	4	5	6	7	8	9	10	11	12	13	14	15	16	17	18	19	20	21	22	23	24	25	26	27	
	回曆12月							26	27	28	29	30	1	2	3	4	5	6	7	8	9	10	11	12	13	14	15	16	17	18	19	20	21	22	23	24	25	
	公曆7月		1	2	3	4	5	6	7	8	9	10	11	12	13	14	15	16	17	18	19	20	21	22	23	24	25	26	27	28	29	30	31					
32	夏曆六月		28	29	㉑	2	3	4	5	6	7	8	9	10	11	12	13	14	15	16	17	18	19	20	21	22	23	24	25	26	27	28	29					
304年	回曆1月		26	27	28	29	①	2	3	4	5	6	7	8	9	10	11	12	13	14	15	16	17	18	19	20	21	22	23	24	25	26	27					
	公曆8月					1	2	3	4	5	6	7	8	9	10	11	12	13	14	15	16	17	18	19	20	21	22	23	24	25	26	27	28	29	30	31		
33 34	夏曆七八月					30	(51)	2	3	4	5	6	7	8	9	10	11	12	13	14	15	16	17	18	19	20	21	22	23	24	25	26	27	28	29	⑳		
	回曆2月					28	29	30	1	2	3	4	5	6	7	8	9	10	11	12	13	14	15	16	17	18	19	20	21	22	23	24	25	26	27	28		

續表

月干支序數	星期 / 月序	日	1	2	3	4	5	6	日	1	2	3	4	5	6	日	1	2	3	4	5	6	日	1	2	3	4	5	6	日	1	2	3	4	5	6	日	1
	公暦9月	1	2	3	4	5	6	7	8	9	10	11	12	13	14	15	16	17	18	19	20	21	22	23	24	25	26	27	28	29	30							
35	夏暦九月	2	3	4	5	6	7	8	9	10	11	12	13	14	15	16	17	18	19	20	21	22	23	24	25	26	27	28	29	30	㊿							
	回暦3月	29	1	2	3	4	5	6	7	8	9	10	11	12	13	14	15	16	17	18	19	20	21	22	23	24	25	26	27	28	29							
	公暦10月			1	2	3	4	5	6	7	8	9	10	11	12	13	14	15	16	17	18	19	20	21	22	23	24	25	26	27	28	29	30	31				
36	夏暦十月			2	3	4	5	6	7	8	9	10	11	12	13	14	15	16	17	18	19	20	21	22	23	24	25	26	27	28	29	30	⑳	2				
	回暦4、5月			30	1	2	3	4	5	6	7	8	9	10	11	12	13	14	15	16	17	18	19	20	21	22	23	24	25	26	27	28	29	1				
	公暦11月						1	2	3	4	5	6	7	8	9	10	11	12	13	14	15	16	17	18	19	20	21	22	23	24	25	26	27	28	29	30		
37	夏暦十一月						3	4	5	6	7	8	9	10	11	12	13	14	15	16	17	18	19	20	21	22	23	24	25	26	27	28	29	㊾	2	3		
	回暦6月						2	3	4	5	6	7	8	9	10	11	12	13	14	15	16	17	18	19	20	21	22	23	24	25	26	27	28	29	30	1		
	公暦12月	1	2	3	4	5	6	7	8	9	10	11	12	13	14	15	16	17	18	19	20	21	22	23	24	25	26	27	28	29	30	31						
38	夏暦十二月	4	5	6	7	8	9	10	11	12	13	14	15	16	17	18	19	20	21	22	23	24	25	26	27	28	29	30	⑲	2	3	4						
	回暦7月	2	3	4	5	6	7	8	9	10	11	12	13	14	15	16	17	18	19	20	21	22	23	24	25	26	27	28	29	1	2	3						

大事記

二月，梁晉大戰於魏州，梁軍大敗。梁又襲太原，大敗。　三月，晉取梁衛、磁二州。　四月，又取洺州。　六月，梁以吳越王錢鏐紆道入貢，加鏐諸道兵馬元帥。　八月，蜀取岐數城。晉取梁相、邢二州。契丹陷晉蔚州，攻雲州，尋退。九月，晉取滄州、貝州，幾乎全有河北之地。　十月，蜀大敗岐，克寶鷄。　十一月，蜀改明年曰天漢，國號大漢。

是歲，契丹主耶律阿保機稱皇帝，建元神册。

五代十國紀年　　干支丁丑　公元917年

朝代或國名	國家支配者	建都	廟號	謚號	建元	年號年次	輔政者	備注
(後)梁	③朱友貞	大梁		末	3	2 貞明3年		
吳	③楊隆演	揚州	高祖	宣	3	2 天祐14年		從唐年號
吳越	①錢鏐	錢塘		武肅	8	5 貞明3年		從後梁年號
閩	①王審知	福州	太祖	昭成	7	5 貞明3年		從後梁年號
大越	①劉龑	廣州	高祖		3	1 乾亨元年		七月建元
漢	①王建	成都	高祖	惠	6	5 天漢元年		
晉	②李存勖	太原	莊宗		2	1 天祐14年		從唐年號
契丹	①耶律阿保機	龍眉宫	太祖	天	4	2 神册2年		今林西
于闐	①李聖天	和田			1	同慶6年		在新疆
渤海	⑭大諲譔	龍泉府		末王		11年		在東北
大長和	②鄭仁旻	陽苴咩		肅文太上		安和元年		在雲南
岐	李茂貞	鳳翔				天祐14年		
古格						104年		西藏阿里

月 曆 表

5630－384－2056401

月干支序數	星期 / 月序	日	1	2	3	4	5	6	日	1	2	3	4	5	6	日	1	2	3	4	5	6	日	1	2	3	4	5	6	日	1	2	3	4	5	6	日	1
	公曆1月				1	2	3	4	5	6	7	8	9	10	11	12	13	14	15	16	17	18	19	20	21	22	23	24	25	26	27	28	29	30	31			
39	夏曆正月				5	6	7	8	9	10	11	12	13	14	15	16	17	18	19	20	21	22	23	24	25	26	27	28	29	㊽	2	3	4	5	6			
	回曆8月				4	5	6	7	8	9	10	11	12	13	14	15	16	17	18	19	20	21	22	23	24	25	26	27	28	29	30	1	2	3	4			
	公曆2月							1	2	3	4	5	6	7	8	9	10	11	12	13	14	15	16	17	18	19	20	21	22	23	24	25	26	27	28			
40	夏曆二月							7	8	9	10	11	12	13	14	15	16	17	18	19	20	21	22	23	24	25	26	27	28	29	⑰	2	3	4	5			
	回曆9月							5	6	7	8	9	10	11	12	13	14	15	16	17	18	19	20	21	22	23	24	25	26	27	28	29	1	2	3			
	公曆3月							1	2	3	4	5	6	7	8	9	10	11	12	13	14	15	16	17	18	19	20	21	22	23	24	25	26	27	28	29	30	31
41	夏曆三月							6	7	8	9	10	11	12	13	14	15	16	17	18	19	20	21	22	23	24	25	26	27	28	29	30	㊼	2	3	4	5	6
	回曆10月							4	5	6	7	8	9	10	11	12	13	14	15	16	17	18	19	20	21	22	23	24	25	26	27	28	29	30	1	2	3	4
	公曆4月			1	2	3	4	5	6	7	8	9	10	11	12	13	14	15	16	17	18	19	20	21	22	23	24	25	26	27	28	29	30					
42	夏曆四月			7	8	9	10	11	12	13	14	15	16	17	18	19	20	21	22	23	24	25	26	27	28	29	⑯	2	3	4	5	6	7					
	回曆11月			5	6	7	8	9	10	11	12	13	14	15	16	17	18	19	20	21	22	23	24	25	26	27	28	29	1	2	3	4	5					
	公曆5月					1	2	3	4	5	6	7	8	9	10	11	12	13	14	15	16	17	18	19	20	21	22	23	24	25	26	27	28	29	30	31		
43	夏曆五月					8	9	10	11	12	13	14	15	16	17	18	19	20	21	22	23	24	25	26	27	28	29	30	㊻	2	3	4	5	6	7	8		
	回曆12月					6	7	8	9	10	11	12	13	14	15	16	17	18	19	20	21	22	23	24	25	26	27	28	29	30	1	2	3	4	5	6		
	公曆6月	1	2	3	4	5	6	7	8	9	10	11	12	13	14	15	16	17	18	19	20	21	22	23	24	25	26	27	28	29	30							
44	夏曆六月	9	10	11	12	13	14	15	16	17	18	19	20	21	22	23	24	25	26	27	28	29	⑮	2	3	4	5	6	7	8	9							
305年	回曆1月	7	8	9	10	11	12	13	14	15	16	17	18	19	20	21	22	23	24	25	26	27	28	29	①	2	3	4	5	6	7							
	公曆7月			1	2	3	4	5	6	7	8	9	10	11	12	13	14	15	16	17	18	19	20	21	22	23	24	25	26	27	28	29	30	31				
45	夏曆七月			10	11	12	13	14	15	16	17	18	19	20	21	22	23	24	25	26	27	28	29	30	㊺	2	3	4	5	6	7	8	9	10				
	回曆2月			8	9	10	11	12	13	14	15	16	17	18	19	20	21	22	23	24	25	26	27	28	29	30	1	2	3	4	5	6	7	8				
	公曆8月						1	2	3	4	5	6	7	8	9	10	11	12	13	14	15	16	17	18	19	20	21	22	23	24	25	26	27	28	29	30	31	
46	夏曆八月						11	12	13	14	15	16	17	18	19	20	21	22	23	24	25	26	27	28	29	30	⑮	2	3	4	5	6	7	8	9	10	11	
	回曆3月						9	10	11	12	13	14	15	16	17	18	19	20	21	22	23	24	25	26	27	28	29	1	2	3	4	5	6	7	8	9	10	
	公曆9月		1	2	3	4	5	6	7	8	9	10	11	12	13	14	15	16	17	18	19	20	21	22	23	24	25	26	27	28	29	30						
47	夏曆九月		12	13	14	15	16	17	18	19	20	21	22	23	24	25	26	27	28	29	㊹	2	3	4	5	6	7	8	9	10	11	12						
	回曆4月		11	12	13	14	15	16	17	18	19	20	21	22	23	24	25	26	27	28	29	30	1	2	3	4	5	6	7	8	9	10						
	公曆10月				1	2	3	4	5	6	7	8	9	10	11	12	13	14	15	16	17	18	19	20	21	22	23	24	25	26	27	28	29	30	31			
48	夏曆十月				13	14	15	16	17	18	19	20	21	22	23	24	25	26	27	28	29	30	⑭	2	3	4	5	6	7	8	9	10	11	12	13			
	回曆5月				11	12	13	14	15	16	17	18	19	20	21	22	23	24	25	26	27	28	29	1	2	3	4	5	6	7	8	9	10	11	12			
	公曆11月							1	2	3	4	5	6	7	8	9	10	11	12	13	14	15	16	17	18	19	20	21	22	23	24	25	26	27	28	29	30	
	夏曆閏十月							14	15	16	17	18	19	20	21	22	23	24	25	26	27	28	29	30	㊹	2	3	4	5	6	7	8	9	10	11	12	13	
	回曆6月							13	14	15	16	17	18	19	20	21	22	23	24	25	26	27	28	29	30	1	2	3	4	5	6	7	8	9	10	11	12	
	公曆12月		1	2	3	4	5	6	7	8	9	10	11	12	13	14	15	16	17	18	19	20	21	22	23	24	25	26	27	28	29	30	31					
49	夏曆十一月		14	15	16	17	18	19	20	21	22	23	24	25	26	27	28	29	⑬	2	3	4	5	6	7	8	9	10	11	12	13	14	15					
	回曆7月		13	14	15	16	17	18	19	20	21	22	23	24	25	26	27	28	29	1	2	3	4	5	6	7	8	9	10	11	12	13	14					

大事記

二月，晉威塞軍亂，殺防禦使李存矩，擁大將盧文進。文進敗奔契丹。　　三月，契丹取新州，晉敗，幽州被圍。　　五月，吳徐溫徙治升州。　　七月，劉巖稱皇帝，國號大越，建元乾亨，都廣州，稱興王府。　　八月，李嗣源大破契丹於幽州。　　十月，梁加錢鏐天下兵司元帥。　　十二月，李存勖渡河取梁楊劉城。

五 代 十 國 紀 年

干支戊寅　公元 918 年

朝代或國名	國家支配者	建　都	廟　號	謚　號	建　元	年號年次	輔政者	備　注
(後)梁	③朱友貞	大梁		末	3	2 貞明 4 年		
吳	③楊隆演	揚州	高祖	宣	3	2 天祐 15 年		從唐年號
吳越	①錢鏐	錢塘		武肅王	8	5 貞明 4 年		從後梁年號
閩	①王審知	福州	太祖	昭成	7	5 貞明 4 年		從後梁年號
(南)漢	①劉龑	廣州	高祖		3	1 乾亨 2 年		
蜀	①王建	成都	高祖	惠	6	6 光天元年(一作“光大”)		六月王衍即位
晉	②李存勖	太原	莊宗		2	1 天祐 15 年		從唐年號
岐	李茂貞	鳳翔				天祐 15 年		
契丹	①耶律阿保機	皇都	太祖	天	4	2 神册 3 年		改京名
于闐	①李聖天	和田			1	同慶 7 年		在新疆
渤海	⑭大諲譔	龍泉府		末王		12 年		在東北
大長和	②鄭仁旻	陽苴咩		肅文太上				在雲南
古格						105 年		西藏阿里

月 曆 表

5631－355－2056756

月干支序數	星期／月序	日	1	2	3	4	5	6	日	1	2	3	4	5	6	日	1	2	3	4	5	6	日	1	2	3	4	5	6	日	1	2	3	4	5	6	日	1
	公曆 1 月					1	2	3	4	5	6	7	8	9	10	11	12	13	14	15	16	17	18	19	20	21	22	23	24	25	26	27	28	29	30	31		
50	夏曆十二月					16	17	18	19	20	21	22	23	24	25	26	27	28	29	30	㊸	2	3	4	5	6	7	8	9	10	11	12	13	14	15	16		
	回曆 8 月					15	16	17	18	19	20	21	22	23	24	25	26	27	28	29	30	1	2	3	4	5	6	7	8	9	10	11	12	13	14	15		
	公曆 2 月	1	2	3	4	5	6	7	8	9	10	11	12	13	14	15	16	17	18	19	20	21	22	23	24	25	26	27	28									
51	夏曆正月	17	18	19	20	21	22	23	24	25	26	27	28	29	⑫	2	3	4	5	6	7	8	9	10	11	12	13	14	15									
	回曆 9 月	16	17	18	19	20	21	22	23	24	25	26	27	28	29	1	2	3	4	5	6	7	8	9	10	11	12	13	14									
	公曆 3 月	1	2	3	4	5	6	7	8	9	10	11	12	13	14	15	16	17	18	19	20	21	22	23	24	25	26	27	28	29	30	31						
52	夏曆二月	16	17	18	19	20	21	22	23	24	25	26	27	28	29	㊶	2	3	4	5	6	7	8	9	10	11	12	13	14	15	16	17						
	回曆 10 月	15	16	17	18	19	20	21	22	23	24	25	26	27	28	29	30	1	2	3	4	5	6	7	8	9	10	11	12	13	14	15						
	公曆 4 月				1	2	3	4	5	6	7	8	9	10	11	12	13	14	15	16	17	18	19	20	21	22	23	24	25	26	27	28	29	30				
53	夏曆三月				18	19	20	21	22	23	24	25	26	27	28	29	30	⑪	2	3	4	5	6	7	8	9	10	11	12	13	14	15	16	17				
	回曆 11 月				16	17	18	19	20	21	22	23	24	25	26	27	28	29	1	2	3	4	5	6	7	8	9	10	11	12	13	14	15	16				
	公曆 5 月						1	2	3	4	5	6	7	8	9	10	11	12	13	14	15	16	17	18	19	20	21	22	23	24	25	26	27	28	29	30	31	
54	夏曆四月						18	19	20	21	22	23	24	25	26	27	28	29	㊵	2	3	4	5	6	7	8	9	10	11	12	13	14	15	16	17	18	19	
	回曆 12 月						17	18	19	20	21	22	23	24	25	26	27	28	29	30	1	2	3	4	5	6	7	8	9	10	11	12	13	14	15	16	17	
	公曆 6 月		1	2	3	4	5	6	7	8	9	10	11	12	13	14	15	16	17	18	19	20	21	22	23	24	25	26	27	28	29	30						
55	夏曆五月		20	21	22	23	24	25	26	27	28	29	30	⑩	2	3	4	5	6	7	8	9	10	11	12	13	14	15	16	17	18	19						
306 年	回曆 1 月		18	19	20	21	22	23	24	25	26	27	28	29	30	①	2	3	4	5	6	7	8	9	10	11	12	13	14	15	16	17						
	公曆 7 月				1	2	3	4	5	6	7	8	9	10	11	12	13	14	15	16	17	18	19	20	21	22	23	24	25	26	27	28	29	30	31			
56	夏曆六月				20	21	22	23	24	25	26	27	28	29	㊴	2	3	4	5	6	7	8	9	10	11	12	13	14	15	16	17	18	19	20	21			
	回曆 2 月				18	19	20	21	22	23	24	25	26	27	28	29	30	1	2	3	4	5	6	7	8	9	10	11	12	13	14	15	16	17	18			
	公曆 8 月							1	2	3	4	5	6	7	8	9	10	11	12	13	14	15	16	17	18	19	20	21	22	23	24	25	26	27	28	29	30	31
57	夏曆七月							22	23	24	25	26	27	28	29	30	⑨	2	3	4	5	6	7	8	9	10	11	12	13	14	15	16	17	18	19	20	21	22
	回曆 3 月							19	20	21	22	23	24	25	26	27	28	29	1	2	3	4	5	6	7	8	9	10	11	12	13	14	15	16	17	18	19	20

續表

月 干支 序數	星期 月序	日	1	2	3	4	5	6	日	1	2	3	4	5	6	日	1	2	3	4	5	6	日	1	2	3	4	5	6	日	1	2	3	4	5	6	日	1
	公曆9月			1	2	3	4	5	6	7	8	9	10	11	12	13	14	15	16	17	18	19	20	21	22	23	24	25	26	27	28	29	30					
58	夏曆八月			23	24	25	26	27	28	29	㊳	2	3	4	5	6	7	8	9	10	11	12	13	14	15	16	17	18	19	20	21	22	23					
	回曆4月			21	22	23	24	25	26	27	28	29	30	1	2	3	4	5	6	7	8	9	10	11	12	13	14	15	16	17	18	19	20					
	公曆10月					1	2	3	4	5	6	7	8	9	10	11	12	13	14	15	16	17	18	19	20	21	22	23	24	25	26	27	28	29	30	31		
59	夏曆九月					24	25	26	27	28	29	30	⑧	2	3	4	5	6	7	8	9	10	11	12	13	14	15	16	17	18	19	20	21	22	23	24		
	回曆5月					21	22	23	24	25	26	27	28	29	1	2	3	4	5	6	7	8	9	10	11	12	13	14	15	16	17	18	19	20	21	22		
	公曆11月	1	2	3	4	5	6	7	8	9	10	11	12	13	14	15	16	17	18	19	20	21	22	23	24	25	26	27	28	29	30							
60	夏曆十月	25	26	27	28	29	30	㊳	2	3	4	5	6	7	8	9	10	11	12	13	14	15	16	17	18	19	20	21	22	23	24							
	回曆6月	23	24	25	26	27	28	29	30	1	2	3	4	5	6	7	8	9	10	11	12	13	14	15	16	17	18	19	20	21	22							
	公曆12月			1	2	3	4	5	6	7	8	9	10	11	12	13	14	15	16	17	18	19	20	21	22	23	24	25	26	27	28	29	30	31				
1	夏曆十一月			25	26	27	28	29	⑦	2	3	4	5	6	7	8	9	10	11	12	13	14	15	16	17	18	19	20	21	22	23	24	25	26				
	回曆7月			23	24	25	26	27	28	29	1	2	3	4	5	6	7	8	9	10	11	12	13	14	15	16	17	18	19	20	21	22	23	24				

大事記

正月，漢主王建改國號仍稱蜀。　六月，王建卒(847—918)，太子衍即位。　八月，梁泰寧軍節度使張萬進附晉，終敗死。　十一月，越主劉岩改國號曰漢。　十二月，梁晉胡柳陂之戰，梁敗，晉喪大將周德威。

五代十國紀年

干支己卯　公元 919 年

朝代或國名	國家支配者	建都	廟號	謚號	建元	年號年次	輔政者	備注
(後)梁	③朱友貞	大梁		末帝	3	2 貞明5年		
吳	③楊隆演	揚州	高祖	宣	3	3 武義元年		四月改元
吳越	①錢鏐	錢塘		武肅王	8	5 貞明5年		從後梁年號
閩	①王審知	福州	太祖	昭成	7	5 貞明5年		從後梁年號
(南)漢	①劉龑	廣州	高祖		3	1 乾亨3年		
蜀	②王衍	成都		順正公	2	1 乾德元年		
晉	②李存勖	太原	莊宗		2	1 天祐16年		從唐年號
岐	李茂貞	鳳翔				天祐16年		
契丹	①耶律阿保機	皇都	太祖	天	4	2 神册4年		今林西格爾
于闐	①李聖天	和田			1	同慶8年		在新疆
渤海	⑭大諲譔	龍泉府		末王		13年		在東北
大長和	②鄭仁旻	陽苴咩		肅文太上				在雲南
古格						106年		西藏阿里

月曆表

5632—354—2057110

月 干支 序數	星期 月序	日	1	2	3	4	5	6	日	1	2	3	4	5	6	日	1	2	3	4	5	6	日	1	2	3	4	5	6	日	1	2	3	4	5	6	日	1
	公曆1月						1	2	3	4	5	6	7	8	9	10	11	12	13	14	15	16	17	18	19	20	21	22	23	24	25	26	27	28	29	30	31	
2	夏曆十二月						27	28	29	30	㊲	2	3	4	5	6	7	8	9	10	11	12	13	14	15	16	17	18	19	20	21	22	23	24	25	26	27	

續表

月干支序數	星期／月序	日	1	2	3	4	5	6	日	1	2	3	4	5	6	日	1	2	3	4	5	6	日	1	2	3	4	5	6	日	1	2	3	4	5	6	日	1
	回曆8月						25	26	27	28	29	30	1	2	3	4	5	6	7	8	9	10	11	12	13	14	15	16	17	18	19	20	21	22	23	24	25	
	公曆2月		1	2	3	4	5	6	7	8	9	10	11	12	13	14	15	16	17	18	19	20	21	22	23	24	25	26	27	28								
3	夏曆正月		28	29	30	⑦	2	3	4	5	6	7	8	9	10	11	12	13	14	15	16	17	18	19	20	21	22	23	24	25								
	回曆9月		26	27	28	29	1	2	3	4	5	6	7	8	9	10	11	12	13	14	15	16	17	18	19	20	21	22	23	24								
	公曆3月		1	2	3	4	5	6	7	8	9	10	11	12	13	14	15	16	17	18	19	20	21	22	23	24	25	26	27	28	29	30	31					
4	夏曆二月		26	27	28	29	㊱	2	3	4	5	6	7	8	9	10	11	12	13	14	15	16	17	18	19	20	21	22	23	24	25	26	27					
	回曆10月		25	26	27	28	29	30	1	2	3	4	5	6	7	8	9	10	11	12	13	14	15	16	17	18	19	20	21	22	23	24	25					
	公曆4月					1	2	3	4	5	6	7	8	9	10	11	12	13	14	15	16	17	18	19	20	21	22	23	24	25	26	27	28	29	30			
5	夏曆三月					28	29	30	⑥	2	3	4	5	6	7	8	9	10	11	12	13	14	15	16	17	18	19	20	21	22	23	24	25	26	27			
	回曆11月					26	27	28	29	1	2	3	4	5	6	7	8	9	10	11	12	13	14	15	16	17	18	19	20	21	22	23	24	25	26			
	公曆5月							1	2	3	4	5	6	7	8	9	10	11	12	13	14	15	16	17	18	19	20	21	22	23	24	25	26	27	28	29	30	31
6	夏曆四月							28	29	㉟	2	3	4	5	6	7	8	9	10	11	12	13	14	15	16	17	18	19	20	21	22	23	24	25	26	27	28	29
	回曆12月							27	28	29	30	1	2	3	4	5	6	7	8	9	10	11	12	13	14	15	16	17	18	19	20	21	22	23	24	25	26	27
	公曆6月			1	2	3	4	5	6	7	8	9	10	11	12	13	14	15	16	17	18	19	20	21	22	23	24	25	26	27	28	29	30					
7 8	夏曆五、六月			④	2	3	4	5	6	7	8	9	10	11	12	13	14	15	16	17	18	19	20	21	22	23	24	25	26	27	28	29	㉝					
307年	回曆1月			28	29	①	2	3	4	5	6	7	8	9	10	11	12	13	14	15	16	17	18	19	20	21	22	23	24	25	26	27	28					
	公曆7月					1	2	3	4	5	6	7	8	9	10	11	12	13	14	15	16	17	18	19	20	21	22	23	24	25	26	27	28	29	30	31		
9	夏曆七月					2	3	4	5	6	7	8	9	10	11	12	13	14	15	16	17	18	19	20	21	22	23	24	25	26	27	28	29	30	③	2		
	回曆2月					29	30	1	2	3	4	5	6	7	8	9	10	11	12	13	14	15	16	17	18	19	20	21	22	23	24	25	26	27	28	29		
	公曆8月	1	2	3	4	5	6	7	8	9	10	11	12	13	14	15	16	17	18	19	20	21	22	23	24	25	26	27	28	29	30	31						
10	夏曆八月	3	4	5	6	7	8	9	10	11	12	13	14	15	16	17	18	19	20	21	22	23	24	25	26	27	28	29	㉜	2	3	4						
	回曆3、4月	1	2	3	4	5	6	7	8	9	10	11	12	13	14	15	16	17	18	19	20	21	22	23	24	25	26	27	28	29	30	1						
	公曆9月				1	2	3	4	5	6	7	8	9	10	11	12	13	14	15	16	17	18	19	20	21	22	23	24	25	26	27	28	29	30				
11	夏曆九月				5	6	7	8	9	10	11	12	13	14	15	16	17	18	19	20	21	22	23	24	25	26	27	28	29	30	②	2	3	4				
	回曆5月				2	3	4	5	6	7	8	9	10	11	12	13	14	15	16	17	18	19	20	21	22	23	24	25	26	27	28	29	1	2				
	公曆10月						1	2	3	4	5	6	7	8	9	10	11	12	13	14	15	16	17	18	19	20	21	22	23	24	25	26	27	28	29	30	31	
12	夏曆十月						5	6	7	8	9	10	11	12	13	14	15	16	17	18	19	20	21	22	23	24	25	26	27	28	29	30	㉜	2	3	4	5	
	回曆6月						3	4	5	6	7	8	9	10	11	12	13	14	15	16	17	18	19	20	21	22	23	24	25	26	27	28	29	30	1	2	3	
	公曆11月		1	2	3	4	5	6	7	8	9	10	11	12	13	14	15	16	17	18	19	20	21	22	23	24	25	26	27	28	29	30						
13	夏曆十一月		6	7	8	9	10	11	12	13	14	15	16	17	18	19	20	21	22	23	24	25	26	27	28	29	30	②	2	3	4	5						
	回曆7月		4	5	6	7	8	9	10	11	12	13	14	15	16	17	18	19	20	21	22	23	24	25	26	27	28	29	1	2	3	4						
	公曆12月				1	2	3	4	5	6	7	8	9	10	11	12	13	14	15	16	17	18	19	20	21	22	23	24	25	26	27	28	29	30	31			
14	夏曆十二月				6	7	8	9	10	11	12	13	14	15	16	17	18	19	20	21	22	23	24	25	26	27	28	29	㉛	2	3	4	5	6	7			
	回曆8月				5	6	7	8	9	10	11	12	13	14	15	16	17	18	19	20	21	22	23	24	25	26	27	28	29	30	1	2	3	4	5			

汪氏長曆十二月甲子，誤。

大事記

四月，吳王楊隆演稱吳王，建元武義，徐溫為丞相。　五月，楚攻荆南，吳助荆南。　七月，吳越攻常州，吳大破之。　八月，吳、吳越言和，自是吳休兵息民，民樂業二十餘年。　十一月，吳擊梁安州。　十二月，晉陷梁濮陽。

五代十國紀年

干支庚辰　公元920年

朝代或國名	國家支配者	建都	廟號	謚號	建元	年號年次	輔政者	備注
(後)梁	③朱友貞	大梁		末	3	2 貞明6年		
吳	③楊隆演	揚州	高祖	宣	3	3 武義2年		五月楊溥即位
吳越	①錢鏐	錢塘		武肅王	8	5 貞明6年		從後梁年號
閩	①王審知	福州	太祖	昭成	7	5 貞明6年		從後梁年號
(南)漢	①劉龑	廣州	高祖		3	1 乾亨4年		
蜀	①王衍	成都		順正公	2	1 乾德2年		
晉	②李存勗	太原			2	1 天祐17年		從唐年號
岐	李茂貞	鳳翔				天祐17年		
契丹	①耶律阿保機	皇都	太祖	天	4	2 神册5年		今林西格爾
渤海	⑭大諲譔	龍泉府		末王		14年		在東北
大長和	②鄭仁旻	陽苴咩		肅文太上				在雲南
	[毋乙董乙]					元年		河南淮陽
古格						107年		西藏阿里
于闐	①李聖天	和田				同慶9年		在新疆

月曆表

5633—384—2057494

月干支序數	月序＼星期	日	1	2	3	4	5	6	日	1	2	3	4	5	6	日	1	2	3	4	5	6	日	1	2	3	4	5	6	日	1	2	3	4	5	6	日	1
	公曆1月							1	2	3	4	5	6	7	8	9	10	11	12	13	14	15	16	17	18	19	20	21	22	23	24	25	26	27	28	29	30	31
15	夏曆正月							8	9	10	11	12	13	14	15	16	17	18	19	20	21	22	23	24	25	26	27	28	29	30	①	2	3	4	5	6	7	8
	回曆9月							6	7	8	9	10	11	12	13	14	15	16	17	18	19	20	21	22	23	24	25	26	27	28	29	1	2	3	4	5	6	7
	公曆2月			1	2	3	4	5	6	7	8	9	10	11	12	13	14	15	16	17	18	19	20	21	22	23	24	25	26	27	28	29						
16	夏曆二月			9	10	11	12	13	14	15	16	17	18	19	20	21	22	23	24	25	26	27	28	29	30	㉛	2	3	4	5	6	7						
	回曆10月			8	9	10	11	12	13	14	15	16	17	18	19	20	21	22	23	24	25	26	27	28	29	30	1	2	3	4	5	6						
	公曆3月				1	2	3	4	5	6	7	8	9	10	11	12	13	14	15	16	17	18	19	20	21	22	23	24	25	26	27	28	29	30	31			
17	夏曆三月				8	9	10	11	12	13	14	15	16	17	18	19	20	21	22	23	24	25	26	27	28	29	(60)	2	3	4	5	6	7	8	9			
	回曆11月				7	8	9	10	11	12	13	14	15	16	17	18	19	20	21	22	23	24	25	26	27	28	29	1	2	3	4	5	6	7	8			
	公曆4月							1	2	3	4	5	6	7	8	9	10	11	12	13	14	15	16	17	18	19	20	21	22	23	24	25	26	27	28	29	30	
18	夏曆四月							10	11	12	13	14	15	16	17	18	19	20	21	22	23	24	25	26	27	28	29	30	㉚	2	3	4	5	6	7	8	9	
	回曆12月							9	10	11	12	13	14	15	16	17	18	19	20	21	22	23	24	25	26	27	28	29	30	1	2	3	4	5	6	7	8	
	公曆5月		1	2	3	4	5	6	7	8	9	10	11	12	13	14	15	16	17	18	19	20	21	22	23	24	25	26	27	28	29	30	31					
19	夏曆五月		10	11	12	13	14	15	16	17	18	19	20	21	22	23	24	25	26	27	28	29	(59)	2	3	4	5	6	7	8	9	10	11					
308年	回曆1月		9	10	11	12	13	14	15	16	17	18	19	20	21	22	23	24	25	26	27	28	29	30	①	2	3	4	5	6	7	8	9					
	公曆6月					1	2	3	4	5	6	7	8	9	10	11	12	13	14	15	16	17	18	19	20	21	22	23	24	25	26	27	28	29	30			
20	夏曆六月					12	13	14	15	16	17	18	19	20	21	22	23	24	25	26	27	28	29	㉘	2	3	4	5	6	7	8	9	10	11	12			
	回曆2月					10	11	12	13	14	15	16	17	18	19	20	21	22	23	24	25	26	27	28	29	30	1	2	3	4	5	6	7	8	9			
	公曆7月							1	2	3	4	5	6	7	8	9	10	11	12	13	14	15	16	17	18	19	20	21	22	23	24	25	26	27	28	29	30	31
	夏曆閏六月							13	14	15	16	17	18	19	20	21	22	23	24	25	26	27	28	29	(57)	2	3	4	5	6	7	8	9	10	11	12	13	14
	回曆3月							10	11	12	13	14	15	16	17	18	19	20	21	22	23	24	25	26	27	28	29	1	2	3	4	5	6	7	8	9	10	11
	公曆8月			1	2	3	4	5	6	7	8	9	10	11	12	13	14	15	16	17	18	19	20	21	22	23	24	25	26	27	28	29	30	31				
21	夏曆七月			15	16	17	18	19	20	21	22	23	24	25	26	27	28	29	30	㉗	2	3	4	5	6	7	8	9	10	11	12	13	14	15				

續表

月干支序數	月序＼星期	日	1	2	3	4	5	6	日	1	2	3	4	5	6	日	1	2	3	4	5	6	日	1	2	3	4	5	6	日	1	2	3	4	5	6	日	1
	回曆4月			12	13	14	15	16	17	18	19	20	21	22	23	24	25	26	27	28	29	30	1	2	3	4	5	6	7	8	9	10	11	12				
	公曆9月						1	2	3	4	5	6	7	8	9	10	11	12	13	14	15	16	17	18	19	20	21	22	23	24	25	26	27	28	29	30		
22	夏曆八月						16	17	18	19	20	21	22	23	24	25	26	27	28	29	(56)	2	3	4	5	6	7	8	9	10	11	12	13	14	15	16		
	回曆5月						13	14	15	16	17	18	19	20	21	22	23	24	25	26	27	28	29	1	2	3	4	5	6	7	8	9	10	11	12	13		
	公曆10月	1	2	3	4	5	6	7	8	9	10	11	12	13	14	15	16	17	18	19	20	21	22	23	24	25	26	27	28	29	30	31						
23	夏曆九月	17	18	19	20	21	22	23	24	25	26	27	28	29	30	㉖	2	3	4	5	6	7	8	9	10	11	12	13	14	15	16	17						
	回曆6月	14	15	16	17	18	19	20	21	22	23	24	25	26	27	28	29	30	1	2	3	4	5	6	7	8	9	10	11	12	13	14						
	公曆11月				1	2	3	4	5	6	7	8	9	10	11	12	13	14	15	16	17	18	19	20	21	22	23	24	25	26	27	28	29	30				
24	夏曆十月				18	19	20	21	22	23	24	25	26	27	28	29	30	(56)	2	3	4	5	6	7	8	9	10	11	12	13	14	15	16	17				
	回曆7月				15	16	17	18	19	20	21	22	23	24	25	26	27	28	29	1	2	3	4	5	6	7	8	9	10	11	12	13	14	15				
	公曆12月						1	2	3	4	5	6	7	8	9	10	11	12	13	14	15	16	17	18	19	20	21	22	23	24	25	26	27	28	29	30	31	
25	夏曆十一月						18	19	20	21	22	23	24	25	26	27	28	29	㉕	2	3	4	5	6	7	8	9	10	11	12	13	14	15	16	17	18	19	
	回曆8月						16	17	18	19	20	21	22	23	24	25	26	27	28	29	30	1	2	3	4	5	6	7	8	9	10	11	12	13	14	15	16	

大事記

三月，漢主劉岩立學校，開貢舉，設銓選。　四月，梁朱友謙襲取同州，梁攻之，遂以河中降晉。　五月，吳王楊隆演卒，徐溫立其弟楊溥。　七月，陳州毋乙、董乙起事，尋敗。　八月，朱友謙求援於晉，晉助之，大敗梁兵。

五代十國紀年　　干支辛巳　公元921年

朝代或國名	國家支配者	建都	廟號	謚號	建元	年號年次	輔政者	備注
(後)梁	③朱友貞	大梁		末	3	3龍德元年		五月朔改元
吳	④楊溥	揚州		睿	4	1順義元年		二月改元
吳越	①錢鏐	錢塘		武肅王	8	6龍德元年		從後梁年號
閩	①王審知	福州	太祖	昭成	7	6龍德元年		從後梁年號
(南)漢	①劉龑	廣州	高祖		3	1乾亨5年		
蜀	②王衍	成都		順正公	2	1乾德3年		
晉	②李存勖	太原	莊宗		2	1天祐18年		從唐年號
于闐	①李聖天	和田			1	同慶10年		在新疆
契丹	①耶律阿保機	皇都	太祖	天	4	2神册6年		內蒙林西
岐	李茂貞	鳳翔				天祐18年		
渤海	⑭大諲譔	龍泉府		末王		15年		在東北
大長和	②鄭仁旻	陽苴咩		肅文太上		貞祐元年		在雲南
古格						108年		西藏阿里

月曆表　5634—354—2057848

月干支序數	星期／月序	日	1	2	3	4	5	6	日	1	2	3	4	5	6	日	1	2	3	4	5	6	日	1	2	3	4	5	6	日	1	2	3	4	5	6	日	1
	公曆1月		1	2	3	4	5	6	7	8	9	10	11	12	13	14	15	16	17	18	19	20	21	22	23	24	25	26	27	28	29	30	31					
26	夏曆十二月		20	21	22	23	24	25	26	27	28	29	30	(55)	2	3	4	5	6	7	8	9	10	11	12	13	14	15	16	17	18	19	20					
	回曆9月		17	18	19	20	21	22	23	24	25	26	27	28	29	1	2	3	4	5	6	7	8	9	10	11	12	13	14	15	16	17	18					
	公曆2月					1	2	3	4	5	6	7	8	9	10	11	12	13	14	15	16	17	18	19	20	21	22	23	24	25	26	27	28					
27	夏曆正月					21	22	23	24	25	26	27	28	29	30	㉕	2	3	4	5	6	7	8	9	10	11	12	13	14	15	16	17	18					
	回曆10月					19	20	21	22	23	24	25	26	27	28	29	30	1	2	3	4	5	6	7	8	9	10	11	12	13	14	15	16					
	公曆3月					1	2	3	4	5	6	7	8	9	10	11	12	13	14	15	16	17	18	19	20	21	22	23	24	25	26	27	28	29	30	31		
28	夏曆二月					19	20	21	22	23	24	25	26	27	28	29	30	(55)	2	3	4	5	6	7	8	9	10	11	12	13	14	15	16	17	18	19		
	回曆11月					17	18	19	20	21	22	23	24	25	26	27	28	29	1	2	3	4	5	6	7	8	9	10	11	12	13	14	15	16	17	18		
	公曆4月	1	2	3	4	5	6	7	8	9	10	11	12	13	14	15	16	17	18	19	20	21	22	23	24	25	26	27	28	29	30							
29	夏曆三月	20	21	22	23	24	25	26	27	28	29	㉔	2	3	4	5	6	7	8	9	10	11	12	13	14	15	16	17	18	19	20							
	回曆12月	19	20	21	22	23	24	25	26	27	28	29	30	1	2	3	4	5	6	7	8	9	10	11	12	13	14	15	16	17	18							
	公曆5月			1	2	3	4	5	6	7	8	9	10	11	12	13	14	15	16	17	18	19	20	21	22	23	24	25	26	27	28	29	30	31				
30	夏曆四月			21	22	23	24	25	26	27	28	29	30	(54)	2	3	4	5	6	7	8	9	10	11	12	13	14	15	16	17	18	19	20	21				
309年	回曆1月			19	20	21	22	23	24	25	26	27	28	29	①	2	3	4	5	6	7	8	9	10	11	12	13	14	15	16	17	18	19	20				
	公曆6月						1	2	3	4	5	6	7	8	9	10	11	12	13	14	15	16	17	18	19	20	21	22	23	24	25	26	27	28	29	30		
31	夏曆五月						22	23	24	25	26	27	28	29	㉓	2	3	4	5	6	7	8	9	10	11	12	13	14	15	16	17	18	19	20	21	22		
	回曆2月						21	22	23	24	25	26	27	28	29	30	1	2	3	4	5	6	7	8	9	10	11	12	13	14	15	16	17	18	19	20		
	公曆7月	1	2	3	4	5	6	7	8	9	10	11	12	13	14	15	16	17	18	19	20	21	22	23	24	25	26	27	28	29	30	31						
32	夏曆六月	23	24	25	26	27	28	29	(52)	2	3	4	5	6	7	8	9	10	11	12	13	14	15	16	17	18	19	20	21	22	23	24						
	回曆3月	21	22	23	24	25	26	27	28	29	1	2	3	4	5	6	7	8	9	10	11	12	13	14	15	16	17	18	19	20	21	22						
	公曆8月				1	2	3	4	5	6	7	8	9	10	11	12	13	14	15	16	17	18	19	20	21	22	23	24	25	26	27	28	29	30	31			
33	夏曆七月				25	26	27	28	29	㉑	2	3	4	5	6	7	8	9	10	11	12	13	14	15	16	17	18	19	20	21	22	23	24	25	26			
	回曆4月				23	24	25	26	27	28	29	30	1	2	3	4	5	6	7	8	9	10	11	12	13	14	15	16	17	18	19	20	21	22	23			
	公曆9月							1	2	3	4	5	6	7	8	9	10	11	12	13	14	15	16	17	18	19	20	21	22	23	24	25	26	27	28	29	30	
34	夏曆八月							27	28	29	30	(51)	2	3	4	5	6	7	8	9	10	11	12	13	14	15	16	17	18	19	20	21	22	23	24	25	26	
	回曆5月							24	25	26	27	28	29	1	2	3	4	5	6	7	8	9	10	11	12	13	14	15	16	17	18	19	20	21	22	23	24	
	公曆10月		1	2	3	4	5	6	7	8	9	10	11	12	13	14	15	16	17	18	19	20	21	22	23	24	25	26	27	28	29	30	31					
35	夏曆九月		27	28	29	⑳	2	3	4	5	6	7	8	9	10	11	12	13	14	15	16	17	18	19	20	21	22	23	24	25	26	27	28					
	回曆6月		25	26	27	28	29	30	1	2	3	4	5	6	7	8	9	10	11	12	13	14	15	16	17	18	19	20	21	22	23	24	25					
	公曆11月					1	2	3	4	5	6	7	8	9	10	11	12	13	14	15	16	17	18	19	20	21	22	23	24	25	26	27	28	29	30			
36	夏曆十月					29	30	㊿	2	3	4	5	6	7	8	9	10	11	12	13	14	15	16	17	18	19	20	21	22	23	24	25	26	27	28			
	回曆7月					26	27	28	29	1	2	3	4	5	6	7	8	9	10	11	12	13	14	15	16	17	18	19	20	21	22	23	24	25	26			
	公曆12月							1	2	3	4	5	6	7	8	9	10	11	12	13	14	15	16	17	18	19	20	21	22	23	24	25	26	27	28	29	30	31
37	夏曆十一月							29	⑲	2	3	4	5	6	7	8	9	10	11	12	13	14	15	16	17	18	19	20	21	22	23	24	25	26	27	28	29	30
	回曆8月							27	28	29	30	1	2	3	4	5	6	7	8	9	10	11	12	13	14	15	16	17	18	19	20	21	22	23	24	25	26	27

大事記

二月，晉成德軍亂，殺節度使王鎔，推張文禮為留後；文禮北結契丹，南通於梁。　三月，梁禁私度僧尼。　四月，梁惠王朱友能據陳州反。　五月，梁改元龍德。　八月，晉使成德將符習等討張文禮，圍鎮州；張文禮卒，子張處瑾拒守。　十二月，契丹應張文禮及王處直的乞援，攻幽州，陷涿州，侵定州，晉出兵救之。

五代十國紀年

干支壬午　公元 922 年

朝代或國名	國家支配者	建都	廟號	謚號	建元	年號年次	輔政者	備注
(後)梁	③朱友貞	大梁		末	3	3 龍德 2 年		
吳	④楊溥	揚州		睿	4	1 順義 2 年		
吳越	①錢鏐	錢塘		武肅王	8	6 龍德 2 年		從後梁年號
閩	①王審知	福州	太祖	昭成	7	6 龍德 2 年		從後梁年號
(南)漢	①劉龑	廣州	高祖		3	1 乾亨 6 年		
蜀	②王衍	成都		順正公	2	1 乾德 4 年		
晉	②李存勖	太原	莊宗		2	1 天祐 19 年		從唐年號
契丹	①耶律阿保機	皇都	太祖	天	4	3 天贊元年		二月改元
于闐	①李聖天	和田			1	同慶 11 年		在新疆
渤海	⑭大諲譔	龍泉府		末王		16 年		在東北
岐	李茂貞	鳳翔				天祐 19 年		
大長和	②鄭仁旻	陽苴咩		肅文太上				在雲南
古格						109 年		西藏阿里

月曆表

5635—354—2058202

月干支序數	月序＼星期	日	1	2	3	4	5	6	日	1	2	3	4	5	6	日	1	2	3	4	5	6	日	1	2	3	4	5	6	日	1	2	3	4	5	6	日	1
	公曆 1 月			1	2	3	4	5	6	7	8	9	10	11	12	13	14	15	16	17	18	19	20	21	22	23	24	25	26	27	28	29	30	31				
38 39	夏曆十二 正月			㊾	2	3	4	5	6	7	8	9	10	11	12	13	14	15	16	17	18	19	20	21	22	23	24	25	26	27	28	29	30	⑲				
	回曆 9 月			28	29	1	2	3	4	5	6	7	8	9	10	11	12	13	14	15	16	17	18	19	20	21	22	23	24	25	26	27	28	29				
	公曆 2 月						1	2	3	4	5	6	7	8	9	10	11	12	13	14	15	16	17	18	19	20	21	22	23	24	25	26	27	28				
	夏曆正月						2	3	4	5	6	7	8	9	10	11	12	13	14	15	16	17	18	19	20	21	22	23	24	25	26	27	28	29				
	回曆 10 月						30	1	2	3	4	5	6	7	8	9	10	11	12	13	14	15	16	17	18	19	20	21	22	23	24	25	26	27				
	公曆 3 月						1	2	3	4	5	6	7	8	9	10	11	12	13	14	15	16	17	18	19	20	21	22	23	24	25	26	27	28	29	30	31	
40 41	夏曆二 三月						30	㊾	2	3	4	5	6	7	8	9	10	11	12	13	14	15	16	17	18	19	20	21	22	23	24	25	26	27	28	29	⑱	
	回曆 11 月						28	29	1	2	3	4	5	6	7	8	9	10	11	12	13	14	15	16	17	18	19	20	21	22	23	24	25	26	27	28	29	
	公曆 4 月		1	2	3	4	5	6	7	8	9	10	11	12	13	14	15	16	17	18	19	20	21	22	23	24	25	26	27	28	29	30						
42	夏曆四月		2	3	4	5	6	7	8	9	10	11	12	13	14	15	16	17	18	19	20	21	22	23	24	25	26	27	28	29	30	㊽						
	回曆 12 月		30	1	2	3	4	5	6	7	8	9	10	11	12	13	14	15	16	17	18	19	20	21	22	23	24	25	26	27	28	29						
	公曆 5 月				1	2	3	4	5	6	7	8	9	10	11	12	13	14	15	16	17	18	19	20	21	22	23	24	25	26	27	28	29	30	31			
43	夏曆五月				2	3	4	5	6	7	8	9	10	11	12	13	14	15	16	17	18	19	20	21	22	23	24	25	26	27	28	29	⑰	2	3			
310 年	回曆 1、2 月				①	2	3	4	5	6	7	8	9	10	11	12	13	14	15	16	17	18	19	20	21	22	23	24	25	26	27	28	29	30	1			
	公曆 6 月							1	2	3	4	5	6	7	8	9	10	11	12	13	14	15	16	17	18	19	20	21	22	23	24	25	26	27	28	29	30	
44	夏曆六月							4	5	6	7	8	9	10	11	12	13	14	15	16	17	18	19	20	21	22	23	24	25	26	27	28	29	30	㊼	2	3	
	回曆 3 月							2	3	4	5	6	7	8	9	10	11	12	13	14	15	16	17	18	19	20	21	22	23	24	25	26	27	28	29	1	2	
	公曆 7 月		1	2	3	4	5	6	7	8	9	10	11	12	13	14	15	16	17	18	19	20	21	22	23	24	25	26	27	28	29	30	31					
45	夏曆七月		4	5	6	7	8	9	10	11	12	13	14	15	16	17	18	19	20	21	22	23	24	25	26	27	28	29	⑯	2	3	4	5					
	回曆 4 月		3	4	5	6	7	8	9	10	11	12	13	14	15	16	17	18	19	20	21	22	23	24	25	26	27	28	29	30	1	2	3					
	公曆 8 月					1	2	3	4	5	6	7	8	9	10	11	12	13	14	15	16	17	18	19	20	21	22	23	24	25	26	27	28	29	30	31		
46	夏曆八月					6	7	8	9	10	11	12	13	14	15	16	17	18	19	20	21	22	23	24	25	26	27	28	29	㊺	2	3	4	5	6	7		

續表

月干支序數	月序＼星期	日	1	2	3	4	5	6	日	1	2	3	4	5	6	日	1	2	3	4	5	6	日	1	2	3	4	5	6	日	1	2	3	4	5	6	日	1
	回曆5月					4	5	6	7	8	9	10	11	12	13	14	15	16	17	18	19	20	21	22	23	24	25	26	27	28	29	1	2	3	4	5		
	公曆9月	1	2	3	4	5	6	7	8	9	10	11	12	13	14	15	16	17	18	19	20	21	22	23	24	25	26	27	28	29	30							
47	夏曆九月	8	9	10	11	12	13	14	15	16	17	18	19	20	21	22	23	24	25	26	27	28	29	30	⑮	2	3	4	5	6	7							
	回曆6月	6	7	8	9	10	11	12	13	14	15	16	17	18	19	20	21	22	23	24	25	26	27	28	29	30	1	2	3	4	5							
	公曆10月			1	2	3	4	5	6	7	8	9	10	11	12	13	14	15	16	17	18	19	20	21	22	23	24	25	26	27	28	29	30	31				
48	夏曆十月			8	9	10	11	12	13	14	15	16	17	18	19	20	21	22	23	24	25	26	27	28	29	㊹	2	3	4	5	6	7	8	9				
	回曆7月			6	7	8	9	10	11	12	13	14	15	16	17	18	19	20	21	22	23	24	25	26	27	28	29	1	2	3	4	5	6	7				
	公曆11月						1	2	3	4	5	6	7	8	9	10	11	12	13	14	15	16	17	18	19	20	21	22	23	24	25	26	27	28	29	30		
49	夏曆十一月						10	11	12	13	14	15	16	17	18	19	20	21	22	23	24	25	26	27	28	29	30	⑭	2	3	4	5	6	7	8	9		
	回曆8月						8	9	10	11	12	13	14	15	16	17	18	19	20	21	22	23	24	25	26	27	28	29	30	1	2	3	4	5	6	7		
	公曆12月	1	2	3	4	5	6	7	8	9	10	11	12	13	14	15	16	17	18	19	20	21	22	23	24	25	26	27	28	29	30	31						
50	夏曆十二月	10	11	12	13	14	15	16	17	18	19	20	21	22	23	24	25	26	27	28	29	㊸	2	3	4	5	6	7	8	9	10	11						
	回曆9月	8	9	10	11	12	13	14	15	16	17	18	19	20	21	22	23	24	25	26	27	28	29	1	2	3	4	5	6	7	8	9						

大事記

正月，晉救定州，逐阿保機至易州。　二月，梁襲魏州，敗績。　八月，梁陷衛州，獲晉軍儲三分之一。　九月，晉復鎮州，張處瑾等被殺。

五代十國紀年

干支癸未　公元923年

朝代或國名	國家支配者	建都	廟號	謚號	建元	年號年次	輔政者	備注
(後)梁	③朱友貞	大梁		末	3	3龍德3年		十月亡於後唐
吳	④楊溥	揚州		睿	4	1順義3年		
吳越	①錢鏐	錢塘		武肅王	8	6龍德3年		從後梁年號
閩	①王審知	福州	太祖	昭成	7	6龍德3年		從後梁年號
						7同光元年		改從後唐年號
(後)唐	①李存勗	洛陽	莊宗		2	2同光元年 (四月己巳改元)		滅梁遷洛陽
(南)漢	①劉龑	廣州	高祖		3	1乾亨7年		
蜀	②王衍	成都		順正公	2	1乾德5年		
契丹	①耶律阿保機	皇都	太祖	天	4	3天贊2年		今林西格爾
于闐	①李聖天	和田			1	同慶12年		在新疆
岐	李茂貞	鳳翔				天祐20年		降後唐
渤海	⑭大諲譔	龍泉府		末王		17年		在東北
大長和	②鄭仁旻	陽苴咩		肅文太上		初曆元年		在雲南
古格						110年		西藏阿里

月曆表

5636－384－2058586

月干支序數	星期／月序	日	1	2	3	4	5	6	日	1	2	3	4	5	6	日	1	2	3	4	5	6	日	1	2	3	4	5	6	日	1	2	3	4	5	6	日	1
	公曆1月				1	2	3	4	5	6	7	8	9	10	11	12	13	14	15	16	17	18	19	20	21	22	23	24	25	26	27	28	29	30	31			
51	夏曆正月				12	13	14	15	16	17	18	19	20	21	22	23	24	25	26	27	28	29	30	⑬	2	3	4	5	6	7	8	9	10	11	12			
	回曆10月				10	11	12	13	14	15	16	17	18	19	20	21	22	23	24	25	26	27	28	29	30	1	2	3	4	5	6	7	8	9	10			
	公曆2月							1	2	3	4	5	6	7	8	9	10	11	12	13	14	15	16	17	18	19	20	21	22	23	24	25	26	27	28			
52	夏曆二月							13	14	15	16	17	18	19	20	21	22	23	24	25	26	27	28	29	30	㊸	2	3	4	5	6	7	8	9	10			
	回曆11月							11	12	13	14	15	16	17	18	19	20	21	22	23	24	25	26	27	28	29	1	2	3	4	5	6	7	8	9			
	公曆3月							1	2	3	4	5	6	7	8	9	10	11	12	13	14	15	16	17	18	19	20	21	22	23	24	25	26	27	28	29	30	31
53	夏曆三月							11	12	13	14	15	16	17	18	19	20	21	22	23	24	25	26	27	28	29	⑫	2	3	4	5	6	7	8	9	10	11	12
	回曆12月							10	11	12	13	14	15	16	17	18	19	20	21	22	23	24	25	26	27	28	29	30	1	2	3	4	5	6	7	8	9	10
	公曆4月			1	2	3	4	5	6	7	8	9	10	11	12	13	14	15	16	17	18	19	20	21	22	23	24	25	26	27	28	29	30					
	夏曆閏三月			13	14	15	16	17	18	19	20	21	22	23	24	25	26	27	28	29	30	㊷	2	3	4	5	6	7	8	9	10	11	12					
311年	回曆1月			11	12	13	14	15	16	17	18	19	20	21	22	23	24	25	26	27	28	29	30	①	2	3	4	5	6	7	8	9	10					
	公曆5月					1	2	3	4	5	6	7	8	9	10	11	12	13	14	15	16	17	18	19	20	21	22	23	24	25	26	27	28	29	30	31		
54	夏曆四月					13	14	15	16	17	18	19	20	21	22	23	24	25	26	27	28	29	30	⑫	2	3	4	5	6	7	8	9	10	11	12	13		
	回曆2月					11	12	13	14	15	16	17	18	19	20	21	22	23	24	25	26	27	28	29	30	1	2	3	4	5	6	7	8	9	10	11		
	公曆6月	1	2	3	4	5	6	7	8	9	10	11	12	13	14	15	16	17	18	19	20	21	22	23	24	25	26	27	28	29	30							
55	夏曆五月	14	15	16	17	18	19	20	21	22	23	24	25	26	27	28	29	㊶	2	3	4	5	6	7	8	9	10	11	12	13	14							
	回曆3月	12	13	14	15	16	17	18	19	20	21	22	23	24	25	26	27	28	29	1	2	3	4	5	6	7	8	9	10	11	12							
	公曆7月			1	2	3	4	5	6	7	8	9	10	11	12	13	14	15	16	17	18	19	20	21	22	23	24	25	26	27	28	29	30	31				
56	夏曆六月			15	16	17	18	19	20	21	22	23	24	25	26	27	28	29	30	⑪	2	3	4	5	6	7	8	9	10	11	12	13	14	15				
	回曆4月			13	14	15	16	17	18	19	20	21	22	23	24	25	26	27	28	29	30	1	2	3	4	5	6	7	8	9	10	11	12	13				
	公曆8月						1	2	3	4	5	6	7	8	9	10	11	12	13	14	15	16	17	18	19	20	21	22	23	24	25	26	27	28	29	30	31	
57	夏曆七月						16	17	18	19	20	21	22	23	24	25	26	27	28	29	㊵	2	3	4	5	6	7	8	9	10	11	12	13	14	15	16	17	
	回曆5月						14	15	16	17	18	19	20	21	22	23	24	25	26	27	28	29	1	2	3	4	5	6	7	8	9	10	11	12	13	14	15	
	公曆9月		1	2	3	4	5	6	7	8	9	10	11	12	13	14	15	16	17	18	19	20	21	22	23	24	25	26	27	28	29	30						
58	夏曆八月		18	19	20	21	22	23	24	25	26	27	28	29	⑨	2	3	4	5	6	7	8	9	10	11	12	13	14	15	16	17	18						
	回曆6月		16	17	18	19	20	21	22	23	24	25	26	27	28	29	30	1	2	3	4	5	6	7	8	9	10	11	12	13	14	15						
	公曆10月				1	2	3	4	5	6	7	8	9	10	11	12	13	14	15	16	17	18	19	20	21	22	23	24	25	26	27	28	29	30	31			
59	夏曆九月				19	20	21	22	23	24	25	26	27	28	29	30	㊴	2	3	4	5	6	7	8	9	10	11	12	13	14	15	16	17	18	19			
	回曆7月				16	17	18	19	20	21	22	23	24	25	26	27	28	29	1	2	3	4	5	6	7	8	9	10	11	12	13	14	15	16	17			
	公曆11月							1	2	3	4	5	6	7	8	9	10	11	12	13	14	15	16	17	18	19	20	21	22	23	24	25	26	27	28	29	30	
60	夏曆十月							20	21	22	23	24	25	26	27	28	29	⑧	2	3	4	5	6	7	8	9	10	11	12	13	14	15	16	17	18	19	20	
	回曆8月							18	19	20	21	22	23	24	25	26	27	28	29	30	1	2	3	4	5	6	7	8	9	10	11	12	13	14	15	16	17	
	公曆12月		1	2	3	4	5	6	7	8	9	10	11	12	13	14	15	16	17	18	19	20	21	22	23	24	25	26	27	28	29	30	31					
1	夏曆十一月		21	22	23	24	25	26	27	28	29	30	㊳	2	3	4	5	6	7	8	9	10	11	12	13	14	15	16	17	18	19	20	21					
	回曆9月		18	19	20	21	22	23	24	25	26	27	28	29	1	2	3	4	5	6	7	8	9	10	11	12	13	14	15	16	17	18	19					

大事記

二月，梁册吳越王錢鏐為吳越國王。　四月，李存勗稱皇帝，國號曰唐，改元同光。　十月，唐襲梁開封，梁亡。　十二月，唐遷都洛陽。廢梁律令格式，仍依唐舊。

五代十國紀年

干支甲申　公元 924 年

朝代或國名	國家支配者	建　都	廟　號	謚　號	建　元	年號年次	輔政者	備　注
(後)唐	①李存勖	洛陽	莊宗		2	2 同光 2 年		
吴	④楊溥	揚州		睿	4	1 順義 4 年		
吴越	①錢鏐	錢塘		武肅王	8	7 寶大元年		
閩	①王審知	福州	太祖	昭成	7	7 同光 2 年		從後唐年號
(南)漢	①劉龑	廣州	高祖		3	1 乾亨 8 年		
蜀	②王衍	成都		順正公	2	1 乾德 6 年		
荆南	①高季興	荆州		武信王	3	1 順義 4 年 (三月建元)		從吴年號
契丹	①耶律阿保機	皇都	太祖	天	4	3 天贊 3 年		今林西
于闐	①李聖天	和田			1	同慶 13 年		在新疆
渤海	⑭大諲譔	龍泉府		末王		18 年		在東北
岐	李茂貞	鳳翔						稱後唐臣
古格						111 年		西藏阿里
大長和	②鄭仁旻	陽苴咩		肅文太上				在雲南

月曆表

5637—354—2058940

月干支序數	月序＼星期	日	1	2	3	4	5	6	日	1	2	3	4	5	6	日	1	2	3	4	5	6	日	1	2	3	4	5	6	日	1	2	3	4	5	6	日	1
	公曆 1 月					1	2	3	4	5	6	7	8	9	10	11	12	13	14	15	16	17	18	19	20	21	22	23	24	25	26	27	28	29	30	31		
2	夏曆十二月					22	23	24	25	26	27	28	29	⑦	2	3	4	5	6	7	8	9	10	11	12	13	14	15	16	17	18	19	20	21	22	23		
	回曆 10 月					20	21	22	23	24	25	26	27	28	29	30	1	2	3	4	5	6	7	8	9	10	11	12	13	14	15	16	17	18	19	20		
	公曆 2 月	1	2	3	4	5	6	7	8	9	10	11	12	13	14	15	16	17	18	19	20	21	22	23	24	25	26	27	28	29								
3	夏曆正月	24	25	26	27	28	29	30	㊲	2	3	4	5	6	7	8	9	10	11	12	13	14	15	16	17	18	19	20	21	22								
	回曆 11 月	21	22	23	24	25	26	27	28	29	1	2	3	4	5	6	7	8	9	10	11	12	13	14	15	16	17	18	19	20								
	公曆 3 月		1	2	3	4	5	6	7	8	9	10	11	12	13	14	15	16	17	18	19	20	21	22	23	24	25	26	27	28	29	30	31					
4	夏曆二月		23	24	25	26	27	28	29	⑥	2	3	4	5	6	7	8	9	10	11	12	13	14	15	16	17	18	19	20	21	22	23	24					
	回曆 12 月		21	22	23	24	25	26	27	28	29	30	1	2	3	4	5	6	7	8	9	10	11	12	13	14	15	16	17	18	19	20	21					
	公曆 4 月					1	2	3	4	5	6	7	8	9	10	11	12	13	14	15	16	17	18	19	20	21	22	23	24	25	26	27	28	29	30			
5	夏曆三月					25	26	27	28	29	30	㊱	2	3	4	5	6	7	8	9	10	11	12	13	14	15	16	17	18	19	20	21	22	23	24			
312 年	回曆 1 月					22	23	24	25	26	27	28	29	①	2	3	4	5	6	7	8	9	10	11	12	13	14	15	16	17	18	19	20	21	22			
	公曆 5 月							1	2	3	4	5	6	7	8	9	10	11	12	13	14	15	16	17	18	19	20	21	22	23	24	25	26	27	28	29	30	31
6	夏曆四月							25	26	27	28	29	30	⑥	2	3	4	5	6	7	8	9	10	11	12	13	14	15	16	17	18	19	20	21	22	23	24	25
	回曆 2 月							23	24	25	26	27	28	29	30	1	2	3	4	5	6	7	8	9	10	11	12	13	14	15	16	17	18	19	20	21	22	23
	公曆 6 月			1	2	3	4	5	6	7	8	9	10	11	12	13	14	15	16	17	18	19	20	21	22	23	24	25	26	27	28	29	30					
7	夏曆五月			26	27	28	29	㉟	2	3	4	5	6	7	8	9	10	11	12	13	14	15	16	17	18	19	20	21	22	23	24	25	26					
	回曆 3 月			24	25	26	27	28	29	1	2	3	4	5	6	7	8	9	10	11	12	13	14	15	16	17	18	19	20	21	22	23	24					
	公曆 7 月					1	2	3	4	5	6	7	8	9	10	11	12	13	14	15	16	17	18	19	20	21	22	23	24	25	26	27	28	29	30	31		
8	夏曆六月					27	28	29	30	⑤	2	3	4	5	6	7	8	9	10	11	12	13	14	15	16	17	18	19	20	21	22	23	24	25	26	27		
	回曆 4 月					25	26	27	28	29	30	1	2	3	4	5	6	7	8	9	10	11	12	13	14	15	16	17	18	19	20	21	22	23	24	25		
	公曆 8 月	1	2	3	4	5	6	7	8	9	10	11	12	13	14	15	16	17	18	19	20	21	22	23	24	25	26	27	28	29	30	31						
9	夏曆七月	28	29	30	㉟	2	3	4	5	6	7	8	9	10	11	12	13	14	15	16	17	18	19	20	21	22	23	24	25	26	27	28						

續表

月干支序數	月序 \ 星期	日	1	2	3	4	5	6	日	1	2	3	4	5	6	日	1	2	3	4	5	6	日	1	2	3	4	5	6	日	1	2	3	4	5	6	日	1
	回暦5月	26	27	28	29	1	2	3	4	5	6	7	8	9	10	11	12	13	14	15	16	17	18	19	20	21	22	23	24	25	26	27						
	公暦9月				1	2	3	4	5	6	7	8	9	10	11	12	13	14	15	16	17	18	19	20	21	22	23	24	25	26	27	28	29	30				
10	夏暦八月				29	④	2	3	4	5	6	7	8	9	10	11	12	13	14	15	16	17	18	19	20	21	22	23	24	25	26	27	28	29				
	回暦6月				28	29	30	1	2	3	4	5	6	7	8	9	10	11	12	13	14	15	16	17	18	19	20	21	22	23	24	25	26	27				
	公暦10月						1	2	3	4	5	6	7	8	9	10	11	12	13	14	15	16	17	18	19	20	21	22	23	24	25	26	27	28	29	30	31	
11 12	夏暦九十月						30	㉞	2	3	4	5	6	7	8	9	10	11	12	13	14	15	16	17	18	19	20	21	22	23	24	25	26	27	28	29	③	
	回暦7月						28	29	1	2	3	4	5	6	7	8	9	10	11	12	13	14	15	16	17	18	19	20	21	22	23	24	25	26	27	28	29	
	公暦11月		1	2	3	4	5	6	7	8	9	10	11	12	13	14	15	16	17	18	19	20	21	22	23	24	25	26	27	28	29	30						
13	夏暦十一月		2	3	4	5	6	7	8	9	10	11	12	13	14	15	16	17	18	19	20	21	22	23	24	25	26	27	28	29	㉜	2						
	回暦8月		30	1	2	3	4	5	6	7	8	9	10	11	12	13	14	15	16	17	18	19	20	21	22	23	24	25	26	27	28	29						
	公暦12月				1	2	3	4	5	6	7	8	9	10	11	12	13	14	15	16	17	18	19	20	21	22	23	24	25	26	27	28	29	30	31			
14	夏暦十二月				3	4	5	6	7	8	9	10	11	12	13	14	15	16	17	18	19	20	21	22	23	24	25	26	27	28	29	30	②	2	3			
	回暦9,10月				1	2	3	4	5	6	7	8	9	10	11	12	13	14	15	16	17	18	19	20	21	22	23	24	25	26	27	28	29	30	1			

大事記

正月，唐復用宦官監軍，岐王李茂貞遣子貢於唐，稱臣，以為秦王。　三月，唐進封荊南節度使高季興為南平王。四月，甘州回鶻可汗遣使貢唐，册為英義可汗。李茂貞卒，子繼曮知鳳翔軍府事。　五月，契丹擾幽州。　九月，契丹擾幽州。十月，擾易、定二州。吳越王貢於唐。　十一月，擾蔚州。　十二月，擾嵐州。甘州回鶻英義可汗卒，弟狄銀立，遣使貢於唐。

五代十國紀年

朝代或國名	國家支配者	建都	廟號	謚號	建元	年號年次	[illegible]	[illegible]
(後)唐	①李存勖	洛陽	莊宗		2	2同光3年	[illegible]	[illegible]
吳	④楊溥	揚州		睿	4	1順義5年	[illegible]	[illegible]
吳越	①錢鏐	錢塘		武肅王	8	7寶大2年		
閩	①王審知	福州	太祖	昭成	7	7同光3年		十二月王延翰即位
(南)漢	①劉龑	廣州	高祖		3	2白龍元年		十二月改元
蜀	②王衍	成都		順正公	2	2咸康元年		十一月降於後唐
荊南	①高季興	荊州		武信王	3	1順義5年		從吳年號
契丹	①耶律阿保機	皇都	遼太祖	天	4	3天贊4年		内蒙林西
渤海	⑭大諲譔	龍泉府		末王		19年		在東北
于闐	①李聖天	和田			1	同慶14年		在新疆
大長和	②鄭仁旻	陽苴咩		肅文太上				在雲南
古格						112年		西藏阿里

月曆表　5638—384—2059324

月干支序數	星期＼月序	日	1	2	3	4	5	6	日	1	2	3	4	5	6	日	1	2	3	4	5	6	日	1	2	3	4	5	6	日	1	2	3	4	5	6	日	1
	公暦1月							1	2	3	4	5	6	7	8	9	10	11	12	13	14	15	16	17	18	19	20	21	22	23	24	25	26	27	28	29	30	31
15	夏暦正月							4	5	6	7	8	9	10	11	12	13	14	15	16	17	18	19	20	21	22	23	24	25	26	27	28	29	(31)	2	3	4	5
	回暦11月							2	3	4	5	6	7	8	9	10	11	12	13	14	15	16	17	18	19	20	21	22	23	24	25	26	27	28	29	1	2	3
	公暦2月			1	2	3	4	5	6	7	8	9	10	11	12	13	14	15	16	17	18	19	20	21	22	23	24	25	26	27	28							
16	夏暦二月			6	7	8	9	10	11	12	13	14	15	16	17	18	19	20	21	22	23	24	25	26	27	28	29	30	(1)	2	3							
	回暦12月			4	5	6	7	8	9	10	11	12	13	14	15	16	17	18	19	20	21	22	23	24	25	26	27	28	29	30	1							
	公暦3月			1	2	3	4	5	6	7	8	9	10	11	12	13	14	15	16	17	18	19	20	21	22	23	24	25	26	27	28	29	30	31				
17	夏暦三月			4	5	6	7	8	9	10	11	12	13	14	15	16	17	18	19	20	21	22	23	24	25	26	27	28	29	(30)	2	3	4	5				
313年	回暦1月			2	3	4	5	6	7	8	9	10	11	12	13	14	15	16	17	18	19	20	21	22	23	24	25	26	27	28	29	(1)	2	3				
	公暦4月						1	2	3	4	5	6	7	8	9	10	11	12	13	14	15	16	17	18	19	20	21	22	23	24	25	26	27	28	29	30		
18	夏暦四月						6	7	8	9	10	11	12	13	14	15	16	17	18	19	20	21	22	23	24	25	26	27	28	29	30	(60)	2	3	4	5		
	回暦2月						4	5	6	7	8	9	10	11	12	13	14	15	16	17	18	19	20	21	22	23	24	25	26	27	28	29	30	1	2	3		
	公暦5月	1	2	3	4	5	6	7	8	9	10	11	12	13	14	15	16	17	18	19	20	21	22	23	24	25	26	27	28	29	30	31						
19	夏暦五月	6	7	8	9	10	11	12	13	14	15	16	17	18	19	20	21	22	23	24	25	26	27	28	29	(29)	2	3	4	5	6	7						
	回暦3月	4	5	6	7	8	9	10	11	12	13	14	15	16	17	18	19	20	21	22	23	24	25	26	27	28	29	1	2	3	4	5						
	公暦6月				1	2	3	4	5	6	7	8	9	10	11	12	13	14	15	16	17	18	19	20	21	22	23	24	25	26	27	28	29	30				
20	夏暦六月				8	9	10	11	12	13	14	15	16	17	18	19	20	21	22	23	24	25	26	27	28	29	30	(59)	2	3	4	5	6	7				
	回暦4月				6	7	8	9	10	11	12	13	14	15	16	17	18	19	20	21	22	23	24	25	26	27	28	29	30	1	2	3	4	5				
	公暦7月						1	2	3	4	5	6	7	8	9	10	11	12	13	14	15	16	17	18	19	20	21	22	23	24	25	26	27	28	29	30	31	
21	夏暦七月						8	9	10	11	12	13	14	15	16	17	18	19	20	21	22	23	24	25	26	27	28	29	30	(29)	2	3	4	5	6	7	8	
	回暦5月						6	7	8	9	10	11	12	13	14	15	16	17	18	19	20	21	22	23	24	25	26	27	28	29	1	2	3	4	5	6	7	
	[illegible]	[illegible]	[illegible]	[illegible]	[illegible]	[illegible]	[illegible]	[illegible]	[illegible]	[illegible]	[illegible]	[illegible]	[illegible]	[illegible]	13	14	15	16	17	18	19	20	21	22	23	24	25	26	27	28	29	30	31					
[illegible]	[illegible]	[illegible]	[illegible]	[illegible]	[illegible]	[illegible]	[illegible]	[illegible]	[illegible]	[illegible]	[illegible]	[illegible]	[illegible]	[illegible]	[illegible]	[illegible]	[illegible]	[illegible]	[illegible]	[illegible]	27	28	29	(58)	2	3	4	5	6	7	8	9	10					
	[illegible]	[illegible]	[illegible]	[illegible]	[illegible]	[illegible]	[illegible]	[illegible]	[illegible]	[illegible]	[illegible]	[illegible]	[illegible]	[illegible]	[illegible]	[illegible]	[illegible]	[illegible]	[illegible]	[illegible]	26	27	28	29	30	1	2	3	4	5	6	7	8					
	[illegible]	[illegible]	[illegible]	[illegible]	[illegible]	[illegible]	[illegible]	[illegible]	[illegible]	[illegible]	[illegible]	[illegible]	[illegible]	[illegible]	[illegible]	[illegible]	[illegible]	[illegible]	[illegible]	[illegible]	16	17	18	19	20	21	22	23	24	25	26	27	28	29	30			
[illegible]	[illegible]	[illegible]	[illegible]	[illegible]	[illegible]	11	12	13	14	[illegible]	[illegible]	[illegible]	[illegible]	[illegible]	[illegible]	[illegible]	[illegible]	[illegible]	[illegible]	[illegible]	26	27	28	29	30	(28)	2	3	4	5	6	7	8	9	10			
	回暦7月					9	10	11	12	13	14	15	16	17	18	19	20	21	22	23	24	25	26	27	28	29	1	2	3	4	5	6	7	8	9			
	公暦10月							1	2	3	4	5	6	7	8	9	10	11	12	13	14	15	16	17	18	19	20	21	22	23	24	25	26	27	28	29	30	31
24	夏暦十月							11	12	13	14	15	16	17	18	19	20	21	22	23	24	25	26	27	28	29	(57)	2	3	4	5	6	7	8	9	10	11	12
	回暦8月							10	11	12	13	14	15	16	17	18	19	20	21	22	23	24	25	26	27	28	29	30	1	2	3	4	5	6	7	8	9	10
	公暦11月			1	2	3	4	5	6	7	8	9	10	11	12	13	14	15	16	17	18	19	20	21	22	23	24	25	26	27	28	29	30					
25	夏暦十一月			13	14	15	16	17	18	19	20	21	22	23	24	25	26	27	28	29	30	(27)	2	3	4	5	6	7	8	9	10	11	12					
	回暦9月			11	12	13	14	15	16	17	18	19	20	21	22	23	24	25	26	27	28	29	1	2	3	4	5	6	7	8	9	10	11					
	公暦12月					1	2	3	4	5	6	7	8	9	10	11	12	13	14	15	16	17	18	19	20	21	22	23	24	25	26	27	28	29	30	31		
26	夏暦十二月					13	14	15	16	17	18	19	20	21	22	23	24	25	26	27	28	29	30	(57)	2	3	4	5	6	7	8	9	10	11	12	13		
	回暦10月					12	13	14	15	16	17	18	19	20	21	22	23	24	25	26	27	28	29	30	1	2	3	4	5	6	7	8	9	10	11	12		

敦煌寫本曆書閏明年正月。

大事記

正月，唐修月波堤。契丹擾幽州。　二月，契丹擾涿州，敗。　六月，唐括市戰馬。　十月，唐攻蜀七十日，蜀主王衍降，蜀亡。　十二月，閩王王審知卒，子延翰立。大長和（南詔）請婚於南漢，南漢以增城公主妻之。

五 代 十 國 紀 年

干支丙戌　公元 926 年

朝代或國名	國家支配者	建　都	廟　號	謚　號	建　元	年號年次	輔政者	備　注
(後)唐	②李嗣源	洛陽	明宗		2	1 天成元年		四月甲寅改元
吳	④楊溥	揚州		睿	4	1 順義 6 年		
吳越	①錢鏐	錢塘		武肅王	8	8 寶正元年		
閩	②王延翰	福州			1	天成元年		十二月 王延鈞即位
荆南	①高季興	荆州		武信王	3	2 天成元年		從後唐年號
(南)漢	①劉龑	廣州	高祖		3	2 白龍 2 年		
契丹	①耶律阿保機	皇都	遼太祖	天	4	4 天顯元年		二月壬辰改元
東丹	①耶律倍	龍泉府	遼義宗			甘露元年		二月建元
于闐	①李聖天	和田			1	同慶 15 年		在新疆
渤海	⑭大諲譔	龍泉府		末王		20 年		降於契丹
大長和	②鄭仁旻	陽苴咩		肅文太上		孝治元年		
古格						113 年		西藏阿里

月 曆 表

5639—355—2059679

月干支序數	月序＼星期	日	1	2	3	4	5	6	日	1	2	3	4	5	6	日	1	2	3	4	5	6	日	1	2	3	4	5	6	日	1	2	3	4	5	6	日	1
	公曆 1 月	1	2	3	4	5	6	7	8	9	10	11	12	13	14	15	16	17	18	19	20	21	22	23	24	25	26	27	28	29	30	31						
	夏曆閏十二月	14	15	16	17	18	19	20	21	22	23	24	25	26	27	28	29	㉖	2	3	4	5	6	7	8	9	10	11	12	13	14	15						
	回曆 11 月	13	14	15	16	17	18	19	20	21	22	23	24	25	26	27	28	29	1	2	3	4	5	6	7	8	9	10	11	12	13	14						
	公曆 2 月				1	2	3	4	5	6	7	8	9	10	11	12	13	14	15	16	17	18	19	20	21	22	23	24	25	26	27	28						
27	夏曆正月				16	17	18	19	20	21	22	23	24	25	26	27	28	29	(55)	2	3	4	5	6	7	8	9	10	11	12	13	14						
	回曆 12 月				15	16	17	18	19	20	21	22	23	24	25	26	27	28	29	30	1	2	3	4	5	6	7	8	9	10	11	12						
	公曆 3 月				1	2	3	4	5	6	7	8	9	10	11	12	13	14	15	16	17	18	19	20	21	22	23	24	25	26	27	28	29	30	31			
28	夏曆二月				15	16	17	18	19	20	21	22	23	24	25	26	27	28	29	30	㉕	2	3	4	5	6	7	8	9	10	11	12	13	14	15			
314 年	回曆 1 月				13	14	15	16	17	18	19	20	21	22	23	24	25	26	27	28	29	30	①	2	3	4	5	6	7	8	9	10	11	12	13			
	公曆 4 月							1	2	3	4	5	6	7	8	9	10	11	12	13	14	15	16	17	18	19	20	21	22	23	24	25	26	27	28	29	30	
29	夏曆三月							16	17	18	19	20	21	22	23	24	25	26	27	28	29	(54)	2	3	4	5	6	7	8	9	10	11	12	13	14	15	16	
	回曆 2 月							14	15	16	17	18	19	20	21	22	23	24	25	26	27	28	29	30	1	2	3	4	5	6	7	8	9	10	11	12	13	
	公曆 5 月		1	2	3	4	5	6	7	8	9	10	11	12	13	14	15	16	17	18	19	20	21	22	23	24	25	26	27	28	29	30	31					
30	夏曆四月		17	18	19	20	21	22	23	24	25	26	27	28	29	30	㉔	2	3	4	5	6	7	8	9	10	11	12	13	14	15	16	17					
	回曆 3 月		14	15	16	17	18	19	20	21	22	23	24	25	26	27	28	29	1	2	3	4	5	6	7	8	9	10	11	12	13	14	15					
	公曆 6 月					1	2	3	4	5	6	7	8	9	10	11	12	13	14	15	16	17	18	19	20	21	22	23	24	25	26	27	28	29	30			
31	夏曆五月					18	19	20	21	22	23	24	25	26	27	28	29	(53)	2	3	4	5	6	7	8	9	10	11	12	13	14	15	16	17	18			
	回曆 4 月					16	17	18	19	20	21	22	23	24	25	26	27	28	29	30	1	2	3	4	5	6	7	8	9	10	11	12	13	14	15			
	公曆 7 月							1	2	3	4	5	6	7	8	9	10	11	12	13	14	15	16	17	18	19	20	21	22	23	24	25	26	27	28	29	30	31
32	夏曆六月							19	20	21	22	23	24	25	26	27	28	29	30	㉓	2	3	4	5	6	7	8	9	10	11	12	13	14	15	16	17	18	19
	回曆 5 月							16	17	18	19	20	21	22	23	24	25	26	27	28	29	1	2	3	4	5	6	7	8	9	10	11	12	13	14	15	16	17
	公曆 8 月			1	2	3	4	5	6	7	8	9	10	11	12	13	14	15	16	17	18	19	20	21	22	23	24	25	26	27	28	29	30	31				
33	夏曆七月			20	21	22	23	24	25	26	27	28	29	(52)	2	3	4	5	6	7	8	9	10	11	12	13	14	15	16	17	18	19	20	21				
	回曆 6 月			18	19	20	21	22	23	24	25	26	27	28	29	30	1	2	3	4	5	6	7	8	9	10	11	12	13	14	15	16	17	18				

續表

月干支序數	星期／月序	日	1	2	3	4	5	6	日	1	2	3	4	5	6	日	1	2	3	4	5	6	日	1	2	3	4	5	6	日	1	2	3	4	5	6	日	1
	公暦9月						1	2	3	4	5	6	7	8	9	10	11	12	13	14	15	16	17	18	19	20	21	22	23	24	25	26	27	28	29	30		
34	夏暦八月						22	23	24	25	26	27	28	29	30	㉒	2	3	4	5	6	7	8	9	10	11	12	13	14	15	16	17	18	19	20	21		
	回暦7月						19	20	21	22	23	24	25	26	27	28	29	1	2	3	4	5	6	7	8	9	10	11	12	13	14	15	16	17	18	19		
	公暦10月	1	2	3	4	5	6	7	8	9	10	11	12	13	14	15	16	17	18	19	20	21	22	23	24	25	26	27	28	29	30	31						
35	夏暦九月	22	23	24	25	26	27	28	29	30	(52)	2	3	4	5	6	7	8	9	10	11	12	13	14	15	16	17	18	19	20	21	22						
	回暦8月	20	21	22	23	24	25	26	27	28	29	30	1	2	3	4	5	6	7	8	9	10	11	12	13	14	15	16	17	18	19	20						
	公暦11月				1	2	3	4	5	6	7	8	9	10	11	12	13	14	15	16	17	18	19	20	21	22	23	24	25	26	27	28	29	30				
36	夏暦十月				23	24	25	26	27	28	29	㉑	2	3	4	5	6	7	8	9	10	11	12	13	14	15	16	17	18	19	20	21	22	23				
	回暦9月				21	22	23	24	25	26	27	28	29	1	2	3	4	5	6	7	8	9	10	11	12	13	14	15	16	17	18	19	20	21				
	公暦12月						1	2	3	4	5	6	7	8	9	10	11	12	13	14	15	16	17	18	19	20	21	22	23	24	25	26	27	28	29	30	31	
37	夏暦十一月						24	25	26	27	28	29	30	(51)	2	3	4	5	6	7	8	9	10	11	12	13	14	15	16	17	18	19	20	21	22	23	24	
	回暦10月						22	23	24	25	26	27	28	29	30	1	2	3	4	5	6	7	8	9	10	11	12	13	14	15	16	17	18	19	20	21	22	

大事記

正月，契丹遣使聘於唐。　四月，唐從馬直指揮使郭從謙作亂，李存勖中流矢死，李嗣源即位，稱監國，尋稱皇帝，改元天成，更名亶。　七月，契丹滅渤海，以其地為東丹國，太子耶律倍鎮之，號人皇王。阿保機卒(872—926)，次子德光立，是為太宗。　八月，契丹擾幽州。　十月，王延翰稱閩王。　十二月，閩國王王延翰為王延禀所殺，以王延鈞為留後。

是歲，吳越王錢鏐改元寶正。

五代十國紀年

干支丁亥　公元 927 年

朝代或國名	國家支配者	建都	廟號	謚號	建元	年號年次	輔政者	備注
(後)唐	②李嗣源	洛陽	明宗		2	1 天成 2 年		
吳	④楊溥	揚州		睿	4	2 乾貞元年		十一月改元
吳越	①錢鏐	錢塘		武肅王	8	8 寶正 2 年		
閩	③王延鈞	福州	太宗	惠	4	1 天成 2 年		從後唐年號
南(漢)	①劉龑	廣州	高祖		3	2 白龍 3 年		
荆南	①高季興	荆州		武信王	3	2 天成 2 年		從後唐年號
楚	①馬殷	長沙		武穆王		天成 2 年		六月建元
契丹	①耶律阿保機	皇都	遼太祖		4	4 天顯 2 年		十一月 壬戌太宗即位
東丹	①耶律倍	龍泉府	遼義宗			甘露 2 年		在東北
大長和	③鄭隆亶	陽苴咩		恭惠	1	天應元年		在雲南
于闐	①李聖天	和田			1	同慶 16 年		在新疆
古格						114 年		西藏阿里

月干支序數	星期 月序	日	1	2	3	4	5	6	日	1	2	3	4	5	6	日	1	2	3	4	5	6	日	1	2	3	4	5	6	日	1	2	3	4	5	6	日	1
	公曆 1 月		1	2	3	4	5	6	7	8	9	10	11	12	13	14	15	16	17	18	19	20	21	22	23	24	25	26	27	28	29	30	31					
38	夏曆十二月		25	26	27	28	29	30	㉑	2	3	4	5	6	7	8	9	10	11	12	13	14	15	16	17	18	19	20	21	22	23	24	25					
	回曆 11 月		23	24	25	26	27	28	29	1	2	3	4	5	6	7	8	9	10	11	12	13	14	15	16	17	18	19	20	21	22	23	24					
	公曆 2 月					1	2	3	4	5	6	7	8	9	10	11	12	13	14	15	16	17	18	19	20	21	22	23	24	25	26	27	28					
39	夏曆正月					26	27	28	29	㊿	2	3	4	5	6	7	8	9	10	11	12	13	14	15	16	17	18	19	20	21	22	23	24					
	回曆 12 月					25	26	27	28	29	30	1	2	3	4	5	6	7	8	9	10	11	12	13	14	15	16	17	18	19	20	21	22					
	公曆 3 月					1	2	3	4	5	6	7	8	9	10	11	12	13	14	15	16	17	18	19	20	21	22	23	24	25	26	27	28	29	30	31		
40	夏曆二月					25	26	27	28	29	⑲	2	3	4	5	6	7	8	9	10	11	12	13	14	15	16	17	18	19	20	21	22	23	24	25	26		
315年	回曆 1 月					23	24	25	26	27	28	29	①	2	3	4	5	6	7	8	9	10	11	12	13	14	15	16	17	18	19	20	21	22	23	24		
	公曆 4 月	1	2	3	4	5	6	7	8	9	10	11	12	13	14	15	16	17	18	19	20	21	22	23	24	25	26	27	28	29	30							
41	夏曆三月	27	28	29	30	㊾	2	3	4	5	6	7	8	9	10	11	12	13	14	15	16	17	18	19	20	21	22	23	24	25	26							
	回曆 2 月	25	26	27	28	29	30	1	2	3	4	5	6	7	8	9	10	11	12	13	14	15	16	17	18	19	20	21	22	23	24							
	公曆 5 月			1	2	3	4	5	6	7	8	9	10	11	12	13	14	15	16	17	18	19	20	21	22	23	24	25	26	27	28	29	30	31				
42	夏曆四月			27	28	29	⑱	2	3	4	5	6	7	8	9	10	11	12	13	14	15	16	17	18	19	20	21	22	23	24	25	26	27	28				
	回曆 3 月			25	26	27	28	29	1	2	3	4	5	6	7	8	9	10	11	12	13	14	15	16	17	18	19	20	21	22	23	24	25	26				
	公曆 6 月						1	2	3	4	5	6	7	8	9	10	11	12	13	14	15	16	17	18	19	20	21	22	23	24	25	26	27	28	29	30		
43	夏曆五月						29	30	㊽	2	3	4	5	6	7	8	9	10	11	12	13	14	15	16	17	18	19	20	21	22	23	24	25	26	27	28		
	回曆 4 月						27	28	29	30	1	2	3	4	5	6	7	8	9	10	11	12	13	14	15	16	17	18	19	20	21	22	23	24	25	26		
	公曆 7 月	1	2	3	4	5	6	7	8	9	10	11	12	13	14	15	16	17	18	19	20	21	22	23	24	25	26	27	28	29	30	31						
44	夏曆六月	29	⑰	2	3	4	5	6	7	8	9	10	11	12	13	14	15	16	17	18	19	20	21	22	23	24	25	26	27	28	29	30						
	回曆 5 月	27	28	29	1	2	3	4	5	6	7	8	9	10	11	12	13	14	15	16	17	18	19	20	21	22	23	24	25	26	27	28						
	公曆 8 月				1	2	3	4	5	6	7	8	9	10	11	12	13	14	15	16	17	18	19	20	21	22	23	24	25	26	27	28	29	30	31			
45 46	夏曆七 八月				㊼	2	3	4	5	6	7	8	9	10	11	12	13	14	15	16	17	18	19	20	21	22	23	24	25	26	27	28	29	⑯	2			
	回曆 6 月				29	30	1	2	3	4	5	6	7	8	9	10	11	12	13	14	15	16	17	18	19	20	21	22	23	24	25	26	27	28	29			
	公曆 9 月							1	2	3	4	5	6	7	8	9	10	11	12	13	14	15	16	17	18	19	20	21	22	23	24	25	26	27	28	29	30	
47	夏曆九月							3	4	5	6	7	8	9	10	11	12	13	14	15	16	17	18	19	20	21	22	23	24	25	26	27	28	29	30	㊻	2	
	回曆 7 月							1	2	3	4	5	6	7	8	9	10	11	12	13	14	15	16	17	18	19	20	21	22	23	24	25	26	27	28	29	30	
	公曆 10 月		1	2	3	4	5	6	7	8	9	10	11	12	13	14	15	16	17	18	19	20	21	22	23	24	25	26	27	28	29	30	31					
48	夏曆十月		3	4	5	6	7	8	9	10	11	12	13	14	15	16	17	18	19	20	21	22	23	24	25	26	27	28	29	30	⑯	2	3					
	回曆 8、9 月		1	2	3	4	5	6	7	8	9	10	11	12	13	14	15	16	17	18	19	20	21	22	23	24	25	26	27	28	29	1	2					
	公曆 11 月					1	2	3	4	5	6	7	8	9	10	11	12	13	14	15	16	17	18	19	20	21	22	23	24	25	26	27	28	29	30			
49	夏曆十一月					4	5	6	7	8	9	10	11	12	13	14	15	16	17	18	19	20	21	22	23	24	25	26	27	28	29	㊺	2	3	4			
	回曆 10 月					3	4	5	6	7	8	9	10	11	12	13	14	15	16	17	18	19	20	21	22	23	24	25	26	27	28	29	30	1	2			
	公曆 12 月							1	2	3	4	5	6	7	8	9	10	11	12	13	14	15	16	17	18	19	20	21	22	23	24	25	26	27	28	29	30	31
50	夏曆十二月							5	6	7	8	9	10	11	12	13	14	15	16	17	18	19	20	21	22	23	24	25	26	27	28	29	30	⑮	2	3	4	5
	回曆 11 月							3	4	5	6	7	8	9	10	11	12	13	14	15	16	17	18	19	20	21	22	23	24	25	26	27	28	29	1	2	3	4

大事記

二月，南平王高季興襲涪州，據夔州，劫貢品。唐遣將擊之，無功。　　六月，唐封楚王馬殷為楚國王，殷於是置左右丞相等官。　　九月，契丹請修好，遣使報之。　　十一月，吳國王楊溥稱皇帝，改元乾貞。吳丞相徐溫卒，養子知誥輔政。

五 代 十 國 紀 年　　干支戊子　公元 928 年

朝代或國名	國家支配者	建都	廟號	謚號	建元	年號年次	輔政者	備注
(後)唐	②李嗣源	洛陽	明宗		2	1天成3年		
吴	④楊溥	揚州		睿	4	2乾貞2年		
吴越	①錢鏐	錢塘		武肅王	8	8寶正3年		
閩	③王延鈞	福州	太宗	惠	4	1天成3年		從後唐年號
南(漢)	①劉龑	廣州	高祖		3	3大有元年		
荆南	①高季興	荆州		武信王	3	3乾貞2年		十二月 高從誨即位
楚	①馬殷	長沙		武穆王	1	天成3年		從後唐年號
契丹	②耶律德光	上京	遼太宗		3	1天顯3年		今林西
東丹	①耶律倍	龍泉府	遼義宗			甘露3年		在東北
于闐	①李聖天	和田			1	同慶17年		在新疆
大天興	趙善政	太和城		悼康	1	尊聖元年		趙氏滅鄭氏
古格						115年		西藏阿里

月 曆 表　　5641－384－2060418

月干支序數	月序＼星期	日	1	2	3	4	5	6	日	1	2	3	4	5	6	日	1	2	3	4	5	6	日	1	2	3	4	5	6	日	1	2	3	4	5	6	日	1
	公暦1月			1	2	3	4	5	6	7	8	9	10	11	12	13	14	15	16	17	18	19	20	21	22	23	24	25	26	27	28	29	30	31				
51	夏暦正月			6	7	8	9	10	11	12	13	14	15	16	17	18	19	20	21	22	23	24	25	26	27	28	29	30	㊺	2	3	4	5	6				
	回暦12月			5	6	7	8	9	10	11	12	13	14	15	16	17	18	19	20	21	22	23	24	25	26	27	28	29	30	1	2	3	4	5				
	公暦2月						1	2	3	4	5	6	7	8	9	10	11	12	13	14	15	16	17	18	19	20	21	22	23	24	25	26	27	28	29			
52	夏暦二月						7	8	9	10	11	12	13	14	15	16	17	18	19	20	21	22	23	24	25	26	27	28	29	⑭	2	3	4	5	6			
316年	回暦1月						6	7	8	9	10	11	12	13	14	15	16	17	18	19	20	21	22	23	24	25	26	27	28	29	①	2	3	4	5			
	公暦3月							1	2	3	4	5	6	7	8	9	10	11	12	13	14	15	16	17	18	19	20	21	22	23	24	25	26	27	28	29	30	31
53	夏暦三月							7	8	9	10	11	12	13	14	15	16	17	18	19	20	21	22	23	24	25	26	27	28	29	30	㊹	2	3	4	5	6	7
	回暦2月							6	7	8	9	10	11	12	13	14	15	16	17	18	19	20	21	22	23	24	25	26	27	28	29	30	1	2	3	4	5	6
	公暦4月			1	2	3	4	5	6	7	8	9	10	11	12	13	14	15	16	17	18	19	20	21	22	23	24	25	26	27	28	29	30					
54	夏暦四月			8	9	10	11	12	13	14	15	16	17	18	19	20	21	22	23	24	25	26	27	28	29	⑬	2	3	4	5	6	7	8					
	回暦3月			7	8	9	10	11	12	13	14	15	16	17	18	19	20	21	22	23	24	25	26	27	28	29	1	2	3	4	5	6	7					
	公暦5月					1	2	3	4	5	6	7	8	9	10	11	12	13	14	15	16	17	18	19	20	21	22	23	24	25	26	27	28	29	30	31		
55	夏暦五月					9	10	11	12	13	14	15	16	17	18	19	20	21	22	23	24	25	26	27	28	29	㊷	2	3	4	5	6	7	8	9	10		
	回暦4月					8	9	10	11	12	13	14	15	16	17	18	19	20	21	22	23	24	25	26	27	28	29	30	1	2	3	4	5	6	7	8		
	公暦6月	1	2	3	4	5	6	7	8	9	10	11	12	13	14	15	16	17	18	19	20	21	22	23	24	25	26	27	28	29	30							
56	夏暦六月	11	12	13	14	15	16	17	18	19	20	21	22	23	24	25	26	27	28	29	⑪	2	3	4	5	6	7	8	9	10	11							
	回暦5月	9	10	11	12	13	14	15	16	17	18	19	20	21	22	23	24	25	26	27	28	29	1	2	3	4	5	6	7	8	9							
	公暦7月			1	2	3	4	5	6	7	8	9	10	11	12	13	14	15	16	17	18	19	20	21	22	23	24	25	26	27	28	29	30	31				
57	夏暦七月			12	13	14	15	16	17	18	19	20	21	22	23	24	25	26	27	28	29	30	㊶	2	3	4	5	6	7	8	9	10	11	12				
	回暦6月			10	11	12	13	14	15	16	17	18	19	20	21	22	23	24	25	26	27	28	29	30	1	2	3	4	5	6	7	8	9	10				
	公暦8月						1	2	3	4	5	6	7	8	9	10	11	12	13	14	15	16	17	18	19	20	21	22	23	24	25	26	27	28	29	30	31	
58	夏暦八月						13	14	15	16	17	18	19	20	21	22	23	24	25	26	27	28	29	⑩	2	3	4	5	6	7	8	9	10	11	12	13	14	
	回暦7月						11	12	13	14	15	16	17	18	19	20	21	22	23	24	25	26	27	28	29	1	2	3	4	5	6	7	8	9	10	11	12	

續表

月干支序數	星期 月序	日	1	2	3	4	5	6	日	1	2	3	4	5	6	日	1	2	3	4	5	6	日	1	2	3	4	5	6	日	1	2	3	4	5	6	日	1
	公曆 9 月		1	2	3	4	5	6	7	8	9	10	11	12	13	14	15	16	17	18	19	20	21	22	23	24	25	26	27	28	29	30						
	夏曆閏八月		15	16	17	18	19	20	21	22	23	24	25	26	27	28	29	30	㊵	2	3	4	5	6	7	8	9	10	11	12	13	14						
	回曆 8 月		13	14	15	16	17	18	19	20	21	22	23	24	25	26	27	28	29	30	1	2	3	4	5	6	7	8	9	10	11	12						
	公曆 10 月				1	2	3	4	5	6	7	8	9	10	11	12	13	14	15	16	17	18	19	20	21	22	23	24	25	26	27	28	29	30	31			
59	夏曆九月				15	16	17	18	19	20	21	22	23	24	25	26	27	28	29	30	⑩	2	3	4	5	6	7	8	9	10	11	12	13	14	15			
	回曆 9 月				13	14	15	16	17	18	19	20	21	22	23	24	25	26	27	28	29	1	2	3	4	5	6	7	8	9	10	11	12	13	14			
	公曆 11 月							1	2	3	4	5	6	7	8	9	10	11	12	13	14	15	16	17	18	19	20	21	22	23	24	25	26	27	28	29	30	
60	夏曆十月							16	17	18	19	20	21	22	23	24	25	26	27	28	29	㊴	2	3	4	5	6	7	8	9	10	11	12	13	14	15	16	
	回曆 10 月							15	16	17	18	19	20	21	22	23	24	25	26	27	28	29	30	1	2	3	4	5	6	7	8	9	10	11	12	13	14	
	公曆 12 月		1	2	3	4	5	6	7	8	9	10	11	12	13	14	15	16	17	18	19	20	21	22	23	24	25	26	27	28	29	30	31					
1	夏曆十一月		17	18	19	20	21	22	23	24	25	26	27	28	29	30	⑨	2	3	4	5	6	7	8	9	10	11	12	13	14	15	16	17					
	回曆 11 月		15	16	17	18	19	20	21	22	23	24	25	26	27	28	29	1	2	3	4	5	6	7	8	9	10	11	12	13	14	15	16					

大事記

正月，契丹陷平州。　二月，吳遣使來唐，拒而不受，嗣後兩國絕交。　三月，南漢改元大有。甘州回鶻權知可汗仁裕貢於唐，册為順化可汗。　四月，吳攻楚岳州，大敗。　五月，吳、楚言和。　六月，高季興稱臣於吳，封為秦王；楚兵擊之，季興請和。　十二月，荆南高季興卒，子從誨立，為荆南節度使。

五代十國紀年

干支己丑　公元 929 年

朝代或國名	國家支配者	建都	廟號	謚號	建元	年號年次	輔政者	備注
(後)唐	②李嗣源	洛陽	明宗		2	1 天成 4 年		
吳	④楊溥	揚州		睿	4	3 大和元年		十一月改元
吳越	①錢鏐	錢塘		武肅王	8	8 寶正 4 年		
閩	③王延鈞	福州	太宗	惠	4	1 天成 4 年		從後唐年號
南(漢)	①劉龑	廣州	高祖		3	3 大有 2 年		
荆南	②高從誨	荆州		文獻王	8	1 大和元年 2 天成 4 年		從吳年號 從後唐
楚	①馬殷	長沙		武穆王		天成 4 年		從後唐年號
契丹	②耶律德光	上京	遼太宗		3	1 天顯 4 年		
東丹	①耶律倍	龍泉府	遼義宗		1	甘露 4 年		
于闐	①李聖天	和田			1	同慶 18 年		
大天興	趙善政	太和城		悼康	1	尊聖 2 年		亡於楊氏
大義寧	楊幹真	太和城		肅恭	2	1 興聖元年		在雲南
古格						116 年		西藏阿里

月曆表

5642—354—2060772

月 干支 序數	星期 月序	日	1	2	3	4	5	6	日	1	2	3	4	5	6	日	1	2	3	4	5	6	日	1	2	3	4	5	6	日	1	2	3	4	5	6	日	1
	公曆1月					1	2	3	4	5	6	7	8	9	10	11	12	13	14	15	16	17	18	19	20	21	22	23	24	25	26	27	28	29	30	31		
2	夏曆十二月					18	19	20	21	22	23	24	25	26	27	28	29	30	㊴	2	3	4	5	6	7	8	9	10	11	12	13	14	15	16	17	18		
	回曆12月					17	18	19	20	21	22	23	24	25	26	27	28	29	30	1	2	3	4	5	6	7	8	9	10	11	12	13	14	15	16	17		
	公曆2月	1	2	3	4	5	6	7	8	9	10	11	12	13	14	15	16	17	18	19	20	21	22	23	24	25	26	27	28									
3	夏曆正月	19	20	21	22	23	24	25	26	27	28	29	30	⑨	2	3	4	5	6	7	8	9	10	11	12	13	14	15	16									
317年	回曆1月	18	19	20	21	22	23	24	25	26	27	28	29	30	①	2	3	4	5	6	7	8	9	10	11	12	13	14	15									
	公曆3月	1	2	3	4	5	6	7	8	9	10	11	12	13	14	15	16	17	18	19	20	21	22	23	24	25	26	27	28	29	30	31						
4	夏曆二月	17	18	19	20	21	22	23	24	25	26	27	28	29	㊳	2	3	4	5	6	7	8	9	10	11	12	13	14	15	16	17	18						
	回曆2月	16	17	18	19	20	21	22	23	24	25	26	27	28	29	30	1	2	3	4	5	6	7	8	9	10	11	12	13	14	15	16						
	公曆4月				1	2	3	4	5	6	7	8	9	10	11	12	13	14	15	16	17	18	19	20	21	22	23	24	25	26	27	28	29	30				
5	夏曆三月				19	20	21	22	23	24	25	26	27	28	29	30	⑧	2	3	4	5	6	7	8	9	10	11	12	13	14	15	16	17	18				
	回曆3月				17	18	19	20	21	22	23	24	25	26	27	28	29	1	2	3	4	5	6	7	8	9	10	11	12	13	14	15	16	17				
	公曆5月						1	2	3	4	5	6	7	8	9	10	11	12	13	14	15	16	17	18	19	20	21	22	23	24	25	26	27	28	29	30	31	
6	夏曆四月						19	20	21	22	23	24	25	26	27	28	29	㊲	2	3	4	5	6	7	8	9	10	11	12	13	14	15	16	17	18	19	20	
	回曆4月						18	19	20	21	22	23	24	25	26	27	28	29	30	1	2	3	4	5	6	7	8	9	10	11	12	13	14	15	16	17	18	
	公曆6月		1	2	3	4	5	6	7	8	9	10	11	12	13	14	15	16	17	18	19	20	21	22	23	24	25	26	27	28	29	30						
7	夏曆五月		21	22	23	24	25	26	27	28	29	⑥	2	3	4	5	6	7	8	9	10	11	12	13	14	15	16	17	18	19	20	21						
	回曆5月		19	20	21	22	23	24	25	26	27	28	29	1	2	3	4	5	6	7	8	9	10	11	12	13	14	15	16	17	18	19						
	公曆7月				1	2	3	4	5	6	7	8	9	10	11	12	13	14	15	16	17	18	19	20	21	22	23	24	25	26	27	28	29	30	31			
8	夏曆六月				22	23	24	25	26	27	28	29	㉟	2	3	4	5	6	7	8	9	10	11	12	13	14	15	16	17	18	19	20	21	22	23			
	回曆6月				20	21	22	23	24	25	26	27	28	29	30	1	2	3	4	5	6	7	8	9	10	11	12	13	14	15	16	17	18	19	20			
	公曆8月							1	2	3	4	5	6	7	8	9	10	11	12	13	14	15	16	17	18	19	20	21	22	23	24	25	26	27	28	29	30	31
9	夏曆七月							24	25	26	27	28	29	30	⑤	2	3	4	5	6	7	8	9	10	11	12	13	14	15	16	17	18	19	20	21	22	23	24
	回曆7月							21	22	23	24	25	26	27	28	29	1	2	3	4	5	6	7	8	9	10	11	12	13	14	15	16	17	18	19	20	21	22
	公曆9月			1	2	3	4	5	6	7	8	9	10	11	12	13	14	15	16	17	18	19	20	21	22	23	24	25	26	27	28	29	30					
10	夏曆八月			25	26	27	28	29	㉞	2	3	4	5	6	7	8	9	10	11	12	13	14	15	16	17	18	19	20	21	22	23	24	25					
	回曆8月			23	24	25	26	27	28	29	30	1	2	3	4	5	6	7	8	9	10	11	12	13	14	15	16	17	18	19	20	21	22					
	公曆10月					1	2	3	4	5	6	7	8	9	10	11	12	13	14	15	16	17	18	19	20	21	22	23	24	25	26	27	28	29	30	31		
11	夏曆九月					26	27	28	29	30	④	2	3	4	5	6	7	8	9	10	11	12	13	14	15	16	17	18	19	20	21	22	23	24	25	26		
	回曆9月					23	24	25	26	27	28	29	1	2	3	4	5	6	7	8	9	10	11	12	13	14	15	16	17	18	19	20	21	22	23	24		
	公曆11月	1	2	3	4	5	6	7	8	9	10	11	12	13	14	15	16	17	18	19	20	21	22	23	24	25	26	27	28	29	30							
12	夏曆十月	27	28	29	㉝	2	3	4	5	6	7	8	9	10	11	12	13	14	15	16	17	18	19	20	21	22	23	24	25	26	27							
	回曆10月	25	26	27	28	29	30	1	2	3	4	5	6	7	8	9	10	11	12	13	14	15	16	17	18	19	20	21	22	23	24							
	公曆12月			1	2	3	4	5	6	7	8	9	10	11	12	13	14	15	16	17	18	19	20	21	22	23	24	25	26	27	28	29	30	31				
13	夏曆十一月			28	29	30	③	2	3	4	5	6	7	8	9	10	11	12	13	14	15	16	17	18	19	20	21	22	23	24	25	26	27	28				
	回曆11月			25	26	27	28	29	1	2	3	4	5	6	7	8	9	10	11	12	13	14	15	16	17	18	19	20	21	22	23	24	25	26				

大事記

三月,横山"蠻"攻邵州。　四月,契丹擾雲州。　五月,再次擾雲州。　七月,荆南高從誨附於唐,命罷攻荆南兵。十一月,吳改元大和。

五 代 十 國 紀 年　　　　干支庚寅　公元930年

朝代或國名	國家支配者	建都	廟號	謚號	建元	年號年次	輔政者	備注
(後)唐	②李嗣源	洛陽	明宗	欽	2	2長興元年		二月乙卯改元
吳	④楊溥	揚州		睿	4	3大和2年		
吳越	①錢鏐	錢塘		武肅王	8	8寶正5年		
閩	③王延鈞	福州	太宗	惠	4	2長興元年		從後唐年號
(南)漢	①劉龑	廣州	高祖		3	3大有3年		
荆南	②高從誨	荆州		文獻王	8	3長興元年		從後唐年號
楚	②馬希聲	長沙		衡陽王		長興元年		從後唐年號 十一月改元
契丹	②耶律德光	上京	遼太宗		3	1天顯5年		
東丹	①耶律倍	龍泉府	遼義宗		1	甘露5年		
于闐	①李聖天	和田			1	同慶19年		在新疆
大義寧	楊幹真	太和城		肅恭	2	興聖2年		在雲南
古格						117年		西藏阿里

月 曆 表　　　　5643—354—2061126

月干支序數	星期／月序	日	1	2	3	4	5	6	日	1	2	3	4	5	6	日	1	2	3	4	5	6	日	1	2	3	4	5	6	日	1	2	3	4	5	6	日	1
	公曆1月						1	2	3	4	5	6	7	8	9	10	11	12	13	14	15	16	17	18	19	20	21	22	23	24	25	26	27	28	29	30	31	
14	夏曆十二月						29	30	㉝	2	3	4	5	6	7	8	9	10	11	12	13	14	15	16	17	18	19	20	21	22	23	24	25	26	27	28	29	
	回曆12月						27	28	29	30	1	2	3	4	5	6	7	8	9	10	11	12	13	14	15	16	17	18	19	20	21	22	23	24	25	26	27	
	公曆2月		1	2	3	4	5	6	7	8	9	10	11	12	13	14	15	16	17	18	19	20	21	22	23	24	25	26	27	28								
15	夏曆正月		30	③	2	3	4	5	6	7	8	9	10	11	12	13	14	15	16	17	18	19	20	21	22	23	24	25	26	27								
318年	回曆1月		28	29	①	2	3	4	5	6	7	8	9	10	11	12	13	14	15	16	17	18	19	20	21	22	23	24	25	26								
	公曆3月		1	2	3	4	5	6	7	8	9	10	11	12	13	14	15	16	17	18	19	20	21	22	23	24	25	26	27	28	29	30	31					
16	夏曆二月		28	29	㉜	2	3	4	5	6	7	8	9	10	11	12	13	14	15	16	17	18	19	20	21	22	23	24	25	26	27	28	29					
	回曆2月		27	28	29	30	1	2	3	4	5	6	7	8	9	10	11	12	13	14	15	16	17	18	19	20	21	22	23	24	25	26	27					
	公曆4月					1	2	3	4	5	6	7	8	9	10	11	12	13	14	15	16	17	18	19	20	21	22	23	24	25	26	27	28	29	30			
17	夏曆三月					30	②	2	3	4	5	6	7	8	9	10	11	12	13	14	15	16	17	18	19	20	21	22	23	24	25	26	27	28	29			
	回曆3月					28	29	1	2	3	4	5	6	7	8	9	10	11	12	13	14	15	16	17	18	19	20	21	22	23	24	25	26	27	28			
	公曆5月							1	2	3	4	5	6	7	8	9	10	11	12	13	14	15	16	17	18	19	20	21	22	23	24	25	26	27	28	29	30	31
18 19	夏曆四五月							㉛	2	3	4	5	6	7	8	9	10	11	12	13	14	15	16	17	18	19	20	21	22	23	24	25	26	27	28	29	30	①
	回曆4月							29	30	1	2	3	4	5	6	7	8	9	10	11	12	13	14	15	16	17	18	19	20	21	22	23	24	25	26	27	28	29
	公曆6月			1	2	3	4	5	6	7	8	9	10	11	12	13	14	15	16	17	18	19	20	21	22	23	24	25	26	27	28	29	30					
20	夏曆六月			2	3	4	5	6	7	8	9	10	11	12	13	14	15	16	17	18	19	20	21	22	23	24	25	26	27	28	29	㉚	2					
	回曆5月			1	2	3	4	5	6	7	8	9	10	11	12	13	14	15	16	17	18	19	20	21	22	23	24	25	26	27	28	29	30					
	公曆7月					1	2	3	4	5	6	7	8	9	10	11	12	13	14	15	16	17	18	19	20	21	22	23	24	25	26	27	28	29	30	31		
21	夏曆七月					3	4	5	6	7	8	9	10	11	12	13	14	15	16	17	18	19	20	21	22	23	24	25	26	27	28	29	㊾	2	3	4		
	回曆6、7月					1	2	3	4	5	6	7	8	9	10	11	12	13	14	15	16	17	18	19	20	21	22	23	24	25	26	27	28	29	1	2		
	公曆8月	1	2	3	4	5	6	7	8	9	10	11	12	13	14	15	16	17	18	19	20	21	22	23	24	25	26	27	28	29	30	31						
22	夏曆八月	5	6	7	8	9	10	11	12	13	14	15	16	17	18	19	20	21	22	23	24	25	26	27	28	29	30	㉙	2	3	4	5						
	回曆8月	3	4	5	6	7	8	9	10	11	12	13	14	15	16	17	18	19	20	21	22	23	24	25	26	27	28	29	30	1	2	3						

續表

月干支序數	月序 \ 星期	日	1	2	3	4	5	6	日	1	2	3	4	5	6	日	1	2	3	4	5	6	日	1	2	3	4	5	6	日	1	2	3	4	5	6	日	1
	公曆9月				1	2	3	4	5	6	7	8	9	10	11	12	13	14	15	16	17	18	19	20	21	22	23	24	25	26	27	28	29	30				
23	夏曆九月				6	7	8	9	10	11	12	13	14	15	16	17	18	19	20	21	22	23	24	25	26	27	28	29	㊽	2	3	4	5	6				
	回曆9月				4	5	6	7	8	9	10	11	12	13	14	15	16	17	18	19	20	21	22	23	24	25	26	27	28	29	1	2	3	4				
	公曆10月						1	2	3	4	5	6	7	8	9	10	11	12	13	14	15	16	17	18	19	20	21	22	23	24	25	26	27	28	29	30	31	
24	夏曆十月						7	8	9	10	11	12	13	14	15	16	17	18	19	20	21	22	23	24	25	26	27	28	29	30	㉘	2	3	4	5	6	7	
	回曆10月						5	6	7	8	9	10	11	12	13	14	15	16	17	18	19	20	21	22	23	24	25	26	27	28	29	30	1	2	3	4	5	
	公曆11月		1	2	3	4	5	6	7	8	9	10	11	12	13	14	15	16	17	18	19	20	21	22	23	24	25	26	27	28	29	30						
25	夏曆十一月		8	9	10	11	12	13	14	15	16	17	18	19	20	21	22	23	24	25	26	27	28	29	㊼	2	3	4	5	6	7	8						
	回曆11月		6	7	8	9	10	11	12	13	14	15	16	17	18	19	20	21	22	23	24	25	26	27	28	29	1	2	3	4	5	6						
	公曆12月				1	2	3	4	5	6	7	8	9	10	11	12	13	14	15	16	17	18	19	20	21	22	23	24	25	26	27	28	29	30	31			
26	夏曆十二月				9	10	11	12	13	14	15	16	17	18	19	20	21	22	23	24	25	26	27	28	29	30	㉗	2	3	4	5	6	7	8	9			
	回曆12月				7	8	9	10	11	12	13	14	15	16	17	18	19	20	21	22	23	24	25	26	27	28	29	30	1	2	3	4	5	6	7			

大事記

正月，西川節度使孟知祥，東川節度使董璋相結抗命。　二月，唐改元長興。　六月，唐以張延朗充三司使(自此始有三司之稱)。　八月，孟知祥、董璋連兵反唐，遣石敬瑭等討之。　十一月，楚王馬殷卒，子希聲立，去建國之制。東丹王耶律倍越海奔唐，賜名東丹慕華，後又改賜姓名李贊華。

五 代 十 國 紀 年

干支辛卯　公元931年

朝代或國名	國家支配者	建都	廟號	謚號	建元	年號年次	輔政者	備注
(後)唐	②李嗣源	洛陽	明宗	欽	2	2長興2年		
吴	④楊溥	揚州		睿	4	3大和3年		
吴越	①錢鏐	錢塘		武肅王	8	8寶正6年		
閩	③王延鈞	福州	太宗	惠	4	2長興2年		從後唐年號
(南)漢	①劉龑	廣州	高祖		3	3大有4年		
荆南	②高從誨	荆州		文獻王	8	3長興2年		從後唐年號
楚	②馬希聲	長沙		衡陽王		長興2年		從後唐年號
契丹	②耶律德光	上京	遼太宗		3	1天顯6年		
東丹	①耶律倍	龍泉府	遼義宗		1	甘露6年		
于闐	①李聖天	和田			1	同慶20年		在新疆
大義寧	楊幹真	太和城		肅恭	2	2大明元年		在雲南
古格						118年		西藏阿里

月 曆 表

5644－383－2061509

月干支序數	月序 \ 星期	日	1	2	3	4	5	6	日	1	2	3	4	5	6	日	1	2	3	4	5	6	日	1	2	3	4	5	6	日	1	2	3	4	5	6	日	1
	公曆1月							1	2	3	4	5	6	7	8	9	10	11	12	13	14	15	16	17	18	19	20	21	22	23	24	25	26	27	28	29	30	31
27	夏曆正月							10	11	12	13	14	15	16	17	18	19	20	21	22	23	24	25	26	27	28	29	30	㊼	2	3	4	5	6	7	8	9	10
319年	回曆1月							8	9	10	11	12	13	14	15	16	17	18	19	20	21	22	23	24	25	26	27	28	29	30	①	2	3	4	5	6	7	8

續表

月干支序數	星期／月序	日	1	2	3	4	5	6	日	1	2	3	4	5	6	日	1	2	3	4	5	6	日	1	2	3	4	5	6	日	1	2	3	4	5	6	日	1
	公曆2月			1	2	3	4	5	6	7	8	9	10	11	12	13	14	15	16	17	18	19	20	21	22	23	24	25	26	27	28							
28	夏曆二月			11	12	13	14	15	16	17	18	19	20	21	22	23	24	25	26	27	28	29	㉖	2	3	4	5	6	7	8	9							
	回曆2月			9	10	11	12	13	14	15	16	17	18	19	20	21	22	23	24	25	26	27	28	29	30	1	2	3	4	5	6							
	公曆3月			1	2	3	4	5	6	7	8	9	10	11	12	13	14	15	16	17	18	19	20	21	22	23	24	25	26	27	28	29	30	31				
29	夏曆三月			10	11	12	13	14	15	16	17	18	19	20	21	22	23	24	25	26	27	28	29	30	(56)	2	3	4	5	6	7	8	9	10				
	回曆3月			7	8	9	10	11	12	13	14	15	16	17	18	19	20	21	22	23	24	25	26	27	28	29	1	2	3	4	5	6	7	8				
	公曆4月						1	2	3	4	5	6	7	8	9	10	11	12	13	14	15	16	17	18	19	20	21	22	23	24	25	26	27	28	29	30		
30	夏曆四月						11	12	13	14	15	16	17	18	19	20	21	22	23	24	25	26	27	28	29	30	㉖	2	3	4	5	6	7	8	9	10		
	回曆4月						9	10	11	12	13	14	15	16	17	18	19	20	21	22	23	24	25	26	27	28	29	30	1	2	3	4	5	6	7	8		
	公曆5月	1	2	3	4	5	6	7	8	9	10	11	12	13	14	15	16	17	18	19	20	21	22	23	24	25	26	27	28	29	30	31						
31	夏曆五月	11	12	13	14	15	16	17	18	19	20	21	22	23	24	25	26	27	28	29	(55)	2	3	4	5	6	7	8	9	10	11	12						
	回曆5月	9	10	11	12	13	14	15	16	17	18	19	20	21	22	23	24	25	26	27	28	29	1	2	3	4	5	6	7	8	9	10						
	公曆6月				1	2	3	4	5	6	7	8	9	10	11	12	13	14	15	16	17	18	19	20	21	22	23	24	25	26	27	28	29	30				
	夏曆閏五月				13	14	15	16	17	18	19	20	21	22	23	24	25	26	27	28	29	30	㉕	2	3	4	5	6	7	8	9	10	11	12				
	回曆6月				11	12	13	14	15	16	17	18	19	20	21	22	23	24	25	26	27	28	29	30	1	2	3	4	5	6	7	8	9	10				
	公曆7月						1	2	3	4	5	6	7	8	9	10	11	12	13	14	15	16	17	18	19	20	21	22	23	24	25	26	27	28	29	30	31	
32	夏曆六月						13	14	15	16	17	18	19	20	21	22	23	24	25	26	27	28	29	(54)	2	3	4	5	6	7	8	9	10	11	12	13	14	
	回曆7月						11	12	13	14	15	16	17	18	19	20	21	22	23	24	25	26	27	28	29	1	2	3	4	5	6	7	8	9	10	11	12	
	公曆8月		1	2	3	4	5	6	7	8	9	10	11	12	13	14	15	16	17	18	19	20	21	22	23	24	25	26	27	28	29	30	31					
33	夏曆七月		15	16	17	18	19	20	21	22	23	24	25	26	27	28	29	㉓	2	3	4	5	6	7	8	9	10	11	12	13	14	15	16					
	回曆8月		13	14	15	16	17	18	19	20	21	22	23	24	25	26	27	28	29	30	1	2	3	4	5	6	7	8	9	10	11	12	13					
	公曆9月					1	2	3	4	5	6	7	8	9	10	11	12	13	14	15	16	17	18	19	20	21	22	23	24	25	26	27	28	29	30			
34	夏曆八月					17	18	19	20	21	22	23	24	25	26	27	28	29	30	(53)	2	3	4	5	6	7	8	9	10	11	12	13	14	15	16			
	回曆9月					14	15	16	17	18	19	20	21	22	23	24	25	26	27	28	29	1	2	3	4	5	6	7	8	9	10	11	12	13	14			
	公曆10月							1	2	3	4	5	6	7	8	9	10	11	12	13	14	15	16	17	18	19	20	21	22	23	24	25	26	27	28	29	30	31
35	夏曆九月							17	18	19	20	21	22	23	24	25	26	27	28	29	㉒	2	3	4	5	6	7	8	9	10	11	12	13	14	15	16	17	18
	回曆10月							15	16	17	18	19	20	21	22	23	24	25	26	27	28	29	30	1	2	3	4	5	6	7	8	9	10	11	12	13	14	15
	公曆11月			1	2	3	4	5	6	7	8	9	10	11	12	13	14	15	16	17	18	19	20	21	22	23	24	25	26	27	28	29	30					
36	夏曆十月			19	20	21	22	23	24	25	26	27	28	29	30	(52)	2	3	4	5	6	7	8	9	10	11	12	13	14	15	16	17	18					
	回曆11月			16	17	18	19	20	21	22	23	24	25	26	27	28	29	1	2	3	4	5	6	7	8	9	10	11	12	13	14	15	16					
	公曆12月					1	2	3	4	5	6	7	8	9	10	11	12	13	14	15	16	17	18	19	20	21	22	23	24	25	26	27	28	29	30	31		
37	夏曆十一月					19	20	21	22	23	24	25	26	27	28	29	㉑	2	3	4	5	6	7	8	9	10	11	12	13	14	15	16	17	18	19	20		
	回曆12月					17	18	19	20	21	22	23	24	25	26	27	28	29	30	1	2	3	4	5	6	7	8	9	10	11	12	13	14	15	16	17		

大事記

二月，石敬瑭攻西川無功，孟知祥遂下忠、萬、夔等州。　閏五月，唐以興兵攻川罪殺故樞密使安重誨，并使人慰諭兩川。　六月，唐令均田税。　十二月，唐除鐵禁，初税農具錢。

五代十國紀年

干支壬辰　公元932年

朝代或國名	國家支配者	建都	廟號	謚號	建元	年號年次	輔政者	備注
(後)唐	②李嗣源	洛陽	明宗	欽	2	2長興3年		
吴	②楊溥	揚州		睿	4	3大和4年		

續表

朝代或國名	國家支配者	建都	廟號	謚號	建元	年號年次	輔政者	備注
吳越	②錢元瓘	錢塘		文穆王	4	1長興3年		從後唐年號
閩	③王延鈞	福州	太宗	惠	4	2長興3年		從後唐年號
(南)漢	①劉龑	廣州	高祖		3	3大有5年		
荆南	②高從誨	荆州		文獻王	8	3長興3年		從後唐年號
楚	③馬希範	長沙		文昭王		長興3年		從後唐年號
契丹	②耶律德光	上京	遼太宗		3	1天顯7年		
東丹	①耶律倍	龍泉府	遼義宗			甘露7年		
于闐	①李聖天	和田			1	同慶21年		在新疆
大義寧	楊幹真	太和城		肅恭	2	2大明2年		在雲南
古格						119年		西藏阿里

月曆表

5645－355－2061864

月干支序數	星期／月序	日	1	2	3	4	5	6	日	1	2	3	4	5	6	日	1	2	3	4	5	6	日	1	2	3	4	5	6	日	1	2	3	4	5	6	日	1
	公曆1月	1	2	3	4	5	6	7	8	9	10	11	12	13	14	15	16	17	18	19	20	21	22	23	24	25	26	27	28	29	30	31						
38	夏曆十二月	21	22	23	24	25	26	27	28	29	30	(51)	2	3	4	5	6	7	8	9	10	11	12	13	14	15	16	17	18	19	20	21						
320年	回曆1月	18	19	20	21	22	23	24	25	26	27	28	29	①	2	3	4	5	6	7	8	9	10	11	12	13	14	15	16	17	18	19						
	公曆2月				1	2	3	4	5	6	7	8	9	10	11	12	13	14	15	16	17	18	19	20	21	22	23	24	25	26	27	28	29					
39	夏曆正月				22	23	24	25	26	27	28	29	⑳	2	3	4	5	6	7	8	9	10	11	12	13	14	15	16	17	18	19	20	21					
	回曆2月				20	21	22	23	24	25	26	27	28	29	30	1	2	3	4	5	6	7	8	9	10	11	12	13	14	15	16	17	18					
	公曆3月					1	2	3	4	5	6	7	8	9	10	11	12	13	14	15	16	17	18	19	20	21	22	23	24	25	26	27	28	29	30	31		
40	夏曆二月					22	23	24	25	26	27	28	29	30	㊿	2	3	4	5	6	7	8	9	10	11	12	13	14	15	16	17	18	19	20	21	22		
	回曆3月					19	20	21	22	23	24	25	26	27	28	29	1	2	3	4	5	6	7	8	9	10	11	12	13	14	15	16	17	18	19	20		
	公曆4月	1	2	3	4	5	6	7	8	9	10	11	12	13	14	15	16	17	18	19	20	21	22	23	24	25	26	27	28	29	30							
41	夏曆三月	23	24	25	26	27	28	29	30	⑳	2	3	4	5	6	7	8	9	10	11	12	13	14	15	16	17	18	19	20	21	22							
	回曆4月	21	22	23	24	25	26	27	28	29	30	1	2	3	4	5	6	7	8	9	10	11	12	13	14	15	16	17	18	19	20							
	公曆5月			1	2	3	4	5	6	7	8	9	10	11	12	13	14	15	16	17	18	19	20	21	22	23	24	25	26	27	28	29	30	31				
42	夏曆四月			23	24	25	26	27	28	29	30	㊿	2	3	4	5	6	7	8	9	10	11	12	13	14	15	16	17	18	19	20	21	22	23				
	回曆5月			21	22	23	24	25	26	27	28	29	1	2	3	4	5	6	7	8	9	10	11	12	13	14	15	16	17	18	19	20	21	22				
	公曆6月						1	2	3	4	5	6	7	8	9	10	11	12	13	14	15	16	17	18	19	20	21	22	23	24	25	26	27	28	29	30		
43	夏曆五月						24	25	26	27	28	29	⑲	2	3	4	5	6	7	8	9	10	11	12	13	14	15	16	17	18	19	20	21	22	23	24		
	回曆6月						23	24	25	26	27	28	29	30	1	2	3	4	5	6	7	8	9	10	11	12	13	14	15	16	17	18	19	20	21	22		
	公曆7月	1	2	3	4	5	6	7	8	9	10	11	12	13	14	15	16	17	18	19	20	21	22	23	24	25	26	27	28	29	30	31						
44	夏曆六月	25	26	27	28	29	30	㊾	2	3	4	5	6	7	8	9	10	11	12	13	14	15	16	17	18	19	20	21	22	23	24	25						
	回曆7月	23	24	25	26	27	28	29	1	2	3	4	5	6	7	8	9	10	11	12	13	14	15	16	17	18	19	20	21	22	23	24						
	公曆8月				1	2	3	4	5	6	7	8	9	10	11	12	13	14	15	16	17	18	19	20	21	22	23	24	25	26	27	28	29	30	31			
45	夏曆七月				26	27	28	29	⑱	2	3	4	5	6	7	8	9	10	11	12	13	14	15	16	17	18	19	20	21	22	23	24	25	26	27			
	回曆8月				25	26	27	28	29	30	1	2	3	4	5	6	7	8	9	10	11	12	13	14	15	16	17	18	19	20	21	22	23	24	25			
	公曆9月							1	2	3	4	5	6	7	8	9	10	11	12	13	14	15	16	17	18	19	20	21	22	23	24	25	26	27	28	29	30	
46	夏曆八月							28	29	㊼	2	3	4	5	6	7	8	9	10	11	12	13	14	15	16	17	18	19	20	21	22	23	24	25	26	27	28	
	回曆9月							26	27	28	29	1	2	3	4	5	6	7	8	9	10	11	12	13	14	15	16	17	18	19	20	21	22	23	24	25	26	
	公曆10月		1	2	3	4	5	6	7	8	9	10	11	12	13	14	15	16	17	18	19	20	21	22	23	24	25	26	27	28	29	30	31					
47	夏曆九月		29	30	⑰	2	3	4	5	6	7	8	9	10	11	12	13	14	15	16	17	18	19	20	21	22	23	24	25	26	27	28	29					

續表

月 干支 序數	星期 月 序	日	1	2	3	4	5	6	日	1	2	3	4	5	6	日	1	2	3	4	5	6	日	1	2	3	4	5	6	日	1	2	3	4	5	6	日	1
	回曆 10 月		27	28	29	30	1	2	3	4	5	6	7	8	9	10	11	12	13	14	15	16	17	18	19	20	21	22	23	24	25	26	27					
	公曆 11 月					1	2	3	4	5	6	7	8	9	10	11	12	13	14	15	16	17	18	19	20	21	22	23	24	25	26	27	28	29	30			
48	夏曆十月					㊻	2	3	4	5	6	7	8	9	10	11	12	13	14	15	16	17	18	19	20	21	22	23	24	25	26	27	28	29	30			
	回曆 11 月					28	29	1	2	3	4	5	6	7	8	9	10	11	12	13	14	15	16	17	18	19	20	21	22	23	24	25	26	27	28			
	公曆 12 月							1	2	3	4	5	6	7	8	9	10	11	12	13	14	15	16	17	18	19	20	21	22	23	24	25	26	27	28	29	30	31
49 50	夏曆十一 十二月							⑯	2	3	4	5	6	7	8	9	10	11	12	13	14	15	16	17	18	19	20	21	22	23	24	25	26	27	28	29	㊺	2
	回曆 12 月							29	30	1	2	3	4	5	6	7	8	9	10	11	12	13	14	15	16	17	18	19	20	21	22	23	24	25	26	27	28	29

大事記

正月，以黨項屢掠貢使，遣將擊之，破十九族，俘 7200 人。　二月，後唐馮道倡議刻儒家九經。　三月，吳越王錢鏐卒，子傳瓘立，改名元瓘，去國儀。　四月，董璋攻孟知祥，敗歸梓州，為部下所殺。孟知祥遂有兩川。　六月，閩王王延鈞謀稱帝，絕於唐。　七月，楚馬希聲卒，弟希範立。　十一月，唐以石敬瑭為北京留守，河東節度使。

五代十國紀年

干支癸巳　公元 933 年

朝代或國名	國家支配者	建都	廟號	謚號	建元	年號年次	輔政者	備注
(後)唐	②李嗣源	洛陽	明宗	欽	2	2 長興 4 年		十二月李從厚即位
吳	④楊溥	揚州		睿	4	3 大和 5 年		
吳越	①錢元瓘	錢塘		文穆王	4	1 長興 4 年		從後唐年號
閩	③王延鈞	福州	太宗	惠	4	3 龍啓元年		
荊南	②高從誨	荊州		文獻王	8	3 長興 4 年		從後唐年號
(南)漢	①劉龑	廣州	高祖	文昭王	3	3 大有 6 年		
楚	③馬希範	長沙				長興 4 年		從後唐年號
契丹	②耶律德光	上京	遼太宗		3	1 天顯 8 年		
東丹	①耶律倍	龍泉府	遼義宗			甘露 8 年		
于闐	①李聖天	和田			1	同慶 22 年		在新疆
大義寧	楊幹真	太和城		肅恭	2	2 大明 3 年		在雲南
古格						120 年		西藏阿里

月曆表

5546—354—2062218

月 干支 序數	星期 月 序	日	1	2	3	4	5	6	日	1	2	3	4	5	6	日	1	2	3	4	5	6	日	1	2	3	4	5	6	日	1	2	3	4	5	6	日	1
	公曆 1 月			1	2	3	4	5	6	7	8	9	10	11	12	13	14	15	16	17	18	19	20	21	22	23	24	25	26	27	28	29	30	31				
51	夏曆正月			3	4	5	6	7	8	9	10	11	12	13	14	15	16	17	18	19	20	21	22	23	24	25	26	27	28	29	30	⑮	2	3				
321 年	回曆 1、2 月			①	2	3	4	5	6	7	8	9	10	11	12	13	14	15	16	17	18	19	20	21	22	23	24	25	26	27	28	29	30	1				
	公曆 2 月						1	2	3	4	5	6	7	8	9	10	11	12	13	14	15	16	17	18	19	20	21	22	23	24	25	26	27	28				
52	夏曆二月						4	5	6	7	8	9	10	11	12	13	14	15	16	17	18	19	20	21	22	23	24	25	26	27	28	29	㊹	2				
	回曆 2 月						2	3	4	5	6	7	8	9	10	11	12	13	14	15	16	17	18	19	20	21	22	23	24	25	26	27	28	29				
	公曆 3 月						1	2	3	4	5	6	7	8	9	10	11	12	13	14	15	16	17	18	19	20	21	22	23	24	25	26	27	28	29	30	31	

續表

月干支序數	星期／月序	日	1	2	3	4	5	6	日	1	2	3	4	5	6	日	1	2	3	4	5	6	日	1	2	3	4	5	6	日	1	2	3	4	5	6	日	1
53	夏曆三月						3	4	5	6	7	8	9	10	11	12	13	14	15	16	17	18	19	20	21	22	23	24	25	26	27	28	29	30	⑭	2	3	
	回曆3、4月						1	2	3	4	5	6	7	8	9	10	11	12	13	14	15	16	17	18	19	20	21	22	23	24	25	26	27	28	29	30	1	
	公曆4月		1	2	3	4	5	6	7	8	9	10	11	12	13	14	15	16	17	18	19	20	21	22	23	24	25	26	27	28	29	30						
54	夏曆四月		4	5	6	7	8	9	10	11	12	13	14	15	16	17	18	19	20	21	22	23	24	25	26	27	28	29	30	㊹	2	3						
	回曆5月		2	3	4	5	6	7	8	9	10	11	12	13	14	15	16	17	18	19	20	21	22	23	24	25	26	27	28	29	1	2						
	公曆5月				1	2	3	4	5	6	7	8	9	10	11	12	13	14	15	16	17	18	19	20	21	22	23	24	25	26	27	28	29	30	31			
55	夏曆五月				4	5	6	7	8	9	10	11	12	13	14	15	16	17	18	19	20	21	22	23	24	25	26	27	28	29	⑬	2	3	4	5			
	回曆6月				3	4	5	6	7	8	9	10	11	12	13	14	15	16	17	18	19	20	21	22	23	24	25	26	27	28	29	30	1	2	3			
	公曆6月							1	2	3	4	5	6	7	8	9	10	11	12	13	14	15	16	17	18	19	20	21	22	23	24	25	26	27	28	29	30	
56	夏曆六月							6	7	8	9	10	11	12	13	14	15	16	17	18	19	20	21	22	23	24	25	26	27	28	29	30	㊸	2	3	4	5	
	回曆7月							4	5	6	7	8	9	10	11	12	13	14	15	16	17	18	19	20	21	22	23	24	25	26	27	28	29	1	2	3	4	
	公曆7月		1	2	3	4	5	6	7	8	9	10	11	12	13	14	15	16	17	18	19	20	21	22	23	24	25	26	27	28	29	30	31					
57	夏曆七月		6	7	8	9	10	11	12	13	14	15	16	17	18	19	20	21	22	23	24	25	26	27	28	29	⑫	2	3	4	5	6	7					
	回曆8月		5	6	7	8	9	10	11	12	13	14	15	16	17	18	19	20	21	22	23	24	25	26	27	28	29	30	1	2	3	4	5					
	公曆8月					1	2	3	4	5	6	7	8	9	10	11	12	13	14	15	16	17	18	19	20	21	22	23	24	25	26	27	28	29	30	31		
58	夏曆八月					8	9	10	11	12	13	14	15	16	17	18	19	20	21	22	23	24	25	26	27	28	29	30	㊷	2	3	4	5	6	7	8		
	回曆9月					6	7	8	9	10	11	12	13	14	15	16	17	18	19	20	21	22	23	24	25	26	27	28	29	1	2	3	4	5	6	7		
	公曆9月	1	2	3	4	5	6	7	8	9	10	11	12	13	14	15	16	17	18	19	20	21	22	23	24	25	26	27	28	29	30							
59	夏曆九月	9	10	11	12	13	14	15	16	17	18	19	20	21	22	23	24	25	26	27	28	29	⑪	2	3	4	5	6	7	8	9							
	回曆10月	8	9	10	11	12	13	14	15	16	17	18	19	20	21	22	23	24	25	26	27	28	29	30	1	2	3	4	5	6	7							
	公曆10月			1	2	3	4	5	6	7	8	9	10	11	12	13	14	15	16	17	18	19	20	21	22	23	24	25	26	27	28	29	30	31				
60	夏曆十月			10	11	12	13	14	15	16	17	18	19	20	21	22	23	24	25	26	27	28	29	30	㊶	2	3	4	5	6	7	8	9	10				
	回曆11月			8	9	10	11	12	13	14	15	16	17	18	19	20	21	22	23	24	25	26	27	28	29	1	2	3	4	5	6	7	8	9				
	公曆11月						1	2	3	4	5	6	7	8	9	10	11	12	13	14	15	16	17	18	19	20	21	22	23	24	25	26	27	28	29	30		
1	夏曆十一月						11	12	13	14	15	16	17	18	19	20	21	22	23	24	25	26	27	28	29	⑩	2	3	4	5	6	7	8	9	10	11		
	回曆12月						10	11	12	13	14	15	16	17	18	19	20	21	22	23	24	25	26	27	28	29	30	1	2	3	4	5	6	7	8	9		
	公曆12月	1	2	3	4	5	6	7	8	9	10	11	12	13	14	15	16	17	18	19	20	21	22	23	24	25	26	27	28	29	30	31						
2	夏曆十二月	12	13	14	15	16	17	18	19	20	21	22	23	24	25	26	27	28	29	30	㊵	2	3	4	5	6	7	8	9	10	11	12						
322年	回曆1月	10	11	12	13	14	15	16	17	18	19	20	21	22	23	24	25	26	27	28	29	30	①	2	3	4	5	6	7	8	9	10						

大事記

正月，閩王延鈞稱帝，國號大閩，建元龍啟，更名璘。　二月，唐封孟知祥為蜀王。　七月，唐封錢元瓘為吳王。十一月，李嗣源病亟，秦王從榮擬帥兵入宮侍病被殺；未幾，明宗卒。　十二月，子宋王從厚立，是為閔帝。

五 代 十 國 紀 年

干支甲午　公元 934 年

朝代或國名	國家支配者	建都	廟號	謚號	建元	年號年次	輔政者	備注
(後)唐	③李從厚	洛陽		閔	1	應順元年		正月至四月
	④李從珂	洛陽		末	1	清泰元年		四月乙酉即位改元
吳	④楊溥	揚州		睿	4	3 大和 6 年		
吳越	②錢元瓘	錢塘		文穆王	4	2 應順，3 清泰		從唐年號
閩	③王延鈞	福州	太宗	惠	4	3 龍啓 2 年		

續表

朝代或國名	國家支配者	建　都	廟　號	謚　號	建　元	年號年次	輔政者	備　注
(南)漢	①劉龑	廣州	高祖		3	3 大有 7 年		
(後)蜀	①孟知祥	成都	高祖		1	明德元年		閏正月立,四月建元
	②孟昶	成都		楚恭孝王	2	1 明德元年		七月即位
荆南(南平)	②高從誨	荆州		文獻王	8	3 順應 4 清泰		從後唐年號
楚	③馬希範	長沙		文昭王	4	3 應順 4 清泰		從後唐年號
契丹	②耶律德光	上京	遼太宗		3	天顯 9 年		內蒙林西
東丹	①耶律倍	龍泉府	遼義宗		1	甘露 9 年		
于闐	①李聖天	和田			1	同慶 23 年		在新疆
大義寧	楊幹真	太和城		肅恭帝	2	2 大明 4 年		在雲南
古格						121 年		西藏阿里

月 曆 表

5647—384—2062602

月 干支 序數	星期 月序	日	1	2	3	4	5	6	日	1	2	3	4	5	6	日	1	2	3	4	5	6	日	1	2	3	4	5	6	日	1	2	3	4	5	6	日	1
	公曆 1 月				1	2	3	4	5	6	7	8	9	10	11	12	13	14	15	16	17	18	19	20	21	22	23	24	25	26	27	28	29	30	31			
3	夏曆正月				13	14	15	16	17	18	19	20	21	22	23	24	25	26	27	28	29	⑨	2	3	4	5	6	7	8	9	10	11	12	13	14			
	回曆 2 月				11	12	13	14	15	16	17	18	19	20	21	22	23	24	25	26	27	28	29	30	1	2	3	4	5	6	7	8	9	10	11			
	公曆 2 月							1	2	3	4	5	6	7	8	9	10	11	12	13	14	15	16	17	18	19	20	21	22	23	24	25	26	27	28			
	夏曆閏正月							15	16	17	18	19	20	21	22	23	24	25	26	27	28	29	30	㊴	2	3	4	5	6	7	8	9	10	11	12			
	回曆 3 月							12	13	14	15	16	17	18	19	20	21	22	23	24	25	26	27	28	29	1	2	3	4	5	6	7	8	9	10			
	公曆 3 月							1	2	3	4	5	6	7	8	9	10	11	12	13	14	15	16	17	18	19	20	21	22	23	24	25	26	27	28	29	30	31
4	夏曆二月							13	14	15	16	17	18	19	20	21	22	23	24	25	26	27	28	29	⑧	2	3	4	5	6	7	8	9	10	11	12	13	14
	回曆 4 月							11	12	13	14	15	16	17	18	19	20	21	22	23	24	25	26	27	28	29	30	1	2	3	4	5	6	7	8	9	10	11
	公曆 4 月			1	2	3	4	5	6	7	8	9	10	11	12	13	14	15	16	17	18	19	20	21	22	23	24	25	26	27	28	29	30					
5	夏曆三月			15	16	17	18	19	20	21	22	23	24	25	26	27	28	29	30	㊳	2	3	4	5	6	7	8	9	10	11	12	13	14					
	回曆 5 月			12	13	14	15	16	17	18	19	20	21	22	23	24	25	26	27	28	29	1	2	3	4	5	6	7	8	9	10	11	12					
	公曆 5 月					1	2	3	4	5	6	7	8	9	10	11	12	13	14	15	16	17	18	19	20	21	22	23	24	25	26	27	28	29	30	31		
6	夏曆四月					15	16	17	18	19	20	21	22	23	24	25	26	27	28	29	⑦	2	3	4	5	6	7	8	9	10	11	12	13	14	15	16		
	回曆 6 月					13	14	15	16	17	18	19	20	21	22	23	24	25	26	27	28	29	30	1	2	3	4	5	6	7	8	9	10	11	12	13		
	公曆 6 月	1	2	3	4	5	6	7	8	9	10	11	12	13	14	15	16	17	18	19	20	21	22	23	24	25	26	27	28	29	30							
7	夏曆五月	17	18	19	20	21	22	23	24	25	26	27	28	29	30	㊲	2	3	4	5	6	7	8	9	10	11	12	13	14	15	16							
	回曆 7 月	14	15	16	17	18	19	20	21	22	23	24	25	26	27	28	29	1	2	3	4	5	6	7	8	9	10	11	12	13	14							
	公曆 7 月			1	2	3	4	5	6	7	8	9	10	11	12	13	14	15	16	17	18	19	20	21	22	23	24	25	26	27	28	29	30	31				
8	夏曆六月			17	18	19	20	21	22	23	24	25	26	27	28	29	30	⑦	2	3	4	5	6	7	8	9	10	11	12	13	14	15	16	17				
	回曆 8 月			15	16	17	18	19	20	21	22	23	24	25	26	27	28	29	30	1	2	3	4	5	6	7	8	9	10	11	12	13	14	15				
	公曆 8 月						1	2	3	4	5	6	7	8	9	10	11	12	13	14	15	16	17	18	19	20	21	22	23	24	25	26	27	28	29	30	31	
9	夏曆七月						18	19	20	21	22	23	24	25	26	27	28	29	㊱	2	3	4	5	6	7	8	9	10	11	12	13	14	15	16	17	18	19	
	回曆 9 月						16	17	18	19	20	21	22	23	24	25	26	27	28	29	1	2	3	4	5	6	7	8	9	10	11	12	13	14	15	16	17	
	公曆 9 月		1	2	3	4	5	6	7	8	9	10	11	12	13	14	15	16	17	18	19	20	21	22	23	24	25	26	27	28	29	30						
10	夏曆八月		20	21	22	23	24	25	26	27	28	29	30	⑥	2	3	4	5	6	7	8	9	10	11	12	13	14	15	16	17	18	19						
	回曆 10 月		18	19	20	21	22	23	24	25	26	27	28	29	30	1	2	3	4	5	6	7	8	9	10	11	12	13	14	15	16	17						

續表

月 干支 序數	月序 \ 星期	日	1	2	3	4	5	6	日	1	2	3	4	5	6	日	1	2	3	4	5	6	日	1	2	3	4	5	6	日	1	2	3	4	5	6	日	1
	公曆 10 月				1	2	3	4	5	6	7	8	9	10	11	12	13	14	15	16	17	18	19	20	21	22	23	24	25	26	27	28	29	30	31			
11	夏曆九月				20	21	22	23	24	25	26	27	28	29	㉟	2	3	4	5	6	7	8	9	10	11	12	13	14	15	16	17	18	19	20	21			
	回曆 11 月				18	19	20	21	22	23	24	25	26	27	28	29	1	2	3	4	5	6	7	8	9	10	11	12	13	14	15	16	17	18	19			
	公曆 11 月							1	2	3	4	5	6	7	8	9	10	11	12	13	14	15	16	17	18	19	20	21	22	23	24	25	26	27	28	29	30	
12	夏曆十月							22	23	24	25	26	27	28	29	30	⑤	2	3	4	5	6	7	8	9	10	11	12	13	14	15	16	17	18	19	20	21	
	回曆 12 月							20	21	22	23	24	25	26	27	28	29	30	1	2	3	4	5	6	7	8	9	10	11	12	13	14	15	16	17	18	19	
	公曆 12 月		1	2	3	4	5	6	7	8	9	10	11	12	13	14	15	16	17	18	19	20	21	22	23	24	25	26	27	28	29	30	31					
13	夏曆十一月		22	23	24	25	26	27	28	29	㉞	2	3	4	5	6	7	8	9	10	11	12	13	14	15	16	17	18	19	20	21	22	23					
323 年	回曆 1 月		20	21	22	23	24	25	26	27	28	29	①	2	3	4	5	6	7	8	9	10	11	12	13	14	15	16	17	18	19	20	21					

大事記

正月，唐册高從誨為南平王，馬希範為楚王，錢元瓘為吴越王。　閏正月，蜀孟知祥即位於成都(後蜀)，稱皇帝，四月改元明德。　二月，唐以李從珂為河東節度使，拒命，遣將討之，多叛。石敬瑭為成德節度使。　四月，李從珂舉兵東進，閔帝奔衛州，死。從珂即帝位，改元清泰。　七月，蜀主孟知祥卒，子昶立。　九月，契丹擾雲州。

是歲，秋冬旱，民多流亡。

五代十國紀年

干支乙未　公元 935 年

朝代或國名	國家支配者	建都	廟號	謚號	建元	年號年次	輔政者	備注
(後)唐	④李從珂	洛陽		末	1	清泰 2 年		
吴	④楊溥	揚州		睿	4	4 天祚元年		
吴越	②錢元瓘	錢塘		文穆王	4	3 清泰 2 年		從唐年號
閩	③王延鈞	福州	太宗	惠	4	4 永和元年		十月王昶即位
(南)漢	①劉龑	廣州	高祖		3	3 大有 8 年		
(後)蜀	②孟昶	成都		楚恭孝王	2	1 明德 2 年		
荊南	②高從誨	荊州		文獻王	8	5 清泰 2 年		從後唐年號
楚	③馬希範	長沙		文昭王	4	3 清泰 2 年		從後唐年號
契丹	②耶律德光	上京	遼太宗		3	1 天顯 10 年		内蒙林西
東丹	①耶律倍	龍泉府	遼義宗		1	甘露 10 年		
于闐	①李聖天	和田			1	同慶 24 年		在新疆
大義寧	楊幹真	太和城		肅恭帝	2	2 大明 5 年		在雲南
古格						122 年		西藏阿里

月曆表

5648—355—2062957

月 干支 序數	月序 \ 星期	日	1	2	3	4	5	6	日	1	2	3	4	5	6	日	1	2	3	4	5	6	日	1	2	3	4	5	6	日	1	2	3	4	5	6	日	1
	公曆 1 月					1	2	3	4	5	6	7	8	9	10	11	12	13	14	15	16	17	18	19	20	21	22	23	24	25	26	27	28	29	30	31		
14	夏曆十二月					24	25	26	27	28	29	30	④	2	3	4	5	6	7	8	9	10	11	12	13	14	15	16	17	18	19	20	21	22	23	24		
	回曆 2 月					22	23	24	25	26	27	28	29	30	1	2	3	4	5	6	7	8	9	10	11	12	13	14	15	16	17	18	19	20	21	22		

續表

月干支序數	月序＼星期	日	1	2	3	4	5	6	日	1	2	3	4	5	6	日	1	2	3	4	5	6	日	1	2	3	4	5	6	日	1	2	3	4	5	6	日	1
	公曆2月	1	2	3	4	5	6	7	8	9	10	11	12	13	14	15	16	17	18	19	20	21	22	23	24	25	26	27	28									
15	夏曆正月	25	26	27	28	29	㉝	2	3	4	5	6	7	8	9	10	11	12	13	14	15	16	17	18	19	20	21	22	23									
	回曆3月	23	24	25	26	27	28	29	1	2	3	4	5	6	7	8	9	10	11	12	13	14	15	16	17	18	19	20	21									
	公曆3月	1	2	3	4	5	6	7	8	9	10	11	12	13	14	15	16	17	18	19	20	21	22	23	24	25	26	27	28	29	30	31						
16	夏曆二月	24	25	26	27	28	29	30	③	2	3	4	5	6	7	8	9	10	11	12	13	14	15	16	17	18	19	20	21	22	23	24						
	回曆4月	22	23	24	25	26	27	28	29	30	1	2	3	4	5	6	7	8	9	10	11	12	13	14	15	16	17	18	19	20	21	22						
	公曆4月				1	2	3	4	5	6	7	8	9	10	11	12	13	14	15	16	17	18	19	20	21	22	23	24	25	26	27	28	29	30				
17	夏曆三月				25	26	27	28	29	㉜	2	3	4	5	6	7	8	9	10	11	12	13	14	15	16	17	18	19	20	21	22	23	24	25				
	回曆5月				23	24	25	26	27	28	29	1	2	3	4	5	6	7	8	9	10	11	12	13	14	15	16	17	18	19	20	21	22	23				
	公曆5月						1	2	3	4	5	6	7	8	9	10	11	12	13	14	15	16	17	18	19	20	21	22	23	24	25	26	27	28	29	30	31	
18	夏曆四月						26	27	28	29	30	②	2	3	4	5	6	7	8	9	10	11	12	13	14	15	16	17	18	19	20	21	22	23	24	25	26	
	回曆6月						24	25	26	27	28	29	30	1	2	3	4	5	6	7	8	9	10	11	12	13	14	15	16	17	18	19	20	21	22	23	24	
	公曆6月		1	2	3	4	5	6	7	8	9	10	11	12	13	14	15	16	17	18	19	20	21	22	23	24	25	26	27	28	29	30						
19	夏曆五月		27	28	29	㉛	2	3	4	5	6	7	8	9	10	11	12	13	14	15	16	17	18	19	20	21	22	23	24	25	26	27						
	回曆7月		25	26	27	28	29	1	2	3	4	5	6	7	8	9	10	11	12	13	14	15	16	17	18	19	20	21	22	23	24	25						
	公曆7月				1	2	3	4	5	6	7	8	9	10	11	12	13	14	15	16	17	18	19	20	21	22	23	24	25	26	27	28	29	30	31			
20	夏曆六月				28	29	30	①	2	3	4	5	6	7	8	9	10	11	12	13	14	15	16	17	18	19	20	21	22	23	24	25	26	27	28			
	回曆8月				26	27	28	29	30	1	2	3	4	5	6	7	8	9	10	11	12	13	14	15	16	17	18	19	20	21	22	23	24	25	26			
	公曆8月							1	2	3	4	5	6	7	8	9	10	11	12	13	14	15	16	17	18	19	20	21	22	23	24	25	26	27	28	29	30	31
21	夏曆七月							29	㉚	2	3	4	5	6	7	8	9	10	11	12	13	14	15	16	17	18	19	20	21	22	23	24	25	26	27	28	29	30
	回曆9月							27	28	29	1	2	3	4	5	6	7	8	9	10	11	12	13	14	15	16	17	18	19	20	21	22	23	24	25	26	27	28
	公曆9月			1	2	3	4	5	6	7	8	9	10	11	12	13	14	15	16	17	18	19	20	21	22	23	24	25	26	27	28	29	30					
22	夏曆八月			(60)	2	3	4	5	6	7	8	9	10	11	12	13	14	15	16	17	18	19	20	21	22	23	24	25	26	27	28	29	30					
	回曆10月			29	30	1	2	3	4	5	6	7	8	9	10	11	12	13	14	15	16	17	18	19	20	21	22	23	24	25	26	27	28					
	公曆10月					1	2	3	4	5	6	7	8	9	10	11	12	13	14	15	16	17	18	19	20	21	22	23	24	25	26	27	28	29	30	31		
23 24	夏曆九十月					㉚	2	3	4	5	6	7	8	9	10	11	12	13	14	15	16	17	18	19	20	21	22	23	24	25	26	27	28	29	(59)	2		
	回曆11月					29	1	2	3	4	5	6	7	8	9	10	11	12	13	14	15	16	17	18	19	20	21	22	23	24	25	26	27	28	29	30		
	公曆11月	1	2	3	4	5	6	7	8	9	10	11	12	13	14	15	16	17	18	19	20	21	22	23	24	25	26	27	28	29	30							
25	夏曆十一月	3	4	5	6	7	8	9	10	11	12	13	14	15	16	17	18	19	20	21	22	23	24	25	26	27	28	29	30	㉙	2							
324年	回曆12,1月	1	2	3	4	5	6	7	8	9	10	11	12	13	14	15	16	17	18	19	20	21	22	23	24	25	26	27	28	29	①							
	公曆12月			1	2	3	4	5	6	7	8	9	10	11	12	13	14	15	16	17	18	19	20	21	22	23	24	25	26	27	28	29	30	31				
26	夏曆十二月			3	4	5	6	7	8	9	10	11	12	13	14	15	16	17	18	19	20	21	22	23	24	25	26	27	28	29	30	(59)	2	3				
	回曆2月			2	3	4	5	6	7	8	9	10	11	12	13	14	15	16	17	18	19	20	21	22	23	24	25	26	27	28	29	30	1	2				

大事記

五月，契丹擾新州、振武。　六月，擾應州。石敬瑭以備契丹為名屯兵忻州，請河東民借菽粟，山東民流離。十月，閩福王繼鵬殺其主延鈞，自為皇帝，更名昶，建元永和，稱臣於唐。吳封徐知誥為齊王，以昇、潤等十州為齊國。十二月，閩主昶賜道士陳守元號天師。

五代十國紀年

干支丙申　公元936年

朝代或國名	國家支配者	建都	廟號	謚號	建元	年號年次	輔政者	備注
(後)唐	④李從珂	洛陽		末帝	1	清泰3年		閏十一月亡
吳	④楊溥	揚州		睿	4	4天祚2年		·
吳越	②錢元瓘	錢塘		文穆王	4	3清泰3年		從後唐年號
閩	③王昶	福州	康宗		1	通文元年		三月改元
(南)漢	①劉龑	廣州	高祖		3	3大有9年		
荊南	②高從誨	荊州		文獻王	8	5清泰3年 6天福元年		從後晉年號
楚	③馬希範	長沙		文昭王	4	3清泰3年 4天福元年		從後晉年號
(後)蜀	②孟昶	成都		楚恭孝王	2	1明德3年		
(後)晉	①石敬瑭	晉陽	高祖		1	天福元年		十一月己亥改元
契丹	②耶律德光	上京	遼太宗		3	天顯11年		內蒙林西
東丹	①耶律倍	龍泉府	遼義宗		1	甘露11年		延至982年亡
于闐	①李聖天	和田			1	同慶25年		在新疆
大義寧	楊幹真	太和城		肅恭帝	2	2大明6年		在雲南
古格						123年		西藏阿里

月曆表

5649—383—2063340

月干支序數	月序＼星期	日	1	2	3	4	5	6	日	1	2	3	4	5	6	日	1	2	3	4	5	6	日	1	2	3	4	5	6	日	1	2	3	4	5	6	日	1
	公曆1月						1	2	3	4	5	6	7	8	9	10	11	12	13	14	15	16	17	18	19	20	21	22	23	24	25	26	27	28	29	30	31	
27	夏曆正月						4	5	6	7	8	9	10	11	12	13	14	15	16	17	18	19	20	21	22	23	24	25	26	27	28	29	㉘	2	3	4	5	
	回曆3月						3	4	5	6	7	8	9	10	11	12	13	14	15	16	17	18	19	20	21	22	23	24	25	26	27	28	29	1	2	3	4	
	公曆2月		1	2	3	4	5	6	7	8	9	10	11	12	13	14	15	16	17	18	19	20	21	22	23	24	25	26	27	28	29							
28	夏曆二月		6	7	8	9	10	11	12	13	14	15	16	17	18	19	20	21	22	23	24	25	26	27	28	29	(57)	2	3	4	5							
	回曆4月		5	6	7	8	9	10	11	12	13	14	15	16	17	18	19	20	21	22	23	24	25	26	27	28	29	30	1	2	3							
	公曆3月			1	2	3	4	5	6	7	8	9	10	11	12	13	14	15	16	17	18	19	20	21	22	23	24	25	26	27	28	29	30	31				
29	夏曆三月			6	7	8	9	10	11	12	13	14	15	16	17	18	19	20	21	22	23	24	25	26	27	28	29	30	㉗	2	3	4	5	6				
	回曆5月			4	5	6	7	8	9	10	11	12	13	14	15	16	17	18	19	20	21	22	23	24	25	26	27	28	29	1	2	3	4	5				
	公曆4月						1	2	3	4	5	6	7	8	9	10	11	12	13	14	15	16	17	18	19	20	21	22	23	24	25	26	27	28	29	30		
30	夏曆四月						7	8	9	10	11	12	13	14	15	16	17	18	19	20	21	22	23	24	25	26	27	28	29	(56)	2	3	4	5	6	7		
	回曆6月						6	7	8	9	10	11	12	13	14	15	16	17	18	19	20	21	22	23	24	25	26	27	28	29	30	1	2	3	4	5		
	公曆5月	1	2	3	4	5	6	7	8	9	10	11	12	13	14	15	16	17	18	19	20	21	22	23	24	25	26	27	28	29	30	31						
31	夏曆五月	8	9	10	11	12	13	14	15	16	17	18	19	20	21	22	23	24	25	26	27	28	29	30	㉖	2	3	4	5	6	7	8						
	回曆7月	6	7	8	9	10	11	12	13	14	15	16	17	18	19	20	21	22	23	24	25	26	27	28	29	1	2	3	4	5	6	7						
	公曆6月				1	2	3	4	5	6	7	8	9	10	11	12	13	14	15	16	17	18	19	20	21	22	23	24	25	26	27	28	29	30				
32	夏曆六月				9	10	11	12	13	14	15	16	17	18	19	20	21	22	23	24	25	26	27	28	29	(55)	2	3	4	5	6	7	8	9				
	回曆8月				8	9	10	11	12	13	14	15	16	17	18	19	20	21	22	23	24	25	26	27	28	29	30	1	2	3	4	5	6	7				
	公曆7月						1	2	3	4	5	6	7	8	9	10	11	12	13	14	15	16	17	18	19	20	21	22	23	24	25	26	27	28	29	30	31	
33	夏曆七月						10	11	12	13	14	15	16	17	18	19	20	21	22	23	24	25	26	27	28	29	㉔	2	3	4	5	6	7	8	9	10	11	
	回曆9月						8	9	10	11	12	13	14	15	16	17	18	19	20	21	22	23	24	25	26	27	28	29	1	2	3	4	5	6	7	8	9	
	公曆8月		1	2	3	4	5	6	7	8	9	10	11	12	13	14	15	16	17	18	19	20	21	22	23	24	25	26	27	28	29	30	31					

續表

月干支序數	星期／月序	日	1	2	3	4	5	6	日	1	2	3	4	5	6	日	1	2	3	4	5	6	日	1	2	3	4	5	6	日	1	2	3	4	5	6	日	1
34	夏曆八月		12	13	14	15	16	17	18	19	20	21	22	23	24	25	26	27	28	29	30	(54)	2	3	4	5	6	7	8	9	10	11	12					
	回曆10月		10	11	12	13	14	15	16	17	18	19	20	21	22	23	24	25	26	27	28	29	30	1	2	3	4	5	6	7	8	9	10					
	公曆9月					1	2	3	4	5	6	7	8	9	10	11	12	13	14	15	16	17	18	19	20	21	22	23	24	25	26	27	28	29	30			
35	夏曆九月					13	14	15	16	17	18	19	20	21	22	23	24	25	26	27	28	29	30	㉔	2	3	4	5	6	7	8	9	10	11	12			
	回曆11月					11	12	13	14	15	16	17	18	19	20	21	22	23	24	25	26	27	28	29	1	2	3	4	5	6	7	8	9	10	11			
	公曆10月							1	2	3	4	5	6	7	8	9	10	11	12	13	14	15	16	17	18	19	20	21	22	23	24	25	26	27	28	29	30	31
36	夏曆十月							13	14	15	16	17	18	19	20	21	22	23	24	25	26	27	28	29	(53)	2	3	4	5	6	7	8	9	10	11	12	13	14
	回曆12月							12	13	14	15	16	17	18	19	20	21	22	23	24	25	26	27	28	29	30	1	2	3	4	5	6	7	8	9	10	11	12
	公曆11月			1	2	3	4	5	6	7	8	9	10	11	12	13	14	15	16	17	18	19	20	21	22	23	24	25	26	27	28	29	30					
37	夏曆十一月			15	16	17	18	19	20	21	22	23	24	25	26	27	28	29	30	㉓	2	3	4	5	6	7	8	9	10	11	12	13	14					
325年	回曆1月		13	14	15	16	17	18	19	20	21	22	23	24	25	26	27	28	29	30	①	2	3	4	5	6	7	8	9	10	11	12						
	公曆12月					1	2	3	4	5	6	7	8	9	10	11	12	13	14	15	16	17	18	19	20	21	22	23	24	25	26	27	28	29	30	31		
	夏曆閏十一月					15	16	17	18	19	20	21	22	23	24	25	26	27	28	29	30	(53)	2	3	4	5	6	7	8	9	10	11	12	13	14	15		
	回曆2月					13	14	15	16	17	18	19	20	21	22	23	24	25	26	27	28	29	30	1	2	3	4	5	6	7	8	9	10	11	12	13		

大事記

三月，閩改元通文。　五月，遷石敬瑭為天平節度使，拒命。遣張敬達等討之。敬瑭請援於契丹，稱臣，賂以燕、雲諸州，改清泰三年仍稱長興七年。　九月，契丹五萬騎南下，大敗唐兵於晉安寨。　十月，唐詔括天下馬，令七戶出一兵，民間大擾。　十一月，契丹立石敬瑭為帝，國號晉，都汴。石敬瑭入洛陽，割幽雲十六州地給契丹。唐末帝自焚死。

五代十國紀年　　干支丁酉　公元937年

朝代或國名	國家支配者	建都	廟號	謚號	建元	年號年次	輔政者	備注
(後)晉	①石敬瑭	汴京	高祖		1	1明德4年		
大義寧	楊幹真	太和城		肅恭	2	2大明7年		在雲南，亡於段思平
吳	④楊溥	揚州		睿	4	4天祚3年		十月禪於南唐
吳越	②錢元瓘	錢塘		文穆王	4	4天福2年		從後晉年號
閩	④王昶	福州	康宗		1	通文2年		
于闐	①李聖天	和田			1	同慶26年		在新疆
契丹	②耶律德光	上京	遼太宗		3	天顯12年		今林西
(南)漢	①劉龑	廣州	高祖		3	3大有10年		
荆南(南平)	②高從誨	荆州		文獻王	8	6天福2年		從後晉年號
楚	③馬希範	長沙		文昭王		5天福2年		從後晉年號
(後)蜀	②孟昶	成都		楚恭孝王	2	1明德4年		
(南)唐	①徐知誥(李昪)	金陵		高		昪元元年		十月建元
東丹						12年		
大理	①段思平(?)							
	[諸祐]	蘄州				元年		湖北蘄春
古格						124年		西藏阿里

月曆表

月 干支 序數	星期 月序	日	1	2	3	4	5	6	日	1	2	3	4	5	6	日	1	2	3	4	5	6	日	1	2	3	4	5	6	日	1	2	3	4	5	6	日	1
	公曆1月	1	2	3	4	5	6	7	8	9	10	11	12	13	14	15	16	17	18	19	20	21	22	23	24	25	26	27	28	29	30	31						
38	夏曆十二月	16	17	18	19	20	21	22	23	24	25	26	27	28	29	㉒	2	3	4	5	6	7	8	9	10	11	12	13	14	15	16	17						
	回曆3月	14	15	16	17	18	19	20	21	22	23	24	25	26	27	28	29	1	2	3	4	5	6	7	8	9	10	11	12	13	14	15						
	公曆2月				1	2	3	4	5	6	7	8	9	10	11	12	13	14	15	16	17	18	19	20	21	22	23	24	25	26	27	28						
39	夏曆正月				18	19	20	21	22	23	24	25	26	27	28	29	㉛	2	3	4	5	6	7	8	9	10	11	12	13	14	15	16						
	回曆4月				16	17	18	19	20	21	22	23	24	25	26	27	28	29	30	1	2	3	4	5	6	7	8	9	10	11	12	13						
	公曆3月				1	2	3	4	5	6	7	8	9	10	11	12	13	14	15	16	17	18	19	20	21	22	23	24	25	26	27	28	29	30	31			
40	夏曆二月				17	18	19	20	21	22	23	24	25	26	27	28	29	30	㉑	2	3	4	5	6	7	8	9	10	11	12	13	14	15	16	17			
	回曆5月				14	15	16	17	18	19	20	21	22	23	24	25	26	27	28	29	1	2	3	4	5	6	7	8	9	10	11	12	13	14	15			
	公曆4月							1	2	3	4	5	6	7	8	9	10	11	12	13	14	15	16	17	18	19	20	21	22	23	24	25	26	27	28	29	30	
41	夏曆三月							18	19	20	21	22	23	24	25	26	27	28	29	30	㉛	2	3	4	5	6	7	8	9	10	11	12	13	14	15	16	17	
	回曆6月							16	17	18	19	20	21	22	23	24	25	26	27	28	29	30	1	2	3	4	5	6	7	8	9	10	11	12	13	14	15	
	公曆5月		1	2	3	4	5	6	7	8	9	10	11	12	13	14	15	16	17	18	19	20	21	22	23	24	25	26	27	28	29	30	31					
42	夏曆四月		18	19	20	21	22	23	24	25	26	27	28	29	⑳	2	3	4	5	6	7	8	9	10	11	12	13	14	15	16	17	18	19					
	回曆7月		16	17	18	19	20	21	22	23	24	25	26	27	28	29	1	2	3	4	5	6	7	8	9	10	11	12	13	14	15	16	17					
	公曆6月					1	2	3	4	5	6	7	8	9	10	11	12	13	14	15	16	17	18	19	20	21	22	23	24	25	26	27	28	29	30			
43	夏曆五月					20	21	22	23	24	25	26	27	28	29	㊾	2	3	4	5	6	7	8	9	10	11	12	13	14	15	16	17	18	19	20			
	回曆8月					18	19	20	21	22	23	24	25	26	27	28	29	30	1	2	3	4	5	6	7	8	9	10	11	12	13	14	15	16	17			
	公曆7月							1	2	3	4	5	6	7	8	9	10	11	12	13	14	15	16	17	18	19	20	21	22	23	24	25	26	27	28	29	30	31
44	夏曆六月							21	22	23	24	25	26	27	28	29	30	⑲	2	3	4	5	6	7	8	9	10	11	12	13	14	15	16	17	18	19	20	21
	回曆9月							18	19	20	21	22	23	24	25	26	27	28	29	1	2	3	4	5	6	7	8	9	10	11	12	13	14	15	16	17	18	19
	公曆8月			1	2	3	4	5	6	7	8	9	10	11	12	13	14	15	16	17	18	19	20	21	22	23	24	25	26	27	28	29	30	31				
45	夏曆七月			22	23	24	25	26	27	28	29	㊽	2	3	4	5	6	7	8	9	10	11	12	13	14	15	16	17	18	19	20	21	22	23				
	回曆10月			20	21	22	23	24	25	26	27	28	29	30	1	2	3	4	5	6	7	8	9	10	11	12	13	14	15	16	17	18	19	20				
	公曆9月						1	2	3	4	5	6	7	8	9	10	11	12	13	14	15	16	17	18	19	20	21	22	23	24	25	26	27	28	29	30		
46	夏曆八月						24	25	26	27	28	29	30	⑱	2	3	4	5	6	7	8	9	10	11	12	13	14	15	16	17	18	19	20	21	22	23		
	回曆11月						21	22	23	24	25	26	27	28	29	1	2	3	4	5	6	7	8	9	10	11	12	13	14	15	16	17	18	19	20	21		
	公曆10月	1	2	3	4	5	6	7	8	9	10	11	12	13	14	15	16	17	18	19	20	21	22	23	24	25	26	27	28	29	30	31						
47	夏曆九月	24	25	26	27	28	29	㊼	2	3	4	5	6	7	8	9	10	11	12	13	14	15	16	17	18	19	20	21	22	23	24	25						
	回曆12月	22	23	24	25	26	27	28	29	30	1	2	3	4	5	6	7	8	9	10	11	12	13	14	15	16	17	18	19	20	21	22						
	公曆11月				1	2	3	4	5	6	7	8	9	10	11	12	13	14	15	16	17	18	19	20	21	22	23	24	25	26	27	28	29	30				
48	夏曆十月				26	27	28	29	30	⑰	2	3	4	5	6	7	8	9	10	11	12	13	14	15	16	17	18	19	20	21	22	23	24	25				
326年	回曆1月				23	24	25	26	27	28	29	①	2	3	4	5	6	7	8	9	10	11	12	13	14	15	16	17	18	19	20	21	22	23				
	公曆12月						1	2	3	4	5	6	7	8	9	10	11	12	13	14	15	16	17	18	19	20	21	22	23	24	25	26	27	28	29	30	31	
49	夏曆十一月						26	27	28	29	30	㊼	2	3	4	5	6	7	8	9	10	11	12	13	14	15	16	17	18	19	20	21	22	23	24	25	26	
	回曆2月						24	25	26	27	28	29	30	1	2	3	4	5	6	7	8	9	10	11	12	13	14	15	16	17	18	19	20	21	22	23	24	

李兆洛《紀元編》，是年為遼會同元年，誤。

大事記

正月，契丹以幽州為南京。　二月，大同節度判官吳巒、應州將郭崇威皆耻於侍契丹，南歸。　四月，吳越王錢元瓘復建國，置丞相等官。晋遷都汴京。　五月，吳、契丹互遣使通聘。　十月，南唐徐知誥稱帝於金陵，國號齊（後改為唐，史稱南唐）。吳亡。　是歲，段思平於雲南創建大理王國，以代南詔王國。

五 代 十 國 紀 年

干支戊戌　公元 938 年

朝代或國名	國家支配者	建　都	廟　號	謚　號	建　元	年號年次	輔政者	備　注
(後)晉	①石敬瑭	汴京	高祖		1	天福 3 年		
吳越	②錢元瓘	錢塘		文穆王	4	4 天福 3 年		從後晉年號
閩	④王昶	福州	康宗		1	通文 3 年		
于闐	①李聖天	和田			1	同慶 27 年		在新疆
契丹	②耶律德光	上京	遼太宗		3	2 會同元年		改京名,十一月丙寅改元
(南)漢	①劉龑	廣州	高祖		3	3 大有 11 年		
荊南(南平)	②高從誨	荊州		文獻王	8	6 天福 3 年		從後晉年號
楚	③馬希範	長沙		文昭王		5 天福 3 年		從後晉年號
(後)蜀	②孟昶	成都		楚恭孝王	2	2 廣政元年		
(南)唐	①(李昪)	金陵		高		昪元 2 年		
大理	①段思平	(大理)	太祖					在雲南
東丹		龍泉府			1	13 年		
	[諸祐]	蘄州				2 年		湖北蘄春
古格						125 年		西藏阿里

月　曆　表

5651—355—2064049

月 干支 序數	星期 月序	日	1	2	3	4	5	6	日	1	2	3	4	5	6	日	1	2	3	4	5	6	日	1	2	3	4	5	6	日	1	2	3	4	5	6	日	1
	公曆 1 月		1	2	3	4	5	6	7	8	9	10	11	12	13	14	15	16	17	18	19	20	21	22	23	24	25	26	27	28	29	30	31					
50	夏曆十二月		27	28	29	⑯	2	3	4	5	6	7	8	9	10	11	12	13	14	15	16	17	18	19	20	21	22	23	24	25	26	27	28					
	回曆 3 月		25	26	27	28	29	1	2	3	4	5	6	7	8	9	10	11	12	13	14	15	16	17	18	19	20	21	22	23	24	25	26					
	公曆 2 月					1	2	3	4	5	6	7	8	9	10	11	12	13	14	15	16	17	18	19	20	21	22	23	24	25	26	27	28					
51	夏曆正月					29	㊺	2	3	4	5	6	7	8	9	10	11	12	13	14	15	16	17	18	19	20	21	22	23	24	25	26	27					
	回曆 4 月					27	28	29	30	1	2	3	4	5	6	7	8	9	10	11	12	13	14	15	16	17	18	19	20	21	22	23	24					
	公曆 3 月					1	2	3	4	5	6	7	8	9	10	11	12	13	14	15	16	17	18	19	20	21	22	23	24	25	26	27	28	29	30	31		
52	夏曆二月					28	29	30	⑮	2	3	4	5	6	7	8	9	10	11	12	13	14	15	16	17	18	19	20	21	22	23	24	25	26	27	28		
	回曆 5 月					25	26	27	28	29	1	2	3	4	5	6	7	8	9	10	11	12	13	14	15	16	17	18	19	20	21	22	23	24	25	26		
	公曆 4 月	1	2	3	4	5	6	7	8	9	10	11	12	13	14	15	16	17	18	19	20	21	22	23	24	25	26	27	28	29	30							
53	夏曆三月	29	30	㊺	2	3	4	5	6	7	8	9	10	11	12	13	14	15	16	17	18	19	20	21	22	23	24	25	26	27	28							
	回曆 6 月	27	28	29	30	1	2	3	4	5	6	7	8	9	10	11	12	13	14	15	16	17	18	19	20	21	22	23	24	25	26							
	公曆 5 月			1	2	3	4	5	6	7	8	9	10	11	12	13	14	15	16	17	18	19	20	21	22	23	24	25	26	27	28	29	30	31				
54	夏曆四月			29	30	⑮	2	3	4	5	6	7	8	9	10	11	12	13	14	15	16	17	18	19	20	21	22	23	24	25	26	27	28	29				
	回曆 7 月			27	28	29	1	2	3	4	5	6	7	8	9	10	11	12	13	14	15	16	17	18	19	20	21	22	23	24	25	26	27	28				
	公曆 6 月						1	2	3	4	5	6	7	8	9	10	11	12	13	14	15	16	17	18	19	20	21	22	23	24	25	26	27	28	29	30		
55 56	夏曆五 六月						㊹	2	3	4	5	6	7	8	9	10	11	12	13	14	15	16	17	18	19	20	21	22	23	24	25	26	27	28	29	⑬		
	回曆 8 月						29	30	1	2	3	4	5	6	7	8	9	10	11	12	13	14	15	16	17	18	19	20	21	22	23	24	25	26	27	28		
	公曆 7 月	1	2	3	4	5	6	7	8	9	10	11	12	13	14	15	16	17	18	19	20	21	22	23	24	25	26	27	28	29	30	31						
57	夏曆七月	2	3	4	5	6	7	8	9	10	11	12	13	14	15	16	17	18	19	20	21	22	23	24	25	26	27	28	29	30	㊸	2						
	回曆 9 月	29	1	2	3	4	5	6	7	8	9	10	11	12	13	14	15	16	17	18	19	20	21	22	23	24	25	26	27	28	29	30						
	公曆 8 月				1	2	3	4	5	6	7	8	9	10	11	12	13	14	15	16	17	18	19	20	21	22	23	24	25	26	27	28	29	30	31			

續表

月 干支 序數	星期 月序	日	1	2	3	4	5	6	日	1	2	3	4	5	6	日	1	2	3	4	5	6	日	1	2	3	4	5	6	日	1	2	3	4	5	6	日	1
58	夏曆八月				3	4	5	6	7	8	9	10	11	12	13	14	15	16	17	18	19	20	21	22	23	24	25	26	27	28	29	⑫	2	3	4			
	回曆10、11月				1	2	3	4	5	6	7	8	9	10	11	12	13	14	15	16	17	18	19	20	21	22	23	24	25	26	27	28	29	1	2			
	公曆9月							1	2	3	4	5	6	7	8	9	10	11	12	13	14	15	16	17	18	19	20	21	22	23	24	25	26	27	28	29	30	
59	夏曆九月							5	6	7	8	9	10	11	12	13	14	15	16	17	18	19	20	21	22	23	24	25	26	27	28	29	30	㊷	2	3	4	
	回曆12月							3	4	5	6	7	8	9	10	11	12	13	14	15	16	17	18	19	20	21	22	23	24	25	26	27	28	29	30	1	2	
	公曆10月		1	2	3	4	5	6	7	8	9	10	11	12	13	14	15	16	17	18	19	20	21	22	23	24	25	26	27	28	29	30	31					
60	夏曆十月		5	6	7	8	9	10	11	12	13	14	15	16	17	18	19	20	21	22	23	24	25	26	27	28	29	⑪	2	3	4	5	6					
327年	回曆1月		3	4	5	6	7	8	9	10	11	12	13	14	15	16	17	18	19	20	21	22	23	24	25	26	27	28	29	30	①	2	3					
	公曆11月					1	2	3	4	5	6	7	8	9	10	11	12	13	14	15	16	17	18	19	20	21	22	23	24	25	26	27	28	29	30			
1	夏曆十一月					7	8	9	10	11	12	13	14	15	16	17	18	19	20	21	22	23	24	25	26	27	28	29	30	㊶	2	3	4	5	6			
	回曆2月					4	5	6	7	8	9	10	11	12	13	14	15	16	17	18	19	20	21	22	23	24	25	26	27	28	29	30	1	2	3			
	公曆12月							1	2	3	4	5	6	7	8	9	10	11	12	13	14	15	16	17	18	19	20	21	22	23	24	25	26	27	28	29	30	31
2	夏曆十二月							7	8	9	10	11	12	13	14	15	16	17	18	19	20	21	22	23	24	25	26	27	28	29	30	⑪	2	3	4	5	6	7
	回曆3月							4	5	6	7	8	9	10	11	12	13	14	15	16	17	18	19	20	21	22	23	24	25	26	27	28	29	1	2	3	4	5

大事記

三月，晉禁銷錢制銅器。定儲道及各州奏薦之限。　六月，晉制民墾田及五頃以上，三年外乃聽縣司徭役。　七月，晉以馮道為册禮使上尊號於契丹主及太后，契丹主止晉主稱臣，命稱兒皇帝。　十月，契丹册晉主為英武明義皇帝。晉建東京於汴州，以東都為西京。河決鄆州。　十一月，晉遣使册閩主昶為閩國王，昶因已稱帝，辭册命。契丹定官制，改元會同。晉弛鑄錢令，公私自鑄聽使，以"天福元寶"為文。　是歲，甘州回鶻可汗仁裕遣使貢於晉。

五代十國紀年　　干支己亥　公元939年

朝代或國名	國家支配者	建都	廟號	謚號	建元	年號年次	輔政者	備注
(後)晉	①石敬瑭	汴京	高祖		1	天福4年		
吴越	②錢元瓘	錢塘		文穆王	4	4天福4年		從後晉年號
閩	⑤王曦	福州	景宗		1	永隆元年		閏七月即位改元
于闐	①李聖天	和田			1	同慶28年		在新疆
契丹	②耶律德光	上京	遼太宗		3	2會同2年		今北京·
南漢	①劉龑	廣州	高祖		3	3大有12年		
荆南(南平)	②高從誨	荆州		文獻王	8	6天福4年		從後晉年號
楚	③馬希範	長沙		文昭王		5天福4年		從後晉年號
後蜀	②孟昶	成都		楚恭孝王	2	2廣政2年		
南唐	①李昪	金陵		高		昇元3年		
大理	①段思平	陽苴咩	太祖					在雲南
東丹		龍泉府			1	14年		
	[諸祐]	蘄州				3年		湖北蘄春
古格						126年		西藏阿里

月曆表 5652－384－2064433

月 干支 序數	星期 月序	日	1	2	3	4	5	6	日	1	2	3	4	5	6	日	1	2	3	4	5	6	日	1	2	3	4	5	6	日	1	2	3	4	5	6	日	1
	公曆1月			1	2	3	4	5	6	7	8	9	10	11	12	13	14	15	16	17	18	19	20	21	22	23	24	25	26	27	28	29	30	31				
3	夏曆正月			8	9	10	11	12	13	14	15	16	17	18	19	20	21	22	23	24	25	26	27	28	29	㊵	2	3	4	5	6	7	8	9				
	回曆4月			6	7	8	9	10	11	12	13	14	15	16	17	18	19	20	21	22	23	24	25	26	27	28	29	30	1	2	3	4	5	6				
	公曆2月						1	2	3	4	5	6	7	8	9	10	11	12	13	14	15	16	17	18	19	20	21	22	23	24	25	26	27	28				
4	夏曆二月						10	11	12	13	14	15	16	17	18	19	20	21	22	23	24	25	26	27	28	29	30	⑩	2	3	4	5	6	7				
	回曆5月						7	8	9	10	11	12	13	14	15	16	17	18	19	20	21	22	23	24	25	26	27	28	29	1	2	3	4	5				
	公曆3月						1	2	3	4	5	6	7	8	9	10	11	12	13	14	15	16	17	18	19	20	21	22	23	24	25	26	27	28	29	30	31	
5	夏曆三月						8	9	10	11	12	13	14	15	16	17	18	19	20	21	22	23	24	25	26	27	28	29	30	㊵	2	3	4	5	6	7	8	
	回曆6月						6	7	8	9	10	11	12	13	14	15	16	17	18	19	20	21	22	23	24	25	26	27	28	29	30	1	2	3	4	5	6	
	公曆4月		1	2	3	4	5	6	7	8	9	10	11	12	13	14	15	16	17	18	19	20	21	22	23	24	25	26	27	28	29	30						
6	夏曆四月		9	10	11	12	13	14	15	16	17	18	19	20	21	22	23	24	25	26	27	28	29	⑨	2	3	4	5	6	7	8	9						
	回曆7月		7	8	9	10	11	12	13	14	15	16	17	18	19	20	21	22	23	24	25	26	27	28	29	1	2	3	4	5	6	7						
	公曆5月				1	2	3	4	5	6	7	8	9	10	11	12	13	14	15	16	17	18	19	20	21	22	23	24	25	26	27	28	29	30	31			
7	夏曆五月				10	11	12	13	14	15	16	17	18	19	20	21	22	23	24	25	26	27	28	29	30	㊴	2	3	4	5	6	7	8	9	10			
	回曆8月				8	9	10	11	12	13	14	15	16	17	18	19	20	21	22	23	24	25	26	27	28	29	30	1	2	3	4	5	6	7	8			
	公曆6月							1	2	3	4	5	6	7	8	9	10	11	12	13	14	15	16	17	18	19	20	21	22	23	24	25	26	27	28	29	30	
8	夏曆六月							11	12	13	14	15	16	17	18	19	20	21	22	23	24	25	26	27	28	29	⑧	2	3	4	5	6	7	8	9	10	11	
	回曆9月							9	10	11	12	13	14	15	16	17	18	19	20	21	22	23	24	25	26	27	28	29	1	2	3	4	5	6	7	8	9	
	公曆7月		1	2	3	4	5	6	7	8	9	10	11	12	13	14	15	16	17	18	19	20	21	22	23	24	25	26	27	28	29	30	31					
9	夏曆七月		12	13	14	15	16	17	18	19	20	21	22	23	24	25	26	27	28	29	㊲	2	3	4	5	6	7	8	9	10	11	12	13					
	回曆10月		10	11	12	13	14	15	16	17	18	19	20	21	22	23	24	25	26	27	28	29	30	1	2	3	4	5	6	7	8	9	10					
	公曆8月					1	2	3	4	5	6	7	8	9	10	11	12	13	14	15	16	17	18	19	20	21	22	23	24	25	26	27	28	29	30	31		
	夏曆閏七月					14	15	16	17	18	19	20	21	22	23	24	25	26	27	28	29	30	⑦	2	3	4	5	6	7	8	9	10	11	12	13	14		
	回曆11月					11	12	13	14	15	16	17	18	19	20	21	22	23	24	25	26	27	28	29	1	2	3	4	5	6	7	8	9	10	11	12		
	公曆9月	1	2	3	4	5	6	7	8	9	10	11	12	13	14	15	16	17	18	19	20	21	22	23	24	25	26	27	28	29	30							
10	夏曆八月	15	16	17	18	19	20	21	22	23	24	25	26	27	28	29	㊱	2	3	4	5	6	7	8	9	10	11	12	13	14	15							
	回曆12月	13	14	15	16	17	18	19	20	21	22	23	24	25	26	27	28	29	30	1	2	3	4	5	6	7	8	9	10	11	12							
	公曆10月			1	2	3	4	5	6	7	8	9	10	11	12	13	14	15	16	17	18	19	20	21	22	23	24	25	26	27	28	29	30	31				
11	夏曆九月			16	17	18	19	20	21	22	23	24	25	26	27	28	29	30	⑥	2	3	4	5	6	7	8	9	10	11	12	13	14	15	16				
328年	回曆1月			13	14	15	16	17	18	19	20	21	22	23	24	25	26	27	28	29	①	2	3	4	5	6	7	8	9	10	11	12	13	14				
	公曆11月						1	2	3	4	5	6	7	8	9	10	11	12	13	14	15	16	17	18	19	20	21	22	23	24	25	26	27	28	29	30		
12	夏曆十月						17	18	19	20	21	22	23	24	25	26	27	28	29	㉟	2	3	4	5	6	7	8	9	10	11	12	13	14	15	16	17		
	回曆2月						15	16	17	18	19	20	21	22	23	24	25	26	27	28	29	30	1	2	3	4	5	6	7	8	9	10	11	12	13	14		
	公曆12月	1	2	3	4	5	6	7	8	9	10	11	12	13	14	15	16	17	18	19	20	21	22	23	24	25	26	27	28	29	30	31						
13	夏曆十一月	18	19	20	21	22	23	24	25	26	27	28	29	30	⑤	2	3	4	5	6	7	8	9	10	11	12	13	14	15	16	17	18						
	回曆3月	15	16	17	18	19	20	21	22	23	24	25	26	27	28	29	1	2	3	4	5	6	7	8	9	10	11	12	13	14	15	16						

大事記

正月，南唐主徐知誥復姓李。朔方黨項攻擾不已，節度使馮暉厚遇之，乃安。　二月，李知誥又更名為昪。　三月，晉册甘州回鶻可汗仁裕為奉化可汗。　四月，晉廢樞密院。　五月，晉加楚王馬希範天策上將軍。　七月，晉復禁私鑄錢。　閏七月，閩軍亂，殺王昶，立其叔王延曦為國王。改元永隆，稱臣於晉。黄河決於博州。

五代十國紀年　　干支庚子　公元940年

朝代或國名	國家支配者	建都	廟號	謚號	建元	年號年次	輔政者	備注
(後)晉	①石敬瑭	汴京	高祖		1	天福5年		
吳越	②錢元瓘	錢塘		文穆王	4	4天福5年		從後晉年號
閩	⑤王曦	福州	景宗	大	1	永隆2年		
于闐	①李聖天	和田			1	同慶29年		在新疆
契丹	②耶律德光	上京	遼太宗		3	2會同3年		今北京
南漢	①劉龑	廣州	高祖		3	3大有13年		
荊南(南平)	②高從誨	荊州		文獻王	8	6天福5年		從後晉年號
楚	③馬希範	長沙		文昭王		5天福5年		從後晉年號
後蜀	②孟昶	成都		楚恭孝王	2	2廣政3年		
南唐	①李昪	金陵(南京)		高	1	昪元4年		
大理	①段思平	陽苴咩	太祖					在雲南
東丹		龍泉府			1	15年		
	[諸祐]	蘄州				4年		湖北蘄春
古格						127年		西藏阿里

月曆表　　5653—354—2064787

月干支序數	月序＼星期	日	1	2	3	4	5	6	日	1	2	3	4	5	6	日	1	2	3	4	5	6	日	1	2	3	4	5	6	日	1	2	3	4	5	6	日	1
	公曆1月				1	2	3	4	5	6	7	8	9	10	11	12	13	14	15	16	17	18	19	20	21	22	23	24	25	26	27	28	29	30	31			
14	夏曆十二月				19	20	21	22	23	24	25	26	27	28	29	㉞	2	3	4	5	6	7	8	9	10	11	12	13	14	15	16	17	18	19	20			
	回曆4月				17	18	19	20	21	22	23	24	25	26	27	28	29	30	1	2	3	4	5	6	7	8	9	10	11	12	13	14	15	16	17			
	公曆2月							1	2	3	4	5	6	7	8	9	10	11	12	13	14	15	16	17	18	19	20	21	22	23	24	25	26	27	28	29		
15	夏曆正月							21	22	23	24	25	26	27	28	29	30	④	2	3	4	5	6	7	8	9	10	11	12	13	14	15	16	17	18	19		
	回曆5月							18	19	20	21	22	23	24	25	26	27	28	29	1	2	3	4	5	6	7	8	9	10	11	12	13	14	15	16	17		
	公曆3月	1	2	3	4	5	6	7	8	9	10	11	12	13	14	15	16	17	18	19	20	21	22	23	24	25	26	27	28	29	30	31						
16	夏曆二月	20	21	22	23	24	25	26	27	28	29	30	㉞	2	3	4	5	6	7	8	9	10	11	12	13	14	15	16	17	18	19	20						
	回曆6月	18	19	20	21	22	23	24	25	26	27	28	29	30	1	2	3	4	5	6	7	8	9	10	11	12	13	14	15	16	17	18						
	公曆4月				1	2	3	4	5	6	7	8	9	10	11	12	13	14	15	16	17	18	19	20	21	22	23	24	25	26	27	28	29	30				
17	夏曆三月				21	22	23	24	25	26	27	28	29	30	④	2	3	4	5	6	7	8	9	10	11	12	13	14	15	16	17	18	19	20				
	回曆7月				19	20	21	22	23	24	25	26	27	28	29	1	2	3	4	5	6	7	8	9	10	11	12	13	14	15	16	17	18	19				
	公曆5月						1	2	3	4	5	6	7	8	9	10	11	12	13	14	15	16	17	18	19	20	21	22	23	24	25	26	27	28	29	30	31	
18	夏曆四月						21	22	23	24	25	26	27	28	29	㉝	2	3	4	5	6	7	8	9	10	11	12	13	14	15	16	17	18	19	20	21	22	
	回曆8月						20	21	22	23	24	25	26	27	28	29	30	1	2	3	4	5	6	7	8	9	10	11	12	13	14	15	16	17	18	19	20	
	公曆6月		1	2	3	4	5	6	7	8	9	10	11	12	13	14	15	16	17	18	19	20	21	22	23	24	25	26	27	28	29	30						
19	夏曆五月		23	24	25	26	27	28	29	30	③	2	3	4	5	6	7	8	9	10	11	12	13	14	15	16	17	18	19	20	21	22						
	回曆9月		21	22	23	24	25	26	27	28	29	1	2	3	4	5	6	7	8	9	10	11	12	13	14	15	16	17	18	19	20	21						
	公曆7月				1	2	3	4	5	6	7	8	9	10	11	12	13	14	15	16	17	18	19	20	21	22	23	24	25	26	27	28	29	30	31			
20	夏曆六月				23	24	25	26	27	28	29	㉜	2	3	4	5	6	7	8	9	10	11	12	13	14	15	16	17	18	19	20	21	22	23	24			
	回曆10月				22	23	24	25	26	27	28	29	30	1	2	3	4	5	6	7	8	9	10	11	12	13	14	15	16	17	18	19	20	21	22			
	公曆8月							1	2	3	4	5	6	7	8	9	10	11	12	13	14	15	16	17	18	19	20	21	22	23	24	25	26	27	28	29	30	3
21	夏曆七月							25	26	27	28	29	①	2	3	4	5	6	7	8	9	10	11	12	13	14	15	16	17	18	19	20	21	22	23	24	25	2

續表

月干支序數	星期 / 月序	日	1	2	3	4	5	6	日	1	2	3	4	5	6	日	1	2	3	4	5	6	日	1	2	3	4	5	6	日	1	2	3	4	5	6	日	1
	回曆 11 月							23	24	25	26	27	28	29	1	2	3	4	5	6	7	8	9	10	11	12	13	14	15	16	17	18	19	20	21	22	23	24
	公曆 9 月			1	2	3	4	5	6	7	8	9	10	11	12	13	14	15	16	17	18	19	20	21	22	23	24	25	26	27	28	29	30					
22	夏曆八月			27	28	29	30	㉛	2	3	4	5	6	7	8	9	10	11	12	13	14	15	16	17	18	19	20	21	22	23	24	25	26					
	回曆 12 月			25	26	27	28	29	30	1	2	3	4	5	6	7	8	9	10	11	12	13	14	15	16	17	18	19	20	21	22	23	24					
	公曆 10 月					1	2	3	4	5	6	7	8	9	10	11	12	13	14	15	16	17	18	19	20	21	22	23	24	25	26	27	28	29	30	31		
23	夏曆九月					27	28	29	(60)	2	3	4	5	6	7	8	9	10	11	12	13	14	15	16	17	18	19	20	21	22	23	24	25	26	27	28		
329 年	回曆 1 月					25	26	27	28	29	①	2	3	4	5	6	7	8	9	10	11	12	13	14	15	16	17	18	19	20	21	22	23	24	25	26		
	公曆 11 月	1	2	3	4	5	6	7	8	9	10	11	12	13	14	15	16	17	18	19	20	21	22	23	24	25	26	27	28	29	30							
24	夏曆十月	29	30	㉚	2	3	4	5	6	7	8	9	10	11	12	13	14	15	16	17	18	19	20	21	22	23	24	25	26	27	28							
	回曆 2 月	27	28	29	30	1	2	3	4	5	6	7	8	9	10	11	12	13	14	15	16	17	18	19	20	21	22	23	24	25	26							
	公曆 12 月			1	2	3	4	5	6	7	8	9	10	11	12	13	14	15	16	17	18	19	20	21	22	23	24	25	26	27	28	29	30	31				
25	夏曆十一月			29	(59)	2	3	4	5	6	7	8	9	10	11	12	13	14	15	16	17	18	19	20	21	22	23	24	25	26	27	28	29	30				
	回曆 3 月			27	28	29	1	2	3	4	5	6	7	8	9	10	11	12	13	14	15	16	17	18	19	20	21	22	23	24	25	26	27	28				

事記

正月，彭士愁降於楚，楚王馬希範於溪州立銅柱標功。　二月，王曦與弟延政相攻，延政求援於吳越錢元瓘。　三月，延政屢破曦兵。　四月，吳越兵始至，遣之不去。延政向延曦乞師，大敗吳越兵。　七月，閩王曦度民為僧一萬一千人。　九月，晉罷翰林學士。　十一月，晉以閩王曦為閩國王。　十二月，雁門北吐谷渾苦於契丹貪虐，千餘帳奔晉；契丹來責，命逐還故地。

五代十國紀年　干支辛丑　公元 941 年

朝代或國名	國家支配者	建　都	廟　號	謚號	建元	年號年次	輔政者	備　注
(後)晉	①石敬瑭	汴梁	高祖		1	天福 6 年		
吳越	②錢元瓘	錢塘		文穆王	4	4 天福 6 年		九月錢弘佐即位
閩	⑤王曦	福州	景宗	大	1	永隆 3 年		
契丹	②耶律德光	上京	遼太宗		3	2 會同 4 年		今北京
南漢	①劉龑	廣州	高祖		3	3 大有 14 年		
荆南(南平)	②高從誨	荆州		文獻王	8	6 天福 6 年		從後晉年號
楚	③馬希範	長沙		文昭王		5 天福 6 年		從後晉年號
後蜀	②孟昶	成都		楚恭孝王	2	2 廣政 4 年		
南唐	①李昪	金陵		高	1	昇元 5 年		
大理	①段思平	陽苴咩	太祖			神武(?)		在雲南
東丹		龍泉府			1	16 年		
	[諸祐]	蘄州				5 年		湖北蘄春
古格						128 年		西藏阿里

月干支序數	月序＼星期	日	1	2	3	4	5	6	日	1	2	3	4	5	6	日	1	2	3	4	5	6	日	1	2	3	4	5	6	日	1	2	3	4	5	6	日	
	公曆1月						1	2	3	4	5	6	7	8	9	10	11	12	13	14	15	16	17	18	19	20	21	22	23	24	25	26	27	28	29	30	31	
26 27	夏曆十二 正月						㉙	2	3	4	5	6	7	8	9	10	11	12	13	14	15	16	17	18	19	20	21	22	23	24	25	26	27	28	29	(58)	2	
	回曆4月						29	30	1	2	3	4	5	6	7	8	9	10	11	12	13	14	15	16	17	18	19	20	21	22	23	24	25	26	27	28	29	
	公曆2月		1	2	3	4	5	6	7	8	9	10	11	12	13	14	15	16	17	18	19	20	21	22	23	24	25	26	27	28								
	夏曆正月		3	4	5	6	7	8	9	10	11	12	13	14	15	16	17	18	19	20	21	22	23	24	25	26	27	28	29	30								
	回曆5月		1	2	3	4	5	6	7	8	9	10	11	12	13	14	15	16	17	18	19	20	21	22	23	24	25	26	27	28								
	公曆3月		1	2	3	4	5	6	7	8	9	10	11	12	13	14	15	16	17	18	19	20	21	22	23	24	25	26	27	28	29	30	31					
28 29	夏曆二 三月		㉘	2	3	4	5	6	7	8	9	10	11	12	13	14	15	16	17	18	19	20	21	22	23	24	25	26	27	28	29	30	(58)					
	回曆6月		29	30	1	2	3	4	5	6	7	8	9	10	11	12	13	14	15	16	17	18	19	20	21	22	23	24	25	26	27	28	29					
	公曆4月					1	2	3	4	5	6	7	8	9	10	11	12	13	14	15	16	17	18	19	20	21	22	23	24	25	26	27	28	29	30			
30	夏曆四月					2	3	4	5	6	7	8	9	10	11	12	13	14	15	16	17	18	19	20	21	22	23	24	25	26	27	28	29	㉗	2			
	回曆7月					1	2	3	4	5	6	7	8	9	10	11	12	13	14	15	16	17	18	19	20	21	22	23	24	25	26	27	28	29	30			
	公曆5月							1	2	3	4	5	6	7	8	9	10	11	12	13	14	15	16	17	18	19	20	21	22	23	24	25	26	27	28	29	30	3
31	夏曆五月							3	4	5	6	7	8	9	10	11	12	13	14	15	16	17	18	19	20	21	22	23	24	25	26	27	28	29	30	(57)	2	3
	回曆8、9月							1	2	3	4	5	6	7	8	9	10	11	12	13	14	15	16	17	18	19	20	21	22	23	24	25	26	27	28	29	1	2
	公曆6月			1	2	3	4	5	6	7	8	9	10	11	12	13	14	15	16	17	18	19	20	21	22	23	24	25	26	27	28	29	30					
32	夏曆六月			4	5	6	7	8	9	10	11	12	13	14	15	16	17	18	19	20	21	22	23	24	25	26	27	28	29	30	㉗	2	3					
	回曆10月			3	4	5	6	7	8	9	10	11	12	13	14	15	16	17	18	19	20	21	22	23	24	25	26	27	28	29	30	1	2					
	公曆7月					1	2	3	4	5	6	7	8	9	10	11	12	13	14	15	16	17	18	19	20	21	22	23	24	25	26	27	28	29	30	31		
33	夏曆七月					4	5	6	7	8	9	10	11	12	13	14	15	16	17	18	19	20	21	22	23	24	25	26	27	28	29	(56)	2	3	4	5		
	回曆11月					3	4	5	6	7	8	9	10	11	12	13	14	15	16	17	18	19	20	21	22	23	24	25	26	27	28	29	1	2	3	4		
	公曆8月	1	2	3	4	5	6	7	8	9	10	11	12	13	14	15	16	17	18	19	20	21	22	23	24	25	26	27	28	29	30	31						
34	夏曆八月	6	7	8	9	10	11	12	13	14	15	16	17	18	19	20	21	22	23	24	25	26	27	28	29	㉕	2	3	4	5	6	7						
	回曆12月	5	6	7	8	9	10	11	12	13	14	15	16	17	18	19	20	21	22	23	24	25	26	27	28	29	30	1	2	3	4	5						
	公曆9月				1	2	3	4	5	6	7	8	9	10	11	12	13	14	15	16	17	18	19	20	21	22	23	24	25	26	27	28	29	30				
35	夏曆九月				8	9	10	11	12	13	14	15	16	17	18	19	20	21	22	23	24	25	26	27	28	29	30	(55)	2	3	4	5	6	7				
330年	回曆1月				6	7	8	9	10	11	12	13	14	15	16	17	18	19	20	21	22	23	24	25	26	27	28	29	30	①	2	3	4	5				
	公曆10月						1	2	3	4	5	6	7	8	9	10	11	12	13	14	15	16	17	18	19	20	21	22	23	24	25	26	27	28	29	30	31	
36	夏曆十月						8	9	10	11	12	13	14	15	16	17	18	19	20	21	22	23	24	25	26	27	28	29	㉔	2	3	4	5	6	7	8	9	
	回曆2月						6	7	8	9	10	11	12	13	14	15	16	17	18	19	20	21	22	23	24	25	26	27	28	29	30	1	2	3	4	5	6	
	公曆11月		1	2	3	4	5	6	7	8	9	10	11	12	13	14	15	16	17	18	19	20	21	22	23	24	25	26	27	28	29	30						
37	夏曆十一月		10	11	12	13	14	15	16	17	18	19	20	21	22	23	24	25	26	27	28	29	30	(54)	2	3	4	5	6	7	8	9						
	回曆3月		7	8	9	10	11	12	13	14	15	16	17	18	19	20	21	22	23	24	25	26	27	28	29	1	2	3	4	5	6	7						
	公曆12月				1	2	3	4	5	6	7	8	9	10	11	12	13	14	15	16	17	18	19	20	21	22	23	24	25	26	27	28	29	30	31			
38	夏曆十二月				10	11	12	13	14	15	16	17	18	19	20	21	22	23	24	25	26	27	28	29	㉓	2	3	4	5	6	7	8	9	10	11			
	回曆4月				8	9	10	11	12	13	14	15	16	17	18	19	20	21	22	23	24	25	26	27	28	29	30	1	2	3	4	5	6	7	8			

大事記

正月，閩王延政以建州為鎮武軍，自為節度使。　六月，成德軍節度使安重榮耻於為契丹臣，殺其使，又掠幽州，表請伐契丹。　七月，閩王曦稱帝。晉以劉知遠為河東節度使。　八月，吳越主元瓘卒，子弘佐領節度使，免稅三年。黃河決於滑州。　十月，吐谷渾首領白承福降晉。　十二月，錢弘佐即王位。

五 代 十 國 紀 年　　　干支壬寅　公元942年

朝代或國名	國家支配者	建　都	廟　號	謚　號	建　元	年號年次	輔政者	備　注
後晉	①石敬瑭	汴京	高祖		1	天福7年		六月乙丑石重貴即位
吳越	③錢弘佐	錢塘		忠獻王	1	天福7年		從後晉年號
閩	⑤王曦	福州	景宗	大	1	永隆4年		
契丹	②耶律德光	上京	遼太宗		3	2會同5年		今北京
南漢	②劉玢	廣州		殤		光天元年		四月即位改元
荆南(南平)	②高從誨	荆州		文獻王	8	6天福7年		從後晉年號
楚	③馬希範	長沙		文昭王		5天福7年		從後晉年號
後蜀	②孟昶	成都		楚恭孝王	2	2廣政5年		
南唐	①李昪	金陵		高	1	昪元6年		
大理	①段思平	陽苴咩	太祖					在雲南
	[張遇賢]	博羅				[永樂]元年		七月建元十月亡
東丹		龍泉府			1	17年		
	[諸祐]	蘄州				6年		湖北蘄春
古格						129年		西藏阿里

月 曆 表　　　5655—384—2065526

月干支序數	月序＼星期	日	1	2	3	4	5	6	日	1	2	3	4	5	6	日	1	2	3	4	5	6	日	1	2	3	4	5	6	日	1	2	3	4	5	6	日	1
	公曆1月							1	2	3	4	5	6	7	8	9	10	11	12	13	14	15	16	17	18	19	20	21	22	23	24	25	26	27	28	29	30	31
39	夏曆正月							12	13	14	15	16	17	18	19	20	21	22	23	24	25	26	27	28	29	30	(53)	2	3	4	5	6	7	8	9	10	11	12
	回曆5月							9	10	11	12	13	14	15	16	17	18	19	20	21	22	23	24	25	26	27	28	29	1	2	3	4	5	6	7	8	9	10
	公曆2月			1	2	3	4	5	6	7	8	9	10	11	12	13	14	15	16	17	18	19	20	21	22	23	24	25	26	27	28							
40	夏曆二月			13	14	15	16	17	18	19	20	21	22	23	24	25	26	27	28	29	㉒	2	3	4	5	6	7	8	9	10	11							
	回曆6月			11	12	13	14	15	16	17	18	19	20	21	22	23	24	25	26	27	28	29	30	1	2	3	4	5	6	7	8							
	公曆3月			1	2	3	4	5	6	7	8	9	10	11	12	13	14	15	16	17	18	19	20	21	22	23	24	25	26	27	28	29	30	31				
41	夏曆三月			12	13	14	15	16	17	18	19	20	21	22	23	24	25	26	27	28	29	30	(52)	2	3	4	5	6	7	8	9	10	11	12				
	回曆7月			9	10	11	12	13	14	15	16	17	18	19	20	21	22	23	24	25	26	27	28	29	1	2	3	4	5	6	7	8	9	10				
	公曆4月						1	2	3	4	5	6	7	8	9	10	11	12	13	14	15	16	17	18	19	20	21	22	23	24	25	26	27	28	29	30		
	夏曆閏三月						13	14	15	16	17	18	19	20	21	22	23	24	25	26	27	28	29	㉑	2	3	4	5	6	7	8	9	10	11	12	13		
	回曆8月						11	12	13	14	15	16	17	18	19	20	21	22	23	24	25	26	27	28	29	30	1	2	3	4	5	6	7	8	9	10		
	公曆5月	1	2	3	4	5	6	7	8	9	10	11	12	13	14	15	16	17	18	19	20	21	22	23	24	25	26	27	28	29	30	31						
42	夏曆四月	14	15	16	17	18	19	20	21	22	23	24	25	26	27	28	29	30	(51)	2	3	4	5	6	7	8	9	10	11	12	13	14						
	回曆9月	11	12	13	14	15	16	17	18	19	20	21	22	23	24	25	26	27	28	29	1	2	3	4	5	6	7	8	9	10	11	12						
	公曆6月				1	2	3	4	5	6	7	8	9	10	11	12	13	14	15	16	17	18	19	20	21	22	23	24	25	26	27	28	29	30				
43	夏曆五月				15	16	17	18	19	20	21	22	23	24	25	26	27	28	29	30	㉑	2	3	4	5	6	7	8	9	10	11	12	13	14				
	回曆10月				13	14	15	16	17	18	19	20	21	22	23	24	25	26	27	28	29	30	1	2	3	4	5	6	7	8	9	10	11	12				
	公曆7月						1	2	3	4	5	6	7	8	9	10	11	12	13	14	15	16	17	18	19	20	21	22	23	24	25	26	27	28	29	30	31	
44	夏曆六月						15	16	17	18	19	20	21	22	23	24	25	26	27	28	29	㊿	2	3	4	5	6	7	8	9	10	11	12	13	14	15	16	
	回曆11月						13	14	15	16	17	18	19	20	21	22	23	24	25	26	27	28	29	1	2	3	4	5	6	7	8	9	10	11	12	13	14	
	公曆8月		1	2	3	4	5	6	7	8	9	10	11	12	13	14	15	16	17	18	19	20	21	22	23	24	25	26	27	28	29	30	31					

續表

月干支序數	星期／月序	日	1	2	3	4	5	6	日	1	2	3	4	5	6	日	1	2	3	4	5	6	日	1	2	3	4	5	6	日	1	2	3	4	5	6	日	1
45	夏曆七月		17	18	19	20	21	22	23	24	25	26	27	28	29	30	⑳	2	3	4	5	6	7	8	9	10	11	12	13	14	15	16	17					
	回曆 12 月		15	16	17	18	19	20	21	22	23	24	25	26	27	28	29	30	1	2	3	4	5	6	7	8	9	10	11	12	13	14	15					
	公曆 9 月					1	2	3	4	5	6	7	8	9	10	11	12	13	14	15	16	17	18	19	20	21	22	23	24	25	26	27	28	29	30			
46	夏曆八月					18	19	20	21	22	23	24	25	26	27	28	29	㊾	2	3	4	5	6	7	8	9	10	11	12	13	14	15	16	17	18			
331 年	回曆 1 月					16	17	18	19	20	21	22	23	24	25	26	27	28	29	①	2	3	4	5	6	7	8	9	10	11	12	13	14	15	16			
	公曆 10 月							1	2	3	4	5	6	7	8	9	10	11	12	13	14	15	16	17	18	19	20	21	22	23	24	25	26	27	28	29	30	31
47	夏曆九月							19	20	21	22	23	24	25	26	27	28	29	30	⑲	2	3	4	5	6	7	8	9	10	11	12	13	14	15	16	17	18	19
	回曆 2 月							17	18	19	20	21	22	23	24	25	26	27	28	29	30	1	2	3	4	5	6	7	8	9	10	11	12	13	14	15	16	17
	公曆 11 月			1	2	3	4	5	6	7	8	9	10	11	12	13	14	15	16	17	18	19	20	21	22	23	24	25	26	27	28	29	30					
48	夏曆十月			20	21	22	23	24	25	26	27	28	29	㊽	2	3	4	5	6	7	8	9	10	11	12	13	14	15	16	17	18	19	20					
	回曆 3 月			18	19	20	21	22	23	24	25	26	27	28	29	1	2	3	4	5	6	7	8	9	10	11	12	13	14	15	16	17	18					
	公曆 12 月					1	2	3	4	5	6	7	8	9	10	11	12	13	14	15	16	17	18	19	20	21	22	23	24	25	26	27	28	29	30	31		
49	夏曆十一月					21	22	23	24	25	26	27	28	29	30	⑱	2	3	4	5	6	7	8	9	10	11	12	13	14	15	16	17	18	19	20	21		
	回曆 4 月					19	20	21	22	23	24	25	26	27	28	29	30	1	2	3	4	5	6	7	8	9	10	11	12	13	14	15	16	17	18	19		

大事記

正月,晋安重榮敗死。　四月,南漢高祖劉龑卒,子弘度立,改名玢,改元光天。　六月,晋高祖石敬瑭卒,兄子重貴嗣。　七月,循州民變,奉張遇賢為中天八國王,建元永樂。　八月,閩鑄大鐵錢"永隆通寶",一當鉛錢百。　十一月,晋初收食鹽錢,戶一貫至二百為五等,聽私賣。旋復官賣。

五 代 十 國 紀 年　　干支癸卯　公元 943 年

朝代或國名	國家支配者	建　都	廟號	謚號	建元	年號年次	輔政者	備注
後晋	②石重貴	汴京		出	2	1 天福 8 年		
吴越	③錢弘佐	錢塘		忠獻王	1	天福 8 年		從後晋年號
大殷	⑥王延政	建州		福恭懿王	1	天德元年		二月即位改元
契丹	②耶律德光	（臨潢）	遼太宗		3	2 會同 6 年		今北京
南漢	③劉晟	廣州	中宗		2	1 應乾元年		三月即位改元
						2 乾和元年		十一月改元
荆南(南平)	②高從誨	荆州		文獻王	8	6 天福 8 年		從後晋年號
楚	③馬希範	長沙		文昭王		5 天福 8 年		從後晋年號
後蜀	②孟昶	成都		楚恭孝王	2	2 廣政 6 年		
南唐	②李璟	金陵		孝	4	1 保大元年		三月改元
大理	①段思平	陽苴咩	太祖					在雲南
	[張遇賢]	博羅				[永樂]2 年		十月亡
東丹		龍泉府			1	18 年		
閩	⑤王曦	福州	景宗	大	1	永隆 5 年		
古格						130 年		西藏阿里

月干支序數	星期 / 月序	日	1	2	3	4	5	6	日	1	2	3	4	5	6	日	1	2	3	4	5	6	日	1	2	3	4	5	6	日	1	2	3	4	5	6	日	1
	公曆 1 月	1	2	3	4	5	6	7	8	9	10	11	12	13	14	15	16	17	18	19	20	21	22	23	24	25	26	27	28	29	30	31						
50	夏曆十二月	22	23	24	25	26	27	28	29	㊼	2	3	4	5	6	7	8	9	10	11	12	13	14	15	16	17	18	19	20	21	22	23						
	回曆 5 月	20	21	22	23	24	25	26	27	28	29	1	2	3	4	5	6	7	8	9	10	11	12	13	14	15	16	17	18	19	20	21						
	公曆 2 月				1	2	3	4	5	6	7	8	9	10	11	12	13	14	15	16	17	18	19	20	21	22	23	24	25	26	27	28						
51	夏曆正月				24	25	26	27	28	29	30	⑰	2	3	4	5	6	7	8	9	10	11	12	13	14	15	16	17	18	19	20	21						
	回曆 6 月				22	23	24	25	26	27	28	29	30	1	2	3	4	5	6	7	8	9	10	11	12	13	14	15	16	17	18	19						
	公曆 3 月				1	2	3	4	5	6	7	8	9	10	11	12	13	14	15	16	17	18	19	20	21	22	23	24	25	26	27	28	29	30	31			
52	夏曆二月				22	23	24	25	26	27	28	29	㊻	2	3	4	5	6	7	8	9	10	11	12	13	14	15	16	17	18	19	20	21	22	23			
	回曆 7 月				20	21	22	23	24	25	26	27	28	29	1	2	3	4	5	6	7	8	9	10	11	12	13	14	15	16	17	18	19	20	21			
	公曆 4 月							1	2	3	4	5	6	7	8	9	10	11	12	13	14	15	16	17	18	19	20	21	22	23	24	25	26	27	28	29	30	
53	夏曆三月							24	25	26	27	28	29	30	⑯	2	3	4	5	6	7	8	9	10	11	12	13	14	15	16	17	18	19	20	21	22	23	
	回曆 8 月							22	23	24	25	26	27	28	29	30	1	2	3	4	5	6	7	8	9	10	11	12	13	14	15	16	17	18	19	20	21	
	公曆 5 月		1	2	3	4	5	6	7	8	9	10	11	12	13	14	15	16	17	18	19	20	21	22	23	24	25	26	27	28	29	30	31					
54	夏曆四月		24	25	26	27	28	29	㊺	2	3	4	5	6	7	8	9	10	11	12	13	14	15	16	17	18	19	20	21	22	23	24	25					
	回曆 9 月		22	23	24	25	26	27	28	29	1	2	3	4	5	6	7	8	9	10	11	12	13	14	15	16	17	18	19	20	21	22	23					
	公曆 6 月					1	2	3	4	5	6	7	8	9	10	11	12	13	14	15	16	17	18	19	20	21	22	23	24	25	26	27	28	29	30			
55	夏曆五月					26	27	28	29	30	⑮	2	3	4	5	6	7	8	9	10	11	12	13	14	15	16	17	18	19	20	21	22	23	24	25			
	回曆 10 月					24	25	26	27	28	29	30	1	2	3	4	5	6	7	8	9	10	11	12	13	14	15	16	17	18	19	20	21	22	23			
	公曆 7 月							1	2	3	4	5	6	7	8	9	10	11	12	13	14	15	16	17	18	19	20	21	22	23	24	25	26	27	28	29	30	31
56	夏曆六月							26	27	28	29	㊹	2	3	4	5	6	7	8	9	10	11	12	13	14	15	16	17	18	19	20	21	22	23	24	25	26	27
	回曆 11 月							24	25	26	27	28	29	1	2	3	4	5	6	7	8	9	10	11	12	13	14	15	16	17	18	19	20	21	22	23	24	25
	公曆 8 月			1	2	3	4	5	6	7	8	9	10	11	12	13	14	15	16	17	18	19	20	21	22	23	24	25	26	27	28	29	30	31				
57	夏曆七月			28	29	30	⑭	2	3	4	5	6	7	8	9	10	11	12	13	14	15	16	17	18	19	20	21	22	23	24	25	26	27	28				
	回曆 12 月			26	27	28	29	30	1	2	3	4	5	6	7	8	9	10	11	12	13	14	15	16	17	18	19	20	21	22	23	24	25	26				
	公曆 9 月						1	2	3	4	5	6	7	8	9	10	11	12	13	14	15	16	17	18	19	20	21	22	23	24	25	26	27	28	29	30		
58	夏曆八月						29	30	㊹	2	3	4	5	6	7	8	9	10	11	12	13	14	15	16	17	18	19	20	21	22	23	24	25	26	27	28		
332 年	回曆 1 月						27	28	29	①	2	3	4	5	6	7	8	9	10	11	12	13	14	15	16	17	18	19	20	21	22	23	24	25	26	27		
	公曆 10 月	1	2	3	4	5	6	7	8	9	10	11	12	13	14	15	16	17	18	19	20	21	22	23	24	25	26	27	28	29	30	31						
59	夏曆九月	29	⑬	2	3	4	5	6	7	8	9	10	11	12	13	14	15	16	17	18	19	20	21	22	23	24	25	26	27	28	29	30						
	回曆 2 月	28	29	30	1	2	3	4	5	6	7	8	9	10	11	12	13	14	15	16	17	18	19	20	21	22	23	24	25	26	27	28						
	公曆 11 月				1	2	3	4	5	6	7	8	9	10	11	12	13	14	15	16	17	18	19	20	21	22	23	24	25	26	27	28	29	30				
60 1	夏曆 十 十一 月				㊸	2	3	4	5	6	7	8	9	10	11	12	13	14	15	16	17	18	19	20	21	22	23	24	25	26	27	28	29	⑫				
	回曆 3 月				29	1	2	3	4	5	6	7	8	9	10	11	12	13	14	15	16	17	18	19	20	21	22	23	24	25	26	27	28	29				
	公曆 12 月						1	2	3	4	5	6	7	8	9	10	11	12	13	14	15	16	17	18	19	20	21	22	23	24	25	26	27	28	29	30	31	
2	夏曆十二月						2	3	4	5	6	7	8	9	10	11	12	13	14	15	16	17	18	19	20	21	22	23	24	25	26	27	28	29	30	㊷	2	
	回曆 4、5 月						30	1	2	3	4	5	6	7	8	9	10	11	12	13	14	15	16	17	18	19	20	21	22	23	24	25	26	27	28	29	1	

大事記

二月，唐李昪卒，子璟嗣，是為中主，逾月改元保大。閩王延政稱帝於建州，國號大殷。　三月，唐李璟即位。南漢晉王弘熙殺其主劉玢自立，改元應乾，更名晟。　七月，張遇賢敗於南漢，北攻唐虔州。　九月，晉殺契丹商，囚契丹回圖使，旋釋之；契丹拘晉使者。　十月，張遇賢敗於南唐軍，被殺。　十一月，南漢改元乾和。

是歲，春夏多旱，秋冬多水，蝗遍全國，民餓死數十萬口，流亡不可勝計。

五 代 十 國 紀 年

干支甲辰　公元944年

朝代或國名	國家支配者	建　都	廟　號	謚　號	建　元	年號年次	輔政者	備　注
後晉	②石重貴	汴京		出	2	2開運元年		十月朔改元
吳越	③錢弘佐	錢塘		忠獻王	1	開運元年		從後晉年號
大殷	⑥王延政	建州		福恭懿王	1	天德2年		延義被殺
契丹	②耶律德光	上京	遼太宗		3	2會同7年		今北京
南漢	③劉晟	廣州	中宗		2	2乾和2年		
荊南(南平)	②高從誨	荊州		文獻王	8	7開運元年		從後晉年號
楚	③馬希範	長沙		文昭王		6開運元年		從後晉年號
後蜀	②孟昶	成都		楚恭孝王	2	2廣政7年		
南唐	②李璟	金陵		孝	4	1保大2年		
大理	①段思平	陽苴咩	太祖			神武?		段思英(?)即位
東丹		龍泉府			1	19年		
閩	⑤王曦	福州	景宗	大	1	永隆6年		被殺
古格						131年		西藏阿里

月 曆 表

5657—384—2066264

月干支序數	月序 \ 星期	日	1	2	3	4	5	6	日	1	2	3	4	5	6	日	1	2	3	4	5	6	日	1	2	3	4	5	6	日	1	2	3	4	5	6	日	1
	公曆1月		1	2	3	4	5	6	7	8	9	10	11	12	13	14	15	16	17	18	19	20	21	22	23	24	25	26	27	28	29	30	31					
3	夏曆正月		3	4	5	6	7	8	9	10	11	12	13	14	15	16	17	18	19	20	21	22	23	24	25	26	27	28	29	⑪	2	3	4					
	回曆6月		2	3	4	5	6	7	8	9	10	11	12	13	14	15	16	17	18	19	20	21	22	23	24	25	26	27	28	29	30	1	2					
	公曆2月					1	2	3	4	5	6	7	8	9	10	11	12	13	14	15	16	17	18	19	20	21	22	23	24	25	26	27	28	29				
4	夏曆二月					5	6	7	8	9	10	11	12	13	14	15	16	17	18	19	20	21	22	23	24	25	26	27	28	29	30	㊶	2	3				
	回曆7月					3	4	5	6	7	8	9	10	11	12	13	14	15	16	17	18	19	20	21	22	23	24	25	26	27	28	29	1	2				
	公曆3月						1	2	3	4	5	6	7	8	9	10	11	12	13	14	15	16	17	18	19	20	21	22	23	24	25	26	27	28	29	30	31	
5	夏曆三月						4	5	6	7	8	9	10	11	12	13	14	15	16	17	18	19	20	21	22	23	24	25	26	27	28	29	⑩	2	3	4	5	
	回曆8月						3	4	5	6	7	8	9	10	11	12	13	14	15	16	17	18	19	20	21	22	23	24	25	26	27	28	29	30	1	2	3	
	公曆4月		1	2	3	4	5	6	7	8	9	10	11	12	13	14	15	16	17	18	19	20	21	22	23	24	25	26	27	28	29	30						
6	夏曆四月		6	7	8	9	10	11	12	13	14	15	16	17	18	19	20	21	22	23	24	25	26	27	28	29	30	㊵	2	3	4	5						
	回曆9月		4	5	6	7	8	9	10	11	12	13	14	15	16	17	18	19	20	21	22	23	24	25	26	27	28	29	1	2	3	4						
	公曆5月				1	2	3	4	5	6	7	8	9	10	11	12	13	14	15	16	17	18	19	20	21	22	23	24	25	26	27	28	29	30	31			
7	夏曆五月				6	7	8	9	10	11	12	13	14	15	16	17	18	19	20	21	22	23	24	25	26	27	28	29	⑨	2	3	4	5	6	7			
	回曆10月				5	6	7	8	9	10	11	12	13	14	15	16	17	18	19	20	21	22	23	24	25	26	27	28	29	30	1	2	3	4	5			
	公曆6月							1	2	3	4	5	6	7	8	9	10	11	12	13	14	15	16	17	18	19	20	21	22	23	24	25	26	27	28	29	30	
8	夏曆六月							8	9	10	11	12	13	14	15	16	17	18	19	20	21	22	23	24	25	26	27	28	29	㊳	2	3	4	5	6	7	8	
	回曆11月							6	7	8	9	10	11	12	13	14	15	16	17	18	19	20	21	22	23	24	25	26	27	28	29	1	2	3	4	5	6	
	公曆7月		1	2	3	4	5	6	7	8	9	10	11	12	13	14	15	16	17	18	19	20	21	22	23	24	25	26	27	28	29	30	31					
9	夏曆七月		9	10	11	12	13	14	15	16	17	18	19	20	21	22	23	24	25	26	27	28	29	30	⑧	2	3	4	5	6	7	8	9					
	回曆12月		7	8	9	10	11	12	13	14	15	16	17	18	19	20	21	22	23	24	25	26	27	28	29	30	1	2	3	4	5	6	7					
	公曆8月					1	2	3	4	5	6	7	8	9	10	11	12	13	14	15	16	17	18	19	20	21	22	23	24	25	26	27	28	29	30	31		
10	夏曆八月					10	11	12	13	14	15	16	17	18	19	20	21	22	23	24	25	26	27	28	29	30	㊳	2	3	4	5	6	7	8	9	10		

續表

月干支序數	星期 月序	日	1	2	3	4	5	6	日	1	2	3	4	5	6	日	1	2	3	4	5	6	日	1	2	3	4	5	6	日	1	2	3	4	5	6	日	1
333年	回曆1月					8	9	10	11	12	13	14	15	16	17	18	19	20	21	22	23	24	25	26	27	28	29	30	①	2	3	4	5	6	7	8		
	公曆9月	1	2	3	4	5	6	7	8	9	10	11	12	13	14	15	16	17	18	19	20	21	22	23	24	25	26	27	28	29	30							
11	夏曆九月	11	12	13	14	15	16	17	18	19	20	21	22	23	24	25	26	27	28	29	⑦	2	3	4	5	6	7	8	9	10	11							
	回曆2月	9	10	11	12	13	14	15	16	17	18	19	20	21	22	23	24	25	26	27	28	29	30	1	2	3	4	5	6	7	8							
	公曆10月			1	2	3	4	5	6	7	8	9	10	11	12	13	14	15	16	17	18	19	20	21	22	23	24	25	26	27	28	29	30	31				
12	夏曆十月			12	13	14	15	16	17	18	19	20	21	22	23	24	25	26	27	28	29	30	㊲	2	3	4	5	6	7	8	9	10	11	12				
	回曆3月			9	10	11	12	13	14	15	16	17	18	19	20	21	22	23	24	25	26	27	28	29	1	2	3	4	5	6	7	8	9	10				
	公曆11月						1	2	3	4	5	6	7	8	9	10	11	12	13	14	15	16	17	18	19	20	21	22	23	24	25	26	27	28	29	30		
13	夏曆十一月						13	14	15	16	17	18	19	20	21	22	23	24	25	26	27	28	29	30	⑦	2	3	4	5	6	7	8	9	10	11	12		
	回曆4月						11	12	13	14	15	16	17	18	19	20	21	22	23	24	25	26	27	28	29	30	1	2	3	4	5	6	7	8	9	10		
	公曆12月	1	2	3	4	5	6	7	8	9	10	11	12	13	14	15	16	17	18	19	20	21	22	23	24	25	26	27	28	29	30	31						
14	夏曆十二月	13	14	15	16	17	18	19	20	21	22	23	24	25	26	27	28	29	㊱	2	3	4	5	6	7	8	9	10	11	12	13	14						
	回曆5月	11	12	13	14	15	16	17	18	19	20	21	22	23	24	25	26	27	28	29	1	2	3	4	5	6	7	8	9	10	11	12						

大事記

正月，契丹分道大舉攻晉，所殺近萬人，晉難敵，致書修好，契丹不許。　三月，契丹北歸，所過焚掠。閩將朱文進殺其主王曦，自稱閩王。殷主王延政攻之不下；文進稱藩於晉。　四月，晉遣使括民財，官吏因緣為奸，民不堪命。　六月，晉復樞密院。河決滑州，浸汴、曹、單、濮、鄆五州。　七月，晉改元開運。　八月，晉以河東節度使劉知遠為都統，備契丹。　閏十二月，朱文進為部下所殺，函其首送建州。契丹復大舉攻晉。

五代十國紀年　　干支乙巳　公元945年

朝代或國名	國家支配者	建都	廟號	謚號	建元	年號年次	輔政者	備注
後晉	②石重貴	汴京		出	2	2開運2年		
吳越	③錢弘佐	錢塘		忠獻王	1	開運2年		從後晉年號
閩	⑥王延政	建州		福恭懿王	1	天德3年		八月降於南唐
契丹	②耶律德光	上京	遼太宗		3	2會同8年		今北京
南漢	③劉晟	廣州	中宗		2	2乾和3年		
荆南(南平)	②高從誨	荆州		文獻王	8	7開運2年		從後晉年號
楚	③馬希範	長沙		文昭王		6開運2年		從後晉年號
後蜀	②孟昶	成都		楚恭孝王	2	2廣政8年		
南唐	②李璟	金陵		孝	4	1保大3年		
大理	②段思英	陽苴咩		文經				段思良即位
東丹		龍泉府			1	20年		
古格						132年		西藏阿里

月曆表　　5658—355—2066619

月干支序數	星期/月序	日	1	2	3	4	5	6	日	1	2	3	4	5	6	日	1	2	3	4	5	6	日	1	2	3	4	5	6	日	1	2	3	4	5	6	日	1
	公暦1月				1	2	3	4	5	6	7	8	9	10	11	12	13	14	15	16	17	18	19	20	21	22	23	24	25	26	27	28	29	30	31			
	夏暦閏十二月				15	16	17	18	19	20	21	22	23	24	25	26	27	28	29	30	⑥	2	3	4	5	6	7	8	9	10	11	12	13	14	15			
	回暦6月				13	14	15	16	17	18	19	20	21	22	23	24	25	26	27	28	29	30	1	2	3	4	5	6	7	8	9	10	11	12	13			
	公暦2月							1	2	3	4	5	6	7	8	9	10	11	12	13	14	15	16	17	18	19	20	21	22	23	24	25	26	27	28			
15	夏暦正月							16	17	18	19	20	21	22	23	24	25	26	27	28	29	㉟	2	3	4	5	6	7	8	9	10	11	12	13	14			
	回暦7月							14	15	16	17	18	19	20	21	22	23	24	25	26	27	28	29	1	2	3	4	5	6	7	8	9	10	11	12			
	公暦3月							1	2	3	4	5	6	7	8	9	10	11	12	13	14	15	16	17	18	19	20	21	22	23	24	25	26	27	28	29	30	31
16	夏暦二月							15	16	17	18	19	20	21	22	23	24	25	26	27	28	29	30	⑤	2	3	4	5	6	7	8	9	10	11	12	13	14	15
	回暦8月							13	14	15	16	17	18	19	20	21	22	23	24	25	26	27	28	29	30	1	2	3	4	5	6	7	8	9	10	11	12	13
	公暦4月			1	2	3	4	5	6	7	8	9	10	11	12	13	14	15	16	17	18	19	20	21	22	23	24	25	26	27	28	29	30					
17	夏暦三月			16	17	18	19	20	21	22	23	24	25	26	27	28	29	㉞	2	3	4	5	6	7	8	9	10	11	12	13	14	15	16					
	回暦9月			14	15	16	17	18	19	20	21	22	23	24	25	26	27	28	29	1	2	3	4	5	6	7	8	9	10	11	12	13	14					
	公暦5月					1	2	3	4	5	6	7	8	9	10	11	12	13	14	15	16	17	18	19	20	21	22	23	24	25	26	27	28	29	30	31		
18	夏暦四月					17	18	19	20	21	22	23	24	25	26	27	28	29	③	2	3	4	5	6	7	8	9	10	11	12	13	14	15	16	17	18		
	回暦10月					15	16	17	18	19	20	21	22	23	24	25	26	27	28	29	30	1	2	3	4	5	6	7	8	9	10	11	12	13	14	15		
	公暦6月	1	2	3	4	5	6	7	8	9	10	11	12	13	14	15	16	17	18	19	20	21	22	23	24	25	26	27	28	29	30							
19	夏暦五月	19	20	21	22	23	24	25	26	27	28	29	30	㉝	2	3	4	5	6	7	8	9	10	11	12	13	14	15	16	17	18							
	回暦11月	16	17	18	19	20	21	22	23	24	25	26	27	28	29	1	2	3	4	5	6	7	8	9	10	11	12	13	14	15	16							
	公暦7月			1	2	3	4	5	6	7	8	9	10	11	12	13	14	15	16	17	18	19	20	21	22	23	24	25	26	27	28	29	30	31				
20	夏暦六月			19	20	21	22	23	24	25	26	27	28	29	②	2	3	4	5	6	7	8	9	10	11	12	13	14	15	16	17	18	19	20				
	回暦12月			17	18	19	20	21	22	23	24	25	26	27	28	29	30	1	2	3	4	5	6	7	8	9	10	11	12	13	14	15	16	17				
	公暦8月						1	2	3	4	5	6	7	8	9	10	11	12	13	14	15	16	17	18	19	20	21	22	23	24	25	26	27	28	29	30	31	
21	夏暦七月						21	22	23	24	25	26	27	28	29	30	㉜	2	3	4	5	6	7	8	9	10	11	12	13	14	15	16	17	18	19	20	21	
334年	回暦1月						18	19	20	21	22	23	24	25	26	27	28	29	①	2	3	4	5	6	7	8	9	10	11	12	13	14	15	16	17	18	19	
	公暦9月		1	2	3	4	5	6	7	8	9	10	11	12	13	14	15	16	17	18	19	20	21	22	23	24	25	26	27	28	29	30						
22	夏暦八月		22	23	24	25	26	27	28	29	①	2	3	4	5	6	7	8	9	10	11	12	13	14	15	16	17	18	19	20	21	22						
	回暦2月		20	21	22	23	24	25	26	27	28	29	30	1	2	3	4	5	6	7	8	9	10	11	12	13	14	15	16	17	18	19						
	公暦10月				1	2	3	4	5	6	7	8	9	10	11	12	13	14	15	16	17	18	19	20	21	22	23	24	25	26	27	28	29	30	31			
23	夏暦九月				23	24	25	26	27	28	29	30	㉛	2	3	4	5	6	7	8	9	10	11	12	13	14	15	16	17	18	19	20	21	22	23			
	回暦3月				20	21	22	23	24	25	26	27	28	29	1	2	3	4	5	6	7	8	9	10	11	12	13	14	15	16	17	18	19	20	21			
	公暦11月							1	2	3	4	5	6	7	8	9	10	11	12	13	14	15	16	17	18	19	20	21	22	23	24	25	26	27	28	29	30	
24	夏暦十月							24	25	26	27	28	29	30	①	2	3	4	5	6	7	8	9	10	11	12	13	14	15	16	17	18	19	20	21	22	23	
	回暦4月							22	23	24	25	26	27	28	29	30	1	2	3	4	5	6	7	8	9	10	11	12	13	14	15	16	17	18	19	20	21	
	公暦12月		1	2	3	4	5	6	7	8	9	10	11	12	13	14	15	16	17	18	19	20	21	22	23	24	25	26	27	28	29	30	31					
25	夏暦十一月		24	25	26	27	28	29	30	㉛	2	3	4	5	6	7	8	9	10	11	12	13	14	15	16	17	18	19	20	21	22	23	24					
	回暦5月		22	23	24	25	26	27	28	29	1	2	3	4	5	6	7	8	9	10	11	12	13	14	15	16	17	18	19	20	21	22	23					

大事記

正月，契丹犯境，晋將力戰擊御之。大殷改號為閩，仍據建州。　二月，晋大舉攻契丹。　三月，閩將李仁達等據福州，奉僧卓岩明為帝，稱天福十年，稱藩於晋。晋軍大敗契丹。　五月，李仁達殺卓岩明。　六月，晋遣使稱臣請和於契丹，未果。　九月，契丹攻河東，晋將劉知遠擊御之。　十二月，唐兵拔建州，閩王延政出降，閩亡。

五 代 十 國 紀 年

干支丙午　公元 946 年

朝代或國名	國家支配者	建　都	廟　號	謚　號	建　元	年號年次	輔政者	備　注
後晉	②石重貴	汴京		出	2	2 開運 3 年		被契丹俘北遷
吳越	③錢弘佐	錢塘		忠獻王	1	開運 3 年		從後晉年號
契丹	②耶律德光	開封	遼太宗		3	2 會同 9 年		
南漢	③劉晟	廣州	中宗		2	2 乾和 4 年		
荆南(南平)	②高從誨	荆州		文獻王	8	7 開運 3 年		從後晉年號
楚	③馬希範	長沙		文昭王		6 開運 3 年		從後晉年號
後蜀	②孟昶	成都		楚恭孝王	2	2 廣政 9 年		
南唐	②李璟	金陵		孝	4	1 保大 4 年		
大理	③段思良	陽苴咩		文武	1	至治元年		在雲南
東丹		龍泉府			1	21 年		
古格						133 年		西藏阿里

月 曆 表

5659－354－2066973

月干支序數	月序＼星期	日	1	2	3	4	5	6	日	1	2	3	4	5	6	日	1	2	3	4	5	6	日	1	2	3	4	5	6	日	1	2	3	4	5	6	日	1
	公暦 1 月					1	2	3	4	5	6	7	8	9	10	11	12	13	14	15	16	17	18	19	20	21	22	23	24	25	26	27	28	29	30	31		
26	夏暦十二月					25	26	27	28	29	(60)	2	3	4	5	6	7	8	9	10	11	12	13	14	15	16	17	18	19	20	21	22	23	24	25	26		
	回暦 6 月					24	25	26	27	28	29	30	1	2	3	4	5	6	7	8	9	10	11	12	13	14	15	16	17	18	19	20	21	22	23	24		
	公暦 2 月	1	2	3	4	5	6	7	8	9	10	11	12	13	14	15	16	17	18	19	20	21	22	23	24	25	26	27	28									
27	夏暦正月	27	28	29	30	㉚	2	3	4	5	6	7	8	9	10	11	12	13	14	15	16	17	18	19	20	21	22	23	24									
	回暦 7 月	25	26	27	28	29	1	2	3	4	5	6	7	8	9	10	11	12	13	14	15	16	17	18	19	20	21	22	23									
	公暦 3 月	1	2	3	4	5	6	7	8	9	10	11	12	13	14	15	16	17	18	19	20	21	22	23	24	25	26	27	28	29	30	31						
28	夏暦二月	25	26	27	28	29	(59)	2	3	4	5	6	7	8	9	10	11	12	13	14	15	16	17	18	19	20	21	22	23	24	25	26						
	回暦 8 月	24	25	26	27	28	29	30	1	2	3	4	5	6	7	8	9	10	11	12	13	14	15	16	17	18	19	20	21	22	23	24						
	公暦 4 月				1	2	3	4	5	6	7	8	9	10	11	12	13	14	15	16	17	18	19	20	21	22	23	24	25	26	27	28	29	30				
29	夏暦三月				27	28	29	30	㉙	2	3	4	5	6	7	8	9	10	11	12	13	14	15	16	17	18	19	20	21	22	23	24	25	26				
	回暦 9 月				25	26	27	28	29	1	2	3	4	5	6	7	8	9	10	11	12	13	14	15	16	17	18	19	20	21	22	23	24	25				
	公暦 5 月						1	2	3	4	5	6	7	8	9	10	11	12	13	14	15	16	17	18	19	20	21	22	23	24	25	26	27	28	29	30	31	
30	夏暦四月						27	28	29	(58)	2	3	4	5	6	7	8	9	10	11	12	13	14	15	16	17	18	19	20	21	22	23	24	25	26	27	28	
	回暦 10 月						26	27	28	29	30	1	2	3	4	5	6	7	8	9	10	11	12	13	14	15	16	17	18	19	20	21	22	23	24	25	26	
	公暦 6 月		1	2	3	4	5	6	7	8	9	10	11	12	13	14	15	16	17	18	19	20	21	22	23	24	25	26	27	28	29	30						
31	夏暦五月		29	㉗	2	3	4	5	6	7	8	9	10	11	12	13	14	15	16	17	18	19	20	21	22	23	24	25	26	27	28	29						
	回暦 11 月		27	28	29	1	2	3	4	5	6	7	8	9	10	11	12	13	14	15	16	17	18	19	20	21	22	23	24	25	26	27						
	公暦 7 月				1	2	3	4	5	6	7	8	9	10	11	12	13	14	15	16	17	18	19	20	21	22	23	24	25	26	27	28	29	30	31			
32 33	夏暦六 七月				30	(57)	2	3	4	5	6	7	8	9	10	11	12	13	14	15	16	17	18	19	20	21	22	23	24	25	26	27	28	29	㉖			
	回暦 12 月				28	29	30	1	2	3	4	5	6	7	8	9	10	11	12	13	14	15	16	17	18	19	20	21	22	23	24	25	26	27	28			
	公暦 8 月							1	2	3	4	5	6	7	8	9	10	11	12	13	14	15	16	17	18	19	20	21	22	23	24	25	26	27	28	29	30	31
34	夏暦八月							2	3	4	5	6	7	8	9	10	11	12	13	14	15	16	17	18	19	20	21	22	23	24	25	26	27	28	29	30	(56)	2
335 年	回暦 1 月							29	①	2	3	4	5	6	7	8	9	10	11	12	13	14	15	16	17	18	19	20	21	22	23	24	25	26	27	28	29	30
	公暦 9 月			1	2	3	4	5	6	7	8	9	10	11	12	13	14	15	16	17	18	19	20	21	22	23	24	25	26	27	28	29	30					

續表

月干支序數	月序＼星期	日	1	2	3	4	5	6	日	1	2	3	4	5	6	日	1	2	3	4	5	6	日	1	2	3	4	5	6	日	1	2	3	4	5	6	日	1
35	夏曆九月			3	4	5	6	7	8	9	10	11	12	13	14	15	16	17	18	19	20	21	22	23	24	25	26	27	28	29	㉕	2	3					
	回曆2、3月			1	2	3	4	5	6	7	8	9	10	11	12	13	14	15	16	17	18	19	20	21	22	23	24	25	26	27	28	29	1					
	公曆10月					1	2	3	4	5	6	7	8	9	10	11	12	13	14	15	16	17	18	19	20	21	22	23	24	25	26	27	28	29	30	31		
36	夏曆十月					4	5	6	7	8	9	10	11	12	13	14	15	16	17	18	19	20	21	22	23	24	25	26	27	28	29	30	(55)	2	3	4		
	回曆4月					2	3	4	5	6	7	8	9	10	11	12	13	14	15	16	17	18	19	20	21	22	23	24	25	26	27	28	29	30	1	2		
	公曆11月	1	2	3	4	5	6	7	8	9	10	11	12	13	14	15	16	17	18	19	20	21	22	23	24	25	26	27	28	29	30							
37	夏曆十一月	5	6	7	8	9	10	11	12	13	14	15	16	17	18	19	20	21	22	23	24	25	26	27	28	29	30	㉕	2	3	4							
	回曆5月	3	4	5	6	7	8	9	10	11	12	13	14	15	16	17	18	19	20	21	22	23	24	25	26	27	28	29	1	2	3							
	公曆12月			1	2	3	4	5	6	7	8	9	10	11	12	13	14	15	16	17	18	19	20	21	22	23	24	25	26	27	28	29	30	31				
38	夏曆十二月			5	6	7	8	9	10	11	12	13	14	15	16	17	18	19	20	21	22	23	24	25	26	27	28	29	(54)	2	3	4	5	6				
	回曆6月			4	5	6	7	8	9	10	11	12	13	14	15	16	17	18	19	20	21	22	23	24	25	26	27	28	29	30	1	2	3	4				

大事記

七月，河决楊劉，自朝城北流。　八月，晉敗契丹於燕長城北。　九月，河又決於澶州臨黄。　十月，晉大發兵，遣杜威等攻契丹。　十一月，契丹大舉攻晉。　十二月，杜威等降於契丹，契丹主遣降將張彦澤先取開封，晉帝降，晉亡。

五代十國紀年

干支丁未　公元947年

朝代或國名	國家支配者	建都	廟號	謚號	建元	年號年次	輔政者	備注
後漢	①劉知遠	晉陽	高祖		2	1天福12年		從後晉年號，二月改元
吳越	④錢弘倧	錢塘		忠遜王	1	天福12年		從後晉高祖年號
遼(契丹)	②耶律德光	開封	遼太宗		3	3大同元年		二月朔改國號年號五月耶律阮即位
	③耶律阮	臨潢	遼世宗			6天祿元年		九月丁卯改元
南漢	③劉晟	廣州	中宗		2	2乾和5年		
荊南(南平)	②高從誨	荊州		文獻王	8	8天福12年		從後晉年號
楚	④馬希廣	長沙		廢王		6天福12年		從後晉年號，四月改元
後蜀	②孟昶	成都		楚恭孝王	2	2廣政10年		
南唐	②李璟	金陵		孝	4	1保大5年		
大理	③段思良	陽苴咩		文武	1	至治2年		在雲南
東丹		龍泉府			1	22年		
古格						134年		西藏阿里

月曆表　5660—384—2067357

月干支序數	星期 / 月序	日	1	2	3	4	5	6	日	1	2	3	4	5	6	日	1	2	3	4	5	6	日	1	2	3	4	5	6	日	1	2	3	4	5	6	日	1
	公曆1月						1	2	3	4	5	6	7	8	9	10	11	12	13	14	15	16	17	18	19	20	21	22	23	24	25	26	27	28	29	30	31	
39	夏曆正月						7	8	9	10	11	12	13	14	15	16	17	18	19	20	21	22	23	24	25	26	27	28	29	30	㉔	2	3	4	5	6	7	
	回曆7月						5	6	7	8	9	10	11	12	13	14	15	16	17	18	19	20	21	22	23	24	25	26	27	28	29	1	2	3	4	5	6	
	公曆2月		1	2	3	4	5	6	7	8	9	10	11	12	13	14	15	16	17	18	19	20	21	22	23	24	25	26	27	28								
40	夏曆二月		8	9	10	11	12	13	14	15	16	17	18	19	20	21	22	23	24	25	26	27	28	29	30	(54)	2	3	4	5								
	回曆8月		7	8	9	10	11	12	13	14	15	16	17	18	19	20	21	22	23	24	25	26	27	28	29	30	1	2	3	4								
	公曆3月		1	2	3	4	5	6	7	8	9	10	11	12	13	14	15	16	17	18	19	20	21	22	23	24	25	26	27	28	29	30	31					
41	夏曆三月		6	7	8	9	10	11	12	13	14	15	16	17	18	19	20	21	22	23	24	25	26	27	28	29	㉓	2	3	4	5	6	7					
	回曆9月		5	6	7	8	9	10	11	12	13	14	15	16	17	18	19	20	21	22	23	24	25	26	27	28	29	1	2	3	4	5	6					
	公曆4月					1	2	3	4	5	6	7	8	9	10	11	12	13	14	15	16	17	18	19	20	21	22	23	24	25	26	27	28	29	30			
42	夏曆四月					8	9	10	11	12	13	14	15	16	17	18	19	20	21	22	23	24	25	26	27	28	29	30	(53)	2	3	4	5	6	7			
	回曆10月					7	8	9	10	11	12	13	14	15	16	17	18	19	20	21	22	23	24	25	26	27	28	29	30	1	2	3	4	5	6			
	公曆5月							1	2	3	4	5	6	7	8	9	10	11	12	13	14	15	16	17	18	19	20	21	22	23	24	25	26	27	28	29	30	31
43	夏曆五月							8	9	10	11	12	13	14	15	16	17	18	19	20	21	22	23	24	25	26	27	28	29	㉒	2	3	4	5	6	7	8	9
	回曆11月							7	8	9	10	11	12	13	14	15	16	17	18	19	20	21	22	23	24	25	26	27	28	29	1	2	3	4	5	6	7	8
	公曆6月			1	2	3	4	5	6	7	8	9	10	11	12	13	14	15	16	17	18	19	20	21	22	23	24	25	26	27	28	29	30					
44	夏曆六月			10	11	12	13	14	15	16	17	18	19	20	21	22	23	24	25	26	27	28	29	(51)	2	3	4	5	6	7	8	9	10					
	回曆12月			9	10	11	12	13	14	15	16	17	18	19	20	21	22	23	24	25	26	27	28	29	30	1	2	3	4	5	6	7	8					
	公曆7月					1	2	3	4	5	6	7	8	9	10	11	12	13	14	15	16	17	18	19	20	21	22	23	24	25	26	27	28	29	30	31		
45	夏曆七月					11	12	13	14	15	16	17	18	19	20	21	22	23	24	25	26	27	28	29	30	㉑	2	3	4	5	6	7	8	9	10	11		
336年	回曆1月					9	10	11	12	13	14	15	16	17	18	19	20	21	22	23	24	25	26	27	28	29	30	①	2	3	4	5	6	7	8	9		
	公曆8月	1	2	3	4	5	6	7	8	9	10	11	12	13	14	15	16	17	18	19	20	21	22	23	24	25	26	27	28	29	30	31						
	夏曆閏七月	12	13	14	15	16	17	18	19	20	21	22	23	24	25	26	27	28	29	㊿	2	3	4	5	6	7	8	9	10	11	12	13						
	回曆2月	10	11	12	13	14	15	16	17	18	19	20	21	22	23	24	25	26	27	28	29	30	1	2	3	4	5	6	7	8	9	10						
	公曆9月				1	2	3	4	5	6	7	8	9	10	11	12	13	14	15	16	17	18	19	20	21	22	23	24	25	26	27	28	29	30				
46	夏曆八月				14	15	16	17	18	19	20	21	22	23	24	25	26	27	28	29	⑲	2	3	4	5	6	7	8	9	10	11	12	13	14				
	回曆3月				11	12	13	14	15	16	17	18	19	20	21	22	23	24	25	26	27	28	29	1	2	3	4	5	6	7	8	9	10	11				
	公曆10月						1	2	3	4	5	6	7	8	9	10	11	12	13	14	15	16	17	18	19	20	21	22	23	24	25	26	27	28	29	30	31	
47	夏曆九月						15	16	17	18	19	20	21	22	23	24	25	26	27	28	29	30	㊾	2	3	4	5	6	7	8	9	10	11	12	13	14	15	
	回曆4月						12	13	14	15	16	17	18	19	20	21	22	23	24	25	26	27	28	29	30	1	2	3	4	5	6	7	8	9	10	11	12	
	公曆11月		1	2	3	4	5	6	7	8	9	10	11	12	13	14	15	16	17	18	19	20	21	22	23	24	25	26	27	28	29	30						
48	夏曆十月		16	17	18	19	20	21	22	23	24	25	26	27	28	29	30	⑲	2	3	4	5	6	7	8	9	10	11	12	13	14	15						
	回曆5月		13	14	15	16	17	18	19	20	21	22	23	24	25	26	27	28	29	1	2	3	4	5	6	7	8	9	10	11	12	13						
	公曆12月				1	2	3	4	5	6	7	8	9	10	11	12	13	14	15	16	17	18	19	20	21	22	23	24	25	26	27	28	29	30	31			
49	夏曆十一月				16	17	18	19	20	21	22	23	24	25	26	27	28	29	㊽	2	3	4	5	6	7	8	9	10	11	12	13	14	15	16	17			
	回曆6月				14	15	16	17	18	19	20	21	22	23	24	25	26	27	28	29	30	1	2	3	4	5	6	7	8	9	10	11	12	13	14			

大事記

正月，契丹主耶律德光入開封。　二月，劉知遠稱帝於晉陽。契丹主稱帝，建國號大遼，改元大同。　三月，遼帝北還。　四月，耶律德光卒於殺胡林。　五月，遼耶律阮即位於恆州。　六月，劉知遠在開封，定國號曰漢，是為後漢高祖，仍用天福年號。楚王馬希範卒，弟希廣立。吳越王錢弘佐卒，弘倧襲位。契丹主兀欲囚其祖母述律太后，改元天祿，自稱天授皇帝。　閏七月，漢以郭威為樞密副使。

五 代 十 國 紀 年

干支戊申　公元 948 年

朝代或國名	國家支配者	建　都	廟　號	謚　號	建　元	年號年次	輔政者	備　注
後漢	①劉知遠	大梁	高祖		2	2 乾祐元年		二月辛巳隱帝即位
吳越	⑤銭弘俶	銭塘		忠懿王	7	1 乾祐元年		從後漢年號
遼(契丹)	③耶律阮	上京	遼世宗			6 天祿 2 年		
南漢	③劉晟	廣州	中宗		2	2 乾和 6 年		
荊南(南平)	③高保融	荊州			3	1 乾祐元年		從後漢年號 十一月改元
楚	④馬希廣	長沙		廢王		乾祐元年		從後漢年號
後蜀	②孟昶	成都		楚恭孝王	2	2 廣政 11 年		
南唐	②李璟	金陵		孝	4	1 保大 6 年		
大理	③段思良	陽苴咩		文武	1	至治 3 年		在雲南
東丹		龍泉府			1	23 年		
古格						135 年		西藏阿里

月 曆 表

5661－354－2067711

月干支序數	星期 / 月序	日	1	2	3	4	5	6	日	1	2	3	4	5	6	日	1	2	3	4	5	6	日	1	2	3	4	5	6	日	1	2	3	4	5	6	日	1
	公曆 1 月							1	2	3	4	5	6	7	8	9	10	11	12	13	14	15	16	17	18	19	20	21	22	23	24	25	26	27	28	29	30	31
50	夏曆十二月							18	19	20	21	22	23	24	25	26	27	28	29	30	⑱	2	3	4	5	6	7	8	9	10	11	12	13	14	15	16	17	18
	回曆 7 月							15	16	17	18	19	20	21	22	23	24	25	26	27	28	29	1	2	3	4	5	6	7	8	9	10	11	12	13	14	15	16
	公曆 2 月			1	2	3	4	5	6	7	8	9	10	11	12	13	14	15	16	17	18	19	20	21	22	23	24	25	26	27	28	29						
51	夏曆正月			19	20	21	22	23	24	25	26	27	28	29	30	㊽	2	3	4	5	6	7	8	9	10	11	12	13	14	15	16	17						
	回曆 8 月			17	18	19	20	21	22	23	24	25	26	27	28	29	30	1	2	3	4	5	6	7	8	9	10	11	12	13	14	15						
	公曆 3 月				1	2	3	4	5	6	7	8	9	10	11	12	13	14	15	16	17	18	19	20	21	22	23	24	25	26	27	28	29	30	31			
52	夏曆二月				18	19	20	21	22	23	24	25	26	27	28	29	30	⑱	2	3	4	5	6	7	8	9	10	11	12	13	14	15	16	17	18			
	回曆 9 月				16	17	18	19	20	21	22	23	24	25	26	27	28	29	1	2	3	4	5	6	7	8	9	10	11	12	13	14	15	16	17			
	公曆 4 月							1	2	3	4	5	6	7	8	9	10	11	12	13	14	15	16	17	18	19	20	21	22	23	24	25	26	27	28	29	30	
53	夏曆三月							19	20	21	22	23	24	25	26	27	28	29	㊼	2	3	4	5	6	7	8	9	10	11	12	13	14	15	16	17	18	19	
	回曆 10 月							18	19	20	21	22	23	24	25	26	27	28	29	30	1	2	3	4	5	6	7	8	9	10	11	12	13	14	15	16	17	
	公曆 5 月		1	2	3	4	5	6	7	8	9	10	11	12	13	14	15	16	17	18	19	20	21	22	23	24	25	26	27	28	29	30	31					
54	夏曆四月		20	21	22	23	24	25	26	27	28	29	30	⑰	2	3	4	5	6	7	8	9	10	11	12	13	14	15	16	17	18	19	20					
	回曆 11 月		18	19	20	21	22	23	24	25	26	27	28	29	1	2	3	4	5	6	7	8	9	10	11	12	13	14	15	16	17	18	19					
	公曆 6 月					1	2	3	4	5	6	7	8	9	10	11	12	13	14	15	16	17	18	19	20	21	22	23	24	25	26	27	28	29	30			
55	夏曆五月					21	22	23	24	25	26	27	28	29	㊻	2	3	4	5	6	7	8	9	10	11	12	13	14	15	16	17	18	19	20	21			
	回曆 12 月					20	21	22	23	24	25	26	27	28	29	30	1	2	3	4	5	6	7	8	9	10	11	12	13	14	15	16	17	18	19			
	公曆 7 月							1	2	3	4	5	6	7	8	9	10	11	12	13	14	15	16	17	18	19	20	21	22	23	24	25	26	27	28	29	30	31
56	夏曆六月							22	23	24	25	26	27	28	29	⑮	2	3	4	5	6	7	8	9	10	11	12	13	14	15	16	17	18	19	20	21	22	23
337 年	回曆 1 月							20	21	22	23	24	25	26	27	28	29	①	2	3	4	5	6	7	8	9	10	11	12	13	14	15	16	17	18	19	20	21
	公曆 8 月			1	2	3	4	5	6	7	8	9	10	11	12	13	14	15	16	17	18	19	20	21	22	23	24	25	26	27	28	29	30	31				
57	夏曆七月			24	25	26	27	28	29	30	㊺	2	3	4	5	6	7	8	9	10	11	12	13	14	15	16	17	18	19	20	21	22	23	24				
	回曆 2 月			22	23	24	25	26	27	28	29	30	1	2	3	4	5	6	7	8	9	10	11	12	13	14	15	16	17	18	19	20	21	22				
	公曆 9 月						1	2	3	4	5	6	7	8	9	10	11	12	13	14	15	16	17	18	19	20	21	22	23	24	25	26	27	28	29	30		
58	夏曆八月						25	26	27	28	29	⑭	2	3	4	5	6	7	8	9	10	11	12	13	14	15	16	17	18	19	20	21	22	23	24	25		

續表

月干支序數	月序＼星期	日	1	2	3	4	5	6	日	1	2	3	4	5	6	日	1	2	3	4	5	6	日	1	2	3	4	5	6	日	1	2	3	4	5	6	日	1
	回曆3月						23	24	25	26	27	28	29	1	2	3	4	5	6	7	8	9	10	11	12	13	14	15	16	17	18	19	20	21	22	23		
	公曆10月	1	2	3	4	5	6	7	8	9	10	11	12	13	14	15	16	17	18	19	20	21	22	23	24	25	26	27	28	29	30	31						
59	夏曆九月	26	27	28	29	㊸	2	3	4	5	6	7	8	9	10	11	12	13	14	15	16	17	18	19	20	21	22	23	24	25	26	27						
	回曆4月	24	25	26	27	28	29	30	1	2	3	4	5	6	7	8	9	10	11	12	13	14	15	16	17	18	19	20	21	22	23	24						
	公曆11月				1	2	3	4	5	6	7	8	9	10	11	12	13	14	15	16	17	18	19	20	21	22	23	24	25	26	27	28	29	30				
60	夏曆十月				28	29	30	⑬	2	3	4	5	6	7	8	9	10	11	12	13	14	15	16	17	18	19	20	21	22	23	24	25	26	27				
	回曆5月				25	26	27	28	29	1	2	3	4	5	6	7	8	9	10	11	12	13	14	15	16	17	18	19	20	21	22	23	24	25				
	公曆12月					1	2	3	4	5	6	7	8	9	10	11	12	13	14	15	16	17	18	19	20	21	22	23	24	25	26	27	28	29	30	31		
1	夏曆十一月					28	29	30	㊸	2	3	4	5	6	7	8	9	10	11	12	13	14	15	16	17	18	19	20	21	22	23	24	25	26	27	28		
	回曆6月					26	27	28	29	30	1	2	3	4	5	6	7	8	9	10	11	12	13	14	15	16	17	18	19	20	21	22	23	24	25	26		

大事記

二月，劉暠卒，侄承祐立，是為隱帝，改元乾祐。　三月，李守貞、趙思綰反漢。　五月，河決滑州魚池。　六月，王景叛漢，附蜀。　七月，漢加郭威同平章事。　八月，漢遣郭威討李守貞。　十月，南平高從誨卒，子高保融立。　十二月，吳越將胡進思廢其主錢弘倧，立其弟弘俶。

五代十國紀年

干支己酉　公元949年

朝代或國名	國家支配者	建都	廟號	謚號	建元	年號年次	輔政者	備注
後漢	②劉承祐	大梁		隱		乾祐2年		
吳越	⑤錢弘俶	錢塘		忠懿王	7	1乾祐2年		從後漢年號
遼(契丹)	③耶律阮	上京	遼世宗			6天祿3年		
南漢	③劉晟	廣州	中宗		2	2乾和7年		
荆南(南平)	③高保融	荆州			3	1乾祐2年		從後漢年號
楚	④馬希廣	長沙		廢王		乾祐2年		從後漢年號
後蜀	②孟昶	成都		楚恭孝王	2	2廣政12年		
南唐	②李璟	金陵		孝	4	1保大7年		
大理	③段思良	陽苴咩		文武	1	至治4年		在雲南
東丹		龍泉府			1	24年		
古格						136年		西藏阿里

月曆表

5662－354－2068065

月干支序數	月序＼星期	日	1	2	3	4	5	6	日	1	2	3	4	5	6	日	1	2	3	4	5	6	日	1	2	3	4	5	6	日	1	2	3	4	5	6	日	1
	公曆1月		1	2	3	4	5	6	7	8	9	10	11	12	13	14	15	16	17	18	19	20	21	22	23	24	25	26	27	28	29	30	31					
2	夏曆十二月		29	⑫	2	3	4	5	6	7	8	9	10	11	12	13	14	15	16	17	18	19	20	21	22	23	24	25	26	27	28	29	30					
	回曆7月		27	28	29	1	2	3	4	5	6	7	8	9	10	11	12	13	14	15	16	17	18	19	20	21	22	23	24	25	26	27	28					
	公曆2月					1	2	3	4	5	6	7	8	9	10	11	12	13	14	15	16	17	18	19	20	21	22	23	24	25	26	27	28					
3	夏曆正月					㊷	2	3	4	5	6	7	8	9	10	11	12	13	14	15	16	17	18	19	20	21	22	23	24	25	26	27	28					
	回曆8月					29	30	1	2	3	4	5	6	7	8	9	10	11	12	13	14	15	16	17	18	19	20	21	22	23	24	25	26					

續表

月干支序數	星期 / 月序	日	1	2	3	4	5	6	日	1	2	3	4	5	6	日	1	2	3	4	5	6	日	1	2	3	4	5	6	日	1	2	3	4	5	6	日	1
	公暦 3 月					1	2	3	4	5	6	7	8	9	10	11	12	13	14	15	16	17	18	19	20	21	22	23	24	25	26	27	28	29	30	31		
4	夏暦二月					29	30	⑫	2	3	4	5	6	7	8	9	10	11	12	13	14	15	16	17	18	19	20	21	22	23	24	25	26	27	28	29		
	回暦 9 月					27	28	29	1	2	3	4	5	6	7	8	9	10	11	12	13	14	15	16	17	18	19	20	21	22	23	24	25	26	27	28		
	公暦 4 月	1	2	3	4	5	6	7	8	9	10	11	12	13	14	15	16	17	18	19	20	21	22	23	24	25	26	27	28	29	30							
5	夏暦三月	㊶	2	3	4	5	6	7	8	9	10	11	12	13	14	15	16	17	18	19	20	21	22	23	24	25	26	27	28	29	30							
	回暦 10 月	29	30	1	2	3	4	5	6	7	8	9	10	11	12	13	14	15	16	17	18	19	20	21	22	23	24	25	26	27	28							
	公暦 5 月			1	2	3	4	5	6	7	8	9	10	11	12	13	14	15	16	17	18	19	20	21	22	23	24	25	26	27	28	29	30	31				
6 7	夏暦四五月			⑪	2	3	4	5	6	7	8	9	10	11	12	13	14	15	16	17	18	19	20	21	22	23	24	25	26	27	28	29	30	㊶				
	回暦 11 月			29	1	2	3	4	5	6	7	8	9	10	11	12	13	14	15	16	17	18	19	20	21	22	23	24	25	26	27	28	29	30				
	公暦 6 月						1	2	3	4	5	6	7	8	9	10	11	12	13	14	15	16	17	18	19	20	21	22	23	24	25	26	27	28	29	30		
8	夏暦六月						2	3	4	5	6	7	8	9	10	11	12	13	14	15	16	17	18	19	20	21	22	23	24	25	26	27	28	29	⑩	2		
	回暦 12 月						1	2	3	4	5	6	7	8	9	10	11	12	13	14	15	16	17	18	19	20	21	22	23	24	25	26	27	28	29	30		
	公暦 7 月	1	2	3	4	5	6	7	8	9	10	11	12	13	14	15	16	17	18	19	20	21	22	23	24	25	26	27	28	29	30	31						
9	夏暦七月	3	4	5	6	7	8	9	10	11	12	13	14	15	16	17	18	19	20	21	22	23	24	25	26	27	28	29	㊴	2	3	4						
338 年	回暦 1、2 月	①	2	3	4	5	6	7	8	9	10	11	12	13	14	15	16	17	18	19	20	21	22	23	24	25	26	27	28	29	30	1						
	公暦 8 月				1	2	3	4	5	6	7	8	9	10	11	12	13	14	15	16	17	18	19	20	21	22	23	24	25	26	27	28	29	30	31			
10	夏暦八月				5	6	7	8	9	10	11	12	13	14	15	16	17	18	19	20	21	22	23	24	25	26	27	28	29	30	⑨	2	3	4	5			
	回暦 3 月				2	3	4	5	6	7	8	9	10	11	12	13	14	15	16	17	18	19	20	21	22	23	24	25	26	27	28	29	1	2	3			
	公暦 9 月							1	2	3	4	5	6	7	8	9	10	11	12	13	14	15	16	17	18	19	20	21	22	23	24	25	26	27	28	29	30	
11	夏暦九月							6	7	8	9	10	11	12	13	14	15	16	17	18	19	20	21	22	23	24	25	26	27	28	29	㊳	2	3	4	5	6	
	回暦 4 月							4	5	6	7	8	9	10	11	12	13	14	15	16	17	18	19	20	21	22	23	24	25	26	27	28	29	30	1	2	3	
	公暦 10 月		1	2	3	4	5	6	7	8	9	10	11	12	13	14	15	16	17	18	19	20	21	22	23	24	25	26	27	28	29	30	31					
12	夏暦十月		7	8	9	10	11	12	13	14	15	16	17	18	19	20	21	22	23	24	25	26	27	28	29	⑦	2	3	4	5	6	7	8					
	回暦 5 月		4	5	6	7	8	9	10	11	12	13	14	15	16	17	18	19	20	21	22	23	24	25	26	27	28	29	1	2	3	4	5					
	公暦 11 月					1	2	3	4	5	6	7	8	9	10	11	12	13	14	15	16	17	18	19	20	21	22	23	24	25	26	27	28	29	30			
13	夏暦十一月					9	10	11	12	13	14	15	16	17	18	19	20	21	22	23	24	25	26	27	28	29	30	㊲	2	3	4	5	6	7	8			
	回暦 6 月					6	7	8	9	10	11	12	13	14	15	16	17	18	19	20	21	22	23	24	25	26	27	28	29	30	1	2	3	4	5			
	公暦 12 月							1	2	3	4	5	6	7	8	9	10	11	12	13	14	15	16	17	18	19	20	21	22	23	24	25	26	27	28	29	30	31
14	夏暦十二月							9	10	11	12	13	14	15	16	17	18	19	20	21	22	23	24	25	26	27	28	29	30	⑦	2	3	4	5	6	7	8	9
	回暦 7 月							6	7	8	9	10	11	12	13	14	15	16	17	18	19	20	21	22	23	24	25	26	27	28	29	1	2	3	4	5	6	7

遼十月辛未。

大事記

三月,楚敗"蠻"於風陽山。　五月,趙思綰降,尋被殺。　七月,李守貞兵敗自焚死。　八月,楚王馬希廣、希萼兄弟交訌,希萼兵敗。　十月,契丹擾河北,遣郭威禦之。　十二月,王景崇自焚。三鎮皆平。

五代十國紀年　　干支庚戌　公元 950 年

朝代或國名	國家支配者	建都	廟號	謚號	建元	年號年次	輔政者	備注
後漢	②劉承祐	大梁		隱		乾祐 3 年		亡於後周
吳越	⑤錢弘俶	錢塘		忠懿王	7	1 乾祐 3 年		從後漢年號
遼(契丹)	③耶律阮	上京	遼世宗			6 天祿 4 年		

續表

朝代或國名	國家支配者	建　都	廟　號	謚　號	建　元	年號年次	輔政者	備　注
南漢	③劉晟	廣州	中宗		2	2乾和8年		
荆南(南平)	③高保融	荆州			3	1乾祐3年		從後漢年號
楚	⑤馬希萼	長沙		恭王		保大8年		從南唐年號
後蜀	②孟昶	成都		楚恭孝王	2	2廣政13年		
南唐	②李璟	金陵		孝	4	1保大8年		
大理	③段思良	陽苴咩		文武	1	至治5年		在雲南
東丹		龍泉府			1	25年		
古格						137年		西藏阿里

月　曆　表

5663－384－2068449

月干支序數	月序＼星期	日	1	2	3	4	5	6	日	1	2	3	4	5	6	日	1	2	3	4	5	6	日	1	2	3	4	5	6	日	1	2	3	4	5	6	日	1
	公曆1月			1	2	3	4	5	6	7	8	9	10	11	12	13	14	15	16	17	18	19	20	21	22	23	24	25	26	27	28	29	30	31				
15	夏曆正月			10	11	12	13	14	15	16	17	18	19	20	21	22	23	24	25	26	27	28	29	㊱	2	3	4	5	6	7	8	9	10	11				
	回曆8月			8	9	10	11	12	13	14	15	16	17	18	19	20	21	22	23	24	25	26	27	28	29	30	1	2	3	4	5	6	7	8				
	公曆2月						1	2	3	4	5	6	7	8	9	10	11	12	13	14	15	16	17	18	19	20	21	22	23	24	25	26	27	28				
16	夏曆二月						12	13	14	15	16	17	18	19	20	21	22	23	24	25	26	27	28	29	30	⑥	2	3	4	5	6	7	8	9				
	回曆9月						9	10	11	12	13	14	15	16	17	18	19	20	21	22	23	24	25	26	27	28	29	1	2	3	4	5	6	7				
	公曆3月						1	2	3	4	5	6	7	8	9	10	11	12	13	14	15	16	17	18	19	20	21	22	23	24	25	26	27	28	29	30	31	
17	夏曆三月						10	11	12	13	14	15	16	17	18	19	20	21	22	23	24	25	26	27	28	29	㉟	2	3	4	5	6	7	8	9	10	11	
	回曆10月						8	9	10	11	12	13	14	15	16	17	18	19	20	21	22	23	24	25	26	27	28	29	30	1	2	3	4	5	6	7	8	
	公曆4月		1	2	3	4	5	6	7	8	9	10	11	12	13	14	15	16	17	18	19	20	21	22	23	24	25	26	27	28	29	30						
18	夏曆四月		12	13	14	15	16	17	18	19	20	21	22	23	24	25	26	27	28	29	30	⑤	2	3	4	5	6	7	8	9	10	11						
	回曆11月		9	10	11	12	13	14	15	16	17	18	19	20	21	22	23	24	25	26	27	28	29	1	2	3	4	5	6	7	8	9						
	公曆5月				1	2	3	4	5	6	7	8	9	10	11	12	13	14	15	16	17	18	19	20	21	22	23	24	25	26	27	28	29	30	31			
19	夏曆五月				12	13	14	15	16	17	18	19	20	21	22	23	24	25	26	27	28	29	30	㉟	2	3	4	5	6	7	8	9	10	11	12			
	回曆12月				10	11	12	13	14	15	16	17	18	19	20	21	22	23	24	25	26	27	28	29	30	1	2	3	4	5	6	7	8	9	10			
	公曆6月							1	2	3	4	5	6	7	8	9	10	11	12	13	14	15	16	17	18	19	20	21	22	23	24	25	26	27	28	29	30	
	夏曆閏五月							13	14	15	16	17	18	19	20	21	22	23	24	25	26	27	28	29	④	2	3	4	5	6	7	8	9	10	11	12	13	
339年	回曆1月							11	12	13	14	15	16	17	18	19	20	21	22	23	24	25	26	27	28	29	①	2	3	4	5	6	7	8	9	10	11	
	公曆7月		1	2	3	4	5	6	7	8	9	10	11	12	13	14	15	16	17	18	19	20	21	22	23	24	25	26	27	28	29	30	31					
20	夏曆六月		14	15	16	17	18	19	20	21	22	23	24	25	26	27	28	29	30	㉞	2	3	4	5	6	7	8	9	10	11	12	13	14					
	回曆2月		12	13	14	15	16	17	18	19	20	21	22	23	24	25	26	27	28	29	30	1	2	3	4	5	6	7	8	9	10	11	12					
	公曆8月					1	2	3	4	5	6	7	8	9	10	11	12	13	14	15	16	17	18	19	20	21	22	23	24	25	26	27	28	29	30	31		
21	夏曆七月					15	16	17	18	19	20	21	22	23	24	25	26	27	28	29	③	2	3	4	5	6	7	8	9	10	11	12	13	14	15	16		
	回曆3月					13	14	15	16	17	18	19	20	21	22	23	24	25	26	27	28	29	1	2	3	4	5	6	7	8	9	10	11	12	13	14		
	公曆9月	1	2	3	4	5	6	7	8	9	10	11	12	13	14	15	16	17	18	19	20	21	22	23	24	25	26	27	28	29	30							
22	夏曆八月	17	18	19	20	21	22	23	24	25	26	27	28	29	30	㉝	2	3	4	5	6	7	8	9	10	11	12	13	14	15	16							
	回曆4月	15	16	17	18	19	20	21	22	23	24	25	26	27	28	29	30	1	2	3	4	5	6	7	8	9	10	11	12	13	14							
	公曆10月			1	2	3	4	5	6	7	8	9	10	11	12	13	14	15	16	17	18	19	20	21	22	23	24	25	26	27	28	29	30	31				
23	夏曆九月			17	18	19	20	21	22	23	24	25	26	27	28	29	②	2	3	4	5	6	7	8	9	10	11	12	13	14	15	16	17	18				
	回曆5月			15	16	17	18	19	20	21	22	23	24	25	26	27	28	29	1	2	3	4	5	6	7	8	9	10	11	12	13	14	15	16				
	公曆11月						1	2	3	4	5	6	7	8	9	10	11	12	13	14	15	16	17	18	19	20	21	22	23	24	25	26	27	28	29	30		

續表

月干支序數	月序＼星期	日	1	2	3	4	5	6	日	1	2	3	4	5	6	日	1	2	3	4	5	6	日	1	2	3	4	5	6	日	1	2	3	4	5	6	日	1
24	夏曆十月						19	20	21	22	23	24	25	26	27	28	29	30	㉜	2	3	4	5	6	7	8	9	10	11	12	13	14	15	16	17	18		
	回曆6月						17	18	19	20	21	22	23	24	25	26	27	28	29	30	1	2	3	4	5	6	7	8	9	10	11	12	13	14	15	16		
	公曆12月	1	2	3	4	5	6	7	8	9	10	11	12	13	14	15	16	17	18	19	20	21	22	23	24	25	26	27	28	29	30	31						
25	夏曆十一月	19	20	21	22	23	24	25	26	27	28	29	①	2	3	4	5	6	7	8	9	10	11	12	13	14	15	16	17	18	19	20						
	回曆7月	17	18	19	20	21	22	23	24	25	26	27	28	29	1	2	3	4	5	6	7	8	9	10	11	12	13	14	15	16	17	18						

大事記

正月，漢遣使河中，鳳翔收葬戰死及餓殍，已有僧人聚骸骨二十萬。　四月，漢以樞密使郭威為鄴都留守，以備契丹。　六月，河決原武。　十一月，馬希萼攻長沙，自稱順天王。郭威率兵反，殺劉承祐。迎立高祖侄劉贇。　十二月，郭威出兵抗遼，至澶州自立而還，廢贇，漢亡。楚馬希萼殺希廣，自立。

五代十國紀年

干支辛亥　公元951年

朝代或國名	國家支配者	建都	廟號	謚號	建元	年號年次	輔政者	備注
後周	①郭威	汴梁	太祖		2	1廣順元年		
北漢	①劉旻	太原		神武		乾祐4年		續後漢年號，正月建元
吳越	⑤錢弘俶	錢塘		忠懿王	7	2廣順元年		從後周年號
遼(契丹)	④耶律璟	上京	遼穆宗			7應曆元年		九月丁卯即位改元
南漢	③劉晟	廣州	中宗		2	2乾和9年		
荊南(南平)	③高保融	荊州		貞懿王	3	2廣順元年		從後周年號
楚	⑤馬希萼	長沙		恭王		保大9年		從南唐年號
	⑥馬希崇							馬希崇降南唐
後蜀	②孟昶	成都		楚恭孝王	2	2廣政14年		
南唐	②李璟	金陵		孝	4	1保大9年		
大理	③段思良	陽苴咩		文武	1	至治6年		段思聰即位(?)
東丹		龍泉府			1	26年		
古格						138年		西藏阿里

月曆表

5664－355－2068804

月干支序數	月序＼星期	日	1	2	3	4	5	6	日	1	2	3	4	5	6	日	1	2	3	4	5	6	日	1	2	3	4	5	6	日	1	2	3	4	5	6	日	1
	公曆1月				1	2	3	4	5	6	7	8	9	10	11	12	13	14	15	16	17	18	19	20	21	22	23	24	25	26	27	28	29	30	31			
26	夏曆十二月				21	22	23	24	25	26	27	28	29	30	㉛	2	3	4	5	6	7	8	9	10	11	12	13	14	15	16	17	18	19	20	21			
	回曆8月				19	20	21	22	23	24	25	26	27	28	29	30	1	2	3	4	5	6	7	8	9	10	11	12	13	14	15	16	17	18	19			
	公曆2月							1	2	3	4	5	6	7	8	9	10	11	12	13	14	15	16	17	18	19	20	21	22	23	24	25	26	27	28			
27	夏曆正月							22	23	24	25	26	27	28	29	⑥⓪	2	3	4	5	6	7	8	9	10	11	12	13	14	15	16	17	18	19	20			
	回曆9月							20	21	22	23	24	25	26	27	28	29	1	2	3	4	5	6	7	8	9	10	11	12	13	14	15	16	17	18			
	公曆3月							1	2	3	4	5	6	7	8	9	10	11	12	13	14	15	16	17	18	19	20	21	22	23	24	25	26	27	28	29	30	31
28	夏曆二月							21	22	23	24	25	26	27	28	29	30	㉚	2	3	4	5	6	7	8	9	10	11	12	13	14	15	16	17	18	19	20	21

續表

月 干支 序數	星期 月序	日	1	2	3	4	5	6	日	1	2	3	4	5	6	日	1	2	3	4	5	6	日	1	2	3	4	5	6	日	1	2	3	4	5	6	日	1
	回曆10月							19	20	21	22	23	24	25	26	27	28	29	30	1	2	3	4	5	6	7	8	9	10	11	12	13	14	15	16	17	18	19
	公曆4月			1	2	3	4	5	6	7	8	9	10	11	12	13	14	15	16	17	18	19	20	21	22	23	24	25	26	27	28	29	30					
29	夏曆三月			22	23	24	25	26	27	28	29	(59)	2	3	4	5	6	7	8	9	10	11	12	13	14	15	16	17	18	19	20	21	22					
	回曆11月			20	21	22	23	24	25	26	27	28	29	1	2	3	4	5	6	7	8	9	10	11	12	13	14	15	16	17	18	19	20					
	公曆5月					1	2	3	4	5	6	7	8	9	10	11	12	13	14	15	16	17	18	19	20	21	22	23	24	25	26	27	28	29	30	31		
30	夏曆四月					23	24	25	26	27	28	29	30	㉙	2	3	4	5	6	7	8	9	10	11	12	13	14	15	16	17	18	19	20	21	22	23		
	回曆12月					21	22	23	24	25	26	27	28	29	30	1	2	3	4	5	6	7	8	9	10	11	12	13	14	15	16	17	18	19	20	21		
	公曆6月	1	2	3	4	5	6	7	8	9	10	11	12	13	14	15	16	17	18	19	20	21	22	23	24	25	26	27	28	29	30							
31	夏曆五月	24	25	26	27	28	29	30	(59)	2	3	4	5	6	7	8	9	10	11	12	13	14	15	16	17	18	19	20	21	22	23							
340年	回曆1月	22	23	24	25	26	27	28	29	①	2	3	4	5	6	7	8	9	10	11	12	13	14	15	16	17	18	19	20	21	22							
	公曆7月			1	2	3	4	5	6	7	8	9	10	11	12	13	14	15	16	17	18	19	20	21	22	23	24	25	26	27	28	29	30	31				
32	夏曆六月			24	25	26	27	28	29	㉘	2	3	4	5	6	7	8	9	10	11	12	13	14	15	16	17	18	19	20	21	22	23	24	25				
	回曆2月			23	24	25	26	27	28	29	30	1	2	3	4	5	6	7	8	9	10	11	12	13	14	15	16	17	18	19	20	21	22	23				
	公曆8月						1	2	3	4	5	6	7	8	9	10	11	12	13	14	15	16	17	18	19	20	21	22	23	24	25	26	27	28	29	30	31	
33	夏曆七月						26	27	28	29	30	(58)	2	3	4	5	6	7	8	9	10	11	12	13	14	15	16	17	18	19	20	21	22	23	24	25	26	
	回曆3月						24	25	26	27	28	29	1	2	3	4	5	6	7	8	9	10	11	12	13	14	15	16	17	18	19	20	21	22	23	24	25	
	公曆9月		1	2	3	4	5	6	7	8	9	10	11	12	13	14	15	16	17	18	19	20	21	22	23	24	25	26	27	28	29	30						
34	夏曆八月		27	28	29	㉗	2	3	4	5	6	7	8	9	10	11	12	13	14	15	16	17	18	19	20	21	22	23	24	25	26	27						
	回曆4月		26	27	28	29	30	1	2	3	4	5	6	7	8	9	10	11	12	13	14	15	16	17	18	19	20	21	22	23	24	25						
	公曆10月				1	2	3	4	5	6	7	8	9	10	11	12	13	14	15	16	17	18	19	20	21	22	23	24	25	26	27	28	29	30	31			
35	夏曆九月				28	29	30	(57)	2	3	4	5	6	7	8	9	10	11	12	13	14	15	16	17	18	19	20	21	22	23	24	25	26	27	28			
	回曆5月				26	27	28	29	1	2	3	4	5	6	7	8	9	10	11	12	13	14	15	16	17	18	19	20	21	22	23	24	25	26	27			
	公曆11月							1	2	3	4	5	6	7	8	9	10	11	12	13	14	15	16	17	18	19	20	21	22	23	24	25	26	27	28	29	30	
36	夏曆十月							29	㉖	2	3	4	5	6	7	8	9	10	11	12	13	14	15	16	17	18	19	20	21	22	23	24	25	26	27	28	29	
	回曆6月							28	29	30	1	2	3	4	5	6	7	8	9	10	11	12	13	14	15	16	17	18	19	20	21	22	23	24	25	26	27	
	公曆12月		1	2	3	4	5	6	7	8	9	10	11	12	13	14	15	16	17	18	19	20	21	22	23	24	25	26	27	28	29	30	31					
37 38	夏曆十一 十二月		30	(56)	2	3	4	5	6	7	8	9	10	11	12	13	14	15	16	17	18	19	20	21	22	23	24	25	26	27	28	29	㉕					
	回曆7月		28	29	1	2	3	4	5	6	7	8	9	10	11	12	13	14	15	16	17	18	19	20	21	22	23	24	25	26	27	28	29					

大事記

正月，郭威即帝位，國號周，建元廣順，是為後周太祖，都汴。漢高祖弟劉崇在太原稱帝，仍稱乾祐四年，是為世祖。契丹遣使請和。　二月，漢劉崇攻晉州，敗績。　七月，漢劉崇(旻)遣使請兵於契丹以攻周。　九月，契丹主兀欲議發兵，為燕王述軋殺於火神淀。述軋自立為帝，旋為部下所殺。奉耶律德光子述律為主，改元應曆，更名璟。　十月，南唐攻楚，馬希崇降。　十一月，楚亡。

五代十國紀年　　干支壬子　公元952年

朝代或國名	國家支配者	建都	廟號	謚號	建元	年號年次	輔政者	備注
後周	①郭威	汴梁	太祖		2	1廣順2年		
北漢	①劉旻	太原		神武		乾祐5年		續後漢年號
吳越	⑤錢弘俶	錢塘		忠懿王	7	2廣順2年		從後周年號
遼(契丹)	④耶律璟	上京	遼穆宗			7應曆2年		

續表

朝代或國名	國家支配者	建都	廟號	謚號	建元	年號年次	輔政者	備注
南漢	③劉晟	廣州	中宗		2	2乾和10年		
荊南(南平)	③高保融	荊州		貞懿王	3	2廣順2年		從後周年號
後蜀	②孟昶	成都		楚恭孝王	2	2廣政15年		
南唐	②李璟	金陵		孝	4	1保大10年		
大理	④段思聰	陽苴咩		廣慈	1	明德元年		在雲南，一 953年
東丹		龍泉府			1	27年		
古格						139年		西藏阿里

月曆表

5665—354—2069158

月干支序數	月序＼星期	日	1	2	3	4	5	6	日	1	2	3	4	5	6	日	1	2	3	4	5	6	日	1	2	3	4	5	6	日	1	2	3	4	5	6	日	
	公暦1月					1	2	3	4	5	6	7	8	9	10	11	12	13	14	15	16	17	18	19	20	21	22	23	24	25	26	27	28	29	30	31		
39	夏暦正月					2	3	4	5	6	7	8	9	10	11	12	13	14	15	16	17	18	19	20	21	22	23	24	25	26	27	28	29	30	⑤⑤	2		
	回暦8、9月					30	1	2	3	4	5	6	7	8	9	10	11	12	13	14	15	16	17	18	19	20	21	22	23	24	25	26	27	28	29	1		
	公暦2月	1	2	3	4	5	6	7	8	9	10	11	12	13	14	15	16	17	18	19	20	21	22	23	24	25	26	27	28	29								
40	夏暦二月	3	4	5	6	7	8	9	10	11	12	13	14	15	16	17	18	19	20	21	22	23	24	25	26	27	28	29	㉔	2								
	回暦9月	2	3	4	5	6	7	8	9	10	11	12	13	14	15	16	17	18	19	20	21	22	23	24	25	26	27	28	29	30								
	公暦3月		1	2	3	4	5	6	7	8	9	10	11	12	13	14	15	16	17	18	19	20	21	22	23	24	25	26	27	28	29	30	31					
41	夏暦三月		3	4	5	6	7	8	9	10	11	12	13	14	15	16	17	18	19	20	21	22	23	24	25	26	27	28	29	30	⑤④	2	3					
	回暦10、11月		1	2	3	4	5	6	7	8	9	10	11	12	13	14	15	16	17	18	19	20	21	22	23	24	25	26	27	28	29	1	2					
	公暦4月					1	2	3	4	5	6	7	8	9	10	11	12	13	14	15	16	17	18	19	20	21	22	23	24	25	26	27	28	29	30			
42	夏暦四月					4	5	6	7	8	9	10	11	12	13	14	15	16	17	18	19	20	21	22	23	24	25	26	27	28	29	㉓	2	3	4			
	回暦12月					3	4	5	6	7	8	9	10	11	12	13	14	15	16	17	18	19	20	21	22	23	24	25	26	27	28	29	30	1	2			
	公暦5月							1	2	3	4	5	6	7	8	9	10	11	12	13	14	15	16	17	18	19	20	21	22	23	24	25	26	27	28	29	30	3
43	夏暦五月							5	6	7	8	9	10	11	12	13	14	15	16	17	18	19	20	21	22	23	24	25	26	27	28	29	30	⑤③	2	3	4	
341年	回暦1月							3	4	5	6	7	8	9	10	11	12	13	14	15	16	17	18	19	20	21	22	23	24	25	26	27	28	29	30	①	2	
	公暦6月			1	2	3	4	5	6	7	8	9	10	11	12	13	14	15	16	17	18	19	20	21	22	23	24	25	26	27	28	29	30					
44	夏暦六月			6	7	8	9	10	11	12	13	14	15	16	17	18	19	20	21	22	23	24	25	26	27	28	29	㉒	2	3	4	5	6					
	回暦2月			4	5	6	7	8	9	10	11	12	13	14	15	16	17	18	19	20	21	22	23	24	25	26	27	28	29	30	1	2	3					
	公暦7月					1	2	3	4	5	6	7	8	9	10	11	12	13	14	15	16	17	18	19	20	21	22	23	24	25	26	27	28	29	30	31		
45	夏暦七月					7	8	9	10	11	12	13	14	15	16	17	18	19	20	21	22	23	24	25	26	27	28	29	30	⑤②	2	3	4	5	6	7		
	回暦3月					4	5	6	7	8	9	10	11	12	13	14	15	16	17	18	19	20	21	22	23	24	25	26	27	28	29	1	2	3	4	5		
	公暦8月	1	2	3	4	5	6	7	8	9	10	11	12	13	14	15	16	17	18	19	20	21	22	23	24	25	26	27	28	29	30	31						
46	夏暦八月	8	9	10	11	12	13	14	15	16	17	18	19	20	21	22	23	24	25	26	27	28	29	㉑	2	3	4	5	6	7	8	9						
	回暦4月	6	7	8	9	10	11	12	13	14	15	16	17	18	19	20	21	22	23	24	25	26	27	28	29	30	1	2	3	4	5	6						
	公暦9月				1	2	3	4	5	6	7	8	9	10	11	12	13	14	15	16	17	18	19	20	21	22	23	24	25	26	27	28	29	30				
47	夏暦九月				10	11	12	13	14	15	16	17	18	19	20	21	22	23	24	25	26	27	28	29	30	⑤①	2	3	4	5	6	7	8	9				
	回暦5月				7	8	9	10	11	12	13	14	15	16	17	18	19	20	21	22	23	24	25	26	27	28	29	1	2	3	4	5	6	7				
	公暦10月						1	2	3	4	5	6	7	8	9	10	11	12	13	14	15	16	17	18	19	20	21	22	23	24	25	26	27	28	29	30	31	
48	夏暦十月						10	11	12	13	14	15	16	17	18	19	20	21	22	23	24	25	26	27	28	29	30	㉑	2	3	4	5	6	7	8	9	10	
	回暦6月						8	9	10	11	12	13	14	15	16	17	18	19	20	21	22	23	24	25	26	27	28	29	30	1	2	3	4	5	6	7	8	
	公暦11月		1	2	3	4	5	6	7	8	9	10	11	12	13	14	15	16	17	18	19	20	21	22	23	24	25	26	27	28	29	30						

續表

月干支序數	月序＼星期	日	1	2	3	4	5	6	日	1	2	3	4	5	6	日	1	2	3	4	5	6	日	1	2	3	4	5	6	日	1	2	3	4	5	6	日	1
49	夏曆十一月		11	12	13	14	15	16	17	18	19	20	21	22	23	24	25	26	27	28	29	㊿	2	3	4	5	6	7	8	9	10	11						
	回曆7月		9	10	11	12	13	14	15	16	17	18	19	20	21	22	23	24	25	26	27	28	29	1	2	3	4	5	6	7	8	9						
	公曆12月				1	2	3	4	5	6	7	8	9	10	11	12	13	14	15	16	17	18	19	20	21	22	23	24	25	26	27	28	29	30	31			
50	夏曆十二月				12	13	14	15	16	17	18	19	20	21	22	23	24	25	26	27	28	29	30	⑳	2	3	4	5	6	7	8	9	10	11	12			
	回曆8月				10	11	12	13	14	15	16	17	18	19	20	21	22	23	24	25	26	27	28	29	30	1	2	3	4	5	6	7	8	9	10			

大事記

正月，周修汴京。　十月，遼境大水，流民數十萬入河北。　十一月，計畝税牛皮。　十二月，河決鄭州、滑州。

五代十國紀年　　干支癸丑　公元953年

朝代或國名	國家支配者	建都	廟號	謚號	建元	年號年次	輔政者	備注
後周	①郭威	汴梁	太祖		2	1廣順3年		
北漢	①劉旻	太原	世祖	神武		乾祐6年		續後漢年號
吴越	⑤錢弘俶	錢塘		忠懿	7	2廣順3年		從後周年號
遼(契丹)	④耶律璟	上京	遼穆宗			7應曆3年		
南漢	③劉晟	廣州	中宗		2	2乾和11年		
荆南(南平)	③高保融	荆州		貞懿王	3	2廣順3年		從後周年號
後蜀	②孟昶	成都		楚恭孝王	2	2廣政16年		
南唐	②李璟	金陵		孝	4	1保大11年		
大理	④段思聰	陽苴咩		廣慈				在雲南
東丹		龍泉府			1	28年		
古格						140年		西藏阿里

月曆表　　5666—384—2069542

月干支序數	月序＼星期	日	1	2	3	4	5	6	日	1	2	3	4	5	6	日	1	2	3	4	5	6	日	1	2	3	4	5	6	日	1	2	3	4	5	6	日	1
	公曆1月							1	2	3	4	5	6	7	8	9	10	11	12	13	14	15	16	17	18	19	20	21	22	23	24	25	26	27	28	29	30	31
51	夏曆正月							13	14	15	16	17	18	19	20	21	22	23	24	25	26	27	28	29	㊾	2	3	4	5	6	7	8	9	10	11	12	13	14
	回曆9月							11	12	13	14	15	16	17	18	19	20	21	22	23	24	25	26	27	28	29	1	2	3	4	5	6	7	8	9	10	11	12
	公曆2月			1	2	3	4	5	6	7	8	9	10	11	12	13	14	15	16	17	18	19	20	21	22	23	24	25	26	27	28							
	夏曆閏正月			15	16	17	18	19	20	21	22	23	24	25	26	27	28	29	30	⑲	2	3	4	5	6	7	8	9	10	11	12							
	回曆10月			13	14	15	16	17	18	19	20	21	22	23	24	25	26	27	28	29	30	1	2	3	4	5	6	7	8	9	10							
	公曆3月			1	2	3	4	5	6	7	8	9	10	11	12	13	14	15	16	17	18	19	20	21	22	23	24	25	26	27	28	29	30	31				
52	夏曆二月			13	14	15	16	17	18	19	20	21	22	23	24	25	26	27	28	29	㊽	2	3	4	5	6	7	8	9	10	11	12	13	14				
	回曆11月			11	12	13	14	15	16	17	18	19	20	21	22	23	24	25	26	27	28	29	1	2	3	4	5	6	7	8	9	10	11	12				
	公曆4月						1	2	3	4	5	6	7	8	9	10	11	12	13	14	15	16	17	18	19	20	21	22	23	24	25	26	27	28	29	30		
53	夏曆三月						15	16	17	18	19	20	21	22	23	24	25	26	27	28	29	⑰	2	3	4	5	6	7	8	9	10	11	12	13	14	15		
	回曆12月						13	14	15	16	17	18	19	20	21	22	23	24	25	26	27	28	29	30	1	2	3	4	5	6	7	8	9	10	11	12		
	公曆5月	1	2	3	4	5	6	7	8	9	10	11	12	13	14	15	16	17	18	19	20	21	22	23	24	25	26	27	28	29	30	31						

續表

月 干支 序數	星期 月序	日	1	2	3	4	5	6	日	1	2	3	4	5	6	日	1	2	3	4	5	6	日	1	2	3	4	5	6	日	1	2	3	4	5	6	日	1
54	夏曆四月	16	17	18	19	20	21	22	23	24	25	26	27	28	29	30	㊼	2	3	4	5	6	7	8	9	10	11	12	13	14	15	16						
342年	回曆1月	13	14	15	16	17	18	19	20	21	22	23	24	25	26	27	28	29	①	2	3	4	5	6	7	8	9	10	11	12	13	14						
	公曆6月				1	2	3	4	5	6	7	8	9	10	11	12	13	14	15	16	17	18	19	20	21	22	23	24	25	26	27	28	29	30				
55	夏曆五月				17	18	19	20	21	22	23	24	25	26	27	28	29	⑯	2	3	4	5	6	7	8	9	10	11	12	13	14	15	16	17				
	回曆2月				15	16	17	18	19	20	21	22	23	24	25	26	27	28	29	30	1	2	3	4	5	6	7	8	9	10	11	12	13	14				
	公曆7月						1	2	3	4	5	6	7	8	9	10	11	12	13	14	15	16	17	18	19	20	21	22	23	24	25	26	27	28	29	30	31	
56	夏曆六月						18	19	20	21	22	23	24	25	26	27	28	29	30	㊻	2	3	4	5	6	7	8	9	10	11	12	13	14	15	16	17	18	
	回曆3月						15	16	17	18	19	20	21	22	23	24	25	26	27	28	29	1	2	3	4	5	6	7	8	9	10	11	12	13	14	15	16	
	公曆8月		1	2	3	4	5	6	7	8	9	10	11	12	13	14	15	16	17	18	19	20	21	22	23	24	25	26	27	28	29	30	31					
57	夏曆七月		19	20	21	22	23	24	25	26	27	28	29	⑮	2	3	4	5	6	7	8	9	10	11	12	13	14	15	16	17	18	19	20					
	回曆4月		17	18	19	20	21	22	23	24	25	26	27	28	29	30	1	2	3	4	5	6	7	8	9	10	11	12	13	14	15	16	17					
	公曆9月					1	2	3	4	5	6	7	8	9	10	11	12	13	14	15	16	17	18	19	20	21	22	23	24	25	26	27	28	29	30			
58	夏曆八月					21	22	23	24	25	26	27	28	29	30	㊺	2	3	4	5	6	7	8	9	10	11	12	13	14	15	16	17	18	19	20			
	回曆5月					18	19	20	21	22	23	24	25	26	27	28	29	1	2	3	4	5	6	7	8	9	10	11	12	13	14	15	16	17	18			
	公曆10月							1	2	3	4	5	6	7	8	9	10	11	12	13	14	15	16	17	18	19	20	21	22	23	24	25	26	27	28	29	30	31
59	夏曆九月							21	22	23	24	25	26	27	28	29	30	⑮	2	3	4	5	6	7	8	9	10	11	12	13	14	15	16	17	18	19	20	21
	回曆6月							19	20	21	22	23	24	25	26	27	28	29	30	1	2	3	4	5	6	7	8	9	10	11	12	13	14	15	16	17	18	19
	公曆11月			1	2	3	4	5	6	7	8	9	10	11	12	13	14	15	16	17	18	19	20	21	22	23	24	25	26	27	28	29	30					
60	夏曆十月			22	23	24	25	26	27	28	29	30	㊺	2	3	4	5	6	7	8	9	10	11	12	13	14	15	16	17	18	19	20	21					
	回曆7月			20	21	22	23	24	25	26	27	28	29	1	2	3	4	5	6	7	8	9	10	11	12	13	14	15	16	17	18	19	20					
	公曆12月					1	2	3	4	5	6	7	8	9	10	11	12	13	14	15	16	17	18	19	20	21	22	23	24	25	26	27	28	29	30	31		
1	夏曆十一月					22	23	24	25	26	27	28	29	⑭	2	3	4	5	6	7	8	9	10	11	12	13	14	15	16	17	18	19	20	21	22	23		
	回曆8月					21	22	23	24	25	26	27	28	29	30	1	2	3	4	5	6	7	8	9	10	11	12	13	14	15	16	17	18	19	20	21		

大事記

閏正月，契丹掠定、鎮二州。　三月，周主養子柴榮為晉王。　六月，唐長興三年(932年)所刻九經至是始成，歷時22年。　七月，南唐大旱，饑民多渡淮糴米。

五代十國紀年

干支甲寅　公元954年

朝代或國名	國家支配者	建都	廟號	謚號	建元	年號年次	輔政者	備注
後周	①郭威	汴梁	太祖		2	2顯德元年		正月丙申柴榮即位
北漢	①劉旻	太原	世祖	神武		乾祐7年		十一月劉鈞即位
吳越	⑤錢弘俶	錢塘		忠懿王	7	3顯德元年		從後周年號
遼(契丹)	④耶律璟	上京	遼穆宗			7應曆4年		
南漢	③劉晟	廣州	中宗		2	2乾和12年		
荆南(南平)	③高保融	荆州		貞懿王	3	3顯德元年		從後周年號
後蜀	②孟昶	成都		楚恭孝王	2	2廣政17年		
南唐	②李璟	金陵		孝	4	1保大12年		
大理	④段思聰	陽苴咩		廣慈				在雲南

續表

朝代或國名	國家支配者	建都	廟號	謚號	建元	年號年次	輔政者	備注
東丹		龍泉府			1	29 年		
古格						141 年		西藏阿里

月曆表

5667－355－2069897

月干支序數	月序＼星期	日	1	2	3	4	5	6	日	1	2	3	4	5	6	日	1	2	3	4	5	6	日	1	2	3	4	5	6	日	1	2	3	4	5	6	日	1
	公曆 1 月	1	2	3	4	5	6	7	8	9	10	11	12	13	14	15	16	17	18	19	20	21	22	23	24	25	26	27	28	29	30	31						
2	夏曆十二月	24	25	26	27	28	29	30	㊹	2	3	4	5	6	7	8	9	10	11	12	13	14	15	16	17	18	19	20	21	22	23	24						
	回曆 9 月	22	23	24	25	26	27	28	29	1	2	3	4	5	6	7	8	9	10	11	12	13	14	15	16	17	18	19	20	21	22	23						
	公曆 2 月				1	2	3	4	5	6	7	8	9	10	11	12	13	14	15	16	17	18	19	20	21	22	23	24	25	26	27	28						
3	夏曆正月				25	26	27	28	29	⑬	2	3	4	5	6	7	8	9	10	11	12	13	14	15	16	17	18	19	20	21	22	23						
	回曆 10 月				24	25	26	27	28	29	30	1	2	3	4	5	6	7	8	9	10	11	12	13	14	15	16	17	18	19	20	21						
	公曆 3 月				1	2	3	4	5	6	7	8	9	10	11	12	13	14	15	16	17	18	19	20	21	22	23	24	25	26	27	28	29	30	31			
4	夏曆二月				24	25	26	27	28	29	30	㊸	2	3	4	5	6	7	8	9	10	11	12	13	14	15	16	17	18	19	20	21	22	23	24			
	回曆 11 月				22	23	24	25	26	27	28	29	1	2	3	4	5	6	7	8	9	10	11	12	13	14	15	16	17	18	19	20	21	22	23			
	公曆 4 月							1	2	3	4	5	6	7	8	9	10	11	12	13	14	15	16	17	18	19	20	21	22	23	24	25	26	27	28	29	30	
5	夏曆三月							25	26	27	28	29	⑫	2	3	4	5	6	7	8	9	10	11	12	13	14	15	16	17	18	19	20	21	22	23	24	25	
	回曆 12 月							24	25	26	27	28	29	30	1	2	3	4	5	6	7	8	9	10	11	12	13	14	15	16	17	18	19	20	21	22	23	
	公曆 5 月		1	2	3	4	5	6	7	8	9	10	11	12	13	14	15	16	17	18	19	20	21	22	23	24	25	26	27	28	29	30	31					
6	夏曆四月		26	27	28	29	㊶	2	3	4	5	6	7	8	9	10	11	12	13	14	15	16	17	18	19	20	21	22	23	24	25	26	27					
343 年	回曆 1 月		24	25	26	27	28	29	①	2	3	4	5	6	7	8	9	10	11	12	13	14	15	16	17	18	19	20	21	22	23	24	25					
	公曆 6 月					1	2	3	4	5	6	7	8	9	10	11	12	13	14	15	16	17	18	19	20	21	22	23	24	25	26	27	28	29	30			
7	夏曆五月					28	29	30	⑪	2	3	4	5	6	7	8	9	10	11	12	13	14	15	16	17	18	19	20	21	22	23	24	25	26	27			
	回曆 2 月					26	27	28	29	30	1	2	3	4	5	6	7	8	9	10	11	12	13	14	15	16	17	18	19	20	21	22	23	24	25			
	公曆 7 月							1	2	3	4	5	6	7	8	9	10	11	12	13	14	15	16	17	18	19	20	21	22	23	24	25	26	27	28	29	30	31
8	夏曆六月							28	29	㊵	2	3	4	5	6	7	8	9	10	11	12	13	14	15	16	17	18	19	20	21	22	23	24	25	26	27	28	29
	回曆 3 月							26	27	28	29	1	2	3	4	5	6	7	8	9	10	11	12	13	14	15	16	17	18	19	20	21	22	23	24	25	26	27
	公曆 8 月			1	2	3	4	5	6	7	8	9	10	11	12	13	14	15	16	17	18	19	20	21	22	23	24	25	26	27	28	29	30	31				
9 10	夏曆七 八月			30	⑩	2	3	4	5	6	7	8	9	10	11	12	13	14	15	16	17	18	19	20	21	22	23	24	25	26	27	28	29	㊴				
	回曆 4 月			28	29	30	1	2	3	4	5	6	7	8	9	10	11	12	13	14	15	16	17	18	19	20	21	22	23	24	25	26	27	28				
	公曆 9 月						1	2	3	4	5	6	7	8	9	10	11	12	13	14	15	16	17	18	19	20	21	22	23	24	25	26	27	28	29	30		
11	夏曆九月						2	3	4	5	6	7	8	9	10	11	12	13	14	15	16	17	18	19	20	21	22	23	24	25	26	27	28	29	30	⑨		
	回曆 5 月						29	1	2	3	4	5	6	7	8	9	10	11	12	13	14	15	16	17	18	19	20	21	22	23	24	25	26	27	28	29		
	公曆 10 月	1	2	3	4	5	6	7	8	9	10	11	12	13	14	15	16	17	18	19	20	21	22	23	24	25	26	27	28	29	30	31						
12	夏曆十月	2	3	4	5	6	7	8	9	10	11	12	13	14	15	16	17	18	19	20	21	22	23	24	25	26	27	28	29	30	㊴	2						
	回曆 6、7 月	30	1	2	3	4	5	6	7	8	9	10	11	12	13	14	15	16	17	18	19	20	21	22	23	24	25	26	27	28	29	1						
	公曆 11 月				1	2	3	4	5	6	7	8	9	10	11	12	13	14	15	16	17	18	19	20	21	22	23	24	25	26	27	28	29	30				
13	夏曆十一月				3	4	5	6	7	8	9	10	11	12	13	14	15	16	17	18	19	20	21	22	23	24	25	26	27	28	29	⑧	2	3				
	回曆 8 月				2	3	4	5	6	7	8	9	10	11	12	13	14	15	16	17	18	19	20	21	22	23	24	25	26	27	28	29	30	1				
	公曆 12 月						1	2	3	4	5	6	7	8	9	10	11	12	13	14	15	16	17	18	19	20	21	22	23	24	25	26	27	28	29	30	31	
14	夏曆十二月						4	5	6	7	8	9	10	11	12	13	14	15	16	17	18	19	20	21	22	23	24	25	26	27	28	29	30	㊳	2	3	4	
	回曆 9 月						2	3	4	5	6	7	8	9	10	11	12	13	14	15	16	17	18	19	20	21	22	23	24	25	26	27	28	29	1	2	3	

大事記

正月，周太祖郭威病卒。養子柴榮即位。旋改元顯德。　　三月，周以趙匡胤為殿前都虞侯。　　十月，周簡選諸軍。

十一月，北漢主劉旻卒，子承鈞嗣立，契丹册為帝，改名鈞，上書契丹稱男，契丹則稱之為兒皇帝。溆州"蠻"首領符彥通稱王數年，至是去王號，附於湖南王逵。

五代十國紀年

干支乙卯　公元955年

朝代或國名	國家支配者	建都	廟號	謚號	建元	年號年次	輔政者	備注
後周	②柴榮	汴梁	世宗			顯德2年		
北漢	②劉鈞	太原		和		乾祐8年		續後漢年號
吳越	⑤錢弘俶	錢塘		忠懿王	7	3顯德2年		從後周年號
遼(契丹)	④耶律璟	上京	遼穆宗			7應曆5年		
南漢	③劉晟	廣州	中宗		2	2乾和13年		
荊南(南平)	③高保融	荊州		貞懿王	3	3顯德2年		從後周年號
後蜀	②孟昶	成都		楚恭孝王	2	2廣政18年		
南唐	②李璟	金陵		孝	4	1保大13年		
大理	④段思聰	陽苴咩		廣慈帝				在雲南
東丹		龍泉府			1	30年		
古格						142年		西藏阿里

月曆表

5668—384—2070281

月干支序數	月序＼星期	日	1	2	3	4	5	6	日	1	2	3	4	5	6	日	1	2	3	4	5	6	日	1	2	3	4	5	6	日	1	2	3	4	5	6	日	1
	公曆1月		1	2	3	4	5	6	7	8	9	10	11	12	13	14	15	16	17	18	19	20	21	22	23	24	25	26	27	28	29	30	31					
15	夏曆正月		5	6	7	8	9	10	11	12	13	14	15	16	17	18	19	20	21	22	23	24	25	26	27	28	29	30	⑧	2	3	4	5					
	回曆10月		4	5	6	7	8	9	10	11	12	13	14	15	16	17	18	19	20	21	22	23	24	25	26	27	28	29	30	1	2	3	4					
	公曆2月					1	2	3	4	5	6	7	8	9	10	11	12	13	14	15	16	17	18	19	20	21	22	23	24	25	26	27	28					
16	夏曆二月					6	7	8	9	10	11	12	13	14	15	16	17	18	19	20	21	22	23	24	25	26	27	28	29	㊲	2	3	4					
	回曆11月					5	6	7	8	9	10	11	12	13	14	15	16	17	18	19	20	21	22	23	24	25	26	27	28	29	1	2	3					
	公曆3月					1	2	3	4	5	6	7	8	9	10	11	12	13	14	15	16	17	18	19	20	21	22	23	24	25	26	27	28	29	30	31		
17	夏曆三月					5	6	7	8	9	10	11	12	13	14	15	16	17	18	19	20	21	22	23	24	25	26	27	28	29	30	⑦	2	3	4	5		
	回曆12月					4	5	6	7	8	9	10	11	12	13	14	15	16	17	18	19	20	21	22	23	24	25	26	27	28	29	30	1	2	3	4		
	公曆4月	1	2	3	4	5	6	7	8	9	10	11	12	13	14	15	16	17	18	19	20	21	22	23	24	25	26	27	28	29	30							
18	夏曆四月	6	7	8	9	10	11	12	13	14	15	16	17	18	19	20	21	22	23	24	25	26	27	28	29	㊱	2	3	4	5	6							
344年	回曆1月	5	6	7	8	9	10	11	12	13	14	15	16	17	18	19	20	21	22	23	24	25	26	27	28	29	30	①	2	3	4							
	公曆5月			1	2	3	4	5	6	7	8	9	10	11	12	13	14	15	16	17	18	19	20	21	22	23	24	25	26	27	28	29	30	31				
19	夏曆五月			7	8	9	10	11	12	13	14	15	16	17	18	19	20	21	22	23	24	25	26	27	28	29	⑤	2	3	4	5	6	7	8				
	回曆2月			5	6	7	8	9	10	11	12	13	14	15	16	17	18	19	20	21	22	23	24	25	26	27	28	29	30	1	2	3	4	5				
	公曆6月						1	2	3	4	5	6	7	8	9	10	11	12	13	14	15	16	17	18	19	20	21	22	23	24	25	26	27	28	29	30		
20	夏曆六月						9	10	11	12	13	14	15	16	17	18	19	20	21	22	23	24	25	26	27	28	29	30	㉟	2	3	4	5	6	7	8		
	回曆3月						6	7	8	9	10	11	12	13	14	15	16	17	18	19	20	21	22	23	24	25	26	27	28	29	1	2	3	4	5	6		
	公曆7月	1	2	3	4	5	6	7	8	9	10	11	12	13	14	15	16	17	18	19	20	21	22	23	24	25	26	27	28	29	30	31						
21	夏曆七月	9	10	11	12	13	14	15	16	17	18	19	20	21	22	23	24	25	26	27	28	29	④	2	3	4	5	6	7	8	9	10						
	回曆4月	7	8	9	10	11	12	13	14	15	16	17	18	19	20	21	22	23	24	25	26	27	28	29	30	1	2	3	4	5	6	7						

續表

月干支序數	月序＼星期	日	1	2	3	4	5	6	日	1	2	3	4	5	6	日	1	2	3	4	5	6	日	1	2	3	4	5	6	日	1	2	3	4	5	6	日	1
	公曆8月				1	2	3	4	5	6	7	8	9	10	11	12	13	14	15	16	17	18	19	20	21	22	23	24	25	26	27	28	29	30	31			
22	夏曆八月				11	12	13	14	15	16	17	18	19	20	21	22	23	24	25	26	27	28	29	30	㉞	2	3	4	5	6	7	8	9	10	11			
	回曆5月				8	9	10	11	12	13	14	15	16	17	18	19	20	21	22	23	24	25	26	27	28	29	1	2	3	4	5	6	7	8	9			
	公曆9月							1	2	3	4	5	6	7	8	9	10	11	12	13	14	15	16	17	18	19	20	21	22	23	24	25	26	27	28	29	30	
23	夏曆九月							12	13	14	15	16	17	18	19	20	21	22	23	24	25	26	27	28	29	③	2	3	4	5	6	7	8	9	10	11	12	
	回曆6月							10	11	12	13	14	15	16	17	18	19	20	21	22	23	24	25	26	27	28	29	30	1	2	3	4	5	6	7	8	9	
	公曆10月		1	2	3	4	5	6	7	8	9	10	11	12	13	14	15	16	17	18	19	20	21	22	23	24	25	26	27	28	29	30	31					
	夏曆閏九月		13	14	15	16	17	18	19	20	21	22	23	24	25	26	27	28	29	30	㉝	2	3	4	5	6	7	8	9	10	11	12	13					
	回曆7月		10	11	12	13	14	15	16	17	18	19	20	21	22	23	24	25	26	27	28	29	1	2	3	4	5	6	7	8	9	10	11					
	公曆11月					1	2	3	4	5	6	7	8	9	10	11	12	13	14	15	16	17	18	19	20	21	22	23	24	25	26	27	28	29	30			
24	夏曆十月					14	15	16	17	18	19	20	21	22	23	24	25	26	27	28	29	②	2	3	4	5	6	7	8	9	10	11	12	13	14			
	回曆8月					12	13	14	15	16	17	18	19	20	21	22	23	24	25	26	27	28	29	30	1	2	3	4	5	6	7	8	9	10	11			
	公曆12月							1	2	3	4	5	6	7	8	9	10	11	12	13	14	15	16	17	18	19	20	21	22	23	24	25	26	27	28	29	30	31
25	夏曆十一月							15	16	17	18	19	20	21	22	23	24	25	26	27	28	29	30	㉜	2	3	4	5	6	7	8	9	10	11	12	13	14	15
	回曆9月							12	13	14	15	16	17	18	19	20	21	22	23	24	25	26	27	28	29	1	2	3	4	5	6	7	8	9	10	11	12	13

遼八月朔丙申。

大事記

四月，周展築大梁城。　五月，周禁私度僧尼，伐蜀。　閏九月，周取蜀之秦、階、鳳、成等州。後蜀敗逝。　十一月，周遣李谷伐南唐。　十二月，周圍唐壽州，令吳越出兵擊唐。

五代十國紀年　　干支丙辰　公元956年

朝代或國名	國家支配者	建都	廟號	謚號	建元	年號年次	輔政者	備注
後周	②柴榮	汴梁	世宗			顯德3年		
北漢	②劉鈞	太原		和		乾祐9年		續後漢年號
吳越	⑤錢弘俶	錢塘		忠懿王	7	3顯德3年		從後周年號
遼(契丹)	④耶律璟	上京	遼穆宗			7應曆6年		
南漢	③劉晟	廣州	中宗		2	2乾和14年		
荆南(南平)	③高保融	荆州		貞懿王	3	3顯德3年		從後周年號
後蜀	②孟昶	成都		楚恭孝王	2	2廣政19年		
南唐	②李璟	金陵		孝	4	1保大14年		
大理	④段思聰	陽苴咩		廣慈				在雲南
東丹		龍泉府			1	31年		
古格						143年		西藏阿里

月曆表　　5669－354－2070635

月干支序數	星期／月序	日	1	2	3	4	5	6	日	1	2	3	4	5	6	日	1	2	3	4	5	6	日	1	2	3	4	5	6	日	1	2	3	4	5	6	日	1
	公曆1月			1	2	3	4	5	6	7	8	9	10	11	12	13	14	15	16	17	18	19	20	21	22	23	24	25	26	27	28	29	30	31				
26	夏曆十二月			16	17	18	19	20	21	22	23	24	25	26	27	28	29	30	②	2	3	4	5	6	7	8	9	10	11	12	13	14	15	16				
	回曆10月			14	15	16	17	18	19	20	21	22	23	24	25	26	27	28	29	30	1	2	3	4	5	6	7	8	9	10	11	12	13	14				
	公曆2月						1	2	3	4	5	6	7	8	9	10	11	12	13	14	15	16	17	18	19	20	21	22	23	24	25	26	27	28	29			
27	夏曆正月						17	18	19	20	21	22	23	24	25	26	27	28	29	30	㉜	2	3	4	5	6	7	8	9	10	11	12	13	14	15			
	回曆11月						15	16	17	18	19	20	21	22	23	24	25	26	27	28	29	1	2	3	4	5	6	7	8	9	10	11	12	13	14			
	公曆3月							1	2	3	4	5	6	7	8	9	10	11	12	13	14	15	16	17	18	19	20	21	22	23	24	25	26	27	28	29	30	31
28	夏曆二月							16	17	18	19	20	21	22	23	24	25	26	27	28	29	①	2	3	4	5	6	7	8	9	10	11	12	13	14	15	16	17
	回曆12月							15	16	17	18	19	20	21	22	23	24	25	26	27	28	29	30	1	2	3	4	5	6	7	8	9	10	11	12	13	14	15
	公曆4月			1	2	3	4	5	6	7	8	9	10	11	12	13	14	15	16	17	18	19	20	21	22	23	24	25	26	27	28	29	30					
29	夏曆三月			18	19	20	21	22	23	24	25	26	27	28	29	30	㉛	2	3	4	5	6	7	8	9	10	11	12	13	14	15	16	17					
345年	回曆1月			16	17	18	19	20	21	22	23	24	25	26	27	28	29	①	2	3	4	5	6	7	8	9	10	11	12	13	14	15	16					
	公曆5月					1	2	3	4	5	6	7	8	9	10	11	12	13	14	15	16	17	18	19	20	21	22	23	24	25	26	27	28	29	30	31		
30	夏曆四月					18	19	20	21	22	23	24	25	26	27	28	29	(60)	2	3	4	5	6	7	8	9	10	11	12	13	14	15	16	17	18	19		
	回曆2月					17	18	19	20	21	22	23	24	25	26	27	28	29	30	1	2	3	4	5	6	7	8	9	10	11	12	13	14	15	16	17		
	公曆6月	1	2	3	4	5	6	7	8	9	10	11	12	13	14	15	16	17	18	19	20	21	22	23	24	25	26	27	28	29	30							
31	夏曆五月	20	21	22	23	24	25	26	27	28	29	㉙	2	3	4	5	6	7	8	9	10	11	12	13	14	15	16	17	18	19	20							
	回曆3月	18	19	20	21	22	23	24	25	26	27	28	29	1	2	3	4	5	6	7	8	9	10	11	12	13	14	15	16	17	18							
	公曆7月			1	2	3	4	5	6	7	8	9	10	11	12	13	14	15	16	17	18	19	20	21	22	23	24	25	26	27	28	29	30	31				
32	夏曆六月			21	22	23	24	25	26	27	28	29	30	(59)	2	3	4	5	6	7	8	9	10	11	12	13	14	15	16	17	18	19	20	21				
	回曆4月			19	20	21	22	23	24	25	26	27	28	29	30	1	2	3	4	5	6	7	8	9	10	11	12	13	14	15	16	17	18	19				
	公曆8月						1	2	3	4	5	6	7	8	9	10	11	12	13	14	15	16	17	18	19	20	21	22	23	24	25	26	27	28	29	30	31	
33	夏曆七月						22	23	24	25	26	27	28	29	㉘	2	3	4	5	6	7	8	9	10	11	12	13	14	15	16	17	18	19	20	21	22	23	
	回曆5月						20	21	22	23	24	25	26	27	28	29	1	2	3	4	5	6	7	8	9	10	11	12	13	14	15	16	17	18	19	20	21	
	公曆9月		1	2	3	4	5	6	7	8	9	10	11	12	13	14	15	16	17	18	19	20	21	22	23	24	25	26	27	28	29	30						
34	夏曆八月		24	25	26	27	28	29	(57)	2	3	4	5	6	7	8	9	10	11	12	13	14	15	16	17	18	19	20	21	22	23	24						
	回曆6月		22	23	24	25	26	27	28	29	30	1	2	3	4	5	6	7	8	9	10	11	12	13	14	15	16	17	18	19	20	21						
	公曆10月				1	2	3	4	5	6	7	8	9	10	11	12	13	14	15	16	17	18	19	20	21	22	23	24	25	26	27	28	29	30	31			
35	夏曆九月				25	26	27	28	29	30	㉗	2	3	4	5	6	7	8	9	10	11	12	13	14	15	16	17	18	19	20	21	22	23	24	25			
	回曆7月				22	23	24	25	26	27	28	29	1	2	3	4	5	6	7	8	9	10	11	12	13	14	15	16	17	18	19	20	21	22	23			
	公曆11月							1	2	3	4	5	6	7	8	9	10	11	12	13	14	15	16	17	18	19	20	21	22	23	24	25	26	27	28	29	30	
36	夏曆十月							26	27	28	29	30	(57)	2	3	4	5	6	7	8	9	10	11	12	13	14	15	16	17	18	19	20	21	22	23	24	25	
	回曆8月							24	25	26	27	28	29	30	1	2	3	4	5	6	7	8	9	10	11	12	13	14	15	16	17	18	19	20	21	22	23	
	公曆12月		1	2	3	4	5	6	7	8	9	10	11	12	13	14	15	16	17	18	19	20	21	22	23	24	25	26	27	28	29	30	31					
37	夏曆十一月		26	27	28	29	㉖	2	3	4	5	6	7	8	9	10	11	12	13	14	15	16	17	18	19	20	21	22	23	24	25	26	27					
	回曆9月		24	25	26	27	28	29	1	2	3	4	5	6	7	8	9	10	11	12	13	14	15	16	17	18	19	20	21	22	23	24	25					

大事記

正月，周帝親攻南唐，屢勝。　二月，南唐主遣使請和，不許。周取揚州。　三月，周與南唐議分界，不成。　五月，唐境群起抗周，周所得唐之州縣復歸於唐。　八月，周頒行《顯德欽天曆》。　十月，以殿前都虞侯趙匡胤屢建大功擢為定國軍節度使兼殿前都指揮使。

五 代 十 國 紀 年

干支丁巳　公元 957 年

朝代或國名	國家支配者	建　都	廟　號	謚　號	建　元	年號年次	輔政者	備　注
後周	②柴榮	汴梁	世宗			顯德 4 年		
北漢	②劉鈞	太原		和		天會元年		
吳越	⑤錢弘俶	錢塘		忠懿王	7	3 顯德 4 年		從後周年號
遼(契丹)	④耶律璟	上京	遼穆宗			7 應曆 7 年		
南漢	③劉晟	廣州	中宗		2	2 乾和 15 年		
荆南(南平)	③高保融	荆州		貞懿王	3	3 顯德 4 年		從後周年號
後蜀	②孟昶	成都		楚恭孝王	2	2 廣政 20 年		
南唐	②李璟	金陵		孝	4	1 保大 15 年		
大理	④段思聰	陽苴咩		廣慈				在雲南
東丹		龍泉府			1	32 年		
古格						144 年		西藏阿里

月 曆 表

5670—354—2070989

月干支序數	月序 ＼ 星期	日	1	2	3	4	5	6	日	1	2	3	4	5	6	日	1	2	3	4	5	6	日	1	2	3	4	5	6	日	1	2	3	4	5	6	日	1
	公暦 1 月					1	2	3	4	5	6	7	8	9	10	11	12	13	14	15	16	17	18	19	20	21	22	23	24	25	26	27	28	29	30	31		
38	夏暦十二月					28	29	30	(56)	2	3	4	5	6	7	8	9	10	11	12	13	14	15	16	17	18	19	20	21	22	23	24	25	26	27	28		
	回暦 10 月					26	27	28	29	30	1	2	3	4	5	6	7	8	9	10	11	12	13	14	15	16	17	18	19	20	21	22	23	24	25	26		
	公暦 2 月	1	2	3	4	5	6	7	8	9	10	11	12	13	14	15	16	17	18	19	20	21	22	23	24	25	26	27	28									
39	夏暦正月	29	30	㉖	2	3	4	5	6	7	8	9	10	11	12	13	14	15	16	17	18	19	20	21	22	23	24	25	26									
	回暦 11 月	27	28	29	1	2	3	4	5	6	7	8	9	10	11	12	13	14	15	16	17	18	19	20	21	22	23	24	25									
	公暦 3 月	1	2	3	4	5	6	7	8	9	10	11	12	13	14	15	16	17	18	19	20	21	22	23	24	25	26	27	28	29	30	31						
40	夏暦二月	27	28	29	30	(56)	2	3	4	5	6	7	8	9	10	11	12	13	14	15	16	17	18	19	20	21	22	23	24	25	26	27						
	回暦 12 月	26	27	28	29	30	1	2	3	4	5	6	7	8	9	10	11	12	13	14	15	16	17	18	19	20	21	22	23	24	25	26						
	公暦 4 月				1	2	3	4	5	6	7	8	9	10	11	12	13	14	15	16	17	18	19	20	21	22	23	24	25	26	27	28	29	30				
41	夏暦三月				28	29	㉕	2	3	4	5	6	7	8	9	10	11	12	13	14	15	16	17	18	19	20	21	22	23	24	25	26	27	28				
346 年	回暦 1 月				27	28	29	①	2	3	4	5	6	7	8	9	10	11	12	13	14	15	16	17	18	19	20	21	22	23	24	25	26	27				
	公暦 5 月						1	2	3	4	5	6	7	8	9	10	11	12	13	14	15	16	17	18	19	20	21	22	23	24	25	26	27	28	29	30	31	
42	夏暦四月						29	30	(55)	2	3	4	5	6	7	8	9	10	11	12	13	14	15	16	17	18	19	20	21	22	23	24	25	26	27	28	29	
	回暦 2 月						28	29	30	1	2	3	4	5	6	7	8	9	10	11	12	13	14	15	16	17	18	19	20	21	22	23	24	25	26	27	28	
	公暦 6 月		1	2	3	4	5	6	7	8	9	10	11	12	13	14	15	16	17	18	19	20	21	22	23	24	25	26	27	28	29	30						
43 44	夏暦五六月		㉔	2	3	4	5	6	7	8	9	10	11	12	13	14	15	16	17	18	19	20	21	22	23	24	25	26	27	28	29	(53)						
	回暦 3 月		29	1	2	3	4	5	6	7	8	9	10	11	12	13	14	15	16	17	18	19	20	21	22	23	24	25	26	27	28	29						
	公暦 7 月				1	2	3	4	5	6	7	8	9	10	11	12	13	14	15	16	17	18	19	20	21	22	23	24	25	26	27	28	29	30	31			
45	夏暦七月				2	3	4	5	6	7	8	9	10	11	12	13	14	15	16	17	18	19	20	21	22	23	24	25	26	27	28	29	30	㉓	2			
	回暦 4、5 月				30	1	2	3	4	5	6	7	8	9	10	11	12	13	14	15	16	17	18	19	20	21	22	23	24	25	26	27	28	29	1			
	公暦 8 月							1	2	3	4	5	6	7	8	9	10	11	12	13	14	15	16	17	18	19	20	21	22	23	24	25	26	27	28	29	30	31
46	夏暦八月							3	4	5	6	7	8	9	10	11	12	13	14	15	16	17	18	19	20	21	22	23	24	25	26	27	28	29	(52)	2	3	4
	回暦 6 月							2	3	4	5	6	7	8	9	10	11	12	13	14	15	16	17	18	19	20	21	22	23	24	25	26	27	28	29	30	1	2
	公暦 9 月			1	2	3	4	5	6	7	8	9	10	11	12	13	14	15	16	17	18	19	20	21	22	23	24	25	26	27	28	29	30					
47	夏暦九月			5	6	7	8	9	10	11	12	13	14	15	16	17	18	19	20	21	22	23	24	25	26	27	28	29	㉑	2	3	4	5					

續表

月干支序數	星期／月序	日	1	2	3	4	5	6	日	1	2	3	4	5	6	日	1	2	3	4	5	6	日	1	2	3	4	5	6	日	1	2	3	4	5	6	日
	回暦7月			3	4	5	6	7	8	9	10	11	12	13	14	15	16	17	18	19	20	21	22	23	24	25	26	27	28	29	1	2	3				
	公暦10月					1	2	3	4	5	6	7	8	9	10	11	12	13	14	15	16	17	18	19	20	21	22	23	24	25	26	27	28	29	30	31	
48	夏暦十月					6	7	8	9	10	11	12	13	14	15	16	17	18	19	20	21	22	23	24	25	26	27	28	29	30	(51)	2	3	4	5	6	
	回暦8月					4	5	6	7	8	9	10	11	12	13	14	15	16	17	18	19	20	21	22	23	24	25	26	27	28	29	30	1	2	3	4	
	公暦11月	1	2	3	4	5	6	7	8	9	10	11	12	13	14	15	16	17	18	19	20	21	22	23	24	25	26	27	28	29	30						
49	夏暦十一月	7	8	9	10	11	12	13	14	15	16	17	18	19	20	21	22	23	24	25	26	27	28	29	⑳	2	3	4	5	6	7						
	回暦9月	5	6	7	8	9	10	11	12	13	14	15	16	17	18	19	20	21	22	23	24	25	26	27	28	29	1	2	3	4	5						
	公暦12月			1	2	3	4	5	6	7	8	9	10	11	12	13	14	15	16	17	18	19	20	21	22	23	24	25	26	27	28	29	30	31			
50	夏暦十二月			8	9	10	11	12	13	14	15	16	17	18	19	20	21	22	23	24	25	26	27	28	29	30	㊿	2	3	4	5	6	7	8			
	回暦10月			6	7	8	9	10	11	12	13	14	15	16	17	18	19	20	21	22	23	24	25	26	27	28	29	30	1	2	3	4	5	6			

大事記

正月，北漢主劉鈞改元天會。　二月，周帝親攻壽州，大破南唐援軍，克壽州。　四月，周疏汴水入五丈河，齊魯漕運始達開封。　十月，周設賢良方正直言極諫吏理等科。　十一月，周帝親攻南唐。　十二月，周下濠、泗等州。

五代十國紀年　　干支戊午　公元958年

朝代或國名	國家支配者	建都	廟號	謚號	建元	年號年次	輔政者	備注
後周	②柴榮	汴梁	世宗			顯德5年		
北漢	②劉鈞	太原		和		天會2年		
吴越	⑤錢弘俶	錢塘		忠懿王	7	3顯德5年		從後周年號
遼(契丹)	④耶律璟	上京	遼穆宗			7應曆8年		
南漢	④劉鋹	廣州			1	大寶元年		八月即位，改元
荊南(南平)	③高保融	荊州			3	3顯德5年		從後周年號
後蜀	②孟昶	成都		楚恭孝王	2	2廣政21年		
南唐	②李璟	金陵		孝	4	2中興元年 3交泰元年 4顯德5年		正月改元 三月改元 從後周年號 五月改元
大理	④段思聰	陽苴咩		廣慈				在雲南
東丹		龍泉府			1	33年		
古格						145年		西藏阿里

月曆表　　5671－384－2071373

月干支序數	星期／月序	日	1	2	3	4	5	6	日	1	2	3	4	5	6	日	1	2	3	4	5	6	日	1	2	3	4	5	6	日	1	2	3	4	5	6	日
	公暦1月						1	2	3	4	5	6	7	8	9	10	11	12	13	14	15	16	17	18	19	20	21	22	23	24	25	26	27	28	29	30	31
51	夏暦正月						9	10	11	12	13	14	15	16	17	18	19	20	21	22	23	24	25	26	27	28	29	30	⑳	2	3	4	5	6	7	8	9
	回暦11月						7	8	9	10	11	12	13	14	15	16	17	18	19	20	21	22	23	24	25	26	27	28	29	1	2	3	4	5	6	7	8

續表

月 干支 序數	星期 月序	日	1	2	3	4	5	6	日	1	2	3	4	5	6	日	1	2	3	4	5	6	日	1	2	3	4	5	6	日	1	2	3	4	5	6	日	1
	公曆2月		1	2	3	4	5	6	7	8	9	10	11	12	13	14	15	16	17	18	19	20	21	22	23	24	25	26	27	28								
52	夏曆二月		10	11	12	13	14	15	16	17	18	19	20	21	22	23	24	25	26	27	28	29	30	㊿	2	3	4	5	6	7								
	回曆12月		9	10	11	12	13	14	15	16	17	18	19	20	21	22	23	24	25	26	27	28	29	30	1	2	3	4	5	6								
	公曆3月		1	2	3	4	5	6	7	8	9	10	11	12	13	14	15	16	17	18	19	20	21	22	23	24	25	26	27	28	29	30	31					
53	夏曆三月		8	9	10	11	12	13	14	15	16	17	18	19	20	21	22	23	24	25	26	27	28	29	⑲	2	3	4	5	6	7	8	9					
347年	回曆1月		7	8	9	10	11	12	13	14	15	16	17	18	19	20	21	22	23	24	25	26	27	28	29	30	①	2	3	4	5	6	7					
	公曆4月					1	2	3	4	5	6	7	8	9	10	11	12	13	14	15	16	17	18	19	20	21	22	23	24	25	26	27	28	29	30			
54	夏曆四月					10	11	12	13	14	15	16	17	18	19	20	21	22	23	24	25	26	27	28	29	30	㊾	2	3	4	5	6	7	8	9			
	回曆2月					8	9	10	11	12	13	14	15	16	17	18	19	20	21	22	23	24	25	26	27	28	29	30	1	2	3	4	5	6	7			
	公曆5月							1	2	3	4	5	6	7	8	9	10	11	12	13	14	15	16	17	18	19	20	21	22	23	24	25	26	27	28	29	30	31
55	夏曆五月							10	11	12	13	14	15	16	17	18	19	20	21	22	23	24	25	26	27	28	29	⑱	2	3	4	5	6	7	8	9	10	11
	回曆3月							8	9	10	11	12	13	14	15	16	17	18	19	20	21	22	23	24	25	26	27	28	29	1	2	3	4	5	6	7	8	9
	公曆6月			1	2	3	4	5	6	7	8	9	10	11	12	13	14	15	16	17	18	19	20	21	22	23	24	25	26	27	28	29	30					
56	夏曆六月			12	13	14	15	16	17	18	19	20	21	22	23	24	25	26	27	28	29	30	㊽	2	3	4	5	6	7	8	9	10	11					
	回曆4月			10	11	12	13	14	15	16	17	18	19	20	21	22	23	24	25	26	27	28	29	30	1	2	3	4	5	6	7	8	9					
	公曆7月					1	2	3	4	5	6	7	8	9	10	11	12	13	14	15	16	17	18	19	20	21	22	23	24	25	26	27	28	29	30	31		
57	夏曆七月					12	13	14	15	16	17	18	19	20	21	22	23	24	25	26	27	28	29	⑰	2	3	4	5	6	7	8	9	10	11	12	13		
	回曆5月					10	11	12	13	14	15	16	17	18	19	20	21	22	23	24	25	26	27	28	29	1	2	3	4	5	6	7	8	9	10	11		
	公曆8月	1	2	3	4	5	6	7	8	9	10	11	12	13	14	15	16	17	18	19	20	21	22	23	24	25	26	27	28	29	30	31						
	夏曆閏七月	14	15	16	17	18	19	20	21	22	23	24	25	26	27	28	29	30	㊼	2	3	4	5	6	7	8	9	10	11	12	13	14						
	回曆6月	12	13	14	15	16	17	18	19	20	21	22	23	24	25	26	27	28	29	30	1	2	3	4	5	6	7	8	9	10	11	12						
	公曆9月				1	2	3	4	5	6	7	8	9	10	11	12	13	14	15	16	17	18	19	20	21	22	23	24	25	26	27	28	29	30				
58	夏曆八月				15	16	17	18	19	20	21	22	23	24	25	26	27	28	29	⑯	2	3	4	5	6	7	8	9	10	11	12	13	14	15				
	回曆7月				13	14	15	16	17	18	19	20	21	22	23	24	25	26	27	28	29	1	2	3	4	5	6	7	8	9	10	11	12	13				
	公曆10月						1	2	3	4	5	6	7	8	9	10	11	12	13	14	15	16	17	18	19	20	21	22	23	24	25	26	27	28	29	30	31	
59	夏曆九月						16	17	18	19	20	21	22	23	24	25	26	27	28	29	30	㊻	2	3	4	5	6	7	8	9	10	11	12	13	14	15	16	
	回曆8月						14	15	16	17	18	19	20	21	22	23	24	25	26	27	28	29	30	1	2	3	4	5	6	7	8	9	10	11	12	13	14	
	公曆11月		1	2	3	4	5	6	7	8	9	10	11	12	13	14	15	16	17	18	19	20	21	22	23	24	25	26	27	28	29	30						
60	夏曆十月		17	18	19	20	21	22	23	24	25	26	27	28	29	⑮	2	3	4	5	6	7	8	9	10	11	12	13	14	15	16	17						
	回曆9月		15	16	17	18	19	20	21	22	23	24	25	26	27	28	29	1	2	3	4	5	6	7	8	9	10	11	12	13	14	15						
	公曆12月				1	2	3	4	5	6	7	8	9	10	11	12	13	14	15	16	17	18	19	20	21	22	23	24	25	26	27	28	29	30	31			
1	夏曆十一月				18	19	20	21	22	23	24	25	26	27	28	29	㊹	2	3	4	5	6	7	8	9	10	11	12	13	14	15	16	17	18	19			
	回曆10月				16	17	18	19	20	21	22	23	24	25	26	27	28	29	30	1	2	3	4	5	6	7	8	9	10	11	12	13	14	15	16			

遼九月朔戊申。

大事記

正月，周取唐海州。南唐改元中興。　三月，南唐改元交泰。周帝臨江督戰，南唐請和，許之。獻江北地，歲貢十萬。周罷兵。浚汴口，導河至淮，江淮舟楫始直達汴梁。　五月，南唐主更名景，去帝號，稱國主，去年號，用周正朔。　六月，周兵擾北漢。　八月，南漢主劉晟卒，子鋹嗣，改元大寶。　十月，周帝謀攻後蜀，荊南高保融勸蜀主臣周，蜀拒之。十一月，命編《大周通禮》、《大周正樂》。

五代十國紀年　　干支己未　公元959年

朝代或國名	國家支配者	建都	廟號	謚號	建元	年號年次	輔政者	備注
後周	②柴榮	汴梁	世宗			顯德6年		六月柴宗訓即位
北漢	②劉鈞	太原		和		天會3年		
吳越	⑤錢弘俶	錢塘		忠懿王	7	3 顯德6年		從後周年號
遼(契丹)	④耶律璟	上京	遼穆宗			7 應曆9年		
南漢	④劉鋹	廣州			1	大寶2年		
荆南(南平)	③高保融	荆州		貞懿王	3	3 顯德6年		
後蜀	②孟昶	成都		楚恭孝王	2	2 廣政22年		
南唐	②李璟	金陵		孝	4	4 顯德6年		從後周年號
大理	④段思聰	陽苴咩		廣慈				在雲南
東丹		龍泉府			1	34年		
古格						146年		西藏阿里

月曆表　　5672—354—2071727

月干支序數	月序＼星期	日	1	2	3	4	5	6	日	1	2	3	4	5	6	日	1	2	3	4	5	6	日	1	2	3	4	5	6	日	1	2	3	4	5	6	日	1
	公曆1月							1	2	3	4	5	6	7	8	9	10	11	12	13	14	15	16	17	18	19	20	21	22	23	24	25	26	27	28	29	30	31
2	夏曆十二月							20	21	22	23	24	25	26	27	28	29	30	⑭	2	3	4	5	6	7	8	9	10	11	12	13	14	15	16	17	18	19	20
	回曆11月							17	18	19	20	21	22	23	24	25	26	27	28	29	1	2	3	4	5	6	7	8	9	10	11	12	13	14	15	16	17	18
	公曆2月			1	2	3	4	5	6	7	8	9	10	11	12	13	14	15	16	17	18	19	20	21	22	23	24	25	26	27	28							
3	夏曆正月			21	22	23	24	25	26	27	28	29	30	㊹	2	3	4	5	6	7	8	9	10	11	12	13	14	15	16	17	18							
	回曆12月			19	20	21	22	23	24	25	26	27	28	29	30	1	2	3	4	5	6	7	8	9	10	11	12	13	14	15	16							
	公曆3月			1	2	3	4	5	6	7	8	9	10	11	12	13	14	15	16	17	18	19	20	21	22	23	24	25	26	27	28	29	30	31				
4	夏曆二月			19	20	21	22	23	24	25	26	27	28	29	⑬	2	3	4	5	6	7	8	9	10	11	12	13	14	15	16	17	18	19	20				
348年	回曆1月			17	18	19	20	21	22	23	24	25	26	27	28	29	①	2	3	4	5	6	7	8	9	10	11	12	13	14	15	16	17	18				
	公曆4月						1	2	3	4	5	6	7	8	9	10	11	12	13	14	15	16	17	18	19	20	21	22	23	24	25	26	27	28	29	30		
5	夏曆三月						21	22	23	24	25	26	27	28	29	30	㊸	2	3	4	5	6	7	8	9	10	11	12	13	14	15	16	17	18	19	20		
	回曆2月						19	20	21	22	23	24	25	26	27	28	29	30	1	2	3	4	5	6	7	8	9	10	11	12	13	14	15	16	17	18		
	公曆5月	1	2	3	4	5	6	7	8	9	10	11	12	13	14	15	16	17	18	19	20	21	22	23	24	25	26	27	28	29	30	31						
6	夏曆四月	21	22	23	24	25	26	27	28	29	30	⑬	2	3	4	5	6	7	8	9	10	11	12	13	14	15	16	17	18	19	20	21						
	回曆3月	19	20	21	22	23	24	25	26	27	28	29	1	2	3	4	5	6	7	8	9	10	11	12	13	14	15	16	17	18	19	20						
	公曆6月				1	2	3	4	5	6	7	8	9	10	11	12	13	14	15	16	17	18	19	20	21	22	23	24	25	26	27	28	29	30				
7	夏曆五月				22	23	24	25	26	27	28	29	㊷	2	3	4	5	6	7	8	9	10	11	12	13	14	15	16	17	18	19	20	21	22				
	回曆4月				21	22	23	24	25	26	27	28	29	30	1	2	3	4	5	6	7	8	9	10	11	12	13	14	15	16	17	18	19	20				
	公曆7月						1	2	3	4	5	6	7	8	9	10	11	12	13	14	15	16	17	18	19	20	21	22	23	24	25	26	27	28	29	30	31	
8	夏曆六月						23	24	25	26	27	28	29	30	⑫	2	3	4	5	6	7	8	9	10	11	12	13	14	15	16	17	18	19	20	21	22	23	
	回曆5月						21	22	23	24	25	26	27	28	29	1	2	3	4	5	6	7	8	9	10	11	12	13	14	15	16	17	18	19	20	21	22	
	公曆8月		1	2	3	4	5	6	7	8	9	10	11	12	13	14	15	16	17	18	19	20	21	22	23	24	25	26	27	28	29	30	31					
9	夏曆七月		24	25	26	27	28	29	㊶	2	3	4	5	6	7	8	9	10	11	12	13	14	15	16	17	18	19	20	21	22	23	24	25					
	回曆6月		23	24	25	26	27	28	29	30	1	2	3	4	5	6	7	8	9	10	11	12	13	14	15	16	17	18	19	20	21	22	23					
	公曆9月					1	2	3	4	5	6	7	8	9	10	11	12	13	14	15	16	17	18	19	20	21	22	23	24	25	26	27	28	29	30			
10	夏曆八月					26	27	28	29	30	⑪	2	3	4	5	6	7	8	9	10	11	12	13	14	15	16	17	18	19	20	21	22	23	24	25			

續表

月干支序數	星期 / 月序	日	1	2	3	4	5	6	日	1	2	3	4	5	6	日	1	2	3	4	5	6	日	1	2	3	4	5	6	日	1	2	3	4	5	6	日	1
	回曆 7 月					24	25	26	27	28	29	1	2	3	4	5	6	7	8	9	10	11	12	13	14	15	16	17	18	19	20	21	22	23	24			
	公曆 10 月							1	2	3	4	5	6	7	8	9	10	11	12	13	14	15	16	17	18	19	20	21	22	23	24	25	26	27	28	29	30	31
11	夏曆九月							26	27	28	29	㊵	2	3	4	5	6	7	8	9	10	11	12	13	14	15	16	17	18	19	20	21	22	23	24	25	26	27
	回曆 8 月							25	26	27	28	29	30	1	2	3	4	5	6	7	8	9	10	11	12	13	14	15	16	17	18	19	20	21	22	23	24	25
	公曆 11 月			1	2	3	4	5	6	7	8	9	10	11	12	13	14	15	16	17	18	19	20	21	22	23	24	25	26	27	28	29	30					
12	夏曆十月			28	29	30	⑩	2	3	4	5	6	7	8	9	10	11	12	13	14	15	16	17	18	19	20	21	22	23	24	25	26	27					
	回曆 9 月			26	27	28	29	1	2	3	4	5	6	7	8	9	10	11	12	13	14	15	16	17	18	19	20	21	22	23	24	25	26					
	公曆 12 月					1	2	3	4	5	6	7	8	9	10	11	12	13	14	15	16	17	18	19	20	21	22	23	24	25	26	27	28	29	30	31		
13	夏曆十一月					28	29	㊴	2	3	4	5	6	7	8	9	10	11	12	13	14	15	16	17	18	19	20	21	22	23	24	25	26	27	28	29		
	回曆 10 月					27	28	29	30	1	2	3	4	5	6	7	8	9	10	11	12	13	14	15	16	17	18	19	20	21	22	23	24	25	26	27		

遼十二月辛未。

大事記

二月，周鑿汴水入蔡水，浚五丈渠。詔北伐，收復失地。　　四月，周帝北伐軍克瀛州、莫州、易州，旋因疾班師。北漢擾周，敗。　　六月，河決原武，發二萬人塞之。南唐城金陵。周以趙匡胤為殿前都點檢。周世宗柴榮卒，子宗訓嗣，為恭帝。　　七月，南唐鑄永通泉貨，鐵錢一當十。　　十月，廢"永通泉貨"錢。　　十二月，契丹遣使聘於南唐，周將遣人刺殺遼使，南唐與遼絕。

宋遼金紀年

干支庚申　公元 960 年

朝代或國名	國家支配者	建都	廟號	謚號	建元	年號年次	輔政者	備注
後周	③柴宗訓	汴梁		恭		顯德 7 年		正月禪於宋
北宋	①趙匡胤	汴梁	太祖	大	3	1 建隆元年	范質 王溥 魏仁浦	正月乙巳建元
吳越	⑤錢弘俶	錢塘		忠懿王	7	3 顯德 7 年		從後周年號
						4 建隆元年		用北宋年號
遼(契丹)	④耶律璟	上京	遼穆宗			7 應曆 10 年		
南漢	④劉鋹	廣州			1	大寶 3 年		
荊南(南平)	③高保融	荊州		貞懿王	3	3 顯德 7 年		從後周年號
	④高保勗				1	建隆元年		八月改元，從北宋年號
後蜀	②孟昶	成都		楚恭孝王	2	2 廣政 23 年		
南唐	②李璟	金陵		孝	4	4 顯德 7 年 建隆元年		從後周年號
大理	④段思聰	陽苴咩		廣慈		廣德?		在雲南
北漢	②劉鈞	太原		和		天會 4 年		
東丹					1	35 年		
古格						147 年		西藏阿里

月干支序數	星期／月序	日	1	2	3	4	5	6	日	1	2	3	4	5	6	日	1	2	3	4	5	6	日	1	2	3	4	5	6	日	1	2	3	4	5	6	日	1
	公曆1月	1	2	3	4	5	6	7	8	9	10	11	12	13	14	15	16	17	18	19	20	21	22	23	24	25	26	27	28	29	30	31						
14 15	夏曆十二正月	30	⑨	2	3	4	5	6	7	8	9	10	11	12	13	14	15	16	17	18	19	20	21	22	23	24	25	26	27	28	29	㊳						
	回曆11月	28	29	1	2	3	4	5	6	7	8	9	10	11	12	13	14	15	16	17	18	19	20	21	22	23	24	25	26	27	28	29						
	公曆2月				1	2	3	4	5	6	7	8	9	10	11	12	13	14	15	16	17	18	19	20	21	22	23	24	25	26	27	28	29					
	夏曆正月				2	3	4	5	6	7	8	9	10	11	12	13	14	15	16	17	18	19	20	21	22	23	24	25	26	27	28	29	30					
	回曆12月				30	1	2	3	4	5	6	7	8	9	10	11	12	13	14	15	16	17	18	19	20	21	22	23	24	25	26	27	28					
	公曆3月					1	2	3	4	5	6	7	8	9	10	11	12	13	14	15	16	17	18	19	20	21	22	23	24	25	26	27	28	29	30	31		
16 17	夏曆二三月					⑧	2	3	4	5	6	7	8	9	10	11	12	13	14	15	16	17	18	19	20	21	22	23	24	25	26	27	28	29	㊲	2		
349年	回曆1月					29	30	①	2	3	4	5	6	7	8	9	10	11	12	13	14	15	16	17	18	19	20	21	22	23	24	25	26	27	28	29		
	公曆4月	1	2	3	4	5	6	7	8	9	10	11	12	13	14	15	16	17	18	19	20	21	22	23	24	25	26	27	28	29	30							
18	夏曆四月	3	4	5	6	7	8	9	10	11	12	13	14	15	16	17	18	19	20	21	22	23	24	25	26	27	28	29	30	⑦	2							
	回曆2月	30	1	2	3	4	5	6	7	8	9	10	11	12	13	14	15	16	17	18	19	20	21	22	23	24	25	26	27	28	29							
	公曆5月			1	2	3	4	5	6	7	8	9	10	11	12	13	14	15	16	17	18	19	20	21	22	23	24	25	26	27	28	29	30	31				
19	夏曆五月			3	4	5	6	7	8	9	10	11	12	13	14	15	16	17	18	19	20	21	22	23	24	25	26	27	28	29	㊱	2	3	4				
	回曆3、4月			1	2	3	4	5	6	7	8	9	10	11	12	13	14	15	16	17	18	19	20	21	22	23	24	25	26	27	28	29	30	1				
	公曆6月						1	2	3	4	5	6	7	8	9	10	11	12	13	14	15	16	17	18	19	20	21	22	23	24	25	26	27	28	29	30		
20	夏曆六月						5	6	7	8	9	10	11	12	13	14	15	16	17	18	19	20	21	22	23	24	25	26	27	28	29	30	⑥	2	3	4		
	回曆5月						2	3	4	5	6	7	8	9	10	11	12	13	14	15	16	17	18	19	20	21	22	23	24	25	26	27	28	29	1	2		
	公曆7月	1	2	3	4	5	6	7	8	9	10	11	12	13	14	15	16	17	18	19	20	21	22	23	24	25	26	27	28	29	30	31						
21	夏曆七月	5	6	7	8	9	10	11	12	13	14	15	16	17	18	19	20	21	22	23	24	25	26	27	28	29	30	㊱	2	3	4	5						
	回曆6月	3	4	5	6	7	8	9	10	11	12	13	14	15	16	17	18	19	20	21	22	23	24	25	26	27	28	29	30	1	2	3						
	公曆8月				1	2	3	4	5	6	7	8	9	10	11	12	13	14	15	16	17	18	19	20	21	22	23	24	25	26	27	28	29	30	31			
22	夏曆八月				6	7	8	9	10	11	12	13	14	15	16	17	18	19	20	21	22	23	24	25	26	27	28	29	⑤	2	3	4	5	6	7			
	回曆7月				4	5	6	7	8	9	10	11	12	13	14	15	16	17	18	19	20	21	22	23	24	25	26	27	28	29	1	2	3	4	5			
	公曆9月							1	2	3	4	5	6	7	8	9	10	11	12	13	14	15	16	17	18	19	20	21	22	23	24	25	26	27	28	29	30	
23	夏曆九月							8	9	10	11	12	13	14	15	16	17	18	19	20	21	22	23	24	25	26	27	28	29	30	㉟	2	3	4	5	6	7	
	回曆8月							6	7	8	9	10	11	12	13	14	15	16	17	18	19	20	21	22	23	24	25	26	27	28	29	30	1	2	3	4	5	
	公曆10月		1	2	3	4	5	6	7	8	9	10	11	12	13	14	15	16	17	18	19	20	21	22	23	24	25	26	27	28	29	30	31					
24	夏曆十月		8	9	10	11	12	13	14	15	16	17	18	19	20	21	22	23	24	25	26	27	28	29	④	2	3	4	5	6	7	8	9					
	回曆9月		6	7	8	9	10	11	12	13	14	15	16	17	18	19	20	21	22	23	24	25	26	27	28	29	1	2	3	4	5	6	7					
	公曆11月					1	2	3	4	5	6	7	8	9	10	11	12	13	14	15	16	17	18	19	20	21	22	23	24	25	26	27	28	29	30			
25	夏曆十一月					10	11	12	13	14	15	16	17	18	19	20	21	22	23	24	25	26	27	28	29	30	㉞	2	3	4	5	6	7	8	9			
	回曆10月					8	9	10	11	12	13	14	15	16	17	18	19	20	21	22	23	24	25	26	27	28	29	30	1	2	3	4	5	6	7			
	公曆12月							1	2	3	4	5	6	7	8	9	10	11	12	13	14	15	16	17	18	19	20	21	22	23	24	25	26	27	28	29	30	31
26	夏曆十二月							10	11	12	13	14	15	16	17	18	19	20	21	22	23	24	25	26	27	28	29	③	2	3	4	5	6	7	8	9	10	11
	回曆11月							8	9	10	11	12	13	14	15	16	17	18	19	20	21	22	23	24	25	26	27	28	29	1	2	3	4	5	6	7	8	9

大事記

正月，陳橋兵變，趙匡胤稱皇帝，國號宋，都汴梁，廢周帝。　三月，南唐、吳越各遣使賀宋。後周昭儀軍節度使李筠聯北漢起兵潞州。　五月，宋帝自擊李筠。石守信在長平敗李筠，高懷德破筠衆於澤州。　六月，李筠敗死。　八月南平高保融卒，弟保勗嗣。　九月，後周淮南節度使李重進據揚州起兵，敗死。

宋 遼 金 紀 年

干支辛酉　公元 961 年

朝代或國名	國家支配者	建都	廟號	謚號	建元	年號年次	輔政者	備注
北宋	①趙匡胤	汴梁	太祖	大	3	1 建隆 2 年	范質 王溥 魏仁浦	
吳越	⑤錢弘俶	錢塘		忠懿王	7	4 建隆 2 年		從北宋年號
遼(契丹)	④耶律璟	上京	遼穆宗			7 應曆 11 年		
南漢	④劉鋹	廣州			1	大寶 4 年		
荊南(南平)	④高保勗	荊州			1	建隆 2 年		從北宋年號
後蜀	②孟昶	成都		楚恭孝王	2	2 廣政 24 年		
南唐	③李煜	南都		後主	3	1 建隆 2 年		從北宋年號
大理	④段思聰	陽苴咩		廣慈				在雲南
北漢	②劉鈞	太原		和		天會 5 年		
東丹		龍泉府			1	36 年		
古格						148 年		西藏阿里

月 曆 表

5674—384—2072466

月干支序數	月序＼星期	日	1	2	3	4	5	6	日	1	2	3	4	5	6	日	1	2	3	4	5	6	日	1	2	3	4	5	6	日	1	2	3	4	5	6	日	1
	公曆 1 月			1	2	3	4	5	6	7	8	9	10	11	12	13	14	15	16	17	18	19	20	21	22	23	24	25	26	27	28	29	30	31				
27	夏曆正月			12	13	14	15	16	17	18	19	20	21	22	23	24	25	26	27	28	29	30	㉝	2	3	4	5	6	7	8	9	10	11	12				
	回曆 12 月			10	11	12	13	14	15	16	17	18	19	20	21	22	23	24	25	26	27	28	29	30	1	2	3	4	5	6	7	8	9	10				
	公曆 2 月						1	2	3	4	5	6	7	8	9	10	11	12	13	14	15	16	17	18	19	20	21	22	23	24	25	26	27	28				
28	夏曆二月						13	14	15	16	17	18	19	20	21	22	23	24	25	26	27	28	29	②	2	3	4	5	6	7	8	9	10	11				
350 年	回曆 1 月						11	12	13	14	15	16	17	18	19	20	21	22	23	24	25	26	27	28	29	①	2	3	4	5	6	7	8	9				
	公曆 3 月						1	2	3	4	5	6	7	8	9	10	11	12	13	14	15	16	17	18	19	20	21	22	23	24	25	26	27	28	29	30	31	
29	夏曆三月						12	13	14	15	16	17	18	19	20	21	22	23	24	25	26	27	28	29	30	㉜	2	3	4	5	6	7	8	9	10	11	12	
	回曆 2 月						10	11	12	13	14	15	16	17	18	19	20	21	22	23	24	25	26	27	28	29	30	1	2	3	4	5	6	7	8	9	10	
	公曆 4 月		1	2	3	4	5	6	7	8	9	10	11	12	13	14	15	16	17	18	19	20	21	22	23	24	25	26	27	28	29	30						
	夏曆閏三月		13	14	15	16	17	18	19	20	21	22	23	24	25	26	27	28	29	①	2	3	4	5	6	7	8	9	10	11	12	13						
	回曆 3 月		11	12	13	14	15	16	17	18	19	20	21	22	23	24	25	26	27	28	29	1	2	3	4	5	6	7	8	9	10	11						
	公曆 5 月				1	2	3	4	5	6	7	8	9	10	11	12	13	14	15	16	17	18	19	20	21	22	23	24	25	26	27	28	29	30	31			
30	夏曆四月				14	15	16	17	18	19	20	21	22	23	24	25	26	27	28	29	㉚	2	3	4	5	6	7	8	9	10	11	12	13	14	15			
	回曆 4 月				12	13	14	15	16	17	18	19	20	21	22	23	24	25	26	27	28	29	30	1	2	3	4	5	6	7	8	9	10	11	12			
	公曆 6 月							1	2	3	4	5	6	7	8	9	10	11	12	13	14	15	16	17	18	19	20	21	22	23	24	25	26	27	28	29	30	
31	夏曆五月							16	17	18	19	20	21	22	23	24	25	26	27	28	29	30	(60)	2	3	4	5	6	7	8	9	10	11	12	13	14	15	
	回曆 5 月							13	14	15	16	17	18	19	20	21	22	23	24	25	26	27	28	29	1	2	3	4	5	6	7	8	9	10	11	12	13	
	公曆 7 月		1	2	3	4	5	6	7	8	9	10	11	12	13	14	15	16	17	18	19	20	21	22	23	24	25	26	27	28	29	30	31					
32	夏曆六月		16	17	18	19	20	21	22	23	24	25	26	27	28	29	30	㉚	2	3	4	5	6	7	8	9	10	11	12	13	14	15	16					
	回曆 6 月		14	15	16	17	18	19	20	21	22	23	24	25	26	27	28	29	30	1	2	3	4	5	6	7	8	9	10	11	12	13	14					
	公曆 8 月					1	2	3	4	5	6	7	8	9	10	11	12	13	14	15	16	17	18	19	20	21	22	23	24	25	26	27	28	29	30	31		
33	夏曆七月					17	18	19	20	21	22	23	24	25	26	27	28	29	(59)	2	3	4	5	6	7	8	9	10	11	12	13	14	15	16	17	18		
	回曆 7 月					15	16	17	18	19	20	21	22	23	24	25	26	27	28	29	1	2	3	4	5	6	7	8	9	10	11	12	13	14	15	16		
	公曆 9 月	1	2	3	4	5	6	7	8	9	10	11	12	13	14	15	16	17	18	19	20	21	22	23	24	25	26	27	28	29	30							

續表

月 干支 序數	星期 月序	日	1	2	3	4	5	6	日	1	2	3	4	5	6	日	1	2	3	4	5	6	日	1	2	3	4	5	6	日	1	2	3	4	5	6	日	1
34	夏曆八月	19	20	21	22	23	24	25	26	27	28	29	30	㉙	2	3	4	5	6	7	8	9	10	11	12	13	14	15	16	17	18							
	回曆8月	17	18	19	20	21	22	23	24	25	26	27	28	29	30	1	2	3	4	5	6	7	8	9	10	11	12	13	14	15	16							
	公曆10月			1	2	3	4	5	6	7	8	9	10	11	12	13	14	15	16	17	18	19	20	21	22	23	24	25	26	27	28	29	30	31				
35	夏曆九月			19	20	21	22	23	24	25	26	27	28	29	30	(59)	2	3	4	5	6	7	8	9	10	11	12	13	14	15	16	17	18	19				
	回曆9月			17	18	19	20	21	22	23	24	25	26	27	28	29	1	2	3	4	5	6	7	8	9	10	11	12	13	14	15	16	17	18				
	公曆11月						1	2	3	4	5	6	7	8	9	10	11	12	13	14	15	16	17	18	19	20	21	22	23	24	25	26	27	28	29	30		
36	夏曆十月						20	21	22	23	24	25	26	27	28	29	㉘	2	3	4	5	6	7	8	9	10	11	12	13	14	15	16	17	18	19	20		
	回曆10月						19	20	21	22	23	24	25	26	27	28	29	30	1	2	3	4	5	6	7	8	9	10	11	12	13	14	15	16	17	18		
	公曆12月	1	2	3	4	5	6	7	8	9	10	11	12	13	14	15	16	17	18	19	20	21	22	23	24	25	26	27	28	29	30	31						
37	夏曆十一月	21	22	23	24	25	26	27	28	29	30	(58)	2	3	4	5	6	7	8	9	10	11	12	13	14	15	16	17	18	19	20	21						
	回曆11月	19	20	21	22	23	24	25	26	27	28	29	1	2	3	4	5	6	7	8	9	10	11	12	13	14	15	16	17	18	19	20						

遼三月甲午。

大事記

正月,《唐會要》成。宋始丈量地畝。導汴水入潁河。　二月,南唐徙都南昌。宋鑿五丈渠。　三月,北漢侵宋麟州敗還。罷殿前都點檢官。　五月,遼行新曆。　六月,南唐主李璟卒,子煜嗣,為後主。七月,杯酒釋兵權。　八月生女真自海道貢馬於宋。宋修《周世宗實錄》成。遼解里降宋。　十月,宋禁邊民侵盜遼人馬匹。　十二月,宋連敗北漢軍。

宋遼金紀年

干支壬戌　公元962年

朝代或國名	國家支配者	建都	廟號	謚號	建元	年號年次	輔政者	備注
北宋	①趙匡胤	汴梁	太祖	大	3	1 建隆3年	同前	
吳越	⑤錢弘俶	錢塘		忠懿王	7	4 建隆3年		從北宋年號
遼(契丹)	④耶律璟	幽州	遼穆宗			7 應曆12年		
南漢	④劉鋹	廣州			1	大寶5年		
荆南(南平)	⑤高繼冲	荆州			1	建隆3年		十一月改元從北宋年號
後蜀	②孟昶	成都		楚恭孝王	2	2 廣政25年		
南唐	③李煜	南都		後主	3	1 建隆3年		從北宋年號
大理	④段思聰	陽苴咩		廣慈				在雲南
北漢	②劉鈞	太原		和		天會6年		
東丹		龍泉府			1	37年		
古格						149年		西藏阿里

月曆表

5675—354—2072820

月 干支 序數	星期 月序	日	1	2	3	4	5	6	日	1	2	3	4	5	6	日	1	2	3	4	5	6	日	1	2	3	4	5	6	日	1	2	3	4	5	6	日
	公曆1月				1	2	3	4	5	6	7	8	9	10	11	12	13	14	15	16	17	18	19	20	21	22	23	24	25	26	27	28	29	30	31		
38	夏曆十二月				22	23	24	25	26	27	28	29	㉗	2	3	4	5	6	7	8	9	10	11	12	13	14	15	16	17	18	19	20	21	22	23		

續表

月干支序數	月序＼星期	日	1	2	3	4	5	6	日	1	2	3	4	5	6	日	1	2	3	4	5	6	日	1	2	3	4	5	6	日	1	2	3	4	5	6	日	1
	回曆12月				21	22	23	24	25	26	27	28	29	30	1	2	3	4	5	6	7	8	9	10	11	12	13	14	15	16	17	18	19	20	21			
	公曆2月							1	2	3	4	5	6	7	8	9	10	11	12	13	14	15	16	17	18	19	20	21	22	23	24	25	26	27	28			
39	夏曆正月							24	25	26	27	28	29	30	(51)	2	3	4	5	6	7	8	9	10	11	12	13	14	15	16	17	18	19	20	21			
51年	回曆1月							22	23	24	25	26	27	28	29	①	2	3	4	5	6	7	8	9	10	11	12	13	14	15	16	17	18	19	20			
	公曆3月							1	2	3	4	5	6	7	8	9	10	11	12	13	14	15	16	17	18	19	20	21	22	23	24	25	26	27	28	29	30	31
40	夏曆二月							22	23	24	25	26	27	28	29	㉖	2	3	4	5	6	7	8	9	10	11	12	13	14	15	16	17	18	19	20	21	22	23
	回曆2月							21	22	23	24	25	26	27	28	29	30	1	2	3	4	5	6	7	8	9	10	11	12	13	14	15	16	17	18	19	20	21
	公曆4月			1	2	3	4	5	6	7	8	9	10	11	12	13	14	15	16	17	18	19	20	21	22	23	24	25	26	27	28	29	30					
41	夏曆三月			24	25	26	27	28	29	(55)	2	3	4	5	6	7	8	9	10	11	12	13	14	15	16	17	18	19	20	21	22	23	24					
	回曆3月			22	23	24	25	26	27	28	29	1	2	3	4	5	6	7	8	9	10	11	12	13	14	15	16	17	18	19	20	21	22					
	公曆5月					1	2	3	4	5	6	7	8	9	10	11	12	13	14	15	16	17	18	19	20	21	22	23	24	25	26	27	28	29	30	31		
42	夏曆四月					25	26	27	28	29	30	㉕	2	3	4	5	6	7	8	9	10	11	12	13	14	15	16	17	18	19	20	21	22	23	24	25		
	回曆4月					23	24	25	26	27	28	29	30	1	2	3	4	5	6	7	8	9	10	11	12	13	14	15	16	17	18	19	20	21	22	23		
	公曆6月	1	2	3	4	5	6	7	8	9	10	11	12	13	14	15	16	17	18	19	20	21	22	23	24	25	26	27	28	29	30							
43	夏曆五月	26	27	28	29	(54)	2	3	4	5	6	7	8	9	10	11	12	13	14	15	16	17	18	19	20	21	22	23	24	25	26							
	回曆5月	24	25	26	27	28	29	1	2	3	4	5	6	7	8	9	10	11	12	13	14	15	16	17	18	19	20	21	22	23	24							
	公曆7月			1	2	3	4	5	6	7	8	9	10	11	12	13	14	15	16	17	18	19	20	21	22	23	24	25	26	27	28	29	30	31				
44	夏曆六月			27	28	29	30	㉔	2	3	4	5	6	7	8	9	10	11	12	13	14	15	16	17	18	19	20	21	22	23	24	25	26	27				
	回曆6月			25	26	27	28	29	30	1	2	3	4	5	6	7	8	9	10	11	12	13	14	15	16	17	18	19	20	21	22	23	24	25				
	公曆8月						1	2	3	4	5	6	7	8	9	10	11	12	13	14	15	16	17	18	19	20	21	22	23	24	25	26	27	28	29	30	31	
45	夏曆七月						28	29	(53)	2	3	4	5	6	7	8	9	10	11	12	13	14	15	16	17	18	19	20	21	22	23	24	25	26	27	28	29	
	回曆7月						26	27	28	29	1	2	3	4	5	6	7	8	9	10	11	12	13	14	15	16	17	18	19	20	21	22	23	24	25	26	27	
	公曆9月		1	2	3	4	5	6	7	8	9	10	11	12	13	14	15	16	17	18	19	20	21	22	23	24	25	26	27	28	29	30						
46	夏曆八月		30	㉓	2	3	4	5	6	7	8	9	10	11	12	13	14	15	16	17	18	19	20	21	22	23	24	25	26	27	28	29						
	回曆8月		28	29	30	1	2	3	4	5	6	7	8	9	10	11	12	13	14	15	16	17	18	19	20	21	22	23	24	25	26	27						
	公曆10月				1	2	3	4	5	6	7	8	9	10	11	12	13	14	15	16	17	18	19	20	21	22	23	24	25	26	27	28	29	30	31			
47 48	夏曆九十月				30	(53)	2	3	4	5	6	7	8	9	10	11	12	13	14	15	16	17	18	19	20	21	22	23	24	25	26	27	28	29	㉒			
	回曆9月				28	29	1	2	3	4	5	6	7	8	9	10	11	12	13	14	15	16	17	18	19	20	21	22	23	24	25	26	27	28	29			
	公曆11月							1	2	3	4	5	6	7	8	9	10	11	12	13	14	15	16	17	18	19	20	21	22	23	24	25	26	27	28	29	30	
49	夏曆十一月							2	3	4	5	6	7	8	9	10	11	12	13	14	15	16	17	18	19	20	21	22	23	24	25	26	27	28	29	30	(52)	
	回曆10月							30	1	2	3	4	5	6	7	8	9	10	11	12	13	14	15	16	17	18	19	20	21	22	23	24	25	26	27	28	29	
	公曆12月		1	2	3	4	5	6	7	8	9	10	11	12	13	14	15	16	17	18	19	20	21	22	23	24	25	26	27	28	29	30	31					
50	夏曆十二月		2	3	4	5	6	7	8	9	10	11	12	13	14	15	16	17	18	19	20	21	22	23	24	25	26	27	28	29	30	㉒	2					
	回曆11、12月		1	2	3	4	5	6	7	8	9	10	11	12	13	14	15	16	17	18	19	20	21	22	23	24	25	26	27	28	29	30	1					

大事記

正月，宋廣皇城，禁州縣役僑居之民。　二月，宋減竊盜刑。北漢擾宋潞、晋二州。　三月，宋令決死罪者，奏委刑部詳復。　四月，北漢擾宋麟州。　五月，詔令均戶役。宋發潞州民修太行道。　九月，禁伐桑棗。　十月，宋以趙普為樞密使。　十二月，宋以河北、陝西、京東旱蝗，減免租稅。　是歲，王處訥編成《應天曆》。

宋遼金紀年　　干支癸亥　公元963年

朝代或國名	國家支配者	建都	廟號	謚號	建元	年號年次	輔政者	備注
北宋	①趙匡胤	汴梁	太祖	大	3	2乾德元年	同前	十一月改元
吳越	⑤錢弘俶	錢塘		忠懿王	7	5乾德元年		從北宋年號
遼(契丹)	④耶律璟	幽州	遼穆宗			7應曆13年		
南漢	④劉鋹	廣州			1	大寶6年		
荊南(南平)	⑤高繼冲	荊州			1	乾德元年		從北宋年號 二月亡於宋
後蜀	②孟昶	成都		楚恭孝王	2	2廣政26年		
南唐	③李煜	南都		後主	3	2乾德元年		從北宋年號
大理	④段思聰	陽苴咩		廣慈				在雲南
北漢	②劉鈞	太原		和		天會7年		
東丹		龍泉府			1	38年		
古格						150年		西藏阿里

月曆表　　5676—384—2073204

月干支序數	月序＼星期	日	1	2	3	4	5	6	日	1	2	3	4	5	6	日	1	2	3	4	5	6	日	1	2	3	4	5	6	日	1	2	3	4	5	6	日	
	公曆1月					1	2	3	4	5	6	7	8	9	10	11	12	13	14	15	16	17	18	19	20	21	22	23	24	25	26	27	28	29	30	31		
51	夏曆正月					3	4	5	6	7	8	9	10	11	12	13	14	15	16	17	18	19	20	21	22	23	24	25	26	27	28	29	㉛51	2	3	4		
352年	回曆1月					2	3	4	5	6	7	8	9	10	11	12	13	14	15	16	17	18	19	20	21	22	23	24	25	26	27	28	29	30	①	2		
	公曆2月	1	2	3	4	5	6	7	8	9	10	11	12	13	14	15	16	17	18	19	20	21	22	23	24	25	26	27	28									
52	夏曆二月	5	6	7	8	9	10	11	12	13	14	15	16	17	18	19	20	21	22	23	24	25	26	27	28	29	30	㉑	2									
	回曆　月	3	4	5	6	7	8	9	10	11	12	13	14	15	16	17	18	19	20	21	22	23	24	25	26	27	28	29	30									
	公曆3月	1	2	3	4	5	6	7	8	9	10	11	12	13	14	15	16	17	18	19	20	21	22	23	24	25	26	27	28	29	30	31						
53	夏曆三月	3	4	5	6	7	8	9	10	11	12	13	14	15	16	17	18	19	20	21	22	23	24	25	26	27	28	29	㊿	2	3	4						
	回曆2、3月	1	2	3	4	5	6	7	8	9	10	11	12	13	14	15	16	17	18	19	20	21	22	23	24	25	26	27	28	29	1	2						
	公曆4月				1	2	3	4	5	6	7	8	9	10	11	12	13	14	15	16	17	18	19	20	21	22	23	24	25	26	27	28	29	30				
54	夏曆四月				5	6	7	8	9	10	11	12	13	14	15	16	17	18	19	20	21	22	23	24	25	26	27	28	29	⑲	2	3	4	5				
	回曆4月				3	4	5	6	7	8	9	10	11	12	13	14	15	16	17	18	19	20	21	22	23	24	25	26	27	28	29	30	1	2				
	公曆5月						1	2	3	4	5	6	7	8	9	10	11	12	13	14	15	16	17	18	19	20	21	22	23	24	25	26	27	28	29	30	31	
55	夏曆五月						6	7	8	9	10	11	12	13	14	15	16	17	18	19	20	21	22	23	24	25	26	27	28	29	30	㊾	2	3	4	5	6	
	回曆5月						3	4	5	6	7	8	9	10	11	12	13	14	15	16	17	18	19	20	21	22	23	24	25	26	27	28	29	1	2	3	4	
	公曆6月		1	2	3	4	5	6	7	8	9	10	11	12	13	14	15	16	17	18	19	20	21	22	23	24	25	26	27	28	29	30						
56	夏曆六月		7	8	9	10	11	12	13	14	15	16	17	18	19	20	21	22	23	24	25	26	27	28	29	⑱	2	3	4	5	6	7						
	回曆6月		5	6	7	8	9	10	11	12	13	14	15	16	17	18	19	20	21	22	23	24	25	26	27	28	29	30	1	2	3	4						
	公曆7月				1	2	3	4	5	6	7	8	9	10	11	12	13	14	15	16	17	18	19	20	21	22	23	24	25	26	27	28	29	30	31			
57	夏曆七月				8	9	10	11	12	13	14	15	16	17	18	19	20	21	22	23	24	25	26	27	28	29	30	㊽	2	3	4	5	6	7	8			
	回曆7月				5	6	7	8	9	10	11	12	13	14	15	16	17	18	19	20	21	22	23	24	25	26	27	28	29	1	2	3	4	5	6			
	公曆8月							1	2	3	4	5	6	7	8	9	10	11	12	13	14	15	16	17	18	19	20	21	22	23	24	25	26	27	28	29	30	3
58	夏曆八月							9	10	11	12	13	14	15	16	17	18	19	20	21	22	23	24	25	26	27	28	29	⑰	2	3	4	5	6	7	8	9	1
	回曆8月							7	8	9	10	11	12	13	14	15	16	17	18	19	20	21	22	23	24	25	26	27	28	29	30	1	2	3	4	5	6	[illegible]
	公曆9月			1	2	3	4	5	6	7	8	9	10	11	12	13	14	15	16	17	18	19	20	21	22	23	24	25	26	27	28	29	30					
59	夏曆九月			11	12	13	14	15	16	17	18	19	20	21	22	23	24	25	26	27	28	29	30	㊼	2	3	4	5	6	7	8	9	10					

續表

月干支序數	星期 / 月序	日	1	2	3	4	5	6	日	1	2	3	4	5	6	日	1	2	3	4	5	6	日	1	2	3	4	5	6	日	1	2	3	4	5	6	日	1
	回曆 9 月			8	9	10	11	12	13	14	15	16	17	18	19	20	21	22	23	24	25	26	27	28	29	1	2	3	4	5	6	7	8					
	公曆 10 月					1	2	3	4	5	6	7	8	9	10	11	12	13	14	15	16	17	18	19	20	21	22	23	24	25	26	27	28	29	30	31		
60	夏曆十月					11	12	13	14	15	16	17	18	19	20	21	22	23	24	25	26	27	28	29	⑯	2	3	4	5	6	7	8	9	10	11	12		
	回曆 10 月					9	10	11	12	13	14	15	16	17	18	19	20	21	22	23	24	25	26	27	28	29	30	1	2	3	4	5	6	7	8	9		
	公曆 11 月	1	2	3	4	5	6	7	8	9	10	11	12	13	14	15	16	17	18	19	20	21	22	23	24	25	26	27	28	29	30							
1	夏曆十一月	13	14	15	16	17	18	19	20	21	22	23	24	25	26	27	28	29	30	㊻	2	3	4	5	6	7	8	9	10	11	12							
	回曆 11 月	10	11	12	13	14	15	16	17	18	19	20	21	22	23	24	25	26	27	28	29	1	2	3	4	5	6	7	8	9	10							
	公曆 12 月			1	2	3	4	5	6	7	8	9	10	11	12	13	14	15	16	17	18	19	20	21	22	23	24	25	26	27	28	29	30	31				
2	夏曆十二月			13	14	15	16	17	18	19	20	21	22	23	24	25	26	27	28	29	30	⑯	2	3	4	5	6	7	8	9	10	11	12	13				
	回曆 12 月			11	12	13	14	15	16	17	18	19	20	21	22	23	24	25	26	27	28	29	30	1	2	3	4	5	6	7	8	9	10	11				

大事記

正月，宋發丁夫修河堤。宋築津關城，遼人擾之，不果。宋初命文臣知州事。　二月，宋兵據江陵，高繼冲降宋，荆南高氏亡，荆湖平。　三月，慕容延釗克復朗州，湖南平。　四月，頒行《新定建隆應天曆》。　七月，《五代會要》成書。　八月，女真貢馬於宋。　九月，北漢結遼兵擾宋。　十一月，宋改元乾德。

宋 遼 金 紀 年

干支甲子　公元 964 年

朝代或國名	國家支配者	建都	廟號	謚號	建元	年號年次	輔政者	備注
北宋	①趙匡胤	汴梁	太祖	大	3	2 乾德 2 年	同前，增趙普	
吴越	⑤錢弘俶	錢塘		忠懿王	7	5 乾德 2 年		從北宋年號
遼(契丹)	④耶律璟	幽州	遼穆宗			7 應曆 14 年		
南漢	④劉鋹	廣州			1	大寶 7 年		
後蜀	②孟昶	成都		楚恭孝王	2	2 廣政 27 年		
南唐	③李煜	南都		後主	3	2 乾德 2 年		從北宋年號
大理	④段思聰	陽苴咩		廣慈				在雲南
北漢	②劉鈞	太原		和		天會 8 年		
東丹		龍泉府			1	39 年		
古格						151 年		西藏阿里

月 曆 表

5677—355—2073559

月干支序數	星期 / 月序	日	1	2	3	4	5	6	日	1	2	3	4	5	6	日	1	2	3	4	5	6	日	1	2	3	4	5	6	日	1	2	3	4	5	6	日	1
	公曆 1 月						1	2	3	4	5	6	7	8	9	10	11	12	13	14	15	16	17	18	19	20	21	22	23	24	25	26	27	28	29	30	31	
	夏曆閏十二月						14	15	16	17	18	19	20	21	22	23	24	25	26	27	28	29	30	㊻	2	3	4	5	6	7	8	9	10	11	12	13	14	
353 年	回曆 1 月						12	13	14	15	16	17	18	19	20	21	22	23	24	25	26	27	28	29	①	2	3	4	5	6	7	8	9	10	11	12	13	
	公曆 2 月		1	2	3	4	5	6	7	8	9	10	11	12	13	14	15	16	17	18	19	20	21	22	23	24	25	26	27	28	29							
3	夏曆正月		15	16	17	18	19	20	21	22	23	24	25	26	27	28	29	⑮	2	3	4	5	6	7	8	9	10	11	12	13	14							
	回曆 2 月		14	15	16	17	18	19	20	21	22	23	24	25	26	27	28	29	30	1	2	3	4	5	6	7	8	9	10	11	12							

續表

月 干支 序數	星期 月序	日	1	2	3	4	5	6	日	1	2	3	4	5	6	日	1	2	3	4	5	6	日	1	2	3	4	5	6	日	1	2	3	4	5	6	日	1
	公曆3月			1	2	3	4	5	6	7	8	9	10	11	12	13	14	15	16	17	18	19	20	21	22	23	24	25	26	27	28	29	30	31				
4	夏曆二月			15	16	17	18	19	20	21	22	23	24	25	26	27	28	29	30	㊺	2	3	4	5	6	7	8	9	10	11	12	13	14	15				
	回曆3月			13	14	15	16	17	18	19	20	21	22	23	24	25	26	27	28	29	1	2	3	4	5	6	7	8	9	10	11	12	13	14				
	公曆4月						1	2	3	4	5	6	7	8	9	10	11	12	13	14	15	16	17	18	19	20	21	22	23	24	25	26	27	28	29	30		
5	夏曆三月						16	17	18	19	20	21	22	23	24	25	26	27	28	29	⑭	2	3	4	5	6	7	8	9	10	11	12	13	14	15	16		
	回曆4月						15	16	17	18	19	20	21	22	23	24	25	26	27	28	29	30	1	2	3	4	5	6	7	8	9	10	11	12	13	14		
	公曆5月	1	2	3	4	5	6	7	8	9	10	11	12	13	14	15	16	17	18	19	20	21	22	23	24	25	26	27	28	29	30	31						
6	夏曆四月	17	18	19	20	21	22	23	24	25	26	27	28	29	30	㊹	2	3	4	5	6	7	8	9	10	11	12	13	14	15	16	17						
	回曆5月	15	16	17	18	19	20	21	22	23	24	25	26	27	28	29	1	2	3	4	5	6	7	8	9	10	11	12	13	14	15	16						
	公曆6月				1	2	3	4	5	6	7	8	9	10	11	12	13	14	15	16	17	18	19	20	21	22	23	24	25	26	27	28	29	30				
7	夏曆五月				18	19	20	21	22	23	24	25	26	27	28	29	⑬	2	3	4	5	6	7	8	9	10	11	12	13	14	15	16	17	18				
	回曆6月				17	18	19	20	21	22	23	24	25	26	27	28	29	30	1	2	3	4	5	6	7	8	9	10	11	12	13	14	15	16				
	公曆7月						1	2	3	4	5	6	7	8	9	10	11	12	13	14	15	16	17	18	19	20	21	22	23	24	25	26	27	28	29	30	31	
8	夏曆六月						19	20	21	22	23	24	25	26	27	28	29	㊷	2	3	4	5	6	7	8	9	10	11	12	13	14	15	16	17	18	19	20	
	回曆7月						17	18	19	20	21	22	23	24	25	26	27	28	29	1	2	3	4	5	6	7	8	9	10	11	12	13	14	15	16	17	18	
	公曆8月		1	2	3	4	5	6	7	8	9	10	11	12	13	14	15	16	17	18	19	20	21	22	23	24	25	26	27	28	29	30	31					
9	夏曆七月		21	22	23	24	25	26	27	28	29	⑪	2	3	4	5	6	7	8	9	10	11	12	13	14	15	16	17	18	19	20	21	22					
	回曆8月		19	20	21	22	23	24	25	26	27	28	29	30	1	2	3	4	5	6	7	8	9	10	11	12	13	14	15	16	17	18	19					
	公曆9月					1	2	3	4	5	6	7	8	9	10	11	12	13	14	15	16	17	18	19	20	21	22	23	24	25	26	27	28	29	30			
10	夏曆八月					23	24	25	26	27	28	29	30	㊶	2	3	4	5	6	7	8	9	10	11	12	13	14	15	16	17	18	19	20	21	22			
	回曆9月					20	21	22	23	24	25	26	27	28	29	1	2	3	4	5	6	7	8	9	10	11	12	13	14	15	16	17	18	19	20			
	公曆10月							1	2	3	4	5	6	7	8	9	10	11	12	13	14	15	16	17	18	19	20	21	22	23	24	25	26	27	28	29	30	31
11	夏曆九月							23	24	25	26	27	28	29	30	⑪	2	3	4	5	6	7	8	9	10	11	12	13	14	15	16	17	18	19	20	21	22	23
	回曆10月							21	22	23	24	25	26	27	28	29	30	1	2	3	4	5	6	7	8	9	10	11	12	13	14	15	16	17	18	19	20	21
	公曆11月			1	2	3	4	5	6	7	8	9	10	11	12	13	14	15	16	17	18	19	20	21	22	23	24	25	26	27	28	29	30					
12	夏曆十月			24	25	26	27	28	29	㊵	2	3	4	5	6	7	8	9	10	11	12	13	14	15	16	17	18	19	20	21	22	23	24					
	回曆11月			22	23	24	25	26	27	28	29	1	2	3	4	5	6	7	8	9	10	11	12	13	14	15	16	17	18	19	20	21	22					
	公曆12月					1	2	3	4	5	6	7	8	9	10	11	12	13	14	15	16	17	18	19	20	21	22	23	24	25	26	27	28	29	30	31		
13	夏曆十一月					25	26	27	28	29	30	⑩	2	3	4	5	6	7	8	9	10	11	12	13	14	15	16	17	18	19	20	21	22	23	24	25		
	回曆12月					23	24	25	26	27	28	29	30	1	2	3	4	5	6	7	8	9	10	11	12	13	14	15	16	17	18	19	20	21	22	23		

遼四月丙午,六月丙午,七月乙亥。

大事記

正月,宋以趙普為相。諭郡國勸農耕。復制舉賢良方正等科。　二月,遼遣耶律撻烈援漢敗宋。　四月,宋始置參知政事以副宰相。　九月,烏古及黃室韋反遼。　十一月,宋遣王全斌等伐蜀。

宋遼金紀年

干支乙丑　公元 965 年

朝代或國名	國家支配者	建都	廟號	謚號	建元	年號年次	輔政者	備注
北宋	①趙匡胤	汴梁	太祖	大	3	2乾德3年	趙普	
吳越	⑤錢弘俶	錢塘		忠懿王	7	5乾德3年		從北宋年號
遼(契丹)	④耶律璟	幽州	遼穆宗			7應曆15年		
南漢	④劉鋹	廣州			1	大寶8年		

續表

朝代或國名	國家支配者	建都	廟號	謚號	建元	年號年次	輔政者	備注
後蜀	②孟昶	成都		楚恭孝王	2	2 廣政 28 年		正月降於宋
南唐	③李煜	南都		後主	3	2 乾德 3 年		從北宋年號
大理	④段思聰	陽苴咩		廣慈				在雲南
北漢	②劉鈞	太原		和		天會 9 年		
東丹		龍泉府			1	40 年		
古格						152 年		西藏阿里

月 曆 表

5678—354—2073913

月 干支 序數	星期 月序	日	1	2	3	4	5	6	日	1	2	3	4	5	6	日	1	2	3	4	5	6	日	1	2	3	4	5	6	日	1	2	3	4	5	6	日	1
	公暦 1 月	1	2	3	4	5	6	7	8	9	10	11	12	13	14	15	16	17	18	19	20	21	22	23	24	25	26	27	28	29	30	31						
14	夏暦十二月	26	27	28	29	30	㊵	2	3	4	5	6	7	8	9	10	11	12	13	14	15	16	17	18	19	20	21	22	23	24	25	26						
354 年	回暦 1 月	24	25	26	27	28	29	①	2	3	4	5	6	7	8	9	10	11	12	13	14	15	16	17	18	19	20	21	22	23	24	25						
	公暦 2 月				1	2	3	4	5	6	7	8	9	10	11	12	13	14	15	16	17	18	19	20	21	22	23	24	25	26	27	28						
15	夏暦正月				27	28	29	30	⑩	2	3	4	5	6	7	8	9	10	11	12	13	14	15	16	17	18	19	20	21	22	23	24						
	回暦 2 月				26	27	28	29	30	1	2	3	4	5	6	7	8	9	10	11	12	13	14	15	16	17	18	19	20	21	22	23						
	公暦 3 月				1	2	3	4	5	6	7	8	9	10	11	12	13	14	15	16	17	18	19	20	21	22	23	24	25	26	27	28	29	30	31			
16	夏暦二月				25	26	27	28	29	㊴	2	3	4	5	6	7	8	9	10	11	12	13	14	15	16	17	18	19	20	21	22	23	24	25	26			
	回暦 3 月				24	25	26	27	28	29	1	2	3	4	5	6	7	8	9	10	11	12	13	14	15	16	17	18	19	20	21	22	23	24	25			
	公暦 4 月							1	2	3	4	5	6	7	8	9	10	11	12	13	14	15	16	17	18	19	20	21	22	23	24	25	26	27	28	29	30	
17	夏暦三月							27	28	29	30	⑨	2	3	4	5	6	7	8	9	10	11	12	13	14	15	16	17	18	19	20	21	22	23	24	25	26	
	回暦 4 月							26	27	28	29	30	1	2	3	4	5	6	7	8	9	10	11	12	13	14	15	16	17	18	19	20	21	22	23	24	25	
	公暦 5 月		1	2	3	4	5	6	7	8	9	10	11	12	13	14	15	16	17	18	19	20	21	22	23	24	25	26	27	28	29	30	31					
18	夏暦四月		27	28	29	㊳	2	3	4	5	6	7	8	9	10	11	12	13	14	15	16	17	18	19	20	21	22	23	24	25	26	27	28					
	回暦 5 月		26	27	28	29	1	2	3	4	5	6	7	8	9	10	11	12	13	14	15	16	17	18	19	20	21	22	23	24	25	26	27					
	公暦 6 月					1	2	3	4	5	6	7	8	9	10	11	12	13	14	15	16	17	18	19	20	21	22	23	24	25	26	27	28	29	30			
19	夏暦五月					29	30	⑧	2	3	4	5	6	7	8	9	10	11	12	13	14	15	16	17	18	19	20	21	22	23	24	25	26	27	28			
	回暦 6 月					28	29	30	1	2	3	4	5	6	7	8	9	10	11	12	13	14	15	16	17	18	19	20	21	22	23	24	25	26	27			
	公暦 7 月							1	2	3	4	5	6	7	8	9	10	11	12	13	14	15	16	17	18	19	20	21	22	23	24	25	26	27	28	29	30	31
20 21	夏暦六、七月							29	㊲	2	3	4	5	6	7	8	9	10	11	12	13	14	15	16	17	18	19	20	21	22	23	24	25	26	27	28	29	⑥
	回暦 7 月							28	29	1	2	3	4	5	6	7	8	9	10	11	12	13	14	15	16	17	18	19	20	21	22	23	24	25	26	27	28	29
	公暦 8 月			1	2	3	4	5	6	7	8	9	10	11	12	13	14	15	16	17	18	19	20	21	22	23	24	25	26	27	28	29	30	31				
22	夏暦八月			2	3	4	5	6	7	8	9	10	11	12	13	14	15	16	17	18	19	20	21	22	23	24	25	26	27	28	29	㉟	2	3				
	回暦 8、9 月			30	1	2	3	4	5	6	7	8	9	10	11	12	13	14	15	16	17	18	19	20	21	22	23	24	25	26	27	28	29	1				
	公暦 9 月						1	2	3	4	5	6	7	8	9	10	11	12	13	14	15	16	17	18	19	20	21	22	23	24	25	26	27	28	29	30		
23	夏暦九月						4	5	6	7	8	9	10	11	12	13	14	15	16	17	18	19	20	21	22	23	24	25	26	27	28	29	30	⑤	2	3		
	回暦 10 月						2	3	4	5	6	7	8	9	10	11	12	13	14	15	16	17	18	19	20	21	22	23	24	25	26	27	28	29	30	1		
	公暦 10 月	1	2	3	4	5	6	7	8	9	10	11	12	13	14	15	16	17	18	19	20	21	22	23	24	25	26	27	28	29	30	31						
24	夏暦十月	4	5	6	7	8	9	10	11	12	13	14	15	16	17	18	19	20	21	22	23	24	25	26	27	28	29	㉞	2	3	4	5						
	回暦 11 月	2	3	4	5	6	7	8	9	10	11	12	13	14	15	16	17	18	19	20	21	22	23	24	25	26	27	28	29	1	2	3						
	公暦 11 月				1	2	3	4	5	6	7	8	9	10	11	12	13	14	15	16	17	18	19	20	21	22	23	24	25	26	27	28	29	30				
25	夏暦十一月				6	7	8	9	10	11	12	13	14	15	16	17	18	19	20	21	22	23	24	25	26	27	28	29	30	④	2	3	4	5				

續表

月干支序數	星期 / 月序	日	1	2	3	4	5	6	日	1	2	3	4	5	6	日	1	2	3	4	5	6	日	1	2	3	4	5	6	日	1	2	3	4	5	6	日	1
	回曆12月				4	5	6	7	8	9	10	11	12	13	14	15	16	17	18	19	20	21	22	23	24	25	26	27	28	29	30	1	2	3				
	公曆12月						1	2	3	4	5	6	7	8	9	10	11	12	13	14	15	16	17	18	19	20	21	22	23	24	25	26	27	28	29	30	31	
26	夏曆十二月						6	7	8	9	10	11	12	13	14	15	16	17	18	19	20	21	22	23	24	25	26	27	28	29	30	㉞	2	3	4	5	6	
355年	回曆1月						4	5	6	7	8	9	10	11	12	13	14	15	16	17	18	19	20	21	22	23	24	25	26	27	28	29	30		2	3	4	

遼五月庚午。

大事記

正月，蜀王孟昶降宋，後蜀亡。遼擊烏古部。　三月，後蜀兵擁舊將全師雄反宋，號興國軍，師雄自稱興蜀大王，屢敗宋兵。大室韋反遼。　五月，小黄室韋反遼。　六月，大室韋敗入敵烈部，尋皆降於遼。　七月，"蠻"酋珍州刺史田景遷附於宋。　十月，遼常恩戰敗烏古部，烏古部北還。

宋遼金紀年

干支丙寅　公元966年

朝代或國名	國家支配者	建都	廟號	謚號	建元	年號年次	輔政者	備注
北宋	①趙匡胤	汴梁	太祖	大	3	2乾德4年	趙普	
吴越	⑤錢弘俶	錢塘		忠懿王	7	5乾德4年		從北宋年號
遼(契丹)	④耶律璟	幽州	遼穆宗			7應曆16年		
南漢	④劉鋹	廣州			1	大寶9年		
南唐	③李煜	南都		後主	3	2乾德4年		從北宋年號
大理	④段思聰	陽苴咩		廣慈				在雲南
北漢	②劉鈞	太原		和		天會10年		
東丹		龍泉府			1	41年		
古格						153年		西藏阿里

月曆表

5679－383－2074296

月干支序數	星期 / 月序	日	1	2	3	4	5	6	日	1	2	3	4	5	6	日	1	2	3	4	5	6	日	1	2	3	4	5	6	日	1	2	3	4	5	6	日	1
	公曆1月		1	2	3	4	5	6	7	8	9	10	11	12	13	14	15	16	17	18	19	20	21	22	23	24	25	26	27	28	29	30	31					
27	夏曆正月		7	8	9	10	11	12	13	14	15	16	17	18	19	20	21	22	23	24	25	26	27	28	29	30	④	2	3	4	5	6	7					
	回曆2月		5	6	7	8	9	10	11	12	13	14	15	16	17	18	19	20	21	22	23	24	25	26	27	28	29	30	1	2	3	4	5					
	公曆2月					1	2	3	4	5	6	7	8	9	10	11	12	13	14	15	16	17	18	19	20	21	22	23	24	25	26	27	28					
28	夏曆二月					8	9	10	11	12	13	14	15	16	17	18	19	20	21	22	23	24	25	26	27	28	29	㉝	2	3	4	5	6					
	回曆3月					6	7	8	9	10	11	12	13	14	15	16	17	18	19	20	21	22	23	24	25	26	27	28	29	1	2	3	4					
	公曆3月					1	2	3	4	5	6	7	8	9	10	11	12	13	14	15	16	17	18	19	20	21	22	23	24	25	26	27	28	29	30	31		
29	夏曆三月					7	8	9	10	11	12	13	14	15	16	17	18	19	20	21	22	23	24	25	26	27	28	29	30	③	2	3	4	5	6	7		
	回曆4月					5	6	7	8	9	10	11	12	13	14	15	16	17	18	19	20	21	22	23	24	25	26	27	28	29	30	1	2	3	4	5		
	公曆4月	1	2	3	4	5	6	7	8	9	10	11	12	13	14	15	16	17	18	19	20	21	22	23	24	25	26	27	28	29	30							
30	夏曆四月	8	9	10	11	12	13	14	15	16	17	18	19	20	21	22	23	24	25	26	27	28	29	30	㉝	2	3	4	5	6	7							
	回曆5月	6	7	8	9	10	11	12	13	14	15	16	17	18	19	20	21	22	23	24	25	26	27	28	29	1	2	3	4	5	6							
	公曆5月			1	2	3	4	5	6	7	8	9	10	11	12	13	14	15	16	17	18	19	20	21	22	23	24	25	26	27	28	29	30	31				

續表

月干支序數	月序＼星期	日	1	2	3	4	5	6	日	1	2	3	4	5	6	日	1	2	3	4	5	6	日	1	2	3	4	5	6	日	1	2	3	4	5	6	日	1
31	夏曆五月			8	9	10	11	12	13	14	15	16	17	18	19	20	21	22	23	24	25	26	27	28	29	②	2	3	4	5	6	7	8	9				
	回曆6月			7	8	9	10	11	12	13	14	15	16	17	18	19	20	21	22	23	24	25	26	27	28	29	30	1	2	3	4	5	6	7				
	公曆6月						1	2	3	4	5	6	7	8	9	10	11	12	13	14	15	16	17	18	19	20	21	22	23	24	25	26	27	28	29	30		
32	夏曆六月						10	11	12	13	14	15	16	17	18	19	20	21	22	23	24	25	26	27	28	29	㉛	2	3	4	5	6	7	8	9	10		
	回曆7月						8	9	10	11	12	13	14	15	16	17	18	19	20	21	22	23	24	25	26	27	28	29	1	2	3	4	5	6	7	8		
	公曆7月	1	2	3	4	5	6	7	8	9	10	11	12	13	14	15	16	17	18	19	20	21	22	23	24	25	26	27	28	29	30	31						
33	夏曆七月	11	12	13	14	15	16	17	18	19	20	21	22	23	24	25	26	27	28	29	30	①	2	3	4	5	6	7	8	9	10	11						
	回曆8月	9	10	11	12	13	14	15	16	17	18	19	20	21	22	23	24	25	26	27	28	29	30	1	2	3	4	5	6	7	8	9						
	公曆8月				1	2	3	4	5	6	7	8	9	10	11	12	13	14	15	16	17	18	19	20	21	22	23	24	25	26	27	28	29	30	31			
34	夏曆八月				12	13	14	15	16	17	18	19	20	21	22	23	24	25	26	27	28	29	㉚	2	3	4	5	6	7	8	9	10	11	12	13			
	回曆9月				10	11	12	13	14	15	16	17	18	19	20	21	22	23	24	25	26	27	28	29	1	2	3	4	5	6	7	8	9	10	11			
	公曆9月							1	2	3	4	5	6	7	8	9	10	11	12	13	14	15	16	17	18	19	20	21	22	23	24	25	26	27	28	29	30	
	夏曆閏八月							14	15	16	17	18	19	20	21	22	23	24	25	26	27	28	29	(59)	2	3	4	5	6	7	8	9	10	11	12	13	14	
	回曆10月							12	13	14	15	16	17	18	19	20	21	22	23	24	25	26	27	28	29	30	1	2	3	4	5	6	7	8	9	10	11	
	公曆10月		1	2	3	4	5	6	7	8	9	10	11	12	13	14	15	16	17	18	19	20	21	22	23	24	25	26	27	28	29	30	31					
35	夏曆九月		15	16	17	18	19	20	21	22	23	24	25	26	27	28	29	30	㉙	2	3	4	5	6	7	8	9	10	11	12	13	14	15					
	回曆11月		12	13	14	15	16	17	18	19	20	21	22	23	24	25	26	27	28	29	1	2	3	4	5	6	7	8	9	10	11	12	13					
	公曆11月					1	2	3	4	5	6	7	8	9	10	11	12	13	14	15	16	17	18	19	20	21	22	23	24	25	26	27	28	29	30			
36	夏曆十月					16	17	18	19	20	21	22	23	24	25	26	27	28	29	(58)	2	3	4	5	6	7	8	9	10	11	12	13	14	15	16			
	回曆12月					14	15	16	17	18	19	20	21	22	23	24	25	26	27	28	29	30	1	2	3	4	5	6	7	8	9	10	11	12	13			
	公曆12月							1	2	3	4	5	6	7	8	9	10	11	12	13	14	15	16	17	18	19	20	21	22	23	24	25	26	27	28	29	30	31
37	夏曆十一月							17	18	19	20	21	22	23	24	25	26	27	28	29	30	㉘	2	3	4	5	6	7	8	9	10	11	12	13	14	15	16	17
356年	回曆1月							14	15	16	17	18	19	20	21	22	23	24	25	26	27	28	29	①	2	3	4	5	6	7	8	9	10	11	12	13	14	15

大事記

正月，遼擾宋易州。　三月，宋罷義倉。　四月，張全操請嚴加止絕法外加耗。僧行勤等赴西域求法。　七月，西南夷首領董暠等附於宋。　八月，宋河決於滑州，發士卒丁夫數萬治之。　閏八月，宋求遺書。　十二月，全師雄死，部衆散降，蜀方定。韃靼別種達達貢於宋。

宋遼金紀年

干支丁卯　公元 967 年

朝代或國名	國家支配者	建都	廟號	謚號	建元	年號年次	輔政者	備注
北宋	①趙匡胤	汴梁	太祖	大	3	2 乾德 5 年	趙普	
吳越	⑤錢弘俶	錢塘		忠懿王	7	5 乾德 5 年		從北宋年號
遼(契丹)	④耶律璟	幽州	遼穆宗			7 應曆 17 年		
南漢	④劉鋹	廣州			1	大寶 10 年		
南唐	③李煜	南都		後主	3	2 乾德 5 年		從北宋年號
大理	④段思聰	陽苴咩		廣慈				在雲南
北漢	②劉鈞	太原		和		天會 11 年		
東丹		龍泉府			1	42 年		
古格						154 年		西藏阿里

月 干支 序数	星期 月序	日	1	2	3	4	5	6	日	1	2	3	4	5	6	日	1	2	3	4	5	6	日	1	2	3	4	5	6	日	1	2	3	4	5	6	日
	公曆 1 月			1	2	3	4	5	6	7	8	9	10	11	12	13	14	15	16	17	18	19	20	21	22	23	24	25	26	27	28	29	30	31			
38	夏曆十二月			18	19	20	21	22	23	24	25	26	27	28	29	30	(58)	2	3	4	5	6	7	8	9	10	11	12	13	14	15	16	17	18			
	回曆 2 月			16	17	18	19	20	21	22	23	24	25	26	27	28	29	30	1	2	3	4	5	6	7	8	9	10	1	12	13	14	15	16			
	公曆 2 月						1	2	3	4	5	6	7	8	9	10	11	12	13	14	15	16	17	18	19	20	21	22	23	24	25	26	27	28			
39	夏曆正月						19	20	21	22	23	24	25	26	27	28	29	㉗	2	3	4	5	6	7	8	9	10	11	12	13	14	15	16	17			
	回曆 3 月						17	18	19	20	21	22	23	24	25	26	27	28	29	1	2	3	4	5	6	7	8	9	10	11	12	13	14	15			
	公曆 3 月						1	2	3	4	5	6	7	8	9	10	11	12	13	14	15	16	17	18	19	20	21	22	23	24	25	26	27	28	29	30	31
40	夏曆二月						18	19	20	21	22	23	24	25	26	27	28	29	30	(57)	2	3	4	5	6	7	8	9	10	11	12	13	14	15	16	17	18
	回曆 4 月						16	17	18	19	20	21	22	23	24	25	26	27	28	29	30	1	2	3	4	5	6	7	8	9	10	11	12	13	14	15	16
	公曆 4 月		1	2	3	4	5	6	7	8	9	10	11	12	13	14	15	16	17	18	19	20	21	22	23	24	25	26	27	28	29	30					
41	夏曆三月		19	20	21	22	23	24	25	26	27	28	29	30	㉗	2	3	4	5	6	7	8	9	10	11	12	13	14	15	16	17	18					
	回曆 5 月		17	18	19	20	21	22	23	24	25	26	27	28	29	1	2	3	4	5	6	7	8	9	10	11	12	13	14	15	16	17					
	公曆 5 月				1	2	3	4	5	6	7	8	9	10	11	12	13	14	15	16	17	18	19	20	21	22	23	24	25	26	27	28	29	30	31		
42	夏曆四月				19	20	21	22	23	24	25	26	27	28	29	(56)	2	3	4	5	6	7	8	9	10	11	12	13	14	15	16	17	18	19	20		
	回曆 6 月				18	19	20	21	22	23	24	25	26	27	28	29	30	1	2	3	4	5	6	7	8	9	10	11	12	13	14	15	16	17	18		
	公曆 6 月							1	2	3	4	5	6	7	8	9	10	11	12	13	14	15	16	17	18	19	20	21	22	23	24	25	26	27	28	29	30
43	夏曆五月							21	22	23	24	25	26	27	28	29	30	㉖	2	3	4	5	6	7	8	9	10	11	12	13	14	15	16	17	18	19	20
	回曆 7 月							19	20	21	22	23	24	25	26	27	28	29	1	2	3	4	5	6	7	8	9	10	11	12	13	14	15	16	17	18	19
	公曆 7 月		1	2	3	4	5	6	7	8	9	10	11	12	13	14	15	16	17	18	19	20	21	22	23	24	25	26	27	28	29	30	31				
44	夏曆六月		21	22	23	24	25	26	27	28	29	(55)	2	3	4	5	6	7	8	9	10	11	12	13	14	15	16	17	18	19	20	21	22				
	回曆 8 月		20	21	22	23	24	25	26	27	28	29	30	1	2	3	4	5	6	7	8	9	10	11	12	13	14	15	16	17	18	19	20				
	公曆 8 月					1	2	3	4	5	6	7	8	9	10	11	12	13	14	15	16	17	18	19	20	21	22	23	24	25	26	27	28	29	30	31	
45	夏曆七月					23	24	25	26	27	28	29	30	㉕	2	3	4	5	6	7	8	9	10	11	12	13	14	15	16	17	18	19	20	21	22	23	
	回曆 9 月					21	22	23	24	25	26	27	28	29	1	2	3	4	5	6	7	8	9	10	11	12	13	14	15	16	17	18	19	20	21	22	
	公曆 9 月	1	2	3	4	5	6	7	8	9	10	11	12	13	14	15	16	17	18	19	20	21	22	23	24	25	26	27	28	29	30						
46	夏曆八月	24	25	26	27	28	29	(54)	2	3	4	5	6	7	8	9	10	11	12	13	14	15	16	17	18	19	20	21	22	23	24						
	回曆 10 月	23	24	25	26	27	28	29	30	1	2	3	4	5	6	7	8	9	10	11	12	13	14	15	16	17	18	19	20	21	22						
	公曆 10 月			1	2	3	4	5	6	7	8	9	10	11	12	13	14	15	16	17	18	19	20	21	22	23	24	25	26	27	28	29	30	31			
47	夏曆九月			25	26	27	28	29	㉓	2	3	4	5	6	7	8	9	10	11	12	13	14	15	16	17	18	19	20	21	22	23	24	25	26			
	回曆 11 月			23	24	25	26	27	28	29	1	2	3	4	5	6	7	8	9	10	11	12	13	14	15	16	17	18	19	20	21	22	23	24			
	公曆 11 月						1	2	3	4	5	6	7	8	9	10	11	12	13	14	15	16	17	18	19	20	21	22	23	24	25	26	27	28	29	30	
48	夏曆十月						27	28	29	30	(53)	2	3	4	5	6	7	8	9	10	11	12	13	14	15	16	17	18	19	20	21	22	23	24	25	26	
	回曆 12 月						25	26	27	28	29	30	1	2	3	4	5	6	7	8	9	10	11	12	13	14	15	16	17	18	19	20	21	22	23	24	
	公曆 12 月	1	2	3	4	5	6	7	8	9	10	11	12	13	14	15	16	17	18	19	20	21	22	23	24	25	26	27	28	29	30	31					
49	夏曆十一月	27	28	29	㉒	2	3	4	5	6	7	8	9	10	11	12	13	14	15	16	17	18	19	20	21	22	23	24	25	26	27	28					
357 年	回曆 1 月	25	26	27	28	29	30	①	2	3	4	5	6	7	8	9	10	11	12	13	14	15	16	17	18	19	20	21	22	23	24	25					

大事記

正月，宋以王全斌等伐蜀。　二月，遼援宋益津關。　七月，免水旱災戶今年租。停諸州銅像輸京，令勿毁，復崇奉。八月，宋河溢，入衛州城。　九月，定難節度使李彝興死，子光睿權知夏州事，旋命為節度使。　十二月，諸州輕小惡錢禁止流通。

宋遼金紀年

干支戊辰　公元 968 年

朝代或國名	國家支配者	建都	廟號	謚號	建元	年號年次	輔政者	備注
北宋	①趙匡胤	汴梁	太祖	大	3	3 開寶元年	趙普	十一月癸卯改元
吴越	⑤錢弘俶	錢塘		忠懿王	7	6 開寶元年		從北宋年號
遼(契丹)	④耶律璟	幽州	遼穆宗			7 應曆 18 年		
南漢	④劉鋹	廣州			1	大寶 11 年		
南唐	③李煜	南都		後主	3	3 開寶元年		從北宋年號
大理	④段思聰	陽苴咩		廣慈		順德元年		在雲南
北漢	③劉繼元	太原				天會 12 年		九月即位
東丹		龍泉府			1	43 年		
古格						155 年		西藏阿里

月曆表

5681—354—2075005

月干支序數	月序＼星期	日	1	2	3	4	5	6	日	1	2	3	4	5	6	日	1	2	3	4	5	6	日	1	2	3	4	5	6	日	1	2	3	4	5	6	日	1
	公曆 1 月				1	2	3	4	5	6	7	8	9	10	11	12	13	14	15	16	17	18	19	20	21	22	23	24	25	26	27	28	29	30	31			
50	夏曆十二月				29	30	(52)	2	3	4	5	6	7	8	9	10	11	12	13	14	15	16	17	18	19	20	21	22	23	24	25	26	27	28	29			
	回曆 2 月				26	27	28	29	30	1	2	3	4	5	6	7	8	9	10	11	12	13	14	15	16	17	18	19	20	21	22	23	24	25	26			
	公曆 2 月							1	2	3	4	5	6	7	8	9	10	11	12	13	14	15	16	17	18	19	20	21	22	23	24	25	26	27	28	29		
51	夏曆正月							30	㉒	2	3	4	5	6	7	8	9	10	11	12	13	14	15	16	17	18	19	20	21	22	23	24	25	26	27	28		
	回曆 3 月							27	28	29	1	2	3	4	5	6	7	8	9	10	11	12	13	14	15	16	17	18	19	20	21	22	23	24	25	26		
	公曆 3 月	1	2	3	4	5	6	7	8	9	10	11	12	13	14	15	16	17	18	19	20	21	22	23	24	25	26	27	28	29	30	31						
52	夏曆二月	29	(51)	2	3	4	5	6	7	8	9	10	11	12	13	14	15	16	17	18	19	20	21	22	23	24	25	26	27	28	29	30						
	回曆 4 月	27	28	29	30	1	2	3	4	5	6	7	8	9	10	11	12	13	14	15	16	17	18	19	20	21	22	23	24	25	26	27						
	公曆 4 月				1	2	3	4	5	6	7	8	9	10	11	12	13	14	15	16	17	18	19	20	21	22	23	24	25	26	27	28	29	30				
53 54	夏曆三/四月				㉑	2	3	4	5	6	7	8	9	10	11	12	13	14	15	16	17	18	19	20	21	22	23	24	25	26	27	28	29	㊿				
	回曆 5 月				28	29	1	2	3	4	5	6	7	8	9	10	11	12	13	14	15	16	17	18	19	20	21	22	23	24	25	26	27	28				
	公曆 5 月						1	2	3	4	5	6	7	8	9	10	11	12	13	14	15	16	17	18	19	20	21	22	23	24	25	26	27	28	29	30	31	
55	夏曆五月						2	3	4	5	6	7	8	9	10	11	12	13	14	15	16	17	18	19	20	21	22	23	24	25	26	27	28	29	30	⑳	2	
	回曆 6 月						29	30	1	2	3	4	5	6	7	8	9	10	11	12	13	14	15	16	17	18	19	20	21	22	23	24	25	26	27	28	29	
	公曆 6 月		1	2	3	4	5	6	7	8	9	10	11	12	13	14	15	16	17	18	19	20	21	22	23	24	25	26	27	28	29	30						
56	夏曆六月		3	4	5	6	7	8	9	10	11	12	13	14	15	16	17	18	19	20	21	22	23	24	25	26	27	28	29	30	㊿	2						
	回曆 7 月		1	2	3	4	5	6	7	8	9	10	11	12	13	14	15	16	17	18	19	20	21	22	23	24	25	26	27	28	29	30						
	公曆 7 月				1	2	3	4	5	6	7	8	9	10	11	12	13	14	15	16	17	18	19	20	21	22	23	24	25	26	27	28	29	30	31			
57	夏曆七月				3	4	5	6	7	8	9	10	11	12	13	14	15	61	17	18	19	20	21	22	23	24	25	26	27	28	29	⑲	2	3	4			
	回曆 8、9 月				1	2	3	4	5	6	7	8	9	10	11	12	13	14	15	16	17	18	19	20	21	22	23	24	25	26	27	28	29	1	2			
	公曆 8 月							1	2	3	4	5	6	7	8	9	10	11	12	13	14	15	16	17	18	19	20	21	22	23	24	25	26	27	28	29	30	31
58	夏曆八月							5	6	7	8	9	10	11	12	13	14	15	16	17	18	19	20	21	22	23	24	25	26	27	28	29	30	㊾	2	3	4	5
	回曆 10 月							3	4	5	6	7	8	9	10	11	12	13	14	15	16	17	18	19	20	21	22	23	24	25	26	27	28	29	30	1	2	3
	公曆 9 月			1	2	3	4	5	6	7	8	9	10	11	12	13	14	15	16	17	18	19	20	21	22	23	24	25	26	27	28	29	30					
59	夏曆九月			6	7	8	9	10	11	12	13	14	15	16	17	18	19	20	21	22	23	24	25	26	27	28	29	⑱	2	3	4	5	6					
	回曆 11 月			4	5	6	7	8	9	10	11	12	13	14	15	16	17	18	19	20	21	22	23	24	25	26	27	28	29	1	2	3	4					
	公曆 10 月					1	2	3	4	5	6	7	8	9	10	11	12	13	14	15	16	17	18	19	20	21	22	23	24	25	26	27	28	29	30	31		

續表

月干支序數	星期 / 月序	日	1	2	3	4	5	6	日	1	2	3	4	5	6	日	1	2	3	4	5	6	日	1	2	3	4	5	6	日	1	2	3	4	5	6	日	1
60	夏曆十月					7	8	9	10	11	12	13	14	15	16	17	18	19	20	21	22	23	24	25	26	27	28	29	30	㊽	2	3	4	5	6	7		
	回曆12月					5	6	7	8	9	10	11	12	13	14	15	16	17	18	19	20	21	22	23	24	25	26	27	28	29	30	1	2	3	4	5		
	公曆11月	1	2	3	4	5	6	7	8	9	10	11	12	13	14	15	16	17	18	19	20	21	22	23	24	25	26	27	28	29	30							
1	夏曆十一月	8	9	10	11	12	13	14	15	16	17	18	19	20	21	22	23	24	25	26	27	28	29	⑰	2	3	4	5	6	7	8							
358年	回曆1月	6	7	8	9	10	11	12	13	14	15	16	17	18	19	20	21	22	23	24	25	26	27	28	29	①	2	3	4	5	6							
	公曆12月			1	2	3	4	5	6	7	8	9	10	11	12	13	14	15	16	17	18	19	20	21	22	23	24	25	26	27	28	29	30	31				
2	夏曆十二月			9	10	11	12	13	14	15	16	17	18	19	20	21	22	23	24	25	26	27	28	29	㊻	2	3	4	5	6	7	8	9	10				
	回曆2月			7	8	9	10	11	12	13	14	15	16	17	18	19	20	21	22	23	24	25	26	27	28	29	30	1	2	3	4	5	6	7				

大事記

三月，宋定制復試品官子弟。　五月，宋以南唐民饑，賜糧十萬斛。　七月，北漢劉鈞卒，養子繼恩嗣。　八月，宋遣李繼勛征北漢。　九月，北漢劉繼恩被部下所殺，弟繼元嗣，以宋兵壓境，乞師於遼；宋圍太原。　十一月，宋改元開寶。遼援軍至，宋兵撤回。　十二月，遼太平王罨撒葛反，敗，被貶。

宋遼金紀年

干支己巳　公元969年

朝代或國名	國家支配者	建都	廟號	謚號	建元	年號年次	輔政者	備注
北宋	①趙匡胤	汴梁	太祖	大	3	3開寶2年	趙普	
吳越	⑤錢弘俶	錢塘		忠懿王	7	6開寶2年		從北宋年號
遼(契丹)	⑤耶律賢	幽州	遼景宗			8保寧元年		二月己巳即位，改元
南漢	④劉鋹	廣州			1	大寶12年		
南唐	③李煜	南都		後主	3	3開寶2年		從北宋年號
大理	⑤段素順	陽苴咩		應道		明政元年		在雲南一作970年
北漢	③劉繼元	太原				天會13年		
東丹		龍泉府			1	44年		
古格						156年		西藏阿里

月曆表

5682－384－2075389

月干支序數	星期 / 月序	日	1	2	3	4	5	6	日	1	2	3	4	5	6	日	1	2	3	4	5	6	日	1	2	3	4	5	6	日	1	2	3	4	5	6	日	1
	公曆1月						1	2	3	4	5	6	7	8	9	10	11	12	13	14	15	16	17	18	19	20	21	22	23	24	25	26	27	28	29	30	31	
3	夏曆正月						11	12	13	14	15	16	17	18	19	20	21	22	23	24	25	26	27	28	29	30	⑯	2	3	4	5	6	7	8	9	10	11	
	回曆3月						8	9	10	11	12	13	14	15	16	17	18	19	20	21	22	23	24	25	26	27	28	29	1	2	3	4	5	6	7	8	9	
	公曆2月		1	2	3	4	5	6	7	8	9	10	11	12	13	14	15	16	17	18	19	20	21	22	23	24	25	26	27	28								
4	夏曆二月		12	13	14	15	16	17	18	19	20	21	22	23	24	25	26	27	28	29	㊺	2	3	4	5	6	7	8	9	10								
	回曆4月		10	11	12	13	14	15	16	17	18	19	20	21	22	23	24	25	26	27	28	29	30	1	2	3	4	5	6	7								
	公曆3月		1	2	3	4	5	6	7	8	9	10	11	12	13	14	15	16	17	18	19	20	21	22	23	24	25	26	27	28	29	30	31					
5	夏曆三月		11	12	13	14	15	16	17	18	19	20	21	22	23	24	25	26	27	28	29	30	⑮	2	3	4	5	6	7	8	9	10	11					
	回曆5月		8	9	10	11	12	13	14	15	16	17	18	19	20	21	22	23	24	25	26	27	28	29	1	2	3	4	5	6	7	8	9					
	公曆4月					1	2	3	4	5	6	7	8	9	10	11	12	13	14	15	16	17	18	19	20	21	22	23	24	25	26	27	28	29	30			

續表

月干支序數	星期／月序	日	1	2	3	4	5	6	日	1	2	3	4	5	6	日	1	2	3	4	5	6	日	1	2	3	4	5	6	日	1	2	3	4	5	6	日	1
6	夏暦四月					12	13	14	15	16	17	18	19	20	21	22	23	24	25	26	27	28	29	30	㊺	2	3	4	5	6	7	8	9	10	11			
	回暦6月					10	11	12	13	14	15	16	17	18	19	20	21	22	23	24	25	26	27	28	29	30	1	2	3	4	5	6	7	8	9			
	公暦5月							1	2	3	4	5	6	7	8	9	10	11	12	13	14	15	16	17	18	19	20	21	22	23	24	25	26	27	28	29	30	31
7	夏暦五月							12	13	14	15	16	17	18	19	20	21	22	23	24	25	26	27	28	29	⑭	2	3	4	5	6	7	8	9	10	11	12	13
	回暦7月							10	11	12	13	14	15	16	17	18	19	20	21	22	23	24	25	26	27	28	29	1	2	3	4	5	6	7	8	9	10	11
	公暦6月			1	2	3	4	5	6	7	8	9	10	11	12	13	14	15	16	17	18	19	20	21	22	23	24	25	26	27	28	29	30					
	夏暦閏五月			14	15	16	17	18	19	20	21	22	23	24	25	26	27	28	29	30	㊹	2	3	4	5	6	7	8	9	10	11	12	13					
	回暦8月			12	13	14	15	16	17	18	19	20	21	22	23	24	25	26	27	28	29	30	1	2	3	4	5	6	7	8	9	10	11					
	公暦7月					1	2	3	4	5	6	7	8	9	10	11	12	13	14	15	16	17	18	19	20	21	22	23	24	25	26	27	28	29	30	31		
8	夏暦六月					14	15	16	17	18	19	20	21	22	23	24	25	26	27	28	29	⑬	2	3	4	5	6	7	8	9	10	11	12	13	14	15		
	回暦9月					12	13	14	15	16	17	18	19	20	21	22	23	24	25	26	27	28	29	1	2	3	4	5	6	7	8	9	10	11	12	13		
	公暦8月	1	2	3	4	5	6	7	8	9	10	11	12	13	14	15	16	17	18	19	20	21	22	23	24	25	26	27	28	29	30	31						
9	夏暦七月	16	17	18	19	20	21	22	23	24	25	26	27	28	29	30	㊸	2	3	4	5	6	7	8	9	10	11	12	13	14	15	16						
	回暦10月	14	15	16	17	18	19	20	21	22	23	24	25	26	27	28	29	30	1	2	3	4	5	6	7	8	9	10	11	12	13	14						
	公暦9月				1	2	3	4	5	6	7	8	9	10	11	12	13	14	15	16	17	18	19	20	21	22	23	24	25	26	27	28	29	30				
10	夏暦八月				17	18	19	20	21	22	23	24	25	26	27	28	29	30	⑬	2	3	4	5	6	7	8	9	10	11	12	13	14	15	16				
	回暦11月				15	16	17	18	19	20	21	22	23	24	25	26	27	28	29	1	2	3	4	5	6	7	8	9	10	11	12	13	14	15				
	公暦10月						1	2	3	4	5	6	7	8	9	10	11	12	13	14	15	16	17	18	19	20	21	22	23	24	25	26	27	28	29	30	31	
11	夏暦九月						17	18	19	20	21	22	23	24	25	26	27	28	29	㊷	2	3	4	5	6	7	8	9	10	11	12	13	14	15	16	17	18	
	回暦12月						16	17	18	19	20	21	22	23	24	25	26	27	28	29	30	1	2	3	4	5	6	7	8	9	10	11	12	13	14	15	16	
	公暦11月		1	2	3	4	5	6	7	8	9	10	11	12	13	14	15	16	17	18	19	20	21	22	23	24	25	26	27	28	29	30						
12	夏暦十月		19	20	21	22	23	24	25	26	27	28	29	30	⑫	2	3	4	5	6	7	8	9	10	11	12	13	14	15	16	17	18						
359年	回暦1月		17	18	19	20	21	22	23	24	25	26	27	28	29	①	2	3	4	5	6	7	8	9	10	11	12	13	14	15	16	17						
	公暦12月				1	2	3	4	5	6	7	8	9	10	11	12	13	14	15	16	17	18	19	20	21	22	23	24	25	26	27	28	29	30	31			
13	夏暦十一月				19	20	21	22	23	24	25	26	27	28	29	㊶	2	3	4	5	6	7	8	9	10	11	12	13	14	15	16	17	18	19	20			
	回暦2月				18	19	20	21	22	23	24	25	26	27	28	29	30	1	2	3	4	5	6	7	8	9	10	11	12	13	14	15	16	17	18			

大事記

二月，宋帝御駕征伐北漢。遼穆宗以酷虐而被其下殺於懷州，世宗次子耶律賢立，改元保寧，是為景宗。　三月，宋軍圍太原，遼遣將救之，宋將馬仁瑀入遼境，大掠而歸。　四月，宋將何繼筠大敗遼兵於陽曲北。　五月，遼襲定州，敗於韓重贇等。　閏五月，北漢宰相郭無為欲降宋，被殺。宋退師，遷河東民萬戶於山東、河南。　九月，宋初令民典買田土者輸錢印契。　十月，宋罷鳳翔節度使王彥超等為諸衛上將軍。自是諸藩鎮州府，多代以文吏。遼舍利、於魯等族附於宋。十一月，回鶻、于闐貢於宋。

宋遼金紀年　　干支庚午　公元970年

朝代或國名	國家支配者	建都	廟號	謚號	建元	年號年次	輔政者	備注
北宋	①趙匡胤	汴梁	太祖	大	3	3 開寶 3 年	趙普	
吳越	⑤錢弘俶	錢塘		忠懿王	7	6 開寶 3 年		從北宋年號
遼(契丹)	⑤耶律賢	幽州	遼景宗			7 保寧 2 年		
南漢	④劉鋹	廣州			1	大寶 13 年		
南唐	③李煜	南都		後主	3	3 開寶 3 年		從北宋年號
大理	⑤段素順	陽苴咩		應道	1	明政 2 年		在雲南

續表

朝代或國名	國家支配者	建都	廟號	謚號	建元	年號年次	輔政者	備注
北漢	③劉繼元	太原				天會14年		
東丹		龍泉府			1	45年		
古格						157年		西藏阿里

月曆表　　5683—355—2075744

月干支序數	星期／月序	日	1	2	3	4	5	6	日	1	2	3	4	5	6	日	1	2	3	4	5	6	日	1	2	3	4	5	6	日	1	2	3	4	5	6	日	1
	公曆1月							1	2	3	4	5	6	7	8	9	10	11	12	13	14	15	16	17	18	19	20	21	22	23	24	25	26	27	28	29	30	31
14	夏曆十二月							21	22	23	24	25	26	27	28	29	30	⑪	2	3	4	5	6	7	8	9	10	11	12	13	14	15	16	17	18	19	20	21
	回曆3月							19	20	21	22	23	24	25	26	27	28	29	1	2	3	4	5	6	7	8	9	10	11	12	13	14	15	16	17	18	19	20
	公曆2月			1	2	3	4	5	6	7	8	9	10	11	12	13	14	15	16	17	18	19	20	21	22	23	24	25	26	27	28							
15	夏曆正月			22	23	24	25	26	27	28	29	㊵	2	3	4	5	6	7	8	9	10	11	12	13	14	15	16	17	18	19	20							
	回曆4月			21	22	23	24	25	26	27	28	29	30	1	2	3	4	5	6	7	8	9	10	11	12	13	14	15	16	17	18							
	公曆3月			1	2	3	4	5	6	7	8	9	10	11	12	13	14	15	16	17	18	19	20	21	22	23	24	25	26	27	28	29	30	31				
16	夏曆二月			21	22	23	24	25	26	27	28	29	⑨	2	3	4	5	6	7	8	9	10	11	12	13	14	15	16	17	18	19	20	21	22				
	回曆5月			19	20	21	22	23	24	25	26	27	28	29	1	2	3	4	5	6	7	8	9	10	11	12	13	14	15	16	17	18	19	20				
	公曆4月						1	2	3	4	5	6	7	8	9	10	11	12	13	14	15	16	17	18	19	20	21	22	23	24	25	26	27	28	29	30		
17	夏曆三月						23	24	25	26	27	28	29	30	㊴	2	3	4	5	6	7	8	9	10	11	12	13	14	15	16	17	18	19	20	21	22		
	回曆6月						21	22	23	24	25	26	27	28	29	30	1	2	3	4	5	6	7	8	9	10	11	12	13	14	15	16	17	18	19	20		
	公曆5月	1	2	3	4	5	6	7	8	9	10	11	12	13	14	15	16	17	18	19	20	21	22	23	24	25	26	27	28	29	30	31						
18	夏曆四月	23	24	25	26	27	28	29	⑧	2	3	4	5	6	7	8	9	10	11	12	13	14	15	16	17	18	19	20	21	22	23	24						
	回曆7月	21	22	23	24	25	26	27	28	29	1	2	3	4	5	6	7	8	9	10	11	12	13	14	15	16	17	18	19	20	21	22						
	公曆6月				1	2	3	4	5	6	7	8	9	10	11	12	13	14	15	16	17	18	19	20	21	22	23	24	25	26	27	28	29	30				
19	夏曆五月				25	26	27	28	29	30	㊳	2	3	4	5	6	7	8	9	10	11	12	13	14	15	16	17	18	19	20	21	22	23	24				
	回曆8月				23	24	25	26	27	28	29	30	1	2	3	4	5	6	7	8	9	10	11	12	13	14	15	16	17	18	19	20	21	22				
	公曆7月						1	2	3	4	5	6	7	8	9	10	11	12	13	14	15	16	17	18	19	20	21	22	23	24	25	26	27	28	29	30	31	
20	夏曆六月						25	26	27	28	29	⑦	2	3	4	5	6	7	8	9	10	11	12	13	14	15	16	17	18	19	20	21	22	23	24	25	26	
	回曆9月						23	24	25	26	27	28	29	1	2	3	4	5	6	7	8	9	10	11	12	13	14	15	16	17	18	19	20	21	22	23	24	
	公曆8月		1	2	3	4	5	6	7	8	9	10	11	12	13	14	15	16	17	18	19	20	21	22	23	24	25	26	27	28	29	30	31					
21	夏曆七月		27	28	29	30	㊲	2	3	4	5	6	7	8	9	10	11	12	13	14	15	16	17	18	19	20	21	22	23	24	25	26	27					
	回曆10月		25	26	27	28	29	30	1	2	3	4	5	6	7	8	9	10	11	12	13	14	15	16	17	18	19	20	21	22	23	24	25					
	公曆9月					1	2	3	4	5	6	7	8	9	10	11	12	13	14	15	16	17	18	19	20	21	22	23	24	25	26	27	28	29	30			
22	夏曆八月					28	29	30	⑦	2	3	4	5	6	7	8	9	10	11	12	13	14	15	16	17	18	19	20	21	22	23	24	25	26	27			
	回曆11月					26	27	28	29	1	2	3	4	5	6	7	8	9	10	11	12	13	14	15	16	17	18	19	20	21	22	23	24	25	26			
	公曆10月							1	2	3	4	5	6	7	8	9	10	11	12	13	14	15	16	17	18	19	20	21	22	23	24	25	26	27	28	29	30	31
23	夏曆九月							28	29	㊱	2	3	4	5	6	7	8	9	10	11	12	13	14	15	16	17	18	19	20	21	22	23	24	25	26	27	28	29
	回曆12月							27	28	29	30	1	2	3	4	5	6	7	8	9	10	11	12	13	14	15	16	17	18	19	20	21	22	23	24	25	26	27
	公曆11月			1	2	3	4	5	6	7	8	9	10	11	12	13	14	15	16	17	18	19	20	21	22	23	24	25	26	27	28	29	30					
24	夏曆十月			30	⑥	2	3	4	5	6	7	8	9	10	11	12	13	14	15	16	17	18	19	20	21	22	23	24	25	26	27	28	29					
360年	回曆1月			28	29	30	①	2	3	4	5	6	7	8	9	10	11	12	13	14	15	16	17	18	19	20	21	22	23	24	25	26	27					
	公曆12月					1	2	3	4	5	6	7	8	9	10	11	12	13	14	15	16	17	18	19	20	21	22	23	24	25	26	27	28	29	30	31		
25 26	夏曆十一 十二月					30	㊱	2	3	4	5	6	7	8	9	10	11	12	13	14	15	16	17	18	19	20	21	22	23	24	25	26	27	28	29	⑤		
	回曆2月					28	29	30	1	2	3	4	5	6	7	8	9	10	11	12	13	14	15	16	17	18	19	20	21	22	23	24	25	26	27	28		

大事記

正月，遼還所留北漢使者。　三月，宋初賜應進士諸科舉人十五舉以上者出身。　四月，罷河北諸州鹽禁。　五月，禁京城民蓄兵器。　六月，宋汴水決於寧陵。　七月，詔蜀州縣官以戶口差第省員增俸給，諸路如之。　八月，南唐後主使勸南漢劉鋹附宋，使被囚之。　九月，宋遣潘美等發十州兵攻南漢。　十一月，宋減桂陽監銀額三分之一。遼擾宋定州。田欽祚敗遼於遂城。　十二月，宋兵連下賀、連、昭、桂、韶等州。敵烈部反遼。　是年，馮義昇進火箭法。

宋遼金紀年

干支辛未　公元 971 年

朝代或國名	國家支配者	建　都	廟　號	謚　號	建　元	年號年次	輔政者	備　注
北宋	①趙匡胤	汴梁	太祖	大	3	3 開寶 4 年	趙普	
吳越	⑤錢弘俶	錢塘		忠懿王	7	6 開寶 4 年		從北宋年號
遼(契丹)	⑤耶律賢	幽州	遼景宗			8 保寧 3 年		
南漢	④劉鋹	廣州			1	大寶 14 年		二月降於宋
南唐	③李煜	南都		後主	3	3 開寶 4 年		從北宋年號
大理	⑤段素順	陽苴咩		應道	1	明政 3 年		在雲南
北漢	③劉繼元	太原				天會 15 年		
東丹		龍泉府			1	46 年		
古格						158 年		西藏阿里

月曆表

5684—354—2076098

月 干支 序數	星期 月序	日	1	2	3	4	5	6	日	1	2	3	4	5	6	日	1	2	3	4	5	6	日	1	2	3	4	5	6	日	1	2	3	4	5	6	日	1
	公曆 1 月	1	2	3	4	5	6	7	8	9	10	11	12	13	14	15	16	17	18	19	20	21	22	23	24	25	26	27	28	29	30	31						
27	夏曆正月	2	3	4	5	6	7	8	9	10	11	12	13	14	15	16	17	18	19	20	21	22	23	24	25	26	27	28	29	30	㉟	2						
	回曆 3 月	29	1	2	3	4	5	6	7	8	9	10	11	12	13	14	15	16	17	18	19	20	21	22	23	24	25	26	27	28	29	30						
	公曆 2 月				1	2	3	4	5	6	7	8	9	10	11	12	13	14	15	16	17	18	19	20	21	22	23	24	25	26	27	28						
28	夏曆二月				3	4	5	6	7	8	9	10	11	12	13	14	15	16	17	18	19	20	21	22	23	24	25	26	27	28	29	④						
	回曆 4 月				1	2	3	4	5	6	7	8	9	10	11	12	13	14	15	16	17	18	19	20	21	22	23	24	25	26	27	28						
	公曆 3 月				1	2	3	4	5	6	7	8	9	10	11	12	13	14	15	16	17	18	19	20	21	22	23	24	25	26	27	28	29	30	31			
29	夏曆三月				2	3	4	5	6	7	8	9	10	11	12	13	14	15	16	17	18	19	20	21	22	23	24	25	26	27	28	29	㉝	2	3			
	回曆 5 月				29	1	2	3	4	5	6	7	8	9	10	11	12	13	14	15	16	17	18	19	20	21	22	23	24	25	26	27	28	29	30			
	公曆 4 月							1	2	3	4	5	6	7	8	9	10	11	12	13	14	15	16	17	18	19	20	21	22	23	24	25	26	27	28	29	30	
30	夏曆四月							4	5	6	7	8	9	10	11	12	13	14	15	16	17	18	19	20	21	22	23	24	25	26	27	28	29	30	③	2	3	
	回曆 6、7 月							1	2	3	4	5	6	7	8	9	10	11	12	13	14	15	16	17	18	19	20	21	22	23	24	25	26	27	28	29	1	
	公曆 5 月		1	2	3	4	5	6	7	8	9	10	11	12	13	14	15	16	17	18	19	20	21	22	23	24	25	26	27	28	29	30	31					
31	夏曆五月		4	5	6	7	8	9	10	11	12	13	14	15	16	17	18	19	20	21	22	23	24	25	26	27	28	29	㉜	2	3	4	5					
	回曆 8 月		2	3	4	5	6	7	8	9	10	11	12	13	14	15	16	17	18	19	20	21	22	23	24	25	26	27	28	29	30	1	2					
	公曆 6 月					1	2	3	4	5	6	7	8	9	10	11	12	13	14	15	16	17	18	19	20	21	22	23	24	25	26	27	28	29	30			
32	夏曆六月					6	7	8	9	10	11	12	13	14	15	16	17	18	19	20	21	22	23	24	25	26	27	28	29	30	②	2	3	4	5			
	回曆 9 月					3	4	5	6	7	8	9	10	11	12	13	14	15	16	17	18	19	20	21	22	23	24	25	26	27	28	29	1	2	3			
	公曆 7 月							1	2	3	4	5	6	7	8	9	10	11	12	13	14	15	16	17	18	19	20	21	22	23	24	25	26	27	28	29	30	31
33	夏曆七月							6	7	8	9	10	11	12	13	14	15	16	17	18	19	20	21	22	23	24	25	26	27	28	29	㉛	2	3	4	5	6	7
	回曆 10 月							4	5	6	7	8	9	10	11	12	13	14	15	16	17	18	19	20	21	22	23	24	25	26	27	28	29	30	1	2	3	4
	公曆 8 月			1	2	3	4	5	6	7	8	9	10	11	12	13	14	15	16	17	18	19	20	21	22	23	24	25	26	27	28	29	30	31				

續表

月 干支 序數	月序＼星期	日	1	2	3	4	5	6	日	1	2	3	4	5	6	日	1	2	3	4	5	6	日	1	2	3	4	5	6	日	1	2	3	4	5	6	日	1
34	夏曆八月			8	9	10	11	12	13	14	15	16	17	18	19	20	21	22	23	24	25	26	27	28	29	30	①	2	3	4	5	6	7	8				
	回曆 11 月			5	6	7	8	9	10	11	12	13	14	15	16	17	18	19	20	21	22	23	24	25	26	27	28	29	1	2	3	4	5	6				
	公曆 9 月						1	2	3	4	5	6	7	8	9	10	11	12	13	14	15	16	17	18	19	20	21	22	23	24	25	26	27	28	29	30		
35	夏曆九月						9	10	11	12	13	14	15	16	17	18	19	20	21	22	23	24	25	26	27	28	29	㉚	2	3	4	5	6	7	8	9		
	回曆 12 月						7	8	9	10	11	12	13	14	15	16	17	18	19	20	21	22	23	24	25	26	27	28	29	30	1	2	3	4	5	6		
	公曆 10 月	1	2	3	4	5	6	7	8	9	10	11	12	13	14	15	16	17	18	19	20	21	22	23	24	25	26	27	28	29	30	31						
36	夏曆十月	10	11	12	13	14	15	16	17	18	19	20	21	22	23	24	25	26	27	28	29	30	(60)	2	3	4	5	6	7	8	9	10						
361年	回曆 1 月	7	8	9	10	11	12	13	14	15	16	17	18	19	20	21	22	23	24	25	26	27	28	29	①	2	3	4	5	6	7	8						
	公曆 11 月				1	2	3	4	5	6	7	8	9	10	11	12	13	14	15	16	17	18	19	20	21	22	23	24	25	26	27	28	29	30				
37	夏曆十一月				11	12	13	14	15	16	17	18	19	20	21	22	23	24	25	26	27	28	29	30	㉚	2	3	4	5	6	7	8	9	10				
	回曆 2 月				9	10	11	12	13	14	15	16	17	18	19	20	21	22	23	24	25	26	27	28	29	30	1	2	3	4	5	6	7	8				
	公曆 12 月						1	2	3	4	5	6	7	8	9	10	11	12	13	14	15	16	17	18	19	20	21	22	23	24	25	26	27	28	29	30	31	
38	夏曆十二月						11	12	13	14	15	16	17	18	19	20	21	22	23	24	25	26	27	28	29	30	(60)	2	3	4	5	6	7	8	9	10	11	
	回曆 3 月						9	10	11	12	13	14	15	16	17	18	19	20	21	22	23	24	25	26	27	28	29	1	2	3	4	5	6	7	8	9	10	

大事記

正月，宋禁道州縣官差攝官。命盧多遜等重修天下圖經。　二月，遼援宋易州。宋兵至廣州，劉鋹出降，南漢亡。三月，宋放免嶺南作奴婢的男女。除害民弊政。　四月，詔嶺南施行湖南商稅等法。　六月，初置市舶司於廣州。回鶻貢遼。宋襲北漢。河決於原武。汴水決谷熟。　十一月，南唐主去國號，稱江南國主。河決澶州，塞之。　是歲，雕《大藏經》於四川。

宋遼金紀年

干支壬申　公元 972 年

朝代或國名	國家支配者	建都	廟號	謚號	建元	年號年次	輔政者	備注
北宋	①趙匡胤	汴梁	太祖	大	3	3 開寶 5 年	趙普	
吳越	⑤錢弘俶	錢塘		忠懿王	7	6 開寶 5 年		從北宋年號
遼(契丹)	⑤耶律賢	幽州	遼景宗			8 保寧 4 年		
南唐	③李煜	南都		後主	3	3 開寶 5 年		從北宋年號
大理	⑤段素順	陽苴咩		應道	1	明政 4 年		在雲南
北漢	③劉繼元	太原				天會 16 年		
東丹		龍泉府			1	47 年		
古格						159 年		西藏阿里

月曆表

5685－384－2076482

月 干支 序數	月序＼星期	日	1	2	3	4	5	6	日	1	2	3	4	5	6	日	1	2	3	4	5	6	日	1	2	3	4	5	6	日	1	2	3	4	5	6	日	1
	公曆 1 月		1	2	3	4	5	6	7	8	9	10	11	12	13	14	15	16	17	18	19	20	21	22	23	24	25	26	27	28	29	30	31					
39	夏曆正月		12	13	14	15	16	17	18	19	20	21	22	23	24	25	26	27	28	29	㉙	2	3	4	5	6	7	8	9	10	11	12	13					
	回曆 4 月		11	12	13	14	15	16	17	18	19	20	21	22	23	24	25	26	27	28	29	30	1	2	3	4	5	6	7	8	9	10	11					
	公曆 2 月					1	2	3	4	5	6	7	8	9	10	11	12	13	14	15	16	17	18	19	20	21	22	23	24	25	26	27	28	29				
40	夏曆二月					14	15	16	17	18	19	20	21	22	23	24	25	26	27	28	29	30	(59)	2	3	4	5	6	7	8	9	10	11	12				
	回曆 5 月					12	13	14	15	16	17	18	19	20	21	22	23	24	25	26	27	28	29	1	2	3	4	5	6	7	8	9	10	11				

續表

月 干支 序數	星期 月序	日	1	2	3	4	5	6	日	1	2	3	4	5	6	日	1	2	3	4	5	6	日	1	2	3	4	5	6	日	1	2	3	4	5	6	日	1
	公曆3月						1	2	3	4	5	6	7	8	9	10	11	12	13	14	15	16	17	18	19	20	21	22	23	24	25	26	27	28	29	30	31	
	夏曆閏二月						13	14	15	16	17	18	19	20	21	22	23	24	25	26	27	28	29	㉘	2	3	4	5	6	7	8	9	10	11	12	13	14	
	回曆6月						12	13	14	15	16	17	18	19	20	21	22	23	24	25	26	27	28	29	30	1	2	3	4	5	6	7	8	9	10	11	12	
	公曆4月		1	2	3	4	5	6	7	8	9	10	11	12	13	14	15	16	17	18	19	20	21	22	23	24	25	26	27	28	29	30						
41	夏曆三月		15	16	17	18	19	20	21	22	23	24	25	26	27	28	29	(57)	2	3	4	5	6	7	8	9	10	11	12	13	14	15						
	回曆7月		13	14	15	16	17	18	19	20	21	22	23	24	25	26	27	28	29	1	2	3	4	5	6	7	8	9	10	11	12	13						
	公曆5月				1	2	3	4	5	6	7	8	9	10	11	12	13	14	15	16	17	18	19	20	21	22	23	24	25	26	27	28	29	30	31			
42	夏曆四月				16	17	18	19	20	21	22	23	24	25	26	27	28	29	30	㉗	2	3	4	5	6	7	8	9	10	11	12	13	14	15	16			
	回曆8月				14	15	16	17	18	19	20	21	22	23	24	25	26	27	28	29	30	1	2	3	4	5	6	7	8	9	10	11	12	13	14			
	公曆6月							1	2	3	4	5	6	7	8	9	10	11	12	13	14	15	16	17	18	19	20	21	22	23	24	25	26	27	28	29	30	
43	夏曆五月							17	18	19	20	21	22	23	24	25	26	27	28	29	(56)	2	3	4	5	6	7	8	9	10	11	12	13	14	15	16	17	
	回曆9月							15	16	17	18	19	20	21	22	23	24	25	26	27	28	29	1	2	3	4	5	6	7	8	9	10	11	12	13	14	15	
	公曆7月		1	2	3	4	5	6	7	8	9	10	11	12	13	14	15	16	17	18	19	20	21	22	23	24	25	26	27	28	29	30	31					
44	夏曆六月		18	19	20	21	22	23	24	25	26	27	28	29	㉕	2	3	4	5	6	7	8	9	10	11	12	13	14	15	16	17	18	19					
	回曆10月		16	17	18	19	20	21	22	23	24	25	26	27	28	29	30	1	2	3	4	5	6	7	8	9	10	11	12	13	14	15	16					
	公曆8月					1	2	3	4	5	6	7	8	9	10	11	12	13	14	15	16	17	18	19	20	21	22	23	24	25	26	27	28	29	30	31		
45	夏曆七月					20	21	22	23	24	25	26	27	28	29	30	(55)	2	3	4	5	6	7	8	9	10	11	12	13	14	15	16	17	18	19	20		
	回曆11月					17	18	19	20	21	22	23	24	25	26	27	28	29	1	2	3	4	5	6	7	8	9	10	11	12	13	14	15	16	17	18		
	公曆9月	1	2	3	4	5	6	7	8	9	10	11	12	13	14	15	16	17	18	19	20	21	22	23	24	25	26	27	28	29	30							
46	夏曆八月	21	22	23	24	25	26	27	28	29	30	㉕	2	3	4	5	6	7	8	9	10	11	12	13	14	15	16	17	18	19	20							
	回曆12月	19	20	21	22	23	24	25	26	27	28	29	30	1	2	3	4	5	6	7	8	9	10	11	12	13	14	15	16	17	18							
	公曆10月			1	2	3	4	5	6	7	8	9	10	11	12	13	14	15	16	17	18	19	20	21	22	23	24	25	26	27	28	29	30	31				
47	夏曆九月			21	22	23	24	25	26	27	28	29	(54)	2	3	4	5	6	7	8	9	10	11	12	13	14	15	16	17	18	19	20	21	22				
362年	回曆1月			19	20	21	22	23	24	25	26	27	28	29	①	2	3	4	5	6	7	8	9	10	11	12	13	14	15	16	17	18	19	20				
	公曆11月						1	2	3	4	5	6	7	8	9	10	11	12	13	14	15	16	17	18	19	20	21	22	23	24	25	26	27	28	29	30		
48	夏曆十月						23	24	25	26	27	28	29	30	㉔	2	3	4	5	6	7	8	9	10	11	12	13	14	15	16	17	18	19	20	21	22		
	回曆2月						21	22	23	24	25	26	27	28	29	30	1	2	3	4	5	6	7	8	9	10	11	12	13	14	15	16	17	18	19	20		
	公曆12月	1	2	3	4	5	6	7	8	9	10	11	12	13	14	15	16	17	18	19	20	21	22	23	24	25	26	27	28	29	30	31						
49	夏曆十一月	23	24	25	26	27	28	29	30	(54)	2	3	4	5	6	7	8	9	10	11	12	13	14	15	16	17	18	19	20	21	22	23						
	回曆3月	21	22	23	24	25	26	27	28	29	1	2	3	4	5	6	7	8	9	10	11	12	13	14	15	16	17	18	19	20	21	22						

大事記

正月，宋禁用鐵鑄佛、塔，免毀農器。　二月，沿河十七州各置河堤判官。　閏二月，宋初開殿試。　五月，河大決於濮陽，六州大水。　六月，河又決於陽武，汴水決鄭州、宋州。發民五萬及州兵塞之。女真遣使貢馬於宋，以謝屢掠之罪。　九月，宋禁私藏天文、圖讖等書籍。　十一月，禁僧道私習天文地理。募船運江淮米至京。

宋遼金紀年

干支癸酉　公元973年

朝代或國名	國家支配者	建都	廟號	謚號	建元	年號年次	輔政者	備注
北宋	①趙匡胤	汴梁	太祖	大	3	3開寶6年	趙普薛居正沈義倫	
吴越	⑤錢弘俶	錢塘		忠懿王	7	6開寶6年		從北宋年號
遼(契丹)	⑤耶律賢	幽州	遼景宗			8保寧5年		

續表

朝代或國名	國家支配者	建都	廟號	謚號	建元	年號年次	輔政者	備注
南唐	③李煜	南都		後主	3	3開寶6年		從北宋年號
大理	⑤段素順	陽苴咩		應道	1	明政5年		在雲南
北漢	③劉繼元	太原				天會17年		
東丹		龍泉府			1	48年		
古格						160年		西藏阿里

月 曆 表

5686－354－2076836

月干支序數	星期／月序	日	1	2	3	4	5	6	日	1	2	3	4	5	6	日	1	2	3	4	5	6	日	1	2	3	4	5	6	日	1	2	3	4	5	6	日	1
	公曆1月				1	2	3	4	5	6	7	8	9	10	11	12	13	14	15	16	17	18	19	20	21	22	23	24	25	26	27	28	29	30	31			
50	夏曆十二月				24	25	26	27	28	29	30	㉔	2	3	4	5	6	7	8	9	10	11	12	13	14	15	16	17	18	19	20	21	22	23	24			
	回曆4月				23	24	25	26	27	28	29	30	1	2	3	4	5	6	7	8	9	10	11	12	13	14	15	16	17	18	19	20	21	22	23			
	公曆2月							1	2	3	4	5	6	7	8	9	10	11	12	13	14	15	16	17	18	19	20	21	22	23	24	25	26	27	28			
51	夏曆正月							25	26	27	28	29	(53)	2	3	4	5	6	7	8	9	10	11	12	13	14	15	16	17	18	19	20	21	22	23			
	回曆5月							24	25	26	27	28	29	1	2	3	4	5	6	7	8	9	10	11	12	13	14	15	16	17	18	19	20	21	22			
	公曆3月							1	2	3	4	5	6	7	8	9	10	11	12	13	14	15	16	17	18	19	20	21	22	23	24	25	26	27	28	29	30	31
52	夏曆二月							24	25	26	27	28	29	30	㉓	2	3	4	5	6	7	8	9	10	11	12	13	14	15	16	17	18	19	20	21	22	23	24
	回曆6月							23	24	25	26	27	28	29	30	1	2	3	4	5	6	7	8	9	10	11	12	13	14	15	16	17	18	19	20	21	22	23
	公曆4月			1	2	3	4	5	6	7	8	9	10	11	12	13	14	15	16	17	18	19	20	21	22	23	24	25	26	27	28	29	30					
53	夏曆三月			25	26	27	28	29	(52)	2	3	4	5	6	7	8	9	10	11	12	13	14	15	16	17	18	19	20	21	22	23	24	25					
	回曆7月			24	25	26	27	28	29	1	2	3	4	5	6	7	8	9	10	11	12	13	14	15	16	17	18	19	20	21	22	23	24					
	公曆5月					1	2	3	4	5	6	7	8	9	10	11	12	13	14	15	16	17	18	19	20	21	22	23	24	25	26	27	28	29	30	31		
54	夏曆四月					26	27	28	29	30	㉒	2	3	4	5	6	7	8	9	10	11	12	13	14	15	16	17	18	19	20	21	22	23	24	25	26		
	回曆8月					25	26	27	28	29	30	1	2	3	4	5	6	7	8	9	10	11	12	13	14	15	16	17	18	19	20	21	22	23	24	25		
	公曆6月	1	2	3	4	5	6	7	8	9	10	11	12	13	14	15	16	17	18	19	20	21	22	23	24	25	26	27	28	29	30							
55	夏曆五月	27	28	29	(51)	2	3	4	5	6	7	8	9	10	11	12	13	14	15	16	17	18	19	20	21	22	23	24	25	26	27							
	回曆9月	26	27	28	29	1	2	3	4	5	6	7	8	9	10	11	12	13	14	15	16	17	18	19	20	21	22	23	24	25	26							
	公曆7月			1	2	3	4	5	6	7	8	9	10	11	12	13	14	15	16	17	18	19	20	21	22	23	24	25	26	27	28	29	30	31				
56	夏曆六月			28	29	⑳	2	3	4	5	6	7	8	9	10	11	12	13	14	15	16	17	18	19	20	21	22	23	24	25	26	27	28	29				
	回曆10月			27	28	29	30	1	2	3	4	5	6	7	8	9	10	11	12	13	14	15	16	17	18	19	20	21	22	23	24	25	26	27				
	公曆8月						1	2	3	4	5	6	7	8	9	10	11	12	13	14	15	16	17	18	19	20	21	22	23	24	25	26	27	28	29	30	31	
57 58	夏曆七 八月						㊾	2	3	4	5	6	7	8	9	10	11	12	13	14	15	16	17	18	19	20	21	22	23	24	25	26	27	28	29	30	⑲	
	回曆11月						28	29	1	2	3	4	5	6	7	8	9	10	11	12	13	14	15	16	17	18	19	20	21	22	23	24	25	26	27	28	29	
	公曆9月		1	2	3	4	5	6	7	8	9	10	11	12	13	14	15	16	17	18	19	20	21	22	23	24	25	26	27	28	29	30						
59	夏曆九月		2	3	4	5	6	7	8	9	10	11	12	13	14	15	16	17	18	19	20	21	22	23	24	25	26	27	28	29	㊽	2						
	回曆12月		30	1	2	3	4	5	6	7	8	9	10	11	12	13	14	15	16	17	18	19	20	21	22	23	24	25	26	27	28	29						
	公曆10月				1	2	3	4	5	6	7	8	9	10	11	12	13	14	15	16	17	18	19	20	21	22	23	24	25	26	27	28	29	30	31			
60	夏曆十月				3	4	5	6	7	8	9	10	11	12	13	14	15	16	17	18	19	20	21	22	23	24	25	26	27	28	29	30	⑱	2	3			
363年	回曆1月				30	①	2	3	4	5	6	7	8	9	10	11	12	13	14	15	16	17	18	19	20	21	22	23	24	25	26	27	28	29	30			
	公曆11月							1	2	3	4	5	6	7	8	9	10	11	12	13	14	15	16	17	18	19	20	21	22	23	24	25	26	27	28	29	30	
1	夏曆十一月							4	5	6	7	8	9	10	11	12	13	14	15	16	17	18	19	20	21	22	23	24	25	26	27	28	29	30	㊽	2	3	
	回曆2、3月							1	2	3	4	5	6	7	8	9	10	11	12	13	14	15	16	17	18	19	20	21	22	23	24	25	26	27	28	29	1	

續表

月 干支 序數	星期 月序	日	1	2	3	4	5	6	日	1	2	3	4	5	6	日	1	2	3	4	5	6	日	1	2	3	4	5	6	日	1	2	3	4	5	6	日	1
	公曆12月		1	2	3	4	5	6	7	8	9	10	11	12	13	14	15	16	17	18	19	20	21	22	23	24	25	26	27	28	29	30	31					
2	夏曆十二月		4	5	6	7	8	9	10	11	12	13	14	15	16	17	18	19	20	21	22	23	24	25	26	27	28	29	30	⑱	2	3	4					
	回曆4月		2	3	4	5	6	7	8	9	10	11	12	13	14	15	16	17	18	19	20	21	22	23	24	25	26	27	28	29	30	1	2					

遼四月甲申。

大事記

正月，宋渠州民李仙以迷信聚萬餘人，掠廣安軍，敗死。遼攻掠黨項。　三月，禁銅錢外流。　四月，詔修《五代史》。重定《神農本草》成書，修《開寶通禮》成書，整飭舉人考試，嚴禁私薦。　五月，交州丁璉貢於宋，封交趾郡王。女真掠遼。　六月，女真朝遼。　八月，趙普罷相。　十二月，始行《開寶通禮》。限度僧尼。

宋遼金紀年

干支甲戌　公元974年

朝代或國名	國家支配者	建都	廟號	謚號	建元	年號年次	輔政者	備注
北宋	①趙匡胤	汴梁	太祖	大	3	3 開寶 7 年	薛居正 沈義倫	
吳越	⑤錢弘俶	錢塘		忠懿王	7	6 開寶 7 年		從北宋年號
遼(契丹)	⑤耶律賢	幽州	遼景宗			8 保寧 6 年		
南唐	③李煜	南都		後主	3	3 開寶 7 年		從北宋年號 十二月去年號
大理	⑤段素順	陽苴咩		應道	1	明政 6 年		在雲南
北漢	③劉繼元	太原				廣運元年		
東丹		龍泉府			1	49 年		
古格						161 年		西藏阿里

月曆表

5687—384—2077220

月 干支 序數	星期 月序	日	1	2	3	4	5	6	日	1	2	3	4	5	6	日	1	2	3	4	5	6	日	1	2	3	4	5	6	日	1	2	3	4	5	6	日	1
	公曆1月					1	2	3	4	5	6	7	8	9	10	11	12	13	14	15	16	17	18	19	20	21	22	23	24	25	26	27	28	29	30	31		
3	夏曆正月					5	6	7	8	9	10	11	12	13	14	15	16	17	18	19	20	21	22	23	24	25	26	27	28	29	㊼	2	3	4	5	6		
	回曆5月					3	4	5	6	7	8	9	10	11	12	13	14	15	16	17	18	19	20	21	22	23	24	25	26	27	28	29	1	2	3	4		
	公曆2月	1	2	3	4	5	6	7	8	9	10	11	12	13	14	15	16	17	18	19	20	21	22	23	24	25	26	27	28									
4	夏曆二月	7	8	9	10	11	12	13	14	15	16	17	18	19	20	21	22	23	24	25	26	27	28	29	30	⑰	2	3	4									
	回曆6月	5	6	7	8	9	10	11	12	13	14	15	16	17	18	19	20	21	22	23	24	25	26	27	28	29	30	1	2									
	公曆3月	1	2	3	4	5	6	7	8	9	10	11	12	13	14	15	16	17	18	19	20	21	22	23	24	25	26	27	28	29	30	31						
5	夏曆三月	5	6	7	8	9	10	11	12	13	14	15	16	17	18	19	20	12	22	23	24	25	26	27	28	29	30	㊼	2	3	4	5						
	回曆7月	3	4	5	6	7	8	9	10	11	12	13	14	15	16	17	18	19	20	21	22	23	24	25	26	27	28	29	1	2	3	4						
	公曆4月				1	2	3	4	5	6	7	8	9	10	11	12	13	14	15	16	17	18	19	20	21	22	23	24	25	26	27	28	29	30				
6	夏曆四月				6	7	8	9	10	11	12	13	14	15	16	17	18	19	20	21	22	23	24	25	26	27	28	29	⑯	2	3	4	5	6				
	回曆8月				5	6	7	8	9	10	11	12	13	14	15	16	17	18	19	20	21	22	23	24	25	26	27	28	29	30	1	2	3	4				
	公曆5月						1	2	3	4	5	6	7	8	9	10	11	12	13	14	15	16	17	18	19	20	21	22	23	24	25	26	27	28	29	30	31	

續表

月 干支 序數	星期 月序	日	1	2	3	4	5	6	日	1	2	3	4	5	6	日	1	2	3	4	5	6	日	1	2	3	4	5	6	日	1	2	3	4	5	6	日	1
7	夏曆五月						7	8	9	10	11	12	13	14	15	16	17	18	19	20	21	22	23	24	25	26	27	28	29	㊺	2	3	4	5	6	7	8	
	回曆9月						5	6	7	8	9	10	11	12	13	14	15	16	17	18	19	20	21	22	23	24	25	26	27	28	29	1	2	3	4	5	6	
	公曆6月		1	2	3	4	5	6	7	8	9	10	11	12	13	14	15	16	17	18	19	20	21	22	23	24	25	26	27	28	29	30						
8	夏曆六月		9	10	11	12	13	14	15	16	17	18	19	20	21	22	23	24	25	26	27	28	29	30	⑮	2	3	4	5	6	7	8						
	回曆10月		7	8	9	10	11	12	13	14	15	16	17	18	19	20	21	22	23	24	25	26	27	28	29	30	1	2	3	4	5	6						
	公曆7月				1	2	3	4	5	6	7	8	9	10	11	12	13	14	15	16	17	18	19	20	21	22	23	24	25	26	27	28	29	30	31			
9	夏曆七月				9	10	11	12	13	14	15	16	17	18	19	20	21	22	23	24	25	26	27	28	29	㊹	2	3	4	5	6	7	8	9	10			
	回曆11月				7	8	9	10	11	12	13	14	15	16	17	18	19	20	21	22	23	24	25	26	27	28	29	1	2	3	4	5	6	7	8			
	公曆8月							1	2	3	4	5	6	7	8	9	10	11	12	13	14	15	16	17	18	19	20	21	22	23	24	25	26	27	28	29	30	31
10	夏曆八月							11	12	13	14	15	16	17	18	19	20	21	22	23	24	25	26	27	28	29	⑬	2	3	4	5	6	7	8	9	10	11	12
	回曆12月							9	10	11	12	13	14	15	16	17	18	19	20	21	22	23	24	25	26	27	28	29	30	1	2	3	4	5	6	7	8	9
	公曆9月			1	2	3	4	5	6	7	8	9	10	11	12	13	14	15	16	17	18	19	20	21	22	23	24	25	26	27	28	29	30					
11	夏曆九月			13	14	15	16	17	18	19	20	21	22	23	24	25	26	27	28	29	30	㊸	2	3	4	5	6	7	8	9	10	11	12					
364年	回曆1月			10	11	12	13	14	15	16	17	18	19	20	21	22	23	24	25	26	27	28	29	①	2	3	4	5	6	7	8	9	10					
	公曆10月					1	2	3	4	5	6	7	8	9	10	11	12	13	14	15	16	17	18	19	20	21	22	23	24	25	26	27	28	29	30	31		
12	夏曆十月					13	14	15	16	17	18	19	20	21	22	23	24	25	26	27	28	29	⑫	2	3	4	5	6	7	8	9	10	11	12	13	14		
	回曆2月					11	12	13	14	15	16	17	18	19	20	21	22	23	24	25	26	27	28	29	30	1	2	3	4	5	6	7	8	9	10	11		
	公曆11月	1	2	3	4	5	6	7	8	9	10	11	12	13	14	15	16	17	18	19	20	21	22	23	24	25	26	27	28	29	30							
	夏曆閏十月	15	16	17	18	19	20	21	22	23	24	25	26	27	28	29	30	㊷	2	3	4	5	6	7	8	9	10	11	12	13	14							
	回曆3月	12	13	14	15	16	17	18	19	20	21	22	23	24	25	26	27	28	29	1	2	3	4	5	6	7	8	9	10	11	12							
	公曆12月			1	2	3	4	5	6	7	8	9	10	11	12	13	14	15	16	17	18	19	20	21	22	23	24	25	26	27	28	29	30	31				
13	夏曆十一月			15	16	17	18	19	20	21	22	23	24	25	26	27	28	29	30	⑫	2	3	4	5	6	7	8	9	10	11	12	13	14	15				
	回曆4月			13	14	15	16	17	18	19	20	21	22	23	24	25	26	27	28	29	30	1	2	3	4	5	6	7	8	9	10	11	12	13				

大事記

正月，北漢改元廣運。　四月，遼宋王耶律喜隱謀反，被廢。　五月，禁市二價。　九月，宋諭江南國主李煜入朝，稱疾不至。遣將伐之，并諭吳越伐江南國。　十月，以吳越錢弘俶為升州東南行營招撫制置使。　閏十月，宋薛居正編《五代史》成。　十一月，宋遼初議修和通聘。　十二月，江南去開寶年號，募兵抗宋。北漢援宋。

宋遼金紀年

干支乙亥　公元975年

朝代或國名	國家支配者	建都	廟號	謚號	建元	年號年次	輔政者	備注
北宋	①趙匡胤	汴梁	太祖	大	3	3開寶8年	薛居正 沈義倫	
吳越	⑤錢弘俶	錢塘		忠懿王	7	6開寶8年		從北宋年號
遼(契丹)	⑤耶律賢	幽州	遼景宗			8保寧7年		
南唐	③李煜	南都		後主				十一月降於宋
大理	⑤段素順	陽苴咩		應道	1	明政7年		在雲南
北漢	③劉繼元	太原				廣運2年		
東丹		龍泉府			1	50年		
古格						162年		西藏阿里

月干支序數	月 星期 序	日	1	2	3	4	5	6	日	1	2	3	4	5	6	日	1	2	3	4	5	6	日	1	2	3	4	5	6	日	1	2	3	4	5	6	日	1
	公曆1月						1	2	3	4	5	6	7	8	9	10	11	12	13	14	15	16	17	18	19	20	21	22	23	24	25	26	27	28	29	30	31	
14	夏曆十二月						16	17	18	19	20	21	22	23	24	25	26	27	28	29	㊶	2	3	4	5	6	7	8	9	10	11	12	13	14	15	16	17	
	回曆5月						14	15	16	17	18	19	20	21	22	23	24	25	26	27	28	29	1	2	3	4	5	6	7	8	9	10	11	12	13	14	15	
	公曆2月		1	2	3	4	5	6	7	8	9	10	11	12	13	14	15	16	17	18	19	20	21	22	23	24	25	26	27	28								
15	夏曆正月		18	19	20	21	22	23	24	25	26	27	28	29	30	⑪	2	3	4	5	6	7	8	9	10	11	12	13	14	15								
	回曆6月		16	17	18	19	20	21	22	23	24	25	26	27	28	29	30	1	2	3	4	5	6	7	8	9	10	11	12	13								
	公曆3月		1	2	3	4	5	6	7	8	9	10	11	12	13	14	15	16	17	18	19	20	21	22	23	24	25	26	27	28	29	30	31					
16	夏曆二月		16	17	18	19	20	21	22	23	24	25	26	27	28	29	30	㊶	2	3	4	5	6	7	8	9	10	11	12	13	14	15	16					
	回曆7月		14	15	16	17	18	19	20	21	22	23	24	25	26	27	28	29	1	2	3	4	5	6	7	8	9	10	11	12	13	14	15					
	公曆4月					1	2	3	4	5	6	7	8	9	10	11	12	13	14	15	16	17	18	19	20	21	22	23	24	25	26	27	28	29	30			
17	夏曆三月					17	18	19	20	21	22	23	24	25	26	27	28	29	⑩	2	3	4	5	6	7	8	9	10	11	12	13	14	15	16	17			
	回曆8月					16	17	18	19	20	21	22	23	24	25	26	27	28	29	30	1	2	3	4	5	6	7	8	9	10	11	12	13	14	15			
	公曆5月							1	2	3	4	5	6	7	8	9	10	11	12	13	14	15	16	17	18	19	20	21	22	23	24	25	26	27	28	29	30	31
18	夏曆四月							18	19	20	21	22	23	24	25	26	27	28	29	30	㊵	2	3	4	5	6	7	8	9	10	11	12	13	14	15	16	17	18
	回曆9月							16	17	18	19	20	21	22	23	24	25	26	27	28	29	1	2	3	4	5	6	7	8	9	10	11	12	13	14	15	16	17
	公曆6月			1	2	3	4	5	6	7	8	9	10	11	12	13	14	15	16	17	18	19	20	21	22	23	24	25	26	27	28	29	30					
19	夏曆五月			19	20	21	22	23	24	25	26	27	28	29	⑨	2	3	4	5	6	7	8	9	10	11	12	13	14	15	16	17	18	19					
	回曆10月			18	19	20	21	22	23	24	25	26	27	28	29	30	1	2	3	4	5	6	7	8	9	10	11	12	13	14	15	16	17					
	公曆7月					1	2	3	4	5	6	7	8	9	10	11	12	13	14	15	16	17	18	19	20	21	22	23	24	25	26	27	28	29	30	31		
20	夏曆六月					20	21	22	23	24	25	26	27	28	29	30	㊴	2	3	4	5	6	7	8	9	10	11	12	13	14	15	16	17	18	19	20		
	回曆11月					18	19	20	21	22	23	24	25	26	27	28	29	1	2	3	4	5	6	7	8	9	10	11	12	13	14	15	16	17	18	19		
	公曆8月	1	2	3	4	5	6	7	8	9	10	11	12	13	14	15	16	17	18	19	20	21	22	23	24	25	26	27	28	29	30	31						
21	夏曆七月	21	22	23	24	25	26	27	28	29	⑧	2	3	4	5	6	7	8	9	10	11	12	13	14	15	16	17	18	19	20	21	22						
	回曆12月	20	21	22	23	24	25	26	27	28	29	30	1	2	3	4	5	6	7	8	9	10	11	12	13	14	15	16	17	18	19	20						
	公曆9月				1	2	3	4	5	6	7	8	9	10	11	12	13	14	15	16	17	18	19	20	21	22	23	24	25	26	27	28	29	30				
22	夏曆八月				23	24	25	26	27	28	29	㊲	2	3	4	5	6	7	8	9	10	11	12	13	14	15	16	17	18	19	20	21	22	23				
365年	回曆1月				21	22	23	24	25	26	27	28	29	①	2	3	4	5	6	7	8	9	10	11	12	13	14	15	16	17	18	19	20	21				
	公曆10月						1	2	3	4	5	6	7	8	9	10	11	12	13	14	15	16	17	18	19	20	21	22	23	24	25	26	27	28	29	30	31	
23	夏曆九月						24	25	26	27	28	29	30	⑦	2	3	4	5	6	7	8	9	10	11	12	13	14	15	16	17	18	19	20	21	22	23	24	
	回曆2月						22	23	24	25	26	27	28	29	30	1	2	3	4	5	6	7	8	9	10	11	12	13	14	15	16	17	18	19	20	21	22	
	公曆11月		1	2	3	4	5	6	7	8	9	10	11	12	13	14	15	16	17	18	19	20	21	22	23	24	25	26	27	28	29	30						
24	夏曆十月		25	26	27	28	29	㊱	2	3	4	5	6	7	8	9	10	11	12	13	14	15	16	17	18	19	20	21	22	23	24	25						
	回曆3月		23	24	25	26	27	28	29	1	2	3	4	5	6	7	8	9	10	11	12	13	14	15	16	17	18	19	20	21	22	23						
	公曆12月				1	2	3	4	5	6	7	8	9	10	11	12	13	14	15	16	17	18	19	20	21	22	23	24	25	26	27	28	29	30	31			
25	夏曆十一月				26	27	28	29	30	⑥	2	3	4	5	6	7	8	9	10	11	12	13	14	15	16	17	18	19	20	21	22	23	24	25	26			
	回曆4月				24	25	26	27	28	29	30	1	2	3	4	5	6	7	8	9	10	11	12	13	14	15	16	17	18	19	20	21	22	23	24			

大事記

正月，宋軍圍金陵。　二月，北漢貢於遼。　三月，遼將猷黨項俘，遼使聘宋。　四月，吳越王取江南常州。　五月，河決於濮陽。　六月，又決頓丘。　七月，宋遣郝崇信、吕端使遼。　十月，江南遣使求宋緩師，不許；又貢銀、絹求緩師，仍不許。　十一月，再遣使求緩師，依然不許，宋將曹彬克金陵，李煜出降，江南亡。　十二月，免江南賦税一年，兵戈所經二年。遼遣使賀宋正旦，宋報之。　是年，墾田 2 952 320 頃 60 畝。

宋遼金紀年

干支丙子　公元976年

朝代或國名	國家支配者	建都	廟號	謚號	建元	年號年次	輔政者	備注
北宋	②趙光義(炅)	汴梁	太宗	廣	5	1太平興國元年	薛居正 沈義倫 盧名遜	十月即位十二月甲寅改元
吳越	⑤錢弘俶	錢塘		忠懿王	7	8太平興國元年		從北宋年號
遼(契丹)	⑤耶律賢	幽州	遼景宗			7保寧8年		
大理	⑤段素順	陽苴咩		應道	1	明政8年		在雲南
北漢	③劉繼元	太原				廣運3年		
東丹		龍泉府			1	51年		
古格						163年		西藏阿里

月曆表

5689—354—2077928

月干支序數	星期／月序	日	1	2	3	4	5	6	日	1	2	3	4	5	6	日	1	2	3	4	5	6	日	1	2	3	4	5	6	日	1	2	3	4	5	6	日	1
	公曆1月							1	2	3	4	5	6	7	8	9	10	11	12	13	14	15	16	17	18	19	20	21	22	23	24	25	26	27	28	29	30	31
26	夏曆十二月							27	28	29	㉟	2	3	4	5	6	7	8	9	10	11	12	13	14	15	16	17	18	19	20	21	22	23	24	25	26	27	28
	回曆5月							25	26	27	28	29	1	2	3	4	5	6	7	8	9	10	11	12	13	14	15	16	17	18	19	20	21	22	23	24	25	26
	公曆2月			1	2	3	4	5	6	7	8	9	10	11	12	13	14	15	16	17	18	19	20	21	22	23	24	25	26	27	28	29						
27	夏曆正月			29	30	⑤	2	3	4	5	6	7	8	9	10	11	12	13	14	15	16	17	18	19	20	21	22	23	24	25	26	27						
	回曆6月			27	28	29	30	1	2	3	4	5	6	7	8	9	10	11	12	13	14	15	16	17	18	19	20	21	22	23	24	25						
	公曆3月				1	2	3	4	5	6	7	8	9	10	11	12	13	14	15	16	17	18	19	20	21	22	23	24	25	26	27	28	29	30	31			
28	夏曆二月				28	29	30	㉟	2	3	4	5	6	7	8	9	10	11	12	13	14	15	16	17	18	19	20	21	22	23	24	25	26	27	28			
	回曆7月				26	27	28	29	1	2	3	4	5	6	7	8	9	10	11	12	13	14	15	16	17	18	19	20	21	22	23	24	25	26	27			
	公曆4月							1	2	3	4	5	6	7	8	9	10	11	12	13	14	15	16	17	18	19	20	21	22	23	24	25	26	27	28	29	30	
29	夏曆三月							29	30	⑤	2	3	4	5	6	7	8	9	10	11	12	13	14	15	16	17	18	19	20	21	22	23	24	25	26	27	28	
	回曆8月							28	29	30	1	2	3	4	5	6	7	8	9	10	11	12	13	14	15	16	17	18	19	20	21	22	23	24	25	26	27	
	公曆5月		1	2	3	4	5	6	7	8	9	10	11	12	13	14	15	16	17	18	19	20	21	22	23	24	25	26	27	28	29	30	31					
30	夏曆四月		29	㉞	2	3	4	5	6	7	8	9	10	11	12	13	14	15	16	17	18	19	20	21	22	23	24	25	26	27	28	29	30					
	回曆9月		28	29	1	2	3	4	5	6	7	8	9	10	11	12	13	14	15	16	17	18	19	20	21	22	23	24	25	26	27	28	29					
	公曆6月					1	2	3	4	5	6	7	8	9	10	11	12	13	14	15	16	17	18	19	20	21	22	23	24	25	26	27	28	29	30			
31 32	夏曆五／六月					④	2	3	4	5	6	7	8	9	10	11	12	13	14	15	16	17	18	19	20	21	22	23	24	25	26	27	28	29	㉝			
	回曆10月					30	1	2	3	4	5	6	7	8	9	10	11	12	13	14	15	16	17	18	19	20	21	22	23	24	25	26	27	28	29			
	公曆7月							1	2	3	4	5	6	7	8	9	10	11	12	13	14	15	16	17	18	19	20	21	22	23	24	25	26	27	28	29	30	31
33	夏曆七月							2	3	4	5	6	7	8	9	10	11	12	13	14	15	16	17	18	19	20	21	22	23	24	25	26	27	28	29	30	③	2
	回曆11、12月							1	2	3	4	5	6	7	8	9	10	11	12	13	14	15	16	17	18	19	20	21	22	23	24	25	26	27	28	29	30	1
	公曆8月			1	2	3	4	5	6	7	8	9	10	11	12	13	14	15	16	17	18	19	20	21	22	23	24	25	26	27	28	29	30	31				
34	夏曆八月			3	4	5	6	7	8	9	10	11	12	13	14	15	16	17	18	19	20	21	22	23	24	25	26	27	28	29	㉜	2	3	4				
366年	回曆1月			2	3	4	5	6	7	8	9	10	11	12	13	14	15	16	17	18	19	20	21	22	23	24	25	26	27	28	29	30	①	2				
	公曆9月						1	2	3	4	5	6	7	8	9	10	11	12	13	14	15	16	17	18	19	20	21	22	23	24	25	26	27	28	29	30		
35	夏曆九月						5	6	7	8	9	10	11	12	13	14	15	16	17	18	19	20	21	22	23	24	25	26	27	28	29	①	2	3	4	5		
	回曆2月						3	4	5	6	7	8	9	10	11	12	13	14	15	16	17	18	19	20	21	22	23	24	25	26	27	28	29	1	2	3		
	公曆10月	1	2	3	4	5	6	7	8	9	10	11	12	13	14	15	16	17	18	19	20	21	22	23	24	25	26	27	28	29	30	31						
36	夏曆十月	6	7	8	9	10	11	12	13	14	15	16	17	18	19	20	21	22	23	24	25	26	27	28	29	30	㉛	2	3	4	5	6						
	回曆3月	4	5	6	7	8	9	10	11	12	13	14	15	16	17	18	19	20	21	22	23	24	25	26	27	28	29	30	1	2	3	4						

續表

月 干支 序數	星期 月序	日	1	2	3	4	5	6	日	1	2	3	4	5	6	日	1	2	3	4	5	6	日	1	2	3	4	5	6	日	1	2	3	4	5	6	日	1
	公曆11月				1	2	3	4	5	6	7	8	9	10	11	12	13	14	15	16	17	18	19	20	21	22	23	24	25	26	27	28	29	30				
37	夏曆十一月				7	8	9	10	11	12	13	14	15	16	17	18	19	20	21	22	23	24	25	26	27	28	29	(60)	2	3	4	5	6	7				
	回曆4月				5	6	7	8	9	10	11	12	13	14	15	16	17	18	19	20	21	22	23	24	25	26	27	28	29	1	2	3	4	5				
	公曆12月						1	2	3	4	5	6	7	8	9	10	11	12	13	14	15	16	17	18	19	20	21	22	23	24	25	26	27	28	29	30	31	
38	夏曆十二月						8	9	10	11	12	13	14	15	16	17	18	19	20	21	22	23	24	25	26	27	28	29	30	(30)	2	3	4	5	6	7	8	
	回曆5月						6	7	8	9	10	11	12	13	14	15	16	17	18	19	20	21	22	23	24	25	26	27	28	29	30	1	2	3	4	5	6	

大事記

正月，宋試諸州所舉孝弟力田及有文武才干者，皆不合格，悉罷之，并治濫舉罪。　二月，吴越錢弘俶朝宋，翌月遣還國。　四月，宋將下江州，屠其城。宋遣使賀遼帝生辰。　八月，宋攻北漢，圍太原。　九月，遼救北漢。女真掠遼邊。　十月，宋太祖趙匡胤卒(927—976)，弟光義嗣，更名炅。　十一月，遼遣使吊於宋。　十二月，宋改元太平興國。遼使聘宋。宋罷攻北漢之兵。

宋遼金紀年

干支丁丑　公元977年

朝代或國名	國家支配者	建都	廟號	謚號	建元	年號年次	輔政者	備注
北宋	②趙光義	汴梁	太宗	廣	5	1太平興國2年	同前	
吴越	⑤錢弘俶	錢塘		忠懿王	7	7太平興國2年		從北宋年號
遼(契丹)	⑤耶律賢	幽州	遼景宗			7保寧9年		
大理	⑤段素順	陽苴咩		應道	1	明政9年		在雲南
北漢	③劉繼元	太原				廣運4年		
東丹		龍泉府			1	52年		
古格						164年		西藏阿里

月曆表

5690—384—2078312

月 干支 序數	星期 月序	日	1	2	3	4	5	6	日	1	2	3	4	5	6	日	1	2	3	4	5	6	日	1	2	3	4	5	6	日	1	2	3	4	5	6	日	1
	公曆1月		1	2	3	4	5	6	7	8	9	10	11	12	13	14	15	16	17	18	19	20	21	22	23	24	25	26	27	28	29	30	31					
39	夏曆正月		9	10	11	12	13	14	15	16	17	18	19	20	21	22	23	24	25	26	27	28	29	(59)	2	3	4	5	6	7	8	9	10					
	回曆6月		7	8	9	10	11	12	13	14	15	16	17	18	19	20	21	22	23	24	25	26	27	28	29	30	1	2	3	4	5	6	7					
	公曆2月					1	2	3	4	5	6	7	8	9	10	11	12	13	14	15	16	17	18	19	20	21	22	23	24	25	26	27	28					
40	夏曆二月					11	12	13	14	15	16	17	18	19	20	21	22	23	24	25	26	27	28	29	30	(29)	2	3	4	5	6	7	8					
	回曆7月					8	9	10	11	12	13	14	15	16	17	18	19	20	21	22	23	24	25	26	27	28	29	1	2	3	4	5	6					
	公曆3月					1	2	3	4	5	6	7	8	9	10	11	12	13	14	15	16	17	18	19	20	21	22	23	24	25	26	27	28	29	30	31		
41	夏曆三月					9	10	11	12	13	14	15	16	17	18	19	20	21	22	23	24	25	26	27	28	29	30	(59)	2	3	4	5	6	7	8	9		
	回曆8月					7	8	9	10	11	12	13	14	15	16	17	18	19	20	21	22	23	24	25	26	27	28	29	30	1	2	3	4	5	6	7		
	公曆4月	1	2	3	4	5	6	7	8	9	10	11	12	13	14	15	16	17	18	19	20	21	22	23	24	25	26	27	28	29	30							
42	夏曆四月	10	11	12	13	14	15	16	17	18	19	20	21	22	23	24	25	26	27	28	29	(28)	2	3	4	5	6	7	8	9	10							
	回曆9月	8	9	10	11	12	13	14	15	16	17	18	19	20	21	22	23	24	25	26	27	28	29	1	2	3	4	5	6	7	8							
	公曆5月			1	2	3	4	5	6	7	8	9	10	11	12	13	14	15	16	17	18	19	20	21	22	23	24	25	26	27	28	29	30	31				

續表

月 干支 序數	月序 \ 星期	日	1	2	3	4	5	6	日	1	2	3	4	5	6	日	1	2	3	4	5	6	日	1	2	3	4	5	6	日	1	2	3	4	5	6	日	1
43	夏曆五月			11	12	13	14	15	16	17	18	19	20	21	22	23	24	25	26	27	28	29	30	(58)	2	3	4	5	6	7	8	9	10	11				
	回曆 10 月			9	10	11	12	13	14	15	16	17	18	19	20	21	22	23	24	25	26	27	28	29	30	1	2	3	4	5	6	7	8	9				
	公曆 6 月						1	2	3	4	5	6	7	8	9	10	11	12	13	14	15	16	17	18	19	20	21	22	23	24	25	26	27	28	29	30		
44	夏曆六月						12	13	14	15	16	17	18	19	20	21	22	23	24	25	26	27	28	29	30	㉘	2	3	4	5	6	7	8	9	10	11		
	回曆 11 月						10	11	12	13	14	15	16	17	18	19	20	21	22	23	24	25	26	27	28	29	1	2	3	4	5	6	7	8	9	10		
	公曆 7 月	1	2	3	4	5	6	7	8	9	10	11	12	13	14	15	16	17	18	19	20	21	22	23	24	25	26	27	28	29	30	31						
45	夏曆七月	12	13	14	15	16	17	18	19	20	21	22	23	24	25	26	27	28	29	(57)	2	3	4	5	6	7	8	9	10	11	12	13						
	回曆 12 月	11	12	13	14	15	16	17	18	19	20	21	22	23	24	25	26	27	28	29	30	1	2	3	4	5	6	7	8	9	10	11						
	公曆 8 月				1	2	3	4	5	6	7	8	9	10	11	12	13	14	15	16	17	18	19	20	21	22	23	24	25	26	27	28	29	30	31			
	夏曆閏七月				14	15	16	17	18	19	20	21	22	23	24	25	26	27	28	29	30	㉗	2	3	4	5	6	7	8	9	10	11	12	13	14			
367 年	回曆 1 月				12	13	14	15	16	17	18	19	20	21	22	23	24	25	26	27	28	29	①	2	3	4	5	6	7	8	9	10	11	12	13			
	公曆 9 月							1	2	3	4	5	6	7	8	9	10	11	12	13	14	15	16	17	18	19	20	21	22	23	24	25	26	27	28	29	30	
46	夏曆八月							15	16	17	18	19	20	21	22	23	24	25	26	27	28	29	(56)	2	3	4	5	6	7	8	9	10	11	12	13	14	15	
	回曆 2 月							14	15	16	17	18	19	20	21	22	23	24	25	26	27	28	29	30	1	2	3	4	5	6	7	8	9	10	11	12	13	
	公曆 10 月		1	2	3	4	5	6	7	8	9	10	11	12	13	14	15	16	17	18	19	20	21	22	23	24	25	26	27	28	29	30	31					
47	夏曆九月		16	17	18	19	20	21	22	23	24	25	26	27	28	29	30	㉖	2	3	4	5	6	7	8	9	10	11	12	13	14	15	16					
	回曆 3 月		14	15	16	17	18	19	20	21	22	23	24	25	26	27	28	29	1	2	3	4	5	6	7	8	9	10	11	12	13	14	15					
	公曆 11 月					1	2	3	4	5	6	7	8	9	10	11	12	13	14	15	16	17	18	19	20	21	22	23	24	25	26	27	28	29	30			
48	夏曆十月					17	18	19	20	21	22	23	24	25	26	27	28	29	(55)	2	3	4	5	6	7	8	9	10	11	12	13	14	15	16	17			
	回曆 4 月					16	17	18	19	20	21	22	23	24	25	26	27	28	29	30	1	2	3	4	5	6	7	8	9	10	11	12	13	14	15			
	公曆 12 月							1	2	3	4	5	6	7	8	9	10	11	12	13	14	15	16	17	18	19	20	21	22	23	24	25	26	27	28	29	30	31
49	夏曆十一月							18	19	20	21	22	23	24	25	26	27	28	29	㉔	2	3	4	5	6	7	8	9	10	11	12	13	14	15	16	17	18	19
	回曆 5 月							16	17	18	19	20	21	22	23	24	25	26	27	28	29	1	2	3	4	5	6	7	8	9	10	11	12	13	14	15	16	17

汪氏長術十月戊子,誤。

大事記

正月,女真貢於遼。宋科進士,得五百名士。　二月,宋廢江南鐵錢,鑄銅幣,禁民采銅礦。遼來使祝賀即位及元旦。　三月,北漢乞遼,遼予糧二十萬斛。宋命李昉等編《太平御覽》、《太平廣記》。　七月,回鶻貢遼。河決於溫縣、滎澤,又決頓丘、白馬。　八月,潭州軍破梅山峒首領苞漢陽。悉罷節度使所領支郡,皆直屬京師。　十一月,宋使賀遼正旦。　十二月,高麗王遣子貢於宋。遼再賀宋正旦。

宋遼金紀年

干支戊寅　公元 978 年

朝代或國名	國家支配者	建都	廟號	謚號	建元	年號年次	輔政者	備注
北宋	②趙光義	汴梁	太宗	廣	5	1 太平興國 3 年	同前	
吳越	⑤錢弘俶	錢塘		忠懿王	7	7 太平興國 3 年		五月降於宋
遼(契丹)	⑤耶律賢	幽州	遼景宗			8 保寧 10 年		
大理	⑤段素順	陽苴咩		應道	1	明政 10 年		在雲南
北漢	③劉繼元	太原				廣運 5 年		
東丹		龍泉府			1	53 年		
古格						165 年		西藏阿里

月 干支 序數	星期 月序	日	1	2	3	4	5	6	日	1	2	3	4	5	6	日	1	2	3	4	5	6	日	1	2	3	4	5	6	日	1	2	3	4	5	6	日	1
	公曆 1 月			1	2	3	4	5	6	7	8	9	10	11	12	13	14	15	16	17	18	19	20	21	22	23	24	25	26	27	28	29	30	31				
50	夏曆十二月			20	21	22	23	24	25	26	27	28	29	30	(54)	2	3	4	5	6	7	8	9	10	11	12	13	14	15	16	17	18	19	20				
	回曆 6 月			18	19	20	21	22	23	24	25	26	27	28	29	30	1	2	3	4	5	6	7	8	9	10	11	12	13	14	15	16	17	18				
	公曆 2 月						1	2	3	4	5	6	7	8	9	10	11	12	13	14	15	16	17	18	19	20	21	22	23	24	25	26	27	28				
51	夏曆正月						21	22	23	24	25	26	27	28	29	㉓	2	3	4	5	6	7	8	9	10	11	12	13	14	15	16	17	18	19				
	回曆 7 月						19	20	21	22	23	24	25	26	27	28	29	1	2	3	4	5	6	7	8	9	10	11	12	13	14	15	16	17				
	公曆 3 月						1	2	3	4	5	6	7	8	9	10	11	12	13	14	15	16	17	18	19	20	21	22	23	24	25	26	27	28	29	30	31	
52	夏曆二月						20	21	22	23	24	25	26	27	28	29	30	(53)	2	3	4	5	6	7	8	9	10	11	12	13	14	15	16	17	18	19	20	
	回曆 8 月						18	19	20	21	22	23	24	25	26	27	28	29	30	1	2	3	4	5	6	7	8	9	10	11	12	13	14	15	16	17	18	
	公曆 4 月		1	2	3	4	5	6	7	8	9	10	11	12	13	14	15	16	17	18	19	20	21	22	23	24	25	26	27	28	29	30						
53	夏曆三月		21	22	23	24	25	26	27	28	29	㉒	2	3	4	5	6	7	8	9	10	11	12	13	14	15	16	17	18	19	20	21						
	回曆 9 月		19	20	21	22	23	24	25	26	27	28	29	1	2	3	4	5	6	7	8	9	10	11	12	13	14	15	16	17	18	19						
	公曆 5 月				1	2	3	4	5	6	7	8	9	10	11	12	13	14	15	16	17	18	19	20	21	22	23	24	25	26	27	28	29	30	31			
54	夏曆四月				22	23	24	25	26	27	28	29	30	(52)	2	3	4	5	6	7	8	9	10	11	12	13	14	15	16	17	18	19	20	21	22			
	回曆 10 月				20	21	22	23	24	25	26	27	28	29	30	1	2	3	4	5	6	7	8	9	10	11	12	13	14	15	16	17	18	19	20			
	公曆 6 月							1	2	3	4	5	6	7	8	9	10	11	12	13	14	15	16	17	18	19	20	21	22	23	24	25	26	27	28	29	30	
55	夏曆五月							23	24	25	26	27	28	29	30	㉒	2	3	4	5	6	7	8	9	10	11	12	13	14	15	16	17	18	19	20	21	22	
	回曆 11 月							21	22	23	24	25	26	27	28	29	1	2	3	4	5	6	7	8	9	10	11	12	13	14	15	16	17	18	19	20	21	
	公曆 7 月		1	2	3	4	5	6	7	8	9	10	11	12	13	14	15	16	17	18	19	20	21	22	23	24	25	26	27	28	29	30	31					
56	夏曆六月		23	24	25	26	27	28	29	(51)	2	3	4	5	6	7	8	9	10	11	12	13	14	15	16	17	18	19	20	21	22	23	24					
	回曆 12 月		22	23	24	25	26	27	28	29	30	1	2	3	4	5	6	7	8	9	10	11	12	13	14	15	16	17	18	19	20	21	22					
	公曆 8 月					1	2	3	4	5	6	7	8	9	10	11	12	13	14	15	16	17	18	19	20	21	22	23	24	25	26	27	28	29	30	31		
57	夏曆七月					25	26	27	28	29	30	㉑	2	3	4	5	6	7	8	9	10	11	12	13	14	15	16	17	18	19	20	21	22	23	24	25		
368 年	回曆 1 月					23	24	25	26	27	28	29	30	①	2	3	4	5	6	7	8	9	10	11	12	13	14	15	16	17	18	19	20	21	22	23		
	公曆 9 月	1	2	3	4	5	6	7	8	9	10	11	12	13	14	15	16	17	18	19	20	21	22	23	24	25	26	27	28	29	30							
58	夏曆八月	26	27	28	29	㊿	2	3	4	5	6	7	8	9	10	11	12	13	14	15	16	17	18	19	20	21	22	23	24	25	26							
	回曆 2 月	24	25	26	27	28	29	30	1	2	3	4	5	6	7	8	9	10	11	12	13	14	15	16	17	18	19	20	21	22	23							
	公曆 10 月			1	2	3	4	5	6	7	8	9	10	11	12	13	14	15	16	17	18	19	20	21	22	23	24	25	26	27	28	29	30	31				
59	夏曆九月			27	28	29	30	⑳	2	3	4	5	6	7	8	9	10	11	12	13	14	15	16	17	18	19	20	21	22	23	24	25	26	27				
	回曆 3 月			24	25	26	27	28	29	1	2	3	4	5	6	7	8	9	10	11	12	13	14	15	16	17	18	19	20	21	22	23	24	25				
	公曆 11 月						1	2	3	4	5	6	7	8	9	10	11	12	13	14	15	16	17	18	19	20	21	22	23	24	25	26	27	28	29	30		
60	夏曆十月						28	29	30	㊿	2	3	4	5	6	7	8	9	10	11	12	13	14	15	16	17	18	19	20	21	22	23	24	25	26	27		
	回曆 4 月						26	27	28	29	30	1	2	3	4	5	6	7	8	9	10	11	12	13	14	15	16	17	18	19	20	21	22	23	24	25		
	公曆 12 月	1	2	3	4	5	6	7	8	9	10	11	12	13	14	15	16	17	18	19	20	21	22	23	24	25	26	27	28	29	30	31						
1	夏曆十一月	28	29	⑲	2	3	4	5	6	7	8	9	10	11	12	13	14	15	16	17	18	19	20	21	22	23	24	25	26	27	28	29						
	回曆 5 月	26	27	28	29	1	2	3	4	5	6	7	8	9	10	11	12	13	14	15	16	17	18	19	20	21	22	23	24	25	26	27						

大事記

正月，宋浚汾河、廣濟渠、惠民渠、蔡河、汴口，築河堤。於邊州大治兵器，北漢請救於遼。　二月，宋立崇文院，以儲圖書。回鶻貢遼。　三月，吳越王錢弘俶朝宋。　四月，陳洪進獻漳、泉二州於宋。　五月，吳越錢弘俶獻地於宋，吳越亡。宋定難節度使李克睿卒，子繼筠嗣。　七月，李煜卒(937—978)。　十月，遼遣使賀宋太宗生辰。太宗封孔子後文宣公，免其家租稅。　十二月，置三司推官、巡官。遼使賀宋正旦。

宋遼金紀年　　干支己卯　公元979年

朝代或國名	國家支配者	建都	廟號	謚號	建元	年號年次	輔政者	備注
北宋	②趙光義	汴梁	太宗	廣	5	1太平興國4年	同前	
遼(契丹)	⑤耶律賢	臨潢	遼景宗			9乾亨元年		十一月辛丑改元
大理	⑤段素順	陽苴咩		應道	1	明政11年		在雲南
北漢	③劉繼元	太原				廣運6年		五月降於宋
東丹		龍泉府			1	54年		
古格						166年		西藏阿里

月曆表　　5692－355－2079022

月 干支 序數	月序＼星期	日	1	2	3	4	5	6	日	1	2	3	4	5	6	日	1	2	3	4	5	6	日	1	2	3	4	5	6	日	1	2	3	4	5	6	日	1
	公暦1月				1	2	3	4	5	6	7	8	9	10	11	12	13	14	15	16	17	18	19	20	21	22	23	24	25	26	27	28	29	30	31			
2 3	夏暦十二、正月				30	㊾	2	3	4	5	6	7	8	9	10	11	12	13	14	15	16	17	18	19	20	21	22	23	24	25	26	27	28	29	⑱			
	回暦6月				28	29	30	1	2	3	4	5	6	7	8	9	10	11	12	13	14	15	16	17	18	19	20	21	22	23	24	25	26	27	28			
	公暦2月							1	2	3	4	5	6	7	8	9	10	11	12	13	14	15	16	17	18	19	20	21	22	23	24	25	26	27	28			
	夏暦正月							2	3	4	5	6	7	8	9	10	11	12	13	14	15	16	17	18	19	20	21	22	23	24	25	26	27	28	29			
	回暦7月							29	1	2	3	4	5	6	7	8	9	10	11	12	13	14	15	16	17	18	19	20	21	22	23	24	25	26	27			
	公暦3月							1	2	3	4	5	6	7	8	9	10	11	12	13	14	15	16	17	18	19	20	21	22	23	24	25	26	27	28	29	30	31
4 5	夏暦二、三月							㊼	2	3	4	5	6	7	8	9	10	11	12	13	14	15	16	17	18	19	20	21	22	23	24	25	26	27	28	29	30	⑰
	回暦8月							28	29	30	1	2	3	4	5	6	7	8	9	10	11	12	13	14	15	16	17	18	19	20	21	22	23	24	25	26	27	28
	公暦4月			1	2	3	4	5	6	7	8	9	10	11	12	13	14	15	16	17	18	19	20	21	22	23	24	25	26	27	28	29	30					
6	夏暦四月			2	3	4	5	6	7	8	9	10	11	12	13	14	15	16	17	18	19	20	21	22	23	24	25	26	27	28	29	㊻	2					
	回暦9月			29	1	2	3	4	5	6	7	8	9	10	11	12	13	14	15	16	17	18	19	20	21	22	23	24	25	26	27	28	29					
	公暦5月					1	2	3	4	5	6	7	8	9	10	11	12	13	14	15	16	17	18	19	20	21	22	23	24	25	26	27	28	29	30	31		
7	夏暦五月					3	4	5	6	7	8	9	10	11	12	13	14	15	16	17	18	19	20	21	22	23	24	25	26	27	28	29	30	⑯	2	3		
	回暦10、11月					30	1	2	3	4	5	6	7	8	9	10	11	12	13	14	15	16	17	18	19	20	21	22	23	24	25	26	27	28	29	1		
	公暦6月	1	2	3	4	5	6	7	8	9	10	11	12	13	14	15	16	17	18	19	20	21	22	23	24	25	26	27	28	29	30							
8	夏暦六月	4	5	6	7	8	9	10	11	12	13	14	15	16	17	18	19	20	21	22	23	24	25	26	27	28	29	㊺	2	3	4							
	回暦12月	2	3	4	5	6	7	8	9	10	11	12	13	14	15	16	17	18	19	20	21	22	23	24	25	26	27	28	29	30	1							
	公暦7月			1	2	3	4	5	6	7	8	9	10	11	12	13	14	15	16	17	18	19	20	21	22	23	24	25	26	27	28	29	30	31				
9	夏暦七月			5	6	7	8	9	10	11	12	13	14	15	16	17	18	19	20	21	22	23	24	25	26	27	28	29	30	⑮	2	3	4	5				
369年	回暦1月			2	3	4	5	6	7	8	9	10	11	12	13	14	15	16	17	18	19	20	21	22	23	24	25	26	27	28	29	①	2	3				
	公暦8月						1	2	3	4	5	6	7	8	9	10	11	12	13	14	15	16	17	18	19	20	21	22	23	24	25	26	27	28	29	30	31	
10	夏暦八月						6	7	8	9	10	11	12	13	14	15	16	17	18	19	20	21	22	23	24	25	26	27	28	29	30	㊺	2	3	4	5	6	
	回暦2月						4	5	6	7	8	9	10	11	12	13	14	15	16	17	18	19	20	21	22	23	24	25	26	27	28	29	30	1	2	3	4	
	公暦9月		1	2	3	4	5	6	7	8	9	10	11	12	13	14	15	16	17	18	19	20	21	22	23	24	25	26	27	28	29	30						
11	夏暦九月		7	8	9	10	11	12	13	14	15	16	17	18	19	20	21	22	23	24	25	26	27	28	29	⑭	2	3	4	5	6	7						
	回暦3月		5	6	7	8	9	10	11	12	13	14	15	16	17	18	19	20	21	22	23	24	25	26	27	28	29	1	2	3	4	5						
	公暦10月				1	2	3	4	5	6	7	8	9	10	11	12	13	14	15	16	17	18	19	20	21	22	23	24	25	26	27	28	29	30	31			
12	夏暦十月				8	9	10	11	12	13	14	15	16	17	18	19	20	21	22	23	24	25	26	27	28	29	30	㊹	2	3	4	5	6	7	8			
	回暦4月				6	7	8	9	10	11	12	13	14	15	16	17	18	19	20	21	22	23	24	25	26	27	28	29	30	1	2	3	4	5	6			
	公暦11月							1	2	3	4	5	6	7	8	9	10	11	12	13	14	15	16	17	18	19	20	21	22	23	24	25	26	27	28	29	30	

續表

月 干支 序數	月序＼星期	日	1	2	3	4	5	6	日	1	2	3	4	5	6	日	1	2	3	4	5	6	日	1	2	3	4	5	6	日	1	2	3	4	5	6	日	1
13	夏曆十一月							9	10	11	12	13	14	15	16	17	18	19	20	21	22	23	24	25	26	27	28	29	30	⑭	2	3	4	5	6	7	8	
	回曆5月							7	8	9	10	11	12	13	14	15	16	17	18	19	20	21	22	23	24	25	26	27	28	29	1	2	3	4	5	6	7	
	公曆12月		1	2	3	4	5	6	7	8	9	10	11	12	13	14	15	16	17	18	19	20	21	22	23	24	25	26	27	28	29	30	31					
14	夏曆十二月		9	10	11	12	13	14	15	16	17	18	19	20	21	22	23	24	25	26	27	28	29	㊸	2	3	4	5	6	7	8	9	10					
	回曆6月		8	9	10	11	12	13	14	15	16	17	18	19	20	21	22	23	24	25	26	27	28	29	30	1	2	3	4	5	6	7	8					

大事記

正月，宋遣使高麗。宋分路襲北漢。宋製新渾儀成。　二月，遼兵助北漢，宋太宗親督師。　三月，遼軍敗。四月，宋軍圍太原。　五月，北漢降，國亡，毀其城，以榆次為并州。　六月，宋太宗繼而攻遼，圍遼南京，諸州降於宋。七月，宋、遼激戰高粱河，宋帝遁歸。宋定難軍留後李繼筠卒，弟繼捧嗣。　九月，遼襲宋，敗於滿城。　十一月，遼改元乾亨。

宋遼金紀年

干支庚辰　公元980年

朝代或國名	國家支配者	建都	廟號	謚號	建元	年號年次	輔政者	備注
北宋	②趙光義	汴梁	太宗	廣	5	1 太平興國 5 年	同前	
遼(契丹)	⑤耶律賢	幽州	遼景宗			9 乾亨 2 年		
大理	⑤段素順	陽苴咩		應道	1	明政 12 年		在雲南
東丹		龍泉府			1	55 年		
古格						167 年		西藏阿里

月曆表

5693－384－2079406

月 干支 序數	月序＼星期	日	1	2	3	4	5	6	日	1	2	3	4	5	6	日	1	2	3	4	5	6	日	1	2	3	4	5	6	日	1	2	3	4	5	6	日	1
	公曆1月					1	2	3	4	5	6	7	8	9	10	11	12	13	14	15	16	17	18	19	20	21	22	23	24	25	26	27	28	29	30	31		
15	夏曆正月					11	12	13	14	15	16	17	18	19	20	21	22	23	24	25	26	27	28	29	30	⑬	2	3	4	5	6	7	8	9	10	11		
	回曆7月					9	10	11	12	13	14	15	16	17	18	19	20	21	22	23	24	25	26	27	28	29	1	2	3	4	5	6	7	8	9	10		
	公曆2月	1	2	3	4	5	6	7	8	9	10	11	12	13	14	15	16	17	18	19	20	21	22	23	24	25	26	27	28	29								
16	夏曆二月	12	13	14	15	16	17	18	19	20	21	22	23	24	25	26	27	28	29	㊷	2	3	4	5	6	7	8	9	10	11								
	回曆8月	11	12	13	14	15	16	17	18	19	20	21	22	23	24	25	26	27	28	29	30	1	2	3	4	5	6	7	8	9								
	公曆3月		1	2	3	4	5	6	7	8	9	10	11	12	13	14	15	16	17	18	19	20	21	22	23	24	25	26	27	28	29	30	31					
17	夏曆三月		12	13	14	15	16	17	18	19	20	21	22	23	24	25	26	27	28	29	⑪	2	3	4	5	6	7	8	9	10	11	12	13					
	回曆9月		10	11	12	13	14	15	16	17	18	19	20	21	22	23	24	25	26	27	28	29	1	2	3	4	5	6	7	8	9	10	11					
	公曆4月					1	2	3	4	5	6	7	8	9	10	11	12	13	14	15	16	17	18	19	20	21	22	23	24	25	26	27	28	29	30			
	夏曆閏三月					14	15	16	17	18	19	20	21	22	23	24	25	26	27	28	29	30	㊶	2	3	4	5	6	7	8	9	10	11	12	13			
	回曆10月					12	13	14	15	16	17	18	19	20	21	22	23	24	25	26	27	28	29	30	1	2	3	4	5	6	7	8	9	10	11			
	公曆5月							1	2	3	4	5	6	7	8	9	10	11	12	13	14	15	16	17	18	19	20	21	22	23	24	25	26	27	28	29	30	31
18	夏曆四月							14	15	16	17	18	19	20	21	22	23	24	25	26	27	28	29	⑩	2	3	4	5	6	7	8	9	10	11	12	13	14	15
	回曆11月							12	13	14	15	16	17	18	19	20	21	22	23	24	25	26	27	28	29	1	2	3	4	5	6	7	8	9	10	11	12	13
	公曆6月			1	2	3	4	5	6	7	8	9	10	11	12	13	14	15	16	17	18	19	20	21	22	23	24	25	26	27	28	29	30					

續表

月序數 干支	月序 星期	日	1	2	3	4	5	6	日	1	2	3	4	5	6	日	1	2	3	4	5	6	日	1	2	3	4	5	6	日	1	2	3	4	5	6	日
19	夏曆五月			16	17	18	19	20	21	22	23	24	25	26	27	28	29	30	㊵	2	3	4	5	6	7	8	9	10	11	12	13	14	15				
	回曆12月			14	15	16	17	18	19	20	21	22	23	24	25	26	27	28	29	30	1	2	3	4	5	6	7	8	9	10	11	12	13				
	公曆7月					1	2	3	4	5	6	7	8	9	10	11	12	13	14	15	16	17	18	19	20	21	22	23	24	25	26	27	28	29	30	31	
20	夏曆六月					16	17	18	19	20	21	22	23	24	25	26	27	28	29	⑨	2	3	4	5	6	7	8	9	10	11	12	13	14	15	16	17	
370年	回曆1月					14	15	16	17	18	19	20	21	22	23	24	25	26	27	28	29	①	2	3	4	5	6	7	8	9	10	11	12	13	14	15	
	公曆8月	1	2	3	4	5	6	7	8	9	10	11	12	13	14	15	16	17	18	19	20	21	22	23	24	25	26	27	28	29	30	31					
21	夏曆七月	18	19	20	21	22	23	24	25	26	27	28	29	30	㊴	2	3	4	5	6	7	8	9	10	11	12	13	14	15	16	17	18					
	回曆2月	16	17	18	19	20	21	22	23	24	25	26	27	28	29	30	1	2	3	4	5	6	7	8	9	10	11	12	13	14	15	16					
	公曆9月				1	2	3	4	5	6	7	8	9	10	11	12	13	14	15	16	17	18	19	20	21	22	23	24	25	26	27	28	29	30			
22	夏曆八月				19	20	21	22	23	24	25	26	27	28	29	⑧	2	3	4	5	6	7	8	9	10	11	12	13	14	15	16	17	18	19			
	回曆3月				17	18	19	20	21	22	23	24	25	26	27	28	29	1	2	3	4	5	6	7	8	9	10	11	12	13	14	15	16	17			
	公曆10月						1	2	3	4	5	6	7	8	9	10	11	12	13	14	15	16	17	18	19	20	21	22	23	24	25	26	27	28	29	30	31
23	夏曆九月						20	21	22	23	24	25	26	27	28	29	30	㊳	2	3	4	5	6	7	8	9	10	11	12	13	14	15	16	17	18	19	20
	回曆4月						18	19	20	21	22	23	24	25	26	27	28	29	30	1	2	3	4	5	6	7	8	9	10	11	12	13	14	15	16	17	18
	公曆11月		1	2	3	4	5	6	7	8	9	10	11	12	13	14	15	16	17	18	19	20	21	22	23	24	25	26	27	28	29	30					
24	夏曆十月		21	22	23	24	25	26	27	28	29	30	⑧	2	3	4	5	6	7	8	9	10	11	12	13	14	15	16	17	18	19	20					
	回曆5月		19	20	21	22	23	24	25	26	27	28	29	1	2	3	4	5	6	7	8	9	10	11	12	13	14	15	16	17	18	19					
	公曆12月				1	2	3	4	5	6	7	8	9	10	11	12	13	14	15	16	17	18	19	20	21	22	23	24	25	26	27	28	29	30	31		
25	夏曆十一月				21	22	23	24	25	26	27	28	29	㊲	2	3	4	5	6	7	8	9	10	11	12	13	14	15	16	17	18	19	20	21	22		
	回曆6月				20	21	22	23	24	25	26	27	28	29	30	1	2	3	4	5	6	7	8	9	10	11	12	13	14	15	16	17	18	19	20		

大事記

正月，宋開尉氏新河九十里。　二月，宋以民為九等定役法。　三月，宋將楊業敗遼於雁門。　閏三月，宋太宗親試諸科舉人，得進士六百五十二人。　四月，宋遣官使交州。　六月，遼耶律喜隱又謀亂，囚禁之。　七月，宋攻交州黎桓。　九月，宋修《太祖實錄》成。　十月，遼帝至南京督師攻宋，宋敗於瓦橋關。繼而敗遼於關南，遼帝退。　十二月，宋修沿遼城池。

宋遼金紀年

干支辛巳　公元 981 年

朝代或國名	國家支配者	建都	廟號	謚號	建元	年號年次	輔政者	備注
北宋	②趙光義	汴梁	太宗	廣	5	1太平興國6年	同前增趙普	
遼(契丹)	⑤耶律賢	幽州	遼景宗			9乾亨3年		
大理	⑤段素順	陽苴咩		應道	1	明政13年		在雲南
東丹		龍泉府			1	56年		
古格						168年		西藏阿里

月曆表

月干支序數	星期 月序	日	1	2	3	4	5	6	日	1	2	3	4	5	6	日	1	2	3	4	5	6	日	1	2	3	4	5	6	日	1	2	3	4	5	6	日	1
	公曆1月							1	2	3	4	5	6	7	8	9	10	11	12	13	14	15	16	17	18	19	20	21	22	23	24	25	26	27	28	29	30	31
26	夏曆十二月							23	24	25	26	27	28	29	30	⑦	2	3	4	5	6	7	8	9	10	11	12	13	14	15	16	17	18	19	20	21	22	23
	回曆7月							21	22	23	24	25	26	27	28	29	1	2	3	4	5	6	7	8	9	10	11	12	13	14	15	16	17	18	19	20	21	22
	公曆2月			1	2	3	4	5	6	7	8	9	10	11	12	13	14	15	16	17	18	19	20	21	22	23	24	25	26	27	28							
27	夏曆正月			24	25	26	27	28	29	30	㊲	2	3	4	5	6	7	8	9	10	11	12	13	14	15	16	17	18	19	20	21							
	回曆8月			23	24	25	26	27	28	29	30	1	2	3	4	5	6	7	8	9	10	11	12	13	14	15	16	17	18	19	20							
	公曆3月			1	2	3	4	5	6	7	8	9	10	11	12	13	14	15	16	17	18	19	20	21	22	23	24	25	26	27	28	29	30	31				
28	夏曆二月			22	23	24	25	26	27	28	29	⑥	2	3	4	5	6	7	8	9	10	11	12	13	14	15	16	17	18	19	20	21	22	23				
	回曆9月			21	22	23	24	25	26	27	28	29	1	2	3	4	5	6	7	8	9	10	11	12	13	14	15	16	17	18	19	20	21	22				
	公曆4月						1	2	3	4	5	6	7	8	9	10	11	12	13	14	15	16	17	18	19	20	21	22	23	24	25	26	27	28	29	30		
29	夏曆三月						24	25	26	27	28	29	㉟	2	3	4	5	6	7	8	9	10	11	12	13	14	15	16	17	18	19	20	21	22	23	24		
	回曆10月						23	24	25	26	27	28	29	30	1	2	3	4	5	6	7	8	9	10	11	12	13	14	15	16	17	18	19	20	21	22		
	公曆5月	1	2	3	4	5	6	7	8	9	10	11	12	13	14	15	16	17	18	19	20	21	22	23	24	25	26	27	28	29	30	31						
30	夏曆四月	25	26	27	28	29	30	⑤	2	3	4	5	6	7	8	9	10	11	12	13	14	15	16	17	18	19	20	21	22	23	24	25						
	回曆11月	23	24	25	26	27	28	29	1	2	3	4	5	6	7	8	9	10	11	12	13	14	15	16	17	18	19	20	21	22	23	24						
	公曆6月				1	2	3	4	5	6	7	8	9	10	11	12	13	14	15	16	17	18	19	20	21	22	23	24	25	26	27	28	29	30				
31	夏曆五月				26	27	28	29	㉞	2	3	4	5	6	7	8	9	10	11	12	13	14	15	16	17	18	19	20	21	22	23	24	25	26				
	回曆12月				25	26	27	28	29	30	1	2	3	4	5	6	7	8	9	10	11	12	13	14	15	16	17	18	19	20	21	22	23	24				
	公曆7月						1	2	3	4	5	6	7	8	9	10	11	12	13	14	15	16	17	18	19	20	21	22	23	24	25	26	27	28	29	30	31	
32	夏曆六月						27	28	29	③	2	3	4	5	6	7	8	9	10	11	12	13	14	15	16	17	18	19	20	21	22	23	24	25	26	27	28	
371年	回曆1月						25	26	27	28	29	30	①	2	3	4	5	6	7	8	9	10	11	12	13	14	15	16	17	18	19	20	21	22	23	24	25	
	公曆8月		1	2	3	4	5	6	7	8	9	10	11	12	13	14	15	16	17	18	19	20	21	22	23	24	25	26	27	28	29	30	31					
33	夏曆七月		29	30	㉝	2	3	4	5	6	7	8	9	10	11	12	13	14	15	16	17	18	19	20	21	22	23	24	25	26	27	28	29					
	回曆2月		26	27	28	29	30	1	2	3	4	5	6	7	8	9	10	11	12	13	14	15	16	17	18	19	20	21	22	23	24	25	26					
	公曆9月					1	2	3	4	5	6	7	8	9	10	11	12	13	14	15	16	17	18	19	20	21	22	23	24	25	26	27	28	29	30			
34	夏曆八月					②	2	3	4	5	6	7	8	9	10	11	12	13	14	15	16	17	18	19	20	21	22	23	24	25	26	27	28	29	30			
	回曆3月					27	28	29	1	2	3	4	5	6	7	8	9	10	11	12	13	14	15	16	17	18	19	20	21	22	23	24	25	26	27			
	公曆10月							1	2	3	4	5	6	7	8	9	10	11	12	13	14	15	16	17	18	19	20	21	22	23	24	25	26	27	28	29	30	31
35 36	夏曆九十月							㉜	2	3	4	5	6	7	8	9	10	11	12	13	14	15	16	17	18	19	20	21	22	23	24	25	26	27	28	29	30	②
	回曆4月							28	29	30	1	2	3	4	5	6	7	8	9	10	11	12	13	14	15	16	17	18	19	20	21	22	23	24	25	26	27	28
	公曆11月			1	2	3	4	5	6	7	8	9	10	11	12	13	14	15	16	17	18	19	20	21	22	23	24	25	26	27	28	29	30					
37	夏曆十一月			2	3	4	5	6	7	8	9	10	11	12	13	14	15	16	17	18	19	20	21	22	23	24	25	26	27	28	29	30	㉜					
	回曆5月			29	1	2	3	4	5	6	7	8	9	10	11	12	13	14	15	16	17	18	19	20	21	22	23	24	25	26	27	28	29					
	公曆12月					1	2	3	4	5	6	7	8	9	10	11	12	13	14	15	16	17	18	19	20	21	22	23	24	25	26	27	28	29	30	31		
38	夏曆十二月					2	3	4	5	6	7	8	9	10	11	12	13	14	15	16	17	18	19	20	21	22	23	24	25	26	27	28	29	①	2	3		
	回曆6,7月					30	1	2	3	4	5	6	7	8	9	10	11	12	13	14	15	16	17	18	19	20	21	22	23	24	25	26	27	28	29	1		

大事記

正月，宋易州破遼兵。宋治水道，暢漕運。　三月，宋破交州軍於白藤江口。　五月，遼上京漢軍亂。　六月，薛居正卒(912—981)。　七月，遣使渤海，相約攻遼，未果。　十二月，詔求醫書，所得醫書甚多。

是歲，汴河歲運江淮米三百萬石，菽一百萬石。

宋遼金紀年

干支壬午　公元 982 年

朝代或國名	國家支配者	建都	廟號	謚號	建元	年號年次	輔政者	備注
北宋	②趙光義	汴梁	太宗	廣		1太平興國7年	沈義倫 盧多遜 趙普	
遼(契丹)	⑤耶律賢	幽州	遼景宗			9乾亨4年		九月耶律隆緒即位
大理	⑤段素順	陽苴咩		應道	1	明政14年		在雲南
東丹		龍泉府			1	57年		
古格						169年		西藏阿里

月曆表

5695—384—2080144

月干支序數	月序＼星期	日	1	2	3	4	5	6	日	1	2	3	4	5	6	日	1	2	3	4	5	6	日	1	2	3	4	5	6	日	1	2	3	4	5	6	日	1
	公曆1月	1	2	3	4	5	6	7	8	9	10	11	12	13	14	15	16	17	18	19	20	21	22	23	24	25	26	27	28	29	30	31						
39	夏曆正月	4	5	6	7	8	9	10	11	12	13	14	15	16	17	18	19	20	21	22	23	24	25	26	27	28	29	30	㉛	2	3	4						
	回曆8月	2	3	4	5	6	7	8	9	10	11	12	13	14	15	16	17	18	19	20	21	22	23	24	25	26	27	28	29	30	1	2						
	公曆2月				1	2	3	4	5	6	7	8	9	10	11	12	13	14	15	16	17	18	19	20	21	22	23	24	25	26	27	28						
40	夏曆二月				5	6	7	8	9	10	11	12	13	14	15	16	17	18	19	20	21	22	23	24	25	26	27	28	29	30	①	2						
	回曆9月				3	4	5	6	7	8	9	10	11	12	13	14	15	16	17	18	19	20	21	22	23	24	25	26	27	28	29	1						
	公曆3月				1	2	3	4	5	6	7	8	9	10	11	12	13	14	15	16	17	18	19	20	21	22	23	24	25	26	27	28	29	30	31			
41	夏曆三月				3	4	5	6	7	8	9	10	11	12	13	14	15	16	17	18	19	20	21	22	23	24	25	26	27	28	29	㉚	2	3	4			
	回曆10月				2	3	4	5	6	7	8	9	10	11	12	13	14	15	16	17	18	19	20	21	22	23	24	25	26	27	28	29	30	1	2			
	公曆4月							1	2	3	4	5	6	7	8	9	10	11	12	13	14	15	16	17	18	19	20	21	22	23	24	25	26	27	28	29	30	
42	夏曆四月							5	6	7	8	9	10	11	12	13	14	15	16	17	18	19	20	21	22	23	24	25	26	27	28	29	(59)	2	3	4	5	
	回曆11月							3	4	5	6	7	8	9	10	11	12	13	14	15	16	17	18	19	20	21	22	23	24	25	26	27	28	29	1	2	3	
	公曆5月		1	2	3	4	5	6	7	8	9	10	11	12	13	14	15	16	17	18	19	20	21	22	23	24	25	26	27	28	29	30	31					
43	夏曆五月		6	7	8	9	10	11	12	13	14	15	16	17	18	19	20	21	22	23	24	25	26	27	28	29	30	㉙	2	3	4	5	6					
	回曆12月		4	5	6	7	8	9	10	11	12	13	14	15	16	17	18	19	20	21	22	23	24	25	26	27	28	29	30	1	2	3	4					
	公曆6月					1	2	3	4	5	6	7	8	9	10	11	12	13	14	15	16	17	18	19	20	21	22	23	24	25	26	27	28	29	30			
44	夏曆六月					7	8	9	10	11	12	13	14	15	16	17	18	19	20	21	22	23	24	25	26	27	28	29	(58)	2	3	4	5	6	7			
372年	回曆1月					5	6	7	8	9	10	11	12	13	14	15	16	17	18	19	20	21	22	23	24	25	26	27	28	29	①	2	3	4	5			
	公曆7月							1	2	3	4	5	6	7	8	9	10	11	12	13	14	15	16	17	18	19	20	21	22	23	24	25	26	27	28	29	30	31
45	夏曆七月							8	9	10	11	12	13	14	15	16	17	18	19	20	21	22	23	24	25	26	27	28	29	㉗	2	3	4	5	6	7	8	9
	回曆2月							6	7	8	9	10	11	12	13	14	15	16	17	18	19	20	21	22	23	24	25	26	27	28	29	30	1	2	3	4	5	6
	公曆8月			1	2	3	4	5	6	7	8	9	10	11	12	13	14	15	16	17	18	19	20	21	22	23	24	25	26	27	28	29	30	31				
46	夏曆八月			10	11	12	13	14	15	16	17	18	19	20	21	22	23	24	25	26	27	28	29	30	(57)	2	3	4	5	6	7	8	9	10				
	回曆3月			7	8	9	10	11	12	13	14	15	16	17	18	19	20	21	22	23	24	25	26	27	28	29	1	2	3	4	5	6	7	8				
	公曆9月						1	2	3	4	5	6	7	8	9	10	11	12	13	14	15	16	17	18	19	20	21	22	23	24	25	26	27	28	29	30		
47	夏曆九月						11	12	13	14	15	16	17	18	19	20	21	22	23	24	25	26	27	28	29	㉖	2	3	4	5	6	7	8	9	10	11		
	回曆4月						9	10	11	12	13	14	15	16	17	18	19	20	21	22	23	24	25	26	27	28	29	30	1	2	3	4	5	6	7	8		
	公曆10月	1	2	3	4	5	6	7	8	9	10	11	12	13	14	15	16	17	18	19	20	21	22	23	24	25	26	27	28	29	30	31						
48	夏曆十月	12	13	14	15	16	17	18	19	20	21	22	23	24	25	26	27	28	29	30	(56)	2	3	4	5	6	7	8	9	10	11	12						
	回曆5月	9	10	11	12	13	14	15	16	17	18	19	20	21	22	23	24	25	26	27	28	29	1	2	3	4	5	6	7	8	9	10						
	公曆11月				1	2	3	4	5	6	7	8	9	10	11	12	13	14	15	16	17	18	19	20	21	22	23	24	25	26	27	28	29	30				
49	夏曆十一月				13	14	15	16	17	18	19	20	21	22	23	24	25	26	27	28	29	30	㉖	2	3	4	5	6	7	8	9	10	11	12				

續表

月 干支 序數	星期 月序	日	1	2	3	4	5	6	日	1	2	3	4	5	6	日	1	2	3	4	5	6	日	1	2	3	4	5	6	日	1	2	3	4	5	6	日	1
	回曆 6 月				11	12	13	14	15	16	17	18	19	20	21	22	23	24	25	26	27	28	29	30	1	2	3	4	5	6	7	8	9	10				
	公曆 12 月						1	2	3	4	5	6	7	8	9	10	11	12	13	14	15	16	17	18	19	20	21	22	23	24	25	26	27	28	29	30	31	
50	夏曆十二月						13	14	15	16	17	18	19	20	21	22	23	24	25	26	27	28	29	⑤⑤	2	3	4	5	6	7	8	9	10	11	12	13	14	
	回曆 7 月						11	12	13	14	15	16	17	18	19	20	21	22	23	24	25	26	27	28	29	1	2	3	4	5	6	7	8	9	10	11	12	

大事記

二月，宋又徙并州治於三交寨。　四月，宋秦王趙廷美獲罪奪官，降為公，置房州。遼三路侵宋，東路敗於滿城。五月，中、西二路皆敗於宋。宋定難留後李繼捧入朝，獻其世據銀、夏、綏、宥、靜五州之地。　六月，繼捧族弟繼遷奔地斤澤抗宋。宋置譯經院，令西域僧譯經。　八月，王溥卒(922—982)。　九月，宋行舉人連保法。遼景宗卒，子隆緒嗣，年幼，母蕭太后燕燕稱制。高麗貢宋。　十月，宋行《乾元曆》。河決於武德。　十二月，遼攻阻卜。宋遣使於高麗。閏十二月，宋破遼軍於豐州。宋於諸州置農師。

宋遼金紀年

干支癸未　公元 983 年

朝代或國名	國家支配者	建都	廟號	謚號	建元	年號年次	輔政者	備注
北宋	②趙光義	汴梁	太宗	廣	5	1 太平興國 8 年	趙普 宋琪李昉	
契丹(遼)	⑥耶律隆緒	幽州	聖宗	宣	3	1 統和元年		六月甲午改元
大理	⑤段素順	陽苴咩		應道	1	明政 15 年		在雲南
古格						170 年		西藏阿里

月曆表

5696—354—2080498

月 干支 序數	星期 月序	日	1	2	3	4	5	6	日	1	2	3	4	5	6	日	1	2	3	4	5	6	日	1	2	3	4	5	6	日	1	2	3	4	5	6	日	1
	公曆 1 月		1	2	3	4	5	6	7	8	9	10	11	12	13	14	15	16	17	18	19	20	21	22	23	24	25	26	27	28	29	30	31					
	夏曆閏十二月		15	16	17	18	19	20	21	22	23	24	25	26	27	28	29	30	㉕	2	3	4	5	6	7	8	9	10	11	12	13	14	15					
	回曆 8 月		13	14	15	16	17	18	19	20	21	22	23	24	25	26	27	28	29	30	1	2	3	4	5	6	7	8	9	10	11	12	13					
	公曆 2 月					1	2	3	4	5	6	7	8	9	10	11	12	13	14	15	16	17	18	19	20	21	22	23	24	25	26	27	28					
51	夏曆正月					16	17	18	19	20	21	22	23	24	25	26	27	28	29	30	⑤⑤	2	3	4	5	6	7	8	9	10	11	12	13					
	回曆 9 月					14	15	16	17	18	19	20	21	22	23	24	25	26	27	28	29	1	2	3	4	5	6	7	8	9	10	11	12					
	公曆 3 月					1	2	3	4	5	6	7	8	9	10	11	12	13	14	15	16	17	18	19	20	21	22	23	24	25	26	27	28	29	30	31		
52	夏曆二月					14	15	16	17	18	19	20	21	22	23	24	25	26	27	28	29	30	㉕	2	3	4	5	6	7	8	9	10	11	12	13	14		
	回曆 10 月					13	14	15	16	17	18	19	20	21	22	23	24	25	26	27	28	29	30	1	2	3	4	5	6	7	8	9	10	11	12	13		
	公曆 4 月	1	2	3	4	5	6	7	8	9	10	11	12	13	14	15	16	17	18	19	20	21	22	23	24	25	26	27	28	29	30							
53	夏曆三月	15	16	17	18	19	20	21	22	23	24	25	26	27	28	29	⑤④	2	3	4	5	6	7	8	9	10	11	12	13	14	15							
	回曆 11 月	14	15	16	17	18	19	20	21	22	23	24	25	26	27	28	29	1	2	3	4	5	6	7	8	9	10	11	12	13	14							
	公曆 5 月			1	2	3	4	5	6	7	8	9	10	11	12	13	14	15	16	17	18	19	20	21	22	23	24	25	26	27	28	29	30	31				
54	夏曆四月			16	17	18	19	20	21	22	23	24	25	26	27	28	29	㉓	2	3	4	5	6	7	8	9	10	11	12	13	14	15	16	17				
	回曆 12 月			15	16	17	18	19	20	21	22	23	24	25	26	27	28	29	30	1	2	3	4	5	6	7	8	9	10	11	12	13	14	15				
	公曆 6 月						1	2	3	4	5	6	7	8	9	10	11	12	13	14	15	16	17	18	19	20	21	22	23	24	25	26	27	28	29	30		

續表

月、干支序數	星期 / 月序	日	1	2	3	4	5	6	日	1	2	3	4	5	6	日	1	2	3	4	5	6	日	1	2	3	4	5	6	日	1	2	3	4	5	6	日	1
55	夏曆五月						18	19	20	21	22	23	24	25	26	27	28	29	30	(53)	2	3	4	5	6	7	8	9	10	11	12	13	14	15	16	17		
373年	回曆1月						16	17	18	19	20	21	22	23	24	25	26	27	28	29	①	2	3	4	5	6	7	8	9	10	11	12	13	14	15	16		
	公曆7月	1	2	3	4	5	6	7	8	9	10	11	12	13	14	15	16	17	18	19	20	21	22	23	24	25	26	27	28	29	30	31						
56	夏曆六月	18	19	20	21	22	23	24	25	26	27	28	29	㉒	2	3	4	5	6	7	8	9	10	11	12	13	14	15	16	17	18	19						
	回曆2月	17	18	19	20	21	22	23	24	25	26	27	28	29	30	1	2	3	4	5	6	7	8	9	10	11	12	13	14	15	16	17						
	公曆8月				1	2	3	4	5	6	7	8	9	10	11	12	13	14	15	16	17	18	19	20	21	22	23	24	25	26	27	28	29	30	31			
57	夏曆七月				20	21	22	23	24	25	26	27	28	29	(51)	2	3	4	5	6	7	8	9	10	11	12	13	14	15	16	17	18	19	20	21			
	回曆3月				18	19	20	21	22	23	24	25	26	27	28	29	1	2	3	4	5	6	7	8	9	10	11	12	13	14	15	16	17	18	19			
	公曆9月							1	2	3	4	5	6	7	8	9	10	11	12	13	14	15	16	17	18	19	20	21	22	23	24	25	26	27	28	29	30	
58	夏曆八月							22	23	24	25	26	27	28	29	30	㉑	2	3	4	5	6	7	8	9	10	11	12	13	14	15	16	17	18	19	20	21	
	回曆4月							20	21	22	23	24	25	26	27	28	29	30	1	2	3	4	5	6	7	8	9	10	11	12	13	14	15	16	17	18	19	
	公曆10月		1	2	3	4	5	6	7	8	9	10	11	12	13	14	15	16	17	18	19	20	21	22	23	24	25	26	27	28	29	30	31					
59	夏曆九月		22	23	24	25	26	27	28	29	㊿	2	3	4	5	6	7	8	9	10	11	12	13	14	15	16	17	18	19	20	21	22	23					
	回曆5月		20	21	22	23	24	25	26	27	28	29	1	2	3	4	5	6	7	8	9	10	11	12	13	14	15	16	17	18	19	20	21					
	公曆11月					1	2	3	4	5	6	7	8	9	10	11	12	13	14	15	16	17	18	19	20	21	22	23	24	25	26	27	28	29	30			
60	夏曆十月					24	25	26	27	28	29	30	⑳	2	3	4	5	6	7	8	9	10	11	12	13	14	15	16	17	18	19	20	21	22	23			
	回曆6月					22	23	24	25	26	27	28	29	30	1	2	3	4	5	6	7	8	9	10	11	12	13	14	15	16	17	18	19	20	21			
	公曆12月							1	2	3	4	5	6	7	8	9	10	11	12	13	14	15	16	17	18	19	20	21	22	23	24	25	26	27	28	29	30	31
1	夏曆十一月							24	25	26	27	28	29	㊾	2	3	4	5	6	7	8	9	10	11	12	13	14	15	16	17	18	19	20	21	22	23	24	25
	回曆7月							22	23	24	25	26	27	28	29	1	2	3	4	5	6	7	8	9	10	11	12	13	14	15	16	17	18	19	20	21	22	23

大事記

正月，遼將猷阻卜孚；黨項擾遼邊。　五月，河決滑州韓邨，至彭城入淮。交州三使留後黎桓遣使貢宋。　六月，遼改國號為大契丹，改元統和，遼帝號天輔皇帝，太后號承天皇太后。　七月，契丹改漢人、契丹人互毆處罰不平律。宋洛陽數河溢，漂溺萬計，犂縣幾盡。　九月，宋置水陸發運使。禁諸路催科用酷刑。蜀版《大藏經》五千零四十八卷成。《太平御覽》一千卷成。　十二月，河決滑州，塞之。未幾復決，發卒五萬治之。

宋遼金紀年

干支甲申　公元984年

朝代或國名	國家支配者	建都	廟號	謚號	建元	年號年次	輔政者	備注
北宋	②趙光義	汴梁	太宗	廣	5	2雍熙元年	李昉 宋琪	十一月丁巳改元
契丹(遼)	⑥耶律隆緒	幽州	聖宗	宣	3	1統和2年		
大理	⑤段素順	陽苴咩		應道	1	明政16年		在雲南
古格						171年		西藏阿里

月曆表

5697－354－2080852

月、干支序數	星期 / 月序	日	1	2	3	4	5	6	日	1	2	3	4	5	6	日	1	2	3	4	5	6	日	1	2	3	4	5	6	日	1	2	3	4	5	6	日	1
	公曆1月			1	2	3	4	5	6	7	8	9	10	11	12	13	14	15	16	17	18	19	20	21	22	23	24	25	26	27	28	29	30	31				
2	夏曆十二月			26	27	28	29	30	⑲	2	3	4	5	6	7	8	9	10	11	12	13	14	15	16	17	18	19	20	21	22	23	24	25	26				

續表

月 干支 序數	星期 月序	日	1	2	3	4	5	6	日	1	2	3	4	5	6	日	1	2	3	4	5	6	日	1	2	3	4	5	6	日	1	2	3	4	5	6	日	1
	回曆8月			24	25	26	27	28	29	30	1	2	3	4	5	6	7	8	9	10	11	12	13	14	15	16	17	18	19	20	21	22	23	24				
	公曆2月						1	2	3	4	5	6	7	8	9	10	11	12	13	14	15	16	17	18	19	20	21	22	23	24	25	26	27	28	29			
3	夏曆正月						27	28	29	30	㊾	2	3	4	5	6	7	8	9	10	11	12	13	14	15	16	17	18	19	20	21	22	23	24	25			
	回曆9月						25	26	27	28	29	1	2	3	4	5	6	7	8	9	10	11	12	13	14	15	16	17	18	19	20	21	22	23	24			
	公曆3月							1	2	3	4	5	6	7	8	9	10	11	12	13	14	15	16	17	18	19	20	21	22	23	24	25	26	27	28	29	30	31
4	夏曆二月							26	27	28	29	30	⑲	2	3	4	5	6	7	8	9	10	11	12	13	14	15	16	17	18	19	20	21	22	23	24	25	26
	回曆10月							25	26	27	28	29	30	1	2	3	4	5	6	7	8	9	10	11	12	13	14	15	16	17	18	19	20	21	22	23	24	25
	公曆4月			1	2	3	4	5	6	7	8	9	10	11	12	13	14	15	16	17	18	19	20	21	22	23	24	25	26	27	28	29	30					
5	夏曆三月			27	28	29	㊽	2	3	4	5	6	7	8	9	10	11	12	13	14	15	16	17	18	19	20	21	22	23	24	25	26	27					
	回曆11月			26	27	28	29	1	2	3	4	5	6	7	8	9	10	11	12	13	14	15	16	17	18	19	20	21	22	23	24	25	26					
	公曆5月					1	2	3	4	5	6	7	8	9	10	11	12	13	14	15	16	17	18	19	20	21	22	23	24	25	26	27	28	29	30	31		
6	夏曆四月					28	29	30	⑱	2	3	4	5	6	7	8	9	10	11	12	13	14	15	16	17	18	19	20	21	22	23	24	25	26	27	28		
	回曆12月					27	28	29	30	1	2	3	4	5	6	7	8	9	10	11	12	13	14	15	16	17	18	19	20	21	22	23	24	25	26	27		
	公曆6月	1	2	3	4	5	6	7	8	9	10	11	12	13	14	15	16	17	18	19	20	21	22	23	24	25	26	27	28	29	30							
7	夏曆五月	29	㊼	2	3	4	5	6	7	8	9	10	11	12	13	14	15	16	17	18	19	20	21	22	23	24	25	26	27	28	29							
374年	回曆1月	28	29	30	①	2	3	4	5	6	7	8	9	10	11	12	13	14	15	16	17	18	19	20	21	22	23	24	25	26	27							
	公曆7月			1	2	3	4	5	6	7	8	9	10	11	12	13	14	15	16	17	18	19	20	21	22	23	24	25	26	27	28	29	30	31				
8 9	夏曆六 七月			30	⑰	2	3	4	5	6	7	8	9	10	11	12	13	14	15	16	17	18	19	20	21	22	23	24	25	26	27	28	29	㊻				
	回曆2月			28	29	30	1	2	3	4	5	6	7	8	9	10	11	12	13	14	15	16	17	18	19	20	21	22	23	24	25	26	27	28				
	公曆8月						1	2	3	4	5	6	7	8	9	10	11	12	13	14	15	16	17	18	19	20	21	22	23	24	25	26	27	28	29	30	31	
10	夏曆八月						2	3	4	5	6	7	8	9	10	11	12	13	14	15	16	17	18	19	20	21	22	23	24	25	26	27	28	29	⑮	2	3	
	回曆3月						29	1	2	3	4	5	6	7	8	9	10	11	12	13	14	15	16	17	18	19	20	21	22	23	24	25	26	27	28	29	30	
	公曆9月		1	2	3	4	5	6	7	8	9	10	11	12	13	14	15	16	17	18	19	20	21	22	23	24	25	26	27	28	29	30						
11	夏曆九月		4	5	6	7	8	9	10	11	12	13	14	15	16	17	18	19	20	21	22	23	24	25	26	27	28	29	30	㊺	2	3						
	回曆4、5月		1	2	3	4	5	6	7	8	9	10	11	12	13	14	15	16	17	18	19	20	21	22	23	24	25	26	27	28	29	1						
	公曆10月				1	2	3	4	5	6	7	8	9	10	11	12	13	14	15	16	17	18	19	20	21	22	23	24	25	26	27	28	29	30	31			
12	夏曆十月				4	5	6	7	8	9	10	11	12	13	14	15	16	17	18	19	20	21	22	23	24	25	26	27	28	29	⑭	2	3	4	5			
	回曆6月				2	3	4	5	6	7	8	9	10	11	12	13	14	15	16	17	18	19	20	21	22	23	24	25	26	27	28	29	30	1	2			
	公曆11月							1	2	3	4	5	6	7	8	9	10	11	12	13	14	15	16	17	18	19	20	21	22	23	24	25	26	27	28	29	30	
13	夏曆十一月							6	7	8	9	10	11	12	13	14	15	16	17	18	19	20	21	22	23	24	25	26	27	28	29	30	㊹	2	3	4	5	
	回曆7月							3	4	5	6	7	8	9	10	11	12	13	14	15	16	17	18	19	20	21	22	23	24	25	26	27	28	29	1	2	3	
	公曆12月		1	2	3	4	5	6	7	8	9	10	11	12	13	14	15	16	17	18	19	20	21	22	23	24	25	26	27	28	29	30	31					
14	夏曆十二月		6	7	8	9	10	11	12	13	14	15	16	17	18	19	20	21	22	23	24	25	26	27	28	29	⑬	2	3	4	5	6	7					
	回曆8月		4	5	6	7	8	9	10	11	12	13	14	15	16	17	18	19	20	21	22	23	24	25	26	27	28	29	30	1	2	3	4					

大事記

正月，免諸州民去年官貸之粟。宋詔求遺書。　二月，宋開淮南故沙河四十里。　三月，日本僧人奝然至宋。河决滑州，塞之。　四月，契丹將獻女真俘。　五月，宋罷諸州農師，開江南鹽禁。　八月，女真八族附契丹。　九月，夏州兵攻李繼遷，俘其母妻。　十月，宋以李繼捧為夏州刺史、定難節度使，轄夏、銀等五州。　十一月，宋改元雍熙。江南兩浙、湖南、嶺南人戶有身丁錢，今後并以年二十成丁，六十為老。

朝代或國名	國家支配者	建都	廟號	謚號	建元	年號年次	輔政者	備注
北宋	②趙光義	汴梁	太宗	廣	5	2雍熙2年	宋琪李昉	
契丹(遼)	⑥耶律隆緒	幽州	聖宗	宣	3	1統和3年		
大理	⑤段素順	陽苴咩		應道	1	明政17年		在雲南
古格						172年		西藏阿里

月曆表

5698－384－2081236

月干支序數	月序＼星期	日	1	2	3	4	5	6	日	1	2	3	4	5	6	日	1	2	3	4	5	6	日	1	2	3	4	5	6	日	1	2	3	4	5	6	日	1
	公曆1月					1	2	3	4	5	6	7	8	9	10	11	12	13	14	15	16	17	18	19	20	21	22	23	24	25	26	27	28	29	30	31		
15	夏曆正月					8	9	10	11	12	13	14	15	16	17	18	19	20	21	22	23	24	25	26	27	28	29	30	㊸	2	3	4	5	6	7	8		
	回曆9月					5	6	7	8	9	10	11	12	13	14	15	16	17	18	19	20	21	22	23	24	25	26	27	28	29	1	2	3	4	5	6		
	公曆2月	1	2	3	4	5	6	7	8	9	10	11	12	13	14	15	16	17	18	19	20	21	22	23	24	25	26	27	28									
16	夏曆二月	9	10	11	12	13	14	15	16	17	18	19	20	21	22	23	24	25	26	27	28	29	30	⑬	2	3	4	5	6									
	回曆10月	7	8	9	10	11	12	13	14	15	16	17	18	19	20	21	22	23	24	25	26	27	28	29	30	1	2	3	4									
	公曆3月	1	2	3	4	5	6	7	8	9	10	11	12	13	14	15	16	17	18	19	20	21	22	23	24	25	26	27	28	29	30	31						
17	夏曆三月	7	8	9	10	11	12	13	14	15	16	17	18	19	20	21	22	23	24	25	26	27	28	29	㊷	2	3	4	5	6	7	8						
	回曆11月	5	6	7	8	9	10	11	12	13	14	15	16	17	18	19	20	21	22	23	24	25	26	27	28	29	1	2	3	4	5	6						
	公曆4月				1	2	3	4	5	6	7	8	9	10	11	12	13	14	15	16	17	18	19	20	21	22	23	24	25	26	27	28	29	30				
18	夏曆四月				9	10	11	12	13	14	15	16	17	18	19	20	21	22	23	24	25	26	27	28	29	30	⑫	2	3	4	5	6	7	8				
	回曆12月				7	8	9	10	11	12	13	14	15	16	17	18	19	20	21	22	23	24	25	26	27	28	29	30	1	2	3	4	5	6				
	公曆5月						1	2	3	4	5	6	7	8	9	10	11	12	13	14	15	16	17	18	19	20	21	22	23	24	25	26	27	28	29	30	31	
19	夏曆五月						9	10	11	12	13	14	15	16	17	18	19	20	21	22	23	24	25	26	27	28	29	30	㊷	2	3	4	5	6	7	8	9	
375年	回曆1月						7	8	9	10	11	12	13	14	15	16	17	18	19	20	21	22	23	24	25	26	27	28	29	①	2	3	4	5	6	7	8	
	公曆6月		1	2	3	4	5	6	7	8	9	10	11	12	13	14	15	16	17	18	19	20	21	22	23	24	25	26	27	28	29	30						
20	夏曆六月		10	11	12	13	14	15	16	17	18	19	20	21	22	23	24	25	26	27	28	29	⑪	2	3	4	5	6	7	8	9	10						
	回曆2月		9	10	11	12	13	14	15	16	17	18	19	20	21	22	23	24	25	26	27	28	29	30	1	2	3	4	5	6	7	8						
	公曆7月				1	2	3	4	5	6	7	8	9	10	11	12	13	14	15	16	17	18	19	20	21	22	23	24	25	26	27	28	29	30	31			
21	夏曆七月				11	12	13	14	15	16	17	18	19	20	21	22	23	24	25	26	27	28	29	30	㊶	2	3	4	5	6	7	8	9	10	11			
	回曆3月				9	10	11	12	13	14	15	16	17	18	19	20	21	22	23	24	25	26	27	28	29	1	2	3	4	5	6	7	8	9	10			
	公曆8月							1	2	3	4	5	6	7	8	9	10	11	12	13	14	15	16	17	18	19	20	21	22	23	24	25	26	27	28	29	30	31
22	夏曆八月							12	13	14	15	16	17	18	19	20	21	22	23	24	25	26	27	28	29	⑩	2	3	4	5	6	7	8	9	10	11	12	13
	回曆4月							11	12	13	14	15	16	17	18	19	20	21	22	23	24	25	26	27	28	29	30	1	2	3	4	5	6	7	8	9	10	11
	公曆9月			1	2	3	4	5	6	7	8	9	10	11	12	13	14	15	16	17	18	19	20	21	22	23	24	25	26	27	28	29	30					
23	夏曆九月			14	15	16	17	18	19	20	21	22	23	24	25	26	27	28	29	㊴	2	3	4	5	6	7	8	9	10	11	12	13	14					
	回曆5月			12	13	14	15	16	17	18	19	20	21	22	23	24	25	26	27	28	29	1	2	3	4	5	6	7	8	9	10	11	12					
	公曆10月					1	2	3	4	5	6	7	8	9	10	11	12	13	14	15	16	17	18	19	20	21	22	23	24	25	26	27	28	29	30	31		
	夏曆閏九月					15	16	17	18	19	20	21	22	23	24	25	26	27	28	29	30	⑨	2	3	4	5	6	7	8	9	10	11	12	13	14	15		
	回曆6月					13	14	15	16	17	18	19	20	21	22	23	24	25	26	27	28	29	30	1	2	3	4	5	6	7	8	9	10	11	12	13		
	公曆11月	1	2	3	4	5	6	7	8	9	10	11	12	13	14	15	16	17	18	19	20	21	22	23	24	25	26	27	28	29	30							
24	夏曆十月	16	17	18	19	20	21	22	23	24	25	26	27	28	29	㊳	2	3	4	5	6	7	8	9	10	11	12	13	14	15	16							
	回曆7月	14	15	16	17	18	19	20	21	22	23	24	25	26	27	28	29	1	2	3	4	5	6	7	8	9	10	11	12	13	14							
	公曆12月			1	2	3	4	5	6	7	8	9	10	11	12	13	14	15	16	17	18	19	20	21	22	23	24	25	26	27	28	29	30	31				
25	夏曆十一月			17	18	19	20	21	22	23	24	25	26	27	28	29	30	⑧	2	3	4	5	6	7	8	9	10	11	12	13	14	15	16	17				
	回曆8月			15	16	17	18	19	20	21	22	23	24	25	26	27	28	29	30	1	2	3	4	5	6	7	8	9	10	11	12	13	14	15				

遼閏八月壬寅，九月壬申。

大事記

二月，宋禁置寺觀。李繼遷襲據銀州。交州留後黎桓貢於宋。　三月，江南民饑，許民渡江自佔。　六月，復禁鹽、榷酤。銀、麟、夏三州蕃一萬六千戶附宋。　八月，契丹攻女真。　九月，禁海賈。　閏九月，禁邕管殺人祭鬼及僧娶妻妾。

宋遼金紀年

干支丙戌　公元 986 年

朝代或國名	國家支配者	建都	廟號	謚號	建元	年號年次	輔政者	備注
北宋	②趙光義	汴梁	太宗	廣	5	2 雍熙 3 年	李昉	
契丹(遼)	⑥耶律隆緒	幽州	聖宗	宣	3	1 統和 4 年		
大理	⑥段素英	陽苴咩		昭明	6	1 廣明元年		在雲南
古格						173 年		西藏阿里

月曆表

5699—354—2081590

月干支序數	星期 / 月序	日	1	2	3	4	5	6	日	1	2	3	4	5	6	日	1	2	3	4	5	6	日	1	2	3	4	5	6	日	1	2	3	4	5	6	日	1
	公曆 1 月						1	2	3	4	5	6	7	8	9	10	11	12	13	14	15	16	17	18	19	20	21	22	23	24	25	26	27	28	29	30	31	
26	夏曆十二月						18	19	20	21	22	23	24	25	26	27	28	29	㊲	2	3	4	5	6	7	8	9	10	11	12	13	14	15	16	17	18	19	
	回曆 9 月						16	17	18	19	20	21	22	23	24	25	26	27	28	29	1	2	3	4	5	6	7	8	9	10	11	12	13	14	15	16	17	
	公曆 2 月		1	2	3	4	5	6	7	8	9	10	11	12	13	14	15	16	17	18	19	20	21	22	23	24	25	26	27	28								
27	夏曆正月		20	21	22	23	24	25	26	27	28	29	30	⑦	2	3	4	5	6	7	8	9	10	11	12	13	14	15	16	17								
	回曆 10 月		18	19	20	21	22	23	24	25	26	27	28	29	30	1	2	3	4	5	6	7	8	9	10	11	12	13	14	15								
	公曆 3 月		1	2	3	4	5	6	7	8	9	10	11	12	13	14	15	16	17	18	19	20	21	22	23	24	25	26	27	28	29	30	31					
28	夏曆二月		18	19	20	21	22	23	24	25	26	27	28	29	30	㊲	2	3	4	5	6	7	8	9	10	11	12	13	14	15	16	17	18					
	回曆 11 月		16	17	18	19	20	21	22	23	24	25	26	27	28	29	1	2	3	4	5	6	7	8	9	10	11	12	13	14	15	16	17					
	公曆 4 月					1	2	3	4	5	6	7	8	9	10	11	12	13	14	15	16	17	18	19	20	21	22	23	24	25	26	27	28	29	30			
29	夏曆三月					19	20	21	22	23	24	25	26	27	28	29	⑥	2	3	4	5	6	7	8	9	10	11	12	13	14	15	16	17	18	19			
	回曆 12 月					18	19	20	21	22	23	24	25	26	27	28	29	30	1	2	3	4	5	6	7	8	9	10	11	12	13	14	15	16	17			
	公曆 5 月							1	2	3	4	5	6	7	8	9	10	11	12	13	14	15	16	17	18	19	20	21	22	23	24	25	26	27	28	29	30	31
30	夏曆四月							20	21	22	23	24	25	26	27	28	29	30	㊱	2	3	4	5	6	7	8	9	10	11	12	13	14	15	16	17	18	19	20
376 年	回曆 1 月							18	19	20	21	22	23	24	25	26	27	28	29	①	2	3	4	5	6	7	8	9	10	11	12	13	14	15	16	17	18	19
	公曆 6 月			1	2	3	4	5	6	7	8	9	10	11	12	13	14	15	16	17	18	19	20	21	22	23	24	25	26	27	28	29	30					
31	夏曆五月			21	22	23	24	25	26	27	28	29	⑤	2	3	4	5	6	7	8	9	10	11	12	13	14	15	16	17	18	19	20	21					
	回曆 2 月			20	21	22	23	24	25	26	27	28	29	30	1	2	3	4	5	6	7	8	9	10	11	12	13	14	15	16	17	18	19					
	公曆 7 月					1	2	3	4	5	6	7	8	9	10	11	12	13	14	15	16	17	18	19	20	21	22	23	24	25	26	27	28	29	30	31		
32	夏曆六月					22	23	24	25	26	27	28	29	30	㉟	2	3	4	5	6	7	8	9	10	11	12	13	14	15	16	17	18	19	20	21	22		
	回曆 3 月					20	21	22	23	24	25	26	27	28	29	1	2	3	4	5	6	7	8	9	10	11	12	13	14	15	16	17	18	19	20	21		
	公曆 8 月	1	2	3	4	5	6	7	8	9	10	11	12	13	14	15	16	17	18	19	20	21	22	23	24	25	26	27	28	29	30	31						
33	夏曆七月	23	24	25	26	27	28	29	30	⑤	2	3	4	5	6	7	8	9	10	11	12	13	14	15	16	17	18	19	20	21	22	23						
	回曆 4 月	22	23	24	25	26	27	28	29	30	1	2	3	4	5	6	7	8	9	10	11	12	13	14	15	16	17	18	19	20	21	22						
	公曆 9 月				1	2	3	4	5	6	7	8	9	10	11	12	13	14	15	16	17	18	19	20	21	22	23	24	25	26	27	28	29	30				
34	夏曆八月				24	25	26	27	28	29	㉞	2	3	4	5	6	7	8	9	10	11	12	13	14	15	16	17	18	19	20	21	22	23	24				
	回曆 5 月				23	24	25	26	27	28	29	1	2	3	4	5	6	7	8	9	10	11	12	13	14	15	16	17	18	19	20	21	22	23				

續表

月干支序數	星期／月序	日	1	2	3	4	5	6	日	1	2	3	4	5	6	日	1	2	3	4	5	6	日	1	2	3	4	5	6	日	1	2	3	4	5	6	日	1
	公曆10月						1	2	3	4	5	6	7	8	9	10	11	12	13	14	15	16	17	18	19	20	21	22	23	24	25	26	27	28	29	30	31	
35	夏曆九月						25	26	27	28	29	③	2	3	4	5	6	7	8	9	10	11	12	13	14	15	16	17	18	19	20	21	22	23	24	25	26	
	回曆6月						24	25	26	27	28	29	30	1	2	3	4	5	6	7	8	9	10	11	12	13	14	15	16	17	18	19	20	21	22	23	24	
	公曆11月		1	2	3	4	5	6	7	8	9	10	11	12	13	14	15	16	17	18	19	20	21	22	23	24	25	26	27	28	29	30						
36	夏曆十月		27	28	29	30	㉝	2	3	4	5	6	7	8	9	10	11	12	13	14	15	16	17	18	19	20	21	22	23	24	25	26						
	回曆7月		25	26	27	28	29	1	2	3	4	5	6	7	8	9	10	11	12	13	14	15	16	17	18	19	20	21	22	23	24	25						
	公曆12月				1	2	3	4	5	6	7	8	9	10	11	12	13	14	15	16	17	18	19	20	21	22	23	24	25	26	27	28	29	30	31			
37	夏曆十一月				27	28	29	②	2	3	4	5	6	7	8	9	10	11	12	13	14	15	16	17	18	19	20	21	22	23	24	25	26	27	28			
	回曆8月				26	27	28	29	30	1	2	3	4	5	6	7	8	9	10	11	12	13	14	15	16	17	18	19	20	21	22	23	24	25	26			

遼二月己亥，七月丁卯。

大事記

正月，契丹將獻俘女真生口十餘萬、馬二十餘萬匹。宋遣曹彬、潘美等東西道攻契丹。　二月，李繼遷降契丹，受命為定難軍節度使。　三月，宋軍二路進軍順利。　四月，契丹援軍分道來禦。　五月，曹彬以炎暑退至岐溝關，為契丹敗殺數萬。　七月，宋將楊業戰死於朔州。　十月，契丹巡檢雲、應等州土人起事。宋授黎桓為靜海軍節度使。　十一月，宋徐鉉等上《新定說文》。契丹大舉攻宋。　十二月，宋白上《文苑英華》。契丹大勝於君子館，宋兵死數萬。

宋遼金紀年

干支丁亥　公元987年

朝代或國名	國家支配者	建都	廟號	謚號	建元	年號年次	輔政者	備注
北宋	②趙光義	汴梁	太宗	廣	5	2雍熙4年	李昉	
契丹(遼)	⑥耶律隆緒	幽州	聖宗	宣	3	1統和5年		
大理	⑥段素英	陽苴咩		昭明	6	1廣明2年		在雲南
古格						171年		西藏阿里

月曆表

5700—355—2081945

月干支序數	星期／月序	日	1	2	3	4	5	6	日	1	2	3	4	5	6	日	1	2	3	4	5	6	日	1	2	3	4	5	6	日	1	2	3	4	5	6	日	1
	公曆1月							1	2	3	4	5	6	7	8	9	10	11	12	13	14	15	16	17	18	19	20	21	22	23	24	25	26	27	28	29	30	31
38	夏曆十二月							29	30	㉜	2	3	4	5	6	7	8	9	10	11	12	13	14	15	16	17	18	19	20	21	22	23	24	25	26	27	28	29
	回曆9月							27	28	29	1	2	3	4	5	6	7	8	9	10	11	12	13	14	15	16	17	18	19	20	21	22	23	24	25	26	27	28
	公曆2月			1	2	3	4	5	6	7	8	9	10	11	12	13	14	15	16	17	18	19	20	21	22	23	24	25	26	27	28							
39	夏曆正月			①	2	3	4	5	6	7	8	9	10	11	12	13	14	15	16	17	18	19	20	21	22	23	24	25	26	27	28							
	回曆10月			29	30	1	2	3	4	5	6	7	8	9	10	11	12	13	14	15	16	17	18	19	20	21	22	23	24	25	26							
	公曆3月			1	2	3	4	5	6	7	8	9	10	11	12	13	14	15	16	17	18	19	20	21	22	23	24	25	26	27	28	29	30	31				
40	夏曆二月			29	30	㉛	2	3	4	5	6	7	8	9	10	11	12	13	14	15	16	17	18	19	20	21	22	23	24	25	26	27	28	29				
	回曆11月			27	28	29	1	2	3	4	5	6	7	8	9	10	11	12	13	14	15	16	17	18	19	20	21	22	23	24	25	26	27	28				
	公曆4月						1	2	3	4	5	6	7	8	9	10	11	12	13	14	15	16	17	18	19	20	21	22	23	24	25	26	27	28	29	30		
41	夏曆三月						(60)	2	3	4	5	6	7	8	9	10	11	12	13	14	15	16	17	18	19	20	21	22	23	24	25	26	27	28	29	30		
	回曆12月						29	30	1	2	3	4	5	6	7	8	9	10	11	12	13	14	15	16	17	18	19	20	21	22	23	24	25	26	27	28		

續表

月干支序數	星期 月序	日	1	2	3	4	5	6	日	1	2	3	4	5	6	日	1	2	3	4	5	6	日	1	2	3	4	5	6	日	1	2	3	4	5	6	日	1
	公曆5月	1	2	3	4	5	6	7	8	9	10	11	12	13	14	15	16	17	18	19	20	21	22	23	24	25	26	27	28	29	30	31						
42 43	夏曆四五月	㉚	2	3	4	5	6	7	8	9	10	11	12	13	14	15	16	17	18	19	20	21	22	23	24	25	26	27	28	29	(59)	2						
377年	回曆1月	29	30	①	2	3	4	5	6	7	8	9	10	11	12	13	14	15	16	17	18	19	20	21	22	23	24	25	26	27	28	29						
	公曆6月				1	2	3	4	5	6	7	8	9	10	11	12	13	14	15	16	17	18	19	20	21	22	23	24	25	26	27	28	29	30				
44	夏曆六月				3	4	5	6	7	8	9	10	11	12	13	14	15	16	17	18	19	20	21	22	23	24	25	26	27	28	29	30	㉙	2				
	回曆2月				30	1	2	3	4	5	6	7	8	9	10	11	12	13	14	15	16	17	18	19	20	21	22	23	24	25	26	27	28	29				
	公曆7月						1	2	3	4	5	6	7	8	9	10	11	12	13	14	15	16	17	18	19	20	21	22	23	24	25	26	27	28	29	30	31	
45	夏曆七月						3	4	5	6	7	8	9	10	11	12	13	14	15	16	17	18	19	20	21	22	23	24	25	26	27	28	29	30	(59)	2	3	
	回曆3、4月						1	2	3	4	5	6	7	8	9	10	11	12	13	14	15	16	17	18	19	20	21	22	23	24	25	26	27	28	29	30	1	
	公曆8月		1	2	3	4	5	6	7	8	9	10	11	12	13	14	15	16	17	18	19	20	21	22	23	24	25	26	27	28	29	30	31					
46	夏曆八月		4	5	6	7	8	9	10	11	12	13	14	15	16	17	18	19	20	21	22	23	24	25	26	27	28	29	㉘	2	3	4	5					
	回曆5月		2	3	4	5	6	7	8	9	10	11	12	13	14	15	16	17	18	19	20	21	22	23	24	25	26	27	28	29	1	2	3					
	公曆9月					1	2	3	4	5	6	7	8	9	10	11	12	13	14	15	16	17	18	19	20	21	22	23	24	25	26	27	28	29	30			
47	夏曆九月					6	7	8	9	10	11	12	13	14	15	16	17	18	19	20	21	22	23	24	25	26	27	28	29	30	(58)	2	3	4	5			
	回曆6月					4	5	6	7	8	9	10	11	12	13	14	15	16	17	18	19	20	21	22	23	24	25	26	27	28	29	30	1	2	3			
	公曆10月							1	2	3	4	5	6	7	8	9	10	11	12	13	14	15	16	17	18	19	20	21	22	23	24	25	26	27	28	29	30	31
48	夏曆十月							6	7	8	9	10	11	12	13	14	15	16	17	18	19	20	21	22	23	24	25	26	27	28	29	㉗	2	3	4	5	6	7
	回曆7月							4	5	6	7	8	9	10	11	12	13	14	15	16	17	18	19	20	21	22	23	24	25	26	27	28	29	1	2	3	4	5
	公曆11月			1	2	3	4	5	6	7	8	9	10	11	12	13	14	15	16	17	18	19	20	21	22	23	24	25	26	27	28	29	30					
49	夏曆十一月			8	9	10	11	12	13	14	15	16	17	18	19	20	21	22	23	24	25	26	27	28	29	30	(57)	2	3	4	5	6	7					
	回曆8月			6	7	8	9	10	11	12	13	14	15	16	17	18	19	20	21	22	23	24	25	26	27	28	29	30	1	2	3	4	5					
	公曆12月					1	2	3	4	5	6	7	8	9	10	11	12	13	14	15	16	17	18	19	20	21	22	23	24	25	26	27	28	29	30	31		
50	夏曆十二月					8	9	10	11	12	13	14	15	16	17	18	19	20	21	22	23	24	25	26	27	28	29	㉖	2	3	4	5	6	7	8	9		
	回曆9月					6	7	8	9	10	11	12	13	14	15	16	17	18	19	20	21	22	23	24	25	26	27	28	29	1	2	3	4	5	6	7		

大事記

正月，宋免河北雍熙三年前租稅，受敵蹂踐者給復三年，軍所過二年，餘一年。契丹南擾，陷文安縣。罷廣南煮鹽。京兆府劉渥起事。　三月，李繼遷敗宋軍於王亭。　五月，宋在諸路市馬。遣使募兵諸州備契丹。　七月，宋置三班院以統供奉官、殿直及殿前承旨。　十月，頒行《神醫普救方》一千卷。　十一月，宋始給百官實祿。

宋遼金紀年　　干支戊子　公元988年

朝代或國名	國家支配者	建都	廟號	謚號	建元	年號年次	輔政者	備注
北宋	②趙光義	汴梁	太宗	廣	5	3 端拱元年	趙普	正月改元
契丹(遼)	⑥耶律隆緒	幽州	聖宗	宣	3	1 統和6年		
大理	⑥段素英	陽苴咩		昭明	6	1 廣明3年		在雲南
古格						175年		西藏阿里

月曆表

月干支序數	星期 月序	日	1	2	3	4	5	6	日	1	2	3	4	5	6	日	1	2	3	4	5	6	日	1	2	3	4	5	6	日	1	2	3	4	5	6	日	1
	公暦1月	1	2	3	4	5	6	7	8	9	10	11	12	13	14	15	16	17	18	19	20	21	22	23	24	25	26	27	28	29	30	31						
51	夏暦正月	10	11	12	13	14	15	16	17	18	19	20	21	22	23	24	25	26	27	28	29	30	(56)	2	3	4	5	6	7	8	9	10						
	回暦10月	8	9	10	11	12	13	14	15	16	17	18	19	20	21	22	23	24	25	26	27	28	29	30	1	2	3	4	5	6	7	8						
	公暦2月				1	2	3	4	5	6	7	8	9	10	11	12	13	14	15	16	17	18	19	20	21	22	23	24	25	26	27	28	29					
52	夏暦二月				11	12	13	14	15	16	17	18	19	20	21	22	23	24	25	26	27	28	29	㉕	2	3	4	5	6	7	8	9	10					
	回暦11月				9	10	11	12	13	14	15	16	17	18	19	20	21	22	23	24	25	26	27	28	29	1	2	3	4	5	6	7	8					
	公暦3月					1	2	3	4	5	6	7	8	9	10	11	12	13	14	15	16	17	18	19	20	21	22	23	24	25	26	27	28	29	30	31		
53	夏暦三月					11	12	13	14	15	16	17	18	19	20	21	22	23	24	25	26	27	28	29	30	(55)	2	3	4	5	6	7	8	9	10	11		
	回暦12月					9	10	11	12	13	14	15	16	17	18	19	20	21	22	23	24	25	26	27	28	29	30	1	2	3	4	5	6	7	8	9		
	公暦4月	1	2	3	4	5	6	7	8	9	10	11	12	13	14	15	16	17	18	19	20	21	22	23	24	25	26	27	28	29	30							
54	夏暦四月	12	13	14	15	16	17	18	19	20	21	22	23	24	25	26	27	28	29	㉔	2	3	4	5	6	7	8	9	10	11	12							
378年	回暦1月	10	11	12	13	14	15	16	17	18	19	20	21	22	23	24	25	26	27	28	29	①	2	3	4	5	6	7	8	9	10							
	公暦5月			1	2	3	4	5	6	7	8	9	10	11	12	13	14	15	16	17	18	19	20	21	22	23	24	25	26	27	28	29	30	31				
55	夏暦五月			13	14	15	16	17	18	19	20	21	22	23	24	25	26	27	28	29	30	(54)	2	3	4	5	6	7	8	9	10	11	12	13				
	回暦2月			11	12	13	14	15	16	17	18	19	20	21	22	23	24	25	26	27	28	29	30	1	2	3	4	5	6	7	8	9	10	11				
	公暦6月						1	2	3	4	5	6	7	8	9	10	11	12	13	14	15	16	17	18	19	20	21	22	23	24	25	26	27	28	29	30		
	夏暦閏五月						14	15	16	17	18	19	20	21	22	23	24	25	26	27	28	29	㉓	2	3	4	5	6	7	8	9	10	11	12	13	14		
	回暦3月						12	13	14	15	16	17	18	19	20	21	22	23	24	25	26	27	28	29	1	2	3	4	5	6	7	8	9	10	11	12		
	公暦7月	1	2	3	4	5	6	7	8	9	10	11	12	13	14	15	16	17	18	19	20	21	22	23	24	25	26	27	28	29	30	31						
56	夏暦六月	15	16	17	18	19	20	21	22	23	24	25	26	27	28	29	30	(53)	2	3	4	5	6	7	8	9	10	11	12	13	14	15						
	回暦4月	13	14	15	16	17	18	19	20	21	22	23	24	25	26	27	28	29	30	1	2	3	4	5	6	7	8	9	10	11	12	13						
	公暦8月				1	2	3	4	5	6	7	8	9	10	11	12	13	14	15	16	17	18	19	20	21	22	23	24	25	26	27	28	29	30	31			
57	夏暦七月				16	17	18	19	20	21	22	23	24	25	26	27	28	29	㉒	2	3	4	5	6	7	8	9	10	11	12	13	14	15	16	17			
	回暦5月				14	15	16	17	18	19	20	21	22	23	24	25	26	27	28	29	1	2	3	4	5	6	7	8	9	10	11	12	13	14	15			
	公暦9月							1	2	3	4	5	6	7	8	9	10	11	12	13	14	15	16	17	18	19	20	21	22	23	24	25	26	27	28	29	30	
58	夏暦八月							18	19	20	21	22	23	24	25	26	27	28	29	30	(52)	2	3	4	5	6	7	8	9	10	11	12	13	14	15	16	17	
	回暦6月							16	17	18	19	20	21	22	23	24	25	26	27	28	29	30	1	2	3	4	5	6	7	8	9	10	11	12	13	14	15	
	公暦10月		1	2	3	4	5	6	7	8	9	10	11	12	13	14	15	16	17	18	19	20	21	22	23	24	25	26	27	28	29	30	31					
59	夏暦九月		18	19	20	21	22	23	24	25	26	27	28	29	30	㉒	2	3	4	5	6	7	8	9	10	11	12	13	14	15	16	17	18					
	回暦7月		16	17	18	19	20	21	22	23	24	25	26	27	28	29	1	2	3	4	5	6	7	8	9	10	11	12	13	14	15	16	17					
	公暦11月					1	2	3	4	5	6	7	8	9	10	11	12	13	14	15	16	17	18	19	20	21	22	23	24	25	26	27	28	29	30			
60	夏暦十月					19	20	21	22	23	24	25	26	27	28	29	(51)	2	3	4	5	6	7	8	9	10	11	12	13	14	15	16	17	18	19			
	回暦8月					18	19	20	21	22	23	24	25	26	27	28	29	30	1	2	3	4	5	6	7	8	9	10	11	12	13	14	15	16	17			
	公暦12月							1	2	3	4	5	6	7	8	9	10	11	12	13	14	15	16	17	18	19	20	21	22	23	24	25	26	27	28	29	30	31
1	夏暦十一月							20	21	22	23	24	25	26	27	28	29	30	㉑	2	3	4	5	6	7	8	9	10	11	12	13	14	15	16	17	18	19	20
	回暦9月							18	19	20	21	22	23	24	25	26	27	28	29	1	2	3	4	5	6	7	8	9	10	11	12	13	14	15	16	17	18	19

大事記

正月，改元端拱。禁用酷刑。　　五月，以李繼遷不肯降，乃復命李繼捧為定難軍節度使，賜姓名趙保忠。　　閏五月，復試進士及下第舉人，得諸科凡七百人。　　七月，除西川鹽禁。　　九月，契丹陷宋涿州。　　十月，契丹兵至定州。十一月，契丹掠陷祁州，旋敗於唐河。　　是歲，契丹初置貢舉，及第者一人。

宋遼金紀年

干支己丑　公元989年

朝代或國名	國家支配者	建都	廟號	謚號	建元	年號年次	輔政者	備注
北宋	②趙光義	汴梁	太宗	廣	5	3 端拱 2 年	趙普 呂蒙正	
契丹(遼)	⑥耶律隆緒	幽州	聖宗	宣	3	1 統和 7 年		
大理	⑥段素英	陽苴咩		昭明	6	1 廣明 4 年		在雲南
古格						176 年		西藏阿里

月曆表

5702—355—2082684

月 干支 序數	星期 月序	日	1	2	3	4	5	6	日	1	2	3	4	5	6	日	1	2	3	4	5	6	日	1	2	3	4	5	6	日	1	2	3	4	5	6	日	1
	公曆1月			1	2	3	4	5	6	7	8	9	10	11	12	13	14	15	16	17	18	19	20	21	22	23	24	25	26	27	28	29	30	31				
2	夏曆十二月			21	22	23	24	25	26	27	28	29	30	(51)	2	3	4	5	6	7	8	9	10	11	12	13	14	15	16	17	18	19	20	21				
	回曆10月			20	21	22	23	24	25	26	27	28	29	30	1	2	3	4	5	6	7	8	9	10	11	12	13	14	15	16	17	18	19	20				
	公曆2月						1	2	3	4	5	6	7	8	9	10	11	12	13	14	15	16	17	18	19	20	21	22	23	24	25	26	27	28				
3	夏曆正月						22	23	24	25	26	27	28	29	⑳	2	3	4	5	6	7	8	9	10	11	12	13	14	15	16	17	18	19	20				
	回曆11月						21	22	23	24	25	26	27	28	29	1	2	3	4	5	6	7	8	9	10	11	12	13	14	15	16	17	18	19				
	公曆3月						1	2	3	4	5	6	7	8	9	10	11	12	13	14	15	16	17	18	19	20	21	22	23	24	25	26	27	28	29	30	31	
4	夏曆二月						21	22	23	24	25	26	27	28	29	㊾	2	3	4	5	6	7	8	9	10	11	12	13	14	15	16	17	18	19	20	21	22	
	回曆12月						20	21	22	23	24	25	26	27	28	29	30	1	2	3	4	5	6	7	8	9	10	11	12	13	14	15	16	17	18	19	20	
	公曆4月		1	2	3	4	5	6	7	8	9	10	11	12	13	14	15	16	17	18	19	20	21	22	23	24	25	26	27	28	29	30						
5	夏曆三月		23	24	25	26	27	28	29	30	⑲	2	3	4	5	6	7	8	9	10	11	12	13	14	15	16	17	18	19	20	21	22						
379年	回曆1月		21	22	23	24	25	26	27	28	29	30	①	2	3	4	5	6	7	8	9	10	11	12	13	14	15	16	17	18	19	20						
	公曆5月				1	2	3	4	5	6	7	8	9	10	11	12	13	14	15	16	17	18	19	20	21	22	23	24	25	26	27	28	29	30	31			
6	夏曆四月				23	24	25	26	27	28	29	㊽	2	3	4	5	6	7	8	9	10	11	12	13	14	15	16	17	18	19	20	21	22	23	24			
	回曆2月				21	22	23	24	25	26	27	28	29	30	1	2	3	4	5	6	7	8	9	10	11	12	13	14	15	16	17	18	19	20	21			
	公曆6月							1	2	3	4	5	6	7	8	9	10	11	12	13	14	15	16	17	18	19	20	21	22	23	24	25	26	27	28	29	30	
7	夏曆五月							25	26	27	28	29	⑰	2	3	4	5	6	7	8	9	10	11	12	13	14	15	16	17	18	19	20	21	22	23	24	25	
	回曆3月							22	23	24	25	26	27	28	29	1	2	3	4	5	6	7	8	9	10	11	12	13	14	15	16	17	18	19	20	21	22	
	公曆7月		1	2	3	4	5	6	7	8	9	10	11	12	13	14	15	16	17	18	19	20	21	22	23	24	25	26	27	28	29	30	31					
8	夏曆六月		26	27	28	29	30	㊼	2	3	4	5	6	7	8	9	10	11	12	13	14	15	16	17	18	19	20	21	22	23	24	25	26					
	回曆4月		23	24	25	26	27	28	29	30	1	2	3	4	5	6	7	8	9	10	11	12	13	14	15	16	17	18	19	20	21	22	23					
	公曆8月					1	2	3	4	5	6	7	8	9	10	11	12	13	14	15	16	17	18	19	20	21	22	23	24	25	26	27	28	29	30	31		
9	夏曆七月					27	28	29	⑯	2	3	4	5	6	7	8	9	10	11	12	13	14	15	16	17	18	19	20	21	22	23	24	25	26	27	28		
	回曆5月					24	25	26	27	28	29	1	2	3	4	5	6	7	8	9	10	11	12	13	14	15	16	17	18	19	20	21	22	23	24	25		
	公曆9月	1	2	3	4	5	6	7	8	9	10	11	12	13	14	15	16	17	18	19	20	21	22	23	24	25	26	27	28	29	30							
10	夏曆八月	29	30	㊻	2	3	4	5	6	7	8	9	10	11	12	13	14	15	16	17	18	19	20	21	22	23	24	25	26	27	28							
	回曆6月	26	27	28	29	30	1	2	3	4	5	6	7	8	9	10	11	12	13	14	15	16	17	18	19	20	21	22	23	24	25							
	公曆10月			1	2	3	4	5	6	7	8	9	10	11	12	13	14	15	16	17	18	19	20	21	22	23	24	25	26	27	28	29	30	31				
11	夏曆九月			29	30	⑯	2	3	4	5	6	7	8	9	10	11	12	13	14	15	16	17	18	19	20	21	22	23	24	25	26	27	28	29				
	回曆7月			26	27	28	29	1	2	3	4	5	6	7	8	9	10	11	12	13	14	15	16	17	18	19	20	21	22	23	24	25	26	27				
	公曆11月						1	2	3	4	5	6	7	8	9	10	11	12	13	14	15	16	17	18	19	20	21	22	23	24	25	26	27	28	29	30		
12	夏曆十月						30	㊻	2	3	4	5	6	7	8	9	10	11	12	13	14	15	16	17	18	19	20	21	22	23	24	25	26	27	28	29		
	回曆8月						28	29	30	1	2	3	4	5	6	7	8	9	10	11	12	13	14	15	16	17	18	19	20	21	22	23	24	25	26	27		
	公曆12月	1	2	3	4	5	6	7	8	9	10	11	12	13	14	15	16	17	18	19	20	21	22	23	24	25	26	27	28	29	30	31						

續表

月 干支 序數	月　星期 序	日	1	2	3	4	5	6	日	1	2	3	4	5	6	日	1	2	3	4	5	6	日	1	2	3	4	5	6	日	1	2	3	4	5	6	日	1
13 14	夏曆十一 十二月	⑮	2	3	4	5	6	7	8	9	10	11	12	13	14	15	16	17	18	19	20	21	22	23	24	25	26	27	28	29	30	㊺						
	回曆9月	28	29	1	2	3	4	5	6	7	8	9	10	11	12	13	14	15	16	17	18	19	20	21	22	23	24	25	26	27	28	29						

大事記

正月，契丹陷易州，據之。宋詔議北伐。　二月，宋令河北東、西路招置營田。改國子監為國子學。　三月，吳鉉等撰《雍熙廣韵》一百卷成。契丹開奇峰路通易州市。　七月，契丹擾威虜軍，尹繼倫擊敗於唐州徐河。　九月，行折中法。　十二月，置三司都磨勘官。　是歲，杭州置市舶司。

宋遼金紀年

干支庚寅　公元990年

朝代或國名	國家支配者	建都	廟號	謚號	建元	年號年次	輔政者	備注
北宋	②趙光義	汴梁	太宗	廣	5	4淳化元年	同前	正月改元
契丹(遼)	⑥耶律隆緒	幽州	聖宗	宣	3	1統和8年		
大理	⑥段素英	陽苴咩		昭明	6	1廣明5年		在雲南
古格						177年		西藏阿里

月曆表

5703—354—2083038

月 干支 序數	月　星期 序	日	1	2	3	4	5	6	日	1	2	3	4	5	6	日	1	2	3	4	5	6	日	1	2	3	4	5	6	日	1	2	3	4	5	6	日	1
	公曆1月				1	2	3	4	5	6	7	8	9	10	11	12	13	14	15	16	17	18	19	20	21	22	23	24	25	26	27	28	29	30	31			
15	夏曆正月				2	3	4	5	6	7	8	9	10	11	12	13	14	15	16	17	18	19	20	21	22	23	24	25	26	27	28	29	30	⑮	2			
	回曆10,11月				30	1	2	3	4	5	6	7	8	9	10	11	12	13	14	15	16	17	18	19	20	21	22	23	24	25	26	27	28	29	1			
	公曆2月							1	2	3	4	5	6	7	8	9	10	11	12	13	14	15	16	17	18	19	20	21	22	23	24	25	26	27	28			
16	夏曆二月							3	4	5	6	7	8	9	10	11	12	13	14	15	16	17	18	19	20	21	22	23	24	25	26	27	28	29	㊹			
	回曆　月							2	3	4	5	6	7	8	9	10	11	12	13	14	15	16	17	18	19	20	21	22	23	24	25	26	27	28	29			
	公曆3月							1	2	3	4	5	6	7	8	9	10	11	12	13	14	15	16	17	18	19	20	21	22	23	24	25	26	27	28	29	30	31
17	夏曆三月							2	3	4	5	6	7	8	9	10	11	12	13	14	15	16	17	18	19	20	21	22	23	24	25	26	27	28	29	⑬	2	3
380年	回曆12,1月							30	1	2	3	4	5	6	7	8	9	10	11	12	13	14	15	16	17	18	19	20	21	22	23	24	25	26	27	28	29	①
	公曆4月			1	2	3	4	5	6	7	8	9	10	11	12	13	14	15	16	17	18	19	20	21	22	23	24	25	26	27	28	29	30					
18	夏曆四月			4	5	6	7	8	9	10	11	12	13	14	15	16	17	18	19	20	21	22	23	24	25	26	27	28	29	30	㊸	2	3					
	回曆2月			2	3	4	5	6	7	8	9	10	11	12	13	14	15	16	17	18	19	20	21	22	23	24	25	26	27	28	29	30	1					
	公曆5月					1	2	3	4	5	6	7	8	9	10	11	12	13	14	15	16	17	18	19	20	21	22	23	24	25	26	27	28	29	30	31		
19	夏曆五月					4	5	6	7	8	9	10	11	12	13	14	15	16	17	18	19	20	21	22	23	24	25	26	27	28	29	⑫	2	3	4	5		
	回曆3月					2	3	4	5	6	7	8	9	10	11	12	13	14	15	16	17	18	19	20	21	22	23	24	25	26	27	28	29	1	2	3		
	公曆6月	1	2	3	4	5	6	7	8	9	10	11	12	13	14	15	16	17	18	19	20	21	22	23	24	25	26	27	28	29	30							
20	夏曆六月	6	7	8	9	10	11	12	13	14	15	16	17	18	19	20	21	22	23	24	25	26	27	28	29	㊶	2	3	4	5	6							
	回曆4月	4	5	6	7	8	9	10	11	12	13	14	15	16	17	18	19	20	21	22	23	24	25	26	27	28	29	30	1	2	3							
	公曆7月			1	2	3	4	5	6	7	8	9	10	11	12	13	14	15	16	17	18	19	20	21	22	23	24	25	26	27	28	29	30	31				
21	夏曆七月			7	8	9	10	11	12	13	14	15	16	17	18	19	20	21	22	23	24	25	26	27	28	29	30	⑪	2	3	4	5	6	7				
	回曆5月			4	5	6	7	8	9	10	11	12	13	14	15	16	17	18	19	20	21	22	23	24	25	26	27	28	29	1	2	3	4	5				

續表

月干支序數	月序＼星期	日	1	2	3	4	5	6	日	1	2	3	4	5	6	日	1	2	3	4	5	6	日	1	2	3	4	5	6	日	1	2	3	4	5	6	日	1
	公曆8月						1	2	3	4	5	6	7	8	9	10	11	12	13	14	15	16	17	18	19	20	21	22	23	24	25	26	27	28	29	30	31	
22	夏曆八月						8	9	10	11	12	13	14	15	16	17	18	19	20	21	22	23	24	25	26	27	28	29	㊵	2	3	4	5	6	7	8	9	
	回曆6月						6	7	8	9	10	11	12	13	14	15	16	17	18	19	20	21	22	23	24	25	26	27	28	29	30	1	2	3	4	5	6	
	公曆9月		1	2	3	4	5	6	7	8	9	10	11	12	13	14	15	16	17	18	19	20	21	22	23	24	25	26	27	28	29	30						
23	夏曆九月		10	11	12	13	14	15	16	17	18	19	20	21	22	23	24	25	26	27	28	29	30	⑩	2	3	4	5	6	7	8	9						
	回曆7月		7	8	9	10	11	12	13	14	15	16	17	18	19	20	21	22	23	24	25	26	27	28	29	1	2	3	4	5	6	7						
	公曆10月				1	2	3	4	5	6	7	8	9	10	11	12	13	14	15	16	17	18	19	20	21	22	23	24	25	26	27	28	29	30	31			
24	夏曆十月				10	11	12	13	14	15	16	17	18	19	20	21	22	23	24	25	26	27	28	29	30	㊵	2	3	4	5	6	7	8	9	10			
	回曆8月				8	9	10	11	12	13	14	15	16	17	18	19	20	21	22	23	24	25	26	27	28	29	30	1	2	3	4	5	6	7	8			
	公曆11月							1	2	3	4	5	6	7	8	9	10	11	12	13	14	15	16	17	18	19	20	21	22	23	24	25	26	27	28	29	30	
25	夏曆十一月							11	12	13	14	15	16	17	18	19	20	21	22	23	24	25	26	27	28	29	⑨	2	3	4	5	6	7	8	9	10	11	
	回曆9月							9	10	11	12	13	14	15	16	17	18	19	20	21	22	23	24	25	26	27	28	29	1	2	3	4	5	6	7	8	9	
	公曆12月		1	2	3	4	5	6	7	8	9	10	11	12	13	14	15	16	17	18	19	20	21	22	23	24	25	26	27	28	29	30	31					
26	夏曆十二月		12	13	14	15	16	17	18	19	20	21	22	23	24	25	26	27	28	29	30	㊴	2	3	4	5	6	7	8	9	10	11	12					
	回曆10月		10	11	12	13	14	15	16	17	18	19	20	21	22	23	24	25	26	27	28	29	30	1	2	3	4	5	6	7	8	9	10					

大事記

正月，宋改元淳化。　二月，宋除江南、兩浙、嶺南漁禁。宋賜各州印本《九經》。　三月，宋夏州軍敗李繼遷。　五月，鑄淳化元寶錢，此後，每改元必更鑄。契丹括民田。　八月，禁川峽、嶺南、湖南殺人祭鬼。　九月，北部女真附於契丹。　十二月，契丹以李繼遷為夏國王。　是年，令江南、西浙召游民耕種，準免租税傜役五年。

宋遼金紀年

干支辛卯　公元991年

朝代或國名	國家支配者	建都	廟號	謚號	建元	年號年次	輔政者	備注
北宋	②趙光義	汴梁	太宗	廣	5	4淳化2年	呂蒙正 李昉 張齊賢	
契丹(遼)	⑥耶律隆緒	幽州	聖宗	宣	3	1統和9年		
大理	⑥段素英	陽苴咩		昭明	6	1廣明6年		在雲南
古格						178年		西藏阿里

月曆表

5704—384—2083422

月干支序數	月序＼星期	日	1	2	3	4	5	6	日	1	2	3	4	5	6	日	1	2	3	4	5	6	日	1	2	3	4	5	6	日	1	2	3	4	5	6	日	1
	公曆1月					1	2	3	4	5	6	7	8	9	10	11	12	13	14	15	16	17	18	19	20	21	22	23	24	25	26	27	28	29	30	31		
27	夏曆正月					13	14	15	16	17	18	19	20	21	22	23	24	25	26	27	28	29	30	⑨	2	3	4	5	6	7	8	9	10	11	12	13		
	回曆11月					11	12	13	14	15	16	17	18	19	20	21	22	23	24	25	26	27	28	29	1	2	3	4	5	6	7	8	9	10	11	12		
	公曆2月	1	2	3	4	5	6	7	8	9	10	11	12	13	14	15	16	17	18	19	20	21	22	23	24	25	26	27	28									
28	夏曆二月	14	15	16	17	18	19	20	21	22	23	24	25	26	27	28	29	30	㊴	2	3	4	5	6	7	8	9	10	11									
	回曆12月	13	14	15	16	17	18	19	20	21	22	23	24	25	26	27	28	29	30	1	2	3	4	5	6	7	8	9	10									
	公曆3月	1	2	3	4	5	6	7	8	9	10	11	12	13	14	15	16	17	18	19	20	21	22	23	24	25	26	27	28	29	30	31						
	夏曆閏二月	12	13	14	15	16	17	18	19	20	21	22	23	24	25	26	27	28	29	⑧	2	3	4	5	6	7	8	9	10	11	12	13						

續表

月干支序數	星期/月序	日	1	2	3	4	5	6	日	1	2	3	4	5	6	日	1	2	3	4	5	6	日	1	2	3	4	5	6	日	1	2	3	4	5	6	日	1
381年	回曆1月	11	12	13	14	15	16	17	18	19	20	21	22	23	24	25	26	27	28	29	①	2	3	4	5	6	7	8	9	10	11	12						
	公曆4月				1	2	3	4	5	6	7	8	9	10	11	12	13	14	15	16	17	18	19	20	21	22	23	24	25	26	27	28	29	30				
29	夏曆三月				14	15	16	17	18	19	20	21	22	23	24	25	26	27	28	29	㊲	2	3	4	5	6	7	8	9	10	11	12	13	14				
	回曆2月				13	14	15	16	17	18	19	20	21	22	23	24	25	26	27	28	29	30	1	2	3	4	5	6	7	8	9	10	11	12				
	公曆5月						1	2	3	4	5	6	7	8	9	10	11	12	13	14	15	16	17	18	19	20	21	22	23	24	25	26	27	28	29	30	31	
30	夏曆四月						15	16	17	18	19	20	21	22	23	24	25	26	27	28	29	30	⑦	2	3	4	5	6	7	8	9	10	11	12	13	14	15	
	回曆3月						13	14	15	16	17	18	19	20	21	22	23	24	25	26	27	28	29	1	2	3	4	5	6	7	8	9	10	11	12	13	14	
	公曆6月		1	2	3	4	5	6	7	8	9	10	11	12	13	14	15	16	17	18	19	20	21	22	23	24	25	26	27	28	29	30						
31	夏曆五月		16	17	18	19	20	21	22	23	24	25	26	27	28	29	㊱	2	3	4	5	6	7	8	9	10	11	12	13	14	15	16						
	回曆4月		15	16	17	18	19	20	21	22	23	24	25	26	27	28	29	30	1	2	3	4	5	6	7	8	9	10	11	12	13	14						
	公曆7月				1	2	3	4	5	6	7	8	9	10	11	12	13	14	15	16	17	18	19	20	21	22	23	24	25	26	27	28	29	30	31			
32	夏曆六月				17	18	19	20	21	22	23	24	25	26	27	28	29	⑤	2	3	4	5	6	7	8	9	10	11	12	13	14	15	16	17	18			
	回曆5月				15	16	17	18	19	20	21	22	23	24	25	26	27	28	29	1	2	3	4	5	6	7	8	9	10	11	12	13	14	15	16			
	公曆8月							1	2	3	4	5	6	7	8	9	10	11	12	13	14	15	16	17	18	19	20	21	22	23	24	25	26	27	28	29	30	31
33	夏曆七月							19	20	21	22	23	24	25	26	27	28	29	30	㉟	2	3	4	5	6	7	8	9	10	11	12	13	14	15	16	17	18	19
	回曆6月							17	18	19	20	21	22	23	24	25	26	27	28	29	30	1	2	3	4	5	6	7	8	9	10	11	12	13	14	15	16	17
	公曆9月			1	2	3	4	5	6	7	8	9	10	11	12	13	14	15	16	17	18	19	20	21	22	23	24	25	26	27	28	29	30					
34	夏曆八月			20	21	22	23	24	25	26	27	28	29	④	2	3	4	5	6	7	8	9	10	11	12	13	14	15	16	17	18	19	20					
	回曆7月			18	19	20	21	22	23	24	25	26	27	28	29	1	2	3	4	5	6	7	8	9	10	11	12	13	14	15	16	17	18					
	公曆10月					1	2	3	4	5	6	7	8	9	10	11	12	13	14	15	16	17	18	19	20	21	22	23	24	25	26	27	28	29	30	31		
35	夏曆九月					21	22	23	24	25	26	27	28	29	30	㉞	2	3	4	5	6	7	8	9	10	11	12	13	14	15	16	17	18	19	20	21		
	回曆8月					19	20	21	22	23	24	25	26	27	28	29	30	1	2	3	4	5	6	7	8	9	10	11	12	13	14	15	16	17	18	19		
	公曆11月	1	2	3	4	5	6	7	8	9	10	11	12	13	14	15	16	17	18	19	20	21	22	23	24	25	26	27	28	29	30							
36	夏曆十月	22	23	24	25	26	27	28	29	③	2	3	4	5	6	7	8	9	10	11	12	13	14	15	16	17	18	19	20	21	22							
	回曆9月	20	21	22	23	24	25	26	27	28	29	1	2	3	4	5	6	7	8	9	10	11	12	13	14	15	16	17	18	19	20							
	公曆12月			1	2	3	4	5	6	7	8	9	10	11	12	13	14	15	16	17	18	19	20	21	22	23	24	25	26	27	28	29	30	31				
37	夏曆十一月			23	24	25	26	27	28	29	30	㉝	2	3	4	5	6	7	8	9	10	11	12	13	14	15	16	17	18	19	20	21	22	23				
	回曆10月			21	22	23	24	25	26	27	28	29	30	1	2	3	4	5	6	7	8	9	10	11	12	13	14	15	16	17	18	19	20	21				

大事記

正月，宋遣兵擊李繼遷。契丹大臣室昉等進《實錄》二十卷。契丹罷括田。　二月，宋鎮壓夔州謝榮叛軍。　閏二月，宋管制兵器。　三月，宋《新定淳化編敕》成。　七月，契丹括戶口。李繼遷降於宋，授銀州觀察使，賜名趙保吉。十月，趙保忠降於契丹，封西平王，復姓名李繼捧。　十二月，契丹以李繼遷(趙保吉)受宋官職姓名，遣使招諭之。

宋遼金紀年

干支壬辰　公元992年

朝代或國名	國家支配者	建都	廟號	謚號	建元	年號年次	輔政者	備注
北宋	②趙光義	汴梁	太宗	廣	5	4淳化3年	李昉張齊賢	
契丹(遼)	⑥耶律隆緒	幽州	聖宗	宣	3	1統和10年		
大理	⑥段素英	陽苴咩		昭明	6	1廣明7年		在雲南
古格						179年		西藏阿里

月 曆 表

5705—354—2083776

月干支序數	月序 \ 星期	日	1	2	3	4	5	6	日	1	2	3	4	5	6	日	1	2	3	4	5	6	日	1	2	3	4	5	6	日	1	2	3	4	5	6	日	1
	公曆 1 月						1	2	3	4	5	6	7	8	9	10	11	12	13	14	15	16	17	18	19	20	21	22	23	24	25	26	27	28	29	30	31	
38	夏曆十二月						24	25	26	27	28	29	30	③	2	3	4	5	6	7	8	9	10	11	12	13	14	15	16	17	18	19	20	21	22	23	24	
	回曆 11 月						22	23	24	25	26	27	28	29	1	2	3	4	5	6	7	8	9	10	11	12	13	14	15	16	17	18	19	20	21	22	23	
	公曆 2 月		1	2	3	4	5	6	7	8	9	10	11	12	13	14	15	16	17	18	19	20	21	22	23	24	25	26	27	28	29							
39	夏曆正月		25	26	27	28	29	30	㉝	2	3	4	5	6	7	8	9	10	11	12	13	14	15	16	17	18	19	20	21	22	23							
	回曆 12 月		24	25	26	27	28	29	30	1	2	3	4	5	6	7	8	9	10	11	12	13	14	15	16	17	18	19	20	21	22							
	公曆 3 月			1	2	3	4	5	6	7	8	9	10	11	12	13	14	15	16	17	18	19	20	21	22	23	24	25	26	27	28	29	30	31				
40	夏曆二月			24	25	26	27	28	29	②	2	3	4	5	6	7	8	9	10	11	12	13	14	15	16	17	18	19	20	21	22	23	24	25				
382 年	回曆 1 月			23	24	25	26	27	28	29	30	①	2	3	4	5	6	7	8	9	10	11	12	13	14	15	16	17	18	19	20	21	22	23				
	公曆 4 月						1	2	3	4	5	6	7	8	9	10	11	12	13	14	15	16	17	18	19	20	21	22	23	24	25	26	27	28	29	30		
41	夏曆三月						26	27	28	29	30	㉜	2	3	4	5	6	7	8	9	10	11	12	13	14	15	16	17	18	19	20	21	22	23	24	25		
	回曆 2 月						24	25	26	27	28	29	30	1	2	3	4	5	6	7	8	9	10	11	12	13	14	15	16	17	18	19	20	21	22	23		
	公曆 5 月	1	2	3	4	5	6	7	8	9	10	11	12	13	14	15	16	17	18	19	20	21	22	23	24	25	26	27	28	29	30	31						
42	夏曆四月	26	27	28	29	①	2	3	4	5	6	7	8	9	10	11	12	13	14	15	16	17	18	19	20	21	22	23	24	25	26	27						
	回曆 3 月	24	25	26	27	28	29	30	1	2	3	4	5	6	7	8	9	10	11	12	13	14	15	16	17	18	19	20	21	22	23	24						
	公曆 6 月				1	2	3	4	5	6	7	8	9	10	11	12	13	14	15	16	17	18	19	20	21	22	23	24	25	26	27	28	29	30				
43	夏曆五月				28	29	30	㉛	2	3	4	5	6	7	8	9	10	11	12	13	14	15	16	17	18	19	20	21	22	23	24	25	26	27				
	回曆 4 月				25	26	27	28	29	1	2	3	4	5	6	7	8	9	10	11	12	13	14	15	16	17	18	19	20	21	22	23	24	25				
	公曆 7 月						1	2	3	4	5	6	7	8	9	10	11	12	13	14	15	16	17	18	19	20	21	22	23	24	25	26	27	28	29	30	31	
44	夏曆六月						28	29	(60)	2	3	4	5	6	7	8	9	10	11	12	13	14	15	16	17	18	19	20	21	22	23	24	25	26	27	28	29	
	回曆 5 月						26	27	28	29	1	2	3	4	5	6	7	8	9	10	11	12	13	14	15	16	17	18	19	20	21	22	23	24	25	26	27	
	公曆 8 月		1	2	3	4	5	6	7	8	9	10	11	12	13	14	15	16	17	18	19	20	21	22	23	24	25	26	27	28	29	30	31					
45 46	夏曆七 八月		㉙	2	3	4	5	6	7	8	9	10	11	12	13	14	15	16	17	18	19	20	21	22	23	24	25	26	27	28	29	30	(59)					
	回曆 6 月		28	29	30	1	2	3	4	5	6	7	8	9	10	11	12	13	14	15	16	17	18	19	20	21	22	23	24	25	26	27	28					
	公曆 9 月					1	2	3	4	5	6	7	8	9	10	11	12	13	14	15	16	17	18	19	20	21	22	23	24	25	26	27	28	29	30			
47	夏曆九月					2	3	4	5	6	7	8	9	10	11	12	13	14	15	16	17	18	19	20	21	22	23	24	25	26	27	28	29	㉘	2			
	回曆 7 月					29	1	2	3	4	5	6	7	8	9	10	11	12	13	14	15	16	17	18	19	20	21	22	23	24	25	26	27	28	29			
	公曆 10 月							1	2	3	4	5	6	7	8	9	10	11	12	13	14	15	16	17	18	19	20	21	22	23	24	25	26	27	28	29	30	31
48	夏曆十月							3	4	5	6	7	8	9	10	11	12	13	14	15	16	17	18	19	20	21	22	23	24	25	26	27	28	29	30	(58)	2	3
	回曆 8、9 月							30	1	2	3	4	5	6	7	8	9	10	11	12	13	14	15	16	17	18	19	20	21	22	23	24	25	26	27	28	29	1
	公曆 11 月			1	2	3	4	5	6	7	8	9	10	11	12	13	14	15	16	17	18	19	20	21	22	23	24	25	26	27	28	29	30					
49	夏曆十一月			4	5	6	7	8	9	10	11	12	13	14	15	16	17	18	19	20	21	22	23	24	25	26	27	28	29	㉗	2	3	4					
	回曆 10 月			2	3	4	5	6	7	8	9	10	11	12	13	14	15	16	17	18	19	20	21	22	23	24	25	26	27	28	29	30	1					
	公曆 12 月					1	2	3	4	5	6	7	8	9	10	11	12	13	14	15	16	17	18	19	20	21	22	23	24	25	26	27	28	29	30	31		
50	夏曆十二月					5	6	7	8	9	10	11	12	13	14	15	16	17	18	19	20	21	22	23	24	25	26	27	28	29	30	(57)	2	3	4	5		
	回曆 11 月					2	3	4	5	6	7	8	9	10	11	12	13	14	15	16	17	18	19	20	21	22	23	24	25	26	27	28	29	1	2	3		

大事記

正月，諸道貢舉萬七千三百人集京師。　二月，契丹掠靈州。　三月，親試諸科舉人。宋貢舉考校始用糊名之制。登第者千餘人。　六月，置常平倉，以備荒年。　七月，趙普卒(922—992)。　十月，置磨勘院，以考課中外官。　十一月，置三司主轄收支官。　十二月，契丹遣東京留守蕭恒德侵高麗。

是歲，李繼遷與宋朝在陝西通貿易，交換貨物。銀、夏以西地區產青白鹽，黨項各部落以青白鹽與宋交換穀麥。

宋遼金紀年

干支癸巳　公元993年

朝代或國名	國家支配者	建都	廟號	謚號	建元	年號年次	輔政者	備注
北宋	②趙光義	汴梁	太宗	廣	5	4淳化4年	李昉 張齊賢 呂蒙正	
契丹(遼)	⑥耶律隆緒	幽州	聖宗	宣	3	1統和11年		
大理	⑥段素英	陽苴咩		昭明	6	1廣明8年		在雲南
大蜀	[王小波 李順]	成都						
古格						180年		西藏阿里

月曆表

5706－384－2084160

月干支序數	月序＼星期	日	1	2	3	4	5	6	日	1	2	3	4	5	6	日	1	2	3	4	5	6	日	1	2	3	4	5	6	日	1	2	3	4	5	6	日	1
	公曆1月	1	2	3	4	5	6	7	8	9	10	11	12	13	14	15	16	17	18	19	20	21	22	23	24	25	26	27	28	29	30	31						
51	夏曆正月	6	7	8	9	10	11	12	13	14	15	16	17	18	19	20	21	22	23	24	25	26	27	28	29	30	㉗	2	3	4	5	6						
	回曆12月	4	5	6	7	8	9	10	11	12	13	14	15	16	17	18	19	20	21	22	23	24	25	26	27	28	29	30	1	2	3	4						
	公曆2月				1	2	3	4	5	6	7	8	9	10	11	12	13	14	15	16	17	18	19	20	21	22	23	24	25	26	27	28						
52	夏曆二月				7	8	9	10	11	12	13	14	15	16	17	18	19	20	21	22	23	24	25	26	27	28	29	(56)	2	3	4	5						
383年	回曆1月				5	6	7	8	9	10	11	12	13	14	15	16	17	18	19	20	21	22	23	24	25	26	27	28	29	①	2	3						
	公曆3月				1	2	3	4	5	6	7	8	9	10	11	12	13	14	15	16	17	18	19	20	21	22	23	24	25	26	27	28	29	30	31			
53	夏曆三月				6	7	8	9	10	11	12	13	14	15	16	17	18	19	20	21	22	23	24	25	26	27	28	29	30	㉖	2	3	4	5	6			
	回曆2月				4	5	6	7	8	9	10	11	12	13	14	15	16	17	18	19	20	21	22	23	24	25	26	27	28	29	30	1	2	3	4			
	公曆4月							1	2	3	4	5	6	7	8	9	10	11	12	13	14	15	16	17	18	19	20	21	22	23	24	25	26	27	28	29	30	
54	夏曆四月							7	8	9	10	11	12	13	14	15	16	17	18	19	20	21	22	23	24	25	26	27	28	29	30	(56)	2	3	4	5	6	
	回曆3月							5	6	7	8	9	10	11	12	13	14	15	16	17	18	19	20	21	22	23	24	25	26	27	28	29	1	2	3	4	5	
	公曆5月		1	2	3	4	5	6	7	8	9	10	11	12	13	14	15	16	17	18	19	20	21	22	23	24	25	26	27	28	29	30	31					
55	夏曆五月		7	8	9	10	11	12	13	14	15	16	17	18	19	20	21	22	23	24	25	26	27	28	29	㉕	2	3	4	5	6	7	8					
	回曆4月		6	7	8	9	10	11	12	13	14	15	16	17	18	19	20	21	22	23	24	25	26	27	28	29	30	1	2	3	4	5	6					
	公曆6月					1	2	3	4	5	6	7	8	9	10	11	12	13	14	15	16	17	18	19	20	21	22	23	24	25	26	27	28	29	30			
56	夏曆六月					9	10	11	12	13	14	15	16	17	18	19	20	21	22	23	24	25	26	27	28	29	30	(55)	2	3	4	5	6	7	8			
	回曆5月					7	8	9	10	11	12	13	14	15	16	17	18	19	20	21	22	23	24	25	26	27	28	29	1	2	3	4	5	6	7			
	公曆7月							1	2	3	4	5	6	7	8	9	10	11	12	13	14	15	16	17	18	19	20	21	22	23	24	25	26	27	28	29	30	31
57	夏曆七月							9	10	11	12	13	14	15	16	17	18	19	20	21	22	23	24	25	26	27	28	29	㉔	2	3	4	5	6	7	8	9	10
	回曆6月							8	9	10	11	12	13	14	15	16	17	18	19	20	21	22	23	24	25	26	27	28	29	30	1	2	3	4	5	6	7	8
	公曆8月			1	2	3	4	5	6	7	8	9	10	11	12	13	14	15	16	17	18	19	20	21	22	23	24	25	26	27	28	29	30	31				
58	夏曆八月			11	12	13	14	15	16	17	18	19	20	21	22	23	24	25	26	27	28	29	(53)	2	3	4	5	6	7	8	9	10	11	12				
	回曆7月			9	10	11	12	13	14	15	16	17	18	19	20	21	22	23	24	25	26	27	28	29	1	2	3	4	5	6	7	8	9	10				
	公曆9月						1	2	3	4	5	6	7	8	9	10	11	12	13	14	15	16	17	18	19	20	21	22	23	24	25	26	27	28	29	30		
59	夏曆九月						13	14	15	16	17	18	19	20	21	22	23	24	25	26	27	28	29	30	㉓	2	3	4	5	6	7	8	9	10	11	12		
	回曆8月						11	12	13	14	15	16	17	18	19	20	21	22	23	24	25	26	27	28	29	30	1	2	3	4	5	6	7	8	9	10		
	公曆10月	1	2	3	4	5	6	7	8	9	10	11	12	13	14	15	16	17	18	19	20	21	22	23	24	25	26	27	28	29	30	31						
60	夏曆十月	13	14	15	16	17	18	19	20	21	22	23	24	25	26	27	28	29	(52)	2	3	4	5	6	7	8	9	10	11	12	13	14						
	回曆9月	11	12	13	14	15	16	17	18	19	20	21	22	23	24	25	26	27	28	29	1	2	3	4	5	6	7	8	9	10	11	12						
	公曆11月				1	2	3	4	5	6	7	8	9	10	11	12	13	14	15	16	17	18	19	20	21	22	23	24	25	26	27	28	29	30				
	夏曆閏十月				15	16	17	18	19	20	21	22	23	24	25	26	27	28	29	30	㉒	2	3	4	5	6	7	8	9	10	11	12	13	14				
	回曆10月				13	14	15	16	17	18	19	20	21	22	23	24	25	26	27	28	29	30	1	2	3	4	5	6	7	8	9	10	11	12				
	公曆12月						1	2	3	4	5	6	7	8	9	10	11	12	13	14	15	16	17	18	19	20	21	22	23	24	25	26	27	28	29	30	31	
1	夏曆十一月						15	16	17	18	19	20	21	22	23	24	25	26	27	28	29	(51)	2	3	4	5	6	7	8	9	10	11	12	13	14	15	16	
	回曆11月						13	14	15	16	17	18	19	20	21	22	23	24	25	26	27	28	29	1	2	3	4	5	6	7	8	9	10	11	12	13	14	

大事記

正月，契丹與高麗和，取女真鴨綠江東地予高麗，高麗貢於契丹。　　二月，宋青城縣民王小波以“均貧富”相號召，聚眾起義，據青城、彭山，殺貪吏，攻城池。　　三月，置河北緣邊屯田使，廣開塘泊水利。　　七月，契丹桑干、羊河泛溢。河決澶州，泛入御河。　　九月，陳、潁、宋、亳間，民變蜂起，商旅不行。　　十月，始分天下州縣十道，署判官以領其事。　閏十月，李繼遷以宋禁鹽池相困，攻掠環州等地。　　十二月，王小波戰死，李順繼之，攻下蜀、邛、彭、漢等州。

宋遼金紀年

干支甲午　公元994年

朝代或國名	國家支配者	建都	廟號	諡號	建元	年號年次	輔政者	備注
北宋	②趙光義	汴梁	太宗	廣	5	4 淳化5年	呂蒙正	
契丹(遼)	⑥耶律隆緒	幽州	聖宗	宣	3	1 統和12年		
大理	⑥段素英	陽苴咩		昭明	6	1 廣明9年		在雲南
[大蜀]	[李順]	成都				[應運]元年		正月立，五月亡於王繼恩
古格						181年		西藏阿里

月曆表

5707—354—2084514

月干支序數	月序 \ 星期	日	1	2	3	4	5	6	日	1	2	3	4	5	6	日	1	2	3	4	5	6	日	1	2	3	4	5	6	日	1	2	3	4	5	6	日	1
	公曆1月		1	2	3	4	5	6	7	8	9	10	11	12	13	14	15	16	17	18	19	20	21	22	23	24	25	26	27	28	29	30	31					
2	夏曆十二月		17	18	19	20	21	22	23	24	25	26	27	28	29	30	㉑	2	3	4	5	6	7	8	9	10	11	12	13	14	15	16	17					
	回曆12月		15	16	17	18	19	20	21	22	23	24	25	26	27	28	29	30	1	2	3	4	5	6	7	8	9	10	11	12	13	14	15					
	公曆2月					1	2	3	4	5	6	7	8	9	10	11	12	13	14	15	16	17	18	19	20	21	22	23	24	25	26	27	28					
3	夏曆正月					18	19	20	21	22	23	24	25	26	27	28	29	30	(51)	2	3	4	5	6	7	8	9	10	11	12	13	14	15					
384年	回曆1月					16	17	18	19	20	21	22	23	24	25	26	27	28	29	①	2	3	4	5	6	7	8	9	10	11	12	13	14					
	公曆3月					1	2	3	4	5	6	7	8	9	10	11	12	13	14	15	16	17	18	19	20	21	22	23	24	25	26	27	28	29	30	31		
4	夏曆二月					16	17	18	19	20	21	22	23	24	25	26	27	28	29	⑳	2	3	4	5	6	7	8	9	10	11	12	13	14	15	16	17		
	回曆2月					15	16	17	18	19	20	21	22	23	24	25	26	27	28	29	30	1	2	3	4	5	6	7	8	9	10	11	12	13	14	15		
	公曆4月	1	2	3	4	5	6	7	8	9	10	11	12	13	14	15	16	17	18	19	20	21	22	23	24	25	26	27	28	29	30							
5	夏曆三月	18	19	20	21	22	23	24	25	26	27	28	29	30	㊿	2	3	4	5	6	7	8	9	10	11	12	13	14	15	16	17							
	回曆3月	16	17	18	19	20	21	22	23	24	25	26	27	28	29	1	2	3	4	5	6	7	8	9	10	11	12	13	14	15	16							
	公曆5月			1	2	3	4	5	6	7	8	9	10	11	12	13	14	15	16	17	18	19	20	21	22	23	24	25	26	27	28	29	30	31				
6	夏曆四月			18	19	20	21	22	23	24	25	26	27	28	29	⑲	2	3	4	5	6	7	8	9	10	11	12	13	14	15	16	17	18	19				
	回曆4月			17	18	19	20	21	22	23	24	25	26	27	28	29	30	1	2	3	4	5	6	7	8	9	10	11	12	13	14	15	16	17				
	公曆6月						1	2	3	4	5	6	7	8	9	10	11	12	13	14	15	16	17	18	19	20	21	22	23	24	25	26	27	28	29	30		
7	夏曆五月						20	21	22	23	24	25	26	27	28	29	30	㊾	2	3	4	5	6	7	8	9	10	11	12	13	14	15	16	17	18	19		
	回曆5月						18	19	20	21	22	23	24	25	26	27	28	29	1	2	3	4	5	6	7	8	9	10	11	12	13	14	15	16	17	18		
	公曆7月	1	2	3	4	5	6	7	8	9	10	11	12	13	14	15	16	17	18	19	20	21	22	23	24	25	26	27	28	29	30	31						
8	夏曆六月	20	21	22	23	24	25	26	27	28	29	30	⑲	2	3	4	5	6	7	8	9	10	11	12	13	14	15	16	17	18	19	20						
	回曆6月	19	20	21	22	23	24	25	26	27	28	29	30	1	2	3	4	5	6	7	8	9	10	11	12	13	14	15	16	17	18	19						
	公曆8月				1	2	3	4	5	6	7	8	9	10	11	12	13	14	15	16	17	18	19	20	21	22	23	24	25	26	27	28	29	30	31			
9	夏曆七月				21	22	23	24	25	26	27	28	29	㊽	2	3	4	5	6	7	8	9	10	11	12	13	14	15	16	17	18	19	20	21	22			
	回曆7月				20	21	22	23	24	25	26	27	28	29	1	2	3	4	5	6	7	8	9	10	11	12	13	14	15	16	17	18	19	20	21			
	公曆9月							1	2	3	4	5	6	7	8	9	10	11	12	13	14	15	16	17	18	19	20	21	22	23	24	25	26	27	28	29	30	
10	夏曆八月							23	24	25	26	27	28	29	⑰	2	3	4	5	6	7	8	9	10	11	12	13	14	15	16	17	18	19	20	21	22	23	
	回曆8月							22	23	24	25	26	27	28	29	30	1	2	3	4	5	6	7	8	9	10	11	12	13	14	15	16	17	18	19	20	21	

續表

月 干支 序數	星期 月序	日	1	2	3	4	5	6	日	1	2	3	4	5	6	日	1	2	3	4	5	6	日	1	2	3	4	5	6	日	1	2	3	4	5	6	日	1
	公曆10月		1	2	3	4	5	6	7	8	9	10	11	12	13	14	15	16	17	18	19	20	21	22	23	24	25	26	27	28	29	30	31					
11	夏曆九月		24	25	26	27	28	29	30	㊼	2	3	4	5	6	7	8	9	10	11	12	13	14	15	16	17	18	19	20	21	22	23	24					
	回曆9月		22	23	24	25	26	27	28	29	1	2	3	4	5	6	7	8	9	10	11	12	13	14	15	16	17	18	19	20	21	22	23					
	公曆11月					1	2	3	4	5	6	7	8	9	10	11	12	13	14	15	16	17	18	19	20	21	22	23	24	25	26	27	28	29	30			
12	夏曆十月					25	26	27	28	29	⑯	2	3	4	5	6	7	8	9	10	11	12	13	14	15	16	17	18	19	20	21	22	23	24	25			
	回曆10月					24	25	26	27	28	29	30	1	2	3	4	5	6	7	8	9	10	11	12	13	14	15	16	17	18	19	20	21	22	23			
	公曆12月							1	2	3	4	5	6	7	8	9	10	11	12	13	14	15	16	17	18	19	20	21	22	23	24	25	26	27	28	29	30	31
13	夏曆十一月							26	27	28	29	30	㊻	2	3	4	5	6	7	8	9	10	11	12	13	14	15	16	17	18	19	20	21	22	23	24	25	26
	回曆11月							24	25	26	27	28	29	1	2	3	4	5	6	7	8	9	10	11	12	13	14	15	16	17	18	19	20	21	22	23	24	25

遼正月癸丑。

大事記

正月，李順破成都，稱蜀王，建元應運，宋遣兵攻之。以王繼恩為西川招安使。宋攻李繼遷。　三月，武允成獻踏犁。高麗始奉契丹正朔。宋兵入夏州，繼捧受俘，李繼遷遠遁。　五月，王繼恩攻克成都，李順去向不明(一説被俘)，餘部又連下嘉、戎等八州，攻夔州。　六月，義軍又迭敗於廣安軍、合州、陵州。高麗乞師於宋，請攻契丹，未許。於是高麗附於契丹。契丹頒《大明曆》。　七月，李繼遷獻馬謝罪於宋。　八月，契丹太后命太妃領西北路兵馬，撫定西邊。宋删定《淳化編敕》成。　九月，宋請和於契丹，不許。　十一月，宋詔諭李繼遷。契丹求明經、茂材異等。

宋遼金紀年

干支乙未　公元995年

朝代或國名	國家支配者	建都	廟號	謚號	建元	年號年次	輔政者	備注
北宋	②趙光義	汴梁	太宗	廣	5	5至道元年	呂蒙正 呂端	正月改元
契丹(遼)	⑥耶律隆緒	幽州	聖宗	宣	3	1統和13年		
大理	⑥段素英	陽苴咩		昭明	6	1廣明10年		在雲南
	[李順]	成都				[應運]2年		二月亡
古格						182年		西藏阿里

月曆表

5708—354—2084868

月 干支 序數	星期 月序	日	1	2	3	4	5	6	日	1	2	3	4	5	6	日	1	2	3	4	5	6	日	1	2	3	4	5	6	日	1	2	3	4	5	6	日	1
	公曆1月			1	2	3	4	5	6	7	8	9	10	11	12	13	14	15	16	17	18	19	20	21	22	23	24	25	26	27	28	29	30	31				
14	夏曆十二月			27	28	29	⑮	2	3	4	5	6	7	8	9	10	11	12	13	14	15	16	17	18	19	20	21	22	23	24	25	26	27	28				
	回曆12月			26	27	28	29	30	1	2	3	4	5	6	7	8	9	10	11	12	13	14	15	16	17	18	19	20	21	22	23	24	25	26				
	公曆2月						1	2	3	4	5	6	7	8	9	10	11	12	13	14	15	16	17	18	19	20	21	22	23	24	25	26	27	28				
15	夏曆正月						29	30	㊺	2	3	4	5	6	7	8	9	10	11	12	13	14	15	16	17	18	19	20	21	22	23	24	25	26				
385年	回曆1月						27	28	29	30	①	2	3	4	5	6	7	8	9	10	11	12	13	14	15	16	17	18	19	20	21	22	23	24				
	公曆3月						1	2	3	4	5	6	7	8	9	10	11	12	13	14	15	16	17	18	19	20	21	22	23	24	25	26	27	28	29	30	31	
16	夏曆二月						27	28	29	⑭	2	3	4	5	6	7	8	9	10	11	12	13	14	15	16	17	18	19	20	21	22	23	24	25	26	27	28	
	回曆2月						25	26	27	28	29	30	1	2	3	4	5	6	7	8	9	10	11	12	13	14	15	16	17	18	19	20	21	22	23	24	25	
	公曆4月		1	2	3	4	5	6	7	8	9	10	11	12	13	14	15	16	17	18	19	20	21	22	23	24	25	26	27	28	29	30						

續表

月干支序數	月序＼星期	日	1	2	3	4	5	6	日	1	2	3	4	5	6	日	1	2	3	4	5	6	日	1	2	3	4	5	6	日	1	2	3	4	5	6	日	1
17	夏曆三月		29	30	㊹	2	3	4	5	6	7	8	9	10	11	12	13	14	15	16	17	18	19	20	21	22	23	24	25	26	27	28						
	回曆3月		26	27	28	29	1	2	3	4	5	6	7	8	9	10	11	12	13	14	15	16	17	18	19	20	21	22	23	24	25	26						
	公曆5月				1	2	3	4	5	6	7	8	9	10	11	12	13	14	15	16	17	18	19	20	21	22	23	24	25	26	27	28	29	30	31			
18	夏曆四月				29	30	⑭	2	3	4	5	6	7	8	9	10	11	12	13	14	15	16	17	18	19	20	21	22	23	24	25	26	27	28	29			
	回曆4月				27	28	29	30	1	2	3	4	5	6	7	8	9	10	11	12	13	14	15	16	17	18	19	20	21	22	23	24	25	26	27			
	公曆6月							1	2	3	4	5	6	7	8	9	10	11	12	13	14	15	16	17	18	19	20	21	22	23	24	25	26	27	28	29	30	
19	夏曆五月							㊸	2	3	4	5	6	7	8	9	10	11	12	13	14	15	16	17	18	19	20	21	22	23	24	25	26	27	28	29	30	
	回曆5月							28	29	1	2	3	4	5	6	7	8	9	10	11	12	13	14	15	16	17	18	19	20	21	22	23	24	25	26	27	28	
	公曆7月		1	2	3	4	5	6	7	8	9	10	11	12	13	14	15	16	17	18	19	20	21	22	23	24	25	26	27	28	29	30	31					
20 21	夏曆六七月		⑬	2	3	4	5	6	7	8	9	10	11	12	13	14	15	16	17	18	19	20	21	22	23	24	25	26	27	28	29	㊷	2					
	回曆6月		29	30	1	2	3	4	5	6	7	8	9	10	11	12	13	14	15	16	17	18	19	20	21	22	23	24	25	26	27	28	29					
	公曆8月					1	2	3	4	5	6	7	8	9	10	11	12	13	14	15	16	17	18	19	20	21	22	23	24	25	26	27	28	29	30	31		
22	夏曆八月					3	4	5	6	7	8	9	10	11	12	13	14	15	16	17	18	19	20	21	22	23	24	25	26	27	28	29	30	⑫	2	3		
	回曆7、8月					1	2	3	4	5	6	7	8	9	10	11	12	13	14	15	16	17	18	19	20	21	22	23	24	25	26	27	28	29	30	1		
	公曆9月	1	2	3	4	5	6	7	8	9	10	11	12	13	14	15	16	17	18	19	20	21	22	23	24	25	26	27	28	29	30							
23	夏曆九月	4	5	6	7	8	9	10	11	12	13	14	15	16	17	18	19	20	21	22	23	24	25	26	27	28	29	㊶	2	3	4							
	回曆9月	2	3	4	5	6	7	8	9	10	11	12	13	14	15	16	17	18	19	20	21	22	23	24	25	26	27	28	29	1	2							
	公曆10月			1	2	3	4	5	6	7	8	9	10	11	12	13	14	15	16	17	18	19	20	21	22	23	24	25	26	27	28	29	30	31				
24	夏曆十月			5	6	7	8	9	10	11	12	13	14	15	16	17	18	19	20	21	22	23	24	25	26	27	28	29	30	⑪	2	3	4	5				
	回曆10月			3	4	5	6	7	8	9	10	11	12	13	14	15	16	17	18	19	20	21	22	23	24	25	26	27	28	29	30	1	2	3				
	公曆11月						1	2	3	4	5	6	7	8	9	10	11	12	13	14	15	16	17	18	19	20	21	22	23	24	25	26	27	28	29	30		
25	夏曆十一月						6	7	8	9	10	11	12	13	14	15	16	17	18	19	20	21	22	23	24	25	26	27	28	29	㊵	2	3	4	5	6		
	回曆11月						4	5	6	7	8	9	10	11	12	13	14	15	16	17	18	19	20	21	22	23	24	25	26	27	28	29	1	2	3	4		
	公曆12月	1	2	3	4	5	6	7	8	9	10	11	12	13	14	15	16	17	18	19	20	21	22	23	24	25	26	27	28	29	30	31						
26	夏曆十二月	7	8	9	10	11	12	13	14	15	16	17	18	19	20	21	22	23	24	25	26	27	28	29	30	⑩	2	3	4	5	6	7						
	回曆12月	5	6	7	8	9	10	11	12	13	14	15	16	17	18	19	20	21	22	23	24	25	26	27	28	29	30	1	2	3	4	5						

大事記

二月，李順餘部皆敗散。　三月，李繼遷遣使貢宋。　四月，契丹犯雄州，知州何承矩擊御之。　六月，宋遣使江南求遺書。　八月，宋禁邊民與蕃婚娶。牂牁"蠻"貢於宋。李繼遷擾宋清遠軍。　十二月，鐵驪貢鷹馬於契丹。

宋 遼 金 紀 年

干支丙申　公元 996 年

朝代或國名	國家支配者	建都	廟號	謚號	建元	年號年次	輔政者	備注
北宋	②趙光義	汴梁	太宗	廣	5	5 至道 2 年	呂端	
契丹(遼)	⑥耶律隆緒	幽州	聖宗	宣	3	1 統和 14 年		
大理	⑥段素英	陽苴咩		昭明	6	1 廣明 11 年		在雲南
古格						183 年		西藏阿里

月曆表　　5709—384—2085252

月干支序數	星期／月序	日	1	2	3	4	5	6	日	1	2	3	4	5	6	日	1	2	3	4	5	6	日	1	2	3	4	5	6	日	1	2	3	4	5	6	日	1
	公曆1月				1	2	3	4	5	6	7	8	9	10	11	12	13	14	15	16	17	18	19	20	21	22	23	24	25	26	27	28	29	30	31			
27	夏曆正月				8	9	10	11	12	13	14	15	16	17	18	19	20	21	22	23	24	25	26	27	28	29	㊴	2	3	4	5	6	7	8	9			
386年	回曆1月				6	7	8	9	10	11	12	13	14	15	16	17	18	19	20	21	22	23	24	25	26	27	28	29	①	2	3	4	5	6	7			
	公曆2月							1	2	3	4	5	6	7	8	9	10	11	12	13	14	15	16	17	18	19	20	21	22	23	24	25	26	27	28	29		
28	夏曆二月							10	11	12	13	14	15	16	17	18	19	20	21	22	23	24	25	26	27	28	29	30	⑨	2	3	4	5	6	7	8		
	回曆2月							8	9	10	11	12	13	14	15	16	17	18	19	20	21	22	23	24	25	26	27	28	29	30	1	2	3	4	5	6		
	公曆3月	1	2	3	4	5	6	7	8	9	10	11	12	13	14	15	16	17	18	19	20	21	22	23	24	25	26	27	28	29	30	31						
29	夏曆三月	9	10	11	12	13	14	15	16	17	18	19	20	21	22	23	24	25	26	27	28	29	㊳	2	3	4	5	6	7	8	9	10						
	回曆3月	7	8	9	10	11	12	13	14	15	16	17	18	19	20	21	22	23	24	25	26	27	28	29	1	2	3	4	5	6	7	8						
	公曆4月				1	2	3	4	5	6	7	8	9	10	11	12	13	14	15	16	17	18	19	20	21	22	23	24	25	26	27	28	29	30				
30	夏曆四月				11	12	13	14	15	16	17	18	19	20	21	22	23	24	25	26	27	28	29	30	⑧	2	3	4	5	6	7	8	9	10				
	回曆4月				9	10	11	12	13	14	15	16	17	18	19	20	21	22	23	24	25	26	27	28	29	30	1	2	3	4	5	6	7	8				
	公曆5月						1	2	3	4	5	6	7	8	9	10	11	12	13	14	15	16	17	18	19	20	21	22	23	24	25	26	27	28	29	30	31	
31	夏曆五月						11	12	13	14	15	16	17	18	19	20	21	22	23	24	25	26	27	28	29	㊲	2	3	4	5	6	7	8	9	10	11	12	
	回曆5月						9	10	11	12	13	14	15	16	17	18	19	20	21	22	23	24	25	26	27	28	29	1	2	3	4	5	6	7	8	9	10	
	公曆6月		1	2	3	4	5	6	7	8	9	10	11	12	13	14	15	16	17	18	19	20	21	22	23	24	25	26	27	28	29	30						
32	夏曆六月		13	14	15	16	17	18	19	20	21	22	23	24	25	26	27	28	29	30	⑦	2	3	4	5	6	7	8	9	10	11	12						
	回曆6月		11	12	13	14	15	16	17	18	19	20	21	22	23	24	25	26	27	28	29	30	1	2	3	4	5	6	7	8	9	10						
	公曆7月				1	2	3	4	5	6	7	8	9	10	11	12	13	14	15	16	17	18	19	20	21	22	23	24	25	26	27	28	29	30	31			
33	夏曆七月				13	14	15	16	17	18	19	20	21	22	23	24	25	26	27	28	29	㊱	2	3	4	5	6	7	8	9	10	11	12	13	14			
	回曆7月				11	12	13	14	15	16	17	18	19	20	21	22	23	24	25	26	27	28	29	1	2	3	4	5	6	7	8	9	10	11	12			
	公曆8月							1	2	3	4	5	6	7	8	9	10	11	12	13	14	15	16	17	18	19	20	21	22	23	24	25	26	27	28	29	30	31
	夏曆閏七月							15	16	17	18	19	20	21	22	23	24	25	26	27	28	29	30	⑥	2	3	4	5	6	7	8	9	10	11	12	13	14	15
	回曆8月							13	14	15	16	17	18	19	20	21	22	23	24	25	26	27	28	29	30	1	2	3	4	5	6	7	8	9	10	11	12	13
	公曆9月			1	2	3	4	5	6	7	8	9	10	11	12	13	14	15	16	17	18	19	20	21	22	23	24	25	26	27	28	29	30					
34	夏曆八月			16	17	18	19	20	21	22	23	24	25	26	27	28	29	30	㊱	2	3	4	5	6	7	8	9	10	11	12	13	14	15					
	回曆9月			14	15	16	17	18	19	20	21	22	23	24	25	26	27	28	29	1	2	3	4	5	6	7	8	9	10	11	12	13	14					
	公曆10月					1	2	3	4	5	6	7	8	9	10	11	12	13	14	15	16	17	18	19	20	21	22	23	24	25	26	27	28	29	30	31		
35	夏曆九月					16	17	18	19	20	21	22	23	24	25	26	27	28	29	⑤	2	3	4	5	6	7	8	9	10	11	12	13	14	15	16	17		
	回曆10月					15	16	17	18	19	20	21	22	23	24	25	26	27	28	29	30	1	2	3	4	5	6	7	8	9	10	11	12	13	14	15		
	公曆11月	1	2	3	4	5	6	7	8	9	10	11	12	13	14	15	16	17	18	19	20	21	22	23	24	25	26	27	28	29	30							
36	夏曆十月	18	19	20	21	22	23	24	25	26	27	28	29	30	㉟	2	3	4	5	6	7	8	9	10	11	12	13	14	15	16	17							
	回曆11月	16	17	18	19	20	21	22	23	24	25	26	27	28	29	1	2	3	4	5	6	7	8	9	10	11	12	13	14	15	16							
	公曆12月			1	2	3	4	5	6	7	8	9	10	11	12	13	14	15	16	17	18	19	20	21	22	23	24	25	26	27	28	29	30	31				
37	夏曆十一月			18	19	20	21	22	23	24	25	26	27	28	29	④	2	3	4	5	6	7	8	9	10	11	12	13	14	15	16	17	18	19				
	回曆12月			17	18	19	20	21	22	23	24	25	26	27	28	29	30	1	2	3	4	5	6	7	8	9	10	11	12	13	14	15	16	17				

大事記

四月，以李繼遷劫餉，遣李繼隆分道擊之。　五月，李繼遷侵靈州，圍之。　七月，涼州隔絕蕃部，久絕中原，至是請官於宋，因命丁惟清知西涼府。　九月，宋兵分五路攻李繼遷，略有小勝。宋河東、陝西地大震。　十一月，許州宋斌等起義，旋敗。　是歲，李昉卒(925—996)。全國戶 3 574 257。墾田 3 135 251 頃 25 畝。

　　干支丁酉　公元997年

朝代或國名	國家支配者	建都	廟號	謚號	建元	年號年次	輔政者	備注
北宋	②趙光義	汴梁	太宗	廣	5	5 至道 3 年	呂端	三月趙恒即位
契丹(遼)	⑥耶律隆緒	幽州	聖宗	宣	3	1 統和 15 年		
大理	⑥段素英	陽苴咩		昭明	6	1 廣明 12 年		在雲南
古格						184 年		西藏阿里

月曆表　　5710—355—2085607

月干支序數	月序＼星期	日	1	2	3	4	5	6	日	1	2	3	4	5	6	日	1	2	3	4	5	6	日	1	2	3	4	5	6	日	1	2	3	4	5	6	日	1
	公曆 1 月						1	2	3	4	5	6	7	8	9	10	11	12	13	14	15	16	17	18	19	20	21	22	23	24	25	26	27	28	29	30	31	
38	夏曆十二月						20	21	22	23	24	25	26	27	28	29	30	㉞	2	3	4	5	6	7	8	9	10	11	12	13	14	15	16	17	18	19	20	
387 年	回曆 1 月						18	19	20	21	22	23	24	25	26	27	28	29	30	①	2	3	4	5	6	7	8	9	10	11	12	13	14	15	16	17	18	
	公曆 2 月		1	2	3	4	5	6	7	8	9	10	11	12	13	14	15	16	17	18	19	20	21	22	23	24	25	26	27	28								
39	夏曆正月		21	22	23	24	25	26	27	28	29	③	2	3	4	5	6	7	8	9	10	11	12	13	14	15	16	17	18	19								
	回曆 2 月		19	20	21	22	23	24	25	26	27	28	29	30	1	2	3	4	5	6	7	8	9	10	11	12	13	14	15	16								
	公曆 3 月		1	2	3	4	5	6	7	8	9	10	11	12	13	14	15	16	17	18	19	20	21	22	23	24	25	26	27	28	29	30	31					
40	夏曆二月		20	21	22	23	24	25	26	27	28	29	30	㉝	2	3	4	5	6	7	8	9	10	11	12	13	14	15	16	17	18	19	20					
	回曆 3 月		17	18	19	20	21	22	23	24	25	26	27	28	29	1	2	3	4	5	6	7	8	9	10	11	12	13	14	15	16	17	18					
	公曆 4 月					1	2	3	4	5	6	7	8	9	10	11	12	13	14	15	16	17	18	19	20	21	22	23	24	25	26	27	28	29	30			
41	夏曆三月					21	22	23	24	25	26	27	28	29	②	2	3	4	5	6	7	8	9	10	11	12	13	14	15	16	17	18	19	20	21			
	回曆 4 月					19	20	21	22	23	24	25	26	27	28	29	30	1	2	3	4	5	6	7	8	9	10	11	12	13	14	15	16	17	18			
	公曆 5 月							1	2	3	4	5	6	7	8	9	10	11	12	13	14	15	16	17	18	19	20	21	22	23	24	25	26	27	28	29	30	31
42	夏曆四月							22	23	24	25	26	27	28	29	30	㉜	2	3	4	5	6	7	8	9	10	11	12	13	14	15	16	17	18	19	20	21	22
	回曆 5 月							19	20	21	22	23	24	25	26	27	28	29	1	2	3	4	5	6	7	8	9	10	11	12	13	14	15	16	17	18	19	20
	公曆 6 月			1	2	3	4	5	6	7	8	9	10	11	12	13	14	15	16	17	18	19	20	21	22	23	24	25	26	27	28	29	30					
43	夏曆五月			23	24	25	26	27	28	29	①	2	3	4	5	6	7	8	9	10	11	12	13	14	15	16	17	18	19	20	21	22	23					
	回曆 6 月			21	22	23	24	25	26	27	28	29	30	1	2	3	4	5	6	7	8	9	10	11	12	13	14	15	16	17	18	19	20					
	公曆 7 月					1	2	3	4	5	6	7	8	9	10	11	12	13	14	15	16	17	18	19	20	21	22	23	24	25	26	27	28	29	30	31		
44	夏曆六月					24	25	26	27	28	29	30	㉛	2	3	4	5	6	7	8	9	10	11	12	13	14	15	16	17	18	19	20	21	22	23	24		
	回曆 7 月					21	22	23	24	25	26	27	28	29	1	2	3	4	5	6	7	8	9	10	11	12	13	14	15	16	17	18	19	20	21	22		
	公曆 8 月	1	2	3	4	5	6	7	8	9	10	11	12	13	14	15	16	17	18	19	20	21	22	23	24	25	26	27	28	29	30	31						
45	夏曆七月	25	26	27	28	29	(60)	2	3	4	5	6	7	8	9	10	11	12	13	14	15	16	17	18	19	20	21	22	23	24	25	26						
	回曆 8 月	23	24	25	26	27	28	29	30	1	2	3	4	5	6	7	8	9	10	11	12	13	14	15	16	17	18	19	20	21	22	23						
	公曆 9 月				1	2	3	4	5	6	7	8	9	10	11	12	13	14	15	16	17	18	19	20	21	22	23	24	25	26	27	28	29	30				
46	夏曆八月				27	28	29	30	㉚	2	3	4	5	6	7	8	9	10	11	12	13	14	15	16	17	18	19	20	21	22	23	24	25	26				
	回曆 9 月				24	25	26	27	28	29	1	2	3	4	5	6	7	8	9	10	11	12	13	14	15	16	17	18	19	20	21	22	23	24				
	公曆 10 月						1	2	3	4	5	6	7	8	9	10	11	12	13	14	15	16	17	18	19	20	21	22	23	24	25	26	27	28	29	30	31	
47	夏曆九月						27	28	29	30	(60)	2	3	4	5	6	7	8	9	10	11	12	13	14	15	16	17	18	19	20	21	22	23	24	25	26	27	
	回曆 10 月						25	26	27	28	29	30	1	2	3	4	5	6	7	8	9	10	11	12	13	14	15	16	17	18	19	20	21	22	23	24	25	
	公曆 11 月		1	2	3	4	5	6	7	8	9	10	11	12	13	14	15	16	17	18	19	20	21	22	23	24	25	26	27	28	29	30						
48	夏曆十月		28	29	㉙	2	3	4	5	6	7	8	9	10	11	12	13	14	15	16	17	18	19	20	21	22	23	24	25	26	27	28						
	回曆 11 月		26	27	28	29	1	2	3	4	5	6	7	8	9	10	11	12	13	14	15	16	17	18	19	20	21	22	23	24	25	26						
	公曆 12 月				1	2	3	4	5	6	7	8	9	10	11	12	13	14	15	16	17	18	19	20	21	22	23	24	25	26	27	28	29	30	31			
49	夏曆十一月				29	30	(59)	2	3	4	5	6	7	8	9	10	11	12	13	14	15	16	17	18	19	20	21	22	23	24	25	26	27	28	29			
	回曆 12 月				27	28	29	30	1	2	3	4	5	6	7	8	9	10	11	12	13	14	15	16	17	18	19	20	21	22	23	24	25	26	27			

大事記

正月,黨項叛契丹,命韓德威討之。　二月,靈州行營破李繼遷,繼遷遁。　三月,宋太宗卒,太子恒嗣,為真宗。契丹封李繼遷為西平王。河西黨項附契丹。　四月,進封黎桓為南平王,置鎮戌軍。　五月,攻阻卜之未服者,後築三城於其境,以控西北部族。　七月,契丹禁吐谷渾別部賣馬於宋。　九月,宋以孔延世為曲阜令,封文宣公。　十月,李繼遷擾宋靈州。　十二月,李繼遷謝罪,宋命為定難軍節度使,仍賜姓名趙保吉,給五州之地。

是歲,宋分全國為十五路。

宋遼金紀年

干支戊戌　公元998年

朝代或國名	國家支配者	建都	廟號	謚號	建元	年號年次	輔政者	備注
北宋	③趙恒	汴梁	真宗	元	2	1咸平元年	呂端 張齊賢 李沆	
契丹(遼)	⑥耶律隆緒	幽州	聖宗	宣	3	1統和16年		
大理	⑥段素英	陽苴咩		昭明	6	1廣明13年		在雲南
古格						185年		西藏阿里

月曆表

5711－354－2085961

月干支序數	月序＼星期	日	1	2	3	4	5	6	日	1	2	3	4	5	6	日	1	2	3	4	5	6	日	1	2	3	4	5	6	日	1	2	3	4	5	6	日	1
	公曆1月							1	2	3	4	5	6	7	8	9	10	11	12	13	14	15	16	17	18	19	20	21	22	23	24	25	26	27	28	29	30	31
50 51	夏曆十二 正月							30	㉙	2	3	4	5	6	7	8	9	10	11	12	13	14	15	16	17	18	19	20	21	22	23	24	25	26	27	28	29	(58)
388年	回曆1月							28	29	①	2	3	4	5	6	7	8	9	10	11	12	13	14	15	16	17	18	19	20	21	22	23	24	25	26	27	28	29
	公曆2月			1	2	3	4	5	6	7	8	9	10	11	12	13	14	15	16	17	18	19	20	21	22	23	24	25	26	27	28							
	夏曆　月			2	3	4	5	6	7	8	9	10	11	12	13	14	15	16	17	18	19	20	21	22	23	24	25	26	27	28	29							
	回曆2月			30	1	2	3	4	5	6	7	8	9	10	11	12	13	14	15	16	17	18	19	20	21	22	23	24	25	26	27							
	公曆3月			1	2	3	4	5	6	7	8	9	10	11	12	13	14	15	16	17	18	19	20	21	22	23	24	25	26	27	28	29	30	31				
52 53	夏曆二 三月			㉗	2	3	4	5	6	7	8	9	10	11	12	13	14	15	16	17	18	19	20	21	22	23	24	25	26	27	28	29	30	(57)				
	回曆3月			28	29	1	2	3	4	5	6	7	8	9	10	11	12	13	14	15	16	17	18	19	20	21	22	23	24	25	26	27	28	29				
	公曆4月						1	2	3	4	5	6	7	8	9	10	11	12	13	14	15	16	17	18	19	20	21	22	23	24	25	26	27	28	29	30		
54	夏曆四月						2	3	4	5	6	7	8	9	10	11	12	13	14	15	16	17	18	19	20	21	22	23	24	25	26	27	28	29	㉖	2		
	回曆4月						30	1	2	3	4	5	6	7	8	9	10	11	12	13	14	15	16	17	18	19	20	21	22	23	24	25	26	27	28	29		
	公曆5月	1	2	3	4	5	6	7	8	9	10	11	12	13	14	15	16	17	18	19	20	21	22	23	24	25	26	27	28	29	30	31						
55	夏曆五月	3	4	5	6	7	8	9	10	11	12	13	14	15	16	17	18	19	20	21	22	23	24	25	26	27	28	29	(55)	2	3	4						
	回曆5、6月	1	2	3	4	5	6	7	8	9	10	11	12	13	14	15	16	17	18	19	20	21	22	23	24	25	26	27	28	29	30	1						
	公曆6月				1	2	3	4	5	6	7	8	9	10	11	12	13	14	15	16	17	18	19	20	21	22	23	24	25	26	27	28	29	30				
56	夏曆六月				5	6	7	8	9	10	11	12	13	14	15	16	17	18	19	20	21	22	23	24	25	26	27	28	29	30	㉕	2	3	4				
	回曆7月				2	3	4	5	6	7	8	9	10	11	12	13	14	15	16	17	18	19	20	21	22	23	24	25	26	27	28	29	1	2				
	公曆7月						1	2	3	4	5	6	7	8	9	10	11	12	13	14	15	16	17	18	19	20	21	22	23	24	25	26	27	28	29	30	31	
57	夏曆七月						5	6	7	8	9	10	11	12	13	14	15	16	17	18	19	20	21	22	23	24	25	26	27	28	29	(54)	2	3	4	5	6	
	回曆8月						3	4	5	6	7	8	9	10	11	12	13	14	15	16	17	18	19	20	21	22	23	24	25	26	27	28	29	30	1	2	3	
	公曆8月		1	2	3	4	5	6	7	8	9	10	11	12	13	14	15	16	17	18	19	20	21	22	23	24	25	26	27	28	29	30	31					
58	夏曆八月		7	8	9	10	11	12	13	14	15	16	17	18	19	20	21	22	23	24	25	26	27	28	29	30	㉔	2	3	4	5	6	7					
	回曆9月		4	5	6	7	8	9	10	11	12	13	14	15	16	17	18	19	20	21	22	23	24	25	26	27	28	29	1	2	3	4	5					
	公曆9月					1	2	3	4	5	6	7	8	9	10	11	12	13	14	15	16	17	18	19	20	21	22	23	24	25	26	27	28	29	30			
59	夏曆九月					8	9	10	11	12	13	14	15	16	17	18	19	20	21	22	23	24	25	26	27	28	29	30	(54)	2	3	4	5	6	7			

續表

月干支序數	月／星期／序	日	1	2	3	4	5	6	日	1	2	3	4	5	6	日	1	2	3	4	5	6	日	1	2	3	4	5	6	日	1	2	3	4	5	6	日	1
	回曆 10 月					6	7	8	9	10	11	12	13	14	15	16	17	18	19	20	21	22	23	24	25	26	27	28	29	30	1	2	3	4	5			
	公曆 10 月							1	2	3	4	5	6	7	8	9	10	11	12	13	14	15	16	17	18	19	20	21	22	23	24	25	26	27	28	29	30	31
60	夏曆十月							8	9	10	11	12	13	14	15	16	17	18	19	20	21	22	23	24	25	26	27	28	29	㉓	2	3	4	5	6	7	8	9
	回曆 11 月							6	7	8	9	10	11	12	13	14	15	16	17	18	19	20	21	22	23	24	25	26	27	28	29	1	2	3	4	5	6	7
	公曆 11 月			1	2	3	4	5	6	7	8	9	10	11	12	13	14	15	16	17	18	19	20	21	22	23	24	25	26	27	28	29	30					
1	夏曆十一月			10	11	12	13	14	15	16	17	18	19	20	21	22	23	24	25	26	27	28	29	30	(53)	2	3	4	5	6	7	8	9					
	回曆 12 月			8	9	10	11	12	13	14	15	16	17	18	19	20	21	22	23	24	25	26	27	28	29	30	1	2	3	4	5	6	7					
	公曆 12 月					1	2	3	4	5	6	7	8	9	10	11	12	13	14	15	16	17	18	19	20	21	22	23	24	25	26	27	28	29	30	31		
2	夏曆十二月					10	11	12	13	14	15	16	17	18	19	20	21	22	23	24	25	26	27	28	29	30	㉓	2	3	4	5	6	7	8	9	10		
389 年	回曆 1 月					8	9	10	11	12	13	14	15	16	17	18	19	20	21	22	23	24	25	26	27	28	29	①	2	3	4	5	6	7	8	9		

大事記

正月，宋改元咸平。　三月，女真貢於契丹。　五月，鐵驪貢於契丹。　八月，宋修《太宗實錄》成。　十一月，西涼府河西軍將折逋游龍鉢朝於宋，獻馬三千餘匹。　十二月，宋《新定編敕》成。

宋遼金紀年

干支己亥　公元 999 年

朝代或國名	國家支配者	建都	廟號	謚號	建元	年號年次	輔政者	備注
北宋	③趙恒	汴梁	真宗	元	2	1 咸平 2 年	李沆 張齊賢	
契丹(遼)	⑥耶律隆緒	幽州	聖宗	宣	3	1 統和 17 年		
大理	⑥段素英	陽苴咩		昭明	6	1 廣明 14 年		在雲南
古格						186 年		西藏阿里

月曆表

5712—384—2086345

月干支序數	月／星期／序	日	1	2	3	4	5	6	日	1	2	3	4	5	6	日	1	2	3	4	5	6	日	1	2	3	4	5	6	日	1	2	3	4	5	6	日	1
	公曆 1 月	1	2	3	4	5	6	7	8	9	10	11	12	13	14	15	16	17	18	19	20	21	22	23	24	25	26	27	28	29	30	31						
3	夏曆正月	11	12	13	14	15	16	17	18	19	20	21	22	23	24	25	26	27	28	29	(52)	2	3	4	5	6	7	8	9	10	11	12						
	回曆 2 月	10	11	12	13	14	15	16	17	18	19	20	21	22	23	24	25	26	27	28	29	30	1	2	3	4	5	6	7	8	9	10						
	公曆 2 月				1	2	3	4	5	6	7	8	9	10	11	12	13	14	15	16	17	18	19	20	21	22	23	24	25	26	27	28						
4	夏曆二月				13	14	15	16	17	18	19	20	21	22	23	24	25	26	27	28	29	30	㉒	2	3	4	5	6	7	8	9	10						
	回曆 3 月				11	12	13	14	15	16	17	18	19	20	21	22	23	24	25	26	27	28	29	1	2	3	4	5	6	7	8	9						
	公曆 3 月				1	2	3	4	5	6	7	8	9	10	11	12	13	14	15	16	17	18	19	20	21	22	23	24	25	26	27	28	29	30	31			
5	夏曆三月				11	12	13	14	15	16	17	18	19	20	21	22	23	24	25	26	27	28	29	(51)	2	3	4	5	6	7	8	9	10	11	12			
	回曆 4 月				10	11	12	13	14	15	16	17	18	19	20	21	22	23	24	25	26	27	28	29	30	1	2	3	4	5	6	7	8	9	10			
	公曆 4 月							1	2	3	4	5	6	7	8	9	10	11	12	13	14	15	16	17	18	19	20	21	22	23	24	25	26	27	28	29	30	
	夏曆閏三月							13	14	15	16	17	18	19	20	21	22	23	24	25	26	27	28	29	30	㉑	2	3	4	5	6	7	8	9	10	11	12	
	回曆 5 月							11	12	13	14	15	16	17	18	19	20	21	22	23	24	25	26	27	28	29	1	2	3	4	5	6	7	8	9	10	11	
	公曆 5 月		1	2	3	4	5	6	7	8	9	10	11	12	13	14	15	16	17	18	19	20	21	22	23	24	25	26	27	28	29	30	31					
6	夏曆四月		13	14	15	16	17	18	19	20	21	22	23	24	25	26	27	28	29	㊿	2	3	4	5	6	7	8	9	10	11	12	13	14					
	回曆 6 月		12	13	14	15	16	17	18	19	20	21	22	23	24	25	26	27	28	29	30	1	2	3	4	5	6	7	8	9	10	11	12					

續表

月干支序數	月序\星期	日	1	2	3	4	5	6	日	1	2	3	4	5	6	日	1	2	3	4	5	6	日	1	2	3	4	5	6	日	1	2	3	4	5	6	日	1
	公曆6月					1	2	3	4	5	6	7	8	9	10	11	12	13	14	15	16	17	18	19	20	21	22	23	24	25	26	27	28	29	30			
7	夏曆五月					15	16	17	18	19	20	21	22	23	24	25	26	27	28	29	⑲	2	3	4	5	6	7	8	9	10	11	12	13	14	15			
	回曆7月					13	14	15	16	17	18	19	20	21	22	23	24	25	26	27	28	29	1	2	3	4	5	6	7	8	9	10	11	12	13			
	公曆7月							1	2	3	4	5	6	7	8	9	10	11	12	13	14	15	16	17	18	19	20	21	22	23	24	25	26	27	28	29	30	31
8	夏曆六月							16	17	18	19	20	21	22	23	24	25	26	27	28	29	30	㊾	2	3	4	5	6	7	8	9	10	11	12	13	14	15	16
	回曆8月							14	15	16	17	18	19	20	21	22	23	24	25	26	27	28	29	30	1	2	3	4	5	6	7	8	9	10	11	12	13	14
	公曆8月			1	2	3	4	5	6	7	8	9	10	11	12	13	14	15	16	17	18	19	20	21	22	23	24	25	26	27	28	29	30	31				
9	夏曆七月			17	18	19	20	21	22	23	24	25	26	27	28	29	⑱	2	3	4	5	6	7	8	9	10	11	12	13	14	15	16	17	18				
	回曆9月			15	16	17	18	19	20	21	22	23	24	25	26	27	28	29	1	2	3	4	5	6	7	8	9	10	11	12	13	14	15	16				
	公曆9月						1	2	3	4	5	6	7	8	9	10	11	12	13	14	15	16	17	18	19	20	21	22	23	24	25	26	27	28	29	30		
10	夏曆八月						19	20	21	22	23	24	25	26	27	28	29	30	㊽	2	3	4	5	6	7	8	9	10	11	12	13	14	15	16	17	18		
	回曆10月						17	18	19	20	21	22	23	24	25	26	27	28	29	30	1	2	3	4	5	6	7	8	9	10	11	12	13	14	15	16		
	公曆10月	1	2	3	4	5	6	7	8	9	10	11	12	13	14	15	16	17	18	19	20	21	22	23	24	25	26	27	28	29	30	31						
11	夏曆九月	19	20	21	22	23	24	25	26	27	28	29	⑰	2	3	4	5	6	7	8	9	10	11	12	13	14	15	16	17	18	19	20						
	回曆11月	17	18	19	20	21	22	23	24	25	26	27	28	29	1	2	3	4	5	6	7	8	9	10	11	12	13	14	15	16	17	18						
	公曆11月				1	2	3	4	5	6	7	8	9	10	11	12	13	14	15	16	17	18	19	20	21	22	23	24	25	26	27	28	29	30				
12	夏曆十月				21	22	23	24	25	26	27	28	29	30	㊼	2	3	4	5	6	7	8	9	10	11	12	13	14	15	16	17	18	19	20				
	回曆12月				19	20	21	22	23	24	25	26	27	28	29	30	1	2	3	4	5	6	7	8	9	10	11	12	13	14	15	16	17	18				
	公曆12月						1	2	3	4	5	6	7	8	9	10	11	12	13	14	15	16	17	18	19	20	21	22	23	24	25	26	27	28	29	30	31	
13	夏曆十一月						21	22	23	24	25	26	27	28	29	30	⑰	2	3	4	5	6	7	8	9	10	11	12	13	14	15	16	17	18	19	20	21	
390年	回曆1月						19	20	21	22	23	24	25	26	27	28	29	30	①	2	3	4	5	6	7	8	9	10	11	12	13	14	15	16	17	18	19	

遼四月甲申,閏四月癸丑。

大事記

六月,宋重修《太祖實錄》成。　九月,契丹帝及太后大舉侵宋,宋保州將田紹斌等敗契丹前軍。　十月,契丹攻遂城,守將楊延朗拒御之。　十二月,宋帝至大名府禦契丹;契丹游騎至邢、洛。宋府州兵入契丹境焚擾。

宋遼金紀年

干支庚子　公元1000年

朝代或國名	國家支配者	建都	廟號	謚號	建元	年號年次	輔政者	備注
北宋	③趙恒	汴梁	真宗	元	2	1咸平3年	張齊賢 李沆	
契丹(遼)	⑥耶律隆緒	幽州	聖宗	宣	3	1統和18年		
大理	⑥段素英	陽苴咩		昭明	6	1廣明15年		在雲南
大蜀	王均	益州			1	順化元年		正月立十月亡於雷有終
古格						187年		西藏阿里

月曆表

5713—355—2086700

月 干支 序數	星期 月序	日	1	2	3	4	5	6	日	1	2	3	4	5	6	日	1	2	3	4	5	6	日	1	2	3	4	5	6	日	1	2	3	4	5	6	日	1
	公曆1月		1	2	3	4	5	6	7	8	9	10	11	12	13	14	15	16	17	18	19	20	21	22	23	24	25	26	27	28	29	30	31					
14	夏曆十二月		22	23	24	25	26	27	28	29	30	㊼	2	3	4	5	6	7	8	9	10	11	12	13	14	15	16	17	18	19	20	21	22					
	回曆2月		20	21	22	23	24	25	26	27	28	29	30	1	2	3	4	5	6	7	8	9	10	11	12	13	14	15	16	17	18	19	20					
	公曆2月					1	2	3	4	5	6	7	8	9	10	11	12	13	14	15	16	17	18	19	20	21	22	23	24	25	26	27	28	29				
15	夏曆正月					23	24	25	26	27	28	29	⑯	2	3	4	5	6	7	8	9	10	11	12	13	14	15	16	17	18	19	20	21	22				
	回曆3月					21	22	23	24	25	26	27	28	29	1	2	3	4	5	6	7	8	9	10	11	12	13	14	15	16	17	18	19	20				
	公曆3月						1	2	3	4	5	6	7	8	9	10	11	12	13	14	15	16	17	18	19	20	21	22	23	24	25	26	27	28	29	30	31	
16	夏曆二月						23	24	25	26	27	28	29	30	㊻	2	3	4	5	6	7	8	9	10	11	12	13	14	15	16	17	18	19	20	21	22	23	
	回曆4月						21	22	23	24	25	26	27	28	29	30	1	2	3	4	5	6	7	8	9	10	11	12	13	14	15	16	17	18	19	20	21	
	公曆4月		1	2	3	4	5	6	7	8	9	10	11	12	13	14	15	16	17	18	19	20	21	22	23	24	25	26	27	28	29	30						
19	夏曆三月		24	25	26	27	28	29	⑮	2	3	4	5	6	7	8	9	10	11	12	13	14	15	16	17	18	19	20	21	22	23	24						
	回曆5月		22	23	24	25	26	27	28	29	1	2	3	4	5	6	7	8	9	10	11	12	13	14	15	16	17	18	19	20	21	22						
	公曆5月				1	2	3	4	5	6	7	8	9	10	11	12	13	14	15	16	17	18	19	20	21	22	23	24	25	26	27	28	29	30	31			
18	夏曆四月				25	26	27	28	29	30	㊺	2	3	4	5	6	7	8	9	10	11	12	13	14	15	16	17	18	19	20	21	22	23	24	25			
	回曆6月				23	24	25	26	27	28	29	30	1	2	3	4	5	6	7	8	9	10	11	12	13	14	15	16	17	18	19	20	21	22	23			
	公曆6月							1	2	3	4	5	6	7	8	9	10	11	12	13	14	15	16	17	18	19	20	21	22	23	24	25	26	27	28	29	30	
19	夏曆五月							26	27	28	29	⑭	2	3	4	5	6	7	8	9	10	11	12	13	14	15	16	17	18	19	20	21	22	23	24	25	26	
	回曆7月							24	25	26	27	28	29	1	2	3	4	5	6	7	8	9	10	11	12	13	14	15	16	17	18	19	20	21	22	23	24	
	公曆7月		1	2	3	4	5	6	7	8	9	10	11	12	13	14	15	16	17	18	19	20	21	22	23	24	25	26	27	28	29	30	31					
20	夏曆六月		27	28	29	㊸	2	3	4	5	6	7	8	9	10	11	12	13	14	15	16	17	18	19	20	21	22	23	24	25	26	27	28					
	回曆8月		25	26	27	28	29	30	1	2	3	4	5	6	7	8	9	10	11	12	13	14	15	16	17	18	19	20	21	22	23	24	25					
	公曆8月					1	2	3	4	5	6	7	8	9	10	11	12	13	14	15	16	17	18	19	20	21	22	23	24	25	26	27	28	29	30	31		
21	夏曆七月					29	30	⑬	2	3	4	5	6	7	8	9	10	11	12	13	14	15	16	17	18	19	20	21	22	23	24	25	26	27	28	29		
	回曆9月					26	27	28	29	1	2	3	4	5	6	7	8	9	10	11	12	13	14	15	16	17	18	19	20	21	22	23	24	25	26	27		
	公曆9月	1	2	3	4	5	6	7	8	9	10	11	12	13	14	15	16	17	18	19	20	21	22	23	24	25	26	27	28	29	30							
22	夏曆八月	㊷	2	3	4	5	6	7	8	9	10	11	12	13	14	15	16	17	18	19	20	21	22	23	24	25	26	27	28	29	30							
	回曆10月	28	29	30	1	2	3	4	5	6	7	8	9	10	11	12	13	14	15	16	17	18	19	20	21	22	23	24	25	26	27							
	公曆10月			1	2	3	4	5	6	7	8	9	10	11	12	13	14	15	16	17	18	19	20	21	22	23	24	25	26	27	28	29	30	31				
23 24	夏曆九 十月			⑫	2	3	4	5	6	7	8	9	10	11	12	13	14	15	16	17	18	19	20	21	22	23	24	25	26	27	28	29	㊶	2				
	回曆11月			28	29	1	2	3	4	5	6	7	8	9	10	11	12	13	14	15	16	17	18	19	20	21	22	23	24	25	26	27	28	29				
	公曆11月						1	2	3	4	5	6	7	8	9	10	11	12	13	14	15	16	17	18	19	20	21	22	23	24	25	26	27	28	29	30		
25	夏曆十一月						3	4	5	6	7	8	9	10	11	12	13	14	15	16	17	18	19	20	21	22	23	24	25	26	27	28	29	30	⑪	2		
	回曆12月						30	1	2	3	4	5	6	7	8	9	10	11	12	13	14	15	16	17	18	19	20	21	22	23	24	25	26	27	28	29		
	公曆12月	1	2	3	4	5	6	7	8	9	10	11	12	13	14	15	16	17	18	19	20	21	22	23	24	25	26	27	28	29	30	31						
26	夏曆十二月	3	4	5	6	7	8	9	10	11	12	13	14	15	16	17	18	19	20	21	22	23	24	25	26	27	28	29	30	㊶	2	3						
391年	回曆1、2月	①	2	3	4	5	6	7	8	9	10	11	12	13	14	15	16	17	18	19	20	21	22	23	24	25	26	72	28	29	30	1						

大事記

正月，益州戍卒趙延順等以王均為首兵變，號大蜀，建元順化。契丹敗宋兵於瀛州，遂渡河掠淄、青而還。　七月，成都破，王均突圍走富順，旋死。宋延州兵破蕃部十族，獲人畜二十萬。　十一月，契丹以李繼遷子德明為朔方節度使。　十二月，濮州民暴動，詔籍河北、河東丁壯，以軍法部勒。　是年，唐福製火箭、火球、火疾藜。

宋遼金紀年

干支辛丑　公元1001年

朝代或國名	國家支配者	建都	廟號	謚號	建元	年號年次	輔政者	備注
北宋	③趙恒	汴梁	真宗	元	5	1咸平4年	李沆呂蒙正向敏中	
契丹(遼)	⑤耶律隆緒	幽州	聖宗	宣	3	1統和19年		
大理	⑥段素英	陽苴咩		昭明	6	1廣明16年		在雲南
古格						188年		西藏阿里
哈拉汗	子阿赫馬德 (托干汗)					4年		新疆

月曆表

5714—383—2087083

月干支序數	月序 \ 星期	日	1	2	3	4	5	6	日	1	2	3	4	5	6	日	1	2	3	4	5	6	日	1	2	3	4	5	6	日	1	2	3	4	5	6	日	1
	公暦1月				1	2	3	4	5	6	7	8	9	10	11	12	13	14	15	16	17	18	19	20	21	22	23	24	25	26	27	28	29	30	31			
27	夏暦正月				4	5	6	7	8	9	10	11	12	13	14	15	16	17	18	19	20	21	22	23	24	25	26	27	28	29	30	⑪	2	3	4			
	回暦3月				2	3	4	5	6	7	8	9	10	11	12	13	14	15	16	17	18	19	20	21	22	23	24	25	26	27	28	29	1	2	3			
	公暦2月							1	2	3	4	5	6	7	8	9	10	11	12	13	14	15	16	17	18	19	20	21	22	23	24	25	26	27	28			
28	夏暦二月							5	6	7	8	9	10	11	12	13	14	15	16	17	18	19	20	21	22	23	24	25	26	27	28	29	㉚	2	3			
	回暦4月							4	5	6	7	8	9	10	11	12	13	14	15	16	17	18	19	20	21	22	23	24	25	26	27	28	29	30	1			
	公暦3月							1	2	3	4	5	6	7	8	9	10	11	12	13	14	15	16	17	18	19	20	21	22	23	24	25	26	27	28	29	30	31
29	夏暦三月							4	5	6	7	8	9	10	11	12	13	14	15	16	17	18	19	20	21	22	23	24	25	26	27	28	29	30	(60)	2	3	4
	回暦5月							2	3	4	5	6	7	8	9	10	11	12	13	14	15	16	17	18	19	20	21	22	23	24	25	26	27	28	29	1	2	3
	公暦4月			1	2	3	4	5	6	7	8	9	10	11	12	13	14	15	16	17	18	19	20	21	22	23	24	25	26	27	28	29	30					
30	夏暦四月			5	6	7	8	9	10	11	12	13	14	15	16	17	18	19	20	21	22	23	24	25	26	27	28	29	㉙	2	3	4	5					
	回暦6月			4	5	6	7	8	9	10	11	12	13	14	15	16	17	18	19	20	21	22	23	24	25	26	27	28	29	30	1	2	3					
	公暦5月					1	2	3	4	5	6	7	8	9	10	11	12	13	14	15	16	17	18	19	20	21	22	23	24	25	26	27	28	29	30	31		
31	夏暦五月					6	7	8	9	10	11	12	13	14	15	16	17	18	19	20	21	22	23	24	25	26	27	28	29	30	(59)	2	3	4	5	6		
	回暦7月					4	5	6	7	8	9	10	11	12	13	14	15	16	17	18	19	20	21	22	23	24	25	26	27	28	29	1	2	3	4	5		
	公暦6月	1	2	3	4	5	6	7	8	9	10	11	12	13	14	15	16	17	18	19	20	21	22	23	24	25	26	27	28	29	30							
32	夏暦六月	7	8	9	10	11	12	13	14	15	16	17	18	19	20	21	22	23	24	25	26	27	28	29	㊳	2	3	4	5	6	7							
	回暦8月	6	7	8	9	10	11	12	13	14	15	16	17	18	19	20	21	22	23	24	25	26	27	28	29	30	1	2	3	4	5							
	公暦7月			1	2	3	4	5	6	7	8	9	10	11	12	13	14	15	16	17	18	19	20	21	22	23	24	25	26	27	28	29	30	31				
33	夏暦七月			8	9	10	11	12	13	14	15	16	17	18	19	20	21	22	23	24	25	26	27	28	29	⑦	2	3	4	5	6	7	8	9				
	回暦9月			6	7	8	9	10	11	12	13	14	15	16	17	18	19	20	21	22	23	24	25	26	27	28	29	1	2	3	4	5	6	7				
	公暦8月						1	2	3	4	5	6	7	8	9	10	11	12	13	14	15	16	17	18	19	20	21	22	23	24	25	26	27	28	29	30	31	
34	夏暦八月						10	11	12	13	14	15	16	17	18	19	20	21	22	23	24	25	26	27	28	29	30	㊲	2	3	4	5	6	7	8	9	10	
	回暦10月						8	9	10	11	12	13	14	15	16	17	18	19	20	21	22	23	24	25	26	27	28	29	30	1	2	3	4	5	6	7	8	
	公暦9月		1	2	3	4	5	6	7	8	9	10	11	12	13	14	15	16	17	18	19	20	21	22	23	24	25	26	27	28	29	30						
35	夏暦九月		11	12	13	14	15	16	17	18	19	20	21	22	23	24	25	26	27	28	29	⑥	2	3	4	5	6	7	8	9	10	11						
	回暦11月		9	10	11	12	13	14	15	16	17	18	19	20	21	22	23	24	25	26	27	28	29	1	2	3	4	5	6	7	8	9						
	公暦10月				1	2	3	4	5	6	7	8	9	10	11	12	13	14	15	16	17	18	19	20	21	22	23	24	25	26	27	28	29	30	31			
36	夏暦十月				12	13	14	15	16	17	18	19	20	21	22	23	24	25	26	27	28	29	30	㊱	2	3	4	5	6	7	8	9	10	11	12			
	回暦12月				10	11	12	13	14	15	16	17	18	19	20	21	22	23	24	25	26	27	28	29	30	1	2	3	4	5	6	7	8	9	10			
	公暦11月							1	2	3	4	5	6	7	8	9	10	11	12	13	14	15	16	17	18	19	20	21	22	23	24	25	26	27	28	29	30	
37	夏暦十一月							13	14	15	16	17	18	19	20	21	22	23	24	25	26	27	28	29	⑤	2	3	4	5	6	7	8	9	10	11	12	13	
392年	回暦1月							11	12	13	14	15	16	17	18	19	20	21	22	23	24	25	26	27	28	29	①	2	3	4	5	6	7	8	9	10	11	

續表

月 干支 序數	星期 月序	日	1	2	3	4	5	6	日	1	2	3	4	5	6	日	1	2	3	4	5	6	日	1	2	3	4	5	6	日	1	2	3	4	5	6	日	1
	公曆 12 月		1	2	3	4	5	6	7	8	9	10	11	12	13	14	15	16	17	18	19	20	21	22	23	24	25	26	27	28	29	30	31					
38	夏曆十二月		14	15	16	17	18	19	20	21	22	23	24	25	26	27	28	29	30	㉟	2	3	4	5	6	7	8	9	10	11	12	13	14					
	回曆 2 月		12	13	14	15	16	17	18	19	20	21	22	23	24	25	26	27	28	29	30	1	2	3	4	5	6	7	8	9	10	11	12					

遼正月癸酉，十月戊戌，閏十一月戊戌，十二月丁卯。

大事記

正月，廢四川諸州鹽井。　二月，宋詔舉賢良方正能直言極諫者。置水利監。　三月，宋頒行史序所編《儀天曆》。　四月，回鶻貢於宋，并請助攻李繼遷。　六月，宋汰冗吏 195802 人。賜州縣學校九經。　九月，《續通典》及校定《周禮正義》成。李繼遷陷宋清遠軍，繼圍靈州。　十月，契丹侵宋。宋購遺書。　十一月，王顯大敗契丹軍於威勝軍，契丹退。　十二月，宋遣兵援靈州。西涼府使詣宋。

宋遼金紀年　　干支壬寅　公元 1002 年

朝代或國名	國家支配者	建都	廟號	謚號	建元	年號年次	輔政者	備注
北宋	③趙恒	汴梁	真宗	元	5	1 咸平 5 年	李沆呂蒙正	
契丹(遼)	⑤耶律隆緒	幽州	聖宗	宣	3	1 統和 20 年		
大理	⑥段素英	陽苴咩		昭明	6	1 廣明 17 年		在雲南
古格						189 年		西藏阿里
哈拉汗	阿赫馬德 (托干汗)					5 年		在新疆

月曆表　　5715—354—2087437

月 干支 序數	星期 月序	日	1	2	3	4	5	6	日	1	2	3	4	5	6	日	1	2	3	4	5	6	日	1	2	3	4	5	6	日	1	2	3	4	5	6	日	1
	公曆 1 月					1	2	3	4	5	6	7	8	9	10	11	12	13	14	15	16	17	18	19	20	21	22	23	24	25	26	27	28	29	30	31		
	夏曆閏十二月					15	16	17	18	19	20	21	22	23	24	25	26	27	28	29	30	⑤	2	3	4	5	6	7	8	9	10	11	12	13	14	15		
	回曆 3 月					13	14	15	16	17	18	19	20	21	22	23	24	25	26	27	28	29	1	2	3	4	5	6	7	8	9	10	11	12	13	14		
	公曆 2 月	1	2	3	4	5	6	7	8	9	10	11	12	13	14	15	16	17	18	19	20	21	22	23	24	25	26	27	28									
39	夏曆正月	16	17	18	19	20	21	22	23	24	25	26	27	28	29	㉞	2	3	4	5	6	7	8	9	10	11	12	13	14									
	回曆 4 月	15	16	17	18	19	20	21	22	23	24	25	26	27	28	29	30	1	2	3	4	5	6	7	8	9	10	11	12									
	公曆 3 月	1	2	3	4	5	6	7	8	9	10	11	12	13	14	15	16	17	18	19	20	21	22	23	24	25	26	27	28	29	30	31						
40	夏曆二月	15	16	17	18	19	20	21	22	23	24	25	26	27	28	29	30	④	2	3	4	5	6	7	8	9	10	11	12	13	14	15						
	回曆 5 月	13	14	15	16	17	18	19	20	21	22	23	24	25	26	27	28	29	1	2	3	4	5	6	7	8	9	10	11	12	13	14						
	公曆 4 月				1	2	3	4	5	6	7	8	9	10	11	12	13	14	15	16	17	18	19	20	21	22	23	24	25	26	27	28	29	30				
41	夏曆三月				16	17	18	19	20	21	22	23	24	25	26	27	28	29	30	㉞	2	3	4	5	6	7	8	9	10	11	12	13	14	15				
	回曆 6 月				15	16	17	18	19	20	21	22	23	24	25	26	27	28	29	30	1	2	3	4	5	6	7	8	9	10	11	12	13	14				
	公曆 5 月						1	2	3	4	5	6	7	8	9	10	11	12	13	14	15	16	17	18	19	20	21	22	23	24	25	26	27	28	29	30	31	
42	夏曆四月						16	17	18	19	20	21	22	23	24	25	26	27	28	29	③	2	3	4	5	6	7	8	9	10	11	12	13	14	15	16	17	
	回曆 7 月						15	16	17	18	19	20	21	22	23	24	25	26	27	28	29	1	2	3	4	5	6	7	8	9	10	11	12	13	14	15	16	
	公曆 6 月		1	2	3	4	5	6	7	8	9	10	11	12	13	14	15	16	17	18	19	20	21	22	23	24	25	26	27	28	29	30						

續表

月 干支 序數	星期 月序	日	1	2	3	4	5	6	日	1	2	3	4	5	6	日	1	2	3	4	5	6	日	1	2	3	4	5	6	日	1	2	3	4	5	6	日	1
43	夏曆五月		18	19	20	21	22	23	24	25	26	27	28	29	30	㉝	2	3	4	5	6	7	8	9	10	11	12	13	14	15	16	17						
	回曆8月		17	18	19	20	21	22	23	24	25	26	27	28	29	30	1	2	3	4	5	6	7	8	9	10	11	12	13	14	15	16						
	公曆7月				1	2	3	4	5	6	7	8	9	10	11	12	13	14	15	16	17	18	19	20	21	22	23	24	25	26	27	28	29	30	31			
44	夏曆六月				18	19	20	21	22	23	24	25	26	27	28	29	②	2	3	4	5	6	7	8	9	10	11	12	13	14	15	16	17	18	19			
	回曆9月				17	18	19	20	21	22	23	24	25	26	27	28	29	1	2	3	4	5	6	7	8	9	10	11	12	13	14	15	16	17	18			
	公曆8月							1	2	3	4	5	6	7	8	9	10	11	12	13	14	15	16	17	18	19	20	21	22	23	24	25	26	27	28	29	30	31
45	夏曆七月							20	21	22	23	24	25	26	27	28	29	㉛	2	3	4	5	6	7	8	9	10	11	12	13	14	15	16	17	18	19	20	21
	回曆10月							19	20	21	22	23	24	25	26	27	28	29	30	1	2	3	4	5	6	7	8	9	10	11	12	13	14	15	16	17	18	19
	公曆9月			1	2	3	4	5	6	7	8	9	10	11	12	13	14	15	16	17	18	19	20	21	22	23	24	25	26	27	28	29	30					
46	夏曆八月			22	23	24	25	26	27	28	29	30	①	2	3	4	5	6	7	8	9	10	11	12	13	14	15	16	17	18	19	20	21					
	回曆11月			20	21	22	23	24	25	26	27	28	29	1	2	3	4	5	6	7	8	9	10	11	12	13	14	15	16	17	18	19	20					
	公曆10月					1	2	3	4	5	6	7	8	9	10	11	12	13	14	15	16	17	18	19	20	21	22	23	24	25	26	27	28	29	30	31		
47	夏曆九月					22	23	24	25	26	27	28	29	㉚	2	3	4	5	6	7	8	9	10	11	12	13	14	15	16	17	18	19	20	21	22	23		
	回曆12月					21	22	23	24	25	26	27	28	29	30	1	2	3	4	5	6	7	8	9	10	11	12	13	14	15	16	17	18	19	20	21		
	公曆11月	1	2	3	4	5	6	7	8	9	10	11	12	13	14	15	16	17	18	19	20	21	22	23	24	25	26	27	28	29	30							
48	夏曆十月	24	25	26	27	28	29	30	(60)	2	3	4	5	6	7	8	9	10	11	12	13	14	15	16	17	18	19	20	21	22	23							
393年	回曆1月	22	23	24	25	26	27	28	29	30	①	2	3	4	5	6	7	8	9	10	11	12	13	14	15	16	17	18	19	20	21							
	公曆12月			1	2	3	4	5	6	7	8	9	10	11	12	13	14	15	16	17	18	19	20	21	22	23	24	25	26	27	28	29	30	31				
49	夏曆十一月			24	25	26	27	28	29	㉙	2	3	4	5	6	7	8	9	10	11	12	13	14	15	16	17	18	19	20	21	22	23	24	25				
	回曆2月			22	23	24	25	26	27	28	29	30	1	2	3	4	5	6	7	8	9	10	11	12	13	14	15	16	17	18	19	20	21	22				

大事記

正月，女真貢於契丹。宋環慶路兵襲焚蕃落二百餘帳。宋以施、黔、高、溪州“蠻”屢襲，遣官經理之，贖回被虜萬餘人，與其首領定約立誓。　二月，宋擴修汴京城。女真朝契丹。　三月。李繼遷陷靈州，據之，以為西平府。契丹南下侵宋。四月，擾梁門、泰州，旋退。　五月，宋減河北冗官。選河南丁壯為兵戍西北。減免天下逋負。　六月，李繼遷圍麟州，敗遁。　七月，募河北丁壯。　八月，沙州將曹宗壽殺節度使曹延祿，遣使貢於宋，命為歸義軍節度使。　十二月，宋遷麟州內屬戎人於樓煩。奚王府獻七金山土河川地於契丹。　是歲，石普製火球、火箭。宋京東西、淮南水患。

宋遼金紀年　　干支癸卯　公元1003年

朝代或國名	國家支配者	建都	廟號	謚號	建元	年號年次	輔政者	備注
北宋	③趙恒	汴梁	真宗	元	5	1咸平6年	李沆呂蒙正	
契丹	⑤耶律隆緒	幽州	聖宗	宣	3	1統和21年		
大理	⑥段素英	陽苴咩		昭明	6	1廣明18年		在雲南
古格						190年		西藏阿里
哈拉汗	阿赫馬德 (托干汗)					6年		在新疆

月干支序數	月序＼星期	日	1	2	3	4	5	6	日	1	2	3	4	5	6	日	1	2	3	4	5	6	日	1	2	3	4	5	6	日	1	2	3	4	5	6	日	1
	公曆1月						1	2	3	4	5	6	7	8	9	10	11	12	13	14	15	16	17	18	19	20	21	22	23	24	25	26	27	28	29	30	31	
50	夏曆十二月						26	27	28	29	30	(59)	2	3	4	5	6	7	8	9	10	11	12	13	14	15	16	17	18	19	20	21	22	23	24	25	26	
	回曆3月						23	24	25	26	27	28	29	1	2	3	4	5	6	7	8	9	10	11	12	13	14	15	16	17	18	19	20	21	22	23	24	
	公曆2月		1	2	3	4	5	6	7	8	9	10	11	12	13	14	15	16	17	18	19	20	21	22	23	24	25	26	27	28								
51	夏曆正月		27	28	29	㉘	2	3	4	5	6	7	8	9	10	11	12	13	14	15	16	17	18	19	20	21	22	23	24	25								
	回曆4月		25	26	27	28	29	30	1	2	3	4	5	6	7	8	9	10	11	12	13	14	15	16	17	18	19	20	21	22								
	公曆3月		1	2	3	4	5	6	7	8	9	10	11	12	13	14	15	16	17	18	19	20	21	22	23	24	25	26	27	28	29	30	31					
52	夏曆二月		26	27	28	29	30	(58)	2	3	4	5	6	7	8	9	10	11	12	13	14	15	16	17	18	19	20	21	22	23	24	25	26					
	回曆5月		23	24	25	26	27	28	29	1	2	3	4	5	6	7	8	9	10	11	12	13	14	15	16	17	18	19	20	21	22	23	24					
	公曆4月					1	2	3	4	5	6	7	8	9	10	11	12	13	14	15	16	17	18	19	20	21	22	23	24	25	26	27	28	29	30			
53	夏曆三月					27	28	29	30	㉘	2	3	4	5	6	7	8	9	10	11	12	13	14	15	16	17	18	19	20	21	22	23	24	25	26			
	回曆6月					25	26	27	28	29	30	1	2	3	4	5	6	7	8	9	10	11	12	13	14	15	16	17	18	19	20	21	22	23	24			
	公曆5月							1	2	3	4	5	6	7	8	9	10	11	12	13	14	15	16	17	18	19	20	21	22	23	24	25	26	27	28	29	30	31
54	夏曆四月							27	28	29	(57)	2	3	4	5	6	7	8	9	10	11	12	13	14	15	16	17	18	19	20	21	22	23	24	25	26	27	28
	回曆7月							25	26	27	28	29	1	2	3	4	5	6	7	8	9	10	11	12	13	14	15	16	17	18	19	20	21	22	23	24	25	26
	公曆6月			1	2	3	4	5	6	7	8	9	10	11	12	13	14	15	16	17	18	19	20	21	22	23	24	25	26	27	28	29	30					
55	夏曆五月			29	30	㉗	2	3	4	5	6	7	8	9	10	11	12	13	14	15	16	17	18	19	20	21	22	23	24	25	26	27	28					
	回曆8月			27	28	29	30	1	2	3	4	5	6	7	8	9	10	11	12	13	14	15	16	17	18	19	20	21	22	23	24	25	26					
	公曆7月					1	2	3	4	5	6	7	8	9	10	11	12	13	14	15	16	17	18	19	20	21	22	23	24	25	26	27	28	29	30	31		
56	夏曆六月					29	(56)	2	3	4	5	6	7	8	9	10	11	12	13	14	15	16	17	18	19	20	21	22	23	24	25	26	27	28	29	30		
	回曆9月					27	28	29	1	2	3	4	5	6	7	8	9	10	11	12	13	14	15	16	17	18	19	20	21	22	23	24	25	26	27	28		
	公曆8月	1	2	3	4	5	6	7	8	9	10	11	12	13	14	15	16	17	18	19	20	21	22	23	24	25	26	27	28	29	30	31						
57 58	夏曆七八月	㉖	2	3	4	5	6	7	8	9	10	11	12	13	14	15	16	17	18	19	20	21	22	23	24	25	26	27	28	29	(55)	2						
	回曆10月	29	30	1	2	3	4	5	6	7	8	9	10	11	12	13	14	15	16	17	18	19	20	21	22	23	24	25	26	27	28	29						
	公曆9月				1	2	3	4	5	6	7	8	9	10	11	12	13	14	15	16	17	18	19	20	21	22	23	24	25	26	27	28	29	30				
59	夏曆九月				3	4	5	6	7	8	9	10	11	12	13	14	15	16	17	18	19	20	21	22	23	24	25	26	27	28	29	30	㉕	2				
	回曆11月				1	2	3	4	5	6	7	8	9	10	11	12	13	14	15	16	17	18	19	20	21	22	23	24	25	26	27	28	29	30				
	公曆10月						1	2	3	4	5	6	7	8	9	10	11	12	13	14	15	16	17	18	19	20	21	22	23	24	25	26	27	28	29	30	31	
60	夏曆十月						3	4	5	6	7	8	9	10	11	12	13	14	15	16	17	18	19	20	21	22	23	24	25	26	27	28	29	(54)	2	3	4	
394年	回曆12、1月						1	2	3	4	5	6	7	8	9	10	11	12	13	14	15	16	17	18	19	20	21	22	23	24	25	26	27	28	29	①	2	
	公曆11月		1	2	3	4	5	6	7	8	9	10	11	12	13	14	15	16	17	18	19	20	21	22	23	24	25	26	27	28	29	30						
1	夏曆十一月		5	6	7	8	9	10	11	12	13	14	15	16	17	18	19	20	21	22	23	24	25	26	27	28	29	30	㉔	2	3	4						
	回曆2月		3	4	5	6	7	8	9	10	11	12	13	14	15	16	17	18	19	20	21	22	23	24	25	26	27	28	29	30	1	2						
	公曆12月				1	2	3	4	5	6	7	8	9	10	11	12	13	14	15	16	17	18	19	20	21	22	23	24	25	26	27	28	29	30	31			
2	夏曆十二月				5	6	7	8	9	10	11	12	13	14	15	16	17	18	19	20	21	22	23	24	25	26	27	28	29	(53)	2	3	4	5	6			
	回曆3月				3	4	5	6	7	8	9	10	11	12	13	14	15	16	17	18	19	20	21	22	23	24	25	26	27	28	29	1	2	3	4			

大事記

二月，六谷羌酋潘羅支貢於宋，請助攻李繼遷。宋遣使賑恤貧民。　　四月，女真貢於契丹。李繼遷擾宋洪德寨。契丹南侵。宋敗於望都，大將王繼忠被俘。　　五月，李繼遷擾西涼府，大敗，因傷死，子德明嗣。　　六月，宋豐州蕃部攻李德明，敗之。隴山西蕃部貢馬於宋，并請助攻李德明。契丹遣使吊祭李繼遷。黨項貢契丹，阻卜諸部亦附契丹。　　八月，西蕃八部二十五族附宋。高麗王遣使請宋出兵牽制契丹。宋命靜戎諸軍并置方田，鑿河以阻契丹。　　九月，募京畿丁壯補禁旅，詔靜戎、順安、威虜軍置方田。　　十一月，契丹通括南院部民。

宋遼金紀年

干支甲辰　公元1004年

朝代或國名	國家支配者	建　都	廟　號	謚　號	建元	年號年次	輔　政　者	備　注
北宋	③趙恒	汴梁	真宗	元	5	2景德元年	李沆 畢士安寇準	
契丹(遼)	⑤耶律隆緒	幽州	聖宗	宣	3	1統和22年		
大理	⑥段素英	陽苴咩		昭明	6	1廣明19年		在雲南
	趙德明	西平						
古格						191年		西藏阿里
哈拉汗	阿赫馬德 (托干汗)					7年		在新疆

月曆表

5717－384－2088176

月干支序數	月序＼星期	日	1	2	3	4	5	6	日	1	2	3	4	5	6	日	1	2	3	4	5	6	日	1	2	3	4	5	6	日	1	2	3	4	5	6	日	1
	公曆1月							1	2	3	4	5	6	7	8	9	10	11	12	13	14	15	16	17	18	19	20	21	22	23	24	25	26	27	28	29	30	31
3	夏曆正月							7	8	9	10	11	12	13	14	15	16	17	18	19	20	21	22	23	24	25	26	27	28	29	30	㉓	2	3	4	5	6	7
	回曆4月							5	6	7	8	9	10	11	12	13	14	15	16	17	18	19	20	21	22	23	24	25	26	27	28	29	30	1	2	3	4	5
	公曆2月			1	2	3	4	5	6	7	8	9	10	11	12	13	14	15	16	17	18	19	20	21	22	23	24	25	26	27	28	29						
4	夏曆二月			8	9	10	11	12	13	14	15	16	17	18	19	20	21	22	23	24	25	26	27	28	29	(52)	2	3	4	5	6	7						
	回曆5月			6	7	8	9	10	11	12	13	14	15	16	17	18	19	20	21	22	23	24	25	26	27	28	29	1	2	3	4	5						
	公曆3月				1	2	3	4	5	6	7	8	9	10	11	12	13	14	15	16	17	18	19	20	21	22	23	24	25	26	27	28	29	30	31			
5	夏曆三月				8	9	10	11	12	13	14	15	16	17	18	19	20	21	22	23	24	25	26	27	28	29	30	㉒	2	3	4	5	6	7	8			
	回曆6月				6	7	8	9	10	11	12	13	14	15	16	17	18	19	20	21	22	23	24	25	26	27	28	29	30	1	2	3	4	5	6			
	公曆4月							1	2	3	4	5	6	7	8	9	10	11	12	13	14	15	16	17	18	19	20	21	22	23	24	25	26	27	28	29	30	
6	夏曆四月							9	10	11	12	13	14	15	16	17	18	19	20	21	22	23	24	25	26	27	28	29	⑰	2	3	4	5	6	7	8	9	
	回曆7月							7	8	9	10	11	12	13	14	15	16	17	18	19	20	21	22	23	24	25	26	27	28	29	1	2	3	4	5	6	7	
	公曆5月		1	2	3	4	5	6	7	8	9	10	11	12	13	14	15	16	17	18	19	20	21	22	23	24	25	26	27	28	29	30	31					
7	夏曆五月		10	11	12	13	14	15	16	17	18	19	20	21	22	23	24	25	26	27	28	29	30	1	2	3	4	5	6	7	8	9	10					
	回曆8月		8	9	10	11	12	13	14	15	16	17	18	19	20	21	22	23	24	25	26	27	28	29	30	1	2	3	4	5	6	7	8					
	公曆6月					1	2	3	4	5	6	7	8	9	10	11	12	13	14	15	16	17	18	19	20	21	22	23	24	25	26	27	28	29	30			
8	夏曆六月					11	12	13	14	15	16	17	18	19	20	21	22	23	24	25	26	27	28	29	30	(51)	2	3	4	5	6	7	8	9	10			
	回曆9月					9	10	11	12	13	14	15	16	17	18	19	20	21	22	23	24	25	26	27	28	29	1	2	3	4	5	6	7	8	9			
	公曆7月							1	2	3	4	5	6	7	8	9	10	11	12	13	14	15	16	17	18	19	20	21	22	23	24	25	26	27	28	29	30	31
9	夏曆七月							11	12	13	14	15	16	17	18	19	20	21	22	23	24	25	26	27	28	29	⑳	2	3	4	5	6	7	8	9	10	11	12
	回曆10月							10	11	12	13	14	15	16	17	18	19	20	21	22	23	24	25	26	27	28	29	30	1	2	3	4	5	6	7	8	9	10
	公曆8月			1	2	3	4	5	6	7	8	9	10	11	12	13	14	15	16	17	18	19	20	21	22	23	24	25	26	27	28	29	30	31				
10	夏曆八月			13	14	15	16	17	18	19	20	21	22	23	24	25	26	27	28	29	30	㊿	2	3	4	5	6	7	8	9	10	11	12	13				
	回曆11月			11	12	13	14	15	16	17	18	19	20	21	22	23	24	25	26	27	28	29	1	2	3	4	5	6	7	8	9	10	11	12				
	公曆9月						1	2	3	4	5	6	7	8	9	10	11	12	13	14	15	16	17	18	19	20	21	22	23	24	25	26	27	28	29	30		
11	夏曆九月						14	15	16	17	18	19	20	21	22	23	24	25	26	27	28	29	⑲	2	3	4	5	6	7	8	9	10	11	12	13	14		
	回曆12月						13	14	15	16	17	18	19	20	21	22	23	24	25	26	27	28	29	30	1	2	3	4	5	6	7	8	9	10	11	12		
	公曆10月	1	2	3	4	5	6	7	8	9	10	11	12	13	14	15	16	17	18	19	20	21	22	23	24	25	26	27	28	29	30	31						
	夏曆閏九月	15	16	17	18	19	20	21	22	23	24	25	26	27	28	29	30	㊴	2	3	4	5	6	7	8	9	10	11	12	13	14	15						
395年	回曆1月	13	14	15	16	17	18	19	20	21	22	23	24	25	26	27	28	29	①	2	3	4	5	6	7	8	9	10	11	12	13	14						
	公曆11月				1	2	3	4	5	6	7	8	9	10	11	12	13	14	15	16	17	18	19	20	21	22	23	24	25	26	27	28	29	30				

續表

月干支序數	星期 / 月序	日	1	2	3	4	5	6	日	1	2	3	4	5	6	日	1	2	3	4	5	6	日	1	2	3	4	5	6	日	1	2	3	4	5	6	日	1
12	夏曆十月				16	17	18	19	20	21	22	23	24	25	26	27	28	29	⑱	2	3	4	5	6	7	8	9	10	11	12	13	14	15	16				
	回曆2月				15	16	17	18	19	20	21	22	23	24	25	26	27	28	29	30	1	2	3	4	5	6	7	8	9	10	11	12	13	14				
	公曆12月						1	2	3	4	5	6	7	8	9	10	11	12	13	14	15	16	17	18	19	20	21	22	23	24	25	26	27	28	29	30	31	
13	夏曆十一月						17	18	19	20	21	22	23	24	25	26	27	28	29	30	㊽	2	3	4	5	6	7	8	9	10	11	12	13	14	15	16	17	
	回曆3月						15	16	17	18	19	20	21	22	23	24	25	26	27	28	29	1	2	3	4	5	6	7	8	9	10	11	12	13	14	15	16	

大事記

正月，宋改元景德。　二月，女真貢於契丹。宋京師及冀、益、黎、雅等州地震。　四月，邢州又震。河北諸軍沿邊屯田。　六月，瀛州又震。　七月，契丹封李德明為西平王。李沆卒(947—1004)。契丹時縱游騎擾宋深、祁等州。　八月，阻卜朝於契丹。宋以畢士安、寇準為相。　九月，契丹帝及太后大舉侵宋，掠威虜、順安等軍，大敗於草城川，死萬餘。　十月，宋將又破契丹於朔州界。契丹太后親攻瀛州不克，喪三萬餘。宋置龍圖閣。　十一月，契丹敗宋於洺州。真宗用寇準言，親禦契丹於澶州。契丹圍澶州，喪大將蕭撻凜。宋遣曹利用與契丹議和。　十二月，和議成，宋歲以銀絹三十萬予契丹，是為澶淵之盟。契丹太后賜僚臣大丞相韓德昌姓耶律。

宋遼金紀年

干支乙巳　公元1005年

朝代或國名	國家支配者	建都	廟號	謚號	建元	年號年次	輔政者	備注
北宋	③趙恒	汴梁	真宗	元	5	2 景德 2 年	畢士安寇準	
契丹(遼)	⑤耶律隆緒	幽州	聖宗	宣	3	1 統和 23 年		
大理	⑥段素英	陽苴咩		昭明	6	2 明應元年		在雲南
	趙德明	西平						
古格						192 年		西藏阿里
哈拉汗	阿赫馬德(托干汗)					8 年		在新疆

月曆表

5718—354—2088530

月干支序數	星期	日	1	2	3	4	5	6	日	1	2	3	4	5	6	日	1	2	3	4	5	6	日	1	2	3	4	5	6	日	1	2	3	4	5	6	日	1
	公曆1月		1	2	3	4	5	6	7	8	9	10	11	12	13	14	15	16	17	18	19	20	21	22	23	24	25	26	27	28	29	30	31					
14	夏曆十二月		18	19	20	21	22	23	24	25	26	27	28	29	⑰	2	3	4	5	6	7	8	9	10	11	12	13	14	15	16	17	18	19					
	回曆4月		17	18	19	20	21	22	23	24	25	26	27	28	29	30	1	2	3	4	5	6	7	8	9	10	11	12	13	14	15	16	17					
	公曆2月					1	2	3	4	5	6	7	8	9	10	11	12	13	14	15	16	17	18	19	20	21	22	23	24	25	26	27	28					
15	夏曆正月					20	21	22	23	24	25	26	27	28	29	30	㊼	2	3	4	5	6	7	8	9	10	11	12	13	14	15	16	17					
	回曆5月					18	19	20	21	22	23	24	25	26	27	28	29	1	2	3	4	5	6	7	8	9	10	11	12	13	14	15	16					
	公曆3月					1	2	3	4	5	6	7	8	9	10	11	12	13	14	15	16	17	18	19	20	21	22	23	24	25	26	27	28	29	30	31		
16	夏曆二月					18	19	20	21	22	23	24	25	26	27	28	29	⑯	2	3	4	5	6	7	8	9	10	11	12	13	14	15	16	17	18	19		
	回曆6月					17	18	19	20	21	22	23	24	25	26	27	28	29	30	1	2	3	4	5	6	7	8	9	10	11	12	13	14	15	16	17		
	公曆4月	1	2	3	4	5	6	7	8	9	10	11	12	13	14	15	16	17	18	19	20	21	22	23	24	25	26	27	28	29	30							
17	夏曆三月	20	21	22	23	24	25	26	27	28	29	30	㊻	2	3	4	5	6	7	8	9	10	11	12	13	14	15	16	17	18	19							
	回曆7月	18	19	20	21	22	23	24	25	26	27	28	29	1	2	3	4	5	6	7	8	9	10	11	12	13	14	15	16	17	18							
	公曆5月			1	2	3	4	5	6	7	8	9	10	11	12	13	14	15	16	17	18	19	20	21	22	23	24	25	26	27	28	29	30	31				

續表

月干支序數	月序＼星期	日	1	2	3	4	5	6	日	1	2	3	4	5	6	日	1	2	3	4	5	6	日	1	2	3	4	5	6	日	1	2	3	4	5	6	日	1
18	夏曆四月			20	21	22	23	24	25	26	27	28	29	⑮	2	3	4	5	6	7	8	9	10	11	12	13	14	15	16	17	18	19	20	21				
	回曆 8 月			19	20	21	22	23	24	25	26	27	28	29	30	1	2	3	4	5	6	7	8	9	10	11	12	13	14	15	16	17	18	19				
	公曆 6 月						1	2	3	4	5	6	7	8	9	10	11	12	13	14	15	16	17	18	19	20	21	22	23	24	25	26	27	28	29	30		
19	夏曆五月						22	23	24	25	26	27	28	29	30	㊺	2	3	4	5	6	7	8	9	10	11	12	13	14	15	16	17	18	19	20	21		
	回曆 9 月						20	21	22	23	24	25	26	27	28	29	1	2	3	4	5	6	7	8	9	10	11	12	13	14	15	16	17	18	19	20		
	公曆 7 月	1	2	3	4	5	6	7	8	9	10	11	12	13	14	15	16	17	18	19	20	21	22	23	24	25	26	27	28	29	30	31						
20	夏曆六月	22	23	24	25	26	27	28	29	⑭	2	3	4	5	6	7	8	9	10	11	12	13	14	15	16	17	18	19	20	21	22	23						
	回曆 10 月	21	22	23	24	25	26	27	28	29	30	1	2	3	4	5	6	7	8	9	10	11	12	13	14	15	16	17	18	19	20	21						
	公曆 8 月				1	2	3	4	5	6	7	8	9	10	11	12	13	14	15	16	17	18	19	20	21	22	23	24	25	26	27	28	29	30	31			
21	夏曆七月				24	25	26	27	28	29	30	㊹	2	3	4	5	6	7	8	9	10	11	12	13	14	15	16	17	18	19	20	21	22	23	24			
	回曆 11 月				22	23	24	25	26	27	28	29	1	2	3	4	5	6	7	8	9	10	11	12	13	14	15	16	17	18	19	20	21	22	23			
	公曆 9 月							1	2	3	4	5	6	7	8	9	10	11	12	13	14	15	16	17	18	19	20	21	22	23	24	25	26	27	28	29	30	
22	夏曆八月							25	26	27	28	29	30	⑭	2	3	4	5	6	7	8	9	10	11	12	13	14	15	16	17	18	19	20	21	22	23	24	
	回曆 12 月							24	25	26	27	28	29	30	1	2	3	4	5	6	7	8	9	10	11	12	13	14	15	16	17	18	19	20	21	22	23	
	公曆 10 月		1	2	3	4	5	6	7	8	9	10	11	12	13	14	15	16	17	18	19	20	21	22	23	24	25	26	27	28	29	30	31					
23	夏曆九月		25	26	27	28	29	㊸	2	3	4	5	6	7	8	9	10	11	12	13	14	15	16	17	18	19	20	21	22	23	24	25	26					
396 年	回曆 1 月		24	25	26	27	28	29	30	①	2	3	4	5	6	7	8	9	10	11	12	13	14	15	16	17	18	19	20	21	22	23	24					
	公曆 11 月					1	2	3	4	5	6	7	8	9	10	11	12	13	14	15	16	17	18	19	20	21	22	23	24	25	26	27	28	29	30			
24	夏曆十月					27	28	29	30	⑬	2	3	4	5	6	7	8	9	10	11	12	13	14	15	16	17	18	19	20	21	22	23	24	25	26			
	回曆 2 月					25	26	27	28	29	30	1	2	3	4	5	6	7	8	9	10	11	12	13	14	15	26	17	18	19	20	21	22	23	24			
	公曆 12 月							1	2	3	4	5	6	7	8	9	10	11	12	13	14	15	16	17	18	19	20	21	22	23	24	25	26	27	28	29	30	31
25	夏曆十一月							27	28	29	㊷	2	3	4	5	6	7	8	9	10	11	12	13	14	15	16	17	18	19	20	21	22	23	24	25	26	27	28
	回曆 3 月							25	26	27	28	29	1	2	3	4	5	6	7	8	9	10	11	12	13	14	15	16	17	18	19	20	21	22	23	24	25	26

大事記

正月,宋放河北丁壯歸農。取淮楚間踏犁式頒之河朔。　二月,契丹置榷場於振武軍,以羊易南中絹。宋遣使賀契丹太后生辰,自是常互遣生辰使。　四月,女真、回鶻貢於契丹。黨項攻契丹。五月,國子監藏書版十餘萬,經史齊備。宋緣邊募置邊民為弓箭手,多仿行之。高麗、阻卜遣使賀契丹,與宋和議。　六月,韃靼九部遣使於契丹。　七月,黨項貢契丹。女真貢契丹。宋劉質進《兵要論》。　九月,趙德明(即李德明)遣使貢宋。　十月,宋、契丹互遣使賀來歲正旦。自是為常。　十一月,刻印頒行《景德農田敕》五卷。　十二月,初命致仕官半俸。　是歲,詔修《册府元龜》。

宋遼金紀年

干支丙午　公元 1006 年

朝代或國名	國家支配者	建都	廟號	謚號	建元	年號年次	輔政者	備注
北宋	③趙恒	汴梁	真宗	元	5	2 景德 3 年	寇準王旦	
契丹(遼)	⑤耶律隆緒	幽州	聖宗	宣	3	1 統和 24 年		
大理	⑥段素英	陽苴咩		昭明	6	3 明聖元年		在雲南
	趙德明	西平						
古格						193 年		西藏阿里
哈拉汗	阿赫馬德(托干汗)					9 年		在新疆

月曆表　5719—355—2088885

月干支序數	月序＼星期	日	1	2	3	4	5	6	日	1	2	3	4	5	6	日	1	2	3	4	5	6	日	1	2	3	4	5	6	日	1	2	3	4	5	6	日	1
	公曆1月			1	2	3	4	5	6	7	8	9	10	11	12	13	14	15	16	17	18	19	20	21	22	23	24	25	26	27	28	29	30	31				
26	夏曆十二月			29	30	⑫	2	3	4	5	6	7	8	9	10	11	12	13	14	15	16	17	18	19	20	21	22	23	24	25	26	27	28	29				
	回曆4月			27	28	29	30	1	2	3	4	5	6	7	8	9	10	11	12	13	14	15	16	17	18	19	20	21	22	23	24	25	26	27				
	公曆2月						1	2	3	4	5	6	7	8	9	10	11	12	13	14	15	16	17	18	19	20	21	22	23	24	25	26	27	28				
27	夏曆正月						㊶	2	3	4	5	6	7	8	9	10	11	12	13	14	15	16	17	18	19	20	21	22	23	24	25	26	27	28				
	回曆5月						28	29	1	2	3	4	5	6	7	8	9	10	11	12	13	14	15	16	17	18	19	20	21	22	23	24	25	26				
	公曆3月						1	2	3	4	5	6	7	8	9	10	11	12	13	14	15	16	17	18	19	20	21	22	23	24	25	26	27	28	29	30	31	
28	夏曆二月						29	30	⑪	2	3	4	5	6	7	8	9	10	11	12	13	14	15	16	17	18	19	20	21	22	23	24	25	26	27	28	29	
	回曆6月						27	28	29	30	1	2	3	4	5	6	7	8	9	10	11	12	13	14	15	16	17	18	19	20	21	22	23	24	25	26	27	
	公曆4月		1	2	3	4	5	6	7	8	9	10	11	12	13	14	15	16	17	18	19	20	21	22	23	24	25	26	27	28	29	30						
29 30	夏曆三四月		㊵	2	3	4	5	6	7	8	9	10	11	12	13	14	15	16	17	18	19	20	21	22	23	24	25	26	27	28	29	⑨						
	回曆7月		28	29	1	2	3	4	5	6	7	8	9	10	11	12	13	14	15	16	17	18	19	20	21	22	23	24	25	26	27	28						
	公曆5月				1	2	3	4	5	6	7	8	9	10	11	12	13	14	15	16	17	18	19	20	21	22	23	24	25	26	27	28	29	30	31			
31	夏曆五月				2	3	4	5	6	7	8	9	10	11	12	13	14	15	16	17	18	19	20	21	22	23	24	25	26	27	28	29	30	㊴	2			
	回曆8月				29	30	1	2	3	4	5	6	7	8	9	10	11	12	13	14	15	16	17	18	19	20	21	22	23	24	25	26	27	28	29			
	公曆6月							1	2	3	4	5	6	7	8	9	10	11	12	13	14	15	16	17	18	19	20	21	22	23	24	25	26	27	28	29	30	
32	夏曆六月							3	4	5	6	7	8	9	10	11	12	13	14	15	16	17	18	19	20	21	22	23	24	25	26	27	28	29	⑧	2	3	
	回曆9月							1	2	3	4	5	6	7	8	9	10	11	12	13	14	15	16	17	18	19	20	21	22	23	24	25	26	27	28	29	30	
	公曆7月		1	2	3	4	5	6	7	8	9	10	11	12	13	14	15	16	17	18	19	20	21	22	23	24	25	26	27	28	29	30	31					
33	夏曆七月		4	5	6	7	8	9	10	11	12	13	14	15	16	17	18	19	20	21	22	23	24	25	26	27	28	29	30	㊳	2	3	4					
	回曆10,11月		1	2	3	4	5	6	7	8	9	10	11	12	13	14	15	16	17	18	19	20	21	22	23	24	25	26	27	28	29	1	2					
	公曆8月					1	2	3	4	5	6	7	8	9	10	11	12	13	14	15	16	17	18	19	20	21	22	23	24	25	26	27	28	29	30	31		
34	夏曆八月					5	6	7	8	9	10	11	12	13	14	15	16	17	18	19	20	21	22	23	24	25	26	27	28	29	30	⑧	2	3	4	5		
	回曆12月					3	4	5	6	7	8	9	10	11	12	13	14	15	16	17	18	19	20	21	22	23	24	25	26	27	28	29	30	1	2	3		
	公曆9月	1	2	3	4	5	6	7	8	9	10	11	12	13	14	15	16	17	18	19	20	21	22	23	24	25	26	27	28	29	30							
35	夏曆九月	6	7	8	9	10	11	12	13	14	15	16	17	18	19	20	21	22	23	24	25	26	27	28	29	㊲	2	3	4	5	6							
397年	回曆1月	4	5	6	7	8	9	10	11	12	13	14	15	16	17	18	19	20	21	22	23	24	25	26	27	28	29	①	2	3	4							
	公曆10月			1	2	3	4	5	6	7	8	9	10	11	12	13	14	15	16	17	18	19	20	21	22	23	24	25	26	27	28	29	30	31				
36	夏曆十月			7	8	9	10	11	12	13	14	15	16	17	18	19	20	21	22	23	24	25	26	27	28	29	30	⑦	2	3	4	5	6	7				
	回曆2月			5	6	7	8	9	10	11	12	13	14	15	16	17	18	19	20	21	22	23	24	25	26	27	28	29	30	1	2	3	4	5				
	公曆11月						1	2	3	4	5	6	7	8	9	10	11	12	13	14	15	16	17	18	19	20	21	22	23	24	25	26	27	28	29	30		
37	夏曆十一月						8	9	10	11	12	13	14	15	16	17	18	19	20	21	22	23	24	25	26	27	28	29	30	㊲	2	3	4	5	6	7		
	回曆3月						6	7	8	9	10	11	12	13	14	15	16	17	18	19	20	21	22	23	24	25	26	27	28	29	1	2	3	4	5	6		
	公曆12月	1	2	3	4	5	6	7	8	9	10	11	12	13	14	15	16	17	18	19	20	21	22	23	24	25	26	27	28	29	30	31						
38	夏曆十二月	8	9	10	11	12	13	14	15	16	17	18	19	20	21	22	23	24	25	26	27	28	29	⑥	2	3	4	5	6	7	8	9						
	回曆4月	7	8	9	10	11	12	13	14	15	16	17	18	19	20	21	22	23	24	25	26	27	28	29	30	1	2	3	4	5	6	7						

大事記

正月，宋在諸路州置常平倉。　二月，賑京東西、淮南、河北饑者。復置江淮發運使。命修國史，王欽若總之。　五月，趙德明貢於宋。　八月，沙州敦煌王曹壽貢於契丹。　十月，趙德明向宋進誓表，命為定難節度使，封西平王。是歲，定江淮運米年額六百萬石。　較咸平六年(1103)戶增55萬餘，緡增346萬餘。

宋遼金紀年

干支丁未　公元1007年

朝代或國名	國家支配者	建都	廟號	謚號	建元	年號年次	輔政者	備注
北宋	③趙恒	汴梁	真宗	元	5	2景德4年	王旦	
契丹(遼)	⑤耶律隆緒	中京	聖宗	宣	3	1統和25年		
大理	⑥段素英	陽苴咩		昭明	6	4明德元年		在雲南
	趙德明	西平						
古格						194年		西藏阿里
哈拉汗	阿赫馬德(托干汗)					10年		在新疆

月曆表

5720－384－2089269

月 干支 序數	星期 月序	日	1	2	3	4	5	6	日	1	2	3	4	5	6	日	1	2	3	4	5	6	日	1	2	3	4	5	6	日	1	2	3	4	5	6	日	1
	公曆1月				1	2	3	4	5	6	7	8	9	10	11	12	13	14	15	16	17	18	19	20	21	22	23	24	25	26	27	28	29	30	31			
39	夏曆正月				10	11	12	13	14	15	16	17	18	19	20	21	22	23	24	25	26	27	28	29	30	㊱	2	3	4	5	6	7	8	9	10			
	回曆5月				8	9	10	11	12	13	14	15	16	17	18	19	20	21	22	23	24	25	26	27	28	29	1	2	3	4	5	6	7	8	9			
	公曆2月							1	2	3	4	5	6	7	8	9	10	11	12	13	14	15	16	17	18	19	20	21	22	23	24	25	26	27	28			
40	夏曆二月							11	12	13	14	15	16	17	18	19	20	21	22	23	24	25	26	27	28	29	⑤	2	3	4	5	6	7	8	9			
	回曆6月							10	11	12	13	14	15	16	17	18	19	20	21	22	23	24	25	26	27	28	29	30	1	2	3	4	5	6	7			
	公曆3月							1	2	3	4	5	6	7	8	9	10	11	12	13	14	15	16	17	18	19	20	21	22	23	24	25	26	27	28	29	30	3
41	夏曆三月							10	11	12	13	14	15	16	17	18	19	20	21	22	23	24	25	26	27	28	29	30	㉟	2	3	4	5	6	7	8	9	1
	回曆7月							8	9	10	11	12	13	14	15	16	17	18	19	20	21	22	23	24	25	26	27	28	29	1	2	3	4	5	6	7	8	9
	公曆4月			1	2	3	4	5	6	7	8	9	10	11	12	13	14	15	16	17	18	19	20	21	22	23	24	25	26	27	28	29	30					
42	夏曆四月			11	12	13	14	15	16	17	18	19	20	21	22	23	24	25	26	27	28	29	④	2	3	4	5	6	7	8	9	10	11					
	回曆8月			10	11	12	13	14	15	16	17	18	19	20	21	22	23	24	25	26	27	28	29	30	1	2	3	4	5	6	7	8	9					
	公曆5月					1	2	3	4	5	6	7	8	9	10	11	12	13	14	15	16	17	18	19	20	21	22	23	24	25	26	27	28	29	30	31		
43	夏曆五月					12	13	14	15	16	17	18	19	20	21	22	23	24	25	26	27	28	29	㉝	2	3	4	5	6	7	8	9	10	11	12	13		
	回曆9月					10	11	12	13	14	15	16	17	18	19	20	21	22	23	24	25	26	27	28	29	1	2	3	4	5	6	7	8	9	10	11		
	公曆6月	1	2	3	4	5	6	7	8	9	10	11	12	13	14	15	16	17	18	19	20	21	22	23	24	25	26	27	28	29	30							
	夏曆閏五月	14	15	16	17	18	19	20	21	22	23	24	25	26	27	28	29	30	③	2	3	4	5	6	7	8	9	10	11	12	13							
	回曆10月	12	13	14	15	16	17	18	19	20	21	22	23	24	25	26	27	28	29	30	1	2	3	4	5	6	7	8	9	10	11							
	公曆7月			1	2	3	4	5	6	7	8	9	10	11	12	13	14	15	16	17	18	19	20	21	22	23	24	25	26	27	28	29	30	31				
44	夏曆六月			14	15	16	17	18	19	20	21	22	23	24	25	26	27	28	29	㉜	2	3	4	5	6	7	8	9	10	11	12	13	14	15				
	回曆11月			12	13	14	15	16	17	18	19	20	21	22	23	24	25	26	27	28	29	1	2	3	4	5	6	7	8	9	10	11	12	13				
	公曆8月						1	2	3	4	5	6	7	8	9	10	11	12	13	14	15	16	17	18	19	20	21	22	23	24	25	26	27	28	29	30	31	
45	夏曆七月						16	17	18	19	20	21	22	23	24	25	26	27	28	29	30	②	2	3	4	5	6	7	8	9	10	11	12	13	14	15	16	
	回曆12月						14	15	16	17	18	19	20	21	22	23	24	25	26	27	28	29	30	1	2	3	4	5	6	7	8	9	10	11	12	13	14	
	公曆9月		1	2	3	4	5	6	7	8	9	10	11	12	13	14	15	16	17	18	19	20	21	22	23	24	25	26	27	28	29	30						
46	夏曆八月		17	18	19	20	21	22	23	24	25	26	27	28	29	㉛	2	3	4	5	6	7	8	9	10	11	12	13	14	15	16	17						
398年	回曆1月		15	16	17	18	19	20	21	22	23	24	25	26	27	28	29	30	①	2	3	4	5	6	7	8	9	10	11	12	13	14						
	公曆10月				1	2	3	4	5	6	7	8	9	10	11	12	13	14	15	16	17	18	19	20	21	22	23	24	25	26	27	28	29	30	31			
47	夏曆九月				18	19	20	21	22	23	24	25	26	27	28	29	30	①	2	3	4	5	6	7	8	9	10	11	12	13	14	15	16	17	18			
	回曆2月				15	16	17	18	19	20	21	22	23	24	25	26	27	28	29	30	1	2	3	4	5	6	7	8	9	10	11	12	13	14	15			
	公曆11月							1	2	3	4	5	6	7	8	9	10	11	12	13	14	15	16	17	18	19	20	21	22	23	24	25	26	27	28	29	30	

續表

月 干支 序數	星期 月序	日	1	2	3	4	5	6	日	1	2	3	4	5	6	日	1	2	3	4	5	6	日	1	2	3	4	5	6	日	1	2	3	4	5	6	日	1
48	夏曆十月							19	20	21	22	23	24	25	26	27	28	29	30	㉛	2	3	4	5	6	7	8	9	10	11	12	13	14	15	16	17	18	
	回曆 3 月							16	17	18	19	20	21	22	23	24	25	26	27	28	29	1	2	3	4	5	6	7	8	9	10	11	12	13	14	15	16	
	公曆 12 月		1	2	3	4	5	6	7	8	9	10	11	12	13	14	15	16	17	18	19	20	21	22	23	24	25	26	27	28	29	30	31					
49	夏曆十一月		19	20	21	22	23	24	25	26	27	28	29	30	①	2	3	4	5	6	7	8	9	10	11	12	13	14	15	16	17	18	19					
	回曆 4 月		17	18	19	20	21	22	23	24	25	26	27	28	29	30	1	2	3	4	5	6	7	8	9	10	11	12	13	14	15	16	17					

大事記

正月，契丹在奚王所獻七金山土河川地建中京。　七月，契丹使吊李德明母喪(趙德明對契丹仍以李為姓)。宋宜州軍亂，擁判官盧成均為帥，號南平王，逾三月事定。黎龍廷遣使貢於宋，授以靜海軍節度使、交趾郡王，賜名至忠。詔翰林遣畫工圖諸路山川形勢。　九月，契丹將破阻卜。　是歲，宋大豐稔。鑄錢 183 萬貫，30 年增 26 倍。歐陽修誕生(1007—1072)

宋 遼 金 紀 年

干支戊申　公元 1008 年

朝代或國名	國家支配者	建　都	廟　號	謚　號	建元	年號年次	輔　政　者	備　注
北宋	③趙恒	汴梁	真宗	元	5	3 大中祥符元年	王旦	
契丹(遼)	⑤耶律隆緒	中京	聖宗	宣	3	1 統和 26 年		
大理	⑥段素英	陽苴咩		昭明	6	5 明治元年		在雲南
	趙德明	西平						
古格						195 年		西藏阿里
哈拉汗	阿赫馬德 (托干汗)					11 年		在新疆

月 曆 表

5721—354—2089623

月 干支 序數	星期 月序	日	1	2	3	4	5	6	日	1	2	3	4	5	6	日	1	2	3	4	5	6	日	1	2	3	4	5	6	日	1	2	3	4	5	6	日	1
	公曆 1 月					1	2	3	4	5	6	7	8	9	10	11	12	13	14	15	16	17	18	19	20	21	22	23	24	25	26	27	28	29	30	31		
50	夏曆十二月					20	21	22	23	24	25	26	27	28	29	㉚	2	3	4	5	6	7	8	9	10	11	12	13	14	15	16	17	18	19	20	21		
	回曆 5 月					18	19	20	21	22	23	24	25	26	27	28	29	1	2	3	4	5	6	7	8	9	10	11	12	13	14	15	16	17	18	19		
	公曆 2 月	1	2	3	4	5	6	7	8	9	10	11	12	13	14	15	16	17	18	19	20	21	22	23	24	25	26	27	28	29								
51	夏曆正月	22	23	24	25	26	27	28	29	30	(60)	2	3	4	5	6	7	8	9	10	11	12	13	14	15	16	17	18	19	20								
	回曆 6 月	20	21	22	23	24	25	26	27	28	29	30	1	2	3	4	5	6	7	8	9	10	11	12	13	14	15	16	17	18								
	公曆 3 月		1	2	3	4	5	6	7	8	9	10	11	12	13	14	15	16	17	18	19	20	21	22	23	24	25	26	27	28	29	30	31					
52	夏曆二月		21	22	23	24	25	26	27	28	29	㉙	2	3	4	5	6	7	8	9	10	11	12	13	14	15	16	17	18	19	20	21	22					
	回曆 7 月		19	20	21	22	23	24	25	26	27	28	29	1	2	3	4	5	6	7	8	9	10	11	12	13	14	15	16	17	18	19	20					
	公曆 4 月					1	2	3	4	5	6	7	8	9	10	11	12	13	14	15	16	17	18	19	20	21	22	23	24	25	26	27	28	29	30			
53	夏曆三月					23	24	25	26	27	28	29	30	㊾	2	3	4	5	6	7	8	9	10	11	12	13	14	15	16	17	18	19	20	21	22			
	回曆 8 月					21	22	23	24	25	26	27	28	29	30	1	2	3	4	5	6	7	8	9	10	11	12	13	14	15	16	17	18	19	20			
	公曆 5 月							1	2	3	4	5	6	7	8	9	10	11	12	13	14	15	16	17	18	19	20	21	22	23	24	25	26	27	28	29	30	31
54	夏曆四月							23	24	25	26	27	28	29	㉘	2	3	4	5	6	7	8	9	10	11	12	13	14	15	16	17	18	19	20	21	22	23	24

續表

月干支序數	月 星期 序	日	1	2	3	4	5	6	日	1	2	3	4	5	6	日	1	2	3	4	5	6	日	1	2	3	4	5	6	日	1	2	3	4	5	6	日	1
	回暦9月							21	22	23	24	25	26	27	28	29	1	2	3	4	5	6	7	8	9	10	11	12	13	14	15	16	17	18	19	20	21	22
	公暦6月			1	2	3	4	5	6	7	8	9	10	11	12	13	14	15	16	17	18	19	20	21	22	23	24	25	26	27	28	29	30					
55	夏暦五月			25	26	27	28	29	(57)	2	3	4	5	6	7	8	9	10	11	12	13	14	15	16	17	18	19	20	21	22	23	24	25					
	回暦10月			23	24	25	26	27	28	29	30	1	2	3	4	5	6	7	8	9	10	11	12	13	14	15	16	17	18	19	20	21	22					
	公暦7月					1	2	3	4	5	6	7	8	9	10	11	12	13	14	15	16	17	18	19	20	21	22	23	24	25	26	27	28	29	30	31		
56	夏暦六月					26	27	28	29	30	㉗	2	3	4	5	6	7	8	9	10	11	12	13	14	15	16	17	18	19	20	21	22	23	24	25	26		
	回暦11月					23	24	25	26	27	28	29	1	2	3	4	5	6	7	8	9	10	11	12	13	14	15	16	17	18	19	20	21	22	23	24		
	公暦8月	1	2	3	4	5	6	7	8	9	10	11	12	13	14	15	16	17	18	19	20	21	22	23	24	25	26	27	28	29	30	31						
57	夏暦七月	27	28	29	(56)	2	3	4	5	6	7	8	9	10	11	12	13	14	15	16	17	18	19	20	21	22	23	24	25	26	27	28						
	回暦12月	25	26	27	28	29	30	1	2	3	4	5	6	7	8	9	10	11	12	13	14	15	16	17	18	19	20	21	22	23	24	25						
	公暦9月				1	2	3	4	5	6	7	8	9	10	11	12	13	14	15	16	17	18	19	20	21	22	23	24	25	26	27	28	29	30				
58	夏暦八月				29	30	㉑	2	3	4	5	6	7	8	9	10	11	12	13	14	15	16	17	18	19	20	21	22	23	24	25	26	27	28				
399年	回暦1月				26	27	28	29	①	2	3	4	5	6	7	8	9	10	11	12	13	14	15	16	17	18	19	20	21	22	23	24	25	26				
	公暦10月						1	2	3	4	5	6	7	8	9	10	11	12	13	14	15	16	17	18	19	20	21	22	23	24	25	26	27	28	29	30	31	
59	夏暦九月						29	(55)	2	3	4	5	6	7	8	9	10	11	12	13	14	15	16	17	18	19	20	21	22	23	24	25	26	27	28	29	30	
	回暦2月						27	28	29	30	1	2	3	4	5	6	7	8	9	10	11	12	13	14	15	16	17	18	19	20	21	22	23	24	25	26	27	
	公暦11月		1	2	3	4	5	6	7	8	9	10	11	12	13	14	15	16	17	18	19	20	21	22	23	24	25	26	27	28	29	30						
60	夏暦十月		㉕	2	3	4	5	6	7	8	9	10	11	12	13	14	15	16	17	18	19	20	21	22	23	24	25	26	27	28	29	30						
	回暦3月		28	29	1	2	3	4	5	6	7	8	9	10	11	12	13	14	15	16	17	18	19	20	21	22	23	24	25	26	27	28						
	公暦12月				1	2	3	4	5	6	7	8	9	10	11	12	13	14	15	16	17	18	19	20	21	22	23	24	25	26	27	28	29	30	31			
1 2	夏暦十一 十二月				(55)	2	3	4	5	6	7	8	9	10	11	12	13	14	15	16	17	18	19	20	21	22	23	24	25	26	27	28	29	㉔	2			
	回暦4月				29	30	1	2	3	4	5	6	7	8	9	10	11	12	13	14	15	16	17	18	19	20	21	22	23	24	25	26	27	28	29			

大事記

正月，王欽若等屢假造天書符瑞事，詐謂天書降，因改元大中祥符，且議封禪。趙德明攻回鶻，并截其貢物。　八月，置河東緣邊安撫使。　十月，宋帝封泰山、禪社首；占城、大食諸國使皆獻以助大禮。　十一月，宋真宗至曲阜，祀孔子，加謚為玄聖文宣王，後四年改為至聖文宣王。　是歲，各路大豐稔，米斗七錢。契丹攻甘州回鶻，降之。天下戶7 908 555。口17 803 401。

宋遼金紀年

干支己酉　公元1009年

朝代或國名	國家支配者	建都	廟號	謚號	建元	年號年次	輔政者	備注
北宋	③趙恒	汴梁	真宗	元	5	3大中祥符2年	王旦	
契丹(遼)	⑤耶律隆緒	中京	聖宗	宣	3	1統和27年		
大理	⑥段素英	陽苴咩		昭明	6	6明治2年		段素廉即位
	趙德明	西平						
古格						196年		西藏阿里
哈拉汗	阿赫馬德					12年		在新疆

月干支序數	星期／月序	日	1	2	3	4	5	6	日	1	2	3	4	5	6	日	1	2	3	4	5	6	日	1	2	3	4	5	6	日	1	2	3	4	5	6	日	1
	公曆1月							1	2	3	4	5	6	7	8	9	10	11	12	13	14	15	16	17	18	19	20	21	22	23	24	25	26	27	28	29	30	31
3	夏曆正月							3	4	5	6	7	8	9	10	11	12	13	14	15	16	17	18	19	20	21	22	23	24	25	26	27	28	29	30	(54)	2	3
	回曆5、6月							1	2	3	4	5	6	7	8	9	10	11	12	13	14	15	16	17	18	19	20	21	22	23	24	25	26	27	28	29	30	1
	公曆2月			1	2	3	4	5	6	7	8	9	10	11	12	13	14	15	16	17	18	19	20	21	22	23	24	25	26	27	28							
4	夏曆二月			4	5	6	7	8	9	10	11	12	13	14	15	16	17	18	19	20	21	22	23	24	25	26	27	28	29	30	㉔							
	回曆6月			2	3	4	5	6	7	8	9	10	11	12	13	14	15	16	17	18	19	20	21	22	23	24	25	26	27	28	29							
	公曆3月			1	2	3	4	5	6	7	8	9	10	11	12	13	14	15	16	17	18	19	20	21	22	23	24	25	26	27	28	29	30	31				
5	夏曆三月			2	3	4	5	6	7	8	9	10	11	12	13	14	15	16	17	18	19	20	21	22	23	24	25	26	27	28	29	(53)	2	3				
	回曆7、8月			1	2	3	4	5	6	7	8	9	10	11	12	13	14	15	16	17	18	19	20	21	22	23	24	25	26	27	28	29	30	1				
	公曆4月						1	2	3	4	5	6	7	8	9	10	11	12	13	14	15	16	17	18	19	20	21	22	23	24	25	26	27	28	29	30		
6	夏曆四月						4	5	6	7	8	9	10	11	12	13	14	15	16	17	18	19	20	21	22	23	24	25	26	27	28	29	30	㉓	2	3		
	回曆9月						2	3	4	5	6	7	8	9	10	11	12	13	14	15	16	17	18	19	20	21	22	23	24	25	26	27	28	29	1	2		
	公曆5月	1	2	3	4	5	6	7	8	9	10	11	12	13	14	15	16	17	18	19	20	21	22	23	24	25	26	27	28	29	30	31						
7	夏曆五月	4	5	6	7	8	9	10	11	12	13	14	15	16	17	18	19	20	21	22	23	24	25	26	27	28	29	(52)	2	3	4	5						
	回曆10月	3	4	5	6	7	8	9	10	11	12	13	14	15	16	17	18	19	20	21	22	23	24	25	26	27	28	29	30	1	2	3						
	公曆6月				1	2	3	4	5	6	7	8	9	10	11	12	13	14	15	16	17	18	19	20	21	22	23	24	25	26	27	28	29	30				
8	夏曆六月				6	7	8	9	10	11	12	13	14	15	16	17	18	19	20	21	22	23	24	25	26	27	28	29	㉑	2	3	4	5	6				
	回曆11月				4	5	6	7	8	9	10	11	12	13	14	15	16	17	18	19	20	21	22	23	24	25	26	27	28	29	1	2	3	4				
	公曆7月						1	2	3	4	5	6	7	8	9	10	11	12	13	14	15	16	17	18	19	20	21	22	23	24	25	26	27	28	29	30	31	
9	夏曆七月						7	8	9	10	11	12	13	14	15	16	17	18	19	20	21	22	23	24	25	26	27	28	29	30	(51)	2	3	4	5	6	7	
	回曆12月						5	6	7	8	9	10	11	12	13	14	15	16	17	18	19	20	21	22	23	24	25	26	27	28	9	30	1	2	3	4	5	
	公曆8月		1	2	3	4	5	6	7	8	9	10	11	12	13	14	15	16	17	18	19	20	21	22	23	24	25	26	27	28	29	30	31					
10	夏曆八月		8	9	10	11	12	13	14	15	16	17	18	19	20	21	22	23	24	25	26	27	28	29	⑳	2	3	4	5	6	7	8	9					
400年	回曆1月		6	7	8	9	10	11	12	13	14	15	16	17	18	19	20	21	22	23	24	25	26	27	28	29	①	2	3	4	5	6	7					
	公曆9月					1	2	3	4	5	6	7	8	9	10	11	12	13	14	15	16	17	18	19	20	21	22	23	24	25	26	27	28	29	30			
11	夏曆九月					10	11	12	13	14	15	16	17	18	19	20	21	22	23	24	25	26	27	28	29	㊾	2	3	4	5	6	7	8	9	10			
	回曆2月					8	9	10	11	12	13	14	15	16	17	18	19	20	21	22	23	24	25	26	27	28	29	30	1	2	3	4	5	6	7			
	公曆10月							1	2	3	4	5	6	7	8	9	10	11	12	13	14	15	16	17	18	19	20	21	22	23	24	25	26	27	28	29	30	31
12	夏曆十月							11	12	13	14	15	16	17	18	19	20	21	22	23	24	25	26	27	28	29	30	⑲	2	3	4	5	6	7	8	9	10	11
	回曆3月							8	9	10	11	12	13	14	15	16	17	18	19	20	21	22	23	24	25	26	27	28	29	1	2	3	4	5	6	7	8	9
	公曆11月			1	2	3	4	5	6	7	8	9	10	11	12	13	14	15	16	17	18	19	20	21	22	23	24	25	26	27	28	29	30					
13	夏曆十一月			12	13	14	15	16	17	18	19	20	21	22	23	24	25	26	27	28	29	30	㊾	2	3	4	5	6	7	8	9	10	11					
	回曆4月			10	11	12	13	14	15	16	17	18	19	20	21	22	23	24	25	26	27	28	29	30	1	2	3	4	5	6	7	8	9					
	公曆12月					1	2	3	4	5	6	7	8	9	10	11	12	13	14	15	16	17	18	19	20	21	22	23	24	25	26	27	28	29	30	31		
14	夏曆十二月					12	13	14	15	16	17	18	19	20	21	22	23	24	25	26	27	28	29	⑱	2	3	4	5	6	7	8	9	10	11	12	13		
	回曆5月					10	11	12	13	14	15	16	17	18	19	20	21	22	23	24	25	26	27	28	29	1	2	3	4	5	6	7	8	9	10	11		

大事記

正月，時選入侍闕者二千餘員。　　五月，封孔子弟子顏回第七十二代孫為公侯。　　七月，契丹境內潢河及諸水溢患。宋封配享孔子廟、左丘明等伯爵。　　十月，詔天下建天慶觀。　　十一月，陝西民流入鄧州者二千餘家。作《文武七條》戒官吏。　　十二月，契丹承天太后死，以喪告於宋，遣使弔慰。自是兩國各有國喪，都互相遣使弔慰以為常。趙德明擾回鶻。是歲，大豐稔，京師粟斗錢三十。

宋遼金紀年

干支庚戌　公元1010年

朝代或國名	國家支配者	建都	廟號	謚號	建元	年號年次	輔政者	備注
北宋	③趙恒	汴梁	真宗	元	5	3大中祥符3年	王旦	
契丹(遼)	⑤耶律隆緒	中京	聖宗	宣	3	1統和28年		
大理	⑦段素廉	陽苴咩		宣肅	1	明啓元年		在雲南 一作啓明
夏國	趙德明	西平						契丹所封
古格						197年		西藏阿里
哈拉汗	阿赫馬德					13年		在新疆

月曆表

5723－384－2090361

月干支序數	月 星期 序	日	1	2	3	4	5	6	日	1	2	3	4	5	6	日	1	2	3	4	5	6	日	1	2	3	4	5	6	日	1	2	3	4	5	6	日	1
	公曆1月	1	2	3	4	5	6	7	8	9	10	11	12	13	14	15	16	17	18	19	20	21	22	23	24	25	26	27	28	29	30	31						
15	夏曆正月	14	15	16	17	18	19	20	21	22	23	24	25	26	27	28	29	30	㊽	2	3	4	5	6	7	8	9	10	11	12	13	14						
	回曆6月	12	13	14	15	16	17	18	19	20	21	22	23	24	25	26	27	28	29	30	1	2	3	4	5	6	7	8	9	10	11	12						
	公曆2月				1	2	3	4	5	6	7	8	9	10	11	12	13	14	15	16	17	18	19	20	21	22	23	24	25	26	27	28						
16	夏曆二月				15	16	17	18	19	20	21	22	23	24	25	26	27	28	29	30	⑱	2	3	4	5	6	7	8	9	10	11	12						
	回曆7月				13	14	15	16	17	18	19	20	21	22	23	24	25	26	27	28	29	1	2	3	4	5	6	7	8	9	10	11						
	公曆3月				1	2	3	4	5	6	7	8	9	10	11	12	13	14	15	16	17	18	19	20	21	22	23	24	25	26	27	28	29	30	31			
	夏曆閏二月				13	14	15	16	17	18	19	20	21	22	23	24	25	26	27	28	29	30	㊽	2	3	4	5	6	7	8	9	10	11	12	13			
	回曆8月				12	13	14	15	16	17	18	19	20	21	22	23	24	25	26	27	28	29	30	1	2	3	4	5	6	7	8	9	10	11	12			
	公曆4月							1	2	3	4	5	6	7	8	9	10	11	12	13	14	15	16	17	18	19	20	21	22	23	24	25	26	27	28	29	30	
17	夏曆三月							14	15	16	17	18	19	20	21	22	23	24	25	26	27	28	29	⑰	2	3	4	5	6	7	8	9	10	11	12	13	14	
	回曆9月							13	14	15	16	17	18	19	20	21	22	23	24	25	26	27	28	29	1	2	3	4	5	6	7	8	9	10	11	12	13	
	公曆5月		1	2	3	4	5	6	7	8	9	10	11	12	13	14	15	16	17	18	19	20	21	22	23	24	25	26	27	28	29	30	31					
18	夏曆四月		15	16	17	18	19	20	21	22	23	24	25	26	27	28	29	30	㊼	2	3	4	5	6	7	8	9	10	11	12	13	14	15					
	回曆10月		14	15	16	17	18	19	20	21	22	23	24	25	26	27	28	29	30	1	2	3	4	5	6	7	8	9	10	11	12	13	14					
	公曆6月					1	2	3	4	5	6	7	8	9	10	11	12	13	14	15	16	17	18	19	20	21	22	23	24	25	26	27	28	29	30			
19	夏曆五月					16	17	18	19	20	21	22	23	24	25	26	27	28	29	⑯	2	3	4	5	6	7	8	9	10	11	12	13	14	15	16			
	回曆11月					15	16	17	18	19	20	21	22	23	24	25	26	27	28	29	1	2	3	4	5	6	7	8	9	10	11	12	13	14	15			
	公曆7月							1	2	3	4	5	6	7	8	9	10	11	12	13	14	15	16	17	18	19	20	21	22	23	24	25	26	27	28	29	30	31
20	夏曆六月							17	18	19	20	21	22	23	24	25	26	27	28	29	㊺	2	3	4	5	6	7	8	9	10	11	12	13	14	15	16	17	18
	回曆12月							16	17	18	19	20	21	22	23	24	25	26	27	28	29	30	1	2	3	4	5	6	7	8	9	10	11	12	13	14	15	16
	公曆8月			1	2	3	4	5	6	7	8	9	10	11	12	13	14	15	16	17	18	19	20	21	22	23	24	25	26	27	28	29	30	31				
21	夏曆七月			19	20	21	22	23	24	25	26	27	28	29	30	⑮	2	3	4	5	6	7	8	9	10	11	12	13	14	15	16	17	18	19				
401年	回曆1月			17	18	19	20	21	22	23	24	25	26	27	28	29	30	①	2	3	4	5	6	7	8	9	10	11	12	13	14	15	16	17				
	公曆9月						1	2	3	4	5	6	7	8	9	10	11	12	13	14	15	16	17	18	19	20	21	22	23	24	25	26	27	28	29	30		
22	夏曆八月						20	21	22	23	24	25	26	27	28	29	㊹	2	3	4	5	6	7	8	9	10	11	12	13	14	15	16	17	18	19	20		
	回曆2月						18	19	20	21	22	23	24	25	26	27	28	29	30	1	2	3	4	5	6	7	8	9	10	11	12	13	14	15	16	17		
	公曆10月	1	2	3	4	5	6	7	8	9	10	11	12	13	14	15	16	17	18	19	20	21	22	23	24	25	26	27	28	29	30	31						
23	夏曆九月	21	22	23	24	25	26	27	28	29	⑬	2	3	4	5	6	7	8	9	10	11	12	13	14	15	16	17	18	19	20	21	22						
	回曆3月	18	19	20	21	22	23	24	25	26	27	28	29	1	2	3	4	5	6	7	8	9	10	11	12	13	14	15	16	17	18	19						
	公曆11月				1	2	3	4	5	6	7	8	9	10	11	12	13	14	15	16	17	18	19	20	21	22	23	24	25	26	27	28	29	30				
24	夏曆十月				23	24	25	26	27	28	29	30	㊸	2	3	4	5	6	7	8	9	10	11	12	13	14	15	16	17	18	19	20	21	22				

續表

月 干支 序數	星期 月序	日	1	2	3	4	5	6	日	1	2	3	4	5	6	日	1	2	3	4	5	6	日	1	2	3	4	5	6	日	1	2	3	4	5	6	日	1
	回曆4月				20	21	22	23	24	25	26	27	28	29	1	2	3	4	5	6	7	8	9	10	11	12	13	14	15	16	17	18	19	20				
	公曆12月						1	2	3	4	5	6	7	8	9	10	11	12	13	14	15	16	17	18	19	20	21	22	23	24	25	26	27	28	29	30	31	
25	夏曆十一月						23	24	25	26	27	28	29	30	⑬	2	3	4	5	6	7	8	9	10	11	12	13	14	15	16	17	18	19	20	21	22	23	
	回曆5月						21	22	23	24	25	26	27	28	29	30	1	2	3	4	5	6	7	8	9	10	11	12	13	14	15	16	17	18	19	20	21	

大事記

二月，交州郡王黎至忠被部將李公蘊所殺，自為留後，遣使貢宋，并請封。　三月，宋以公蘊為靜海軍節度使，為郡王。高麗康肇殺其王。　六月，契丹饑，來糴糧，詔雄州糴二萬石賑之。　八月，契丹帝親征高麗。　九月，契丹册李德明為夏國王。　十月，女真進馬萬匹於契丹助攻高麗。高麗王詢遣使契丹請罷兵，不許。　十一月，契丹兵渡鴨綠江，擒斬康肇，繼破開京，高麗王避走。　十二月，宋李宗諤等上《諸道圖經》，共1566卷。

宋遼金紀年　　干支辛亥　公元1011年

朝代或國名	國家支配者	建都	廟號	謚號	建元	年號年次	輔政者	備注
北宋	③趙恒	汴梁	真宗	元	5	3大中祥符4年	王旦	
契丹(遼)	⑤耶律隆緒	中京	聖宗	宣	3	1統和29年		
大理	⑦段素廉	陽苴咩		宣肅	1	明啓2年		在雲南
夏國	趙德明	西平						
古格						198年		西藏阿里
哈拉汗	阿赫馬德					14年		在新疆

月曆表　　5724—354—2090715

月 干支 序數	星期	日	1	2	3	4	5	6	日	1	2	3	4	5	6	日	1	2	3	4	5	6	日	1	2	3	4	5	6	日	1	2	3	4	5	6	日	1
	公曆1月		1	2	3	4	5	6	7	8	9	10	11	12	13	14	15	16	17	18	19	20	21	22	23	24	25	26	27	28	29	30	31					
26	夏曆十二月		24	25	26	27	28	29	㊷	2	3	4	5	6	7	8	9	10	11	12	13	14	15	16	17	18	19	20	21	22	23	24	25					
	回曆6月		22	23	24	25	26	27	28	29	30	1	2	3	4	5	6	7	8	9	10	11	12	13	14	15	16	17	18	19	20	21	22					
	公曆2月					1	2	3	4	5	6	7	8	9	10	11	12	13	14	15	16	17	18	19	20	21	22	23	24	25	26	27	28					
27	夏曆正月					26	27	28	29	30	⑫	2	3	4	5	6	7	8	9	10	11	12	13	14	15	16	17	18	19	20	21	22	23					
	回曆7月					23	24	25	26	27	28	29	1	2	3	4	5	6	7	8	9	10	11	12	13	14	15	16	17	18	19	20	21					
	公曆3月					1	2	3	4	5	6	7	8	9	10	11	12	13	14	15	16	17	18	19	20	21	22	23	24	25	26	27	28	29	30	31		
28	夏曆二月					24	25	26	27	28	29	30	㊷	2	3	4	5	6	7	8	9	10	11	12	13	14	15	16	17	18	19	20	21	22	23	24		
	回曆8月					22	23	24	25	26	27	28	29	30	1	2	3	4	5	6	7	8	9	10	11	12	13	14	15	16	17	18	19	20	21	22		
	公曆4月	1	2	3	4	5	6	7	8	9	10	11	12	13	14	15	16	17	18	19	20	21	22	23	24	25	26	27	28	29	30							
29	夏曆三月	25	26	27	28	29	⑪	2	3	4	5	6	7	8	9	10	11	12	13	14	15	16	17	18	19	20	21	22	23	24	25							
	回曆9月	23	24	25	26	27	28	29	1	2	3	4	5	6	7	8	9	10	11	12	13	14	15	16	17	18	19	20	21	22	23							
	公曆5月			1	2	3	4	5	6	7	8	9	10	11	12	13	14	15	16	17	18	19	20	21	22	23	24	25	26	27	28	29	30	31				
30	夏曆四月			26	27	28	29	30	㊶	2	3	4	5	6	7	8	9	10	11	12	13	14	15	16	17	18	19	20	21	22	23	24	25	26				
	回曆10月			24	25	26	27	28	29	30	1	2	3	4	5	6	7	8	9	10	11	12	13	14	15	16	17	18	19	20	21	22	23	24				
	公曆6月						1	2	3	4	5	6	7	8	9	10	11	12	13	14	15	16	17	18	19	20	21	22	23	24	25	26	27	28	29	30		

續表

月 干支 序數	星期 月序	日	1	2	3	4	5	6	日	1	2	3	4	5	6	日	1	2	3	4	5	6	日	1	2	3	4	5	6	日	1	2	3	4	5	6	日	1
31	夏曆五月						27	28	29	30	⑪	2	3	4	5	6	7	8	9	10	11	12	13	14	15	16	17	18	19	20	21	22	23	24	25	26		
	回曆 11 月						25	26	27	28	29	1	2	3	4	5	6	7	8	9	10	11	12	13	14	15	16	17	18	19	20	21	22	23	24	25		
	公曆 7 月	1	2	3	4	5	6	7	8	9	10	11	12	13	14	15	16	17	18	19	20	21	22	23	24	25	26	27	28	29	30	31						
32	夏曆六月	27	28	29	㊵	2	3	4	5	6	7	8	9	10	11	12	13	14	15	16	17	18	19	20	21	22	23	24	25	26	27	28						
	回曆 12 月	26	27	28	29	30	1	2	3	4	5	6	7	8	9	10	11	12	13	14	15	16	17	18	19	20	21	22	23	24	25	26						
	公曆 8 月				1	2	3	4	5	6	7	8	9	10	11	12	13	14	15	16	17	18	19	20	21	22	23	24	25	26	27	28	29	30	31			
33	夏曆七月				29	⑨	2	3	4	5	6	7	8	9	10	11	12	13	14	15	16	17	18	19	20	21	22	23	24	25	26	27	28	29	30			
402 年	回曆 1 月				27	28	29	①	2	3	4	5	6	7	8	9	10	11	12	13	14	15	16	17	18	19	20	21	22	23	24	25	26	27	28			
	公曆 9 月							1	2	3	4	5	6	7	8	9	10	11	12	13	14	15	16	17	18	19	20	21	22	23	24	25	26	27	28	29	30	
34 35	夏曆八 九月							㊴	2	3	4	5	6	7	8	9	10	11	12	13	14	15	6	17	18	19	20	21	22	23	24	25	26	27	28	29	⑧	
	回曆 2 月							29	30	1	2	3	4	5	6	7	8	9	10	11	12	13	14	15	16	17	18	19	20	21	22	23	24	25	26	27	28	
	公曆 10 月		1	2	3	4	5	6	7	8	9	10	11	12	13	14	15	16	17	18	19	20	21	22	23	24	25	26	27	28	29	30	31					
36	夏曆十月		2	3	4	5	6	7	8	9	10	11	12	13	14	15	16	17	18	19	20	21	22	23	24	25	26	27	28	29	㊲	2	3					
	回曆 3 月		29	1	2	3	4	5	6	7	8	9	10	11	12	13	14	15	16	17	18	19	20	21	22	23	24	25	26	27	28	29	30					
	公曆 11 月					1	2	3	4	5	6	7	8	9	10	11	12	13	14	15	16	17	18	19	20	21	22	23	24	25	26	27	28	29	30			
37	夏曆十一月					4	5	6	7	8	9	10	11	12	13	14	15	16	17	18	19	20	21	22	23	24	25	26	27	28	29	30	①	2	3			
	回曆 4、5 月					1	2	3	4	5	6	7	8	9	10	11	12	13	14	15	16	17	18	19	20	21	22	23	24	25	26	27	28	29	1			
	公曆 12 月							1	2	3	4	5	6	7	8	9	10	11	12	13	14	15	16	17	18	19	20	21	22	23	24	25	26	27	28	29	30	31
38	夏曆十二月							4	5	6	7	8	9	10	11	12	13	14	15	16	17	18	19	20	21	22	23	24	25	26	27	28	29	30	㊲	2	3	4
	回曆 6 月							2	3	4	5	6	7	8	9	10	11	12	13	14	15	16	17	18	19	20	21	22	23	24	25	26	27	28	29	30	1	2

遼正月癸酉，十月戊戌，閏十一月戊戌，十二月丁卯。

大事記

正月，契丹帝自高麗班師。　二月，宋帝祀汾陰後土，共用土杠三百九十萬。　三月，宋罷河北緣北工役。　五月，宋命諸州置孔子廟。吕蒙正卒(946—1011)。　六月，江淮南水患。契丹置阻卜諸部節度使。　七月，除閩、浙、荆湖、廣南身丁錢四十五萬零四十貫。　八月，河決於通利軍。

宋遼金紀年　　干支壬子　公元 1012 年

朝代或國名	國家支配者	建　都	廟　號	謚　號	建元	年號年次	輔　政　者	備　　注
北宋	③趙恒	汴梁	真宗	元	5	3 大中祥符 5 年	王旦向敏中	
契丹(遼)	⑤耶律隆緒	中京	聖宗	宣	3	2 開泰元年		十一月朔改元
大理	⑦段素廉	陽苴咩		宣肅	1	明啓 3 年		在雲南
夏國	趙德明	西平						
古格						199 年		西藏阿里
哈拉汗	阿赫馬德					15 年		在新疆

月曆表　　5725—384—2091099

月 干支 序數	星期 月序	日	1	2	3	4	5	6	日	1	2	3	4	5	6	日	1	2	3	4	5	6	日	1	2	3	4	5	6	日	1	2	3	4	5	6	日	1
	公曆1月			1	2	3	4	5	6	7	8	9	10	11	12	13	14	15	16	17	18	19	20	21	22	23	24	25	26	27	28	29	30	31				
39	夏曆正月			5	6	7	8	9	10	11	12	13	14	15	16	17	18	19	20	21	22	23	24	25	26	27	28	29	⑥	2	3	4	5	6				
	回曆7月			3	4	5	6	7	8	9	10	11	12	13	14	15	16	17	18	19	20	21	22	23	24	25	26	27	28	29	1	2	3	4				
	公曆2月						1	2	3	4	5	6	7	8	9	10	11	12	13	14	15	16	17	18	19	20	21	22	23	24	25	26	27	28	29			
40	夏曆二月						7	8	9	10	11	12	13	14	15	16	17	18	19	20	21	22	23	24	25	26	27	28	29	30	㊱	2	3	4	5			
	回曆8月						5	6	7	8	9	10	11	12	13	14	15	16	17	18	19	20	21	22	23	24	25	26	27	28	29	30	1	2	3			
	公曆3月							1	2	3	4	5	6	7	8	9	10	11	12	13	14	15	16	17	18	19	20	21	22	23	24	25	26	27	28	29	30	31
41	夏曆三月							6	7	8	9	10	11	12	13	14	15	16	17	18	19	20	21	22	23	24	25	26	27	28	29	⑤	2	3	4	5	6	7
	回曆9月							4	5	6	7	8	9	10	11	12	13	14	15	16	17	18	19	20	21	22	23	24	25	26	27	28	29	1	2	3	4	5
	公曆4月			1	2	3	4	5	6	7	8	9	10	11	12	13	14	15	16	17	18	19	20	21	22	23	24	25	26	27	28	29	30					
42	夏曆四月			8	9	10	11	12	13	14	15	16	17	18	19	20	21	22	23	24	25	26	27	28	29	30	㉟	2	3	4	5	6	7					
	回曆10月			6	7	8	9	10	11	12	13	14	15	16	17	18	19	20	21	22	23	24	25	26	27	28	29	30	1	2	3	4	5					
	公曆5月					1	2	3	4	5	6	7	8	9	10	11	12	13	14	15	16	17	18	19	20	21	22	23	24	25	26	27	28	29	30	31		
43	夏曆五月					8	9	10	11	12	13	14	15	16	17	18	19	20	21	22	23	24	25	26	27	28	29	30	⑤	2	3	4	5	6	7	8		
	回曆11月					6	7	8	9	10	11	12	13	14	15	16	17	18	19	20	21	22	23	24	25	26	27	28	29	1	2	3	4	5	6	7		
	公曆6月	1	2	3	4	5	6	7	8	9	10	11	12	13	14	15	16	17	18	19	20	21	22	23	24	25	26	27	28	29	30							
44	夏曆六月	9	10	11	12	13	14	15	16	17	18	19	20	21	22	23	24	25	26	27	28	29	㉞	2	3	4	5	6	7	8	9							
	回曆12月	8	9	0	11	12	13	14	15	16	17	18	19	20	21	22	23	24	25	26	27	28	29	30	1	2	3	4	5	6	7							
	公曆7月			1	2	3	4	5	6	7	8	9	10	11	12	13	14	15	16	17	18	19	20	21	22	23	24	25	26	27	28	29	30	31				
45	夏曆七月			10	11	12	13	14	15	16	17	18	19	20	21	22	23	24	25	26	27	28	29	30	④	2	3	4	5	6	7	8	9	10				
403年	回曆1月			8	9	10	11	12	13	14	15	16	17	18	19	20	21	22	23	24	25	26	27	28	29	①	2	3	4	5	6	7	8	9				
	公曆8月						1	2	3	4	5	6	7	8	9	10	11	12	13	14	15	16	17	18	19	20	21	22	23	24	25	26	27	28	29	30	31	
46	夏曆八月						11	12	13	14	15	16	17	18	19	20	21	22	23	24	25	26	27	28	29	㉝	2	3	4	5	6	7	8	9	10	11	12	
	回曆2月						10	11	12	13	14	15	16	17	18	19	20	21	22	23	24	25	26	27	28	29	30	1	2	3	4	5	6	7	8	9	10	
	公曆9月		1	2	3	4	5	6	7	8	9	10	11	12	13	14	15	16	17	18	19	20	21	22	23	24	25	26	27	28	29	30						
47	夏曆九月		13	14	15	16	17	18	19	20	21	22	23	24	25	26	27	28	29	30	③	2	3	4	5	6	7	8	9	10	11	12						
	回曆3月		11	12	13	14	15	16	17	18	19	20	21	22	23	24	25	26	27	28	29	1	2	3	4	5	6	7	8	9	10	11						
	公曆10月				1	2	3	4	5	6	7	8	9	10	11	12	13	14	15	16	17	18	19	20	21	22	23	24	25	26	27	28	29	30	31			
48	夏曆十月				13	14	15	16	17	18	19	20	21	22	23	24	25	26	27	28	29	㉜	2	3	4	5	6	7	8	9	10	11	12	13	14			
	回曆4月				12	13	14	15	16	17	18	19	20	21	22	23	24	25	26	27	28	29	30	1	2	3	4	5	6	7	8	9	10	11	12			
	公曆11月							1	2	3	4	5	6	7	8	9	10	11	12	13	14	15	16	17	18	19	20	21	22	23	24	25	26	27	28	29	30	
	夏曆閏十月							15	16	17	18	19	20	21	22	23	24	25	26	27	28	29	30	②	2	3	4	5	6	7	8	9	10	11	12	13	14	
	回曆5月							13	14	15	16	17	18	19	20	21	22	23	24	25	26	27	28	29	1	2	3	4	5	6	7	8	9	10	11	12	13	
	公曆12月		1	2	3	4	5	6	7	8	9	10	11	12	13	14	15	16	17	18	19	20	21	22	23	24	25	26	27	28	29	30	31					
49	夏曆十一月		15	16	17	18	19	20	21	22	23	24	25	26	27	28	29	㉛	2	3	4	5	6	7	8	9	10	11	12	13	14	15	16					
	回曆6月		14	15	16	17	18	19	20	21	22	23	24	25	26	27	28	29	30	1	2	3	4	5	6	7	8	9	10	11	12	13	14					

遼三月己巳。

大事記

正月，河決棣州。女真貢契丹。　　四月，高麗王詢遣使求和於契丹，契丹命詢來朝。李德明貢馬於契丹。　　五月，江、淮、西浙旱，就福建取占城稻種給江淮、兩浙三路種之。　　七月，阻卜諸部反契丹。　　八月，契丹以高麗王詢稱病不來朝，取其六城。　　十一月，契丹改元開泰。

宋 遼 金 紀 年

干支癸丑　公元 1013 年

朝代或國名	國家支配者	建　都	廟　號	謚　號	建元	年號年次	輔　政　者	備　注
北宋	③趙恒	汴梁	真宗	元	5	3大中祥符6年	王旦向敏中	
契丹(遼)	⑤耶律隆緒	中京	聖宗	宣	3	2開泰2年		
大理	⑦段素廉	陽苴咩		宣肅	1	明啓4年		在雲南
夏國	趙德明	西平						
古格						200年		西藏阿里
哈拉汗	阿赫馬德					16年		在新疆

月 曆 表

5726－355－2091454

月干支序數	月序＼星期	日	1	2	3	4	5	6	日	1	2	3	4	5	6	日	1	2	3	4	5	6	日	1	2	3	4	5	6	日	1	2	3	4	5	6	日	1
	公曆1月					1	2	3	4	5	6	7	8	9	10	11	12	13	14	15	16	17	18	19	20	21	22	23	24	25	26	27	28	29	30	31		
50	夏曆十二月					17	18	19	20	21	22	23	24	25	26	27	28	29	30	①	2	3	4	5	6	7	8	9	10	11	12	13	14	15	16	17		
	回曆7月					15	16	17	18	19	20	21	22	23	24	25	26	27	28	29	1	2	3	4	5	6	7	8	9	10	11	12	13	14	15	16		
	公曆2月	1	2	3	4	5	6	7	8	9	10	11	12	13	14	15	16	17	18	19	20	21	22	23	24	25	26	27	28									
51	夏曆正月	18	19	20	21	22	23	24	25	26	27	28	29	㉚	2	3	4	5	6	7	8	9	10	11	12	13	14	15	16									
	回曆8月	17	18	19	20	21	22	23	24	25	26	27	28	29	30	1	2	3	4	5	6	7	8	9	10	11	12	13	14									
	公曆3月	1	2	3	4	5	6	7	8	9	10	11	12	13	14	15	16	17	18	19	20	21	22	23	24	25	26	27	28	29	30	31						
52	夏曆二月	17	18	19	20	21	22	23	24	25	26	27	28	29	30	(60)	2	3	4	5	6	7	8	9	10	11	12	13	14	15	16	17						
	回曆9月	15	16	17	18	19	20	21	22	23	24	25	26	27	28	29	1	2	3	4	5	6	7	8	9	10	11	12	13	14	15	16						
	公曆4月				1	2	3	4	5	6	7	8	9	10	11	12	13	14	15	16	17	18	19	20	21	22	23	24	25	26	27	28	29	30				
53	夏曆三月				18	19	20	21	22	23	24	25	26	27	28	29	㉙	2	3	4	5	6	7	8	9	10	11	12	13	14	15	16	17	18				
	回曆10月				17	18	19	20	21	22	23	24	25	26	27	28	29	30	1	2	3	4	5	6	7	8	9	10	11	12	13	14	15	16				
	公曆5月						1	2	3	4	5	6	7	8	9	10	11	12	13	14	15	16	17	18	19	20	21	22	23	24	25	26	27	28	29	30	31	
54	夏曆四月						19	20	21	22	23	24	25	26	27	28	29	30	㊾	2	3	4	5	6	7	8	9	10	11	12	13	14	15	16	17	18	19	
	回曆11月						17	18	19	20	21	22	23	24	25	26	27	28	29	1	2	3	4	5	6	7	8	9	10	11	12	13	14	15	16	17	18	
	公曆6月		1	2	3	4	5	6	7	8	9	10	11	12	13	14	15	16	17	18	19	20	21	22	23	24	25	26	27	28	29	30						
55	夏曆五月		20	21	22	23	24	25	26	27	28	29	㉘	2	3	4	5	6	7	8	9	10	11	12	13	14	15	16	17	18	19	20						
	回曆12月		19	20	21	22	23	24	25	26	27	28	29	30	1	2	3	4	5	6	7	8	9	10	11	12	13	14	15	16	17	18						
	公曆7月				1	2	3	4	5	6	7	8	9	10	11	12	13	14	15	16	17	18	19	20	21	22	23	24	25	26	27	28	29	30	31			
56	夏曆六月				21	22	23	24	25	26	27	28	29	30	㊽	2	3	4	5	6	7	8	9	10	11	12	13	14	15	16	17	18	19	20	21			
404年	回曆1月				19	20	21	22	23	24	25	26	27	28	29	30	①	2	3	4	5	6	7	8	9	10	11	12	13	14	15	16	17	18	19			
	公曆8月							1	2	3	4	5	6	7	8	9	10	11	12	13	14	15	16	17	18	19	20	21	22	23	24	25	26	27	28	29	30	31
57	夏曆七月							22	23	24	25	26	27	28	29	30	㉘	2	3	4	5	6	7	8	9	10	11	12	13	14	15	16	17	18	19	20	21	22
	回曆2月							20	21	22	23	24	25	26	27	28	29	30	1	2	3	4	5	6	7	8	9	10	11	12	13	14	15	16	17	18	19	20
	公曆9月			1	2	3	4	5	6	7	8	9	10	11	12	13	14	15	16	17	18	19	20	21	22	23	24	25	26	27	28	29	30					
58	夏曆八月			23	24	25	26	27	28	29	㊼	2	3	4	5	6	7	8	9	10	11	12	13	14	15	16	17	18	19	20	21	22	23					
	回曆3月			21	22	23	24	25	26	27	28	29	1	2	3	4	5	6	7	8	9	10	11	12	13	14	15	16	17	18	19	20	21					
	公曆10月					1	2	3	4	5	6	7	8	9	10	11	12	13	14	15	16	17	18	19	20	21	22	23	24	25	26	27	28	29	30	31		
59	夏曆九月					24	25	26	27	28	29	30	㉗	2	3	4	5	6	7	8	9	10	11	12	13	14	15	16	17	18	19	20	21	22	23	24		
	回曆4月					22	23	24	25	26	27	28	29	30	1	2	3	4	5	6	7	8	9	10	11	12	13	14	15	16	17	18	19	20	21	22		
	公曆11月	1	2	3	4	5	6	7	8	9	10	11	12	13	14	15	16	17	18	19	20	21	22	23	24	25	26	27	28	29	30							
60	夏曆十月	25	26	27	28	29	㊻	2	3	4	5	6	7	8	9	10	11	12	13	14	15	16	17	18	19	20	21	22	23	24	25							

續表

月干支序數	星期 / 月序	日	1	2	3	4	5	6	日	1	2	3	4	5	6	日	1	2	3	4	5	6	日	1	2	3	4	5	6	日	1	2	3	4	5	6	日	1
	回曆5月	23	24	25	26	27	28	29	1	2	3	4	5	6	7	8	9	10	11	12	13	14	15	16	17	18	19	20	21	22	23							
	公曆12月			1	2	3	4	5	6	7	8	9	10	11	12	13	14	15	16	17	18	19	20	21	22	23	24	25	26	27	28	29	30	31				
1	夏曆十一月			26	27	28	29	30	㉖	2	3	4	5	6	7	8	9	10	11	12	13	14	15	16	17	18	19	20	21	22	23	24	25	26				
	回曆6月			24	25	26	27	28	29	30	1	2	3	4	5	6	7	8	9	10	11	12	13	14	15	16	17	18	19	20	21	22	23	24				

大事記

正月，宋禁宦官干預民政。烏古、敵烈部反契丹。　二月，阻卜諸部復附契丹。　六月，契丹遣使高麗索地。　七月，宋免諸路農器稅。烏古、敵烈部復附契丹。契丹軍攻黨項，告李德明為犄角。契丹破阻卜。　八月，宋王欽若修《君臣事迹》，賜名《册府元龜》。

宋遼金紀年

干支甲寅　公元1014年

朝代或國名	國家支配者	建都	廟號	謚號	建元	年號年次	輔政者	備注
北宋	③趙恒	汴梁	真宗	元	5	3 大中祥符 7 年	王旦向敏中	
契丹(遼)	⑤耶律隆緒	中京	聖宗	宣	3	2 開泰 3 年		
大理	⑦段素廉	陽苴咩		宣肅	1	明啓 5 年		在雲南
夏國	趙德明	西平						
古格						201 年		西藏阿里
哈拉汗	阿赫馬德					17 年		在新疆

月曆表

5727—354—2091808

月干支序數	星期	日	1	2	3	4	5	6	日	1	2	3	4	5	6	日	1	2	3	4	5	6	日	1	2	3	4	5	6	日	1	2	3	4	5	6	日	1
	公曆1月						1	2	3	4	5	6	7	8	9	10	11	12	13	14	15	16	17	18	19	20	21	22	23	24	25	26	27	28	29	30	31	
2	夏曆十二月						27	28	29	(55)	2	3	4	5	6	7	8	9	10	11	12	13	14	15	16	17	18	19	20	21	22	23	24	25	26	27	28	
	回曆7月						25	26	27	28	29	1	2	3	4	5	6	7	8	9	10	11	12	13	14	15	16	17	18	19	20	21	22	23	24	25	26	
	公曆2月		1	2	3	4	5	6	7	8	9	10	11	12	13	14	15	16	17	18	19	20	21	22	23	24	25	26	27	28								
3	夏曆正月		29	30	㉕	2	3	4	5	6	7	8	9	10	11	12	13	14	15	16	17	18	19	20	21	22	23	24	25	26								
	回曆8月		27	28	29	30	1	2	3	4	5	6	7	8	9	10	11	12	13	14	15	16	17	18	19	20	21	22	23	24								
	公曆3月		1	2	3	4	5	6	7	8	9	10	11	12	13	14	15	16	17	18	19	20	21	22	23	24	25	26	27	28	29	30	31					
4	夏曆二月		27	28	29	(54)	2	3	4	5	6	7	8	9	10	11	12	13	14	15	16	17	18	19	20	21	22	23	24	25	26	27	28					
	回曆9月		25	26	27	28	29	1	2	3	4	5	6	7	8	9	10	11	12	13	14	15	16	17	18	19	20	21	22	23	24	25	26					
	公曆4月					1	2	3	4	5	6	7	8	9	10	11	12	13	14	15	16	17	18	19	20	21	22	23	24	25	26	27	28	29	30			
5	夏曆三月					29	㉓	2	3	4	5	6	7	8	9	10	11	12	13	14	15	16	17	18	19	20	21	22	23	24	25	26	27	28	29			
	回曆10月					27	28	29	30	1	2	3	4	5	6	7	8	9	10	11	12	13	14	15	16	17	18	19	20	21	22	23	24	25	26			
	公曆5月							1	2	3	4	5	6	7	8	9	10	11	12	13	14	15	16	17	18	19	20	21	22	23	24	25	26	27	28	29	30	31
6	夏曆四月							30	(53)	2	3	4	5	6	7	8	9	10	11	12	13	14	15	16	17	18	19	20	21	22	23	24	25	26	27	28	29	30
	回曆11月							27	28	29	1	2	3	4	5	6	7	8	9	10	11	12	13	14	15	16	17	18	19	20	21	22	23	24	25	26	27	28
	公曆6月			1	2	3	4	5	6	7	8	9	10	11	12	13	14	15	16	17	18	19	20	21	22	23	24	25	26	27	28	29	30					
7 8	夏曆五 六月			㉓	2	3	4	5	6	7	8	9	10	11	12	13	14	15	16	17	18	19	20	21	22	23	24	25	26	27	28	29	(52)					

續表

月干支序數	星期／月序	日	1	2	3	4	5	6	日	1	2	3	4	5	6	日	1	2	3	4	5	6	日	1	2	3	4	5	6	日	1	2	3	4	5	6	日	1
	回曆12月			29	30	1	2	3	4	5	6	7	8	9	10	11	12	13	14	15	16	17	18	19	20	21	22	23	24	25	26	27	28					
	公曆7月					1	2	3	4	5	6	7	8	9	10	11	12	13	14	15	16	17	18	19	20	21	22	23	24	25	26	27	28	29	30	31		
9	夏曆七月					2	3	4	5	6	7	8	9	10	11	12	13	14	15	16	17	18	19	20	21	22	23	24	25	26	27	28	29	30	㉒	2		
405年	回曆1月					29	①	2	3	4	5	6	7	8	9	10	11	12	13	14	15	16	17	18	19	20	21	22	23	24	25	26	27	28	29	30		
	公曆8月	1	2	3	4	5	6	7	8	9	10	11	12	13	14	15	16	17	18	19	20	21	22	23	24	25	26	27	28	29	30	31						
10	夏曆八月	3	4	5	6	7	8	9	10	11	12	13	14	15	16	17	18	19	20	21	22	23	24	25	26	27	28	29	(51)	2	3	4						
	回曆2、3月	1	2	3	4	5	6	7	8	9	10	11	12	13	14	15	16	17	18	19	20	21	22	23	24	25	26	27	28	29	1	2						
	公曆9月				1	2	3	4	5	6	7	8	9	10	11	12	13	14	15	16	17	18	19	20	21	22	23	24	25	26	27	28	29	30				
11	夏曆九月				5	6	7	8	9	10	11	12	13	14	15	16	17	18	19	20	21	22	23	24	25	26	27	28	29	30	㉑	2	3	4				
	回曆4月				3	4	5	6	7	8	9	10	11	12	13	14	15	16	17	18	19	20	21	22	23	24	25	26	27	28	29	30	1	2				
	公曆10月						1	2	3	4	5	6	7	8	9	10	11	12	13	14	15	16	17	18	19	20	21	22	23	24	25	26	27	28	29	30	31	
12	夏曆十月						5	6	7	8	9	10	11	12	13	14	15	16	17	18	19	20	21	22	23	24	25	26	27	28	29	30	(51)	2	3	4	5	
	回曆5月						3	4	5	6	7	8	9	10	11	12	13	14	15	16	17	18	19	20	21	22	23	24	25	26	27	28	29	1	2	3	4	
	公曆11月		1	2	3	4	5	6	7	8	9	10	11	12	13	14	15	16	17	18	19	20	21	22	23	24	25	26	27	28	29	30						
13	夏曆十一月		6	7	8	9	10	11	12	13	14	15	16	17	18	19	20	21	22	23	24	25	26	27	28	29	⑳	2	3	4	5	6						
	回曆6月		5	6	7	8	9	10	11	12	13	14	15	16	17	18	19	20	21	22	23	24	25	26	27	28	29	30	1	2	3	4						
	公曆12月				1	2	3	4	5	6	7	8	9	10	11	12	13	14	15	16	17	18	19	20	21	22	23	24	25	26	27	28	29	30	31			
14	夏曆十二月				7	8	9	10	11	12	13	14	15	16	17	18	19	20	21	22	23	24	25	26	27	28	29	30	㊿	2	3	4	5	6	7			
	回曆7月				5	6	7	8	9	10	11	12	13	14	15	16	17	18	19	20	21	22	23	24	25	26	27	28	29	1	2	3	4	5	6			

大事記

正月，宋帝朝亳州太清宮，升應天府為南京。契丹封阻卜部長為王。女真及鐵驪貢於契丹。　二月，趙德明貢於宋。高麗留契丹索地來使。　三月，宋復諸州觀察使兼刺史。　四月，烏古部反契丹。沙州曹宗壽死，子賢順為留後，請命於宋，命為歸義軍節度使；賢順并貢於契丹。　八月，河決澶州。　九月，敵烈部反契丹。契丹攻高麗。　十一月，河溢濱州。　十二月，高麗使詣宋獻貢，且奏契丹事。　是歲，戶 9 005 729。口 21 996 996。

宋遼金紀年

干支乙卯　公元 1015 年

朝代或國名	國家支配者	建都	廟號	謚號	建元	年號年次	輔政者	備注
北宋	③趙恒	汴梁	真宗	元	5	3 大中祥符 8 年	王旦向敏中	
契丹(遼)	⑤耶律隆緒	中京	聖宗	宣	3	2 開泰 4 年		
大理	⑦段素廉	陽苴咩		宣肅	1	明啓 6 年		在雲南
夏國	趙德明	西平						
吐蕃	①唃廝羅	宗哥				元年		西寧
古格						202 年		西藏阿里
哈拉汗	阿赫馬德					18 年		在新疆

月干支序數	月序＼星期	日	1	2	3	4	5	6	日	1	2	3	4	5	6	日	1	2	3	4	5	6	日	1	2	3	4	5	6	日	1	2	3	4	5	6	日	1
	公曆 1 月							1	2	3	4	5	6	7	8	9	10	11	12	13	14	15	16	17	18	19	20	21	22	23	24	25	26	27	28	29	30	31
15	夏曆正月							8	9	10	11	12	13	14	15	16	17	18	19	20	21	22	23	24	25	26	27	28	29	⑲	2	3	4	5	6	7	8	9
	回曆 8 月							7	8	9	10	11	12	13	14	15	16	17	18	19	20	21	22	23	24	25	26	27	28	29	30	1	2	3	4	5	6	7
	公曆 2 月			1	2	3	4	5	6	7	8	9	10	11	12	13	14	15	16	17	18	19	20	21	22	23	24	25	26	27	28							
16	夏曆二月			10	11	12	13	14	15	16	17	18	19	20	21	22	23	24	25	26	27	28	29	30	㊾	2	3	4	5	6	7							
	回曆 9 月			8	9	10	11	12	13	14	15	16	17	18	19	20	21	22	23	24	25	26	27	28	29	1	2	3	4	5	6							
	公曆 3 月			1	2	3	4	5	6	7	8	9	10	11	12	13	14	15	16	17	18	19	20	21	22	23	24	25	26	27	28	29	30	31				
17	夏曆三月			8	9	10	11	12	13	14	15	16	17	18	19	20	21	22	23	24	25	26	27	28	29	⑱	2	3	4	5	6	7	8	9				
	回曆 10 月			7	8	9	10	11	12	13	14	15	16	17	18	19	20	21	22	23	24	25	26	27	28	29	30	1	2	3	4	5	6	7				
	公曆 4 月						1	2	3	4	5	6	7	8	9	10	11	12	13	14	15	16	17	18	19	20	21	22	23	24	25	26	27	28	29	30		
18	夏曆四月						10	11	12	13	14	15	16	17	18	19	20	21	22	23	24	25	26	27	28	29	㊼	2	3	4	5	6	7	8	9	10		
	回曆 11 月						8	9	10	11	12	13	14	15	16	17	18	19	20	21	22	23	24	25	26	27	28	29	1	2	3	4	5	6	7	8		
	公曆 5 月	1	2	3	4	5	6	7	8	9	10	11	12	13	14	15	16	17	18	19	20	21	22	23	24	25	26	27	28	29	30	31						
19	夏曆五月	11	12	13	14	15	16	17	18	19	20	21	22	23	24	25	26	27	28	29	30	⑰	2	3	4	5	6	7	8	9	10	11						
	回曆 12 月	9	10	11	12	13	14	15	16	17	18	19	20	21	22	23	24	25	26	27	28	29	30	1	2	3	4	5	6	7	8	9						
	公曆 6 月				1	2	3	4	5	6	7	8	9	10	11	12	13	14	15	16	17	18	19	20	21	22	23	24	25	26	27	28	29	30				
20	夏曆六月				12	13	14	15	16	17	18	19	20	21	22	23	24	25	26	27	28	29	㊻	2	3	4	5	6	7	8	9	10	11	12				
406 年	回曆 1 月				10	11	12	13	14	15	16	17	18	19	20	21	22	23	24	25	26	27	28	29	①	2	3	4	5	6	7	8	9	10				
	公曆 7 月						1	2	3	4	5	6	7	8	9	10	11	12	13	14	15	16	17	18	19	20	21	22	23	24	25	26	27	28	29	30	31	
	夏曆閏六月						13	14	15	16	17	18	19	20	21	22	23	24	25	26	27	28	29	30	⑯	2	3	4	5	6	7	8	9	10	11	12	13	
	回曆 2 月						11	12	13	14	15	16	17	18	19	20	21	22	23	24	25	26	27	28	29	30	1	2	3	4	5	6	7	8	9	10	11	
	公曆 8 月		1	2	3	4	5	6	7	8	9	10	11	12	13	14	15	16	17	18	19	20	21	22	23	24	25	26	27	28	29	30	31					
21	夏曆七月		14	15	16	17	18	19	20	21	22	23	24	25	26	27	28	29	㊺	2	3	4	5	6	7	8	9	10	11	12	13	14	15					
	回曆 3 月		12	13	14	15	16	17	18	19	20	21	22	23	24	25	26	27	28	29	1	2	3	4	5	6	7	8	9	10	11	12	13					
	公曆 9 月					1	2	3	4	5	6	7	8	9	10	11	12	13	14	15	16	17	18	19	20	21	22	23	24	25	26	27	28	29	30			
22	夏曆八月					16	17	18	19	20	21	22	23	24	25	26	27	28	29	30	⑮	2	3	4	5	6	7	8	9	10	11	12	13	14	15			
	回曆 4 月					14	15	16	17	18	19	20	21	22	23	24	25	26	27	28	29	30	1	2	3	4	5	6	7	8	9	10	11	12	13			
	公曆 10 月							1	2	3	4	5	6	7	8	9	10	11	12	13	14	15	16	17	18	19	20	21	22	23	24	25	26	27	28	29	30	31
23	夏曆九月							16	17	18	19	20	21	22	23	24	25	26	27	28	29	30	㊺	2	3	4	5	6	7	8	9	10	11	12	13	14	15	16
	回曆 5 月							14	15	16	17	18	19	20	21	22	23	24	25	26	27	28	29	1	2	3	4	5	6	7	8	9	10	11	12	13	14	15
	公曆 11 月			1	2	3	4	5	6	7	8	9	10	11	12	13	14	15	16	17	18	19	20	21	22	23	24	25	26	27	28	29	30					
24	夏曆十月			17	18	19	20	21	22	23	24	25	26	27	28	29	30	⑮	2	3	4	5	6	7	8	9	10	11	12	13	14	15	16					
	回曆 6 月			16	17	18	19	20	21	22	23	24	25	26	27	28	29	30	1	2	3	4	5	6	7	8	9	10	11	12	13	14	15					
	公曆 12 月					1	2	3	4	5	6	7	8	9	10	11	12	13	14	15	16	17	18	19	20	21	22	23	24	25	26	27	28	29	30	31		
25	夏曆十一月					17	18	19	20	21	22	23	24	25	26	27	28	29	㊹	2	3	4	5	6	7	8	9	10	11	12	13	14	15	16	17	18		
	回曆 7 月					16	17	18	19	20	21	22	23	24	25	26	27	28	29	1	2	3	4	5	6	7	8	9	10	11	12	13	14	15	16	17		

遼七月己卯，閏七月戊申。

大事記

正月，契丹攻敵烈。契丹攻高麗，不利。宋有司考課文武官滿三年者。　二月，于闐國貢於契丹。吐蕃唃廝囉貢馬，約值七百六十萬，宋賜物值中金七千兩。　四月，契丹攻高麗，無功而還。契丹曷蘇館部請括女真舊無籍者。契丹破敵烈部，又破阻卜。女真貢於契丹。契丹破烏古部。於厥部反契丹，敗績，契丹遷其民并敵烈部衆於臚朐河。　五月，契丹復攻高麗。　閏六月，宋修后妃事迹成，賜名《彤管懿範》。　八月，京兆、河中府、陝、同、華、虢等州，貸麥種於貧民。九月，注輦國貢於宋。契丹取高麗二鎮。　十一月，高麗與東女真貢於宋。　十二月，宋因崇文院秘閣藏書遭火災，命官提舉鈔書。

宋 遼 金 紀 年

干支丙辰　公元1016年

朝代或國名	國家支配者	建都	廟號	謚號	建元	年號年次	輔政者	備注
北宋	③趙恒	汴梁	真宗	元	5	3大中祥符9年	王旦向敏中	
契丹(遼)	⑤耶律隆緒	中京	聖宗	宣	3	2開泰5年		
大理	⑦段素廉	陽苴咩		宣肅	1	明啓7年		在雲南
夏國	趙德明	西平						
吐蕃	①唃厮羅	宗哥				2年		
古格						203年		西藏阿里
哈拉汗	曼蘇爾					元年		在新疆

月 曆 表

5729—354—2092547

月干支序數	月序＼星期	日	1	2	3	4	5	6	日	1	2	3	4	5	6	日	1	2	3	4	5	6	日	1	2	3	4	5	6	日	1	2	3	4	5	6	日	1
	公曆1月	1	2	3	4	5	6	7	8	9	10	11	12	13	14	15	16	17	18	19	20	21	22	23	24	25	26	27	28	29	30	31						
26	夏曆十二月	19	20	21	22	23	24	25	26	27	28	29	30	⑭	2	3	4	5	6	7	8	9	10	11	12	13	14	15	16	17	18	19						
	回曆8月	18	19	20	21	22	23	24	25	26	27	28	29	30	1	2	3	4	5	6	7	8	9	10	11	12	13	14	15	16	17	18						
	公曆2月				1	2	3	4	5	6	7	8	9	10	11	12	13	14	15	16	17	18	19	20	21	22	23	24	25	26	27	28	29					
27	夏曆正月				20	21	22	23	24	25	26	27	28	29	㊸	2	3	4	5	6	7	8	9	10	11	12	13	14	15	16	17	18	19					
	回曆9月				19	20	21	22	23	24	25	26	27	28	29	1	2	3	4	5	6	7	8	9	10	11	12	13	14	15	16	17	18					
	公曆3月					1	2	3	4	5	6	7	8	9	10	11	12	13	14	15	16	17	18	19	20	21	22	23	24	25	26	27	28	29	30	31		
28	夏曆二月					20	21	22	23	24	25	26	27	28	29	30	⑬	2	3	4	5	6	7	8	9	10	11	12	13	14	15	16	17	18	19	20		
	回曆10月					19	20	21	22	23	24	25	26	27	28	29	30	1	2	3	4	5	6	7	8	9	10	11	12	13	14	15	16	17	18	19		
	公曆4月	1	2	3	4	5	6	7	8	9	10	11	12	13	14	15	16	17	18	19	20	21	22	23	24	25	26	27	28	29	30							
29	夏曆三月	21	22	23	24	25	26	27	28	29	㊷	2	3	4	5	6	7	8	9	10	11	12	13	14	15	16	17	18	19	20	21							
	回曆11月	20	21	22	23	24	25	26	27	28	29	1	2	3	4	5	6	7	8	9	10	11	12	13	14	15	16	17	18	19	20							
	公曆5月			1	2	3	4	5	6	7	8	9	10	11	12	13	14	15	16	17	18	19	20	21	22	23	24	25	26	27	28	29	30	31				
30	夏曆四月			22	23	24	25	26	27	28	29	⑪	2	3	4	5	6	7	8	9	10	11	12	13	14	15	16	17	18	19	20	21	22	23				
	回曆12月			21	22	23	24	25	26	27	28	29	30	1	2	3	4	5	6	7	8	9	10	11	12	13	14	15	16	17	18	19	20	21				
	公曆6月						1	2	3	4	5	6	7	8	9	10	11	12	13	14	15	16	17	18	19	20	21	22	23	24	25	26	27	28	29	30		
31	夏曆五月						24	25	26	27	28	29	30	㊶	2	3	4	5	6	7	8	9	10	11	12	13	14	15	16	17	18	19	20	21	22	23		
407年	回曆1月						22	23	24	25	26	27	28	29	30	①	2	3	4	5	6	7	8	9	10	11	12	13	14	15	16	17	18	19	20	21		
	公曆7月	1	2	3	4	5	6	7	8	9	10	11	12	13	14	15	16	17	18	19	20	21	22	23	24	25	26	27	28	29	30	31						
32	夏曆六月	24	25	26	27	28	29	⑩	2	3	4	5	6	7	8	9	10	11	12	13	14	15	16	17	18	19	20	21	22	23	24	25						
	回曆2月	22	23	24	25	26	27	28	29	30	1	2	3	4	5	6	7	8	9	10	11	12	13	14	15	16	17	18	19	20	21	22						
	公曆8月				1	2	3	4	5	6	7	8	9	10	11	12	13	14	15	16	17	18	19	20	21	22	23	24	25	26	27	28	29	30	31			
33	夏曆七月				26	27	28	29	30	㊵	2	3	4	5	6	7	8	9	10	11	12	13	14	15	16	17	18	19	20	21	22	23	24	25	26			
	回曆3月				23	24	25	26	27	28	29	1	2	3	4	5	6	7	8	9	10	11	12	13	14	15	16	17	18	19	20	21	22	23	24			
	公曆9月							1	2	3	4	5	6	7	8	9	10	11	12	13	14	15	16	17	18	19	20	21	22	23	24	25	26	27	28	29	30	
34	夏曆八月							27	28	29	⑨	2	3	4	5	6	7	8	9	10	11	12	13	14	15	16	17	18	19	20	21	22	23	24	25	26	27	
	回曆4月							25	26	27	28	29	30	1	2	3	4	5	6	7	8	9	10	11	12	13	14	15	16	17	18	19	20	21	22	23	24	
	公曆10月		1	2	3	4	5	6	7	8	9	10	11	12	13	14	15	16	17	18	19	20	21	22	23	24	25	26	27	28	29	30	31					
35	夏曆九月		28	29	30	㊴	2	3	4	5	6	7	8	9	10	11	12	13	14	15	16	17	18	19	20	21	22	23	24	25	26	27	28					
	回曆5月		25	26	27	28	29	1	2	3	4	5	6	7	8	9	10	11	12	13	14	15	16	17	18	19	20	21	22	23	24	25	26					
	公曆11月					1	2	3	4	5	6	7	8	9	10	11	12	13	14	15	16	17	18	19	20	21	22	23	24	25	26	27	28	29	30			
36	夏曆十月					29	30	⑨	2	3	4	5	6	7	8	9	10	11	12	13	14	15	16	17	18	19	20	21	22	23	24	25	26	27	28			

續表

月干支序數	星期／月序	日	1	2	3	4	5	6	日	1	2	3	4	5	6	日	1	2	3	4	5	6	日	1	2	3	4	5	6	日	1	2	3	4	5	6	日	1
	回曆6月					27	28	29	30	1	2	3	4	5	6	7	8	9	10	11	12	13	14	15	16	17	18	19	20	21	22	23	24	25	26			
	公曆12月							1	2	3	4	5	6	7	8	9	10	11	12	13	14	15	16	17	18	19	20	21	22	23	24	25	26	27	28	29	30	31
37	夏曆十一月							29	㊳	2	3	4	5	6	7	8	9	10	11	12	13	14	15	16	17	18	19	20	21	22	23	24	25	26	27	28	29	30
	回曆7月							27	28	29	1	2	3	4	5	6	7	8	9	10	11	12	13	14	15	16	17	18	19	20	21	22	23	24	25	26	27	28

大事記

正月，契丹大破高麗於郭州西。　二月，宋修兩朝國史成。阻卜部長朝契丹。　三月，王欽若上《寶文統錄》。　五月，夏州蕃部擾宋慶州。　六月，京東西及河北諸路旱蝗。　九月，吐蕃唃廝囉等擾宋秦州，大敗。宋以諸郡旱蝗，罷諸營造。　是歲，燕肅著《海潮圖》、《海潮論》成。

宋遼金紀年

干支丁巳　公元1017年

朝代或國名	國家支配者	建都	廟號	謚號	建元	年號年次	輔政者	備注
北宋	③趙恒	汴梁	真宗	元	5	4天禧元年	向敏中 王欽若	
契丹(遼)	⑤耶律隆緒	中京	聖宗	宣	3	2開泰6年		
大理	⑦段素廉	陽苴咩		宣肅	1	明啓8年		在雲南
夏國	趙德明	西平						
吐蕃	①唃廝羅	宗哥				3年		
古格						204年		西藏阿里
哈拉汗	曼蘇爾					2年		在新疆

月曆表

5730—354—2092901

月干支序數	星期／月序	日	1	2	3	4	5	6	日	1	2	3	4	5	6	日	1	2	3	4	5	6	日	1	2	3	4	5	6	日	1	2	3	4	5	6	日	1
	公曆1月			1	2	3	4	5	6	7	8	9	10	11	12	13	14	15	16	17	18	19	20	21	22	23	24	25	26	27	28	29	30	31				
38 39	夏曆十二/正月			⑧	2	3	4	5	6	7	8	9	10	11	12	13	14	15	16	17	18	19	20	21	22	23	24	25	26	27	28	29	30	㊳				
	回曆8月			29	30	1	2	3	4	5	6	7	8	9	10	11	12	13	14	15	16	17	18	19	20	21	22	23	24	25	26	27	28	29				
	公曆2月						1	2	3	4	5	6	7	8	9	10	11	12	13	14	15	16	17	18	19	20	21	22	23	24	25	26	27	28				
	夏曆正月						2	3	4	5	6	7	8	9	10	11	12	13	14	15	16	17	18	19	20	21	22	23	24	25	26	27	28	29				
	回曆9月						1	2	3	4	5	6	7	8	9	10	11	12	13	14	15	16	17	18	19	20	21	22	23	24	25	26	27	28				
	公曆3月						1	2	3	4	5	6	7	8	9	10	11	12	13	14	15	16	17	18	19	20	21	22	23	24	25	26	27	28	29	30	31	
40 41	夏曆二/三月						⑦	2	3	4	5	6	7	8	9	10	11	12	13	14	15	16	17	18	19	20	21	22	23	24	25	26	27	28	29	30	㊲	
	回曆10月						29	30	1	2	3	4	5	6	7	8	9	10	11	12	13	14	15	16	17	18	19	20	21	22	23	24	25	26	27	28	29	
	公曆4月		1	2	3	4	5	6	7	8	9	10	11	12	13	14	15	16	17	18	19	20	21	22	23	24	25	26	27	28	29	30						
42	夏曆四月		2	3	4	5	6	7	8	9	10	11	12	13	14	15	16	17	18	19	20	21	22	23	24	25	26	27	28	29	⑥	2						
	回曆11月		1	2	3	4	5	6	7	8	9	10	11	12	13	14	15	16	17	18	19	20	21	22	23	24	25	26	27	28	29	30						
	公曆5月				1	2	3	4	5	6	7	8	9	10	11	12	13	14	15	16	17	18	19	20	21	22	23	24	25	26	27	28	29	30	31			

續表

月干支序數	星期 月序	日	1	2	3	4	5	6	日	1	2	3	4	5	6	日	1	2	3	4	5	6	日	1	2	3	4	5	6	日	1	2	3	4	5	6	日	1
43	夏曆五月				3	4	5	6	7	8	9	10	11	12	13	14	15	16	17	18	19	20	21	22	23	24	25	26	27	28	29	㉟	2	3	4			
408年	回曆12、1月				1	2	3	4	5	6	7	8	9	10	11	12	13	14	15	16	17	18	19	20	21	22	23	24	25	26	27	28	29	①	2			
	公曆6月							1	2	3	4	5	6	7	8	9	10	11	12	13	14	15	16	17	18	19	20	21	22	23	24	25	26	27	28	29	30	
44	夏曆六月							5	6	7	8	9	10	11	12	13	14	15	16	17	18	19	20	21	22	23	24	25	26	27	28	29	30	⑤	2	3	4	
	回曆2月							3	4	5	6	7	8	9	10	11	12	13	14	15	16	17	18	19	20	21	22	23	24	25	26	27	28	29	30	1	2	
	公曆7月		1	2	3	4	5	6	7	8	9	10	11	12	13	14	15	16	17	18	19	20	21	22	23	24	25	26	27	28	29	30	31					
45	夏曆七月		5	6	7	8	9	10	11	12	13	14	15	16	17	18	19	20	21	22	23	24	25	26	27	28	29	㉞	2	3	4	5	6					
	回曆3月		3	4	5	6	7	8	9	10	11	12	13	14	15	16	17	18	19	20	21	22	23	24	25	26	27	28	29	1	2	3	4					
	公曆8月					1	2	3	4	5	6	7	8	9	10	11	12	13	14	15	16	17	18	19	20	21	22	23	24	25	26	27	28	29	30	31		
46	夏曆八月					7	8	9	10	11	12	13	14	15	16	17	18	19	20	21	22	23	24	25	26	27	28	29	③	2	3	4	5	6	7	8		
	回曆4月					5	6	7	8	9	10	11	12	13	14	15	16	17	18	19	20	21	22	23	24	25	26	27	28	29	30	1	2	3	4	5		
	公曆9月	1	2	3	4	5	6	7	8	9	10	11	12	13	14	15	16	17	18	19	20	21	22	23	24	25	26	27	28	29	30							
47	夏曆九月	9	10	11	12	13	14	15	16	17	18	19	20	21	22	23	24	25	26	27	28	29	30	㉝	2	3	4	5	6	7	8							
	回曆5月	6	7	8	9	10	11	12	13	14	15	16	17	18	19	20	21	22	23	24	25	26	27	28	29	1	2	3	4	5	6							
	公曆10月			1	2	3	4	5	6	7	8	9	10	11	12	13	14	15	16	17	18	19	20	21	22	23	24	25	26	27	28	29	30	31				
48	夏曆十月			9	10	11	12	13	14	15	16	17	18	19	20	21	22	23	24	25	26	27	28	29	30	③	2	3	4	5	6	7	8	9				
	回曆6月			7	8	9	10	11	12	13	14	15	16	17	18	19	20	21	22	23	24	25	26	27	28	29	30	1	2	3	4	5	6	7				
	公曆11月						1	2	3	4	5	6	7	8	9	10	11	12	13	14	15	16	17	18	19	20	21	22	23	24	25	26	27	28	29	30		
49	夏曆十一月						10	11	12	13	14	15	16	17	18	19	20	21	22	23	24	25	26	27	28	29	㉜	2	3	4	5	6	7	8	9	10		
	回曆7月						8	9	10	11	12	13	14	15	16	17	18	19	20	21	22	23	24	25	26	27	28	29	1	2	3	4	5	6	7	8		
	公曆12月	1	2	3	4	5	6	7	8	9	10	11	12	13	14	15	16	17	18	19	20	21	22	23	24	25	26	27	28	29	30	31						
50	夏曆十二月	11	12	13	14	15	16	17	18	19	20	21	22	23	24	25	26	27	28	29	30	②	2	3	4	5	6	7	8	9	10	11						
	回曆8月	9	10	11	12	13	14	15	16	17	18	19	20	21	22	23	24	25	26	27	28	29	30	1	2	3	4	5	6	7	8	9						

大事記

正月，宋改元天禧。　二月，蝗災延至荆湖，兩浙一百三十州軍以常平倉賑之。宋進封李公蘊為南平王。　四月，契丹禁命婦女再嫁。　五月，宋詔所在安恤流民。契丹攻高麗，敗還。宋京畿、京東等蝗蔓及遍地。　六月，契丹南京諸縣蝗。免大食國蕃客税之半。　八月，聽民耕牧京城禁圍草地，免牛税一年。　九月，帝、相議省吏員。　是歲，宋諸路饑。名儒學家周敦頤誕生(1017—1073)。

宋遼金紀年　　干支戊午　公元1018年

朝代或國名	國家支配者	建都	廟號	謚號、	建元	年號年次	輔政者	備注
北宋	③趙恒	汴梁	真宗	元	5	4天禧2年	向敏中王欽若	
契丹(遼)	⑤耶律隆緒	中京	聖宗	宣	3	2開泰7年		
大理	⑦段素廉	陽苴咩		宣肅	1	明啓9年		在雲南
夏國	趙德明	西平						
吐蕃	①唃厮囉	宗哥				4年		西寧
古格						205年		西藏阿里
哈拉汗	曼蘇爾					3年		在新疆

月 曆 表

5731—384—2093285

月干支序數	月＼星期序	日	1	2	3	4	5	6	日	1	2	3	4	5	6	日	1	2	3	4	5	6	日	1	2	3	4	5	6	日	1	2	3	4	5	6	日	1
	公曆1月				1	2	3	4	5	6	7	8	9	10	11	12	13	14	15	16	17	18	19	20	21	22	23	24	25	26	27	28	29	30	31			
51	夏曆正月				12	13	14	15	16	17	18	19	20	21	22	23	24	25	26	27	28	29	30	㉜	2	3	4	5	6	7	8	9	10	11	12			
	回曆9月				10	11	12	13	14	15	16	17	18	19	20	21	22	23	24	25	26	27	28	29	1	2	3	4	5	6	7	8	9	10	11			
	公曆2月							1	2	3	4	5	6	7	8	9	10	11	12	13	14	15	16	17	18	19	20	21	22	23	24	25	26	27	28			
52	夏曆二月							13	14	15	16	17	18	19	20	21	22	23	24	25	26	27	28	29	30	②	2	3	4	5	6	7	8	9	10			
	回曆10月							12	13	14	15	16	17	18	19	20	21	22	23	24	25	26	27	28	29	30	1	2	3	4	5	6	7	8	9			
	公曆3月							1	2	3	4	5	6	7	8	9	10	11	12	13	14	15	16	17	18	19	20	21	22	23	24	25	26	27	28	29	30	31
53	夏曆三月							11	12	13	14	15	16	17	18	19	20	21	22	23	24	25	26	27	28	29	㉛	2	3	4	5	6	7	8	9	10	11	12
	回曆11月							10	11	12	13	14	15	16	17	18	19	20	21	22	23	24	25	26	27	28	29	1	2	3	4	5	6	7	8	9	10	11
	公曆4月			1	2	3	4	5	6	7	8	9	10	11	12	13	14	15	16	17	18	19	20	21	22	23	24	25	26	27	28	29	30					
54	夏曆四月			13	14	15	16	17	18	19	20	21	22	23	24	25	26	27	28	29	30	①	2	3	4	5	6	7	8	9	10	11	12					
	回曆12月			12	13	14	15	16	17	18	19	20	21	22	23	24	25	26	27	28	29	30	1	2	3	4	5	6	7	8	9	10	11					
	公曆5月					1	2	3	4	5	6	7	8	9	10	11	12	13	14	15	16	17	18	19	20	21	22	23	24	25	26	27	28	29	30	31		
	夏曆閏四月					13	14	15	16	17	18	19	20	21	22	23	24	25	26	27	28	29	㉚	2	3	4	5	6	7	8	9	10	11	12	13	14		
409年	回曆1月					12	13	14	15	16	17	18	19	20	21	22	23	24	25	26	27	28	29	30	①	2	3	4	5	6	7	8	9	10	11	12		
	公曆6月	1	2	3	4	5	6	7	8	9	10	11	12	13	14	15	16	17	18	19	20	21	22	23	24	25	26	27	28	29	30							
55	夏曆五月	15	16	17	18	19	20	21	22	23	24	25	26	27	28	29	(59)	2	3	4	5	6	7	8	9	10	11	12	13	14	15							
	回曆2月	13	14	15	16	17	18	19	20	21	22	23	24	25	26	27	28	29	30	1	2	3	4	5	6	7	8	9	10	11	12							
	公曆7月			1	2	3	4	5	6	7	8	9	10	11	12	13	14	15	16	17	18	19	20	21	22	23	24	25	26	27	28	29	30	31				
56	夏曆六月			16	17	18	19	20	21	22	23	24	25	26	27	28	29	30	㉙	2	3	4	5	6	7	8	9	10	11	12	13	14	15	16				
	回曆3月			13	14	15	16	17	18	19	20	21	22	23	24	25	26	27	28	29	1	2	3	4	5	6	7	8	9	10	11	12	13	14				
	公曆8月						1	2	3	4	5	6	7	8	9	10	11	12	13	14	15	16	17	18	19	20	21	22	23	24	25	26	27	28	29	30	31	
57	夏曆七月						17	18	19	20	21	22	23	24	25	26	27	28	29	(58)	2	3	4	5	6	7	8	9	10	11	12	13	14	15	16	17	18	
	回曆4月						15	16	17	18	19	20	21	22	23	24	25	26	27	28	29	30	1	2	3	4	5	6	7	8	9	10	11	12	13	14	15	
	公曆9月		1	2	3	4	5	6	7	8	9	10	11	12	13	14	15	16	17	18	19	20	21	22	23	24	25	26	27	28	29	30						
58	夏曆八月		19	20	21	22	23	24	25	26	27	28	29	㉗	2	3	4	5	6	7	8	9	10	11	12	13	14	15	16	17	18	19						
	回曆5月		16	17	18	19	20	21	22	23	24	25	26	27	28	29	1	2	3	4	5	6	7	8	9	10	11	12	13	14	15	16						
	公曆10月				1	2	3	4	5	6	7	8	9	10	11	12	13	14	15	16	17	18	19	20	21	22	23	24	25	26	27	28	29	30	31			
59	夏曆九月				20	21	22	23	24	25	26	27	28	29	30	(57)	2	3	4	5	6	7	8	9	10	11	12	13	14	15	16	17	18	19	20			
	回曆6月				17	18	19	20	21	22	23	24	25	26	27	28	29	30	1	2	3	4	5	6	7	8	9	10	11	12	13	14	15	16	17			
	公曆11月							1	2	3	4	5	6	7	8	9	10	11	12	13	14	15	16	17	18	19	20	21	22	23	24	25	26	27	28	29	30	
60	夏曆十月							21	22	23	24	25	26	27	28	29	30	㉗	2	3	4	5	6	7	8	9	10	11	12	13	14	15	16	17	18	19	20	
	回曆7月							18	19	20	21	22	23	24	25	26	27	28	29	1	2	3	4	5	6	7	8	9	10	11	12	13	14	15	16	17	18	
	公曆12月		1	2	3	4	5	6	7	8	9	10	11	12	13	14	15	16	17	18	19	20	21	22	23	24	25	26	27	28	29	30	31					
1	夏曆十一月		21	22	23	24	25	26	27	28	29	(56)	2	3	4	5	6	7	8	9	10	11	12	13	14	15	16	17	18	19	20	21	22					
	回曆8月		19	20	21	22	23	24	25	26	27	28	29	30	1	2	3	4	5	6	7	8	9	10	11	12	13	14	15	16	17	18	19					

大事記

正月，宋荆湖大寒，永州大雪六日。賑河北、京東饑。　三月，契丹破滅敵烈部之不服者。　四月，吐蕃貢於契丹。　九月，契丹括馬給東征軍。　十月，契丹復攻高麗。　十一月，契丹戰不利，遂大掠。　十二月，高麗大勝契丹。

宋遼金紀年

干支己未　公元1019年

朝代或國名	國家支配者	建都	廟號	謚號	建元	年號年次	輔政者	備注
北宋	③趙恒	汴梁	真宗	元	5	4天禧3年	向敏中王欽若寇準	
契丹(遼)	⑤耶律隆緒	中京	聖宗	宣	3	2開泰8年		
大理	⑦段素廉	陽苴咩		宣肅	1	明啓10年		在雲南
夏國	趙德明	西平						
吐蕃	唃廝囉	宗哥				5年		
古格						206年		西藏阿里
哈拉汗	曼蘇爾					4年		在新疆

月曆表

5732—354—2093639

月干支序數	月序＼星期	日	1	2	3	4	5	6	日	1	2	3	4	5	6	日	1	2	3	4	5	6	日	1	2	3	4	5	6	日	1	2	3	4	5	6	日	1
	公暦1月					1	2	3	4	5	6	7	8	9	10	11	12	13	14	15	16	17	18	19	20	21	22	23	24	25	26	27	28	29	30	31		
2	夏暦十二月					23	24	25	26	27	28	29	30	㉖	2	3	4	5	6	7	8	9	10	11	12	13	14	15	16	17	18	19	20	21	22	23		
	回暦9月					20	21	22	23	24	25	26	27	28	29	1	2	3	4	5	6	7	8	9	10	11	12	13	14	15	16	17	18	19	20	21		
	公暦2月	1	2	3	4	5	6	7	8	9	10	11	12	13	14	15	16	17	18	19	20	21	22	23	24	25	26	27	28									
3	夏暦正月	24	25	26	27	28	29	30	(56)	2	3	4	5	6	7	8	9	10	11	12	13	14	15	16	17	18	19	20	21									
	回暦10月	22	23	24	25	26	27	28	29	30	1	2	3	4	5	6	7	8	9	10	11	12	13	14	15	16	17	18	19									
	公暦3月	1	2	3	4	5	6	7	8	9	10	11	12	13	14	15	16	17	18	19	20	21	22	23	24	25	26	27	28	29	30	31						
4	夏暦二月	22	23	24	25	26	27	28	29	30	㉖	2	3	4	5	6	7	8	9	10	11	12	13	14	15	16	17	18	19	20	21	22						
	回暦11月	20	21	22	23	24	25	26	27	28	29	1	2	3	4	5	6	7	8	9	10	11	12	13	14	15	16	17	18	19	20	21						
	公暦4月				1	2	3	4	5	6	7	8	9	10	11	12	13	14	15	16	17	18	19	20	21	22	23	24	25	26	27	28	29	30				
5	夏暦三月				23	24	25	26	27	28	29	(55)	2	3	4	5	6	7	8	9	10	11	12	13	14	15	16	17	18	19	20	21	22	23				
	回暦12月				22	23	24	25	26	27	28	29	30	1	2	3	4	5	6	7	8	9	10	11	12	13	14	15	16	17	18	19	20	21				
	公暦5月						1	2	3	4	5	6	7	8	9	10	11	12	13	14	15	16	17	18	19	20	21	22	23	24	25	26	27	28	29	30	31	
6	夏暦四月						24	25	26	27	28	29	30	㉕	2	3	4	5	6	7	8	9	10	11	12	13	14	15	16	17	18	19	20	21	22	23	24	
410年	回暦1月						22	23	24	25	26	27	28	29	①	2	3	4	5	6	7	8	9	10	11	12	13	14	15	16	17	18	19	20	21	22	23	
	公暦6月		1	2	3	4	5	6	7	8	9	10	11	12	13	14	15	16	17	18	19	20	21	22	23	24	25	26	27	28	29	30						
7	夏暦五月		25	26	27	28	29	(54)	2	3	4	5	6	7	8	9	10	11	12	13	14	15	16	17	18	19	20	21	22	23	24	25						
	回暦2月		24	25	26	27	28	29	30	1	2	3	4	5	6	7	8	9	10	11	12	13	14	15	16	17	18	19	20	21	22	23						
	公暦7月				1	2	3	4	5	6	7	8	9	10	11	12	13	14	15	16	17	18	19	20	21	22	23	24	25	26	27	28	29	30	31			
8	夏暦六月				26	27	28	29	㉓	2	3	4	5	6	7	8	9	10	11	12	13	14	15	16	17	18	19	20	21	22	23	24	25	26	27			
	回暦3月				24	25	26	27	28	29	1	2	3	4	5	6	7	8	9	10	11	12	13	14	15	16	17	18	19	20	21	22	23	24	25			
	公暦8月							1	2	3	4	5	6	7	8	9	10	11	12	13	14	15	16	17	18	19	20	21	22	23	24	25	26	27	28	29	30	31
9	夏暦七月							28	29	30	(53)	2	3	4	5	6	7	8	9	10	11	12	13	14	15	16	17	18	19	20	21	22	23	24	25	26	27	28
	回暦4月							26	27	28	29	30	1	2	3	4	5	6	7	8	9	10	11	12	13	14	15	16	17	18	19	20	21	22	23	24	25	26
	公暦9月			1	2	3	4	5	6	7	8	9	10	11	12	13	14	15	16	17	18	19	20	21	22	23	24	25	26	27	28	29	30					
10	夏暦八月			29	㉒	2	3	4	5	6	7	8	9	10	11	12	13	14	15	16	17	18	19	20	21	22	23	24	25	26	27	28	29					
	回暦5月			27	28	29	1	2	3	4	5	6	7	8	9	10	11	12	13	14	15	16	17	18	19	20	21	22	32	4	25	26	27					
	公暦10月					1	2	3	4	5	6	7	8	9	10	11	12	13	14	15	16	17	18	19	20	21	22	23	24	25	26	27	28	29	30	31		
11 12	夏暦九 十月					(51)	2	3	4	5	6	7	8	9	10	11	12	13	14	15	16	17	18	19	20	21	22	23	24	25	26	27	28	29	30	㉑		
	回暦6月					28	29	30	1	2	3	4	5	6	7	8	9	10	11	12	13	14	15	16	17	18	19	20	21	22	23	24	25	26	27	28		

續表

月 干支 序數	星期 月序	日	1	2	3	4	5	6	日	1	2	3	4	5	6	日	1	2	3	4	5	6	日	1	2	3	4	5	6	日	1	2	3	4	5	6	日	1
	公曆 11 月	1	2	3	4	5	6	7	8	9	10	11	12	13	14	15	16	17	18	19	20	21	22	23	24	25	26	27	28	29	30							
13	夏曆十一月	2	3	4	5	6	7	8	9	10	11	12	13	14	15	16	17	18	19	20	21	22	23	24	25	26	27	28	29	㊿	2							
	回曆 7 月	29	1	2	3	4	5	6	7	8	9	10	11	12	13	14	15	16	17	18	19	20	21	22	23	24	25	26	27	28	29							
	公曆 12 月			1	2	3	4	5	6	7	8	9	10	11	12	13	14	15	16	17	18	19	20	21	22	23	24	25	26	27	28	29	30	31				
14	夏曆十二月			3	4	5	6	7	8	9	10	11	12	13	14	15	16	17	18	19	20	21	22	23	24	25	26	27	28	29	30	⑳	2	3				
	回曆 8、9 月			30	1	2	3	4	5	6	7	8	9	10	11	12	13	14	15	16	17	18	19	20	21	22	23	24	25	26	27	28	29	1				

大事記

正月，契丹封沙州曹賢順為敦煌郡王。　五月，契丹遷寧州渤海民於遼、土二河間。　六月，河決滑州，淹澶、濮、鄆、徐、齊五州。宋以寇準、丁謂為相。　八月，佛道會於天安殿，凡 13086 人。　十二月，高麗王詢請和於契丹，許之。　是歲，契丹南京饑疫，民多流殍。司馬光誕生(1019—1086)。

宋遼金紀年

干支庚申　公元 1020 年

朝代或國名	國家支配者	建都	廟號	謚號	建元	年號年次	輔政者	備注
北宋	③趙恒	汴梁	真宗	元	5	4 天禧 4 年	寇準丁謂 李迪馮拯	
契丹(遼)	⑤耶律隆緒	中京	聖宗	宣	3	2 開泰 9 年		
大理	⑦段素廉	陽苴咩		宣肅	1	明啓 11 年		在雲南
夏國	趙德明	興州						
吐蕃	①唃廝囉	宗哥				6 年		
古格						207 年		西藏阿里
哈拉汗	曼蘇爾					5 年		在新疆

月曆表

5733—384—2094023

月 干支 序數	星期 月序	日	1	2	3	4	5	6	日	1	2	3	4	5	6	日	1	2	3	4	5	6	日	1	2	3	4	5	6	日	1	2	3	4	5	6	日	1
	公曆 1 月						1	2	3	4	5	6	7	8	9	10	11	12	13	14	15	16	17	18	19	20	21	22	23	24	25	26	27	28	29	30	31	
15	夏曆正月						4	5	6	7	8	9	10	11	12	13	14	15	16	17	18	19	20	21	22	23	24	25	26	27	28	29	30	㊿	2	3	4	
	回曆 10 月						2	3	4	5	6	7	8	9	10	11	12	13	14	15	16	17	18	19	20	21	22	23	24	25	26	27	28	29	30	1	2	
	公曆 2 月		1	2	3	4	5	6	7	8	9	10	11	12	13	14	15	16	17	18	19	20	21	22	23	24	25	26	27	28	29							
16	夏曆二月		5	6	7	8	9	10	11	12	13	14	15	16	17	18	19	20	21	22	23	24	25	26	27	28	29	30	⑳	2	3							
	回曆 11 月		3	4	5	6	7	8	9	10	11	12	13	14	15	16	17	18	19	20	21	22	23	24	25	26	27	28	29	1	2							
	公曆 3 月			1	2	3	4	5	6	7	8	9	10	11	12	13	14	15	16	17	18	19	20	21	22	23	24	25	26	27	28	29	30	31				
17	夏曆三月			4	5	6	7	8	9	10	11	12	13	14	15	16	17	18	19	20	21	22	23	24	25	26	27	28	29	㊾	2	3	4	5				
	回曆 12 月			3	4	5	6	7	8	9	10	11	12	13	14	15	16	17	18	19	20	21	22	23	24	25	26	27	28	29	30	1	2	3				
	公曆 4 月						1	2	3	4	5	6	7	8	9	10	11	12	13	14	15	16	17	18	19	20	21	22	23	24	25	26	27	28	29	30		
18	夏曆四月						6	7	8	9	10	11	12	13	14	15	16	17	18	19	20	21	22	23	24	25	26	27	28	29	30	⑲	2	3	4	5		
411 年	回曆 1 月						4	5	6	7	8	9	10	11	12	13	14	15	16	17	18	19	20	21	22	23	24	25	26	27	28	29	①	2	3	4		
	公曆 5 月	1	2	3	4	5	6	7	8	9	10	11	12	13	14	15	16	17	18	19	20	21	22	23	24	25	26	27	28	29	30	31						

續表

月干支序數	月序＼星期	日	1	2	3	4	5	6	日	1	2	3	4	5	6	日	1	2	3	4	5	6	日	1	2	3	4	5	6	日	1	2	3	4	5	6	日	1
19	夏曆五月	6	7	8	9	10	11	12	13	14	15	16	17	18	19	20	21	22	23	24	25	26	27	28	29	㊽	2	3	4	5	6	7						
	回曆2月	5	6	7	8	9	10	11	12	13	14	15	16	17	18	19	20	21	22	23	24	25	26	27	28	29	30	1	2	3	4	5						
	公曆6月				1	2	3	4	5	6	7	8	9	10	11	12	13	14	15	16	17	18	19	20	21	22	23	24	25	26	27	28	29	30				
20	夏曆六月				8	9	10	11	12	13	14	15	16	17	18	19	20	21	22	23	24	25	26	27	28	29	30	⑱	2	3	4	5	6	7				
	回曆3月				6	7	8	9	10	11	12	13	14	15	16	17	18	19	20	21	22	23	24	25	26	27	28	29	1	2	3	4	5	6				
	公曆7月						1	2	3	4	5	6	7	8	9	10	11	12	13	14	15	16	17	18	19	20	21	22	23	24	25	26	27	28	29	30	31	
21	夏曆七月						8	9	10	11	12	13	14	15	16	17	18	19	20	21	22	23	24	25	26	27	28	29	㊼	2	3	4	5	6	7	8	9	
	回曆4月						7	8	9	10	11	12	13	14	15	16	17	18	19	20	21	22	23	24	25	26	27	28	29	30	1	2	3	4	5	6	7	
	公曆8月		1	2	3	4	5	6	7	8	9	10	11	12	13	14	15	16	17	18	19	20	21	22	23	24	25	26	27	28	29	30	31					
22	夏曆八月		10	11	12	13	14	15	16	17	18	19	20	21	22	23	24	25	26	27	28	29	30	⑰	2	3	4	5	6	7	8	9	10					
	回曆5月		8	9	10	11	12	13	14	15	16	17	18	19	20	21	22	23	24	25	26	27	28	29	1	2	3	4	5	6	7	8	9					
	公曆9月					1	2	3	4	5	6	7	8	9	10	11	12	13	14	15	16	17	18	19	20	21	22	23	24	25	26	27	28	29	30			
23	夏曆九月					11	12	13	14	15	16	17	18	19	20	21	22	23	24	25	26	27	28	29	㊻	2	3	4	5	6	7	8	9	10	11			
	回曆6月					10	11	12	13	14	15	16	17	18	19	20	21	22	23	24	25	26	27	28	29	30	1	2	3	4	5	6	7	8	9			
	公曆10月							1	2	3	4	5	6	7	8	9	10	11	12	13	14	15	16	17	18	19	20	21	22	23	24	25	26	27	28	29	30	31
24	夏曆十月							12	13	14	15	16	17	18	19	20	21	22	23	24	25	26	27	28	29	⑮	2	3	4	5	6	7	8	9	10	11	12	13
	回曆7月							10	11	12	13	14	15	16	17	18	19	20	21	22	23	24	25	26	27	28	29	1	2	3	4	5	6	7	8	9	10	11
	公曆11月			1	2	3	4	5	6	7	8	9	10	11	12	13	14	15	16	17	18	19	20	21	22	23	24	25	26	27	28	29	30					
25	夏曆十一月			14	15	16	17	18	19	20	21	22	23	24	25	26	27	28	29	30	㊺	2	3	4	5	6	7	8	9	10	11	12	13					
	回曆8月			12	13	14	15	16	17	18	19	20	21	22	23	24	25	26	27	28	29	30	1	2	3	4	5	6	7	8	9	10	11					
	公曆12月					1	2	3	4	5	6	7	8	9	10	11	12	13	14	15	16	17	18	19	20	21	22	23	24	25	26	27	28	29	30	31		
26	夏曆十二月					14	15	16	17	18	19	20	21	22	23	24	25	26	27	28	29	⑭	2	3	4	5	6	7	8	9	10	11	12	13	14	15		
	回曆9月					12	13	14	15	16	17	18	19	20	21	22	23	24	25	26	27	28	29	1	2	3	4	5	6	7	8	9	10	11	12	13		

遼五月壬子。

大事記

正月，宋開揚州古河以利漕運。宋改諸路提點刑獄為勸農使副兼提點獄公事，凡農田事盡領之，後又改為提點刑獄兼勸農使副。　二月，發唐、鄧等州常平倉賑貧民。　三月，宋分江南為東西兩路。　五月，高麗向契丹稱藩納貢。六月，寇準罷相。　八月，永興軍都巡檢使朱能叛。　是歲，趙德明築懷遠鎮城居之，號興州。宋詔館餞閣校勘《牛經器禾譜》、《牛器》、《茶錄》等書。

宋遼金紀年　　干支辛酉　公元　1021年

朝代或國名	國家支配者	建都	廟號	諡號	建元	年號年次	輔政者	備注
北宋	③趙恒	汴梁	真宗	元	5	4天禧5年	丁謂馮拯	
契丹(遼)	⑤耶律隆緒	中京	聖宗	宣	3	3太平元年		十一月癸未改元 一作太元年號
大理	⑦段素廉	陽苴咩		宣肅	1	明啓12年		在雲南
大夏	趙德明	興州						契丹所封
吐蕃	①唃厮囉	宗哥				7年		
古格						208年		西藏阿里
哈拉汗	曼蘇甭					6年		在新疆

月曆表

月干支序數	星期/月序	日	1	2	3	4	5	6	日	1	2	3	4	5	6	日	1	2	3	4	5	6	日	1	2	3	4	5	6	日	1	2	3	4	5	6	日	1
	公曆 1 月	1	2	3	4	5	6	7	8	9	10	11	12	13	14	15	16	17	18	19	20	21	22	23	24	25	26	27	28	29	30	31						
	夏曆閏十二月	16	17	18	19	20	21	22	23	24	25	26	27	28	29	30	㊹	2	3	4	5	6	7	8	9	10	11	12	13	14	15	16						
	回曆 10 月	14	15	16	17	18	19	20	21	22	23	24	25	26	27	28	29	30	1	2	3	4	5	6	7	8	9	10	11	12	13	14						
	公曆 2 月				1	2	3	4	5	6	7	8	9	10	11	12	13	14	15	16	17	18	19	20	21	22	23	24	25	26	27	28						
27	夏曆正月				17	18	19	20	21	22	23	24	25	26	27	28	29	30	⑭	2	3	4	5	6	7	8	9	10	11	12	13	14						
	回曆 11 月				15	16	17	18	19	20	21	22	23	24	25	26	27	28	29	1	2	3	4	5	6	7	8	9	10	11	12	13						
	公曆 3 月				1	2	3	4	5	6	7	8	9	10	11	12	13	14	15	16	17	18	19	20	21	22	23	24	25	26	27	28	29	30	31			
28	夏曆二月				15	16	17	18	19	20	21	22	23	24	25	26	27	28	29	㊸	2	3	4	5	6	7	8	9	10	11	12	13	14	15	16			
	回曆 12 月				14	15	16	17	18	19	20	21	22	23	24	25	26	27	28	29	30	1	2	3	4	5	6	7	8	9	10	11	12	13	14			
	公曆 4 月							1	2	3	4	5	6	7	8	9	10	11	12	13	14	15	16	17	18	19	20	21	22	23	24	25	26	27	28	29	30	
29	夏曆三月							17	18	19	20	21	22	23	24	25	26	27	28	29	30	⑬	2	3	4	5	6	7	8	9	10	11	12	13	14	15	16	
412 年	回曆 1 月							15	16	17	18	19	20	21	22	23	24	25	26	27	28	29	30	①	2	3	4	5	6	7	8	9	10	11	12	13	14	
	公曆 5 月		1	2	3	4	5	6	7	8	9	10	11	12	13	14	15	16	17	18	19	20	21	22	23	24	25	26	27	28	29	30	31					
30	夏曆四月		17	18	19	20	21	22	23	24	25	26	27	28	29	30	㊸	2	3	4	5	6	7	8	9	10	11	12	13	14	15	16	17					
	回曆 2 月		15	16	17	18	19	20	21	22	23	24	25	26	27	28	29	30	1	2	3	4	5	6	7	8	9	10	11	12	13	14	15					
	公曆 6 月					1	2	3	4	5	6	7	8	9	10	11	12	13	14	15	16	17	18	19	20	21	22	23	24	25	26	27	28	29	30			
31	夏曆五月					18	19	20	21	22	23	24	25	26	27	28	29	⑫	2	3	4	5	6	7	8	9	10	11	12	13	14	15	16	17	18			
	回曆 3 月					16	17	18	19	20	21	22	23	24	25	26	27	28	29	1	2	3	4	5	6	7	8	9	10	11	12	13	14	15	16			
	公曆 7 月							1	2	3	4	5	6	7	8	9	10	11	12	13	14	15	16	17	18	19	20	21	22	23	24	25	26	27	28	29	30	31
32	夏曆六月							19	20	21	22	23	24	25	26	27	28	29	30	㊷	2	3	4	5	6	7	8	9	10	11	12	13	14	15	16	17	18	19
	回曆 4 月							17	18	19	20	21	22	23	24	25	26	27	28	29	30	1	2	3	4	5	6	7	8	9	10	11	12	13	14	15	16	17
	公曆 8 月			1	2	3	4	5	6	7	8	9	10	11	12	13	14	15	16	17	18	19	20	21	22	23	24	25	26	27	28	29	30	31				
33	夏曆七月			20	21	22	23	24	25	26	27	28	29	⑪	2	3	4	5	6	7	8	9	10	11	12	13	14	15	16	17	18	19	20	21				
	回曆 5 月			18	19	20	21	22	23	24	25	26	27	28	29	1	2	3	4	5	6	7	8	9	10	11	12	13	14	15	16	17	18	19				
	公曆 9 月						1	2	3	4	5	6	7	8	9	10	11	12	13	14	15	16	17	18	19	20	21	22	23	24	25	26	27	28	29	30		
34	夏曆八月						22	23	24	25	26	27	28	29	30	㊶	2	3	4	5	6	7	8	9	10	11	12	13	14	15	16	17	18	19	20	21		
	回曆 6 月						20	21	22	23	24	25	26	27	28	29	30	1	2	3	4	5	6	7	8	9	10	11	12	13	14	15	16	17	18	19		
	公曆 10 月	1	2	3	4	5	6	7	8	9	10	11	12	13	14	15	16	17	18	19	20	21	22	23	24	25	26	27	28	29	30	31						
35	夏曆九月	22	23	24	25	26	27	28	29	⑩	2	3	4	5	6	7	8	9	10	11	12	13	14	15	16	17	18	19	20	21	22	23						
	回曆 7 月	20	21	22	23	24	25	26	27	28	29	1	2	3	4	5	6	7	8	9	10	11	12	13	14	15	16	17	18	19	20	21						
	公曆 11 月				1	2	3	4	5	6	7	8	9	10	11	12	13	14	15	16	17	18	19	20	21	22	23	24	25	26	27	28	29	30				
36	夏曆十月				24	25	26	27	28	29	30	㊵	2	3	4	5	6	7	8	9	10	11	12	13	14	15	16	17	18	19	20	21	22	23				
	回曆 8 月				22	23	24	25	26	27	28	29	30	1	2	3	4	5	6	7	8	9	10	11	12	13	14	15	16	17	18	19	20	21				
	公曆 12 月						1	2	3	4	5	6	7	8	9	10	11	12	13	14	15	16	17	18	19	20	21	22	23	24	25	26	27	28	29	30	31	
37	夏曆十一月						24	25	26	27	28	29	⑨	2	3	4	5	6	7	8	9	10	11	12	13	14	15	16	17	18	19	20	21	22	23	24	25	
	回曆 9 月						22	23	24	25	26	27	28	29	1	2	3	4	5	6	7	8	9	10	11	12	13	14	15	16	17	18	19	20	21	22	23	

遼十二月辛丑。齊召南《曆代帝王年表》紀遼年代多誤。

大事記

二月，大食請婚於契丹，以宗女為公主妻之。　四月，女真三十部長請遣子入侍於契丹。　七月，阻卜貢契丹。　九月，唃厮囉請降於宋。　十月，免京東西、淮浙災民租。　十一月，契丹改元太平。　十二月，契丹鑄太平元寶錢，與舊統和元寶錢互用。　是歲宋轄戶 8 677 677；口 13 930 320，墾田 5 247 584 頃 32 畝。總收入緡錢 15 085 萬。出 12 677 萬。王安石誕生(1021—1086)。

宋遼金紀年

干支壬戌 公元1022年

朝代或國名	國家支配者	建都	廟號	謚號	建元	年號年次	輔政者	備注
北宋	③趙恒	汴梁	真宗	元	5	5乾興元年	丁謂馮拯王曾	二月趙禎即位
契丹(遼)	⑤耶律隆緒	中京	聖宗	宣	3	3太平2年		
大理	⑦段素廉	陽苴咩		宣肅	1	明啓13年		在雲南
大夏	趙德明	興州						
吐蕃	①唃厮羅	宗哥				8年		
古格						209年		西藏阿里
哈拉汗	曼蘇爾					7年		在新疆

月曆表

5735—355—2094732

月干支序數	月序＼星期	日	1	2	3	4	5	6	日	1	2	3	4	5	6	日	1	2	3	4	5	6	日	1	2	3	4	5	6	日	1	2	3	4	5	6	日	1
	公曆1月		1	2	3	4	5	6	7	8	9	10	11	12	13	14	15	16	17	18	19	20	21	22	23	24	25	26	27	28	29	30	31					
38	夏曆十二月		26	27	28	29	30	㊴	2	3	4	5	6	7	8	9	10	11	12	13	14	15	16	17	18	19	20	21	22	23	24	25	26					
	回曆10月		24	25	26	27	28	29	30	1	2	3	4	5	6	7	8	9	10	11	12	13	14	15	16	17	18	19	20	21	22	23	24					
	公曆2月					1	2	3	4	5	6	7	8	9	10	11	12	13	14	15	16	17	18	19	20	21	22	23	24	25	26	27	28					
39	夏曆正月					27	28	29	⑧	2	3	4	5	6	7	8	9	10	11	12	13	14	15	16	17	18	19	20	21	22	23	24	25					
	回曆11月					25	26	27	28	29	1	2	3	4	5	6	7	8	9	10	11	12	13	14	15	16	17	18	19	20	21	22	23					
	公曆3月					1	2	3	4	5	6	7	8	9	10	11	12	13	14	15	16	17	18	19	20	21	22	23	24	25	26	27	28	29	30	31		
40	夏曆二月					26	27	28	29	㊲	2	3	4	5	6	7	8	9	10	11	12	13	14	15	16	17	18	19	20	21	22	23	24	25	26	27		
	回曆12月					24	25	26	27	28	29	30	1	2	3	4	5	6	7	8	9	10	11	12	13	14	15	16	17	18	19	20	21	22	23	24		
	公曆4月	1	2	3	4	5	6	7	8	9	10	11	12	13	14	15	16	17	18	19	20	21	22	23	24	25	26	27	28	29	30							
41	夏曆三月	28	29	30	⑦	2	3	4	5	6	7	8	9	10	11	12	13	14	15	16	17	18	19	20	21	22	23	24	25	26	27							
413年	回曆1月	25	26	27	28	29	①	2	3	4	5	6	7	8	9	10	11	12	13	14	15	16	17	18	19	20	21	22	23	24	25							
	公曆5月			1	2	3	4	5	6	7	8	9	10	11	12	13	14	15	16	17	18	19	20	21	22	23	24	25	26	27	28	29	30	31				
42	夏曆四月			28	29	30	㊲	2	3	4	5	6	7	8	9	10	11	12	13	14	15	16	17	18	19	20	21	22	23	24	25	26	27	28				
	回曆2月			26	27	28	29	30	1	2	3	4	5	6	7	8	9	10	11	12	13	14	15	16	17	18	19	20	21	22	23	24	25	26				
	公曆6月						1	2	3	4	5	6	7	8	9	10	11	12	13	14	15	16	17	18	19	20	21	22	23	24	25	26	27	28	29	30		
43	夏曆五月						29	⑥	2	3	4	5	6	7	8	9	10	11	12	13	14	15	16	17	18	19	20	21	22	23	24	25	26	27	28	29		
	回曆3月						27	28	29	1	2	3	4	5	6	7	8	9	10	11	12	13	14	15	16	17	18	19	20	21	22	23	24	25	26	27		
	公曆7月	1	2	3	4	5	6	7	8	9	10	11	12	13	14	15	16	17	18	19	20	21	22	23	24	25	26	27	28	29	30	31						
44	夏曆六月	30	㊱	2	3	4	5	6	7	8	9	10	11	12	13	14	15	16	17	18	19	20	21	22	23	24	25	26	27	28	29	30						
	回曆4月	28	29	30	1	2	3	4	5	6	7	8	9	10	11	12	13	14	15	16	17	18	19	20	21	22	23	24	25	26	27	28						
	公曆8月				1	2	3	4	5	6	7	8	9	10	11	12	13	14	15	16	17	18	19	20	21	22	23	24	25	26	27	28	29	30	31			
45 46	夏曆七 八月				⑥	2	3	4	5	6	7	8	9	10	11	12	13	14	15	16	17	18	19	20	21	22	23	24	25	26	27	28	29	㉟	2			
	回曆5月				29	1	2	3	4	5	6	7	8	9	10	11	12	13	14	15	16	17	18	19	20	21	22	23	24	25	26	27	28	29	30			
	公曆9月							1	2	3	4	5	6	7	8	9	10	11	12	13	14	15	16	17	18	19	20	21	22	23	24	25	26	27	28	29	30	
47	夏曆九月							3	4	5	6	7	8	9	10	11	12	13	14	15	16	17	18	19	20	21	22	23	24	25	26	27	28	29	30	⑤	2	
	回曆6、7月							1	2	3	4	5	6	7	8	9	10	11	12	13	14	15	16	17	18	19	20	21	22	23	24	25	26	27	28	29	1	
	公曆10月		1	2	3	4	5	6	7	8	9	10	11	12	13	14	15	16	17	18	19	20	21	22	23	24	25	26	27	28	29	30	31					
48	夏曆十月		3	4	5	6	7	8	9	10	11	12	13	14	15	16	17	18	19	20	21	22	23	24	25	26	27	28	29	㉞	2	3	4					
	回曆8月		2	3	4	5	6	7	8	9	10	11	12	13	14	15	16	17	18	19	20	21	22	23	24	25	26	27	28	29	30	1	2					

續表

月干支序數	星期／月序	日	1	2	3	4	5	6	日	1	2	3	4	5	6	日	1	2	3	4	5	6	日	1	2	3	4	5	6	日	1	2	3	4	5	6	日	1
	公曆11月					1	2	3	4	5	6	7	8	9	10	11	12	13	14	15	16	17	18	19	20	21	22	23	24	25	26	27	28	29	30			
49	夏曆十一月					5	6	7	8	9	10	11	12	13	14	15	16	17	18	19	20	21	22	23	24	25	26	27	28	29	30	④	2	3	4			
	回曆9月					3	4	5	6	7	8	9	10	11	12	13	14	15	16	17	18	19	20	21	22	23	24	25	26	27	28	29	1	2	3			
	公曆12月							1	2	3	4	5	6	7	8	9	10	11	12	13	14	15	16	17	18	19	20	21	22	23	24	25	26	27	28	29	30	31
50	夏曆十二月							5	6	7	8	9	10	11	12	13	14	15	16	17	18	19	20	21	22	23	24	25	26	27	28	29	㉝	2	3	4	5	6
	回曆10月							4	5	6	7	8	9	10	11	12	13	14	15	16	17	18	19	20	21	22	23	24	25	26	27	28	29	30	1	2	3	4

大事記

正月，宋改元乾興。　二月，宋真宗卒，太子禎嗣，為仁宗，太后劉氏同聽政。　三月，契丹地震，雲、應二州屋毀地陷，山崩泉涌。　十一月，給兗州學田十頃，諸州給學田始此。吐蕃首領李立遵附宋。　十二月，始立限田法。形勢敢挾他戶田者，聽人告，給所隱田三分之一。

宋遼金紀年

干支癸亥　公元1023年

朝代或國名	國家支配者	建都	廟號	謚號	建元	年號年次	輔政者	備注
北宋	④趙禎	汴梁	仁宗	明	9	1天聖元年	馮拯王曾王欽若	
契丹(遼)	⑤耶律隆緒	中京	聖宗	宣	3	3太平3年		
大理	⑧段素隆	陽苴咩		秉義	1	明通元年		在雲南
大夏	趙德明	興州						
吐蕃	①唃厮囉	宗哥				9年		
古格						210年		西藏阿里
哈拉汗	曼蘇爾					8年		在新疆

月曆表

5736—384—2095116

月干支序數	星期／月序	日	1	2	3	4	5	6	日	1	2	3	4	5	6	日	1	2	3	4	5	6	日	1	2	3	4	5	6	日	1	2	3	4	5	6	日	1
	公曆1月			1	2	3	4	5	6	7	8	9	10	11	12	13	14	15	16	17	18	19	20	21	22	23	24	25	26	27	28	29	30	31				
51	夏曆正月			7	8	9	10	11	12	13	14	15	16	17	18	19	20	21	22	23	24	25	26	27	28	29	30	③	2	3	4	5	6	7				
	回曆11月			5	6	7	8	9	10	11	12	13	14	15	16	17	18	19	20	21	22	23	24	25	26	27	28	29	1	2	3	4	5	6				
	公曆2月						1	2	3	4	5	6	7	8	9	10	11	12	13	14	15	16	17	18	19	20	21	22	23	24	25	26	27	28				
52	夏曆二月						8	9	10	11	12	13	14	15	16	17	18	19	20	21	22	23	24	25	26	27	28	29	㉜	2	3	4	5	6				
	回曆12月						7	8	9	10	11	12	13	14	15	16	17	18	19	20	21	22	23	24	25	26	27	28	29	30	1	2	3	4				
	公曆3月						1	2	3	4	5	6	7	8	9	10	11	12	13	14	15	16	17	18	19	20	21	22	23	24	25	26	27	28	29	30	31	
53	夏曆三月						7	8	9	10	11	12	13	14	15	16	17	18	19	20	21	22	23	24	25	26	27	28	29	①	2	3	4	5	6	7	8	
414年	回曆1月						5	6	7	8	9	10	11	12	13	14	15	16	17	18	19	20	21	22	23	24	25	26	27	28	29	①	2	3	4	5	6	
	公曆4月		1	2	3	4	5	6	7	8	9	10	11	12	13	14	15	16	17	18	19	20	21	22	23	24	25	26	27	28	29	30						
54	夏曆四月		9	10	11	12	13	14	15	16	17	18	19	20	21	22	23	24	25	26	27	28	29	30	㉛	2	3	4	5	6	7	8						
	回曆2月		7	8	9	10	11	12	13	14	15	16	17	18	19	20	21	22	23	24	25	26	27	28	29	30	1	2	3	4	5	6						
	公曆5月				1	2	3	4	5	6	7	8	9	10	11	12	13	14	15	16	17	18	19	20	21	22	23	24	25	26	27	28	29	30	31			
55	夏曆五月				9	10	11	12	13	14	15	16	17	18	19	20	21	22	23	24	25	26	27	28	29	(60)	2	3	4	5	6	7	8	9	10			

續表

月干支序數	星期 / 月序	日	1	2	3	4	5	6	日	1	2	3	4	5	6	日	1	2	3	4	5	6	日	1	2	3	4	5	6	日	1	2	3	4	5	6	日	1
	回曆3月				7	8	9	10	11	12	13	14	15	16	17	18	19	20	21	22	23	24	25	26	27	28	29	1	2	3	4	5	6	7	8			
	公曆6月							1	2	3	4	5	6	7	8	9	10	11	12	13	14	15	16	17	18	19	20	21	22	23	24	25	26	27	28	29	30	
56	夏曆六月							11	12	13	14	15	16	17	18	19	20	21	22	23	24	25	26	27	28	29	30	㉚	2	3	4	5	6	7	8	9	10	
	回曆4月							9	10	11	12	13	14	15	16	17	18	19	20	21	22	23	24	25	26	27	28	29	30	1	2	3	4	5	6	7	8	
	公曆7月		1	2	3	4	5	6	7	8	9	10	11	12	13	14	15	16	17	18	19	20	21	22	23	24	25	26	27	28	29	30	31					
57	夏曆七月		11	12	13	14	15	16	17	18	19	20	21	22	23	24	25	26	27	28	29	30	(60)	2	3	4	5	6	7	8	9	10	11					
	回曆5月		9	10	11	12	13	14	15	16	17	18	19	20	21	22	23	24	25	26	27	28	29	1	2	3	4	5	6	7	8	9	10					
	公曆8月					1	2	3	4	5	6	7	8	9	10	11	12	13	14	15	16	17	18	19	20	21	22	23	24	25	26	27	28	29	30	31		
58	夏曆八月					12	13	14	15	16	17	18	19	20	21	22	23	24	25	26	27	28	29	㉙	2	3	4	5	6	7	8	9	10	11	12	13		
	回曆6月					11	12	13	14	15	16	17	18	19	20	21	22	23	24	25	26	27	28	29	30	1	2	3	4	5	6	7	8	9	10	11		
	公曆9月	1	2	3	4	5	6	7	8	9	10	11	12	13	14	15	16	17	18	19	20	21	22	23	24	25	26	27	28	29	30							
59	夏曆九月	14	15	16	17	18	19	20	21	22	23	24	25	26	27	28	29	30	(59)	2	3	4	5	6	7	8	9	10	11	12	13							
	回曆7月	12	13	14	15	16	17	18	19	20	21	22	23	24	25	26	27	28	29	1	2	3	4	5	6	7	8	9	10	11	12							
	公曆10月			1	2	3	4	5	6	7	8	9	10	11	12	13	14	15	16	17	18	19	20	21	22	23	24	25	26	27	28	29	30	31				
	夏曆閏九月			14	15	16	17	18	19	20	21	22	23	24	25	26	27	28	29	30	㉙	2	3	4	5	6	7	8	9	10	11	12	13	14				
	回曆8月			13	14	15	16	17	18	19	20	21	22	23	24	25	26	27	28	29	30	1	2	3	4	5	6	7	8	9	10	11	12	13				
	公曆11月						1	2	3	4	5	6	7	8	9	10	11	12	13	14	15	16	17	18	19	20	21	22	23	24	25	26	27	28	29	30		
60	夏曆十月						15	16	17	18	19	20	21	22	23	24	25	26	27	28	29	(58)	2	3	4	5	6	7	8	9	10	11	12	13	14	15		
	回曆9月						14	15	16	17	18	19	20	21	22	23	24	25	26	27	28	29	1	2	3	4	5	6	7	8	9	10	11	12	13	14		
	公曆12月	1	2	3	4	5	6	7	8	9	10	11	12	13	14	15	16	17	18	19	20	21	22	23	24	25	26	27	28	29	30	31						
1	夏曆十一月	16	17	18	19	20	21	22	23	24	25	26	27	28	29	30	㉘	2	3	4	5	6	7	8	9	10	11	12	13	14	15	16						
	回曆10月	15	16	17	18	19	20	21	22	23	24	25	26	27	28	29	30	1	2	3	4	5	6	7	8	9	10	11	12	13	14	15						

大事記

正月，改元天聖。宋以財政支絀，議減冗費。改茶法，立計置司。　三月，淮南十三山場行貼射茶法。宋行《崇天曆》。五月，行陝西、河北入中　糧見錢法。　六月，修蘇州太湖塘岸，流民歸佔者二萬六千戶。　閏九月，寇準卒(961—1023)。　十一月，宋置益州交子務，是年始官辦。

宋遼金紀年

干支甲子　公元1024年

朝代或國名	國家支配者	建都	廟號	謚號	建元	年號年次	輔政者	備注
北宋	④趙禎	汴梁	仁宗	明	9	1天聖2年	王曾王欽若	
契丹(遼)	⑤耶律隆緒	中京	聖宗	宣	3	3太平4年		
大理	⑧段素隆	陽苴咩		秉義	1	明通2年		在雲南
大夏	趙德明	興州						
吐蕃	①唃厮囉	宗哥				10年		
古格						211年		
哈拉汗	曼蘇爾					9年		在新疆

月干支序數	月序＼星期	日	1	2	3	4	5	6	日	1	2	3	4	5	6	日	1	2	3	4	5	6	日	1	2	3	4	5	6	日	1	2	3	4	5	6	日	1
	公曆 1 月				1	2	3	4	5	6	7	8	9	10	11	12	13	14	15	16	17	18	19	20	21	22	23	24	25	26	27	28	29	30	31			
2	夏曆十二月				17	18	19	20	21	22	23	24	25	26	27	28	29	(57)	2	3	4	5	6	7	8	9	10	11	12	13	14	15	16	17	18			
	回曆 11 月				16	17	18	19	20	21	22	23	24	25	26	27	28	29	1	2	3	4	5	6	7	8	9	10	11	12	13	14	15	16	17			
	公曆 2 月							1	2	3	4	5	6	7	8	9	10	11	12	13	14	15	16	17	18	19	20	21	22	23	24	25	26	27	28	29		
3	夏曆正月							19	20	21	22	23	24	25	26	27	28	29	30	㉗	2	3	4	5	6	7	8	9	10	11	12	13	14	15	16	17		
	回曆 12 月							18	19	20	21	22	23	24	25	26	27	28	29	30	1	2	3	4	5	6	7	8	9	10	11	12	13	14	15	16		
	公曆 3 月	1	2	3	4	5	6	7	8	9	10	11	12	13	14	15	16	17	18	19	20	21	22	23	24	25	26	27	28	29	30	31						
4	夏曆二月	18	19	20	21	22	23	24	25	26	27	28	29	(56)	2	3	4	5	6	7	8	9	10	11	12	13	14	15	16	17	18	19						
415 年	回曆 1 月	17	18	19	20	21	22	23	24	25	26	27	28	29	30	①	2	3	4	5	6	7	8	9	10	11	12	13	14	15	16	17						
	公曆 4 月				1	2	3	4	5	6	7	8	9	10	11	12	13	14	15	16	17	18	19	20	21	22	23	24	25	26	27	28	29	30				
5	夏曆三月				20	21	22	23	24	25	26	27	28	29	㉕	2	3	4	5	6	7	8	9	10	11	12	13	14	15	16	17	18	19	20				
	回曆 2 月				18	19	20	21	22	23	24	25	26	27	28	29	30	1	2	3	4	5	6	7	8	9	10	11	12	13	14	15	16	17				
	公曆 5 月						1	2	3	4	5	6	7	8	9	10	11	12	13	14	15	16	17	18	19	20	21	22	23	24	25	26	27	28	29	30	31	
6	夏曆四月						21	22	23	24	25	26	27	28	29	30	(55)	2	3	4	5	6	7	8	9	10	11	12	13	14	15	16	17	18	19	20	21	
	回曆 3 月						18	19	20	21	22	23	24	25	26	27	28	29	1	2	3	4	5	6	7	8	9	10	11	12	13	14	15	16	17	18	19	
	公曆 6 月		1	2	3	4	5	6	7	8	9	10	11	12	13	14	15	16	17	18	19	20	21	22	23	24	25	26	27	28	29	30						
7	夏曆五月		22	23	24	25	26	27	28	29	㉔	2	3	4	5	6	7	8	9	10	11	12	13	14	15	16	17	18	19	20	21	22						
	回曆 4 月		20	21	22	23	24	25	26	27	28	29	30	1	2	3	4	5	6	7	8	9	10	11	12	13	14	15	16	17	18	19						
	公曆 7 月				1	2	3	4	5	6	7	8	9	10	11	12	13	14	15	16	17	18	19	20	21	22	23	24	25	26	27	28	29	30	31			
8	夏曆六月				23	24	25	26	27	28	29	30	(54)	2	3	4	5	6	7	8	9	10	11	12	13	14	15	16	17	18	19	20	21	22	23			
	回曆 5 月				20	21	22	23	24	25	26	27	28	29	1	2	3	4	5	6	7	8	9	10	11	12	13	14	15	16	17	18	19	20	21			
	公曆 8 月							1	2	3	4	5	6	7	8	9	10	11	12	13	14	15	16	17	18	19	20	21	22	23	24	25	26	27	28	29	30	31
9	夏曆七月							24	25	26	27	28	20	㉓	2	3	4	5	6	7	8	9	10	11	12	13	14	15	16	17	18	19	20	21	22	23	24	25
	回曆 6 月							22	23	24	25	26	27	28	29	30	1	2	3	4	5	6	7	8	9	10	11	12	13	14	15	16	17	18	19	20	21	22
	公曆 9 月			1	2	3	4	5	6	7	8	9	10	11	12	13	14	15	16	17	18	19	20	21	22	23	24	25	26	27	28	29	30					
10	夏曆八月			26	27	28	29	30	(53)	2	3	4	5	6	7	8	9	10	11	12	13	14	15	16	17	18	19	20	21	22	23	24	25					
	回曆 7 月			23	24	25	26	27	28	29	1	2	3	4	5	6	7	8	9	10	11	12	13	14	15	16	17	18	19	20	21	22	23					
	公曆 10 月					1	2	3	4	5	6	7	8	9	10	11	12	13	14	15	16	17	18	19	20	21	22	23	24	25	26	27	28	29	30	31		
11	夏曆九月					26	27	28	29	30	㉓	2	3	4	5	6	7	8	9	10	11	12	13	14	15	16	17	18	19	20	21	22	23	24	25	26		
	回曆 8 月					24	25	26	27	28	29	30	1	2	3	4	5	6	7	8	9	10	11	12	13	14	15	16	17	18	19	20	21	22	23	24		
	公曆 11 月	1	2	3	4	5	6	7	8	9	10	11	12	13	14	15	16	17	18	19	20	21	22	23	24	25	26	27	28	29	30							
12	夏曆十月	27	28	29	(52)	2	3	4	5	6	7	8	9	10	11	12	13	14	15	16	17	18	19	20	21	22	23	24	25	26	27							
	回曆 9 月	25	26	27	28	29	1	2	3	4	5	6	7	8	9	10	11	12	13	14	15	16	17	18	19	20	21	22	23	24	25							
	公曆 12 月			1	2	3	4	5	6	7	8	9	10	11	12	13	14	15	16	17	18	19	20	21	22	23	24	25	26	27	28	29	30	31				
13	夏曆十一月			28	29	30	㉒	2	3	4	5	6	7	8	9	10	11	12	13	14	15	16	17	18	19	20	21	22	23	24	25	26	27	28				
	回曆 10 月			26	27	28	29	30	1	2	3	4	5	6	7	8	9	10	11	12	13	14	15	16	17	18	19	20	21	22	23	24	25	26				

遼十二月乙卯。

大事記

三月，宋疏鑿陳、許等十州古溝洫。宋修《真宗實錄》成。　四月，知池州李虛己上言州縣春初強民和買紬絹。六月，命官校《南史》、《北史》。　十月，宋始令詔書摹印頒行。　十二月，宋以僧徒間或為盜，禁不得剃度曾犯真刑及文身者。

宋遼金紀年

干支乙丑 公元1025年

朝代或國名	國家支配者	建都	廟號	謚號	建元	年號年次	輔政者	備注
北宋	④趙禎	汴梁	仁宗	明	9	1天聖3年	王曾張知白	
契丹(遼)	⑤耶律隆緒	中京	聖宗	宣	3	3太平5年		
大理	⑧段素隆	陽苴咩		秉義	1	明通3年		在雲南
大夏	趙德明	興州						
吐蕃	①唃厮囉	宗哥				11年		
古格						212年		西藏阿里
哈拉汗	阿赫馬					元年		在新疆

月曆表

5738—355—2095825

月干支序数	月序 \ 星期	日	1	2	3	4	5	6	日	1	2	3	4	5	6	日	1	2	3	4	5	6	日	1	2	3	4	5	6	日	1	2	3	4	5	6	日	1
	公曆1月						1	2	3	4	5	6	7	8	9	10	11	12	13	14	15	16	17	18	19	20	21	22	23	24	25	26	27	28	29	30	31	
14	夏曆十二月						29	(51)	2	3	4	5	6	7	8	9	10	11	12	13	14	15	16	17	18	19	20	21	22	23	24	25	26	27	28	29	30	
	回曆11月						27	28	29	1	2	3	4	5	6	7	8	9	10	11	12	13	14	15	16	17	18	19	20	21	22	23	24	25	26	27	28	
	公曆2月		1	2	3	4	5	6	7	8	9	10	11	12	13	14	15	16	17	18	19	20	21	22	23	24	25	26	27	28								
15	夏曆正月		㉑	2	3	4	5	6	7	8	9	10	11	12	13	14	15	16	17	18	19	20	21	22	23	24	25	26	27	28								
	回曆12月		29	30	1	2	3	4	5	6	7	8	9	10	11	12	13	14	15	16	17	18	19	20	21	22	23	24	25	26								
	公曆3月		1	2	3	4	5	6	7	8	9	10	11	12	13	14	15	16	17	18	19	20	21	22	23	24	25	26	27	28	29	30	31					
16	夏曆二月		29	30	(51)	2	3	4	5	6	7	8	9	10	11	12	13	14	15	16	17	18	19	20	21	22	23	24	25	26	27	28	29					
416年	回曆1月		27	28	29	①	2	3	4	5	6	7	8	9	10	11	12	13	14	15	16	17	18	19	20	21	22	23	24	25	26	27	28					
	公曆4月					1	2	3	4	5	6	7	8	9	10	11	12	13	14	15	16	17	18	19	20	21	22	23	24	25	26	27	28	29	30			
17 18	夏曆三 四月					⑳	2	3	4	5	6	7	8	9	10	11	12	13	14	15	16	17	18	19	20	21	22	23	24	25	26	27	28	29	㊾			
	回曆2月					29	30	1	2	3	4	5	6	7	8	9	10	11	12	13	14	15	16	17	18	19	20	21	22	23	24	25	26	27	28			
	公曆5月							1	2	3	4	5	6	7	8	9	10	11	12	13	14	15	16	17	18	19	20	21	22	23	24	25	26	27	28	29	30	31
19	夏曆五月							2	3	4	5	6	7	8	9	10	11	12	13	14	15	16	17	18	19	20	21	22	23	24	25	26	27	28	29	30	⑲	2
	回曆3月							29	1	2	3	4	5	6	7	8	9	10	11	12	13	14	15	16	17	18	19	20	21	22	23	24	25	26	27	28	29	30
	公曆6月			1	2	3	4	5	6	7	8	9	10	11	12	13	14	15	16	17	18	19	20	21	22	23	24	25	26	27	28	29	30					
20	夏曆六月			3	4	5	6	7	8	9	10	11	12	13	14	15	16	17	18	19	20	21	22	23	24	25	26	27	28	29	㊽	2	3					
	回曆4、5月			1	2	3	4	5	6	7	8	9	10	11	12	13	14	15	16	17	18	19	20	21	22	23	24	25	26	27	28	29	1					
	公曆7月					1	2	3	4	5	6	7	8	9	10	11	12	13	14	15	16	17	18	19	20	21	22	23	24	25	26	27	28	29	30	31		
21	夏曆七月					4	5	6	7	8	9	10	11	12	13	14	15	16	17	18	19	20	21	22	23	24	25	26	27	28	29	⑰	2	3	4	5		
	回曆6月					2	3	4	5	6	7	8	9	10	11	12	13	14	15	16	17	18	19	20	21	22	23	24	25	26	27	28	29	30	1	2		
	公曆8月	1	2	3	4	5	6	7	8	9	10	11	12	13	14	15	16	17	18	19	20	21	22	23	24	25	26	27	28	29	30	31						
22	夏曆八月	6	7	8	9	10	11	12	13	14	15	16	17	18	19	20	21	22	23	24	25	26	27	28	29	30	㊼	2	3	4	5	6						
	回曆7月	3	4	5	6	7	8	9	10	11	12	13	14	15	16	17	18	19	20	21	22	23	24	25	26	27	28	29	1	2	3	4						
	公曆9月				1	2	3	4	5	6	7	8	9	10	11	12	13	14	15	16	17	18	19	20	21	22	23	24	25	26	27	28	29	30				
23	夏曆九月				7	8	9	10	11	12	13	14	15	16	17	18	19	20	21	22	23	24	25	26	27	28	29	30	⑰	2	3	4	5	6				
	回曆8月				5	6	7	8	9	10	11	12	13	14	15	16	17	18	19	20	21	22	23	24	25	26	27	28	29	30	1	2	3	4				
	公曆10月					1	2	3	4	5	6	7	8	9	10	11	12	13	14	15	16	17	18	19	20	21	22	23	24	25	26	27	28	29	30	31		
24	夏曆十月					7	8	9	10	11	12	13	14	15	16	17	18	19	20	21	22	23	24	25	26	27	28	29	㊻	2	3	4	5	6	7	8		
	回曆9月					5	6	7	8	9	10	11	12	13	14	15	16	17	18	19	20	21	22	23	24	25	26	27	28	29	1	2	3	4	5	6		
	公曆11月		1	2	3	4	5	6	7	8	9	10	11	12	13	14	15	16	17	18	19	20	21	22	23	24	25	26	27	28	29	30						

續表

月 干支 序數	星期 月序	日	1	2	3	4	5	6	日	1	2	3	4	5	6	日	1	2	3	4	5	6	日	1	2	3	4	5	6	日	1	2	3	4	5	6	日	1
25	夏曆十一月		9	10	11	12	13	14	15	16	17	18	19	20	21	22	23	24	25	26	27	28	29	30	⑯	2	3	4	5	6	7	8						
	回曆 10 月		7	8	9	10	11	12	13	14	15	16	17	18	19	20	21	22	23	24	25	26	27	28	29	30	1	2	3	4	5	6						
	公曆 12 月				1	2	3	4	5	6	7	8	9	10	11	12	13	14	15	16	17	18	19	20	21	22	23	24	25	26	27	28	29	30	31			
26	夏曆十二月				9	10	11	12	13	14	15	16	17	18	19	20	21	22	23	24	25	26	27	28	29	30	㊻	2	3	4	5	6	7	8	9			
	回曆 11 月				7	8	9	10	11	12	13	14	15	16	17	18	19	20	21	22	23	24	25	26	27	28	29	1	2	3	4	5	6	7	8			

遼七月辛巳。

大事記

二月，契丹禁服用金飾。　六月，環、原二州屬羌擾邊。　七月，詔諸路轉運使察舉知州、通判不任事者。　八月，宋免萬州民納穀稅錢。　十一月，罷貼射茶法，復榷茶、鹽。　是歲，泰州薛奎覆民隱田數千頃。

宋遼金紀年

干支丙寅　公元 1026 年

朝代或國名	國家支配者	建都	廟號	謚號	建元	年號年次	輔政者	備注
北宋	④趙禎	汴梁	仁宗	明	9	1 天聖 4 年	王曾張知白	
契丹(遼)	⑤耶律隆緒	中京	聖宗	宣	3	3 太平 6 年		
大理	⑧段素隆	陽苴咩		秉義	1	明通 4 年		段素真即位
大夏	趙德明	興州						
吐蕃	①唃廝囉	宗哥				12 年		
古格						213 年		
哈拉汗	阿赫馬					2 年		在新疆

月曆表

5739—383—2096208

月 干支 序數	星期 月序	日	1	2	3	4	5	6	日	1	2	3	4	5	6	日	1	2	3	4	5	6	日	1	2	3	4	5	6	日	1	2	3	4	5	6	日	1
	公曆 1 月							1	2	3	4	5	6	7	8	9	10	11	12	13	14	15	16	17	18	19	20	21	22	23	24	25	26	27	28	29	30	31
27	夏曆正月							10	11	12	13	14	15	16	17	18	19	20	21	22	23	24	25	26	27	28	29	30	⑯	2	3	4	5	6	7	8	9	10
	回曆 12 月							9	10	11	12	13	14	15	16	17	18	19	20	21	22	23	24	25	26	27	28	29	30	1	2	3	4	5	6	7	8	9
	公曆 2 月			1	2	3	4	5	6	7	8	9	10	11	12	13	14	15	16	17	18	19	20	21	22	23	24	25	26	27	28							
28	夏曆二月			11	12	13	14	15	16	17	18	19	20	21	22	23	24	25	26	27	28	29	㊺	2	3	4	5	6	7	8	9							
417 年	回曆 1 月			10	11	12	13	14	15	16	17	18	19	20	21	22	23	24	25	26	27	28	29	30	①	2	3	4	5	6	7							
	公曆 3 月			1	2	3	4	5	6	7	8	9	10	11	12	13	14	15	16	17	18	19	20	21	22	23	24	25	26	27	28	29	30	31				
29	夏曆三月			10	11	12	13	14	15	16	17	18	19	20	21	22	23	24	25	26	27	28	29	30	⑮	2	3	4	5	6	7	8	9	10				
	回曆 2 月			8	9	10	11	12	13	14	15	16	17	18	19	20	21	22	23	24	25	26	27	28	29	30	1	2	3	4	5	6	7	8				
	公曆 4 月						1	2	3	4	5	6	7	8	9	10	11	12	13	14	15	16	17	18	19	20	21	22	23	24	25	26	27	28	29	30		
30	夏曆四月						11	12	13	14	15	16	17	18	19	20	21	22	23	24	25	26	27	28	29	㊹	2	3	4	5	6	7	8	9	10	11		
	回曆 3 月						9	10	11	12	13	14	15	16	17	18	19	20	21	22	23	24	25	26	27	28	29	1	2	3	4	5	6	7	8	9		
	公曆 5 月	1	2	3	4	5	6	7	8	9	10	11	12	13	14	15	16	17	18	19	20	21	22	23	24	25	26	27	28	29	30	31						
31	夏曆五月	12	13	14	15	16	17	18	19	20	21	22	23	24	25	26	27	28	29	⑬	2	3	4	5	6	7	8	9	10	11	12	13						
	回曆 4 月	10	11	12	13	14	15	16	17	18	19	20	21	22	23	24	25	26	27	28	29	30	1	2	3	4	5	6	7	8	9	10						

續表

月干支序數	星期／月序	日	1	2	3	4	5	6	日	1	2	3	4	5	6	日	1	2	3	4	5	6	日	1	2	3	4	5	6	日	1	2	3	4	5	6	日	1
	公曆6月				1	2	3	4	5	6	7	8	9	10	11	12	13	14	15	16	17	18	19	20	21	22	23	24	25	26	27	28	29	30				
	夏曆閏五月				14	15	16	17	18	19	20	21	22	23	24	25	26	27	28	29	30	㊸	2	3	4	5	6	7	8	9	10	11	12	13				
	回曆5月				11	12	13	14	15	16	17	18	19	20	21	22	23	24	25	26	27	28	29	1	2	3	4	5	6	7	8	9	10	11				
	公曆7月						1	2	3	4	5	6	7	8	9	10	11	12	13	14	15	16	17	18	19	20	21	22	23	24	25	26	27	28	29	30	31	
32	夏曆六月						14	15	16	17	18	19	20	21	22	23	24	25	26	27	28	29	⑫	2	3	4	5	6	7	8	9	10	11	12	13	14	15	
	回曆6月						12	13	14	15	16	17	18	19	20	21	22	23	24	25	26	27	28	29	30	1	2	3	4	5	6	7	8	9	10	11	12	
	公曆8月		1	2	3	4	5	6	7	8	9	10	11	12	13	14	15	16	17	18	19	20	21	22	23	24	25	26	27	28	29	30	31					
33	夏曆七月		16	17	18	19	20	21	22	23	24	25	26	27	28	29	㊶	2	3	4	5	6	7	8	9	10	11	12	13	14	15	16	17					
	回曆7月		13	14	15	16	17	18	19	20	21	22	23	24	25	26	27	28	29	1	2	3	4	5	6	7	8	9	10	11	12	13	14					
	公曆9月					1	2	3	4	5	6	7	8	9	10	11	12	13	14	15	16	17	18	19	20	21	22	23	24	25	26	27	28	29	30			
34	夏曆八月					18	19	20	21	22	23	24	25	26	27	28	29	30	⑪	2	3	4	5	6	7	8	9	10	11	12	13	14	15	16	17			
	回曆8月					15	16	17	18	19	20	21	22	23	24	25	26	27	28	29	30	1	2	3	4	5	6	7	8	9	10	11	12	13	14			
	公曆10月							1	2	3	4	5	6	7	8	9	10	11	12	13	14	15	16	17	18	19	20	21	22	23	24	25	26	27	28	29	30	31
35	夏曆九月							18	19	20	21	22	23	24	25	26	27	28	29	㊵	2	3	4	5	6	7	8	9	10	11	12	13	14	15	16	17	18	19
	回曆9月							15	16	17	18	19	20	21	22	23	24	25	26	27	28	29	1	2	3	4	5	6	7	8	9	10	11	12	13	14	15	16
	公曆11月			1	2	3	4	5	6	7	8	9	10	11	12	13	14	15	16	17	18	19	20	21	22	23	24	25	26	27	28	29	30					
36	夏曆十月			20	21	22	23	24	25	26	27	28	29	30	⑩	2	3	4	5	6	7	8	9	10	11	12	13	14	15	16	17	18	19					
	回曆10月			17	18	19	20	21	22	23	24	25	26	27	28	29	30	1	2	3	4	5	6	7	8	9	10	11	12	13	14	15	16					
	公曆12月					1	2	3	4	5	6	7	8	9	10	11	12	13	14	15	16	17	18	19	20	21	22	23	24	25	26	27	28	29	30	31		
37	夏曆十一月					20	21	22	23	24	25	26	27	28	29	30	㊵	2	3	4	5	6	7	8	9	10	11	12	13	14	15	16	17	18	19	20		
	回曆11月					17	18	19	20	21	22	23	24	25	26	27	28	29	1	2	3	4	5	6	7	8	9	10	11	12	13	14	15	16	17	18		

大事記

二月，契丹略女真界，俘獲不可勝計。宋置西界和市場。　三月，阻卜擾契丹邊。　四月，詔京東西、河北、淮南平糴價。　五月，契丹攻甘州回鶻。　閏五月，宋修復陝西永豐渠。　六月，宋建、劍、邵武大水。　七月，罷永興、秦、坊州新醋務。　八月，宋修泰州捍海堰。契丹攻甘州回鶻無功，歸師途中為阻卜邀擊，大敗。　九月，宋廢唐、襄營田務，將田與民。　十一月，曷蘇館女真朝契丹。

宋遼金紀年

干支丁卯　公元1027年

朝代或國名	國家支配者	建都	廟號	謚號	建元	年號年次	輔政者	備注
北宋	④趙禎	汴梁	仁宗	明	9	1天聖5年	王曾張知白	
契丹(遼)	⑤耶律隆緒	中京	聖宗	宣	3	3太平7年		
大理	⑨段素真	陽苴咩		聖德	1	正治元年		在雲南
大夏	趙德明	興州						
吐蕃	①唃厮囉	宗歌				13年		西寧
古格						214年		西藏阿里
哈拉汗	弟優素福 (哈狄爾汗)					元年		在新疆

月 干支 序數	星期 月序	日	1	2	3	4	5	6	日	1	2	3	4	5	6	日	1	2	3	4	5	6	日	1	2	3	4	5	6	日	1	2	3	4	5	6	日	1
	公曆1月	1	2	3	4	5	6	7	8	9	10	11	12	13	14	15	16	17	18	19	20	21	22	23	24	25	26	27	28	29	30	31						
38	夏曆十二月	21	22	23	24	25	26	27	28	29	30	⑩	2	3	4	5	6	7	8	9	10	11	12	13	14	15	16	17	18	19	20	21						
	回曆12月	19	20	21	22	23	24	25	26	27	28	29	30	1	2	3	4	5	6	7	8	9	10	11	12	13	14	15	16	17	18	19						
火兔年	藏曆一月											1	2	3	4	5	6	7	8	9	10	11	12	13	14	15	17	18	19	20	21	22						
	公曆2月				1	2	3	4	5	6	7	8	9	10	11	12	13	14	15	16	17	18	19	20	21	22	23	24	25	26	27	28						
39	夏曆正月				22	23	24	25	26	27	28	29	㊴	2	3	4	5	6	7	8	9	10	11	12	13	14	15	16	17	18	19	20						
418年	回曆1月				20	21	22	23	24	25	26	27	28	29	①	2	3	4	5	6	7	8	9	10	11	12	13	14	15	16	17	18						
	藏曆二月				23	24	25	25	26	27	28	29	30	1	2	3	4	5	6	7	8	9	11	12	13	14	15	16	17	18	19	20						
	公曆3月				1	2	3	4	5	6	7	8	9	10	11	12	13	14	15	16	17	18	19	20	21	22	23	24	25	26	27	28	29	30	31			
40	夏曆二月				21	22	23	24	25	26	27	28	29	30	⑨	2	3	4	5	6	7	8	9	10	11	12	13	14	15	16	17	18	19	20	21			
	回曆2月				19	20	21	22	23	24	25	26	27	28	29	30	1	2	3	4	5	6	7	8	9	10	11	12	13	14	15	16	17	18	19			
	藏曆三月				21	22	23	24	25	26	27	28	29	30	30	1	2	4	5	6	7	8	9	10	11	12	13	14	15	17	17	18	19	20	21			
	公曆4月							1	2	3	4	5	6	7	8	9	10	11	12	13	14	15	16	17	18	19	20	21	22	23	24	25	26	27	28	29	30	
41	夏曆三月							22	23	24	25	26	27	28	29	30	⑨	2	3	4	5	6	7	8	9	10	11	12	13	14	15	16	17	18	19	20	21	
	回曆3月							20	21	22	23	24	25	26	27	28	29	1	2	3	4	5	6	7	8	9	10	11	12	13	14	15	16	17	18	19	20	
	藏曆四月							22	23	24	25	26	27	28	29	30	1	2	3	4	5	6	7	9	10	11	12	13	14	15	17	18	19	20	21	22	23	
	公曆5月		1	2	3	4	5	6	7	8	9	10	11	12	13	14	15	16	17	18	19	20	21	22	23	24	25	26	27	28	29	30	31					
42	夏曆四月		22	23	24	25	26	27	28	29	⑧	2	3	4	5	6	7	8	9	10	11	12	13	14	15	16	17	18	19	20	21	22	23					
	回曆4月		21	22	23	24	25	26	27	28	29	30	1	2	3	4	5	6	7	8	9	10	11	12	13	14	15	16	17	18	19	20	21					
	藏曆五月		23	24	25	26	27	28	29	30	2	3	4	5	6	7	8	9	10	11	12	13	14	15	16	17	18	19	20	21	22	23	24					
	公曆6月					1	2	3	4	5	6	7	8	9	10	11	12	13	14	15	16	17	18	19	20	21	22	23	24	25	26	27	28	29	30			
43	夏曆五月					24	25	26	27	28	29	㊲	2	3	4	5	6	7	8	9	10	11	12	13	14	15	16	17	18	19	20	21	22	23	24			
	回曆5月					22	23	24	25	26	27	28	29	1	2	3	4	5	6	7	8	9	10	11	12	13	14	15	16	17	18	19	20	21	22			
	藏曆六月					25	26	27	28	29	30	30	1	2	3	5	6	7	8	9	10	11	12	13	14	15	16	17	18	19	20	20	21	22	23			
	公曆7月							1	2	3	4	5	6	7	8	9	10	11	12	13	14	15	16	17	18	19	20	21	22	23	24	25	26	27	28	29	30	31
44	夏曆六月							25	26	27	28	29	30	⑦	2	3	4	5	6	7	8	9	10	11	12	13	14	15	16	17	18	19	20	21	22	23	24	25
	回曆6月							23	24	25	26	27	28	29	30	1	2	3	4	5	6	7	8	9	10	11	12	13	14	15	16	17	18	19	20	21	22	23
	藏曆七月							24	25	27	28	29	30	1	2	3	4	5	6	7	9	9	10	11	12	13	14	15	16	17	18	19	20	21	22	23	24	25
	公曆8月			1	2	3	4	5	6	7	8	9	10	11	12	13	14	15	16	17	18	19	20	21	22	23	24	25	26	27	28	29	30	31				
45	夏曆七月			26	27	28	29	㊱	2	3	4	5	6	7	8	9	10	11	12	13	14	15	16	17	18	19	20	21	22	23	24	25	26	27				
	回曆7月			24	25	26	27	28	29	1	2	3	4	5	6	7	8	9	10	11	12	13	14	15	16	17	18	19	20	21	22	23	24	25				
	藏曆八月			26	27	28	30	1	2	3	4	5	6	7	8	9	10	11	12	13	14	15	16	16	17	18	19	20	21	23	24	25	26	27				
	公曆9月						1	2	3	4	5	6	7	8	9	10	11	12	13	14	15	16	17	18	19	20	21	22	23	24	25	26	27	28	29	30		
46	夏曆八月						28	29	⑤	2	3	4	5	6	7	8	9	10	11	12	13	14	15	16	17	18	19	20	21	22	23	24	25	26	27	28		
	回曆8月						26	27	28	29	30	1	2	3	4	5	6	7	8	9	10	11	12	13	14	15	16	17	18	19	20	21	22	23	24	25		
	藏曆九月						28	29	30	1	2	3	4	5	6	7	8	9	10	11	12	13	14	15	16	17	18	19	20	21	22	23	24	25	27	28		
	公曆10月	1	2	3	4	5	6	7	8	9	10	11	12	13	14	15	16	17	18	19	20	21	22	23	24	25	26	27	28	29	30	31						
47	夏曆九月	29	30	㉟	2	3	4	5	6	7	8	9	10	11	12	13	14	15	16	17	18	19	20	21	22	23	24	25	26	27	28	29						
	回曆9月	26	27	28	29	1	2	3	4	5	6	7	8	9	10	11	12	13	14	15	16	17	18	19	20	21	22	23	24	25	26	27						
	藏曆後九月	29	30	1	2	3	4	5	6	7	8	9	10	11	11	12	13	14	15	16	17	18	19	21	22	23	24	25	26	27	28	29						
	公曆11月				1	2	3	4	5	6	7	8	9	10	11	12	13	14	15	16	17	18	19	20	21	22	23	24	25	26	27	28	29	30				
48	夏曆十月				④	2	3	4	5	6	7	8	9	10	11	12	13	14	15	16	17	18	19	20	21	22	23	24	25	26	27	28	29	30				
	回曆10月				28	29	30	1	2	3	4	5	6	7	8	9	10	11	12	13	14	15	16	17	18	19	20	21	22	23	24	25	26	27				
	藏曆十月				30	1	2	3	4	5	6	7	8	9	10	11	12	13	14	15	16	17	18	19	20	21	22	23	25	26	27	28	29	30				

續表

月干支序數	星期／月序	日	1	2	3	4	5	6	日	1	2	3	4	5	6	日	1	2	3	4	5	6	日	1	2	3	4	5	6	日	1	2	3	4	5	6	日
	公曆12月						1	2	3	4	5	6	7	8	9	10	11	12	13	14	15	16	17	18	19	20	21	22	23	24	25	26	27	28	29	30	31
49 50	夏曆十一、十二月						㉞	2	3	4	5	6	7	8	9	10	11	12	13	14	15	16	17	18	19	20	21	22	23	24	25	26	27	28	29	30	④
	回曆11月						28	29	1	2	3	4	5	6	7	8	9	10	11	12	13	14	15	16	17	18	19	20	21	22	23	24	25	26	27	28	29
	藏曆十一、十二月						1	2	3	3	4	5	6	7	8	9	10	11	12	13	14	15	16	17	19	20	21	22	23	24	25	26	27	28	29	30	1

大事記

二月，西域僧法吉祥等來獻梵書。　三月，賜進士諸科及第出身1076人。　四月，命國子監摹印頒行醫書。　六月，契丹置冶采陰山金銀，復求遼河北產金之所。　七月，宋發丁夫士卒六萬塞滑州決河。　九月，宋醫官院上所鑄腧穴銅人。　十月，塞滑州決河成，時河決已九年。罷陝西預放青苗錢。　十一月，燕肅請造指南車；盧道隆製成記里鼓車。

宋遼金紀年

干支戊辰　公元1028年

朝代或國名	國家支配者	建都	廟號	謚號	建元	年號年次	輔政者	備注
北宋	④趙禎	汴梁	仁宗	明	9	1天聖6年	王曾張知白 張士遜	
契丹(遼)	⑤耶律隆緒	中京	聖宗	宣	3	3太平8年		
大理	⑨段素真	陽苴咩		聖德	1	正治2年		在雲南
大夏	趙德明	興州						
吐蕃	①唃厮囉	宗哥				14年		西寧
古格						215年		西藏阿里
哈拉汗	優素福 (哈狄爾汗)					2年		在新疆

月曆表

5741—354—2096917

月干支序數	星期／月序	日	1	2	3	4	5	6	日	1	2	3	4	5	6	日	1	2	3	4	5	6	日	1	2	3	4	5	6	日	1	2	3	4	5	6	日	1
	公曆1月		1	2	3	4	5	6	7	8	9	10	11	12	13	14	15	16	17	18	19	20	21	22	23	24	25	26	27	28	29	30	31					
51	夏曆正月		2	3	4	5	6	7	8	9	10	11	12	13	14	15	16	17	18	19	20	21	22	23	24	25	26	27	28	29	30	㉞	2					
419年	回曆12,1月		30	1	2	3	4	5	6	7	8	9	10	11	12	13	14	15	16	17	18	19	20	21	22	23	24	25	26	27	28	29	①					
陽土龍年	藏曆一月		2	3	4	5	6	6	7	8	9	10	11	13	14	15	16	17	18	19	20	21	22	23	24	25	26	27	28	29	30	1	2					
	公曆2月					1	2	3	4	5	6	7	8	9	10	11	12	13	14	15	16	17	18	19	20	21	22	23	24	25	26	27	28	29				
52	夏曆二月					3	4	5	6	7	8	9	10	11	12	13	14	15	16	17	18	19	20	21	22	23	24	25	26	27	28	29	③	2				
	回曆1月					2	3	4	5	6	7	8	9	10	11	12	13	14	15	16	17	18	19	20	21	22	23	24	25	26	27	28	29	30				
	藏曆二月					3	4	5	6	7	8	9	10	11	12	13	14	15	16	18	19	20	21	22	23	24	25	26	27	28	29	29	30	1				
	公曆3月						1	2	3	4	5	6	7	8	9	10	11	12	13	14	15	16	17	18	19	20	21	22	23	24	25	26	27	28	29	30	31	
53	夏曆三月						3	4	5	6	7	8	9	10	11	12	13	14	15	16	17	18	19	20	21	22	23	24	25	26	27	28	29	30	㉝	2	3	
	回曆2、3月						1	2	3	4	5	6	7	8	9	10	11	12	13	14	15	16	17	18	19	20	21	22	23	24	25	26	27	28	29	1	2	
	藏曆三月						2	3	4	5	6	7	8	9	10	12	13	14	15	16	17	18	19	20	21	22	23	24	25	26	27	28	29	30	1	2	3	

續表

月干支序數	月序＼星期	日	1	2	3	4	5	6	日	1	2	3	4	5	6	日	1	2	3	4	5	6	日	1	2	3	4	5	6	日	1	2	3	4	5	6	日	1
	公曆4月		1	2	3	4	5	6	7	8	9	10	11	12	13	14	15	16	17	18	19	20	21	22	23	24	25	26	27	28	29	30						
54	夏曆四月		4	5	6	7	8	9	10	11	12	13	14	15	16	17	18	19	20	21	22	23	24	25	26	27	28	29	30	③	2	3						
	回曆4月		3	4	5	6	7	8	9	10	11	12	13	14	15	16	17	18	19	20	21	22	23	24	25	26	27	28	29	30	1	2						
	藏曆四月		4	5	6	7	8	9	10	11	12	13	14	16	17	18	19	20	21	22	23	23	24	25	26	27	28	29	30	1	2	3						
	公曆5月				1	2	3	4	5	6	7	8	9	10	11	12	13	14	15	16	17	18	19	20	21	22	23	24	25	26	27	28	29	30	31			
55	夏曆五月				4	5	6	7	8	9	10	11	12	13	14	15	16	17	18	19	20	21	22	23	24	25	26	27	28	29	㉜	2	3	4	5			
	回曆5月				3	4	5	6	7	8	9	10	11	12	13	14	15	16	17	18	19	20	21	22	23	24	25	26	27	28	29	1	2	3	4			
	藏曆五月				4	5	6	7	9	10	11	12	13	14	15	16	17	18	19	20	21	22	23	24	25	26	27	28	29	30	1	2	3	4	5			
	公曆6月							1	2	3	4	5	6	7	8	9	10	11	12	13	14	15	16	17	18	19	20	21	22	23	24	25	26	27	28	29	30	
56	夏曆六月							6	7	8	9	10	11	12	13	14	15	16	17	18	19	20	21	22	23	24	25	26	27	28	29	①	2	3	4	5	6	
	回曆6月							5	6	7	8	9	10	11	12	13	14	15	16	17	18	19	20	21	22	23	24	25	26	27	28	29	30	1	2	3	4	
	藏曆六月							6	7	8	9	10	12	13	14	15	16	17	18	19	19	20	21	22	23	24	25	26	27	28	29	30	1	2	3	5	6	
	公曆7月		1	2	3	4	5	6	7	8	9	10	11	12	13	14	15	16	17	18	19	20	21	22	23	24	25	26	27	28	29	30	31					
57	夏曆七月		7	8	9	10	11	12	13	14	15	16	17	18	19	20	21	22	23	24	25	26	27	28	29	30	㉛	2	3	4	5	6	7					
	回曆7月		5	6	7	8	9	10	11	12	13	14	15	16	17	18	19	20	21	22	23	24	25	26	27	28	29	1	2	3	4	5	6					
	藏曆七月		7	8	9	10	11	12	13	14	15	16	17	18	19	20	21	22	23	24	25	26	27	28	29	30	1	2	3	4	5	7	8					
	公曆8月					1	2	3	4	5	6	7	8	9	10	11	12	13	14	15	16	17	18	19	20	21	22	23	24	25	26	27	28	29	30	31		
58	夏曆八月					8	9	10	11	12	13	14	15	16	17	18	19	20	21	22	23	24	25	26	27	28	29	(60)	2	3	4	5	6	7	8	9		
	回曆8月					7	8	9	10	11	12	13	14	15	16	17	18	19	20	21	22	23	24	25	26	27	28	29	30	1	2	3	4	5	6	7		
	藏曆八月					9	10	11	12	13	14	15	15	16	17	18	19	20	21	22	23	24	25	26	27	28	30	1	2	3	4	5	6	7	8	9		
	公曆9月	1	2	3	4	5	6	7	8	9	10	11	12	13	14	15	16	17	18	19	20	21	22	23	24	25	26	27	28	29	30							
59	夏曆九月	10	11	12	13	14	15	16	17	18	19	20	21	22	23	24	25	26	27	28	29	㉙	2	3	4	5	6	7	8	9	10							
	回曆9月	8	9	10	11	12	13	14	15	16	17	18	19	20	21	22	23	24	25	26	27	28	29	1	2	3	4	5	6	7	8							
	藏曆九月	10	11	12	13	14	15	16	17	18	19	20	21	22	23	24	25	26	27	28	29	30	1	2	4	5	6	7	8	9	10							
	公曆10月			1	2	3	4	5	6	7	8	9	10	11	12	13	14	15	16	17	18	19	20	21	22	23	24	25	26	27	28	29	30	31				
60	夏曆十月			11	12	13	14	15	16	17	18	19	20	21	22	23	24	25	26	27	28	29	30	(59)	2	3	4	5	6	7	8	9	10	11				
	回曆10月			9	10	11	12	13	14	15	16	17	18	19	20	21	22	23	24	25	26	27	28	29	30	1	2	3	4	5	6	7	8	9				
	藏曆十月			9	11	12	13	14	15	16	17	18	19	20	21	22	23	24	25	26	28	29	30	1	2	3	4	5	6	7	8	9	10	11				
	公曆11月						1	2	3	4	5	6	7	8	9	10	11	12	13	14	15	16	17	18	19	20	21	22	23	24	25	26	27	28	29	30		
1	夏曆十一月						12	13	14	14	15	16	17	18	19	21	22	23	24	25	26	27	28	29	㉘	2	3	4	5	6	7	8	9	10	11	12		
	回曆11月						10	11	12	13	14	15	16	17	18	19	20	21	22	23	24	25	26	27	28	29	1	2	3	4	5	6	7	8	9	10		
	藏曆十一月						12	13	14	15	16	17	18	19	20	21	22	23	24	25	26	27	28	29	30	1	2	3	4	5	6	7	8	9	10	11		
	公曆12月	1	2	3	4	5	6	7	8	9	10	11	12	13	14	15	16	17	18	19	20	21	22	23	24	25	26	27	28	29	30	31						
2	夏曆十二月	13	14	15	16	17	18	19	20	21	22	23	24	25	26	27	28	29	30	(58)	2	3	4	5	6	7	8	9	10	11	12	13						
	回曆12月	11	12	13	14	15	16	17	18	19	20	21	22	23	24	25	26	27	28	29	30	1	2	3	4	5	6	7	8	9	10	11						
	藏曆十二月	12	13	14	15	16	17	18	19	20	21	22	23	24	26	27	28	29	30	1	2	3	4	5	6	7	8	9	10	11	12	13						

大事記

正月，黨項擾宋邊。罷提點刑獄。　　四月，宋改諸路上供物科率法。　　五月，交趾李公蘊部下擾宋邊。趙德明使其子元昊擊甘州回鶻，取之。六月，宋罷戎、瀘諸州榖稅錢。　　七月，江寧、揚、真、潤州江水溢。　　八月，河決澶州王楚埽。免河北水災州軍秋賦。　　九月，阻卜諸部多降於契丹。　　十月，除福州逋官錢十二萬八千緡。

宋遼金紀年

干支己巳　公元1029年

朝代或國名	國家支配者	建　都	廟號	謚號	建元	年號年次	輔政者	備　注
北宋	④趙禎	汴梁	仁宗	明	9	1天聖7年	王曾張士 遜呂夷簡	
契丹(遼)	⑤耶律隆緒	中京	聖宗	宣	3	3太平9年		
大理	⑨段素真	陽苴咩		聖德	1	正治3年		在雲南
興遼	大延琳	龍泉府			1	天慶元年		八月立
大夏	趙德明	興州						
吐蕃	①唃厮囉	宗哥				15年		
古格						216年		西藏阿里
哈拉汗	優素福					3年		在新疆

月曆表

5742－383－2097300

月 干支 序數	星　期	日	1	2	3	4	5	6	日	1	2	3	4	5	6	日	1	2	3	4	5	6	日	1	2	3	4	5	6	日	1	2	3	4	5	6	日	
	公暦1月				1	2	3	4	5	6	7	8	9	10	11	12	13	14	15	16	17	18	19	20	21	22	23	24	25	26	27	28	29	30	31			
3	夏暦正月				14	15	16	17	18	19	20	21	22	23	24	25	26	27	28	29	30	㉘	2	3	4	5	6	7	8	9	10	11	12	13	14			
420年	回暦1月				12	13	14	15	16	17	18	19	20	21	22	23	24	25	26	27	28	29	30	①	2	3	4	5	6	7	8	9	10	11	12			
陰土蛇年	藏暦一月				13	14	15	16	17	18	19	21	22	23	24	25	26	27	28	29	30	1	2	3	4	5	6	7	8	9	10	10	11	12	14			
	公暦2月							1	2	3	4	5	6	7	8	9	10	11	12	13	14	15	16	17	18	19	20	21	22	23	24	25	26	27	28			
4	夏暦二月							15	16	17	18	19	20	21	22	23	24	25	26	27	28	29	㊼	2	3	4	5	6	7	8	9	10	11	12	13			
	回暦2月							13	14	15	16	17	18	19	20	21	22	23	24	25	26	27	28	29	30	1	2	3	4	5	6	7	8	9	10			
	藏暦二月							15	16	17	18	19	20	21	22	23	24	25	26	27	28	29	30	1	2	3	4	5	6	7	8	9	10	11	12			
	公暦3月							1	2	3	4	5	6	7	8	9	10	11	12	13	14	15	16	17	18	19	20	21	22	23	24	25	26	27	28	29	30	3
	夏暦閏二月							14	15	16	17	18	19	20	21	22	23	24	25	26	27	28	29	30	㉗	2	3	4	5	6	7	8	9	10	11	12	13	1
	回暦3月							11	12	13	14	15	16	17	18	19	20	21	22	23	24	25	26	27	28	29	1	2	3	4	5	6	7	8	9	10	11	1
	藏暦三月							13	14	15	16	17	19	20	21	22	23	24	25	26	27	28	29	30	1	2	2	3	4	5	6	7	8	9	10	11	13	1
	公暦4月			1	2	3	4	5	6	7	8	9	10	11	12	13	14	15	16	17	18	19	20	21	22	23	24	25	26	27	28	29	30					
5	夏暦三月			15	16	17	18	19	20	21	22	23	24	25	26	27	28	29	30	㊼	2	3	4	5	6	7	8	9	10	11	12	13	14					
	回暦4月			13	14	15	16	17	18	19	20	21	22	23	24	25	26	27	28	29	30	1	2	3	4	5	6	7	8	9	10	11	12					
	藏暦四月			15	16	17	18	19	20	21	22	23	24	25	26	27	28	29	30	1	2	3	4	5	6	7	8	9	10	11	12	13	14					
	公暦5月					1	2	3	4	5	6	7	8	9	10	11	12	13	14	15	16	17	18	19	20	21	22	23	24	25	26	27	28	29	30	31		
6	夏暦四月					15	16	17	18	19	20	21	22	23	24	25	26	27	28	29	㉖	2	3	4	5	6	7	8	9	10	11	12	13	14	15	16		
	回暦5月					13	14	15	16	17	18	19	20	21	22	23	24	25	26	27	28	29	1	2	3	4	5	6	7	8	9	10	11	12	13	14		
	藏暦五月					16	17	18	19	20	21	22	23	24	25	26	27	27	28	29	30	1	2	3	4	5	6	7	9	10	11	12	13	14	15	16		
	公暦6月	1	2	3	4	5	6	7	8	9	10	11	12	13	14	15	16	17	18	19	20	21	22	23	24	25	26	27	28	29	30							
7	夏暦五月	17	18	19	20	21	22	23	24	25	26	27	28	29	30	㊱	2	3	4	5	6	7	8	9	10	11	12	13	14	15	16							
	回暦6月	15	16	17	18	19	20	21	22	23	24	25	26	27	28	29	30	1	2	3	4	5	6	7	8	9	10	11	12	13	14							
	藏暦六月	17	18	19	20	21	22	23	24	25	26	27	28	29	30	1	2	3	4	5	6	7	8	9	10	12	13	14	15	16	17							
	公暦7月			1	2	3	4	5	6	7	8	9	10	11	12	13	14	15	16	17	18	19	20	21	22	23	24	25	26	27	28	29	30	31				
8	夏暦六月			17	18	19	20	21	22	23	24	25	26	27	28	29	㉕	2	3	4	5	6	7	8	9	10	11	12	13	14	15	16	17	18				
	回暦7月			15	16	17	18	19	20	21	22	23	24	25	26	27	28	29	1	2	3	4	5	6	7	8	9	10	11	12	13	14	15	16				
	藏暦七月			18	19	20	21	22	23	24	24	25	26	27	28	29	30	1	2	3	5	6	7	8	9	10	11	12	13	14	15	16	17	18				
	公暦8月						1	2	3	4	5	6	7	8	9	10	11	12	13	14	15	16	17	18	19	20	21	22	23	24	25	26	27	28	29	30	31	

續表

月 干支 序數	星期 / 月序	日	1	2	3	4	5	6	日	1	2	3	4	5	6	日	1	2	3	4	5	6	日	1	2	3	4	5	6	日	1	2	3	4	5	6	日	1
9	夏曆七月						19	20	21	22	23	24	25	26	27	28	29	30	(55)	2	3	4	5	6	7	8	9	10	11	12	13	14	15	16	17	18	19	
	回曆8月						17	18	19	20	21	22	23	24	25	26	27	28	29	30	1	2	3	4	5	6	7	8	9	10	11	12	13	14	15	16	17	
	藏曆八月						19	20	21	22	23	24	25	26	27	28	29	30	1	2	3	4	5	6	8	9	10	11	12	13	14	15	16	17	18	19	20	
	公曆9月		1	2	3	4	5	6	7	8	9	10	11	12	13	14	15	16	17	18	19	20	21	22	23	24	25	26	27	28	29	30						
10	夏曆八月		20	21	22	23	24	25	26	27	28	29	㉔	2	3	4	5	6	7	8	9	10	11	12	13	14	15	16	17	18	19	20						
	回曆9月		18	19	20	21	22	23	24	25	26	27	28	29	1	2	3	4	5	6	7	8	9	10	11	12	13	14	15	16	17	18						
	藏曆九月		20	21	22	23	24	25	26	27	28	29	1	2	3	4	5	6	7	8	9	10	11	12	13	14	15	16	17	18	19	20						
	公曆10月				1	2	3	4	5	6	7	8	9	10	11	12	13	14	15	16	17	18	19	20	21	22	23	24	25	26	27	28	29	30	31			
11	夏曆九月				21	22	23	24	25	26	27	28	29	(53)	2	3	4	5	6	7	8	9	10	11	12	13	14	15	16	17	18	19	20	21	22			
	回曆10月				19	20	21	22	23	24	25	26	27	28	29	30	1	2	3	4	5	6	7	8	9	10	11	12	13	14	15	16	17	18	19			
	藏曆十月				21	22	23	24	25	26	27	28	29	30	1	2	3	5	6	7	8	9	10	11	12	13	14	14	15	16	17	18	19	20	21			
	公曆11月							1	2	3	4	5	6	7	8	9	10	11	12	13	14	15	16	17	18	19	20	21	22	23	24	25	26	27	28	29	30	
12	夏曆十月							23	24	25	26	27	28	29	30	㉓	2	3	4	5	6	7	8	9	10	11	12	13	14	15	16	17	18	19	20	21	22	
	回曆11月							20	21	22	23	24	25	26	27	28	29	1	2	3	4	5	6	7	8	9	10	11	12	13	14	15	16	17	18	19	20	
	藏曆十一月							22	23	24	25	26	28	29	30	1	2	3	4	5	6	7	8	9	10	11	12	13	14	15	16	17	18	19	20	21	22	
	公曆12月		1	2	3	4	5	6	7	8	9	10	11	12	13	14	15	16	17	18	19	20	21	22	23	24	25	26	27	28	29	30	31					
13	夏曆十一月		23	24	25	26	27	28	29	(52)	2	3	4	5	6	7	8	9	10	11	12	13	14	15	16	17	18	19	20	21	22	23	24					
	回曆12月		21	22	23	24	25	26	27	28	29	30	1	2	3	4	5	6	7	8	9	10	11	12	13	14	15	16	17	18	19	20	21					
	藏曆十二月		23	24	25	26	27	28	29	30	1	2	3	4	5	6	7	8	9	10	11	12	13	14	15	16	17	18	19	20	21	22	23					

遼三月庚寅,閏三月庚申。

大事記

二月,宋復置制擧十科。　　閏二月,復置制擧六科。　　三月,契丹饑民流入宋地,以唐、鄧閑田處之。　　四月,交趾李公蘊卒,子德政嗣,使告於宋,封交趾郡王。　　八月,宋罷天下職田。契丹東京舍利軍詳隱大延琳據遼陽反,南北女真皆從大延琳,殺留守,建號興遼,建元天慶;契丹遣將圍之。　　是歲,王惟一鑄腧穴銅人模型兩具,并著《腧穴針灸圖經》。

宋 遼 金 紀 年　　干支庚午　公元 1030 年

朝代或國名	國家支配者	建都	廟號	謚號	建元	年號年次	輔政者	備注
北宋	④趙禎	汴梁	仁宗	明	9	1 天聖 8 年	呂夷簡	
契丹(遼)	⑤耶律隆緒	中京	聖宗	宣	3	3 太平 10 年		
大理	⑨段素真	陽苴咩		聖德	1	正治 4 年		在雲南
興遼	大延琳				1	天慶 2 年		八月亡於遼
大夏	趙德明	興州						
吐蕃	①唃廝囉	宗哥				16 年		
古格						217 年		西藏阿里
哈拉汗	優素福					4 年		在新疆

月 干支 序數	星期 月序	日	1	2	3	4	5	6	日	1	2	3	4	5	6	日	1	2	3	4	5	6	日	1	2	3	4	5	6	日	1	2	3	4	5	6	日	1
	公曆1月					1	2	3	4	5	6	7	8	9	10	11	12	13	14	15	16	17	18	19	20	21	22	23	24	25	26	27	28	29	30	31		
14	夏曆十二月					25	26	27	28	29	30	㉒	2	3	4	5	6	7	8	9	10	11	12	13	14	15	16	17	18	19	20	21	22	23	24	25		
421年	回曆1月					22	23	24	25	26	27	28	29	①	2	3	4	5	6	7	8	9	10	11	12	13	14	15	16	17	18	19	20	21	22	23		
陽金馬年	藏曆一月					24	25	27	28	29	30	1	2	3	4	5	6	7	8	9	9	10	11	12	13	14	15	16	17	18	19	20	22	23	24	25		
	公曆2月	1	2	3	4	5	6	7	8	9	10	11	12	13	14	15	16	17	18	19	20	21	22	23	24	25	26	27	28									
15	夏曆正月	26	27	28	29	(51)	2	3	4	5	6	7	8	9	10	11	12	13	14	15	16	17	18	19	20	21	22	23	24									
	回曆2月	24	25	26	27	28	29	30	1	2	3	4	5	6	7	8	9	10	11	12	13	14	15	16	17	18	19	20	21									
	藏曆二月	26	27	28	29	30	1	2	3	4	5	6	7	8	9	10	11	12	13	14	15	16	17	18	19	20	21	22	23									
	公曆3月	1	2	3	4	5	6	7	8	9	10	11	12	13	14	15	16	17	18	19	20	21	22	23	24	25	26	27	28	29	30	31						
16	夏曆二月	25	26	27	28	29	30	㉑	2	3	4	5	6	7	8	9	10	11	12	13	14	15	16	17	18	19	20	21	22	23	24	25						
	回曆3月	22	23	24	25	26	27	28	29	1	2	3	4	5	6	7	8	9	10	11	12	13	14	15	16	17	18	19	20	21	22	23						
	藏曆三月	24	26	27	28	29	30	1	2	2	3	4	5	6	7	8	9	10	11	12	13	14	15	16	17	18	20	21	22	23	24	25						
	公曆4月				1	2	3	4	5	6	7	8	9	10	11	12	13	14	15	16	17	18	19	20	21	22	23	24	25	26	27	28	29	30				
17	夏曆三月				26	27	28	29	30	(51)	2	3	4	5	6	7	8	9	10	11	12	13	14	15	16	17	18	19	20	21	22	23	24	25				
	回曆4月				24	25	26	27	28	29	30	1	2	3	4	5	6	7	8	9	10	11	12	13	14	15	16	17	18	19	20	21	22	23				
	藏曆四月				26	27	28	29	30	1	2	3	4	5	6	6	7	8	9	10	11	13	14	15	16	17	18	19	20	21	22	23	24	25				
	公曆5月						1	2	3	4	5	6	7	8	9	10	11	12	13	14	15	16	17	18	19	20	21	22	23	24	25	26	27	28	29	30	31	
18	夏曆四月						26	27	28	29	⑳	2	3	4	5	6	7	8	9	10	11	12	13	14	15	16	17	18	19	20	21	22	23	24	25	26	27	
	回曆5月						24	25	26	27	28	29	1	2	3	4	5	6	7	8	9	10	11	12	13	14	15	16	17	18	19	20	21	22	23	24	25	
	藏曆五月						26	27	28	29	30	1	2	3	4	5	6	7	8	9	10	11	12	13	14	16	17	18	19	20	21	22	23	24	25	26	27	
	公曆6月		1	2	3	4	5	6	7	8	9	10	11	12	13	14	15	16	17	18	19	20	21	22	23	24	25	26	27	28	29	30						
19	夏曆五月		28	29	30	㊿	2	3	4	5	6	7	8	9	10	11	12	13	14	15	16	17	18	19	20	21	22	23	24	25	26	27						
	回曆6月		26	27	28	29	30	1	2	3	4	5	6	7	8	9	10	11	12	13	14	15	16	17	18	19	20	21	22	23	24	25						
	藏曆六月		28	29	30	1、	2	2	3	4	5	6	7	9	10	11	12	13	14	15	16	17	18	20	21	22	22	23	24	25	26	27						
	公曆7月				1	2	3	4	5	6	7	8	9	10	11	12	13	14	15	16	17	18	19	20	21	22	23	24	25	26	27	28	29	30	31			
20	夏曆六月				28	29	30	⑳	2	3	4	5	6	7	8	9	10	11	12	13	14	15	16	17	18	19	20	21	22	23	24	25	26	27	28			
	回曆7月				26	27	28	29	1	2	3	4	5	6	7	8	9	10	11	12	13	14	15	16	17	18	19	20	21	22	23	24	25	26	27			
	藏曆後六月				28	29	30	1	2	3	4	5	6	7	8	9	10	12	13	14	15	16	17	18	19	20	21	22	23	24	25	26	27	28	29			
	公曆8月							1	2	3	4	5	6	7	8	9	10	11	12	13	14	15	16	17	18	19	20	21	22	23	24	25	26	27	28	29	30	31
21	夏曆七月							29	㊾	2	3	4	5	6	7	8	9	10	11	12	13	14	15	16	17	18	19	20	21	22	23	24	25	26	27	28	29	30
	回曆8月							28	29	30	1	2	3	4	5	6	7	8	9	10	11	12	13	14	15	16	17	18	19	20	21	22	23	24	25	26	27	28
	藏曆七月							29	30	1	2	4	5	6	7	8	9	10	11	12	13	15	16	17	18	19	19	20	21	22	23	24	25	26	27	28	29	30
	公曆9月			1	2	3	4	5	6	7	8	9	10	11	12	13	14	15	16	17	18	19	20	21	22	23	24	25	26	27	28	29	30					
22 23	夏曆八 九月			⑲	2	3	4	5	6	7	8	9	10	11	12	13	14	15	16	17	18	19	20	21	22	23	24	25	26	27	28	29	㊽					
	回曆9月			29	1	2	3	4	5	6	7	8	9	10	11	12	13	14	15	16	17	18	19	20	21	22	23	24	25	26	27	28	29					
	藏曆八 九月			1	2	3	4	5	6	8	9	10	11	12	13	14	15	16	17	18	19	20	21	22	23	24	24	25	26	27	28	29	1					
	公曆10月					1	2	3	4	5	6	7	8	9	10	11	12	13	14	15	16	17	18	19	20	21	22	23	24	25	26	27	28	29	30	31		
24	夏曆十月					2	3	4	5	6	7	8	9	10	11	12	13	14	15	16	17	18	19	20	21	22	23	24	25	26	27	28	29	30	⑱	2		
	回曆10、11月					30	1	2	3	4	5	6	7	8	9	10	11	12	13	14	15	16	17	18	19	20	21	22	23	24	25	26	27	28	29	1		
	藏曆十月					2	3	4	5	6	7	8	9	10	11	12	13	14	15	16	17	18	19	20	21	22	23	24	25	26	27	28	29	30	1	2		
	公曆11月	1	2	3	4	5	6	7	8	9	10	11	12	13	14	15	16	17	18	19	20	21	22	23	24	25	26	27	28	29	30							
25	夏曆十一月	3	4	5	6	7	8	9	10	11	12	13	14	15	16	17	18	19	20	21	22	23	24	25	26	27	28	29	㊼	2	3							

續表

月 干支 序數	月\星期 序	日	1	2	3	4	5	6	日	1	2	3	4	5	6	日	1	2	3	4	5	6	日	1	2	3	4	5	6	日	1	2	3	4	5	6	日	1
	回曆12月	2	3	4	5	6	7	8	9	10	11	12	13	14	15	16	17	18	19	20	21	22	23	24	25	26	27	28	29	30	1							
	藏曆十一月	3	5	6	7	8	9	10	11	12	13	14	15	16	17	17	18	19	20	21	22	23	24	25	26	27	29	30	1	2	3							
	公曆12月			1	2	3	4	5	6	7	8	9	10	11	12	13	14	15	16	17	18	19	20	21	22	23	24	25	26	27	28	29	30	31				
26	夏曆十二月			4	5	6	7	8	9	10	11	12	13	14	15	16	17	18	19	20	21	22	23	24	25	26	27	28	29	⑯	2	3	4	5				
422年	回曆1月			2	3	4	5	6	7	8	9	10	11	12	13	14	15	16	17	18	19	20	21	22	23	24	25	26	27	28	29	①	2	3				
	藏曆十二月			4	5	6	7	8	9	10	11	12	13	14	15	16	17	18	19	20	21	22	23	24	25	26	27	28	29	30	1	2	3	5				

大事記

三月，禁以財冒士族娶宗室女者。詔河北水患州縣勿稅牛。賜禮部奏名進士諸科及第出身 822 人。　六月，宋修國史成。　八月，契丹破東京，擒大延琳。復解鹽通商法。　九月，罷百官轉對。復置諸路提點刑獄官。　十月，宋改鹽法。　十二月，趙德明獻馬於宋，請佛經一藏。　是歲，高麗貢宋。張奎編《乾興曆》成。

宋 遼 金 紀 年

干支辛未　公元 1031 年

朝代或國名	國家支配者	建都	廟號	謚號	建元	年號年次	輔政者	備注
北宋	④趙禎	汴梁	仁宗	明	9	1 天聖 9 年	呂夷簡	
契丹(遼)	⑥耶律宗真	中京	興宗		2	1 景福元年		六月辛卯即位改元
大理	⑨段素真	陽苴咩		聖德	1	正治 5 年		在雲南
大夏	趙德明	興州						
吐蕃	①唃厮囉	宗哥				17 年		
古格						218 年		西藏阿里
哈拉汗	優素福					5 年		在新疆

月 曆 表

5744—384—2098039

月 干支 序數	月\星期 序	日	1	2	3	4	5	6	日	1	2	3	4	5	6	日	1	2	3	4	5	6	日	1	2	3	4	5	6	日	1	2	3	4	5	6	日	1
	公曆1月						1	2	3	4	5	6	7	8	9	10	11	12	13	14	15	16	17	18	19	20	21	22	23	24	25	26	27	28	29	30	31	
27	夏曆正月						6	7	8	9	10	11	12	13	14	15	16	17	18	19	20	21	22	23	24	25	26	27	28	29	30	㊻	2	3	4	5	6	
	回曆2月						4	5	6	7	8	9	10	11	12	13	14	15	16	17	18	19	20	21	22	23	24	25	26	27	28	29	30	1	2	3	4	
陰金羊年	藏曆一月						6	7	8	9	10	11	12	13	14	15	16	17	18	19	20	21	22	23	24	25	26	27	29	30	30	1	2	3	4	5	6	
	公曆2月		1	2	3	4	5	6	7	8	9	10	11	12	13	14	15	16	17	18	19	20	21	22	23	24	25	26	27	28								
28	夏曆二月		7	8	9	10	11	12	13	14	15	16	17	18	19	20	21	22	23	24	25	26	27	28	29	⑮	2	3	4	5								
	回曆3月		5	6	7	8	9	10	11	12	13	14	15	16	17	18	19	20	21	22	23	24	25	26	27	28	29	1	2	3								
	藏曆二月		7	8	9	10	11	12	12	13	14	15	16	17	18	19	20	21	23	24	25	26	27	28	29	30	1	2	3	4								
	公曆3月		1	2	3	4	5	6	7	8	9	10	11	12	13	14	15	16	17	18	19	20	21	22	23	24	25	26	27	28	29	30	31					
29	夏曆三月		6	7	8	9	10	11	12	13	14	15	16	17	18	19	20	21	22	23	24	25	26	27	28	29	30	㊺	2	3	4	5	6					
	回曆4月		4	5	6	7	8	9	10	11	12	13	14	15	16	17	18	19	20	21	22	23	24	25	26	27	28	29	30	1	2	3	4					
	藏曆三月		5	6	7	8	9	10	11	12	13	14	15	16	17	18	19	20	21	22	23	24	25	27	28	29	30	1	2	3	4	5	5					
	公曆4月					1	2	3	4	5	6	7	8	9	10	11	12	13	14	15	16	17	18	19	20	21	22	23	24	25	26	27	28	29	30			
30	夏曆四月					7	8	9	10	11	12	13	14	15	16	17	18	19	20	21	22	23	24	25	26	27	28	29	30	⑮	2	3	4	5	6			

續表

月干支序數	月序＼星期	日	1	2	3	4	5	6	日	1	2	3	4	5	6	日	1	2	3	4	5	6	日	1	2	3	4	5	6	日	1	2	3	4	5	6	日
	回曆5月					5	6	7	8	9	10	11	12	13	14	15	16	17	18	19	20	21	22	23	24	25	26	27	28	29	1	2	3	4	5		
	藏曆四月					6	7	8	9	10	11	12	13	14	15	16	17	18	20	21	22	23	24	25	26	27	28	29	30	1	2	3	4	5	6		
	公曆5月							1	2	3	4	5	6	7	8	9	10	11	12	13	14	15	16	17	18	19	20	21	22	23	24	25	26	27	28	29	30
31	夏曆五月							7	8	9	10	11	12	13	14	15	16	17	18	19	20	21	22	23	24	25	26	27	28	29	㊹	2	3	4	5	6	7
	回曆6月							6	7	8	9	10	11	12	13	14	15	16	17	18	19	20	21	22	23	24	25	26	27	28	29	30	1	2	3	4	5
	藏曆五月							7	8	9	10	11	12	13	14	15	16	17	18	19	20	21	22	24	25	26	27	28	29	30	30	1	1	2	3	4	5
	公曆6月			1	2	3	4	5	6	7	8	9	10	11	12	13	14	15	16	17	18	19	20	21	22	23	24	25	26	27	28	29	30				
32	夏曆六月			9	10	11	12	13	14	15	16	17	18	19	20	21	22	23	24	25	26	27	28	29	30	⑭	2	3	4	5	6	7	8				
	回曆7月			7	8	9	10	11	12	13	14	15	16	17	18	19	20	21	22	23	24	25	26	27	28	29	1	2	3	4	5	6	7				
	藏曆六月			7	8	9	10	11	12	13	14	16	17	18	19	20	21	22	23	24	25	26	27	28	29	1	2	3	4	5	6	7	8				
	公曆7月					1	2	3	4	5	6	7	8	9	10	11	12	13	14	15	16	17	18	19	20	21	22	23	24	25	26	27	28	29	30	31	
33	夏曆七月					9	10	11	12	13	14	15	16	17	18	19	20	21	22	23	24	25	26	27	28	29	㊸	2	3	4	5	6	7	8	9	10	
	回曆8月					8	9	10	11	12	13	14	15	16	17	18	19	20	21	22	23	24	25	26	27	28	29	30	1	2	3	4	5	6	7	8	
	藏曆七月					9	10	11	12	13	14	15	16	17	19	20	21	22	23	24	25	26	27	28	28	29	30	1	2	3	4	5	6	7	8	9	
	公曆8月	1	2	3	4	5	6	7	8	9	10	11	12	13	14	15	16	17	18	19	20	21	22	23	24	25	26	27	28	29	30	31					
34	夏曆八月	11	12	13	14	15	16	17	18	19	20	21	22	23	24	25	26	27	28	29	30	⑬	2	3	4	5	6	7	8	9	10	11					
	回曆9月	9	10	11	12	13	14	15	16	17	18	19	20	21	22	23	24	25	26	27	28	29	1	2	3	4	5	6	7	8	9	10					
	藏曆八月	10	12	13	14	15	16	17	18	19	20	21	22	23	24	25	26	27	28	29	30	1	2	3	4	5	6	7	8	9	10	11					
	公曆9月				1	2	3	4	5	6	7	8	9	10	11	12	13	14	15	16	17	18	19	20	21	22	23	24	25	26	27	28	29	30			
35	夏曆九月				12	13	14	15	16	17	18	19	20	21	22	23	24	25	26	27	28	29	30	㊸	2	3	4	5	6	7	8	9	10	11			
	回曆10月				11	12	13	14	15	16	17	18	19	20	21	22	23	24	25	26	27	28	29	30	1	2	3	4	5	6	7	8	9	10			
	藏曆九月				12	13	15	16	17	18	19	20	21	22	23	23	24	25	26	27	28	29	30	1	2	3	4	5	6	8	9	10	11	12			
	公曆10月						1	2	3	4	5	6	7	8	9	10	11	12	13	14	15	16	17	18	19	20	21	22	23	24	25	26	27	28	29	30	31
36	夏曆十月						12	13	14	15	16	17	18	19	20	21	22	23	24	25	26	27	28	29	⑫	2	3	4	5	6	7	8	9	10	11	12	13
	回曆11月						11	12	13	14	15	16	17	18	19	20	21	22	23	24	25	26	27	28	29	1	2	3	4	5	6	7	8	9	10	11	12
	藏曆十月						13	14	15	16	17	18	19	20	21	22	23	24	25	26	27	28	29	30	1	2	3	4	5	6	7	8	9	10	11	13	14
	公曆11月		1	2	3	4	5	6	7	8	9	10	11	12	13	14	15	16	17	18	19	20	21	22	23	24	25	26	27	28	29	30					
	夏曆閏十月		14	15	16	17	18	19	20	21	22	23	24	25	26	27	28	29	30	㊷	2	3	4	5	6	7	8	9	10	11	12	13					
	回曆12月		13	14	15	16	17	18	19	20	21	22	23	24	25	26	27	28	29	30	1	2	3	4	5	6	7	8	9	10	11	12					
	藏曆十一月		15	16	17	17	18	19	20	21	22	23	24	25	26	27	28	29	30	1	2	3	4	6	7	8	9	10	11	12	13	14					
	公曆12月				1	2	3	4	5	6	7	8	9	10	11	12	13	14	15	16	17	18	19	20	21	22	23	24	25	26	27	28	29	30	31		
37	夏曆十一月				14	15	16	17	18	19	20	21	22	23	24	25	26	27	28	29	⑪	2	3	4	5	6	7	8	9	10	11	12	13	14	15		
423年	回曆1月				13	14	15	16	17	18	19	20	21	22	23	24	25	26	27	28	29	30	①	2	3	4	5	6	7	8	9	10	11	12	13		
	藏曆十二月				15	16	17	18	19	20	20	21	22	23	24	25	26	27	28	29	1	2	3	4	5	6	7	8	9	10	11	12	13	14	15		

大事記

正月，減畿內民租。龜兹國、沙州貢於宋。　　二月，詔復郡縣職田。　　三月，始賜州學九經。　　五月，契丹大雨諸河汎溢，皆失故道。　　六月，契丹聖宗卒，太子宗真嗣，為興宗，改元景福，其母元妃蕭耨斤自稱太后，攝國政。　　十月，宋詔公卿大夫勵名節。　　十一月，宋弛兩川礬禁。　　是歲，契丹以興平公主妻李德明子元昊，封為夏國公。科學家政治家、外交家沈括誕生(1031—1095)。

宋 遼 金 紀 年

干支壬申　公元 1032 年

朝代或國名	國家支配者	建都	廟號	謚號	建元	年號年次	輔政者	備注
北宋	④趙禎	汴梁	仁宗	明	9	2 明道元年	呂夷簡 張士遜	十一月甲戌改元
契丹(遼)	⑥耶律宗真	中京	興宗		2	2 重熙元年		十一月己卯改元
大理	⑨段素真	陽苴咩		聖德	1	正治 6 年		在雲南
西夏	①嵬名元昊	興州	景宗	武烈	5	顯道元年		十一月立
吐蕃	①唃厮囉	宗哥				18 年		
古格						219 年		西藏阿里
哈拉汗	優素福					6 年		子繼位

月 曆 表

5745—355—2098394

月干支序數	月序＼星期	日	1	2	3	4	5	6	日	1	2	3	4	5	6	日	1	2	3	4	5	6	日	1	2	3	4	5	6	日	1	2	3	4	5	6	日	1
	公曆 1 月							1	2	3	4	5	6	7	8	9	10	11	12	13	14	15	16	17	18	19	20	21	22	23	24	25	26	27	28	29	30	31
38	夏曆十二月							16	17	18	19	20	21	22	23	24	25	26	27	28	29	30	㊶	2	3	4	5	6	7	8	9	10	11	12	13	14	15	16
	回曆 2 月							14	15	16	17	18	19	20	21	22	23	24	25	26	27	28	29	30	1	2	3	4	5	6	7	8	9	10	11	12	13	14
水猴年	藏曆一月							16	17	18	19	20	21	22	23	24	25	26	27	28	29	30	1	2	3	4	6	7	8	9	10	11	12	12	13	14	15	16
	公曆 2 月			1	2	3	4	5	6	7	8	9	10	11	12	13	14	15	16	17	18	19	20	21	22	23	24	25	26	27	28	29						
39	夏曆正月			17	18	19	20	21	22	23	24	25	26	27	28	29	⑩	2	3	4	5	6	7	8	9	10	11	12	13	14	15	16						
	回曆 3 月			15	16	17	18	19	20	21	22	23	24	25	26	27	28	29	1	2	3	4	5	6	7	8	9	10	11	12	13	14						
	藏曆二月			17	18	19	20	21	22	23	24	25	26	27	28	29	1	2	3	4	5	6	7	8	9	10	11	12	13	14	15	15						
	公曆 3 月				1	2	3	4	5	6	7	8	9	10	11	12	13	14	15	16	17	18	19	20	21	22	23	24	25	26	27	28	29	30	31			
40	夏曆二月				17	18	19	20	21	22	23	24	25	26	27	28	29	㊴	2	3	4	5	6	7	8	9	10	11	12	13	14	15	16	17	18			
	回曆 4 月				15	16	17	18	19	20	21	22	23	24	25	26	27	28	29	30	1	2	3	4	5	6	7	8	9	10	11	12	13	14	15			
	藏曆三月				16	17	18	19	20	21	23	24	25	26	27	28	29	30	1	2	3	4	5	6	7	8	9	10	11	12	13	14	15	16	17			
	公曆 4 月							1	2	3	4	5	6	7	8	9	10	11	12	13	14	15	16	17	18	19	20	21	22	23	24	25	26	27	28	29	30	
41	夏曆三月							19	20	21	22	23	24	25	26	27	28	29	30	⑨	2	3	4	5	6	7	8	9	10	11	12	13	14	15	16	17	18	
	回曆 5 月							16	17	18	19	20	21	22	23	24	25	26	27	28	29	1	2	3	4	5	6	7	8	9	10	11	12	13	14	15	16	
	藏曆四月							18	19	20	21	22	23	24	25	27	28	29	30	1	2	3	4	5	6	7	8	9	9	10	11	12	13	14	15	16	17	
	公曆 5 月		1	2	3	4	5	6	7	8	9	10	11	12	13	14	15	16	17	18	19	20	21	22	23	24	25	26	27	28	29	30	31					
42	夏曆四月		19	20	21	22	23	24	25	26	27	28	29	㊳	2	3	4	5	6	7	8	9	10	11	12	13	14	15	16	17	18	19	20					
	回曆 6 月		17	18	19	20	21	22	23	24	25	26	27	28	29	30	1	2	3	4	5	6	7	8	9	10	11	12	13	14	15	16	17					
	藏曆五月		18	19	21	22	23	24	25	26	27	28	29	30	1	2	3	4	5	6	7	8	9	10	11	12	13	14	15	16	17	18	19					
	公曆 6 月					1	2	3	4	5	6	7	8	9	10	11	12	13	14	15	16	17	18	19	20	21	22	23	24	25	26	27	28	29	30			
43	夏曆五月					21	22	23	24	25	26	27	28	29	30	⑧	2	3	4	5	6	7	8	9	10	11	12	13	14	15	16	17	18	19	20			
	回曆 7 月					18	19	20	21	22	23	24	25	26	27	28	29	1	2	3	4	5	6	7	8	9	10	11	12	13	14	15	16	17	18			
	藏曆六月					20	21	23	24	25	26	27	28	29	30	1	2	3	4	5	6	6	7	8	9	10	11	12	13	14	16	17	18	19	20			
	公曆 7 月							1	2	3	4	5	6	7	8	9	10	11	12	13	14	15	16	17	18	19	20	21	22	23	24	25	26	27	28	29	30	31
44	夏曆六月							21	22	23	24	25	26	27	28	29	㊲	2	3	4	5	6	7	8	9	10	11	12	13	14	15	16	17	18	19	20	21	22
	回曆 8 月							19	20	21	22	23	24	25	26	27	28	29	30	1	2	3	4	5	6	7	8	9	10	11	12	13	14	15	16	17	18	19
	藏曆七月							21	22	23	24	25	26	27	28	29	30	1	2	3	4	5	6	7	8	9	10	11	12	13	14	15	16	17	19	20	21	22
	公曆 8 月			1	2	3	4	5	6	7	8	9	10	11	12	13	14	15	16	17	18	19	20	21	22	23	24	25	26	27	28	29	30	31				

續表

月干支序數	月序 \ 星期	日	1	2	3	4	5	6	日	1	2	3	4	5	6	日	1	2	3	4	5	6	日	1	2	3	4	5	6	日	1	2	3	4	5	6	日
45	夏曆七月			23	24	25	26	27	28	29	30	⑦	2	3	4	5	6	7	8	9	10	11	12	13	14	15	16	17	18	19	20	21	22	23			
	回曆9月			20	21	22	23	24	25	26	27	28	29	1	2	3	4	5	6	7	8	9	10	11	12	13	14	15	16	17	18	19	20	21			
	藏曆八月			23	24	25	26	27	28	29	30	1	2	2	3	4	5	6	7	8	9	10	12	13	14	15	16	17	18	19	20	21	22	23			
	公曆9月						1	2	3	4	5	6	7	8	9	10	11	12	13	14	15	16	17	18	19	20	21	22	23	24	25	26	27	28	29	30	
46	夏曆八月						24	25	26	27	28	29	30	㊲	2	3	4	5	6	7	8	9	10	11	12	13	14	15	16	17	18	19	20	21	22	23	
	回曆10月						22	23	24	25	26	27	28	29	30	1	2	3	4	5	6	7	8	9	10	11	12	13	14	15	16	17	18	19	20	21	
	藏曆九月						24	25	26	27	28	29	30	1	2	3	4	5	6	7	8	9	10	11	12	13	15	16	17	18	19	20	21	22	23	24	
	公曆10月	1	2	3	4	5	6	7	8	9	10	11	12	13	14	15	16	17	18	19	20	21	22	23	24	25	26	27	28	29	30	31					
47	夏曆九月	24	25	26	27	28	29	⑥	2	3	4	5	6	7	8	9	10	11	12	13	14	15	16	17	18	19	20	21	22	23	24	25					
	回曆11月	22	23	24	25	26	27	28	29	1	2	3	4	5	6	7	8	9	10	11	12	13	14	15	16	17	18	19	20	21	22	23					
	藏曆十月	25	26	27	27	28	29	30	1	2	3	4	5	6	7	9	10	11	12	13	14	15	16	17	18	19	20	21	22	23	24	25					
	公曆11月				1	2	3	4	5	6	7	8	9	10	11	12	13	14	15	16	17	18	19	20	21	22	23	24	25	26	27	28	29	30			
48	夏曆十月				26	27	28	29	30	㊱	2	3	4	5	6	7	8	9	10	11	12	13	14	15	16	17	18	19	20	21	22	23	24	25			
	回曆12月				24	25	26	27	28	29	30	1	2	3	4	5	6	7	8	9	10	11	12	13	14	15	16	17	18	19	20	21	22	23			
	藏曆十一月				26	27	27	28	29	1	2	3	4	5	6	7	8	9	10	11	13	14	15	16	17	18	19	20	20	21	22	23	24	25			
	公曆12月						1	2	3	4	5	6	7	8	9	10	11	12	13	14	15	16	17	18	19	20	21	22	23	24	25	26	27	28	29	30	31
49	夏曆十一月						26	27	28	29	30	⑥	2	3	4	5	6	7	8	9	10	11	12	13	14	15	16	17	18	19	20	21	22	23	24	25	26
424年	回曆1月						24	25	26	27	28	29	①	2	3	4	5	6	7	8	9	10	11	12	13	14	15	16	17	18	19	20	21	22	23	24	25
	藏曆十二月						26	27	28	29	30	1	2	3	4	5	6	8	9	10	11	12	13	14	15	16	17	18	19	20	21	22	23	23	24	25	26

大事記

二月,宋修《三朝寶訓》成。　　三月,江淮旱。除婺、秀州身丁錢。　　五月,遣使點檢河北城池器甲。廢杭、秀二州場。　　七月,宋置諫院。　　十一月,宋改元明道,契丹改元重熙。趙德明卒,子元昊嗣,宋使襲德明官爵。時元昊已取州,拔西涼府,圖反宋。契丹册元昊為夏國王。　　是歲,名儒程顥誕生(1032—1085)。

宋遼金紀年

干支癸酉　公元 1033 年

朝代或國名	國家支配者	建都	廟號	謚號	建元	年號年次	輔政者	備注
北宋	④趙禎	汴梁	仁宗	明	9	2 明道 2 年	張士遜呂夷簡李迪	
契丹(遼)	⑥耶律宗真	中京	興宗		2	2 重熙 2 年		
大理	⑨段素真	陽苴咩		聖德	1	正治 7 年		在雲南
西夏	①嵬名元昊	興州	景宗	武烈	5	1 顯道 2 年		
吐蕃	①唃厮囉	宗哥				19 年		
古格						220 年		西藏阿里
哈拉汗	蘇萊曼					元年		在新疆

月 曆 表

5746—354—2098748

月干支序數	月序＼星期	日	1	2	3	4	5	6	日	1	2	3	4	5	6	日	1	2	3	4	5	6	日	1	2	3	4	5	6	日	1	2	3	4	5	6	日	1
	公曆 1 月		1	2	3	4	5	6	7	8	9	10	11	12	13	14	15	16	17	18	19	20	21	22	23	24	25	26	27	28	29	30	31					
50	夏曆十二月		27	28	29	㉟	2	3	4	5	6	7	8	9	10	11	12	13	14	15	16	17	18	19	20	21	22	23	24	25	26	27	28					
	回曆 2 月		26	27	28	29	30	1	2	3	4	5	6	7	8	9	10	11	12	13	14	15	16	17	18	19	20	21	22	23	24	25	26					
水鶴年	藏曆一月		27	28	29	2	3	4	5	6	7	8	9	10	11	12	13	14	15	16	17	18	19	20	21	22	23	24	25	26	27	28	29					
	公曆 2 月					1	2	3	4	5	6	7	8	9	10	11	12	13	14	15	16	17	18	19	20	21	22	23	24	25	26	27	28					
51	夏曆正月					29	30	⑤	2	3	4	5	6	7	8	9	10	11	12	13	14	15	16	17	18	19	20	21	22	23	24	25	26					
	回曆 3 月					27	28	29	1	2	3	4	5	6	7	8	9	10	11	12	13	14	15	16	17	18	19	20	21	22	23	24	25					
	藏曆二月					30	30	1	2	3	4	5	7	8	9	10	11	12	13	14	15	15	16	17	18	19	20	21	22	23	24	25	26					
	公曆 3 月					1	2	3	4	5	6	7	8	9	10	11	12	13	14	15	16	17	18	19	20	21	22	23	24	25	26	27	28	29	30	31		
52	夏曆二月					27	28	29	㉞	2	3	4	5	6	7	8	9	10	11	12	13	14	15	16	17	18	19	20	21	22	23	24	25	26	27	28		
	回曆 4 月					26	27	28	29	30	1	2	3	4	5	6	7	8	9	10	11	12	13	14	15	16	17	18	19	20	21	22	23	24	25	26		
	藏曆後二月					27	28	30	1	2	3	4	5	6	7	8	9	10	11	12	13	14	15	16	17	18	19	20	20	21	23	24	25	26	27	28		
	公曆 4 月	1	2	3	4	5	6	7	8	9	10	11	12	13	14	15	16	17	18	19	20	21	22	23	24	25	26	27	28	29	30							
53	夏曆三月	29	③	2	3	4	5	6	7	8	9	10	11	12	13	14	15	16	17	18	19	20	21	22	23	24	25	26	27	28	29							
	回曆 5 月	27	28	29	1	2	3	4	5	6	7	8	9	10	11	12	13	14	15	16	17	18	19	20	21	22	23	24	25	26	27							
	藏曆三月	29	30	1	2	3	5	6	7	8	8	9	10	11	12	13	14	15	16	17	18	19	20	21	22	23	24	25	26	28	29							
	公曆 5 月			1	2	3	4	5	6	7	8	9	10	11	12	13	14	15	16	17	18	19	20	21	22	23	24	25	26	27	28	29	30	31				
54 55	夏曆四五月			30	㉝	2	3	4	5	6	7	8	9	10	11	12	13	14	15	16	17	18	19	20	21	22	23	24	25	26	27	28	29	②				
	回曆 6 月			28	29	30	1	2	3	4	5	6	7	8	9	10	11	12	13	14	15	16	17	18	19	20	21	22	23	24	25	26	27	28				
	藏曆四五月			30	1	2	3	4	5	6	7	8	9	10	11	12	13	14	14	15	16	17	18	20	21	22	23	24	25	26	27	28	29	2				
	公曆 6 月						1	2	3	4	5	6	7	8	9	10	11	12	13	14	15	16	17	18	19	20	21	22	23	24	25	26	27	28	29	30		
56	夏曆六月						2	3	4	5	6	7	8	9	10	11	12	13	14	15	16	17	18	19	20	21	22	23	24	25	26	27	28	29	㉛	2		
	回曆 7 月						29	1	2	3	4	5	6	7	8	9	10	11	12	13	14	15	16	17	18	19	20	21	22	23	24	25	26	27	28	29		
	藏曆六月						3	4	4	5	6	7	8	9	10	11	12	13	14	15	16	17	18	19	20	21	23	24	25	26	27	28	29	30	30	1		
	公曆 7 月	1	2	3	4	5	6	7	8	9	10	11	12	13	14	15	16	17	18	19	20	21	22	23	24	25	26	27	28	29	30	31						
57	夏曆七月	3	4	5	6	7	8	9	10	11	12	13	14	15	16	17	18	19	20	21	22	23	24	25	26	27	28	29	30	①	2	3						
	回曆 8、9 月	30	1	2	3	4	5	6	7	8	9	10	11	12	13	14	15	16	17	18	19	20	21	22	23	24	25	26	27	28	29	1						
	藏曆七月	2	3	4	5	6	7	8	9	10	11	11	12	13	15	16	17	18	19	20	21	22	23	24	26	27	28	29	30	30	1	1						
	公曆 8 月				1	2	3	4	5	6	7	8	9	10	11	12	13	14	15	16	17	18	19	20	21	22	23	24	25	26	27	28	29	30	31			
58	夏曆八月				4	5	6	7	8	9	10	11	12	13	14	15	16	17	18	19	20	21	22	23	24	25	26	27	28	29	30	㉛	2	3	4			
	回曆 10 月				2	3	4	5	6	7	8	9	10	11	12	13	14	15	16	17	18	19	20	21	22	23	24	25	26	27	28	29	30	1	2			
	藏曆八月				2	3	4	5	6	7	8	10	11	12	13	14	15	16	17	19	20	21	22	23	24	25	26	27	28	29	30	1	2	3	4			
	公曆 9 月							1	2	3	4	5	6	7	8	9	10	11	12	13	14	15	16	17	18	19	20	21	22	23	24	25	26	27	28	29	30	
59	夏曆九月							5	6	7	8	9	10	11	12	13	14	15	16	17	18	19	20	21	22	23	24	25	26	27	28	29	(60)	2	3	4	5	
	回曆 11 月							3	4	5	6	7	8	9	10	11	12	13	14	15	16	17	18	19	20	21	22	23	24	25	26	27	28	29	1	2	3	
	藏曆九月							5	6	7	7	8	9	11	12	13	14	15	16	17	18	19	20	21	23	24	25	26	26	27	28	29	30	1	2	3	4	
	公曆 10 月		1	2	3	4	5	6	7	8	9	10	11	12	13	14	15	16	17	18	19	20	21	22	23	24	25	26	27	28	29	30	31					
60	夏曆十月		6	7	8	9	10	11	12	13	14	15	16	17	18	19	20	21	22	23	24	25	26	27	28	29	30	㉚	2	3	4	5	6					
	回曆 12 月		4	5	6	7	8	9	10	11	12	13	14	15	16	17	18	19	20	21	22	23	24	25	26	27	28	29	3	1	2	3	4					
	藏曆十月		5	6	7	8	9	10	11	12	13	14	16	17	18	19	20	21	22	23	24	25	26	27	28	29	30	30	1	1	2	3	4					
	公曆 11 月					1	2	3	4	5	6	7	8	9	10	11	12	13	14	15	16	17	18	19	20	21	22	23	24	25	26	27	28	29	30			
1	夏曆十一月					7	8	9	10	11	12	13	14	15	16	17	18	19	20	21	22	23	24	25	26	27	28	29	30	(60)	2	3	4	5	6			

續表

月 干支 序數	月序＼星期	日	1	2	3	4	5	6	日	1	2	3	4	5	6	日	1	2	3	4	5	6	日	1	2	3	4	5	6	日	1	2	3	4	5	6	日
425年	回曆1月					5	6	7	8	9	10	11	12	13	14	15	16	17	18	19	20	21	22	23	24	25	26	27	28	29	①	2	3	4	5		
	藏曆十一月					5	6	7	8	10	11	12	13	14	15	16	17	18	19	20	21	22	23	24	25	26	27	28	29	1	2	3	4	5	6		
	公曆12月							1	2	3	4	5	6	7	8	9	10	11	12	13	14	15	16	17	18	19	20	21	22	23	24	25	26	27	28	29	30
2	夏曆十二月							7	8	9	10	11	12	13	14	15	16	17	18	19	20	21	22	23	24	25	26	27	28	29	30	㉚	2	3	4	5	6
	回曆2月							6	7	8	9	10	11	12	13	14	15	16	17	18	19	20	21	22	23	24	25	26	27	28	29	30	1	2	3	4	5
	藏曆十二月							7	8	9	10	11	12	14	15	16	17	18	19	20	21	22	23	23	24	25	26	27	28	29	30	1	2	3	4	5	6

大事記

正月，女直貢於契丹（即女真，避契丹帝耶律宗真而改）。　三月，宋劉太后死，宋帝始親政。召還宋綬、範仲淹。四月，罷修建寺觀。呂夷簡上書請罷力役，節冗費。　七月，範仲淹請銷冗兵、削冗官、減冗費。罷東南和糴。　十宋改賦稅雜變之法。　十二月，契丹禁夏國使沿途私市金鐵。宋改淮南鹽法，詔請商人入錢粟京師及淮、浙、江南、荊湖軍易鹽。　是歲，名儒程頤誕生（1033—1107）。

宋遼金紀年

干支甲戌　公元1034年

朝代或國名	國家支配者	建都	廟號	謚號	建元	年號年次	輔政者	備注
北宋	④趙禎	汴梁	仁宗	明	9	3景祐元年	李迪呂夷簡	正月改元
契丹（遼）	⑥耶律宗真	中京	興宗		2	2重熙3年		
大理	⑨段素真	陽苴咩		聖德	1	正治8年		在雲南
西夏	①嵬名元昊	興州	景宗	武烈	5	2開運元年		七月改元
						3廣運元年		八月改元
吐蕃	①唃厮囉	宗哥				20年		•
古格						221年		西藏阿里
哈拉汗	蘇萊曼					2年		在新疆

月曆表

5747—384—2099132

月 干支 序數	月序＼星期	日	1	2	3	4	5	6	日	1	2	3	4	5	6	日	1	2	3	4	5	6	日	1	2	3	4	5	6	日	1	2	3	4	5	6	日
	公曆1月			1	2	3	4	5	6	7	8	9	10	11	12	13	14	15	16	17	18	19	20	21	22	23	24	25	26	27	28	29	30	31			
3	夏曆正月			8	9	10	11	12	13	14	15	16	17	18	19	20	21	22	23	24	25	26	27	28	29	(59)	2	3	4	5	6	7	8	9			
	回曆3月			7	8	9	10	11	12	13	14	15	16	17	18	19	20	21	22	23	24	25	26	27	28	29	1	2	3	4	5	6	7	8			
陽木狗年	藏曆一月			9	10	11	12	14	15	16	17	18	19	20	21	22	23	23	24	25	26	26	27	28	29	30	1	3	4	5	6	7	8	9			
	公曆2月						1	2	3	4	5	6	7	8	9	10	11	12	13	14	15	16	17	18	19	20	21	22	23	24	25	26	27	28			
4	夏曆二月						10	11	12	13	14	15	16	17	18	19	20	21	22	23	24	25	26	27	28	29	30	㉙	2	3	4	5	6	7			
	回曆4月						9	10	11	12	13	14	15	16	17	18	19	20	21	22	23	24	25	26	27	28	29	30	11	2	3	4	5	6			
	藏曆二月						10	11	12	13	14	15	16	17	18	19	20	21	22	23	24	25	26	27	28	29	30	1	2	3	4	5	7	8			
	公曆3月						1	2	3	4	5	6	7	8	9	10	11	12	13	14	15	16	17	18	19	20	21	22	23	24	25	26	27	28	29	30	31
5	夏曆三月						8	9	10	11	12	13	14	15	16	17	18	19	20	21	22	23	24	25	26	27	28	29	(58)	2	3	4	5	6	7	8	9
	回曆5月						7	8	9	10	11	12	13	14	15	16	17	18	19	20	21	22	23	24	25	26	27	28	29	1	2	3	4	5	6	7	8
	藏曆三月						9	10	11	12	13	14	15	16	17	18	18	19	20	21	22	23	24	25	26	27	28	29	1	2	3	4	5	6	7	8	9

續表

月干支序數	星期 / 月序	日	1	2	3	4	5	6	日	1	2	3	4	5	6	日	1	2	3	4	5	6	日	1	2	3	4	5	6	日	1	2	3	4	5	6	日	1
	公曆4月		1	2	3	4	5	6	7	8	9	10	11	12	13	14	15	16	17	18	19	20	21	22	23	24	25	26	27	28	29	30						
6	夏曆四月		10	11	12	13	14	15	16	17	18	19	20	21	22	23	24	25	26	27	28	29	㉗	2	3	4	5	6	7	8	9	10						
	回曆6月		9	10	11	12	13	14	15	16	17	18	19	20	21	22	23	24	25	26	27	28	29	30	1	2	3	4	5	6	7	8						
	藏曆四月		10	11	12	13	14	15	16	17	18	19	20	21	22	23	24	25	26	27	28	29	30	1	2	3	5	6	7	8	9	10						
	公曆5月				1	2	3	4	5	6	7	8	9	10	11	12	13	14	15	16	17	18	19	20	21	22	23	24	25	26	27	28	29	30	31			
7	夏曆五月				11	12	13	14	15	16	17	18	19	20	21	22	23	24	25	26	27	28	29	30	(57)	2	3	4	5	6	7	8	9	10	11			
	回曆7月				9	10	11	12	13	14	15	16	17	18	19	20	21	22	23	24	25	26	27	28	29	1	2	3	4	5	6	7	8	9	10			
	藏曆五月				11	12	13	13	14	15	16	17	18	19	20	21	22	23	24	25	26	28	29	30	1	2	3	4	5	6	7	8	9	10	11			
	公曆6月							1	2	3	4	5	6	7	8	9	10	11	12	13	14	15	16	17	18	19	20	21	22	23	24	25	26	27	28	29	30	
8	夏曆六月							12	13	14	15	16	17	18	19	20	21	22	23	24	25	26	27	28	29	㉖	2	3	4	5	6	7	8	9	10	11	12	
	回曆8月							11	12	13	14	15	16	17	18	19	20	21	22	23	24	25	26	27	28	29	30	1	2	3	4	5	6	7	8	9	10	
	藏曆六月							12	13	14	15	16	17	18	19	20	21	22	23	24	25	26	27	28	29	1	2	3	4	5	6	7	8	9	9	10	11	
	公曆7月		1	2	3	4	5	6	7	8	9	10	11	12	13	14	15	16	17	18	19	20	21	22	23	24	25	26	27	28	29	30	31					
	夏曆閏六月		13	14	15	16	17	18	19	20	21	22	23	24	25	26	27	28	29	(55)	2	3	4	5	6	7	8	9	10	11	12	13	14					
	回曆9月		11	12	13	14	15	16	17	18	19	20	21	22	23	24	25	26	27	28	29	1	2	3	4	5	6	7	8	9	10	11	12					
	藏曆七月		12	13	14	15	16	17	18	19	20	21	23	24	25	26	27	28	29	30	1	2	3	4	5	6	7	8	9	10	11	12	13					
	公曆8月					1	2	3	4	5	6	7	8	9	10	11	12	13	14	15	16	17	18	19	20	21	22	23	24	25	26	27	28	29	30	31		
9	夏曆七月					15	16	17	18	19	20	21	22	23	24	25	26	27	28	29	30	㉕	2	3	4	5	6	7	8	9	10	11	12	13	14	15		
	回曆10月					13	14	15	16	17	18	19	20	21	22	23	24	25	26	27	28	29	30	1	2	3	4	5	6	7	8	9	10	11	12	13		
	藏曆八月					14	15	16	17	18	19	20	21	22	23	24	26	27	28	29	30	1	2	3	4	5	6	6	7	8	9	10	11	12	13	14		
	公曆9月	1	2	3	4	5	6	7	8	9	10	11	12	13	14	15	16	17	18	19	20	21	22	23	24	25	26	27	28	29	30							
10	夏曆八月	16	17	18	19	20	21	22	23	24	25	26	27	28	29	30	(55)	2	3	4	5	6	7	8	9	10	11	12	13	14	15							
	回曆11月	14	15	16	17	18	19	20	21	22	23	24	25	26	27	28	29	1	2	3	4	5	6	7	8	9	10	11	12	13	14							
	藏曆九月	15	16	17	19	20	21	22	23	24	25	26	27	28	29	30	1	2	3	4	5	6	7	8	9	10	11	12	13	14	15							
	公曆10月			1	2	3	4	5	6	7	8	9	10	11	12	13	14	15	16	17	18	19	20	21	22	23	24	25	26	27	28	29	30	31				
11	夏曆九月			16	17	18	19	20	21	22	23	24	25	26	27	28	29	㉔	2	3	4	5	6	7	8	9	10	11	12	13	14	15	16	17				
	回曆12月			15	16	17	18	19	20	21	22	23	24	25	26	27	28	29	30	1	2	3	4	5	6	7	8	9	10	11	12	13	14	15				
	藏曆十月			16	17	18	19	20	21	23	24	25	26	27	28	29	30	30	1	2	3	4	5	6	7	8	9	10	11	12	13	14	15	17				
	公曆11月						1	2	3	4	5	6	7	8	9	10	11	12	13	14	15	16	17	18	19	20	21	22	23	24	25	26	27	28	29	30		
12	夏曆十月						18	19	20	21	22	23	24	25	26	27	28	29	30	(54)	2	3	4	5	6	7	8	9	10	11	12	13	14	15	16	17		
426年	回曆1月						16	17	18	19	20	21	22	23	24	25	26	27	28	29	30	①	2	3	4	5	6	7	8	9	10	11	12	13	14	15		
	藏曆十一月						18	19	20	21	22	23	24	25	26	27	28	29	30	1	2	3	4	4	5	6	7	8	10	11	12	13	14	15	16	17		
	公曆12月	1	2	3	4	5	6	7	8	9	10	11	12	13	14	15	16	17	18	19	20	21	22	23	24	25	26	27	28	29	30	31						
13	夏曆十一月	18	19	20	21	22	23	24	25	26	27	28	29	30	㉔	2	3	4	5	6	7	8	9	10	11	12	13	14	15	16	17	18						
	回曆2月	16	17	18	19	20	21	22	23	24	25	26	27	28	29	30	1	2	3	4	5	6	7	8	9	10	11	12	13	14	15	16						
	藏曆十二月	18	19	20	21	22	23	24	25	26	27	28	29	30	1	2	3	4	5	6	7	8	9	10	11	12	13	14	16	17	18	19						

大事記

正月，詔執政大臣議兵農可更制者。元昊犯府州。　二月，宋罷書判拔萃科。減江淮漕米二百萬石。　四月，免工人市租。　五月，契丹帝以蕭太后陰謀廢立，遷往慶州，始親政。　閏六月，毀天下無額寺院。　七月，趙元昊擾宋慶州。　十月，宋罷淮南、江、浙、荆湖發運使。　十二月，趙元昊貢馬於宋，求佛經一藏。　是歲，趙元昊自號嵬名吾祖，建元開運，旋改廣運，然尚未公然絕於宋。命諸州縣造五等丁產簿并丁口帳。

宋遼金紀年

干支乙亥　公元1035年

朝代或國名	國家支配者	建都	廟號	謚號	建元	年號年次	輔政者	備注
北宋	④趙禎	汴梁	仁宗	明	9	3景祐2年	李迪吕夷簡王曾	
契丹(遼)	⑥耶律宗真	中京	興宗		2	2重熙4年		
大理	⑨段素真	陽苴咩		聖德	1	正治9年		在雲南
西夏	①嵬名元昊	興州	景宗	武烈	5	3廣運2年		
吐蕃	①唃厮囉	宗哥				21年		
古格						222年		西藏阿里
哈拉汗	蘇來曼					3年		在新疆

月曆表

5748—354—2099486

月干支序數	月序＼星期	日	1	2	3	4	5	6	日	1	2	3	4	5	6	日	1	2	3	4	5	6	日	1	2	3	4	5	6	日	1	2	3	4	5	6	日	
	公曆1月				1	2	3	4	5	6	7	8	9	10	11	12	13	14	15	16	17	18	19	20	21	22	23	24	25	26	27	28	29	30	31			
14	夏曆十二月				19	20	21	22	23	24	25	26	27	28	29	30	(54)	2	3	4	5	6	7	8	9	10	11	12	13	14	15	16	17	18	19			
	回曆3月				17	18	19	20	21	22	23	24	25	26	27	28	29	1	2	3	4	5	6	7	8	9	10	11	12	13	14	15	16	17	18			
陰木豬年	藏曆一月				20	21	22	23	24	25	26	26	27	28	29	30	1	2	3	4	5	6	7	8	10	11	12	13	14	15	16	17	18	19	20			
	公曆2月							1	2	3	4	5	6	7	8	9	10	11	12	13	14	15	16	17	18	19	20	21	22	23	24	25	26	27	28			
15	夏曆正月							20	21	22	23	24	25	26	27	28	29	㉓	2	3	4	5	6	7	8	9	10	11	12	13	14	15	16	17	18			
	回曆4月							19	20	21	22	23	24	25	26	27	28	29	30	1	2	3	4	5	6	7	8	9	10	11	12	13	14	15	16			
	藏曆二月							21	22	23	24	25	26	27	28	29	30	30	1	3	4	5	6	7	8	9	10	11	12	13	14	16	17	17	18			
	公曆3月							1	2	3	4	5	6	7	8	9	10	11	12	13	14	15	16	17	18	19	20	21	22	23	24	25	26	27	28	29	30	3
16	夏曆二月							19	20	21	22	23	24	25	26	27	28	29	30	(53)	2	3	4	5	6	7	8	9	10	11	12	13	14	15	16	17	18	1
	回曆5月							17	18	19	20	21	22	23	24	25	26	27	28	29	1	2	3	4	5	6	7	8	9	10	11	12	13	14	15	16	17	1
	藏曆三月							19	20	21	22	23	24	25	26	27	28	29	30	1	2	3	4	5	6	8	9	10	11	12	13	14	15	16	17	18	19	2
	公曆4月			1	2	3	4	5	6	7	8	9	10	11	12	13	14	15	16	17	18	19	20	21	22	23	24	25	26	27	28	29	30					
17	夏曆三月			20	21	22	23	24	25	26	27	28	29	㉒	2	3	4	5	6	7	8	9	10	11	12	13	14	15	16	17	18	19	20					
	回曆6月			19	20	21	22	23	24	25	26	27	28	29	30	1	2	3	4	5	6	7	8	9	10	11	12	13	14	15	16	17	18					
	藏曆四月			21	22	22	23	24	25	26	27	28	29	2	3	4	5	6	7	8	9	10	11	12	13	14	15	16	17	18	19	20	21					
	公曆5月					1	2	3	4	5	6	7	8	9	10	11	12	13	14	15	16	17	18	19	20	21	22	23	24	25	26	27	28	29	30	31		
18	夏曆四月					21	22	23	24	25	26	27	28	29	(51)	2	3	4	5	6	7	8	9	10	11	12	13	14	15	16	17	18	19	20	21	22		
	回曆7月					19	20	21	22	23	24	25	26	27	28	29	1	2	3	4	5	6	7	8	9	10	11	12	13	14	15	16	17	18	19	20		
	藏曆五月					22	23	24	25	26	27	28	29	30	30	1	2	3	5	6	7	8	9	10	11	12	13	14	15	16	17	18	18	19	20	21		
	公曆6月	1	2	3	4	5	6	7	8	9	10	11	12	13	14	15	16	17	18	19	20	21	22	23	24	25	26	27	28	29	30							
19	夏曆五月	23	24	25	26	27	28	29	30	㉑	2	3	4	5	6	7	8	9	10	11	12	13	14	15	16	17	18	19	20	21	22							
	回曆8月	21	22	23	24	25	26	27	28	29	30	1	2	3	4	5	6	7	8	9	10	11	12	13	14	15	16	17	18	19	20							
	藏曆六月	22	23	24	25	26	28	29	30	1	2	3	4	5	6	7	8	9	10	11	12	13	14	15	16	17	18	19	20	21	22							
	公曆7月			1	2	3	4	5	6	7	8	9	10	11	12	13	14	15	16	17	18	19	20	21	22	23	24	25	26	27	28	29	30	31				
20	夏曆六月			23	24	25	26	27	28	29	㊿	2	3	4	5	6	7	8	9	10	11	12	13	14	15	16	17	18	19	20	21	22	23	24				
	回曆9月			21	22	23	24	25	26	27	28	29	1	2	3	4	5	6	7	8	9	10	11	12	13	14	15	16	17	18	19	20	21	22				
	藏曆七月			23	24	25	26	27	28	30	1	2	3	4	5	6	7	8	9	10	11	12	13	14	14	15	16	17	18	19	20	21	23	24				
	公曆8月						1	2	3	4	5	6	7	8	9	10	11	12	13	14	15	16	17	18	19	20	21	22	23	24	25	26	27	28	29	30	31	
21	夏曆七月						25	26	27	28	29	⑲	2	3	4	5	6	7	8	9	10	11	12	13	14	15	16	17	18	19	20	21	22	23	24	25	26	
	回曆10月						23	24	25	26	27	28	29	30	1	2	3	4	5	6	7	8	9	10	11	12	13	14	15	16	17	18	19	20	21	22	23	

續表

月 干支 序數	月序＼星期	日	1	2	3	4	5	6	日	1	2	3	4	5	6	日	1	2	3	4	5	6	日	1	2	3	4	5	6	日	1	2	3	4	5	6	日	1
	藏曆八月						25	26	27	28	29	30	1	2	3	4	5	6	7	8	9	10	11	12	13	14	15	16	17	18	19	20	21	22	23	24	26	
	公曆 9 月		1	2	3	4	5	6	7	8	9	10	11	12	13	14	15	16	17	18	19	20	21	22	23	24	25	26	27	28	29	30						
22	夏曆八月		27	28	29	30	㊾	2	3	4	5	6	7	8	9	10	11	12	13	14	15	16	17	18	19	20	21	22	23	24	25	26						
	回曆 11 月		24	25	26	27	28	29	1	2	3	4	5	6	7	8	9	10	11	12	13	14	15	16	17	18	19	20	21	22	23	24						
	藏曆九月		27	28	29	30	1	2	3	4	5	6	7	8	9	10	10	11	12	13	14	15	16	17	18	20	21	22	23	24	25	26						
	公曆 10 月				1	2	3	4	5	6	7	8	9	10	11	12	13	14	15	16	17	18	19	20	21	22	23	24	25	26	27	28	29	30	31			
23	夏曆九月				27	28	29	⑱	2	3	4	5	6	7	8	9	10	11	12	13	14	15	16	17	18	19	20	21	22	23	24	25	26	27	28			
	回曆 12 月				25	26	27	28	29	30	1	2	3	4	5	6	7	8	9	10	11	12	13	14	15	16	17	18	19	20	21	22	23	24	25			
	藏曆十月				27	28	29	30	1	2	3	4	5	6	7	8	9	10	11	12	13	14	15	16	17	18	19	20	21	22	24	25	26	27	28			
	公曆 11 月							1	2	3	4	5	6	7	8	9	10	11	12	13	14	15	16	17	18	19	20	21	22	23	24	25	26	27	28	29	30	
24	夏曆十月							29	30	㊽	2	3	4	5	6	7	8	9	10	11	12	13	14	15	16	17	18	19	20	21	22	23	24	25	26	27	28	
427 年	回曆 1 月							26	27	28	29	①	2	3	4	5	6	7	8	9	10	11	12	13	14	15	16	17	18	19	20	21	22	23	24	25	26	
	藏曆後十月							29	30	1	2	3	4	4	5	6	7	8	9	10	11	12	13	14	15	16	18	19	20	21	22	23	24	25	26	27	28	
	公曆 12 月		1	2	3	4	5	6	7	8	9	10	11	12	13	14	15	16	17	18	19	20	21	22	23	24	25	26	27	28	29	30	31					
25	夏曆十一月		29	30	⑱	2	3	4	5	6	7	8	9	10	11	12	13	14	15	16	17	18	19	20	21	22	23	24	25	26	27	28	29					
	回曆 2 月		27	28	29	30	1	2	3	4	5	6	7	8	9	10	11	12	13	14	15	16	17	18	19	20	21	22	23	24	25	26	27					
	藏曆十一月		29	30	1	2	3	4	5	6	7	8	8	10	11	12	13	14	15	16	17	18	19	20	21	22	23	24	25	26	27	28	29					

大事記

五月，“蠻”擾宋廣南東西路邊州，旋敗散。　七月，廢西京采柴務，以山林給民，納十分之一。　八月，置提點銀銅坑冶鑄錢官。　九月，宋修《中書總例》成。　十月，詔諸路歲輸緡錢，福建兩廣易為銀，江東以帛。趙元昊攻唃廝囉敗死略盡。宋以唃廝囉，為保順軍留後。　十二月，詔長吏能導民修水利開荒田者賞之。

宋 遼 金 紀 年

干支丙子　公元 1036 年

朝代或國名	國家支配者	建　都	廟　號	謚　號	建　元	年號年次	輔政者	備　注
北宋	④趙禎	汴梁	仁宗	明	9	3 景祐 3 年	呂夷簡王曾	
契丹(遼)	⑥耶律宗真	中京	興宗		2	2 重熙 5 年		
大理	⑨段素真	陽苴咩		聖德	1	正治 10 年		在雲南
西夏	①嵬名元昊	興州	景宗	武烈	5	4 大慶元年		十二月改元
吐蕃	①唃厮囉	宗哥				22 年		
古格						223 年		西藏阿里
哈拉汗	蘇萊曼					4 年		在新疆

月 曆 表

5749－354－2099840

月 干支 序數	月序＼星期	日	1	2	3	4	5	6	日	1	2	3	4	5	6	日	1	2	3	4	5	6	日	1	2	3	4	5	6	日	1	2	3	4	5	6	日	1
	公曆 1 月					1	2	3	4	5	6	7	8	9	10	11	12	13	14	15	16	17	18	19	20	21	22	23	24	25	26	27	28	29	30	31		
26 27	夏曆十二月 正月					30	㊽	2	3	4	5	6	7	8	9	10	11	12	13	14	15	16	17	18	19	20	21	22	23	24	25	26	27	28	29	⑰		
	回曆 3 月					28	29	1	2	3	4	5	6	7	8	9	10	11	12	13	14	15	16	17	18	19	20	21	22	23	24	25	26	27	28	29		

續表

月 干支 序數	星期 月序	日	1	2	3	4	5	6	日	1	2	3	4	5	6	日	1	2	3	4	5	6	日	1	2	3	4	5	6	日	1	2	3	4	5	6	日	1
	藏曆十二月					30	1	2	3	4	5	6	7	8	9	10	11	12	13	14	15	17	18	19	20	21	22	23	24	25	26	27	28	28	29	30		
	公曆2月	1	2	3	4	5	6	7	8	9	10	11	12	13	14	15	16	17	18	19	20	21	22	23	24	25	26	27	28	29								
	夏曆正月	2	3	4	5	6	7	8	9	10	11	12	13	14	15	16	17	18	19	20	21	22	23	24	25	26	27	28	29	30								
	回曆4月	30	1	2	3	4	5	6	7	8	9	10	11	12	13	14	15	16	17	18	19	20	21	22	23	24	25	26	27	28								
陽火鼠年	藏曆一月	1	2	3	4	5	6	7	8	9	11	12	13	14	15	16	17	18	19	20	21	22	23	24	25	26	27	28	29	30								
	公曆3月		1	2	3	4	5	6	7	8	9	10	11	12	13	14	15	16	17	18	19	20	21	22	23	24	25	26	27	28	29	30	31					
28 29	夏曆二/三月		㊼	2	3	4	5	6	7	8	9	10	11	12	13	14	15	16	17	18	19	20	21	22	23	24	25	26	27	28	29	30	⑰					
	回曆5月		29	1	2	3	4	5	6	7	8	9	10	11	12	13	14	15	16	17	18	19	20	21	22	23	24	25	26	27	28	29	30					
	藏曆二/三月		1	2	3	4	5	6	7	8	9	10	11	12	13	15	16	17	18	19	20	21	22	22	23	24	25	26	27	28	29	30	1					
	公曆4月					1	2	3	4	5	6	7	8	9	10	11	12	13	14	15	16	17	18	19	20	21	22	23	24	25	26	27	28	29	30			
30	夏曆四月					2	3	4	5	6	7	8	9	10	11	12	13	14	15	16	17	18	19	20	21	22	23	24	25	26	27	28	29	㊻	2			
	回曆6、7月					1	2	3	4	5	6	7	8	9	10	11	12	13	14	15	16	17	18	19	20	21	22	23	24	25	26	27	28	29	1			
	藏曆四月					2	3	4	5	6	7	9	10	11	12	13	14	15	16	17	18	19	20	21	22	23	24	25	26	27	27	28	29	1	2			
	公曆5月							1	2	3	4	5	6	7	8	9	10	11	12	13	14	15	16	17	18	19	20	21	22	23	24	25	26	27	28	29	30	31
31	夏曆五月							3	4	5	6	7	8	9	10	11	12	13	14	15	16	17	18	19	20	21	22	23	24	25	26	27	28	29	⑮	2	3	4
	回曆8月							2	3	4	5	6	7	8	9	10	11	12	13	14	15	16	17	18	19	20	21	22	23	24	25	26	27	28	29	30	1	2
	藏曆五月							3	4	5	6	7	8	9	10	11	13	14	15	16	16	17	18	19	20	21	22	23	24	25	26	27	28	29	30	1	2	3
	公曆6月			1	2	3	4	5	6	7	8	9	10	11	12	13	14	15	16	17	18	19	20	21	22	23	24	25	26	27	28	29	30					
32	夏曆六月			5	6	7	8	9	10	11	12	13	14	15	16	17	18	19	20	21	22	23	24	25	26	27	28	29	30	㊺	2	3	4					
	回曆9月			3	4	5	6	7	8	9	10	11	12	13	14	15	16	17	18	19	20	21	22	23	24	25	26	27	28	29	1	2	3					
	藏曆六月			5	6	7	8	9	10	11	12	13	14	15	16	17	18	19	20	21	22	23	24	24	26	27	28	29	30	1	2	3	4					
	公曆7月					1	2	3	4	5	6	7	8	9	10	11	12	13	14	15	16	17	18	19	20	21	22	23	24	25	26	27	28	29	30	31		
33	夏曆七月					5	6	7	8	9	10	11	12	13	14	15	16	17	18	19	20	21	22	23	24	25	26	27	28	29	⑭	2	3	4	5	6		
	回曆10月					4	5	6	7	8	9	10	11	12	13	14	15	16	17	18	19	20	21	22	23	24	25	26	27	28	29	30	1	2	3	4		
	藏曆七月					5	6	8	9	10	11	12	13	13	14	15	16	17	18	19	20	21	22	23	24	25	26	27	28	30	1	2	3	4	5	6		
	公曆8月	1	2	3	4	5	6	7	8	9	10	11	12	13	14	15	16	17	18	19	20	21	22	23	24	25	26	27	28	29	30	31						
34	夏曆八月	7	8	9	10	11	12	13	14	15	16	17	18	19	20	21	22	23	24	25	26	27	28	29	㊸	2	3	4	5	6	7	8						
	回曆11月	5	6	7	8	9	10	11	12	13	14	15	16	17	18	19	20	21	22	23	24	25	26	27	28	29	1	2	3	4	5	6						
	藏曆八月	7	8	9	10	11	12	13	14	15	16	17	18	19	20	21	22	23	24	25	26	27	28	29	30	1	2	4	5	6	7	8						
	公曆9月				1	2	3	4	5	6	7	8	9	10	11	12	13	14	15	16	17	18	19	20	21	22	23	24	25	26	27	28	29	30				
35	夏曆九月				9	10	11	12	13	14	15	16	17	18	19	20	21	22	23	24	25	26	27	28	29	30	⑬	2	3	4	5	6	7	8				
	回曆12月				7	8	9	10	11	12	13	14	15	16	17	18	19	20	21	22	23	24	25	26	27	28	29	30	1	2	3	4	5	6				
	藏曆九月				9	9	10	11	12	13	14	15	16	17	18	19	20	21	22	23	24	25	27	28	29	30	1	2	3	4	5	6	7	8				
	公曆10月						1	2	3	4	5	6	7	8	9	10	11	12	13	14	15	16	17	18	19	20	21	22	23	24	25	26	27	28	29	30	31	
36	夏曆十月						9	10	11	12	13	14	15	16	17	18	19	20	21	22	23	24	25	26	27	28	29	㊷	2	3	4	5	6	7	8	9	10	
428年	回曆1月						7	8	9	10	11	12	13	14	15	16	17	18	19	20	21	22	23	24	25	26	27	28	29	30	①	2	3	4	5	6	7	
	藏曆十月						9	10	11	12	13	14	14	15	16	17	18	20	21	22	23	24	25	26	27	28	29	30	1	2	3	4	5	6	7	8	9	
	公曆11月		1	2	3	4	5	6	7	8	9	10	11	12	13	14	15	16	17	18	19	20	21	22	23	24	25	26	27	28	29	30						
37	夏曆十一月		11	12	13	14	15	16	17	18	19	20	21	22	23	24	25	26	27	28	29	30	⑫	2	3	4	5	6	7	8	9	10						
	回曆2月		8	9	10	11	12	13	14	15	16	17	18	19	20	21	22	23	24	25	26	27	28	29	30	1	2	3	4	5	6	7						
	藏曆十一月		10	11	12	13	14	15	16	17	18	19	20	21	22	23	25	26	27	28	29	30	1	2	3	4	5	6	7	7	8	9						
	公曆12月				1	2	3	4	5	6	7	8	9	10	11	12	13	14	15	16	17	18	19	20	21	22	23	24	25	26	27	28	29	30	31			

續表

月 干支 序數	星期 月序	日	1	2	3	4	5	6	日	1	2	3	4	5	6	日	1	2	3	4	5	6	日	1	2	3	4	5	6	日	1	2	3	4	5	6	日	1
38	夏曆十二月				11	12	13	14	15	16	17	18	19	20	21	22	23	24	25	26	27	28	29	30	㊷	2	3	4	5	6	7	8	9	10	11			
	回曆 3 月				8	9	10	11	12	13	14	15	16	17	18	19	20	21	22	23	24	25	26	27	28	29	1	2	3	4	5	6	7	8	9			
	藏曆十二月				10	11	12	13	14	15	16	17	19	20	21	22	23	24	25	26	27	28	29	30	1	2	3	4	5	6	7	8	9	10	11			

大事記

二月，修陝西三白渠。　三月，宋復茶貼射法。宋給卿監及閣門使以上致仕官全俸。　四月，契丹頒新定條制。五月，貶諫官范仲淹、歐陽修等，戒群臣越職言事。　六月，宋虔、吉州大水。　七月，宋修《景祐廣樂記》成。　九月，嵩陽書院成。　十月，契丹以詩賦殿試進士。　十二月，契丹譯《方脈書》成。　是歲，趙元昊制《蕃書》十二卷成，頒行之；又譯《孝經》、《爾雅》等書。時元昊已攻下回紇瓜、沙、蘭三州。改元大慶。宋歲收商税錢 451 萬餘緡和買絹 200 萬匹。

宋遼金紀年

干支丁丑　公元 1037 年

朝代或國名	國家支配者	建都	廟號	謚號	建元	年號年次	輔政者	備注
北宋	④趙禎	汴梁	仁宗	明	9	3 景祐 4 年	呂夷簡 王曾 王隨 陳堯佐	
契丹(遼)	⑥耶律宗真	中京	興宗		2	2 重熙 6 年		
大理	⑨段素真	陽苴咩		聖德	1	正治 11 年		在雲南
西夏	①嵬名元昊	興州	景宗	武烈	5	4 大慶 2 年		
吐蕃	①唃厮囉	宗哥				23 年		
古格						224 年		西藏阿里
哈拉汗	蘇萊曼					5 年		在新疆

月曆表

5750—384—2100224

月 干支 序數	星期 月序	日	1	2	3	4	5	6	日	1	2	3	4	5	6	日	1	2	3	4	5	6	日	1	2	3	4	5	6	日	1	2	3	4	5	6	日	1
	公曆 1 月							1	2	3	4	5	6	7	8	9	10	11	12	13	14	15	16	17	18	19	20	21	22	23	24	25	26	27	28	29	30	31
39	夏曆正月							12	13	14	15	16	17	18	19	20	21	22	23	24	25	26	27	28	29	⑪	2	3	4	5	6	7	8	9	10	11	12	13
	回曆 4 月							10	11	12	13	14	15	16	17	18	19	20	21	22	23	24	25	26	27	28	29	30	11	2	3	4	5	6	7	8	9	10
陰火牛年	藏曆一月							12	13	14	15	16	17	18	19	20	21	22	24	25	26	27	28	28	29	30	1	2	3	4	5	6	7	8	9	10	11	12
	公曆 2 月			1	2	3	4	5	6	7	8	9	10	11	12	13	14	15	16	17	18	19	20	21	22	23	24	25	26	27	28							
40	夏曆二月			14	15	16	17	18	19	20	21	22	23	24	25	26	27	28	29	30	㊶	2	3	4	5	6	7	8	9	10	11							
	回曆 5 月			11	12	13	14	15	16	17	18	19	20	21	22	23	24	25	26	27	28	29	1	2	3	4	5	6	7	8	9							
	藏曆二月			13	14	15	16	18	19	20	21	22	23	24	25	26	27	28	29	30	1	2	2	3	4	5	6	7	8	9	10							
	公曆 3 月			1	2	3	4	5	6	7	8	9	10	11	12	13	14	15	16	17	18	19	20	21	22	23	24	25	26	27	28	29	30	31				
41	夏曆三月			12	13	14	15	16	17	18	19	20	21	22	23	24	25	26	27	28	29	30	⑪	2	3	4	5	6	7	8	9	10	11	12				
	回曆 6 月			10	11	12	13	14	15	16	17	18	19	20	21	22	23	24	25	26	27	28	29	30	1	2	3	4	5	6	7	8	9	10				
	藏曆三月			12	13	14	15	16	17	18	19	20	21	22	23	24	25	26	27	28	29	30	1	2	3	4	5	6	7	8	9	10	11	12				
	公曆 4 月						1	2	3	4	5	6	7	8	9	10	11	12	13	14	15	16	17	18	19	20	21	22	23	24	25	26	27	28	29	30		
42	夏曆四月						13	14	15	16	17	18	19	20	21	22	23	24	25	26	27	28	29	㊵	2	3	4	5	6	7	8	9	10	11	12	13		
	回曆 7 月						11	12	13	14	15	16	17	18	19	20	21	22	23	24	25	26	27	28	29	1	2	3	4	5	6	7	8	9	10	11		

續表

月干支序數	月序＼星期	日	1	2	3	4	5	6	日	1	2	3	4	5	6	日	1	2	3	4	5	6	日	1	2	3	4	5	6	日	1	2	3	4	5	6	日	1
	藏曆四月						13	14	16	17	18	19	20	21	22	23	24	25	25	26	27	28	29	30	1	2	3	4	5	6	7	9	10	11	12	13		
	公曆 5 月	1	2	3	4	5	6	7	8	9	10	11	12	13	14	15	16	17	18	19	20	21	22	23	24	25	26	27	28	29	30	31						
	夏曆閏 4 月	14	15	16	17	18	19	20	21	22	23	24	25	26	27	28	29	30	⑩	2	3	4	5	6	7	8	9	10	11	12	13	14						
	回曆 8 月	12	13	14	15	16	17	18	19	20	21	22	23	24	25	26	27	28	29	30	1	2	3	4	5	6	7	8	9	10	11	12						
	藏曆五月	14	15	16	17	18	19	20	21	22	23	24	25	26	27	28	29	30	1	2	3	4	5	6	7	8	9	10	12	13	14	15						
	公曆 6 月				1	2	3	4	5	6	7	8	9	10	11	12	13	14	15	16	17	18	19	20	21	22	23	24	25	26	27	28	29	30				
43	夏曆五月				15	16	17	18	19	20	21	22	23	24	25	26	27	28	29	㊴	2	3	4	5	6	7	8	9	10	11	2	13	14	15				
	回曆 9 月				13	14	15	16	17	18	19	20	21	22	23	24	25	26	27	28	29	1	2	3	4	5	6	7	8	9	10	11	12	13				
	藏曆六月				16	17	18	19	20	21	21	22	23	24	25	26	27	28	29	30	1	2	3	5	6	7	8	9	10	11	12	13	14	15				
	公曆 7 月						1	2	3	4	5	6	7	8	9	10	11	12	13	14	15	16	17	18	19	20	21	22	23	24	25	26	27	28	29	30	31	
44	夏曆六月						16	17	18	19	20	21	22	23	24	25	26	27	28	29	30	⑨	2	3	4	5	6	7	8	9	10	11	12	13	14	15	16	
	回曆 10 月						14	15	16	17	18	19	20	21	22	23	24	25	26	27	28	29	30	1	2	3	4	5	6	7	8	9	10	11	12	13	14	
	藏曆七月						16	17	18	19	20	21	22	23	24	25	26	27	28	29	30	1	2	3	4	5	7	8	9	10	11	12	13	14	15	16	17	
	公曆 8 月		1	2	3	4	5	6	7	8	9	10	11	12	13	14	15	16	17	18	19	20	21	22	23	24	25	26	27	28	29	30	31					
45	夏曆七月		17	18	19	20	21	22	23	24	25	26	27	28	29	㊳	2	3	4	5	6	7	8	9	10	11	12	13	14	15	16	17	18					
	回曆 11 月		15	16	17	18	19	20	21	22	23	24	25	26	27	28	29	1	2	3	4	5	6	7	8	9	10	11	12	13	14	15	16					
	藏曆八月		18	18	19	20	21	22	23	24	25	26	27	28	30	1	2	3	4	5	6	7	8	9	10	11	12	13	14	15	16	17	18					
	公曆 9 月					1	2	3	4	5	6	7	8	9	10	11	12	13	14	15	16	17	18	19	20	21	22	23	24	25	26	27	28	29	30			
46	夏曆八月					19	20	21	22	23	24	25	26	27	28	29	⑦	2	3	4	5	6	7	8	9	10	11	12	13	14	15	16	17	18	19			
	回曆 12 月					17	18	19	20	21	22	23	24	25	26	27	28	29	30	1	2	3	4	5	6	7	8	9	10	11	12	13	14	15	16			
	藏曆九月					19	20	21	22	23	24	25	26	27	28	29	30	1	2	4	5	6	7	8	9	10	11	12	13	13	14	15	16	17	18			
	公曆 10 月							1	2	3	4	5	6	7	8	9	10	11	12	13	14	15	16	17	18	19	20	21	22	23	24	25	26	27	28	29	30	31
47	夏曆九月							20	21	22	23	24	25	26	27	28	29	30	㊲	2	3	4	5	6	7	8	9	10	11	12	13	14	15	16	17	18	19	20
429 年	回曆 1 月							17	18	19	20	21	22	23	24	25	26	27	28	29	①	2	3	4	5	6	7	8	9	10	11	12	13	14	15	16	17	18
	藏曆十月							19	20	21	22	23	24	25	27	28	29	30	1	2	3	4	5	6	7	8	9	10	11	12	13	14	15	16	17	18	19	20
	公曆 11 月			1	2	3	4	5	6	7	8	9	10	11	12	13	14	15	16	17	18	19	20	21	22	23	24	25	26	27	28	29	30					
48	夏曆十月			21	22	23	24	25	26	27	28	29	⑥	2	3	4	5	6	7	8	9	10	11	12	13	14	15	16	17	18	19	20	21					
	回曆 2 月			19	20	21	22	23	24	25	26	27	28	29	30	1	2	3	4	5	6	7	8	9	10	11	12	13	14	15	16	17	18					
	藏曆十一月			21	22	23	24	25	26	27	28	29	2	3	4	5	6	6	7	8	9	10	11	12	13	14	15	16	17	18	19	20	21					
	公曆 12 月					1	2	3	4	5	6	7	8	9	10	11	12	13	14	15	16	17	18	19	20	21	22	23	24	25	26	27	28	29	30	31		
49	夏曆十一月					22	23	24	25	26	27	28	29	30	㊱	2	3	4	5	6	7	8	9	10	11	12	13	14	15	16	17	18	19	20	21	22		
	回曆 3 月					19	20	21	22	23	24	25	26	27	28	29	1	2	3	4	5	6	7	8	9	10	11	12	13	14	15	16	17	18	19	20		
	藏曆十二月					22	23	24	26	27	28	29	30	30	1	2	3	4	5	6	7	8	9	9	10	11	12	13	14	15	16	17	18	20	21	22		

大事記

正月，宋以天禧三年以來三司經費不足，數假內藏庫錢。詔均諸州解額，三司不得復假貸。　　六月，宋頒行《禮部韵略》。　　七月，詔河北、河東州郡嚴密邊備。　　十一月，罷登、萊買金場。阻卜貢於契丹。　　十二月，并、代、忻三州地震，忻州人死近二萬，後連續數年。三州吏民壓死者三萬二千餘人，傷五千餘人，畜死五萬餘。　　是歲，趙元昊署置百官，分兵備契丹，并作反宋準備。蘇軾誕生（1037—1101）。

宋遼金紀年

干支戊寅　公元1038年

朝代或國名	國家支配者	建都	廟號	謚號	建元	年號年次	輔政者	備注
北宋	④趙禎	汴梁	仁宗	明	9	4寶元元年	王隨陳堯佐 張士遜章得象	十一月庚戌改元
契丹(遼)	⑥耶律宗真	中京	興宗		2	2重熙7年		
大理	⑨段素真	陽苴咩		聖德	1	正治12年		在雲南
西夏	①嵬名元昊	興慶	景宗	武烈	5	5天授禮法延祚元年		十月改元
吐蕃	①唃厮囉	宗哥				24年		
古格						225年		西藏阿里
哈拉汗	蘇萊曼					6年		在新疆

月曆表

5751—354—2100578

月干支序數	月序＼星期	日	1	2	3	4	5	6	日	1	2	3	4	5	6	日	1	2	3	4	5	6	日	1	2	3	4	5	6	日	1	2	3	4	5	6	日	1
	公曆1月	1	2	3	4	5	6	7	8	9	10	11	12	13	14	15	16	17	18	19	20	21	22	23	24	25	26	27	28	29	30	31						
50	夏曆十二月	23	24	25	26	27	28	29	⑤	2	3	4	5	6	7	8	9	10	11	12	13	14	15	16	17	18	19	20	21	22	23	24						
	回曆4月	21	22	23	24	25	26	27	28	29	30	1	2	3	4	5	6	7	8	9	10	11	12	13	14	15	16	17	18	19	20	21						
陽土虎年	藏曆一月	23	24	25	26	27	28	29	30	1	2	3	4	5	6	7	8	9	10	11	12	13	14	15	16	17	18	19	20	21	22	23						
	公曆2月				1	2	3	4	5	6	7	8	9	10	11	12	13	14	15	16	17	18	19	20	21	22	23	24	25	26	27	28						
51	夏曆正月				25	26	27	28	29	30	㉟	2	3	4	5	6	7	8	9	10	11	12	13	14	15	16	17	18	19	20	21	22						
	回曆5月				22	23	24	25	26	27	28	29	1	2	3	4	5	6	7	8	9	10	11	12	13	14	15	16	17	18	19	20						
	藏曆一月				25	26	27	38	30	30	30	1	1	2	3	4	5	6	7	8	9	10	11	12	13	14	15	16	17	19	20	21						
	公曆3月				1	2	3	4	5	6	7	8	9	10	11	12	13	14	15	16	17	18	19	20	21	22	23	24	25	26	27	28	29	30	31			
52	夏曆二月				23	24	25	26	27	28	29	30	⑤	2	3	4	5	6	7	8	9	10	11	12	13	14	15	16	17	18	19	20	21	22	23			
	回曆6月				21	22	23	24	25	26	27	28	29	30	1	2	3	4	5	6	7	8	9	10	11	12	13	14	15	16	17	18	19	20	21			
	藏曆三月				22	23	24	25	26	27	28	29	1	2	3	4	5	5	6	7	8	9	10	12	13	14	15	16	17	18	19	20	21	22	23			
	公曆4月							1	2	3	4	5	6	7	8	9	10	11	12	13	14	15	16	17	18	19	20	21	22	23	24	25	26	27	28	29	30	
53	夏曆三月							24	25	26	27	28	29	30	㉟	2	3	4	5	6	7	8	9	10	11	12	13	14	15	16	17	18	19	20	21	22	23	
	回曆7月							22	23	24	25	26	27	28	29	1	2	3	4	5	6	7	8	9	10	11	12	13	14	15	16	17	18	19	20	21	22	
	藏曆四月							24	25	26	27	28	29	30	1	2	3	4	5	6	7	8	9	10	11	12	13	14	16	17	18	19	20	21	22	23	24	
	公曆5月		1	2	3	4	5	6	7	8	9	10	11	12	13	14	15	16	17	18	19	20	21	22	23	24	25	26	27	28	29	30	31					
54	夏曆四月		24	25	26	27	28	29	④	2	3	4	5	6	7	8	9	10	11	12	13	14	15	16	17	18	19	20	21	22	23	24	25					
	回曆8月		23	24	25	26	27	28	29	30	1	2	3	4	5	6	7	8	9	10	11	12	13	14	15	16	17	18	19	20	21	22	23					
	藏曆五月		25	26	27	28	29	30	30	1	2	3	4	5	6	7	9	10	11	12	13	14	15	16	17	18	19	20	21	22	23	24	25					
	公曆6月					1	2	3	4	5	6	7	8	9	10	11	12	13	14	15	16	17	18	19	20	21	22	23	24	25	26	27	28	29	30			
55	夏曆五月					26	27	28	29	30	㉞	2	3	4	5	6	7	8	9	10	11	12	13	14	15	16	17	18	19	20	21	22	23	24	25			
	回曆9月					24	25	26	27	28	29	1	2	3	4	5	6	7	8	9	10	11	12	13	14	15	16	17	18	19	20	21	22	23	24			
	藏曆六月					26	27	28	29	30	1	2	3	4	5	6	7	8	9	10	12	13	14	15	16	17	18	19	20	21	22	23	24	25	26			
	公曆7月							1	2	3	4	5	6	7	8	9	10	11	12	13	14	15	16	17	18	19	20	21	22	23	24	25	26	27	28	29	30	31
56	夏曆六月							26	27	28	29	③	2	3	4	5	6	7	8	9	10	11	12	13	14	15	16	17	18	19	20	21	22	23	24	25	26	27
	回曆10月							25	26	27	28	29	30	1	2	3	4	5	6	7	8	9	10	11	12	13	14	15	16	17	18	19	20	21	22	23	24	25
	藏曆七月							26	27	28	29	30	1	2	3	5	6	7	8	9	10	11	12	13	14	15	16	17	18	19	20	21	22	23	24	25	26	27
	公曆8月			1	2	3	4	5	6	7	8	9	10	11	12	13	14	15	16	17	18	19	20	21	22	23	24	25	26	27	28	29	30	31				

續表

月 干支 序數	月＼星期 序	日	1	2	3	4	5	6	日	1	2	3	4	5	6	日	1	2	3	4	5	6	日	1	2	3	4	5	6	日	1	2	3	4	5	6	日	1
57	夏曆七月			28	29	30	㉝	2	3	4	5	6	7	8	9	10	11	12	13	14	15	16	17	18	19	20	21	22	23	24	25	26	27	28				
	回曆 11 月			26	27	28	29	1	2	3	4	5	6	7	8	9	10	11	12	13	14	15	16	17	18	19	20	21	22	23	24	25	26	27				
	藏曆後七月			28	29	30	1	2	3	4	5	6	8	9	10	11	12	13	14	15	16	17	18	19	20	21	22	23	23	24	25	26	27	28				
	公曆 9 月						1	2	3	4	5	6	7	8	9	10	11	12	13	14	15	16	17	18	19	20	21	22	23	24	25	26	27	28	29	30		
58	夏曆八月						29	②	2	3	4	5	6	7	8	9	10	11	12	13	14	15	16	17	18	19	20	21	22	23	24	25	26	27	28	29		
	回曆 12 月						28	29	30	1	2	3	4	5	6	7	8	9	10	11	12	13	14	15	16	17	18	19	20	21	22	23	24	25	26	27		
	藏曆八月						30	1	2	3	4	5	6	7	8	9	10	11	12	13	14	15	16	17	18	19	20	21	22	23	24	25	26	27	28	29		
	公曆 10 月	1	2	3	4	5	6	7	8	9	10	11	12	13	14	15	16	17	18	19	20	21	22	23	24	25	26	27	28	29	30	31						
59 60	夏曆九十月	㉛	2	3	4	5	6	7	8	9	10	11	12	13	14	15	16	17	18	19	20	21	22	23	24	25	26	27	28	29	30	①						
430 年	回曆 1 月	28	29	①	2	3	4	5	6	7	8	9	10	11	12	13	14	15	16	17	18	19	20	21	22	23	24	25	26	27	28	29						
	藏曆九十月	30	1	2	4	5	6	7	8	9	10	11	12	13	14	15	16	17	17	18	19	20	21	22	23	24	25	26	28	29	30	1						
	公曆 11 月				1	2	3	4	5	6	7	8	9	10	11	12	13	14	15	16	17	18	19	20	21	22	23	24	25	26	27	28	29	30				
1	夏曆十一月				2	3	4	5	6	7	8	9	10	11	12	13	14	15	16	17	18	19	20	21	22	23	24	25	26	27	28	29	㉚	2				
	回曆 2 月				30	1	2	3	4	5	6	7	8	9	10	11	12	13	14	15	16	17	18	19	20	21	22	23	24	25	26	27	28	29				
	藏曆十月				2	3	4	5	6	7	8	9	10	11	12	13	14	15	16	17	18	19	20	21	22	23	24	25	26	27	28	29	30	1				
	公曆 12 月						1	2	3	4	5	6	7	8	9	10	11	12	13	14	15	16	17	18	19	20	21	22	23	24	25	26	27	28	29	30	31	
2	夏曆十二月						3	4	5	6	7	8	9	10	11	12	13	14	15	16	17	18	19	20	21	22	23	24	25	26	27	28	29	30	(60)	2	3	
	回曆 3、4 月						1	2	3	4	5	6	7	8	9	10	11	12	13	14	15	16	17	18	19	20	21	22	23	24	25	26	27	28	29	30	1	
	藏曆十一月						3	4	5	6	7	8	9	9	10	11	12	13	14	15	16	17	18	19	20	21	22	23	24	25	27	28	29	30	1	2	3	

大事記

正月，宋改元寶元。趙元昊請遣人禮佛五臺山之名，窺河東道，宋許之。　二月，高麗貢於契丹。宋安化“蠻”擾宜、融等州，遣兵擊之。　三月，元昊貢契丹。　七月，阻卜部長朝契丹。　八月，宋復淮南、江、浙、荆湖發運使。　九月，元昊從父山遇因諫反宋不聽，懼而南奔，宋送還之，被元昊殺害。　十月，宋詔戒百官朋黨。趙元昊稱帝，國號夏，改元天授禮法延祚。遣使告宋，仍自稱臣。安化“蠻”降。　十二月，宋禁絕邊民與夏互市，遣兵備之。宋進唃厮囉為保順軍節度使，歲給綾、絹、茶，企圖夾攻趙元昊。

宋遼金紀年

干支己卯　公元 1039 年

朝代或國名	國家支配者	建都	廟號	謚號	建元	年號年次	輔政者	備注
北宋	④趙禎	汴梁	仁宗	明	9	4 寶元 2 年	張士遜章得象	
契丹(遼)	⑥耶律宗真	中京	興宗		2	2 重熙 8 年		
大理	⑨段素真	陽苴咩		聖德	1	正治 13 年		在雲南
西夏	①嵬名元昊	興慶	景宗	武烈	5	5 天授禮法延祚 2 年		十月改元(銀川)
吐蕃	①唃厮囉	宗哥				25 年		
古格						226 年		西藏阿里
哈拉汗	蘇萊曼					7 年		在新疆

月干支序數	星期 / 月序	日	1	2	3	4	5	6	日	1	2	3	4	5	6	日	1	2	3	4	5	6	日	1	2	3	4	5	6	日	1	2	3	4	5	6	日	1
	公曆1月		1	2	3	4	5	6	7	8	9	10	11	12	13	14	15	16	17	18	19	20	21	22	23	24	25	26	27	28	29	30	31					
3	夏曆正月		4	5	6	7	8	9	10	11	12	13	14	15	16	17	18	19	20	21	22	23	24	25	26	27	28	29	㉙	2	3	4	5					
	回曆5月		2	3	4	5	6	7	8	9	10	11	12	13	14	15	16	17	18	19	20	21	22	23	24	25	26	27	28	29	1	2	3					
陰土兔年	藏曆一月		4	5	6	7	8	9	10	11	12	12	13	14	15	16	17	18	19	21	22	23	24	25	26	27	28	29	30	1	2	3	4					
	公曆2月					1	2	3	4	5	6	7	8	9	10	11	12	13	14	15	16	17	18	19	20	21	22	23	24	25	26	27	28					
4	夏曆二月					6	7	8	9	10	11	12	13	14	15	16	17	18	19	20	21	22	23	24	25	26	27	28	29	30	(59)	2	3					
	回曆6月					4	5	6	7	8	9	10	11	12	13	14	15	16	17	18	19	20	21	22	23	24	25	26	27	28	29	30	1					
	藏曆二月					5	6	7	8	9	10	11	12	13	14	15	16	17	18	19	20	21	22	23	24	26	27	28	29	30	1	2	3					
	公曆3月					1	2	3	4	5	6	7	8	9	10	11	12	13	14	15	16	17	18	19	20	21	22	23	24	25	26	27	28	29	30	31		
5	夏曆三月					4	5	6	7	8	9	10	11	12	13	14	15	16	17	18	19	20	21	22	23	24	25	26	27	28	29	30	㉙	2	3	4		
	回曆7月					2	3	4	5	6	7	8	9	10	11	12	13	14	15	16	17	18	19	20	21	22	23	24	25	26	27	28	29	1	2	3		
	藏曆三月					4	5	5	6	7	8	9	10	11	12	13	14	15	16	17	18	20	21	22	23	24	25	26	27	28	29	30	1	2	3	4		
	公曆4月	1	2	3	4	5	6	7	8	9	10	11	12	13	14	15	16	17	18	19	20	21	22	23	24	25	26	27	28	29	30							
6	夏曆四月	5	6	7	8	9	10	11	12	13	14	15	16	17	18	19	20	21	22	23	24	25	26	27	28	29	(58)	2	3	4	5							
	回曆8月	4	5	6	7	8	9	10	11	12	13	14	15	16	17	18	19	20	21	22	23	24	25	26	27	28	29	30	1	2	3							
	藏曆四月	5	6	7	8	9	10	11	12	13	14	15	16	17	18	19	20	21	22	24	25	26	27	28	29	29	30	1	2	3	4							
	公曆5月			1	2	3	4	5	6	7	8	9	10	11	12	13	14	15	16	17	18	19	20	21	22	23	24	25	26	27	28	29	30	31				
7	夏曆五月			6	7	8	9	10	11	12	13	14	15	16	17	18	19	20	21	22	23	24	25	26	27	28	29	㉗	2	3	4	5	6	7				
	回曆9月			4	5	6	7	8	9	10	11	12	13	14	15	16	17	18	19	20	21	22	23	24	25	26	27	28	29	1	2	3	4	5				
	藏曆五月			5	6	7	8	9	10	11	12	13	14	16	17	18	19	20	21	22	23	24	25	26	27	28	29	30	1	2	3	4	5	6				
	公曆6月						1	2	3	4	5	6	7	8	9	10	11	12	13	14	15	16	17	18	19	20	21	22	23	24	25	26	27	28	29	30		
8	夏曆六月						8	9	10	11	12	13	14	15	16	17	18	19	20	21	22	23	24	25	26	27	28	29	30	(77)	2	3	4	5	6	7		
	回曆10月						6	7	8	9	10	11	12	13	14	15	16	17	18	19	20	21	22	23	24	25	26	27	28	29	30	1	2	3	4	5		
	藏曆六月						7	8	9	10	11	12	13	14	15	16	17	18	20	21	22	23	24	25	25	26	27	28	29	30	1	2	3	4	5	6		
	公曆7月	1	2	3	4	5	6	7	8	9	10	11	12	13	14	15	16	17	18	19	20	21	22	23	24	25	26	27	28	29	30	31						
9	夏曆七月	8	9	10	11	12	13	14	15	16	17	18	19	20	21	22	23	24	25	26	27	28	29	30	㉗	2	3	4	5	6	7	8						
	回曆11月	6	7	8	9	10	11	12	13	14	15	16	17	18	19	20	21	22	23	24	25	26	27	28	29	1	2	3	4	5	6	7						
	藏曆七月	7	8	9	10	12	13	14	15	16	17	18	19	20	21	22	23	24	25	26	27	28	29	30	1	2	3	4	5	6	7	8						
	公曆8月				1	2	3	4	5	6	7	8	9	10	11	12	13	14	15	16	17	18	19	20	21	22	23	24	25	26	27	28	29	30	31			
10	夏曆八月				9	10	11	12	13	14	15	16	17	18	19	20	21	22	23	24	25	26	27	28	29	30	(57)	2	3	4	5	6	7	8	9			
	回曆12月				8	9	10	11	12	13	14	15	16	17	18	19	20	21	22	23	24	25	26	27	28	29	30	1	2	3	4	5	6	7	8			
	藏曆八月				9	10	11	12	13	15	16	17	18	19	20	21	22	23	24	24	25	26	27	28	29	30	1	2	3	4	5	6	8	9	10			
	公曆9月							1	2	3	4	5	6	7	8	9	10	11	12	13	14	15	16	17	18	19	20	21	22	23	24	25	26	27	28	29	30	
11	夏曆九月							10	11	12	13	14	15	16	17	18	19	20	21	22	23	24	25	26	27	28	29	㉖	2	3	4	5	6	7	8	9	10	
431年	回曆1月							9	10	11	12	13	14	15	16	17	18	19	20	21	22	23	24	25	26	27	28	29	30	①	2	3	4	5	6	7	8	
	藏曆九月							11	12	13	14	15	16	17	18	19	20	21	22	23	24	25	26	27	28	29	30	1	2	3	4	5	6	7	8	9	10	
	公曆10月		1	2	3	4	5	6	7	8	9	10	11	12	13	14	15	16	17	18	19	20	21	22	23	24	25	26	27	28	29	30	31					
12	夏曆十月		11	12	13	14	15	16	17	18	19	20	21	22	23	24	25	26	27	28	29	30	(56)	2	3	4	5	6	7	8	9	10	11					
	回曆2月		9	10	11	12	13	14	15	16	17	18	19	20	21	22	23	24	25	26	27	28	29	30	1	2	3	4	5	6	7	8	9					
	藏曆十月		12	13	14	15	16	16	17	18	19	20	21	22	23	24	25	26	27	28	29	30	1	2	3	5	6	7	8	9	10	11	12					
	公曆11月					1	2	3	4	5	6	7	8	9	10	11	12	13	14	15	16	17	18	19	20	21	22	23	24	25	26	27	28	29	30			
13	夏曆十一月					12	13	14	15	16	17	18	19	20	21	22	23	24	25	26	27	28	29	㉕	2	3	4	5	6	7	8	9	10	11	12			
	回曆3月					10	11	12	13	14	15	16	17	18	19	20	21	22	23	24	25	26	27	28	29	1	2	3	4	5	6	7	8	9	10			
	藏曆十一月					13	14	15	16	17	18	19	20	20	21	22	23	24	25	26	27	29	30	1	2	3	4	5	6	7	8	9	10	11	12			

續表

月干支序數	月序＼星期	日	1	2	3	4	5	6	日	1	2	3	4	5	6	日	1	2	3	4	5	6	日	1	2	3	4	5	6	日	1	2	3	4	5	6	日	1
	公曆12月							1	2	3	4	5	6	7	8	9	10	11	12	13	14	15	16	17	18	19	20	21	22	23	24	25	26	27	28	29	30	31
14	夏曆十二月							13	14	15	16	17	18	19	20	21	22	23	24	25	26	27	28	29	(54)	2	3	4	5	6	7	8	9	10	11	12	13	14
	回曆4月							11	12	13	14	15	16	17	18	19	20	21	22	23	24	25	26	27	28	29	30	1	2	3	4	5	6	7	8	9	10	11
	藏曆十二月							13	14	15	16	17	18	19	20	21	22	23	24	25	26	27	28	29	30	1	2	4	5	6	7	8	9	10	11	12	12	13

大事記

正月,契丹禁朔州向宋售羊。　四月,募河東、陜西民入粟實邊。宋封唃廝囉妻為夫人,二子俱授團練使。　五月,宋命近臣議裁減浮費。　六月,始裁減浮費。宋削趙元昊官爵,奪國姓,遣文告知契丹。　八月,宋益、梓、利、夔四路大旱,民饑。　十一月,宋整飭貢舉法。夏侵宋保安軍,小校狄青擊御之。契丹帝召僧論佛法。

宋遼金紀年

干支庚辰　公元1040年

朝代或國名	國家支配者	建都	廟號	謚號	建元	年號年次	輔政者	備注
北宋	④趙禎	汴梁	仁宗	明	9	5康定元年	張士遜章得象呂夷簡	二月丙午改元
契丹(遼)	⑥耶律宗真	中京	興宗		2	2重熙9年		
大理	⑨段素真	陽苴咩		聖德	1	正治14年		在雲南
西夏	①嵬名元昊	興慶	景宗	武烈	5	5天授禮法延祚3年		
吐蕃	①唃厮囉	宗哥				26年		
古格						227年		西藏阿里
哈拉汗	蘇萊曼					8年		在新疆

月曆表

5753－355－2101317

月干支序數	月序＼星期	日	1	2	3	4	5	6	日	1	2	3	4	5	6	日	1	2	3	4	5	6	日	1	2	3	4	5	6	日	1	2	3	4	5	6	日	1
	公曆1月			1	2	3	4	5	6	7	8	9	10	11	12	13	14	15	16	17	18	19	20	21	22	23	24	25	26	27	28	29	30	31				
	夏曆閏十二月			15	16	17	18	19	20	21	22	23	24	25	26	27	28	29	30	㉔	2	3	4	5	6	7	8	9	10	11	12	13	14	15				
	回曆5月			12	13	14	15	16	17	18	19	20	21	22	23	24	25	26	27	28	29	1	2	3	4	5	6	7	8	9	10	11	12	13				
陽金龍年	藏曆一月			14	15	16	17	18	19	20	21	22	23	24	25	26	28	29	30	1	2	3	4	5	6	7	8	9	10	11	12	13	14	15				
	公曆2月						1	2	3	4	5	6	7	8	9	10	11	12	13	14	15	16	17	18	19	20	21	22	23	24	25	26	27	28	29			
15	夏曆正月						16	17	18	19	20	21	22	23	24	25	26	27	28	29	(53)	2	3	4	5	6	7	8	9	10	11	12	13	14	15			
	回曆6月						14	15	16	17	18	19	20	21	22	23	24	25	26	27	28	29	30	1	2	3	4	5	6	7	8	9	10	11	12			
	藏曆二月						15	16	17	18	19	20	22	23	24	25	26	27	28	29	30	1	2	3	4	5	6	7	8	9	10	11	12	13	14			
	公曆3月							1	2	3	4	5	6	7	8	9	10	11	12	13	14	15	16	17	18	19	20	21	22	23	24	25	26	27	28	29	30	31
16	夏曆二月							16	17	18	19	20	21	22	23	24	25	26	27	28	29	30	㉓	2	3	4	5	6	7	8	9	10	11	12	13	14	15	16
	回曆7月							13	14	15	16	17	18	19	20	21	22	23	24	25	26	27	28	29	1	2	3	4	5	6	7	8	9	10	11	12	13	14
	藏曆三月							15	16	17	18	19	20	21	22	23	24	25	27	28	29	30	1	2	3	4	5	6	7	8	9	10	11	12	13	14	15	16
	公曆4月			1	2	3	4	5	6	7	8	9	10	11	12	13	14	15	16	17	18	19	20	21	22	23	24	25	26	27	28	29	30					
17	夏曆三月			17	18	19	20	21	22	23	24	25	26	27	28	29	(52)	2	3	4	5	6	7	8	9	10	11	12	13	14	15	16	17					
	回曆8月			15	16	17	18	19	20	21	22	23	24	25	26	27	28	29	30	1	2	3	4	5	6	7	8	9	10	11	12	13	14					

續表

月干支序數	月序＼星期	日	1	2	3	4	5	6	日	1	2	3	4	5	6	日	1	2	3	4	5	6	日	1	2	3	4	5	6	日	1	2	3	4	5	6	日	1
	藏曆四月			17	18	19	20	21	22	23	24	25	26	27	28	29	30	1	2	3	4	5	6	7	8	9	10	11	12	13	14	15	16					
	公曆5月					1	2	3	4	5	6	7	8	9	10	11	12	13	14	15	16	17	18	19	20	21	22	23	24	25	26	27	28	29	30	31		
18	夏曆四月					18	19	20	21	22	23	24	25	26	27	28	29	30	㉒	2	3	4	5	6	7	8	9	10	11	12	13	14	15	16	17	18		
	回曆9月					15	16	17	18	19	20	21	22	23	24	25	26	27	28	29	1	2	3	4	5	6	7	8	9	10	11	12	13	14	15	16		
	藏曆五月					17	18	19	20	21	23	24	25	26	27	28	29	30	1	2	3	3	4	5	6	7	8	9	10	11	12	13	14	16	17	18		
	公曆6月	1	2	3	4	5	6	7	8	9	10	11	12	13	14	15	16	17	18	19	20	21	22	23	24	25	26	27	28	29	30							
19	夏曆五月	19	20	21	22	23	24	25	26	27	28	29	㊿51	2	3	4	5	6	7	8	9	10	11	12	13	14	15	16	17	18	19							
	回曆10月	17	18	19	20	21	22	23	24	25	26	27	28	29	30	1	2	3	4	5	6	7	8	9	10	11	12	13	14	15	16							
	藏曆六月	19	20	21	22	23	24	25	26	27	28	29	30	1	2	3	4	5	6	7	8	9	10	11	12	13	14	15	16	17	19							
	公曆7月			1	2	3	4	5	6	7	8	9	10	11	12	13	14	15	16	17	18	19	20	21	22	23	24	25	26	27	28	29	30	31				
20	夏曆六月			20	21	22	23	24	25	26	27	28	29	30	㉑	2	3	4	5	6	7	8	9	10	11	12	13	14	15	16	17	18	19	20				
	回曆11月			17	18	19	20	21	22	23	24	25	26	27	28	29	1	2	3	4	5	6	7	8	9	10	11	12	13	14	15	16	17	18				
	藏曆七月			20	21	22	23	24	25	26	27	28	29	30	30	1	2	3	4	5	6	7	8	9	10	12	13	14	15	16	17	18	19	20				
	公曆8月						1	2	3	4	5	6	7	8	9	10	11	12	13	14	15	16	17	18	19	20	21	22	23	24	25	26	27	28	29	30	31	
21	夏曆七月						21	22	23	24	25	26	27	28	29	30	㊿51	2	3	4	5	6	7	8	9	10	11	12	13	14	15	16	17	18	19	20	21	
	回曆12月						19	20	21	22	23	24	25	26	27	28	29	30	1	2	3	4	5	6	7	8	9	10	11	12	13	14	15	16	17	18	19	
	藏曆八月						21	22	23	24	25	26	27	28	29	30	1	2	3	4	5	6	7	8	9	10	11	12	13	15	16	17	18	19	20	21	22	
	公曆9月		1	2	3	4	5	6	7	8	9	10	11	12	13	14	15	16	17	18	19	20	21	22	23	24	25	26	27	28	29	30						
22	夏曆八月		22	23	24	25	26	27	28	29	⑳	2	3	4	5	6	7	8	9	10	11	12	13	14	15	16	17	18	19	20	21	22						
432年	回曆1月		20	21	22	23	24	25	26	27	28	29	①	2	3	4	5	6	7	8	9	10	11	12	13	14	15	16	17	18	19	20						
	藏曆九月		23	24	25	26	26	27	28	29	30	1	2	3	4	5	6	8	9	10	11	12	13	14	15	16	17	18	19	20	21	22						
	公曆10月				1	2	3	4	5	6	7	8	9	10	11	12	13	14	15	16	17	18	19	20	21	22	23	24	25	26	27	28	29	30	31			
23	夏曆九月				23	24	25	26	27	28	29	30	㊿	2	3	4	5	6	7	8	9	10	11	12	13	14	15	16	17	18	19	20	21	22	23			
	回曆2月				21	22	23	24	25	26	27	28	29	30	1	2	3	4	5	6	7	8	9	10	11	12	13	14	15	16	17	18	19	20	21			
	藏曆十月				23	24	25	26	27	28	29	30	1	2	3	4	5	6	7	8	9	10	12	13	14	15	16	17	18	19	20	20	21	22	23			
	公曆11月							1	2	3	4	5	6	7	8	9	10	11	12	13	14	15	16	17	18	19	20	21	22	23	24	25	26	27	28	29	30	
24	夏曆十月							24	25	26	27	28	29	30	⑳	2	3	4	5	6	7	8	9	10	11	12	13	14	15	16	17	18	19	20	21	22	23	
	回曆3月							22	23	24	25	26	27	28	29	1	2	3	4	5	6	7	8	9	10	11	12	13	14	15	16	17	18	19	20	21	22	
	藏曆十一月							24	25	26	27	28	29	30	1	2	3	4	6	7	8	9	10	11	12	13	14	15	16	17	18	19	20	21	22	23	23	
	公曆12月		1	2	3	4	5	6	7	8	9	10	11	12	13	14	15	16	17	18	19	20	21	22	23	24	25	26	27	28	29	30	31					
25	夏曆十一月		24	25	26	27	28	29	㊾	2	3	4	5	6	7	8	9	10	11	12	13	14	15	16	17	18	19	20	21	22	23	24	25					
	回曆4月		23	24	25	26	27	28	29	30	1	2	3	4	5	6	7	8	9	10	11	12	13	14	15	16	17	18	19	20	21	22	23					
	藏曆十二月		24	25	26	27	28	30	1	2	3	4	5	6	7	8	9	10	11	12	13	14	15	16	17	18	19	20	21	22	23	24	25					

遼五月己卯，十二月辛巳。

大事記

正月，元昊自將陷金明寨，攻延州，宋大敗於三川口。大將劉平戰死。　二月，宋命唃廝囉攻夏。命韓琦安撫陝西。括市京畿、京東西、淮南等戰馬。改元康定。　三月，宋藉河東鄉丁備邊，詔大臣條陳陝西攻守策。　四月，又籍陝西強壯軍。揀諸路牢城、配軍壯者隸禁軍。　五月，夏陷塞門寨，又陷安遠塞。以夏竦經略陝西，韓琦、范仲淹副之。　六月，藉陝西、河北、河東、京東西等路民為弓手、強壯。　八月，宋禁以金飾佛像。　九月，夏擾三川寨，縱掠三日；宋攻夏白豹城，小勝。　十一月，女直擾契丹邊。宋浙東巡檢使苛虐，被軍士鄂鄰殺之，繼擾福建、廣南，爾後逃入占城。　十二月，括開封府、京東西、河東路驢五萬，以供西討。移用常平倉錢百萬緡以助軍費。　是歲，鑄當十錢，權作軍費，詔商人入芻粟實邊。布衣畢昇發明活字印刷。

朝代或國名	國家支配者	建都	廟號	謚號	建元	年號年次	輔政者	備注
北宋	④趙禎	汴梁	仁宗	明	9	6 慶曆元年	張士遜章得象呂夷簡	十一月丙寅改元
契丹(遼)	⑥耶律宗真	中京	興宗		2	2 重熙 10 年		
大理	⑨段素真	陽苴咩		聖德	1	正治 15 年		段素興即位
西夏	①嵬名元昊	興慶	景宗	武烈	5	5 天授禮法延祚 4 年		
吐蕃	①唃厮囉	宗哥				27 年		
古格						228 年		西藏阿里
哈拉汗	蘇來曼					9 年	是年分裂爲東西兩汗國，東汗國統治我國新疆及中亞費干納，西汗國統治中亞河中地區	

月曆表　　5754—355—2101672

月干支序數	星期／月序	日	1	2	3	4	5	6	日	1	2	3	4	5	6	日	1	2	3	4	5	6	日	1	2	3	4	5	6	日	1	2	3	4	5	6	日	1
	公曆1月					1	2	3	4	5	6	7	8	9	10	11	12	13	14	15	16	17	18	19	20	21	22	23	24	25	26	27	28	29	30	31		
26	夏曆十二月					26	27	28	29	30	⑲	2	3	4	5	6	7	8	9	10	11	12	13	14	15	16	17	18	19	20	21	22	23	24	25	26		
	回曆5月					24	25	26	27	28	29	1	2	3	4	5	6	7	8	9	10	11	12	13	14	15	16	17	18	19	20	21	22	23	24	25		
陰金蛇年	藏曆一月					26	27	28	29	30	1	2	3	5	6	7	8	9	10	11	12	13	14	15	15	16	17	18	19	20	21	22	23	24	25	26		
	公曆2月	1	2	3	4	5	6	7	8	9	10	11	12	13	14	15	16	17	18	19	20	21	22	23	24	25	26	27	28									
27	夏曆正月	27	28	29	㊽	2	3	4	5	6	7	8	9	10	11	12	13	14	15	16	17	18	19	20	21	22	23	24	25									
	回曆6月	26	27	28	29	30	1	2	3	4	5	6	7	8	9	10	11	12	13	14	15	16	17	18	19	20	21	22	23									
	藏曆二月	27	29	30	1	2	3	4	5	6	7	8	9	10	11	12	13	14	15	16	17	18	19	20	21	22	23	24	25									
	公曆3月	1	2	3	4	5	6	7	8	9	10	11	12	13	14	15	16	17	18	19	20	21	22	23	24	25	26	27	28	29	30	31						
28	夏曆二月	26	27	28	29	⑰	2	3	4	5	6	7	8	9	10	11	12	13	14	15	16	17	18	19	20	21	22	23	24	25	26	27						
	回曆7月	24	25	26	27	28	29	1	2	3	4	5	6	7	8	9	10	11	12	13	14	15	16	17	18	19	20	21	22	23	24	25						
	藏曆三月	26	27	28	29	30	1	2	4	5	6	7	7	8	9	10	11	12	13	14	15	16	17	18	19	20	21	22	23	24	25	27						
	公曆4月				1	2	3	4	5	6	7	8	9	10	11	12	13	14	15	16	17	18	19	20	21	22	23	24	25	26	27	28	29	30				
29	夏曆三月				28	29	30	㊼	2	3	4	5	6	7	8	9	10	11	12	13	14	15	16	17	18	19	20	21	22	23	24	25	26	27				
	回曆8月				26	27	28	29	30	1	2	3	4	5	6	7	8	9	10	11	12	13	14	15	16	17	18	19	20	21	22	23	24	25				
	藏曆四月				28	29	30	1	2	3	4	5	6	7	8	9	10	11	12	12	13	14	15	16	17	18	20	21	22	23	24	25	26	27				
	公曆5月						1	2	3	4	5	6	7	8	9	10	11	12	13	14	15	16	17	18	19	20	21	22	23	24	25	26	27	28	29	30	31	
30	夏曆四月						28	29	⑯	2	3	4	5	6	7	8	9	10	11	12	13	14	15	16	17	18	19	20	21	22	23	24	25	26	27	28	29	
	回曆9月						26	27	28	29	1	2	3	4	5	6	7	8	9	10	11	12	13	14	15	16	17	18	19	20	21	22	23	24	25	26	27	
	藏曆後四月						28	29	30	1	2	3	4	5	6	7	8	9	10	11	12	13	14	15	16	17	18	19	20	21	22	24	25	26	27	28	29	
	公曆6月		1	2	3	4	5	6	7	8	9	10	11	12	13	14	15	16	17	18	19	20	21	22	23	24	25	26	27	28	29	30						
31	夏曆五月		30	㊻	2	3	4	5	6	7	8	9	10	11	12	13	14	15	16	17	18	19	20	21	22	23	24	25	26	27	28	29						
	回曆10月		28	29	30	1	2	3	4	5	6	7	8	9	10	11	12	13	14	15	16	17	18	19	20	21	22	23	24	25	26	27						
	藏曆五月		30	1	2	3	4	5	6	7	8	8	9	10	11	12	13	14	16	17	18	19	20	21	22	23	24	25	26	27	28	29						
	公曆7月				1	2	3	4	5	6	7	8	9	10	11	12	13	14	15	16	17	18	19	20	21	22	23	24	25	26	27	28	29	30	31			
32 33	夏曆六 七月				⑮	2	3	4	5	6	7	8	9	10	11	12	13	14	15	16	17	18	19	20	21	22	23	24	25	26	27	28	29	30	㊺			

續表

月干支序數	月序＼星期	日	1	2	3	4	5	6	日	1	2	3	4	5	6	日	1	2	3	4	5	6	日	1	2	3	4	5	6	日	1	2	3	4	5	6	日	1
	回曆 11 月				28	29	1	2	3	4	5	6	7	8	9	10	11	12	13	14	15	16	17	18	19	20	21	22	23	24	25	26	27	28	29			
	藏曆六七月				30	1	2	3	4	5	6	7	8	9	10	11	12	13	14	15	16	17	19	20	21	22	23	24	25	26	27	28	29	30	1			
	公曆 8 月							1	2	3	4	5	6	7	8	9	10	11	12	13	14	15	16	17	18	19	20	21	22	23	24	25	26	27	28	29	30	31
34	夏曆八月							2	3	4	5	6	7	8	9	10	11	12	13	14	15	16	17	18	19	20	21	22	23	24	25	26	27	28	29	30	⑮	2
433 年	回曆 12、1 月							30	1	2	3	4	5	6	7	8	9	10	11	12	13	14	15	16	17	18	19	20	21	22	23	24	25	26	27	28	29	①
	藏曆八月							2	3	4	5	5	6	7	8	9	11	12	13	14	15	16	17	18	19	20	21	23	24	24	25	26	27	28	29	30	1	2
	公曆 9 月			1	2	3	4	5	6	7	8	9	10	11	12	13	14	15	16	17	18	19	20	21	22	23	24	25	26	27	28	29	30					
35	夏曆九月			3	4	5	6	7	8	9	10	11	12	13	14	15	16	17	18	19	20	21	22	23	24	25	26	27	28	29	㊹	2	3					
	回曆 2 月			2	3	4	5	6	7	8	9	10	11	12	13	14	15	16	17	18	19	20	21	22	23	24	25	26	27	28	29	30	1					
	藏曆九月			3	4	5	6	7	8	9	10	11	12	13	15	16	17	18	19	20	21	22	23	24	25	26	27	28	29	30	30	1	2					
	公曆 10 月					1	2	3	4	5	6	7	8	9	10	11	12	13	14	15	16	17	18	19	20	21	22	23	24	25	26	27	28	29	30	31		
36	夏曆十月					4	5	6	7	8	9	10	11	12	13	14	15	16	17	18	19	20	21	22	23	24	25	26	27	28	29	30	⑭	2	3	4		
	回曆 3 月					2	3	4	5	6	7	8	9	10	11	12	13	14	15	16	17	18	19	20	21	22	23	24	25	26	27	28	29	1	2	3		
	藏曆十月					3	4	5	6	7	9	10	11	12	13	14	15	16	17	18	19	20	21	22	23	24	25	26	27	28	29	30	1	2	3	4		
	公曆 11 月	1	2	3	4	5	6	7	8	9	10	11	12	13	14	15	16	17	18	19	20	21	22	23	24	25	26	27	28	29	30							
37	夏曆十一月	5	6	7	8	9	10	11	12	13	14	15	16	17	18	19	20	21	22	23	24	25	26	27	28	29	30	㊹	2	3	4							
	回曆 4 月	4	5	6	7	8	9	10	11	12	13	14	15	16	17	18	19	20	21	22	23	24	25	26	27	28	29	30	1	2	3							
	藏曆十一月	5	6	7	8	9	10	11	13	14	15	16	17	18	19	20	21	22	23	23	24	25	26	27	28	29	30	1	2	3	4							
·	公曆 12 月			1	2	3	4	5	6	7	8	9	10	11	12	13	14	15	16	17	18	19	20	21	22	23	24	25	26	27	28	29	30	31				
38	夏曆十二月			5	6	7	8	9	10	11	12	13	14	15	16	17	18	19	20	21	22	23	24	25	26	27	28	29	⑬	2	3	4	5	6				
	回曆 5 月			4	5	6	7	8	9	10	11	12	13	14	15	16	17	18	19	20	21	22	23	24	25	26	27	28	29	1	2	3	4	5				
	藏曆十二月			5	7	8	9	10	11	12	13	14	15	16	17	18	19	20	21	22	23	24	25	26	27	27	28	30	1	2	3	4	5	6				

大事記

正月，元昊遣使偽請和。　二月，宋兵攻夏，大敗於好水川，大將任福等戰死。　四月，契丹毀鴨綠江浮橋，罷漢兵屯戍。　七月，元昊攻宋府、麟二州，敗還。此後時來擾，互有勝負。　八月，宋開河北置場，括市戰馬。宋罷貢舉人納公卷。元昊陷豐州。　九月，命河東鑄大錢。　十月，契丹以女直太師臺押為曷蘇館都大王。　十一月，宋改元慶曆。宋於江、饒、池三州鑄小鐵錢三百萬貫，以給西師。回鶻貢於契丹。　十二月，宋新修《崇文總目》成，凡藏書 30669 卷。契丹諭諸軍會於南京，將擊宋。

宋遼金紀年

干支壬午　公元 1042 年

朝代或國名	國家支配者	建都	廟號	謚號	建元	年號年次	輔政者	備注
北宋	④趙禎	汴梁	仁宗	明	9	6 慶曆 2 年	章得象呂夷簡晏殊	
契丹(遼)	⑥耶律宗真	中京	興宗		2	2 重熙 11 年		
大理	⑩段素興	陽苴咩		天明		聖明元年		在雲南
西夏	①嵬名元昊	興慶	景宗	武烈	5	5 天授禮法延祚 5 年		
吐蕃	①唃厮囉	宗哥				28 年		
古格						229 年		西藏阿里
東汗國	蘇萊曼					元年		在新疆

月曆表

5755－384－2102056

月 干支 序數	星期 月序	日	1	2	3	4	5	6	日	1	2	3	4	5	6	日	1	2	3	4	5	6	日	1	2	3	4	5	6	日	1	2	3	4	5	6	日	1
	公曆1月						1	2	3	4	5	6	7	8	9	10	11	12	13	14	15	16	17	18	19	20	21	22	23	24	25	26	27	28	29	30	31	
39	夏曆正月						7	8	9	10	11	12	13	14	15	16	17	18	19	20	21	22	23	24	25	26	27	28	29	30	㊸	2	3	4	5	6	7	
	回曆6月						6	7	8	9	10	11	12	13	14	15	16	17	18	19	20	21	22	23	24	25	26	27	28	29	30	1	2	3	4	5	6	
陽水馬年	藏曆一月						7	8	9	10	11	12	13	14	15	16	17	18	19	20	21	22	23	24	25	26	27	28	29	30	1	2	3	4	6	7	8	
	公曆2月		1	2	3	4	5	6	7	8	9	10	11	12	13	14	15	16	17	18	19	20	21	22	23	24	25	26	27	28								
40	夏曆二月		8	9	10	11	12	13	14	15	16	17	18	19	20	21	22	23	24	25	26	27	28	29	⑫	2	3	4	5	6								
	回曆7月		7	8	9	10	11	12	13	14	15	16	17	18	19	20	21	22	23	24	25	26	27	28	29	1	2	3	4	5								
	藏曆二月		9	10	11	12	13	14	15	16	17	18	18	19	20	21	22	23	24	25	26	27	28	30	1	2	3	4	5	6								
	公曆3月		1	2	3	4	5	6	7	8	9	10	11	12	13	14	15	16	17	18	19	20	21	22	23	24	25	26	27	28	29	30	31					
41	夏曆三月		7	8	9	10	11	12	13	14	15	16	17	18	19	20	21	22	23	24	25	26	27	28	29	㊶	2	3	4	5	6	7	8					
	回曆8月		6	7	8	9	10	11	12	13	14	15	16	17	18	19	20	21	22	23	24	25	26	27	28	29	30	1	2	3	4	5	6					
	藏曆三月		7	8	9	10	11	12	13	14	15	16	17	18	19	20	21	22	23	24	25	26	27	28	29	30	1	2	4	5	6	7	8					
	公曆4月					1	2	3	4	5	6	7	8	9	10	11	12	13	14	15	16	17	18	19	20	21	22	23	24	25	26	27	28	29	30			
42	夏曆四月					9	10	11	12	13	14	15	16	17	18	19	20	21	22	23	24	25	26	27	28	29	30	⑪	2	3	4	5	6	7	8			
	回曆9月					7	8	9	10	11	12	13	14	15	16	17	18	19	20	21	22	23	24	25	26	27	28	29	1	2	3	4	5	6	7			
	藏曆四月					9	10	11	12	12	13	14	15	16	17	18	19	20	21	22	23	24	25	26	28	29	30	1	2	3	4	5	6	7	8			
	公曆5月							1	2	3	4	5	6	7	8	9	10	11	12	13	14	15	16	17	18	19	20	21	22	23	24	25	26	27	28	29	30	31
43	夏曆五月							9	10	11	12	13	14	15	16	17	18	19	20	21	22	23	24	25	26	27	28	29	㊵	2	3	4	5	6	7	8	9	10
	回曆10月							8	9	10	11	12	13	14	15	16	17	18	19	20	21	22	23	24	25	26	27	28	29	30	1	2	3	4	5	6	7	8
	藏曆五月							9	10	11	12	13	14	15	16	17	18	19	20	21	22	23	24	25	26	27	28	29	1	2	3	4	5	6	7	7	8	9
	公曆6月			1	2	3	4	5	6	7	8	9	10	11	12	13	14	15	16	17	18	19	20	21	22	23	24	25	26	27	28	29	30					
44	夏曆六月			11	12	13	14	15	16	17	18	19	20	21	22	23	24	25	26	27	28	29	⑨	2	3	4	5	6	7	8	9	10	11					
	回曆11月			9	10	11	12	13	14	15	16	17	18	19	20	21	22	23	24	25	26	27	28	29	1	2	3	4	5	6	7	8	9					
	藏曆六月			10	11	12	13	14	15	16	17	18	19	20	21	22	24	25	26	27	28	29	30	1	2	3	4	5	6	7	8	9	10					
	公曆7月					1	2	3	4	5	6	7	8	9	10	11	12	13	14	15	16	17	18	19	20	21	22	23	24	25	26	27	28	29	30	31		
45	夏曆七月					12	13	14	15	16	17	18	19	20	21	22	23	24	25	26	27	28	29	30	㊴	2	3	4	5	6	7	8	9	10	11	12		
	回曆12月					10	11	12	13	14	15	16	17	18	19	20	21	22	23	24	25	26	27	28	29	30	1	2	3	4	5	6	7	8	9	10		
	藏曆七月					11	12	13	14	15	16	17	18	19	20	21	22	23	24	26	27	28	29	30	1	2	3	4	4	5	6	7	8	9	10	11		
	公曆8月	1	2	3	4	5	6	7	8	9	10	11	12	13	14	15	16	17	18	19	20	21	22	23	24	25	26	27	28	29	30	31						
46	夏曆八月	13	14	15	16	17	18	19	20	21	22	23	24	25	26	27	28	29	30	⑨	2	3	4	5	6	7	8	9	10	11	12	13						
434年	回曆1月	11	12	13	14	15	16	17	18	19	20	21	22	23	24	25	26	27	28	29	30	①	2	3	4	5	6	7	8	9	10	11						
	藏曆八月	12	13	14	15	16	17	19	20	21	22	23	24	25	26	27	28	29	30	1	2	3	4	5	6	7	8	9	10	11	12	13						
	公曆9月				1	2	3	4	5	6	7	8	9	10	11	12	13	14	15	16	17	18	19	20	21	22	23	24	25	26	27	28	29	30				
47	夏曆九月				14	15	16	17	18	19	20	21	22	23	24	25	26	27	28	29	㊳	2	3	4	5	6	7	8	9	10	11	12	13	14				
	回曆2月				12	13	14	15	16	17	18	19	20	21	22	23	24	25	26	27	28	29	30	1	2	3	4	5	6	7	8	9	10	11				
	藏曆九月				14	15	16	17	18	19	20	22	23	24	25	26	27	28	29	29	30	1	2	3	4	5	6	7	8	9	10	11	12	13				
	公曆10月						1	2	3	4	5	6	7	8	9	10	11	12	13	14	15	16	17	18	19	20	21	22	23	24	25	26	27	28	29	30	31	
	夏曆閏九月						15	16	17	18	19	20	21	22	23	24	25	26	27	28	29	30	⑧	2	3	4	5	6	7	8	9	10	11	12	13	14	15	
	回曆3月						12	13	14	15	16	17	18	19	20	21	22	23	24	25	26	27	28	29	1	2	3	4	5	6	7	8	9	10	11	12	13	
	藏曆十月						14	16	17	18	19	20	21	22	23	24	25	26	27	28	29	30	1	2	3	4	4	5	6	8	9	10	11	12	13	14	16	
	公曆11月		1	2	3	4	5	6	7	8	9	10	11	12	13	14	15	16	17	18	19	20	21	22	23	24	25	26	27	28	29	30						
48	夏曆十月		16	17	18	19	20	21	22	23	24	25	26	27	28	29	30	㊳	2	3	4	5	6	7	8	9	10	11	12	13	14	15						
	回曆4月		14	15	16	17	18	19	20	21	22	23	24	25	26	27	28	29	30	1	2	3	4	5	6	7	8	9	10	11	12	13						

續表

月 干支 序數	星期 月序	日	1	2	3	4	5	6	日	1	2	3	4	5	6	日	1	2	3	4	5	6	日	1	2	3	4	5	6	日	1	2	3	4	5	6	日	1
	藏曆十一月		17	18	19	20	21	22	23	24	25	26	26	27	28	29	30	1	2	3	4	5	6	7	8	9	10	11	12	13	14	16						
	公曆 12 月				1	2	3	4	5	6	7	8	9	10	11	12	13	14	15	16	17	18	19	20	21	22	23	24	25	26	27	28	29	30	31			
49	夏曆十一月				16	17	18	19	20	21	22	23	24	25	26	27	28	29	⑦	2	3	4	5	6	7	8	9	10	11	12	13	14	15	16	17			
	回曆 5 月				14	15	16	17	18	19	20	21	22	23	24	25	26	27	28	29	1	2	3	4	5	6	7	8	9	10	11	12	13	14	15			
	藏曆十二月				17	18	19	20	21	22	23	24	25	26	26	27	28	29	30	1	2	3	4	5	6	8	9	10	11	12	13	14	15	16	17			

大事記

正月，宋改解鹽法。宋以京西閒田處降蕃。契丹以兵脅宋，遣使索地。　二月，宋選軍將備契丹。　三月，契丹遣蕭英、劉六符使宋，索瓦橋以南十縣。　四月，富弼出使契丹。　五月，宋建大名府為北京。宋嚴禁以金為服飾。　六月，契丹禁售氈、銀於宋。　七月，富弼歸，復使去。　九月，宋增歲幣銀絹各十萬與契丹和。張海於京西路起事。　閏九月，西夏入侵，宋師潰於定水寨，大將葛懷敏等陣亡，夏兵大屠掠而去。　十月，宋括陝西弓手為禁軍。　十一月，復置陝西四路經略安撫等使，以韓琦、范仲淹、龐籍分領之。　十二月，宋置武學教授。契丹禁葬宰殺牛馬及藏珍寶。

是歲，宋夏潛商和議。

宋遼金紀年

干支癸未　公元 1043 年

朝代或國名	國家支配者	建都	廟號	謚號	建元	年號年次	輔政者	備注
北宋	④趙禎	汴梁	仁宗	明	9	6 慶曆 3 年	章得象呂夷簡晏殊	
契丹(遼)	⑥耶律宗真	中京	興宗		2	2 重熙 12 年		
大理	⑪段素興	陽苴咩		天明				在雲南
西夏	①嵬名元昊	興慶	景宗	武烈	5	5 天授禮法延祚 6 年		
	[王倫]	沂州						臨沂
	〔邵興〕	興化軍						湖北光化
	〔張海、郭邈山〕	京西						陝豫鄂邊
吐蕃	①唃厮囉	宗哥				29 年		
古格						230 年		西藏阿里
東汗國	蘇萊曼					2 年		在新疆

月曆表

5756—354—2102410

月 干支 序數	星期 月序	日	1	2	3	4	5	6	日	1	2	3	4	5	6	日	1	2	3	4	5	6	日	1	2	3	4	5	6	日	1	2	3	4	5	6	日	1
	公曆 1 月							1	2	3	4	5	6	7	8	9	10	11	12	13	14	15	16	17	18	19	20	21	22	23	24	25	26	27	28	29	30	31
50	夏曆十二月							18	19	20	21	22	23	24	25	26	27	28	29	30	㊲	2	3	4	5	6	7	8	9	10	11	12	13	14	15	16	17	18
	回曆 6 月							16	17	18	19	20	21	22	23	24	25	26	27	28	29	30	1	2	3	4	5	6	7	8	9	10	11	12	13	14	15	16
陰水羊年	藏曆一月							18	19	20	21	22	23	24	25	26	27	28	29	30	1	2	3	4	5	6	7	8	9	10	11	12	14	15	16	17	18	19
	公曆 2 月			1	2	3	4	5	6	7	8	9	10	11	12	13	14	15	16	17	18	18	20	21	22	23	24	25	26	27	28							
51	夏曆正月			19	20	21	22	23	24	25	26	27	28	29	30	⑦	2	3	4	5	6	7	8	9	10	11	12	13	14	15	16							

續表

月 干支 序數	星期 月序	日	1	2	3	4	5	6	日	1	2	3	4	5	6	日	1	2	3	4	5	6	日	1	2	3	4	5	6	日	1	2	3	4	5	6	日	1
	回暦7月			17	18	19	20	21	22	23	24	25	26	27	28	29	1	2	3	4	5	6	7	8	9	10	11	12	13	14	15							
	藏暦二月			19	20	21	22	23	24	25	26	27	28	29	30	1	2	3	4	5	7	8	9	10	11	12	13	14	15	16	17							
	公暦3月			1	2	3	4	5	6	7	8	9	10	11	12	13	14	15	16	17	18	19	20	21	22	23	24	25	26	27	28	29	30	31				
52	夏暦二月			17	18	19	20	21	22	23	24	25	26	27	28	29	㊱	2	3	4	5	6	7	8	9	0	11	12	13	14	15	16	17	18				
	回暦8月			16	17	18	19	20	21	22	23	24	25	26	27	28	29	30	1	2	3	4	5	6	7	8	9	10	11	12	13	14	15	16				
	藏暦三月			18	19	20	21	21	22	23	24	25	26	27	28	29	1	2	3	4	5	6	7	8	9	10	11	12	13	14	15	16	17	18				
	公暦4月						1	2	3	4	5	6	7	8	9	10	11	12	13	14	15	16	17	18	19	20	21	22	23	24	25	26	27	28	29	30		
53	夏暦三月						19	20	21	22	23	24	25	26	27	28	29	⑤	2	3	4	5	6	7	8	9	10	11	12	13	14	15	16	17	18	19		
	回暦9月						17	18	19	20	21	22	23	24	25	26	27	28	29	1	2	3	4	5	6	7	8	9	10	11	12	13	14	15	16	17		
	藏暦四月						19	20	21	22	23	24	25	26	27	28	29	30	1	2	3	5	6	7	8	9	10	11	12	13	14	15	16	16	17	18		
	公暦5月	1	2	3	4	5	6	7	8	9	10	11	12	13	14	15	16	17	18	19	20	21	22	23	24	25	26	27	28	29	30	31						
54	夏暦四月	20	21	22	23	24	25	26	27	28	29	30	㉟	2	3	4	5	6	7	8	9	10	11	12	13	14	15	16	17	18	19	20						
	回暦10月	18	19	20	21	22	23	24	25	26	27	28	29	30	1	2	3	4	5	6	7	8	9	10	11	12	13	14	15	16	17	18						
	藏暦五月	19	20	21	22	23	24	25	26	28	29	30	1	2	3	4	5	6	7	8	9	10	11	12	13	14	15	16	17	18	19	20						
	公暦6月				1	2	3	4	5	6	7	8	9	10	11	12	13	14	15	16	17	18	19	20	21	22	23	24	25	26	27	28	29	30				
55	夏暦五月				21	22	23	24	25	26	27	28	29	④	2	3	4	5	6	7	8	9	10	11	12	13	14	15	16	17	18	19	20	21				
	回暦11月				19	20	21	22	23	24	25	26	27	28	29	1	2	3	4	5	6	7	8	9	10	11	12	13	14	15	16	17	18	19				
	藏暦六月				21	22	23	24	25	26	27	28	29	1	2	3	4	5	6	7	8	9	10	11	12	12	13	14	15	16	17	18	19	20				
	公暦7月						1	2	3	4	5	6	7	8	9	10	11	12	13	14	15	16	17	18	19	20	21	22	23	24	25	26	27	28	29	30	31	
56	夏暦六月						22	23	24	25	26	27	28	29	㉝	2	3	4	5	6	7	8	9	10	11	12	13	14	15	16	17	18	19	20	21	22	23	
	回暦12月						20	21	22	23	24	25	26	27	28	29	30	1	2	3	4	5	6	7	8	9	10	11	12	13	14	15	16	17	18	19	20	
	藏暦七月						21	22	24	25	26	27	28	29	30	1	2	3	4	5	6	7	8	9	10	11	12	13	14	15	16	17	18	19	20	21	22	
	公暦8月		1	2	3	4	5	6	7	8	9	10	11	12	13	14	15	16	17	18	19	20	21	22	23	24	25	26	27	28	29	30	31					
57	夏暦七月		24	25	26	27	28	29	30	③	2	3	4	5	6	7	8	9	10	11	12	13	14	15	16	17	18	19	20	21	22	23	24					
435年	回暦1月		21	22	23	24	25	26	27	28	29	①	2	3	4	5	6	7	8	9	10	11	12	13	14	15	16	17	18	19	20	21	22					
	藏暦八月		23	24	26	27	28	29	30	1	2	3	4	5	6	7	8	9	9	10	11	12	13	14	15	16	17	19	20	21	22	23	24					
	公暦9月					1	2	3	4	5	6	7	8	9	10	11	12	13	14	15	16	17	18	19	20	21	22	23	24	25	26	27	28	29	30			
58	夏暦八月					25	26	27	28	29	㉜	2	3	4	5	6	7	8	9	10	11	12	13	14	15	16	17	18	19	20	21	22	23	24	25			
	回暦2月					23	24	25	26	27	28	29	30	1	2	3	4	5	6	7	8	9	10	11	12	13	14	15	16	17	18	19	20	21	22			
	藏暦九月					25	26	27	28	29	30	1	2	3	4	5	6	7	8	9	10	11	12	13	14	15	16	17	18	19	20	21	23	24	25			
	公暦10月							1	2	3	4	5	6	7	8	9	10	11	12	13	14	15	16	17	18	19	20	21	22	23	24	25	26	27	28	29	30	31
59	夏暦九月							26	27	28	29	30	②	2	3	4	5	6	7	8	9	10	11	12	13	14	15	16	17	18	19	20	21	22	23	24	25	26
	回暦3月							23	24	25	26	27	28	29	1	2	3	4	5	6	7	8	9	10	11	12	13	14	15	16	17	18	19	20	21	22	23	24
	藏暦十月							26	27	28	29	30	1	2	3	3	4	5	6	7	8	9	10	11	12	13	14	16	17	18	19	20	21	22	23	24	25	26
	公暦11月			1	2	3	4	5	6	7	8	9	10	11	12	13	14	15	16	17	18	19	20	21	22	23	24	25	26	27	28	29	30					
60	夏暦十月			27	28	29	30	㉜	2	3	4	5	6	7	8	9	10	11	12	13	14	15	16	17	18	19	20	21	22	23	24	25	26					
	回暦4月			25	26	27	28	29	30	1	2	3	4	5	6	7	8	9	10	11	12	13	14	15	16	17	18	19	20	21	22	23	24					
	藏暦十一月			27	28	29	30	1	2	3	4	5	6	7	8	9	10	11	12	13	14	15	16	17	18	19	21	22	23	24	25	26	26					
	公暦12月					1	2	3	4	5	6	7	8	9	10	11	12	13	14	15	16	17	18	19	20	21	22	23	24	25	26	27	28	29	30	31		
1	夏暦十一月					27	28	29	30	②	2	3	4	5	6	7	8	9	10	11	12	13	14	15	16	17	18	19	20	21	22	23	24	25	26	27		
	回暦5月					25	26	27	28	29	1	2	3	4	5	6	7	8	9	10	11	12	13	14	15	16	17	18	19	20	21	22	23	24	25	26		
	藏暦十二月					27	28	29	30	1	2	3	4	5	6	7	8	9	10	11	12	13	15	16	17	18	19	20	21	22	23	24	25	26	27	28		

大事記

正月，契丹遣使諭夏、宋，請和。元昊遣使請和，自稱男，稱宋帝為父。　二月，宋立四門學。契丹禁南京漢民挾弓矢。夏貢馬於契丹。　五月，河東再發地震，忻州尤重。宋沂州軍卒王倫起事，趨淮南。　六月，阻卜朝於契丹。　七月，罷陝西營田。元昊請契丹攻宋，不聽。　八月，以范仲淹為參知政事。罷武學。王倫敗死。　九月，范仲淹上十事疏，革庶政。張海、郭邈山等活動於京西，入金州，劫庫兵，散錢帛與貧民，尋敗散。桂陽洞"蠻"擾湖南邊。　十月，光化軍校邵興劫庫兵，掠居民，與其衆趨蜀，尋敗死。契丹以夏侵黨項，遣使責之。宋重定磨勘法。德興軍蕃部獻水洛城於宋。　十一月，詔限職田，更蔭補法。　十二月，宋桂陽瑤民擾邊。

宋遼金紀年

干支甲申　公元1044年

朝代或國名	國家支配者	建都	廟號	謚號	建元	年號年次	輔政者	備注
北宋	④趙禎	汴梁	仁宗	明	9	6慶曆4年	晏殊章得象杜衍	
契丹(遼)	⑥耶律宗真	中京	興宗		2	2重熙13年		
大理	⑩段素興	陽苴咩		天明		天明元年		段思廉即位
西夏	①嵬名元昊	興慶	景宗	武烈	5	5天授禮法延祚7年		
吐蕃	①唃厮囉	宗哥				30年		
古格						231年		西藏阿里
東汗國	蘇萊曼					3年		在新疆

月曆表

5757—354—2102764

月干支序數	月序＼星期	日	1	2	3	4	5	6	日	1	2	3	4	5	6	日	1	2	3	4	5	6	日	1	2	3	4	5	6	日	1	2	3	4	5	6	日	1
	公曆1月	1	2	3	4	5	6	7	8	9	10	11	12	13	14	15	16	17	18	19	20	21	22	23	24	25	26	27	28	29	30	31						
2	夏曆十二月	28	29	㉛	2	3	4	5	6	7	8	9	10	11	12	13	14	15	16	17	18	19	20	21	22	23	24	25	26	27	28	29						
	回曆6月	27	28	29	30	1	2	3	4	5	6	7	8	9	10	11	12	13	14	15	16	17	18	19	20	21	22	23	24	25	26	27						
	藏曆後十二月	29	29	30	1	2	3	4	5	6	7	8	10	11	12	13	14	15	16	17	18	19	20	21	22	23	24	25	26	27	28	29						
	公曆2月				1	2	3	4	5	6	7	8	9	10	11	12	13	14	15	16	17	18	19	20	21	22	23	24	25	26	27	28	29					
3	夏曆正月				30	①	2	3	4	5	6	7	8	9	10	11	12	13	14	15	16	17	18	19	20	21	22	23	24	25	26	27	28					
	回曆7月				28	29	1	2	3	4	5	6	7	8	9	10	11	12	13	14	15	16	17	18	19	20	21	22	23	24	25	26	27					
陽木猴年	藏曆一月				30	1	2	3	4	5	6	7	8	9	10	11	12	14	15	16	17	18	19	20	21	21	22	23	24	25	26	27	28					
	公曆3月					1	2	3	4	5	6	7	8	9	10	11	12	13	14	15	16	17	18	19	20	21	22	23	24	25	26	27	28	29	30	31		
4	夏曆二月					29	30	㉛	2	3	4	5	6	7	8	9	10	11	12	13	14	15	16	17	18	19	20	21	22	23	24	25	26	27	28	29		
	回曆8月					28	29	30	1	2	3	4	5	6	7	8	9	10	11	12	13	14	15	16	17	18	19	20	21	22	23	24	25	26	27	28		
	藏曆二月					29	30	1	2	3	4	5	6	8	9	10	11	12	13	14	15	16	17	18	19	20	21	22	23	24	25	25	26	27	28	29		
	公曆4月	1	2	3	4	5	6	7	8	9	10	11	12	13	14	15	16	17	18	19	20	21	22	23	24	25	26	27	28	29	30							
5 6	夏曆三、四月	(60)	2	3	4	5	6	7	8	9	10	11	12	13	14	15	16	17	18	19	20	21	22	23	24	25	26	27	28	29	㉙							
	回曆9月	29	1	2	3	4	5	6	7	8	9	10	11	12	13	14	15	16	17	18	19	20	21	22	23	24	25	26	27	28	29							
	藏曆三月	1	2	3	4	5	6	7	8	9	10	11	13	14	14	15	16	17	18	19	20	21	22	23	24	25	26	27	28	29	30							
	公曆5月			1	2	3	4	5	6	7	8	9	10	11	12	13	14	15	16	17	18	19	20	21	22	23	24	25	26	27	28	29	30	31				
7	夏曆五月			2	3	4	5	6	7	8	9	10	11	12	13	14	15	16	17	18	19	20	21	22	23	24	25	26	27	28	29	30	(59)	2				
	回曆10、11月			30	1	2	3	4	5	6	7	8	9	10	11	12	13	14	15	16	17	18	19	20	21	22	23	24	25	26	27	28	29	1				
	藏曆四、五月			1	2	3	5	6	7	8	9	10	11	12	13	14	15	16	17	18	19	20	20	21	22	23	24	25	26	28	29	30	1	2				

續表

月干支序數	星期 / 月序	日	1	2	3	4	5	6	日	1	2	3	4	5	6	日	1	2	3	4	5	6	日	1	2	3	4	5	6	日	1	2	3	4	5	6	日	1
	公暦6月						1	2	3	4	5	6	7	8	9	10	11	12	13	14	15	16	17	18	19	20	21	22	23	24	25	26	27	28	29	30		
8	夏暦六月						3	4	5	6	7	8	9	10	11	12	13	14	15	16	17	18	19	20	21	22	23	24	25	26	27	28	29	㉘	2	3		
	回暦12月						2	3	4	5	6	7	8	9	10	11	12	13	14	15	16	17	18	19	20	21	22	23	24	25	26	27	28	29	30	1		
	藏暦六月						3	4	5	6	7	8	9	10	11	12	13	14	15	16	17	17	18	19	20	21	23	24	25	26	27	28	29	1	2	3		
	公暦7月	1	2	3	4	5	6	7	8	9	10	11	12	13	14	15	16	17	18	19	20	21	22	23	24	25	26	27	28	29	30	31						
9	夏暦七月	4	5	6	7	8	9	10	11	12	13	14	15	16	17	18	19	20	21	22	23	24	25	26	27	28	29	㊼	2	3	4	5						
436年	回暦1月	2	3	4	5	6	7	8	9	10	11	12	13	14	15	16	17	18	19	20	21	22	23	24	25	26	27	28	29	①	2	3						
	藏暦七月	4	5	6	7	8	9	10	11	12	13	14	15	16	17	18	19	20	21	22	23	24	25	26	27	28	29	30	1	2	4	5						
	公暦8月				1	2	3	4	5	6	7	8	9	10	11	12	13	14	15	16	17	18	19	20	21	22	23	24	25	26	27	28	29	30	31			
10	夏暦八月				6	7	8	9	10	11	12	13	14	15	16	17	18	19	20	21	22	23	24	25	26	27	28	29	30	⑦	2	3	4	5	6			
	回暦2月				4	5	6	7	8	9	10	11	12	13	14	15	16	17	18	19	20	21	22	23	24	25	26	27	28	29	30	1	2	3	4			
	藏暦八月				6	7	7	8	9	10	11	12	13	14	15	16	17	18	19	20	21	22	23	24	26	27	28	29	30	1	2	3	4	5	6			
	公暦9月							1	2	3	4	5	6	7	8	9	10	11	12	13	14	15	16	17	18	19	20	21	22	23	24	25	26	27	28	29	30	
11	夏暦九月							7	8	9	10	11	12	13	14	15	16	17	18	19	20	21	22	23	24	25	26	27	28	29	㊻	2	3	4	5	6	7	
	回暦3月							5	6	7	8	9	10	11	12	13	14	15	16	17	18	19	20	21	22	23	24	25	26	27	28	29	1	2	3	4	5	
	藏暦九月							7	8	9	10	11	12	13	13	14	15	16	17	19	20	21	22	23	24	25	26	27	28	29	30	1	2	3	4	5	6	
	公暦10月		1	2	3	4	5	6	7	8	9	10	11	12	13	14	15	16	17	18	19	20	21	22	23	24	25	26	27	28	29	30	31					
12	夏暦十月		8	9	10	11	12	13	14	15	16	17	18	19	20	21	22	23	24	25	26	27	28	29	30	㉖	2	3	4	5	6	7	8					
	回暦4月		6	7	8	9	10	11	12	13	14	15	16	17	18	19	20	21	22	23	24	25	26	27	28	29	30	1	2	3	4	5	6					
	藏暦十月		7	8	9	10	11	12	13	14	15	16	17	18	19	20	21	23	24	24	25	26	27	28	29	1	2	3	4	5	6	7	7					
	公暦11月					1	2	3	4	5	6	7	8	9	10	11	12	13	14	15	16	17	18	19	20	21	22	23	24	25	26	27	28	29	30			
13	夏暦十一月					9	10	11	12	13	14	15	16	17	18	19	20	21	22	23	24	25	26	27	28	29	㊺	2	3	4	5	6	7	8	9			
	回暦5月					7	8	9	10	11	12	13	14	15	16	17	18	19	20	21	22	23	24	25	26	27	28	29	1	2	3	4	5	6	7			
	藏暦十一月					8	9	10	11	12	13	14	15	17	18	19	20	21	22	23	24	25	26	27	28	29	30	1	2	3	4	5	6	7	8			
	公暦12月							1	2	3	4	5	6	7	8	9	10	11	12	13	14	15	16	17	18	19	20	21	22	23	24	25	26	27	28	29	30	31
14	夏暦十二月							10	11	12	13	14	15	16	17	18	19	20	21	22	23	24	25	26	27	28	29	30	㉕	2	3	4	5	6	7	8	9	10
	回暦6月							8	9	10	11	12	13	14	15	16	17	18	19	20	21	22	23	24	25	26	27	28	29	30	1	2	3	4	5	6	7	8
	藏暦十二月							9	10	11	12	13	14	15	16	17	18	19	20	22	23	24	25	26	27	28	29	29	30	1	2	3	4	5	6	7	8	9

遼十一月己未

大事記

正月,西蕃磨氈角貢於宋。　三月,令州縣皆立學,改貢舉法。高麗貢契丹。宋修《國朝會要》成。　四月,以錫慶院為太學。歐陽修作《朋黨論》。契丹屬黨項及山西部族附於夏,遣兵攻之,敗績。　五月,宋募人納粟賑江南饑。契丹發大兵攻夏。　六月,夏遣使乞援於阻卜被執,送之契丹。契丹以將攻夏事告於宋。契丹命官編集上世以來事迹。高麗貢契丹。　七月,夷人擾宋三江砦,淯井監官兵擊御之。　八月,宋保州軍亂,旋定,誘坑士卒429人。夏遣使於契丹,被笞。　九月,契丹帝親攻夏,大敗。　十月,宋夏和議成,夏主稱臣,稱夏國主;宋歲賜銀絹茶等二十餘萬。桂陽"蠻"降。夏敗契丹於拒馬河。　十一月,契丹改雲州為西京。宋詔戒朋黨相訐。　十二月,宋置榷場於保安,鎮戎軍以與夏互市。

是年,曾公亮等上《武經總要》。

宋遼金紀年

干支乙酉　公元 1045 年

朝代或國名	國家支配者	建都	廟號	謚號	建元	年號年次	輔政者	備注
北宋	④趙禎	汴梁	仁宗	明	9	6 慶曆 5 年	杜衍章得象 賈昌朝陳執中	
契丹(遼)	⑥耶律宗真	中京	興宗		2	2 重熙 14 年		
大理	⑪段思廉	陽苴咩	興宗		5	1 保安元年		在雲南
西夏	①嵬名元昊	興慶	景宗	武烈	5	5 天授禮法延祚 8 年		
吐蕃	①唃厮囉	宗哥				31 年		
古格						232 年		西藏阿里
東汗國	蘇萊曼					4 年		在新疆

月曆表

5758—384—2103148

月干支序數	月序＼星期	日	1	2	3	4	5	6	日	1	2	3	4	5	6	日	1	2	3	4	5	6	日	1	2	3	4	5	6	日	1	2	3	4	5	6	日	1
	公曆 1 月			1	2	3	4	5	6	7	8	9	10	11	12	13	14	15	16	17	18	19	20	21	22	23	24	25	26	27	28	29	30	31				
15	夏曆正月			11	12	13	14	15	16	17	18	19	20	21	22	23	24	25	26	27	28	29	30	(55)	2	3	4	5	6	7	8	9	10	11				
	回曆 7 月			9	10	11	12	13	14	15	16	17	18	19	20	21	22	23	24	25	26	27	28	29	1	2	3	4	5	6	7	8	9	10				
陰木鷄年	藏曆一月			10	11	12	13	14	16	17	18	19	20	21	22	23	24	25	26	27	28	29	30	1	2	2	3	4	5	6	7	8	9	11				
	公曆 2 月						1	2	3	4	5	6	7	8	9	10	11	12	13	14	15	16	17	18	19	20	21	22	23	24	25	26	27	28				
16	夏曆二月						12	13	14	15	16	17	18	19	20	21	22	23	24	25	26	27	28	29	30	㉕	2	3	4	5	6	7	8	9				
	回曆 8 月						11	12	13	14	15	16	17	18	19	20	21	22	23	24	25	26	27	28	29	30	1	2	3	4	5	6	7	8				
	藏曆二月						12	13	14	15	16	17	18	19	20	21	22	23	24	25	26	27	28	29	30	1	2	3	4	5	6	7	8	9				
	公曆 3 月						1	2	3	4	5	6	7	8	9	10	11	12	13	14	15	16	17	18	19	20	21	22	23	24	25	26	27	28	29	30	31	
17	夏曆三月						10	11	12	13	14	15	16	17	18	19	20	21	22	23	24	25	26	27	28	29	(54)	2	3	4	5	6	7	8	9	10	11	
	回曆 9 月						9	10	11	12	13	14	15	16	17	18	19	20	21	22	23	24	25	26	27	28	29	1	2	3	4	5	6	7	8	9	10	
	藏曆三月						10	11	12	13	15	16	17	18	19	20	21	22	23	24	25	25	26	27	28	29	30	1	2	3	4	5	6	7	9	10	11	
	公曆 4 月		1	2	3	4	5	6	7	8	9	10	11	12	13	14	15	16	17	18	19	20	21	22	23	24	25	26	27	28	29	30						
18	夏曆四月		12	13	14	15	16	17	18	19	20	21	22	23	24	25	26	27	28	29	30	㉔	2	3	4	5	6	7	8	9	10	11						
	回曆 10 月		11	12	13	14	15	16	17	18	19	20	21	22	23	24	25	26	27	28	29	30	1	2	3	4	5	6	7	8	9	10						
	藏曆四月		12	13	14	15	16	17	18	19	20	21	22	23	24	25	26	27	28	29	30	1	2	3	4	5	6	7	8	9	10	12						
	公曆 5 月				1	2	3	4	5	6	7	8	9	10	11	12	13	14	15	16	17	18	19	20	21	22	23	24	25	26	27	28	29	30	31			
19	夏曆五月				12	13	14	15	16	17	18	19	20	21	22	23	24	25	26	27	28	29	(53)	2	3	4	5	6	7	8	9	10	11	12	13			
	回曆 11 月				11	12	13	14	15	16	17	18	19	20	21	22	23	24	25	26	27	28	29	1	2	3	4	5	6	7	8	9	10	11	12			
	藏曆五月				13	14	15	16	17	18	19	19	20	21	22	23	24	25	26	27	28	29	30	1	2	3	5	6	7	8	9	10	11	12	13			
	公曆 6 月							1	2	3	4	5	6	7	8	9	10	11	12	13	14	15	16	17	18	19	20	21	22	23	24	25	26	27	28	29	30	
	夏曆閏五月							14	15	16	17	18	19	20	21	22	23	24	25	26	27	28	29	30	㉓	2	3	4	5	6	7	8	9	10	11	12	13	
	回曆 12 月							13	14	15	16	17	18	19	20	21	22	23	24	25	26	27	28	29	30	1	2	3	4	5	6	7	8	9	10	11	12	
	藏曆六月							14	15	16	17	18	19	20	21	22	23	24	25	26	27	28	29	30	1	2	3	4	5	6	8	9	10	11	12	13	14	
	公曆 7 月		1	2	3	4	5	6	7	8	9	10	11	12	13	14	15	16	17	18	19	20	21	22	23	24	25	26	27	28	29	30	31					
20	夏曆六月		14	15	16	17	18	19	20	21	22	23	24	25	26	27	28	29	(52)	2	3	4	5	6	7	8	9	10	11	12	13	14	15					
437 年	回曆 1 月		13	14	15	16	17	18	19	20	21	22	23	24	25	26	27	28	29	30	①	2	3	4	5	6	7	8	9	10	11	12	13					
	藏曆七月		15	16	16	17	18	19	20	21	22	23	24	25	26	27	28	29	1	2	3	4	5	6	7	8	9	10	11	12	13	14	15					
	公曆 8 月					1	2	3	4	5	6	7	8	9	10	11	12	13	14	15	16	17	18	19	20	21	22	23	24	25	26	27	28	29	30	31		
21	夏曆七月					16	17	18	19	20	21	22	23	24	25	26	27	28	29	㉑	2	3	4	5	6	7	8	9	10	11	12	13	14	15	16	17		

續表

月 干支 序數	月序 \ 星期	日	1	2	3	4	5	6	日	1	2	3	4	5	6	日	1	2	3	4	5	6	日	1	2	3	4	5	6	日	1	2	3	4	5	6	日	1
	回暦2月					14	15	16	17	18	19	20	21	22	23	24	25	26	27	28	29	30	1	2	3	4	5	6	7	8	9	10	11	12	13	14		
	藏暦八月					16	17	18	19	20	21	22	23	24	25	26	27	28	29	30	1	3	4	5	6	7	8	9	10	11	12	12	13	14	15	16		
	公暦9月	1	2	3	4	5	6	7	8	9	10	11	12	13	14	15	16	17	18	19	20	21	22	23	24	25	26	27	28	29	30							
22	夏暦八月	18	19	20	21	22	23	24	25	26	27	28	29	30	㊿①	2	3	4	5	6	7	8	9	10	11	12	13	14	15	16	17							
	回暦3月	15	16	17	18	19	20	21	22	23	24	25	26	27	28	29	1	2	3	4	5	6	7	8	9	10	11	12	13	14	15							
	藏暦九月	17	18	19	20	21	22	23	24	25	27	28	29	30	1	2	3	4	5	6	7	8	9	10	11	12	13	14	15	16	17							
	公暦10月			1	2	3	4	5	6	7	8	9	10	11	12	13	14	15	16	17	18	19	20	21	22	23	24	25	26	27	28	29	30	31				
23	夏暦九月			18	19	20	21	22	23	24	25	26	27	28	29	⑳	2	3	4	5	6	7	8	9	10	11	12	13	14	15	16	17	18	19				
	回暦4月			16	17	18	19	20	21	22	23	24	25	26	27	28	29	30	1	2	3	4	5	6	7	8	9	10	11	12	13	14	15	16				
	藏暦十月			18	19	20	21	22	23	24	25	26	27	28	29	1	2	3	4	5	6	6	7	8	9	10	11	12	13	14	15	16	17	18				
	公暦11月						1	2	3	4	5	6	7	8	9	10	11	12	13	14	15	16	17	18	19	20	21	22	23	24	25	26	27	28	29	30		
24	夏暦十月						20	21	22	23	24	25	26	27	28	29	30	㊿	2	3	4	5	6	7	8	9	10	11	12	13	14	15	16	17	18	19		
	回暦5月						17	18	19	20	21	22	23	24	25	26	27	28	29	1	2	3	4	5	6	7	8	9	10	11	12	13	14	15	16	17		
	藏暦十一月						19	20	21	22	24	25	26	27	28	29	30	1	2	3	4	5	6	7	8	9	10	10	11	12	13	14	15	16	18	19		
	公暦12月	1	2	3	4	5	6	7	8	9	10	11	12	13	14	15	16	17	18	19	20	21	22	23	24	25	26	27	28	29	30	31						
25	夏暦十一月	20	21	22	23	24	25	26	27	28	29	⑲	2	3	4	5	6	7	8	9	10	11	12	13	14	15	16	17	18	19	20	21						
	回暦6月	18	19	20	21	22	23	24	25	26	27	28	29	30	1	2	3	4	5	6	7	8	9	10	11	12	13	14	15	16	17	18						
	藏暦十二月	20	21	22	23	24	25	26	27	28	29	30	1	2	3	4	5	6	7	8	9	10	11	12	13	14	15	16	17	18	19	20						

遼三月戊午。

大事記

正月，夏與契丹和。宋罷范仲淹、富弼。　　二月，宋汰諸路羸兵。罷保任叙遷法及蔭補限年法。夏遣使賀宋正旦，後以為常。　　三月，宜州“蠻”區希範敗亡。宋增貢舉解額，并行舊貢舉法。　　四月，夏遣使賀宋帝生辰，後以為常。高麗貢契丹。　　六月，減益、梓上供絹歲三分之一，紅錦、鹿胎半之。阻卜朝契丹。夏貢契丹。宋荆南、岳州、廣州地震。十月，契丹使送所獲夏羊馬於宋。宋始頒曆於夏。　　十一月，回鶻貢契丹。

宋遼金紀年

干支丙戌　公元1046年

朝代或國名	國家支配者	建都	廟號	謚號	建元	年號年次	輔政者	備注
北宋	④趙禎	汴梁	仁宗	明	9	6慶曆6年	賈昌朝陳執中	
契丹(遼)	⑥耶律宗真	中京	興宗		2	2重熙15年		
大理	⑪段思廉	陽苴咩	興宗		5	1保安2年		在雲南
西夏	①嵬名元昊	興慶	景宗	武烈	5	5天授禮法延祚9年		
吐蕃	①唃厮囉	宗哥				32年		
古格						233年		西藏阿里
東汗國	蘇萊曼					5年		在新疆

月干支序數	月序＼星期	日	1	2	3	4	5	6	日	1	2	3	4	5	6	日	1	2	3	4	5	6	日	1	2	3	4	5	6	日	1	2	3	4	5	6	日	1
	公曆1月				1	2	3	4	5	6	7	8	9	10	11	12	13	14	15	16	17	18	19	20	21	22	23	24	25	26	27	28	29	30	31			
26	夏曆十二月				22	23	24	25	26	27	28	29	30	㊾	2	3	4	5	6	7	8	9	10	11	12	13	14	15	16	17	18	19	20	21	22			
	回曆7月				19	20	21	22	23	24	25	26	27	28	29	1	2	3	4	5	6	7	8	9	10	11	12	13	14	15	16	17	18	19	20			
陽火狗年	藏曆一月				21	23	24	25	26	27	28	29	30	1	2	2	3	4	5	6	7	8	9	10	11	12	13	14	15	16	18	19	20	21	22			
	公曆2月							1	2	3	4	5	6	7	8	9	10	11	12	13	14	15	16	17	18	19	20	21	22	23	24	25	26	27	28			
27	夏曆正月							23	24	25	26	27	28	29	30	⑲	2	3	4	5	6	7	8	9	10	11	12	13	14	15	16	17	18	19	20			
	回曆8月							21	22	23	24	25	26	27	28	29	30	1	2	3	4	5	6	7	8	9	10	11	12	13	14	15	16	17	18			
	藏曆二月							23	24	25	26	27	28	29	30	1	2	3	4	5	5	6	7	8	9	11	12	13	14	15	16	17	18	19	20			
	公曆3月							1	2	3	4	5	6	7	8	9	10	11	12	13	14	15	16	17	18	19	20	21	22	23	24	25	26	27	28	29	30	31
28	夏曆二月							21	22	23	24	25	26	27	28	29	30	㊾	2	3	4	5	6	7	8	9	10	11	12	13	14	15	16	17	18	19	20	21
	回曆9月							19	20	21	22	23	24	25	26	27	28	29	1	2	3	4	5	6	7	8	9	10	11	12	13	14	15	16	17	18	19	20
	藏曆三月							21	22	23	24	25	26	27	28	29	30	1	2	3	4	5	6	7	8	9	10	11	12	13	14	16	17	18	19	20	21	22
	公曆4月			1	2	3	4	5	6	7	8	9	10	11	12	13	14	15	16	17	18	19	20	21	22	23	24	25	26	27	28	29	30					
29	夏曆三月			22	23	24	25	26	27	28	29	⑱	2	3	4	5	6	7	8	9	10	11	12	13	14	15	16	17	18	19	20	21	22					
	回曆10月			21	22	23	24	25	26	27	28	29	30	1	2	3	4	5	6	7	8	9	10	11	12	13	14	15	16	17	18	19	20					
	藏曆四月			23	24	25	26	27	28	28	29	30	1	2	3	4	5	6	7	9	10	11	12	13	14	15	16	17	18	19	20	21	22					
	公曆5月					1	2	3	4	5	6	7	8	9	10	11	12	13	14	15	16	17	18	19	20	21	22	23	24	25	26	27	28	29	30	31		
30	夏曆四月					23	24	25	26	27	28	29	30	㊽	2	3	4	5	6	7	8	9	10	11	12	13	14	15	16	17	18	19	20	21	22	23		
	回曆11月					21	22	23	24	25	26	27	28	29	1	2	3	4	5	6	7	8	9	10	11	12	13	14	15	16	17	18	19	20	21	22		
	藏曆五月					23	24	25	26	27	28	29	30	1	2	3	4	5	6	7	8	9	10	12	13	14	15	16	17	18	19	20	21	22	23	24		
	公曆6月	1	2	3	4	5	6	7	8	9	10	11	12	13	14	15	16	17	18	19	20	21	22	23	24	25	26	27	28	29	30							
31	夏曆五月	24	25	26	27	28	29	⑰	2	3	4	5	6	7	8	9	10	11	12	13	14	15	16	17	18	19	20	21	22	23	24							
	回曆12月	23	24	25	26	27	28	29	30	1	2	3	4	5	6	7	8	9	10	11	12	13	14	15	16	17	18	19	20	21	22							
	藏曆六月	24	25	26	27	28	29	30	1	2	3	5	6	7	8	9	10	11	12	13	14	15	16	17	18	19	20	21	22	23	24							
	公曆7月			1	2	3	4	5	6	7	8	9	10	11	12	13	14	15	16	17	18	19	20	21	22	23	24	25	26	27	28	29	30	31				
32	夏曆六月			25	26	27	28	29	30	㊼	2	3	4	5	6	7	8	9	10	11	12	13	14	15	16	17	18	19	20	21	22	23	24	25				
438年	回曆1月			23	24	25	26	27	28	29	①	2	3	4	5	6	7	8	9	10	11	12	13	14	15	16	17	18	19	20	21	22	23	24				
	藏曆七月			25	26	27	28	29	30	1	2	3	4	5	6	8	9	10	11	12	13	14	15	16	17	18	19	20	21	21	22	23	24	25				
	公曆8月						1	2	3	4	5	6	7	8	9	10	11	12	13	14	15	16	17	18	19	20	21	22	23	24	25	26	27	28	29	30	31	
33	夏曆七月						26	27	28	29	⑯	2	3	4	5	6	7	8	9	10	11	12	13	14	15	16	17	18	19	20	21	22	23	24	25	26	27	
	回曆2月						25	26	27	28	29	30	1	2	3	4	5	6	7	8	9	10	11	12	13	14	15	16	17	18	19	20	21	22	23	24	25	
	藏曆八月						26	27	28	30	1	2	3	4	5	6	7	8	9	10	11	12	13	14	15	16	17	18	19	20	21	22	23	24	25	26	27	
	公曆9月		1	2	3	4	5	6	7	8	9	10	11	12	13	14	15	16	17	18	19	20	21	22	23	24	25	26	27	28	29	30						
34	夏曆八月		28	29	㊺	2	3	4	5	6	7	8	9	10	11	12	13	14	15	16	17	18	19	20	21	22	3	24	25	26	27	28						
	回曆3月		26	27	28	29	1	2	3	4	5	6	7	8	9	10	11	12	13	14	15	16	17	18	19	20	21	22	23	24	25	26						
	藏曆後八月		28	29	30	1	2	4	5	6	7	8	9	10	11	12	13	14	15	16	16	17	18	19	20	21	22	23	24	25	27	28						
	公曆10月				1	2	3	4	5	6	7	8	9	10	11	12	13	14	15	16	17	18	19	20	21	22	23	24	25	26	27	28	29	30	31			
35	夏曆九月				29	30	⑮	2	3	4	5	6	7	8	9	10	11	12	13	14	15	16	17	18	19	20	21	22	23	24	25	26	27	28	29			
	回曆4月				27	28	29	30	1	2	3	4	5	6	7	8	9	10	11	12	13	14	15	16	17	18	19	20	21	22	23	24	25	26	27			
	藏曆九月				29	30	1	2	3	4	5	6	7	8	9	10	11	12	13	14	15	16	17	18	19	20	21	22	23	24	25	26	27	28	29			
	公曆11月							1	2	3	4	5	6	7	8	9	10	11	12	13	14	15	16	17	18	19	20	21	22	23	24	25	26	27	28	29	30	
36	夏曆十月							㊹	2	3	4	5	6	7	8	9	10	11	12	13	14	15	16	17	18	19	20	21	22	23	24	25	26	27	28	29	30	
	回曆5月							28	29	1	2	3	4	5	6	7	8	9	10	11	12	13	14	15	16	17	18	19	20	21	22	23	24	25	26	27	28	

續表

月 干支 序數	月序＼星期	日	1	2	3	4	5	6	日	1	2	3	4	5	6	日	1	2	3	4	5	6	日	1	2	3	4	5	6	日	1	2	3	4	5	6	日	1
	藏暦十月							1	2	3	4	5	6	7	8	9	10	10	11	12	13	14	15	16	17	18	19	20	21	22	23	25	26	27	28	29	30	
	公暦 12月		1	2	3	4	5	6	7	8	9	10	11	12	13	14	15	16	17	18	19	20	21	22	23	24	25	26	27	28	29	30	31					
37 38	夏暦 十一 十二 月		⑭	2	3	4	5	6	7	8	9	10	11	12	13	14	15	16	17	18	19	20	21	22	23	24	25	26	27	28	29	㊸	2					
	回暦 6月		29	30	1	2	3	4	5	6	7	8	9	10	11	12	13	14	15	16	17	18	19	20	21	22	23	24	25	26	27	28	29					
	藏暦 十一 十二 月		1	2	3	4	5	6	7	8	9	10	11	12	13	13	14	15	16	17	19	20	21	22	23	23	24	25	26	27	28	29	1					

大事記

正月，契丹禁以奴婢賣於漢人。　二月，宋青州地震。詔議裁節冗費。　三月，登州地震山崩，自是連歲震。賜諸科及第進士 853 人。高麗貢契丹。　五月，宋減邛州鹽額。宋京東人劉晉、劉沔等謀起事，被誅。　九月，省官員及汰邊兵之不任役者五萬人。　十月，宋發兵擊湖南瑤。與夏議邊事。　十一月，宋改河北鹽法。湖南瑤擾英、韶州。

宋遼金紀年

干支丁亥　公元 1047 年

朝代或國名	國家支配者	建都	廟號	謚號	建元	年號年次	輔政者	備注
北宋	④趙禎	汴梁	仁宗	明	9	6 慶曆 7 年	賈昌朝 陳執中	
契丹(遼)	⑥耶律宗真	中京	興宗		2	2 重熙 16 年		
大理	⑪段思廉	陽苴咩	興宗		5	1 保安 3 年		在雲南
西夏	①嵬名李元昊	興慶	景宗	武烈	5	5 天授禮法延祚 10 年		
安陽	[王則]	貝州				[得聖]元年		十一月建元
吐蕃	①唃厮囉	宗哥				33 年		
古格						234 年		西藏阿里
東汗國	蘇萊曼					6 年		在新疆

月曆表

5760—354—2103856

月 干支 序數	月序＼星期	日	1	2	3	4	5	6	日	1	2	3	4	5	6	日	1	2	3	4	5	6	日	1	2	3	4	5	6	日	1	2	3	4	5	6	日	1
	公暦 1月					1	2	3	4	5	6	7	8	9	10	11	12	13	14	15	16	17	18	19	20	21	22	23	24	25	26	27	28	29	30	31		
39	夏暦正月					3	4	5	6	7	8	9	10	11	12	13	14	15	16	17	18	19	20	21	22	23	24	25	26	27	28	29	30	⑬	2	3		
	回暦 7、8月					1	2	3	4	5	6	7	8	9	10	11	12	13	14	15	16	17	18	19	20	21	22	23	24	25	26	27	28	29	30	1		
陰火猪年	藏暦一月					2	3	4	5	6	7	8	9	10	11	12	13	14	15	16	17	18	19	20	21	22	24	25	26	27	28	29	30	1	2	3		
	公暦 2月	1	2	3	4	5	6	7	8	9	10	11	12	13	14	15	16	17	18	19	20	21	22	23	24	25	26	27	28									
40	夏暦二月	4	5	6	7	8	9	10	11	12	13	14	15	16	17	18	19	20	21	22	23	24	25	26	27	28	29	30	㊸									
	回暦　月	2	3	4	5	6	7	8	9	10	11	12	13	14	15	16	17	18	19	20	21	22	23	24	25	26	27	28	29									
	藏暦二月	4	4	5	6	7	8	9	10	11	12	13	14	15	16	17	19	20	21	22	23	24	25	26	27	28	29	30	1									
	公暦 3月	1	2	3	4	5	6	7	8	9	10	11	12	13	14	15	16	17	18	19	20	21	22	23	24	25	26	27	28	29	30	31						
41	夏暦三月	2	3	4	5	6	7	8	9	10	11	12	13	14	15	16	17	18	19	20	21	22	23	24	25	26	27	28	29	⑫	2	3						
	回暦 9、10月	1	2	3	4	5	6	7	8	9	10	11	12	13	14	15	16	17	18	19	20	21	22	23	24	25	26	27	28	29	30	1						

續表

月 干支 序數	星期 月序	日	1	2	3	4	5	6	日	1	2	3	4	5	6	日	1	2	3	4	5	6	日	1	2	3	4	5	6	日	1	2	3	4	5	6	日	1
	藏曆三月	2	3	4	5	6	7	8	9	10	11	12	13	14	15	16	17	18	19	20	21	23	24	25	26	27	28	28	29	30	1	2						
	公曆 4 月				1	2	3	4	5	6	7	8	9	10	11	12	13	14	15	16	17	18	19	20	21	22	23	24	25	26	27	28	29	30				
42	夏曆四月				4	5	6	7	8	9	10	11	12	13	14	15	16	17	18	19	20	21	22	23	24	25	26	27	28	29	30	㊷	2	3				
	回曆 11 月				2	3	4	5	6	7	8	9	10	11	12	13	14	15	16	17	18	19	20	21	22	23	24	25	26	27	28	29	1	2				
	藏曆四月				3	4	5	6	7	8	9	10	11	12	13	14	16	17	18	19	20	21	22	23	24	25	26	27	28	29	30	1	2	3				
	公曆 5 月						1	2	3	4	5	6	7	8	9	10	11	12	13	14	15	16	17	18	19	20	21	22	23	24	25	26	27	28	29	30	31	
43	夏曆五月						4	5	6	7	8	9	10	11	12	13	14	15	16	17	18	19	20	21	22	23	24	25	26	27	28	29	30	⑫	2	3	4	
	回曆 12 月						3	4	5	6	7	8	9	10	11	12	13	14	15	16	17	18	19	20	21	22	23	24	25	26	27	28	29	30	1	2	3	
	藏曆五月						3	4	5	6	7	9	10	11	12	13	14	15	16	17	18	19	21	22	22	23	24	25	26	27	28	29	30	1	2	3	4	
	公曆 6 月		1	2	3	4	5	6	7	8	9	10	11	12	13	14	15	16	17	18	19	20	21	22	23	24	25	26	27	28	29	30						
44	夏曆六月		5	6	7	8	9	10	11	12	13	14	15	16	17	18	19	20	21	22	23	24	25	26	27	28	29	㊶	2	3	4	5						
439 年	回曆 1 月		4	5	6	7	8	9	10	11	12	13	14	15	16	17	18	19	20	21	22	23	24	25	26	27	28	29	30	①	2	3						
	藏曆六月		5	6	7	8	9	10	12	12	14	15	16	17	18	19	20	21	22	23	24	25	26	27	28	29	29	30	1	2	4	5						
	公曆 7 月				1	2	3	4	5	6	7	8	9	10	11	12	13	14	15	16	17	18	19	20	21	22	23	24	25	26	27	28	29	30	31			
45	夏曆七月				6	7	8	9	10	11	12	13	14	15	16	17	18	19	20	21	22	23	24	25	26	27	28	29	30	⑪	2	3	4	5	6			
	回曆 2 月				4	5	6	7	8	9	10	11	12	13	14	15	16	17	18	19	20	21	22	23	24	25	26	27	28	29	30	1	2	3	4			
	藏曆七月				6	7	8	9	10	11	12	13	14	16	17	18	19	19	20	21	22	23	24	25	26	27	28	29	30	1	2	3	4	5	6			
	公曆 8 月							1	2	3	4	5	6	7	8	9	10	11	12	13	14	15	16	17	18	19	20	21	22	23	24	25	26	27	28	29	30	31
46	夏曆八月							7	8	9	10	11	12	13	14	15	16	17	18	19	20	21	22	23	24	25	26	27	28	29	㊵	2	3	4	5	6	7	8
	回曆 3 月							5	6	7	8	9	10	11	12	13	14	15	16	17	18	19	20	21	22	23	24	25	26	27	28	29	1	2	3	4	5	6
	藏曆八月							8	9	10	11	12	13	14	15	16	17	18	19	20	21	22	23	24	25	26	26	27	29	30	1	2	3	4	5	6	7	8
	公曆 9 月			1	2	3	4	5	6	7	8	9	10	11	12	13	14	15	16	17	18	19	20	21	22	23	24	25	26	27	28	29	30					
47	夏曆九月			9	10	11	12	13	14	15	16	17	18	19	20	21	22	23	24	25	26	27	28	29	⑨	2	3	4	5	6	7	8	9					
	回曆 4 月			7	8	9	10	11	12	13	14	15	16	17	18	19	20	21	22	23	24	25	26	27	28	29	30	1	2	3	4	5	6					
	藏曆九月			9	11	12	13	14	15	15	16	17	18	19	20	21	22	23	24	25	26	27	28	29	30	1	2	4	5	6	7	8	9					
	公曆 10 月					1	2	3	4	5	6	7	8	9	10	11	12	13	14	15	16	17	18	19	20	21	22	23	24	25	26	27	28	29	30	31		
48	夏曆十月					10	11	12	13	14	15	16	17	18	19	20	21	22	23	24	25	26	27	28	29	30	㊴	2	3	4	5	6	7	8	9	10		
	回曆 5 月					7	8	9	10	11	12	13	14	15	16	17	18	19	20	21	22	23	24	25	26	27	28	29	1	2	3	4	5	6	7	8		
	藏曆十月					10	11	12	13	14	15	16	17	18	19	20	20	21	22	23	24	25	26	28	29	30	1	2	3	4	5	6	7	8	9	10		
	公曆 11 月	1	2	3	4	5	6	7	8	9	10	11	12	13	14	15	16	17	18	19	20	21	22	23	24	25	26	27	28	29	30							
49	夏曆十一月	11	12	13	14	15	16	17	18	19	20	21	22	23	24	25	26	27	28	29	⑧	2	3	4	5	6	7	8	9	10	11							
	回曆 6 月	9	10	11	12	13	14	15	16	17	18	19	20	21	22	23	24	25	26	27	28	29	30	1	2	3	4	5	6	7	8							
	藏曆十一月	11	12	13	14	15	16	17	18	19	20	21	22	23	24	25	26	27	28	29	2	3	4	5	6	7	8	9	10	11	12							
	公曆 12 月			1	2	3	4	5	6	7	8	9	10	11	12	13	14	15	16	17	18	19	20	21	22	23	24	25	26	27	28	29	30	31				
50	夏曆十二月			12	13	14	15	16	17	18	19	20	21	22	23	24	25	26	27	28	29	30	㊳	2	3	4	5	6	7	8	9	10	11	12				
	回曆 7 月			9	10	11	12	13	14	15	16	17	18	19	20	21	22	23	24	25	26	27	28	29	1	2	3	4	5	6	7	8	9	10				
	藏曆十二月			13	13	14	15	16	17	18	19	20	21	22	23	24	26	27	28	29	30	30	1	2	3	4	5	6	7	8	9	10	11	12				

大事記

正月,詔河北所括馬死者限二年償之。　四月,宋禁官吏收賦米加耗。　六月,阻卜朝於契丹。　八月,分河北為四路,各置都總管。　十月,鐵驪仙門始入貢契丹。　十一月,宋貝州軍卒王則據城起事,自稱東平郡王,國號安陽,建元得聖。　十二月,高麗貢於契丹。

宋遼金紀年

干支戊子　公元1048年

朝代或國名	國家支配者	建都	廟號	謚號	建元	年號年次	輔政者	備注
北宋	④趙禎	汴梁	仁宗	明	9	6慶曆8年	陳執中文彥博	
契丹(遼)	⑥耶律宗真	中京	興宗		2	2重熙17年		
大理	⑪段思廉	陽苴咩	興宗		5	1保安4年		在雲南
西夏	①嵬名元昊	興慶	景宗	武烈	5	5天授禮法延祚11年		
	[王則]	貝州				[得聖]2年		閏正月亡，爲文彥博所滅
吐蕃	①唃厮囉	宗哥				34年		
古格						235年		西藏阿里
東汗國	蘇萊曼					7年		在新疆

月曆表

5761－384－2104240

月干支序數	月序＼星期	日	1	2	3	4	5	6	日	1	2	3	4	5	6	日	1	2	3	4	5	6	日	1	2	3	4	5	6	日	1	2	3	4	5	6	日	1
	公曆1月						1	2	3	4	5	6	7	8	9	10	11	12	13	14	15	16	17	18	19	20	21	22	23	24	25	26	27	28	29	30	31	
51	夏曆正月						13	14	15	16	17	18	19	20	21	22	23	24	25	26	27	28	29	⑦	2	3	4	5	6	7	8	9	10	11	12	13	14	
	回曆8月						11	12	13	14	15	16	17	18	19	20	21	22	23	24	25	26	27	28	29	30	1	2	3	4	5	6	7	8	9	10	11	
陽土鼠年	藏曆一月						13	14	15	16	17	17	19	20	21	22	23	24	25	26	27	28	29	30	1	2	3	4	5	6	7	8	9	10	11	12	13	
	公曆2月		1	2	3	4	5	6	7	8	9	10	11	12	13	14	15	16	17	18	19	20	21	22	23	24	25	26	27	28	29							
	夏曆閏正月		15	16	17	18	19	20	21	22	23	24	25	26	27	28	29	30	㊲	2	3	4	5	6	7	8	9	10	11	12	13							
	回曆9月		12	13	14	15	16	17	18	19	20	21	22	23	24	25	26	27	28	29	1	2	3	4	5	6	7	•8	9	10	11							
	藏曆二月		14	15	16	17	18	19	20	21	22	23	25	26	27	28	29	30	1	2	3	4	5	6	7	8	8	9	10	11	12							
	公曆3月			1	2	3	4	5	6	7	8	9	10	11	12	13	14	15	16	17	18	19	20	21	22	23	24	25	26	27	28	29	30	31				
52	夏曆二月			14	15	16	17	18	19	20	21	22	23	24	25	26	27	28	29	⑥	2	3	4	5	6	7	8	9	10	11	12	13	14	15				
	回曆10月			12	13	14	15	16	17	18	19	20	21	22	23	24	25	26	27	28	29	30	1	2	3	4	5	6	7	8	9	10	11	12				
	藏曆三月			13	14	15	16	17	19	20	21	22	23	24	25	26	27	28	29	30	1	2	3	4	5	6	7	8	9	10	11	12	13	14				
	公曆4月						1	2	3	4	5	6	7	8	9	10	11	12	13	14	15	16	17	18	19	20	21	22	23	24	25	26	27	28	29	30		
53	夏曆三月						16	17	18	19	20	21	22	23	24	25	26	27	28	29	30	㊱	2	3	4	5	6	7	8	9	10	11	12	13	14	15		
	回曆11月						13	14	15	16	17	18	19	20	21	22	23	24	25	26	27	28	29	1	2	3	4	5	6	7	8	9	10	11	12	13		
	藏曆四月						15	16	17	18	19	20	21	23	24	25	26	27	28	29	30	1	2	2	3	4	5	6	7	8	9	10	11	12	13	14		
	公曆5月	1	2	3	4	5	6	7	8	9	10	11	12	13	14	15	16	17	18	19	20	21	22	23	24	25	26	27	28	29	30	31						
54	夏曆四月	16	17	18	19	20	21	22	23	24	25	26	27	28	29	30	⑥	2	3	4	5	6	7	8	9	10	11	12	13	14	15	16						
	回曆12月	14	15	16	17	18	19	20	21	22	23	24	25	26	27	28	29	30	1	2	3	4	5	6	7	8	9	10	11	12	13	14						
	藏曆五月	16	17	18	19	20	21	22	23	24	25	26	27	28	29	30	1	2	3	4	5	6	7	8	9	10	11	12	13	14	15	16						
	公曆6月				1	2	3	4	5	6	7	8	9	10	11	12	13	14	15	16	17	18	19	20	21	22	23	24	25	26	27	28	29	30				
55	夏曆五月				17	18	19	20	21	22	23	24	25	26	27	28	29	㉟	2	3	4	5	6	7	8	9	10	11	12	13	14	15	16	17				
440年	回曆1月				15	16	17	18	19	20	21	22	23	24	25	26	27	28	29	①	2	3	4	5	6	7	8	9	10	11	12	13	14	15				
	藏曆六月				17	19	20	21	22	23	24	25	26	27	28	28	29	30	1	2	3	4	5	6	7	8	9	10	13	13	14	15	16	17				
	公曆7月						1	2	3	4	5	6	7	8	9	10	11	12	13	14	15	16	17	18	19	20	21	22	23	24	25	26	27	28	29	30	31	
56	夏曆六月						18	19	20	21	22	23	24	25	26	27	28	29	30	⑤	2	3	4	5	6	7	8	9	10	11	12	13	14	15	16	17	18	
	回曆2月						16	17	18	19	20	21	22	23	24	25	26	27	28	29	30	1	2	3	4	5	6	7	8	9	10	11	12	13	14	15	16	
	藏曆七月						18	19	20	21	22	23	24	25	26	27	28	29	30	1	2	3	4	5	6	7	8	9	10	11	12	13	15	16	17	18	19	

續表

月干支序數	月序＼星期	日	1	2	3	4	5	6	日	1	2	3	4	5	6	日	1	2	3	4	5	6	日	1	2	3	4	5	6	日	1	2	3	4	5	6	日	1
	公曆8月		1	2	3	4	5	6	7	8	9	10	11	12	13	14	15	16	17	18	19	20	21	22	23	24	25	26	27	28	29	30	31					
57	夏曆七月		19	20	21	22	23	24	25	26	27	28	29	㉞	2	3	4	5	6	7	8	9	10	11	12	13	14	15	16	17	18	19	20					
	回曆3月		17	18	19	20	21	22	23	24	25	26	27	28	29	1	2	3	4	5	6	7	8	9	10	11	12	13	14	15	16	17	18					
	藏曆八月		20	21	22	23	24	24	25	26	27	28	29	30	1	2	3	4	5	6	8	9	10	11	12	13	14	15	16	17	18	19	20					
	公曆9月					1	2	3	4	5	6	7	8	9	10	11	12	13	14	15	16	17	18	19	20	21	22	23	24	25	26	27	28	29	30			
58	夏曆八月					21	22	23	24	25	26	27	28	29	30	④	2	3	4	5	6	7	8	9	10	11	12	13	14	15	16	17	18	19	20			
	回曆4月					19	20	21	22	23	24	25	26	27	28	29	30	1	2	3	4	5	6	7	8	9	10	11	12	13	14	15	16	17	18			
	藏曆九月					21	22	23	24	25	26	27	28	29	30	1	2	3	4	5	6	7	8	9	11	12	13	14	15	16	17	18	19	19	20			
	公曆10月							1	2	3	4	5	6	7	8	9	10	11	12	13	14	15	16	17	18	19	20	21	22	23	24	25	26	27	28	29	30	31
59	夏曆九月							21	22	23	24	25	26	27	28	29	㉝	2	3	4	5	6	7	8	9	10	11	12	13	14	15	16	17	18	19	20	21	22
	回曆5月							19	20	21	22	23	24	25	26	27	28	29	1	2	3	4	5	6	7	8	9	10	11	12	13	14	15	16	17	18	19	20
	藏曆十月							21	22	23	24	25	26	27	28	29	30	1	2	3	5	6	7	8	9	10	11	12	13	14	15	16	17	18	19	20	21	22
	公曆11月			1	2	3	4	5	6	7	8	9	10	11	12	13	14	15	16	17	18	19	20	21	22	23	24	25	26	27	28	29	30					
60	夏曆十月			23	24	25	26	27	28	29	30	③	2	3	4	5	6	7	8	9	10	11	12	13	14	15	16	17	18	19	20	21	22					
	回曆6月			21	22	23	24	25	26	27	28	29	30	1	2	3	4	5	6	7	8	9	10	11	12	13	14	15	16	17	18	19	20					
	藏曆十一月			23	24	24	25	27	28	29	30	1	2	3	4	5	6	7	8	9	11	11	12	13	14	15	16	17	18	19	20	21	22					
	公曆12月					1	2	3	4	5	6	7	8	9	10	11	12	13	14	15	16	17	18	19	20	21	22	23	24	25	26	27	28	29	30	31		
1	夏曆十一月					23	24	25	26	27	28	29	㉜	2	3	4	5	6	7	8	9	10	11	12	13	14	15	16	17	18	19	20	21	22	23	24		
	回曆7月					21	22	23	24	25	26	27	28	29	1	2	3	4	5	6	7	8	9	10	11	12	13	14	15	16	17	18	19	20	21	22		
	藏曆十二月					23	24	25	26	27	28	29	30	1	3	4	5	6	7	8	9	10	11	12	13	14	15	15	16	17	18	19	20	21	22	23		

大事記

正月，夏主元昊為其子寧令格所刺，傷卒(1003—1048)。遺腹子諒祚立。　閏正月，宋軍文彥博破貝州，王則敗死。宋崇政殿親從官顔秀等入禁中作亂，即夜敗死。　三月，宋庠上書，乞裁冗兵，抑僥幸。　四月，宋册立諒祚為夏國主。高麗貢於契丹。　六月，河決澶州商胡埽。阻卜獻馬、駝二萬於契丹。　七月，以河北水災，募河北饑民為軍。　九月，宋置永通監於韶州，鑄銅錢。　十月，宋改河東、陝西鹽法。　十一月，契丹括馬備攻夏。　十二月，改河北沿邊入中糧草法。議修復黄河故道。　是歲，宋河北、京東西大水。

宋遼金紀年　　干支己丑　公元1049年

朝代或國名	國家支配者	建都	廟號	謚號	建元	年號年次	輔政者	備注
北宋	④趙禎	汴梁	仁宗	明	9	7 皇祐元年	陳執中文彥博	
契丹(遼)	⑥耶律宗真	中京	興宗		2	2 重熙 18 年		
大理	⑪段思廉	陽苴咩	興宗		5	1 保安 5 年		在雲南
西夏	②嵬名諒祚	興慶	毅宗	昭英	5	1 延嗣寧國元年		
南天國	儂智高	安德州				景瑞元年		
吐蕃	①唃厮囉	宗哥				35 年		
古格						236 年		西藏阿里
東汗國	蘇萊曼					8 年		在新疆

月曆表

5762—355—2104595

月干支序數	星期 / 月序	日	1	2	3	4	5	6	日	1	2	3	4	5	6	日	1	2	3	4	5	6	日	1	2	3	4	5	6	日	1	2	3	4	5	6	日	1
	公曆1月	1	2	3	4	5	6	7	8	9	10	11	12	13	14	15	16	17	18	19	20	21	22	23	24	25	26	27	28	29	30	31						
2	夏曆十二月	25	26	27	28	29	30	②	2	3	4	5	6	7	8	9	10	11	12	13	14	15	16	17	18	19	20	21	22	23	24	25						
	回曆8月	23	24	25	26	27	28	29	30	1	2	3	4	5	6	7	8	9	10	11	12	13	14	15	16	17	18	19	20	21	22	23						
陰土牛年	藏曆一月	24	25	26	28	29	30	1	2	3	4	5	6	7	8	9	10	11	12	13	14	15	16	17	18	19	20	21	22	23	24	25						
	公曆2月				1	2	3	4	5	6	7	8	9	10	11	12	13	14	15	16	17	18	19	20	21	22	23	24	25	26	27	28						
3	夏曆正月				26	27	28	29	㉛	2	3	4	5	6	7	8	9	10	11	12	13	14	15	16	17	18	19	20	21	22	23	24						
	回曆9月				24	25	26	27	28	29	1	2	3	4	5	6	7	8	9	10	11	12	13	14	15	16	17	18	19	20	21	22						
	藏曆二月				26	27	28	29	30	1	3	4	5	6	7	7	8	9	10	11	12	13	14	15	16	17	18	19	20	21	22	23						
	公曆3月				1	2	3	4	5	6	7	8	9	10	11	12	13	14	15	16	17	18	19	20	21	22	23	24	25	26	27	28	29	30	31			
4	夏曆二月				25	26	27	28	29	30	①	2	3	4	5	6	7	8	9	10	11	12	13	14	15	16	17	18	19	20	21	22	23	24	25			
	回曆10月				23	24	25	26	27	28	29	30	1	2	3	4	5	6	7	8	9	10	11	12	13	14	15	16	17	18	19	20	21	22	23			
	藏曆三月				24	26	27	28	29	30	1	2	3	4	5	6	7	8	9	10	11	11	12	13	14	15	16	17	18	20	21	22	23	24	25			
	公曆4月							1	2	3	4	5	6	7	8	9	10	11	12	13	14	15	16	17	18	19	20	21	22	23	24	25	26	27	28	29	30	
5	夏曆三月							26	27	28	29	㉚	2	3	4	5	6	7	8	9	10	11	12	13	14	15	16	17	18	19	20	21	22	23	24	25	26	
	回曆11月							24	25	26	27	28	29	1	2	3	4	5	6	7	8	9	10	11	12	13	14	15	16	17	18	19	20	21	22	23	24	
	藏曆四月							26	27	28	29	30	1	2	3	4	5	6	7	8	9	10	11	12	13	14	15	16	17	18	19	19	20	21	22	24	25	
	公曆5月		1	2	3	4	5	6	7	8	9	10	11	12	13	14	15	16	17	18	19	20	21	22	23	24	25	26	27	28	29	30	31					
6	夏曆四月		27	28	29	30	(60)	2	3	4	5	6	7	8	9	10	11	12	13	14	15	16	17	18	19	20	21	22	23	24	25	26	27					
	回曆12月		25	26	27	28	29	30	1	2	3	4	5	6	7	8	9	10	11	12	13	14	15	16	17	18	19	20	21	22	23	24	25					
	藏曆五月		26	27	28	29	1	2	3	4	5	6	6	7	8	9	10	11	12	13	14	15	17	18	19	20	21	22	23	24	25	26	27					
	公曆6月					1	2	3	4	5	6	7	8	9	10	11	12	13	14	15	16	17	18	19	20	21	22	23	24	25	26	27	28	29	30			
7	夏曆五月					28	29	㉙	2	3	4	5	6	7	8	9	10	11	12	13	14	15	16	17	18	19	20	21	22	23	24	25	26	27	28			
441年	回曆1月					26	27	28	29	①	2	3	4	5	6	7	8	9	10	11	12	13	14	15	16	17	18	19	20	21	22	23	24	25	26			
	藏曆後五月					28	29	30	1	2	3	4	5	6	7	8	9	10	11	12	13	14	15	16	17	19	20	21	22	23	24	25	26	27	28			
	公曆7月							1	2	3	4	5	6	7	8	9	10	11	12	13	14	15	16	17	18	19	20	21	22	23	24	25	26	27	28	29	30	31
8	夏曆六月							29	30	(59)	2	3	4	5	6	7	8	9	10	11	12	13	14	15	16	17	18	19	20	21	22	23	24	25	26	27	28	29
	回曆2月							27	28	29	30	1	2	3	4	5	6	7	8	9	10	11	12	13	14	15	16	17	18	19	20	21	22	23	24	25	26	27
	藏曆六月							29	30	1	2	3	3	4	5	6	7	8	9	10	12	13	14	15	16	17	18	19	20	21	22	23	24	25	26	27	28	29
	公曆8月			1	2	3	4	5	6	7	8	9	10	11	12	13	14	15	16	17	18	19	20	21	22	23	24	25	26	27	28	29	30	31				
9 10	夏曆七 八月			30	㉙	2	3	4	5	6	7	8	9	10	11	12	13	14	15	16	17	18	19	20	21	22	23	24	25	26	27	28	29	(58)				
	回曆3月			28	29	1	2	3	4	5	6	7	8	9	10	11	12	13	14	15	16	17	18	19	20	21	22	23	24	25	26	27	28	29				
	藏曆七月			30	1	2	3	4	5	6	7	8	9	10	11	12	13	15	16	17	18	19	20	21	22	23	24	25	26	27	28	28	29	30				
	公曆9月						1	2	3	4	5	6	7	8	9	10	11	12	13	14	15	16	17	18	19	20	21	22	23	24	25	26	27	28	29	30		
11	夏曆九月						2	3	4	5	6	7	8	9	10	11	12	13	14	15	16	17	18	19	20	21	22	23	24	25	26	27	28	29	30	㉘		
	回曆4月						30	1	2	3	4	5	6	7	8	9	10	11	12	13	14	15	16	17	18	19	20	21	22	23	24	25	26	27	28	29		
	藏曆八 九月						1	2	3	4	5	6	8	9	10	11	12	13	14	15	16	17	18	19	20	21	22	23	24	25	26	27	28	29	30	1		
	公曆10月	1	2	3	4	5	6	7	8	9	10	11	12	13	14	15	16	17	18	19	20	21	22	23	24	25	26	27	28	29	30	31						
12	夏曆十月	2	3	4	5	6	7	8	9	10	11	12	13	14	15	16	17	18	19	20	21	22	23	24	25	26	27	28	29	(51)	2	3						
	回曆5、6月	1	2	3	4	5	6	7	8	9	10	11	12	13	14	15	16	17	18	19	20	21	22	23	24	25	26	27	28	29	30	1						
	藏曆十月	2	3	4	5	6	7	8	9	10	12	13	14	15	16	17	18	19	20	21	22	23	23	24	25	26	27	28	29	30	1	2						
	公曆11月				1	2	3	4	5	6	7	8	9	10	11	12	13	14	15	16	17	18	19	20	21	22	23	24	25	26	27	28	29	30				
13	夏曆十一月				4	5	6	7	8	9	10	11	12	13	14	15	16	17	18	19	20	21	22	23	24	25	26	27	28	29	30	㉗	2	3				
	回曆7月				2	3	4	5	6	7	8	9	10	11	12	13	14	15	16	17	18	19	20	21	22	23	24	25	26	27	28	29	1	2				

續表

月 干支 序數	星期 月序	日	1	2	3	4	5	6	日	1	2	3	4	5	6	日	1	2	3	4	5	6	日	1	2	3	4	5	6	日	1	2	3	4	5	6	日	1
	藏暦十一月				3	4	6	7	8	9	10	11	12	13	14	15	16	17	18	19	20	21	22	23	24	25	26	27	28	29	30	1	2	3				
	公暦 12 月						1	2	3	4	5	6	7	8	9	10	11	12	13	14	15	16	17	18	19	20	21	22	23	24	25	26	27	28	29	30	31	
14	夏暦十二月						4	5	6	7	8	9	10	11	12	13	14	15	16	17	18	19	20	21	22	23	24	25	26	27	28	29	30	(57)	2	3	4	
	回暦 8 月						3	4	5	6	7	8	9	10	11	12	13	14	15	16	17	18	19	20	21	22	23	24	25	26	27	28	29	30	1	2	3	
	藏暦十二月						4	5	6	7	8	9	11	12	13	14	15	15	16	17	18	19	20	21	22	23	24	25	26	27	28	29	30	1	2	3	5	

遼十二月己未。

大事記

正月，以緡錢二十萬市穀種分給河北貧民。契丹將攻夏，向宋通報。河北疫，京東西以年饑不靖，遣禁軍往鎮之。二月，夷擾宋淯井監。　三月，賜禮部奏名進士諸科及第出身 1309 人。高昌國貢於契丹。烏古附於契丹。宋以廣平牧監所佔邢、洺、趙三州民田一萬五千頃與民。　五月，五國部首領附於契丹。　六月，契丹帝親征夏。阻卜貢馬、駝、珍寶於契丹。夏使貢契丹，被留。　九月，廣源"蠻"儂智高據安德州，稱南天國，建元景瑞，擾邕州。契丹伐夏之師大敗。十月，別部攻夏涼州，亦無功。　十一月，放陝西保捷軍歸農者三萬餘人，年省錢二百四十五萬。　是歲，夏改元延嗣寧國。宋歲入 12 625 萬有奇，所出無餘。

宋遼金紀年

干支庚寅　公元 1050 年

朝代或國名	國家支配者	建都	廟號	謚號	建元	年號年次	輔政者	備注
北宋	④趙禎	汴梁	仁宗	明	9	7 皇祐 2 年	文彦博宋庠	
契丹(遼)	⑥耶律宗真	中京	興宗		2	2 重熙 19 年		
大理	⑪段思廉	陽苴咩	興宗		5	1 保安 6 年		在雲南
西夏	②嵬名諒祚	興慶	毅宗	昭英	5	2 天祐垂聖元年		
南天國	儂智高	安德州				景瑞 2 年		
吐蕃	①唃厮囉	宗哥				36 年		
古格						237 年		西藏阿里
東汗國	蘇萊曼					9 年		在新疆

月曆表

5763—384—2104979

月 干支 序數	星期 月序	日	1	2	3	4	5	6	日	1	2	3	4	5	6	日	1	2	3	4	5	6	日	1	2	3	4	5	6	日	1	2	3	4	5	6	日	1
	公暦 1 月		1	2	3	4	5	6	7	8	9	10	11	12	13	14	15	16	17	18	19	20	21	22	23	24	25	26	27	28	29	30	31					
15	夏暦正月		5	6	7	8	9	10	11	12	13	14	15	16	17	18	19	20	21	22	23	24	25	26	27	28	29	㉖	2	3	4	5	6					
	回暦 9 月		4	5	6	7	8	9	10	11	12	13	14	15	16	17	18	19	20	21	22	23	24	25	26	27	28	29	1	2	3	4	5					
陽金虎年	藏暦一月		6	7	8	9	10	11	12	13	14	15	16	17	18	18	19	20	21	22	23	24	25	26	27	29	30	1	2	3	4	5	6					
	公暦 2 月					1	2	3	4	5	6	7	8	9	10	11	12	13	14	15	16	17	18	19	20	21	22	23	24	25	26	27	28					
16	夏暦二月					7	8	9	10	11	12	13	14	15	16	17	18	19	20	21	22	23	24	25	26	27	28	29	(55)	2	3	4	5					
	回暦 10 月					6	7	8	9	10	11	12	13	14	15	16	17	18	19	20	21	22	23	24	25	26	27	28	29	30	1	2	3					
	藏暦二月					7	8	9	10	11	12	13	14	15	16	17	18	19	20	21	22	23	24	25	26	27	28	29	30	1	3	4	5					
	公暦 3 月					1	2	3	4	5	6	7	8	9	10	11	12	13	14	15	16	17	18	19	20	21	22	23	24	25	26	27	28	29	30	31		
17	夏暦三月					6	7	8	9	10	11	12	13	14	15	16	17	18	19	20	21	22	23	24	25	26	27	28	29	30	㉕	2	3	4	5	6		
	回暦 11 月					4	5	6	7	8	9	10	11	12	13	14	15	16	17	18	19	20	21	22	23	24	25	26	27	28	29	1	2	3	4	5		

續表

月干支序數	月序＼星期	日	1	2	3	4	5	6	日	1	2	3	4	5	6	日	1	2	3	4	5	6	日	1	2	3	4	5	6	日	1	2	3	4	5	6	日	1
	藏曆三月					6	7	8	9	10	11	11	12	13	14	15	16	17	18	19	20	21	22	23	24	25	27	28	29	30	1	2	3	4	5	6		
	公曆4月	1	2	3	4	5	6	7	8	9	10	11	12	13	14	15	16	17	18	19	20	21	22	23	24	25	26	27	28	29	30							
18	夏曆四月	7	8	9	10	11	12	13	14	15	16	17	18	19	20	21	22	23	24	25	26	27	28	29	(54)	2	3	4	5	6	7							
	回曆12月	6	7	8	9	10	11	12	13	14	15	16	17	18	19	20	21	22	23	24	25	26	27	28	29	30	1	2	3	4	5							
	藏曆四月	7	8	9	10	11	12	13	14	15	16	16	17	19	20	21	22	23	24	25	26	27	28	30	1	2	3	4	5	5	6							
	公曆5月			1	2	3	4	5	6	7	8	9	10	11	12	13	14	15	16	17	18	19	20	21	22	23	24	25	26	27	28	29	30	31				
19	夏曆五月			8	9	10	11	12	13	14	15	16	17	18	19	20	21	22	23	24	25	26	27	28	29	30	㉔	2	3	4	5	6	7	8				
442年	回曆1月			6	7	8	9	10	11	12	13	14	15	16	17	18	19	20	21	22	23	24	25	26	27	28	29	30	①	2	3	4	5	6				
	藏曆五月			7	8	9	10	11	12	13	14	15	16	17	18	19	20	21	22	24	25	26	27	28	29	30	1	2	3	4	5	6	7	8				
	公曆6月						1	2	3	4	5	6	7	8	9	10	11	12	13	14	15	16	17	18	19	20	21	22	23	24	25	26	27	28	29	30		
20	夏曆六月						9	10	11	12	13	14	15	16	17	18	19	20	21	22	23	24	25	26	27	28	29	(53)	2	3	4	5	6	7	8	9		
	回曆2月						7	8	9	10	11	12	13	14	15	16	17	18	19	20	21	22	23	24	25	26	27	28	29	30	1	2	3	4	5	6		
	藏曆六月						9	10	11	11	12	13	15	16	17	18	19	20	21	22	23	24	25	27	28	29	30	30	1	1	2	3	4	5	6	7		
	公曆7月	1	2	3	4	5	6	7	8	9	10	11	12	13	14	15	16	17	18	19	20	21	22	23	24	25	26	27	28	29	30	31						
21	夏曆七月	10	11	12	13	14	15	16	17	18	19	20	21	22	23	24	25	26	27	28	29	30	㉓	2	3	4	5	6	7	8	9	10						
	回曆3月	7	8	9	10	11	12	13	14	15	16	17	18	19	20	21	22	23	24	25	26	27	28	29	1	2	3	4	5	6	7	8						
	藏曆七月	8	9	10	11	12	13	14	15	16	17	19	20	21	22	23	24	25	26	27	28	29	1	2	3	4	5	6	7	8	9	10						
	公曆8月				1	2	3	4	5	6	7	8	9	10	11	12	13	14	15	16	17	18	19	20	21	22	23	24	25	26	27	28	29	30	31			
22	夏曆八月				11	12	13	14	15	16	17	18	19	20	21	22	23	24	25	26	27	28	29	(52)	2	3	4	5	6	7	8	9	10	11	12			
	回曆4月				9	10	11	12	13	14	15	16	17	18	19	20	21	22	23	24	25	26	27	28	29	30	1	2	3	4	5	6	7	8	9			
	藏曆八月				11	12	13	14	15	16	17	18	19	20	22	23	24	25	26	27	28	28	29	30	1	2	3	4	5	6	7	8	9	10	11			
	公曆9月							1	2	3	4	5	6	7	8	9	10	11	12	13	14	15	16	17	18	19	20	21	22	23	24	25	26	27	28	29	30	
23	夏曆九月							13	14	15	16	17	18	19	20	21	22	23	24	25	26	27	28	29	30	㉒	2	3	4	5	6	7	8	9	10	11	12	
	回曆5月							10	11	12	13	14	15	16	17	18	19	20	21	22	23	24	25	26	27	28	29	1	2	3	4	5	6	7	8	9	10	
	藏曆九月							12	13	15	16	17	18	19	20	21	22	23	24	25	26	27	28	29	30	1	2	3	4	4	5	7	8	9	10	11	12	
	公曆10月		1	2	3	4	5	6	7	8	9	10	11	12	13	14	15	16	17	18	19	20	21	22	23	24	25	26	27	28	29	30	31					
24	夏曆十月		13	14	15	16	17	18	19	20	21	22	23	24	25	26	27	28	29	30	(52)	2	3	4	5	6	7	8	9	10	11	12	13					
	回曆6月		11	12	13	14	15	16	17	18	19	20	21	22	23	24	25	26	27	28	29	30	1	2	3	4	5	6	7	8	9	10	11					
	藏曆十月		13	14	15	16	17	18	20	21	22	22	23	24	25	26	27	28	29	30	1	2	3	4	5	6	7	8	9	10	11	13	14					
	公曆11月					1	2	3	4	5	6	7	8	9	10	11	12	13	14	15	16	17	18	19	20	21	22	23	24	25	26	27	28	29	30			
25	夏曆十一月					14	15	16	17	18	19	20	21	22	23	24	25	26	27	28	29	㉑	2	3	4	5	6	7	8	9	10	11	12	13	14			
	回曆7月					12	13	14	15	16	17	18	19	20	21	22	23	24	25	26	27	28	29	1	2	3	4	5	6	7	8	9	10	11	12			
	藏曆十一月					15	16	17	18	19	20	21	22	23	24	25	26	26	27	28	29	30	1	2	3	4	5	7	8	9	10	11	12	13	14			
	公曆12月							1	2	3	4	5	6	7	8	9	10	11	12	13	14	15	16	17	18	19	20	21	22	23	24	25	26	27	28	29	30	31
	夏曆閏十一月							15	16	17	18	19	20	21	22	23	24	25	26	27	28	29	30	(51)	2	3	4	5	6	7	8	9	10	11	12	13	14	15
	回曆8月							13	14	15	16	17	18	19	20	21	22	23	24	25	26	27	28	29	30	1	2	3	4	5	6	7	8	9	10	11	12	13
	藏曆十二月							15	16	17	18	19	20	21	22	23	24	25	26	27	28	29	30	1	2	3	4	5	6	7	8	9	10	12	13	14	15	16

大事記

正月，宋改河北、河東、陝西中鹽法，行對貼法。契丹遣使問罪於夏。　二月，夏兵攻契丹金肅城，大敗。　三月，契丹蕭迪里特敗夏兵於三角川，遂又遣兵入夏大掠。　四月，沙州貢玉於宋。高麗貢於契丹。交趾攻儂智高。　五月，契丹禁醫卜、屠販、奴隸、背父母或犯事逃亡者，不得應進士舉。　九月，夏擾契丹邊，敗歸。　十月，夏向契丹請和。十二月，又請依舊稱臣。阻卜貢於契丹。　是歲，夏改元天祐垂聖。

宋遼金紀年

干支辛卯　公元1051年

朝代或國名	國家支配者	建都	廟號	謚號	建元	年號年次	輔政者	備注
北宋	④趙禎	汴梁	仁宗	明	9	7 皇祐 3 年	文彦博 宋庠龐籍	
契丹(遼)	⑥耶律宗真	中京	興宗		2	2 重熙 20 年		
大理	⑪段思廉	陽苴咩	興宗		5	1 保安 7 年		在雲南
西夏	②嵬名諒祚	興慶	毅宗	昭英	5	2 天祐垂聖 2 年		
南天國	儂智高	安德州				景瑞 3 年		
吐蕃	①唃厮囉	宗哥				37 年		
古格						238 年		西藏阿里
東汗國	蘇萊曼					10 年		在新疆

月曆表

5764—355—2105334

月干支序數	月序＼星期	日	1	2	3	4	5	6	日	1	2	3	4	5	6	日	1	2	3	4	5	6	日	1	2	3	4	5	6	日	1	2	3	4	5	6	日	1
	公曆 1 月			1	2	3	4	5	6	7	8	9	10	11	12	13	14	15	16	17	18	19	20	21	22	23	24	25	26	27	28	29	30	31				
26	夏曆十二月			16	17	18	19	20	21	22	23	24	25	26	27	28	29	30	㉑	2	3	4	5	6	7	8	9	10	11	12	13	14	15	16				
	回曆 9 月			14	15	16	17	18	19	20	21	22	23	24	25	26	27	28	29	1	2	3	4	5	6	7	8	9	10	11	12	13	14	15				
陰金兔年	藏曆一月			17	18	18	19	20	21	22	3	24	25	26	27	28	29	30	1	2	3	4	6	7	8	9	10	11	12	13	14	15	16	17				
	公曆 2 月						1	2	3	4	5	6	7	8	9	10	11	12	13	14	15	16	17	18	19	20	21	22	23	24	25	26	27	28				
27	夏曆正月						17	18	19	20	21	22	23	24	25	26	27	28	29	㊿	2	3	4	5	6	7	8	9	10	11	12	13	14	15				
	回曆 10 月						16	17	18	19	20	21	22	23	24	25	26	27	28	29	30	1	2	3	4	5	6	7	8	9	10	11	12	13				
	藏曆二月						18	19	20	21	21	22	23	24	25	26	27	28	30	1	2	3	4	5	6	7	8	9	10	11	12	13	14	15				
	公曆 3 月						1	2	3	4	5	6	7	8	9	10	11	12	13	14	15	16	17	18	19	20	21	22	23	24	25	26	27	28	29	30	31	
28	夏曆二月						16	17	18	19	20	21	22	23	24	25	26	27	28	29	⑲	2	3	4	5	6	7	8	9	10	11	12	13	14	15	16	17	
	回曆 11 月						14	15	16	17	18	19	20	21	22	23	24	25	26	27	28	29	1	2	3	4	5	6	7	8	9	10	11	12	13	14	15	
	藏曆三月						16	17	18	19	20	21	22	23	24	25	26	27	28	29	30	1	2	4	5	6	7	8	9	10	11	12	13	14	14	15	16	
	公曆 4 月		1	2	3	4	5	6	7	8	9	10	11	12	13	14	15	16	17	18	19	20	21	22	23	24	25	26	27	28	29	30						
29	夏曆三月		18	19	20	21	22	23	24	25	20	27	28	29	30	㊾	2	3	4	5	6	7	8	9	10	11	12	13	14	15	16	17						
	回曆 12 月		16	17	18	19	20	21	22	23	24	25	26	27	28	29	30	1	2	3	4	5	6	7	8	9	10	11	12	13	14	15						
	藏曆四月		17	18	19	20	21	22	23	24	25	26	28	29	30	1	2	3	4	5	6	7	8	9	10	11	12	13	14	15	16	17						
	公曆 5 月				1	2	3	4	5	6	7	8	9	10	11	12	13	14	15	16	17	18	19	20	21	22	23	24	25	26	27	28	29	30	31			
30	夏曆四月				18	19	20	21	22	23	24	25	26	27	28	29	⑱	2	3	4	5	6	7	8	9	10	11	12	13	14	15	16	17	18	19			
443 年	回曆 1 月				16	17	18	19	20	21	22	23	24	25	26	27	28	29	①	2	3	4	5	6	7	8	9	10	11	12	13	14	15	16	17			
	藏曆五月				18	19	20	21	22	23	24	25	26	27	28	29	1	2	3	4	5	6	7	8	9	10	10	11	12	13	14	15	16	17	18			
	公曆 6 月							1	2	3	4	5	6	7	8	9	10	11	12	13	14	15	16	17	18	19	20	21	22	23	24	25	26	27	28	29	30	
31	夏曆五月							20	21	22	23	24	25	26	27	28	29	㊼	2	3	4	5	6	7	8	9	10	11	12	13	14	15	16	17	18	19	20	
	回曆 2 月							18	19	20	21	22	23	24	25	26	27	28	29	30	1	2	3	4	5	6	7	8	9	10	11	12	13	14	15	16	17	
	藏曆六月							19	20	21	22	24	25	26	27	28	29	30	1	2	3	4	5	6	7	8	9	10	11	12	13	14	15	16	17	18	19	
	公曆 7 月		1	2	3	4	5	6	7	8	9	10	11	12	13	14	15	16	17	18	19	20	21	22	23	24	25	26	27	28	29	30	31					
32	夏曆六月		21	22	23	24	25	26	27	28	29	30	⑰	2	3	4	5	6	7	8	9	10	11	12	13	14	15	16	17	18	19	20	21					
	回曆 3 月		18	19	20	21	22	23	24	25	26	27	28	29	1	2	3	4	5	6	7	8	9	10	11	12	13	14	15	16	17	18	19					
	藏曆七月		20	21	22	23	24	26	27	28	29	30	1	2	3	4	5	6	6	7	8	9	10	11	12	13	14	15	16	17	19	20	21					
	公曆 8 月					1	2	3	4	5	6	7	8	9	10	11	12	13	14	15	16	17	18	19	20	21	22	23	24	25	26	27	28	29	30	31		

續表

月干支序數	星期/月序	日	1	2	3	4	5	6	日	1	2	3	4	5	6	日	1	2	3	4	5	6	日	1	2	3	4	5	6	日	1	2	3	4	5	6	日	1
33	夏曆七月					22	23	24	25	26	27	28	29	㊻	2	3	4	5	6	7	8	9	10	11	12	13	14	15	16	17	18	19	20	21	22	23		
	回曆4月					20	21	22	23	24	25	26	27	28	29	30	1	2	3	4	5	6	7	8	9	10	11	12	13	14	15	16	17	18	19	20		
	藏曆八月					22	23	24	25	26	27	28	29	30	1	2	3	4	5	6	7	8	9	10	11	12	13	14	15	16	17	18	19	20	22	23		
	公曆9月	1	2	3	4	5	6	7	8	9	10	11	12	13	14	15	16	17	18	19	20	21	22	23	24	25	26	27	28	29	30							
34	夏曆八月	24	25	26	27	28	29	30	⑯	2	3	4	5	6	7	8	9	10	11	12	13	14	15	16	17	18	19	20	21	22	23							
	回曆5月	21	22	23	24	25	26	27	28	29	1	2	3	4	5	6	7	8	9	10	11	12	13	14	15	16	17	18	19	20	21							
	藏曆九月	24	25	26	27	28	29	30	1	2	2	3	4	5	6	7	8	9	10	11	12	13	14	16	17	18	19	20	21	22	23							
	公曆10月			1	2	3	4	5	6	7	8	9	10	11	12	13	14	15	16	17	18	19	20	21	22	23	24	25	26	27	28	29	30	31				
35	夏曆九月			24	25	26	27	28	29	30	㊻	2	3	4	5	6	7	8	9	10	11	12	13	14	15	16	17	18	19	20	21	22	23	24				
	回曆6月			22	23	24	25	26	27	28	29	30	1	2	3	4	5	6	7	8	9	10	11	12	13	14	15	16	17	18	19	20	21	22				
	藏曆十月			24	25	26	27	28	29	30	1	2	3	4	5	6	7	8	9	10	11	12	13	14	15	16	17	18	20	21	22	23	24	25				
	公曆11月						1	2	3	4	5	6	7	8	9	10	11	12	13	14	15	16	17	18	19	20	21	22	23	24	25	26	27	28	29	30		
36	夏曆十月						25	26	27	28	29	30	⑯	2	3	4	5	6	7	8	9	10	11	12	13	14	15	16	17	18	19	20	21	22	23	24		
	回曆7月						23	24	25	26	27	28	29	1	2	3	4	5	6	7	8	9	10	11	12	13	14	15	16	17	18	19	20	21	22	23		
	藏曆十一月						26	26	27	28	29	30	1	2	3	4	5	6	7	8	9	10	11	12	14	15	16	17	18	19	20	21	22	23	24	25		
	公曆12月	1	2	3	4	5	6	7	8	9	10	11	12	13	14	15	16	17	18	19	20	21	22	23	24	25	26	27	28	29	30	31						
37	夏曆十一月	25	26	27	28	29	㊺	2	3	4	5	6	7	8	9	10	11	12	13	14	15	16	17	18	19	20	21	22	23	24	25	26						
	回曆8月	24	25	26	27	28	29	30	1	2	3	4	5	6	7	8	9	10	11	12	13	14	15	16	17	18	19	20	21	22	23	24						
	藏曆十二月	26	27	28	29	29	30	1	2	3	4	5	6	8	9	10	11	12	13	14	15	16	17	18	19	20	21	22	23	24	25	26						

大事記

正月,宋分淮南為兩路。置河渠司。　二月,契丹向夏索黨項逃戶。宋改河北糧草入中法。吐蕃貢契丹。儂智高獻象及金銀於宋,卻之。　五月,宋置河渠司,隸於三司。契丹安置所俘夏人於蓟州。　七月,時偷運茶、鹽者衆。　七月,宋太學生舊制二百人,新限一百人。宋修《皇祐方域圖誌》成。宋減湖南彬、永、桂陽丁身米三斗二升。　八月,汴河絕流。　九月,契丹更定條制。　十月,詔三司解鹽聽通商。契丹括諸道軍籍。　十一月,宋減漳、泉、興化丁米。

是歲,宋京東、淮南、兩浙、荊湖、江南饑。

宋遼金紀年　　干支壬辰　公元1052年

朝代或國名	國家支配者	建都	廟號	謚號	建元	年號年次	輔政者	備注
北宋	④趙禎	汴梁	仁宗	明	9	7皇祐4年	龐籍	
契丹(遼)	⑥耶律宗真	中京	興宗		2	2重熙21年		
大理	⑪段思廉	陽苴咩	興宗		5	1保安8年		在雲南
西夏	②嵬名諒祚	興慶	毅宗	昭英	5	2天祐垂聖3年		
大南國	儂智高					啓曆元年		5月建元
吐蕃	①唃廝囉	宗哥				38年		
古格						239年		西藏阿里
東汗國	蘇萊曼					11年		在新疆

月 曆 表

5765—354—2105688

月干支序數	星期／月序	日	1	2	3	4	5	6	日	1	2	3	4	5	6	日	1	2	3	4	5	6	日	1	2	3	4	5	6	日	1	2	3	4	5	6	日	1
	公曆 1 月				1	2	3	4	5	6	7	8	9	10	11	12	13	14	15	16	17	18	19	20	21	22	23	24	25	26	27	28	29	30	31			
38	夏曆十二月				27	28	29	30	⑮	2	3	4	5	6	7	8	9	10	11	12	13	14	15	16	17	18	19	20	21	22	23	24	25	26	27			
	回曆 9 月				25	26	27	28	29	1	2	3	4	5	6	7	8	9	10	11	12	13	14	15	16	17	18	19	20	21	22	23	24	25	26			
陽水龍年	藏曆一月				27	28	29	30	1	2	3	4	5	6	7	8	9	10	11	13	14	15	16	17	18	19	20	21	21	22	23	24	25	26	27			
	公曆 2 月	·						1	2	3	4	5	6	7	8	9	10	11	12	13	14	15	16	17	18	19	20	21	22	23	24	25	26	27	28	29		
39	夏曆正月							28	29	30	㊺	2	3	4	5	6	7	8	9	10	11	12	13	14	15	16	17	18	19	20	21	22	23	24	25	26		
	回曆 10 月							.27	28	29	30	1	2	3	4	5	6	7	8	9	10	11	12	13	14	15	16	17	18	19	20	21	22	23	24	25		
	藏曆二月							28	29	30	1	2	3	4	5	7	8	9	10	11	12	13	14	15	16	17	18	19	20	21	22	23	24	25	25	26		
	公曆 3 月	1	2	3	4	5	6	7	8	9	10	11	12	13	14	15	16	17	18	19	20	21	22	23	24	25	26	27	28	29	30	31						
40	夏曆二月	27	28	29	⑭	2	3	4	5	6	7	8	9	10	11	12	13	14	15	16	17	18	19	20	21	22	23	24	25	26	27	28						
	回曆 11 月	26	27	28	29	1	2	3	4	5	6	7	8	9	10	11	12	13	14	15	16	17	18	19	20	21	22	23	24	25	26	27						
	藏曆後二月	27	28	29	1	2	3	4	5	6	7	8	9	10	11	12	13	14	15	16	17	18	19	20	21	22	23	24	25	26	27	28						
	公曆 4 月				1	2	3	4	5	6	7	8	9	10	11	12	13	14	15	16	17	18	19	20	21	22	23	24	25	26	27	28	29	30				
41	夏曆三月				29	㊸	2	3	4	5	6	7	8	9	10	11	12	13	14	15	16	17	18	19	20	21	22	23	24	25	26	27	28	29				
	回曆 12 月				28	29	30	1	2	3	4	5	6	7	8	9	10	11	12	13	14	15	16	17	18	19	20	21	22	23	24	25	26	27				
	藏曆三月				29	30	1	2	3	5	6	7	8	9	10	11	12	13	14	15	16	17	18	18	19	20	21	22	23	24	25	26	28	29				
	公曆 5 月						1	2	3	4	5	6	7	8	9	10	11	12	13	14	15	16	17	18	19	20	21	22	23	24	25	26	27	28	29	30	31	
42 43	夏曆四五月						30	⑬	2	3	4	5	6	7	8	9	10	11	12	13	14	15	16	17	18	19	20	21	22	23	24	25	26	27	28	29	㊷	
444 年	回曆 1 月						28	29	①	2	3	4	5	6	7	8	9	10	11	12	13	14	15	16	17	18	19	20	21	22	23	24	25	26	27	28	29	
	藏曆四五月						30	1	2	3	4	5	6	7	8	9	10	11	12	13	14	15	16	17	18	19	20	21	22	23	24	25	26	27	28	29	1	
	公曆 6 月		1	2	3	4	5	6	7	8	9	10	11	12	13	14	15	16	17	18	19	20	21	22	23	24	25	26	27	28	29	30						
44	夏曆六月		2	3	4	5	6	7	8	9	10	11	12	13	14	15	16	17	18	19	20	21	22	23	24	25	26	27	28	29	⑪	2						
	回曆 2 月		30	1	2	3	4	5	6	7	8	9	10	11	12	13	14	15	16	17	18	19	20	21	22	23	24	25	26	27	28	29						
	藏曆六月		2	3	4	5	6	7	8	9	10	11	12	13	14	15	15	16	17	18	19	20	21	22	24	25	26	27	28	29	30	1						
	公曆 7 月				1	2	3	4	5	6	7	8	9	10	11	12	13	14	15	16	17	18	19	20	21	22	23	24	25	26	27	28	29	30	31			
45	夏曆七月				3	4	5	6	7	8	9	10	11	12	13	14	15	16	17	18	19	20	21	22	23	24	25	26	27	28	29	3	㊶	2	3			
	回曆 3、4 月				1	2	3	4	5	6	7	8	9	10	11	12	13	14	15	16	17	18	19	20	21	22	23	24	25	26	27	28	29	30	1			
	藏曆七月				2	3	4	5	6	7	8	9	10	11	12	13	14	15	16	17	18	19	20	21	22	23	24	26	27	28	29	30	1	2	3			
	公曆 8 月							1	2	3	4	5	6	7	8	9	10	11	12	13	14	15	16	17	18	19	20	21	22	23	24	25	26	27	28	29	30	31
46	夏曆八月							4	5	6	7	8	9	10	11	12	13	14	15	16	17	18	19	20	21	22	23	24	25	26	27	28	29	⑩	2	3	4	5
	回曆 5 月							2	3	4	5	6	7	8	9	10	11	12	13	14	15	16	17	18	19	20	21	22	23	24	25	26	27	28	29	1	2	3
	藏曆八月							4	5	6	7	8	9	10	11	11	12	13	14	15	16	17	19	20	21	22	23	24	25	26	27	28	29	30	1	2	3	4
	公曆 9 月			1	2	3	4	5	6	7	8	9	10	11	12	13	14	15	16	17	18	19	20	21	22	23	24	25	26	27	28	29	30					
47	夏曆九月			6	7	8	9	10	11	12	13	14	15	16	17	18	19	20	21	22	23	24	25	26	27	28	29	30	㊵	2	3	4	5					
	回曆 6 月			4	5	6	7	8	9	10	11	12	13	14	15	16	17	18	19	20	21	22	23	24	25	26	27	28	29	30	1	2	3					
	藏曆九月			5	6	7	8	9	10	11	12	13	14	15	16	17	18	19	20	21	23	24	25	26	27	28	29	30	1	2	3	4	5					
	公曆 10 月					1	2	3	4	5	6	7	8	9	10	11	12	13	14	15	16	17	18	19	20	21	22	23	24	25	26	27	28	29	30	31		
48	夏曆十月					6	7	8	9	10	11	12	13	14	15	16	17	18	19	20	21	22	23	24	25	26	27	28	29	30	⑩	2	3	4	5	6		
	回曆 7 月					4	5	6	7	8	9	10	11	12	13	14	15	16	17	18	19	20	21	22	23	24	25	26	27	28	29	1	2	3	4	5		
	藏曆十月					6	6	7	8	9	10	11	12	13	14	16	17	18	19	20	21	22	23	24	25	26	27	28	29	30	1	2	3	4	5	6		
	公曆 11 月	1	2	3	4	5	6	7	8	9	10	11	12	13	14	15	16	17	18	19	20	21	22	23	24	25	26	27	28	29	30							
49	夏曆十一月	7	8	9	10	11	12	13	14	15	16	17	18	19	20	21	22	23	24	25	26	27	28	29	㊴	2	3	4	5	6	7							
	回曆 8 月	6	7	8	9	10	11	12	13	14	15	16	17	18	19	20	21	22	23	24	25	26	27	28	29	30	1	2	3	4	5							

續表

月干支序數	星期／月序	日	1	2	3	4	5	6	日	1	2	3	4	5	6	日	1	2	3	4	5	6	日	1	2	3	4	5	6	日	1	2	3	4	5	6	日	1
	藏曆十一月	7	8	9	10	11	12	13	14	15	16	17	18	20	21	22	23	24	25	26	27	28	29	29	30	1	2	3	4	5	6							
	公曆 12 月			1	2	3	4	5	6	7	8	9	10	11	12	13	14	15	16	17	18	19	20	21	22	23	24	25	26	27	28	29	30	31				
50	夏曆十二月			8	9	10	11	12	13	14	15	16	17	18	19	20	21	22	23	24	25	26	27	28	29	30	⑨	2	3	4	5	6	7	8				
	回曆 9 月			6	7	8	9	10	11	12	13	14	15	16	17	18	19	20	21	22	23	24	25	26	27	28	29	1	2	3	4	5	6	7				
	藏曆十二月			7	8	9	10	11	12	13	15	16	17	18	19	20	21	22	23	24	25	26	27	28	29	30	1	2	2	3	4	5	6	7				

大事記

三月，宋詔雜買務，凡宮禁所市物皆給實值。　五月，儂智高以宋卻貢物，聚衆起事，破邕州，建大南國，號仁惠皇帝，改元啟曆；遂陷横、貴、龔、藤、梧、封、康、端八州，進圍廣州。范仲淹卒(989—1052)。　六月，宋禁諸州里正、押司、錄事已代而令輸錢免役。　七月，儂智高解廣州圍，歸途數敗宋兵。　九月，儂智高破昭州。宋以狄青為宣撫使，擊儂智高。十月，儂智高復入邕州。　十一月，回鶻貢名馬、文豹於契丹。　十二月，交趾請助攻儂智高，宋拒之。

宋遼金紀年

干支癸巳　公元 1053 年

朝代或國名	國家支配者	建都	廟號	謚號	建元	年號年次	輔政者	備注
北宋	④趙禎	汴梁	仁宗	明	9	7 皇祐 5 年	龐籍 陳執中 梁適	
契丹(遼)	⑥耶律宗真	中京	興宗		2	2 重熙 22 年		
大理	⑪段思廉	陽苴咩	興宗		5	2 正安元年		在雲南
西夏	②嵬名諒祚	興慶	毅宗	昭英	5	3 福聖承道元年		
天南國	儂智高	邕州				端懿元年		正月亡，另有景瑞、啓曆二號元年考
吐蕃	①唃廝囉	宗哥				39 年		
古格						240 年		西藏阿里
東汗國	蘇萊曼					12 年		在新疆

月曆表

5766－384－2106072

月干支序數	星期／月序	日	1	2	3	4	5	6	日	1	2	3	4	5	6	日	1	2	3	4	5	6	日	1	2	3	4	5	6	日	1	2	3	4	5	6	日	1
	公曆 1 月						1	2	3	4	5	6	7	8	9	10	11	12	13	14	15	16	17	18	19	20	21	22	23	24	25	26	27	28	29	30	31	
51	夏曆正月						9	10	11	12	13	14	15	16	17	18	19	20	21	22	23	24	25	26	27	28	29	30	㊴	2	3	4	5	6	7	8	9	
	回曆 10 月						8	9	10	11	12	13	14	15	16	17	18	19	20	21	22	23	24	25	26	27	28	29	30	1	2	3	4	5	6	7	8	
陰水蛇年	藏曆一月						9	10	11	12	13	14	15	16	17	18	19	20	21	22	23	24	25	26	27	28	29	30	1	2	3	4	5	6	7	8	9	
	公曆 2 月		1	2	3	4	5	6	7	8	9	10	11	12	13	14	15	16	17	18	19	20	21	22	23	24	25	26	27	28								
52	夏曆二月		10	11	12	13	14	15	16	17	18	19	20	21	22	23	24	25	26	27	28	29	⑧	2	3	4	5	6	7	8								
	回曆 11 月		9	10	11	12	13	14	15	16	17	18	19	20	21	22	23	24	25	26	27	28	29	1	2	3	4	5	6	7								
	藏曆二月		10	11	12	14	15	16	17	18	19	20	21	22	23	24	24	25	26	27	28	29	30	1	2	3	4	5	6	8								
	公曆 3 月		1	2	3	4	5	6	7	8	9	10	11	12	13	14	15	16	17	18	19	20	21	22	23	24	25	26	27	28	29	30	31					
53	夏曆三月		9	10	11	12	13	14	15	16	17	18	19	20	21	22	23	24	25	26	27	28	29	30	㊳	2	3	4	5	6	7	8	9					
	回曆 12 月		8	9	10	11	12	13	14	15	16	17	18	19	20	21	22	23	24	25	26	27	28	29	30	1	2	3	4	5	6	7	8					
	藏曆三月		8	10	11	12	13	14	15	16	17	18	19	20	21	22	23	24	25	26	27	28	29	30	1	2	3	4	5	6	7	8	9					

續表

月干支序數	月序＼星期	日	1	2	3	4	5	6	日	1	2	3	4	5	6	日	1	2	3	4	5	6	日	1	2	3	4	5	6	日	1	2	3	4	5	6	日	1
	公曆4月					1	2	3	4	5	6	7	8	9	10	11	12	13	14	15	16	17	18	19	20	21	22	23	24	25	26	27	28	29	30			
54	夏曆四月					10	11	12	13	14	15	16	17	18	19	20	21	22	23	24	25	26	27	28	29	⑦	2	3	4	5	6	7	8	9	10			
445年	回曆1月					9	10	11	12	13	14	15	16	17	18	19	20	21	22	23	24	25	26	27	28	29	30	①	2	3	4	5	6	7	8			
	藏曆四月					10	12	13	14	15	16	17	18	18	19	20	21	22	23	24	25	26	27	28	29	30	1	2	3	5	6	7	8	9	10			
	公曆5月							1	2	3	4	5	6	7	8	9	10	11	12	13	14	15	16	17	18	19	20	21	22	23	24	25	26	27	28	29	80	31
55	夏曆五月							11	12	13	14	15	16	17	18	19	20	21	22	23	24	25	26	27	28	29	30	㊲	2	3	4	5	6	7	8	9	10	11
	回曆2月							9	10	11	12	13	14	15	16	17	18	19	20	21	22	23	24	25	26	27	28	29	30	1	2	3	4	5	6	7	8	9
	藏曆五月							11	12	13	14	15	16	17	18	19	20	21	22	23	24	24	26	27	28	29	30	1	2	3	4	5	6	8	9	10	11	12
	公曆6月			1	2	3	4	5	6	7	8	9	10	11	12	13	14	15	16	17	18	19	20	21	22	23	24	25	26	27	28	29	30					
56	夏曆六月			12	13	14	15	16	17	18	19	20	21	22	23	24	25	26	27	28	29	⑥	2	3	4	5	6	7	8	9	10	11	12					
	回曆3月			10	11	12	13	14	15	16	17	18	19	20	21	22	23	24	25	26	27	28	29	1	2	3	4	5	6	7	8	9	10					
	藏曆六月			13	13	14	15	16	17	18	19	20	21	22	23	24	25	26	27	28	30	1	2	3	4	5	6	7	8	9	10	11	12					
	公曆7月					1	2	3	4	5	6	7	8	9	10	11	12	13	14	15	16	17	18	19	20	21	22	23	24	25	26	27	28	29	30	31		
57	夏曆七月					13	14	15	16	17	18	19	20	21	22	23	24	25	26	27	28	29	㉟	2	3	4	5	6	7	8	9	10	11	12	13	14		
	回曆4月					11	12	13	14	15	16	17	18	19	20	21	22	23	24	25	26	27	28	29	30	1	2	3	4	5	6	7	8	9	10	11		
	藏曆七月					13	14	15	16	17	18	19	20	21	22	23	24	25	26	27	28	29	30	1	2	4	5	6	7	8	9	10	10	11	12	13		
	公曆8.月	1	2	3	4	5	6	7	8	9	10	11	12	13	14	15	16	17	18	19	20	21	22	23	24	25	26	27	28	29	30	31						
	夏曆閏七月	15	16	17	18	19	20	21	22	23	24	25	26	27	28	29	30	⑤	2	3	4	5	6	7	8	9	10	11	12	13	14	15						
	回曆5月	12	13	14	15	16	17	18	19	20	21	22	23	24	25	26	27	28	29	1	2	3	4	5	6	7	8	9	10	11	12	13						
	藏曆八月	14	15	16	17	18	19	20	21	22	23	24	26	27	28	29	30	1	2	3	4	5	6	7	8	9	10	11	12	13	14	15						
	公曆9月				1	2	3	4	5	6	7	8	9	10	11	12	13	14	15	16	17	18	19	20	21	22	23	24	25	26	27	28	29	30				
58	夏曆八月				16	17	18	19	20	21	22	23	24	25	26	27	28	29	㉞	2	3	4	5	6	7	8	9	10	11	12	13	14	15	16				
	回曆6月				14	15	16	17	18	19	20	21	22	23	24	25	26	27	28	29	30	1	2	3	4	5	6	7	8	9	10	11	12	13				
	藏曆九月				16	17	18	19	20	21	22	23	24	25	26	27	28	30	1	2	3	4	5	6	6	7	8	9	10	11	12	13	14	15				
	公曆10月						1	2	3	4	5	6	7	8	9	10	11	12	13	14	15	16	17	18	19	20	21	22	23	24	25	26	27	28	29	30	31	
59	夏曆九月						17	18	19	20	21	22	23	24	25	26	27	28	29	30	④	2	3	4	5	6	7	8	9	10	11	12	13	14	15	16	17	
	回曆7月						14	15	16	17	18	19	20	21	22	23	24	25	26	27	28	29	1	2	3	4	5	6	7	8	9	10	11	12	13	14	15	
	藏曆十月						16	17	18	19	20	21	23	24	25	26	27	28	29	30	1	2	3	4	5	6	7	8	9	10	10	11	12	13	14	15	17	
	公曆11月		1	2	3	4	5	6	7	8	9	10	11	12	13	14	15	16	17	18	19	20	21	22	23	24	25	26	27	28	29	30						
60	夏曆十月		18	19	20	21	22	23	24	25	26	27	28	29	㉝	2	3	4	5	6	7	8	9	10	11	12	13	14	15	16	17	18						
	回曆8月		16	17	18	19	20	21	22	23	24	25	26	27	28	29	30	1	2	3	4	5	6	7	8	9	10	11	12	13	14	15						
	藏曆十一月		18	19	20	21	22	23	24	25	26	27	28	29	30	1	2	3	4	5	6	7	8	9	10	11	12	13	14	15	16	17						
	公曆12月				1	2	3	4	5	6	7	8	9	10	11	12	13	14	15	16	17	18	19	20	21	22	23	24	25	26	27	28	29	30	31			
1	夏曆十一月				19	20	21	22	23	24	25	26	27	28	29	30	③	2	3	4	5	6	7	8	9	10	11	12	13	14	15	16	17	18	19			
	回曆9月				16	17	18	19	20	21	22	23	24	25	26	27	28	29	1	2	3	4	5	6	7	8	9	10	11	12	13	14	15	16	17			
	藏曆十二月				18	19	20	22	23	24	25	26	27	28	29	30	1	2	2	3	4	5	6	7	8	9	10	11	12	13	14	16	17	18	19			

遼二月壬申。

大事記

正月，宋兵大破儂智高於歸仁鋪，遂克邕州，儂智高走大理。　二月，免廣南租税。　三月，賜禮部奏名進士、諸科及第出身1042人。　四月，宋禁諸路轉運使抑勒民戶，多取羨餘。　五月，以狄青為樞密使。賑邕州貧民，戶貸米一石。

七月，阻卜獻馬、駝於契丹。　閏七月，改貢舉法。宋定內侍額。烏古貢於契丹。蕃部數擾宋邊，秦、鳳路兵破之。

九月，夏向契丹進降表。　十二月，禁轉運使進羨餘。宋以東京五州四十二縣為京畿，置轉運使。　是歲，夏改元福聖承道。宋士兵1 259 000餘人。宗室官員受祿者5 443人。

宋遼金紀年　　干支甲午　公元1054年

朝代或國名	國家支配者	建都	廟號	謚號	建元	年號年次	輔政者	備注
北宋	④趙禎	汴梁	仁宗	明	9	8至和元年	陳執中 梁適劉沆	三月庚辰改元
契丹(遼)	⑥耶律宗真	中京	興宗		2	2重熙23年		
大理	⑪段思廉	陽苴咩	興宗		5	2正安2年		在雲南
西夏	②嵬名諒祚	興慶	毅宗	昭英	5	3福聖承道2年		
吐蕃	①唃厮囉	宗哥				40年		
古格						241年		西藏阿里
東汗國	蘇來曼					13年		在新疆

月曆表　　5767—354—2106426

月干支序數	月序＼星期	日	1	2	3	4	5	6	日	1	2	3	4	5	6	日	1	2	3	4	5	6	日	1	2	3	4	5	6	日	1	2	3	4	5	6	日	1
	公曆1月							1	2	3	4	5	6	7	8	9	10	11	12	13	14	15	16	17	18	19	20	21	22	23	24	25	26	27	28	29	30	31
2	夏曆十二月							20	21	22	23	24	25	26	27	28	29	30	㉝	2	3	4	5	6	7	8	9	10	11	12	13	14	15	16	17	18	19	20
	回曆10月							18	19	20	21	22	23	24	25	26	27	28	29	30	1	2	3	4	5	6	7	8	9	10	11	12	13	14	15	16	17	18
陽木馬年	藏曆一月							20	21	22	23	24	25	26	27	28	29	30	1	2	3	4	5	6	6	7	9	10	11	12	13	14	15	16	17	18	19	20
	公曆2月			1	2	3	4	5	6	7	8	9	10	11	12	13	14	15	16	17	18	19	20	21	22	23	24	25	26	27	28							
3	夏曆正月			21	22	23	24	25	26	27	28	29	30	③	2	3	4	5	6	7	8	9	10	11	12	13	14	15	16	17	18							
	回曆11月			19	20	21	22	23	24	25	26	27	28	29	1	2	3	4	5	6	7	8	9	10	11	12	13	14	15	16	17							
	藏曆二月			22	22	23	24	25	26	27	28	29	30	1	2	3	4	5	6	7	8	9	10	11	12	13	15	16	17	18	19							
	公曆3月			1	2	3	4	5	6	7	8	9	10	11	12	13	14	15	16	17	18	19	20	21	22	23	24	25	26	27	28	29	30	31				
4	夏曆二月			19	20	21	22	23	24	25	26	27	28	29	㉓	2	3	4	5	6	7	8	9	10	11	12	13	14	15	16	17	18	19	20				
	回曆12月			18	19	20	21	22	23	24	25	26	27	28	29	30	1	2	3	4	5	6	7	8	9	10	11	12	13	14	15	16	17	18				
	藏曆三月			20	21	22	23	24	25	26	27	28	28	29	30	1	2	3	4	5	6	8	9	10	11	12	13	14	15	16	17	18	19	20				
	公曆4月						1	2	3	4	5	6	7	8	9	10	11	12	13	14	15	16	17	18	19	20	21	22	23	24	25	26	27	28	29	30		
5	夏曆三月						21	22	23	24	25	26	27	28	29	30	②	2	3	4	5	6	7	8	9	10	11	12	13	14	15	16	17	18	19	20		
446年	回曆1月						19	20	21	22	23	24	25	26	27	28	29	①	2	3	4	5	6	7	8	9	10	11	12	13	14	15	16	17	18	19		
	藏曆四月						21	22	23	24	25	26	27	28	29	30	1	2	3	4	5	6	7	8	9	10	12	13	14	15	16	17	18	19	20	21		
	公曆5月	1	2	3	4	5	6	7	8	9	10	11	12	13	14	15	16	17	18	19	20	21	22	23	24	25	26	27	28	29	30	31						
6	夏曆四月	21	22	23	24	25	26	27	28	29	㉛	2	3	4	5	6	7	8	9	10	11	12	13	14	15	16	17	18	19	20	21	22						
	回曆2月	20	21	22	23	24	25	26	27	28	29	30	1	2	3	4	5	6	7	8	9	10	11	12	13	14	15	16	17	18	19	20						
	藏曆五月	22	22	23	24	25	26	27	28	29	30	1	2	3	5	6	7	8	9	10	11	12	13	14	15	16	17	18	19	20	21	22						
	公曆6月				1	2	3	4	5	6	7	8	9	10	11	12	13	14	15	16	17	18	19	20	21	22	23	24	25	26	27	28	29	30				
7	夏曆五月				23	24	25	26	27	28	29	30	①	2	3	4	5	6	7	8	9	10	11	12	13	14	15	16	17	18	19	20	21	22				
	回曆3月				21	22	23	24	25	26	27	28	29	1	2	3	4	5	6	7	8	9	10	11	12	13	14	15	16	17	18	19	20	21				
	藏曆六月				23	24	25	26	27	28	29	30	1	2	3	4	5	6	8	9	10	11	12	13	14	15	16	17	18	18	19	20	21	22				
	公曆7月						1	2	3	4	5	6	7	8	9	10	11	12	13	14	15	16	17	18	19	20	21	22	23	24	25	26	27	28	29	30	31	
8	夏曆六月						23	24	25	26	27	28	29	㉚	2	3	4	5	6	7	8	9	10	11	12	13	14	15	16	17	18	19	20	21	22	23	24	
	回曆4月						22	23	24	25	26	27	28	29	30	1	2	3	4	5	6	7	8	9	10	11	12	13	14	15	16	17	18	19	20	21	22	
	藏曆七月						23	24	25	26	27	28	30	1	2	3	4	5	6	7	8	9	10	11	12	13	14	15	16	17	18	19	20	21	22	23	24	
	公曆8月		1	2	3	4	5	6	7	8	9	10	11	12	13	14	15	16	17	18	19	20	21	22	23	24	25	26	27	28	29	30	31					
9	夏曆七月		25	26	27	28	29	(59)	2	3	4	5	6	7	8	9	10	11	12	13	14	15	16	17	18	19	20	21	22	23	24	25	26					

續表

月干支序數	月序＼星期	日	1	2	3	4	5	6	日	1	2	3	4	5	6	日	1	2	3	4	5	6	日	1	2	3	4	5	6	日	1	2	3	4	5	6	日	1
	回曆5月		23	24	25	26	27	28	29	1	2	3	4	5	6	7	8	9	10	11	12	13	14	15	16	17	18	19	20	21	22	23	24					
	藏曆八月		25	26	27	28	29	30	1	2	4	5	6	7	8	9	10	11	12	13	14	15	15	16	17	18	19	20	21	22	23	24	25					
	公曆9月					1	2	3	4	5	6	7	8	9	10	11	12	13	14	15	16	17	18	19	20	21	22	23	24	25	26	27	28	29	30			
10	夏曆八月					27	28	29	30	㉙	2	3	4	5	6	7	8	9	10	11	12	13	14	15	16	17	18	19	20	21	22	23	24	25	26			
	回曆6月					25	26	27	28	29	30	1	2	3	4	5	6	7	8	9	10	11	12	13	14	15	16	17	18	19	20	21	22	23	24			
	藏曆九月					27	28	29	30	1	2	3	4	5	6	7	8	9	10	11	12	13	14	15	16	17	18	19	20	21	22	23	24	25	26			
	公曆10月							1	2	3	4	5	6	7	8	9	10	11	12	13	14	15	16	17	18	19	20	21	22	23	24	25	26	27	28	29	30	31
11	夏曆九月							27	28	29	(58)	2	3	4	5	6	7	8	9	10	11	12	13	14	15	16	17	18	19	20	21	22	23	24	25	26	27	28
	回曆7月							25	26	27	28	29	1	2	3	4	5	6	7	8	9	10	11	12	13	14	15	16	17	18	19	20	21	22	23	24	25	26
	藏曆十月							27	28	30	1	2	3	4	5	6	7	8	9	9	10	11	12	13	14	15	16	17	18	19	21	22	23	24	25	26	27	28
	公曆11月			1	2	3	4	5	6	7	8	9	10	11	12	13	14	15	16	17	18	19	20	21	22	23	24	25	26	27	28	29	30					
12	夏曆十月			29	30	㉘	2	3	4	5	6	7	8	9	10	11	12	13	14	15	16	17	18	19	20	21	22	23	24	25	26	27	28					
	回曆8月			27	28	29	30	1	2	3	4	5	6	7	8	9	10	11	12	13	14	15	16	17	18	19	20	21	22	23	24	25	26					
	藏曆後十月			29	30	1	2	3	4	5	6	7	8	9	10	11	12	13	14	15	16	17	18	19	20	21	22	23	24	25	26	27	28					
	公曆12月					1	2	3	4	5	6	7	8	9	10	11	12	13	14	15	16	17	18	19	20	21	22	23	24	25	26	27	28	29	30	31		
13	夏曆十一月					29	(57)	2	3	4	5	6	7	8	9	10	11	12	13	14	15	16	17	18	19	20	21	22	23	24	25	26	27	28	29	30		
	回曆9月					27	28	29	1	2	3	4	5	6	7	8	9	10	11	12	13	14	15	16	17	18	19	20	21	22	23	24	25	26	27	28		
	藏曆十一月					29	30	1	1	2	3	4	5	6	7	8	9	10	11	12	13	14	15	16	17	18	19	20	21	23	24	25	26	27	28	29		

大事記

正月，夏貢契丹。　三月，詔治河堤民有疾者免戶稅一年，無戶稅者給其家錢三千。宋改元至和。高麗貢契丹。五月，契丹命夏歲貢駝、馬。以河北流民稍復，遣使安撫。　六月，吐蕃貢契丹。　十月，宋禁傭雇人與主人同居親為婚，違者離之。　十一月，阻卜貢契丹。　十二月，融州大丘洞"蠻"附於宋。　是歲，《宋史》中有超新星爆發的第一次記載。

宋遼金紀年　　干支乙未　公元1055年

朝代或國名	國家支配者	建都	廟號	謚號	建元	年號年次	輔政者	備注
北宋	④趙禎	汴梁	仁宗	明	9	8至和2年	陳執中劉沆文彥博富弼	
契丹(遼)	⑦耶律洪基	中京	道宗	文	5	1清寧元年		八月辛丑改元
大理	⑪段思廉	陽苴咩	興宗		5	2正安3年		在雲南
西夏	②嵬名諒祚	興慶	毅宗	昭英	5	3福聖承道3年		
吐蕃	①唃厮囉	宗哥				41年		
古格						242年		西藏阿里
東汗國	蘇萊曼					14年		在新疆

月曆表

月干支序數	星期 月序	日	1	2	3	4	5	6	日	1	2	3	4	5	6	日	1	2	3	4	5	6	日	1	2	3	4	5	6	日	1	2	3	4	5	6	日	1
	公暦1月	1	2	3	4	5	6	7	8	9	10	11	12	13	14	15	16	17	18	19	20	21	22	23	24	25	26	27	28	29	30	31						
14 15	夏暦十二正月	㉗	2	3	4	5	6	7	8	9	10	11	12	13	14	15	16	17	18	19	20	21	22	23	24	25	26	27	28	29	30	(57)						
	回暦10月	29	30	1	2	3	4	5	6	7	8	9	10	11	12	13	14	15	16	17	18	19	20	21	22	23	24	25	26	27	28	29						
陰木羊年	藏暦十二一月	1	2	3	4	5	5	6	7	8	9	10	11	12	13	14	15	17	18	19	20	21	22	23	24	25	26	27	28	29	30	1						
	公暦2月				1	2	3	4	5	6	7	8	9	10	11	12	13	14	15	16	17	18	19	20	21	22	23	24	25	26	27	28						
	夏暦正月				2	3	4	5	6	7	8	9	10	11	12	13	14	15	16	17	18	19	20	21	22	23	24	25	26	27	28	29						
	回暦11月				1	2	3	4	5	6	7	8	9	10	11	12	13	14	15	16	17	18	19	20	21	22	23	24	25	26	27	28						
	藏暦一月				2	3	4	5	6	7	8	9	10	11	12	13	14	15	16	17	18	19	20	22	23	24	25	26	27	27	28	29						
	公暦3月				1	2	3	4	5	6	7	8	9	10	11	12	13	14	15	16	17	18	19	20	21	22	23	24	25	26	27	28	29	30	31			
16 17	夏暦二三月				㉖	2	3	4	5	6	7	8	9	10	11	12	13	14	15	16	17	18	19	20	21	22	23	24	25	26	27	28	29	30	(56)			
	回暦12月				29	30	1	2	3	4	5	6	7	8	9	10	11	12	13	14	15	16	17	18	19	20	21	22	23	24	25	26	27	28	29			
	藏暦二月				30	1	2	3	4	5	6	7	8	9	10	11	12	13	15	16	17	18	19	20	21	22	23	24	25	26	27	28	29	30	30			
	公暦4月							1	2	3	4	5	6	7	8	9	10	11	12	13	14	15	16	17	18	19	20	21	22	23	24	25	26	27	28	29	30	
18	夏暦四月							2	3	4	5	6	7	8	9	10	11	12	13	14	15	16	17	18	19	20	21	22	23	24	25	26	27	28	29	30	㉖	
447年	回暦1月							30	①	2	3	4	5	6	7	8	9	10	11	12	13	14	15	16	17	18	19	20	21	22	23	24	25	26	27	28	29	
	藏暦三四月							1	1	2	3	4	5	6	7	9	10	11	12	13	14	15	16	17	18	19	20	21	22	23	24	25	26	27	28	29	1	
	公暦5月		1	2	3	4	5	6	7	8	9	10	11	12	13	14	15	16	17	18	19	20	21	22	23	24	25	26	27	28	29	30	31					
19	夏暦五月		2	3	4	5	6	7	8	9	10	11	12	13	14	15	16	17	18	19	20	21	22	23	24	25	26	27	28	29	(55)	2	3					
	回暦2、3月		30	1	2	3	4	5	6	7	8	9	10	11	12	13	14	15	16	17	18	19	20	21	22	23	24	25	26	27	28	29	1					
	藏暦五月		2	3	4	5	6	7	8	9	10	12	13	14	15	16	17	18	19	20	21	22	23	24	25	26	27	27	28	29	30	1	2					
	公暦6月					1	2	3	4	5	6	7	8	9	10	11	12	13	14	15	16	17	18	19	20	21	22	23	24	25	26	27	28	29	30			
20	夏暦六月					4	5	6	7	8	9	10	11	12	13	14	15	16	17	18	19	20	21	22	23	24	25	26	27	28	29	30	㉕	2	3			
	回暦4月					2	3	4	5	6	7	8	9	10	11	12	13	14	15	16	17	18	19	20	21	22	23	24	25	26	27	28	29	30	1			
	藏暦六月					3	5	6	7	8	9	10	11	12	13	14	15	16	17	18	19	20	21	22	23	24	25	26	27	28	29	30	1	2	3			
	公暦7月							1	2	3	4	5	6	7	8	9	10	11	12	13	14	15	16	17	18	19	20	21	22	23	24	25	26	27	28	29	30	31
21	夏暦七月							4	5	6	7	8	9	10	11	12	13	14	15	16	17	18	19	20	21	22	23	24	25	26	27	28	29	(54)	2	3	4	5
	回暦5月							2	3	4	5	6	7	8	9	10	11	12	13	14	15	16	17	18	19	20	21	22	23	24	25	26	27	28	29	1	2	3
	藏暦七月							4	5	6	8	9	10	11	12	13	14	15	16	17	18	19	20	21	22	23	23	24	25	26	27	28	29	1	2	3	4	5
	公暦8月			1	2	3	4	5	6	7	8	9	10	11	12	13	14	15	16	17	18	19	20	21	22	23	24	25	26	27	28	29	30	31				
22	夏暦八月			6	7	8	9	10	11	12	13	14	15	16	17	18	19	20	21	22	23	24	25	26	27	28	29	㉓	2	3	4	5	6	7				
	回暦6月			4	5	6	7	8	9	10	11	12	13	14	15	16	17	18	19	20	21	22	23	24	25	26	27	28	29	30	1	2	3	4				
	藏暦八月			6	7	8	9	10	12	12	13	14	15	16	17	18	19	20	21	22	23	24	25	26	27	28	29	30	1	2	4	5	6	7				
	公暦9月						1	2	3	4	5	6	7	8	9	10	11	12	13	14	15	16	17	18	19	20	21	22	23	24	25	26	27	28	29	30		
23	夏暦九月						8	9	10	11	12	13	14	15	16	17	18	19	20	21	22	23	24	25	26	27	28	29	30	(53)	2	3	4	5	6	7		
	回暦7月						5	6	7	8	9	10	11	12	13	14	15	16	17	18	19	20	21	22	23	24	25	26	27	28	29	1	2	3	4	5		
	藏暦九月						8	9	10	11	12	13	14	15	16	17	18	19	19	20	21	22	23	24	25	27	28	29	30	1	2	3	4	5	6	7		
	公暦10月	1	2	3	4	5	6	7	8	9	10	11	12	13	14	15	16	17	18	19	20	21	22	23	24	25	26	27	28	29	30	31						
24	夏暦十月	8	9	10	11	12	13	14	15	16	17	18	19	20	21	22	23	24	25	26	27	28	29	㉒	2	3	4	5	6	7	8	9						
	回暦8月	6	7	8	9	10	11	12	13	14	15	16	17	18	19	20	21	22	23	24	25	26	27	28	29	30	1	2	3	4	5	6						
	藏暦十月	8	9	10	11	12	13	14	15	16	17	18	19	20	21	22	23	24	25	26	27	28	29	1	2	3	4	5	6	7	8	9						
	公暦11月				1	2	3	4	5	6	7	8	9	10	11	12	13	14	15	16	17	18	19	20	21	22	23	24	25	26	27	28	29	30				

續表

月干支序數	月序＼星期	日	1	2	3	4	5	6	日	1	2	3	4	5	6	日	1	2	3	4	5	6	日	1	2	3	4	5	6	日	1	2	3	4	5	6	日	1
25	夏曆十一月				10	11	12	13	14	15	16	17	18	19	20	21	22	23	24	25	26	27	28	29	30	(52)	2	3	4	5	6	7	8	9				
	回曆 9 月				7	8	9	10	11	12	13	14	15	16	17	18	19	20	21	22	23	24	25	26	27	28	29	1	2	3	4	5	6	7				
	藏曆十一月				10	11	12	13	13	14	15	16	17	18	19	20	21	22	23	25	26	27	28	29	30	1	2	3	4	5	6	7	8	9				
	公曆 12 月						1	2	3	4	5	6	7	8	9	10	11	12	13	14	15	16	17	18	19	20	21	22	23	24	25	26	27	28	29	30	31	
26	夏曆十二月						10	11	12	13	14	15	16	17	18	19	20	21	22	23	24	25	26	27	28	29	㉑	2	3	4	5	6	7	8	9	10	11	
	回曆 11 月						8	9	10	11	12	13	14	15	16	17	18	19	20	21	22	23	24	25	26	27	28	29	30	1	2	3	4	5	6	7	8	
	藏曆十二月						10	11	12	13	14	15	16	17	18	19	20	21	22	23	24	25	26	27	28	30	1	2	3	4	5	5	6	7	8	9	10	

大事記

正月，蘇茂州“蠻”擾邕州，詔廣西發兵討之。晏殊卒(991—1055)。　二月，宋募弓箭手屯田忻、代等州邊地，凡九千六百頃。　三月，宋改封孔子後為衍聖公。　四月，宋罷諸路里正衙前。流民多集京師。　八月，契丹興宗卒，子洪基嗣，改元清寧，是為道宗。　十月，宋罷京畿轉運使等官。下溪州蠻擾宋邊。　十一月，宋沿邊行現錢和糴法。交趾郡王李德政死，遣使來告，以其子日尊為靜海節度使、交趾郡王。　十二月，宋修六塔河。契丹立學養士，頒五經傳疏。

宋遼金紀年

干支丙申　公元 1056 年

朝代或國名	國家支配者	建都	廟號	謚號	建元	年號年次	輔政者	備注
北宋	④趙禎	汴梁	仁宗	明	9	9 嘉祐元年	劉沆文彥博富弼	九月辛卯改元
契丹(遼)	⑦耶律洪基	中京	道宗	文	5	1 清寧 2 年		
大理	⑪段思廉	陽苴咩	興宗					在雲南
西夏	②嵬名諒祚	興慶	毅宗	昭英	5	3 福聖承道 4 年		
吐蕃	①唃廝囉	宗哥				42 年		
古格						243 年		西藏阿里
東汗國	蘇萊曼					15 年		在新疆

月曆表

5769—384—2107164

月干支序數	月序＼星期	日	1	2	3	4	5	6	日	1	2	3	4	5	6	日	1	2	3	4	5	6	日	1	2	3	4	5	6	日	1	2	3	4	5	6	日	1
·	公曆 1 月		1	2	3	4	5	6	7	8	9	10	11	12	13	14	15	16	17	18	19	20	21	22	23	24	25	26	27	28	29	30	31					
27	夏曆正月		12	13	14	15	16	17	18	19	20	21	22	23	24	25	26	27	28	29	30	(51)	2	3	4	5	6	7	8	9	10	11	12					
	回曆 11 月		9	10	11	12	13	14	15	16	17	18	19	20	21	22	23	24	25	26	27	28	29	1	2	3	4	5	6	7	8	9	10					
陽火猴年	藏曆一月		11	12	13	14	15	16	17	18	19	20	21	22	24	25	26	27	28	29	30	1	2	3	4	5	6	7	8	8	9	10	11					
	公曆 2 月					1	2	3	4	5	6	7	8	9	10	11	12	13	14	15	16	17	18	19	20	21	22	23	24	25	26	27	28	29				
28	夏曆二月					13	14	15	16	17	18	19	20	21	22	23	24	25	26	27	28	29	⑳	2	3	4	5	6	7	8	9	10	11	12				
	回曆 12 月					11	12	13	14	15	16	17	18	19	20	21	22	23	24	25	26	27	28	29	30	1	2	3	4	5	6	7	8	9				
	藏曆二月					12	13	14	15	16	18	19	20	21	22	23	24	25	26	27	28	29	30	1	2	3	4	5	6	7	8	9	10	11				
	公曆 3 月						1	2	3	4	5	6	7	8	9	10	11	12	13	14	15	16	17	18	19	20	21	22	23	24	25	26	27	28	29	30	31	
29	夏曆三月						13	14	15	16	17	18	19	20	21	22	23	24	25	26	27	28	29	30	㊿	2	3	4	5	6	7	8	9	10	11	12	13	
448 年	回曆 1 月						10	11	12	13	14	15	16	17	18	19	20	21	22	23	24	25	26	27	28	29	①	2	3	4	5	6	7	8	9	10	11	
	藏曆三月						12	13	14	15	16	17	18	19	20	22	23	24	25	26	27	28	29	30	30	1	1	2	3	4	5	6	7	8	9	10	11	

續表

月干支序數	星期 / 月序	日	1	2	3	4	5	6	日	1	2	3	4	5	6	日	1	2	3	4	5	6	日	1	2	3	4	5	6	日	1	2	3	4	5	6	日	1
	公曆4月		1	2	3	4	5	6	7	8	9	10	11	12	13	14	15	16	17	18	19	20	21	22	23	24	25	26	27	28	29	30						
	夏曆閏三月		14	15	16	17	18	19	20	21	22	23	24	25	26	27	28	29	30	⑳	2	3	4	5	6	7	8	9	10	11	12	13						
	回曆2月		12	13	14	15	16	17	18	19	20	21	22	23	24	25	26	27	28	29	30	1	2	3	4	5	6	7	8	9	10	11						
	藏曆四月		12	13	14	16	17	18	19	20	21	22	23	24	25	26	27	28	29	1	2	3	4	5	6	7	8	9	10	11	12	13						
	公曆5月				1	2	3	4	5	6	7	8	9	10	11	12	13	14	15	16	17	18	19	20	21	22	23	24	25	26	27	28	29	30	31			
30	夏曆四月				14	15	16	17	18	19	20	21	22	23	24	25	26	27	28	29	㊾	2	3	4	5	6	7	8	9	10	11	12	13	14	15			
	回曆3月				12	13	14	15	16	17	18	19	20	21	22	23	24	25	26	27	28	29	1	2	3	4	5	6	7	8	9	10	11	12	13			
	藏曆五月				14	15	16	17	18	20	21	22	23	24	25	26	26	27	28	29	30	1	2	3	4	5	6	7	8	9	10	12	13	14	15			
	公曆6月							1	2	3	4	5	6	7	8	9	10	11	12	13	14	15	16	17	18	19	20	21	22	23	24	25	26	27	28	29	30	
31	夏曆五月							16	17	18	19	20	21	22	23	24	25	26	27	28	29	30	⑲	2	3	4	5	6	7	8	9	10	11	12	13	14	15	
	回曆4月							14	15	16	17	18	19	20	21	22	23	24	25	26	27	28	29	30	1	2	3	4	5	6	7	8	9	10	11	12	13	
	藏曆六月							16	17	18	19	20	21	22	23	24	25	26	27	28	29	30	1	2	3	4	5	6	7	8	9	10	11	12	13	15	16	
	公曆7月		1	2	3	4	5	6	7	8	9	10	11	12	13	14	15	16	17	18	19	20	21	22	23	24	25	26	27	28	29	30	31					
32	夏曆六月		16	17	18	19	20	21	22	23	24	25	26	27	28	29	㊽	2	3	4	5	6	7	8	9	10	11	12	13	14	15	16	17					
	回曆5月		14	15	16	17	18	19	20	21	22	23	24	25	26	27	28	29	1	2	3	4	5	6	7	8	9	10	11	12	13	14	15					
	藏曆七月		17	18	19	20	21	22	22	23	24	25	26	27	28	29	30	1	2	3	4	5	6	8	9	10	11	12	13	14	15	16	17					
	公曆8月					1	2	3	4	5	6	7	8	9	10	11	12	13	14	15	16	17	18	19	20	21	22	23	24	25	26	27	28	29	30	31		
33	夏曆七月					18	19	20	21	22	23	24	25	26	27	28	29	30	⑱	2	3	4	5	6	7	8	9	10	11	12	13	14	15	16	17	18		
	回曆6月					16	17	18	19	20	21	22	23	24	25	26	27	28	29	30	1	2	3	4	5	6	7	8	9	10	11	12	13	14	15	16		
	藏曆八月					18	19	20	21	22	23	24	25	26	27	28	29	30	1	2	3	4	5	6	7	8	9	11	12	13	14	15	16	17	18	18		
	公曆9月	1	2	3	4	5	6	7	8	9	10	11	12	13	14	15	16	17	18	19	20	21	22	23	24	25	26	27	28	29	30							
34	夏曆八月	19	20	21	22	23	24	25	26	27	28	29	㊼	2	3	4	5	6	7	8	9	10	11	12	13	14	15	16	17	18	19							
	回曆7月	17	18	19	20	21	22	23	24	25	26	27	28	29	1	2	3	4	5	6	7	8	9	10	11	12	13	14	15	16	17							
	藏曆九月	19	20	21	22	23	24	25	26	27	28	29	30	1	2	4	5	6	7	8	9	10	11	12	13	14	15	16	17	18	19							
	公曆10月			1	2	3	4	5	6	7	8	9	10	11	12	13	14	15	16	17	18	19	20	21	22	23	24	25	26	27	28	29	30	31				
35	夏曆九月			20	21	22	23	24	25	26	27	28	29	30	⑰	2	3	4	5	6	7	8	9	10	11	12	13	14	15	16	17	18	19	20				
	回曆8月			18	19	20	21	22	23	24	25	26	27	28	29	30	1	2	3	4	5	6	7	8	9	10	11	12	13	14	15	16	17	18				
	藏曆十月			20	21	22	23	24	25	26	27	28	29	30	1	2	3	4	5	6	7	9	10	11	12	12	13	14	15	16	17	18	19	20				
	公曆11月						1	2	3	4	5	6	7	8	9	10	11	12	13	14	15	16	17	18	19	20	21	22	23	24	25	26	27	28	29	30		
36	夏曆十月						21	22	23	24	25	26	27	28	29	㊻	2	3	4	5	6	7	8	9	10	11	12	13	14	15	16	17	18	19	20	21		
	回曆9月						19	20	21	22	23	24	25	26	27	28	29	1	2	3	4	5	6	7	8	9	10	11	12	13	14	15	16	17	18	19		
	藏曆十一月						21	22	23	24	25	26	27	28	29	2	3	4	5	6	7	8	9	10	11	12	13	14	15	16	16	17	18	19	20	21		
	公曆12月	1	2	3	4	5	6	7	8	9	10	11	12	13	14	15	16	17	18	19	20	21	22	23	24	25	26	27	28	29	30	31						
37	夏曆十一月	22	23	24	25	26	27	28	29	30	⑯	2	3	4	5	6	7	8	9	10	11	12	13	14	15	16	17	18	19	20	21	22						
	回曆10月	20	21	22	23	24	25	26	27	28	29	30	1	2	3	4	5	6	7	8	9	10	11	12	13	14	15	16	17	18	19	20						
	藏曆十二月	22	23	24	25	25	26	27	28	29	1	2	3	4	5	6	7	8	9	10	11	12	13	14	15	16	17	18	19	20	21	22						

遼六月壬子。

大事記

四月,宋六塔河決。宋裁定補蔭選舉法。六月,阻卜、高麗貢契丹。諸路言江河決溢,河北尤甚。契丹南京蝗。

九月,宋改元嘉祐。自京至泗州,河置木岸。十二月,以包拯知開封府。修復汴郡信臣故陂渠,引溉田數萬畝。

宋遼金紀年

干支丁酉　公元 1057 年

朝代或國名	國家支配者	建都	廟號	謚號	建元	年號年次	輔政者	備注
北宋	④趙禎	汴梁	仁宗	明	9	9 嘉祐 2 年	文彦博富弼	
契丹(遼)	⑦耶律洪基	中京	道宗	文	5	1 清寧 3 年		
大理	⑪段思廉	陽苴咩	興宗					在雲南
西夏	②嵬名諒祚	興慶	毅宗	昭英	5	4 䄇都元年		
吐蕃	①唃厮囉	宗哥				43 年		
古格						244 年		西藏阿里
東汗國	穆罕默德					元年		在新疆

月曆表

5770－354－2107518

月干支序數	月序 ＼ 星期	日	1	2	3	4	5	6	日	1	2	3	4	5	6	日	1	2	3	4	5	6	日	1	2	3	4	5	6	日	1	2	3	4	5	6	日	1
	公曆 1 月				1	2	3	4	5	6	7	8	9	10	11	12	13	14	15	16	17	18	19	20	21	22	23	24	25	26	27	28	29	30	31			
38	夏曆十二月				23	24	25	26	27	28	29	㊺	2	3	4	5	6	7	8	9	10	11	12	13	14	15	16	17	18	19	20	21	22	23	24			
	回曆 11 月				21	22	23	24	25	26	27	28	29	1	2	3	4	5	6	7	8	9	10	11	12	13	14	15	16	17	18	19	20	21	22			
陰火鷄年	藏曆一月				23	24	25	26	27	28	29	1	2	3	4	5	6	7	8	8	9	10	11	12	13	14	15	16	17	18	19	20	21	22	23			
	公曆 2 月							1	2	3	4	5	6	7	8	9	10	11	12	13	14	15	16	17	18	19	20	21	22	23	24	25	26	27	28			
39	夏曆正月							25	26	27	28	29	30	⑮	2	3	4	5	6	7	8	9	10	11	12	13	14	15	16	17	18	19	20	21	22			
	回曆 12 月							23	24	25	26	27	28	29	30	1	2	3	4	5	6	7	8	9	10	11	12	13	14	15	16	17	18	19	20			
	藏曆二月							25	26	27	28	29	30	1	2	3	4	5	6	7	8	9	10	11	11	12	13	14	15	16	17	19	20	21	22			
	公曆 3 月							1	2	3	4	5	6	7	8	9	10	11	12	13	14	15	16	17	18	19	20	21	22	23	24	25	26	27	28	29	30	31
40	夏曆二月							23	24	25	26	27	28	29	㊹	2	3	4	5	6	7	8	9	10	11	12	13	14	15	16	17	18	19	20	21	22	23	24
449 年	回曆 1 月							21	22	23	24	25	26	27	28	29	①	2	3	4	5	6	7	8	9	10	11	12	13	14	15	16	17	18	19	20	21	22
	藏曆三月							23	24	25	26	27	28	29	30	1	2	3	4	5	6	7	8	9	10	11	12	13	14	15	16	17	18	19	20	21	23	24
	公曆 4 月			1	2	3	4	5	6	7	8	9	10	11	12	13	14	15	16	17	18	19	20	21	22	23	24	25	26	27	28	29	30					
41	夏曆三月			25	26	27	28	29	30	⑭	2	3	4	5	6	7	8	9	10	11	12	13	14	15	16	17	18	19	20	21	22	23	24					
	回曆 2 月			23	24	25	26	27	28	29	30	2	3	4	5	6	7	8	9	10	11	12	13	14	15	16	17	18	19	20	21	22	23					
	藏曆四月			25	26	27	28	29	30	1	2	3	4	5	5	6	7	8	9	10	11	12	13	14	16	17	18	19	20	21	22	23	24					
	公曆 5 月					1	2	3	4	5	6	7	8	9	10	11	12	13	14	15	16	17	18	19	20	21	22	23	24	25	26	27	28	29	30	31		
42	夏曆四月					25	26	27	28	29	30	㊹	2	3	4	5	6	7	8	9	10	11	12	13	14	15	16	17	18	19	20	21	22	23	24	25		
	回曆 3 月					24	25	26	27	28	29	1	2	3	4	5	6	7	8	9	10	11	12	13	14	15	16	17	18	19	20	21	22	23	24	25		
	藏曆五月					25	26	27	28	29	30	1	2	3	4	5	6	7	8	9	10	11	12	13	14	15	16	17	18	20	21	22	23	24	25	26		
	公曆 6 月	1	2	3	4	5	6	7	8	9	10	11	12	13	14	15	16	17	18	19	20	21	22	23	24	25	26	27	28	29	30							
43	夏曆五月	26	27	28	29	⑬	2	3	4	5	6	7	8	9	10	11	12	13	14	15	16	17	18	19	20	21	22	23	24	25	26							
	回曆 4 月	26	27	28	29	30	1	2	3	4	5	6	7	8	9	10	11	12	13	14	15	16	17	18	19	20	21	22	23	24	25							
	藏曆六月	26	27	28	29	30	1	2	3	4	5	6	7	8	9	10	12	13	14	15	16	17	18	19	20	21	22	23	24	25	26							
	公曆 7 月			1	2	3	4	5	6	7	8	9	10	11	12	13	14	15	16	17	18	19	20	21	22	23	24	25	26	27	28	29	30	31				
44	夏曆六月			27	28	29	30	㊸	2	3	4	5	6	7	8	9	10	11	12	13	14	15	16	17	18	19	20	21	22	23	24	25	26	27				
	回曆 5 月			26	27	28	29	1	2	3	4	5	6	7	8	9	10	11	12	13	14	15	16	17	18	19	20	21	22	23	24	25	26	27				
	藏曆七月			27	28	29	30	1	2	3	4	5	6	7	8	9	10	11	12	13	15	16	17	18	19	20	21	22	23	24	25	26	27	27				
	公曆 8 月						1	2	3	4	5	6	7	8	9	10	11	12	13	14	15	16	17	18	19	20	21	22	23	24	25	26	27	28	29	30	31	
45	夏曆七月						28	29	⑫	2	3	4	5	6	7	8	9	10	11	12	13	14	15	16	17	18	19	20	21	22	23	24	25	26	27	28	29	
	回曆 6 月						28	29	30	1	2	3	4	5	6	7	8	9	10	11	12	13	14	15	16	17	18	19	20	21	22	23	24	25	26	27	28	

續表

月干支序數	星期／月序	日	1	2	3	4	5	6	日	1	2	3	4	5	6	日	1	2	3	4	5	6	日	1	2	3	4	5	6	日	1	2	3	4	5	6	日	1
	藏曆後七月						28	29	30	1	2	3	4	5	6	8	9	10	11	12	13	14	15	16	17	18	19	20	21	22	23	24	25	26	27	28	29	
	公曆9月		1	2	3	4	5	6	7	8	9	10	11	12	13	14	15	16	17	18	19	20	21	22	23	24	25	26	27	28	29	30						
46	夏曆八月		30	㊷	2	3	4	5	6	7	8	9	10	11	12	13	14	15	16	17	18	19	20	21	22	23	24	25	26	27	28	29						
	回曆7月		29	1	2	3	4	5	6	7	8	9	10	11	12	13	14	15	16	17	18	19	20	21	22	23	24	25	26	27	28	29						
	藏曆八月		30	1	2	3	4	5	6	7	8	9	11	12	13	14	15	16	17	18	19	20	21	22	22	23	24	25	26	27	28	29						
	公曆10月				1	2	3	4	5	6	7	8	9	10	11	12	13	14	15	16	17	18	19	20	21	22	23	24	25	26	27	28	29	30	31			
47 48	夏曆九、十月				⑪	2	3	4	5	6	7	8	9	10	11	12	13	14	15	16	17	18	19	20	21	22	23	24	25	26	27	28	29	30	㊶			
	回曆8、9月				30	1	2	3	4	5	6	7	8	9	10	11	12	13	14	15	16	17	18	19	20	21	22	23	24	25	26	27	28	29	1			
	藏曆九、十月				30	1	2	3	5	6	7	8	9	10	11	12	13	14	15	16	17	18	19	20	21	22	23	24	25	26	27	28	29	30	1			
	公曆11月							1	2	3	4	5	6	7	8	9	10	11	12	13	14	15	16	17	18	19	20	21	22	23	24	25	26	27	28	29	30	
49	夏曆十一月							2	3	4	5	6	7	8	9	10	11	12	13	14	15	16	17	18	19	20	21	22	23	24	25	26	27	28	29	⑩	2	
	回曆10月							2	3	4	5	6	7	8	9	10	11	12	13	14	15	16	17	18	19	20	21	22	23	24	25	26	27	28	29	30	1	
	藏曆十一月							2	3	4	5	6	7	9	10	11	12	13	14	15	16	16	17	18	19	20	21	22	23	24	25	27	28	29	30	30	1	
	公曆12月		1	2	3	4	5	6	7	8	9	10	11	12	13	14	15	16	17	18	19	20	21	22	23	24	25	26	27	28	29	30	31					
50	夏曆十二月		3	4	5	6	7	8	9	10	11	12	13	14	15	16	17	18	19	20	21	22	23	24	25	26	27	28	29	30	㊵	2	3					
	回曆11月		2	3	4	5	6	7	8	9	10	11	12	13	14	15	16	17	18	19	20	21	22	23	24	25	26	27	28	29	30	1	2					
	藏曆十二月		3	4	5	6	7	8	9	10	11	12	13	14	15	16	17	18	19	19	20	21	22	23	24	24	25	27	28	29	1	2	3					

大事記

正月，五國貢於契丹。　二月，夷人擾宋淯井監。宋澧州羅城峒"蠻"擾掠，發兵擊走之。宋雄、霸州地震。歐陽修知貢舉。　四月，火洞"蠻"儂宗旦擾邕州，尋降。　五月，夏人擾宋邊，敗宋兵於斷道塢。舉行勘磨法。　七月，契丹南京地大震，死萬餘人。　八月，宋建廣惠倉於各州。　十一月，高麗貢於契丹。　十二月，宋改貢舉法。是起貢舉天下進士、諸科解舊額之半，置明經科。契丹禁職官於部內假貸貿易。　是歲，夏改元奲都。

宋遼金紀年

干支戊戌　公元1058年

朝代或國名	國家支配者	建都	廟號	謚號	建元	年號年次	輔政者	備注
北宋	④趙禎	汴梁	仁宗	明	9	9嘉祐3年	文彥博 富弼 韓琦	
契丹(遼)	⑦耶律洪基	中京	道宗	文	5	1清寧4年		
大理	⑪段思廉	陽苴咩	興宗					在雲南
西夏	②嵬名諒祚	興慶	毅宗	昭英	5	4奲都2年		
吐蕃	①唃厮囉	宗哥				44年		
古格						245年		西藏阿里
東汗國	易卜拉欣德					元年		在新疆

月 曆 表

月 干支 序數	星期 月序	日	1	2	3	4	5	6	日	1	2	3	4	5	6	日	1	2	3	4	5	6	日	1	2	3	4	5	6	日	1	2	3	4	5	6	日	1
	公暦 1 月					1	2	3	4	5	6	7	8	9	10	11	12	13	14	15	16	17	18	19	20	21	22	23	24	25	26	27	28	29	30	31		
51	夏暦正月					4	5	6	7	8	9	10	11	12	13	14	15	16	17	18	19	20	21	22	23	24	25	26	27	28	29	⑨	2	3	4	5		
	回暦 12 月					3	4	5	6	7	8	9	10	11	12	13	14	15	16	17	18	19	20	21	22	23	24	25	26	27	28	29	30	1	2	3		
陽土狗年	藏暦一月					4	5	6	7	8	9	10	11	12	13	14	15	16	17	18	19	20	21	22	23	24	25	26	27	28	29	2	3	4	5	6		
	公暦 2 月	1	2	3	4	5	6	7	8	9	10	11	12	13	14	15	16	17	18	19	20	21	22	23	24	25	26	27	28									
52	夏暦二月	6	7	8	9	10	11	12	13	14	15	16	17	18	19	20	21	22	23	24	25	26	27	28	29	30	㊴	2	3									
450 年	回暦 1 月	4	5	6	7	8	9	10	11	12	13	14	15	16	17	18	19	20	21	22	23	24	25	26	27	28	29	30	①									
	藏暦二月	7	8	9	10	11	11	12	13	14	15	16	17	18	19	20	21	22	23	24	26	27	28	29	30	30	1	2	3									
	公暦 3 月	1	2	3	4	5	6	7	8	9	10	11	12	13	14	15	16	17	18	19	20	21	22	23	24	25	26	27	28	29	30	31						
53	夏暦三月	4	5	6	7	8	9	10	11	12	13	14	15	16	17	18	19	20	21	22	23	24	25	26	27	28	29	⑧	2	3	4	5						
	回暦 2 月	2	3	4	5	6	7	8	9	10	11	12	13	14	15	16	17	18	19	20	21	22	23	24	25	26	27	28	29	30	1	2						
	藏暦三月	4	5	6	7	8	9	10	11	12	13	14	15	15	16	17	19	20	21	22	23	24	25	26	27	28	29	1	2	3	3	4						
	公暦 4 月				1	2	3	4	5	6	7	8	9	10	11	12	13	14	15	16	17	18	19	20	21	22	23	24	25	26	27	28	29	30				
54	夏暦四月				6	7	8	9	10	11	12	13	14	15	16	17	18	19	20	21	22	23	24	25	26	27	28	29	30	㊳	2	3	4	5				
	回暦 3 月				3	4	5	6	7	8	9	10	11	12	13	14	15	16	17	18	19	20	21	22	23	24	25	26	27	28	29	1	2	3				
	藏暦四月				5	6	7	8	9	10	11	12	13	14	15	16	17	18	19	20	21	23	24	25	26	27	28	29	30	1	2	3	4	5				
	公暦 5 月						1	2	3	4	5	6	7	8	9	10	11	12	13	14	15	16	17	18	19	20	21	22	23	24	25	26	27	28	29	30	31	
55	夏暦五月						6	7	8	9	10	11	12	13	14	15	16	17	18	19	20	21	22	23	24	25	26	27	28	29	⑦	2	3	4	5	6	7	
	回暦 4 月						4	5	6	7	8	9	10	11	12	13	14	15	16	17	18	19	20	21	22	23	24	25	26	27	28	29	30	1	2	3	4	
	藏暦五月						6	7	8	9	9	10	11	12	13	14	16	17	18	19	20	21	22	23	24	25	26	27	28	29	30	1	2	3	4	5	6	
	公暦 6 月		1	2	3	4	5	6	7	8	9	10	11	12	13	14	15	16	17	18	19	20	21	22	23	24	25	26	27	28	29	30						
56	夏暦六月		8	9	10	11	12	13	14	15	16	17	18	19	20	21	22	23	24	25	26	27	28	29	30	㊲	2	3	4	5	66	7						
	回暦 5 月		5	6	7	8	9	10	11	12	13	14	15	16	17	18	19	20	21	22	23	24	25	26	27	28	29	1	2	3	4	5							
	藏暦六月		7	8	9	10	11	12	13	14	15	16	17	19	20	21	22	23	24	25	26	27	28	29	30	1	2	3	4	5	5	6							
	公暦 7 月				1	2	3	4	5	6	7	8	9	10	11	12	13	14	15	16	17	18	19	20	21	22	23	24	25	26	27	28	29	30	31			
57	夏暦七月				8	9	10	11	12	13	14	15	16	17	18	19	20	21	22	23	24	25	26	27	28	29	⑥	2	3	4	5	6	7	8	9			
	回暦 6 月				6	7	8	9	10	11	12	13	14	15	16	17	18	19	20	21	22	23	24	25	26	27	28	29	30	1	2	3	4	5	6			
	藏暦七月				7	8	9	10	12	13	14	15	16	17	18	19	20	21	23	24	25	25	26	27	28	29	30	1	2	3	4	5	6	7	8			
	公暦 8 月							1	2	3	4	5	6	7	8	9	10	11	12	13	14	15	16	17	18	19	20	21	22	23	24	25	26	27	28	29	30	31
58	夏暦八月							10	11	12	13	14	15	16	17	18	19	20	21	22	23	24	25	26	27	28	29	30	㊱	2	3	4	5	6	7	8	9	10
	回暦 7 月							7	8	9	10	11	12	13	14	15	16	17	18	19	20	21	22	23	24	25	26	27	28	29	1	2	3	4	5	6	7	8
	藏暦八月							9	10	11	12	13	15	16	17	18	19	20	21	22	23	24	25	26	27	28	29	30	1	2	2	3	4	5	7	8	9	10
	公暦 9 月			1	2	3	4	5	6	7	8	9	10	11	12	13	14	15	16	17	18	19	20	21	22	23	24	25	26	27	28	29	30					
59	夏暦九月			11	12	13	14	15	16	17	18	19	20	21	22	23	24	25	26	27	28	29	30	⑥	2	3	4	5	6	7	8	9	10					
	回暦 8 月			9	10	11	12	13	14	15	16	17	18	19	20	21	22	23	24	25	26	27	28	29	30	1	2	3	4	5	6	7	8					
	藏暦九月			11	12	13	14	15	16	17	18	19	20	21	21	22	23	24	25	26	27	28	29	1	2	3	4	5	6	7	8	9	10					
	公暦 10 月					1	2	3	4	5	6	7	8	9	10	11	12	13	14	15	16	17	18	19	20	21	22	23	24	25	26	27	28	29	30	31		
60	夏暦十月					11	12	13	14	15	16	17	18	19	20	21	22	23	24	25	26	27	28	29	㉟	2	3	4	5	6	7	8	9	10	11	12		
	回暦 9 月					9	10	11	12	13	14	15	16	17	18	19	20	21	22	23	24	25	26	27	28	29	1	2	3	4	5	6	7	8	9	10		
	藏暦十月					12	13	14	15	16	17	18	19	20	21	22	23	24	25	26	26	27	28	29	30	1	2	3	5	6	7	8	9	10	11	12		
	公暦 11 月	1	2	3	4	5	6	7	8	9	10	11	12	13	14	15	16	17	18	19	20	21	22	23	24	25	26	27	28	29	30							
1	夏暦十一月	13	14	15	16	17	18	19	20	21	22	23	24	25	26	27	28	29	30	⑤	2	3	4	5	6	7	8	9	10	11	12							
	回暦 10 月	11	12	13	14	15	16	17	18	19	20	21	22	23	24	25	26	27	28	29	30	1	2	3	4	5	6	7	8	9	10							
	藏暦十一月	13	14	15	16	17	18	19	20	21	22	23	24	25	26	27	28	29	30	1	2	3	4	5	6	7	8	10	11	12	13							

續表

月 干支 序數	星期 月序	日	1	2	3	4	5	6	日	1	2	3	4	5	6	日	1	2	3	4	5	6	日	1	2	3	4	5	6	日	1	2	3	4	5	6	日	1
	公曆12月			1	2	3	4	5	6	7	8	9	10	11	12	13	14	15	16	17	18	19	20	21	22	23	24	25	26	27	28	29	30	31				
2	夏曆十二月			13	14	15	16	17	18	19	20	21	22	3	24	25	26	27	28	29	㉞	2	3	4	5	6	7	8	9	10	11	12	13	14				
	回曆11月			11	12	13	14	15	16	17	18	19	20	21	22	23	24	25	26	27	28	29	1	2	3	4	5	6	7	8	9	10	11	12				
	藏曆十二月			14	15	16	17	18	19	19	20	21	22	23	24	25	26	27	28	29	30	1	2	4	5	6	7	8	9	10	11	12	13	14				

大事記

正月，鑿永通河。　六月，宋邵州蠻攻擾。　七月，廣濟河溢，原武河决。　八月，下溪州蠻降。　九月，議罷榷茶法，鑿桂州興安縣靈渠。　十一月，宋裁省冗費。宋罷三司河渠司。　閏十二月，宋定制科等第授官法。

宋遼金紀年

干支己亥　公元1059年

朝代或國名	國家支配者	建都	廟號	謚號	建元	年號年次	輔政者	備注
北宋	④趙禎	汴梁	仁宗	明	9	9嘉祐4年	富弼韓琦	
契丹(遼)	⑦耶律洪基	中京	道宗	文	5	1清寧5年		
大理	⑪段思廉	陽苴咩	興宗					在雲南
西夏	②嵬名諒祚	興慶	毅宗	昭英	5	4奲都3年		
吐蕃	①唃厮囉	宗哥				45年		
古格						246年		西藏阿里
東汗國	易卜拉欣德					2年		在新疆

月曆表

5772－355－2108257

月 干支 序數	星期 月序	日	1	2	3	4	5	6	日	1	2	3	4	5	6	日	1	2	3	4	5	6	日	1	2	3	4	5	6	日	1	2	3	4	5	6	日	1
	公曆1月						1	2	3	4	5	6	7	8	9	10	11	12	13	14	15	16	17	18	19	20	21	22	23	24	25	26	27	28	29	30	31	
	夏曆閏十二月						15	16	17	18	19	20	21	22	23	24	25	26	27	28	29	30	④	2	3	4	5	6	7	8	9	10	11	12	13	14	15	
	回曆12月						13	14	15	16	17	18	19	20	21	22	23	24	25	26	27	28	29	30	1	2	3	4	5	6	7	8	9	10	11	12	13	
陰土豬年	藏曆一月						15	16	17	18	19	20	21	22	22	23	24	25	26	28	29	30	1	2	3	4	5	6	7	8	9	10	11	12	13	14	15	
	公曆2月		1	2	3	4	5	6	7	8	9	10	11	12	13	14	15	16	17	18	19	20	21	22	23	24	25	26	27	28								
3	夏曆正月		16	17	18	19	20	21	22	23	24	25	26	27	28	29	㉝	2	3	4	5	6	7	8	9	10	11	12	13	14								
451年	回曆1月		14	15	16	17	18	19	20	21	22	23	24	25	26	27	28	29	①	2	3	4	5	6	7	8	9	10	11	12								
	藏曆二月		16	17	18	19	20	21	22	23	24	25	26	27	28	29	30	1	3	4	5	6	7	8	9	10	11	12	13	14								
	公曆3月		1	2	3	4	5	6	7	8	9	10	11	12	13	14	15	16	17	18	19	20	21	22	23	24	25	26	27	28	29	30	31					
4	夏曆二月		15	16	17	18	19	20	21	22	23	24	25	26	27	28	29	30	③	2	3	4	5	6	7	8	9	10	11	12	13	14	15					
	回曆2月		13	14	15	16	17	18	19	20	21	22	23	24	25	26	27	28	29	30	1	2	3	4	5	6	7	8	9	10	11	12	13					
	藏曆三月		14	15	16	17	18	19	20	21	22	23	24	25	27	28	29	30	1	2	3	4	5	6	7	8	9	10	11	12	13	14	15					
	公曆4月					1	2	3	4	5	6	7	8	9	10	11	12	13	14	15	16	17	18	19	20	21	22	23	24	25	26	27	28	29	30			
5	夏曆三月					16	17	18	19	20	21	22	23	24	25	26	27	28	29	㉜	2	3	4	5	6	7	8	9	10	11	12	13	14	15	16			
	回曆3月					14	15	16	17	18	19	20	21	22	23	24	25	26	27	28	29	1	2	3	4	5	6	7	8	9	10	11	12	13	14			
	藏曆四月					16	17	18	19	20	21	22	23	24	25	26	27	28	29	1	2	3	4	5	6	7	8	8	9	10	11	12	13	14	15			
	公曆5月							1	2	3	4	5	6	7	8	9	10	11	12	13	14	15	16	17	18	19	20	21	22	23	24	25	26	27	28	29	30	31
6	夏曆四月							17	18	19	20	21	22	23	24	25	26	27	28	29	30	②	2	3	4	5	6	7	8	9	10	11	12	13	14	15	16	17

續表

月干支序數	星期 月序	日	1	2	3	4	5	6	日	1	2	3	4	5	6	日	1	2	3	4	5	6	日	1	2	3	4	5	6	日	1	2	3	4	5	6	日	1
	回暦4月							15	16	17	18	19	20	21	22	23	24	25	26	27	28	29	30	1	2	3	4	5	6	7	8	9	10	11	12	13	14	15
	藏暦五月							16	17	18	19	20	21	22	24	25	26	27	28	29	30	1	2	3	4	5	6	7	8	9	10	11	12	13	14	15	16	17
	公暦6月			1	2	3	4	5	6	7	8	9	10	11	12	13	14	15	16	17	18	19	20	21	22	23	24	25	26	27	28	29	30					
7	夏暦五月			18	19	20	21	22	23	24	25	26	27	28	29	㉛	2	3	4	5	6	7	8	9	10	11	12	13	14	15	16	17	18					
	回暦5月			16	17	18	19	20	21	22	23	24	25	26	27	28	29	1	2	3	4	5	6	7	8	9	10	11	12	13	14	15	16					
	藏暦六月			18	19	20	21	22	23	24	25	27	28	29	30	1	2	3	4	4	5	6	7	8	9	10	11	12	13	14	15	16	17					
	公暦7月					1	2	3	4	5	6	7	8	9	10	11	12	13	14	15	16	17	18	19	20	21	22	23	24	25	26	27	28	29	30	31		
8	夏暦六月					19	20	21	22	23	24	25	26	27	28	29	(60)	2	3	4	5	6	7	8	9	10	11	12	13	14	15	16	17	18	19	20		
	回暦6月					17	18	19	20	21	22	23	24	25	26	27	28	29	30	1	2	3	4	5	6	7	8	9	10	11	12	13	14	15	16	17		
	藏暦七月					19	20	21	22	23	24	25	26	27	28	29	30	1	2	3	4	5	6	7	8	9	10	11	12	13	14	15	16	17	18	19		
	公暦8月	1	2	3	4	5	6	7	8	9	10	11	12	13	14	15	16	17	18	19	20	21	22	23	24	25	26	27	28	29	30	31						
9	夏暦七月	21	22	23	24	25	26	27	28	29	30	㉚	2	3	4	5	6	7	8	9	10	11	12	13	14	15	16	17	18	19	20	21						
	回暦7月	18	19	20	21	22	23	24	25	26	27	28	29	1	2	3	4	5	6	7	8	9	10	11	12	13	14	15	16	17	18	19						
	藏暦八月	20	22	23	24	25	26	27	28	29	30	30	1	1	2	3	4	5	6	7	8	9	10	11	12	13	15	16	17	18	19	20						
	公暦9月				1	2	3	4	5	6	7	8	9	10	11	12	13	14	15	16	17	18	19	20	21	22	23	24	25	26	27	28	29	30				
10	夏暦八月				22	23	24	25	26	27	28	29	30	(60)	2	3	4	5	6	7	8	9	10	11	12	13	14	15	16	17	18	19	20	21				
	回暦8月				20	21	22	23	24	25	26	27	28	29	30	1	2	3	4	5	6	7	8	9	10	11	12	13	14	15	16	17	18	19				
	藏暦九月				21	22	23	24	25	26	27	28	29	1	2	3	4	5	6	7	8	9	10	11	12	13	14	15	16	17	19	20	21	22				
	公暦10月						1	2	3	4	5	6	7	8	9	10	11	12	13	14	15	16	17	18	19	20	21	22	23	24	25	26	27	28	29	30	31	
11	夏暦九月						22	23	24	25	26	27	28	29	30	㉚	2	3	4	5	6	7	8	9	10	11	12	13	14	15	16	17	18	19	20	21	22	
	回暦9月						20	21	22	23	24	25	26	27	28	29	1	2	3	4	5	6	7	8	9	10	11	12	13	14	15	6	17	18	19	20	21	
	藏暦十月						23	24	25	25	26	27	28	29	30	1	2	3	4	5	6	7	8	9	10	12	13	14	15	16	17	18	19	20	21	22	23	
	公暦11月		1	2	3	4	5	6	7	8	9	10	11	12	13	14	15	16	17	18	19	20	21	22	23	24	25	26	27	28	29	30						
12	夏暦十月		23	24	25	26	27	28	29	(59)	2	3	4	5	6	7	8	9	10	11	12	13	14	15	16	17	18	19	20	21	22	23						
	回暦10月		22	23	24	25	26	27	28	29	30	1	2	3	4	5	6	7	8	9	10	11	12	13	14	15	16	17	18	19	20	21						
	藏暦十一月		24	25	26	27	28	29	30	30	1	2	3	4	6	7	8	9	10	11	12	13	14	15	16	17	18	19	20	21	22	23						
	公暦12月				1	2	3	4	5	6	7	8	9	10	11	12	13	14	15	16	17	18	19	20	21	22	23	24	25	26	27	28	29	30	31			
13	夏暦十一月				24	25	26	27	28	29	30	㉙	2	3	4	5	6	7	8	9	10	11	12	13	14	15	16	17	18	19	20	21	22	23	24			
	回暦11月				22	23	24	25	26	27	28	29	1	2	3	4	5	6	7	8	9	10	11	12	13	14	15	16	17	18	19	20	21	22	23			
	藏暦十二月				24	25	26	27	28	29	30	1	2	3	4	5	6	7	8	9	11	12	13	14	15	16	17	18	19	20	21	21	22	23	24			

遼六月甲子，十二月辛酉。

大事記

二月，宋改茶法。交趾擾欽州。以廣惠倉隸司農寺。　三月，命近臣同三司減定民間科率。　四月，宋詔諸路提點刑獄皆兼提舉河渠公事。　五月，除猜防大臣條約。遣官經界河北牧地，餘募民種藝。　八月，宋遣官分往諸路均田，僅行數州而止。　十一月，契丹禁民私獵。　是年，思想家李覯卒(1009—1059)。教育家胡瑗卒(993—1059)

宋　遼　金　紀　年

干支庚子　公元1060年

朝代或國名	國家支配者	建都	廟號	謚號	建元	年號年次	輔政者	備注
北宋	④趙禎	汴梁	仁宗	明	9	9嘉祐5年	富弼韓琦	
契丹(遼)	⑦耶律洪基	中京	道宗	文	5	1清寧6年		
大理	⑪段思廉	陽苴咩	興宗					在雲南

續表

朝代或國名	國家支配者	建都	廟號	謚號	建元	年號年次	輔政者	備注
西夏	②嵬名諒祚	興慶	毅宗	昭英	5	4 䩙都 4 年		
吐蕃	①唃厮囉	宗哥				46 年		
古格						247 年		西藏阿里
東汗國	馬赫穆德					元年		在新疆

月曆表

5773－354－2108611

月 干支 序數	月序＼星期	日	1	2	3	4	5	6	日	1	2	3	4	5	6	日	1	2	3	4	5	6	日	1	2	3	4	5	6	日	1	2	3	4	5	6	日	1
	公暦 1 月							1	2	3	4	5	6	7	8	9	10	11	12	13	14	15	16	17	18	19	20	21	22	23	24	25	26	27	28	29	30	31
14	夏暦十二月							25	26	27	28	29	30	㊾	2	3	4	5	6	7	8	9	10	11	12	13	14	15	16	17	18	19	20	21	22	23	24	25
	回暦 12 月							24	25	26	27	28	29	30	1	2	3	4	5	6	7	8	9	10	11	12	13	14	15	16	17	18	19	20	21	22	23	24
陽金鼠年	藏暦一月							25	26	27	28	29	30	1	2	3	5	6	7	8	9	10	11	12	13	14	15	16	17	18	19	20	21	22	23	24	25	26
	公暦 2 月			1	2	3	4	5	6	7	8	9	10	11	12	13	14	15	16	17	18	19	20	21	22	23	24	25	26	27	28	29						
15	夏暦正月			26	27	28	29	㉘	2	3	4	5	6	7	8	9	10	11	12	13	14	15	16	17	18	19	20	21	22	23	24	25						
452 年	回暦 1 月			25	26	27	28	29	①	2	3	4	5	6	7	8	9	10	11	12	13	14	15	16	17	18	19	20	21	22	23	24						
	藏暦二月			26	28	29	30	1	2	3	4	5	6	7	8	9	11	12	12	13	14	15	16	17	18	19	20	21	22	23	24	25						
	公暦 3 月				1	2	3	4	5	6	7	8	9	10	11	12	13	14	15	16	17	18	19	20	21	22	23	24	25	26	27	28	29	30	31			
16	夏暦二月				26	27	28	29	㊼	2	3	4	5	6	7	8	9	10	11	12	13	14	15	16	17	18	19	20	21	22	23	24	25	26	27			
	回暦 2 月				25	26	27	28	29	30	1	2	3	4	5	6	7	8	9	10	11	12	13	14	15	16	17	18	19	20	21	22	23	24	25			
	藏暦三月				26	27	28	29	30	1	2	4	5	6	7	8	9	10	11	12	13	14	15	16	17	17	18	19	20	21	22	23	24	25	27			
	公暦 4 月							1	2	3	4	5	6	7	8	9	10	11	12	13	14	15	16	17	18	19	20	21	22	23	24	25	26	27	28	29	30	
17	夏暦三月							28	29	30	㉗	2	3	4	5	6	7	8	9	10	11	12	13	14	15	16	17	18	19	20	21	22	23	24	25	26	27	
	回暦 3 月							26	27	28	29	1	2	3	4	5	6	7	8	9	10	11	12	13	14	15	16	17	18	19	20	21	22	23	24	25	26	
	藏暦後三月							28	29	30	1	2	3	4	5	6	7	8	9	10	11	12	13	14	15	16	17	18	19	20	21	22	23	24	25	26	27	
	公暦 5 月		1	2	3	4	5	6	7	8	9	10	11	12	13	14	15	16	17	18	19	20	21	22	23	24	25	26	27	28	29	30	31					
18	夏暦四月		28	29	㊻	2	3	4	5	6	7	8	9	10	11	12	13	14	15	16	17	18	19	20	21	22	23	24	25	26	27	28	29					
	回暦 4 月		27	28	29	30	1	2	3	4	5	6	7	8	9	10	11	12	13	14	15	16	17	18	19	20	21	22	23	24	25	26	27					
	藏暦四月		28	29	1	2	3	4	5	6	7	8	9	10	11	12	12	13	14	15	16	17	18	19	20	21	22	24	25	26	27	28	29					
	公暦 6 月					1	2	3	4	5	6	7	8	9	10	11	12	13	14	15	16	17	18	19	20	21	22	23	24	25	26	27	28	29	30			
19	夏暦五月					㉕	2	3	4	5	6	7	8	9	10	11	12	13	14	15	16	17	18	19	20	21	22	23	24	25	26	27	28	29	30			
	回暦 5 月					28	29	1	2	3	4	5	6	7	8	9	10	11	12	13	14	15	16	17	18	19	20	21	22	23	24	25	26	27	28			
	藏暦五月					30	1	2	3	4	5	6	7	8	9	10	11	12	13	14	15	16	17	18	19	20	21	22	23	24	25	27	28	29	30			
	公暦 7 月							1	2	3	4	5	6	7	8	9	10	11	12	13	14	15	16	17	18	19	20	21	22	23	24	25	26	27	28	29	30	31
20 21	夏暦六 七月							㊺	2	3	4	5	6	7	8	9	10	11	12	13	14	15	16	17	18	19	20	21	22	23	24	25	26	27	28	29	㉔	2
	回暦 6 月							29	30	1	2	3	4	5	6	7	8	9	10	11	12	13	14	15	16	17	18	19	20	21	22	23	24	25	26	27	28	29
	藏暦六 七月							1	2	3	4	5	6	7	8	9	9	10	11	12	13	14	15	16	17	19	20	21	22	23	24	25	26	27	28	29	30	1
	公暦 8 月			1	2	3	4	5	6	7	8	9	10	11	12	13	14	15	16	17	18	19	20	21	22	23	24	25	26	27	28	29	30	31				
22	夏暦八月			3	4	5	6	7	8	9	10	11	12	13	14	15	16	17	18	19	20	21	22	23	24	25	26	27	28	29	30	㊹	2	3				
	回暦 7、8 月			1	2	3	4	5	6	7	8	9	10	11	12	13	14	15	16	17	18	19	20	21	22	23	24	25	26	27	28	29	30	1				
	藏暦八月			2	3	4	5	6	7	8	9	10	11	12	13	14	15	16	17	18	19	20	22	23	24	25	26	27	28	29	30	1	2	3				
	公暦 9 月						1	2	3	4	5	6	7	8	9	10	11	12	13	14	15	16	17	18	19	20	21	22	23	24	25	26	27	28	29	30		

續表

月 干支 序數	星期／月序	日	1	2	3	4	5	6	日	1	2	3	4	5	6	日	1	2	3	4	5	6	日	1	2	3	4	5	6	日	1	2	3	4	5	6	日	1
23	夏曆九月						4	5	6	7	8	9	10	11	12	13	14	15	16	17	18	19	20	21	22	23	24	25	26	27	28	29	30	㉔	2	3		
	回曆 9 月						2	3	4	5	6	7	8	9	10	11	12	13	14	15	16	17	18	19	20	21	22	23	24	25	26	27	28	29	1	2		
	藏曆九月						4	5	5	6	7	8	9	10	11	12	13	14	16	17	18	19	20	21	22	23	24	25	26	27	28	29	30	1	2	3		
	公曆 10 月	1	2	3	4	5	6	7	8	9	10	11	12	13	14	15	16	17	18	19	20	21	22	23	24	25	26	27	28	29	30	31						
24	夏曆十月	4	5	6	7	8	9	10	11	12	13	14	15	16	17	18	19	20	21	22	23	24	25	26	27	28	29	(53)	2	3	4	5						
	回曆 10 月	3	4	5	6	7	8	9	10	11	12	13	14	15	16	17	18	19	20	21	22	23	24	25	26	27	28	29	30	1	2	3						
	藏曆十月	4	5	6	7	8	9	10	11	12	13	14	15	16	17	19	20	21	22	23	24	25	26	27	28	29	29	30	1	2	3	4						
	公曆 11 月				1	2	3	4	5	6	7	8	9	10	11	12	13	14	15	16	17	18	19	20	21	22	23	24	25	26	27	28	29	30				
25	夏曆十一月				6	7	8	9	10	11	12	13	14	15	16	17	18	19	20	21	22	23	24	25	26	27	28	29	30	㉓	2	3	4	5				
	回曆 11 月				4	5	6	7	8	9	10	11	12	13	14	15	16	17	18	19	20	21	22	23	24	25	26	27	28	29	1	2	3	4				
	藏曆十一月				5	6	7	8	9	10	11	13	14	15	16	17	18	19	20	21	22	23	24	25	26	27	28	29	30	1	2	3	4	5				
	公曆 12 月						1	2	3	4	5	6	7	8	9	10	11	12	13	14	15	16	17	18	19	20	21	22	23	24	25	26	27	28	29	30	31	
26	夏曆十二月						6	7	8	9	10	11	12	13	14	15	16	17	18	19	20	21	22	23	24	25	26	27	28	29	30	(53)	2	3	4	5	6	
	回曆 12 月						5	6	7	8	9	10	11	12	13	14	15	16	17	18	19	20	21	22	23	24	25	26	27	28	29	30	1	2	3	4	5	
	藏曆十二月						6	7	8	9	10	11	12	13	14	15	16	17	19	20	20	21	22	23	24	25	26	27	28	29	30	1	2	3	4	5	6	

大事記

正月，宋鑿二股河，又浚五股河。　二月，增江、浙、福建、川、廣諸州解額。　三月，詔《流内銓注選》歸明仁；年二十五以上聽任注官。增廣南東、西路炎瘴地官俸。　五月，詔三司置寬恤民力司。王安石召入為三司度支判官。　六月，契丹於中京置國子監。　七月，宋分京西為南北二路。交趾與甲峒"蠻"合兵擾宋邕州。宋修《新唐書》成，宋唐、鄧二州大興水利，荒地數萬頃變為肥田。宋求遺書。　八月，宋改鹽馬法。置江湖、閩廣、四川十一路轉運判官。　十一月，罷内臣寄遷法。　十二月，蘇茂州"蠻"擾邕州。　是歲，詩人梅堯臣卒(1002—1060)。

宋遼金紀年

干支辛丑　公元 1061 年

朝代或國名	國家支配者	建都	廟號	謚號	建元	年號年次	輔政者	備注
北宋	④趙禎	汴梁	仁宗	明	9	9 嘉祐 6 年	韓琦曾公亮	
契丹(遼)	⑦耶律洪基	中京	道宗	文	5	1 清寧 7 年		
大理	⑨段思廉	陽苴咩	興宗					在雲南
西夏	②嵬名諒祚	興慶	毅宗	昭英	5	4 𨁝都 5 年		
吐蕃	①唃厮囉	宗哥				47 年		
古格						248 年		西藏阿里
東汗國	馬赫穆德					2 年		在新疆

月曆表

5774—384—2108995

月 干支 序數	星期	日	1	2	3	4	5	6	日	1	2	3	4	5	6	日	1	2	3	4	5	6	日	1	2	3	4	5	6	日	1	2	3	4	5	6	日	1
	公曆 1 月		1	2	3	4	5	6	7	8	9	10	11	12	13	14	15	16	17	18	19	20	21	22	23	24	25	26	27	28	29	30	31					
27	夏曆正月		7	8	9	10	11	12	13	14	15	16	17	18	19	20	21	22	23	24	25	26	27	28	29	㉒	2	3	4	5	6	7	8					
453 年	回曆 1 月		6	7	8	9	10	11	12	13	14	15	16	17	18	19	20	21	22	23	24	25	26	27	28	29	30	①	2	3	4	5	6					
陰金牛年	藏歷一月		7	8	9	10	12	13	14	15	16	17	18	19	20	21	22	23	24	25	25	26	27	28	29	30	1	2	3	4	5	7	8					

續表

月 干支 序數	月＼星期 序	日	1	2	3	4	5	6	日	1	2	3	4	5	6	日	1	2	3	4	5	6	日	1	2	3	4	5	6	日	1	2	3	4	5	6	日	1
	公暦2月					1	2	3	4	5	6	7	8	9	10	11	12	13	14	15	16	17	18	19	20	21	22	23	24	25	26	27	28					
28	夏暦二月					9	10	11	12	13	14	15	16	17	18	19	20	21	22	23	24	25	26	27	28	29	30	(52)	2	3	4	5	6					
	回暦2月					7	8	9	10	11	12	13	14	15	16	17	18	19	20	21	22	23	24	25	26	27	28	29	30	1	2	3	4					
	藏暦二月					9	10	11	12	13	14	15	16	17	18	19	20	21	22	23	24	25	26	27	28	29	30	1	2	3	4	5	6					
	公暦3月					1	2	3	4	5	6	7	8	9	10	11	12	13	14	15	16	17	18	19	20	21	22	23	24	25	26	27	28	29	30	31		
29	夏暦三月					7	8	9	10	11	12	13	14	15	16	17	18	19	20	21	22	23	24	25	26	27	28	29	㉑	2	3	4	5	6	7	8		
	回暦3月					5	6	7	8	9	10	11	12	13	14	15	16	17	18	19	20	21	22	23	24	25	26	27	28	29	1	2	3	4	5	6		
	藏暦三月					7	8	9	11	12	13	14	15	16	17	17	18	19	20	21	22	23	24	25	26	27	28	29	30	1	2	4	5	6	7	8		
	公暦4月	1	2	3	4	5	6	7	8	9	10	11	12	13	14	15	16	17	18	19	20	21	22	23	24	25	26	27	28	29	30							
30	夏暦四月	9	10	11	12	13	14	15	16	17	18	19	20	21	22	23	24	25	26	27	28	29	30	(51)	2	3	4	5	6	7	8							
	回暦4月	7	8	9	10	11	12	13	14	15	16	17	18	19	20	21	22	23	24	25	26	27	28	29	30	1	2	3	4	5	6							
	藏暦四月	9	10	11	12	13	14	15	16	17	18	19	20	21	22	22	23	24	25	26	27	28	29	1	2	3	4	5	6	7	9							
	公暦5月			1	2	3	4	5	6	7	8	9	10	11	12	13	14	15	16	17	18	19	20	21	22	23	24	25	26	27	28	29	30	31				
31	夏暦五月			9	10	11	12	13	14	15	16	17	18	19	20	21	22	23	24	25	26	27	28	29	⑳	2	3	4	5	6	7	8	9	10				
	回暦5月			7	8	9	10	11	12	13	14	15	16	17	18	19	20	21	22	23	24	25	26	27	28	29	1	2	3	4	5	6	7	8				
	藏暦五月			10	10	11	12	13	14	15	16	17	18	19	20	21	22	23	24	25	26	27	28	29	1	2	3	4	5	6	7	8	9	10				
	公暦6月						1	2	3	4	5	6	7	8	9	10	11	12	13	14	15	16	17	18	19	20	21	22	23	24	25	26	27	28	29	30		
32	夏暦六月						11	12	13	14	15	16	17	18	19	20	21	22	23	24	25	26	27	28	29	㊾	2	3	4	5	6	7	8	9	10	11		
	回暦6月						9	10	11	12	13	14	15	16	17	18	19	20	21	22	23	24	25	26	27	28	29	30	1	2	3	4	5	6	7	8		
	藏暦六月						11	12	13	14	15	16	17	17	18	19	20	21	23	24	25	26	27	28	29	30	1	2	3	5	6	7	7	8	9	10		
	公暦7月	1	2	3	4	5	6	7	8	9	10	11	12	13	14	15	16	17	18	19	20	21	22	23	24	25	26	27	28	29	30	31						
33	夏暦七月	12	13	14	15	16	17	18	19	20	21	22	23	24	25	26	27	28	29	30	⑲	2	3	4	5	6	7	8	9	10	11	12						
	回暦7月	9	10	11	12	13	14	15	16	17	18	19	20	21	22	23	24	25	26	27	28	29	1	2	3	4	5	6	7	8	9	10						
	藏暦七月	11	12	13	14	15	16	17	18	19	20	21	22	23	24	26	27	28	29	30	1	2	3	4	5	6	7	8	9	10	11	12						
	公暦8月				1	2	3	4	5	6	7	8	9	10	11	12	13	14	15	16	17	18	19	20	21	22	23	24	25	26	27	28	29	30	31			
34	夏暦八月				13	14	15	16	17	18	19	20	21	22	23	24	25	26	27	28	29	㊽	2	3	4	5	6	7	8	9	10	11	12	13	14			
	回暦8月				11	12	13	14	15	16	17	18	19	20	21	22	23	24	25	26	27	28	29	30	1	2	3	4	5	6	7	8	9	10	11			
	藏暦八月				13	14	15	15	16	18	19	20	21	22	23	24	25	26	27	28	30	1	2	3	4	4	5	6	7	8	9	10	11	12	13			
	公暦9月							1	2	3	4	5	6	7	8	9	10	11	12	13	14	15	16	17	18	19	20	21	22	23	24	25	26	27	28	29	30	
	夏暦閏八月							15	16	17	18	19	20	21	22	23	24	25	26	27	28	29	30	⑱	2	3	4	5	6	7	8	9	10	11	12	13	14	
	回暦9月							12	13	14	15	16	17	18	19	20	21	22	23	24	25	26	27	28	29	1	2	3	4	5	6	7	8	9	10	11	12	
	藏暦九月							14	15	16	17	18	19	20	21	23	24	25	26	27	28	29	30	1	2	3	4	5	6	7	8	9	9	10	11	12	13	
	公暦10月		1	2	3	4	5	6	7	8	9	10	11	12	13	14	15	16	17	18	19	20	21	22	23	24	25	26	27	28	29	30	31					
35	夏暦九月		15	16	17	18	19	20	21	22	23	24	25	26	27	28	29	㊼	2	3	4	5	6	7	8	9	10	11	12	13	14	15	16					
	回暦10月		13	14	15	16	17	18	19	20	21	22	23	24	25	26	27	28	29	30	1	2	3	4	5	6	7	8	9	10	11	12	13					
	藏暦十月		14	16	17	18	19	20	21	22	23	24	25	26	27	28	29	30	1	2	3	4	5	6	7	8	9	10	11	12	13	14	15					
	公暦11月					1	2	3	4	5	6	7	8	9	10	11	12	13	14	15	16	17	18	19	20	21	22	23	24	25	26	27	28	29	30			
36	夏暦十月					17	18	19	20	21	22	23	24	25	26	27	28	29	30	⑰	2	3	4	5	6	7	8	9	10	11	12	13	14	15	16			
	回暦11月					14	15	16	17	18	19	20	21	22	23	24	25	26	27	28	29	1	2	3	4	5	6	7	8	9	10	11	12	13	14			
	藏暦十一月					16	17	18	20	21	22	23	24	25	26	27	28	29	30	1	2	2	3	4	5	6	7	8	9	10	11	12	14	15	16			
	公暦12月							1	2	3	4	5	6	7	8	9	10	11	12	13	14	15	16	17	18	19	20	21	22	23	24	25	26	27	28	29	30	31
37	夏暦十一月							17	18	19	20	21	22	23	24	25	26	27	28	29	30	㊼	2	3	4	5	6	7	8	9	10	11	12	13	14	15	16	17
	回暦12月							15	16	17	18	19	20	21	22	23	24	25	26	27	28	29	30	1	2	3	4	5	6	7	8	9	10	11	12	13	14	15
	藏暦十二月							17	18	19	20	21	22	23	24	25	26	27	28	29	30	1	2	3	4	5	6	7	8	9	10	11	12	13	14	15	16	17

大事記

正月，許兩制與臺諫相見。　二月，詔良民子弟被誘入軍籍者，百日內許出籍。　三月，賜進士諸科及第出身295人。　四月，契丹禁吏民畜海東青鶻。　六月，以王安石知制誥。　十月，定內侍磨勘法。　十一月，樞密院上所編機要文字1161册。　十二月，宋復豐州。三館秘閣上所編校書9450卷。　是歲，宋祁死(998—1061)。祁與歐陽修等曾合修《新唐書》。歐陽修著《集古錄》成。

宋遼金紀年

干支壬寅　公元1062年

朝代或國名	國家支配者	建都	廟號	謚號	建元	年號年次	輔政者	備注
北宋	④趙禎	汴梁	仁宗	明	9	9嘉祐7年	韓琦曾公亮	
契丹(遼)	⑦耶律洪基	中京	道宗	文	5	1清寧8年		
大理	⑪段思廉	陽苴咩	興宗					在雲南
西夏	②嵬名諒祚	興慶	毅宗	昭英	5	4䄠都6年		
吐蕃	①唃厮囉	宗哥				48年		
古格						249年		西藏阿里
東汗國	馬赫穆德					3年		在新疆

月曆表

5775—354—2109349

月 干支 序數	星期 月序	日	1	2	3	4	5	6	日	1	2	3	4	5	6	日	1	2	3	4	5	6	日	1	2	3	4	5	6	日	1	2	3	4	5	6	日	1
	公曆1月			1	2	3	4	5	6	7	8	9	10	11	12	13	14	15	16	17	18	19	20	21	22	23	24	25	26	27	28	29	30	31				
38	夏曆十二月			18	19	20	21	22	23	24	25	26	27	28	29	30	⑰	2	3	4	5	6	7	8	9	10	11	12	13	14	15	16	17	18				
454年	回曆1月			16	17	18	19	20	21	22	23	24	25	26	27	28	29	①	2	3	4	5	6	7	8	9	10	11	12	13	14	15	16	17				
陽水虎年	藏曆一月			18	20	21	22	23	24	24	25	26	27	28	29	30	1	2	3	4	5	6	7	8	9	10	11	13	14	15	16	17	18	19				
	公曆2月						1	2	3	4	5	6	7	8	9	10	11	12	13	14	15	16	17	18	19	20	21	22	23	24	25	26	27	28				
39	夏曆正月						19	20	21	22	23	24	25	26	27	28	29	㊻	2	3	4	5	6	7	8	9	10	11	12	13	14	15	16	17				
	回曆2月						18	19	20	21	22	23	24	25	26	27	28	29	30	1	2	3	4	5	6	7	8	9	10	11	12	13	14	15				
	藏曆二月						20	21	22	23	24	25	26	27	27	28	29	30	1	2	3	4	5	7	8	9	10	11	12	13	14	15	16	17				
	公曆3月						1	2	3	4	5	6	7	8	9	10	11	12	13	14	15	16	17	18	19	20	21	22	23	24	25	26	27	28	29	30	31	
40	夏曆二月						18	19	20	21	22	23	24	25	26	27	28	29	30	⑯	2	3	4	5	6	7	8	9	10	11	12	13	14	15	16	17	18	
	回曆3月						16	17	18	19	20	21	22	23	24	25	26	27	28	29	1	2	3	4	5	6	7	8	9	10	11	12	13	14	15	16	17	
	藏曆三月						18	19	20	21	22	23	24	25	26	27	28	29	30	1	2	3	4	5	6	7	8	9	11	12	13	14	15	16	17	18	19	
	公曆4月		1	2	3	4	5	6	7	8	9	10	11	12	13	14	15	16	17	18	19	20	21	22	23	24	25	26	27	28	29	30						
41	夏曆三月		19	20	21	22	23	24	25	26	27	28	29	㊺	2	3	4	5	6	7	8	9	10	11	12	13	14	15	16	17	18	19						
	回曆4月		18	19	20	21	22	23	24	25	26	27	28	29	30	1	2	3	4	5	6	7	8	9	10	11	12	13	14	15	16	17						
	藏曆四月		20	21	21	22	23	24	25	26	27	28	29	30	1	2	3	5	6	7	8	9	10	11	12	13	14	15	16	17	18	19						
	公曆5月				1	2	3	4	5	6	7	8	9	10	11	12	13	14	15	16	17	18	19	20	21	22	23	24	25	26	27	28	29	30	31			
42	夏曆四月				20	21	22	23	24	25	26	27	28	29	30	⑮	2	3	4	5	6	7	8	9	10	11	12	13	14	15	16	17	18	19	20			
	回曆5月				18	19	20	21	22	23	24	25	26	27	28	29	1	2	3	4	5	6	7	8	9	10	11	12	13	14	15	16	17	18	19			
	藏曆五月				20	21	22	23	24	25	26	27	28	29	30	1	2	3	4	5	6	8	9	10	11	12	13	14	15	16	16	17	18	19	20			
	公曆6月							1	2	3	4	5	6	7	8	9	10	11	12	13	14	15	16	17	18	19	20	21	22	23	24	25	26	27	28	29	30	
43	夏曆五月							21	22	23	24	25	26	27	28	29	㊹	2	3	4	5	6	7	8	9	10	11	12	13	14	15	16	17	18	19	20	21	
	回曆6月							20	21	22	23	24	25	26	27	28	29	30	1	2	3	4	5	6	7	8	9	10	11	12	13	14	15	16	17	18	19	
	藏曆六月							21	22	23	24	25	26	27	28	29	1	2	3	4	5	6	7	8	9	10	11	12	13	14	15	16	17	18	19	20	21	

續表

月干支序數	月序＼星期	日	1	2	3	4	5	6	日	1	2	3	4	5	6	日	1	2	3	4	5	6	日	1	2	3	4	5	6	日	1	2	3	4	5	6	日	1
	公曆7月		1	2	3	4	5	6	7	8	9	10	11	12	13	14	15	16	17	18	19	20	21	22	23	24	25	26	27	28	29	30	31					
44	夏曆六月		22	23	24	25	26	27	28	29	⑬	2	3	4	5	6	7	8	9	10	11	12	13	14	15	16	1	18	19	20	21	22	23					
	回曆7月		20	21	22	23	24	25	26	27	28	29	1	2	3	4	5	6	7	8	9	10	11	12	13	14	15	16	17	18	19	20	21					
	藏曆七月		22	23	24	25	26	27	28	29	30	1	2	4	5	6	7	8	9	10	11	12	13	13	14	15	16	17	18	19	20	21	22					
	公曆8月					1	2	3	4	5	6	7	8	9	10	11	12	13	14	15	16	17	18	19	20	21	22	23	24	25	26	27	28	29	30	31		
45	夏曆七月					24	25	26	27	28	29	30	㊸	2	3	4	5	6	7	8	9	10	11	12	13	4	15	16	17	18	19	20	21	22	23	24		
	回曆8月					22	23	24	25	26	27	28	29	30	1	2	3	4	5	6	7	8	9	10	11	12	13	14	15	16	17	18	19	20	21	22		
	藏曆八月					23	24	25	27	28	29	30	1	2	3	4	5	6	7	8	9	10	11	12	13	14	15	16	17	18	19	20	21	22	23	24		
	公曆9月	1	2	3	4	5	6	7	8	9	10	11	12	13	14	15	16	17	18	19	20	21	22	23	24	25	26	27	28	29	30							
46	夏曆八月	25	26	27	28	29	⑫	2	3	4	5	6	7	8	9	10	11	12	13	14	15	16	17	18	19	20	21	22	23	24	25							
	回曆9月	23	24	25	26	27	28	29	1	2	3	4	5	6	7	8	9	10	11	12	13	14	15	16	17	18	19	20	21	22	23							
	藏曆九月	25	26	27	28	30	1	2	3	4	5	6	7	8	8	9	10	11	12	13	14	15	16	17	18	19	20	21	23	24	25							
	公曆10月			1	2	3	4	5	6	7	8	9	10	11	12	13	14	15	16	17	18	19	20	21	22	23	24	25	26	27	28	29	30	31				
47	夏曆九月			26	27	28	29	30	㊷	2	3	4	5	6	7	8	9	10	11	12	13	14	15	16	17	18	19	20	21	22	23	24	25	26				
	回曆10月			24	25	26	27	28	29	30	1	2	3	4	5	6	7	8	9	10	11	12	13	14	15	16	17	18	19	20	21	22	23	24				
	藏曆十月			26	27	28	29	30	1	2	3	4	5	6	7	8	9	10	11	12	13	14	15	16	17	18	19	20	21	22	23	24	25	26				
	公曆11月						1	2	3	4	5	6	7	8	9	10	11	12	13	14	15	16	17	18	19	20	21	22	23	24	25	26	27	28	29	30		
48	夏曆十月						27	28	29	⑪	2	3	4	5	6	7	8	9	10	11	12	13	14	15	16	17	18	19	20	21	22	23	24	25	26	27		
	回曆11月						25	26	27	28	29	1	2	3	4	5	6	7	8	9	10	11	12	13	14	15	16	17	18	19	20	21	22	23	24	25		
	藏曆十一月						28	29	30	1	2	2	3	4	5	6	7	8	9	10	11	12	13	14	15	16	17	18	19	21	22	23	24	25	26	27		
	公曆12月	1	2	3	4	5	6	7	8	9	10	11	12	13	14	15	16	17	18	19	20	21	22	23	24	25	26	27	28	29	30	31						
49	夏曆十一月	28	29	30	㊶	2	3	4	5	6	7	8	9	10	11	12	13	14	15	16	17	18	19	20	21	22	23	24	25	26	27	28						
	回曆12月	26	27	28	29	30	1	2	3	4	5	6	7	8	9	10	11	12	13	14	15	16	17	18	19	20	21	22	3	24	25	26						
	藏曆十二月	28	29	30	1	2	3	4	5	5	6	7	8	9	10	11	12	13	15	16	17	18	19	20	21	22	23	24	25	26	27	28						

大事記

二月，更江西鹽法。宋汰揀陝西廂禁軍。　四月，《嘉祐編敕》成。夏向宋貢馬，求九經等書，賜之。　六月，宋以夏舉措不循舊規，遣使詰責。　八月，宋帝立從侄宗實為皇子，賜名曙。夏攻西蕃董氈，敗。　是歲，包拯卒(999—1062)。

宋遼金紀年

干支癸卯　公元1063年

朝代或國名	國家支配者	建都	廟號	謚號	建元	年號年次	輔政者	備注
北宋	④趙禎	汴梁	仁宗	明	9	9嘉祐8年	韓琦曾公亮	三月趙曙即位
契丹(遼)	⑦耶律洪基	中京	道宗	文	5	1清寧9年		
大理	⑪段思廉	陽苴咩	興宗					在雲南
西夏	②李諒祚	興慶	毅宗	昭英	5	5拱化元年		
吐蕃	①唃厮囉	宗哥				49年		
古格	·					250年		西藏阿里
東汗國	馬赫穆德					4年		在新疆

月。干支序數	星期 月序	日	1	2	3	4	5	6	日	1	2	3	4	5	6	日	1	2	3	4	5	6	日	1	2	3	4	5	6	日	1	2	3	4	5	6	日	1
	公暦1月				1	2	3	4	5	6	7	8	9	10	11	12	13	14	15	16	17	18	19	20	21	22	23	24	25	26	27	28	29	30	31			
50	夏暦十二月				29	30	⑪	2	3	4	5	6	7	8	9	10	11	12	13	14	15	16	17	18	19	20	21	22	23	24	25	26	27	28	29			
455年	回暦1月				27	28	29	①	2	3	4	5	6	7	8	9	10	11	12	13	14	15	16	17	18	19	20	21	22	23	24	25	26	27	28			
	藏暦後十二月				29	30	1	2	3	4	5	6	7	8	9	10	11	12	13	14	15	16	17	18	20	21	22	23	24	25	26	27	27	28	29			
	公暦2月							1	2	3	4	5	6	7	8	9	10	11	12	13	14	15	16	17	18	19	20	21	22	23	24	25	26	27	28			
51	夏暦正月							㊵	2	3	4	5	6	7	8	9	10	11	12	13	14	15	16	17	18	19	20	21	22	23	24	25	26	27	28			
	回暦2月							29	30	1	2	3	4	5	6	7	8	9	10	11	12	13	14	15	16	17	18	19	20	21	22	23	24	25	26			
陰水兔年	藏暦一月							30	1	2	3	4	5	6	7	8	9	10	11	12	14	15	16	17	18	19	20	21	22	23	24	25	26	27	28			
	公暦3月							1	2	3	4	5	6	7	8	9	10	11	12	13	14	15	16	17	18	19	20	21	22	23	24	25	26	27	28	29	30	31
52	夏暦二月							29	30	⑩	2	3	4	5	6	7	8	9	10	11	12	13	14	15	16	17	18	19	20	21	22	23	24	25	26	27	28	29
	回暦3月							27	28	29	1	2	3	4	5	6	7	8	9	10	11	12	13	14	15	16	17	18	19	20	21	22	23	24	25	26	27	28
	藏暦二月							29	30	30	1	2	3	4	5	6	8	9	10	11	12	13	14	15	16	17	18	19	20	21	22	23	24	25	26	27	28	29
	公暦4月			1	2	3	4	5	6	7	8	9	10	11	12	13	14	15	16	17	18	19	20	21	22	23	24	25	26	27	28	29	30					
53	夏暦三月			30	㊵	2	3	4	5	6	7	8	9	10	11	12	13	14	15	16	17	18	19	20	21	22	23	24	25	26	27	28	29					
	回暦4月			29	30	1	2	3	4	5	6	7	8	9	10	11	12	13	14	15	16	17	18	19	20	21	22	23	24	25	26	27	28					
	藏暦三月			30	1	2	3	4	5	6	7	8	9	10	12	13	14	15	16	17	18	19	20	21	22	23	24	25	25	26	27	28	29					
	公暦5月					1	2	3	4	5	6	7	8	9	10	11	12	13	14	15	16	17	18	19	20	21	22	23	24	25	26	27	28	29	30	31		
54 55	夏暦四五月					⑨	2	3	4	5	6	7	8	9	10	11	12	13	14	15	16	17	18	19	20	21	22	23	24	25	26	27	28	29	30	㊴		
	回暦5月					29	1	2	3	4	5	6	7	8	9	10	11	12	13	14	15	16	17	18	19	20	21	22	23	24	25	26	27	28	29	30		
	藏暦四五月					30	1	2	3	5	6	7	8	9	10	11	12	13	14	15	16	17	18	19	20	21	22	23	24	25	26	27	28	29	30	1		
	公暦6月	1	2	3	4	5	6	7	8	9	10	11	12	13	14	15	16	17	18	19	20	21	22	23	24	25	26	27	28	29	30							
56	夏暦六月	2	3	4	5	6	7	8	9	10	11	12	13	14	15	16	17	18	19	20	21	22	23	24	25	26	27	28	29	⑧	2							
	回暦6、7月	1	2	3	4	5	6	7	8	9	10	11	12	13	14	15	16	17	18	19	20	21	22	23	24	25	26	27	28	29	1							
	藏暦六月	2	3	4	5	6	8	9	10	11	12	13	14	15	16	17	18	19	20	21	21	22	23	24	25	26	27	28	29	1	2							
	公暦7月			1	2	3	4	5	6	7	8	9	10	11	12	13	14	15	16	17	18	19	20	21	22	23	24	25	26	27	28	29	30	31				
57	夏暦七月			3	4	5	6	7	8	9	10	11	12	13	14	15	16	17	18	19	20	21	22	23	24	25	26	27	28	29	㊲	2	3	4				
	回暦8月			2	3	4	5	6	7	8	9	10	11	12	13	14	15	16	17	18	19	20	21	22	23	24	25	26	27	28	29	30	1	2				
	藏暦七月			3	4	5	6	7	8	9	10	11	12	13	14	15	16	17	18	19	20	21	22	23	24	25	26	27	28	29	30	1	2	4				
	公暦8月						1	2	3	4	5	6	7	8	9	10	11	12	13	14	15	16	17	18	19	20	21	22	23	24	25	26	27	28	29	30	31	
58	夏暦八月						5	6	7	8	9	10	11	12	13	14	15	16	17	18	19	20	21	22	23	24	25	26	27	28	29	30	⑦	2	3	4	5	
	回暦9月						3	4	5	6	7	8	9	10	11	12	13	14	15	16	17	18	19	20	21	22	23	24	25	26	27	28	29	1	2	3	4	
	藏暦八月						5	6	7	8	9	10	11	12	13	14	15	16	17	18	18	19	20	21	22	23	24	25	27	28	29	30	1	2	3	4	5	
	公暦9月		1	2	3	4	5	6	7	8	9	10	11	12	13	14	15	16	17	18	19	20	21	22	23	24	25	26	27	28	29	30						
59	夏暦九月		6	7	8	9	10	11	12	13	14	15	16	17	18	19	20	21	22	23	24	25	26	27	28	29	㊱	2	3	4	5	6						
	回暦10月		5	6	7	8	9	10	11	12	13	14	15	16	17	18	19	20	21	22	23	24	25	26	27	28	29	30	1	2	3	4						
	藏暦九月		6	7	8	9	10	11	12	13	14	15	16	17	18	19	20	21	22	23	24	25	26	27	28	30	1	2	3	4	5	6						
	公暦10月				1	2	3	4	5	6	7	8	9	10	11	12	13	14	15	16	17	18	19	20	21	22	23	24	25	26	27	28	29	30	31			
60	夏暦十月				7	8	9	10	11	12	13	14	15	16	17	18	19	20	21	22	23	24	25	26	27	28	29	⑤	2	3	4	5	6	7	8			
	回暦11月				5	6	7	8	9	10	11	12	13	14	15	16	17	18	19	20	21	22	23	24	25	26	27	28	29	1	2	3	4	5	6			
	藏暦十月				7	8	9	10	11	12	12	13	14	15	16	17	18	19	20	21	22	24	25	26	27	28	29	30	1	2	3	4	5	6	7			
	公暦11月							1	2	3	4	5	6	7	8	9	10	11	12	13	14	15	16	17	18	19	20	21	22	23	24	25	26	27	28	29	30	
1	夏暦十一月							9	10	11	12	13	14	15	16	17	18	19	20	21	22	23	24	25	26	27	28	29	30	㉟	2	3	4	5	6	7	8	

續表

月干支序數	月序＼星期	日	1	2	3	4	5	6	日	1	2	3	4	5	6	日	1	2	3	4	5	6	日	1	2	3	4	5	6	日	1	2	3	4	5	6	日	1
	回暦 12 月							7	8	9	10	11	12	13	14	15	16	17	18	19	20	21	22	23	24	25	26	27	28	29	30	1	2	3	4	5	6	
	藏暦十一月							8	9	10	11	12	13	14	15	16	17	18	19	20	21	22	23	24	25	26	28	29	30	1	2	3	4	5	5	6	7	
	公暦 12 月		1	2	3	4	5	6	7	8	9	10	11	12	13	14	15	16	17	18	19	20	21	22	23	24	25	26	27	28	29	30	31					
2	夏暦十二月		9	10	11	12	13	14	15	16	17	18	19	20	21	22	23	24	25	26	27	28	29	30	⑤	2	3	4	5	6	7	8	9					
456 年	回暦 1 月		7	8	9	10	11	12	13	14	15	16	17	18	19	20	21	22	23	24	25	26	27	28	29	30	①	2	3	4	5	6	7					
	藏暦十二月		8	9	10	11	12	13	14	15	16	17	18	19	20	22	23	24	25	26	27	28	29	30	1	2	3	4	5	6	7	8	8					

大事記

正月，契丹禁民賣銅。　三月，宋仁宗卒，皇子趙曙立，為英宗；旋以病，皇太后曹氏權垂簾聽政。　七月，契丹太叔耶律重元作亂，敗死，徒黨死者多人。　是歲，宋始定田契錢，每千輸四十錢。夏改元拱化。

宋遼金紀年

干支甲辰　公元 1064 年

朝代或國名	國家支配者	建　都	廟　號	謚　號	建元	年號年次	輔　政　者	備　注
北宋	⑤趙曙	汴梁	英宗	宣	1	治平元年	韓琦曾公亮	正月改元
契丹(遼)	⑦耶律洪基	中京	道宗	文	5	1 清寧 10 年		
大理	⑪段思廉	陽苴咩	興宗					在雲南
西夏	②李諒祚	興慶	毅宗	昭英	5	5 拱化 2 年		
吐蕃	①唃厮囉	宗哥				50 年		
古格						251 年		西藏阿里
東汗國	馬赫穆德					5 年		在新疆

月曆表

5777－384－2110087

月干支序數	月序＼星期	日	1	2	3	4	5	6	日	1	2	3	4	5	6	日	1	2	3	4	5	6	日	1	2	3	4	5	6	日	1	2	3	4	5	6	日	1
	公暦 1 月					1	2	3	4	5	6	7	8	9	10	11	12	13	14	15	16	17	18	19	20	21	22	23	24	25	26	27	28	29	30	31		
3	夏暦正月					10	11	12	13	14	15	16	17	18	19	20	21	22	23	24	25	26	27	28	29	㉞	2	3	4	5	6	7	8	9	10	11		
	回暦 2 月					8	9	10	11	12	13	14	15	16	17	18	19	20	21	22	23	24	25	26	27	28	29	30	1	2	3	4	5	6	7	8		
陽木龍年	藏暦一月					9	10	11	12	13	14	15	17	18	19	20	21	22	23	24	25	26	27	28	29	30	1	2	3	4	5	6	7	8	9	10		
	公暦 2 月	1	2	3	4	5	6	7	8	9	10	11	12	13	14	15	16	17	18	19	20	21	22	23	24	25	26	27	28	29								
4	夏暦二月	12	13	14	15	16	17	18	19	20	21	22	23	24	25	26	27	28	29	30	④	2	3	4	5	6	7	8	9	10								
	回暦 3 月	9	10	11	12	13	14	15	16	17	18	19	20	21	22	23	24	25	26	27	28	29	1	2	3	4	5	6	7	8								
	藏暦二月	11	12	13	14	15	16	17	18	19	21	22	23	24	25	26	27	28	29	30	30	1	2	3	4	5	6	7	8	9								
	公暦 3 月		1	2	3	4	5	6	7	8	9	10	11	12	13	14	15	16	17	18	19	20	21	22	23	24	25	26	27	28	29	30	31					
5	夏暦三月		11	12	13	14	15	16	17	18	19	20	21	22	23	24	25	26	27	28	29	30	㉞	2	3	4	5	6	7	8	9	10	11					
	回暦 4 月		9	10	11	12	13	14	15	16	17	18	19	20	21	22	23	24	25	26	27	28	29	30	1	2	3	4	5	6	7	8	9					
	藏暦三月		10	11	12	13	15	16	17	18	19	20	21	22	23	24	25	26	27	28	29	30	1	2	3	4	5	6	7	8	9	10	11					
	公暦 4 月					1	2	3	4	5	6	7	8	9	10	11	12	13	14	15	16	17	18	19	20	21	22	23	24	25	26	27	28	29	30			
6	夏暦四月					12	13	14	15	16	17	18	19	20	21	22	23	24	25	26	27	28	29	30	④	2	3	4	5	6	7	8	9	10	11			
	回暦 5 月					10	11	12	13	14	15	16	17	18	19	20	21	22	23	24	25	26	27	28	29	1	2	3	4	5	6	7	8	9	10			

續表

月干支序數	星期／月序	日	1	2	3	4	5	6	日	1	2	3	4	5	6	日	1	2	3	4	5	6	日	1	2	3	4	5	6	日	1	2	3	4	5	6	日	1
	藏曆四月					12	13	14	15	16	17	18	20	21	22	23	24	24	25	26	27	28	29	30	1	2	3	4	5	6	7	8	9	10	12			
	公曆5月							1	2	3	4	5	6	7	8	9	10	11	12	13	14	15	16	17	18	19	20	21	22	23	24	25	26	27	28	29	30	31
7	夏曆五月							12	13	14	15	16	17	18	19	20	21	22	23	24	25	26	27	28	29	㉝	2	3	4	5	6	7	8	9	10	11	12	13
	回曆6月							11	12	13	14	15	16	17	18	19	20	21	22	23	24	25	26	27	28	29	30	1	2	3	4	5	6	7	8	9	10	11
	藏曆五月							13	14	15	16	17	18	19	20	21	22	23	24	25	26	27	28	29	30	30	1	2	3	5	6	7	8	9	10	11	12	13
	公曆6月			1	2	3	4	5	6	7	8	9	10	11	12	13	14	15	16	17	18	19	20	21	22	23	24	25	26	27	28	29	30					
	夏曆閏五月			14	15	16	17	18	19	20	21	22	23	24	25	26	27	28	29	30	③	2	3	4	5	6	7	8	9	10	11	12	13					
	回曆7月			12	13	14	15	16	17	18	19	20	21	22	23	24	25	26	27	28	29	1	2	3	4	5	6	7	8	9	10	11	12					
	藏曆六月			14	16	17	18	19	20	20	21	22	23	24	25	26	27	28	29	30	1	2	3	4	5	6	8	9	10	11	12	13	14					
	公曆7月					1	2	3	4	5	6	7	8	9	10	11	12	13	14	15	16	17	18	19	20	21	22	23	24	25	26	27	28	29	30	31		
8	夏曆六月					14	15	16	17	18	19	20	21	22	23	24	25	26	27	28	29	㉜	2	3	4	5	6	7	8	9	10	11	12	13	14	15		
	回曆8月					13	14	15	16	17	18	19	20	21	22	23	24	25	26	27	28	29	30	1	2	3	4	5	6	7	8	9	10	11	12	13		
	藏曆七月					15	16	17	18	19	20	21	22	23	24	25	26	27	28	29	30	1	2	3	4	5	6	7	8	9	11	12	13	14	15	16		
	公曆8月	1	2	3	4	5	6	7	8	9	10	11	12	13	14	15	16	17	18	19	20	21	22	23	24	25	26	27	28	29	30	31						
9	夏曆七月	16	17	18	19	20	21	22	23	24	25	26	27	28	29	①	2	3	4	5	6	7	8	9	10	11	12	13	14	15	16	17						
	回曆9月	14	15	16	17	18	19	20	21	22	23	24	25	26	27	28	29	1	2	3	4	5	6	7	8	9	10	11	12	13	14	15						
	藏曆八月	17	17	18	19	20	21	22	23	24	25	26	27	28	29	30	1	2	4	5	6	7	8	9	10	11	12	13	14	15	16	17						
	公曆9月				1	2	3	4	5	6	7	8	9	10	11	12	13	14	15	16	17	18	19	20	21	22	23	24	25	26	27	28	29	30				
10	夏曆八月				18	19	20	21	22	23	24	25	26	27	28	29	30	㉛	2	3	4	5	6	7	8	9	10	11	12	13	14	15	16	17				
	回曆10月				16	17	18	19	20	21	22	23	24	25	26	27	28	29	30	1	2	3	4	5	6	7	8	9	10	11	12	13	14	15				
	藏曆九月				18	19	20	21	22	23	23	24	25	26	27	28	30	1	2	3	4	5	6	8	9	10	11	11	12	13	14	15	16	17				
	公曆10月						1	2	3	4	5	6	7	8	9	10	11	12	13	14	15	16	17	18	19	20	21	22	23	24	25	26	27	28	29	30	31	
11	夏曆九月						18	19	20	21	22	23	24	25	26	27	28	29	(60)	2	3	4	5	6	7	8	9	10	11	12	13	14	15	16	17	18	19	
	回曆11月						16	17	18	19	20	21	22	23	24	25	26	27	28	29	1	2	3	4	5	6	7	8	9	10	11	12	13	14	15	16	17	
	藏曆十月						18	19	20	21	22	23	24	25	26	27	28	29	1	2	3	4	5	6	7	8	9	10	11	12	13	14	15	16	16	17	18	
	公曆11月		1	2	3	4	5	6	7	8	9	10	11	12	13	14	15	16	17	18	19	20	21	22	23	24	25	26	27	28	29	30						
12	夏曆十月		20	21	22	23	24	25	26	27	28	29	㉙	2	3	4	5	6	7	8	9	10	11	12	13	14	15	16	17	18	19	20						
	回曆12月		18	19	20	21	22	23	24	25	26	27	28	29	30	1	2	3	4	5	6	7	8	9	10	11	12	13	14	15	16	17						
	藏曆十一月		19	20	21	22	24	25	26	27	28	29	30	1	2	3	4	5	6	7	8	9	10	11	12	13	14	15	16	17	18	19						
	公曆12月				1	2	3	4	5	6	7	8	9	10	11	12	13	14	15	16	17	18	19	20	21	22	23	24	25	26	27	28	29	30	31			
13	夏曆十一月				21	22	23	24	25	26	27	28	29	30	(59)	2	3	4	5	6	7	8	9	10	11	12	13	14	15	16	17	18	19	20	21			
457年	回曆1月				18	19	20	21	22	23	24	25	26	27	28	29	①	2	3	4	5	6	7	8	9	10	11	12	13	14	15	16	17	18	19			
	藏曆十二月				20	21	22	23	24	25	26	27	29	30	1	2	3	4	5	6	7	8	8	9	10	11	12	13	14	15	16	17	18	19	20			

遼六月丙寅，閏六月乙未。

大事記

二月，契丹禁南京民決水種稻。　五月，宋皇太后曹氏撤簾，宣宗親政。　六月，宋增吐蕃首領年賜；七月又擢其子董氈官。　九月，宋復武舉。秋天，夏頻擾宋秦鳳、涇原，殺掠以萬計；遣使詰責之。　十月，契丹禁民間私印文字，以書傳入宋者嚴懲。　十一月，契丹定吏民衣服之制。契丹禁南京不得私造御用彩緞及私貨鐵。括陝西戶三丁之一為義勇軍，凡十三萬八千餘人。宋揀邕州左右江四十五峒土丁為軍。　十二月，宋遣官團結蕃部丁壯。　是歲，宋境大水遍及二十多州。契丹南京、西京大有年。治種墾田440萬餘頃。賦不加者3 000餘萬頃。廢田見於籍者48萬頃。時兵隸籍者1 162 000人。周琮編《明天曆》成。

宋遼金紀年

干支乙巳　公元 1065 年

朝代或國名	國家支配者	建　都	廟　號	謚　號	建元	年號年次	輔　政　者	備　注
北宋	⑤趙曙	汴梁	英宗	宣	1	治平 2 年	韓琦曾公亮	
契丹(遼)	⑦耶律洪基	中京	道宗	文	5	2 咸雍元年		
大理	⑪段思廉	陽苴咩	興宗					在雲南
西夏	②李諒祚	興慶	毅宗	昭英	5	5 拱化 3 年		
吐蕃	①唃厮囉	宗哥				51 年		
古格						252 年		西藏阿里
東汗國	馬赫穆德					6 年		在新疆

月曆表

5778－355－2110442

月干支序數	月序＼星期	日	1	2	3	4	5	6	日	1	2	3	4	5	6	日	1	2	3	4	5	6	日	1	2	3	4	5	6	日	1	2	3	4	5	6	日	1
	公曆1月							1	2	3	4	5	6	7	8	9	10	11	12	13	14	15	16	17	18	19	20	21	22	23	24	25	26	27	28	29	30	31
14	夏曆十二月							22	23	24	25	26	27	28	29	30	㉙	2	3	4	5	6	7	8	9	10	11	12	13	14	15	16	17	18	19	20	21	22
	回曆2月							20	21	22	23	24	25	26	27	28	29	30	1	2	3	4	5	6	7	8	9	10	11	12	13	14	15	16	17	18	19	20
陰木蛇年	藏曆一月							21	22	24	25	26	27	28	29	30	1	2	3	4	5	6	7	8	9	10	11	11	12	13	14	15	17	18	19	20	21	22
	公曆2月			1	2	3	4	5	6	7	8	9	10	11	12	13	14	15	16	17	18	19	20	21	22	23	24	25	26	27	28							
15	夏曆正月			23	24	25	26	27	28	29	(58)	2	3	4	5	6	7	8	9	10	11	12	13	14	15	16	17	18	19	20	21							
	回曆3月			21	22	23	24	25	26	27	28	29	1	2	3	4	5	6	7	8	9	10	11	12	13	14	15	16	17	18	19							
	藏曆二月			23	24	25	26	27	28	29	30	1	2	3	4	5	6	7	8	9	10	11	12	13	14	15	16	17	18	19	20							
	公曆3月			1	2	3	4	5	6	7	8	9	10	11	12	13	14	15	16	17	18	19	20	21	22	23	24	25	26	27	28	29	30	31				
16	夏曆二月			22	23	24	25	26	27	28	29	30	㉘	2	3	4	5	6	7	8	9	10	11	12	13	14	15	16	17	18	19	20	21	22				
	回曆4月			20	21	22	23	24	25	26	27	28	29	30	1	2	3	4	5	6	7	8	9	10	11	12	13	14	15	16	17	18	19	20				
	藏曆三月			22	23	24	25	26	27	28	29	30	1	2	3	4	4	5	6	7	8	9	10	11	12	13	14	16	17	18	19	20	21	22				
	公曆4月						1	2	3	4	5	6	7	8	9	10	11	12	13	14	15	16	17	18	19	20	21	22	23	24	25	26	27	28	29	30		
17	夏曆三月						23	24	25	26	27	28	29	30	(58)	2	3	4	5	6	7	8	9	10	11	12	13	14	15	16	17	18	19	20	21	22		
	回曆5月						21	22	23	24	25	26	27	28	29	1	2	3	4	5	6	7	8	9	10	11	12	13	14	15	16	17	18	19	20	21		
	藏曆四月						23	24	25	26	27	28	29	30	1	2	3	4	5	6	7	8	9	10	11	12	13	14	15	16	17	19	20	21	22	23		
	公曆5月	1	2	3	4	5	6	7	8	9	10	11	12	13	14	15	16	17	18	19	20	21	22	23	24	25	26	27	28	29	30	31						
18	夏曆四月	23	24	25	26	27	28	29	㉗	2	3	4	5	6	7	8	9	10	11	12	13	14	15	16	17	18	19	20	21	22	23	24						
	回曆6月	22	23	24	25	26	27	28	29	30	1	2	3	4	5	6	7	8	9	10	11	12	13	14	15	16	17	18	19	20	21	22						
	藏曆五月	24	25	26	27	28	28	29	30	1	2	3	4	5	6	7	8	9	10	11	13	14	15	16	17	18	19	20	21	22	23	24						
	公曆6月				1	2	3	4	5	6	7	8	9	10	11	12	13	14	15	16	17	18	19	20	21	22	23	24	25	26	27	28	29	30				
19	夏曆五月				25	26	27	28	29	30	(57)	2	3	4	5	6	7	8	9	10	11	12	13	14	15	16	17	18	19	20	21	22	23	24				
	回曆7月				23	24	25	26	27	28	29	1	2	3	4	5	6	7	8	9	10	11	12	13	14	15	16	17	18	19	20	21	22	23				
	藏曆六月				25	26	27	28	29	30	1	2	3	4	5	6	7	8	9	10	11	12	13	15	16	17	18	19	20	21	22	23	24	25				
	公曆7月						1	2	3	4	5	6	7	8	9	10	11	12	13	14	15	16	17	18	19	20	21	22	23	24	25	26	27	28	29	30	31	
20	夏曆六月						25	26	27	28	29	㉖	2	3	4	5	6	7	8	9	10	11	12	13	14	15	16	17	18	19	20	21	22	23	24	25	26	
	回曆8月						24	25	26	27	28	29	30	1	2	3	4	5	6	7	8	9	10	11	12	13	14	15	16	17	18	19	20	21	22	23	24	
	藏曆七月						25	26	27	28	29	30	1	2	3	4	5	6	8	9	10	11	12	13	14	15	16	17	18	19	20	21	22	23	24	25	26	
	公曆8月		1	2	3	4	5	6	7	8	9	10	11	12	13	14	15	16	17	18	19	20	21	22	23	24	25	26	27	28	29	30	31					
21	夏曆七月		27	28	29	30	(56)	2	3	4	5	6	7	8	9	10	11	12	13	14	15	16	17	18	19	20	21	22	23	24	25	26	27					
	回曆9月		25	26	27	28	29	1	2	3	4	5	6	7	8	9	10	11	12	13	14	15	16	17	18	19	20	21	22	23	24	25	26					
	藏曆八月		27	28	29	30	1	2	3	4	5	6	7	8	9	11	12	13	14	15	16	17	18	19	20	21	21	22	23	24	25	26	27					

續表

月 干支 序數	月＼星期 序	日	1	2	3	4	5	6	日	1	2	3	4	5	6	日	1	2	3	4	5	6	日	1	2	3	4	5	6	日	1	2	3	4	5	6	日	1
	公曆 9 月					1	2	3	4	5	6	7	8	9	10	11	12	13	14	15	16	17	18	19	20	21	22	23	24	25	26	27	28	29	30			
22	夏曆八月					28	29	㉕	2	3	4	5	6	7	8	9	10	11	12	13	14	15	16	17	18	19	20	21	22	23	24	25	26	27	28			
	回曆 10 月					27	28	29	30	1	2	3	4	5	6	7	8	9	10	11	12	13	14	15	16	17	18	19	20	21	22	23	24	25	26			
	藏曆後八月					28	29	30	1	2	4	5	6	7	8	9	10	11	12	13	14	15	16	17	18	19	20	21	22	23	24	25	26	27	28			
	公曆 10 月							1	2	3	4	5	6	7	8	9	10	11	12	13	14	15	16	17	18	19	20	21	22	23	24	25	26	27	28	29	30	31
23	夏曆九月							29	30	(55)	2	3	4	5	6	7	8	9	10	11	12	13	14	15	16	17	18	19	20	21	22	23	24	25	26	27	28	29
	回曆 11 月							27	28	29	1	2	3	4	5	6	7	8	9	10	11	12	13	14	15	16	17	18	19	20	21	22	23	24	25	26	27	28
	藏曆九月							29	30	1	2	3	4	5	6	8	9	10	11	12	13	14	15	15	16	17	18	19	20	21	22	23	24	25	26	27	28	29
	公曆 11 月			1	2	3	4	5	6	7	8	9	10	11	12	13	14	15	16	17	18	19	20	21	22	23	24	25	26	27	28	29	30					
24	夏曆十月			㉔	2	3	4	5	6	7	8	9	10	11	12	13	14	15	16	17	18	19	20	21	22	23	24	25	26	27	28	29	30					
	回曆 12 月			29	30	1	2	3	4	5	6	7	8	9	10	11	12	13	14	15	16	17	18	19	20	21	22	23	24	25	26	27	28					
	藏曆十月			2	3	4	5	6	7	8	9	10	11	12	13	14	15	16	17	18	19	19	20	21	22	23	24	24	25	26	27	28	30					
	公曆 12 月					1	2	3	4	5	6	7	8	9	10	11	12	13	14	15	16	17	18	19	20	21	22	23	24	25	26	27	28	29	30	31		
25 26	夏曆十一 十二月					(54)	2	3	4	5	6	7	8	9	10	11	12	13	14	15	16	17	18	19	20	21	22	23	24	25	26	27	28	29	㉓	2		
458 年	回曆 1 月					29	30	①	2	3	4	5	6	7	8	9	10	11	12	13	14	15	16	17	18	19	20	21	22	23	24	25	26	27	28	29		
	藏曆十一 十二月					1	2	3	4	5	6	7	8	9	10	11	11	12	13	14	15	16	17	18	19	20	21	22	24	25	26	27	28	29	1	2		

大事記

正月，宋以夏侵擾，戒責之。宋於京東西及淮南募兵。　三月，宋行《明天曆》。　四月，議崇奉濮王典禮，司馬光、歐陽修議不合。　五月，夏貢於契丹。宋樞密院進新編《機要文字》981 册。　六月，遣官與契丹定疆界。頒行《新編在京諸司庫務條式》。　九月，宋修《太常因革禮》成。　是歲，漕運粟入京總數 1 178 萬石。時內外入116 138 405；出120 343 174；非常出者又 101 521 278。

宋遼金紀年

干支丙午　公元 1066 年

朝代或國名	國家支配者	建都	廟號	謚號	建元	年號年次	輔政者	備注
北宋	⑤趙曙	汴梁	英宗	宣	1	治平 3 年	韓琦曾公亮	
契丹(遼)	⑦耶律洪基	中京	道宗	文	5	2 咸雍 2 年		
大理	⑪段思廉	陽苴咩	興宗					在雲南
西夏	②李諒祚	興慶	毅宗	昭英	5	5 拱化 4 年		
吐蕃	②董氈	宗哥				元年		
古格						253 年		西藏阿里
東汗國	馬赫穆德					7 年		在新疆

月曆表

5779—354—2110796

月 干支 序數	月＼星期 序	日	1	2	3	4	5	6	日	1	2	3	4	5	6	日	1	2	3	4	5	6	日	1	2	3	4	5	6	日	1	2	3	4	5	6	日	1
	公曆 1 月	1	2	3	4	5	6	7	8	9	10	11	12	13	14	15	16	17	18	19	20	21	22	23	24	25	26	27	28	29	30	31						
27	夏曆正月	3	4	5	6	7	8	9	10	11	12	13	14	15	16	17	18	19	20	21	22	23	24	25	26	27	28	29	30	(53)	2	3						

續表

月 干支 序數	月序 \ 星期	日	1	2	3	4	5	6	日	1	2	3	4	5	6	日	1	2	3	4	5	6	日	1	2	3	4	5	6	日	1	2	3	4	5	6	日	1
	回曆2、3月	30	1	2	3	4	5	6	7	8	9	10	11	12	13	14	15	16	17	18	19	20	21	22	23	24	25	26	27	28	29	1						
陽火馬年	藏曆一月	3	4	5	6	7	8	9	10	11	11	12	13	14	15	16	17	18	19	20	21	22	23	25	26	27	28	29	30	1	2	3						
	公曆2月				1	2	3	4	5	6	7	8	9	10	11	12	13	14	15	16	17	18	19	20	21	22	23	24	25	26	27	28						
28	夏曆二月				4	5	6	7	8	9	10	11	12	13	14	15	16	17	18	19	20	21	22	23	24	25	26	27	28	29	㉒	2						
	回曆3月				2	3	4	5	6	7	8	9	10	11	12	13	14	15	16	17	18	19	20	21	22	23	24	25	26	27	28	29						
	藏曆二月				4	5	6	7	8	9	10	11	12	13	14	15	16	17	18	19	20	21	22	23	24	25	26	27	28	30	1	2						
	公曆3月				1	2	3	4	5	6	7	8	9	10	11	12	13	14	15	16	17	18	19	20	21	22	23	24	25	26	27	28	29	30	31			
29	夏曆三月				3	4	5	6	7	8	9	10	11	12	13	14	15	16	17	18	19	20	21	22	23	24	25	26	27	28	29	30	(52)	2	3			
	回曆4、5月				30	1	2	3	4	5	6	7	8	9	10	11	12	13	14	15	16	17	18	19	20	21	22	23	24	25	26	27	28	29	1			
	藏曆三月				3	3	4	5	6	7	8	9	10	11	12	13	14	15	16	17	18	19	20	21	23	24	25	26	27	28	29	30	1	2	3			
	公曆4月							1	2	3	4	5	6	7	8	9	10	11	12	13	14	15	16	17	18	19	20	21	22	23	24	25	26	27	28	29	30	
30	夏曆四月							4	5	6	7	8	9	10	11	12	13	14	15	16	17	18	19	20	21	22	23	24	25	26	27	28	29	㉑	2	3	4	
	回曆6月							2	3	4	5	6	7	8	9	10	11	12	13	14	15	16	17	18	19	20	21	22	23	24	25	26	27	28	29	30	1	
	藏曆四月							4	5	6	7	7	8	9	10	11	12	13	14	16	17	18	19	20	21	22	23	24	25	26	27	28	29	30	1	2	3	
	公曆5月		1	2	3	4	5	6	7	8	9	10	11	12	13	14	15	16	17	18	19	20	21	22	23	24	25	26	27	28	29	30	31					
31	夏曆五月		5	6	7	8	9	10	11	12	13	14	15	16	17	18	19	20	21	22	23	24	25	26	27	28	29	30	(51)	2	3	4	5					
	回曆7月		2	3	4	5	6	7	8	9	10	11	12	13	14	15	16	17	18	19	20	21	22	23	24	25	26	27	28	29	1	2	3					
	藏曆五月		4	5	6	7	8	9	10	11	12	13	14	15	16	17	18	20	21	22	23	24	25	26	27	28	29	30	1	2	3	3	4					
	公曆6月					1	2	3	4	5	6	7	8	9	10	11	12	13	14	15	16	17	18	19	20	21	22	23	24	25	26	27	28	29	30			
32	夏曆六月					6	7	8	9	10	11	12	13	14	15	16	17	18	19	20	21	22	23	24	25	26	27	28	29	30	㉑	2	3	4	5			
	回曆8月					4	5	6	7	8	9	10	11	12	13	14	15	16	17	18	19	20	21	22	23	24	25	26	27	28	29	30	1	2	3			
	藏曆六月					5	6	7	8	9	10	12	13	14	15	16	17	18	19	20	21	22	23	24	25	26	27	28	29	30	1	2	3	4	5			
	公曆7月							1	2	3	4	5	6	7	8	9	10	11	12	13	14	15	16	17	18	19	20	21	22	23	24	25	26	27	28	29	30	31
33	夏曆七月							6	7	8	9	10	11	12	13	14	15	16	17	18	19	20	21	22	23	24	25	26	27	28	29	㊿	2	3	4	5	6	7
	回曆9月							4	5	6	7	8	9	10	11	12	13	14	15	16	17	18	19	20	21	22	23	24	25	26	27	28	29	1	2	3	4	5
	藏曆七月							6	7	8	9	10	11	12	13	15	16	17	18	19	20	21	22	23	24	25	26	27	28	29	30	30	1	2	3	4	5	6
	公曆8月			1	2	3	4	5	6	7	8	9	10	11	12	13	14	15	16	17	18	19	20	21	22	23	24	25	26	27	28	29	30	31				
34	夏曆八月			8	9	10	11	12	13	14	15	16	17	18	19	20	21	22	23	24	25	26	27	28	29	30	⑳	2	3	4	5	6	7	8				
	回曆10月			6	7	8	9	10	11	12	13	14	15	16	17	18	19	20	21	22	23	24	25	26	27	28	29	30	1	2	3	4	5	6				
	藏曆八月			8	9	10	11	12	13	14	15	16	17	18	19	20	21	22	23	24	25	26	27	28	29	30	1	2	3	4	5	6	7	8				
	公曆9月						1	2	3	4	5	6	7	8	9	10	11	12	13	14	15	16	17	18	19	20	21	22	23	24	25	26	27	28	29	30		
35	夏曆九月						9	10	11	12	13	14	15	16	17	18	19	20	21	22	23	24	25	26	27	28	29	㊾	2	3	4	5	6	7	8	9		
	回曆11月						7	8	9	10	11	12	13	14	15	16	17	18	19	20	21	22	23	24	25	26	27	28	29	1	2	3	4	5	6	7		
	藏曆九月						9	11	12	13	14	15	16	17	18	19	20	21	22	23	24	25	25	26	27	28	29	30	1	2	4	5	6	7	8	9		
	公曆10月	1	2	3	4	5	6	7	8	9	10	11	12	13	14	15	16	17	18	19	20	21	22	23	24	25	26	27	28	29	30	31						
36	夏曆十月	10	11	12	13	14	15	16	17	18	19	20	21	22	23	24	25	26	27	28	29	30	⑲	2	3	4	5	6	7	8	9	10						
	回曆12月	8	9	10	11	12	13	14	15	16	17	18	19	20	21	22	23	24	25	26	27	28	29	30	1	2	3	4	5	6	7	8						
	藏曆十月	10	11	12	13	14	15	16	17	18	19	20	21	22	23	24	25	26	27	28	29	30	1	2	3	4	5	6	8	9	10	11						
	公曆11月				1	2	3	4	5	6	7	8	9	10	11	12	13	14	15	16	17	18	19	20	21	22	23	24	25	26	27	28	29	30				
37	夏曆十一月				11	12	13	14	15	16	17	18	19	20	21	22	23	24	25	26	27	28	29	㊽	2	3	4	5	6	7	8	9	10	11				
459年	回曆1月				9	10	11	12	13	14	15	16	17	18	19	20	21	22	23	24	25	26	27	28	29	①	2	3	4	5	6	7	8	9				
	藏曆十一月				12	13	14	15	16	17	18	19	20	21	22	23	24	25	26	27	28	29	30	2	3	4	5	6	7	8	9	10	11	12				
	公曆12月						1	2	3	4	5	6	7	8	9	10	11	12	13	14	15	16	17	18	19	20	21	22	23	24	25	26	27	28	29	30	31	

續表

月 干支 序數	星期 月序	日	1	2	3	4	5	6	日	1	2	3	4	5	6	日	1	2	3	4	5	6	日	1	2	3	4	5	6	日	1	2	3	4	5	6	日	1
38	夏曆十二月						12	13	14	15	16	17	18	19	20	21	22	23	24	25	26	27	28	29	30	⑱	2	3	4	5	6	7	8	9	10	11	12	
	回曆2月						10	11	12	13	14	15	16	17	18	19	20	21	22	23	24	25	26	27	28	29	30	1	2	3	4	5	6	7	8	9	10	
	藏曆十二月						13	14	15	16	17	18	19	20	21	22	23	24	25	26	27	28	29	30	30	1	2	3	4	5	6	7	9	10	10	11	12	

大事記

正月，契丹改國號為遼。　二月，命司馬光編集歷代君臣事迹。　六月，回鶻、阻卜貢遼。　九月，夏主諒祚擾宋大順城，受傷而退。　十月，宋遣使詰責之，且停歲賜，諒祚諉之邊吏。　十月，詔禮部三歲一貢舉。　是歲，名文學家蘇洵卒(1009—1066)。

宋遼金紀年　　干支丁未　公元1067年

朝代或國名	國家支配者	建都	廟號	謚號	建元	年號年次	輔政者	備注
北宋	⑤趙曙	汴梁	英宗	宣	1	治平4年	韓琦曾公亮	正月趙頊即位
遼(契丹)	⑦耶律洪基	中京	道宗	文	5	2咸雍3年		改國號爲遼
大理	⑪段思廉	陽苴咩	興宗					在雲南
西夏	②李諒祚	興慶	毅宗	昭英	5	5拱化5年		
吐蕃	②董氈	宗哥				2年		
古格						254年		西藏阿里
東汗國	馬赫穆德					8年		在新疆

月曆表　　5780—384—2111180

月 干支 序數	星期 月序	日	1	2	3	4	5	6	日	1	2	3	4	5	6	日	1	2	3	4	5	6	日	1	2	3	4	5	6	日	1	2	3	4	5	6	日	1
	公曆1月		1	2	3	4	5	6	7	8	9	10	11	12	13	14	15	16	17	18	19	20	21	22	23	24	25	26	27	28	29	30	31					
39	夏曆正月		13	14	15	16	17	18	19	20	21	22	23	24	25	26	27	28	29	㊼	2	3	4	5	6	7	8	9	10	11	12	13	14					
	回曆3月		11	12	13	14	15	16	17	18	19	20	21	22	23	24	25	26	27	28	29	1	2	3	4	5	6	7	8	9	10	11	12					
陰火羊年	藏曆一月		13	14	15	16	17	18	19	20	21	22	23	24	25	26	27	28	29	2	3	4	5	6	7	8	9	10	11	12	13	14	14					
	公曆2月					1	2	3	4	5	6	7	8	9	10	11	12	13	14	15	16	17	18	19	20	21	22	23	24	25	26	27	28					
40	夏曆二月					15	16	17	18	19	20	21	22	23	24	25	26	27	28	29	30	⑰	2	3	4	5	6	7	8	9	10	11	12					
	回曆4月					13	14	15	16	17	18	19	20	21	22	23	24	25	26	27	28	29	30	1	2	3	4	5	6	7	8	9	10					
	藏曆二月					15	16	17	18	19	20	21	22	23	24	26	27	28	29	30	30	1	2	3	4	5	6	7	8	9	10	11	12					
	公曆3月					1	2	3	4	5	6	7	8	9	10	11	12	13	14	15	16	17	18	19	20	21	22	23	24	25	26	27	28	29	30	31		
41	夏曆三月					13	14	15	16	17	18	19	20	21	22	23	24	25	26	27	28	29	㊻	2	3	4	5	6	7	8	9	10	11	12	13	14		
	回曆5月					11	12	13	14	15	16	17	18	19	20	21	22	23	24	25	26	27	28	29	1	2	3	4	5	6	7	8	9	10	11	12		
	藏曆三月					13	14	15	16	17	18	19	20	21	22	23	24	25	26	27	28	30	1	2	3	4	5	6	7	7	8	9	10	11	12	13		
	公曆4月	1	2	3	4	5	6	7	8	9	10	11	12	13	14	15	16	17	18	19	20	21	22	23	24	25	26	27	28	29	30							
	夏曆閏三月	15	16	17	18	19	20	21	22	23	24	25	26	27	28	29	30	⑯	2	3	4	5	6	7	8	9	10	11	12	13	14							
	回曆6月	13	14	15	16	17	18	19	20	21	22	23	24	25	26	27	28	29	30	1	2	3	4	5	6	7	8	9	10	11	12							
	藏曆四月	14	15	16	17	18	19	20	21	22	23	24	25	26	27	28	29	30	1	2	3	4	5	6	7	8	9	10	11	12	13	13						

續表

月干支序數	星期 / 月序	日	1	2	3	4	5	6	日	1	2	3	4	5	6	日	1	2	3	4	5	6	日	1	2	3	4	5	6	日	1	2	3	4	5	6	日	1
	公曆5月			1	2	3	4	5	6	7	8	9	10	11	12	13	14	15	16	17	18	19	20	21	22	23	24	25	26	27	28	29	30	31				
42	夏曆四月			15	16	17	18	19	20	21	22	23	24	25	26	27	28	29	㊺	2	3	4	5	6	7	8	9	10	11	12	13	14	15	16				
	回曆7月			13	14	15	16	17	18	19	20	21	22	23	24	25	26	27	28	29	1	2	3	4	5	6	7	8	9	10	11	12	13	14				
	藏曆五月			15	16	17	18	19	20	21	22	23	24	25	27	28	29	30	1	2	2	3	4	5	6	7	8	9	10	11	12	13	14	15				
	公曆6月						1	2	3	4	5	6	7	8	9	10	11	12	13	14	15	16	17	18	19	20	21	22	23	24	25	26	27	28	29	30		
43	夏曆五月						17	18	19	20	21	22	23	24	25	26	27	28	29	30	⑮	2	3	4	5	6	7	8	9	10	11	12	13	14	15	16		
	回曆8月						15	16	17	18	19	20	21	22	23	24	25	26	27	28	29	30	1	2	3	4	5	6	7	8	9	10	11	12	13	14		
	藏曆六月						16	17	18	20	21	22	23	24	25	26	27	28	29	30	1	2	3	4	5	6	7	8	9	10	11	12	13	14	15	16		
	公曆7月	1	2	3	4	5	6	7	8	9	10	11	12	13	14	15	16	17	18	19	20	21	22	23	24	25	26	27	28	29	30	31						
44	夏曆六月	17	18	19	20	21	22	23	24	25	26	27	28	29	㊹	2	3	4	5	6	7	8	9	10	11	12	13	14	15	16	17	18						
	回曆9月	15	16	17	18	19	20	21	22	23	24	25	26	27	28	29	1	2	3	4	5	6	7	8	9	10	11	12	13	14	15	16						
	藏曆七月	17	18	19	20	21	23	24	25	26	27	28	29	29	30	1	2	3	4	5	6	7	8	9	10	11	12	13	15	16	17	18						
	公曆8月				1	2	3	4	5	6	7	8	9	10	11	12	13	14	15	16	17	18	19	20	21	22	23	24	25	26	27	28	29	30	31			
45	夏曆七月				19	20	21	22	23	24	25	26	27	28	29	30	⑭	2	3	4	5	6	7	8	9	10	11	12	13	14	15	16	17	18	19			
	回曆10月				17	18	19	20	21	22	23	24	25	26	27	28	29	30	1	2	3	4	5	6	7	8	9	10	11	12	13	14	15	16	17			
	藏曆八月				19	20	21	22	23	24	25	26	27	28	29	30	1	2	3	4	5	6	7	8	9	10	11	12	13	14	15	16	18	19	20			
	公曆9月							1	2	3	4	5	6	7	8	9	10	11	12	13	14	15	16	17	18	19	20	21	22	23	24	25	26	27	28	29	30	
46	夏曆八月							20	21	22	23	24	25	26	27	28	29	30	㊹	2	3	4	5	6	7	8	9	10	11	12	13	14	15	16	17	18	19	
	回曆11月							18	19	20	21	22	23	24	25	26	27	28	29	1	2	3	4	5	6	7	8	9	10	11	12	13	14	15	16	17	18	
	藏曆九月							21	22	23	24	24	25	26	27	28	29	30	1	2	3	4	5	6	7	8	9	10	12	13	14	15	16	17	18	19	20	
	公曆10月		1	2	3	4	5	6	7	8	9	10	11	12	13	14	15	16	17	18	19	20	21	22	23	24	25	26	27	28	29	30	31					
47	夏曆九月		20	21	22	23	24	25	26	27	28	29	⑬	2	3	4	5	6	7	8	9	10	11	12	13	14	15	16	17	18	19	20	21					
	回曆12月		19	20	21	22	23	24	25	26	27	28	29	30	1	2	3	4	5	6	7	8	9	10	11	12	13	14	15	16	17	18	19					
	藏曆十月		21	22	23	24	25	26	27	28	29	29	30	1	2	4	5	6	7	8	9	10	11	12	13	14	15	17	17	18	19	20	21					
	公曆11月					1	2	3	4	5	6	7	8	9	10	11	12	13	14	15	16	17	18	19	20	21	22	23	24	25	26	27	28	29	30			
48	夏曆十月					22	23	24	25	26	27	28	29	30	㊸	2	3	4	5	6	7	8	9	10	11	12	13	14	15	16	17	18	19	20	21			
460年	回曆1月					20	21	22	23	24	25	26	27	28	29	①	2	3	4	5	6	7	8	9	10	11	12	13	14	15	16	17	18	19	20			
	藏曆十一月					22	23	24	25	26	27	28	29	30	1	2	3	4	5	6	7	9	10	11	12	13	14	15	16	17	18	19	20	21	22			
	公曆12月							1	2	3	4	5	6	7	8	9	10	11	12	13	14	15	16	17	18	19	20	21	22	23	24	25	26	27	28	29	30	31
49	夏曆十一月							22	23	24	25	26	27	28	29	⑫	2	3	4	5	6	7	8	9	10	11	12	13	14	15	16	17	18	19	20	21	22	23
	回曆2月							21	22	23	24	25	26	27	28	29	30	1	2	3	4	5	6	7	8	9	10	11	12	13	14	15	16	17	18	19	20	21
	藏曆十二月							22	23	24	25	26	27	28	29	30	1	2	4	5	6	7	8	9	10	11	12	13	14	15	16	17	18	19	20	21	22	23

大事記

正月，宋英宗卒，太子頊嗣，為神宗。　閏三月，王安石出知江寧府。夏使獻方物於宋，且謝罪。　六月，宋詔內外官吏言差役利害。　八月，復於夏互市。　九月，以王安石為翰林學士。潮州地震。十月，漳、泉、建州、邵武軍地震。制《資治通鑒》序賜司馬光，宋詐誘夏將嵬名山降，遂復綏州；夏殺保安軍宋將。宋置馬監於交城縣。夏貢回鶻僧及佛經於遼。十二月，夏主諒祚卒，子秉常嗣，太后梁氏攝政。　是歲，遼南京旱蝗。

宋遼金紀年

干支戊申　公元1068年

朝代或國名	國家支配者	建都	廟號	謚號	建元	年號年次	輔政者	備注
北宋	⑥趙頊	汴梁	神宗	聖	2	1熙寧元年	曾公亮	
遼	⑦耶律洪基	中京	道宗	文	5	2咸雍4年		
大理	⑪段思廉	陽苴咩	興宗					在雲南
西夏	③李秉常	興慶	惠宗	康靖	4	1乾道元年		
吐蕃	②董氈	宗哥				3年		
古格						255年		西藏阿里
東汗國	馬赫穆德					9年		在新疆

月曆表

5781—355—2111535

月干支序數	月序＼星期	日	1	2	3	4	5	6	日	1	2	3	4	5	6	日	1	2	3	4	5	6	日	1	2	3	4	5	6	日	1	2	3	4	5	6	日	1
	公曆1月			1	2	3	4	5	6	7	8	9	10	11	12	13	14	15	16	17	18	19	20	21	22	23	24	25	26	27	28	29	30	31				
50	夏曆十二月			24	25	26	27	28	29	30	㊷	2	3	4	5	6	7	8	9	10	11	12	13	14	15	16	17	18	19	20	21	22	23	24				
	回曆3月			22	23	24	25	26	27	28	29	1	2	3	4	5	6	7	8	9	10	11	12	13	14	15	16	17	18	19	20	21	22	23				
陽土猴年	藏曆一月			24	25	26	27	28	29	30	1	2	3	4	5	6	7	9	10	11	12	13	13	14	15	16	17	18	19	20	21	22	23	24				
	公曆2月						1	2	3	4	5	6	7	8	9	10	11	12	13	14	15	16	17	18	19	20	21	22	23	24	25	26	27	28	29			
51	夏曆正月						25	26	27	28	29	⑪	2	3	4	5	6	7	8	9	10	11	12	13	14	15	16	17	18	19	20	21	22	23	24			
	回曆4月						24	25	26	27	28	29	30	1	2	3	4	5	6	7	8	9	10	11	12	13	14	15	16	17	18	19	20	21	22			
	藏曆二月						25	26	27	28	29	30	1	3	4	5	6	7	8	9	10	11	12	13	14	15	16	17	17	18	19	20	21	22	23			
	公曆3月							1	2	3	4	5	6	7	8	9	10	11	12	13	14	15	16	17	18	19	20	21	22	23	24	25	26	27	28	29	30	31
52	夏曆二月							25	26	27	28	29	30	㊶	2	3	4	5	6	7	8	9	10	11	12	13	14	15	16	17	18	19	20	21	22	23	24	25
	回曆5月							23	24	25	26	27	28	29	1	2	3	4	5	6	7	8	9	10	11	12	13	14	15	16	17	18	19	20	21	22	23	24
	藏曆三月							24	25	27	28	29	30	1	2	3	4	5	6	7	8	9	10	11	12	13	14	15	16	17	18	19	20	21	22	23	24	25
	公曆4月			1	2	3	4	5	6	7	8	9	10	11	12	13	14	15	16	17	18	19	20	21	22	23	24	25	26	27	28	29	30					
53	夏曆三月			26	27	28	29	⑩	2	3	4	5	6	7	8	9	10	11	12	13	14	15	16	17	18	19	20	21	22	23	24	25	26					
	回曆6月			25	26	27	28	29	30	1	2	3	4	5	6	7	8	9	10	11	12	13	14	15	16	17	18	19	20	21	22	23	24					
	藏曆四月			26	27	28	30	1	2	3	4	5	6	7	8	9	10	11	11	12	13	14	15	16	17	18	19	20	21	22	24	25	26					
	公曆5月					1	2	3	4	5	6	7	8	9	10	11	12	13	14	15	16	17	18	19	20	21	22	23	24	25	26	27	28	29	30	31		
54	夏曆四月					27	28	29	㊴	2	3	4	5	6	7	8	9	10	11	12	13	14	15	16	17	18	19	20	21	22	23	24	25	26	27	28		
	回曆7月					25	26	27	28	29	1	2	3	4	5	6	7	8	9	10	11	12	13	14	15	16	17	18	19	20	21	22	23	24	25	26		
	藏曆後四月					27	28	29	30	1	2	3	4	5	6	7	8	9	10	11	12	13	14	15	16	17	18	19	20	21	22	23	24	25	27	28		
	公曆6月	1	2	3	4	5	6	7	8	9	10	11	12	13	14	15	16	17	18	19	20	21	22	23	24	25	26	27	28	29	30							
55	夏曆五月	29	30	⑨	2	3	4	5	6	7	8	9	10	11	12	13	14	15	16	17	18	19	20	21	22	23	24	25	26	27	28							
	回曆8月	27	28	29	30	1	2	3	4	5	6	7	8	9	10	11	12	13	14	15	16	17	18	19	20	21	22	23	24	25	26							
	藏曆五月	29	30	1	2	3	4	5	6	7	7	8	9	10	11	12	13	14	15	16	17	18	20	21	22	23	24	25	26	27	28							
	公曆7月			1	2	3	4	5	6	7	8	9	10	11	12	13	14	15	16	17	18	19	20	21	22	23	24	25	26	27	28	29	30	31				
56	夏曆六月			29	㊳	2	3	4	5	6	7	8	9	10	11	12	13	14	15	16	17	18	19	20	21	22	23	24	25	26	27	28	29	30				
	回曆9月			27	28	29	11	2	3	4	5	6	7	8	9	10	11	12	13	14	15	16	17	18	19	20	21	22	23	24	25	26	27	28				
	藏曆六月			29	30	1	2	3	4	5	6	7	8	9	10	11	12	13	4	15	16	17	18	19	20	22	23	24	25	26	27	28	29	30				
	公曆8月						1	2	3	4	5	6	7	8	9	10	11	12	13	14	15	16	17	18	19	20	21	22	23	24	25	26	27	28	29	30	31	
57 58	夏曆七/八月						⑧	2	3	4	5	6	7	8	9	10	11	12	13	14	15	16	17	18	19	20	21	22	23	24	25	26	27	28	29	30	㊳	

續表

月 干支 序數	月序＼星期	日	1	2	3	4	5	6	日	1	2	3	4	5	6	日	1	2	3	4	5	6	日	1	2	3	4	5	6	日	1	2	3	4	5	6	日	1
	回曆10月						29	30	11	2	3	4	5	6	7	8	9	10	11	12	13	14	15	16	17	18	19	20	21	22	23	24	25	26	27	28	29	
	藏曆七八月						1	2	3	3	4	5	6	7	8	9	10	11	12	13	15	16	17	18	19	20	21	22	23	24	25	26	27	28	29	30	1	
	公曆9月		1	2	3	4	5	6	7	8	9	10	11	12	13	14	15	16	17	18	19	20	21	22	23	24	25	26	27	28	29	30						
59	夏曆九月		2	3	4	5	6	7	8	9	10	11	12	13	14	15	16	17	18	19	20	21	22	23	24	25	26	27	28	29	⑦	2						
	回曆11月		1	2	3	4	5	6	7	8	9	0	11	12	13	14	15	16	17	18	19	20	21	22	23	24	25	26	27	28	29	30						
	藏曆九月		2	3	4	5	6	7	8	9	10	11	12	13	14	15	16	17	19	20	21	22	23	24	25	26	27	28	28	29	30	1						
	公曆10月				1	2	3	4	5	6	7	8	9	10	11	12	13	14	15	16	17	18	19	20	21	22	23	24	25	26	27	28	29	30	31			
60	夏曆十月				3	4	5	6	7	8	9	10	11	12	13	14	15	16	17	18	19	20	21	22	23	24	25	26	27	28	29	30	㊲	2	3			
461年	回曆12,1月				1	2	3	4	5	6	7	8	9	10	11	12	13	14	15	16	17	18	19	20	21	22	23	24	25	26	27	28	29	30	①			
	藏曆十月				2	3	4	5	6	7	8	9	10	12	13	14	15	16	17	18	19	20	21	22	23	24	25	26	27	28	29	30	1	2	3			
	公曆11月							1	2	3	4	5	6	7	8	9	10	11	12	13	14	15	16	17	18	19	20	21	22	23	24	25	26	27	28	29	30	
1	夏曆十一月							4	5	6	7	8	9	10	11	2	13	14	15	16	17	18	19	20	21	22	23	24	25	26	27	28	29	30	⑦	2	3	
	回曆2月							2	3	4	5	6	7	8	9	10	11	12	13	14	15	16	17	18	19	20	21	22	23	24	25	26	27	28	29	30	1	
	藏曆十一月							4	5	6	7	8	9	10	11	12	13	14	15	17	18	19	20	21	21	22	23	24	25	26	27	28	29	30	1	2	3	
	公曆12月		1	2	3	4	5	6	7	8	9	10	11	12	13	14	15	16	17	18	19	20	21	22	23	24	25	26	27	28	29	30	31					
2	夏曆十二月		4	5	6	7	8	9	10	11	12	13	4	15	16	17	18	19	20	21	22	23	24	25	26	27	28	29	㊱	2	3	4	5					
	回曆3月		2	3	4	5	6	7	8	9	10	11	12	13	14	15	16	17	18	19	20	21	22	23	24	25	26	27	28	29	1	2	3					
	藏曆十二月		4	5	6	7	8	9	11	12	13	14	15	16	17	18	19	20	21	22	23	24	25	25	26	27	28	29	30	1	2	3	5					

大事記

正月，宋太學置外舍生百人。　二月，遼詔元帥府募兵。　三月，遼許南京民在軍行地外種稻。夏主秉常即位，改元乾道。　四月，詔王安石越次入對。回鶻貢遼。　五月，募饑民補廂軍。宋詔國子監生以九百人為額。　六月，宋詔州縣興水利。河決恩、冀、深、瀛四州。占城貢宋。命司馬光、滕甫裁定國用。　七月，京師、河北地大震，至冬至未止，壓死人甚多。遼南京地震，大水。　八月，宋復行《崇天曆》。　十月，遼册李秉常為夏國王。　十二月，宋復夏國歲賜。夏貢於遼。

宋遼金紀年

干支己酉　公元 1069 年

朝代或國名	國家支配者	建都	廟號	謚號	建元	年號年次	輔政者	備注
北宋	⑥趙頊	汴梁	神宗	聖	2	1熙寧2年	富弼曾公亮陳旭	
遼	⑦耶律洪基	中京	道宗	文	5	2咸雍5年		
大理	⑪段思廉	陽苴咩	興宗					在雲南
西夏	③李秉常	興慶	惠宗	康靖	4	2天賜禮盛國慶元年		一作1071年爲元年
吐蕃	②董氈	宗哥				4年		
古格						256年		西藏阿里
東汗國	馬赫穆德					10年		在新疆

月干支序數	星期 / 月序	日	1	2	3	4	5	6	日	1	2	3	4	5	6	日	1	2	3	4	5	6	日	1	2	3	4	5	6	日	1	2	3	4	5	6	日	1
	公暦1月					1	2	3	4	5	6	7	8	9	10	11	12	13	14	15	16	17	18	19	20	21	22	23	24	25	26	27	28	29	30	31		
3	夏暦正月					6	7	8	9	10	11	12	13	14	15	16	17	18	19	20	21	22	23	24	25	26	27	28	29	30	⑥	2	3	4	5	6		
	回暦4月					4	5	6	7	8	9	10	11	12	13	14	15	16	17	18	19	20	21	22	23	24	25	26	27	28	29	30	1	2	3	4		
陰土鷄年	藏暦一月					6	7	8	9	10	11	12	13	14	15	16	17	18	19	20	21	22	23	24	25	26	27	28	29	30	1	2	3	4	5	6		
	公暦2月	1	2	3	4	5	6	7	8	9	10	11	12	13	14	15	16	17	18	19	20	21	22	23	24	25	26	27	28									
4	夏暦二月	7	8	9	10	11	12	13	14	15	16	17	18	19	20	21	22	23	24	25	26	27	28	29	㉟	2	3	4	5									
	回暦5月	5	6	7	8	9	10	11	12	13	14	15	16	17	18	19	20	21	22	23	24	25	26	27	28	29	1	2	3									
	藏暦二月	7	8	10	11	12	13	14	15	16	17	17	18	19	20	21	22	23	24	25	26	27	28	29	30	1	2	4	5									
	公暦3月	1	2	3	4	5	6	7	8	9	10	11	12	13	14	15	16	17	18	19	20	21	22	23	24	25	26	27	28	29	30	31						
5	夏暦三月	6	7	8	9	10	11	12	13	14	15	16	17	18	19	20	21	22	23	24	25	26	27	28	29	30	⑤	2	3	4	5	6						
	回暦6月	4	5	6	7	8	9	10	11	12	13	14	15	16	17	18	19	20	21	22	23	24	25	26	27	28	29	30	1	2	3	4						
	藏暦三月	6	7	8	9	10	11	12	13	14	15	16	17	18	19	20	21	21	22	23	24	25	27	28	29	30	1	2	3	4	5	6						
	公暦4月				1	2	3	4	5	6	7	8	9	10	11	12	13	14	15	16	17	18	19	20	21	22	23	24	25	26	27	28	29	30				
6	夏暦四月				7	8	9	10	11	12	13	14	15	16	17	18	19	20	21	22	23	24	25	26	27	28	29	㉞	2	3	4	5	6	7				
	回暦7月				5	6	7	8	9	10	11	12	13	14	15	16	17	18	19	20	21	22	23	24	25	26	27	28	29	1	2	3	4	5				
	藏暦四月				7	8	9	10	11	12	13	14	15	16	17	18	19	20	21	22	23	24	25	26	27	28	29	1	2	3	4	5	6	7				
	公暦5月						1	2	3	4	5	6	7	8	9	10	11	12	13	14	15	16	17	18	19	20	21	22	23	24	25	26	27	28	29	30	31	
7	夏暦五月						8	9	10	11	12	13	14	15	16	17	18	19	20	21	22	23	24	25	26	27	28	29	③	2	3	4	5	6	7	8	9	
	回暦8月						6	7	8	9	10	11	12	13	14	15	16	17	18	19	20	21	22	23	24	25	26	27	28	29	30	1	2	3	4	5	6	
	藏暦五月						8	9	10	11	12	13	14	15	15	16	17	18	19	20	21	22	24	25	26	27	28	29	30	1	2	3	4	5	6	7	8	
	公暦6月		1	2	3	4	5	6	7	8	9	10	11	12	13	14	15	16	17	18	19	20	21	22	23	24	25	26	27	28	29	30						
8	夏暦六月		10	11	12	13	14	15	16	17	18	19	20	21	22	23	24	25	26	27	28	29	30	㉝	2	3	4	5	6	7	8	9						
	回暦9月		7	8	9	10	11	12	13	14	15	16	17	18	19	20	21	22	23	24	25	26	27	28	29	1	2	3	4	5	6	7						
	藏暦六月		9	10	11	12	13	14	15	16	17	18	19	20	21	22	23	24	25	27	28	29	30	1	2	3	4	5	6	7	8	9						
	公暦7月				1	2	3	4	5	6	7	8	9	10	11	12	13	14	15	16	17	18	19	20	21	22	23	24	25	26	27	28	29	30	31			
9	夏暦七月				10	11	12	13	14	15	16	17	18	19	20	21	22	23	24	25	26	27	28	29	②	2	3	4	5	6	7	8	9	10	11			
	回暦10月				8	9	10	11	12	13	14	15	16	17	18	19	20	21	22	23	24	25	26	27	28	29	30	1	2	3	4	5	6	7	8			
	藏暦七月				10	11	12	12	13	14	15	16	17	19	20	21	22	23	24	25	26	27	28	29	30	1	2	3	4	5	6	7	8	9	10			
	公暦8月							1	2	3	4	5	6	7	8	9	10	11	12	13	14	15	16	17	18	19	20	21	22	23	24	25	26	27	28	29	30	31
10	夏暦八月							12	13	14	15	16	17	18	19	20	21	22	23	24	25	26	27	28	29	30	㉜	2	3	4	5	6	7	8	9	10	11	12
	回暦11月							9	10	11	12	13	14	15	16	17	18	19	20	21	22	23	24	25	26	27	28	29	1	2	3	4	5	6	7	8	9	10
	藏暦八月							11	12	13	14	15	16	17	18	19	20	22	23	24	25	26	27	28	29	30	1	2	3	4	5	6	7	8	8	9	10	11
	公暦9月			1	2	3	4	5	6	7	8	9	10	11	12	13	14	15	16	17	18	19	20	21	22	23	24	25	26	27	28	29	30					
11	夏暦九月			13	14	15	16	17	18	19	20	21	22	23	24	25	26	27	28	29	①	2	3	4	5	6	7	8	9	10	11	12	13					
	回暦12月			11	12	13	14	15	16	17	18	19	20	21	22	23	24	25	26	27	28	29	30	1	2	3	4	5	6	7	8	9	10					
	藏暦九月			12	13	15	16	17	18	19	20	21	22	23	24	25	26	27	28	29	30	1	2	3	4	5	6	7	8	9	10	11	12					
	公暦10月					1	2	3	4	5	6	7	8	9	10	11	12	13	14	15	16	17	18	19	20	21	22	23	24	25	26	27	28	29	30	31		
12	夏暦十月					14	15	16	17	18	19	20	21	22	23	24	25	26	27	28	29	30	㉛	2	3	4	5	6	7	8	9	10	11	12	13	14		
462年	回暦1月					11	12	13	14	15	16	17	18	19	20	21	22	23	24	25	26	27	28	29	①	2	3	4	5	6	7	8	9	10	11	12		
	藏暦十月					13	14	15	16	17	19	20	21	22	23	24	25	26	27	28	29	30	1	2	2	3	4	5	6	7	8	9	10	11	13	14		
	公暦11月	1	2	3	4	5	6	7	8	9	10	11	12	13	14	15	16	17	18	19	20	21	22	23	24	25	26	27	28	29	30							
13	夏暦十一月	15	16	17	18	19	20	21	22	23	24	25	26	27	28	29	30	①	2	3	4	5	6	7	8	9	10	11	12	13	14							
	回暦2月	13	14	15	16	17	18	19	20	21	22	23	24	25	26	27	28	29	30	1	2	3	4	5	6	7	8	9	10	11	12							
	藏暦十一月	15	16	17	18	19	20	21	22	23	24	25	26	27	28	29	30	1	2	3	4	5	6	7	8	9	10	11	12	13	14							

續表

月 干支 序數	星期 月序	日	1	2	3	4	5	6	日	1	2	3	4	5	6	日	1	2	3	4	5	6	日	1	2	3	4	5	6	日	1	2	3	4	5	6	日	1
	公曆12月			1	2	3	4	5	6	7	8	9	10	11	12	13	14	15	16	17	18	19	20	21	22	23	24	25	26	27	28	29	30	31				
	夏曆閏十一月			15	16	17	18	19	20	21	22	23	24	25	26	27	28	29	30	㉛	2	3	4	5	6	7	8	9	10	11	12	13	14	15				
	回曆3月			13	14	15	16	17	18	19	20	21	22	23	24	25	26	27	28	29	1	2	3	4	5	6	7	8	9	10	11	12	13	14				
	藏曆十二月			15	17	18	19	20	21	22	23	24	25	25	26	27	28	29	30	1	2	3	4	5	6	7	8	9	10	12	13	14	15	16				

大事記

二月，以王安石為參知政事，設制置三司條例司，籌變法。宋册李秉常為夏國主。　三月，詔內外官言財用利害。阻卜反遼。　四月，宋改解鹽法。遣八使者察各路農田、水利、賦役。　六月，吐蕃貢遼。　七月，淮、浙、江、湖六路行均輸法。宋修《仁宗實錄》、《英宗實錄》成。　八月，劉琦、錢顗、范純仁忤王安石，皆貶官。　九月，交趾貢宋。宋行青苗法，立常平給斂條規。　十一月，宋頒農田水利敕。五國諸部反遼，尋降。命韓絳制置三司條例。閏十一月，置交子務於潞州。置諸路提舉官，兼管農田水利差役事。　是歲，史學家劉敞卒（1008—1069）。夏改元天賜禮盛國慶。

宋遼金紀年

干支庚戌　公元1070年

朝代或國名	國家支配者	建都	廟號	謚號	建元	年號年次	輔政者	備注
北宋	⑥趙頊	汴梁	神宗	聖	2	1 熙寧 3 年	曾公亮 陳旭 韓琦 王安石	
遼	⑦耶律洪基	中京	道宗	文	5	2 咸雍 6 年		
大理	⑪段思廉	陽苴咩	興宗					在雲南
西夏	③李秉常	興慶	惠宗	康靖	4	2 天賜禮盛國慶 2 年		
吐蕃	②董氈	宗哥				5 年		
古格						257 年		西藏阿里
東汗國	馬赫穆德					11 年		在新疆

月曆表

5783—354—2112273

月 干支 序數	星期 月序	日	1	2	3	4	5	6	日	1	2	3	4	5	6	日	1	2	3	4	5	6	日	1	2	3	4	5	6	日	1	2	3	4	5	6	日	1
	公曆1月						1	2	3	4	5	6	7	8	9	10	11	12	13	14	15	16	17	18	19	20	21	22	23	24	25	26	27	28	29	30	31	
14	夏曆十二月						16	17	18	19	20	21	22	23	24	25	26	27	28	29	(60)	2	3	4	5	6	7	8	9	10	11	12	13	14	15	16	17	
	回曆4月						15	16	17	18	19	20	21	22	23	24	25	26	27	28	29	30	1	2	3	4	5	6	7	8	9	10	11	12	13	14	15	
陽金狗年	藏曆一月						17	18	19	20	21	22	23	24	25	26	27	27	28	29	30	1	2	3	4	6	7	8	9	10	11	12	13	14	15	16	17	
	公曆2月		1	2	3	4	5	6	7	8	9	10	11	12	13	14	15	16	17	18	19	20	21	22	23	24	25	26	27	28								
15	夏曆正月		18	19	20	21	22	23	24	25	26	27	28	29	30	㉚	2	3	4	5	6	7	8	9	10	11	12	13	14	15								
	回曆5月		16	17	18	19	20	21	22	23	24	25	26	27	28	29	1	2	3	4	5	6	7	8	9	10	11	12	13	14								
	藏曆二月		18	19	20	21	22	23	24	25	26	27	28	29	30	1	2	3	4	5	6	7	8	9	11	12	13	14	15	16								
	公曆3月		1	2	3	4	5	6	7	8	9	10	11	12	13	14	15	16	17	18	19	20	21	22	23	24	25	26	27	28	29	30	31					
16	夏曆二月		16	17	18	19	20	21	22	23	24	25	26	27	28	29	(59)	2	3	4	5	6	7	8	9	10	11	12	13	14	15	16	17					
	回曆6月		15	16	17	18	19	20	21	22	23	24	25	26	27	28	29	30	1	2	3	4	5	6	7	8	9	10	11	12	13	14	15					
	藏曆三月		17	18	19	20	20	21	22	23	24	25	26	27	28	29	30	1	2	4	5	6	7	8	9	10	11	12	13	14	15	16	17					
	公曆4月					1	2	3	4	5	6	7	8	9	10	11	12	13	14	15	16	17	18	19	20	21	22	23	24	25	26	27	28	29	30			

續表

月干支序數	月序＼星期	日	1	2	3	4	5	6	日	1	2	3	4	5	6	日	1	2	3	4	5	6	日	1	2	3	4	5	6	日	1	2	3	4	5	6	日	1
17	夏暦三月					18	19	20	21	22	23	24	25	26	27	28	29	30	㉙	2	3	4	5	6	7	8	9	10	11	12	13	14	15	16	17			
	回暦 7 月					16	17	18	19	20	21	22	23	24	25	26	27	28	29	1	2	3	4	5	6	7	8	9	10	11	12	13	14	15	16			
	藏暦四月					18	19	20	21	22	23	24	25	26	27	28	29	30	1	2	3	4	5	6	8	9	10	11	12	13	14	14	15	16	17			
	公暦 5 月							1	2	3	4	5	6	7	8	9	10	11	12	13	14	15	16	17	18	19	20	21	22	23	24	25	26	27	28	29	30	31
18	夏暦四月							18	19	20	21	22	23	24	25	26	27	28	29	(58)	2	3	4	5	6	7	8	9	10	11	12	13	14	15	16	17	18	19
	回暦 8 月							17	18	19	20	21	22	23	24	25	26	27	28	29	30	1	2	3	4	5	6	7	8	9	10	11	12	13	14	15	16	17
	藏暦五月							18	19	20	21	22	23	24	25	26	27	28	29	1	2	3	4	5	6	7	8	9	10	11	12	13	14	15	16	17	18	19
	公暦 6 月			1	2	3	4	5	6	7	8	9	10	11	12	13	14	15	16	17	18	19	20	21	22	23	24	25	26	27	28	29	30					
19	夏暦五月			20	21	22	23	24	25	26	27	28	29	㉗	2	3	4	5	6	7	8	9	10	11	12	13	14	15	16	17	18	19	20					
	回暦 9 月			18	19	20	21	22	23	24	25	26	27	28	29	1	2	3	4	5	6	7	8	9	10	11	12	13	14	15	16	17	18					
	藏暦六月			20	21	22	23	24	25	26	27	28	29	30	1	2	4	5	6	7	8	9	10	10	11	12	13	14	15	16	17	18	19					
	公暦 7 月					1	2	3	4	5	6	7	8	9	10	11	12	13	14	15	16	17	18	19	20	21	22	23	24	25	26	27	28	29	30	31		
20	夏暦六月					21	22	23	24	25	26	27	28	29	30	(57)	2	3	4	5	6	7	8	9	10	11	12	13	14	15	16	17	18	19	20	21		
	回暦 10 月					19	20	21	22	23	24	25	26	27	28	29	30	1	2	3	4	5	6	7	8	9	10	11	12	13	14	15	16	17	18	19		
	藏暦七月					20	21	22	23	24	25	27	28	29	30	1	2	3	4	5	6	7	8	9	10	11	12	13	14	15	16	17	18	19	20	21		
	公暦 8 月	1	2	3	4	5	6	7	8	9	10	11	12	13	14	15	16	17	18	19	20	21	22	23	24	25	26	27	28	29	30	31						
21	夏暦七月	22	23	24	25	26	27	28	29	㉖	2	3	4	5	6	7	8	9	10	11	12	13	14	15	16	17	18	19	20	21	22	23						
	回暦 11 月	20	21	22	23	24	25	26	27	28	29	1	2	3	4	5	6	7	8	9	10	11	12	13	14	15	16	17	18	19	20	21						
	藏暦八月	22	23	24	25	26	27	28	30	1	2	3	4	5	6	7	7	8	9	10	11	12	13	14	15	16	17	18	19	20	21	23						
	公暦 9 月				1	2	3	4	5	6	7	8	9	10	11	12	13	14	15	16	17	18	19	20	21	22	23	24	25	26	27	28	29	30				
22	夏暦八月				24	25	26	27	28	29	(55)	2	3	4	5	6	7	8	9	10	11	12	13	14	15	16	17	18	19	20	21	22	23	24				
	回暦 12 月				22	23	24	25	26	27	28	29	30	1	2	3	4	5	6	7	8	9	10	11	12	13	14	15	16	17	18	19	20	21				
	藏暦九月				24	25	26	27	28	29	30	1	2	3	4	5	6	7	8	9	10	11	12	13	14	15	16	17	18	19	20	21	22	23				
	公暦 10 月						1	2	3	4	5	6	7	8	9	10	11	12	13	14	15	16	17	18	19	20	21	22	23	24	25	26	27	28	29	30	31	
23	夏暦九月						25	26	27	28	29	30	㉕	2	3	4	5	6	7	8	9	10	11	12	13	14	15	16	17	18	19	20	21	22	23	24	25	
463 年	回暦 1 月						22	23	24	25	26	27	28	29	①	2	3	4	5	6	7	8	9	10	11	12	13	14	15	16	17	18	19	20	21	22	23	
	藏暦十月						24	25	27	28	29	30	1	2	2	3	4	5	6	7	8	9	10	11	12	13	14	15	16	17	18	20	21	22	23	24	25	
	公暦 11 月		1	2	3	4	5	6	7	8	9	10	11	12	13	14	15	16	17	18	19	20	21	22	23	24	25	26	27	28	29	30						
24	夏暦十月		26	27	28	29	30	(55)	2	3	4	5	6	7	8	9	10	11	12	13	14	15	16	17	18	19	20	21	22	23	24	25						
	回暦 2 月		24	25	26	27	28	29	30	1	2	3	4	5	6	7	8	9	10	11	12	13	14	15	16	17	18	19	20	21	22	23						
	藏暦十一月		26	27	28	29	30	1	2	3	4	5	5	6	7	8	9	10	11	12	14	15	16	17	18	19	20	21	22	23	24	25						
	公暦 12 月				1	2	3	4	5	6	7	8	9	10	11	12	13	14	15	16	17	18	19	20	21	22	23	24	25	26	27	28	29	30	31			
25	夏暦十一月				26	27	28	29	30	㉕	2	3	4	5	6	7	8	9	10	11	12	13	14	15	16	17	18	19	20	21	22	23	24	25	26			
	回暦 3 月				24	25	26	27	28	29	1	2	3	4	5	6	7	8	9	10	11	12	13	14	15	16	17	18	19	20	21	22	23	24	25			
	藏暦十二月				26	27	28	29	30	1	2	3	4	5	6	7	8	9	10	11	12	13	14	15	16	17	19	20	21	22	23	24	25	26	27			

遼八月乙未。

大事記

正月，禁諸路散青苗錢抑勒擾民。　二月，韓琦上疏言青苗錢之弊，并乞罷諸路提舉官。　三月，立刑法科，以選詳刑官。始策進士，罷詩、賦、論三題。　四月，給兩浙轉運司度僧牒，募民入粟。呂公著、程顥貶官。　五月，詔併邊州軍勿散青苗錢，又罷制置三司條例司歸中書。遼設賢良科。宋夏邊釁。　七月，宋罷潞州交子務。　八月，夏大舉擾宋大順城等地。　九月，司馬光罷知永興軍。　十月，宋拒夏使。五國朝遼。　十一月，夏又擾宋大順城。遼禁賣鐵於回鶻、阻卜。　十二月，改諸路更戍法。行置將法。立保甲法。頒役免法。以王安石、韓琦為相。夏人擾鎮戎軍、三川砦。遼禁漢人捕獵。交趾貢宋。廣源下溪州"蠻"附宋。

宋遼金紀年

干支辛亥　公元1071年

朝代或國名	國家支配者	建都	廟號	謚號	建元	年號年次	輔政者	備注
北宋	⑥趙頊	汴梁	神宗	聖	2	1熙寧4年	韓琦王安石	
遼	⑦耶律洪基	中京	道宗	文	5	2咸雍7年		
大理	⑪段思廉	陽苴咩	興宗					在雲南
西夏	③李秉常	興慶	惠宗	康靖	4	2天賜禮盛國慶3年		一作是年爲元年
吐蕃	②董氈	宗哥				6年		
古格						258年		西藏阿里
東汗國	馬赫穆德					12年		在新疆

月曆表

5784—354—2112627

月 干支 序數	星期 月序	日	1	2	3	4	5	6	日	1	2	3	4	5	6	日	1	2	3	4	5	6	日	1	2	3	4	5	6	日	1	2	3	4	5	6	日	1
	公曆1月							1	2	3	4	5	6	7	8	9	10	11	12	13	14	15	16	17	18	19	20	21	22	23	24	25	26	27	28	29	30	31
26	夏曆十二月							27	28	29	(54)	2	3	4	5	6	7	8	9	10	11	12	13	14	15	16	17	18	19	20	21	22	23	24	25	26	27	28
	回曆4月							26	27	28	29	30	1	2	3	4	5	6	7	8	9	10	11	12	13	14	15	16	17	18	19	20	21	22	23	24	25	26
陰金豬年	藏曆一月							27	28	29	30	1	2	3	4	5	6	7	8	9	10	11	13	14	15	16	17	18	19	20	21	22	23	24	25	26	27	28
	公曆2月			1	2	3	4	5	6	7	8	9	10	11	12	13	14	15	16	17	18	19	20	21	22	23	24	25	26	27	28							
27	夏曆正月			29	30	㉔	2	3	4	5	6	7	8	9	10	11	12	13	14	15	16	17	18	19	20	21	22	23	24	25	26							
	回曆5月			27	28	29	1	2	3	4	5	6	7	8	9	10	11	12	13	14	15	16	17	18	19	20	21	22	23	24	25							
	藏曆二月			29	30	30	1	1	2	3	4	5	7	8	9	10	11	12	13	14	15	16	17	18	19	20	21	22	23	24	25							
	公曆3月			1	2	3	4	5	6	7	8	9	10	11	12	13	14	15	16	17	18	19	20	21	22	23	24	25	26	27	28	29	30	31				
28	夏曆二月			27	28	29	30	(54)	2	3	4	5	6	7	8	9	10	11	12	13	14	15	16	17	18	19	20	21	22	23	24	25	26	27				
	回曆6月			26	27	28	29	30	1	2	3	4	5	6	7	8	9	10	11	12	13	14	15	16	17	18	19	20	21	22	23	24	25	26				
	藏曆後二月			26	27	28	29	1	2	3	4	5	6	7	8	9	11	12	13	14	15	16	17	18	19	20	21	22	23	24	24	25	26	27				
	公曆4月						1	2	3	4	5	6	7	8	9	10	11	12	13	14	15	16	17	18	19	20	21	22	23	24	25	26	27	28	29	30		
29	夏曆三月						28	29	㉓	2	3	4	5	6	7	8	9	10	11	12	13	14	15	16	17	18	19	20	21	22	23	24	25	26	27	28		
	回曆7月						27	28	29	1	2	3	4	5	6	7	8	9	10	11	12	13	14	15	16	17	18	19	20	21	22	23	24	25	26	27		
	藏曆三月						28	29	30	1	2	3	5	6	7	8	9	10	11	12	13	14	15	16	17	18	19	20	21	22	23	24	25	26	27	28		
	公曆5月	1	2	3	4	5	6	7	8	9	10	11	12	13	14	15	16	17	18	19	20	21	22	23	24	25	26	27	28	29	30	31						
30	夏曆四月	29	30	(53)	2	3	4	5	6	7	8	9	10	11	12	13	14	15	16	17	18	19	20	21	22	23	24	25	26	27	28	29						
	回曆8月	28	29	30	1	2	3	4	5	6	7	8	9	10	11	12	13	14	15	16	17	18	19	20	21	22	23	24	25	26	27	28						
	藏曆四月	29	30	1	2	3	4	5	6	8	9	10	11	12	13	14	15	16	17	18	19	19	20	21	22	23	24	25	26	27	28	29						
	公曆6月				1	2	3	4	5	6	7	8	9	10	11	12	13	14	15	16	17	18	19	20	21	22	23	24	25	26	27	28	29	30				
31 32	夏曆五六月				㉒	2	3	4	5	6	7	8	9	10	11	12	13	14	15	16	17	18	19	20	21	22	23	24	25	26	27	28	29	(51)				
	回曆9月				29	1	2	3	4	5	6	7	8	9	10	11	12	13	14	15	16	17	18	19	20	21	22	23	24	25	26	27	28	29				
	藏曆五月				1	2	3	4	5	6	7	8	9	10	11	12	13	14	15	16	17	18	19	20	21	22	23	24	25	26	27	28	29	30				
	公曆7月						1	2	3	4	5	6	7	8	9	10	11	12	13	14	15	16	17	18	19	20	21	22	23	24	25	26	27	28	29	30	31	
33	夏曆七月						2	3	4	5	6	7	8	9	10	11	12	13	14	15	16	17	18	19	20	21	22	23	24	25	26	27	28	29	30	㉑	2	
	回曆10、11月						30	1	2	3	4	5	6	7	8	9	10	11	12	13	14	15	16	17	18	19	20	21	22	23	24	25	26	27	28	29	1	
	藏曆六七月						1	2	4	5	6	7	8	9	10	11	12	13	14	15	15	16	17	18	19	20	21	22	23	24	25	27	28	29	30	1	2	
	公曆8月		1	2	3	4	5	6	7	8	9	10	11	12	13	14	15	16	17	18	19	20	21	22	23	24	25	26	27	28	29	30	31					

續表

月干支序數	月序＼星期	日	1	2	3	4	5	6	日	1	2	3	4	5	6	日	1	2	3	4	5	6	日	1	2	3	4	5	6	日	1	2	3	4	5	6	日	1
34	夏曆八月		3	4	5	6	7	8	9	10	11	12	13	14	15	16	17	18	19	20	21	22	23	24	25	26	27	28	29	㊿	2	3	4					
	回曆 12 月		2	3	4	5	6	7	8	9	10	11	12	13	14	15	16	17	18	19	20	21	22	23	24	25	26	27	28	29	30	1	2					
	藏曆八月		3	4	5	6	7	8	9	10	11	12	13	14	15	16	17	18	19	20	21	22	23	24	25	26	27	28	30	1	2	3	4					
	公曆 9 月					1	2	3	4	5	6	7	8	9	10	11	12	13	14	15	16	17	18	19	20	21	22	23	24	25	26	27	28	29	30			
35	夏曆九月					5	6	7	8	9	10	11	12	13	14	15	16	17	18	19	20	21	22	23	24	25	26	27	28	29	⑲	2	3	4	5			
464 年	回曆 1 月					3	4	5	6	7	8	9	10	11	12	13	14	15	16	17	18	19	20	21	22	23	24	25	26	27	28	29	30	①	2			
	藏曆九月					5	6	7	8	9	10	11	11	12	13	14	15	16	17	18	19	20	21	23	24	25	26	27	28	29	30	1	2	3	4			
	公曆 10 月							1	2	3	4	5	6	7	8	9	10	11	12	13	14	15	16	17	18	19	20	21	22	23	24	25	26	27	28	29	30	31
36	夏曆十月							6	7	8	9	10	11	12	13	14	15	16	17	18	19	20	21	22	23	24	25	26	27	28	29	30	㊾	2	3	4	5	6
	回曆 2 月							3	4	5	6	7	8	9	10	11	12	13	14	15	16	17	18	19	20	21	22	23	24	25	26	27	28	29	30	1	2	3
	藏曆十月							5	6	7	8	9	10	11	12	13	14	15	16	17	18	19	20	21	22	23	24	25	27	28	29	30	1	2	3	4	5	5
	公曆 11 月			1	2	3	4	5	6	7	8	9	10	11	12	13	14	15	16	17	18	19	20	21	22	23	24	25	26	27	28	29	30					
37	夏曆十一月			7	8	9	10	11	12	13	14	15	16	17	18	19	20	21	22	23	24	25	26	27	28	29	30	⑲	2	3	4	5	6					
	回曆 3 月			4	5	6	7	8	9	10	11	12	13	14	15	16	17	18	19	20	21	22	23	24	25	26	27	28	29	1	2	3	4					
	藏曆十一月			6	7	8	9	10	11	12	13	14	15	16	17	18	19	21	22	23	24	25	26	27	28	29	30	1	2	3	4	5	6					
	公曆 12 月					1	2	3	4	5	6	7	8	9	10	11	12	13	14	15	16	17	18	19	20	21	22	23	24	25	26	27	28	29	30	31		
38	夏曆十二月					7	8	9	10	11	12	13	14	15	16	17	18	19	20	21	22	23	24	25	26	27	28	29	㊽	2	3	4	5	6	7	8		
	回曆 4 月					5	6	7	8	9	10	11	12	13	14	15	16	17	18	19	20	21	22	23	24	25	26	27	28	29	30	1	2	3	4	5		
	藏曆十二月					7	8	9	9	10	11	12	14	15	16	17	18	19	20	21	22	23	24	25	26	27	28	29	30	1	2	3	4	5	6	7		

大事記

正月，宋擾夏邊。渝州夷人梁承秀等反宋，尋敗死。宋罷沿邊屯田，募民租佃，改田卒為廂軍。宋立京東、河北盜賊重法。王安石請賣天下廣惠倉田三路及京東常平倉本。種諤築羅兀城。　二月，宋改貢舉法，罷進士試詩賦及明經諸科，以經義、策論試進士。女直貢馬於遼。三月，夏陷宋撫寧諸城。宋慶州軍亂，旋定。宋置學官於諸路。　四月，罷陝西交子法。遼禁布帛短少不中尺度者。　五月，高麗貢宋。　六月，吐蕃貢遼。　七月，宋北京新堤決，淹數縣；兩浙水患。　八月，宋復春秋三傳明經。宋置洮河安撫司，經營河湟，以王韶主之。河決澶州。　九月，河又決鄆州。夏貢宋。　十月，罷差役，行募役；又立出官試律令法；又立太學生三舍法：外舍七百人，內舍二百人，上舍一百人。十一月，宋免現欠貸米一百六十六萬八千餘石、錢十一萬七千餘緡。　十二月，省諸路廂軍。回鶻貢於遼。　是歲，遼武安等州饑。

宋遼金紀年　　干支壬子　公元 1072 年

朝代或國名	國家支配者	建都	廟號	謚號	建元	年號年次	輔政者	備注
北宋	⑥趙頊	汴梁	神宗	聖	2	1 熙寧 5 年	王安石	
遼	⑦耶律洪基	中京	道宗	文	5	2 咸雍 8 年		
大理	⑪段思廉	陽苴咩	興宗					在雲南
西夏	③李秉常	興慶	惠宗	康靖	4	2 天賜禮盛國慶 4 年		
吐蕃	②董氊	宗哥				7 年		
古格						259 年		西藏阿里
東汗國	馬赫穆德					13 年		在新疆

月曆表

5785—384—2113011

月 干支 序數	星期 月序	日	1	2	3	4	5	6	日	1	2	3	4	5	6	日	1	2	3	4	5	6	日	1	2	3	4	5	6	日	1	2	3	4	5	6	日	1
	公曆1月	1	2	3	4	5	6	7	8	9	10	11	12	13	14	15	16	17	18	19	20	21	22	23	24	25	26	27	28	29	30	31						
39	夏曆正月	9	10	11	12	13	14	15	16	17	18	19	20	21	22	23	24	25	26	27	28	29	30	⑱	2	3	4	5	6	7	8	9						
	回曆5月	6	7	8	9	10	11	12	13	14	15	16	17	18	19	20	21	22	23	24	25	26	27	28	29	1	2	3	4	5	6	7						
陽水鼠年	藏曆一月	8	9	10	11	12	13	14	15	16	17	18	20	21	22	23	24	25	26	27	28	29	30	30	1	2	3	4	5	6	7	8						
	公曆2月				1	2	3	4	5	6	7	8	9	10	11	12	13	14	15	16	17	18	19	20	21	22	23	24	25	26	27	28	29					
40	夏曆二月				10	11	12	13	14	15	16	17	18	19	20	21	22	23	24	25	26	27	28	29	30	㊽	2	3	4	5	6	7	8					
	回曆6月				8	9	10	11	12	13	14	15	16	17	18	19	20	21	22	23	24	25	26	27	28	29	30	1	2	3	4	5	6					
	藏曆二月				9	10	11	12	14	15	16	17	18	19	20	21	22	23	24	25	26	27	28	29	30	1	2	3	4	5	6	7	8					
	公曆3月					1	2	3	4	5	6	7	8	9	10	11	12	13	14	15	16	17	18	19	20	21	22	23	24	25	26	27	28	29	30	31		
41	夏曆三月					9	10	11	12	13	14	15	16	17	18	19	20	21	22	23	24	25	26	27	28	29	30	⑱	2	3	4	5	6	7	8	9		
	回曆7月					7	8	9	10	11	12	13	14	15	16	17	18	19	20	21	22	23	24	25	26	27	28	29	1	2	3	4	5	6	7	8		
	藏曆三月					9	10	11	12	13	14	15	16	17	19	20	21	22	23	23	24	25	26	27	28	29	30	1	2	3	4	5	6	7	8	9		
	公曆4月	1	2	3	4	5	6	7	8	9	10	11	12	13	14	15	16	17	18	19	20	21	22	23	24	25	26	27	28	29	30							
42	夏曆四月	10	11	12	13	14	15	16	17	18	19	20	21	22	23	24	25	26	27	28	29	㊼	2	3	4	5	6	7	8	9	10							
	回曆8月	9	10	11	12	13	14	15	16	17	18	19	20	21	22	23	24	25	26	27	28	29	30	1	2	3	4	5	6	7	8							
	藏曆四月	10	12	13	14	15	16	17	18	19	20	21	22	23	24	25	26	27	28	28	29	30	1	2	3	5	6	7	8	9	10							
	公曆5月			1	2	3	4	5	6	7	8	9	10	11	12	13	14	15	16	17	18	19	20	21	22	23	24	25	26	27	28	29	30	31				
43	夏曆五月			11	12	13	14	15	16	17	18	19	20	21	22	23	24	25	26	27	28	29	30	⑰	2	3	4	5	6	7	8	9	10	11				
	回曆9月			9	10	11	12	13	14	15	16	17	18	19	20	21	22	23	24	25	26	27	28	29	1	2	3	4	5	6	7	8	9	10				
	藏曆五月			11	12	13	14	15	16	17	18	19	20	21	22	23	24	25	26	27	28	29	30	1	2	3	4	5	6	8	9	10	11	12				
	公曆6月						1	2	3	4	5	6	7	8	9	10	11	12	13	14	15	16	17	18	19	20	21	22	23	24	25	26	27	28	29	30		
44	夏曆六月						12	13	14	15	16	17	18	19	20	21	22	23	24	25	26	27	28	29	㊻	2	3	4	5	6	7	8	9	10	11	12		
	回曆10月						11	12	13	14	15	16	17	18	19	20	21	22	23	24	25	26	27	28	29	30	1	2	3	4	5	6	7	8	9	10		
	藏曆六月						13	14	15	16	17	18	19	20	21	22	23	24	24	25	26	27	28	30	1	2	3	4	5	6	7	8	9	10	11	13		
	公曆7月	1	2	3	4	5	6	7	8	9	10	11	12	13	14	15	16	17	18	19	20	21	22	23	24	25	26	27	28	29	30	31						
45	夏曆七月	13	14	15	16	17	18	19	20	21	22	23	24	25	26	27	28	29	⑮	2	3	4	5	6	7	8	9	10	11	12	13	14						
	回曆11月	11	12	13	14	15	16	17	18	19	20	21	22	23	24	25	26	27	28	29	1	2	3	4	5	6	7	8	9	10	11	12						
	藏曆七月	13	14	15	16	17	18	19	20	21	22	23	24	25	26	27	28	29	30	1	2	4	5	6	7	8	9	10	11	12	13	14						
	公曆8月				1	2	3	4	5	6	7	8	9	10	11	12	13	14	15	16	17	18	19	20	21	22	23	24	25	26	27	28	29	30	31			
	夏曆閏七月				15	16	17	18	19	20	21	22	23	24	25	26	27	28	29	30	㊺	2	3	4	5	6	7	8	9	10	11	12	13	14	15			
	回曆12月				13	14	15	16	7	18	19	20	21	22	23	24	25	26	27	28	29	30	1	2	3	4	5	6	7	8	9	10	11	12	13			
	藏曆八月				15	16	17	18	19	20	20	21	22	23	24	26	27	28	29	30	1	2	3	4	5	6	8	9	10	10	11	12	13	14	15			
	公曆9月							1	2	3	4	5	6	7	8	9	10	11	12	13	14	15	16	17	18	19	20	21	22	23	24	25	26	27	28	29	30	
46	夏曆八月							16	17	18	19	20	21	22	23	24	25	26	27	28	29	⑭	2	3	4	5	6	7	8	9	10	11	12	13	14	15	16	
465年	回曆1月							14	15	16	17	18	19	20	21	22	23	24	25	26	27	28	29	①	2	3	4	5	6	7	8	9	10	11	12	13	14	
	藏曆九月							16	17	18	19	20	21	22	23	24	25	26	27	28	30	1	2	3	4	5	6	7	8	9	10	11	12	13	14	15	15	
	公曆10月		1	2	3	4	5	6	7	8	9	10	11	12	13	14	15	16	17	18	19	20	21	22	23	24	25	26	27	28	29	30	31					
47	夏曆九月		17	18	19	20	21	22	23	24	25	26	27	28	29	㊸	2	3	4	5	6	7	8	9	10	11	12	13	14	15	16	17	18					
	回曆2月		15	16	17	18	19	20	21	22	23	24	25	26	27	28	29	30	1	2	3	4	5	6	7	8	9	10	11	12	13	14	15					
	藏曆十月		16	17	18	19	20	21	23	24	25	26	27	28	29	30	1	2	3	4	5	6	7	8	9	10	11	12	13	14	15	16	17					
	公曆11月					1	2	3	4	5	6	7	8	9	10	11	12	13	14	15	16	17	18	19	20	21	22	23	24	25	26	27	28	29	30			
48	夏曆十月					19	20	21	22	23	24	25	26	27	28	29	30	⑬	2	3	4	5	6	7	8	9	10	11	12	13	14	15	16	17	18			
	回曆3月					16	17	18	19	20	21	22	23	24	25	26	27	28	29	1	2	3	4	5	6	7	8	9	10	11	12	13	14	15	16			

續表

月 干支 序數	星期 月序	日	1	2	3	4	5	6	日	1	2	3	4	5	6	日	1	2	3	4	5	6	日	1	2	3	4	5	6	日	1	2	3	4	5	6	日	1
	藏曆十一月					18	19	20	21	22	23	24	25	26	28	29	30	1	2	3	4	5	6	7	8	8	9	10	11	12	13	14	15	16	17			
	公曆 12 月							1	2	3	4	5	6	7	8	9	10	11	12	13	14	15	16	17	18	19	20	21	22	23	24	25	26	27	28	29	30	31
49	夏曆十一月							19	20	21	22	23	24	25	26	27	28	29	30	㊸	2	3	4	5	6	7	8	9	10	11	12	13	14	15	16	17	18	19
	回曆 4 月							17	18	19	20	21	22	23	24	25	26	27	28	29	30	1	2	3	4	5	6	7	8	9	10	11	12	13	14	15	16	17
	藏曆十二月							18	19	20	22	23	24	25	26	27	28	29	30	1	2	3	4	5	6	7	8	9	10	11	12	13	14	15	16	17	18	19

大事記

正月，置京城邏卒，察謗議時政者。遼北邊部族亂，旋定。　二月，募民興水利。　三月，南平王李日尊卒，子乾德嗣。行市易法。　四月，宋立禁軍校試法。宋括閒田。五月，行保馬法。　六月，高麗貢遼。宋河溢北京夏津。　七月，置武學員百人。　八月，宋敗羌人。　九月，分淮南為東西兩路。　十月，回鶻貢遼。宋置熙河路。　十一月，宋章惇降梅山峒"蠻"，置安化縣。宋分京西為南北路。　十二月，著名古文家歐陽修卒(1007—1072)。

宋遼金紀年

干支癸丑　公元 1073 年

朝代或國名	國家支配者	建都	廟號	謚號	建元	年號年次	輔政者	備注
北宋	⑥趙頊	汴梁	神宗	聖	2	1 熙寧 6 年	王安石	
遼	⑦耶律洪基	中京	道宗	文	5	2 咸雍 9 年		
大理	⑪段思廉	陽苴咩	興宗					在雲南
西夏	③李秉常	興慶	惠宗	康靖	4	2 天賜禮盛國慶 5 年		
吐蕃	②董氊	宗哥				8 年		
古格						260 年		西藏阿里
東汗國	馬赫穆德					14 年		在新疆

月曆表

5786—354—2113365

月 干支 序數	星期 月序	日	1	2	3	4	5	6	日	1	2	3	4	5	6	日	1	2	3	4	5	6	日	1	2	3	4	5	6	日	1	2	3	4	5	6	日	1
	公曆 1 月			1	2	3	4	5	6	7	8	9	10	11	12	13	14	15	16	17	18	19	20	21	22	23	24	25	26	27	28	29	30	31				
50	夏曆十二月			20	21	22	23	24	25	26	27	28	29	⑫	2	3	4	5	6	7	8	9	10	11	12	13	14	15	16	17	18	19	20	21				
	回曆 5 月			18	19	20	21	22	23	24	25	26	27	28	29	1	2	3	4	5	6	7	8	9	10	11	12	13	14	15	16	17	18	19				
陰水牛年	藏曆一月			20	21	22	23	24	25	26	28	29	29	30	1	2	3	4	5	6	7	8	9	10	11	12	13	14	15	16	17	18	19	21				
	公曆 2 月						1	2	3	4	5	6	7	8	9	10	11	12	13	14	15	16	17	18	19	20	21	22	23	24	25	26	27	28				
51	夏曆正月						22	23	24	25	26	27	28	29	30	㊷	2	3	4	5	6	7	8	9	10	11	12	13	14	15	16	17	18	19				
	回曆 6 月						20	21	22	23	24	25	26	27	28	29	30	1	2	3	4	5	6	7	8	9	10	11	12	13	14	15	16	17				
	藏曆二月						22	23	24	25	26	27	28	29	30	1	2	3	3	4	5	6	7	8	9	10	11	12	13	15	16	17	18	19				
	公曆 3 月						1	2	3	4	5	6	7	8	9	10	11	12	13	14	15	16	17	18	19	20	21	22	23	24	25	26	27	28	29	30	31	
52	夏曆二月						20	21	22	23	24	25	26	27	28	29	30	⑫	2	3	4	5	6	7	8	9	10	11	12	13	14	15	16	17	18	19	20	
	回曆 7 月						18	19	20	21	22	23	24	25	26	27	28	29	1	2	3	4	5	6	7	8	9	10	11	12	13	14	15	16	17	18	19	
	藏曆三月						20	21	22	23	24	25	26	27	28	29	30	1	2	3	4	5	6	7	8	9	10	11	12	13	14	15	16	17	19	20	21	
	公曆 4 月		1	2	3	4	5	6	7	8	9	10	11	12	13	14	15	16	17	18	19	20	21	22	23	24	25	26	27	28	29	30						

續表

月干支序數	月序 \ 星期	日	1	2	3	4	5	6	日	1	2	3	4	5	6	日	1	2	3	4	5	6	日	1	2	3	4	5	6	日	1	2	3	4	5	6	日	1
53	夏曆三月		21	22	23	24	25	26	27	28	29	㊶	2	3	4	5	6	7	8	9	10	11	12	13	14	15	16	17	18	19	20	21						
	回曆 8 月		20	21	22	23	24	25	26	27	28	29	30	1	2	3	4	5	6	7	8	9	10	11	12	13	14	15	16	17	18	19						
	藏曆四月		22	23	24	25	26	27	27	28	29	30	1	2	3	4	5	6	7	8	9	10	12	13	14	15	16	17	18	19	20	21						
	公曆 5 月				1	2	3	4	5	6	7	8	9	10	11	12	13	14	15	16	17	18	19	20	21	22	23	24	25	26	27	28	29	30	31			
54	夏曆四月				22	23	24	25	26	27	28	29	30	⑪	2	3	4	5	6	7	8	9	10	11	12	13	14	15	16	17	18	19	20	21	22			
	回曆 9 月				20	21	22	23	24	25	26	27	28	29	1	2	3	4	5	6	7	8	9	10	11	12	13	14	15	16	17	18	19	20	21			
	藏曆五月				22	23	24	25	26	27	28	29	30	1	2	3	4	5	6	7	8	9	10	11	12	13	14	16	17	18	19	20	21	22	22			
	公曆 6 月							1	2	3	4	5	6	7	8	9	10	11	12	13	14	15	16	17	18	19	20	21	22	23	24	25	26	27	28	29	30	
55	夏曆五月							23	24	25	26	27	28	29	㊵	2	3	4	5	6	7	8	9	10	11	12	13	14	15	16	17	18	19	20	21	22	23	
	回曆 10 月							22	23	24	25	26	27	28	29	30	1	2	3	4	5	6	7	8	9	10	11	12	13	14	15	16	17	18	19	20	21	
	藏曆六月							23	24	25	26	27	28	29	30	1	2	3	4	5	6	8	9	10	11	12	13	14	15	16	17	18	19	20	21	22	23	
	公曆 7 月		1	2	3	4	5	6	7	8	9	10	11	12	13	14	15	16	17	18	19	20	21	22	23	24	25	26	27	28	29	30	31					
56	夏曆六月		24	25	26	27	28	29	30	⑩	2	3	4	5	6	7	8	9	10	11	12	13	4	15	16	17	18	19	20	21	22	23	24					
	回曆 11 月		22	23	24	25	26	27	28	29	1	2	3	4	5	6	7	8	9	10	11	12	13	14	15	16	17	18	19	20	21	22	23					
	藏曆七月		24	25	26	27	28	29	30	1	2	3	4	5	6	7	8	9	11	12	13	14	15	16	17	18	19	19	20	21	22	23	24					
	公曆 8 月					1	2	3	4	5	6	7	8	9	10	11	12	13	14	15	16	17	18	19	20	21	22	23	24	25	26	27	28	29	30	31		
57	夏曆七月					25	26	27	28	29	㊴	2	3	4	5	6	7	8	9	10	11	12	13	14	15	16	17	18	19	20	21	22	23	24	25	26		
	回曆 12 月					24	25	26	27	28	29	30	1	2	3	4	5	6	7	8	9	10	11	12	13	14	15	16	17	18	19	20	21	22	23	24		
	藏曆八月					25	26	27	28	29	30	1	2	4	5	6	7	8	9	10	11	12	13	14	15	16	17	18	19	20	21	22	23	24	25	26		
	公曆 9 月	1	2	3	4	5	6	7	8	9	10	11	12	13	14	15	16	17	18	19	20	21	22	23	24	25	26	27	28	29	30							
58	夏曆八月	27	28	29	30	⑨	2	3	4	5	6	7	8	9	10	11	12	13	14	15	16	17	18	19	20	21	22	23	24	25	26							
466 年	回曆 1 月	25	26	27	28	29	①	2	3	4	5	6	7	8	9	10	11	12	13	14	15	16	17	18	19	20	21	22	23	24	25							
	藏曆九月	27	28	29	30	1	2	3	4	5	7	8	9	10	11	12	13	14	15	15	16	17	18	19	20	21	22	23	24	25	26							
	公曆 10 月			1	2	3	4	5	6	7	8	9	10	11	12	13	14	15	16	17	18	19	20	21	22	23	24	25	26	27	28	29	30	31				
59	夏曆九月			27	28	29	㊳	2	3	4	5	6	7	8	9	10	11	12	13	14	15	16	17	18	19	20	21	22	23	24	25	26	27	28				
	回曆 2 月			26	27	28	29	30	1	2	3	4	5	6	7	8	9	10	11	12	13	14	15	16	17	18	19	20	21	22	23	24	25	26				
	藏曆後九月			27	28	29	1	2	3	4	5	6	7	8	9	10	11	12	13	14	15	16	17	18	19	20	20	21	23	24	25	26	27	28				
	公曆 11 月						1	2	3	4	5	6	7	8	9	10	11	12	13	14	15	16	17	18	19	20	21	22	23	24	25	26	27	28	29	30		
60	夏曆十月						29	⑦	2	3	4	5	6	7	8	9	10	11	12	13	14	15	16	17	18	19	20	21	22	23	24	25	26	27	28	29		
	回曆 3 月						27	28	29	1	2	3	4	5	6	7	8	9	10	11	12	13	14	15	16	17	18	19	20	21	22	23	24	25	26	27		
	藏曆十月						29	30	1	2	3	4	6	7	7	8	9	10	11	12	13	14	15	16	17	18	19	20	21	22	23	24	25	26	27	29		
	公曆 12 月	1	2	3	4	5	6	7	8	9	10	11	12	13	14	15	16	17	18	19	20	21	22	23	24	25	26	27	28	29	30	31						
1 2	夏曆十一 十二月	30	㊲	2	3	4	5	6	7	8	9	10	11	12	13	14	15	16	17	18	19	20	21	22	23	24	25	26	27	28	29	⑥						
	回曆 4 月	28	29	30	1	2	3	4	5	6	7	8	9	10	11	12	13	14	15	16	17	18	19	20	21	22	23	24	25	26	27	28						
	藏曆十一月	30	1	2	3	4	5	6	7	8	9	10	11	11	12	13	14	15	16	17	18	19	20	21	23	24	25	26	27	28	29	30						

遼五月甲辰。

大事記

二月，夏擾宋秦州。　三月，宋置經義局。　四月，宋置律學。　五月，瀘州夷反宋。湖北“蠻”以城附宋。六月，宋頒勸課栽桑法。置軍器監。名儒周敦頤卒(1016—1073)。　七月，分河北為東西兩路。　八月，宋復比閭族黨之法。九月，宋收羌人所據河岷等州地。　十月，宋取南江“蠻”地。　十二月，高麗、夏貢於遼。

宋遼金紀年

干支甲寅　公元 1074 年

朝代或國名	國家支配者	建都	廟號	謚號	建元	年號年次	輔政者	備注
北宋	⑥趙頊	汴梁	神宗	聖	2	1 熙寧 7 年	王安石韓絳	
遼	⑦耶律洪基	中京	道宗	文	5	2 咸雍 10 年		
大理	⑪段思廉	陽苴咩	興宗			保德		在雲南
西夏	③李秉常	興慶	惠宗	康靖	4	2 天賜禮盛國慶 6 年		
吐蕃	②董氈	宗哥				9 年		
古格						261 年		西藏阿里
東汗國	奥馬爾					元年		在新疆

月曆表

5787—355—2113720

月干支序數	星期／月序	日	1	2	3	4	5	6	日	1	2	3	4	5	6	日	1	2	3	4	5	6	日	1	2	3	4	5	6	日	1	2	3	4	5	6	日	1
	公曆 1 月				1	2	3	4	5	6	7	8	9	10	11	12	13	14	15	16	17	18	19	20	21	22	23	24	25	26	27	28	29	30	31			
3	夏曆正月				2	3	4	5	6	7	8	9	10	11	12	13	14	15	16	17	18	19	20	21	22	23	24	25	26	27	28	29	30	㊱	2			
	回曆 5 月				29	1	2	3	4	5	6	7	8	9	10	11	12	13	14	15	16	17	18	19	20	21	22	23	24	25	26	27	28	29	30			
陽木虎年	藏曆十二/一月				1	2	3	4	5	6	7	8	9	10	11	12	13	14	15	16	17	18	19	20	21	22	23	24	25	26	28	29	30	1	2			
	公曆 2 月							1	2	3	4	5	6	7	8	9	10	11	12	13	14	15	16	17	18	19	20	21	22	23	24	25	26	27	28			
	夏曆　月							3	4	5	6	7	8	9	10	11	12	13	14	15	16	17	18	19	20	21	22	23	24	25	26	27	28	29	30			
	回曆 6 月							1	2	3	4	5	6	7	8	9	10	11	12	13	14	15	16	17	18	19	20	21	22	23	24	25	26	27	28			
	藏曆　月							3	3	4	5	6	7	8	9	10	11	12	13	14	15	16	17	18	19	20	22	23	24	25	26	27	28	29	30			
	公曆 3 月							1	2	3	4	5	6	7	8	9	10	11	12	13	14	15	16	17	18	19	20	21	22	23	24	25	26	27	28	29	30	31
4 5	夏曆二/三月							⑥	2	3	4	5	6	7	8	9	10	11	12	13	14	15	16	17	18	19	20	21	22	23	24	25	26	27	28	29	㉟	2
	回曆 7 月							29	1	2	3	4	5	6	7	8	9	10	11	12	13	14	15	16	17	18	19	20	21	22	23	24	25	26	27	28	29	30
	藏曆二/三月							1	2	3	4	5	6	7	7	8	9	10	11	12	13	14	16	17	18	19	20	21	22	23	24	25	26	27	28	29	30	1
	公曆 4 月			1	2	3	4	5	6	7	8	9	10	11	12	13	14	15	16	17	18	19	20	21	22	23	24	25	26	27	28	29	30					
6	夏曆四月			3	4	5	6	7	8	9	10	11	12	13	14	15	16	17	18	19	20	21	22	23	24	25	26	27	28	29	20	⑤	2					
	回曆 8、9 月			1	2	3	4	5	6	7	8	9	10	11	12	13	14	15	16	17	18	19	20	21	22	23	24	25	26	27	28	29	1					
	藏曆四月			2	3	4	5	6	7	8	9	10	11	12	13	14	15	16	17	19	20	21	22	23	24	25	26	27	28	29	30	30	1					
	公曆 5 月					1	2	3	4	5	6	7	8	9	10	11	12	13	14	15	16	17	18	19	20	21	22	23	24	25	26	27	28	29	30	31		
7	夏曆五月					3	4	5	6	7	8	9	10	11	12	13	14	15	16	17	18	19	20	21	22	23	24	25	26	27	28	29	30	㉟	2	3		
	回曆 10 月					2	3	4	5	6	7	8	9	10	11	12	13	14	15	16	17	18	19	20	21	22	23	24	25	26	27	28	29	30	1	2		
	藏曆五月					1	2	3	4	5	6	7	8	9	10	11	12	13	14	15	16	17	19	20	21	22	23	24	25	26	27	28	29	1	2	3		
	公曆 6 月	1	2	3	4	5	6	7	8	9	10	11	12	13	14	15	16	17	18	19	20	21	22	23	24	25	26	27	28	29	30							
8	夏曆六月	4	5	6	7	8	9	10	11	12	13	14	15	16	17	18	19	20	21	22	23	24	25	26	27	28	29	④	2	3	4							
	回曆 11 月	3	4	5	6	7	8	9	10	11	12	13	14	15	16	17	18	19	20	21	22	23	24	25	26	27	28	29	1	2	3							
	藏曆六月	4	5	6	7	8	9	10	11	12	13	15	16	17	18	19	20	21	22	23	24	25	26	27	27	28	29	30	1	2	3							
	公曆 7 月			1	2	3	4	5	6	7	8	9	10	11	12	13	14	15	16	17	18	19	20	21	22	23	24	25	26	27	28	29	30	31				
9	夏曆七月			5	6	7	8	9	10	11	12	13	14	15	16	17	18	19	20	21	22	23	24	25	26	27	28	29	30	㉞	2	3	4	5				
	回曆 12 月			4	5	6	7	8	9	10	11	12	13	14	15	16	17	18	19	20	21	22	23	24	25	6	27	28	29	30	1	2	3	4				
	藏曆七月			4	5	6	8	9	10	11	12	13	14	15	16	17	18	19	20	21	22	23	24	25	26	27	28	29	30	1	2	3	4	5				

續表

月 干支 序數	星期 月序	日	1	2	3	4	5	6	日	1	2	3	4	5	6	日	1	2	3	4	5	6	日	1	2	3	4	5	6	日	1	2	3	4	5	6	日	1
	公曆8月						1	2	3	4	5	6	7	8	9	10	11	12	13	14	15	16	17	18	19	20	21	22	23	24	25	26	27	28	29	30	31	
10	夏曆八月						6	7	8	9	10	11	12	13	14	15	16	17	18	19	20	21	22	23	24	25	26	27	28	29	③	2	3	4	5	6	7	
467年	回曆1月						5	6	7	8	9	10	11	12	13	14	15	16	17	18	19	20	21	22	23	24	25	26	27	28	29	30	①	2	3	4	5	
	藏曆八月						6	7	8	9	11	12	13	14	15	16	17	18	19	20	21	22	23	24	24	25	26	27	28	29	30	1	2	4	5	6	7	
	公曆9月		1	2	3	4	5	6	7	8	9	10	11	12	13	14	15	16	17	18	19	20	21	22	23	24	25	26	27	28	29	30						
11	夏曆九月		8	9	10	11	12	13	14	15	16	17	18	19	20	21	22	23	24	25	26	27	28	29	30	㉝	2	3	4	5	6	7						
	回曆2月		6	7	8	9	10	11	12	13	14	15	16	17	18	19	20	21	22	23	24	25	26	27	28	29	30	1	2	3	4	5						
	藏曆九月		8	9	10	11	12	13	14	15	16	17	18	19	20	21	22	23	24	25	26	27	28	29	30	1	2	3	4	5	6	8						
	公曆10月				1	2	3	4	5	6	7	8	9	10	11	12	13	14	15	16	17	18	19	20	21	22	23	24	25	26	27	28	29	30	31			
12	夏曆十月				8	9	10	11	12	13	14	15	16	17	18	19	20	21	22	23	24	25	26	27	28	29	②	2	3	4	5	6	7	8	9			
	回曆3月				6	7	8	9	10	11	12	13	14	15	16	17	18	19	20	21	22	23	24	25	26	27	28	29	1	2	3	4	5	6	7			
	藏曆十月				9	10	11	12	13	14	15	16	17	18	18	19	20	21	22	23	24	25	26	27	28	29	1	2	3	4	5	6	7	8	9			
	公曆11月							1	2	3	4	5	6	7	8	9	10	11	12	13	14	15	16	17	18	19	20	21	22	23	24	25	26	27	28	29	30	
13	夏曆十一月							10	11	12	13	14	15	16	17	18	19	20	21	22	23	24	25	26	27	28	29	30	㉜	2	3	4	5	6	7	8	9	
	回曆4月							8	9	10	11	12	13	14	15	16	17	18	19	20	21	22	23	24	25	26	27	28	29	30	1	2	3	4	5	6	7	
	藏曆十一月							10	11	12	13	14	15	16	17	18	19	20	21	22	23	24	25	26	27	28	29	30	1	2	3	4	6	7	8	9	10	
	公曆12月		1	2	3	4	5	6	7	8	9	10	11	12	13	14	15	16	17	18	19	20	21	22	23	24	25	26	27	28	29	30	31					
14	夏曆十二月		10	11	12	13	14	15	16	17	18	19	20	21	22	23	24	25	26	27	28	29	①	2	3	4	5	6	7	8	9	10	11					
	回曆5月		8	9	10	11	12	13	14	15	16	17	18	19	20	21	22	23	24	25	26	27	28	29	1	2	3	4	5	6	7	8	9					
	藏曆十二月		11	11	12	13	14	15	16	17	18	19	20	21	22	23	24	25	26	27	28	30	1	2	3	4	5	6	7	8	9	10	11					

大事記

正月,熊本平瀘夷,拓地二百四十里。　二月,阻卜貢於遼。宋許售九經、子、史與高麗。羌人鬼章圍河州,敗宋兵。　三月,木徵圍岷州。遼遣使請宋沿邊修建并河東侵界事。　四月,宋攻木徵,降之。王安石罷相,知江亭府。韓絳相、呂惠卿參政。　五月,罷賢良方正等科。曾布罷三司使。　六月,宋以沈括提舉司天監,制渾儀、浮漏成。　七月,宋行手實法。　九月,宋合浙東西為一路。於諸路行置將法。　十一月,高麗貢遼。　十二月,高麗貢宋。遼改明年元為大康。　是歲,衛樸編《奉元曆》(李銳補修奉元術)。

宋遼金紀年　　干支乙卯　公元1075年

朝代或國名	國家支配者	建都	廟號	謚號	建元	年號年次	輔政者	備注
北宋	⑥趙頊	汴梁	神宗	聖	2	1熙寧8年	韓絳王安石	
遼	⑦耶律洪基	中京	道宗	文	5	3大(太)康元年		
大理	⑫段連義	陽苴咩		上德				在雲南
西夏	③李秉常	興慶	惠宗	康靖	4	3大安元年		
吐蕃	②董氈	宗哥				10年		
古格						262年		西藏阿里
東汗國	蘇萊曼子哈桑					元年		在新疆

月 干支 序數	月＼星期 序	日	1	2	3	4	5	6	日	1	2	3	4	5	6	日	1	2	3	4	5	6	日	1	2	3	4	5	6	日	1	2	3	4	5	6	日	1
	公暦1月					1	2	3	4	5	6	7	8	9	10	11	12	13	14	15	16	17	18	19	20	21	22	23	24	25	26	27	28	29	30	31		
15	夏暦正月					12	13	14	15	16	17	18	19	20	21	22	23	24	25	26	27	28	29	30	㉛	2	3	4	5	6	7	8	9	10	11	12		
	回暦6月					10	11	12	13	14	15	16	17	18	19	20	21	22	23	24	25	26	27	28	29	30	1	2	3	4	5	6	7	8	9	10		
陰木兔年	藏暦一月					12	13	14	14	15	16	17	18	19	20	21	22	24	25	26	27	28	29	30	1	2	3	4	5	6	7	8	9	10	11	12		
	公暦2月	1	2	3	4	5	6	7	8	9	10	11	12	13	14	15	16	17	18	19	20	21	22	23	24	25	26	27	28									
16	夏暦二月	13	14	15	16	17	18	19	20	21	22	23	24	25	26	27	28	29	(60)	2	3	4	5	6	7	8	9	10	11									
	回暦7月	11	12	13	14	15	16	17	18	19	20	21	22	23	24	25	26	27	28	29	1	2	3	4	5	6	7	8	9									
	藏暦二月	13	14	15	16	17	18	19	20	21	22	23	24	25	26	27	29	30	1	2	3	4	5	6	6	7	8	9	10									
	公暦3月	1	2	3	4	5	6	7	8	9	10	11	12	13	14	15	16	17	18	19	20	21	22	23	24	25	26	27	28	29	30	31						
17	夏暦三月	12	13	14	15	16	17	18	19	20	21	22	23	24	25	26	27	28	29	30	㉚	2	3	4	5	6	7	8	9	10	11	12						
	回暦8月	10	11	12	13	14	15	16	17	18	19	20	21	22	23	24	25	26	27	28	29	30	1	2	3	4	5	6	7	8	9	10						
	藏暦三月	11	12	13	14	15	16	17	18	19	20	21	23	24	25	26	27	28	29	30	1	2	3	4	5	6	7	8	9	10	11	11						
	公暦4月				1	2	3	4	5	6	7	8	9	10	11	12	13	14	15	16	17	18	19	20	21	22	23	24	25	26	27	28	29	30				
18	夏暦四月				13	14	15	16	17	18	19	20	21	22	23	24	25	26	27	28	29	(59)	2	3	4	5	6	7	8	9	10	11	12	13				
	回暦9月				11	12	13	14	15	16	17	18	19	20	21	22	23	24	25	26	27	28	29	1	2	3	4	5	6	7	8	9	10	11				
	藏暦四月				12	13	15	16	17	18	19	20	21	22	23	24	25	26	28	29	30	30	1	2	3	4	5	6	7	8	9	10	11	12				
	公暦5月						1	2	3	4	5	6	7	8	9	10	11	12	13	14	15	16	17	18	19	20	21	22	23	24	25	26	27	28	29	30	31	
	夏暦閏四月						14	15	16	17	18	19	20	21	22	23	24	25	26	27	28	29	30	㉙	2	3	4	5	6	7	8	9	10	11	12	13	14	
	回暦10月						12	13	14	15	16	17	18	19	20	21	22	23	24	25	26	27	28	29	30	1	2	3	4	5	6	7	8	9	10	11	12	
	藏暦五月						13	14	15	16	17	18	20	21	22	23	24	25	26	27	28	29	30	1	2	3	4	5	6	6	7	8	9	10	12	13	14	
	公暦6月		1	2	3	4	5	6	7	8	9	10	11	12	13	14	15	16	17	18	19	20	21	22	23	24	25	26	27	28	29	30						
19	夏暦五月		15	16	17	18	19	20	21	22	23	24	25	26	27	28	29	(58)	2	3	4	5	6	7	8	9	10	11	12	13	14	15						
	回暦11月		13	14	15	16	17	18	19	20	21	22	23	24	25	26	27	28	29	1	2	3	4	5	6	7	8	9	10	11	12	13						
	藏暦六月		15	16	17	18	19	20	21	22	24	25	25	26	27	28	29	30	1	2	3	4	5	6	7	8	9	10	11	12	13	15						
	公暦7月				1	2	3	4	5	6	7	8	9	10	11	12	13	14	15	16	17	18	19	20	21	22	23	24	25	26	27	28	29	30	31			
20	夏暦六月				16	17	18	19	20	21	22	23	24	25	26	27	28	29	30	㉘	2	3	4	5	6	7	8	9	10	11	12	13	14	15	16			
	回暦12月				14	15	16	17	18	19	20	21	22	23	24	25	26	27	28	29	30	1	2	3	4	5	6	7	8	9	10	11	12	13	14			
	藏暦七月				16	17	18	19	20	21	22	23	24	25	26	27	28	29	30	1	2	3	3	4	5	7	8	9	10	11	12	13	14	15	16			
	公暦8月							1	2	3	4	5	6	7	8	9	10	11	12	13	14	15	16	17	18	19	20	21	22	23	24	25	26	27	28	29	30	31
21	夏暦七月							17	18	19	20	21	22	23	24	25	26	27	28	29	30	(58)	2	3	4	5	6	7	8	9	10	11	12	13	14	15	16	17
468年	回暦1月							15	16	17	18	19	20	21	22	23	24	25	26	27	28	29	①	2	3	4	5	6	7	8	9	10	11	12	13	14	15	16
	藏暦八月							17	19	20	21	22	23	23	24	25	26	27	28	29	30	1	2	3	4	5	6	7	8	9	11	12	13	14	15	16	17	18
	公暦9月			1	2	3	4	5	6	7	8	9	10	11	12	13	14	15	16	17	18	19	20	21	22	23	24	25	26	27	28	29	30					
22	夏暦八月			18	19	20	21	22	23	24	25	26	27	28	29	㉗	2	3	4	5	6	7	8	9	10	11	12	13	14	15	16	17	18					
	回暦2月			17	18	19	20	21	22	23	24	25	26	27	28	29	30	1	2	3	4	5	6	7	8	9	10	11	12	13	14	15	16					
	藏暦九月			19	20	21	22	23	24	25	26	27	28	28	29	30	1	2	4	5	6	7	8	9	10	11	12	13	14	16	17	17	18					
	公暦10月					1	2	3	4	5	6	7	8	9	10	11	12	13	14	15	16	17	18	19	20	21	22	23	24	25	26	27	28	29	30	31		
23	夏暦九月					19	20	21	22	23	24	25	26	27	28	29	30	(57)	2	3	4	5	6	7	8	9	10	11	12	13	14	15	16	17	18	19		
	回暦3月					17	18	19	20	21	22	23	24	25	26	27	28	29	1	2	3	4	5	6	7	8	9	10	11	12	13	14	15	16	17	18		
	藏暦十月					19	20	21	22	23	24	25	26	27	28	29	30	1	2	3	4	5	6	8	9	10	11	12	13	14	15	16	17	18	19	20		
	公暦11月	1	2	3	4	5	6	7	8	9	10	11	12	13	14	15	16	17	18	19	20	21	22	23	24	25	26	27	28	29	30							
24	夏暦十月	20	21	22	23	24	25	26	27	28	29	㉖	2	3	4	5	6	7	8	9	10	11	12	13	14	15	16	17	18	19	20							
	回暦4月	19	20	21	22	23	24	25	26	27	28	29	30	1	2	3	4	5	6	7	8	9	10	11	12	13	14	15	16	17	18							

續表

月 干支 序數	星期 月序	日	1	2	3	4	5	6	日	1	2	3	4	5	6	日	1	2	3	4	5	6	日	1	2	3	4	5	6	日	1	2	3	4	5	6	日	1
	藏曆十一月	21	22	22	23	24	25	26	27	28	29	2	3	4	5	6	7	8	9	10	11	12	13	14	15	16	17	18	19	20	21							
	公曆12月			1	2	3	4	5	6	7	8	9	10	11	12	13	14	15	16	17	18	19	20	21	22	23	24	25	26	27	28	29	30	31				
25	夏曆十一月			21	22	23	24	25	26	27	28	29	30	㊱	2	3	4	5	6	7	8	9	10	11	12	13	14	15	16	17	18	19	20	21				
	回曆5月			19	20	21	22	23	24	25	26	27	28	29	1	2	3	4	5	6	7	8	9	10	11	12	13	14	15	16	17	18	19	20				
	藏曆十二月			22	23	24	25	26	27	28	29	30	30	1	2	3	4	5	7	8	9	10	11	12	13	14	14	15	16	17	18	19	20	21				

遼正月癸巳

大事記

正月,分京東為東西二路。　二月,王安石復相。宋行戶馬法於河北。　三月,遼使復來議河東疆界事。宋遣沈括報之。　四月,宋行《奉元曆》。　六月,宋頒王安石《三經新義》,令應試者必宗其說。吐蕃貢遼。　七月,宋與遼河東分界事定,宋失地七百里。　九月,王安石兼修國史。　十月,宋罷手實法。呂惠卿罷相。　十一月,交趾擾宋,陷欽、廉二州。　是歲,夏改元大安。韓琦卒(1008—1075)。

宋遼金紀年

干支丙辰　公元1076年

朝代或國名	國家支配者	建都	廟號	謚號	建元	年號年次	輔政者	備注
北宋	⑥趙頊	汴梁	神宗	聖	2	1熙寧9年	王安石 吳充 王珪	
遼	⑦耶律洪基	中京	道宗	文	5	3大(太)康2年		
大理	⑫段連義	陽苴咩		上德	2	1上德元年		在雲南
西夏	③李秉常	興慶	惠宗	康靖	4	3大安2年		
吐蕃	②董氈	宗哥				11年		
古格						263年		西藏阿里
東汗國	哈桑					2年		在新疆

月曆表

5789—354—2114458

月 干支 序數	星期 月序	日	1	2	3	4	5	6	日	1	2	3	4	5	6	日	1	2	3	4	5	6	日	1	2	3	4	5	6	日	1	2	3	4	5	6	日	1
	公曆1月						1	2	3	4	5	6	7	8	9	10	11	12	13	14	15	16	17	18	19	20	21	22	23	24	25	26	27	28	29	30	31	
26	夏曆十二月						22	23	24	25	26	27	28	29	㉕	2	3	4	5	6	7	8	9	10	11	12	13	14	15	16	17	18	19	20	21	22	23	
	回曆6月						21	22	23	24	25	26	27	28	29	30	1	2	3	4	5	6	7	8	9	10	11	12	13	14	15	16	17	18	19	20	21	
陽火龍年	藏曆一月						22	23	24	25	26	27	28	29	1	2	3	4	5	6	7	8	9	10	11	12	13	14	15	16	17	17	18	19	20	21	22	
	公曆2月		1	2	3	4	5	6	7	8	9	10	11	12	13	14	15	16	17	18	19	20	21	22	23	24	25	26	27	28	29							
27	夏曆正月		24	25	26	27	28	29	30	㊿5	2	3	4	5	6	7	8	9	10	11	12	13	14	15	16	17	18	19	20	21	22							
	回曆7月		22	23	24	25	26	27	28	29	1	2	3	4	5	6	7	8	9	10	11	12	13	14	15	16	17	18	19	20	21							
	藏曆二月		23	25	26	27	28	29	30	1	2	3	4	5	6	7	8	9	10	11	12	13	14	15	16	17	18	19	20	21	22							
	公曆3月			1	2	3	4	5	6	7	8	9	10	11	12	13	14	15	16	17	18	19	20	21	22	23	24	25	26	27	28	29	30	31				
28	夏曆二月			23	24	25	26	27	28	29	㉔	2	3	4	5	6	7	8	9	10	11	12	13	14	15	16	17	18	19	20	21	22	23	24				
	回曆8月			22	23	24	25	26	27	28	29	30	1	2	3	4	5	6	7	8	9	10	11	12	13	14	15	16	17	18	19	20	21	22				
	藏曆三月			23	24	25	26	27	28	30	1	2	3	4	5	6	7	8	9	10	10	11	12	13	14	15	16	17	18	19	20	21	23	24				
	公曆4月						1	2	3	4	5	6	7	8	9	10	11	12	13	14	15	16	17	18	19	20	21	22	23	24	25	26	27	28	29	30		

續表

月 干支 序數	月序＼星期	日	1	2	3	4	5	6	日	1	2	3	4	5	6	日	1	2	3	4	5	6	日	1	2	3	4	5	6	日	1	2	3	4	5	6	日	1
29	夏曆三月						25	26	27	28	29	(53)	2	3	4	5	6	7	8	9	10	11	12	13	14	15	16	17	18	19	20	21	22	23	24	25		
	回曆 9 月						23	24	25	26	27	28	29	1	2	3	4	5	6	7	8	9	10	11	12	13	14	15	16	17	18	19	20	21	22	23		
	藏曆四月						25	26	27	28	29	30	1	2	3	4	5	6	7	8	9	10	11	12	13	14	15	16	17	18	19	20	21	22	23	24		
	公曆 5 月	1	2	3	4	5	6	7	8	9	10	11	12	13	14	15	16	17	18	19	20	21	22	23	24	25	26	27	28	29	30	31						
30	夏曆四月	26	27	28	29	30	㉓	2	3	4	5	6	7	8	9	10	11	12	13	14	15	16	17	18	19	20	21	22	23	24	25	26						
	回曆 10 月	24	25	26	27	28	29	30	1	2	3	4	5	6	7	8	9	10	11	12	13	14	15	16	17	18	19	20	21	22	23	24						
	藏曆五月	25	27	28	29	30	1	2	3	4	5	5	6	7	8	9	10	11	12	13	14	15	16	17	18	20	21	22	23	24	25	26						
	公曆 6 月				1	2	3	4	5	6	7	8	9	10	11	12	13	14	15	16	17	18	19	20	21	22	23	24	25	26	27	28	29	30				
31	夏曆五月				27	28	29	30	(53)	2	3	4	5	6	7	8	9	10	11	12	13	14	15	16	17	18	19	20	21	22	23	24	25	26				
	回曆 11 月				25	26	27	28	29	1	2	3	4	5	6	7	8	9	10	11	12	13	14	15	16	17	18	19	20	21	22	23	24	25				
	藏曆六月				27	28	29	30	1	2	3	4	5	6	7	8	9	10	11	12	13	14	15	16	17	18	19	20	21	23	24	25	26	27				
	公曆 7 月						1	2	3	4	5	6	7	8	9	10	11	12	13	14	15	16	17	18	19	20	21	22	23	24	25	26	27	28	29	30	31	
32	夏曆六月						27	28	29	㉒	2	3	4	5	6	7	8	9	10	11	12	13	14	15	16	17	18	19	20	21	22	23	24	25	26	27	28	
	回曆 12 月						26	27	28	29	30	1	2	3	4	5	6	7	8	9	10	11	12	13	14	15	16	17	18	19	20	21	22	23	24	25	26	
	藏曆後六月						28	29	30	30	1	1	2	3	4	5	6	7	8	9	10	11	12	13	15	16	17	18	19	20	21	22	23	24	25	26	27	
	公曆 8 月		1	2	3	4	5	6	7	8	9	10	11	12	13	14	15	16	17	18	19	20	21	22	23	24	25	26	27	28	29	30	31					
33	夏曆七月		29	30	(52)	2	3	4	5	6	7	8	9	1	11	12	13	14	15	16	17	18	19	20	21	22	23	24	25	26	27	28	29					
469 年	回曆 1 月		27	28	29	30	①	2	3	4	5	6	7	8	9	10	11	12	13	14	15	16	17	18	19	20	21	22	23	24	25	26	27					
	藏曆七月		28	29	1	2	3	4	5	6	7	8	9	10	11	12	13	14	15	16	18	19	20	21	22	23	24	25	26	27	28	29	30					
	公曆 9 月					1	2	3	4	5	6	7	8	9	10	11	12	13	14	15	16	17	18	19	20	21	22	23	24	25	26	27	28	29	30			
34	夏曆八月					㉑	2	3	4	5	6	7	8	9	10	11	12	13	14	15	16	17	18	19	20	21	22	23	24	25	26	27	28	29	30			
	回曆 2 月					28	29	30	1	2	3	4	5	6	7	8	9	10	11	12	13	14	15	16	17	18	19	20	21	22	23	24	25	26	27			
	藏曆八月					30	1	2	3	4	5	6	7	8	9	11	12	13	14	15	16	17	18	19	20	21	22	23	24	25	26	27	28	29	30			
	公曆 10 月							1	2	3	4	5	6	7	8	9	10	11	12	13	14	15	16	17	18	19	20	21	22	23	24	25	26	27	28	29	30	31
35 36	夏曆九 十月							(51)	2	3	4	5	6	7	8	9	10	11	12	13	14	15	16	17	18	19	20	21	22	23	24	25	26	27	28	29	30	㉑
	回曆 3 月							28	29	1	2	3	4	5	6	7	8	9	10	11	12	13	14	15	16	17	18	19	20	21	22	23	24	25	26	27	28	29
	藏曆九 十月							1	2	3	4	5	6	7	8	9	10	11	12	13	15	16	17	18	19	20	21	21	22	23	24	25	26	27	28	29	30	1
	公曆 11 月			1	2	3	4	5	6	7	8	9	10	11	12	13	14	15	16	17	18	19	20	21	22	23	24	25	26	27	28	29	30					
37	夏曆十一月			2	3	4	5	6	7	8	9	10	11	12	13	14	15	16	17	18	19	20	21	22	23	24	25	26	27	28	29	㊿	2					
	回曆 4 月			30	1	2	3	4	5	6	7	8	9	10	11	12	13	14	15	16	17	18	19	20	21	22	23	24	25	26	27	28	29					
	藏曆十一月			2	3	4	5	6	7	9	10	11	12	13	14	15	16	17	18	19	20	21	22	23	24	25	25	26	27	28	29	30	1					
	公曆 12 月					1	2	3	4	5	6	7	8	9	10	11	12	13	14	15	16	17	18	19	20	21	22	23	24	25	26	27	28	29	30	31		
38	夏曆十二月					3	4	5	6	7	8	9	10	11	12	13	14	15	16	17	18	19	20	21	22	23	24	25	26	27	28	29	30	⑳	2	3		
	回曆 5、6 月					1	2	3	4	5	6	7	8	9	10	11	12	13	14	15	16	17	18	19	20	21	22	23	24	25	26	27	28	29	30	1		
	藏曆十二月					3	4	5	6	7	8	9	10	11	12	13	14	15	16	17	18	19	20	21	22	23	24	25	26	27	28	29	30	1	2	3		

大事記

正月，交趾陷邕州，死五萬八千餘人。　二月，宋遣郭逵為安南道招討使擊交趾，并詔占城、真臘合擊之。鬼章兩次來擾，皆敗。　十月，王安石復龍相。　十一月，鬼章擾岷州。遼南京地大震。　十二月，郭逵敗交趾於富良江，李乾德降，置威戎軍。董氈反宋，旋敗降。

宋 遼 金 紀 年　　　干支丁巳　公元 1077 年

朝代或國名	國家支配者	建　都	廟　號	謚　號	建元	年號年次	輔政者	備　注
北宋	⑥趙頊	汴梁	神宗	聖	2	1 熙寧 10 年	吳充王珪	
遼	⑦耶律洪基	中京	道宗	文	5	3 大(太)康 3 年		
大理	⑫段連義	陽苴咩		上德	2	2 廣安元年		在雲南
西夏	③李秉常	興慶	惠宗	康靖	4	3 大安 3 年		
吐蕃	②董氈	宗哥				12 年		
古格						264 年		西藏阿里
東汗國	哈桑					3 年		在新疆

月 曆 表　　　5790—355—2114813

月干支序數	月序＼星期	日	1	2	3	4	5	6	日	1	2	3	4	5	6	日	1	2	3	4	5	6	日	1	2	3	4	5	6	日	1	2	3	4	5	6	日	1
	公曆1月	1	2	3	4	5	6	7	8	9	10	11	12	13	14	15	16	17	18	19	20	21	22	23	24	25	26	27	28	29	30	31						
39	夏曆正月	4	5	6	7	8	9	10	11	12	13	14	15	16	17	18	19	20	21	22	23	24	25	26	27	28	29	㊾	2	3	4	5						
	回曆7月	2	3	4	5	6	7	8	9	10	11	2	13	14	15	16	17	18	19	20	21	22	23	24	25	26	27	28	29	1	2	3						
陰火蛇年	藏曆一月	4	5	6	8	9	10	11	12	13	14	15	16	17	17	18	19	20	21	22	23	24	25	26	27	28	29	2	3	4	5	6						
	公曆2月				1	2	3	4	5	6	7	8	9	10	11	12	13	14	15	16	17	18	19	20	21	22	23	24	25	26	27	28						
40	夏曆二月				6	7	8	9	10	11	12	13	14	15	16	17	18	19	20	21	22	23	24	25	26	27	28	29	30	⑲	2	3						
	回曆8月				4	5	6	7	8	9	10	11	12	13	14	15	16	17	18	19	22	21	22	23	24	25	26	27	28	29	30	1						
	藏曆二月				7	8	9	10	11	12	13	14	15	16	17	18	19	20	20	21	22	23	24	26	27	28	29	30	30	1	2	3						
	公曆3月				1	2	3	4	5	6	7	8	9	10	11	12	13	14	15	16	17	18	19	20	21	22	23	24	25	26	27	28	29	30	31			
41	夏曆三月				4	5	6	7	8	9	10	11	12	13	14	15	16	17	18	19	20	21	22	23	24	25	26	27	28	29	㊽	2	3	4	5			
	回曆9月				2	3	4	5	6	7	8	9	10	11	2	13	14	15	16	17	18	19	20	21	22	23	24	25	26	27	28	29	1	2	3			
	藏曆三月				4	5	6	7	8	9	10	11	12	13	14	15	16	17	18	19	20	21	22	23	24	25	26	27	28	30	1	2	3	4	5			
	公曆4月							1	2	3	4	5	6	7	8	9	10	11	12	13	14	15	16	17	18	19	20	21	22	23	24	25	26	27	28	29	30	
42	夏曆四月							6	7	8	9	10	11	12	13	14	15	16	17	18	19	20	21	22	23	24	25	26	27	28	29	⑰	2	3	4	5	6	
	回曆10月							4	5	6	7	8	9	10	11	12	13	14	15	16	17	18	19	20	21	22	23	24	25	26	27	28	29	30	1	2	3	
	藏曆四月							6	7	8	9	10	11	12	13	14	14	15	16	17	18	19	20	21	22	24	25	26	27	28	29	30	1	2	3	4	5	
	公曆5月		1	2	3	4	5	6	7	8	9	10	11	12	13	14	15	16	17	18	19	20	21	22	23	24	25	26	27	28	29	30	31					
43	夏曆五月		7	8	9	10	11	12	13	14	15	16	17	18	19	20	21	22	23	24	25	26	27	28	29	30	㊼	2	3	4	5	6	7					
	回曆11月		4	5	6	7	8	9	10	11	12	13	14	15	16	17	18	19	20	21	22	23	24	25	26	27	28	29	1	2	3	4	5					
	藏曆五月		6	7	8	9	10	11	12	13	14	15	16	17	18	19	20	21	22	23	24	25	27	28	29	30	1	2	3	4	5	6	7					
	公曆6月					1	2	3	4	5	6	7	8	9	10	11	12	13	14	15	16	17	18	19	20	21	22	23	24	25	26	27	28	29	30			
44	夏曆六月					8	9	10	11	12	13	14	15	16	17	18	19	20	21	22	23	24	25	26	27	28	29	⑯	2	3	4	5	6	7	8			
	回曆12月					6	7	8	9	10	11	12	13	14	15	16	17	18	19	20	21	22	23	24	25	26	27	28	29	30	1	2	3	4	5			
	藏曆六月					8	9	9	10	11	12	13	14	15	16	17	18	20	21	22	23	24	25	26	27	28	29	30	1	2	3	4	5	6	7			
	公曆7月							1	2	3	4	5	6	7	8	9	10	11	12	13	14	15	16	17	18	19	20	21	22	23	24	25	26	27	28	29	30	31
45	夏曆七月							9	10	11	12	13	14	15	16	17	18	19	20	21	22	23	24	25	26	27	28	29	30	㊻	2	3	4	5	6	7	8	9
470年	回曆1月							6	7	8	9	10	11	12	13	14	15	16	17	18	19	20	21	22	23	24	25	26	27	28	29	①	2	3	4	5	6	7
	藏曆七月							8	9	10	11	12	13	14	15	16	17	18	19	20	22	23	24	25	26	27	28	29	30	1	2	3	4	5	6	6	7	8
	公曆8月			1	2	3	4	5	6	7	8	9	10	11	12	13	14	15	16	17	18	19	20	21	22	23	24	25	26	27	28	29	30	31				
46	夏曆八月			10	11	12	13	14	15	16	17	18	19	20	21	22	23	24	25	26	27	28	29	⑮	2	3	4	5	6	7	8	9	10	11				
	回曆2月			8	9	10	11	12	13	14	15	16	17	18	19	20	21	22	23	24	25	26	27	28	29	30	1	2	3	4	5	6	7	8				
	藏曆八月			9	10	11	12	13	15	16	17	18	19	20	21	22	23	24	25	26	27	28	29	30	1	2	3	4	5	6	7	8	9	10				

續表

月干支序數	月序＼星期	日	1	2	3	4	5	6	日	1	2	3	4	5	6	日	1	2	3	4	5	6	日	1	2	3	4	5	6	日	1	2	3	4	5	6	日	1
	公曆 9 月						1	2	3	4	5	6	7	8	9	10	11	12	13	14	15	16	17	18	19	20	21	22	23	24	25	26	27	28	29	30		
47	夏曆九月						12	13	14	15	16	17	18	19	20	21	22	23	24	25	26	27	28	29	30	㊺	2	3	4	5	6	7	8	9	10	11		
	回曆 3 月						9	10	11	12	13	14	15	16	17	18	19	20	21	22	23	24	25	26	27	28	29	1	2	3	4	5	6	7	8	9		
	藏曆九月						11	12	13	14	15	16	18	19	20	21	22	23	24	25	26	27	28	29	30	30	1	1	2	3	4	5	6	7	8	9		
	公曆 10 月	1	2	3	4	5	6	7	8	9	10	11	12	13	14	15	16	17	18	19	20	21	22	23	24	25	26	27	28	29	30	31						
48	夏曆十月	12	13	14	15	16	17	18	19	20	21	22	23	24	25	26	27	28	29	30	⑮	2	3	4	5	6	7	8	9	10	11	12						
	回曆 4 月	10	11	12	13	14	15	16	17	18	19	20	21	22	23	24	25	26	27	28	29	30	1	2	3	4	5	6	7	8	9	10						
	藏曆十月	10	12	13	14	15	16	17	18	19	20	21	22	23	24	25	26	27	28	29	1	2	3	4	5	6	7	8	9	9	10	11						
	公曆 11 月				1	2	3	4	5	6	7	8	9	10	11	12	13	14	15	16	17	18	19	20	21	22	23	24	25	26	27	28	29	30				
49	夏曆十一月				13	14	15	16	17	18	19	20	21	22	23	24	25	26	27	28	29	30	㊺	2	3	4	5	6	7	8	9	10	11	12				
	回曆 5 月				11	12	13	14	15	16	17	18	19	20	21	22	23	24	25	26	27	28	29	11	2	3	4	5	6	7	8	9	10	11				
	藏曆十一月				12	13	14	16	17	18	19	20	21	22	23	24	25	25	26	27	28	29	1	2	3	4	5	6	7	8	10	11	12	13				
	公曆 12 月						1	2	3	4	5	6	7	8	9	10	11	12	13	14	15	16	17	18	19	20	21	22	23	24	25	26	27	28	29	30	31	
50	夏曆十二月						13	14	15	16	17	18	19	20	21	22	23	24	25	26	27	28	29	⑭	2	3	4	5	6	7	8	9	10	11	12	13	14	
	回曆 6 月						12	13	14	15	16	17	18	19	20	21	22	23	24	25	26	27	28	29	30	1	2	3	4	5	6	7	8	9	10	11	12	
	藏曆十二月						14	15	16	17	18	19	20	21	22	23	24	25	26	27	28	28	29	30	1	2	4	5	6	7	8	9	10	11	12	13	14	

遼閏十二月丁未。

大事記

二月，宋改解鹽法。　四月，于闐國貢宋。　五月，改成都路茶法。　六月，注輦國貢宋。鑄大錢及折二錢。七月，河決澶州曹村，河道南遷，淹四十五縣，田三十餘萬頃。　八月，河決於鄭州。　十一月，遼耶律乙辛誅殺太子黨。哲學家張載卒(1020—1077)　是歲，宋理學家邵雍卒(1011—1077)

宋遼金紀年　　干支戊午　公元 1078 年

朝代或國名	國家支配者	建都	廟號	謚號	建元	年號年次	輔政者	備注
北宋	⑥趙頊	汴梁	神宗	聖	2	2 元豐元年	吳充 王珪	
遼	⑦耶律洪基	中京	道宗	文	5	3 大(太)康 4 年		
大理	⑫段連義	陽苴咩		上德	2	2 廣安 2 年		在雲南
西夏	③李秉常	興慶	惠宗	康靖	4	3 大安 4 年		
吐蕃	②董氈	宗哥				13 年		
古格						265 年		西藏阿里
東汗國	哈桑					4 年		在新疆

月曆表　　5791—384—2115197

月干支序數	月序＼星期	日	1	2	3	4	5	6	日	1	2	3	4	5	6	日	1	2	3	4	5	6	日	1	2	3	4	5	6	日	1	2	3	4	5	6	日	1
	公曆 1 月		1	2	3	4	5	6	7	8	9	10	11	12	13	14	15	16	17	18	19	20	21	22	23	24	25	26	27	28	29	30	31					
51	夏曆正月		15	16	17	18	19	20	21	22	23	24	25	26	27	28	29	30	㊹	2	3	4	5	6	7	8	9	10	11	12	13	14	15					
	回曆 7 月		13	14	15	16	17	18	19	20	21	22	23	24	25	26	27	28	29	1	2	3	4	5	6	7	8	9	10	11	12	13	14					
陽土馬年	藏曆一月		15	16	17	18	19	20	21	22	23	24	25	26	27	28	29	30	1	2	3	4	5	6	7	9	10	11	12	13	14	15	16					

續表

月干支序數	月序＼星期	日	1	2	3	4	5	6	日	1	2	3	4	5	6	日	1	2	3	4	5	6	日	1	2	3	4	5	6	日	1	2	3	4	5	6	日	1
	公暦2月					1	2	3	4	5	6	7	8	9	10	11	12	13	14	15	16	17	18	19	20	21	22	23	24	25	26	27	28					
	夏暦閏正月					16	17	18	19	20	21	22	23	24	25	26	27	28	29	⑬	2	3	4	5	6	7	8	9	10	11	12	13	14					
	回暦8月					15	16	17	18	19	20	21	22	23	24	25	26	27	28	29	30	1	2	3	4	5	6	7	8	9	10	11	12					
	藏暦二月					17	18	19	20	20	21	22	23	24	25	26	27	28	29	30	1	3	4	5	6	7	8	9	10	11	12	13	14					
	公暦3月					1	2	3	4	5	6	7	8	9	10	11	12	13	14	15	16	17	18	19	20	21	22	23	24	25	26	27	28	29	30	31		
52	夏暦二月					15	16	17	18	19	20	21	22	23	24	25	26	27	28	29	30	㊸	2	3	4	5	6	7	8	9	10	11	12	13	14	15		
	回暦9月					13	14	15	16	17	18	19	20	21	22	23	24	25	26	27	28	29	1	2	3	4	5	6	7	8	9	10	11	12	13	14		
	藏暦三月					15	16	17	18	19	20	21	22	23	24	25	26	27	28	29	30	1	2	3	4	5	6	8	9	10	11	12	13	13	14	15		
	公暦4月	1	2	3	4	5	6	7	8	9	10	11	12	13	14	15	16	17	18	19	20	21	22	23	24	25	26	27	28	29	30							
53	夏暦三月	16	17	18	19	20	21	22	23	24	25	26	27	28	29	⑫	2	3	4	5	6	7	8	9	10	11	12	13	14	15	16							
	回暦10月	15	16	17	18	19	20	21	22	23	24	25	26	27	28	29	30	1	2	3	4	5	6	7	8	9	10	11	12	13	14							
	藏暦四月	16	17	18	19	20	21	22	23	24	25	26	27	28	29	1	2	3	4	5	6	7	8	9	10	11	12	13	14	15	16							
	公暦5月			1	2	3	4	5	6	7	8	9	10	11	12	13	14	15	16	17	18	19	20	21	22	23	24	25	26	27	28	29	30	31				
54	夏暦四月			17	18	19	20	21	22	23	24	25	26	27	28	29	㊶	2	3	4	5	6	7	8	9	10	11	12	13	14	15	16	17	18				
	回暦11月			15	16	17	18	19	20	21	22	23	24	25	26	27	28	29	1	2	3	4	5	6	7	8	9	10	11	12	13	14	15	16				
	藏暦五月			17	18	18	19	20	21	23	24	25	26	27	28	29	30	1	2	3	5	6	7	8	8	9	10	11	12	13	14	15	16	17				
	公暦6月						1	2	3	4	5	6	7	8	9	10	11	12	13	14	15	16	17	18	19	20	21	22	23	24	25	26	27	28	29	30		
55	夏暦五月						19	20	21	22	23	24	25	26	27	28	29	30	⑪	2	3	4	5	6	7	8	9	10	11	12	13	14	15	16	17	18		
	回暦12月						17	18	19	20	21	22	23	24	25	26	27	28	29	30	1	2	3	4	5	6	7	8	9	10	11	12	13	14	15	16		
	藏暦六月						18	19	20	21	22	23	24	25	27	28	29	30	1	2	3	4	5	6	7	8	9	10	11	12	13	14	15	15	16	18		
	公暦7月	1	2	3	4	5	6	7	8	9	10	11	12	13	14	15	16	17	18	19	20	21	22	23	24	25	26	27	28	29	30	31						
56	夏暦六月	19	20	21	22	23	24	25	26	27	28	29	㊵	2	3	4	5	6	7	8	9	10	11	12	13	14	15	16	17	18	19	20						
471年	回暦1月	17	18	19	20	21	22	23	24	25	26	27	28	29	①	2	3	4	5	6	7	8	9	10	11	12	13	14	15	16	17	18						
	藏暦七月	19	20	21	22	23	24	25	26	27	28	30	1	2	3	4	5	5	6	7	8	9	10	11	12	13	14	15	16	17	18	19						
	公暦8月				1	2	3	4	5	6	7	8	9	10	11	12	13	14	15	16	17	18	19	20	21	22	23	24	25	26	27	28	29	30	31			
57	夏暦七月				21	22	23	24	25	26	27	28	29	30	⑩	2	3	4	5	6	7	8	9	10	11	12	13	14	15	16	17	18	19	20	21			
	回暦2月				19	20	21	22	23	24	25	26	27	28	2	30	1	2	3	4	5	6	7	8	9	10	11	12	13	14	15	16	17	18	19			
	藏暦八月				20	22	23	24	25	26	27	28	29	30	1	2	3	4	5	6	7	8	9	10	11	12	13	14	15	16	17	18	19	20	21			
	公暦9月							1	2	3	4	5	6	7	8	9	10	11	12	13	14	15	16	17	18	19	20	21	22	23	24	25	26	27	28	29	30	
58	夏暦八月							22	23	24	25	26	27	28	29	㊴	2	3	4	5	6	7	8	9	10	11	12	13	14	15	16	17	18	19	20	21	22	
	回暦3月							20	21	22	23	24	25	26	27	28	29	1	2	3	4	5	6	7	8	9	10	11	12	13	14	15	16	17	18	19	20	
	藏暦九月							22	23	24	26	27	28	29	30	30	1	1	2	3	4	5	6	7	8	9	10	11	12	13	14	15	16	17	19	20	21	
	公暦10月		1	2	3	4	5	6	7	8	9	10	11	12	13	14	15	16	17	18	19	20	21	22	23	24	25	26	27	28	29	30	31					
59	夏暦九月		23	24	25	26	27	28	29	30	⑨	2	3	4	5	6	7	8	9	10	11	12	13	14	15	16	17	18	19	20	21	22	23					
	回暦4月		21	22	23	24	25	26	27	28	29	30	1	2	3	4	5	6	7	8	9	10	11	12	13	14	15	16	17	18	19	20	21					
	藏暦十月		22	23	24	25	26	27	28	29	1	2	3	4	5	5	6	7	8	9	10	12	13	14	15	16	17	18	19	20	21	22	23					
	公暦11月					1	2	3	4	5	6	7	8	9	10	11	12	13	14	15	16	17	18	19	20	21	22	23	24	25	26	27	28	29	30			
60	夏暦十月					24	25	26	27	28	29	30	㊴	2	3	4	5	6	7	8	9	10	11	12	13	14	15	16	17	18	19	20	21	22	23			
	回暦5月					22	23	24	25	26	27	28	29	1	2	3	4	5	6	7	8	9	10	11	12	13	14	15	16	17	18	19	20	21	22			
	藏暦十一月					24	25	26	27	28	29	30	1	2	3	4	5	6	7	8	9	10	11	12	13	14	15	17	18	19	20	21	22	23	24			
	公暦12月							1	2	3	4	5	6	7	8	9	10	11	12	13	14	15	16	17	18	19	20	21	22	23	24	25	26	27	28	29	30	31
1	夏暦十一月							24	25	26	27	28	29	⑧	2	3	4	5	6	7	8	9	10	11	12	13	14	15	16	17	18	19	20	21	22	23	24	25
	回暦6月							23	24	25	26	27	28	29	30	1	2	3	4	5	6	7	8	9	10	11	12	13	14	15	16	17	18	19	20	21	22	23
	藏暦十二月							25	26	27	28	28	29	30	1	2	3	4	5	6	7	8	9	11	12	13	14	15	16	17	18	19	20	21	22	23	24	25

遼正月丙子。

大事記

正月，交阯貢宋，請還廣源等州。　二月，日本僧人獻方物於宋。　四月，除九經外，禁其他書出境。　五月，宋塞澶州曹村决河，成。　六月，阻卜向遼貢馬。　七月，遼諸路飯僧尼三十六萬人。　八月，山東大水。　九月，交阯貢宋，仍請還廣源等州，不許。　十月，宋兵破瀘州夷。于闐貢於宋。　十一月，回鶻貢於遼。　是歲，劉恕卒(1032—1078)。

宋 遼 金 紀 年

干支己未　公元 1079 年

朝代或國名	國家支配者	建都	廟號	謚號	建元	年號年次	輔政者	備注
北宋	⑥趙頊	汴梁	神宗	聖	2	2 元豐 2 年	吳充 王珪	
遼	⑦耶律洪基	中京	道宗	文	5	3 大(太)康 5 年		
大理	⑫段連義	陽苴咩		上德	2	2 廣安 3 年		在雲南
西夏	③李秉常	興慶	惠宗	康靖	4	3 大安 5 年		
吐蕃	②董氊	宗哥				14 年		
古格						266 年		西藏阿里
東汗國	哈桑					5 年		在新疆

月 曆 表

5792—354—2115551

月干支序數	星期／月序	日	1	2	3	4	5	6	日	1	2	3	4	5	6	日	1	2	3	4	5	6	日	1	2	3	4	5	6	日	1	2	3	4	5	6	日	1
	公曆 1 月			1	2	3	4	5	6	7	8	9	10	11	12	13	14	15	16	17	18	19	20	21	22	23	24	25	26	27	28	29	30	31				
2	夏曆十二月			26	27	28	29	30	㊳	2	3	4	5	6	7	8	9	10	11	12	13	14	15	16	17	18	19	20	21	22	23	24	25	26				
	回曆 7 月			24	25	26	27	28	29	1	2	3	4	5	6	7	8	9	10	11	12	13	14	15	16	17	18	10	20	21	22	23	24	25				
陰土羊年	藏曆一月			26	27	28	29	30	1	2	3	4	5	6	7	8	9	0	11	12	13	14	15	16	18	18	19	20	21	22	23	24	25	26				
	公曆 2 月						1	2	3	4	5	6	7	8	9	10	11	12	13	14	15	16	17	18	19	20	21	22	23	24	25	26	27	28				
3	夏曆正月						27	28	29	30	⑧	2	3	4	5	6	7	8	9	10	11	12	13	14	15	16	17	18	19	20	21	22	23	24				
	回曆 8 月						26	27	28	29	30	1	2	3	4	5	6	7	8	9	10	11	12	13	14	15	16	17	18	19	20	21	22	23				
	藏曆二月						27	28	29	30	1	2	3	4	5	6	7	8	10	11	12	13	14	15	16	17	18	19	20	21	22	23	23	24				
	公曆 3 月						1	2	3	4	5	6	7	8	9	10	11	12	13	14	15	16	17	18	19	20	21	22	23	24	25	26	27	28	29	30	31	
4	夏曆二月						25	26	27	28	29	㊲	2	3	4	5	6	7	8	9	10	11	12	13	14	15	16	17	18	19	20	21	22	23	24	25	26	
	回曆 9 月						24	25	26	27	28	29	1	2	3	4	5	6	7	8	9	10	11	12	13	14	15	16	17	18	19	20	21	22	23	24	25	
	藏曆三月						25	26	27	28	29	30	1	2	4	5	6	7	8	9	10	11	12	13	14	15	16	17	18	19	20	21	22	23	24	25	26	
	公曆 4 月		1	2	3	4	5	6	7	8	9	10	11	12	13	14	15	16	17	18	19	20	21	22	23	24	25	26	27	28	29	30						
5	夏曆三月		27	28	29	30	⑦	2	3	4	5	6	7	8	9	10	11	12	13	14	15	16	17	18	19	20	21	22	23	24	25	26						
	回曆 10 月		26	27	28	29	30	1	2	3	4	5	6	7	8	9	10	11	12	13	14	15	16	17	18	19	20	21	22	23	24	25						
	藏曆後三月		25	26	27	28	1	2	3	4	5	6	8	9	10	11	12	13	14	15	16	17	17	18	19	20	21	22	23	24	25	26						
	公曆 5 月				1	2	3	4	5	6	7	8	9	10	11	12	13	14	15	16	17	18	19	20	21	22	23	24	25	26	27	28	29	30	31			
6	夏曆四月				27	28	29	㊱	2	3	4	5	6	7	8	9	10	11	12	13	14	15	16	17	18	19	20	21	22	23	24	25	26	27	28			
	回曆 11 月				26	27	28	29	1	2	3	4	5	6	7	8	9	10	11	12	13	14	15	16	17	18	19	20	21	22	23	24	25	26	27			
	藏曆四月				27	28	29	1	2	3	4	5	6	7	8	9	10	11	12	13	14	15	16	17	18	19	20	21	22	23	24	25	26	27	28			
	公曆 6 月							1	2	3	4	5	6	7	8	9	10	11	12	13	14	15	16	17	18	19	20	21	22	23	24	25	26	27	28	29	30	
7	夏曆五月							29	⑤	2	3	4	5	6	7	8	9	10	11	12	13	14	15	16	17	18	19	20	21	22	23	24	25	26	27	28	29	
	回曆 12 月							28	29	30	1	2	3	4	5	6	7	8	9	10	11	12	13	14	15	16	17	18	19	20	21	22	23	24	25	26	27	
	藏曆五月							29	30	1	2	4	5	6	7	8	9	10	11	12	13	13	14	15	16	17	18	19	20	21	22	23	24	25	27	28	29	

續表

月 干支 序數	月序 \ 星期	日	1	2	3	4	5	6	日	1	2	3	4	5	6	日	1	2	3	4	5	6	日	1	2	3	4	5	6	日	1	2	3	4	5	6	日	1
	公曆7月		1	2	3	4	5	6	7	8	9	10	11	12	13	14	15	16	17	18	19	20	21	22	23	24	25	26	27	28	29	30	31					
8 9	夏曆六七月		30	㉟	2	3	4	5	6	7	8	9	10	11	12	13	14	15	16	17	18	19	20	21	22	23	24	25	26	27	28	29	④					
472年	回曆1月		28	29	30	①	2	3	4	5	6	7	8	9	10	11	12	13	14	15	16	17	18	19	20	21	22	23	24	25	26	27	28					
	藏曆六七月		30	1	2	3	4	5	6	7	8	9	10	11	12	13	14	15	16	17	18	19	20	21	22	23	24	25	26	27	28	30	1					
•	公曆8月					1	2	3	4	5	6	7	8	9	10	11	12	13	14	15	16	17	18	19	20	21	22	23	24	25	26	27	28	29	30	31		
10	夏曆八月					2	3	4	5	6	7	8	9	10	11	12	13	14	15	16	17	18	19	20	21	22	23	24	25	26	27	28	29	㉝	2	3		
	回曆2月					29	30	1	2	3	4	5	6	7	8	9	10	11	12	13	14	15	16	17	18	19	20	21	22	23	24	25	26	27	28	29		
	藏曆八月					2	3	4	5	6	7	8	9	10	10	11	12	13	14	15	16	17	18	19	20	21	23	24	25	26	27	28	29	30	1	2		
	公曆9月	1	2	3	4	5	6	7	8	9	10	11	12	13	14	15	16	17	18	19	20	21	22	23	24	25	26	27	28	29	30							
11	夏曆九月	4	5	6	7	8	9	10	11	12	13	14	15	16	17	18	19	20	21	22	23	24	25	26	27	28	29	30	③	2	3							
	回曆3月	1	2	3	4	5	6	7	8	9	10	11	12	13	14	15	16	17	18	19	20	21	22	23	24	25	26	27	28	29	30							
	藏曆九月	3	4	5	6	7	8	9	10	11	12	13	14	15	16	17	18	19	20	21	22	23	24	26	27	28	29	30	1	2	3							
	公曆10月			1	2	3	4	5	6	7	8	9	10	11	12	13	14	15	16	17	18	19	20	21	22	23	24	25	26	27	28	29	30	31				
12	夏曆十月			4	5	6	7	8	9	10	11	12	13	14	15	16	17	18	19	20	21	22	23	24	25	26	27	28	29	30	㉝	2	3	4				
	回曆4、5月			1	2	3	4	5	6	7	8	9	10	11	12	13	14	15	16	17	18	19	20	21	22	23	24	25	26	27	28	29	1	2				
	藏曆十月			4	5	5	6	7	8	9	10	11	12	13	14	15	16	17	18	20	21	22	23	24	25	26	27	28	29	30	1	2	3	4				
	公曆11月						1	2	3	4	5	6	7	8	9	10	11	12	13	14	15	16	17	18	19	20	21	22	23	24	25	26	27	28	29	30		
13	夏曆十一月						5	6	7	8	9	10	11	12	13	14	15	16	17	18	19	20	21	22	23	24	25	26	27	28	29	②	2	3	4	5		
	回曆6月						3	4	5	6	7	8	9	10	11	12	13	14	15	16	17	18	19	20	21	22	23	24	25	26	27	28	29	30	1	2		
	藏曆十一月						5	6	7	8	9	10	11	12	13	14	15	16	17	18	19	20	21	22	23	25	26	27	27	28	29	30	1	2	3	4		
	公曆12月	1	2	3	4	5	6	7	8	9	10	11	12	13	14	15	16	17	18	19	20	21	22	23	24	25	26	27	28	29	30	31						
14	夏曆十二月	6	7	8	9	10	11	12	13	14	15	16	17	18	19	20	21	22	23	24	25	26	27	28	29	30	㉜	2	3	4	5	6						
	回曆7月	3	4	5	6	7	8	9	10	11	12	13	14	15	16	17	18	19	20	21	22	23	24	25	26	27	28	29	1	2	3	4						
	藏曆十二月	5	6	7	8	9	10	11	12	13	14	15	16	18	19	20	21	22	23	24	25	26	27	28	29	30	30	1	1	2	3	4						

大事記

正月，立高麗交易法。　二月，瀘州夷擾邊。　三月，董氈貢宋。試特奏名進士及武舉。　五月，順州“蠻”反宋，尋敗。　六月，阻卜貢遼。宋導洛通汴成。　七月，三佛齊、詹卑國貢宋。夏擾宋綏德。　八月，夏又擾。宋增太學生。　九月，西南諸蕃貢於宋。　十月，夏貢於遼。交趾歸所掠宋民，以廣源州還之。置籍田令，定水上居民賦役法。十一月，宋減廣南西路役錢。

宋遼金紀年

干支庚申　公元1080年

朝代或國名	國家支配者	建都	廟號	謚號	建元	年號年次	輔政者	備注
北宋	⑥趙頊	汴梁	神宗	聖	2	2元豐3年	吴充 王珪	
遼	⑦耶律洪基	中京	道宗	文	5	3大(太)康6年		
大理	⑫段連義	陽苴咩		上德	2	2廣安4年		在雲南
西夏	③李秉常	興慶	惠宗	康靖	4	3大安6年		
吐蕃	②董氈	宗哥				15年		
古格						267年		西藏阿里
東汗國	哈桑					6年		在新疆

月干支序數	月序＼星期	日	1	2	3	4	5	6	日	1	2	3	4	5	6	日	1	2	3	4	5	6	日	1	2	3	4	5	6	日	1	2	3	4	5	6	日	1
	公曆 1 月				1	2	3	4	5	6	7	8	9	10	11	12	13	14	15	16	17	18	19	20	21	22	23	24	25	26	27	28	29	30	31			
15	夏曆正月				7	8	9	10	11	12	13	14	15	16	17	18	19	20	21	22	23	24	25	26	27	28	29	30	②	2	3	4	5	6	7			
	回曆 8 月				5	6	7	8	9	10	11	12	13	14	15	16	17	18	19	20	21	22	23	24	25	26	27	28	29	30	1	2	3	4	5			
陽金猴年	藏曆一月				5	6	7	8	9	10	11	13	14	15	16	17	18	19	20	21	22	23	24	25	26	27	28	29	1	2	3	4	5	6	7			
	公曆 2 月							1	2	3	4	5	6	7	8	9	10	11	12	13	14	15	16	17	18	19	20	21	22	23	24	25	26	27	28	29		
16	夏曆二月							8	9	10	11	12	13	14	15	16	17	18	19	20	21	22	23	24	25	26	27	28	29	30	㉜	2	3	4	5	6		
	回曆 9 月							6	7	8	9	10	11	12	13	14	15	16	17	18	19	20	21	22	23	24	25	26	27	28	29	1	2	3	4	5		
	藏曆二月							8	9	10	11	12	13	14	15	16	18	19	20	21	22	22	23	24	25	26	27	28	29	30	1	2	3	4	5	6		
	公曆 3 月	1	2	3	4	5	6	7	8	9	10	11	12	13	14	15	16	17	18	19	20	21	22	23	24	25	26	27	28	29	30	31						
17	夏曆三月	7	8	9	10	11	12	13	14	15	16	17	18	19	20	21	22	23	24	25	26	27	28	29	①	2	3	4	5	6	7	8						
	回曆 10 月	6	7	8	9	10	11	12	13	14	15	16	17	18	19	20	21	22	23	24	25	26	27	28	29	30	1	2	3	4	5	6						
	藏曆三月	7	8	9	11	12	13	14	15	16	17	18	19	20	21	22	23	24	25	26	27	27	28	29	30	1	2	3	5	6	7	8						
	公曆 4 月				1	2	3	4	5	6	7	8	9	10	11	12	13	14	15	16	17	18	19	20	21	22	23	24	25	26	27	28	29	30				
18	夏曆四月				9	10	11	12	13	14	15	16	17	18	19	20	21	22	23	24	25	26	27	28	29	30	㉛	2	3	4	5	6	7	8				
	回曆 11 月				7	8	9	10	11	12	13	14	15	16	17	18	19	20	21	22	23	24	25	26	27	28	29	1	2	3	4	5	6	7				
	藏曆四月				9	10	11	12	13	14	15	16	17	18	19	20	21	22	23	24	25	26	27	28	29	30	1	2	3	4	5	6	8	9				
	公曆 5 月						1	2	3	4	5	6	7	8	9	10	11	12	13	14	15	16	17	18	19	20	21	22	23	24	25	26	27	28	29	30	31	
19	夏曆五月						9	10	11	12	13	14	15	16	17	18	19	20	21	22	23	24	25	26	27	28	29	(60)	2	3	4	5	6	7	8	9	10	
	回曆 12 月						8	9	10	11	12	13	14	15	16	17	18	19	20	21	22	23	24	25	26	27	28	29	30	1	2	3	4	5	6	7	8	
	藏曆五月						10	11	12	13	14	15	16	17	18	19	20	21	21	22	23	24	25	26	27	28	29	1	2	3	4	5	6	7	8	9	10	
	公曆 6 月		1	2	3	4	5	6	7	8	9	10	11	12	13	14	15	16	17	18	19	20	21	22	23	24	25	26	27	28	29	30						
20	夏曆六月		11	12	13	14	15	16	17	18	19	20	21	22	23	24	25	26	27	28	29	㉙	2	3	4	5	6	7	8	9	10	11						
473 年	回曆 1 月		9	10	11	12	13	14	15	16	17	18	19	20	21	22	23	24	25	26	27	28	29	①	2	3	4	5	6	7	8	9						
	藏曆六月		11	12	13	14	15	16	17	18	19	20	21	22	23	24	25	26	27	28	29	30	1	2	4	5	6	7	8	9	10	11						
	公曆 7 月				1	2	3	4	5	6	7	8	9	10	11	12	13	14	15	16	17	18	19	20	21	22	23	24	25	26	27	28	29	30	31			
21	夏曆七月				12	13	14	15	16	17	18	19	20	21	22	23	24	25	26	27	28	29	30	(59)	2	3	4	5	6	7	8	9	10	11	12			
	回曆 2 月				10	11	12	13	14	15	16	17	18	19	20	21	22	23	24	25	26	27	28	29	30	1	2	3	4	5	6	7	8	9	10			
	藏曆七月				12	13	14	15	16	17	18	19	20	21	22	23	24	25	26	27	28	29	30	1	2	3	4	5	6	7	8	9	10	11	12			
	公曆 8 月							1	2	3	4	5	6	7	8	9	10	11	12	13	14	15	16	17	18	19	20	21	22	23	24	25	26	27	28	29	30	31
22	夏曆八月							13	14	15	16	17	18	19	20	21	22	23	24	25	26	27	28	29	㉘	2	3	4	5	6	7	8	9	10	11	12	13	14
	回曆 3 月							11	12	13	14	15	16	17	18	19	20	21	22	23	24	25	26	27	28	29	1	2	3	4	5	6	7	8	9	10	11	12
	藏曆八月							13	14	15	16	17	18	19	20	21	22	23	24	25	26	27	28	30	1	2	3	4	5	6	7	8	9	10	11	12	13	14
	公曆 9 月			1	2	3	4	5	6	7	8	9	10	11	12	13	14	15	16	17	18	19	20	21	22	23	24	25	26	27	28	29	30					
23	夏曆九月			15	16	17	18	19	20	21	22	23	24	25	26	27	28	29	(57)	2	3	4	5	6	7	8	9	10	11	12	13	14	15					
	回曆 4 月			13	14	15	16	17	18	19	20	21	22	23	24	25	26	27	28	29	30	1	2	3	4	5	6	7	8	9	10	11	12					
	藏曆九月			14	15	16	17	18	19	20	21	23	24	25	26	27	28	29	30	1	2	3	4	5	6	7	8	9	10	11	12	13	14					
	公曆 10 月					1	2	3	4	5	6	7	8	9	10	11	12	13	14	15	16	17	18	19	20	21	22	23	24	25	26	27	28	29	30	31		
	夏曆閏九月					16	17	18	19	20	21	22	23	24	25	26	27	28	29	30	㉗	2	3	4	5	6	7	8	9	10	11	12	13	14	15	16		
	回曆 5 月					13	14	15	16	17	18	19	20	21	22	23	24	25	26	27	28	29	1	2	3	4	5	6	7	8	9	10	11	12	13	14		
	藏曆十月					15	16	17	18	19	20	21	22	23	24	25	27	28	29	30	1	2	3	4	5	6	7	8	8	9	10	11	12	13	14	15		
	公曆 11 月	1	2	3	4	5	6	7	8	9	10	11	12	13	14	15	16	17	18	19	20	21	22	23	24	25	26	27	28	29	30							
24	夏曆十月	17	18	19	20	21	22	23	24	25	26	27	28	29	(56)	2	3	4	5	6	7	8	9	10	11	12	13	14	15	16	17							
	回曆 6 月	15	16	17	18	19	20	21	22	23	24	25	26	27	28	29	30	1	2	3	4	5	6	7	8	9	10	11	12	13	14							
	藏曆十一月	16	17	18	20	21	22	23	24	25	26	27	28	29	30	1	2	3	4	5	6	7	8	9	10	11	12	13	14	15	16							

續表

月 干支 序數	月序 \ 星期	日	1	2	3	4	5	6	日	1	2	3	4	5	6	日	1	2	3	4	5	6	日	1	2	3	4	5	6	日	1	2	3	4	5	6	日	1
	公暦12月			1	2	3	4	5	6	7	8	9	10	11	12	13	14	15	16	17	18	19	20	21	22	23	24	25	26	27	28	29	30	31				
25	夏暦十一月			18	19	20	21	22	23	24	25	26	27	28	29	30	㉖	2	3	4	5	6	7	8	9	10	11	12	13	14	15	16	17	18				
	回暦7月			15	16	17	18	19	20	21	22	23	24	25	26	27	28	29	1	2	3	4	5	6	7	8	9	10	11	12	13	14	15	16				
	藏暦十二月			17	18	19	20	21	22	23	25	26	27	28	29	30	30	1	2	3	4	5	6	7	8	9	10	11	12	13	14	15	16	17				

遼閏八月庚申,九月庚寅。

大事記

正月,高麗、于闐貢宋。　二月,章惇參政。　三月,南丹州"蠻"貢宋。　四月,罷群牧行司,復置提舉買馬監牧司。瀘州夷擾戎州。　六月,詳定官制。女真貢遼。　七月,河決澶州孫村陳村埽及大小吳埽。　九月,宋改散階官制。定熙河西路蕃弓箭手制度。　閏九月,王存等編《元豐九域誌》成。　是歲,全國人口 33 300 000。

宋遼金紀年

干支辛酉　公元1081年

朝代或國名	國家支配者	建都	廟號	謚號	建元	號年次	輔政者	備注
北宋	⑥趙頊	汴梁	神宗	聖	2	2元豐4年	王珪	
遼	⑦耶律洪基	中京	道宗	文	5	3大(太)康7年		
大理	⑬段壽輝	陽苴咩		上明	1	上明元年		在雲南
西夏	③李秉常	興慶	惠宗	康靖	4	3大安7年		
吐蕃	②董氈	宗哥				16年		
古格						268年		西藏阿里
東汗國	哈桑					7年		在新疆

月曆表

5794－354－2116289

月 干支 序數	月序 \ 星期	日	1	2	3	4	5	6	日	1	2	3	4	5	6	日	1	2	3	4	5	6	日	1	2	3	4	5	6	日	1	2	3	4	5	6	日	1
	公暦1月						1	2	3	4	5	6	7	8	9	10	11	12	13	14	15	16	17	18	19	20	21	22	23	24	25	26	27	28	29	30	31	
26	夏暦十二月						19	20	21	22	23	24	25	26	27	28	29	30	(56)	2	3	4	5	6	7	8	9	10	11	12	13	14	15	16	17	18	19	
	回暦8月						17	18	19	20	21	22	23	24	25	26	27	28	29	30	1	2	3	4	5	6	7	8	9	10	11	12	13	14	15	16	17	
陰金鷄年	藏暦一月						19	20	21	22	23	24	25	26	27	28	29	30	1	2	3	3	4	5	6	7	8	9	10	11	12	14	15	16	17	18	19	
	公暦2月		1	2	3	4	5	6	7	8	9	10	11	12	13	14	15	16	17	18	19	20	21	22	23	24	25	26	27	28								
27	夏暦正月		20	21	22	23	24	25	26	27	28	29	30	㉖	2	3	4	5	6	7	8	9	10	11	12	13	14	15	16	17								
	回暦9月		18	19	20	21	22	23	24	25	26	27	28	29	1	2	3	4	5	6	7	8	9	10	11	12	13	14	15	16								
	藏暦二月		20	21	22	23	24	25	26	27	28	29	30	1	2	3	4	5	6	7	8	9	10	11	12	13	14	15	16	18								
	公暦3月		1	2	3	4	5	6	7	8	9	10	11	12	13	14	15	16	17	18	19	20	21	22	23	24	25	26	27	28	29	30	31					
28	夏暦二月		18	19	20	21	22	23	24	25	26	27	28	29	(55)	2	3	4	5	6	7	8	9	10	11	12	13	14	15	16	17	18	19					
	回暦10月		17	18	19	20	21	22	23	24	25	26	27	28	29	30	1	2	3	4	5	6	7	8	9	10	11	12	13	14	15	16	17					
	藏暦三月		19	20	21	22	23	24	25	26	26	27	28	29	30	1	2	3	4	5	6	7	8	9	10	12	13	14	15	16	17	18	19					
	公暦4月					1	2	3	4	5	6	7	8	9	10	11	12	13	14	15	16	17	18	19	20	21	22	23	24	25	26	27	28	29	30			
29	夏暦三月					20	21	22	23	24	25	26	27	28	29	30	㉕	2	3	4	5	6	7	8	9	10	11	12	13	14	15	16	17	18	19			
	回暦11月					18	19	20	21	22	23	24	25	26	27	28	29	1	2	3	4	5	6	7	8	9	10	11	12	13	14	15	16	17	18			

續表

月干支序數	星期 月序	日	1	2	3	4	5	6	日	1	2	3	4	5	6	日	1	2	3	4	5	6	日	1	2	3	4	5	6	日	1	2	3	4	5	6	日	1
	藏曆四月					20	21	22	23	24	25	26	27	28	29	30	1	2	3	4	5	6	7	8	9	10	11	12	13	14	16	17	18	19	20			
	公曆5月							1	2	3	4	5	6	7	8	9	10	11	12	13	14	15	16	17	18	19	20	21	22	23	24	25	26	27	28	29	30	31
30	夏曆四月							20	21	22	23	24	25	26	27	28	29	30	(55)	2	3	4	5	6	7	8	9	10	11	12	13	14	15	16	17	18	19	20
	回曆12月							19	20	21	22	23	24	25	26	27	28	29	30	1	2	3	4	5	6	7	8	9	10	11	12	13	14	15	16	17	18	19
	藏曆五月							20	21	22	23	24	25	26	27	28	29	30	1	2	3	4	5	6	8	9	10	11	12	13	14	15	16	17	18	19	20	21
	公曆6月			1	2	3	4	5	6	7	8	9	10	11	12	13	14	15	16	17	18	19	20	21	22	23	24	25	26	27	28	29	30					
31	夏曆五月			21	22	23	24	25	26	27	28	29	㉔	2	3	4	5	6	7	8	9	10	11	12	13	14	15	16	17	18	19	20	21					
474年	回曆1月			20	21	22	23	24	25	26	27	28	29	①	2	3	4	5	6	7	8	9	10	11	12	13	14	15	16	17	18	19	20					
	藏曆六月			22	23	24	25	26	27	28	28	30	1	2	3	4	5	6	7	8	9	10	12	13	14	15	16	17	17	18	19	20	21					
	公曆7月					1	2	3	4	5	6	7	8	9	10	11	12	13	14	15	16	17	18	19	20	21	22	23	24	25	26	27	28	29	30	31		
32	夏曆六月					22	23	24	25	26	27	28	29	(53)	2	3	4	5	6	7	8	9	10	11	12	13	14	15	16	17	18	19	20	21	22	23		
	回曆2月					21	22	23	24	25	26	27	28	29	30	1	2	3	4	5	6	7	8	9	10	11	12	13	14	15	16	17	18	19	20	21		
	藏曆七月					22	23	24	25	26	27	28	29	30	1	2	4	5	6	7	8	9	10	11	12	13	14	15	16	17	18	19	20	21	22	23		
	公曆8月	1	2	3	4	5	6	7	8	9	10	11	12	13	14	15	16	17	18	19	20	21	22	23	24	25	26	27	28	29	30	31						
33	夏曆七月	24	25	26	27	28	29	30	㉓	2	3	4	5	6	7	8	9	10	11	12	13	14	15	16	17	18	19	20	21	22	23	24						
	回曆3月	22	23	24	25	26	27	28	29	1	2	3	4	5	6	7	8	9	10	11	12	13	14	15	16	17	18	19	20	21	22	23						
	藏曆八月	24	25	26	27	28	29	30	1	2	3	4	5	7	8	9	10	11	12	13	13	14	15	16	17	18	19	20	21	22	23	24						
	公曆9月				1	2	3	4	5	6	7	8	9	10	11	12	13	14	15	16	17	18	19	20	21	22	23	24	25	26	27	28	29	30				
34	夏曆八月				25	26	27	28	29	(52)	2	3	4	5	6	7	8	9	10	11	12	13	14	15	16	17	18	19	20	21	22	23	24	25				
	回曆4月				24	25	26	27	28	29	30	1	2	3	4	5	6	7	8	9	10	11	12	13	14	15	16	17	18	19	20	21	22	23				
	藏曆九月				25	26	27	28	30	1	2	3	4	5	6	7	8	9	10	11	12	13	14	15	16	17	18	19	20	20	22	23	24	25				
	公曆10月						1	2	3	4	5	6	7	8	9	10	11	12	13	14	15	16	17	18	19	20	21	22	23	24	25	26	27	28	29	30	31	
35	夏曆九月						26	27	28	29	㉑	2	3	4	5	6	7	8	9	10	11	12	13	14	15	16	17	18	19	20	21	22	23	24	25	26	27	
	回曆5月						24	25	26	27	28	29	1	2	3	4	5	6	7	8	9	10	11	12	13	14	15	16	17	18	19	20	21	22	23	24	25	
	藏曆十月						26	27	28	29	30	1	2	4	5	6	7	7	8	9	10	11	12	13	14	15	16	17	18	19	20	21	22	23	24	25	27	
	公曆11月		1	2	3	4	5	6	7	8	9	10	11	12	13	14	15	16	17	18	19	20	21	22	23	24	25	26	27	28	29	30						
36	夏曆十月		28	29	30	(51)	2	3	4	5	6	7	8	9	10	11	12	13	14	15	16	17	18	19	20	21	22	23	24	25	26	27						
	回曆6月		26	27	28	29	30	1	2	3	4	5	6	7	8	9	10	11	12	13	14	15	16	17	18	19	20	21	22	23	24	25						
	藏曆十一月		28	29	30	1	2	3	4	5	6	7	8	9	10	11	11	12	13	14	15	16	17	18	19	21	22	23	24	25	26	27						
	公曆12月				1	2	3	4	5	6	7	8	9	10	11	12	13	14	15	16	17	18	19	20	21	22	23	24	25	26	27	28	29	30	31			
37	夏曆十一月				28	29	⑳	2	3	4	5	6	7	8	9	10	11	12	13	14	15	16	17	18	19	20	21	22	23	24	25	26	27	28	29			
	回曆7月				26	27	28	29	1	2	3	4	5	6	7	8	9	10	11	12	13	14	15	16	17	18	19	20	21	22	23	24	25	26	27			
	藏曆後十一月				28	29	30	1	2	3	4	5	6	7	8	9	10	11	12	13	14	15	16	17	18	19	20	21	22	23	24	26	27	28	29			

大事記

正月，進士加試律義。遣將經制瀘州夷人。于闐貢宋。宋棄所佔交趾地。五國、女直貢遼。　三月，董氊貢宋。章惇罷知蔡州。　四月，河決澶州小吳埽，注御河。　五月，遼南京三縣蝗。　六月，宋河北蝗。阻卜貢遼。宋集兵於邊備夏。　七月，大舉攻夏。攻米脂寨。夏人囚其主李秉常。　八月，夏擾宋臨州堡，諭董氊合擊之。交趾、佛泥貢宋。　九月，宋復蘭州，蕃部皆降，并助攻夏。宋修《國朝會要》成。種諤敗夏於無定川。　十月，拂菻貢宋。宋在磨臍隘大敗夏兵，遂進靈州。　十一月，宋因軍糧不濟而退，夏追之，大潰。

宋 遼 金 紀 年

干支壬戌　公元1082年

朝代或國名	國家支配者	建　都	廟　號	謚　號	建元	年號年次	輔　政　者	備　注
北宋	⑥趙頊	汴梁	神宗	聖	2	2元豐5年	王珪蔡確	
遼	⑦耶律洪基	中京	道宗	文	5	3大(太)康8年		
大理	⑭段正明	陽苴咩		保定		保立元年		在雲南
西夏	③李秉常	興慶	惠宗	康靖	4	3大安8年		
吐蕃	②董氊	宗哥				17年		
古格						269年		西藏阿里
東汗國	哈桑					8年		在新疆

月 曆 表

5795—354—2116643

月干支序數	月序＼星期	日	1	2	3	4	5	6	日	1	2	3	4	5	6	日	1	2	3	4	5	6	日	1	2	3	4	5	6	日	1	2	3	4	5	6	日	1
	公曆1月							1	2	3	4	5	6	7	8	9	10	11	12	13	14	15	16	17	18	19	20	21	22	23	24	25	26	27	28	29	30	31
38	夏曆十二月							30	㊿	2	3	4	5	6	7	8	9	10	11	12	13	14	15	16	17	18	19	20	21	22	23	24	25	26	27	28	29	30
	回曆8月							28	29	30	1	2	3	4	5	6	7	8	9	10	11	12	13	14	15	16	17	18	19	20	21	22	23	24	25	26	27	28
	藏曆十二月							30	1	2	3	3	4	5	6	7	8	9	10	11	12	13	14	15	16	17	18	19	21	22	23	24	25	26	27	28	29	30
	公曆2月			1	2	3	4	5	6	7	8	9	10	11	12	13	14	15	16	17	18	19	20	21	22	23	24	25	26	27	28							
39	夏曆正月			⑳	2	3	4	5	6	7	8	9	10	11	12	13	14	15	16	17	18	19	20	21	22	23	24	25	26	27	28							
	回曆9月			29	1	2	3	4	5	6	7	8	9	10	11	12	13	14	15	16	17	18	19	20	21	22	23	24	25	26	27							
陽水狗年	藏曆一月			1	2	3	4	5	6	6	7	8	9	10	11	12	13	15	16	17	18	19	20	21	22	23	24	25	26	27	28							
	公曆3月			1	2	3	4	5	6	7	8	9	10	11	12	13	14	15	16	17	18	19	20	21	22	23	24	25	26	27	28	29	30	31				
40	夏曆二月			29	30	㊿	2	3	4	5	6	7	8	9	10	11	12	13	14	15	16	17	18	19	20	21	22	23	24	25	26	27	28	29				
	回曆10月			28	29	30	1	2	3	4	5	6	7	8	9	10	11	12	13	14	15	16	17	18	19	20	21	22	23	24	25	26	27	28				
	藏曆二月			29	30	1	2	3	4	5	6	7	8	9	10	11	12	13	14	15	16	17	19	20	21	22	23	24	25	26	27	28	29	30				
	公曆4月						1	2	3	4	5	6	7	8	9	10	11	12	13	14	15	16	17	18	19	20	21	22	23	24	25	26	27	28	29	30		
41	夏曆三月						⑲	2	3	4	5	6	7	8	9	10	11	12	13	14	15	16	17	18	19	20	21	22	23	24	25	26	27	28	29	30		
	回曆11月						29	1	2	3	4	5	6	7	8	9	10	11	12	13	14	15	16	17	18	19	20	21	22	23	24	25	26	27	28	29		
	藏曆三月						30	1	2	3	4	5	6	7	8	9	10	12	13	14	15	16	17	18	19	20	21	22	23	24	25	26	27	28	29	30		
	公曆5月	1	2	3	4	5	6	7	8	9	10	11	12	13	14	15	16	17	18	19	20	21	22	23	24	25	26	27	28	29	30	31						
42 43	夏曆四五月	㊾	2	3	4	5	6	7	8	9	10	11	12	13	14	15	16	17	18	19	20	21	22	23	24	25	26	27	28	29	⑱	2						
	回曆12月	30	1	2	3	4	5	6	7	8	9	10	11	12	13	14	15	16	17	18	19	20	21	22	23	24	25	26	27	28	29	30						
	藏曆四五月	1	2	3	4	5	6	7	8	9	10	11	12	13	14	16	17	18	19	20	21	22	23	24	25	25	26	27	28	29	30	1						
	公曆6月				1	2	3	4	5	6	7	8	9	10	11	12	13	14	15	16	17	18	19	20	21	22	23	24	25	26	27	28	29	30				
44	夏曆六月				3	4	5	6	7	8	9	10	11	12	13	14	15	16	17	18	19	20	21	22	23	24	25	26	27	28	29	30	㊽	2				
475年	回曆1月				①	2	3	4	5	6	7	8	9	10	11	12	13	14	15	16	17	18	19	20	21	22	23	24	25	26	27	28	29	30				
	藏曆六月				2	3	4	5	6	8	9	10	11	12	13	14	15	16	17	18	19	20	21	22	23	24	25	26	27	28	29	30	1	2				
	公曆7月						1	2	3	4	5	6	7	8	9	10	11	12	13	14	15	16	17	18	19	20	21	22	23	24	25	26	27	28	29	30	31	
45	夏曆七月						3	4	5	6	7	8	9	10	11	12	13	14	15	16	17	18	19	20	21	22	23	24	25	26	27	28	29	⑰	2	3	4	
	回曆2、3月						1	2	3	4	5	6	7	8	9	10	11	12	13	14	15	16	17	18	19	20	21	22	23	24	25	26	27	28	29	1	2	
	藏曆七月						3	4	5	6	7	8	9	11	12	13	14	15	16	17	18	19	20	21	22	22	23	24	25	26	27	28	29	30	1	2	4	
	公曆8月		1	2	3	4	5	6	7	8	9	10	11	12	13	14	15	16	17	18	19	20	21	22	23	24	25	26	27	28	29	30	31					
46	夏曆八月		5	6	7	8	9	10	11	12	13	14	15	16	17	18	19	20	21	22	23	24	25	26	27	28	29	30	㊼	2	3	4	5					

續表

月干支序數	星期／月序	日	1	2	3	4	5	6	日	1	2	3	4	5	6	日	1	2	3	4	5	6	日	1	2	3	4	5	6	日	1	2	3	4	5	6	日	1
	回曆4月		3	4	5	6	7	8	9	10	11	12	13	14	15	16	17	18	19	20	21	22	23	24	25	26	27	28	29	30	1	2	3					
	藏曆八月		5	6	7	8	9	10	11	12	13	14	15	16	17	18	19	20	21	22	23	24	25	26	27	28	29	30	1	2	3	4	5					
	公曆9月					1	2	3	4	5	6	7	8	9	10	11	12	13	14	15	16	17	18	19	20	21	22	23	24	25	26	27	28	29	30			
47	夏曆九月					6	7	8	9	10	11	12	13	14	15	16	17	18	19	20	21	22	23	24	25	26	27	28	29	⑯	2	3	4	5	6			
	回曆5月					4	5	6	7	8	9	10	11	12	13	14	15	16	17	18	19	20	21	22	23	24	25	26	27	28	29	1	2	3	4			
	藏曆九月					7	8	9	10	11	12	13	14	15	16	17	17	18	19	20	21	22	23	24	25	26	27	28	30	1	2	3	4	5	6			
	公曆10月							1	2	3	4	5	6	7	8	9	10	11	12	13	14	15	16	17	18	19	20	21	22	23	24	25	26	27	28	29	30	31
48	夏曆十月							7	8	9	10	11	12	13	14	15	16	17	18	19	20	21	22	23	24	25	26	27	28	29	㊺	2	3	4	5	6	7	8
	回曆6月							5	6	7	8	9	10	11	12	13	14	15	16	17	18	19	20	21	22	23	24	25	26	27	28	29	30	1	2	3	4	5
	藏曆十月							7	8	9	10	11	12	13	14	15	16	17	18	19	20	21	22	23	24	25	26	27	28	29	30	1	2	4	5	6	7	8
	公曆11月			1	2	3	4	5	6	7	8	9	10	11	12	13	14	15	16	17	18	19	20	21	22	23	24	25	26	27	28	29	30					
49	夏曆十一月			9	10	11	12	13	14	15	16	17	18	19	20	21	22	23	24	25	26	27	28	29	30	⑮	2	3	4	5	6	7	8					
	回曆7月			6	7	8	9	10	11	12	13	14	15	16	17	18	19	20	21	22	23	24	25	26	27	28	29	1	2	3	4	5	6					
	藏曆十一月			9	10	11	11	12	13	14	15	16	17	18	19	20	21	22	23	24	25	26	28	29	30	1	2	3	4	5	6	7	8					
	公曆12月					1	2	3	4	5	6	7	8	9	10	11	12	13	14	15	16	17	18	19	20	21	22	23	24	25	26	27	28	29	30	31		
50	夏曆十二月					9	10	11	12	13	14	15	16	17	18	19	20	21	22	23	24	25	26	27	28	29	㊹	2	3	4	5	6	7	8	9	10		
	回曆8月					7	8	9	10	11	12	13	14	15	16	17	18	19	20	21	22	23	24	25	26	27	28	29	30	1	2	3	4	5	6	7		
	藏曆十二月					9	10	11	12	13	14	14	15	16	17	18	19	21	22	23	24	25	26	27	28	29	30	1	2	3	4	5	6	7	8	9		

大事記

正月，宋再議西討。鐵驪貢遼。　　二月，宋頒三省、樞密、六曹條制。宋經制瀘州夷事兵侵烏"蠻"無功。宋封董氈為王。　　三月，賜進士諸科出身1428人。遼行新量制。　　四月，宋官制成。　　五月，豐州卒張世矩等兵變，敗死。　　六月，宋修《兩朝正史》成。夏、阻卜貢遼。河決內黄。　　七月，宋決太吳埽堤以泄河水。遼南京水。　　八月，鄭州、原武河溢。徐禧築永樂城。　　九月，夏陷永樂城，宋兵大潰。安化"蠻"擾宋宣州。　　十月，自變法以來，稅入增多。十二月，原武決河塞之。　　是歲，蘇軾47歲，因作詩獲罪。

宋 遼 金 紀 年

干支癸亥　公元1083年

朝代或國名	國家支配者	建都	廟號	謚號	建元	年號年次	輔政者	備注
北宋	⑥趙頊	汴梁	神宗	聖	2	2 元豐 6 年	王珪蔡確	
遼	⑦耶律洪基	中京	道宗	文	5	3 大(太)康 9 年		
大理	⑭段正明	陽苴咩		保定				在雲南
西夏	③李秉常	興慶	惠宗	康靖	4	3 大安 9 年		
吐蕃	②董氈	宗哥				18 年		
古格						270 年		西藏阿里
東汗國	哈桑					9 年		在新疆

月干支序數	星期／月序	日	1	2	3	4	5	6	日	1	2	3	4	5	6	日	1	2	3	4	5	6	日	1	2	3	4	5	6	日	1	2	3	4	5	6	日	1
	公曆1月	1	2	3	4	5	6	7	8	9	10	11	12	13	14	15	16	17	18	19	20	21	22	23	24	25	26	27	28	29	30	31						
51	夏曆正月	11	12	13	14	15	16	17	18	19	20	21	22	23	24	25	26	27	28	29	30	⑭	2	3	4	5	6	7	8	9	10	11						
	回曆9月	8	9	10	11	12	13	14	15	16	17	18	19	20	21	22	23	24	25	26	27	28	29	1	2	3	4	5	6	7	8	9						
陰水猪年	藏曆一月	10	11	12	13	14	15	16	17	18	19	20	21	22	23	24	25	27	28	29	30	1	2	3	4	5	6	6	7	8	9	10						
	公曆2月				1	2	3	4	5	6	7	8	9	10	11	12	13	14	15	16	17	18	19	20	21	22	23	24	25	26	27	28						
52	夏曆二月				12	13	14	15	16	17	18	19	20	21	22	23	24	25	26	27	28	29	30	㊹	2	3	4	5	6	7	8	9						
	回曆10月				10	11	12	13	14	15	16	17	18	19	20	21	22	23	24	25	26	27	28	29	30	1	2	3	4	5	6	7						
	藏曆二月				11	12	13	14	15	16	17	18	19	20	22	23	24	25	26	27	28	29	30	1	2	3	4	5	6	7	8	9						
	公曆3月				1	2	3	4	5	6	7	8	9	10	11	12	13	14	15	16	17	18	19	20	21	22	23	24	25	26	27	28	29	30	31			
53	夏曆三月				10	11	12	13	14	15	16	17	18	19	20	21	22	23	24	25	26	27	28	29	⑬	2	3	4	5	6	7	8	9	10	11			
	回曆11月				8	9	10	11	12	13	14	15	16	17	18	19	20	21	22	23	24	25	26	27	28	29	1	2	3	4	5	6	7	8	9			
	藏曆三月				10	10	11	12	13	15	16	17	18	19	20	21	22	23	24	25	27	28	28	29	30	1	2	3	4	5	6	7	8	9	10			
	公曆4月							1	2	3	4	5	6	7	8	9	10	11	12	13	14	15	16	17	18	19	20	21	22	23	24	25	26	27	28	29	30	
54	夏曆四月							12	13	14	15	16	17	18	19	20	21	22	23	24	25	26	27	28	29	30	㊸	2	3	4	5	6	7	8	9	10	11	
	回曆12月							10	11	12	13	14	15	16	17	18	19	20	21	22	23	24	25	26	27	28	29	30	1	2	3	4	5	6	7	8	9	
	藏曆四月							11	12	13	14	15	16	17	19	20	21	22	23	24	25	26	27	28	29	30	1	2	3	4	4	5	6	7	8	9	10	
	公曆5月		1	2	3	4	5	6	7	8	9	10	11	12	13	14	15	16	17	18	19	20	21	22	23	24	25	26	27	28	29	30	31					
55	夏曆五月		12	13	14	15	16	17	18	19	20	21	22	23	24	25	26	27	28	29	30	⑬	2	3	4	5	6	7	8	9	10	11	12					
476年	回曆1月		10	11	12	13	14	15	16	17	18	19	20	21	22	23	24	25	26	27	28	29	①	2	3	4	5	6	7	8	9	10	11					
	藏曆五月		11	13	14	15	16	17	18	19	20	21	22	23	24	25	26	27	28	29	30	1	2	3	4	5	6	7	8	9	10	11	12					
	公曆6月					1	2	3	4	5	6	7	8	9	10	11	12	13	14	15	16	17	18	19	20	21	22	23	24	25	26	27	28	29	30			
56	夏曆六月					13	14	15	16	17	18	19	20	21	22	23	24	25	26	27	28	29	㊷	2	3	4	5	6	7	8	9	10	11	12	13			
	回曆2月					12	13	14	15	16	17	18	19	20	21	22	23	24	25	26	27	28	29	30	1	2	3	4	5	6	7	8	9	10	11			
	藏曆六月					13	14	16	17	18	19	20	21	22	23	24	25	26	27	28	29	30	30	1	2	3	4	5	6	8	9	10	11	12	13			
	公曆7月							1	2	3	4	5	6	7	8	9	10	11	12	13	14	15	16	17	18	19	20	21	22	23	24	25	26	27	28	29	30	31
	夏曆閏六月							14	15	16	17	18	19	20	21	22	23	24	25	26	27	28	29	30	⑫	2	3	4	5	6	7	8	9	10	11	12	13	14
	回曆3月							12	13	14	15	16	17	18	19	20	21	22	23	24	25	26	27	28	29	1	2	3	4	5	6	7	8	9	10	11	12	13
	藏曆七月							14	15	16	17	18	19	20	21	22	23	24	25	26	27	28	29	30	1	2	3	4	5	6	7	8	9	11	12	13	14	15
	公曆8月			1	2	3	4	5	6	7	8	9	10	11	12	13	14	15	16	17	18	19	20	21	22	23	24	25	26	27	28	29	30	31				
57	夏曆七月			15	16	17	18	19	20	21	22	23	24	25	26	27	28	29	㊶	2	3	4	5	6	7	8	9	10	11	12	13	14	15	16				
	回曆4月			14	15	16	17	18	19	20	21	22	23	24	25	26	27	28	29	30	1	2	3	4	5	6	7	8	9	10	11	12	13	14				
	藏曆八月			16	17	18	19	20	21	22	23	24	25	26	27	27	28	29	30	1	2	4	5	6	7	8	9	10	11	12	13	14	15	16				
	公曆9月						1	2	3	4	5	6	7	8	9	10	11	12	13	14	15	16	17	18	19	20	21	22	23	24	25	26	27	28	29	30		
58	夏曆八月						17	18	19	20	21	22	23	24	25	26	27	28	29	30	⑪	2	3	4	5	6	7	8	9	10	11	12	13	14	15	16		
	回曆5月						15	16	17	18	19	20	21	22	23	24	25	26	27	28	29	1	2	3	4	5	6	7	8	9	10	11	12	13	14	15		
	藏曆九月						17	18	19	20	21	22	23	24	25	26	27	28	29	30	1	2	3	4	5	7	8	9	10	11	12	13	14	15	16	17		
	公曆10月	1	2	3	4	5	6	7	8	9	10	11	12	13	14	15	16	17	18	19	20	21	22	23	24	25	26	27	28	29	30	31						
59	夏曆九月	17	18	19	20	21	22	23	24	25	26	27	28	29	㊵	2	3	4	5	6	7	8	9	10	11	12	13	14	15	16	17	18						
	回曆6月	16	17	18	19	20	21	22	23	24	25	26	27	28	29	30	1	2	3	4	5	6	7	8	9	10	11	12	13	14	15	16						
	藏曆十月	18	19	20	21	21	22	23	24	25	26	27	28	29	1	2	3	4	5	6	7	8	9	10	11	12	13	14	15	16	17	18						
	公曆11月				1	2	3	4	5	6	7	8	9	10	11	12	13	14	15	16	17	18	19	20	21	22	23	24	25	26	27	28	29	30				
60	夏曆十月				19	20	21	22	23	24	25	26	27	28	29	30	⑩	2	3	4	5	6	7	8	9	10	11	12	13	14	15	16	17	18				
	回曆7月				17	18	19	20	21	22	23	24	25	26	27	28	29	1	2	3	4	5	6	7	8	9	10	11	12	13	14	15	16	17				

續表

月 干支 序數	星期 月序	日	1	2	3	4	5	6	日	1	2	3	4	5	6	日	1	2	3	4	5	6	日	1	2	3	4	5	6	日	1	2	3	4	5	6	日	1
	藏曆十一月				19	20	21	22	23	24	25	26	27	28	29	30	1	2	3	5	6	7	8	9	10	11	12	13	14	14	15	16	17	18				
	公曆 12 月						1	2	3	4	5	6	7	8	9	10	11	12	13	14	15	16	17	18	19	20	21	22	23	24	25	26	27	28	29	30	31	
1	夏曆十一月						19	20	21	22	23	24	25	26	27	28	29	㊴	2	3	4	5	6	7	8	9	10	11	12	13	14	15	16	17	18	19	20	
	回曆 8 月						18	19	20	21	22	23	24	25	26	27	28	29	30	1	2	3	4	5	6	7	8	9	10	11	12	13	14	15	16	17	18	
	藏曆十二月						19	20	21	22	23	24	25	26	27	28	30	1	2	3	4	5	6	7	8	9	10	11	12	13	14	15	16	17	17	18	19	

大事記

正月，宋詔御使六察罷上下半年更易法。　二月，夏擾蘭州，敗。　三月，夏頻擾宋河東，皆失利。　四月，遼大雪，馬死十分之六七。　五月，西夏擾麟州、蘭川。　六月，遼詔諸路檢括脱戶。　閏六月，夏人貢宋，復請和，許之。宋汴水溢。阻卜貢遼。　七月，遼禁官吏於部內貸錢取息。　九月，五國貢遼。　十一月，頒行高麗所進佛經。是歲，古文家曾鞏卒(1019—1083)。

宋遼金紀年

干支甲子　公元 1084 年

朝代或國名	國家支配者	建都	廟號	謚號	建元	年號年次	輔政者	備注
北宋	⑥趙頊	汴梁	神宗	聖	2	2 元豐 7 年	王珪蔡確	
遼	⑦耶律洪基	中京	道宗	文	5	3 大(太)康 10 年		
大理	⑭段正明	陽苴咩		保定				在雲南
西夏	③李秉常	興慶	惠宗	康靖	4	3 大安 10 年		
吐蕃	②董氈	宗哥				19 年		
古格						271 年		西藏阿里
東汗國	哈桑					10 年		在新疆

月曆表

5797—355—2117382

月 干支 序數	星期 月序	日	1	2	3	4	5	6	日	1	2	3	4	5	6	日	1	2	3	4	5	6	日	1	2	3	4	5	6	日	1	2	3	4	5	6	日	1
	公曆 1 月		1	2	3	4	5	6	7	8	9	10	11	12	13	14	15	16	17	18	19	20	21	22	23	24	25	26	27	28	29	30	31					
2	夏曆十二月		21	22	23	24	25	26	27	28	29	⑧	2	3	4	5	6	7	8	9	10	11	12	13	14	15	16	17	18	19	20	21	22					
	回曆 9 月		19	20	21	22	23	24	25	26	27	28	29	1	2	3	4	5	6	7	8	9	10	11	12	13	14	15	16	17	18	19	20					
陽木鼠年	藏曆一月		20	21	23	24	25	26	27	28	29	30	1	2	3	4	5	6	7	8	9	10	11	12	13	14	15	16	17	18	19	20	21					
	公曆 2 月					1	2	3	4	5	6	7	8	9	10	11	12	13	14	15	16	17	18	19	20	21	22	23	24	25	26	27	28	29				
3	夏曆正月					23	24	25	26	27	28	29	30	㊳	2	3	4	5	6	7	8	9	10	11	12	13	14	15	16	17	18	19	20	21				
	回曆 10 月					21	22	23	24	25	26	27	28	29	30	1	2	3	4	5	6	7	8	9	10	11	12	13	14	15	16	17	18	19				
	藏曆二月					22	23	24	25	26	27	29	30	1	2	3	4	5	6	7	8	9	9	10	11	12	13	14	15	16	17	18	19	20				
	公曆 3 月						1	2	3	4	5	6	7	8	9	10	11	12	13	14	15	16	17	18	19	20	21	22	23	24	25	26	27	28	29	30	31	
4	夏曆二月						22	23	24	25	26	27	28	29	⑦	2	3	4	5	6	7	8	9	10	11	12	13	14	15	16	17	18	19	20	21	22	23	
	回曆 11 月						20	21	22	23	24	25	26	27	28	29	1	2	3	4	5	6	7	8	9	10	11	12	13	14	15	16	17	18	19	20	21	
	藏曆三月						21	23	24	25	26	27	28	29	30	1	2	3	4	5	6	7	8	9	10	11	12	13	14	15	16	17	18	19	20	21	22	
	公曆 4 月		1	2	3	4	5	6	7	8	9	10	11	12	13	14	15	16	17	18	19	20	21	22	23	24	25	26	27	28	29	30						
5	夏曆三月		24	25	26	27	28	29	30	㊲	2	3	4	5	6	7	8	9	10	11	12	13	14	15	16	17	18	19	20	21	22	23						

續表

月序 干支序數	月序＼星期	日	1	2	3	4	5	6	日	1	2	3	4	5	6	日	1	2	3	4	5	6	日	1	2	3	4	5	6	日	1	2	3	4	5	6	日	1
	回曆12月		22	23	24	25	26	27	28	29	30	1	2	3	4	5	6	7	8	9	10	11	12	13	14	15	16	17	18	19	20	21						
	藏曆四月		23	24	25	27	28	29	30	1	2	3	3	4	5	6	7	8	9	10	11	12	13	14	15	16	17	18	20	21	22	23						
	公曆5月				1	2	3	4	5	6	7	8	9	10	11	12	13	14	15	16	17	18	19	20	21	22	23	24	25	26	27	28	29	30	31			
6	夏曆四月				24	25	26	27	28	29	30	⑦	2	3	4	5	6	7	8	9	10	11	12	13	14	15	16	17	18	19	20	21	22	23	24			
477年	回曆1月				22	23	24	25	26	27	28	29	30	①	2	3	4	5	6	7	8	9	10	11	12	13	14	15	16	17	18	19	20	21	22			
	藏曆五月				24	25	26	27	28	29	30	1	2	3	4	5	6	7	8	9	10	11	12	13	14	15	16	17	18	19	20	21	23	24	25			
	公曆6月							1	2	3	4	5	6	7	8	9	10	11	12	13	14	15	16	17	18	19	20	21	22	23	24	25	26	27	28	29	30	
7	夏曆五月							25	26	27	28	29	㊱	2	3	4	5	6	7	8	9	10	11	12	13	14	15	16	17	18	19	20	21	22	23	24	25	
	回曆2月							23	24	25	26	27	28	29	30	1	2	3	4	5	6	7	8	9	10	11	12	13	14	15	16	17	18	19	20	21	22	
	藏曆六月							26	27	28	29	29	30	1	2	3	4	5	6	7	8	9	10	11	12	13	14	16	17	18	19	20	21	22	23	24	25	
	公曆7月		1	2	3	4	5	6	7	8	9	10	11	12	13	14	15	16	17	18	19	20	21	22	23	24	25	26	27	28	29	30	31					
8	夏曆六月		26	27	28	29	30	⑥	2	3	4	5	6	7	8	9	10	11	12	13	14	15	16	17	18	19	20	21	22	23	24	25	26					
	回曆3月		23	24	25	26	27	28	29	1	2	3	4	5	6	7	8	9	10	11	12	13	14	15	16	17	18	19	20	21	22	23	24					
	藏曆七月		26	27	28	29	30	1	2	3	4	5	6	7	8	9	10	11	12	13	14	15	16	18	29	30	21	22	23	24	25	26	26					
	公曆8月					1	2	3	4	5	6	7	8	9	10	11	12	13	14	15	16	17	18	19	20	21	22	23	24	25	26	27	28	29	30	31		
9	夏曆七月					27	28	29	㉟	2	3	4	5	6	7	8	9	10	11	12	13	14	15	16	17	18	19	20	21	22	23	24	25	26	27	28		
	回曆4月					25	26	27	28	29	30	1	2	3	4	5	6	7	8	9	10	11	12	13	14	15	16	17	18	19	20	21	22	23	24	25		
	藏曆後七月					27	28	29	30	1	2	3	4	5	6	7	8	9	11	12	13	14	15	16	17	18	19	20	21	22	23	24	25	26	27	28		
	公曆9月	1	2	3	4	5	6	7	8	9	10	11	12	13	14	15	16	17	18	19	20	21	22	23	24	25	26	27	28	29	30							
10	夏曆八月	29	30	⑤	2	3	4	5	6	7	8	9	10	11	12	13	14	15	16	17	18	19	20	21	22	23	24	25	26	27	28							
	回曆5月	26	27	28	29	1	2	3	4	5	6	7	8	9	10	11	12	13	14	15	16	17	18	19	20	21	22	23	24	25	26							
	藏曆八月	29	30	1	2	3	4	5	6	7	8	9	10	11	12	13	15	16	17	18	19	20	21	21	22	23	24	25	26	27	28							
	公曆10月			1	2	3	4	5	6	7	8	9	10	11	12	13	14	15	16	17	18	19	20	21	22	23	24	25	26	27	28	29	30	31				
11	夏曆九月			29	30	㉟	2	3	4	5	6	7	8	9	10	11	12	13	14	15	16	17	18	19	20	21	22	23	24	25	26	27	28	29				
	回曆6月			27	28	29	30	1	2	3	4	5	6	7	8	9	10	11	12	13	14	15	16	17	18	19	20	21	22	23	24	25	26	27				
	藏曆九月			29	30	1	2	3	4	5	6	8	9	10	11	12	13	14	15	16	17	18	19	20	21	22	23	24	25	25	26	27	28	29				
	公曆11月						1	2	3	4	5	6	7	8	9	10	11	12	13	14	15	16	17	18	19	20	21	22	23	24	25	26	27	28	29	30		
12	夏曆十月						④	2	3	4	5	6	7	8	9	10	11	12	13	14	15	16	17	18	19	20	21	22	23	24	25	26	27	28	29	30		
	回曆7月						28	29	1	2	3	4	5	6	7	8	9	10	11	12	13	14	15	16	17	18	19	20	21	22	23	24	25	26	27	28		
	藏曆十月						1	2	3	4	5	6	7	8	9	10	11	12	13	14	15	16	17	18	19	20	21	22	23	24	25	26	27	28	29	30		
	公曆12月	1	2	3	4	5	6	7	8	9	10	11	12	13	14	15	16	17	18	19	20	21	22	23	24	25	26	27	28	29	30	31						
13 14	夏曆十一 十二月	㉞	2	3	4	5	6	7	8	9	10	11	12	13	14	15	16	17	18	19	20	21	22	23	24	25	26	27	28	29	③	2						
	回曆8月	29	30	1	2	3	4	5	6	7	8	9	10	11	12	13	14	15	16	17	18	19	20	21	22	23	24	25	26	27	28	29						
	藏曆十一 十二月	1	2	3	4	6	7	8	9	10	11	12	13	14	15	16	17	17	18	19	20	21	22	23	24	25	26	27	28	29	1	2						

汪氏長術十月丁丑，誤。

大事記

正月，夏擾蘭州，被李憲等擊走。　二月，萌古國遣使至遼。　四月，女直貢馬於遼。夏擾延州安塞堡，呂真擊敗之。　五月，阻卜貢於遼。　六月，遼禁毀銅錢制器。夏擾宋德順軍。　七月，河決元城，伊水、洛水溢。　九月，夏擾宋定西城。　十月，又擾熙河。宋與交趾劃分疆界。夏擾清邊砦，彭孫敗之。夏貢於宋。　十二月，司馬光修《資治通鑒》成。

是歲，宋河東饑，河北水。遼改明年為大安。女詞人李清照誕生(1084—1151)。

宋遼金紀年

干支乙丑　公元1085年

朝代或國名	國家支配者	建都	廟號	謚號	建元	年號年次	輔政者	備注
北宋	⑥趙頊	汴梁	神宗	聖	2	2元豐8年	王珪、蔡確、韓縝	二月卒
遼	⑦耶律洪基	中京	道宗	文	5	4大安元年		
大理	⑭段正明	陽苴咩		保定				在雲南
西夏	③李秉常	興慶	惠宗	康靖	4	3大安11年		
吐蕃	②董氈	宗哥				20年		
古格						272年		西藏阿里
東汗國	哈桑					11年		在新疆

月曆表

5798—354—2117736

月 干支 序數	星期 月序	日	1	2	3	4	5	6	日	1	2	3	4	5	6	日	1	2	3	4	5	6	日	1	2	3	4	5	6	日	1	2	3	4	5	6	日	1
	公曆1月				1	2	3	4	5	6	7	8	9	10	11	12	13	14	15	16	17	18	19	20	21	22	23	24	25	26	27	28	29	30	31			
15	夏曆正月				3	4	5	6	7	8	9	10	11	12	13	14	15	16	17	18	19	20	21	22	23	24	25	26	27	28	29	30	㉝	2	3			
	回曆9,10月				1	2	3	4	5	6	7	8	9	10	11	12	13	14	15	16	17	18	19	20	21	22	23	24	25	26	27	28	29	30	1			
陰木牛年	藏曆一月				3	4	5	6	7	8	9	10	11	12	13	14	15	16	17	18	19	20	21	22	23	24	25	26	27	28	29	30	1	2	3			
	公曆2月							1	2	3	4	5	6	7	8	9	10	11	12	13	14	15	16	17	18	19	20	21	22	23	24	25	26	27	28			
16	夏曆二月							4	5	6	7	8	9	10	11	12	13	14	15	16	17	18	19	20	21	22	23	24	25	26	27	28	29	②	2			
	回曆10月							2	3	4	5	6	7	8	9	10	11	12	13	14	15	16	17	18	19	20	21	22	23	24	25	26	27	28	29			
	藏曆二月							4	5	7	8	8	9	10	11	12	13	14	15	16	17	18	19	20	21	22	23	24	25	26	27	28	30	1	2			
	公曆3月							1	2	3	4	5	6	7	8	9	10	11	12	13	14	15	16	17	18	19	20	21	22	23	24	25	26	27	28	29	30	31
17	夏曆三月							3	4	5	6	7	8	9	10	11	12	13	14	15	16	17	18	19	20	21	22	23	24	25	26	27	28	29	㉛	2	3	4
	回曆11、12月							1	2	3	4	5	6	7	8	9	10	11	12	13	14	15	16	17	18	19	20	21	22	23	24	25	26	27	28	29	30	1
	藏曆三月							3	4	5	6	7	8	9	10	11	12	13	13	14	15	16	17	18	19	20	21	22	23	24	25	26	28	29	30	1	2	3
	公曆4月			1	2	3	4	5	6	7	8	9	10	11	12	13	14	15	16	17	18	19	20	21	22	23	24	25	26	27	28	29	30					
18	夏曆四月			5	6	7	8	9	10	11	12	13	14	15	16	17	18	19	20	21	22	23	24	25	26	27	28	29	30	①	2	3	4					
478年	回曆1月			2	3	4	5	6	7	8	9	10	11	12	13	14	15	16	17	18	19	20	21	22	23	24	25	26	27	28	29	①	2					
	藏曆四月			4	5	6	7	8	9	10	11	12	13	14	15	16	17	18	19	20	21	22	23	24	25	27	28	29	30	1	2	3	4					
	公曆5月					1	2	3	4	5	6	7	8	9	10	11	12	13	14	15	16	17	18	19	20	21	22	23	24	25	26	27	28	29	30	31		
19	夏曆五月					5	6	7	8	9	10	11	12	13	14	15	16	17	18	19	20	21	22	23	24	25	26	27	28	29	㉚	2	3	4	5	6		
	回曆2月					3	4	5	6	7	8	9	10	11	12	13	14	15	16	17	18	19	20	21	22	23	24	25	26	27	28	29	30	1	2	3		
	藏曆五月					5	6	7	7	8	9	10	11	12	13	14	15	16	17	18	20	21	22	23	24	25	26	27	28	29	30	1	2	3	4	5		
	公曆6月	1	2	3	4	5	6	7	8	9	10	11	12	13	14	15	16	17	18	19	20	21	22	23	24	25	26	27	28	29	30							
20	夏曆六月	7	8	9	10	11	12	13	14	15	16	17	18	19	20	21	22	23	24	25	26	27	28	29	30	⑥⓪	2	3	4	5	6							
	回曆3月	4	5	6	7	8	9	10	11	12	13	14	15	16	17	18	19	20	21	22	23	24	25	26	27	28	29	1	2	3	4							
	藏曆六月	6	7	8	9	10	11	12	13	14	15	16	17	18	19	20	21	23	24	25	26	27	28	29	30	1	2	3	4	4	5							
	公曆7月			1	2	3	4	5	6	7	8	9	10	11	12	13	14	15	16	17	18	19	20	21	22	23	24	25	26	27	28	29	30	31				
21	夏曆七月			7	8	9	10	11	12	13	14	15	16	17	18	19	20	21	22	23	24	25	26	27	28	29	30	㉚	2	3	4	5	6	7				
	回曆4月			5	6	7	8	9	10	11	12	13	14	15	16	17	18	19	20	21	22	23	24	25	26	27	28	29	30	1	2	3	4	5				
	藏曆七月			6	7	8	9	10	11	12	13	15	16	17	18	19	20	21	22	23	24	25	26	27	28	29	30	1	2	3	4	5	6	7				
	公曆8月						1	2	3	4	5	6	7	8	9	10	11	12	13	14	15	16	17	18	19	20	21	22	23	24	25	26	27	28	29	30	31	
22	夏曆八月						8	9	10	11	12	13	14	15	16	17	18	19	20	21	22	23	24	25	26	27	28	29	㊾	2	3	4	5	6	7	8	9	

續表

月 干支 序數	月序＼星期	日	1	2	3	4	5	6	日	1	2	3	4	5	6	日	1	2	3	4	5	6	日	1	2	3	4	5	6	日	1	2	3	4	5	6	日
	回暦5月						6	7	8	9	10	11	12	13	14	15	16	17	18	19	20	21	22	23	24	25	26	27	28	29	1	2	3	4	5	6	7
	藏暦八月						8	9	10	11	12	13	14	15	16	18	19	20	21	22	23	24	25	26	27	28	29	30	30	1	2	3	4	5	6	7	8
	公暦9月		1	2	3	4	5	6	7	8	9	10	11	12	13	14	15	16	17	18	19	20	21	22	23	24	25	26	27	28	29	30					
23	夏暦九月		10	11	12	13	14	15	16	17	18	19	20	21	22	23	24	25	26	27	28	29	30	㉙	2	3	4	5	6	7	8	9					
	回暦6月		8	9	10	11	12	13	14	15	16	17	18	19	20	21	22	23	24	25	26	27	28	29	30	1	2	3	4	5	6	7					
	藏暦九月		9	11	12	13	14	15	16	17	18	19	20	21	22	23	24	25	26	27	28	29	30	1	2	3	4	5	6	7	8	9					
	公暦10月				1	2	3	4	5	6	7	8	9	10	11	12	13	14	15	16	17	18	19	20	21	22	23	24	25	26	27	28	29	30	31		
24	夏暦十月				10	11	12	13	14	15	16	17	18	19	20	21	22	23	24	25	26	27	28	29	30	(59)	2	3	4	5	6	7	8	9	10		
	回暦7月				8	9	10	11	12	13	14	15	16	17	18	19	20	21	22	23	24	25	26	27	28	29	1	2	3	4	5	6	7	8	9		
	藏暦十月				10	11	12	13	15	16	17	18	19	20	21	22	23	24	24	25	26	27	28	29	30	1	2	3	4	5	6	7	9	10	11		
	公暦11月							1	2	3	4	5	6	7	8	9	10	11	12	13	14	15	16	17	18	19	20	21	22	23	24	25	26	27	28	29	30
25	夏暦十一月							11	12	13	14	15	16	17	18	19	20	21	22	23	24	25	26	27	28	29	㉘	2	3	4	5	6	7	8	9	10	11
	回暦8月							10	11	12	13	14	15	16	17	18	19	20	21	22	23	24	25	26	27	28	29	30	1	2	3	4	5	6	7	8	9
	藏暦十一月							12	13	14	15	16	17	18	19	20	21	22	23	24	25	26	27	28	29	30	1	2	3	4	5	6	7	8	9	10	11
	公暦12月		1	2	3	4	5	6	7	8	9	10	11	12	13	14	15	16	17	18	19	20	21	22	23	24	25	26	27	28	29	30	31				
26	夏暦十二月		12	13	14	15	16	17	18	19	20	21	22	23	24	25	26	27	28	29	30	(58)	2	3	4	5	6	7	8	9	10	11	12				
	回暦9月		10	11	12	13	14	15	16	17	18	19	20	21	22	23	24	25	26	27	28	29	1	2	3	4	5	6	7	8	9	10	11				
	藏暦十二月		12	14	15	16	16	17	18	19	20	21	22	23	24	25	26	27	28	29	30	1	2	3	4	5	6	8	9	10	11	12	13				

大事記

正月，五國貢遼。　三月，宋神宗卒(1048—1085)，子煦嗣，為哲宗。太皇太后高氏權同聽政，逐漸改熙寧新法。四月，詔寬保甲、養馬。宋擾夏邊。　五月，以司馬光為門下侍郎。詔百官言朝政闕失，榜於朝堂。六月，罷新法。理學家程顥卒(1032—1085)。　七月，罷保甲法。　十月，罷義倉、方田。河決大名小張口，河北大水。　十一月，遼修太祖以下七朝實錄成。遼冊封高麗王運。宋罷增置鑄錢監十四。

宋遼金紀年

干支丙寅　公元1086年

朝代或國名	國家支配者	建都	廟號	謚號	建元	年號年次	輔政者	備注
北宋	⑦趙煦	汴梁	哲宗	昭	3	1元祐元年	韓縝蔡確司馬光呂公著文彥博	
遼	⑦耶律洪基	中京	道宗	文	5	4大安2年		
大理	⑭段正明	陽苴咩		保定				在雲南
西夏	③李秉常	興慶	惠宗	康靖	4	4天安禮定元年		
	④李乾順	興慶	崇宗	聖文	8	1天儀治平元年		七月改元，一作1087年
吐蕃	②董氈	宗哥				21年		卒
古格						273年		西藏阿里
東汗國	哈桑					12年		在新疆

月 干支 序數	星期 月序	日	1	2	3	4	5	6	日	1	2	3	4	5	6	日	1	2	3	4	5	6	日	1	2	3	4	5	6	日	1	2	3	4	5	6	日	1
	公曆 1 月					1	2	3	4	5	6	7	8	9	10	11	12	13	14	15	16	17	18	19	20	21	22	23	24	25	26	27	28	29	30	31		
27	夏曆正月					13	14	15	16	17	18	19	20	21	22	23	24	25	26	27	28	29	㉗	2	3	4	5	6	7	8	9	10	11	12	13	14		
	回曆 10 月					12	13	14	15	16	17	18	19	20	21	22	23	24	25	26	27	28	29	30	1	2	3	4	5	6	7	8	9	10	11	12		
易大虎年	藏曆一月					14	15	16	17	18	19	20	20	21	22	23	24	25	26	27	28	29	2	3	4	5	6	7	8	9	10	11	12	13	14	15		
	公曆 2 月	1	2	3	4	5	6	7	8	9	10	11	12	13	14	15	16	17	18	19	20	21	22	23	24	25	26	27	28									
28	夏曆二月	15	16	17	18	19	20	21	22	23	24	25	26	27	28	29	30	(57)	2	3	4	5	6	7	8	9	10	11	12									
	回曆 11 月	13	14	15	16	17	18	19	20	21	22	23	24	25	26	27	28	29	1	2	3	4	5	6	7	8	9	10	11									
	藏曆二月	16	17	18	19	20	21	22	23	24	25	26	27	28	29	30	30	1	2	3	4	5	7	8	9	10	11	12	12									
	公曆 3 月	1	2	3	4	5	6	7	8	9	10	11	12	13	14	15	16	17	18	19	20	21	22	23	24	25	26	27	28	29	30	31						
	夏曆閏二月	13	14	15	16	17	18	19	20	21	22	23	24	25	26	27	28	29	㉖	2	3	4	5	6	7	8	9	10	11	12	13	14						
	回曆 12 月	12	13	14	15	16	17	18	19	20	21	22	23	24	25	26	27	28	29	30	1	2	3	4	5	6	7	8	9	10	11	12						
	藏曆三月	13	14	15	16	17	18	19	20	21	22	23	24	25	26	27	28	30	1	2	3	4	5	6	7	8	9	10	11	12	13	14						
	公曆 4 月				1	2	3	4	5	6	7	8	9	10	11	12	13	14	15	16	17	18	19	20	21	22	23	24	25	26	27	28	29	30				
29	夏曆三月				15	16	17	18	19	20	21	22	23	24	25	26	27	28	29	(55)	2	3	4	5	6	7	8	9	10	11	12	13	14	15				
479 年	回曆 1 月				13	14	15	16	17	18	19	20	21	22	23	24	25	26	27	28	29	①	2	3	4	5	6	7	8	9	10	11	12	13				
	藏曆四月				15	16	17	17	18	19	20	21	23	24	25	26	27	28	29	30	1	2	3	4	5	6	7	8	9	10	11	12	13	14				
	公曆 5 月						1	2	3	4	5	6	7	8	9	10	11	12	13	14	15	16	17	18	19	20	21	22	23	24	25	26	27	28	29	30	31	
30	夏曆四月						16	17	18	19	20	21	22	23	24	25	26	27	28	29	30	㉕	2	3	4	5	6	7	8	9	10	11	12	13	14	15	16	
	回曆 2 月						14	15	16	17	18	19	20	21	22	23	24	25	26	27	28	29	30	1	2	3	4	5	6	7	8	9	10	11	12	13	14	
	藏曆五月						15	16	17	18	19	20	21	22	23	24	25	27	28	29	30	1	2	3	4	5	6	7	8	9	10	11	12	12	13	14	15	
	公曆 6 月		1	2	3	4	5	6	7	8	9	10	11	12	13	14	15	16	17	18	19	20	21	22	23	24	25	26	27	28	29	30						
31	夏曆五月		17	18	19	20	21	22	23	24	25	26	27	28	29	(54)	2	3	4	5	6	7	8	9	10	11	12	13	14	15	16	17						
	回曆 3 月		15	16	17	18	19	20	21	22	23	24	25	26	27	28	29	1	2	3	4	5	6	7	8	9	10	11	12	13	14	15						
	藏曆六月		16	17	18	20	21	22	23	24	25	26	27	28	29	30	1	2	3	4	5	6	7	8	9	10	11	12	13	14	15	16						
	公曆 7 月				1	2	3	4	5	6	7	8	9	10	11	12	13	14	15	16	17	18	19	20	21	22	23	24	25	26	27	28	29	30	31			
32	夏曆六月				18	19	20	21	22	23	24	25	26	27	28	29	30	㉔	2	3	4	5	6	7	8	9	10	11	12	13	14	15	16	17	18			
	回曆 4 月				16	17	18	19	20	21	22	23	24	25	26	27	28	29	30	1	2	3	4	5	6	7	8	9	10	11	12	13	14	15	16			
	藏曆七月				17	18	19	20	21	23	24	25	26	27	28	29	30	1	2	3	4	5	6	7	8	9	9	10	11	12	13	15	16	17	18			
	公曆 8 月							1	2	3	4	5	6	7	8	9	10	11	12	13	14	15	16	17	18	19	20	21	22	23	24	25	26	27	28	29	30	31
33	夏曆七月							19	20	21	22	23	24	25	26	27	28	29	(53)	2	3	4	5	6	7	8	9	10	11	12	13	14	15	16	17	18	19	20
	回曆 5 月							17	18	29	20	21	22	23	24	25	26	27	28	29	1	2	3	4	5	6	7	8	9	10	11	12	13	14	15	16	17	18
	藏曆八月							19	20	21	22	23	24	25	27	28	29	29	30	1	2	3	4	5	6	7	8	9	10	11	12	13	14	15	16	18	19	20
	公曆 9 月			1	2	3	4	5	6	7	8	9	10	11	12	13	14	15	16	17	18	19	20	21	22	23	24	25	26	27	28	29	30					
34	夏曆八月			21	22	23	24	25	26	27	28	29	30	㉓	2	3	4	5	6	7	8	9	10	11	12	13	14	15	16	17	18	19	20					
	回曆 6 月			19	20	21	22	23	24	25	26	27	28	29	30	1	2	3	4	5	6	7	8	9	10	11	12	13	14	15	16	17	18					
	藏曆九月			21	22	23	24	25	26	27	28	29	30	1	2	3	4	4	5	6	7	8	9	11	12	13	14	15	16	17	18	19	20					
	公曆 10 月					1	2	3	4	5	6	7	8	9	10	11	12	13	14	15	16	17	18	19	20	21	22	23	24	25	26	27	28	29	30	31		
35	夏曆九月					21	22	23	24	25	26	27	28	29	30	(53)	2	3	4	5	6	7	8	9	10	11	12	13	14	15	16	17	18	19	20	21		
	回曆 7 月					19	20	21	22	23	24	25	26	27	28	29	1	2	3	4	5	6	7	8	9	10	11	12	13	14	15	16	17	18	19	20		
	藏曆十月					21	22	23	24	25	26	27	28	29	30	1	2	3	4	5	6	7	8	9	10	11	12	13	14	16	17	18	19	20	21	22		
	公曆 11 月	1	2	3	4	5	6	7	8	9	10	11	12	13	14	15	16	17	18	19	20	21	22	23	24	25	26	27	28	29	30							
36	夏曆十月	22	23	24	25	26	27	28	29	㉒	2	3	4	5	6	7	8	9	10	11	12	13	14	15	16	17	18	19	20	21	22							
	回曆 8 月	21	22	23	24	25	26	27	28	29	30	1	2	3	4	5	6	7	8	9	10	11	12	13	14	15	16	17	18	19	20							

續表

月 干支 序數	月序＼星期	日	1	2	3	4	5	6	日	1	2	3	4	5	6	日	1	2	3	4	5	6	日	1	2	3	4	5	6	日	1	2	3	4	5	6	日
	藏曆十一月	21	23	24	25	26	27	28	28	29	1	2	3	4	5	6	7	8	10	11	12	13	14	15	16	17	18	19	20	21	22						
	公曆12月			1	2	3	4	5	6	7	8	9	10	11	12	13	14	15	16	17	18	19	20	21	22	23	24	25	26	27	28	29	30	31			
37	夏曆十一月			23	24	25	26	27	28	29	30	㊾52	2	3	4	5	6	7	8	9	10	11	12	13	14	15	16	17	18	19	20	21	22	23			
	回曆9月			21	22	23	24	25	26	27	28	29	1	2	3	4	5	6	7	8	9	10	11	12	13	14	15	16	17	18	19	20	21	22			
	藏曆十二月			23	24	25	26	27	28	29	30	1	2	3	4	5	6	7	8	9	10	11	12	13	15	16	17	18	19	20	20	21	22	23			

大事記

正月，罷陝西、河東元豐四年後凡緣軍興添置官局。五國貢遼。　二月，禁邊民與夏互市。宋議改役法，夏貢於宋。　閏二月，以司馬光為相。　三月，女直向遼貢馬。宋罷免役法，復差役法。以程頤為崇殿說書。　四月，王安石卒(1021—1086)。詔戶部裁冗費。　五月，罷諸路重祿，復熙寧前舊制。遼責女直等國歲貢馬，并禁售馬與宋、夏。至是馬增至百餘萬四。　六月，阻卜貢於遼。　七月，立十科取士法。夏主李秉常卒，子乾順嗣。宋復常平舊法，罷青苗錢。　九月，司馬光卒(1019—1086)。　十月，宋改封孔子後為奉聖公。五國貢遼。　十一月，立經義、詞賦二科，試進士。　是歲，宋河北及楚、海諸州水。夏改元天安禮定元年，旋又改元天儀治平元年。蘇頌奉命重制渾儀。

宋遼金紀年

干支丁卯　公元1087年

朝代或國名	國家支配者	建都	廟號	謚號	建元	年號年次	輔政者	備注
北宋	⑦趙煦	汴梁	哲宗	昭	3	1元祐2年	文彥博呂公著	
遼	⑦耶律洪基	中京	道宗	文	5	4大安3年		
大理	⑭段正明	陽苴咩		保定				在雲南
西夏	④李乾順	興慶	崇宗	聖文	8	1天儀治平2年		
吐蕃	③阿里骨	宗哥				元年		
古格						274年		西藏阿里
東汗國	哈桑					13年		在新疆

月曆表

5800—355—2118475

月 干支 序數	月序＼星期	日	1	2	3	4	5	6	日	1	2	3	4	5	6	日	1	2	3	4	5	6	日	1	2	3	4	5	6	日	1	2	3	4	5	6	日	1
	公曆1月						1	2	3	4	5	6	7	8	9	10	11	12	13	14	15	16	17	18	19	20	21	22	23	24	25	26	27	28	29	30	31	
38	夏曆十二月						24	25	26	27	28	29	30	㉒	2	3	4	5	6	7	8	9	10	11	12	13	14	15	16	17	18	19	20	21	22	23	24	
	回曆10月						23	24	25	26	27	28	29	30	1	2	3	4	5	6	7	8	9	10	11	12	13	14	15	16	17	18	19	20	21	22	23	
陰火兔年	藏曆一月						24	25	26	27	28	29	30	1	2	3	4	5	6	7	9	10	11	12	13	14	15	16	17	18	19	20	21	22	23	23	24	
	公曆2月		1	2	3	4	5	6	7	8	9	10	11	12	13	14	15	16	17	18	19	20	21	22	23	24	25	26	27	28								
39	夏曆正月		25	26	27	28	29	㊿51	2	3	4	5	6	7	8	9	10	11	12	13	14	15	16	17	18	19	20	21	22	23								
	回曆11月		24	25	26	27	28	29	1	2	3	4	5	6	7	8	9	10	11	12	13	14	15	16	17	18	19	20	21	22								
	藏曆二月		25	26	27	28	29	30	1	3	4	5	6	7	8	9	10	11	12	13	14	15	16	17	18	19	20	21	22	23								
	公曆3月		1	2	3	4	5	6	7	8	9	10	11	12	13	14	15	16	17	18	19	20	21	22	23	24	25	26	27	28	29	30	31					
40	夏曆二月		24	25	26	27	28	29	30	㉑	2	3	4	5	6	7	8	9	10	11	12	13	14	15	16	17	18	19	20	21	22	23	24					
	回曆12月		23	24	25	26	27	28	29	30	1	2	3	4	5	6	7	8	9	10	11	12	13	14	15	16	17	18	19	20	21	22	23					
	藏曆三月		24	25	26	27	28	29	30	1	2	3	4	5	7	8	9	10	11	12	13	14	15	16	17	18	19	20	21	22	23	24	25					

續表

月干支序數	星期 / 月序	日	1	2	3	4	5	6	日	1	2	3	4	5	6	日	1	2	3	4	5	6	日	1	2	3	4	5	6	日	1	2	3	4	5	6	日	1
	公曆4月					1	2	3	4	5	6	7	8	9	10	11	12	13	14	15	16	17	18	19	20	21	22	23	24	25	26	27	28	29	30			
41	夏曆三月					25	26	27	28	29	㊿	2	3	4	5	6	7	8	9	10	11	12	13	14	15	16	17	18	19	20	21	22	23	24	25			
480年	回曆1月					24	25	26	27	28	29	30	①	2	3	4	5	6	7	8	9	10	11	12	13	14	15	16	17	18	19	20	21	22	23			
	藏曆四月					25	26	27	28	29	1	2	3	4	5	6	7	8	9	10	11	12	13	14	15	16	17	18	19	20	21	22	23	24	25			
	公曆5月							1	2	3	4	5	6	7	8	9	10	11	12	13	14	15	16	17	18	19	20	21	22	23	24	25	26	27	28	29	30	31
42	夏曆四月							26	27	28	29	⑲	2	3	4	5	6	7	8	9	10	11	12	13	14	15	16	17	18	19	20	21	22	23	24	25	26	27
	回曆2月							24	25	26	27	28	29	30	1	2	3	4	5	6	7	8	9	10	11	12	13	14	15	16	17	18	19	20	21	22	23	24
	藏曆後四月							26	27	28	29	30	1	2	4	5	6	7	8	9	10	11	11	12	13	14	15	16	17	18	19	20	21	22	23	24	25	27
	公曆6月			1	2	3	4	5	6	7	8	9	10	11	12	13	14	15	16	17	18	19	20	21	22	23	24	25	26	27	28	29	30					
43	夏曆五月			28	29	30	㊾	2	3	4	5	6	7	8	9	10	11	12	13	14	15	16	17	18	19	20	21	22	23	24	25	26	27					
	回曆3月			25	26	27	28	29	1	2	3	4	5	6	7	8	9	10	11	12	13	14	15	16	17	18	19	20	21	22	23	24	25					
	藏曆五月			28	29	30	1	2	3	4	5	6	7	8	9	10	11	12	13	14	15	16	17	18	19	20	21	22	23	24	25	26	27					
	公曆7月					1	2	3	4	5	6	7	8	9	10	11	12	13	14	15	16	17	18	19	20	21	22	23	24	25	26	27	28	29	30	31		
44	夏曆六月					28	29	⑱	2	3	4	5	6	7	8	9	10	11	12	13	14	15	16	17	18	19	20	21	22	23	24	25	26	27	28	29		
	回曆4月					26	27	28	29	30	1	2	3	4	5	6	7	8	9	10	11	12	13	14	15	16	17	18	19	20	21	22	23	24	25	26		
	藏曆六月					28	30	1	2	3	4	5	6	7	7	8	9	10	11	12	13	14	15	16	17	18	19	20	21	23	24	25	26	27	28	29		
	公曆8月	1	2	3	4	5	6	7	8	9	10	11	12	13	14	15	16	17	18	19	20	21	22	23	24	25	26	27	28	29	30	31						
45 46	夏曆七 八月	㊼	2	3	4	5	6	7	8	9	10	11	12	13	14	15	16	17	18	19	20	21	22	23	24	25	26	27	28	29	30	⑰						
	回曆5月	27	28	29	1	2	3	4	5	6	7	8	9	10	11	12	13	14	15	16	17	18	19	20	21	22	23	24	25	26	27	28						
	藏曆七 八月	30	1	2	3	4	5	6	7	8	9	10	11	12	13	14	15	16	17	18	19	20	21	22	23	24	26	27	28	29	30	1						
	公曆9月				1	2	3	4	5	6	7	8	9	10	11	12	13	14	15	16	17	18	19	20	21	22	23	24	25	26	27	28	29	30				
47	夏曆九月				2	3	4	5	6	7	8	9	10	11	12	13	14	15	16	17	18	19	20	21	22	23	24	25	26	27	28	29	30	㊼				
	回曆6月				29	30	1	2	3	4	5	6	7	8	9	10	11	12	13	14	15	16	17	18	19	20	21	22	23	24	25	26	27	28				
	藏曆九月				2	3	4	4	5	6	7	8	9	10	11	12	13	14	15	16	17	19	20	21	22	23	24	25	26	27	28	29	30	1				
	公曆10月						1	2	3	4	5	6	7	8	9	10	11	12	13	14	15	16	17	18	19	20	21	22	23	24	25	26	27	28	29	30	31	
48	夏曆十月						2	3	4	5	6	7	8	9	10	11	12	13	14	15	16	17	18	19	20	21	22	23	24	25	26	27	28	29	⑯	2	3	
	回曆7月						29	1	2	3	4	5	6	7	8	9	10	11	12	13	14	15	16	17	18	19	20	21	22	23	24	25	26	27	28	29	30	
	藏曆十月						2	3	4	5	6	7	8	9	10	11	12	13	14	15	16	17	18	19	20	21	23	24	25	26	27	27	28	29	30	1	2	
	公曆11月		1	2	3	4	5	6	7	8	9	10	11	12	13	14	15	16	17	18	19	20	21	22	23	24	25	26	27	28	29	30						
49	夏曆十一月		4	5	6	7	8	9	10	11	12	13	14	15	16	17	18	19	20	21	22	23	24	25	26	27	28	29	30	㊻	2	3						
	回曆8、9月		1	2	3	4	5	6	7	8	9	10	11	12	13	14	15	16	17	18	19	20	21	22	23	24	25	26	27	28	29	1						
	藏曆十一月		3	4	5	6	7	8	9	10	11	12	13	14	15	17	18	19	20	21	22	23	24	25	26	27	28	29	30	30	1	1						
	公曆12月				1	2	3	4	5	6	7	8	9	10	11	12	13	14	15	16	17	18	19	20	21	22	23	24	25	26	27	28	29	30	31			
50	夏曆十二月				4	5	6	7	8	9	10	11	12	13	14	15	16	17	18	19	20	21	22	23	24	25	26	27	28	29	30	⑯	2	3	4			
	回曆10月				2	3	4	5	6	7	8	9	10	11	12	13	14	15	16	17	18	19	20	21	22	23	24	25	26	27	28	29	30	1	2			
	藏曆十二月				2	3	4	5	6	7	8	9	11	12	13	14	15	16	17	18	19	20	21	22	23	24	25	26	27	28	29	1	2	3	4			

大事記

正月,禁科舉用王安石經義及字說。宋封李乾順為夏國主。　二月,宋代州地震。遼以民多流散,廢安泊逃戶征償法。三月,高麗貢遼;女直貢馬於遼。　四月,復置賢良方正等科。西蕃鬼章陷宋洮河。　五月,夏擾宋邊。　七月,又擾鎮戎軍。八月,宋復進納人設官舊法,蜀、洛、朔黨爭始此。宋復洮州,俘鬼章。　九月,夏又擾宋鎮戎軍。　十月,宋增置市舶司於泉州。　十二月,頒《元祐敕令式》。

宋遼金紀年

干支戊辰　公元 1088 年

朝代或國名	國家支配者	建都	廟號	謚號	建元	年號年次	輔政者	備注
北宋	⑦趙煦	汴梁	哲宗	昭	3	1元祐3年	文彦博呂公著呂大防范純仁	
遼	⑦耶律洪基	中京	道宗	文	5	4大安4年		
大理	⑭段正明	陽苴咩		保定				在雲南
西夏	④李乾順	興慶	崇宗	聖文	8	1天儀治平3年		
吐蕃	③阿里骨	宗哥				2年		
古格						275年		西藏阿里
東汗國	哈桑					14年		在新疆

月曆表

5801－383－2118858

月干支序數	月序＼星期	日	1	2	3	4	5	6	日	1	2	3	4	5	6	日	1	2	3	4	5	6	日	1	2	3	4	5	6	日	1	2	3	4	5	6	日	1
	公暦1月							1	2	3	4	5	6	7	8	9	10	11	12	13	14	15	16	17	18	19	20	21	22	23	24	25	26	27	28	29	30	31
51	夏暦正月							5	6	7	8	9	10	11	12	13	14	15	16	17	18	19	20	21	22	23	24	25	26	27	28	29	30	㊻	2	3	4	5
	回暦11月							3	4	5	6	7	8	9	10	11	12	13	14	15	16	17	18	19	20	21	22	23	24	25	26	27	28	29	1	2	3	4
陽土龍年	藏暦一月							5	6	7	8	9	10	11	12	13	14	16	17	18	19	20	21	22	23	23	24	25	26	27	28	29	30	1	2	3	4	5
	公暦2月			1	2	3	4	5	6	7	8	9	10	11	12	13	14	15	16	17	18	19	20	21	22	23	24	25	26	27	28	29						
52	夏暦二月			6	7	8	9	10	11	12	13	14	15	16	17	18	19	20	21	22	23	24	25	26	27	28	29	⑮	2	3	4	5						
	回暦12月			5	6	7	8	9	10	11	12	13	14	15	16	17	18	19	20	21	22	23	24	25	26	27	28	29	30	1	2	3						
	藏暦二月			6	7	8	10	11	12	13	14	15	16	17	18	19	20	21	22	23	24	25	26	26	27	28	29	30	1	2	4	5						
	公暦3月				1	2	3	4	5	6	7	8	9	10	11	12	13	14	15	16	17	18	19	20	21	22	23	24	25	26	27	28	29	30	31			
53	夏暦三月				6	7	8	9	10	11	12	13	14	15	16	17	18	19	20	21	22	23	24	25	26	27	28	29	30	㊺	2	3	4	5	6			
481年	回暦1月				4	5	6	7	8	9	10	11	12	13	14	15	16	17	18	19	20	21	22	23	24	25	26	27	28	29	①	2	3	4	5			
	藏暦三月				6	7	8	9	10	11	12	13	14	15	16	17	18	19	20	21	22	23	24	25	26	27	28	29	30	1	2	3	4	5	6			
	公暦4月							1	2	3	4	5	6	7	8	9	10	11	12	13	14	15	16	17	18	19	20	21	22	23	24	25	26	27	28	29	30	
54	夏暦四月							7	8	9	10	11	12	13	14	15	16	17	18	19	20	21	22	23	24	25	26	27	28	29	⑭	2	3	4	5	6	7	
	回暦2月							6	7	8	9	10	11	12	13	14	15	16	17	18	19	20	21	22	23	24	25	26	27	28	29	30	1	2	3	4	5	
	藏暦四月							8	9	10	11	12	13	14	15	16	17	18	19	20	20	21	22	23	24	25	26	27	28	29	1	2	3	4	5	6	7	
	公暦5月		1	2	3	4	5	6	7	8	9	10	11	12	13	14	15	16	17	18	19	20	21	22	23	24	25	26	27	28	29	30	31					
55	夏暦五月		8	9	10	11	12	13	14	15	16	17	18	19	20	21	22	23	24	25	26	27	28	29	㊸	2	3	4	5	6	7	8	9					
	回暦3月		6	7	8	9	10	11	12	13	14	15	16	17	18	19	20	21	22	23	24	25	26	27	28	29	1	2	3	4	5	6	7					
	藏暦五月		8	9	10	11	12	13	14	15	16	17	18	19	20	21	22	23	24	25	26	27	28	29	30	1	2	4	5	6	7	8	9					
	公暦6月					1	2	3	4	5	6	7	8	9	10	11	12	13	14	15	16	17	18	19	20	21	22	23	24	25	26	27	28	29	30			
56	夏暦六月					10	11	12	13	14	15	16	17	18	19	20	21	22	23	24	25	26	27	28	29	30	⑬	2	3	4	5	6	7	8	9			
	回暦4月					8	9	10	11	12	13	14	15	16	17	18	19	20	21	22	23	24	25	26	27	28	29	30	1	2	3	4	5	6	7			
	藏暦六月					10	11	12	13	14	15	16	16	17	18	19	20	21	22	23	24	25	27	28	29	30	1	2	3	4	5	6	7	8	9			
	公暦7月							1	2	3	4	5	6	7	8	9	10	11	12	13	14	15	16	17	18	19	20	21	22	23	24	25	26	27	28	29	30	31
57	夏暦七月							10	11	12	13	14	15	16	17	18	19	20	21	22	23	24	25	26	27	28	29	㊷	2	3	4	5	6	7	8	9	10	11
	回暦5月							8	9	10	11	12	13	14	15	16	17	18	19	20	21	22	23	24	25	26	27	28	29	1	2	3	4	5	6	7	8	9
	藏暦七月							10	11	12	13	14	15	16	17	18	19	20	21	22	23	24	25	26	27	28	30	1	2	3	4	5	6	7	8	9	10	11
	公暦8月			1	2	3	4	5	6	7	8	9	10	11	12	13	14	15	16	17	18	19	20	21	22	23	24	25	26	27	28	29	30	31				

續表

月 干支 序數	星期 月序	日	1	2	3	4	5	6	日	1	2	3	4	5	6	日	1	2	3	4	5	6	日	1	2	3	4	5	6	日	1	2	3	4	5	6	日	1
58	夏曆八月			12	13	14	15	16	17	18	19	20	21	22	23	24	25	26	27	28	29	⑪	2	3	4	5	6	7	8	9	10	11	12	13				
	回曆6月			10	11	12	13	14	15	16	17	18	19	20	21	22	23	24	25	26	27	28	29	30	1	2	3	4	5	6	7	8	9	10				
	藏曆八月			12	12	13	14	15	16	17	18	19	20	21	23	24	25	26	27	28	29	30	1	2	3	4	5	6	7	8	9	10	11	12				
	公曆9月						1	2	3	4	5	6	7	8	9	10	11	12	13	14	15	16	17	18	19	20	21	22	23	24	25	26	27	28	29	30		
59	夏曆九月						14	15	16	17	18	19	20	21	22	23	24	25	26	27	28	29	30	㊶	2	3	4	5	6	7	8	9	10	11	12	13		
	回曆7月						11	12	13	14	15	16	17	18	19	20	21	22	23	24	25	26	27	28	29	1	2	3	4	5	6	7	8	9	10	11		
	藏曆九月						13	14	15	16	17	18	19	20	21	22	23	24	26	27	28	29	30	1	2	3	4	5	6	7	8	8	9	10	11	12		
	公曆10月	1	2	3	4	5	6	7	8	9	10	11	12	13	14	15	16	17	18	19	20	21	22	23	24	25	26	27	28	29	30	31						
60	夏曆十月	14	15	16	17	18	19	20	21	22	23	24	25	26	27	28	29	⑩	2	3	4	5	6	7	8	9	10	11	12	13	14	15						
	回曆8月	12	13	14	15	16	17	18	19	20	21	22	23	24	25	26	27	28	29	30	1	2	3	4	5	6	7	8	9	10	11	12						
	藏曆十月	13	14	15	16	17	19	20	21	22	23	24	25	26	27	28	29	30	1	2	3	4	5	6	7	8	9	10	11	12	13	14						
	公曆11月				1	2	3	4	5	6	7	8	9	10	11	12	13	14	15	16	17	18	19	20	21	22	23	24	25	26	27	28	29	30				
1	夏曆十一月				16	17	18	19	20	21	22	23	24	25	26	27	28	29	30	㊵	2	3	4	5	6	7	8	9	10	11	12	13	14	15				
	回曆9月				13	14	15	16	17	18	19	20	21	22	23	24	25	26	27	28	29	1	2	3	4	5	6	7	8	9	10	11	12	13				
	藏曆十一月				15	16	17	18	19	20	21	22	24	25	26	27	28	29	30	30	1	1	2	3	4	5	6	7	8	9	10	11	12	13				
	公曆12月						1	2	3	4	5	6	7	8	9	10	11	12	13	14	15	16	17	18	19	20	21	22	23	24	25	26	27	28	29	30	31	
2	夏曆十二月						16	17	18	19	20	21	22	23	24	25	26	27	28	29	30	⑩	2	3	4	5	6	7	8	9	10	11	12	13	14	15	16	
	回曆10月						14	15	16	17	18	19	20	21	22	23	24	25	26	27	28	29	30	1	2	3	4	5	6	7	8	9	10	11	12	13	14	
	藏曆十二月						14	15	16	18	19	20	21	22	23	24	25	26	27	28	29	1	2	3	4	4	5	6	7	8	9	10	12	13	14	15	16	

大事記

正月，宋復廣惠倉。宋令廣南西路慰撫黎人。五國貢於遼。遼以上京、南京饑，許民自鬻。　三月，高麗貢於遼。夏擾宋邊。賜禮部奏名進士、諸科及第出身 1122 人。　四月，令各路州縣條陳役法利害。遼立入粟補官法。　六月，夏擾宋邊。　七月，遼册李乾順為夏國王。　八月，渠陽"蠻"起事，宋罷渠陽軍。　九月，詔觀察使以上給永業田。　十月，罷新創諸堡寨。復南北宣徽院。　是歲，戶部主戶 2 134 733；客戶 6 154 652。天文學家蘇頌與韓公廉等制成水運儀象臺。

宋遼金紀年　　　干支己巳　公元 1089 年

朝代或國名	國家支配者	建都	廟號	謚號	建元	年號年次	輔政者	備注
北宋	⑦趙煦	汴梁	哲宗	昭	3	1 元祐 4 年	同上	
遼	⑦耶律洪基	中京	道宗	文	5	4 大安 5 年		
大理	⑭段正明	陽苴咩		保定				在雲南
西夏	④李乾順	興慶	崇宗	聖文	8	1 天儀治平 4 年		
吐蕃	③阿里骨	宗哥				3 年		
古格						276 年		西藏阿里
東汗國	哈桑					15 年		在新疆

月 曆 表

5802－355－2119213

月干支序數	星期 月序	日	1	2	3	4	5	6	日	1	2	3	4	5	6	日	1	2	3	4	5	6	日	1	2	3	4	5	6	日	1	2	3	4	5	6	日	1
	公曆1月		1	2	3	4	5	6	7	8	9	10	11	12	13	14	15	16	17	18	19	20	21	22	23	24	25	26	27	28	29	30	31					
	夏曆閏十二月		17	18	19	20	21	22	23	24	25	26	27	28	29	30	㊵	2	3	4	5	6	7	8	9	10	11	12	13	14	15	16	17					
	回曆11月		15	16	17	18	19	20	21	22	23	24	25	26	27	28	29	1	2	3	4	5	6	7	8	9	10	11	12	13	14	15	16					
陰土蛇年	藏曆一月		17	18	19	20	21	22	23	24	25	26	27	28	29	30	1	2	3	4	5	6	7	8	9	10	11	12	13	14	15	17	18					
	公曆2月					1	2	3	4	5	6	7	8	9	10	11	12	13	14	15	16	17	18	19	20	21	22	23	24	25	26	27	28					
3	夏曆正月					18	19	20	21	22	23	24	25	26	27	28	29	⑨	2	3	4	5	6	7	8	9	10	11	12	13	14	15	16					
	回曆12月					17	18	19	20	21	22	23	24	25	26	27	28	29	30	1	2	3	4	5	6	7	8	9	10	11	12	13	14					
	藏曆二月					19	20	21	22	23	24	25	26	26	27	28	29	30	1	2	3	4	5	6	7	8	9	11	12	13	14	15	16					
	公曆3月					1	2	3	4	5	6	7	8	9	10	11	12	13	14	15	16	17	18	19	20	21	22	23	24	25	26	27	28	29	30	31		
4	夏曆二月					17	18	19	20	21	22	23	24	25	26	27	28	29	30	㊴	2	3	4	5	6	7	8	9	10	11	12	13	14	15	16	17		
482年	回曆1月					15	16	17	18	19	20	21	22	23	24	25	26	27	28	29	①	2	3	4	5	6	7	8	9	10	11	12	13	14	15	16		
	藏曆三月					17	18	19	20	21	22	23	24	25	26	27	28	29	30	30	1	1	3	4	5	6	7	8	9	10	11	12	13	14	16	17		
	公曆4月	1	2	3	4	5	6	7	8	9	10	11	12	13	14	15	16	17	18	19	20	21	22	23	24	25	26	27	28	29	30							
5	夏曆三月	18	19	20	21	22	23	24	25	26	27	28	29	30	⑨	2	3	4	5	6	7	8	9	10	11	12	13	14	15	16	17							
	回曆2月	17	18	19	20	21	22	23	24	25	26	27	28	29	30	1	2	3	4	5	6	7	8	9	10	11	12	13	14	15	16							
	藏曆四月	18	19	19	20	21	22	23	24	25	26	27	28	29	1	2	3	4	5	6	8	9	10	11	12	13	14	15	16	17	18							
	公曆5月			1	2	3	4	5	6	7	8	9	10	11	12	13	14	15	16	17	18	19	20	21	22	23	24	25	26	27	28	29	30	31				
6	夏曆四月			18	19	20	21	22	23	24	25	26	27	28	29	㊳	2	3	4	5	6	7	8	9	10	11	12	13	14	15	16	17	18	19				
	回曆3月			17	18	19	20	21	22	23	24	25	26	27	28	29	1	2	3	4	5	6	7	8	9	10	11	12	13	14	15	16	17	18				
	藏曆五月			19	20	21	22	23	24	24	25	26	27	28	29	1	2	3	4	5	6	7	8	9	10	11	12	13	14	15	16	17	18	19				
	公曆6月						1	2	3	4	5	6	7	8	9	10	11	12	13	14	15	16	17	18	19	20	21	22	23	24	25	26	27	28	29	30		
7	夏曆五月						20	21	22	23	24	25	26	27	28	29	⑦	2	3	4	5	6	7	8	9	10	11	12	13	14	15	16	17	18	19	20		
	回曆4月						19	20	21	22	23	24	25	26	27	28	29	30	1	2	3	4	5	6	7	8	9	10	11	12	13	14	15	16	17	18		
	藏曆六月						20	21	22	23	24	25	26	27	28	29	30	1	2	4	5	6	7	8	9	10	11	12	13	14	15	16	17	18	19	20		
	公曆7月	1	2	3	4	5	6	7	8	9	10	11	12	13	14	15	16	17	18	19	20	21	22	23	24	25	26	27	28	29	30	31						
8	夏曆六月	21	22	23	24	25	26	27	28	29	30	㊲	2	3	4	5	6	7	8	9	10	11	12	13	14	15	16	17	18	19	20	21						
	回曆5月	19	20	21	22	23	24	25	26	27	28	29	1	2	3	4	5	6	7	8	9	10	11	12	13	14	15	16	17	18	19	20						
	藏曆七月	21	21	22	23	24	26	27	28	29	30	1	2	3	4	5	6	8	9	10	11	11	12	13	14	15	16	17	18	19	20	21						
	公曆8月				1	2	3	4	5	6	7	8	9	10	11	12	13	14	15	16	17	18	19	20	21	22	23	24	25	26	27	28	29	30	31			
9	夏曆七月				22	23	24	25	26	27	28	29	⑥	2	3	4	5	6	7	8	9	10	11	12	13	14	15	16	17	18	19	20	21	22	23			
	回曆6月				21	22	23	24	25	26	27	28	29	30	1	2	3	4	5	6	7	8	9	10	11	12	13	14	15	16	17	18	19	20	21			
	藏曆八月				22	23	24	25	26	27	28	30	1	2	3	4	5	6	7	8	9	10	11	12	13	14	15	16	17	18	18	19	20	22	23			
	公曆9月							1	2	3	4	5	6	7	8	9	10	11	12	13	14	15	16	17	18	19	20	21	22	23	24	25	26	27	28	29	30	
10	夏曆八月							24	25	26	27	28	29	㉟	2	3	4	5	6	7	8	9	10	11	12	13	14	15	16	17	18	19	20	21	22	23	24	
	回曆7月							22	23	24	25	26	27	28	29	1	2	3	4	5	6	7	8	9	10	11	12	13	14	15	16	17	18	19	20	21	22	
	藏曆九月							24	25	26	27	28	29	30	1	2	4	5	6	6	7	8	9	10	11	12	13	14	15	16	17	18	19	20	21	22	23	
	公曆10月		1	2	3	4	5	6	7	8	9	10	11	12	13	14	15	16	17	18	19	20	21	22	23	24	25	26	27	28	29	30	31					
11	夏曆九月		25	26	27	28	29	30	⑤	2	3	4	5	6	7	8	9	10	11	12	13	14	15	16	17	18	19	20	21	22	23	24	25					
	回曆8月		23	24	25	26	27	28	29	30	1	2	3	4	5	6	7	8	9	10	11	12	13	14	15	16	17	18	19	20	21	22	23					
	藏曆十月		24	26	27	28	29	30	1	2	3	4	5	6	7	8	9	10	11	11	12	13	14	15	16	17	18	20	21	22	23	24	25					
	公曆11月					1	2	3	4	5	6	7	8	9	10	11	12	13	14	15	16	17	18	19	20	21	22	23	24	25	26	27	28	29	30			
12	夏曆十月					26	27	28	29	㉞	2	3	4	5	6	7	8	9	10	11	12	13	14	15	16	17	18	19	20	21	22	23	24	25	26			
	回曆9月					24	25	26	27	28	29	1	2	3	4	5	6	7	8	9	10	11	12	13	14	15	16	17	18	19	20	21	22	23	24			
	藏曆十一月					26	27	28	29	30	1	2	3	4	5	6	7	8	9	10	11	12	13	14	15	16	17	18	19	20	21	22	23	25	26			

續表

月干支序數	星期 / 月序	日	1	2	3	4	5	6	日	1	2	3	4	5	6	日	1	2	3	4	5	6	日	1	2	3	4	5	6	日	1	2	3	4	5	6	日	1
	公曆 12 月							1	2	3	4	5	6	7	8	9	10	11	12	13	14	15	16	17	18	19	20	21	22	23	24	25	26	27	28	29	30	31
13	夏曆十一月							27	28	29	30	④	2	3	4	5	6	7	8	9	10	11	12	13	14	15	16	17	18	19	20	21	22	23	24	25	26	27
	回曆 10 月							25	26	27	28	29	30	1	2	3	4	5	6	7	8	9	10	11	12	13	14	15	16	17	18	19	20	21	22	23	24	25
	藏曆十二月							27	28	29	30	1	2	3	4	4	5	6	7	8	9	10	11	12	13	14	15	16	17	19	20	21	22	23	24	25	26	27

大事記

正月，與夏通好，詔邊將勿擾夏邊。高麗貢遼。　三月，遼命南京、中京精選舉人。　四月，立試進士四場法。罷明法科。　五月，回鶻貢馬於遼。　六月，夏貢於宋。　八月，宋命諸郡以四善三最課縣令。　是歲，宋史學家劉攽卒(1023—1089)。

宋 遼 金 紀 年

干支庚午　公元 1090 年

朝代或國名	國家支配者	建都	廟號	謚號	建元	年號年次	輔政者	備注
北宋	⑦趙煦	汴梁	哲宗	昭	3	1 元祐 5 年	文彥博呂大防	
遼	⑦耶律洪基	中京	道宗	文	5	4 大安 6 年		
大理	⑭段正明	陽苴咩		保定				在雲南
西夏	④李乾順	興慶	崇宗	聖文	8	2 天祐民安元年		一作 1091 年
吐蕃	③阿里骨	宗哥				4 年		
古格						277 年		西藏阿里
東汗國	哈桑					16 年		在新疆

月 曆 表

5803—354—2119567

月干支序數	星期 / 月序	日	1	2	3	4	5	6	日	1	2	3	4	5	6	日	1	2	3	4	5	6	日	1	2	3	4	5	6	日	1	2	3	4	5	6	日	1
	公曆 1 月			1	2	3	4	5	6	7	8	9	10	11	12	13	14	15	16	17	18	19	20	21	22	23	24	25	26	27	28	29	30	31				
14	夏曆十二月			28	29	30	㉞	2	3	4	5	6	7	8	9	10	11	12	13	14	15	16	17	18	19	20	21	22	23	24	25	26	27	28				
	回曆 11 月			26	27	28	29	1	2	3	4	5	6	7	8	9	10	11	12	13	14	15	16	17	18	19	20	21	22	23	24	25	26	27				
	藏曆後十二月			28	29	30	1	2	3	4	5	6	7	7	8	9	10	11	13	14	15	16	17	18	19	20	21	22	23	24	25	26	27	28				
	公曆 2 月						1	2	3	4	5	6	7	8	9	10	11	12	13	14	15	16	17	18	19	20	21	22	23	24	25	26	27	28				
15	夏曆正月						29	30	④	2	3	4	5	6	7	8	9	10	11	12	13	14	15	16	17	18	19	20	21	22	23	24	25	26				
	回曆 12 月						28	29	30	1	2	3	4	5	6	7	8	9	10	11	12	13	14	15	16	17	18	19	20	21	22	23	24	25				
陽金馬年	藏曆一月						29	30	1	2	3	4	5	6	7	8	9	10	11	12	13	14	15	16	18	19	20	21	22	23	24	25	26	27				
	公曆 3 月						1	2	3	4	5	6	7	8	9	10	11	12	13	14	15	16	17	18	19	20	21	22	23	24	25	26	27	28	29	30	31	
16	夏曆二月						27	28	29	㉝	2	3	4	5	6	7	8	9	10	11	12	13	14	15	16	17	18	19	20	21	22	23	24	25	26	27	28	
483 年	回曆 1 月						26	27	28	29	30	①	2	3	4	5	6	7	8	9	10	11	12	13	14	15	16	17	18	19	20	21	22	23	24	25	26	
	藏曆二月						28	29	29	30	1	2	3	4	5	6	7	8	9	10	12	13	14	15	16	17	18	19	20	21	22	23	24	25	26	27	28	
	公曆 4 月		1	2	3	4	5	6	7	8	9	10	11	12	13	14	15	16	17	18	19	20	21	22	23	24	25	26	27	28	29	30						
17	夏曆三月		29	30	③	2	3	4	5	6	7	8	9	10	11	12	13	14	15	16	17	18	19	20	21	22	23	24	25	26	27	28						
	回曆 2 月		27	28	29	30	1	2	3	4	5	6	7	8	9	10	11	12	13	14	15	16	17	18	19	20	21	22	23	24	25	26						
	藏曆三月		29	30	1	2	3	4	5	6	7	8	9	10	11	12	13	15	16	17	18	19	20	21	22	23	23	24	25	26	27	28						
	公曆 5 月				1	2	3	4	5	6	7	8	9	10	11	12	13	14	15	16	17	18	19	20	21	22	23	24	25	26	27	28	29	30	31			

續表

月干支序數	月序＼星期	日	1	2	3	4	5	6	日	1	2	3	4	5	6	日	1	2	3	4	5	6	日	1	2	3	4	5	6	日	1	2	3	4	5	6	日	1
18	夏曆四月				29	30	㉝	2	3	4	5	6	7	8	9	10	11	12	13	14	15	16	17	18	19	20	21	22	23	24	25	26	27	28	29			
	回曆3月				27	28	29	1	2	3	4	5	6	7	8	9	10	11	12	13	14	15	16	17	18	19	20	21	22	23	24	25	26	27	28			
	藏曆四月				29	30	1	2	3	4	5	6	7	9	10	11	12	13	14	15	16	17	18	19	20	21	22	23	24	25	26	27	28	29	30			
	公曆6月							1	2	3	4	5	6	7	8	9	10	11	12	13	14	15	16	17	18	19	20	21	22	23	24	25	26	27	28	29	30	
19 20	夏曆五六月							②	2	3	4	5	6	7	8	9	10	11	12	13	14	15	16	17	18	19	20	21	22	23	24	25	26	27	28	29	㉛	
	回曆4月							29	30	1	2	3	4	5	6	7	8	9	10	11	12	13	14	15	16	17	18	19	20	21	22	23	24	25	26	27	28	
	藏曆五月							1	2	3	4	5	6	7	8	9	11	12	13	14	15	16	17	18	19	19	20	21	22	23	24	25	26	27	28	29	30	
	公曆7月		1	2	3	4	5	6	7	8	9	10	11	12	13	14	15	16	17	18	19	20	21	22	23	24	25	26	27	28	29	30	31					
21	夏曆七月		2	3	4	5	6	7	8	9	10	11	12	13	14	15	16	17	18	19	20	21	22	23	24	25	26	27	28	29	30	①	2					
	回曆5月		29	1	2	3	4	5	6	7	8	9	10	11	12	13	14	15	16	17	18	19	20	21	22	23	24	25	26	27	28	29	30					
	藏曆六七月		1	2	4	5	6	7	8	9	10	11	12	13	14	15	16	17	18	19	20	21	22	23	24	25	26	27	28	29	30	1	2					
	公曆8月					1	2	3	4	5	6	7	8	9	10	11	12	13	14	15	16	17	18	19	20	21	22	23	24	25	26	27	28	29	30	31		
22	夏曆八月					3	4	5	6	7	8	9	10	11	12	13	14	15	16	17	18	19	20	21	22	23	24	25	26	27	28	29	㉚	2	3	4		
	回曆6、7					1	2	3	4	5	6	7	8	9	10	11	12	13	14	15	16	17	18	19	20	21	22	23	24	25	26	27	28	29	1	2		
	藏曆八月					3	4	5	7	8	9	10	11	12	13	14	15	16	16	17	18	19	20	21	22	23	24	25	26	27	28	30	1	2	3	4		
	公曆9月	1	2	3	4	5	6	7	8	9	10	11	12	13	14	15	16	17	18	19	20	21	22	23	24	25	26	27	28	29	30							
23	夏曆九月	5	6	7	8	9	10	11	12	13	14	15	16	17	18	19	20	21	22	23	24	25	26	27	28	29	(59)	2	3	4	5							
	回曆8月	3	4	5	6	7	8	9	10	11	12	13	14	15	16	17	18	19	20	21	22	23	24	25	26	27	28	29	30	1	2							
	藏曆九月	5	6	7	8	9	10	11	12	13	14	15	16	17	18	19	20	21	22	23	24	25	26	27	28	29	30	1	2	4	5							
	公曆10月			1	2	3	4	5	6	7	8	9	10	11	12	13	14	15	16	17	18	19	20	21	22	23	24	25	26	27	28	29	30	31				
24	夏曆十月			6	7	8	9	10	11	12	13	14	15	16	17	18	19	20	21	22	23	24	25	26	27	28	29	30	㉙	2	3	4	5	6				
	回曆9月			3	4	5	6	7	8	9	10	11	12	13	14	15	16	17	18	19	20	21	22	23	24	25	26	27	28	29	1	2	3	4				
	藏曆十月			6	7	8	9	10	11	11	12	13	14	15	16	17	18	19	20	21	22	23	24	25	27	28	29	30	1	2	3	4	5	6				
	公曆11月						1	2	3	4	5	6	7	8	9	10	11	12	13	14	15	16	17	18	19	20	21	22	23	24	25	26	27	28	29	30		
25	夏曆十一月						7	8	9	10	11	12	13	14	15	16	17	18	19	20	21	22	23	24	25	26	27	28	29	(58)	2	3	4	5	6	7		
	回曆10月						5	6	7	8	9	10	11	12	13	14	15	16	17	18	19	20	21	22	23	24	25	26	27	28	29	30	1	2	3	4		
	藏曆十一月						7	8	9	10	11	12	13	14	15	15	16	17	18	20	21	22	23	24	25	26	27	28	29	30	1	2	3	4	5	6		
	公曆12月	1	2	3	4	5	6	7	8	9	10	11	12	13	14	15	16	17	18	19	20	21	22	23	24	25	26	27	28	29	30	31						
26	夏曆十二月	8	9	10	11	12	13	14	15	16	17	18	19	20	21	22	23	24	25	26	27	28	29	30	㉘	2	3	4	5	6	7	8						
	回曆11月	5	6	7	8	9	10	11	12	13	14	15	16	17	18	19	20	21	22	23	24	25	26	27	28	29	1	2	3	4	5	6						
	藏曆十二月	8	9	10	11	12	13	14	15	16	17	18	19	19	20	21	22	23	24	26	27	28	29	30	1	2	3	4	5	6	7	7						

大事記

二月，夏歸宋俘，宋許將米脂等四寨還夏。　三月，女直貢於遼。　八月，夏遣使詣宋議分劃疆界。　十月，罷提舉修河司。命導河水入汴。　十一月，高麗貢於遼。　是歲，夏改元天祐民安。

宋遼金紀年

干支辛未　公元 1091 年

朝代或國名	國家支配者	建都	廟號	諡號	建元	年號年次	輔政者	備注
北宋	⑦趙煦	汴梁	哲宗	昭	3	1 元祐 6 年	呂大防劉摯	
遼	⑦耶律洪基	中京	道宗	文	5	4 大安 7 年		

續表

朝代或國名	國家支配者	建都	廟號	謚號	建元	年號年次	輔政者	備注
大理	⑭段正明	陽苴咩		保定				在雲南
西夏	④李乾順	興慶	崇宗	聖文	8	2天祐民安2年		
吐蕃	③阿里骨	宗哥				5年		
古格						278年		西藏阿里
東汗國	哈桑					17年		在新疆

月曆表

5804—383—2119950

月干支序數	星期 / 月序	日	1	2	3	4	5	6	日	1	2	3	4	5	6	日	1	2	3	4	5	6	日	1	2	3	4	5	6	日	1	2	3	4	5	6	日	1
	公曆1月				1	2	3	4	5	6	7	8	9	10	11	12	13	14	15	16	17	18	19	20	21	22	23	24	25	26	27	28	29	30	31			
27	夏曆正月				9	10	11	12	13	14	15	16	17	18	19	20	21	22	23	24	25	26	27	28	29	30	(58)	2	3	4	5	6	7	8	9			
	回曆12月				7	8	9	10	11	12	13	14	15	16	17	18	19	20	21	22	23	24	25	26	27	28	29	30	1	2	3	4	5	6	7			
陰金羊年	藏曆一月				8	9	10	11	12	13	14	15	16	17	18	20	21	22	23	24	25	26	27	28	29	30	1	2	3	4	5	6	7	8	9			
	公曆2月							1	2	3	4	5	6	7	8	9	10	11	12	13	14	15	16	17	18	19	20	21	22	23	24	25	26	27	28			
28	夏曆二月							10	11	12	13	14	15	16	17	18	19	20	21	22	23	24	25	26	27	28	29	㉗	2	3	4	5	6	7	8			
484年	回曆1月							8	9	10	11	12	13	14	15	16	17	18	19	20	21	22	23	24	25	26	27	28	29	①	2	3	4	5	6			
	藏曆二月							10	11	12	13	14	15	16	17	18	19	20	21	22	23	24	26	27	28	28	29	30	1	2	3	4	5	6	7			
	公曆3月							1	2	3	4	5	6	7	8	9	10	11	12	13	14	15	16	17	18	19	20	21	22	23	24	25	26	27	28	29	30	31
29	夏曆三月							9	10	11	12	13	14	15	16	17	18	19	20	21	22	23	24	25	26	27	28	29	30	(57)	2	3	4	5	6	7	8	9
	回曆2月							7	8	9	10	11	12	13	14	15	16	17	18	19	20	21	22	23	24	25	26	27	28	29	30	1	2	3	4	5	6	7
	藏曆三月							8	9	10	11	12	13	14	15	16	17	19	20	21	22	23	24	25	26	27	28	29	30	1	2	3	3	4	5	6	7	8
	公曆4月			1	2	3	4	5	6	7	8	9	10	11	12	13	14	15	16	17	18	19	20	21	22	23	24	25	26	27	28	29	30					
30	夏曆四月			10	11	12	13	14	15	16	17	18	19	20	21	22	23	24	25	26	27	28	29	30	㉗	2	3	4	5	6	7	8	9					
	回曆3月			8	9	10	11	12	13	14	15	16	17	18	19	20	21	22	23	24	25	26	27	28	29	1	2	3	4	5	6	7	8					
	藏曆四月			9	10	12	13	14	15	16	17	18	19	20	21	22	23	24	25	26	27	28	29	30	1	2	3	4	5	6	7	8	9					
	公曆5月					1	2	3	4	5	6	7	8	9	10	11	12	13	14	15	16	17	18	19	20	21	22	23	24	25	26	27	28	29	30	31		
31	夏曆五月					10	11	12	13	14	15	16	17	18	19	20	21	22	23	24	25	26	27	28	29	(56)	2	3	4	5	6	7	8	9	10	11		
	回曆4月					9	10	11	12	13	14	15	16	17	18	19	20	21	22	23	24	25	26	27	28	29	30	1	2	3	4	5	6	7	8	9		
	藏曆五月					10	11	12	13	14	16	17	18	19	20	21	22	23	24	25	26	27	28	28	29	30	1	2	3	4	5	6	7	9	10	11		
	公曆6月	1	2	3	4	5	6	7	8	9	10	11	12	13	14	15	16	17	18	19	20	21	22	23	24	25	26	27	28	29	30							
32	夏曆六月	12	13	14	15	16	17	18	19	20	21	22	23	24	25	26	27	28	29	30	㉖	2	3	4	5	6	7	8	9	10	11							
	回曆5月	10	11	12	13	14	15	16	17	18	19	20	21	22	23	24	25	26	27	28	29	1	2	3	4	5	6	7	8	9	10							
	藏曆六月	12	13	14	15	16	17	18	19	20	21	22	23	24	25	26	27	28	29	30	1	2	3	4	5	6	7	8	9	11	12							
	公曆7月			1	2	3	4	5	6	7	8	9	10	11	12	13	14	15	16	17	18	19	20	21	22	23	24	25	26	27	28	29	30	31				
33	夏曆七月			12	13	14	15	16	17	18	19	20	21	22	23	24	25	26	27	28	29	(55)	2	3	4	5	6	7	8	9	10	11	12	13				
	回曆6月			11	12	13	14	15	16	17	18	19	20	21	22	23	24	25	26	27	28	29	30	1	2	3	4	5	6	7	8	9	10	11				
	藏曆七月			13	14	15	16	17	18	19	20	21	22	23	24	24	25	26	27	28	29	30	1	2	4	5	6	7	8	9	10	11	12	13				
	公曆8月						1	2	3	4	5	6	7	8	9	10	11	12	13	14	15	16	17	18	19	20	21	22	23	24	25	26	27	28	29	30	31	
34	夏曆八月						14	15	16	17	18	19	20	21	22	23	24	25	26	27	28	29	30	㉕	2	3	4	5	6	7	8	9	10	11	12	13	14	
	回曆7月						12	13	14	15	16	17	18	19	20	21	22	23	24	25	26	27	28	29	1	2	3	4	5	6	7	8	9	10	11	12	13	
	藏曆八月						14	15	16	17	18	19	20	21	22	23	24	25	26	27	28	29	30	1	2	3	4	5	7	8	9	10	11	12	13	14	15	
	公曆9月		1	2	3	4	5	6	7	8	9	10	11	12	13	14	15	16	17	18	19	20	21	22	23	24	25	26	27	28	29	30						
	夏曆閏八月		15	16	17	18	19	20	21	22	23	24	25	26	27	28	29	(54)	2	3	4	5	6	7	8	9	10	11	12	13	14	15						

續表

月干支序數	星期 月序	日	1	2	3	4	5	6	日	1	2	3	4	5	6	日	1	2	3	4	5	6	日	1	2	3	4	5	6	日	1	2	3	4	5	6	日	1
	回曆8月		14	15	16	17	18	19	20	21	22	23	24	25	26	27	28	29	30	1	2	3	4	5	6	7	8	9	10	11	12	13						
	藏曆九月		16	17	18	19	20	20	21	22	23	24	25	26	27	28	30	1	2	3	4	5	6	7	8	9	10	11	12	13	14	15						
	公曆10月				1	2	3	4	5	6	7	8	9	10	11	12	13	14	15	16	17	18	19	20	21	22	23	24	25	26	27	28	29	30	31			
35	夏曆九月				16	17	18	19	20	21	22	23	24	25	26	27	28	29	㉓	2	3	4	5	6	7	8	9	10	11	12	13	14	15	16	17			
	回曆9月				14	15	16	17	18	19	20	21	22	23	24	25	26	27	28	29	1	2	3	4	5	6	7	8	9	10	11	12	13	14	15			
	藏曆十月				16	17	18	19	20	21	22	23	24	25	26	27	28	29	30	1	2	4	5	6	7	8	9	10	11	12	13	14	14	15	16			
	公曆11月							1	2	3	4	5	6	7	8	9	10	11	12	13	14	15	16	17	18	19	20	21	22	23	24	25	26	27	28	29	30	
36	夏曆十月							18	19	20	21	22	23	24	25	26	27	28	29	30	(53)	2	3	4	5	6	7	8	9	10	11	12	13	14	15	16	17	
	回曆10月							16	17	18	19	20	21	22	23	24	25	26	27	28	29	30	1	2	3	4	5	6	7	8	9	10	11	12	13	14	15	
	藏曆十一月							17	18	19	20	21	22	23	24	25	26	28	29	30	1	2	3	4	5	6	7	8	9	10	11	12	13	14	15	16	17	
	公曆12月		1	2	3	4	5	6	7	8	9	10	11	12	13	14	15	16	17	18	19	20	21	22	23	24	25	26	27	28	29	30	31					
37	夏曆十一月		18	19	20	21	22	23	24	25	26	27	28	29	㉒	2	3	4	5	6	7	8	9	10	11	12	13	14	15	16	17	18	19					
	回曆11月		16	17	18	19	20	21	22	23	24	25	26	27	28	29	1	2	3	4	5	6	7	8	9	10	11	12	13	14	15	16	17					
	藏曆十二月		18	19	20	21	22	23	24	25	26	27	28	29	30	1	2	4	5	6	6	7	8	9	10	11	12	13	14	15	16	17	18					

大事記

四月,置通禮科。夏攻熙河、蘭岷、鄜延路。　六月,回鶻貢於遼。　八月,夏擾宋麟、府二州。　閏八月,夏嚴飭陝西、河東諸路邊備。　九月,日本貢於遼。　十一月,宋頒行《元祐觀天曆》

宋遼金紀年

干支壬申　公元1092年

朝代或國名	國家支配者	建都	廟號	謚號	建元	年號年次	輔政者	備注
北宋	⑦趙煦	汴梁	哲宗	昭	3	1元祐7年	呂大防蘇頌	
遼	⑦耶律洪基	中京	道宗	文	5	4大安8年		
大理	⑭段正明	陽苴咩		保定				在雲南
西夏	④李乾順	興慶	崇宗	聖文	8	2天祐民安3年		
吐蕃	③阿里骨	宗哥				6年		
古格						279年		西藏阿里
東汗國	哈桑					18年		在新疆

月曆表

5805—355—2120305

月干支序數	星期 月序	日	1	2	3	4	5	6	日	1	2	3	4	5	6	日	1	2	3	4	5	6	日	1	2	3	4	5	6	日	1	2	3	4	5	6	日	1
	公曆1月					1	2	3	4	5	6	7	8	9	10	11	12	13	14	15	16	17	18	19	20	21	22	23	24	25	26	27	28	29	30	31		
38	夏曆十二月					20	21	22	23	24	25	26	27	28	29	30	(52)	2	3	4	5	6	7	8	9	10	11	12	13	14	15	16	17	18	19	20		
	回曆12月					18	19	20	21	22	23	24	25	26	27	28	29	30	1	2	3	4	5	6	7	8	9	10	11	12	13	14	15	16	17	18		
陽水猴年	藏曆一月					19	20	21	22	23	24	25	27	28	29	30	1	2	3	4	5	6	7	8	9	9	10	11	12	13	14	15	16	17	18	19		
	公曆2月	1	2	3	4	5	6	7	8	9	10	11	12	13	14	15	16	17	18	19	20	21	22	23	24	25	26	27	28	29								
39	夏曆正月	21	22	23	24	25	26	27	28	29	㉑	2	3	4	5	6	7	8	9	10	11	12	13	14	15	16	17	18	19	20								
485年	回曆1月	19	20	21	22	23	24	25	26	27	28	29	①	2	3	4	5	6	7	8	9	10	11	12	13	14	15	16	17	18								
	藏曆二月	21	22	23	24	25	26	27	28	29	30	1	2	3	4	5	6	7	8	9	10	11	12	13	14	15	16	17	18	19								
	公曆3月		1	2	3	4	5	6	7	8	9	10	11	12	13	14	15	16	17	18	19	20	21	22	23	24	25	26	27	28	29	30	31					

續表

月干支序數	星期 月序	日	1	2	3	4	5	6	日	1	2	3	4	5	6	日	1	2	3	4	5	6	日	1	2	3	4	5	6	日	1	2	3	4	5	6	日	1
40	夏曆二月		21	22	23	24	25	26	27	28	29	30	(51)	2	3	4	5	6	7	8	9	10	11	12	13	14	15	16	17	18	19	20	21					
	回曆2月		19	20	21	22	23	24	25	26	27	28	29	30	1	2	3	4	5	6	7	8	9	10	11	12	13	14	15	16	17	18	19					
	藏曆三月		20	21	22	23	24	26	27	28	29	30	1	2	2	3	4	5	6	7	8	9	10	11	12	13	14	15	16	17	19	20	21					
	公曆4月					1	2	3	4	5	6	7	8	9	10	11	12	13	14	15	16	17	18	19	20	21	22	23	24	25	26	27	28	29	30			
41	夏曆三月					22	23	24	25	26	27	28	29	30	㉑	2	3	4	5	6	7	8	9	10	11	12	13	14	15	16	17	18	19	20	21			
	回曆3月					20	21	22	23	24	25	26	27	28	29	1	2	3	4	5	6	7	8	9	10	11	12	13	14	15	16	17	18	19	20			
	藏曆四月					22	23	24	25	26	27	28	29	30	1	2	3	4	5	6	7	7	8	9	10	12	13	14	15	16	17	18	19	20	21			
	公曆5月							1	2	3	4	5	6	7	8	9	10	11	12	13	14	15	16	17	18	19	20	21	22	23	24	25	26	27	28	29	30	31
42	夏曆四月							22	23	24	25	26	27	28	29	㊿	2	3	4	5	6	7	8	9	10	11	12	13	14	15	16	17	18	19	20	21	22	23
	回曆4月							21	22	23	24	25	26	27	28	29	30	1	2	3	4	5	6	7	8	9	10	11	12	13	14	15	16	17	18	19	20	21
	藏曆五月							22	24	25	26	26	27	28	29	1	2	3	4	5	6	7	8	9	10	11	12	13	14	16	17	18	19	20	21	22	23	24
	公曆6月			1	2	3	4	5	6	7	8	9	10	11	12	13	14	15	16	17	18	19	20	21	22	23	24	25	26	27	28	29	30					
43	夏曆五月			24	25	26	27	28	29	30	⑳	2	3	4	5	6	7	8	9	10	11	12	13	14	15	16	17	18	19	20	21	22	23					
	回曆5月			22	23	24	25	26	27	28	29	1	2	3	4	5	6	7	8	9	10	11	12	13	14	15	16	17	18	19	20	21	22					
	藏曆六月			25	26	27	28	29	30	30	1	2	3	3	4	5	6	8	9	10	11	12	13	14	15	16	17	19	20	21	22	23	23					
	公曆7月					1	2	3	4	5	6	7	8	9	10	11	12	13	14	15	16	17	18	19	20	21	22	23	24	25	26	27	28	29	30	31		
44	夏曆六月					24	25	26	27	28	29	30	㊿	2	3	4	5	6	7	8	9	10	11	12	13	14	15	16	17	18	19	20	21	22	23	24		
	回曆6月					23	24	25	26	27	28	29	30	1	2	3	4	5	6	7	8	9	10	11	12	13	14	15	16	17	18	19	20	21	22	23		
	藏曆七月					24	25	26	27	28	29	30	1	2	3	4	5	6	7	8	9	11	12	13	14	15	16	17	18	19	20	21	22	23	24	25		
	公曆8月	1	2	3	4	5	6	7	8	9	10	11	12	13	14	15	16	17	18	19	20	21	22	23	24	25	26	27	28	29	30	31						
45	夏曆七月	25	26	27	28	29	⑲	2	3	4	5	6	7	8	9	10	11	12	13	14	15	16	17	18	19	20	21	22	23	24	25	26						
	回曆7月	24	25	26	27	28	29	1	2	3	4	5	6	7	8	9	10	11	12	13	14	15	16	17	18	19	20	21	22	23	24	25						
	藏曆八月	26	27	28	29	30	1	2	3	4	5	6	7	8	9	10	11	12	13	15	16	17	18	19	20	20	21	22	23	24	25	26						
	公曆9月				1	2	3	4	5	6	7	8	9	10	11	12	13	14	15	16	17	18	19	20	21	22	23	24	25	26	27	28	29	30				
46	夏曆八月				27	28	29	30	㊾	2	3	4	5	6	7	8	9	10	11	12	13	14	15	16	17	18	19	20	21	22	23	24	25	26				
	回曆8月				26	27	28	29	30	1	2	3	4	5	6	7	8	9	10	11	12	13	14	15	16	17	18	19	20	21	22	23	24	25				
	藏曆九月				27	28	29	30	1	2	3	4	5	7	8	9	10	11	12	13	14	15	16	17	18	19	20	21	22	23	24	25	25	26				
	公曆10月						1	2	3	4	5	6	7	8	9	10	11	12	13	14	15	16	17	18	19	20	21	22	23	24	25	26	27	28	29	30	31	
47	夏曆九月						27	28	29	⑱	2	3	4	5	6	7	8	9	10	11	12	13	14	15	16	17	18	19	20	21	22	23	24	25	26	27	28	
	回曆9月						26	27	28	29	1	2	3	4	5	6	7	8	9	10	11	12	13	14	15	16	17	18	19	20	21	22	23	24	25	26	27	
	藏曆後九月						27	28	30	1	2	3	4	5	6	7	8	9	10	11	12	13	14	15	16	17	18	19	20	21	22	23	24	25	26	27	28	
	公曆11月		1	2	3	4	5	6	7	8	9	10	11	12	13	14	15	16	17	18	19	20	21	22	23	24	25	26	27	28	29	30						
48	夏曆十月		29	㊼	2	3	4	5	6	7	8	9	10	11	12	13	14	15	16	17	18	19	20	21	22	23	24	25	26	27	28	29						
	回曆10月		28	29	30	1	2	3	4	5	6	7	8	9	10	11	12	13	14	15	16	17	18	19	20	21	22	23	24	25	26	27						
	藏曆十月		29	30	1	2	3	5	6	7	8	9	10	11	12	13	14	15	16	17	17	18	19	20	21	22	23	24	25	26	27	29						
	公曆12月				1	2	3	4	5	6	7	8	9	10	11	12	13	14	15	16	17	18	19	20	21	22	23	24	25	26	27	28	29	30	31			
49 50	夏曆十一 十二月				30	⑰	2	3	4	5	6	7	8	9	10	11	12	13	14	15	16	17	18	19	20	21	22	23	24	25	26	27	28	29	㊻			
	回曆11月				28	29	1	2	3	4	5	6	7	8	9	10	11	12	13	14	15	16	17	18	19	20	21	22	23	24	25	26	27	28	29			
	藏曆十一月				30	1	2	3	4	5	6	7	8	9	10	11	12	13	14	15	16	17	18	19	20	21	22	23	24	25	26	27	28	29	30			

大事記

二月，令陜西、河東整飭邊防。　四月，立考察縣令課績法。　六月，置廣文館解額。　八月，置鹽酒稅務增剩給償法。　十月，夏擾宋環州。阻卜反遼。　十一月，罷南京榷酒。

宋遼金紀年

干支癸酉　公元 1093 年

朝代或國名	國家支配者	建　都	廟　號	謚　號	建元	年號年次	輔　政　者	備　注
北宋	⑦趙煦	汴梁	哲宗	昭	3	1 元祐 8 年	呂大防、蘇頌、范純仁	
遼	⑦耶律洪基	中京	道宗	文	5	4 大安 9 年		
大理	⑭段正明	陽苴咩		保定				在雲南
西夏	④李乾順	興慶	崇宗	聖文	8	2 天祐民安 4 年		
吐蕃	③阿里骨	宗哥				7 年		
古格						280 年		西藏阿里
東汗國	哈桑					19 年		在新疆

月曆表

5806－354－2120659

月干支序數	月序＼星期	日	1	2	3	4	5	6	日	1	2	3	4	5	6	日	1	2	3	4	5	6	日	1	2	3	4	5	6	日	1	2	3	4	5	6	日	1
	公曆 1月							1	2	3	4	5	6	7	8	9	10	11	12	13	14	15	16	17	18	19	20	21	22	23	24	25	26	27	28	29	30	31
51	夏曆正月							2	3	4	5	6	7	8	9	10	11	12	13	14	15	16	17	18	19	20	21	22	23	24	25	26	27	28	29	30	⑯	2
	回曆 12月							30	1	2	3	4	5	6	7	8	9	10	11	12	13	14	15	16	17	18	19	20	21	22	23	24	25	26	27	28	29	30
	藏曆十二月							1	2	4	5	6	7	8	9	9	10	11	12	13	14	15	16	17	18	19	20	21	22	23	24	25	26	28	29	30	1	2
	公曆 2月			1	2	3	4	5	6	7	8	9	10	11	12	13	14	15	16	17	18	19	20	21	22	23	24	25	26	27	28							
52	夏曆二月			3	4	5	6	7	8	9	10	11	12	13	14	15	16	17	18	19	20	21	22	23	24	25	26	27	28	29	㊺							
486年	回曆 1月			①	2	3	4	5	6	7	8	9	10	11	12	13	14	15	16	17	18	19	20	21	22	23	24	25	26	27	28							
陰水鷄年	藏曆一月			3	4	5	6	7	8	9	10	11	12	12	13	14	15	16	17	18	19	20	22	23	24	25	26	27	28	29	30							
	公曆 3月			1	2	3	4	5	6	7	8	9	10	11	12	13	14	15	16	17	18	19	20	21	22	23	24	25	26	27	28	29	30	31				
53	夏曆三月			2	3	4	5	6	7	8	9	10	11	12	13	14	15	16	17	18	19	20	21	22	23	24	25	26	27	28	29	30	⑮	2				
	回曆 2月			29	30	1	2	3	4	5	6	7	8	9	10	11	12	13	14	15	16	17	18	19	20	21	22	23	24	25	26	27	28	29				
•	藏曆二三月			1	2	3	4	5	6	7	8	9	10	11	12	13	14	15	16	17	18	19	20	21	22	23	24	26	27	28	29	30	1	2				
	公曆 4月						1	2	3	4	5	6	7	8	9	10	11	12	13	14	15	16	17	18	19	20	21	22	23	24	25	26	27	28	29	30		
54	夏曆四月						3	4	5	6	6	7	8	9	10	11	12	13	14	15	16	17	18	20	21	22	23	24	25	26	27	28	29	㊹	2	3		
	回曆 3月						1	2	3	4	5	6	7	8	9	10	11	12	13	14	15	16	17	18	19	20	21	22	23	24	25	26	27	28	29	30		
	藏曆四月						3	4	5	6	6	7	8	9	10	11	12	13	14	15	16	17	18	20	21	22	23	24	25	26	27	28	29	30	1	2		
	公曆 5月	1	2	3	4	5	6	7	8	9	10	11	12	13	14	15	16	17	18	19	20	21	22	23	24	25	26	27	28	29	30	31						
55	夏曆五月	4	5	6	7	8	9	10	11	12	13	14	15	16	17	18	19	20	21	22	23	24	25	26	27	28	29	30	⑭	2	3	4						
	回曆 4、5月	1	2	3	4	5	6	7	8	9	10	11	12	13	14	15	16	17	18	19	20	21	22	23	24	25	26	27	28	29	1	2						
	藏曆五月	3	4	5	6	7	8	9	10	11	12	13	14	15	16	17	18	19	20	21	23	24	25	26	27	28	29	30	30	1	1	2						
	公曆 6月				1	2	3	4	5	6	7	8	9	10	11	12	13	14	15	16	17	18	19	20	21	22	23	24	25	26	27	28	29	30				
56	夏曆六月				5	6	7	8	9	10	11	12	13	14	15	16	17	18	19	20	21	22	23	24	25	26	27	28	29	30	㊹	2	3	4				
	回曆 6月				3	4	5	6	7	8	9	10	11	12	13	14	15	16	17	18	19	20	21	22	23	24	25	26	27	28	29	30	1	2				
	藏曆六月				3	4	5	6	7	8	9	10	11	12	13	14	16	17	18	19	20	21	22	23	24	25	26	27	28	29	1	2	3	4				
	公曆 7月							1	2	3	4	5	6	7	8	9	10	11	12	13	14	15	16	17	18	19	20	21	22	23	24	25	26	27	28	29	30	31
57	夏曆七月							5	6	7	8	9	10	11	12	13	14	15	16	17	18	19	20	21	22	23	24	25	26	27	28	29	⑬	2	3	4	5	6
	回曆 7月							3	4	5	6	7	8	9	10	11	12	13	14	15	16	17	18	19	20	21	22	23	24	25	26	27	28	29	1	2	3	4
	藏曆七月							5	6	7	8	9	10	11	12	13	14	15	16	18	19	20	21	22	23	24	25	26	27	28	28	29	30	1	2	3	4	5
	公曆 8月		1	2	3	4	5	6	7	8	9	10	11	12	13	14	15	16	17	18	19	20	21	22	23	24	25	26	27	28	29	30	31					
58	夏曆八月		7	8	9	10	11	12	13	14	15	16	17	18	19	20	21	22	23	24	25	26	27	28	29	30	㊸	2	3	4	5	6	7					

續表

月 干支 序數	星期 月序	日	1	2	3	4	5	6	日	1	2	3	4	5	6	日	1	2	3	4	5	6	日	1	2	3	4	5	6	日	1	2	3	4	5	6	日	1
	回曆8月		5	6	7	8	9	10	11	12	13	14	15	16	17	18	19	20	21	22	23	24	25	26	27	28	29	30	1	2	3	4	5					
	藏曆八月		6	7	8	9	11	12	13	14	15	16	17	18	19	20	21	22	23	24	25	26	27	28	29	30	1	2	3	4	5	6	7					
	公曆9月					1	2	3	4	5	6	7	8	9	10	11	12	13	14	15	16	17	18	19	20	21	22	23	24	25	26	27	28	29	30			
59	夏曆九月					8	9	10	11	12	13	14	15	16	17	18	19	20	21	22	23	24	25	26	27	28	29	30	⑬	2	3	4	5	6	7			
	回曆9月					6	7	8	9	10	11	12	13	14	15	16	17	18	19	20	21	22	23	24	25	26	27	28	29	1	2	3	4	5	6			
	藏曆九月					8	9	10	11	12	14	15	16	17	18	19	20	21	22	23	24	24	25	26	27	28	29	30	1	2	3	4	5	6	8			
	公曆10月							1	2	3	4	5	6	7	8	9	10	11	12	13	14	15	16	17	18	19	20	21	22	23	24	25	26	27	28	29	30	31
60	夏曆十月							8	9	10	11	12	13	14	15	16	17	18	19	20	21	22	23	24	25	26	27	28	29	㊷	2	3	4	5	6	7	8	9
	回曆10月							7	8	9	10	11	12	13	14	15	16	17	18	19	20	21	22	23	24	25	26	27	28	29	30	1	2	3	4	5	6	7
	藏曆十月							9	10	11	12	13	14	15	16	17	18	19	20	21	22	23	24	25	26	27	28	29	30	1	2	3	4	5	6	7	8	9
	公曆11月			1	2	3	4	5	6	7	8	9	10	11	12	13	14	15	16	17	18	19	20	21	22	23	24	25	26	27	28	29	30					
1	夏曆十一月			10	11	12	13	14	15	16	17	18	19	20	21	22	23	24	25	26	27	28	29	30	⑫	2	3	4	5	6	7	8	9					
	回曆11月			8	9	10	11	12	13	14	15	16	17	18	19	20	21	22	23	24	25	26	27	28	29	1	2	3	4	5	6	7	8					
	藏曆十一月			10	12	13	14	15	16	17	17	18	19	20	21	22	23	24	25	26	27	28	29	30	1	2	3	4	6	7	8	9	10					
	公曆12月					1	2	3	4	5	6	7	8	9	10	11	12	13	14	15	16	17	18	19	20	21	22	23	24	25	26	27	28	29	30	31		
2	夏曆十二月					10	11	12	13	14	15	16	17	18	19	20	21	22	23	24	25	26	27	28	29	㊶	2	3	4	5	6	7	8	9	10	11		
	回曆12月					9	10	11	12	13	14	15	16	17	18	19	20	21	22	23	24	25	26	27	28	29	30	1	2	3	4	5	6	7	8	9		
	藏曆十二月					11	12	13	14	15	16	17	18	19	20	20	21	22	23	24	25	26	27	28	30	1	2	3	4	5	6	7	8	9	10	11		

大事記

正月，頒行高麗所獻《黄帝針經》。 二月，高麗遣使於宋，請購書。 三月，遼攻阻卜失利。 四月，夏向宋謝罪。 七月，宋京東西、河北、淮南諸路水。 八月，遣使按視水災區。 九月，宋太皇太后高氏卒，哲宗始親政。 十月，阻卜大掠遼西部牧群。 十二月，仿《唐六典》修官制。

宋 遼 金 紀 年

干支甲戌 公元1094年

朝代或國名	國家支配者	建都	廟號	謚號	建元	年號年次	輔政者	備注
北宋	⑦趙煦	汴梁	哲宗	昭	3	2紹聖元年	呂大防 范純仁章惇	四月癸 丑改元
遼	⑦耶律洪基	中京	道宗	文	5	4大安10年		
大理	⑭段正明	陽苴咩		保定		天祐		高昇泰即位
西夏	④李乾順	興慶	崇宗	聖文	8	2天祐民安5年		
吐蕃	③阿里骨	宗哥				8年		
古格						281年		西藏阿里
東汗國	哈桑					20年		在新疆

月 曆 表

5807—385—2121044

月 干支 序數	星期 月序	日	1	2	3	4	5	6	日	1	2	3	4	5	6	日	1	2	3	4	5	6	日	1	2	3	4	5	6	日	1	2	3	4	5	6	日	1
	公曆1月	1	2	3	4	5	6	7	8	9	10	11	12	13	14	15	16	17	18	19	20	21	22	23	24	25	26	27	28	29	30	31						
3	夏曆正月	12	13	14	15	16	17	18	19	20	21	22	23	24	25	26	27	28	29	⑩	2	3	4	5	6	7	8	9	10	11	12	13						
487年	回曆1月	10	11	12	13	14	15	16	17	18	19	20	21	22	23	24	25	26	27	28	29	①	2	3	4	5	6	7	8	9	10	11						
陽木狗年	藏曆一月	12	13	14	15	15	17	18	19	20	21	22	23	24	25	26	27	28	29	30	1	2	3	5	6	7	8	9	10	11	12	12						

續表

月干支序數	月 \ 星期 \ 序	日	1	2	3	4	5	6	日	1	2	3	4	5	6	日	1	2	3	4	5	6	日	1	2	3	4	5	6	日	1	2	3	4	5	6	日	1
	公曆2月				1	2	3	4	5	6	7	8	9	10	11	12	13	14	15	16	17	18	19	20	21	22	23	24	25	26	27	28						
4	夏曆二月				14	15	16	17	18	19	20	21	22	23	24	25	26	27	28	29	30	㊵	2	3	4	5	6	7	8	9	10	11						
	回曆2月				12	13	14	15	16	17	18	19	20	21	22	23	24	25	26	27	28	29	30	1	2	3	4	5	6	7	8	9						
	藏曆二月				13	14	15	16	17	18	19	20	21	22	23	24	25	26	27	29	30	1	2	3	4	5	6	7	8	9	10	11						
	公曆3月				1	2	3	4	5	6	7	8	9	10	11	12	13	14	15	16	17	18	19	20	21	22	23	24	25	26	27	28	29	30	31			
5	夏曆三月				12	13	14	15	16	17	18	19	20	21	22	23	24	25	26	27	28	29	⑨	2	3	4	5	6	7	8	9	10	11	12	13			
	回曆3月				10	11	12	13	14	15	16	17	18	19	20	21	22	23	24	25	26	27	28	29	1	2	3	4	5	6	7	8	9	10	11			
	藏曆三月				12	13	14	15	16	16	17	18	19	20	21	23	24	25	26	27	28	29	30	1	2	3	4	5	6	7	8	9	10	11	12			
	公曆4月							1	2	3	4	5	6	7	8	9	10	11	12	13	14	15	16	17	18	19	20	21	22	23	24	25	26	27	28	29	30	
6	夏曆四月							14	15	16	17	18	19	20	21	22	23	24	25	26	27	28	29	30	㊴	2	3	4	5	6	7	8	9	10	11	12	13	
	回曆4月							12	13	14	15	16	17	18	19	20	21	22	23	24	25	26	27	28	29	30	1	2	3	4	5	6	7	8	9	10	11	
	藏曆四月							13	14	15	16	17	18	19	20	21	22	23	24	25	27	28	29	30	1	2	3	4	5	6	7	8	9	10	10	11	12	
	公曆5月		1	2	3	4	5	6	7	8	9	10	11	12	13	14	15	16	17	18	19	20	21	22	23	24	25	26	27	28	29	30	31					
	夏曆閏四月		14	15	16	17	18	19	20	21	22	23	24	25	26	27	28	29	⑧	2	3	4	5	6	7	8	9	10	11	12	13	14	15					
	回曆5月		12	13	14	15	16	17	18	19	20	21	22	23	24	25	26	27	28	29	1	2	3	4	5	6	7	8	9	10	11	12	13					
	藏曆五月		13	14	15	16	17	18	20	21	22	23	24	25	26	27	28	29	30	1	2	3	4	5	6	7	8	9	10	11	12	13	14					
	公曆6月					1	2	3	4	5	6	7	8	9	10	11	12	13	14	15	16	17	18	19	20	21	22	23	24	25	26	27	28	29	30			
7	夏曆五月					16	17	18	19	20	21	22	23	24	25	26	27	28	29	30	㊳	2	3	4	5	6	7	8	9	10	11	12	13	14	15			
	回曆6月					14	15	16	17	18	19	20	21	22	23	24	25	26	27	28	29	30	1	2	3	4	5	6	7	8	9	10	11	12	13			
	藏曆六月					15	16	17	18	19	20	21	23	24	25	26	27	28	29	30	1	2	3	4	5	6	6	7	8	9	10	11	12	13	14			
	公曆7月							1	2	3	4	5	6	7	8	9	10	11	12	13	14	15	16	17	18	19	20	21	22	23	24	25	26	27	28	29	30	31
8	夏曆六月							16	17	18	19	20	21	22	23	24	25	26	27	28	29	⑦	2	3	4	5	6	7	8	9	10	11	12	13	14	15	16	17
	回曆7月							14	15	16	17	18	19	20	21	22	23	24	25	26	27	28	29	1	2	3	4	5	6	7	8	9	10	11	12	13	14	15
	藏曆七月							16	17	18	19	20	21	22	23	24	25	26	27	28	29	30	1	2	3	4	5	6	7	8	9	10	11	12	13	14	15	16
	公曆8月			1	2	3	4	5	6	7	8	9	10	11	12	13	14	15	16	17	18	19	20	21	22	23	24	25	26	27	28	29	30	31				
9	夏曆七月			18	19	20	21	22	23	24	25	26	27	28	29	30	㊲	2	3	4	5	6	7	8	9	10	11	12	13	14	15	16	17	18				
	回曆8月			16	17	18	19	20	21	22	23	24	25	26	27	28	29	30	1	2	3	4	5	6	7	8	9	10	11	12	13	14	15	16				
	藏曆八月			18	19	20	21	22	23	24	25	26	27	28	29	30	1	2	3	3	4	5	6	7	8	9	11	12	13	14	15	16	17	18				
	公曆9月						1	2	3	4	5	6	7	8	9	10	11	12	13	14	15	16	17	18	19	20	21	22	23	24	25	26	27	28	29	30		
10	夏曆八月						19	20	21	22	23	24	25	26	27	28	29	30	⑦	2	3	4	5	6	7	8	9	10	11	12	13	14	15	16	17	18		
	回曆9月						17	18	19	20	21	22	23	24	25	26	27	28	29	1	2	3	4	5	6	7	8	9	10	11	12	13	14	15	16	17		
	藏曆九月						19	20	21	22	23	24	25	26	27	28	29	30	1	2	3	4	5	6	7	8	9	10	11	12	13	15	16	17	18	19		
	公曆10月	1	2	3	4	5	6	7	8	9	10	11	12	13	14	15	16	17	18	19	20	21	22	23	24	25	26	27	28	29	30	31						
11	夏曆九月	19	20	21	22	23	24	25	26	27	28	29	㊱	2	3	4	5	6	7	8	9	10	11	12	13	14	15	16	17	18	19	20						
	回曆10月	18	19	20	21	22	23	24	25	26	27	28	29	30	1	2	3	4	5	6	7	8	9	10	11	12	13	14	15	16	17	18						
	藏曆十月	20	21	22	23	24	25	26	27	27	28	29	30	1	2	3	4	5	6	7	9	10	11	12	13	14	15	16	17	18	19	20						
	公曆11月				1	2	3	4	5	6	7	8	9	10	11	12	13	14	15	16	17	18	19	20	21	22	23	24	25	26	27	28	29	30				
12	夏曆十月				21	22	23	24	25	26	27	28	29	30	⑥	2	3	4	5	6	7	8	9	10	11	12	13	14	15	16	17	18	19	20				
	回曆11月				19	20	21	22	23	24	25	26	27	28	29	1	2	3	4	5	6	7	8	9	10	11	12	13	14	15	16	17	18	19				
	藏曆十一月				21	22	23	24	25	26	27	28	29	30	1	2	3	4	5	6	7	8	9	10	11	13	14	15	16	17	18	19	20	20				
	公曆12月						1	2	3	4	5	6	7	8	9	10	11	12	13	14	15	16	17	18	19	20	21	22	23	24	25	26	27	28	29	30	31	
13	夏曆十一月						21	22	23	24	25	26	27	28	29	30	㊱	2	3	4	5	6	7	8	9	10	11	12	13	14	15	16	17	18	19	20	21	
	回曆12月						20	21	22	23	24	25	26	27	28	29	30	1	2	3	4	5	6	7	8	9	10	11	12	13	14	15	16	17	18	19	20	
	藏曆十二月						21	22	23	24	25	26	27	28	29	30	1	2	3	4	5	7	8	9	10	11	12	13	14	15	16	17	18	19	20	21	22	

遼正月甲戌，五月壬申。

大事記

正月，夏貢宋。　四月，宋改元紹聖。漸復熙寧新法，召用新黨被貶諸人，貴降元祐諸舊黨。章惇為相。詔設役法依照元祐未改前條例。　閏四月，罷十科取士法，復義倉，復提舉常平官。　五月，罷進士習詩賦，令專二經。敵烈部擾遼邊，旋定。　六月，除進士引用王安石字說之禁。遼禁邊民與蕃部通婚。　七月，詔朋黨司馬光以下各輕重議罰，布告天下。敵烈部擾遼邊，旋定。　八月，罷賢良方正等科。罷廣惠倉。　九月，遼大敗阻卜。　十一月，復八路差官法。十二月，宋嚴禁銅錢出境。宋漳河決灌洺、磁等州。　是歲，宋河北水、洛水為災。遼改明年元為壽昌。高昇泰廢正明，自立為王，改國號為"大中國"。

宋遼金紀年

干支乙亥　公元1095年

朝代或國名	國家支配者	建都	廟號	謚號	建元	年號年次	輔政者	備注
北宋	⑦趙煦	汴梁	哲宗	昭	3	2紹聖2年	章惇	
遼	⑦耶律洪基	中京	道宗	文	5	5壽昌(隆)元年		
大中	高昇泰	陽苴咩		富有		上治元年		高氏改國號，自立爲王
西夏	④李乾順	興慶	崇宗	聖文	8	2天祐民安6年		
吐蕃	③阿里骨	宗哥				9年		
古格						282年		西藏阿里
東汗國	哈桑					21年		在新疆

月曆表

5808－354－2121398

月干支序數	月序＼星期	日	1	2	3	4	5	6	日	1	2	3	4	5	6	日	1	2	3	4	5	6	日	1	2	3	4	5	6	日	1	2	3	4	5	6	日	1
	公曆1月		1	2	3	4	5	6	7	8	9	10	11	12	13	14	15	16	17	18	19	20	21	22	23	24	25	26	27	28	29	30	31					
14	夏曆十二月		22	23	24	25	26	27	28	29	⑤	2	3	4	5	6	7	8	9	10	11	12	13	14	15	16	17	18	19	20	21	22	23					
488年	回曆1月		21	22	23	24	25	26	27	28	29	30	①	2	3	4	5	6	7	8	9	10	11	12	13	14	15	16	17	18	19	20	21					
陰木猪年	藏曆一月		23	23	24	25	26	27	28	29	1	2	3	4	5	6	7	8	9	10	11	12	13	14	15	16	17	18	19	20	21	22	23					
	公曆2月					1	2	3	4	5	6	7	8	9	10	11	12	13	14	15	16	17	18	19	20	21	22	23	24	25	26	27	28					
15	夏曆正月					24	25	26	27	28	29	30	㉟	2	3	4	5	6	7	8	9	10	11	12	13	14	15	16	17	18	19	20	21					
	回曆2月					22	23	24	25	26	27	28	29	30	1	2	3	4	5	6	7	8	9	10	11	12	13	14	15	16	17	18	19					
	藏曆二月					24	25	26	27	28	29	30	1	2	3	4	6	7	8	9	10	11	12	13	14	15	15	16	17	18	19	20	21					
	公曆3月					1	2	3	4	5	6	7	8	9	10	11	12	13	14	15	16	17	18	19	20	21	22	23	24	25	26	27	28	29	30	31		
16	夏曆二月					22	23	24	25	26	27	28	29	④	2	3	4	5	6	7	8	9	10	11	12	13	14	15	16	17	18	19	20	21	22	23		
	回曆3月					20	21	22	23	24	25	26	27	28	30	1	2	3	4	5	6	7	8	9	10	11	12	13	14	15	16	17	18	19	20	21		
	藏曆三月					22	23	24	25	26	27	28	30	1	2	3	4	5	6	7	8	9	10	11	12	13	14	15	16	17	18	19	20	21	22	23		
	公曆4月	1	2	3	4	5	6	7	8	9	10	11	12	13	14	15	16	17	18	19	20	21	22	23	24	25	26	27	28	29	30							
17	夏曆三月	24	25	26	27	28	29	㉝	2	3	4	5	6	7	8	9	10	11	12	13	14	15	16	17	18	19	20	21	22	23	24							
	回曆4月	22	23	24	25	26	27	28	29	30	1	2	3	4	5	6	7	8	9	10	11	12	13	14	15	16	17	18	19	20	21							
	藏曆四月	24	25	26	27	28	29	30	1	2	4	5	6	7	8	9	9	10	11	12	13	14	15	16	17	18	19	20	21	22	23							
	公曆5月			1	2	3	4	5	6	7	8	9	10	11	12	13	14	15	16	17	18	19	20	21	22	23	24	25	26	27	28	29	30	31				
18	夏曆四月			25	26	27	28	29	30	③	2	3	4	5	6	7	8	9	10	11	12	13	14	15	16	17	18	19	20	21	22	23	24	25				
	回曆5月			22	23	24	25	26	27	28	29	1	2	3	4	5	6	7	8	9	10	11	12	13	14	15	16	17	18	19	20	21	22	23				
	藏曆五月			24	25	27	28	29	30	1	2	3	4	5	6	7	8	9	10	11	12	13	14	15	15	16	17	19	20	21	22	23	24	25				

續表

月干支序數	月序＼星期	日	1	2	3	4	5	6	日	1	2	3	4	5	6	日	1	2	3	4	5	6	日	1	2	3	4	5	6	日	1	2	3	4	5	6	日	1
	公曆6月						1	2	3	4	5	6	7	8	9	10	11	12	13	14	15	16	17	18	19	20	21	22	23	24	25	26	27	28	29	30		
19	夏曆五月						26	27	28	29	㉜	2	3	4	5	6	7	8	9	10	11	12	13	14	15	16	17	18	19	20	21	22	23	24	25	26		
	回曆6月						24	25	26	27	28	29	30	1	2	3	4	5	6	7	8	9	10	11	12	13	14	15	16	17	18	19	20	21	22	23		
	藏曆後五月						26	27	28	29	1	2	3	4	5	5	6	7	8	9	10	11	12	13	14	15	16	17	18	19	20	21	23	24	25	26		
	公曆7月	1	2	3	4	5	6	7	8	9	10	11	12	13	14	15	16	17	18	19	20	21	22	23	24	25	26	27	28	29	30	31						
20	夏曆六月	27	28	29	30	②	2	3	4	5	6	7	8	9	10	11	12	13	14	15	16	17	18	19	20	21	22	23	24	25	26	27						
	回曆7月	24	25	26	27	28	29	1	2	3	4	5	6	7	8	9	10	11	12	13	14	15	16	17	18	19	20	21	22	23	24	25						
	藏曆六月	27	28	29	30	1	2	3	4	5	6	7	8	9	10	11	12	13	14	15	16	17	18	19	20	21	22	23	24	26	27	28						
	公曆8月				1	2	3	4	5	6	7	8	9	10	11	12	13	14	15	16	17	18	19	20	21	22	23	24	25	26	27	28	29	30	31			
21	夏曆七月				28	29	㉛	2	3	4	5	6	7	8	9	10	11	12	13	14	15	16	17	18	19	20	21	22	23	24	25	26	27	28	29			
	回曆8月				26	27	28	29	30	1	2	3	4	5	6	7	8	9	10	11	12	13	14	15	16	17	18	19	20	21	22	23	24	25	26			
	藏曆七月				29	30	1	2	2	3	4	5	6	7	8	9	10	11	12	13	14	15	16	18	19	20	21	22	23	24	25	26	27	28	29			
	公曆9月							1	2	3	4	5	6	7	8	9	10	11	12	13	14	15	16	17	18	19	20	21	22	23	24	25	26	27	28	29	30	
22	夏曆八月							30	①	2	3	4	5	6	7	8	9	10	11	12	13	14	15	16	17	18	19	20	21	22	23	24	25	26	27	28	29	
	回曆9月							27	28	29	1	2	3	4	5	6	7	8	9	10	11	12	13	14	15	16	17	18	19	20	21	22	23	24	25	26	27	
	藏曆八月							30	1	2	3	4	5	6	7	8	9	10	11	12	13	14	15	16	17	18	19	20	22	23	24	25	26	27	27	28	29	
	公曆10月		1	2	3	4	5	6	7	8	9	10	11	12	13	14	15	16	17	18	19	20	21	22	23	24	25	26	27	28	29	30	31					
23 24	夏曆九十月		㉚	2	3	4	5	6	7	8	9	10	11	12	13	14	15	16	17	18	19	20	21	22	23	24	25	26	27	28	29	30	(60)					
	回曆10月		28	29	30	1	2	3	4	5	6	7	8	9	10	11	12	13	14	15	16	17	18	19	20	21	22	23	24	25	26	27	28					
	藏曆九月		30	1	2	3	4	5	6	7	8	9	10	11	12	13	15	16	17	18	19	20	21	22	23	24	25	26	27	28	29	30	30					
	公曆11月					1	2	3	4	5	6	7	8	9	10	11	12	13	14	15	16	17	18	19	20	21	22	23	24	25	26	27	28	29	30			
25	夏曆十一月					2	3	4	5	6	7	8	9	10	11	12	13	14	15	16	17	18	19	20	21	22	23	24	25	26	27	28	29	30	㉚			
	回曆11月					29	1	2	3	4	5	6	7	8	9	10	11	12	13	14	15	16	17	18	19	20	21	22	23	24	25	26	27	28	29			
	藏曆十十一月					1	1	2	3	4	5	6	7	9	10	11	12	13	14	15	16	17	18	19	20	21	22	23	24	25	26	27	28	29	1			
	公曆12月							1	2	3	4	5	6	7	8	9	10	11	12	13	14	15	16	17	18	19	20	21	22	23	24	25	26	27	28	29	30	31
26	夏曆十二月							2	3	4	5	6	7	8	9	10	11	12	13	14	15	16	17	18	19	20	21	22	23	24	25	26	27	28	29	30	(60)	2
489年	回曆12,1月							30	1	2	3	4	5	6	7	8	9	10	11	12	13	14	15	16	17	18	19	20	21	22	23	24	25	26	27	28	29	①
	藏曆十二月							2	3	4	5	6	7	8	9	10	11	12	14	15	16	17	18	19	20	21	22	23	23	24	25	26	27	28	29	30	1	2

大事記

正月，宋立宏詞科。　二月，高麗貢遼。　四月，置律學博士。女直貢遼。　五月，命蔡卞詳定國子監三學及外州州學制。　七月，詔以元豐例添置官署。　九月，遼以阻卜擾邊，命教漢軍炮弩。　十二月，宋類定責降元祐臣僚。

是歲，科學家、政治家、外交家、曆算家沈括卒(1031—1095)。

宋遼金紀年　　干支丙子　公元1096年

朝代或國名	國家支配者	建都	廟號	謚號	建元	年號年次	輔政者	備注
北宋	⑦趙煦	汴梁	哲宗	昭	3	2紹聖3年	章惇	
遼	⑦耶律洪基	中京	道宗	文	5	5壽昌(隆)2年		
大理	①段正淳	陽苴咩	中宗		4	1天授元年		在雲南，一作1097年
西夏	④李乾順	興慶	崇宗	聖文	8	2天祐民安7年		
吐蕃	③阿里骨	宗哥				10年		

續表

朝代或國名	國家支配者	建都	廟號	謚號	建元	年號年次	輔政者	備注
古格						283 年		西藏阿里
東汗國	哈桑					22 年		在新疆

月曆表

5809—354—2121752

月干支序數	月序＼星期	日	1	2	3	4	5	6	日	1	2	3	4	5	6	日	1	2	3	4	5	6	日	1	2	3	4	5	6	日	1	2	3	4	5	6	日	1
	公曆 1 月			1	2	3	4	5	6	7	8	9	10	11	12	13	14	15	16	17	18	19	20	21	22	23	24	25	26	27	28	29	30	31				
27	夏曆正月			3	4	5	6	7	8	9	10	11	12	13	14	15	16	17	18	19	20	21	22	23	24	25	26	27	28	29	㉙	2	3	4				
	回曆 2 月			2	3	4	5	6	7	8	9	10	11	12	13	14	15	16	17	18	19	20	21	22	23	24	25	26	27	28	29	30	1	2				
陽火鼠年	藏曆一月			3	4	5	6	8	9	10	11	12	13	14	15	16	17	18	19	20	21	22	23	24	25	26	26	27	28	29	2	3	4	5				
	公曆 2 月						1	2	3	4	5	6	7	8	9	10	11	12	13	14	15	16	17	18	19	20	21	22	23	24	25	26	27	28	29			
28	夏曆二月						5	6	7	8	9	10	11	12	13	14	15	16	17	18	19	20	21	22	23	24	25	26	27	28	29	30	(59)	2	3			
	回曆 3 月						3	4	5	6	7	8	9	10	11	12	13	14	15	16	17	18	19	20	21	22	23	24	25	26	27	28	29	1	2			
	藏曆二月						6	7	8	9	10	11	12	13	14	15	16	17	18	19	20	21	22	23	24	25	26	27	28	29	30	30	1	2	3			
	公曆 3 月							1	2	3	4	5	6	7	8	9	10	11	12	13	14	15	16	17	18	19	20	21	22	23	24	25	26	27	28	29	30	31
29	夏曆三月							4	5	6	7	8	9	10	11	12	13	14	15	16	17	18	19	20	21	22	23	24	25	26	27	28	29	㉘	2	3	4	5
	回曆 4 月							3	4	5	6	7	8	9	10	11	12	13	14	15	16	17	18	19	20	21	22	23	24	25	26	27	28	29	30	1	2	3
	藏曆三月							4	5	7	8	9	10	11	12	13	14	15	16	17	18	19	19	20	21	22	23	24	25	26	27	28	29	1	2	3	4	5
	公曆 4 月			1	2	3	4	5	6	7	8	9	10	11	12	13	14	15	16	17	18	19	20	21	22	23	24	25	26	27	28	29	30					
30	夏曆四月			6	7	8	9	10	11	12	13	14	15	16	17	18	19	20	21	22	23	24	25	26	27	28	29	(57)	2	3	4	5	6					
	回曆 5 月			4	5	6	7	8	9	10	11	12	13	14	15	16	17	18	19	20	21	22	23	24	25	26	27	28	29	1	2	3	4					
	藏曆四月			6	7	8	9	10	11	12	13	14	15	16	17	18	19	20	21	22	23	24	25	26	27	28	29	30	1	2	4	5	6					
	公曆 5 月					1	2	3	4	5	6	7	8	9	10	11	12	13	14	15	16	17	18	19	20	21	22	23	24	25	26	27	28	29	30	31		
31	夏曆五月					7	8	9	10	11	12	13	14	15	16	17	18	19	20	21	22	23	24	25	26	27	28	29	30	㉗	2	3	4	5	6	7		
	回曆 6 月					5	6	7	8	9	10	11	12	13	14	15	16	17	18	19	20	21	22	23	24	25	26	27	28	29	30	1	2	3	4	5		
	藏曆五月					7	8	9	10	11	12	13	14	14	15	16	17	18	19	20	21	22	23	24	25	27	28	29	30	1	2	3	4	5	6	7		
	公曆 6 月	1	2	3	4	5	6	7	8	9	10	11	12	13	14	15	16	17	18	19	20	21	22	23	24	25	26	27	28	29	30							
32	夏曆六月	8	9	10	11	12	13	14	15	16	17	18	19	20	21	22	23	24	25	26	27	28	29	(56)	2	3	4	5	6	7	8							
	回曆 7 月	6	7	8	9	10	11	12	13	14	15	16	17	18	19	20	21	22	23	24	25	26	27	28	29	1	2	3	4	5	6							
	藏曆六月	8	9	10	11	12	13	14	15	16	17	18	19	20	21	22	23	24	25	26	27	28	30	1	2	3	4	5	6	7	8							
	公曆 7 月			1	2	3	4	5	6	7	8	9	10	11	12	13	14	15	16	17	18	19	20	21	22	23	24	25	26	27	28	29	30	31				
33	夏曆七月			9	10	11	12	13	14	15	16	17	18	19	20	21	22	23	24	25	26	27	28	29	㉕	2	3	4	5	6	7	8	9	10				
	回曆 8 月			7	8	9	10	11	12	13	14	15	16	17	18	19	20	21	22	23	24	25	26	27	28	29	30	1	2	3	4	5	6	7				
	藏曆七月			9	10	10	11	12	13	14	15	16	17	18	19	20	21	23	24	25	26	27	28	29	30	1	2	3	4	5	6	7	8	9				
	公曆 8 月						1	2	3	4	5	6	7	8	9	10	11	12	13	14	15	16	17	18	19	20	21	22	23	24	25	26	27	28	29	30	31	
34	夏曆八月						11	12	13	14	15	16	17	18	19	20	21	22	23	24	25	26	27	28	29	30	(55)	2	3	4	5	6	7	8	9	10	11	
	回曆 9 月						8	9	10	11	12	13	14	15	16	17	18	19	20	21	22	23	24	25	26	27	28	29	1	2	3	4	5	6	7	8	9	
	藏曆八月						10	11	12	13	14	15	16	17	18	19	20	21	22	23	24	26	27	28	29	30	1	2	3	4	5	6	6	7	8	9	10	
	公曆 9 月		1	2	3	4	5	6	7	8	9	10	11	12	13	14	15	16	17	18	19	20	21	22	23	24	25	26	27	28	29	30						
35	夏曆九月		12	13	14	15	16	17	18	19	20	21	22	23	24	25	26	27	28	29	㉔	2	3	4	5	6	7	8	9	10	11	12						
	回曆 10 月		10	11	12	13	14	15	16	17	18	19	20	21	22	23	24	25	26	27	28	29	30	1	2	3	4	5	6	7	8	9						
	藏曆九月		11	12	13	14	15	16	17	19	20	21	22	23	24	25	26	27	28	29	30	1	2	3	4	5	6	7	8	9	10	11						
	公曆 10 月				1	2	3	4	5	6	7	8	9	10	11	12	13	14	15	16	17	18	19	20	21	22	23	24	25	26	27	28	29	30	31			

續表

月 干支 序數	月序＼星期	日	1	2	3	4	5	6	日	1	2	3	4	5	6	日	1	2	3	4	5	6	日	1	2	3	4	5	6	日	1	2	3	4	5	6	日	1
36	夏曆十月				13	14	15	16	17	18	19	20	21	22	23	24	25	26	27	28	29	30	(54)	2	3	4	5	6	7	8	9	10	11	12	13			
	回曆 11 月				10	11	12	13	14	15	16	17	18	19	20	21	22	23	24	25	26	27	28	29	1	2	3	4	5	6	7	8	9	10	11			
	藏曆十月				12	13	14	15	16	17	18	19	20	21	23	24	25	26	27	28	29	30	30	1	1	2	3	4	5	6	7	8	9	10	11			
	公曆 11 月							1	2	3	4	5	6	7	8	9	10	11	12	13	14	15	16	17	18	19	20	21	22	23	24	25	26	27	28	29	30	
37	夏曆十一月							14	15	16	17	18	19	20	21	22	23	24	25	26	27	28	29	30	㉔	2	3	4	5	6	7	8	9	10	11	12	13	
	回曆 12 月							12	13	14	15	16	17	18	19	20	21	22	23	24	25	26	27	28	29	30	1	2	3	4	5	6	7	8	9	10	11	
	藏曆十一月							12	13	14	16	17	18	19	20	21	22	23	24	25	26	27	28	29	1	2	3	4	5	5	6	7	8	10	11	12	13	
	公曆 12 月		1	2	3	4	5	6	7	8	9	10	11	12	13	14	15	16	17	18	19	20	21	22	23	24	25	26	27	28	29	30	31					
38	夏曆十二月		14	15	16	17	18	19	20	21	22	23	24	25	26	27	28	29	30	(54)	2	3	4	5	6	7	8	9	10	11	12	13	14					
490 年	回曆 1 月		12	13	14	15	16	17	18	19	20	21	22	23	24	25	26	27	28	29	①	2	3	4	5	6	7	8	9	10	11	12	13					
	藏曆十二月		14	15	16	17	18	19	20	21	22	23	24	25	26	27	28	29	30	1	2	3	4	5	6	7	8	9	10	11	12	13	15					

大事記

二月，復元豐《恤孤幼令》。夏復擾宋邊。　三月，夏擾宋邊。　七月，依元豐職事官以行、守、試三等定祿秩。罷元祐所增聚義錢。　八月，宋復置檢法官。夏人寇寧順砦。　九月，遼徙烏古敵烈部於烏納水，以扼北邊。　十月，夏擾宋鄜延路，陷金明砦，大殺掠。高麗貢遼。　十二月，夏獻宋俘於遼。蘇頌《新儀象法要》成。　是歲，生女真節度使盈哥與兄子阿骨打助遼殺逃人，遼進其官。高昇泰卒，遺詔還王位於正明之弟正淳，段氏復立，史稱之為"後理國"。

宋遼金紀年

干支丁丑　公元 1097 年

朝代或國名	國家支配者	建都	廟號	謚號	建元	年號年次	輔政者	備注
北宋	⑦趙煦	汴梁	哲宗	昭	3	2 紹聖 4 年	章惇	
遼	⑦耶律洪基	中京	道宗	文	5	5 壽昌(隆)3 年		
大理	①段正淳	陽苴咩	中宗		4	2 開明元年		在雲南
西夏	④李乾順	興慶	崇宗	聖文	8	2 天祐民安 8 年		
吐蕃	④瞎徵	宗哥				元年		
古格						284 年		西藏阿里
東汗國	哈桑					23 年		在新疆

月曆表

5810—384—2122136

月 干支 序數	月序＼星期	日	1	2	3	4	5	6	日	1	2	3	4	5	6	日	1	2	3	4	5	6	日	1	2	3	4	5	6	日	1	2	3	4	5	6	日	1
	公曆 1 月					1	2	3	4	5	6	7	8	9	10	11	12	13	14	15	16	17	18	19	20	21	22	23	24	25	26	27	28	29	30	31		
39	夏曆正月					15	16	17	18	19	20	21	22	23	24	25	26	27	28	29	㉓	2	3	4	5	6	7	8	9	10	11	12	13	14	15	16		
	回曆 2 月					14	15	16	17	18	19	20	21	22	23	24	25	26	27	28	29	30	1	2	3	4	5	6	7	8	9	10	11	12	13	14		
陰火牛年	藏曆一月					16	17	18	19	20	21	22	23	24	25	26	26	27	28	29	30	1	2	3	4	5	6	7	8	10	11	12	13	14	15	16		
	公曆 2 月	1	2	3	4	5	6	7	8	9	10	11	12	13	14	15	16	17	18	19	20	21	22	23	24	25	26	27	28									
40	夏曆二月	17	18	19	20	21	22	23	24	25	26	27	28	29	30	(53)	2	3	4	5	6	7	8	9	10	11	12	13	14									
	回曆 3 月	15	16	17	18	19	20	21	22	23	24	25	26	27	28	29	1	2	3	4	5	6	7	8	9	10	11	12	13									
	藏曆二月	17	18	19	20	21	22	23	24	25	26	27	28	29	30	1	2	3	4	5	6	7	8	9	10	11	12	13	15									

續表

月 干支 序數	星期 月序	日	1	2	3	4	5	6	日	1	2	3	4	5	6	日	1	2	3	4	5	6	日	1	2	3	4	5	6	日	1	2	3	4	5	6	日	1
	公暦3月	1	2	3	4	5	6	7	8	9	10	11	12	13	14	15	16	17	18	19	20	21	22	23	24	25	26	27	28	29	30	31						
	夏暦閏二月	15	16	17	18	19	20	21	22	23	24	25	26	27	28	29	30	㉓	2	3	4	5	6	7	8	9	10	11	12	13	14	15						
	回暦4月	14	15	16	17	18	19	20	21	22	23	24	25	26	27	28	29	30	1	2	3	4	5	6	7	8	9	10	11	12	13	14						
	藏暦三月	16	17	18	18	19	20	21	22	23	24	25	26	27	28	29	30	1	2	3	4	5	6	8	9	10	11	12	13	14	15	16						
	公暦4月				1	2	3	4	5	6	7	8	9	10	11	12	13	14	15	16	17	18	19	20	21	22	23	24	25	26	27	28	29	30				
41	夏暦三月				16	17	18	19	20	21	22	23	24	25	26	27	28	29	(52)	2	3	4	5	6	7	8	9	10	11	12	13	14	15	16				
	回暦5月				15	16	17	18	19	20	21	22	23	24	25	26	27	28	29	1	2	3	4	5	6	7	8	9	10	11	12	13	14	15				
	藏暦四月				17	18	19	20	21	22	23	23	24	25	26	27	28	29	1	2	3	4	5	6	7	8	9	10	11	12	13	14	15	16				
	公暦5月						1	2	3	4	5	6	7	8	9	10	11	12	13	14	15	16	17	18	19	20	21	22	23	24	25	26	27	28	29	30	31	
42	夏暦四月						17	18	19	20	21	22	23	24	25	26	27	28	29	㉑	2	3	4	5	6	7	8	9	10	11	12	13	14	15	16	17	18	
	回暦6月						16	17	18	19	20	21	22	23	24	25	26	27	28	29	30	1	2	3	4	5	6	7	8	9	10	11	12	13	14	15	16	
	藏暦五月						17	18	19	20	21	22	23	24	25	26	27	28	29	30	1	2	4	5	6	7	8	9	10	11	12	13	14	15	16	17	18	
	公暦6月		1	2	3	4	5	6	7	8	9	10	11	12	13	14	15	16	17	18	19	20	21	22	23	24	25	26	27	28	29	30						
43	夏暦五月		19	20	21	22	23	24	25	26	27	28	29	30	(51)	2	3	4	5	6	7	8	9	10	11	12	13	14	15	16	17	18						
	回暦7月		17	18	19	20	21	22	23	24	25	26	27	28	29	1	2	3	4	5	6	7	8	9	10	11	12	13	14	15	16	17						
	藏暦六月		18	19	20	21	22	23	24	25	27	28	29	30	1	2	3	4	5	6	7	8	9	10	11	12	13	14	15	16	17	18						
	公暦7月				1	2	3	4	5	6	7	8	9	10	11	12	13	14	15	16	17	18	19	20	21	22	23	24	25	26	27	28	29	30	31			
44	夏暦六月				19	20	21	22	23	24	25	26	27	28	29	⑳	2	3	4	5	6	7	8	9	10	11	12	13	14	15	16	17	18	19	20			
	回暦8月				18	19	20	21	22	23	24	25	26	27	28	29	30	1	2	3	4	5	6	7	8	9	10	11	12	13	14	15	16	17	18			
	藏暦七月				19	20	21	22	23	24	25	26	27	28	30	1	2	3	4	5	6	7	8	9	10	11	12	13	14	15	15	16	17	18	19			
	公暦8月							1	2	3	4	5	6	7	8	9	10	11	12	13	14	15	16	17	18	19	20	21	22	23	24	25	26	27	28	29	30	31
45	夏暦七月							21	22	23	24	25	26	27	28	29	⑩	2	3	4	5	6	7	8	9	10	11	12	13	14	15	16	17	18	19	20	21	22
	回暦9月							19	20	21	22	23	24	25	26	27	28	29	1	2	3	4	5	6	7	8	9	10	11	12	13	14	15	16	17	18	19	20
	藏暦八月							20	22	23	24	25	26	27	28	29	30	1	2	3	4	5	6	7	8	9	10	11	12	13	14	15	16	17	18	19	20	21
	公暦9月			1	2	3	4	5	6	7	8	9	10	11	12	13	14	15	16	17	18	19	20	21	22	23	24	25	26	27	28	29	30					
46	夏暦八月			23	24	25	26	27	28	29	30	⑲	2	3	4	5	6	7	8	9	10	11	12	13	14	15	16	17	18	19	20	21	22					
	回暦10月			21	22	23	24	25	26	27	28	29	30	1	2	3	4	5	6	7	8	9	10	11	12	13	14	15	16	17	18	19	20					
	藏暦九月			22	23	24	26	27	28	29	30	1	2	3	4	5	6	7	8	9	10	10	11	12	13	14	15	16	17	19	20	21	22					
	公暦10月					1	2	3	4	5	6	7	8	9	10	11	12	13	14	15	16	17	18	19	20	21	22	23	24	25	26	27	28	29	30	31		
47	夏暦九月					23	24	25	26	27	28	29	㊽	2	3	4	5	6	7	8	9	10	11	12	13	14	15	16	17	18	19	20	21	22	23	24		
	回暦11月					21	22	23	24	25	26	27	28	29	1	2	3	4	5	6	7	8	9	10	11	12	13	14	15	16	17	18	19	20	21	22		
	藏暦十月					23	24	25	26	27	28	29	30	1	2	3	4	5	6	7	8	9	10	11	12	13	14	15	16	17	18	19	20	21	23	24		
	公暦11月	1	2	3	4	5	6	7	8	9	10	11	12	13	14	15	16	17	18	19	20	21	22	23	24	25	26	27	28	29	30							
48	夏暦十月	25	26	27	28	29	30	⑱	2	3	4	5	6	7	8	9	10	11	12	13	14	15	16	17	18	19	20	21	22	23	24							
	回暦12月	23	24	25	26	27	28	29	30	1	2	3	4	5	6	7	8	9	10	11	12	13	14	15	16	17	18	19	20	21	22							
	藏暦十一月	25	26	27	28	29	30	1	2	3	4	4	5	6	7	8	9	10	11	12	13	14	15	17	18	19	20	21	22	23	24							
	公暦12月			1	2	3	4	5	6	7	8	9	10	11	12	13	14	15	16	17	18	19	20	21	22	23	24	25	26	27	28	29	30	31				
49	夏暦十一月			25	26	27	28	29	30	㊽	2	3	4	5	6	7	8	9	10	11	12	13	14	15	16	17	18	19	20	21	22	23	24	25				
491年	回暦1月			23	24	25	26	27	28	29	30	①	2	3	4	5	6	7	8	9	10	11	12	13	14	15	16	17	18	19	20	21	22	23				
	藏暦十二月			25	26	27	28	29	30	1	2	3	4	5	6	7	8	9	10	11	12	13	14	15	16	17	18	19	20	21	23	24	25	25				

大事記

正月，宋頒內外學制。宋敗夏於邊。宋禁錮元祐被貶諸人子弟。　　二月，復元豐榷茶法。追貶司馬光、呂公著等官，再貶元祐舊黨。阻卜請降於遼。夏擾宋綏德城。　三月，夏侵宋麟州，又擾葭蘆城；宋大敗夏兵於長波川，置克戎砦、平夏城，置露平砦。　四月，宋兵入夏邊，破洪州，入鹽州。　六月，遼使來諭與夏和．　八月，宋復宥州，築威戎城。九月，出元豐庫緡錢四百萬付陝西廣糴。五國貢遼。　是歲，宋兩浙旱、饑。播州土酋楊光榮等附於宋。戸部：主戸13 068 741；客戸6 366 829。

宋遼金紀年

干支戊寅　公元 1098 年

朝代或國名	國家支配者	建都	廟號	謚號	建元	年號年次	輔政者	備注
北宋	⑦趙煦	汴梁	哲宗	昭	3	3 元符元年	章惇	六月朔改元
遼	⑦耶律洪基	中京	道宗	文	5	5 壽昌(隆)4 年		
大理	①段正淳	陽苴咩	中宗		4	2 開明 2 年		在雲南
西夏	④李乾順	興慶	崇宗	聖文	8	3 永安元年		一作 1099 年
吐蕃	④瞎徵	宗哥				2 年		
古格						285 年		西藏阿里
東汗國	哈桑					24 年		在新疆

月曆表

5811－354－2122490

月干支序數	星期／月序	日	1	2	3	4	5	6	日	1	2	3	4	5	6	日	1	2	3	4	5	6	日	1	2	3	4	5	6	日	1	2	3	4	5	6	日	1
	公曆 1 月						1	2	3	4	5	6	7	8	9	10	11	12	13	14	15	16	17	18	19	20	21	22	23	24	25	26	27	28	29	30	31	
50	夏曆十二月						26	27	28	29	30	⑱	2	3	4	5	6	7	8	9	10	11	12	13	14	15	16	17	18	19	20	21	22	23	24	25	26	
	回曆 2 月						24	25	26	27	28	29	30	1	2	3	4	5	6	7	8	9	10	11	12	13	14	15	16	17	18	19	20	21	22	23	24	
陽土虎年	藏曆一月						26	27	28	29	30	1	2	3	4	5	6	7	8	9	10	11	12	13	14	16	17	18	19	20	21	22	23	24	25	26	27	
	公曆 2 月		1	2	3	4	5	6	7	8	9	10	11	12	13	14	15	16	17	18	19	20	21	22	23	24	25	26	27	28								
51	夏曆正月		27	28	29	㊼	2	3	4	5	6	7	8	9	10	11	12	13	14	15	16	17	18	19	20	21	22	23	24	25								
	回曆 3 月		25	26	27	28	29	1	2	3	4	5	6	7	8	9	10	11	12	13	14	15	16	17	18	19	20	21	22	23								
	藏曆二月		28	29	29	30	1	2	3	4	5	6	7	8	9	11	12	13	14	15	16	17	18	19	20	21	22	23	24	25								
	公曆 3 月		1	2	3	4	5	6	7	8	9	10	11	12	13	14	15	16	17	18	19	20	21	22	23	24	25	26	27	28	29	30	31					
52	夏曆二月		26	27	28	29	30	⑰	2	3	4	5	6	7	8	9	10	11	12	13	14	15	16	17	18	19	20	21	22	23	24	25	26					
	回曆 4 月		24	25	26	27	28	29	30	1	2	3	4	5	6	7	8	9	10	11	12	13	14	15	16	17	18	19	20	21	22	23	24					
	藏曆三月		26	27	28	29	30	1	2	3	4	5	6	7	8	9	10	11	12	13	15	16	17	18	19	20	21	22	22	23	24	25	26					
	公曆 4 月					1	2	3	4	5	6	7	8	9	10	11	12	13	14	15	16	17	18	19	20	21	22	23	24	25	26	27	28	29	30			
53	夏曆三月					27	28	29	30	㊼	2	3	4	5	6	7	8	9	10	11	12	13	14	15	16	17	18	19	20	21	22	23	24	25	26			
	回曆 5 月					25	26	27	28	29	1	2	3	4	5	6	7	8	9	10	11	12	13	14	15	16	17	18	19	20	21	22	23	24	25			
	藏曆後三月					27	28	29	30	1	2	3	4	5	6	8	9	10	11	12	13	14	15	16	17	18	19	20	21	22	23	24	25	26	27			
	公曆 5 月							1	2	3	4	5	6	7	8	9	10	11	12	13	14	15	16	17	18	19	20	21	22	23	24	25	26	27	28	29	30	31
54	夏曆四月							27	28	29	⑯	2	3	4	5	6	7	8	9	10	11	12	13	14	15	16	17	18	19	20	21	22	23	24	25	26	27	28
	回曆 6 月							26	27	28	29	30	1	2	3	4	5	6	7	8	9	10	11	12	13	14	15	16	17	18	19	20	21	22	23	24	25	26
	藏曆四月							28	29	30	1	2	3	4	5	6	7	8	9	10	12	13	14	15	16	17	17	18	19	20	21	22	23	24	25	26	27	28
	公曆 6 月			1	2	3	4	5	6	7	8	9	10	11	12	13	14	15	16	17	18	19	20	21	22	23	24	25	26	27	28	29	30					
55	夏曆五月			29	㊺	2	3	4	5	6	7	8	9	10	11	12	13	14	15	16	17	18	19	20	21	22	23	24	25	26	27	28	29					
	回曆 7 月			27	28	29	1	2	3	4	5	6	7	8	9	10	11	12	13	14	15	16	17	18	19	20	21	22	23	24	25	26	27					
	藏曆五月			29	30	1	2	4	5	6	7	8	9	10	11	12	13	14	15	16	17	18	19	20	21	22	23	24	25	26	27	28	29					
	公曆 7 月					1	2	3	4	5	6	7	8	9	10	11	12	13	14	15	16	17	18	19	20	21	22	23	24	25	26	27	28	29	30	31		

續表

月干支序數	星期／月序	日	1	2	3	4	5	6	日	1	2	3	4	5	6	日	1	2	3	4	5	6	日	1	2	3	4	5	6	日	1	2	3	4	5	6	日	1
56 57	夏曆六七月					30	⑮	2	3	4	5	6	7	8	9	10	11	12	13	14	15	16	17	18	19	20	21	22	23	24	25	26	27	28	29	㊹		
	回曆8月					28	29	30	1	2	3	4	5	6	7	8	9	10	11	12	13	14	15	16	17	18	19	20	21	22	23	24	25	26	27	28		
	藏曆六七月					30	1	2	3	4	5	7	8	9	10	11	12	13	14	14	15	16	17	18	19	20	21	22	23	24	25	26	27	28	30	1		
	公曆8月	1	2	3	4	5	6	7	8	9	10	11	12	13	14	15	16	17	18	19	20	21	22	23	24	25	26	27	28	29	30	31						
58	夏曆八月	2	3	4	5	6	7	8	9	10	11	12	13	14	15	16	17	18	19	20	21	22	23	24	25	26	27	28	29	⑬	2	3						
	回曆9月	29	1	2	3	4	5	6	7	8	9	10	11	12	13	14	15	16	17	18	19	20	21	22	23	24	25	26	27	28	29	30						
	藏曆八月	2	3	4	5	6	7	8	9	10	11	12	13	14	15	16	17	18	19	20	21	22	23	24	25	26	27	28	29	30	1	3						
	公曆9月				1	2	3	4	5	6	7	8	9	10	11	12	13	14	15	16	17	18	19	20	21	22	23	24	25	26	27	28	29	30				
59	夏曆九月				4	5	6	7	8	9	10	11	12	13	14	15	16	17	18	19	20	21	22	23	24	25	26	27	28	29	30	㊸	2	3				
	回曆10、11月				1	2	3	4	5	6	7	8	9	10	11	12	13	14	15	16	17	18	19	20	21	22	23	24	25	26	27	28	29	1				
	藏曆九月				4	5	6	7	8	9	10	10	11	12	13	14	15	16	17	18	19	20	21	22	23	24	26	27	28	29	30	1	2	4				
	公曆10月						1	2	3	4	5	6	7	8	9	10	11	12	13	14	15	16	17	18	19	20	21	22	23	24	25	26	27	28	29	30	31	
60	夏曆十月						4	5	6	7	8	9	10	11	12	13	14	15	16	17	18	19	20	21	22	23	24	25	26	27	28	29	⑫	2	3	4	5	
	回曆12月						2	3	4	5	6	7	8	9	10	11	12	13	14	15	16	17	18	19	20	21	22	23	24	25	26	27	28	29	30	1	2	
	藏曆十月						5	6	7	8	9	10	11	12	13	14	15	15	16	17	19	20	21	22	23	24	25	26	27	28	29	29	1	2	3	3	4	
	公曆11月		1	2	3	4	5	6	7	8	9	10	11	12	13	14	15	16	17	18	19	20	21	22	23	24	25	26	27	28	29	30						
1	夏曆十一月		6	7	8	9	10	11	12	13	14	15	16	17	18	19	20	21	22	23	24	25	26	27	28	29	30	㊷	2	3	4	5						
492年	回曆1月		3	4	5	6	7	8	9	10	11	12	13	14	15	16	17	18	19	20	21	22	23	24	25	26	27	28	29	①	2	3						
	藏曆十一月		5	6	7	8	9	10	11	12	13	14	15	16	17	18	19	20	21	22	24	25	26	27	28	29	30	1	2	3	4	5						
	公曆12月				1	2	3	4	5	6	7	8	9	10	11	12	13	14	15	16	17	18	19	20	21	22	23	24	25	26	27	28	29	30	31			
2	夏曆十二月				6	7	8	9	10	11	12	13	14	15	16	17	18	19	20	21	22	23	24	25	26	27	28	29	30	⑫	2	3	4	5	6			
	回曆2月				4	5	6	7	8	9	10	11	12	13	14	15	16	17	18	19	20	21	22	23	24	25	26	27	28	29	30	1	2	3	4			
	藏曆十二月				6	7	7	8	9	10	11	12	13	14	15	16	18	19	20	21	22	23	24	25	26	27	28	29	30	1	2	3	4	5	6			

大事記

正月，遼徙阻卜貧民於山前。　二月，宋擾夏邊。　六月，宋改元元符。遣官分至鄜延、涇原、河東、熙河按驗所築城寨。蔡京等上《常平、免役法敕令》　八月，熙河、蘭岷路復為熙河蘭會路。　十月，夏寇宋平夏城，敗之。　十一月，遼使辛諷與夏議和。　是歲，夏改元永安。

宋遼金紀年　　干支己卯　公元 1099 年

朝代或國名	國家支配者	建都	廟號	謚號	建元	年號年次	輔政者	備注
北宋	⑦趙煦	汴梁	哲宗	昭	3	3 元符 2 年	章惇	
遼	⑦耶律洪基	中京	道宗	文	5	5 壽昌(隆)5 年		
大理	①段正淳	陽苴咩	中京		4	2 開明 3 年		在雲南
西夏	④李乾順	興慶	崇宗	聖文	8	3 永安 2 年		
吐蕃	④瞎徵	宗哥				3 年		降宋
古格						286 年		西藏阿里
東汗國	哈桑					25 年		在新疆

月曆表 　　5812－384－2122874

月干支序數	星期／月序	日	1	2	3	4	5	6	日	1	2	3	4	5	6	日	1	2	3	4	5	6	日	1	2	3	4	5	6	日	1	2	3	4	5	6	日	1
	公暦1月							1	2	3	4	5	6	7	8	9	10	11	12	13	14	15	16	17	18	19	20	21	22	23	24	25	26	27	28	29	30	31
3	夏暦正月							7	8	9	10	11	12	13	14	15	16	17	18	19	20	21	22	23	24	25	26	27	28	29	㊶	2	3	4	5	6	7	8
	回暦3月							5	6	7	8	9	10	11	12	13	14	15	16	17	18	19	20	21	22	23	24	25	26	27	28	29	1	2	3	4	5	6
陰土兔年	藏暦一月							7	8	9	10	11	12	13	14	15	16	17	18	19	20	21	22	24	25	26	27	28	29	29	30	1	2	3	4	5	6	7
	公暦2月			1	2	3	4	5	6	7	8	9	10	11	12	13	14	15	16	17	18	19	20	21	22	23	24	25	26	27	28							
4	夏暦二月			9	10	11	12	13	14	15	16	17	18	19	20	21	22	23	24	25	26	27	28	29	30	⑪	2	3	4	5	6							
	回暦4月			7	8	9	10	11	12	13	14	15	16	17	18	19	20	21	22	23	24	25	26	27	28	29	30	1	2	3	4							
	藏暦二月			8	9	10	11	12	13	14	15	17	18	19	20	21	22	23	24	25	26	27	28	29	30	1	2	2	3	4	5							
	公暦3月			1	2	3	4	5	6	7	8	9	10	11	12	13	14	15	16	17	18	19	20	21	22	23	24	25	26	27	28	29	30	31				
5	夏暦三月			7	8	9	10	11	12	13	14	15	16	17	18	19	20	21	22	23	24	25	26	27	28	29	30	㊶	2	3	4	5	6	7				
	回暦5月			5	6	7	8	9	10	11	12	13	14	15	16	17	18	19	20	21	22	23	24	25	26	27	28	29	1	2	3	4	5	6				
	藏暦三月			6	7	8	9	11	12	13	14	15	16	17	18	19	20	21	22	23	24	25	26	27	28	29	30	1	2	3	4	5	6	7				
	公暦4月						1	2	3	4	5	6	7	8	9	10	11	12	13	14	15	16	17	18	19	20	21	22	23	24	25	26	27	28	29	30		
6	夏暦四月						8	9	10	11	12	13	14	15	16	17	18	19	20	21	22	23	24	25	26	27	28	29	⑩	2	3	4	5	6	7	8		
	回暦6月						7	8	9	10	11	12	13	14	15	16	17	18	19	20	21	22	23	24	25	26	27	28	29	30	1	2	3	4	5	6		
	藏暦四月						8	9	10	11	12	13	15	16	17	18	19	20	21	22	23	24	25	26	26	27	28	29	30	1	2	3	4	5	6	7		
	公暦5月	1	2	3	4	5	6	7	8	9	10	11	12	13	14	15	16	17	18	19	20	21	22	23	24	25	26	27	28	29	30	31						
7	夏暦五月	9	10	11	12	13	14	15	16	17	18	19	20	21	22	23	24	25	26	27	28	29	30	㊵	2	3	4	5	6	7	8	9						
	回暦7月	7	8	9	10	11	12	13	14	15	16	17	18	19	20	21	22	23	24	25	26	27	28	29	1	2	3	4	5	6	7	8						
	藏暦五月	9	10	11	12	13	14	15	16	17	18	19	20	21	22	23	24	25	26	27	28	29	20	1	2	3	4	5	6	7	8	9						
	公暦6月				1	2	3	4	5	6	7	8	9	10	11	12	13	14	15	16	17	18	19	20	21	22	23	24	25	26	27	28	29	30				
8	夏暦六月				10	11	12	13	14	15	16	17	18	19	20	21	22	23	24	25	26	27	28	29	⑨	2	3	4	5	6	7	8	9	10				
	回暦8月				9	10	11	12	13	14	15	16	17	18	19	20	21	22	23	24	25	26	27	28	29	30	1	2	3	4	5	6	7	8				
	藏暦六月				10	12	13	14	15	16	17	18	19	20	21	22	22	23	24	25	26	27	28	29	30	1	2	4	5	6	7	8	9	10				
	公暦7月						1	2	3	4	5	6	7	8	9	10	11	12	13	14	15	16	17	18	19	20	21	22	23	24	25	26	27	28	29	30	31	
9	夏暦七月						11	12	13	14	15	16	17	18	19	20	21	22	23	24	25	26	27	28	29	30	㊴	2	3	4	5	6	7	8	9	10	11	
	回暦9月						9	10	11	12	13	14	15	16	17	18	19	20	21	22	23	24	25	26	27	28	29	1	2	3	4	5	6	7	8	9	10	
	藏暦七月						11	12	13	14	15	16	17	18	19	20	21	22	23	24	25	26	27	28	29	30	1	2	3	4	5	7	8	9	10	11	12	
	公暦8月		1	2	3	4	5	6	7	8	9	10	11	12	13	14	15	16	17	18	19	20	21	22	23	24	25	26	27	28	29	30	31					
10	夏暦八月		12	13	14	15	16	17	18	19	20	21	22	23	24	25	26	27	28	29	⑧	2	3	4	5	6	7	8	9	10	11	12	13					
	回暦10月		11	12	13	14	15	16	17	18	19	20	21	22	23	24	25	26	27	28	29	30	1	2	3	4	5	6	7	8	9	10	11					
	藏暦八月		13	14	15	16	17	18	19	19	20	21	22	23	24	25	26	27	28	30	1	2	3	4	5	6	7	8	9	10	11	12	13					
	公暦9月					1	2	3	4	5	6	7	8	9	10	11	12	13	14	15	16	17	18	19	20	21	22	23	24	25	26	27	28	29	30			
11	夏暦九月					14	15	16	17	18	19	20	21	22	23	24	25	26	27	28	29	㊲	2	3	4	5	6	7	8	9	10	11	12	13	14			
	回暦11月					12	13	14	15	16	17	18	19	20	21	22	23	24	25	26	27	28	29	1	2	3	4	5	6	7	8	9	10	11	12			
	藏暦九月					14	15	16	17	18	19	20	21	22	23	24	25	26	27	28	29	30	1	3	4	5	6	7	8	9	10	11	12	13	14			
	公暦10月							1	2	3	4	5	6	7	8	9	10	11	12	13	14	15	16	17	18	19	20	21	22	23	24	25	26	27	28	29	30	31
	夏暦閏九月							15	16	17	18	19	20	21	22	23	24	25	26	27	28	29	30	⑦	2	3	4	5	6	7	8	9	10	11	12	13	14	15
	回暦12月							13	14	15	16	17	18	19	20	21	22	23	24	25	26	27	28	29	30	1	2	3	4	5	6	7	8	9	10	11	12	13
	藏暦十月							14	15	16	17	18	19	20	21	22	23	24	25	27	28	29	30	1	2	3	4	5	6	7	8	9	10	11	12	13	14	15
	公暦11月			1	2	3	4	5	6	7	8	9	10	11	12	13	14	15	16	17	18	19	20	21	22	23	24	25	26	27	28	29	30					
12	夏暦十月			16	17	18	19	20	21	22	23	24	25	26	27	28	29	㊱	2	3	4	5	6	7	8	9	10	11	12	13	14	15	16					
493年	回暦1月			14	15	16	17	18	19	20	21	22	23	24	25	26	27	28	29	①	2	3	4	5	6	7	8	9	10	11	12	13	14					
	藏暦十一月			16	17	18	19	20	21	22	23	24	25	26	27	28	29	1	2	3	4	5	6	7	7	8	9	10	11	12	13	14	15					

續表

月 干支 序數	星期 月序	日	1	2	3	4	5	6	日	1	2	3	4	5	6	日	1	2	3	4	5	6	日	1	2	3	4	5	6	日	1	2	3	4	5	6	日	1
	公曆12月					1	2	3	4	5	6	7	8	9	10	11	12	13	14	15	16	17	18	19	20	21	22	23	24	25	26	27	28	29	30	31		
13	夏曆十一月					17	18	19	20	21	22	23	24	25	26	27	28	29	30	⑥	2	3	4	5	6	7	8	9	10	11	12	13	14	15	16	17		
	回曆2月					15	16	17	18	19	20	21	22	23	24	25	26	27	28	29	30	1	2	3	4	5	6	7	8	9	10	11	12	13	14	15		
	藏曆十二月					16	17	18	19	20	21	22	23	25	26	27	28	29	30	1	2	3	4	5	6	7	8	9	10	10	11	12	13	14	15	16		

大事記

二月，宋許高麗遣士入太學。夏遣使向宋謝罪，被拒；宋敗夏於神堆。　三月，遼遣蕭德崇詣宋為夏請和。築環慶路定邊城。　四月，築威羌城。　五月，建西安州及天都等砦。　六月，五國朝遼。阻卜貢遼。河決內黄，河北水。　七月，吐蕃邈川首領瞎徵附於宋。　九月，宋以其地置湟、鄯二州。夏謝罪於宋，許之。　閏九月，宋置看詳訴理局。　十月，宋與夏議和。詔河北、大名二十二州軍置馬步軍指揮。　十一月，詔河北黄河退灘地聽民耕墾，免租稅三年。詔諸州置教授者依太學三舍法選生徒昇補。

宋遼金紀年

干支庚辰　公元 1100 年

朝代或國名	國家支配者	建都	廟號	謚號	建元	年號年次	輔政者	備注
北宋	⑦趙煦	汴梁	哲宗	昭	3	2 元符 3 年	章惇韓忠彦 曾布	正月趙佶即位
遼	⑦耶律洪基	中京	道宗	文	5	5 壽昌(隆)6 年		
大理	①段正淳	陽苴咩	中宗		4	2 開明 4 年		在雲南
西夏	④李乾順	興慶	崇宗	聖文	8	3 永安 3 年		
吐蕃	④瞎徵					4 年		
	⑤隴摣	宗哥				元年		
古格						287 年		西藏阿里
東汗國	哈桑					26 年		在新疆

月曆表

5813－354－2123228

月 干支 序數	星期 月序	日	1	2	3	4	5	6	日	1	2	3	4	5	6	日	1	2	3	4	5	6	日	1	2	3	4	5	6	日	1	2	3	4	5	6	日	1
	公曆1月	1	2	3	4	5	6	7	8	9	10	11	12	13	14	15	16	17	18	19	20	21	22	23	24	25	26	27	28	29	30	31						
14	夏曆十二月	18	19	20	21	22	23	24	25	26	27	28	29	㉟	2	3	4	5	6	7	8	9	10	11	12	13	14	15	16	17	18	19						
	回曆3月	16	17	18	19	20	21	22	23	24	25	26	27	28	29	1	2	3	4	5	6	7	8	9	10	11	12	13	14	15	16	17						
陽金龍年	藏曆一月	17	18	20	21	22	23	24	25	26	27	28	29	30	1	2	3	4	5	6	7	8	9	10	11	12	13	14	15	16	17	18						
	公曆2月				1	2	3	4	5	6	7	8	9	10	11	12	13	14	15	16	17	18	19	20	21	22	23	24	25	26	27	28	29					
15	夏曆正月				20	21	22	23	24	25	26	27	28	29	30	⑤	2	3	4	5	6	7	8	9	10	11	12	13	14	15	16	17	18					
	回曆4月				18	19	20	21	22	23	24	25	26	27	28	29	30	1	2	3	4	5	6	7	8	9	10	11	12	13	14	15	16					
	藏曆二月				19	20	21	22	24	25	26	27	28	29	30	1	2	2	3	4	5	6	7	8	9	10	11	12	13	14	15	16	18					
	公曆3月					1	2	3	4	5	6	7	8	9	10	11	12	13	14	15	16	17	18	19	20	21	22	23	24	25	26	27	28	29	30	31		
16	夏曆二月					19	20	21	22	23	24	25	26	27	28	29	30	㉟	2	3	4	5	6	7	8	9	10	11	12	13	14	15	16	17	18	19		
	回曆5月					17	18	19	20	21	22	23	24	25	26	27	28	29	1	2	3	4	5	6	7	8	9	10	11	12	13	14	15	16	17	18		
	藏曆三月					19	20	21	22	23	24	25	26	27	28	29	30	1	2	3	4	5	6	6	7	8	9	11	12	13	14	15	16	17	18	19		

續表

月干支序數	星期 月序	日	1	2	3	4	5	6	日	1	2	3	4	5	6	日	1	2	3	4	5	6	日	1	2	3	4	5	6	日	1	2	3	4	5	6	日	1
	公曆4月	1	2	3	4	5	6	7	8	9	10	11	12	13	14	15	16	17	18	19	20	21	22	23	24	25	26	27	28	29	30							
17	夏曆三月	20	21	22	23	24	25	26	27	28	29	30	⑤	2	3	4	5	6	7	8	9	10	11	12	13	14	15	16	17	18	19							
	回曆6月	19	20	21	22	23	24	25	26	27	28	29	30	1	2	3	4	5	6	7	8	9	10	11	12	13	14	15	16	17	18							
	藏曆四月	20	21	22	23	24	25	26	27	28	29	30	1	2	3	4	5	6	7	8	9	10	11	12	13	14	16	17	18	19	20							
	公曆5月			1	2	3	4	5	6	7	8	9	10	11	12	13	14	15	16	17	18	19	20	21	22	23	24	25	26	27	28	29	30	31				
18	夏曆四月			20	21	22	23	24	25	26	27	28	29	㉞	2	3	4	5	6	7	8	9	10	11	12	13	14	15	16	17	18	19	20	21				
	回曆7月			19	20	21	22	23	24	25	26	27	28	29	1	2	3	4	5	6	7	8	9	10	11	12	13	14	15	16	17	18	19	20				
	藏曆五月			21	22	23	24	25	26	27	28	29	30	30	1	2	3	4	5	6	8	9	10	11	12	13	14	15	16	17	18	19	20	21				
	公曆6月						1	2	3	4	5	6	7	8	9	10	11	12	13	14	15	16	17	18	19	20	21	22	23	24	25	26	27	28	29	30		
19	夏曆五月						22	23	24	25	26	27	28	29	30	④	2	3	4	5	6	7	8	9	10	11	12	13	14	15	16	17	18	19	20	21		
	回曆8月						21	22	23	24	25	26	27	28	29	30	1	2	3	4	5	6	7	8	9	10	11	12	13	14	15	16	17	18	19	20		
	藏曆六月						22	23	24	25	26	27	28	29	30	1	2	3	4	5	6	7	8	9	11	12	13	14	15	16	17	18	19	20	21	22		
	公曆7月	1	2	3	4	5	6	7	8	9	10	11	12	13	14	15	16	17	18	19	20	21	22	23	24	25	26	27	28	29	30	31						
20	夏曆六月	22	23	24	25	26	27	28	29	㉝	2	3	4	5	6	7	8	9	10	11	12	13	14	15	16	17	18	19	20	21	22	23						
	回曆9月	21	22	23	24	25	26	27	28	29	1	2	3	4	5	6	7	8	9	10	11	12	13	14	15	16	17	18	19	20	21	22						
	藏曆七月	23	24	25	26	27	27	28	29	30	1	2	4	5	6	7	8	9	10	11	12	13	15	16	17	17	18	19	20	21	22	23						
	公曆8月				1	2	3	4	5	6	7	8	9	10	11	12	13	14	15	16	17	18	19	20	21	22	23	24	25	26	27	28	29	30	31			
21	夏曆七月				24	25	26	27	28	29	30	③	2	3	4	5	6	7	8	9	10	11	12	13	14	15	16	17	18	19	20	21	22	23	24			
	回曆10月				23	24	25	26	27	28	29	30	1	2	3	4	5	6	7	8	9	10	11	12	13	14	15	16	17	18	19	20	21	22	23			
	藏曆八月				24	25	26	27	28	29	30	1	2	3	4	5	7	8	9	10	11	12	13	14	15	16	17	18	19	20	21	22	23	23	24			
	公曆9月							1	2	3	4	5	6	7	8	9	10	11	12	13	14	15	16	17	18	19	20	21	22	23	24	25	26	27	28	29	30	
22	夏曆八月							25	26	27	28	29	㉜	2	3	4	5	6	7	8	9	10	11	12	13	14	15	16	17	18	19	20	21	22	23	24	25	
	回曆11月							24	25	26	27	28	29	1	2	3	4	5	6	7	8	9	10	11	12	13	14	15	16	17	18	19	20	21	22	23	24	
	藏曆九月							25	26	27	28	30	1	2	3	4	5	6	7	8	9	10	11	12	13	14	15	16	17	18	19	20	21	22	23	24	25	
	公曆10月		1	2	3	4	5	6	7	8	9	10	11	12	13	14	15	16	17	18	19	20	21	22	23	24	25	26	27	28	29	30	31					
23	夏曆九月		26	27	28	29	①	2	3	4	5	6	7	8	9	10	11	12	13	14	15	16	17	18	19	20	21	22	23	24	25	26	27					
	回曆12月		25	26	27	28	29	30	1	2	3	4	5	6	7	8	9	10	11	12	13	14	15	16	17	18	19	20	21	22	23	24	25					
	藏曆十月		26	27	28	29	30	1	2	4	5	6	7	8	9	10	11	12	13	14	15	16	17	17	18	19	20	21	22	23	24	25	26					
	公曆11月					1	2	3	4	5	6	7	8	9	10	11	12	13	14	15	16	17	18	19	20	21	22	23	24	25	26	27	28	29	30			
24	夏曆十月					28	29	30	㉛	2	3	4	5	6	7	8	9	10	11	12	13	14	15	16	17	18	19	20	21	22	23	24	25	26	27			
494年	回曆1月					26	27	28	29	30	①	2	3	4	5	6	7	8	9	10	11	12	13	14	15	16	17	18	19	20	21	22	23	24	25			
	藏曆後十月					28	29	30	1	2	3	4	5	6	7	8	9	10	11	12	13	14	15	16	17	18	19	20	21	22	23	24	25	26	27			
	公曆12月							1	2	3	4	5	6	7	8	9	10	11	12	13	14	15	16	17	18	19	20	21	22	23	24	25	26	27	28	29	30	31
25	夏曆十一月							28	29	㊿	2	3	4	5	6	7	8	9	10	11	12	13	14	15	16	17	18	19	20	21	22	23	24	25	26	27	28	29
	回曆2月							26	27	28	29	30	1	2	3	4	5	6	7	8	9	10	11	12	13	14	15	16	17	18	19	20	21	22	23	24	25	26
	藏曆十一月							28	29	2	3	4	5	6	7	8	9	10	10	11	12	13	14	15	16	17	18	19	20	21	22	23	24	25	27	28	29	30

大事記

正月，宋哲宗卒，弟佶嗣，是為徽宗，皇太后向氏權同聽政。於是漸收召責降元祐舊黨。　三月，宋新置湟、鄯州亂，乃以蕃部首領分知兩州。　五月，追復文彥博、司馬光、呂公著等三十六人官。　七月，向太后詔罷權同聽政。　九月，復均給職田。　十月，罷平準務。五國朝遼。　是歲，李誡《營造法式》成。詞人秦觀(少游)卒(1049—1100)。

宋遼金紀年

干支辛巳　公元 1101 年

朝代或國名	國家支配者	建　都	廟　號	謚　號	建　元	年號年次	輔政者	備　注
北宋	⑧趙佶	汴梁	徽宗	顯	6	建中靖國元年	韓忠彦 曾布	
遼	⑧耶律延禧	中京		天祚	3	1 乾統元年		正月即位 二月朔改元
大理	①段正淳	陽苴咩	中宗	文安	4	2 開明 5 年		在雲南
西夏	④李乾順	(銀川)	崇宗	聖文	8	4 貞觀元年		一作 1102 年
吐蕃	④瞎徵					5 年		
	⑤隴拶	宗哥				2 年		
古格						288 年		西藏阿里
東汗國	哈桑					27 年		在新疆

月曆表

5814—355—2123583

月干支序數	月序＼星期	日	1	2	3	4	5	6	日	1	2	3	4	5	6	日	1	2	3	4	5	6	日	1	2	3	4	5	6	日	1	2	3	4	5	6	日	1
	公曆 1 月			1	2	3	4	5	6	7	8	9	10	11	12	13	14	15	16	17	18	19	20	21	22	23	24	25	26	27	28	29	30	31				
26 27	夏曆十二/正月			30	㉚	2	3	4	5	6	7	8	9	10	11	12	13	14	15	16	17	18	19	20	21	22	23	24	25	26	27	28	29	(59)				
	回曆 3 月			27	28	29	1	2	3	4	5	6	7	8	9	10	11	12	13	14	15	16	17	18	19	20	21	22	23	24	25	26	27	28				
	藏曆十二月			30	1	2	3	4	5	6	7	8	9	10	11	12	13	13	14	15	16	17	18	19	21	22	23	24	25	26	27	28	29	30				
	公曆 2 月						1	2	3	4	5	6	7	8	9	10	11	12	13	14	15	16	17	18	19	20	21	22	23	24	25	26	27	28				
	夏曆正月						2	3	4	5	6	7	8	9	10	11	12	13	14	15	16	17	18	19	20	21	22	23	24	25	26	27	28	29				
	回曆 4 月						29	30	1	2	3	4	5	6	7	8	9	10	11	12	13	14	15	16	17	18	19	20	21	22	23	24	25	26				
陰金蛇年	藏曆一月						1	2	3	4	5	6	7	8	9	10	11	12	13	14	15	16	17	18	19	20	21	22	23	25	26	27	28	29				
	公曆 3 月						1	2	3	4	5	6	7	8	9	10	11	12	13	14	15	16	17	18	19	20	21	22	23	24	25	26	27	28	29	30	31	
28	夏曆二月						30	㉙	2	3	4	5	6	7	8	9	10	11	12	13	14	15	16	17	18	19	20	21	22	23	24	25	26	27	28	29	30	
	回曆 5 月						27	28	29	1	2	3	4	5	6	7	8	9	10	11	12	13	14	15	16	17	18	19	20	21	22	23	24	25	26	27	28	
	藏曆二月						30	1	2	3	4	5	5	6	7	8	9	10	11	12	13	14	15	16	17	19	20	21	22	23	24	25	26	27	28	29	30	
	公曆 4 月		1	2	3	4	5	6	7	8	9	10	11	12	13	14	15	16	17	18	19	20	21	22	23	24	25	26	27	28	29	30						
29 30	夏曆三/四月		(59)	2	3	4	5	6	7	8	9	10	11	12	13	14	15	16	17	18	19	20	21	22	23	24	25	26	27	28	29	㉘						
	回曆 6 月		29	30	1	2	3	4	5	6	7	8	9	10	11	12	13	14	15	16	17	18	19	20	21	22	23	24	25	26	27	28						
	藏曆三月		1	2	3	4	5	6	7	8	9	10	11	12	13	14	15	16	17	18	19	20	21	23	24	25	26	27	28	29	29	30						
	公曆 5 月				1	2	3	4	5	6	7	8	9	10	11	12	13	14	15	16	17	18	19	20	21	22	23	24	25	26	27	28	29	30	31			
31	夏曆五月				2	3	4	5	6	7	8	9	10	11	12	13	14	15	16	17	18	19	20	21	22	23	24	25	26	27	28	29	30	(58)	2			
	回曆 7 月				29	1	2	3	4	5	6	7	8	9	10	11	12	13	14	15	16	17	18	19	20	21	22	23	24	25	26	27	28	29	30			
	藏曆四/五月				1	2	3	4	5	6	7	8	9	10	11	12	13	14	16	17	18	19	20	21	22	23	24	25	26	27	28	29	30	1	2			
	公曆 6 月							1	2	3	4	5	6	7	8	9	10	11	12	13	14	15	16	17	18	19	20	21	22	23	24	25	26	27	28	29	30	
32	夏曆六月							3	4	5	6	7	8	9	10	11	12	13	14	15	16	17	18	19	20	21	22	23	24	25	26	27	28	29	㉗	2	3	
	回曆 8 月							1	2	3	4	5	6	7	8	9	10	11	12	13	14	15	16	17	18	19	20	21	22	23	24	25	26	27	28	29	1	
	藏曆六月							3	4	5	6	7	8	9	10	11	12	13	14	15	16	17	19	20	21	22	23	24	25	26	26	27	28	29	30	1	2	
	公曆 7 月		1	2	3	4	5	6	7	8	9	10	11	12	13	14	15	16	17	18	19	20	21	22	23	24	25	26	27	28	29	30	31					
33	夏曆七月		4	5	6	7	8	9	10	11	12	13	14	15	16	17	18	19	20	21	22	23	24	25	26	27	28	29	30	(51)	2	3	4					
	回曆 10 月		2	3	4	5	6	7	8	9	10	11	12	13	14	15	16	17	18	19	20	21	22	23	24	25	26	27	28	29	30	1	2					

續表

月 干支 序數	星期 月序	日	1	2	3	4	5	6	日	1	2	3	4	5	6	日	1	2	3	4	5	6	日	1	2	3	4	5	6	日	1	2	3	4	5	6	日	1
	藏曆七月		3	4	5	6	7	8	9	11	12	13	14	15	16	17	18	19	20	21	22	23	24	25	26	27	28	29	30	1	2	3	4					
	公曆 8 月					1	2	3	4	5	6	7	8	9	10	11	12	13	14	15	16	17	18	19	20	21	22	23	24	25	26	27	28	29	30	31		
34	夏曆八月					5	6	7	8	9	10	11	12	13	14	15	16	17	18	19	20	21	22	23	24	25	26	27	28	29	30	㉗	2	3	4	5		
	回曆 11 月					3	4	5	6	7	8	9	10	11	12	13	14	15	16	17	18	19	20	21	22	23	24	25	26	27	28	29	1	2	3	4		
	藏曆八月					5	6	7	8	9	10	11	12	14	15	16	17	18	19	20	21	22	22	23	24	25	26	27	28	29	30	1	2	3	4	5		
	公曆 9 月	1	2	3	4	5	6	7	8	9	10	11	12	13	14	15	16	17	18	19	20	21	22	23	24	25	26	27	28	29	30							
35	夏曆九月	6	7	8	9	10	11	12	13	14	15	16	17	18	19	20	21	22	23	24	25	26	27	28	29	(56)	2	3	4	5	6							
	回曆 12 月	5	6	7	8	9	10	11	12	13	14	15	16	17	18	19	20	21	22	23	24	25	26	27	28	29	30	1	2	3	4							
	藏曆九月	7	8	9	10	11	12	13	14	15	16	17	18	19	20	21	22	23	24	25	26	27	28	29	30	1	2	3	4	5	6							
	公曆 10 月			1	2	3	4	5	6	7	8	9	10	11	12	13	14	15	16	17	18	19	20	21	22	23	24	25	26	27	28	29	30	31				
36	夏曆十月			7	8	9	10	11	12	13	14	15	16	17	18	19	20	21	22	23	24	25	26	27	28	29	㉕	2	3	4	5	6	7	8				
495 年	回曆 1 月			5	6	7	8	9	10	11	12	13	14	15	16	17	18	19	20	21	22	23	24	25	26	27	28	29	①	2	3	4	5	6				
	藏曆十月			7	8	9	11	12	13	14	15	16	17	17	18	19	20	21	22	23	24	25	26	27	28	29	30	1	2	3	5	6	7	8				
	公曆 11 月					1	2	3	4	5	6	7	8	9	10	11	12	13	14	15	16	17	18	19	20	21	22	23	24	25	26	27	28	29	30			
37	夏曆十一月					9	10	11	12	13	14	15	16	17	18	19	20	21	22	23	24	25	26	27	28	29	30	(55)	2	3	4	5	6	7	8			
	回曆 2 月					7	8	9	10	11	12	13	14	15	16	17	18	19	20	21	22	23	24	25	26	27	28	29	30	1	2	3	4	5	6			
	藏曆十一月					9	10	11	12	13	14	15	16	17	18	19	20	21	21	22	23	24	25	26	28	29	30	1	2	3	4	5	6	7	8			
	公曆 12 月	1	2	3	4	5	6	7	8	9	10	11	12	13	14	15	16	17	18	19	20	21	22	23	24	25	26	27	28	29	30	31						
38	夏曆十二月	9	10	11	12	13	14	15	16	17	18	19	20	21	22	23	24	25	26	27	28	29	㉔	2	3	4	5	6	7	8	9	10						
	回曆 3 月	7	8	9	10	11	12	13	14	15	16	17	18	19	20	21	22	23	24	25	26	27	28	29	1	2	3	4	5	6	7	8						
	藏曆十二月	9	10	11	12	13	14	15	16	17	18	19	20	21	22	23	24	25	26	27	28	29	30	1	3	4	5	6	7	8	9	10						

大事記

正月，遼道宗卒，孫耶律延禧即位，為天祚帝。宋皇太后向氏死。　二月，遼改元乾統。　五月，詔三省減吏員、節冗費。天文學家、藥學家蘇頌卒(1020—1101)。　七月，阻卜、鐵驪貢遼。　九月，宋詔各路州軍條陳遺利及裁損冗員浮費。　十一月，復召蔡京為翰林學士承旨。　是歲，河東地震為災，京畿蝗，兩浙、湖南、福建旱。宋大修宮觀，蘇、湖二州採太湖石，是為後日花石綱之先聲。蘇軾由海南島赦歸途中病逝(今河南郟縣)，年六十六。范純仁、陳師道皆卒於是年。

宋遼金紀年

干支壬午　公元 1102 年

朝代或國名	國家支配者	建都	廟號	謚號	建元	年號年次	輔政者	備注
北宋	⑧趙佶	汴梁	徽宗	顯	6	2 崇寧元年	韓忠彥曾布蔡京	
遼	⑧耶律延禧	中京		天祚	3	1 乾統 2 年		
大理	①段正淳	陽苴咩	中宗	文安	4	2 開明 6 年		在雲南
西夏	④李乾順	(銀川)	崇宗	聖文	8	4 貞觀 2 年		
吐蕃	趙諗					隆(龍)興		二月立，旋亡
	④瞎徵					6 年		卒
	⑤隴拶	宗哥				3 年		
古格						289 年		西藏阿里
東汗國	哈桑					28 年		在新疆

<table>
<tr><th rowspan="2">月
干支
序數</th><th>星期</th><th>日</th><th>1</th><th>2</th><th>3</th><th>4</th><th>5</th><th>6</th><th>日</th><th>1</th><th>2</th><th>3</th><th>4</th><th>5</th><th>6</th><th>日</th><th>1</th><th>2</th><th>3</th><th>4</th><th>5</th><th>6</th><th>日</th><th>1</th><th>2</th><th>3</th><th>4</th><th>5</th><th>6</th><th>日</th><th>1</th><th>2</th><th>3</th><th>4</th><th>5</th><th>6</th><th>日</th><th>1</th></tr>
<tr><th>月序</th><th colspan="37"></th></tr>
<tr><td></td><td>公曆1月</td><td></td><td></td><td></td><td>1</td><td>2</td><td>3</td><td>4</td><td>5</td><td>6</td><td>7</td><td>8</td><td>9</td><td>10</td><td>11</td><td>12</td><td>13</td><td>14</td><td>15</td><td>16</td><td>17</td><td>18</td><td>19</td><td>20</td><td>21</td><td>22</td><td>23</td><td>24</td><td>25</td><td>26</td><td>27</td><td>28</td><td>29</td><td>30</td><td>31</td><td></td><td></td><td></td></tr>
<tr><td>39</td><td>夏曆正月</td><td></td><td></td><td></td><td>11</td><td>12</td><td>13</td><td>14</td><td>15</td><td>16</td><td>17</td><td>18</td><td>19</td><td>20</td><td>21</td><td>22</td><td>23</td><td>24</td><td>25</td><td>26</td><td>27</td><td>28</td><td>29</td><td>30</td><td>(54)</td><td>2</td><td>3</td><td>4</td><td>5</td><td>6</td><td>7</td><td>8</td><td>9</td><td>10</td><td>11</td><td></td><td></td><td></td></tr>
<tr><td></td><td>回曆4月</td><td></td><td></td><td></td><td>9</td><td>10</td><td>11</td><td>12</td><td>13</td><td>14</td><td>15</td><td>16</td><td>17</td><td>18</td><td>19</td><td>20</td><td>21</td><td>22</td><td>23</td><td>24</td><td>25</td><td>26</td><td>27</td><td>28</td><td>29</td><td>30</td><td>1</td><td>2</td><td>3</td><td>4</td><td>5</td><td>6</td><td>7</td><td>8</td><td>9</td><td></td><td></td><td></td></tr>
<tr><td>陽水馬年</td><td>藏曆一月</td><td></td><td></td><td></td><td>11</td><td>12</td><td>12</td><td>13</td><td>14</td><td>15</td><td>16</td><td>17</td><td>18</td><td>19</td><td>20</td><td>21</td><td>22</td><td>23</td><td>24</td><td>25</td><td>26</td><td>28</td><td>29</td><td>30</td><td>1</td><td>2</td><td>3</td><td>4</td><td>5</td><td>6</td><td>7</td><td>8</td><td>9</td><td>10</td><td>11</td><td></td><td></td><td></td></tr>
<tr><td></td><td>公曆2月</td><td></td><td></td><td></td><td></td><td></td><td></td><td>1</td><td>2</td><td>3</td><td>4</td><td>5</td><td>6</td><td>7</td><td>8</td><td>9</td><td>10</td><td>11</td><td>12</td><td>13</td><td>14</td><td>15</td><td>16</td><td>17</td><td>18</td><td>19</td><td>20</td><td>21</td><td>22</td><td>23</td><td>24</td><td>25</td><td>26</td><td>27</td><td>28</td><td></td><td></td><td></td></tr>
<tr><td>40</td><td>夏曆二月</td><td></td><td></td><td></td><td></td><td></td><td></td><td>12</td><td>13</td><td>14</td><td>15</td><td>16</td><td>17</td><td>18</td><td>19</td><td>20</td><td>21</td><td>22</td><td>23</td><td>24</td><td>25</td><td>26</td><td>27</td><td>28</td><td>29</td><td>(23)</td><td>2</td><td>3</td><td>4</td><td>5</td><td>6</td><td>7</td><td>8</td><td>9</td><td>10</td><td></td><td></td><td></td></tr>
<tr><td></td><td>回曆5月</td><td></td><td></td><td></td><td></td><td></td><td></td><td>10</td><td>11</td><td>12</td><td>13</td><td>14</td><td>15</td><td>16</td><td>17</td><td>18</td><td>19</td><td>20</td><td>21</td><td>22</td><td>23</td><td>24</td><td>25</td><td>26</td><td>27</td><td>28</td><td>29</td><td>1</td><td>2</td><td>3</td><td>4</td><td>5</td><td>6</td><td>7</td><td>8</td><td></td><td></td><td></td></tr>
<tr><td></td><td>藏曆二月</td><td></td><td></td><td></td><td></td><td></td><td></td><td>12</td><td>13</td><td>14</td><td>15</td><td>16</td><td>16</td><td>17</td><td>18</td><td>19</td><td>21</td><td>22</td><td>23</td><td>24</td><td>25</td><td>26</td><td>27</td><td>28</td><td>29</td><td>30</td><td>1</td><td>2</td><td>3</td><td>4</td><td>5</td><td>6</td><td>7</td><td>8</td><td>9</td><td></td><td></td><td></td></tr>
<tr><td></td><td>公曆3月</td><td></td><td></td><td></td><td></td><td></td><td></td><td>1</td><td>2</td><td>3</td><td>4</td><td>5</td><td>6</td><td>7</td><td>8</td><td>9</td><td>10</td><td>11</td><td>12</td><td>13</td><td>14</td><td>15</td><td>16</td><td>17</td><td>18</td><td>19</td><td>20</td><td>21</td><td>22</td><td>23</td><td>24</td><td>25</td><td>26</td><td>27</td><td>28</td><td>29</td><td>30</td><td>31</td></tr>
<tr><td>41</td><td>夏曆三月</td><td></td><td></td><td></td><td></td><td></td><td></td><td>11</td><td>12</td><td>13</td><td>14</td><td>15</td><td>16</td><td>17</td><td>18</td><td>19</td><td>20</td><td>21</td><td>22</td><td>23</td><td>24</td><td>25</td><td>26</td><td>27</td><td>28</td><td>29</td><td>30</td><td>(53)</td><td>2</td><td>3</td><td>4</td><td>5</td><td>6</td><td>7</td><td>8</td><td>9</td><td>10</td><td>11</td></tr>
<tr><td></td><td>回曆6月</td><td></td><td></td><td></td><td></td><td></td><td></td><td>9</td><td>10</td><td>11</td><td>12</td><td>13</td><td>14</td><td>15</td><td>16</td><td>17</td><td>18</td><td>19</td><td>20</td><td>21</td><td>22</td><td>23</td><td>24</td><td>25</td><td>26</td><td>27</td><td>28</td><td>29</td><td>30</td><td>1</td><td>2</td><td>3</td><td>4</td><td>5</td><td>6</td><td>7</td><td>8</td><td>9</td></tr>
<tr><td></td><td>藏曆三月</td><td></td><td></td><td></td><td></td><td></td><td></td><td>10</td><td>11</td><td>12</td><td>13</td><td>14</td><td>15</td><td>16</td><td>17</td><td>18</td><td>19</td><td>20</td><td>21</td><td>22</td><td>23</td><td>24</td><td>26</td><td>27</td><td>28</td><td>29</td><td>30</td><td>1</td><td>2</td><td>3</td><td>4</td><td>5</td><td>6</td><td>7</td><td>8</td><td>9</td><td>9</td><td>10</td></tr>
<tr><td></td><td>公曆4月</td><td></td><td></td><td>1</td><td>2</td><td>3</td><td>4</td><td>5</td><td>6</td><td>7</td><td>8</td><td>9</td><td>10</td><td>11</td><td>12</td><td>13</td><td>14</td><td>15</td><td>16</td><td>17</td><td>18</td><td>19</td><td>20</td><td>21</td><td>22</td><td>23</td><td>24</td><td>25</td><td>26</td><td>27</td><td>28</td><td>29</td><td>30</td><td></td><td></td><td></td><td></td><td></td></tr>
<tr><td>42</td><td>夏曆四月</td><td></td><td></td><td>12</td><td>13</td><td>14</td><td>15</td><td>16</td><td>17</td><td>18</td><td>19</td><td>20</td><td>21</td><td>22</td><td>23</td><td>24</td><td>25</td><td>26</td><td>27</td><td>28</td><td>29</td><td>(22)</td><td>2</td><td>3</td><td>4</td><td>5</td><td>6</td><td>7</td><td>8</td><td>9</td><td>10</td><td>11</td><td>12</td><td></td><td></td><td></td><td></td><td></td></tr>
<tr><td></td><td>回曆7月</td><td></td><td></td><td>10</td><td>11</td><td>12</td><td>13</td><td>14</td><td>15</td><td>16</td><td>17</td><td>18</td><td>19</td><td>20</td><td>21</td><td>22</td><td>23</td><td>24</td><td>25</td><td>26</td><td>27</td><td>28</td><td>29</td><td>1</td><td>2</td><td>3</td><td>4</td><td>5</td><td>6</td><td>7</td><td>8</td><td>9</td><td>10</td><td></td><td></td><td></td><td></td><td></td></tr>
<tr><td></td><td>藏曆四月</td><td></td><td></td><td>11</td><td>12</td><td>13</td><td>14</td><td>15</td><td>16</td><td>17</td><td>18</td><td>20</td><td>21</td><td>22</td><td>23</td><td>24</td><td>25</td><td>26</td><td>27</td><td>28</td><td>29</td><td>30</td><td>1</td><td>2</td><td>3</td><td>4</td><td>5</td><td>6</td><td>7</td><td>8</td><td>9</td><td>10</td><td>11</td><td></td><td></td><td></td><td></td><td></td></tr>
<tr><td></td><td>公曆5月</td><td></td><td></td><td></td><td></td><td>1</td><td>2</td><td>3</td><td>4</td><td>5</td><td>6</td><td>7</td><td>8</td><td>9</td><td>10</td><td>11</td><td>12</td><td>13</td><td>14</td><td>15</td><td>16</td><td>17</td><td>18</td><td>19</td><td>20</td><td>21</td><td>22</td><td>23</td><td>24</td><td>25</td><td>26</td><td>27</td><td>28</td><td>29</td><td>30</td><td>31</td><td></td><td></td></tr>
<tr><td>43</td><td>夏曆五月</td><td></td><td></td><td></td><td></td><td>13</td><td>14</td><td>15</td><td>16</td><td>17</td><td>18</td><td>19</td><td>20</td><td>21</td><td>22</td><td>23</td><td>24</td><td>25</td><td>26</td><td>27</td><td>28</td><td>29</td><td>30</td><td>(52)</td><td>2</td><td>3</td><td>4</td><td>5</td><td>6</td><td>7</td><td>8</td><td>9</td><td>10</td><td>11</td><td>12</td><td>13</td><td></td><td></td></tr>
<tr><td></td><td>回曆8月</td><td></td><td></td><td></td><td></td><td>11</td><td>12</td><td>13</td><td>14</td><td>15</td><td>16</td><td>17</td><td>18</td><td>19</td><td>20</td><td>21</td><td>22</td><td>23</td><td>24</td><td>25</td><td>26</td><td>27</td><td>28</td><td>29</td><td>30</td><td>1</td><td>2</td><td>3</td><td>4</td><td>5</td><td>6</td><td>7</td><td>8</td><td>9</td><td>10</td><td>11</td><td></td><td></td></tr>
<tr><td></td><td>藏曆五月</td><td></td><td></td><td></td><td></td><td>12</td><td>13</td><td>14</td><td>15</td><td>16</td><td>17</td><td>18</td><td>19</td><td>20</td><td>21</td><td>23</td><td>24</td><td>25</td><td>26</td><td>27</td><td>28</td><td>29</td><td>30</td><td>1</td><td>2</td><td>3</td><td>4</td><td>4</td><td>5</td><td>6</td><td>7</td><td>8</td><td>9</td><td>10</td><td>11</td><td>12</td><td></td><td></td></tr>
<tr><td></td><td>公曆6月</td><td>1</td><td>2</td><td>3</td><td>4</td><td>5</td><td>6</td><td>7</td><td>8</td><td>9</td><td>10</td><td>11</td><td>12</td><td>13</td><td>14</td><td>15</td><td>16</td><td>17</td><td>18</td><td>19</td><td>20</td><td>21</td><td>22</td><td>23</td><td>24</td><td>25</td><td>26</td><td>27</td><td>28</td><td>29</td><td>30</td><td></td><td></td><td></td><td></td><td></td><td></td><td></td></tr>
<tr><td>44</td><td>夏曆六月</td><td>14</td><td>15</td><td>16</td><td>17</td><td>18</td><td>19</td><td>20</td><td>21</td><td>22</td><td>23</td><td>24</td><td>25</td><td>26</td><td>27</td><td>28</td><td>29</td><td>30</td><td>(22)</td><td>2</td><td>3</td><td>4</td><td>5</td><td>6</td><td>7</td><td>8</td><td>9</td><td>10</td><td>11</td><td>12</td><td>13</td><td></td><td></td><td></td><td></td><td></td><td></td><td></td></tr>
<tr><td></td><td>回曆9月</td><td>12</td><td>13</td><td>14</td><td>15</td><td>16</td><td>17</td><td>18</td><td>19</td><td>20</td><td>21</td><td>22</td><td>23</td><td>24</td><td>25</td><td>26</td><td>27</td><td>28</td><td>29</td><td>1</td><td>2</td><td>3</td><td>4</td><td>5</td><td>6</td><td>7</td><td>8</td><td>9</td><td>10</td><td>11</td><td>12</td><td></td><td></td><td></td><td></td><td></td><td></td><td></td></tr>
<tr><td></td><td>藏曆六月</td><td>13</td><td>14</td><td>16</td><td>17</td><td>18</td><td>19</td><td>20</td><td>21</td><td>22</td><td>23</td><td>24</td><td>25</td><td>26</td><td>27</td><td>28</td><td>29</td><td>30</td><td>1</td><td>2</td><td>3</td><td>4</td><td>5</td><td>6</td><td>7</td><td>8</td><td>9</td><td>10</td><td>11</td><td>12</td><td>13</td><td></td><td></td><td></td><td></td><td></td><td></td><td></td></tr>
<tr><td></td><td>公曆7月</td><td></td><td></td><td>1</td><td>2</td><td>3</td><td>4</td><td>5</td><td>6</td><td>7</td><td>8</td><td>9</td><td>10</td><td>11</td><td>12</td><td>13</td><td>14</td><td>15</td><td>16</td><td>17</td><td>18</td><td>19</td><td>20</td><td>21</td><td>22</td><td>23</td><td>24</td><td>25</td><td>26</td><td>27</td><td>28</td><td>29</td><td>30</td><td>31</td><td></td><td></td><td></td><td></td></tr>
<tr><td></td><td>夏曆閏六月</td><td></td><td></td><td>14</td><td>15</td><td>16</td><td>17</td><td>18</td><td>19</td><td>20</td><td>21</td><td>22</td><td>23</td><td>24</td><td>25</td><td>26</td><td>27</td><td>28</td><td>29</td><td>(51)</td><td>2</td><td>3</td><td>4</td><td>5</td><td>6</td><td>7</td><td>8</td><td>9</td><td>10</td><td>11</td><td>12</td><td>13</td><td>14</td><td>15</td><td></td><td></td><td></td><td></td></tr>
<tr><td></td><td>回曆10月</td><td></td><td></td><td>13</td><td>14</td><td>15</td><td>16</td><td>17</td><td>18</td><td>19</td><td>20</td><td>21</td><td>22</td><td>23</td><td>24</td><td>25</td><td>26</td><td>27</td><td>28</td><td>29</td><td>30</td><td>1</td><td>2</td><td>3</td><td>4</td><td>5</td><td>6</td><td>7</td><td>8</td><td>9</td><td>10</td><td>11</td><td>12</td><td>13</td><td></td><td></td><td></td><td></td></tr>
<tr><td></td><td>藏曆七月</td><td></td><td></td><td>14</td><td>15</td><td>16</td><td>17</td><td>19</td><td>20</td><td>21</td><td>22</td><td>23</td><td>24</td><td>25</td><td>26</td><td>27</td><td>28</td><td>29</td><td>30</td><td>30</td><td>1</td><td>1</td><td>2</td><td>3</td><td>4</td><td>5</td><td>6</td><td>7</td><td>8</td><td>9</td><td>11</td><td>12</td><td>13</td><td>14</td><td></td><td></td><td></td><td></td></tr>
<tr><td></td><td>公曆8月</td><td></td><td></td><td></td><td></td><td></td><td>1</td><td>2</td><td>3</td><td>4</td><td>5</td><td>6</td><td>7</td><td>8</td><td>9</td><td>10</td><td>11</td><td>12</td><td>13</td><td>14</td><td>15</td><td>16</td><td>17</td><td>18</td><td>19</td><td>20</td><td>21</td><td>22</td><td>23</td><td>24</td><td>25</td><td>26</td><td>27</td><td>28</td><td>29</td><td>30</td><td>31</td><td></td></tr>
<tr><td>45</td><td>夏曆七月</td><td></td><td></td><td></td><td></td><td></td><td>16</td><td>17</td><td>18</td><td>19</td><td>20</td><td>21</td><td>22</td><td>23</td><td>24</td><td>25</td><td>26</td><td>27</td><td>28</td><td>29</td><td>30</td><td>(21)</td><td>2</td><td>3</td><td>4</td><td>5</td><td>6</td><td>7</td><td>8</td><td>9</td><td>10</td><td>11</td><td>12</td><td>13</td><td>14</td><td>15</td><td>16</td><td></td></tr>
<tr><td></td><td>回曆11月</td><td></td><td></td><td></td><td></td><td></td><td>14</td><td>15</td><td>16</td><td>17</td><td>18</td><td>19</td><td>20</td><td>21</td><td>22</td><td>23</td><td>24</td><td>25</td><td>26</td><td>27</td><td>28</td><td>29</td><td>1</td><td>2</td><td>3</td><td>4</td><td>5</td><td>6</td><td>7</td><td>8</td><td>9</td><td>10</td><td>11</td><td>12</td><td>13</td><td>14</td><td>15</td><td></td></tr>
<tr><td></td><td>藏曆八月</td><td></td><td></td><td></td><td></td><td></td><td>15</td><td>16</td><td>17</td><td>18</td><td>19</td><td>20</td><td>21</td><td>22</td><td>23</td><td>24</td><td>25</td><td>26</td><td>27</td><td>28</td><td>29</td><td>1</td><td>2</td><td>3</td><td>4</td><td>5</td><td>6</td><td>7</td><td>8</td><td>9</td><td>10</td><td>11</td><td>12</td><td>14</td><td>15</td><td>16</td><td>17</td><td></td></tr>
<tr><td></td><td>公曆9月</td><td></td><td>1</td><td>2</td><td>3</td><td>4</td><td>5</td><td>6</td><td>7</td><td>8</td><td>9</td><td>10</td><td>11</td><td>12</td><td>13</td><td>14</td><td>15</td><td>16</td><td>17</td><td>18</td><td>19</td><td>20</td><td>21</td><td>22</td><td>23</td><td>24</td><td>25</td><td>26</td><td>27</td><td>28</td><td>29</td><td>30</td><td></td><td></td><td></td><td></td><td></td><td></td></tr>
<tr><td>46</td><td>夏曆八月</td><td></td><td>17</td><td>18</td><td>19</td><td>20</td><td>21</td><td>22</td><td>23</td><td>24</td><td>25</td><td>26</td><td>27</td><td>28</td><td>29</td><td>(50)</td><td>2</td><td>3</td><td>4</td><td>5</td><td>6</td><td>7</td><td>8</td><td>9</td><td>10</td><td>11</td><td>12</td><td>13</td><td>14</td><td>15</td><td>16</td><td>17</td><td></td><td></td><td></td><td></td><td></td><td></td></tr>
<tr><td></td><td>回曆12月</td><td></td><td>16</td><td>17</td><td>18</td><td>19</td><td>20</td><td>21</td><td>22</td><td>23</td><td>24</td><td>25</td><td>26</td><td>27</td><td>28</td><td>29</td><td>30</td><td>1</td><td>2</td><td>3</td><td>4</td><td>5</td><td>6</td><td>7</td><td>8</td><td>9</td><td>10</td><td>11</td><td>12</td><td>13</td><td>14</td><td>15</td><td></td><td></td><td></td><td></td><td></td><td></td></tr>
<tr><td></td><td>藏曆九月</td><td></td><td>18</td><td>19</td><td>20</td><td>21</td><td>22</td><td>23</td><td>24</td><td>25</td><td>26</td><td>27</td><td>27</td><td>28</td><td>29</td><td>30</td><td>1</td><td>2</td><td>3</td><td>4</td><td>5</td><td>6</td><td>8</td><td>9</td><td>10</td><td>11</td><td>12</td><td>13</td><td>14</td><td>15</td><td>16</td><td>17</td><td></td><td></td><td></td><td></td><td></td><td></td></tr>
<tr><td></td><td>公曆10月</td><td></td><td></td><td></td><td>1</td><td>2</td><td>3</td><td>4</td><td>5</td><td>6</td><td>7</td><td>8</td><td>9</td><td>10</td><td>11</td><td>12</td><td>13</td><td>14</td><td>15</td><td>16</td><td>17</td><td>18</td><td>19</td><td>20</td><td>21</td><td>22</td><td>23</td><td>24</td><td>25</td><td>26</td><td>27</td><td>28</td><td>29</td><td>30</td><td>31</td><td></td><td></td><td></td></tr>
<tr><td>47</td><td>夏曆九月</td><td></td><td></td><td></td><td>18</td><td>19</td><td>20</td><td>21</td><td>22</td><td>23</td><td>24</td><td>25</td><td>26</td><td>27</td><td>28</td><td>29</td><td>30</td><td>(20)</td><td>2</td><td>3</td><td>4</td><td>5</td><td>6</td><td>7</td><td>8</td><td>9</td><td>10</td><td>11</td><td>12</td><td>13</td><td>14</td><td>15</td><td>16</td><td>17</td><td>18</td><td></td><td></td><td></td></tr>
<tr><td>496年</td><td>回曆1月</td><td></td><td></td><td></td><td>16</td><td>17</td><td>18</td><td>19</td><td>20</td><td>21</td><td>22</td><td>23</td><td>24</td><td>25</td><td>26</td><td>27</td><td>28</td><td>29</td><td>(1)</td><td>2</td><td>3</td><td>4</td><td>5</td><td>6</td><td>7</td><td>8</td><td>9</td><td>10</td><td>11</td><td>12</td><td>13</td><td>14</td><td>15</td><td>16</td><td>17</td><td></td><td></td><td></td></tr>
<tr><td></td><td>藏曆十月</td><td></td><td></td><td></td><td>18</td><td>19</td><td>20</td><td>21</td><td>22</td><td>23</td><td>24</td><td>25</td><td>26</td><td>27</td><td>28</td><td>29</td><td>30</td><td>1</td><td>2</td><td>3</td><td>4</td><td>5</td><td>6</td><td>7</td><td>8</td><td>9</td><td>10</td><td>12</td><td>13</td><td>14</td><td>15</td><td>16</td><td>17</td><td>18</td><td>19</td><td></td><td></td><td></td></tr>
<tr><td></td><td>公曆11月</td><td></td><td></td><td></td><td></td><td></td><td></td><td>1</td><td>2</td><td>3</td><td>4</td><td>5</td><td>6</td><td>7</td><td>8</td><td>9</td><td>10</td><td>11</td><td>12</td><td>13</td><td>14</td><td>15</td><td>16</td><td>17</td><td>18</td><td>19</td><td>20</td><td>21</td><td>22</td><td>23</td><td>24</td><td>25</td><td>26</td><td>27</td><td>28</td><td>29</td><td>30</td><td></td></tr>
<tr><td>48</td><td>夏曆十月</td><td></td><td></td><td></td><td></td><td></td><td></td><td>19</td><td>20</td><td>21</td><td>22</td><td>23</td><td>24</td><td>25</td><td>26</td><td>27</td><td>28</td><td>29</td><td>(49)</td><td>2</td><td>3</td><td>4</td><td>5</td><td>6</td><td>7</td><td>8</td><td>9</td><td>10</td><td>11</td><td>12</td><td>13</td><td>14</td><td>15</td><td>16</td><td>17</td><td>18</td><td>19</td><td></td></tr>
<tr><td></td><td>回曆2月</td><td></td><td></td><td></td><td></td><td></td><td></td><td>18</td><td>19</td><td>20</td><td>21</td><td>22</td><td>23</td><td>24</td><td>25</td><td>26</td><td>27</td><td>28</td><td>29</td><td>30</td><td>1</td><td>2</td><td>3</td><td>4</td><td>5</td><td>6</td><td>7</td><td>8</td><td>9</td><td>10</td><td>11</td><td>12</td><td>13</td><td>14</td><td>15</td><td>16</td><td>17</td><td></td></tr>
</table>

續表

月 干支 序數	星期 月序	日	1	2	3	4	5	6	日	1	2	3	4	5	6	日	1	2	3	4	5	6	日	1	2	3	4	5	6	日	1	2	3	4	5	6	日	1
	藏暦十一月							20	20	21	22	23	24	25	26	27	28	29	30	1	2	3	4	6	7	8	9	10	11	12	13	14	15	16	17	18	19	
	公暦12月		1	2	3	4	5	6	7	8	9	10	11	12	13	14	15	16	17	18	19	20	21	22	23	24	25	26	27	28	29	30	31					
49	夏暦十一月		20	21	22	23	24	25	26	27	28	29	30	⑲	2	3	4	5	6	7	8	9	10	11	12	13	14	15	16	17	18	19	20					
	回暦3月		18	19	20	21	22	23	24	25	26	27	28	29	1	2	3	4	5	6	7	8	9	10	11	12	13	14	15	16	17	18	19					
	藏暦十二月		20	21	22	23	24	25	26	27	28	29	30	1	2	3	4	5	6	7	8	9	10	11	12	13	14	15	16	17	18	19	20					

遼十月癸丑。

大事記

正月，宋河東太原等處地震。　三月，命童貫置蘇杭造作局。　五月，宋復貶元祐舊黨司馬光等四十四人官。　六月，遼策試賢良方正。宋仿唐六典修神宗所定官制。　七月，宋焚元祐法令。宋置市舶司於杭、明二州。阻卜擾遼邊。　八月，宋詔司馬光等二十一人子弟不能在京為官。令州縣置安濟坊收養貧民。　九月，宋立元祐奸黨碑於端禮門。　十月，遼將蕭海里叛，入女直，遼兵攻不克，阿骨打攻殺海里。由此，女直輕遼。　十一月，遼民趙鍾格攻上京，旋敗。　十二月，宋鑄當五錢。禁元祐學術。

宋遼金紀年

干支癸未　公元 1103 年

朝代或國名	國家支配者	建都	廟號	謚號	建元	年號年次	輔政者	備注
北宋	⑧趙佶	汴梁	徽宗	顯	6	2崇寧2年	蔡京	
遼	⑧耶律延禧	中京		天祚	3	1乾統3年		
大理	①段正淳	陽苴咩	中宗	文安	4	3天正元年		在雲南
西夏	④李乾順	(銀川)	崇宗	聖文	8	4貞觀3年		
吐蕃	⑤隴拶	宗哥				4年		
古格						290年		西藏阿里
東汗國	阿黑馬					元年		在新疆

月曆表

5816－355－2124322

月 干支 序數	星期 月序	日	1	2	3	4	5	6	日	1	2	3	4	5	6	日	1	2	3	4	5	6	日	1	2	3	4	5	6	日	1	2	3	4	5	6	日	1
	公暦1月					1	2	3	4	5	6	7	8	9	10	11	12	13	14	15	16	17	18	19	20	21	22	23	24	25	26	27	28	29	30	31		
50	夏暦十二月					21	22	23	24	25	26	27	28	29	㊽	2	3	4	5	6	7	8	9	10	11	12	13	14	15	16	17	18	19	20	21	22		
	回暦4月					20	21	22	23	24	25	26	27	28	29	30	1	2	3	4	5	6	7	8	9	10	11	12	13	14	15	16	17	18	19	20		
陰水羊年	藏暦一月					21	22	23	24	25	26	27	28	29	30	1	2	3	5	6	7	8	9	10	11	12	13	14	15	15	16	17	18	19	20	21		
	公暦2月	1	2	3	4	5	6	7	8	9	10	11	12	13	14	15	16	17	18	19	20	21	22	23	24	25	26	27	28									
51	夏暦正月	23	24	25	26	27	28	29	30	⑱	2	3	4	5	6	7	8	9	10	11	12	13	14	15	16	17	18	19	20									
	回暦5月	21	22	23	24	25	26	27	28	29	1	2	3	4	5	6	7	8	9	10	11	12	13	14	15	16	17	18	19									
	藏暦二月	22	23	24	25	26	27	29	30	1	2	3	4	5	6	7	8	9	10	11	12	13	14	15	16	17	18	19	20									
	公暦3月	1	2	3	4	5	6	7	8	9	10	11	12	13	14	15	16	17	18	19	20	21	22	23	24	25	26	27	28	29	30	31						
52	夏暦二月	21	22	23	24	25	26	27	28	29	㊼	2	3	4	5	6	7	8	9	10	11	12	13	14	15	16	17	18	19	20	21	22						
	回暦6月	20	21	22	23	24	25	26	27	28	29	30	1	2	3	4	5	6	7	8	9	10	11	12	13	14	15	16	17	18	19	20						
	藏暦三月	21	22	23	24	25	26	27	28	29	30	1	2	4	5	6	7	8	8	9	10	11	12	13	14	15	16	17	18	19	20	21						

續表

月 干支 序數	星期 月序	日	1	2	3	4	5	6	日	1	2	3	4	5	6	日	1	2	3	4	5	6	日	1	2	3	4	5	6	日	1	2	3	4	5	6	日	1
	公曆 4 月				1	2	3	4	5	6	7	8	9	10	11	12	13	14	15	16	17	18	19	20	21	22	23	24	25	26	27	28	29	30				
53	夏曆三月				23	24	25	26	27	28	29	30	⑰	2	3	4	5	6	7	8	9	10	11	12	13	14	15	16	17	18	19	20	21	22				
	回曆 7 月				21	22	23	24	25	26	27	28	29	1	2	3	4	5	6	7	8	9	10	11	12	13	14	15	16	17	18	19	20	21				
	藏曆四月				22	23	24	25	27	28	29	30	1	2	3	4	5	6	7	8	9	10	11	12	13	13	14	15	16	17	18	20	21	22				
	公曆 5 月						1	2	3	4	5	6	7	8	9	10	11	12	13	14	15	16	17	18	19	20	21	22	23	24	25	26	27	28	29	30	31	
54	夏曆四月						23	24	25	26	27	28	29	㊻	2	3	4	5	6	7	8	9	10	11	12	13	14	15	16	17	18	19	20	21	22	23	24	
	回曆 8 月						22	23	24	25	26	27	28	29	30	1	2	3	4	5	6	7	8	9	10	11	12	13	14	15	16	17	18	19	20	21	22	
	藏曆五月						23	24	25	26	27	28	29	30	1	2	3	4	5	6	7	8	9	10	11	12	13	14	15	16	17	18	19	20	21	23	24	
	公曆 6 月		1	2	3	4	5	6	7	8	9	10	11	12	13	14	15	16	17	18	19	20	21	22	23	24	25	26	27	28	29	30						
55	夏曆五月		25	26	27	28	29	30	⑯	2	3	4	5	6	7	8	9	10	11	12	13	14	15	16	17	18	19	20	21	22	23	24						
	回曆 9 月		23	24	25	26	27	28	29	1	2	3	4	5	6	7	8	9	10	11	12	13	14	15	16	17	18	19	20	21	22	23						
	藏曆六月		25	26	27	28	29	30	1	2	3	4	5	6	7	8	9	9	10	11	12	13	15	16	17	18	19	20	21	22	23	24						
	公曆 7 月				1	2	3	4	5	6	7	8	9	10	11	12	13	14	15	16	17	18	19	20	21	22	23	24	25	26	27	28	29	30	31			
56	夏曆六月				25	26	27	28	29	㊺	2	3	4	5	6	7	8	9	10	11	12	13	14	15	16	17	18	19	20	21	22	23	24	25	26			
	回曆 10 月				24	25	26	27	28	29	30	1	2	3	4	5	6	7	8	9	10	11	12	13	14	15	16	17	18	19	20	21	22	23	24			
	藏曆七月				25	27	28	29	29	30	1	2	3	4	5	6	7	8	9	10	11	12	13	14	15	16	18	19	20	21	22	23	24	25	26			
	公曆 8 月							1	2	3	4	5	6	7	8	9	10	11	12	13	14	15	16	17	18	19	20	21	22	23	24	25	26	27	28	29	30	31
57	夏曆七月							27	28	29	30	⑮	2	3	4	5	6	7	8	9	10	11	12	13	14	15	16	17	18	19	20	21	22	23	24	25	26	27
	回曆 11 月							25	26	27	28	29	1	2	3	4	5	6	7	8	9	10	11	12	13	14	15	16	17	18	19	20	21	22	23	24	25	26
	藏曆後七月							27	28	29	30	1	2	3	4	5	6	6	7	8	10	11	12	13	14	15	16	17	18	19	20	22	23	24	25	26	26	27
	公曆 9 月			1	2	3	4	5	6	7	8	9	10	11	12	13	14	15	16	17	18	19	20	21	22	23	24	25	26	27	28	29	30					
58	夏曆八月			28	29	㊹	2	3	4	5	6	7	8	9	10	11	12	13	14	15	16	17	18	19	20	21	22	23	24	25	26	27	28					
	回曆 12 月			27	28	29	30	1	2	3	4	5	6	7	8	9	10	11	12	13	14	15	16	17	18	19	20	21	22	23	24	25	26					
	藏曆八月			28	29	30	1	2	3	4	5	6	7	8	9	10	11	12	13	15	16	17	18	19	20	21	22	23	24	25	26	27	28					
	公曆 10 月					1	2	3	4	5	6	7	8	9	10	11	12	13	14	15	16	17	18	19	20	21	22	23	24	25	26	27	28	29	30	31		
59	夏曆九月					29	30	⑭	2	3	4	5	6	7	8	9	10	11	12	13	14	15	16	17	18	19	20	21	22	23	24	25	26	27	28	29		
497 年	回曆 1 月					27	28	29	30	①	2	3	4	5	6	7	8	9	10	11	12	13	14	15	16	17	18	19	20	21	22	23	24	25	26	27		
	藏曆九月					29	30	30	1	2	3	4	5	6	8	9	10	11	12	13	14	15	16	17	18	19	20	21	22	23	24	25	26	27	28	29		
	公曆 11 月	1	2	3	4	5	6	7	8	9	10	11	12	13	14	15	16	17	18	19	20	21	22	23	24	25	26	27	28	29	30							
60	夏曆十月	30	㊹	2	3	4	5	6	7	8	9	10	11	12	13	14	15	16	17	18	19	20	21	22	23	24	25	26	27	28	29							
	回曆 2 月	28	29	30	1	2	3	4	5	6	7	8	9	10	11	12	13	14	15	16	17	18	19	20	21	22	23	24	25	26	27							
	藏曆十月	30	1	2	3	4	5	6	6	7	8	9	10	12	13	14	15	16	17	18	19	20	21	22	23	23	24	25	26	27	28							
	公曆 12 月			1	2	3	4	5	6	7	8	9	10	11	12	13	14	15	16	17	18	19	20	21	22	23	24	25	26	27	28	29	30	31				
1 2	夏曆十一 十二月			30	⑭	2	3	4	5	6	7	8	9	10	11	12	13	14	15	16	17	18	19	20	21	22	23	24	25	26	27	28	29	㊸				
	回曆 3 月			28	29	1	2	3	4	5	6	7	8	9	10	11	12	13	14	15	16	17	18	19	20	21	22	23	24	25	26	27	28	29				
	藏曆十一 十二月			29	1	2	3	4	5	7	8	9	10	11	12	13	14	15	16	17	18	19	20	21	22	23	24	25	26	27	28	29	30	1				

大事記

正月，蔡京為相。宋敗辰、沅瑤，復誠、徽二州。　二月，宋安化“蠻”擾廣西。置諸路茶場榷茶。　四月，銷毀元祐舊黨人文字。廢食鹽專賣法改行鈔鹽法。　六月，宋攻吐蕃地，復湟州。　九月，宋置醫學。令天下郡縣皆建崇寧寺。令郡縣各立元祐黨人碑。　十月，吐蕃貢於遼。　是歲，宋諸路蝗。理學家謝良佐卒(1050—1103)。刊行《營造法式》。

宋遼金紀年

干支甲申　公元 1104 年

朝代或國名	國家支配者	建　都	廟　號	謚　號	建　元	年號年次	輔政者	備　注
北宋	⑧趙佶	汴梁	徽宗	顯	6	2 崇寧 3 年	蔡京	
遼	⑧耶律延禧	中京		天祚	3	1 乾統 4 年		
大理	①段正淳	陽苴咩	中宗	文安	4	3 天正 2 年		在雲南
西夏	④李乾順	(銀川)	崇宗	聖文	8	4 貞觀 4 年		
吐蕃	⑤〓𢬵	宗哥				5 年		宋封爲安化郡王
古格						291 年		西藏阿里
東汗國	阿黑馬					2 年		在新疆

月曆表

5817—354—2124676

月干支序數	月序＼星期	日	1	2	3	4	5	6	日	1	2	3	4	5	6	日	1	2	3	4	5	6	日	1	2	3	4	5	6	日	1	2	3	4	5	6	日	1
	公曆 1 月						1	2	3	4	5	6	7	8	9	10	11	12	13	14	15	16	17	18	19	20	21	22	23	24	25	26	27	28	29	30	31	
3	夏曆正月						2	3	4	5	6	7	8	9	10	11	12	13	14	15	16	17	18	19	20	21	22	23	24	25	26	27	28	29	30	⑬	2	
	回曆 4、5 月						30	1	2	3	4	5	6	7	8	9	10	11	12	13	14	15	16	17	18	19	20	21	22	23	24	25	26	27	28	29	1	
陽木猴年	藏曆一月						2	3	4	5	6	7	8	9	10	11	13	14	15	15	16	17	18	19	20	21	22	23	24	25	26	27	28	29	30	1	2	
	公曆 2 月		1	2	3	4	5	6	7	8	9	10	11	12	13	14	15	16	17	18	19	20	21	22	23	24	25	26	27	28	29							
4	夏曆二月		3	4	5	6	7	8	9	10	11	12	13	14	15	16	17	18	19	20	21	22	23	24	25	26	27	28	29	㊷	2							
	回曆 5 月		2	3	4	5	6	7	8	9	10	11	12	13	14	15	16	17	18	19	20	21	22	23	24	25	26	27	28	29	30							
	藏曆二月		3	4	6	7	8	9	10	11	12	13	14	15	16	17	18	18	19	20	21	22	23	24	25	26	27	28	30	1	2							
	公曆 3 月			1	2	3	4	5	6	7	8	9	10	11	12	13	14	15	16	17	18	19	20	21	22	23	24	25	26	27	28	29	30	31				
5	夏曆三月			3	4	5	6	7	8	9	10	11	12	13	14	15	16	17	18	19	20	21	22	23	24	25	26	27	28	29	⑪	2	3	4				
	回曆 6、7 月			1	2	3	4	5	6	7	8	9	10	11	12	13	14	15	16	17	18	19	20	21	22	23	24	25	26	27	28	29	1	2				
	藏曆三月			3	4	5	6	7	8	9	10	11	12	13	14	15	16	17	18	19	20	21	22	23	24	25	26	27	28	29	30	1	2	4				
	公曆 4 月						1	2	3	4	5	6	7	8	9	10	11	12	13	14	15	16	17	18	19	20	21	22	23	24	25	26	27	28	29	30		
6	夏曆四月						5	6	7	8	9	10	11	12	13	14	15	16	17	18	19	20	21	22	23	24	25	26	27	28	29	30	㊶	2	3	4		
	回曆 8 月						3	4	5	6	7	8	9	10	11	12	13	14	15	16	17	18	19	20	21	22	23	24	25	26	27	28	29	30	1	2		
	藏曆四月						5	6	7	8	9	10	11	12	12	13	14	15	16	17	18	19	20	21	22	23	24	25	27	28	29	30	1	2	3	4		
	公曆 5 月	1	2	3	4	5	6	7	8	9	10	11	12	13	14	15	16	17	18	19	20	21	22	23	24	25	26	27	28	29	39	31						
7	夏曆五月	5	6	7	8	9	10	11	12	13	14	15	16	17	18	19	20	21	22	23	24	25	26	27	28	29	⑩	2	3	4	5	6						
	回曆 9 月	3	4	5	6	7	8	9	10	11	12	13	14	15	16	17	18	19	20	21	22	23	24	25	26	27	28	29	1	2	3	4						
	藏曆五月	5	6	7	8	9	10	11	12	13	14	15	16	17	18	19	20	21	22	23	24	25	26	27	28	30	1	2	3	4	5	6						
	公曆 6 月				1	2	3	4	5	6	7	8	9	10	11	12	13	14	15	16	17	18	19	20	21	22	23	24	25	26	27	28	29	30				
8	夏曆六月				7	8	9	10	11	12	13	14	15	16	17	18	19	20	21	22	23	24	25	26	27	28	29	㊴	2	3	4	5	6	7				
	回曆 10 月				5	6	7	8	9	10	11	12	13	14	15	16	17	18	19	20	21	22	23	24	25	26	27	28	29	30	1	2	3	4				
	藏曆六月				7	8	8	9	10	11	12	13	14	15	16	17	18	19	20	21	23	24	25	26	27	28	29	30	1	2	3	4	5	6				
	公曆 7 月						1	2	3	4	5	6	7	8	9	10	11	12	13	14	15	16	17	18	19	20	21	22	23	24	25	26	27	28	29	30	31	
9	夏曆七月						8	9	10	11	12	13	14	15	16	17	18	19	20	21	22	23	24	25	26	27	28	29	30	⑨	2	3	4	5	6	7	8	
	回曆 11 月						5	6	7	8	9	10	11	12	13	14	15	16	17	18	19	20	21	22	23	24	25	26	27	28	29	1	2	3	4	5	6	
	藏曆七月						7	8	9	10	11	12	13	14	15	16	17	18	19	20	21	22	23	24	26	27	28	29	30	1	2	3	4	5	5	6	7	
	公曆 8 月		1	2	3	4	5	6	7	8	9	10	11	12	13	14	15	16	17	18	19	20	21	22	23	24	25	26	27	28	29	30	31					
10	夏曆八月		9	10	11	12	13	14	15	16	17	18	19	20	21	22	23	24	25	26	27	28	29	30	㊴	2	3	4	5	6	7	8	9					

續表

月 干支 序數	星期 月序	日	1	2	3	4	5	6	日	1	2	3	4	5	6	日	1	2	3	4	5	6	日	1	2	3	4	5	6	日	1	2	3	4	5	6	日	1
	回暦 12 月		7	8	9	10	11	12	13	14	15	16	17	18	19	20	21	22	23	24	25	26	27	28	29	30	1	2	3	4	5	6	7					
	藏暦八月		8	9	10	11	12	13	14	15	16	17	19	20	21	22	23	24	25	26	27	28	29	30	1	2	3	4	5	6	7	8	9					
	公暦 9 月					1	2	3	4	5	6	7	8	9	10	11	12	13	14	15	16	17	18	19	20	21	22	23	24	25	26	27	28	29	30			
11	夏暦九月					10	11	12	13	14	15	16	17	18	19	20	21	22	23	24	25	26	27	28	29	⑧	2	3	4	5	6	7	8	9	10			
498 年	回暦 1 月					8	9	10	11	12	13	14	15	16	17	18	19	20	21	22	23	24	25	26	27	28	29	①	2	3	4	5	6	7	8			
	藏暦九月					10	11	12	13	14	15	16	17	18	19	20	22	23	24	25	26	27	28	29	30	30	1	2	3	4	5	6	7	8	9			
	公暦 10 月							1	2	3	4	5	6	7	8	9	10	11	12	13	14	15	16	17	18	19	20	21	22	23	24	25	26	27	28	29	30	31
12	夏暦十月							11	12	13	14	15	16	17	18	19	20	21	22	23	24	25	26	27	28	29	30	㊳	2	3	4	5	6	7	8	9	10	11
	回暦 2 月							9	10	11	12	13	14	15	16	17	18	19	20	21	22	23	24	25	26	27	28	29	30	1	2	3	4	5	6	7	8	9
	藏暦十月							10	11	12	13	15	16	17	18	19	20	21	22	23	24	25	26	27	28	29	30	1	2	3	4	5	6	7	8	9	10	11
	公暦 11 月			1	2	3	4	5	6	7	8	9	10	11	12	12	14	15	16	17	18	19	20	21	22	23	24	25	26	27	28	29	30					
13	夏暦十一月			12	13	14	15	16	17	18	19	20	21	22	23	24	25	26	27	28	29	30	⑧	2	3	4	5	6	7	8	9	10	11					
	回暦 3 月			10	11	12	13	14	15	16	17	18	19	20	21	22	23	24	25	26	27	28	29	1	2	3	4	5	6	7	8	9	10					
	藏暦十一月			12	13	14	15	16	17	18	20	21	22	23	23	24	25	26	27	28	29	30	1	2	3	4	5	6	7	8	9	10	11					
	公暦 12 月					1	2	3	4	5	6	7	8	9	10	11	12	13	14	15	16	17	18	19	20	21	22	23	24	25	26	27	28	29	30	31		
14	夏暦十二月					12	13	14	15	16	17	18	19	20	21	22	23	24	25	26	27	28	29	㊲	2	3	4	5	6	7	8	9	10	11	12	13		
	回暦 4 月					11	12	13	14	15	16	17	18	19	20	21	22	23	24	25	26	27	28	29	30	1	2	3	4	5	6	7	8	9	10	11		
	藏暦十二月					12	14	15	16	17	18	19	20	21	22	23	24	25	26	26	27	28	29	30	1	2	3	4	5	6	8	9	10	11	12	13		

汪氏長術五月癸丑,誤。

大事記

正月,鑄當十大錢。　二月,詔坑冶金銀皆輸內藏。　三月,置文綉院。　四月,宋大舉經營河湟,盡復鄯、廓二州地。　五月,改鄯州為西寧州。置西北路交子所。　六月,置書、畫、筭三學,其取士法略同太學。重定元祐、元符黨籍通三百零九人刻碑朝堂。吐蕃貢遼。　七月,復行方田法。　九月,廢漕運轉般法,改行直達法。　十月,夏攻平夏城,寇鎮戎軍。　十一月,罷貢舉,取仕悉由學校。　十二月,復改孔子後為衍聖公。宋經營廣西峒地。　是歲,宋諸路蝗災。

宋遼金紀年　　干支乙酉　公元 1105 年

朝代或國名	國家支配者	建　都	廟　號	謚　號	建　元	年號年次	輔政者	備　注
北宋	⑧趙佶	汴梁	徽宗	顯	6	2 崇寧 4 年	蔡京、趙挺之	
遼	⑧耶律延禧	中京		天祚	3	1 乾統 5 年		
大理	①段正淳	陽苴咩	中宗	文安	4	4 文安元年		在雲南
西夏	④李乾順	(銀川)	崇宗	聖文	8	4 貞觀 5 年		
古格						292 年		西藏阿里
東汗國	阿黑馬					3 年		在新疆

月 干支 序數	星期 月序	日	1	2	3	4	5	6	日	1	2	3	4	5	6	日	1	2	3	4	5	6	日	1	2	3	4	5	6	日	1	2	3	4	5	6	日	1
	公暦1月	1	2	3	4	5	6	7	8	9	10	11	12	13	14	15	16	17	18	19	20	21	22	23	24	25	26	27	28	29	30	31						
15	夏暦正月	14	15	16	17	18	19	20	21	22	23	24	25	26	27	28	29	30	⑦	2	3	4	5	6	7	8	9	10	11	12	13	14						
	回暦5月	12	13	14	15	16	17	18	19	20	21	22	23	24	25	26	27	28	29	1	2	3	4	5	6	7	8	9	10	11	12	13						
陰木鷄年	藏暦一月	14	15	16	17	18	19	20	21	22	23	24	25	26	27	28	29	30	1	2	3	4	5	6	7	8	9	10	11	13	14	15						
	公暦2月				1	2	3	4	5	6	7	8	9	10	11	12	13	14	15	16	17	18	19	20	21	22	23	24	25	26	27	28						
16	夏暦二月				15	16	17	18	19	20	21	22	23	24	25	26	27	28	29	30	㊲	2	3	4	5	6	7	8	9	10	11	12						
	回暦6月				14	15	16	17	18	19	20	21	22	23	24	25	26	27	28	29	30	1	2	3	4	5	6	7	8	9	10	11						
	藏暦二月				16	17	18	18	19	20	21	22	23	24	25	26	27	28	29	30	1	2	3	4	5	7	8	9	10	11	12	13						
	公暦3月				1	2	3	4	5	6	7	8	9	10	11	12	13	14	15	16	17	18	19	20	21	22	23	24	25	26	27	28	29	30	31			
	夏暦閏二月				13	14	15	16	17	18	19	20	21	22	23	24	25	26	27	28	29	⑥	2	3	4	5	6	7	8	9	10	11	12	13	14			
	回暦7月				12	13	14	15	16	17	18	19	20	21	22	23	24	25	26	27	28	29	1	2	3	4	5	6	7	8	9	10	11	12	13			
	藏暦三月				14	15	16	17	18	19	20	21	22	22	23	24	25	26	27	28	30	1	2	3	4	5	6	7	8	9	10	11	12	13	14			
	公暦4月							1	2	3	4	5	6	7	8	9	10	11	12	13	14	15	16	17	18	19	20	21	22	23	24	25	26	27	28	29	30	
17	夏暦三月							15	16	17	18	19	20	21	22	23	24	25	26	27	28	29	㉟	2	3	4	5	6	7	8	9	10	11	12	13	14	15	
	回暦8月							14	15	16	17	18	19	20	21	22	23	24	25	26	27	28	29	30	1	2	3	4	5	6	7	8	9	10	11	12	13	
	藏暦四月							15	16	17	18	19	20	21	22	23	24	25	26	27	28	29	30	1	2	4	5	6	7	8	9	10	11	12	13	14	15	
	公暦5月		1	2	3	4	5	6	7	8	9	10	11	12	13	14	15	16	17	18	19	20	21	22	23	24	25	26	27	28	29	30	31					
18	夏暦四月		16	17	18	19	20	21	22	23	24	25	26	27	28	29	30	⑤	2	3	4	5	6	7	8	9	10	11	12	13	14	15	16					
	回暦9月		14	15	16	17	18	19	20	21	22	23	24	25	26	27	28	29	1	2	3	4	5	6	7	8	9	10	11	12	13	14	15					
	藏暦五月		16	16	17	18	19	20	21	22	23	24	25	27	28	29	30	1	2	3	4	5	6	7	8	9	10	11	12	13	14	15	16					
	公暦6月					1	2	3	4	5	6	7	8	9	10	11	12	13	14	15	16	17	18	19	20	21	22	23	24	25	26	27	28	29	30			
19	夏暦五月					17	18	19	20	21	22	23	24	25	26	27	28	29	㉞	2	3	4	5	6	7	8	9	10	11	12	13	14	15	16	17			
	回暦10月					16	17	18	19	20	21	22	23	24	25	26	27	28	29	30	1	2	3	4	5	6	7	8	9	10	11	12	13	14	15			
	藏暦六月					17	18	19	20	21	22	23	24	25	26	27	28	30	1	2	3	4	5	6	7	8	9	10	11	12	13	13	14	15	16			
	公暦7月							1	2	3	4	5	6	7	8	9	10	11	12	13	14	15	16	17	18	19	20	21	22	23	24	25	26	27	28	29	30	31
20	夏暦六月							18	19	20	21	22	23	24	25	26	27	28	29	③	2	3	4	5	6	7	8	9	10	11	12	13	14	15	16	17	18	19
	回暦11月							16	17	18	19	20	21	22	23	24	25	26	27	28	29	1	2	3	4	5	6	7	8	9	10	11	12	13	14	15	16	17
	藏暦七月							17	18	19	20	21	23	24	25	26	27	28	29	30	1	2	3	4	5	6	7	8	9	10	11	12	13	14	15	16	17	18
	公暦8月			1	2	3	4	5	6	7	8	9	10	11	12	13	14	15	16	17	18	19	20	21	22	23	24	25	26	27	28	29	30	31				
21	夏暦七月			20	21	22	23	24	25	26	27	28	29	30	㉝	2	3	4	5	6	7	8	9	10	11	12	13	14	15	16	17	18	19	20				
	回暦12月			18	19	20	21	22	23	24	25	26	27	28	29	30	1	2	3	4	5	6	7	8	9	10	11	12	13	14	15	16	17	18				
	藏暦八月			19	20	21	22	23	24	26	27	28	29	30	1	2	3	4	5	6	7	8	9	9	10	11	12	13	14	15	16	17	19	20				
	公暦9月						1	2	3	4	5	6	7	8	9	10	11	12	13	14	15	16	17	18	19	20	21	22	23	24	25	26	27	28	29	30		
22	夏暦八月						21	22	23	24	25	26	27	28	29	②	2	3	4	5	6	7	8	9	10	11	12	13	14	15	16	17	18	19	20	21		
499年	回暦1月						19	20	21	22	23	24	25	26	27	28	29	30	①	2	3	4	5	6	7	8	9	10	11	12	13	14	15	16	17	18		
	藏暦九月						21	22	23	24	25	26	27	28	29	30	1	2	3	4	5	6	7	8	9	10	11	12	13	14	15	16	17	18	19	20		
	公暦10月	1	2	3	4	5	6	7	8	9	10	11	12	13	14	15	16	17	18	19	20	21	22	23	24	25	26	27	28	29	30	31						
23	夏暦九月	22	23	24	25	26	27	28	29	30	㉜	2	3	4	5	6	7	8	9	10	11	12	13	14	15	16	17	18	19	20	21	22						
	回暦2月	19	20	21	22	23	24	25	26	27	28	29	30	1	2	3	4	5	6	7	8	9	10	11	12	13	14	15	16	17	18	19						
	藏暦十月	22	23	24	25	26	27	28	29	30	1	2	3	4	4	5	6	7	8	9	10	11	12	13	14	16	17	18	19	20	21	22						
	公暦11月				1	2	3	4	5	6	7	8	9	10	11	12	13	14	15	16	17	18	19	20	21	22	23	24	25	26	27	28	29	30				
24	夏暦十月				23	24	25	26	27	28	29	30	②	2	3	4	5	6	7	8	9	10	11	12	13	14	15	16	17	18	19	20	21	22				
	回暦3月				20	21	22	23	24	25	26	27	28	29	1	2	3	4	5	6	7	8	9	10	11	12	13	14	15	16	17	18	19	20				

續表

月干支序數	星期 / 月序	日	1	2	3	4	5	6	日	1	2	3	4	5	6	日	1	2	3	4	5	6	日	1	2	3	4	5	6	日	1	2	3	4	5	6	日	1
	藏曆十一月				23	24	25	26	27	28	29	30	1	2	3	4	5	6	7	8	9	10	11	12	13	14	15	16	17	18	19	21	22	23				
	公曆 12 月						1	2	3	4	5	6	7	8	9	10	11	12	13	14	15	16	17	18	19	20	21	22	23	24	25	26	27	28	29	30	31	
25	夏曆十一月						23	24	25	26	27	28	29	30	㉜	2	3	4	5	6	7	8	9	10	11	12	12	14	15	16	17	18	19	20	21	22	23	
	回曆 4 月						21	22	23	24	25	26	27	28	29	30	1	2	3	4	5	6	7	8	9	10	11	12	13	14	15	16	17	18	19	20	21	
	藏曆十二月						24	25	26	26	27	28	29	30	1	2	3	4	5	6	7	8	9	10	11	12	13	15	16	17	18	19	20	21	22	23	24	

遼三月己巳,閏三月己亥。

大事記

正月,立武學法。　二月,頒方田法。遼以宗女為公主,嫁夏國王李乾順。　閏二月,令陝西、河東、河北、京西錢監鑄當二夾錫鐵錢。　三月,置青海馬監。宋復銀州。夏擾宋邊。　四月,遼使蕭良至宋,為夏請罷兵。夏擾宋邊。五月,除黨人父兄子弟之禁。　六月,宋罷陝西、河東民力役。　九月,詔元祐黨人貶謫者徙內地,但不得至畿輔。十一月,遼禁商賈之家應舉。宋置諸路提舉學事官。宋以朱勔領蘇杭應奉局及領花石綱於蘇州。　是歲,文學家黄庭堅卒(1045—1105)。

宋 遼 金 紀 年

干支丙戌　公元 1106 年

朝代或國名	國家支配者	建都	廟號	謚號	建元	年號年次	輔政者	備注
北宋	⑧趙佶	汴梁	徽宗	顯	6	2 崇寧 5 年	蔡京 趙挺之	
遼	⑧耶律延禧	中京		天祚	3	1 乾統 6 年		
大理	①段正淳	陽苴咩	中宗	文安	4	4 文安 2 年		在雲南
西夏	④李乾順	(銀川)	崇宗	聖文	8	4 貞觀 6 年		
古格						293 年		西藏阿里
東汗國	阿黑馬					4 年		

月 曆 表

5819—354—2125414

月干支序數	星期 / 月序	日	1	2	3	4	5	6	日	1	2	3	4	5	6	日	1	2	3	4	5	6	日	1	2	3	4	5	6	日	1	2	3	4	5	6	日	1
	公曆 1 月		1	2	3	4	5	6	7	8	9	10	11	12	13	14	15	16	17	18	19	20	21	22	23	24	25	26	27	28	29	30	31					
26	夏曆十二月		24	25	26	27	28	29	①	2	3	4	5	6	7	8	9	10	11	12	13	14	15	16	17	18	19	20	21	22	23	24	25					
	回曆 5 月		22	23	24	25	26	27	28	29	1	2	3	4	5	6	7	8	9	10	11	12	13	14	15	16	17	18	19	20	21	22	23					
陽火狗年	藏曆一月		25	26	27	28	29	29	30	1	2	3	4	5	6	7	9	10	11	12	13	14	15	16	17	18	19	20	21	22	23	24	25					
	公曆 2 月					1	2	3	4	5	6	7	8	9	10	11	12	13	14	15	16	17	18	19	20	21	22	23	24	25	26	27	28					
27	夏曆正月					26	27	28	29	30	㉛	2	3	4	5	6	7	8	9	10	11	12	13	14	15	16	17	18	19	20	21	22	23					
	回曆 6 月					24	25	26	27	28	29	30	1	2	3	4	5	6	7	8	9	10	11	12	13	14	15	16	17	18	19	20	21					
	藏曆二月					26	27	28	29	30	1	2	3	4	5	6	7	8	9	10	11	12	14	15	16	17	18	19	20	21	21	22	23					
	公曆 3 月					1	2	3	4	5	6	7	8	9	10	11	12	13	14	15	16	17	18	19	20	21	22	23	24	25	26	27	28	29	30	31		
28	夏曆二月					24	25	26	27	28	29	30	①	2	3	4	5	6	7	8	9	10	11	12	13	14	15	16	17	18	19	20	21	22	23	24		
	回曆 7 月					22	23	24	25	26	27	28	29	1	2	3	4	5	6	7	8	9	10	11	12	13	14	15	16	17	18	19	20	21	22	23		
	藏曆三月					24	25	26	27	28	29	30	1	2	3	4	5	6	8	9	10	11	12	13	14	15	16	17	18	19	20	21	22	23	24	25		
	公曆 4 月	1	2	3	4	5	6	7	8	9	10	11	12	13	14	15	16	17	18	19	20	21	22	23	24	25	26	27	28	29	30							

續表

月干支序數	月序＼星期	日	1	2	3	4	5	6	日	1	2	3	4	5	6	日	1	2	3	4	5	6	日	1	2	3	4	5	6	日	1	2	3	4	5	6	日	1
29	夏曆三月	25	26	27	28	29	㉚	2	3	4	5	6	7	8	9	10	11	12	13	14	15	16	17	18	19	20	21	22	23	24	25							
	回曆8月	24	25	26	27	28	29	30	1	2	3	4	5	6	7	8	9	10	11	12	13	14	15	16	17	18	19	20	21	22	23							
	藏曆四月	26	26	27	28	30	1	2	3	4	5	6	7	8	9	10	12	13	14	15	15	16	17	18	19	20	21	22	23	24	25							
	公曆5月			1	2	3	4	5	6	7	8	9	10	11	12	13	14	15	16	17	18	19	20	21	22	23	24	25	26	27	28	29	30	31				
30	夏曆四月			26	27	28	29	(59)	2	3	4	5	6	7	8	9	10	11	12	13	14	15	16	17	18	19	20	21	22	23	24	25	26	27				
	回曆9月			24	25	26	27	28	29	1	2	3	4	5	6	7	8	9	10	11	12	13	14	15	16	17	18	19	20	21	22	23	24	25				
	藏曆後四月			26	27	28	29	30	1	2	4	5	6	7	8	9	10	11	12	13	14	15	16	17	18	19	20	21	21	22	23	24	25	27				
	公曆6月						1	2	3	4	5	6	7	8	9	10	11	12	13	14	15	16	17	18	19	20	21	22	23	24	25	26	27	28	29	30		
31	夏曆五月						28	29	30	㉙	2	3	4	5	6	7	8	9	10	11	12	13	14	15	16	17	18	19	20	21	22	23	24	25	26	27		
	回曆10月						26	27	28	29	30	1	2	3	4	5	6	7	8	9	10	11	12	13	14	15	16	17	18	19	20	21	22	23	24	25		
	藏曆五月						28	29	30	1	2	3	4	5	6	8	9	10	11	11	12	13	14	15	16	17	18	19	20	21	22	23	24	25	26	27		
	公曆7月	1	2	3	4	5	6	7	8	9	10	11	12	13	14	15	16	17	18	19	20	21	22	23	24	25	26	27	28	29	30	31						
32	夏曆六月	28	29	(58)	2	3	4	5	6	7	8	9	10	11	12	13	14	15	16	17	18	19	20	21	22	23	24	25	26	27	28	29						
	回曆11月	26	27	28	29	1	2	3	4	5	6	7	8	9	10	11	12	13	14	15	16	17	18	19	20	21	22	23	24	25	26	27						
	藏曆六月	28	30	1	2	3	4	5	6	7	8	9	10	11	12	13	14	15	16	17	18	19	19	21	22	23	24	25	26	27	28	29						
	公曆8月				1	2	3	4	5	6	7	8	9	10	11	12	13	14	15	16	17	18	19	20	21	22	23	24	25	26	27	28	29	30	31			
33 34	夏曆七、八月				㉗	2	3	4	5	6	7	8	9	10	11	12	13	14	15	16	17	18	19	20	21	22	23	24	25	26	27	28	29	30	(57)			
	回曆12月				28	29	30	1	2	3	4	5	6	7	8	9	10	11	12	13	14	15	16	17	18	19	20	21	22	23	24	25	26	27	28			
	藏曆七、八月				30	1	3	4	5	6	7	8	8	9	10	11	12	13	14	15	16	17	18	19	20	21	22	23	24	26	27	28	29	30	1			
	公曆9月							1	2	3	4	5	6	7	8	9	10	11	12	13	14	15	16	17	18	19	20	21	22	23	24	25	26	27	28	29	30	
35	夏曆九月							2	3	4	5	6	7	8	9	10	11	12	13	14	15	16	17	18	19	20	21	22	23	24	25	26	27	28	29	㉖	2	
500年	回曆1月							29	①	2	3	4	5	6	7	8	9	10	11	12	13	14	15	16	17	18	19	20	21	22	23	24	25	26	27	28	29	
	藏曆九月							2	3	4	5	6	7	8	9	10	11	12	13	14	14	15	16	18	19	20	21	22	23	24	25	26	27	28	30	1	2	
	公曆10月		1	2	3	4	5	6	7	8	9	10	11	12	13	14	15	16	17	18	19	20	21	22	23	24	25	26	27	28	29	30	31					
36	夏曆十月		3	4	5	6	7	8	9	10	11	12	13	14	15	16	17	18	19	20	21	22	23	24	25	26	27	28	29	30	(56)	2	3					
	回曆2、3月		30	1	2	3	4	5	6	7	8	9	10	11	12	13	14	15	16	17	18	19	20	21	22	23	24	25	26	27	28	29	1					
	藏曆十月		2	3	4	5	6	7	8	9	10	11	12	13	14	15	16	17	18	19	20	21	23	24	25	26	27	28	29	30	1	2	3					
	公曆11月					1	2	3	4	5	6	7	8	9	10	11	12	13	14	15	16	17	18	19	20	21	22	23	24	25	26	27	28	29	30			
37	夏曆十一月					4	5	6	7	8	9	10	11	12	13	14	15	16	17	18	19	20	21	22	23	24	25	26	27	28	29	㉕	2	3	4			
	回曆4月					2	3	4	5	6	7	8	9	10	11	12	13	14	15	16	17	18	19	20	21	22	23	24	25	26	27	28	29	30	1			
	藏曆十一月					4	5	6	7	7	8	9	10	11	12	13	14	15	17	18	19	20	21	22	23	24	25	26	27	28	29	30	1	2	3			
	公曆12月							1	2	3	4	5	6	7	8	9	10	11	12	13	14	15	16	17	18	19	20	21	22	23	24	25	26	27	28	29	30	31
38	夏曆十二月							5	6	7	8	9	10	11	12	13	14	15	16	17	18	19	20	21	22	23	24	25	26	27	28	29	30	(55)	2	3	4	5
	回曆5月							2	3	4	5	6	7	8	9	10	11	12	13	14	15	16	17	18	19	20	21	22	23	24	25	26	27	28	29	1	2	3
	藏曆十二月							4	5	6	7	8	9	10	11	12	13	14	15	16	17	18	19	20	22	23	24	25	26	27	28	29	29	30	1	2	3	4

大事紀

正月，宋罷鑄當十錢，改鑄小平錢。宋以“星變”，大赦元祐黨人，又權罷方田，又罷書、畫、算、醫四學。　二月，蔡京罷，遼遣大臣請宋歸所侵夏地，宋許歸崇寧所侵者。　三月，宋罷諸州武學。　五月，宋頒行《紀元曆》。罷辟舉，盡復元豐選法。　六月，立諸路監司互察法。　七月，宋與夏和。阻卜貢遼。　十一月，宋立武士貢法。　是歲，廣西黎峒酋領韋晏鬧附於宋。唐慎微修成《經史證類》及《本章》。

宋遼金紀年

干支丁亥　公元 1107 年

朝代或國名	國家支配者	建都	廟號	謚號	建元	年號年次	輔政者	備注
北宋	⑧趙佶	汴梁	徽宗	顯	6	3 大觀元年	趙挺之 蔡京	
遼	⑧耶律延禧	中京		天祚	3	1 乾統 7 年		
大理	①段正淳	陽苴咩	中宗	文安	4	4 文安 3 年		在雲南
西夏	④李乾順	(銀川)	崇宗	聖文	8	4 貞觀 7 年		
古格						294 年		西藏阿里
東汗國	阿黑馬					5 年		

月曆表

5820—384—2125798

月干支序數	月序＼星期	日	1	2	3	4	5	6	日	1	2	3	4	5	6	日	1	2	3	4	5	6	日	1	2	3	4	5	6	日	1	2	3	4	5	6	日	1
	公曆 1 月			1	2	3	4	5	6	7	8	9	10	11	12	13	14	15	16	17	18	19	20	21	22	23	24	25	26	27	28	29	30	31				
39	夏曆正月			6	7	8	9	10	11	12	13	14	15	16	17	18	19	20	21	22	23	24	25	26	27	28	29	30	㉕	2	3	4	5	6				
	回曆 6 月			4	5	6	7	8	9	10	11	12	13	14	15	16	17	18	19	20	21	22	23	24	25	26	27	28	29	30	1	2	3	4				
陰火豬年	藏曆一月			5	6	7	8	9	10	11	12	13	14	16	17	18	19	20	21	22	23	24	25	26	27	28	29	30	1	2	2	3	4	5				
	公曆 2 月						1	2	3	4	5	6	7	8	9	10	11	12	13	14	15	16	17	18	19	20	21	22	23	24	25	26	27	28				
40	夏曆二月						7	8	9	10	11	12	13	14	15	16	17	18	19	20	21	22	23	24	25	26	27	28	29	30	(55)	2	3	4				
	回曆 7 月						5	6	7	8	9	10	11	12	13	14	15	16	17	18	19	20	21	22	23	24	25	26	27	28	29	1	2	3				
	藏曆二月						6	7	8	10	11	12	13	14	15	16	17	18	19	20	21	22	23	24	25	26	27	28	29	30	1	2	3	4				
	公曆 3 月						1	2	3	4	5	6	7	8	9	10	11	12	13	14	15	16	17	18	19	20	21	22	23	24	25	26	27	28	29	30	31	
41	夏曆三月						5	6	7	8	9	10	11	12	13	14	15	16	17	18	19	20	21	22	23	24	25	26	27	28	29	㉔	2	3	4	5	6	
	回曆 8 月						4	5	6	7	8	9	10	11	12	13	14	15	16	17	18	19	20	21	22	23	24	25	26	27	28	29	30	1	2	3	4	
	藏曆三月						5	6	7	8	9	10	12	13	14	15	16	17	18	19	20	21	22	23	24	25	25	26	27	28	29	30	1	2	3	4	5	
	公曆 4 月		1	2	3	4	5	6	7	8	9	10	11	12	13	14	15	16	17	18	19	20	21	22	23	24	25	26	27	28	29	30						
42	夏曆四月		7	8	9	10	11	12	13	14	15	16	17	18	19	20	21	22	23	24	25	26	27	28	29	30	(54)	2	3	4	5	6						
	回曆 9 月		5	6	7	8	9	10	11	12	13	14	15	16	17	18	19	20	21	22	23	24	25	26	27	28	29	1	2	3	4	5						
	藏曆四月		6	8	9	10	11	12	13	14	15	16	17	18	19	20	21	22	23	24	25	26	27	28	29	30	1	2	3	4	5	6						
	公曆 5 月				1	2	3	4	5	6	7	8	9	10	11	12	13	14	15	16	17	18	19	20	21	22	23	24	25	26	27	28	29	30	31			
43	夏曆五月				7	8	9	10	11	12	13	14	15	16	17	18	19	20	21	22	23	24	25	26	27	28	29	㉓	2	3	4	5	6	7	8			
	回曆 10 月				6	7	8	9	10	11	12	13	14	15	16	17	18	19	20	21	22	23	24	25	26	27	28	29	30	1	2	3	4	5	6			
	藏曆五月				7	8	9	10	12	13	14	15	16	17	18	19	20	20	21	22	23	24	25	26	27	28	29	30	1	2	3	5	6	7	8			
	公曆 6 月							1	2	3	4	5	6	7	8	9	10	11	12	13	14	15	16	17	18	19	20	21	22	23	24	25	26	27	28	29	30	
44	夏曆六月							9	10	11	12	13	14	15	16	17	18	19	20	21	22	23	24	25	26	27	28	29	30	(53)	2	3	4	5	6	7	8	
	回曆 11 月							7	8	9	10	11	12	13	14	15	16	17	18	19	20	21	22	23	24	25	26	27	28	29	1	2	3	4	5	6	7	
	藏曆六月							9	10	11	12	13	14	15	16	17	18	19	20	21	22	23	24	25	26	27	28	29	30	1	2	3	4	5	7	8	9	
	公曆 7 月		1	2	3	4	5	6	7	8	9	10	11	12	13	14	15	16	17	18	19	20	21	22	23	24	25	26	27	28	29	30	31					
45	夏曆七月		9	10	11	12	13	14	15	16	17	18	19	20	21	22	23	24	25	26	27	28	29	㉒	2	3	4	5	6	7	8	9	10					
	回曆 12 月		8	9	10	11	12	13	14	15	16	17	18	19	20	21	22	23	24	25	26	27	28	29	30	1	2	3	4	5	6	7	8					
	藏曆七月		10	11	12	13	14	15	16	16	17	18	19	20	21	22	23	24	25	26	27	28	30	1	2	3	4	5	6	7	8	9	10					
	公曆 8 月					1	2	3	4	5	6	7	8	9	10	11	12	13	14	15	16	17	18	19	20	21	22	23	24	25	26	27	28	29	30	31		
46	夏曆八月					11	12	13	14	15	16	17	18	19	20	21	22	23	24	25	26	27	28	29	(51)	1	3	4	5	6	7	8	9	10	11	12		
501 年	回曆 1 月					9	10	11	12	13	14	15	16	17	18	19	20	21	22	23	24	25	26	27	28	29	①	2	3	4	5	6	7	8	9	10		
	藏曆八月					11	12	13	14	15	16	17	18	19	20	21	22	23	24	25	26	27	28	29	30	1	3	4	5	6	7	8	9	10	11	12		
	公曆 9 月	1	2	3	4	5	6	7	8	9	10	11	12	13	14	15	16	17	18	19	20	21	22	23	24	25	26	27	28	29	30							

續表

月 干支 序數	星期 月序	日	1	2	3	4	5	6	日	1	2	3	4	5	6	日	1	2	3	4	5	6	日	1	2	3	4	5	6	日	1	2	3	4	5	6	日	1
47	夏暦九月	13	14	15	16	17	18	19	20	21	22	23	24	25	26	27	28	29	30	㉑	2	3	4	5	6	7	8	9	10	11	12							
	回暦2月	11	12	13	14	15	16	17	18	19	20	21	22	23	24	25	26	27	28	29	30	1	2	3	4	5	6	7	8	9	10							
	藏暦九月	13	13	14	15	16	17	18	19	20	21	22	23	24	26	27	28	29	30	1	2	3	4	5	6	7	8	9	10	11	12							
	公暦10月			1	2	3	4	5	6	7	8	9	10	11	12	13	14	15	16	17	18	19	20	21	22	23	24	25	26	27	28	29	30	31				
48	夏暦十月			13	14	15	16	17	18	19	20	21	22	23	24	25	26	27	28	29	㊿	2	3	4	5	6	7	8	9	10	11	12	13	14				
	回暦3月			11	12	13	14	15	16	17	18	19	20	21	22	23	24	25	26	27	28	29	1	2	3	4	5	6	7	8	9	10	11	12				
	藏暦十月			13	14	15	16	17	18	19	20	21	22	23	24	25	26	27	28	30	1	2	3	4	5	6	7	7	8	9	10	11	12	13				
	公暦11月						1	2	3	4	5	6	7	8	9	10	11	12	13	14	15	16	17	18	19	20	21	22	23	24	25	26	27	28	29	30		
	夏暦閏十月						15	16	17	18	19	20	21	22	23	24	25	26	27	28	29	30	⑳	2	3	4	5	6	7	8	9	10	11	12	13	14		
	回暦4月						13	14	15	16	17	18	19	20	21	22	23	24	25	26	27	28	29	30	1	2	3	4	5	6	7	8	9	10	11	12		
	藏暦十一月						14	15	16	17	18	19	20	21	22	24	25	26	27	28	29	30	1	2	3	4	5	6	7	8	9	10	10	11	12	13		
	公暦12月	1	2	3	4	5	6	7	8	9	10	11	12	13	14	15	16	17	18	19	20	21	22	23	24	25	26	27	28	29	30	31						
49	夏暦十一月	15	16	17	18	19	20	21	22	23	24	25	26	27	28	29	㊾	2	3	4	5	6	7	8	9	10	11	12	13	14	15	16						
	回暦5月	13	14	15	16	17	18	19	20	21	22	23	24	25	26	27	28	29	1	2	3	4	5	6	7	8	9	10	11	12	13	14						
	藏暦十二月	14	15	16	18	19	20	21	22	23	24	25	26	27	28	29	30	1	2	3	4	5	6	7	8	9	10	11	12	13	14	15						

宋天文誌閏八月，不合。

大事紀

正月，蔡京復相。　二月，復行方田法。復醫學。　三月，宋立八行取士法。　五月，安化"蠻"擾宋。　六月，宋在黎人地置庭、孚二州。　七月，宋括全國漏丁。　九月，程頤卒(1033—1107)。　閏十月，詔守令以戶口為殿最。十一月，宋侵奪南丹溪峒地置觀州，置黔南路，領九州。　是歲，宋秦鳳路旱，京東西水。宋以涪州夷地置恭、承二州。是歲，書畫家米芾卒(1051—1107)。

宋遼金紀年　　干支戊子　公元1108年

朝代或國名	國家支配者	建都	廟號	謚號	建元	年號年次	輔政者	備注
北宋	⑧趙佶	汴梁	徽宗	顯	6	3大觀2年	蔡京	
遼	⑧耶律延禧	中京		天祚	3	1乾統8年		
大理	①段正淳	陽苴咩	中宗	文安	4	4文安4年		段正嚴即位
西夏	④李乾順	(銀川)	崇宗	聖文	8	4貞觀8年		
古格						295年		西藏阿里
東汗國	阿黑馬					6年		

月曆表　　5821—354—2126152

月 干支 序數	星期 月序	日	1	2	3	4	5	6	日	1	2	3	4	5	6	日	1	2	3	4	5	6	日	1	2	3	4	5	6	日	1	2	3	4	5	6	日	1
.	公暦1月				1	2	3	4	5	6	7	8	9	10	11	12	13	14	15	16	17	18	19	20	21	22	23	24	25	26	27	28	29	30	31			
50	夏暦十二月				17	18	19	20	21	22	23	24	25	26	27	28	29	30	⑲	2	3	4	5	6	7	8	9	10	11	12	13	14	15	16	17			
	回暦6月				15	16	17	18	19	20	21	22	23	24	25	26	27	28	29	30	1	2	3	4	5	6	7	8	9	10	11	12	13	14	15			
陽土鼠年	藏暦一月				16	17	18	19	20	21	23	24	25	26	27	28	29	30	1	2	2	3	4	5	6	7	8	9	10	11	12	13	14	15	17			

續表

月干支序數	星期 / 月序	日	1	2	3	4	5	6	日	1	2	3	4	5	6	日	1	2	3	4	5	6	日	1	2	3	4	5	6	日	1	2	3	4	5	6	日	1
	公曆2月							1	2	3	4	5	6	7	8	9	10	11	12	13	14	15	16	17	18	19	20	21	22	23	24	25	26	27	28	29		
51	夏曆正月							18	19	20	21	22	23	24	25	26	27	28	29	30	㊾	2	3	4	5	6	7	8	9	10	11	12	13	14	15	16		
	回曆7月							16	17	18	19	20	21	22	23	24	25	26	27	28	29	1	2	3	4	5	6	7	8	9	10	11	12	13	14	15		
	藏曆二月							18	19	20	21	22	23	24	25	26	27	28	29	30	1	2	3	4	5	6	6	7	8	10	11	12	13	14	15	16		
	公曆3月	1	2	3	4	5	6	7	8	9	10	11	12	13	14	15	16	17	18	19	20	21	22	23	24	25	26	27	28	29	30	31						
52	夏曆二月	17	18	19	20	21	22	23	24	25	26	27	28	29	30	⑲	2	3	4	5	6	7	8	9	10	11	12	13	14	15	16	17						
	回曆8月	16	17	18	19	20	21	22	23	24	25	26	27	28	29	30	1	2	3	4	5	6	7	8	9	10	11	12	13	14	15	16						
	藏曆三月	17	18	19	20	21	22	23	24	25	26	27	28	29	30	1	2	3	4	5	6	7	8	9	10	11	12	13	15	16	17	18						
	公曆4月				1	2	3	4	5	6	7	8	9	10	11	12	13	14	15	16	17	18	19	20	21	22	23	24	25	26	27	28	29	30				
53	夏曆三月				18	19	20	21	22	23	24	25	26	27	28	29	㊽	2	3	4	5	6	7	8	9	10	11	12	13	14	15	16	17	18				
	回曆9月				17	18	19	20	21	22	23	24	25	26	27	28	29	1	2	3	4	5	6	7	8	9	10	11	12	13	14	15	16	17				
	藏曆四月				19	20	21	22	23	24	25	26	27	28	29	29	30	1	2	3	4	5	6	8	9	10	11	12	13	14	15	16	17	18				
	公曆5月						1	2	3	4	5	6	7	8	9	10	11	12	13	14	15	16	17	18	19	20	21	22	23	24	25	26	27	28	29	30	31	
54	夏曆四月						19	20	21	22	23	24	25	26	27	28	29	30	⑱	2	3	4	5	6	7	8	9	10	11	12	13	14	15	16	17	18	19	
	回曆10月						18	19	20	21	22	23	24	25	26	27	28	29	30	1	2	3	4	5	6	7	8	9	10	11	12	13	14	15	16	17	18	
	藏曆五月						19	20	21	22	23	24	25	26	27	28	29	30	1	2	3	4	5	6	7	8	9	10	12	13	14	15	16	17	18	19	20	
	公曆6月		1	2	3	4	5	6	7	8	9	10	11	12	13	14	15	16	17	18	19	20	21	22	23	24	25	26	27	28	29	30						
55	夏曆五月		20	21	22	23	24	25	26	27	28	29	㊼	2	3	4	5	6	7	8	9	10	11	12	13	14	15	16	17	18	19	20						
	回曆11月		19	20	21	22	23	24	25	26	27	28	29	1	2	3	4	5	6	7	8	9	10	11	12	13	14	15	16	17	18	19						
	藏曆六月		21	22	23	24	25	25	26	27	28	29	30	1	2	4	5	6	7	8	9	10	11	12	13	14	15	16	17	18	19	20						
	公曆7月				1	2	3	4	5	6	7	8	9	10	11	12	13	14	15	16	17	18	19	20	21	22	23	24	25	26	27	28	29	30	31			
56	夏曆六月				21	22	23	24	25	26	27	28	29	30	⑰	2	3	4	5	6	7	8	9	10	11	12	13	14	15	16	17	18	19	20	21			
	回曆12月				20	21	22	23	24	25	26	27	28	29	39	1	2	3	4	5	6	7	8	9	10	11	12	13	14	15	16	17	18	19	20			
	藏曆七月				21	22	23	24	25	26	27	28	29	30	1	2	3	4	5	7	8	9	10	11	12	13	14	15	16	17	18	19	20	21	21			
	公曆8月							1	2	3	4	5	6	7	8	9	10	11	12	13	14	15	16	17	18	19	20	21	22	23	24	25	26	27	28	29	30	31
57	夏曆七月							22	23	24	25	26	27	28	29	㊻	2	3	4	5	6	7	8	9	10	11	12	13	14	15	16	17	18	19	20	21	22	23
502年	回曆1月							21	22	23	24	25	26	27	28	29	30	①	2	3	4	5	6	7	8	9	10	11	12	13	14	15	16	17	18	19	20	21
	藏曆八月							22	23	24	25	26	27	28	30	1	2	3	4	5	6	7	8	9	10	11	12	13	14	15	16	17	18	19	20	21	22	23
	公曆9月			1	2	3	4	5	6	7	8	9	10	11	12	13	14	15	16	17	18	19	20	21	22	23	24	25	26	27	28	29	30					
58	夏曆八月			24	25	26	27	28	29	⑮	2	3	4	5	6	7	8	9	10	11	12	13	14	15	16	17	18	19	20	21	22	23	24					
	回曆2月			22	23	24	25	26	27	28	29	30	1	2	3	4	5	6	7	8	9	10	11	12	13	14	15	16	17	18	19	20	21					
	藏曆九月			24	25	26	27	28	29	30	1	3	4	5	6	7	8	9	10	11	12	13	14	15	16	17	17	18	19	20	21	22	23					
	公曆10月					1	2	3	4	5	6	7	8	9	10	11	12	13	14	15	16	17	18	19	20	21	22	23	24	25	26	27	28	29	30	31		
59	夏曆九月					25	26	27	28	29	30	㊺	2	3	4	5	6	7	8	9	10	11	12	13	14	15	16	17	18	19	20	21	22	23	24	25		
	回曆3月					22	23	24	25	26	27	28	29	1	2	3	4	5	6	7	8	9	10	11	12	13	14	15	16	17	18	19	20	21	22	23		
	藏曆十月					24	25	27	28	29	30	1	2	3	4	5	6	7	8	9	10	11	12	13	14	15	16	17	18	19	20	21	22	23	24	25		
	公曆11月	1	2	3	4	5	6	7	8	9	10	11	12	13	14	15	16	17	18	19	20	21	22	23	24	25	26	27	28	29	30							
60	夏曆十月	26	27	28	29	⑭	2	3	4	5	6	7	8	9	10	11	12	13	14	15	16	17	18	19	20	21	22	23	24	25	26							
	回曆4月	24	25	26	27	28	29	30	1	2	3	4	5	6	7	8	9	10	11	12	13	14	15	16	17	18	19	20	21	22	23							
	藏曆十一月	26	27	28	29	1	2	3	4	5	6	7	8	9	10	10	11	12	13	14	15	16	17	18	19	20	21	22	23	25	26							
	公曆12月			1	2	3	4	5	6	7	8	9	10	11	12	13	14	15	16	17	18	19	20	21	22	23	24	25	26	27	28	29	30	31				
1	夏曆十一月			27	28	29	30	㊹	2	3	4	5	6	7	8	9	10	11	12	13	14	15	16	17	18	19	20	21	22	23	24	25	26	27				
	回曆5月			24	25	26	27	28	29	1	2	3	4	5	6	7	8	9	10	11	12	13	14	15	16	17	18	19	20	21	22	23	24	25				
	藏曆十二月			27	28	29	30	1	2	3	4	5	6	7	8	9	10	11	12	13	13	14	15	16	18	19	20	21	22	23	24	25	26	27				

大事紀

正月,河東、河北地方民暴動。　四月,遼封高麗王俁為三韓國公。童貫復洮州事及積石軍。　五月,復諸路歲貢供奉物。　七月,訪天下遺書。　是歲,宋涪、渝等州招誘附近安化等溪峒納土,置軫、溱等州。

宋遼金紀年

干支己丑　公元1109年

朝代或國名	國家支配者	建都	廟號	謚號	建元	年號年次	輔政者	備注
北宋	⑧趙佶	汴梁	徽宗	顯	6	3大觀3年	蔡京 何執中	
遼	⑧耶律延禧	中京		天祚	3	1乾統9年		
大理	②段正嚴	陽苴咩	憲宗	文安	5	1日新元年		在雲南
西夏	④李乾順	(銀川)	崇宗	聖文	8	4貞觀9年		
古格						296年		西藏阿里
東汗國	阿黑馬					7年		

月曆表

5822－354－2126506

月干支序數	月序＼星期	日	1	2	3	4	5	6	日	1	2	3	4	5	6	日	1	2	3	4	5	6	日	1	2	3	4	5	6	日	1	2	3	4	5	6	日	1
	公曆1月						1	2	3	4	5	6	7	8	9	10	11	12	13	14	15	16	17	18	19	20	21	22	23	24	25	26	27	28	29	30	31	
2	夏曆十二月						28	29	⑬	2	3	4	5	6	7	8	9	10	11	12	13	14	15	16	17	18	19	20	21	22	23	24	25	26	27	28	29	
	回曆6月						26	27	28	29	30	1	2	3	4	5	6	7	8	9	10	11	12	13	14	15	16	17	18	19	20	21	22	23	24	25	26	
	藏曆後十二月						28	29	30	1	2	3	4	5	6	7	8	9	10	11	12	13	14	15	16	17	18	19	20	21	22	24	25	26	27	28	29	
	公曆2月		1	2	3	4	5	6	7	8	9	10	11	12	13	14	15	16	17	18	19	20	21	22	23	24	25	26	27	28								
3	夏曆正月		30	㊸	2	3	4	5	6	7	8	9	10	11	12	13	14	15	16	17	18	19	20	21	22	23	24	25	26	27								
	回曆7月		27	28	29	1	2	3	4	5	6	7	8	9	10	11	12	13	14	15	16	17	18	19	20	21	22	23	24	25								
陰土牛年	藏曆一月		30	1	2	3	4	5	5	6	7	8	9	10	11	12	13	14	15	16	18	19	20	21	22	23	24	25	26	27								
	公曆3月		1	2	3	4	5	6	7	8	9	10	11	12	13	14	15	16	17	18	19	20	21	22	23	24	25	26	27	28	29	30	31					
4	夏曆二月		28	29	30	⑬	2	3	4	5	6	7	8	9	10	11	12	13	14	15	16	17	18	19	20	21	22	23	24	25	26	27	28					
	回曆8月		26	27	28	29	30	1	2	3	4	5	6	7	8	9	10	11	12	13	14	15	16	17	18	19	20	21	22	23	24	25	26					
	藏曆二月		28	29	30	1	2	3	4	5	6	7	8	9	10	11	12	13	14	15	15	16	17	18	19	20	22	23	24	25	26	27	28					
	公曆4月					1	2	3	4	5	6	7	8	9	10	11	12	13	14	15	16	17	18	19	20	21	22	23	24	25	26	27	28	29	30			
5	夏曆三月					29	㊷	2	3	4	5	6	7	8	9	10	11	12	13	14	15	16	17	18	19	20	21	22	23	24	25	26	27	28	29			
	回曆9月					27	28	29	1	2	3	4	5	6	7	8	9	10	11	12	13	14	15	16	17	18	19	20	21	22	23	24	25	26	27			
	藏曆三月					28	29	1	2	3	4	5	6	7	8	9	10	11	12	13	14	16	17	18	19	20	21	22	23	24	25	26	27	28	29			
	公曆5月							1	2	3	4	5	6	7	8	9	10	11	12	13	14	15	16	17	18	19	20	21	22	23	24	25	26	27	28	29	30	31
6	夏曆四月							30	⑫	2	3	4	5	6	7	8	9	10	11	12	13	14	15	16	17	18	19	20	21	22	23	24	25	26	27	28	29	30
	回曆10月							28	29	30	1	2	3	4	5	6	7	8	9	10	11	12	13	14	15	16	17	18	19	20	21	22	23	24	25	26	27	28
	藏曆四月							30	1	2	3	4	4	5	6	8	9	10	11	12	13	14	15	16	17	19	20	21	22	23	23	24	25	26	27	28	29	30
	公曆6月			1	2	3	4	5	6	7	8	9	10	11	12	13	14	15	16	17	18	19	20	21	22	23	24	25	26	27	28	29	30					
7 8	夏曆五六月			㊷	2	3	4	5	6	7	8	9	10	11	12	13	14	15	16	17	18	19	20	21	22	23	24	25	26	27	28	29	⑪					
	回曆11月			29	1	2	3	4	5	6	7	8	9	10	11	12	13	14	15	16	17	18	19	20	21	22	23	24	25	26	27	28	29					
	藏曆五六月			1	2	3	4	5	6	7	8	9	10	12	13	14	15	16	17	18	19	20	21	22	23	24	25	26	27	28	29	30	1					
	公曆7月					1	2	3	4	5	6	7	8	9	10	11	12	13	14	15	16	17	18	19	20	21	22	23	24	25	26	27	28	29	30	31		
9	夏曆七月					2	3	4	5	6	7	8	9	10	11	12	13	14	15	16	17	18	19	20	21	22	23	24	25	26	27	28	29	39	㊶	2		

續表

月 干支 序數	星期 月序	日	1	2	3	4	5	6	日	1	2	3	4	5	6	日	1	2	3	4	5	6	日	1	2	3	4	5	6	日	1	2	3	4	5	6	日	1
503年	回暦12、1月					30	1	2	3	4	5	6	7	8	9	10	11	12	13	14	15	16	17	18	19	20	21	22	23	24	25	26	27	28	29	①		
	藏暦七月					2	3	4	5	6	7	8	9	10	11	12	13	15	16	17	18	19	20	20	21	22	23	24	25	26	27	28	29	30	1	2		
	公暦8月	1	2	3	4	5	6	7	8	9	10	11	12	13	14	15	16	17	18	19	20	21	22	23	24	25	26	27	28	29	30	31						
10	夏暦八月	3	4	5	6	7	8	9	10	11	12	13	14	15	16	17	18	19	20	21	22	23	24	25	26	27	28	29	⑩	2	3	4						
	回暦2月	2	3	4	5	6	7	8	9	10	11	12	13	14	15	16	17	18	19	20	21	22	23	24	25	26	27	28	29	30	1	2						
	藏暦八月	3	4	5	7	8	9	10	11	12	13	14	15	16	17	18	19	20	21	22	23	24	25	26	27	28	29	30	1	2	3	4						
	公暦9月				1	2	3	4	5	6	7	8	9	10	11	12	13	14	15	16	17	18	19	20	21	22	23	24	25	26	27	28	29	30				
11	夏暦九月				5	6	7	8	9	10	11	12	13	14	15	16	17	18	19	20	21	22	23	24	25	26	27	28	29	㊴	2	3	4	5				
	回暦3月				3	4	5	6	7	8	9	10	11	12	13	14	15	16	17	18	19	20	21	22	23	24	25	26	27	28	29	1	2	3				
	藏暦九月				5	6	7	8	9	11	12	13	14	15	16	16	17	18	19	20	21	22	23	24	25	26	27	28	29	30	1	2	4	5				
	公暦10月						1	2	3	4	5	6	7	8	9	10	11	12	13	14	15	16	17	18	19	20	21	22	23	24	25	26	27	28	29	30	31	
12	夏暦十月						6	7	8	9	10	11	12	13	14	15	16	17	18	19	20	21	22	23	24	25	26	27	28	29	30	⑨	2	3	4	5	6	
	回暦4月						4	5	6	7	8	9	10	11	12	13	14	15	16	17	18	19	20	21	22	23	24	25	26	27	28	29	30	1	2	3	4	
	藏暦十月						6	7	8	9	10	11	12	13	14	15	16	17	18	19	20	20	21	22	23	24	25	26	26	27	28	1	2	3	4	5	6	
	公暦11月		1	2	3	4	5	6	7	8	9	10	11	12	13	14	15	16	17	18	19	20	21	22	23	24	25	26	27	28	29	30						
13	夏暦十一月		7	8	9	10	11	12	13	14	15	16	17	18	19	20	21	22	23	24	25	26	27	28	29	㊳	2	3	4	5	6	7						
	回暦5月		5	6	7	8	9	10	11	12	13	14	15	16	17	18	19	20	21	22	23	24	25	26	27	28	29	1	2	3	4	5						
	藏暦十一月		7	8	9	10	11	12	13	14	15	16	17	18	19	20	21	22	23	24	25	26	27	28	29	2	3	4	5	6	7	8						
	公暦12月				1	2	3	4	5	6	7	8	9	10	11	12	13	14	15	16	17	18	19	20	21	22	23	24	25	26	27	28	29	30	31			
14	夏暦十二月				8	9	10	11	12	13	14	15	16	17	18	19	20	21	22	23	24	25	26	27	28	29	30	⑧	2	3	4	5	6	7	8			
	回暦6月				6	7	8	9	10	11	12	13	14	15	16	17	18	19	20	21	22	23	24	25	26	27	28	29	30	1	2	3	4	5	6			
	藏暦十二月				9	10	11	12	13	13	14	15	16	17	18	19	20	21	22	23	24	26	27	28	29	30	30	1	2	3	4	5	6	7	8			

大事紀

二月，播州夷楊文貴納地，以其地置尊義軍。　三月，立海商越界法。併黔南路入廣西路。　四月，五國貢遼。六月，蔡京罷。宋以瀘州夷納地置純、滋二州。　十月，減六尚局供奉物。　十二月，高麗貢遼。宋罷東南諸路鑄夾錫錢。　是歲，江、淮、荆、浙、福建大旱，秦、鳳、階、成等地饑。

宋遼金紀年

干支庚寅　公元1110年

朝代或國名	國家支配者	建都	廟號	謚號	建元	年號年次	輔政者	備注
北宋	⑧趙佶	汴梁	徽宗	顯	6	3大觀4年	何执中 張商英	
遼	⑧耶律延禧	中京		天祚	3	1乾統10年		
大理	②段正嚴	陽苴咩	憲宗	宣仁	5	2文治元年		在雲南
西夏	④李乾順	(銀川)	崇宗	聖文	8	4貞觀10年		
古格						297年		西藏阿里
東汗國	阿黑馬					8年		

月　曆　表　　5823—384—2126890

月 干支 序數	月　星 　　期 序	日	1	2	3	4	5	6	日	1	2	3	4	5	6	日	1	2	3	4	5	6	日	1	2	3	4	5	6	日	1	2	3	4	5	6	日	1
	公暦1月							1	2	3	4	5	6	7	8	9	10	11	12	13	14	15	16	17	18	19	20	21	22	23	24	25	26	27	28	29	30	31
15	夏暦正月							9	10	11	12	13	14	15	16	17	18	19	20	21	22	23	24	25	26	27	28	29	㊲	2	3	4	5	6	7	8	9	10
	回暦7月							7	8	9	10	11	12	13	14	15	16	17	18	19	20	21	22	23	24	25	26	27	28	29	1	2	3	4	5	6	7	8
陽金虎年	藏暦一月							9	10	11	12	13	14	15	16	17	18	19	20	21	22	23	24	25	26	27	28	29	2	3	4	4	5	6	7	8	9	10
	公暦2月			1	2	3	4	5	6	7	8	9	10	11	12	13	14	15	16	17	18	19	20	21	22	23	24	25	26	27	28							
16	夏暦二月			11	12	13	14	15	16	17	18	19	20	21	22	23	24	25	26	27	28	29	30	⑦	2	3	4	5	6	7	8							
	回暦8月			9	10	11	12	13	14	15	16	17	18	19	20	21	22	23	24	25	26	27	28	29	30	1	2	3	4	5	6							
	藏暦二月			11	12	13	14	15	16	17	18	19	20	21	22	23	25	26	27	28	29	30	30	1	2	3	4	5	6	7	9							
	公暦3月			1	2	3	4	5	6	7	8	9	10	11	12	13	14	15	16	17	18	19	20	21	22	23	24	25	26	27	28	29	30	31				
17	夏暦三月			9	10	11	12	13	14	15	16	17	18	19	20	21	22	23	24	25	26	27	28	29	㊱	2	3	4	5	6	7	8	9	10				
	回暦9月			7	8	9	10	11	12	13	14	15	16	17	18	19	20	21	22	23	24	25	26	27	28	29	1	2	3	4	5	6	7	8				
	藏暦三月			10	11	12	13	14	15	16	17	18	18	19	20	21	22	23	24	25	26	27	28	29	30	1	2	3	4	5	6	7	8	9				
	公暦4月						1	2	3	4	5	6	7	8	9	10	11	12	13	14	15	16	17	18	19	20	21	22	23	24	25	26	27	28	29	30		
18	夏暦四月						11	12	13	14	15	16	17	18	19	20	21	22	23	24	25	26	27	28	29	30	⑥	2	3	4	5	6	7	8	9	10		
	回暦10月						9	10	11	12	13	14	15	16	17	18	19	20	21	22	23	24	25	26	27	28	29	30	1	2	3	4	5	6	7	8		
	藏暦四月						10	11	12	13	14	15	16	17	18	19	20	21	23	24	25	26	27	28	29	30	1	2	2	3	4	5	6	7	8	9		
	公暦5月	1	2	3	4	5	6	7	8	9	10	11	12	13	14	15	16	17	18	19	20	21	22	23	24	25	26	27	28	29	30	31						
19	夏暦五月	11	12	13	14	15	16	17	18	19	20	21	22	23	24	25	26	27	28	29	30	㊱	2	3	4	5	6	7	8	9	10	11						
	回暦11月	9	10	11	12	13	14	15	16	17	18	19	20	21	22	23	24	25	26	27	28	29	1	2	3	4	5	6	7	8	9	10						
	藏暦五月	10	11	12	13	14	16	17	18	19	20	21	22	23	24	25	26	27	28	29	30	1	2	3	4	5	6	7	8	9	10	11						
	公暦6月				1	2	3	4	5	6	7	8	9	10	11	12	13	14	15	16	17	18	19	20	21	22	23	24	25	26	27	28	29	30				
20	夏暦六月				12	13	14	15	16	17	18	19	20	21	22	23	24	25	26	27	28	29	⑤	2	3	4	5	6	7	8	9	10	11	12				
	回暦12月				11	12	13	14	15	16	17	18	19	20	21	22	23	24	25	26	27	28	29	30	1	2	3	4	5	6	7	8	9	10				
	藏暦六月				12	13	14	15	16	17	19	20	21	22	23	24	25	26	27	28	28	29	30	1	2	3	4	5	6	7	8	9	10	12				
	公暦7月						1	2	3	4	5	6	7	8	9	10	11	12	13	14	15	16	17	18	19	20	21	22	23	24	25	26	27	28	29	30	31	
21	夏暦七月						13	14	15	16	17	18	19	20	21	22	23	24	25	26	27	28	29	30	㉟	2	3	4	5	6	7	8	9	10	11	12	13	
504年	回暦1月						11	12	13	14	15	16	17	18	19	20	21	22	23	24	25	26	27	28	29	①	2	3	4	5	6	7	8	9	10	11	12	
	藏暦七月						13	14	15	16	17	18	19	20	21	22	23	24	25	26	27	28	29	30	1	2	3	4	5	6	7	8	9	10	11	12	14	
	公暦8月		1	2	3	4	5	6	7	8	9	10	11	12	13	14	15	16	17	18	19	20	21	22	23	24	25	26	27	28	29	30	31					
22	夏暦八月		14	15	16	17	18	19	20	21	22	23	24	25	26	27	28	29	④	2	3	4	5	6	7	8	9	10	11	12	13	14	15					
	回暦2月		13	14	15	16	17	18	19	20	21	22	23	24	25	26	27	28	29	30	1	2	3	4	5	6	7	8	9	10	11	12	13					
	藏暦八月		15	16	17	18	19	20	21	22	23	24	25	25	26	27	28	29	30	1	2	3	4	5	7	8	9	10	11	12	13	14	15					
	公暦9月					1	2	3	4	5	6	7	8	9	10	11	12	13	14	15	16	17	18	19	20	21	22	23	24	25	26	27	28	29	30			
	夏暦閏八月					16	17	18	19	20	21	22	23	24	25	26	27	28	29	30	㉞	2	3	4	5	6	7	8	9	10	11	12	13	14	15			
	回暦3月					14	15	16	17	18	19	20	21	22	23	24	25	26	27	28	29	1	2	3	4	5	6	7	8	9	10	11	12	13	14			
	藏暦九月					16	17	18	19	20	21	22	23	24	25	26	27	28	29	30	1	2	3	4	5	6	7	8	9	11	12	13	14	15	16			
	公暦10月							1	2	3	4	5	6	7	8	9	10	11	12	13	14	15	16	17	18	19	20	21	22	23	24	25	26	27	28	29	30	31
23	夏暦九月							16	17	18	19	20	21	22	23	24	25	26	27	28	29	③	2	3	4	5	6	7	8	9	10	11	12	13	14	15	16	17
	回暦4月							15	16	17	18	19	20	21	22	23	24	25	26	27	28	29	30	1	2	3	4	5	6	7	8	9	10	11	12	13	14	15
	藏暦十月							17	18	19	20	20	21	22	23	24	25	26	27	28	29	30	1	2	4	5	6	7	8	9	10	11	12	13	14	15	16	17
	公暦11月			1	2	3	4	5	6	7	8	9	10	11	12	13	14	15	16	17	18	19	20	21	22	23	24	25	26	27	28	29	30					
24	夏暦十月			18	19	20	21	22	23	24	25	26	27	28	29	30	㉝	2	3	4	5	6	7	8	9	10	11	12	13	14	15	16	17					
	回暦5月			16	17	18	19	20	21	22	23	24	25	26	27	28	29	1	2	3	4	5	6	7	8	9	10	11	12	13	14	15	16					

續表

月 干支 序數	星期 月序	日	1	2	3	4	5	6	日	1	2	3	4	5	6	日	1	2	3	4	5	6	日	1	2	3	4	5	6	日	1	2	3	4	5	6	日	1
	藏曆十一月			18	19	20	21	22	23	24	25	26	27	28	29	30	1	2	3	4	5	6	7	8	10	11	12	12	13	14	15	16	17					
	公曆 12 月					1	2	3	4	5	6	7	8	9	10	11	12	13	14	15	16	17	18	19	20	21	22	23	24	25	26	27	28	29	30	31		
25	夏曆十一月					18	19	20	21	22	23	24	25	26	27	28	29	②	2	3	4	5	6	7	8	9	10	11	12	13	14	15	16	17	18	19		
	回曆 6 月					17	18	19	20	21	22	23	24	25	26	27	28	29	30	1	2	3	4	5	6	7	8	9	10	11	12	13	14	15	16	17		
	藏曆十二月					18	19	20	21	22	23	24	25	26	27	28	29	30	1	3	4	5	6	7	8	9	10	11	12	13	14	15	16	16	17	18		

《四史朔閏考》:遼閏七月,不合。

大事紀

正月,令河東、河北、陝西諸錢監罷鑄當十大錢。夏貢於宋。　二月,宋修《大觀禮書》成。宋罷河東、河北、京東鑄夾錫鐵錢。　三月,宋募饑民補禁軍。　四月,五國貢於遼。　五月,罷宏詞科,改立詞學兼茂科。以廣西收納溪峒諸地,土人紛紛反抗,治妄言拓地諸人罪。　六月,夏及阻卜貢於遼。　七月,權罷方田。　八月,行內外學官選士法。閏八月,詔戒朋黨。以張閣知杭州兼領花石綱。　是歲,遼大饑。文學家晁補之卒(1053—1110)。

宋 遼 金 紀 年

干支辛卯　公元 1111 年

朝代或國名	國家支配者	建都	廟號	謚號	建元	年號年次	輔政者	備注
北宋	⑧趙佶	汴梁	徽宗	顯	6	4 政和元年	同前	
遼	⑧耶律延禧	中京		天祚	3	2 天慶元年		
大理	②段正嚴	陽苴咩	憲宗	宣仁	5	2 文治 2 年		在雲南
西夏	④李乾順	(銀川)	崇宗	聖文	8	4 貞觀 11 年		
古格						298 年		西藏阿里
東汗國	阿黑馬					9 年		

月 曆 表

5824—355—2127245

月 干支 序數	星期 月序	日	1	2	3	4	5	6	日	1	2	3	4	5	6	日	1	2	3	4	5	6	日	1	2	3	4	5	6	日	1	2	3	4	5	6	日	1
	公曆 1 月	1	2	3	4	5	6	7	8	9	10	11	12	13	14	15	16	17	18	19	20	21	22	23	24	25	26	27	28	29	30	31						
26	夏曆十二月	20	21	22	23	24	25	26	27	28	29	30	㉜	2	3	4	5	6	7	8	9	10	11	12	13	14	15	16	17	18	19	20						
	回曆 7 月	18	19	20	21	22	23	24	25	26	27	28	29	1	2	3	4	5	6	7	8	9	10	11	12	13	14	15	16	17	18	19						
陰金兔年	藏曆一月	19	20	21	22	23	24	25	27	28	29	30	1	2	3	4	5	6	7	8	9	10	11	12	13	14	15	16	17	18	19	20						
	公曆 2 月				1	2	3	4	5	6	7	8	9	10	11	12	13	14	15	16	17	18	19	20	21	22	23	24	25	26	27	28						
27	夏曆正月				21	22	23	24	25	26	27	28	29	①	2	3	4	5	6	7	8	9	10	11	12	13	14	15	16	17	18	19						
	回曆 8 月				20	21	22	23	24	25	26	27	28	29	30	1	2	3	4	5	6	7	8	9	10	11	12	13	14	15	16	17						
	藏曆二月				21	22	23	24	25	26	27	28	29	2	3	4	5	6	7	8	8	9	10	11	12	13	14	15	16	17	18	19						
	公曆 3 月				1	2	3	4	5	6	7	8	9	10	11	12	13	14	15	16	17	18	19	20	21	22	23	24	25	26	27	28	29	30	31			
28	夏曆二月				20	21	22	23	24	25	26	27	28	29	30	㉛	2	3	4	5	6	7	8	9	10	11	12	13	14	15	16	17	18	19	20			
	回曆 9 月				18	19	20	21	22	23	24	25	26	27	28	29	1	2	3	4	5	6	7	8	9	10	11	12	13	14	15	16	17	18	19			
	藏曆三月				20	21	22	23	24	26	27	28	29	30	30	1	2	3	4	5	6	7	8	9	10	11	12	12	13	14	15	16	17	19	20			
	公曆 4 月							1	2	3	4	5	6	7	8	9	10	11	12	13	14	15	16	17	18	19	20	21	22	23	24	25	26	27	28	29	30	
29	夏曆三月							21	22	23	24	25	26	27	28	29	(60)	2	3	4	5	6	7	8	9	10	11	12	13	14	15	16	17	18	19	20	21	

續表

月 干支 序數	月序 \ 星期	日	1	2	3	4	5	6	日	1	2	3	4	5	6	日	1	2	3	4	5	6	日	1	2	3	4	5	6	日	1	2	3	4	5	6	日	1
	回曆 10 月							20	21	22	23	24	25	26	27	28	29	30	1	2	3	4	5	6	7	8	9	10	11	12	13	14	15	16	17	18	19	
	藏曆四月							21	22	23	24	25	26	27	28	29	1	2	3	4	5	6	7	8	9	10	11	12	13	14	15	16	17	18	19	20	21	
	公曆 5 月		1	2	3	4	5	6	7	8	9	10	11	12	13	14	15	16	17	18	19	20	21	22	23	24	25	26	27	28	29	30	31					
30	夏曆四月		22	23	24	25	26	27	28	29	30	㉚	2	3	4	5	6	7	8	9	10	11	12	13	14	15	16	17	18	19	20	21	22					
	回曆 11 月		20	21	22	23	24	25	26	27	28	29	1	2	3	4	5	6	7	8	9	10	11	12	13	14	15	16	17	18	19	20	21					
	藏曆五月		23	24	25	26	27	28	29	30	30	1	2	3	4	5	6	7	7	8	9	10	11	12	13	14	16	17	18	19	20	21	22					
	公曆 6 月					1	2	3	4	5	6	7	8	9	10	11	12	13	14	15	16	17	18	19	20	21	22	23	24	25	26	27	28	29	30			
31	夏曆五月					23	24	25	26	27	28	29	(59)	2	3	4	5	6	7	8	9	10	11	12	13	14	15	16	17	18	19	20	21	22	23			
	回曆 12 月					22	23	24	25	26	27	28	29	30	1	2	3	4	5	6	7	8	9	10	11	12	13	14	15	16	17	18	19	20	21			
	藏曆六月					23	24	25	26	27	28	29	30	1	2	3	4	5	6	7	8	9	10	11	12	13	14	15	16	17	19	20	21	22	23			
	公曆 7 月							1	2	3	4	5	6	7	8	9	10	11	12	13	14	15	16	17	18	19	20	21	22	23	24	25	26	27	28	29	30	31
32	夏曆六月							24	25	26	27	28	29	30	㉙	2	3	4	5	6	7	8	9	10	11	12	13	14	15	16	17	18	19	20	21	22	23	24
505 年	回曆 1 月							22	23	24	25	26	27	28	29	30	①	2	3	4	5	6	7	8	9	10	11	12	13	14	15	16	17	18	19	20	21	22
	藏曆七月							24	25	26	27	28	29	30	1	2	3	3	4	5	6	7	8	9	11	12	13	14	15	16	17	18	19	20	21	22	23	24
	公曆 8 月			1	2	3	4	5	6	7	8	9	10	11	12	13	14	15	16	17	18	19	20	21	22	23	24	25	26	27	28	29	30	31				
33	夏曆七月			25	26	27	28	29	30	(59)	2	3	4	5	6	7	8	9	10	11	12	13	14	15	16	17	18	19	20	21	22	23	24	25				
	回曆 2 月			23	24	25	26	27	28	29	30	1	2	3	4	5	6	7	8	9	10	11	12	13	14	15	16	17	18	19	20	21	22	23				
	藏曆八月			25	26	27	28	29	30	1	2	3	4	5	6	7	8	9	10	11	12	14	15	16	17	18	19	20	21	22	23	24	25	26				
	公曆 9 月						1	2	3	4	5	6	7	8	9	10	11	12	13	14	15	16	17	18	19	20	21	22	23	24	25	26	27	28	29	30		
34	夏曆八月						26	27	28	29	㉘	2	3	4	5	6	7	8	9	10	11	12	13	14	15	16	17	18	19	20	21	22	23	24	25	26		
	回曆 3 月						24	25	26	27	28	29	1	2	3	4	5	6	7	8	9	10	11	12	13	14	15	16	17	18	19	20	21	22	23	24		
	藏曆九月						27	28	29	29	30	1	2	3	4	5	7	8	9	10	11	12	13	14	15	16	17	18	19	20	21	22	23	24	25	26		
	公曆 10 月	1	2	3	4	5	6	7	8	9	10	11	12	13	14	15	16	17	18	19	20	21	22	23	24	25	26	27	28	29	30	31						
35	夏曆九月	27	28	29	30	(58)	2	3	4	5	6	7	8	9	10	11	12	13	14	15	16	17	18	19	20	21	22	23	24	25	26	27						
	回曆 4 月	25	26	27	28	29	30	1	2	3	4	5	6	7	8	9	10	11	12	13	14	15	16	17	18	19	20	21	22	23	24	25						
	藏曆後九月	27	28	29	30	1	2	3	4	5	6	7	8	9	11	12	13	14	15	16	17	18	19	20	21	22	23	23	24	25	26	27						
	公曆 11 月				1	2	3	4	5	6	7	8	9	10	11	12	13	14	15	16	17	18	19	20	21	22	23	24	25	26	27	28	29	30				
36	夏曆十月				28	29	㉗	2	3	4	5	6	7	8	9	10	11	12	13	14	15	16	17	18	19	20	21	22	23	24	25	26	27	28				
	回曆 5 月				26	27	28	29	1	2	3	4	5	6	7	8	9	10	11	12	13	14	15	16	17	18	19	20	21	22	23	24	25	26				
	藏曆十月				28	29	30	1	2	3	5	6	7	8	9	10	11	12	13	14	15	16	17	18	19	20	21	22	23	24	25	26	27	28				
	公曆 12 月						1	2	3	4	5	6	7	8	9	10	11	12	13	14	15	16	17	18	19	20	21	22	23	24	25	26	27	28	29	30	31	
37	夏曆十一月						29	30	(51)	2	3	4	5	6	7	8	9	10	11	12	13	14	15	16	17	18	19	20	21	22	23	24	25	26	27	28	29	
	回曆 6 月						27	28	29	30	1	2	3	4	5	6	7	8	9	10	11	12	13	14	15	16	17	18	19	20	21	22	23	24	25	26	27	
	藏曆十一月						29	30	1	2	3	4	5	6	7	8	10	11	12	13	14	15	16	16	17	18	19	20	21	22	23	24	25	26	27	28	29	

大事紀

正月，詔百官勵名節。東京毁祠廟1038所。　二月，陝西、河東復鑄夾錫錢。　三月，五國貢於遼。　四月，宋令當十錢貶值為當三行使。立守令勸農黜陟法。　八月，復蔡京為太子太師。　十一月，烏古敵烈部反遼，旋定。十二月，遼東北路邊將以女直所為叵測，請先發制之，不聽。　是歲，九月中遣鄭允中和宦官童貫使遼，挾燕人馬植（易名李良嗣）返，良嗣進結女真圖遼之策，宋帝納之，賜良嗣姓趙。

宋遼金紀年

干支壬辰　公元1112年

朝代或國名	國家支配者	建都	廟號	謚號	建元	年號年次	輔政者	備注
北宋	⑧趙佶	汴梁	徽宗	顯	6	4政和2年	蔡京　何執中	
遼	⑧耶律延禧	中京		天祚	3	2天慶2年		
大理	②段正嚴	陽苴咩	憲宗	宣仁	5	2文治3年		在雲南
西夏	④李乾順	(銀川)	崇宗	聖文	8	4貞觀12年		
古格						299年		西藏阿里
東汗國	阿黑馬					10年		

月曆表

5825—355—2127600

月干支序數	星期／月序	日	1	2	3	4	5	6	日	1	2	3	4	5	6	日	1	2	3	4	5	6	日	1	2	3	4	5	6	日	1	2	3	4	5	6	日	1
	公曆1月		1	2	3	4	5	6	7	8	9	10	11	12	13	14	15	16	17	18	19	20	21	22	23	24	25	26	27	28	29	30	31					
38 39	夏曆十二正月		㉖	2	3	4	5	6	7	8	9	10	11	12	13	14	15	16	17	18	19	20	21	22	23	24	25	26	27	28	29	30	(56)					
	回曆7月		28	29	1	2	3	4	5	6	7	8	9	10	11	12	13	14	15	16	17	18	19	20	21	22	23	24	25	26	27	28	29					
陽水龍年	藏曆十二一月		30	1	2	4	5	6	7	8	9	10	11	12	13	14	15	16	17	18	19	19	20	21	22	23	24	25	26	28	29	30	1					
	公曆2月					1	2	3	4	5	6	7	8	9	10	11	12	13	14	15	16	17	18	19	20	21	22	23	24	25	26	27	28	29				
40	夏曆二月					2	3	4	5	6	7	8	9	10	11	12	13	14	15	16	17	18	19	20	21	22	23	24	25	26	27	28	29	㉕				
	回曆8月					30	1	2	3	4	5	6	7	8	9	10	11	12	13	14	15	16	17	18	19	20	21	22	23	24	25	26	27	28				
	藏曆一月					2	3	4	5	6	7	8	9	10	11	12	13	14	15	16	17	18	19	20	21	22	23	24	25	26	27	28	29	30				
	公曆3月						1	2	3	4	5	6	7	8	9	10	11	12	13	14	15	16	17	18	19	20	21	22	23	24	25	26	27	28	29	30	31	
41	夏曆三月						2	3	4	5	6	7	8	9	10	11	12	13	14	15	16	17	18	19	20	21	22	23	24	25	26	27	28	29	30	(55)	2	
	回曆9月						29	1	2	3	4	5	6	7	8	9	10	11	12	13	14	15	16	17	18	19	20	21	22	23	24	25	26	27	28	29	30	
	藏曆二三月						1	3	4	5	6	7	8	9	10	11	11	12	13	14	15	16	17	18	19	20	21	22	23	24	25	27	28	29	30	1	2	
	公曆4月		1	2	3	4	5	6	7	8	9	10	11	12	13	14	15	16	17	18	19	20	21	22	23	24	25	26	27	28	29	30						
42	夏曆四月		3	4	5	6	7	8	9	10	11	12	13	14	15	16	17	18	19	20	21	22	23	24	25	26	27	28	29	㉔	2	3						
	回曆10、11月		1	2	3	4	5	6	7	8	9	10	11	12	13	14	15	16	17	18	19	20	21	22	23	24	25	26	27	28	29	1						
	藏曆四月		3	4	5	6	7	8	9	10	11	12	13	14	15	16	17	18	19	20	21	22	23	24	25	26	27	28	29	1	2	3						
	公曆5月				1	2	3	4	5	6	7	8	9	10	11	12	13	14	15	16	17	18	19	20	21	22	23	24	25	26	27	28	29	30	31			
43	夏曆五月				4	5	6	7	8	9	10	11	12	13	14	15	16	17	18	19	20	21	22	23	24	25	26	27	28	29	30	(54)	2	3	4			
	回曆12月				2	3	4	5	6	7	8	9	10	11	12	13	14	15	16	17	18	19	20	21	22	23	24	25	26	27	28	29	30	1	2			
	藏曆五月				4	5	6	6	7	8	9	10	11	12	13	14	15	16	17	18	19	20	21	23	24	25	26	27	28	29	30	1	2	3	4			
	公曆6月							1	2	3	4	5	6	7	8	9	10	11	12	13	14	15	16	17	18	19	20	21	22	23	24	25	26	27	28	29	30	
44	夏曆六月							5	6	7	8	9	10	11	12	13	14	15	16	17	18	19	20	21	22	23	24	25	26	27	28	29	㉓	2	3	4	5	
506年	回曆1月							3	4	5	6	7	8	9	10	11	12	13	14	15	16	17	18	19	20	21	22	23	24	25	26	27	28	29	①	2	3	
	藏曆六月							5	6	7	8	9	10	11	12	13	14	15	16	17	18	19	20	21	22	23	24	26	27	28	29	30	1	2	2	3	4	
	公曆7月		1	2	3	4	5	6	7	8	9	10	11	12	13	14	15	16	17	18	19	20	21	22	23	24	25	26	27	28	29	30	31					
45	夏曆七月		6	7	8	9	10	11	12	13	14	15	16	17	18	19	20	21	22	23	24	25	26	27	28	29	30	(53)	2	3	4	5	6					
	回曆2月		4	5	6	7	8	9	10	11	12	13	14	15	16	17	18	19	20	21	22	23	24	25	26	27	28	29	30	1	2	3	4					
	藏曆七月		5	6	7	8	9	10	11	12	13	14	15	16	17	19	20	21	22	23	24	25	26	27	28	29	30	1	2	3	4	5	6					
	公曆8月					1	2	3	4	5	6	7	8	9	10	11	12	13	14	15	16	17	18	19	20	21	22	23	24	25	26	27	28	29	30	31		
46	夏曆八月					7	8	9	10	11	12	13	14	15	16	17	18	19	20	21	22	23	24	25	26	27	28	29	㉒	2	3	4	5	6	7	8		
	回曆3月					5	6	7	8	9	10	11	12	13	14	15	16	17	18	19	20	21	22	23	24	25	26	27	28	29	1	2	3	4	5	6		

續表

月干支序數	月序＼星期	日	1	2	3	4	5	6	日	1	2	3	4	5	6	日	1	2	3	4	5	6	日	1	2	3	4	5	6	日	1	2	3	4	5	6	日	1
	藏曆八月					7	8	9	10	11	12	13	14	15	16	17	18	19	20	22	23	24	25	26	27	28	29	29	30	1	2	3	4	5	6	7		
	公曆9月	1	2	3	4	5	6	7	8	9	10	11	12	13	14	15	16	17	18	19	20	21	22	23	24	25	26	27	28	29	30							
47	夏曆九月	9	10	11	12	13	14	15	16	17	18	19	20	21	22	23	24	25	26	27	28	29	30	㊾	2	3	4	5	6	7	8							
	回曆4月	7	8	9	10	11	12	13	14	15	16	17	18	19	20	21	22	23	24	25	26	27	28	29	30	1	2	3	4	5	6							
	藏曆九月	8	9	10	11	12	13	15	16	17	18	19	20	21	22	23	24	25	26	27	28	29	30	1	2	3	4	5	6	7	8							
	公曆10月			1	2	3	4	5	6	7	8	9	10	11	12	13	14	15	16	17	18	19	20	21	22	23	24	25	26	27	28	29	30	31				
48	夏曆十月			9	10	11	12	13	14	15	16	17	18	19	20	21	22	23	24	25	26	27	28	29	30	㉒	2	3	4	5	6	7	8	9				
	回曆5月			7	8	9	10	11	12	13	14	15	16	17	18	19	20	21	22	23	24	25	26	27	28	29	1	2	3	4	5	6	7	8				
	藏曆十月			9	10	11	12	13	14	15	16	17	19	20	21	22	23	23	24	25	26	27	28	29	30	1	2	3	4	5	5	6	7	8				
	公曆11月						1	2	3	4	5	6	7	8	9	10	11	12	13	14	15	16	17	18	19	20	21	22	23	24	25	26	27	28	29	30		
49	夏曆十一月						10	11	12	13	14	15	16	17	18	19	20	21	22	23	24	25	26	27	28	29	㉛	2	3	4	5	6	7	8	9	10		
	回曆6月						9	10	11	12	13	14	15	16	17	18	19	20	21	22	23	24	25	26	27	28	29	30	1	2	3	4	5	6	7	8		
	藏曆十一月						9	10	12	13	14	15	16	17	18	19	20	21	22	23	24	25	26	27	27	28	29	1	2	3	4	6	7	8	9	10		
	公曆12月	1	2	3	4	5	6	7	8	9	10	11	12	13	14	15	16	17	18	19	20	21	22	23	24	25	26	27	28	29	30	31						
50	夏曆十二月	11	12	13	14	15	16	17	18	19	20	21	22	23	24	25	26	27	28	29	30	㉑	2	3	4	5	6	7	8	9	10	11						
	回曆7月	9	10	11	12	13	14	15	16	17	18	19	20	21	22	23	24	25	26	27	28	29	1	2	3	4	5	6	7	8	9	10						
	藏曆十二月	11	12	13	14	15	16	17	18	19	20	21	22	23	24	25	26	27	28	29	30	1	2	3	4	5	6	7	8	9	11	12						

大事紀

三月,賜禮部奏名進士及第出身713人。五國朝遼。　四月,復行方田法。　七月,宋訪遺書。置禮制局。九月,宋更定官制。女直首領阿骨打起兵併吞鄰族事聞於遼,遼數詔阿骨打來朝,稱疾不至。　十一月,宋以方田擾民,罷之。　十二月,行給地牧馬法。加童貫太尉。

是歲,高麗貢宋。文學家詩人張耒卒(1054—1112)。蘇轍卒(1039—1112)。

宋遼金紀年

干支癸巳　公元1113年

朝代或國名	國家支配者	建都	廟號	謚號	建元	年號年次	輔政者	備注
北宋	⑧趙佶	汴梁	徽宗	顯	6	4政和3年	同前	
遼	⑧耶律延禧	中京		天祚	3	2天慶3年		
大理	②段正嚴	陽苴咩	憲宗	宣仁	5	2文治4年		在雲南
西夏	④李乾順	銀川	崇宗	聖文	8	4貞觀13年		
古格						300年		西藏阿里
東汗國	阿黑馬					11年		

月曆表

5826－384－2127984

月干支序數	月序＼星期	日	1	2	3	4	5	6	日	1	2	3	4	5	6	日	1	2	3	4	5	6	日	1	2	3	4	5	6	日	1	2	3	4	5	6	日	1
	公曆1月				1	2	3	4	5	6	7	8	9	10	11	12	13	14	15	16	17	18	19	20	21	22	23	24	25	26	27	28	29	30	31			
51	夏曆正月				12	13	14	15	16	17	18	19	20	21	22	23	24	25	26	27	28	29	30	㉛	2	3	4	5	6	7	8	9	10	11	12			
	回曆8月				11	12	13	14	15	16	17	18	19	20	21	22	23	24	25	26	27	28	29	30	1	2	3	4	5	6	7	8	9	10	11			
陰水蛇年	藏曆一月				13	14	15	16	17	18	18	19	20	21	22	23	24	25	26	27	28	29	30	1	2	3	5	6	7	8	9	10	11	12	13			
	公曆2月							1	2	3	4	5	6	7	8	9	10	11	12	13	14	15	16	17	18	19	20	21	22	23	24	25	26	27	28			

續表

月 干支 序數	星期 月序	日	1	2	3	4	5	6	日	1	2	3	4	5	6	日	1	2	3	4	5	6	日	1	2	3	4	5	6	日	1	2	3	4	5	6	日	1
52	夏曆二月							13	14	15	16	17	18	19	20	21	22	23	24	25	26	27	28	29	⑳	2	3	4	5	6	7	8	9	10	11			
	回曆9月							12	13	14	15	16	17	18	19	20	21	22	23	24	25	26	27	28	29	1	2	3	4	5	6	7	8	9	10			
	藏曆二月							14	15	16	17	18	19	20	21	22	22	23	24	25	26	27	29	30	1	2	3	4	5	6	7	8	9	10	11			
	公曆3月							1	2	3	4	5	6	7	8	9	10	11	12	13	14	15	16	17	18	19	20	21	22	23	24	25	26	27	28	29	30	31
53	夏曆三月							12	13	14	15	16	17	18	19	20	21	22	23	24	25	26	27	28	29	㊾	2	3	4	5	6	7	8	9	10	11	12	13
	回曆10月							11	12	13	14	15	16	17	18	19	20	21	22	23	24	25	26	27	28	29	30	1	2	3	4	5	6	7	8	9	10	11
	藏曆三月							12	13	14	15	16	17	18	19	20	21	22	23	24	25	26	27	28	29	30	1	2	4	5	6	7	8	9	10	11	12	13
	公曆4月			1	2	3	4	5	6	7	8	9	10	11	12	13	14	15	16	17	18	19	20	21	22	23	24	25	26	27	28	29	30					
54	夏曆四月			14	15	16	17	18	19	20	21	22	23	24	25	26	27	28	29	30	⑲	2	3	4	5	6	7	8	9	10	11	12	13					
	回曆11月			12	13	14	15	16	17	18	19	20	21	22	23	24	25	26	27	28	29	1	2	3	4	5	6	7	8	9	10	11	12					
	藏曆四月			14	15	15	16	17	18	19	20	21	22	23	24	25	27	28	29	30	1	2	3	4	5	6	7	8	9	10	11	12	13					
	公曆5月					1	2	3	4	5	6	7	8	9	10	11	12	13	14	15	16	17	18	19	20	21	22	23	24	25	26	27	28	29	30	31		
	夏曆閏四月					14	15	16	17	18	19	20	21	22	23	24	25	26	27	28	29	㊽	2	3	4	5	6	7	8	9	10	11	12	13	14	15		
	回曆12月					13	14	15	16	17	18	19	20	21	22	23	24	25	26	27	28	29	30	1	2	3	4	5	6	7	8	9	10	11	12	13		
	藏曆五月					14	15	16	17	18	19	20	21	22	23	24	25	26	27	28	30	1	2	3	4	5	6	7	8	9	10	10	11	12	13	14		
	公曆6月	1	2	3	4	5	6	7	8	9	10	11	12	13	14	15	16	17	18	19	20	21	22	23	24	25	26	27	28	29	30							
55	夏曆五月	16	17	18	19	20	21	22	23	24	25	26	27	28	29	⑰	2	3	4	5	6	7	8	9	10	11	12	13	14	15	16							
507年	回曆1月	14	15	16	17	18	19	20	21	22	23	24	25	26	27	28	29	30	①	2	3	4	5	6	7	8	9	10	11	12	13							
	藏曆六月	15	16	17	18	19	20	21	23	24	25	26	27	28	29	30	1	2	3	4	5	6	7	8	9	10	11	12	13	14	15							
	公曆7月			1	2	3	4	5	6	7	8	9	10	11	12	13	14	15	16	17	18	19	20	21	22	23	24	25	26	27	28	29	30	31				
56	夏曆六月			17	18	19	20	21	22	23	24	25	26	27	28	29	30	㊼	2	3	4	5	6	7	8	9	10	11	12	13	14	15	16	17				
	回曆2月			14	15	16	17	18	19	20	21	22	23	24	25	26	27	28	29	30	1	2	3	4	5	6	7	8	9	10	11	12	13	14				
	藏曆七月			16	17	18	19	20	21	22	23	24	26	27	28	29	30	1	2	3	4	5	6	7	7	8	9	10	11	12	13	14	15	16				
	公曆8月						1	2	3	4	5	6	7	8	9	10	11	12	13	14	15	16	17	18	19	20	21	22	23	24	25	26	27	28	29	30	31	
57	夏曆七月						18	19	20	21	22	23	24	25	26	27	28	29	⑯	2	3	4	5	6	7	8	9	10	11	12	13	14	15	16	17	18	19	
	回曆3月						15	16	17	18	19	20	21	22	23	24	25	26	27	28	29	1	2	3	4	5	6	7	8	9	10	11	12	13	14	15	16	
	藏曆八月						17	19	20	21	22	23	24	25	26	27	28	29	30	1	2	3	4	5	6	7	8	9	10	11	12	13	14	15	16	17	18	
	公曆9月		1	2	3	4	5	6	7	8	9	10	11	12	13	14	15	16	17	18	19	20	21	22	23	24	25	26	27	28	29	30						
58	夏曆八月		20	21	22	23	24	25	26	27	28	29	30	㊻	2	3	4	5	6	7	8	9	10	11	12	13	14	15	16	17	18	19						
	回曆4月		17	18	19	20	21	22	23	24	25	26	27	28	29	30	1	2	3	4	5	6	7	8	9	10	11	12	13	14	15	16						
	藏曆九月		19	20	22	23	24	25	26	27	28	29	30	1	2	3	3	4	5	6	7	8	9	10	11	12	13	15	16	17	18	19						
	公曆10月				1	2	3	4	5	6	7	8	9	10	11	12	13	14	15	16	17	18	19	20	21	22	23	24	25	26	27	28	29	30	31			
59	夏曆九月				20	21	22	23	24	25	26	27	28	29	30	⑯	2	3	4	5	6	7	8	9	10	11	12	13	14	15	16	17	18	19	20			
	回曆5月				17	18	19	20	21	22	23	24	25	26	27	28	29	1	2	3	4	5	6	7	8	9	10	11	12	13	14	15	16	17	18			
	藏曆十月				20	21	22	23	24	25	26	27	28	29	30	1	2	3	4	5	6	7	8	9	10	11	12	13	14	15	16	17	19	20	21			
	公曆11月							1	2	3	4	5	6	7	8	9	10	11	12	13	14	15	16	17	18	19	20	21	22	23	24	25	26	27	28	29	30	
60	夏曆十月							21	22	23	24	25	26	27	28	29	㊺	2	3	4	5	6	7	8	9	10	11	12	13	14	15	16	17	18	19	20	21	
	回曆6月							19	20	21	22	23	24	25	26	27	28	29	30	1	2	3	4	5	6	7	8	9	10	11	12	13	14	15	16	17	18	
	藏曆十一月							22	23	24	25	26	26	27	28	29	30	1	2	3	4	5	6	7	8	9	10	11	12	13	14	15	16	17	18	19	20	
	公曆12月		1	2	3	4	5	6	7	8	9	10	11	12	13	14	15	16	17	18	19	20	21	22	23	24	25	26	27	28	29	30	31					
1	夏曆十一月		22	23	24	25	26	27	28	29	30	⑮	2	32	4	5	6	7	8	9	10	11	12	13	14	15	16	17	18	19	20	21	22					
	回曆7月		19	20	21	22	23	24	25	26	27	28	29	1	2	3	4	5	6	7	8	9	10	11	12	13	14	15	16	17	18	19	20					
	藏曆十二月		21	22	23	24	25	26	27	28	29	30	1	2	3	4	5	6	7	8	9	10	12	13	14	15	16	17	18	19	20	21	22					

遼十月己酉。

大事紀

正月，修《政和五禮新儀》成。　二月，遼以女直相持，詔嚴河北邊防。　三月，遼籍諸道戶，徙大牢古山圍場地居民於別土。　四月，遼民李弘以左道聚衆謀起事，旋敗。　閏四月，李弘被殺。　五月，陞蘇州為平江府。　六月，高麗貢遼。　十一月，女直阿骨打自立為都勃極烈。　十二月，宋求道教仙經，高麗貢遼。

宋遼金紀年

干支甲午　公元 1114 年

朝代或國名	國家支配者	建都	廟號	謚號	建元	年號年次	輔政者	備注
北宋	⑧趙佶	汴梁	徽宗	顯	6	4政和4年	同前	
遼	⑧耶律延禧	中京		天祚	3	2天慶4年		
大理	②段正嚴	陽苴咩	憲宗	宣仁	5	2文治5年		在雲南
西夏	④李乾順	（銀川）	崇宗	聖文	8	5雍寧元年		一作1115年
古格						301年		西藏阿里
東汗國	阿黑馬					12年		

月曆表

5827－354－2128338

月干支序數	月序＼星期	日	1	2	3	4	5	6	日	1	2	3	4	5	6	日	1	2	3	4	5	6	日	1	2	3	4	5	6	日	1	2	3	4	5	6	日	1
	公曆1月					1	2	3	4	5	6	7	8	9	10	11	12	13	14	15	16	17	18	19	20	21	22	23	24	25	26	27	28	29	30	31		
2	夏曆十二月					23	24	25	26	27	28	29	30	㊺	2	3	4	5	6	7	8	9	10	11	12	13	14	15	16	17	18	19	20	21	22	23		
	回曆8月					21	22	23	24	25	26	27	28	29	30	1	2	3	4	5	6	7	8	9	10	11	12	13	14	15	16	17	18	19	20	21		
陽木馬年	藏曆一月					23	24	25	26	27	28	29	30	1	2	3	4	5	6	7	8	9	10	12	13	14	15	16	17	18	19	20	21	21	22	23		
	公曆2月	1	2	3	4	5	6	7	8	9	10	11	12	13	14	15	16	17	18	19	20	21	22	23	24	25	26	27	28									
3	夏曆正月	24	25	26	27	28	29	30	⑮	2	3	4	5	6	7	8	9	10	11	12	13	14	15	16	17	18	19	20	21									
	回曆9月	22	23	24	25	26	27	28	29	1	2	3	4	5	6	7	8	9	10	11	12	13	14	15	16	17	18	19	20									
	藏曆二月	24	25	26	27	28	29	30	1	2	3	4	6	7	8	9	10	11	12	13	14	15	16	17	18	19	20	21	22									
	公曆3月	1	2	3	4	5	6	7	8	9	10	11	12	13	14	1	16	17	18	19	20	21	22	23	24	25	26	27	28	29	30	31						
4	夏曆二月	22	23	24	25	26	27	28	29	㊹	2	3	4	5	6	7	8	9	10	11	12	13	14	15	16	17	18	19	20	21	22	23						
	回曆10月	21	22	23	24	25	26	27	28	29	30	1	2	3	4	5	6	7	8	9	10	11	12	13	14	15	16	17	18	19	20	21						
	藏曆三月	23	24	25	26	27	28	29	30	1	2	3	4	5	6	7	8	9	10	12	13	14	14	15	16	17	18	19	20	21	22	23						
	公曆4月				1	2	3	4	5	6	7	8	9	10	11	12	13	14	15	16	17	18	19	20	21	22	23	24	25	26	27	28	29	30				
5	夏曆三月				24	25	26	27	28	29	⑬	2	3	4	5	6	7	8	9	10	11	12	13	14	15	16	17	18	19	20	21	22	23	24				
	回曆11月				22	23	24	25	26	27	28	29	1	2	3	4	5	6	7	8	9	10	11	12	13	14	15	16	17	18	19	20	21	22				
	藏曆四月				24	25	26	27	28	29	30	1	2	4	5	6	7	8	9	10	11	12	13	14	15	16	17	18	19	19	20	21	22	23				
	公曆5月						1	2	3	4	5	6	7	8	9	10	11	12	13	14	15	16	17	18	19	20	21	22	23	24	25	26	27	28	29	30	31	
6	夏曆四月						25	26	27	28	29	30	㊸	2	3	4	5	6	7	8	9	10	11	12	13	14	15	16	17	18	19	20	21	22	23	24	25	
	回曆12月						23	24	25	26	27	28	29	30	1	2	3	4	5	6	7	8	9	10	11	12	13	14	15	16	17	18	19	20	21	22	23	
	藏曆五月						24	25	27	28	29	30	1	2	3	4	5	6	7	8	9	10	11	12	13	14	15	16	17	18	19	20	21	22	23	24	25	
	公曆6月		1	2	3	4	5	6	7	8	9	10	11	12	13	14	15	16	17	18	19	20	21	22	23	24	25	26	27	28	29	30						
7	夏曆五月		26	27	28	29	⑫	2	3	4	5	6	7	8	9	10	11	12	13	14	15	16	17	18	19	20	21	22	23	24	25	26						
508年	回曆1月		24	25	26	27	28	29	①	2	3	4	5	6	7	8	9	10	11	12	13	14	15	16	17	18	19	20	21	22	23	24						
	藏曆後五月		26	27	28	30	1	2	3	4	5	6	7	8	9	10	11	12	13	14	15	15	16	17	18	19	20	21	23	24	25	26						

續表

月干支序數	星期 / 月序	日	1	2	3	4	5	6	日	1	2	3	4	5	6	日	1	2	3	4	5	6	日	1	2	3	4	5	6	日	1	2	3	4	5	6	日	1
	公曆7月				1	2	3	4	5	6	7	8	9	10	11	12	13	14	15	16	17	18	19	20	21	22	23	24	25	26	27	28	29	30	31			
8	夏曆六月				27	28	29	㊶	2	3	4	5	6	7	8	9	10	11	12	13	14	15	16	17	18	19	20	21	22	23	24	25	26	27	28			
	回曆2月				25	26	27	28	29	30	1	2	3	4	5	6	7	8	9	10	11	12	13	14	15	16	17	18	19	20	21	22	23	24	25			
	藏曆六月				27	28	29	30	1	2	3	4	5	6	7	8	9	10	11	12	13	14	15	16	17	18	19	20	21	22	23	24	26	27	28			
	公曆8月							1	2	3	4	5	6	7	8	9	10	11	12	13	14	15	16	17	18	19	20	21	22	23	24	25	26	27	28	29	30	31
9	夏曆七月							29	30	⑪	2	3	4	5	6	7	8	9	10	11	12	13	14	15	16	17	18	19	20	21	22	23	24	25	26	27	28	29
	回曆3月							26	27	28	29	1	2	3	4	5	6	7	8	9	10	11	12	13	14	15	16	17	18	19	20	21	22	23	24	25	26	27
	藏曆七月							29	30	1	2	3	4	5	6	7	8	9	10	11	12	12	13	14	15	16	18	19	20	21	22	23	24	25	26	27	28	30
	公曆9月			1	2	3	4	5	6	7	8	9	10	11	12	13	14	15	16	17	18	19	20	21	22	23	24	25	26	27	28	29	30					
10	夏曆八月			㊵	2	3	4	5	6	7	8	9	10	11	12	13	14	15	16	17	18	19	20	21	22	23	24	25	26	27	28	29	30					
	回曆4月			28	29	30	1	2	3	4	5	6	7	8	9	10	11	12	13	14	15	16	17	18	19	20	21	22	23	24	25	26	27					
	藏曆八月			30	1	1	2	3	4	5	6	7	8	9	10	11	12	13	14	15	16	17	18	19	20	22	23	24	25	26	27	28	29					
	公曆10月					1	2	3	4	5	6	7	8	9	10	11	12	13	14	15	16	17	18	19	20	21	22	23	24	25	26	27	28	29	30	31		
11 12	夏曆九十月					⑩	2	3	4	5	6	7	8	9	10	11	12	13	14	15	16	17	18	19	20	21	22	23	24	25	26	27	28	29	㊴	2		
	回曆5月					28	29	1	2	3	4	5	6	7	8	9	10	11	12	13	14	15	16	17	18	19	20	21	22	23	24	25	26	27	28	29		
	藏曆九十月					1	2	3	4	5	6	7	7	8	9	10	11	12	13	14	16	17	18	19	20	21	22	23	24	25	26	27	28	29	30	1		
	公曆11月	1	2	3	4	5	6	7	8	9	10	11	12	13	14	15	16	17	18	19	20	21	22	23	24	25	26	27	28	29	30							
13	夏曆十一月	3	4	5	6	7	8	9	10	11	12	13	14	15	16	17	18	19	20	21	22	23	24	25	26	27	28	29	30	⑨	2							
	回曆6月	30	1	2	3	4	5	6	7	8	9	10	11	12	13	14	15	16	17	18	19	20	21	22	23	24	25	26	27	28	29							
	藏曆十一月	2	3	4	5	6	7	8	9	10	11	12	13	14	15	16	17	18	20	21	22	23	24	25	26	27	28	29	29	30	1							
	公曆12月			1	2	3	4	5	6	7	8	9	10	11	12	13	14	15	16	17	18	19	20	21	22	23	24	25	26	27	28	29	30	31				
14	夏曆十二月			3	4	5	6	7	8	9	10	11	12	13	14	15	16	17	18	19	20	21	22	23	24	25	26	27	28	29	30	㊴	2	3				
	回曆7、8月			1	2	3	4	5	6	7	8	9	10	11	12	13	14	15	16	17	18	19	20	21	22	23	24	25	26	27	28	29	30	1				
	藏曆十二月			2	3	4	5	6	7	8	9	10	11	12	14	14	15	16	17	18	19	20	21	22	23	24	25	26	27	28	29	1	2	3				

大事紀

正月，置道階二十六等，以敘道士。　三月，令各路選道士十人送京講習。　四月，令茶場月進五萬貫。　七月，女直攻遼寧江州，遼軍敗。　八月，作延福宮、景龍江。　九月，阿骨打破寧江州，遼遣兵擊之。　十一月，阿骨打大破遼兵於出河店，遼賓、咸、詳等州及鐵驪部皆降於女直。　十二月，詔廣南市舶司歲貢真珠、犀角、象牙。夏擾宋邊。

宋 遼 金 紀 年　　干支乙未　公元 1115 年

朝代或國名	國家支配者	建都	廟號	謚號	建元	年號年次	輔政者	備注
北宋	⑧趙佶	汴梁	徽宗	顯	6	4 政和 5 年	同前	
遼	⑧耶律延禧	中京		天祚	3	2 天慶 5 年		
大理	②段正嚴	陽苴咩	憲宗	宣仁	5	2 文治 6 年		在雲南
西夏	④李乾順	(銀川)	崇宗	聖文	8	5 雍寧 2 年		
金	①完顏阿骨打(旻)	會寧	太祖		2	1 收國元年		一作 1116 年
古格						302 年		西藏阿里
東汗國	阿黑馬					13 年		

月 干支 序數	星期 月序	日	1	2	3	4	5	6	日	1	2	3	4	5	6	日	1	2	3	4	5	6	日	1	2	3	4	5	6	日	1	2	3	4	5	6	日	1
	公曆1月						1	2	3	4	5	6	7	8	9	10	11	12	13	14	15	16	17	18	19	20	21	22	23	24	25	26	27	28	29	30	31	
15	夏曆正月						4	5	6	7	8	9	10	11	12	13	14	15	16	17	18	19	20	21	22	23	24	25	26	27	28	29	30	⑨	2	3	4	
	回曆9月						2	3	4	5	6	7	8	9	10	11	12	13	14	15	16	17	18	19	20	21	22	23	24	25	26	27	28	29	1	2	3	
陰木羊年	藏曆一月						3	4	5	6	8	9	10	11	12	13	14	15	16	17	18	19	20	21	22	23	24	25	26	27	28	29	30	1	2	3	4	
	公曆2月		1	2	3	4	5	6	7	8	9	10	11	12	13	14	15	16	17	18	19	20	21	22	23	24	25	26	27	28								
16	夏曆二月		5	6	7	8	9	10	11	12	13	14	15	16	17	18	19	20	21	22	23	24	25	26	27	28	29	㊳	2	3								
	回曆10月		4	5	6	7	8	9	10	11	12	13	14	15	16	17	18	19	20	21	22	23	24	25	26	27	28	29	30	1								
	藏曆二月		5	6	7	8	9	10	11	13	14	15	16	17	18	19	20	21	22	23	24	24	25	26	27	28	29	30	1	2								
	公曆3月		1	2	3	4	5	6	7	8	9	10	11	12	13	14	15	16	17	18	19	20	21	22	23	24	25	26	27	28	29	30	31					
17	夏曆三月		4	5	6	7	8	9	10	11	12	13	14	15	16	17	18	19	20	21	22	23	24	25	26	27	28	29	30	⑧	2	3	4					
	回曆11月		2	3	4	5	6	7	8	9	10	11	12	13	14	15	16	17	18	19	20	21	22	23	24	25	26	27	28	29	1	2	3					
	藏曆三月		3	4	5	7	8	9	10	11	12	13	14	15	16	17	18	19	20	21	22	23	24	25	26	27	28	29	30	1	2	3	4					
	公曆4月					1	2	3	4	5	6	7	8	9	10	11	12	13	14	15	16	17	18	19	20	21	22	23	24	25	26	27	28	29	30			
18	夏曆四月					5	6	7	8	9	10	11	12	13	14	15	16	17	18	19	20	21	22	23	24	25	26	27	28	29	㊲	2	3	4	5			
	回曆12月					4	5	6	7	8	9	10	11	12	13	14	15	16	17	18	19	20	21	22	23	24	25	26	27	28	29	30	1	2	3			
	藏曆四月					5	6	7	8	9	11	12	13	14	15	16	17	18	18	19	20	21	22	23	24	25	26	27	28	29	30	1	2	3	5			
	公曆5月							1	2	3	4	5	6	7	8	9	10	11	12	13	14	15	16	17	18	19	20	21	22	23	24	25	26	27	28	29	30	31
19	夏曆五月							6	7	8	9	10	11	12	13	14	15	16	17	18	19	20	21	22	23	24	25	26	27	28	29	30	⑦	2	3	4	5	6
509年	回曆1月							4	5	6	7	8	9	10	11	12	13	14	15	16	17	18	19	20	21	22	23	24	25	26	27	28	29	①	2	3	4	5
	藏曆五月							6	7	8	9	10	11	12	13	14	15	16	17	18	19	20	21	22	23	24	25	26	27	28	29	30	1	2	3	4	5	6
	公曆6月			1	2	3	4	5	6	7	8	9	10	11	12	13	14	15	16	17	18	19	20	21	22	23	24	25	26	27	28	29	30					
20	夏曆六月			7	8	9	10	11	12	13	14	15	16	17	18	19	20	21	22	23	24	25	26	27	28	29	㊱	2	3	4	5	6	7					
	回曆2月			6	7	8	9	10	11	12	13	14	15	16	17	18	19	20	21	22	23	24	25	26	27	28	29	30	1	2	3	4	5					
	藏曆六月			8	9	10	11	12	13	14	14	15	16	17	18	19	20	21	22	23	24	25	26	27	28	30	1	2	3	4	5	6	7					
	公曆7月					1	2	3	4	5	6	7	8	9	10	11	12	13	14	15	16	17	18	19	20	21	22	23	24	25	26	27	28	29	30	31		
21	夏曆七月					8	9	10	11	12	13	14	15	16	17	18	19	20	21	22	23	24	25	26	27	28	29	⑤	2	3	4	5	6	7	8	9		
	回曆3月					6	7	8	9	10	11	12	13	14	15	16	17	18	19	20	21	22	23	24	25	26	27	28	29	1	2	3	4	5	6	7		
	藏曆七月					8	9	10	11	12	13	14	15	16	17	18	19	20	21	22	23	24	25	26	27	28	29	30	1	3	4	5	6	7	8	9		
	公曆8月	1	2	3	4	5	6	7	8	9	10	11	12	13	14	15	16	17	18	19	20	21	22	23	24	25	26	27	28	29	30	31						
22	夏曆8月	10	11	12	13	14	15	16	17	18	19	20	21	22	23	24	25	26	27	28	29	30	㉟	2	3	4	5	6	7	8	9	10						
	回曆4月	8	9	10	11	12	13	14	15	16	17	18	19	20	21	22	23	24	25	26	27	28	29	30	1	2	3	4	5	6	7	8						
	藏曆八月	10	11	11	12	13	14	15	16	17	18	19	20	21	22	23	24	26	27	28	29	30	1	2	3	4	5	6	7	8	9	10						
	公曆9月				1	2	3	4	5	6	7	8	9	10	11	12	13	14	15	16	17	18	19	20	21	22	23	24	25	26	27	28	29	30				
23	夏曆九月				11	12	13	14	15	16	17	18	19	20	21	22	23	24	25	26	27	28	29	④	2	3	4	5	6	7	8	9	10	11				
	回曆5月				9	10	11	12	13	14	15	16	17	18	19	20	21	22	23	24	25	26	27	28	29	1	2	3	4	5	6	7	8	9				
	藏曆九月				11	12	13	14	15	16	17	18	19	20	21	22	23	24	25	26	27	29	30	1	2	3	4	5	6	6	7	8	9	10				
	公曆10月						1	2	3	4	5	6	7	8	9	10	11	12	13	14	15	16	17	18	19	20	21	22	23	24	25	26	27	28	29	30	31	
24	夏曆十月						12	13	14	15	16	17	18	19	20	21	22	23	24	25	26	27	28	29	30	㉞	2	3	4	5	6	7	8	9	10	11	12	
	回曆6月						10	11	12	13	14	15	16	17	18	19	20	21	22	23	24	25	26	27	28	29	30	1	2	3	4	5	6	7	8	9	10	
	藏曆十月						11	12	13	14	15	16	17	18	19	20	21	23	24	25	26	27	28	29	30	1	2	3	4	5	6	7	8	9	10	10	11	
	公曆11月		1	2	3	4	5	6	7	8	9	10	11	12	13	14	15	16	17	18	19	20	21	22	23	24	25	26	27	28	29	30						
25	夏曆十一月		13	14	15	16	17	18	19	20	21	22	23	24	25	26	27	28	29	③	2	3	4	5	6	7	8	9	10	11	12	13						
	回曆7月		11	12	13	14	15	16	17	18	19	20	21	22	23	24	25	26	27	28	29	1	2	3	4	5	6	7	8	9	10	11						
	藏曆十一月		12	13	14	16	17	18	19	20	21	22	23	24	25	26	27	28	29	30	1	2	3	4	5	6	7	8	9	10	11	12						

續表

月干支序數	月序＼星期	日	1	2	3	4	5	6	日	1	2	3	4	5	6	日	1	2	3	4	5	6	日	1	2	3	4	5	6	日	1	2	3	4	5	6	日	1
	公曆12月				1	2	3	4	5	6	7	8	9	10	11	12	13	14	15	16	17	18	19	20	21	22	23	24	25	26	27	28	29	30	31			
26	夏曆十二月				14	15	16	17	18	19	20	21	22	23	24	25	26	27	28	29	30	㉝	2	3	4	5	6	7	8	9	10	11	12	13	14			
	回曆8月				12	13	14	15	16	17	18	19	20	21	22	23	24	25	26	27	28	29	30	1	2	3	4	5	6	7	8	9	10	11	12			
	藏曆十二月				13	14	15	16	17	18	19	21	22	23	24	25	26	27	28	29	30	1	2	2	3	4	5	6	7	8	9	10	11	12	13			

大事紀

正月，完顏阿骨打稱帝建國，改名旻，國號金，建元收國。宋令諸州縣置醫學，立貢額。遼帝親征金，大敗於達魯古。宋瀘州夷以宋官苛擾，聯盟起事，屢敗官兵，蜀中大震。宋大敗夏於古骨龍。　二月，遼饒州渤海人古欲起事，自稱大王。宋以童貫領六路邊事。　四月，饒州古欲起事，旋敗。　六月，宋修大伾等三山黄河浮橋成。　八月，遼帝以大軍親征金。　九月，金陷遼黄龍府重鎮。宋攻夏臧底河城，大敗。　十月，宋擊瀘州夷，大破之，拓地周二千餘里。夏貢於宋。十一月，高麗遣人入宋太學。　十二月，金破遼帝於護步答岡。遼將耶律章嘉努反，中京民侯概聚衆起事，後與章嘉努合。

宋遼金紀年

干支丙申　公元1116年

朝代或國名	國家支配者	建都	廟號	謚號	建元	年號年次	輔政者	備注
北宋	⑧趙佶	汴梁	徽宗	顯	6	4 政和 6 年	蔡京 何執中 鄭居中 劉正夫	
遼	⑧耶律延禧	中京		天祚	3	2 天慶 6 年		
大理	②段正嚴	陽苴咩	憲宗	宣仁	5	2 文治 7 年		在雲南
西夏	④李乾順	(銀川)	崇宗	聖文	8	5 雍寧 3 年		
金	①完顏阿骨打(旻)	會寧	太祖		2	1 收國 2 年		一作是年爲元年
大元	高永昌	遼陽			1	隆基元年		正月立，5月亡於金
古格						303 年		
東汗國	阿黑馬					14 年		

月曆表

5829－384－2129076

月干支序數	月序＼星期	日	1	2	3	4	5	6	日	1	2	3	4	5	6	日	1	2	3	4	5	6	日	1	2	3	4	5	6	日	1	2	3	4	5	6	日	1
	公曆1月							1	2	3	4	5	6	7	8	9	10	11	12	13	14	15	16	17	18	19	20	21	22	23	24	25	26	27	28	29	30	31
27	夏曆正月							15	16	17	18	19	20	21	22	23	24	25	26	27	28	29	30	③	2	3	4	5	6	7	8	9	10	11	12	13	14	15
	回曆9月							13	14	15	16	17	18	19	20	21	22	23	24	25	26	27	28	29	1	2	3	4	5	6	7	8	9	10	11	12	13	14
陽火猴年	藏曆一月							14	16	17	18	19	20	21	22	23	24	25	26	27	28	29	30	1	2	3	4	5	6	7	8	9	10	11	12	13	14	15
	公曆2月			1	2	3	4	5	6	7	8	9	10	11	12	13	14	15	16	17	18	19	20	21	22	23	24	25	26	27	28	29						
	夏曆閏正月			16	17	18	19	20	21	22	23	24	25	26	27	28	29	30	㉝	2	3	4	5	6	7	8	9	10	11	12	13	14						
	回曆10月			15	16	17	18	19	20	21	22	23	24	25	26	27	28	29	30	1	2	3	4	5	6	7	8	9	10	11	12	13						
	藏曆二月			16	17	18	19	21	22	23	24	24	25	26	27	28	29	30	1	2	3	4	5	6	7	8	9	10	11	12	14	15						
	公曆3月				1	2	3	4	5	6	7	8	9	10	11	12	13	14	15	16	17	18	19	20	21	22	23	24	25	26	27	28	29	30	31			
28	夏曆二月				15	16	17	18	19	20	21	22	23	24	25	26	27	28	29	②	2	3	4	5	6	7	8	9	10	11	12	13	14	15	16			

續表

月干支序數	月序 星期	日	1	2	3	4	5	6	日	1	2	3	4	5	6	日	1	2	3	4	5	6	日	1	2	3	4	5	6	日	1	2	3	4	5	6	日	1
	回曆11月				14	15	16	17	18	19	20	21	22	23	24	25	26	27	28	29	1	2	3	4	5	6	7	8	9	10	11	12	13	14	15			
	藏曆三月				16	17	18	19	20	21	22	23	24	25	26	27	28	28	29	30	1	2	3	4	5	6	8	9	10	11	12	13	14	15	16			
	公曆4月							1	2	3	4	5	6	7	8	9	10	11	12	13	14	15	16	17	18	19	20	21	22	23	24	25	26	27	28	29	30	
29	夏曆三月							17	18	19	20	21	22	23	24	25	26	27	28	29	30	㉜	2	3	4	5	6	7	8	9	10	11	12	13	14	15	16	
	回曆12月							16	17	18	19	20	21	22	23	24	25	26	27	28	29	30	1	2	3	4	5	6	7	8	9	10	11	12	13	14	15	
	藏曆四月							17	18	19	20	21	22	23	24	25	26	27	28	29	30	1	2	3	4	5	6	7	8	9	10	12	13	14	15	16	17	
	公曆5月		1	2	3	4	5	6	7	8	9	10	11	12	13	14	15	16	17	18	19	20	21	22	23	24	25	26	27	28	29	30	31					
30	夏曆四月		17	18	19	20	21	22	23	24	25	26	27	28	29	①	2	3	4	5	6	7	8	9	10	11	12	13	14	15	16	17	18					
510年	回曆1月		16	17	18	19	20	21	22	23	24	25	26	27	28	29	30	①	2	3	4	5	6	7	8	9	10	11	12	13	14	15	16					
	藏曆五月		18	19	20	21	22	23	23	24	25	26	27	28	29	30	1	2	3	5	6	7	8	9	10	11	12	13	14	15	16	17	18					
	公曆6月					1	2	3	4	5	6	7	8	9	10	11	12	13	14	15	16	17	18	19	20	21	22	23	24	25	26	27	28	29	30			
31	夏曆五月					19	20	21	22	23	24	25	26	27	28	29	30	㉛	2	3	4	5	6	7	8	9	10	11	12	13	14	15	16	17	18			
	回曆2月					17	18	19	20	21	22	23	24	25	26	27	28	29	30	1	2	3	4	5	6	7	8	9	10	11	12	13	14	15	16			
	藏曆六月					19	20	21	22	23	24	25	26	27	28	29	30	1	2	3	4	5	7	8	9	10	11	12	13	14	15	16	17	18	19			
	公曆7月							1	2	3	4	5	6	7	8	9	10	11	12	13	14	15	16	17	18	19	20	21	22	23	24	25	26	27	28	29	30	31
32	夏曆六月							19	20	21	22	23	24	25	26	27	28	29	(60)	2	3	4	5	6	7	8	9	10	11	12	13	14	15	16	17	18	19	20
	回曆3月							17	18	19	20	21	22	23	24	25	26	27	28	29	1	2	3	4	5	6	7	8	9	10	11	12	13	14	15	16	17	18
	藏曆七月							19	20	21	22	23	24	25	26	27	28	30	1	2	3	4	5	6	7	8	9	10	11	12	13	14	15	16	17	18	19	20
	公曆8月			1	2	3	4	5	6	7	8	9	10	11	12	13	14	15	16	17	18	19	20	21	22	23	24	25	26	27	28	29	30	31				
33	夏曆七月			21	22	23	24	25	26	27	28	29	㉙	2	3	4	5	6	7	8	9	10	11	12	13	14	15	16	17	18	19	20	21	22				
	回曆4月			19	20	21	22	23	24	25	26	27	28	29	30	1	2	3	4	5	6	7	8	9	10	11	12	13	14	15	16	17	18	19				
	藏曆八月			21	22	23	24	25	26	27	28	29	30	1	3	4	5	6	7	8	9	10	11	12	13	14	15	15	16	17	18	19	20	21				
	公曆9月						1	2	3	4	5	6	7	8	9	10	11	12	13	14	15	16	17	18	19	20	21	22	23	24	25	26	27	28	29	30		
34	夏曆八月						23	24	25	26	27	28	29	30	(59)	2	3	4	5	6	7	8	9	10	11	12	13	14	15	16	17	18	19	20	21	22		
	回曆5月						20	21	22	23	24	25	26	27	28	29	1	2	3	4	5	6	7	8	9	10	11	12	13	14	15	16	17	18	19	20		
	藏曆九月						22	23	24	26	27	28	29	30	1	2	3	4	5	6	7	8	9	10	11	12	13	14	15	16	17	18	19	20	21	22		
	公曆10月	1	2	3	4	5	6	7	8	9	10	11	12	13	14	15	16	17	18	19	20	21	22	23	24	25	26	27	28	29	30	31						
35	夏曆九月	23	24	25	26	27	28	29	㉘	2	3	4	5	6	7	8	9	10	11	12	13	14	15	16	17	18	19	20	21	22	23	24						
	回曆6月	21	22	23	24	25	26	27	28	29	30	1	2	3	4	5	6	7	8	9	10	11	12	13	14	15	16	17	18	19	20	21						
	藏曆十月	23	24	25	26	27	28	30	1	2	3	4	5	6	7	8	9	10	10	11	12	13	14	15	16	17	18	19	20	21	22	24						
	公曆11月				1	2	3	4	5	6	7	8	9	10	11	12	13	14	15	16	17	18	19	20	21	22	23	24	25	26	27	28	29	30				
36	夏曆十月				25	26	27	28	29	30	(58)	2	3	4	5	6	7	8	9	10	11	12	13	14	15	16	17	18	19	20	21	22	23	24				
	回曆7月				22	23	24	25	26	27	28	29	1	2	3	4	5	6	7	8	9	10	11	12	13	14	15	16	17	18	19	20	21	22				
	藏曆十一月				25	26	27	28	29	30	1	2	3	4	5	6	7	8	9	10	11	12	13	14	15	16	17	18	19	20	21	22	23	24				
	公曆12月						1	2	3	4	5	6	7	8	9	10	11	12	13	14	15	16	17	18	19	20	21	22	23	24	25	26	27	28	29	30	31	
37	夏曆十一月						25	26	27	28	29	㉗	2	3	4	5	6	7	8	9	10	11	12	13	14	15	16	17	18	19	20	21	22	23	24	25	26	
	回曆8月						23	24	25	26	27	28	29	30	1	2	3	4	5	6	7	8	9	10	11	12	13	14	15	16	17	18	19	20	21	22	23	
	藏曆十二月						25	26	27	29	30	1	2	2	3	4	5	6	7	8	9	10	11	12	13	14	15	16	17	18	19	20	22	23	24	25	26	

大事記

正月，遼將渤海高永昌據東京，國號大元，建元隆基；貴德州將耶律余都附之。宋以童貫宣撫陝西、河北。閏正月，宋置道學。　二月，耶律章嘉努聯合侯概等萬餘人陷高州，旋敗。　四月，遼帝親征，擊定章嘉努。　五月，金陷遼沈州、東京，擒高永昌，殺之。於是遼之東京州縣皆入於金。　六月，遼大籍諸路兵。　七月，遼春州渤海人反遼，旋敗。八月，金陷遼保州。　十月，烏古部反遼，旋降。　十一月，夏屠宋靖夏城。　是歲，茂州夷附於宋。

朝代或國名	國家支配者	建都	廟號	謚號	建元	年號年次	輔　政　者	備　注
北宋	⑧趙佶	汴梁	徽宗	顯	6	4 政和 7 年	蔡京 鄭居中 余深	
遼	⑧耶律延禧	中京		天祚	3	2 天慶 7 年		
大理	②段正嚴	陽苴咩	憲宗	宣仁	5	2 文治 8 年		在雲南
西夏	④李乾順	(銀川)	崇宗	聖文	8	5 雍寧 4 年		
金	①完顏阿骨打(旻)	會寧	太祖		2	2 天輔元年		
	〔董龐兒〕	淶水				1 年		河北
古格						304 年		西藏阿里
東汗國	阿黑馬					15 年		

月曆表

5830－354－2129430

月 干支 序數	星期／月序	日	1	2	3	4	5	6	日	1	2	3	4	5	6	日	1	2	3	4	5	6	日	1	2	3	4	5	6	日	1	2	3	4	5	6	日	1
	公曆 1 月		1	2	3	4	5	6	7	8	9	10	11	12	13	14	15	16	17	18	19	20	21	22	23	24	25	26	27	28	29	30	31					
38	夏曆十二月		27	28	29	30	(57)	2	3	4	5	6	7	8	9	10	11	12	13	14	15	16	17	18	19	20	21	22	23	24	25	26	27					
	回曆 9 月		24	25	26	27	28	29	1	2	3	4	5	6	7	8	9	10	11	12	13	14	15	16	17	18	19	20	21	22	23	24	25					
陰火鷄年	藏曆一月		27	28	29	30	1	2	3	4	5	5	6	7	8	9	10	11	12	13	14	15	17	18	19	20	21	22	23	24	25	26	27					
	公曆 2 月					1	2	3	4	5	6	7	8	9	10	11	12	13	14	15	16	17	18	19	20	21	22	23	24	25	26	27	28					
39	夏曆正月					28	29	30	㉗	2	3	4	5	6	7	8	9	10	11	12	13	14	15	16	17	18	19	20	21	22	23	24	25					
	回曆 10 月					26	27	28	29	30	1	2	3	4	5	6	7	8	9	10	11	12	13	14	15	16	17	18	19	20	21	22	23					
	藏曆二月					28	29	30	1	2	3	4	5	6	7	8	9	10	11	12	13	14	15	16	17	18	19	20	22	23	24	25	26					
	公曆 3 月					1	2	3	4	5	6	7	8	9	10	11	12	13	14	15	16	17	18	19	20	21	22	23	24	25	26	27	28	29	30	31		
40	夏曆二月					26	27	28	29	(56)	2	3	4	5	6	7	8	9	10	11	12	13	14	15	16	17	18	19	20	21	22	23	24	25	26	27		
	回曆 11 月					24	25	26	27	28	29	1	2	3	4	5	6	7	8	9	10	11	12	13	14	15	16	17	18	19	20	21	22	23	24	25		
	藏曆後二月					27	28	29	30	1	2	3	4	5	6	7	8	9	10	11	12	13	14	15	16	17	18	19	20	21	22	23	24	25	26	27		
	公曆 4 月	1	2	3	4	5	6	7	8	9	10	11	12	13	14	15	16	17	18	19	20	21	22	23	24	25	26	27	28	29	30							
41	夏曆三月	28	29	30	㉖	2	3	4	5	6	7	8	9	10	11	12	13	14	15	16	17	18	19	20	21	22	23	24	25	26	27							
	回曆 12 月	26	27	28	29	30	1	2	3	4	5	6	7	8	9	10	11	12	13	14	15	16	17	18	19	20	21	22	23	24	25							
	藏曆三月	28	29	30	1	2	2	3	4	5	6	8	9	10	11	12	13	14	15	16	17	18	19	20	21	22	23	24	25	26	27							
	公曆 5 月			1	2	3	4	5	6	7	8	9	10	11	12	13	14	15	16	17	18	19	20	21	22	23	24	25	26	27	28	29	30	31				
42	夏曆四月			28	29	30	(56)	2	3	4	5	6	7	8	9	10	11	12	13	14	15	16	17	18	19	20	21	22	23	24	25	26	27	28				
511 年	回曆 1 月			26	27	28	29	①	2	3	4	5	6	7	8	9	10	11	12	13	14	15	16	17	18	19	20	21	22	23	24	25	26	27				
	藏曆四月			28	29	30	1	2	3	4	5	6	7	8	9	10	12	13	14	15	16	17	18	19	20	21	22	23	24	25	26	27	27	28				
	公曆 6 月						1	2	3	4	5	6	7	8	9	10	11	12	13	14	15	16	17	18	19	20	21	22	23	24	25	26	27	28	29	30		
43	夏曆五月						29	㉕	2	3	4	5	6	7	8	9	10	11	12	13	14	15	16	17	18	19	20	21	22	23	24	25	26	27	28	29		
	回曆 2 月						28	29	30	1	2	3	4	5	6	7	8	9	10	11	12	13	14	15	16	17	18	19	20	21	22	23	24	25	26	27		
	藏曆五月						29	30	1	2	4	5	6	7	8	9	10	11	12	13	14	16	17	17	18	19	20	21	22	23	24	25	26	27	28	29		
	公曆 7 月	1	2	3	4	5	6	7	8	9	10	11	12	13	14	15	16	17	18	19	20	21	22	23	24	25	26	27	28	29	30	31						
44 45	夏曆六七月	30	(55)	2	3	4	5	6	7	8	9	10	11	12	13	14	15	16	17	18	19	20	21	22	23	24	25	26	27	28	29	㉔						
	回曆 3 月	28	29	1	2	3	4	5	6	7	8	9	10	11	12	13	14	15	16	17	18	19	20	21	22	23	24	25	26	27	28	29						
	藏曆六七月	30	1	2	3	4	5	7	8	9	10	11	12	13	14	15	16	17	18	19	20	21	22	23	24	24	25	26	27	29	30	1						

續表

月 干支 序數	星期 / 月序	日	1	2	3	4	5	6	日	1	2	3	4	5	6	日	1	2	3	4	5	6	日	1	2	3	4	5	6	日	1	2	3	4	5	6	日	1
	公曆8月				1	2	3	4	5	6	7	8	9	10	11	12	13	14	15	16	17	18	19	20	21	22	23	24	25	26	27	28	29	30	31			
46	夏曆八月				2	3	4	5	6	7	8	9	10	11	12	13	14	15	16	17	18	19	20	21	22	23	24	25	26	27	28	29	(53)	2	3			
	回曆4、5月				30	1	2	3	4	5	6	7	8	9	10	11	12	13	14	15	16	17	18	19	20	21	22	23	24	25	26	27	28	29	1			
	藏曆八月				2	3	4	5	6	7	8	9	11	12	13	14	14	15	16	17	18	19	20	21	22	23	24	25	26	27	28	29	30	1	3			
	公曆9月							1	2	3	4	5	6	7	8	9	10	11	12	13	14	15	16	17	18	19	20	21	22	23	24	25	26	27	28	29	30	
47	夏曆九月							4	5	6	7	8	9	10	11	12	13	14	15	16	17	18	19	20	21	22	23	24	25	26	27	28	29	30	㉓	2	3	
	回曆6月							2	3	4	5	6	7	8	9	10	11	12	13	14	15	16	17	18	19	20	21	22	23	24	25	26	27	28	29	30	1	
	藏曆九月							4	5	6	7	8	9	10	11	12	13	14	15	16	17	18	19	20	20	21	22	23	24	26	27	28	29	30	1	2	3	
	公曆10月		1	2	3	4	5	6	7	8	9	10	11	12	13	14	15	16	17	18	19	20	21	22	23	24	25	26	27	28	29	30	31					
48	夏曆十月		4	5	6	7	8	9	10	11	12	13	14	15	16	17	18	19	20	21	22	23	24	25	26	27	28	29	(52)	2	3	4	5					
	回曆7月		2	3	4	5	6	7	8	9	10	11	12	13	14	15	16	17	18	19	20	21	22	23	24	25	26	27	28	30	1	2	3					
	藏曆十月		4	5	6	7	8	9	10	11	12	13	14	15	16	17	18	19	20	21	22	23	24	25	26	27	28	29	1	2	3	4	5					
	公曆11月					1	2	3	4	5	6	7	8	9	10	11	12	13	14	15	16	17	18	19	20	21	22	23	24	25	26	27	28	29	30			
49	夏曆十一月					6	7	8	9	10	11	12	13	14	15	16	17	18	19	20	21	22	23	24	25	26	27	28	29	30	㉒	2	3	4	5			
	回曆8月					4	5	6	7	8	9	10	11	12	13	14	15	16	17	18	19	20	21	22	23	24	25	26	27	28	29	30	1	2	3			
	藏曆十一月					6	7	8	9	10	11	12	13	13	14	15	16	17	18	19	20	21	22	23	25	26	27	28	29	30	1	2	3	4	5			
	公曆12月							1	2	3	4	5	6	7	8	9	10	11	12	13	14	15	16	17	18	19	20	21	22	23	24	25	26	27	28	29	30	31
50	夏曆十二月							6	7	8	9	10	11	12	13	14	15	16	17	18	19	20	21	22	23	24	25	26	27	28	29	(51)	2	3	4	5	6	7
	回曆9月							4	5	6	7	8	9	10	11	12	13	14	15	16	17	18	19	20	21	22	23	24	25	26	27	28	29	1	2	3	4	5
	藏曆十二月							6	7	8	9	10	11	12	13	14	15	16	17	18	19	20	21	22	23	24	25	26	27	28	30	1	2	3	4	5	5	6

大事記

正月，金陷遼春、泰等州。　二月，大理貢宋，封其王段和譽為雲南節度使、大理國王。宋帝親策高麗進士，賜四人上舍及第。遼淶水民董龐兒聚衆萬餘人起事，旋敗。　四月，宋徽宗稱教主道君皇帝。　五月，宋令諸路監司兼措置起運花石。金禁同姓為婚。　七月，宋熙河、環慶、涇原等路地震。宋令登州以市馬為名泛海至遼東，以觀遼金虚實。　九月，遼置怨軍八營，以郭藥師等為帥。　十二月，金敗遼於蒺藜山，取顯州，於是乾、懿等七州皆降於金。遼於諸路募兵。是歲，宋大旱。

宋遼金紀年

干支戊戌　公元1118年

朝代或國名	國家支配者	建都	廟號	謚號	建元	年號年次	輔政者	備注
北宋	⑧趙佶	汴梁	徽宗	顯	6	5重和元年	同前	十一月朔改元
遼	⑧耶律延禧	中京		天祚	3	2天慶8年		
大理	②段正嚴	陽苴咩	憲宗	宣仁	5	2文治9年		在雲南
西夏	④李乾順	(銀川)	崇宗	聖文	8	5雍寧5年		
金	①完顔阿骨打(旻)	會寧	太祖		2	2天輔2年		
古格						305年		西藏阿里
東汗國	阿黑馬					16年		

月干支序數	月序＼星期	日	1	2	3	4	5	6	日	1	2	3	4	5	6	日	1	2	3	4	5	6	日	1	2	3	4	5	6	日	1	2	3	4	5	6	日	1
	公曆1月			1	2	3	4	5	6	7	8	9	10	11	12	13	14	15	16	17	18	19	20	21	22	23	24	25	26	27	28	29	30	31				
51	夏曆正月			8	9	10	11	12	13	14	15	16	17	18	19	20	21	22	23	24	25	26	27	28	29	30	㉑	2	3	4	5	6	7	8				
	回曆10月			6	7	8	9	10	11	12	13	14	15	16	17	18	19	20	21	22	23	24	25	26	27	28	29	30	1	2	3	4	5	6				
陽土狗年	藏曆一月			7	8	9	10	11	12	13	14	15	16	17	18	19	20	21	22	24	25	26	27	28	29	30	1	2	3	4	5	6	7	8				
	公曆2月						1	2	3	4	5	6	7	8	9	10	11	12	13	14	15	16	17	18	19	20	21	22	23	24	25	26	27	28				
52	夏曆二月						9	10	11	12	13	14	15	16	17	18	19	20	21	22	23	24	25	26	27	28	29	㊿	2	3	4	5	6	7				
	回曆11月						7	8	9	10	11	12	13	14	15	16	17	18	19	20	21	22	23	24	25	26	27	28	29	1	2	3	4	5				
	藏曆二月						8	9	10	11	12	13	14	15	16	18	19	20	21	22	23	24	25	26	27	28	29	30	1	2	3	4	5	6				
	公曆3月						1	2	3	4	5	6	7	8	9	10	11	12	13	14	15	16	17	18	19	20	21	22	23	24	25	26	27	28	29	30	31	
53	夏曆三月						8	9	10	11	12	13	14	15	16	17	18	19	20	21	22	23	24	25	26	27	28	29	30	⑳	2	3	4	5	6	7	8	
	回曆12月						6	7	8	9	10	11	12	13	14	15	16	17	18	19	20	21	22	23	24	25	26	27	28	29	30	1	2	3	4	5	6	
	藏曆三月						7	8	9	10	11	12	13	14	15	16	17	18	19	20	22	23	24	25	26	27	28	29	30	30	1	1	2	3	4	5	6	
	公曆4月		1	2	3	4	5	6	7	8	9	10	11	12	13	14	15	16	17	18	19	20	21	22	23	24	25	26	27	28	29	30						
54	夏曆四月		9	10	11	12	13	14	15	16	17	18	19	20	21	22	23	24	25	26	27	28	29	30	㊿	2	3	4	5	6	7	8						
512年	回曆1月		7	8	9	10	11	12	13	14	15	16	17	18	19	20	21	22	23	24	25	26	27	28	29	①	2	3	4	5	6	7						
	藏曆四月		7	8	9	10	11	12	13	14	16	17	18	19	20	21	22	23	24	25	26	27	28	29	1	2	3	4	5	6	7	8						
	公曆5月				1	2	3	4	5	6	7	8	9	10	11	12	13	14	15	16	17	18	19	20	21	22	23	24	25	26	27	28	29	30	31			
55	夏曆五月				9	10	11	12	13	14	15	16	17	18	19	20	21	22	23	24	25	26	27	28	29	⑲	2	3	4	5	6	7	8	9	10			
	回曆2月				8	9	10	11	12	13	14	15	16	17	18	19	20	21	22	23	24	25	26	27	28	29	30	1	2	3	4	5	6	7	8			
	藏曆五月				9	10	11	12	13	14	15	16	17	19	20	21	22	23	24	25	26	26	27	28	29	30	1	2	3	4	5	6	7	8	9			
	公曆6月							1	2	3	4	5	6	7	8	9	10	11	12	13	14	15	16	17	[illegible]	19	20	21	22	23	24	25	26	27	28	29	30	
56	夏曆六月							11	12	13	14	15	16	17	18	19	20	21	22	23	24	25	26	27	28	29	30	㊾	2	3	4	5	6	7	8	9	10	
	回曆3月							9	10	11	12	13	14	15	16	17	18	19	20	22	22	23	24	25	26	27	28	29	1	2	3	4	5	6	7	8	9	
	藏曆六月							10	12	13	14	15	16	17	18	19	20	21	22	23	24	25	26	27	28	29	30	1	2	3	4	5	6	7	8	9	10	
	公曆7月		1	2	3	4	5	6	7	8	9	10	11	12	13	14	15	16	17	18	19	20	21	22	23	24	25	26	27	28	29	30	31					
57	夏曆七月		11	12	13	14	15	16	17	18	19	20	21	22	23	24	25	26	27	28	29	⑱	2	3	4	5	6	7	8	9	10	11	12					
	回曆4月		10	11	12	13	14	15	16	17	18	19	20	21	22	23	24	25	26	27	28	29	30	1	2	3	4	5	6	7	8	9	10					
	藏曆七月		11	12	13	15	16	17	18	19	20	21	22	23	23	24	25	26	27	28	29	30	1	2	3	4	5	7	8	9	10	11	12					
	公曆8月					1	2	3	4	5	6	7	8	9	10	11	12	13	14	15	16	17	18	19	20	21	22	23	24	25	26	27	28	29	30	31		
58	夏曆八月					13	14	15	16	17	18	19	20	21	22	23	24	25	26	27	28	29	30	㊽	2	3	4	5	6	7	8	9	10	11	12	13		
	回曆5月					11	12	13	14	15	16	17	18	19	20	21	22	23	24	25	26	27	28	29	1	2	3	4	5	6	7	8	9	10	11	12		
	藏曆八月					13	14	15	16	17	18	19	20	21	22	23	24	25	26	27	28	29	30	1	2	3	4	5	6	7	8	10	11	12	13	14		
	公曆9月	1	2	3	4	5	6	7	8	9	10	11	12	13	14	15	16	17	18	19	20	21	22	23	24	25	26	27	28	29	30							
59	夏曆九月	14	15	16	17	18	19	20	21	22	23	24	25	26	27	28	29	⑰	2	3	4	5	6	7	8	9	10	11	12	13	14							
	回曆6月	13	14	15	16	17	18	19	20	21	22	23	24	25	26	27	28	29	30	1	2	3	4	5	6	7	8	9	10	11	12							
	藏曆九月	15	16	17	18	19	19	20	21	22	23	24	25	26	27	28	29	30	1	2	4	5	6	7	8	9	10	11	12	13	14							
	公曆10月			1	2	3	4	5	6	7	8	9	10	11	12	13	14	15	16	17	18	19	20	21	22	23	24	25	26	27	28	29	30	31				
	夏曆閏九月			15	16	17	18	19	20	21	22	23	24	25	26	27	28	29	30	㊼	2	3	4	5	6	7	8	9	10	11	12	13	14	15				
	回曆7月			13	14	15	16	17	18	19	20	21	22	23	24	25	26	27	28	29	1	2	3	4	5	6	7	8	9	10	11	12	13	14				
	藏曆十月			15	16	17	18	19	20	21	22	23	24	25	26	27	28	29	30	1	2	3	4	5	6	8	9	10	11	12	13	13	14	15				
	公曆11月						1	2	3	4	5	6	7	8	9	10	11	12	13	14	15	16	17	18	19	20	21	22	23	24	25	26	27	28	29	30		
60	夏曆十月						16	17	18	19	20	21	22	23	24	25	26	27	28	29	⑯	2	3	4	5	6	7	8	9	10	11	12	13	14	15	16		
	回曆8月						15	16	17	18	19	20	21	22	23	24	25	26	27	28	29	30	1	2	3	4	5	6	7	8	9	10	11	12	13	14		
	藏曆十一月						16	17	18	19	20	21	22	23	24	25	26	27	28	29	1	2	3	4	5	6	7	8	9	10	11	12	13	14	15	16		

續表

月 干支 序數	月＼星期 序	日	1	2	3	4	5	6	日	1	2	3	4	5	6	日	1	2	3	4	5	6	日	1	2	3	4	5	6	日	1	2	3	4	5	6	日	1
	公曆 12 月	1	2	3	4	5	6	7	8	9	10	11	12	13	14	15	16	17	18	19	20	21	22	23	24	25	26	27	28	29	30	31						
1	夏曆十一月	17	18	19	20	21	22	23	24	25	26	27	28	29	30	㊻	2	3	4	5	6	7	8	9	10	11	12	13	14	15	16	17						
	回曆 9 月	15	16	17	18	19	20	21	22	23	24	25	26	27	28	29	1	2	3	4	5	6	7	8	9	10	11	12	13	14	15	16						
	藏曆十二月	16	17	18	19	20	21	22	23	24	26	27	28	29	30	1	2	3	4	5	6	7	8	9	10	11	12	13	14	15	16	17						

大事記

正月，金遣使向遼求册封，遼使詣金議和。遼東路諸州大亂，擄人充食。宋以王黼為尚書左丞。　二月，宋再以買馬為名遣馬政浮海約金夾攻遼。　五月，遼諸路大亂，安生兒等聚衆二十萬於龍化州，尋敗死；餘衆與海北州霍石等合，旋降於金。　八月，頒《御注道德經》，立道學昇貢法。　九月，宋於太學、辟雍置道學博士。禁臣結朋黨。作道史。金設博學者掌詔令。　十月，置道官二十六等，道職八等。　十二月，復置京西錢監。陳揖之典修淮南運河，設陡門水閘七十九座。金使報聘於宋。　是歲，遼興中等路大饑，人相食。宋江淮荆浙大水。

宋遼金紀年

干支己亥　公元 1119 年

朝代或國名	國家支配者	建　都	廟　號	謚　號	建元	年號年次	輔政者	備　注
北宋	⑧趙佶	汴梁	徽宗	顯	6	6 宣和元年	蔡京 余深 王黼	二月庚辰改元
遼	⑧耶律延禧	中京		天祚	3	2 天慶 9 年		
大理	②段正嚴	陽苴咩	憲宗	宣仁	5	2 文治 10 年		在雲南
西夏	④李乾順	（銀川）	崇宗	聖文	8	6 元德元年		一作 1120 年
金	①完顔阿骨打（旻）	會寧	太祖		2	2 天輔 3 年		
古格						306 年		西藏阿里
東汗國	阿黑馬					17 年		

月曆表

5832－354－2130168

月 干支 序數	月＼星期 序	日	1	2	3	4	5	6	日	1	2	3	4	5	6	日	1	2	3	4	5	6	日	1	2	3	4	5	6	日	1	2	3	4	5	6	日	1
	公曆 1 月				1	2	3	4	5	6	7	8	9	10	11	12	13	14	15	16	17	18	19	20	21	22	23	24	25	26	27	28	29	30	31			
2	夏曆十二月				18	19	20	21	22	23	24	25	26	27	28	29	⑮	2	3	4	5	6	7	8	9	10	11	12	13	14	15	16	17	18	19			
	回曆 10 月				17	18	19	20	21	22	23	24	25	26	27	28	29	30	1	2	3	4	5	6	7	8	9	10	11	12	13	14	15	16	17			
陰土豬年	藏曆一月				18	19	20	21	22	23	24	25	26	27	28	29	1	2	3	4	5	6	7	8	8	9	10	11	12	13	14	15	16	17	18			
	公曆 2 月							1	2	3	4	5	6	7	8	9	10	11	12	13	14	15	16	17	18	19	20	21	22	23	24	25	26	27	28			
3	夏曆正月							20	21	22	23	24	25	26	27	28	29	30	㊺	2	3	4	5	6	7	8	9	10	11	12	13	14	15	16	17			
	回曆 11 月							18	19	20	21	22	23	24	25	26	27	28	29	1	2	3	4	5	6	7	8	9	10	11	12	13	14	15	16			
	藏曆二月							19	20	21	22	23	25	26	27	28	29	30	1	2	3	4	5	6	7	8	9	10	11	11	12	13	14	15	16			
	公曆 3 月							1	2	3	4	5	6	7	8	9	10	11	12	13	14	15	16	17	18	19	20	21	22	23	24	25	26	27	28	29	30	31
4	夏曆二月							18	19	20	21	22	23	24	25	26	27	28	29	⑭	2	3	4	5	6	7	8	9	10	11	12	13	14	15	16	17	18	19
	回曆 12 月							17	18	19	20	21	22	23	24	25	26	27	28	29	30	1	2	3	4	5	6	7	8	9	10	11	12	13	14	15	16	17
	藏曆三月							18	19	20	21	22	23	24	25	26	27	28	29	30	1	2	3	4	5	6	7	8	9	10	11	12	13	14	15	16	17	18
	公曆 4 月			1	2	3	4	5	6	7	8	9	10	11	12	13	14	15	16	17	18	19	20	21	22	23	24	25	26	27	28	29	30					

續表

月干支序數	星期 月序	日	1	2	3	4	5	6	日	1	2	3	4	5	6	日	1	2	3	4	5	6	日	1	2	3	4	5	6	日	1	2	3	4	5	6	日	1
5	夏曆三月			20	21	22	23	24	25	26	27	28	29	30	㊹	2	3	4	5	6	7	8	9	10	11	12	13	14	15	16	17	18	19					
13年	回曆1月			18	19	20	21	22	23	24	25	26	27	28	29	30	①	2	3	4	5	6	7	8	9	10	11	12	13	14	15	16	17					
	藏曆四月			19	20	21	23	24	25	26	27	28	29	30	1	2	3	4	5	5	6	7	8	9	10	11	12	13	14	15	16	17	18					
	公曆5月					1	2	3	4	5	6	7	8	9	10	11	12	13	14	15	16	17	18	19	20	21	22	23	24	25	26	27	28	29	30	31		
6	夏曆四月					20	21	22	23	24	25	26	27	28	29	⑬	2	3	4	5	6	7	8	9	10	11	12	13	14	15	16	17	18	19	20	21		
	回曆2月					18	19	20	21	22	23	24	25	26	27	28	29	30	1	2	3	4	5	6	7	8	9	10	11	12	13	14	15	16	17	18		
	藏曆五月					20	21	22	23	24	25	26	27	28	29	30	1	2	3	4	5	6	7	8	9	10	11	12	13	14	15	16	17	19	20	21		
	公曆6月	1	2	3	4	5	6	7	8	9	10	11	12	13	14	15	16	17	18	19	20	21	22	23	24	25	26	27	28	29	30							
7	夏曆五月	22	23	24	25	26	27	28	29	30	㊸	2	3	4	5	6	7	8	9	10	11	12	13	14	15	16	17	18	19	20	21							
	回曆3月	19	20	21	22	23	24	25	26	27	28	29	1	2	3	4	5	6	7	8	9	10	11	12	13	14	15	16	17	18	19							
	藏曆六月	22	23	24	25	26	27	28	29	30	30	1	1	2	3	4	5	6	7	8	9	10	12	13	14	15	16	17	18	19	20							
	公曆7月			1	2	3	4	5	6	7	8	9	10	11	12	13	14	15	16	17	18	19	20	21	22	23	24	25	26	27	28	29	30	31				
8	夏曆六月			22	23	24	25	26	27	28	29	30	⑬	2	3	4	5	6	7	8	9	10	11	12	13	14	15	16	17	18	19	20	21	22				
	回曆4月			20	21	22	23	24	25	26	27	28	29	30	1	2	3	4	5	6	7	8	9	10	11	12	13	14	15	16	17	18	19	20				
	藏曆七月			21	22	23	24	25	26	27	28	29	1	2	3	4	5	6	7	8	9	10	11	12	14	15	16	17	18	19	20	21	22	23				
	公曆8月						1	2	3	4	5	6	7	8	9	10	11	12	13	14	15	16	17	18	19	20	21	22	23	24	25	26	27	28	29	30	31	
9	夏曆七月						23	24	25	26	27	28	29	㊷	2	3	4	5	6	7	8	9	10	11	12	13	14	15	16	17	18	19	20	21	22	23	24	
	回曆5月						21	22	23	24	25	26	27	28	29	1	2	3	4	5	6	7	8	9	10	11	12	13	14	15	16	17	18	19	20	21	22	
	藏曆八月						24	25	26	27	28	28	29	30	1	2	3	4	5	7	8	9	10	11	12	13	14	15	16	17	18	19	20	21	22	23	24	
	公曆9月		1	2	3	4	5	6	7	8	9	10	11	12	13	14	15	16	17	18	19	20	21	22	23	24	25	26	27	28	29	30						
10	夏曆八月		25	26	27	28	29	30	⑫	2	3	4	5	6	7	8	9	10	11	12	13	14	15	16	17	18	19	20	21	22	23	24						
	回曆6月		23	24	25	26	27	28	29	30	1	2	3	4	5	6	7	8	9	10	11	12	13	14	15	16	17	18	19	20	21	22						
	藏曆九月		25	26	27	28	29	30	1	2	3	4	5	6	7	8	9	11	12	13	14	15	16	17	18	19	20	21	22	23	23	24						
	公曆10月				1	2	3	4	5	6	7	8	9	10	11	12	13	14	15	16	17	18	19	20	21	22	23	24	25	26	27	28	29	30	31			
11	夏曆九月				25	26	27	28	29	㊶	2	3	4	5	6	7	8	9	10	11	12	13	14	15	16	17	18	19	20	21	22	23	24	25	26			
	回曆7月				23	24	25	26	27	28	29	1	2	3	4	5	6	7	8	9	10	11	12	13	14	15	16	17	18	19	20	21	22	23	24			
	藏曆十月				25	26	27	28	29	30	1	2	4	5	6	7	8	9	10	11	12	13	14	15	16	17	18	19	20	21	22	23	24	25	26			
	公曆11月							1	2	3	4	5	6	7	8	9	10	11	12	13	14	15	16	17	18	19	20	21	22	23	24	25	26	27	28	29	30	
12	夏曆十月							27	28	29	30	⑪	2	3	4	5	6	7	8	9	10	11	12	13	14	15	16	17	18	19	20	21	22	23	24	25	26	
	回曆8月							25	26	27	28	29	30	1	2	3	4	5	6	7	8	9	10	11	12	13	14	15	16	17	18	19	20	21	22	23	24	
	藏曆十一月							27	28	29	30	1	2	3	4	5	6	8	9	10	11	12	13	14	15	16	16	17	18	19	20	21	22	23	24	25	26	
	公曆12月		1	2	3	4	5	6	7	8	9	10	11	12	13	14	15	16	17	18	19	20	21	22	23	24	25	26	27	28	29	30	31					
13	夏曆十一月		27	28	29	㊵	2	3	4	5	6	7	8	9	10	11	12	13	14	15	16	17	18	19	20	21	22	23	24	25	26	27	28					
	回曆9月		25	26	27	28	29	1	2	3	4	5	6	7	8	9	10	11	12	13	14	15	16	17	18	19	20	21	22	23	24	25	26					
	藏曆後十一月		27	28	29	30	1	3	4	5	6	7	8	9	10	11	12	13	14	15	16	17	18	19	19	20	21	22	23	24	25	27	28					

大事記

正月，宋改佛及僧尼之號，更寺院為宮觀。占城貢宋，封其王楊卜麻迭為王。遣使報聘於金，至登州還。　二月，遼鴛鴦濼民張撒八起事。　三月，遼册金帝為東懷國皇帝，金不受。宋攻夏，大敗。　四月，宋又攻夏，獲小勝。　五月，宋敗夏於靈武。阻卜反遼。　六月，夏遣使納款。宋詔六路罷兵。宋遣伴金使回國，使者被留。豐年才放還。　八月，詔諸路未方田處并令方丈，均定租課。金頒新製女直字。　十一月，朱勔以花石綱媚上，東南民大擾。　十二月，京東東路民暴動。　是歲，宋東南諸路大水，淮東大旱，京西饑。朱彧著《萍州五談》成。

宋遼金紀年　　干支庚子　公元1120年

朝代或國名	國家支配者	建都	廟號	謚號	建元	年號年次	輔政者	備注
北宋	⑧趙佶	汴梁	徽宗	顯	6	6宣和2年	蔡京 余深　王黼	
遼	⑧耶律延禧	中京		天祚	3	2天慶10年		
大理	②段正嚴	陽苴咩	憲宗	宣仁	5	2文治11年		在雲南
西夏	④李乾順	（銀川）	崇宗	聖文	8	6元德2年		
金	①完顏阿骨打（旻）	會寧	太祖		2	2天輔4年		
	〔方臘〕	睦州				〔永樂〕元年		十月建元
古格						307年		西藏阿里
東汗國	阿黑馬					18年		

月曆表　　5833—355—2130523

月干支序數	月序＼星期	日	1	2	3	4	5	6	日	1	2	3	4	5	6	日	1	2	3	4	5	6	日	1	2	3	4	5	6	日	1	2	3	4	5	6	日
	公曆1月					1	2	3	4	5	6	7	8	9	10	11	12	13	14	15	16	17	18	19	20	21	22	23	24	25	26	27	28	29	30	31	
14	夏曆十二月					29	30	⑩	2	3	4	5	6	7	8	9	10	11	12	13	14	15	16	17	18	19	20	21	22	23	24	25	26	27	28	29	
	回曆10月					27	28	29	30	1	2	3	4	5	6	7	8	19	10	11	12	13	14	15	16	17	18	19	20	21	22	23	24	25	26	27	
	藏曆十二月					29	30	1	2	3	4	5	6	7	8	9	10	11	12	13	14	15	16	17	18	19	20	21	22	23	24	25	26	27	28	29	
	公曆2月	1	2	3	4	5	6	7	8	9	10	11	12	13	14	15	16	17	18	19	20	21	22	23	24	25	26	27	28	29							
15	夏曆正月	㊴	2	3	4	5	6	7	8	9	10	11	12	13	14	15	16	17	18	19	20	21	22	23	24	25	26	27	28	29							
	回曆11月	28	29	1	2	3	4	5	6	7	8	9	10	11	12	13	14	15	16	17	18	19	20	21	22	23	24	25	26	27							
陽金鼠年	藏曆一月	2	3	4	5	6	7	8	9	10	11	11	12	13	14	15	16	17	18	19	20	21	22	23	24	26	27	28	29	30							
	公曆3月		1	2	3	4	5	6	7	8	9	10	11	12	13	14	15	16	17	18	19	20	21	22	23	24	25	26	27	28	29	30	31				
16 17	夏曆二、三月		30	⑨	2	3	4	5	6	7	8	9	10	11	12	13	14	15	16	17	18	19	20	21	22	23	24	25	26	27	28	29	㊳				
	回曆12月		28	29	30	1	2	3	4	5	6	7	8	9	10	11	12	13	14	15	16	17	18	19	20	21	22	23	24	25	26	27	28				
	藏曆二、三月		30	1	2	3	4	5	6	7	8	9	10	11	12	13	14	15	16	17	18	19	20	21	22	23	24	25	26	27	28	30	1				
	公曆4月					1	2	3	4	5	6	7	8	9	10	11	12	13	14	15	16	17	18	19	20	21	22	23	24	25	26	27	28	29	30		
18	夏曆四月					2	3	4	5	6	7	8	9	10	11	12	13	14	15	16	17	18	19	20	21	22	23	24	25	26	27	28	29	30	⑧		
514年	回曆1月					29	①	2	3	4	5	6	7	8	9	10	11	12	13	14	15	16	17	18	19	20	21	22	23	24	25	26	27	28	29		
	藏曆四月					2	3	4	4	5	6	7	8	9	10	11	12	13	14	15	16	17	18	19	20	21	23	24	25	26	27	28	29	30	1		
	公曆5月							1	2	3	4	5	6	7	8	9	10	11	12	13	14	15	16	17	18	19	20	21	22	23	24	25	26	27	28	29	30
19	夏曆五月							2	3	4	5	6	7	8	9	10	11	12	13	14	15	16	17	18	19	20	21	22	23	24	25	26	27	28	29	㊲	2
	回曆2、3月							30	1	2	3	4	5	6	7	8	9	10	11	12	13	14	15	16	17	18	19	20	21	22	23	24	25	26	27	28	29
	藏曆五月							2	3	4	5	6	7	8	9	10	10	11	12	13	15	16	17	18	19	20	21	22	23	24	25	27	28	29	29	30	1
	公曆6月			1	2	3	4	5	6	7	8	9	10	11	12	13	14	15	16	17	18	19	20	21	22	23	24	25	26	27	28	29	30				
20	夏曆六月			4	5	6	7	8	9	10	11	12	13	14	15	16	17	18	19	20	21	22	23	24	25	26	27	28	29	30	⑦	2	3				
	回曆4月			2	3	4	5	6	7	8	9	10	11	12	13	14	15	16	17	18	19	20	21	22	23	24	25	26	27	28	29	30	1				
	藏曆六月			3	4	5	6	7	8	9	10	11	12	13	14	15	16	17	19	20	21	22	23	24	25	26	27	28	29	30	1	2	3				
	公曆7月					1	2	3	4	5	6	7	8	9	10	11	12	13	14	15	16	17	18	19	20	21	22	23	24	25	26	27	28	29	30	31	
21	夏曆七月					4	5	6	7	8	9	10	11	12	13	14	15	16	17	18	19	20	21	22	23	24	25	26	27	28	29	㊱	2	3	4	5	
	回曆5月					2	3	4	5	6	7	8	9	10	11	12	13	14	15	16	17	18	19	20	21	22	23	24	25	26	27	28	29	1	2	3	

續表

月干支序數	星期 月序	日	1	2	3	4	5	6	日	1	2	3	4	5	6	日	1	2	3	4	5	6	日	1	2	3	4	5	6	日	1	2	3	4	5	6	日	1
	藏曆七月					4	5	6	7	7	8	9	11	12	13	14	15	16	17	18	19	20	22	23	24	25	26	27	27	28	29	30	1	2	3	4		
	公曆 8 月	1	2	3	4	5	6	7	8	9	10	11	12	13	14	15	16	17	18	19	20	21	22	23	24	25	26	27	28	29	30	31						
22	夏曆八月	6	7	8	9	10	11	12	13	14	15	16	17	18	19	20	21	22	23	24	25	26	27	28	29	30	⑥	2	3	4	5	6						
	回曆 6 月	4	5	6	7	8	9	10	11	12	13	14	15	16	17	18	19	20	21	22	23	24	25	26	27	28	29	30	1	2	3	4						
	藏曆八月	5	6	7	8	9	10	11	12	14	15	16	17	18	19	20	21	22	23	24	25	26	27	28	29	30	1	2	3	3	4	6						
	公曆 9 月				1	2	3	4	5	6	7	8	9	10	11	12	13	14	15	16	17	18	19	20	21	22	23	24	25	26	27	28	29	30				
23	夏曆九月				7	8	9	10	11	12	13	14	15	16	17	18	19	20	21	22	23	24	25	26	27	28	29	30	㊱	2	3	4	5	6				
	回曆 7 月				5	6	7	8	9	10	11	12	13	14	15	16	17	18	19	20	21	22	23	24	25	26	27	28	29	1	2	3	4	5				
	藏曆九月				7	8	9	10	11	12	13	14	15	16	18	19	20	21	22	22	23	24	25	26	27	28	29	30	1	2	3	4	5	6				
	公曆 10 月						1	2	3	4	5	6	7	8	9	10	11	12	13	14	15	16	17	18	19	20	21	22	23	24	25	26	27	28	29	30	31	
24	夏曆十月						7	8	9	10	11	12	13	14	15	16	17	18	19	20	21	22	23	24	25	26	27	28	29	⑤	2	3	4	5	6	7	8	
	回曆 8 月						6	7	8	9	10	11	12	13	14	15	16	17	18	19	20	21	22	23	24	25	26	27	28	29	30	1	2	3	4	5	6	
	藏曆十月						7	8	9	11	12	13	14	15	16	17	18	19	20	21	22	23	24	25	26	26	27	28	29	30	1	2	3	5	6	7	8	
	公曆 11 月		1	2	3	4	5	6	7	8	9	10	11	12	13	14	15	16	17	18	19	20	21	22	23	24	25	26	27	28	29	30						
25	夏曆十一月		9	10	11	12	13	14	15	16	17	18	19	20	21	22	23	24	25	26	27	28	29	30	㉟	2	3	4	5	6	7	8						
	回曆 9 月		7	8	9	10	11	12	13	14	15	16	17	18	19	20	21	22	23	24	25	26	27	28	29	1	2	3	4	5	6	7						
	藏曆十一月		9	10	11	12	13	14	15	16	17	18	19	20	21	22	23	24	25	26	27	28	29	30	1	2	3	4	5	6	7	9						
	公曆 12 月				1	2	3	4	5	6	7	8	9	10	11	12	13	14	15	16	17	18	19	20	21	22	23	24	25	26	27	28	29	30	31			
26	夏曆十二月				9	10	11	12	13	14	15	16	17	18	19	20	21	22	23	24	25	26	27	28	29	④	2	3	4	5	6	7	8	9	10			
	回曆 10 月				8	9	10	11	12	13	14	15	16	17	18	19	20	21	22	23	24	25	26	27	28	29	30	1	2	3	4	5	6	7	8			
	藏曆十二月				10	11	12	13	14	15	16	17	18	19	19	20	21	22	23	24	25	26	27	28	29	30	1	2	4	5	6	7	8	9	10			

事記

正月，罷道學。　二月，遣趙良嗣使金，約金夾擊遼。遼乞兵於高麗。　四月，江西、廣東兩界亂，置武臣提刑都監一員。遼金和議不成，金復攻遼。　五月，金陷遼上京。　八月，金遣使至宋報夾攻遼事。　九月，宋遣馬政使金聘。　十一月，睦州青溪方臘以花石綱擾民，聚衆起事，號聖公，建元永樂。　十二月，方臘下睦州、歙州、杭州，東南震；宋命童貫攻之，為江淮、荊浙宣武使。真臘貢宋，封其王為真臘國王。

宋遼金紀年

干支辛丑　公元 1121 年

朝代或國名	國家支配者	建都	廟號	謚號	建元	年號年次	輔政者	備注
北宋	⑧趙佶	汴梁	徽宗	顯	6	6 宣和 3 年	王黼	
遼	⑧耶律延禧	中京		天祚	3	3 保大元年		
大理	②段正嚴	陽苴咩	憲宗	宣仁	5	2 文治 12 年		在雲南
西夏	④李乾順	興慶	崇宗	聖文	8	6 元德 3 年		
金	①完顏阿骨打(旻)	會寧	太祖		2	2 天輔 5 年		
	〔方臘〕	睦州				〔永樂〕2 年		四月亡於童貫
古格						308 年		西藏阿里
東汗國	阿黑馬					19 年		

月 曆 表

月 干支 序數	星期 月序	日	1	2	3	4	5	6	日	1	2	3	4	5	6	日	1	2	3	4	5	6	日	1	2	3	4	5	6	日	1	2	3	4	5	6	日
	公曆 1 月							1	2	3	4	5	6	7	8	9	10	11	12	13	14	15	16	17	18	19	20	21	22	23	24	25	26	27	28	29	30
27	夏曆正月							11	12	13	14	15	16	17	18	19	20	21	22	23	24	25	26	27	28	29	30	㉞	2	3	4	5	6	7	8	9	10
	回曆 11 月							9	10	11	12	13	14	15	16	17	18	19	20	21	22	23	24	25	26	27	28	29	1	2	3	4	5	6	7	8	9
陰金牛年	藏曆一月							11	12	13	14	15	16	17	18	19	20	21	22	22	23	24	25	27	28	29	30	1	2	3	4	5	6	7	8	9	10
	公曆 2 月			1	2	3	4	5	6	7	8	9	10	11	12	13	14	15	16	17	18	19	20	21	22	23	24	25	26	27	28						
28	夏曆二月			12	13	14	15	16	17	18	19	20	21	22	23	24	25	26	27	28	29	③	2	3	4	5	6	7	8	9	10						
	回曆 12 月			11	12	13	14	15	16	17	18	19	20	21	22	23	24	25	26	27	28	29	30	1	2	3	4	5	6	7	8						
	藏曆二月			12	13	14	15	16	17	18	19	20	21	22	23	24	25	26	27	28	29	30	1	3	4	5	6	7	8	9	10						
	公曆 3 月			1	2	3	4	5	6	7	8	9	10	11	12	13	14	15	16	17	18	19	20	21	22	23	24	25	26	27	28	29	30	31			
29	夏曆三月			11	12	13	14	15	16	17	18	19	20	21	22	23	24	25	26	27	28	29	30	㉝	2	3	4	5	6	7	8	9	10	11			
515 年	回曆 1 月			9	10	11	12	13	14	15	16	17	18	19	20	21	22	23	24	25	26	27	28	29	①	2	3	4	5	6	7	8	9	10			
	藏曆三月			11	12	13	14	14	15	16	17	18	19	20	21	22	23	24	26	27	28	29	30	1	2	3	4	5	6	7	8	9	10	11			
	公曆 4 月						1	2	3	4	5	6	7	8	9	10	11	12	13	14	15	16	17	18	19	20	21	22	23	24	25	26	27	28	29	30	
30	夏曆四月						12	13	14	15	16	17	18	19	20	21	22	23	24	25	26	27	28	29	②	2	3	4	5	6	7	8	9	10	11	12	
	回曆 2 月						11	12	13	14	15	16	17	18	19	20	21	22	23	24	25	26	27	28	29	30	1	2	3	4	5	6	7	8	9	10	
	藏曆四月						12	13	14	15	16	17	18	19	20	21	22	23	24	25	26	27	28	30	1	2	3	4	5	6	7	8	8	9	10	11	
	公曆 5 月	1	2	3	4	5	6	7	8	9	10	11	12	13	14	15	16	17	18	19	20	21	22	23	24	25	26	27	28	29	30	31					
31	夏曆五月	13	14	15	16	17	18	19	20	21	22	23	24	25	26	27	28	29	㉛	2	3	4	5	6	7	8	9	10	11	12	13	14					
	回曆 3 月	11	12	13	14	15	16	17	18	19	20	21	22	23	24	25	26	27	28	29	1	2	3	4	5	6	7	8	9	10	11	12					
	藏曆五月	12	13	14	15	16	17	18	19	20	21	23	24	25	26	27	28	29	30	1	2	3	4	5	6	7	8	9	10	11	12	13					
	公曆 6 月				1	2	3	4	5	6	7	8	9	10	11	12	13	14	15	16	17	18	19	20	21	22	23	24	25	26	27	28	29	30			
	夏曆閏五月				15	16	17	18	19	20	21	22	23	24	25	26	27	28	29	30	①	2	3	4	5	6	7	8	9	10	11	12	13	14			
	回曆 4 月				13	14	15	16	17	18	19	20	21	22	23	24	25	26	27	28	29	30	1	2	3	4	5	6	7	8	9	10	11	12			
	藏曆六月				14	15	16	17	18	19	20	21	22	23	24	26	27	28	29	30	1	2	3	4	5	5	6	7	8	9	10	11	12	13			
	公曆 7 月						1	2	3	4	5	6	7	8	9	10	11	12	13	14	15	16	17	18	19	20	21	22	23	24	25	26	27	28	29	30	31
32	夏曆六月						15	16	17	18	19	20	21	22	23	24	25	26	27	28	29	㉚	2	3	4	5	6	7	8	9	10	11	12	13	14	15	16
	回曆 5 月						13	14	15	16	17	18	19	20	21	22	23	24	25	26	27	28	29	1	2	3	4	5	6	7	8	9	10	11	12	13	14
	藏曆七月						14	15	16	17	19	20	21	22	23	24	25	26	27	28	29	30	1	2	3	4	5	6	7	8	9	10	11	12	13	14	15
	公曆 8 月		1	2	3	4	5	6	7	8	9	10	11	12	13	14	15	16	17	18	19	20	21	22	23	24	25	26	27	28	29	30	31				
33	夏曆七月		17	18	19	20	21	22	23	24	25	26	27	28	29	30	⑥⓪	2	3	4	5	6	7	8	9	10	11	12	13	14	15	16	17				
	回曆 6 月		15	16	17	18	19	20	21	22	23	24	25	26	27	28	29	30	1	2	3	4	5	6	7	8	9	10	11	12	13	14	15				
	藏曆八月		16	17	18	19	20	22	23	24	25	26	27	28	29	30	30	1	1	2	3	4	5	6	7	8	9	10	11	12	13	15	16				
	公曆 9 月					1	2	3	4	5	6	7	8	9	10	11	12	13	14	15	16	17	18	19	20	21	22	23	24	25	26	27	28	29	30		
34	夏曆八月					18	19	20	21	22	23	24	25	26	27	28	29	30	㉚	2	3	4	5	6	7	8	9	10	11	12	13	14	15	16	17		
	回曆 7 月					16	17	18	19	20	21	22	23	24	25	26	27	28	29	1	2	3	4	5	6	7	8	9	10	11	12	13	14	15	16		
	藏曆九月					17	18	19	20	21	22	23	24	25	26	27	28	29	1	2	3	4	5	6	7	8	9	10	11	12	13	14	15	16	18		
	公曆 10 月							1	2	3	4	5	6	7	8	9	10	11	12	13	14	15	16	17	18	19	20	21	22	23	24	25	26	27	28	29	30
35	夏曆九月							18	19	20	21	22	23	24	25	26	27	28	29	㊾	2	3	4	5	6	7	8	9	10	11	12	13	14	15	16	17	18
	回曆 8 月							17	18	19	20	21	22	23	24	25	26	27	28	29	30	1	2	3	4	5	6	7	8	9	10	11	12	13	14	15	16
	藏曆十月							19	20	21	22	23	24	25	26	26	27	28	29	30	1	2	3	4	5	6	7	8	9	10	12	13	14	15	16	17	18
	公曆 11 月			1	2	3	4	5	6	7	8	9	10	11	12	13	14	15	16	17	18	19	20	21	22	23	24	25	26	27	28	29	30				
36	夏曆十月			20	21	22	23	24	25	26	27	28	29	30	㉙	2	3	4	5	6	7	8	9	10	11	12	13	14	15	16	17	18	19				
	回曆 9 月			18	19	20	21	22	23	24	25	26	27	28	29	1	2	3	4	5	6	7	8	9	10	11	12	13	14	15	16	17	18				
	藏曆十一月			20	21	22	23	24	25	26	27	28	29	30	30	1	2	3	5	6	7	8	9	10	11	12	13	14	15	16	17	18	19				

續表

月干支序數	星期 月序	日	1	2	3	4	5	6	日	1	2	3	4	5	6	日	1	2	3	4	5	6	日	1	2	3	4	5	6	日	1	2	3	4	5	6	日	1
	公曆 12 月					1	2	3	4	5	6	7	8	9	10	11	12	13	14	15	16	17	18	19	20	21	22	23	24	25	26	27	28	29	30	31		
37	夏曆十一月					20	21	22	23	24	25	26	27	28	29	30	(59)	2	3	4	5	6	7	8	9	10	11	12	13	14	15	16	17	18	19	20		
	回曆 10 月					19	20	21	22	23	24	25	26	27	28	29	30	1	2	3	4	5	6	7	8	9	10	11	12	13	14	15	16	17	18	19		
	藏曆十二月					20	21	22	23	24	25	26	27	28	29	30	1	2	3	4	5	6	7	8	9	11	12	13	14	15	16	17	18	19	20	21		

遼九月癸亥。

大事記

正月，童貫代宋帝為詔罪己，罷蘇杭造作局及花石綱。方臘下衢州。罷西北兵戍。遼將耶律余覩奔金，金益知遼虛實。　二月，罷方田。降詔報撫方臘。罷州縣學三舍法及諸路提舉學事官。方臘下處州。宋江活動於河北、淮南，屢敗官軍，至是敗於海州，乃降。金使至宋。　三月，方臘敗於杭州、睦州。　四月，方臘敗，被俘，起義失敗，解至東京，被殺。宋詔兩浙、江東州縣，給復三年。復花石綱。　閏五月，復應奉司，以王黼、梁師成領之。　六月，河決恩州。　七月，罷夔峽、廣西所置溪峒諸州。　十二月，金大舉攻遼。　是歲，宋諸路蝗。　"詞家之冠"周邦彥卒(1056—1121)。

宋遼金紀年

干支壬寅　公元 1122 年

朝代或國名	國家支配者	建都	廟號	謚號	建元	年號年次	輔政者	備注
北宋	⑧趙佶	汴梁	徽宗	顯	6	6 宣和 4 年	王黼	
遼	⑧耶律延禧	中京		天祚	3	3 保大 2 年		
大理	②段正嚴	陽苴咩	憲宗	宣仁	5	3 永嘉元年		或在 1123 年
西夏	④李乾順	(銀川)	崇宗	聖文	8	6 元德 4 年		
金	①完顏阿骨打(旻)	會寧	太祖		2	2 天輔 6 年		
北遼	1 耶律淳	燕京	宣宗		1	建福元年		三月建元 六月卒
	2 蕭德妃	燕京			1	德興元年		六月即位十二月改元
古格						309 年		西藏阿里
東汗國	阿黑馬					20 年		

月曆表

5835—354—2131261

月干支序數	星期 月序	日	1	2	3	4	5	6	日	1	2	3	4	5	6	日	1	2	3	4	5	6	日	1	2	3	4	5	6	日	1	2	3	4	5	6	日	1
	公曆 1 月	1	2	3	4	5	6	7	8	9	10	11	12	13	14	15	16	17	18	19	20	21	22	23	24	25	26	27	28	29	30	31						
38	夏曆十二月	21	22	23	24	25	26	27	28	29	㉘	2	3	4	5	6	7	8	9	10	11	12	13	14	15	16	17	18	19	20	21	22						
	回曆 11 月	20	21	22	23	24	25	26	27	28	29	1	2	3	4	5	6	7	8	9	10	11	12	13	14	15	16	17	18	19	20	21						
陽水虎年	藏曆一月	22	22	23	24	25	26	27	28	29	30	1	2	3	5	6	7	8	9	10	11	12	13	14	15	16	17	18	19	20	21	22						
	公曆 2 月				1	2	3	4	5	6	7	8	9	10	11	12	13	14	15	16	17	18	19	20	21	22	23	24	25	26	27	28						
39	夏曆正月				23	24	25	26	27	28	29	30	(58)	2	3	4	5	6	7	8	9	10	11	12	13	14	15	16	17	18	19	20						
	回曆 12 月				22	23	24	25	26	27	28	29	30	1	2	3	4	5	6	7	8	9	10	11	12	13	14	15	16	17	18	19						
	藏曆二月				22	23	24	25	26	27	28	29	1	2	3	4	5	6	7	8	10	11	12	13	13	14	15	16	17	18	19	20						
	公曆 3 月				1	2	3	4	5	6	7	8	9	10	11	12	13	14	15	16	17	18	19	20	21	22	23	24	25	26	27	28	29	30	31			
40	夏曆二月				21	22	23	24	25	26	27	28	29	㉘	2	3	4	5	6	7	8	9	10	11	12	13	14	15	16	17	18	19	20	21	22			

續表

月干支序數	月序＼星期	日	1	2	3	4	5	6	日	1	2	3	4	5	6	日	1	2	3	4	5	6	日	1	2	3	4	5	6	日	1	2	3	4	5	6	日	1
516年	回暦1月				20	21	2	23	24	25	26	27	28	29	30	①	2	3	4	5	6	7	8	9	10	11	12	13	14	15	16	17	18	19	20			
	藏暦三月				21	22	23	24	25	26	27	28	29	30	1	3	4	5	6	7	8	9	10	11	12	13	14	15	16	17	18	18	19	20	21			
	公暦4月							1	2	3	4	5	6	7	8	9	10	11	12	13	14	15	16	17	18	19	10	21	22	23	24	25	26	27	28	29	30	
41	夏暦三月							23	24	25	26	27	28	29	30	(58)	2	3	4	5	6	7	8	9	10	11	12	13	14	15	16	17	18	19	20	21	22	
	回暦2月							21	22	23	24	25	26	27	28	29	30	1	2	3	4	5	6	7	8	9	10	11	12	13	14	15	16	17	18	19	20	
	藏暦四月							22	23	24	25	27	28	29	30	1	2	3	4	5	6	7	8	9	10	11	12	13	14	15	16	17	18	19	20	21	22	
	公暦5月		1	2	3	4	5	6	7	8	9	10	11	12	13	14	15	16	17	18	19	20	21	22	23	24	25	26	27	28	29	30	31					
42	夏暦四月		23	24	25	26	27	28	29	㉗	2	3	4	5	6	7	8	9	10	11	12	13	14	15	16	17	18	19	20	21	22	23	24					
	回暦3月		21	22	23	24	25	26	27	28	29	1	2	3	4	5	6	7	8	9	10	11	12	13	14	15	16	17	18	19	20	21	22					
	藏暦五月		23	24	25	26	27	28	30	1	2	3	4	5	6	7	8	9	10	11	12	13	13	14	15	16	17	18	19	20	21	23	24					
	公暦6月					1	2	3	4	5	6	7	8	9	10	11	12	13	14	15	16	17	18	19	20	21	22	23	24	25	26	27	28	29	30			
43	夏暦五月					25	26	27	28	29	(56)	2	3	4	5	6	7	8	9	10	11	12	13	14	15	16	17	18	19	20	21	22	23	24	25			
	回暦4月					23	24	25	26	27	28	29	30	1	2	3	4	5	6	7	8	9	10	11	12	13	14	15	16	17	18	19	20	21	22			
	藏暦六月					25	26	27	28	29	30	1	2	3	4	5	6	7	8	9	10	11	12	13	14	15	16	17	18	19	20	21	22	23	24			
	公暦7月							1	2	3	4	5	6	7	8	9	10	11	12	13	14	15	16	17	18	19	20	21	22	23	24	25	26	27	28	29	30	31
44	夏暦六月							26	27	28	29	30	㉖	2	3	4	5	6	7	8	9	10	11	12	13	14	15	16	17	18	19	20	21	22	23	24	25	26
	回暦5月							23	24	25	26	27	28	29	1	2	3	4	5	6	7	8	9	10	11	12	13	14	15	16	17	18	19	20	21	22	23	24
	藏暦七月							26	27	28	29	30	1	2	3	4	5	6	7	8	9	10	10	11	12	13	14	15	16	17	19	20	21	22	23	24	25	26
	公暦8月			1	2	3	4	5	6	7	8	9	10	11	12	13	14	15	16	17	18	19	20	21	22	23	24	25	26	27	28	29	30	31				
45	夏暦七月			27	28	29	(55)	2	2	3	4	5	6	7	8	9	10	11	12	13	14	15	16	17	18	19	20	21	22	23	24	25	26	27				
	回暦6月			25	26	27	28	29	30	1	2	3	4	5	6	7	8	9	10	11	12	13	14	15	16	17	18	19	20	21	22	23	24	25				
	藏暦後七月			27	28	29	30	1	2	3	4	5	6	7	8	9	10	11	12	13	14	15	16	17	18	19	20	22	23	24	25	26	27	28				
	公暦9月						1	2	3	4	5	6	7	8	9	10	11	12	13	14	15	16	17	18	19	20	21	22	23	24	25	26	27	28	29	30		
46	夏暦八月						28	29	㉔	2	3	4	5	6	7	8	9	10	11	12	13	14	15	16	17	18	19	20	21	22	23	24	25	26	27	28		
	回暦7月						26	27	28	29	1	2	3	4	5	6	7	8	9	10	11	12	13	14	15	16	17	18	19	20	21	22	23	24	25	26		
	藏暦八月						29	30	1	2	3	4	5	6	6	7	8	9	10	11	12	13	15	16	17	18	19	20	21	22	23	24	25	26	27	28		
	公暦10月	1	2	3	4	5	6	7	8	9	10	11	12	13	14	15	16	17	18	19	20	21	22	23	24	25	26	27	28	29	30	31						
47	夏暦九月	29	30	(54)	2	3	4	5	6	7	8	9	10	11	12	13	14	15	16	17	18	19	20	21	22	23	24	25	26	27	28	29						
	回暦8月	27	28	29	30	1	2	3	4	5	6	7	8	9	10	11	12	13	14	15	16	17	18	19	20	21	22	23	24	25	26	27						
	藏暦九月	29	30	1	2	3	4	5	6	7	8	9	10	11	12	13	14	15	16	17	19	20	21	22	23	24	25	26	27	28	29	29						
	公暦11月				1	2	3	4	5	6	7	8	9	10	11	12	13	14	15	16	17	18	19	20	21	22	23	24	25	26	27	28	29	30				
48	夏暦十月				㉓	2	3	4	5	6	7	8	9	10	11	12	13	14	15	16	17	18	19	20	21	22	23	24	25	26	27	28	29	30				
	回暦9月				28	29	1	2	3	4	5	6	7	8	9	10	11	12	13	14	15	16	17	18	19	20	21	22	23	24	25	26	27	28				
	藏暦十月				30	1	2	3	4	5	6	7	8	9	10	11	13	14	15	16	17	18	19	20	21	22	23	24	25	26	27	28	29	30				
	公暦12月						1	2	3	4	5	6	7	8	9	10	11	12	13	14	15	16	17	18	19	20	21	22	23	24	25	26	27	28	29	30	31	
49 50	夏暦十一 十二月						(53)	2	3	4	5	6	7	8	9	10	11	12	13	14	15	16	17	18	19	20	21	22	23	24	25	26	27	28	29	30	㉓	
	回暦10月						29	30	1	2	3	4	5	6	7	8	9	10	11	12	13	14	15	16	17	18	19	20	21	22	23	24	25	26	27	28	29	
	藏暦十一 十二月						1	2	3	4	5	6	7	8	9	10	11	12	13	14	15	16	18	19	20	21	21	22	23	24	25	26	27	28	29	30	1	

大事記

正月，金破遼中京，遼帝奔西京。　二月，金陷遼北安州。　三月，金兵西進，遼帝西走。金人來宋約夾擊遼。遼燕京留守耶律大石等立耶律淳為天錫皇帝，改元建福，請和於金，被拒；遂以免歲幣結好於宋，未成。　四月，金陷遼西京，西路州縣部旋多降金。　五月，童貫伐遼，為耶律大石等所敗，宋詔班師。　六月，耶律淳卒，妻蕭氏為皇太后稱制，改元德興。金敗夏援遼之師。　七月，敵烈部反遼。夏使至遼。宋以耶律淳死，復詔治兵攻遼。　八月，金帝自將追遼帝，大破之於石輦驛。　九月，宋褒恤王安石後。趙良嗣聘於金。　十月，宋預以燕雲地分為燕山府及雲中府路。遼太后蕭氏遣使奉表稱臣請和於宋，童貫拒之。宋攻遼入燕京。旋大潰，退保雄州。宋使至金。　十一月，金人遣使來許山前六州。　十二月，金人入燕京。蕭德妃奔天祚帝。

宋遼金紀年

干支癸卯　公元 1123 年

朝代或國名	國家支配者	建都	廟號	謚號	建元	年號年次	輔政者	備　注
北宋	⑧趙佶	汴梁	徽宗	顯	6	6 宣和 5 年	王黼	
遼	⑧耶律延禧	中京		天祚	3	3 保大 3 年		
大理	②段正嚴	陽苴咩	憲宗	宣仁	5	3 永嘉 2 年		在雲南
西夏	④李乾順	(銀川)	崇宗	聖文	8	6 元德 5 年		
金	②完顏晟	燕(京)	太宗		1	天會元年		九月丙寅改元
北遼	③耶律雅里 (梁王)				1	神曆元年		五月改元十月亡
	回離保				1	天復元年		正月立，五月亡
	蕭幹				1	天嗣元年		八月立，尋亡
古格						310 年		西藏阿里
東汗國	阿黑馬					21 年		

月曆表

5836－355－2131616

月 干支 序數	星期 月序	日	1	2	3	4	5	6	日	1	2	3	4	5	6	日	1	2	3	4	5	6	日	1	2	3	4	5	6	日	1	2	3	4	5	6	日	1
	公曆 1 月		1	2	3	4	5	6	7	8	9	10	11	12	13	14	15	16	17	18	19	20	20	22	23	24	25	26	27	28	29	30	31					
51	夏曆正月		2	3	4	5	6	7	8	9	10	11	12	13	14	15	16	17	18	19	20	21	22	23	24	25	26	27	28	29	㉜	2	3					
	回曆 11、12 月		1	2	3	4	5	6	7	8	9	10	11	12	13	14	15	16	17	18	19	20	21	22	23	24	25	26	27	28	29	30	1					
陰水兔年	藏曆一月		2	3	4	5	6	7	8	9	10	12	13	14	15	16	17	18	19	20	21	22	23	24	24	25	26	27	28	29	30	1	2					
	公曆 2 月					1	2	3	4	5	6	7	8	9	10	11	12	13	14	15	16	17	18	19	20	21	22	23	24	25	26	27	28					
52	夏曆二月					4	5	6	7	8	9	10	11	12	13	14	15	16	17	18	19	20	21	22	23	24	25	26	27	28	29	30	㉒					
	回曆 12 月					2	3	4	5	6	7	8	9	10	11	12	13	14	15	16	17	18	19	20	21	22	23	24	25	26	27	28	29					
	藏曆二月					3	4	6	7	8	9	10	11	12	13	14	15	16	17	18	19	20	21	22	23	24	25	26	27	28	29	30	1					
	公曆 3 月					1	2	3	4	5	6	7	8	9	10	11	12	13	14	15	16	17	18	19	20	21	22	23	24	25	26	27	28	29	30	31		
53	夏曆三月					2	3	4	5	6	7	8	9	10	11	12	13	14	15	16	17	18	19	20	21	22	23	24	25	26	27	28	29	㉛	2	3		
517 年	回曆 1、2 月					①	2	3	4	5	6	7	8	9	10	11	12	13	14	15	16	17	18	19	20	21	22	23	24	25	26	27	28	29	30	1		
	藏曆三月					2	3	4	5	6	7	8	10	11	12	13	14	15	16	17	17	18	19	20	21	22	23	24	25	26	27	28	29	30	1	2		
	公曆 4 月	1	2	3	4	5	6	7	8	9	10	11	12	13	14	15	16	17	18	19	20	21	22	23	24	25	26	27	28	29	30							
54	夏曆四月	4	5	6	7	8	9	10	11	12	13	14	15	16	17	18	19	20	21	22	23	24	25	26	27	28	29	30	㉑	2	3							
	回曆 3 月	2	3	4	5	6	7	8	9	10	11	12	13	14	15	16	17	18	19	20	21	22	23	24	25	26	27	28	29	1	2							
	藏曆四月	4	5	6	7	8	9	10	11	12	13	14	15	16	17	18	19	20	21	22	23	23	24	26	27	28	29	30	1	2	3							
	公曆 5 月			1	2	3	4	5	6	7	8	9	10	11	12	13	14	15	16	17	18	19	20	21	22	23	24	25	26	27	28	29	30	31				
55	夏曆五月			4	5	6	7	8	9	10	11	12	13	14	15	16	17	18	19	20	21	22	23	24	25	26	27	28	29	㊿	2	3	4	5				
	回曆 4 月			3	4	5	6	7	8	9	10	11	12	13	14	15	16	17	18	19	20	21	22	23	24	25	26	27	28	29	30	1	2	3				
	藏曆五月			4	5	6	8	9	10	11	12	12	13	14	15	16	17	18	19	20	21	22	23	24	25	26	27	28	30	1	2	3	4	5				

續表

月干支序數	月序＼星期	日	1	2	3	4	5	6	日	1	2	3	4	5	6	日	1	2	3	4	5	6	日	1	2	3	4	5	6	日	1	2	3	4	5	6	日	1
	公曆6月						1	2	3	4	5	6	7	8	9	10	11	12	13	14	15	16	17	18	19	20	21	22	23	24	25	26	27	28	29	30		
56	夏曆六月						6	7	8	9	10	11	12	13	14	15	16	17	18	19	20	21	22	23	24	25	26	27	28	29	⑲	2	3	4	5	6		
	回曆5月						4	5	6	7	8	9	10	11	12	13	14	15	16	17	18	19	20	21	22	23	24	25	26	27	28	29	1	2	3	4		
	藏曆六月						6	7	8	9	10	11	12	13	14	15	16	17	18	19	20	21	22	23	24	25	26	27	28	29	30	1	2	4	5	6		
	公曆7月	1	2	3	4	5	6	7	8	9	10	11	12	13	14	15	16	17	18	19	20	21	22	23	24	25	26	27	28	29	30	31						
57	夏曆七月	7	8	9	10	11	12	13	14	15	16	17	18	19	20	21	22	23	24	25	26	27	28	29	30	㊾	2	3	4	5	6	7						
	回曆6月	5	6	7	8	9	10	11	12	13	14	15	16	17	18	19	20	21	22	23	24	25	26	27	28	29	30	1	2	3	4	5						
	藏曆七月	7	8	8	9	10	11	12	13	14	15	16	17	18	19	20	21	22	23	24	26	27	28	29	30	1	2	3	4	5	6	7						
	公曆8月				1	2	3	4	5	6	7	8	9	10	11	12	13	14	15	16	17	18	19	20	21	22	23	24	25	26	27	28	29	30	31			
58	夏曆八月				8	9	10	11	12	13	14	15	16	17	18	19	20	21	22	23	24	25	26	27	28	29	⑱	2	3	4	5	6	7	8	9			
	回曆7月				6	7	8	9	10	11	12	13	14	15	16	17	18	19	20	21	22	23	24	25	26	27	28	29	1	2	3	4	5	6	7			
	藏曆八月				8	9	10	11	12	13	14	15	16	17	18	19	20	21	22	23	24	25	26	27	29	30	1	2	3	4	5	5	6	7	8			
	公曆9月							1	2	3	4	5	6	7	8	9	10	11	12	13	14	15	16	17	18	19	20	21	22	23	24	25	26	27	28	29	30	
59	夏曆九月							10	11	12	13	14	15	16	17	18	19	20	21	22	23	24	25	26	27	28	29	30	㊽	2	3	4	5	6	7	8	9	
	回曆8月							8	9	10	11	12	13	14	15	16	17	18	19	20	21	22	23	24	25	26	27	28	29	30	1	2	3	4	5	6	7	
	藏曆九月							9	10	11	12	13	14	15	16	17	18	19	20	22	23	24	25	26	27	28	29	30	1	2	3	4	5	6	7	8	9	
	公曆10月		1	2	3	4	5	6	7	8	9	10	11	12	13	14	15	16	17	18	19	20	21	22	23	24	25	26	27	28	29	30	31					
60	夏曆十月		10	11	12	13	14	15	16	17	18	19	20	21	22	23	24	25	26	27	28	29	⑰	2	3	4	5	6	7	8	9	10	11					
	回曆9月		8	9	10	11	12	13	14	15	16	17	18	19	20	21	22	23	24	25	26	27	28	29	1	2	3	4	5	6	7	8	9					
	藏曆十月		10	10	11	12	13	15	16	17	18	19	20	21	22	23	24	25	27	28	28	29	30	1	2	3	4	5	6	7	8	9	10					
	公曆11月					1	2	3	4	5	6	7	8	9	10	11	12	13	14	15	16	17	18	19	20	21	22	23	24	25	26	27	28	29	30			
1	夏曆十一月					12	13	14	15	16	17	18	19	20	21	22	23	24	25	26	27	28	29	30	㊼	2	3	4	5	6	7	8	9	10	11			
	回曆10月					10	11	12	13	14	15	16	17	18	19	20	21	22	23	24	25	26	27	28	29	30	1	2	3	4	5	6	7	8	9			
	藏曆十一月					11	12	13	14	15	16	17	18	20	21	22	23	24	25	26	27	28	29	30	1	2	3	3	4	5	6	7	8	9	10			
	公曆12月							1	2	3	4	5	6	7	8	9	10	11	12	13	14	15	16	17	18	19	20	21	22	23	24	25	26	27	28	29	30	31
2	夏曆十二月							12	13	14	15	16	17	18	19	20	21	22	23	24	25	26	27	28	29	30	⑰	2	3	4	5	6	7	8	9	10	11	12
	回曆11月							10	11	12	13	14	15	16	17	18	19	20	21	22	23	24	25	26	27	28	29	1	2	3	4	5	6	7	8	9	10	11
	藏曆十二月							11	12	14	15	16	17	18	19	20	21	22	23	24	25	26	27	28	29	30	1	2	3	4	5	6	7	8	9	10	11	12

大事記

正月，遼奚王回離保(蕭斡)自立為奚國皇帝，建元天復。金使至宋。　二月，宋金議定交燕山條款。　四月，金以燕京六州歸宋。遼帝奔雲內。　五月，遼帝奔夏境，封夏主為皇帝；部下挾梁王走西北，立為帝，改元神曆，旋卒。金帝阿骨打卒(1086—1123)。弟吳乞買(完顏晟)立，為太宗。遼耶律敵烈劫耶律雅里北奔，立為帝，不久卒。　六月，張覺以平州反金降宋。　八月，回離保敗死，奚人降金。　十一月，金取平州，張覺奔燕山；金索急，宋殺覺，函首送金。　十二月，宋金互遣使賀正旦。金以武、朔二州歸宋。　是歲，宋秦鳳路旱，河北、京東、淮南饑。理學家游酢卒(1053—1123)。

宋遼金紀年

干支甲辰　公元1124年

朝代或國名	國家支配者	建都	廟號	謚號	建元	年號年次	輔政者	備注
北宋	⑧趙佶	汴梁	徽宗	顯	6	6宣和6年	王黼 蔡京 白時中 李邦彥	
遼	⑧耶律延禧	夾山		天祚	3	3保大4年		內蒙薩拉齊西北
大理	②段正嚴	陽苴咩	憲宗	宣仁	5	3永嘉3年		在雲南

續表

朝代或國名	國家支配者	建都	廟號	謚號	建元	年號年次	輔政者	備注
西夏	④李乾順	(銀川)	崇宗	聖文	8	6元德6年		
金	②完顏晟	會寧(阿城)	太宗		1	天會2年		
西遼	①耶律大石	起爾漫	德宗		2	延慶元年		
古格						311年		西藏阿里
東汗國	阿黑馬					22年		

月曆表

5837－383－2131999

月干支序數	星期 / 月序	日	1	2	3	4	5	6	日	1	2	3	4	5	6	日	1	2	3	4	5	6	日	1	2	3	4	5	6	日	1	2	3	4	5	6	日	1
	公曆1月			1	2	3	4	5	6	7	8	9	10	11	12	13	14	15	16	17	18	19	20	21	22	23	24	25	26	27	28	29	30	31				
3	夏曆正月			13	14	15	16	17	18	19	20	21	22	23	24	25	26	27	28	29	30	㊼	2	3	4	5	6	7	8	9	10	11	12	13				
	回曆12月			12	13	14	15	16	17	18	19	20	21	22	23	24	25	26	27	28	29	30	1	2	3	4	5	6	7	8	9	10	11	12				
陽木龍年	藏曆一月			13	14	15	16	17	19	20	21	22	23	24	24	25	26	27	28	29	30	1	2	3	4	5	6	7	8	9	10	11	13	14				
	公曆2月						1	2	3	4	5	6	7	8	9	10	11	12	13	14	15	16	17	18	19	20	21	22	23	24	25	26	27	28	29			
4	夏曆二月						14	15	16	17	18	19	20	21	22	23	24	25	26	27	28	29	⑯	2	3	4	5	6	7	8	9	10	11	12	13			
518年	回曆1月						13	14	15	16	17	18	19	20	21	22	23	24	25	26	27	28	29	30	①	2	3	4	5	6	7	8	9	10	11			
	藏曆二月						15	16	17	18	19	20	21	22	23	24	25	26	27	28	28	29	30	1	2	3	4	5	7	8	9	10	11	12	13			
	公曆3月							1	2	3	4	5	6	7	8	9	10	11	12	13	14	15	16	17	18	19	20	21	22	23	24	25	26	27	28	29	30	31
5	夏曆三月							14	15	16	17	18	19	20	21	22	23	24	25	26	27	28	29	30	㊻	2	3	4	5	6	7	8	9	10	11	12	13	14
	回曆2月							12	13	14	15	16	17	18	19	20	21	22	23	24	25	26	27	28	29	30	1	2	3	4	5	6	7	8	9	10	11	12
	藏曆二月							14	15	16	17	18	19	20	21	22	23	24	25	26	27	28	29	30	1	2	3	4	5	6	7	8	9	11	12	13	14	15
	公曆4月			1	2	3	4	5	6	7	8	9	10	11	12	13	14	15	16	17	18	19	20	21	22	23	24	25	26	27	28	29	30					
	夏曆閏三月			15	16	17	18	19	20	21	22	23	24	25	26	27	28	29	⑮	2	3	4	5	6	7	8	9	10	11	12	13	14	15					
	回曆3月			13	14	15	16	17	18	19	20	21	22	23	24	25	26	27	28	29	1	2	3	4	5	6	7	8	9	10	11	12	13					
	藏曆四月			16	17	18	19	20	21	21	22	23	24	25	26	27	28	29	30	1	2	4	5	6	7	8	9	10	11	12	13	14	15					
	公曆5月					1	2	3	4	5	6	7	8	9	10	11	12	13	14	15	16	17	18	19	20	21	22	23	24	25	26	27	28	29	30	31		
6	夏曆四月					16	17	18	19	20	21	22	23	24	25	26	27	28	29	30	㊺	2	3	4	5	6	7	8	9	10	11	12	13	14	15	16		
	回曆4月					14	15	16	17	18	19	20	21	22	23	24	25	26	27	28	29	30	1	2	3	4	5	6	7	8	9	10	11	12	13	14		
	藏曆五月					16	17	18	19	20	21	22	23	24	25	26	27	28	29	30	1	2	3	4	5	6	8	9	10	11	12	13	14	15	16	17		
	公曆6月	1	2	3	4	5	6	7	8	9	10	11	12	13	14	15	16	17	18	19	20	21	22	23	24	25	26	27	28	29	30							
7	夏曆五月	17	18	19	20	21	22	23	24	25	26	27	28	29	⑭	2	3	4	5	6	7	8	9	10	11	12	13	14	15	16	17							
	回曆5月	15	16	17	18	19	20	21	22	23	24	25	26	27	28	29	1	2	3	4	5	6	7	8	9	10	11	12	13	14	15							
	藏曆六月	17	18	19	20	21	22	23	24	25	26	27	28	30	1	2	3	4	5	6	7	8	9	10	11	12	13	14	15	16	17							
	公曆7月			1	2	3	4	5	6	7	8	9	10	11	12	13	14	15	16	17	18	19	20	21	22	23	24	25	26	27	28	29	30	31				
8	夏曆六月			18	19	20	21	22	23	24	25	26	27	28	29	㊸	2	3	4	5	6	7	8	9	10	11	12	13	14	15	16	17	18	19				
	回曆6月			16	17	18	19	20	21	22	23	24	25	26	27	28	29	30	1	2	3	4	5	6	7	8	9	10	11	12	13	14	15	16				
	藏曆七月			18	19	20	21	22	23	24	25	26	27	28	29	30	1	3	4	5	6	7	8	9	10	11	12	13	13	14	15	16	17	18				
	公曆8月						1	2	3	4	5	6	7	8	9	10	11	12	13	14	15	16	17	18	19	20	21	22	23	24	25	26	27	28	29	30	31	
9	夏曆七月						20	21	22	23	24	25	26	27	28	29	30	⑬	2	3	4	5	6	7	8	9	10	11	12	13	14	15	16	17	18	19	20	
	回曆7月						17	18	19	20	21	22	23	24	25	26	27	28	29	1	2	3	4	5	6	7	8	9	10	11	12	13	14	15	16	17	18	
	藏曆八月						19	20	21	22	23	24	26	27	28	29	30	1	2	3	4	5	6	7	8	9	10	11	12	13	14	15	16	17	18	19	20	
	公曆9月		1	2	3	4	5	6	7	8	9	10	11	12	13	14	15	16	17	18	19	20	21	22	23	24	25	26	27	28	29	30						
10	夏曆八月		21	22	23	24	25	26	27	28	29	㊷	2	3	4	5	6	7	8	9	10	11	12	13	14	15	16	17	18	19	20	21						

續表

月 干支 序數	星期 月序	日	1	2	3	4	5	6	日	1	2	3	4	5	6	日	1	2	3	4	5	6	日	1	2	3	4	5	6	日	1	2	3	4	5	6	日	1
	回暦8月		19	20	21	22	23	24	25	26	27	28	29	30	1	2	3	4	5	6	7	8	9	10	11	12	13	14	15	16	17	18						
	藏暦九月		21	22	23	24	25	26	27	29	30	1	2	3	4	5	6	7	8	9	9	10	11	12	13	14	15	16	17	18	19	20						
	公暦10月				1	2	3	4	5	6	7	8	9	10	11	12	13	14	15	16	17	18	19	20	21	22	23	24	25	26	27	28	29	30	31			
11	夏暦九月				22	23	24	25	26	27	28	29	⑪	2	3	4	5	6	7	8	9	10	11	12	13	14	15	16	17	18	19	20	21	22	23			
	回暦9月				19	20	21	22	23	24	25	26	27	28	29	1	2	3	4	5	6	7	8	9	10	11	12	13	14	15	16	17	18	19	20			
	藏暦十月				21	23	24	25	26	27	28	29	30	1	2	3	4	5	6	7	8	9	10	11	12	13	14	15	16	17	18	19	20	21	22			
	公暦11月							1	2	3	4	5	6	7	8	9	10	11	12	13	14	15	16	17	18	19	20	21	22	23	24	25	26	27	28	29	30	
12	夏暦十月							24	25	26	27	28	29	30	㊶	2	3	4	5	6	7	8	9	10	11	12	13	14	15	16	17	18	19	20	21	22	23	
	回暦10月							21	22	23	24	25	26	27	28	29	30	1	2	3	4	5	6	7	8	9	10	11	12	13	14	15	16	17	18	19	20	
	藏暦十一月							23	24	25	27	28	29	30	1	2	2	3	4	5	6	7	8	9	10	11	12	13	14	15	16	17	18	19	21	22	23	
	公暦12月		1	2	3	4	5	6	7	8	9	10	11	12	13	14	15	16	17	18	19	20	21	22	23	24	25	26	27	28	29	30	31					
13	夏暦十一月		24	25	26	27	28	29	30	⑪	2	3	4	5	6	7	8	9	10	11	12	13	14	15	16	17	18	19	20	21	22	23	24					
	回暦11月		21	22	23	24	25	26	27	28	29	1	2	3	4	5	6	7	8	9	10	11	12	13	14	15	16	17	18	19	20	21	22					
	藏暦十二月		24	25	26	27	28	29	30	1	2	3	4	5	6	6	7	8	9	10	11	12	13	15	16	17	18	19	20	21	22	23	24					

李氏《紀元編》西遼年代有誤。

大事記

正月，金減東京田租、市租之本。夏稱藩於金。天祚帝奔夾山。　五月，平州人抗金，旋敗。　七月，耶律大石率衆西走。天祚帝出夾山攻，大敗。　八月，宋誘遼帝南來，遼帝允而變計。　十月，宋嚴禁收藏蘇軾、黄庭堅之文。　十一月，罷應奉司。　是歲，河北、山東民起義，多者三十萬，少者二三萬，地方大亂，命張方平鎮壓之。

宋遼金紀年

干支乙巳　公元1125年

朝代或國名	國家支配者	建都	廟號	謚號	建元	年號年次	輔政者	備注
北宋	⑧趙佶	汴梁	徽宗	顯	6	6宣和7年	蔡京 白時中 李邦彥	十二月趙桓即位
遼	⑧耶律延禧	夾山		天祚	3	3保大5年		二月亡
大理	②段正嚴	陽苴咩	憲宗	宣仁	5	3永嘉4年		在雲南
西夏	④李乾順	(銀川)	崇宗	聖文	8	6元德7年		
金	②完顏晟	會寧	太宗		1	天會3年		
西遼	①耶律大石	起爾漫	德宗		2	延慶2年		
古格						312年		西藏阿里
東汗國	阿黑馬					23年		

月曆表

5838—354—2132353

月 干支 序數	星期 月序	日	1	2	3	4	5	6	日	1	2	3	4	5	6	日	1	2	3	4	5	6	日	1	2	3	4	5	6	日	1	2	3	4	5	6	日	1
	公暦1月					1	2	3	4	5	6	7	8	9	10	11	12	13	14	15	16	17	18	19	20	21	22	23	24	25	26	27	28	29	30	31		
14	夏暦十二月					25	26	27	28	29	30	㊶	2	3	4	5	6	7	8	9	10	11	12	13	14	15	16	17	18	19	20	21	22	23	24	25		
	回暦12月					23	24	25	26	27	28	29	30	1	2	3	4	5	6	7	8	9	10	11	12	13	14	15	16	17	18	19	20	21	22	23		

續表

月干支序數	月序＼星期	日	1	2	3	4	5	6	日	1	2	3	4	5	6	日	1	2	3	4	5	6	日	1	2	3	4	5	6	日	1	2	3	4	5	6	日	1
陰木蛇年	藏曆一月					25	26	27	28	29	30	1	2	3	4	5	6	7	8	9	10	11	12	13	14	15	16	17	18	20	21	22	23	24	25	26		
	公曆2月	1	2	3	4	5	6	7	8	9	10	11	12	13	14	15	16	17	18	19	20	21	22	23	24	25	26	27	28									
15	夏曆正月	26	27	28	29	⑩	2	3	4	5	6	7	8	9	10	11	12	13	14	15	16	17	18	19	20	21	22	23	24									
519年	回曆1月	24	25	26	27	28	29	①	2	3	4	5	6	7	8	9	10	11	12	13	14	15	16	17	18	19	20	21	22									
	藏曆二月	27	27	28	29	30	1	2	3	4	5	6	7	8	9	10	11	12	14	15	16	17	18	19	20	21	22	23	24									
	公曆3月	1	2	3	4	5	6	7	8	9	10	11	12	13	14	15	16	17	18	19	20	21	22	23	24	25	26	27	28	29	30	31						
16	夏曆二月	25	26	27	28	29	30	㊵	2	3	4	5	6	7	8	9	10	11	12	13	14	15	16	17	18	19	20	21	22	23	24	25						
	回曆2月	23	24	25	26	27	28	29	30	1	2	3	4	5	6	7	8	9	10	11	12	13	14	15	16	17	18	19	20	21	22	23						
	藏曆三月	25	26	27	28	29	30	30	1	1	2	3	4	5	7	8	9	10	11	12	13	14	15	16	17	18	19	20	21	22	23	24						
	公曆4月				1	2	3	4	5	6	7	8	9	10	11	12	13	14	15	16	17	18	19	20	21	22	23	24	25	26	27	28	29	30				
17	夏曆三月				26	27	28	29	30	⑩	2	3	4	5	6	7	8	9	10	11	12	13	14	15	16	17	18	19	20	21	22	23	24	25				
	回曆3月				24	25	26	27	28	29	1	2	3	4	5	6	7	8	9	10	11	12	13	14	15	16	17	18	19	20	21	22	23	24				
	藏曆四月				25	26	27	28	29	1	2	3	4	5	6	7	8	9	11	12	13	14	15	16	17	18	19	20	21	22	23	24	25	25				
	公曆5月						1	2	3	4	5	6	7	8	9	10	11	12	13	14	15	16	17	18	19	20	21	22	23	24	25	26	27	28	29	30	31	
18	夏曆四月						26	27	28	29	㊴	2	3	4	5	6	7	8	9	10	11	12	13	14	15	16	17	18	19	20	21	22	23	24	25	26	27	
	回曆4月						25	26	27	28	29	30	1	2	3	4	5	6	7	8	9	10	11	12	13	14	15	16	17	18	19	20	21	22	23	24	25	
	藏曆後四月						26	27	28	29	30	1	2	3	5	6	7	8	9	10	11	12	13	14	15	16	17	18	19	20	21	22	23	24	25	26	27	
	公曆6月		1	2	3	4	5	6	7	8	9	10	11	12	13	14	15	16	17	18	19	20	21	22	23	24	25	26	27	28	29	30						
19	夏曆五月		28	29	30	⑨	2	3	4	5	6	7	8	9	10	11	12	13	14	15	16	17	18	19	20	21	22	23	24	25	26	27						
	回曆5月		26	27	28	29	1	2	3	4	5	6	7	8	9	10	11	12	13	14	15	16	17	18	19	20	21	22	23	24	25	26						
	藏曆五月		28	29	30	1	2	3	4	5	6	8	9	10	11	12	13	14	15	16	17	18	19	20	21	22	22	23	24	25	26	27						
	公曆7月				1	2	3	4	5	6	7	8	9	10	11	12	13	14	15	16	17	18	19	20	21	22	23	24	25	26	27	28	29	30	31			
20	夏曆六月				28	29	㊳	2	3	4	5	6	7	8	9	10	11	12	13	14	15	16	17	18	19	20	21	22	23	24	25	26	27	28	29			
	回曆6月				27	28	29	30	1	2	3	4	5	6	7	8	9	10	11	12	13	14	15	16	17	18	19	20	21	22	23	24	25	26	27			
	藏曆六月				28	30	1	2	3	4	5	6	7	8	9	10	11	12	13	14	15	16	17	18	19	20	21	22	23	24	25	26	27	28	29			
	公曆8月							1	2	3	4	5	6	7	8	9	10	11	12	13	14	15	16	17	18	19	20	21	22	23	24	25	26	27	28	29	30	31
21 22	夏曆七八月							⑦	2	3	4	5	6	7	8	9	10	11	12	13	14	15	16	17	18	19	20	21	22	23	24	25	26	27	28	29	30	㊲
	回曆7月							28	29	1	2	3	4	5	6	7	8	9	10	11	12	13	14	15	16	17	18	19	20	21	22	23	24	25	26	27	28	29
	藏曆七八月							30	1	3	4	5	6	7	8	9	10	11	12	13	14	15	16	17	18	18	19	20	21	22	23	24	26	27	28	29	30	1
	公曆9月			1	2	3	4	5•	6	7	8	9	10	11	12	13	14	15	16	17	18	19	20	21	22	23	24	25	26	27	28	29	30					
23	夏曆九月			2	3	4	5	6	7	8	9	10	11	12	13	14	15	16	17	18	19	20	21	22	23	24	25	26	27	28	29	⑥	2					
	回曆8月			30	1	2	3	4	5	6	7	8	9	10	11	12	13	14	15	16	17	18	19	20	21	22	23	24	25	26	27	28	29					
	藏曆九月			2	3	4	5	6	7	8	9	10	11	12	13	14	15	16	17	18	19	20	21	22	23	24	25	26	27	28	30	1	2					
	公曆10月					1	2	3	4	5	6	7	8	9	10	11	12	13	14	15	16	17	18	19	20	21	22	23	24	25	26	27	28	29	30	31		
24	夏曆十月					3	4	5	6	7	8	9	10	11	12	13	14	15	16	17	18	19	20	21	22	23	24	25	26	27	28	29	㉟	2	3	4		
	回曆9、10月					1	2	3	4	5	6	7	8	9	10	11	12	13	14	15	16	17	18	19	20	21	22	23	24	25	26	27	28	29	30	1		
	藏曆十月					3	4	5	6	7	8	9	10	11	12	13	13	14	15	16	17	18	19	20	21	23	24	25	26	27	28	29	30	1	2	3		
	公曆11月	1	2	3	4	5	6	7	8	9	10	11	12	13	14	15	16	17	18	19	20	21	22	23	24	25	26	27	28	29	30							
25	夏曆十一月	5	6	7	8	9	10	11	12	13	14	15	16	17	18	19	20	21	22	23	24	25	26	27	28	29	30	⑤	2	3	4							
	回曆11月	2	3	4	5	6	7	8	9	10	11	12	13	14	15	16	17	18	19	20	21	22	23	24	25	26	27	28	29	1	2							
	藏曆十一月	4	5	6	7	8	9	10	11	12	13	14	15	16	17	18	19	20	21	22	23	24	25	26	28	29	30	1	2	3	4							
	公曆12月			1	2	3	4	5	6	7	8	9	10	11	12	13	14	15	16	17	18	19	20	21	22	23	24	25	26	27	28	29	30	31				

續表

月干支序數	星期/月序	日	1	2	3	4	5	6	日	1	2	3	4	5	6	日	1	2	3	4	5	6	日	1	2	3	4	5	6	日	1	2	3	4	5	6	日	1
26	夏曆十二月			5	6	7	8	9	10	11	12	13	14	15	16	17	18	19	20	21	22	23	24	25	26	27	28	29	30	㉟	2	3	4	5				
	回曆 12 月			3	4	5	6	7	8	9	10	11	12	13	14	15	16	17	18	19	20	21	22	23	24	25	26	27	28	29	30	1	2	3				
	藏曆十二月			5	5	6	7	8	9	10	11	12	13	14	15	16	17	18	19	20	22	23	24	25	26	27	28	29	30	1	2	3	4	5				

大事記

正月，遼天祚帝奔黨項。　二月，東京義軍張萬仙降。天祚帝由天德軍至應州，為金所虜，封海濱王，遼亡。　三月，金始定制度。宋復州縣免行錢。招降山東義軍賈進等十萬人。　四月，詔行元祐官制。　七月，金禁宗室百官私役百姓，又禁買貧民為奴。宋熙河、河東地震，蘭州尤甚，倉庫皆沒。　九月，宋燕山府申報金大兵掠清化縣，宰相等匿而不聞。　十二月，金大舉兩路攻宋。宋徽宗稱教主道君太上皇帝，禪位太子桓，為欽宗。　是歲，耶律大石至起爾漫，稱天佑皇帝，改元延慶，為西遼德宗。

宋遼金紀年

干支丙午　公元 1126 年

朝代或國名	國家支配者	建都	廟號	謚號	建元	年號年次	輔政者	備注
北宋	⑨趙桓	汴梁	欽宗	仁	1	靖康元年	蔡京(?)等	明年被金執去
大理	②段正嚴	陽苴咩	憲宗	宣仁	5	3 永嘉 5 年		在雲南
西夏	④李乾順	(銀川)	崇宗	聖文	8	6 元德 8 年		
金	②完顏晟	會寧(阿城)	太宗		1	天會 4 年		
西遼	①耶律大石		德宗		2	延慶 3 年		
古格						313 年		
東汗國	阿黑馬					24 年		

月曆表

5839—384—2132737

月干支序數	星期/月序	日	1	2	3	4	5	6	日	1	2	3	4	5	6	日	1	2	3	4	5	6	日	1	2	3	4	5	6	日	1	2	3	4	5	6	日	1
	公曆 1 月						1	2	3	4	5	6	7	8	9	10	11	12	13	14	15	16	17	18	19	20	21	22	23	24	25	26	27	28	29	30	31	
27	夏曆正月						6	7	8	9	10	11	12	13	14	15	16	17	18	19	20	21	22	23	24	25	26	27	28	29	④	2	3	4	5	6	7	
520 年	回曆 1 月						4	5	6	7	8	9	10	11	12	13	14	15	16	17	18	19	20	21	22	23	24	25	26	27	28	29	①	2	3	4	5	
陽火馬年	藏曆一月						6	7	8	8	9	10	11	12	13	14	16	17	18	19	20	21	22	23	24	25	26	27	28	29	30	1	2	3	4	5	6	
	公曆 2 月		1	2	3	4	5	6	7	8	9	10	11	12	13	14	15	16	17	18	19	20	21	22	23	24	25	26	27	28								
28	夏曆二月		8	9	10	11	12	13	14	15	16	17	18	19	20	21	22	23	24	25	26	27	28	29	30	㉔	2	3	4	5								
	回曆 2 月		6	7	8	9	10	11	12	13	14	15	16	17	18	19	20	21	22	23	24	25	26	27	28	29	30	1	2	3								
	藏曆二月		7	8	9	10	11	12	13	14	15	16	17	18	19	21	22	23	24	25	26	27	28	29	30	30	1	2	3	4								
	公曆 3 月		1	2	3	4	5	6	7	8	9	10	11	12	13	14	15	16	17	18	19	20	21	22	23	24	25	26	27	28	29	30	31					
29	夏曆三月		6	7	8	9	10	11	12	13	14	15	16	17	18	19	20	21	22	23	24	25	26	27	28	29	30	④	2	3	4	5	6					
	回曆 3 月		4	5	6	7	8	9	10	11	12	13	14	15	16	17	18	19	20	21	22	23	24	25	26	27	28	29	1	2	3	4	5					
	藏曆三月		5	6	7	8	9	10	11	12	13	15	16	17	18	19	20	21	22	23	24	25	26	27	28	29	30	1	2	3	4	5	6					
	公曆 4 月					1	2	3	4	5	6	7	8	9	10	11	12	13	14	15	16	17	18	19	20	21	22	23	24	25	26	27	28	29	30			
30	夏曆四月					7	8	9	10	11	12	13	14	15	16	17	18	19	20	21	22	23	24	25	26	27	28	29	30	㉞	2	3	4	5	6			
	回曆 4 月					6	7	8	9	10	11	12	13	14	15	16	17	18	19	20	21	22	23	24	25	26	27	28	29	30	1	2	3	4	5			

續表

月千支序數	星期／月序	日	1	2	3	4	5	6	日	1	2	3	4	5	6	日	1	2	3	4	5	6	日	1	2	3	4	5	6	日	1	2	3	4	5	6	日	1
	藏曆四月					7	8	9	10	11	12	13	14	15	16	17	19	20	21	22	23	24	24	25	26	27	28	29	30	1	2	3	4	5	6			
	公曆5月							1	2	3	4	5	6	7	8	9	10	11	12	13	14	15	16	17	18	19	20	21	22	23	24	25	26	27	28	29	30	31
31	夏曆五月							7	8	9	10	11	12	13	14	15	16	17	18	19	20	21	22	23	24	25	26	27	28	29	③	2	3	4	5	6	7	8
	回曆5月							6	7	8	9	10	11	12	13	14	15	16	17	18	19	20	21	22	23	24	25	26	27	28	29	1	2	3	4	5	6	7
	藏曆五月							7	8	9	10	12	13	14	15	16	17	18	19	20	21	22	23	24	25	26	27	28	29	30	1	2	3	4	5	6	7	8
	公曆6月			1	2	3	4	5	6	7	8	9	10	11	12	13	14	15	16	17	18	19	20	21	22	23	24	25	26	27	28	29	30					
32	夏曆六月			9	10	11	12	13	14	15	16	17	18	19	20	21	22	23	24	25	26	27	28	29	30	㉝	2	3	4	5	6	7	8					
	回曆6月			8	9	10	11	12	13	14	15	16	17	18	19	20	21	22	23	24	25	26	27	28	29	30	1	2	3	4	5	6	7					
	藏曆六月			9	10	11	12	13	15	16	17	18	19	20	20	21	22	23	24	25	26	27	28	29	30	1	2	3	4	5	6	8	9					
	公曆7月					1	2	3	4	5	6	7	8	9	10	11	12	13	14	15	16	17	18	19	20	21	22	23	24	25	26	27	28	29	30	31		
33	夏曆七月					9	10	11	12	13	14	15	16	17	18	19	20	21	22	23	24	25	26	27	28	29	②	2	3	4	5	6	7	8	9	10		
	回曆7月					8	9	10	11	12	13	14	15	16	17	18	19	20	21	22	23	24	25	26	27	28	29	1	2	3	4	5	6	7	8	9		
	藏曆七月					10	11	12	13	14	15	16	17	18	19	20	21	22	23	24	25	26	27	28	29	30	1	2	3	4	5	6	7	8	10	11		
	公曆8月	1	2	3	4	5	6	7	8	9	10	11	12	13	14	15	16	17	18	19	20	21	22	23	24	25	26	27	28	29	30	31						
34	夏曆八月	11	12	13	14	15	16	17	18	19	20	21	22	23	24	25	26	27	28	29	㉛	2	3	4	5	6	7	8	9	10	11	12						
	回曆8月	10	11	12	13	14	15	16	17	18	19	20	21	22	23	24	25	26	27	28	29	30	1	2	3	4	5	6	7	8	9	10						
	藏曆八月	12	13	14	15	16	17	17	18	19	20	21	22	23	24	25	26	27	28	29	30	1	3	4	5	6	7	8	9	10	11	12						
	公曆9月				1	2	3	4	5	6	7	8	9	10	11	12	13	14	15	16	17	18	19	20	21	22	23	24	25	26	27	28	29	30				
35	夏曆九月				13	14	15	16	17	18	19	20	21	22	23	24	25	26	27	28	29	30	①	2	3	4	5	6	7	8	9	10	11	12				
	回曆9月				11	12	13	14	15	16	17	18	19	20	21	22	23	24	25	26	27	28	29	1	2	3	4	5	6	7	8	9	10	11				
	藏曆九月				13	14	15	16	17	18	19	20	21	22	23	24	25	26	27	28	29	30	1	2	3	4	5	7	8	9	10	11	12	12				
	公曆10月						1	2	3	4	5	6	7	8	9	10	11	12	13	14	15	16	17	18	19	20	21	22	23	24	25	26	27	28	29	30	31	
36	夏曆十月						13	14	15	16	17	18	19	20	21	22	23	24	25	26	27	28	29	㉚	2	3	4	5	6	7	8	9	10	11	12	13	14	
	回曆10月						12	13	14	15	16	17	18	19	20	21	22	23	24	25	26	27	28	29	30	1	2	3	4	5	6	7	8	9	10	11	12	
	藏曆十月						13	14	15	16	17	18	19	20	21	22	23	24	25	26	27	28	30	1	2	3	4	5	6	7	8	9	10	11	12	13	14	
	公曆11月		1	2	3	4	5	6	7	8	9	10	11	12	13	14	15	16	17	18	19	20	21	22	23	24	25	26	27	28	29	30						
37	夏曆十一月		15	16	17	18	19	20	21	22	23	24	25	26	27	28	29	(59)	2	3	4	5	6	7	8	9	10	11	12	13	14	15						
	回曆11月		13	14	15	16	17	18	19	20	21	22	23	24	25	26	27	28	29	1	2	3	4	5	6	7	8	9	10	11	12	13						
	藏曆十一月		15	16	16	17	18	19	20	21	22	24	25	26	27	28	29	30	1	2	3	4	5	6	7	8	9	10	11	12	13	14						
	公曆12月				1	2	3	4	5	6	7	8	9	10	11	12	13	14	15	16	17	18	19	20	21	22	23	24	25	26	27	28	29	30	31			
	夏曆閏十一月				16	17	18	19	20	21	22	23	24	25	26	27	28	29	30	㉙	2	3	4	5	6	7	8	9	10	11	12	13	14	15	16			
	回曆12月				14	15	16	17	18	19	20	21	22	23	24	25	26	27	28	29	30	1	2	3	4	5	6	7	8	9	10	11	12	13	14			
	藏曆十二月				15	16	17	18	19	20	21	22	23	24	25	26	27	29	30	1	2	3	4	5	6	7	8	8	9	10	11	12	13	14	15			

大事記

正月，金兵渡河圍汴京。以李綱為留守禦之。金索金帛，求割地，以親王、宰相為質。宋以康王構、張邦昌往金營。一切從之。　二月，姚平仲夜襲金，不克。罷李綱，許割三鎮。太學生陳東等及東京民萬人請願，復李綱職，除元祐黨錮。金遣康王回換肅王作質。金兵北去。　三月，宋貶主和議諸人。　四月，宋太上皇帝回東京。　六月，高麗稱藩於金。　七月，竄蔡京，誅童貫、趙良嗣。　八月，宋救太原之軍皆敗。金以宋圖結遼降臣，又不履割三鎮之約，復兩路攻宋。　九月，金圍太原年餘，至是始破。主和派又得勢，貶逐李綱。夏陷宋西安州。　十月，金兵南下。　十一月，夏陷宋懷德軍。宋康王趙構入金營議和，至磁州受阻，遂去相州。金兩路兵皆渡河，會師東京城下。　閏十一月，宋命康王構為兵馬大元帥。金兵破東京，即退，許議和，宋帝至青城金營。　十二月，宋帝回宮，大括金帛予金。　是歲，金始依漢制立官府。時北宋輔政者為蔡京(?)、白時中、李邦彥、張邦昌、吳敏、徐處仁、唐恪等人。

宋遼金紀年　　干支丁未　公元1127年

朝代或國名	國家支配者	建都	廟號	謚號	建元	年號年次	輔政者	備注
北宋	⑨趙桓	汴梁	欽宗	仁	5	靖康2年		二月被金虜去
南宋	①趙構	南京（商丘）	高宗	憲	2	1建炎元年	李綱 黄潛善	五月即位改元
西夏	④李乾順	（銀川）	崇宗	聖文	8	7正德元年		四月改元
金	②完顔晟	會寧（阿城）	太宗		1	天會5年		
西遼	①耶律大石		德宗		2	延慶4年		
大理	②段正嚴	陽苴咩	憲宗	宣仁	5	3永嘉6年		在雲南
	李婆備				1	太平元年		
	李合戎				1	正法元年		
古格						314年		西藏阿里
東汗國	阿黑馬					25年		

月曆表　　5840—355—2133092

月干支序數	月序＼星期	日	1	2	3	4	5	6	日	1	2	3	4	5	6	日	1	2	3	4	5	6	日	1	2	3	4	5	6	日	1	2	3	4	5	6	日	1
	公曆1月							1	2	3	4	5	6	7	8	9	10	11	12	13	14	15	16	17	18	19	20	21	22	23	24	25	26	27	28	29	30	31
38	夏曆十二月							17	18	19	20	21	22	23	24	25	26	27	28	29	30	(59)	2	3	4	5	6	7	8	9	10	11	12	13	14	15	16	17
521年	回曆1月							15	16	17	18	19	20	21	22	23	24	25	26	27	28	29	30	①	2	3	4	5	6	7	8	9	10	11	12	13	14	15
陰火羊年	藏曆一月							16	17	18	19	20	21	23	24	25	26	27	28	29	30	1	2	3	4	5	6	7	8	9	10	11	11	12	13	14	15	17
	公曆2月			1	2	3	4	5	6	7	8	9	10	11	12	13	14	15	16	17	18	19	20	21	22	23	24	25	26	27	28							
39	夏曆正月			18	19	20	21	22	23	24	25	26	27	28	29	㉘	2	3	4	5	6	7	8	9	10	11	12	13	14	15	16							
	回曆2月			16	17	18	19	20	21	22	23	24	25	26	27	28	29	30	1	2	3	4	5	6	7	8	9	10	11	12	13							
	藏曆二月			18	19	20	21	22	23	24	25	26	27	28	29	30	1	2	3	4	5	6	7	8	9	10	11	12	13	14	15							
	公曆3月			1	2	3	4	5	6	7	8	9	10	11	12	13	14	15	16	17	18	19	20	21	22	23	24	25	26	27	28	29	30	31				
40	夏曆二月			17	18	19	20	21	22	23	24	25	26	27	28	29	30	(58)	2	3	4	5	6	7	8	9	10	11	12	13	14	15	16	17				
	回曆3月			14	15	16	17	18	19	20	21	22	23	24	25	26	27	28	29	1	2	3	4	5	6	7	8	9	10	11	12	13	14	15				
	藏曆三月			16	17	18	19	20	22	23	24	25	26	27	28	29	30	1	2	3	4	4	5	6	7	8	9	10	11	12	13	15	16	17				
	公曆4月						1	2	3	4	5	6	7	8	9	10	11	12	13	14	15	16	17	18	19	20	21	22	23	24	25	26	27	28	29	30		
41	夏曆三月						18	19	20	21	22	23	24	25	26	27	28	29	30	㉘	2	3	4	5	6	7	8	9	10	11	12	13	14	15	16	17		
	回曆4月						16	17	18	19	20	21	22	23	24	25	26	27	28	29	30	1	2	3	4	5	6	7	8	9	10	11	12	13	14	15		
	藏曆四月						18	19	20	21	22	23	24	25	26	27	28	29	30	1	2	3	4	5	6	7	8	9	10	11	12	13	14	15	16	17		
	公曆5月	1	2	3	4	5	6	7	8	9	10	11	12	13	14	15	16	17	18	19	20	21	22	23	24	25	26	27	28	29	30	31						
42	夏曆四月	18	19	20	21	22	23	24	25	26	27	28	29	(57)	2	3	4	5	6	7	8	9	10	11	12	13	14	15	16	17	18	19						
	回曆5月	16	17	18	19	20	21	22	23	24	25	26	27	28	29	1	2	3	4	5	6	7	8	9	10	11	12	13	14	15	16	17						
	藏曆五月	19	20	21	22	23	24	25	26	27	28	29	29	30	1	2	3	4	5	6	7	8	9	10	12	13	14	15	16	17	18	19						
	公曆6月				1	2	3	4	5	6	7	8	9	10	11	12	13	14	15	16	17	18	19	20	21	22	23	24	25	26	27	28	29	30				
43	夏曆五月				20	21	22	23	24	25	26	27	28	29	30	㉗	2	3	4	5	6	7	8	9	10	11	12	13	14	15	16	17	18	19				
	回曆6月				18	19	20	21	22	23	24	25	26	27	28	29	30	1	2	3	4	5	6	7	8	9	10	11	12	13	14	15	16	17				
	藏曆六月				20	21	22	23	24	25	26	27	28	29	30	1	2	3	4	5	6	7	8	9	10	11	12	13	15	16	17	18	19	20				
	公曆7月						1	2	3	4	5	6	7	8	9	10	11	12	13	14	15	16	17	18	19	20	21	22	23	24	25	26	27	28	29	30	31	

續表

月干支序數	月序＼星期	日	1	2	3	4	5	6	日	1	2	3	4	5	6	日	1	2	3	4	5	6	日	1	2	3	4	5	6	日	1	2	3	4	5	6	日	1
44	夏曆六月						20	21	22	23	24	25	26	27	28	29	(56)	2	3	4	5	6	7	8	9	10	11	12	13	14	15	16	17	18	19	20	21	
	回曆7月						18	19	20	21	22	23	24	25	26	27	28	29	1	2	3	4	5	6	7	8	9	10	11	12	13	14	15	16	17	18	19	
	藏曆七月						21	22	23	24	25	25	26	27	28	29	30	1	2	3	4	5	7	8	9	10	11	12	13	14	15	16	17	18	19	20	21	
	公曆8月		1	2	3	4	5	6	7	8	9	10	11	12	13	14	15	16	17	18	19	20	21	22	23	24	25	26	27	28	29	30	31					
45	夏曆七月		22	23	24	25	26	27	28	29	30	㉖	2	3	4	5	6	7	8	9	10	11	12	13	14	15	16	17	18	19	20	21	22					
	回曆8月		20	21	22	23	24	25	26	27	28	29	30	1	2	3	4	5	6	7	8	9	10	11	12	13	14	15	16	17	18	19	20					
	藏曆八月		22	23	24	25	26	27	28	29	30	1	2	3	4	5	6	7	8	10	11	12	13	14	15	16	17	18	19	20	21	22	22					
	公曆9月					1	2	3	4	5	6	7	8	9	10	11	12	13	14	15	16	17	18	19	20	21	22	23	24	25	26	27	28	29	30			
46	夏曆八月					23	24	25	26	27	28	29	(55)	2	3	4	5	6	7	8	9	10	11	12	13	14	15	16	17	18	19	20	21	22	23			
	回曆9月					21	22	23	24	25	26	27	28	29	1	2	3	4	5	6	7	8	9	10	11	12	13	14	15	16	17	18	19	20	21			
	藏曆九月					23	24	25	26	27	28	29	30	1	2	4	5	6	7	8	9	10	11	12	13	14	15	16	17	18	19	20	21	22	23			
	公曆10月							1	2	3	4	5	6	7	8	9	10	11	12	13	14	15	16	17	18	19	20	21	22	23	24	25	26	27	28	29	30	31
47	夏曆九月							24	25	26	27	28	29	30	㉕	2	3	4	5	6	7	8	9	10	11	12	13	14	15	16	17	18	19	20	21	22	23	24
	回曆10月							22	23	24	25	26	27	28	29	30	1	2	3	4	5	6	7	8	9	10	11	12	13	14	15	16	17	18	19	20	21	22
	藏曆十月							24	25	26	27	28	29	30	1	2	3	4	5	7	8	9	10	11	12	13	14	15	16	16	17	18	19	20	21	22	23	24
	公曆11月			1	2	3	4	5	6	7	8	9	10	11	12	13	14	15	16	17	18	19	20	21	22	23	24	25	26	27	28	29	30					
48	夏曆十月			25	26	27	28	29	(54)	2	3	4	5	6	7	8	9	10	11	12	13	14	15	16	17	18	19	20	21	22	23	24	25					
	回曆11月			23	24	25	26	27	28	29	1	2	3	4	5	6	7	8	9	10	11	12	13	14	15	16	17	18	19	20	21	22	23					
	藏曆十一月			25	26	27	28	29	1	2	3	4	5	6	7	8	9	10	11	12	13	14	15	16	17	18	19	20	20	21	22	24	25					
	公曆12月					1	2	3	4	5	6	7	8	9	10	11	12	13	14	15	16	17	18	19	20	21	22	23	24	25	26	27	28	29	30	31		
49	夏曆十一月					26	27	28	29	30	㉔	2	3	4	5	6	7	8	9	10	11	12	13	14	15	16	17	18	19	20	21	22	23	24	25	26		
	回曆12月					24	25	26	27	28	29	30	1	2	3	4	5	6	7	8	9	10	11	12	13	14	15	16	17	18	19	20	21	22	23	24		
	藏曆後十一月					26	27	28	29	30	1	2	3	4	5	6	7	8	9	10	11	12	13	14	15	16	17	18	19	20	21	22	23	24	25	26		

大事記

正月，高麗遣使賀金正旦。宋割河北、河東與金，兩河百姓不奉詔，紛起抗金。宋帝復至青城金營，被留。宋副元帥宗澤迭敗金於大名、開德。　二月，金廢宋帝及太上皇帝為庶人，虜徽欽二帝及后妃諸王公等皆被送金營。　三月，金立張邦昌為帝，國號楚，都金陵。　四月，金兵退，俘二帝及六宮北去。張邦昌迎元祐皇后孟氏入宮，請垂簾聽政，并迎康王。五月，宋康王構即帝位於南京(今河南商丘)，改元建炎，是為宋高宗，尋遣使於金通問。以李綱為相，宗澤知開封府，進駐東京。河北山水寨義軍迭起。命有司招誘流民，歸業者賑貸之。貶張邦昌等主和大臣。　六月，李綱入朝，提出抗金建國十策，高宗不用。立沿河、江、淮帥府。以宗澤為東京留守，張所為河北西路招撫使。義軍邵興破金兵於解州。　七月，貶依附張邦昌者。　八月，建州軍亂。　十月，宋高宗赴東南。　十一月，至揚州。再遣使赴金通問。　十二月，金分三道侵宋，東道攻山東，中道攻河南，西道攻陝西。　是歲，宋各地大亂，紛紛戕官據城，河北、河東更群起抗金。

宋遼金紀年　　干支戊申　公元1128年

朝代或國名	國家支配者	建都	廟號	謚號	建元	年號年次	輔政者	備注
南宋	①趙構	揚卅	高宗	憲	2	1建炎2年	黄潛善 江伯彥	
大理	②段正嚴	陽苴咩	憲宗	宣仁	5	3永嘉7年		在雲南
西夏	④李乾順	(銀川)	崇宗	聖文	8	7正德2年		

續表

朝代或國名	國家支配者	建都	廟號	謚號	建元	年號年次	輔政者	備注
金	②完顔晟	會寧(阿城)	太宗		1	天會6年		
西遼	①耶律大石		德宗		2	延慶5年		
	李婆備				1	太平2年		
	李合戎				1	正法2年		
古格						315年		西藏阿里
東汗國	阿黑馬					26年		

月曆表

5841—354—2133446

月干支序數	月序＼星期	日	1	2	3	4	5	6	日	1	2	3	4	5	6	日	1	2	3	4	5	6	日	1	2	3	4	5	6	日	1	2	3	4	5	6	日	1
	公曆1月	1	2	3	4	5	6	7	8	9	10	11	12	13	14	15	16	17	18	19	20	21	22	23	24	25	26	27	28	29	30	31						
50	夏曆十二月	27	28	29	(53)	2	3	4	5	6	7	8	9	10	11	12	13	14	15	16	17	18	19	20	21	22	23	24	25	26	27	28						
522年	回曆1月	25	26	27	28	29	①	2	3	4	5	6	7	8	9	10	11	12	13	14	15	16	17	18	19	20	21	22	23	24	25	26						
	藏曆十二月	27	28	30	1	2	3	4	5	6	7	8	9	10	11	11	12	13	14	15	16	17	18	19	20	21	22	24	25	26	27	28						
	公曆2月				1	2	3	4	5	6	7	8	9	10	11	12	13	14	15	16	17	18	19	20	21	22	23	24	25	26	27	28	29					
51	夏曆正月				29	30	㉓	2	3	4	5	6	7	8	9	10	11	12	13	14	15	16	17	18	19	20	21	22	23	24	25	26	27					
	回曆2月				27	28	29	30	1	2	3	4	5	6	7	8	9	10	11	12	13	14	15	16	17	18	19	20	21	22	23	24	25					
陽土猴年	藏曆一月				29	30	1	2	3	4	5	6	7	8	9	10	11	12	13	14	15	16	17	18	19	20	21	22	23	24	25	26	27					
	公曆3月					1	2	3	4	5	6	7	8	9	10	11	12	13	14	15	16	17	18	19	20	21	22	23	24	25	26	27	28	29	30	31		
52	夏曆二月					28	29	(52)	2	3	4	5	6	7	8	9	10	11	12	13	14	15	16	17	18	19	20	21	22	23	24	25	26	27	28	29		
	回曆3月					26	27	28	29	1	2	3	4	5	6	7	8	9	10	11	12	13	14	15	16	17	18	19	20	21	22	23	24	25	26	27		
	藏曆二月					29	30	1	2	3	3	4	5	6	7	8	9	10	11	12	13	14	15	16	17	18	19	20	22	23	24	25	26	27	28	29		
	公曆4月	1	2	3	4	5	6	7	8	9	10	11	12	13	14	15	16	17	18	19	20	21	22	23	24	25	26	27	28	29	30							
53	夏曆三月	30	㉒	2	3	4	5	6	7	8	9	10	11	12	13	14	15	16	17	18	19	20	21	22	23	24	25	26	27	28	29							
	回曆4月	28	29	30	1	2	3	4	5	6	7	8	9	10	11	12	13	14	15	16	17	18	19	20	21	22	23	24	25	26	27							
	藏曆三月	30	1	2	3	4	5	6	7	8	8	9	10	11	12	13	14	16	17	18	19	20	21	22	23	24	25	26	27	28	29							
	公曆5月			1	2	3	4	5	6	7	8	9	10	11	12	13	14	15	16	17	18	19	20	21	22	23	24	25	26	27	28	29	30	31				
54 55	夏曆四五月			(51)	2	3	4	5	6	7	8	9	10	11	12	13	14	15	16	17	18	19	20	21	22	23	24	25	26	27	28	29	30	㉑				
	回曆5月			28	29	1	2	3	4	5	6	7	8	9	10	11	12	13	14	15	16	17	18	19	20	21	22	23	24	25	26	27	28	29				
	藏曆四五月			30	1	2	3	4	5	6	7	8	9	10	11	12	13	14	15	16	17	19	20	21	22	23	24	25	26	27	28	29	30	1				
	公曆6月						1	2	3	4	5	6	7	8	9	10	11	12	13	14	15	16	17	18	19	20	21	22	23	24	25	26	27	28	29	30		
56	夏曆六月						2	3	4	5	6	7	8	9	10	11	12	13	14	15	16	17	18	19	20	21	22	23	24	25	26	27	28	29	30	(51)		
	回曆6月						30	1	2	3	4	5	6	7	8	9	10	11	12	13	14	15	16	17	18	19	20	21	22	23	24	25	26	27	28	29		
	藏曆六月						2	3	4	4	5	6	7	8	9	10	12	13	14	15	16	17	18	19	20	21	22	23	24	25	26	27	28	29	30	1		
	公曆7月	1	2	3	4	5	6	7	8	9	10	11	12	13	14	15	16	17	18	19	20	21	22	23	24	25	26	27	28	29	30	31						
57	夏曆七月	2	3	4	5	6	7	8	9	10	11	12	13	14	15	16	17	18	19	20	21	22	23	24	25	26	27	28	29	⑳	2	3						
	回曆7、8月	1	2	3	4	5	6	7	8	9	10	11	12	13	14	15	16	17	18	19	20	21	22	23	24	25	26	27	28	29	30	1						
	藏曆七月	2	3	4	5	6	7	8	9	10	11	12	13	15	16	17	18	19	20	21	22	23	24	25	26	27	28	29	30	30	1	2						
	公曆8月				1	2	3	4	5	6	7	8	9	10	11	12	13	14	15	16	17	18	19	20	21	22	23	24	25	26	27	28	29	30	31			
58	夏曆八月				4	5	6	7	8	9	10	11	12	13	14	15	16	17	18	19	20	21	22	23	24	25	26	27	28	29	30	㊿	2	3	4			

續表

月干支序數	月序＼星期	日	1	2	3	4	5	6	日	1	2	3	4	5	6	日	1	2	3	4	5	6	日	1	2	3	4	5	6	日	1	2	3	4	5	6	日	1
	回暦9月				2	3	4	5	6	7	8	9	10	11	12	13	14	15	16	17	18	19	20	21	22	23	24	25	26	27	28	29	1	2	3			
	藏暦八月				3	4	5	7	8	9	10	11	12	13	14	15	16	17	19	20	20	21	22	23	24	25	26	27	28	29	30	1	2	3	4			
	公暦9月							1	2	3	4	5	6	7	8	9	10	11	12	13	14	15	16	17	18	19	20	21	22	23	24	25	26	27	28	29	30	
59	夏暦九月							5	6	7	8	9	10	11	12	13	14	15	16	17	18	19	20	21	22	23	24	25	26	27	28	29	⑲	2	3	4	5	
	回暦10月							4	5	6	7	8	9	10	11	12	13	14	15	16	17	18	19	20	21	22	23	24	25	26	27	28	29	30	1	2	3	
	藏暦九月							5	6	7	8	9	11	12	13	14	15	16	17	18	19	20	21	22	23	24	25	26	26	27	28	29	30	1	2	4	5	
	公暦10月		1	2	3	4	5	6	7	8	9	10	11	12	13	14	15	16	17	18	19	20	21	22	23	24	25	26	27	28	29	30	31					
60	夏暦十月		6	7	8	9	10	11	12	13	14	15	16	17	18	19	20	21	22	23	24	25	26	27	28	29	30	㊾	2	3	4	5	6					
	回暦11月		4	5	6	7	8	9	10	11	12	13	14	15	16	17	18	19	20	21	22	23	24	25	26	27	28	29	1	2	3	4	5					
	藏暦十月		6	7	8	9	10	11	12	13	14	15	16	17	18	19	20	21	22	23	24	25	26	27	28	29	30	1	2	3	4	5	6					
	公暦11月					1	2	3	4	5	6	7	8	9	10	11	12	13	14	15	16	17	18	19	20	21	22	23	24	25	26	27	28	29	30			
1	夏暦十一月					7	8	9	10	11	12	13	14	15	16	17	18	19	20	21	22	23	24	25	26	27	28	29	⑱	2	3	4	5	6	7			
	回暦12月					6	7	8	9	10	11	12	13	14	15	16	17	18	19	20	21	22	23	24	25	26	27	28	29	30	1	2	3	4	5			
	藏暦十一月					8	9	10	11	12	13	14	15	16	17	18	19	19	20	21	22	23	24	25	26	27	28	29	2	3	4	5	6	7	8			
	公暦12月							1	2	3	4	5	6	7	8	9	10	11	12	13	14	15	16	17	18	19	20	21	22	23	24	25	26	27	28	29	30	31
2	夏暦十二月							8	9	10	11	12	13	14	15	16	17	18	19	20	21	22	23	24	25	26	27	28	29	30	㊽	2	3	4	5	6	7	8
523年	回暦1月							6	7	8	9	10	11	12	13	14	15	16	17	18	19	20	21	22	23	24	25	26	27	28	29	①	2	3	4	5	6	7
	藏暦十二月							9	10	11	12	13	14	15	16	17	18	19	20	21	22	23	24	25	26	27	28	29	30	30	1	2	3	4	5	6	8	9

宋《禮誌》閏四月不合。

大事記

正月，金兵三路侵宋，迭陷州府。宋以劉豫知濟南府。　二月，金攻東京，為宗澤所敗。慶源五馬山寨義軍馬擴奉信王趙榛為首抗金。宋以榛為河外兵馬都元帥。　三月，宋中山府被圍已三年，至是為金所破。　七月，宋東京留守宗澤屢請宋帝回京，不聽。宗澤憂憤死(1060—1128)。金謀大舉南侵。秋，五馬山寨義軍馬擴為金兵所敗。信王趙榛不知所終。

十一月，金破宋延安府，此始，陝北諸州多淪於金。金始修國史。宋東京留守杜充決黄河入清河以阻金兵。　十二月，宋濟南知府劉豫降金。金兵破東平、北京，遂趨徐、泗以攻揚州。　是年，西遼帝破喀什噶爾。

宋遼金紀年　　干支己酉　公元1129年

朝代或國名	國家支配者	建都	廟號	謚號	建元	年號年次	輔政者	備注
南宋	①趙構	揚州	高宗	憲	2	1建炎3年	朱勝非 呂頤浩 杜充	
大理	②段正嚴	陽苴咩	憲宗	宣仁	5	4保天元年		在雲南
	趙旉	臨安	元懿太子	元懿	1	明受元年		三月到四月
西夏	④李乾順	(銀川)	崇宗	聖文	8	7正德3年		
金	②完顏晟	會寧	太宗		1	天會7年		
西遼	①耶律大石		德宗		2	延慶6年		
	李婆備				1	太平3年		
	李合戎				1	正法3年		
古格						316年		西藏阿里
東汗國	易卜拉欣					元年		在新疆

月 干支 序數	月　星期 序	日	1	2	3	4	5	6	日	1	2	3	4	5	6	日	1	2	3	4	5	6	日	1	2	3	4	5	6	日	1	2	3	4	5	6	日	1
	公曆1月			1	2	3	4	5	6	7	8	9	10	11	12	13	14	15	16	17	18	19	20	21	22	23	24	25	26	27	28	29	30	31				
3	夏曆正月			9	10	11	12	13	14	15	16	17	18	19	20	21	22	23	24	25	26	27	28	29	⑰	2	3	4	5	6	7	8	9	10				
	回曆2月			8	9	10	11	12	13	14	15	16	17	18	19	20	21	22	23	24	25	26	27	28	29	30	1	2	3	4	5	6	7	8				
陰土鷄年	藏曆一月			10	10	11	12	13	14	15	16	17	18	19	20	21	22	23	24	25	26	27	28	29	1	2	3	4	5	6	7	8	9	10				
	公曆2月						1	2	3	4	5	6	7	8	9	10	11	12	13	14	15	16	17	18	19	20	21	22	23	24	25	26	27	28				
4	夏曆二月						11	12	13	14	15	16	17	18	19	20	21	22	23	24	25	26	27	28	29	30	㊼	2	3	4	5	6	7	8				
	回曆3月						9	10	11	12	13	14	15	16	17	18	19	20	21	22	23	24	25	26	27	28	29	1	2	3	4	5	6	7				
	藏曆二月						11	12	13	14	14	15	16	17	18	19	20	21	22	23	25	26	27	28	29	30	1	2	3	4	5	6	7	8				
	公曆3月						1	2	3	4	5	6	7	8	9	10	11	12	13	14	15	16	17	18	19	20	21	22	23	24	25	26	27	28	29	30	31	
5	夏曆三月						9	10	11	12	13	14	15	16	17	18	19	20	21	22	23	24	25	26	27	28	29	⑯	2	3	4	5	6	7	8	9	10	
	回曆4月						8	9	10	11	12	13	14	15	16	17	18	19	20	21	22	23	24	25	26	27	28	29	30	1	2	3	4	5	6	7	8	
	藏曆三月						9	10	11	12	13	14	15	16	17	18	19	20	21	22	23	24	25	26	27	29	30	1	2	3	4	5	6	7	7	8	9	
	公曆4月		1	2	3	4	5	6	7	8	9	10	11	12	13	14	15	16	17	18	19	20	21	22	23	24	25	26	27	28	29	30						
6	夏曆四月		11	12	13	14	15	16	17	18	19	20	21	22	23	24	25	26	27	28	29	㊺	2	3	4	5	6	7	8	9	10	11						
	回曆5月		9	10	11	12	13	14	15	16	17	18	19	20	21	22	23	24	25	26	27	28	29	1	2	3	4	5	6	7	8	9						
	藏曆四月		10	11	12	13	14	15	16	17	18	19	20	21	23	24	25	26	27	28	29	30	1	2	3	4	5	6	7	8	9	10						
	公曆5月				1	2	3	4	5	6	7	8	9	10	11	12	13	14	15	16	17	18	19	20	21	22	23	24	25	26	27	28	29	30	31			
7	夏曆五月				12	13	14	15	16	17	18	19	20	21	22	23	24	25	26	27	28	29	30	⑮	2	3	4	5	6	7	8	9	10	11	12			
	回曆6月				10	11	12	13	14	15	16	17	18	19	20	21	22	23	24	25	26	27	28	29	30	1	2	3	4	5	6	7	8	9	10			
	藏曆五月				11	12	13	14	15	16	17	18	19	20	21	22	23	24	26	27	28	29	30	1	2	2	3	4	5	6	7	8	9	10	11			
	公曆6月							1	2	3	4	5	6	7	8	9	10	11	12	13	14	15	16	17	18	19	20	21	22	23	24	25	26	27	28	29	30	
8	夏曆六月							13	14	15	16	17	18	19	20	21	22	23	24	25	26	27	28	29	30	㊺	2	3	4	5	6	7	8	9	10	11	12	
	回曆7月							11	12	13	14	15	16	17	18	19	20	21	22	23	24	25	26	27	28	29	1	2	3	4	5	6	7	8	9	10	11	
	藏曆六月							12	13	14	15	16	17	19	20	21	22	23	24	25	26	27	28	29	30	1	2	3	4	5	6	7	8	9	10	11	12	
	公曆7月		1	2	3	4	5	6	7	8	9	10	11	12	13	14	15	16	17	18	19	20	21	22	23	24	25	26	27	28	29	30	31					
9	夏曆七月		13	14	15	16	17	18	19	20	21	22	23	24	25	26	27	28	29	⑭	2	3	4	5	6	7	8	9	10	11	12	13	14					
	回曆8月		12	13	14	15	16	17	18	19	20	21	22	23	24	25	26	27	28	29	30	1	2	3	4	5	6	7	8	9	10	11	12					
	藏曆七月		13	14	15	16	17	18	19	20	22	23	24	25	26	27	28	29	29	30	1	2	3	4	5	6	7	8	9	10	11	12	13					
	公曆8月					1	2	3	4	5	6	7	8	9	10	11	12	13	14	15	16	17	18	19	20	21	22	23	24	25	26	27	28	29	30	31		
10	夏曆八月					15	16	17	18	19	20	21	22	23	24	25	26	27	28	29	30	㊹	2	3	4	5	6	7	8	9	10	11	12	13	14	15		
	回曆9月					13	14	15	16	17	18	19	20	21	22	23	24	25	26	27	28	29	1	2	3	4	5	6	7	8	9	10	11	12	13	14		
	藏曆八月					15	16	17	18	19	20	21	22	23	24	25	26	27	28	29	30	1	2	3	4	5	6	7	8	9	10	11	12	13	14	15		
	公曆9月	1	2	3	4	5	6	7	8	9	10	11	12	13	14	15	16	17	18	19	20	21	22	23	24	25	26	27	28	29	30							
	夏曆閏八月	16	17	18	19	20	21	22	23	24	25	26	27	28	29	30	⑭	2	3	4	5	6	7	8	9	10	11	12	13	14	15							
	回曆10月	15	16	17	18	19	20	21	22	23	24	25	26	27	28	29	30	1	2	3	4	5	6	7	8	9	10	11	12	13	14							
	藏曆九月	16	18	19	20	21	22	23	24	25	25	26	27	28	29	30	1	2	3	4	5	6	7	8	9	11	12	13	14	15	16							
	公曆10月			1	2	3	4	5	6	7	8	9	10	11	12	13	14	15	16	17	18	19	20	21	22	23	24	25	26	27	28	29	30	31				
11	夏曆九月			16	17	18	19	20	21	22	23	24	25	26	27	28	29	㊸	2	3	4	5	6	7	8	9	10	11	12	13	14	15	16	17				
	回曆11月			15	16	17	18	19	20	21	22	23	24	25	26	27	28	29	1	2	3	4	5	6	7	8	9	10	11	12	12	14	15	16				
	藏曆十月			17	18	19	20	21	22	23	24	25	26	27	28	29	30	30	1	1	3	4	5	6	7	8	9	10	11	12	13	14	16	17				
	公曆11月						1	2	3	4	5	6	7	8	9	10	11	12	13	14	15	16	17	18	19	20	21	22	23	24	25	26	27	28	29	30		
12	夏曆十月						18	19	20	21	22	23	24	25	26	27	28	29	30	⑬	2	3	4	5	6	7	8	9	10	11	12	13	14	15	16	17		
	回曆12月						17	18	19	20	21	22	23	24	25	26	27	28	29	30	1	2	3	4	5	6	7	8	9	10	11	12	13	14	15	16		
	藏曆十一月						18	18	19	20	21	22	23	24	25	26	27	28	29	1	2	3	4	5	6	7	9	10	11	12	13	14	15	16	17	18		

續表

月 干支 序數	月序＼星期	日	1	2	3	4	5	6	日	1	2	3	4	5	6	日	1	2	3	4	5	6	日	1	2	3	4	5	6	日	1	2	3	4	5	6	日	1
	公曆 12 月	1	2	3	4	5	6	7	8	9	10	11	12	13	14	15	16	17	18	19	20	21	22	23	24	25	26	27	28	29	30	31						
13	夏曆十一月	18	19	20	21	22	23	24	25	26	27	28	29	㊷	2	3	4	5	6	7	8	9	10	11	12	13	14	15	16	17	18	19						
524 年	回曆 1 月	17	18	19	20	21	22	23	24	25	26	27	28	29	30	①	2	3	4	5	6	7	8	9	10	11	12	13	14	15	16	17						
	藏曆十二月	19	20	21	22	22	23	24	25	26	27	28	29	30	1	3	4	5	6	7	8	9	10	11	12	13	14	15	16	17	18	19						

金四月己酉,《金交聘表》正月庚寅,誤。

大事記

正月,占城、真臘、闍婆等國獻方物於宋。宋將邵興敗金於潼關、虢州。金破徐、泗、楚州,逼近揚州。　二月,金破天長軍,宋帝奔鎮江轉杭州。金兵破揚州,焚城而去。　三月,宋以朱勝非為相,王淵同簽樞密。統制苗傅、劉正彥兵變,逼高宗禪位於皇子旉,改元明受。張浚、呂頤浩合兵討之,苗、劉出走。山東大饑,人相食。東南折帛始。　四月,宋帝復位,苗、劉尋敗死。宋設御前五軍。張浚知樞密事,罷朱勝非相,呂頤浩為相。　五月,高宗至江寧,改建康府。遣洪皓使金。六月,金破磁州。　七月,高宗至臨安,陞杭州為臨安府,以張浚宣撫川陝。　八月,遣杜時亮等使金求和。　閏八月,復遣使入金通問。　九月,金復試遼及西河進士於蔚州。　十月,金兀朮分道南侵。高宗奔越州。　十二月,金陷臨安、越州,高宗奔明州、定海,旋入海。　是歲,金詔良人被掠為驅者,聽贖。宋金石家趙明誠卒。

宋遼金紀年　　干支庚戌　公元 1130 年

朝代或國名	國家支配者	建都	廟號	謚號	建元	年號年次	輔政者	備注
南宋	①趙構	臨安	高宗	憲	2	1 建炎 4 年	范純仁 呂頤浩 杜充 范宗尹	
大理	②段正嚴	陽苴咩	憲宗	宣仁	5	4 保天 2 年		在雲南
西夏	④李乾順	(銀川)	崇宗	聖文	8	7 正德 4 年		
金	②完顏晟	會寧	太宗		1	天會 8 年		
西遼	①耶律大石		德宗		2	延慶 7 年		
〔大楚〕	〔鍾相〕〔楊幺〕	洞庭				〔天載〕元年		二月建元 三月被俘
	李婆備					太平 4 年		亡
	李合戎					正法 4 年		亡
大齊	劉豫	大名府				阜昌元年		金立傀儡
	〔范汝爲〕					1 年		福建
古格						317 年		西藏阿里
東汗國	易卜拉欣					2 年		

月曆表　　5843—355—2134185

月 干支 序數	月序＼星期	日	1	2	3	4	5	6	日	1	2	3	4	5	6	日	1	2	3	4	5	6	日	1	2	3	4	5	6	日	1	2	3	4	5	6	日	1
	公曆 1 月				1	2	3	4	5	6	7	8	9	10	11	12	13	14	15	16	17	18	19	20	21	22	23	24	25	26	27	28	29	30	31			
14	夏曆十二月				20	21	22	23	24	25	26	27	28	29	30	⑫	2	3	4	5	6	7	8	9	10	11	12	13	14	15	16	17	18	19	20			
	回曆 2 月				18	19	20	21	22	23	24	25	26	27	28	29	30	1	2	3	4	5	6	7	8	9	10	11	12	13	14	15	16	17	18			
陽金狗年	藏曆一月				20	21	22	23	24	25	26	27	28	29	30	1	2	3	4	5	6	8	9	10	11	12	13	14	14	15	16	17	18	19	20			

續表

月 干支 序數	星期／月序	日	1	2	3	4	5	6	日	1	2	3	4	5	6	日	1	2	3	4	5	6	日	1	2	3	4	5	6	日	1	2	3	4	5	6	日	1
	公曆2月							1	2	3	4	5	6	7	8	9	10	11	12	13	14	15	16	17	18	19	20	21	22	23	24	25	26	27	28			
15	夏曆正月							21	22	23	24	25	26	27	28	29	㊶	2	3	4	5	6	7	8	9	10	11	12	13	14	15	16	17	18	19			
	回曆3月							19	20	21	22	23	24	25	26	27	28	29	1	2	3	4	5	6	7	8	9	10	11	12	13	14	15	16	17			
	藏曆二月							21	22	23	24	25	26	27	28	29	2	3	4	5	6	7	8	9	10	11	12	13	14	15	16	17	17	18	19			
	公曆3月							1	2	3	4	5	6	7	8	9	10	11	12	13	14	15	16	17	18	19	20	21	22	23	24	25	26	27	28	29	30	31
16	夏曆二月							20	21	22	23	24	25	26	27	28	29	30	⑪	2	3	4	5	6	7	8	9	10	11	12	13	14	15	16	17	18	19	20
	回曆4月							18	19	20	21	22	23	24	25	26	27	28	29	30	1	2	3	4	5	6	7	8	9	10	11	12	13	14	15	16	17	18
	藏曆三月							20	21	22	23	24	26	27	28	29	30	30	1	2	3	4	5	6	7	8	9	10	11	12	13	14	15	16	17	18	19	20
	公曆4月			1	2	3	4	5	6	7	8	9	10	11	12	13	14	15	16	17	18	19	20	21	22	23	24	25	26	27	28	29	30					
17	夏曆三月			21	22	23	24	25	26	27	28	29	㊵	2	3	4	5	6	7	8	9	10	11	12	13	14	15	16	17	18	19	20	21					
	回曆5月			19	20	21	22	23	24	25	26	27	28	29	1	2	3	4	5	6	7	8	9	10	11	12	13	14	15	16	17	18	19					
	藏曆四月			21	22	23	24	25	26	27	28	30	1	2	3	4	5	6	7	8	9	10	11	11	12	13	14	15	16	17	18	19	20					
	公曆5月					1	2	3	4	5	6	7	8	9	10	11	12	13	14	15	16	17	18	19	20	21	22	23	24	25	26	27	28	29	30	31		
18	夏曆四月					22	23	24	25	26	27	28	29	⑨	2	3	4	5	6	7	8	9	10	11	12	13	14	15	16	17	18	19	20	21	22	23		
	回曆6月					20	21	22	23	24	25	26	27	28	29	30	1	2	3	4	5	6	7	8	9	10	11	12	13	14	15	16	17	18	19	20		
	藏曆五月					21	23	24	25	26	27	28	29	30	1	2	3	4	5	6	7	8	9	10	11	12	13	14	15	16	17	18	19	20	21	22		
	公曆6月	1	2	3	4	5	6	7	8	9	10	11	12	13	14	15	16	17	18	19	20	21	22	23	24	25	26	27	28	29	30							
19	夏曆五月	24	25	26	27	28	29	30	㊴	2	3	4	5	6	7	8	9	10	11	12	13	14	15	16	17	18	19	20	21	22	23							
	回曆7月	21	22	23	24	25	26	27	28	29	1	2	3	4	5	6	7	8	9	10	11	12	13	14	15	16	17	18	19	20	21							
	藏曆六月	23	24	26	27	28	29	30	1	2	3	4	5	6	7	7	8	9	10	11	12	13	14	15	16	17	19	20	21	22	23							
	公曆7月			1	2	3	4	5	6	7	8	9	10	11	12	13	14	15	16	17	18	19	20	21	22	23	24	25	26	27	28	29	30	31				
20	夏曆六月			24	25	26	27	28	29	⑧	2	3	4	5	6	7	8	9	10	11	12	13	14	15	16	17	18	19	20	21	22	23	24	25				
	回曆8月			22	23	24	25	26	27	28	29	30	1	2	3	4	5	6	7	8	9	10	11	12	13	14	15	16	17	18	19	20	21	22				
	藏曆七月			24	25	26	27	28	29	30	1	2	3	4	5	6	7	8	9	10	11	12	13	14	15	16	17	18	19	20	22	23	24	25				
	公曆8月						1	2	3	4	5	6	7	8	9	10	11	12	13	14	15	16	17	18	19	20	21	22	23	24	25	26	27	28	29	30	31	
21	夏曆七月						26	27	28	29	30	㊳	2	3	4	5	6	7	8	9	10	11	12	13	14	15	16	17	18	19	20	21	22	23	24	25	26	
	回曆9月						23	24	25	26	27	28	29	1	2	3	4	5	6	7	8	9	10	11	12	13	14	15	16	17	18	19	20	21	22	23	24	
	藏曆八月						26	27	28	29	30	1	2	3	4	4	5	6	7	8	9	10	11	12	13	15	16	17	18	19	20	21	22	23	24	25	26	
	公曆9月		1	2	3	4	5	6	7	8	9	10	11	12	13	14	15	16	17	18	19	20	21	22	23	24	25	26	27	28	29	30						
22	夏曆八月		27	28	29	30	⑧	2	3	4	5	6	7	8	9	10	11	12	13	14	15	16	17	18	19	20	21	22	23	24	25	26						
	回曆10月		25	26	27	28	29	30	1	2	3	4	5	6	7	8	9	10	11	12	13	14	15	16	17	18	19	20	21	22	23	24						
	藏曆後八月		27	28	29	30	1	2	3	4	5	6	7	8	9	10	11	12	13	14	15	16	18	19	20	21	22	23	24	25	26	27						
	公曆10月				1	2	3	4	5	6	7	8	9	10	11	12	13	14	15	16	17	18	19	20	21	22	23	24	25	26	27	28	29	30	31			
23	夏曆九月				27	28	29	㊲	2	3	4	5	6	7	8	9	10	11	12	13	14	15	16	17	18	19	20	21	22	23	24	25	26	27	28			
	回曆11月				25	26	27	28	29	1	2	3	4	5	6	7	8	9	10	11	12	13	14	15	16	17	18	19	20	21	22	23	24	25	26			
	藏曆九月				28	29	29	30	1	2	3	4	5	6	7	8	9	10	12	13	14	15	16	17	18	19	20	21	22	23	24	25	26	27	28			
	公曆11月							1	2	3	4	5	6	7	8	9	10	11	12	13	14	15	16	17	18	19	20	21	22	23	24	25	26	27	28	29	30	
24	夏曆十月							29	30	⑦	2	3	4	5	6	7	8	9	10	11	12	13	14	15	16	17	18	19	20	21	22	23	24	25	26	27	28	
	回曆12月							27	28	29	30	1	2	3	4	5	6	7	8	9	10	11	12	13	14	15	16	17	18	19	20	21	22	23	24	25	26	
	藏曆十月							29	30	1	2	3	4	5	6	7	8	9	10	11	12	13	14	16	17	18	19	20	21	22	22	23	24	25	26	27	28	
	公曆12月		1	2	3	4	5	6	7	8	9	10	11	12	13	14	15	16	17	18	19	20	21	22	23	24	25	26	27	28	29	30	31					
25	夏曆十一月		29	30	㊲	2	3	4	5	6	7	8	9	10	11	12	13	14	15	16	17	18	19	20	21	22	23	24	25	26	27	28	29					
525年	回曆1月		27	28	29	①	2	3	4	5	6	7	8	9	10	11	12	13	14	15	16	17	18	19	20	21	22	23	24	25	26	27	28					
	藏曆十一月		29	30	1	2	3	4	5	6	7	8	10	11	12	13	14	15	16	17	18	19	20	21	22	23	24	25	25	26	27	28	29					

大事記

正月，金破定海、明州，以舟師追宋帝，不及，宋帝至溫州。　二月，金屠潭州，焚明州、杭州，大掠北歸，又焚平江。金陷東京。至是四京皆破。鼎州民鍾相以神道聚衆二十年，至是起事，據十九縣，稱楚王，建元天載。　三月，孔彥舟入鼎州鎮壓起義，鍾相父子被俘犧牲。信州貴溪王念經以神道聚衆起事，旋敗。　四月，宋帝至越州。韓世忠大敗金兀朮於黄天蕩。　五月，金兵焚建康。岳飛大敗金兵於靜安鎮，收復建康。　六月，金兀朮趨陝西。宋廢御營司。　七月，金徙徽、欽二帝於五國城。建州范汝為起義。　八月，金破承州，攻楚州，守將趙立戰死。　九月，金册劉豫為帝，國號齊，尋建元阜昌，都大名府。張浚攻金，大敗於富平。金破楚州。　十月，金縱秦檜南歸。　十一月，宋帝任秦檜禮部尚書，秦檜建議與金講和。金破泰通等州。岳飛退保江陰。張浚退軍興州，吴玠守和尚原。宋吉州民起義，攻佔江西、湖南八縣。　十二月，金大索境內南人，賣於夏、蒙古、室韋、高麗。紅巾軍攻均州。

宋遼金紀年

干支辛亥　公元1131年

朝代或國名	國家支配者	建都	廟號	謚號	建元	年號年次	輔政者	備注
南宋	①趙構	臨安	高宗	憲	2	2紹興元年	范宗尹、呂頤浩、秦檜	
大理	②段正嚴	陽苴咩	憲宗	宣仁	5	4保天3年		在雲南
西夏	④李乾順	（銀川）	崇宗	聖文	8	7正德5年		
金	②完顏晟	會寧	太宗		1	天會9年		
西遼	①耶律大石		德宗		2	1延慶8年		一作是年爲元年
	〔楊幺〕	洞庭				2年		
大齊	劉豫					阜昌2年		
	〔范汝爲〕					2年		正月敗死
	〔陳顒〕					元年		在江西
古格						318年		西藏阿里
東汗國	易卜拉欣					3年		

月曆表

5844—354—2134539

月干支序數	星期/月序	日	1	2	3	4	5	6	日	1	2	3	4	5	6	日	1	2	3	4	5	6	日	1	2	3	4	5	6	日	1	2	3	4	5	6	日	1
	公曆1月					1	2	3	4	5	6	7	8	9	10	11	12	13	14	15	16	17	18	19	20	21	22	23	24	25	26	27	28	29	30	31		
26 27	夏曆十二/正月					⑥	2	3	4	5	6	7	8	9	10	11	12	13	14	15	16	17	18	19	20	21	22	23	24	25	26	27	28	29	30	㊱		
	回曆2月					29	30	1	2	3	4	5	6	7	8	9	10	11	12	13	14	15	16	17	18	19	20	21	22	23	24	25	26	27	28	29		
陰金猪年	藏曆十二/一月					30	1	2	4	5	6	7	8	9	10	11	12	13	14	15	16	17	18	19	20	21	22	23	24	25	26	27	28	29	30	1		
	公曆2月	1	2	3	4	5	6	7	8	9	10	11	12	13	14	15	16	17	18	19	20	21	22	23	24	25	26	27	28									
	夏曆正月	2	3	4	5	6	7	8	9	10	11	12	13	14	15	16	17	18	19	20	21	22	23	24	25	26	27	28	29									
	回曆3月	1	2	3	4	5	6	7	8	9	10	11	12	13	14	15	16	17	18	19	20	21	22	23	24	25	26	27	28									
	藏曆一月	2	3	4	5	6	7	9	10	11	12	13	14	15	16	17	17	18	19	20	21	22	23	24	25	26	27	28	29									
	公曆3月	1	2	3	4	5	6	7	8	9	10	11	12	13	14	15	16	17	18	19	20	21	22	23	24	25	26	27	28	29	30	31						
28 29	夏曆二/三月	⑤	2	3	4	5	6	7	8	9	10	11	12	13	14	15	16	17	18	19	20	21	22	23	24	25	26	27	28	29	30	㉟						
	回曆4月	29	30	1	2	3	4	5	6	7	8	9	10	11	12	13	14	15	16	17	18	19	20	21	22	23	24	25	26	27	28	29						
	藏曆二/三月	30	1	3	4	5	6	7	8	9	10	11	12	13	14	15	16	17	18	19	20	21	21	22	23	24	26	27	28	29	30	1						
	公曆4月				1	2	3	4	5	6	7	8	9	10	11	12	13	14	15	16	17	18	19	20	21	22	23	24	25	26	27	28	29	30				
30	夏曆四月				2	3	4	5	6	7	8	9	10	11	12	13	14	15	16	17	18	19	20	21	22	23	24	25	26	27	28	29	④	2				
	回曆5月				1	2	3	4	5	6	7	8	9	10	11	12	13	14	15	16	17	18	19	20	21	22	23	24	25	26	27	28	29	30				

續表

月干支序數	星期／月序	日	1	2	3	4	5	6	日	1	2	3	4	5	6	日	1	2	3	4	5	6	日	1	2	3	4	5	6	日	1	2	3	4	5	6	日	1
	藏曆四月				2	3	4	5	6	8	9	10	10	11	12	13	14	15	16	17	18	19	20	21	22	23	24	25	26	27	28	30	1	2				
	公曆5月						1	2	3	4	5	6	7	8	9	10	11	12	13	14	15	16	17	18	19	20	21	22	23	24	25	26	27	28	29	30	31	
31	夏曆五月						3	4	5	6	7	8	9	10	11	12	13	14	15	16	17	18	19	20	21	22	23	24	25	26	27	28	29	㉝	2	3	4	
	回曆6、7月						1	2	3	4	5	6	7	8	9	10	11	12	13	14	15	16	17	18	19	20	21	22	23	24	25	26	27	28	29	1	2	
	藏曆五月						3	4	5	6	7	8	9	10	11	12	13	14	15	16	16	17	18	19	20	21	23	24	25	26	27	28	29	30	1	2	3	
	公曆6月		1	2	3	4	5	6	7	8	9	10	11	12	13	14	15	16	17	18	19	20	21	22	23	24	25	26	27	28	29	30						
32	夏曆六月		5	6	7	8	9	10	11	12	13	14	15	16	17	18	19	20	21	22	23	24	25	26	27	28	29	30	③	2	3	4						
	回曆8月		3	4	5	6	7	8	9	10	11	12	13	14	15	16	17	18	19	20	21	22	23	24	25	26	27	28	29	30	1	2						
	藏曆六月		4	5	6	7	8	9	10	11	12	13	14	15	16	17	18	19	20	21	22	23	24	26	27	28	29	30	1	2	3	4						
	公曆7月				1	2	3	4	5	6	7	8	9	10	11	12	13	14	15	16	17	18	19	20	21	22	23	24	25	26	27	28	29	30	31			
33	夏曆七月				5	6	7	8	9	10	11	12	13	14	15	16	17	18	19	20	21	22	23	24	25	26	27	28	29	㉜	2	3	4	5	6			
	回曆9月				3	4	5	6	7	8	9	10	11	12	13	14	15	16	17	18	19	20	21	22	23	24	25	26	27	28	29	1	2	3	4			
	藏曆七月				5	6	7	8	9	11	12	12	13	14	15	16	18	19	20	21	22	23	24	25	26	27	28	30	30	1	2	3	3	4	5			
	公曆8月							1	2	3	4	5	6	7	8	9	10	11	12	13	14	15	16	17	18	19	20	21	22	23	24	25	26	27	28	29	30	31
34	夏曆八月							7	8	9	10	11	12	13	14	15	16	17	18	19	20	21	22	23	24	25	26	27	28	29	30	②	2	3	4	5	6	7
	回曆10月							5	6	7	8	9	10	11	12	13	14	15	16	17	18	19	20	21	22	23	24	25	26	27	28	29	30	1	2	3	4	5
	藏曆八月							6	7	8	9	10	11	12	13	14	15	16	17	18	19	20	22	23	24	25	26	27	28	29	30	1	2	3	4	5	6	7
	公曆9月			1	2	3	4	5	6	7	8	9	10	11	12	13	14	15	16	17	18	19	20	21	22	23	24	25	26	27	28	29	30					
35	夏曆九月			8	9	10	11	12	13	14	15	16	17	18	19	20	21	22	23	24	25	26	27	28	29	㉛	2	3	4	5	6	7	8					
	回曆11月			6	7	8	9	10	11	12	13	14	15	16	17	18	19	20	21	22	23	24	25	26	27	28	29	1	2	3	4	5	6					
	藏曆九月			8	9	9	10	11	12	14	15	16	17	18	19	20	21	22	23	24	25	27	27	28	29	30	1	2	3	4	5	6	7					
	公曆10月					1	2	3	4	5	6	7	8	9	10	11	12	13	14	15	16	17	18	19	20	21	22	23	24	25	26	27	28	29	30	31		
36	夏曆十月					9	10	11	12	13	14	15	16	17	18	19	20	21	22	23	24	25	26	27	28	29	30	①	2	3	4	5	6	7	8	9		
	回曆12月					7	8	9	10	11	12	13	14	15	16	17	18	19	20	21	22	23	24	25	26	27	28	29	30	1	2	3	4	5	6	7		
	藏曆十月					8	9	10	11	12	13	14	15	16	17	19	20	21	22	23	24	25	26	27	28	29	30	1	2	3	3	4	5	6	7	8		
	公曆11月	1	2	3	4	5	6	7	8	9	10	11	12	13	14	15	16	17	18	19	20	21	22	23	24	25	26	27	28	29	30							
37	夏曆十一月	10	11	12	13	14	15	16	17	18	19	20	21	22	23	24	25	26	27	28	29	30	㉛	2	3	4	5	6	7	8	9							
526年	回曆1月	8	9	10	11	12	13	14	15	16	17	18	19	20	21	22	23	24	25	26	27	28	29	①	2	3	4	5	6	7	8							
	藏曆十一月	9	10	12	13	14	15	16	17	18	19	20	21	22	23	24	25	26	27	28	29	30	1	2	3	4	5	6	7	8	9							
	公曆12月			1	2	3	4	5	6	7	8	9	10	11	12	13	14	15	16	17	18	19	20	21	22	23	24	25	26	27	28	29	30	31				
38	夏曆十二月			10	11	12	13	14	15	16	17	18	19	20	21	22	23	24	25	26	27	28	29	30	①	2	3	4	5	6	7	8	9	10				
	回曆2月			9	10	11	12	13	14	15	16	17	18	19	20	21	22	23	24	25	26	27	28	29	30	1	2	3	4	5	6	7	8	9				
	藏曆十二月			10	11	12	13	14	15	17	18	19	20	21	22	23	24	25	25	26	27	28	29	30	1	2	3	4	5	6	7	8	9	11				

《宋紀》五月丙辰，誤。

大事記

正月，以張俊為江淮路招討使，岳飛副之。　二月，宋以秦檜參知政事。金連下熙河諸州，盡得關中南山以北地。金遣耶律余覩攻西遼，無功。　三月，張俊、岳飛大破馬進、李成亂軍。金破興州，張俊退屯閬州。　四月，張浚枉殺海州團練副使曲端於恭州，以是大失西人之心。宋將劉光世復楚州。　五月，吳玠敗金兵於和尚原。　六月，洞庭湖義軍攻鼎州。　七月，宋命岳飛留軍洪州鎮壓義軍。　八月，秦檜為相。宋追贈司馬光等元祐黨人謚號或官爵，稱之為"元祐忠賢"。　十月，吳玠再大破金兵於和尚原。　十一月，宋派韓世忠入閩鎮壓義軍。金以陝西地賜劉豫。　是年，宋始印行關子。諸路征折帛錢。宋詔盡賣諸路官田。宋規定佃客被主打死"再減罪一等，發配本州"。

宋遼金紀年

干支壬子　公元 1132 年

朝代或國名	國家支配者	建都	廟號	謚號	建元	年號年次	輔政者	備注
南宋	①趙構	臨安	高宗	憲	2	2紹興2年	呂頤浩 秦檜 朱勝非	
大理	②段正嚴	陽苴咩	憲宗	宣仁	5	4保天4年		在雲南
西夏	④李乾順	(銀川)	崇宗	聖文	8	7正德6年		
金	②完顏晟	會寧	太宗		1	天會10年		
西遼	②耶律大石		德宗		2	1延慶9年		
	〔楊幺〕	洞庭						
大齊	劉豫	汴梁			1	阜昌3年		四月遷
	〔范汝爲〕					3年		福建
	〔陳顒〕					2年		在江西
古格						319年		西藏阿里
東汗國	易卜拉欣					4年		

月曆表

5845－384－2134923

月 干支 序數	星期 月序	日	1	2	3	4	5	6	日	1	2	3	4	5	6	日	1	2	3	4	5	6	日	1	2	3	4	5	6	日	1	2	3	4	5	6	日	1
	公曆1月						1	2	3	4	5	6	7	8	9	10	11	12	13	14	15	16	17	18	19	20	21	22	23	24	25	26	27	28	29	30	31	
39	夏曆正月						11	12	13	14	15	16	17	18	19	20	21	22	23	24	25	26	27	28	29	㉚	2	3	4	5	6	7	8	9	10	11	12	
	回曆3月						10	11	12	13	14	15	16	17	18	19	20	21	22	23	24	25	26	27	28	29	1	2	3	4	5	6	7	8	9	10	11	
陽水鼠年	藏曆一月						12	13	14	15	16	17	18	19	20	21	22	23	24	25	26	27	28	28	29	30	1	2	3	5	6	7	8	9	10	11	12	
	公曆2月		1	2	3	4	5	6	7	8	9	10	11	12	13	14	15	16	17	18	19	20	21	22	23	24	25	26	27	28	29							
40	夏曆二月		13	14	15	16	17	18	19	20	21	22	23	24	25	26	27	28	29	30	⑥⓪	2	3	4	5	6	7	8	9	10	11							
	回曆4月		12	13	14	15	16	17	18	19	20	21	22	23	24	25	26	27	28	29	30	1	2	3	4	5	6	7	8	9	10							
	藏曆二月		13	14	15	16	17	18	19	20	21	22	23	24	25	26	27	28	29	30	1	2	3	4	5	6	7	8	10	11	12							
	公曆3月			1	2	3	4	5	6	7	8	9	10	11	12	13	14	15	16	17	18	19	20	21	22	23	24	25	26	27	28	29	30	31				
41	夏曆三月			12	13	14	15	16	17	18	19	20	21	22	23	24	25	26	27	28	29	㉙	2	3	4	5	6	7	8	9	10	11	12	13				
	回曆5月			11	12	13	14	15	16	17	18	19	20	21	22	23	24	25	26	27	28	29	1	2	3	4	5	6	7	8	9	10	11	12				
	藏曆三月			13	14	15	16	17	18	19	20	20	21	22	23	24	25	26	27	28	29	30	1	2	4	5	6	7	8	9	10	11	12	13				
	公曆4月						1	2	3	4	5	6	7	8	9	10	11	12	13	14	15	16	17	18	19	20	21	22	23	24	25	26	27	28	29	30		
42	夏曆四月						14	15	16	17	18	19	20	21	22	23	24	25	26	27	28	29	30	⑤⑨	2	3	4	5	6	7	8	9	10	11	12	13		
	回曆6月						13	14	15	16	17	18	19	20	21	22	23	24	25	26	27	28	29	30	1	2	3	4	5	6	7	8	9	10	11	12		
	藏曆四月						14	15	16	17	18	19	20	21	22	23	24	25	26	27	28	29	30	1	2	3	4	5	6	8	9	10	11	12	13	14		
	公曆5月	1	2	3	4	5	6	7	8	9	10	11	12	13	14	15	16	17	18	19	20	21	22	23	24	25	26	27	28	29	30	31						
	夏曆閏四月	14	15	16	17	18	19	20	21	22	23	24	25	26	27	28	29	㉘	2	3	4	5	6	7	8	9	10	11	12	13	14	15						
	回曆7月	13	14	15	16	17	18	19	20	21	22	23	24	25	26	27	28	29	1	2	3	4	5	6	7	8	9	10	11	12	13	14						
	藏曆五月	15	15	16	17	18	19	20	21	22	23	24	25	26	27	28	29	1	2	3	4	5	6	7	8	9	10	11	12	13	14	15						
	公曆6月				1	2	3	4	5	6	7	8	9	10	11	12	13	14	15	16	17	18	19	20	21	22	23	24	25	26	27	28	29	30				
43	夏曆五月				16	17	18	19	20	21	22	23	24	25	26	27	28	29	⑤⑦	2	3	4	5	6	7	8	9	10	11	12	13	14	15	16				
	回曆8月				15	16	17	18	19	20	21	22	23	24	25	26	27	28	29	30	1	2	3	4	5	6	7	8	9	10	11	12	13	14				
	藏曆六月				16	17	18	19	20	21	22	23	24	25	26	27	28	29	30	1	3	4	5	6	7	8	9	10	11	11	12	13	14	15				
	公曆7月						1	2	3	4	5	6	7	8	9	10	11	12	13	14	15	16	17	18	19	20	21	22	23	24	25	26	27	28	29	30	31	
44	夏曆六月						17	18	19	20	21	22	23	24	25	26	27	28	29	30	㉗	2	3	4	5	6	7	8	9	10	11	12	13	14	15	16	17	

續表

月干支序數	月序＼星期	日	1	2	3	4	5	6	日	1	2	3	4	5	6	日	1	2	3	4	5	6	日	1	2	3	4	5	6	日	1	2	3	4	5	6	日	1
	回曆9月						15	16	17	18	19	20	21	22	23	24	25	26	27	28	29	1	2	3	4	5	6	7	8	9	10	11	12	13	14	15	16	
	藏曆七月						16	17	18	19	20	21	22	23	24	26	27	28	29	30	1	2	3	4	5	6	7	8	9	10	11	12	13	14	15	16	17	
	公曆8月		1	2	3	4	5	6	7	8	9	10	11	12	13	14	15	16	17	18	19	20	21	22	23	24	25	26	27	28	29	30	31					
45	夏曆七月		18	19	20	21	22	23	24	25	26	27	28	29	(56)	2	3	4	5	6	7	8	9	10	11	12	13	14	15	16	17	18	19					
	回曆10月		17	18	19	20	21	22	23	24	25	26	27	28	29	30	1	2	3	4	5	6	7	8	9	10	11	12	13	14	15	16	17					
	藏曆八月		18	19	20	21	22	23	24	25	26	27	29	30	1	2	3	4	5	6	7	8	8	9	10	11	12	13	14	15	16	17	18					
	公曆9月					1	2	3	4	5	6	7	8	9	10	11	12	13	14	15	16	17	18	19	20	21	22	23	24	25	26	27	28	29	30			
46	夏曆八月					20	21	22	23	24	25	26	27	28	29	㉕	2	3	4	5	6	7	8	9	10	11	12	13	14	15	16	17	18	19	20			
	回曆11月					18	19	20	21	22	23	24	25	26	27	28	29	1	2	3	4	5	6	7	8	9	10	11	12	13	14	15	16	17	18			
	藏曆九月					19	20	22	23	24	25	26	27	28	29	30	1	2	3	4	5	6	7	8	9	10	11	12	13	14	15	16	17	18	19			
	公曆10月							1	2	3	4	5	6	7	8	9	10	11	12	13	14	15	16	17	18	19	20	21	22	23	24	25	26	27	28	29	30	31
47	夏曆九月							21	22	23	24	25	26	27	28	29	30	(55)	2	3	4	5	6	7	8	9	10	11	12	13	14	15	16	17	18	19	20	21
	回曆12月							19	20	21	22	23	24	25	26	27	28	29	30	1	2	3	4	5	6	7	8	9	10	11	12	13	14	15	16	17	18	19
	藏曆十月							20	21	22	23	24	26	27	28	29	30	1	2	2	3	4	5	6	7	8	9	10	11	12	13	14	15	16	17	19	20	21
	公曆11月			1	2	3	4	5	6	7	8	9	10	11	12	13	14	15	16	17	18	19	20	21	22	23	24	25	26	27	28	29	30					
48	夏曆十月			22	23	24	25	26	27	28	29	30	㉕	2	3	4	5	6	7	8	9	10	11	12	13	14	15	16	17	18	19	20	21					
527年	回曆1月			20	21	22	23	24	25	26	27	28	29	30	①	2	3	4	5	6	7	8	9	10	11	12	13	14	15	16	17	18	19					
	藏曆十一月			22	23	24	25	26	27	28	29	30	1	2	3	4	5	6	6	7	8	9	10	11	13	14	15	16	17	18	19	20	21					
	公曆12月					1	2	3	4	5	6	7	8	9	10	11	12	13	14	15	16	17	18	19	20	21	22	23	24	25	26	27	28	29	30	31		
49	夏曆十一月					22	23	24	25	26	27	28	29	30	(55)	2	3	4	5	6	7	8	9	10	11	12	13	14	15	16	17	18	19	20	21	22		
	回曆2月					20	21	22	23	24	25	26	27	28	29	30	1	2	3	4	5	6	7	8	9	10	11	12	13	14	15	16	17	18	19	20		
	藏曆十二月					22	23	24	25	26	27	28	29	30	1	2	3	4	5	6	7	8	9	10	11	12	13	14	15	16	18	19	20	21	22	23		

大事記

正月，韓世忠拔建州，福建民軍首領范汝為敗死。宋置賢良方正科。宋帝回臨安，大興土木營建宮室。金均遼地士、庶之賦。　三月，宋封交趾李陽煥為交趾郡王。宋將楊政敗金兵於方山原。　四月，劉豫遷都東京。高麗貢宋。　五月，宋置修政局，以適應降金需要。宋將孔彥舟叛降劉豫。　六月，金試進士，不取中原人。　八月，秦檜罷相，罷修政局。　九月，宋遣使入金通問。耶律余覩謀反金，敗死，金因此大殺契丹人。　十月，宋禁溫臺二州民結社。宋置馬監於饒州。宋頒官訂度量衡於諸路。楊太(即楊幺)領洞庭義軍，稱大聖天王。宋置坑冶監官，以縣令領其事，饒、信二州銅場不廢。　十二月，起用李綱為湖廣宣撫使鎮壓義軍，尋罷。范忠率范汝為之餘部攻處州，宋室震動，派兵鎮壓之。宋川陝宣撫使張俊知樞密院事。宋李横敗偽齊軍，復汝州。

宋遼金紀年　　干支癸丑　公元1133年

朝代或國名	國家支配者	建都	廟號	謚號	建元	年號年次	輔政者	備注
南宋	①趙構	臨安	高宗	憲	2	2紹興3年	呂頤浩 朱勝非	
大理	②段正嚴	陽苴咩	憲宗	宣仁	5	4保天5年		在雲南
西夏	④李乾順	(銀川)	崇宗	聖文	8	7正德7年		
金	②完顏晟	會寧	太宗		1	天會11年		
西遼	①耶律大石		德宗		2	1延慶10年		
	〔楊幺〕	洞庭			1	〔大聖天王〕元年		四月建元

續表

朝代或國名	國家支配者	建都	廟號	謚號	建元	年號年次	輔政者	備注
大齊	劉豫	汴梁			1	阜昌4年		
	〔范汝爲〕					4年		福建
	〔陳顒〕					3年		在江西
古格						320年		西藏阿里
東汗國	易卜拉欣					5年		是歲滅於西遼

月曆表

5846—354—2135277

月 干支 序數	星期 月序	日	1	2	3	4	5	6	日	1	2	3	4	5	6	日	1	2	3	4	5	6	日	1	2	3	4	5	6	日	1	2	3	4	5	6	日	1
	公曆1月	1	2	3	4	5	6	7	8	9	10	11	12	13	14	15	16	17	18	19	20	21	22	23	24	25	26	27	28	29	30	31						
50	夏曆十二月	23	24	25	26	27	28	29	㉔	2	3	4	5	6	7	8	9	10	11	12	13	14	15	16	17	18	19	20	21	22	23	24						
	回曆3月	21	22	23	24	25	26	27	28	29	1	2	3	4	5	6	7	8	9	10	11	12	13	14	15	16	17	18	19	20	21	22						
陰水牛年	藏曆一月	24	25	26	27	28	28	29	30	1	2	3	4	5	6	7	8	9	10	11	13	14	15	16	17	18	19	20	21	22	23	24						
	公曆2月				1	2	3	4	5	6	7	8	9	10	11	12	13	14	15	16	17	18	19	20	21	22	23	24	25	26	27	28						
51	夏曆正月				25	26	27	28	29	30	(54)	2	3	4	5	6	7	8	9	10	11	12	13	14	15	16	17	18	19	20	21	22						
	回曆4月				23	24	25	26	27	28	29	30	1	2	3	4	5	6	7	8	9	10	11	12	13	14	15	16	17	18	19	20						
	藏曆二月				25	26	27	28	29	30	30	1	1	2	3	4	6	7	8	9	10	11	12	13	14	15	16	17	18	19	20	21						
	公曆3月				1	2	3	4	5	6	7	8	9	10	11	12	13	14	15	16	17	18	19	20	21	22	23	24	25	26	27	28	29	30	31			
52	夏曆二月				23	24	25	26	27	28	29	30	㉔	2	3	4	5	6	7	8	9	10	11	12	13	14	15	16	17	18	19	20	21	22	23			
	回曆5月				21	22	23	24	25	26	27	28	29	1	2	3	4	5	6	7	8	9	10	11	12	13	14	15	16	17	18	19	20	21	22			
	藏曆三月				22	23	24	25	26	27	28	29	1	2	3	4	5	6	7	8	9	11	12	13	14	15	16	17	18	19	20	21	22	23	24			
	公曆4月							1	2	3	4	5	6	7	8	9	10	11	12	13	14	15	16	17	18	19	20	21	22	23	24	25	26	27	28	29	30	
53	夏曆三月							24	25	26	27	28	29	(53)	2	3	4	5	6	7	8	9	10	11	12	13	14	15	16	17	18	19	20	21	22	23	24	
	回曆6月							23	24	25	26	27	28	29	30	1	2	3	4	5	6	7	8	9	10	11	12	13	14	15	16	17	18	19	20	21	22	
	藏曆四月							24	25	26	27	28	29	30	1	2	4	5	6	7	8	9	10	11	12	13	14	15	16	17	18	19	20	21	22	23	24	
	公曆5月		1	2	3	4	5	6	7	8	9	10	11	12	13	14	15	16	17	18	19	20	21	22	23	24	25	26	27	28	29	30	31					
54	夏曆四月		25	26	27	28	29	30	㉓	2	3	4	5	6	7	8	9	10	11	12	13	14	15	16	17	18	19	20	21	22	23	24	25					
	回曆7月		23	24	25	26	27	28	29	1	2	3	4	5	6	7	8	9	10	11	12	13	14	15	16	17	18	19	20	21	22	23	24					
	藏曆後四月		25	26	27	28	29	30	1	2	3	4	5	6	8	9	10	11	12	13	14	15	16	17	18	19	19	20	21	22	23	24	25					
	公曆6月					1	2	3	4	5	6	7	8	9	10	11	12	13	14	15	16	17	18	19	20	21	22	23	24	25	26	27	28	29	30			
55	夏曆五月					26	27	28	29	(52)	2	3	4	5	6	7	8	9	10	11	12	13	14	15	16	17	18	19	20	21	22	23	24	25	26			
	回曆8月					25	26	27	28	29	30	1	2	3	4	5	6	7	8	9	10	11	12	13	14	15	16	17	18	19	20	21	22	23	24			
	藏曆五月					26	27	28	29	1	2	3	4	5	6	7	8	9	10	11	12	13	14	15	16	17	18	19	20	21	22	23	24	25	26			
	公曆7月							1	2	3	4	5	6	7	8	9	10	11	12	13	14	15	16	17	18	19	20	21	22	23	24	25	26	27	28	29	30	31
56	夏曆六月							27	28	29	㉑	2	3	4	5	6	7	8	9	10	11	12	13	14	15	16	17	18	19	20	21	22	23	24	25	26	27	28
	回曆9月							25	26	27	28	29	1	2	3	4	5	6	7	8	9	10	11	12	13	14	15	16	17	18	19	20	21	22	23	24	25	26
	藏曆六月							27	28	29	30	1	3	4	5	6	7	8	9	10	11	12	13	14	15	16	16	17	18	19	20	21	22	23	24	26	27	28
	公曆8月			1	2	3	4	5	6	7	8	9	10	11	12	13	14	15	16	17	18	19	20	21	22	23	24	25	26	27	28	29	30	31				
57	夏曆七月			29	30	(51)	2	3	4	5	6	7	8	9	10	11	12	13	14	15	16	17	18	19	20	21	22	23	24	25	26	27	28	29				
	回曆10月			27	28	29	30	1	2	3	4	5	6	7	8	9	10	11	12	13	14	15	16	17	18	19	20	21	22	23	24	25	26	27				
	藏曆七月			29	30	1	2	3	4	5	6	7	8	9	10	11	12	13	14	15	16	17	18	19	20	21	22	23	24	25	26	27	29	30				
	公曆9月						1	2	3	4	5	6	7	8	9	10	11	12	13	14	15	16	17	18	19	20	21	22	23	24	25	26	27	28	29	30		

續表

月干支序數	星期 月序	日	1	2	3	4	5	6	日	1	2	3	4	5	6	日	1	2	3	4	5	6	日	1	2	3	4	5	6	日	1	2	3	4	5	6	日	1
58 59	夏暦八九月						⑳	2	3	4	5	6	7	8	9	10	11	12	13	14	15	16	17	18	19	20	21	22	23	24	25	26	27	28	29	㊾		
	回暦 11 月						28	29	1	2	3	4	5	6	7	8	9	10	11	12	13	14	15	16	17	18	19	20	21	22	23	24	25	26	27	28		
	藏暦八月						1	2	3	4	5	6	7	8	9	10	11	12	12	13	14	15	16	17	18	19	20	22	23	24	25	26	27	28	29	30		
	公暦 10 月	1	2	3	4	5	6	7	8	9	10	11	12	13	14	15	16	17	18	19	20	21	22	23	24	25	26	27	28	29	30	31						
60	夏暦十月	2	3	4	5	6	7	8	9	10	11	12	13	14	15	16	17	18	19	20	21	22	23	24	25	26	27	28	29	30	⑲	2						
	回暦 12 月	29	30	1	2	3	4	5	6	7	8	9	10	11	12	13	14	15	16	17	18	19	20	21	22	23	24	25	26	27	28	29						
	藏暦九十月	1	2	3	4	5	6	7	8	9	10	11	12	13	14	15	16	17	18	19	20	21	22	23	24	26	27	28	29	30	1	2						
	公暦 11 月				1	2	3	4	5	6	7	8	9	10	11	12	13	14	15	16	17	18	19	20	21	22	23	24	25	26	27	28	29	30				
1	夏暦十一月				3	4	5	6	7	8	9	10	11	12	13	14	15	16	17	18	19	20	21	22	23	24	25	26	27	28	29	30	㊾	2				
528 年	回暦 1 月				①	2	3	4	5	6	7	8	9	10	11	12	13	14	15	16	17	18	19	20	21	22	23	24	25	26	27	28	29	30				
	藏暦十一月				3	4	5	6	6	7	8	9	10	11	12	13	14	15	16	17	18	20	21	22	23	24	25	26	27	28	29	30	1	2				
	公暦 12 月						1	2	3	4	5	6	7	8	9	10	11	12	13	14	15	16	17	18	19	20	21	22	23	24	25	26	27	28	29	30	31	
2	夏暦十二月						3	4	5	6	7	8	9	10	11	12	13	14	15	16	17	18	19	20	21	22	23	24	25	26	27	28	29	⑱	2	3	4	
	回暦 2、3 月						1	2	3	4	5	6	7	8	9	10	11	12	13	14	15	16	17	18	19	20	21	22	23	24	25	26	27	28	29	1	2	
	藏暦十二月						3	4	5	6	7	8	9	9	10	11	12	14	15	16	17	18	19	20	21	22	23	24	25	26	27	28	29	30	1	2	3	

大事記

正月，金破金州。宋詔民復業者以墾田數定租額賦役。　　二月，金破饒鳳關，入興元府。宋置買馬司於賓州，行營田法於諸路。　　三月，衢州繆羅起事。宋游兵攻東京，為金所敗。　　四月，洞庭義軍立鍾相少子義為太子，自楊太以下皆臣事之。金兵自興元北還。　　五月，宋以與金議和，禁沿邊將士攻劉豫。繆羅降宋，衢州平。　　六月，宋遣使赴金通問。七月，宋罷詞學兼茂科，改置博學宏詞科。　　八月，金令州縣官皆從朝廷選授。　　九月，金及劉豫遣人結交趾及溪峒首領以圖宋。金徙女真土人散居漢地。　　十月，大理請入貢且賣馬，宋御其貢，買其馬。劉豫兵陷宋鄧州，入隨、郢、唐州、襄陽。　　十一月，宋復行元祐十科舉士之制。　　十二月，金使至宋。金拔和尚原。金設科舉。

宋遼金紀年　　干支甲寅　公元 1134 年

朝代或國名	國家支配者	建都	廟號	謚號	建元	年號年次	輔政者	備注
南宋	①趙構	臨安	高宗	憲	2	2 紹興 4 年	朱勝非 趙鼎	
大理	②段正嚴	陽苴咩	憲宗	宣仁	5	4 保天 6 年		在雲南
西夏	④李乾順	（銀川）	崇宗	聖文	8	7 正德 8 年		
金	②完顏晟	會寧	太宗		1	天會 12 年		
西遼	①耶律大石	虎思斡耳朵		德宗	2	2 康國元年		
	〔楊幺〕	洞庭				〔大聖天王〕2 年		
大齊	劉豫	汴梁			1	阜昌 5 年		
古格						321 年		西藏阿里

月干支序數	月序＼星期	日	1	2	3	4	5	6	日	1	2	3	4	5	6	日	1	2	3	4	5	6	日	1	2	3	4	5	6	日	1	2	3	4	5	6	日	1
	公曆1月		1	2	3	4	5	6	7	8	9	10	11	12	13	14	15	16	17	18	19	20	21	22	23	24	25	26	27	28	29	30	31					
3	夏曆正月		5	6	7	8	9	10	11	12	13	14	15	16	17	18	19	20	21	22	23	24	25	26	27	28	29	30	㊽	2	3	4	5					
	回曆4月		3	4	5	6	7	8	9	10	11	12	13	14	15	16	17	18	19	20	21	22	23	24	25	26	27	28	29	30	1	2	3					
陽木虎年	藏曆一月		4	5	6	7	8	9	10	11	12	13	14	15	16	17	19	20	21	22	23	24	25	26	27	28	29	30	30	1	2	3	4					
	公曆2月					1	2	3	4	5	6	7	8	9	10	11	12	13	14	15	16	17	18	19	20	21	22	23	24	25	26	27	28					
4	夏曆二月					6	7	8	9	10	11	12	13	14	15	16	17	18	19	20	21	22	23	24	25	26	27	28	29	30	⑱	2	3					
	回曆5月					4	5	6	7	8	9	10	11	12	13	14	15	16	17	18	19	20	21	22	23	24	25	26	27	28	29	1	2					
	藏曆二月					5	6	7	8	9	10	11	12	14	15	16	17	18	19	20	21	22	23	24	25	26	27	28	29	30	1	2	3					
	公曆3月					1	2	3	4	5	6	7	8	9	10	11	12	13	14	15	16	17	18	19	20	21	22	23	24	25	26	27	28	29	30	31		
5	夏曆三月					4	5	6	7	8	9	10	11	12	13	14	15	16	17	18	19	20	21	22	23	24	25	26	27	28	29	30	㊽	2	3	4		
	回曆6月					3	4	5	6	7	8	9	10	11	12	13	14	15	16	17	18	19	20	21	22	23	24	25	26	27	28	29	30	1	2	3		
	藏曆三月					4	5	6	7	8	9	10	11	12	13	14	15	16	18	19	20	21	22	23	23	24	25	26	27	28	29	30	1	2	3	4		
	公曆4月	1	2	3	4	5	6	7	8	9	10	11	12	13	14	15	16	17	18	19	20	21	22	23	24	25	26	27	28	29	30							
6	夏曆四月	5	6	7	8	9	10	11	12	13	14	15	16	17	18	19	20	21	22	23	24	25	26	27	28	29	⑰	2	3	4	5							
	回曆7月	4	5	6	7	8	9	10	11	12	13	14	15	16	17	18	19	20	21	22	23	24	25	26	27	28	29	1	2	3	4							
	藏曆四月	5	6	7	8	9	11	12	13	14	15	16	17	18	19	20	21	22	23	24	25	26	27	28	29	29	30	1	2	4	5							
	公曆5月			1	2	3	4	5	6	7	8	9	10	11	12	13	14	15	16	17	18	19	20	21	22	23	24	25	26	27	28	29	30	31				
7	夏曆五月			6	7	8	9	10	11	12	13	14	15	16	17	18	19	20	21	22	23	24	25	26	27	28	29	30	㊼	2	3	4	5	6				
	回曆8月			5	6	7	8	9	10	11	12	13	14	15	16	17	18	19	20	21	22	23	24	25	26	27	28	29	30	1	2	3	4	5				
	藏曆五月			6	7	8	9	10	11	12	13	14	15	16	17	18	19	20	21	22	23	24	25	26	27	28	29	30	1	2	3	4	5	6				
	公曆6月						1	2	3	4	5	6	7	8	9	10	11	12	13	14	15	16	17	18	19	20	21	22	23	24	25	26	27	28	29	30		
8	夏曆六月						7	8	9	10	11	12	13	14	15	16	17	18	19	20	21	22	23	24	25	26	27	28	29	⑯	2	3	4	5	6	7		
	回曆9月						6	7	8	9	10	11	12	13	14	15	16	17	18	19	20	21	22	23	24	25	26	27	28	29	1	2	3	4	5	6		
	藏曆六月						8	9	10	11	12	13	14	15	16	17	18	19	20	21	22	23	24	24	25	26	27	28	30	1	2	3	4	5	6	7		
	公曆7月	1	2	3	4	5	6	7	8	9	10	11	12	13	14	15	16	17	18	19	20	21	22	23	24	25	26	27	28	29	30	31						
9	夏曆七月	8	9	10	11	12	13	14	15	16	17	18	19	20	21	22	23	24	25	26	27	28	29	㊺	2	3	4	5	6	7	8	9						
	回曆10月	7	8	9	10	11	12	13	14	15	16	17	18	19	20	21	22	23	24	25	26	27	28	29	30	1	2	3	4	5	6	7						
	藏曆七月	8	9	11	12	13	14	15	15	16	17	18	19	20	21	22	23	24	25	26	27	28	29	30	1	3	4	5	6	7	8	9						
	公曆8月				1	2	3	4	5	6	7	8	9	10	11	12	13	14	15	16	17	18	19	20	21	22	23	24	25	26	27	28	29	30	31			
10	夏曆八月				10	11	12	13	14	15	16	17	18	19	20	21	22	23	24	25	26	27	28	29	30	⑮	2	3	4	5	6	7	8	9	10			
	回曆11月				8	9	10	11	12	13	14	15	16	17	18	19	20	21	22	23	24	25	26	27	28	29	1	2	3	4	5	6	7	8	9			
	藏曆八月				10	11	12	13	14	15	16	17	18	19	20	21	22	22	23	25	26	27	28	29	30	1	2	3	4	5	7	8	9	10	11			
	公曆9月							1	2	3	4	5	6	7	8	9	10	11	12	13	14	15	16	17	18	19	20	21	22	23	24	25	26	27	28	29	30	
11	夏曆九月							11	12	13	14	15	16	17	18	19	20	21	22	23	24	25	26	27	28	29	㊹	2	3	4	5	6	7	8	9	10	11	
	回曆12月							10	11	12	13	14	15	16	17	18	19	20	21	22	23	24	25	26	27	28	29	30	1	2	3	4	5	6	7	8	9	
	藏曆九月							11	12	13	14	15	16	17	18	19	20	21	22	23	24	25	26	27	28	30	1	2	3	4	5	6	7	8	9	10	11	
	公曆10月		1	2	3	4	5	6	7	8	9	10	11	12	13	14	15	16	17	18	19	20	21	22	23	24	25	26	27	28	29	30	31					
12	夏曆十月		12	13	14	15	16	17	18	19	20	21	22	23	24	25	26	27	28	29	⑬	2	3	4	5	6	7	8	9	10	11	12	13					
529年	回曆1月		10	11	12	13	14	15	16	17	18	19	20	21	22	23	24	25	26	27	28	29	30	①	2	3	4	5	6	7	8	9	10					
	藏曆十月		12	13	14	15	16	16	17	18	19	20	21	23	24	25	26	27	28	29	30	1	2	3	4	5	6	7	8	9	10	11	12					
	公曆11月					1	2	3	4	5	6	7	8	9	10	11	12	13	14	15	16	17	18	19	20	21	22	23	24	25	26	27	28	29	30			
13	夏曆十一月					14	15	16	17	18	19	20	21	22	23	24	25	26	27	28	29	30	㊸	2	3	4	5	6	7	8	9	10	11	12	13			
	回曆2月					11	12	13	14	15	16	17	18	19	20	21	22	23	24	25	26	27	28	29	30	1	2	3	4	5	6	7	8	9	10			
	藏曆十一月					13	14	15	16	17	18	19	20	21	22	23	24	25	27	28	29	30	1	2	3	4	5	6	7	8	9	9	10	11	12			

續表

月 干支 序數	星期 月序	日	1	2	3	4	5	6	日	1	2	3	4	5	6	日	1	2	3	4	5	6	日	1	2	3	4	5	6	日	1	2	3	4	5	6	日	1
	公曆12月							1	2	3	4	5	6	7	8	9	10	11	12	13	14	15	16	17	18	19	20	21	22	23	24	25	26	27	28	29	30	31
14	夏曆十二月							14	15	16	17	18	19	20	21	22	23	24	25	26	27	28	29	⑫	2	3	4	5	6	7	8	9	10	11	12	13	14	15
	回曆3月							11	12	13	14	15	16	17	18	19	20	21	22	23	24	25	26	27	28	29	1	2	3	4	5	6	7	8	9	10	11	12
	藏曆十二月							13	14	15	16	17	18	19	21	22	23	24	25	26	27	28	29	30	1	2	3	4	5	6	7	8	9	10	11	12	13	14

金十二月丙子。

大事記

正月，宋遣使赴金通問。宋浚漕河。宋將關師古叛降劉豫，宋失洮、岷之地。金攻宋仙人關。　　二月，楊太義軍拒宋招安。　　三月，吳玠敗金兵於仙人關，隨復秦、鳳等州。楊太又拒偽齊招安，把來使投進江中。　　五月，岳飛復郢、唐、隨、襄陽。　　七月，岳飛復歸州。宋建昌軍亂，殺知軍等，尋定。　　八月，命岳飛鎮壓洞庭義軍。　　九月，宋遣使赴金通問。劉豫結金兵渡淮侵宋。　　十月，韓世忠軍連破金兵於大儀、承州。宋令浙江上供絲帛全折現錢。　　十一月，宋帝至平江府，下詔暴劉豫罪。金破滁州。宋命韓世忠分兵扼沿海要地。以張浚知樞密事，視師江上。　　十二月，岳飛軍敗金兵於廬州。金兵以食盡且金帝病，退。　　是歲，西遼耶律大石改元康國。

宋遼金紀年　　干支乙卯　公元1135年

朝代或國名	國家支配者	建都	廟號	謚號	建元	年號年次	輔政者	備注
南宋	①趙構	臨安	高宗	憲	2	2紹興5年	趙鼎 張浚	
大理	②段正嚴	陽苴咩	憲宗	宣仁	5	4保天7年		在雲南
西夏	④李乾順	（銀川）	崇宗	聖文	8	8大德元年		
金	③完顏亶	會寧	熙宗	成		天會13年		正月即位，不改
西遼	①耶律大石	虎思斡耳朵	德宗		2	2康國2年		
	〔楊幺〕	洞庭				〔大聖天王〕3年		六月亡於岳飛
大齊	劉豫	汴梁			1	阜昌6年		
古格						322年		西藏阿里

月曆表　　5848—384—2136015

月 干支 序數	星期 月序	日	1	2	3	4	5	6	日	1	2	3	4	5	6	日	1	2	3	4	5	6	日	1	2	3	4	5	6	日	1	2	3	4	5	6	日	1
	公曆1月			1	2	3	4	5	6	7	8	9	10	11	12	13	14	15	16	17	18	19	20	21	22	23	24	25	26	27	28	29	30	31				
15	夏曆正月			16	17	18	19	20	21	22	23	24	25	26	27	28	29	30	㊷	2	3	4	5	6	7	8	9	10	11	12	13	14	15	16				
	回曆4月			13	14	15	16	17	18	19	20	21	22	23	24	25	26	27	28	29	30	1	2	3	4	5	6	7	8	9	10	11	12	13				
陰木兔年	藏曆一月			15	16	17	18	19	20	21	22	23	24	25	27	28	29	30	30	1	2	3	4	5	6	7	8	9	10	11	12	13	14	15				
	公曆2月						1	2	3	4	5	6	7	8	9	10	11	12	13	14	15	16	17	18	19	20	21	22	23	24	25	26	27	28				
16	夏曆二月						17	18	19	20	21	22	23	24	25	26	27	28	29	30	⑫	2	3	4	5	6	7	8	9	10	11	12	13	14				
	回曆5月						14	15	16	17	18	19	20	21	22	23	24	25	26	27	28	29	1	2	3	4	5	6	7	8	9	10	11	12				
	藏曆二月						16	17	18	19	21	22	23	24	25	26	27	28	29	30	1	2	3	4	4	5	6	7	8	9	10	11	12	13				
	公曆3月						1	2	3	4	5	6	7	8	9	10	11	12	13	14	15	16	17	18	19	20	21	22	23	24	25	26	27	28	29	30	31	
	夏曆閏二月						15	16	17	18	19	20	21	22	23	24	25	26	27	28	29	30	㊷	2	3	4	5	6	7	8	9	10	11	12	13	14	15	
	回曆6月						13	14	15	16	17	18	19	20	21	22	23	24	25	26	27	28	29	30	1	2	3	4	5	6	7	8	9	10	11	12	13	

續表

月干支序數	月序＼星期	日	1	2	3	4	5	6	日	1	2	3	4	5	6	日	1	2	3	4	5	6	日	1	2	3	4	5	6	日	1	2	3	4	5	6	日	1
	藏曆三月						15	16	17	18	19	20	21	22	23	24	25	26	27	28	29	30	1	2	3	4	5	6	7	8	9	10	11	12	13	14	15	
	公曆4月		1	2	3	4	5	6	7	8	9	10	11	12	13	14	15	16	17	18	19	20	21	22	23	24	25	26	27	28	29	30						
17	夏曆三月		16	17	18	19	20	21	22	23	24	25	26	27	28	29	⑪	2	3	4	5	6	7	8	9	10	11	12	13	14	15	16						
	回曆7月		14	15	16	17	18	19	20	21	22	23	24	25	26	27	28	29	1	2	3	4	5	6	7	8	9	10	11	12	13	14						
	藏曆四月		16	18	19	20	21	22	23	24	25	26	27	27	28	29	30	1	2	3	4	5	6	7	8	9	10	12	13	14	15	16						
	公曆5月				1	2	3	4	5	6	7	8	9	10	11	12	13	14	15	16	17	18	19	20	21	22	23	24	25	26	27	28	29	30	31			
18	夏曆四月				17	18	19	20	21	22	23	24	25	26	27	28	29	30	㊶	2	3	4	5	6	7	8	9	10	11	12	13	14	15	16	17			
	回曆8月				15	16	17	18	19	20	21	22	23	24	25	26	27	28	29	30	1	2	3	4	5	6	7	8	9	10	11	12	13	14	15			
	藏曆五月				17	18	19	20	21	22	23	24	25	26	27	28	29	30	1	2	3	4	5	6	7	8	9	10	11	12	13	15	16	17	18			
	公曆6月							1	2	3	4	5	6	7	8	9	10	11	12	13	14	15	16	17	18	19	20	21	22	23	24	25	26	27	28	29	30	
19	夏曆五月							18	19	20	21	22	23	24	25	26	27	28	29	30	⑪	2	3	4	5	6	7	8	9	10	11	12	13	14	15	16	17	
	回曆9月							16	17	18	19	20	21	22	23	24	25	26	27	28	29	1	2	3	4	5	6	7	8	9	10	11	12	13	14	15	16	
	藏曆六月							19	20	21	22	23	23	24	25	26	27	28	29	30	1	2	3	4	5	6	8	9	10	11	12	13	14	15	16	17	18	
	公曆7月		1	2	3	4	5	6	7	8	9	10	11	12	13	14	15	16	17	18	19	20	21	22	23	24	25	26	27	28	29	30	31					
20	夏曆六月		18	19	20	21	22	23	24	25	26	27	28	29	㊵	2	3	4	5	6	7	8	9	10	11	12	13	14	15	16	17	18	19					
	回曆10月		17	18	19	20	21	22	23	24	25	26	27	28	29	30	1	2	3	4	5	6	7	8	9	10	11	12	13	14	15	16	17					
	藏曆七月		19	20	21	22	23	24	25	26	27	28	29	30	1	2	3	4	5	6	7	8	10	11	12	13	14	15	16	17	18	19	20					
	公曆8月					1	2	3	4	5	6	7	8	9	10	11	12	13	14	15	16	17	18	19	20	21	22	23	24	25	26	27	28	29	30	31		
21	夏曆七月					20	21	22	23	24	25	26	27	28	29	⑨	2	3	4	5	6	7	8	9	10	11	12	13	14	15	16	17	18	19	20	21		
	回曆11月					18	19	20	21	22	23	24	25	26	27	28	29	1	2	3	4	5	6	7	8	9	10	11	12	13	14	15	16	17	18	19		
	藏曆八月					20	21	22	23	24	25	26	27	28	29	30	1	3	4	5	6	7	8	9	10	11	12	13	14	15	16	17	18	19	20	21		
	公曆9月	1	2	3	4	5	6	7	8	9	10	11	12	13	14	15	16	17	18	19	20	21	22	23	24	25	26	27	28	29	30							
22	夏曆八月	22	23	24	25	26	27	28	29	30	㊴	2	3	4	5	6	7	8	9	10	11	12	13	14	15	16	17	18	19	20	21							
	回曆12月	20	21	22	23	24	25	26	27	28	29	30	1	2	3	4	5	6	7	8	9	10	11	12	13	14	15	16	17	18	19							
	藏曆九月	22	23	24	25	26	27	28	29	30	1	2	3	4	5	7	8	9	10	11	12	13	14	15	15	16	17	18	19	20	21							
	公曆10月			1	2	3	4	5	6	7	8	9	10	11	12	13	14	15	16	17	18	19	20	21	22	23	24	25	26	27	28	29	30	31				
23	夏曆九月			22	23	24	25	26	27	28	29	⑧	2	3	4	5	6	7	8	9	10	11	12	13	14	15	16	17	18	19	20	21	22	23				
530年	回曆1月			20	21	22	23	24	25	26	27	28	29	①	2	3	4	5	6	7	8	9	10	11	12	13	14	15	16	17	18	19	20	21				
	藏曆十月			22	23	24	25	26	27	28	30	1	2	3	4	5	6	7	8	9	10	11	12	13	14	15	16	17	18	19	20	21	22	23				
	公曆11月						1	2	3	4	5	6	7	8	9	10	11	12	13	14	15	16	17	18	19	20	21	22	23	24	25	26	27	28	29	30		
24	夏曆十月						24	25	26	27	28	29	㊲	2	3	4	5	6	7	8	9	10	11	12	13	14	15	16	17	18	19	20	21	22	23	24		
	回曆2月						22	23	24	25	26	27	28	29	30	1	2	3	4	5	6	7	8	9	10	11	12	13	14	15	16	17	18	19	20	21		
	藏曆十一月						24	25	26	27	28	29	30	1	2	3	5	6	7	8	8	9	10	11	12	13	14	15	16	17	18	19	20	21	22	23		
	公曆12月	1	2	3	4	5	6	7	8	9	10	11	12	13	14	15	16	17	18	19	20	21	22	23	24	25	26	27	28	29	30	31						
25	夏曆十一月	25	26	27	28	29	30	⑦	2	3	4	5	6	7	8	9	10	11	12	13	14	15	16	17	18	19	20	21	22	23	24	25						
	回曆3月	22	23	24	25	26	27	28	29	1	2	3	4	5	6	7	8	9	10	11	12	13	14	15	16	17	18	19	20	21	22	23						
	藏曆十二月	24	25	26	28	29	30	1	2	3	4	5	6	7	8	9	10	11	11	12	13	14	15	16	17	18	19	20	21	23	24	25						

《金紀》正月丙午，不合。

大事記

正月，金太宗卒，諳班勃烈極亶嗣，為熙宗。　二月，宋帝回臨安。吴玠克秦州。　閏二月，宋令州縣就已刊書板印刷書籍。宋置總制司，增税以給軍需。　四月，宋詔福建、廣東沿海居民結社以備海盜。宋募兵耕營田，官給牛種，宋改役法。宋徽宗死於金。　五月，宋遣使如金通問。　六月，宋行《統元曆》。岳飛破洞庭水寨，楊幺敗死，餘衆二十萬人，為岳飛收編。　八月，宋荆南行交子。　九月，太原義民張横敗金兵於憲州，河北義民梁青破金兵於平陽。　十一月，金頒《大明曆》。宋權減行在百官俸。　是歲，宋理學家楊時卒(1053—1135)。

宋遼金紀年

干支丙辰　公元 1136 年

朝代或國名	國家支配者	建都	廟號	謚號	建元	年號年次	輔政者	備注
南宋	①趙構	臨安	高宗	憲	2	2紹興6年	張浚 趙鼎	
大理	②段正嚴	陽苴咩	憲宗	宣仁	5	4保天8年		在雲南
西夏	④李乾順	(銀川)	崇宗	聖文	8	8大德2年		
金	③完顔亶	會寧	熙宗	成		天會14年		
西遼	①耶律大石	虎思斡耳朵	德宗		2	2康國3年		
大齊	劉豫	汴梁			1	阜昌7年		
古格						323年		西藏阿里

月曆表

5849—354—2136369

月干支序數	星期 / 月序	日	1	2	3	4	5	6	日	1	2	3	4	5	6	日	1	2	3	4	5	6	日	1	2	3	4	5	6	日	1	2	3	4	5	6	日	1
	公暦1月				1	2	3	4	5	6	7	8	9	10	11	12	13	14	15	16	17	18	19	20	21	22	23	24	25	26	27	28	29	30	31			
26	夏暦十二月				26	27	28	29	㊱	2	3	4	5	6	7	8	9	10	11	12	13	14	15	16	17	18	19	20	21	22	23	24	25	26	27			
	回暦4月				24	25	26	27	28	29	30	1	2	3	4	5	6	7	8	9	10	11	12	13	14	15	16	17	18	19	20	21	22	23	24			
陽火龍年	藏暦一月				26	27	28	29	30	1	2	3	4	5	6	7	8	9	10	11	12	13	14	15	16	17	18	19	20	21	22	23	24	25	26			
	公暦2月							1	2	3	4	5	6	7	8	9	10	11	12	13	14	15	16	17	18	19	20	21	22	23	24	25	26	27	28	29		
27	夏暦正月							28	29	30	⑥	2	3	4	5	6	7	8	9	10	11	12	13	14	15	16	17	18	19	20	21	22	23	24	25	26		
	回暦5月							25	26	27	28	29	1	2	3	4	5	6	7	8	9	10	11	12	13	14	15	16	17	18	19	20	21	22	23	24		
	藏暦後一月							28	29	30	1	2	3	3	4	5	6	7	8	9	10	11	12	13	14	15	16	17	18	19	20	22	23	24	25	26		
	公暦3月	1	2	3	4	5	6	7	8	9	10	11	12	13	14	15	16	17	18	19	20	21	22	23	24	25	26	27	28	29	30	31						
28	夏暦二月	27	28	29	30	㊱	2	3	4	5	6	7	8	9	10	11	12	13	14	15	16	17	18	19	20	21	22	23	24	25	26	27						
	回暦6月	25	26	27	28	29	30	1	2	3	4	5	6	7	8	9	10	11	12	13	14	15	16	17	18	19	20	21	22	23	24	25						
	藏暦二月	27	28	29	30	1	2	3	4	5	6	7	7	8	9	10	11	12	13	15	16	17	18	19	20	21	22	23	24	25	26	27						
	公暦4月				1	2	3	4	5	6	7	8	9	10	11	12	13	14	15	16	17	18	19	20	21	22	23	24	25	26	27	28	29	30				
29	夏暦三月				28	29	⑤	2	3	4	5	6	7	8	9	10	11	12	13	14	15	16	17	18	19	20	21	22	23	24	25	26	27	28				
	回暦7月				26	27	28	29	1	2	3	4	5	6	7	8	9	10	11	12	13	14	15	16	17	18	19	20	21	22	23	24	25	26				
	藏暦三月				28	29	30	1	2	3	4	5	6	7	8	9	10	11	12	13	14	15	16	17	19	20	21	22	23	24	25	26	27	28				
	公暦5月						1	2	3	4	5	6	7	8	9	10	11	12	13	14	15	16	17	18	19	20	21	22	23	24	25	26	27	28	29	30	31	
30	夏暦四月						29	30	㉟	2	3	4	5	6	7	8	9	10	11	12	13	14	15	16	17	18	19	20	21	22	23	24	25	26	27	28	29	
	回暦8月						27	28	29	30	1	2	3	4	5	6	7	8	9	10	11	12	13	14	15	16	17	18	19	20	21	22	23	24	25	26	27	
	藏暦四月						29	30	1	2	2	3	4	5	6	7	8	9	10	12	13	14	15	16	17	18	19	20	21	22	23	24	25	26	27	28	29	
	公暦6月		1	2	3	4	5	6	7	8	9	10	11	12	13	14	15	16	17	18	19	20	21	22	23	24	25	26	27	28	29	30						
31	夏暦五月		30	⑤	2	3	4	5	6	7	8	9	10	11	12	13	14	15	16	17	18	19	20	21	22	23	24	25	26	27	28	29						
	回暦9月		28	29	1	2	3	4	5	6	7	8	9	10	11	12	13	14	15	16	17	18	19	20	21	22	23	24	25	26	27	28						
	藏暦五月		30	1	2	3	4	5	6	7	8	9	10	11	12	13	15	16	17	18	19	20	21	22	23	24	25	26	27	28	28	29						
	公暦7月				1	2	3	4	5	6	7	8	9	10	11	12	13	14	15	16	17	18	19	20	21	22	23	24	25	26	27	28	29	30	31			
32 33	夏暦六 七月				㉞	2	3	4	5	6	7	8	9	10	11	12	13	14	15	16	17	18	19	20	21	22	23	24	25	26	27	28	29	30	④			
	回暦10月				29	30	1	2	3	4	5	6	7	8	9	10	11	12	13	14	15	16	17	18	19	20	21	22	23	24	25	26	27	28	29			
	藏暦六 七月				30	1	2	3	4	5	6	8	9	10	11	12	13	14	15	16	17	18	19	20	21	22	23	24	25	26	27	28	29	30	1			
	公暦8月							1	2	3	4	5	6	7	8	9	10	11	12	13	14	15	16	17	18	19	20	21	22	23	24	25	26	27	28	29	30	31
34	夏暦八月							2	3	4	5	6	7	8	9	10	11	12	13	14	15	16	17	18	19	20	21	22	23	24	25	26	27	28	29	㉝	2	3

續表

月 干支 序數	星期 月序	日	1	2	3	4	5	6	日	1	2	3	4	5	6	日	1	2	3	4	5	6	日	1	2	3	4	5	6	日	1	2	3	4	5	6	日	1
	回曆11、12月							1	2	3	4	5	6	7	8	9	10	11	12	13	14	15	16	17	18	19	20	21	22	23	24	25	26	27	28	29	30	1
	藏曆八月							2	3	4	5	6	7	8	10	11	12	13	14	15	16	17	18	19	20	21	22	23	24	24	25	26	27	28	29	30	1	3
	公曆9月			1	2	3	4	5	6	7	8	9	10	11	12	13	14	15	16	17	18	19	20	21	22	23	24	25	26	27	28	29	30					
35	夏曆九月			4	5	6	7	8	9	10	11	12	13	14	15	16	17	18	19	20	21	22	23	24	25	26	27	28	29	30	③	2	3					
531年	回曆1月			2	3	4	5	6	7	8	9	10	11	12	13	14	15	16	17	18	19	20	21	22	23	24	25	26	27	28	29	①	2					
	藏曆九月			4	5	6	7	8	9	10	11	12	13	14	15	16	17	18	19	20	21	22	23	24	25	26	27	28	29	30	1	2	3					
	公曆10月					1	2	3	4	5	6	7	8	9	10	11	12	13	14	15	16	17	18	19	20	21	22	23	24	25	26	27	28	29	30	31		
36	夏曆十月					4	5	6	7	8	9	10	11	12	13	14	15	16	17	18	19	20	21	22	23	24	25	26	27	28	29	㉜	2	3	4	5		
	回曆2月					3	4	5	6	7	8	9	10	11	12	13	14	15	16	17	18	19	20	21	22	23	24	25	26	27	28	29	30	1	2	3		
	藏曆十月					4	5	7	8	9	10	11	12	13	14	15	16	17	18	19	19	20	21	22	23	24	25	26	27	28	29	1	2	3	4	5		
	公曆11月	1	2	3	4	5	6	7	8	9	10	11	12	13	14	15	16	17	18	19	20	21	22	23	24	25	26	27	28	29	30							
37	夏曆十一月	6	7	8	9	10	11	12	13	14	15	16	17	18	19	20	21	22	23	24	25	26	27	28	29	30	②	2	3	4	5							
	回曆3月	4	5	6	7	8	9	10	11	12	13	14	15	16	17	18	19	20	21	22	23	24	25	26	27	28	29	1	2	3	4							
	藏曆十一月	6	7	8	9	10	11	12	13	14	15	16	17	18	19	20	21	22	23	24	25	26	27	28	29	30	1	2	3	5	6							
	公曆12月			1	2	3	4	5	6	7	8	9	10	11	12	13	14	15	16	17	18	19	20	21	22	23	24	25	26	27	28	29	30	31				
38	夏曆十二月			6	7	8	9	10	11	12	13	14	15	16	17	18	19	20	21	22	23	24	25	26	27	28	29	㉛	2	3	4	5	6	7				
	回曆4月			5	6	7	8	9	10	11	12	13	14	15	16	17	18	19	20	21	22	23	24	25	26	27	28	29	30	1	2	3	4	5				
	藏曆十二月			7	8	9	10	11	11	12	13	14	15	16	17	18	19	20	21	22	23	24	25	26	27	28	30	1	2	3	4	5	6	7				

《宋紀》五月戊戌，六月乙巳，皆誤。

大事記

正月，高麗、夏國、劉豫皆遣使賀金帝生辰。　二月，宋改江淮營田為屯田。韓世忠攻淮陽軍不克，萬餘民從雲南來，都督行府悉授田以居之。春，偽齊劉豫再開貢舉。　三月，金、齊兵侵入漣水軍，韓世忠擊敗之。　四月，劉豫軍陷唐州。五月，改交子為關子。　七月，劉光世軍克壽春府。夏崇宗攻佔樂州及西寧州。　八月，宋預借江浙來年夏稅之半。岳飛下蔡州。　九月，岳飛還軍鄂州。劉豫分三路寇宋。　十月，楊沂中敗偽齊軍於藕塘，偽齊退去。　是年，宋減江東諸路逃田稅額。

宋遼金紀年　　干支丁巳　公元1137年

朝代或國名	國家支配者	建都	廟號	謚號	建元	年號年次	輔政者	備注
南宋	①趙構	臨安	高宗	憲	2	2紹興7年	同前	
大理	②段正嚴	陽苴咩	憲宗	宣仁	5	4保天9年		在雲南
西夏	④李乾順	（銀川）	崇宗	聖文	8	8大德3年		
金	③完顏亶	會寧	熙宗	成		天會15年		
西遼	①耶律大石	虎思斡耳朵	德宗		2	2康國4年		
大齊	劉豫	汴梁			1	阜昌8年		十一月亡
古格						324年		西藏阿里

月干支序数	月序＼星期	日	1	2	3	4	5	6	日	1	2	3	4	5	6	日	1	2	3	4	5	6	日	1	2	3	4	5	6	日	1	2	3	4	5	6	日	1
	公曆1月						1	2	3	4	5	6	7	8	9	10	11	12	13	14	15	16	17	18	19	20	21	22	23	24	25	26	27	28	29	30	31	
39	夏曆正月						8	9	10	11	12	13	14	15	16	17	18	19	20	21	22	23	24	25	26	27	28	29	(60)	2	3	4	5	6	7	8	9	
	回曆5月						6	7	8	9	10	11	12	13	14	15	16	17	18	19	20	21	22	23	24	25	26	27	28	29	1	2	3	4	5	6	7	
陰火蛇年	藏曆一月						8	9	10	11	12	13	14	14	15	16	17	18	19	20	21	22	24	25	26	27	28	29	30	1	2	3	4	5	6	7	8	
	公曆2月		1	2	3	4	5	6	7	8	9	10	11	12	13	14	15	16	17	18	19	20	21	22	23	24	25	26	27	28								
40	夏曆二月		10	11	12	13	14	15	16	17	18	19	20	21	22	23	24	25	26	27	28	29	30	㉚	2	3	4	5	6	7								
	回曆6月		8	9	10	11	12	13	14	15	16	17	18	19	20	21	22	23	24	25	26	27	28	29	30	1	2	3	4	5								
	藏曆二月		9	10	11	12	13	14	15	16	17	18	19	20	21	22	23	24	25	26	27	29	30	1	2	3	4	5	6	7								
	公曆3月		1	2	3	4	5	6	7	8	9	10	11	12	13	14	15	16	17	18	19	20	21	22	23	24	25	26	27	28	29	30	31					
41	夏曆三月		8	9	10	11	12	13	14	15	16	17	18	19	20	21	22	23	24	25	26	27	28	29	30	(60)	2	3	4	5	6	7	8					
	回曆7月		6	7	8	9	10	11	12	13	14	15	16	17	18	19	20	21	22	23	24	25	26	27	28	29	1	2	3	4	5	6	7					
	藏曆三月		7	8	9	10	11	12	13	14	15	16	17	18	19	20	22	23	24	25	26	27	28	29	30	1	2	3	4	5	6	7	8					
	公曆4月					1	2	3	4	5	6	7	8	9	10	11	12	13	14	15	16	17	18	19	20	21	22	23	24	25	26	27	28	29	30			
42	夏曆四月					9	10	11	12	13	14	15	16	17	18	19	20	21	22	23	24	25	26	27	28	29	㉙	2	3	4	5	6	7	8	9			
	回曆8月					8	9	10	11	12	13	14	15	16	17	18	19	20	21	22	23	24	25	26	27	28	29	30	1	2	3	4	5	6	7			
	藏曆四月					9	10	11	12	13	14	15	16	17	18	19	20	21	22	23	24	25	27	28	29	30	30	1	2	3	4	5	6	7	8			
	公曆5月							1	2	3	4	5	6	7	8	9	10	11	12	13	14	15	16	17	18	19	20	21	22	23	24	25	26	27	28	29	30	31
43	夏曆五月							10	11	12	13	14	15	16	17	18	19	20	21	22	23	24	25	26	27	28	29	30	(59)	2	3	4	5	6	7	8	9	10
	回曆9月							8	9	10	11	12	13	14	15	16	17	18	19	20	21	22	23	24	25	26	27	28	29	1	2	3	4	5	6	7	8	9
	藏曆五月							9	10	11	12	13	14	15	16	17	19	20	21	22	23	24	25	26	27	28	29	30	1	2	3	4	5	6	7	7	8	9
	公曆6月			1	2	3	4	5	6	7	8	9	10	11	12	13	14	15	16	17	18	19	20	21	22	23	24	25	26	27	28	29	30					
44	夏曆六月			11	12	13	14	15	16	17	18	19	20	21	22	23	24	25	26	27	28	29	㉘	2	3	4	5	6	7	8	9	10	11					
	回曆10月			10	11	12	13	14	15	16	17	18	19	20	21	22	23	24	25	26	27	28	29	30	1	2	3	4	5	6	7	8	9					
	藏曆六月			11	12	13	14	15	16	17	18	19	20	21	23	24	25	26	27	27	28	29	30	1	2	3	4	5	6	7	8	9	10					
	公曆7月					1	2	3	4	5	6	7	8	9	10	11	12	13	14	15	16	17	18	19	20	21	22	23	24	25	26	27	28	29	30	31		
45	夏曆七月					12	13	14	15	16	17	18	19	20	21	22	23	24	25	26	27	28	29	30	(58)	2	3	4	5	6	7	8	9	10	11	12		
	回曆11月					10	11	12	13	14	15	16	17	18	19	20	21	22	23	24	25	26	27	28	29	1	2	3	4	5	6	7	8	9	10	11		
	藏曆七月					11	12	13	15	16	17	18	19	20	21	22	23	23	24	25	26	27	28	29	1	2	3	4	5	6	7	8	9	10	11	12		
	公曆8月	1	2	3	4	5	6	7	8	9	10	11	12	13	14	15	16	17	18	19	20	21	22	23	24	25	26	27	28	29	30	31						
46	夏曆八月	13	14	15	16	17	18	19	20	21	22	23	24	25	26	27	28	29	30	㉘	2	3	4	5	6	7	8	9	10	11	12	13						
	回曆12月	12	13	14	15	16	17	18	19	20	21	22	23	24	25	26	27	28	29	30	1	2	3	4	5	6	7	8	9	10	11	12						
	藏曆八月	13	14	15	16	18	19	20	21	22	23	23	24	25	26	27	28	29	30	1	2	3	4	5	6	7	8	9	11	12	13	14						
	公曆9月				1	2	3	4	5	6	7	8	9	10	11	12	13	14	15	16	17	18	19	20	21	22	23	24	25	26	27	28	29	30				
47	夏曆九月				14	15	16	17	18	19	20	21	22	23	24	25	26	27	28	29	(57)	2	3	4	5	6	7	8	9	10	11	12	13	14				
532年	回曆1月				13	14	15	16	17	18	19	20	21	22	23	24	25	26	27	28	29	30	①	2	3	4	5	6	7	8	9	10	11	12				
	藏曆九月				15	16	17	18	19	20	21	22	23	24	25	26	27	28	29	30	30	1	3	4	5	6	7	8	9	10	11	12	13	15				
	公曆10月						1	2	3	4	5	6	7	8	9	10	11	12	13	14	15	16	17	18	9	20	21	22	23	24	25	26	27	28	29	30	31	
48	夏曆十月						15	16	17	18	19	20	21	22	23	24	25	26	27	28	29	30	㉗	2	3	4	5	6	7	8	9	10	11	12	13	14	15	
	回曆2月						13	14	15	16	17	18	19	20	21	22	23	24	25	26	27	28	29	30	1	2	3	4	5	6	7	8	9	10	11	12	13	
	藏曆十月						16	17	18	18	19	20	21	22	23	24	25	26	27	28	29	30	1	2	3	4	5	6	8	9	10	11	12	13	14	15	16	
	公曆11月		1	2	3	4	5	6	7	8	9	10	11	12	13	14	15	16	17	18	19	20	21	22	23	24	25	26	27	28	29	30						
	夏曆閏十月		16	17	18	19	20	21	22	23	24	25	26	27	28	29	(56)	2	3	4	5	6	7	8	9	10	11	12	13	14	15	16						
	回曆3月		14	15	16	17	18	19	20	21	22	23	24	25	26	27	28	29	1	2	3	4	5	6	7	8	9	10	11	12	13	14						
	藏曆十一月		17	18	19	20	21	22	22	23	24	25	26	27	28	29	2	3	4	5	6	7	8	9	10	11	12	13	14	15	16	17						

續表

月 干支 序數	星期 月序	日	1	2	3	4	5	6	日	1	2	3	4	5	6	日	1	2	3	4	5	6	日	1	2	3	4	5	6	日	1	2	3	4	5	6	日	1
	公曆 12 月				1	2	3	4	5	6	7	8	9	10	11	12	13	14	15	16	17	18	19	20	21	22	23	24	25	26	27	28	29	30	31			
49	夏曆十一月				17	18	19	20	21	22	23	24	25	26	27	28	29	30	㉖	2	3	4	5	6	7	8	9	10	11	12	13	14	15	16	17			
	回曆 4 月				15	16	17	18	19	20	21	22	23	24	25	26	27	28	29	30	1	2	3	4	5	6	7	8	9	10	11	12	13	14	15			
	藏曆十二月				18	19	20	21	22	23	24	25	26	27	28	29	30	30	1	2	3	4	6	7	8	9	10	11	12	13	14	14	15	16	17			

宋《天文誌》閏十一月，不合。

大事記

正月，金初用《大明曆》。　二月，宋詔江浙金銀坑冶，并依熙半法，招百姓開採。　三月，宋帝至建康。　四月，宋遣使如金。　五月，劉豫陷隨州。宋命李綱鎮壓虔、吉義軍。　八月，宋相張浚罷免劉光世，將酈瓊不服，遂叛降劉豫。九月，張浚以處置失宜，引咎辭相；趙鼎復相。交趾郡王李陽煥死，子天祚嗣。　十一月，宋興水利，溉田二十三萬三千畝。金廢劉豫。豫積年聚斂巨額金、銀、帛皆為金有。　十二月，宋遣王倫為使如金，請迎徽宗喪。金遣回王倫，許割地許和。

是歲，金割樂州、積石州、廓州三州地予夏。

宋 遼 金 紀 年　　　干支戊午　公元 1138 年

朝代或國名	國家支配者	建都	廟號	謚號	建元	年號年次	輔 政 者	備 注
南宋	①趙構	臨安	高宗	憲	2	2 紹興 8 年	秦檜 趙鼎	
大理	②段正嚴	陽苴咩	憲宗	宣仁	5	4 保天 10 年		在雲南
西夏	④李乾順	(銀川)	崇宗	聖文	8	8 大德 4 年		
金	③完顏亶	會寧	熙宗	成	2	1 天眷元年		
西遼	①耶律大石	虎思斡耳朵	德宗		2	2 康國 5 年		
古格						325 年		西藏阿里

月 曆 表　　　5851—354—2137108

月 干支 序數	星期 月序	日	1	2	3	4	5	6	日	1	2	3	4	5	6	日	1	2	3	4	5	6	日	1	2	3	4	5	6	日	1	2	3	4	5	6	日	1
	公曆 1 月							1	2	3	4	5	6	7	8	9	10	11	12	13	14	15	16	17	18	19	20	21	22	23	24	25	26	27	28	29	30	31
50	夏曆十二月							18	19	20	21	22	23	24	25	26	27	28	29	(55)	2	3	4	5	6	7	8	9	10	11	12	13	14	15	16	17	18	19
	回曆 5 月							16	17	18	19	20	21	22	23	24	25	26	27	28	29	1	2	3	4	5	6	7	8	9	10	11	12	13	14	15	16	17
陽土馬年	藏曆一月							18	19	20	21	22	23	24	25	26	27	28	29	1	2	3	4	5	6	7	8	9	10	11	12	13	14	15	16	17	17	18
	公曆 2 月			1	2	3	4	5	6	7	8	9	10	11	12	13	14	15	16	17	18	19	20	21	22	23	24	25	26	27	28							
51	夏曆正月			20	21	22	23	24	25	26	27	28	29	30	㉕	2	3	4	5	6	7	8	9	10	11	12	13	14	15	16	17							
	回曆 6 月			18	19	20	21	22	23	24	25	26	27	28	29	30	1	2	3	4	5	6	7	8	9	10	11	12	13	14	15							
	藏曆二月			19	20	21	22	23	25	26	27	28	29	30	1	2	3	4	5	6	7	8	9	10	11	12	13	14	15	16	17							
	公曆 3 月			1	2	3	4	5	6	7	8	9	10	11	12	13	14	15	16	17	18	19	20	21	22	23	24	25	26	27	28	29	30	31				
52	夏曆二月			18	19	20	21	22	23	24	25	26	27	28	29	(54)	2	3	4	5	6	7	8	9	10	11	12	13	14	15	16	17	18	19				
	回曆 7 月			16	17	18	19	20	21	22	23	24	25	26	27	28	29	1	2	3	4	5	6	7	8	9	10	11	12	13	14	15	16	17				
	藏曆三月			18	19	20	21	22	23	24	25	26	27	29	30	1	2	3	4	5	6	7	8	9	10	10	11	12	13	14	15	16	17	18				
	公曆 4 月						1	2	3	4	5	6	7	8	9	10	11	12	13	14	15	16	17	18	19	20	21	22	23	24	25	26	27	28	29	30		
53	夏曆三月						20	21	22	23	24	25	26	27	28	29	㉓	2	3	4	5	6	7	8	9	10	11	12	13	14	15	16	17	18	19	20		

續表

月干支序數	月序＼星期	日	1	2	3	4	5	6	日	1	2	3	4	5	6	日	1	2	3	4	5	6	日	1	2	3	4	5	6	日	1	2	3	4	5	6	日	1
	回曆8月						18	19	20	21	22	23	24	25	26	27	28	29	30	1	2	3	4	5	6	7	8	9	10	11	12	13	14	15	16	17		
	藏曆四月						19	20	21	23	24	25	26	27	28	29	30	1	2	3	4	5	6	7	8	9	10	11	12	13	14	15	16	17	18	19		
	公曆5月	1	2	3	4	5	6	7	8	9	10	11	12	13	14	15	16	17	18	19	20	21	22	23	24	25	26	27	28	29	30	31						
54	夏曆四月	21	22	23	24	25	216	27	28	29	30	(53)	2	3	4	5	6	7	8	9	10	11	12	13	14	15	16	17	18	19	20	21						
	回曆9月	18	19	20	21	22	23	24	25	26	27	28	29	1	2	3	4	5	6	7	8	9	10	11	12	13	14	15	16	17	18	19						
	藏曆五月	20	21	22	23	24	26	27	28	29	30	1	2	3	4	5	5	6	7	8	9	10	11	12	13	14	15	16	17	19	20	21						
	公曆6月				1	2	3	4	5	6	7	8	9	10	11	12	13	14	15	16	17	18	19	20	21	22	23	24	25	26	27	28	29	30				
55	夏曆五月				22	23	24	25	26	27	28	29	㉒	2	3	4	5	6	7	8	9	10	11	12	13	14	15	16	17	18	19	20	21	22				
	回曆10月				20	21	22	23	24	25	26	27	28	29	30	1	2	3	4	5	6	7	8	9	10	11	12	13	14	15	16	17	18	19				
	藏曆六月				22	23	24	25	26	27	28	29	30	1	2	3	4	5	6	7	8	9	10	11	12	13	14	15	16	17	18	19	20	22				
	公曆7月						1	2	3	4	5	6	7	8	9	10	11	12	13	14	15	16	17	18	19	20	21	22	23	24	25	26	27	28	29	30	31	
56	夏曆六月						23	24	25	26	27	28	29	30	(52)	2	3	4	5	6	7	8	9	10	11	12	13	14	15	16	17	18	19	20	21	22	23	
	回曆11月						20	21	22	23	24	25	26	27	28	29	1	2	3	4	5	6	7	8	9	10	11	12	13	14	15	16	17	18	19	20	21	
、	藏曆七月						23	24	25	26	27	28	29	30	1	2	2	3	4	5	6	7	8	9	10	11	12	13	15	16	17	18	19	20	21	22	23	
	公曆8月		1	2	3	4	5	6	7	8	9	10	11	12	13	14	15	16	17	18	19	20	21	22	23	24	25	26	27	28	29	30	31					
57	夏曆七月		24	25	26	27	28	29	30	㉒	2	3	4	5	6	7	8	9	10	11	12	13	14	15	16	17	18	19	20	21	22	23	24					
	回曆12月		22	23	24	25	26	27	28	29	30	1	2	3	4	5	6	7	8	9	10	11	12	13	14	15	16	17	18	19	20	21	22					
	藏曆八月		24	25	26	27	28	29	30	1	2	3	4	5	6	7	8	9	10	11	12	13	14	15	16	18	19	20	21	22	23	24	25					
	公曆9月					1	2	3	4	5	6	7	8	9	10	11	12	13	14	15	16	17	18	19	20	21	22	23	24	25	26	27	28	29	30			
58	夏曆八月					25	26	27	28	29	(51)	2	3	4	5	6	7	8	9	10	11	12	13	14	15	16	17	18	19	20	21	22	23	24	25			
533年	回曆1月					23	24	25	26	27	28	29	①	2	3	4	5	6	7	8	9	10	11	12	13	14	15	16	17	18	1	20	21	22	23			
	藏曆九月					26	27	28	28	29	30	1	2	3	4	5	6	7	8	9	11	12	13	14	15	16	17	18	19	20	21	22	23	24	25			
	公曆10月							1	2	3	4	5	6	7	8	9	10	11	12	13	14	15	16	17	18	19	20	21	22	23	24	25	26	27	28	29	30	31
59	夏曆九月							26	27	28	29	30	㉑	2	3	4	5	6	7	8	9	10	11	12	13	14	15	16	17	18	19	20	21	22	23	24	25	26
	回曆2月							24	25	26	27	28	29	30	1	2	3	4	5	6	7	8	9	10	11	12	13	14	15	16	17	18	19	20	21	22	23	24
	藏曆十月							26	27	28	29	30	1	2	3	4	5	6	7	8	9	10	11	12	13	15	16	17	18	19	20	21	22	22	23	24	25	26
	公曆11月			1	2	3	4	5	6	7	8	9	10	11	12	13	14	15	16	17	18	19	20	21	22	23	24	25	26	27	28	29	30					
60	夏曆十月			27	28	29	30	(51)	2	3	4	5	6	7	8	9	10	11	12	13	14	15	16	17	18	19	20	21	22	23	24	25	26					
	回曆3月			25	26	27	28	29	1	2	3	4	5	6	7	8	9	10	11	12	13	14	15	16	17	18	19	20	21	22	23	24	25					
	藏曆後十月			27	28	29	30	1	2	3	4	5	6	7	9	10	11	12	13	14	15	16	17	18	19	20	21	22	23	24	25	25	26					
	公曆12月					1	2	3	4	5	6	7	8	9	10	11	12	13	14	15	16	17	18	19	20	21	22	23	24	25	26	27	28	29	30	31		
1	夏曆十一月					27	28	29	⑳	2	3	4	5	6	7	8	9	10	11	12	13	14	15	16	17	18	19	20	21	22	23	24	25	26	27	28		
	回曆4月					26	27	28	29	30	1	2	3	4	5	6	7	8	9	10	11	12	13	14	15	16	17	18	19	20	21	22	23	24	25	26		
	藏曆十一月					27	28	29	2	3	4	5	6	7	8	9	10	11	12	13	14	15	16	17	18	19	20	21	22	23	24	25	26	27	28	29		

大事記

正月，宋沿邊多納偽齊降將，偽齊宋超、白安時率兵歸宋。金頒行女真小字。　　二月，宋帝回臨安府。經學家胡安國卒(1074—1138)。　　三月，秦檜再為相，自是專主議和。宋封李天祚為交趾郡王。　　五月，宋王倫偕金使來。金詔南北選各以經義、詞賦兩科取士。　　六月，金元帥府令公私債負不能償者，沒其身及妻女為奴婢；百姓憤殺債主。　　七月，宋王倫再使金議地界。　　八月，金頒行官制。回鶻貢於金。十月定封國制。　　十月，宋趙鼎罷相，秦檜獨攬相權。胡銓上書斥和議，被貶。秋，泰安卒徒張貴起兵反金。　　十一月，宋文武官吏紛紛反對和議，多遭貶逐。岳飛上書言："金人不可信，和議不可恃"。秦檜銜之。　　十二月，金詔諭使至宋許和，宋遣使如金報謝。烏蠻虛恨種攻宋嘉州。　　是歲，宋始定都於杭。平陽府人梁小哥於太行起兵。

宋 遼 金 紀 年

干支己未 公元 1139 年

朝代或國名	國家支配者	建都	廟號	謚號	建元	年號年次	輔政者	備注
南宋	①趙構	臨安	高宗	憲	2	2 紹興 9 年	秦檜	
大理	②段正嚴	陽苴咩	憲宗	宣仁	5	4 保天 11 年		在雲南
西夏	④李乾順	(銀川)	崇宗	聖文	8	8 大德 5 年		
金	③完顏亶	會寧	熙宗	成	2	1 天眷 2 年		
西遼	①耶律大石	虎思斡耳朵	德宗		2	2 康國 6 年		
古格						· 326 年		西藏阿里

月 曆 表

5852－355－2137463

月干支序數	月序＼星期	日	1	2	3	4	5	6	日	1	2	3	4	5	6	日	1	2	3	4	5	6	日	1	2	3	4	5	6	日	1	2	3	4	5	6	日	1
	公曆 1 月	1	2	3	4	5	6	7	8	9	10	11	12	13	14	15	16	17	18	19	20	21	22	23	24	25	26	27	28	29	30	31						
2	夏曆十二月	29	30	㊿	2	3	4	5	6	7	8	9	10	11	12	13	14	15	16	17	18	19	20	21	22	23	24	25	26	27	28	29						
	回曆 5 月	27	28	29	1	2	3	4	5	6	7	8	9	10	11	12	13	14	15	16	17	18	19	20	21	22	23	24	25	26	27	28						
	藏曆十二月	30	30	1	2	3	4	5	6	8	9	10	11	12	13	14	15	16	17	17	18	19	20	21	22	23	24	25	26	27	28	29						
	公曆 2 月				1	2	3	4	5	6	7	8	9	10	11	12	13	14	15	16	17	18	19	20	21	22	23	24	25	26	27	28						
3	夏曆正月				⑲	2	3	4	5	6	7	8	9	10	11	12	13	14	15	16	17	18	19	20	21	22	23	24	25	26	27	28						
	回曆 6 月				29	30	1	2	3	4	5	6	7	8	9	10	11	12	13	14	15	16	17	18	19	20	21	22	23	24	25	26						
陰土羊年	藏曆一月				2	3	4	5	6	7	8	9	10	11	12	13	14	15	16	17	18	19	20	21	21	22	23	25	26	27	28	29						
	公曆 3 月				1	2	3	4	5	6	7	8	9	10	11	12	13	14	15	16	17	18	19	20	21	22	23	24	25	26	27	28	29	30	31			
4	夏曆二月				29	30	㊾	2	3	4	5	6	7	8	9	10	11	12	13	14	15	16	17	18	19	20	21	22	23	24	25	26	27	28	29			
	回曆 7 月				27	28	29	1	2	3	4	5	6	7	8	9	10	11	12	13	14	15	16	17	18	19	20	21	22	23	24	25	26	27	28			
	藏曆二月				30	30	1	2	3	4	5	6	8	9	9	10	11	12	13	14	15	16	17	18	19	20	21	22	23	24	25	26	27	28	30			
	公曆 4 月							1	2	3	4	5	6	7	8	9	10	11	12	13	14	15	16	17	18	19	20	21	22	23	24	25	26	27	28	29	30	
5 6	夏曆三四月							⑱	2	3	4	5	6	7	8	9	10	11	12	13	14	15	16	17	18	19	20	21	22	23	24	25	26	27	28	29	㊼	
	回曆 8 月							29	30	1	2	3	4	5	6	7	8	9	10	11	12	13	14	15	16	17	18	19	20	21	22	23	24	25	26	27	28	
	藏曆三月							1	2	3	4	5	6	7	8	9	10	11	12	13	14	14	15	16	17	18	19	20	21	23	24	25	26	27	28	29	30	
	公曆 5 月		1	2	3	4	5	6	7	8	9	10	11	12	13	14	15	16	17	18	19	20	21	22	23	24	25	26	27	28	29	30	31					
7	夏曆五月		2	3	4	5	6	7	8	9	10	11	12	13	14	15	16	17	18	19	20	21	22	23	24	25	26	27	28	29	30	⑰	2					
	回曆 9 月		29	1	2	3	4	5	6	7	8	9	10	11	12	13	14	15	16	17	18	19	20	21	22	23	24	25	26	27	28	29	30					
	藏曆四五月		1	2	3	4	5	6	7	8	9	10	11	12	13	14	15	16	17	18	19	20	21	22	23	24	26	27	28	29	30	1	2					
	公曆 6 月					1	2	3	4	5	6	7	8	9	10	11	12	13	14	15	16	17	18	19	20	21	22	23	24	25	26	27	28	29	30			
8	夏曆六月					3	4	5	6	7	8	9	10	11	12	13	14	15	16	17	18	19	20	21	22	23	24	25	26	27	28	29	㊻	2	3			
	回曆 10、11 月					1	2	3	4	5	6	7	8	9	10	11	12	13	14	15	16	17	18	19	20	21	22	23	24	25	26	27	28	29	1			
	藏曆六月					3	4	5	6	7	8	9	10	10	11	12	13	14	15	16	17	19	20	21	22	23	24	25	26	27	28	29	30	1	2			
	公曆 7 月							1	2	3	4	5	6	7	8	9	10	11	12	13	14	15	16	17	18	19	20	21	22	23	24	25	26	27	28	29	30	31
9	夏曆七月							4	5	6	7	8	9	10	11	12	13	14	15	16	17	18	19	20	21	22	23	24	25	26	27	28	29	30	⑯	2	3	4
	回曆 12 月							2	3	4	5	6	7	8	9	10	11	12	13	14	15	16	17	18	19	20	22	22	23	24	25	26	27	28	29	30	1	2
	藏曆七月							3	4	5	6	7	8	9	10	11	12	13	14	15	16	17	18	19	20	22	23	24	25	26	27	28	29	30	1	2	3	4
	公曆 8 月			1	2	3	4	5	6	7	8	9	10	11	12	13	14	15	16	17	18	19	20	21	22	23	24	25	26	27	28	29	30	31				
10	夏曆八月			5	6	7	8	9	10	11	12	13	14	15	16	17	18	19	20	21	22	23	24	25	26	27	28	29	㊺	2	3	4	5	6				

續表

月 干支 序數	星期 月序	日	1	2	3	4	5	6	日	1	2	3	4	5	6	日	1	2	3	4	5	6	日	1	2	3	4	5	6	日	1	2	3	4	5	6	日	1
534年	回曆1月			3	4	5	6	7	8	9	10	11	12	13	14	15	16	17	18	19	20	21	22	23	24	25	26	27	28	29	①	2	3	4				
	藏曆八月			5	6	7	7	8	9	10	11	12	14	15	16	17	18	19	20	21	22	23	24	25	26	27	28	29	30	1	2	3	4	5				
	公曆9月						1	2	3	4	5	6	7	8	9	10	11	12	13	14	15	16	17	18	19	20	21	22	23	24	25	26	27	28	29	30		
11	夏曆九月						7	8	9	10	11	12	13	14	15	16	17	18	19	20	21	22	23	24	25	26	27	28	29	30	⑮	2	3	4	5	6		
	回曆2月						5	6	7	8	9	10	11	12	13	14	15	16	17	18	19	20	21	22	23	24	25	26	27	28	29	30	1	2	3	4		
	藏曆九月						6	7	8	9	10	11	12	13	14	15	16	18	19	20	21	22	23	24	25	26	27	28	29	30	1	2	2	3	4	5		
	公曆10月	1	2	3	4	5	6	7	8	9	10	11	12	13	14	15	16	17	18	19	20	21	22	23	24	25	26	27	28	29	30	31						
12	夏曆十月	7	8	9	10	11	12	13	14	15	16	17	18	19	20	21	22	23	24	25	26	27	28	29	30	㊺	2	3	4	5	6	7						
	回曆3月	5	6	7	8	9	10	11	12	13	14	15	16	17	18	19	20	21	22	23	24	25	26	27	28	29	1	2	3	4	5	6						
	藏曆十月	6	7	8	9	11	12	13	14	15	16	17	18	19	20	21	22	23	24	25	26	27	28	29	30	1	2	3	4	5	6	7						
	公曆11月				1	2	3	4	5	6	7	8	9	10	11	12	13	14	15	16	17	18	19	20	21	22	23	24	25	26	27	28	29	30				
13	夏曆十一月				8	9	10	11	12	13	14	15	16	17	18	19	20	21	22	23	24	25	26	27	28	29	30	⑮	2	3	4	5	6	7				
	回曆4月				7	8	9	10	11	12	13	14	15	16	17	18	19	20	21	22	23	24	25	26	27	28	29	30	1	2	3	4	5	6				
	藏曆十一月				8	9	10	11	12	13	14	16	17	18	19	20	21	22	23	24	25	25	26	27	28	29	30	1	2	3	4	5	6	7				
	公曆12月						1	2	3	4	5	6	7	8	9	10	11	12	13	14	15	16	17	18	19	20	21	22	23	24	25	26	27	28	29	30	31	
14	夏曆十二月						8	9	10	11	12	13	14	15	16	17	18	19	20	21	22	23	24	25	26	27	28	29	㊹	2	3	4	5	6	7	8	9	
	回曆5月						7	8	9	10	11	12	13	14	15	16	17	18	19	20	21	22	23	24	25	26	27	28	29	1	2	3	4	5	6	7	8	
	藏曆十二月						8	10	11	12	13	14	15	16	17	18	19	20	21	22	23	24	25	26	27	28	29	29	30	1	3	4	5	6	7	8	9	

大事記

正月,宋以金許和而大赦。又以金許歸河南地而奏告天地宗廟。　三月,宋金交割地界。夏陷金府州。　六月,夏主李乾順卒,子仁孝嗣。　七月,金内訌,殺宗王蒲盧虎、兗王訛魯觀。金拘宋使王倫於中山。　八月,金又以魯王撻懶與宋交通主和,殺之。秋,河北饑,又苦於金人苛政,義軍紛起,以太行山為根據地。威勝、遼州以南道不通行。　九月,宋罷經制司,令提刑兼領常平事。冬,海上義士張青攻遼東,中原人被掠居其地者紛起應之。時太行義士王忠植取石州等十一郡。金下令沿河置寨,防渡河南歸之人,凡南歸人衆及渡人者渡者皆死。蒙古敗金軍。　是年,吳玠卒(1093—1139)。王彥卒(1090—1139)。金除鐵禁,劉豫亦不用宋之鐵錢。韃靼蒙古遂得鐵以作軍器,攻擾金邊,金攻之,大敗。理學家陸九淵誕生(1139—1193)。

宋遼金紀年

干支庚申　公元1140年

朝代或國名	國家支配者	建都	廟號	謚號	建元	年號年次	輔政者	備注
南宋	①趙構	臨安	高宗	憲	2	2紹興10年	秦檜	
大理	②段正嚴	陽苴咩	憲宗	宣仁	5	5廣運元年		在雲南
西夏	⑤李仁孝	(銀川)	仁宗	聖德	4	1大慶元年		
金	③完顔亶	會寧	熙宗	成	2	1天眷3年		
西遼	①耶律大石	虎思斡耳朵	德宗		2	2康國7年		
古格						327年		西藏阿里

月干支序數	星期 月序	日	1	2	3	4	5	6	日	1	2	3	4	5	6	日	1	2	3	4	5	6	日	1	2	3	4	5	6	日	1	2	3	4	5	6	日	1
	公曆1月		1	2	3	4	5	6	7	8	9	10	11	12	13	14	15	16	17	18	19	20	21	22	23	24	25	26	27	28	29	30	31					
15	夏曆正月		10	11	12	13	14	15	16	17	18	19	20	21	22	23	24	25	26	27	28	29	30	⑭	2	3	4	5	6	7	8	9	10					
	回曆6月		9	10	11	12	13	14	15	16	17	18	19	20	21	22	23	24	25	26	27	28	29	30	1	2	3	4	5	6	7	8	9					
陽金猴年	藏曆一月		10	11	12	13	14	15	16	17	18	19	20	21	22	23	24	25	26	27	28	29	30	1	2	3	4	5	6	7	9	10	11					
	公曆2月					1	2	3	4	5	6	7	8	9	10	11	12	13	14	15	16	17	18	19	20	21	22	23	24	25	26	27	28	29				
16	夏曆二月					11	12	13	14	15	16	17	18	19	20	21	22	23	24	25	26	27	28	29	㊸	2	3	4	5	6	7	8	9	10				
	回曆7月					10	11	12	13	14	15	16	17	18	19	20	21	22	23	24	25	26	27	28	29	1	2	3	4	5	6	7	8	9				
	藏曆二月					12	13	14	15	16	17	18	19	20	20	21	22	23	24	25	26	27	28	29	30	1	3	4	5	6	7	8	9	10				
	公曆3月						1	2	3	4	5	6	7	8	9	10	11	12	13	14	15	16	17	18	19	20	21	22	23	24	25	26	27	28	29	30	31	
17	夏曆三月						11	12	13	14	15	16	17	18	19	20	21	22	23	24	25	26	27	28	29	30	⑬	2	3	4	5	6	7	8	9	10	11	
	回曆8月						10	11	12	13	14	15	16	17	18	19	20	21	22	23	24	25	26	27	28	29	30	1	2	3	4	5	6	7	8	9	10	
	藏曆三月						10	11	12	13	14	15	16	17	18	19	20	21	22	23	24	25	26	27	28	29	1	2	3	4	5	7	8	9	10	11	12	
	公曆4月		1	2	3	4	5	6	7	8	9	10	11	12	13	14	15	16	17	18	19	20	21	22	23	24	25	26	27	28	29	30						
18	夏曆四月		12	13	14	15	16	17	18	19	20	21	22	23	24	25	26	27	28	29	㊷	2	3	4	5	6	7	8	9	10	11	12						
	回曆9月		11	12	13	14	15	16	17	18	19	20	21	22	23	24	25	26	27	28	29	1	2	3	4	5	6	7	8	9	10	11						
	藏曆四月		13	13	14	15	16	17	18	19	20	21	22	23	24	25	26	27	28	30	1	2	3	4	5	6	7	8	9	10	11	12						
	公曆5月				1	2	3	4	5	6	7	8	9	10	11	12	13	14	15	16	17	18	19	20	21	22	23	24	25	26	27	28	29	30	31			
19	夏曆五月				13	14	15	16	17	18	19	20	21	22	23	24	25	26	27	28	29	⑪	2	3	4	5	6	7	8	9	10	11	12	13	14			
	回曆10月				12	13	14	15	16	17	18	19	20	21	22	23	24	25	26	27	28	29	30	1	2	3	4	5	6	7	8	9	10	11	12			
	藏曆五月				13	14	15	16	17	18	19	20	20	22	23	24	25	26	27	28	29	30	1	2	4	5	6	7	8	9	9	10	11	12	13			
	公曆6月							1	2	3	4	5	6	7	8	9	10	11	12	13	14	15	16	17	18	19	20	21	22	23	24	25	26	27	28	29	30	
20	夏曆六月							15	16	17	18	19	20	21	22	23	24	25	26	27	28	29	30	㊶	2	3	4	5	6	7	8	9	10	11	12	13	14	
	回曆11月							13	14	15	16	17	18	19	20	21	22	23	24	25	26	27	28	29	1	2	3	4	5	6	7	8	9	10	11	12	13	
	藏曆六月							14	15	16	17	18	19	20	21	22	23	24	26	27	28	29	30	1	2	3	4	5	6	7	8	9	10	11	12	13	14	
	公曆7月		1	2	3	4	5	6	7	8	9	10	11	12	13	14	15	16	17	18	19	20	21	22	23	24	25	26	27	28	29	30	31					
	夏曆閏六月		15	16	17	18	19	20	21	22	23	24	25	26	27	28	29	⑩	2	3	4	5	6	7	8	9	10	11	12	13	14	15	16					
	回曆12月		14	15	16	17	18	19	20	21	22	23	24	25	26	27	28	29	30	1	2	3	4	5	6	7	8	9	10	11	12	13	14					
	藏曆七月		15	16	17	18	19	20	21	22	23	24	25	26	27	29	30	1	2	3	4	5	6	6	7	8	9	10	11	12	13	14	15					
	公曆8月					1	2	3	4	5	6	7	8	9	10	11	12	13	14	15	16	17	18	19	20	21	22	23	24	25	26	27	28	29	30	31		
21	夏曆七月					17	18	19	20	21	22	23	24	25	26	27	28	29	30	㊵	2	3	4	5	6	7	8	9	10	11	12	13	14	15	16	17		
535年	回曆1月					15	16	17	18	19	20	21	22	23	24	25	26	27	28	29	30	①	2	3	4	5	6	7	8	9	10	11	12	13	14	15		
	藏曆八月					16	17	18	19	20	22	23	24	25	26	27	28	29	30	1	2	3	4	5	6	7	8	9	10	11	12	13	14	15	16	17		
	公曆9月	1	2	3	4	5	6	7	8	9	10	11	12	13	14	15	16	17	18	19	20	21	22	23	24	25	26	27	28	29	30							
22	夏曆八月	18	19	20	21	22	23	24	25	26	27	28	29	⑨	2	3	4	5	6	7	8	9	10	11	12	13	14	15	16	17	18							
	回曆2月	16	17	18	19	20	21	22	23	24	25	26	27	28	29	30	1	2	3	4	5	6	7	8	9	10	11	12	13	14	15							
	藏曆九月	18	19	20	21	22	23	25	26	27	28	29	30	30	1	1	2	3	4	5	6	7	8	9	10	11	12	13	14	15	16							
	公曆10月			1	2	3	4	5	6	7	8	9	10	11	12	13	14	15	16	17	18	19	20	21	22	23	24	25	26	27	28	29	30	31				
23	夏曆九月			19	20	21	22	23	24	25	26	27	28	29	30	㊴	2	3	4	5	6	7	8	9	10	11	12	13	14	15	16	17	18	19				
	回曆3月			16	17	18	19	20	21	22	23	24	25	26	27	28	29	1	2	3	4	5	6	7	8	9	10	11	12	13	14	15	16	17				
	藏曆十月			18	19	20	21	22	23	24	25	26	27	28	29	1	2	3	4	5	6	6	7	8	9	11	12	13	14	15	16	17	18	19				
	公曆11月						1	2	3	4	5	6	7	8	9	10	11	12	13	14	15	16	17	18	19	20	21	22	23	24	25	26	27	28	29	30		
24	夏曆十月						20	21	22	23	24	25	26	27	28	29	30	⑨	2	3	4	5	6	7	8	9	10	11	12	13	14	15	16	17	18	19		
	回曆4月						18	19	20	21	22	23	24	25	26	27	28	29	30	1	2	3	4	5	6	7	8	9	10	11	12	13	14	15	16	17		
	藏曆十一月						20	21	22	23	24	25	26	27	28	29	30	1	2	3	4	5	6	7	8	9	10	11	12	13	14	15	17	18	19	20		

續表

月干支序數	星期 / 月序	日	1	2	3	4	5	6	日	1	2	3	4	5	6	日	1	2	3	4	5	6	日	1	2	3	4	5	6	日	1	2	3	4	5	6	日	1
	公曆12月	1	2	3	4	5	6	7	8	9	10	11	12	13	14	15	16	17	18	19	20	21	22	23	24	25	26	27	28	29	30	31						
25	夏曆十一月	20	21	22	23	24	25	26	27	28	29	㊳	2	3	4	5	6	7	8	9	10	11	12	13	14	15	16	17	18	19	20	21						
	回曆5月	18	19	20	21	22	23	24	25	26	27	28	29	1	2	3	4	5	6	7	8	9	10	11	12	13	14	15	16	17	18	19						
	藏曆十二月	21	22	23	24	25	26	27	28	28	29	30	1	2	3	4	5	6	7	8	9	11	12	13	14	15	16	17	18	19	20	21						

大事記

正月,李綱卒(1083—1140)。宋遣使如金迎徽宗之喪。　五月,金毀約,兀朮分四路南侵,河南、陝西各地不戰而下。六月,金攻順昌,為宋將劉錡擊敗;攻石壁寨,為吳璘軍所敗;攻京西,為岳飛所敗;攻淮東,韓世忠擊敗之。　閏六月,岳飛軍破金軍於潁昌府,克淮寧府,張浚軍克亳州,韓世忠克海州。　七月,岳飛軍克西京,又屢敗金兵於郾城、小商橋至朱仙鎮。詔岳飛班師。收復諸城皆失,惟陝西仍時有小戰。遼臣蕭合達下鹽州。　九月,金完顏希尹、蕭慶被殺,宗弼掌權。宋秦檜主和盡罷諸軍。　十月,遼臣蕭合達敗死。　十一月,金以孔子四十三代孫孔璠襲封衍聖公。　十二月,金始創置屯田軍,徙女真、奚、契丹人屯田河南,與漢人雜處。　是年,彬州宜章民駱科起義,旋叛降宋。

宋遼金紀年

干支辛酉　公元1141年

朝代或國名	國家支配者	建都	廟號	謚號	建元	年號年次	輔政者	備注
南宋	①趙構	臨安	高宗	憲	2	2紹興11年	秦檜	
大理	②段正嚴	陽苴咩	憲宗	宣仁	5	5廣運2年		在雲南
西夏	⑤李仁孝	(銀川)	仁宗	聖德	1	1大慶2年		
金	③完顏亶	會寧	熙宗	成	2	2皇統元年		
西遼	①耶律大石	虎思斡耳朵	德宗		2	2康國8年		
	王法思					羅平元年		六月立尋亡
古格						328年		西藏阿里

月曆表

5854—354—2138201

月干支序數	星期 / 月序	日	1	2	3	4	5	6	日	1	2	3	4	5	6	日	1	2	3	4	5	6	日	1	2	3	4	5	6	日	1	2	3	4	5	6	日	1
	公曆1月				1	2	3	4	5	6	7	8	9	10	11	12	13	14	15	16	17	18	19	20	21	22	23	24	25	26	27	28	29	30	31			
26	夏曆十二月				22	23	24	25	26	27	28	29	30	⑧	2	3	4	5	6	7	8	9	10	11	12	13	14	15	16	17	18	19	20	21	22			
	回曆6月				20	21	22	23	24	25	26	27	28	29	30	1	2	3	4	5	6	7	8	9	10	11	12	13	14	15	6	17	18	19	20			
陰金鷄年	藏曆一月				22	23	24	25	26	27	28	29	30	1	2	3	4	5	6	7	8	9	10	11	12	13	14	15	17	18	19	19	20	21	22			
	公曆2月							1	2	3	4	5	6	7	8	9	10	11	12	13	14	15	16	17	18	19	20	21	22	23	24	25	26	27	28			
27	夏曆正月							23	24	25	26	27	28	29	30	㊳	2	3	4	5	6	7	8	9	10	11	12	13	14	15	16	17	18	19	20			
	回曆7月							21	22	23	24	25	26	27	28	29	1	2	3	4	5	6	7	8	9	10	11	12	13	14	15	16	17	18	19			
	藏曆二月							23	24	25	26	27	28	29	30	1	2	3	4	5	6	7	8	10	11	12	13	14	15	16	17	18	19	20	21			
	公曆3月							1	2	3	4	5	6	7	8	9	10	11	12	13	14	15	16	17	18	19	20	21	22	23	24	25	26	27	28	29	30	31
28	夏曆二月							21	22	23	24	25	26	27	28	29	⑦	2	3	4	5	6	7	8	9	10	11	12	13	14	15	16	17	18	19	20	21	22
	回曆8月							20	21	22	23	24	25	26	27	28	29	30	1	2	3	4	5	6	7	8	9	10	11	12	13	14	15	16	17	18	19	20
	藏曆三月							22	23	23	24	25	26	27	28	29	30	1	2	4	5	6	7	8	9	10	11	12	13	14	15	16	17	18	19	20	21	22
	公曆4月			1	2	3	4	5	6	7	8	9	10	11	12	13	14	15	16	17	18	19	20	21	22	23	24	25	26	27	28	29	30					
29	夏曆三月			23	24	25	26	27	28	29	30	㊲	2	3	4	5	6	7	8	9	10	11	12	13	14	15	16	17	18	19	20	21	22					

續表

月干支序數	星期／月序	日	1	2	3	4	5	6	日	1	2	3	4	5	6	日	1	2	3	4	5	6	日	1	2	3	4	5	6	日	1	2	3	4	5	6	日	1
	回暦9月			21	22	23	24	25	26	27	28	29	1	2	3	4	5	6	7	8	9	10	11	12	13	14	15	16	17	18	19	20	21					
	藏暦四月			23	24	25	26	27	28	29	30	1	2	3	4	5	7	8	9	10	11	12	13	14	15	16	17	17	18	19	20	21	22					
	公暦5月					1	2	3	4	5	6	7	8	9	10	11	12	13	14	15	16	17	18	19	20	21	22	23	24	25	26	27	28	29	30	31		
30	夏暦四月					23	24	25	26	27	28	29	⑥	2	3	4	5	6	7	8	9	10	11	12	13	14	15	16	17	18	19	20	21	22	23	24		
	回暦10月					22	23	24	25	26	27	28	29	30	1	2	3	4	5	6	7	8	9	10	11	12	13	14	15	16	17	18	19	20	21	22		
	藏暦五月					23	24	25	26	27	28	29	1	2	3	4	5	6	7	8	9	10	11	12	13	14	15	16	17	18	19	20	21	22	23	24		
	公暦6月	1	2	3	4	5	6	7	8	9	10	11	12	13	14	15	16	17	18	19	20	21	22	23	24	25	26	27	28	29	30							
31	夏暦五月	25	26	27	28	29	㉟	2	3	4	5	6	7	8	9	10	11	12	13	14	15	16	17	18	19	20	21	22	23	24	25							
	回暦11月	23	24	25	26	27	28	29	1	2	3	4	5	6	7	8	9	10	11	12	13	14	15	16	17	18	19	20	21	22	23							
	藏暦六月	25	26	27	28	29	30	1	3	4	5	6	7	8	9	10	11	12	13	14	14	15	16	17	18	19	20	21	22	23	24							
	公暦7月			1	2	3	4	5	6	7	8	9	10	11	12	13	14	15	16	17	18	19	20	21	22	23	24	25	26	27	28	29	30	31				
32	夏暦六月			26	27	28	29	30	⑤	2	3	4	5	6	7	8	9	10	11	12	13	14	15	16	17	18	19	20	21	22	23	24	25	26				
	回暦12月			24	25	26	27	28	29	30	1	2	3	4	5	6	7	8	9	10	11	12	13	14	15	16	17	18	19	20	21	22	23	24				
	藏暦後六月			26	27	28	29	30	1	2	3	4	5	6	7	8	9	10	11	12	13	14	15	16	17	18	19	20	21	22	23	24	25	26				
	公暦8月						1	2	3	4	5	6	7	8	9	10	11	12	13	14	15	16	17	18	19	20	21	22	23	24	25	26	27	28	29	30	31	
33	夏暦七月						27	28	29	㉞	2	3	4	5	6	7	8	9	10	11	12	13	14	15	16	17	18	19	20	21	22	23	24	25	26	27	28	
536年	回暦1月						25	26	27	28	29	①	2	3	4	5	6	7	8	9	10	11	12	13	14	15	16	17	18	19	20	21	22	23	24	25	26	
	藏暦七月						27	29	30	1	2	3	4	5	6	7	8	9	10	10	11	12	13	14	15	16	17	18	19	20	22	23	24	25	26	27	28	
	公暦9月		1	2	3	4	5	6	7	8	9	10	11	12	13	14	15	16	17	18	19	20	21	22	23	24	25	26	27	28	29	30						
34	夏暦八月		29	③	2	3	4	5	6	7	8	9	10	11	12	13	14	15	16	17	18	19	20	21	22	23	24	25	26	27	28	29						
	回暦2月		27	28	29	30	1	2	3	4	5	6	7	8	9	10	11	12	13	14	15	16	17	18	19	20	21	22	23	24	25	26						
	藏暦八月		29	30	1	2	3	4	5	6	7	8	9	10	11	12	13	14	15	16	17	18	19	20	21	22	23	25	26	27	28	29						
	公暦10月				1	2	3	4	5	6	7	8	9	10	11	12	13	14	15	16	17	18	19	20	21	22	23	24	25	26	27	28	29	30	31			
35	夏暦九月				30	㉝	2	3	4	5	6	7	8	9	10	11	12	13	14	15	16	17	18	19	20	21	22	23	24	25	26	27	28	29	30			
	回暦3月				27	28	29	1	2	3	4	5	6	7	8	9	10	11	12	13	14	15	16	17	18	19	20	21	22	23	24	25	26	27	28			
	藏暦九月				30	1	2	3	4	5	5	6	7	8	9	10	11	12	13	14	15	16	17	19	20	21	22	23	24	25	26	27	28	29	30			
	公暦11月							1	2	3	4	5	6	7	8	9	10	11	12	13	14	15	16	17	18	19	20	21	22	23	24	25	26	27	28	29	30	
36 37	夏暦十 十一月							③	2	3	4	5	6	7	8	9	10	11	12	13	14	15	16	17	18	19	20	21	22	23	24	25	26	27	28	29	㉜	
	回暦4月							29	30	1	2	3	4	5	6	7	8	9	10	11	12	13	14	15	16	17	18	19	20	21	22	23	24	25	26	27	28	
	藏暦十月							1	2	3	4	5	6	7	8	9	10	11	12	13	14	15	16	17	18	19	20	21	22	24	25	26	27	28	28	29	30	
	公暦12月		1	2	3	4	5	6	7	8	9	10	11	12	13	14	15	16	17	18	19	20	21	22	23	24	25	26	27	28	29	30	31					
38	夏暦十二月		2	3	4	5	6	7	8	9	10	11	12	13	14	15	16	17	18	19	20	21	22	23	24	25	26	27	28	29	30	②	2					
	回暦5月		29	1	2	3	4	5	6	7	8	9	10	11	12	13	14	15	16	17	18	19	20	21	22	23	24	25	26	27	28	29	30					
	藏暦十一 十二月		1	2	3	4	5	6	7	8	9	10	11	12	13	14	15	16	18	19	20	21	22	23	24	25	26	27	28	29	30	30	1					

大事記

正月，金宋交兵於淮南西部，金人渡淮陷廬州。金夏開榷場互市。　二月，宋大破金兵於拓皋，復廬州。岳飛奉詔出援，聞金敗，還師。　三月，金破濠州。金帝親祀孔子。　四月，宋罷韓世忠、張浚、岳飛兵權，以為樞密使、副使。七月，宋加秦檜少保。宋命張浚至鎮江措置軍務，留岳飛行在。萬俟卨劾岳飛。　八月，宋罷岳飛樞密副使，飛部將張憲尋被誣下獄。　九月，宋遣使如金議和。宋吳璘等收復秦州，楊政克隴州，郭浩復華州，旋皆受詔班師。　十月，岳飛被誣下獄。烏蠻虛恨種附於宋。韓世忠罷樞密使。　十一月，宋金議和成，以淮為界，歲幣銀絹各二十五萬，宋帝稱臣。宋詔大金民通和，令川、陜宣撫司照會保守現存疆界，不得出兵生事，招納叛亡。　十二月，二十九日(1142.1.27)宋名將岳飛被害於大理寺獄(1103—1141)。金修國史成，凡三卷。

宋遼金紀年

干支壬戌　公元 1142 年

朝代或國名	國家支配者	建　都	廟號	謚號	建元	年號年次	輔　政　者	備　　注
南宋	①趙構	臨安	高宗	憲	2	2 紹興 12 年	秦檜	
大理	②段正嚴	陽苴咩	憲宗	宣仁	5	5 廣運 3 年		在雲南
西夏	⑤李仁孝	（銀川）	仁宗	聖德	4	1 大慶 3 年		
金	③完顏亶	會寧	熙宗	成	2	2 皇統 2 年		
西遼	①耶律大石	虎思斡耳朵	德宗		2	2 康國 9 年		
古格						329 年		西藏阿里

月曆表

5855—354—2138555

月干支序數	星期／月序	日	1	2	3	4	5	6	日	1	2	3	4	5	6	日	1	2	3	4	5	6	日	1	2	3	4	5	6	日	1	2	3	4	5	6	日	1
	公曆 1 月					1	2	3	4	5	6	7	8	9	10	11	12	13	14	15	16	17	18	19	20	21	22	23	24	25	26	27	28	29	30	31		
39	夏曆正月					3	4	5	6	7	8	9	10	11	12	13	14	15	16	17	18	19	20	21	22	23	24	25	26	27	28	29	30	㉜	2	3		
	回曆 6、7 月					1	2	3	4	5	6	7	8	9	10	11	12	13	14	15	16	17	18	19	20	21	22	23	24	25	26	27	28	29	1	2		
陽水狗年	藏曆一月					1	2	3	4	5	6	7	8	9	10	12	13	14	15	16	17	18	19	20	21	22	23	24	25	26	27	28	29	1	2	3		
	公曆 2 月	1	2	3	4	5	6	7	8	9	10	11	12	13	14	15	16	17	18	19	20	21	22	23	24	25	26	27	28									
40	夏曆二月	4	5	6	7	8	9	10	11	12	13	14	15	16	17	18	19	20	21	22	23	24	25	26	27	28	29	30	②									
	回曆 7 月	3	4	5	6	7	8	9	10	11	12	13	14	15	16	17	18	19	20	21	22	23	24	25	26	27	28	29	30									
	藏曆二月	4	5	6	7	8	9	10	11	12	13	14	15	17	18	19	20	21	22	23	23	24	25	26	27	28	29	30	1									
	公曆 3 月	1	2	3	4	5	6	7	8	9	10	11	12	13	14	15	16	17	18	19	20	21	22	23	24	25	26	27	28	29	30	31						
41	夏曆三月	2	3	4	5	6	7	8	9	10	11	12	13	14	15	16	17	18	19	20	21	22	23	24	25	26	27	28	29	㉛	2	3						
	回曆 8、9 月	1	2	3	4	5	6	7	8	9	10	11	12	13	14	15	16	17	18	19	20	21	22	23	24	25	26	27	28	29	1	2						
	藏曆三月	2	3	4	5	6	7	8	9	11	12	13	14	15	16	17	18	19	20	21	22	23	24	25	26	27	27	28	29	30	1	2						
	公曆 4 月				1	2	3	4	5	6	7	8	9	10	11	12	13	14	15	16	17	18	19	20	21	22	23	24	25	26	27	28	29	30				
42	夏曆四月				4	5	6	7	8	9	10	11	12	13	14	15	16	17	18	19	20	21	22	23	24	25	26	27	28	29	30	①	2	3				
	回曆 10 月				3	4	5	6	7	8	9	10	11	12	13	14	15	16	17	18	19	20	21	22	23	24	25	26	27	28	29	30	1	2				
	藏曆四月				4	5	6	7	8	9	10	11	12	13	14	15	16	17	18	19	20	21	22	23	24	25	26	27	28	29	30	1	2	3				
	公曆 5 月						1	2	3	4	5	6	7	8	9	10	11	12	13	14	15	16	17	18	19	20	21	22	23	24	25	26	27	28	29	30	31	
43	夏曆五月						4	5	6	7	8	9	10	11	12	13	14	15	16	17	18	19	20	21	22	23	24	25	26	27	28	29	㉚	2	3	4	5	
	回曆 11 月						3	4	5	6	7	8	9	10	11	12	13	14	15	16	17	18	19	20	21	22	23	24	25	26	27	28	29	1	2	3	4	
	藏曆五月						4	5	6	8	9	10	11	12	13	14	15	16	17	18	19	20	21	22	23	24	25	26	27	28	29	30	1	2	3	4	5	
	公曆 6 月		1	2	3	4	5	6	7	8	9	10	11	12	13	14	15	16	17	18	19	20	21	22	23	24	25	26	27	28	29	30						
44	夏曆六月		6	7	8	9	10	11	12	13	14	15	16	17	18	19	20	21	22	23	24	25	26	27	28	29	(59)	2	3	4	5	6						
	回曆 12 月		5	6	7	8	9	10	11	12	13	14	15	16	17	18	19	20	21	22	23	24	25	26	27	28	29	30	1	2	3	4						
	藏曆六月		6	7	8	9	10	11	12	13	14	15	16	17	18	19	20	21	22	23	24	25	26	27	28	29	30	1	3	4	5	6						
	公曆 7 月				1	2	3	4	5	6	7	8	9	10	11	12	13	14	15	16	17	18	19	20	21	22	23	24	25	26	27	28	29	30	31			
45	夏曆七月				7	8	9	10	11	12	13	14	15	16	17	18	19	20	21	22	23	24	25	26	27	28	29	30	㉙	2	3	4	5	6	7			
537 年	回曆 1 月				5	6	7	8	9	10	11	12	13	14	15	16	17	18	19	20	21	22	23	24	25	26	27	28	29	30	①	2	3	4	5			
	藏曆七月				7	8	9	10	11	12	13	14	15	16	17	18	19	19	20	21	22	23	24	26	27	28	29	30	1	2	3	4	5	6	8			
	公曆 8 月							1	2	3	4	5	6	7	8	9	10	11	12	13	14	15	16	17	18	19	20	21	22	23	24	25	26	27	28	29	30	31
46	夏曆八月							8	9	10	11	12	13	14	15	16	17	18	19	20	21	22	23	24	25	26	27	28	29	(58)	2	3	4	5	6	7	8	9
	回曆 2 月							6	7	8	9	10	11	12	13	14	15	16	17	18	19	20	21	22	23	24	25	26	27	28	29	30	1	2	3	4	5	6
	藏曆八月							8	9	10	11	12	13	14	15	16	17	18	19	20	21	22	23	24	25	26	27	29	30	1	2	3	4	5	6	7	8	9

續表

月干支序數	星期／月序	日	1	2	3	4	5	6	日	1	2	3	4	5	6	日	1	2	3	4	5	6	日	1	2	3	4	5	6	日	1	2	3	4	5	6	日	1
	公曆9月			1	2	3	4	5	6	7	8	9	10	11	12	13	14	15	16	17	18	19	20	21	22	23	24	25	26	27	28	29	30					
47	夏曆九月			10	11	12	13	14	15	16	17	18	19	20	21	22	23	24	25	26	27	28	29	㉗	2	3	4	5	6	7	8	9	10					
	回曆3月			7	8	9	10	11	12	13	14	15	16	17	18	19	20	21	22	23	24	25	26	27	28	29	1	2	3	4	5	6	7					
	藏曆九月			10	11	12	13	14	15	15	16	17	18	19	20	22	23	24	25	26	27	28	29	30	1	2	3	4	5	6	7	8	9					
	公曆10月					1	2	3	4	5	6	7	8	9	10	11	12	13	14	15	16	17	18	19	20	21	22	23	24	25	26	27	28	29	30	31		
48	夏曆十月					11	12	13	14	15	16	17	18	19	20	21	22	23	24	25	26	27	28	29	30	(57)	2	3	4	5	6	7	8	9	10	11		
	回曆4月					8	9	10	11	12	13	14	15	16	17	18	19	20	21	22	23	24	25	26	27	28	29	30	1	2	3	4	5	6	7	8		
	藏曆十月					10	11	12	13	14	15	16	17	18	19	20	21	22	23	24	26	27	28	29	30	1	2	3	4	5	6	7	8	9	9	10		
	公曆11月	1	2	3	4	5	6	7	8	9	10	11	12	13	14	15	16	17	18	19	20	21	22	23	24	25	26	27	28	29	30							
49	夏曆十一月	12	13	14	15	16	17	18	19	20	21	22	23	24	25	26	27	28	29	㉖	2	3	4	5	6	7	8	9	10	11	12							
	回曆5月	9	10	11	12	13	14	15	16	17	18	19	20	21	22	23	24	25	26	27	28	29	1	2	3	4	5	6	7	8	9							
	藏曆十一月	11	12	13	14	15	16	17	18	20	21	22	23	24	25	26	27	28	29	30	1	2	3	4	5	6	7	8	9	10	11							
	公曆12月			1	2	3	4	5	6	7	8	9	10	11	12	13	14	15	16	17	18	19	20	21	22	23	24	25	26	27	28	29	30	31				
50	夏曆十二月			13	14	15	16	17	18	19	20	21	22	23	24	25	26	27	28	29	30	(56)	2	3	4	5	6	7	8	9	10	11	12	13				
	回曆6月			10	11	12	13	14	15	16	17	18	19	20	21	22	23	24	25	26	27	28	29	30	1	2	3	4	5	6	7	8	9	10				
	藏曆十二月			12	13	14	15	16	17	18	19	20	21	22	23	25	26	27	28	29	30	30	1	1	2	3	4	5	6	7	8	9	10	11				

大事記

正月，金侵高麗。 二月，宋進誓表與金。 三月，金册宋帝為皇帝。夏國地震，逾月不止。 五月，宋定與金互市榷場之法。 七月，回鶻貢於金。宋於廣南、湖北沿邊州軍免行錢。 八月，宋皇太后偕梓宮還。 九月，封秦檜魏國公加太師。十一月，宋割和尚原於金。張俊罷樞密使。劉光世卒(1089—1142)。 十二月，宋太學生以三百名為額。 是歲，夏國饑，米升百錢。

宋 遼 金 紀 年

干支癸亥　公元 1143 年

朝代或國名	國家支配者	建　都	廟號	謚號	建元	年號年次	輔　政　者	備　注
南宋	①趙構	臨安	高宗	憲	2	2 紹興 13 年	秦檜	
大理	②段正嚴	陽苴咩	憲宗	宣仁	5	5 廣運 4 年		在雲南
西夏	⑤李仁孝	(銀川)	仁宗	聖德	4	1 大慶 4 年		
金	③完顏亶	會寧	熙宗	成	2	2 皇統 3 年		
西遼	①耶律大石	虎思斡耳朵	德宗		2	2 康國 10 年		是年卒
古格						330 年		西藏阿里

月 曆 表

5856—384—2138939

月干支序數	星期／月序	日	1	2	3	4	5	6	日	1	2	3	4	5	6	日	1	2	3	4	5	6	日	1	2	3	4	5	6	日	1	2	3	4	5	6	日	1
	公曆1月						1	2	3	4	5	6	7	8	9	10	11	12	13	14	15	16	17	18	19	20	21	22	23	24	25	26	27	28	29	30	31	
51	夏曆正月						14	15	16	17	18	19	20	21	22	23	24	25	26	27	28	29	30	㉖	2	3	4	5	6	7	8	9	10	11	12	13	14	
	回曆7月						11	12	13	14	15	16	17	18	19	20	21	22	23	24	25	26	27	28	29	1	2	3	4	5	6	7	8	9	10	11	12	
陰水豬年	藏曆一月						12	13	14	15	16	17	19	20	21	22	23	24	25	26	27	28	29	1	2	3	4	4	5	6	7	8	9	10	11	13	14	
	公曆2月		1	2	3	4	5	6	7	8	9	10	11	12	13	14	15	16	17	18	19	20	21	22	23	24	25	26	27	28								

續表

月干支序數	星期／月序	日	1	2	3	4	5	6	日	1	2	3	4	5	6	日	1	2	3	4	5	6	日	1	2	3	4	5	6	日	1	2	3	4	5	6	日	1
52	夏曆二月		15	16	17	18	19	20	21	22	23	24	25	26	27	28	29	30	(56)	2	3	4	5	6	7	8	9	10	11	12								
	回曆8月		13	14	15	16	17	18	19	20	21	22	23	24	25	26	27	28	29	30	1	2	3	4	5	6	7	8	9	10								
	藏曆二月		15	16	17	18	19	20	21	22	23	24	25	26	27	28	29	30	1	2	3	4	5	6	7	8	9	10	11	12								
	公曆3月		1	2	3	4	5	6	7	8	9	10	11	12	13	14	15	16	17	18	19	20	21	22	23	24	25	26	27	28	29	30	31					
53	夏曆三月		13	14	15	16	17	18	19	20	21	22	23	24	25	26	27	28	29	㉕	2	3	4	5	6	7	8	9	10	11	12	13	14					
	回曆9月		11	12	13	14	15	16	17	18	19	20	21	22	23	24	25	26	27	28	29	1	2	3	4	5	6	7	8	9	10	11	12					
	藏曆三月		13	14	15	16	18	19	20	21	22	23	24	25	26	26	27	28	29	30	1	2	3	4	5	6	7	8	9	11	12	13	14					
	公曆4月					1	2	3	4	5	6	7	8	9	10	11	12	13	14	15	16	17	18	19	20	21	22	23	24	25	26	27	28	29	30			
54	夏曆四月					15	16	17	18	19	20	21	22	23	24	25	26	27	28	29	30	(55)	2	3	4	5	6	7	8	9	10	11	12	13	14			
	回曆10月					13	14	15	16	17	18	19	20	21	22	23	24	25	26	27	28	29	30	1	2	3	4	5	6	7	8	9	10	11	12			
	藏曆四月					15	16	17	18	19	20	21	22	23	24	25	26	27	28	29	30	1	2	3	4	5	6	7	8	9	10	11	12	13	15			
	公曆5月							1	2	3	4	5	6	7	8	9	10	11	12	13	14	15	16	17	18	19	20	21	22	23	24	25	26	27	28	29	30	31
	夏曆閏四月							15	16	17	18	19	20	21	22	23	24	25	26	27	28	29	30	㉕	2	3	4	5	6	7	8	9	10	11	12	13	14	15
	回曆11月							13	14	15	16	17	18	19	20	21	22	23	24	25	26	27	28	29	1	2	3	4	5	6	7	8	9	10	11	12	13	14
	藏曆五月							16	17	18	19	20	21	21	22	23	24	25	26	27	28	29	30	1	2	3	4	5	6	8	9	10	11	12	13	14	15	16
	公曆6月			1	2	3	4	5	6	7	8	9	10	11	12	13	14	15	16	17	18	19	20	21	22	23	24	25	26	27	28	29	30					
55	夏曆五月			16	17	18	19	20	21	22	23	24	25	26	27	28	29	(54)	2	3	4	5	6	7	8	9	10	11	12	13	14	15	16					
	回曆12月			15	16	17	18	19	20	21	22	23	24	25	26	27	28	29	30	1	2	3	4	5	6	7	8	9	10	11	12	13	14					
	藏曆六月			17	18	19	20	21	22	23	24	25	26	27	28	29	30	1	2	3	4	5	6	7	8	9	11	12	13	14	15	16	17					
	公曆7月					1	2	3	4	5	6	7	8	9	10	11	12	13	14	15	16	17	18	19	20	21	22	23	24	25	26	27	28	29	30	31		
56	夏曆六月					17	18	19	20	21	22	23	24	25	26	27	28	29	㉓	2	3	4	5	6	7	8	9	10	11	12	13	14	15	16	17	18		
538年	回曆1月					15	16	17	18	19	20	21	22	23	24	25	26	27	28	29	①	2	3	4	5	6	7	8	9	10	11	12	13	14	15	16		
	藏曆七月					17	18	19	20	21	22	23	24	25	26	27	28	29	30	1	3	3	4	5	6	7	8	9	10	11	12	13	14	15	16	17		
	公曆8月	1	2	3	4	5	6	7	8	9	10	11	12	13	14	15	16	17	18	19	20	21	22	23	24	25	26	27	28	29	30	31						
57	夏曆七月	19	20	21	22	23	24	25	26	27	28	29	30	(53)	2	3	4	5	6	7	8	9	10	11	12	13	14	15	16	17	18	19						
	回曆2月	17	18	19	20	21	22	23	24	25	26	27	28	29	30	1	2	3	4	5	6	7	8	9	10	11	12	13	14	15	16	17						
	藏曆八月	18	19	20	21	22	23	24	25	26	27	28	29	1	2	3	4	6	7	8	9	10	11	12	13	14	14	15	16	17	18	19						
	公曆9月				1	2	3	4	5	6	7	8	9	10	11	12	13	14	15	16	17	18	19	20	21	22	23	24	25	26	27	28	29	30				
58	夏曆八月				20	21	22	23	24	25	26	27	28	29	㉒	2	3	4	5	6	7	8	9	10	11	12	13	14	15	16	17	18	19	20				
	回曆3月				18	19	20	21	22	23	24	25	26	27	28	29	1	2	3	4	5	6	7	8	9	10	11	12	13	14	15	16	17	18				
	藏曆九月				20	21	22	23	24	25	26	27	29	30	1	2	3	4	5	6	7	8	9	10	11	12	13	14	15	16	17	18	19	20				
	公曆10月						1	2	3	4	5	6	7	8	9	10	11	12	13	14	15	16	17	18	19	20	21	22	23	24	25	26	27	28	29	30	31	
59	夏曆九月						21	22	23	24	25	26	27	28	29	(51)	2	3	4	5	6	7	8	9	10	11	12	13	14	15	16	17	18	19	20	21	22	
	回曆4月						19	20	21	22	23	24	25	26	27	28	29	30	1	2	3	4	5	6	7	8	9	10	11	12	13	14	15	16	17	18	19	
	藏曆十月						21	22	23	24	25	26	27	28	29	30	1	2	4	5	6	7	8	8	9	10	11	12	13	14	15	16	17	18	19	20	21	
	公曆11月		1	2	3	4	5	6	7	8	9	10	11	12	13	14	15	16	17	18	19	20	21	22	23	24	25	26	27	28	29	30						
60	夏曆十月		23	24	25	26	27	28	29	30	㉑	2	3	4	5	6	7	8	9	10	11	12	13	14	15	16	17	18	19	20	21	22						
	回曆5月		20	21	22	23	24	25	26	27	28	29	1	2	3	4	5	6	7	8	9	10	11	12	13	14	15	16	17	18	19	20						
	藏曆十一月		22	23	24	25	27	28	29	30	1	2	3	4	5	6	7	8	9	10	11	12	12	13	14	15	16	17	18	19	21	22						
	公曆12月				1	2	3	4	5	6	7	8	9	10	11	12	13	14	15	16	17	18	19	20	21	22	23	24	25	26	27	28	29	30	31			
1	夏曆十一月				23	24	25	26	27	28	29	㊿	2	3	4	5	6	7	8	9	10	11	12	13	14	15	16	17	18	19	20	21	22	23	24			
	回曆6月				21	22	23	24	25	26	27	28	29	30	1	2	3	4	5	6	7	8	9	10	11	12	13	14	15	16	17	18	19	20	21			
	藏曆十二月				23	24	25	26	27	28	29	30	1	2	3	4	5	6	7	8	9	10	11	12	13	14	15	16	17	18	19	20	21	22	23			

大事記

正月，夏人立學校於國中，立小學於禁中。　二月，宋立太學及科舉試法，免雷化等十州免行錢。　四月，蒙古反金，金不能制。　六月，金放宋前遣使洪皓等回。　七月，宋求遺書。　十月，威、定、靜三州人起義，為任得敬鎮壓。　十二月，金宋互遣使賀正旦，自是為常。　是歲，金頒《皇統新律》。西遼耶律大石卒，感天皇后蕭氏聽政。金境太原張横起義，於憲州大敗金兵，活捉嵐、憲二州同知及岢嵐軍判官。宋福建農民管天下、何黑龍、滿山江等起義，攻漳、泉、汀、建四州及廣東梅州、江西虔州等縣鎮。

宋　遼　金　紀　年

干支甲子　公元 1144 年

朝代或國名	國家支配者	建　都	廟號	謚號	建元	年號年次	輔　政　者	備　注
南宋	①趙構	臨安	高宗	憲	2	2 紹興 14 年	秦檜	
大理	②段正嚴	陽苴咩	憲宗	宣仁	5	5 廣運 5 年		在雲南
西夏	⑤李仁孝	(銀川)	仁宗	聖德	4	2 人慶元年		
金	③完顏亶	會寧	熙宗	成	2	2 皇統 4 年		
西遼	②塔不煙	虎思斡耳朵	感天后		1	咸清元年		
古格						331 年		西藏阿里

月　曆　表

5857－354－2139293

月 干支 序數	星期 月序	日	1	2	3	4	5	6	日	1	2	3	4	5	6	日	1	2	3	4	5	6	日	1	2	3	4	5	6	日	1	2	3	4	5	6	日	1
	公曆 1 月							1	2	3	4	5	6	7	8	9	10	11	12	13	14	15	16	17	18	19	20	21	22	23	24	25	26	27	28	29	30	31
2	夏曆十二月							25	26	27	28	29	30	⑳	2	3	4	5	6	7	8	9	10	11	12	13	14	15	16	17	18	19	20	21	22	23	24	25
	回曆 7 月							22	23	24	25	26	27	28	29	1	2	3	4	5	6	7	8	9	10	11	12	13	14	15	16	17	18	19	20	21	22	23
陽木鼠年	藏曆一月							24	26	27	28	29	30	1	2	3	4	4	5	6	7	8	9	10	11	12	13	14	15	16	17	18	20	21	22	23	24	25
	公曆 2 月			1	2	3	4	5	6	7	8	9	10	11	12	13	14	15	16	17	18	19	20	21	22	23	24	25	26	27	28	29						
3	夏曆正月			26	27	28	29	30	㊿	2	3	4	5	6	7	8	9	10	11	12	13	14	15	16	17	18	19	20	21	22	23	24						
	回曆 8 月			24	25	26	27	28	29	30	1	2	3	4	5	6	7	8	9	10	11	12	13	14	15	16	17	18	19	20	21	22						
	藏曆二月			26	27	28	29	30	1	2	3	4	5	6	7	7	8	9	10	11	12	14	15	16	17	18	19	20	21	22	23	24						
	公曆 3 月				1	2	3	4	5	6	7	8	9	10	11	12	13	14	15	16	17	18	19	20	21	22	23	24	25	26	27	28	29	30	31			
4	夏曆二月				25	26	27	28	29	⑲	2	3	4	5	6	7	8	9	10	11	12	13	14	15	16	17	18	19	20	21	22	23	24	25	26			
	回曆 9 月				23	24	25	26	27	28	29	1	2	3	4	5	6	7	8	9	10	11	12	13	14	15	16	17	18	19	20	21	22	23	24			
	藏曆三月				25	26	27	28	29	30	1	2	3	4	5	6	7	8	9	10	11	12	13	14	15	16	18	19	20	21	22	23	24	25	26			
	公曆 4 月							1	2	3	4	5	6	7	8	9	10	11	12	13	14	15	16	17	18	19	20	21	22	23	24	25	26	27	28	29	30	
5	夏曆三月							27	28	29	30	㊾	2	3	4	5	6	7	8	9	10	11	12	13	14	15	16	17	18	19	20	21	22	23	24	25	26	
	回曆 10 月							25	26	27	28	29	30	1	2	3	4	5	6	7	8	9	10	11	12	13	14	15	16	17	18	19	20	21	22	23	24	
	藏曆後三月							27	28	29	30	30	1	2	3	4	5	6	7	8	9	10	12	13	14	15	16	17	18	19	20	21	22	23	24	25	26	
	公曆 5 月		1	2	3	4	5	6	7	8	9	10	11	12	13	14	15	16	17	18	19	20	21	22	23	24	25	26	27	28	29	30	31					
6	夏曆四月		27	28	29	30	⑲	2	3	4	5	6	7	8	9	10	11	12	13	14	15	16	17	18	19	20	21	22	23	24	25	26	27					
	回曆 11 月		25	26	27	28	29	1	2	3	4	5	6	7	8	9	10	11	12	13	14	15	16	17	18	19	20	21	22	23	24	25	26					
	藏曆四月		27	28	29	30	1	2	3	4	5	6	7	8	9	10	11	12	13	15	16	17	18	19	20	21	22	23	24	25	26	26	27					
	公曆 6 月					1	2	3	4	5	6	7	8	9	10	11	12	13	14	15	16	17	18	19	20	21	22	23	24	25	26	27	28	29	30			
7	夏曆五月					28	29	㊽	2	3	4	5	6	7	8	9	10	11	12	13	14	15	16	17	18	19	20	21	22	23	24	25	26	27	28			
	回曆 12 月					27	28	29	30	1	2	3	4	5	6	7	8	9	10	11	12	13	14	15	16	17	18	19	20	21	22	23	24	25	26			
	藏曆五月					28	29	30	1	2	3	4	5	6	8	9	10	11	12	13	14	15	16	17	18	19	20	21	22	23	24	25	26	27	28			
	公曆 7 月							1	2	3	4	5	6	7	8	9	10	11	12	13	14	15	16	17	18	19	20	21	22	23	24	25	26	27	28	29	30	31

續表

月干支序數	星期 月序	日	1	2	3	4	5	6	日	1	2	3	4	5	6	日	1	2	3	4	5	6	日	1	2	3	4	5	6	日	1	2	3	4	5	6	日	1
8	夏曆六月							29	30	⑱	2	3	4	5	6	7	8	9	10	11	12	13	14	15	16	17	18	19	20	21	22	23	24	25	26	27	28	29
539 年	回曆 1 月							27	28	29	①	2	3	4	5	6	7	8	9	10	11	12	13	14	15	16	17	18	19	20	21	22	23	24	25	26	27	28
	藏曆六月							29	30	1	2	3	4	5	6	7	8	9	11	12	13	14	15	16	17	18	19	20	21	22	22	23	24	25	26	27	28	29
	公曆 8 月			1	2	3	4	5	6	7	8	9	10	11	12	13	14	15	16	17	18	19	20	21	22	23	24	25	26	27	28	29	30	31				
9 10	夏曆七八月			㊼	2	3	4	5	6	7	8	9	10	11	12	13	14	15	16	17	18	19	20	21	22	23	24	25	26	27	28	29	30	⑰				
	回曆 2 月			29	30	1	2	3	4	5	6	7	8	9	10	11	12	13	14	15	16	17	18	19	20	21	22	23	24	25	26	27	28	29				
	藏曆七八月			30	1	3	4	5	6	7	8	9	10	11	12	13	14	15	16	17	18	19	20	21	22	23	24	25	26	27	28	29	30	1				
	公曆 9 月						1	2	3	4	5	6	7	8	9	10	11	12	13	14	15	16	17	18	19	20	21	22	23	24	25	26	27	28	29	30		
11	夏曆九月						2	3	4	5	6	7	8	9	10	11	12	13	14	15	16	17	18	19	20	21	22	23	24	25	26	27	28	29	㊻	2		
	回曆 3 月						1	2	3	4	5	6	7	8	9	10	11	12	13	14	15	16	17	18	19	20	21	22	23	24	25	26	27	28	29	30		
	藏曆九月						2	3	4	6	7	8	9	10	11	12	13	14	15	16	17	18	18	19	20	21	22	23	24	25	26	27	28	30	1	2		
	公曆 10 月	1	2	3	4	5	6	7	8	9	10	11	12	13	14	15	16	17	18	19	20	21	22	23	24	25	26	27	28	29	30	31						
12	夏曆十月	3	4	5	6	7	8	9	10	11	12	13	14	15	16	17	18	19	20	21	22	23	24	25	26	27	28	29	⑮	2	3	4						
	回曆 4、5 月	1	2	3	4	5	6	7	8	9	10	11	12	13	14	15	16	17	18	19	20	21	22	23	24	25	26	27	28	29	1	2						
	藏曆十月	3	4	5	6	7	8	9	10	11	12	13	14	15	16	17	18	19	20	21	22	23	24	25	26	27	28	29	30	1	2	4						
	公曆 11 月				1	2	3	4	5	6	7	8	9	10	11	12	13	14	15	16	17	18	19	20	21	22	23	24	25	26	27	28	29	30				
13	夏曆十一月				5	6	7	8	9	10	11	12	13	14	15	16	17	18	19	20	21	22	23	24	25	26	27	28	29	30	㊺	2	3	4				
	回曆 6 月				3	4	5	6	7	8	9	10	11	12	13	14	15	16	17	18	19	20	21	22	23	24	25	26	27	28	29	30	1	2				
	藏曆十一月				5	6	7	8	9	10	11	12	12	13	14	15	16	17	18	19	20	21	22	23	24	25	26	28	29	30	1	2	3	4				
	公曆 12 月						1	2	3	4	5	6	7	8	9	10	11	12	13	14	15	16	17	18	19	20	21	22	23	24	25	26	27	28	29	30	31	
14	夏曆十二月						5	6	7	8	9	10	11	12	13	14	15	16	17	18	19	20	21	22	23	24	25	26	27	28	29	⑭	2	3	4	5	6	
	回曆 7 月						3	4	5	6	7	8	9	10	11	12	13	14	15	16	17	18	19	20	21	22	23	24	25	26	27	28	29	1	2	3	4	
	藏曆十二月						5	6	7	8	9	10	11	12	13	14	15	15	16	17	18	19	20	22	23	24	25	26	27	28	29	30	1	2	3	4	5	

《金交聘表》正月癸卯,誤。

大事記

正月,宋前使者王倫以不受金官職,被殺。　二月,宋復置教坊。回鶻貢於金。　五月,金宋互遣使賀生辰。　六月,宋浙江、福建路大水。摩尼教徒俞一率宣州涇縣農民起義,旋敗。　十月,金河北地大震,陝西、蒲、解、汝、蔡諸地饑。何若請禁程頤之學。金立借貸饑民酬賞格。　是歲,西遼感天后改元咸清。

宋遼金紀年

干支乙丑　公元 1145 年

朝代或國名	國家支配者	建　都	廟號	謚號	建元	年號年次	輔　政　者	備　注
南宋	①趙構	臨安	高宗	憲	2	2 紹興 15 年	秦檜	
大理	②段正嚴	陽苴咩	憲宗	宣仁	5	5 廣運 6 年		在雲南
西夏	⑤李仁孝	(銀川)	仁宗	聖德	4	2 人慶 2 年		
金	③完顏亶	會寧	熙宗	成	2	2 皇統 5 年		
西遼	②塔不煙	虎思斡耳朵	感天后		1	咸清 2 年		
古格						332 年		西藏阿里

月 曆 表

月干支序數	月序＼星期	日	1	2	3	4	5	6	日	1	2	3	4	5	6	日	1	2	3	4	5	6	日	1	2	3	4	5	6	日	1	2	3	4	5	6	日	1
	公曆 1 月		1	2	3	4	5	6	7	8	9	10	11	12	13	14	15	16	17	18	19	20	21	22	23	24	25	26	27	28	29	30	31					
15	夏曆正月		7	8	9	10	11	12	13	14	15	16	17	18	19	20	21	22	23	24	25	26	27	28	29	30	㊹	2	3	4	5	6	7					
	回曆 8 月		5	6	7	8	9	10	11	12	13	14	15	16	17	18	19	20	21	22	23	24	25	26	27	28	29	30	1	2	3	4	5					
陰木牛年	藏曆一月		6	7	8	9	10	11	12	13	14	15	16	17	18	19	20	21	22	23	24	25	27	28	29	30	1	2	3	4	5	6	6					
	公曆 2 月					1	2	3	4	5	6	7	8	9	10	11	12	13	14	15	16	17	18	19	20	21	22	23	24	25	26	27	28					
16	夏曆二月					8	9	10	11	12	13	14	15	16	17	18	19	20	21	22	23	24	25	26	27	28	29	30	⑭	2	3	4	5					
	回曆 9 月					6	7	8	9	10	11	12	13	14	15	16	17	18	19	20	21	22	23	24	25	26	27	28	29	1	2	3	4					
	藏曆二月					7	8	9	10	11	12	13	14	15	16	17	18	19	21	22	23	24	25	26	27	28	29	30	1	2	3	4	5					
	公曆 3 月					1	2	3	4	5	6	7	8	9	10	11	12	13	14	15	16	17	18	19	20	21	22	23	24	25	26	27	28	29	30	31		
17	夏曆三月					6	7	8	9	10	11	12	13	14	15	16	17	18	19	20	21	22	23	24	25	26	27	28	29	㊸	2	3	4	5	6	7		
	回曆 10 月					5	6	7	8	9	10	11	12	13	14	15	16	17	18	19	20	21	22	23	24	25	26	27	28	29	30	1	2	3	4	5		
	藏曆三月					6	7	8	9	10	11	12	13	14	15	16	17	18	19	20	21	22	23	24	26	27	28	29	29	30	1	2	3	4	5	6		
	公曆 4 月	1	2	3	4	5	6	7	8	9	10	11	12	13	14	15	16	17	18	19	20	21	22	23	24	25	26	27	28	29	30							
18	夏曆四月	8	9	10	11	12	13	14	15	16	17	18	19	20	21	22	23	24	25	26	27	28	29	30	⑬	2	3	4	5	6	7							
	回曆 11 月	6	7	8	9	10	11	12	13	14	15	16	17	18	19	20	21	22	23	24	25	26	27	28	29	1	2	3	4	5	6							
	藏曆四月	7	8	9	10	11	12	13	14	15	16	17	19	20	21	22	23	24	25	26	27	28	29	30	1	2	3	4	4	5	6							
	公曆 5 月			1	2	3	4	5	6	7	8	9	10	11	12	13	14	15	16	17	18	19	20	21	22	23	24	25	26	27	28	29	30	31				
19	夏曆五月			8	9	10	11	12	13	14	15	16	17	18	19	20	21	22	23	24	25	26	27	28	29	30	㊸	2	3	4	5	6	7	8				
	回曆 12 月			7	8	9	10	11	12	13	14	15	16	17	18	19	20	21	22	23	24	25	26	27	28	29	30	1	2	3	4	5	6	7				
	藏曆五月			7	8	9	10	12	13	14	15	16	17	18	19	20	21	22	23	24	25	26	27	28	29	30	1	2	3	4	5	6	7	8				
	公曆 6 月						1	2	3	4	5	6	7	8	9	10	11	12	13	14	15	16	17	18	19	20	21	22	23	24	25	26	27	28	29	30		
20	夏曆六月						9	10	11	12	13	14	15	16	17	18	19	20	21	22	23	24	25	26	27	28	29	⑫	2	3	4	5	6	7	8	9		
540 年	回曆 1 月						8	9	10	11	12	13	14	15	16	17	18	19	20	21	22	23	24	25	26	27	28	29	30	①	2	3	4	5	6	7		
	藏曆六月						9	10	11	12	13	15	16	17	18	19	20	21	22	23	24	25	26	27	28	29	30	30	1	1	3	4	5	7	8	9		
	公曆 7 月	1	2	3	4	5	6	7	8	9	10	11	12	13	14	15	16	17	18	19	20	21	22	23	24	25	26	27	28	29	30	31						
21	夏曆七月	10	11	12	13	14	15	16	17	18	19	20	21	22	23	24	25	26	27	28	29	30	㊷	2	3	4	5	6	7	8	9	10						
	回曆 2 月	8	9	10	11	12	13	14	15	16	17	18	19	20	21	22	23	24	25	26	27	28	29	30	1	2	3	4	5	6	7	8						
	藏曆七月	10	11	12	13	14	15	16	17	19	20	21	21	22	23	24	25	26	27	28	29	30	1	2	3	4	5	6	7	8	10	11						
	公曆 8 月				1	2	3	4	5	6	7	8	9	10	11	12	13	14	15	16	17	18	19	20	21	22	23	24	25	26	27	28	29	30	31			
22	夏曆八月				11	12	13	14	15	16	17	18	19	20	21	22	23	24	25	26	27	28	29	⑪	2	3	4	5	6	7	8	9	10	11	12			
	回曆 3 月				9	10	11	12	13	14	15	16	17	18	19	20	21	22	23	24	25	26	27	28	29	1	2	3	4	5	6	7	8	9	10			
	藏曆八月				12	13	14	15	16	17	18	19	20	21	22	23	24	25	26	27	27	28	29	30	1	2	3	4	5	6	7	8	9	10	11	12		
	公曆 9 月							1	2	3	4	5	6	7	8	9	10	11	12	13	14	15	16	17	18	19	20	21	22	23	24	25	26	27	28	29	30	
23	夏曆九月							13	14	15	16	17	18	19	20	21	22	23	24	25	26	27	28	29	30	㊶	2	3	4	5	6	7	8	9	10	11	12	
	回曆 4 月							11	12	13	14	15	16	17	18	19	20	21	22	23	24	25	26	27	28	29	30	1	2	3	4	5	6	7	8	9	10	
	藏曆九月							13	15	16	17	17	18	19	20	21	22	23	24	25	26	27	28	29	30	1	2	3	4	5	7	8	9	10	11	12	13	
	公曆 10 月		1	2	3	4	5	6	7	8	9	10	11	12	13	14	15	16	17	18	19	20	21	22	23	24	25	26	27	28	29	30	31					
24	夏曆十月		13	14	15	16	17	18	19	20	21	22	23	24	25	26	27	28	29	⑩	2	3	4	5	6	7	8	9	10	11	12	13	14					
	回曆 5 月		11	12	13	14	15	16	17	18	19	20	21	22	23	24	25	26	27	28	29	1	2	3	4	5	6	7	8	9	10	11	12					
	藏曆十月		14	15	16	17	18	19	20	21	22	22	23	24	25	26	27	28	30	1	2	3	4	5	6	7	8	9	10	11	12	13	14					
	公曆 11 月					1	2	3	4	5	6	7	8	9	10	11	12	13	14	15	16	17	18	19	20	21	22	23	24	25	26	27	28	29	30			
25	夏曆十一月					15	16	17	18	19	20	21	22	23	24	25	26	27	28	29	㊴	2	3	4	5	6	7	8	9	10	11	12	13	14	15			
	回曆 6 月					13	14	15	16	17	18	19	20	21	22	23	24	25	26	27	28	29	30	1	2	3	4	5	6	7	8	9	10	11	12			
	藏曆十一月					15	16	17	18	19	20	21	22	23	24	25	26	27	28	29	30	1	2	3	5	6	7	8	9	10	11	12	13	14	15			

續表

月 干支 序數	月序＼星期	日	1	2	3	4	5	6	日	1	2	3	4	5	6	日	1	2	3	4	5	6	日	1	2	3	4	5	6	日	1	2	3	4	5	6	日	1
	公曆12月							1	2	3	4	5	6	7	8	9	10	11	12	13	14	15	16	17	18	19	20	21	22	23	24	25	26	27	28	29	30	31
	夏曆閏十一月							16	17	18	19	20	21	22	23	24	25	26	27	28	29	30	⑨	2	3	4	5	6	7	8	9	10	11	12	13	14	15	16
	回曆7月							13	14	15	16	17	18	19	20	21	22	23	24	25	26	27	28	29	1	2	3	4	5	6	7	8	9	10	11	12	13	14
	藏曆十二月							15	16	17	18	19	20	21	22	23	24	25	26	27	29	30	1	2	3	4	5	6	7	8	9	10	11	12	13	14	15	16

金十一月癸卯。

大事記：

正月，宋命戶部侍郎王鐵措置兩浙經界，查田均税，又命僧道納免丁錢。　二月，宋增太學生額七百人。　三月，宋建武學，置弟子員百人。　四月，宋張淵鎮壓福建義軍。　五月，金頒行女真小字。　七月，宋寬諸郡雜税。　八月，宋復置提舉茶鹽常平公事於各路。宋禁收折帛合零錢止輸實數。夏人重建太學。　九月，宋募兵攻廣東、江西、福建諸路之交的管天下、何黑龍、滿山江等義軍。　十一月，宋置江陰軍市舶務。宋時諸州墾田 2 650 餘頃，夏秋輸租米 141 000 石。　是歲，金罷遼東漢人渤海猛安謀克承襲之制。

宋遼金紀年

干支丙寅　公元1146年

朝代或國名	國家支配者	建都	廟號	謚號	建元	年號年次	輔政者	備注
南宋	①趙構	臨安	高宗	憲	2	2紹興16年	秦檜	
大理	②段正嚴	陽苴咩	憲宗	宣仁	5	5廣運7年		在雲南
西夏	⑤李仁孝	(銀川)	仁宗	聖德	4	2人慶3年		
金	③完顔亶	會寧	熙宗	成	2	2皇統6年		
西遼	②塔不煙	虎思斡耳朵	感天后		1	咸清3年		
古格						333年		西藏阿里

月曆表

5859—354—2140031

月 干支 序數	月序＼星期	日	1	2	3	4	5	6	日	1	2	3	4	5	6	日	1	2	3	4	5	6	日	1	2	3	4	5	6	日	1	2	3	4	5	6	日	1
	公曆1月			1	2	3	4	5	6	7	8	9	10	11	12	13	14	15	16	17	18	19	20	21	22	23	24	25	26	27	28	29	30	31				
26	夏曆十二月			17	18	19	20	21	22	23	24	25	26	27	28	29	㊳	2	3	4	5	6	7	8	9	10	11	12	13	14	15	16	17	18				
	回曆8月			15	16	17	18	19	20	21	22	23	24	25	26	27	28	29	30	1	2	3	4	5	6	7	8	9	10	11	12	13	14	15				
陽火虎年	藏曆一月			17	18	18	19	20	21	23	24	25	26	27	28	29	30	1	2	3	4	5	6	7	8	9	10	11	12	13	14	15	16	17				
	公曆2月						1	2	3	4	5	6	7	8	9	10	11	12	13	14	15	16	17	18	19	20	21	22	23	24	25	26	27	28				
27	夏曆正月						19	20	21	22	23	24	25	26	27	28	29	30	⑧	2	3	4	5	6	7	8	9	10	11	12	13	14	15	16				
	回曆9月						16	17	18	19	20	21	22	23	24	25	26	27	28	29	1	2	3	4	5	6	7	8	9	10	11	12	13	14				
	藏曆二月						18	19	20	21	22	23	24	25	26	28	29	30	1	2	3	4	5	6	7	8	9	10	10	11	12	13	14	15				
	公曆3月						1	2	3	4	5	6	7	8	9	10	11	12	13	14	15	16	17	18	19	20	21	22	23	24	25	26	27	28	29	30	31	
28	夏曆二月						17	18	19	20	21	22	23	24	25	26	27	28	29	㊲	2	3	4	5	6	7	8	9	10	11	12	13	14	15	16	17	18	
	回曆10月						15	16	17	18	19	20	21	22	23	24	25	26	27	28	29	30	1	2	3	4	5	6	7	8	9	10	11	12	13	14	15	
	藏曆三月						16	17	18	19	20	22	23	24	25	26	27	28	29	30	1	2	3	4	5	6	7	8	9	10	11	12	13	14	15	16	17	
	公曆4月		1	2	3	4	5	6	7	8	9	10	11	12	13	14	15	16	17	18	19	20	21	22	23	24	25	26	27	28	29	30						
29	夏曆三月		19	20	21	22	23	24	25	26	27	28	29	30	⑦	2	3	4	5	6	7	8	9	10	11	12	13	14	15	16	17	18						

續表

月干支序數	星期 / 月序	日	1	2	3	4	5	6	日	1	2	3	4	5	6	日	1	2	3	4	5	6	日	1	2	3	4	5	6	日	1	2	3	4	5	6	日	1
	回曆11月		16	17	18	19	20	21	22	23	24	25	26	27	28	29	1	2	3	4	5	6	7	8	9	10	11	12	13	14	15	16						
	藏曆四月		18	19	20	21	22	23	24	26	27	28	29	30	1	2	3	4	4	5	6	7	8	9	10	11	12	13	14	15	16	17						
	公曆5月				1	2	3	4	5	6	7	8	9	10	11	12	13	14	15	16	17	18	19	20	21	22	23	24	25	26	27	28	29	30	31			
30	夏曆四月				19	20	21	22	23	24	25	26	27	28	29	30	㊲	2	3	4	5	6	7	8	9	10	11	12	13	14	15	16	17	18	19			
	回曆12月				17	18	19	20	21	22	23	24	25	26	27	28	29	30	1	2	3	4	5	6	7	8	9	10	11	12	13	14	15	16	17			
	藏曆五月				19	20	21	22	23	24	25	26	27	28	29	30	1	2	3	4	5	6	7	8	9	10	11	12	13	14	15	16	17	18	19			
	公曆6月							1	2	3	4	5	6	7	8	9	10	11	12	13	14	15	16	17	18	19	20	21	22	23	24	25	26	27	28	29	30	
31	夏曆五月							20	21	22	23	24	25	26	27	28	29	⑥	2	3	4	5	6	7	8	9	10	11	12	13	14	15	16	17	18	19	20	
541年	回曆1月							18	19	20	21	22	23	24	25	26	27	28	29	①	2	3	4	5	6	7	8	9	10	11	12	13	14	15	16	17	18	
	藏曆六月							20	22	23	24	25	26	27	28	29	29	30	1	2	3	4	5	6	7	8	9	10	11	12	13	15	16	17	18	19	20	
	公曆7月		1	2	3	4	5	6	7	8	9	10	11	12	13	14	15	16	17	18	19	20	21	22	23	24	25	26	27	28	29	30	31					
32	夏曆六月		21	22	23	24	25	26	27	28	29	30	㊱	2	3	4	5	6	7	8	9	10	11	12	13	14	15	16	17	18	19	20	21					
	回曆2月		19	20	21	22	23	24	25	26	27	28	29	30	1	2	3	4	5	6	7	8	9	10	11	12	13	14	15	16	17	18	19					
	藏曆七月		21	22	23	24	25	26	27	28	29	30	1	2	3	4	5	6	7	8	9	10	11	12	13	14	15	16	18	19	20	21	22					
	公曆8月					1	2	3	4	5	6	7	8	9	10	11	12	13	14	15	16	17	18	19	20	21	22	23	24	25	26	27	28	29	30	31		
33	夏曆七月					22	23	24	25	26	27	28	29	⑤	2	3	4	5	6	7	8	9	10	11	12	13	14	15	16	17	18	19	20	21	22	23		
	回曆3月					20	21	22	23	24	25	26	27	28	29	1	2	3	4	5	6	7	8	9	10	11	12	13	14	15	16	17	18	19	20	21		
	藏曆八月					23	24	25	26	26	27	28	29	30	1	2	3	4	5	6	7	8	9	11	12	13	14	15	16	17	18	19	20	21	22	23		
	公曆9月	1	2	3	4	5	6	7	8	9	10	11	12	13	14	15	16	17	18	19	20	21	22	23	24	25	26	27	28	29	30							
34	夏曆八月	24	25	26	27	28	29	30	㉟	2	3	4	5	6	7	8	9	10	11	12	13	14	15	16	17	18	19	20	21	22	23							
	回曆4月	22	23	24	25	26	27	28	29	30	1	2	3	4	5	6	7	8	9	10	11	12	13	14	15	16	17	18	19	20	21							
	藏曆九月	24	25	26	27	28	29	30	1	2	3	4	5	6	7	8	9	10	11	12	13	14	15	16	17	18	19	20	21	22	23							
	公曆10月			1	2	3	4	5	6	7	8	9	10	11	12	13	14	15	16	17	18	19	20	21	22	23	24	25	26	27	28	29	30	31				
35	夏曆九月			24	25	26	27	28	29	30	⑤	2	3	4	5	6	7	8	9	10	11	12	13	14	15	16	17	18	19	20	21	22	23	24				
	回曆5月			22	23	24	25	26	27	28	29	1	2	3	4	5	6	7	8	9	10	11	12	13	14	15	16	17	18	19	20	21	22	23				
	藏曆十月			24	25	26	27	28	29	30	1	2	3	4	5	6	8	9	10	11	12	13	14	15	16	17	18	19	20	21	22	23	24	25				
	公曆11月						1	2	3	4	5	6	7	8	9	10	11	12	13	14	15	16	17	18	19	20	21	22	23	24	25	26	27	28	29	30		
36	夏曆十月						25	26	27	28	29	㉞	2	3	4	5	6	7	8	9	10	11	12	13	14	15	16	17	18	19	20	21	22	23	24	25		
	回曆6月						24	25	26	27	28	29	30	1	2	3	4	5	6	7	8	9	10	11	12	13	14	15	16	17	18	19	20	21	22	23		
	藏曆十一月						26	26	27	28	30	1	2	3	4	5	6	7	8	9	10	11	12	13	14	15	16	17	18	19	20	21	22	23	24	25		
	公曆12月	1	2	3	4	5	6	7	8	9	10	11	12	13	14	15	16	17	18	19	20	21	22	23	24	25	26	27	28	29	30	31						
37	夏曆十一月	26	27	28	29	30	④	2	3	4	5	6	7	8	9	10	11	12	13	14	15	16	17	18	19	20	21	22	23	24	25	26						
	回曆7月	24	25	26	27	28	29	1	2	3	4	5	6	7	8	9	10	11	12	13	14	15	16	17	18	19	20	21	22	23	24	25						
	藏曆後十一月	26	27	28	29	30	1	2	3	4	6	7	8	9	10	11	12	13	14	15	16	17	17	18	19	20	21	22	23	24	25	26						

大事記

正月，宋太學外舍生以一千人為額。金以邊地與夏國。　二月，宋割金州豐陽縣、洋州乾佑縣與金。　四月，宋禁州縣預借民税及和買錢。　五月，宋浚運河。　七月，宋立獻遺書及晉、唐真迹賞格。　八月，金請和於蒙古，不許。　十一月，宋罷州縣新創税場。　是歲，夏尊孔子為文宣帝。醫學家竇材撰成《扁鵲心書》。

宋遼金紀年

干支丁卯　公元 1147 年

朝代或國名	國家支配者	建　都	廟號	謚號	建元	年號年次	輔政者	備　注
南宋	①趙構	臨安	高宗	憲	2	2 紹興 17 年	秦檜	
大理	②段正嚴	陽苴咩	憲宗	宣仁	5	5 廣運 8 年		段正興即位
西夏	⑤李仁孝	（銀川）	仁宗	聖德	4	2 人慶 4 年		
金	③完顏亶	會寧	熙宗	成	2	2 皇統 7 年		
西遼	②塔不煙	虎思斡耳朵	感天后		1	咸清 4 年		
大蒙古	熬羅孛極裂		太祖	元明	1	天興元年	後不詳	
古格						334 年		西藏阿里

月曆表

5860—355—2140386

月干支序數	月序＼星期	日	1	2	3	4	5	6	日	1	2	3	4	5	6	日	1	2	3	4	5	6	日	1	2	3	4	5	6	日	1	2	3	4	5	6	日	1
	公曆 1 月				1	2	3	4	5	6	7	8	9	10	11	12	13	14	15	16	17	18	19	20	21	22	23	24	25	26	27	28	29	30	31			
38	夏曆十二月				27	28	29	㉝	2	3	4	5	6	7	8	9	10	11	12	13	14	15	16	17	18	19	20	21	22	23	24	25	26	27	28			
	回曆 8 月				26	27	28	29	30	1	2	3	4	5	6	7	8	9	10	11	12	13	14	15	16	17	18	19	20	21	22	23	24	25	26			
	藏曆十二月				27	28	30	1	2	3	4	5	6	7	8	9	10	11	12	13	14	15	16	17	18	19	20	21	22	23	24	25	26	27	28			
	公曆 2 月							1	2	3	4	5	6	7	8	9	10	11	12	13	14	15	16	17	18	19	20	21	22	23	24	25	26	27	28			
39	夏曆正月							29	②	2	3	4	5	6	7	8	9	10	11	12	13	14	15	16	17	18	19	20	21	22	23	24	25	26	27			
	回曆 9 月							27	28	29	1	2	3	4	5	6	7	8	9	10	11	12	13	14	15	16	17	18	19	20	21	22	23	24	25			
陰火兔年	藏曆一月							29	30	1	2	3	4	6	7	8	9	9	10	11	12	13	14	15	16	17	18	19	20	21	22	23	24	25	26			
	公曆 3 月							1	2	3	4	5	6	7	8	9	10	11	12	13	14	15	16	17	18	19	20	21	22	23	24	25	26	27	28	29	30	31
40	夏曆二月							28	29	30	㉜	2	3	4	5	6	7	8	9	10	11	12	13	14	15	16	17	18	19	20	21	22	23	24	25	26	27	28
	回曆 10 月							26	27	28	29	30	1	2	3	4	5	6	7	8	9	10	11	12	13	14	15	16	17	18	19	20	21	22	23	24	25	26
	藏曆二月							27	29	30	1	2	3	4	5	6	7	8	9	10	11	12	13	13	14	15	16	17	18	19	20	21	23	24	25	26	27	28
	公曆 4 月			1	2	3	4	5	6	7	8	9	10	11	12	13	14	15	16	17	18	19	20	21	22	23	24	25	26	27	28	29	30					
41	夏曆三月			29	①	2	3	4	5	6	7	8	9	10	11	12	13	14	15	16	17	18	19	20	21	22	23	24	25	26	27	28	29					
	回曆 11 月			27	28	29	1	2	3	4	5	6	7	8	9	10	11	12	13	14	15	16	17	18	19	20	21	22	23	24	25	26	27					
	藏曆三月			29	30	1	2	3	4	5	6	7	8	9	10	11	12	13	14	15	16	17	18	19	20	21	22	23	24	26	27	28	29					
	公曆 5 月					1	2	3	4	5	6	7	8	9	10	11	12	13	14	15	16	17	18	19	20	21	22	23	24	25	26	27	28	29	30	31		
42 43	夏曆四五月					30	㉛	2	3	4	5	6	7	8	9	10	11	12	13	14	15	16	17	18	19	20	21	22	23	24	25	26	27	28	29	㊿		
	回曆 12 月					28	29	30	1	2	3	4	5	6	7	8	9	10	11	12	13	14	15	16	17	18	19	20	21	22	23	24	25	26	27	28		
	藏曆四月					30	1	2	3	4	5	6	7	8	8	9	10	11	12	13	14	15	16	17	19	20	21	22	23	24	25	26	27	28	29	30		
	公曆 6 月	1	2	3	4	5	6	7	8	9	10	11	12	13	14	15	16	17	18	19	20	21	22	23	24	25	26	27	28	29	30							
44	夏曆六月	2	3	4	5	6	7	8	9	10	11	12	13	14	15	16	17	18	19	20	21	22	23	24	25	26	27	28	29	30	㉚							
542 年	回曆 1 月	29	①	2	3	4	5	6	7	8	9	10	11	12	13	14	15	16	17	18	19	20	21	22	23	24	25	26	27	28	29							
	藏曆五六月	1	2	3	4	5	6	7	8	9	10	11	12	13	14	15	16	17	18	19	20	22	23	24	25	26	27	28	29	30	1							
	公曆 7 月			1	2	3	4	5	6	7	8	9	10	11	12	13	14	15	16	17	18	19	20	21	22	23	24	25	26	27	28	29	30	31				
45	夏曆七月			2	3	4	5	6	7	8	9	10	11	12	13	14	15	16	17	18	19	20	21	22	23	24	25	26	27	28	29	㊾	2	3				
	回曆 2、3 月			30	1	2	3	4	5	6	7	8	9	10	11	12	13	14	15	16	17	18	19	20	21	22	23	24	25	26	27	28	29	1				
	藏曆七月			2	3	4	4	5	6	7	8	9	10	11	12	13	15	16	17	18	19	20	21	22	23	24	25	26	27	28	29	30	1	2				
	公曆 8 月						1	2	3	4	5	6	7	8	9	10	11	12	13	14	15	16	17	18	19	20	21	22	23	24	25	26	27	28	29	30	31	
46	夏曆八月						4	5	6	7	8	9	10	11	12	13	14	15	16	17	18	19	20	21	22	23	24	25	26	27	28	29	30	㉙	2	3	4	

續表

月干支序數	月＼星期 序	日	1	2	3	4	5	6	日	1	2	3	4	5	6	日	1	2	3	4	5	6	日	1	2	3	4	5	6	日	1	2	3	4	5	6	日	1
	回曆4月						2	3	4	5	6	7	8	9	10	11	12	13	14	15	16	17	18	19	20	21	22	23	24	25	26	27	28	29	30	1	2	
	藏曆八月						3	4	5	6	7	8	9	10	11	12	13	14	15	16	18	19	20	21	22	23	24	25	26	27	28	29	30	30	1	1	2	
	公曆9月		1	2	3	4	5	6	7	8	9	10	11	12	13	14	15	16	17	18	19	20	21	22	23	24	25	26	27	28	29	30						
47	夏曆九月		5	6	7	8	9	10	11	12	13	14	15	16	17	18	19	20	21	22	23	24	25	26	27	28	29	30	(59)	2	3	4						
	回曆5月		3	4	5	6	7	8	9	10	11	12	13	14	15	16	17	18	19	20	21	22	23	24	25	26	27	28	29	1	2	3						
	藏曆九月		3	4	5	6	7	8	9	11	12	13	14	15	16	17	18	19	20	21	22	23	24	25	26	27	28	29	1	2	3	4						
	公曆10月				1	2	3	4	5	6	7	8	9	10	11	12	13	14	15	16	17	18	19	20	21	22	23	24	25	26	27	28	29	30	31			
48	夏曆十月				5	6	7	8	9	10	11	12	13	14	15	16	17	18	19	20	21	22	23	24	25	26	27	28	29	㉘	2	3	4	5	6			
	回曆6月				4	5	6	7	8	9	10	11	12	13	14	15	16	17	18	19	20	21	22	23	24	25	26	27	28	29	30	1	2	3	4			
	藏曆十月				5	6	7	8	9	10	11	12	13	15	16	17	18	19	20	21	22	23	24	25	25	26	27	28	29	30	1	2	3	4	5			
	公曆11月							1	2	3	4	5	6	7	8	9	10	11	12	13	14	15	16	17	18	19	20	21	22	23	24	25	26	27	28	29	30	
49	夏曆十一月							7	8	9	10	11	12	13	14	15	16	17	18	19	20	21	22	23	24	25	26	27	28	29	30	(58)	2	3	4	5	6	
	回曆7月							5	6	7	8	9	10	11	12	13	14	15	16	17	18	19	20	21	22	23	24	25	26	27	28	29	1	2	3	4	5	
	藏曆十一月							6	8	9	10	11	12	13	14	15	16	17	18	19	20	21	22	23	24	25	26	27	28	29	30	1	2	3	4	5	6	
	公曆12月		1	2	3	4	5	6	7	8	9	10	11	12	13	14	15	16	17	18	19	20	21	22	23	24	25	26	27	28	29	30	31					
50	夏曆十二月		7	8	9	10	11	12	13	14	15	16	17	18	19	20	21	22	23	24	25	26	27	28	29	30	㉘	2	3	4	5	6	7					
	回曆8月		6	7	8	9	10	11	12	13	14	15	16	17	18	19	20	21	22	23	24	25	26	27	28	29	30	1	2	3	4	5	6					
	藏曆十二月		7	8	9	10	11	12	14	15	16	17	17	18	19	20	21	22	23	24	25	26	27	28	29	30	1	2	3	4	5	7	8					

金三月乙丑，七月癸亥。

大事記

正月，宋命諸路收試中原流寓士人。宋禁監司郡守進羨糴。　三月，金歲以牛羊米絹之物與蒙古以和。蒙古酋長自號大蒙古，自稱祖元皇叔，建元天興。　六月，金宗弼以結納朋黨罪殺吏部侍郎王珏等漢官多人。　八月，夏正式策試舉人，立唱名法，又設立童子科。　九月，宋減四川科率虛額錢。金宗弼由大傅進封太師，領三省事，都元帥兼領行臺尚書省。　十二月，金帝選河南北女子四千餘人以充後宮。

宋遼金紀年

干支戊辰　公元1148年

朝代或國名	國家支配者	建都	廟號	謚號	建元	年號年次	輔政者	備注
南宋	①趙構	臨安	高宗	憲	2	2 紹興18年	秦檜	
大理	③段正興	陽苴咩	景宗	正康	5	1 永貞元年		在雲南
西夏	⑤李仁孝	（銀川）	仁宗	聖德	4	2 人慶5年		
金	③完顏亶	會寧	熙宗	成	2	2 皇統8年		
西遼	②塔不煙	虎思斡耳朵	感天后		1	咸清5年		
古格						335年		西藏阿里

月干支序数	月序＼星期	日	1	2	3	4	5	6	日	1	2	3	4	5	6	日	1	2	3	4	5	6	日	1	2	3	4	5	6	日	1	2	3	4	5	6	日	1
	公曆1月					1	2	3	4	5	6	7	8	9	10	11	12	13	14	15	16	17	18	19	20	21	22	23	24	25	26	27	28	29	30	31		
51	夏曆正月					8	9	10	11	12	13	14	15	16	17	18	19	20	21	22	23	24	25	26	27	28	29	(57)	2	3	4	5	6	7	8	9		
	回曆9月					7	8	9	10	11	12	13	14	15	16	17	18	19	20	21	22	23	24	25	26	27	28	29	1	2	3	4	5	6	7	8		
陽土龍年	藏曆一月					9	10	11	12	13	14	15	16	17	18	19	20	20	21	22	23	24	25	26	27	28	29	2	3	4	5	6	7	8	9	10		
	公曆2月	1	2	3	4	5	6	7	8	9	10	11	12	13	14	15	16	17	18	19	20	21	22	23	24	25	26	27	28	29								
52	夏曆二月	10	11	12	13	14	15	16	17	18	19	20	21	22	23	24	25	26	27	28	29	30	㉗	2	3	4	5	6	7	8								
	回曆10月	9	10	11	12	13	14	15	16	17	18	19	20	21	22	23	24	25	26	27	28	29	30	1	2	3	4	5	6	7								
	藏曆二月	11	12	13	14	15	16	17	18	19	20	21	22	23	24	25	26	27	28	29	30	30	1	2	3	4	6	7	8	9								
	公曆3月		1	2	3	4	5	6	7	8	9	10	11	12	13	14	15	16	17	18	19	20	21	22	23	24	25	26	27	28	29	30	31					
53	夏曆三月		9	10	11	12	13	14	15	16	17	18	19	20	21	22	23	24	25	26	27	28	29	(56)	2	3	4	5	6	7	8	9	10					
	回曆11月		8	9	10	11	12	13	14	15	16	17	18	19	20	21	22	23	24	25	26	27	28	29	1	2	3	4	5	6	7	8	9					
	藏曆三月		10	11	12	13	13	14	15	16	17	18	19	20	21	22	23	24	25	26	27	28	30	1	2	3	4	5	6	7	8	9	10					
	公曆4月					1	2	3	4	5	6	7	8	9	10	11	12	13	14	15	16	17	18	19	20	21	22	23	24	25	26	27	28	29	30			
54	夏曆四月					11	12	13	14	15	16	17	18	19	20	21	22	23	24	25	26	27	28	29	㉕	2	3	4	5	6	7	8	9	10	11			
	回曆12月					10	11	12	13	14	15	16	17	18	19	20	21	22	23	24	25	26	27	28	29	30	1	2	3	4	5	6	7	8	9			
	藏曆四月					11	12	13	14	15	16	17	17	18	19	20	22	23	24	25	26	27	28	29	30	1	2	3	5	6	6	7	8	9	10			
	公曆5月							1	2	3	4	5	6	7	8	9	10	11	12	13	14	15	16	17	18	19	20	21	22	23	24	25	26	27	28	29	30	31
55	夏曆五月							12	13	14	15	16	17	18	19	20	21	22	23	24	25	26	27	28	29	30	(55)	2	3	4	5	6	7	8	9	10	11	12
543年	回曆1月							10	11	12	13	14	15	16	17	18	19	20	21	22	23	24	25	26	27	28	29	30	①	2	3	4	5	6	7	8	9	10
	藏曆五月							11	12	13	14	15	16	17	18	19	20	21	22	23	24	26	27	28	29	30	1	2	3	4	5	6	7	8	9	10	11	12
	公曆6月			1	2	3	4	5	6	7	8	9	10	11	12	13	14	15	16	17	18	19	20	21	22	23	24	25	26	27	28	29	30					
56	夏曆六月			13	14	15	16	17	18	19	20	21	22	23	24	25	26	27	28	29	㉔	2	3	4	5	6	7	8	9	10	11	12	13					
	回曆2月			11	12	13	14	15	16	17	18	19	20	21	22	23	24	25	26	27	28	29	30	1	2	3	4	5	6	7	8	9	10					
	藏曆六月			13	13	14	15	16	17	19	20	21	22	23	24	25	26	27	28	30	1	2	3	3	4	5	6	7	8	9	10	11	12					
	公曆7月					1	2	3	4	5	6	7	8	9	10	11	12	13	14	15	16	17	18	19	20	21	22	23	24	25	26	27	28	29	30	31		
57	夏曆七月					14	15	16	17	18	19	20	21	22	23	24	25	26	27	28	29	30	(54)	2	3	4	5	6	7	8	9	10	11	12	13	14		
	回曆3月					11	12	13	14	15	16	17	18	19	20	21	22	23	24	25	26	27	28	29	1	2	3	4	5	6	7	8	9	10	11	12		
	藏曆七月					13	14	15	16	17	18	19	20	22	23	24	25	26	27	28	29	30	1	2	3	4	5	6	7	8	9	10	10	11	12	14		
	公曆8月	1	2	3	4	5	6	7	8	9	10	11	12	13	14	15	16	17	18	19	20	21	22	23	24	25	26	27	28	29	30	31						
58	夏曆八月	15	16	17	18	19	20	21	22	23	24	25	26	27	28	29	㉓	2	3	4	5	6	7	8	9	10	11	12	13	14	15	16						
	回曆4月	13	14	15	16	17	18	19	20	21	22	23	24	25	26	27	28	29	30	1	2	3	4	5	6	7	8	9	10	11	12	13						
	藏曆八月	15	16	17	18	19	20	21	22	23	25	26	27	28	29	30	30	1	2	3	4	5	6	7	8	9	10	11	12	13	14	15						
	公曆9月				1	2	3	4	5	6	7	8	9	10	11	12	13	14	15	16	17	18	19	20	21	22	23	24	25	26	27	28	29	30				
	夏曆閏八月				17	18	19	20	21	22	23	24	25	26	27	28	29	30	(53)	2	3	4	5	6	7	8	9	10	11	12	13	14	15	16				
	回曆5月				14	15	16	17	18	19	20	21	22	23	24	25	26	27	28	29	1	2	3	4	5	6	7	8	9	10	11	12	13	14				
	藏曆九月				16	18	19	20	21	22	23	24	25	26	27	28	29	30	1	2	3	4	5	5	6	7	8	9	11	12	13	14	15	16				
	公曆10月						1	2	3	4	5	6	7	8	9	10	11	12	13	14	15	16	17	18	19	20	21	22	23	24	25	26	27	28	29	30	31	
59	夏曆九月						17	18	19	20	21	22	23	24	25	26	27	28	29	30	㉓	2	3	4	5	6	7	8	9	10	11	12	13	14	15	16	17	
	回曆6月						15	16	17	18	19	20	21	22	23	24	25	26	27	28	29	30	1	2	3	4	5	6	7	8	9	10	11	12	13	14	15	
	藏曆十月						17	18	19	20	21	22	23	24	25	26	27	28	29	30	1	2	3	4	5	6	7	8	9	10	11	12	13	15	16	17	18	
	公曆11月		1	2	3	4	5	6	7	8	9	10	11	12	13	14	15	16	17	18	19	20	21	22	23	24	25	26	27	28	29	30						
60	夏曆十月		18	19	20	21	22	23	24	25	26	27	28	29	(52)	2	3	4	5	6	7	8	9	10	11	12	13	14	15	16	17	18						
	回曆7月		16	17	18	19	20	21	22	23	24	25	26	27	28	29	1	2	3	4	5	6	7	8	9	10	11	12	13	14	15	16						
	藏曆十一月		19	20	21	22	23	24	25	26	27	28	28	29	30	1	2	3	4	5	6	7	9	10	11	12	13	14	15	16	17	18						

續表

月 干支 序數	星期 月序	日	1	2	3	4	5	6	日	1	2	3	4	5	6	日	1	2	3	4	5	6	日	1	2	3	4	5	6	日	1	2	3	4	5	6	日	1
	公曆12月			1	2	3	4	5	6	7	8	9	10	11	12	13	14	15	16	17	18	19	20	21	22	23	24	25	26	27	28	29	30	31			
1	夏曆十一月			19	20	21	22	23	24	25	26	27	28	29	30	㉒	2	3	4	5	6	7	8	9	10	11	12	13	14	15	16	17	18	19			
	回曆8月			17	18	19	20	21	22	23	24	25	26	27	28	29	30	1	2	3	4	5	6	7	8	9	10	11	12	13	14	15	16	17			
	藏曆十二月			19	20	21	22	23	24	25	26	27	28	29	30	1	2	3	4	5	6	7	8	9	10	11	12	14	15	16	17	18	19	20			

《汪氏長術》十月乙丑，誤。

大事記

三月，宋召關陝流民補殿前軍。　四月，金修《遼史》成。　六月，浙東西、淮南、江東旱。金以完顔亮為相。　八月，宋免江浙、湖南當年和糴。福建諸州起義失敗。　十月，金兀朮卒。　十一月，夏中書令濮王仁忠卒。　十二月，宋賑明、秀、潤、徽、婺、饒、信諸州流民　是歲，夏建内學，又修新律成。宋文學家葉夢得卒(1077—1148)。宋墾荒七萬餘畝。

宋遼金紀年　　干支己巳　公元1149年

朝代或國名	國家支配者	建都	廟號	謚號	建元	年號年次	輔政者	備注
南宋	①趙構	臨安	高宗	憲	2	2 紹興 19 年	秦檜	
大理	③段正興	陽苴咩	景宗	正康	5	2 大寶元年		在雲南
西夏	⑤李仁孝	(銀川)	仁宗	聖德	4	3 天盛元年		
金	④完顔亮 (海陵王)	會寧			3	1 天德元年		十二月乙未即位。
金	③完顔亶	會寧	熙宗	成	2	2 皇統 9 年		十二月被殺
西遼	②塔不煙	虎思斡耳朵	感天后		1	咸清 6 年		
古格						336 年		西藏阿里

月曆表　　5862—355—2141125

月 干支 序數	星期 月序	日	1	2	3	4	5	6	日	1	2	3	4	5	6	日	1	2	3	4	5	6	日	1	2	3	4	5	6	日	1	2	3	4	5	6	日	1
	公曆1月						1	2	3	4	5	6	7	8	9	10	11	12	13	14	15	16	17	18	19	20	21	22	23	24	25	26	27	28	29	30	31
2	夏曆十二月						20	21	22	23	24	25	26	27	28	29	30	(52)	2	3	4	5	6	7	8	9	10	11	12	13	14	15	16	17	18	19	20
	回曆9月						18	19	20	21	22	23	24	25	26	27	28	29	1	2	3	4	5	6	7	8	9	10	11	12	13	14	15	16	17	18	19
陰土蛇年	藏曆一月						20	21	22	23	24	25	26	27	28	29	30	1	2	3	4	5	6	8	9	10	11	12	13	14	15	16	17	18	19	20	21
	公曆2月			1	2	3	4	5	6	7	8	9	10	11	12	13	14	15	16	17	18	19	20	21	22	23	24	25	26	27	28							
3	夏曆正月			21	22	23	24	25	26	27	28	29	㉑	2	3	4	5	6	7	8	9	10	11	12	13	14	15	16	17	18	19							
	回曆10月			20	21	22	23	24	25	26	27	28	29	30	1	2	3	4	5	6	7	8	9	10	11	12	13	14	15	16	17							
	藏曆二月			22	23	23	24	25	26	27	28	29	30	1	3	4	5	6	7	8	9	10	11	12	13	14	15	16	17	18	19							
	公曆3月			1	2	3	4	5	6	7	8	9	10	11	12	13	14	15	16	17	18	19	20	21	22	23	24	25	26	27	28	29	30	31				
4	夏曆二月			20	21	22	23	24	25	26	27	28	29	30	(51)	2	3	4	5	6	7	8	9	10	11	12	13	14	15	16	17	18	19	20				
	回曆11月			18	19	20	21	22	23	24	25	26	27	28	29	1	2	3	4	5	6	7	8	9	10	11	12	13	14	15	16	17	18	19				
	藏曆三月			20	21	22	23	24	25	26	27	28	29	30	1	2	3	4	5	7	8	9	10	11	12	13	14	15	16	16	17	18	19	20				
	公曆4月						1	2	3	4	5	6	7	8	9	10	11	12	13	14	15	16	17	18	19	20	21	22	23	24	25	26	27	28	29	30		

續表

月 干支 序數	月 星期 序	日	1	2	3	4	5	6	日	1	2	3	4	5	6	日	1	2	3	4	5	6	日	1	2	3	4	5	6	日	1	2	3	4	5	6	日	1
5	夏曆三月						21	22	23	24	25	26	27	28	29	⑳	2	3	4	5	6	7	8	9	10	11	12	13	14	15	16	17	18	19	20	21		
	回曆12月						20	21	22	23	24	25	26	27	28	29	30	1	2	3	4	5	6	7	8	9	10	11	12	13	14	15	16	17	18	19		
	藏曆四月						21	22	23	24	25	26	27	28	30	1	2	3	4	5	6	7	8	9	10	11	12	13	14	15	16	17	18	19	20	21		
	公曆5月	1	2	3	4	5	6	7	8	9	10	11	12	13	14	15	16	17	18	19	20	21	22	23	24	25	26	27	28	29	30	31						
6	夏曆四月	22	23	24	25	26	27	28	29	㊾	2	3	4	5	6	7	8	9	10	11	12	13	14	15	16	17	18	19	20	21	22	23						
544年	回曆1月	20	21	22	23	24	25	26	27	28	29	①	2	3	4	5	6	7	8	9	10	11	12	13	14	15	16	17	18	19	20	21						
	藏曆五月	22	23	24	25	26	27	28	29	30	1	2	4	5	6	7	8	9	10	11	11	12	13	14	15	16	17	18	19	20	21	22						
	公曆6月				1	2	3	4	5	6	7	8	9	10	11	12	13	14	15	16	17	18	19	20	21	22	23	24	25	26	27	28	29	30				
7	夏曆五月				24	25	26	27	28	29	30	⑲	2	3	4	5	6	7	8	9	10	11	12	13	14	15	16	17	18	19	20	21	22	23				
	回曆2月				22	23	24	25	26	27	28	29	30	1	2	3	4	5	6	7	8	9	10	11	12	13	14	15	16	17	18	19	20	21				
	藏曆六月				23	24	25	27	28	29	30	1	2	3	4	5	6	7	8	9	10	11	12	13	14	15	16	17	18	19	20	21	22	23				
	公曆7月						1	2	3	4	5	6	7	8	9	10	11	12	13	14	15	16	17	18	19	20	21	22	23	24	25	26	27	28	29	30	31	
8	夏曆六月						24	25	26	27	28	29	㊽	2	3	4	5	6	7	8	9	10	11	12	13	14	15	16	17	18	19	20	21	22	23	24	25	
	回曆3月						22	23	24	25	26	27	28	29	1	2	3	4	5	6	7	8	9	10	11	12	13	14	15	16	17	18	19	20	21	22	23	
	藏曆七月						24	25	26	27	29	30	1	2	3	4	5	6	7	8	8	9	10	11	12	13	14	15	16	17	18	19	20	22	23	24	25	
	公曆8月		1	2	3	4	5	6	7	8	9	10	11	12	13	14	15	16	17	18	19	20	21	22	23	24	25	26	27	28	29	30	31					
9	夏曆七月		26	27	28	29	⑰	2	3	4	5	6	7	8	9	10	11	12	13	14	15	16	17	18	19	20	21	22	23	24	25	26	27					
	回曆4月		24	25	26	27	28	29	30	1	2	3	4	5	6	7	8	9	10	11	12	13	14	15	16	17	18	19	20	21	22	23	24					
	藏曆後七月		26	27	28	29	30	1	2	3	4	5	6	7	8	9	10	11	12	13	14	15	16	17	18	19	20	21	22	23	25	26	27					
	公曆9月					1	2	3	4	5	6	7	8	9	10	11	12	13	14	15	16	17	18	19	20	21	22	23	24	25	26	27	28	29	30			
10	夏曆八月					28	29	30	㊼	2	3	4	5	6	7	8	9	10	11	12	13	14	15	16	17	18	19	20	21	22	23	24	25	26	27			
	回曆5月					25	26	27	28	29	1	2	3	4	5	6	7	8	9	10	11	12	13	14	15	16	17	18	19	20	21	22	23	24	25			
	藏曆八月					28	29	30	1	2	3	5	4	4	5	6	7	8	9	10	11	12	13	14	15	16	18	19	20	21	22	23	24	25	26			
	公曆10月							1	2	3	4	5	6	7	8	9	10	11	12	13	14	15	16	17	18	19	20	21	22	23	24	25	26	27	28	29	30	31
11	夏曆九月							28	29	30	⑰	2	3	4	5	6	7	8	9	10	11	12	13	14	15	16	17	18	19	20	21	22	23	24	25	26	27	28
	回曆6月							26	27	28	29	30	1	2	3	4	5	6	7	8	9	10	11	12	13	14	15	16	17	18	19	20	21	22	23	24	25	26
	藏曆九月							27	28	29	1	2	3	4	5	6	7	8	9	10	11	12	13	14	15	16	17	18	19	20	21	23	24	25	26	27	28	28
	公曆11月			1	2	3	4	5	6	7	8	9	10	11	12	13	14	15	16	17	18	19	20	21	22	23	24	25	26	27	28	29	30					
12	夏曆十月			29	㊻	2	3	4	5	6	7	8	9	10	11	12	13	14	15	16	17	18	19	20	21	22	23	24	25	26	27	28	29					
	回曆7月			27	28	29	1	2	3	4	5	6	7	8	9	10	11	12	13	14	15	16	17	18	19	20	21	22	23	24	25	26	27					
	藏曆十月			29	30	1	2	3	4	5	6	7	8	9	10	11	12	13	14	16	17	18	19	20	21	22	23	24	25	26	27	28	29					
	公曆12月					1	2	3	4	5	6	7	8	9	10	11	12	13	14	15	16	17	18	19	20	21	22	23	24	25	26	27	28	29	30	31		
13	夏曆十一月					30	⑯	2	3	4	5	6	7	8	9	10	11	12	13	14	15	16	17	18	19	20	21	22	23	24	25	26	27	28	29	30		
	回曆8月					28	29	30	1	2	3	4	5	6	7	8	9	10	11	12	13	14	15	16	17	18	19	20	21	22	23	24	25	26	27	28		
	藏曆十一月					30	30	1	1	2	3	4	5	6	7	8	10	11	12	13	14	15	16	17	18	19	20	21	22	23	24	25	26	27	28	29		

大事記

三月，以完顏亮為太保，領三省事。　八月，宋略改役法。　十一月，金殺裴滿後及妃嬪多人。殺弟胙玩。金貴族大臣人人自危。宋立州縣墾田增虧償罰格。　十二月，金平章政事完顏亮殺金熙宗，自立為皇帝，是為海陵煬王，改元天德。是歲，夏鑄漢字錢天盛元寶。夏任得敬行賄得為尚書令。

宋遼金紀年

干支庚午　公元 1150 年

朝代或國名	國家支配者	建　都	廟號	謚號	建元	年號年次	輔政者	備　注
南宋	①趙構	臨安	高宗	憲	2	2 紹興 20 年	秦檜	
大理	③段正興	陽苴咩	景宗	正康	5	2 大寶 2 年		在雲南
西夏	⑤李仁孝	(銀川)	仁宗	聖德	4	3 天盛 2 年		
金	④完顏亮 (海陵王)	會寧			3	1 天德 2 年		
西遼	②塔不煙	虎思斡耳朵	感天后		1	咸清 7 年		耶律夷列即位
古格						337 年		西藏阿里

月曆表

5863—354—2141479

月 干支 序數	星期 月序	日	1	2	3	4	5	6	日	1	2	3	4	5	6	日	1	2	3	4	5	6	日	1	2	3	4	5	6	日	1	2	3	4	5	6	日	1
	公暦 1 月	1	2	3	4	5	6	7	8	9	10	11	12	13	14	15	16	17	18	19	20	21	22	23	24	25	26	27	28	29	30	31						
14 15	夏暦十二正月	㊻	2	3	4	5	6	7	8	9	10	11	12	13	14	15	16	17	18	19	20	21	22	23	24	25	26	27	28	29	30	⑯						
	回暦 9 月	29	1	2	3	4	5	6	7	8	9	10	11	12	13	14	15	16	17	18	19	20	21	22	23	24	25	26	27	28	29	30						
陽金馬年	藏暦十二一月	1	2	3	4	5	6	7	8	9	10	11	12	13	15	16	17	18	19	20	21	22	23	23	24	25	26	27	28	29	30	1						
	公暦 2 月				1	2	3	4	5	6	7	8	9	10	11	12	13	14	15	16	17	18	19	20	21	22	23	24	25	26	27	28						
	夏暦正月				2	3	4	5	6	7	8	9	10	11	12	13	14	15	16	17	18	19	20	21	22	23	24	25	26	27	28	29						
	回暦 10 月				1	2	3	4	5	6	7	8	9	10	11	12	13	14	15	16	17	18	19	20	21	22	23	24	25	26	27	28						
	藏暦一月				2	3	4	5	6	7	8	10	11	12	13	14	15	16	17	18	19	20	21	22	23	24	25	26	26	27	28	29						
	公暦 3 月				1	2	3	4	5	6	7	8	9	10	11	12	13	14	15	16	17	18	19	20	21	22	23	24	25	26	27	28	29	30	31			
16 17	夏暦二三月				㊺	2	3	4	5	6	7	8	9	10	11	12	13	14	15	16	17	18	19	20	21	22	23	24	25	26	27	28	29	30	⑮			
	回暦 11 月				29	1	2	3	4	5	6	7	8	9	10	11	12	13	14	15	16	17	18	19	20	21	22	23	24	25	26	27	28	29	30			
	藏暦二三月				30	1	3	4	5	6	7	8	9	10	11	12	13	14	15	16	17	18	19	20	21	22	23	24	25	26	27	28	29	30	1			
	公暦 4 月							1	2	3	4	5	6	7	8	9	10	11	12	13	14	15	16	17	18	19	20	21	22	23	24	25	26	27	28	29	30	
18	夏暦四月							2	3	4	5	6	7	8	9	10	11	12	13	14	15	16	17	18	19	20	21	22	23	24	25	26	27	28	29	㊹	2	
545 年	回暦 12、1 月							1	2	3	4	5	6	7	8	9	10	11	12	13	14	15	16	17	18	19	20	21	22	23	24	25	26	27	28	29	①	
	藏暦四月							2	3	4	5	7	8	9	10	11	12	13	14	15	16	17	18	19	20	20	21	22	23	24	25	26	27	28	30	1	2	
	公暦 5 月		1	2	3	4	5	6	7	8	9	10	11	12	13	14	15	16	17	18	19	20	21	22	23	24	25	26	27	28	29	30	31					
19	夏暦五月		3	4	5	6	7	8	9	10	11	12	13	14	15	16	17	18	19	20	21	22	23	24	25	26	27	28	29	⑬	2	3	4					
	回暦 2 月		2	3	4	5	6	7	8	9	10	11	12	13	14	15	16	17	18	19	20	21	22	23	24	25	26	27	28	29	30	1	2					
	藏暦五月		3	4	5	6	7	8	9	10	11	12	13	14	15	16	17	18	19	20	21	22	23	24	25	26	27	28	29	30	1	2	4					
	公暦 6 月					1	2	3	4	5	6	7	8	9	10	11	12	13	14	15	16	17	18	19	20	21	22	23	24	25	26	27	28	29	30			
20	夏暦六月					5	6	7	8	9	10	11	12	13	14	15	16	17	18	19	20	21	22	23	24	25	26	27	28	29	30	㊸	2	3	4			
	回暦 3 月					3	4	5	6	7	8	9	10	11	12	13	14	15	16	17	18	19	20	21	22	23	24	25	26	27	28	29	1	2	3			
	藏暦六月					5	6	7	8	9	10	11	12	13	14	15	16	16	17	18	19	20	21	22	23	24	26	27	28	29	30	1	2	3	4			
	公暦 7 月							1	2	3	4	5	6	7	8	9	10	11	12	13	14	15	16	17	18	19	20	21	22	23	24	25	26	27	28	29	30	31
21	夏暦七月							5	6	7	8	9	10	11	12	13	14	15	16	17	18	19	20	21	22	23	24	25	26	27	28	29	⑫	2	3	4	5	6
	回暦 4 月							4	5	6	7	8	9	10	11	12	13	14	15	16	17	18	19	20	21	22	23	24	25	26	27	28	29	30	1	2	3	4
	藏暦七月							5	6	7	8	9	10	11	12	13	14	15	16	17	18	19	20	21	22	23	24	25	26	27	29	30	1	2	3	4	5	6
	公暦 8 月			1	2	3	4	5	6	7	8	9	10	11	12	13	14	15	16	17	18	19	20	21	22	23	24	25	26	27	28	29	30	31				

續表

月干支序數	月序＼星期	日	1	2	3	4	5	6	日	1	2	3	4	5	6	日	1	2	3	4	5	6	日	1	2	3	4	5	6	日	1	2	3	4	5	6	日	1
22	夏曆八月			7	8	9	10	11	12	13	14	15	16	17	18	19	20	21	22	23	24	25	26	27	28	29	㊶	2	3	4	5	6	7	8				
	回曆5月			5	6	7	8	9	10	11	12	13	14	15	16	17	18	19	20	21	22	23	24	25	26	27	28	29	1	2	3	4	5	6				
	藏曆八月			7	8	9	10	11	12	13	13	14	15	16	17	18	19	20	22	23	24	25	26	27	28	29	30	1	2	3	4	5	6	7				
	公曆9月						1	2	3	4	5	6	7	8	9	10	11	12	13	14	15	16	17	18	19	20	21	22	23	24	25	26	27	28	29	30		
23	夏曆九月						9	10	11	12	13	14	15	16	17	18	19	20	21	22	23	24	25	26	27	28	29	30	⑪	2	3	4	5	6	7	8		
	回曆6月						7	8	9	10	11	12	13	14	15	16	17	18	19	20	21	22	23	24	25	26	27	28	29	30	1	2	3	4	5	6		
	藏曆九月						8	9	10	11	12	13	14	15	16	17	18	19	20	21	22	23	25	26	27	28	29	30	1	2	3	4	5	6	7	8		
	公曆10月	1	2	3	4	5	6	7	8	9	10	11	12	13	14	15	16	17	18	19	20	21	22	23	24	25	26	27	28	29	30	31						
24	夏曆十月	9	10	11	12	13	14	15	16	17	18	19	20	21	22	23	24	25	26	27	28	29	㊵	2	3	4	5	6	7	8	9	10						
	回曆7月	7	8	9	10	11	12	13	14	15	16	17	18	19	20	21	22	23	24	25	26	27	28	29	1	2	3	4	5	6	7	8						
	藏曆十月	8	9	10	11	12	13	14	15	16	17	19	20	21	22	23	24	25	26	27	28	29	30	1	2	3	4	5	6	7	8	9						
	公曆11月				1	2	3	4	5	6	7	8	9	10	11	12	13	14	15	16	17	18	19	20	21	22	23	24	25	26	27	28	29	30				
25	夏曆十一月				11	12	13	14	15	16	17	18	19	20	21	22	23	24	25	26	27	28	29	30	⑩	2	3	4	5	6	7	8	9	10				
	回曆8月				9	10	11	12	13	14	15	16	17	18	19	20	21	22	23	24	25	26	27	28	29	30	1	2	3	4	5	6	7	8				
	藏曆十一月				10	11	12	13	14	15	16	17	18	19	20	21	23	24	25	26	27	28	29	30	30	1	1	2	3	4	5	6	7	8				
	公曆12月						1	2	3	4	5	6	7	8	9	10	11	12	13	14	15	16	17	18	19	20	21	22	23	24	25	26	27	28	29	30	31	
26	夏曆十二月						11	12	13	14	15	16	17	18	19	20	21	22	23	24	25	26	27	28	29	30	㊵	2	3	4	5	6	7	8	9	10	11	
	回曆9月						9	10	11	12	13	14	15	16	17	18	19	20	21	22	23	24	25	26	27	28	29	1	2	3	4	5	6	7	8	9	10	
	藏曆十二月						9	10	11	12	13	14	15	17	18	19	20	21	22	23	24	25	26	27	28	29	1	2	3	4	4	5	6	7	8	9	11	

大事記

正月，宋軍校施全刺秦檜未遂，被殺。　四月，金帝大殺宗室及大臣。宋沿海連年不靖，至是稍定。　十二月，金下令廢行臺尚書省，政令統一於朝廷，大批任用漢人、契丹人及渤海人。　是歲，宋境因旱饑，起事數宗。金始增殿試之制。夏任得敬為中書令。

宋遼金紀年

干支辛未　公元 1151 年

朝代或國名	國家支配者	建　都	廟號	謚號	建元	年號年次	輔政者	備　注
南宋	①趙構	臨安	高宗	憲	2	2 紹興 21 年	秦檜	
大理	③段正興	陽苴咩	景宗	正康	5	2 大寶 3 年		在雲南
西夏	⑤李仁孝	（銀川）	仁宗	聖德	4	3 天盛 3 年		
金	④完顏亮（海陵王）	會寧			3	1 天德 3 年		
西遼	③耶律夷列	虎思斡耳朵	仁宗		1	紹興元年		
古格						338 年		西藏阿里

月曆表

5864—384—2141863

月干支序數	月序＼星期	日	1	2	3	4	5	6	日	1	2	3	4	5	6	日	1	2	3	4	5	6	日	1	2	3	4	5	6	日	1	2	3	4	5	6	日	1
	公曆1月		1	2	3	4	5	6	7	8	9	10	11	12	13	14	15	16	17	18	19	20	21	22	23	24	25	26	27	28	29	30	31					
27	夏曆正月		12	13	14	15	16	17	18	19	20	21	22	23	24	25	26	27	28	29	30	⑩	2	3	4	5	6	7	8	9	10	11	12					
	回曆10月		11	12	13	14	15	16	17	18	19	20	21	22	23	24	25	26	27	28	29	30	1	2	3	4	5	6	7	8	9	10	11					

續表

月 干支 序數	月序 \ 星期	日	1	2	3	4	5	6	日	1	2	3	4	5	6	日	1	2	3	4	5	6	日	1	2	3	4	5	6	日	1	2	3	4	5	6	日	1
陰金羊年	藏曆一月		12	13	14	15	16	17	18	19	20	21	22	23	24	25	26	27	28	29	30	1	2	3	4	5	6	7	8	9	10	11	12					
	公曆 2 月					1	2	3	4	5	6	7	8	9	10	11	12	13	14	15	16	17	18	19	20	21	22	23	24	25	26	27	28					
28	夏曆二月					13	14	15	16	17	18	19	20	21	22	23	24	25	26	27	28	29	㊴	2	3	4	5	6	7	8	9	10	11					
	回曆 11 月					12	13	14	15	16	17	18	19	20	21	22	23	24	25	26	27	28	29	1	2	3	4	5	6	7	8	9	10					
	藏曆二月					13	14	16	17	18	19	20	21	22	23	24	25	26	26	27	28	29	30	1	2	3	4	5	6	7	8	9	11					
	公曆 3 月					1	2	3	4	5	6	7	8	9	10	11	12	13	14	15	16	17	18	19	20	21	22	23	24	25	26	27	28	29	30	31		
29	夏曆三月					12	13	14	15	16	17	18	19	20	21	22	23	24	25	26	27	28	29	30	⑨	2	3	4	5	6	7	8	9	10	11	12		
	回曆 12 月					11	12	13	14	15	16	17	18	19	20	21	22	23	24	25	26	27	28	29	30	1	2	3	4	5	6	7	8	9	10	11		
	藏曆三月					12	13	14	15	16	17	18	19	20	21	22	23	24	25	26	27	28	29	30	1	2	3	4	5	6	7	8	9	10	11	12		
	公曆 4 月	1	2	3	4	5	6	7	8	9	10	11	12	13	14	15	16	17	18	19	20	21	22	23	24	25	26	27	28	29	30							
30	夏曆四月	13	14	15	16	17	18	19	20	21	22	23	24	25	26	27	28	29	30	㊴	2	3	4	5	6	7	8	9	10	11	12							
546年	回曆 1 月	12	13	14	15	16	17	18	19	20	21	22	23	24	25	26	27	28	29	30	①	2	3	4	5	6	7	8	9	10	11							
	藏曆四月	13	15	16	17	18	19	20	20	21	22	23	24	25	26	27	28	29	30	1	2	3	4	5	6	8	9	10	11	12	13							
	公曆 5 月			1	2	3	4	5	6	7	8	9	10	11	12	13	14	15	16	17	18	19	20	21	22	23	24	25	26	27	28	29	30	31				
	夏曆閏四月			13	14	15	16	17	18	19	20	21	22	23	24	25	26	27	28	29	⑧	2	3	4	5	6	7	8	9	10	11	12	13	14				
	回曆 2 月			12	13	14	15	16	17	18	19	20	21	22	23	24	25	26	27	28	29	30	1	2	3	4	5	6	7	8	9	10	11	12				
	藏曆五月			14	15	16	17	18	19	20	21	22	23	24	25	25	26	27	28	30	1	2	3	4	5	6	7	8	9	10	12	13	14	15				
	公曆 6 月						1	2	3	4	5	6	7	8	9	10	11	12	13	14	15	16	17	18	19	20	21	22	23	24	25	26	27	28	29	30		
31	夏曆五月						15	16	17	18	19	20	21	22	23	24	25	26	27	28	29	㊲	2	3	4	5	6	7	8	9	10	11	12	13	14	15		
	回曆 3 月						13	14	15	16	17	18	19	20	21	22	23	24	25	26	27	28	29	1	2	3	4	5	6	7	8	9	10	11	12	13		
	藏曆六月						15	16	17	18	19	20	21	22	23	24	25	26	27	28	29	30	1	2	4	5	6	7	8	9	10	11	12	13	14	15		
	公曆 7 月	1	2	3	4	5	6	7	8	9	10	11	12	13	14	15	16	17	18	19	20	21	22	23	24	25	26	27	28	29	30	31						
32	夏曆六月	16	17	18	19	20	21	22	23	24	25	26	27	28	29	30	⑦	2	3	4	5	6	7	8	9	10	11	12	13	14	15	16						
	回曆 4 月	14	15	16	17	18	19	20	21	22	23	24	25	26	27	28	29	30	1	2	3	4	5	6	7	8	9	10	11	12	13	14						
	藏曆七月	16	17	18	19	20	21	22	23	24	25	26	27	28	29	30	1	2	3	4	5	7	8	9	10	11	12	12	13	14	15	16						
	公曆 8 月				1	2	3	4	5	6	7	8	9	10	11	12	13	14	15	16	17	18	19	20	21	22	23	24	25	26	27	28	29	30	31			
33	夏曆七月				17	18	19	20	21	22	23	24	25	26	27	28	29	㊱	2	3	4	5	6	7	8	9	10	11	12	13	14	15	16	17	18			
	回曆 5 月				15	16	17	18	19	20	21	22	23	24	25	26	27	28	29	1	2	3	4	5	6	7	8	9	10	11	12	13	14	15	16			
	藏曆八月				17	18	19	20	21	22	23	24	25	26	27	29	30	1	2	3	4	5	6	7	8	9	10	11	12	13	14	15	16	17	18			
	公曆 9 月							1	2	3	4	5	6	7	8	9	10	11	12	13	14	15	16	17	18	19	20	21	22	23	24	25	26	27	28	29	30	
34	夏曆八月							19	20	21	22	23	24	25	26	27	28	29	⑤	2	3	4	5	6	7	8	9	10	11	12	13	14	15	16	17	18	19	
	回曆 6 月							17	18	19	20	21	22	23	24	25	26	27	28	29	30	1	2	3	4	5	6	7	8	9	10	11	12	13	14	15	16	
	藏曆九月							19	20	21	22	23	24	25	26	27	28	29	30	1	3	4	5	6	7	7	8	9	10	11	12	13	14	15	16	17	18	
	公曆 10 月		1	2	3	4	5	6	7	8	9	10	11	12	13	14	15	16	17	18	19	20	21	22	23	24	25	26	27	28	29	30	31					
35	夏曆九月		20	21	22	23	24	25	26	27	28	29	30	㉟	2	3	4	5	6	7	8	9	10	11	12	13	14	15	16	17	18	19	20					
	回曆 7 月		17	18	19	20	21	22	23	24	25	26	27	28	29	1	2	3	4	5	6	7	8	9	10	11	12	13	14	15	16	17	18					
	藏曆十月		19	20	21	22	23	24	26	27	28	29	30	1	2	3	4	5	6	7	8	9	10	11	12	12	13	14	15	16	17	19	20					
	公曆 11 月					1	2	3	4	5	6	7	8	9	10	11	12	13	14	15	16	17	18	19	20	21	22	23	24	25	26	27	28	29	30			
36	夏曆十月					21	22	23	24	25	26	27	28	29	④	2	3	4	5	6	7	8	9	10	11	12	13	14	15	16	17	18	19	20	21			
	回曆 8 月					19	20	21	22	23	24	25	26	27	28	29	30	1	2	3	4	5	6	7	8	9	10	11	12	13	14	15	16	17	18			
	藏曆十一月					21	22	23	24	25	26	27	28	29	30	1	2	3	4	5	6	7	8	9	10	11	12	13	14	15	16	17	18	19	20			
	公曆 12 月							1	2	3	4	5	6	7	8	9	10	11	12	13	14	15	16	17	18	19	20	21	22	23	24	25	26	27	28	29	30	31
37	夏曆十一月							22	23	24	25	26	27	28	29	30	㉞	2	3	4	5	6	7	8	9	10	11	12	13	14	15	16	17	18	19	20	21	22
	回曆 9 月							19	20	21	22	23	24	25	26	27	28	29	1	2	3	4	5	6	7	8	9	10	11	12	13	14	15	16	17	18	19	20
	藏曆十二月							21	22	24	25	26	27	28	29	30	1	2	3	4	4	5	6	7	8	9	10	11	12	13	14	15	16	17	19	20	21	22

大事記

正月，金初置國子監。　二月，宋詔諸州置惠民局，官給醫書。宋遣使如金，請歸宗族。　三月，金廣燕京城。四月，金遷都燕京。　閏四月，調工匠修燕京宮室。　五月，宋令國子監刻經史。　八月，秦檜上重修諸路茶鹽法。宋名將韓世忠卒(1089—1151)。　是年，晁公武撰《郡齋讀書誌》成。西遼仁宗夷列改元紹興。

宋遼金紀年

干支壬申　公元 1152 年

朝代或國名	國家支配者	建　都	廟號	謚號	建元	年號年次	輔政者	備　注
南宋	①趙構	臨安	高宗	憲	2	2 紹興 22 年	秦檜	
大理	③段正興	陽苴咩	景宗	正康	5	2 大寶 4 年		在雲南
西夏	⑤李仁孝	(銀川)	仁宗	聖德	4	3 天盛 4 年		
金	④完顏亮(海陵王)	會寧			3	1 天德 4 年		
西遼	③耶律夷列	虎思斡耳朵	仁宗		1	紹興 2 年		
古格						339 年		西藏阿里

月曆表

5865—354—2142217

月干支序數	星期/月序	日	1	2	3	4	5	6	日	1	2	3	4	5	6	日	1	2	3	4	5	6	日	1	2	3	4	5	6	日	1	2	3	4	5	6	日	1
	公曆 1月			1	2	3	4	5	6	7	8	9	10	11	12	13	14	15	16	17	18	19	20	21	22	23	24	25	26	27	28	29	30	31				
38	夏曆十二月			23	24	25	26	27	28	29	30	④	2	3	4	5	6	7	8	9	10	11	12	13	14	15	16	17	18	19	20	21	22	23				
	回曆 10月			21	22	23	24	25	26	27	28	29	30	1	2	3	4	5	6	7	8	9	10	11	12	13	14	15	16	17	18	19	20	21				
陽水猴年	藏曆一月			23	24	25	26	27	28	29	30	1	2	3	4	5	6	7	7	8	9	10	12	13	14	15	16	17	18	19	20	21	22	23				
	公曆 2月						1	2	3	4	5	6	7	8	9	10	11	12	13	14	15	16	17	18	19	20	21	22	23	24	25	26	27	28	29			
39	夏曆正月						24	25	26	27	28	29	30	㉞	2	3	4	5	6	7	8	9	10	11	12	13	14	15	16	17	18	19	20	21	22			
	回曆 11月						22	23	24	25	26	27	28	29	1	2	3	4	5	6	7	8	9	10	11	12	13	14	15	16	17	18	19	20	21			
	藏曆二月						24	25	26	27	28	29	30	1	2	3	4	5	6	7	8	9	10	11	12	13	14	15	17	18	19	20	21	22	23			
	公曆 3月							1	2	3	4	5	6	7	8	9	10	11	12	13	14	15	16	17	18	19	20	21	22	23	24	25	26	27	28	29	30	31
40	夏曆二月							23	24	25	26	27	28	29	③	2	3	4	5	6	7	8	9	10	11	12	13	14	15	16	17	18	19	20	21	22	23	24
	回曆 12月							22	23	24	25	26	27	28	29	30	1	2	3	4	5	6	7	8	9	10	11	12	13	14	15	16	17	18	19	20	21	22
	藏曆三月							24	25	26	27	28	29	29	30	1	2	3	4	5	6	7	8	9	11	12	13	14	15	16	17	18	19	20	21	22	23	24
	公曆 4月			1	2	3	4	5	6	7	8	9	10	11	12	13	14	15	16	17	18	19	20	21	22	23	24	25	26	27	28	29	30					
41	夏曆三月			25	26	27	28	29	30	㉝	2	3	4	5	6	7	8	9	10	11	12	13	14	15	16	17	18	19	20	21	22	23	24					
547年	回曆 1月			23	24	25	26	27	28	29	①	2	3	4	5	6	7	8	9	10	11	12	13	14	15	16	17	18	19	20	21	22	23					
	藏曆四月			25	26	27	28	29	30	1	2	3	4	5	6	7	8	9	10	11	12	13	14	15	16	17	18	19	20	21	22	23	24					
	公曆 5月					1	2	3	4	5	6	7	8	9	10	11	12	13	14	15	16	17	18	19	20	21	22	23	24	25	26	27	28	29	30	31		
42	夏曆四月					25	26	27	28	29	②	2	3	4	5	6	7	8	9	10	11	12	13	14	15	16	17	18	19	20	21	22	23	24	25	26		
	回曆 2月					24	25	26	27	28	29	30	1	2	3	4	5	6	7	8	9	10	11	12	13	14	15	16	17	18	19	20	21	22	23	24		
	藏曆後四月					24	26	27	28	29	30	1	2	3	4	5	6	8	9	10	11	12	13	14	15	16	17	18	19	20	21	22	23	24	25	26		
	公曆 6月	1	2	3	4	5	6	7	8	9	10	11	12	13	14	15	16	17	18	19	20	21	22	23	24	25	26	27	28	29	30							
43	夏曆五月	27	28	29	30	㉜	2	3	4	5	6	7	8	9	10	11	12	13	14	15	16	17	18	19	20	21	22	23	24	25	26							
	回曆 3月	25	26	27	28	29	1	2	3	4	5	6	7	8	9	10	11	12	13	14	15	16	17	18	19	20	21	22	23	24	25							
	藏曆五月	27	28	29	30	1	2	3	4	5	6	7	8	9	11	12	13	14	15	16	17	18	19	20	20	21	22	23	24	25	26							
	公曆 7月			1	2	3	4	5	6	7	8	9	10	11	12	13	14	15	16	17	18	19	20	21	22	23	24	25	26	27	28	29	30	31				
44	夏曆六月			27	28	29	①	2	3	4	5	6	7	8	9	10	11	12	13	14	15	16	17	18	19	20	21	22	23	24	25	26	27	28				
	回曆 4月			26	27	28	29	30	1	2	3	4	5	6	7	8	9	10	11	12	13	14	15	16	17	18	19	20	21	22	23	24	25	26				

續表

月 干支 序數	星期 月序	日	1	2	3	4	5	6	日	1	2	3	4	5	6	日	1	2	3	4	5	6	日	1	2	3	4	5	6	日	1	2	3	4	5	6	日	1
	藏曆六月			27	28	29	30	1	2	4	5	6	7	8	9	10	11	12	13	14	15	16	17	18	19	20	21	22	23	24	25	26	27	28				
	公曆 8 月						1	2	3	4	5	6	7	8	9	10	11	12	13	14	15	16	17	18	19	20	21	22	23	24	25	26	27	28	29	30	31	
45	夏曆七月						29	30	㉛	2	3	4	5	6	7	8	9	10	11	12	13	14	15	16	17	18	19	20	21	22	23	24	25	26	27	28	29	
	回曆 5 月						27	28	29	1	2	3	4	5	6	7	8	9	10	11	12	13	14	15	16	17	18	19	20	21	22	23	24	25	26	27	28	
	藏曆七月						29	30	1	2	3	4	6	7	8	9	10	11	12	13	14	15	16	17	17	18	19	20	21	22	23	24	25	26	27	29	30	
	公曆 9 月		1	2	3	4	5	6	7	8	9	10	11	12	13	14	15	16	17	18	19	20	21	22	23	24	25	26	27	28	29	30						
46 47	夏曆八九月		(60)	2	3	4	5	6	7	8	9	10	11	12	13	14	15	16	17	18	19	20	21	22	23	24	25	26	27	28	29	㉙						
	回曆 6 月		29	30	1	2	3	4	5	6	7	8	9	10	11	12	13	14	15	16	17	18	19	20	21	22	23	24	25	26	27	28						
	藏曆八月		1	2	3	4	5	6	7	8	9	10	11	12	13	14	15	16	17	18	19	20	21	22	23	24	25	26	27	28	29	30						
	公曆 10 月				1	2	3	4	5	6	7	8	9	10	11	12	13	14	15	16	17	18	19	20	21	22	23	24	25	26	27	28	29	30	31			
48	夏曆十月				2	3	4	5	6	7	8	9	10	11	12	13	14	15	16	17	18	19	20	21	22	23	24	25	26	27	28	29	30	(59)	2			
	回曆 7 月				29	1	2	3	4	5	6	7	8	9	10	11	12	13	14	15	16	17	18	19	20	21	22	23	24	25	26	27	28	29	30			
	藏曆九十月				1	3	4	5	6	7	8	9	10	11	11	12	13	14	15	16	17	18	19	20	21	22	23	24	25	27	28	29	30	1	2			
	公曆 11 月							1	2	3	4	5	6	7	8	9	10	11	12	13	14	15	16	17	18	19	20	21	22	23	24	25	26	27	28	29	30	
49	夏曆十一月							3	4	5	6	7	8	9	10	11	12	13	14	15	16	17	18	19	20	21	22	23	24	25	26	27	28	29	㉘	2	3	
	回曆 8、9 月							1	2	3	4	5	6	7	8	9	10	11	12	13	14	15	16	17	18	19	20	21	22	23	24	25	26	27	28	29	1	
	藏曆十一月							3	4	5	6	7	8	9	10	11	12	13	14	15	16	16	17	18	20	21	22	23	24	25	26	27	28	29	30	1	2	
	公曆 12 月		1	2	3	4	5	6	7	8	9	10	11	12	13	14	15	16	17	18	19	20	21	22	23	24	25	26	27	28	29	30	31					
50	夏曆十二月		4	5	6	7	8	9	10	11	12	13	14	15	16	17	18	19	20	21	22	23	24	25	26	27	28	29	30	(58)	2	3	4					
	回曆 10 月		2	3	4	5	6	7	8	9	10	11	12	13	14	15	16	17	18	19	20	21	22	23	24	25	26	27	28	29	30	1	2					
	藏曆十二月		3	4	5	6	7	8	9	10	11	12	13	14	15	16	17	18	19	20	21	22	23	25	26	27	28	29	30	1	2	3	4					

金四月丙寅。

大事記

四月，宋襄陽大水。　六月，宋虔州軍亂，逾五月始定。　十一月，金令烏古敵烈及蒲與兩路民採珠。

宋 遼 金 紀 年　　干支癸酉　公元 1153 年

朝代或國名	國家支配者	建都	廟號	謚號	建元	年號年次	輔政者	備注
南宋	①趙構	臨安	高宗	憲	2	2 紹興 23 年	秦檜	
大理	③段正興	陽苴咩	景宗	正康	5	2 大寶 5 年		在雲南
西夏	⑤李仁孝	（銀川）	仁宗	聖德	4	3 天盛 5 年		
金	④完顏亮 （海陵王）	燕京			3	2 貞元元年		三月乙卯改元
西遼	③耶律夷列	虎思斡耳朵	仁宗		1	紹興 3 年		
古格						340 年		西藏阿里

月曆表　　5866—383—2142600

月 千支 序數	星期 月序	日	1	2	3	4	5	6	日	1	2	3	4	5	6	日	1	2	3	4	5	6	日	1	2	3	4	5	6	日	1	2	3	4	5	6	日	1
	公曆1月					1	2	3	4	5	6	7	8	9	10	11	12	13	14	15	16	17	18	19	20	21	22	23	24	25	26	27	28	29	30	31		
51	夏曆正月					5	6	7	8	9	10	11	12	13	14	15	16	17	18	19	20	21	22	23	24	25	26	27	28	29	30	㉘	2	3	4	5		
	回曆11月					3	4	5	6	7	8	9	10	11	12	13	14	15	16	17	18	19	20	21	22	23	24	25	26	27	28	29	1	2	3	4		
陰水鷄年	藏曆一月					5	6	7	7	8	9	10	11	12	13	14	15	16	17	18	20	21	22	23	24	25	26	27	28	29	30	1	2	3	4	5		
	公曆2月	1	2	3	4	5	6	7	8	9	10	11	12	13	14	15	16	17	18	19	20	21	22	23	24	25	26	27	28									
52	夏曆二月	6	7	8	9	10	11	12	13	14	15	16	17	18	19	20	21	22	23	24	25	26	27	28	29	(57)	2	3	4									
	回曆12月	5	6	7	8	9	10	11	12	13	14	15	16	17	18	19	20	21	22	23	24	25	26	27	28	29	30	1	2									
	藏曆二月	6	7	8	9	10	11	12	13	14	15	16	17	18	19	20	21	22	23	25	26	27	28	29	29	30	1	2	3									
	公曆3月	1	2	3	4	5	6	7	8	9	10	11	12	13	14	15	16	17	18	19	20	21	22	23	24	25	26	27	28	29	30	31						
53	夏曆三月	5	6	7	8	9	10	11	12	13	14	15	16	17	18	19	20	21	22	23	24	25	26	27	28	29	30	㉗	2	3	4	5						
548年	回曆1月	3	4	5	6	7	8	9	10	11	12	13	14	15	16	17	18	19	20	21	22	23	24	25	26	27	28	29	30	①	2	3						
	藏曆三月	4	5	6	7	8	9	10	11	12	13	14	15	16	18	19	20	21	22	23	24	25	26	27	28	29	30	1	2	3	3	4						
	公曆4月				1	2	3	4	5	6	7	8	9	10	11	12	13	14	15	16	17	18	19	20	21	22	23	24	25	26	27	28	29	30				
54	夏曆四月				6	7	8	9	10	11	12	13	14	15	16	17	18	19	20	21	22	23	24	25	26	27	28	29	30	(57)	2	3	4	5				
	回曆2月				4	5	6	7	8	9	10	11	12	13	14	15	16	17	18	19	20	21	22	23	24	25	26	27	28	29	30	1	2	3				
	藏曆四月				5	6	7	8	9	10	12	13	14	15	16	17	18	19	20	21	22	23	24	25	26	27	28	29	30	1	2	3	4	5				
	公曆5月						1	2	3	4	5	6	7	8	9	10	11	12	13	14	15	16	17	18	19	20	21	22	23	24	25	26	27	28	29	30	31	
55	夏曆五月						6	7	8	9	10	11	12	13	14	15	16	17	18	19	20	21	22	23	24	25	26	27	28	29	㉖	2	3	4	5	6	7	
	回曆3月						4	5	6	7	8	9	10	11	12	13	14	15	16	17	18	19	20	21	22	23	24	25	26	27	28	29	1	2	3	4	5	
	藏曆五月						6	7	8	9	10	11	12	13	15	16	17	18	19	20	21	22	23	24	25	26	27	28	28	29	30	1	2	3	4	5	6	
	公曆6月		1	2	3	4	5	6	7	8	9	10	11	12	13	14	15	16	17	18	19	20	21	22	23	24	25	26	27	28	29	30						
56	夏曆六月		8	9	10	11	12	13	14	15	16	17	18	19	20	21	22	23	24	25	26	27	28	29	30	(56)	2	3	4	5	6	7						
	回曆4月		6	7	8	9	10	11	12	13	14	15	16	17	18	19	20	21	22	23	24	25	26	27	28	29	30	1	2	3	4	5						
	藏曆六月		8	9	10	11	12	13	14	15	16	17	18	19	20	21	22	23	24	25	26	27	28	29	30	1	2	3	4	5	6	7						
	公曆7月				1	2	3	4	5	6	7	8	9	10	11	12	13	14	15	16	17	18	19	20	21	22	23	24	25	26	27	28	29	30	31			
57	夏曆七月				8	9	10	11	12	13	14	15	16	17	18	19	20	21	22	23	24	25	26	27	28	29	㉕	2	3	4	5	6	7	8	9			
	回曆5月				6	7	8	9	10	11	12	13	14	15	16	17	18	19	20	21	22	23	24	25	26	27	28	29	1	2	3	4	5	6	7			
	藏曆七月				8	9	11	12	13	14	15	16	17	18	19	20	21	22	23	24	25	25	26	27	28	29	30	1	3	4	5	6	7	8	9			
	公曆8月							1	2	3	4	5	6	7	8	9	10	11	12	13	14	15	16	17	18	19	20	21	22	23	24	25	26	27	28	29	30	31
58	夏曆八月							10	11	12	13	14	15	16	17	18	19	20	21	22	23	24	25	26	27	28	29	30	(55)	2	3	4	5	6	7	8	9	10
	回曆6月							8	9	10	11	12	13	14	15	16	17	18	19	20	21	22	23	24	25	26	27	28	29	30	1	2	3	4	5	6	7	8
	藏曆八月							10	11	12	13	14	15	16	17	18	19	20	21	22	23	24	25	26	27	28	29	30	1	2	3	4	6	7	8	9	10	11
	公曆9月			1	2	3	4	5	6	7	8	9	10	11	12	13	14	15	16	17	18	19	20	21	22	23	24	25	26	27	28	29	30					
59	夏曆九月			11	12	13	14	15	16	17	18	19	20	21	22	23	24	25	26	27	28	29	㉔	2	3	4	5	6	7	8	9	10	11					
	回曆7月			9	10	11	12	13	14	15	16	17	18	19	20	21	22	23	24	25	26	27	28	29	1	2	3	4	5	6	7	8	9					
	藏曆九月			12	13	14	15	16	17	18	19	20	21	21	22	23	24	25	26	27	28	30	1	2	3	4	5	6	7	8	9	10	11					
	公曆10月					1	2	3	4	5	6	7	8	9	10	11	12	13	14	15	16	17	18	19	20	21	22	23	24	25	26	27	28	29	30	31		
60	夏曆十月					12	13	14	15	16	17	18	19	20	21	22	23	24	25	26	27	28	29	(53)	2	3	4	5	6	7	8	9	10	11	12	13		
	回曆8月					10	11	12	13	14	15	16	17	18	19	20	21	22	23	24	25	26	27	28	29	30	1	2	3	4	5	6	7	8	9	10		
	藏曆十月					12	13	14	15	16	17	18	19	20	21	22	23	24	25	26	27	28	29	30	1	2	4	5	6	7	8	9	10	11	12	13		
	公曆11月	1	2	3	4	5	6	7	8	9	10	11	12	13	14	15	16	17	18	19	20	21	22	23	24	25	26	27	28	29	30							
1	夏曆十一月	14	15	16	17	18	19	20	21	22	23	24	25	26	27	28	29	30	㉓	2	3	4	5	6	7	8	9	10	11	12	13							
	回曆9月	11	12	13	14	15	16	17	18	19	20	21	22	23	24	25	26	27	28	29	1	2	3	4	5	6	7	8	9	10	11							
	藏曆十一月	14	15	15	16	17	18	19	20	21	22	23	24	25	26	28	29	30	1	2	3	4	5	6	7	8	9	10	11	12	13							

續表

月干支序數	月序＼星期	日	1	2	3	4	5	6	日	1	2	3	4	5	6	日	1	2	3	4	5	6	日	1	2	3	4	5	6	日	1	2	3	4	5	6	日	1
	公曆12月			1	2	3	4	5	6	7	8	9	10	11	12	13	14	15	16	17	18	19	20	21	22	23	24	25	26	27	28	29	30	31				
2	夏曆十二月			14	15	16	17	18	19	20	21	22	23	24	25	26	27	28	29	(52)	2	3	4	5	6	7	8	9	10	11	12	13	14	15				
	回曆10月			12	13	14	15	16	17	18	19	20	21	22	23	24	25	26	27	28	29	30	1	2	3	4	5	6	7	8	9	10	11	12				
	藏曆十二月			14	15	16	17	18	19	20	21	22	23	24	25	26	27	28	29	30	1	3	4	5	6	6	7	8	9	10	11	12	13	14				

大事記

三月，金自會寧遷都於燕，以燕京為大興府，號中都。金定五京之號，又改考試、飾服制度，改元貞元。　五月，宋禁州縣以私意籍罪人資產。　六月，宋潼川路大水，涪江、沅江大漲。禁嶺南各路民間殺人祭鬼。宋詔禁民戶典賣田地。　八月，宋賜秦檜建康府永豐圩田。　十月，宋修築宣州太平州圩田。

宋 遼 金 紀 年

干支甲戌　公元1154年

朝代或國名	國家支配者	建　都	廟號	謚號	建元	年號年次	輔政者	備　注
南宋	①趙構	臨安	高宗	憲	2	2 紹興 24 年	秦檜	
大理	③段正興	陽苴咩	景宗	正康	5	2 大寶 6 年		在雲南
西夏	⑤李仁孝	(銀川)	仁宗	聖德	4	3 天盛 6 年		
金	④完顏亮(海陵王)	燕京			3	2 貞元 2 年		
西遼	③耶律夷列	虎思斡耳朵	仁宗		1	紹興 4 年		
古格						341 年		西藏阿里

月 曆 表

5867—355—2142955

月干支序數	月序＼星期	日	1	2	3	4	5	6	日	1	2	3	4	5	6	日	1	2	3	4	5	6	日	1	2	3	4	5	6	日	1	2	3	4	5	6	日	1
	公曆1月						1	2	3	4	5	6	7	8	9	10	11	12	13	14	15	16	17	18	19	20	21	22	23	24	25	26	27	28	29	30	31	
	夏曆閏十二月						16	17	18	19	20	21	22	23	24	25	26	27	28	29	30	㉒	2	3	4	5	6	7	8	9	10	11	12	13	14	15	16	
	回曆11月						13	14	15	16	17	18	19	20	21	22	23	24	25	26	27	28	29	1	2	3	4	5	6	7	8	9	10	11	12	13	14	
陽木狗年	藏曆一月						15	16	17	18	19	20	21	22	23	24	25	27	28	29	30	1	2	3	4	5	6	7	8	9	10	10	11	12	13	14	15	
	公曆2月		1	2	3	4	5	6	7	8	9	10	11	12	13	14	15	16	17	18	19	20	21	22	23	24	25	26	27	28								
3	夏曆正月		17	18	19	20	21	22	23	24	25	26	27	28	29	(51)	2	3	4	5	6	7	8	9	10	11	12	13	14	15								
	回曆12月		15	16	17	18	19	20	21	22	23	24	25	26	27	28	29	30	1	2	3	4	5	6	7	8	9	10	11	12								
	藏曆二月		16	17	18	19	21	22	23	24	25	26	27	28	29	30	1	2	3	4	5	6	7	8	9	10	11	12	13	14								
	公曆3月		1	2	3	4	5	6	7	8	9	10	11	12	13	14	15	16	17	18	19	20	21	22	23	24	25	26	27	28	29	30	31					
4	夏曆二月		16	17	18	19	20	21	22	23	24	25	26	27	28	29	30	㉑	2	3	4	5	6	7	8	9	10	11	12	13	14	15	16					
549年	回曆1月		13	14	15	16	17	18	19	20	21	22	23	24	25	26	27	28	29	①	2	3	4	5	6	7	8	9	10	11	12	13	14					
	藏曆三月		15	16	17	18	19	20	21	22	23	25	26	27	28	29	30	1	2	3	3	4	5	6	7	8	9	10	11	12	13	14	15					
	公曆4月					1	2	3	4	5	6	7	8	9	10	11	12	13	14	15	16	17	18	19	20	21	22	23	24	25	26	27	28	29	30			
5	夏曆三月					17	18	19	20	21	22	23	24	25	26	27	28	29	30	(51)	2	3	4	5	6	7	8	9	10	11	12	13	14	15	16			
	回曆2月					15	16	17	18	19	20	21	22	23	24	25	26	27	28	29	30	1	2	3	4	5	6	7	8	9	10	11	12	13	14			
	藏曆四月					16	17	19	20	21	22	23	24	25	26	27	28	29	30	1	2	3	4	5	6	7	8	9	10	11	12	13	14	15	16			
	公曆5月							1	2	3	4	5	6	7	8	9	10	11	12	13	14	15	16	17	18	19	20	21	22	23	24	25	26	27	28	29	30	31

續表

月 干支 序數	星期 月序	日	1	2	3	4	5	6	日	1	2	3	4	5	6	日	1	2	3	4	5	6	日	1	2	3	4	5	6	日	1	2	3	4	5	6	日	1
6	夏曆四月							17	18	19	20	21	22	23	24	25	26	27	28	29	⑳	2	3	4	5	6	7	8	9	10	11	12	13	14	15	16	17	18
	回曆3月							15	16	17	18	19	20	21	22	23	24	25	26	27	28	29	1	2	3	4	5	6	7	8	9	10	11	12	13	14	15	16
	藏曆五月							17	18	19	20	21	23	24	25	26	27	27	28	29	30	1	2	3	4	5	6	7	8	9	10	11	12	13	15	16	17	18
	公曆6月		1	2	3	4	5	6	7	8	9	10	11	12	13	14	15	16	17	18	19	20	21	22	23	24	25	26	27	28	29	30						
7	夏曆五月			19	20	21	22	23	24	25	26	27	28	29	30	㊿	2	3	4	5	6	7	8	9	10	11	12	13	14	15	16	17	18					
	回曆4月			17	18	19	20	21	22	23	24	25	26	27	28	29	30	1	2	3	4	5	6	7	8	9	10	11	12	13	14	15	16					
	藏曆六月			19	20	21	22	23	24	25	26	27	28	29	30	1	2	3	4	5	6	7	8	9	10	11	12	13	14	15	16	18	19					
	公曆7月					1	2	3	4	5	6	7	8	9	10	11	12	13	14	15	16	17	18	19	20	21	22	23	24	25	26	27	28	29	30	31		
8	夏曆六月					19	20	21	22	23	24	25	26	27	28	29	30	⑳	2	3	4	5	6	7	8	9	10	11	12	13	14	15	16	17	18	19		
	回曆5月					17	18	19	20	21	22	23	24	25	26	27	28	29	1	2	3	4	5	6	7	8	9	10	11	12	13	14	15	16	17	18		
	藏曆七月					20	21	22	23	24	24	25	26	27	28	29	30	1	2	3	4	5	6	7	8	9	11	12	13	14	15	16	17	18	19	20		
	公曆8月	1	2	3	4	5	6	7	8	9	10	11	12	13	14	15	16	17	18	19	20	21	22	23	24	25	26	27	28	29	30	31						
9	夏曆七月	20	21	22	23	24	25	26	27	28	29	㊾	2	3	4	5	6	7	8	9	10	11	12	13	14	15	16	17	18	19	20	21						
	回曆6月	19	20	21	22	23	24	25	26	27	28	29	30	1	2	3	4	5	6	7	8	9	10	11	12	13	14	15	16	17	18	19						
	藏曆八月	21	22	23	24	25	26	27	28	29	30	1	2	3	4	5	6	7	8	9	10	11	12	14	15	16	17	18	19	20	20	21						
	公曆9月				1	2	3	4	5	6	7	8	9	10	11	12	13	14	15	16	17	18	19	20	21	22	23	24	25	26	27	28	29	30				
10	夏曆八月				22	23	24	25	26	27	28	29	30	⑲	2	3	4	5	6	7	8	9	10	11	12	13	14	15	16	17	18	19	20	21				
	回曆7月				20	21	22	23	24	25	26	27	28	29	1	2	3	4	5	6	7	8	9	10	11	12	13	14	15	16	17	18	19	20				
	藏曆九月				22	23	24	25	26	27	28	29	30	1	2	3	4	5	7	8	9	10	11	12	13	14	15	16	17	18	19	20	21	22				
	公曆10月						1	2	3	4	5	6	7	8	9	10	11	12	13	14	15	16	17	18	19	20	21	22	23	24	25	26	27	28	29	30	31	
11	夏曆九月						22	23	24	25	26	27	28	29	㊽	2	3	4	5	6	7	8	9	10	11	12	13	14	15	16	17	18	19	20	21	22	23	
	回曆8月						21	22	23	24	25	26	27	28	29	30	1	2	3	4	5	6	7	8	9	10	11	12	13	14	15	16	17	18	19	20	21	
	藏曆十月						23	24	25	25	26	27	29	30	1	2	3	4	5	6	7	8	9	10	12	13	14	14	15	16	17	18	19	20	21	22	23	
	公曆11月		1	2	3	4	5	6	7	8	9	10	11	12	13	14	15	16	17	18	19	20	21	22	23	24	25	26	27	28	29	30						
12	夏曆十月		24	25	26	27	28	29	⑰	2	3	4	5	6	7	8	9	10	11	12	13	14	15	16	17	18	19	20	21	22	23	24						
	回曆9月		22	23	24	25	26	27	28	29	1	2	3	4	5	6	7	8	9	10	11	12	13	14	15	16	17	18	19	20	21	22						
	藏曆十一月		24	25	26	27	28	29	30	1	2	4	5	6	7	8	9	10	11	12	13	14	15	16	17	18	18	19	20	21	22	23						
	公曆12月				1	2	3	4	5	6	7	8	9	10	11	12	13	14	15	16	17	18	19	20	21	22	23	24	25	26	27	28	29	30	31			
13	夏曆十一月				25	26	27	28	29	30	㊼	2	3	4	5	6	7	8	9	10	11	12	13	14	15	16	17	18	19	20	21	22	23	24	25			
	回曆10月				23	24	25	26	27	28	29	30	1	2	3	4	5	6	7	8	9	10	11	12	13	14	15	16	17	18	19	20	21	22	23			
	藏曆十二月				24	25	26	27	29	30	1	2	3	4	5	6	7	8	9	10	11	12	13	14	15	16	17	18	19	20	21	22	23	24	25			

大事記

正月，宋初令諸州皆以仲秋日試舉人，不得自選日。　三月，武岡瑤民首領楊再興為宋所俘。古州胡邦寧攻掠彬、桂二州。　五月，金始置交鈔庫。　七月，金又設鹽香茶文引印造庫使。丹州首領莫公晟等附於宋，因置羈縻州縣一百六十二。　十一月，金初置惠民局。　是歲，金正式印大小交鈔。

宋遼金紀年

干支乙亥　公元1155年

朝代或國名	國家支配者	建都	廟號	謚號	建元	年號年次	輔政者	備注
南宋	①趙構	臨安	高宗	憲	2	2紹興25年	秦檜	
大理	③段正興	陽苴咩	景宗	正康	5	2大寶7年		在雲南
西夏	⑤李仁孝	(銀川)	仁宗	聖德	4	3天盛7年		

續表

朝代或國名	國家支配者	建　都	廟號	謚號	建元	年號年次	輔政者	備　注
金	④完顏亮(海陵王)	燕京			3	2 貞元 3 年		
西遼	③耶律夷列	虎思斡耳朵	仁宗		1	紹興 5 年		
古格						342 年		西藏阿里

月曆表　　5868—354—2143309

月干支序數	月序 \ 星期	日	1	2	3	4	5	6	日	1	2	3	4	5	6	日	1	2	3	4	5	6	日	1	2	3	4	5	6	日	1	2	3	4	5	6	日	1
	公曆 1 月							1	2	3	4	5	6	7	8	9	10	11	12	13	14	15	16	17	18	19	20	21	22	23	24	25	26	27	28	29	30	31
14	夏曆十二月							26	27	28	29	⑯	2	3	4	5	6	7	8	9	10	11	12	13	14	15	16	17	18	19	20	21	22	23	24	25	26	27
	回曆 11 月							24	25	26	27	28	29	1	2	3	4	5	6	7	8	9	10	11	12	13	14	15	16	17	18	19	20	21	22	23	24	25
	藏曆後十二月							26	27	28	29	30	1	2	4	5	6	7	8	9	10	11	12	13	14	15	16	17	18	19	20	21	22	23	24	25	26	
	公曆 2 月			1	2	3	4	5	6	7	8	9	10	11	12	13	14	15	16	17	18	19	20	21	22	23	24	25	26	27	28							
15	夏曆正月			28	29	30	㊻	2	3	4	5	6	7	8	9	10	11	12	13	14	15	16	17	18	19	20	21	22	23	24	25							
	回曆 12 月			26	27	28	29	30	1	2	3	4	5	6	7	8	9	10	11	12	13	14	15	16	17	18	19	20	21	22	23							
陰木猪年	藏曆一月			28	29	30	1	2	3	4	5	6	7	8	9	10	11	12	13	13	14	15	16	17	18	19	20	22	23	24	25							
	公曆 3 月			1	2	3	4	5	6	7	8	9	10	11	12	13	14	15	16	17	18	19	20	21	22	23	24	25	26	27	28	29	30	31				
16	夏曆二月			26	27	28	29	⑮	2	3	4	5	6	7	8	9	10	11	12	13	14	15	16	17	18	19	20	21	22	23	24	25	26	27				
550 年	回曆 1 月			24	25	26	27	28	29	①	2	3	4	5	6	7	8	9	10	11	12	13	14	15	16	17	18	19	20	21	22	23	24	25				
	藏曆二月			26	27	28	29	30	1	2	3	4	5	6	7	8	9	10	11	12	13	14	15	16	17	18	19	20	21	22	23	24	26	27				
	公曆 4 月						1	2	3	4	5	6	7	8	9	10	11	12	13	14	15	16	17	18	19	20	21	22	23	24	25	26	27	28	29	30		
17	夏曆三月						28	29	30	㊺	2	3	4	5	6	7	8	9	10	11	12	13	14	15	16	17	18	19	20	21	22	23	24	25	26	27		
	回曆 2 月						26	27	28	29	30	1	2	3	4	5	6	7	8	9	10	11	12	13	14	15	16	17	18	19	20	21	22	23	24	25		
	藏曆三月						28	29	30	1	2	3	4	5	6	6	7	8	9	10	11	12	13	14	15	16	17	19	20	21	22	23	24	25	26	27		
	公曆 5 月	1	2	3	4	5	6	7	8	9	10	11	12	13	14	15	16	17	18	19	20	21	22	23	24	25	26	27	28	29	30	31						
18	夏曆四月	28	29	⑭	2	3	4	5	6	7	8	9	10	11	12	13	14	15	16	17	18	19	20	21	22	23	24	25	26	27	28	29						
	回曆 3 月	26	27	28	29	1	2	3	4	5	6	7	8	9	10	11	12	13	14	15	16	17	18	19	20	21	22	23	24	25	26	27						
	藏曆四月	28	29	30	1	2	3	4	5	6	7	8	9	10	11	12	13	14	15	16	17	18	19	20	22	23	24	25	26	27	28	29						
	公曆 6 月				1	2	3	4	5	6	7	8	9	10	11	12	13	14	15	16	17	18	19	20	21	22	23	24	25	26	27	28	29	30				
19	夏曆五月				30	㊹	2	3	4	5	6	7	8	9	10	11	12	13	14	15	16	17	18	19	20	21	22	23	24	25	26	27	28	29				
	回曆 4 月				28	29	30	1	2	3	4	5	6	7	8	9	10	11	12	13	14	15	16	17	18	19	20	21	22	23	24	25	26	27				
	藏曆五月				30	1	2	2	3	4	5	6	7	8	9	10	11	12	13	15	16	17	18	19	20	21	22	23	24	25	26	27	28	29				
	公曆 7 月						1	2	3	4	5	6	7	8	9	10	11	12	13	14	15	16	17	18	19	20	21	22	23	24	25	26	27	28	29	30	31	
20 21	夏曆六 七月						30	⑭	2	3	4	5	6	7	8	9	10	11	12	13	14	15	16	17	18	19	20	21	22	23	24	25	26	27	28	29	㊸	
	回曆 5 月						28	29	1	2	3	4	5	6	7	8	9	10	11	12	13	14	15	16	17	18	19	20	21	22	23	24	25	26	27	28	29	
	藏曆六月						30	1	2	3	4	5	6	7	8	9	10	11	12	13	14	15	16	18	19	20	21	22	23	24	25	26	27	28	29	29	30	
	公曆 8 月		1	2	3	4	5	6	7	8	9	10	11	12	13	14	15	16	17	18	19	20	21	22	23	24	25	26	27	28	29	30	31					
22	夏曆八月		2	3	4	5	6	7	8	9	10	11	12	13	14	15	16	17	18	19	20	21	22	23	24	25	26	27	28	29	30	⑬	2					
	回曆 6、7 月		30	1	2	3	4	5	6	7	8	9	10	11	12	13	14	15	16	17	18	19	20	21	22	23	24	25	26	27	28	29	1					
	藏曆七 八月		1	2	3	4	5	6	7	8	9	11	12	13	14	15	16	17	18	19	20	21	22	23	24	25	26	27	28	29	30	1	2					
	公曆 9 月					1	2	3	4	5	6	7	8	9	10	11	12	13	14	15	16	17	18	19	20	21	22	23	24	25	26	27	28	29	30			
23	夏曆九月					3	4	5	6	7	8	9	10	11	12	13	14	15	16	17	18	19	20	21	22	23	24	25	26	27	28	29	㊷	2	3			
	回曆 8 月					2	3	4	5	6	7	8	9	10	11	12	13	14	15	16	17	18	19	20	21	22	23	24	25	26	27	28	29	30	1			

續表

月 干支 序數	月序＼星期	日	1	2	3	4	5	6	日	1	2	3	4	5	6	日	1	2	3	4	5	6	日	1	2	3	4	5	6	日	1	2	3	4	5	6	日	1
	藏曆九月					3	4	5	6	7	8	9	10	11	12	14	15	16	17	18	19	20	21	22	23	24	25	25	26	27	28	29	30	1	2			
	公曆 10 月							1	2	3	4	5	6	7	8	9	10	11	12	13	14	15	16	17	18	19	20	21	22	23	24	25	26	27	28	29	30	31
24	夏曆十月							4	5	6	7	8	9	10	11	12	13	14	15	16	17	18	19	20	21	22	23	24	25	26	27	28	29	30	⑫	2	3	4
	回曆 9 月							2	3	4	5	6	7	8	9	10	11	12	13	14	15	16	17	18	19	20	21	22	23	24	25	26	27	28	29	1	2	3
	藏曆十月							3	4	5	7	8	9	10	11	12	13	14	15	16	17	18	19	20	21	22	23	24	25	26	27	28	29	30	1	2	3	4
	公曆 11 月			1	2	3	4	5	6	7	8	9	10	11	12	13	14	15	16	17	18	19	20	21	22	23	24	25	26	27	28	29	30					
25	夏曆十一月			5	6	7	8	9	10	11	12	13	14	15	16	17	18	19	20	21	22	23	24	25	26	27	28	29	30	㊷	2	3	4					
	回曆 10 月			4	5	6	7	8	9	10	11	12	13	14	15	16	17	18	19	20	21	22	23	24	25	26	27	28	29	30	1	2	3					
	藏曆十一月			5	6	7	8	9	10	12	13	14	15	16	17	18	18	19	20	21	22	23	24	25	26	27	28	29	30	1	2	3	4					
	公曆 12 月					1	2	3	4	5	6	7	8	9	10	11	12	13	14	15	16	17	18	19	20	21	22	23	24	25	26	27	28	29	30	31		
26	夏曆十二月					5	6	7	8	9	10	11	12	13	14	15	16	17	18	19	20	21	22	23	24	25	26	27	28	29	⑪	2	3	4	5	6		
	回曆 11 月					4	5	6	7	8	9	10	11	12	13	14	15	16	17	18	19	20	21	22	23	24	25	26	27	28	29	1	2	3	4	5		
	藏曆十二月					6	7	8	9	10	11	12	13	14	15	16	17	18	19	20	21	21	22	23	24	25	26	27	28	30	1	2	3	4	5	6		

金九月丙午。

大事記

四月，交趾貢於宋。　五月，宋罷諸路免行錢。　六月，宋以湯思退簽樞密院事兼權參知政事。　七月，宋減四川絹估稅斛鹽酒等錢。　八月，金增教坊人數。秦檜死（1090—1155）。　十月，占城國遣使貢方物於宋。　十二月，宋復張浚等官。　是年，洪皓卒（1088—1155）。

宋遼金紀年　　干支丙子　公元 1156 年

朝代或國名	國家支配者	建　都	廟號	謚號	建元	年號年次	輔　政　者	備　注
南宋	①趙構	臨安	高宗	憲	2	2 紹興 26 年	沈該 萬俟卨	
大理	③段正興	陽苴咩	景宗	正康	5	3 龍興元年		在雲南
西夏	⑤李仁孝	（銀川）	仁宗	聖德	4	3 天盛 8 年		
金	④完顏亮（海陵王）	燕京			3	3 正隆元年		二月朔改元
西遼	③耶律夷列	虎思斡耳朵	仁宗		1	紹興 6 年		
古格						343 年		

月曆表　　5869—385—2143694

月 干支 序數	月序＼星期	日	1	2	3	4	5	6	日	1	2	3	4	5	6	日	1	2	3	4	5	6	日	1	2	3	4	5	6	日	1	2	3	4	5	6	日	1
	公曆 1 月	1	2	3	4	5	6	7	8	9	10	11	12	13	14	15	16	17	18	19	20	21	22	23	24	25	26	27	28	29	30	31						
27	夏曆正月	7	8	9	10	11	12	13	14	15	16	17	18	19	20	21	22	23	24	25	26	27	28	29	㊵	2	3	4	5	6	7	8						
	回曆 12 月	6	7	8	9	10	11	12	13	14	15	16	17	18	19	20	21	22	23	24	25	26	27	28	29	30	1	2	3	4	5	6						
陽火鼠年	藏曆一月	7	8	9	10	11	12	13	14	15	16	17	18	19	20	21	22	23	24	25	26	27	28	29	30	1	2	3	5	6	7	8						
	公曆 2 月				1	2	3	4	5	6	7	8	9	10	11	12	13	14	15	16	17	18	19	20	21	22	23	24	25	26	27	28	29					
28	夏曆二月				9	10	11	12	13	14	15	16	17	18	19	20	21	22	23	24	25	26	27	28	29	30	⑩	2	3	4	5	6	7					
551 年	回曆 1 月				7	8	9	10	11	12	13	14	15	16	17	18	19	20	21	22	23	24	25	26	27	28	29	30	①	2	3	4	5					

續表

月干支序數	月序＼星期	日	1	2	3	4	5	6	日	1	2	3	4	5	6	日	1	2	3	4	5	6	日	1	2	3	4	5	6	日	1	2	3	4	5	6	日	1
	藏暦二月				9	10	11	12	12	13	14	15	16	17	18	19	20	21	22	23	24	25	26	27	29	30	1	2	3	4	5	6	7					
	公暦3月					1	2	3	4	5	6	7	8	9	10	11	12	13	14	15	16	17	18	19	20	21	22	23	24	25	26	27	28	29	30	31		
29	夏暦三月					8	9	10	11	12	13	14	15	16	17	18	19	20	21	22	23	24	25	26	27	28	29	㊴	2	3	4	5	6	7	8	9		
	回暦2月					6	7	8	9	10	11	12	13	14	15	16	17	18	19	20	21	22	23	24	25	26	27	28	29	30	1	2	3	4	5	6		
	藏暦三月					8	9	10	11	12	13	14	15	16	16	17	18	19	20	22	23	24	25	26	27	28	29	30	1	2	3	4	5	6	7	8		
	公暦4月	1	2	3	4	5	6	7	8	9	10	11	12	13	14	15	16	17	18	19	20	21	22	23	24	25	26	27	28	29	30							
30	夏暦四月	10	11	12	13	14	15	16	17	18	19	20	21	22	23	24	25	26	27	28	29	30	⑨	2	3	4	5	6	7	8	9							
	回暦3月	7	8	9	10	11	12	13	14	15	16	17	18	19	20	21	22	23	24	25	26	27	28	29	1	2	3	4	5	6	7							
	藏暦四月	9	10	11	12	13	14	15	16	17	18	19	20	21	22	23	24	26	27	28	29	30	1	2	3	4	5	6	7	8	9							
	公暦5月			1	2	3	4	5	6	7	8	9	10	11	12	13	14	15	16	17	18	19	20	21	22	23	24	25	26	27	28	29	30	31				
31	夏暦五月			10	11	12	13	14	15	16	17	18	19	20	21	22	23	24	25	26	27	28	29	㊳	2	3	4	5	6	7	8	9	10	11				
	回暦4月			8	9	10	11	12	13	14	15	16	17	18	19	20	21	22	23	24	25	26	27	28	29	30	1	2	3	4	5	6	7	8				
	藏暦五月			10	11	11	12	13	14	15	16	17	19	20	21	22	23	24	25	26	27	28	29	30	1	2	3	4	5	6	7	8	9	10				
	公暦6月						1	2	3	4	5	6	7	8	9	10	11	12	13	14	15	16	17	18	19	20	21	22	23	24	25	26	27	28	29	30		
32	夏暦六月						12	13	14	15	16	17	18	19	20	21	22	23	24	25	26	27	28	29	30	⑧	2	3	4	5	6	7	8	9	10	11		
	回暦5月						9	10	11	12	13	14	15	16	17	18	19	20	21	22	23	24	25	26	27	28	29	1	2	3	4	5	6	7	8	9		
	藏暦六月						11	12	13	14	15	16	17	18	19	20	22	23	24	25	26	27	28	29	30	1	2	3	4	5	6	7	7	8	9	10		
	公暦7月	1	2	3	4	5	6	7	8	9	10	11	12	13	14	15	16	17	18	19	20	21	22	23	24	25	26	27	28	29	30	31						
33	夏暦七月	12	13	14	15	16	17	18	19	20	21	22	23	24	25	26	27	28	29	㊲	2	3	4	5	6	7	8	9	10	11	12	13						
	回暦6月	10	11	12	13	14	15	16	17	18	19	20	21	22	23	24	25	26	27	28	29	30	1	2	3	4	5	6	7	8	9	10						
	藏暦七月	11	12	13	15	16	17	18	19	20	21	22	23	24	25	26	27	28	29	30	1	2	3	4	5	6	7	8	9	10	11	12						
	公暦8月				1	2	3	4	5	6	7	8	9	10	11	12	13	14	15	16	17	18	19	20	21	22	23	24	25	26	27	28	29	30	31			
34	夏暦八月				14	15	16	17	18	19	20	21	22	23	24	25	26	27	28	29	30	⑦	2	3	4	5	6	7	8	9	10	11	12	13	14			
	回暦7月				11	12	13	14	15	16	17	18	19	20	21	22	23	24	25	26	27	28	29	1	2	3	4	5	6	7	8	9	10	11	12			
	藏暦八月				13	14	15	16	18	19	20	21	22	23	24	25	26	27	28	29	30	1	2	3	3	4	5	6	7	8	10	11	12	13	14			
	公暦9月							1	2	3	4	5	6	7	8	9	10	11	12	13	14	15	16	17	18	19	20	21	22	23	24	25	26	27	28	29	30	
35	夏暦九月							15	16	17	18	19	20	21	22	23	24	25	26	27	28	29	30	㊲	2	3	4	5	6	7	8	9	10	11	12	13	14	
	回暦8月							13	14	15	16	17	18	19	20	21	22	23	24	25	26	27	28	29	30	1	2	3	4	5	6	7	8	9	10	11	12	
	藏暦九月							15	16	17	18	19	20	21	22	23	24	25	26	27	28	29	30	1	2	3	4	5	6	7	8	9	10	11	12	14	15	
	公暦10月		1	2	3	4	5	6	7	8	9	10	11	12	13	14	15	16	17	18	19	20	21	22	23	24	25	26	27	28	29	30	31					
36	夏暦十月		15	16	17	18	19	20	21	22	23	24	25	26	27	28	29	⑥	2	3	4	5	6	7	8	9	10	11	12	13	14	15	16					
	回暦9月		13	14	15	16	17	18	19	20	21	22	23	24	25	26	27	28	29	1	2	3	4	5	6	7	8	9	10	11	12	13	14					
	藏暦十月		16	17	18	19	20	21	22	23	24	25	26	27	28	28	29	30	1	2	3	4	5	6	8	9	10	11	12	13	14	15	16					
	公暦11月					1	2	3	4	5	6	7	8	9	10	11	12	13	14	15	16	17	18	19	20	21	22	23	24	25	26	27	28	29	30			
	夏暦閏十月					17	18	19	20	21	22	23	24	25	26	27	28	29	30	㊱	2	3	4	5	6	7	8	9	10	11	12	13	14	15	16			
	回暦10月					15	16	17	18	19	20	21	22	23	24	25	26	27	28	29	30	1	2	3	4	5	6	7	8	9	10	11	12	13	14			
	藏暦十一月					17	18	19	20	21	22	23	24	25	26	27	28	29	30	1	2	3	4	5	6	7	8	9	10	12	13	14	15	16	17			
	公暦12月							1	2	3	4	5	6	7	8	9	10	11	12	13	14	15	16	17	18	19	20	21	22	23	24	25	26	27	28	29	30	31
37	夏暦十一月							17	18	19	20	21	22	23	24	25	26	27	28	29	30	⑥	2	3	4	5	6	7	8	9	10	11	12	13	14	15	16	17
	回暦11月							15	16	17	18	19	20	21	22	23	24	25	26	27	28	29	1	2	3	4	5	6	7	8	9	10	11	12	13	14	15	16
	藏暦十二月							18	19	20	21	21	22	23	24	25	26	27	28	29	30	1	2	3	4	5	7	8	9	10	11	12	13	14	15	16	17	18

大事記

二月，金改元正隆。　四月，宋定武學生以八十人為額。宋置六科取士法。　五月，金頒行“正隆官制”。宋任命萬俟卨為相，湯思退知樞密院事。　六月，宋欽宗死於金。宋詔取士勿拘程頤、王安石一家之說。　七月，三佛齊國貢於宋。　八月，交趾獻金器、明珠、沉香、翠羽、綾絹與象於宋。　九月，宋嚴銷金之禁。　十二月，夏晉王察哥卒，任得敬進為國相。

宋遼金紀年

干支丁丑　公元 1157 年

朝代或國名	國家支配者	建都	廟號	謚號	建元	年號年次	輔政者	備注
南宋	①趙構	臨安	高宗	憲	2	2 紹興 27 年	沈該　湯思退	
大理	③段正興	陽苴咩	景宗	正康	5	3 龍興 2 年		在雲南
西夏	⑤李仁孝	（銀川）	仁宗	聖德	4	3 天盛 9 年		
金	④完顏亮（海陵王）	燕京			3	3 正隆 2 年		
西遼	③耶律夷列	虎思斡耳朵	仁宗		1	紹興 7 年		
古格						344 年		西藏阿里

月曆表

5870－354－2144048

月干支序數	月序＼星期	日	1	2	3	4	5	6	日	1	2	3	4	5	6	日	1	2	3	4	5	6	日	1	2	3	4	5	6	日	1	2	3	4	5	6	日	1
	公曆 1 月			1	2	3	4	5	6	7	8	9	10	11	12	13	14	15	16	17	18	19	20	21	22	23	24	25	26	27	28	29	30	31				
38	夏曆十二月			18	19	20	21	22	23	24	25	26	27	28	29	㉟	2	3	4	5	6	7	8	9	10	11	12	13	14	15	16	17	18	19				
	回曆 12 月			17	18	19	20	21	22	23	24	25	26	27	28	29	30	1	2	3	4	5	6	7	8	9	10	11	12	13	14	15	16	17				
陰火牛年	藏曆一月			19	20	21	22	23	24	24	25	26	27	28	29	1	2	3	4	5	6	7	8	9	10	11	12	13	14	15	16	17	18	19				
	公曆 2 月						1	2	3	4	5	6	7	8	9	10	11	12	13	14	15	16	17	18	19	20	21	22	23	24	25	26	27	28				
39	夏曆正月						20	21	22	23	24	25	26	27	28	29	30	⑤	2	3	4	5	6	7	8	9	10	11	12	13	14	15	16	17				
552 年	回曆 1 月						18	19	20	21	22	23	24	25	26	27	28	29	①	2	3	4	5	6	7	8	9	10	11	12	13	14	15	16				
	藏曆二月						20	21	22	23	34	25	26	27	28	29	30	1	2	3	4	6	7	8	9	10	11	12	13	14	15	16	16	17				
	公曆 3 月						1	2	3	4	5	6	7	8	9	10	11	12	13	14	15	16	17	18	19	20	21	22	23	24	25	26	27	28	29	30	31	
40	夏曆二月						18	19	20	21	22	23	24	25	26	27	28	29	㉞	2	3	4	5	6	7	8	9	10	11	12	13	14	15	16	17	18	19	
	回曆 2 月						17	18	19	20	21	22	23	24	25	26	27	28	29	30	1	2	3	4	5	6	7	8	9	10	11	12	13	14	15	16	17	
	藏曆三月						18	19	20	21	22	23	24	25	26	27	28	30	1	2	3	4	5	6	7	8	9	10	11	12	13	14	15	16	17	18	19	
	公曆 4 月		1	2	3	4	5	6	7	8	9	10	11	12	13	14	15	16	17	18	19	20	21	22	23	24	25	26	27	28	29	30						
41	夏曆三月		20	21	22	23	24	25	26	27	28	29	③	2	3	4	5	6	7	8	9	10	11	12	13	14	15	16	17	18	19	20						
	回曆 3 月		18	19	20	21	22	23	24	25	26	27	28	29	1	2	3	4	5	6	7	8	9	10	11	12	13	14	15	16	17	18						
	藏曆四月		20	21	22	23	24	25	26	27	28	29	30	1	3	4	5	6	7	8	9	10	10	11	12	13	14	15	16	17	18	19						
	公曆 5 月				1	2	3	4	5	6	7	8	9	10	11	12	13	14	15	16	17	18	19	20	21	22	23	24	25	26	27	28	29	30	31			
42	夏曆四月				21	22	23	24	25	26	27	28	29	30	㉝	2	3	4	5	6	7	8	9	10	11	12	13	14	15	16	17	18	19	20	21			
	回曆 4 月				19	20	21	22	23	24	25	26	27	28	29	30	1	2	3	4	5	6	7	8	9	10	11	12	13	14	15	16	17	18	19			
	藏曆五月				20	21	22	23	24	25	27	28	29	30	1	2	3	4	5	6	7	8	9	10	11	12	13	14	15	16	17	18	19	20	21			
	公曆 6 月							1	2	3	4	5	6	7	8	9	10	11	12	13	14	15	16	17	18	19	20	21	22	23	24	25	26	27	28	29	30	
43	夏曆五月							22	23	24	25	26	27	28	29	②	2	3	4	5	6	7	8	9	10	11	12	13	14	15	16	17	18	19	20	21	22	
	回曆 5 月							20	21	22	23	24	25	26	27	28	29	1	2	3	4	5	6	7	8	9	10	11	12	13	14	15	16	17	18	19	20	
	藏曆六月							22	23	24	25	26	27	28	30	1	2	3	4	5	6	6	7	8	9	10	11	12	13	14	15	16	17	18	19	20	22	
	公曆 7 月		1	2	3	4	5	6	7	8	9	10	11	12	13	14	15	16	17	18	19	20	21	22	23	24	25	26	27	28	29	30	31					
44	夏曆六月		23	24	25	26	27	28	29	㉛	2	3	4	5	6	7	8	9	10	11	12	13	14	15	16	17	18	19	20	21	22	23	24					
	回曆 6 月		21	22	23	24	25	26	27	28	29	30	1	2	3	4	5	6	7	8	9	10	11	12	13	14	15	16	17	18	19	20	21					
	藏曆七月		23	24	25	26	27	28	29	30	1	2	3	4	5	6	7	8	9	10	11	12	13	14	15	16	17	18	19	20	21	22	23					

續表

月干支序數	月序＼星期	日	1	2	3	4	5	6	日	1	2	3	4	5	6	日	1	2	3	4	5	6	日	1	2	3	4	5	6	日	1	2	3	4	5	6	日	1
	公曆 8 月					1	2	3	4	5	6	7	8	9	10	11	12	13	14	15	16	17	18	19	20	21	22	23	24	25	26	27	28	29	30	31		
45	夏曆七月					25	26	27	28	29	30	①	2	3	4	5	6	7	8	9	10	11	12	13	14	15	16	17	18	19	20	21	22	23	24	25		
	回曆 7 月					22	23	24	25	26	27	28	29	1	2	3	4	5	6	7	8	9	10	11	12	13	14	15	16	17	18	19	20	21	22	23		
	藏曆八月					25	26	27	28	29	30	1	2	2	3	4	5	6	7	8	9	10	11	12	13	14	15	16	18	19	20	21	22	23	24	25		
	公曆 9 月	1	2	3	4	5	6	7	8	9	10	11	12	13	14	15	16	17	18	19	20	21	22	23	24	25	26	27	28	29	30							
46	夏曆八月	26	27	28	29	30	㉛	2	3	4	5	6	7	8	9	10	11	12	13	14	15	16	17	18	19	20	21	22	23	24	25							
	回曆 8 月	24	25	26	27	28	29	30	1	2	3	4	5	6	7	8	9	10	11	12	13	14	15	16	17	18	19	20	21	22	23							
	藏曆九月	26	27	28	29	30	1	2	3	4	5	6	7	8	9	10	11	12	13	14	15	16	17	18	19	20	22	23	24	25	26							
	公曆 10 月			1	2	3	4	5	6	7	8	9	10	11	12	13	14	15	16	17	18	19	20	21	22	23	24	25	26	27	28	29	30	31				
47	夏曆九月			26	27	28	29	(60)	2	3	4	5	6	7	8	9	10	11	12	13	14	15	16	17	18	19	20	21	22	23	24	25	26	27				
	回曆 9 月			24	25	26	27	28	29	1	2	3	4	5	6	7	8	9	10	11	12	13	14	15	16	17	18	19	20	21	22	23	24	25				
	藏曆十月			27	27	28	29	30	1	2	3	4	5	6	7	8	9	10	11	12	13	15	16	17	18	19	20	21	22	23	24	25	26	27				
	公曆 11 月						1	2	3	4	5	6	7	8	9	10	11	12	13	14	15	16	17	18	19	20	21	22	23	24	25	26	27	28	29	30		
48	夏曆十月						28	29	30	㉚	2	3	4	5	6	7	8	9	10	11	12	13	14	15	16	17	18	19	20	21	22	23	24	25	26	27		
	回曆 10 月						26	27	28	29	30	1	2	3	4	5	6	7	8	9	10	11	12	13	14	15	16	17	18	19	20	21	22	23	24	25		
	藏曆後十月						28	29	30	30	1	1	2	3	4	5	6	7	9	10	11	12	13	14	15	16	17	18	19	20	21	22	23	24	25	26		
	公曆 12 月	1	2	3	4	5	6	7	8	9	10	11	12	13	14	15	16	17	18	19	20	21	22	23	24	25	26	27	28	29	30	31						
49	夏曆十一月	28	29	30	(60)	2	3	4	5	6	7	8	9	10	11	12	13	14	15	16	17	18	19	20	21	22	23	24	25	26	27	28						
	回曆 11 月	26	27	28	29	1	2	3	4	5	6	7	8	9	10	11	12	13	14	15	16	17	18	19	20	21	22	23	24	25	26	27						
	藏曆十一月	27	28	29	1	2	3	4	5	6	7	8	9	10	11	12	14	15	16	17	18	19	20	21	22	23	23	24	25	26	27	28						

大事記：

正月，宋令國子監生及進士習詩賦者皆兼習經義。　是秋，中都、山東、河東蝗。　十月，宋築通泰、楚二州捍海堰。金命毀上京舊宮殿及女真各大族上京住宅，平作耕地。立即毀抹有王爵字樣的一切公私文書、墓碑。金初鑄銅錢。　是歲，南宋收入達六千萬貫。

宋 遼 金 紀 年

干支戊寅　公元 1158 年

朝代或國名	國家支配者	建　都	廟號	謚號	建元	年號年次	輔政者	備　注
南宋	①趙構	臨安	高宗	憲	2	2 紹興 28 年	同前	
大理	③段正興	陽苴咩	景宗	正康	5	3 龍興 3 年		在雲南
西夏	⑤李仁孝	（銀川）	仁宗	聖德	4	3 天盛 10 年		
金	④完顏亮（海陵王）	燕京			3	3 正隆 3 年		
西遼	③耶律夷列	虎思斡耳朵	仁宗		1	紹興 8 年		
古格						345 年		西藏阿里

月 曆 表

5871－354－2144402

月干支序數	月序＼星期	日	1	2	3	4	5	6	日	1	2	3	4	5	6	日	1	2	3	4	5	6	日	1	2	3	4	5	6	日	1	2	3	4	5	6	日	1
	公曆 1 月				1	2	3	4	5	6	7	8	9	10	11	12	13	14	15	16	17	18	19	20	21	22	23	24	25	26	27	28	29	30	31			
50	夏曆十二月				29	30	㉚	2	3	4	5	6	7	8	9	10	11	12	13	14	15	16	17	18	19	20	21	22	23	24	25	26	27	28	29			

續表

月干支序數	月序＼星期	日	1	2	3	4	5	6	日	1	2	3	4	5	6	日	1	2	3	4	5	6	日	1	2	3	4	5	6	日	1	2	3	4	5	6	日	1
	回曆12月				28	29	30	1	2	3	4	5	6	7	8	9	10	11	12	13	14	15	16	17	18	19	20	21	22	23	24	25	26	27	28			
	藏曆十二月				29	30	1	2	3	4	5	6	8	9	10	11	12	13	14	15	16	17	18	19	20	21	22	23	24	25	26	27	27	28	29			
	公曆2月							1	2	3	4	5	6	7	8	9	10	11	12	13	14	15	16	17	18	19	20	21	22	23	24	25	26	27	28			
51	夏曆正月							(59)	2	3	4	5	6	7	8	9	10	11	12	13	14	15	16	17	18	19	20	21	22	23	24	25	26	27	28			
553年	回曆1月							29	①	2	3	4	5	6	7	8	9	10	11	12	13	14	15	16	17	18	19	20	21	22	23	24	25	26	27			
陽土虎年	藏曆一月							1	2	3	4	5	6	7	8	9	10	11	12	13	14	15	16	17	18	19	20	21	22	23	24	25	26	27	28			
	公曆3月							1	2	3	4	5	6	7	8	9	10	11	12	13	14	15	16	17	18	19	20	21	22	23	24	25	26	27	28	29	30	31
52	夏曆二月							29	30	㉙	2	3	4	5	6	7	8	9	10	11	12	13	14	15	16	17	18	19	20	21	22	23	24	25	26	27	28	29
	回曆2月							28	29	30	1	2	3	4	5	6	7	8	9	10	11	12	13	14	15	16	17	18	19	20	21	22	23	24	25	26	27	28
	藏曆二月							29	30	1	2	3	4	5	7	8	9	10	11	12	13	14	15	16	17	18	19	19	20	21	22	23	24	25	26	27	28	30
	公曆4月			1	2	3	4	5	6	7	8	9	10	11	12	13	14	15	16	17	18	19	20	21	22	23	24	25	26	27	28	29	30					
53 54	夏曆三四月			(58)	2	3	4	5	6	7	8	9	10	11	12	13	14	15	16	17	18	19	20	21	22	23	24	25	26	27	28	29	㉗					
	回曆3月			29	1	2	3	4	5	6	7	8	9	10	11	12	13	14	15	16	17	18	19	20	21	22	23	24	25	26	27	28	29					
	藏曆三月			1	2	3	4	5	6	7	8	9	10	11	12	13	14	15	16	17	18	19	20	21	22	23	24	25	26	27	28	29	30					
	公曆5月					1	2	3	4	5	6	7	8	9	10	11	12	13	14	15	16	17	18	19	20	21	22	23	24	25	26	27	28	29	30	31		
55	夏曆五月					2	3	4	5	6	7	8	9	10	11	12	13	14	15	16	17	18	19	20	21	22	23	24	25	26	27	28	29	30	(57)	2		
	回曆4、5月					30	1	2	3	4	5	6	7	8	9	10	11	12	13	14	15	16	17	18	19	20	21	22	23	24	25	26	27	28	29	1		
	藏曆四五月					1	2	4	5	6	7	8	9	10	11	12	13	14	14	15	16	17	18	19	20	21	22	23	24	25	27	28	29	30	1	2		
	公曆6月	1	2	3	4	5	6	7	8	9	10	11	12	13	14	15	16	17	18	19	20	21	22	23	24	25	26	27	28	29	30							
56	夏曆六月	3	4	5	6	7	8	9	10	11	12	13	14	15	16	17	18	19	20	21	22	23	24	25	26	27	28	29	㉖	2	3							
	回曆6月	2	3	4	5	6	7	8	9	10	11	12	13	14	15	16	17	18	19	20	21	22	23	24	25	26	27	28	29	30	1							
	藏曆六月	3	4	5	6	7	8	9	10	11	12	13	14	15	16	17	18	19	20	21	22	23	24	25	26	27	29	30	1	2	3							
	公曆7月			1	2	3	4	5	6	7	8	9	10	11	12	13	14	15	16	17	18	19	20	21	22	23	24	25	26	27	28	29	30	31				
57	夏曆七月			4	5	6	7	8	9	10	11	12	13	14	15	16	17	18	19	20	21	22	23	24	25	26	27	28	29	(58)	2	3	4	5				
	回曆7月			2	3	4	5	6	7	8	9	10	11	12	13	14	15	16	17	18	19	20	21	22	23	24	25	26	27	28	29	1	2	3				
	藏曆七月			4	5	6	7	8	9	10	11	12	13	14	15	16	17	18	19	20	21	22	23	24	25	26	27	28	29	30	1	2	3	4				
	公曆8月						1	2	3	4	5	6	7	8	9	10	11	12	13	14	15	16	17	18	19	20	21	22	23	24	25	26	27	28	29	30	31	
58	夏曆八月						6	7	8	9	10	11	12	13	14	15	16	17	18	19	20	21	22	23	24	25	26	27	28	29	30	㉕	2	3	4	5	6	
	回曆8月						4	5	6	7	8	9	10	11	12	13	14	15	16	17	18	19	20	21	22	23	24	25	26	27	28	29	30	1	2	3	4	
	藏曆八月						5	6	7	8	9	10	11	12	13	14	15	16	17	18	19	20	21	22	23	25	26	27	28	29	30	1	2	3	4	5	6	
	公曆9月		1	2	3	4	5	6	7	8	9	10	11	12	13	14	15	16	17	18	19	20	21	22	23	24	25	26	27	28	29	30						
59	夏曆九月		7	8	9	10	11	12	13	14	15	16	17	18	19	20	21	22	23	24	25	26	27	28	29	(54)	2	3	4	5	6	7						
	回曆9月		5	6	7	8	9	10	11	12	13	14	15	16	17	18	19	20	21	22	23	24	25	26	27	28	29	1	2	3	4	5						
	藏曆九月		7	7	8	9	10	11	12	13	14	15	16	18	19	20	21	22	23	24	25	26	27	28	29	30	1	2	3	4	5	6						
	公曆10月				1	2	3	4	5	6	7	8	9	10	11	12	13	14	15	16	17	18	19	20	21	22	23	24	25	26	27	28	29	30	31			
60	夏曆十月				8	9	10	11	12	13	1	15	16	17	18	19	20	21	22	23	24	25	26	27	28	29	30	㉔	2	3	4	5	6	7	8			
	回曆10月				6	7	8	9	10	11	12	13	14	15	16	17	18	19	20	21	22	23	24	25	26	27	28	29	30	1	2	3	4	5	6			
	藏曆十月				7	8	9	10	11	12	13	14	15	16	17	18	19	20	22	23	24	25	26	27	28	29	30	30	1	1	2	3	4	5	6			
	公曆11月							1	2	3	4	5	6	7	8	9	10	11	12	13	14	15	16	17	18	19	20	21	22	23	24	25	26	27	28	29	30	
1	夏曆十一月							9	10	11	12	13	14	15	16	17	18	19	20	21	22	23	24	25	26	27	28	29	30	(54)	2	3	4	5	6	7	8	
	回曆11月							7	8	9	10	11	12	13	14	15	16	17	18	19	20	21	22	23	24	25	26	27	28	29	1	2	3	4	5	6	7	
	藏曆十一月							7	8	9	10	11	12	13	14	16	17	18	19	20	21	22	23	24	25	26	27	28	29	1	2	3	4	5	6	6	7	

續表

月 干支 序數	星期 月序	日	1	2	3	4	5	6	日	1	2	3	4	5	6	日	1	2	3	4	5	6	日	1	2	3	4	5	6	日	1	2	3	4	5	6	日	1
	公曆12月		1	2	3	4	5	6	7	8	9	10	11	12	13	14	15	16	17	18	19	20	21	22	23	24	25	26	27	28	29	30	31					
2	夏曆十二月		9	10	11	12	13	14	15	16	17	18	19	20	21	22	23	24	25	26	27	28	29	30	㉔	2	3	4	5	6	7	8	9					
	回曆12月		8	9	10	11	12	13	14	15	16	17	18	19	20	21	22	23	24	25	26	27	28	29	30	1	2	3	4	5	6	7	8					
	藏曆十二月		9	10	11	12	13	14	15	16	17	18	19	20	21	22	23	24	25	26	27	28	29	30	1	2	3	4	5	6	7	8	9					

大事記

正月，宋禁強制平民為軍。金帝謀南侵，遂責宋納叛亡，盛邊備。　二月，金鑄正隆通寶。　七月，宋括民間銅器鑄錢。　九月，宋定銅錢出境罪。　十二月，宋為金有毀盟意，令利州路團練義士。金大營汴京。　是歲，夏始立通濟鑄錢監。金遷中都兩猛安於南京（汴京）。

宋遼金紀年

干支己卯　公元1159年

朝代或國名	國家支配者	建　都	廟號	謚號	建元	年號年次	輔政者	備　注
南宋	①趙構	臨安	高宗	憲	2	2紹興29年	沈該 陳康伯 湯思退	
大理	③段正興	陽苴咩	景宗	正康	5	3龍興4年		在雲南
西夏	⑤李仁孝	（銀川）	仁宗	聖德	4	3天盛11年		
金	④完顏亮 （海陵王）	燕京			3	3正隆4年		
西遼	③耶律夷列	虎思斡耳朵	仁宗		1	紹興9年		
古格						346年		西藏阿里

月曆表

5872—384—2144786

月 干支 序數	星期 月序	日	1	2	3	4	5	6	日	1	2	3	4	5	6	日	1	2	3	4	5	6	日	1	2	3	4	5	6	日	1	2	3	4	5	6	日	1
	公曆1月					1	2	3	4	5	6	7	8	9	10	11	12	13	14	15	16	17	18	19	20	21	22	23	24	25	26	27	28	29	30	31		
3	夏曆正月					10	11	12	13	14	15	16	17	18	19	20	21	22	23	24	25	26	27	28	29	(53)	2	3	4	5	6	7	8	9	10	11		
554年	回曆1月					9	10	11	12	13	14	15	16	17	18	19	20	21	22	23	24	25	26	27	28	29	30	①	2	3	4	5	6	7	8	9		
陰土兔年	藏曆一月					10	11	12	13	15	16	17	18	19	20	21	22	23	24	25	26	26	27	28	29	30	1	2	3	4	5	6	7	9	10	11		
	公曆2月	1	2	3	4	5	6	7	8	9	10	11	12	13	14	15	16	17	18	19	20	21	22	23	24	25	26	27	28									
4	夏曆二月	12	13	14	15	16	17	18	19	20	21	22	23	24	25	26	27	28	29	30	㉓	2	3	4	5	6	7	8	9									
	回曆2月	10	11	12	13	14	15	16	17	18	19	20	21	22	23	24	25	26	27	28	29	30	1	2	3	4	5	6	7									
	藏曆二月	12	13	14	15	16	17	18	19	20	21	22	23	24	25	26	27	28	29	30	1	2	3	4	5	6	7	8	9									
	公曆3月	1	2	3	4	5	6	7	8	9	10	11	12	13	14	15	16	17	18	19	20	21	22	23	24	25	26	27	28	29	30	31						
5	夏曆三月	10	11	12	13	14	15	16	17	18	19	20	21	22	23	24	25	26	27	28	29	30	(53)	2	3	4	5	6	7	8	9	10						
	回曆3月	8	9	10	11	12	13	14	15	16	17	18	19	20	21	22	23	24	25	26	27	28	29	1	2	3	4	5	6	7	8	9						
	藏曆三月	10	11	12	14	15	16	17	18	19	19	20	21	22	23	24	25	26	27	28	29	30	1	2	3	4	5	7	8	9	10	11						
	公曆4月				1	2	3	4	5	6	7	8	9	10	11	12	13	14	15	16	17	18	19	20	21	22	23	24	25	26	27	28	29	30				
6	夏曆四月				11	12	13	14	15	16	17	18	19	20	21	22	23	24	25	26	27	28	29	㉒	2	3	4	5	6	7	8	9	10	11				
	回曆4月				10	11	12	13	14	15	16	17	18	19	20	21	22	23	24	25	26	27	28	29	30	1	2	3	4	5	6	7	8	9				
	藏曆四月				12	13	14	15	16	17	18	19	20	21	22	23	23	24	25	26	27	28	30	1	2	3	4	5	6	7	8	9	10	11				

續表

月干支序數	月序＼星期	日	1	2	3	4	5	6	日	1	2	3	4	5	6	日	1	2	3	4	5	6	日	1	2	3	4	5	6	日	1	2	3	4	5	6	日	1
	公曆5月						1	2	3	4	5	6	7	8	9	10	11	12	13	14	15	16	17	18	19	20	21	22	23	24	25	26	27	28	29	30	31	
7	夏曆五月						12	13	14	15	16	17	18	19	20	21	22	23	24	25	26	27	28	29	(51)	2	3	4	5	6	7	8	9	10	11	12	13	
	回曆5月						10	11	12	13	14	15	16	17	18	19	20	21	22	23	24	25	26	27	28	29	1	2	3	4	5	6	7	8	9	10	11	
	藏曆五月						12	13	14	15	16	17	18	19	20	21	22	23	24	25	26	27	28	29	30	1	2	4	5	6	7	8	9	10	11	12	13	
	公曆6月		1	2	3	4	5	6	7	8	9	10	11	12	13	14	15	16	17	18	19	20	21	22	23	24	25	26	27	28	29	30						
8	夏曆六月		14	15	16	17	18	19	20	21	22	23	24	25	26	27	28	29	30	㉑	2	3	4	5	6	7	8	9	10	11	12	13						
	回曆6月		12	13	14	15	16	17	18	19	20	21	22	23	24	25	26	27	28	29	30	1	2	3	4	5	6	7	8	9	10	11						
	藏曆六月		14	15	16	17	18	19	19	20	21	22	23	24	26	27	28	29	30	1	2	3	4	5	6	7	8	9	10	11	12	13						
	公曆7月				1	2	3	4	5	6	7	8	9	10	11	12	13	14	15	16	17	18	19	20	21	22	23	24	25	26	27	28	29	30	31			
	夏曆閏六月				14	15	16	17	18	19	20	21	22	23	24	25	26	27	28	29	(56)	2	3	4	5	6	7	8	9	10	11	12	13	14	15			
	回曆7月				12	13	14	15	16	17	18	19	20	21	22	23	24	25	26	27	28	29	1	2	3	4	5	6	7	8	9	10	11	12	13			
	藏曆七月				14	15	16	17	18	19	20	21	22	23	24	25	26	27	29	30	1	2	3	4	5	6	7	8	9	10	11	12	13	14	15			
	公曆8月							1	2	3	4	5	6	7	8	9	10	11	12	13	14	15	16	17	18	19	20	21	22	23	24	25	26	27	28	29	30	31
9	夏曆七月							16	17	18	19	20	21	22	23	24	25	26	27	28	29	⑲	2	3	4	5	6	7	8	9	10	11	12	13	14	15	16	17
	回曆8月							14	15	16	17	18	19	20	21	22	23	24	25	26	27	28	29	30	1	2	3	4	5	6	7	8	9	10	11	12	13	14
	藏曆八月							16	16	17	18	19	21	22	23	24	25	26	27	28	29	30	1	3	4	5	5	6	7	8	9	10	11	12	13	14	15	16
	公曆9月			1	2	3	4	5	6	7	8	9	10	11	12	13	14	15	16	17	18	19	20	21	22	23	24	25	26	27	28	29	30					
10	夏曆八月			18	19	20	21	22	23	24	25	26	27	28	29	30	㊾	2	3	4	5	6	7	8	9	10	11	12	13	14	15	16	17					
	回曆9月			15	16	17	18	19	20	21	22	23	24	25	26	27	28	29	1	2	3	4	5	6	7	8	9	10	11	12	13	14	15					
	藏曆九月			17	18	19	20	21	22	23	25	26	27	28	29	30	1	2	3	4	5	6	7	8	9	10	11	11	12	13	14	15	16					
	公曆10月					1	2	3	4	5	6	7	8	9	10	11	12	13	14	15	16	17	18	19	20	21	22	23	24	25	26	27	28	29	30	31		
11	夏曆九月					18	19	20	21	22	23	24	25	26	27	28	29	⑱	2	3	4	5	6	7	8	9	10	11	12	13	14	15	16	17	18	19		
	回曆10月					16	17	18	19	20	21	22	23	24	25	26	27	28	29	30	1	2	3	4	5	6	7	8	9	10	11	12	13	14	15	16		
	藏曆十月					18	19	20	21	22	23	24	25	26	27	28	29	30	1	2	3	4	5	6	7	8	9	10	11	12	13	14	15	16	17	18		
	公曆11月	1	2	3	4	5	6	7	8	9	10	11	12	13	14	15	16	17	18	19	20	21	22	23	24	25	26	27	28	29	30							
12	夏曆十月	20	21	22	23	24	25	26	27	28	29	30	㊽	2	3	4	5	6	7	8	9	10	11	12	13	14	15	16	17	18	19							
	回曆11月	17	18	19	20	21	22	23	24	25	26	27	28	29	1	2	3	4	5	6	7	8	9	10	11	12	13	14	15	16	17							
	藏曆十一月	19	20	21	23	24	25	26	27	28	29	30	1	2	3	4	4	5	6	7	8	9	10	11	12	13	14	15	17	18	19							
	公曆12月			1	2	3	4	5	6	7	8	9	10	11	12	13	14	15	16	17	18	19	20	21	22	23	24	25	26	27	28	29	30	31				
13	夏曆十一月			20	21	22	23	24	25	26	27	28	29	30	⑱	2	3	4	5	6	7	8	9	10	11	12	13	14	15	16	17	18	19	20				
	回曆12月			18	19	20	21	22	23	24	25	26	27	28	29	30	1	2	3	4	5	6	7	8	9	10	11	12	13	14	15	16	17	18				
	藏曆十二月			20	21	22	23	24	25	26	27	28	29	30	1	2	3	4	5	6	7	8	9	10	11	12	13	14	15	16	17	18	19	20				

《宋紀》六月甲辰，誤。

大事記

正月，金罷沿邊榷場，只留泗州一處。　二月，金籍壯丁，造戰船。　三月，又遣使至諸路造兵器。　六月，宋禁江淮私渡北人。　八月，金又調民馬以備南侵，金境人民不堪苛暴，紛起反抗。契丹人亦出沒太行山，攻破數縣。宋文學家張九成卒(1092—1159)。　是歲，南宋人口 1 689 萬。

宋遼金紀年

干支庚辰　公元 1160 年

朝代或國名	國家支配者	建都	廟號	謚號	建元	年號年次	輔政者	備注
南宋	①趙構	臨安	高宗	憲	2	2 紹興 30 年	湯思退　陳康伯	
大理	③段正興	陽苴咩	景宗	正康	5	4 盛明元年		在雲南

續表

朝代或國名	國家支配者	建　都	廟號	謚　號	建元	年號年次	輔政者	備　注
西夏	⑤李仁孝	(銀川)	仁宗	聖德	4	3 天盛 12 年		
金	④完顏亮(海陵王)	燕京			3	3 正隆 5 年		
西遼	③耶律夷列	虎思斡耳朵	仁宗		1	紹興 10 年		
古格						347 年		西藏阿里

月曆表

5873—354—2145140

月干支序數	月序＼星期	日	1	2	3	4	5	6	日	1	2	3	4	5	6	日	1	2	3	4	5	6	日	1	2	3	4	5	6	日	1	2	3	4	5	6	日	1
	公曆1月						1	2	3	4	5	6	7	8	9	10	11	12	13	14	15	16	17	18	19	20	21	22	23	24	25	26	27	28	29	30	31	
14	夏曆十二月						21	22	23	24	25	26	27	28	29	30	㊽	2	3	4	5	6	7	8	9	10	11	12	13	14	15	16	17	18	19	20	21	
555年	回曆1月						19	20	21	22	23	24	25	26	27	28	29	①	2	3	4	5	6	7	8	9	10	11	12	13	14	15	16	17	18	19	20	
陽金龍年	藏曆一月						22	23	24	25	26	26	27	28	29	30	1	2	3	4	5	6	7	8	9	10	11	12	13	14	16	17	18	19	20	21	22	
	公曆2月		1	2	3	4	5	6	7	8	9	10	11	12	13	14	15	16	17	18	19	20	21	22	23	24	25	26	27	28	29							
15	夏曆正月		22	23	24	25	26	27	28	29	⑰	2	3	4	5	6	7	8	9	10	11	12	13	14	15	16	17	18	19	20	21							
	回曆2月		21	22	23	24	25	26	27	28	29	30	1	2	3	4	5	6	7	8	9	10	11	12	13	14	15	16	17	18	19							
	藏曆二月		23	24	25	26	27	28	29	29	30	1	2	3	4	5	6	7	8	10	11	12	13	14	15	16	17	18	19	20	21							
	公曆3月			1	2	3	4	5	6	7	8	9	10	11	12	13	14	15	16	17	18	19	20	21	22	23	24	25	26	27	28	29	30	31				
16	夏曆二月			22	23	24	25	26	27	28	29	30	㊼	2	3	4	5	6	7	8	9	10	11	12	13	14	15	16	17	18	19	20	21	22				
	回曆3月			20	21	22	23	24	25	26	27	28	29	1	2	3	4	5	6	7	8	9	10	11	12	13	14	15	16	17	18	19	20	21				
	藏曆三月			22	23	24	25	26	27	28	29	30	1	2	3	4	5	6	7	8	9	10	11	12	14	15	16	17	18	19	20	21	22	22				
	公曆4月						1	2	3	4	5	6	7	8	9	10	11	12	13	14	15	16	17	18	19	20	21	22	23	24	25	26	27	28	29	30		
17	夏曆三月						23	24	25	26	27	28	29	30	⑰	2	3	4	5	6	7	8	9	10	11	12	13	14	15	16	17	18	19	20	21	22		
	回曆4月						22	23	24	25	26	27	28	29	30	1	2	3	4	5	6	7	8	9	10	11	12	13	14	15	16	17	18	19	20	21		
	藏曆四月						23	24	25	26	27	28	29	30	1	2	3	4	5	6	8	9	10	11	12	13	14	15	16	17	18	19	20	21	22	23		
	公曆5月	1	2	3	4	5	6	7	8	9	10	11	12	13	14	15	16	17	18	19	20	21	22	23	24	25	26	27	28	29	30	31						
18	夏曆四月	23	24	25	26	27	28	29	㊻	2	3	4	5	6	7	8	9	10	11	12	13	14	15	16	17	18	19	20	21	22	23	24						
	回曆5月	22	23	24	25	26	27	28	29	1	2	3	4	5	6	7	8	9	10	11	12	13	14	15	16	17	18	19	20	21	22	23						
	藏曆五月	22	23	24	25	26	27	28	1	2	3	4	5	6	7	8	9	11	12	13	14	15	16	17	18	18	19	20	21	22	23	24						
	公曆6月				1	2	3	4	5	6	7	8	9	10	11	12	13	14	15	16	17	18	19	20	21	22	23	24	25	26	27	28	29	30				
19	夏曆五月				25	26	27	28	29	⑮	2	3	4	5	6	7	8	9	10	11	12	13	14	15	16	17	18	19	20	21	22	23	24	25				
	回曆6月				24	25	26	27	28	29	30	1	2	3	4	5	6	7	8	9	10	11	12	13	14	15	16	17	18	19	20	21	22	23				
	藏曆六月				25	26	27	28	29	30	1	2	4	5	6	7	8	9	10	11	12	13	14	15	16	17	18	19	20	21	22	23	24	25				
	公曆7月						1	2	3	4	5	6	7	8	9	10	11	12	13	14	15	16	17	18	19	20	21	22	23	24	25	26	27	28	29	30	31	
20	夏曆六月						26	27	28	29	30	㊺	2	3	4	5	6	7	8	9	10	11	12	13	14	15	16	17	18	19	20	21	22	23	24	25	26	
	回曆7月						24	25	26	27	28	29	1	2	3	4	5	6	7	8	9	10	11	12	13	14	15	16	17	18	19	20	21	22	23	24	25	
	藏曆後六月						26	27	28	29	30	1	2	3	4	5	7	8	9	10	11	12	13	14	15	15	16	17	18	19	20	21	22	23	24	25	26	
	公曆8月		1	2	3	4	5	6	7	8	9	10	11	12	13	14	15	16	17	18	19	20	21	22	23	24	25	26	27	28	29	30	31					
21	夏曆七月		27	28	29	⑭	2	3	4	5	6	7	8	9	10	11	12	13	14	15	16	17	18	19	20	21	22	23	24	25	26	27	28					
	回曆8月		26	27	28	29	30	1	2	3	4	5	6	7	8	9	10	11	12	13	14	15	16	17	18	19	20	21	22	23	24	25	26					
	藏曆七月		27	29	30	1	2	3	4	5	6	7	8	9	10	11	12	13	14	15	16	17	18	19	20	21	22	23	24	25	26	27	28					
	公曆9月					1	2	3	4	5	6	7	8	9	10	11	12	13	14	15	16	17	18	19	20	21	22	23	24	25	26	27	28	29	30			
22	夏曆八月					29	㊸	2	3	4	5	6	7	8	9	10	11	12	13	14	15	16	17	18	19	20	21	22	23	24	25	26	27	28	29			
	回曆9月					27	28	29	1	2	3	4	5	6	7	8	9	10	11	12	13	14	15	16	17	18	19	20	21	22	23	24	25	26	27			

續表

月 干支 序數	月序＼星期	日	1	2	3	4	5	6	日	1	2	3	4	5	6	日	1	2	3	4	5	6	日	1	2	3	4	5	6	日	1	2	3	4	5	6	日	1
	藏曆八月					29	2	3	4	5	6	7	8	9	10	10	11	12	13	14	15	16	17	18	19	20	21	22	23	24	26	27	28	29	30			
	公曆 10 月							1	2	3	4	5	6	7	8	9	10	11	12	13	14	15	16	17	18	19	20	21	22	23	24	25	26	27	28	29	30	31
23 24	夏曆九十月							30	⑬	2	3	4	5	6	7	8	9	10	11	12	13	14	15	16	17	18	19	20	21	22	23	24	25	26	27	28	29	㊷
	回曆 10 月							28	29	30	1	2	3	4	5	6	7	8	9	10	11	12	13	14	15	16	17	18	19	20	21	22	23	24	25	26	27	28
	藏曆九十月							30	1	2	3	4	5	6	7	8	9	10	11	12	13	14	15	16	17	18	19	20	21	22	23	24	25	26	27	28	29	1
	公曆 11 月			1	2	3	4	5	6	7	8	9	10	11	12	13	14	15	16	17	18	19	20	21	22	23	24	25	26	27	28	29	30					
25	夏曆十一月			2	3	4	5	6	7	8	9	10	11	12	13	14	15	16	17	18	19	20	21	22	23	24	25	26	27	28	29	30	⑫					
	回曆 11 月			29	1	2	3	4	5	6	7	8	9	10	11	12	13	14	15	16	17	18	19	20	21	22	23	24	25	26	27	28	29					
	藏曆十一月			2	3	4	4	5	6	7	8	9	10	11	12	13	14	15	16	17	18	19	20	21	22	24	25	26	27	28	29	30	1					
	公曆 12 月					1	2	3	4	5	6	7	8	9	10	11	12	13	14	15	16	17	18	19	20	21	22	23	24	25	26	27	28	29	30	31		
26	夏曆十二月					2	3	4	5	6	7	8	9	10	11	12	13	14	15	16	17	18	19	20	21	22	23	24	25	26	27	28	29	30	㊷	2		
556 年	回曆 12、1 月					30	1	2	3	4	5	6	7	8	9	10	11	12	13	14	15	16	17	18	19	20	21	22	23	24	25	26	27	28	29	①		
	藏曆十二月					2	3	4	5	6	7	7	8	9	10	11	12	13	14	15	16	18	19	20	21	22	23	24	25	26	27	28	29	30	1	2		

大事記

正月，宋募人墾淮南荒田。　三月，金東海縣民張旺等起事，越三月敗。　八月，金起兵五十五萬，屯宿泗州，再謀南侵。　十月，金遣官分赴河北、河東、山東、中都，鎮壓起義。　十二月，宋初行會子於東南。宋湯思退罷相，陳康伯獨任右相。　是歲，金遷印造鈔引庫於汴京。夏任得敬上疏請廢學校，不採納。任得敬進爵楚王，出入儀從同於皇帝。

宋遼金紀年

干支辛巳　公元 1161 年

朝代或國名	國家支配者	建　都	廟號	謚　號	建元	年號年次	輔　政　者	備　注
南宋	①趙構	臨安	高宗	憲	2	2 紹興 31 年	陳康伯 朱倬	
大理		陽苴咩			5	4 盛明 2 年		在雲南
西夏	⑤李仁孝	（銀川）	仁宗	聖德	4	3 天盛 13 年		
金	⑤完顏雍	汴京	世宗	仁	1	大定元年		十月丁未即位改元
西遼	③耶律夷列	虎思斡耳朵	仁宗		1	紹興 11 年		
	耶律窩罕				1	天正元年		十二月立
古格						348 年		西藏阿里

月曆表

5874—354—2145494

月 干支 序數	月序＼星期	日	1	2	3	4	5	6	日	1	2	3	4	5	6	日	1	2	3	4	5	6	日	1	2	3	4	5	6	日	1	2	3	4	5	6	日	1
	公曆 1 月	1	2	3	4	5	6	7	8	9	10	11	12	13	14	15	16	17	18	19	20	21	22	23	24	25	26	27	28	29	30	31						
27	夏曆正月	3	4	5	6	7	8	9	10	11	12	13	14	15	16	17	18	19	20	21	22	23	24	25	26	27	28	29	⑪	2	3	4						
	回曆 2 月	2	3	4	5	6	7	8	9	10	11	12	13	14	15	16	17	18	19	20	21	22	23	24	25	26	27	28	29	30	1	2						
陰金蛇年	藏曆一月	3	4	5	6	7	8	9	10	11	12	13	14	15	16	17	18	19	20	21	23	24	25	26	27	28	29	29	30	1	2	3						
	公曆 2 月				1	2	3	4	5	6	7	8	9	10	11	12	13	14	15	16	17	18	19	20	21	22	23	24	25	26	27	28						

續表

月干支序數	月序＼星期	日	1	2	3	4	5	6	日	1	2	3	4	5	6	日	1	2	3	4	5	6	日	1	2	3	4	5	6	日	1	2	3	4	5	6	日	1
28	夏曆二月				5	6	7	8	9	10	11	12	13	14	15	16	17	18	19	20	21	22	23	24	25	26	27	28	29	30	㊶	2						
	回曆3月				3	4	5	6	7	8	9	10	11	12	13	14	15	16	17	18	19	20	21	22	23	24	25	26	27	28	29	1						
	藏曆二月				4	5	6	7	8	9	10	11	12	13	14	15	17	18	19	20	21	22	23	24	25	26	27	28	29	30	1	2						
	公曆3月				1	2	3	4	5	6	7	8	9	10	11	12	13	14	15	16	17	18	19	20	21	22	23	24	25	26	27	28	29	30	31			
29	夏曆三月				3	4	5	6	7	8	9	10	11	12	13	14	15	16	17	18	19	20	21	22	23	24	25	26	27	28	29	30	⑪	2	3			
	回曆4月				2	3	4	5	6	7	8	9	10	11	12	13	14	15	16	17	18	19	20	21	22	23	24	25	26	27	28	29	30	1	2			
	藏曆三月				2	3	4	5	6	7	8	9	11	12	13	14	15	16	17	18	19	20	21	22	23	24	25	26	27	28	29	30	1	2	3			
	公曆4月							1	2	3	4	5	6	7	8	9	10	11	12	13	14	15	16	17	18	19	20	21	22	23	24	25	26	27	28	29	30	
30	夏曆四月							4	5	6	7	8	9	10	11	12	13	14	15	16	17	18	19	20	21	22	23	24	25	26	27	28	29	㊵	2	3	4	
	回曆5月							3	4	5	6	7	8	9	10	11	12	13	14	15	16	17	18	19	20	21	22	23	24	25	26	27	28	29	1	2	3	
	藏曆四月							4	5	6	7	8	9	10	11	12	13	15	16	17	18	19	20	21	22	23	24	25	26	27	27	28	29	30	1	2	3	
	公曆5月		1	2	3	4	5	6	7	8	9	10	11	12	13	14	15	16	17	18	19	20	21	22	23	24	25	26	27	28	29	30	31					
31	夏曆五月		5	6	7	8	9	10	11	12	13	14	15	16	17	18	19	20	21	22	23	24	25	26	27	28	29	30	⑩	2	3	4	5					
	回曆6月		4	5	6	7	8	9	10	11	12	13	14	15	16	17	18	19	20	21	22	23	24	25	26	27	28	29	30	1	2	3	4					
	藏曆五月		4	5	6	8	9	10	11	12	13	14	15	16	17	18	19	20	21	22	23	24	25	26	27	28	29	30	1	2	3	4	5					
	公曆6月					1	2	3	4	5	6	7	8	9	10	11	12	13	14	15	16	17	18	19	20	21	22	23	24	25	26	27	28	29	30			
32	夏曆六月					6	7	8	9	10	11	12	13	14	15	16	17	18	19	20	21	22	23	24	25	26	27	28	29	㊴	2	3	4	5	6			
	回曆7月					5	6	7	8	9	10	11	12	13	14	15	16	17	18	19	20	21	22	23	24	25	26	27	28	29	11	2	3	4	5			
	藏曆六月					6	7	8	9	11	12	13	14	15	16	17	18	19	20	21	22	23	23	24	25	26	27	28	29	30	1	2	4	5	6			
	公曆7月							1	2	3	4	5	6	7	8	9	10	11	12	13	14	15	16	17	18	19	20	21	22	23	24	25	26	27	28	29	30	31
33	夏曆七月							7	8	9	10	11	12	13	14	15	16	17	18	19	20	21	22	23	24	25	26	27	28	29	30	⑨	2	3	4	5	6	7
	回曆8月							6	7	8	9	10	11	12	13	14	15	16	17	18	19	20	21	22	23	24	25	26	27	28	29	30	1	2	3	4	5	6
	藏曆七月							7	8	9	10	11	12	13	14	15	16	17	18	19	20	21	22	23	24	25	26	27	28	29	30	1	2	3	4	6	7	8
	公曆8月			1	2	3	4	5	6	7	8	9	10	11	12	13	14	15	16	17	18	19	20	21	22	23	24	25	26	27	28	29	30	31				
34	夏曆八月			8	9	10	11	12	13	14	15	16	17	18	19	20	21	22	23	24	25	26	27	28	29	㊳	2	3	4	5	6	7	8	9				
	回曆9月			7	8	9	10	11	12	13	14	15	16	17	18	19	20	21	22	23	24	25	26	27	28	29	1	2	3	4	5	6	7	8				
	藏曆八月			9	10	11	12	13	14	15	16	17	18	19	19	20	21	22	23	24	25	26	27	29	30	1	2	3	4	5	6	7	8	9				
	公曆9月						1	2	3	4	5	6	7	8	9	10	11	12	13	14	15	16	17	18	19	20	21	22	23	24	25	26	27	28	29	30		
35	夏曆九月						10	11	12	13	14	15	16	17	18	19	20	21	22	23	24	25	26	27	28	29	⑦	2	3	4	5	6	7	8	9	10		
	回曆10月						9	10	11	12	13	14	15	16	17	18	19	20	21	22	23	24	25	26	27	28	29	30	1	2	3	4	5	6	7	8		
	藏曆九月						10	11	12	13	14	15	16	17	18	19	20	21	22	23	24	25	26	27	28	29	30	1	3	4	5	6	7	8	9	10		
	公曆10月	1	2	3	4	5	6	7	8	9	10	11	12	13	14	15	16	17	18	19	20	21	22	23	24	25	26	27	28	29	30	31						
36	夏曆十月	11	12	13	14	15	16	17	18	19	20	21	22	23	24	25	26	27	28	29	30	㊲	2	3	4	5	6	7	8	9	10	11						
	回曆11月	9	10	11	12	13	14	15	16	17	18	19	20	21	22	23	24	25	26	27	28	29	1	2	3	4	5	6	7	8	9	10						
	藏曆十月	11	12	13	14	14	15	16	17	18	19	20	21	22	23	24	26	27	28	29	30	1	2	3	4	5	6	7	8	9	10	11						
	公曆11月				1	2	3	4	5	6	7	8	9	10	11	12	13	14	15	16	17	18	19	20	21	22	23	24	25	26	27	28	29	30				
37	夏曆十一月				12	13	14	15	16	17	18	19	20	21	22	23	24	25	26	27	28	29	⑥	2	3	4	5	6	7	8	9	10	11	12				
	回曆12月				11	12	13	14	15	16	17	18	19	20	21	22	23	24	25	26	27	28	29	30	1	2	3	4	5	6	7	8	9	10				
	藏曆十一月				12	13	14	15	16	17	18	19	20	21	22	23	24	25	26	27	28	29	1	2	3	4	5	6	7	7	8	9	10	11				
	公曆12月						1	2	3	4	5	6	7	8	9	10	11	12	13	14	15	16	17	18	19	20	21	22	23	24	25	26	27	28	29	30	31	
38	夏曆十二月						13	14	15	16	17	18	19	20	21	22	23	24	25	26	27	28	29	30	㊱	2	3	4	5	6	7	8	9	10	11	12	13	
557年	回曆1月						11	12	13	14	15	16	17	18	19	20	21	22	23	24	25	26	27	28	29	30	①	2	3	4	5	6	7	8	9	10	11	
	藏曆十二月						12	13	14	15	16	17	18	19	20	21	22	23	25	26	27	28	29	30	1	2	3	4	5	6	7	8	9	10	10	11	12	

大事記

二月，宋改試進士法。金帝赴汴京。　三月，宋鄭樵上《通誌》。　四月，金遣使徵諸路兵。　五月，遣使至宋，大相質責，宋於是始飭備邊。　六月，宋詔淮南清野。契丹撒八等起事反金。　七月，金遷都汴京，大括民間騾馬，又殺遼東宋宗室子男一百三十餘人。　九月，金大舉侵宋，金帝督東路諸軍，連下數城。其西路失利，宋復數城。金蘭州漢軍殺女真將反正。　十月，宋暴金帝罪惡於軍民。東京留守完顏褒自立為帝，是為世宗。　十一月，金主完顏亮被其下所殺。金遣使議和。　十二月，金世宗定都燕京。契丹耶律窩罕稱帝，建元天正，屢敗金兵。　是歲，金有戶三百餘萬。

宋遼金紀年

干支壬午　公元 1162 年

朝代或國名	國家支配者	建都	廟號	謚號	建元	年號年次	輔政者	備注
南宋	①趙構	臨安	高宗	憲	2	2 紹興 32 年	陳康伯 朱倬	六月趙昚即位
大理		陽苴咩			5	4 盛明 3 年		在雲南
西夏	⑤李仁孝	(銀川)	仁宗	聖德	4	3 天盛 14 年		
金	⑤完顏雍	中都	世宗	仁	1	大定 2 年		
西遼	③耶律夷列	虎思斡耳朵	仁宗		1	紹興 12 年		
	耶律窩罕					天正 2 年		九月亡於金
古格						. 349 年		西藏阿里

月曆表

5875－384－2145878

月干支序數	月序＼星期	日	1	2	3	4	5	6	日	1	2	3	4	5	6	日	1	2	3	4	5	6	日	1	2	3	4	5	6	日	1	2	3	4	5	6	日	1
	公曆1月		1	2	3	4	5	6	7	8	9	10	11	12	13	14	15	16	17	18	19	20	21	22	23	24	25	26	27	28	29	30	31					
39	夏曆正月		14	15	16	17	18	19	20	21	22	23	24	25	26	27	28	29	⑤	2	3	4	5	6	7	8	9	10	11	12	13	14	15					
	回曆2月		12	13	14	15	16	17	18	19	20	21	22	23	24	25	26	27	28	29	30	1	2	3	4	5	6	7	8	9	10	11	12					
陽水馬年	藏曆一月		13	14	15	16	17	19	20	21	22	23	24	25	26	27	28	29	30	1	2	3	4	5	6	7	8	9	10	11	12	13	14					
	公曆2月					1	2	3	4	5	6	7	8	9	10	11	12	13	14	15	16	17	18	19	20	21	22	23	24	25	26	27	28					
40	夏曆二月					16	17	18	19	20	21	22	23	24	25	26	27	28	29	30	㉟	2	3	4	5	6	7	8	9	10	11	12	13					
	回曆3月					13	14	15	16	17	18	19	20	21	22	23	24	25	26	27	28	29	1	2	3	4	5	6	7	8	9	10	11					
	藏曆二月					15	16	17	18	19	20	21	22	24	25	26	27	28	29	30	1	2	2	3	4	5	6	7	8	9	10	11	12					
	公曆3月					1	2	3	4	5	6	7	8	9	10	11	12	13	14	15	16	17	18	19	20	21	22	23	24	25	26	27	28	29	30	31		
	夏曆閏二月					14	15	16	17	18	19	20	21	22	23	24	25	26	27	28	29	30	⑤	2	3	4	5	6	7	8	9	10	11	12	13	14		
	回曆4月					12	13	14	15	16	17	18	19	20	21	22	23	24	25	26	27	28	29	30	1	2	3	4	5	6	7	8	9	10	11	12		
	藏曆三月					13	14	15	16	18	19	20	21	22	23	24	25	26	27	28	29	30	1	2	3	4	5	6	7	7	8	10	11	12	13	14		
	公曆4月	1	2	3	4	5	6	7	8	9	10	11	12	13	14	15	16	17	18	19	20	21	22	23	24	25	26	27	28	29	30							
41	夏曆三月	15	16	17	18	19	20	21	22	23	24	25	26	27	28	29	㉞	2	3	4	5	6	7	8	9	10	11	12	13	14	15							
	回曆5月	13	14	15	16	17	18	19	20	21	22	23	24	25	26	27	28	29	1	2	3	4	5	6	7	8	9	10	11	12	13							
	藏曆四月	15	16	17	18	19	20	21	23	24	25	25	26	27	28	29	30	1	2	3	4	5	6	7	8	9	10	11	12	13	15							
	公曆5月			1	2	3	4	5	6	7	8	9	10	11	12	13	14	15	16	17	18	19	20	21	22	23	24	25	26	27	28	29	30	31				
42	夏曆四月			16	17	18	19	20	21	22	23	24	25	26	27	28	29	30	④	2	3	4	5	6	7	8	9	10	11	12	13	14	15	16				
	回曆6月			14	15	16	17	18	19	20	21	22	23	24	25	26	27	28	29	30	1	2	3	4	5	6	7	8	9	10	11	12	13	14				
	藏曆五月			16	17	18	19	20	21	22	23	24	25	26	27	28	29	30	30	1	1	2	3	4	5	6	8	9	10	11	12	13	14	15				
	公曆6月						1	2	3	4	5	6	7	8	9	10	11	12	13	14	15	16	17	18	19	20	21	22	23	24	25	26	27	28	29	30		
43	夏曆五月						17	18	19	20	21	22	23	24	25	26	27	28	29	30	㉞	2	3	4	5	6	7	8	9	10	11	12	13	14	15	16		
	回曆7月						15	16	17	18	19	20	21	22	23	24	25	26	27	28	29	1	2	3	4	5	6	7	8	9	10	11	12	13	14	15		
	藏曆六月						16	17	18	20	20	21	22	23	24	25	26	27	28	29	1	2	3	4	5	6	7	8	9	11	12	13	15	16	17	18		

續表

月干支序數	星期 月序	日	1	2	3	4	5	6	日	1	2	3	4	5	6	日	1	2	3	4	5	6	日	1	2	3	4	5	6	日	1	2	3	4	5	6	日	1
	公曆7月	1	2	3	4	5	6	7	8	9	10	11	12	13	14	15	16	17	18	19	20	21	22	23	24	25	26	27	28	29	30	31						
44	夏曆六月	17	18	19	20	21	22	23	24	25	26	27	28	29	③	2	3	4	5	6	7	8	9	10	11	12	13	14	15	16	17	18						
	回曆8月	16	17	18	19	20	21	22	23	24	25	26	27	28	29	30	1	2	3	4	5	6	7	8	9	10	11	12	13	14	15	16						
	藏曆七月	19	20	21	22	23	24	25	26	27	28	28	29	30	30	1	3	4	5	6	7	8	9	10	11	12	14	15	16	17	18	18						
	公曆8月				1	2	3	4	5	6	7	8	9	10	11	12	13	14	15	16	17	18	19	20	21	22	23	24	25	26	27	28	29	30	31			
45	夏曆七月				19	20	21	22	23	24	25	26	27	28	29	30	㉝	2	3	4	5	6	7	8	9	10	11	12	13	14	15	16	17	18	19			
	回曆9月				17	18	19	20	21	22	23	24	25	26	27	28	29	1	2	3	4	5	6	7	8	9	10	11	12	13	14	15	16	17	18			
	藏曆八月				19	20	21	22	23	24	25	26	27	28	29	30	1	2	3	4	5	7	8	9	10	11	12	13	14	15	16	17	18	19	20			
	公曆9月							1	2	3	4	5	6	7	8	9	10	11	12	13	14	15	16	17	18	19	20	21	22	23	24	25	26	27	28	29	30	
46	夏曆八月							20	21	22	23	24	25	26	27	28	29	②	2	3	4	5	6	7	8	9	10	11	12	13	14	15	16	17	18	19	20	
	回曆10月							19	20	21	22	23	24	25	26	27	28	29	30	1	2	3	4	5	6	7	8	9	10	11	12	13	14	15	16	17	18	
	藏曆九月							21	22	23	24	24	25	26	27	29	30	1	2	3	4	5	6	7	8	9	11	12	13	13	14	15	16	17	18	19	20	
	公曆10月		1	2	3	4	5	6	7	8	9	10	11	12	13	14	15	16	17	18	19	20	21	22	23	24	25	26	27	28	29	30	31					
47	夏曆九月		21	22	23	24	25	26	27	28	29	㉛	2	3	4	5	6	7	8	9	10	11	12	13	14	15	16	17	18	19	20	21	22					
	回曆11月		19	20	21	2	23	24	25	26	27	28	29	1	2	3	4	5	6	7	8	9	10	11	12	13	14	15	16	17	18	19	20					
	藏曆十月		21	22	23	24	25	26	27	28	29	30	1	3	4	5	6	7	8	9	10	11	12	13	14	15	16	17	18	18	19	20	21					
	公曆11月					1	2	3	4	5	6	7	8	9	10	11	12	13	14	15	16	17	18	19	20	21	22	23	24	25	26	27	28	29	30			
48	夏曆十月					23	24	25	26	27	28	29	30	①	2	3	4	5	6	7	8	9	10	11	12	13	14	15	16	17	18	19	20	21	22			
	回曆12月					21	22	23	24	25	26	27	28	29	30	1	2	3	4	5	6	7	8	9	10	11	12	13	14	15	16	17	18	19	20			
	藏曆十一月					22	23	24	25	27	28	29	30	1	2	3	4	5	6	7	8	9	10	11	12	13	14	15	16	17	18	19	20	21	22			
	公曆12月							1	2	3	4	5	6	7	8	9	10	11	12	13	14	15	16	17	18	19	20	21	22	23	24	25	20	27	28	29	30	31
49	夏曆十一月							23	24	25	26	27	28	29	㉚	2	3	4	5	6	7	8	9	10	11	12	13	14	15	16	17	18	19	20	21	22	23	24
558年	回曆1月							21	22	23	24	25	26	27	28	29	①	2	3	4	5	6	7	8	9	10	11	12	13	14	15	16	17	18	19	20	21	22
	藏曆十二月							23	24	25	26	27	28	29	2	3	4	5	6	7	8	9	10	10	11	12	13	14	15	16	17	18	19	20	21	22	23	24

大事記

正月，耿京據東平府抗金，遣辛弃疾等請命，宋命京為天平節度使，知東平府。金行納粟補官法。　二月，金攻耶律窩罕，大敗。宋虞允文為兵部尚書。宋名將劉錡卒(1098—1162)。　閏二月，西北來歸之人很多，宋令踏逐寺觀安泊，分給官田，貸給耕牛，權免租稅。　三月，宋將吳璘復大散關，分兵據和尚原。宋洪邁使金，用敵國禮。宋復德順軍。夏擾宋邊。四月，金大敗耶律窩罕於長濼等地。　五月，宋敗金於海州。宋復熙州。　六月，宋高宗自為太上皇，太子眘即位，為孝宗。耶律窩罕屢敗於金，入奚部地區。　七月，宋昭雪岳飛，追復原官，以禮改葬。　八月，耶律窩罕轉戰古北口。九月，耶律窩罕敗死。　十一月，金遣將攻宋。　十二月，辛弃疾殺叛徒張安國，率耿京部投宋。　是歲，史學家鄭樵卒(1103—1162)。成吉思汗誕生(1162—1227)。

宋遼金紀年

干支癸未　公元1163年

朝代或國名	國家支配者	建都	廟號	謚號	建元	年號年次	輔政者	備注
南宋	②趙眘	臨安	孝宗	成	3	1隆興元年	張浚 湯思退 陳康伯 史浩	
大理		陽苴咩			5	4盛明4年		在雲南
西夏	⑤李仁孝	(銀川)	仁宗	聖德	4	3天盛15年		
金	⑤完顏雍	(燕京)	世宗	仁	1	大定3年		
西遼	③耶律夷列	虎思斡耳朵	仁宗		1	紹興13年		承天后即位
古格						350年		西藏阿里

月曆表

5876－355－2146233

月干支序數	星期 / 月序	日	1	2	3	4	5	6	日	1	2	3	4	5	6	日	1	2	3	4	5	6	日	1	2	3	4	5	6	日	1	2	3	4	5	6	日	1
	公曆1月			1	2	3	4	5	6	7	8	9	10	11	12	13	14	15	16	17	18	19	20	21	22	23	24	25	26	27	28	29	30	31				
50	夏曆十二月			25	26	27	28	29	30	(60)	2	3	4	5	6	7	8	9	10	11	12	13	14	15	16	17	18	19	20	21	22	23	24	25				
	回曆2月			23	24	25	26	27	28	29	30	1	2	3	4	5	6	7	8	9	10	11	12	13	14	15	16	17	18	19	20	21	22	23				
陰水羊年	藏曆一月			26	27	28	29	30	30	1	2	3	4	5	6	7	8	9	10	11	12	13	13	14	15	16	17	18	20	21	22	23	24	25				
	公曆2月						1	2	3	4	5	6	7	8	9	10	11	12	13	14	15	16	17	18	19	20	21	22	23	24	25	26	27	28				
51	夏曆正月						26	27	28	29	㉙	2	3	4	5	6	7	8	9	10	11	12	13	14	15	16	17	18	19	20	21	22	23	24				
	回曆3月						24	25	26	27	28	29	1	2	3	4	5	6	7	8	9	10	11	12	13	14	15	16	17	18	19	20	21	22				
	藏曆二月						26	27	28	29	30	1	2	3	4	5	6	7	8	9	10	11	12	13	14	15	16	17	18	19	20	21	22	23				
	公曆3月						1	2	3	4	5	6	7	8	9	10	11	12	13	14	15	16	17	18	19	20	21	22	23	24	25	26	27	28	29	30	31	
52	夏曆二月						25	26	27	28	29	30	(59)	2	3	4	5	6	7	8	9	10	11	12	13	14	15	16	17	18	19	20	21	22	23	24	25	
	回曆4月						23	24	25	26	27	28	29	30	1	2	3	4	5	6	7	8	9	10	11	12	13	14	15	16	17	18	19	20	21	22	23	
	藏曆後二月						25	26	27	28	29	30	1	2	3	4	5	6	6	7	8	9	10	11	12	13	14	15	16	17	19	20	21	22	23	24	25	
	公曆4月		1	2	3	4	5	6	7	8	9	10	11	12	13	14	15	16	17	18	19	20	21	22	23	24	25	26	27	28	29	30						
53	夏曆三月		26	27	28	29	30	㉙	2	3	4	5	6	7	8	9	10	11	12	13	14	15	16	17	18	19	20	21	22	23	24	25						
	回曆5月		24	25	26	27	28	29	1	2	3	4	5	6	7	8	9	10	11	12	13	14	15	16	17	18	19	20	21	22	23	24						
	藏曆三月		26	27	28	29	30	1	2	3	4	5	6	7	8	9	10	11	12	13	14	15	16	17	18	19	20	22	23	24	25	26						
	公曆5月				1	2	3	4	5	6	7	8	9	10	11	12	13	14	15	16	17	18	19	20	21	22	23	24	25	26	27	28	29	30	31			
54	夏曆四月				26	27	28	29	(58)	2	3	4	5	6	7	8	9	10	11	12	13	14	15	16	17	18	19	20	21	22	23	24	25	26	27			
	回曆6月				25	26	27	28	29	30	1	2	3	4	5	6	7	8	9	10	11	12	13	14	15	16	17	18	19	20	21	22	23	24	25			
	藏曆四月				27	28	29	30	30	1	2	3	4	5	6	7	8	9	10	11	12	13	15	16	17	18	19	20	21	22	23	24	25	26	27			
	公曆6月							1	2	3	4	5	6	7	8	9	10	11	12	13	14	15	16	17	18	19	20	21	22	23	24	25	26	27	28	29	30	
55	夏曆五月							28	29	30	㉘	2	3	4	5	6	7	8	9	10	11	12	13	14	15	16	17	18	19	20	21	22	23	24	25	26	27	
	回曆7月							26	27	28	29	1	2	3	4	5	6	7	8	9	10	11	12	13	14	15	16	17	18	19	20	21	22	23	24	25	26	
	藏曆五月							28	29	30	1	2	3	4	5	6	7	8	9	10	11	12	13	14	15	16	18	19	20	21	22	23	24	25	26	26	27	
	公曆7月		1	2	3	4	5	6	7	8	9	10	11	12	13	14	15	16	17	18	19	20	21	22	23	24	25	26	27	28	29	30	31					
56	夏曆六月		28	29	(57)	2	3	4	5	6	7	8	9	10	11	12	13	14	15	16	17	18	19	20	21	22	23	24	25	26	27	28	29					
	回曆8月		27	28	29	30	1	2	3	4	5	6	7	8	9	10	11	12	13	14	15	16	17	18	19	20	21	22	23	24	25	26	27					
	藏曆六月		28	29	30	1	2	3	4	5	6	7	8	9	11	12	13	14	15	16	17	18	19	20	21	22	23	24	25	26	27	28	29					
	公曆8月					1	2	3	4	5	6	7	8	9	10	11	12	13	14	15	16	17	18	19	20	21	22	23	24	25	26	27	28	29	30	31		
57 58	夏曆七八月					30	㉗	2	3	4	5	6	7	8	9	10	11	12	13	14	15	16	17	18	19	20	21	22	23	24	25	26	27	28	29	(56)		
	回曆9月					28	29	1	2	3	4	5	6	7	8	9	10	11	12	13	14	15	16	17	18	19	20	21	22	23	24	25	26	27	28	29		
	藏曆七月					30	1	2	3	4	5	6	7	8	9	10	11	12	14	15	16	17	18	19	20	21	22	23	23	24	25	26	27	28	29	30		
	公曆9月	1	2	3	4	5	6	7	8	9	10	11	12	13	14	15	16	17	18	19	20	21	22	23	24	25	26	27	28	29	30							
59	夏曆九月	2	3	4	5	6	7	8	9	10	11	12	13	14	15	16	17	18	19	20	21	22	23	24	25	26	27	28	29	30	㉖							
	回曆10月	30	1	2	3	4	5	6	7	8	9	10	11	12	13	14	15	16	17	18	19	20	21	22	23	24	25	26	27	28	29							
	藏曆八九月	1	2	3	4	5	7	8	9	10	11	12	13	14	15	16	17	18	19	20	21	22	23	24	25	26	27	28	29	30	1							
	公曆10月			1	2	3	4	5	6	7	8	9	10	11	12	13	14	15	16	17	18	19	20	21	22	23	24	25	26	27	28	29	30	31				
60	夏曆十月			2	3	4	5	6	7	8	9	10	11	12	13	14	15	16	17	18	19	20	21	22	23	24	25	26	27	28	29	(55)	2	3				
	回曆11,12月			1	2	3	4	5	6	7	8	9	10	11	12	13	14	15	16	17	18	19	20	21	22	23	24	25	26	27	28	29	30	1				
	藏曆十月			2	3	4	5	6	7	8	9	11	12	13	14	15	16	17	17	18	19	20	21	22	23	24	25	26	27	28	29	30	1	2				
	公曆11月						1	2	3	4	5	6	7	8	9	10	11	12	13	14	15	16	17	18	19	20	21	22	23	24	25	26	27	28	29	30		
1	夏曆十一月						4	5	6	7	8	9	10	11	12	13	14	15	16	17	18	19	20	21	22	23	24	25	26	27	28	29	30	㉕	2	3		
559年	回曆1月						2	3	4	5	6	7	8	9	10	11	12	13	14	15	16	17	18	19	20	21	22	23	24	25	26	27	28	29	30	①		

續表

月干支序數	星期／月序	日	1	2	3	4	5	6	日	1	2	3	4	5	6	日	1	2	3	4	5	6	日	1	2	3	4	5	6	日	1	2	3	4	5	6	日	1
	藏曆十一月						4	5	6	7	8	9	10	11	12	13	14	15	16	17	18	19	20	21	21	22	23	24	25	26	28	29	30	1	2	3		
	公曆 12 月	1	2	3	4	5	6	7	8	9	10	11	12	13	14	15	16	17	18	19	20	21	22	23	24	25	26	27	28	29	30	31						
2	夏曆十二月	4	5	6	7	8	9	10	11	12	13	14	15	16	17	18	19	20	21	22	23	24	25	26	27	28	29	⑭	2	3	4	5						
	回曆 2 月	2	3	4	5	6	7	8	9	10	11	12	13	14	15	16	17	18	19	20	21	22	23	24	25	26	27	28	29	30	1	2						
	藏曆十二月	4	5	6	7	8	9	10	11	12	13	14	15	16	17	18	19	20	21	22	23	24	25	26	27	28	29	30	1	3	4	5						

金八月庚申。

大事記

正月，宋吳璘奉詔班師，所復秦鳳等路諸州皆復歸金。　二月，宋逐附秦檜者。張浚進為樞密使，史浩、陳康伯為相。東京僧法通反金，尋敗。　三月，金索海、泗、唐、鄧、商之地，宋不與。金中都以南八路蝗害。　四月，宋用張浚議，出兵攻金。　五月，宋敗金兵，復靈壁，尋又大敗金兵，復宿州，後以諸將不和，大潰於符離。　六月，張浚遭貶。　七月，以湯思退為相。辛次膺以孝宗起用秦黨，憤而辭官。　八月，宋與金通使議和。　十月，宋盧仲賢使金，許割海、泗、唐、鄧四州予金，主戰派大嘩。朱熹面奏三札於孝宗。　十一月，金以漢口石琚參加政事。　十二月，宋永康陳亮上《中興五論》，力排和議，不報。復任張浚為右相兼樞密使。　是歲，宋兩浙蝗，江東大水。西遼仁宗卒，承天后蕭氏聽政。宋理學家李侗卒(1093—1163)。

宋遼金紀年

干支甲申　公元 1164 年

朝代或國名	國家支配者	建都	廟號	謚號	建元	年號年次	輔政者	備注
南宋	②趙昚	臨安	孝宗	成	3	1 隆興 2 年	張浚 陳康伯 湯思退	
大理		陽苴咩			5	4 盛明 5 年		在雲南
西夏	⑤李仁孝	(銀川)	仁宗	聖德	4	3 天盛 16 年		
金	⑤完顏雍	燕京	世宗	仁	1	大定 4 年		
西遼	④耶律普速完	虎思斡耳朵	承天后		1	崇福元年		一作天福元年
古格						351 年		西藏阿里

月曆表

5877—384—2146617

月干支序數	星期／月序	日	1	2	3	4	5	6	日	1	2	3	4	5	6	日	1	2	3	4	5	6	日	1	2	3	4	5	6	日	1	2	3	4	5	6	日	1
	公曆 1 月				1	2	3	4	5	6	7	8	9	10	11	12	13	14	15	16	17	18	19	20	21	22	23	24	25	26	27	28	29	30	31			
3	夏曆正月				6	7	8	9	10	11	12	13	14	15	16	17	18	19	20	21	22	23	24	25	26	27	28	29	30	㉔	2	3	4	5	6			
	回曆 3 月				3	4	5	6	7	8	9	10	11	12	13	14	15	16	17	18	19	20	21	22	23	24	25	26	27	28	29	1	2	3	4			
陽木猴年	藏曆一月				6	7	8	9	10	11	12	13	13	14	15	16	17	18	19	20	21	22	23	24	25	27	28	29	30	1	2	3	4	5	6			
	公曆 2 月							1	2	3	4	5	6	7	8	9	10	11	12	13	14	15	16	17	18	19	20	21	22	23	24	25	26	27	28	29		
4	夏曆二月							7	8	9	10	11	12	13	14	15	16	17	18	19	20	21	22	23	24	25	26	27	28	29	㉝	2	3	4	5	6		
	回曆 4 月							5	6	7	8	9	10	11	12	13	14	15	16	17	18	19	20	21	22	23	24	25	26	27	28	29	30	1	2	3		
	藏曆二月							7	8	9	10	11	12	13	14	15	16	17	17	18	20	21	22	23	24	25	26	27	28	29	30	1	2	3	4	5		
	公曆 3 月	1	2	3	4	5	6	7	8	9	10	11	12	13	14	15	16	17	18	19	20	21	22	23	24	25	26	27	28	29	30	31						
5	夏曆三月	7	8	9	10	11	12	13	14	15	16	17	18	19	20	21	22	23	24	25	26	27	28	29	30	㉓	2	3	4	5	6	7						

續表

月干支序數	月序＼星期	日	1	2	3	4	5	6	日	1	2	3	4	5	6	日	1	2	3	4	5	6	日	1	2	3	4	5	6	日	1	2	3	4	5	6	日	1
	回曆5月	4	5	6	7	8	9	10	11	12	13	14	15	16	17	18	19	20	21	22	23	24	25	26	27	28	29	1	2	3	4	5						
	藏曆三月	6	7	8	9	10	11	12	13	14	15	16	17	18	19	20	21	22	23	24	26	27	28	29	30	1	2	3	4	5	6	7						
	公曆4月				1	2	3	4	5	6	7	8	9	10	11	12	13	14	15	16	17	18	19	20	21	22	23	24	25	26	27	28	29	30				
6	夏曆四月				8	9	10	11	12	13	14	15	16	17	18	19	20	21	22	23	24	25	26	27	28	29	(52)	2	3	4	5	6	7	8				
	回曆6月				6	7	8	9	10	11	12	13	14	15	16	17	18	19	20	21	22	23	24	25	26	27	28	29	30	1	2	3	4	5				
	藏曆四月				8	9	9	10	11	12	13	14	15	16	17	19	20	21	22	23	24	25	26	27	28	29	30	1	2	3	4	5	6	7				
	公曆5月						1	2	3	4	5	6	7	8	9	10	11	12	13	14	15	16	17	18	19	20	21	22	23	24	25	26	27	28	29	30	31	
7	夏曆五月						9	10	11	12	13	14	15	16	17	18	19	20	21	22	23	24	25	26	27	28	29	30	㉒	2	3	4	5	6	7	8	9	
	回曆7月						6	7	8	9	10	11	12	13	14	15	16	17	18	19	20	21	22	23	24	25	26	27	28	29	1	2	3	4	5	6	7	
	藏曆五月						8	9	10	11	12	13	14	15	16	17	18	19	20	22	23	24	25	26	27	28	29	30	1	2	3	4	5	5	6	7	8	
	公曆6月		1	2	3	4	5	6	7	8	9	10	11	12	13	14	15	16	17	18	19	20	21	22	23	24	25	26	27	28	29	30						
8	夏曆六月		10	11	12	13	24	15	16	17	18	19	20	21	22	23	24	25	26	27	28	29	(51)	2	3	4	5	6	7	8	9	10						
	回曆8月		8	9	10	11	12	13	14	15	16	17	18	19	20	21	22	23	24	25	26	27	28	29	30	1	2	3	4	5	6	7						
	藏曆六月		9	10	11	12	13	15	16	17	18	19	20	21	22	23	24	25	26	27	28	29	30	1	2	3	4	5	6	7	8	9						
	公曆7月				1	2	3	4	5	6	7	8	9	10	11	12	13	14	15	16	17	18	19	20	21	22	23	24	25	26	27	28	29	30	31			
9	夏曆七月				11	12	13	14	15	16	17	18	19	20	21	22	23	24	25	26	27	28	29	30	㉑	2	3	4	5	6	7	8	9	10	11			
	回曆9月				8	9	10	11	12	13	14	15	16	17	18	19	20	21	22	23	24	25	26	27	28	29	1	2	3	4	5	6	7	8	9			
	藏曆七月				10	11	12	13	14	15	16	18	19	20	21	22	23	24	25	26	27	28	29	30	30	1	1	2	3	4	5	6	7	8	9			
	公曆8月							1	2	3	4	5	6	7	8	9	10	11	12	13	14	15	16	17	18	19	20	21	22	23	24	25	26	27	28	29	30	31
10	夏曆八月							12	13	14	15	16	17	18	19	20	21	22	23	24	25	26	27	28	29	30	(51)	2	3	4	5	6	7	8	9	10	11	12
	回曆10月							10	11	12	13	14	15	16	17	18	19	20	21	22	23	24	25	26	27	28	29	30	1	2	3	4	5	6	7	8	9	10
	藏曆八月							11	12	13	14	15	16	17	18	19	20	21	22	23	24	25	26	27	28	29	1	2	3	4	5	6	7	8	9	10	11	12
	公曆9月			1	2	3	4	5	6	7	8	9	10	11	12	13	14	15	16	17	18	19	20	21	22	23	24	25	26	27	28	29	30					
11	夏曆九月			13	14	15	16	17	18	19	20	21	22	23	24	25	26	27	28	29	⑳	2	3	4	5	6	7	8	9	10	11	12	13					
	回曆11月			11	12	13	14	15	16	17	18	19	20	21	22	23	24	25	26	27	28	29	1	2	3	4	5	6	7	8	9	10	11					
	藏曆九月			14	15	16	17	18	19	20	21	22	23	24	25	26	27	27	28	29	30	1	2	3	4	5	7	8	9	10	11	12	13					
	公曆10月					1	2	3	4	5	6	7	8	9	10	11	12	13	14	15	16	17	18	19	20	21	22	23	24	25	26	27	28	29	30	31		
12	夏曆十月					14	15	16	17	18	19	20	21	22	23	24	25	26	27	28	29	30	㊿	2	3	4	5	6	7	8	9	10	11	12	13	14		
	回曆12月					12	13	14	15	16	17	18	19	20	21	22	23	24	25	26	27	28	29	30	1	2	3	4	5	6	7	8	9	10	11	12		
	藏曆十月					14	15	16	17	18	19	20	21	22	23	24	25	26	27	28	29	30	1	2	3	4	5	6	7	8	9	11	12	13	14	15		
	公曆11月	1	2	3	4	5	6	7	8	9	10	11	12	13	14	15	16	17	18	19	20	21	22	23	24	25	26	27	28	29	30							
13	夏曆十一月	15	16	17	18	19	20	21	22	23	24	25	26	27	28	29	⑲	2	3	4	5	6	7	8	9	10	11	12	13	14	15							
560年	回曆1月	13	14	15	16	17	18	19	20	21	22	23	24	25	26	27	28	29	①	2	3	4	5	6	7	8	9	10	11	12	13							
	藏曆十一月	16	17	18	19	20	21	21	22	23	24	25	26	27	28	29	30	1	2	3	5	6	7	8	9	10	11	12	13	14	15							
	公曆12月			1	2	3	4	5	6	7	8	9	10	11	12	13	14	15	16	17	18	19	20	21	22	23	24	25	26	27	28	29	30	31				
	夏曆閏十一月			16	17	18	19	20	21	22	23	24	25	26	27	28	29	30	㊾	2	3	4	5	6	7	8	9	10	11	12	13	14	15	16				
	回曆2月			14	15	16	17	18	19	20	21	22	23	24	25	26	27	28	29	30	1	2	3	4	5	6	7	8	9	10	11	12	13	14				
	藏曆十二月			16	17	18	19	20	21	22	23	24	25	25	26	28	29	30	1	2	3	4	5	6	7	8	9	10	11	12	13	14	15	16				

《金紀》十一月癸亥,誤。

大事記

正月,宋廣西路亂,調兵攻之。禁私鑄錢,福建諸州地震。　三月,張浚視師江、淮,金軍退。　四月,張浚罷相。五月,金攻滅耶律窩罕殘部。　七月,宋兩浙、江東大水,　九月,交趾入貢於宋。　十月,金以宋相湯思退主和,不修邊備,乘虚渡淮。金創通檢推排法。　十一月,金連下楚、濠、滁等州,宋遣使如金求和。宋太學生張觀等七十二人,以奸邪誤國，請斬湯思退，湯聞之憂嚇而死。　十二月，宋金和議成，金宋為叔侄之國，歲貢改稱歲幣，銀絹各減五萬，疆界如紹興之舊。　是歲，金大有年，金譯經史為女真文。西遼承天后崇（一作天）福元年。宋張浚卒（1097—1164）。

宋遼金紀年　　干支乙酉　公元1165年

朝代或國名	國家支配者	建　都	廟號	謚號	建元	年號年次	輔　政　者	備　注
南宋	②趙昚	臨安	孝宗	成	3	2乾道元年	陳康伯 洪適	
大理		陽苴咩			5	5建德元年		在雲南
西夏	⑤李仁孝	（銀川）	仁宗	聖德	4	3天盛17年		
金	⑤完顏雍	燕京	世宗	仁	1	大定5年		
西遼	④耶律普速完	虎思斡耳朵	承天后		1	崇福2年		
古格						352年		西藏阿里

月曆表　　5878－355－2146972

月干支序數	月序＼星期	日	1	2	3	4	5	6	日	1	2	3	4	5	6	日	1	2	3	4	5	6	日	1	2	3	4	5	6	日	1	2	3	4	5	6	日	1
	公曆1月						1	2	3	4	5	6	7	8	9	10	11	12	13	14	15	16	17	18	19	20	21	22	23	24	25	26	27	28	29	30	31	
14	夏曆十二月						17	18	19	20	21	22	23	24	25	26	27	28	29	⑱	2	3	4	5	6	7	8	9	10	11	12	13	14	15	16	17	18	
	回曆3月						15	16	17	18	19	20	21	22	23	24	25	26	27	28	29	1	2	3	4	5	6	7	8	9	10	11	12	13	14	15	16	
陰木鷄年	藏曆一月						17	18	19	20	21	22	23	24	25	26	27	28	29	30	1	2	4	5	6	7	8	9	10	11	12	13	14	15	16	16	17	
	公曆2月		1	2	3	4	5	6	7	8	9	10	11	12	13	14	15	16	17	18	19	20	21	22	23	24	25	26	27	28								
15	夏曆正月		19	20	21	22	23	24	25	26	27	28	29	30	㊽	2	3	4	5	6	7	8	9	10	11	12	13	14	15	16								
	回曆4月		17	18	19	20	21	22	23	24	25	26	27	28	29	30	1	2	3	4	5	6	7	8	9	10	11	12	13	14								
	藏曆二月		18	19	20	21	22	23	24	25	26	28	29	30	1	2	3	4	5	6	7	8	9	10	11	12	13	14	15	16								
	公曆3月		1	2	3	4	5	6	7	8	9	10	11	12	13	14	15	16	17	18	19	20	21	22	23	24	25	26	27	28	29	30	31					
16	夏曆二月		17	18	19	20	21	22	23	24	25	26	27	28	29	⑰	2	3	4	5	6	7	8	9	10	11	12	13	14	15	16	17	18					
	回曆5月		15	16	17	18	19	20	21	22	23	24	25	26	27	28	29	1	2	3	4	5	6	7	8	9	10	11	12	13	14	15	16					
	藏曆三月		17	18	19	20	21	22	23	24	25	26	27	28	29	30	1	3	4	5	6	7	8	9	9	10	11	12	13	14	15	16	17					
	公曆4月					1	2	3	4	5	6	7	8	9	10	11	12	13	14	15	16	17	18	19	20	21	22	23	24	25	26	27	28	29	30			
17	夏曆三月					19	20	21	22	23	24	25	26	27	28	29	30	㊼	2	3	4	5	6	7	8	9	10	11	12	13	14	15	16	17	18			
	回曆6月					17	18	19	20	21	22	23	24	25	26	27	28	29	30	1	2	3	4	5	6	7	8	9	10	11	12	13	14	15	16			
	藏曆四月					18	19	20	21	22	23	24	26	27	28	29	30	1	2	3	4	5	6	7	8	9	10	11	12	13	14	14	16	17	18			
	公曆5月							1	2	3	4	5	6	7	8	9	10	11	12	13	14	15	16	17	18	19	20	21	22	23	24	25	26	27	28	29	30	31
18	夏曆四月							19	20	21	22	23	24	25	26	27	28	29	⑯	2	3	4	5	6	7	8	9	10	11	12	13	14	15	16	17	18	19	20
	回曆7月							17	18	19	20	21	22	23	24	25	26	27	28	29	1	2	3	4	5	6	7	8	9	10	11	12	13	14	15	16	17	18
	藏曆五月							19	20	21	22	23	24	25	26	27	28	30	1	2	3	3	4	5	6	7	8	9	10	11	12	13	14	15	16	17	18	19
	公曆6月			1	2	3	4	5	6	7	8	9	10	11	12	13	14	15	16	17	18	19	20	21	22	23	24	25	26	27	28	29	30					
19	夏曆五月			21	22	23	24	25	26	27	28	29	30	㊻	2	3	4	5	6	7	8	9	10	11	12	13	14	15	16	17	18	19	20					
	回曆8月			19	20	21	22	23	24	25	26	27	28	29	30	1	2	3	4	5	6	7	8	9	10	11	12	13	14	15	16	17	18					
	藏曆六月			20	22	23	24	25	26	27	28	29	30	1	2	3	4	5	6	7	8	9	10	10	11	12	14	15	16	17	18	19	20					
	公曆7月					1	2	3	4	5	6	7	8	9	10	11	12	13	14	15	16	17	18	19	20	21	22	23	24	25	26	27	28	29	30	31		
20	夏曆六月					21	22	23	24	25	26	27	28	29	⑮	2	3	4	5	6	7	8	9	10	11	12	13	14	15	16	17	18	19	20	21	22		
	回曆9月					19	20	21	22	23	24	25	26	27	28	29	1	2	3	4	5	6	7	8	9	10	11	12	13	14	15	16	17	18	19	20		
	藏曆七月					21	22	23	24	26	27	28	29	30	30	1	2	3	4	5	6	7	8	9	10	11	12	13	14	15	16	18	19	20	21	22		
	公曆8月	1	2	3	4	5	6	7	8	9	10	11	12	13	14	15	16	17	18	19	20	21	22	23	24	25	26	27	28	29	30	31						
21	夏曆七月	23	24	25	26	27	28	29	30	㊺	2	3	4	5	6	7	8	9	10	11	12	13	14	15	16	17	18	19	20	21	22	23						

續表

月 干支 序數	星期 月序	日	1	2	3	4	5	6	日	1	2	3	4	5	6	日	1	2	3	4	5	6	日	1	2	3	4	5	6	日	1	2	3	4	5	6	日	1
	回暦 10 月	21	22	23	24	25	26	27	28	29	30	1	2	3	4	5	6	7	8	9	10	11	12	13	14	15	16	17	18	19	20	21						
	藏暦八月	23	24	25	26	27	28	29	30	1	2	3	4	5	6	7	8	9	10	11	12	13	14	15	16	17	18	19	21	22	23	24						
	公暦 9 月				1	2	3	4	5	6	7	8	9	10	11	12	13	14	15	16	17	18	19	20	21	22	23	24	25	26	27	28	29	30				
22	夏暦八月				24	25	26	27	28	29	⑭	2	3	4	5	6	7	8	9	10	11	12	13	14	15	16	17	18	19	20	21	22	23	24				
	回暦 11 月				22	23	24	25	26	27	28	29	1	2	3	4	5	6	7	8	9	10	11	12	13	14	15	16	17	18	19	20	21	22				
	藏暦九月				25	26	26	27	28	29	30	1	2	3	4	5	6	7	8	9	10	11	12	14	15	16	17	18	19	20	21	22	23	24				
	公暦 10 月						1	2	3	4	5	6	7	8	9	10	11	12	13	14	15	16	17	18	19	20	21	22	23	24	25	26	27	28	29	30	31	
23	夏暦九月						25	26	27	28	29	30	㊹	2	3	4	5	6	7	8	9	10	11	12	13	14	15	16	17	18	19	20	21	22	23	24	25	
	回暦 12 月						23	24	25	26	27	28	29	30	1	2	3	4	5	6	7	8	9	10	11	12	13	14	15	16	17	18	19	20	21	22	23	
	藏暦十月						25	26	27	28	29	30	30	1	1	2	3	4	5	7	8	9	10	11	12	13	14	15	16	17	18	19	20	21	22	23	24	
	公暦 11 月		1	2	3	4	5	6	7	8	9	10	11	12	13	14	15	16	17	18	19	20	21	22	23	24	25	26	27	28	29	30						
24	夏暦十月		26	27	28	29	30	⑭	2	3	4	5	6	7	8	9	10	11	12	13	14	15	16	17	18	19	20	21	22	23	24	25						
561 年	回暦 1 月		24	25	26	27	28	29	①	2	3	4	5	6	7	8	9	10	11	12	13	14	15	16	17	18	19	20	21	22	23	24						
	藏暦十一月		25	26	27	28	29	1	2	3	4	5	6	7	8	9	10	12	13	14	15	16	17	18	19	20	21	22	23	24	24	25						
	公暦 12 月				1	2	3	4	5	6	7	8	9	10	11	12	13	14	15	16	17	18	19	20	21	22	23	24	25	26	27	28	29	30	31			
25	夏暦十一月				26	27	28	29	㊸	2	3	4	5	6	7	8	9	10	11	12	13	14	15	16	17	18	19	20	21	22	23	24	25	26	27			
	回暦 2 月				25	26	27	28	29	30	1	2	3	4	5	6	7	8	9	10	11	12	13	14	15	16	17	18	19	20	21	22	23	24	25			
	藏暦後十一月				26	27	28	29	30	1	2	3	4	6	7	8	9	10	11	12	13	14	15	16	17	18	19	20	21	22	23	24	25	26	27			

大事記

正月，宋立兩淮守令勸民種桑賞格。宋詔兩浙賑流民。金於臨潢等地設邊堡。　二月，金罷納粟補官令。　三月，宋以虞允文參知政事兼同知樞密院事。陳康伯卒。湖南民李金起事入廣東，旋敗。　八月，宋罷虞允文相。　十月，金境紅巾軍逾淮抄掠。　是歲，宋印行淮交(鈔票)，宋詔沿邊皆用鐵錢。夏楚王任得敬駐營西平府，徵發民伕十萬修減州城。

宋遼金紀年

干支丙戌　公元 1166 年

朝代或國名	國家支配者	建　都	廟號	謚號	建元	年號年次	輔　政　者	備　注
南宋	②趙昚	臨安	孝宗	成	3	2 乾道 2 年	洪適　葉顒　魏杞	
大理		陽苴咩			5	5 建德 2 年		在雲南
西夏	⑤李仁孝	(銀川)	仁宗	聖德	4	3 天盛 18 年		
金	⑤完顔雍	燕京	世宗	仁	1	大定 6 年		
西遼	④耶律普速完	虎思斡耳朵	承天后		1	崇福 3 年		
古格						353 年		西藏阿里

月曆表

5879—354—2147326

月 干支 序數	星期 月序	日	1	2	3	4	5	6	日	1	2	3	4	5	6	日	1	2	3	4	5	6	日	1	2	3	4	5	6	日	1	2	3	4	5	6	日	1
	公暦 1 月							1	2	3	4	5	6	7	8	9	10	11	12	13	14	15	16	17	18	19	20	21	22	23	24	25	26	27	28	29	30	31
26	夏暦十二月							28	29	30	⑬	2	3	4	5	6	7	8	9	10	11	12	13	14	15	16	17	18	19	20	21	22	23	24	25	26	27	28
	回暦 3 月							26	27	28	29	1	2	3	4	5	6	7	8	9	10	11	12	13	14	15	16	17	18	19	20	21	22	23	24	25	26	27

續表

月干支序數	星期／月序	日	1	2	3	4	5	6	日	1	2	3	4	5	6	日	1	2	3	4	5	6	日	1	2	3	4	5	6	日	1	2	3	4	5	6	日	1
	藏曆十二月							28	29	30	1	2	3	4	5	6	7	8	9	10	12	13	14	15	15	16	17	18	19	20	21	22	23	24	25	26	27	28
	公曆2月			1	2	3	4	5	6	7	8	9	10	11	12	13	14	15	16	17	18	19	20	21	22	23	24	25	26	27	28							
27	夏曆正月			29	30	㊸	2	3	4	5	6	7	8	9	10	11	12	13	14	15	16	17	18	19	20	21	22	23	24	25	26							
	回曆4月			28	29	30	1	2	3	4	5	6	7	8	9	10	11	12	13	14	15	16	17	18	19	20	21	22	23	24	25							
陽火狗年	藏曆一月			29	30	1	2	3	5	6	7	8	9	10	11	12	13	14	15	16	17	18	19	19	20	21	22	23	24	25	26							
	公曆3月			1	2	3	4	5	6	7	8	9	10	11	12	13	14	15	16	17	18	19	20	21	22	23	24	25	26	27	28	29	30	31				
28	夏曆二月			27	28	29	⑫	2	3	4	5	6	7	8	9	10	11	12	13	14	15	16	17	18	19	20	21	22	23	24	25	26	27	28				
	回曆5月			26	27	28	29	1	2	3	4	5	6	7	8	9	10	11	12	13	14	15	16	17	18	19	20	21	22	23	24	25	26	27				
	藏曆二月			27	29	30	1	2	3	4	5	6	7	8	9	10	11	12	13	14	15	16	17	18	19	20	21	22	23	24	25	26	27	28				
	公曆4月						1	2	3	4	5	6	7	8	9	10	11	12	13	14	15	16	17	18	19	20	21	22	23	24	25	26	27	28	29	30		
29	夏曆三月						29	㊶	2	3	4	5	6	7	8	9	10	11	12	13	14	15	16	17	18	19	20	21	22	23	24	25	26	27	28	29		
	回曆6月						28	29	30	1	2	3	4	5	6	7	8	9	10	11	12	13	14	15	16	17	18	19	20	21	22	23	24	25	26	27		
	藏曆三月						29	30	1	3	4	5	6	7	8	9	10	11	12	13	13	14	15	16	17	18	19	20	21	22	23	24	25	27	28	29		
	公曆5月	1	2	3	4	5	6	7	8	9	10	11	12	13	14	15	16	17	18	19	20	21	22	23	24	25	26	27	28	29	30	31						
30 31	夏曆四五月	30	⑪	2	3	4	5	6	7	8	9	10	11	12	13	14	15	16	17	18	19	20	21	22	23	24	25	26	27	28	29	㊵						
	回曆7月	28	29	1	2	3	4	5	6	7	8	9	10	11	12	13	14	15	16	17	18	19	20	21	22	23	24	25	26	27	28	29						
	藏曆四五月	30	1	2	3	4	5	6	7	8	9	10	11	12	13	14	15	16	17	18	19	20	21	22	23	24	25	26	27	28	30	1						
	公曆6月				1	2	3	4	5	6	7	8	9	10	11	12	13	14	15	16	17	18	19	20	21	22	23	24	25	26	27	28	29	30				
32	夏曆六月				2	3	4	5	6	7	8	9	10	11	12	13	14	15	16	17	18	19	20	21	22	23	24	25	26	27	28	29	⑨	2				
	回曆8月				30	1	2	3	4	5	6	7	8	9	10	11	12	13	14	15	16	17	18	19	20	21	22	23	24	25	26	27	28	29				
	藏曆六月				2	3	4	5	6	7	8	8	9	10	11	12	13	14	15	16	17	18	19	20	22	23	24	25	26	27	28	29	30	1				
	公曆7月						1	2	3	4	5	6	7	8	9	10	11	12	13	14	15	16	17	18	19	20	21	22	23	24	25	26	27	28	29	30	31	
33	夏曆七月						3	4	5	6	7	8	9	10	11	12	13	14	15	16	17	18	19	20	21	22	23	24	25	26	27	28	29	30	㊴	2	3	
	回曆9,10月						1	2	3	4	5	6	7	8	9	10	11	12	13	14	15	16	17	18	19	20	21	22	23	24	25	26	27	28	29	30	1	
	藏曆七月						2	3	4	5	6	7	8	9	10	11	12	13	14	15	16	17	18	19	20	21	22	23	25	26	27	28	29	30	1	2	3	
	公曆8月		1	2	3	4	5	6	7	8	9	10	11	12	13	14	15	16	17	18	19	20	21	22	23	24	25	26	27	28	29	30	31					
34	夏曆八月		4	5	6	7	8	9	10	11	12	13	14	15	16	17	18	19	20	21	22	23	24	25	26	27	28	29	⑧	2	3	4	5					
	回曆11月		2	3	4	5	6	7	8	9	10	11	12	13	14	15	16	17	18	19	20	21	22	23	24	25	26	27	28	29	1	2	3					
	藏曆八月		4	5	5	6	7	8	9	10	11	12	13	14	15	16	18	19	20	21	22	23	24	25	26	27	28	29	30	1	2	3	4					
	公曆9月					1	2	3	4	5	6	7	8	9	10	11	12	13	14	15	16	17	18	19	20	21	22	23	24	25	26	27	28	29	30			
35	夏曆九月					6	7	8	9	10	11	12	13	14	15	16	17	18	19	20	21	22	23	24	25	26	27	28	29	30	㊳	2	3	4	5			
	回曆12月					4	5	6	7	8	9	10	11	12	13	14	15	16	17	18	19	20	21	22	23	24	25	26	27	28	29	30	1	2	3			
	藏曆九月					5	6	7	8	9	10	11	12	13	14	15	16	17	18	19	21	22	23	24	25	26	27	28	29	30	30	1	2	3	4			
	公曆10月							1	2	3	4	5	6	7	8	9	10	11	12	13	14	15	16	17	18	19	20	21	22	23	24	25	26	27	28	29	30	31
36	夏曆十月							6	7	8	9	10	11	12	13	14	15	16	17	18	19	20	21	22	23	24	25	26	27	28	29	30	⑧	2	3	4	5	6
562年	回曆1月							4	5	6	7	8	9	10	11	12	13	14	15	16	17	18	19	20	21	22	23	24	25	26	27	28	29	30	①	2	3	4
	藏曆十月							5	6	7	8	9	10	11	12	13	15	16	17	18	19	20	21	22	23	24	25	26	27	28	29	30	1	2	3	4	5	6
	公曆11月			1	2	3	4	5	6	7	8	9	10	11	12	13	14	15	16	17	18	19	20	21	22	23	24	25	26	27	28	29	30					
37	夏曆十一月			7	8	9	10	11	12	13	14	15	16	17	18	19	20	21	22	23	24	25	26	27	28	29	30	㊳	2	3	4	5	6					
	回曆2月			5	6	7	8	9	10	11	12	13	14	15	16	17	18	19	20	21	22	23	24	25	26	27	28	29	30	1	2	3	4					
	藏曆十一月			7	8	9	10	11	12	13	14	15	16	17	18	20	21	22	23	23	24	25	26	27	28	29	30	1	2	3	4	5	6					
	公曆12月					1	2	3	4	5	6	7	8	9	10	11	12	13	14	15	16	17	18	19	20	21	22	23	24	25	26	27	28	29	30	31		

續表

月 干支 序數	月序＼星期	日	1	2	3	4	5	6	日	1	2	3	4	5	6	日	1	2	3	4	5	6	日	1	2	3	4	5	6	日	1	2	3	4	5	6	日	1
38	夏曆十二月					7	8	9	10	11	12	13	14	15	16	17	18	19	20	21	22	23	24	25	26	27	28	29	⑦	2	3	4	5	6	7	8		
	回曆3月					5	6	7	8	9	10	11	12	13	14	15	16	17	18	19	20	21	22	23	24	25	26	27	28	29	1	2	3	4	5	6		
	藏曆十二月					7	8	9	10	11	13	14	15	16	17	18	19	20	21	22	23	24	25	26	27	27	28	29	30	1	2	3	4	5	6	8		

大事記

三月，宋罷和糴。　四月，宋兩浙開平江、湖、秀等地圍田。　五月，宋禁浙西修築圍田。　六月，宋罷兩浙路市舶司。　是歲，金再譯《史記》、《漢書》。

宋遼金紀年

干支丁亥　公元1167年

朝代或國名	國家支配者	建都	廟號	謚號	建元	年號年次	輔政者	備注
南宋	②趙眘	臨安	孝宗	成	3	2乾道3年	葉顒 魏杞	
大理		陽苴咩			5	5建德3年		在雲南
西夏	⑤李仁孝	（銀川）	仁宗	聖德	4	3天盛19年		
金	⑤完顏雍	燕京	世宗	仁	1	大定7年		
西遼	④耶律普速完	虎思斡耳朵	承天后		1	崇福4年		
古格						354年		西藏阿里

月曆表

5880—384—2147710

月 干支 序數	月序＼星期	日	1	2	3	4	5	6	日	1	2	3	4	5	6	日	1	2	3	4	5	6	日	1	2	3	4	5	6	日	1	2	3	4	5	6	日	1
	公曆1月	1	2	3	4	5	6	7	8	9	10	11	12	13	14	15	16	17	18	19	20	21	22	23	24	25	26	27	28	29	30	31						
39	夏曆正月	9	10	11	12	13	14	15	16	17	18	19	20	21	22	23	24	25	26	27	28	29	30	㊲	2	3	4	5	6	7	8	9						
	回曆4月	7	8	9	10	11	12	13	14	15	16	17	18	19	20	21	22	23	24	25	26	27	28	29	30	1	2	3	4	5	6	7						
陰火猪年	藏曆一月	9	10	11	12	13	14	15	16	17	18	19	20	21	22	23	24	25	26	27	28	29	30	1	2	3	4	5	6	7	8	9						
	公曆2月				1	2	3	4	5	6	7	8	9	10	11	12	13	14	15	16	17	18	19	20	21	22	23	24	25	26	27	28						
40	夏曆二月				10	11	12	13	14	15	16	17	18	19	20	21	22	23	24	25	26	27	28	29	30	⑦	2	3	4	5	6	7						
	回曆5月				8	9	10	11	12	13	14	15	16	17	18	19	20	21	22	23	24	25	26	27	28	29	1	2	3	4	5	6						
	藏曆二月				10	11	13	14	15	16	17	18	19	19	20	21	22	23	24	25	26	27	28	29	30	1	2	3	4	6	7	8						
	公曆3月				1	2	3	4	5	6	7	8	9	10	11	12	13	14	15	16	17	18	19	20	21	22	23	24	25	26	27	28	29	30	31			
41	夏曆三月				8	9	10	11	12	13	14	15	16	17	18	19	20	21	22	23	24	25	26	27	28	29	㊱	2	3	4	5	6	7	8	9			
	回曆6月				7	8	9	10	11	12	13	14	15	16	17	18	19	20	21	22	23	24	25	26	27	28	29	30	1	2	3	4	5	6	7			
	藏曆三月				9	10	11	12	13	14	15	16	17	18	19	20	21	22	22	23	24	25	26	27	28	30	1	2	3	4	5	6	7	8	9			
	公曆4月							1	2	3	4	5	6	7	8	9	10	11	12	13	14	15	16	17	18	19	20	21	22	23	24	25	26	27	28	29	30	
42	夏曆四月							10	11	12	13	14	15	16	17	18	19	20	21	22	23	24	25	26	27	28	29	⑤	2	3	4	5	6	7	8	9	10	
	回曆7月							8	9	10	11	12	13	14	15	16	17	18	19	20	21	22	23	24	25	26	27	28	29	1	2	3	4	5	6	7	8	
	藏曆四月							10	11	12	13	14	15	16	17	18	19	20	21	22	23	24	25	26	27	28	29	30	1	2	4	5	6	7	8	9	10	
	公曆5月		1	2	3	4	5	6	7	8	9	10	11	12	13	14	15	16	17	18	19	20	21	22	23	24	25	26	27	28	29	30	31					
43	夏曆五月		11	12	13	14	15	16	17	18	19	20	21	22	23	24	25	26	27	28	29	30	㉟	2	3	4	5	6	7	8	9	10	11					
	回曆8月		9	10	11	12	13	14	15	16	17	18	19	20	21	22	23	24	25	26	27	28	29	30	1	2	3	4	5	6	7	8	9					
	藏曆五月		11	12	13	14	15	16	17	17	18	19	20	21	22	23	24	25	27	28	29	30	1	2	3	4	5	6	7	8	9	10	11					

續表

月干支序數	星期 / 月序	日	1	2	3	4	5	6	日	1	2	3	4	5	6	日	1	2	3	4	5	6	日	1	2	3	4	5	6	日	1	2	3	4	5	6	日	1
	公曆6月					1	2	3	4	5	6	7	8	9	10	11	12	13	14	15	16	17	18	19	20	21	22	23	24	25	26	27	28	29	30			
44	夏曆六月					12	13	14	15	16	17	18	19	20	21	22	23	24	25	26	27	28	29	④	2	3	4	5	6	7	8	9	10	11	12			
	回曆9月					10	11	12	13	14	15	16	17	18	19	20	21	22	23	24	25	26	27	28	29	1	2	3	4	5	6	7	8	9	10			
	藏曆六月					12	13	14	15	16	17	18	19	20	21	22	23	24	25	26	27	28	30	1	2	3	4	5	6	7	8	9	10	11	12			
	公曆7月							1	2	3	4	5	6	7	8	9	10	11	12	13	14	15	16	17	18	19	20	21	22	23	24	25	26	27	28	29	30	31
45	夏曆七月							13	14	15	16	17	18	19	20	21	22	23	24	25	26	27	28	29	㉝	2	3	4	5	6	7	8	9	10	11	12	13	14
	回曆10月							11	12	13	14	15	16	17	18	19	20	21	22	23	24	25	26	27	28	29	30	1	2	3	4	5	6	7	8	9	10	11
	藏曆七月							13	13	14	15	16	17	18	19	20	22	23	24	25	26	27	28	29	30	1	2	3	4	5	6	7	8	9	10	11	12	13
	公曆8月			1	2	3	4	5	6	7	8	9	10	11	12	13	14	15	16	17	18	19	20	21	22	23	24	25	26	27	28	29	30	31				
	夏曆閏七月			15	16	17	18	19	20	21	22	23	24	25	26	27	28	29	30	③	2	3	4	5	6	7	8	9	10	11	12	13	14	15				
	回曆11月			12	13	14	15	16	17	18	19	20	21	22	23	24	25	26	27	28	29	1	2	3	4	5	6	7	8	9	10	11	12	13				
	藏曆八月			14	15	16	17	18	19	20	21	22	23	25	26	27	28	29	30	1	2	3	4	5	6	7	8	9	10	10	11	12	13	14				
	公曆9月						1	2	3	4	5	6	7	8	9	10	11	12	13	14	15	16	17	18	19	20	21	22	23	24	25	26	27	28	29	30		
46	夏曆八月						16	17	18	19	20	21	22	23	24	25	26	27	28	29	㉜	2	3	4	5	6	7	8	9	10	11	12	13	14	15	16		
	回曆12月						14	15	16	17	18	19	20	21	22	23	24	25	26	27	28	29	30	1	2	3	4	5	6	7	8	9	10	11	12	13		
	藏曆九月						15	16	18	19	20	21	22	23	24	25	26	27	28	29	30	1	2	3	4	5	6	7	8	9	10	11	12	13	14	15		
	公曆10月	1	2	3	4	5	6	7	8	9	10	11	12	13	14	15	16	17	18	19	20	21	22	23	24	25	26	27	28	29	30	31						
47	夏曆九月	17	18	19	20	21	22	23	24	25	26	27	28	29	30	②	2	3	4	5	6	7	8	9	10	11	12	13	14	15	16	17						
563年	回曆1月	14	15	16	17	18	19	20	21	22	23	24	25	26	27	28	29	①	2	3	4	5	6	7	8	9	10	11	12	13	14	15						
	藏曆十月	16	17	18	19	20	22	23	24	25	26	27	28	29	30	1	2	3	4	4	5	6	7	8	9	10	11	12	13	14	16	17						
	公曆11月				1	2	3	4	5	6	7	8	9	10	11	12	13	14	15	16	17	18	19	20	21	22	23	24	25	26	27	28	29	30				
48	夏曆十月				18	19	20	21	22	23	24	25	26	27	28	29	30	㉜	2	3	4	5	6	7	8	9	10	11	12	13	14	15	16	17				
	回曆2月				16	17	18	19	20	21	22	23	24	25	26	27	28	29	30	1	2	3	4	5	6	7	8	9	10	11	12	13	14	15				
	藏曆十一月				18	19	20	21	22	23	24	25	26	27	28	29	30	1	2	3	4	5	6	7	8	9	10	11	12	13	14	15	16	17				
	公曆12月						1	2	3	4	5	6	7	8	9	10	11	12	13	14	15	16	17	18	19	20	21	22	23	24	25	26	27	28	29	30	31	
49	夏曆十一月						18	19	20	21	22	23	24	25	26	27	28	29	30	②	2	3	4	5	6	7	8	9	10	11	12	13	14	15	16	17	18	
	回曆3月						16	17	18	19	20	21	22	23	24	25	26	27	28	29	1	2	3	4	5	6	7	8	9	10	11	12	13	14	15	16	17	
	藏曆十二月						18	20	21	22	23	24	25	26	27	27	28	29	30	1	2	3	4	5	6	7	8	9	10	11	12	14	15	16	17	18	19	

大事記

正月,宋整頓會子。　二月,宋命虞允文措置淮東山水寨。　四月,宋名將吴璘卒(1102—1167)。　六月,宋起用虞允文入樞密院參預軍務。　閏七月,金遣將經略北邊。宋改鹽法。　九月,金世宗至保州,令察訪所過州縣官。　十二月,宋置豐儲倉,增印會子。

宋遼金紀年

干支戊子　公元1168年

朝代或國名	國家支配者	建　都	廟號	謚號	建元	年號年次	輔　政　者	備　注
南宋	②趙眘	臨安	孝宗	成	3	2乾道4年	蔣芾、陳俊卿	
西夏	⑤李仁孝	(銀川)	仁宗	聖德	4	3天盛20年		
金	⑤完顔雍	燕京	世宗	仁	1	大定8年		
西遼	④耶律普速完	虎思斡耳朵	承天后		1	崇福5年		
大理	③段正興	陽苴咩	景宗		5	5建德4年		在雲南
古格						355年		西藏阿里

月干支序數	星期／月序	日	1	2	3	4	5	6	日	1	2	3	4	5	6	日	1	2	3	4	5	6	日	1	2	3	4	5	6	日	1	2	3	4	5	6	日	1
	公曆1月		1	2	3	4	5	6	7	8	9	10	11	12	13	14	15	16	17	18	19	20	21	22	23	24	25	26	27	28	29	30	31					
50	夏曆十二月		19	20	21	22	23	24	25	26	27	28	29	㉛	2	3	4	5	6	7	8	9	10	11	12	13	14	15	16	17	18	19	20					
	回曆4月		18	19	20	21	22	23	24	25	26	27	28	29	30	1	2	3	4	5	6	7	8	9	10	11	12	13	14	15	16	17	18					
陽土鼠年	藏曆一月		20	21	22	23	24	25	26	27	28	29	29	30	1	2	3	4	5	6	7	9	10	11	12	13	14	15	16	17	18	19	20					
	公曆2月					1	2	3	4	5	6	7	8	9	10	11	12	13	14	15	16	17	18	19	20	21	22	23	24	25	26	27	28	29				
51	夏曆正月					21	22	23	24	25	26	27	28	29	30	①	2	3	4	5	6	7	8	9	10	11	12	13	14	15	16	17	18	19				
	回曆5月					19	20	21	22	23	24	25	26	27	28	29	1	2	3	4	5	6	7	8	9	10	11	12	13	14	15	16	17	18				
	藏曆二月					21	22	23	24	25	26	27	28	29	30	1	2	3	4	5	6	7	8	9	10	11	13	14	15	16	17	18	19	20				
	公曆3月						1	2	3	4	5	6	7	8	9	10	11	12	13	14	15	16	17	18	19	20	21	22	23	24	25	26	27	28	29	30	31	
52	夏曆二月						20	21	22	23	24	25	26	27	28	29	30	㉛	2	3	4	5	6	7	8	9	10	11	12	13	14	15	16	17	18	19	20	
	回曆6月						19	20	21	22	23	24	25	26	27	28	29	30	1	2	3	4	5	6	7	8	9	10	11	12	13	14	15	16	17	18	19	
	藏曆三月						21	22	22	23	24	25	26	27	28	29	30	1	2	3	4	5	7	8	9	10	11	12	13	14	15	16	17	18	19	20	21	
	公曆4月		1	2	3	4	5	6	7	8	9	10	11	12	13	14	15	16	17	18	19	20	21	22	23	24	25	26	27	28	29	30						
53	夏曆三月		21	22	23	24	25	26	27	28	29	㊿60	2	3	4	5	6	7	8	9	10	11	12	13	14	15	16	17	18	19	20	21						
	回曆7月		20	21	22	23	24	25	26	27	28	29	1	2	3	4	5	6	7	8	9	10	11	12	13	14	15	16	17	18	19	20						
	藏曆四月		22	23	24	25	26	27	28	29	30	1	2	3	4	5	6	7	8	9	11	12	13	14	15	16	16	17	18	19	20	21						
	公曆5月				1	2	3	4	5	6	7	8	9	10	11	12	13	14	15	16	17	18	19	20	21	22	23	24	25	26	27	28	29	30	31			
54	夏曆四月				22	23	24	25	26	27	28	29	㉙	2	3	4	5	6	7	8	9	10	11	12	13	14	15	16	17	18	19	20	21	22	23			
	回曆8月				21	22	23	24	25	26	27	28	29	30	1	2	3	4	5	6	7	8	9	10	11	12	13	14	15	16	17	18	19	20	21			
	藏曆五月				22	23	24	25	26	27	28	29	30	1	2	4	5	6	7	8	9	10	11	12	13	14	15	16	17	18	19	20	21	22	22			
	公曆6月							1	2	3	4	5	6	7	8	9	10	11	12	13	14	15	16	17	18	19	20	21	22	23	24	25	26	27	28	29	30	
55	夏曆五月							24	25	26	27	28	29	30	㊾59	2	3	4	5	6	7	8	9	10	11	12	13	14	15	16	17	18	19	20	21	22	23	
	回曆9月							22	23	24	25	26	27	28	29	1	2	3	4	5	6	7	8	9	10	11	12	13	14	15	16	17	18	19	20	21	22	
	藏曆六月							23	25	26	27	28	29	30	1	2	3	4	5	7	8	9	10	11	12	12	13	14	15	16	17	18	19	20	21	22	23	
	公曆7月		1	2	3	4	5	6	7	8	9	10	11	12	13	14	15	16	17	18	19	20	21	22	23	24	25	26	27	28	29	30	31					
56	夏曆六月		24	25	26	27	28	29	㉘	2	3	4	5	6	7	8	9	10	11	12	13	14	15	16	17	18	19	20	21	22	23	24	25					
	回曆10月		23	24	25	26	27	28	29	30	1	2	3	4	5	6	7	8	9	10	11	12	13	14	15	16	17	18	19	20	21	22	23					
	藏曆七月		24	25	26	27	29	30	1	2	3	4	5	6	7	8	9	10	11	12	13	14	15	16	17	18	19	20	21	22	23	24	25					
	公曆8月					1	2	3	4	5	6	7	8	9	10	11	12	13	14	15	16	17	18	19	20	21	22	23	24	25	26	27	28	29	30	31		
57	夏曆七月					26	27	28	29	㊼57	2	3	4	5	6	7	8	9	10	11	12	13	14	15	16	17	18	19	20	21	22	23	24	25	26	27		
	回曆11月					24	25	26	27	28	29	1	2	3	4	5	6	7	8	9	10	11	12	13	14	15	16	17	18	19	20	21	22	23	24	25		
	藏曆後七月					26	27	28	29	2	3	4	5	6	7	8	9	9	10	11	12	13	14	15	16	17	18	19	20	21	22	23	25	26	27	28		
	公曆9月	1	2	3	4	5	6	7	8	9	10	11	12	13	14	15	16	17	18	19	20	21	22	23	24	25	26	27	28	29	30							
58	夏曆八月	28	29	30	㉗	2	3	4	5	6	7	8	9	10	11	12	13	14	15	16	17	18	19	20	21	22	23	24	25	26	27							
	回曆12月	26	27	28	29	30	1	2	3	4	5	6	7	8	9	10	11	12	13	14	15	16	17	18	19	20	21	22	23	24	25							
	藏曆八月	29	30	30	1	2	3	4	5	6	7	8	9	10	11	12	13	14	15	16	17	18	19	20	21	22	23	24	25	26	27							
	公曆10月			1	2	3	4	5	6	7	8	9	10	11	12	13	14	15	16	17	18	19	20	21	22	23	24	25	26	27	28	29	30	31				
59	夏曆九月			28	29	㊻56	2	3	4	5	6	7	8	9	10	11	12	13	14	15	16	17	18	19	20	21	22	23	24	25	26	27	28	29				
564年	回曆1月			26	27	28	29	①	2	3	4	5	6	7	8	9	10	11	12	13	14	15	16	17	18	19	20	21	22	23	24	25	26	27				
	藏曆九月			28	30	1	2	3	3	4	5	6	7	8	9	10	11	12	13	14	15	16	17	18	19	20	21	23	24	25	26	27	28	29				
	公曆11月						1	2	3	4	5	6	7	8	9	10	11	12	13	14	15	16	17	18	19	20	21	22	23	24	25	26	27	28	29	30		
60	夏曆十月						㉕	2	3	4	5	6	7	8	9	10	11	12	13	14	15	16	17	18	19	20	21	22	23	24	25	26	27	28	29	30		
	回曆2月						28	29	30	1	2	3	4	5	6	7	8	9	10	11	12	13	14	15	16	17	18	19	20	21	22	23	24	25	26	27		

續表

月干支序數	星期 / 月序	日	1	2	3	4	5	6	日	1	2	3	4	5	6	日	1	2	3	4	5	6	日	1	2	3	4	5	6	日	1	2	3	4	5	6	日	1
	藏曆十月						30	1	2	3	4	5	6	7	7	8	9	10	11	12	13	14	16	17	18	19	20	21	22	23	24	25	26	27	28	29		
	公曆12月	1	2	3	4	5	6	7	8	9	10	11	12	13	14	15	16	17	18	19	20	21	22	23	24	25	26	27	28	29	30	31						
1 2	夏曆十一 十二月	(55)	2	3	4	5	6	7	8	9	10	11	12	13	14	15	16	17	18	19	20	21	22	23	24	25	26	27	28	29	30	㉕						
	回曆3月	28	29	1	2	3	4	5	6	7	8	9	10	11	12	13	14	15	16	17	18	19	20	21	22	23	24	25	26	27	28	29						
	藏曆十一月	30	1	2	3	4	5	6	7	8	9	10	11	12	13	14	15	16	17	18	19	21	22	23	24	25	26	27	28	29	29	30						

金十月己丑

大事記

正月，宋籍荆南義勇。　二月，宋改福建鹽法。　四月，金禁殺牛馬。宋禁販牛過淮。李燾上《續資治通鑒長編》。五月，宋初行社倉法。　六月，金河決李固渡，水入曹州。　八月，宋行《乾道曆》。　九月，宋限品官子孫名田。　十月，金遣使招諭阻卜。

宋遼金紀年　　干支己丑　公元 1169 年

朝代或國名	國家支配者	建都	廟號	謚號	建元	年號年次	輔政者	備注
南宋	②趙昚	臨安	孝宗	成	3	2 乾道 5 年	陳俊卿 虞允文	
西夏	⑤李仁孝	(銀川)	仁宗	聖德	4	3 天盛 21 年		
金	⑤完顏雍	燕京	世宗	仁	1	大定 9 年		
西遼	④耶律普速完	虎思斡耳朵	承天后		1	崇福 6 年		
大理	③段正興	陽苴咩	景宗		5	5 建德 5 年		在雲南
古格						356 年		西藏阿里

月曆表　　5882—354—2148418

月干支序數	星期 / 月序	日	1	2	3	4	5	6	日	1	2	3	4	5	6	日	1	2	3	4	5	6	日	1	2	3	4	5	6	日	1	2	3	4	5	6	日	1
	公曆1月				1	2	3	4	5	6	7	8	9	10	11	12	13	14	15	16	17	18	19	20	21	22	23	24	25	26	27	28	29	30	31			
3	夏曆正月				2	3	4	5	6	7	8	9	10	11	12	13	14	15	16	17	18	19	20	21	22	23	24	25	26	27	28	29	30	(55)	2			
	回曆4、5月				30	1	2	3	4	5	6	7	8	9	10	11	12	13	14	15	16	17	18	19	20	21	22	23	24	25	26	27	28	29	1			
陰土牛年	藏曆十二 一月				1	2	3	4	5	6	7	8	9	10	11	12	13	14	16	17	18	19	20	21	22	23	24	25	26	27	28	29	30	1	2			
	公曆2月							1	2	3	4	5	6	7	8	9	10	11	12	13	14	15	16	17	18	19	20	21	22	23	24	25	26	27	28			
	夏曆正月							3	4	5	6	7	8	9	10	11	12	13	14	15	16	17	18	19	20	21	22	23	24	25	26	27	28	29	30			
	回曆5月							2	3	4	5	6	7	8	9	10	11	12	13	14	15	16	17	18	19	20	21	22	23	24	25	26	27	28	29			
	藏曆一月							2	3	4	5	6	7	9	10	11	12	13	14	15	16	17	18	19	20	21	22	23	24	25	26	27	28	29	30			
	公曆3月							1	2	3	4	5	6	7	8	9	10	11	12	13	14	15	16	17	18	19	20	21	22	23	24	25	26	27	28	29	30	31
4 5	夏曆二 三月							㉕	2	3	4	5	6	7	8	9	10	11	12	13	14	15	16	17	18	19	20	21	22	23	24	25	26	27	28	29	(54)	2
	回曆6、7月							30	1	2	3	4	5	6	7	8	9	10	11	12	13	14	15	16	17	18	19	20	21	22	23	24	25	26	27	28	29	1
	藏曆二 三月							1	2	3	4	5	6	7	8	9	10	11	12	14	15	16	17	18	19	20	21	22	23	24	25	25	26	27	28	29	30	1

續表

月干支序數	星期／月序	日	1	2	3	4	5	6	日	1	2	3	4	5	6	日	1	2	3	4	5	6	日	1	2	3	4	5	6	日	1	2	3	4	5	6	日	1
	公曆4月			1	2	3	4	5	6	7	8	9	10	11	12	13	14	15	16	17	18	19	20	21	22	23	24	25	26	27	28	29	30					
6	夏曆四月			3	4	5	6	7	8	9	10	11	12	13	14	15	16	17	18	19	20	21	22	23	24	25	26	27	28	29	30	㉔	2					
	回曆8月			2	3	4	5	6	7	8	9	10	11	12	13	14	15	16	17	18	19	20	21	22	23	24	25	26	27	28	29	30	1					
	藏曆四月			2	3	4	5	6	8	9	11	12	13	14	15	16	17	18	19	20	20	21	22	23	24	25	26	27	28	29	30	1	2					
	公曆5月					1	2	3	4	5	6	7	8	90	10	11	12	13	14	15	16	17	18	19	20	21	22	23	24	25	26	27	28	29	30	31		
7	夏曆五月					3	4	5	6	7	8	9	10	11	12	13	14	15	16	17	18	19	20	21	22	23	24	25	26	27	28	29	(53)	2	3	4		
	回曆9月					2	3	4	5	6	7	8	9	10	11	12	13	14	15	16	17	18	19	20	21	22	23	24	25	26	27	28	29	1	2	3		
	藏曆五月					3	4	5	6	7	8	9	11	12	13	14	15	16	17	18	19	20	20	21	22	23	24	25	26	27	28	29	30	1	2	4		
	公曆6月	1	2	3	4	5	6	7	8	9	10	11	12	13	14	15	16	17	18	19	20	21	22	23	24	25	26	27	28	29	30							
8	夏曆六月	5	6	7	8	9	10	11	12	13	14	15	16	17	18	19	20	21	22	23	24	25	26	27	28	29	30	㉓	2	3	4							
	回曆10月	4	5	6	7	8	9	10	11	12	13	14	15	16	17	18	19	20	21	22	23	24	25	26	27	28	29	30	1	2	3							
	藏曆六月	5	6	7	8	9	10	11	12	13	14	15	16	17	18	19	20	21	22	23	24	25	26	27	28	29	30	1	2	3	4							
	公曆7月			1	2	3	4	5	6	7	8	9	10	11	12	13	14	15	16	17	18	19	20	21	22	23	24	25	26	27	28	29	30	31				
9	夏曆七月			5	6	7	8	9	10	11	12	13	14	15	16	17	18	19	20	21	22	23	24	25	26	27	28	29	(52)	2	3	4	5	6				
	回曆11月			4	5	6	7	8	9	10	11	12	13	14	15	16	17	18	19	20	21	22	23	24	25	26	27	28	29	1	2	3	4	5				
	藏曆七月			5	6	6	7	8	9	10	11	12	13	14	15	16	18	19	20	21	22	23	24	25	26	27	28	28	1	2	3	4	5	6				
	公曆8月					—	1	2	3	4	5	6	7	8	9	10	11	12	13	14	15	16	17	18	19	20	21	22	23	24	25	26	27	28	29	30	31	
10	夏曆八月						7	8	9	10	11	12	13	14	15	16	17	18	19	20	21	22	23	24	25	26	27	28	29	㉑	2	3	4	5	6	7	8	
	回曆12月						6	7	8	9	10	11	12	13	14	15	16	17	18	19	20	21	22	23	24	25	26	27	28	29	30	1	2	3	4	5	6	
	藏曆八月						7	8	9	10	11	12	13	14	15	16	17	18	19	20	21	22	23	24	25	26	27	28	29	2	3	4	5	6	7	8	9	
	公曆9月		1	2	3	4	5	6	7	8	9	10	11	12	13	14	15	16	17	18	19	20	21	22	23	24	25	26	27	28	29	30						
11	夏曆九月		9	10	11	12	13	14	15	16	17	18	19	20	21	22	23	24	25	26	27	28	29	30	(51)	2	3	4	5	6	7	8						
565年	回曆1月		7	8	9	10	11	12	13	14	15	16	17	18	19	20	21	22	23	24	25	26	27	28	29	30	①	2	3	4	5	6						
	藏曆九月		10	11	12	13	13	14	15	16	17	18	19	20	21	22	23	24	26	27	28	29	30	30	1	2	3	4	5	6	7	8						
	公曆10月				1	2	3	4	5	6	7	8	9	10	11	12	13	14	15	16	17	18	19	20	21	22	23	24	25	26	27	28	29	30	31			
12	夏曆十月				9	10	11	12	13	14	15	16	17	18	19	20	21	22	23	24	25	26	27	28	29	⑳	2	3	4	5	6	7	8	9	10			
	回曆2月				7	8	9	10	11	12	13	14	15	16	17	18	19	20	21	22	23	24	25	26	27	28	29	30	1	2	3	4	5	6	7			
	藏曆十月				9	10	11	12	13	14	15	16	17	18	19	20	21	22	23	24	25	26	27	28	30	1	2	3	4	5	6	7	7	8	9			
	公曆11月							1	2	3	4	5	6	7	8	9	10	11	12	13	14	15	16	17	18	19	20	21	22	23	24	25	26	27	28	29	30	
13	夏曆十一月							11	12	13	14	15	16	17	18	19	20	21	22	23	24	25	26	27	28	29	30	㊿	2	3	4	5	6	7	8	9	10	
	回曆3月							8	9	10	11	12	13	14	15	16	17	18	19	20	21	22	23	24	25	26	27	28	29	1	2	3	4	5	6	7	8	
	藏曆十一月							10	11	12	13	14	15	16	17	18	19	20	21	23	24	25	26	27	28	29	30	1	2	3	4	5	6	7	8	9	10	
	公曆12月		1	2	3	4	5	6	7	8	9	10	11	12	13	14	15	16	17	18	19	20	21	22	23	24	25	26	27	28	29	30	31					
14	夏曆十二月		11	12	13	14	15	16	17	18	19	20	21	22	23	24	25	26	27	28	29	⑲	2	3	4	5	6	7	8	9	10	11	12					
	回曆4月		9	10	11	12	13	14	15	16	17	18	19	20	21	22	23	24	25	26	27	28	29	30	1	2	3	4	5	6	7	8	9					
	藏曆十二月		11	11	12	13	14	15	17	18	19	20	21	22	23	24	25	26	27	28	29	30	1	2	3	4	5	6	7	8	9	10	11					

大事記

正月，宋措置兩淮屯田。契丹外失剌等謀反金，被殺。金禁諸州和糴抑配百姓。　二月，宋遣官措置沿海治安。　四月，夏任太后病卒。　六月，冀州民張和等起義反金，被殺。　七月，金罷東北路採珠。　九月，宋措置淮西山水寨招歸正人民耕墾官田。　十一月，宋為岳飛立廟於鄂州（武昌）。　十二月，金賑臨潢、河北、山東女真民。

宋遼金紀年

干支庚寅　公元 1170 年

朝代或國名	國家支配者	建　都	廟號	謚號	建元	年號年次	輔政者	備　注
南宋	②趙昚	臨安	孝宗	成	3	2 乾道 6 年	同前	
西夏	⑤李仁孝	（銀川）	仁宗	聖德	4	4 乾祐元年		
金	⑤完顏雍	燕京	世宗	仁	1	大定 10 年		
西遼	④耶律普速完	虎思斡耳朵	承天后		1	崇福 7 年		
大理	③段正興	陽苴咩	景宗		5	5 建德 6 年		在雲南
古格						357 年		西藏阿里

月曆表

5883—384—2148802

月干支序數	月序＼星期	日	1	2	3	4	5	6	日	1	2	3	4	5	6	日	1	2	3	4	5	6	日	1	2	3	4	5	6	日	1	2	3	4	5	6	日	1
	公曆 1 月					1	2	3	4	5	6	7	8	9	10	11	12	13	14	15	16	17	18	19	20	21	22	23	24	25	26	27	28	29	30	31		
15	夏曆正月					13	14	15	16	17	18	19	20	21	22	23	24	25	26	27	28	29	30	㊾	2	3	4	5	6	7	8	9	10	11	12	13		
	回曆 5 月					10	11	12	13	14	15	16	17	18	19	20	21	22	23	24	25	26	27	28	29	1	2	3	4	5	6	7	8	9	10	11		
陽金虎年	藏曆一月					12	13	14	15	16	17	18	19	20	22	23	24	25	26	27	28	29	30	1	2	2	3	4	5	6	7	8	9	10	11	12		
	公曆 2 月	1	2	3	4	5	6	7	8	9	10	11	12	13	14	15	16	17	18	19	20	21	22	23	24	25	26	27	28									
16	夏曆二月	14	15	16	17	18	19	20	21	22	23	24	25	26	27	28	29	30	⑲	2	3	4	5	6	7	8	9	10	11									
	回曆 6 月	12	13	14	15	16	17	18	19	20	21	22	23	24	25	26	27	28	29	30	1	2	3	4	5	6	7	8	9									
	藏曆二月	13	14	15	17	18	19	20	21	22	23	24	25	26	27	28	29	30	1	2	3	4	5	6	7	7	9	10	11									
	公曆 3 月	1	2	3	4	5	6	7	8	9	10	11	12	13	14	15	16	17	18	19	20	21	22	23	24	25	26	27	28	29	30	31						
17	夏曆三月	12	13	14	15	16	17	18	19	20	21	22	23	24	25	26	27	28	29	30	㊾	2	3	4	5	6	7	8	9	10	11	12						
	回曆 7 月	10	11	12	13	14	15	16	17	18	19	20	21	22	23	24	25	26	27	28	29	1	2	3	4	5	6	7	8	9	10	11						
	藏曆三月	12	13	14	15	16	17	18	19	20	22	23	24	24	25	26	27	28	29	30	1	2	3	4	5	6	7	8	9	10	11	12						
	公曆 4 月				1	2	3	4	5	6	7	8	9	10	11	12	13	14	15	16	17	18	19	20	21	22	23	24	25	26	27	28	29	30				
18	夏曆四月				13	14	15	16	17	18	19	20	21	22	23	24	25	26	27	28	29	⑱	2	3	4	5	6	7	8	9	10	11	12	13				
	回曆 8 月				12	13	14	15	16	17	18	19	20	21	22	23	24	25	26	27	28	29	30	1	2	3	4	5	6	7	8	9	10	11				
	藏曆四月				13	15	16	17	18	19	20	21	22	23	24	25	26	27	28	29	29	30	1	2	3	4	5	6	8	9	10	11	12	13				
	公曆 5 月						1	2	3	4	5	6	7	8	9	10	11	12	13	14	15	16	17	18	19	2	21	22	23	24	25	26	27	28	29	30	31	
19	夏曆五月						14	15	16	17	18	19	20	21	22	23	24	25	26	27	28	29	30	㊽	2	3	4	5	6	7	8	9	10	11	12	13	14	
	回曆 9 月						12	13	14	15	16	17	18	19	20	21	22	23	24	25	26	27	28	29	1	2	3	4	5	6	7	8	9	10	11	12	13	
	藏曆五月						14	15	16	17	18	19	20	21	22	23	24	25	26	27	28	29	30	1	2	3	4	5	6	7	8	9	11	12	13	14	15	
	公曆 6 月		1	2	3	4	5	6	7	8	9	10	11	12	13	14	15	16	17	18	19	20	21	22	23	24	25	26	27	28	29	30						
	夏曆閏五月		15	16	17	18	19	20	21	22	23	24	25	26	27	28	29	⑰	2	3	4	5	6	7	8	9	10	11	12	13	14	15						
	回曆 10 月		14	15	16	17	18	19	20	21	22	23	24	25	26	27	28	29	30	1	2	3	4	5	6	7	8	9	10	11	12	13						
	藏曆六月		16	17	18	19	20	21	22	23	24	25	25	26	27	28	29	30	1	2	4	5	6	7	8	9	10	11	12	13	14	15						
	公曆 7 月				1	2	3	4	5	6	7	8	9	10	11	12	13	14	15	16	17	18	19	20	21	22	23	24	25	26	27	28	29	30	31			
20	夏曆六月				16	17	18	19	20	21	22	23	24	25	26	27	28	29	30	㊼	2	3	4	5	6	7	8	9	10	11	12	13	14	15	16			
	回曆 11 月				14	15	16	17	18	19	20	21	22	23	24	25	26	27	28	29	1	2	3	4	5	6	7	8	9	10	11	12	13	14	15			
	藏曆七月				16	17	18	19	20	21	22	23	24	25	26	27	28	29	30	1	2	3	4	5	7	8	9	10	11	12	13	14	15	16	17			
	公曆 8 月							1	2	3	4	5	6	7	8	9	10	11	12	13	14	15	16	17	18	19	20	21	22	23	24	25	26	27	28	29	30	31
21	夏曆七月							17	18	19	20	21	22	23	24	25	26	27	28	29	⑯	2	3	4	5	6	7	8	9	10	11	12	13	14	15	16	17	18
	回曆 12 月							16	17	18	19	20	21	22	23	24	25	26	27	28	29	30	1	2	3	4	5	6	7	8	9	10	11	12	13	14	15	16
	藏曆八月							18	19	20	21	22	22	23	24	25	26	27	29	30	1	2	3	4	5	6	7	8	9	10	11	12	13	14	15	16	17	18

續表

月 干支 序數	月序＼星期	日	1	2	3	4	5	6	日	1	2	3	4	5	6	日	1	2	3	4	5	6	日	1	2	3	4	5	6	日	1	2	3	4	5	6	日	1
	公曆9月			1	2	3	4	5	6	7	8	9	10	11	12	13	14	15	16	17	18	19	20	21	22	23	24	25	26	27	28	29	30					
22	夏曆八月			19	20	21	22	23	24	25	26	27	28	29	㊺	2	3	4	5	6	7	8	9	10	11	12	13	14	15	16	17	18	19					
566年	回曆1月			17	18	19	20	21	22	23	24	25	26	27	28	29	①	2	3	4	5	6	7	8	9	10	11	12	13	14	15	16	17					
	藏曆九月			19	20	21	22	23	24	25	26	27	28	29	30	1	3	4	5	6	7	8	9	10	11	12	13	14	15	16	17	17	18					
	公曆10月					1	2	3	4	5	6	7	8	9	10	11	12	13	14	15	16	17	18	19	20	21	22	23	24	25	26	27	28	29	30	31		
23	夏曆九月					20	21	22	23	24	25	26	27	28	29	30	⑮	2	3	4	5	6	7	8	9	10	11	12	13	14	15	16	17	18	19	20		
	回曆2月					18	19	20	21	22	23	24	25	26	27	28	29	30	1	2	3	4	5	6	7	8	9	10	11	12	13	14	15	16	17	18		
	藏曆十月					19	20	21	22	23	24	26	27	28	29	30	1	2	3	4	5	6	7	8	9	10	11	12	13	14	15	16	17	18	19	20		
	公曆11月	1	2	3	4	5	6	7	8	9	10	11	12	13	14	15	16	17	18	19	20	21	22	23	24	25	26	27	28	29	30							
24	夏曆十月	21	22	23	24	25	26	27	28	29	㊹	2	3	4	5	6	7	8	9	10	11	12	13	14	15	16	17	18	19	20	21							
	回曆3月	19	20	21	22	23	24	25	26	27	28	29	1	2	3	4	5	6	7	8	9	10	11	12	13	14	15	16	17	18	19							
	藏曆十一月	21	22	23	24	25	26	27	28	30	1	2	3	4	5	6	7	8	9	10	10	11	12	13	14	15	16	17	18	19	20							
	公曆12月			1	2	3	4	5	6	7	8	9	10	11	12	13	14	15	16	17	18	19	20	21	22	23	24	25	26	27	28	29	30	31				
25	夏曆十一月			22	23	24	25	26	27	28	29	30	⑭	2	3	4	5	6	7	8	9	10	11	12	13	14	15	16	17	18	19	20	21	22				
	回曆4月			20	21	22	23	24	25	26	27	28	29	30	1	2	3	4	5	6	7	8	9	10	11	12	13	14	15	16	17	18	19	20				
	藏曆十二月			21	22	23	25	26	27	28	29	30	1	2	3	4	5	6	7	8	9	10	11	12	13	14	14	15	16	18	19	20	21	22				

大事記

正月，宋雅州沙平"蠻"擾邊。　二月，宋均役、限田。　五月，宋修《四朝會要》成。夏相任得敬脅夏國主李仁孝上表於金，請割地封得敬為國王，金不允。宋遣使如金請陵寢地，金不許。宋罷沿江稅場多處，嚴禁苛征。　八月，夏殺其國相任得敬。夏任蕃漢學教授斡道冲為中書令。　是歲，宋兩浙、江東、江西、福建水旱。東軒居士撰《衛濟寶書》成。蒙古成吉思汗九歲，其父也速該（？—1170）被塔塔兒人害死。

宋遼金紀年

干支辛卯　公元1171年

朝代或國名	國家支配者	建都	廟號	謚號	建元	年號年次	輔政者	備注
南宋	②趙眘	臨安	孝宗	成	3	2乾道7年	虞允文	
西夏	⑤李仁孝	（銀川）	仁宗	聖德	4	4乾祐2年		
金	⑤完顏雍	燕京	世宗	仁	1	大定11年		
西遼	④耶律普速完	虎思斡耳朵	承天后		1	崇福8年		
大理	③段正興	陽苴咩	景宗		5	5建德7年		在雲南
古格						358年		西藏阿里

月曆表

5884—354—2149156

月 干支 序數	月序＼星期	日	1	2	3	4	5	6	日	1	2	3	4	5	6	日	1	2	3	4	5	6	日	1	2	3	4	5	6	日	1	2	3	4	5	6	日	1
	公曆1月						1	2	3	4	5	6	7	8	9	10	11	12	13	14	15	16	17	18	19	20	21	22	23	24	25	26	27	28	29	30	31	
26	夏曆十二月						23	24	25	26	27	28	29	㊸	2	3	4	5	6	7	8	9	10	11	12	13	14	15	16	17	18	19	20	21	22	23	24	
	回曆5月						21	22	23	24	25	26	27	28	29	1	2	3	4	5	6	7	8	9	10	11	12	13	14	15	16	17	18	19	20	21	22	
陰金兔年	藏曆一月						23	24	25	26	27	28	29	30	1	2	3	4	5	6	7	8	9	10	11	12	13	14	15	16	17	18	19	20	21	22	24	

續表

月干支序數	月序＼星期	日	1	2	3	4	5	6	日	1	2	3	4	5	6	日	1	2	3	4	5	6	日	1	2	3	4	5	6	日	1	2	3	4	5	6	日	1
	公暦2月		1	2	3	4	5	6	7	8	9	10	11	12	13	14	15	16	17	18	19	20	21	22	23	24	25	26	27	28								
27	夏暦正月		25	26	27	28	29	30	⑬	2	3	4	5	6	7	8	9	10	11	12	13	14	15	16	17	18	19	20	21	22								
	回暦6月		23	24	25	26	27	28	29	30	1	2	3	4	5	6	7	8	9	10	11	12	13	14	15	16	17	18	19	20								
	藏暦二月		25	26	27	28	29	30	1	2	3	4	5	5	6	7	8	9	10	11	12	13	14	15	16	18	19	20	21	22								
	公暦3月		1	2	3	4	5	6	7	8	9	10	11	12	13	14	15	16	17	18	19	20	21	22	23	24	25	26	27	28	29	30	31					
28	夏暦二月		23	24	25	26	27	28	29	30	㊸	2	3	4	5	6	7	8	9	10	11	12	13	14	15	16	17	18	19	20	21	22	23					
	回暦7月		21	22	23	24	25	26	27	28	29	1	2	3	4	5	6	7	8	9	10	11	12	13	14	15	16	17	18	19	20	21	22					
	藏暦三月		23	24	25	26	27	28	29	30	1	2	3	4	5	6	7	8	9	10	11	12	13	14	15	16	17	18	19	20	22	23	24					
	公暦4月					1	2	3	4	5	6	7	8	9	10	11	12	13	14	15	16	17	18	19	20	21	22	23	24	25	26	27	28	29	30			
29	夏暦三月					24	25	26	27	28	29	⑫	2	3	4	5	6	7	8	9	10	11	12	13	14	15	16	17	18	19	20	21	22	23	24			
	回暦8月					23	24	25	26	27	28	29	30	1	2	3	4	5	6	7	8	9	10	11	12	13	14	15	16	17	18	19	20	21	22			
	藏暦四月					25	26	27	28	29	29	30	1	2	3	4	5	6	7	8	9	10	11	12	13	15	16	17	18	19	20	21	22	23	24			
	公暦5月							1	2	3	4	5	6	7	8	9	10	11	12	13	14	15	16	17	18	19	20	21	22	23	24	25	26	27	28	29	30	31
30	夏暦四月							25	26	27	28	29	30	㊷	2	3	4	5	6	7	8	9	10	11	12	13	14	15	16	17	18	19	20	21	22	23	24	25
	回暦9月							23	24	25	26	27	28	29	1	2	3	4	5	6	7	8	9	10	11	12	13	14	15	16	17	18	19	20	21	22	23	24
	藏暦後四月							25	26	27	28	29	30	1	2	3	4	5	6	7	8	9	10	11	12	13	14	15	16	17	19	20	21	22	23	24	24	25
	公暦6月			1	2	3	4	5	6	7	8	9	10	11	12	13	14	15	16	17	18	19	20	21	22	23	24	25	26	27	28	29	30					
31	夏暦五月			26	27	28	29	30	⑫	2	3	4	5	6	7	8	9	10	11	12	13	14	15	16	17	18	19	20	21	22	23	24	25					
	回暦10月			25	26	27	28	29	30	1	2	3	4	5	6	7	8	9	10	11	12	13	14	15	16	17	18	19	20	21	22	23	24					
	藏暦五月			26	27	28	29	30	1	2	3	4	5	6	7	8	9	11	12	13	14	15	16	17	18	19	20	21	22	23	24	25	26					
	公暦7月					1	2	3	4	5	6	7	8	9	10	11	12	13	14	15	16	17	18	19	20	21	22	23	24	25	26	27	28	29	30	31		
32	夏暦六月					26	27	28	29	㊶	2	3	4	5	6	7	8	9	10	11	12	13	14	15	16	17	18	19	20	21	22	23	24	25	26	27		
	回暦11月					25	26	27	28	29	1	2	3	4	5	6	7	8	9	10	11	12	13	14	15	16	17	18	19	20	21	22	23	24	25	26		
	藏暦六月					27	28	29	30	1	2	3	4	5	6	7	8	9	10	11	12	14	15	16	17	18	19	20	21	21	22	23	24	25	26	27		
	公暦8月	1	2	3	4	5	6	7	8	9	10	11	12	13	14	15	16	17	18	19	20	21	22	23	24	25	26	27	28	29	30	31						
33	夏暦七月	28	29	30	⑪	2	3	4	5	6	7	8	9	10	11	12	13	14	15	16	17	18	19	20	21	22	23	24	25	26	27	28						
	回暦12月	27	28	29	30	1	2	3	4	5	6	7	8	9	10	11	12	13	14	15	16	17	18	19	20	21	22	23	24	25	26	27						
	藏暦七月	28	29	30	1	2	3	4	5	7	8	9	10	11	12	13	14	15	16	17	18	19	20	21	22	23	24	25	26	27	28	29						
	公暦9月				1	2	3	4	5	6	7	8	9	10	11	12	13	14	15	16	17	18	19	20	21	22	23	24	25	26	27	28	29	30				
34	夏暦八月				29	㊵	2	3	4	5	6	7	8	9	10	11	12	13	14	15	16	17	18	19	20	21	22	23	24	25	26	27	28	29				
567年	回暦1月				28	29	30	①	2	3	4	5	6	7	8	9	10	11	12	13	14	15	16	17	18	19	20	21	22	23	24	25	26	27				
	藏暦八月				30	1	2	3	4	5	6	7	8	10	11	12	13	14	15	16	16	17	18	19	20	21	22	23	24	25	26	27	28	29				
	公暦10月						1	2	3	4	5	6	7	8	9	10	11	12	13	14	15	16	17	18	19	20	21	22	23	24	25	26	27	28	29	30	31	
35 36	夏暦九十月						⑨	2	3	4	5	6	7	8	9	10	11	12	13	14	15	16	17	18	19	20	21	22	23	24	25	26	27	28	29	30	㊴	
	回暦2月						28	29	30	1	2	3	4	5	6	7	8	9	10	11	12	13	14	15	16	17	18	19	20	21	22	23	24	25	26	27	28	
	藏暦九十月						30	1	3	4	5	6	7	8	9	10	11	12	13	14	15	16	17	18	19	20	21	21	22	23	24	26	27	28	29	30	1	
	公暦11月		1	2	3	4	5	6	7	8	9	10	11	12	13	14	15	16	17	18	19	20	21	22	23	24	25	26	27	28	29	30						
37	夏暦十一月		2	3	4	5	6	7	8	9	10	11	12	13	14	15	16	17	18	19	20	21	22	23	24	25	26	27	28	29	⑧	2						
	回暦3月		29	1	2	3	4	5	6	7	8	9	10	11	12	13	14	15	16	17	18	19	20	21	22	23	24	25	26	27	28	29						
	藏暦十一月		2	3	4	5	6	7	8	9	10	11	12	13	14	15	16	17	18	19	20	21	22	23	24	25	26	27	28	29	1	2						
	公暦12月				1	2	3	4	5	6	7	8	9	10	11	12	13	14	15	16	17	18	19	20	21	22	23	24	25	26	27	28	29	30	31			
38	夏暦十二月				3	4	5	6	7	8	9	10	11	12	13	14	15	16	17	18	19	20	21	22	23	24	25	26	27	28	29	30	㊳	2	3			

續表

月干支序數	月序＼星期	日	1	2	3	4	5	6	日	1	2	3	4	5	6	日	1	2	3	4	5	6	日	1	2	3	4	5	6	日	1	2	3	4	5	6	日	1
	回曆 4、5 月				30	1	2	3	4	5	6	7	8	9	10	11	12	13	14	15	16	17	18	19	20	21	22	23	24	25	26	27	28	29	1			
	藏曆十二月				3	4	5	6	7	8	9	10	11	12	13	13	14	15	16	17	18	19	20	21	22	23	24	26	27	28	29	30	1	2	3			

大事記

正月，宋復鑄錢司。　二月，宋令寺觀勿免租税。　四月，歸德府民臧安兒謀反金，被殺。　七月，宋帝立子惇為太子。　十二月，大名府僧李智究起兵反金。　是歲，金創設女真進士科。王十朋卒(1112—1171)。

宋遼金紀年

干支壬辰　公元 1172

朝代或國名	國家支配者	建都	廟號	謚號	建元	年號年次	輔政者	備注
南宋	②趙昚	臨安	孝宗	成	3	2 乾道 8 年	梁克家 虞允文	
西夏	⑤李仁孝	(銀川)	仁宗	聖德	4	4 乾祐 3 年		
金	⑤完顔雍	燕京	世宗	仁	1	大定 12 年		
西遼	④耶律普速完	虎思斡耳朵	承天后		1	崇福 9 年		
大理	④段智興	陽苴咩	宣宗	功極	6	1 利貞元年		一説在癸巳年
古格						359 年		西藏阿里

月曆表

5885—355—2149511

月干支序數	月序＼星期	日	1	2	3	4	5	6	日	1	2	3	4	5	6	日	1	2	3	4	5	6	日	1	2	3	4	5	6	日	1	2	3	4	5	6	日	1
	公曆 1 月							1	2	3	4	5	6	7	8	9	10	11	12	13	14	15	16	17	18	19	20	21	22	23	24	25	26	27	28	29	30	31
39	夏曆正月							4	5	6	7	8	9	10	11	12	13	14	15	16	17	18	19	20	21	22	23	24	25	26	27	28	29	⑦	2	3	4	5
	回曆 6 月							2	3	4	5	6	7	8	9	10	11	12	13	14	15	16	17	18	19	20	21	22	23	24	25	26	27	28	29	30	1	2
陽水龍年	藏曆一月							4	5	6	7	8	9	10	11	12	13	14	15	16	17	18	19	20	21	22	23	24	25	26	27	28	29	1	2	3	4	5
	公曆 2 月			1	2	3	4	5	6	7	8	9	10	11	12	13	14	15	16	17	18	19	20	21	22	23	24	25	26	27	28	29						
40	夏曆二月			6	7	8	9	10	11	12	13	14	15	16	17	18	19	20	21	22	23	24	25	26	27	28	29	30	㊲	2	3	4						
	回曆 7 月			3	4	5	6	7	8	9	10	11	12	13	14	15	16	17	18	19	20	21	22	23	24	25	26	27	28	29	1	2						
	藏曆二月			5	6	7	8	9	10	11	12	13	14	15	16	17	18	19	20	21	22	23	25	26	27	28	29	30	1	2	3	4						
	公曆 3 月				1	2	3	4	5	6	7	8	9	10	11	12	13	14	15	16	17	18	19	20	21	22	23	24	25	26	27	28	29	30	31			
41	夏曆三月				5	6	7	8	9	10	11	12	13	14	15	16	17	18	19	20	21	22	23	24	25	26	27	28	29	⑥	2	3	4	5	6			
	回曆 8 月				3	4	5	6	7	8	9	10	11	12	13	14	15	16	17	18	19	20	21	22	23	24	25	26	27	28	29	30	1	2	3			
	藏曆三月				5	6	7	8	9	9	10	11	12	13	14	15	16	18	19	20	21	22	23	24	25	26	27	28	29	30	1	2	3	4	5			
	公曆 4 月							1	2	3	4	5	6	7	8	9	10	11	12	13	14	15	16	17	18	19	20	21	22	23	24	25	26	27	28	29	30	
42	夏曆四月							7	8	9	10	11	12	13	14	15	16	17	18	19	20	21	22	23	24	25	26	27	28	29	30	㊱	2	3	4	5	6	
	回曆 9 月							4	5	6	7	8	9	10	11	12	13	14	15	16	17	18	19	20	21	22	23	24	25	26	27	28	29	1	2	3	4	
	藏曆四月							6	7	8	9	10	11	12	13	14	15	16	17	18	19	20	22	23	24	25	26	27	28	29	30	1	2	3	3	4	5	
	公曆 5 月		1	2	3	4	5	6	7	8	9	10	11	12	13	14	15	16	17	18	19	20	21	22	23	24	25	26	27	28	29	30	31					
43	夏曆五月		7	8	9	10	11	12	13	14	15	16	17	18	19	20	21	22	23	24	25	26	27	28	29	30	⑥	2	3	4	5	6	7					
	回曆 10 月		5	6	7	8	9	10	11	12	13	14	15	16	17	18	19	20	21	22	23	24	25	26	27	28	29	30	1	2	3	4	5					
	藏曆五月		6	7	8	9	10	11	12	13	15	16	17	18	19	20	21	22	23	24	25	26	27	28	29	30	1	2	3	4	5	6	7					

續表

月干支序數	星期 月序	日	1	2	3	4	5	6	日	1	2	3	4	5	6	日	1	2	3	4	5	6	日	1	2	3	4	5	6	日	1	2	3	4	5	6	日	1
	公曆6月					1	2	3	4	5	6	7	8	9	10	11	12	13	14	15	16	17	18	19	20	21	22	23	24	25	26	27	28	29	30			
44	夏曆六月					8	9	10	11	12	13	14	15	16	17	18	19	20	21	22	23	24	25	26	27	28	29	㉟	2	3	4	5	6	7	8			
	回曆11月					6	7	8	9	10	11	12	13	14	15	16	17	18	19	20	21	22	23	24	25	26	27	28	29	1	2	3	4	5	6			
	藏曆六月					8	9	10	11	12	13	14	15	16	18	19	20	21	22	23	24	25	26	27	28	29	29	30	1	2	3	4	5	6	7			
	公曆7月							1	2	3	4	5	6	7	8	9	10	11	12	13	14	15	16	17	18	19	20	21	22	23	24	25	26	27	28	29	30	31
45	夏曆七月							9	10	11	12	13	14	15	16	17	18	19	20	21	22	23	24	25	26	27	28	29	30	⑤	2	3	4	5	6	7	8	9
	回曆12月							7	8	9	10	11	12	13	14	15	16	17	18	19	20	21	22	23	24	25	26	27	28	29	30	1	2	3	4	5	6	7
	藏曆七月							8	9	11	12	13	14	15	16	17	18	19	20	21	22	23	24	25	26	27	28	29	30	1	2	3	4	5	6	7	8	9
	公曆8月			1	2	3	4	5	6	7	8	9	10	11	12	13	14	15	16	17	18	19	20	21	22	23	24	25	26	27	28	29	30	31				
46	夏曆八月			10	11	12	13	14	15	16	17	18	19	20	21	22	23	24	25	26	27	28	29	㉞	2	3	4	5	6	7	8	9	10	11				
568年	回曆1月			8	9	10	11	12	13	14	15	16	17	18	19	20	21	22	23	24	25	26	27	28	29	①	2	3	4	5	6	7	8	9				
	藏曆八月			10	11	12	14	15	16	17	18	19	20	21	22	23	24	25	26	26	27	28	29	30	1	2	3	4	5	7	8	9	10	11				
	公曆9月						1	2	3	4	5	6	7	8	9	10	11	12	13	14	15	16	17	18	19	20	21	22	23	24	25	26	27	28	29	30		
47	夏曆九月						12	13	14	15	16	17	18	19	20	21	22	23	24	25	26	27	28	29	30	④	2	3	4	5	6	7	8	9	10	11		
	回曆2月						10	11	12	13	14	15	16	17	18	19	20	21	22	23	24	25	26	27	28	29	30	1	2	3	4	5	6	7	8	9		
	藏曆九月						12	13	14	15	16	17	18	19	20	21	22	23	24	25	26	27	28	29	30	1	2	3	4	5	6	7	8	10	11	12		
	公曆10月	1	2	3	4	5	6	7	8	9	10	11	12	13	14	15	16	17	18	19	20	21	22	23	24	25	26	27	28	29	30	31						
48	夏曆十月	12	13	14	15	16	17	18	19	20	21	22	23	24	25	26	27	28	29	㉝	2	3	4	5	6	7	8	9	10	11	12	13						
	回曆3月	10	11	12	13	14	15	16	17	18	19	20	21	22	23	24	25	26	27	28	29	1	2	3	4	5	6	7	8	9	10	11						
	藏曆十月	13	14	15	16	17	18	19	20	20	21	22	23	24	25	26	27	28	29	30	1	2	4	5	6	7	8	9	10	11	12	13						
	公曆11月				1	2	3	4	5	6	7	8	9	10	11	12	13	14	15	16	17	18	19	20	21	22	23	24	25	26	27	28	29	30				
49	夏曆十一月				14	15	16	17	18	19	20	21	22	23	24	25	26	27	28	29	30	③	2	3	4	5	6	7	8	9	10	11	12	13				
	回曆4月				12	13	14	15	16	17	18	19	20	21	22	23	24	25	26	27	28	29	30	1	2	3	4	5	6	7	8	9	10	11				
	藏曆十一月				14	15	16	17	18	19	20	21	22	23	24	25	26	27	28	29	30	1	2	3	4	5	6	7	9	10	11	12	13	13				
	公曆12月						1	2	3	4	5	6	7	8	9	10	11	12	13	14	15	16	17	18	19	20	21	22	23	24	25	26	27	28	29	30	31	
50	夏曆十二月						14	15	16	17	18	19	20	21	22	23	24	25	26	27	28	29	㉜	2	3	4	5	6	7	8	9	10	11	12	13	14	15	
	回曆5月						12	13	14	15	16	17	18	19	20	21	22	23	24	25	26	27	28	29	1	2	3	4	5	6	7	8	9	10	11	12	13	
	藏曆十二月						14	15	16	17	18	19	20	21	22	23	24	25	26	27	28	29	30	1	3	4	5	6	7	8	9	10	11	12	13	14	15	

大事記

三月，金北京民曹貴等謀反金，被殺。　四月，宋整頓諸路義倉。金西北路納哈七斤謀反金，被殺。　八月，宋四川水。　十月，金鄜州李方等謀反金，被殺。　十二月，金許民免稅開採金銀坑冶。　是歲，宋朱熹撰《資治通鑒綱目》成。

宋遼金紀年

干支癸巳　公元1173

朝代或國名	國家支配者	建　都	廟號	謚號	建元	年號年次	輔政者	備　注
南宋	②趙昚	臨安	孝宗	成	3	2乾道9年	梁克家 曾懷	
西夏	⑤李仁孝	（銀川）	仁宗	聖德	4	4乾祐4年		
金	⑤完顏雍	燕京	世宗	仁	1	大定13年		
西遼	④耶律普速完	虎思斡耳朵	承天后		1	崇福10年		
大理	④段智興	陽苴咩	宣宗	功極	6	1利貞2年		在雲南
古格						360年		西藏阿里

月干支序數	月序＼星期	日	1	2	3	4	5	6	日	1	2	3	4	5	6	日	1	2	3	4	5	6	日	1	2	3	4	5	6	日	1	2	3	4	5	6	日	1
	公曆1月		1	2	3	4	5	6	7	8	9	10	11	12	13	14	15	16	17	18	19	20	21	22	23	24	25	26	27	28	29	30	31					
51	夏曆正月		16	17	18	19	20	21	22	23	24	25	26	27	28	29	30	②	2	3	4	5	6	7	8	9	10	11	12	13	14	15	16					
	回曆6月		14	15	16	17	18	19	20	21	22	23	24	25	26	27	28	29	30	1	2	3	4	5	6	7	8	9	10	11	12	13	14					
陰水蛇年	藏曆一月		16	16	17	18	19	20	21	22	23	24	25	27	28	29	30	1	2	3	4	5	6	7	8	9	10	11	12	13	14	15	16					
	公曆2月					1	2	3	4	5	6	7	8	9	10	11	12	13	14	15	16	17	18	19	20	21	22	23	24	25	26	27	28					
	夏曆閏正月					17	18	19	20	21	22	23	24	25	26	27	28	29	㉛	2	3	4	5	6	7	8	9	10	11	12	13	14	15					
	回曆7月					15	16	17	18	19	20	21	22	23	24	25	26	27	28	29	1	2	3	4	5	6	7	8	9	10	11	12	13					
	藏曆二月					17	18	19	20	21	22	23	24	25	26	27	28	29	2	3	4	5	6	7	8	8	9	10	11	12	13	14	15					
	公曆3月					1	2	3	4	5	6	7	8	9	10	11	12	13	14	15	16	17	18	19	20	21	22	23	24	25	26	27	28	29	30	31		
52	夏曆二月					16	17	18	19	20	21	22	23	24	25	26	27	28	29	30	①	2	3	4	5	6	7	8	9	10	11	12	13	14	15	16		
	回曆8月					14	15	16	17	18	19	20	21	22	23	24	25	26	27	28	29	30	1	2	3	4	5	6	7	8	9	10	11	12	13	14		
	藏曆三月					16	17	18	19	20	21	22	23	25	26	27	28	29	30	30	1	2	3	4	5	6	7	8	9	10	11	12	12	13	14	15		
	公曆4月	1	2	3	4	5	6	7	8	9	10	11	12	13	14	15	16	17	18	19	20	21	22	23	24	25	26	27	28	29	30							
53	夏曆三月	17	18	19	20	21	22	23	24	25	26	27	28	29	㉚	2	3	4	5	6	7	8	9	10	11	12	13	14	15	16	17							
	回曆9月	15	16	17	18	19	20	21	22	23	24	25	26	27	28	29	1	2	3	4	5	6	7	8	9	10	11	12	13	14	15							
	藏曆四月	16	18	19	20	21	22	23	24	25	26	27	28	29	30	1	2	3	4	5	6	7	8	9	10	11	12	13	14	15	16							
	公曆5月			1	2	3	4	5	6	7	8	9	10	11	12	13	14	15	16	17	18	19	20	21	22	23	24	25	26	27	28	29	30	31				
54	夏曆四月			18	19	20	21	22	23	24	25	26	27	28	29	30	(60)	2	3	4	5	6	7	8	9	10	11	12	13	14	15	16	17	18				
、	回曆10月			16	17	18	19	20	21	22	23	24	25	26	27	28	29	30	1	2	3	4	5	6	7	8	9	10	11	12	13	14	15	16				
	藏曆五月			17	18	19	20	22	23	24	25	26	27	28	29	30	1	2	3	4	5	6	7	7	8	9	10	11	12	13	15	16	17	18				
	公曆6月						1	2	3	4	5	6	7	8	9	10	11	12	13	14	15	16	17	18	19	20	21	22	23	24	25	26	27	28	29	30		
55	夏曆五月						19	20	21	22	23	24	25	26	27	28	29	㉙	2	3	4	5	6	7	8	9	10	11	12	13	14	15	16	17	18	19		
	回曆11月						17	18	19	20	21	22	23	24	25	26	27	28	29	1	2	3	4	5	6	7	8	9	10	11	12	13	14	15	16	17		
	藏曆六月						19	20	21	22	23	24	25	26	27	28	29	30	1	2	3	4	5	6	7	8	9	10	11	12	13	14	15	16	18	19		
	公曆7月	1	2	3	4	5	6	7	8	9	10	11	12	13	14	15	16	17	18	19	20	21	22	23	24	25	26	27	28	29	30	31						
56	夏曆六月	20	21	22	23	24	25	26	27	28	29	30	(59)	2	3	4	5	6	7	8	9	10	11	12	13	14	15	16	17	18	19	20						
	回曆12月	18	19	20	21	22	23	24	25	26	27	28	29	30	1	2	3	4	5	6	7	8	9	10	11	12	13	14	15	16	17	18						
	藏曆七月	20	21	22	23	24	25	26	27	28	29	30	1	2	3	4	4	5	6	7	8	10	11	12	13	14	15	16	17	18	19	20						
	公曆8月				1	2	3	4	5	6	7	8	9	10	11	12	13	14	15	16	17	18	19	20	21	22	23	24	25	26	27	28	29	30	31			
57	夏曆七月				21	22	23	24	25	26	27	28	29	30	㉙	2	3	4	5	6	7	8	9	10	11	12	13	14	15	16	17	18	19	20	21			
569年	回曆1月				19	20	21	22	23	24	25	26	27	28	29	①	2	3	4	5	6	7	8	9	10	11	12	13	14	15	16	17	18	19	20			
	藏曆八月				22	23	24	24	25	26	27	28	29	30	1	2	3	4	5	6	7	8	9	10	11	12	14	15	16	17	18	19	20	21	22			
	公曆9月							1	2	3	4	5	6	7	8	9	10	11	12	13	14	15	16	17	18	19	20	21	22	23	24	25	26	27	28	29	30	
58	夏曆八月							22	23	24	25	26	27	28	29	(58)	2	3	4	5	6	7	8	9	10	11	12	13	14	15	16	17	18	19	20	21	22	
	回曆2月							21	22	23	24	25	26	27	28	29	30	1	2	3	4	5	6	7	8	9	10	11	12	13	14	15	16	17	18	19	20	
	藏曆九月							23	24	25	26	27	28	29	30	30	1	2	3	4	5	7	8	9	10	11	12	13	14	15	16	17	18	19	20	21	22	
	公曆10月		1	2	3	4	5	6	7	8	9	10	11	12	13	14	15	16	17	18	19	20	21	22	23	24	25	26	27	28	29	30	31					
59	夏曆九月		23	24	25	26	27	28	29	30	㉘	2	3	4	5	6	7	8	9	10	11	12	13	14	15	16	17	18	19	20	21	22	23					
	回曆3月		21	22	23	24	25	26	27	28	29	1	2	3	4	5	6	7	8	9	10	11	12	13	14	15	16	17	18	19	20	21	22					
	藏曆十月		23	24	25	26	27	28	29	30	1	2	3	4	5	6	7	8	9	11	12	13	14	15	16	17	18	19	20	21	22	23	24					
	公曆11月					1	2	3	4	5	6	7	8	9	10	11	12	13	14	15	16	17	18	19	20	21	22	23	24	25	26	27	28	29	30			
60	夏曆十月					24	25	26	27	28	29	(51)	2	3	4	5	6	7	8	9	10	11	12	13	14	15	16	17	18	19	20	21	22	23	24			
	回曆4月					23	24	25	26	27	28	29	30	1	2	3	4	5	6	7	8	9	10	11	12	13	14	15	16	17	18	19	20	21	22			
	藏曆十一月					24	25	26	27	28	29	30	1	2	3	5	6	7	8	9	10	11	12	13	14	15	16	17	18	19	20	21	22	23	24			

續表

月 干支 序數	星期 月序	日	1	2	3	4	5	6	日	1	2	3	4	5	6	日	1	2	3	4	5	6	日	1	2	3	4	5	6	日	1	2	3	4	5	6	日	1
	公曆12月							1	2	3	4	5	6	7	8	9	10	11	12	13	14	15	16	17	18	19	20	21	22	23	24	25	26	27	28	29	30	31
1	夏曆十一月							25	26	27	28	29	30	㉗	2	3	4	5	6	7	8	9	10	11	12	13	14	15	16	17	18	19	20	21	22	23	24	25
	回曆5月							23	24	25	26	27	28	29	1	2	3	4	5	6	7	8	9	10	11	12	13	14	15	16	17	18	19	20	21	22	23	24
	藏曆十二月							25	26	27	28	29	30	1	2	3	4	5	6	7	8	10	11	12	13	14	15	16	16	17	18	19	20	21	22	23	24	25

大事記

正月，宋罷福建鹽鈔法。　閏正月，金洛陽縣民起事殺縣令，逃入宋界。　二月，青羌奴兒結擾宋邊，尋敗。　三月，宋禁以銀絹售於金。宋遣官提點坑冶鑄錢。　五月，金禁女真人譯漢姓。　七月，吐蕃陷安靜寨，深入黎州，守臣禦之。　八月，宋詔興修水利。　九月，宋修《中興會要》成。　十二月，宋改廣西鹽法。　是歲，宋浙東、江西、淮西水旱。袁樞撰《通鑒紀事本末》成。

宋遼金紀年

干支甲午　公元1174

朝代或國名	國家支配者	建都	廟號	謚號	建元	年號年次	輔政者	備注
南宋	②趙昚	臨安	孝宗	成	3	3 淳熙元年	曾懷、葉衡	
西夏	⑤李仁孝	（銀川）	仁宗	聖德	4	4 乾祐5年		
金	⑤完顏雍	燕京	世宗	仁	1	大定14年		
西遼	④耶律普速完	虎思斡耳朵	承天后		1	崇福11年		
大理	④段智興	陽苴咩	宣宗	功極	6	1 利貞3年		在雲南
	〔賴文政〕					1年		湖北
古格						361年		西藏阿里

月曆表

5887—355—2150250

月 干支 序數	星期 月序	日	1	2	3	4	5	6	日	1	2	3	4	5	6	日	1	2	3	4	5	6	日	1	2	3	4	5	6	日	1	2	3	4	5	6	日	1
	公曆1月			1	2	3	4	5	6	7	8	9	10	11	12	13	14	15	16	17	18	19	20	21	22	23	24	25	26	27	28	29	30	31				
2	夏曆十二月			26	27	28	29	(56)	2	3	4	5	6	7	8	9	10	11	12	13	14	15	16	17	18	19	20	21	22	23	24	25	26	27				
	回曆6月			25	26	27	28	29	30	1	2	3	4	5	6	7	8	9	10	11	12	13	14	15	16	17	18	19	20	21	22	23	24	25				
	藏曆後十二月			26	27	27	28	29	1	2	4	5	6	7	8	9	10	11	12	13	14	15	16	17	18	19	19	20	21	22	23	24	25	26				
	公曆2月					1	2	3	4	5	6	7	8	9	10	11	12	13	14	15	16	17	18	19	20	21	22	23	24	25	26	27	28					
3	夏曆正月					28	29	30	㉖	2	3	4	5	6	7	8	9	10	11	12	13	14	15	16	17	18	19	20	21	22	23	24	25					
	回曆7月					26	27	28	29	1	2	3	4	5	6	7	8	9	10	11	12	13	14	15	16	17	18	19	20	21	22	23	24					
陽木馬年	藏曆一月					28	29	30	1	2	3	4	5	6	7	8	9	10	11	12	13	14	15	16	17	18	19	20	21	22	23	24	25					
	公曆3月					1	2	3	4	5	6	7	8	9	10	11	12	13	14	15	16	17	18	19	20	21	22	23	24	25	26	27	28	29	30	31		
4	夏曆二月					26	27	28	29	(55)	2	3	4	5	6	7	8	9	10	11	12	13	14	15	16	17	18	19	20	21	22	23	24	25	26	27		
	回曆8月					25	26	27	28	29	30	1	2	3	4	5	6	7	8	9	10	11	12	13	14	15	16	17	18	19	20	21	22	23	24	25		
	藏曆二月					26	27	28	29	2	3	4	5	6	7	8	9	10	11	12	12	13	14	15	16	17	18	19	20	21	22	23	24	26	27	28		
	公曆4月		1	2	3	4	5	6	7	8	9	10	11	12	13	14	15	16	17	18	19	20	21	22	23	24	25	26	27	28	29	30						
5	夏曆三月		28	29	30	㉕	2	3	4	5	6	7	8	9	10	11	12	13	14	15	16	17	18	19	20	21	22	23	24	25	26	27						

續表

月干支序數	月序＼星期	日	1	2	3	4	5	6	日	1	2	3	4	5	6	日	1	2	3	4	5	6	日	1	2	3	4	5	6	日	1	2	3	4	5	6	日	1
	回暦9月		26	27	28	29	1	2	3	4	5	6	7	8	9	10	11	12	13	14	15	16	17	18	19	20	21	22	23	24	25	26						
	藏暦三月		29	30	30	1	2	3	4	5	6	7	8	9	10	11	12	13	14	15	16	17	18	19	20	21	22	23	24	25	26	27						
	公暦5月				1	2	3	4	5	6	7	8	9	10	11	12	13	14	15	16	17	18	19	20	21	22	23	24	25	26	27	28	29	30	31			
6	夏暦四月				28	29	(54)	2	3	4	5	6	7	8	9	10	11	12	13	14	15	16	17	18	19	20	21	22	23	24	25	26	27	28	29			
	回暦10月				27	28	29	30	1	2	3	4	5	6	7	8	9	10	11	12	13	14	15	16	17	18	19	20	21	22	23	24	25	26	27			
	藏暦四月				28	30	1	2	3	4	5	6	6	7	8	9	10	11	12	13	14	15	16	17	18	19	20	21	23	24	25	26	27	28	29			
	公暦6月							1	2	3	4	5	6	7	8	9	10	11	12	13	14	15	16	17	18	19	20	21	22	23	24	25	26	27	28	29	30	
7	夏暦五月							㉓	2	3	4	5	6	7	8	9	10	11	12	13	14	15	16	17	18	19	20	21	22	23	24	25	26	27	28	29	30	
	回暦11月							28	29	1	2	3	4	5	6	7	8	9	10	11	12	13	14	15	16	17	18	19	20	21	22	23	24	25	26	27	28	
	藏暦五月							30	1	2	3	4	5	6	7	8	9	10	11	12	13	14	15	16	17	18	19	20	21	22	23	25	26	27	28	29	30	
	公暦7月		1	2	3	4	5	6	7	8	9	10	11	12	13	14	15	16	17	18	19	20	21	22	23	24	25	26	27	28	29	30	31					
8 9	夏暦六七月		(53)	2	3	4	5	6	7	8	9	10	11	12	13	14	15	16	17	18	19	20	21	22	23	24	25	26	27	28	29	30	㉓					
	回暦12月		29	30	1	2	3	4	5	6	7	8	9	10	11	12	13	14	15	16	17	18	19	20	21	22	23	24	25	26	27	28	29					
	藏暦六七月		1	2	3	3	4	5	6	7	8	9	10	11	12	13	14	15	16	18	19	20	21	22	23	24	25	26	27	28	29	30	1					
	公暦8月					1	2	3	4	5	6	7	8	9	10	11	12	13	14	15	16	17	18	19	20	21	22	23	24	25	26	27	28	29	30	31		
10	夏暦八月					2	3	4	5	6	7	8	9	10	11	12	13	14	15	16	17	18	19	20	21	22	23	24	25	26	27	28	29	(52)	2	3		
570年	回暦1月					30	①	2	3	4	5	6	7	8	9	10	11	12	13	14	15	16	17	18	19	20	21	22	23	24	25	26	27	28	29	30		
	藏暦八月					2	3	4	5	6	7	8	9	10	11	12	13	14	15	16	17	18	19	21	22	23	24	25	26	27	28	29	29	30	1	2		
	公暦9月	1	2	3	4	5	6	7	8	9	10	11	12	13	14	15	16	17	18	19	20	21	22	23	24	25	26	27	28	29	30							
11	夏暦九月	4	5	6	7	8	9	10	11	12	13	14	15	16	17	18	19	20	21	22	23	24	25	26	27	28	29	30	㉒	2	3							
	回暦2、3月	1	2	3	4	5	6	7	8	9	10	11	12	13	14	15	16	17	18	19	20	21	22	23	24	25	26	27	28	29	1							
	藏暦九月	3	4	5	6	7	8	9	10	11	12	14	15	16	17	18	19	20	21	22	23	24	25	26	27	28	29	30	1	2	3							
	公暦10月			1	2	3	4	5	6	7	8	9	10	11	12	13	14	15	16	17	18	19	20	21	22	23	24	25	26	27	28	29	30	31				
12	夏暦十月			4	5	6	7	8	9	10	11	12	13	14	15	16	17	18	19	20	21	22	23	24	25	26	27	28	29	30	(52)	2	3	4				
	回暦4月			2	3	4	5	6	7	8	9	10	11	12	13	14	15	16	17	18	19	20	21	22	23	24	25	26	27	28	29	30	1	2				
	藏暦十月			4	5	6	7	8	9	10	11	12	13	14	15	16	18	19	20	21	22	23	23	24	25	26	27	28	29	30	1	2	3	4				
	公暦11月						1	2	3	4	5	6	7	8	9	10	11	12	13	14	15	16	17	18	19	20	21	22	23	24	25	26	27	28	29	30		
13	夏暦十一月						5	6	7	8	9	10	11	12	13	14	15	16	17	18	19	20	21	22	23	24	25	26	27	28	29	㉑	2	3	4	5		
	回暦5月						3	4	5	6	7	8	9	10	11	12	13	14	15	16	17	18	19	20	21	22	23	24	25	26	27	28	29	1	2	3		
	藏暦十一月						5	6	7	8	9	10	12	13	14	15	16	17	18	19	20	21	22	23	24	25	26	27	27	28	29	30	1	2	3	4		
	公暦12月	1	2	3	4	5	6	7	8	9	10	11	12	13	14	15	16	17	18	19	20	21	22	23	24	25	26	27	28	29	30	31						
14	夏暦十二月	6	7	8	9	10	11	12	13	14	15	16	17	18	19	20	21	22	23	24	25	26	27	28	29	30	(51)	2	3	4	5	6						
	回暦6月	4	5	6	7	8	9	10	11	12	13	14	15	16	17	18	19	20	21	22	23	24	25	26	27	28	29	30	1	2	3	4						
	藏暦十二月	6	7	8	9	10	11	12	13	14	15	16	17	18	19	20	21	22	23	24	25	26	27	28	29	30	1	2	3	4	5	6						

金《五行誌》八月丁巳，不合。

大事記

正月，宋以交趾李天祚為安南國王。　二月，虞允文卒（1110—1174）。　七月，宋江東修治陂塘成，凡二萬四千四百五十一所，灌田四萬四千二百四十二頃。　十二月，宋罷鐵錢，改鑄銅錢。宋修吏部七司法。陳言撰《三因極一病源論》成。　是歲，宋錢幣學家洪遵卒（1120—1174），著有《泉誌》。宋官田包括職田、學田、戶絕田、荒山等在內，共二千萬畝。

宋遼金紀年

干支乙未　公元 1175 年

朝代或國名	國家支配者	建　都	廟號	謚號	建元	年號年次	輔　政　者	備　　注
南宋	②趙昚	臨安	孝宗	成	3	3 淳熙 2 年	葉衡	
西夏	⑤李仁孝	(銀川)	仁宗	聖德	4	4 乾祐 6 年		
金	⑤完顏雍	燕京	世宗	仁	1	大定 15 年		
西遼	④耶律普速完	虎思斡耳朵	承天后		1	崇福 12 年		
大理	④段智興	陽苴咩	宣宗	功極	6	1 利貞 4 年		在雲南
古格						362 年		西藏阿里
	[賴文政]					2 年		

月曆表

5888－383－2150633

月干支序數	星期／月序	日	1	2	3	4	5	6	日	1	2	3	4	5	6	日	1	2	3	4	5	6	日	1	2	3	4	5	6	日	1	2	3	4	5	6	日	1
	公暦 1 月				1	2	3	4	5	6	7	8	9	10	11	12	13	14	15	16	17	18	19	20	21	22	23	24	25	26	27	28	29	30	31			
15	夏暦正月				7	8	9	10	11	12	13	14	15	16	17	18	19	20	21	22	23	24	25	26	27	28	29	30	㉑	2	3	4	5	6	7			
	回暦 7 月				5	6	7	8	9	10	11	12	13	14	15	16	17	18	19	20	21	22	23	24	25	26	27	28	29	1	2	3	4	5	6			
陰木羊年	藏暦一月				7	8	9	11	12	13	14	15	16	17	18	19	19	20	21	22	23	24	25	26	27	28	29	30	1	2	3	5	6	7	8			
	公暦 2 月							1	2	3	4	5	6	7	8	9	10	11	12	13	14	15	16	17	18	19	20	21	22	23	24	25	26	27	28			
16	夏暦二月							8	9	10	11	12	13	14	15	16	17	18	19	20	21	22	23	24	25	26	27	28	29	㊿	2	3	4	5	6			
	回暦 8 月							7	8	9	10	11	12	13	14	15	16	17	18	19	20	21	22	23	24	25	26	27	28	29	30	1	2	3	4			
	藏暦二月							9	10	11	12	13	14	15	16	17	18	19	20	21	22	22	23	24	25	26	27	29	30	1	2	3	4	5	6			
	公暦 3 月							1	2	3	4	5	6	7	8	9	10	11	12	13	14	15	16	17	18	19	20	21	22	23	24	25	26	27	28	29	30	31
17	夏暦三月							7	8	9	10	11	12	13	14	15	16	17	18	19	20	21	22	23	24	25	26	27	28	29	⑲	2	3	4	5	6	7	8
	回暦 9 月							5	6	7	8	9	10	11	12	13	14	15	16	17	18	19	20	21	22	23	24	25	26	27	28	29	1	2	3	4	5	6
	藏暦三月							7	8	9	10	11	12	13	14	15	16	17	18	19	20	21	22	23	24	25	26	27	28	29	30	1	3	4	5	6	7	8
	公暦 4 月			1	2	3	4	5	6	7	8	9	10	11	12	13	14	15	16	17	18	19	20	21	22	23	24	25	26	27	28	29	30					
18	夏暦四月			9	10	11	12	13	14	15	16	17	18	19	20	21	22	23	24	25	26	27	28	29	30	㊾	2	3	4	5	6	7	8					
	回暦 10 月			7	8	9	10	11	12	13	14	15	16	17	18	19	20	21	22	23	24	25	26	27	28	29	30	1	2	3	4	5	6					
	藏暦四月			9	10	11	12	13	14	15	15	16	17	18	19	20	21	22	23	24	25	27	28	29	30	1	2	3	4	5	6	7	8					
	公暦 5 月					1	2	3	4	5	6	7	8	9	10	11	12	13	14	15	16	17	18	19	20	21	22	23	24	25	26	27	28	29	30	31		
19	夏暦五月					9	10	11	12	13	14	15	16	17	18	19	20	21	22	23	24	25	26	27	28	29	⑱	2	3	4	5	6	7	8	9	10		
	回暦 11 月					7	8	9	10	11	12	13	14	15	16	17	18	19	20	21	22	23	24	25	26	27	28	29	1	2	3	4	5	6	7	8		
	藏暦五月					9	10	11	12	13	14	15	16	17	18	19	20	21	22	23	24	25	26	27	28	30	1	2	3	4	5	6	7	8	9	10		
	公暦 6 月	1	2	3	4	5	6	7	8	9	10	11	12	13	14	15	16	17	18	19	20	21	22	23	24	25	26	27	28	29	30							
20	夏暦六月	11	12	13	14	15	16	17	18	19	20	21	22	23	24	25	26	27	28	29	㊼	2	3	4	5	6	7	8	9	10	11							
	回暦 12 月	9	10	11	12	13	14	15	16	17	18	19	20	21	22	23	24	25	26	27	28	29	30	1	2	3	4	5	6	7	8							
	藏暦六月	11	11	12	13	14	15	16	17	18	19	20	21	23	24	25	26	27	28	29	30	1	2	3	4	5	6	7	8	9	10							
	公暦 7 月			1	2	3	4	5	6	7	8	9	10	11	12	13	14	15	16	17	18	19	20	21	22	23	24	25	26	27	28	29	30	31				
21	夏暦七月			12	13	14	15	16	17	18	19	20	21	22	23	24	25	26	27	28	29	30	⑰	2	3	4	5	6	7	8	9	10	11	12				
571 年	回暦 1 月			9	10	11	12	13	14	15	16	17	18	19	20	21	22	23	24	25	26	27	28	29	①	2	3	4	5	6	7	8	9	10				
	藏暦七月			11	12	13	14	15	16	17	18	19	20	21	22	23	25	26	27	28	29	30	1	2	3	4	5	6	7	8	8	9	10	11				
	公暦 8 月						1	2	3	4	5	6	7	8	9	10	11	12	13	14	15	16	17	18	19	20	21	22	23	24	25	26	27	28	29	30	31	
22	夏暦八月						13	14	15	16	17	18	19	20	21	22	23	24	25	26	27	28	29	㊻	2	3	4	5	6	7	8	9	10	11	12	13	14	
	回暦 2 月						11	12	13	14	15	16	17	18	19	20	21	22	23	24	25	26	27	28	29	30	1	2	3	4	5	6	7	8	9	10	11	

續表

月 干支 序數	月序＼星期	日	1	2	3	4	5	6	日	1	2	3	4	5	6	日	1	2	3	4	5	6	日	1	2	3	4	5	6	日	1	2	3	4	5	6	日	1
	藏暦八月						12	13	14	15	16	18	19	20	21	22	23	24	25	26	27	28	29	30	1	2	3	4	5	6	7	8	9	10	11	12	13	
	公暦9月		1	2	3	4	5	6	7	8	9	10	11	12	13	14	15	16	17	18	19	20	21	22	23	24	25	26	27	28	29	30						
23	夏暦九月		15	16	17	18	19	20	21	22	23	24	25	26	27	28	29	30	⑯	2	3	4	5	6	7	8	9	10	11	12	13	14						
	回暦3月		12	13	14	15	16	17	18	19	20	21	22	23	24	25	26	27	28	29	1	2	3	4	5	6	7	8	9	10	11	12						
	藏暦九月		14	15	16	17	18	19	21	22	23	24	25	26	27	28	29	30	1	2	3	3	4	5	6	7	8	9	10	11	12	13						
	公暦10月				1	2	3	4	5	6	7	8	9	10	11	12	13	14	15	16	17	18	19	20	21	22	23	24	25	26	27	28	29	30	31			
	夏暦閏九月				15	16	17	18	19	20	21	22	23	24	25	26	27	28	29	30	㊻	2	3	4	5	6	7	8	9	10	11	12	13	14	15			
	回暦4月				13	14	15	16	17	18	19	20	21	22	23	24	25	26	27	28	29	30	1	2	3	4	5	6	7	8	9	10	11	12	13			
	藏暦十月				15	16	17	18	19	20	21	22	23	24	25	26	27	28	29	30	1	2	3	4	5	6	7	8	9	10	11	12	13	14	15			
	公暦11月							1	2	3	4	5	6	7	8	9	10	11	12	13	14	15	16	17	18	19	20	21	22	23	24	25	26	27	28	29	30	
24	夏暦十月							16	17	18	19	20	21	22	23	24	25	26	27	28	29	⑮	2	3	4	5	6	7	8	9	10	11	12	13	14	15	16	
	回暦5月							14	15	16	17	18	19	20	21	22	23	24	25	26	27	28	29	1	2	3	4	5	6	7	8	9	10	11	12	13	14	
	藏暦十一月							16	17	19	20	21	22	23	24	25	26	27	27	28	29	30	1	2	3	4	5	6	7	8	9	10	11	13	14	15	16	
	公暦12月		1	2	3	4	5	6	7	8	9	10	11	12	13	14	15	16	17	18	19	20	21	22	23	24	25	26	27	28	29	30	31					
25	夏暦十一月		17	18	19	20	21	22	23	24	25	26	27	28	29	30	㊺	2	3	4	5	6	7	8	9	10	11	12	13	14	15	16	17					
	回暦6月		15	16	17	18	19	20	21	22	23	24	25	26	27	28	29	30	1	2	3	4	5	6	7	8	9	10	11	12	13	14	15					
	藏暦十二月		17	18	19	20	21	22	23	24	25	26	27	28	29	30	30	1	2	3	4	5	7	8	9	10	11	12	13	14	15	16	17					

《宋紀》九月乙卯，誤。

大事記

正月，宋廢蘄春、同安等鑄錢監。　四月，宋茶戶賴文政等起事於湖北，入湖南、江西，屢敗官軍，六月至廣東，九月敗死。　八月，宋改廣西鹽法。　九月，高麗趙位寵以四十餘城叛，附於金，金不受。宋淮南水旱。　十二月，宋更定強盜贓法，比舊法重一倍。　是歲，朱熹、陸九淵鵝湖之會。朱熹、呂祖謙撰《近思錄》成。　金再譯經史。

宋遼金紀年

干支丙申　公元 1176 年

朝代或國名	國家支配者	建都	廟號	謚號	建元	年號年次	輔政者	備注
南宋	②趙昚	臨安	孝宗	成	3	3 淳熙 3 年		
大理	④段智興	陽苴咩	宣宗	功極	6	2 盛德元年		在雲南
西夏	⑤李仁孝	（銀川）	仁宗	聖德	4	4 乾祐 7 年		
金	⑤完顏雍	燕京	世宗	仁	1	大定 16 年		
西遼	④耶律普速完	虎思斡耳朵	承天后		1	崇福 13 年		
杞國	阿謝	邕州				乾貞元年		
古格						363 年		西藏阿里

月曆表

5889—355—2150988

月 干支 序數	月序＼星期	日	1	2	3	4	5	6	日	1	2	3	4	5	6	日	1	2	3	4	5	6	日	1	2	3	4	5	6	日	1	2	3	4	5	6	日	1
	公暦1月					1	2	3	4	5	6	7	8	9	10	11	12	13	14	15	16	17	18	19	20	21	22	23	24	25	26	27	28	29	30	31		
26	夏暦十二月					18	19	20	21	22	23	24	25	26	27	28	29	30	⑮	2	3	4	5	6	7	8	9	10	11	12	13	14	15	16	17	18		
	回暦7月					16	17	18	19	20	21	22	23	24	25	26	27	28	29	1	2	3	4	5	6	7	8	9	10	11	12	13	14	15	16	17		
陽火猴年	藏暦一月					18	19	20	21	22	23	24	25	26	27	28	29	30	1	2	3	4	5	6	7	8	9	10	12	13	14	15	16	17	18	19		

續表

月干支序數	月序＼星期	日	1	2	3	4	5	6	日	1	2	3	4	5	6	日	1	2	3	4	5	6	日	1	2	3	4	5	6	日	1	2	3	4	5	6	日	1
	公曆2月	1	2	3	4	5	6	7	8	9	10	11	12	13	14	15	16	17	18	19	20	21	22	23	24	25	26	27	28	29								
27	夏曆正月	19	20	21	22	23	24	25	26	27	28	29	㊹	2	3	4	5	6	7	8	9	10	11	12	13	14	15	16	17	18								
	回曆8月	18	19	20	21	22	23	24	25	26	27	28	29	30	1	2	3	4	5	6	7	8	9	10	11	12	13	14	15	16								
	藏曆二月	20	21	22	22	23	24	25	26	27	28	29	30	1	2	3	4	6	7	8	9	10	11	12	13	14	15	16	17	18								
	公曆3月		1	2	3	4	5	6	7	8	9	10	11	12	13	14	15	16	17	18	19	20	21	22	23	24	25	26	27	28	29	30	31					
28	夏曆二月		19	20	21	22	23	24	25	26	27	28	29	30	⑭	2	3	4	5	6	7	8	9	10	11	12	13	14	15	16	17	18	19					
	回曆9月		17	18	19	20	21	22	23	24	25	26	27	28	29	1	2	3	4	5	6	7	8	9	10	11	12	13	14	15	16	17	18					
	藏曆三月		19	20	21	22	23	24	25	26	27	28	29	30	1	2	3	4	5	6	7	8	9	11	12	13	14	15	15	16	17	18	19					
	公曆4月					1	2	3	4	5	6	7	8	9	10	11	12	13	14	15	16	17	18	19	20	21	22	23	24	25	26	27	28	29	30			
29	夏曆三月					20	21	22	23	24	25	26	27	28	29	㊸	2	3	4	5	6	7	8	9	10	11	12	13	14	15	16	17	18	19	20			
	回曆10月					19	20	21	22	23	24	25	26	27	28	29	30	1	2	3	4	5	6	7	8	9	10	11	12	13	14	15	16	17	18			
	藏曆四月					20	21	22	23	24	25	26	27	28	29	30	1	2	4	4	5	6	7	8	9	10	11	12	13	14	15	16	17	18	19			
	公曆5月							1	2	3	4	5	6	7	8	9	10	11	12	13	14	15	16	17	18	19	20	21	22	23	24	25	26	27	28	29	30	31
30	夏曆四月							21	22	23	24	25	26	27	28	29	30	⑬	2	3	4	5	6	7	8	9	10	11	12	13	14	15	16	17	18	19	20	21
	回曆11月							19	20	21	22	23	24	25	26	27	28	29	1	2	3	4	5	6	7	8	9	10	11	12	13	14	15	16	17	18	19	20
	藏曆五月							20	20	22	23	24	26	27	28	29	30	1	2	3	4	5	6	7	8	9	10	11	12	13	14	15	16	17	18	19	20	21
	公曆6月			1	2	3	4	5	6	7	8	9	10	11	12	13	14	15	16	17	18	19	20	21	22	23	24	25	26	27	28	29	30					
31	夏曆五月			22	23	24	25	26	27	28	29	㊷	2	3	4	5	6	7	8	9	10	11	12	13	14	15	16	17	18	19	20	21	22					
	回曆12月			21	22	23	24	25	26	27	28	29	30	1	2	3	4	5	6	7	8	9	10	11	12	13	14	15	16	17	18	19	20					
	藏曆六月			22	23	24	25	26	27	28	30	1	2	3	4	5	6	7	8	9	10	11	12	13	14	15	16	16	17	18	19	20	22					
	公曆7月					1	2	3	4	5	6	7	8	9	10	11	12	13	14	15	16	17	18	19	20	21	22	23	24	25	26	27	28	29	30	31		
32	夏曆六月					23	24	25	26	27	28	29	⑪	2	3	4	5	6	7	8	9	10	11	12	13	14	15	16	17	18	19	20	21	22	23	24		
572年	回曆1月					21	22	23	24	25	26	27	28	29	①	2	3	4	5	6	7	8	9	10	11	12	13	14	15	16	17	18	19	20	21	22		
	藏曆七月					23	24	25	26	27	28	29	30	1	3	4	5	6	6	7	8	9	10	11	12	13	14	15	16	17	18	19	20	21	22	23		
	公曆8月	1	2	3	4	5	6	7	8	9	10	11	12	13	14	15	16	17	18	19	20	21	22	23	24	25	26	27	28	29	30	31						
33	夏曆七月	25	26	27	28	29	30	㊶	2	3	4	5	6	7	8	9	10	11	12	13	14	15	16	17	18	19	20	21	22	23	24	25						
	回曆2月	23	24	25	26	27	28	29	30	1	2	3	4	5	6	7	8	9	10	11	12	13	14	15	16	17	18	19	20	21	22	23						
	藏曆八月	25	26	27	28	29	30	1	2	3	4	5	6	7	8	9	10	11	12	13	13	14	15	17	18	19	20	21	22	23	24	25						
	公曆9月				1	2	3	4	5	6	7	8	9	10	11	12	13	14	15	16	17	18	19	20	21	22	23	24	25	26	27	28	29	30				
34	夏曆八月				26	27	28	29	⑩	2	3	4	5	6	7	8	9	10	11	12	13	14	15	16	17	18	19	20	21	22	23	24	25	26				
	回曆3月				24	25	26	27	28	29	1	2	3	4	5	6	7	8	9	10	11	12	13	14	15	16	17	18	19	20	21	22	23	24				
	藏曆後八月				26	27	29	30	1	2	2	3	4	5	6	7	8	9	10	11	12	13	14	15	16	17	18	19	20	22	23	24	25	26				
	公曆10月						1	2	3	4	5	6	7	8	9	10	11	12	13	14	15	16	17	18	19	20	21	22	23	24	25	26	27	28	29	30	31	
35	夏曆九月						27	28	29	30	㊵	2	3	4	5	6	7	8	9	10	11	12	13	14	15	16	17	18	19	20	21	22	23	24	25	26	27	
	回曆4月						25	26	27	28	29	30	1	2	3	4	5	6	7	8	9	10	11	12	13	14	15	16	17	18	19	20	21	22	23	24	25	
	藏曆九月						27	28	29	30	1	2	3	4	5	6	7	7	8	9	10	11	12	13	15	16	17	18	19	20	21	22	23	24	25	26	27	
	公曆11月		1	2	3	4	5	6	7	8	9	10	11	12	13	14	15	16	17	18	19	20	21	22	23	24	25	26	27	28	29	30						
36	夏曆十月		28	29	⑨	2	3	4	5	6	7	8	9	10	11	12	13	14	15	16	17	18	19	20	21	22	23	24	25	26	27	28						
	回曆5月		26	27	28	29	1	2	3	4	5	6	7	8	9	10	11	12	13	14	15	16	17	18	19	20	21	22	23	24	25	26						
	藏曆十月		28	29	30	1	2	3	4	5	6	7	8	9	10	11	12	13	14	15	16	17	18	20	21	22	23	24	25	26	27	28						
	公曆12月				1	2	3	4	5	6	7	8	9	10	11	12	13	14	15	16	17	18	19	20	21	22	23	24	25	26	27	28	29	30	31			
37	夏曆十一月				29	30	㊴	2	3	4	5	6	7	8	9	10	11	12	13	14	15	16	17	18	19	20	21	22	23	24	25	26	27	28	29			
	回曆6月				27	28	29	30	1	2	3	4	5	6	7	8	9	10	11	12	13	14	15	16	17	18	19	20	21	22	23	24	25	26	27			
	藏曆十一月				29	30	30	1	2	3	4	5	6	7	8	9	10	11	12	14	15	16	17	18	19	20	21	22	23	24	25	26	27	28	29			

金正月戊申。

大事記

二月，宋罷諸路鬻沒官田。　四月，宋禁州縣征秋苗加耗過三分。宋靖州徭擾掠，至八月平。金始置外府學及京府女真學。　五月，金女真文《史記》、《西漢書》、《貞觀政要》、《白民策林》等書成。金選諸路學生習作詩策。　六月，宋朱熹知南康軍，奏復白鹿洞書院。　九月，浙東大水。　十二月，黎州"蠻"反宋。　是歲，思州鄒四起義反金。金河北、山東等七路旱蝗。

宋遼金紀年

干支丁酉　公元 1177 年

朝代或國名	國家支配者	建　都	廟號	謚號	建元	年號年次	輔政者	備　注
南宋	②趙昚	臨安	孝宗	成	3	3 淳熙 4 年		
西夏	⑤李仁孝	(銀川)	仁宗	聖德	4	4 乾祐 8 年		
金	⑤完顏雍	燕京	世宗	仁	1	大定 17 年		
西遼	④耶律普速完	虎思斡耳朵	承天后		1	崇福 14 年		
大理	④段智興	陽苴咩	宣宗	功極	6	2 盛德 2 年		在雲南
古格						364 年		西藏阿里

月曆表

5890—354—2151342

月干支序數	月序＼星期	日	1	2	3	4	5	6	日	1	2	3	4	5	6	日	1	2	3	4	5	6	日	1	2	3	4	5	6	日	1	2	3	4	5	6	日	1
	公曆1月							1	2	3	4	5	6	7	8	9	10	11	12	13	14	15	16	17	18	19	20	21	22	23	24	25	26	27	28	29	30	31
38	夏曆十二月							30	⑨	2	3	4	5	6	7	8	9	10	11	12	13	14	15	16	17	18	19	20	21	22	23	24	25	26	27	28	29	30
	回曆7月							28	29	1	2	3	4	5	6	7	8	9	10	11	12	13	14	15	16	17	18	19	20	21	22	23	24	25	26	27	28	29
	藏曆十二月							30	1	2	3	4	4	5	7	8	9	10	11	12	13	14	15	16	17	18	19	20	21	22	23	24	25	26	27	28	29	30
	公曆2月			1	2	3	4	5	6	7	8	9	10	11	12	13	14	15	16	17	18	19	20	21	22	23	24	25	26	27	28							
39	夏曆正月			㊴	2	3	4	5	6	7	8	9	10	11	12	13	14	15	16	17	18	19	20	21	22	23	24	25	26	27	28							
	回曆8月			30	1	2	3	4	5	6	7	8	9	10	11	12	13	14	15	16	17	18	19	20	21	22	23	24	25	26	27							
陰火鷄年	藏曆一月			1	2	3	4	5	6	7	8	9	10	11	13	14	15	16	17	18	19	20	21	22	23	24	25	25	26	27	28							
	公曆3月			1	2	3	4	5	6	7	8	9	10	11	12	13	14	15	16	17	18	19	20	21	22	23	24	25	26	27	28	29	30	31				
40	夏曆二月			29	⑧	2	3	4	5	6	7	8	9	10	11	12	13	14	15	16	17	18	19	20	21	22	23	24	25	26	27	28	29	30				
	回曆9月			28	29	1	2	3	4	5	6	7	8	9	10	11	12	13	14	15	16	17	18	19	20	21	22	23	24	25	26	27	28	29				
	藏曆二月			29	30	1	2	3	4	5	7	8	9	10	11	12	13	14	15	16	17	18	19	20	21	22	23	24	25	26	27	28	29	30				
	公曆4月						1	2	3	4	5	6	7	8	9	10	11	12	13	14	15	16	17	18	19	20	21	22	23	24	25	26	27	28	29	30		
41 42	夏曆三 四月						㊳	2	3	4	5	6	7	8	9	10	11	12	13	14	15	16	17	18	19	20	21	22	23	24	25	26	27	28	29	⑦		
	回曆10月						30	1	2	3	4	5	6	7	8	9	10	11	12	13	14	15	16	17	18	19	20	21	22	23	24	25	26	27	28	29		
	藏曆三月						1	2	3	4	5	6	7	8	9	11	12	13	14	15	16	17	18	19	19	20	21	22	23	24	25	26	27	28	29	30		
	公曆5月	1	2	3	4	5	6	7	8	9	10	11	12	13	14	15	16	17	18	19	20	21	22	23	24	25	26	27	28	29	30	31						
43	夏曆五月	2	3	4	5	6	7	8	9	10	11	12	13	14	15	16	17	18	19	20	21	22	23	24	25	26	27	28	29	30	㊲	2						
	回曆11,12月	1	2	3	4	5	6	7	8	9	10	11	12	13	14	15	16	17	18	19	20	21	22	23	24	25	26	27	28	29	30	1						
	藏曆四 五月	1	2	4	5	6	7	8	9	10	11	12	13	14	15	16	17	18	19	20	21	22	23	24	25	26	27	28	29	30	1	2						
	公曆6月				1	2	3	4	5	6	7	8	9	10	11	12	13	14	15	16	17	18	19	20	21	22	23	24	25	26	27	28	29	30				
44	夏曆六月				3	4	5	6	7	8	9	10	11	12	13	14	15	16	17	18	19	20	21	22	23	24	25	26	27	28	29	⑥	2	3				

續表

月干支序數	月序＼星期	日	1	2	3	4	5	6	日	1	2	3	4	5	6	日	1	2	3	4	5	6	日	1	2	3	4	5	6	日	1	2	3	4	5	6	日	1
573年	回曆1月				2	3	4	5	6	7	8	9	10	11	12	13	14	15	16	17	18	19	20	21	22	23	24	25	26	27	28	29	30	①				
	藏曆六月				3	4	5	7	8	9	10	11	12	13	14	15	15	16	17	18	19	20	21	22	23	24	25	26	27	28	30	1	2	3				
	公曆7月						1	2	3	4	5	6	7	8	9	10	11	12	13	14	15	16	17	18	19	20	21	22	23	24	25	26	27	28	29	30	31	
45	夏曆七月						4	5	6	7	8	9	10	11	12	13	14	15	16	17	18	19	20	21	22	23	24	25	26	27	28	29	㉟	2	3	4	5	
	回曆2月						2	3	4	5	6	7	8	9	10	11	12	13	14	15	16	17	18	19	20	21	22	23	24	25	26	27	28	29	30	1	2	
	藏曆七月						4	5	6	7	8	9	10	11	12	13	14	15	16	17	18	19	20	21	22	23	24	25	26	27	28	29	2	3	4	5	6	
	公曆8月		1	2	3	4	5	6	7	8	9	10	11	12	13	14	15	16	17	18	19	20	21	22	23	24	25	26	27	28	29	30	31					
46	夏曆八月		6	7	8	9	10	11	12	13	14	15	16	17	18	19	20	21	22	23	24	25	26	27	28	29	30	⑤	2	3	4	5	6					
	回曆3月		3	4	5	6	7	8	9	10	11	12	13	14	15	16	17	18	19	20	21	22	23	24	25	26	27	28	29	1	2	3	4					
	藏曆八月		7	8	9	10	11	11	12	13	14	15	16	17	18	19	20	21	22	23	25	26	27	28	29	30	30	1	2	3	4	5	6					
	公曆9月					1	2	3	4	5	6	7	8	9	10	11	12	13	14	15	16	17	18	19	20	21	22	23	24	25	26	27	28	29	30			
47	夏曆九月					7	8	9	10	11	12	13	14	15	16	17	18	19	20	21	22	23	24	25	26	27	28	29	㉞	2	3	4	5	6	7			
	回曆4月					5	6	7	8	9	10	11	12	13	14	15	16	17	18	19	20	21	22	23	24	25	26	27	28	29	30	1	2	3	4			
	藏曆九月					7	8	9	10	11	12	13	14	15	16	17	18	19	20	21	22	23	24	25	26	27	29	30	1	2	3	4	5	6	6			
	公曆10月							1	2	3	4	5	6	7	8	9	10	11	12	13	14	15	16	17	18	19	20	21	22	23	24	25	26	27	28	29	30	31
48	夏曆十月							8	9	10	11	12	13	14	15	16	17	18	19	20	21	22	23	24	25	26	27	28	29	30	④	2	3	4	5	6	7	8
	回曆5月							5	6	7	8	9	10	11	12	13	14	15	16	17	18	19	20	21	22	23	24	25	26	27	28	29	1	2	3	4	5	6
	藏曆十月							7	8	9	10	11	12	13	14	15	16	17	18	19	20	22	23	24	25	26	27	28	29	30	1	2	3	4	5	6	7	8
	公曆11月			1	2	3	4	5	6	7	8	9	10	11	12	13	14	15	16	17	18	19	20	21	22	23	24	25	26	27	28	29	30					
49	夏曆十一月			9	10	11	12	13	14	15	16	17	18	19	20	21	22	23	24	25	26	27	28	29	㉝	2	3	4	5	6	7	8	9					
	回曆6月			7	8	9	10	11	12	13	14	15	16	17	18	19	20	21	22	23	24	25	26	27	28	29	30	1	2	3	4	5	6					
	藏曆十一月			9	10	11	11	12	13	15	16	17	18	19	20	21	22	23	24	25	26	27	28	29	30	1	2	3	4	5	6	7	8					
	公曆12月					1	2	3	4	5	6	7	8	9	10	11	12	13	14	15	16	17	18	19	20	21	22	23	24	25	26	27	28	29	30	31		
50	夏曆十二月					10	11	12	13	14	15	16	17	18	19	20	21	22	23	24	25	26	27	28	29	30	③	2	3	4	5	6	7	8	9	10		
	回曆7月					7	8	9	10	11	12	13	14	15	16	17	18	19	20	21	22	23	24	25	26	27	28	29	1	2	3	4	5	6	7	8		
	藏曆十二月					9	10	11	12	13	14	15	16	17	18	19	21	22	23	24	25	26	27	28	29	30	1	2	3	3	4	5	6	7	8	9		

大事記

正月，金徙耶律窩罕遺黨於遼東。宋行《淳熙曆》。宋詔沿江諸軍再習水戰。　二月，宋又禁預征夏税并禁官吏苛征。八月，宋禁耕牛過淮。　十一月，宋以兩淮歸正人為強勇軍。　十二月，金禁渤海婚娶攘竊舊俗。宋改四川茶鹽酒法。是歲，高麗入貢於金。朱熹《論語集注》、《孟子集注》成。

宋遼金紀年

干支戊戌　公元 1178 年

朝代或國名	國家支配者	建都	廟號	謚號	建元	年號年次	輔政者	備注
南宋	②趙昚	臨安	孝宗	成	3	3 淳熙 5 年	史浩　趙雄	
西夏	⑤李仁孝	（銀川）	仁宗	聖德	4	4 乾祐 9 年		
金	⑤完顔雍	燕京	世宗	仁	1	大定 18 年		
西遼	⑤耶律直魯古	虎思斡耳朵		末主	1	天禧元年		一作 1168 年
大理	④段智興	陽苴咩	宣宗	功極	6	2 盛德 3 年		在雲南
古格						365 年		西藏阿里

月干支序數	月序＼星期	日	1	2	3	4	5	6	日	1	2	3	4	5	6	日	1	2	3	4	5	6	日	1	2	3	4	5	6	日	1	2	3	4	5	6	日	1
	公暦1月	1	2	3	4	5	6	7	8	9	10	11	12	13	14	15	16	17	18	19	20	21	22	23	24	25	26	27	28	29	30	31						
51	夏暦正月	11	12	13	14	15	16	17	18	19	20	21	22	23	24	24	26	27	28	29	30	㉝	2	3	4	5	6	7	8	9	10	11						
	回暦8月	9	10	11	12	13	14	15	16	17	18	19	20	21	22	23	24	25	26	27	28	29	30	1	2	3	4	5	6	7	8	9						
陽土狗年	藏暦一月	10	11	12	13	15	16	17	18	19	20	21	22	23	24	25	26	27	28	29	30	1	2	3	4	5	6	7	8	9	10	11						
	公暦2月				1	2	3	4	5	6	7	8	9	10	11	12	13	14	15	16	17	18	19	20	21	22	23	24	25	26	27	28						
52	夏暦二月				12	13	14	15	16	17	18	19	20	21	22	23	24	25	26	27	28	29	30	③	2	3	4	5	6	7	8	9						
	回暦9月				10	11	12	13	14	15	16	17	18	19	20	21	22	23	24	25	26	27	28	29	1	2	3	4	5	6	7	8						
	藏暦二月				12	13	14	15	16	17	18	20	21	22	23	24	24	25	26	27	28	29	30	1	2	3	4	5	6	7	8	9						
	公暦3月				1	2	3	4	5	6	7	8	9	10	11	12	13	14	15	16	17	18	19	20	21	22	23	24	25	26	27	28	29	30	31			
53	夏暦三月				10	11	12	13	14	15	16	17	18	19	20	21	22	23	24	25	26	27	28	29	㉜	2	3	4	5	6	7	8	9	10	11			
	回暦10月				9	10	11	12	13	14	15	16	17	18	19	20	21	22	23	24	25	26	27	28	29	30	1	2	3	4	5	6	7	8	9			
	藏暦三月				10	11	12	14	15	16	17	18	19	20	21	22	23	24	25	26	27	28	28	29	30	1	2	3	4	5	7	8	9	10	11			
	公暦4月							1	2	3	4	5	6	7	8	9	10	11	12	13	14	15	16	17	18	19	20	21	22	23	24	25	26	27	28	29	30	
54	夏暦四月							12	13	14	15	16	17	18	19	20	21	22	23	24	25	26	27	28	29	30	②	2	3	4	5	6	7	8	9	10	11	
	回暦11月							10	11	12	13	14	15	16	17	18	19	20	21	22	23	24	25	26	27	28	29	1	2	3	4	5	6	7	8	9	10	
	藏暦四月							12	13	14	15	16	17	18	19	20	21	22	23	24	25	26	27	28	29	30	1	2	3	4	5	6	7	8	9	11	12	
	公暦5月		1	2	3	4	5	6	7	8	9	10	11	12	13	14	15	16	17	18	19	20	21	22	23	24	25	26	27	28	29	30	31					
55	夏暦五月		12	13	14	15	16	17	18	19	20	21	22	23	24	25	26	27	28	29	㉛	2	3	4	5	6	7	8	9	10	11	12	13					
	回暦12月		11	12	13	14	15	16	17	18	19	20	21	22	23	24	25	26	27	28	29	30	1	2	3	4	5	6	7	8	9	10	11					
	藏暦五月		13	14	15	16	17	18	19	20	21	22	23	23	24	25	26	27	28	29	30	1	2	4	5	6	7	8	9	10	11	12	13					
	公暦6月					1	2	3	4	5	6	7	8	9	10	11	12	13	14	15	16	17	18	19	20	21	22	23	24	25	26	27	28	29	30			
56	夏暦六月					14	15	16	17	18	19	20	21	22	23	24	25	26	27	28	29	30	①	2	3	4	5	6	7	8	9	10	11	12	13			
574年	回暦1月					12	13	14	15	16	17	18	19	20	21	22	23	24	25	26	27	28	29	①	2	3	4	5	6	7	8	9	10	11	12			
	藏暦六月					14	15	16	17	18	19	20	21	22	23	24	25	26	27	28	29	30	1	2	3	4	5	7	8	9	10	11	12	13	14			
	公暦7月							1	2	3	4	5	6	7	8	9	10	11	12	13	14	15	16	17	18	19	20	21	22	23	24	25	26	27	28	29	30	31
	夏暦閏六月							14	15	16	17	18	19	20	21	22	23	24	25	26	27	28	29	㉚	2	3	4	5	6	7	8	9	10	11	12	13	14	15
	回暦2月							13	14	15	16	17	18	19	20	21	22	23	24	25	26	27	28	29	30	1	2	3	4	5	6	7	8	9	10	11	12	13
	藏暦七月							15	16	17	18	19	20	20	21	22	23	24	25	26	27	28	30	1	2	3	4	5	6	7	8	9	10	11	12	13	14	15
	公暦8月			1	2	3	4	5	6	7	8	9	10	11	12	13	14	15	16	17	18	19	20	21	22	23	24	25	26	27	28	29	30	31				
57	夏暦七月			16	17	18	19	20	21	22	23	24	25	26	27	28	29	㊿	2	3	4	5	6	7	8	9	10	11	12	13	14	15	16	17				
	回暦3月			14	15	16	17	18	19	20	21	22	23	24	25	26	27	28	29	1	2	3	4	5	6	7	8	9	10	11	12	13	14	15				
	藏暦八月			16	17	18	19	20	21	22	23	24	25	26	27	28	29	2	3	4	5	6	7	8	9	10	11	12	13	14	15	16	16	17				
	公暦9月						1	2	3	4	5	6	7	8	9	10	11	12	13	14	15	16	17	18	19	20	21	22	23	24	25	26	27	28	29	30		
58	夏暦八月						18	19	20	21	22	23	24	25	26	27	28	29	30	㉙	2	3	4	5	6	7	8	9	10	11	12	13	14	15	16	17		
	回暦4月						16	17	18	19	20	21	22	23	24	25	26	27	28	29	30	1	2	3	4	5	6	7	8	9	10	11	12	13	14	15		
	藏暦九月						18	19	20	21	22	23	24	26	27	28	29	30	30	1	2	3	4	5	6	7	8	9	10	11	12	13	14	15	16	17		
	公暦10月	1	2	3	4	5	6	7	8	9	10	11	12	13	14	15	16	17	18	19	20	21	22	23	24	25	26	27	28	29	30	31						
59	夏暦九月	18	19	20	21	22	23	24	25	26	27	28	29	(58)	2	3	4	5	6	7	8	9	10	11	12	13	14	15	16	17	18	19						
	回暦5月	16	17	18	19	20	21	22	23	24	25	26	27	28	29	1	2	3	4	5	6	7	8	9	10	11	12	13	14	15	16	17						
	藏暦十月	18	19	20	21	22	23	24	25	26	27	29	30	1	2	3	4	5	6	7	8	9	10	10	11	12	13	14	15	16	17	18						
	公暦11月				1	2	3	4	5	6	7	8	9	10	11	12	13	14	15	16	17	18	19	20	21	22	23	24	25	26	27	28	29	30				
60	夏暦十月				20	21	22	23	24	25	26	27	28	29	30	㉘	2	3	4	5	6	7	8	9	10	11	12	13	14	15	16	17	18	19				
	回暦6月				18	19	20	21	22	23	24	25	26	27	28	29	30	1	2	3	4	5	6	7	8	9	10	11	12	13	14	15	16	17				

續表

月 干支 序數	星期 月序	日	1	2	3	4	5	6	日	1	2	3	4	5	6	日	1	2	3	4	5	6	日	1	2	3	4	5	6	日	1	2	3	4	5	6	日	1
	藏曆十一月				19	20	21	23	24	25	26	27	28	29	30	1	2	3	4	5	6	7	8	9	10	11	12	13	14	15	16	17	18	19				
	公曆 12 月						1	2	3	4	5	6	7	8	9	10	11	12	13	14	15	16	17	18	19	20	21	22	23	24	25	26	27	28	29	30	31	
1	夏曆十一月						20	21	22	23	24	25	26	27	28	29	(57)	2	3	4	5	6	7	8	9	10	11	12	13	14	15	16	17	18	19	20	21	
	回曆 7 月						18	19	20	21	22	23	24	25	26	27	28	29	1	2	3	4	5	6	7	8	9	10	11	12	13	14	15	16	17	18	19	
	藏曆十二月						20	21	22	23	24	25	26	28	29	30	1	2	2	3	4	5	6	7	8	9	10	11	12	13	14	15	16	17	18	19	20	

金十月庚寅。

大事記

正月，宋禁以程頤、王安石之說取士。　二月，宋禁州縣預借租稅，又改丁稅征收之弊。　三月，宋定會子，以一千萬緡為一界。　六月，金西南、西北二路饑。　九月，宋賜岳飛謚為武穆。　十二月，三佛齊國貢宋。　是歲，西遼承天后為部下所殺，仁宗子直魯古嗣位，改元天禧。宋名將李顯忠卒(1109—1178)。宋陳亮上書建議遷都建康，守備荊襄，痛斥道學之偽。

宋遼金紀年　　干支己亥　公元 1179 年

朝代或國名	國家支配者	建　都	廟號	謚號	建元	年號年次	輔政者	備　注
南宋	②趙昚	臨安	孝宗	成	3	3 淳熙 6 年	趙雄	
大理	④段智興	陽苴咩	宣宗	功極	6	2 盛德 4 年		在雲南
西夏	⑤李仁孝	(銀川)	仁宗	聖德	4	4 乾祐 10 年		
金	⑤完顏雍	燕京	世宗	仁	1	大定 19 年		
西遼	⑤耶律直魯古	虎思斡耳朵		末主	1	天禧 2 年		
	〔李接〕					羅平元年		六月立，十月亡
古格						366 年		西藏阿里

月曆表　　5892—354—2152080

月 干支 序數	星期 月序	日	1	2	3	4	5	6	日	1	2	3	4	5	6	日	1	2	3	4	5	6	日	1	2	3	4	5	6	日	1	2	3	4	5	6	日	1
	公曆 1 月		1	2	3	4	5	6	7	8	9	10	11	12	13	14	15	16	17	18	19	20	21	22	23	24	25	26	27	28	29	30	31					
2	夏曆十二月		22	23	24	25	26	27	28	29	30	(27)	2	3	4	5	6	7	8	9	10	11	12	13	14	15	16	17	18	19	20	21	22					
	回曆 8 月		20	21	22	23	24	25	26	27	28	29	30	1	2	3	4	5	6	7	8	9	10	11	12	13	14	15	16	17	18	19	20					
陰土豬年	藏曆一月		22	23	24	25	26	27	28	29	30	1	2	3	4	5	5	6	7	8	9	10	11	12	13	14	16	17	18	19	20	21	22					
	公曆 2 月					1	2	3	4	5	6	7	8	9	10	11	12	13	14	15	16	17	18	19	20	21	22	23	24	25	26	27	28					
3	夏曆正月					23	24	25	26	27	28	29	30	(57)	2	3	4	5	6	7	8	9	10	11	12	13	14	15	16	17	18	19	20					
	回曆 9 月					21	22	23	24	25	26	27	28	29	1	2	3	4	5	6	7	8	9	10	11	12	13	14	15	16	17	18	19					
	藏曆二月					23	24	25	26	27	28	29	30	1	2	3	4	5	6	7	8	9	10	11	12	13	14	15	16	17	18	19	21					
	公曆 3 月					1	2	3	4	5	6	7	8	9	10	11	12	13	14	15	16	17	18	19	20	21	22	23	24	25	26	27	28	29	30	31		
4	夏曆二月					21	22	23	24	25	26	27	28	29	(26)	2	3	4	5	6	7	8	9	10	11	12	13	14	15	16	17	18	19	20	21	22		
	回曆 10 月					20	21	22	23	24	25	26	27	28	29	30	1	2	3	4	5	6	7	8	9	10	11	12	13	14	15	16	17	18	19	20		
	藏曆三月					22	23	24	25	26	27	28	28	29	30	1	2	3	4	5	6	7	8	9	10	11	12	13	15	16	17	18	19	20	21	22		
	公曆 4 月	1	2	3	4	5	6	7	8	9	10	11	12	13	14	15	16	17	18	19	20	21	22	23	24	25	26	27	28	29	30							

續表

月干支序數	月序＼星期	日	1	2	3	4	5	6	日	1	2	3	4	5	6	日	1	2	3	4	5	6	日	1	2	3	4	5	6	日	1	2	3	4	5	6	日	1
5	夏暦三月	23	24	25	26	27	28	29	30	(56)	2	3	4	5	6	7	8	9	10	11	12	13	14	15	16	17	18	19	20	21	22							
	回暦11月	21	22	23	24	25	26	27	28	29	1	2	3	4	5	6	7	8	9	10	11	12	13	14	15	16	17	18	19	20	21							
	藏暦四月	23	24	25	26	27	28	29	30	1	2	3	3	4	5	7	8	9	10	11	12	13	14	15	16	17	19	20	21	22	22							
	公暦5月			1	2	3	4	5	6	7	8	9	10	11	12	13	14	15	16	17	18	19	20	21	22	23	24	25	26	27	28	29	30	31				
6	夏暦四月			23	24	25	26	27	28	29	30	㉖	2	3	4	5	6	7	8	9	10	11	12	13	14	15	16	17	18	19	20	21	22	23				
	回暦12月			22	23	24	25	26	27	28	29	30	1	2	3	4	5	6	7	8	9	10	11	12	13	14	15	16	17	18	19	20	21	22				
	藏暦五月			23	24	25	26	27	28	29	30	1	2	3	4	5	6	7	8	9	11	12	13	14	15	16	17	18	19	20	21	22	23	24				
	公暦6月						1	2	3	4	5	6	7	8	9	10	11	12	13	14	15	16	17	18	19	20	21	22	23	24	25	26	27	28	29	30		
7	夏暦五月						24	25	26	27	28	29	(55)	2	3	4	5	6	7	8	9	10	11	12	13	14	15	16	17	18	19	20	21	22	23	24		
575年	回暦1月						23	24	25	26	27	28	29	①	2	3	4	5	6	7	8	9	10	11	12	13	14	15	16	17	18	19	20	21	22	23		
	藏暦六月						25	26	27	28	28	29	30	1	3	4	5	6	7	8	9	10	11	12	13	15	16	17	18	18	19	20	21	22	23	24		
	公暦7月	1	2	3	4	5	6	7	8	9	10	11	12	13	14	15	16	17	18	19	20	21	22	23	24	25	26	27	28	29	30	31						
8	夏暦六月	25	26	27	28	29	30	㉕	2	3	4	5	6	7	8	9	10	11	12	13	14	15	16	17	18	19	20	21	22	23	24	25						
	回暦2月	24	25	26	27	28	29	30	1	2	3	4	5	6	7	8	9	10	11	12	13	14	15	16	17	18	19	20	21	22	23	24						
	藏暦後六月	25	26	27	28	29	30	1	2	3	4	5	7	8	9	10	11	12	13	14	15	16	17	18	19	20	21	22	23	24	25	26						
	公暦8月				1	2	3	4	5	6	7	8	9	10	11	12	13	14	15	16	17	18	19	20	21	22	23	24	25	26	27	28	29	30	31			
9	夏暦七月				26	27	28	29	(54)	2	3	4	5	6	7	8	9	10	11	12	13	14	15	16	17	18	19	20	21	22	23	24	25	26	27			
	回暦3月				25	26	27	28	29	1	2	3	4	5	6	7	8	9	10	11	12	13	14	15	16	17	18	19	20	21	22	23	24	25	26			
	藏暦七月				27	28	29	30	1	2	3	4	5	6	7	8	10	11	12	13	14	15	15	16	17	18	19	20	21	22	23	24	25	26	27			
	公暦9月							1	2	3	4	5	6	7	8	9	10	11	12	13	14	15	16	17	18	19	20	21	22	23	24	25	26	27	28	29	30	
10	夏暦八月							28	29	㉓	2	3	4	5	6	7	8	9	10	11	12	13	14	15	16	17	18	19	20	21	22	23	24	25	26	27	28	
	回暦4月							27	28	29	30	1	2	3	4	5	6	7	8	9	10	11	12	13	14	15	16	17	18	19	20	21	22	23	24	25	26	
	藏暦八月							28	29	30	1	3	4	5	6	7	8	9	10	11	12	13	14	15	16	17	18	19	20	20	21	22	23	25	26	27	28	
	公暦10月		1	2	3	4	5	6	7	8	9	10	11	12	13	14	15	16	17	18	19	20	21	22	23	24	25	26	27	28	29	30	31					
11	夏暦九月		29	30	(53)	2	3	4	5	6	7	8	9	10	11	12	13	14	15	16	17	18	19	20	21	22	23	24	25	26	27	28	29					
	回暦5月		27	28	29	1	2	3	4	5	6	7	8	9	10	11	12	13	14	15	16	17	18	19	20	21	22	23	24	25	26	27	28					
	藏暦九月		29	30	1	2	3	4	5	6	8	8	9	10	11	12	13	14	15	16	17	18	19	20	21	22	23	24	25	26	27	28	30					
	公暦11月					1	2	3	4	5	6	7	8	9	10	11	12	13	14	15	16	17	18	19	20	21	22	23	24	25	26	27	28	29	30			
12	夏暦十月					㉒	2	3	4	5	6	7	8	9	10	11	12	13	14	15	16	17	18	19	20	21	22	23	24	25	26	27	28	29	30			
	回暦6月					29	30	1	2	3	4	5	6	7	8	9	10	11	12	13	14	15	16	17	18	19	20	21	22	23	24	25	26	27	28			
	藏暦十月					1	2	3	4	5	6	7	8	9	10	11	12	13	13	14	15	16	17	18	19	20	21	22	24	25	26	27	28	29	30			
	公暦12月							1	2	3	4	5	6	7	8	9	10	11	12	13	14	15	16	17	18	19	20	21	22	23	24	25	26	27	28	29	30	31
13 14	夏暦十一 十二月							(52)	2	3	4	5	6	7	8	9	10	11	12	13	14	15	16	17	18	19	20	21	22	23	24	25	26	27	28	29	㉑	2
	回暦7月							29	1	2	3	4	5	6	7	8	9	10	11	12	13	14	15	16	17	18	19	20	21	22	23	24	25	26	27	28	29	30
	藏暦十一 十二月							1	2	3	4	5	6	7	8	9	10	11	12	13	13	14	15	16	17	18	19	20	21	22	24	25	26	27	29	30	1	2

大事記

正月，宋郴州民陳峒起事，越兩月敗死。　二月，宋呂祖謙編《宋文鑒》成。　六月，宋更定條制。廣西李接以迷信聚衆起事，至十月敗死。　七月，密州許通反金，被殺。　八月，金以宋大觀錢當五使用。濟南民劉溪忠反金，被殺。十月，宋四川行當二錢。

宋遼金紀年

干支庚子　公元1180年

朝代或國名	國家支配者	建　都	廟號	謚號	建元	年號年次	輔政者	備　注
南宋	②趙昚	臨安	孝宗	成	3	3淳熙7年	趙雄	
西夏	⑤李仁孝	（銀川）	仁宗	聖德	4	4乾祐11年		
金	⑤完顏雍	燕京	世宗	仁	1	大定20年		
西遼	⑤耶律直魯古	虎思斡耳朵		末主	1	天禧3年		
大理	④段智興	陽苴咩	宣宗	功極	6	2盛德5年		在雲南
古格						367年		西藏阿里

月曆表

5893－354－2152434

月干支序數	月序＼星期	日	1	2	3	4	5	6	日	1	2	3	4	5	6	日	1	2	3	4	5	6	日	1	2	3	4	5	6	日	1	2	3	4	5	6	日	1
	公曆1月			1	2	3	4	5	6	7	8	9	10	11	12	13	14	15	16	17	18	19	20	21	22	23	24	25	26	27	28	29	30	31				
15	夏曆正月			3	4	5	6	7	8	9	10	11	12	13	14	15	16	17	18	19	20	21	22	23	24	25	26	27	28	29	30	(51)	2	3				
	回曆8、9月			1	2	3	4	5	6	7	8	9	10	11	12	13	14	15	16	17	18	19	20	21	22	23	24	25	26	27	28	29	1	2				
陽金鼠年	藏曆一月			3	4	5	5	6	7	8	9	10	11	12	13	14	15	16	17	18	19	20	21	23	24	25	26	27	28	29	30	1	2	3				
	公曆2月						1	2	3	4	5	6	7	8	9	10	11	12	13	14	15	16	17	18	19	20	21	22	23	24	25	26	27	28	29			
16	夏曆二月						4	5	6	7	8	9	10	11	12	13	14	15	16	17	18	19	20	21	22	23	24	25	26	27	28	29	⑳	2	3			
	回曆10月						3	4	5	6	7	8	9	10	11	12	13	14	15	16	17	18	19	20	21	22	23	24	25	26	27	28	29	30	1			
	藏曆二月						4	5	6	7	8	8	9	10	11	12	13	14	15	17	18	19	20	21	22	23	24	25	26	27	28	29	30	1	2			
	公曆3月							1	2	3	4	5	6	7	8	9	10	11	12	13	14	15	16	17	18	19	20	21	22	23	24	25	26	27	28	29	30	31
17	夏曆三月							4	5	6	7	8	9	10	11	12	13	14	15	16	17	18	19	20	21	22	23	24	25	26	27	28	29	30	㊿	2	3	4
	回曆11月							2	3	4	5	6	7	8	9	10	11	12	13	14	15	16	17	18	19	20	21	22	23	24	25	26	27	28	29	1	2	3
	藏曆三月							3	4	5	6	7	8	9	10	11	12	13	14	15	16	17	18	19	21	22	23	24	25	26	27	28	29	30	1	2	2	3
	公曆4月			1	2	3	4	5	6	7	8	9	10	11	12	13	14	15	16	17	18	19	20	21	22	23	24	25	26	27	28	29	30					
18	夏曆四月			5	6	7	8	9	10	11	12	13	14	15	16	17	18	19	20	21	22	23	24	25	26	27	28	29	30	⑳	2	3	4					
	回曆12月			4	5	6	7	8	9	10	11	12	13	14	15	16	17	18	19	20	21	22	23	24	25	26	27	28	29	30	1	2	3					
	藏曆四月			4	5	6	7	8	9	10	11	12	13	15	16	17	18	19	20	21	22	23	24	25	26	27	28	29	30	1	2	3	4					
	公曆5月					1	2	3	4	5	6	7	8	9	10	11	12	13	14	15	16	17	18	19	20	21	22	23	24	25	26	27	28	29	30	31		
19	夏曆五月					5	6	7	8	9	10	11	12	13	14	15	16	17	18	19	20	21	22	23	24	25	26	27	28	29	㊾	2	3	4	5	6		
576年	回曆1月					4	5	6	7	8	9	10	11	12	13	14	15	16	17	18	19	20	21	22	23	24	25	26	27	28	29	30	①	2	3	4		
	藏曆五月					5	6	7	8	9	10	11	12	13	14	15	16	18	19	20	21	22	23	24	25	26	27	27	28	29	30	1	2	3	4	5		
	公曆6月	1	2	3	4	5	6	7	8	9	10	11	12	13	14	15	16	17	18	19	20	21	22	23	24	25	26	27	28	29	30							
20	夏曆六月	7	8	9	10	11	12	13	14	15	16	17	18	19	20	21	22	23	24	25	26	27	28	29	30	⑲	2	3	4	5	6							
	回曆2月	5	6	7	8	9	10	11	12	13	14	15	16	17	18	19	20	21	22	23	24	25	26	27	28	29	30	1	2	3	4							
	藏曆六月	6	7	8	9	11	12	13	14	15	16	17	18	19	20	21	22	23	24	25	26	27	28	29	30	1	2	3	4	5	6							
	公曆7月			1	2	3	4	5	6	7	8	9	10	11	12	13	14	15	16	17	18	19	20	21	22	23	24	25	26	27	28	29	30	31				
21	夏曆七月			7	8	9	10	11	12	13	14	15	16	17	18	19	20	21	22	23	24	25	26	27	28	29	㊽	2	3	4	5	6	7	8				
	回曆3月			5	6	7	8	9	10	11	12	13	14	15	16	17	18	19	20	21	22	23	24	25	26	27	28	29	1	2	3	4	5	6				
	藏曆七月			7	8	9	10	11	12	14	14	15	16	17	18	19	20	11	22	23	23	25	26	27	28	29	30	1	2	3	4	5	7	8				
	公曆8月						1	2	3	4	5	6	7	8	9	10	11	12	13	14	15	16	17	18	19	20	21	22	23	24	25	26	27	28	29	30	31	
22	夏曆八月						9	10	11	12	13	14	15	16	17	18	19	20	21	22	23	24	25	26	27	28	29	30	⑱	2	3	4	5	6	7	8	9	
	回曆4月						7	8	9	10	11	12	13	14	15	16	17	18	19	20	21	22	23	24	25	26	27	28	29	30	1	2	3	4	5	6	7	
	藏曆八月						9	10	11	12	13	14	15	16	17	18	19	20	21	22	23	24	25	26	27	28	29	30	1	2	3	4	5	6	7	8	10	
	公曆9月		1	2	3	4	5	6	7	8	9	10	11	12	13	14	15	16	17	18	19	20	21	22	23	24	25	26	27	28	29	30						

續表

月 干支 序數	月序＼星期	日	1	2	3	4	5	6	日	1	2	3	4	5	6	日	1	2	3	4	5	6	日	1	2	3	4	5	6	日	1	2	3	4	5	6	日	1
23	夏曆九月		10	11	12	13	14	15	16	17	18	19	20	21	22	23	24	25	26	27	28	29	㊼	2	3	4	5	6	7	8	9	10						
	回曆5月		8	9	10	11	12	13	14	15	16	17	18	19	20	21	22	23	24	25	26	27	28	29	1	2	3	4	5	6	7	8						
	藏曆九月		11	12	13	14	15	16	17	18	19	19	20	21	22	23	24	25	26	27	28	29	30	1	3	4	5	6	7	8	9	10						
	公曆10月			1	2	3	4	5	6	7	8	9	10	11	12	13	14	15	16	17	18	19	20	21	22	23	24	25	26	27	28	29	30	31			
24	夏曆十月			11	12	13	14	15	16	17	18	19	20	21	22	23	24	25	26	27	28	29	30	⑰	2	3	4	5	6	7	8	9	10	11			
	回曆6月			9	10	11	12	13	14	15	16	17	18	19	20	21	22	23	24	25	26	27	28	29	30	1	2	3	4	5	6	7	8	9			
	藏曆十月			11	12	13	14	15	16	17	18	19	20	21	22	23	24	25	26	27	28	29	30	1	2	3	4	5	7	8	9	10	11	12			
	公曆11月						1	2	3	4	5	6	7	8	9	10	11	12	13	14	15	16	17	18	19	20	21	22	23	24	25	26	27	28	29	30	
25	夏曆十一月						12	13	14	15	16	17	18	19	20	21	22	23	24	25	26	27	28	29	㊻	2	3	4	5	6	7	8	9	10	11	12	
	回曆7月						10	11	12	13	14	15	16	17	18	19	20	21	22	23	24	25	26	27	28	29	1	2	3	4	5	6	7	8	9	10	
	藏曆十一月						13	13	14	15	16	17	18	19	20	21	22	23	24	25	26	27	28	29	1	2	3	4	5	6	7	8	9	10	11	12	
	公曆12月		1	2	3	4	5	6	7	8	9	10	11	12	13	14	15	16	17	18	19	20	21	22	23	24	25	26	27	28	29	30	31					
26	夏曆十二月		13	14	15	16	17	18	19	20	21	22	23	24	25	26	27	28	29	30	⑯	2	3	4	5	6	7	8	9	10	11	12	13					
	回曆8月		11	12	13	14	15	16	17	18	19	20	21	22	23	24	25	26	27	28	29	30	1	2	3	4	5	6	7	8	9	10	11					
	藏曆十二月		13	14	15	16	16	17	18	19	20	21	22	23	25	26	27	28	29	30	1	2	3	4	5	6	7	8	9	10	11	12	13					

《金紀》正月庚申，不合。

大事記

正月，宋收京西民間銅錢，行使鐵錢及會子。金定商稅法。　二月，宋初置廣南烟瘴諸州醫官。　四月，黎州五部"蠻"入境大掠，至十月始去。　五月，宋禁書坊擅刻書籍。　八月，宋置湖南飛虎軍。　十一月，黎州軍亂，旋定。　十二月，宋修《四朝國史》成。金河決衛州及延津京東埽。　是歲，宋江、浙、淮西、湖北旱。金趙知微編成《知微曆》(亦名《重修大明曆》)，金耶律履編成《乙未元曆》。

宋遼金紀年

干支辛丑　公元1181年

朝代或國名	國家支配者	建　都	廟號	謚號	建元	年號年次	輔政者	備　注
南宋	②趙昚	臨安	孝宗	成	3	3淳熙8年	趙雄　王淮	
西夏	⑤李仁孝	(銀川)	仁宗	聖德	4	4乾祐12年		
金	⑤完顏雍	燕京	世宗	仁	1	大定21年		
西遼	⑤耶律直魯古	虎思斡耳朵		末主	1	天禧4年		
大理	④段智興	陽苴咩	宣宗	功極	6	3嘉會元年		在雲南
古格						368年		西藏阿里

月曆表

5894—384—2152818

月 干支 序數	月序＼星期	日	1	2	3	4	5	6	日	1	2	3	4	5	6	日	1	2	3	4	5	6	日	1	2	3	4	5	6	日	1	2	3	4	5	6	日	1
	公曆1月					1	2	3	4	5	6	7	8	9	10	11	12	13	14	15	16	17	18	19	20	21	22	23	24	25	26	27	28	29	30	30		
27	夏曆正月					14	15	16	17	18	19	20	21	22	23	24	25	26	27	28	29	㊺	2	3	4	5	6	7	8	9	10	11	12	13	14	15		
	回曆9月					12	13	14	15	16	17	18	19	20	21	22	23	24	25	26	27	28	29	1	2	3	4	5	6	7	8	9	10	11	12	13		
陰金牛年	藏曆一月					14	15	16	17	18	19	20	21	22	23	24	25	26	27	28	30	1	2	3	4	5	6	7	8	8	9	10	11	12	13	14		

續表

月干支序數	月序 \ 星期	日	1	2	3	4	5	6	日	1	2	3	4	5	6	日	1	2	3	4	5	6	日	1	2	3	4	5	6	日	1	2	3	4	5	6	日	1
	公曆2月	1	2	3	4	5	6	7	8	9	10	11	12	13	14	15	16	17	18	19	20	21	22	23	24	25	26	27	28									
28	夏曆二月	16	17	18	19	20	21	22	23	24	25	26	27	28	29	30	⑮	2	3	4	5	6	7	8	9	10	11	12	13									
	回曆10月	14	15	16	17	18	19	20	21	22	23	24	25	26	27	28	29	30	1	2	3	4	5	6	7	8	9	10	11									
	藏曆二月	15	16	17	18	19	20	21	22	24	25	26	27	28	29	30	1	2	3	4	5	6	7	8	9	10	11	12	13									
	公曆3月	1	2	3	4	5	6	7	8	9	10	11	12	13	14	15	16	17	18	19	20	21	22	23	24	25	26	27	28	29	30	31						
29	夏曆三月	14	15	16	17	18	19	20	21	22	23	24	25	26	27	28	29	㊹	2	3	4	5	6	7	8	9	10	11	12	13	14	15						
	回曆11月	12	13	14	15	16	17	18	19	20	21	22	23	24	25	26	27	28	29	1	2	3	4	5	6	7	8	9	10	11	12	13						
	藏曆三月	14	15	16	17	18	19	20	21	22	23	24	25	26	27	28	29	30	1	2	3	4	5	6	7	8	9	10	11	12	13	14						
	公曆4月				1	2	3	4	5	6	7	8	9	10	11	12	13	14	15	16	17	18	19	20	21	22	23	24	25	26	27	28	29	30				
	夏曆閏三月				16	17	18	19	20	21	22	23	24	25	26	27	28	29	30	⑭	2	3	4	5	6	7	8	9	10	11	12	13	14	15				
	回曆12月				14	15	16	17	18	19	20	21	22	23	24	25	26	27	28	29	30	1	2	3	4	5	6	7	8	9	10	11	12	13				
	藏曆四月				15	16	17	18	19	20	22	23	24	25	26	27	28	29	30	1	2	3	4	5	6	6	7	8	9	10	11	12	13	15				
	公曆5月						1	2	3	4	5	6	7	8	9	10	11	12	13	14	15	16	17	18	19	20	21	22	23	24	25	26	27	28	29	30	31	
30	夏曆四月						16	17	18	19	20	21	22	23	24	25	26	27	28	29	㊸	2	3	4	5	6	7	8	9	10	11	12	13	14	15	16	17	
577年	回曆1月						14	15	16	17	18	19	20	21	22	23	24	25	26	27	28	29	1	2	3	4	5	6	7	8	9	10	11	12	13	14	15	
	藏曆五月						16	17	18	19	20	21	22	23	24	25	26	27	28	29	30	1	2	3	4	5	6	7	8	9	10	11	12	13	14	15	16	
	公曆6月		1	2	3	4	5	6	7	8	9	10	11	12	13	14	15	16	17	18	19	20	21	22	23	24	25	26	27	28	29	30						
31	夏曆五月		18	19	20	21	22	23	24	25	26	27	28	29	30	⑬	2	3	4	5	6	7	8	9	10	11	12	13	14	15	16	17						
	回曆2月		16	17	18	19	20	21	22	23	24	25	26	27	28	29	30	1	2	3	4	5	6	7	8	9	10	11	12	13	14	15						
	藏曆六月		18	19	20	21	22	23	24	25	26	27	28	29	30	1	2	2	3	4	5	6	7	8	9	11	12	13	14	15	16	17						
	公曆7月				1	2	3	4	5	6	7	8	9	10	11	12	13	14	15	16	17	18	19	20	21	22	23	24	25	26	27	28	29	30	31			
32	夏曆六月				18	19	20	21	22	23	24	25	26	27	28	29	30	㊸	2	3	4	5	6	7	8	9	10	11	12	13	14	15	16	17	18			
	回曆3月				16	17	18	19	20	21	22	23	24	25	26	27	28	29	1	2	3	4	5	6	7	8	9	10	11	12	13	14	15	16	17			
	藏曆七月				18	19	20	21	22	23	24	25	26	27	28	29	30	1	2	3	4	5	6	7	8	9	10	11	12	14	15	16	17	18	19			
	公曆8月							1	2	3	4	5	6	7	8	9	10	11	12	13	14	15	16	17	18	19	20	21	22	23	24	25	26	27	28	29	30	31
33	夏曆七月							19	20	21	22	23	24	25	26	27	28	29	⑫	2	3	4	5	6	7	8	9	10	11	12	13	14	15	16	17	18	19	20
	回曆4月							18	19	20	21	22	23	24	25	26	27	28	29	30	1	2	3	4	5	6	7	8	9	10	11	12	13	14	15	16	17	18
	藏曆八月							20	21	22	23	24	25	26	27	28	28	29	30	1	2	3	4	5	7	8	9	10	11	12	13	14	15	16	17	18	19	20
	公曆9月			1	2	3	4	5	6	7	8	9	10	11	12	13	14	15	16	17	18	19	20	21	22	23	24	25	26	27	28	29	30					
34	夏曆八月			21	22	23	24	25	26	27	28	29	30	㊷	2	3	4	5	6	7	8	9	10	11	12	13	14	15	16	17	18	19	20					
	回曆5月			19	20	21	22	23	24	25	26	27	28	29	1	2	3	4	5	6	7	8	9	10	11	12	13	14	15	16	17	18	19					
	藏曆九月			21	22	23	24	25	26	27	28	29	30	1	2	3	4	5	6	7	8	10	11	12	13	14	15	16	17	18	19	20	21					
	公曆10月					1	2	3	4	5	6	7	8	9	10	11	12	13	14	15	16	17	18	9	20	21	22	23	24	25	26	27	28	29	30	31		
35	夏曆九月					21	22	23	24	25	26	27	28	29	⑪	2	3	4	5	6	7	8	9	10	11	12	13	14	15	16	17	18	19	20	21	22		
	回曆6月					20	21	22	23	24	25	26	27	28	29	30	1	2	3	4	5	6	7	8	9	10	11	12	13	14	15	16	17	18	19	20		
	藏曆十月					22	23	23	24	25	26	27	28	29	30	1	2	4	5	6	7	8	9	10	11	12	13	14	15	16	17	18	19	20	21	22		
	公曆11月	1	2	3	4	5	6	7	8	9	10	11	12	13	14	15	16	17	18	19	20	21	22	23	24	25	26	27	28	29	30							
36	夏曆十月	23	24	25	26	27	28	29	30	㊶	2	3	4	5	6	7	8	9	10	11	12	13	14	15	16	17	18	19	20	21	22							
	回曆7月	21	22	23	24	25	26	27	28	29	1	2	3	4	5	6	7	8	9	10	11	12	13	14	15	16	17	18	19	20	21							
	藏曆十一月	23	24	25	26	27	28	29	30	1	2	3	4	5	6	8	9	10	11	12	13	14	15	16	16	17	18	19	20	21	22							
	公曆12月			1	2	3	4	5	6	7	8	9	10	11	12	13	14	15	16	17	18	19	20	21	22	23	24	25	26	27	28	29	30	31				
37	夏曆十一月			23	24	25	26	27	28	29	⑩	2	3	4	5	6	7	8	9	10	11	12	13	14	15	16	17	18	19	20	21	22	23	24				
	回曆8月			22	23	24	25	26	27	28	29	30	1	2	3	4	5	6	7	8	9	10	11	12	13	14	15	16	17	18	19	20	21	22				
	藏曆十二月			23	24	25	26	27	28	29	2	3	4	5	6	7	8	9	10	11	12	13	14	15	16	17	18	19	19	20	21	22	23	24				

大事記

正月，金復置綏德軍榷場，與夏互市。金禁山東、大名猛安、謀克之民無故招人佃種。　二月，宋黎州土丁張百祥等以不堪苛役起事，旋敗。宋禁浙西民置圍田。　三月，宋潮州民沈師起義，十二月敗死。　四月，金增築臨潢等路邊堡。宋於郴州宜章、桂陽軍臨武縣立學，以教峒民子弟。　七月，宋紹興、嚴、徽等處大水。　八月，金以書求海、泗、唐、鄧四州之地及歲幣。宋改除朱熹提舉浙東常平茶鹽。　十二月，宋行朱熹社倉法於諸路。　是歲，宋諸路水旱相繼，民有流入北境者。哲學家吕祖謙卒(1137—1181)。

宋遼金紀年

干支壬寅　公元 1182 年

朝代或國名	國家支配者	建都	廟號	謚號	建元	年號年次	輔政者	備注
南宋	②趙昚	臨安	孝宗	成	3	3淳熙9年	王淮	
西夏	⑤李仁孝	(銀川)	仁宗	聖德	4	4乾祐13年		
金	⑤完顔雍	燕京	世宗	仁	1	大定22年		
西遼	⑤耶律直魯古	虎思斡耳朵		末主	1	天禧5年		
大理	④段智興	陽苴咩	景宗	功極	6	3嘉會2年		在雲南
古格						369年		西藏阿里

月曆表

5895—355—2153173

月干支序數	月序＼星期	日	1	2	3	4	5	6	日	1	2	3	4	5	6	日	1	2	3	4	5	6	日	1	2	3	4	5	6	日	1	2	3	4	5	6	日	1
	公曆1月						1	2	3	4	5	6	7	8	9	10	11	12	13	14	15	16	17	18	19	20	21	22	23	24	25	26	27	28	29	30	31	
38	夏曆十二月						25	26	27	28	29	30	㊵	2	3	4	5	6	7	8	9	10	11	12	13	14	15	16	17	18	19	20	21	22	23	24	25	
	回曆9月						23	24	25	26	27	28	29	1	2	3	4	5	6	7	8	9	10	11	12	13	14	15	16	17	18	19	20	21	22	23	24	
陽水虎年	藏曆一月						26	27	28	29	30	30	1	2	3	4	5	6	7	8	9	10	11	12	13	14	15	16	17	18	19	20	21	22	23	24	25	
	公曆2月		1	2	3	4	5	6	7	8	9	10	11	12	13	14	15	16	17	18	19	20	21	22	23	24	25	26	27	28								
39	夏曆正月		26	27	28	29	⑨	2	3	4	5	6	7	8	9	10	11	12	13	14	15	16	17	18	19	20	21	22	23	24								
	回曆10月		25	26	27	28	29	30	1	2	3	4	5	6	7	8	9	10	11	12	13	14	15	16	17	18	19	20	21	22								
	藏曆二月		26	27	28	29	1	2	3	4	5	6	7	8	9	10	11	11	12	13	14	15	16	17	18	19	20	21	22	23								
	公曆3月		1	2	3	4	5	6	7	8	9	10	11	12	13	14	15	16	17	18	19	20	21	22	23	24	25	26	27	28	29	30	31					
40	夏曆二月		25	26	27	28	29	30	㊴	2	3	4	5	6	7	8	9	10	11	12	13	14	15	16	17	18	19	20	21	22	23	24	25					
	回曆11月		23	24	25	26	27	28	29	1	2	3	4	5	6	7	8	9	10	11	12	13	14	15	16	17	18	19	20	21	22	23	24					
	藏曆後二月		25	26	27	28	29	30	1	2	3	4	5	6	7	8	9	10	11	12	13	14	15	16	17	18	19	20	21	22	23	24	25					
	公曆4月					1	2	3	4	5	6	7	8	9	10	11	12	13	14	15	16	17	18	19	20	21	22	23	24	25	26	27	28	29	30			
41	夏曆三月					26	27	28	29	⑧	2	3	4	5	6	7	8	9	10	11	12	13	14	15	16	17	18	19	20	21	22	23	24	25	26			
	回曆12月					25	26	27	28	29	30	1	2	3	4	5	6	7	8	9	10	11	12	13	14	15	16	17	18	19	20	21	22	23	24			
	藏曆三月					26	27	29	30	1	2	3	4	5	5	6	7	8	9	10	11	12	13	14	15	16	17	18	19	20	21	23	24	25	26			
	公曆5月							1	2	3	4	5	6	7	8	9	10	11	12	13	14	15	16	17	18	19	20	21	22	23	24	25	26	27	28	29	30	31
42	夏曆四月							27	28	29	30	㊳	2	3	4	5	6	7	8	9	10	11	12	13	14	15	16	17	18	19	20	21	22	23	24	25	26	27
578年	回曆1月							25	26	27	28	29	30	①	2	3	4	5	6	7	8	9	10	11	12	13	14	15	16	17	18	19	20	21	22	23	24	25
	藏曆四月							27	28	29	30	1	2	3	4	5	6	7	8	9	10	11	11	12	14	15	16	17	18	19	20	21	22	23	24	26	27	28
	公曆6月			1	2	3	4	5	6	7	8	9	10	11	12	13	14	15	16	17	18	19	20	21	22	23	24	25	26	27	28	29	30					
43	夏曆五月			28	29	⑦	2	3	4	5	6	7	8	9	10	11	12	13	14	15	16	17	18	19	20	21	22	23	24	25	26	27	28					
	回曆2月			26	27	28	29	30	1	2	3	4	5	6	7	8	9	10	11	12	13	14	15	16	17	18	19	20	21	22	23	24	25					
	藏曆五月			29	30	30	1	2	3	4	5	6	7	8	9	10	11	12	13	14	15	16	18	19	20	21	22	23	24	25	26	27	28					
	公曆7月					1	2	3	4	5	6	7	8	9	10	11	12	13	14	15	16	17	18	19	20	21	22	23	24	25	26	27	28	29	30	31		

續表

月 干支 序數	星期 月序	日	1	2	3	4	5	6	日	1	2	3	4	5	6	日	1	2	3	4	5	6	日	1	2	3	4	5	6	日	1	2	3	4	5	6	日	1
44	夏曆六月					29	30	㊲	2	3	4	5	6	7	8	9	10	11	12	13	14	15	16	17	18	19	20	21	22	23	24	25	26	27	28	29		
	回曆3月					26	27	28	29	1	2	3	4	5	6	7	8	9	10	11	12	13	14	15	16	17	18	19	20	21	22	23	24	25	26	27		
	藏曆六月					29	30	1	2	3	4	5	6	7	8	9	10	11	12	13	14	15	16	17	18	19	21	22	23	24	25	26	27	27	28	29		
	公曆8月	1	2	3	4	5	6	7	8	9	10	11	12	13	14	15	16	17	18	19	20	21	22	23	24	25	26	27	28	29	30	31						
45 46	夏曆七八月	⑥	2	3	4	5	6	7	8	9	10	11	12	13	14	15	16	17	18	19	20	21	22	23	24	25	26	27	28	29	30	㊱						
	回曆4月	28	29	30	1	2	3	4	5	6	7	8	9	10	11	12	13	14	15	16	17	18	19	20	21	22	23	24	25	26	27	28						
	藏曆七八月	30	1	2	3	4	5	6	7	8	9	10	11	12	14	15	16	17	18	19	20	21	22	23	24	25	26	27	28	29	30	1						
	公曆9月				1	2	3	4	5	6	7	8	9	10	11	12	13	14	15	16	17	18	19	20	21	22	23	24	25	26	27	28	29	30				
47	夏曆九月				2	3	4	5	6	7	8	9	10	11	12	13	14	15	16	17	18	19	20	21	22	23	24	25	26	27	28	29	30	⑥				
	回曆5月				29	1	2	3	4	5	6	7	8	9	10	11	12	13	14	15	16	17	18	19	20	21	22	23	24	25	26	27	28	29				
	藏曆九月				2	3	4	5	6	7	8	9	10	11	12	13	14	15	16	18	19	20	21	22	23	23	24	25	26	27	28	29	30	1				
	公曆10月						1	2	3	4	5	6	7	8	9	10	11	12	13	14	15	16	17	18	19	20	21	22	23	24	25	26	27	28	29	30	31	
48	夏曆十月						2	3	4	5	6	7	8	9	10	11	12	13	14	15	16	17	18	19	20	21	22	23	24	25	26	27	28	29	㉟	2	3	
	回曆6、7月						30	1	2	3	4	5	6	7	8	9	10	11	12	13	14	15	16	17	18	19	20	21	22	23	24	25	26	27	28	29	1	
	藏曆十月						2	3	4	5	6	7	8	9	11	12	13	14	15	16	17	18	19	20	21	22	23	24	25	26	27	27	28	29	30	1	2	
	公曆11月		1	2	3	4	5	6	7	8	9	10	11	12	13	14	15	16	17	18	19	20	21	22	23	24	25	26	27	28	29	30						
49	夏曆十一月		4	5	6	7	8	9	10	11	12	13	14	15	16	17	18	19	20	21	22	23	24	25	26	27	28	29	30	⑤	2	3						
	回曆8月		2	3	4	5	6	7	8	9	10	11	12	13	14	15	16	17	18	19	20	21	22	23	24	25	26	27	28	29	30	1						
	藏曆十一月		4	5	6	7	8	9	10	11	12	13	14	15	16	17	18	19	20	21	22	23	24	25	26	27	28	29	30	1	2	3						
	公曆12月				1	2	3	4	5	6	7	8	9	10	11	12	13	14	15	16	17	18	19	20	21	22	23	24	25	26	27	28	29	30	31			
50	夏曆十二月				4	5	6	7	8	9	10	11	12	13	14	15	16	17	18	19	20	21	22	23	24	25	26	27	28	29	㉞	2	3	4	5			
	回曆9月				2	3	4	5	6	7	8	9	10	11	12	13	14	15	16	17	18	19	20	21	22	23	24	25	26	27	28	29	1	2	3			
	藏曆十二月				4	5	6	7	9	10	11	12	13	14	15	16	17	18	19	19	20	21	22	23	24	25	26	27	28	29	30	1	3	4	5			

大事記

正月，宋詔江浙兩淮重旱州縣貸民稻種。　三月，金申飭西北招討司猛安謀克戶習武備。　八月，宋淮東、浙西蝗。九月，宋修復淮南真州陂塘。宋禁蕃舶販易金銀。宋罷諸路科買軍器物料三年。

宋遼金紀年

干支癸卯　公元1183年

朝代或國名	國家支配者	建都	廟號	謚號	建元	年號年次	輔政者	備注
南宋	②趙眘	臨安	孝宗	成	3	3 淳熙 10 年	王淮	
西夏	⑤李仁孝	（銀川）	仁宗	聖德	4	4 乾祐 14 年		
金	⑤完顏雍	燕京	世宗	仁	1	大定 23 年		
西遼	⑤耶律直魯古	虎思斡耳朵		末主	1	天禧 6 年		
大理	④段智興	陽苴咩	宣宗	功極	6	3 嘉會 3 年		在雲南
古格						370 年		西藏阿里

月曆表

5896－384－2153557

月干支序數	月序＼星期	日	1	2	3	4	5	6	日	1	2	3	4	5	6	日	1	2	3	4	5	6	日	1	2	3	4	5	6	日	1	2	3	4	5	6	日	1
	公曆1月							1	2	3	4	5	6	7	8	9	10	11	12	13	14	15	16	17	18	19	20	21	22	23	24	25	26	27	28	29	30	31
51	夏曆正月							6	7	8	9	10	11	12	13	14	15	16	17	18	19	20	21	22	23	24	25	26	27	28	29	30	④	2	3	4	5	6
	回曆10月							4	5	6	7	8	9	10	11	12	13	14	15	16	17	18	19	20	21	22	23	24	25	26	27	28	29	30	1	2	3	4
陰水兔年	藏曆一月							6	7	8	9	10	11	12	13	14	15	16	17	18	19	20	21	22	23	23	24	25	27	28	29	30	1	2	3	4	5	6
	公曆2月			1	2	3	4	5	6	7	8	9	10	11	12	13	14	15	16	17	18	19	20	21	22	23	24	25	26	27	28							
52	夏曆二月			7	8	9	10	11	12	13	14	15	16	17	18	19	20	21	22	23	24	25	26	27	28	29	㉝	2	3	4	5							
	回曆11月			5	6	7	8	9	10	11	12	13	14	15	16	17	18	19	20	21	22	23	24	25	26	27	28	29	1	2	3							
	藏曆二月			7	8	9	10	11	12	13	14	15	16	17	18	19	20	21	22	23	24	25	26	27	28	29	2	3	4	5	6							
	公曆3月			1	2	3	4	5	6	7	8	9	10	11	12	13	14	15	16	17	18	19	20	21	22	23	24	25	26	27	28	29	30	31				
53	夏曆三月			6	7	8	9	10	11	12	13	14	15	16	17	18	19	20	21	22	23	24	25	26	27	28	29	30	③	2	3	4	5	6				
	回曆12月			4	5	6	7	8	9	10	11	12	13	14	15	16	17	18	19	20	21	22	23	24	25	26	27	28	29	30	1	2	3	4				
	藏曆三月			7	8	9	10	11	12	13	14	15	15	16	17	18	19	20	21	22	23	24	26	27	28	29	30	30	1	2	3	4	5	6				
	公曆4月						1	2	3	4	5	6	7	8	9	10	11	12	13	14	15	16	17	18	19	20	21	22	23	24	25	26	27	28	29	30		
54	夏曆四月						7	8	9	10	11	12	13	14	15	16	17	18	19	20	21	22	23	24	25	26	27	28	29	㉜	2	3	4	5	6	7		
579年	回曆1月						5	6	7	8	9	10	11	12	13	14	15	16	17	18	19	20	21	22	23	24	25	26	27	28	29	①	2	3	4	5		
	藏曆四月						7	8	9	10	11	12	13	14	15	16	17	18	19	20	21	22	23	24	25	26	27	28	30	1	2	3	4	5	6	7		
	公曆5月	1	2	3	4	5	6	7	8	9	10	11	12	13	14	15	16	17	18	19	20	21	22	23	24	25	26	27	28	29	30	31						
55	夏曆五月	8	9	10	11	12	13	14	15	16	17	18	19	20	21	22	23	24	25	26	27	28	29	①	2	3	4	5	6	7	8	9						
	回曆2月	6	7	8	9	10	11	12	13	14	15	16	17	18	19	20	21	22	23	24	25	26	27	28	29	30	1	2	3	4	5	6						
	藏曆五月	8	9	9	10	11	12	13	14	15	16	17	18	19	20	21	23	24	25	26	27	28	29	30	1	2	3	4	5	6	7	8						
	公曆6月				1	2	3	4	5	6	7	8	9	10	11	12	13	14	15	16	17	18	19	20	21	22	23	24	25	26	27	28	29	30				
56	夏曆六月				10	11	12	13	14	15	16	17	18	19	20	21	22	23	24	25	26	27	28	29	30	㉛	2	3	4	5	6	7	8	9				
	回曆3月				7	8	9	10	11	12	13	14	15	16	17	18	19	20	21	22	23	24	25	26	27	28	29	1	2	3	4	5	6	7				
	藏曆六月				9	10	11	12	13	14	15	16	17	18	19	20	21	22	23	25	26	27	28	29	30	1	2	3	4	5	5	6	7	8				
	公曆7月						1	2	3	4	5	6	7	8	9	10	11	12	13	14	15	16	17	18	19	20	21	22	23	24	25	26	27	28	29	30	31	
57	夏曆七月						10	11	12	13	14	15	16	17	18	19	20	21	22	23	24	25	26	27	28	29	(60)	2	3	4	5	6	7	8	9	10	11	
	回曆4月						8	9	10	11	12	13	14	15	16	17	18	19	20	21	22	23	24	25	26	27	28	29	30	1	2	3	4	5	6	7	8	
	藏曆七月						9	10	11	12	13	14	15	16	18	19	20	21	22	23	24	25	26	27	28	29	30	1	2	3	4	5	6	7	8	9	10	
	公曆8月		1	2	3	4	5	6	7	8	9	10	11	12	13	14	15	16	17	18	19	20	21	22	23	24	25	26	27	28	29	30	31					
58	夏曆八月		12	13	14	15	16	17	18	19	20	21	22	23	24	25	26	27	28	29	30	㉚	2	3	4	5	6	7	8	9	10	11	12					
	回曆5月		9	10	11	12	13	14	15	16	17	18	19	20	21	22	23	24	25	26	27	28	29	1	2	3	4	5	6	7	8	9	10					
	藏曆八月		11	12	13	14	15	16	17	18	19	21	22	23	24	25	26	27	28	29	30	1	2	2	3	4	5	6	7	8	9	10	11					
	公曆9月					1	2	3	4	5	6	7	8	9	10	11	12	13	14	15	16	17	18	19	20	21	22	23	24	25	26	27	28	29	30			
59	夏曆九月					13	14	15	16	17	18	19	20	21	22	23	24	25	26	27	28	29	30	(60)	2	3	4	5	6	7	8	9	10	11	12			
	回曆6月					11	12	13	14	15	16	17	18	19	20	21	22	23	24	25	26	27	28	29	30	1	2	3	4	5	6	7	8	9	10			
	藏曆九月					12	14	15	16	17	18	19	20	21	22	23	24	25	26	27	28	29	30	1	2	3	4	5	6	7	8	9	10	11	12			
	公曆10月							1	2	3	4	5	6	7	8	9	10	11	12	13	14	15	16	17	18	19	20	21	22	23	24	25	26	27	28	29	30	31
60	夏曆十月							13	14	15	16	17	18	19	20	21	22	23	24	25	26	27	28	29	㉙	2	3	4	5	6	7	8	9	10	11	12	13	14
	回曆7月							11	12	13	14	15	16	17	18	19	20	21	22	23	24	25	26	27	28	29	1	2	3	4	5	6	7	8	9	10	11	12
	藏曆十月							13	14	15	16	18	19	20	21	22	23	24	25	26	26	27	28	29	30	1	2	3	4	5	6	7	8	9	11	12	13	14
	公曆11月			1	2	3	4	5	6	7	8	9	10	11	12	13	14	15	16	17	18	19	20	21	22	23	24	25	26	27	28	29	30					
1	夏曆十一月			15	16	17	18	19	20	21	22	23	24	25	26	27	28	29	30	(59)	2	3	4	5	6	7	8	9	10	11	12	13	14					
	回曆8月			13	14	15	16	17	18	19	20	21	22	23	24	25	26	27	28	29	30	1	2	3	4	5	6	7	8	9	10	11	12					

續表

月 干支 序數	星期 月序	日	1	2	3	4	5	6	日	1	2	3	4	5	6	日	1	2	3	4	5	6	日	1	2	3	4	5	6	日	1	2	3	4	5	6	日	1
	藏曆十一月			15	16	17	18	19	20	21	22	23	24	25	26	27	28	29	30	30	1	1	2	4	5	6	7	8	9	10	11	12	13					
	公曆 12 月					1	2	3	4	5	6	7	8	9	10	11	12	13	14	15	16	17	18	19	20	21	22	23	24	25	26	27	28	29	30	31		
	夏曆閏十一月					15	16	17	18	19	20	21	22	23	24	25	26	27	28	29	30	㉙	2	3	4	5	6	7	8	9	10	11	12	13	14	15		
	回曆 9 月					13	14	15	16	17	18	19	20	21	22	23	24	25	26	27	28	29	1	2	3	4	5	6	7	8	9	10	11	12	13	14		
	藏曆十二月					14	15	17	18	18	19	20	21	22	23	24	25	26	27	28	29	1	2	3	4	5	6	7	8	10	11	12	13	14	15	16		

大事記

正月，宋改鹽法。　三月，海民姜太獠從海上掠泉州，敗死。　四月，宋再禁浙西豪民圍田。　六月，宋禁道學。　八月，金以女真字《孝經》千部分賜護衛親軍。　九月，金譯經所譯《易經》等書成。宋禁內郡行鐵錢。　是歲，李燾所纂《續資治通鑒長編》全書成。

宋遼金紀年

干支甲辰　公元 1184 年

朝代或國名	國家支配者	建　都	廟號	謚號	建元	年號年次	輔　政　者	備　　注
南宋	②趙眘	臨安	孝宗	成	3	3 淳熙 11 年	王淮	
西夏	⑤李仁孝	（銀川）	仁宗	聖德	4	4 乾祐 15 年		
金	⑤完顏雍	燕京	世宗	仁	1	大定 24 年		
西遼	⑤耶律直魯古	虎思斡耳朵		末主	1	天禧 7 年		
大理	④段智興	陽苴咩	宣宗	功極	6	3 嘉會 4 年		在雲南
古格						371 年		西藏阿里

月曆表

5897－354－2153911

月 干支 序數	星期 月序	日	1	2	3	4	5	6	日	1	2	3	4	5	6	日	1	2	3	4	5	6	日	1	2	3	4	5	6	日	1	2	3	4	5	6	日	1
	公曆 1 月	1	2	3	4	5	6	7	8	9	10	11	12	13	14	15	16	17	18	19	20	21	22	23	24	25	26	27	28	29	30	31						
2	夏曆十二月	16	17	18	19	20	21	22	23	24	25	26	27	28	29	㊽	2	3	4	5	6	7	8	9	10	11	12	13	14	15	16	17						
	回曆 10 月	15	16	17	18	19	20	21	22	23	24	25	26	27	28	29	30	1	2	3	4	5	6	7	8	9	10	11	12	13	14	15						
陽木龍年	藏曆一月	17	18	19	20	21	22	22	23	24	25	26	27	28	29	30	1	2	3	5	6	7	8	9	10	11	12	13	14	15	16	17						
	公曆 2 月				1	2	3	4	5	6	7	8	9	10	11	12	13	14	15	16	17	18	19	20	21	22	23	24	25	26	27	28	29					
3	夏曆正月				18	19	20	21	22	23	24	25	26	27	28	29	30	㉘	2	3	4	5	6	7	8	9	10	11	12	13	14	15	16					
	回曆 11 月				16	17	18	19	20	21	22	23	24	25	26	27	28	29	1	2	3	4	5	6	7	8	9	10	11	12	13	14	15					
	藏曆二月				18	19	20	21	22	23	24	25	26	27	28	29	30	1	2	3	4	5	6	7	8	10	11	12	13	14	14	15	16					
	公曆 3 月					1	2	3	4	5	6	7	8	9	10	11	12	13	14	15	16	17	18	19	20	21	22	23	24	25	26	27	28	29	30	31		
4	夏曆二月					17	18	19	20	21	22	23	24	25	26	27	28	29	㊼	2	3	4	5	6	7	8	9	10	11	12	13	14	15	16	17	18		
	回曆 12 月					16	17	18	19	20	21	22	23	24	25	26	27	28	29	30	1	2	3	4	5	6	7	8	9	10	11	12	13	14	15	16		
	藏曆三月					17	18	19	20	21	22	23	24	25	26	27	28	29	30	1	3	4	5	6	7	8	9	10	11	12	13	14	15	16	17	18		
	公曆 4 月	1	2	3	4	5	6	7	8	9	10	11	12	13	14	15	16	17	18	19	20	21	22	23	24	25	26	27	28	29	30							
5	夏曆三月	19	20	21	22	23	24	25	26	27	28	29	30	㉗	2	3	4	5	6	7	8	9	10	11	12	13	14	15	16	17	18							
580 年	回曆 1 月	17	18	19	20	21	22	23	24	25	26	27	28	29	①	2	3	4	5	6	7	8	9	10	11	12	13	14	15	16	17							
	藏曆四月	18	19	20	21	22	23	24	26	27	28	29	30	1	2	3	4	5	6	7	8	9	10	11	12	13	14	15	16	17	18							

續表

月 干支 序數	星期 月序	日	1	2	3	4	5	6	日	1	2	3	4	5	6	日	1	2	3	4	5	6	日	1	2	3	4	5	6	日	1	2	3	4	5	6	日	1
	公曆5月			1	2	3	4	5	6	7	8	9	10	11	12	13	14	15	16	17	18	19	20	21	22	23	24	25	26	27	28	29	30	31				
6	夏曆四月			19	20	21	22	23	24	25	26	27	28	29	(56)	2	3	4	5	6	7	8	9	10	11	12	13	14	15	16	17	18	19	20				
	回曆2月			18	19	20	21	22	23	24	25	26	27	28	29	30	1	2	3	4	5	6	7	8	9	10	11	12	13	14	15	16	17	18				
	藏曆五月			19	20	21	22	23	24	25	26	27	28	30	1	2	3	4	5	6	7	8	9	10	11	12	13	14	14	15	16	17	18	19				
	公曆6月						1	2	3	4	5	6	7	8	9	10	11	12	13	14	15	16	17	18	19	20	21	22	23	24	25	26	27	28	29	30		
7	夏曆五月						21	22	23	24	25	26	27	28	29	㉕	2	3	4	5	6	7	8	9	10	11	12	13	14	15	16	17	18	19	20	21		
	回曆3月						19	20	21	22	23	24	25	26	27	28	29	1	2	3	4	5	6	7	8	9	10	11	12	13	14	15	16	17	18	19		
	藏曆六月						20	21	23	24	25	26	27	28	29	30	1	2	3	4	5	6	7	8	9	10	11	12	13	14	15	16	17	18	19	20		
	公曆7月	1	2	3	4	5	6	7	8	9	10	11	12	13	14	15	16	17	18	19	20	21	22	23	24	25	26	27	28	29	30	31						
8	夏曆六月	22	23	24	25	26	27	28	29	30	(55)	2	3	4	5	6	7	8	9	10	11	12	13	14	15	16	17	18	19	20	21	22						
	回曆4月	20	21	22	23	24	25	26	27	28	29	30	1	2	3	4	5	6	7	8	9	10	11	12	13	14	15	16	17	18	19	20						
	藏曆七月	21	22	23	25	26	27	28	29	30	1	2	3	4	5	6	7	8	9	10	10	11	12	13	14	15	16	18	19	20	21	22						
	公曆8月				1	2	3	4	5	6	7	8	9	10	11	12	13	14	15	16	17	18	19	20	21	22	23	24	25	26	27	28	29	30	31			
9	夏曆七月				23	24	25	26	27	28	29	㉔	2	3	4	5	6	7	8	9	10	11	12	13	14	15	16	17	18	19	20	21	22	23	24			
	回曆5月				21	22	23	24	25	26	27	28	29	1	2	3	4	5	6	7	8	9	10	11	12	13	14	15	16	17	18	19	20	21	22			
	藏曆八月				23	24	25	26	27	28	29	30	1	2	3	4	5	6	7	8	9	10	11	12	13	14	15	16	17	18	19	21	22	23	24			
	公曆9月							1	2	3	4	5	6	7	8	9	10	11	12	13	14	15	16	17	18	19	20	21	22	23	24	25	26	27	28	29	30	
10	夏曆八月							25	26	27	28	29	30	(54)	2	3	4	5	6	7	8	9	10	11	12	13	14	15	16	17	18	19	20	21	22	23	24	
	回曆6月							23	24	25	26	27	28	29	30	1	2	3	4	5	6	7	8	9	10	11	12	13	14	15	16	17	18	19	20	21	22	
	藏曆九月							25	26	27	28	29	30	1	2	3	4	5	6	6	7	8	9	10	11	12	14	15	16	17	18	19	20	21	22	23	24	
	公曆10月		1	2	3	4	5	6	7	8	9	10	11	12	13	14	15	16	17	18	19	20	21	22	23	24	25	26	27	28	29	30	31					
11	夏曆九月		25	26	27	28	29	㉓	2	3	4	5	6	7	8	9	10	11	12	13	14	15	16	17	18	19	20	21	22	23	24	25	26					
	回曆7月		23	24	25	26	27	28	29	1	2	3	4	5	6	7	8	9	10	11	12	13	14	15	16	17	18	19	20	21	22	23	24					
	藏曆十月		25	26	27	28	29	30	1	2	3	4	5	6	7	8	9	10	11	12	13	14	15	16	18	19	20	21	22	23	24	25	26					
	公曆11月					1	2	3	4	5	6	7	8	9	10	11	12	13	14	15	16	17	18	19	20	21	22	23	24	25	26	27	28	29	30			
12	夏曆十月					27	28	29	30	(53)	2	3	4	5	6	7	8	9	10	11	12	13	14	15	16	17	18	19	20	21	22	23	24	25	26			
	回曆8月					25	26	27	28	29	30	1	2	3	4	5	6	7	8	9	10	11	12	13	14	15	16	17	18	19	20	21	22	23	24			
	藏曆後十月					27	28	29	30	30	1	2	3	4	5	6	7	8	9	10	12	13	14	15	16	17	18	19	20	21	22	23	24	25	26			
	公曆12月							1	2	3	4	5	6	7	8	9	10	11	12	13	14	15	16	17	18	19	20	21	22	23	24	25	26	27	28	29	30	31
13	夏曆十一月							27	28	29	30	㉓	2	3	4	5	6	7	8	9	10	11	12	13	14	15	16	17	18	19	20	21	22	23	24	25	26	27
	回曆9月							25	26	27	28	29	1	2	3	4	5	6	7	8	9	10	11	12	13	14	15	16	17	18	19	20	21	22	23	24	25	26
	藏曆十一月							27	28	29	30	1	2	3	4	5	6	7	8	9	10	11	12	13	14	15	16	18	19	20	21	22	22	23	24	25	26	27

金九月丁亥。

大事記

正月，宋安化“蠻”首領蒙光漸擾宜州，被俘。　三月，宋江東、西水。禁淮民招溫、處州戶口。　四月，金世宗至東京，詔東京百里內給復租稅一年。　五月，端午節，金世宗在上京，依舊俗射獵、歡宴、起舞，倡導女真習俗。　六月，安婺州修治陂塘八百三十七所，溉田二千餘頃。　七月，宋改定刺配法。　十二月，熊克撰《九朝通略》成。　是歲，史學家李燾卒（1115—1184）。宋金石學家洪適卒（1117—1184）。

宋遼金紀年　　　　干支乙巳　公元1185年

朝代或國名	國家支配者	建　都	廟號	謚號	建元	年號年次	輔政者	備　注
南宋	②趙昚	臨安	孝宗	成	3	3 淳熙 12 年	王淮	
大理	④段智興	陽苴咩	景宗	功極	6	4 元亨元年		在雲南
西夏	⑤李仁孝	(銀川)	仁宗	聖德	4	4 乾祐 16 年		
金	⑤完顏雍	燕京	世宗	仁	1	大定 25 年		
西遼	⑤耶律直魯古	虎思斡耳朵		末主	1	天禧 8 年		
古格						372 年		西藏阿里

月曆表　　　　5698—355—2154266

月干支序數	月序＼星期	日	1	2	3	4	5	6	日	1	2	3	4	5	6	日	1	2	3	4	5	6	日	1	2	3	4	5	6	日	1	2	3	4	5	6	日	1
	公曆1月			1	2	3	4	5	6	7	8	9	10	11	12	13	14	15	16	17	18	19	20	21	22	23	24	25	26	27	28	29	30	31				
14	夏曆十二月			28	29	30	(53)	2	3	4	5	6	7	8	9	10	11	12	13	14	15	16	17	18	19	20	21	22	23	24	25	26	27	28				
	回曆10月			27	28	29	30	1	2	3	4	5	6	7	8	9	10	11	12	13	14	15	16	17	18	19	20	21	22	23	24	25	26	27				
	藏曆十二月			28	29	30	1	2	3	4	5	6	7	8	9	11	12	13	14	15	16	17	18	19	20	21	22	23	24	25	25	26	27	28				
	公曆2月						1	2	3	4	5	6	7	8	9	10	11	12	13	14	15	16	17	18	19	20	21	22	23	24	25	26	27	28				
15	夏曆正月						29	㉒	2	3	4	5	6	7	8	9	10	11	12	13	14	15	16	17	18	19	20	21	22	23	24	25	26	27				
	回曆11月						28	29	1	2	3	4	5	6	7	8	9	10	11	12	13	14	15	16	17	18	19	20	21	22	23	24	25	26				
陰木蛇年	藏曆一月						29	30	1	2	3	4	6	7	8	9	10	11	12	13	14	15	16	17	18	19	20	21	22	33	24	25	26	27				
	公曆3月						1	2	3	4	5	6	7	8	9	10	11	12	13	14	15	16	17	18	19	20	21	22	23	24	25	26	27	28	29	30	31	
16	夏曆二月						28	29	30	(52)	2	3	4	5	6	7	8	9	10	11	12	13	14	15	16	17	18	19	20	21	22	23	24	25	26	27	28	
	回曆12月						27	28	29	30	(51)	2	3	4	5	6	7	8	9	10	11	12	13	14	15	16	17	18	19	20	21	22	23	24	25	26	27	
	藏曆二月						28	29	30	1	2	3	4	5	6	7	8	10	11	12	13	14	15	16	17	18	18	19	20	21	22	23	24	25	26	27	28	
	公曆4月		1	2	3	4	5	6	7	8	9	10	11	12	13	14	15	16	17	18	19	20	21	22	23	24	25	26	27	28	29	30						
17	夏曆三月		29	㉑	2	3	4	5	6	7	8	9	10	11	12	13	14	15	16	17	18	19	20	21	22	23	24	25	26	27	28	29						
581年	回曆1月		28	29	30	①	2	3	4	5	6	7	8	9	10	11	12	13	14	15	16	17	18	19	20	21	22	23	24	25	26	27						
	藏曆三月		29	30	1	2	4	5	6	7	8	9	10	11	12	13	14	15	16	17	18	19	20	21	22	23	24	25	26	27	28	29						
	公曆5月				1	2	3	4	5	6	7	8	9	10	11	12	13	14	15	16	17	18	19	20	21	22	23	24	25	26	27	28	29	30	31			
18 19	夏曆四五月				30	(51)	2	3	4	5	6	7	8	9	10	11	12	13	14	15	16	17	18	19	20	21	22	23	24	25	26	27	28	29	⑳			
	回曆2月				28	29	30	1	2	3	4	5	6	7	8	9	10	11	12	13	14	15	16	17	18	19	20	21	22	23	24	25	26	27	28			
	藏曆四五月				30	1	2	3	4	5	7	8	9	10	11	12	13	13	14	15	16	17	18	19	20	21	22	23	24	25	26	27	28	30	1			
	公曆6月							1	2	3	4	5	6	7	8	9	10	11	12	13	14	15	16	17	18	19	20	21	22	23	24	25	26	27	28	29	30	
20	夏曆六月							2	3	4	5	6	7	8	9	10	11	12	13	14	15	16	17	18	19	20	21	22	23	24	25	26	27	28	29	㊾	2	
	回曆3月							29	1	2	3	4	5	6	7	8	9	10	11	12	13	14	15	16	17	18	19	20	21	22	23	24	25	26	27	28	29	
	藏曆六月							2	3	4	5	6	7	8	9	10	11	12	13	14	15	16	17	18	19	20	21	22	23	24	25	26	27	28	29	30	1	
	公曆7月		1	2	3	4	5	6	7	8	9	10	11	12	13	14	15	16	17	18	19	20	21	22	23	24	25	26	27	28	29	30	31					
21	夏曆七月		3	4	5	6	7	8	9	10	11	12	13	14	15	16	17	18	19	20	21	22	23	24	25	26	27	28	29	30	⑲	2	3					
	回曆4、5月		30	1	2	3	4	5	6	7	8	9	10	11	12	13	14	15	16	17	18	19	20	21	22	23	24	25	26	27	28	29	1					
	藏曆七月		3	4	5	6	7	8	9	9	10	11	12	13	14	15	16	17	18	19	20	21	22	23	25	26	27	28	29	30	1	2	3					
	公曆8月					1	2	3	4	5	6	7	8	9	10	11	12	13	14	15	16	17	18	19	20	21	22	23	24	25	26	27	28	29	30	31		
22	夏曆八月					4	5	6	7	8	9	10	11	12	13	14	15	16	17	18	19	20	21	22	23	24	25	26	27	28	29	㊽	2	3	4	5		
	回曆6月					2	3	4	5	6	7	8	9	10	11	12	13	14	15	16	17	18	19	20	21	22	23	24	25	26	27	28	29	30	1	2		

續表

月 干支 序數	星期 月序	日	1	2	3	4	5	6	日	1	2	3	4	5	6	日	1	2	3	4	5	6	日	1	2	3	4	5	6	日	1	2	3	4	5	6	日	1
	藏曆八月					4	5	6	7	8	9	10	11	12	13	14	15	16	17	18	19	20	21	22	23	24	25	26	28	29	30	1	2	3	4	5		
	公曆 9 月	1	2	3	4	5	6	7	8	9	10	11	12	13	14	15	16	17	18	19	20	21	22	23	24	25	26	27	28	29	30							
23	夏曆九月	6	7	8	9	10	11	12	13	14	15	16	17	18	19	20	21	22	23	24	25	26	27	28	29	30	⑱	2	3	4	5							
	回曆 7 月	3	4	5	6	7	8	9	10	11	12	13	14	15	16	17	18	19	20	21	22	23	24	25	26	27	28	29	1	2	3							
	藏曆九月	5	6	7	8	9	10	11	12	13	14	15	16	17	18	19	20	22	23	24	25	26	27	28	29	30	1	2	3	4	5							
	公曆 10 月			1	2	3	4	5	6	7	8	9	10	11	12	13	14	15	16	17	18	19	20	21	22	23	24	25	26	27	28	29	30	31				
24	夏曆十月			6	7	8	9	10	11	12	13	14	15	16	17	18	19	20	21	22	23	24	25	26	27	28	29	㊼	2	3	4	5	6	7				
	回曆 8 月			4	5	6	7	8	9	10	11	12	13	14	15	16	17	18	19	20	21	22	23	24	25	26	27	28	29	30	1	2	3	4				
	藏曆十月			6	7	8	9	10	11	11	12	14	15	16	17	18	19	20	21	22	23	24	26	27	28	29	29	30	1	2	3	4	5	6				
	公曆 11 月						1	2	3	4	5	6	7	8	9	10	11	12	13	14	15	16	17	18	19	20	21	22	23	24	25	26	27	28	29	30		
25	夏曆十一月						8	9	10	11	12	13	14	15	16	17	18	19	20	21	22	23	24	25	26	27	28	29	30	⑰	2	3	4	5	6	7		
	回曆 9 月						5	6	7	8	9	10	11	12	13	14	15	16	17	18	19	20	21	22	23	24	25	26	27	28	29	1	2	3	4	5		
	藏曆十一月						7	8	9	10	11	12	13	14	15	16	17	19	20	21	22	23	24	25	26	27	28	29	30	1	2	3	3	4	5	6		
	公曆 12 月	1	2	3	4	5	6	7	8	9	10	11	12	13	14	15	16	17	18	19	20	21	22	23	24	25	26	27	28	29	30	31						
26	夏曆十二月	8	9	10	11	12	13	14	15	16	17	18	19	20	21	22	23	24	25	26	27	28	29	30	㊼	2	3	4	5	6	7	8						
	回曆 10 月	6	7	8	9	10	11	12	13	14	15	16	17	18	19	20	21	22	23	24	25	26	27	28	29	30	1	2	3	4	5	6						
	藏曆十二月	7	8	9	10	11	13	14	15	16	17	18	19	20	21	22	23	24	25	26	27	28	29	30	1	2	3	4	5	6	7	8						

大事記

正月，宋禁廣西私販交趾鹽。宋俘青羌奴兒結。　三月，宋整頓廣西身丁錢。宋邊牒傳西遼假道夏以攻金。金世宗還燕。　五月，宋浙西、福建地震。　七月，宋以豪民買僕擾民，酌罷荊門、常德、復州等税場。　是歲，王偁撰《東都事略》成。

宋遼金紀年

干支丙午　公元 1186 年

朝代或國名	國家支配者	建都	廟號	謚號	建元	年號年次	輔政者	備注
南宋	②趙昚	臨安	孝宗	成	3	3 淳熙 13 年	王淮	
西夏	⑤李仁孝	（銀川）	仁宗	聖德	4	4 乾祐 17 年		
金	⑤完顏雍	燕京	世宗	仁	1	大定 26 年		
西遼	⑤耶律直魯古	虎思斡耳朵		末主	1	天禧 9 年		
大理	④段智興	陽苴咩	景宗	功極	6	4 元亨 2 年		在雲南
古格						373 年		西藏阿里

月曆表

5899－383－2154649

月 干支 序數	星期 月序	日	1	2	3	4	5	6	日	1	2	3	4	5	6	日	1	2	3	4	5	6	日	1	2	3	4	5	6	日	1	2	3	4	5	6	日	1
	公曆 1 月				1	2	3	4	5	6	7	8	9	10	11	12	13	14	15	16	17	18	19	20	21	22	23	24	25	26	27	28	29	30	31			
27	夏曆正月				9	10	11	12	13	14	15	16	17	18	19	20	21	22	23	24	25	26	27	28	29	30	⑰	2	3	4	5	6	7	8	9			
	回曆 11 月				7	8	9	10	11	12	13	14	15	16	17	18	19	20	21	22	23	24	25	26	27	28	29	1	2	3	4	5	6	7	8			
陽火馬年	藏曆一月				9	10	11	12	13	14	15	16	18	19	20	21	22	23	24	25	25	26	27	28	29	30	1	2	3	4	5	6	7	8	9			

續表

月干支序數	星期 / 月序	日	1	2	3	4	5	6	日	1	2	3	4	5	6	日	1	2	3	4	5	6	日	1	2	3	4	5	6	日	1	2	3	4	5	6	日	1
	公曆 2 月							1	2	3	4	5	6	7	8	9	10	11	12	13	14	15	16	17	18	19	20	21	22	23	24	25	26	27	28			
28	夏曆二月							10	11	12	13	14	15	16	17	18	19	20	21	22	23	24	25	26	27	28	29	㉖	2	3	4	5	6	7	8			
	回曆 12 月							9	10	11	12	13	14	15	16	17	18	19	20	21	22	23	24	25	26	27	28	29	30	1	2	3	4	5	6			
	藏曆二月							10	11	13	14	15	16	17	18	19	20	21	22	23	24	25	26	27	28	28	29	30	1	2	3	4	5	7	8			
	公曆 3 月							1	2	3	4	5	6	7	8	9	10	11	12	13	14	15	16	17	18	19	20	21	22	23	24	25	26	27	28	29	30	31
29	夏曆三月							9	10	11	12	13	14	15	16	17	18	19	20	21	22	23	24	25	26	27	28	29	30	(56)	2	3	4	5	6	7	8	9
582 年	回曆 1 月							7	8	9	10	11	12	13	14	15	16	17	18	19	20	21	22	23	24	25	26	27	28	29	①	2	3	4	5	6	7	8
	藏曆三月							9	10	11	12	13	14	15	16	17	18	19	20	21	22	23	24	25	26	27	28	29	30	1	2	3	4	5	6	7	8	9
	公曆 4 月			1	2	3	4	5	6	7	8	9	10	11	12	13	14	15	16	17	18	19	20	21	22	23	24	25	26	27	28	29	30					
30	夏曆四月			10	11	12	13	14	15	16	17	18	19	20	21	22	23	24	25	26	27	28	29	㉕	2	3	4	5	6	7	8	9	10					
	回曆 2 月			9	10	11	12	13	14	15	16	17	18	19	20	21	22	23	24	25	26	27	28	29	30	1	2	3	4	5	6	7	8					
	藏曆四月			11	12	13	14	15	16	17	18	19	20	21	22	22	23	24	25	26	27	28	29	30	1	2	4	5	6	7	8	9	10					
	公曆 5 月					1	2	3	4	5	6	7	8	9	10	11	12	13	14	15	16	17	18	19	20	21	22	23	24	25	26	27	28	29	30	31		
31	夏曆五月					11	12	13	14	15	16	17	18	19	20	21	22	23	24	25	26	27	28	29	30	(55)	2	3	4	5	6	7	8	9	10	11		
	回曆 3 月					9	10	11	12	13	14	15	16	17	18	19	20	21	22	23	24	25	26	27	28	29	1	2	3	4	5	6	7	8	9	10		
	藏曆五月					11	12	13	14	15	16	17	18	19	20	21	22	23	24	25	26	27	28	29	30	1	2	3	4	5	7	8	9	10	11	12		
	公曆 6 月	1	2	3	4	5	6	7	8	9	10	11	12	13	14	15	16	17	18	19	20	21	22	23	24	25	26	27	28	29	30							
32	夏曆六月	12	13	14	15	16	17	18	19	20	21	22	23	24	25	26	27	28	29	㉔	2	3	4	5	6	7	8	9	10	11	12							
	回曆 4 月	11	12	13	14	15	16	17	18	19	20	21	22	23	24	25	26	27	28	29	30	1	2	3	4	5	6	7	8	9	10							
	藏曆六月	13	14	15	16	17	17	18	19	20	21	22	23	24	25	26	27	28	30	1	2	3	4	5	6	7	8	9	10	11	12							
	公曆 7 月			1	2	3	4	5	6	7	8	9	10	11	12	13	14	15	16	17	18	19	20	21	22	23	24	25	26	27	28	29	30	31				
33	夏曆七月			13	14	15	16	17	18	19	20	21	22	23	24	25	26	27	28	29	(53)	2	3	4	5	6	7	8	9	10	11	12	13	14				
	回曆 5 月			11	12	13	14	15	16	17	18	19	20	21	22	23	24	25	26	27	28	29	1	2	3	4	5	6	7	8	9	10	11	12				
	藏曆七月			13	14	15	16	17	18	19	20	21	22	23	24	25	26	27	28	29	2	3	4	5	6	7	8	9	10	11	12	13	14	14				
	公曆 8 月						1	2	3	4	5	6	7	8	9	10	11	12	13	14	15	16	17	18	19	20	21	22	23	24	25	26	27	28	29	30	31	
	夏曆閏七月						15	16	17	18	19	20	21	22	23	24	25	26	27	28	29	30	㉓	2	3	4	5	6	7	8	9	10	11	12	13	14	15	
	回曆 6 月						13	14	15	16	17	18	19	20	21	22	23	24	25	26	27	28	29	30	1	2	3	4	5	6	7	8	9	10	11	12	13	
	藏曆八月						15	16	17	18	19	20	21	22	23	25	26	27	28	29	30	30	1	2	3	4	5	6	7	8	9	10	11	12	13	14	15	
	公曆 9 月		1	2	3	4	5	6	7	8	9	10	11	12	13	14	15	16	17	18	19	20	21	22	23	24	25	26	27	28	29	30						
34	夏曆八月		16	17	18	19	20	21	22	23	24	25	26	27	28	29	(52)	2	3	4	5	6	7	8	9	10	11	12	13	14	15	16						
	回曆 7 月		14	15	16	17	18	19	20	21	22	23	24	25	26	27	28	29	1	2	3	4	5	6	7	8	9	10	11	12	13	14						
	藏曆九月		16	17	18	19	20	21	22	23	24	25	26	27	29	30	1	2	3	4	5	6	7	8	9	9	10	11	12	13	14	15						
	公曆 10 月				1	2	3	4	5	6	7	8	9	10	11	12	13	14	15	16	17	18	19	20	21	22	23	24	25	26	27	28	29	30	31			
35	夏曆九月				17	18	19	20	21	22	23	24	25	26	27	28	29	㊶	2	3	4	5	6	7	8	9	10	11	12	13	14	15	16	17	18			
	回曆 8 月				15	16	17	18	19	20	21	22	23	24	25	26	27	28	29	30	1	2	3	4	5	6	7	8	9	10	11	12	13	14	15			
	藏曆十月				16	17	18	19	20	22	23	24	25	26	27	28	29	30	1	2	3	4	5	6	7	8	9	10	11	12	13	14	15	16	17			
	公曆 11 月							1	2	3	4	5	6	7	8	9	10	11	12	13	14	15	16	17	18	19	20	21	22	23	24	25	26	27	28	29	30	
36	夏曆十月							19	20	21	22	23	24	25	26	27	28	29	30	⑪	2	3	4	5	6	7	8	9	10	11	12	13	14	15	16	17	18	
	回曆 9 月							16	17	18	19	20	21	22	23	24	25	26	27	28	29	1	2	3	4	5	6	7	8	9	10	11	12	13	14	15	16	
	藏曆十一月							18	19	20	21	22	23	24	26	27	28	29	30	1	2	3	3	4	5	6	7	8	9	10	11	12	13	14	15	16	17	
	公曆 12 月		1	2	3	4	5	6	7	8	9	10	11	12	13	14	15	16	17	18	19	20	21	22	23	24	25	26	27	28	29	30	31					
37	夏曆十一月		19	20	21	22	23	24	25	26	27	28	29	30	㊶	2	3	4	5	6	7	8	9	10	11	12	13	14	15	16	17	18	19					
	回曆 10 月		17	18	19	20	21	22	23	24	25	26	27	28	29	30	1	2	3	4	5	6	7	8	9	10	11	12	13	14	15	16	17					
	藏曆十二月		18	20	21	22	23	24	25	26	27	28	29	30	1	2	3	4	5	6	6	7	8	9	10	11	12	13	15	16	17	18	19					

大事記

五月，盧溝決於上陽村。　七月，宋詔州縣并以現錢及會子中半收放。　八月，金河決衛州。　九月，宋求遺書。胡里改反金。　十二月，宋改汀州鹽法。

宋遼金紀年

干支丁未　公元1187年

朝代或國名	國家支配者	建都	廟號	謚號	建元	年號年次	輔政者	備注
南宋	②趙昚	臨安	孝宗	成	3	3淳熙14年	王淮周必大	
西夏	⑤李仁孝	(銀川)	仁宗	聖德	4	4乾祐18年		
金	⑤完顏雍	燕京	世宗	仁	1	大定27年		
西遼	⑤耶遼直魯古	虎思斡耳朵		末主	1	天禧10年		
大理	④段智興	陽苴咩	景宗	功極	6	4元亨3年		在雲南
古格						374年		西藏阿里

月曆表

5900－354－2155003

月干支序數	星期 / 月序	日	1	2	3	4	5	6	日	1	2	3	4	5	6	日	1	2	3	4	5	6	日	1	2	3	4	5	6	日	1	2	3	4	5	6	日	1
	公暦1月					1	2	3	4	5	6	7	8	9	10	11	12	13	14	15	16	17	18	19	20	21	22	23	24	25	26	27	28	29	30	31		
38	夏暦十二月					20	21	22	23	24	25	26	27	28	29	30	⑪	2	3	4	5	6	7	8	9	10	11	12	13	14	15	16	17	18	19	20		
	回暦11月					18	19	20	21	22	23	24	25	26	27	28	29	1	2	3	4	5	6	7	8	9	10	11	12	13	14	15	16	17	18	19		
陰火羊年	藏暦一月					20	21	22	23	24	25	26	27	28	29	30	1	2	3	4	5	6	7	8	9	10	11	12	13	14	15	16	17	18	20	21		
	公暦2月	1	2	3	4	5	6	7	8	9	10	11	12	13	14	15	16	17	18	19	20	21	22	23	24	25	26	27	28									
39	夏暦正月	21	22	23	24	25	26	27	28	29	㊵	2	3	4	5	6	7	8	9	10	11	12	13	14	15	16	17	18	19									
	回暦12月	20	21	22	23	24	25	26	27	28	29	30	1	2	3	4	5	6	7	8	9	10	11	12	13	14	15	16	17									
	藏暦二月	22	23	24	25	26	27	28	28	29	30	1	2	3	4	5	6	7	8	9	10	11	12	14	15	16	17	18	19									
	公暦3月	1	2	3	4	5	6	7	8	9	10	11	12	13	14	15	16	17	18	19	20	21	22	23	24	25	26	27	28	29	30	31						
40	夏暦二月	20	21	22	23	24	25	26	27	28	29	30	⑩	2	3	4	5	6	7	8	9	10	11	12	13	14	15	16	17	18	19	20						
583年	回暦1月	18	19	20	21	22	23	24	25	26	27	28	29	①	2	3	4	5	6	7	8	9	10	11	12	13	14	15	16	17	18	19						
	藏暦三月	20	21	22	23	24	25	26	27	28	29	30	1	2	2	3	4	6	7	8	9	10	11	12	13	14	15	16	17	19	20	20						
	公暦4月				1	2	3	4	5	6	7	8	9	10	11	12	13	14	15	16	17	18	19	20	21	22	23	24	25	26	27	28	29	30				
41	夏暦三月				21	22	23	24	25	26	27	28	29	30	㊵	2	3	4	5	6	7	8	9	10	11	12	13	14	15	16	17	18	19	20				
	回暦2月				20	21	22	23	24	25	26	27	28	29	30	1	2	3	4	5	6	7	8	9	10	11	12	13	14	15	16	17	18	19				
	藏暦四月				21	22	23	24	25	26	27	28	29	30	1	2	3	4	5	6	7	8	9	11	12	13	14	15	16	17	18	19	20	21				
	公暦5月						1	2	3	4	5	6	7	8	9	10	11	12	13	14	15	16	17	18	19	20	21	22	23	24	25	26	27	28	29	30	31	
42	夏暦四月						21	22	23	24	25	26	27	28	29	⑨	2	3	4	5	6	7	8	9	10	11	12	13	14	15	16	17	18	19	20	21	22	
	回暦3月						20	21	22	23	24	25	26	27	28	29	1	2	3	4	5	6	7	8	9	10	11	12	13	14	15	16	17	18	19	20	21	
	藏暦五月						22	23	24	25	26	26	27	28	29	30	1	2	4	5	6	7	8	9	10	11	12	13	14	15	16	17	18	19	20	21	22	
	公暦6月		1	2	3	4	5	6	7	8	9	10	11	12	13	14	15	16	17	18	19	20	21	22	23	24	25	26	27	28	29	30						
43	夏暦五月		23	24	25	26	27	28	29	30	㊴	2	3	4	5	6	7	8	9	10	11	12	13	14	15	16	17	18	19	20	21	22						
	回暦4月		22	23	24	25	26	27	28	29	30	1	2	3	4	5	6	7	8	9	10	11	12	13	14	15	16	17	18	19	20	21						
	藏暦六月		23	24	25	26	27	28	29	30	1	2	3	4	5	7	8	9	10	11	12	13	14	15	16	17	18	19	20	21	22	22						
	公暦7月				1	2	3	4	5	6	7	8	9	10	11	12	13	14	15	16	17	18	19	20	21	22	23	24	25	26	27	28	29	30	31			
44	夏暦六月				23	24	25	26	27	28	29	⑧	2	3	4	5	6	7	8	9	10	11	12	13	14	15	16	17	18	19	20	21	22	23	24			
	回暦5月				22	23	24	25	26	27	28	29	1	2	3	4	5	6	7	8	9	10	11	12	13	14	15	16	17	18	19	20	21	22	23			
	藏暦七月				23	24	25	26	27	29	30	1	2	3	4	5	6	7	8	9	11	12	12	13	14	15	16	17	18	19	20	21	22	23	24			

續表

月干支序數	星期 / 月序	日	1	2	3	4	5	6	日	1	2	3	4	5	6	日	1	2	3	4	5	6	日	1	2	3	4	5	6	日	1	2	3	4	5	6	日	1
	公曆8月							1	2	3	4	5	6	7	8	9	10	11	12	13	14	15	16	17	18	19	20	21	22	23	24	25	26	27	28	29	30	31
45	夏曆七月							25	26	27	28	29	㊲	2	3	4	5	6	7	8	9	10	11	12	13	14	15	16	17	18	19	20	21	22	23	24	25	26
	回曆6月							24	25	26	27	28	29	30	1	2	3	4	5	6	7	8	9	10	11	12	13	14	15	16	17	18	19	20	21	22	23	24
	藏曆後七月							25	26	27	28	29	30	1	3	4	5	6	7	8	9	10	11	12	13	14	15	16	17	18	19	19	20	21	22	23	25	26
	公曆9月			1	2	3	4	5	6	7	8	9	10	11	12	13	14	15	16	17	18	19	20	21	22	23	24	25	26	27	28	29	30					
46	夏曆八月			27	28	29	30	⑦	2	3	4	5	6	7	8	9	10	11	12	13	14	15	16	17	18	19	20	21	22	23	24	25	26					
	回曆7月			25	26	27	28	29	1	2	3	4	5	6	7	8	9	10	11	12	13	14	15	16	17	18	19	20	21	22	23	24	25					
	藏曆八月			27	28	29	30	1	2	3	4	5	6	7	8	9	10	11	12	13	14	15	16	17	18	19	20	21	22	23	24	25	26					
	公曆10月					1	2	3	4	5	6	7	8	9	10	11	12	13	14	15	16	17	18	19	20	21	22	23	24	25	26	27	28	29	30	31		
47	夏曆九月					27	28	29	㊱	2	3	4	5	6	7	8	9	10	11	12	13	14	15	16	17	18	19	20	21	22	23	24	25	26	27	28		
	回曆8月					26	27	28	29	30	1	2	3	4	5	6	7	8	9	10	11	12	13	14	15	16	17	18	19	20	21	22	23	24	25	26		
	藏曆九月					27	29	30	1	2	3	4	5	6	7	8	9	10	11	12	13	14	15	16	17	18	19	20	21	23	24	25	26	27	28	29		
	公曆11月	1	2	3	4	5	6	7	8	9	10	11	12	13	14	15	16	17	18	19	20	21	22	23	24	25	26	27	28	29	30							
48	夏曆十月	29	⑤	2	3	4	5	6	7	8	9	10	11	12	13	14	15	16	17	18	19	20	21	22	23	24	25	26	27	28	29							
	回曆9月	27	28	29	1	2	3	4	5	6	7	8	9	10	11	12	13	14	15	16	17	18	19	20	21	22	23	24	25	26	27							
	藏曆十月	30	30	1	2	3	4	5	6	7	8	9	10	11	12	13	14	15	16	17	18	19	20	21	22	23	24	25	27	28	29							
	公曆12月			1	2	3	4	5	6	7	8	9	10	11	12	13	14	15	16	17	18	19	20	21	22	23	24	25	26	27	28	29	30	31				
49	夏曆十一月			30	㉟	2	3	4	5	6	7	8	9	10	11	12	13	14	15	16	17	18	19	20	21	22	23	24	25	26	27	28	29	30				
	回曆10月			28	29	30	1	2	3	4	5	6	7	8	9	10	11	12	13	14	15	16	17	18	19	20	21	22	23	24	25	26	27	28				
	藏曆十一月			30	1	2	3	4	5	6	6	7	8	9	10	11	12	13	14	15	16	17	18	19	20	22	23	24	25	26	27	28	29	30				

大事記

二月，金於曲陽縣置監鑄錢。金令沿河府州縣官兼提舉河防事。　六月，金免中都、河北等路被河決水災軍民租稅。宋臨安蝗，紹興、江西、湖南饑。　十月，宋太上皇趙構卒。　十一月，宋帝詔皇太子參決庶務。　十二月，金再申女真人用漢姓之禁，并禁不得學漢人衣裝。　是歲，金聽民於農隙採銀承納官課。金李宴上奏所定全國物力錢數三百萬多貫。　金戶口 6 789 000。

宋遼金紀年

干支戊申　公元 1188 年

朝代或國名	國家支配者	建都	廟號	謚號	建元	年號年次	輔政者	備注
南宋	②趙昚	臨安	孝宗	成	3	3 淳熙 15 年	王淮、周必大	
西夏	⑤李仁孝	（銀川）	仁宗	聖德	4	4 乾祐 19 年		
金	⑤完顏雍	燕京	世宗	仁	1	大定 28 年		
西遼	⑤耶律直魯古	虎思斡耳朵		末主	1	天禧 11 年		
大理	④段智興	陽苴咩	宣宗	功極	6	4 元亨 4 年		在雲南
古格						375 年		西藏阿里

月干支序数	星期 / 月序	日	1	2	3	4	5	6	日	1	2	3	4	5	6	日	1	2	3	4	5	6	日	1	2	3	4	5	6	日	1	2	3	4	5	6	日	1
	公曆1月						1	2	3	4	5	6	7	8	9	10	11	12	13	14	15	16	17	18	19	20	21	22	23	24	25	26	27	28	29	30	31	
50 51	夏曆十二/正月						⑤	2	3	4	5	6	7	8	9	10	11	12	13	14	15	16	17	18	19	20	21	22	23	24	25	26	27	28	29	㉞	2	
	回曆11月						29	1	2	3	4	5	6	7	8	9	10	11	12	13	14	15	16	17	18	19	20	21	22	23	24	25	26	27	28	29	30	
陽土猴年	藏曆十二/一月						1	2	3	4	5	6	7	8	9	9	10	11	12	13	15	16	17	18	19	20	21	22	23	24	25	26	27	28	29	30	1	
	公曆2月		1	2	3	4	5	6	7	8	9	10	11	12	13	14	15	16	17	18	19	20	21	22	23	24	25	26	27	28	29							
52	夏曆二月		3	4	5	6	7	8	9	10	11	12	13	14	15	16	17	18	19	20	21	22	23	24	25	26	27	28	29	30	①							
	回曆12月		1	2	3	4	5	6	7	8	9	10	11	12	13	14	15	16	17	18	19	20	21	22	23	24	25	26	27	28	29							
	藏曆二月		2	3	4	5	6	7	8	9	10	11	12	13	14	15	16	17	18	20	21	22	23	24	25	26	27	28	29	30	30							
	公曆3月			1	2	3	4	5	6	7	8	9	10	11	12	13	14	15	16	17	18	19	20	21	22	23	24	25	26	27	28	29	30	31				
53	夏曆三月			2	3	4	5	6	7	8	9	10	11	12	13	14	15	16	17	18	19	20	21	22	23	24	25	26	27	28	29	30	㉞	2				
584年	回曆1月			30	①	2	3	4	5	6	7	8	9	10	11	12	13	14	15	16	17	18	19	20	21	22	23	24	25	26	27	28	29	30				
	藏曆三月			1	1	2	3	4	5	6	7	8	9	10	11	12	14	15	16	17	18	19	20	21	22	23	24	25	26	27	28	29	1	2				
	公曆4月						1	2	3	4	5	6	7	8	9	10	11	12	13	14	15	16	17	18	19	20	21	22	23	24	25	26	27	28	29	30		
54	夏曆四月						3	4	5	6	7	8	9	10	11	12	13	14	15	16	17	18	19	20	21	22	23	24	25	26	27	28	29	30	④	2		
	回曆2、3月						1	2	3	4	5	6	7	8	9	10	11	12	13	14	15	16	17	18	19	20	21	22	23	24	25	26	27	28	29	1		
	藏曆四月						3	4	5	6	7	8	9	10	11	12	13	14	15	16	18	19	20	21	22	23	24	25	25	26	27	28	29	30	1	2		
	公曆5月	1	2	3	4	5	6	7	8	9	10	11	12	13	14	15	16	17	18	19	20	21	22	23	24	25	26	27	28	29	30	31						
55	夏曆五月	3	4	5	6	7	8	9	10	11	12	13	14	15	16	17	18	19	20	21	22	23	24	25	26	27	28	29	㉝	2	3	4						
	回曆4月	2	3	4	5	6	7	8	9	10	11	12	13	14	15	16	17	18	19	20	21	22	23	24	25	26	27	28	29	30	1	2						
	藏曆五月	3	4	5	6	7	8	9	11	12	13	14	15	16	17	18	19	20	21	22	23	24	25	26	27	28	29	30	1	2	3	4						
	公曆6月				1	2	3	4	5	6	7	8	9	10	11	12	13	14	15	16	17	18	19	20	21	22	23	24	25	26	27	28	29	30				
56	夏曆六月				5	6	7	8	9	10	11	12	13	14	15	16	17	18	19	20	21	22	23	24	25	26	27	28	29	30	③	2	3	4				
	回曆5月				3	4	5	6	7	8	9	10	11	12	13	14	15	16	17	18	19	20	21	22	23	24	25	26	27	28	29	1	2	3				
	藏曆六月				5	6	7	8	9	10	11	12	14	15	16	17	18	19	20	21	21	22	23	24	25	26	27	28	29	30	1	2	3	4				
	公曆7月						1	2	3	4	5	6	7	8	9	10	11	12	13	14	15	16	17	18	19	20	21	22	23	24	25	26	27	28	29	30	31	
57	夏曆七月						5	6	7	8	9	10	11	12	13	14	15	16	17	18	19	20	21	22	23	24	25	26	27	28	29	㉜	2	3	4	5	6	
	回曆6月						4	5	6	7	8	9	10	11	12	13	14	15	16	17	18	19	20	21	22	23	24	25	26	27	28	29	30	1	2	3	4	
	藏曆七月						5	7	8	9	10	11	12	13	14	15	16	17	18	19	20	21	22	23	24	25	26	27	28	29	30	1	2	3	4	5	6	
	公曆8月		1	2	3	4	5	6	7	8	9	10	11	12	13	14	15	16	17	18	19	20	21	22	23	24	25	26	27	28	29	30	31					
58	夏曆八月		7	8	9	10	11	12	13	14	15	16	17	18	19	20	21	22	23	24	25	26	27	28	29	①	2	3	4	5	6	7	8					
	回曆7月		5	6	7	8	9	10	11	12	13	14	15	16	17	18	19	20	21	22	23	24	25	26	27	28	29	1	2	3	4	5	6					
	藏曆八月		7	8	10	11	12	13	14	15	16	17	18	18	19	20	21	22	23	24	25	26	27	28	29	30	1	3	4	5	6	7	8					
	公曆9月					1	2	3	4	5	6	7	8	9	10	11	12	13	14	15	16	17	18	19	20	21	22	23	24	25	26	27	28	29	30			
59	夏曆九月					9	10	11	12	13	14	15	16	17	18	19	20	21	22	23	24	25	26	27	28	29	30	㉛	2	3	4	5	6	7	8			
	回曆8月					7	8	9	10	11	12	13	14	15	16	17	18	19	20	21	22	23	24	25	26	27	28	29	30	1	2	3	4	5	6			
	藏曆九月					9	10	11	12	13	14	15	16	17	18	19	20	21	22	23	24	25	26	27	28	29	30	1	2	3	4	6	7	8	9			
	公曆10月							1	2	3	4	5	6	7	8	9	10	11	12	13	14	15	16	17	18	19	20	21	22	23	24	25	26	27	28	29	30	31
60	夏曆十月							9	10	11	12	13	14	15	16	17	18	29	20	21	22	23	24	25	26	27	28	29	⑥⓪	2	3	4	5	6	7	8	9	10
	回曆9月							7	8	9	10	11	12	13	14	15	16	17	18	19	20	21	22	23	24	25	26	27	28	29	1	2	3	4	5	6	7	8
	藏曆十月							10	11	12	13	13	14	15	16	17	18	19	20	21	22	23	24	25	26	27	28	30	1	2	3	4	5	6	7	8	9	10
	公曆11月			1	2	3	4	5	6	7	8	9	10	11	12	13	14	15	16	17	18	19	20	21	22	23	24	25	26	27	28	29	30					
1	夏曆十一月			11	12	13	14	15	16	17	18	19	20	21	22	23	24	25	26	27	28	29	㉙	2	3	4	5	6	7	8	9	10	11					

續表

月干支序數	月序＼星期	日	1	2	3	4	5	6	日	1	2	3	4	5	6	日	1	2	3	4	5	6	日	1	2	3	4	5	6	日	1	2	3	4	5	6	日	1
	回曆10月			9	10	11	12	13	14	15	16	17	18	19	20	21	22	23	24	25	26	27	28	29	30	1	2	3	4	5	6	7	8					
	藏曆十一月			11	12	13	14	15	16	17	17	18	19	20	21	23	24	25	26	27	28	29	30	1	2	3	4	5	6	7	8	9	10					
	公曆12月					1	2	3	4	5	6	7	8	9	10	11	12	13	14	15	16	17	18	19	20	21	22	23	24	25	26	27	28	29	30	31		
2	夏曆十二月					12	13	14	15	16	17	18	19	20	21	22	23	24	25	26	27	28	29	30	(59)	2	3	4	5	6	7	8	9	10	11	12		
	回曆11月					9	10	11	12	13	14	15	16	17	18	19	20	21	22	23	24	25	26	27	28	29	1	2	3	4	5	6	7	8	9	10		
	藏曆十二月					11	12	13	14	15	16	17	18	19	20	21	22	23	24	25	26	28	29	30	1	2	3	4	5	6	7	8	9	9	10	11		

大事記

二月，金世宗自終南山召全真教領袖的丘處機到中都傳教。宋禁淮東亭戶開墾鹽場地。　　四月，金增外任小官俸。金建女真太學。　　十月，宋罷諸州科買軍器物料三年。　　十一月，宋朱熹上萬言書，提出六項"急務"。　　是年，江西、湖北、兩淮、建寧府、徽州水。陳青軍等海上饑民起事反宋，旋敗。

宋 遼 金 紀 年

干支己酉　公元 1189 年

朝代或國名	國家支配者	建都	廟號	謚號	建元	年號年次	輔政者	備注
南宋	②趙昚	臨安	孝宗	成	3	3 淳熙 16 年	留正、周必大	二月趙惇即位
西夏	⑤李仁孝	（銀川）	仁宗	聖德	4	4 乾祐 20 年		
金	⑤完顏雍	燕京	世宗	仁	1	大定 29 年		正月完顏璟即位
西遼	⑤耶律直魯古	虎思斡耳朵		末主	1	天禧 12 年		
大理	④段智興	陽苴咩	宣宗	功極	6	4 元亨 5 年		在雲南
古格						376 年		西藏阿里

月 曆 表

5902—384—2155742

月干支序數	月序＼星期	日	1	2	3	4	5	6	日	1	2	3	4	5	6	日	1	2	3	4	5	6	日	1	2	3	4	5	6	日	1	2	3	4	5	6	日	1
	公曆1月	1	2	3	4	5	6	7	8	9	10	11	12	13	14	15	16	17	18	19	20	21	22	23	24	25	26	27	28	29	30	31						
3	夏曆正月	13	14	15	16	17	18	19	20	21	22	23	24	25	26	27	28	29	30	㉙	2	3	4	5	6	7	8	9	10	11	12	13						
	回曆12月	11	12	13	14	15	16	17	18	19	20	21	22	23	24	25	26	27	28	29	30	1	2	3	4	5	6	7	8	9	10	11						
陰土鷄年	藏曆一月	12	13	14	15	16	17	18	19	20	21	23	24	25	26	27	28	29	30	1	2	3	4	5	6	7	8	9	10	11	12	12						
	公曆2月				1	2	3	4	5	6	7	8	9	10	11	12	13	14	15	16	17	18	19	20	21	22	23	24	25	26	27	28						
4	夏曆二月				14	15	16	17	18	19	20	21	22	23	24	25	26	27	28	29	30	(59)	2	3	4	5	6	7	8	9	10	11						
585 年	回曆1月				12	13	14	15	16	17	18	19	20	21	22	23	24	25	26	27	28	29	①	2	3	4	5	6	7	8	9	10						
	藏曆二月				13	14	16	17	18	19	20	21	22	23	24	25	26	27	29	29	30	1	2	3	4	5	6	7	8	9	10	11						
	公曆3月				1	2	3	4	5	6	7	8	9	10	11	12	13	14	15	16	17	18	19	20	21	22	23	24	25	26	27	28	29	30	31			
5	夏曆三月				12	13	14	15	16	17	18	19	20	21	22	23	24	25	26	27	28	29	㉘	2	3	4	5	6	7	8	9	10	11	12	13			
	回曆2月				11	12	13	14	15	16	17	18	19	20	21	22	23	24	25	26	27	28	29	30	1	2	3	4	5	6	7	8	9	10	11			
	藏曆三月				12	13	14	15	16	17	18	19	21	22	23	24	25	26	27	28	29	30	1	2	3	4	5	5	6	7	8	9	10	11	12			
	公曆4月							1	2	3	4	5	6	7	8	9	10	11	12	13	14	16	16	17	18	19	20	21	22	23	24	25	26	27	28	29	30	
6	夏曆四月							14	15	16	17	18	19	20	21	22	23	24	25	26	27	28	29	30	(58)	2	3	4	5	6	7	8	9	10	11	12	13	

續表

月序 干支序數	星期 月序	日	1	2	3	4	5	6	日	1	2	3	4	5	6	日	1	2	3	4	5	6	日	1	2	3	4	5	6	日	1	2	3	4	5	6	日	1
	回曆3月							12	13	14	15	16	17	18	19	20	21	22	23	24	25	26	27	28	29	1	2	3	4	5	6	7	8	9	10	11	12	
	藏曆四月							13	15	16	17	18	19	20	21	22	23	24	25	26	27	28	29	30	1	2	3	4	5	6	7	8	9	10	11	12	13	
	公曆5月		1	2	3	4	5	6	7	8	9	10	11	12	13	14	15	16	17	18	19	20	21	22	23	24	25	26	27	28	29	30	31					
7	夏曆五月		14	15	16	17	18	19	20	21	22	23	24	25	26	27	28	29	㉗	2	3	4	5	6	7	8	9	10	11	12	13	14	15					
	回曆4月		13	14	15	16	17	18	19	20	21	22	23	24	25	26	27	28	29	30	1	2	3	4	5	6	7	8	9	10	11	12	13					
	藏曆五月		14	15	16	18	19	20	21	22	23	24	25	26	27	28	29	29	30	1	2	3	4	5	6	7	8	9	11	12	13	14	15					
	公曆6月					1	2	3	4	5	6	7	8	9	10	11	12	13	14	15	16	17	18	19	20	21	22	23	24	25	26	27	28	29	30			
	夏曆閏五月					16	17	18	19	20	21	22	23	24	25	26	27	28	29	30	(57)	2	3	4	5	6	7	8	9	10	11	12	13	14	15			
	回曆5月					14	15	16	17	18	19	20	21	22	23	24	25	26	27	28	29	1	2	3	4	5	6	7	8	9	10	11	12	13	14			
	藏曆六月					16	17	18	19	20	21	22	23	24	25	26	27	28	29	30	1	2	3	4	5	6	7	8	9	10	11	12	14	15	16			
	公曆7月							1	2	3	4	5	6	7	8	10	10	11	12	13	14	15	16	17	18	19	20	21	22	23	24	25	26	27	28	29	30	31
8	夏曆六月							16	17	18	19	20	21	22	23	24	25	26	27	28	29	㉖	2	3	4	5	6	7	8	9	10	11	12	13	14	15	16	17
	回曆6月							15	16	17	18	19	20	21	22	23	24	25	26	27	28	29	30	1	2	3	4	5	6	7	8	9	10	11	12	13	14	15
	藏曆七月							17	18	19	20	21	22	23	24	25	26	26	27	28	29	30	1	2	3	4	5	7	8	9	10	11	12	13	14	15	16	17
	公曆8月			1	2	3	4	5	6	7	8	9	10	11	12	13	14	15	16	17	18	19	20	21	22	23	24	25	26	27	28	29	30	31				
9	夏曆七月			18	19	20	21	22	23	24	25	26	27	28	29	30	(56)	2	3	4	5	6	7	8	9	10	11	12	13	14	15	16	17	18				
	回曆7月			16	17	18	19	20	21	22	23	24	25	26	27	28	29	1	2	3	4	5	6	7	8	9	10	11	12	13	14	15	16	17				
	藏曆八月			18	19	20	21	22	23	24	25	26	27	28	29	30	1	2	3	4	5	6	7	8	10	11	12	13	14	15	16	17	18	19				
	公曆9月						1	2	3	4	5	6	7	8	9	10	11	12	13	14	15	16	17	18	19	20	21	22	23	24	25	26	27	28	29	30		
10	夏曆八月						19	20	21	22	23	24	25	26	27	28	29	㉕	2	3	4	5	6	7	8	9	10	11	12	13	14	15	16	17	18	19		
	回曆8月						18	19	20	21	22	23	24	25	26	27	28	29	30	1	2	3	4	5	6	7	8	9	10	11	12	13	14	15	16	17		
	藏曆九月						20	21	22	22	23	24	25	26	27	28	29	30	1	3	4	5	6	7	8	9	10	11	12	13	14	15	16	17	18	19		
	公曆10月	1	2	3	4	5	6	7	8	9	10	11	12	13	14	15	16	17	18	19	20	21	22	23	24	25	26	27	28	29	30	31						
11	夏曆九月	20	21	22	23	24	25	26	27	28	29	30	(55)	2	3	4	5	6	7	8	9	10	11	12	13	14	15	16	17	18	19	20						
	回曆9月	18	19	20	21	22	23	24	25	26	27	28	29	1	2	3	4	5	6	7	8	9	10	11	12	13	14	15	16	17	18	19						
	藏曆十月	20	21	22	23	24	25	26	27	28	29	30	1	2	3	4	5	7	8	9	10	11	12	13	14	15	16	16	17	18	19	20						
	公曆11月				1	2	3	4	5	6	7	8	9	10	11	12	13	14	15	16	17	18	19	20	21	22	23	24	25	26	27	28	29	30				
12	夏曆十月				21	22	23	24	25	26	27	28	29	㉔	2	3	4	5	6	7	8	9	10	11	12	13	14	15	16	17	18	19	20	21				
	回曆10月				20	21	22	23	24	25	26	27	28	29	30	1	2	3	4	5	6	7	8	9	10	11	12	13	14	15	16	17	18	19				
	藏曆十一月				21	22	23	24	25	26	27	28	29	1	2	3	4	5	6	7	8	9	10	11	12	13	14	15	16	17	18	19	20	21				
	公曆12月						1	2	3	4	5	6	7	8	9	10	11	12	13	14	15	16	17	18	19	20	21	22	23	24	25	26	27	28	29	30	31	
13	夏曆十一月						22	23	24	25	26	27	28	29	30	(54)	2	3	4	5	6	7	8	9	10	11	12	13	14	15	16	17	18	19	20	21	22	
	回曆11月						20	21	22	23	24	25	26	27	28	29	1	2	3	4	5	6	7	8	9	10	11	12	13	14	15	16	17	18	19	20	21	
	藏曆十二月						22	23	24	25	26	27	28	29	30	1	2	3	4	5	7	7	8	9	10	11	12	13	14	15	16	17	18	19	20	21	22	

大事記

正月，金世宗卒，皇太孫璟嗣，是為章宗。宋改廣西鹽法。　二月，宋孝宗自稱太上皇，傳位於太子惇，為光宗。　五月，金河決曹州。宋常德、辰、沅、靖等地大水。　閏五月，宋階州大水。　六月，鎮江大水。金初置提刑司。　七月，金減民地税十分之一，河東南、北路十分之二，下田十分之三，又命大州設學。　十一月，金命官再修遼史。

是年，宋朱熹《大學》、《中庸》章句注解成。

宋遼金紀年　　干支庚戌　公元1190年

朝代或國名	國家支配者	建都	廟號	謚號	建元	年號年次	輔政者	備注
南宋	③趙惇	臨安	光宗	慈	1	紹熙元年	留正	
西夏	⑤李仁孝	(銀川)	仁宗	聖德	4	4乾祐21年		
金	⑥完顏璟	燕京	章宗	英	3	1明昌元年		
西遼	⑤耶律直魯古	虎思斡耳朵		末主	1	天禧13年		
大理	④段智興	陽苴咩	宣宗	功極	6	4元亨6年		在雲南
古格						377年		西藏阿里

月曆表　　5903－354－2156096

月干支序數	月序＼星期	日	1	2	3	4	5	6	日	1	2	3	4	5	6	日	1	2	3	4	5	6	日	1	2	3	4	5	6	日	1	2	3	4	5	6	日	1
	公暦1月		1	2	3	4	5	6	7	8	9	10	11	12	13	14	15	16	17	18	19	20	21	22	23	24	25	26	27	28	29	30	31					
14	夏暦十二月		23	24	25	26	27	28	29	㉓	2	3	4	5	6	7	8	9	10	11	12	13	14	15	16	17	18	19	20	21	22	23	24					
	回暦12月		22	23	24	25	26	27	28	29	30	1	2	3	4	5	6	7	8	9	10	11	12	13	14	15	16	17	18	19	20	21	22					
陽金狗年	藏暦一月		23	24	25	26	27	28	30	1	2	3	4	5	6	7	8	9	10	11	11	12	13	14	15	16	17	18	19	20	21	22	24					
	公暦2月					1	2	3	4	5	6	7	8	9	10	11	12	13	14	15	16	17	18	19	20	21	22	23	24	25	26	27	28					
15	夏暦正月					25	26	27	28	29	30	㊸	2	3	4	5	6	7	8	9	10	11	12	13	14	15	16	17	18	19	20	21	22					
586年	回暦1月					23	24	25	26	27	28	29	①	2	3	4	5	6	7	8	9	10	11	12	13	14	15	16	17	18	19	20	21					
	藏暦二月					25	26	27	28	29	30	1	2	3	4	5	6	7	8	9	10	11	12	13	14	15	16	17	18	19	20	21	22					
	公暦3月					1	2	3	4	5	6	7	8	9	10	11	12	13	14	15	16	17	18	19	20	21	22	23	24	25	26	27	28	29	30	31		
16	夏暦二月					23	24	25	26	27	28	29	㉒	2	3	4	5	6	7	8	9	10	11	12	13	14	15	16	17	18	19	20	21	22	23	24		
	回暦2月					22	23	24	25	26	27	28	29	30	1	2	3	4	5	6	7	8	9	10	11	12	13	14	15	16	17	18	19	20	21	22		
	藏暦三月					23	24	25	26	27	29	30	1	2	3	4	4	5	6	7	8	9	10	11	12	13	14	15	16	17	18	19	20	22	23	24		
	公暦4月	1	2	3	4	5	6	7	8	9	10	11	12	13	14	15	16	17	18	19	20	21	22	23	24	25	26	27	28	29	30							
17	夏暦三月	25	26	27	28	29	30	㊷	2	3	4	5	6	7	8	9	10	11	12	13	14	15	16	17	18	19	20	21	22	23	24							
	回暦3月	23	24	25	26	27	28	29	1	2	3	4	5	6	7	8	9	10	11	12	13	14	15	16	17	18	19	20	21	22	23							
	藏暦後三月	25	26	27	28	29	30	1	2	3	4	5	6	7	8	9	9	10	11	12	13	15	16	17	18	19	20	21	22	23	24							
	公暦5月			1	2	3	4	5	6	7	8	9	10	11	12	13	14	15	16	17	18	19	20	21	22	23	24	25	26	27	28	29	30	31				
18	夏暦四月			25	26	27	28	29	㉑	2	3	4	5	6	7	8	9	10	11	12	13	14	15	16	17	18	19	20	21	22	23	24	25	26				
	回暦4月			24	25	26	27	28	29	30	1	2	3	4	5	6	7	8	9	10	11	12	13	14	15	16	17	18	19	20	21	22	23	24				
	藏暦四月			25	26	27	28	29	30	1	2	3	4	5	6	7	8	9	10	11	12	13	14	15	16	17	19	20	21	22	23	24	25	26				
	公暦6月						1	2	3	4	5	6	7	8	9	10	11	12	13	14	15	16	17	18	19	20	21	22	23	24	25	26	27	28	29	30		
19	夏暦五月						27	28	29	30	㊿51	2	3	4	5	6	7	8	9	10	11	12	13	14	15	16	17	18	19	20	21	22	23	24	25	26		
	回暦5月						25	26	27	28	29	1	2	3	4	5	6	7	8	9	10	11	12	13	14	15	16	17	18	19	20	21	22	23	24	25		
	藏暦五月						27	28	29	30	1	2	3	4	4	5	6	7	8	9	11	12	13	14	15	16	17	18	19	20	21	23	24	24	25	26		
	公暦7月	1	2	3	4	5	6	7	8	9	10	11	12	13	14	15	16	17	18	19	20	21	22	23	24	25	26	27	28	29	30	31						
20	夏暦六月	27	28	29	30	㉑	2	3	4	5	6	7	8	9	10	11	12	13	14	15	16	17	18	19	20	21	22	23	24	25	26	27						
	回暦6月	26	27	28	29	30	1	2	3	4	5	6	7	8	9	10	11	12	13	14	15	16	17	18	19	20	21	22	23	24	25	26						
	藏暦六月	27	28	29	30	1	2	3	4	5	6	7	8	9	10	11	12	14	15	16	17	18	19	20	21	22	23	24	25	26	27	28						
	公暦8月				1	2	3	4	5	6	7	8	9	10	11	12	13	14	15	16	17	18	19	20	21	22	23	24	25	26	27	28	29	30	31			
21	夏暦七月				28	29	㊿	2	3	4	5	6	7	8	9	10	11	12	13	14	15	16	17	18	19	20	21	22	23	24	25	26	27	28	29			
	回暦7月				27	28	29	1	2	3	4	5	6	7	8	9	10	11	12	13	14	15	16	17	18	19	20	21	22	23	24	25	26	27	28			
	藏暦七月				29	30	30	1	1	2	3	4	6	7	8	9	10	11	12	13	14	15	16	18	19	20	21	21	22	23	24	25	26	27	28			
	公暦9月							1	2	3	4	5	6	7	8	9	10	11	12	13	14	15	16	17	18	19	20	21	22	23	24	25	26	27	28	29	30	

續表

月 干支 序數	星期 月序	日	1	2	3	4	5	6	日	1	2	3	4	5	6	日	1	2	3	4	5	6	日	1	2	3	4	5	6	日	1	2	3	4	5	6	日	1
22	夏暦八月							30	⑳	2	3	4	5	6	7	8	9	10	11	12	13	14	15	16	17	18	19	20	21	22	23	24	25	26	27	28	29	
	回暦8月							29	30	1	2	3	4	5	6	7	8	9	10	11	12	13	14	15	16	17	18	19	20	21	22	23	24	25	26	27	28	
	藏暦八月							29	1	2	3	4	5	6	7	8	10	11	12	13	14	15	16	17	18	19	20	21	22	23	24	25	26	26	27	28	29	
	公暦10月		1	2	3	4	5	6	7	8	9	10	11	12	13	14	15	16	17	18	19	20	21	22	23	24	25	26	27	28	29	30	31					
23 24	夏暦九十月		㊾	2	3	4	5	6	7	8	9	10	11	12	13	14	15	16	17	18	19	20	21	22	23	24	25	26	27	28	29	30	⑲					
	回暦9月		29	1	2	3	4	5	6	7	8	9	10	11	12	13	14	15	16	17	18	19	20	21	22	23	24	25	26	27	28	29	30					
	藏暦九十月		30	1	3	4	5	6	7	8	9	10	11	12	13	14	15	16	17	18	19	20	21	22	23	24	25	26	27	28	29	30	1					
	公暦11月					1	2	3	4	5	6	7	8	9	10	11	12	13	14	15	16	17	18	19	20	21	22	23	24	25	26	27	28	29	30			
25	夏暦十一月					2	3	4	5	6	7	8	9	10	11	12	13	14	15	16	17	18	19	20	21	22	23	24	25	26	27	28	29	㊽	2			
	回暦10月					1	2	3	4	5	6	7	8	9	10	11	12	13	14	15	16	17	18	19	20	21	22	23	24	25	26	27	28	29	1			
	藏暦十一月					2	3	4	5	6	8	9	10	10	11	12	13	14	15	16	17	18	19	20	21	22	23	24	25	26	27	28	29	2	3			
	公暦12月							1	2	3	4	5	6	7	8	9	10	11	12	13	14	15	16	17	18	19	20	21	22	23	24	25	26	27	28	29	30	31
26	夏暦十二月							3	4	5	6	7	8	9	10	11	12	13	14	15	16	17	18	19	20	21	22	23	24	25	26	27	28	29	30	⑱	2	3
	回暦11、12月							2	3	4	5	6	7	8	9	10	11	12	13	14	15	16	17	18	19	20	21	22	23	24	25	26	27	28	29	30	1	2
	藏暦十二月							4	5	6	7	8	9	10	11	12	13	14	15	16	17	18	19	20	21	22	23	24	25	26	27	28	29	30	30	1	2	3

大事記

正月，金禁自為僧道者。　二月，宋劉光祖乞禁譏道學者。　三月，金設應制及宏詞科。　四月，宋詔兩淮措置流民。　八月，金始設常平倉。　十一月，金制世職官許蔭兄弟子侄。安南入貢於宋。　十二月，宋浦城民張海起事。

是歲，宋東南經制錢歲入六百六十餘萬緡。時戶口 6 939 000。夏骨勒茂才编《番漢合時掌中珠》(即夏、漢語字典)。

宋遼金紀年

干支辛亥　公元 1191 年

朝代或國名	國家支配者	建都	廟號	謚號	建元	年號年次	輔政者	備注
南宋	③趙惇	臨安	光宗	慈	1	紹熙 2 年	留正	
西夏	⑤李仁孝	(銀川)	仁宗	聖德	4	4 乾祐 22 年		
金	⑥完顔璟	燕京	章宗	英	3	1 明昌 2 年		
西遼	⑤耶律直魯古	虎思斡耳朵		末主	1	天禧 14 年		
大理	④段智興	陽苴咩	宣宗	功極	6	4 元亨 7 年		在雲南
古格						378 年		西藏阿里

月曆表

5904—355—2156451

月 干支 序數	星期 月序	日	1	2	3	4	5	6	日	1	2	3	4	5	6	日	1	2	3	4	5	6	日	1	2	3	4	5	6	日	1	2	3	4	5	6	日	1
	公暦1月			1	2	3	4	5	6	7	8	9	10	11	12	13	14	15	16	17	18	19	20	21	22	23	24	25	26	27	28	29	30	31				
27	夏暦正月			4	5	6	7	8	9	10	11	12	13	14	15	16	17	18	19	20	21	22	23	24	25	26	27	28	29	㊼	2	3	4	5				
587 年	回暦1月			3	4	5	6	7	8	9	10	11	12	13	14	15	16	17	18	19	20	21	22	23	24	25	26	27	28	29	30	①	2	3				
陰金猪年	藏暦一月			4	5	7	8	9	10	11	11	12	13	14	15	16	17	18	19	20	21	22	23	24	25	26	27	28	29	1	2	3	4	5				
	公暦2月						1	2	3	4	5	6	7	8	9	10	11	12	13	14	15	16	17	18	19	20	21	22	23	24	25	26	27	28				

續表

月干支序數	月序＼星期	日	1	2	3	4	5	6	日	1	2	3	4	5	6	日	1	2	3	4	5	6	日	1	2	3	4	5	6	日	1	2	3	4	5	6	日	1
28	夏暦二月						6	7	8	9	10	11	12	13	14	15	16	17	18	19	20	21	22	23	24	25	26	27	28	29	30	⑰	2	3				
	回暦2月						4	5	6	7	8	9	10	11	12	13	14	15	16	17	18	19	20	21	22	23	24	25	26	27	28	29	30	1				
	藏暦二月						6	7	8	9	10	11	12	13	14	14	15	16	17	18	19	20	21	22	23	25	26	27	28	29	30	1	2	3				
	公暦3月						1	2	3	4	5	6	7	8	9	10	11	12	13	14	15	16	17	18	19	20	21	22	23	24	25	26	27	28	29	30	31	
29	夏暦三月						4	5	6	7	8	9	10	11	12	13	14	15	16	17	18	19	20	21	22	23	24	25	26	27	28	29	㊻	2	3	4	5	
	回暦3月						2	3	4	5	6	7	8	9	10	11	12	13	14	15	16	17	18	19	20	21	22	23	24	25	26	27	28	29	1	2	3	
	藏暦三月						4	5	6	7	8	9	10	11	12	13	14	15	16	17	18	19	20	21	22	23	24	25	26	27	29	30	1	2	3	4	5	
	公暦4月		1	2	3	4	5	6	7	8	9	10	11	12	13	14	15	16	17	18	19	20	21	22	23	24	25	26	27	28	29	30						
30	夏暦四月		6	7	8	9	10	11	12	13	14	15	16	17	18	19	20	21	22	23	24	25	26	27	28	29	⑮	2	3	4	5	6						
	回暦4月		4	5	6	7	8	9	10	11	12	13	14	15	16	17	18	19	20	21	22	23	24	25	26	27	28	29	30	1	2	3						
	藏暦四月		6	7	8	8	9	10	11	12	13	14	15	16	17	18	19	20	22	23	24	25	26	27	28	29	30	1	2	3	4	5						
	公暦5月				1	2	3	4	5	6	7	8	9	10	11	12	13	14	15	16	17	18	19	20	21	22	23	24	25	26	27	28	29	30	31			
31	夏暦五月				7	8	9	10	11	12	13	14	15	16	17	18	19	20	21	22	23	24	25	26	27	28	29	30	㊺	2	3	4	5	6	7			
	回暦5月				4	5	6	7	8	9	10	11	12	13	14	15	16	17	18	19	20	21	22	23	24	25	26	27	28	29	1	2	3	4	5			
	藏暦五月				6	7	8	9	10	11	12	13	14	15	16	17	18	19	20	21	22	23	24	26	27	28	29	30	1	2	3	3	4	5	6			
	公暦6月							1	2	3	4	5	6	7	8	9	10	11	12	13	14	15	16	17	18	19	20	21	22	23	24	25	26	27	28	29	30	
32	夏暦六月							8	9	10	11	12	13	14	15	16	17	18	19	20	21	22	23	24	25	26	27	28	29	30	⑮	2	3	4	5	6	7	
	回暦6月							6	7	8	9	10	11	12	13	14	15	16	17	18	19	20	21	22	23	24	25	26	27	28	29	30	1	2	3	4	5	
	藏暦六月							7	8	9	10	11	12	13	14	15	16	17	19	20	21	22	23	24	25	26	27	28	29	30	1	2	3	4	5	6	7	
	公暦7月		1	2	3	4	5	6	7	8	9	10	11	12	13	14	15	16	17	18	19	20	21	22	23	24	25	26	27	28	29	30	31					
33	夏暦七月		8	9	10	11	12	13	14	15	16	17	18	19	20	21	22	23	24	25	26	27	28	29	㊹	2	3	4	5	6	7	8	9					
	回暦7月		6	7	8	9	10	11	12	13	14	15	16	17	18	19	20	21	22	23	24	25	26	27	28	29	1	2	3	4	5	6	7					
	藏暦七月		8	9	10	11	12	13	14	15	16	17	18	19	21	22	23	24	25	26	27	28	29	30	30	1	2	3	4	5	6	7	8					
	公暦8月					1	2	3	4	5	6	7	8	9	10	11	12	13	14	15	16	17	18	19	20	21	22	23	24	25	26	27	28	29	30	31		
34	夏暦八月					10	11	12	13	14	15	16	17	18	19	20	21	22	23	24	25	26	27	28	29	30	⑭	2	3	4	5	6	7	8	9	10		
	回暦8月					8	9	10	11	12	13	14	15	16	17	18	19	20	21	22	23	24	25	26	27	28	29	30	1	2	3	4	5	6	7	8		
	藏暦八月					9	10	11	12	14	15	16	17	18	19	20	21	22	23	24	25	26	27	28	29	30	1	2	3	4	5	6	7	8	9	10		
	公暦9月	1	2	3	4	5	6	7	8	9	10	11	12	13	14	15	16	17	18	19	20	21	22	23	24	25	26	27	28	29	30							
35	夏暦九月	11	12	13	14	15	16	17	18	19	20	21	22	23	24	25	26	27	28	29	30	㊹	2	3	4	5	6	7	8	9	10							
	回暦9月	9	10	11	12	13	14	15	16	17	18	19	20	21	22	23	24	25	26	27	28	29	1	2	3	4	5	6	7	8	9							
	藏暦九月	11	12	13	14	15	17	18	19	20	21	22	23	24	25	25	26	27	28	29	30	1	2	3	4	5	6	7	8	9	11							
	公暦10月			1	2	3	4	5	6	7	8	9	10	11	12	13	14	15	16	17	18	19	20	21	22	23	24	25	26	27	28	29	30	31				
36	夏暦十月			11	12	13	14	15	16	17	18	19	20	21	22	23	24	25	26	27	28	29	⑬	2	3	4	5	6	7	8	9	10	11	12				
	回暦10月			10	11	12	13	14	15	16	17	18	19	20	21	22	23	24	25	26	27	28	29	30	1	2	3	4	5	6	7	8	9	10				
	藏暦十月			12	13	14	15	16	17	18	19	20	21	22	23	24	25	26	27	28	29	30	1	2	3	4	5	6	7	8	9	10	11	12				
	公暦11月						1	2	3	4	5	6	7	8	9	10	11	12	13	14	15	16	17	18	19	20	21	22	23	24	25	26	27	28	29	30		
37	夏暦十一月						13	14	15	16	17	18	19	20	21	22	23	24	25	26	27	28	29	30	㊽	2	3	4	5	6	7	8	9	10	11	12		
	回暦11月						11	12	13	14	15	16	17	18	19	20	21	22	23	24	25	26	27	28	29	1	2	3	4	5	6	7	8	9	10	11		
	藏暦十一月						13	15	16	17	18	19	19	20	21	22	23	24	25	26	27	28	29	30	1	2	3	4	5	6	7	9	10	11	12	13		
	公暦12月	1	2	3	4	5	6	7	8	9	10	11	12	13	14	15	16	17	18	19	20	21	22	23	24	25	26	27	28	29	30	31						
38	夏暦十二月	13	14	15	16	17	18	19	20	21	22	23	24	25	26	27	28	29	⑫	2	3	4	5	6	7	8	9	10	11	12	13	14						
	回暦12月	12	13	14	15	16	17	18	19	20	21	22	23	24	25	26	27	28	29	30	1	2	3	4	5	6	7	8	9	10	11	12						
	藏暦十二月	14	15	16	17	18	19	20	21	22	22	23	24	25	26	27	28	29	30	1	3	4	5	6	7	8	9	10	11	12	13	14						

《宋紀》五月己酉，不合。

大事記

正月，宋行兩淮行義倉法。　二月，宋行《會元曆》。　三月，宋以朱熹、陳公亮措置泉、漳、汀三州經界。　四月，金以百姓與屯田戶不睦，許互為婚姻。金令女真學直譯為漢字，罷寫契丹字。　五月，宋潼川等十一州府大水。　七月，宋以會子百萬緡收兌兩淮私鐵錢。宋興州大水。　八月，宋寬兩浙鐵禁。　十月，宋詔罷經界。　十一月，金禁女真人以姓氏譯為漢字。夏官殺金邊將，金索之急，夏乃殺其官。　十二月，金罷契丹字。

宋遼金紀年

干支壬子　公元 1192 年

朝代或國名	國家支配者	建　都	廟號	謚號	建元	年號年次	輔政者	備　注
南宋	③趙惇	臨安	光宗	慈	1	紹熙 3 年	留正	
西夏	⑤李仁孝	（銀川）	仁宗	聖德	4	4 乾祐 23 年		
金	⑥完顏璟	燕京	章宗	英	3	1 明昌 3 年		
西遼	⑤耶律直魯古	虎思斡耳朵		末主	1	天禧 15 年		
大理	④段智興	陽苴咩	宣宗	功極	6	4 元亨 8 年		在雲南
古格						379 年		西藏阿里

月曆表

5905－384－2156835

月干支序數	月序＼星期	日	1	2	3	4	5	6	日	1	2	3	4	5	6	日	1	2	3	4	5	6	日	1	2	3	4	5	6	日	1	2	3	4	5	6	日	1
	公曆 1 月				1	2	3	4	5	6	7	8	9	10	11	12	13	14	15	16	17	18	19	20	21	22	23	24	25	26	27	28	29	30	31			
39	夏曆正月				15	16	17	18	19	20	21	22	23	24	25	26	27	28	29	30	㊷	2	3	4	5	6	7	8	9	10	11	12	13	14	15			
588 年	回曆 1 月				13	14	15	16	17	18	19	20	21	22	23	24	25	26	27	28	29	①	2	3	4	5	6	7	8	9	10	11	12	13	14			
陽水鼠年	藏曆一月				15	16	17	18	19	20	21	22	23	24	25	26	27	28	29	30	1	2	3	4	5	6	8	9	10	11	12	13	14	14	15			
	公曆 2 月							1	2	3	4	5	6	7	8	9	10	11	12	13	14	15	16	17	18	19	20	21	22	23	24	25	26	27	28	29		
40	夏曆二月							16	17	18	19	20	21	22	23	24	25	26	27	28	29	⑪	2	3	4	5	6	7	8	9	10	11	12	13	14	15		
	回曆 2 月							15	16	17	18	19	20	21	22	23	24	25	26	27	28	29	30	1	2	3	4	5	6	7	8	9	10	11	12	13		
	藏曆二月							16	17	18	19	20	21	22	23	24	25	26	27	28	29	2	3	4	5	6	7	8	9	10	11	12	13	14	15	16		
	公曆 3 月	1	2	3	4	5	6	7	8	9	10	11	12	13	14	15	16	17	18	19	20	21	22	23	24	25	26	27	28	29	30	31						
	夏曆閏二月	16	17	18	19	20	21	22	23	24	25	26	27	28	29	30	㊶	2	3	4	5	6	7	8	9	10	11	12	13	14	15	16						
	回曆 3 月	14	15	16	17	18	19	20	21	22	23	24	25	26	27	28	29	1	2	3	4	5	6	7	8	9	10	11	12	13	14	15						
	藏曆三月	17	18	18	19	20	21	22	23	25	26	27	28	29	30	30	1	2	3	4	5	6	7	8	9	10	11	12	13	14	15	16						
	公曆 4 月				1	2	3	4	5	6	7	8	9	10	11	12	13	14	15	16	17	18	19	20	21	22	23	24	25	26	27	28	29	30				
41	夏曆三月				17	18	19	20	21	22	23	24	25	26	27	28	29	⑩	2	3	4	5	6	7	8	9	10	11	12	13	14	15	16	17				
	回曆 4 月				16	17	18	19	20	21	22	23	24	25	26	27	28	29	30	1	2	3	4	5	6	7	8	9	10	11	12	13	14	15				
	藏曆四月				17	18	19	20	21	22	23	24	25	26	27	29	30	1	2	3	4	5	6	7	8	9	10	11	12	12	13	14	15	16				
	公曆 5 月						1	2	3	4	5	6	7	8	9	10	11	12	13	14	15	16	17	18	19	20	21	22	23	24	25	26	27	28	29	30	31	
42	夏曆四月						18	19	20	21	22	23	24	25	26	27	28	29	㊴	2	3	4	5	6	7	8	9	10	11	12	13	14	15	16	17	18	19	
	回曆 5 月						16	17	18	19	20	21	22	23	24	25	26	27	28	29	1	2	3	4	5	6	7	8	9	10	11	12	13	14	15	16	17	
	藏曆五月						17	18	19	20	21	23	24	25	26	27	28	29	30	1	2	3	4	5	6	7	8	9	10	11	12	13	14	15	16	17	18	
	公曆 6 月		1	2	3	4	5	6	7	8	9	10	11	12	13	14	15	16	17	18	19	20	21	22	23	24	25	26	27	28	29	30						
43	夏曆五月		20	21	22	23	24	25	26	27	28	29	30	⑨	2	3	4	5	6	7	8	9	10	11	12	13	14	15	16	7	18	19						
	回曆 6 月		18	19	20	21	22	23	24	25	26	27	28	29	30	1	2	3	4	5	6	7	8	9	10	11	12	13	14	15	16	17						
	藏曆六月		19	20	21	22	23	24	26	27	28	29	30	1	2	3	4	5	6	7	8	8	9	10	11	12	13	14	15	16	18	19						
	公曆 7 月				1	2	3	4	5	6	7	8	9	10	11	12	13	14	15	16	17	18	19	20	21	22	23	24	25	26	27	28	29	30	31			
44	夏曆六月				20	21	22	23	24	25	26	27	28	29	㊳	2	3	4	5	6	7	8	9	10	11	12	13	14	15	16	17	18	19	20	21			

續表

月干支序數	月序＼星期	日	1	2	3	4	5	6	日	1	2	3	4	5	6	日	1	2	3	4	5	6	日	1	2	3	4	5	6	日	1	2	3	4	5	6	日	1
	回曆7月				18	19	20	21	22	23	24	25	26	27	28	29	1	2	3	4	5	6	7	8	9	10	11	12	13	14	15	16	17	18	19			
	藏曆七月				20	21	22	23	24	25	26	27	28	29	30	1	2	3	4	5	6	7	8	9	10	11	12	13	14	15	16	17	18	19	21			
	公曆8月							1	2	3	4	5	6	7	8	9	10	11	12	13	14	15	16	17	18	19	20	21	22	23	24	25	26	27	28	29	30	31
45	夏曆七月							22	23	24	25	26	27	28	29	30	⑧	2	3	4	5	6	7	8	9	10	11	12	13	14	15	16	17	18	19	20	21	22
	回曆8月							20	21	22	23	24	25	26	27	28	29	30	1	2	3	4	5	6	7	8	9	10	11	12	13	14	15	16	17	18	19	20
	藏曆八月							22	23	24	25	26	27	28	29	30	1	2	3	4	5	5	6	7	8	9	10	11	12	14	15	16	17	18	19	20	21	22
	公曆9月			1	2	3	4	5	6	7	8	9	10	11	12	13	14	15	16	17	18	19	20	21	22	23	24	25	26	27	28	29	30					
46	夏曆八月			23	24	25	26	27	28	29	30	㊳	2	3	4	5	6	7	8	9	10	11	12	13	14	15	16	17	18	19	20	21	22					
	回曆9月			21	22	23	24	25	26	27	28	29	1	2	3	4	5	6	7	8	9	10	11	12	13	14	15	16	17	18	19	20	21					
	藏曆九月			23	24	25	26	27	28	29	30	1	2	3	4	5	6	7	8	9	10	11	12	13	14	15	16	18	19	20	21	22	23					
	公曆10月					1	2	3	4	5	6	7	8	9	10	11	12	13	14	15	16	17	18	19	20	21	22	23	24	25	26	27	28	29	30	31		
47	夏曆九月					23	24	25	26	27	28	29	⑦	2	3	4	5	6	7	8	9	10	11	12	13	14	15	16	17	18	19	20	21	22	23	24		
	回曆10月					22	23	24	25	26	27	28	29	30	1	2	3	4	5	6	7	8	9	10	11	12	13	14	15	16	17	18	19	20	21	22		
	藏曆十月					24	25	26	27	28	29	29	30	1	2	3	4	5	6	7	8	9	11	12	13	14	15	16	17	18	19	20	21	22	23	24		
	公曆11月	1	2	3	4	5	6	7	8	9	10	11	12	13	14	15	16	17	18	19	20	21	22	23	24	25	26	27	28	29	30							
48	夏曆十月	25	26	27	28	29	30	㊲	2	3	4	5	6	7	8	9	10	11	12	13	14	15	16	17	18	19	20	21	22	23	24							
	回曆11月	23	24	25	26	27	28	29	1	2	3	4	5	6	7	8	9	10	11	12	13	14	15	16	17	18	19	20	21	22	23							
	藏曆十一月	25	26	27	28	29	30	1	2	3	4	5	6	7	8	9	10	11	12	13	14	16	17	18	19	20	21	22	22	23	24							
	公曆12月			1	2	3	4	5	6	7	8	9	10	11	12	13	14	15	16	17	18	19	20	21	22	23	24	25	26	27	28	29	30	31				
49	夏曆十一月			25	26	27	28	29	30	⑦	2	3	4	5	6	7	8	9	10	11	12	13	14	15	16	17	18	10	20	21	22	23	24	25				
	回曆12月			24	25	26	27	28	29	30	1	2	3	4	5	6	7	8	9	10	11	12	13	14	15	16	17	18	19	20	21	22	23	24				
	藏曆十二月			25	26	27	28	29	30	1	2	3	4	5	6	7	8	10	11	12	13	14	15	16	17	18	19	20	21	22	23	24	25	25				

大事記

正月，宋以僧牒收淮東鐵錢。　二月，宋嚴錢銀渡淮之禁。宋定以雜藝得官者不許蔭子。　閏二月，宋禁州縣新作寺觀。　五月，宋常德府、安奉軍大水。　六月，宋禁民奢侈與士為文浮靡、吏苟且、飾偽者。　七月，宋敕沿邊人為諸州禁軍。宋瀘州軍亂，旋定。　八月，宋詔兩淮行鐵錢、交子。　九月，宋勸兩淮民種桑。　十一月，金禁官吏、百姓姓名皆同於古帝王者，又令避周公、孔子諱。　是歲，金河北諸路水。宋理學家陸九淵卒。

宋遼金紀年

干支癸丑　公元1193年

朝代或國名	國家支配者	建　都	廟號	謚號	建元	年號年次	輔政者	備　注
南宋	③趙惇	臨安	光宗	慈	1	紹熙4年	留正、葛邲	
西夏	⑤李仁孝	（銀川）	仁宗	聖德	4	4乾祐24年		九月卒
金	⑥完顏璟	燕京	章宗	英	3	明昌4年		
西遼	⑤耶律直魯古	虎思斡耳朵		末主	1	天禧16年		
大理	④段智興	陽苴咩	宣宗	功極	6	4元亨9年		在雲南
古格						380年		西藏阿里

月干支序數	月序＼星期	日	1	2	3	4	5	6	日	1	2	3	4	5	6	日	1	2	3	4	5	6	日	1	2	3	4	5	6	日	1	2	3	4	5	6	日	1
	公曆1月						1	2	3	4	5	6	7	8	9	10	11	12	13	14	15	16	17	18	19	20	21	22	23	24	25	26	27	28	29	30	31	
50	夏曆十二月						26	27	28	29	㊱	2	3	4	5	6	7	8	9	10	11	12	13	14	15	16	17	18	19	20	21	22	23	24	25	26	27	
589 年	回曆1月						25	26	27	28	29	30	①	2	3	4	5	6	7	8	9	10	11	12	13	14	15	16	17	18	19	20	21	22	23	24	25	
	藏曆後十二月						26	27	28	29	30	1	2	4	5	6	7	8	9	10	11	12	13	14	15	16	17	18	19	20	21	22	23	24	25	26	27	
	公曆2月		1	2	3	4	5	6	7	8	9	10	11	12	13	14	15	16	17	18	19	20	21	22	23	24	25	26	27	28								
51	夏曆正月		28	29	30	⑥	2	3	4	5	6	7	8	9	10	11	12	13	14	15	16	17	18	19	20	21	22	23	24	25								
	回曆2月		26	27	28	29	30	1	2	3	4	5	6	7	8	9	10	11	12	13	14	15	16	17	18	19	20	21	22	23								
陰水牛年	藏曆一月		28	29	30	1	2	3	4	5	6	7	9	10	11	12	13	14	15	16	17	17	18	19	20	21	22	23	24	25								
	公曆3月		1	2	3	4	5	6	7	8	9	10	11	12	13	14	15	16	17	18	19	20	21	22	23	24	25	26	27	28	29	30	31					
52	夏曆二月		26	27	28	29	㉟	2	3	4	5	6	7	8	9	10	11	12	13	14	15	16	17	18	19	20	21	22	23	24	25	26	27					
	回曆3月		24	25	26	27	28	29	1	2	3	4	5	6	7	8	9	10	11	12	13	14	15	16	17	18	19	20	21	22	23	24	25					
	藏曆二月		26	27	28	29	30	1	3	4	5	6	7	8	9	10	11	12	13	14	15	16	17	18	19	20	21	22	23	23	25	26	27					
	公曆4月					1	2	3	4	5	6	7	8	9	10	11	12	13	14	15	16	17	18	19	20	21	22	23	24	25	26	27	28	29	30			
53	夏曆三月					28	29	30	⑤	2	3	4	5	6	7	8	9	10	11	12	13	14	15	16	17	18	19	20	21	22	23	24	25	26	27			
	回曆4月					26	27	28	29	30	1	2	3	4	5	6	7	8	9	10	11	12	13	14	15	16	17	18	19	20	21	22	23	24	25			
	藏曆三月					28	29	30	1	2	3	4	5	7	8	9	10	11	11	12	13	14	15	16	17	18	19	20	21	22	23	24	25	26	27			
	公曆5月							1	2	3	4	5	6	7	8	9	10	11	12	13	14	15	16	17	18	19	20	21	22	23	24	25	26	27	28	29	30	31
54	夏曆四月							28	29	㉞	2	3	4	5	6	7	8	9	10	11	12	13	14	15	16	17	18	19	20	21	22	23	24	25	26	27	28	29
	回曆5月							26	27	28	29	1	2	3	4	5	6	7	8	9	10	11	12	13	14	15	16	17	18	19	20	21	22	23	24	25	26	27
	藏曆四月							28	29	1	2	3	4	5	6	7	8	9	10	11	12	13	14	15	16	16	17	18	19	20	22	23	24	25	26	27	28	29
	公曆6月			1	2	3	4	5	6	7	8	9	10	11	12	13	14	15	16	17	18	19	20	21	22	23	24	25	26	27	28	29	30					
55	夏曆五月			③	2	3	4	5	6	7	8	9	10	11	12	13	14	15	16	17	18	19	20	21	22	23	24	25	26	27	28	29	30					
	回曆6月			28	29	30	1	2	3	4	5	6	7	8	9	10	11	12	13	14	15	16	17	18	19	20	21	22	23	24	25	26	27					
	藏曆五月			30	1	2	4	5	6	6	7	8	9	10	11	12	13	14	15	16	17	18	19	20	21	22	23	24	26	27	28	29	30					
	公曆7月					1	2	3	4	5	6	7	8	9	10	11	12	13	14	15	16	17	18	19	20	21	22	23	24	25	26	27	28	29	30	31		
56 57	夏曆六 七月					㉝	2	3	4	5	6	7	8	9	10	11	12	13	14	15	16	17	18	19	20	21	22	23	24	25	26	27	28	29	②	2		
	回曆7月					28	29	1	2	3	4	5	6	7	8	9	10	11	12	13	14	15	16	17	18	19	20	21	22	23	24	25	26	27	28	29		
	藏曆六 七月					1	2	3	4	5	6	7	8	9	10	11	12	13	14	14	15	17	18	19	20	21	22	23	24	25	26	27	29	30	1	2		
	公曆8月	1	2	3	4	5	6	7	8	9	10	11	12	13	14	15	16	17	18	19	20	21	22	23	24	25	26	27	28	29	30	31						
58	夏曆八月	3	4	5	6	7	8	9	10	11	12	13	14	15	16	17	18	19	20	21	22	23	24	25	26	27	28	29	30	㉜	2	3						
	回曆8、9月	30	1	2	3	4	5	6	7	8	9	10	11	12	13	14	15	16	17	18	19	20	21	22	23	24	25	26	27	28	29	1						
	藏曆八月	3	4	4	5	6	7	8	9	10	11	12	13	14	15	16	17	18	19	21	22	23	24	25	26	27	28	29	30	1	2	3						
	公曆9月				1	2	3	4	5	6	7	8	9	10	11	12	13	14	15	16	17	18	19	20	21	22	23	24	25	26	27	28	29	30				
59	夏曆九月				4	5	6	7	8	9	10	11	12	13	14	15	16	17	18	19	20	21	22	23	24	25	26	27	28	29	①	2	3	4				
	回曆10月				2	3	4	5	6	7	8	9	10	11	12	13	14	15	16	17	18	19	20	21	22	23	24	25	26	27	28	29	30	1				
	藏曆九月				4	5	6	7	8	9	10	10	11	13	14	15	16	17	18	19	20	21	22	23	24	26	27	28	28	29	30	1	2	3				
	公曆10月						1	2	3	4	5	6	7	8	9	10	11	12	13	14	15	16	17	18	19	20	21	22	23	24	25	26	27	28	29	30	31	
60	夏曆十月						5	6	7	8	9	10	11	12	13	14	15	16	17	18	19	20	21	22	23	24	25	26	27	28	29	20	㉛	2	3	4	5	
	回曆11月						2	3	4	5	6	7	8	9	10	11	12	13	14	15	16	17	18	19	20	21	23	24	24	25	26	27	28	29	1	2	3	
	藏曆十月						4	5	6	7	8	9	10	11	12	13	14	15	16	18	19	20	21	22	23	24	25	26	27	28	29	30	1	2	3	3	4	
	公曆11月		1	2	3	4	5	6	7	8	9	10	11	12	23	14	15	16	17	18	19	20	21	22	23	24	25	26	27	28	29	30						
1	夏曆十一月		6	7	8	9	10	11	12	13	14	15	16	17	18	19	20	21	22	23	24	25	26	27	28	29	30	①	2	3	4	5						

續表

月 干支 序數	月序＼星期	日	1	2	3	4	5	6	日	1	2	3	4	5	6	日	1	2	3	4	5	6	日	1	2	3	4	5	6	日	1	2	3	4	5	6	日	1
	回曆 12 月		4	5	6	7	8	9	10	11	12	13	14	15	16	17	18	19	20	21	22	23	24	25	26	27	28	29	30	1	2	3						
	藏曆十一月		5	6	7	8	9	10	12	13	14	15	16	17	18	19	20	21	22	23	24	25	26	27	28	29	30	1	2	3	4	5						
	公曆 12 月				1	2	3	4	5	6	7	8	9	10	11	12	13	14	15	16	17	18	19	20	21	22	23	24	25	26	27	28	29	30	31			
2	夏曆十二月				6	7	8	9	10	11	12	13	14	15	16	17	18	19	20	21	22	23	24	25	26	27	28	29	30	㉛	2	3	4	5	6			
590 年	回曆 1 月				4	5	6	7	8	9	10	11	12	13	14	15	16	17	18	19	20	21	22	23	24	25	26	27	28	29	①	2	3	4	5			
	藏曆十二月				6	7	8	9	10	11	12	13	14	15	17	18	19	20	21	22	23	24	25	25	26	27	28	29	30	1	2	3	4	5	6			

大事記：

二月，宋貸淮西民市牛錢。　四月，金敕女真進士及第後，仍試以騎射，中選者昇擢之。　五月，宋江、浙、兩淮、荆湖水。陳亮及進士第一，於赴任建康府判官途中病逝（1143—1193）（或説在明年卒）。　七月，宋敘州"蠻"攻擾。宋禁邕州左右兩江販賣生口。　八月，宋罷郡縣賣沒官田。宋賑江東、浙西、淮西旱傷貧民。金主奠孔子廟。　九月，夏主李仁孝卒，子純祐嗣。　十二月，宋以朱熹為湖南安撫使，知潭州。　是年，宋光宗以疾病不視朝。金大有年。

宋遼金紀年

干支甲寅　公元 1194 年

朝代或國名	國家支配者	建　都	廟　號	謚　號	建元	年號年次	輔　政　者	備　　注
南宋	③趙惇	臨安	光宗	慈	1	紹熙 5 年	留正 葛邲 趙汝愚	七月趙擴即位
西夏	⑥李純祐	興慶	桓宗	昭簡	1	天慶元年		
金	⑥完顏璟	燕京	章宗	英	3	1 明昌 5 年		
西遼	⑤耶律直魯古	虎思斡耳朵		末主	1	天禧 17 年		
大理	④段智興	陽苴咩	宣宗	功極	6	4 元亨 10 年		在雲南
古格						381 年		西藏阿里

月曆表

5907—384—2157573

月 干支 序數	月序＼星期	日	1	2	3	4	5	6	日	1	2	3	4	5	6	日	1	2	3	4	5	6	日	1	2	3	4	5	6	日	1	2	3	4	5	6	日	1
	公曆 1 月							1	2	3	4	5	6	7	8	9	10	11	12	13	14	15	16	17	18	19	20	21	22	23	24	25	26	27	28	29	30	31
3	夏曆正月							7	8	9	10	11	12	13	14	15	16	17	18	19	20	21	22	23	24	25	26	27	28	29	(60)	2	3	4	5	6	7	8
	回曆 2 月							6	7	8	9	10	11	12	13	14	15	16	17	18	19	20	21	22	23	24	25	26	27	28	29	30	1	2	3	4	5	6
陽木虎年	藏曆一月							7	8	9	11	12	13	14	15	16	17	18	19	20	21	22	23	24	25	26	27	28	28	29	30	1	2	3	5	6	7	8
	公曆 2 月			1	2	3	4	5	6	7	8	9	10	11	12	13	14	15	16	17	18	19	20	21	22	23	24	25	26	27	28							
4	夏曆二月			9	10	11	12	13	14	15	16	17	18	19	20	21	22	23	24	25	26	27	28	29	30	㉚	2	3	4	5	6							
	回曆 3 月			7	8	9	10	11	12	13	14	15	16	17	18	19	20	21	22	23	24	25	26	27	28	29	1	2	3	4	5							
	藏曆二月			9	10	11	12	13	14	15	16	17	18	19	20	21	22	23	24	25	26	27	28	29	30	1	2	3	4	5	6							
	公曆 3 月			1	2	3	4	5	6	7	8	9	10	11	12	13	14	15	16	17	18	19	20	21	22	23	24	25	26	27	28	29	30	31				
5	夏曆三月			7	8	9	10	11	12	13	14	15	16	17	18	19	20	21	22	23	24	25	26	27	28	29	(59)	2	3	4	5	6	7	8				
	回曆 4 月			6	7	8	9	10	11	12	13	14	15	16	17	18	19	20	21	22	23	24	25	26	27	28	29	30	1	2	3	4	5	6				
	藏曆三月			7	8	10	11	12	13	14	15	16	17	18	19	20	21	21	22	23	24	25	26	27	28	29	30	1	3	4	5	6	7	8				
	公曆 4 月						1	2	3	4	5	6	7	8	9	10	11	12	13	14	15	16	17	18	19	20	21	22	23	24	25	26	27	28	29	30		

續表

月干支序數	月序 \ 星期	日	1	2	3	4	5	6	日	1	2	3	4	5	6	日	1	2	3	4	5	6	日	1	2	3	4	5	6	日	1	2	3	4	5	6	日	1
6	夏曆四月						9	10	11	12	13	14	15	16	17	18	19	20	21	22	23	24	25	26	27	28	29	30	㉙	2	3	4	5	6	7	8		
	回曆 5 月						7	8	9	10	11	12	13	14	15	16	17	18	19	20	21	22	23	24	25	26	27	28	29	1	2	3	4	5	6	7		
	藏曆四月						9	10	11	12	13	14	15	16	17	18	19	20	21	22	23	24	25	26	27	28	29	30	1	2	3	4	5	7	8	9		
	公曆 5 月	1	2	3	4	5	6	7	8	9	10	11	12	13	14	15	16	17	18	19	10	21	22	23	24	25	26	27	28	29	30	31						
7	夏曆五月	9	10	11	12	13	14	15	16	17	18	19	20	21	22	23	24	25	26	27	28	29	(58)	2	3	4	5	6	7	8	9	10						
	回曆 6 月	8	9	10	11	12	13	14	15	16	17	18	19	20	21	22	23	24	25	26	27	28	29	30	1	2	3	4	5	6	7	8						
	藏曆五月	10	11	12	13	14	15	15	16	17	18	19	20	21	22	23	24	25	26	27	28	30	1	2	3	4	5	6	7	8	9	10						
	公曆 6 月				1	2	3	4	5	6	7	8	9	10	11	12	13	14	15	16	17	18	19	20	21	22	23	24	25	26	27	28	29	30				
8	夏曆六月				11	12	13	14	15	16	17	18	19	20	21	22	23	24	25	26	27	28	29	㉗	2	3	4	5	6	7	8	9	10	11				
	回曆 7 月				9	10	11	12	13	14	15	16	17	18	19	20	21	22	23	24	25	26	27	28	29	1	2	3	4	5	6	7	8	9				
	藏曆六月				11	12	13	14	15	16	17	18	19	20	21	22	23	24	25	26	27	28	29	30	1	3	4	5	6	7	8	9	10	11				
	公曆 7 月						1	2	3	4	5	6	7	8	9	10	11	12	13	14	15	16	17	18	19	20	21	22	23	24	25	26	27	28	29	30	31	
9	夏曆七月						12	13	14	15	16	17	18	19	20	21	22	23	24	25	26	27	28	29	30	(57)	2	3	4	5	6	7	8	9	10	11	12	
	回曆 8 月						10	11	12	13	14	15	16	17	18	19	20	21	22	23	24	25	26	27	28	29	30	1	2	3	4	5	6	7	8	9	10	
	藏曆七月						12	12	13	14	15	16	17	18	19	20	21	22	23	24	26	27	28	29	30	1	2	3	4	5	6	7	8	9	10	11	12	
	公曆 8 月		1	2	3	4	5	6	7	8	9	10	11	12	13	14	15	16	17	18	19	20	21	22	23	24	25	26	27	28	29	30	31					
10	夏曆八月		13	14	15	16	17	18	19	20	21	22	23	24	25	26	27	28	29	㉖	2	3	4	5	6	7	8	9	10	11	12	13	14					
	回曆 9 月		11	12	13	14	15	16	17	18	19	20	21	22	23	24	25	26	27	28	29	1	2	3	4	5	6	7	8	9	10	11	12					
	藏曆八月		13	14	15	16	17	18	19	20	21	22	23	24	25	26	28	29	30	1	2	3	4	5	6	7	8	8	9	10	11	12	13					
	公曆 9 月					1	2	3	4	5	6	7	8	9	10	11	12	13	14	15	16	17	18	19	20	21	22	23	24	25	26	27	28	29	30			
11	夏曆九月					15	16	17	18	19	20	21	22	23	24	25	26	27	28	29	(55)	2	3	4	5	6	7	8	9	10	11	12	13	14	15			
	回曆 10 月					13	14	15	16	17	18	19	20	21	22	23	24	25	26	27	28	29	30	1	2	3	4	5	6	7	8	9	10	11	12			
	藏曆九月					14	15	16	17	18	19	20	22	23	24	25	26	27	28	29	30	1	2	3	4	5	6	7	8	9	10	11	12	13	14			
	公曆 10 月							1	2	3	4	5	6	7	8	9	10	11	12	13	14	15	16	17	18	19	20	21	22	23	24	15	26	27	28	29	30	31
12	夏曆十月							16	17	18	19	20	21	22	23	24	25	26	27	28	29	30	㉕	2	3	4	5	6	7	8	9	10	11	12	13	14	15	16
	回曆 11 月							13	14	15	16	17	18	19	20	21	22	23	24	25	26	27	28	29	1	2	3	4	5	6	7	8	9	10	11	12	13	14
	藏曆十月							15	16	17	18	19	20	21	22	23	25	26	27	28	29	30	1	2	2	3	4	5	6	7	8	9	10	11	12	13	14	15
	公曆 11 月			1	2	3	4	5	6	7	8	9	10	11	12	13	14	15	16	17	18	19	20	21	22	23	24	25	26	27	28	29	30					
	夏曆閏十月			17	18	19	20	21	22	23	24	25	26	27	28	29	30	(55)	2	3	4	5	6	7	8	9	10	11	12	13	14	15	16					
	回曆 12 月			15	16	17	18	19	20	21	22	23	24	25	26	27	28	29	30	1	2	3	4	5	6	7	8	9	10	11	12	13	14					
	藏曆十一月			16	17	19	20	21	22	23	24	25	26	27	28	29	30	1	2	3	4	5	6	6	7	8	9	10	12	13	14	15	16					
	公曆 12 月					1	2	3	4	5	6	7	8	9	10	11	12	13	14	15	16	17	18	19	20	21	22	23	24	25	26	27	28	29	30	31		
13	夏曆十一月					17	18	19	20	21	22	23	24	25	26	27	28	29	30	㉕	2	3	4	5	6	7	8	9	10	11	12	13	14	15	16	17		
591 年	回曆 1 月					15	16	17	18	19	20	21	22	23	24	25	26	27	28	29	①	2	3	4	5	6	7	8	9	10	11	12	13	14	15	16		
	藏曆十二月					17	18	19	20	21	22	23	24	25	26	27	28	29	30	1	2	3	4	5	6	7	8	9	10	11	12	13	14	15	16	18		

大事記

正月，金據宋《崇文總目》詔求遺書。金初定長吏勸農能否賞罰格。　三月，金初定鐵禁。又置弘文院譯寫經書。　五月，宋辰州傜擾邊。　六月，宋孝宗卒。　七月，宋光宗為太上皇，子擴即位，為寧宗。　八月，宋召朱熹為煥章閣待制兼侍講。金河決陽武故堤，泛濫成災。　十月，宋雅州"蠻"攻擾。　閏十月，朱熹免侍講。　十一月，宋韓侂胄用事。　十二月，宋禁民間言宮禁事。

是歲，宋歲入上供錢二百萬緡，經製錢六百六十萬緡，總製錢七百八十萬緡，月樁錢四百萬緡。

宋遼金紀年

干支乙卯　公元 1195 年

朝代或國名	國家支配者	建都	廟號	謚號	建元	年號年次	輔政者	備注
南宋	④趙擴	臨安	寧宗	恭	4	1慶元元年	趙汝愚余端禮	
西夏	⑥李純祐	(銀川)	桓宗	昭簡	1	天慶2年		
金	⑥完顏璟	燕京	章宗	英	3	1明昌6年		
西遼	⑤耶律直魯古	虎思斡耳朵		末主	1	天禧18年		
大理	④段智興	陽苴咩	宣宗	功極	6	4元亨11年		在雲南
古格						382年		西藏阿里

月曆表

5908－354－2157927

月干支序數	月序＼星期	日	1	2	3	4	5	6	日	1	2	3	4	5	6	日	1	2	3	4	5	6	日	1	2	3	4	5	6	日	1	2	3	4	5	6	日	1
	公曆1月	1	2	3	4	5	6	7	8	9	10	11	12	13	14	15	16	17	18	19	20	21	22	23	24	25	26	27	28	29	30	31						
14	夏曆十二月	18	19	20	21	22	23	24	25	26	27	28	29	(54)	2	3	4	5	6	7	8	9	10	11	12	13	14	15	16	17	18	19						
	回曆2月	17	18	19	20	21	22	23	24	25	26	27	28	29	30	1	2	3	4	5	6	7	8	9	10	11	12	13	14	15	16	17						
陰水兔年	藏曆一月	19	20	21	22	23	24	25	26	27	28	28	29	30	1	2	3	4	5	6	7	8	9	10	12	13	14	15	16	17	18	19						
	公曆2月				1	2	3	4	5	6	7	8	9	10	11	12	13	14	15	16	17	18	19	20	21	22	23	24	25	26	27	28						
15	夏曆正月				20	21	22	23	24	25	26	27	28	29	30	㉔	2	3	4	5	6	7	8	9	10	11	12	13	14	15	16	17						
	回曆3月				18	19	20	21	22	23	24	25	26	27	28	29	1·	2	3	4	5	6	7	8	9	10	11	12	13	14	15	16						
	藏曆二月				20	21	22	23	24	25	26	27	28	29	30	1	2	2	3	5	6	7	8	9	10	11	12	13	14	15	16	18						
	公曆3月				1	2	3	4	5	6	7	8	9	10	11	12	13	14	15	16	17	18	19	20	21	22	23	24	25	26	27	28	29	30	31			
16	夏曆二月				18	19	20	21	22	23	24	25	26	27	28	29	30	(54)	2	3	4	5	6	7	8	9	10	11	12	13	14	15	16	17	18			
	回曆4月				17	18	19	20	21	22	23	24	25	26	27	28	29	30	1	2	3	4	5	6	7	8	9	10	11	12	13	14	15	16	17			
	藏曆三月				19	19	20	21	22	23	24	25	26	27	28	29	30	1	2	3	4	5	6	7	8	10	11	12	13	14	15	16	17	18	19			
	公曆4月							1	2	3	4	5	6	7	8	9	10	11	12	13	14	15	16	17	18	19	20	21	22	23	24	25	26	27	28	29	30	
17	夏曆三月							19	20	21	22	23	24	25	26	27	28	29	㉓	2	3	4	5	6	7	8	9	10	11	12	13	14	15	16	17	18	19	
	回曆5月							18	19	20	21	22	23	24	25	26	27	28	29	1	2	3	4	5	6	7	8	9	10	11	12	13	14	15	16	17	18	
	藏曆四月							20	21	22	23	24	25	25	26	27	28	29	30	1	2	4	5	6	7	8	9	10	11	12	13	14	15	16	17	18	19	
	公曆5月		1	2	3	4	5	6	7	8	9	10	11	12	13	14	15	16	17	18	19	20	21	22	23	24	25	26	27	28	29	30	31					
18	夏曆四月		20	21	22	23	24	25	26	27	28	29	30	(53)	2	3	4	5	6	7	8	9	10	11	12	13	14	15	16	17	18	19	20					
	回曆6月		19	20	21	22	23	24	25	26	27	28	29	30	1	2	3	4	5	6	7	8	9	10	11	12	13	14	15	16	17	18	19					
	藏曆五月		20	21	22	23	24	25	26	27	28	29	30	1	2	3	4	5	7	8	9	10	11	12	13	14	15	16	17	18	19	20	20					
	公曆6月					1	2	3	4	5	6	7	8	9	10	11	12	13	14	15	16	17	18	19	20	21	22	23	24	25	26	27	28	29	30			
19	夏曆五月					21	22	23	24	25	26	27	28	29	㉒	2	3	4	5	6	7	8	9	10	11	12	13	14	15	16	17	18	19	20	21			
	回曆7月					20	21	22	23	24	25	26	27	28	29	1	2	3	4	5	6	7	8	9	10	11	12	13	14	15	16	17	18	19	20			
	藏曆六月					21	22	23	24	25	26	27	28	30	1	2	3	4	5	6	7	8	9	10	11	12	13	14	15	16	17	18	19	20	21			
	公曆7月							1	2	3	4	5	6	7	8	9	10	11	12	13	14	15	16	17	18	19	20	21	22	23	24	25	26	27	28	29	30	31
20	夏曆六月							22	23	24	25	26	27	28	29	(51)	2	3	4	5	6	7	8	9	10	11	12	13	14	15	16	17	18	19	20	21	22	23
	回曆8月							21	22	23	24	25	26	27	28	29	30	1	2	3	4	5	6	7	8	9	10	11	12	13	14	15	16	17	18	19	20	21
	藏曆七月							22	23	24	25	26	27	28	29	30	1	3	4	5	6	7	8	9	10	11	12	13	14	15	16	17	17	18	19	20	21	22
	公曆8月			1	2	3	4	5	6	7	8	9	10	11	12	13	14	15	16	17	18	19	20	21	22	23	24	25	26	27	28	29	30	31				
21	夏曆七月			24	25	26	27	28	29	30	㉑	2	3	4	5	6	7	8	9	10	11	12	13	14	15	16	17	18	19	20	21	22	23	24				
	回曆9月			22	23	24	25	26	27	28	29	1	2	3	4	5	6	7	8	9	10	11	12	13	14	15	16	17	18	19	20	21	22	23				
	藏曆八月			23	25	26	27	28	29	30	1	2	3	4	5	6	7	8	9	10	11	12	13	14	15	16	17	18	19	20	21	22	23	24				

續表

月 干支 序數	星期 月序	日	1	2	3	4	5	6	日	1	2	3	4	5	6	日	1	2	3	4	5	6	日	1	2	3	4	5	6	日	1	2	3	4	5	6	日	1
	公曆 9 月						1	2	3	4	5	6	7	8	9	10	11	12	13	14	15	16	17	18	19	20	21	22	23	24	25	26	27	28	29	30		
22	夏曆八月						25	26	27	28	29	㊿	2	3	4	5	6	7	8	9	10	11	12	13	14	15	16	17	18	19	20	21	22	23	24	25		
	回曆 10 月						24	25	26	27	28	29	30	1	2	3	4	5	6	7	8	9	10	11	12	13	14	15	16	17	18	19	20	21	22	23		
	藏曆後八月						25	26	27	29	30	1	2	3	4	5	6	7	8	9	10	11	12	12	13	14	15	16	17	18	19	20	22	23	24	25		
	公曆 10 月	1	2	3	4	5	6	7	8	9	10	11	12	13	14	15	16	17	18	19	20	21	22	23	24	25	26	27	28	29	30	31						
23	夏曆九月	26	27	28	29	⑲	2	3	4	5	6	7	8	9	10	11	12	13	14	15	16	17	18	19	20	21	22	23	24	25	26	27						
	回曆 11 月	24	25	26	27	28	29	1	2	3	4	5	6	7	8	9	10	11	12	13	14	15	16	17	18	19	20	21	22	23	24	25						
	藏曆九月	26	27	28	29	30	1	2	3	4	5	6	7	8	9	10	11	12	13	14	15	16	17	18	19	20	21	22	23	24	26	27						
	公曆 11 月				1	2	3	4	5	6	7	8	9	10	11	12	13	14	15	16	17	18	19	20	21	22	23	24	25	26	27	28	29	30				
24	夏曆十月				28	29	30	㊾	2	3	4	5	6	7	8	9	10	11	12	13	14	15	16	17	18	19	20	21	22	23	24	25	26	27				
	回曆 12 月				26	27	28	29	30	1	2	3	4	5	6	7	8	9	10	11	12	13	14	15	16	17	18	19	20	21	22	23	24	25				
	藏曆十月				28	29	30	1	2	3	4	5	6	6	7	8	9	10	11	12	13	14	15	16	17	18	20	21	22	23	24	25	26	27				
	公曆 12 月						1	2	3	4	5	6	7	8	9	10	11	12	13	14	15	16	17	18	19	20	21	22	23	24	25	26	27	28	29	30	31	
25	夏曆十一月						28	29	30	⑲	2	3	4	5	6	7	8	9	10	11	12	13	14	15	16	17	18	19	20	21	22	23	24	25	26	27	28	
592 年	回曆 1 月						26	27	28	29	30	①	2	3	4	5	6	7	8	9	10	11	12	13	14	15	16	17	18	19	20	21	22	23	24	25	26	
	藏曆十一月						28	29	30	1	2	3	4	5	6	7	8	9	10	11	11	13	14	15	16	17	18	19	20	21	22	23	24	26	26	27	28	

《宋紀》正月丁巳，不合。

大事記：

正月，宋黎州"蠻"攻擾。　二月，宋令兩淮民墾荒田。宋右丞相趙汝愚罷，自是韓侂胄弄權，數貶逐朝臣。　四月，太學生楊宏中等六人疏論罷趙汝愚事，皆送五百里外編管。　五月，宋詔戒百官朋比。金命官行省於臨潢。十月，金命官行省於撫州，皆以經略北邊。　十一月，北阻卜叛金，大肆攻掠。　是歲，金禮部尚書張暐等又編《大金儀禮》成。

宋遼金紀年

干支丙辰　公元 1196 年

朝代或國名	國家支配者	建都	廟號	謚號	建元	年號年次	輔政者	備注
南宋	④趙擴	臨安	寧宗	恭	4	1 慶元 2 年	余端禮京鏜	
西夏	⑥李純祐	(銀川)	桓宗	昭簡	1	天慶 3 年		
金	⑥完顏璟	燕京	章宗	英	3	2 承安元年		十一月戊戌改元
西遼	⑤耶律直魯古	虎思斡耳朵		末主	1	天禧 19 年		
(金)	德壽	信州				身聖元年		十月立，尋亡於金
大理	④段智興	陽苴咩	宣宗	功極	6	4 元享 12 年		在雲南
古格						383 年		西藏阿里

月曆表

5909－354－2158281

月 干支 序數	星期 月序	日	1	2	3	4	5	6	日	1	2	3	4	5	6	日	1	2	3	4	5	6	日	1	2	3	4	5	6	日	1	2	3	4	5	6	日	1
	公曆 1 月		1	2	3	4	5	6	7	8	9	10	11	12	13	14	15	16	17	18	19	20	21	22	23	24	25	26	27	28	29	30	31					
26	夏曆十二月		29	㊽	2	3	4	5	6	7	8	9	10	11	12	13	14	15	16	17	18	19	20	21	22	23	24	25	26	27	28	29	30					
	回曆 2 月		27	28	29	30	1	2	3	4	5	6	7	8	9	10	11	12	13	14	15	16	17	18	19	20	21	22	23	24	25	26	27					

續表

月干支序數	星期 月序	日	1	2	3	4	5	6	日	1	2	3	4	5	6	日	1	2	3	4	5	6	日	1	2	3	4	5	6	日	1	2	3	4	5	6	日	1
	藏暦十二月		29	30	1	2	3	4	5	6	7	8	9	10	11	12	13	14	15	16	17	19	20	21	22	23	24	25	26	27	28	29	30					
	公暦 2 月					1	2	3	4	5	6	7	8	9	10	11	12	13	14	15	16	17	18	10	20	21	22	23	24	25	26	27	28	29				
27	夏暦正月					⑱	2	3	4	5	6	7	8	9	10	11	12	13	14	15	16	17	18	19	20	21	22	23	24	25	26	27	28	29				
	回暦 3 月					28	29	1	2	3	4	5	6	7	8	9	10	11	12	13	14	15	16	17	18	19	20	21	22	23	24	25	26	27				
陽火龍年	藏暦一月					30	1	1	2	3	4	5	6	7	8	9	10	11	13	14	15	16	17	18	19	20	21	22	23	24	25	26	27	28				
	公暦 3 月						1	2	3	4	5	6	7	8	9	10	11	12	13	14	15	16	17	18	19	20	21	22	23	24	25	26	27	28	29	30	31	
28	夏暦二月						30	㊽	2	3	4	5	6	7	8	9	10	11	12	13	14	15	16	17	18	19	20	21	22	23	24	25	26	27	28	29	30	
	回暦 4 月						28	29	30	1	2	3	4	5	6	7	8	9	10	11	12	13	14	15	16	17	18	19	20	21	22	23	24	25	26	27	28	
	藏暦二月						29	1	2	3	4	5	6	7	8	9	10	11	12	13	14	15	16	18	19	20	21	22	23	24	24	25	26	27	28	29	30	
	公暦 4 月		1	2	3	4	5	6	7	8	9	10	11	12	13	14	15	16	17	18	19	20	21	22	23	24	25	26	27	28	29	30						
29 30	夏暦三四月		⑱	2	3	4	5	6	7	8	9	10	11	12	13	14	15	16	17	18	19	20	21	22	23	24	25	26	27	28	29	㊼						
	回暦 5 月		29	1	2	3	4	5	6	7	8	9	10	11	12	13	14	15	16	17	18	19	20	21	22	23	24	25	26	27	28	29						
	藏暦三月		1	2	3	4	5	6	7	8	9	11	12	13	14	15	16	17	18	19	20	21	22	23	24	25	26	27	28	29	29	30						
	公暦 5 月				1	2	3	4	5	6	7	8	9	10	11	12	13	14	15	16	17	18	19	20	21	22	23	24	25	26	27	28	29	30	31			
31	夏暦五月				2	3	4	5	6	7	8	9	10	11	12	13	14	15	16	17	18	19	20	21	22	23	24	25	26	27	28	29	30	⑰	2			
	回暦 6、7 月				30	1	2	3	4	5	6	7	8	9	10	11	12	13	14	15	16	17	18	19	20	21	22	23	24	25	26	27	28	29	1			
	藏暦四五月				1	3	4	5	6	7	8	9	10	11	12	13	14	15	16	17	18	19	20	21	22	23	24	25	26	27	28	29	30	1	2			
	公暦 6 月							1	2	3	4	5	6	7	8	9	10	11	12	13	14	15	16	17	18	19	20	21	22	23	24	25	26	27	28	29	30	
32	夏暦六月							3	4	5	6	7	8	9	10	11	12	13	14	15	16	17	18	19	20	21	22	23	24	25	26	27	28	29	㊻	2	3	
	回暦 8 月							2	3	4	5	6	7	8	9	10	11	12	13	14	15	16	17	18	19	20	21	22	23	24	25	26	27	28	29	30	1	
	藏暦六月							3	4	5	7	8	9	10	11	12	13	14	15	16	17	18	19	20	21	22	23	24	25	26	27	28	29	30	1	2	3	
	公暦 7 月		1	2	3	4	5	6	7	8	9	10	11	12	13	14	15	16	17	18	19	20	21	22	23	24	25	26	27	28	29	30	31					
33	夏暦七月		4	5	6	7	8	9	10	11	12	13	14	15	16	17	18	19	20	21	22	23	24	25	26	27	28	29	⑮	2	3	4	5					
	回暦 9 月		2	3	4	5	6	7	8	9	10	11	12	13	14	15	16	17	18	19	20	21	22	23	24	25	26	27	28	29	1	2	3					
	藏暦七月		4	5	6	7	8	10	11	12	13	14	15	16	16	17	18	19	20	21	22	23	24	25	26	27	28	29	30	1	3	4	5					
	公暦 8 月					1	2	3	4	5	6	7	8	9	10	11	12	13	14	15	16	17	18	19	20	21	22	23	24	25	26	27	28	29	30	31		
34	夏暦八月					6	7	8	9	10	11	12	13	14	15	16	17	18	19	20	21	22	23	24	25	26	27	28	29	30	㊺	2	2	4	5	6		
	回暦 10 月					4	5	6	7	8	9	10	11	12	13	14	15	16	17	18	19	20	21	22	23	24	25	26	27	28	29	30	1	2	3	4		
	藏暦八月					6	7	8	9	10	11	12	13	14	15	16	17	18	19	20	21	22	23	24	25	26	27	28	29	30	1	2	3	4	6	7		
	公暦 9 月	1	2	3	4	5	6	7	8	9	10	11	12	13	14	15	16	17	18	19	20	21	22	23	24	25	26	27	28	29	30							
35	夏暦九月	7	8	9	10	11	12	13	14	15	16	17	18	19	20	21	22	23	24	25	26	27	28	29	⑭	2	3	4	5	6	7							
	回暦 11 月	5	6	7	8	9	10	11	12	13	14	15	16	17	18	19	20	21	22	23	24	25	26	27	28	29	1	2	3	4	5							
	藏暦九月	8	9	10	11	12	12	13	14	15	16	17	18	19	20	21	22	23	24	25	26	27	29	30	1	2	3	4	5	6	7							
	公暦 10 月			1	2	3	4	5	6	7	8	9	10	11	12	13	14	15	16	17	18	19	20	21	22	23	24	25	26	27	28	29	30	31				
36	夏暦十月			8	9	10	11	12	13	14	15	16	17	18	19	20	21	22	23	24	25	26	27	28	29	㊸	2	3	4	5	6	7	8	9				
	回暦 12 月			6	7	8	9	10	11	12	13	14	15	16	17	18	19	20	21	22	23	24	25	26	27	28	29	30	1	2	3	4	5	6				
	藏暦十月			8	9	10	11	12	13	14	15	16	16	17	18	19	20	22	23	24	25	26	27	28	29	30	1	2	3	4	5	6	7	8				
	公暦 11 月						1	2	3	4	5	6	7	8	9	10	11	12	13	14	15	16	17	18	19	20	21	22	23	24	25	26	27	28	29	30		
37	夏暦十一月						10	11	12	13	14	15	16	17	18	19	20	21	22	23	24	25	26	27	28	29	30	⑬	2	3	4	5	6	7	8	9		
593 年	回暦 1 月						7	8	9	10	11	12	13	14	15	16	17	18	19	20	21	22	23	24	25	26	27	28	29	①	2	3	4	5	6	7		
	藏暦十一月						9	10	11	12	13	14	15	16	17	18	19	20	21	22	23	24	25	27	28	29	30	1	2	3	4	5	6	7	8	9		
	公暦 12 月	1	2	3	4	5	6	7	8	9	10	11	12	13	14	15	16	17	18	19	20	21	22	23	24	25	26	27	28	29	30	31						

續表

月干支序數	星期／月序	日	1	2	3	4	5	6	日	1	2	3	4	5	6	日	1	2	3	4	5	6	日	1	2	3	4	5	6	日	1	2	3	4	5	6	日	1
38	夏曆十二月	10	11	12	13	14	15	16	17	18	19	20	21	22	23	24	25	26	27	28	29	30	㊸	2	3	4	5	6	7	8	9	10						
	回曆2月	8	9	10	11	12	13	14	15	16	17	18	29	20	21	22	23	24	25	26	27	28	29	30	1	2	3	4	5	6	7	8						
	藏曆十二月	9	10	11	12	13	14	15	16	17	18	19	21	22	23	24	25	26	27	28	29	30	1	2	3	4	5	6	7	8	9	10						

大事記

正月，北邊弘吉剌部敗金兵。宋趙汝愚於衡州病卒。　二月，金初造金虎符發兵。宋劉德秀劾留正引用僞學之黨。　四月，金初行區種法。　五月，宋減諸路和市折帛錢三年。　六月，金定僧、道、女冠剃度之制。　七月，金大破阻卜。　八月，宋禁道學，稱之為僞學。　十月，金命官行省於北京以經營阻卜事。契丹德壽據信州，建元身聖，尋敗死。宋宜州"蠻"攻擾，旋定。　是歲，金加封蒙古鐵木真（成吉思汗）以扎兀惕忽里名號。

宋遼金紀年

干支丁巳　公元 1197 年

朝代或國名	國家支配者	建都	廟號	謚號	建元	年號年次	輔政者	備注
南宋	④趙擴	臨安	寧宗	恭	4	1慶元3年	京鏜	
西夏	⑥李純祐	（銀川）	桓宗	昭簡	1	天慶4年		
金	⑥完顏璟	燕京	章宗	英	3	2承安2年		
西遼	⑤耶律直魯古	虎思斡耳朵		末主	1	天禧20年		
大理	④段智興	陽苴咩	宣宗	功極	6	5安定元年		在雲南
古格						384年		西藏阿里

月曆表

5910－384－2158665

月干支序數	星期／月序	日	1	2	3	4	5	6	日	1	2	3	4	5	6	日	1	2	3	4	5	6	日	1	2	3	4	5	6	日	1	2	3	4	5	6	日	1
	公曆1月				1	2	3	4	5	6	7	8	9	10	11	12	13	14	15	16	17	18	19	20	21	22	23	24	25	26	27	28	29	30	31			
39	夏曆正月				11	12	13	14	15	16	17	18	19	20	21	22	23	24	25	26	27	28	29	⑫	2	3	4	5	6	7	8	9	10	11	12			
	回曆3月				9	10	11	12	13	14	15	16	17	18	19	20	21	22	23	24	25	26	27	28	29	1	2	3	4	5	6	7	8	9	10			
陰火蛇年	藏曆一月				11	12	13	14	15	16	17	18	19	20	21	22	23	24	25	27	28	29	30	30	1	2	3	4	5	6	7	8	9	10	11			
	公曆2月							1	2	3	4	5	6	7	8	9	10	11	12	13	14	15	16	17	18	19	20	21	22	23	24	25	26	27	28			
40	夏曆二月							13	14	15	16	17	18	19	20	21	22	23	24	25	26	27	28	29	30	㊷	2	3	4	5	6	7	8	9	10			
	回曆4月							11	12	13	14	15	16	17	18	19	20	21	22	23	24	25	26	27	28	29	30	1	2	3	4	5	6	7	8			
	藏曆二月							12	13	14	15	16	17	18	20	21	22	23	24	25	26	27	28	29	30	1	2	3	4	4	5	6	7	8	9			
	公曆3月							1	2	3	4	5	6	7	8	9	10	11	12	13	14	15	16	17	18	19	20	21	22	23	24	25	26	27	28	29	30	31
41	夏曆三月							11	12	13	14	15	16	17	18	19	20	21	22	23	24	25	26	27	28	29	30	⑫	2	3	4	5	6	7	8	9	10	11
	回曆5月							9	10	11	12	13	14	15	16	17	18	19	20	21	22	23	24	25	26	27	28	29	1	2	3	4	5	6	7	8	9	10
	藏曆三月							10	11	12	14	15	16	17	18	19	20	21	22	23	24	25	26	27	28	29	30	1	2	3	4	5	6	7	8	9	10	11
	公曆4月			1	2	3	4	5	6	7	8	9	10	11	12	13	14	15	16	17	18	19	20	21	22	23	24	25	26	27	28	29	30					
42	夏曆四月			12	13	14	15	16	17	18	19	20	21	22	23	24	25	26	27	28	29	㊶	2	3	4	5	6	7	8	9	10	11	12					
	回曆6月			11	12	13	14	15	16	17	18	19	20	21	22	23	24	25	26	27	28	29	30	1	2	3	4	5	6	7	8	9	10					
	藏曆四月			12	13	14	15	16	18	19	20	21	22	23	24	25	26	27	28	28	29	30	1	2	3	4	5	6	7	8	9	11	12					
	公曆5月					1	2	3	4	5	6	7	8	9	10	11	12	13	14	15	16	17	18	19	20	21	22	23	24	25	26	27	28	29	30	31		

續表

月干支序數	星期／月序	日	1	2	3	4	5	6	日	1	2	3	4	5	6	日	1	2	3	4	5	6	日	1	2	3	4	5	6	日	1	2	3	4	5	6	日	1
43	夏暦五月					13	14	15	16	17	18	19	20	21	22	23	24	25	26	27	28	29	30	⑪	2	3	4	5	6	7	8	9	10	11	12	13		
	回暦7月					11	12	13	14	15	16	17	18	19	20	21	22	23	24	25	26	27	28	29	1	2	3	4	5	6	7	8	9	10	11	12		
	藏暦五月					13	14	15	16	17	18	19	20	21	22	23	24	25	26	27	28	29	30	1	2	3	4	5	6	7	8	9	10	11	12	14		
	公暦6月	1	2	3	4	5	6	7	8	9	10	11	12	13	14	15	16	17	18	19	20	21	22	23	24	25	26	27	28	29	30							
44	夏暦六月	14	15	16	17	18	19	20	21	22	23	24	25	26	27	28	29	㊵	2	3	4	5	6	7	8	9	10	11	12	13	14							
	回暦8月	13	14	15	16	17	18	19	20	21	22	23	24	25	26	27	28	29	30	1	2	3	4	5	6	7	8	9	10	11	12							
	藏暦六月	15	16	17	18	19	20	21	22	23	24	24	25	26	27	28	29	30	1	2	3	4	5	7	8	9	10	11	12	13	14							
	公暦7月			1	2	3	4	5	6	7	8	9	10	11	12	13	14	15	16	17	18	19	20	21	22	23	24	25	26	27	28	29	30	31				
	夏暦閏六月			15	16	17	18	19	20	21	22	23	24	25	26	27	28	29	30	⑩	2	3	4	5	6	7	8	9	10	11	12	13	14	15				
	回暦9月			13	14	15	16	17	18	19	20	21	22	23	24	25	26	27	28	29	1	2	3	4	5	6	7	8	9	10	11	12	13	14				
	藏暦七月			15	16	17	18	19	20	21	22	23	24	25	26	27	28	29	30	1	2	3	4	5	6	7	8	10	11	12	13	14	15	16				
	公暦8月						1	2	3	4	5	6	7	8	9	10	11	12	13	14	15	16	17	18	19	20	21	22	23	24	25	26	27	28	29	30	31	
45	夏暦七月						16	17	18	19	20	21	22	23	24	25	26	27	28	29	㊴	2	3	4	5	6	7	8	9	10	11	12	13	14	15	16	17	
	回暦10月						15	16	17	18	19	20	21	22	23	24	25	26	27	28	29	30	1	2	3	4	5	6	7	8	9	10	11	12	13	14	15	
	藏暦八月						17	18	19	20	20	21	22	23	24	25	26	27	28	29	30	1	3	4	5	6	7	8	9	10	11	12	13	14	15	16	17	
	公暦9月		1	2	3	4	5	6	7	8	9	10	11	12	13	14	15	16	17	18	19	20	21	22	23	24	25	26	27	28	29	30						
46	夏暦八月		18	19	20	21	22	23	24	25	26	27	28	29	30	⑨	2	3	4	5	6	7	8	9	10	11	12	13	14	15	16	17						
	回暦11月		16	17	18	19	20	21	22	23	24	25	26	27	28	29	1	2	3	4	5	6	7	8	9	10	11	12	13	14	15	16						
	藏暦九月		18	19	20	21	22	23	24	25	26	27	28	29	30	1	2	3	4	6	7	8	9	10	11	12	13	14	15	16	16	17						
	公暦10月				1	2	3	4	5	6	7	8	9	10	11	12	13	14	15	16	17	18	19	20	21	22	23	24	25	26	27	28	29	30	31			
47	夏暦九月				18	19	20	21	22	23	24	25	26	27	28	29	㊳	2	3	4	5	6	7	8	9	10	11	12	13	14	15	16	17	18	19			
	回暦12月				17	18	19	20	21	22	23	24	25	26	27	28	29	30	1	2	3	4	5	6	7	8	9	10	11	12	13	14	15	16	17			
	藏暦十月				18	19	20	21	22	23	24	25	26	27	28	30	1	2	3	4	5	6	7	8	9	10	11	12	13	14	15	16	17	18	19			
	公暦11月							1	2	3	4	5	6	7	8	9	10	11	12	13	14	15	16	17	18	19	20	21	22	23	24	25	26	27	28	29	30
48	夏暦十月							20	21	22	23	24	25	26	27	28	29	⑦	2	3	4	5	6	7	8	9	10	11	12	13	14	15	16	17	18	19	20
594年	回暦1月							18	19	20	21	22	23	24	25	26	27	28	29	①	2	3	4	5	6	7	8	9	10	11	12	13	14	15	16	17	18
	藏暦十一月							20	21	22	23	24	25	26	27	28	29	30	1	2	4	5	6	7	8	9	9	10	11	12	13	14	15	16	17	18	19
	公暦12月		1	2	3	4	5	6	7	8	9	10	11	12	13	14	15	16	17	18	19	20	21	22	23	24	25	26	27	28	29	30	31					
49	夏暦十一月		21	22	23	24	25	26	27	28	29	30	㊲	2	3	4	5	6	7	8	9	10	11	12	13	14	15	16	17	18	19	20	21					
	回暦2月		19	20	21	22	23	24	25	26	27	28	29	30	1	2	3	4	5	6	7	8	9	10	11	12	13	14	15	16	17	18	19					
	藏暦十二月		20	21	22	23	24	25	26	28	29	30	1	2	3	4	5	6	7	8	9	10	11	12	12	13	14	15	16	17	18	19	20					

大事記

三月，宋禁浙西圍田。　四月，金主宣敕始用女真字。　五月，金北京行省官吏移駐臨潢府。金昇撫州為鎮寧州。六月，宋申嚴私鑄銅器之禁。宋廣東大溪島民以不堪鹽法苛擾，入海起事。　八月，官軍盡屠島民。宋均諸路職田。九月，金募上京、東京、北京、西京、咸平、臨潢漢人為兵。　十二月，金鑄承安寶貨。宋置僞學之士牛熹等五十九人。

宋遼金紀年

干支戊午　公元 1198 年

朝代或國名	國家支配者	建　都	廟　號	謚　號	建元	年號年次	輔政者	備　注
南宋	④趙擴	臨安	寧宗	恭	4	1 慶元 4 年	京鏜	
西夏	⑥李純祐	（銀川）	桓宗	昭簡	1	天慶 5 年		
金	⑥完顔璟	燕京	章宗	英	3	2 承安 3 年		

續表

朝代或國名	國家支配者	建都	廟號	謚號	建元	年號年次	輔政者	備注
西遼	⑤耶律直魯古	虎思斡耳朵		末主	1	天禧21年		
大理	④段智興	陽苴咩	宣宗	功極	6	5安定2年		在雲南
古格						385年		西藏阿里

月曆表

5911－354－2159019

月干支序數	月序＼星期	日	1	2	3	4	5	6	日	1	2	3	4	5	6	日	1	2	3	4	5	6	日	1	2	3	4	5	6	日	1	2	3	4	5	6	日	1
	公曆1月					1	2	3	4	5	6	7	8	9	10	11	12	13	14	15	16	17	18	19	20	21	22	23	24	25	26	27	28	29	30	31		
50	夏曆十二月					22	23	24	25	26	27	28	29	⑥	2	3	4	5	6	7	8	9	10	11	12	13	14	15	16	17	18	19	20	21	22	23		
	回曆3月					20	21	22	23	24	25	26	27	28	29	1	2	3	4	5	6	7	8	9	10	11	12	13	14	15	16	17	18	19	20	21		
陽土馬年	藏曆一月					22	23	24	25	26	27	28	29	30	1	2	3	4	5	6	7	8	9	10	11	12	13	14	15	16	17	18	19	20	21	22		
	公曆2月	1	2	3	4	5	6	7	8	9	10	11	12	13	14	15	16	17	18	19	20	21	22	23	24	25	26	27	28									
51	夏曆正月	24	25	26	27	28	29	30	㊱	2	3	4	5	6	7	8	9	10	11	12	13	14	15	16	17	18	19	20	21									
	回曆4月	22	23	24	25	26	27	28	29	30	1	2	3	4	5	6	7	8	9	10	11	12	13	14	15	16	17	18	19									
	藏曆二月	23	24	25	27	28	29	30	1	2	3	4	4	5	6	7	8	9	10	11	12	13	14	15	16	17	18	19	21									
	公曆3月	1	2	3	4	5	6	7	8	9	10	11	12	13	14	15	16	17	18	19	20	21	22	23	24	25	26	27	28	29	30	31						
52	夏曆二月	22	23	24	25	26	27	28	29	30	⑥	2	3	4	5	6	7	8	9	10	11	12	13	14	15	16	17	18	19	20	21	22						
	回曆5月	20	21	22	23	24	25	26	27	28	29	1	2	3	4	5	6	7	8	9	10	11	12	13	14	15	16	17	18	19	20	21						
	藏曆三月	22	23	24	25	26	27	28	29	30	1	2	3	4	5	6	7	8	8	9	10	11	12	14	15	16	17	18	19	20	21	22						
	公曆4月				1	2	3	4	5	6	7	8	9	10	11	12	13	14	15	16	17	18	19	20	21	22	23	24	25	26	27	28	29	30				
53	夏曆三月				23	24	25	26	27	28	29	㉟	2	3	4	5	6	7	8	9	10	11	12	13	14	15	16	17	18	19	20	21	22	23				
	回曆6月				22	23	24	25	26	27	28	29	30	1	2	3	4	5	6	7	8	9	10	11	12	13	14	15	16	17	18	19	20	21				
	藏曆四月				23	24	25	26	27	28	29	30	1	2	3	4	5	6	7	8	9	10	11	12	13	14	15	16	18	19	20	21	22	23				
	公曆5月						1	2	3	4	5	6	7	8	9	10	11	12	13	14	15	16	17	18	19	20	21	22	23	24	25	26	27	28	29	30	31	
54	夏曆四月						24	25	26	27	28	29	30	⑤	2	3	4	5	6	7	8	9	10	11	12	13	14	15	16	17	18	19	20	21	22	23	24	
	回曆7月						22	23	24	25	26	27	28	29	1	2	3	4	5	6	7	8	9	10	11	12	13	14	15	16	17	18	19	20	21	22	23	
	藏曆五月						24	25	26	27	28	29	30	1	2	2	3	4	5	6	7	8	9	11	12	13	14	15	16	17	18	19	20	21	22	23	24	
	公曆6月		1	2	3	4	5	6	7	8	9	10	11	12	13	14	15	16	17	18	19	20	21	22	23	24	25	26	27	28	29	30						
55	夏曆五月		25	26	27	28	29	30	㉟	2	3	4	5	6	7	8	9	10	11	12	13	14	15	16	17	18	19	20	21	22	23	24						
	回曆8月		24	25	26	27	28	29	30	1	2	3	4	5	6	7	8	9	10	11	12	13	14	15	16	17	18	19	20	21	22	23						
	藏曆後五月		25	26	27	28	29	30	1	2	3	4	5	6	7	8	9	10	11	12	14	15	16	17	18	19	20	21	22	23	24	25						
	公曆7月				1	2	3	4	5	6	7	8	9	10	11	12	13	14	15	16	17	18	19	20	21	22	23	24	25	26	27	28	29	30	31			
56	夏曆六月				25	26	27	28	29	④	2	3	4	5	6	7	8	9	10	11	12	13	14	15	16	17	18	19	20	21	22	23	24	25	26			
	回曆9月				24	25	26	27	28	29	1	2	3	4	5	6	7	8	9	10	11	12	13	14	15	16	17	18	19	20	21	22	23	24	25			
	藏曆六月				26	27	28	29	29	30	1	2	3	4	5	7	8	9	10	11	12	13	14	15	16	17	18	19	20	21	22	23	24	25	26			
	公曆8月							1	2	3	4	5	6	7	8	9	10	11	12	13	14	15	16	17	18	19	20	21	22	23	24	25	26	27	28	29	30	31
57	夏曆七月							27	28	29	30	㉞	2	3	4	5	6	7	8	9	10	11	12	13	14	15	16	17	18	19	20	21	22	23	24	25	26	27
	回曆10月							26	27	28	29	30	1	2	3	4	5	6	7	8	9	10	11	12	13	14	15	16	17	18	19	20	21	22	23	24	25	26
	藏曆七月							27	28	29	30	1	2	3	4	5	6	7	8	10	11	12	13	14	15	16	17	18	19	20	21	22	23	24	25	25	26	27
	公曆9月			1	2	3	4	5	6	7	8	9	10	11	12	13	14	15	16	17	18	19	20	21	22	23	24	25	26	27	28	29	30					
58	夏曆八月			28	29	③	2	3	4	5	6	7	8	9	10	11	12	13	14	15	16	17	18	19	20	21	22	23	24	25	26	27	28					
	回曆11月			27	28	29	1	2	3	4	5	6	7	8	9	10	11	12	13	14	15	16	17	18	19	20	21	22	23	24	25	26	27					
	藏曆八月			28	29	30	1	3	4	5	6	7	8	9	10	11	12	13	14	15	16	17	18	19	20	21	22	23	24	25	26	27	28					

續表

月 干支 序數	月序＼星期	日	1	2	3	4	5	6	日	1	2	3	4	5	6	日	1	2	3	4	5	6	日	1	2	3	4	5	6	日	1	2	3	4	5	6	日	1
	公曆 10 月					1	2	3	4	5	6	7	8	9	10	11	12	13	14	15	16	17	18	19	20	21	22	23	24	25	26	27	28	29	30	31		
59	夏曆九月					29	30	㉝	2	3	4	5	6	7	8	9	10	11	12	13	14	15	16	17	18	19	20	21	22	23	24	25	26	27	28	29		
	回曆 12 月					28	29	30	1	2	3	4	5	6	7	8	9	10	11	12	13	14	15	16	17	18	19	20	21	22	23	24	25	26	27	28		
	藏曆九月					29	30	1	2	3	4	5	7	8	9	10	11	12	13	14	15	16	17	18	19	19	20	21	22	23	24	25	26	27	28	30		
	公曆 11 月	1	2	3	4	5	6	7	8	9	10	11	12	13	14	15	16	17	18	19	20	21	22	23	24	25	26	27	28	29	30							
60 1	夏曆 十 十一 月	②	2	3	4	5	6	7	8	9	10	11	12	13	14	15	16	17	18	19	20	21	22	23	24	25	26	27	28	29	㉛							
595 年	回曆 1 月	29	30	①	2	3	4	5	6	7	8	9	10	11	12	13	14	15	16	17	18	19	20	21	22	23	24	25	26	27	28							
	藏曆十月	1	2	3	4	5	6	7	8	9	10	11	12	13	14	15	16	17	18	19	20	21	22	23	24	25	26	27	28	29	30							
	公曆 12 月			1	2	3	4	5	6	7	8	9	10	11	12	13	14	15	16	17	18	19	20	21	22	23	24	25	26	27	28	29	30	31				
2	夏曆十二月			2	3	4	5	6	7	8	9	10	11	12	13	14	15	16	17	18	19	20	21	22	23	24	25	26	27	28	29	30	①	2				
	回曆 2 月			29	30	1	2	3	4	5	6	7	8	9	10	11	12	13	14	15	16	17	18	19	20	21	22	23	24	25	26	27	28	29				
	藏曆 十一 十二 月			1	2	3	5	6	7	8	9	10	11	12	12	13	14	15	16	17	18	19	20	21	22	23	24	25	26	27	29	30	1	2				

《宋紀》八月丁卯，誤。金十一月乙未。

大事記

正月，宋以兩浙、江、淮、荆、湖、四川多苛征，申禁之。　二月，金遣將攻阻卜。　三月，金於北邊穿濠塹，修長城以禦蒙古等部，西北、西南尋亦仿治之。　五月，宋嚴中僞學之禁。　十月，金定官民存留現錢之數，設回易務，擬行鈔法。　十二月，宋除臨安府民身丁錢三年。　是歲，金悉罷宋界榷場。

宋 遼 金 紀 年　　干支己未　公元 1199 年

朝代或國名	國家支配者	建　都	廟　號	謚　號	建元	年號年次	輔　政　者	備　　注
南宋	④趙擴	臨安	寧宗	恭	4	1 慶元 5 年	京鏜	
西夏	⑥李純祐	（銀川）	桓宗	昭簡	1	天慶 6 年		
金	⑥完顏璟	燕京	章宗	英	3	2 承安 4 年		
西遼	⑤耶律直魯古	虎思斡耳朵		末主	1	天禧 22 年		
大理	④段智興	陽苴咩	宣宗	功極	6	5 安定 3 年		在雲南
古格						386 年		西藏阿里

月 曆 表　　5912—355—2159374

月 干支 序數	月序＼星期	日	1	2	3	4	5	6	日	1	2	3	4	5	6	日	1	2	3	4	5	6	日	1	2	3	4	5	6	日	1	2	3	4	5	6	日	1
	公曆 1 月						1	2	3	4	5	6	7	8	9	10	11	12	13	14	15	16	17	18	19	20	21	22	23	24	25	26	27	28	29	30	31	
3	夏曆正月						3	4	5	6	7	8	9	10	11	12	13	14	15	16	17	18	19	20	21	22	23	24	25	26	27	28	29	㉚	2	3	4	
	回曆 3、4 月						1	2	3	4	5	6	7	8	9	10	11	12	13	14	15	16	17	18	19	20	21	22	23	24	25	26	27	28	29	30	1	
陰土羊年	藏曆一月						3	4	5	6	7	8	9	10	11	12	13	14	15	15	16	17	18	19	20	21	23	24	25	26	27	28	29	30	1	2	3	
	公曆 2 月		1	2	3	4	5	6	7	8	9	10	11	12	13	14	15	16	17	18	19	20	21	22	23	24	25	26	27	28								
4	夏曆二月		5	6	7	8	9	10	11	12	13	14	15	16	17	18	19	20	21	22	23	24	25	26	27	28	29	30	(60)	2								

續表

月干支序數	月序＼星期	日	1	2	3	4	5	6	日	1	2	3	4	5	6	日	1	2	3	4	5	6	日	1	2	3	4	5	6	日	1	2	3	4	5	6	日	1
	回暦4月		2	3	4	5	6	7	8	9	10	11	12	13	14	15	16	17	18	19	20	21	22	23	24	25	26	27	28	29								
	藏暦二月		4	5	6	7	8	9	10	11	12	13	14	15	16	17	18	19	20	21	22	23	24	25	26	28	29	30	1	2								
	公暦3月		1	2	3	4	5	6	7	8	9	10	11	12	13	14	15	16	17	18	19	20	21	22	23	24	25	26	27	28	29	30	31					
5	夏暦三月		3	4	5	6	7	8	9	10	11	12	13	14	15	16	17	18	19	20	21	22	23	24	25	26	27	28	29	30	㉚	2	3					
	回暦5、6月		1	2	3	4	5	6	7	8	9	10	11	12	13	14	15	16	17	18	19	20	21	22	23	24	25	26	27	28	29	30	1					
	藏暦三月		3	4	5	6	7	7	8	9	10	11	12	13	14	15	16	17	18	19	20	22	23	24	25	26	27	28	29	30	1	2	3					
	公暦4月					1	2	3	4	5	6	7	8	9	10	11	12	13	14	15	16	17	18	19	20	21	22	23	24	25	26	27	28	29	30			
6	夏暦四月					4	5	6	7	8	9	10	11	12	13	14	15	16	17	18	19	20	21	22	23	24	25	26	27	28	29	(59)	2	3	4			
	回暦7月					2	3	4	5	6	7	8	9	10	11	12	13	14	15	16	17	18	19	20	21	22	23	24	25	26	27	28	29	1	2			
	藏暦四月					4	5	6	7	8	9	10	11	12	13	14	15	16	17	18	19	20	21	22	23	24	26	27	28	29	30	30	1	1	2			
	公暦5月							1	2	3	4	5	6	7	8	9	10	11	12	13	14	15	16	17	18	19	20	21	22	23	24	25	26	27	28	29	30	31
7	夏暦五月							5	6	7	8	9	10	11	12	13	14	15	16	17	18	19	20	21	22	23	24	25	26	27	28	29	30	㉙	2	3	4	5
	回暦8月							3	4	5	6	7	8	9	10	11	12	13	14	15	16	17	18	19	20	21	22	23	24	25	26	27	28	29	30	1	2	3
	藏暦五月							3	4	5	6	7	8	9	10	11	12	13	14	15	16	17	19	20	21	22	23	24	25	26	27	28	29	1	2	3	4	5
	公暦6月			1	2	3	4	5	6	7	8	9	10	11	12	13	14	15	16	17	18	19	20	21	22	23	24	25	26	27	28	29	30					
8	夏暦六月			6	7	8	9	10	11	12	13	14	15	16	17	18	19	20	21	22	23	24	25	26	27	28	29	(58)	2	3	4	5	6					
	回暦9月			4	5	6	7	8	9	10	11	12	13	14	15	16	17	18	19	20	21	22	23	24	25	26	27	28	29	1	2	3	4					
	藏暦六月			6	7	8	9	10	11	12	13	14	15	16	17	18	19	20	22	23	24	25	26	27	27	28	29	30	1	2	3	4	5					
	公暦7月					1	2	3	4	5	6	7	8	9	10	11	12	13	14	15	16	17	18	19	20	21	22	23	24	25	26	27	28	29	30	31		
9	夏暦七月					7	8	9	10	11	12	13	14	15	16	17	18	19	20	21	22	23	24	25	26	27	28	29	30	㉘	2	3	4	5	6	7		
	回暦10月					5	6	7	8	9	10	11	12	13	14	15	16	17	18	19	20	21	22	23	24	25	26	27	28	29	30	1	2	3	4	5		
	藏暦七月					6	7	8	9	10	11	12	14	15	16	17	18	19	20	21	22	23	24	25	26	27	28	29	30	1	2	3	4	5	6	7		
	公暦8月	1	2	3	4	5	6	7	8	9	10	11	12	13	14	15	16	17	18	19	20	21	22	23	24	25	26	27	28	29	30	31						
10	夏暦八月	8	9	10	11	12	13	14	15	16	17	18	19	20	21	22	23	24	25	26	27	28	29	30	(58)	2	3	4	5	6	7	8						
	回暦11月	6	7	8	9	10	11	12	13	14	15	16	17	18	19	20	21	22	23	24	25	26	27	28	29	1	2	3	4	5	6	7						
	藏暦八月	8	9	10	11	12	13	14	15	17	18	19	20	21	22	23	24	24	25	26	27	28	29	30	1	2	3	4	5	6	7	8						
	公暦9月				1	2	3	4	5	6	7	8	9	10	11	12	13	14	15	16	17	18	19	20	21	22	23	24	25	26	27	28	29	30				
11	夏暦九月				9	10	11	12	13	14	15	16	17	18	19	20	21	22	23	24	25	26	27	28	29	㉗	2	3	4	5	6	7	8	9				
	回暦12月				8	9	10	11	12	13	14	15	16	17	18	19	20	21	22	23	24	25	26	27	28	29	30	1	2	3	4	5	6	7				
	藏暦九月				10	11	12	13	14	15	16	17	18	19	20	21	22	23	24	25	26	27	28	29	30	1	2	3	4	5	6	7	8	9				
	公暦10月						1	2	3	4	5	6	7	8	9	10	11	12	13	14	15	16	17	18	19	20	21	22	23	24	25	26	27	28	29	30	31	
12	夏暦十月						10	11	12	13	14	15	16	17	18	19	20	21	22	23	24	25	26	27	28	29	30	(57)	2	3	4	5	6	7	8	9	10	
596年	回暦1月						8	9	10	11	12	13	14	15	16	17	18	19	20	21	22	23	24	25	26	27	28	29	①	2	3	4	5	6	7	8	9	
	藏暦十月						10	11	12	14	15	16	17	18	19	19	20	21	22	23	24	25	26	27	28	29	30	1	2	3	4	5	7	8	9	10	11	
	公暦11月		1	2	3	4	5	6	7	8	9	10	11	12	13	14	15	16	17	18	19	20	21	22	23	24	25	26	27	28	29	30						
13	夏暦十一月		11	12	13	14	15	16	17	18	19	20	21	22	23	24	25	26	27	28	29	㉖	2	3	4	5	6	7	8	9	10	11						
	回暦2月		10	11	12	13	14	15	16	17	18	19	20	21	22	23	24	25	26	27	28	29	30	1	2	3	4	5	6	7	8	9						
	藏暦十一月		12	13	14	15	16	17	18	19	20	21	22	23	23	24	25	26	27	28	29	1	2	3	4	5	6	7	8	9	10	11						
	公暦12月				1	2	3	4	5	6	7	8	9	10	11	12	13	14	15	16	17	18	19	20	21	22	23	24	25	26	27	28	29	30	31			
14	夏暦十二月				12	13	14	15	16	17	18	19	20	21	22	23	24	25	26	27	28	29	30	(56)	2	3	4	5	6	7	8	9	10	11	12			
	回暦3月				10	11	12	13	14	15	16	17	18	19	20	21	22	23	24	25	26	27	28	29	1	2	3	4	5	6	7	8	9	10	11			
	藏暦十二月				12	13	14	15	16	17	18	19	20	21	22	23	24	25	26	27	28	29	30	1	2	3	4	6	7	8	9	10	11	12	13			

大事記

正月，宋奪彭龜年等官。　二月，金西南路築邊堡九百里成。　三月，宋四川行對銷錢引法。　五月，宋頒《統天曆》。　七月，宋禁高麗、日本商人博易銅錢。　八月，宋立沿邊諸州武舉取士法。　九月，宋加韓侂胄少師，封平原郡王。　十月，金令州縣設普濟院。　十二月，宋稍弛僞學之禁。　是年，宋浙東、江西、廣東大水。

宋遼金紀年

干支庚申　公元1200年

朝代或國名	國家支配者	建都	廟號	謚號	建元	年號年次	輔政者	備注
南宋	④趙擴	臨安	寧宗	恭	4	1 慶元 6 年	謝深甫京鏜	
西夏	⑥李純祐	(銀川)	桓宗	昭簡	1	天慶 7 年		
金	⑥完顏璟	燕京	章宗	英	3	2 承安 5 年		
西遼	⑤耶律直魯古	虎思斡耳朵		末主	1	天禧 23 年		
大理	④段智興	陽苴咩	宣宗	功極	6	5 安定 4 年		八月段智廉即位
古格						387 年		西藏阿里

月曆表

5913—384—2159758

月干支序數	月序＼星期	日	1	2	3	4	5	6	日	1	2	3	4	5	6	日	1	2	3	4	5	6	日	1	2	3	4	5	6	日	1	2	3	4	5	6	日	1
	公曆1月							1	2	3	4	5	6	7	8	9	10	11	12	13	14	15	16	17	18	19	20	21	22	23	24	25	26	27	28	29	30	31
15	夏曆正月							13	14	15	16	17	18	19	20	21	22	23	24	25	26	27	28	29	㉕	2	3	4	5	6	7	8	9	10	11	12	13	14
	回曆4月							12	13	14	15	16	17	18	19	20	21	22	23	24	25	26	27	28	29	30	1	2	3	4	5	6	7	8	9	10	11	12
陽金猴年	藏曆一月							14	15	15	16	17	18	19	20	21	22	23	24	25	26	27	28	30	1	2	3	4	5	6	7	8	9	10	11	12	13	14
	公曆2月			1	2	3	4	5	6	7	8	9	10	11	12	13	14	15	16	17	18	19	20	21	22	23	24	25	26	27	28	29						
16	夏曆二月			15	16	17	18	19	20	21	22	23	24	25	26	27	28	29	㊹	2	3	4	5	6	7	8	9	10	11	12	13	14						
	回曆5月			13	14	15	16	17	18	19	20	21	22	23	24	25	26	27	28	29	1	2	3	4	5	6	7	8	9	10	11	12						
	藏曆二月			15	16	17	18	18	19	20	21	22	24	25	26	27	28	29	30	1	2	3	4	5	6	7	8	9	10	11	12	13						
	公曆3月				1	2	3	4	5	6	7	8	9	10	11	12	13	14	15	16	17	18	19	20	21	22	23	24	25	26	27	28	29	30	31			
	夏曆閏二月				15	16	17	18	19	20	21	22	23	24	25	26	27	28	29	30	㉔	2	3	4	5	6	7	8	9	10	11	12	13	14	15			
	回曆6月				13	14	15	16	17	18	19	20	21	22	23	24	25	26	27	28	29	30	1	2	3	4	5	6	7	8	9	10	11	12	13			
	藏曆三月				14	15	16	17	18	19	20	21	22	23	24	25	26	27	29	30	1	2	3	4	5	6	7	8	9	10	11	11	12	13	14			
	公曆4月							1	2	3	4	5	6	7	8	9	10	11	12	13	14	15	16	17	18	19	20	21	22	23	24	25	26	27	28	29	30	
17	夏曆三月							16	17	18	19	20	21	22	23	24	25	26	27	28	29	㊸	2	3	4	5	6	7	8	9	10	11	12	13	14	15	16	
	回曆7月							14	15	16	17	18	19	20	21	22	23	24	25	26	27	28	29	1	2	3	4	5	6	7	8	9	10	11	12	13	14	
	藏曆四月							15	16	17	18	19	20	22	23	24	25	26	27	28	29	30	1	2	3	4	5	6	7	8	9	10	11	12	13	14	15	
	公曆5月		1	2	3	4	5	6	7	8	9	10	11	12	13	14	15	16	17	18	19	20	21	22	23	24	25	26	27	28	29	30	31					
18	夏曆四月		17	18	19	20	21	22	23	24	25	26	27	28	29	30	㉓	2	3	4	5	6	7	8	9	10	11	12	13	14	15	16	17					
	回曆8月		15	16	17	18	19	20	21	22	23	24	25	26	27	28	29	30	1	2	3	4	5	6	7	8	9	10	11	12	13	14	15					
	藏曆五月		16	17	18	19	20	21	22	23	24	26	27	28	29	30	1	2	3	4	5	6	6	7	8	9	10	11	12	13	14	15	16					
	公曆6月				1	2	3	4	5	6	7	8	9	10	11	12	13	14	15	16	17	18	19	20	21	22	23	24	25	26	27	28	29	30				
19	夏曆五月				18	19	20	21	22	23	24	25	26	27	28	29	㊷	2	3	4	5	6	7	8	9	10	11	12	13	14	15	16	17	18				
	回曆9月				16	17	18	19	20	21	22	23	24	25	26	27	28	29	1	2	3	4	5	6	7	8	9	10	11	12	13	14	15	16				
	藏曆六月				17	19	20	21	22	23	24	25	26	27	28	29	30	1	2	3	4	5	6	7	8	9	10	11	12	13	14	15	16	17				
	公曆7月							1	2	3	4	5	6	7	8	9	10	11	12	13	14	15	16	17	18	19	20	21	22	23	24	25	26	27	28	29	30	31

續表

月 千支 序數	星期 / 月序	日	1	2	3	4	5	6	日	1	2	3	4	5	6	日	1	2	3	4	5	6	日	1	2	3	4	5	6	日	1	2	3	4	5	6	日	1
20	夏曆六月							19	20	21	22	23	24	25	26	27	28	29	30	㉒	2	3	4	5	6	7	8	9	10	11	12	13	14	15	16	17	18	19
	回曆10月							17	18	19	20	21	22	23	24	25	26	27	28	29	30	1	2	3	4	5	6	7	8	9	10	11	12	13	14	15	16	17
	藏曆七月							18	19	21	22	23	24	25	26	27	28	29	30	1	2	2	3	4	5	6	7	8	9	10	11	12	14	15	16	17	18	19
	公曆8月			1	2	3	4	5	6	7	8	9	10	11	12	13	14	15	16	17	18	19	20	21	22	23	24	25	26	27	28	29	30	31				
21	夏曆七月			20	21	22	23	24	25	26	27	28	29	30	(52)	2	3	4	5	6	7	8	9	10	11	12	13	14	15	16	17	18	19	20				
	回曆11月			18	19	20	21	22	23	24	25	26	27	28	29	1	2	3	4	5	6	7	8	9	10	11	12	13	14	15	16	17	18	19				
	藏曆八月			20	21	22	23	24	25	26	27	28	29	30	1	2	3	4	5	6	7	8	9	10	11	12	13	14	15	17	18	19	20	21				
	公曆9月					1	2	3	4	5	6	7	8	9	10	11	12	13	14	15	16	17	18	19	20	21	22	23	24	25	26	27	28	29	30			
22	夏曆八月						21	22	23	24	25	26	27	28	29	㉑	2	3	4	5	6	7	8	9	10	11	12	13	14	15	16	17	18	19	20	21		
	回曆12月						20	21	22	23	24	25	26	27	28	29	30	1	2	3	4	5	6	7	8	9	10	11	12	13	14	15	16	17	18	19		
	藏曆九月						22	23	24	25	26	27	28	28	29	30	1	2	3	4	5	6	7	8	10	11	12	13	14	15	16	17	18	19	20	21		
	公曆10月	1	2	3	4	5	6	7	8	9	10	11	12	13	14	15	16	17	18	19	20	21	22	23	24	25	26	27	28	29	30	31						
23	夏曆九月	22	23	24	25	26	27	28	29	30	(51)	2	3	4	5	6	7	8	9	10	11	12	13	14	15	16	17	18	19	20	21	22						
597年	回曆1月	20	21	22	23	24	25	26	27	28	29	30	①	2	3	4	5	6	7	8	9	10	11	12	13	14	15	16	17	18	19	20						
	藏曆十月	22	23	24	25	26	27	28	29	30	1	2	3	4	5	6	7	8	9	10	11	12	14	15	16	17	18	19	20	21	22	22						
	公曆11月				1	2	3	4	5	6	7	8	9	10	11	12	13	14	15	16	17	18	19	20	21	22	23	24	25	26	27	28	29	30				
24	夏曆十月				23	24	25	26	27	28	29	30	㉑	2	3	4	5	6	7	8	9	10	11	12	13	14	15	16	17	18	19	20	21	22				
	回曆2月				21	22	23	24	25	26	27	28	29	1	2	3	4	5	6	7	8	9	10	11	12	13	14	15	16	17	18	19	20	21				
	藏曆十一月				23	24	25	26	27	28	29	30	1	2	3	4	5	6	8	9	10	11	12	13	14	15	16	17	18	19	20	21	22	23				
	公曆12月						1	2	3	4	5	6	7	8	9	10	11	12	13	14	15	16	17	18	19	20	21	22	23	24	25	26	27	28	29	30	31	
25	夏曆十一月						23	24	25	26	27	28	29	㊿	2	3	4	5	6	7	8	9	10	11	12	13	14	15	16	17	18	19	20	21	22	23	24	
	回曆3月						22	23	24	25	26	27	28	29	30	1	2	3	4	5	6	7	8	9	10	11	12	13	14	15	16	17	18	19	20	21	22	
	藏曆十二月						24	25	26	26	27	28	29	2	3	4	5	6	7	8	9	10	11	12	13	14	15	16	17	18	19	20	21	22	23	24	25	

大事記：

正月，金定諸科進士取額。　三月，朱熹卒(1130—1200)。　八月，宋太上皇光宗卒。　九月，金西北路修長城成，凡用工七十五萬。宋婺州民呂祖泰上書請誅韓侂胄，被流欽州牢城。　十月，宋加韓侂胄太傅。　十二月，宋遣官經畫增四川營田租，因營田戶反抗，罷之。

宋遼金紀年

干支辛酉　公元1201年

朝代或國名	國家支配者	建都	廟號	謚號	建元	年號年次	輔政者	備注
南宋	④趙擴	臨安	寧宗	恭	4	2 嘉泰元年	謝深甫	
西夏	⑥李純祐	(銀川)	桓宗	昭簡	1	天慶8年		
金	⑥完顔璟	燕京	章宗	英	3	3 泰和元年		
西遼	⑤耶律直魯古	虎思斡耳朵		末主	1	天禧24年		
大理	⑤段智廉			亨天	2	1 鳳曆元年		在雲南
古格						388年		西藏阿里

月干支序數	月序＼星期	日	1	2	3	4	5	6	日	1	2	3	4	5	6	日	1	2	3	4	5	6	日	1	2	3	4	5	6	日	1	2	3	4	5	6	日	1
	公曆1月		1	2	3	4	5	6	7	8	9	10	11	12	13	14	15	16	17	18	19	20	21	22	23	24	25	26	27	28	29	30	31					
26	夏曆十二月		25	26	27	28	29	30	⑳	2	3	4	5	6	7	8	9	10	11	12	13	14	15	16	17	18	19	20	21	22	23	24	25					
	回曆4月		23	24	25	26	27	28	29	1	2	3	4	5	6	7	8	9	10	11	12	13	14	15	16	17	18	19	20	21	22	23	24					
陰金鷄年	藏曆一月		26	27	28	29	30	30	1	2	3	4	5	7	8	9	10	11	12	13	14	15	16	17	17	18	19	20	21	22	23	24	25					
	公曆2月					1	2	3	4	5	6	7	8	9	10	11	12	13	14	15	16	17	18	19	20	21	22	23	24	25	26	27	28					
27	夏曆正月					26	27	28	29	㊾	2	3	4	5	6	7	8	9	10	11	12	13	14	15	16	17	18	19	20	21	22	23	24					
	回曆5月					25	26	27	28	29	30	1	2	3	4	5	6	7	8	9	10	11	12	13	14	15	16	17	18	19	20	21	22					
	藏曆後一月					26	27	28	29	2	3	4	5	6	7	8	9	10	11	12	13	14	15	16	17	18	19	20	21	22	23	24	25					
	公曆3月					1	2	3	4	5	6	7	8	9	10	11	12	13	14	15	16	17	18	19	20	21	22	23	24	25	26	27	28	29	30	31		
28	夏曆二月					25	26	27	28	29	30	⑲	2	3	4	5	6	7	8	9	10	11	12	13	14	15	16	17	18	19	20	21	22	23	24	25		
	回曆6月					23	24	25	26	27	28	29	1	2	3	4	5	6	7	8	9	10	11	12	13	14	15	16	17	18	19	20	21	22	23	24		
	藏曆二月					26	27	28	29	30	30	1	2	3	4	5	7	8	9	10	10	11	12	13	14	15	16	17	18	19	20	21	22	23	24	25		
	公曆4月	1	2	3	4	5	6	7	8	9	10	11	12	13	14	15	16	17	18	19	20	21	22	23	24	25	26	27	28	29	30							
29	夏曆三月	26	27	28	29	㊽	2	3	4	5	6	7	8	9	10	11	12	13	14	15	16	17	18	19	20	21	22	23	24	25	26							
	回曆7月	25	26	27	28	29	30	1	2	3	4	5	6	7	8	9	10	11	12	13	14	15	16	17	18	19	20	21	22	23	24							
	藏曆三月	26	27	29	30	1	2	3	4	5	6	7	8	9	10	11	12	13	14	15	15	16	17	18	19	20	21	23	24	25	26							
	公曆5月			1	2	3	4	5	6	7	8	9	10	11	12	13	14	15	16	17	18	19	20	21	22	23	24	25	26	27	28	29	30	31				
30	夏曆四月			27	28	29	⑰	2	3	4	5	6	7	8	9	10	11	12	13	14	15	16	17	18	19	20	21	22	23	24	25	26	27	28				
	回曆8月			25	26	27	28	29	1	2	3	4	5	6	7	8	9	10	11	12	13	14	15	16	17	18	19	20	21	22	23	24	25	26				
	藏曆四月			27	28	29	30	1	2	3	4	5	6	7	8	9	10	11	12	13	14	15	16	17	18	19	20	21	22	23	24	26	27	28				
	公曆6月						1	2	3	1	5	6	7	8	9	10	11	12	13	14	15	16	17	18	19	20	21	22	23	24	25	26	27	28	29	30		
31	夏曆五月						29	30	㊼	2	3	4	5	6	7	8	9	10	11	12	13	14	15	16	17	18	19	20	21	22	23	24	25	26	27	28		
	回曆9月						27	28	29	30	1	2	3	4	5	6	7	8	9	10	11	12	13	14	15	16	17	18	19	20	21	22	23	24	25	26		
	藏曆五月						29	30	1	2	3	4	5	6	7	8	9	10	11	11	12	13	14	15	16	18	19	20	21	22	23	24	25	26	27	28		
	公曆7月	1	2	3	4	5	6	7	8	9	10	11	12	13	14	15	16	17	18	19	20	21	22	23	24	25	26	27	28	29	30	31						
32	夏曆六月	29	⑯	2	3	4	5	6	7	8	9	10	11	12	13	14	15	16	17	18	19	20	21	22	23	24	25	26	27	28	29	30						
	回曆10月	27	28	29	30	1	2	3	4	5	6	7	8	9	10	11	12	13	14	15	16	17	18	19	20	21	22	23	24	25	26	27						
	藏曆六月	29	30	1	2	3	4	5	6	7	8	9	10	11	12	13	14	15	16	17	18	19	21	22	23	24	25	26	27	28	29	30						
	公曆8月				1	2	3	4	5	6	7	8	9	10	11	12	13	14	15	16	17	18	19	20	21	22	23	24	25	26	27	28	29	30	31			
33 34	夏曆七八月				㊻	2	3	4	5	6	7	8	9	10	11	12	13	14	15	16	17	18	19	20	21	22	23	24	25	26	27	28	29	⑮	2			
	回曆11月				28	29	1	2	3	4	5	6	7	8	9	10	11	12	13	14	15	16	17	18	19	20	21	22	23	24	25	26	27	28	29			
	藏曆七八月				1	2	3	4	5	6	7	7	8	9	10	11	12	14	15	16	17	18	19	20	21	22	23	24	26	27	27	28	29	30	1			
	公曆9月							1	2	3	4	5	6	7	8	9	10	11	12	13	14	15	16	17	18	19	20	21	22	23	24	25	26	27	28	29	30	
35	夏曆九月							3	4	5	6	7	8	9	10	11	12	13	14	15	16	17	18	19	20	21	22	23	24	25	26	27	28	29	30	㊺	2	
	回曆12月							30	1	2	3	4	5	6	7	8	9	10	11	12	13	14	15	16	17	18	19	20	21	22	23	24	25	26	27	28	29	
	藏曆九月							2	3	4	5	6	7	8	9	10	11	12	13	14	15	16	18	19	20	21	22	23	24	25	26	27	28	29	30	1	2	
	公曆10月		1	2	3	4	5	6	7	8	9	10	11	12	13	14	15	16	17	18	19	20	21	22	23	24	25	26	27	28	29	30	31					
36	夏曆十月		3	4	5	6	7	8	9	10	11	12	13	14	15	16	17	18	19	20	21	22	23	24	25	26	27	28	29	30	⑮	2	3					
598年	回曆1、2月		①	2	3	4	5	6	7	8	9	10	11	12	13	14	15	16	17	18	19	20	21	22	23	24	25	26	27	28	29	30	1					
	藏曆十月		2	3	4	5	6	7	8	9	11	12	13	14	15	16	17	18	19	20	21	22	23	24	25	26	27	28	29	30	1	2	3					
	公曆11月					1	2	3	4	5	6	7	8	9	10	11	12	13	14	15	16	17	18	19	20	21	22	23	24	25	26	27	28	29	30			
37	夏曆十一月					4	5	6	7	8	9	10	11	12	13	14	15	16	17	18	19	20	21	22	23	24	25	26	27	28	29	30	㊺	2	3			

續表

月干支序數	月序＼星期	日	1	2	3	4	5	6	日	1	2	3	4	5	6	日	1	2	3	4	5	6	日	1	2	3	4	5	6	日	1	2	3	4	5	6	日	1
	回曆3月					2	3	4	5	6	7	8	9	10	11	12	13	14	15	16	17	18	19	20	21	22	23	24	25	26	27	28	29	1	2			
	藏曆十一月					4	5	6	7	8	9	10	11	12	13	15	16	17	18	19	20	21	22	23	24	25	25	26	27	28	29	30	1	2	3			
	公曆12月							1	2	3	4	5	6	7	8	9	10	11	12	13	14	15	16	17	18	19	20	21	22	23	24	25	26	27	28	29	30	31
38	夏曆十二月							4	5	6	7	8	9	10	11	12	13	14	15	16	17	18	19	20	21	22	23	24	25	26	27	28	29	⑭	2	3	4	5
	回曆4月							3	4	5	6	7	8	9	10	11	12	13	14	15	16	17	18	19	20	21	22	23	24	25	26	27	28	29	30	1	2	3
	藏曆十二月							4	5	6	7	9	10	11	12	13	14	15	16	17	18	19	20	21	22	23	24	25	26	27	28	29	30	2	3	4	5	6

大事記

正月，宋中嚴福建科鹽之禁。　二月，宋訪明天文曆法之士。　三月，宋臨安大火，焚五萬三千餘家。　四月，宋龍州民李蒙大結蕃部攻擾。金許契丹人有軍功者賞例同女真人，仍許養馬、為吏。　六月，金減牛頭稅三分之一。金中禁猛安、謀克戶毁樹木、賣田地、惰於耕耨者。　九月，金更定贍學養士法。宋禁開浙西舊圍田界石外之圍田。　十月，金求遺書。　十一月，宋除潭州民舊輸黄河鐵纜錢。　十二月，金新修《泰和律》成。　是歲，宋浙西、江東、兩淮、利州等路旱。

宋遼金紀年

干支壬戌　公元1202年

朝代或國名	國家支配者	建都	廟號	謚號	建元	年號年次	輔政者	備注
南宋	④趙擴	臨安	寧宗	恭	4	2嘉泰2年	謝深甫	
西夏	⑥李純祐	(銀川)	桓宗	昭簡	1	天慶9年		
金	⑥完顏璟	燕京	章宗	英	3	3泰和2年		
西遼	⑤耶律直魯古	虎思斡耳朵		末主	1	天禧25年		
大理	⑤段智廉			亨天	2	1鳳曆2年		在雲南
古格						389年		西藏阿里

月曆表

5915－384－2160497

月干支序數	月序＼星期	日	1	2	3	4	5	6	日	1	2	3	4	5	6	日	1	2	3	4	5	6	日	1	2	3	4	5	6	日	1	2	3	4	5	6	日	1
	公曆1月			1	2	3	4	5	6	7	8	9	10	11	12	13	14	15	16	17	18	19	20	21	22	23	24	25	26	27	28	29	30	31				
39	夏曆正月			6	7	8	9	10	11	12	13	14	15	16	17	18	19	20	21	22	23	24	25	26	27	28	29	30	㊹	2	3	4	5	6				
	回曆5月			4	5	6	7	8	9	10	11	12	13	14	15	16	17	18	19	20	21	22	23	24	25	26	27	28	29	1	2	3	4	5				
陽水狗年	藏曆一月			7	8	9	10	11	12	13	14	15	16	17	18	19	20	21	22	23	24	25	26	27	28	29	30	30	1	2	3	4	5	6				
	公曆2月						1	2	3	4	5	6	7	8	9	10	11	12	13	14	15	16	17	18	19	20	21	22	23	24	25	26	27	28				
40	夏曆二月						7	8	9	10	11	12	13	14	15	16	17	18	19	20	21	22	23	24	25	26	27	28	29	⑬	2	3	4	5				
	回曆6月						6	7	8	9	10	11	12	13	14	15	16	17	18	19	20	21	22	23	24	25	26	27	28	29	30	1	2	3				
	藏曆二月						8	9	10	11	12	13	14	15	16	17	18	19	20	20	21	22	23	24	25	26	27	28	29	30	1	3	4	5				
	公曆3月						1	2	3	4	5	6	7	8	9	10	11	12	13	14	15	16	17	18	19	20	21	22	23	24	25	26	27	28	29	30	31	
41	夏曆三月						6	7	8	9	10	11	12	13	14	15	16	17	18	19	20	21	22	23	24	25	26	27	28	29	30	㊸	2	3	4	5	6	
	回曆7月						4	5	6	7	8	9	10	11	12	13	14	15	16	17	18	19	20	21	22	23	24	25	26	27	28	29	1	2	3	4	5	
	藏曆三月						6	7	8	9	10	11	12	13	14	15	16	17	18	19	20	21	22	23	24	25	26	27	28	29	30	1	2	3	4	5	7	
	公曆4月		1	2	3	4	5	6	7	8	9	10	11	12	13	14	15	16	17	18	19	20	21	22	23	24	25	26	27	28	29	30						

續表

月干支序數	星期／月序	日	1	2	3	4	5	6	日	1	2	3	4	5	6	日	1	2	3	4	5	6	日	1	2	3	4	5	6	日	1	2	3	4	5	6	日	1
42	夏曆四月		7	8	9	10	11	12	13	14	15	16	17	18	19	20	21	22	23	24	25	26	27	28	29	⑫	2	3	4	5	6	7						
	回曆 8 月		6	7	8	9	10	11	12	13	14	15	16	17	18	19	20	21	22	23	24	25	26	27	28	29	30	1	2	3	4	5						
	藏曆四月		8	9	10	11	12	13	14	14	15	16	17	18	19	20	21	22	23	24	25	26	27	28	30	1	2	3	4	5	6	7						
	公曆 5 月				1	2	3	4	5	6	7	8	9	10	11	12	13	14	15	16	17	18	19	20	21	22	23	24	25	26	27	28	29	30	31			
43	夏曆五月				8	9	10	11	12	13	14	15	16	17	18	19	20	21	22	23	24	25	26	27	28	29	㊶	2	3	4	5	6	7	8	9			
	回曆 9 月				6	7	8	9	10	11	12	13	14	15	16	17	18	19	20	21	22	23	24	25	26	27	28	29	1	2	3	4	5	6	7			
	藏曆五月				8	9	10	11	12	13	14	15	16	17	18	19	20	21	22	23	24	25	26	27	28	29	30	1	3	4	5	6	7	8	9			
	公曆 6 月							1	2	3	4	5	6	7	8	9	10	11	12	13	14	15	16	17	18	19	20	21	22	23	24	25	26	27	28	29	30	
44	夏曆六月							10	11	12	13	14	15	16	17	18	19	20	21	22	23	24	25	26	27	28	29	30	⑪	2	3	4	5	6	7	8	9	
	回曆 10 月							8	9	10	11	12	13	14	15	16	17	18	19	20	21	22	23	24	25	26	27	28	29	30	1	2	3	4	5	6	7	
	藏曆六月							9	10	11	12	13	14	15	16	17	18	19	20	21	22	23	24	26	27	28	29	30	1	2	3	4	5	6	7	8	9	
	公曆 7 月		1	2	3	4	5	6	7	8	9	10	11	12	13	14	15	16	17	18	19	20	21	22	23	24	25	26	27	28	29	30	31					
45	夏曆七月		10	11	12	13	14	15	16	17	18	19	20	21	22	23	24	25	26	27	28	29	㊵	2	3	4	5	6	7.	8	9	10	11					
	回曆 11 月		8	9	10	11	12	13	14	15	16	17	18	19	20	21	22	23	24	25	26	27	28	29	1	2	3	4	5	6	7	8	9					
	藏曆七月		10	11	12	13	14	15	16	17	18	19	20	21	22	23	24	25	26	27	29	30	1	2	3	4	5	6	6	7	8	9	10					
	公曆 8 月					1	2	3	4	5	6	7	8	9	10	11	12	13	14	15	16	17	18	19	20	21	22	23	24	25	26	27	28	29	30	31		
46	夏曆八月					12	13	14	15	16	17	18	19	20	21	22	23	24	25	26	27	28	29	⑨	2	3	4	5	6	7	8	9	10	11	12	13		
	回曆 12 月					10	11	12	13	14	15	16	17	18	19	20	21	22	23	24	25	26	27	28	29	30	1	2	3	4	5	6	7	8	9	10		
	藏曆八月					11	12	13	14	15	16	17	18	19	21	22	23	24	25	26	27	28	29	30	1	2	3	4	5	6	7	8	9	10	11	12		
	公曆 9 月	1	2	3	4	5	6	7	8	9	10	11	12	13	14	15	16	17	18	19	20	21	22	23	24	25	26	27	28	29	30							
47	夏曆九月	14	15	16	17	18	19	20	21	22	23	24	25	26	27	28	29	30	㊴	2	3	4	5	6	7	8	9	10	11	12	13							
599 年	回曆 1 月	11	12	13	14	15	16	17	18	19	20	21	22	23	24	25	26	27	28	29	①	2	3	4	5	6	7	8	9	10	11							
	藏曆九月	13	14	15	16	17	18	19	20	21	22	23	25	26	27	28	29	30	1	2	2	3	4	5	6	7	8	9	10	11	12							
	公曆 10 月			1	2	3	4	5	6	7	8	9	10	11	12	13	14	15	16	17	18	19	20	21	22	23	24	25	26	27	28	29	30	31				
48	夏曆十月			14	15	16	17	18	19	20	21	22	23	24	25	26	27	28	29	30	⑨	2	3	4	5	6	7	8	9	10	11	12	13	14				
	回曆 2 月			12	13	14	15	16	17	18	19	20	21	22	23	24	25	26	27	28	29	30	1	2	3	4	5	6	7	8	9	10	11	12				
	藏曆十月			13	14	15	16	18	19	20	21	22	23	24	25	26	27	28	29	30	1	2	3	4	5	6	7	7	8	9	11	12	13	14				
	公曆 11 月						1	2	3	4	5	6	7	8	9	10	11	12	13	14	15	16	17	18	19	20	21	22	23	24	25	26	27	28	29	30		
49	夏曆十一月						15	16	17	18	19	20	21	22	23	24	25	26	27	28	29	30	㊴	2	3	4	5	6	7	8	9	10	11	12	13	14		
	回曆 3 月						13	14	15	16	17	18	19	20	21	22	23	24	25	26	27	28	29	1	2	3	4	5	6	7	8	9	10	11	12	13		
	藏曆十一月						15	16	17	18	19	20	21	22	24	24	25	26	27	28	29	30	1	2	2	3	4	5	6	7	8	9	10	11	12	13		
	公曆 12 月	1	2	3	4	5	6	7	8	9	10	11	12	13	14	15	16	17	18	19	20	21	22	23	24	25	26	27	28	29	30	31						
50	夏曆十二月	15	16	17	18	19	20	21	22	23	24	25	26	27	28	29	⑧	2	3	4	5	6	7	8	9	10	11	12	13	14	15	16						
	回曆 4 月	14	15	16	17	18	19	20	21	22	23	24	25	26	27	28	29	30	1	2	3	4	5	6	7	8	9	10	11	12	13	14						
	藏曆十二月	14	15	16	18	19	20	21	22	23	24	25	26	27	28	28	29	1	2	3	4	5	6	7	8	9	11	12	13	14	15	16						

大事記

二月，宋弛僞學之禁。宋以商賈私販《九朝通略》等書於金，因禁坊間私史，其有干國體者皆令銷毁。　六月，宋浚浙西運河。　八月，宋修《慶元條法事類》成。　閏十二月，金改交鈔法，自是而後，國虚民貧，經用不足，專以交鈔愚百姓。是年，金定會試取士數。蒙古鐵木真大敗乃蠻部。宋李心傳《建炎以來朝野雜記甲集》成。文學家洪邁卒(1123—1202)。

宋 遼 金 紀 年

干支癸亥　公元1203年

朝代或國名	國家支配者	建都	廟號	謚號	建元	年號年次	輔政者	備　注
南宋	④趙擴	臨安	寧宗	恭	4	2嘉泰3年	謝深甫 陳自强	
西夏	⑥李純祐	(銀川)	桓宗	昭簡	1	天慶10年		
金	⑥完顏璟	燕京	章宗	英	3	3泰和3年		
西遼	⑤耶律直魯古	虎思斡耳朵		末主	1	天禧26年		
大理	⑤段智廉			享天	2	1鳳暦3年		在雲南
古格						390年		西藏阿里

月 曆 表

5916－354－2160851

月 干支 序數	星期 月序	日	1	2	3	4	5	6	日	1	2	3	4	5	6	日	1	2	3	4	5	6	日	1	2	3	4	5	6	日	1	2	3	4	5	6	日	1
	公暦1月				1	2	3	4	5	6	7	8	9	10	11	12	13	14	15	16	17	18	19	20	21	22	23	24	25	26	27	28	29	30	31			
	夏暦閏十二月				17	18	19	20	21	22	23	24	25	26	27	28	29	30	㊳	2	3	4	5	6	7	8	9	10	11	12	13	14	15	16	17			
	回暦5月				15	16	17	18	19	20	21	22	23	24	25	26	27	28	29	1	2	3	4	5	6	7	8	9	10	11	12	13	14	15	16			
陰水猪年	藏暦一月				17	18	19	20	21	22	23	24	25	26	27	28	29	30	1	2	3	4	5	6	7	8	9	10	11	12	13	14	16	17	18			
	公暦2月							1	2	3	4	5	6	7	8	9	10	11	12	13	14	15	16	17	18	19	20	21	22	23	24	25	26	27	28			
51	夏暦正月							18	19	20	21	22	23	24	25	26	27	28	29	30	⑧	2	3	4	5	6	7	8	9	10	11	12	13	14	15			
	回暦6月							17	18	19	20	21	22	23	24	25	26	27	28	29	30	1	2	3	4	5	6	7	8	9	10	11	12	13	14			
	藏暦二月							19	20	20	21	22	23	24	25	26	27	28	29	30	1	2	3	4	5	6	7	9	10	11	12	13	14	15	16			
	公暦3月							1	2	3	4	5	6	7	8	9	10	11	12	13	14	15	16	17	18	19	20	21	22	23	24	25	26	27	28	29	30	31
52	夏暦二月							16	17	18	19	20	21	22	23	24	25	26	27	28	29	㊲	2	3	4	5	6	7	8	9	10	11	12	13	14	15	16	17
	回暦7月							15	16	17	18	19	20	21	22	23	24	25	26	27	28	29	1	2	3	4	5	6	7	8	9	10	11	12	13	14	15	16
	藏暦三月							17	18	19	20	21	22	23	24	24	25	26	27	28	29	30	1	3	4	5	6	7	8	9	10	11	12	13	14	15	16	17
	公暦4月			1	2	3	4	5	6	7	8	9	10	11	12	13	14	15	16	17	18	19	20	21	22	23	24	25	26	27	28	29	30					
53	夏暦三月			18	19	20	21	22	23	24	25	26	27	28	29	30	⑦	2	3	4	5	6	7	8	9	10	11	12	13	14	15	16	17					
	回暦8月			17	18	19	20	21	22	23	24	25	26	27	28	29	30	1	2	3	4	5	6	7	8	9	10	11	12	13	14	15	16					
	藏暦四月			18	19	20	21	22	23	24	25	26	27	28	29	30	1	2	3	4	5	7	8	9	10	11	12	13	14	15	16	17	18					
	公暦5月					1	2	3	4	5	6	7	8	9	10	11	12	13	14	15	16	17	18	19	20	21	22	23	24	25	26	27	28	29	30	31		
54	夏暦四月					18	19	20	21	22	23	24	25	26	27	28	29	㊱	2	3	4	5	6	7	8	9	10	11	12	13	14	15	16	17	18	19		
	回暦9月					17	18	19	20	21	22	23	24	25	26	27	28	29	1	2	3	4	5	6	7	8	9	10	11	12	13	14	15	16	17	18		
	藏暦五月					18	19	20	21	22	23	24	25	26	27	28	30	1	2	3	4	5	6	7	8	9	10	11	12	13	14	15	16	17	18	19		
	公暦6月	1	2	3	4	5	6	7	8	9	10	11	12	13	14	15	16	17	18	19	20	21	22	23	24	25	26	27	28	29	30							
55	夏暦五月	20	21	22	23	24	25	26	27	28	29	⑤	2	3	4	5	6	7	8	9	10	11	12	13	14	15	16	17	18	19	20							
	回暦10月	19	20	21	22	23	24	25	26	27	28	29	30	1	2	3	4	5	6	7	8	9	10	11	12	13	14	15	16	17	18							
	藏暦六月	20	21	22	23	24	25	26	27	28	29	30	1	3	4	5	6	7	8	9	10	11	12	13	14	14	15	16	17	18	19							
	公暦7月			1	2	3	4	5	6	7	8	9	10	11	12	13	14	15	16	17	18	19	20	21	22	23	24	25	26	27	28	29	30	31				
56	夏暦六月			21	22	23	24	25	26	27	28	29	30	㉟	2	3	4	5	6	7	8	9	10	11	12	13	14	15	16	17	18	19	20	21				
	回暦11月			19	20	21	22	23	24	25	26	27	28	29	1	2	3	4	5	6	7	8	9	10	11	12	13	14	15	16	17	18	19	20				
	藏暦七月			20	21	22	23	24	26	27	28	29	30	1	2	3	4	5	6	7	8	9	10	11	12	13	14	15	16	17	18	19	20	21				
	公暦8月						1	2	3	4	5	6	7	8	9	10	11	12	13	14	15	16	17	18	19	20	21	22	23	24	25	26	27	28	29	30	31	
57	夏暦七月						22	23	24	25	26	27	28	29	④	2	3	4	5	6	7	8	9	10	11	12	13	14	15	16	17	18	19	20	21	22	23	
	回暦12月						21	22	23	24	25	26	27	28	29	30	1	2	3	4	5	6	7	8	9	10	11	12	13	14	15	16	17	18	19	20	21	
	藏暦八月						22	23	24	25	26	28	29	30	1	2	3	4	5	6	7	8	9	10	11	11	12	13	14	15	16	17	18	19	21	22	23	
	公暦9月		1	2	3	4	5	6	7	8	9	10	11	12	13	14	15	16	17	18	19	20	21	22	23	24	25	26	27	28	29	30						

續表

月 干支 序數	星期 月序	日	1	2	3	4	5	6	日	1	2	3	4	5	6	日	1	2	3	4	5	6	日	1	2	3	4	5	6	日	1	2	3	4	5	6	日	1
58	夏曆八月		24	25	26	27	28	29	㉝	2	3	4	5	6	7	8	9	10	11	12	13	14	15	16	17	18	19	20	21	22	23	24						
600年	回曆 1 月		22	23	24	25	26	27	28	29	30	①	2	3	4	5	6	7	8	9	10	11	12	13	14	15	16	17	18	19	20	21						
	藏曆九月		24	25	26	27	28	29	30	1	2	3	4	5	6	7	8	9	10	11	12	13	14	15	16	17	18	19	20	21	22	23						
	公曆 10 月				1	2	3	4	5	6	7	8	9	10	11	12	13	14	15	16	17	18	19	20	21	22	23	24	25	26	27	28	29	30	31			
59	夏曆九月				25	26	27	28	29	30	③	2	3	4	5	6	7	8	9	10	11	12	13	14	15	16	17	18	19	20	21	22	23	24	25			
	回曆 2 月				22	23	24	25	26	27	28	29	30	1	2	3	4	5	6	7	8	9	10	11	12	13	14	15	16	17	18	19	20	21	22			
	藏曆後九月				25	26	27	28	29	30	1	2	3	4	5	5	6	7	8	9	10	11	12	13	14	15	16	17	19	20	21	22	23	24	25			
	公曆 11 月							1	2	3	4	5	6	7	8	9	10	11	12	13	14	15	16	17	18	19	20	21	22	23	24	25	26	27	28	29	30	
60	夏曆十月							26	27	28	29	30	㉝	2	3	4	5	6	7	8	9	10	11	12	13	14	15	16	17	18	19	20	21	22	23	24	25	
	回曆 3 月							23	24	25	26	27	28	29	1	2	3	4	5	6	7	8	9	10	11	12	13	14	15	16	17	18	19	20	21	22	23	
	藏曆十月							26	27	28	29	30	1	2	3	4	5	6	7	8	9	10	11	12	13	14	15	16	17	18	19	20	21	23	24	25	26	
	公曆 12 月		1	2	3	4	5	6	7	8	9	10	11	12	13	14	15	16	17	18	19	20	21	22	23	24	25	26	27	28	29	30	31					
1	夏曆十一月		26	27	28	29	②	2	3	4	5	6	7	8	9	10	11	12	13	14	15	16	17	18	19	20	21	22	23	24	25	26	27					
	回曆 4 月		24	25	26	27	28	29	30	1	2	3	4	5	6	7	8	9	10	11	12	13	14	15	16	17	18	19	20	21	22	23	24					
	藏曆十一月		27	28	28	29	30	1	2	3	4	5	6	7	8	9	10	11	12	13	14	15	17	18	19	20	21	22	23	24	25	26	27					

《金紀》三月壬申，誤。

大事記

正月，宋龍州蕃部攻擾邊境。　四月，宋以交子一百萬緡收兩淮民間鐵錢。　七月，宋權罷同安、漢陽、蘄春等三監鑄錢。宋造戰艦。　八月，宋增置襄陽騎軍。　九月，宋禁坑冶司毀私錢為銅。撒里部犯金邊。　十月，宋龍州蕃部降。

宋遼金紀年

干支甲子　公元 1204 年

朝代或國名	國家支配者	建都	廟號	謚號	建元	年號年次	輔政者	備注
南宋	④趙擴	臨安	寧宗	恭	4	2 嘉泰 4 年	陳自强	
西夏	⑥李純祐	(銀川)	桓宗	昭簡	1	天慶 11 年		
金	⑥完顔璟	燕京	章宗	英	3	3 泰和 4 年		
西遼	⑤耶律直魯古	虎思斡耳朵		末主	1	天禧 27 年		
大理	⑤段智廉			亨天	2	2 元壽元年		在雲南
古格						391 年		西藏阿里

月曆表

5917—354—2161205

月 干支 序數	星期 月序	日	1	2	3	4	5	6	日	1	2	3	4	5	6	日	1	2	3	4	5	6	日	1	2	3	4	5	6	日	1	2	3	4	5	6	日	1
	公曆 1 月					1	2	3	4	5	6	7	8	9	10	11	12	13	14	15	16	17	18	19	20	21	22	23	24	25	26	27	28	29	30	31		
2	夏曆十二月					28	29	30	㉜	2	3	4	5	6	7	8	9	10	11	12	13	14	15	16	17	18	19	20	21	22	23	24	25	26	27	28		
	回曆 5 月					25	26	27	28	29	1	2	3	4	5	6	7	8	9	10	11	12	13	14	15	16	17	18	19	20	21	22	23	24	25	26		
	藏曆十二月					28	29	30	30	1	1	2	3	4	5	6	7	8	9	10	12	13	14	15	16	17	18	19	20	21	22	23	24	25	26	27		
	公曆 2 月	1	2	3	4	5	6	7	8	9	10	11	12	13	14	15	16	17	18	19	20	21	22	23	24	25	26	27	28	29								
3	夏曆正月	29	30	②	2	3	4	5	6	7	8	9	10	11	12	13	14	15	16	17	18	19	20	21	22	23	24	25	26	27								

續表

月干支序數	星期/月序	日	1	2	3	4	5	6	日	1	2	3	4	5	6	日	1	2	3	4	5	6	日	1	2	3	4	5	6	日	1	2	3	4	5	6	日	1
	回曆6月	27	28	29	30	1	2	3	4	5	6	7	8	9	10	11	12	13	14	15	16	17	18	19	20	21	22	23	24	25								
陽木鼠年	藏曆一月	28	29	1	2	3	4	5	6	7	8	9	10	11	12	13	14	16	17	18	19	20	21	22	23	23	24	25	26	27								
	公曆3月		1	2	3	4	5	6	7	8	9	10	11	12	13	14	15	16	17	18	19	20	21	22	23	24	25	26	27	28	29	30	31					
4	夏曆二月		28	29	30	㉜	2	3	4	5	6	7	8	9	10	11	12	13	14	15	16	17	18	19	20	21	22	23	24	25	26	27	28					
	回曆7月		26	27	28	29	1	2	3	4	5	6	7	8	9	10	11	12	13	14	15	16	17	18	19	20	21	22	23	24	25	26	27					
	藏曆二月		28	29	30	1	2	3	4	5	6	7	8	10	11	12	13	14	15	16	17	18	19	20	21	22	23	24	25	26	27	28	28					
	公曆4月					1	2	3	4	5	6	7	8	9	10	11	12	13	14	15	16	17	18	19	20	21	22	23	24	25	26	27	28	29	30			
5	夏曆三月					29	①	2	3	4	5	6	7	8	9	10	11	12	13	14	15	16	17	18	19	20	21	22	23	24	25	26	27	28	29			
	回曆8月					28	29	30	1	2	3	4	5	6	7	8	9	10	11	12	13	14	15	16	17	18	19	20	21	22	23	24	25	26	27			
	藏曆三月					29	30	1	3	4	5	6	7	8	9	10	11	12	13	15	16	16	17	18	19	20	21	22	23	24	25	26	27	28	29			
	公曆5月							1	2	3	4	5	6	7	8	9	10	11	12	13	14	15	16	17	18	19	20	21	22	23	24	25	26	27	28	29	30	31
6 7	夏曆四五月							30	㉛	2	3	4	5	6	7	8	9	10	11	12	13	14	15	16	17	18	19	20	21	22	23	24	25	26	27	28	29	(60)
	回曆9月							28	29	1	2	3	4	5	6	7	8	9	10	11	12	13	14	15	16	17	18	19	20	21	22	23	24	25	26	27	28	29
	藏曆四五月							30	1	2	3	4	5	7	8	9	10	11	12	13	14	15	16	17	18	19	20	21	22	23	23	24	25	26	27	28	30	1
	公曆6月			1	2	3	4	5	6	7	8	9	10	11	12	13	14	15	16	17	18	19	20	21	22	23	24	25	26	27	28	29	30					
8	夏曆六月			2	3	4	5	6	7	8	9	10	11	12	13	14	15	16	17	18	19	20	21	22	23	24	25	26	27	28	29	㉙	2					
	回曆10月			30	1	2	3	4	5	6	7	8	9	10	11	12	13	14	15	16	17	18	19	20	21	22	23	24	25	26	27	28	29					
	藏曆六月			2	3	4	5	6	7	8	9	10	11	12	13	14	15	16	17	18	19	20	21	22	23	24	25	26	27	28	29	1	3					
	公曆7月					1	2	3	4	5	6	7	8	9	10	11	12	13	14	15	16	17	18	19	20	21	22	23	24	25	26	27	28	29	30	31		
9	夏曆七月					3	4	5	6	7	8	9	10	11	12	13	14	15	16	17	18	19	20	21	22	23	24	25	26	27	28	29	30	(59)	2	3		
	回曆11、12月					1	2	3	4	5	6	7	8	9	10	11	12	13	14	15	16	17	18	19	20	21	22	23	24	25	26	27	28	29	30	1		
	藏曆七月					4	5	6	7	8	9	10	11	12	13	14	15	16	17	18	19	20	20	21	22	23	25	26	27	28	29	30	30	1	2	3		
	公曆8月	1	2	3	4	5	6	7	8	9	10	11	12	13	14	15	16	17	18	19	20	21	22	23	24	25	26	27	28	29	30	31						
10	夏曆八月	4	5	6	7	8	9	10	11	12	13	14	15	16	17	18	19	20	21	22	23	24	25	26	27	28	29	㉘	2	3	4	5						
601年	回曆1月	2	3	4	5	6	7	8	9	10	11	12	13	14	15	16	17	18	19	20	21	22	23	24	25	26	27	28	29	①	2	3						
	藏曆八月	4	6	7	8	9	10	10	11	12	13	14	15	16	17	18	19	20	21	22	23	24	25	26	27	29	30	1	2	3	4	5						
	公曆9月				1	2	3	4	5	6	7	8	9	10	11	12	13	14	15	16	17	18	19	20	21	22	23	24	25	26	27	28	29	30				
11	夏曆九月				6	7	8	9	10	11	12	13	14	15	16	17	18	19	20	21	22	23	24	25	26	27	28	29	(57)	2	3	4	5	6				
	回曆2月				3	4	5	6	7	8	9	10	11	12	13	14	15	16	17	18	19	20	21	22	23	24	25	26	27	28	29	30	1	2				
	藏曆九月				6	7	8	9	10	11	12	13	14	15	15	16	17	18	19	21	22	23	24	25	26	27	28	29	30	1	2	3	4	5				
	公曆10月						1	2	3	4	5	6	7	8	9	10	11	12	13	14	15	16	17	18	19	20	21	22	23	24	25	26	27	28	29	30	31	
12	夏曆十月						7	8	9	10	11	12	13	14	15	16	17	18	19	20	21	22	23	24	25	26	27	28	29	30	㉗	2	3	4	5	6	7	
	回曆3月						3	4	5	6	7	8	9	10	11	12	13	14	15	16	17	18	19	20	21	22	23	24	25	26	27	28	29	1	2	3	4	
	藏曆十月						6	7	8	9	10	11	12	13	14	15	16	17	18	19	20	21	22	23	24	26	27	28	29	30	1	2	3	4	5	6	7	
	公曆11月		1	2	3	4	5	6	7	8	9	10	11	12	13	14	15	16	17	18	19	20	21	22	23	24	25	26	27	28	29	30						
13	夏曆十一月		8	9	10	11	12	13	14	15	16	17	18	19	20	21	22	23	24	25	26	27	28	29	(56)	2	3	4	5	6	7	8						
	回曆4月		5	6	7	8	9	10	11	12	13	14	15	16	17	18	19	20	21	22	23	24	25	26	27	28	29	30	1	2	3	4						
	藏曆十一月		8	9	9	10	11	12	13	14	15	16	17	18	20	21	22	23	24	25	26	27	28	29	30	1	2	3	4	5	6	7						
	公曆12月				1	2	3	4	5	6	7	8	9	10	11	12	13	14	15	16	17	18	19	20	21	22	23	24	25	26	27	28	29	30	31			
14	夏曆十二月				9	10	11	12	13	14	15	16	17	18	19	20	21	22	23	24	25	26	27	28	29	30	㉖	2	3	4	5	6	7	8	9			
	回曆5月				5	6	7	8	9	10	11	12	13	14	15	16	17	18	19	20	21	22	23	24	25	26	27	28	29	1	2	3	4	5	6			
	藏曆十二月				8	9	10	11	12	13	14	15	16	17	18	19	20	21	22	24	25	26	27	28	29	30	30	1	1	2	3	4	5	6	7			

大事記

正月，宋韓侂胄議伐金。　三月，臨安大火。　四月，宋禁科舉請托。金定縣令以下考課法，增定關防奸細法。　五月，金以旱行區種法。宋以將用兵於金，追封岳飛等諸將。　七月，宋命諸路提刑提舉司措置保伍法。　八月，金弛圍場禁，縱民耕樵。　十月，金詔親軍三十五以下習《孝經》、《論語》。　十二月，宋禁州縣私籍沒民產。　是歲，金地旱，河北、山東尤甚。宋兩浙旱，兩淮荆襄諸州荒歉。蒙古鐵木真攻乃蠻，殺其酋長太陽汗，又破蔑里乞部。

宋遼金紀年

干支乙丑　公元 1205 年

朝代或國名	國家支配者	建都	廟號	謚號	建元	年號年次	輔政者	備注
南宋	④趙擴	臨安	寧宗	恭	4	3 開禧元年	陳自强 韓侂胄	
西夏	⑥李純祐	中興府	桓宗	昭簡	1	天慶 12 年		
金	⑥完顏璟	燕京	章宗	英	3	3 泰和 5 年		
西遼	⑤耶律直魯古	虎思斡耳朵		末主	1	天禧 28 年		
大理	⑥段智祥		神宗		3	1 天開元年		在 1206 年
古格						392 年		西藏阿里

月曆表

5918—384—2161589

月干支序數	月序＼星期	日	1	2	3	4	5	6	日	1	2	3	4	5	6	日	1	2	3	4	5	6	日	1	2	3	4	5	6	日	1	2	3	4	5	6	日	1
	公曆 1 月							1	2	3	4	5	6	7	8	9	10	11	12	13	14	15	16	17	18	19	20	21	22	23	24	25	26	27	28	29	30	31
15	夏曆正月							10	11	12	13	14	15	16	17	18	19	20	21	22	23	24	25	26	27	28	29	30	(56)	2	3	4	5	6	7	8	9	10
	回曆 6 月							7	8	9	10	11	12	13	14	15	16	17	18	19	20	21	22	23	24	25	26	27	28	29	30	1	2	3	4	5	6	7
陰木牛年	藏曆一月							8	9	10	11	12	13	14	15	16	17	19	20	21	22	23	24	25	26	27	28	29	1	2	3	4	4	5	6	7	8	9
	公曆 2 月			1	2	3	4	5	6	7	8	9	10	11	12	13	14	15	16	17	18	19	20	21	22	23	24	25	26	27	28							
16	夏曆二月			11	12	13	14	15	16	17	18	19	20	21	22	23	24	25	26	27	28	29	30	㉖	2	3	4	5	6	7	8							
	回曆 7 月			8	9	10	11	12	13	14	15	16	17	18	19	20	21	22	23	24	25	26	27	28	29	1	2	3	4	5	6							
	藏曆二月			10	11	13	14	15	16	17	18	19	20	21	22	23	24	25	26	27	28	29	30	1	2	3	4	5	6	7	8							
	公曆 3 月			1	2	3	4	5	6	7	8	9	10	11	12	13	14	15	16	17	18	19	20	21	22	23	24	25	26	27	28	29	30	31				
17	夏曆三月			9	10	11	12	13	14	15	16	17	18	19	20	21	22	23	24	25	26	27	28	29	(55)	2	3	4	5	6	7	8	9	10				
	回曆 8 月			7	8	9	10	11	12	13	14	15	16	17	18	19	20	21	22	23	24	25	26	27	28	29	30	1	2	3	4	5	6	7				
	藏曆三月			9	10	11	12	13	14	15	17	18	19	20	21	22	23	24	25	26	27	27	28	29	30	1	2	3	4	5	6	7	8	9				
	公曆 4 月						1	2	3	4	5	6	7	8	9	10	11	12	13	14	15	16	17	18	19	20	21	22	23	24	25	26	27	28	29	30		
18	夏曆四月						11	12	13	14	15	16	17	18	19	20	21	22	23	24	25	26	27	28	29	30	㉕	2	3	4	5	6	7	8	9	10		
	回曆 9 月						8	9	10	11	12	13	14	15	16	17	18	19	20	21	22	23	24	25	26	27	28	29	1	2	3	4	5	6	7	8		
	藏曆四月						11	12	13	14	15	16	17	18	19	20	21	22	23	24	25	26	27	28	29	30	1	2	3	4	5	6	7	8	9	10		
	公曆 5 月	1	2	3	4	5	6	7	8	9	10	11	12	13	14	15	16	17	18	19	20	21	22	23	24	25	26	27	28	29	30	31						
19	夏曆五月	11	12	13	14	15	16	17	18	19	20	21	22	23	24	25	26	27	28	29	(54)	2	3	4	5	6	7	8	9	10	11	12						
	回曆 10 月	9	10	11	12	13	14	15	16	17	18	19	20	21	22	23	24	25	26	27	28	29	30	1	2	3	4	5	6	7	8	9						
	藏曆五月	11	12	14	15	16	17	18	19	20	21	22	22	23	24	25	26	27	28	29	30	1	2	3	4	5	7	8	9	10	11	12						
	公曆 6 月				1	2	3	4	5	6	7	8	9	10	11	12	13	14	15	16	17	18	19	20	21	22	23	24	25	26	27	28	29	30				
20	夏曆六月				13	14	15	16	17	18	19	20	21	22	23	24	25	26	27	28	29	30	㉔	2	3	4	5	6	7	8	9	10	11	12				
	回曆 11 月				10	11	12	13	14	15	16	17	18	19	20	21	22	23	24	25	26	27	28	29	1	2	3	4	5	6	7	8	9	10				
	藏曆六月				13	14	15	16	17	18	19	20	21	22	23	24	25	26	27	28	29	30	1	2	3	4	5	6	7	8	10	11	12	13				
	公曆 7 月						1	2	3	4	5	6	7	8	9	10	11	12	13	14	15	16	17	18	19	20	21	22	23	24	25	26	27	28	29	30	31	
21	夏曆七月						13	14	15	16	17	18	19	20	21	22	23	24	25	26	27	28	29	(53)	2	3	4	5	6	7	8	9	10	11	12	13	14	

續表

月 干支 序數	月＼星期 序	日	1	2	3	4	5	6	日	1	2	3	4	5	6	日	1	2	3	4	5	6	日	1	2	3	4	5	6	日	1	2	3	4	5	6	日	1
	回暦 12 月						11	12	13	14	15	16	17	18	19	20	21	22	23	24	25	26	27	28	29	30	2	3	4	5	6	7	8	9	10	11	12	
	藏暦七月						14	15	16	17	18	18	19	20	21	22	23	24	25	26	27	28	29	30	1	3	4	5	6	7	8	9	10	11	12	13	14	
	公暦 8 月		1	2	3	4	5	6	7	8	9	10	11	12	13	14	15	16	17	18	19	20	21	22	23	24	25	26	27	28	29	30	31					
22	夏暦八月		15	16	17	18	19	20	21	22	23	24	25	26	27	28	29	30	㉓	2	3	4	5	6	7	8	9	10	11	12	13	14	15					
602 年	回暦 1 月		13	14	15	16	17	18	19	20	21	22	23	24	25	26	27	28	29	①	2	3	4	5	6	7	8	9	10	11	12	13	14					
	藏暦八月		15	16	17	18	19	20	21	22	23	24	25	26	27	28	29	30	1	2	3	4	6	7	8	9	10	11	12	13	14	14	15					
	公暦 9 月					1	2	3	4	5	6	7	8	9	10	11	12	13	14	15	16	17	18	19	20	21	22	23	24	25	26	27	28	29	30			
	夏暦閏八月					16	17	18	19	20	21	22	23	24	25	26	27	28	29	㊾52	2	3	4	5	6	7	8	9	10	11	12	13	14	15	16			
	回暦 2 月					15	16	17	18	19	20	21	22	23	24	25	26	27	28	29	30	1	2	3	4	5	6	7	8	9	10	11	12	13	14			
	藏暦九月					16	17	18	19	20	21	22	23	24	25	26	27	29	30	1	2	3	4	5	6	7	8	9	10	11	12	13	14	15	16			
	公暦 10 月							1	2	3	4	5	6	7	8	9	10	11	12	13	14	15	16	17	18	19	20	21	22	23	24	25	26	27	28	29	30	31
23	夏暦九月							17	18	19	20	21	22	23	24	25	26	27	28	29	㉑	2	3	4	5	6	7	8	9	10	11	12	13	14	15	16	17	18
	回暦 3 月							15	16	17	18	19	20	21	22	23	24	25	26	27	28	29	1	2	3	4	5	6	7	8	9	10	11	12	13	14	15	16
	藏暦十月							17	18	19	20	21	22	23	24	25	26	27	28	29	30	1	3	4	5	6	7	8	9	9	10	11	12	13	14	15	16	17
	公暦 11 月			1	2	3	4	5	6	7	8	9	10	11	12	13	14	15	16	17	18	19	20	21	22	23	24	25	26	27	28	29	30					
24	夏暦十月			19	20	21	22	23	24	25	26	27	28	29	30	㉛51	2	3	4	5	6	7	8	9	10	11	12	13	14	15	16	17	18					
	回暦 4 月			17	18	19	20	21	22	23	24	25	26	27	28	29	30	1	2	3	4	5	6	7	8	9	10	11	12	13	14	15	16					
	藏暦十一月			18	19	20	21	22	23	24	25	27	28	29	30	1	2	3	4	5	6	7	8	9	10	11	12	12	13	14	15	16	17					
	公暦 12 月					1	2	3	4	5	6	7	8	9	10	11	12	13	14	15	16	17	18	19	20	21	22	23	24	25	26	27	28	29	30	31		
25	夏暦十一月					19	20	21	22	23	24	25	26	27	28	29	⑳	2	3	4	5	6	7	8	9	10	11	12	13	14	15	16	17	18	19	20		
	回暦 5 月					17	18	19	20	21	22	23	24	25	26	27	28	29	1	2	3	4	5	6	7	8	9	10	11	12	13	14	15	16	17	18		
	藏暦十二月					18	20	21	22	23	24	25	26	27	28	29	30	1	2	3	4	5	6	7	8	9	10	11	12	13	14	15	16	17	18	19		

汪氏長術五月辛巳,誤。

大事記

正月,宋置澉浦水軍。金調軍夫治漕渠。　三月,宋嚴民間生子弃殺之禁。　四月,蒙古鐵木真在夏落思城大掠人口、牲畜而回。夏改都城興慶府為中興府。宋武學生華岳上書反對用兵,以忤韓侂冑,流放延寧。　六月,宋詔諸軍密為行軍之計,準備北伐。　七月,宋以韓侂冑為平章軍國事,位丞相上。　十一月,金詔山東、陜西備宋。　十二月,宋詔永除兩浙身丁錢。　是歲,宋史學家袁樞卒(1131—1205)。

宋遼金紀年

干支丙寅　公元 1206 年

朝代或國名	國家支配者	建都	廟號	謚號	建元	年號年次	輔政者	備注
南宋	④趙擴	臨安	寧宗	恭	4	3 開禧 2 年	同前	
西夏	⑦李安全	中興府	襄宗	敬穆	2	1 應天元年		
金	⑥完顔璟	燕京	章宗	英	3	3 泰和 6 年		
西遼	⑤耶律直魯古	虎思斡耳朵		末主	1	天禧 29 年		
蒙古	①孛兒只斤鐵木真 (成吉思汗)	斡難河	太祖			元年		
	吳曦(稱蜀王)				1			十二月立
大理	⑥段智祥		神宗		3	1 天開 2 年		在雲南
古格						393 年		西藏阿里

月 干支 序數	星期 月序	日	1	2	3	4	5	6	日	1	2	3	4	5	6	日	1	2	3	4	5	6	日	1	2	3	4	5	6	日	1	2	3	4	5	6	日	1
	公曆 1 月	1	2	3	4	5	6	7	8	9	10	11	12	13	14	15	16	17	18	19	20	21	22	23	24	25	26	27	28	29	30	31						
26	夏曆十二月	21	22	23	24	25	26	27	28	29	30	㊿	2	3	4	5	6	7	8	9	10	11	12	13	14	15	16	17	18	19	20	21						
	回曆 6 月	19	20	21	22	23	24	25	26	27	28	29	30	1	2	3	4	5	6	7	8	9	10	11	12	13	14	15	16	17	18	19						
陽火虎年	藏曆一月	20	21	22	23	25	26	27	28	29	30	1	2	3	4	4	5	6	7	8	9	10	11	12	13	14	15	16	17	18	20	21						
	公曆 2 月				1	2	3	4	5	6	7	8	9	10	11	12	13	14	15	16	17	18	19	20	21	22	23	24	25	26	27	28						
27	夏曆正月				22	23	24	25	26	27	28	29	30	⑳	2	3	4	5	6	7	8	9	10	11	12	13	14	15	16	17	18	19						
	回曆 7 月				20	21	22	23	24	25	26	27	28	29	1	2	3	4	5	6	7	8	9	10	11	12	13	14	15	16	17	18						
	藏曆二月				22	23	24	25	26	27	28	29	30	1	2	3	4	5	6	7	7	8	9	10	11	13	14	15	16	17	18	19						
	公曆 3 月				1	2	3	4	5	6	7	8	9	10	11	12	13	14	15	16	17	18	19	20	21	22	23	24	25	26	7	28	29	30	31			
28	夏曆二月				20	21	22	23	24	25	26	27	28	29	㊾	2	3	4	5	6	7	8	9	10	11	12	13	14	15	16	17	18	19	20	21			
	回曆 8 月				19	20	21	22	23	24	25	26	27	28	29	30	1	2	3	4	5	6	7	8	9	10	11	12	13	14	15	16	17	18	19			
	藏曆三月				20	21	22	23	24	25	26	27	28	29	30	1	2	3	4	5	6	7	8	9	10	11	12	13	14	15	16	18	19	20	21			
	公曆 4 月							1	2	3	4	5	6	7	8	9	10	11	12	13	14	15	16	17	18	19	20	21	22	23	24	25	26	27	28	29	30	
29	夏曆三月							22	23	24	25	26	27	28	29	30	⑲	2	3	4	5	6	7	8	9	10	11	12	13	14	15	16	17	18	19	20	21	
	回曆 9 月							20	21	22	23	24	25	26	27	28	29	1	2	3	4	5	6	7	8	9	10	11	12	13	14	15	16	17	18	19	20	
	藏曆四月							22	23	24	25	26	27	28	29	30	30	1	1	2	3	4	5	6	7	8	9	11	12	13	14	15	16	17	18	19	20	
	公曆 5 月		1	2	3	4	5	6	7	8	9	10	11	12	13	14	15	16	17	18	19	20	21	22	23	24	25	26	27	28	29	30	31					
30	夏曆四月		22	23	24	25	26	27	28	29	30	㊾	2	3	4	5	6	7	8	9	10	11	12	13	14	15	16	17	18	19	20	21	22					
	回曆 10 月		21	22	23	24	25	26	27	28	29	30	1	2	3	4	5	6	7	8	9	10	11	12	13	14	15	16	17	18	19	20	21					
	藏曆五月		21	22	23	24	25	26	27	28	29	1	2	3	4	5	6	7	8	9	10	11	12	14	15	16	17	18	19	20	21	22	23					
	公曆 6 月					1	2	3	4	5	6	7	8	9	10	11	12	13	14	15	16	17	18	19	20	21	22	23	24	25	26	27	28	29	30			
31	夏曆五月					23	24	25	26	27	28	29	⑱	2	3	4	5	6	7	8	9	10	11	12	13	14	15	16	17	18	19	20	21	22	23			
	回曆 11 月					22	23	24	25	26	27	28	29	1	2	3	4	5	6	7	8	9	10	11	12	13	14	15	16	17	18	19	20	21	22			
	藏曆六月					24	25	26	26	27	28	29	30	1	2	3	4	5	7	8	9	10	11	12	13	14	15	16	17	18	19	20	21	22	23			
	公曆 7 月							1	2	3	4	5	6	7	8	9	10	11	12	13	14	15	16	17	18	19	20	21	22	23	24	25	26	27	28	29	30	31
32	夏曆六月							24	25	26	27	28	29	30	㊽	2	3	4	5	6	7	8	9	10	11	12	13	14	15	16	17	18	19	20	21	22	23	24
	回曆 12 月							23	24	25	26	27	28	29	30	1	2	3	4	5	6	7	8	9	10	11	12	13	14	15	16	17	18	19	20	21	22	23
	藏曆七月							24	25	26	27	28	29	30	1	2	3	4	5	6	7	8	10	11	12	13	14	15	16	17	18	19	20	21	22	23	23	24
	公曆 8 月			1	2	3	4	5	6	7	8	9	10	11	12	13	14	15	16	17	18	19	20	21	22	23	24	25	26	27	28	29	30	31				
33	夏曆七月			25	26	27	28	29	⑰	2	3	4	5	6	7	8	9	10	11	12	13	14	15	16	17	18	19	20	21	22	23	24	25	26				
603 年	回曆 1 月			24	25	26	27	28	29	30	①	2	3	4	5	6	7	8	9	10	11	12	13	14	15	16	17	18	19	20	21	22	23	24				
	藏曆後七月			25	26	27	28	29	30	1	3	4	5	6	7	8	9	10	11	12	13	14	15	16	17	18	19	20	21	22	23	24	25	26				
	公曆 9 月						1	2	3	4	5	6	7	8	9	10	11	12	13	14	15	16	17	18	19	20	21	22	23	24	25	26	27	28	29	30		
34	夏曆八月						27	28	29	30	㊼	2	3	4	5	6	7	8	9	10	11	12	13	14	15	16	17	18	19	20	21	22	23	24	25	26		
	回曆 2 月						25	26	27	28	29	30	1	2	3	4	5	6	7	8	9	10	11	12	13	14	15	16	17	18	19	20	21	22	23	24		
	藏曆八月						27	28	29	30	1	2	3	4	6	7	8	9	10	11	12	13	14	15	16	17	18	18	19	20	21	22	23	24	25	26		
	公曆 10 月	1	2	3	4	5	6	7	8	9	10	11	12	13	14	15	16	17	18	19	20	21	22	23	24	25	26	27	28	29	30	31						
35	夏曆九月	27	28	29	⑯	2	3	4	5	6	7	8	9	10	11	12	13	14	15	16	17	18	19	20	21	22	23	24	25	26	27	28						
	回曆 3 月	25	26	27	28	29	1	2	3	4	5	6	7	8	9	10	11	12	13	14	15	16	17	18	19	20	21	22	23	24	25	26						
	藏曆九月	27	29	30	1	2	3	4	5	6	7	8	9	10	11	12	13	14	15	16	17	18	19	20	21	22	23	24	25	26	27	28						
	公曆 11 月				1	2	3	4	5	6	7	8	9	10	11	12	13	14	15	16	17	18	19	20	21	22	23	24	25	26	27	28	29	30				
36	夏曆十月				29	㊺	2	3	4	5	6	7	8	9	10	11	12	13	14	15	16	17	18	19	20	21	22	23	24	25	26	27	28	29				
	回曆 4 月				27	28	29	30	1	2	3	4	5	6	7	8	9	10	11	12	13	14	15	16	17	18	19	20	21	22	23	24	25	26				
	藏曆十月				29	30	1	3	4	5	6	7	8	9	10	11	12	12	13	14	15	16	17	18	19	20	21	22	23	24	25	26	28	29				

續表

月 干支 序數	星期 月序	日	1	2	3	4	5	6	日	1	2	3	4	5	6	日	1	2	3	4	5	6	日	1	2	3	4	5	6	日	1	2	3	4	5	6	日	1
	公曆 12 月						1	2	3	4	5	6	7	8	9	10	11	12	13	14	15	16	17	18	19	20	21	22	23	24	25	26	27	28	29	30	31	
37 38	夏曆 十一 十二 月						30	⑮	2	3	4	5	6	7	8	9	10	11	12	13	14	15	16	17	18	19	20	21	22	23	24	25	26	27	28	29	㊹	
	回曆 5 月						27	28	29	1	2	3	4	5	6	7	8	9	10	11	12	13	14	15	16	17	18	19	20	21	22	23	24	25	26	27	28	
	藏曆 十一月						30	1	2	3	4	5	6	7	8	9	10	11	12	13	14	15	15	16	17	18	19	21	22	23	24	25	26	27	28	29	30	

大事記

正月，宋嚴禁坑戶毀錢為銅。宋嚴科舉迴避法。宋雅州“蠻”擾宋邊。夏李安全廢主純祐自立。　四月，宋下納粟補官令。金發兵守要害，置行省於汴以備宋。宋兵分路攻金，取泗、虹等州縣。宋追奪秦檜王爵，改謚謬丑。　五月，宋詔伐金，諸路多敗，惟畢遇數有功。　六月，金初置急遞鋪。　七月，金派使册封李安全為夏國公，夏依附金以抗蒙古。金命官專修遼史。　十月，金分九路南侵。　十一月，金入滁州，破西和。宋命邱崈督江淮兵馬。　十二月，金下安陸等縣，入成州，破真州。宋將吳曦叛宋投金。　是歲，蒙古鐵木真稱成吉思汗，是為元太祖，復攻乃蠻，破之。

宋遼金紀年

干支丁卯　公元 1207 年

朝代或國名	國家支配者	建都	廟號	謚號	建元	年號年次	輔政者	備注
南宋	④趙擴	臨安	寧宗	恭	4	3 開禧 3 年	陳自强、韓侂胄、錢象祖	
大理	⑥段智祥		神宗		3	1 天開 3 年		在雲南
西夏	⑦李安全	中興府	襄宗	敬穆	2	1 應天 2 年		
金	⑥完顏璟	燕京	章宗	英	3	3 泰和 7 年		
西遼	⑤耶律直魯古	虎思斡耳朵		末主	1	天禧 30 年		
蒙古	①孛兒只斤鐵木真(成吉思汗)	和林	太祖			2 年		
	吳曦					轉運元年		二月亡
古格						394 年		西藏阿里

月曆表

5920—354—2162297

月 干支 序數	星期 月序	日	1	2	3	4	5	6	日	1	2	3	4	5	6	日	1	2	3	4	5	6	日	1	2	3	4	5	6	日	1	2	3	4	5	6	日	1
	公曆 1 月		1	2	3	4	5	6	7	8	9	10	11	12	13	14	15	16	17	18	19	20	21	22	23	24	25	26	27	28	29	30	31					
39	夏曆 正月		2	3	4	5	6	7	8	9	10	11	12	13	14	15	16	17	18	19	20	21	22	23	24	25	26	27	28	29	30	⑭	2					
	回曆 6 月		29	30	1	2	3	4	5	6	7	8	9	10	11	12	13	14	15	16	17	18	19	20	21	22	23	24	25	26	27	28	29					
陰火兔年	藏曆 十二 一 月		1	2	3	4	5	6	7	8	9	10	11	12	13	14	15	16	17	18	19	20	21	22	23	24	25	27	28	29	30	1	2					
	公曆 2 月					1	2	3	4	5	6	7	8	9	10	11	12	13	14	15	16	17	18	19	20	21	22	23	24	25	26	27	28					
	夏曆 正月					3	4	5	6	7	8	9	10	11	12	13	14	15	16	17	18	19	20	21	22	23	24	25	26	27	28	29	30					
	回曆 7 月					1	2	3	4	5	6	7	8	9	10	11	12	13	14	15	16	17	18	19	20	21	22	23	24	25	26	27	28					
	藏曆 一月					3	4	5	6	7	7	8	9	10	11	12	13	14	15	16	17	18	19	21	22	23	24	25	26	27	28	29	30					
	公曆 3 月					1	2	3	4	5	6	7	8	9	10	11	12	13	14	15	16	17	18	19	20	21	22	23	24	25	26	27	28	29	30	31		
40 41	夏曆 二 三 月					㊹	2	3	4	5	6	7	8	9	10	11	12	13	14	15	16	17	18	19	20	21	22	23	24	25	26	27	28	29	⑬	2		
	回曆 8 月					29	30	1	2	3	4	5	6	7	8	9	10	11	12	13	14	15	16	17	18	19	20	21	22	23	24	25	26	27	28	29		

續表

月干支序數	星期 / 月序	日	1	2	3	4	5	6	日	1	2	3	4	5	6	日	1	2	3	4	5	6	日	1	2	3	4	5	6	日	1	2	3	4	5	6	日	1
	藏曆二三月					1	2	3	4	5	6	7	8	9	10	11	12	13	14	15	16	17	18	19	20	21	22	23	25	26	27	28	29	30	30	1		
	公曆 4 月	1	2	3	4	5	6	7	8	9	10	11	12	13	14	15	16	17	18	19	20	21	22	23	24	25	26	27	28	29	30							
42	夏曆四月	3	4	5	6	7	8	9	10	11	12	13	14	15	16	17	18	19	20	21	22	23	24	25	26	27	28	29	30	㊸	2							
	回曆 9 月	1	2	3	4	5	6	7	8	9	10	11	12	13	14	15	16	17	18	19	20	21	22	23	24	25	26	27	28	29	30							
	藏曆四月	2	3	4	5	6	7	8	9	10	11	12	13	14	15	16	18	19	20	21	22	23	24	25	26	27	28	29	30	1	2							
	公曆 5 月			1	2	3	4	5	6	7	8	9	10	11	12	13	14	15	16	17	18	19	20	21	22	23	24	25	26	27	28	29	30	31				
43	夏曆五月			3	4	5	6	7	8	9	10	11	12	13	14	15	16	17	18	19	20	21	22	23	24	25	26	27	28	29	30	⑬	2	3				
	回曆 10、11 月			1	2	3	4	5	6	7	8	9	10	11	12	13	14	15	16	17	18	19	20	21	22	23	24	25	26	27	28	29	1	2				
	藏曆五月			3	4	5	5	6	7	8	9	11	12	13	14	15	16	17	18	19	20	21	23	24	24	25	26	27	28	29	30	1	2	3				
	公曆 6 月						1	2	3	4	5	6	7	8	9	10	11	12	13	14	15	16	17	18	19	20	21	22	23	24	25	26	27	28	29	30		
44	夏曆六月						4	5	6	7	8	9	10	11	12	13	14	15	16	17	18	19	20	21	22	23	24	25	26	27	28	29	㊷	2	3	4		
	回曆 12 月						3	4	5	6	7	8	9	10	11	12	13	14	15	16	17	18	19	20	21	22	23	24	25	26	27	28	29	30	1	2		
	藏曆六月						4	5	6	7	8	9	10	11	12	14	15	16	17	18	19	20	21	22	23	24	25	26	27	28	29	30	1	2	2	3		
	公曆 7 月	1	2	3	4	5	6	7	8	9	10	11	12	13	14	15	16	17	18	19	20	21	22	23	24	25	26	27	28	29	30	31						
45	夏曆七月	5	6	7	8	9	10	11	12	13	14	15	16	17	18	19	20	21	22	23	24	25	26	27	28	29	30	⑫	2	3	4	5						
604年	回曆 1 月	3	4	5	6	7	8	9	10	11	12	13	14	15	16	17	18	19	20	21	22	23	24	25	26	27	28	29	①	2	3	4						
	藏曆七月	4	6	7	8	9	10	11	12	13	14	15	16	18	19	20	21	22	22	23	24	25	26	27	28	29	30	1	2	3	4	5						
	公曆 8 月				1	2	3	4	5	6	7	8	9	10	11	12	13	14	15	16	17	18	19	20	21	22	23	24	25	26	27	28	29	30	31			
46	夏曆八月				6	7	8	9	10	11	12	13	14	15	16	17	18	19	20	21	22	23	24	25	26	27	28	29	㊶	2	3	4	5	6	7			
	回曆 2 月				5	6	7	8	9	10	11	12	13	14	15	16	17	18	19	20	21	22	23	24	25	26	27	28	29	30	1	2	3	4	5			
	藏曆八月				6	7	8	10	11	12	13	14	15	16	17	18	19	20	21	22	23	24	25	26	27	28	29	29	1	2	3	4	5	6	7			
	公曆 9 月							1	2	3	4	5	6	7	8	9	10	11	12	13	14	15	16	17	18	19	20	21	22	23	24	25	26	27	28	29	30	
47	夏曆九月							8	9	10	11	12	13	14	15	16	17	18	19	20	21	22	23	24	25	26	27	28	29	30	⑪	2	3	4	5	6	7	
	回曆 3 月							6	7	8	9	10	11	12	13	14	15	16	17	18	19	20	21	22	23	24	25	26	27	28	29	1	2	3	4	5	6	
	藏曆九月							8	9	10	11	12	14	15	16	17	18	18	19	20	21	22	23	24	25	26	27	28	29	30	1	2	3	4	6	7	8	
	公曆 10 月		1	2	3	4	5	6	7	8	9	10	11	12	13	14	15	16	17	18	19	20	21	22	23	24	25	26	27	28	29	30	31					
48	夏曆十月		8	9	10	11	12	13	14	15	16	17	18	19	20	21	22	23	24	25	26	27	28	29	㊵	2	3	4	5	6	7	8	9					
	回曆 4 月		7	8	9	10	11	12	13	14	15	16	17	18	19	20	21	22	23	24	25	26	27	28	29	30	1	2	3	4	5	6	7					
	藏曆十月		9	10	11	12	13	14	15	16	17	18	19	20	21	22	22	23	24	25	26	27	28	30	1	2	3	4	5	6	7	8	9					
	公曆 11 月					1	2	3	4	5	6	7	8	9	10	11	12	13	14	15	16	17	18	19	20	21	22	23	24	25	26	27	28	29	30			
49	夏曆十一月					10	11	12	13	14	15	16	17	18	19	20	21	22	23	24	25	26	27	28	29	30	⑩	2	3	4	5	6	7	8	9			
	回曆 5 月					8	9	10	11	12	13	14	15	16	17	18	19	20	21	22	23	24	25	26	27	28	29	1	2	3	4	5	6	7	8			
	藏曆十一月					10	11	12	13	14	15	16	17	18	19	20	21	22	23	24	25	26	27	28	29	30	1	2	4	5	6	7	8	9	10			
	公曆 12 月							1	2	3	4	5	6	7	8	9	10	11	12	13	14	15	16	17	18	19	20	21	22	23	24	25	26	27	28	29	30	31
50	夏曆十二月							10	11	12	13	14	15	16	17	18	19	20	21	22	23	24	25	26	27	28	29	㊴	2	3	4	5	6	7	8	9	10	11
	回曆 6 月							9	10	11	12	13	14	15	16	17	18	19	20	21	22	23	24	25	26	27	28	29	30	1	2	3	4	5	6	7	8	9
	藏曆十二月							11	12	13	14	15	15	16	17	18	19	20	21	22	23	24	25	26	27	29	30	1	2	3	4	5	6	7	8	9	10	11

金五月乙亥，十一月壬申。

大事記

正月，吳曦稱蜀王，建元轉運，置百官，以階、成等州獻於金。　二月，楊巨源等殺曦，宋復取階、成等州。　四月，宋忠義人復大散關，旋為金兵所破，宋金議和。　六月，金以山東多盜，立殺捕賞官法。　七月，宋大旱蝗，浙西尤甚。蒙古侵夏。　十一月，宋殺韓侂胄。　十二月，金修《遼史》成。　是歲，名文學家辛弃疾卒(1140—1207)。史學家徐夢莘卒(1126—1207)。

宋 遼 金 紀 年

干支戊辰　公元 1208 年

朝代或國名	國家支配者	建　都	廟　號	謚　號	建元	年號年次	輔政者	備　注
南宋	④趙擴	臨安	寧宗	恭	4	4 嘉定元年	錢象祖 史彌遠	
西夏	⑦李安全	中興府	襄宗	敬穆	2	1 應天 3 年		
金	⑥完顏璟	燕京	章宗	英	3	3 泰和 8 年		十一月 衛紹王即位
西遼	⑤耶律直魯古	虎思斡耳朵		末主	1	天禧 31 年		
蒙古	①孛兒只斤鐵木真 (成吉思汗)	和林	太祖			3 年		
大理	⑥段智祥		神宗		3	1 天開 4 年		在雲南
古格						395 年		西藏阿里

月 曆 表

5921—384—2162681

月干支序數	月序＼星期	日	1	2	3	4	5	6	日	1	2	3	4	5	6	日	1	2	3	4	5	6	日	1	2	3	4	5	6	日	1	2	3	4	5	6	日	1
	公曆 1 月			1	2	3	4	5	6	7	8	9	10	11	12	13	14	15	16	17	18	19	20	21	22	23	24	25	26	27	28	29	30	31				
51	夏曆正月			12	13	14	15	16	17	13	19	20	21	22	23	24	25	26	27	28	29	⑧	2	3	4	5	6	7	8	9	10	11	12	13				
	回曆 7 月			10	11	12	13	14	15	16	17	18	19	20	21	22	23	24	25	26	27	28	29	1	2	3	4	5	6	7	8	9	10	11				
陽土龍年	藏曆一月			12	13	14	15	16	17	18	19	19	20	22	23	24	25	26	27	28	29	30	1	2	3	4	5	6	7	8	9	10	11	12				
	公曆 2 月						1	2	3	4	5	6	7	8	9	10	11	12	13	14	15	16	17	18	19	20	21	22	23	24	25	26	27	28	29			
52	夏曆二月						14	15	16	17	18	19	20	21	22	23	24	25	26	27	28	29	30	㊳	2	3	4	5	6	7	8	9	10	11	12			
	回曆 8 月						12	13	14	15	16	17	18	19	20	21	22	23	24	25	26	27	28	29	30	1	2	3	4	5	6	7	8	9	10			
	藏曆二月						13	14	15	16	17	18	19	20	21	22	23	24	25	26	28	29	30	1	2	3	4	5	6	7	8	9	10	10	11			
	公曆 3 月							1	2	3	4	5	6	7	8	9	10	11	12	13	14	15	16	17	18	19	20	21	22	23	24	25	26	27	28	29	30	31
53	夏曆三月							13	14	15	16	17	18	19	20	21	22	23	24	25	26	27	28	29	⑦	2	3	4	5	6	7	8	9	10	11	12	13	14
	回曆 9 月							11	12	13	14	15	16	17	18	19	20	21	22	23	24	25	26	27	28	29	1	2	3	4	5	6	7	8	9	10	11	12
	藏曆三月							12	13	14	15	16	17	18	19	20	22	23	24	25	26	27	28	29	30	1	2	3	4	5	6	7	8	9	10	11	12	13
	公曆 4 月			1	2	3	4	5	6	7	8	9	10	11	12	13	14	15	16	17	18	19	20	21	22	23	24	25	26	27	28	29	30					
54	夏曆四月			15	16	17	18	19	20	21	22	23	24	25	26	27	28	29	30	㊲	2	3	4	5	6	7	8	9	10	11	12	13	14					
	回曆 10 月			13	14	15	16	17	18	19	20	21	22	23	24	25	26	27	28	29	30	1	2	3	4	5	6	7	8	9	10	11	12					
	藏曆四月			14	15	16	17	18	19	20	21	22	23	25	26	27	28	29	30	1	2	3	4	4	5	6	7	8	9	10	11	12	13					
	公曆 5 月					1	2	3	4	5	6	7	8	9	10	11	12	13	14	15	16	17	18	19	20	21	22	23	24	25	26	27	28	29	30	31		
	夏曆閏四月					15	16	17	18	19	20	21	22	23	24	25	26	27	28	29	30	⑦	2	3	4	5	6	7	8	9	10	11	12	13	14	15		
	回曆 11 月					13	14	15	16	17	18	19	20	21	22	23	24	25	26	27	28	29	1	2	3	4	5	6	7	8	9	10	11	12	13	14		
	藏曆五月					14	15	16	17	19	20	21	22	23	24	25	26	27	28	29	30	1	2	3	4	5	6	7	8	9	10	11	12	13	14	15		
	公曆 6 月	1	2	3	4	5	6	7	8	9	10	11	12	13	14	15	16	17	18	19	20	21	22	23	24	25	26	27	28	29	30							
55	夏曆五月	16	17	18	19	20	21	22	23	24	25	26	27	28	29	㊱	2	3	4	5	6	7	8	9	10	11	12	13	14	15	16							
	回曆 12 月	15	16	17	18	19	20	21	22	23	24	25	26	27	28	29	30	1	2	3	4	5	6	7	8	9	10	11	12	13	14							
	藏曆六月	16	17	18	19	20	22	23	24	25	26	27	28	29	30	30	1	2	3	4	5	6	7	8	9	10	11	12	14	15	16							
	公曆 7 月			1	2	3	4	5	6	7	8	9	10	11	12	13	14	15	16	17	18	19	20	21	22	23	24	25	26	27	28	29	30	31				
56	夏曆六月			17	18	19	20	21	22	23	24	25	26	27	28	29	30	⑥	2	3	4	5	6	7	8	9	10	11	12	13	14	15	16	17				
605 年	回曆 1 月			15	16	17	18	19	20	21	22	23	24	25	26	27	28	29	①	2	3	4	5	6	7	8	9	10	11	12	13	14	15	16				
	藏曆七月			17	18	19	20	21	22	23	24	25	26	27	28	29	30	1	2	3	4	5	6	7	8	9	10	11	12	13	14	15	17	18				
	公曆 8 月						1	2	3	4	5	6	7	8	9	10	11	12	13	14	15	16	17	18	19	20	21	22	23	24	25	26	27	28	29	30	31	

續表

月干支序數	星期/月序	日	1	2	3	4	5	6	日	1	2	3	4	5	6	日	1	2	3	4	5	6	日	1	2	3	4	5	6	日	1	2	3	4	5	6	日	1
57	夏曆七月						18	19	20	21	22	23	24	25	26	27	28	29	㉟	2	3	4	5	6	7	8	9	10	11	12	13	14	15	16	17	18	19	
	回曆2月						17	18	19	20	21	22	23	24	25	26	27	28	29	30	1	2	3	4	5	6	7	8	9	10	11	12	13	14	15	16	17	
	藏曆八月						19	20	21	22	23	24	25	26	27	27	28	29	30	1	2	3	4	5	6	7	8	10	11	12	13	14	15	16	17	18	19	
	公曆9月		1	2	3	4	5	6	7	8	9	10	11	12	13	14	15	16	17	18	19	20	21	22	23	24	25	26	27	28	29	30						
58	夏曆八月		20	21	22	23	24	25	26	27	28	29	30	⑤	2	3	4	5	6	7	8	9	10	11	12	13	14	15	16	17	18	19						
	回曆3月		18	19	20	21	22	23	24	25	26	27	28	29	1	2	3	4	5	6	7	8	9	10	11	12	13	14	15	16	17	18						
	藏曆九月		20	21	22	23	24	25	26	27	28	29	30	1	2	3	4	5	6	7	8	9	10	11	12	14	15	16	17	18	19	20						
	公曆10月				1	2	3	4	5	6	7	8	9	10	11	12	13	14	15	16	17	18	19	20	21	22	23	24	25	26	27	28	29	30	31			
59	夏曆九月				20	21	22	23	24	25	26	27	28	29	30	㉟	2	3	4	5	6	7	8	9	10	11	12	13	14	15	16	17	18	19	20			
	回曆4月				19	20	21	22	23	24	25	26	27	28	29	30	1	2	3	4	5	6	7	8	9	10	11	12	13	14	15	16	17	18	19			
	藏曆十月				21	22	22	23	24	25	26	27	28	29	30	1	2	3	4	5	7	8	9	10	11	12	13	14	15	16	17	18	19	20	21			
	公曆11月							1	2	3	4	5	6	7	8	9	10	11	12	13	14	15	16	17	18	19	20	21	22	23	24	25	26	27	28	29	30	
60	夏曆十月							21	22	23	24	25	26	27	28	29	④	2	3	4	5	6	7	8	9	10	11	12	13	14	15	16	17	18	19	20	21	
	回曆5月							20	21	22	23	24	25	26	27	28	29	1	2	3	4	5	6	7	8	9	10	11	12	13	14	15	16	17	18	19	20	
	藏曆十一月							22	23	24	25	26	27	27	29	30	1	2	3	4	5	6	7	8	9	10	11	13	14	14	15	16	17	18	19	20	21	
	公曆12月		1	2	3	4	5	6	7	8	9	10	11	12	13	14	15	16	17	18	19	20	21	22	23	24	25	26	27	28	29	30	31					
1	夏曆十一月		22	23	24	25	26	27	28	29	30	㉞	2	3	4	5	6	7	8	9	10	11	12	13	14	15	16	17	18	19	20	21	22					
	回曆6月		21	22	23	24	25	26	27	28	29	30	1	2	3	4	5	6	7	8	9	10	11	12	13	14	15	16	17	18	19	20	21					
	藏曆十二月		22	23	24	25	26	27	28	29	30	1	2	3	4	6	7	8	9	10	11	12	13	14	15	16	17	18	18	19	20	21	22					

大事記

正月，金收回大鈔，行小鈔。宋以史彌遠知樞密院事。　二月，宋詔臨安府賑給流民。宋柳州黑風峒"蠻"攻擾，招降之。　三月，宋金議和，改叔侄為伯侄之國。增歲幣。函以韓侂胄首贖淮南地。宋臨安大火四日，毁民舍五萬八千餘家。五月，宋兩浙旱蝗；金旱蝗。　九月，金遣官推排民戶物力。　十一月，金章宗卒，叔衛紹王永濟嗣位。　十二月，宋四川行當五大錢。蒙古滅蔑里乞部。乃蠻屈出律汗奔西遼。　是年，金設近侍局。

宋遼金紀年　　干支己巳　公元1209年

朝代或國名	國家支配者	建都	廟號	謚號	建元	年號年次	輔政者	備注
南宋	④趙擴	臨安	寧宗	恭	4	4嘉定2年	史彌遠	
西夏	⑦李安全	中興府	襄宗	敬穆	2	1應天4年		
金	⑦完顔永濟(衛紹王)	燕京			3	1大安元年		
西遼	⑤耶律直魯古	虎思斡耳朵		末主	1	天禧32年		
蒙古	①孛兒只斤鐵木真(成吉思汗)	和林	太祖			4年		
大理	⑥段智祥		神宗		3	1天開5年		在雲南
古格						396年		西藏阿里

月曆表

5922－355－2163036

月 干支 序數	星期 月序	日	1	2	3	4	5	6	日	1	2	3	4	5	6	日	1	2	3	4	5	6	日	1	2	3	4	5	6	日	1	2	3	4	5	6	日	1
	公曆1月					1	2	3	4	5	6	7	8	9	10	11	12	13	14	15	16	17	18	19	20	21	22	23	24	25	26	27	28	29	30	31		
2	夏曆十二月					23	24	25	26	27	28	29	③	2	3	4	5	6	7	8	9	10	11	12	13	14	15	16	17	18	19	20	21	22	23	24		
	回曆7月					22	23	24	25	26	27	28	29	1	2	3	4	5	6	7	8	9	10	11	12	13	14	15	16	17	18	19	20	21	22	23		
陰土蛇年	藏曆一月					23	24	25	26	27	28	30	1	2	3	4	5	6	7	8	9	10	11	12	13	14	15	16	17	18	19	20	21	22	23	24		
	公曆2月	1	2	3	4	5	6	7	8	9	10	11	12	13	14	15	16	17	18	19	20	21	22	23	24	25	26	27	28									
3	夏曆正月	25	26	27	28	29	㉜	2	3	4	5	6	7	8	9	10	11	12	13	14	15	16	17	18	19	20	21	22	23									
	回曆8月	24	25	26	27	28	29	30	1	2	3	4	5	6	7	8	9	10	11	12	13	14	15	16	17	18	19	20	21									
	藏曆二月	25	26	27	28	29	30	1	2	3	5	6	7	8	9	10	10	11	12	13	14	15	16	17	18	19	20	21	22									
	公曆3月	1	2	3	4	5	6	7	8	9	10	11	12	13	14	15	16	17	18	19	20	21	22	23	24	25	26	27	28	29	30	31						
4	夏曆二月	24	25	26	27	28	29	30	②	2	3	4	5	6	7	8	9	10	11	12	13	14	15	16	17	18	19	20	21	22	23	24						
	回曆9月	22	23	24	25	26	27	28	29	1	2	3	4	5	6	7	8	9	10	11	12	13	14	15	16	17	18	19	20	21	22	23						
	藏曆三月	23	24	25	26	27	29	30	1	2	3	4	5	6	7	8	9	10	11	12	13	14	14	15	16	17	18	19	20	22	23	24						
	公曆4月				1	2	3	4	5	6	7	8	9	10	11	12	13	14	15	16	17	18	19	20	21	22	23	24	25	26	27	28	29	30				
5	夏曆三月				25	26	27	28	29	㉛	2	3	4	5	6	7	8	9	10	11	12	13	14	15	16	17	18	19	20	21	22	23	24	25				
	回曆10月				24	25	26	27	28	29	30	1	2	3	4	5	6	7	8	9	10	11	12	13	14	15	16	17	18	19	20	21	22	23				
	藏曆後三月				25	26	27	28	29	30	1	2	3	4	5	6	7	8	9	10	11	12	13	14	15	16	17	18	19	20	21	22	23	24				
	公曆5月						1	2	3	4	5	6	7	8	9	10	11	12	13	14	15	16	17	18	19	20	21	22	23	24	25	26	27	28	29	30	31	
6	夏曆四月						26	27	28	29	30	①	2	3	4	5	6	7	8	9	10	11	12	13	14	15	16	17	18	19	20	21	22	23	24	25	26	
	回曆11月						24	25	26	27	28	29	1	2	3	4	5	6	7	8	9	10	11	12	13	14	15	16	17	18	19	20	21	22	23	24	25	
	藏曆四月						26	27	28	29	30	1	2	3	4	5	6	7	8	8	9	10	11	12	13	14	15	16	17	19	20	21	22	23	24	25	26	
	公曆6月		1	2	3	4	5	6	7	8	9	10	11	12	13	14	15	16	17	18	19	20	21	22	23	24	25	26	27	28	29	30						
7	夏曆五月		27	28	29	㉚	2	3	4	5	6	7	8	9	10	11	12	13	14	15	16	17	18	19	20	21	22	23	24	25	26	27						
	回曆12月		26	27	28	29	30	1	2	3	4	5	6	7	8	9	10	11	12	13	14	15	16	17	18	19	20	21	22	23	24	25						
	藏曆五月		27	28	29	30	1	2	3	4	5	6	7	8	9	10	11	12	13	14	15	16	17	18	19	20	22	23	24	25	26	27						
	公曆7月				1	2	3	4	5	6	7	8	9	10	11	12	13	14	15	16	17	18	19	20	21	22	23	24	25	26	27	28	29	30	31			
8	夏曆六月				28	29	30	(60)	2	3	4	5	6	7	8	9	10	11	12	13	14	15	16	17	18	19	20	21	22	23	24	25	26	27	28			
606年	回曆1月				26	27	28	29	30	①	2	3	4	5	6	7	8	9	10	11	12	13	14	15	16	17	18	19	20	21	22	23	24	25	26			
	藏曆六月				28	29	30	1	2	3	4	5	5	6	7	8	9	10	11	12	14	15	16	17	18	19	20	21	22	23	24	25	26	27	28			
	公曆8月							1	2	3	4	5	6	7	8	9	10	11	12	13	14	15	16	17	18	19	20	21	22	23	24	25	26	27	28	29	30	31
9	夏曆七月							29	㉙	2	3	4	5	6	7	8	9	10	11	12	13	14	15	16	17	18	19	20	21	22	23	24	25	26	27	28	29	30
	回曆2月							27	28	29	30	1	2	3	4	5	6	7	8	9	10	11	12	13	14	15	16	17	18	19	20	21	22	23	24	25	26	27
	藏曆七月							29	30	1	2	3	4	5	6	7	8	9	10	11	12	13	14	15	17	18	19	20	21	22	23	24	25	26	27	28	29	30
	公曆9月			1	2	3	4	5	6	7	8	9	10	11	12	13	14	15	16	17	18	19	20	21	22	23	24	25	26	27	28	29	30					
10	夏曆八月			(59)	2	3	4	5	6	7	8	9	10	11	12	13	14	15	16	17	18	19	20	21	22	23	24	25	26	27	28	29	30					
	回曆3月			28	29	1	2	3	4	5	6	7	8	9	10	11	12	13	14	15	16	17	18	19	20	21	22	23	24	25	26	27	28					
	藏曆八月			30	1	1	2	3	4	5	6	7	8	10	11	12	13	14	15	16	17	18	19	20	21	22	23	24	25	26	27	28	29					
	公曆10月					1	2	3	4	5	6	7	8	9	10	11	12	13	14	15	16	17	18	19	20	21	22	23	24	25	26	27	28	29	30	31		
11 12	夏曆九 十月					㉙	2	3	4	5	6	7	8	9	10	11	12	13	14	15	16	17	18	19	20	21	22	23	24	25	26	27	28	29	(58)	2		
	回曆4月					29	30	1	2	3	4	5	6	7	8	9	10	11	12	13	14	15	16	17	18	19	20	21	22	23	24	25	26	27	28	29		
	藏曆九月					1	2	3	4	5	6	7	8	9	10	11	12	14	15	16	17	18	19	20	21	22	23	24	25	25	26	27	28	29	30	1		
	公曆11月	1	2	3	4	5	6	7	8	9	10	11	12	13	14	15	16	17	18	19	20	21	22	23	24	25	26	27	28	29	30							
13	夏曆十一月	3	4	5	6	7	8	9	10	11	12	13	14	15	16	17	18	19	20	21	22	23	24	25	26	27	28	29	30	㉘	2							
	回曆5月	1	2	3	4	5	6	7	8	9	10	11	12	13	14	15	16	17	18	19	20	21	22	23	24	25	26	27	28	29	30							

續表

月干支序數	月序＼星期	日	1	2	3	4	5	6	日	1	2	3	4	5	6	日	1	2	3	4	5	6	日	1	2	3	4	5	6	日	1	2	3	4	5	6	日	1
	藏曆十月	2	3	4	5	6	8	9	10	11	12	13	14	15	16	17	18	19	20	21	22	23	24	25	26	27	28	29	30	1	2							
	公曆 12 月			1	2	3	4	5	6	7	8	9	10	11	12	13	14	15	16	17	18	19	20	21	22	23	24	25	26	27	28	29	30	31				
14	夏曆十二月			3	4	5	6	7	8	9	10	11	12	13	14	15	16	17	18	19	20	21	22	23	24	25	26	27	28	29	30	㊽	2	3				
	回曆 6、7 月			1	2	3	4	5	6	7	8	9	10	11	12	13	14	15	16	17	18	19	20	21	22	23	24	25	26	27	28	29	1	2				
	藏曆十一十二月			3	4	5	6	7	8	9	10	11	13	14	15	16	17	18	18	19	20	21	22	23	24	25	26	27	28	29	30	1	2	3				

金正月丙申。

大事記

二月，黎州"蠻"擾宋邊寨。蒙古攻夏河西地。　三月，宋禁兩淮官吏私買民田。春，畏吾兒附於蒙古。　四月，宋放廬、濠二州忠義軍歸農。　五月，蒙古兵入靈州。宋旱蝗。金試宏詞科。　七月，蒙古攻破夏克夷門，進圍夏中興府。九月，蒙古軍引河水灌中興府城。夏向金求援，金拒不出兵。　十一月，金平陽地震，浮山縣尤甚。宋郴州黑風峒人李元礪起兵反宋。蒙古與金絕。　十二月，夏襄宗獻女請和，蒙古退兵。　是年，宋揚、楚、衡、郴、吉五州及南安軍民變。

宋遼金紀年

干支庚午　公元 1210 年

朝代或國名	國家支配者	建都	廟號	謚號	建元	年號年次	輔政者	備注
南宋	④趙擴	臨安	寧宗	恭	4	4 嘉定 3 年	史彌遠	
西夏	⑦李安全	中興府	襄宗	敬穆	2	2 皇建元年		
金	⑦完顏永濟(衛紹王)	燕京			3	1 大安 2 年		
西遼	⑤耶律直魯古	虎思斡耳朵		末主	1	天禧 33 年		
蒙古	①孛兒只斤鐵木真(成吉思汗)	和林	太祖			5 年		
大理	⑥段智祥		神宗		3	1 天開 6 年		在雲南
古格						397 年		西藏阿里

月曆表

5923—355—2163391

月干支序數	月序＼星期	日	1	2	3	4	5	6	日	1	2	3	4	5	6	日	1	2	3	4	5	6	日	1	2	3	4	5	6	日	1	2	3	4	5	6	日	1
	公曆 1 月						1	2	3	4	5	6	7	8	9	10	11	12	13	14	15	16	17	18	19	20	21	22	23	24	25	26	27	28	29	30	31	
15	夏曆正月						4	5	6	7	8	9	10	11	12	13	14	15	16	17	18	19	20	21	22	23	24	25	26	27	28	29	㉗	2	3	4	5	
	回曆 8 月						3	4	5	6	7	8	9	10	11	12	13	14	15	16	17	18	19	20	21	22	23	24	25	26	27	28	29	30	1	2	3	
陽金馬年	藏曆一月						4	5	7	8	9	10	11	12	13	14	15	16	17	18	19	20	21	21	22	23	24	25	26	27	28	29	1	2	3	4	5	
	公曆 2 月		1	2	3	4	5	6	7	8	9	10	11	12	13	14	15	16	17	18	19	20	21	22	23	24	25	26	27	28								
16	夏曆二月		6	7	8	9	10	11	12	13	14	15	16	17	18	19	20	21	22	23	24	25	26	27	28	29	30	㊼	2	3								
	回曆 9 月		4	5	6	7	8	9	10	11	12	13	14	15	16	17	18	19	20	21	22	23	24	25	26	27	28	29	1	2								
	藏曆二月		6	7	8	9	10	11	12	13	14	15	16	17	18	19	20	21	22	23	24	25	26	27	28	29	30	1	2	3								
	公曆 3 月		1	2	3	4	5	6	7	8	9	10	11	12	13	14	15	16	17	18	19	20	21	22	23	24	25	26	27	28	29	30	31					
17	夏曆三月		4	5	6	7	8	9	10	11	12	13	14	15	16	17	18	19	20	21	22	23	24	25	26	27	28	29	㉖	2	3	4	5					
	回曆 10 月		3	4	5	6	7	8	9	10	11	12	13	14	15	16	17	18	19	20	21	22	23	24	25	26	27	28	29	30	1	2	3					
	藏曆三月		4	6	7	8	9	10	11	12	13	13	14	15	16	17	18	19	20	21	22	23	24	25	26	27	29	30	1	2	3	4	5					

續表

月干支序數	月序 \ 星期	日	1	2	3	4	5	6	日	1	2	3	4	5	6	日	1	2	3	4	5	6	日	1	2	3	4	5	6	日	1	2	3	4	5	6	日	1
	公曆4月					1	2	3	4	5	6	7	8	9	10	11	12	13	14	15	16	17	18	19	20	21	22	23	24	25	26	27	28	29	30			
18	夏曆四月					6	7	8	9	10	11	12	13	14	15	16	17	18	19	20	21	22	23	24	25	26	27	28	29	(55)	2	3	4	5	6			
	回曆11月					4	5	6	7	8	9	10	11	12	13	14	15	16	17	18	19	20	21	22	23	24	25	26	27	28	29	1	2	3	4			
	藏曆四月					6	7	8	9	10	11	12	13	14	15	16	17	18	19	19	21	22	23	24	25	26	27	28	29	30	1	2	4	5	6			
	公曆5月							1	2	3	4	5	6	7	8	9	10	11	12	13	14	15	16	17	18	19	20	21	22	23	24	25	26	27	28	29	30	31
19	夏曆五月							7	8	9	10	11	12	13	14	15	16	17	18	19	20	21	22	23	24	25	26	27	28	29	30	㉕	2	3	4	5	6	7
	回曆12月							5	6	7	8	9	10	11	12	13	14	15	16	17	18	19	20	21	22	23	24	25	26	27	28	29	30	1	2	3	4	5
	藏曆五月							7	7	8	9	10	11	12	13	14	15	16	17	18	19	20	21	22	23	24	26	27	28	29	30	1	2	3	4	5	6	7
	公曆6月			1	2	3	4	5	6	7	8	9	10	11	12	13	14	15	16	17	18	19	20	21	22	23	24	25	26	27	28	29	30					
20	夏曆六月			8	9	10	11	12	13	14	15	16	17	18	19	20	21	22	23	24	25	26	27	28	29	(54)	2	3	4	5	6	7	8					
607年	回曆1月			6	7	8	9	10	11	12	13	14	15	16	17	18	19	20	21	22	23	24	25	26	27	28	29	①	2	3	4	5	6					
	藏曆六月			8	9	10	11	12	13	14	14	15	16	18	19	20	21	22	23	24	25	26	27	29	30	1	2	3	4	4	5	6	7					
	公曆7月					1	2	3	4	5	6	7	8	9	10	11	12	13	14	15	16	17	18	19	20	21	22	23	24	25	26	27	28	29	30	31		
21	夏曆七月					9	10	11	12	13	14	15	16	17	18	19	20	21	22	23	24	25	26	27	28	29	30	㉔	2	3	4	5	6	7	8	9		
	回曆2月					7	8	9	10	11	12	13	14	15	16	17	18	19	20	21	22	23	24	25	26	27	28	29	30	1	2	3	4	5	6	7		
	藏曆七月					8	9	10	11	12	13	14	15	16	17	18	19	21	22	23	24	25	26	27	28	29	30	1	2	3	4	5	6	7	8	9		
	公曆8月	1	2	3	4	5	6	7	8	9	10	11	12	13	14	15	16	17	18	19	20	21	22	23	24	25	26	27	28	29	30	31						
22	夏曆八月	10	11	12	13	14	15	16	17	18	19	20	21	22	23	24	25	26	27	28	29	(53)	2	3	4	5	6	7	8	9	10	11						
	回曆3月	8	9	10	11	12	13	14	15	16	17	18	19	20	21	22	23	24	25	26	27	28	29	1	2	3	4	5	6	7	8	9						
	藏曆八月	10	11	12	13	14	15	16	17	18	19	20	21	22	23	25	26	27	28	29	30	30	1	2	3	4	5	6	7	8	9	10						
	公曆9月				1	2	3	4	5	6	7	8	9	10	11	12	13	14	15	16	17	18	19	20	21	22	23	24	25	26	27	28	29	30				
23	夏曆九月				12	13	14	15	16	17	18	19	20	21	22	23	24	25	26	27	28	29	30	㉓	2	3	4	5	6	7	8	9	10	11				
	回曆4月				10	11	12	13	14	15	16	17	18	19	20	21	22	23	24	25	26	27	28	29	30	1	2	3	4	5	6	7	8	9				
	藏曆九月				11	12	13	14	15	17	18	19	20	21	22	23	24	25	26	27	28	29	30	1	2	3	4	5	6	6	7	8	10	11				
	公曆10月						1	2	3	4	5	6	7	8	9	10	11	12	13	14	15	16	17	18	19	20	21	22	23	24	25	26	27	28	29	30	31	
24	夏曆十月						12	13	14	15	16	17	18	19	20	21	22	23	24	25	26	27	28	29	30	(53)	2	3	4	5	6	7	8	9	10	11	12	
	回曆5月						10	11	12	13	14	15	16	17	18	19	20	21	22	23	24	25	26	27	28	29	1	2	3	4	5	6	7	8	9	10	11	
	藏曆十月						12	13	14	15	16	17	18	19	20	22	23	24	24	25	26	27	28	29	30	1	2	3	4	5	6	7	8	9	10	11	12	
	公曆11月		1	2	3	4	5	6	7	8	9	10	11	12	13	14	15	16	17	18	19	20	21	22	23	24	25	26	27	28	29	30						
25	夏曆十一月		13	14	15	16	17	18	19	20	21	22	23	24	25	26	27	28	29	㉒	2	3	4	5	6	7	8	9	10	11	12	13						
	回曆6月		12	13	14	15	16	17	18	19	20	21	22	23	24	25	26	27	28	29	30	1	2	3	4	5	6	7	8	9	10	11						
	藏曆十一月		13	15	16	17	18	19	20	21	22	23	24	25	26	27	28	29	29	30	1	2	3	4	5	6	7	9	10	11	12	13						
	公曆12月				1	2	3	4	5	6	7	8	9	10	11	12	13	14	15	16	17	18	19	20	21	22	23	24	25	26	27	28	29	30	31			
26	夏曆十二月				14	15	16	17	18	19	20	21	22	23	24	25	26	27	28	29	30	(52)	2	3	4	5	6	7	8	9	10	11	12	13	14			
	回曆7月				12	13	14	15	16	17	18	19	20	21	22	23	24	25	26	27	28	29	1	2	3	4	5	6	7	8	9	10	11	12	13			
	藏曆十二月				14	15	16	17	18	19	20	21	22	23	24	25	26	27	28	29	30	1	2	3	4	5	6	7	8	9	10	11	12	14	15			

《金紀》正月庚戌，十二月辛酉，并誤。

大事記

正月，宋以連年旱蝗，饑民群起掠食，官吏名之為盜，下詔招諭之，并戒官吏妥為安撫。　二月，黎州"蠻"擾宋邊。金地大震。　五月，宋詔沿海捕海寇。　六月，金地震，時經數月，且大旱。　八月，夏侵金邊。蒙古襲殺金邊將。　十二月，李元礪被執死。黎州"蠻"降。　是歲，宋浙東西水。金大饑。宋文學家陸游卒(1125—1210)。

宋遼金紀年

干支辛未　公元 1211 年

朝代或國名	國家支配者	建都	廟號	謚號	建元	年號年次	輔政者	備注
南宋	④趙擴	臨安	寧宗	恭	4	4嘉定4年	史彌遠	
西夏	⑧李遵頊	中興府	神宗	英文	1	光定元年		八月即位改元
金	⑦完顏永濟	燕京			3	1大安3年		
西遼	⑤耶律直魯古	虎思斡耳朵		末主	1	天禧34年		爲屈出律所篡
蒙古	①孛兒只斤鐵木真(成吉思汗)	和林	太祖			6年		
[紅襖軍]	[楊安兒]	登州				元年		
大理	⑥段智祥		神宗		3	1天開7年		在雲南
古格						398年		西藏阿里

月曆表

5924—384—2163775

月干支序數	月序＼星期	日	1	2	3	4	5	6	日	1	2	3	4	5	6	日	1	2	3	4	5	6	日	1	2	3	4	5	6	日	1	2	3	4	5	6	日	1
	公曆1月							1	2	3	4	5	6	7	8	9	10	11	12	13	14	15	16	17	18	19	20	21	22	23	24	25	26	27	28	29	30	31
27	夏曆正月							15	16	17	18	19	20	21	22	23	24	25	26	27	28	29	30	㉒	2	3	4	5	6	7	8	9	10	11	12	13	14	15
	回曆8月							14	15	16	17	18	19	20	21	22	23	24	25	26	27	28	29	30	1	2	3	4	5	6	7	8	9	10	11	12	13	14
陰金羊年	藏曆一月							16	17	18	19	20	20	21	22	23	24	25	26	27	28	29	30	1	2	3	4	5	6	8	9	10	11	12	13	14	15	16
	公曆2月			1	2	3	4	5	6	7	8	9	10	11	12	13	14	15	16	17	18	19	20	21	22	23	24	25	26	27	28							
28	夏曆二月			16	17	18	19	20	21	22	23	24	25	26	27	28	29	㉛	2	3	4	5	6	7	8	9	10	11	12	13	14							
	回曆9月			15	16	17	18	19	20	21	22	23	24	25	26	27	28	29	1	2	3	4	5	6	7	8	9	10	11	12	13							
	藏曆二月			17	18	19	20	21	22	23	24	24	25	26	27	28	29	2	3	4	5	6	7	8	9	10	11	12	13	14	15							
	公曆3月			1	2	3	4	5	6	7	8	9	10	11	12	13	14	15	16	17	18	19	20	21	22	23	24	25	26	27	28	29	30	31				
	夏曆閏二月			15	16	17	18	19	20	21	22	23	24	25	26	27	28	29	30	㉑	2	3	4	5	6	7	8	9	10	11	12	13	14	15				
	回曆10月			14	15	16	17	18	19	20	21	22	23	24	25	26	27	28	29	30	1	2	3	4	5	6	7	8	9	10	11	12	13	14				
	藏曆三月			16	17	18	19	20	21	22	23	24	25	26	27	28	29	30	30	1	2	3	4	6	7	8	9	10	11	12	13	14	15	16				
	公曆4月						1	2	3	4	5	6	7	8	9	10	11	12	13	14	15	16	17	18	19	20	21	22	23	24	25	26	27	28	29	30		
29	夏曆三月						16	17	18	19	20	21	22	23	24	25	26	27	28	29	㊿	2	3	4	5	6	7	8	9	10	11	12	13	14	15	16		
	回曆11月						15	16	17	18	19	20	21	22	23	24	25	26	27	28	29	1	2	3	4	5	6	7	8	9	10	11	12	13	14	15		
	藏曆四月						17	17	18	19	20	21	22	23	24	25	26	27	28	30	1	2	3	4	5	6	7	8	9	10	11	12	13	14	15	16		
	公曆5月	1	2	3	4	5	6	7	8	9	10	11	12	13	14	15	16	17	18	19	20	21	22	23	24	25	26	27	28	29	30	31						
30	夏曆四月	17	18	19	20	21	22	23	24	25	26	27	28	29	⑲	2	3	4	5	6	7	8	9	10	11	12	13	14	15	16	17	18						
	回曆12月	16	17	18	19	20	21	22	23	24	25	26	27	28	29	30	1	2	3	4	5	6	7	8	9	10	11	12	13	14	15	16						
	藏曆五月	17	18	19	20	21	22	23	24	25	26	27	28	29	30	1	3	4	5	6	7	8	9	10	11	12	12	13	14	15	16	17						
	公曆6月				1	2	3	4	5	6	7	8	9	10	11	12	13	14	15	16	17	18	19	20	21	22	23	24	25	26	27	28	29	30				
31	夏曆五月				19	20	21	22	23	24	25	26	27	28	29	30	㊾	2	3	4	5	6	7	8	9	10	11	12	13	14	15	16	17	18				
608年	回曆1月				17	18	19	20	21	22	23	24	25	26	27	28	29	30	①	2	3	4	5	6	7	8	9	10	11	12	13	14	15	16				
	藏曆六月				18	19	20	21	22	23	24	26	27	28	29	30	1	2	3	4	5	6	7	8	9	10	11	12	13	14	15	16	17	18				
	公曆7月						1	2	3	4	5	6	7	8	9	10	11	12	13	14	15	16	17	18	19	20	21	22	23	24	25	26	27	28	29	30	31	
32	夏曆六月						19	20	21	22	23	24	25	26	27	28	29	⑱	2	3	4	5	6	7	8	9	10	11	12	13	14	15	16	17	18	19	20	
	回曆2月						17	18	19	20	21	22	23	24	25	26	27	28	29	30	1	2	3	4	5	6	7	8	9	10	11	12	13	14	15	16	17	
	藏曆七月						19	20	21	22	23	24	25	26	27	29	30	1	2	3	4	5	6	7	8	9	9	10	11	12	13	14	15	16	17	18	19	
	公曆8月		1	2	3	4	5	6	7	8	9	10	11	12	13	14	15	16	17	18	19	20	21	22	23	24	25	26	27	28	29	30	31					

續表

月 干支 序數	星期 月序	日	1	2	3	4	5	6	日	1	2	3	4	5	6	日	1	2	3	4	5	6	日	1	2	3	4	5	6	日	1	2	3	4	5	6	日	1
33	夏曆七月		21	22	23	24	25	26	27	28	29	㊼	2	3	4	5	6	7	8	9	10	11	12	13	14	15	16	17	18	19	20	21	22					
	回曆3月		18	19	20	21	22	23	24	25	26	27	28	29	1	2	3	4	5	6	7	8	9	10	11	12	13	14	15	16	17	18	19					
	藏曆八月		21	22	23	24	25	26	27	28	29	30	1	2	3	4	5	6	7	8	9	10	11	12	13	14	15	16	17	18	19	20	21					
	公曆9月					1	2	3	4	5	6	7	8	9	10	11	12	13	14	15	16	17	18	19	20	21	22	23	24	25	26	27	28	29	30			
34	夏曆八月					23	24	25	26	27	28	29	30	⑰	2	3	4	5	6	7	8	9	10	11	12	13	14	15	16	17	18	19	20	21	22			
	回曆4月					20	21	22	23	24	25	26	27	28	29	30	1	2	3	4	5	6	7	8	9	10	11	12	13	14	15	16	17	18	19			
	藏曆九月					22	24	25	26	27	28	29	30	1	2	3	4	5	5	6	7	8	9	10	11	12	13	14	15	16	18	19	20	21	22			
	公曆10月							1	2	3	4	5	6	7	8	9	10	11	12	13	14	15	16	17	18	19	20	21	22	23	24	25	26	27	28	29	30	31
35	夏曆九月							23	24	25	26	27	28	29	30	㊼	2	3	4	5	6	7	8	9	10	11	12	13	14	15	16	17	18	19	20	21	22	23
	回曆5月							20	21	22	23	24	25	26	27	28	29	1	2	3	4	5	6	7	8	9	10	11	12	13	14	15	16	17	18	19	20	21
	藏曆十月							23	24	25	26	27	28	29	30	1	2	3	4	5	6	7	8	9	10	11	12	13	14	15	16	17	18	19	20	22	23	24
	公曆11月			1	2	3	4	5	6	7	8	9	10	11	12	13	14	15	16	17	18	19	20	21	22	23	24	25	26	27	28	29	30					
36	夏曆十月			24	25	26	27	28	29	⑯	2	3	4	5	6	7	8	9	10	11	12	13	14	15	16	17	18	19	20	21	22	23	24					
	回曆6月			22	23	24	25	26	27	28	29	30	1	2	3	4	5	6	7	8	9	10	11	12	13	14	15	16	17	18	19	20	21					
	藏曆十一月			25	26	27	28	28	29	30	1	2	3	4	5	6	7	8	9	10	11	12	13	14	16	17	18	19	20	21	22	23	24					
	公曆12月					1	2	3	4	5	6	7	8	9	10	11	12	13	14	15	16	17	18	19	20	21	22	23	24	25	26	27	28	29	30	31		
37	夏曆十一月					25	26	27	28	29	30	㊻	2	3	4	5	6	7	8	9	10	11	12	13	14	15	16	17	18	19	20	21	22	23	24	25		
	回曆7月					22	23	24	25	26	27	28	29	1	2	3	4	5	6	7	8	9	10	11	12	13	14	15	16	17	18	19	20	21	22	23		
	藏曆後十一月					25	26	27	28	29	30	1	2	2	3	4	5	6	7	8	10	11	12	13	14	15	16	17	18	19	20	21	22	23	24	25		

大事記

正月，馬湖“蠻”擾宋邊。葛羅祿部降於蒙古。　　二月，蒙古侵金邊。　　三月，宋劉世雄等發動兵變，失敗。金括民間馬匹。　　四月，金求和於蒙古，不許。金將備邊。宋國子司業劉爚請開僞學禁。　　六月，宋遣使赴金賀生辰，金以有蒙古之難，不暇接待，宋使至涿州而還，金亦不暇遣使賀宋帝生辰。　　七月，烏沙堡之役，金軍失利，蒙古進兵昌、桓、撫等州。　　八月，夏主李安全卒，族子遵頊立。蒙古攻金，野狐嶺之役，金大敗。會河堡之役，金主力喪失。　　九月，蒙古兵攻中都，尋退。蒙古用金降將郭寶玉言，頒條教五章。　　十一月，蒙古下金雲內等州縣，游騎掠及清、滄、忻、代。金益都楊安兒聚衆攻掠山東。夏擾金邠、岐。　　是歲，乃蠻屈出律廢西遼主直魯古自立，耶律氏自大石稱帝至是七十八年而亡。金文學家黨懷英卒(1134—1211)。

宋遼金紀年

干支壬申　公元1212年

朝代或國名	國家支配者	建都	廟號	謚號	建元	年號年次	輔政者	備注
南宋	④趙擴	臨安	寧宗	恭	4	4嘉定5年	史彌遠	
西夏	⑧李遵頊	中興府	神宗	英文	1	光定2年		
金	⑦完顔永濟(衛紹王)	燕京			3	2崇慶元年		
蒙古	①孛兒只斤鐵木真(成吉思汗)	和林	太祖			7年		
[紅襖軍]	[楊安兒]					2年		
	屈出律					元年		
大理	⑥段智祥		神宗		3	1天開8年		在雲南
古格						399年		西藏阿里

續表

月干支序數	月序＼星期	日	1	2	3	4	5	6	日	1	2	3	4	5	6	日	1	2	3	4	5	6	日	1	2	3	4	5	6	日	1	2	3	4	5	6	日	1
	回曆2月	20	21	22	23	24	25	26	27	28	29	30	1	2	3	4	5	6	7	8	9	10	11	12	13	14	15	16	17	18	19							
	藏曆六月	22	23	24	25	26	27	28	29	30	1	2	3	4	5	6	7	8	10	11	12	13	14	15	16	17	18	19	20	21	21							
	公曆7月			1	2	3	4	5	6	7	8	9	10	11	12	13	14	15	16	17	18	19	20	21	22	23	24	25	26	27	28	29	30	31				
8	夏曆六月			22	23	24	25	26	27	28	29	㉛	2	3	4	5	6	7	8	9	10	11	12	13	14	15	16	17	18	19	20	21	22	23				
	回曆3月			20	21	22	23	24	25	26	27	28	29	1	2	3	4	5	6	7	8	9	10	11	12	13	14	15	16	17	18	19	20	21				
	藏曆七月			22	23	24	25	26	27	28	29	30	1	3	4	5	6	7	8	9	10	11	12	13	14	15	16	17	18	19	20	21	22	23				
	公曆8月						1	2	3	4	5	6	7	8	9	10	11	12	13	14	15	16	17	18	19	20	21	22	23	24	25	26	27	28	29	30	31	
9	夏曆七月						24	25	26	27	28	29	30	①	2	3	4	5	6	7	8	9	10	11	12	13	14	15	16	17	18	19	20	21	22	23	24	
	回曆4月						22	23	24	25	26	27	28	29	30	1	2	3	4	5	6	7	8	9	10	11	12	13	14	15	16	17	18	19	20	21	22	
	藏曆後七月						24	25	26	27	28	29	30	1	2	3	4	6	7	8	9	10	11	12	13	14	15	16	17	17	18	19	20	21	22	23	24	
	公曆9月		1	2	3	4	5	6	7	8	9	10	11	12	13	14	15	16	17	18	19	20	21	22	23	24	25	26	27	28	29	30						
10	夏曆八月		25	26	27	28	29	㉚	2	3	4	5	6	7	8	9	10	11	12	13	14	15	16	17	18	19	20	21	22	23	24	25						
	回曆5月		23	24	25	26	27	28	29	1	2	3	4	5	6	7	8	9	10	11	12	13	14	15	16	17	18	19	20	21	22	23						
	藏曆八月		25	26	27	29	30	1	2	3	4	5	6	7	8	9	10	11	12	13	14	15	16	17	18	19	20	21	22	23	24	25						
	公曆10月				1	2	3	4	5	6	7	8	9	10	11	12	13	14	15	16	17	18	19	20	21	22	23	24	25	26	27	28	29	30	31			
11	夏曆九月				26	27	28	29	(59)	2	3	4	5	6	7	8	9	10	11	12	13	14	15	16	17	18	19	20	21	22	23	24	25	26	27			
	回曆6月				24	25	26	27	28	29	30	1	2	3	4	5	6	7	8	9	10	11	12	13	14	15	16	17	18	19	20	21	22	23	24			
	藏曆九月				26	27	28	29	2	3	4	5	6	7	8	9	10	11	12	12	13	14	15	16	17	18	19	20	21	22	23	24	26	27	28			
	公曆11月							1	2	3	4	5	6	7	8	9	10	11	12	13	14	15	16	17	18	19	20	21	22	23	24	25	26	27	28	29	30	
12	夏曆十月							28	29	30	㉙	2	3	4	5	6	7	8	9	10	11	12	13	14	15	16	17	18	19	20	21	22	23	24	25	26	27	
	回曆7月							25	26	27	28	29	1	2	3	4	5	6	7	8	9	10	11	12	13	14	15	16	17	18	19	20	21	22	23	24	25	
	藏曆十月							29	30	30	1	2	3	4	5	6	7	8	9	10	11	12	13	14	15	16	17	18	19	20	21	22	23	24	25	26	27	
	公曆12月		1	2	3	4	5	6	7	8	9	10	11	12	13	14	15	16	17	18	19	20	21	22	23	24	25	26	27	28	29	30	31					
13	夏曆十一月		28	29	(58)	2	3	4	5	6	7	8	9	10	11	12	13	14	15	16	17	18	19	20	21	22	23	24	25	26	27	28	29					
	回曆8月		26	27	28	29	30	1	2	3	4	5	6	7	8	9	10	11	12	13	14	15	16	17	18	19	20	21	22	23	24	25	26					
	藏曆十一月		28	29	2	3	3	4	5	6	7	8	9	10	11	12	13	14	15	16	17	18	19	20	21	22	23	25	26	27	28	29	30					

《宋紀》十一月辛丑，誤。

大事記

正月，宋將攻金秦州，敗還。金壯士李雄召募軍民萬人抗蒙。　二月，青羌卜籠十二骨附於宋。金印行二十貫、百貫、二百貫、一千貫四種大鈔。　三月，金遣使於宋，索二年歲幣。金以公主歸於成吉思汗及以金、帛、馬匹與蒙古和，中都解圍。金許人納粟買官。　五月，金遷都南京(開封)。金山東紅襖軍大起，楊安兒稱皇帝，建元天順，與濰州李全等攻山東諸州縣，金遣將擊之。　七月，蒙古以金遷都，復圍中都。蒙古木華黎取遼西州郡。宋罷金歲幣。夏約宋攻金，不報，遂與宋絕。　八月，金復遣使於宋索歲幣。　十月，蒙古陷金順州，錦州張鯨自立為臨海王，降蒙古。　十一月，蘭州譯人程陳僧反金，結夏為援。宋遣使賀金正旦，太學生反對，不聽。　十二月，楊安兒敗死。金將攻耶律留哥，大敗。留哥遂幾盡有遼東，都咸平，號中京。

宋遼金紀年

干支乙亥　公元 1215 年

朝代或國名	國家支配者	建都	廟號	謚號	建元	年號年次	輔政者	備注
南宋	④趙擴	臨安	寧宗	恭	4	4 嘉定 8 年	史彌遠	
大理	⑥段智祥		神宗		3	1 天開 11 年		在雲南
西夏	⑧李遵頊	中興府	神宗	英文	1	光定 5 年		

續表

朝代或國名	國家支配者	建都	廟號	謚號	建元	年號年次	輔政者	備注
金	⑧完顏珣	汴梁	宣宗	聖	3	1 貞祐3年		
蒙古	①孛兒只斤鐵木真(成吉思汗)	和林	太祖			10年		
大真(東夏)	蒲鮮萬奴	據遼東				天泰元年		十月建元
	耶律留哥	咸平			1	元統3年		降蒙古
	張致	錦州			1	興隆元年		
	屈出律					4年		
古格						402年		西藏阿里

月曆表

5928—354—2165221

月干支序數	月序 \ 星期	日	1	2	3	4	5	6	日	1	2	3	4	5	6	日	1	2	3	4	5	6	日	1	2	3	4	5	6	日	1	2	3	4	5	6	日	1
	公曆1月					1	2	3	4	5	6	7	8	9	10	11	12	13	14	15	16	17	18	19	20	21	22	23	24	25	26	27	28	29	30	31		
14	夏曆十二月					30	㉘	2	3	4	5	6	7	8	9	10	11	12	13	14	15	16	17	18	19	20	21	22	23	24	25	26	27	28	29	30		
	回曆9月					27	28	29	1	2	3	4	5	6	7	8	9	10	11	12	13	14	15	16	17	18	19	20	21	22	23	24	25	26	27	28		
	藏曆十二月					30	1	2	3	4	5	6	7	7	8	9	10	11	12	13	14	15	16	17	19	20	21	22	23	24	25	26	27	28	29	30		
	公曆2月	1	2	3	4	5	6	7	8	9	10	11	12	13	14	15	16	17	18	19	20	21	22	23	24	25	26	27	28									
15	夏曆正月	(58)	2	3	4	5	6	7	8	9	10	11	12	13	14	15	16	17	18	19	20	21	22	23	24	25	26	27	28									
	回曆10月	29	30	1	2	3	4	5	6	7	8	9	10	11	12	13	14	15	16	17	18	19	20	21	22	23	24	25	26									
陰木猪年	藏曆一月	1	2	3	4	5	6	7	8	9	10	11	12	13	14	15	16	17	18	19	20	21	22	24	25	26	27	28	29									
	公曆3月	1	2	3	4	5	6	7	8	9	10	11	12	13	14	15	16	17	18	19	20	21	22	23	24	25	26	27	28	29	30	31						
16	夏曆二月	29	㉗	2	3	4	5	6	7	8	9	10	11	12	13	14	15	16	17	18	19	20	21	22	23	24	25	26	27	28	29	30						
	回曆11月	27	28	29	1	2	3	4	5	6	7	8	9	10	11	12	13	14	15	16	17	18	19	20	21	22	23	24	25	26	27	28						
	藏曆二月	29	30	1	2	3	4	5	6	7	8	9	10	11	12	13	14	15	16	18	19	20	21	22	23	24	25	26	27	28	29	30						
	公曆4月				1	2	3	4	5	6	7	8	9	10	11	12	13	14	15	16	17	18	19	20	21	22	23	24	25	26	27	28	29	30				
17	夏曆三月				(57)	2	3	4	5	6	7	8	9	10	11	12	13	14	15	16	17	18	19	20	21	22	23	24	25	26	27	28	29	30				
	回曆12月				29	30	1	2	3	4	5	6	7	8	9	10	11	12	13	14	15	16	17	18	19	20	21	22	23	24	25	26	27	28				
	藏曆三月				1	2	3	4	4	5	6	7	8	9	11	12	13	14	15	16	17	18	19	20	21	22	23	24	25	26	27	28	29	30				
	公曆5月						1	2	3	4	5	6	7	8	9	10	11	12	13	14	15	16	17	18	19	20	21	22	23	24	25	26	27	28	29	30	31	
18 19	夏曆四月 五月						㉗	2	3	4	5	6	7	8	9	10	11	12	13	14	15	16	17	18	19	20	21	22	23	24	25	26	27	28	29	(56)	2	
612年	回曆1月						29	①	2	3	4	5	6	7	8	9	10	11	12	13	14	15	16	17	18	19	20	21	22	23	24	25	26	27	28	29	30	
	藏曆四月 五月						1	2	3	4	5	6	7	8	9	10	11	12	13	15	16	17	18	19	20	21	22	23	24	25	26	27	28	29	29	30	1	
	公曆6月		1	2	3	4	5	6	7	8	9	10	11	12	13	14	15	16	17	18	19	20	21	22	23	24	25	26	27	28	29	30						
20	夏曆六月		3	4	5	6	7	8	9	10	11	12	13	14	15	16	17	18	19	20	21	22	23	24	25	26	27	28	29	30	㉖	2						
	回曆2、3月		1	2	3	4	5	6	7	8	9	10	11	12	13	14	15	16	17	18	19	20	21	22	23	24	25	26	27	28	29	1						
	藏曆六月		2	3	4	5	7	8	9	10	11	12	13	14	15	16	17	18	19	20	21	22	23	24	25	26	27	28	29	30	1	2						
	公曆7月				1	2	3	4	5	6	7	8	9	10	11	12	13	14	15	16	17	18	19	20	21	22	23	24	25	26	27	28	29	30	31			
21	夏曆七月				3	4	5	6	7	8	9	10	11	12	13	14	15	16	17	18	19	20	21	22	23	24	25	26	27	28	29	(55)	2	3	4			
	回曆4月				2	3	4	5	6	7	8	9	10	11	12	13	14	15	16	17	18	19	20	21	22	23	24	25	26	27	28	29	30	1	2			
	藏曆七月				3	4	5	6	7	8	10	11	12	13	14	15	16	17	18	19	20	21	22	23	24	25	26	26	27	28	29	2	3	4	5			
	公曆8月							1	2	3	4	5	6	7	8	9	10	11	12	13	14	15	16	17	18	19	20	21	22	23	24	25	26	27	28	29	30	31

續表

月干支序數	星期／月序	日	1	2	3	4	5	6	日	1	2	3	4	5	6	日	1	2	3	4	5	6	日	1	2	3	4	5	6	日	1	2	3	4	5	6	日	1
22	夏曆八月							5	6	7	8	9	10	11	12	13	14	15	16	17	18	19	20	21	22	23	24	25	26	27	28	29	30	㉕	2	3	4	5
	回曆5月							3	4	5	6	7	8	9	10	11	12	13	14	15	16	17	18	19	20	21	22	23	24	25	26	27	28	29	1	2	3	4
	藏曆八月							6	7	8	9	10	11	12	14	15	15	16	17	18	19	20	21	22	23	24	25	26	27	28	29	30	30	1	2	3	4	6
	公曆9月			1	2	3	4	5	6	7	8	9	10	11	12	13	14	15	16	17	18	19	20	21	22	23	24	25	26	27	28	29	30					
23	夏曆九月			6	7	8	9	10	11	12	13	14	15	16	17	18	19	20	21	22	23	24	25	26	27	28	29	(54)	2	3	4	5	6					
	回曆6月			5	6	7	8	9	10	11	12	13	14	15	16	17	18	19	20	21	22	23	24	25	26	27	28	29	30	1	2	3	4					
	藏曆九月			7	8	9	10	11	12	13	14	15	16	17	18	19	20	21	21	22	23	24	25	26	27	28	29	1	2	3	4	5	6					
	公曆10月					1	2	3	4	5	6	7	8	9	10	11	12	13	14	15	16	17	18	19	20	21	22	23	24	25	26	27	28	29	30	31		
24	夏曆十月					7	8	9	10	11	12	13	14	15	16	17	18	19	20	21	22	23	24	25	26	27	28	29	㉓	2	3	4	5	6	7	8		
	回曆7月					5	6	7	8	9	10	11	12	13	14	15	16	17	18	19	20	21	22	23	24	25	26	27	28	29	1	2	3	4	5	6		
	藏曆十月					7	8	9	10	11	12	13	14	15	16	17	18	19	20	21	22	23	24	25	26	27	28	29	30	1	3	4	5	6	7	8		
	公曆11月	1	2	3	4	5	6	7	8	9	10	11	12	13	14	15	16	17	18	19	20	21	22	23	24	25	26	27	28	29	30							
25	夏曆十一月	9	10	11	12	13	14	15	16	17	18	19	20	21	22	23	24	25	26	27	28	29	30	(53)	2	3	4	5	6	7	8							
	回曆8月	7	8	9	10	11	12	13	14	15	16	17	18	19	20	21	22	23	24	25	26	27	28	29	30	1	2	3	4	5	6							
	藏曆十一月	9	10	11	12	13	14	15	15	16	17	18	19	20	21	22	23	24	25	27	28	29	30	1	2	3	4	5	6	7	8							
	公曆12月			1	2	3	4	5	6	7	8	9	10	11	12	13	14	15	16	17	18	19	20	21	22	23	24	25	26	27	28	29	30	31				
26	夏曆十二月			9	10	11	12	13	14	15	16	17	18	19	20	21	22	23	24	25	26	27	28	29	㉒	2	3	4	5	6	7	8	9	10				
	回曆9月			7	8	9	10	11	12	13	14	15	16	17	18	19	20	21	22	23	24	25	26	27	28	29	1	2	3	4	5	6	7	8				
	藏曆十二月			9	10	11	12	13	14	15	16	17	18	19	20	21	22	23	24	25	26	27	28	29	2	3	4	5	6	7	7	8	9	10				

大事記

正月，夏侵金環州。金北京軍亂。　二月，蒙古攻下金北京。紅襖軍領袖劉二祖被俘犧牲。另一領袖楊妙真與李全軍合。　三月，金軍大潰於霸州。　五月，蒙古攻下金中都，焚宮室，掠妃嬪。契丹耶律楚材歸蒙古。　七月，金改交鈔為貞祐寶券。蒙古騎兵襲金南京，敗還。金請和，以不肯割地稱臣，未成。　九月，宋申兩浙圍田之禁。紅襖軍破金深、祁等州縣。秋，蒙古取金城邑計八百六十二。　十月，夏攻金保安、延安。金宣撫使蒲鮮萬奴據遼東，稱天王，國號大真，建元天泰。　十一月，夏攻金綏德。耶律留哥入金東京，納款於蒙古。　十二月，金徙朔州民於嵐、石等州。張致叛蒙古，據錦州，稱瀛王，建元興隆。　是歲，宋兩浙、江東西路旱蝗。

宋遼金紀年　　干支丙子　公元1216年

朝代或國名	國家支配者	建都	廟號	謚號	建元	年號年次	輔政者	備注
南宋	④趙擴	臨安	寧宗	恭	4	4 嘉定 9 年	史彌遠	
大理	⑥段智祥		神宗		3	1 天開 12 年		在雲南
西夏	⑧李遵頊	中興府	神宗	英文	1	光定 6 年		
金	⑧完顏珣	汴梁	宣宗	聖	3	1 貞祐 4 年		
蒙古	①孛兒只斤鐵木真（成吉思汗）	和林	太祖			11 年		
	[郝定]					[順天]元年		四月立，七月亡於金
大真（東夏）	蒲鮮萬奴	據遼東				天泰 2 年		十月改號東夏
遼	耶厮不					天威元年		

續表

朝代或國名	國家支配者	建都	廟號	謚號	建元	年號年次	輔政者	備注
	張致	錦州				興隆2年		亡於蒙古
	金山					天德元年		
	屈出律					5年		
古格						403年		西藏阿里

月曆表

5929—384—2165605

月干支序數	月序＼星期	日	1	2	3	4	5	6	日	1	2	3	4	5	6	日	1	2	3	4	5	6	日	1	2	3	4	5	6	日	1	2	3	4	5	6	日	1
	公曆1月						1	2	3	4	5	6	7	8	9	10	11	12	13	14	15	16	17	18	19	20	21	22	23	24	25	26	27	28	29	30	31	
27	夏曆正月						11	12	13	14	15	16	17	18	19	20	21	22	23	24	25	26	27	28	29	30	(52)	2	3	4	5	6	7	8	9	10	11	
	回曆10月						9	10	11	12	13	14	15	16	17	18	19	20	21	22	23	24	25	26	27	28	29	30	1	2	3	4	5	6	7	8	9	
陽火鼠年	藏曆一月						11	12	13	14	15	16	17	18	19	20	21	22	23	24	26	27	28	29	30	30	1	2	3	4	5	6	7	8	9	10	10	
	公曆2月		1	2	3	4	5	6	7	8	9	10	11	12	13	14	15	16	17	18	19	20	21	22	23	24	25	26	27	28	29							
28	夏曆二月		12	13	14	15	16	17	18	19	20	21	22	23	24	25	26	27	28	29	㉑	2	3	4	5	6	7	8	9	10	11							
	回曆11月		10	11	12	13	14	15	16	17	18	19	20	21	22	23	24	25	26	27	28	29	1	2	3	4	5	6	7	8	9							
	藏曆二月		11	12	13	14	15	16	17	18	20	21	22	23	24	25	26	27	28	29	30	1	2	3	4	5	6	7	8	9	10							
	公曆3月			1	2	3	4	5	6	7	8	9	10	11	12	13	14	15	16	17	18	19	20	21	22	23	24	25	26	27	28	29	30	31				
29	夏曆三月			12	13	14	15	16	17	18	19	20	21	22	23	24	25	26	27	28	29	30	(51)	2	3	4	5	6	7	8	9	10	11	12				
	回曆12月			10	11	12	13	14	15	16	17	18	19	20	21	22	23	24	25	26	27	28	29	30	1	2	3	4	5	6	7	8	9	10				
	藏曆三月			11	12	13	14	15	16	17	18	19	20	21	22	23	25	26	27	28	29	30	1	2	3	3	4	5	6	7	8	9	10	11				
	公曆4月						1	2	3	4	5	6	7	8	9	10	11	12	13	14	15	16	17	18	19	20	21	22	23	24	25	26	27	28	29	30		
30	夏曆四月						13	14	15	16	17	18	19	20	21	22	23	24	25	26	27	28	29	30	㉑	2	3	4	5	6	7	8	9	10	11	12		
613年	回曆1月						11	12	13	14	15	16	17	18	19	20	21	22	23	24	25	26	27	28	29	①	2	3	4	5	6	7	8	9	10	11		
	藏曆四月						12	13	14	15	16	18	19	20	21	22	23	24	25	26	27	28	29	30	1	2	3	4	5	6	7	8	9	10	11	12		
	公曆5月	1	2	3	4	5	6	7	8	9	10	11	12	13	14	15	16	17	18	19	20	21	22	23	24	25	26	27	28	29	30	31						
31	夏曆五月	13	14	15	16	17	18	19	20	21	22	23	24	25	26	27	28	29	㊿	2	3	4	5	6	7	8	9	10	11	12	13	14						
	回曆2月	12	13	14	15	16	17	18	19	20	21	22	23	24	25	26	27	28	29	30	1	2	3	4	5	6	7	8	9	10	11	12						
	藏曆五月	13	14	15	16	17	18	19	20	22	23	24	25	26	27	28	28	29	30	1	2	3	4	5	6	7	8	9	10	11	12	13						
	公曆6月				1	2	3	4	5	6	7	8	9	10	11	12	13	14	15	16	17	18	19	20	21	22	23	24	25	26	27	28	29	30				
32	夏曆六月				15	16	17	18	19	20	21	22	23	24	25	26	27	28	29	30	⑳	2	3	4	5	6	7	8	9	10	11	12	13	14				
	回曆3月				13	14	15	16	17	18	19	20	21	22	23	24	25	26	27	28	29	1	2	3	4	5	6	7	8	9	10	11	12	13				
	藏曆六月				15	16	17	18	19	20	21	22	23	24	25	26	27	28	29	30	1	2	3	4	5	6	7	8	9	10	11	12	13	14				
	公曆7月						1	2	3	4	5	6	7	8	9	10	11	12	13	14	15	16	17	18	19	20	21	22	23	24	25	26	27	28	29	30	31	
33	夏曆七月						15	16	17	18	19	20	21	22	23	24	25	26	27	28	29	30	㊿	2	3	4	5	6	7	8	9	10	11	12	13	14	15	
	回曆4月						14	15	16	17	18	19	20	21	22	23	24	25	26	27	28	29	30	1	2	3	4	5	6	7	8	9	10	11	12	13	14	
	藏曆七月						15	17	18	19	20	21	22	23	24	25	25	26	27	28	29	30	1	2	3	4	5	6	7	8	10	11	12	13	14	15	16	
	公曆8月		1	2	3	4	5	6	7	8	9	10	11	12	13	14	15	16	17	18	19	20	21	22	23	24	25	26	27	28	29	30	31					
	夏曆閏七月		16	17	18	19	20	21	22	23	24	25	26	27	28	29	⑲	2	3	4	5	6	7	8	9	10	11	12	13	14	15	16	17					
	回曆5月		15	16	17	18	19	20	21	22	23	24	25	26	27	28	29	1	2	3	4	5	6	7	8	9	10	11	12	13	14	15	16					
	藏曆八月		17	18	19	20	21	22	23	24	25	26	27	28	29	30	1	2	3	4	5	6	7	8	9	10	11	13	14	15	16	17	18					
	公曆9月					1	2	3	4	5	6	7	8	9	10	11	12	13	14	15	16	17	18	19	20	21	22	23	24	25	26	27	28	29	30			
34	夏曆八月					18	19	20	21	22	23	24	25	26	27	28	29	30	㊾	2	3	4	5	6	7	8	9	10	11	12	13	14	15	16	17			

續表

月 干支 序數	星期 月序	日	1	2	3	4	5	6	日	1	2	3	4	5	6	日	1	2	3	4	5	6	日	1	2	3	4	5	6	日	1	2	3	4	5	6	日	1
	回暦6月					17	18	19	20	21	22	23	24	25	26	27	28	29	30	1	2	3	4	5	6	7	8	9	10	11	12	13	14	15	16			
	藏暦九月					19	20	21	21	22	23	24	25	26	27	28	29	30	1	2	3	4	6	7	8	9	10	11	12	13	14	15	16	17	18			
	公暦10月							1	2	3	4	5	6	7	8	9	10	11	12	13	14	15	16	17	18	19	20	21	22	23	24	25	26	27	28	29	30	31
35	夏暦九月							18	19	20	21	22	23	24	25	26	27	28	29	⑱	2	3	4	5	6	7	8	9	10	11	12	13	14	15	16	17	18	19
	回暦7月							17	18	19	20	21	22	23	24	25	26	27	28	29	1	2	3	4	5	6	7	8	9	10	11	12	13	14	15	16	17	18
	藏暦十月							19	20	21	22	23	24	25	26	27	28	29	30	1	2	3	4	5	6	7	8	9	11	12	13	14	15	15	16	17	18	19
	公暦11月			1	2	3	4	5	6	7	8	9	10	11	12	13	14	15	16	17	18	19	20	21	22	23	24	25	26	27	28	29	30					
36	夏暦十月			20	21	22	23	24	25	26	27	28	29	㊼	2	3	4	5	6	7	8	9	10	11	12	13	14	15	16	17	18	19	20					
	回暦8月			19	20	21	22	23	24	25	26	27	28	29	30	1	2	3	4	5	6	7	8	9	10	11	12	13	14	15	16	17	18					
	藏暦十一月			20	21	22	23	24	25	26	27	28	29	30	1	2	4	5	6	7	8	9	10	11	12	13	14	15	16	17	18	18	19					
	公暦12月					1	2	3	4	5	6	7	8	9	10	11	12	13	14	15	16	17	18	19	20	21	22	23	24	25	26	27	28	29	30	31		
37	夏暦十一月					21	22	23	24	25	26	27	28	29	30	⑰	2	3	4	5	6	7	8	9	10	11	12	13	14	15	16	17	18	19	20	21		
	回暦9月					19	20	21	22	23	24	25	26	27	28	29	1	2	3	4	5	6	7	8	9	10	11	12	13	14	15	16	17	18	19	20		
	藏暦十二月					20	21	22	23	24	25	26	28	29	30	1	2	3	4	5	6	7	8	9	10	11	12	13	14	15	16	17	18	19	20	21		

大事記

二月，宋東、西川地大震，持續至十月，馬湖山及黎山崩，江水不通。　　四月，金遣胥鼎行尚書省事於平陽以禦蒙古。金泰州趙用等假迷信聚衆起事，尋敗。　　五月，夏擾金邊。　　七月，金遣人行尚書事於東平，以攻紅襖軍。　　八月，夏擾金邊。　　十月，蒲鮮萬奴降於蒙古，尋又叛，改號東夏。　　十一月，蒙古取潼關，入嵩、汝，次澠池，至平陽，為金兵所敗，金復潼關。蒙古攻殺張致。　　是歲，金旱蝗。蒙古四出擾金，金亦收復數十城。

宋 遼 金 紀 年　　干支丁丑　公元 1217 年

朝代或國名	國家支配者	建都	廟號	謚號	建元	年號年次	輔政者	備　注
南宋	④趙擴	臨安	寧宗	恭	4	4 嘉定 10 年	史彌遠	
大理	⑥段智祥		神宗		3	1 天開 13 年		在雲南
西夏	⑧李遵頊	中興府	神宗	英文	1	光定 7 年		
金	⑧完顔珣	汴梁	宣宗	聖	3	2 興定元年		九月壬午改元
蒙古	①孛兒只斤鐵木真（成吉思汗）	和林	太祖			12 年	木華黎	
東夏	蒲鮮萬奴	澄州			1	天泰 3 年		
	金山				1	天德 2 年		亡
	屈出律					6 年		亡於蒙古
古格						404 年		西藏阿里

月曆表

5930—354—2165959

月 干支 序數	星期 月序	日	1	2	3	4	5	6	日	1	2	3	4	5	6	日	1	2	3	4	5	6	日	1	2	3	4	5	6	日	1	2	3	4	5	6	日	1
	公曆1月	1	2	3	4	5	6	7	8	9	10	11	12	13	14	15	16	17	18	19	20	21	22	23	24	25	26	27	28	29	30	31						
38	夏曆十二月	22	23	24	25	26	27	28	29	㊻	2	3	4	5	6	7	8	9	10	11	12	13	14	15	16	17	18	19	20	21	22	23						
	回曆10月	21	22	23	24	25	26	27	28	29	30	1	2	3	4	5	6	7	8	9	10	11	12	13	14	15	16	17	18	19	20	21						
陰火牛年	藏曆一月	22	23	24	25	26	27	28	29	30	1	3	4	5	6	7	8	9	10	10	11	12	13	14	15	16	17	18	19	20	21	22						
	公曆2月				1	2	3	4	5	6	7	8	9	10	11	12	13	14	15	16	17	18	19	20	21	22	23	24	25	26	27	28						
39	夏曆正月				24	25	26	27	28	29	30	⑯	2	3	4	5	6	7	8	9	10	11	12	13	14	15	16	17	18	19	20	21						
	回曆11月				22	23	24	25	26	27	28	29	1	2	3	4	5	6	7	8	9	10	11	12	13	14	15	16	17	18	19	20						
	藏曆二月				23	24	25	27	28	29	30	1	2	3	4	5	6	7	8	9	10	11	12	13	13	14	15	16	17	18	19	21						
	公曆3月				1	2	3	4	5	6	7	8	9	10	11	12	13	14	15	16	17	18	19	20	21	22	23	24	25	26	27	28	29	30	31			
40	夏曆二月				22	23	24	25	26	27	28	29	㊺	2	3	4	5	6	7	8	9	10	11	12	13	14	15	16	17	18	19	20	21	22	23			
	回曆12月				21	22	23	24	25	26	27	28	29	30	1	2	3	4	5	6	7	8	9	10	11	12	13	14	15	16	17	18	19	20	21			
	藏曆三月				22	23	24	25	26	27	28	29	30	1	2	3	4	5	6	7	8	9	10	11	12	13	14	15	16	17	18	19	20	21	22			
	公曆4月							1	2	3	4	5	6	7	8	9	10	11	12	13	14	15	16	17	18	19	20	21	22	23	24	25	26	27	28	29	30	
41	夏曆三月							24	25	26	27	28	29	30	⑮	2	3	4	5	6	7	8	9	10	11	12	13	14	15	16	17	18	19	20	21	22	23	
614年	回曆1月							22	23	24	25	26	27	28	29	30	①	2	3	4	5	6	7	8	9	10	11	12	13	14	15	16	17	18	19	20	21	
	藏曆四月							23	25	26	27	28	29	30	1	2	3	4	5	6	7	7	8	9	10	11	12	13	14	15	16	17	19	20	21	22	23	
	公曆5月		1	2	3	4	5	6	7	8	9	10	11	12	13	14	15	16	17	18	19	20	21	22	23	24	25	26	27	28	29	30	31					
42	夏曆四月		24	25	26	27	28	29	㊹	2	3	4	5	6	7	8	9	10	11	12	13	14	15	16	17	18	19	20	21	22	23	24	25					
	回曆2月		22	23	24	25	26	27	28	29	30	1	2	3	4	5	6	7	8	9	10	11	12	13	14	15	16	17	18	19	20	21	22					
	藏曆後四月		24	25	26	27	28	29	30	1	2	3	4	5	6	7	8	9	10	11	12	13	14	15	16	17	18	19	20	22	23	24	25					
	公曆6月					1	2	3	4	5	6	7	8	9	10	11	12	13	14	15	16	17	18	19	20	21	22	23	24	25	26	27	28	29	30			
43	夏曆五月					26	27	28	29	30	⑭	2	3	4	5	6	7	8	9	10	11	12	13	14	15	16	17	18	19	20	21	22	23	24	25			
	回曆3月					23	24	25	26	27	28	29	1	2	3	4	5	6	7	8	9	10	11	12	13	14	15	16	17	18	19	20	21	22	23			
	藏曆五月					26	27	28	29	30	1	2	3	3	4	5	6	7	8	9	10	11	12	13	15	16	17	18	19	20	21	22	23	24	25			
	公曆7月							1	2	3	4	5	6	7	8	9	10	11	12	13	14	15	16	17	18	19	20	21	22	23	24	25	26	27	28	29	30	31
44	夏曆六月							26	27	28	29	30	㊹	2	3	4	5	6	7	8	9	10	11	12	13	14	15	16	17	18	19	20	21	22	23	24	25	26
	回曆4月							24	25	26	27	28	29	30	1	2	3	4	5	6	7	8	9	10	11	12	13	14	15	16	17	18	19	20	21	22	23	24
	藏曆六月							26	27	28	29	30	1	2	3	4	5	6	7	8	9	10	11	12	13	14	15	17	18	19	20	21	22	23	24	25	26	27
	公曆8月			1	2	3	4	5	6	7	8	9	10	11	12	13	14	15	16	17	18	19	20	21	22	23	24	25	26	27	28	29	30	31				
45	夏曆七月			27	28	29	⑬	2	3	4	5	6	7	8	9	10	11	12	13	14	15	16	17	18	19	20	21	22	23	24	25	26	27	28				
	回曆5月			25	26	27	28	29	1	2	3	4	5	6	7	8	9	10	11	12	13	14	15	16	17	18	19	20	21	22	23	24	25	26				
	藏曆七月			28	29	29	30	1	2	3	4	5	6	7	8	10	11	12	13	14	15	16	17	18	19	20	21	22	23	24	25	26	27	28				
	公曆9月						1	2	3	4	5	6	7	8	9	10	11	12	13	14	15	16	17	18	19	20	21	22	23	24	25	26	27	28	29	30		
46	夏曆八月						29	30	㊸	2	3	4	5	6	7	8	9	10	11	12	13	14	15	16	17	18	19	20	21	22	23	24	25	26	27	28		
	回曆6月						27	28	29	30	1	2	3	4	5	6	7	8	9	10	11	12	13	14	15	16	17	18	19	20	21	22	23	24	25	26		
	藏曆八月						29	30	1	2	3	4	5	6	7	8	9	10	11	13	14	15	16	17	18	19	20	21	22	23	24	25	25	26	27	28		
	公曆10月	1	2	3	4	5	6	7	8	9	10	11	12	13	14	15	16	17	18	19	20	21	22	23	24	25	26	27	28	29	30	31						
47	夏曆九月	29	⑫	2	3	4	5	6	7	8	9	10	11	12	13	14	15	16	17	18	19	20	21	22	23	24	25	26	27	28	29	30						
	回曆7月	27	28	29	1	2	3	4	5	6	7	8	9	10	11	12	13	14	15	16	17	18	19	20	21	22	23	24	25	26	27	28						
	藏曆九月	29	30	1	2	3	4	5	7	8	9	10	11	12	13	14	15	16	17	18	19	20	21	22	23	24	25	26	27	28	29	30						
	公曆11月				1	2	3	4	5	6	7	8	9	10	11	12	13	14	15	16	17	18	19	20	21	22	23	24	25	26	27	28	29	30				
48	夏曆十月				㊷	2	3	4	5	6	7	8	9	10	11	12	13	14	15	16	17	18	19	20	21	22	23	24	25	26	27	28	29	30				
	回曆8月				29	30	1	2	3	4	5	6	7	8	9	10	11	12	13	14	15	16	17	18	19	20	21	22	23	24	25	26	27	28				
	藏曆十月				1	2	3	4	5	6	7	8	9	11	12	13	14	15	16	17	18	18	19	20	21	22	23	24	25	26	27	28	29	30				

續表

月干支序數	星期 月序	日	1	2	3	4	5	6	日	1	2	3	4	5	6	日	1	2	3	4	5	6	日	1	2	3	4	5	6	日	1	2	3	4	5	6	日	1
	公曆 12 月						1	2	3	4	5	6	7	8	9	10	11	12	13	14	15	16	17	18	19	20	21	22	23	24	25	26	27	28	29	30	31	
49 50	夏曆 十一 十二 月						⑫	2	3	4	5	6	7	8	9	10	11	12	13	14	15	16	17	18	19	20	21	22	23	24	25	26	27	28	29	㊶	2	
	回曆 9 月						29	1	2	3	4	5	6	7	8	9	10	11	12	13	14	15	16	17	18	19	20	21	22	23	24	25	26	27	28	29	30	
	藏曆 十一 十二 月						1	2	3	5	6	7	8	9	10	11	12	13	14	15	16	17	18	19	20	21	21	22	23	24	25	26	27	29	30	1	2	

大事記

二月，金用貞祐通寶，一當貞祐寶券千貫。　四月，金發兵渡淮，分道南侵。金山東紅襖軍又大盛。　六月，宋下詔伐金。自是宋金連年構兵。宋招山東紅襖軍以困金，號為忠義軍。　八月，蒙古成吉思汗引軍攻夏，把金事付於木華黎。九月，金改元興定。蒙古軍薄金太原，攻交城、清源。　十一月，蒙古取金山東十餘州縣。　十二月，金攻四川，據大散關。金破宋天水軍。宋以軍興，募人納粟補官。

宋遼金紀年

干支戊寅　公元 1218 年

朝代或國名	國家支配者	建都	廟號	謚號	建元	年號年次	輔政者	備注
南宋	④趙擴	臨安	寧宗	恭	4	4 嘉定 11 年	史彌遠	
大理	⑥段智祥		神宗		3	1 天開 14 年		在雲南
西夏	⑧李遵頊	中興府	神宗	英文	1	光定 8 年		
金	⑧完顏珣	汴梁	宣宗	聖	3	2 興定 2 年		
蒙古	①孛兒只斤鐵木真（成吉思汗）	和林	太祖			13 年	木華黎	
東夏	蒲鮮萬奴	澄州				天泰 4 年		
古格						405 年		西藏阿里

月曆表

5931－355－2166314

月干支序數	星期 月序	日	1	2	3	4	5	6	日	1	2	3	4	5	6	日	1	2	3	4	5	6	日	1	2	3	4	5	6	日	1	2	3	4	5	6	日	1
	公曆 1 月		1	2	3	4	5	6	7	8	9	10	11	12	13	14	15	16	17	18	19	20	21	22	23	24	25	26	27	28	29	30	31					
51	夏曆正月		3	4	5	6	7	8	9	10	11	12	13	14	15	16	17	18	19	20	21	22	23	24	25	26	27	28	29	⑩	2	3	4					
	回曆 10、11 月		1	2	3	4	5	6	7	8	9	10	11	12	13	14	15	16	17	18	19	20	21	22	23	24	25	26	27	28	29	1	2					
陽土虎年	藏曆一月		3	4	5	6	7	8	9	10	11	12	13	14	15	16	17	18	19	20	21	22	23	24	25	26	27	28	29	30	1	2	4					
	公曆 2 月					1	2	3	4	5	6	7	8	9	10	11	12	13	14	15	16	17	18	19	20	21	22	23	24	25	26	27	28					
52	夏曆二月					5	6	7	8	9	10	11	12	13	14	15	16	17	18	19	20	21	22	23	24	25	26	27	28	29	30	㊵	2					
	回曆 12 月					3	4	5	6	7	8	9	10	11	12	13	14	15	16	17	18	19	20	21	22	23	24	25	26	27	28	29	30					
	藏曆二月					5	6	7	8	9	10	11	12	13	13	14	15	16	17	18	19	20	21	22	23	24	25	26	28	29	30	1	2					
	公曆 3 月					1	2	3	4	5	6	7	8	9	10	11	12	13	14	15	16	17	18	19	20	21	22	23	24	25	26	27	28	29	30	31		
53	夏曆三月					3	4	5	6	7	8	9	10	11	12	13	14	15	16	17	18	19	20	21	22	23	24	25	26	27	28	29	⑨	2	3	4		
615 年	回曆 1 月					1	2	3	4	5	6	7	8	9	10	11	12	13	14	15	16	17	18	19	20	21	22	23	24	25	26	27	28	29	①	2		
	藏曆三月					3	4	5	6	7	8	9	10	11	12	13	14	15	16	17	18	19	20	21	22	23	24	25	26	27	28	29	30	1	3	4		
	公曆 4 月	1	2	3	4	5	6	7	8	9	10	11	12	13	14	15	16	17	18	19	20	21	22	23	24	25	26	27	28	29	30							

續表

月干支序數	星期／月序	日	1	2	3	4	5	6	日	1	2	3	4	5	6	日	1	2	3	4	5	6	日	1	2	3	4	5	6	日	1	2	3	4	5	6	日	1
54	夏曆四月	5	6	7	8	9	10	11	12	13	14	15	16	17	18	19	20	21	22	23	24	25	26	27	28	29	30	㊴	2	3	4							
	回曆2月	3	4	5	6	7	8	9	10	11	12	13	14	15	16	17	18	19	20	21	22	23	24	25	26	27	28	29	30	1	2							
	藏曆四月	5	6	6	7	8	9	10	11	12	13	14	15	16	17	18	19	20	21	22	23	24	26	27	28	29	30	1	2	3	4							
	公曆5月			1	2	3	4	5	6	7	8	9	10	11	12	13	14	15	16	17	18	19	20	21	22	23	24	25	26	27	28	29	30	31				
55	夏曆五月			5	6	7	8	9	10	11	12	13	14	15	16	17	18	19	20	21	22	23	24	25	26	27	28	29	⑧	2	3	4	5	6				
	回曆3月			3	4	5	6	7	8	9	10	11	12	13	14	15	16	17	18	19	20	21	22	23	24	25	26	27	28	29	1	2	3	4				
	藏曆五月			5	6	7	8	9	10	11	11	12	13	14	15	16	17	19	20	21	22	23	24	25	26	27	28	29	30	1	2	3	4	5				
	公曆6月						1	2	3	4	5	6	7	8	9	10	11	12	13	14	15	16	17	18	19	20	21	22	23	24	25	26	27	28	29	30		
56	夏曆六月						7	8	9	10	11	12	13	14	15	16	17	18	19	20	21	22	23	24	25	26	27	28	29	30	㊳	2	3	4	5	6		
	回曆4月						5	6	7	8	9	10	11	12	13	14	15	16	17	18	19	20	21	22	23	24	25	26	27	28	29	30	1	2	3	4		
	藏曆六月						6	7	8	9	10	1	12	13	14	15	16	17	18	19	20	22	23	24	25	26	27	28	29	30	1	2	3	4	5	6		
	公曆7月	1	2	3	4	5	6	7	8	9	10	11	12	13	14	15	16	17	18	19	20	21	22	23	24	25	26	27	28	29	30	31						
57	夏曆七月	7	8	9	10	11	12	13	14	15	16	17	18	19	20	21	22	23	24	25	26	27	28	29	⑦	2	3	4	5	6	7	8						
	回曆5月	5	6	7	8	9	10	11	12	13	14	15	16	17	18	19	20	21	22	23	24	25	26	27	28	29	1	2	3	4	5	6						
	藏曆七月	7	8	8	9	10	11	12	14	15	16	17	18	19	20	21	22	23	25	26	27	28	28	29	30	1	2	3	4	5	6	7						
	公曆8月				1	2	3	4	5	6	7	8	9	10	11	12	13	14	15	16	17	18	19	20	21	22	23	24	25	26	27	28	29	30	31			
58	夏曆八月				9	10	11	12	13	14	15	16	17	18	19	20	21	22	23	24	25	26	27	28	29	30	㊲	2	3	4	5	6	7	8	9			
	回曆6月				7	8	9	10	11	12	13	14	15	16	17	18	19	20	21	22	23	24	25	26	27	28	29	30	1	2	3	4	5	6	7			
	藏曆八月				8	9	10	11	12	13	14	15	17	18	19	20	21	22	23	24	25	26	27	28	29	30	1	2	3	4	4	5	6	7	9			
	公曆9月							1	2	3	4	5	6	7	8	9	10	11	12	13	14	15	16	17	18	19	20	21	22	23	24	25	26	27	28	29	30	
59	夏曆九月							10	11	12	13	14	15	16	17	18	19	20	21	22	23	24	25	26	27	28	29	30	⑦	2	3	4	5	6	7	8	9	
	回曆7月							8	9	10	11	12	13	14	15	16	17	18	19	20	21	22	23	24	25	26	27	28	29	1	2	3	4	5	6	7	8	
	藏曆九月							10	11	12	13	14	15	16	17	18	19	20	22	23	23	24	25	26	27	28	29	30	1	2	3	4	5	6	7	8	9	
	公曆10月		1	2	3	4	5	6	7	8	9	10	11	12	13	14	15	16	17	18	19	20	21	22	23	24	25	26	27	28	29	30	31					
60	夏曆十月		10	11	12	13	14	15	16	17	18	19	20	21	22	23	24	25	26	27	28	29	㊱	2	3	4	5	6	7	8	9	10	11					
	回曆8月		9	10	11	12	13	14	15	16	17	18	19	20	21	22	23	24	25	26	27	28	29	30	1	2	3	4	5	6	7	8	9					
	藏曆十月		10	11	12	14	15	16	17	18	19	20	21	22	23	24	25	26	27	28	28	29	30	1	2	3	4	5	7	8	9	10	11					
	公曆11月					1	2	3	4	5	6	7	8	9	10	11	12	13	14	15	16	17	18	19	20	21	22	23	24	25	26	27	28	29	30			
1	夏曆十一月					12	13	14	15	16	17	18	19	20	21	22	23	24	25	26	27	28	29	30	⑥	2	3	4	5	6	7	8	9	10	11			
	回曆9月					10	11	12	13	14	15	16	17	18	19	20	21	22	23	24	25	26	27	28	29	1	2	3	4	5	6	7	8	9	10			
	藏曆十一月					12	13	14	15	16	17	18	19	20	21	22	23	24	25	26	27	28	29	30	1	2	3	4	5	6	7	8	9	10	12			
	公曆12月							1	2	3	4	5	6	7	8	9	10	11	12	13	14	15	16	17	18	19	20	21	22	23	24	25	26	27	28	29	30	31
2	夏曆十二月							12	13	14	15	16	17	18	19	20	21	22	23	24	25	26	27	28	29	30	㊱	2	3	4	5	6	7	8	9	10	11	12
	回曆10月							11	12	13	14	15	16	17	18	19	20	21	22	23	24	25	26	27	28	29	30	1	2	3	4	5	6	7	8	9	10	11
	藏曆十二月							13	14	15	16	17	18	19	20	21	21	22	23	24	25	26	27	28	29	30	1	2	3	4	6	7	8	9	10	11	12	13

大事記

正月，忠義軍首領李全附宋，以為京東路總管。蒙古圍夏興州，夏主李遵頊命子居守，奔西涼。　二月，金破宋阜郊堡。金攻宋棗陽軍，敗績。　七月，夏擾金邊。李全破金密州及壽光等縣。　八月，木華黎取金河東諸州郡。　十二月，金求和於宋，不許，遂分道入侵。紅襖軍攻彭城之胡村寨。　是年，高麗稱臣奉貢於蒙古。

宋遼金紀年

干支己卯　公元 1219 年

朝代或國名	國家支配者	建都	廟號	謚號	建元	年號年次	輔政者	備注
南宋	④趙擴	臨安	寧宗	恭	4	4 嘉定 12 年	史彌遠	
大理	⑥段智祥		神宗		3	1 天開 15 年		在雲南
西夏	⑧李遵頊	中興府	神宗	英文	1	光定 9 年		
金	⑧完顏珣	汴梁	宣宗	聖	3	2 興定 3 年		
蒙古	①孛兒只斤鐵木真（成吉思汗）	和林	太祖			14 年	木華黎	
東夏	蒲鮮萬奴	澄州				天泰 5 年		
古格						406 年		西藏阿里

月曆表

5932－384－2166698

月干支序數	星期／月序	日	1	2	3	4	5	6	日	1	2	3	4	5	6	日	1	2	3	4	5	6	日	1	2	3	4	5	6	日	1	2	3	4	5	6	日	1
	公曆 1 月			1	2	3	4	5	6	7	8	9	10	11	12	13	14	15	16	17	18	19	20	21	22	23	24	25	26	27	28	29	30	31				
3	夏曆正月			13	14	15	16	17	18	19	20	21	22	23	24	25	26	27	28	29	⑤	2	3	4	5	6	7	8	9	10	11	12	13	14				
	回曆 11 月			12	13	14	15	16	17	18	19	20	21	22	23	24	25	26	27	28	29	1	2	3	4	5	6	7	8	9	10	11	12	13				
陰土兔年	藏曆一月			14	15	16	17	18	19	20	21	22	23	24	24	25	26	27	28	30	1	2	3	4	5	6	7	8	9	10	11	12	13	14				
	公曆 2 月						1	2	3	4	5	6	7	8	9	10	11	12	13	14	15	16	17	18	19	20	21	22	23	24	25	26	27	28				
4	夏曆二月						15	16	17	18	19	20	21	22	23	24	25	26	27	28	29	30	㉟	2	3	4	5	6	7	8	9	10	11	12				
	回曆 12 月						14	15	16	17	18	19	20	21	22	23	24	25	26	27	28	29	30	1	2	3	4	5	6	7	8	9	10	11				
	藏曆二月						15	16	17	18	19	20	21	22	23	24	25	26	27	28	29	30	1	2	3	5	6	7	8	9	10	11	12	13				
	公曆 3 月						1	2	3	4	5	6	7	8	9	10	11	12	13	14	15	16	17	18	19	20	21	22	23	24	25	26	27	28	29	30	31	
5	夏曆三月						13	14	15	16	17	18	19	20	21	22	23	24	25	26	27	28	29	④	2	3	4	5	6	7	8	9	10	11	12	13	14	
616 年	回曆 1 月						12	13	14	15	16	17	18	19	20	21	22	23	24	25	26	27	28	29	①	2	3	4	5	6	7	8	9	10	11	12	13	
	藏曆三月						14	15	16	16	17	18	19	20	21	22	23	24	25	26	27	29	30	1	2	3	4	5	6	7	8	9	10	11	12	13	14	
	公曆 4 月		1	2	3	4	5	6	7	8	9	10	11	12	13	14	15	16	17	18	19	20	21	22	23	24	25	26	27	28	29	30						
	夏曆閏三月		15	16	17	18	19	20	21	22	23	24	25	26	27	28	29	㉝	2	3	4	5	6	7	8	9	10	11	12	13	14	15						
	回曆 2 月		14	15	16	17	18	19	20	21	22	23	24	25	26	27	28	29	30	1	2	3	4	5	6	7	8	9	10	11	12	13						
	藏曆四月		15	16	17	18	19	20	21	22	23	24	25	26	27	28	29	30	1	3	4	5	6	7	8	9	10	10	11	12	13	14						
	公曆 5 月				1	2	3	4	5	6	7	8	9	10	11	12	13	14	15	16	17	18	19	20	21	22	23	24	25	26	27	28	29	30	31			
6	夏曆四月				16	17	18	19	20	21	22	23	24	25	26	27	28	29	30	③	2	3	4	5	6	7	8	9	10	11	12	13	14	15	16			
	回曆 3 月				14	15	16	17	18	19	20	21	22	23	24	25	26	27	28	29	1	2	3	4	5	6	7	8	9	10	11	12	13	14	15			
	藏曆五月				15	16	17	18	19	20	21	22	23	24	26	27	28	29	30	1	2	3	4	5	6	7	8	9	10	11	12	13	14	15	16			
	公曆 6 月							1	2	3	4	5	6	7	8	9	10	11	12	13	14	15	16	17	18	19	20	21	22	23	24	25	26	27	28	29	30	
7	夏曆五月							17	18	19	20	21	22	23	24	25	26	27	28	29	㉜	2	3	4	5	6	7	8	9	10	11	12	13	14	15	16	17	
	回曆 4 月							16	17	18	19	20	21	22	23	24	25	26	27	28	29	30	1	2	3	4	5	6	7	8	9	10	11	12	13	14	15	
	藏曆六月							17	18	19	20	21	22	23	24	25	26	27	29	30	1	2	3	4	5	6	6	7	8	9	10	11	12	13	14	15	16	
	公曆 7 月		1	2	3	4	5	6	7	8	9	10	11	12	13	14	15	16	17	18	19	20	21	22	23	24	25	26	27	28	29	30	31					
8	夏曆六月		18	19	20	21	22	23	24	25	26	27	28	29	①	2	3	4	5	6	7	8	9	10	11	12	13	14	15	16	17	18	19					
	回曆 5 月		16	17	18	19	20	21	22	23	24	25	26	27	28	29	1	2	3	4	5	6	7	8	9	10	11	12	13	14	15	16	17					
	藏曆七月		17	18	19	20	22	23	24	25	26	27	28	29	30	1	2	3	4	5	6	7	8	9	10	11	12	13	14	15	16	17	18					
	公曆 8 月					1	2	3	4	5	6	7	8	9	10	11	12	13	14	15	16	17	18	19	20	21	22	23	24	25	26	27	28	29	30	31		
9	夏曆七月					20	21	22	23	24	25	26	27	28	29	30	㉛	2	3	4	5	6	7	8	9	10	11	12	13	14	15	16	17	18	19	20		
	回曆 6 月					18	19	20	21	22	23	24	25	26	27	28	29	30	1	2	3	4	5	6	7	8	9	10	11	12	13	14	15	16	17	18		

續表

月 干支 序數	星期 月序	日	1	2	3	4	5	6	日	1	2	3	4	5	6	日	1	2	3	4	5	6	日	1	2	3	4	5	6	日	1	2	3	4	5	6	日	1
	藏曆八月					19	20	21	22	24	25	26	27	28	29	30	1	2	3	3	4	5	6	7	8	9	10	11	12	13	14	15	17	18	19	21		
	公曆 9 月	1	2	3	4	5	6	7	8	9	10	11	12	13	14	15	16	17	18	19	20	21	22	23	24	25	26	27	28	29	30							
10	夏曆八月	21	22	23	24	25	26	27	28	29	30	①	2	3	4	5	6	7	8	9	10	11	12	13	14	15	16	17	18	19	20							
	回曆 7 月	19	20	21	22	23	24	25	26	27	28	29	1	2	3	4	5	6	7	8	9	10	11	12	13	14	15	16	17	18	19							
	藏曆九月	22	23	24	25	26	27	28	28	29	30	1	2	3	4	5	6	7	8	9	10	11	12	13	14	15	16	17	18	19	21							
	公曆 10 月			1	2	3	4	5	6	7	8	9	10	11	12	13	14	15	16	17	18	19	20	21	22	23	24	25	26	27	28	29	30	31				
11	夏曆九月			21	22	23	24	25	26	27	28	29	㉚	2	3	4	5	6	7	8	9	10	11	12	13	14	15	16	17	18	19	20	21	22				
	回曆 8 月			20	21	22	23	24	25	26	27	28	29	30	1	2	3	4	5	6	7	8	9	10	11	12	13	14	15	16	17	18	19	20				
	藏曆十月			22	23	24	25	26	27	28	28	29	30	1	2	3	4	5	6	7	8	9	10	11	12	13	15	16	17	18	19	20	21	22				
	公曆 11 月						1	2	3	4	5	6	7	8	9	10	11	12	13	14	15	16	17	18	19	20	21	22	23	24	25	26	27	28	29	30		
12	夏曆十月						23	24	25	26	27	28	29	30	(60)	2	3	4	5	6	7	8	9	10	11	12	13	14	15	16	17	18	19	20	21	22		
	回曆 9 月						21	22	23	24	25	26	27	28	29	1	2	3	4	5	6	7	8	9	10	11	12	13	14	15	16	17	18	19	20	21		
	藏曆十一月						23	24	25	26	27	28	29	30	1	2	2	3	4	5	6	8	9	10	11	12	13	14	15	16	17	18	19	20	21	22		
	公曆 12 月	1	2	3	4	5	6	7	8	9	10	11	12	13	14	15	16	17	18	19	20	21	22	23	24	25	26	27	28	29	30	31						
13	夏曆十一月	23	24	25	26	27	28	29	30	㉚	2	3	4	5	6	7	8	9	10	11	12	13	14	15	16	17	18	19	20	21	22	23						
	回曆 10 月	22	23	24	25	26	27	28	29	30	1	2	3	4	5	6	7	8	9	10	11	12	13	14	15	16	17	18	19	20	21	22						
	藏曆十二月	23	24	25	26	27	28	29	30	1	2	3	4	5	6	7	8	9	10	11	13	14	15	16	17	18	19	20	21	22	23	24						

大事記

二月，金破宋興元、大安、洋州，旋敗。金兵圍宋棗陽。　閏三月，宋興元軍士張福等起事，以紅巾為號，是為紅巾軍，連破數城，四川大震。金入宋淮南，至六合，建康大震，旋為李全等所敗，遁還。　五月，宋有臣議和金，太學生群起攻之。金深、冀三十餘州縣皆附於蒙古。　六月，成吉思汗親攻西域，拔訛打剌城。　七月，紅巾軍張福等敗死。金攻棗陽之軍大潰。李全入濟南。金益都張林附李全，以青、莒等十二州府歸於宋，授京東安撫使。　九月，蒙古西征花剌子模等國(第一次西征—1227)。　十二月，宋派許國、扈再興、孟宗政分道伐金。金斬權臣朮虎高琪。　是歲，雅州"蠻"擾宋邊。

宋遼金紀年

干支庚辰　公元 1220 年

朝代或國名	國家支配者	建都	廟號	謚號	建元	年號年次	輔政者	備注
南宋	④趙擴	臨安	寧宗	恭	4	4 嘉定 13 年		
大理	⑥段智祥		神宗		3	1 天開 16 年		在雲南
西夏	⑧李遵頊	中興府	神宗	英文	1	光定 10 年		
金	⑧完顏珣	汴梁	宣宗	聖	3	2 興定 4 年		
蒙古	①孛兒只斤鐵木真(成吉思汗)	和林	太祖			15 年	木華黎	
東夏	蒲鮮萬奴	澄州				天泰 6 年		
古格						407 年		西藏阿里

月干支序數	星期／月序	日	1	2	3	4	5	6	日	1	2	3	4	5	6	日	1	2	3	4	5	6	日	1	2	3	4	5	6	日	1	2	3	4	5	6	日	1
	公曆1月				1	2	3	4	5	6	7	8	9	10	11	12	13	14	15	16	17	18	19	20	21	22	23	24	25	26	27	28	29	30	31			
14	夏曆十二月				24	25	26	27	28	29	30	(60)	2	3	4	5	6	7	8	9	10	11	12	13	14	15	16	17	18	19	20	21	22	23	24			
	回曆11月				23	24	25	26	27	28	29	1	2	3	4	5	6	7	8	9	10	11	12	13	14	15	16	17	18	19	20	21	22	23	24			
陽金龍年	藏曆一月				24	25	26	27	28	29	30	1	2	3	4	5	6	8	9	10	11	12	13	14	15	16	17	18	19	20	21	22	23	24	25			
	公曆2月							1	2	3	4	5	6	7	8	9	10	11	12	13	14	15	16	17	18	19	20	21	22	23	24	25	26	27	28	29		
15	夏曆正月							25	26	27	28	29	㉙	2	3	4	5	6	7	8	9	10	11	12	13	14	15	16	17	18	19	20	21	22	23	24		
	回曆12月							25	26	27	28	29	30	1	2	3	4	5	6	7	8	9	10	11	12	13	14	15	16	17	18	19	20	21	22	23		
	藏曆後一月							26	27	28	28	30	1	2	3	4	5	6	7	8	9	10	11	13	14	15	15	16	17	18	19	20	21	22	23	24		
	公曆3月	1	2	3	4	5	6	7	8	9	10	11	12	13	14	15	16	17	18	19	20	21	22	23	24	25	26	27	28	29	30	31						
16	夏曆二月	25	26	27	28	29	30	(59)	2	3	4	5	6	7	8	9	10	11	12	13	14	15	16	17	18	19	20	21	22	23	24	25						
617年	回曆1月	24	25	26	27	28	29	30	①	2	3	4	5	6	7	8	9	10	11	12	13	14	15	16	17	18	19	20	21	22	23	24						
	藏曆二月	25	26	27	28	29	30	1	2	3	4	6	7	8	9	10	11	12	13	14	15	16	17	18	19	20	20	21	22	23	24	25						
	公曆4月				1	2	3	4	5	6	7	8	9	10	11	12	13	14	15	16	17	18	19	20	21	22	23	24	25	26	27	28	29	30				
17	夏曆三月				26	27	28	29	㉘	2	3	4	5	6	7	8	9	10	11	12	13	14	15	16	17	18	19	20	21	22	23	24	25	26				
	回曆2月				25	26	27	28	29	30	1	2	3	4	5	6	7	8	9	10	11	12	13	14	15	16	17	18	19	20	21	22	23	24				
	藏曆三月				26	27	28	30	1	2	3	4	5	6	7	8	9	10	11	12	13	14	15	16	17	18	19	20	21	22	23	24	25	26				
	公曆5月						1	2	3	4	5	6	7	8	9	10	11	12	13	14	15	16	17	18	19	20	21	22	23	24	25	26	27	28	29	30	31	
18	夏曆四月						27	28	29	(57)	2	3	4	5	6	7	8	9	10	11	12	13	14	15	16	17	18	19	20	21	22	23	24	25	26	27	28	
	回曆3月						25	26	27	28	29	1	2	3	4	5	6	7	8	9	10	11	12	13	14	15	16	17	18	19	20	21	22	23	24	25	26	
	藏曆四月						27	28	29	30	1	3	4	5	6	7	8	9	10	11	12	13	14	15	15	16	17	18	19	20	21	22	23	24	26	27	28	
	公曆6月		1	2	3	4	5	6	7	8	9	10	11	12	13	14	15	16	17	18	19	20	21	22	23	24	25	26	27	28	29	30						
19	夏曆五月		29	30	㉗	2	3	4	5	6	7	8	9	10	11	12	13	14	15	16	17	18	19	20	21	22	23	24	25	26	27	28						
	回曆4月		27	28	29	30	1	2	3	4	5	6	7	8	9	10	11	12	13	14	15	16	17	18	19	20	21	22	23	24	25	26						
	藏曆五月		29	30	1	2	3	4	5	6	7	8	9	10	11	12	13	14	15	16	17	18	19	20	21	22	23	24	25	26	27	29						
	公曆7月				1	2	3	4	5	6	7	8	9	10	11	12	13	14	15	16	17	18	19	20	21	22	23	24	25	26	27	28	29	30	31			
20 21	夏曆六/七月				29	(56)	2	3	4	5	6	7	8	9	10	11	12	13	14	15	16	17	18	19	20	21	22	23	24	25	26	27	28	29	㉕			
	回曆5月				27	28	29	1	2	3	4	5	6	7	8	9	10	11	12	13	14	15	16	17	18	19	20	21	22	23	24	25	26	27	28			
	藏曆六月				30	1	2	3	4	5	6	7	8	9	10	11	11	12	13	14	15	16	17	18	19	20	22	23	24	25	26	27	28	29	30			
	公曆8月							1	2	3	4	5	6	7	8	9	10	11	12	13	14	15	16	17	18	19	20	21	22	23	24	25	26	27	28	29	30	31
22	夏曆八月							2	3	4	5	6	7	8	9	10	11	12	13	14	15	16	17	18	19	20	21	22	23	24	25	26	27	28	29	30	(55)	2
	回曆6月							29	30	1	2	3	4	5	6	7	8	9	10	11	12	13	14	15	16	17	18	19	20	21	22	23	24	25	26	27	28	29
	藏曆七/八月							1	2	3	4	5	6	7	8	9	10	11	12	13	14	15	16	17	18	19	20	21	22	24	25	26	27	28	29	30	1	2
	公曆9月			1	2	3	4	5	6	7	8	9	10	11	12	13	14	15	16	17	18	19	20	21	22	23	24	25	26	27	28	29	30					
23	夏曆九月			3	4	5	6	7	8	9	10	11	12	13	14	15	16	17	18	19	20	21	22	23	24	25	26	27	28	29	㉔	2	3					
	回曆7月			1	2	3	4	5	6	7	8	9	10	11	12	13	14	15	16	17	18	19	20	21	22	23	24	25	26	27	28	29	30					
	藏曆九月			3	4	5	6	7	7	8	9	10	11	12	13	14	15	16	18	19	20	21	22	23	24	25	26	27	28	29	30	1	2					
	公曆10月					1	2	3	4	5	6	7	8	9	10	11	12	13	14	15	16	17	18	19	20	21	22	23	24	25	26	27	28	29	30	31		
24	夏曆十月					4	5	6	7	8	9	10	11	12	13	14	15	16	17	18	19	20	21	22	23	24	25	26	27	28	29	30	(54)	2	3	4		
	回曆8、9月					1	2	3	4	5	6	7	8	9	10	11	12	13	14	15	16	17	18	19	20	21	22	23	24	25	26	27	28	29	1	2		
	藏曆十月					3	4	5	6	7	8	9	10	11	12	13	14	15	16	17	18	19	20	22	23	24	25	26	27	28	29	30	30	1	1	2		
	公曆11月	1	2	3	4	5	6	7	8	9	10	11	12	13	14	15	16	17	18	19	20	21	22	23	24	25	26	27	28	29	30							
25	夏曆十一月	5	6	7	8	9	10	11	12	13	14	15	16	17	18	19	20	21	22	23	24	25	26	27	28	29	30	㉔	2	3	4							

續表

月 干支 序數	星期 月序	日	1	2	3	4	5	6	日	1	2	3	4	5	6	日	1	2	3	4	5	6	日	1	2	3	4	5	6	日	1	2	3	4	5	6	日	1
	回暦 10 月	3	4	5	6	7	8	9	10	11	12	13	14	15	16	17	18	19	20	21	22	23	24	25	26	27	28	29	30	1	2							
	藏暦十一月	3	4	5	6	7	8	9	10	11	12	13	15	16	17	18	19	20	21	22	23	24	25	26	27	28	29	1	2	3	4							
	公暦 12 月			1	2	3	4	5	6	7	8	9	10	11	12	13	14	15	16	17	18	19	20	21	22	23	24	25	26	27	28	29	30	31				
26	夏暦十二月			5	6	7	8	9	10	11	12	13	14	15	16	17	18	19	20	21	22	23	24	25	26	27	28	29	30	(54)	2	3	4	5				
	回暦 11 月			3	4	5	6	7	8	9	10	11	12	13	14	15	16	17	18	19	20	21	22	23	24	25	26	27	28	29	1	2	3	4				
	藏暦十二月			5	6	7	8	9	10	11	12	13	14	15	16	17	18	19	21	22	23	23	24	25	26	27	28	29	30	1	2	3	4	5				

大事記

正月，宋攻金鄧、唐等州，不克。金攻宋樊城。　二月，蒙古軍下西域不花剌城。金於河東、河北、山東置九公，劃地分守。　三月，紅襖軍入宋海州。蒙古軍攻陷撒麻耳干。　四月，宋招諭山東、兩河豪杰反金。　七月，金求和於蒙古，不成。　八月，金長清令嚴實取恩、德等數州地附於宋。宋夏定議攻金，夏取金會州，李全攻金東平。　九月，宋夏合兵攻金鞏州，不克。十月，宋約夏攻秦州，夏人不從。　十一月，嚴實降於蒙古。木華黎入濟南，降魏博，圍東平。耶律楚材進《庚午元曆》。　是歲，蒙古取西域尋思干等城。遼王耶律留哥死，妻姚里氏領其衆。

宋遼金紀年

干支辛巳・公元 1221 年

朝代或國名	國家支配者	建都	廟號	謚號	建元	年號年次	輔政者	備注
南宋	④趙擴	臨安	寧宗	恭	4	4 嘉定 14 年	史彌遠	
西夏	⑧李遵頊	中興府	神宗	英文	1	光定 11 年		
金	⑧完顔珣	汴梁	宣宗	聖	3	2 興定 5 年		
蒙古	①孛兒只斤鐵木真(成吉思汗)	和林	太祖			16 年	木華黎	
東夏	蒲鮮萬奴	澄州				天泰 7 年		
大理	⑥段智祥		神宗		3	1 天開 17 年		在雲南
古格						408 年		西藏阿里

月曆表

5934－384－2167436

月 干支 序數	星期 月序	日	1	2	3	4	5	6	日	1	2	3	4	5	6	日	1	2	3	4	5	6	日	1	2	3	4	5	6	日	1	2	3	4	5	6	日	1
	公暦 1 月						1	2	3	4	5	6	7	8	9	10	11	12	13	14	15	16	17	18	19	20	21	22	23	24	25	26	27	28	29	30	31	
27	夏暦正月						6	7	8	9	10	11	12	13	14	15	16	17	18	19	20	21	22	23	24	25	26	27	28	29	㉓	2	3	4	5	6	7	
	回暦 12 月						5	6	7	8	9	10	11	12	13	14	15	16	17	18	19	20	21	22	23	24	25	26	27	28	29	30	1	2	3	4	5	
陰金蛇年	藏暦一月						6	7	8	9	10	11	12	14	15	16	17	18	19	20	21	22	23	24	25	26	27	27	28	29	30	1	2	3	4	5	6	
	公暦 2 月		1	2	3	4	5	6	7	8	9	10	11	12	13	14	15	16	17	18	19	20	21	22	23	24	25	26	27	28								
28	夏暦二月		8	9	10	11	12	13	14	15	16	17	18	19	20	21	22	23	24	25	26	27	28	29	30	(53)	2	3	4	5								
618 年	回暦 1 月		6	7	8	9	10	11	12	13	14	15	16	17	18	19	20	21	22	23	24	25	26	27	28	29	①	2	3	4								
	藏暦二月		7	9	10	11	12	13	14	15	16	17	18	19	20	21	22	23	24	25	26	27	28	29	30	1	2	3	4	5								
	公暦 3 月		1	2	3	4	5	6	7	8	9	10	11	12	13	14	15	16	17	18	19	20	21	22	23	24	25	26	27	28	29	30	31					
29	夏暦三月		6	7	8	9	10	11	12	13	14	15	16	17	18	19	20	21	22	23	24	25	26	27	28	29	30	㉓	2	3	4	5	6					
	回暦 2 月		5	6	7	8	9	10	11	12	13	14	15	16	17	18	19	20	21	22	23	24	25	26	27	28	29	30	1	2	3	4	5					
	藏暦三月		6	7	8	9	10	11	13	14	15	16	17	18	19	19	20	21	22	23	24	25	26	27	28	29	30	1	2	3	4	5	7					

續表

月干支序數	星期 月序	日	1	2	3	4	5	6	日	1	2	3	4	5	6	日	1	2	3	4	5	6	日	1	2	3	4	5	6	日	1	2	3	4	5	6	日	1
	公曆 4 月					1	2	3	4	5	6	7	8	9	10	11	12	13	14	15	16	17	18	19	20	21	22	23	24	25	26	27	28	29	30			
30	夏曆四月					7	8	9	10	11	12	13	14	15	16	17	18	19	20	21	22	23	24	25	26	27	28	29	(52)	2	3	4	5	6	7			
	回曆 3 月					6	7	8	9	10	11	12	13	14	15	16	17	18	19	20	21	22	23	24	25	26	27	28	29	1	2	3	4	5	6			
	藏曆四月					8	9	10	11	12	13	14	15	16	17	18	19	20	21	22	23	24	24	25	26	27	29	30	1	2	3	4	5	6	7			
	公曆 5 月							1	2	3	4	5	6	7	8	9	10	11	12	13	14	15	16	17	18	19	20	21	22	23	24	25	26	27	28	29	30	31
31	夏曆五月							8	9	10	11	12	13	14	15	16	17	18	19	20	21	22	23	24	25	26	27	28	29	㉑	2	3	4	5	6	7	8	9
	回曆 4 月							7	8	9	10	11	12	13	14	15	16	17	18	19	20	21	22	23	24	25	26	27	28	29	30	1	2	3	4	5	6	7
	藏曆五月							8	9	10	12	13	13	14	15	16	17	18	19	20	21	22	23	24	25	26	27	28	29	30	1	3	4	5	6	7	8	9
	公曆 6 月			1	2	3	4	5	6	7	8	9	10	11	12	13	14	15	16	17	18	19	20	21	22	23	24	25	26	27	28	29	30					
32	夏曆六月			10	11	12	13	14	15	16	17	18	19	20	21	22	23	24	25	26	27	28	29	30	(51)	2	3	4	5	6	7	8	9					
	回曆 5 月			8	9	10	11	12	13	14	15	16	17	18	19	20	21	22	23	24	25	26	27	28	29	1	2	3	4	5	6	7	8					
	藏曆六月			10	11	12	13	14	15	16	17	18	19	20	20	21	22	23	25	26	27	28	29	30	1	2	3	4	5	7	8	9	10					
	公曆 7 月					1	2	3	4	5	6	7	8	9	10	11	12	13	14	15	16	17	18	19	20	21	22	23	24	25	26	27	28	29	30	31		
33	夏曆七月					10	11	12	13	14	15	16	17	18	19	20	21	22	23	24	25	26	27	28	29	⑳	2	3	4	5	6	7	8	9	10	11		
	回曆 6 月					9	10	11	12	13	14	15	16	17	18	19	20	21	22	23	24	25	26	27	28	29	30	1	2	3	4	5	6	7	8	9		
	藏曆七月					10	11	12	13	14	15	16	17	18	19	20	21	22	23	24	25	26	27	29	30	1	2	3	4	5	6	7	8	9	10	11		
	公曆 8 月	1	2	3	4	5	6	7	8	9	10	11	12	13	14	15	16	17	18	19	20	21	22	23	24	25	26	27	28	29	30	31						
34	夏曆八月	12	13	14	15	16	17	18	19	20	21	22	23	24	25	26	27	28	29	㊾	2	3	4	5	6	7	8	9	10	11	12	13						
	回曆 7 月	10	11	12	13	14	15	16	17	18	19	20	21	22	23	24	25	26	27	28	29	1	2	3	4	5	6	7	8	9	10	11						
	藏曆八月	12	13	14	15	16	17	17	18	20	21	22	23	24	25	26	27	28	29	2	3	4	5	6	7	7	8	9	10	11	12	13						
	公曆 9 月				1	2	3	4	5	6	7	8	9	10	11	12	13	14	15	16	17	18	19	20	21	22	23	24	25	26	27	28	29	30				
35	夏曆九月				14	15	16	17	18	19	20	21	22	23	24	25	26	27	28	29	30	⑲	2	3	4	5	6	7	8	9	10	11	12	13				
	回曆 8 月				12	13	14	15	16	17	18	19	20	21	22	23	24	25	26	27	28	29	30	1	2	3	4	5	6	7	8	9	10	11				
	藏曆九月				14	15	16	17	18	19	20	21	22	23	25	26	27	28	29	30	30	1	2	3	4	5	6	7	8	9	10	11	12	12				
	公曆 10 月						1	2	3	4	5	6	7	8	9	10	11	12	13	14	15	16	17	18	19	20	21	22	23	24	25	26	27	28	29	30	31	
36	夏曆十月						14	15	16	17	18	19	20	21	22	23	24	25	26	27	28	29	㊽	2	3	4	5	6	7	8	9	10	11	12	13	14	15	
	回曆 9 月						12	13	14	15	16	17	18	19	20	21	22	23	24	25	26	27	28	29	1	2	3	4	5	6	7	8	9	10	11	12	13	
	藏曆十月						13	14	15	16	18	19	20	21	22	23	24	25	26	27	28	29	30	1	2	3	4	5	6	7	8	9	10	11	12	13	14	
	公曆 11 月		1	2	3	4	5	6	7	8	9	10	11	12	13	14	15	16	17	18	19	20	21	22	23	24	25	26	27	28	29	30						
37	夏曆十一月		16	17	18	19	20	21	22	23	24	25	26	27	28	29	30	⑱	2	3	4	5	6	7	8	9	10	11	12	13	14	15						
	回曆 10 月		14	15	16	17	18	19	20	21	22	23	24	25	26	27	28	29	30	1	2	3	4	5	6	7	8	9	10	11	12	13						
	藏曆十一月		15	16	17	18	19	20	22	23	24	25	26	27	28	29	30	1	2	3	4	5	5	6	7	8	9	10	11	12	13	14						
	公曆 12 月				1	2	3	4	5	6	7	8	9	10	11	12	13	14	15	16	17	18	19	20	21	22	23	24	25	26	27	28	29	30	31			
38	夏曆十二月				16	17	18	19	20	21	22	23	24	25	26	27	28	29	30	㊽	2	3	4	5	6	7	8	9	10	11	12	13	14	15	16			
	回曆 11 月				14	15	16	17	18	19	20	21	22	23	24	25	26	27	28	29	1	2	3	4	5	6	7	8	9	10	11	12	13	14	15			
	藏曆十二月				16	17	18	19	20	21	22	23	24	25	26	27	28	29	30	1	2	3	4	5	6	7	8	9	10	11	12	13	14	15	16			

大事記

二月，金大發兵攻宋，破黄州，攻漢陽。李全擾泗州。　三月，金破宋蘄州，尋退。　四月，金破淮北歸，李全遣兵擊敗之。　五月，金弃東平，蒙古據之，後金不復經營山東。　六月，宋與蒙古互遣使通好。　七月，金義勇軍反，據碭山，攻永城。　十月，蒙古木華黎取金葭、綏等州。　十一月，蒙古攻金陝北。金募民興南陽水田。張林叛降蒙古。　十二月，金陳、亳等州民群起反抗。金造興定泉寶，一當興定通寶四百。　是歲，蒙古下西域玉龍杰赤等十餘城。宋經學家黄干幹卒。趙珙撰《蒙韃備錄》成。

宋遼金紀年

干支壬午　公元 1222 年

朝代或國名	國家支配者	建都	廟號	謚號	建元	年號年次	輔政者	備注
南宋	④趙擴	臨安	寧宗	恭	4	4 嘉定 15 年	史彌遠	
西夏	⑧李遵頊	中興府	神宗	英文	1	光定 12 年		
金	⑧完顔珣	汴梁	宣宗	聖	3	3 元光元年		八月甲申改元
蒙古	①孛兒只斤鐵木真(成吉思汗)	和林	太祖		·	17 年	木華黎	
東夏	蒲鮮萬奴	澄州				天泰 8 年		
大理	⑥段智祥		神宗		3	1 天開 18 年		在雲南
古格						409 年		西藏阿里

月曆表

5935—354—2167790

月干支序數	月序 \ 星期	日	1	2	3	4	5	6	日	1	2	3	4	5	6	日	1	2	3	4	5	6	日	1	2	3	4	5	6	日	1	2	3	4	5	6	日	1
	公暦 1 月							1	2	3	4	5	6	7	8	9	10	11	12	13	14	15	16	17	18	19	20	21	22	23	24	25	26	27	28	29	30	31
	夏暦閏十二月							17	18	19	20	21	22	23	24	25	26	27	28	29	30	⑱	2	3	4	5	6	7	8	9	10	11	12	13	14	15	16	17
	回暦 12 月							16	17	18	19	20	21	22	23	24	25	26	27	28	29	30	1	2	3	4	5	6	7	8	9	10	11	12	13	14	15	16
陽水馬年	藏暦一月							17	18	19	20	22	23	24	25	26	26	27	28	29	30	1	2	3	4	5	6	7	8	9	10	11	12	13	14	16	17	18
	公暦 2 月			1	2	3	4	5	6	7	8	9	10	11	12	13	14	15	16	17	18	19	20	21	22	23	24	25	26	27	28							
39	夏暦正月			18	19	20	21	22	23	24	25	26	27	28	29	㊼	2	3	4	5	6	7	8	9	10	11	12	13	14	15	16							
619 年	回暦 1 月			17	18	19	20	21	22	23	24	25	26	27	28	29	30	①	2	3	4	5	6	7	8	9	10	11	12	13	14							
	藏暦二月			19	20	21	22	23	24	25	26	27	28	29	30	30	1	2	3	4	5	6	7	8	10	11	12	13	14	15	16							
	公暦 3 月			1	2	3	4	5	6	7	8	9	10	11	12	13	14	15	16	17	18	19	20	21	22	23	24	25	26	27	28	29	30	31				
40	夏暦二月			17	18	19	20	21	22	23	24	25	26	27	28	29	30	⑰	2	3	4	5	6	7	8	9	10	11	12	13	14	15	16	17				
	回暦 2 月			15	16	17	18	19	20	21	22	23	24	25	26	27	28	29	30	1	2	3	4	5	6	7	8	9	10	11	12	13	14	15				
	藏暦三月			17	18	19	20	21	22	23	24	25	26	27	28	29	30	1	2	3	4	5	6	7	8	9	10	11	12	14	15	16	17	18				
	公暦 4 月						1	2	3	4	5	6	7	8	9	10	11	12	13	14	15	16	17	18	19	20	21	22	23	24	25	26	27	28	29	30		
41	夏暦三月						18	19	20	21	22	23	24	25	26	27	28	29	30	㊼	2	3	4	5	6	7	8	9	10	11	12	13	14	15	16	17		
	回暦 3 月						16	17	18	19	20	21	22	23	24	25	26	27	28	29	1	2	3	4	5	6	7	8	9	10	11	12	13	14	15	16		
	藏暦四月						19	20	21	22	23	23	24	25	26	27	28	29	30	1	2	3	4	5	7	8	9	10	11	12	13	14	15	16	17	18		
	公暦 5 月	1	2	3	4	5	6	7	8	9	10	11	12	13	14	15	16	17	18	19	20	21	22	23	24	25	26	27	28	29	30	31						
42	夏暦四月	18	19	20	21	22	23	24	25	26	27	28	29	⑯	2	3	4	5	6	7	8	9	10	11	12	13	14	15	16	17	18	19						
	回暦 4 月	17	18	19	20	21	22	23	24	25	26	27	28	29	30	1	2	3	4	5	6	7	8	9	10	11	12	13	14	15	16	17						
	藏暦五月	19	20	21	22	23	24	25	26	27	28	29	30	1	2	3	4	5	6	7	8	10	11	12	13	14	15	16	17	18	18	19						
	公暦 6 月				1	2	3	4	5	6	7	8	9	10	11	12	13	14	15	16	17	18	19	20	21	22	23	24	25	26	27	28	29	30				
43	夏暦五月				20	21	22	23	24	25	26	27	28	29	㊺	2	3	4	5	6	7	8	9	10	11	12	13	14	15	16	17	18	19	20				
	回暦 5 月				18	19	20	21	22	23	24	25	26	27	28	29	1	2	3	4	5	6	7	8	9	10	11	12	13	14	15	16	17	18				
	藏暦六月				20	21	22	23	24	25	26	27	28	29	30	1	3	4	5	6	7	8	9	10	11	12	13	14	15	16	17	18	19	20				
	公暦 7 月						1	2	3	4	5	6	7	8	9	10	11	12	13	14	15	16	17	18	19	20	21	22	23	24	25	26	27	28	29	30	31	
44	夏暦六月						21	22	23	24	25	26	27	28	29	30	⑮	2	3	4	5	6	7	8	9	10	11	12	13	14	15	16	17	18	19	20	21	
	回暦 6 月						19	20	21	22	23	24	25	26	27	28	29	30	1	2	3	4	5	6	7	8	9	10	11	12	13	14	15	16	17	18	19	
	藏暦七月						19	20	21	22	23	24	25	26	27	28	1	2	3	4	6	7	8	9	10	11	12	13	14	15	15	16	17	18	19	20	21	
	公暦 8 月		1	2	3	4	5	6	7	8	9	10	11	12	13	14	15	16	17	18	19	20	21	22	23	24	25	26	27	28	29	30	31					
45	夏暦七月		22	23	24	25	26	27	28	29	㊹	2	3	4	5	6	7	8	9	10	11	12	13	14	15	16	17	18	19	20	21	22	23					

續表

月干支序數	星期/月序	日	1	2	3	4	5	6	日	1	2	3	4	5	6	日	1	2	3	4	5	6	日	1	2	3	4	5	6	日	1	2	3	4	5	6	日	1
	回暦7月		20	21	22	23	24	25	26	27	28	29	1	2	3	4	5	6	7	8	9	10	11	12	13	14	15	16	17	18	19	20	21					
	藏暦後七月		22	23	24	25	26	27	29	30	1	2	3	4	5	6	7	8	9	10	11	12	13	14	15	16	17	18	19	20	21	22	23					
	公暦9月					1	2	3	4	5	6	7	8	9	10	11	12	13	14	15	16	17	18	19	20	21	22	23	24	25	26	27	28	29	30			
46	夏暦八月					24	25	26	27	28	29	⑬	2	3	4	5	6	7	8	9	10	11	12	13	14	15	16	17	18	19	20	21	22	23	24			
	回暦8月					22	23	24	25	26	27	28	29	30	1	2	3	4	5	6	7	8	9	10	11	12	13	14	15	16	17	18	19	20	21			
	藏暦八月					24	25	26	27	28	29	2	3	4	5	6	7	8	9	10	11	11	12	13	14	15	16	17	18	19	20	21	22	23	25			
	公暦10月							1	2	3	4	5	6	7	8	9	10	11	12	13	14	15	16	17	18	19	20	21	22	23	24	25	26	27	28	29	30	31
47	夏暦九月							25	26	27	28	29	30	㊸	2	3	4	5	6	7	8	9	10	11	12	13	14	15	16	17	18	19	20	21	22	23	24	25
	回暦9月							22	23	24	25	26	27	28	29	1	2	3	4	5	6	7	8	9	10	11	12	13	14	15	16	17	18	19	20	21	22	23
	藏暦九月							26	27	28	29	30	30	1	2	3	4	5	6	7	8	9	10	11	12	13	14	15	16	17	18	19	20	21	22	23	24	25
	公暦11月			1	2	3	4	5	6	7	8	9	10	11	12	13	14	15	16	17	18	19	20	21	22	23	24	25	26	27	28	29	30					
48	夏暦十月			26	27	28	29	⑫	2	3	4	5	6	7	8	9	10	11	12	13	14	15	16	17	18	19	20	21	22	23	24	25	26					
	回暦10月			24	25	26	27	28	29	30	1	2	3	4	5	6	7	8	9	10	11	12	13	14	15	16	17	18	19	20	21	22	23					
	藏暦十月			26	27	28	30	1	2	3	4	4	5	6	7	8	9	10	11	12	13	14	15	16	17	18	19	20	21	23	24	25	26					
	公暦12月					1	2	3	4	5	6	7	8	9	10	11	12	13	14	15	16	17	18	19	20	21	22	23	24	25	26	27	28	29	30	31		
49	夏暦十一月					27	28	29	30	㊷	2	3	4	5	6	7	8	9	10	11	12	13	14	15	16	17	18	19	20	21	22	23	24	25	26	27		
	回暦11月					24	25	26	27	28	29	1	2	3	4	5	6	7	8	9	10	11	12	13	14	15	16	17	18	19	20	21	22	23	24	25		
	藏暦十一月					27	28	29	29	1	2	3	4	5	6	7	8	8	9	10	11	12	13	14	15	16	18	19	20	21	22	23	24	25	26	27		

大事記

正月，宋撫諭山東、河北。金遣官墾京東、西、南三路水田。　二月，金恆州軍變。金以宋絕歲幣，復遣兵南侵。　四月，金置大司農司。金破宋廬州，旋大敗，金之兵財由是大竭。　五月，宋兵敗張林；李全據青州。　七月，宋在江、淮、荆、襄、四川計劃營田。紅襖軍襲金徐州。　八月，金改元元光。夏攻金德順。　九月，宋忠義將領彭義斌復京東州縣。　十月，蒙古軍取金河中。　十二月，金印行興定寶泉。　是歲，蒙古攻金河東、陜西。成吉思汗攻西域，至回回國。

宋遼金紀年

干支癸未　公元 1223 年

朝代或國名	國家支配者	建都	廟號	謚號	建元	年號年次	輔政者	備注
南宋	④趙擴	臨安	寧宗	恭	4	4 嘉定 16 年	史彌遠	
西夏	⑨李德旺	中興府	獻宗		1	乾定元年		十二月即位改元
金	⑧完顏珣	汴京	宣宗	聖	3	3 元光 2 年		十二月完顏守緒即位
蒙古	①孛兒只斤鐵木真(成吉思汗)	和林	太祖			18 年	木華黎	
東夏	蒲鮮萬奴	澄州				天泰 9 年		
大理	⑥段智祥		神宗		3	1 天開 19 年		在雲南
古格						410 年		西藏阿里

月 曆 表

5936－354－2168144

月干支序数	月序＼星期	日	1	2	3	4	5	6	日	1	2	3	4	5	6	日	1	2	3	4	5	6	日	1	2	3	4	5	6	日	1	2	3	4	5	6	日	1
	公曆1月	1	2	3	4	5	6	7	8	9	10	11	12	13	14	15	16	17	18	19	20	21	22	23	24	25	26	27	28	29	30	31						
50	夏曆十二月	28	29	30	⑫	2	3	4	5	6	7	8	9	10	11	12	13	14	15	16	17	18	19	20	21	22	23	24	25	26	27	28						
	回曆12月	26	27	28	29	30	1	2	3	4	5	6	7	8	9	10	11	12	13	14	15	16	17	18	19	20	21	22	23	24	25	26						
	藏曆十二月	28	29	30	1	2	3	4	5	6	7	8	9	10	11	12	13	14	15	16	17	18	19	20	21	23	24	25	26	27	28	29						
	公曆2月				1	2	3	4	5	6	7	8	9	10	11	12	13	14	15	16	17	18	19	20	21	22	23	24	25	26	27	28						
51	夏曆正月				29	㊶	2	3	4	5	6	7	8	9	10	11	12	13	14	15	16	17	18	19	20	21	22	23	24	25	26	27						
620年	回曆1月				27	28	29	①	2	3	4	5	6	7	8	9	10	11	12	13	14	15	16	17	18	19	20	21	22	23	24	25						
陰水羊年	藏曆一月				29	30	1	2	3	4	5	6	7	8	9	10	11	12	13	14	15	17	18	19	20	21	22	23	24	25	26	27						
	公曆3月				1	2	3	4	5	6	7	8	9	10	11	12	13	14	15	16	17	18	19	20	21	22	23	24	25	26	27	28	29	30	31			
52	夏曆二月				28	29	30	⑪	2	3	4	5	6	7	8	9	10	11	12	13	14	15	16	17	18	19	20	21	22	23	24	25	26	27	28			
	回曆2月				26	27	28	29	30	1	2	3	4	5	6	7	8	9	10	11	12	13	14	15	16	17	18	19	20	21	22	23	24	25	26			
	藏曆二月				28	29	30	1	2	3	3	4	5	6	7	8	10	11	12	13	14	15	16	17	18	19	20	21	22	23	24	25	26	27	28			
	公曆4月							1	2	3	4	5	6	7	8	9	10	11	12	13	14	15	16	17	18	19	20	21	22	23	24	25	26	27	28	29	30	
53	夏曆三月							29	30	㊶	2	3	4	5	6	7	8	9	10	11	12	13	14	15	16	17	18	19	20	21	22	23	24	25	26	27	28	
	回曆3月							27	28	29	1	2	3	4	5	6	7	8	9	10	11	12	13	14	15	16	17	18	19	20	21	22	23	24	25	26	27	
	藏曆三月							29	30	1	2	3	4	5	6	7	8	9	10	11	12	14	15	16	17	18	19	20	21	22	23	24	25	26	27	27	28	
	公曆5月		1	2	3	4	5	6	7	8	9	10	11	12	13	14	15	16	17	18	19	20	21	22	23	24	25	26	27	28	29	30	31					
54	夏曆四月		29	⑩	2	3	4	5	6	7	8	9	10	11	12	13	14	15	16	17	18	19	20	21	22	23	24	25	26	27	28	29	30					
	回曆4月		28	29	30	1	2	3	4	5	6	7	8	9	10	11	12	13	14	15	16	17	18	19	20	21	22	23	24	25	26	27	28					
	藏曆四月		29	30	1	2	3	4	5	7	8	9	10	11	12	13	14	15	16	17	18	19	20	21	22	23	24	25	26	27	28	29	30					
	公曆6月					1	2	3	4	5	6	7	8	9	10	11	12	13	14	15	16	17	18	19	20	21	22	23	24	25	26	27	28	29	30			
55 56	夏曆五/六月					㊵	2	3	4	5	6	7	8	9	10	11	12	13	14	15	16	17	18	19	20	21	22	23	24	25	26	27	28	29	⑨			
	回曆5月					29	1	2	3	4	5	6	7	8	9	10	11	12	13	14	15	16	17	18	19	20	21	22	23	24	25	26	27	28	29			
	藏曆五月					1	2	3	4	5	6	7	8	10	11	12	13	14	15	16	17	18	19	20	21	22	23	23	24	25	26	27	28	29	30			
	公曆7月							1	2	3	4	5	6	7	8	9	10	11	12	13	14	15	16	17	18	19	20	21	22	23	24	25	26	27	28	29	30	31
57	夏曆七月							2	3	4	5	6	7	8	9	10	11	12	13	14	15	16	17	18	19	20	21	22	23	24	25	26	27	28	29	30	㊴	2
	回曆6、7月							30	1	2	3	4	5	6	7	8	9	10	11	12	13	14	15	16	17	18	19	20	21	22	23	24	25	26	27	28	29	1
	藏曆六/七月							1	3	4	5	6	7	8	9	10	11	12	13	14	15	16	17	18	19	20	21	22	23	24	25	26	27	28	29	30	1	2
	公曆8月			1	2	3	4	5	6	7	8	9	10	11	12	13	14	15	16	17	18	19	20	21	22	23	24	25	26	27	28	29	30	31				
58	夏曆八月			3	4	5	6	7	8	9	10	11	12	13	14	15	16	17	18	19	20	21	22	23	24	25	26	27	28	29	⑧	2	3	4				
	回曆8月			2	3	4	5	6	7	8	9	10	11	12	13	14	15	16	17	18	19	20	21	22	23	24	25	26	27	28	29	30	1	2				
	藏曆八月			3	4	6	7	8	9	10	11	12	13	14	15	16	17	18	19	20	20	21	22	23	24	25	26	27	29	30	1	2	3	4				
	公曆9月						1	2	3	4	5	6	7	8	9	10	11	12	13	14	15	16	17	18	19	20	21	22	23	24	25	26	27	28	29	30		
59	夏曆九月						5	6	7	8	9	10	11	12	13	14	15	16	17	18	19	20	21	22	23	24	25	26	27	28	29	㊲	2	3	4	5		
	回曆9月						3	4	5	6	7	8	9	10	11	12	13	14	15	16	17	18	19	20	21	22	23	24	25	26	27	28	29	1	2	3		
	藏曆九月						5	6	7	8	9	10	11	12	13	14	15	16	17	18	19	20	21	22	23	24	25	26	27	28	29	2	3	4	5	6		
	公曆10月	1	2	3	4	5	6	7	8	9	10	11	12	13	14	15	16	17	18	19	20	21	22	23	24	25	26	27	28	29	30	31						
60	夏曆十月	6	7	8	9	10	11	12	13	14	15	16	17	18	19	20	21	22	23	24	25	26	27	28	29	30	⑦	2	3	4	5	6						
	回曆10月	4	5	6	7	8	9	10	11	12	13	14	15	16	17	18	19	20	21	22	23	24	25	26	27	28	29	30	1	2	3	4						
	藏曆十月	7	8	9	10	11	12	13	14	15	15	16	17	18	19	20	21	22	23	24	26	27	28	29	30	30	1	2	3	4	5	6						
	公曆11月				1	2	3	4	5	6	7	8	9	10	11	12	13	14	15	16	17	18	19	20	21	22	23	24	25	26	27	28	29	30				
1	夏曆十一月				7	8	9	10	11	12	13	14	15	16	17	18	19	20	21	22	23	24	25	26	27	28	29	㊱	2	3	4	5	6	7				

續表

月干支序數	月序＼星期	日	1	2	3	4	5	6	日	1	2	3	4	5	6	日	1	2	3	4	5	6	日	1	2	3	4	5	6	日	1	2	3	4	5	6	日	1
	回曆 11 月				5	6	7	8	9	10	11	12	13	14	15	16	17	18	19	20	21	22	23	24	25	26	27	28	29	1	2	3	4	5				
	藏曆十一月				7	8	9	10	11	12	13	14	15	16	17	18	19	20	21	22	23	24	25	26	27	28	30	1	2	3	4	5	6	7				
	公曆 12 月						1	2	3	4	5	6	7	8	9	10	11	12	13	14	15	16	17	18	19	20	21	22	23	24	25	26	27	28	29	30	31	
2	夏曆十二月						8	9	10	11	12	13	14	15	16	17	18	19	20	21	22	23	24	25	26	27	28	29	30	⑥	2	3	4	5	6	7	8	
	回曆 12 月						6	7	8	9	10	11	12	13	14	15	16	17	18	19	20	21	22	23	24	25	26	27	28	29	30	1	2	3	4	5	6	
	藏曆十二月						7	8	9	10	11	12	13	14	15	16	17	18	19	20	21	22	23	25	26	27	28	29	30	1	2	3	4	5	6	7	8	

大事記

正月，蒙古攻金鳳翔，不克。　三月，張林復降宋。蒙古大將木華黎卒（1170—1223）。　五月，蒙古軍定西域諸城，置達魯花赤監治之。金造元光重寶，繼又造元光珍寶，同銀行用。　七月，夏攻金積石。　八月，金邳州軍亂。宋詔州縣經界勿增紹興稅額。　十二月，金宣宗卒，子守緒嗣，為哀宗。蒙古攻夏，李遵頊傳國於子德旺，自稱上皇，改元乾定。是歲，成吉思汗於征服中亞花剌子模及其他諸國後，遣大將速不臺繞里海征服亞美尼亞、格魯吉亞與阿塞拜疆，越過高加索山（太和嶺）進入南俄草原，與基輔大公統率下的俄羅斯諸侯及波羅維茨人戰於卡爾爾河畔，俄羅斯諸侯大敗。蒙古人不久退去。　宋葉適卒（1150—1223）。

宋遼金紀年

干支甲申　公元 1224 年

朝代或國名	國家支配者	建都	廟號	謚號	建元	年號年次	輔政者	備注
南宋	④趙擴	臨安	寧宗	恭	4	4 嘉定 17 年	史彌遠	八月趙昀即位改元
西夏	⑨李德旺	中興府	獻宗		1	乾定 2 年		
金	⑨完顏守緒	汴京	哀宗		3	1 正大元年		
蒙古	①孛兒只斤鐵木真（成吉思汗）	和林	太祖			19 年		
東夏	蒲鮮萬奴	澄州				天泰 10 年		
大理	⑥段智祥		神宗		3	1 天開 20 年		在雲南
古格						411 年		西藏阿里

月曆表

5937—384—2168528

月干支序數	月序＼星期	日	1	2	3	4	5	6	日	1	2	3	4	5	6	日	1	2	3	4	5	6	日	1	2	3	4	5	6	日	1	2	3	4	5	6	日	1
	公曆 1 月		1	2	3	4	5	6	7	8	9	10	11	12	13	14	15	16	17	18	19	20	21	22	23	24	25	26	27	28	29	30	31					
3	夏曆正月		9	10	11	12	13	14	15	16	17	18	19	20	21	22	23	24	25	26	27	28	29	㉟	2	3	4	5	6	7	8	9	10					
621 年	回曆 1 月		7	8	9	10	11	12	13	14	15	16	17	18	19	20	21	22	23	24	25	26	27	28	29	①	2	3	4	5	6	7	8					
陽木猴年	藏曆一月		9	10	10	11	12	13	14	15	16	17	19	20	21	22	23	24	25	26	27	28	29	30	1	2	3	4	5	6	7	8	9					
	公曆 2 月					1	2	3	4	5	6	7	8	9	10	11	12	13	14	15	16	17	18	19	20	21	22	23	24	25	26	27	28	29				
4	夏曆二月					11	12	13	14	15	16	17	18	19	20	21	22	23	24	25	26	27	28	29	30	⑤	2	3	4	5	6	7	8	9				
	回曆 2 月					9	10	11	12	13	14	15	16	17	18	19	20	21	22	23	24	25	26	27	28	29	30	1	2	3	4	5	6	7				
	藏曆二月					10	11	12	13	14	15	16	17	18	19	20	21	22	24	25	26	27	28	29	30	1	2	2	3	4	5	6	7	8				
	公曆 3 月						1	2	3	4	5	6	7	8	9	10	11	12	13	14	15	16	17	18	19	20	21	22	23	24	25	26	27	28	29	30	31	
5	夏曆三月						10	11	12	13	14	15	16	17	18	19	20	21	22	23	24	25	26	27	28	29	30	㉟	2	3	4	5	6	7	8	9	10	

續表

月干支序數	月序／星期	日	1	2	3	4	5	6	日	1	2	3	4	5	6	日	1	2	3	4	5	6	日	1	2	3	4	5	6	日	1	2	3	4	5	6	日	1
	回曆3月						8	9	10	11	12	13	14	15	16	17	18	19	20	21	22	23	24	25	26	27	28	29	1	2	3	4	5	6	7	8	9	
	藏曆三月						9	10	11	12	13	14	15	16	18	19	20	21	22	23	24	25	26	27	28	29	30	1	2	3	4	5	6	7	8	9	10	
	公曆4月		1	2	3	4	5	6	7	8	9	10	11	12	13	14	15	16	17	18	19	20	21	22	23	24	25	26	27	28	29	30						
6	夏曆四月		11	12	13	14	15	16	17	18	19	20	21	22	23	24	25	26	27	28	29	④	2	3	4	5	6	7	8	9	10	11						
	回曆4月		10	11	12	13	14	15	16	17	18	19	20	21	22	23	24	25	26	27	28	29	30	1	2	3	4	5	6	7	8	9						
	藏曆四月		11	12	13	14	15	16	17	18	19	20	22	23	24	25	26	26	27	28	29	30	1	2	3	4	5	6	7	8	9	10						
	公曆5月				1	2	3	4	5	6	7	8	9	10	11	12	13	14	15	16	17	18	19	20	21	22	23	24	25	26	27	28	29	30	31			
7	夏曆五月				12	13	14	15	16	17	18	19	20	21	22	23	24	25	26	27	28	29	30	㉞	2	3	4	5	6	7	8	9	10	11	12			
	回曆5月				10	11	12	13	14	15	16	17	18	19	20	21	22	23	24	25	26	27	28	29	1	2	3	4	5	6	7	8	9	10	11			
	藏曆五月				11	12	13	15	16	17	18	19	20	21	22	23	24	25	26	27	28	29	30	1	2	2	3	4	5	7	8	9	10	11	12			
	公曆6月							1	2	3	4	5	6	7	8	9	10	11	12	13	14	15	16	17	18	19	20	21	22	23	24	25	26	27	28	29	30	
8	夏曆六月							13	14	15	16	17	18	19	20	21	22	23	24	25	26	27	28	29	30	④	2	3	4	5	6	7	8	9	10	11	12	
	回曆6月							12	13	14	15	16	17	18	19	20	21	22	23	24	25	26	27	28	29	30	1	2	3	4	5	6	7	8	9	10	11	
	藏曆六月							13	14	15	16	18	19	20	21	22	22	23	24	25	26	27	28	29	30	1	2	3	4	5	6	7	8	10	11	12	13	
	公曆7月		1	2	3	4	5	6	7	8	9	10	11	12	13	14	15	16	17	18	19	20	21	22	23	24	25	26	27	28	29	30	31					
9	夏曆七月		13	14	15	16	17	18	19	20	21	22	23	24	25	26	27	28	29	㉝	2	3	4	5	6	7	8	9	10	11	12	13	14					
	回曆7月		12	13	14	15	16	17	18	19	20	21	22	23	24	25	26	27	28	29	1	2	3	4	5	6	7	8	9	10	11	12	13					
	藏曆七月		14	15	16	17	18	19	20	21	22	23	24	25	26	27	28	29	30	1	2	3	4	5	6	7	8	9	10	11	13	14	15					
	公曆8月					1	2	3	4	5	6	7	8	9	10	11	12	13	14	15	16	17	18	19	20	21	22	23	24	25	26	27	28	29	30	31		
10	夏曆八月					15	16	17	18	19	20	21	22	23	24	25	26	27	28	29	30	③	2	3	4	5	6	7	8	9	10	11	12	13	14	15		
	回曆8月					14	15	16	17	18	19	20	21	22	23	24	25	26	27	28	29	30	1	2	3	4	5	6	7	8	9	10	11	12	13	14		
	藏曆八月					16	17	18	19	19	20	21	22	23	24	25	26	27	28	29	30	1	2	3	4	6	7	8	9	10	11	12	13	14	15	16		
	公曆9月	1	2	3	4	5	6	7	8	9	10	11	12	13	14	15	16	17	18	19	20	21	22	23	24	25	26	27	28	29	30							
	夏曆閏八月	16	17	18	19	20	21	22	23	24	25	26	27	28	29	㉜	2	3	4	5	6	7	8	9	10	11	12	13	14	15	16							
	回曆9月	15	16	17	18	19	20	21	22	23	24	25	26	27	28	29	1	2	3	4	5	6	7	8	9	10	11	12	13	14	15							
	藏曆九月	17	18	19	20	21	22	23	24	25	26	27	28	29	30	1	2	3	4	5	6	7	8	10	11	12	13	14	14	15	16							
	公曆10月			1	2	3	4	5	6	7	8	9	10	11	12	13	14	15	16	17	18	19	20	21	22	23	24	25	26	27	28	29	30	31				
11	夏曆九月			17	18	19	20	21	22	23	24	25	26	27	28	29	①	2	3	4	5	6	7	8	9	10	11	12	13	14	15	16	17	18				
	回曆10月			16	17	18	19	20	21	22	23	24	25	26	27	28	29	30	1	2	3	4	5	6	7	8	9	10	11	12	13	14	15	16				
	藏曆十月			17	18	19	20	21	22	23	24	25	26	27	28	29	30	1	3	4	5	6	7	8	9	10	11	12	13	14	15	16	17	18				
	公曆11月						1	2	3	4	5	6	7	8	9	10	11	12	13	14	15	16	17	18	19	20	21	22	23	24	25	26	27	28	29	30		
12	夏曆十月						19	20	21	22	23	24	25	26	27	28	29	30	㉛	2	3	4	5	6	7	8	9	10	11	12	13	14	15	16	17	18		
	回曆11月						17	18	19	20	21	22	23	24	25	26	27	28	29	1	2	3	4	5	6	7	8	9	10	11	12	13	14	15	16	17		
	藏曆十一月						18	19	20	21	22	23	24	25	27	28	29	30	1	2	3	4	5	6	7	8	9	10	11	12	13	14	15	16	17	18		
	公曆12月	1	2	3	4	5	6	7	8	9	10	11	12	13	14	15	16	17	18	19	20	21	22	23	24	25	26	27	28	29	30	31						
13	夏曆十一月	19	20	21	22	23	24	25	26	27	28	29	(60)	2	3	4	5	6	7	8	9	10	11	12	13	14	15	16	17	18	19	20						
	回曆12月	18	19	20	21	22	23	24	25	26	27	28	29	30	1	2	3	4	5	6	7	8	9	10	11	12	13	14	15	16	17	18						
	藏曆十二月	19	20	21	22	23	24	25	26	27	28	29	1	2	3	4	5	6	7	8	9	10	10	11	12	13	14	15	16	17	18	19						

大事記

正月，宋命淮東西湖北路轉運司提督營屯田。　六月，金使人至宋滁州請通好，又榜論更不南侵。彭義斌經略河北，為蒙古所敗。　閏八月，宋申嚴兩浙諸州輸苗過取之禁，宋寧宗卒，史彌遠矯詔立寧宗養子昀（貴誠）嗣，是為理宗。　十月，夏金議和，為兄弟之國。　是歲，成吉思汗至東印度境，大掠而還。

宋遼金紀年

干支乙酉　公元1225年

朝代或國名	國家支配者	建都	廟號	謚號	建元	年號年次	輔政者	備注
南宋	⑤趙昀	臨安	理宗	安	8	1寶慶元年	史彌遠	
西夏	⑨李德旺	中興府	獻宗		1	乾定3年		
金	⑨完顏守緒	汴京	哀宗		3	1正大2年		
蒙古	①孛兒只斤鐵木真(成吉思汗)	和林	太祖			20年		
東夏	蒲鮮萬奴	澄州				天泰11年		
大理	⑥段智祥		神宗		3	1天開21年		在雲南
古格						412年		西藏阿里

月曆表

5938—355—2168883

月干支序數	星期 月序	日	1	2	3	4	5	6	日	1	2	3	4	5	6	日	1	2	3	4	5	6	日	1	2	3	4	5	6	日	1	2	3	4	5	6	日	1
	公曆1月				1	2	3	4	5	6	7	8	9	10	11	12	13	14	15	16	17	18	19	20	21	22	23	24	25	26	27	28	29	30	31			
14	夏曆十二月				21	22	23	24	25	26	27	28	29	30	㉚	2	3	4	5	6	7	8	9	10	11	12	13	14	15	16	17	18	19	20	21			
622年	回曆1月				19	20	21	22	23	24	25	26	27	28	29	30	①	2	3	4	5	6	7	8	9	10	11	12	13	14	15	16	17	18	19			
陰木鷄年	藏曆一月				20	21	22	23	24	26	27	28	29	30	1	2	3	4	5	6	7	8	9	10	11	12	13	13	14	15	16	17	18	20	21			
	公曆2月							1	2	3	4	5	6	7	8	9	10	11	12	13	14	15	16	17	18	19	20	21	22	23	24	25	26	27	28			
15	夏曆正月							22	23	24	25	26	27	28	29	(59)	2	3	4	5	6	7	8	9	10	11	12	13	14	15	16	17	18	19	20			
	回曆2月							20	21	22	23	24	25	26	27	28	29	30	1	2	3	4	5	6	7	8	9	10	11	12	13	14	15	16	17			
	藏曆二月							22	23	24	25	26	27	28	29	30	1	2	3	4	5	6	7	8	9	10	11	12	13	14	15	16	17	18	19			
	公曆3月							1	2	3	4	5	6	7	8	9	10	11	12	13	14	15	16	17	18	19	20	21	22	23	24	25	26	27	28	29	30	31
16	夏曆二月							21	22	23	24	25	26	27	28	29	30	㉙	2	3	4	5	6	7	8	9	10	11	12	13	14	15	16	17	18	19	20	21
	回曆3月							18	19	20	21	22	23	24	25	26	27	28	29	1	2	3	4	5	6	7	8	9	10	11	12	13	14	15	16	17	18	19
	藏曆三月							20	21	22	24	25	26	27	28	29	30	1	2	3	4	5	6	6	7	8	9	10	11	12	13	14	15	16	18	19	20	21
	公曆4月			1	2	3	4	5	6	7	8	9	10	11	12	13	14	15	16	17	18	19	20	21	22	23	24	25	26	27	28	29	30					
17	夏曆三月			22	23	24	25	26	27	28	29	(58)	2	3	4	5	6	7	8	9	10	11	12	13	14	15	16	17	18	19	20	21	22					
	回曆4月			20	21	22	23	24	25	26	27	28	29	30	1	2	3	4	5	6	7	8	9	10	11	12	13	14	15	16	17	18	19					
	藏曆四月			22	23	24	25	26	27	28	29	30	1	2	3	4	5	6	7	8	9	10	11	12	13	14	15	16	17	18	19	20	22					
	公曆5月					1	2	3	4	5	6	7	8	9	10	11	12	13	14	15	16	17	18	19	20	21	22	23	24	25	26	27	28	29	30	31		
18	夏曆四月					23	24	25	26	27	28	29	30	㉘	2	3	4	5	6	7	8	9	10	11	12	13	14	15	16	17	18	19	20	21	22	23		
	回曆5月					20	21	22	23	24	25	26	27	28	29	1	2	3	4	5	6	7	8	9	10	11	12	13	14	15	16	17	18	19	20	21		
	藏曆五月					23	24	25	26	27	28	29	30	30	1	1	2	3	4	5	6	7	8	9	10	11	12	13	15	16	17	18	19	20	21	22		
	公曆6月	1	2	3	4	5	6	7	8	9	10	11	12	13	14	15	16	17	18	19	20	21	22	23	24	25	26	27	28	29	30							
19	夏曆五月	24	25	26	27	28	29	30	(58)	2	3	4	5	6	7	8	9	10	11	12	13	14	15	16	17	18	19	20	21	22	23							
	回曆6月	22	23	24	25	26	27	28	29	30	1	2	3	4	5	6	7	8	9	10	11	12	13	14	15	16	17	18	19	20	21							
	藏曆六月	23	24	25	26	27	28	29	1	2	3	4	5	6	7	8	9	10	11	12	13	14	15	17	18	19	20	21	22	23	24							
	公曆7月			1	2	3	4	5	6	7	8	9	10	11	12	13	14	15	16	17	18	19	20	21	22	23	24	25	26	27	28	29	30	31				
20	夏曆六月			24	25	26	27	28	29	㉗	2	3	4	5	6	7	8	9	10	11	12	13	14	15	16	17	18	19	20	21	22	23	24	25				
	回曆7月			22	23	24	25	26	27	28	29	1	2	3	4	5	6	7	8	9	10	11	12	13	14	15	16	17	18	19	20	21	22	23				
	藏曆後六月			25	26	27	27	28	29	30	1	2	3	4	5	6	7	8	10	11	12	13	14	15	16	17	18	19	20	21	22	23	24	25				
	公曆8月						1	2	3	4	5	6	7	8	9	10	11	12	13	14	15	16	17	18	19	20	21	22	23	24	25	26	27	28	29	30	31	
21	夏曆七月						26	27	28	29	30	(57)	2	3	4	5	6	7	8	9	10	11	12	13	14	15	16	17	18	19	20	21	22	23	24	25	26	

續表

月 干支 序數	星期 / 月序	日	1	2	3	4	5	6	日	1	2	3	4	5	6	日	1	2	3	4	5	6	日	1	2	3	4	5	6	日	1	2	3	4	5	6	日	1
	回曆 8 月						24	25	26	27	28	29	30	1	2	3	4	5	6	7	8	9	10	11	12	13	14	15	16	17	18	19	20	21	22	23	24	
	藏曆七月						26	27	28	29	30	1	2	3	4	5	6	7	8	9	10	11	13	14	15	16	17	18	19	20	21	22	23	23	24	25	26	
	公曆 9 月		1	2	3	4	5	6	7	8	9	10	11	12	13	14	15	16	17	18	19	20	21	22	23	24	25	26	27	28	29	30						
22	夏曆八月		27	28	29	㉖	2	3	4	5	6	7	8	9	10	11	12	13	14	15	16	17	18	19	20	21	22	23	24	25	26	27						
	回曆 9 月		25	26	27	28	29	1	2	3	4	5	6	7	8	9	10	11	12	13	14	15	16	17	18	19	20	21	22	23	24	25						
	藏曆八月		27	28	29	30	1	2	3	4	6	7	8	9	10	11	12	13	14	15	16	17	18	19	20	21	22	23	24	25	26	27						
	公曆 10 月				1	2	3	4	5	6	7	8	9	10	11	12	13	14	15	16	17	18	19	20	21	22	23	24	25	26	27	28	29	30	31			
23	夏曆九月				28	29	30	(56)	2	3	4	5	6	7	8	9	10	11	12	13	14	15	16	17	18	19	20	21	22	23	24	25	26	27	28			
	回曆 10 月				26	27	28	29	30	1	2	3	4	5	6	7	8	9	10	11	12	13	14	15	16	17	18	19	20	21	22	23	24	25	26			
	藏曆九月				28	29	30	1	2	3	4	5	6	7	8	10	11	12	13	14	15	16	17	18	18	19	20	21	22	23	24	25	26	27	28			
	公曆 11 月							1	2	3	4	5	6	7	8	9	10	11	12	13	14	15	16	17	18	19	20	21	22	23	24	25	26	27	28	29	30	
24	夏曆十月							29	㉕	2	3	4	5	6	7	8	9	10	11	12	13	14	15	16	17	18	19	20	21	22	23	24	25	26	27	28	29	
	回曆 11 月							27	28	29	1	2	3	4	5	6	7	8	9	10	11	12	13	14	15	16	17	18	19	20	21	22	23	24	25	26	27	
	藏曆十月							29	30	1	2	4	5	6	7	8	9	10	11	12	13	14	15	16	17	18	19	20	21	22	22	23	24	25	27	28	29	
	公曆 12 月		1	2	3	4	5	6	7	8	9	10	11	12	13	14	15	16	17	18	19	20	21	22	23	24	25	26	27	28	29	30	31					
25 26	夏曆十一 十二月		30	(55)	2	3	4	5	6	7	8	9	10	11	12	13	14	15	16	17	18	19	20	21	22	23	24	25	26	72	28	29	㉔					
	回曆 12 月		28	29	30	1	2	3	4	5	6	7	8	9	10	11	12	13	14	15	16	17	18	19	20	21	22	23	24	25	26	27	28					
	藏曆十一月		30	1	2	3	4	5	6	7	8	9	10	11	12	13	14	15	16	17	18	19	20	21	22	23	24	25	26	27	28	29	30					

大事記

正月，成吉思汗還行宫。宋史彌遠矯詔殺濟王竑。　　二月，宋楚州軍亂。蒙古將武仙反於真定，尋敗奔太行。　　五月，李全反攻彭義斌，大敗。　　六月，彭義斌攻東平，蒙古將嚴實與之和。宋加史彌遠太師，封魏國公。　　七月，宋行大宋元寶錢。彭義斌攻蒙古軍，敗死。於是嚴實佔有京東、河北五十四城仍附於蒙古。　　八月，金將田瑞反於鞏州，尋敗死。九月，宋趙汝適撰《諸蕃誌》成。　　十一月，蒙古使至高麗，途中被殺，自是兩國不通問。宋理學家楊簡卒(1141—1225)。

宋遼金紀年　　　干支丙戌　公元 1226 年

朝代或國名	國家支配者	建都	廟號	謚號	建元	年號年次	輔政者	備注
南宋	⑤趙昀	臨安	理宗	安	8	1 寶慶 2 年	史彌遠	
西夏	⑩李睍	中興府		末主	1	寶義元年		七月即位改元
金	⑨完顔守緒	汴京	哀宗		3	1 正大 3 年		
蒙古	①孛兒只斤鐵木真(成吉思汗)	和林	太祖			21 年		
東夏	蒲鮮萬奴	澄州				天泰 12 年		
大理	⑥段智祥		神宗		3	2 天輔元年		在雲南
古格						413 年		西藏阿里

月干支序數	月序＼星期	日	1	2	3	4	5	6	日	1	2	3	4	5	6	日	1	2	3	4	5	6	日	1	2	3	4	5	6	日	1	2	3	4	5	6	日	1
	公曆1月					1	2	3	4	5	6	7	8	9	10	11	12	13	14	15	16	17	18	19	20	21	22	23	24	25	26	27	28	29	30	31		
27	夏曆正月					2	3	4	5	6	7	8	9	10	11	12	13	14	15	16	17	18	19	20	21	22	23	24	25	26	27	28	29	30	(54)	2		
623年	回曆1月					29	①	2	3	4	5	6	7	8	9	10	11	12	13	14	15	16	17	18	19	20	21	22	23	24	25	26	27	28	29	30		
陽火狗年	藏曆十二/一月					1	3	4	5	6	7	8	9	10	11	12	13	13	14	15	16	17	18	19	20	21	22	23	24	25	27	28	29	30	1	2		
	公曆2月	1	2	3	4	5	6	7	8	9	10	11	12	13	14	15	16	17	18	19	20	21	22	23	24	25	26	27	28									
28	夏曆二月	3	4	5	6	7	8	9	10	11	12	13	14	15	16	17	18	19	20	21	22	23	24	25	26	27	28	29	㉓									
	回曆2月	1	2	3	4	5	6	7	8	9	10	11	12	13	14	15	16	17	18	19	20	21	22	23	24	25	26	27	28									
	藏曆二月	3	4	5	6	7	8	9	10	11	12	13	14	15	16	17	18	19	20	21	22	23	24	25	26	27	28	29	2									
	公曆3月	1	2	3	4	5	6	7	8	9	10	11	12	13	14	15	16	17	18	19	20	21	22	23	24	25	26	27	28	29	30	31						
29	夏曆三月	2	3	4	5	6	7	8	9	10	11	12	13	14	15	16	17	18	19	20	21	22	23	24	25	26	27	28	29	30	(53)	2						
	回曆3月	29	1	2	3	4	5	6	7	8	9	10	11	12	13	14	15	16	17	18	19	20	21	22	23	24	25	26	27	28	29	30						
	藏曆三月	3	4	5	5	6	7	8	9	10	11	12	13	14	15	16	17	18	19	20	21	22	23	25	26	27	28	29	30	30	1	2						
	公曆4月				1	2	3	4	5	6	7	8	9	10	11	12	13	14	15	16	17	18	19	20	21	22	23	24	25	26	27	28	29	30				
30	夏曆四月				3	4	5	6	7	8	9	10	11	12	13	14	15	16	17	18	19	20	21	22	23	24	25	26	27	28	29	㉒	2	3				
	回曆4、5月				1	2	3	4	5	6	7	8	9	10	11	12	13	14	15	16	17	18	19	20	21	22	23	24	25	26	27	28	29	1				
	藏曆四月				3	4	5	6	7	8	9	10	10	11	12	13	14	15	16	17	19	20	21	22	23	24	25	26	27	28	29	30	1	2				
	公曆5月						1	2	3	4	5	6	7	8	9	10	11	12	13	14	15	16	17	18	19	20	21	22	23	24	25	26	27	28	29	30	31	
31	夏曆五月						4	5	6	7	8	9	10	11	12	13	14	15	16	17	18	19	20	21	22	23	24	25	26	27	28	29	30	(52)	2	3	4	
	回曆6月						2	3	4	5	6	7	8	9	10	11	12	13	14	15	16	17	18	19	20	21	22	23	24	25	26	27	28	29	30	1	2	
	藏曆五月						3	4	5	6	7	8	9	10	11	12	13	14	15	16	17	18	19	20	22	23	24	25	26	27	28	29	30	1	2	3	4	
	公曆6月		1	2	3	4	5	6	7	8	9	10	11	12	13	14	15	16	17	18	19	20	21	22	23	24	25	26	27	28	29	30						
32	夏曆六月		5	6	7	8	9	10	11	12	13	14	15	16	17	18	19	20	21	22	23	24	25	26	27	28	29	㉑	2	3	4	5						
	回曆7月		3	4	5	6	7	8	9	10	11	12	13	14	15	16	17	18	19	20	21	22	23	24	25	26	27	28	29	1	2	3						
	藏曆六月		5	5	6	7	8	9	10	11	12	13	15	16	17	18	19	20	21	22	23	24	25	26	27	28	29	30	1	2	3	4						
	公曆7月				1	2	3	4	5	6	7	8	9	10	11	12	13	14	15	16	17	18	19	20	21	22	23	24	25	26	27	28	29	30	31			
33	夏曆七月				6	7	8	9	10	11	12	13	14	15	16	17	18	19	20	21	22	23	24	25	26	27	28	29	30	(51)	2	3	4	5	6			
	回曆8月				4	5	6	7	8	9	10	11	12	13	14	15	16	17	18	19	20	21	22	23	24	25	26	27	28	29	30	1	2	3	4			
	藏曆七月				5	6	7	8	9	10	11	12	13	14	15	17	18	19	20	21	22	23	24	25	26	27	28	29	30	1	2	2	3	4	5			
	公曆8月							1	2	3	4	5	6	7	8	9	10	11	12	13	14	15	16	17	18	19	20	21	22	23	24	25	26	27	28	29	30	31
34	夏曆八月							7	8	9	10	11	12	13	14	15	16	17	18	19	20	21	22	23	24	25	26	27	28	29	30	㉑	2	3	4	5	6	7
	回曆9月							5	6	7	8	9	10	11	12	13	14	15	16	17	18	19	20	21	22	23	24	25	26	27	28	29	1	2	3	4	5	6
	藏曆八月							6	7	8	10	11	12	13	14	15	16	17	18	19	20	21	22	23	24	25	26	27	28	29	30	1	2	3	4	5	6	7
	公曆9月			1	2	3	4	5	6	7	8	9	10	11	12	13	14	15	16	17	18	19	20	21	22	23	24	25	26	27	28	29	30					
35	夏曆九月			8	9	10	11	12	13	14	15	16	17	18	19	20	21	22	23	24	25	26	27	28	29	㊿	2	3	4	5	6	7	8					
	回曆10月			7	8	9	10	11	12	13	14	15	16	17	18	19	20	21	22	23	24	25	26	27	28	29	30	1	2	3	4	5	6					
	藏曆九月			8	9	10	11	13	14	15	16	17	18	19	20	21	22	23	24	25	26	27	28	28	29	30	1	2	3	4	5	7	8					
	公曆10月					1	2	3	4	5	6	7	8	9	10	11	12	13	14	15	16	17	18	19	20	21	22	23	24	25	26	27	28	29	30	31		
36	夏曆十月					9	10	11	12	13	14	15	16	17	18	19	20	21	22	23	24	25	26	27	28	29	30	⑳	2	3	4	5	6	7	8	9		
	回曆11月					7	8	9	10	11	12	13	14	15	16	17	18	19	20	21	22	23	24	25	26	27	28	29	1	2	3	4	5	6	7	8		
	藏曆十月					9	10	11	12	13	14	15	16	17	18	19	20	21	22	23	24	25	26	27	28	29	30	1	2	3	4	5	6	7	8	9		
	公曆11月	1	2	3	4	5	6	7	8	9	10	11	12	13	14	15	16	17	18	19	20	21	22	23	24	25	26	27	28	29	30							
37	夏曆十一月	10	11	12	13	14	15	16	17	18	19	20	21	22	23	24	25	26	27	28	29	㊾	2	3	4	5	6	7	8	9	10							
	回曆12月	9	10	11	12	13	14	15	16	17	18	19	20	21	22	23	24	25	26	27	28	29	30	1	2	3	4	5	6	7	8							

續表

月干支序數	月序＼星期	日	1	2	3	4	5	6	日	1	2	3	4	5	6	日	1	2	3	4	5	6	日	1	2	3	4	5	6	日	1	2	3	4	5	6	日	1
	藏曆十一月	11	12	13	14	15	16	17	18	19	20	21	21	22	23	24	25	26	27	28	29	30	1	2	3	5	6	7	8	9	10							
	公曆12月			1	2	3	4	5	6	7	8	9	10	11	12	13	14	15	16	17	18	19	20	21	22	23	24	25	26	27	28	29	30	31				
38	夏曆十二月			11	12	13	14	15	16	17	18	19	20	21	22	23	24	25	26	27	28	29	30	⑲	2	3	4	5	6	7	8	9	10	11				
624年	回曆1月			9	10	11	12	13	14	15	16	17	18	19	20	21	22	23	24	25	26	27	28	29	①	2	3	4	5	6	7	8	9	10				
	藏曆十二月			11	12	13	14	15	16	17	18	19	20	21	22	23	24	25	26	27	28	29	30	1	2	3	4	5	6	7	8	9	11	12				

大事記

正月,成吉思汗攻夏,取黑水等城。　春,夏神宗遵頊卒。　六月,成吉思汗取甘、肅等州。　七月,成吉思汗取西涼府。夏李德旺驚悸死,弟晛嗣,改元寶義。　九月,蒙古兵攻李全,圍青州。　十一月,宋楚州軍亂。蒙古取夏靈州,進駐鹽州川。　十二月,蒙古授張柔行軍千戶、保州等處都元帥。　是年,宋減鹽商稅。

宋遼金紀年

干支丁亥　公元1227年

朝代或國名	國家支配者	建都	廟號	謚號	建元	年號年次	輔政者	備注
南宋	⑤趙昀	臨安	理宗	安	8	1寶慶3年	史彌遠	
西夏	⑩李晛	中興府		末主	1	寶義2年		六月亡
金	⑨完顔守緒	汴京	哀宗		3	1正大4年		
蒙古	①孛兒只斤鐵木真(成吉思汗)	和林	太祖			22年		
東夏	蒲鮮萬奴	澄州				天泰13年		
大理	⑥段智祥		神宗		3	2天輔2年		在雲南
古格						414年		西藏阿里

月曆表

5940—385—2169622

月干支序數	月序＼星期	日	1	2	3	4	5	6	日	1	2	3	4	5	6	日	1	2	3	4	5	6	日	1	2	3	4	5	6	日	1	2	3	4	5	6	日	1
	公曆1月						1	2	3	4	5	6	7	8	9	10	11	12	13	14	15	16	17	18	19	20	21	22	23	24	25	26	27	28	29	30	31	
39	夏曆正月						12	13	14	15	16	17	18	19	20	21	22	23	24	25	26	27	28	29	㊽	2	3	4	5	6	7	8	9	10	11	12	13	
	回曆2月						11	12	13	14	15	16	17	18	19	20	21	22	23	24	25	26	27	28	29	30	1	2	3	4	5	6	7	8	9	10	11	
陰火猪年	藏曆一月						12	13	14	15	16	17	18	19	20	21	22	23	24	25	26	27	28	29	30	1	2	4	5	6	7	8	9	10	11	12	13	
	公曆2月		1	2	3	4	5	6	7	8	9	10	11	12	13	14	15	16	17	18	19	20	21	22	23	24	25	26	27	28								
40	夏曆二月		14	15	16	17	18	19	20	21	22	23	24	25	26	27	28	29	30	⑱	2	3	4	5	6	7	8	9	10	11								
	回曆3月		12	13	14	15	16	17	18	19	20	21	22	23	24	25	26	27	28	29	1	2	3	4	5	6	7	8	9	10								
	藏曆二月		14	15	16	16	17	18	19	20	21	22	23	24	25	26	28	29	30	1	2	3	4	5	6	7	8	9	10	11								
	公曆3月		1	2	3	4	5	6	7	8	9	10	11	12	13	14	15	16	17	18	19	20	21	22	23	24	25	26	27	28	29	30	31					
41	夏曆三月		12	13	14	15	16	17	18	19	20	21	22	23	24	25	26	27	28	29	㊼	2	3	4	5	6	7	8	9	10	11	12	13					
	回曆4月		11	12	13	14	15	16	17	18	19	20	21	22	23	24	25	26	27	28	29	30	1	2	3	4	5	6	7	8	9	10	11					
	藏曆三月		12	13	14	15	16	17	18	19	20	21	22	23	24	25	26	27	28	29	2	3	4	5	6	7	8	9	9	10	11	12	13					
	公曆4月					1	2	3	4	5	6	7	8	9	10	11	12	13	14	15	16	17	18	19	20	21	22	23	24	25	26	27	28	29	30			
42	夏曆四月					14	15	16	17	18	19	20	21	22	23	24	25	26	27	28	29	30	⑰	2	3	4	5	6	7	8	9	10	11	12	13			

續表

月干支序數	月序＼星期	日	1	2	3	4	5	6	日	1	2	3	4	5	6	日	1	2	3	4	5	6	日	1	2	3	4	5	6	日	1	2	3	4	5	6	日	1
	回曆5月					12	13	14	15	16	17	18	19	20	21	22	23	24	25	26	27	28	29	1	2	3	4	5	6	7	8	9	10	11	12			
	藏曆四月					14	15	16	17	18	19	20	21	22	23	24	26	27	28	29	30	30	1	2	3	4	5	6	7	8	9	10	11	12	13			
	公曆5月							1	2	3	4	5	6	7	8	9	10	11	12	13	14	15	16	17	18	19	20	21	22	23	24	25	26	27	28	29	30	31
43	夏曆五月							14	15	16	17	18	19	20	21	22	23	24	25	26	27	28	29	㊻	2	3	4	5	6	7	8	9	10	11	12	13	14	15
	回曆6月							13	14	15	16	17	18	19	20	21	22	23	24	25	26	27	28	29	30	1	2	3	4	5	6	7	8	9	10	11	12	13
	藏曆五月							14	15	15	17	18	19	20	21	22	23	24	25	26	27	29	30	1	2	3	4	4	5	6	7	8	9	10	11	12	13	14
	公曆6月			1	2	3	4	5	6	7	8	9	10	11	12	13	14	15	16	17	18	19	20	21	22	23	24	25	26	27	28	29	30					
	夏曆閏五月			16	17	18	19	20	21	22	23	24	25	26	27	28	29	30	⑯	2	3	4	5	6	7	8	9	10	11	12	13	14	15					
	回曆7月			14	15	16	17	18	19	20	21	22	23	24	25	26	27	28	29	1	2	3	4	5	6	7	8	9	10	11	12	13	14					
	藏曆六月			15	16	17	18	19	20	22	23	24	25	26	27	28	29	30	1	2	3	4	5	6	7	8	9	10	11	12	13	14	15					
	公曆7月					1	2	3	4	5	6	7	8	9	10	11	12	13	14	15	16	17	18	19	20	21	22	23	24	25	26	27	28	29	30	31		
44	夏曆六月					16	17	18	19	20	21	22	23	24	25	26	27	28	29	㊺	2	3	4	5	6	7	8	9	10	11	12	13	14	15	16	17		
	回曆8月					15	16	17	18	19	20	21	22	23	24	25	26	27	28	29	30	1	2	3	4	5	6	7	8	9	10	11	12	13	14	15		
	藏曆七月					16	17	18	19	20	21	22	23	25	26	27	28	29	30	30	1	1	2	3	4	5	6	7	8	9	10	11	12	13	14	15		
	公曆8月	1	2	3	4	5	6	7	8	9	10	11	12	13	14	15	16	17	18	19	20	21	22	23	24	25	26	27	28	29	30	31						
45	夏曆七月	18	19	20	21	22	23	24	25	26	27	28	29	30	⑮	2	3	4	5	6	7	8	9	10	11	12	13	14	15	16	17	18						
	回曆9月	16	17	18	19	20	21	22	23	24	25	26	27	28	29	1	2	3	4	5	6	7	8	9	10	11	12	13	14	15	16	17						
	藏曆八月	17	18	19	20	21	22	23	24	25	26	27	28	29	1	2	3	4	5	6	7	8	9	10	11	12	13	14	15	16	17	18						
	公曆9月				1	2	3	4	5	6	7	8	9	10	11	12	13	14	15	16	17	18	19	20	21	22	23	24	25	26	27	28	29	30				
46	夏曆八月				19	20	21	22	23	24	25	26	27	28	29	㊹	2	3	4	5	6	7	8	9	10	11	12	13	14	15	16	17	18	19				
	回曆10月				18	19	20	21	22	23	24	25	26	27	28	29	30	1	2	3	4	5	6	7	8	9	10	11	12	13	14	15	16	17				
	藏曆九月				19	21	22	23	24	25	26	27	27	28	29	30	1	2	3	4	5	6	7	8	9	10	11	12	14	15	16	17	18	19				
	公曆10月							1	2	3	4	5	6	7	8	9	10	11	12	13	14	15	16	17	18	19	20	21	22	23	24	25	26	27	28	29	30	31
47	夏曆九月							20	21	22	23	24	25	26	27	28	29	30	⑭	2	3	4	5	6	7	8	9	10	11	12	13	14	15	16	17	18	19	20
	回曆11月							18	19	20	21	22	23	24	25	26	27	28	29	1	2	3	4	5	6	7	8	9	10	11	12	13	14	15	16	17	18	19
	藏曆十月							20	21	22	23	24	25	26	27	28	29	30	1	2	2	3	4	6	7	8	9	10	11	12	13	14	15	16	17	19	19	20
	公曆11月		1	2	3	4	5	6	7	8	9	10	11	12	13	14	15	16	17	18	19	20	21	22	23	24	25	26	27	28	29	30						
48	夏曆十月		21	22	23	24	25	26	27	28	29	30	㊹	2	3	4	5	6	7	8	9	10	11	12	13	14	15	16	17	18	19	20						
	回曆12月		20	21	22	23	24	25	26	27	28	29	30	1	2	3	4	5	6	7	8	9	10	11	12	13	14	15	16	17	18	19						
	藏曆十一月		21	22	23	24	25	26	27	28	29	30	1	2	3	4	5	6	7	8	9	10	12	13	14	15	16	17	18	19	20	21						
	公曆12月				1	2	3	4	5	6	7	8	9	10	11	12	13	14	15	16	17	18	19	20	21	22	23	24	25	26	27	28	29	30	31			
49	夏曆十一月				21	22	23	24	25	26	27	28	29	⑬	2	3	4	5	6	7	8	9	10	11	12	13	14	15	16	17	18	19	20	21	22			
625年	回曆1月				20	21	22	23	24	25	26	27	28	29	30	①	2	3	4	5	6	7	8	9	10	11	12	13	14	15	16	17	18	19	20			
	藏曆十二月				22	23	24	24	25	26	27	28	29	30	1	2	3	4	6	7	8	9	10	11	12	13	14	15	16	17	18	19	20	21	22			

大事記

正月，成吉思汗攻金積石。　三月，金征夏税二倍。　四月，蒙古破金洮河、西寧。　五月，李全降於蒙古。山東地方為蒙古所有。　閏五月，金與蒙古議和。　六月，宋楚州軍亂。夏主李晛降於蒙古，夏亡。　七月，成吉思汗卒於甘肅六盤山(1162—1227)。第四子拖雷監國。宋賑遭水災郡縣，其竹木等税勿復。金於中原簽軍。　八月，宋楚州軍大亂，諸將多叛降於金。　十月，李全入宋楚州，旋敗金於龜山。　十二月，蒙古兵入京兆，宋將弃沔州遁，金斂兵保潼關；蒙古兵破宋西和州。　是歲，邱處機卒(1148—1227)。

宋遼金紀年

干支戊子 公元 1228 年

朝代或國名	國家支配者	建都	廟號	謚號	建元	年號年次	輔政者	備注
南宋	⑤趙昀	臨安	理宗	安	8	2 紹定元年	史彌遠	
大理	⑥段智祥		神宗		3	2 天輔 3 年		在雲南
金	⑨完顔守緒	汴京	哀宗		3	1 正大 5 年		
蒙古	②孛兒只斤拖雷	和林				元年		監國
東夏	蒲鮮萬奴	澄州				天泰 14 年		
	廖森					重德元年		
古格						415 年		西藏阿里

月曆表

5941－354－2169976

月干支序數	月序＼星期	日	1	2	3	4	5	6	日	1	2	3	4	5	6	日	1	2	3	4	5	6	日	1	2	3	4	5	6	日	1	2	3	4	5	6	日	1
	公曆1月							1	2	3	4	5	6	7	8	9	10	11	12	13	14	15	16	17	18	19	20	21	22	23	24	25	26	27	28	29	30	31
50	夏曆十二月							23	24	25	26	27	28	29	30	㊸	2	3	4	5	6	7	8	9	10	11	12	13	14	15	16	17	18	19	20	21	22	23
	回曆2月							21	22	23	24	25	26	27	28	29	30	1	2	3	4	5	6	7	8	9	10	11	12	13	14	15	16	17	18	19	20	21
陽土鼠年	藏曆一月							23	24	25	26	27	28	29	30	1	2	3	4	5	6	7	8	9	11	12	13	14	15	16	16	17	18	19	20	21	22	23
	公曆2月			1	2	3	4	5	6	7	8	9	10	11	12	13	14	15	16	17	18	19	20	21	22	23	24	25	26	27	28	29						
51	夏曆正月			24	25	26	27	28	29	30	⑬	2	3	4	5	6	7	8	9	10	11	12	13	14	15	16	17	18	19	20	21	22						
	回曆3月			22	23	24	25	26	27	28	29	1	2	3	4	5	6	7	8	9	10	11	12	13	14	15	16	17	18	19	20	21						
	藏曆二月			24	25	26	27	28	29	30	1	2	3	5	6	7	8	9	10	11	12	13	14	15	16	17	18	19	19	20	21	22						
	公曆3月				1	2	3	4	5	6	7	8	9	10	11	12	13	14	15	16	17	18	19	20	21	22	23	24	25	26	27	28	29	30	31			
52	夏曆二月				23	24	25	26	27	28	29	㊷	2	3	4	5	6	7	8	9	10	11	12	13	14	15	16	17	18	19	20	21	22	23	24			
	回曆4月				22	23	24	25	26	27	28	29	30	1	2	3	4	5	6	7	8	9	10	11	12	13	14	15	16	17	18	19	20	21	22			
	藏曆三月				23	24	25	26	27	29	30	1	2	3	4	5	6	7	8	9	10	11	12	13	14	15	16	17	18	19	20	21	22	23	24			
	公曆4月							1	2	3	4	5	6	7	8	9	10	11	12	13	14	15	16	17	18	19	20	21	22	23	24	25	26	27	28	29	30	
53	夏曆三月							25	26	27	28	29	⑪	2	3	4	5	6	7	8	9	10	11	12	13	14	15	16	17	18	19	20	21	22	23	24	25	
	回曆5月							23	24	25	26	27	28	29	1	2	3	4	5	6	7	8	9	10	11	12	13	14	15	16	17	18	19	20	21	22	23	
	藏曆後三月							25	26	27	28	29	30	1	3	4	5	6	7	8	9	10	11	12	13	13	14	15	16	17	18	19	20	21	22	23	24	
	公曆5月		1	2	3	4	5	6	7	8	9	10	11	12	13	14	15	16	17	18	19	20	21	22	23	24	25	26	27	28	29	30	31					
54	夏曆四月		26	27	28	29	30	㊶	2	3	4	5	6	7	8	9	10	11	12	13	14	15	16	17	18	19	20	21	22	23	24	25	26					
	回曆6月		24	25	26	27	28	29	30	1	2	3	4	5	6	7	8	9	10	11	12	13	14	15	16	17	18	19	20	21	22	23	24					
	藏曆四月		26	27	28	29	30	1	2	3	4	5	6	7	8	9	10	11	12	13	14	15	16	17	18	19	20	21	22	23	24	25	26					
	公曆6月					1	2	3	4	5	6	7	8	9	10	11	12	13	14	15	16	17	18	19	20	21	22	23	24	25	26	27	28	29	30			
55	夏曆五月					27	28	29	⑩	2	3	4	5	6	7	8	9	10	11	12	13	14	15	16	17	18	19	20	21	22	23	24	25	26	27			
	回曆7月					25	26	27	28	29	1	2	3	4	5	6	7	8	9	10	11	12	13	14	15	16	17	18	19	20	21	22	23	24	25			
	藏曆五月					27	29	30	1	2	3	4	5	6	7	8	9	9	10	11	12	13	14	15	16	17	18	19	20	22	23	24	25	26	27			
	公曆7月							1	2	3	4	5	6	7	8	9	10	11	12	13	14	15	16	17	18	19	20	21	22	23	24	25	26	27	28	29	30	31
56	夏曆六月							28	29	㊴	2	3	4	5	6	7	8	9	10	11	12	13	14	15	16	17	18	19	20	21	22	23	24	25	26	27	28	29
	回曆8月							26	27	28	29	30	1	2	3	4	5	6	7	8	9	10	11	12	13	14	15	16	17	18	19	20	21	22	23	24	25	26
	藏曆六月							28	29	30	1	2	3	4	5	6	7	8	9	10	11	12	13	14	15	16	17	18	19	20	21	22	24	25	26	27	28	29
	公曆8月			1	2	3	4	5	6	7	8	9	10	11	12	13	14	15	16	17	18	19	20	21	22	23	24	25	26	27	28	29	30	31				
57 58	夏曆七 八月			30	⑨	2	3	4	5	6	7	8	9	10	11	12	13	14	15	16	17	18	19	20	21	22	23	24	25	26	27	28	29	㊳				
	回曆9月			27	28	29	1	2	3	4	5	6	7	8	9	10	11	12	13	14	15	16	17	18	19	20	21	22	23	24	25	26	27	28				

續表

月干支序數	月序＼星期	日	1	2	3	4	5	6	日	1	2	3	4	5	6	日	1	2	3	4	5	6	日	1	2	3	4	5	6	日	1	2	3	4	5	6	日	1
	藏曆七月			30	1	2	3	4	5	6	6	7	8	9	10	11	12	13	14	15	16	18	19	20	21	22	23	24	25	26	27	28	29	30				
	公曆 9 月						1	2	3	4	5	6	7	8	9	10	11	12	13	14	15	16	17	18	19	20	21	22	23	24	25	26	27	28	29	30		
59	夏曆九月						2	3	4	5	6	7	8	9	10	11	12	13	14	15	16	17	18	19	20	21	22	23	24	25	26	27	28	29	30	⑧		
	回曆 10 月						29	30	1	2	3	4	5	6	7	8	9	10	11	12	13	14	15	16	17	18	19	20	21	22	23	24	25	26	27	28		
	藏曆八月						1	2	3	4	5	6	7	8	9	10	11	12	13	14	15	16	17	18	19	21	22	23	24	25	26	27	28	29	30	30		
	公曆 10 月	1	2	3	4	5	6	7	8	9	10	11	12	13	14	15	16	17	18	19	20	21	22	23	24	25	26	27	28	29	30	31						
60	夏曆十月	2	3	4	5	6	7	8	9	10	11	12	13	14	15	16	17	18	19	20	21	22	23	24	25	26	27	28	29	30	㊳	2						
	回曆 11 月	29	1	2	3	4	5	6	7	8	9	10	11	12	13	14	15	16	17	18	19	20	21	22	23	24	25	26	27	28	29	30						
	藏曆九十月	1	1	2	3	4	5	6	7	8	9	10	11	12	14	15	16	17	18	19	20	21	22	23	24	25	26	27	28	29	1	2						
	公曆 11 月				1	2	3	4	5	6	7	8	9	10	11	12	13	14	15	16	17	18	19	20	21	22	23	24	25	26	27	28	29	30				
1	夏曆十一月				3	4	5	6	7	8	9	10	11	12	13	14	15	16	17	18	19	20	21	22	23	24	25	26	27	28	29	30	⑧	2				
626 年	回曆 12、1 月				①	2	3	4	5	6	7	8	9	10	11	12	13	14	15	16	17	18	19	20	21	22	23	24	25	26	27	28	29	1				
	藏曆十一月				3	4	5	6	7	8	9	10	11	12	13	14	15	16	17	18	19	20	21	22	23	24	24	25	26	27	28	29	1	2				
	公曆 12 月						1	2	3	4	5	6	7	8	9	10	11	12	13	14	15	16	17	18	19	20	21	22	23	24	25	26	27	28	29	30	31	
2	夏曆十二月						3	4	5	6	7	8	9	10	11	12	13	14	15	16	17	18	19	20	21	22	23	24	25	26	27	28	29	㊲	2	3	4	
	回曆 2 月						2	3	4	5	6	7	8	9	10	11	12	13	14	15	16	17	18	19	20	21	22	23	24	25	26	27	28	29	30	1	2	
	藏曆十二月						3	4	5	6	7	8	9	10	11	13	14	15	16	17	18	19	20	21	22	23	24	25	26	27	27	28	29	30	1	2	3	

大事記

正月，金遣使如蒙古吊慰。宋禁江淮私税米船壟斷蘆蕩、沙產、山漆、魚池。　　七月，李全大治舟師於海州。宋射陽湖浮居數萬家，結水寨以自保。　　八月，宋禁諸州僚屬私役禁軍。　　是歲，宋江西、湖南、福建民多聚衆起事。

宋遼金紀年

干支己丑　公元 1229 年

朝代或國名	國家支配者	建都	廟號	謚號	建元	年號年次	輔政者	備注
南宋	⑤趙昀	臨安	理宗	安	8	2 紹定 2 年	史彌遠	
大理	⑥段智祥		神宗		3	2 天輔 4 年		在雲南
金	⑨完顏守緒	汴京	哀宗		3	1 正大 6 年		
蒙古	③孛兒只斤窩闊臺	和林	太宗	英文		元年	阿海、禿懷、明安	八月即位
東夏	蒲鮮萬奴	澄州				天泰 15 年		
	廖森					重德 2 年		
古格						416 年		西藏阿里

月曆表

5942—354—2170330

月干支序數	月序＼星期	日	1	2	3	4	5	6	日	1	2	3	4	5	6	日	1	2	3	4	5	6	日	1	2	3	4	5	6	日	1	2	3	4	5	6	日	1
	公曆 1 月		1	2	3	4	5	6	7	8	9	10	11	12	13	14	15	16	17	18	19	20	21	22	23	24	25	26	27	28	29	30	31					
3	夏曆正月		5	6	7	8	9	10	11	12	13	14	15	16	17	18	19	20	21	22	23	24	25	26	27	28	29	30	⑦	2	3	4	5					
	回曆 3 月		3	4	5	6	7	8	9	10	11	12	13	14	15	16	17	18	19	20	21	22	23	24	25	26	27	28	29	1	2	3	4					
陰土牛年	藏曆一月		4	5	7	8	9	10	11	12	13	14	15	16	17	18	19	20	21	22	23	24	25	26	27	28	29	30	1	2	3	4	5					

續表

月干支序數	星期／月序	日	1	2	3	4	5	6	日	1	2	3	4	5	6	日	1	2	3	4	5	6	日	1	2	3	4	5	6	日	1	2	3	4	5	6	日	1
	公曆2月					1	2	3	4	5	6	7	8	9	10	11	12	13	14	15	16	17	18	19	20	21	22	23	24	25	26	27	28					
4	夏曆二月					6	7	8	9	10	11	12	13	14	15	16	17	18	19	20	21	22	23	24	25	26	27	28	29	30	㊲	2	3					
	回曆4月					5	6	7	8	9	10	11	12	13	14	15	16	17	18	19	20	21	22	23	24	25	26	27	28	29	30	1	2					
	藏曆二月					6	7	8	9	10	12	13	14	15	16	17	18	19	19	20	21	22	23	24	25	26	27	28	29	30	1	2	3					
	公曆3月					1	2	3	4	5	6	7	8	9	10	11	12	13	14	15	16	17	18	19	20	21	22	23	24	25	26	27	28	29	30	31		
5	夏曆三月					4	5	6	7	8	9	10	11	12	13	14	15	16	17	18	19	20	21	22	23	24	25	26	27	28	29	⑥	2	3	4	5		
	回曆5月					3	4	5	6	7	8	9	10	11	12	13	14	15	16	17	18	19	20	21	22	23	24	25	26	27	28	29	1	2	3	4		
	藏曆三月					4	6	7	8	9	10	11	12	13	14	15	16	17	18	19	20	21	22	23	23	24	25	26	27	29	30	1	2	3	4	5		
	公曆4月	1	2	3	4	5	6	7	8	9	10	11	12	13	14	15	16	17	18	19	20	21	22	23	24	25	26	27	28	29	30							
6	夏曆四月	6	7	8	9	10	11	12	13	14	15	16	17	18	19	20	21	22	23	24	25	26	27	28	29	㉟	2	3	4	5	6							
	回曆6月	5	6	7	8	9	10	11	12	13	14	15	16	17	18	19	20	21	22	23	24	25	26	27	28	29	30	1	2	3	4							
	藏曆四月	6	7	8	9	10	11	12	13	14	15	16	17	18	19	20	21	22	23	24	25	26	27	28	29	30	1	3	4	5	6							
	公曆5月			1	2	3	4	5	6	7	8	9	10	11	12	13	14	15	16	17	18	19	20	21	22	23	24	25	26	27	28	29	30	31				
7	夏曆五月			7	8	9	10	11	12	13	14	15	16	17	18	19	20	21	22	23	24	25	26	27	28	29	30	⑤	2	3	4	5	6	7				
	回曆7月			5	6	7	8	9	10	11	12	13	14	15	16	17	18	19	20	21	22	23	24	25	26	27	28	29	1	2	3	4	5	6				
	藏曆五月			7	8	9	10	11	12	13	14	15	16	17	17	18	19	20	21	22	23	24	26	27	28	29	30	1	2	3	4	5	6	7				
	公曆6月						1	2	3	4	5	6	7	8	9	10	11	12	13	14	15	16	17	18	19	20	21	22	23	24	25	26	27	28	29	30		
8	夏曆六月						8	9	10	11	12	13	14	15	16	17	18	19	20	21	22	23	24	25	26	27	28	29	㉞	2	3	4	5	6	7	8		
	回曆8月						7	8	9	10	11	12	13	14	15	16	17	18	19	20	21	22	23	24	25	26	27	28	29	30	1	2	3	4	5	6		
	藏曆六月						8	9	10	11	12	13	14	15	16	17	18	19	20	21	22	23	24	25	26	27	29	30	1	2	3	4	5	6	7	8		
	公曆7月	1	2	3	4	5	6	7	8	9	10	11	12	13	14	15	16	17	18	19	20	21	22	23	24	25	26	27	28	29	30	31						
9	夏曆七月	9	10	11	12	13	14	15	16	17	18	19	20	21	22	23	24	25	26	27	28	29	③	2	3	4	5	6	7	8	9	10						
	回曆9月	7	8	9	10	11	12	13	14	15	16	17	18	19	20	21	22	23	24	25	26	27	28	29	1	2	3	4	5	6	7	8						
	藏曆七月	9	10	11	12	13	14	14	15	16	17	18	19	21	22	23	24	25	26	27	28	29	30	1	2	3	4	5	6	7	8	9						
	公曆8月				1	2	3	4	5	6	7	8	9	10	11	12	13	14	15	16	17	18	19	20	21	22	23	24	25	26	27	28	29	30	31			
10	夏曆八月				11	12	13	14	15	16	17	18	19	20	21	22	23	24	25	26	27	28	29	30	㉝	2	3	4	5	6	7	8	9	10	11			
	回曆10月				9	10	11	12	13	14	15	16	17	18	19	20	21	22	23	24	25	26	27	28	29	30	1	2	3	4	5	6	7	8	9			
	藏曆八月				10	11	12	13	14	15	16	17	18	19	20	21	22	23	25	26	27	28	29	30	1	2	3	4	5	6	7	8	9	10	10			
	公曆9月							1	2	3	4	5	6	7	8	9	10	11	12	13	14	15	16	17	18	19	20	21	22	23	24	25	26	27	28	29	30	
11	夏曆九月							12	13	14	15	16	17	18	19	20	21	22	23	24	25	26	27	28	29	②	2	3	4	5	6	7	8	9	10	11	12	
	回曆11月							10	11	12	13	14	15	16	17	18	19	20	21	22	23	24	25	26	27	28	29	1	2	3	4	5	6	7	8	9	10	
	藏曆九月							11	12	13	14	15	17	18	19	20	21	22	23	24	25	26	27	28	29	30	1	2	3	4	5	6	7	8	9	10	11	
	公曆10月		1	2	3	4	5	6	7	8	9	10	11	12	13	14	15	16	17	18	19	20	21	22	23	24	25	26	27	28	29	30	31					
12	夏曆十月		13	14	15	16	17	18	19	20	21	22	23	24	25	26	27	28	29	30	㉜	2	3	4	5	6	7	8	9	10	11	12	13					
	回曆12月		11	12	13	14	15	16	17	18	19	20	21	22	23	24	25	26	27	28	29	30	1	2	3	4	5	6	7	8	9	10	11					
	藏曆十月		12	13	14	15	16	17	18	19	21	22	23	24	25	26	27	28	29	30	1	2	3	4	4	5	6	7	8	9	10	11	12					
	公曆11月					1	2	3	4	5	6	7	8	9	10	11	12	13	14	15	16	17	18	19	20	21	22	23	24	25	26	27	28	29	30			
13	夏曆十一月					14	15	16	17	18	19	20	21	22	23	24	25	26	27	28	29	30	②	2	3	4	5	6	7	8	9	10	11	12	13			
627年	回曆1月					12	13	14	15	16	17	18	19	20	21	22	23	24	25	26	27	28	29	30	①	2	3	4	5	6	7	8	9	10	11			
	藏曆十一月					13	15	16	17	18	19	20	21	22	23	24	25	26	27	28	29	30	1	2	3	4	5	6	7	8	9	10	11	12	13			
	公曆12月							1	2	3	4	5	6	7	8	9	10	11	12	13	14	15	16	17	18	19	20	21	22	23	24	25	26	27	28	29	30	31
14	夏曆十二月							14	15	16	17	18	19	20	21	22	23	24	25	26	27	28	29	30	㉜	2	3	4	5	6	7	8	9	10	11	12	13	14
	回曆2月							12	13	14	15	16	17	18	19	20	21	22	23	24	25	26	27	28	29	30	1	2	3	4	5	6	7	8	9	10	11	12
	藏曆十二月							14	15	16	17	18	20	21	22	23	24	25	26	27	27	28	29	30	1	2	3	4	5	6	7	8	9	10	11	12	13	14

大事記

八月，宋禁州縣增收苗米、多量斛面，又禁廣東、廣西、福建官吏額外配鹽於民。蒙古推成吉思汗第三子窩闊臺汗為大汗，是為太宗。　九月，蒙古御金賻，議南伐。　十月，蒙古兵入慶陽界，金乞緩師請和，被拒。　十二月，蒙古始置倉廩，立驛傳，賦調河北漢民以戶，西域人以丁。蒙古始簽軍。金罷近京獵地百里，聽民耕種。　是歲，蒙古以史天澤、劉嶷、舒穆嚕札拉三人為萬戶，分守中原。

宋遼金紀年

干支庚寅　公元1230年

朝代或國名	國家支配者	建都	廟號	謚號	建元	年號年次	輔政者	備注
南宋	⑤趙昀	臨安	理宗	安	8	2紹定3年	史彌遠	
大理	⑥段智祥		神宗		3	2天輔5年		在雲南
金	⑨完顏守緒	汴京	哀宗		3	1正大7年		
蒙古	③孛兒只斤窩闊臺	和林	太宗	英文		2年		
東夏	蒲鮮萬奴	澄州				天泰16年		
	廖森					重德3年		
古格						417年		西藏阿里

月曆表

5943－384－2170714

月干支序數	月序＼星期	日	1	2	3	4	5	6	日	1	2	3	4	5	6	日	1	2	3	4	5	6	日	1	2	3	4	5	6	日	1	2	3	4	5	6	日	1
	公曆1月			1	2	3	4	5	6	7	8	9	10	11	12	13	14	15	16	17	18	19	20	21	22	23	24	25	26	27	28	29	30	31				
15	夏曆正月			15	16	17	18	19	20	21	22	23	24	25	26	27	28	29	①	2	3	4	5	6	7	8	9	10	11	12	13	14	15	16				
	回曆3月			13	14	15	16	17	18	19	20	21	22	23	24	25	26	27	28	29	1	2	3	4	5	6	7	8	9	10	11	12	13	14				
陽金虎年	藏曆一月			15	16	17	18	19	20	21	22	23	24	25	26	27	28	30	30	1	2	3	4	5	6	8	9	10	11	12	13	14	15	16				
	公曆2月						1	2	3	4	5	6	7	8	9	10	11	12	13	14	15	16	17	18	19	20	21	22	23	24	25	26	27	28				
16	夏曆二月						17	18	19	20	21	22	23	24	25	26	27	28	29	30	㉛	2	3	4	5	6	7	8	9	10	11	12	13	14				
	回曆4月						15	16	17	18	19	20	21	22	23	24	25	26	27	28	29	30	1	2	3	4	5	6	7	8	9	10	11	12				
	藏曆二月						17	18	19	20	21	22	23	24	25	26	27	28	29	30	1	2	3	4	5	6	7	8	9	10	11	13	14	15				
	公曆3月						1	2	3	4	5	6	7	8	9	10	11	12	13	14	15	16	17	18	19	20	21	22	23	24	25	26	27	28	29	30	31	
	夏曆閏二月						15	16	17	18	19	20	21	22	23	24	25	26	27	28	29	30	①	2	3	4	5	6	7	8	9	10	11	12	13	14	15	
	回曆5月						13	14	15	16	17	18	19	20	21	22	23	24	25	26	27	28	29	1	2	3	4	5	6	7	8	9	10	11	12	13	14	
	藏曆三月						16	17	18	19	20	21	22	22	23	24	25	26	27	28	29	30	1	2	3	4	5	7	8	9	10	11	12	13	14	15	16	
	公曆4月		1	2	3	4	5	6	7	8	9	10	11	12	13	14	15	16	17	18	19	20	21	22	23	24	25	26	27	28	29	30						
17	夏曆三月		16	17	18	19	20	21	22	23	24	25	26	27	28	29	㉚	2	3	4	5	6	7	8	9	10	11	12	13	14	15	16						
	回曆6月		15	16	17	18	19	20	21	22	23	24	25	26	27	28	29	30	1	2	3	4	5	6	7	8	9	10	11	12	13	14						
	藏曆四月		17	18	19	20	21	22	23	24	25	26	27	28	29	30	1	2	3	4	5	6	7	8	10	11	12	13	14	15	16	16						
	公曆5月				1	2	3	4	5	6	7	8	9	10	11	12	13	14	15	16	17	18	19	20	21	22	23	24	25	26	27	28	29	30	31			
18	夏曆四月				17	18	19	20	21	22	23	24	25	26	27	28	29	(59)	2	3	4	5	6	7	8	9	10	11	12	13	14	15	16	17	18			
	回曆7月				15	16	17	18	19	20	21	22	23	24	25	26	27	28	29	1	2	3	4	5	6	7	8	9	10	11	12	13	14	15	16			
	藏曆五月				17	18	19	20	21	22	23	24	25	26	27	28	29	30	1	3	4	5	6	7	8	9	10	11	12	13	14	15	16	17	18			
	公曆6月							1	2	3	4	5	6	7	8	9	10	11	12	13	14	15	16	17	18	19	20	21	22	23	24	25	26	27	28	29	30	
19	夏曆五月							19	20	21	22	23	24	25	26	27	28	29	30	㉙	2	3	4	5	6	7	8	9	10	11	12	13	14	15	16	17	18	
	回曆8月							17	18	19	20	21	22	23	24	25	26	27	28	29	30	1	2	3	4	5	6	7	8	9	10	11	12	13	14	15	16	
	藏曆六月							19	20	21	22	23	24	25	26	27	28	29	30	1	2	3	4	6	7	8	9	10	11	12	13	13	14	15	16	17	18	
	公曆7月		1	2	3	4	5	6	7	8	9	10	11	12	13	14	15	16	17	18	19	20	21	22	23	24	25	26	27	28	29	30	31					

續表

月干支序數	月序＼星期	日	1	2	3	4	5	6	日	1	2	3	4	5	6	日	1	2	3	4	5	6	日	1	2	3	4	5	6	日	1	2	3	4	5	6	日	1
20	夏曆六月		19	20	21	22	23	24	25	26	27	28	29	(58)	2	3	4	5	6	7	8	9	10	11	12	13	14	15	16	17	18	19	20					
	回曆9月		17	18	19	20	21	22	23	24	25	26	27	28	29	1	2	3	4	5	6	7	8	9	10	11	12	13	14	15	16	17	18					
	藏曆七月		19	20	21	22	23	24	25	26	27	29	30	1	2	3	4	5	6	7	8	9	10	11	12	13	14	15	16	17	18	19	20					
	公曆8月					1	2	3	4	5	6	7	8	9	10	11	12	13	14	15	16	17	18	19	20	21	22	23	24	25	26	27	28	29	30	31		
21	夏曆七月					21	22	23	24	25	26	27	28	29	㉗	2	3	4	5	6	7	8	9	10	11	12	13	14	15	16	17	18	19	20	21	22		
	回曆10月					19	20	21	22	23	24	25	26	27	28	29	30	1	2	3	4	5	6	7	8	9	10	11	12	13	14	15	16	17	18	19		
	藏曆八月					21	22	23	24	25	26	27	28	29	2	3	4	5	6	7	8	9	9	10	11	12	13	14	15	16	17	18	19	20	21	22		
	公曆9月	1	2	3	4	5	6	7	8	9	10	11	12	13	14	15	16	17	18	19	20	21	22	23	24	25	26	27	28	29	30							
22	夏曆八月	23	24	25	26	27	28	29	30	(57)	2	3	4	5	6	7	8	9	10	11	12	13	14	15	16	17	18	19	20	21	22							
	回曆11月	20	21	22	23	24	25	26	27	28	29	1	2	3	4	5	6	7	8	9	10	11	12	13	14	15	16	17	18	19	20							
	藏曆九月	23	25	26	27	28	29	29	30	1	2	3	4	5	6	7	8	9	10	11	12	13	14	15	16	17	18	19	20	21	22							
	公曆10月			1	2	3	4	5	6	7	8	9	10	11	12	13	14	15	16	17	18	19	20	21	22	23	24	25	26	27	28	29	30	31				
23	夏曆九月			23	24	25	26	27	28	29	㉖	2	3	4	5	6	7	8	9	10	11	12	13	14	15	16	17	18	19	20	21	22	23	24				
	回曆12月			21	22	23	24	25	26	27	28	29	30	1	2	3	4	5	6	7	8	9	10	11	12	13	14	15	16	17	18	19	20	21				
	藏曆十月			23	24	25	26	27	29	30	1	2	3	4	4	5	6	7	8	9	10	11	12	13	14	15	16	17	18	19	20	22	23	24				
	公曆11月						1	2	3	4	5	6	7	8	9	10	11	12	13	14	15	16	17	18	19	20	21	22	23	24	25	26	27	28	29	30		
24	夏曆十月						25	26	27	28	29	30	(56)	2	3	4	5	6	7	8	9	10	11	12	13	14	15	16	17	18	19	20	21	22	23	24		
628年	回曆1月						22	23	24	25	26	27	28	29	①	2	3	4	5	6	7	8	9	10	11	12	13	14	15	16	17	18	19	20	21	22		
	藏曆十一月						25	26	27	28	29	30	1	2	3	4	5	6	7	8	8	9	10	11	12	13	14	16	17	18	19	20	21	22	23	24		
	公曆12月	1	2	3	4	5	6	7	8	9	10	11	12	13	14	15	16	17	18	19	20	21	22	23	24	25	26	27	28	29	30	31						
25	夏曆十一月	25	26	27	28	29	㉕	2	3	4	5	6	7	8	9	10	11	12	13	14	15	16	17	18	19	20	21	22	23	24	25	26						
	回曆2月	23	24	25	26	27	28	29	30	1	2	3	4	5	6	7	8	9	10	11	12	13	14	15	16	17	18	19	20	21	22	23						
	藏曆後十一月	25	26	27	28	29	30	1	2	3	4	5	6	7	8	9	10	11	12	13	14	15	16	17	18	19	21	22	23	24	25	26						

大事記

正月，金將完顏彝統回紇、乃蠻、羌、渾所組成的忠孝軍，大破蒙古於大昌原。蒙古定諸路稅額。　閏二月，宋逃卒穆椿入皇城，焚甲杖，被捕。　四月，漳州連城民變。　五月，宋以李全為京東鎮撫，全不受。　六月，宋戒飭諸州革賦稅、刑獄、差役、版籍四弊。蒙古破金京兆。　七月，蒙古窩闊臺自將攻金。蒙古主徙關中戶口墾地河東。　八月，蒙古將史天澤敗金取衛州。　十月，蒙古遣使於金，令納歲幣講和，金拒之。蒙古入陝西。金兵守潼關。　十一月，李全圍宋揚州。蒙古置十路征收課稅使。宋學者蔡沈卒（1167—1230）。　是歲，宋理宗親撰《道統十二贊》。胡三省誕生（1230—1302）。

宋遼金紀年

干支辛卯　公元1231年

朝代或國名	國家支配者	建都	廟號	謚號	建元	年號年次	輔政者	備注
南宋	⑤趙昀	臨安	理宗	安	8	2紹定4年	史彌遠	
大理	⑥段智祥		神宗		3	3仁壽元年		約是年改元
金	⑨完顏守緒	汴京	哀宗		3	1正大8年		
蒙古	③孛兒只斤窩闊臺	和林	太宗	英文		3年		
東夏	蒲鮮萬奴	澄州				天泰17年		
	廖森					重德4年		
古格						418年		西藏阿里

月 干支 序數	星期 月序	日	1	2	3	4	5	6	日	1	2	3	4	5	6	日	1	2	3	4	5	6	日	1	2	3	4	5	6	日	1	2	3	4	5	6	日	1
	公暦1月				1	2	3	4	5	6	7	8	9	10	11	12	13	14	15	16	17	18	19	20	21	22	23	24	25	26	27	28	29	30	31			
26	夏暦十二月				27	28	29	30	(55)	2	3	4	5	6	7	8	9	10	11	12	13	14	15	16	17	18	19	20	21	22	23	24	25	26	27			
	回暦3月				24	25	26	27	28	29	1	2	3	4	5	6	7	8	9	10	11	12	13	14	15	16	17	18	19	20	21	22	23	24	25			
	藏暦十二月				27	28	29	30	30	1	2	3	4	5	6	7	8	9	10	11	12	13	15	16	17	18	19	20	21	22	23	24	25	26	27			
	公暦2月							1	2	3	4	5	6	7	8	9	10	11	12	13	14	15	16	17	18	19	20	21	22	23	24	25	26	27	28			
27	夏暦正月							28	29	30	㉕	2	3	4	5	6	7	8	9	10	11	12	13	14	15	16	17	18	19	20	21	22	23	24	25			
	回暦4月							26	27	28	29	30	1	2	3	4	5	6	7	8	9	10	11	12	13	14	15	16	17	18	19	20	21	22	23			
陰金兔年	藏暦一月							28	29	30	1	2	3	3	4	5	6	7	9	10	11	12	13	14	15	16	17	18	19	20	21	22	23	24	25			
	公暦3月							1	2	3	4	5	6	7	8	9	10	11	12	13	14	15	16	17	18	19	20	21	22	23	24	25	26	27	28	29	30	31
28	夏暦二月							26	27	28	29	30	(55)	2	3	4	5	6	7	8	9	10	11	12	13	14	15	16	17	18	19	20	21	22	23	24	25	26
	回暦5月							24	25	26	27	28	29	1	2	3	4	5	6	7	8	9	10	11	12	13	14	15	16	17	18	19	20	21	22	23	24	25
	藏暦二月							26	27	28	29	30	1	2	3	4	5	6	7	8	9	10	11	12	14	15	16	17	18	19	20	21	22	23	24	25	26	26
	公暦4月			1	2	3	4	5	6	7	8	9	10	11	12	13	14	15	16	17	18	19	20	21	22	23	24	25	26	27	28	29	30					
29	夏暦三月			27	28	29	㉔	2	3	4	5	6	7	8	9	10	11	12	13	14	15	16	17	18	19	20	21	22	23	24	25	26	27					
	回暦6月			26	27	28	29	30	1	2	3	4	5	6	7	8	9	10	11	12	13	14	15	16	17	18	19	20	21	22	23	24	25					
	藏暦三月			27	28	29	30	1	2	3	4	5	7	8	9	10	11	12	13	14	15	16	17	18	19	20	21	22	23	24	25	26	27					
	公暦5月					1	2	3	4	5	6	7	8	9	10	11	12	13	14	15	16	17	18	19	20	21	22	23	24	25	26	27	28	29	30	31		
30	夏暦四月					28	29	30	(54)	2	3	4	5	6	7	8	9	10	11	12	13	14	15	16	17	18	19	20	21	22	23	24	25	26	27	28		
	回暦7月					26	27	28	29	1	2	3	4	5	6	7	8	9	10	11	12	13	14	15	16	17	18	19	20	21	22	23	24	25	26	27		
	藏暦四月					28	29	30	1	2	3	4	5	6	7	8	10	11	12	13	14	15	16	17	18	19	20	21	21	22	23	24	25	26	27	28		
	公暦6月	1	2	3	4	5	6	7	8	9	10	11	12	13	14	15	16	17	18	19	20	21	22	23	24	25	26	27	28	29	30							
31	夏暦五月	29	㉓	2	3	4	5	6	7	8	9	10	11	12	13	14	15	16	17	18	19	20	21	22	23	24	25	26	27	28	29							
	回暦8月	28	29	30	1	2	3	4	5	6	7	8	9	10	11	12	13	14	15	16	17	18	19	20	21	22	23	24	25	26	27							
	藏暦五月	29	30	1	3	4	5	6	7	8	9	10	11	12	13	14	15	16	17	18	19	20	21	22	23	24	25	26	27	28	29							
	公暦7月			1	2	3	4	5	6	7	8	9	10	11	12	13	14	15	16	17	18	19	20	21	22	23	24	25	26	27	28	29	30	31				
32 33	夏暦六/七月			30	(53)	2	3	4	5	6	7	8	9	10	11	12	13	14	15	16	17	18	19	20	21	22	23	24	25	26	27	28	29	㉒				
	回暦9月			28	29	1	2	3	4	5	6	7	8	9	10	11	12	13	14	15	16	17	18	19	20	21	22	23	24	25	26	27	28	29				
	藏暦六/七月			28	1	2	3	4	6	7	8	9	10	11	12	13	14	15	16	17	18	18	19	20	21	22	23	24	25	26	27	29	30	1				
	公暦8月						1	2	3	4	5	6	7	8	9	10	11	12	13	14	15	16	17	18	19	20	21	22	23	24	25	26	27	28	29	30	31	
34	夏暦八月						2	3	4	5	6	7	8	9	10	11	12	13	14	15	16	17	18	19	20	21	22	23	24	25	26	27	28	29	(51)	2	3	
	回暦10、11月						30	1	2	3	4	5	6	7	8	9	10	11	12	13	14	15	16	17	18	19	20	21	22	23	24	25	26	27	28	29	1	
	藏暦八月						2	3	4	5	6	7	8	9	10	11	12	13	14	15	16	17	18	19	20	21	22	23	24	25	26	27	28	29	2	3	4	
	公暦9月		1	2	3	4	5	6	7	8	9	10	11	12	13	14	15	16	17	18	19	20	21	22	23	24	25	26	27	28	29	30						
35	夏暦九月		4	5	6	7	8	9	10	11	12	13	14	15	16	17	18	19	20	21	22	23	24	25	26	27	28	29	30	㉑	2	3						
	回暦12月		2	3	4	5	6	7	8	9	10	11	12	13	14	15	16	17	18	19	20	21	22	23	24	25	26	27	28	29	30	1						
	藏暦九月		4	5	6	7	8	9	10	11	12	13	14	14	16	17	18	19	20	21	22	23	24	25	26	27	28	29	30	1	2	3						
	公暦10月				1	2	3	4	5	6	7	8	9	10	11	12	13	14	15	16	17	18	19	20	21	22	23	24	25	26	27	28	29	30	31			
36	夏暦十月				4	5	6	7	8	9	10	11	12	13	14	15	16	17	18	19	20	21	22	23	24	25	26	27	28	29	㊿	2	3	4	5			
629年	回暦1月				2	3	4	5	6	7	8	9	10	11	12	13	14	15	16	17	18	19	20	21	22	23	24	25	26	27	28	29	①	2	3			
	藏暦十月				4	5	6	7	8	9	10	11	12	13	14	15	16	17	18	19	20	21	22	23	24	25	26	27	29	30	1	2	3	4	5			
	公暦11月							1	2	3	4	5	6	7	8	9	10	11	12	13	14	15	16	17	18	19	20	21	22	23	24	25	26	27	28	29	30	
37	夏暦十一月							6	7	8	9	10	11	12	13	14	15	16	17	18	19	20	21	22	23	24	25	26	27	28	29	30	⑳	2	3	4	5	
	回暦2月							4	5	6	7	8	9	10	11	12	13	14	15	16	17	18	19	20	21	22	23	24	25	26	27	28	29	30	1	2	3	

續表

月干支序數	月序＼星期	日	1	2	3	4	5	6	日	1	2	3	4	5	6	日	1	2	3	4	5	6	日	1	2	3	4	5	6	日	1	2	3	4	5	6	日	1
	藏曆十一月							6	7	8	8	9	10	11	12	13	14	15	16	17	18	19	20	21	23	24	25	26	27	28	29	30	1	2	3	4	5	
	公曆 12 月		1	2	3	4	5	6	7	8	9	10	11	12	13	14	15	16	17	18	19	20	21	22	23	24	25	26	27	28	29	30	31					
38	夏曆十二月		6	7	8	9	10	11	12	13	14	15	16	17	18	19	20	21	22	23	24	25	26	27	28	29	㊾	2	3	4	5	6	7					
	回曆 3 月		4	5	6	7	8	9	10	11	12	13	14	15	16	17	18	19	20	21	22	23	24	25	26	27	28	29	1	2	3	4	5					
	藏曆十二月		6	7	8	9	10	11	11	12	13	14	15	17	18	19	20	21	22	23	24	25	26	27	28	29	30	1	2	3	4	5	6					

大事記

正月，李全敗死。　三月，福建擾攘經年，至是始漸定；衢州民汪徐等攻常山等縣，亦敗散。　四月，蒙古破金鳳翔。金將完顏彝敗蒙古兵於倒回谷。　五月，宋平李全殘部於淮安。　六月，蒙古遣使假道於宋以攻金，中途被金將所殺。七月，宋江西漸定。　八月，蒙古以使臣被殺攻宋興元、沔州，破城砦百四十。蒙古始立中書省以耶律楚材為中書令，并立地方官，分理軍民財賦之制。蒙古以高麗前殺使者，遣兵攻之；高麗王瞮降，蒙古置官監之。　九月，宋臨安大火。蒙古破金河中。　十二月，宋禁州縣科糴及多取斛面。蒙古破宋饒風關，趨金汴京。　是歲，科學家郭守敬誕生(1231—1316)。

宋遼金紀年

干支壬辰　公元 1232 年

朝代或國名	國家支配者	建都	廟號	謚號	建元	年號年次	輔政者	備注
南宋	⑤趙昀	臨安	理宗	安	8	2 紹定 5 年	史彌遠	
大理	⑥段智祥		神宗		3	3 仁壽 2 年		在雲南
金	⑨完顏守緒	汴京	哀宗		3	2 開興元年		正月庚子改
						3 天興元年		四月甲子改元
蒙古	③孛兒只斤窩闊臺	和林	太宗	英文		4 年		
東夏	蒲鮮萬奴	澄州				天泰 18 年		
	廖森					重德 5 年		
	[陳三槍]					1 年		贛、閩、粤邊
古格						419 年		西藏阿里

月曆表

5945—384—2171452

月干支序數	月序＼星期	日	1	2	3	4	5	6	日	1	2	3	4	5	6	日	1	2	3	4	5	6	日	1	2	3	4	5	6	日	1	2	3	4	5	6	日	1
	公曆 1 月					1	2	3	4	5	6	7	8	9	10	11	12	13	14	15	16	17	18	19	20	21	22	23	24	25	26	27	28	29	30	31		
39	夏曆正月					8	9	10	11	12	13	14	15	16	17	18	19	20	21	22	23	24	25	26	27	28	29	30	⑲	2	3	4	5	6	7	8		
	回曆 4 月					6	7	8	9	10	11	12	13	14	15	16	17	18	19	20	21	22	23	24	25	26	27	28	29	30	1	2	3	4	5	6		
陽水龍年	藏曆一月					7	8	9	10	11	12	13	14	15	16	17	18	19	20	22	23	24	25	26	27	28	29	30	1	2	2	3	4	5	6	7		
	公曆 2 月	1	2	3	4	5	6	7	8	9	10	11	12	13	14	15	16	17	18	19	20	21	22	23	24	25	26	27	28	29								
40	夏曆二月	9	10	11	12	13	14	15	16	17	18	19	20	21	22	23	24	25	26	27	28	29	30	㊾	2	3	4	5	6	7								
	回曆 5 月	7	8	9	10	11	12	13	14	15	16	17	18	19	20	21	22	23	24	25	26	27	28	29	1	2	3	4	5	6								
	藏曆二月	8	9	10	11	12	13	14	16	17	18	19	20	21	22	23	24	25	26	27	28	29	30	1	2	3	4	5	6	7								
	公曆 3 月		1	2	3	4	5	6	7	8	9	10	11	12	13	14	15	16	17	18	19	20	21	22	23	24	25	26	27	28	29	30	31					
41	夏曆三月		8	9	10	11	12	13	14	15	16	17	18	19	20	21	22	23	24	25	26	27	28	29	30	⑲	2	3	4	5	6	7	8					

續表

月干支序數	星期／月序	日	1	2	3	4	5	6	日	1	2	3	4	5	6	日	1	2	3	4	5	6	日	1	2	3	4	5	6	日	1	2	3	4	5	6	日	1
	回曆6月		7	8	9	10	11	12	13	14	15	16	17	18	19	20	21	22	23	24	25	26	27	28	29	30	1	2	3	4	5	6	7					
	藏曆三月		8	9	10	11	12	13	14	15	16	17	18	19	21	22	23	24	25	25	26	27	28	29	30	1	2	3	4	5	6	7	8					
	公曆4月					1	2	3	4	5	6	7	8	9	10	11	12	13	14	15	16	17	18	19	20	21	22	23	24	25	26	27	28	29	30			
42	夏曆四月					9	10	11	12	13	14	15	16	17	18	19	20	21	22	23	24	25	26	27	28	29	㊽	2	3	4	5	6	7	8	9			
	回曆7月					8	9	10	11	12	13	14	15	16	17	18	19	20	21	22	23	24	25	26	27	28	29	1	2	3	4	5	6	7	8			
	藏曆四月					9	10	11	12	14	15	16	17	18	19	20	21	22	23	24	25	26	27	28	29	30	30	1	2	3	4	5	7	8	9			
	公曆5月							1	2	3	4	5	6	7	8	9	10	11	12	13	14	15	16	17	18	19	20	21	22	23	24	25	26	27	28	29	30	31
43	夏曆五月							10	11	12	13	14	15	16	17	18	19	20	21	22	23	24	25	26	27	28	29	30	⑱	2	3	4	5	6	7	8	9	10
	回曆8月							9	10	11	12	13	14	15	16	17	18	19	20	21	22	23	24	25	26	27	28	29	30	1	2	3	4	5	6	7	8	9
	藏曆五月							10	11	12	13	14	15	16	17	18	19	20	21	22	23	24	25	26	27	28	29	30	1	2	3	4	5	6	7	8	9	11
	公曆6月			1	2	3	4	5	6	7	8	9	10	11	12	13	14	15	16	17	18	19	20	21	22	23	24	25	26	27	28	29	30					
44	夏曆六月			11	12	13	14	15	16	17	18	19	20	21	22	23	24	25	26	27	28	29	30	㊽	2	3	4	5	6	7	8	9	10					
	回曆9月			10	11	12	13	14	15	16	17	18	19	20	21	22	23	24	25	26	27	28	29	1	2	3	4	5	6	7	8	9	10					
	藏曆六月			12	13	14	15	16	17	18	19	20	21	22	23	24	25	26	26	27	28	29	30	1	3	4	5	6	7	8	9	10	11					
	公曆7月					1	2	3	4	5	6	7	8	9	10	11	12	13	14	15	16	17	18	19	20	21	22	23	24	25	26	27	28	29	30	31		
45	夏曆七月					11	12	13	14	15	16	17	18	19	20	21	22	23	24	25	26	27	28	29	⑰	2	3	4	5	6	7	8	9	10	11	12		
	回曆10月					11	12	13	14	15	16	17	18	19	20	21	22	23	24	25	26	27	28	29	30	1	2	3	4	5	6	7	8	9	10	11		
	藏曆七月					12	13	15	16	16	17	18	19	20	21	22	23	24	25	26	27	28	29	30	1	2	3	4	6	7	8	9	10	11	12	13		
	公曆8月	1	2	3	4	5	6	7	8	9	10	11	12	13	14	15	16	17	18	19	20	21	22	23	24	25	26	27	28	29	30	31						
46	夏曆八月	13	14	15	16	17	18	19	20	21	22	23	24	25	26	27	28	29	㊻	2	3	4	5	6	7	8	9	10	11	12	13	14						
	回曆11月	12	13	14	15	16	17	18	19	20	21	22	23	24	25	26	27	28	29	1	2	3	4	5	6	7	8	9	10	11	12	13						
	藏曆八月	14	15	16	17	18	19	20	21	22	23	23	24	25	26	28	29	30	1	2	3	4	5	6	7	8	10	11	12	12	13	14						
	公曆9月				1	2	3	4	5	6	7	8	9	10	11	12	13	14	15	16	17	18	19	20	21	22	23	24	25	26	27	28	29	30				
47	夏曆九月				15	16	17	18	19	20	21	22	23	24	25	26	27	28	29	⑮	2	3	4	5	6	7	8	9	10	11	12	13	14	15				
	回曆12月				14	15	16	17	18	19	20	21	22	23	24	25	26	27	28	29	30	1	2	3	4	5	6	7	8	9	10	11	12	13				
	藏曆九月				15	16	17	18	19	20	21	22	23	24	25	26	27	28	29	2	3	4	5	6	7	8	9	10	11	12	13	14	15	16				
	公曆10月						1	2	3	4	5	6	7	8	9	10	11	12	13	14	15	16	17	18	19	20	21	22	23	24	25	26	27	28	29	30	31	
	夏曆閏九月						16	17	18	19	20	21	22	23	24	25	26	27	28	29	30	㊺	2	3	4	5	6	7	8	9	10	11	12	13	14	15	16	
630年	回曆1月						14	15	16	17	18	19	20	21	22	23	24	25	26	27	28	29	30	①	2	3	4	5	6	7	8	9	10	11	12	13	14	
	藏曆十月						17	18	18	19	20	21	22	23	24	26	27	28	29	30	30	1	2	3	4	5	6	7	8	9	10	11	12	13	14	15	16	
	公曆11月		1	2	3	4	5	6	7	8	9	10	11	12	13	14	15	16	17	18	19	20	21	22	23	24	25	26	27	28	29	30						
48	夏曆十月		17	18	19	20	21	22	23	24	25	26	27	28	29	⑭	2	3	4	5	6	7	8	9	10	11	12	13	14	15	16	17						
	回曆2月		15	16	17	18	19	20	21	22	23	24	25	26	27	28	29	30	1	2	3	4	5	6	7	8	9	10	11	12	13	14						
	藏曆十一月		17	18	19	20	21	22	23	24	25	26	27	28	30	1	2	3	4	5	6	7	8	9	10	11	11	12	13	14	15	16						
	公曆12月				1	2	3	4	5	6	7	8	9	10	11	12	13	14	15	16	17	18	19	20	21	22	23	24	25	26	27	28	29	30	31			
49	夏曆十一月				18	19	20	21	22	23	24	25	26	27	28	29	30	㊹	2	3	4	5	6	7	8	9	10	11	12	13	14	15	16	17	18			
	回曆3月				15	16	17	18	19	20	21	22	23	24	25	26	27	28	29	1	2	3	4	5	6	7	8	9	10	11	12	13	14	15	16			
	藏曆十二月				17	18	19	20	21	22	24	25	26	27	28	29	30	1	2	3	4	5	6	7	8	9	10	11	12	13	14	15	16	17	18			

《五行誌》金閏八月，不合。

大事記

正月，宋以忠順軍帥孟珙屯棗陽，珙開渠，溉田萬頃。蒙古大破金兵於鈞州黄榆店，金大將死亡殆盡。　　二月，金潼關降於蒙古。金徵募京師民軍二十萬，分隸諸帥，每人每月給粟一石五斗。　　三月，蒙古攻金汴京，不克，許和而退。金改元天興。　四月，高麗殺蒙古所置官吏。　六月，金徐州軍亂。　七月，蒙古使至金，被殺，至此，和議遂絕。　閏九月，金括汴京粟，百姓相繼死亡，人相食。　十月，金泗州軍亂。　十二月，蒙古遣使於宋約夾攻金；宋遣報聘。金帝東走，蒙古復圍汴京。　是歲，金文學家趙秉文卒(1159—1232)。

宋遼金紀年

干支癸巳　公元1233年

朝代或國名	國家支配者	建都	廟號	謚號	建元	年號年次	輔政者	備注
南宋	⑤趙昀	臨安	理宗	安	8	2紹定6年	史彌遠 鄭清之	
大理	⑥段智祥		神宗		3	3仁壽3年		在雲南
金	⑨完顏守緒	汴京	哀宗		3	3天興2年		
蒙古	③孛兒只斤窩闊臺	和林	太宗	英文		5年		
東夏	蒲鮮萬奴	澄州				天泰19年		九月亡於蒙古
	廖森					重德6年		
	[陳三槍]					2年		贛閩粤邊
古格						420年		西藏阿里

月曆表

5946—354—2171806

月干支序數	月序＼星期	日	1	2	3	4	5	6	日	1	2	3	4	5	6	日	1	2	3	4	5	6	日	1	2	3	4	5	6	日	1	2	3	4	5	6	日	1
	公曆1月							1	2	3	4	5	6	7	8	9	10	11	12	13	14	15	16	17	18	19	20	21	22	23	24	25	26	27	28	29	30	31
50	夏曆十二月							19	20	21	22	23	24	25	26	27	28	29	⑬	2	3	4	5	6	7	8	9	10	11	12	13	14	15	16	17	18	19	20
	回曆4月							17	18	19	20	21	22	23	24	25	26	27	28	29	30	1	2	3	4	5	6	7	8	9	10	11	12	13	14	15	16	17
陰水蛇年	藏曆一月							19	20	21	22	23	24	25	26	27	28	30	30	1	1	2	3	4	5	6	7	8	9	10	11	12	13	14	15	16	17	18
	公曆2月			1	2	3	4	5	6	7	8	9	10	11	12	13	14	15	16	17	18	19	20	21	22	23	24	25	26	27	28							
51	夏曆正月			21	22	23	24	25	26	27	28	29	30	㊸	2	3	4	5	6	7	8	9	10	11	12	13	14	15	16	17	18							
	回曆5月			18	19	20	21	22	23	24	25	26	27	28	29	1	2	3	4	5	6	7	8	9	10	11	12	13	14	15	16							
	藏曆二月			19	20	21	23	24	25	26	27	28	29	1	2	3	4	5	6	6	7	8	9	10	11	12	13	14	15	17	18							
	公曆3月			1	2	3	4	5	6	7	8	9	10	11	12	13	14	15	16	17	18	19	20	21	22	23	24	25	26	27	28	29	30	31				
52	夏曆二月			19	20	21	22	23	24	25	26	27	28	29	30	⑬	2	3	4	5	6	7	8	9	10	11	12	13	14	15	16	17	18	19				
	回曆6月			17	18	19	20	21	22	23	24	25	26	27	28	29	30	1	2	3	4	5	6	7	8	9	10	11	12	13	14	15	16	17				
	藏曆三月			19	20	21	22	23	24	25	26	27	28	29	30	1	2	3	4	5	6	7	8	9	10	11	12	13	14	15	16	17	18	19				
	公曆4月						1	2	3	4	5	6	7	8	9	10	11	12	13	14	15	16	17	18	19	20	21	22	23	24	25	26	27	28	29	30		
53	夏曆三月						20	21	22	23	24	25	26	27	28	29	㊷	2	3	4	5	6	7	8	9	10	11	12	13	14	15	16	17	18	19	20		
	回曆7月						18	19	20	21	22	23	24	25	26	27	28	29	1	2	3	4	5	6	7	8	9	10	11	12	13	14	15	16	17	18		
	藏曆四月						21	22	23	24	25	26	27	28	29	29	30	1	2	3	4	5	6	7	8	9	10	11	12	13	15	16	17	18	19	20		
	公曆5月	1	2	3	4	5	6	7	8	9	10	11	12	13	14	15	16	17	18	19	20	21	22	23	24	25	26	27	28	29	30	31						
54	夏曆四月	21	22	23	24	25	26	27	28	29	30	⑫	2	3	4	5	6	7	8	9	10	11	12	13	14	15	16	17	18	19	20	21						
	回曆8月	19	20	21	22	23	24	25	26	27	28	29	30	1	2	3	4	5	6	7	8	9	10	11	12	13	14	15	16	17	18	19						
	藏曆五月	21	22	23	24	25	26	27	28	29	30	1	2	3	4	5	6	7	8	9	10	11	12	13	14	15	16	18	19	20	21	22						
	公曆6月				1	2	3	4	5	6	7	8	9	10	11	12	13	14	15	16	17	18	19	20	21	22	23	24	25	26	27	28	29	30				
55	夏曆五月				22	23	24	25	26	27	28	29	30	㊷	2	3	4	5	6	7	8	9	10	11	12	13	14	15	16	17	18	19	20	21				
	回曆9月				20	21	22	23	24	25	26	27	28	29	1	2	3	4	5	6	7	8	9	10	11	12	13	14	15	16	17	18	19	20				
	藏曆六月				23	24	25	25	26	27	28	29	30	1	2	3	4	5	6	7	8	9	11	12	13	14	15	16	17	18	19	20	21	22				
	公曆7月						1	2	3	4	5	6	7	8	9	10	11	12	13	14	15	16	17	18	19	20	21	22	23	24	25	26	27	28	29	30	31	
56	夏曆六月						22	23	24	25	26	27	28	29	⑪	2	3	4	5	6	7	8	9	10	11	12	13	14	15	16	17	18	19	20	21	22	23	

續表

月干支序數	月序＼星期	日	1	2	3	4	5	6	日	1	2	3	4	5	6	日	1	2	3	4	5	6	日	1	2	3	4	5	6	日	1	2	3	4	5	6	日	1
	回暦 10 月						21	22	23	24	25	26	27	28	29	30	1	2	3	4	5	6	7	8	9	10	11	12	13	14	15	16	17	18	19	20	21	
	藏暦七月						23	24	25	26	27	28	29	30	1	2	3	4	5	6	7	8	9	10	11	13	14	15	16	17	18	19	20	21	22	22	23	
	公暦 8 月		1	2	3	4	5	6	7	8	9	10	11	12	13	14	15	16	17	18	19	20	21	22	23	24	25	26	27	28	29	30	31					
57	夏暦七月		24	25	26	27	28	29	㊵	2	3	4	5	6	7	8	9	10	11	12	13	14	15	16	17	18	19	20	21	22	23	24	25					
	回暦 11 月		22	23	24	25	26	27	28	29	1	2	3	4	5	6	7	8	9	10	11	12	13	14	15	16	17	18	19	20	21	22	23					
	藏暦後七月		24	25	26	27	28	29	30	1	2	3	4	6	7	8	9	10	11	12	13	14	15	16	17	18	19	20	21	22	23	24	25					
	公暦 9 月					1	2	3	4	5	6	7	8	9	10	11	12	13	14	15	16	17	18	19	20	21	22	23	24	25	26	27	28	29	30			
58	夏暦八月					26	27	28	29	30	⑩	2	3	4	5	6	7	8	9	10	11	12	13	14	15	16	17	18	19	20	21	22	23	24	25			
	回暦 12 月					24	25	26	27	28	29	30	1	2	3	4	5	6	7	8	9	10	11	12	13	14	15	16	17	18	19	20	21	22	23			
	藏暦八月					26	27	28	29	30	1	2	3	4	5	6	7	9	10	11	12	13	14	15	16	17	17	18	19	20	21	22	23	24	25			
	公暦 10 月							1	2	3	4	5	6	7	8	9	10	11	12	13	14	15	16	17	18	19	20	21	22	23	24	25	26	27	28	29	30	31
59	夏暦九月							26	27	28	29	㊴	2	3	4	5	6	7	8	9	10	11	12	13	14	15	16	17	18	19	20	21	22	23	24	25	26	27
631 年	回暦 1 月							24	25	26	27	28	29	①	2	3	4	5	6	7	8	9	10	11	12	13	14	15	16	17	18	19	20	21	22	23	24	25
	藏暦九月							26	27	28	29	30	1	3	4	5	6	7	8	9	10	11	12	13	14	15	16	17	18	19	20	21	22	23	23	25	26	27
	公暦 11 月			1	2	3	4	5	6	7	8	9	10	11	12	13	14	15	16	17	18	19	20	21	22	23	24	25	26	27	28	29	30					
60	夏暦十月			28	29	30	⑨	2	3	4	5	6	7	8	9	10	11	12	13	14	15	16	17	18	19	20	21	22	23	24	25	26	27					
	回暦 2 月			26	27	28	29	30	1	2	3	4	5	6	7	8	9	10	11	12	13	14	15	16	17	18	19	20	21	22	23	24	25					
	藏暦十月			28	29	30	1	2	3	4	5	6	8	9	10	10	11	12	13	14	15	16	17	18	19	20	21	22	23	24	25	26	27					
	公暦 12 月					1	2	3	4	5	6	7	8	9	10	11	12	13	14	15	16	17	18	19	20	21	22	23	24	25	26	27	28	29	30	31		
1	夏暦十一月					28	29	㊳	2	3	4	5	6	7	8	9	10	11	12	13	14	15	16	17	18	19	20	21	22	23	24	25	26	27	28	29		
	回暦 3 月					26	27	28	29	1	2	3	4	5	6	7	8	9	10	11	12	13	14	15	16	17	18	19	20	21	22	23	24	25	26	27		
	藏暦十一月					28	29	1	2	3	4	5	6	7	8	9	10	11	12	13	14	14	15	16	17	18	19	20	21	22	23	25	26	27	28	29		

《金紀》九月癸卯，誤。

大事記

正月，金帝奔歸德，其大臣崔立擁梁王完顔從恪監國，以汴京降於蒙古。　二月，蒙古攻蒲鮮萬奴於遼東。　四月，蒙古俘金後妃宗室，送之和林。金攻宋光化，孟珙敗之。　五月，金襲敗蒙古於亳州。　六月，蒙古破金洛陽。金帝如蔡州。蒙古以孔元楷襲封衍聖公。　七月，宋孟珙大破金於馬蹬山。　八月，蒙古遣使如宋，約攻蔡州。　九月，蒙古擒蒲鮮萬奴。金遣使乞糧并乞和於宋，被拒。　十月，蒙古及宋會師圍蔡州。宋史彌遠卒（1164—1233）。後，理宗親主國政。　是歲，蒙古修孔子廟。南宋發行紙幣三億二千多萬緡。宋陳三槍等義軍勢力波及江西及廣東各路。

宋遼金紀年　　干支甲午　公元 1234 年

朝代或國名	國家支配者	建都	廟號	謚號	建元	年號年次	輔政者	備注
南宋	⑤趙昀	臨安	理宗	安	8	3 端平元年	鄭清之	
大理	⑥段智祥		神宗		3	3 仁壽 4 年		在雲南
金	⑩完顔承麟	蔡州（汝南）		末帝		3 天興 3 年		一作盛昌元年正月亡於蒙古
蒙古	③孛兒只斤窩闊臺		太宗	英文		6 年		
	［陳三槍］					3 年		是年敗亡
古格						421 年		西藏阿里

月干支序數	月序＼星期	日	1	2	3	4	5	6	日	1	2	3	4	5	6	日	1	2	3	4	5	6	日	1	2	3	4	5	6	日	1	2	3	4	5	6	日	1
	公曆1月	1	2	3	4	5	6	7	8	9	10	11	12	13	14	15	16	17	18	19	20	21	22	23	24	25	26	27	28	29	30	31						
、2 3	夏曆十二/正月	30	⑧	2	3	4	5	6	7	8	9	10	11	12	13	14	15	16	17	18	19	20	21	22	23	24	25	26	27	28	29	㊲						
	回曆4月	28	29	30	1	2	3	4	5	6	7	8	9	10	11	12	13	14	15	16	17	18	19	20	21	22	23	24	25	26	27	28						
陽木馬年	藏曆十二/一月	30	1	2	3	4	5	6	7	8	9	10	11	12	13	14	15	16	17	18	19	20	21	22	23	24	25	26	27	28	29	1						
	公曆2月				1	2	3	4	5	6	7	8	9	10	11	12	13	14	15	16	17	18	19	20	21	22	23	24	25	26	27	28						
	夏曆正月				2	3	4	5	6	7	8	9	10	11	12	13	14	15	16	17	18	19	20	21	22	23	24	25	26	27	28	29						
	回曆5月				29	1	2	3	4	5	6	7	8	9	10	11	12	13	14	15	16	17	18	19	20	21	22	23	24	25	26	27						
	藏曆一月				2	3	4	5	5	6	7	8	9	10	11	12	13	14	15	16	17	18	19	20	21	22	24	25	26	27	28	29						
	公曆3月				1	2	3	4	5	6	7	8	9	10	11	12	13	14	15	16	17	18	19	20	21	22	23	24	25	26	27	28	29	30	31			
4 5	夏曆二/三月				30	⑦	2	3	4	5	6	7	8	9	10	11	12	13	14	15	16	17	18	19	20	21	22	23	24	25	26	27	28	29	㊱			
	回曆6月				28	29	30	1	2	3	4	5	6	7	8	9	10	11	12	13	14	15	16	17	18	19	20	21	22	23	24	25	26	27	28			
	藏曆二月				30	1	2	3	4	5	6	7	8	9	10	11	12	13	14	15	16	16	18	19	20	21	22	23	24	25	26	27	28	29	30			
	公曆4月							1	2	3	4	5	6	7	8	9	10	11	12	13	14	15	16	17	18	19	20	21	22	23	24	25	26	27	28	29	30	
6	夏曆四月							2	3	4	5	6	7	8	9	10	11	12	13	14	15	16	17	18	19	20	21	22	23	24	25	26	27	28	29	30	⑥	
	回曆7月							29	1	2	3	4	5	6	7	8	9	10	11	12	13	14	15	16	17	18	19	20	21	22	23	24	25	26	27	28	29	
	藏曆三/四月							1	2	3	4	5	6	7	8	9	10	11	12	13	14	15	16	17	18	19	20	22	23	24	25	26	27	28	29	30	1	
	公曆5月		1	2	3	4	5	6	7	8	9	10	11	12	13	14	15	16	17	18	19	20	21	22	23	24	25	26	27	28	29	30	31					
7	夏曆五月		2	3	4	5	6	7	8	9	10	11	12	13	14	15	16	17	18	19	20	21	22	23	24	25	26	27	28	29	30	㊱	2					
	回曆8、9月		30	1	2	3	4	5	6	7	8	9	10	11	12	13	14	15	16	17	18	19	20	21	22	23	24	25	26	27	28	29	1					
	藏曆五月		2	3	3	4	5	6	7	8	9	10	11	12	13	15	16	17	18	19	20	21	22	23	24	25	26	27	28	29	30	1	2					
	公曆6月					1	2	3	4	5	6	7	8	9	10	11	12	13	14	15	16	17	18	19	20	21	22	23	24	25	26	27	28	29	30			
8	夏曆六月					3	4	5	6	7	8	9	10	11	12	13	14	15	16	17	18	19	20	21	22	23	24	25	26	27	28	29	⑤	2	3			
	回曆10月					2	3	4	5	6	7	8	9	10	11	12	13	14	15	16	17	18	19	20	21	22	23	24	25	26	27	28	29	30	1			
	藏曆六月					3	4	5	6	7	8	9	10	11	12	13	14	15	16	18	19	20	21	22	23	24	25	26	27	28	29	30	30	1	2			
	公曆7月							1	2	3	4	5	6	7	8	9	10	11	12	13	14	15	16	17	18	19	20	21	22	23	24	25	26	27	28	29	30	31
9	夏曆七月							4	5	6	7	8	9	10	11	12	13	14	15	16	17	18	19	20	21	22	23	24	25	26	27	28	29	30	㉟	2	3	4
	回曆11月							2	3	4	5	6	7	8	9	10	11	12	13	14	15	16	17	18	19	20	21	22	23	24	25	26	27	28	29	1	2	3
	藏曆七月							3	4	5	6	7	8	10	11	12	13	14	15	16	17	18	19	20	21	22	23	24	25	26	27	28	29	30	1	2	3	4
	公曆8月			1	2	3	4	5	6	7	8	9	10	11	12	13	14	15	16	17	18	19	20	21	22	23	24	25	26	27	28	29	30	31				
10	夏曆八月			5	6	7	8	9	10	11	12	13	14	15	16	17	18	19	20	21	22	23	24	25	26	27	28	29	④	2	3	4	5	6				
	回曆12月			4	5	6	7	8	9	10	11	12	13	14	15	16	17	18	19	20	21	22	23	24	25	26	27	28	29	30	1	2	3	4				
	藏曆八月			5	6	7	8	9	10	11	13	14	15	16	17	18	19	20	21	22	23	24	25	26	26	27	28	29	30	1	2	3	4	6				
	公曆9月						1	2	3	4	5	6	7	8	9	10	11	12	13	14	15	16	17	18	19	20	21	22	23	24	25	26	27	28	29	30		
11	夏曆九月						7	8	9	10	11	12	13	14	15	16	17	18	19	20	21	22	23	24	25	26	27	28	29	30	㉞	2	3	4	5	6		
632年	回曆1月						5	6	7	8	9	10	11	12	13	14	15	16	17	18	19	20	21	22	23	24	25	26	27	28	29	①	2	3	4	5		
	藏曆九月						7	8	9	10	11	12	13	14	15	16	17	18	19	20	21	22	23	24	25	26	27	28	29	30	1	2	3	4	5	6		
	公曆10月	1	2	3	4	5	6	7	8	9	10	11	12	13	14	15	16	17	18	19	20	21	22	23	24	25	26	27	28	29	30	31						
12	夏曆十月	7	8	9	10	11	12	13	14	15	16	17	18	19	20	21	22	23	24	25	26	27	28	29	③	2	3	4	5	6	7	8						
	回曆2月	6	7	8	9	10	11	12	13	14	15	16	17	18	19	20	21	22	23	24	25	26	27	28	29	30	1	2	3	4	5	6						
	藏曆十月	7	8	10	11	12	13	14	15	16	17	18	19	20	21	21	22	23	24	25	26	27	28	29	30	1	3	4	5	6	7	8						
	公曆11月				1	2	3	4	5	6	7	8	9	10	11	12	13	14	15	16	17	18	19	20	21	22	23	24	25	26	27	28	29	30				

續表

月干支序數	月序＼星期	日	1	2	3	4	5	6	日	1	2	3	4	5	6	日	1	2	3	4	5	6	日	1	2	3	4	5	6	日	1	2	3	4	5	6	日	1
13	夏曆十一月				9	10	11	12	13	14	15	16	17	18	19	20	21	22	23	24	25	26	27	28	29	30	㉝	2	3	4	5	6	7	8				
	回曆3月				7	8	9	10	11	12	13	14	15	16	17	18	19	20	21	22	23	24	25	26	27	28	29	1	2	3	4	5	6	7				
	藏曆十一月				9	10	11	12	13	14	15	16	17	18	19	20	21	22	23	24	25	26	27	28	29	30	1	2	3	4	5	6	8	9				
	公曆12月						1	2	3	4	5	6	7	8	9	10	11	12	13	14	15	16	17	18	19	20	21	22	23	24	25	26	27	28	29	30	31	
14	夏曆十二月						9	10	11	12	13	14	15	16	17	18	19	20	21	22	23	24	25	26	27	28	29	②	2	3	4	5	6	7	8	9	10	
	回曆4月						8	9	10	11	12	13	14	15	16	17	18	19	20	21	22	23	24	25	26	27	28	29	30	1	2	3	4	5	6	7	8	
	藏曆十二月						10	11	12	13	13	14	15	16	17	18	19	20	21	22	23	24	25	26	27	28	29	2	3	4	5	6	7	8	9	10	11	

大事記

正月，金帝傳位東面元帥完顏承麟，尋自縊死。蔡州城破，承麟戰死，金亡。　三月，宋以賈似道為籍田令。　五月，宋建陽民起事，越四月敗。　六月，宋禁毀銅錢作器用并下海貿易。宋謀收復河南三京（開封、洛陽、商丘）地，出師赴汴，汴人殺崔立降。　七月，蒙古定全國地稅。宋兵入洛陽。　八月，蒙古兵至洛陽，宋兵退，入洛陽之兵亦退。蒙古毀盟，決河淹宋兵。宋詔賑濟河南新復郡縣貧民。　十月，宋真德秀進《大學衍義》。　十二月，蒙古遣使責宋圖復中原。

是歲，蒙古立征收課稅所，并頒酒麴、醋貨條禁。宋贛州民張魔王、陳三槍起義失敗。

宋遼金紀年

干支乙未　公元1235年

朝代或國名	國家支配者	建都	廟號	謚號	建元	年號年次	輔政者	備注
南宋	⑤趙昀	臨安	理宗	安	8	3端平2年	鄭清之　喬行簡	
大理	⑥段智祥		神宗		3	3仁壽5年		在雲南
蒙古	③孛兒只斤窩闊臺	和林	太宗	英文		7年		
古格						422年		西藏阿里

月曆表

5948－384－2172545

月干支序數	月序＼星期	日	1	2	3	4	5	6	日	1	2	3	4	5	6	日	1	2	3	4	5	6	日	1	2	3	4	5	6	日	1	2	3	4	5	6	日	1
	公曆1月		1	2	3	4	5	6	7	8	9	10	11	12	13	14	15	16	17	18	19	20	21	22	23	24	25	26	27	28	29	30	31					
15	夏曆正月		11	12	13	14	15	16	17	18	19	20	21	22	23	24	25	26	27	28	29	30	㉜	2	3	4	5	6	7	8	9	10	11					
	回曆5月		9	10	11	12	13	14	15	16	17	18	19	20	21	22	23	24	25	26	27	28	29	1	2	3	4	5	6	7	8	9	10					
陰木羊年	藏曆一月		12	13	14	15	16	16	17	18	19	20	21	22	23	24	25	27	28	29	30	30	1	2	3	4	5	6	7	8	9	10	11					
	公曆2月					1	2	3	4	5	6	7	8	9	10	11	12	13	14	15	16	17	18	19	20	21	22	23	24	25	26	27	28					
16	夏曆二月					12	13	14	15	16	17	18	19	20	21	22	23	24	25	26	27	28	29	①	2	3	4	5	6	7	8	9	10					
	回曆6月					11	12	13	14	15	16	17	18	19	20	21	22	23	24	25	26	27	28	29	30	1	2	3	4	5	6	7	8					
	藏曆二月					12	13	14	15	16	17	18	19	20	21	22	23	24	25	26	27	28	29	1	2	3	4	5	6	7	8	8	9					
	公曆3月					1	2	3	4	5	6	7	8	9	10	11	12	13	14	15	16	17	18	19	20	21	22	23	24	25	26	27	28	29	30	31		
17	夏曆三月					11	12	13	14	15	16	17	18	19	20	21	22	23	24	25	26	27	28	29	30	㉛	2	3	4	5	6	7	8	9	10	11		
	回曆7月					9	10	11	12	13	14	15	16	17	18	19	20	21	22	23	24	25	26	27	28	29	1	2	3	4	5	6	7	8	9	10		
	藏曆三月					10	11	12	13	14	15	16	17	18	19	20	21	22	23	25	26	27	28	29	30	1	2	3	4	5	6	7	8	9	10	11		
	公曆4月	1	2	3	4	5	6	7	8	9	10	11	12	13	14	15	16	17	18	19	20	21	22	23	24	25	26	27	28	29	30							
18	夏曆四月	12	13	14	15	16	17	18	19	20	21	22	23	24	25	26	27	28	29	㊿	2	3	4	5	6	7	8	9	10	11	12							
	回曆8月	11	12	13	14	15	16	17	18	19	20	21	22	23	24	25	26	27	28	29	30	1	2	3	4	5	6	7	8	9	10							

續表

月干支序數	星期 月序	日	1	2	3	4	5	6	日	1	2	3	4	5	6	日	1	2	3	4	5	6	日	1	2	3	4	5	6	日	1	2	3	4	5	6	日	1
	藏曆四月	12	13	14	15	16	17	18	19	20	21	22	23	24	25	26	27	28	30	1	2	2	3	4	5	6	7	8	9	10	11							
	公曆5月			1	2	3	4	5	6	7	8	9	10	11	12	13	14	15	16	17	18	19	20	21	22	23	24	25	26	27	28	29	30	31				
19	夏曆五月			13	14	15	16	17	18	19	20	21	22	23	24	25	26	27	28	29	30	㉚	2	3	4	5	6	7	8	9	10	11	12	13				
	回曆9月			11	12	13	14	15	16	17	18	19	20	21	22	23	24	25	26	27	28	29	1	2	3	4	5	6	7	8	9	10	11	12				
	藏曆五月			12	13	14	15	16	17	18	19	20	22	23	24	25	26	27	28	29	30	1	2	3	4	5	6	7	8	8	9	10	11	12				
	公曆6月						1	2	3	4	5	6	7	8	9	10	11	12	13	14	15	16	17	18	19	20	21	22	23	24	25	26	27	28	29	30		
20	夏曆六月						14	15	16	17	18	19	20	21	22	23	24	25	26	27	28	29	(59)	2	3	4	5	6	7	8	9	10	11	12	13	14		
	回曆10月						13	14	15	16	17	18	19	20	21	22	23	24	25	26	27	28	29	30	1	2	3	4	5	6	7	8	9	10	11	12		
	藏曆六月						14	15	16	17	18	19	20	21	22	23	24	26	27	28	28	29	30	1	2	3	4	5	6	7	8	9	10	11	12	13		
	公曆7月	1	2	3	4	5	6	7	8	9	10	11	12	13	14	15	16	17	18	19	20	21	22	23	24	25	26	27	28	29	30	31						
21	夏曆七月	15	16	17	18	19	20	21	22	23	24	25	26	27	28	29	30	㉙	2	3	4	5	6	7	8	9	10	11	12	13	14	15						
	回曆11月	13	14	15	16	17	18	19	20	21	22	23	24	25	26	27	28	29	1	2	3	4	5	6	7	8	9	10	11	12	13	14						
	藏曆七月	14	15	16	18	19	20	21	22	23	24	25	26	27	28	29	30	1	2	3	4	5	5	6	7	9	10	11	12	13	14	15						
	公曆8月				1	2	3	4	5	6	7	8	9	10	11	12	13	14	15	16	17	18	19	20	21	22	23	24	25	26	27	28	29	30	31			
	夏曆閏七月				16	17	18	19	20	21	22	23	24	25	26	27	28	29	30	(59)	2	3	4	5	6	7	8	9	10	11	12	13	14	15	16			
	回曆12月				15	16	17	18	19	20	21	22	23	24	25	26	27	28	29	30	1	2	3	4	5	6	7	8	9	10	11	12	13	14	15			
	藏曆八月				16	17	18	19	21	22	23	24	25	25	26	27	28	29	30	1	2	3	4	5	6	7	8	9	10	11	13	14	15	16	17			
	公曆9月							1	2	3	4	5	6	7	8	9	10	11	12	13	14	15	16	17	18	19	20	21	22	23	24	25	26	27	28	29	30	
22	夏曆八月							17	18	19	20	21	22	23	24	25	26	27	28	29	㉘	2	3	4	5	6	7	8	9	10	11	12	13	14	15	16	17	
633年	回曆1月							16	17	18	19	20	21	22	23	24	25	26	27	28	29	30	①	2	3	4	5	6	7	8	9	10	11	12	13	14	15	
	藏曆九月							18	19	20	21	22	23	24	25	26	27	28	29	30	30	1	1	2	3	4	6	7	8	9	10	11	12	13	14	15	16	
	公曆10月		1	2	3	4	5	6	7	8	9	10	11	12	13	14	15	16	17	18	19	20	21	22	23	24	25	26	27	28	29	30	31					
23	夏曆九月		18	19	20	21	22	23	24	25	26	27	28	29	30	(58)	2	3	4	5	6	7	8	9	10	11	12	13	14	15	16	17	18					
	回曆2月		16	17	18	19	20	21	22	23	24	25	26	27	28	29	30	1	2	3	4	5	6	7	8	9	10	11	12	13	14	15	16					
	藏曆十月		18	19	19	20	21	22	23	24	25	26	27	28	29	1	2	3	4	5	6	7	8	10	11	12	13	14	15	16	17	18	19					
	公曆11月					1	2	3	4	5	6	7	8	9	10	11	12	13	14	15	16	17	18	19	20	21	22	23	24	25	26	27	28	29	30			
24	夏曆十月					19	20	21	22	23	24	25	26	27	28	29	㉗	2	3	4	5	6	7	8	9	10	11	12	13	14	15	16	17	18	19			
	回曆3月					17	18	19	20	21	22	23	24	25	26	27	28	29	1	2	3	4	5	6	7	8	9	10	11	12	13	14	15	16	17			
	藏曆十一月					20	21	22	23	24	24	25	26	27	28	29	30	1	2	4	5	6	7	8	9	10	11	12	13	14	15	16	17	18	19			
	公曆12月							1	2	3	4	5	6	7	8	9	10	11	12	13	14	15	16	17	18	19	20	21	22	23	24	25	26	27	28	29	30	31
25	夏曆十一月							20	21	22	23	24	25	26	27	28	29	30	(57)	2	3	4	5	6	7	8	9	10	11	12	13	14	15	16	17	18	19	20
	回曆4月							18	19	20	21	22	23	24	25	26	27	28	29	30	1	2	3	4	5	6	7	8	9	10	11	12	13	14	15	16	17	18
	藏曆十二月							20	21	22	23	24	25	26	27	28	29	30	1	2	3	4	5	6	7	9	10	11	12	13	14	15	16	16	17	18	19	20

大事記

正月，宋遣使通好蒙古。宋詔孟珙屯黄州。　二月，蒙古建都和林。　三月，宋以交子貶值，物價日高，以度牒、敕告等準價收買。　五月，宋真德秀卒(1178—1235)。　六月，蒙古兵分三路攻宋，并征西域(第二次西征—1241年)，征高麗。　七月，蒙古侵宋唐州。　八月，宋惠陽、建陽、京口等處軍亂，旋定。　十月，蒙古破宋棗陽，掠郢州，擄人民、牛、馬數萬而回。　十一月，安南貢於宋。　十二月，蒙古破沔州，前鋒敗於大安。　是歲，蒙古籍燕京等三十六路民戶873781。宋詞人、音樂家姜夔卒(約1155—1235)。

宋遼金紀年

干支丙申　公元1236年

朝代或國名	國家支配者	建都	廟號	謚號	建元	年號年次	輔政者	備注
南宋	⑤趙昀	臨安	理宗	安	8	3端平3年	鄭清之　喬行簡 崔與之	
蒙古	③孛兒只斤窩闊臺	和林	太宗	英文		8年		
大理	⑥段智祥		神宗		3	3仁壽6年		在雲南
古格						423年		西藏阿里

月曆表

5949—354—2172899

月干支序數	月序＼星期	日	1	2	3	4	5	6	日	1	2	3	4	5	6	日	1	2	3	4	5	6	日	1	2	3	4	5	6	日	1	2	3	4	5	6	日	1
	公曆1月			1	2	3	4	5	6	7	8	9	10	11	12	13	14	15	16	17	18	19	20	21	22	23	24	25	26	27	28	29	30	31				
26	夏曆十二月			21	22	23	24	25	26	27	28	29	㉖	2	3	4	5	6	7	8	9	10	11	12	13	14	15	16	17	18	19	20	21	22				
	回曆5月			19	20	21	22	23	24	25	26	27	28	29	1	2	3	4	5	6	7	8	9	10	11	12	13	14	15	16	17	18	19	20				
陽火猴年	藏曆一月			21	22	23	24	25	26	27	28	29	30	1	3	4	5	6	7	8	9	10	11	12	13	14	15	16	17	18	19	19	20	21				
	公曆2月						1	2	3	4	5	6	7	8	9	10	11	12	13	14	15	16	17	18	19	20	21	22	23	24	25	26	27	28	29			
27	夏曆正月						23	24	25	26	27	28	29	30	(56)	2	3	4	5	6	7	8	9	10	11	12	13	14	15	16	17	18	19	20	21			
	回曆6月						21	22	23	24	25	26	27	28	29	30	1	2	3	4	5	6	7	8	9	10	11	12	13	14	15	16	17	18	19			
	藏曆二月						22	23	24	25	26	28	29	30	1	2	3	4	5	6	7	8	9	10	11	12	13	14	15	16	17	18	19	20	21			
	公曆3月							1	2	3	4	5	6	7	8	9	10	11	12	13	14	15	16	17	18	19	20	21	22	23	24	25	26	27	28	29	30	31
28	夏曆二月							22	23	24	25	26	27	28	29	㉕	2	3	4	5	6	7	8	9	10	11	12	13	14	15	16	17	18	19	20	21	22	23
	回曆7月							20	21	22	23	24	25	26	27	28	29	1	2	3	4	5	6	7	8	9	10	11	12	13	14	15	16	17	18	19	20	21
	藏曆三月							22	23	24	25	26	27	28	29	2	3	4	5	6	7	8	9	10	11	12	12	13	14	15	16	17	18	19	20	21	22	23
	公曆4月			1	2	3	4	5	6	7	8	9	10	11	12	13	14	15	16	17	18	19	20	21	22	23	24	25	26	27	28	29	30					
29	夏曆三月			24	25	26	27	28	29	30	(55)	2	3	4	5	6	7	8	9	10	11	12	13	14	15	16	17	18	19	20	21	22	23					
	回曆8月			22	23	24	25	26	27	28	29	30	1	2	3	4	5	6	7	8	9	10	11	12	13	14	15	16	17	18	19	20	21					
	藏曆後三月			24	26	27	28	29	30	30	1	2	3	4	5	6	7	8	9	10	11	12	13	14	15	16	17	18	19	20	21	22	23					
	公曆5月					1	2	3	4	5	6	7	8	9	10	11	12	13	14	15	16	17	18	19	20	21	22	23	24	25	26	27	28	29	30	31		
30	夏曆四月					24	25	26	27	28	29	㉔	2	3	4	5	6	7	8	9	10	11	12	13	14	15	16	17	18	19	20	21	22	23	24	25		
	回曆9月					22	23	24	25	26	27	28	29	1	2	3	4	5	6	7	8	9	10	11	12	13	14	15	16	17	18	19	20	21	22	23		
	藏曆四月					24	25	26	27	29	30	1	2	3	4	5	6	7	7	8	9	10	11	12	13	14	15	16	17	18	19	20	22	23	24	25		
	公曆6月	1	2	3	4	5	6	7	8	9	10	11	12	13	14	15	16	17	18	19	20	21	22	23	24	25	26	27	28	29	30							
31	夏曆五月	26	27	28	29	(53)	2	3	4	5	6	7	8	9	10	11	12	13	14	15	16	17	18	19	20	21	22	23	24	25	26							
	回曆10月	24	25	26	27	28	29	30	1	2	3	4	5	6	7	8	9	10	11	12	13	14	15	16	17	18	19	20	21	22	23							
	藏曆五月	26	27	28	29	30	1	2	3	4	5	6	7	8	9	10	11	12	13	14	15	16	17	18	19	20	21	22	23	25	26							
	公曆7月			1	2	3	4	5	6	7	8	9	10	11	12	13	14	15	16	17	18	19	20	21	22	23	24	25	26	27	28	29	30	31				
32	夏曆六月			27	28	29	30	㉓	2	3	4	5	6	7	8	9	10	11	12	13	14	15	16	17	18	19	20	21	22	23	24	25	26	27				
	回曆11月			24	25	26	27	28	29	1	2	3	4	5	6	7	8	9	10	11	12	13	14	15	16	17	18	19	20	21	22	23	24	25				
	藏曆六月			27	28	29	30	1	2	3	3	4	5	6	7	8	9	10	11	12	13	14	15	16	18	19	20	21	22	23	24	52	26	27				
	公曆8月						1	2	3	4	5	6	7	8	9	10	11	12	13	14	15	16	17	18	19	20	21	22	23	24	25	26	27	28	29	30	31	
33	夏曆七月						28	29	30	(53)	2	3	4	5	6	7	8	9	10	11	12	13	14	15	16	17	18	19	20	21	22	23	24	25	26	27	28	
	回曆12月						26	27	28	29	30	1	2	3	4	5	6	7	8	9	10	11	12	13	14	15	16	17	18	19	20	21	22	23	24	25	26	
	藏曆七月						28	29	30	1	2	3	4	5	6	7	8	9	10	11	12	13	14	15	16	17	18	20	21	22	23	24	25	26	27	28	29	
	公曆9月		1	2	3	4	5	6	7	8	9	10	11	12	13	14	15	16	17	18	19	20	21	22	23	24	25	26	27	28	29	30						
34	夏曆八月		29	㉒	2	3	4	5	6	7	8	9	10	11	12	13	14	15	16	17	18	19	20	21	22	23	24	25	26	27	28	29						

續表

月 干支 序數	月序＼星期	日	1	2	3	4	5	6	日	1	2	3	4	5	6	日	1	2	3	4	5	6	日	1	2	3	4	5	6	日	1	2	3	4	5	6	日	1
634年	回曆1月		27	28	29	①	2	3	4	5	6	7	8	9	10	11	12	13	14	15	16	17	18	19	20	21	22	23	24	25	26	27						
	藏曆八月		30	30	1	2	3	4	5	6	7	8	9	10	11	12	14	15	16	17	18	19	20	21	22	23	24	25	26	27	28	29						
	公曆10月				1	2	3	4	5	6	7	8	9	10	11	12	13	14	15	16	17	18	19	20	21	22	23	24	25	26	27	28	29	30	31			
35	夏曆九月				30	(52)	2	3	4	5	6	7	8	9	10	11	12	13	14	15	16	17	18	19	20	21	22	23	24	25	26	27	28	29	30			
	回曆2月				28	29	30	1	2	3	4	5	6	7	8	9	10	11	12	13	14	15	16	17	18	19	20	21	22	23	24	25	26	27	28			
	藏曆九月				30	1	2	3	4	5	6	7	8	9	10	11	12	13	14	15	16	18	19	20	21	22	23	24	24	25	26	27	28	29	30			
	公曆11月							1	2	3	4	5	6	7	8	9	10	11	12	13	14	15	16	17	18	19	20	21	22	23	24	25	26	27	28	29	30	
36 37	夏曆十 十一月							㉒	2	3	4	5	6	7	8	9	10	11	12	13	14	15	16	17	18	19	20	21	22	23	24	25	26	27	28	29	(51)	
	回曆3月							29	1	2	3	4	5	6	7	8	9	10	11	12	13	14	15	16	17	18	19	20	21	22	23	24	25	26	27	28	29	
	藏曆十月							1	2	3	4	5	6	7	8	9	11	12	13	14	15	16	17	18	19	20	21	22	23	24	25	26	27	27	28	29	30	
	公曆12月		1	2	3	4	5	6	7	8	9	10	11	12	13	14	15	16	17	18	19	20	21	22	23	24	25	26	27	28	29	30	31					
38	夏曆十二月		2	3	4	5	6	7	8	9	10	11	12	13	14	15	16	17	18	19	20	21	22	23	24	25	26	27	28	29	30	㉑	2					
	回曆4、5月		30	1	2	3	4	5	6	7	8	9	10	11	12	13	14	15	16	17	18	19	20	21	22	23	24	25	26	27	28	29	1					
	藏曆十一 十二月		1	2	3	5	6	7	8	9	10	11	12	13	14	15	16	17	18	19	20	21	22	23	24	25	26	27	28	29	30	1	2					

大事記

正月，蒙古初行交鈔。　三月，蒙古攻宋均、房等州；襄陽軍亂，降於蒙古。　四月，宋帝以開釁蒙古，下詔罪己。蒙古破宋隨、郢、荆門。蒙古括戶口屬之州縣，并定民戶公私賦稅絲米之額。　六月，蒙古立編修所於燕京、經籍所於平陽，編集經史。　八月，蒙古破宋德安。　九月，蒙古破宋興元、大安。　十月，蒙古破會州，金將郭斌死之。蒙古破宋文州。宋封陳日煚為安南國王。蒙古破成都，旋退。　十一月，蒙古入宋淮西，前鋒至合肥，攻真州不克。蒙古攻江陵，孟珙敗之。

宋遼金紀年

干支丁酉　公元1237年

朝代或國名	國家支配者	建都	廟號	謚號	建元	年號年次	輔政者	備注
南宋	⑤趙昀	臨安	理宗	安	8	4嘉熙元年	喬行簡、崔與之	
蒙古	③孛兒只斤窩闊臺	和林	太宗	英文		9年		
大理	⑥段智祥		神宗		3	3仁壽7年		在雲南
古格						424年		西藏阿里

月曆表

5950—355—2173254

月 干支 序數	月序＼星期	日	1	2	3	4	5	6	日	1	2	3	4	5	6	日	1	2	3	4	5	6	日	1	2	3	4	5	6	日	1	2	3	4	5	6	日	1
	公曆1月					1	2	3	4	5	6	7	8	9	10	11	12	13	14	15	61	17	18	19	20	21	22	23	24	25	26	27	28	29	30	31		
39	夏曆正月					3	4	5	6	7	8	9	10	11	12	13	14	15	16	17	18	19	20	21	22	23	24	25	26	27	28	29	㊿	2	3	4		
	回曆6月					2	3	4	5	6	7	8	9	10	11	12	13	14	15	16	17	18	19	20	21	22	23	24	25	26	27	28	29	30	1	2		
陰火鷄年	藏曆一月					3	4	5	6	7	8	10	11	12	13	14	15	16	17	18	19	19	20	21	22	23	24	25	26	27	28	29	30	1	2	3		
	公曆2月	1	2	3	4	5	6	7	8	9	10	11	12	13	14	15	16	17	18	19	20	21	22	23	24	25	26	27	28									
40	夏曆二月	5	6	7	8	9	10	11	12	13	14	15	16	17	18	19	20	21	22	23	24	25	26	27	28	29	30	⑳	2									

續表

月干支序數	月序＼星期	日	1	2	3	4	5	6	日	1	2	3	4	5	6	日	1	2	3	4	5	6	日	1	2	3	4	5	6	日	1	2	3	4	5	6	日	1
	回曆7月	3	4	5	6	7	8	9	10	11	12	13	14	15	16	17	18	19	20	21	22	23	24	25	26	27	28	29	1									
	藏曆二月	5	6	7	8	9	10	11	12	13	14	15	16	17	18	19	20	21	22	23	23	24	25	26	28	29	30	1	2									
	公曆3月	1	2	3	4	5	6	7	8	9	10	11	12	13	14	15	16	17	18	19	20	21	22	23	24	25	26	27	28	29	30	31						
41	夏曆三月	3	4	5	6	7	8	9	10	11	12	13	14	15	16	17	18	19	20	21	22	23	24	25	26	27	28	29	㊾	2	3	4						
	回曆8月	2	3	4	5	6	7	8	9	10	11	12	13	14	15	16	17	18	19	20	21	22	23	24	25	26	27	28	29	30	1	2						
	藏曆三月	3	4	5	6	7	8	9	10	11	12	13	14	15	16	17	18	19	20	21	22	23	24	25	26	27	28	29	30	1	3	4						
	公曆4月				1	2	3	4	5	6	7	8	9	10	11	12	13	14	15	16	17	18	19	20	21	22	23	24	25	26	27	28	29	30				
42	夏曆四月				5	6	7	8	9	10	11	12	13	14	15	16	17	18	19	20	21	22	23	24	25	26	27	28	29	30	⑲	2	3	4				
	回曆9月				3	4	5	6	7	8	9	10	11	12	13	14	15	16	17	18	19	20	21	22	23	24	25	26	27	28	29	1	2	3				
	藏曆四月				5	6	7	8	9	10	11	12	13	14	15	16	16	17	18	19	20	21	22	23	24	26	27	28	29	30	1	2	3	4				
	公曆5月						1	2	3	4	5	6	7	8	9	10	11	12	13	14	15	16	17	18	19	20	21	22	23	24	25	26	27	28	29	30	31	
43	夏曆五月						5	6	7	8	9	10	11	12	13	14	15	16	17	18	19	20	21	22	23	24	25	26	27	28	29	㊽	2	3	4	5	6	
	回曆10月						4	5	6	7	8	9	10	11	12	13	14	15	16	17	18	19	20	21	22	23	24	25	26	27	28	29	30	1	2	3	4	
	藏曆五月						5	6	7	8	9	10	11	12	13	14	15	16	17	18	19	20	21	22	23	24	25	26	27	29	30	1	2	3	4	5	6	
	公曆6月		1	2	3	4	5	6	7	8	9	10	11	12	13	14	15	16	17	18	19	20	21	22	23	24	25	26	27	28	29	30						
44	夏曆六月		7	8	9	10	11	12	13	14	15	16	17	18	19	20	21	22	23	24	25	26	27	28	29	⑰	2	3	4	5	6	7						
	回曆11月		5	6	7	8	9	10	11	12	13	14	15	16	17	18	19	20	21	22	23	24	25	26	27	28	29	1	2	3	4	5						
	藏曆六月		7	8	9	10	11	12	12	13	14	15	16	17	18	19	20	22	23	24	25	26	27	28	29	30	1	2	3	4	5	6						
	公曆7月				1	2	3	4	5	6	7	8	9	10	11	12	13	14	15	16	17	18	19	20	21	22	23	24	25	26	27	28	29	30	31			
45	夏曆七月				8	9	10	11	12	13	14	15	16	17	18	19	20	21	22	23	24	25	26	27	28	29	30	㊼	2	3	4	5	6	7	8			
	回曆12月				6	7	8	9	10	11	12	13	14	15	16	17	18	19	20	21	22	23	24	25	26	27	28	29	30	1	2	3	4	5	6			
	藏曆七月				7	8	9	10	11	12	13	14	15	16	17	18	19	20	21	22	23	25	26	27	28	29	30	1	2	3	4	5	6	7	8			
	公曆8月							1	2	3	4	5	6	7	8	9	10	11	12	13	14	15	16	17	18	19	20	21	22	23	24	25	26	27	28	29	30	31
46	夏曆八月							9	10	11	12	13	14	15	16	17	18	19	20	21	22	23	24	25	26	27	28	29	⑯	2	3	4	5	6	7	8	9	10
635年	回曆1月							7	8	9	10	11	12	13	14	15	16	17	18	19	20	21	22	23	24	25	26	27	28	29	①	2	3	4	5	6	7	8
	藏曆八月							8	9	10	11	12	13	14	15	17	18	19	20	21	22	23	24	25	26	27	28	29	30	1	2	3	4	5	6	7	8	9
	公曆9月			1	2	3	4	5	6	7	8	9	10	11	12	13	14	15	16	17	18	19	20	21	22	23	24	25	26	27	28	29	30					
47	夏曆九月			11	12	13	14	15	16	17	18	19	20	21	22	23	24	25	26	27	28	29	30	㊻	2	3	4	5	6	7	8	9	10					
	回曆2月			9	10	11	12	13	14	15	16	17	18	19	20	21	22	23	24	25	26	27	28	29	30	1	2	3	4	5	6	7	8					
	藏曆九月			10	11	12	13	14	15	16	17	18	19	21	22	23	24	25	26	27	28	29	30	1	2	3	4	4	5	6	7	8	9					
	公曆10月					1	2	3	4	5	6	7	8	9	10	11	12	13	14	15	16	17	18	19	20	21	22	23	24	25	26	27	28	29	30	31		
48	夏曆十月					11	12	13	14	15	16	17	18	19	20	21	22	23	24	25	26	27	28	29	30	⑯	2	3	4	5	6	7	8	9	10	11		
	回曆3月					9	10	11	12	13	14	15	16	17	18	19	20	21	22	23	24	25	26	27	28	29	1	2	3	4	5	6	7	8	9	10		
	藏曆十月					10	11	12	14	15	16	17	18	19	20	21	22	23	24	25	26	27	28	29	30	1	2	3	4	5	6	7	8	9	10	11		
	公曆11月	1	2	3	4	5	6	7	8	9	10	11	12	13	14	15	16	17	18	19	20	21	22	23	24	25	26	27	28	29	30							
49	夏曆十一月	12	13	14	15	16	17	18	19	20	21	22	23	24	25	26	27	28	29	㊺	2	3	4	5	6	7	8	9	10	11	12							
	回曆4月	11	12	13	14	15	16	17	18	19	20	21	22	23	24	25	26	27	28	29	30	1	2	3	4	5	6	7	8	9	10							
	藏曆十一月	12	13	14	15	16	18	19	20	21	22	23	24	25	26	27	27	28	29	30	1	2	3	4	5	6	7	8	9	10	12							
	公曆12月			1	2	3	4	5	6	7	8	9	10	11	12	13	14	15	16	17	18	19	20	21	22	23	24	25	26	27	28	29	30	31				
50	夏曆十二月			13	14	15	16	17	18	19	20	21	22	23	24	25	26	27	28	29	30	⑮	2	3	4	5	6	7	8	9	10	11	12	13				
	回曆5月			11	12	13	14	15	16	17	18	19	20	21	22	23	24	25	26	27	28	29	1	2	3	4	5	6	7	8	9	10	11	12				
	藏曆十二月			13	14	15	16	17	18	19	20	21	22	23	24	25	26	27	28	29	30	30	1	2	3	4	6	7	8	9	10	11	12	13				

宋《天文誌》五月庚午，誤。

大事記

正月，蒙古詔兩淮荆襄之民避地江南者賑濟之。　二月，蒙古統一符印及驛馬制度。　三月，蒙古西征軍平欽察諸部，俘其王八赤蠻，進攻斡羅斯。學者魏了翁卒(1178—1237)。　五月，臨安大火，燒民居甚多。　八月，蒙古初考諸路儒生，中選者四千餘人。蒙古統一度量衡，立鈔法，定均輸諸制。　十月，蒙古破宋光州，又攻蘄春，擾黄州，圍安豐，皆不克。蒙古破夔州。　是年，蒙古始於燕京等十路置惠民局。宋下詔國子監刊印朱熹《通鑒綱日》。

宋遼金紀年

干支戊戌　公元1238年

朝代或國名	國家支配者	建都	廟號	謚號	建元	年號年次	辅政者	備注
南宋	⑤趙昀	臨安	理宗	安	8	4嘉熙2年	同上	
蒙古	③孛兒只斤窩闊臺	和林	太宗	英文		10年		
大理	⑥段智祥		神宗		3	3仁壽8年		在雲南
古格						125年		西藏阿里

月曆表

5951—384—2173638

月干支序數	月序＼星期	日	1	2	3	4	5	6	日	1	2	3	4	5	6	日	1	2	3	4	5	6	日	1	2	3	4	5	6	日	1	2	3	4	5	6	日	1
	公曆1月						1	2	3	4	5	6	7	8	9	10	11	12	13	14	15	16	17	18	19	20	21	22	23	24	25	26	27	28	29	30	31	
51	夏曆正月						14	15	16	17	18	19	20	21	22	23	24	25	26	27	28	29	30	㊺	2	3	4	5	6	7	8	9	10	11	12	13	14	
	回曆6月						13	14	15	16	17	18	19	20	21	22	23	24	25	26	27	28	29	30	1	2	3	4	5	6	7	8	9	10	11	12	13	
陽土狗年	藏曆一月						14	15	16	17	18	19	20	21	22	23	24	25	26	27	28	29	30	1	2	3	4	5	6	7	8	9	11	12	13	14	15	
	公曆2月		1	2	3	4	5	6	7	8	9	10	11	12	13	14	15	16	17	18	19	20	21	22	23	24	25	26	27	28								
52	夏曆二月		15	16	17	18	19	20	21	22	23	24	25	26	27	28	29	⑭	2	3	4	5	6	7	8	9	10	11	12	13								
	回曆7月		14	15	16	17	18	19	20	21	22	23	24	25	26	27	28	29	1	2	3	4	5	6	7	8	9	10	11	12								
	藏曆二月		16	17	18	19	20	21	22	22	23	24	25	26	27	28	29	30	1	2	3	4	6	7	8	9	10	11	12	13								
	公曆3月		1	2	3	4	5	6	7	8	9	10	11	12	13	14	15	16	17	18	19	20	21	22	23	24	25	26	27	28	29	30	31					
53	夏曆三月		14	15	16	17	18	19	20	21	22	23	24	25	26	27	28	29	30	㊹	2	3	4	5	6	7	8	9	10	11	12	13	14					
	回曆8月		13	14	15	16	17	18	19	20	21	22	23	24	25	26	27	28	29	30	1	2	3	4	5	6	7	8	9	10	11	12	13					
	藏曆三月		14	15	16	17	18	19	20	21	22	23	24	25	26	27	28	29	30	1	2	3	4	5	6	7	8	10	11	12	13	14	15					
	公曆4月					1	2	3	4	5	6	7	8	9	10	11	12	13	14	15	16	17	18	19	20	21	22	23	24	25	26	27	28	29	30			
54	夏曆四月					15	16	17	18	19	20	21	22	23	24	25	26	27	28	29	⑬	2	3	4	5	6	7	8	9	10	11	12	13	14	15			
	回曆9月					14	15	16	17	18	19	20	21	22	23	24	25	26	27	28	29	1	2	3	4	5	6	7	8	9	10	11	12	13	14			
	藏曆四月					15	16	17	18	19	20	21	22	23	24	25	26	27	28	29	30	1	3	4	5	6	7	8	9	10	11	12	13	14	15			
	公曆5月							1	2	3	4	5	6	7	8	9	10	11	12	13	14	15	16	17	18	19	20	21	22	23	24	25	26	27	28	29	30	31
	夏曆閏四月							16	17	18	19	20	21	22	23	24	25	26	27	28	29	30	㊸	2	3	4	5	6	7	8	9	10	11	12	13	14	15	16
	回曆10月							15	16	17	18	19	20	21	22	23	24	25	26	27	28	29	30	1	2	3	4	5	6	7	8	9	10	11	12	13	14	15
	藏曆五月							16	17	18	19	20	20	21	22	23	25	26	27	28	29	30	1	2	3	4	5	7	8	9	10	10	11	12	13	14	15	16
	公曆6月			1	2	3	4	5	6	7	8	9	10	11	12	13	14	15	16	17	18	19	20	21	22	23	24	25	26	27	28	29	30					
55	夏曆五月			17	18	19	20	21	22	23	24	25	26	27	28	29	⑫	2	3	4	5	6	7	8	9	10	11	12	13	14	15	16	17					
	回曆11月			16	17	18	19	20	21	22	23	24	25	26	27	28	29	1	2	3	4	5	6	7	8	9	10	11	12	13	14	15	16					
	藏曆六月			17	18	19	20	21	22	23	24	25	26	27	29	30	1	2	3	4	5	6	7	8	9	10	11	12	13	14	15	16	17					
	公曆7月					1	2	3	4	5	6	7	8	9	10	11	12	13	14	15	16	17	18	19	20	21	22	23	24	25	26	27	28	29	30	31		
56	夏曆六月					18	19	20	21	22	23	24	25	26	27	28	29	㊶	2	3	4	5	6	7	8	9	10	11	12	13	14	15	16	17	18	19		
	回曆12月					17	18	19	20	21	22	23	24	25	26	27	28	29	30	1	2	3	4	5	6	7	8	9	10	11	12	13	14	15	16	17		
	藏曆七月					18	18	19	21	22	23	24	25	26	27	28	29	2	3	4	5	6	7	7	8	9	10	11	12	13	14	15	16	17	18	19		
	公曆8月	1	2	3	4	5	6	7	8	9	10	11	12	13	14	15	16	17	18	19	20	21	22	23	24	25	26	27	28	29	30	31						

續表

月干支序數	月序＼星期	日	1	2	3	4	5	6	日	1	2	3	4	5	6	日	1	2	3	4	5	6	日	1	2	3	4	5	6	日	1	2	3	4	5	6	日	1
57	夏曆七月	20	21	22	23	24	25	26	27	28	29	30	⑪	2	3	4	5	6	7	8	9	10	11	12	13	14	15	16	17	18	19	20						
636年	回曆1月	18	19	20	21	22	23	24	25	26	27	28	29	30	①	2	3	4	5	6	7	8	9	10	11	12	13	14	15	16	17	18						
	藏曆八月	20	21	22	23	25	26	27	28	29	30	30	1	2	3	4	5	6	7	8	9	10	11	12	13	14	15	16	17	18	19	20						
	公曆9月				1	2	3	4	5	6	7	8	9	10	11	12	13	14	15	16	17	18	19	20	21	22	23	24	25	26	27	28	29	30				
58	夏曆八月				21	22	23	24	25	26	27	28	29	㊵	2	3	4	5	6	7	8	9	10	11	12	13	14	15	16	17	18	19	20	21				
	回曆2月				19	20	21	22	23	24	25	26	27	28	29	30	1	2	3	4	5	6	7	8	9	10	11	12	13	14	15	16	17	18				
	藏曆九月				21	22	23	24	25	26	28	29	30	1	2	3	3	4	5	6	7	8	9	10	11	12	13	14	15	16	17	18	19	21				
	公曆10月						1	2	3	4	5	6	7	8	9	10	11	12	13	14	15	16	17	18	19	20	21	22	23	24	25	26	27	28	29	30	31	
59	夏曆九月						22	23	24	25	26	27	28	29	30	⑩	2	3	4	5	6	7	8	9	10	11	12	13	14	15	16	17	18	19	20	21	22	
	回曆3月						19	20	21	22	23	24	25	26	27	28	29	1	2	3	4	5	6	7	8	9	10	11	12	13	14	15	16	17	18	19	20	
	藏曆十月						22	23	24	25	26	27	28	29	30	1	2	3	4	5	6	7	8	8	9	10	11	12	14	15	16	17	18	19	20	21	22	
	公曆11月		1	2	3	4	5	6	7	8	9	10	11	12	13	14	15	16	17	18	19	20	21	22	23	24	25	26	27	28	29	30						
60	夏曆十月		23	24	25	26	27	28	29	㊴	2	3	4	5	6	7	8	9	10	11	12	13	14	15	16	17	18	19	20	21	22	23						
	回曆4月		21	22	23	24	25	26	27	28	29	30	1	2	3	4	5	6	7	8	9	10	11	12	13	14	15	16	17	18	19	20						
	藏曆十一月		23	24	25	26	27	28	29	30	1	2	3	4	5	6	7	8	9	10	11	12	13	14	15	16	17	19	20	21	22	23						
	公曆12月				1	2	3	4	5	6	7	8	9	10	11	12	13	14	15	16	17	18	19	20	21	22	23	24	25	26	27	28	29	30	31			
1	夏曆十一月				24	25	26	27	28	29	30	⑨	2	3	4	5	6	7	8	9	10	11	12	13	14	15	16	17	18	19	20	21	22	23	24			
	回曆5月				21	22	23	24	25	26	27	28	29	1	2	3	4	5	6	7	8	9	10	11	12	13	14	15	16	17	18	19	20	21	22			
	藏曆十二月				24	25	26	27	28	29	30	30	1	2	3	4	5	6	7	8	9	10	11	12	14	15	16	17	18	19	20	21	22	23	24			

大事記

二月，宋史嵩之參政并督諸軍於鄂州(武昌)。蒙古遣使於宋議歲幣。宋持和戰之議不決。　三月，宋命周次説為蒙古通好使。　四月，宋整頓鹽法，又拘催酒息租穀及沒官田米。　九月，蒙古圍宋廬州，杜杲敗之。　十月，蒙古建書院於燕京。宋真、滁、豐、濠四郡集流民十餘萬，結為十七砦。宋賣河上蘆田二十餘萬畝。宋孟珙復郢州。　十二月，宋詔諸路和糴勿科抑。宋申嚴收租苛取之禁。

宋遼金紀年

干支己亥　公元 1239 年

朝代或國名	國家支配者	建都	廟號	謚號	建元	年號年次	輔政者	備注
南宋	⑤趙昀	臨安	理宗	安	8	4 嘉熙 3 年	喬行簡　崔與之 李宗勉　史嵩之	
蒙古	③孛兒只斤窩闊臺	和林	太宗	英文		11 年		
大理	⑦段祥興			孝義	1	道隆元年		在雲南
古格						426 年		西藏阿里

月曆表

5952—354—2173992

月干支序數	月序＼星期	日	1	2	3	4	5	6	日	1	2	3	4	5	6	日	1	2	3	4	5	6	日	1	2	3	4	5	6	日	1	2	3	4	5	6	日	1
	公曆1月							1	2	3	4	5	6	7	8	9	10	11	12	13	14	15	16	17	18	19	20	21	22	23	24	25	26	27	28	29	30	31
2	夏曆十二月							25	26	27	28	29	30	㊴	2	3	4	5	6	7	8	9	10	11	12	13	14	15	16	17	18	19	20	21	22	23	24	25
	回曆6月							23	24	25	26	27	28	29	30	1	2	3	4	5	6	7	8	9	10	11	12	13	14	15	16	17	18	19	20	21	22	23

續表

月干支序數	月序＼星期	日	1	2	3	4	5	6	日	1	2	3	4	5	6	日	1	2	3	4	5	6	日	1	2	3	4	5	6	日	1	2	3	4	5	6	日	1
陰土猪年	藏曆一月							25	26	27	28	29	30	1	2	3	4	5	6	7	8	9	10	11	12	13	14	15	16	17	18	20	21	21	22	23	24	25
	公曆 2 月			1	2	3	4	5	6	7	8	9	10	11	12	13	14	15	16	17	18	19	20	21	22	23	24	25	26	27	28							
3	夏曆正月			26	27	28	29	30	⑨	2	3	4	5	6	7	8	9	10	11	12	13	14	15	16	17	18	19	20	21	22	23							
	回曆 7 月			24	25	26	27	28	29	1	2	3	4	5	6	7	8	9	10	11	12	13	14	15	16	17	18	19	20	21	22							
	藏曆後一月			26	27	28	29	30	1	2	3	4	5	6	7	8	9	10	11	13	14	15	16	17	18	19	20	21	22	23	24							
	公曆 3 月			1	2	3	4	5	6	7	8	9	10	11	12	13	14	15	16	17	18	19	20	21	22	23	24	25	26	27	28	29	30	31				
4	夏曆二月			24	25	26	27	28	29	㊳	2	3	4	5	6	7	8	9	10	11	12	13	14	15	16	17	18	19	20	21	22	23	24	25				
	回曆 8 月			23	24	25	26	27	28	29	30	1	2	3	4	5	6	7	8	9	10	11	12	13	14	15	16	17	18	19	20	21	22	23				
	藏曆二月			25	25	26	27	28	29	30	1	2	3	4	6	7	8	9	10	11	12	13	14	15	16	17	18	19	20	21	22	23	24	25				
	公曆 4 月						1	2	3	4	5	6	7	8	9	10	11	12	13	14	15	16	17	18	19	20	21	22	23	24	25	26	27	28	29	30		
5	夏曆三月						26	27	28	29	30	⑧	2	3	4	5	6	7	8	9	10	11	12	13	14	15	16	17	18	19	20	21	22	23	24	25		
	回曆 9 月						24	25	26	27	28	29	1	2	3	4	5	6	7	8	9	10	11	12	13	14	15	16	17	18	19	20	21	22	23	24		
	藏曆三月						26	27	28	29	30	1	2	3	4	5	6	7	8	10	11	12	13	14	15	16	17	18	19	19	20	21	22	23	24	25		
	公曆 5 月	1	2	3	4	5	6	7	8	9	10	11	12	13	14	15	16	17	18	19	20	21	22	23	24	25	26	27	28	29	30	31						
6	夏曆四月	26	27	28	29	㊲	2	3	4	5	6	7	8	9	10	11	12	13	14	15	16	17	18	19	20	21	22	23	24	25	26	27						
	回曆 10 月	25	26	27	28	29	30	1	2	3	4	5	6	7	8	9	10	11	12	13	14	15	16	17	18	19	20	21	22	23	24	25						
	藏曆四月	26	27	28	29	30	1	3	4	5	6	7	8	9	10	11	12	13	14	15	16	17	18	19	20	21	22	23	24	25	26	27						
	公曆 6 月				1	2	3	4	5	6	7	8	9	10	11	12	13	14	15	16	17	18	19	20	21	22	23	24	25	26	27	28	29	30				
7	夏曆五月				28	29	30	⑦	2	3	4	5	6	7	8	9	10	11	12	13	14	15	16	17	18	19	20	21	22	23	24	25	26	27				
	回曆 11 月				26	27	28	29	1	2	3	4	5	6	7	8	9	10	11	12	13	14	15	16	17	18	19	20	21	22	23	24	25	26				
	藏曆五月				28	29	30	1	2	3	4	6	7	8	9	10	11	12	13	14	15	15	16	17	18	19	20	21	22	23	24	25	26	27				
	公曆 7 月						1	2	3	4	5	6	7	8	9	10	11	12	13	14	15	16	17	18	19	20	21	22	23	24	25	26	27	28	29	30	31	
8	夏曆六月						28	29	㊱	2	3	4	5	6	7	8	9	10	11	12	13	14	15	16	17	18	19	20	21	22	23	24	25	26	27	28	29	
	回曆 12 月						27	28	29	30	1	2	3	4	5	6	7	8	9	10	11	12	13	14	15	16	17	18	19	20	21	22	23	24	25	26	27	
	藏曆六月						29	30	1	2	3	4	5	6	7	8	9	10	11	12	13	14	15	16	17	18	19	20	21	22	23	24	25	26	27	28	29	
	公曆 8 月		1	2	3	4	5	6	7	8	9	10	11	12	13	14	15	16	17	18	19	20	21	22	23	24	25	26	27	28	29	30	31					
9 10	夏曆七八月		⑤	2	3	4	5	6	7	8	9	10	11	12	13	14	15	16	17	18	19	20	21	22	23	24	25	26	27	28	29	30	㉟					
637年	回曆 1 月		28	29	①	2	3	4	5	6	7	8	9	10	11	12	13	14	15	16	17	18	19	20	21	22	23	24	25	26	27	28	29					
	藏曆七八月		2	3	4	5	6	7	8	9	10	11	12	12	13	14	15	16	17	18	19	20	21	22	23	25	26	27	28	29	30	30	1					
	公曆 9 月					1	2	3	4	5	6	7	8	9	10	11	12	13	14	15	16	17	18	19	20	21	22	23	24	25	26	27	28	29	30			
11	夏曆九月					2	3	4	5	6	7	8	9	10	11	12	13	14	15	16	17	18	19	20	21	22	23	24	25	26	27	28	29	④	2			
	回曆 2 月					30	1	2	3	4	5	6	7	8	9	10	11	12	13	14	15	16	17	18	19	20	21	22	23	24	25	26	27	28	29			
	藏曆九月					2	3	4	5	6	7	8	9	10	11	12	13	14	15	16	17	18	19	20	21	22	23	24	25	26	28	29	30	1	2			
	公曆 10 月							1	2	3	4	5	6	7	8	9	10	11	12	13	14	15	16	17	18	19	20	21	22	23	24	25	26	27	28	29	30	31
12	夏曆十月							3	4	5	6	7	8	9	10	11	12	13	14	15	16	17	18	19	20	21	22	23	24	25	26	27	28	29	30	㉞	2	3
	回曆 3、4 月							1	2	3	4	5	6	7	8	9	10	11	12	13	14	15	16	17	18	19	20	21	22	23	24	25	26	27	28	29	30	1
	藏曆十月							3	4	5	6	7	7	8	9	10	11	12	13	14	15	16	17	18	19	20	22	23	24	25	26	27	28	29	30	1	2	3
	公曆 11 月			1	2	3	4	5	6	7	8	9	10	11	12	13	14	15	16	17	18	19	20	21	22	23	24	25	26	27	28	29	30					
13	夏曆十一月			4	5	6	7	8	9	10	11	12	13	14	15	16	17	18	19	20	21	22	23	24	25	26	27	28	29	③	2	3	4					
	回曆 5 月			2	3	4	5	6	7	8	9	10	11	12	13	14	15	16	17	18	19	20	21	22	23	24	25	26	27	28	29	1	2					
	藏曆十一月			4	5	6	7	8	9	10	11	12	13	14	15	16	17	18	19	20	21	22	23	24	25	27	28	29	29	30	1	2	3					
	公曆 12 月					1	2	3	4	5	6	7	8	9	10	11	1	13	14	15	16	17	18	19	20	21	22	23	24	25	26	27	28	29	30	31		

續表

月干支序數	星期/月序	日	1	2	3	4	5	6	日	1	2	3	4	5	6	日	1	2	3	4	5	6	日	1	2	3	4	5	6	日	1	2	3	4	5	6	日	1
14	夏曆十二月					5	6	7	8	9	10	11	12	13	14	15	16	17	18	19	20	21	22	23	24	25	26	27	28	29	30	㉝	2	3	4	5		
	回曆6月					3	4	5	6	7	8	9	10	11	12	13	14	15	16	17	18	19	20	21	22	23	24	25	26	27	28	29	30	1	2	3		
	藏曆十二月					4	5	6	7	8	9	10	11	12	13	14	15	16	17	18	20	21	22	23	24	25	26	27	28	29	30	1	2	3	3	4		

元八月丁酉。

大事記

正月，宋孟珙屢敗蒙古，復襄陽、光化等地。　六月，蒙古攻宋重慶。　七月，宋諸路旱蝗；蒙古山東諸路災。八月，蒙古兵復破成都而去。　十二月，宋復夔州。蒙古許回回奥都剌合蠻以銀二百二十萬兩撲買諸路稅課。孟珙遣兵禦蒙古於蜀口。　是歲，蒙古征服南俄平原。

宋 遼 金 紀 年　　　干支庚子　公元1240年

朝代或國名	國家支配者	建都	廟號	謚號	建元	年號年次	輔政者	備注
南宋	⑤趙昀	臨安	理宗	安	8	4 嘉熙 4 年	喬行簡　李宗勉　史嵩之	
蒙古	③孛兒只斤窩闊臺	和林	太宗	英文		12 年		
大理	⑦段祥興			孝義	1	道隆 2 年		在雲南
古格						427 年		西藏阿里

月 曆 表　　　5953－384－2174376

月干支序數	星期/月序	日	1	2	3	4	5	6	日	1	2	3	4	5	6	日	1	2	3	4	5	6	日	1	2	3	4	5	6	日	1	2	3	4	5	6	日	1
	公曆1月	1	2	3	4	5	6	7	8	9	10	11	12	13	14	15	16	17	18	19	20	21	22	23	24	25	26	27	28	29	30	31						
15	夏曆正月	6	7	8	9	10	11	12	13	14	15	16	17	18	19	20	21	22	23	24	25	26	27	28	29	30	③	2	3	4	5	6						
	回曆7月	4	5	6	7	8	9	10	11	12	13	14	15	16	17	18	19	20	21	22	23	24	25	26	27	28	29	1	2	3	4	5						
陽金鼠年	藏曆一月	5	6	7	8	9	10	11	12	13	15	16	17	18	19	20	21	22	23	24	25	26	27	28	29	30	1	2	3	4	5	6						
	公曆2月				1	2	3	4	5	6	7	8	9	10	11	12	13	14	15	16	17	18	19	20	21	22	23	24	25	26	27	28	29					
16	夏曆二月				7	8	9	10	11	12	13	14	15	16	17	18	19	20	21	22	23	24	25	26	27	28	29	30	㉝	2	3	4	5					
	回曆8月				6	7	8	9	10	11	12	13	14	15	16	17	18	19	20	21	22	23	24	25	26	27	28	29	30	1	2	3	4					
	藏曆二月				7	8	9	10	11	12	13	14	15	16	17	18	20	21	22	23	24	25	25	26	27	28	29	30	1	2	3	4	5					
	公曆3月					1	2	3	4	5	6	7	8	9	10	11	12	13	14	15	16	17	18	19	20	21	22	23	24	25	26	27	28	29	30	31		
17	夏曆三月					6	7	8	9	10	11	12	13	14	15	16	17	18	19	20	21	22	23	24	25	26	27	28	29	②	2	3	4	5	6	7		
	回曆9月					5	6	7	8	9	10	11	12	13	14	15	16	17	18	19	20	21	22	23	24	25	26	27	28	29	1	2	3	4	5	6		
	藏曆三月					6	7	8	9	10	11	13	14	15	16	17	18	19	20	21	22	23	24	25	26	27	28	29	29	30	1	2	3	4	5	7		
	公曆4月	1	2	3	4	5	6	7	8	9	10	11	12	13	14	15	16	17	18	19	20	21	22	23	24	25	26	27	28	29	30							
18	夏曆四月	8	9	10	11	12	13	14	15	16	17	18	19	20	21	22	23	24	25	26	27	28	29	30	㉜	2	3	4	5	6	7							
	回曆10月	7	8	9	10	11	12	13	14	15	16	17	18	19	20	21	22	23	24	25	26	27	28	29	30	1	2	3	4	5	6							
	藏曆四月	8	9	10	11	12	13	14	15	16	17	18	19	20	21	22	23	24	25	26	27	28	29	30	1	2	3	4	5	6	7							
	公曆5月			1	2	3	4	5	6	7	8	9	10	11	12	13	14	15	16	17	18	19	20	21	22	23	24	25	26	27	28	29	30	31				
19	夏曆五月			8	9	10	11	12	13	14	15	16	17	18	19	20	21	22	23	24	25	26	27	28	29	①	2	3	4	5	6	7	8	9				
	回曆11月			7	8	9	10	11	12	13	14	15	16	17	18	19	20	21	22	23	24	25	26	27	28	29	1	2	3	4	5	6	7	8				

續表

月 干支 序數	星期 月序	日	1	2	3	4	5	6	日	1	2	3	4	5	6	日	1	2	3	4	5	6	日	1	2	3	4	5	6	日	1	2	3	4	5	6	日	1
	藏曆五月			8	9	11	12	13	14	15	16	17	18	19	20	21	22	23	24	24	25	26	27	28	29	30	1	3	4	5	6	7	8	9				
	公曆6月						1	2	3	4	5	6	7	8	9	10	11	12	13	14	15	16	17	18	19	20	21	22	23	24	25	26	27	28	29	30		
20	夏曆六月						10	11	12	13	14	15	16	17	18	19	20	21	22	23	24	25	26	27	28	29	30	㉛	2	3	4	5	6	7	8	9		
	回曆12月						9	10	11	12	13	14	15	16	17	18	19	20	21	22	23	24	25	26	27	28	29	30	1	2	3	4	5	6	7	8		
	藏曆六月						10	11	12	13	14	15	16	17	18	19	20	21	22	23	24	25	26	27	28	29	30	1	2	3	4	6	7	8	9	10		
	公曆7月	1	2	3	4	5	6	7	8	9	10	11	12	13	14	15	16	17	18	19	20	21	22	23	24	25	26	27	28	29	30	31						
21	夏曆七月	10	11	12	13	14	15	16	17	18	19	20	21	22	23	24	25	26	27	28	29	(60)	2	3	4	5	6	7	8	9	10	11						
638年	回曆1月	9	10	11	12	13	14	15	16	17	18	19	20	21	22	23	24	25	26	27	28	29	30	①	2	3	4	5	6	7	8	9						
	藏曆七月	11	12	13	14	15	16	17	18	19	20	20	21	22	23	24	25	26	27	29	30	1	2	3	4	5	6	7	8	9	10	11						
	公曆8月				1	2	3	4	5	6	7	8	9	10	11	12	13	14	15	16	17	18	19	20	21	22	23	24	25	26	27	28	29	30	31			
22	夏曆八月				12	13	14	15	16	17	18	19	20	21	22	23	24	25	26	27	28	29	㉙	2	3	4	5	6	7	8	9	10	11	12	13			
	回曆2月				10	11	12	13	14	15	16	17	18	19	20	21	22	23	24	25	26	27	28	29	30	1	2	3	4	5	6	7	8	9	10			
	藏曆八月				12	13	14	15	16	17	18	19	20	21	22	23	24	25	26	27	28	29	2	3	4	5	6	7	8	9	10	11	12	13	14			
	公曆9月							1	2	3	4	5	6	7	8	9	10	11	12	13	14	15	16	17	18	19	20	21	22	23	24	25	26	27	28	29	30	
23	夏曆九月							14	15	16	17	18	19	20	21	22	23	24	25	26	27	28	29	30	(59)	2	3	4	5	6	7	8	9	10	11	12	13	
	回曆3月							11	12	13	14	15	16	17	18	19	20	21	22	23	24	25	26	27	28	29	1	2	3	4	5	6	7	8	9	10	11	
	藏曆九月							15	16	16	17	18	19	20	21	22	23	25	26	27	28	29	30	30	1	2	3	4	5	6	7	8	9	10	11	12	13	
	公曆10月		1	2	3	4	5	6	7	8	9	10	11	12	13	14	15	16	17	18	19	20	21	22	23	24	25	26	27	28	29	30	31					
24	夏曆十月		14	15	16	17	18	19	20	21	22	23	24	25	26	27	28	29	㉘	2	3	4	5	6	7	8	9	10	11	12	13	14	15					
	回曆4月		12	13	14	15	16	17	18	19	20	21	22	23	24	25	26	27	28	29	30	1	2	3	4	5	6	7	8	9	10	11	12					
	藏曆十月		14	15	16	17	18	19	20	21	22	23	24	25	26	27	29	30	1	2	3	4	5	6	7	8	9	10	11	11	12	13	14					
	公曆11月					1	2	3	4	5	6	7	8	9	10	11	12	13	14	15	16	17	18	19	20	21	22	23	24	25	26	27	28	29	30			
25	夏曆十一月					16	17	18	19	20	21	22	23	24	25	26	27	28	29	(57)	2	3	4	5	6	7	8	9	10	11	12	13	14	15	16			
	回曆5月					13	14	15	16	17	18	19	20	21	22	23	24	25	26	27	28	29	1	2	3	4	5	6	7	8	9	10	11	12	13			
	藏曆十一月					15	16	17	18	19	20	22	23	24	25	26	27	28	29	30	1	2	3	4	5	6	7	8	9	10	11	12	13	14	15			
	公曆12月							1	2	3	4	5	6	7	8	9	10	11	12	13	14	15	16	17	18	19	20	21	22	23	24	25	26	27	28	29	30	31
26	夏曆十二月							17	18	19	20	21	22	23	24	25	26	27	28	29	30	㉗	2	3	4	5	6	7	8	9	10	11	12	13	14	15	16	17
	回曆6月							14	15	16	17	18	19	20	21	22	23	24	25	26	27	28	29	30	1	2	3	4	5	6	7	8	9	10	11	12	13	14
	藏曆十二月							16	17	18	19	20	21	22	23	24	25	26	28	29	30	1	2	3	3	4	5	6	7	8	9	10	11	12	13	14	15	16

大事記

正月，宋兩浙饑，臨安尤甚，饑民掠人為食。蒙古命張柔等八萬戶攻宋。　二月，宋以孟珙為四川宣撫使，珙於川東大興屯田。蒙古擾宋萬州。　四月，蒙古復派王楫使宋，議和不成。　六月，宋江、浙、福建旱蝗。　十二月，宋詔民間賦輸仍用錢會各半。蒙古以官物代民償畏兀兒羊羔息，又放諸王大臣所俘男女為民。　是歲，蒙古西征軍陷基輔，止於加里西亞平原。

宋遼金紀年

干支辛丑　公元1241年

朝代或國名	國家支配者	建都	廟號	謚號	建元	年號年次	輔政者	備注
南宋	⑤趙昀	臨安	理宗	安	8	5淳祐元年	史嵩之	
蒙古	③孛兒只斤窩闊臺	和林	太宗	英文		13年		
大理	⑦段祥興			孝義	1	道隆3年		在雲南
古格						428年		西藏阿里

月干支序數	月＼星期／序	日	1	2	3	4	5	6	日	1	2	3	4	5	6	日	1	2	3	4	5	6	日	1	2	3	4	5	6	日	1	2	3	4	5	6	日	1
	公曆1月			1	2	3	4	5	6	7	8	9	10	11	12	13	14	15	16	17	18	19	20	21	22	23	24	25	26	27	28	29	30	31				
	夏曆閏十二月			18	19	20	21	22	23	24	25	26	27	28	29	30	(57)	2	3	4	5	6	7	8	9	10	11	12	13	14	15	16	17	18				
	回曆7月			15	16	17	18	19	20	21	22	23	24	25	26	27	28	29	1	2	3	4	5	6	7	8	9	10	11	12	13	14	15	16				
陰金牛年	藏曆一月			17	18	19	20	22	23	24	25	26	27	28	29	30	1	2	3	4	5	6	6	7	8	9	10	11	12	13	14	16	17	18				
	公曆2月						1	2	3	4	5	6	7	8	9	10	11	12	13	14	15	16	17	18	19	20	21	22	23	24	25	26	27	28				
27	夏曆正月						19	20	21	22	23	24	25	26	27	28	29	30	㉗	2	3	4	5	6	7	8	9	10	11	12	13	14	15	16				
	回曆8月						17	18	19	20	21	22	23	24	25	26	27	28	29	30	1	2	3	4	5	6	7	8	9	10	11	12	13	14				
	藏曆二月						19	20	21	22	23	24	25	26	27	28	29	30	1	2	3	4	5	6	7	8	9	10	11	12	13	14	15	16				
	公曆3月						1	2	3	4	5	6	7	8	9	10	11	12	13	14	15	16	17	18	19	20	21	22	23	24	25	26	27	28	29	30	31	
28	夏曆二月						17	18	19	20	21	22	23	24	25	26	27	28	29	(56)	2	3	4	5	6	7	8	9	10	11	12	13	14	15	16	17	18	
	回曆9月						15	16	17	18	19	20	21	22	23	24	25	26	27	28	29	1	2	3	4	5	6	7	8	9	10	11	12	13	14	15	16	
	藏曆三月						17	18	20	21	22	23	24	25	26	27	28	28	29	30	1	2	3	4	5	6	7	8	9	10	11	12	14	15	16	17	18	
	公曆4月		1	2	3	4	5	6	7	8	9	10	11	12	13	14	15	16	17	18	19	20	21	22	23	24	25	26	27	28	29	30						
29	夏曆三月		19	20	21	22	23	24	25	26	27	28	29	30	㉖	2	3	4	5	6	7	8	9	10	11	12	13	14	15	16	17	18						
	回曆10月		17	18	19	20	21	22	23	24	25	26	27	28	29	30	1	2	3	4	5	6	7	8	9	10	11	12	13	14	15	16						
	藏曆四月		19	20	21	22	23	24	25	26	27	28	29	30	1	2	3	4	5	6	7	8	9	10	11	12	13	14	15	16	18	19						
	公曆5月				1	2	3	4	5	6	7	8	9	10	11	12	13	14	15	16	17	18	19	20	21	22	23	24	25	26	27	28	29	30	31			
30	夏曆四月				19	20	21	22	23	24	25	26	27	28	29	30	(56)	2	3	4	5	6	7	8	9	10	11	12	13	14	15	16	17	18	19			
	回曆11月				17	18	19	20	21	22	23	24	25	26	27	28	29	1	2	3	4	5	6	7	8	9	10	11	12	13	14	15	16	17	18			
	藏曆五月				20	21	22	23	23	24	25	26	27	28	29	30	1	2	3	4	5	6	7	8	9	11	12	13	14	15	16	17	18	19	20			
	公曆6月							1	2	3	4	5	6	7	8	9	10	11	12	13	14	15	16	17	18	19	20	21	22	23	24	25	26	27	28	29	30	
31	夏曆五月							20	21	22	23	24	25	26	27	28	29	㉕	2	3	4	5	6	7	8	9	10	11	12	13	14	15	16	17	18	19	20	
	回曆12月							19	20	21	22	23	24	25	26	27	28	29	30	1	2	3	4	5	6	7	8	9	10	11	12	13	14	15	16	17	18	
	藏曆六月							21	22	23	24	25	26	27	28	29	30	1	2	3	4	5	6	7	8	9	10	11	12	14	15	16	17	18	19	19	20	
	公曆7月		1	2	3	4	5	6	7	8	9	10	11	12	13	14	15	16	17	18	19	20	21	22	23	24	25	26	27	28	29	30	31					
32	夏曆六月		21	22	23	24	25	26	27	28	29	30	(55)	2	3	4	5	6	7	8	9	10	11	12	13	14	15	16	17	18	19	20	21					
639年	回曆1月		19	20	21	22	23	24	25	26	27	28	29	①	2	3	4	5	6	7	8	9	10	11	12	13	14	15	16	17	18	19	20					
	藏曆七月		21	22	23	24	25	26	27	28	29	30	1	2	3	4	6	7	8	9	10	11	12	13	14	15	16	17	18	19	20	21	22					
	公曆8月					1	2	3	4	5	6	7	8	9	10	11	12	13	14	15	16	17	18	19	20	21	22	23	24	25	26	27	28	29	30	31		
33	夏曆七月					22	23	24	25	26	27	28	29	㉔	2	3	4	5	6	7	8	9	10	11	12	13	14	15	16	17	18	19	20	21	22	23		
	回曆2月					21	22	23	24	25	26	27	28	29	30	1	2	3	4	5	6	7	8	9	10	11	12	13	14	15	16	17	18	19	20	21		
	藏曆八月					23	24	25	26	27	28	29	30	1	2	3	4	5	6	7	9	10	11	12	13	14	15	16	16	17	18	19	20	21	22	23		
	公曆9月	1	2	3	4	5	6	7	8	9	10	11	12	13	14	15	16	17	18	19	20	21	22	23	24	25	26	27	28	29	30							
34	夏曆八月	24	25	26	27	28	29	(53)	2	3	4	5	6	7	8	9	10	11	12	13	14	15	16	17	18	19	20	21	22	23	24							
	回曆3月	22	23	24	25	26	27	28	29	1	2	3	4	5	6	7	8	9	10	11	12	13	14	15	16	17	18	19	20	21	22							
	藏曆後八月	24	25	26	27	28	29	2	3	4	5	6	7	8	9	10	11	12	13	14	15	16	17	18	19	20	21	22	23	24	25							
	公曆10月			1	2	3	4	5	6	7	8	9	10	11	12	13	14	15	16	17	18	19	20	21	22	23	24	25	26	27	28	29	30	31				
35	夏曆九月			25	26	27	28	29	30	㉓	2	3	4	5	6	7	8	9	10	11	12	13	14	15	16	17	18	19	20	21	22	23	24	25				
	回曆4月			23	24	25	26	27	28	29	30	1	2	3	4	5	6	7	8	9	10	11	12	13	14	15	16	17	18	19	20	21	22	23				
	藏曆九月			26	27	28	29	30	30	1	2	3	4	5	7	8	9	10	10	11	12	13	14	15	16	17	18	19	20	21	22	23	24	25				
	公曆11月						1	2	3	4	5	6	7	8	9	10	11	12	13	14	15	16	17	18	19	20	21	22	23	24	25	26	27	28	29	30		
36	夏曆十月						26	27	28	29	(52)	2	3	4	5	6	7	8	9	10	11	12	13	14	15	16	17	18	19	20	21	22	23	24	25	26		
	回曆5月						24	25	26	27	28	29	1	2	3	4	5	6	7	8	9	10	11	12	13	14	15	16	17	18	19	20	21	22	23	24		

續表

月 干支 序數	星期 月序	日	1	2	3	4	5	6	日	1	2	3	4	5	6	日	1	2	3	4	5	6	日	1	2	3	4	5	6	日	1	2	3	4	5	6	日	1
	藏曆十月						26	27	28	30	1	2	3	4	5	6	7	8	9	10	11	12	13	14	14	15	16	17	18	19	20	21	22	24	25	26		
	公曆12月	1	2	3	4	5	6	7	8	9	10	11	12	13	14	15	16	17	18	19	20	21	22	23	24	25	26	27	28	29	30	31						
37	夏曆十一月	27	28	29	㉑	2	3	4	5	6	7	8	9	10	11	12	13	14	15	16	17	18	19	20	21	22	23	24	25	26	27	28						
	回曆6月	25	26	27	28	29	30	1	2	3	4	5	6	7	8	9	10	11	12	13	14	15	16	17	18	19	20	21	22	23	24	25						
	藏曆十一月	27	28	29	30	1	2	3	4	5	6	7	8	9	10	11	12	13	14	15	16	17	18	19	20	21	22	23	24	25	26	27						

大事記

正月，宋詔周、張、二程與朱熹并從祀孔廟，黜王安石從祀。　三月，蒙古置行省於燕京。　八月，宋求遺書。　九月，高麗屢敗於蒙古，請降，入貢。并以族子質於蒙古。　十月，蒙古擾宋安豐。　十一月，蒙古窩闊臺汗卒，其后乃馬真氏稱制。蒙古屠宋漢州，入成都。蒙古遣月里麻思至宋議和，宋人囚之長沙。　是歲，蒙古大軍在歐洲分四路進攻，以拔都、海都、哈丹與速不臺分統之。

宋遼金紀年

干支壬寅　公元1242年

朝代或國名	國家支配者	建都	廟號	謚號	建元	年號年次	輔政者	備注
南宋	⑤趙昀	臨安	理宗	安	8	5淳祐2年	史嵩之	
蒙古	④乃馬真後	和林				元年		太宗第六後
大理	⑦段祥興			孝義	1	道隆4年		在雲南
古格						429年		西藏阿里

月曆表

5955—354—2175084

月 干支 序數	星期 月序	日	1	2	3	4	5	6	日	1	2	3	4	5	6	日	1	2	3	4	5	6	日	1	2	3	4	5	6	日	1	2	3	4	5	6	日	1
	公曆1月				1	2	3	4	5	6	7	8	9	10	11	12	13	14	15	16	17	18	19	20	21	22	23	24	25	26	27	28	29	30	31			
38	夏曆十二月				29	30	(51)	2	3	4	5	6	7	8	9	10	11	12	13	14	15	16	17	18	19	20	21	22	23	24	25	26	27	28	29			
	回曆7月				26	27	28	29	1	2	3	4	5	6	7	8	9	10	11	12	13	14	15	16	17	18	19	20	21	22	23	24	25	26	27			
	藏曆十二月				29	30	1	2	3	4	5	6	6	7	8	9	10	11	12	13	14	15	16	17	18	19	20	21	23	24	25	26	27	28	29			
	公曆2月							1	2	3	4	5	6	7	8	9	10	11	12	13	14	15	16	17	18	19	20	21	22	23	24	25	26	27	28			
39	夏曆正月							30	㉑	2	3	4	5	6	7	8	9	10	11	12	13	14	15	16	17	18	19	20	21	22	23	24	25	26	27			
	回曆8月							28	29	30	1	2	3	4	5	6	7	8	9	10	11	12	13	14	15	16	17	18	19	20	21	22	23	24	25			
陽水虎年	藏曆一月							30	1	2	3	4	5	6	7	8	9	9	10	11	12	13	14	15	17	18	19	20	21	22	23	24	25	26	27			
	公曆3月							1	2	3	4	5	6	7	8	9	10	11	12	13	14	15	16	17	18	19	20	21	22	23	24	25	26	27	28	29	30	31
40	夏曆二月							28	29	㊿	2	3	4	5	6	7	8	9	10	11	12	13	14	15	16	17	18	19	20	21	22	23	24	25	26	27	28	29
	回曆9月							26	27	28	29	1	2	3	4	5	6	7	8	9	10	11	12	13	14	15	16	17	18	19	20	21	22	23	24	25	26	27
	藏曆二月							28	29	30	1	2	3	4	5	6	7	8	9	10	11	12	13	14	15	16	17	18	19	21	22	23	24	25	26	27	28	29
	公曆4月			1	2	3	4	5	6	7	8	9	10	11	12	13	14	15	16	17	18	19	20	21	22	23	24	25	26	27	28	29	30					
41	夏曆三月			30	⑳	2	3	4	5	6	7	8	9	10	11	12	13	14	15	16	17	18	19	20	21	22	23	24	25	26	27	28	29					
	回曆10月			28	29	30	1	2	3	4	5	6	7	8	9	10	11	12	13	14	15	16	17	18	19	20	21	22	23	24	25	26	27					
	藏曆三月			30	1	2	2	3	4	5	6	7	8	9	10	11	12	13	15	16	17	18	19	20	21	22	23	24	25	26	27	28	29					
	公曆5月					1	2	3	4	5	6	7	8	9	10	11	12	13	14	15	16	17	18	19	20	21	22	23	24	25	26	27	28	29	30	31		

續表

月干支序數	月序＼星期	日	1	2	3	4	5	6	日	1	2	3	4	5	6	日	1	2	3	4	5	6	日	1	2	3	4	5	6	日	1	2	3	4	5	6	日	1
42 43	夏曆四五月					30	㊿	2	3	4	5	6	7	8	9	10	11	12	13	14	15	16	17	18	19	20	21	22	23	24	25	26	27	28	29	⑲		
	回曆11月					28	29	1	2	3	4	5	6	7	8	9	10	11	12	13	14	15	16	17	18	19	20	21	22	23	24	25	26	27	28	29		
	藏曆四月					30	1	2	3	4	5	6	7	8	9	10	11	12	13	14	15	16	18	19	20	21	22	23	24	25	26	27	27	28	29	30		
	公曆6月	1	2	3	4	5	6	7	8	9	10	11	12	13	14	15	16	17	18	19	20	21	22	23	24	25	26	27	28	29	30							
44	夏曆六月	2	3	4	5	6	7	8	9	10	11	12	13	14	15	16	17	18	19	20	21	22	23	24	25	26	27	28	29	30	㊾							
	回曆12月	30	1	2	3	4	5	6	7	8	9	10	11	12	13	14	15	16	17	18	19	20	21	22	23	24	25	26	27	28	29							
	藏曆五六月	1	2	3	4	5	6	7	8	9	11	12	13	14	15	16	17	18	19	20	21	22	23	24	25	26	27	28	29	30	1							
	公曆7月			1	2	3	4	5	6	7	8	9	10	11	12	13	14	15	16	17	18	19	20	21	22	23	24	25	26	27	28	29	30	31				
45	夏曆七月			2	3	4	5	6	7	8	9	10	11	12	13	14	15	16	17	18	19	20	21	22	23	24	25	26	27	28	29	⑱	2	3				
640年	回曆1、2月			①	2	3	4	5	6	7	8	9	10	11	12	13	14	15	16	17	18	19	20	21	22	23	24	25	26	27	28	29	30	1				
	藏曆七月			2	3	4	5	6	7	8	9	10	11	13	14	15	16	17	18	19	20	21	22	23	24	24	25	26	27	28	29	30	1	2				
	公曆8月						1	2	3	4	5	6	7	8	9	10	11	12	13	14	15	16	17	18	19	20	21	22	23	24	25	26	27	28	29	30	31	
46	夏曆八月						4	5	6	7	8	9	10	11	12	13	14	15	16	17	18	19	20	21	22	23	24	25	26	27	28	29	30	㊽	2	3	4	
	回曆3月						2	3	4	5	6	7	8	9	10	11	12	13	14	15	16	17	18	19	20	21	22	23	24	25	26	27	28	29	1	2	3	
	藏曆八月						3	4	6	7	8	9	10	11	12	13	14	15	16	17	18	19	20	21	22	23	24	25	26	27	28	29	30	1	2	3	4	
	公曆9月		1	2	3	4	5	6	7	8	9	10	11	12	13	14	15	16	17	18	19	20	21	22	23	24	25	26	27	28	29	30						
47	夏曆九月		5	6	7	8	9	10	11	12	13	14	15	16	17	18	19	20	21	22	23	24	25	26	27	28	29	⑰	2	3	4	5						
	回曆4月		4	5	6	7	8	9	10	11	12	13	14	15	16	17	18	19	20	21	22	23	24	25	26	27	28	29	30	1	2	3						
	藏曆九月		5	6	7	9	10	11	12	13	14	15	16	17	18	19	20	20	21	22	23	24	25	26	27	28	29	30	1	3	4	5						
	公曆10月				1	2	3	4	5	6	7	8	9	10	11	12	13	14	15	16	17	18	19	20	21	22	23	24	25	26	27	28	29	30	31			
48	夏曆十月				6	7	8	9	10	11	12	13	14	15	16	17	18	19	20	21	22	23	24	25	26	27	28	29	30	㊼	2	3	4	5	6			
	回曆5月				4	5	6	7	8	9	10	11	12	13	14	15	16	17	18	19	20	21	22	23	24	25	26	27	28	29	1	2	3	4	5			
	藏曆十月				6	7	8	9	10	11	12	13	14	15	16	17	18	19	20	21	22	23	24	25	26	27	28	29	30	1	2	3	4	5	7			
	公曆11月							1	2	3	4	5	6	7	8	9	10	11	12	13	14	15	16	17	18	19	20	21	22	23	24	25	26	27	28	29	30	
49	夏曆十一月							7	8	9	10	11	12	13	14	15	16	17	18	19	20	21	22	23	24	25	26	27	28	29	⑯	2	3	4	5	6	7	
	回曆6月							6	7	8	9	10	11	12	13	14	15	16	17	18	19	20	21	22	23	24	25	26	27	28	29	30	1	2	3	4	5	
	藏曆十一月							8	9	10	11	12	13	14	14	15	16	17	18	19	20	21	22	23	24	25	26	27	28	29	1	2	3	4	5	6	7	
	公曆12月		1	2	3	4	5	6	7	8	9	10	11	12	13	14	15	16	17	18	19	20	21	22	23	24	25	26	27	28	29	30	31					
50	夏曆十二月		8	9	10	11	12	13	14	15	16	17	18	19	20	21	22	23	24	25	26	27	28	29	30	㊻	2	3	4	5	6	7	8					
	回曆7月		6	7	8	9	10	11	12	13	14	15	16	17	18	19	20	21	22	23	24	25	26	27	28	29	1	2	3	4	5	6	7					
	藏曆十二月		8	9	10	11	12	13	14	15	16	17	17	18	19	20	21	22	23	25	26	27	28	29	30	1	2	3	4	5	6	7	8					

大事記

正月，蒙古復攻蜀，孟珙分兵禦之。　五月，蒙古破宋遂寧、瀘州。　六月，宋詔以余玠為四川宣諭使。　七月，宋江浙兩淮大水。蒙古張柔渡淮攻宋揚、滁、和等州。　十月，蒙古屠宋通州。　十二月，蒙古攻宋敘州。宋以孟珙為四川安撫使，余玠為四川安撫制置使，分別經營東西川，以禦蒙古。宋余玠命將修築釣魚城，又在嘉陵江、沱江、渠州沿岸山險修建山城十餘處，移各州治所於山城。　是年二月，蒙古西征軍退兵，沿途掃蕩保加利亞、瓦拉幾亞、摩爾達維亞，經黑海北岸退至伏爾加河下游，拔都建薩來為都城，號欽察汗，後分數部，諸長部落為金帳汗。自此統治俄羅斯諸國達兩個半世紀之久。

宋遼金紀年

朝代或國名	國家支配者	建都	廟號	謚號	建元	年號年次	輔政者	備注
南宋	⑤趙昀	臨安	理宗	安	8	5 淳祐 3 年	史嵩之	
蒙古	④乃馬真後	和林				2 年		
大理	⑦段祥興			孝義	1	道隆 5 年		在雲南
古格						430 年		西藏阿里

月曆表

5956－384－2175468

月干支序數	月序＼星期	日	1	2	3	4	5	6	日	1	2	3	4	5	6	日	1	2	3	4	5	6	日	1	2	3	4	5	6	日	1	2	3	4	5	6	日	1
	公曆 1 月					1	2	3	4	5	6	7	8	9	10	11	12	13	14	15	16	17	18	19	20	21	22	23	24	25	26	27	28	29	30	31		
51	夏曆正月					9	10	11	12	13	14	15	16	17	18	19	20	21	22	23	24	25	26	27	28	29	⑮	2	3	4	5	6	7	8	9	10		
	回曆 8 月					8	9	10	11	12	13	14	15	16	17	18	19	20	21	22	23	24	25	26	27	28	29	30	1	2	3	4	5	6	7	8		
陰水兔年	藏曆一月					9	10	11	12	13	14	15	16	17	18	19	20	21	22	23	24	25	26	27	28	30	1	2	3	4	5	6	7	8	8	9		
	公曆 2 月	1	2	3	4	5	6	7	8	9	10	11	12	13	14	15	16	17	18	19	20	21	22	23	24	25	26	27	28									
52	夏曆二月	11	12	13	14	15	16	17	18	19	20	21	22	23	24	25	26	27	28	29	30	㊺	2	3	4	5	6	7	8									
	回曆 9 月	9	10	11	12	13	14	15	16	17	18	19	20	21	22	23	24	25	26	27	28	29	1	2	3	4	5	6	7									
	藏曆二月	10	11	12	13	14	15	16	17	18	19	20	21	22	24	25	26	27	28	29	30	1	2	3	4	5	6	7	8									
	公曆 3 月	1	2	3	4	5	6	7	8	9	10	11	12	13	14	15	16	17	18	19	20	21	22	23	24	25	26	27	28	29	30	31						
53	夏曆三月	9	10	11	12	13	14	15	16	17	18	19	20	21	22	23	24	25	26	27	28	29	⑭	2	3	4	5	6	7	8	9	10						
	回曆 10 月	8	9	10	11	12	13	14	15	16	17	18	19	20	21	22	23	24	25	26	27	28	29	30	1	2	3	4	5	6	7	8						
	藏曆三月	9	10	11	12	13	13	14	15	17	18	19	20	21	22	23	24	25	26	27	29	30	30	1	1	2	3	4	5	6	7	8						
	公曆 4 月				1	2	3	4	5	6	7	8	9	10	11	12	13	14	15	16	17	18	19	20	21	22	23	24	25	26	27	28	29	30				
54	夏曆四月				11	12	13	14	15	16	17	18	19	20	21	22	23	24	25	26	27	28	29	30	㊹	2	3	4	5	6	7	8	9	10				
	回曆 11 月				9	10	11	12	13	14	15	16	17	18	19	20	21	22	23	24	25	26	27	28	29	1	2	3	4	5	6	7	8	9				
	藏曆四月				9	10	11	12	13	14	15	16	17	18	19	20	22	23	24	25	26	27	28	29	1	2	3	4	5	6	6	7	8	9				
	公曆 5 月						1	2	3	4	5	6	7	8	9	10	11	12	13	14	15	16	17	18	19	20	21	22	23	24	25	26	27	28	29	30	31	
55	夏曆五月						11	12	13	14	15	16	17	18	19	20	21	22	23	24	25	26	27	28	29	⑬	2	3	4	5	6	7	8	9	10	11	12	
	回曆 12 月						10	11	12	13	14	15	16	17	18	19	20	21	22	23	24	25	26	27	28	29	30	1	2	3	4	5	6	7	8	9	10	
	藏曆五月						10	11	12	13	15	16	17	18	19	20	21	22	23	24	25	26	27	28	29	30	1	2	3	4	5	6	7	8	9	10	11	
	公曆 6 月		1	2	3	4	5	6	7	8	9	10	11	12	13	14	15	16	17	18	19	20	21	22	23	24	25	26	27	28	29	30						
56	夏曆六月		13	14	15	16	17	18	19	20	21	22	23	24	25	26	27	28	29	30	㊸	2	3	4	5	6	7	8	9	10	11	12						
641 年	回曆 1 月		11	12	13	14	15	16	17	18	19	20	21	22	23	24	25	26	27	28	29	30	①	2	3	4	5	6	7	8	9	10						
	藏曆六月		12	13	14	15	16	18	19	20	21	22	23	24	25	26	27	28	29	30	1	2	2	3	4	5	6	7	8	10	11	12						
	公曆 7 月				1	2	3	4	5	6	7	8	9	10	11	12	13	14	15	16	17	18	19	20	21	22	23	24	25	26	27	28	29	30	31			
57	夏曆七月				13	14	15	16	17	18	19	20	21	22	23	24	25	26	27	28	29	30	⑬	2	3	4	5	6	7	8	9	10	11	12	13			
	回曆 2 月				11	12	13	14	15	16	17	18	19	20	21	22	23	24	25	26	27	28	29	30	1	2	3	4	5	6	7	8	9	10	11			
	藏曆七月				13	14	15	16	17	18	19	20	21	22	23	24	25	26	27	28	29	30	1	2	3	4	5	6	7	8	9	10	11	13	14			
	公曆 8 月							1	2	3	4	5	6	7	8	9	10	11	12	13	14	15	16	17	18	19	20	21	22	23	24	25	26	27	28	29	30	31
58	夏曆八月							14	15	16	17	18	19	20	21	22	23	24	25	26	27	28	29	㊷	2	3	4	5	6	7	8	9	10	11	12	13	14	15
	回曆 3 月							12	13	14	15	16	17	18	19	20	21	22	23	24	25	26	27	28	29	1	2	3	4	5	6	7	8	9	10	11	12	13
	藏曆八月							15	16	17	18	19	20	21	22	23	24	25	26	27	28	29	29	30	1	2	3	4	6	7	8	9	10	11	12	13	14	15
	公曆 9 月			1	2	3	4	5	6	7	8	9	10	11	12	13	14	15	16	17	18	19	20	21	22	23	24	25	26	27	28	29	30					
	夏曆閏八月			16	17	18	19	20	21	22	23	24	25	26	27	28	29	30	⑫	2	3	4	5	6	7	8	9	10	11	12	13	14	15					
	回曆 4 月			14	15	16	17	18	19	20	21	22	23	24	25	26	27	28	29	30	1	2	3	4	5	6	7	8	9	10	11	12	13					

續表

月干支序數	月序＼星期	日	1	2	3	4	5	6	日	1	2	3	4	5	6	日	1	2	3	4	5	6	日	1	2	3	4	5	6	日	1	2	3	4	5	6	日	1
	藏曆九月			16	17	18	19	20	21	22	23	24	25	26	27	28	29	30	1	2	3	4	5	6	7	8	10	11	12	13	14	15	16					
	公曆 10 月					1	2	3	4	5	6	7	8	9	10	11	12	13	14	15	16	17	18	19	20	21	22	23	24	25	26	27	28	29	30	31		
59	夏曆九月					16	17	18	19	20	21	22	23	24	25	26	27	28	29	㊶	2	3	4	5	6	7	8	9	10	11	12	13	14	15	16	17		
	回曆 5 月					14	15	16	17	18	19	20	21	22	23	24	25	26	27	28	29	1	2	3	4	5	6	7	8	9	10	11	12	13	14	15		
	藏曆十月					17	18	19	20	21	22	23	24	24	25	26	27	28	29	30	1	3	4	5	6	7	8	9	10	11	12	13	14	15	16	17		
	公曆 11 月	1	2	3	4	5	6	7	8	9	10	11	12	13	14	15	16	17	18	19	20	21	22	23	24	25	26	27	28	29	30							
60	夏曆十月	18	19	20	21	22	23	24	25	26	27	28	29	30	⑪	2	3	4	5	6	7	8	9	10	11	12	13	14	15	16	17							
	回曆 6 月	16	17	18	19	20	21	22	23	24	25	26	27	28	29	30	1	2	3	4	5	6	7	8	9	10	11	12	13	14	15							
	藏曆十一月	18	19	20	21	22	23	24	25	26	27	28	29	30	1	2	3	4	5	7	8	9	10	11	12	13	14	15	16	17	17							
	公曆 12 月			1	2	3	4	5	6	7	8	9	10	11	12	13	14	15	16	17	18	19	20	21	22	23	24	25	26	27	28	29	30	31				
1	夏曆十一月			18	19	20	21	22	23	24	25	26	27	28	29	㊵	2	3	4	5	6	7	8	9	10	11	12	13	14	15	16	17	18	19				
	回曆 7 月			16	17	18	19	20	21	22	23	24	25	26	27	28	29	1	2	3	4	5	6	7	8	9	10	11	12	13	14	15	16	17				
	藏曆十二月			18	19	20	21	22	23	24	25	26	27	28	29	2	3	4	5	6	7	8	9	10	11	12	13	14	15	16	17	18	19	20				

大事記

正月，蒙古張柔分兵屯田於襄城。　三月，蒙古破宋資州。　七月，蒙古破大安軍。　八月，宋禁州縣社倉科配於民。　是歲，余玠在蜀與蒙古大小三十六戰。宋史學家李心傳卒(1166—1243)。

宋 遼 金 紀 年

干支甲辰　公元 1244 年

朝代或國名	國家支配者	建都	廟號	謚號	建元	年號年次	輔政者	備注
南宋	⑤趙昀	臨安	理宗	安	8	5 淳祐 4 年	史嵩之　范鐘　杜範	
蒙古	④乃馬真後	和林				3 年		
大理	⑦段祥興			孝義	1	道隆 6 年		在雲南
古格						431 年		西藏阿里

月 曆 表

5957—355—2175823

月干支序數	月序＼星期	日	1	2	3	4	5	6	日	1	2	3	4	5	6	日	1	2	3	4	5	6	日	1	2	3	4	5	6	日	1	2	3	4	5	6	日	1
	公曆 1 月						1	2	3	4	5	6	7	8	9	10	11	12	13	14	15	16	17	18	19	20	21	22	23	24	25	26	27	28	29	30	31	
2	夏曆十二月						20	21	22	23	24	25	26	27	28	29	30	⑩	2	3	4	5	6	7	8	9	10	11	12	13	14	15	16	17	18	19	20	
	回曆 8 月						18	19	20	21	22	23	24	25	26	27	28	29	30	1	2	3	4	5	6	7	8	9	10	11	12	13	14	15	16	17	18	
陽木龍年	藏曆一月						20	21	22	23	25	26	27	28	29	30	30	1	2	3	4	5	6	7	8	9	10	11	12	13	14	15	16	17	18	19	20	
	公曆 2 月		1	2	3	4	5	6	7	8	9	10	11	12	13	14	15	16	17	18	19	20	21	22	23	24	25	26	27	28	29							
3	夏曆正月		21	22	23	24	25	26	27	28	29	㊴	2	3	4	5	6	7	8	9	10	11	12	13	14	15	16	17	18	19	20							
	回曆 9 月		19	20	21	22	23	24	25	26	27	28	29	1	2	3	4	5	6	7	8	9	10	11	12	13	14	15	16	17	18							
	藏曆二月		21	22	23	24	25	26	27	28	29	1	2	3	4	5	6	7	8	9	10	11	12	12	13	14	15	16	17	18	19							
	公曆 3 月			1	2	3	4	5	6	7	8	9	10	11	12	13	14	15	16	17	18	19	20	21	22	23	24	25	26	27	28	29	30	31				
4	夏曆二月			21	22	23	24	25	26	27	28	29	30	⑨	2	3	4	5	6	7	8	9	10	11	12	13	14	15	16	17	18	19	20	21				
	回曆 10 月			19	20	21	22	23	24	25	26	27	28	29	30	1	2	3	4	5	6	7	8	9	10	11	12	13	14	15	16	17	18	19				

續表

月干支序數	月序＼星期	日	1	2	3	4	5	6	日	1	2	3	4	5	6	日	1	2	3	4	5	6	日	1	2	3	4	5	6	日	1	2	3	4	5	6	日	1
	藏曆三月			20	21	22	23	25	26	27	28	29	30	1	2	3	4	5	6	7	8	9	10	11	12	13	14	15	16	17	18	19	20	21				
	公曆 4 月						1	2	3	4	5	6	7	8	9	10	11	12	13	14	15	16	17	18	19	20	21	22	23	24	25	26	27	28	29	30		
5	夏曆三月						22	23	24	25	26	27	28	29	㊳	2	3	4	5	6	7	8	9	10	11	12	13	14	15	16	17	18	19	20	21	22		
	回曆 11 月						20	21	22	23	24	25	26	27	28	29	1	2	3	4	5	6	7	8	9	10	11	12	13	14	15	16	17	18	19	20		
	藏曆四月						22	23	24	25	26	27	29	30	1	2	3	4	5	5	6	7	8	9	10	11	12	13	14	15	16	17	18	19	20	22		
	公曆 5 月	1	2	3	4	5	6	7	8	9	10	11	12	13	14	15	16	17	18	19	20	21	22	23	24	25	26	27	28	29	30	31						
6	夏曆四月	23	24	25	26	27	28	29	30	⑧	2	3	4	5	6	7	8	9	10	11	12	13	14	15	16	17	18	19	20	21	22	23						
	回曆 12 月	21	22	23	24	25	26	27	28	29	30	1	2	3	4	5	6	7	8	9	10	11	12	13	14	15	16	17	18	19	20	21						
	藏曆五月	23	24	25	26	27	28	29	30	1	2	3	4	5	6	7	8	9	10	11	12	13	14	15	16	17	18	19	20	21	22	23						
	公曆 6 月				1	2	3	4	5	6	7	8	9	10	11	12	13	14	15	16	17	18	19	20	21	22	23	24	25	26	27	28	29	30				
7	夏曆五月				24	25	26	27	28	29	㊲	2	3	4	5	6	7	8	9	10	11	12	13	14	15	16	17	18	19	20	21	22	23	24				
642年	回曆 1 月				22	23	24	25	26	27	28	29	①	2	3	4	5	6	7	8	9	10	11	12	13	14	15	16	17	18	19	20	21	22				
	藏曆後五月				25	26	27	28	29	30	30	1	1	2	3	4	5	6	7	8	9	10	11	12	13	14	15	16	18	19	20	21	22	23				
	公曆 7 月						1	2	3	4	5	6	7	8	9	10	11	12	13	14	15	16	17	18	19	20	21	22	23	24	25	26	27	28	29	30	31	
8	夏曆六月						25	26	27	28	29	30	⑦	2	3	4	5	6	7	8	9	10	11	12	13	14	15	16	17	18	19	20	21	22	23	24	25	
	回曆 2 月						23	24	25	26	27	28	29	30	1	2	3	4	5	6	7	8	9	10	11	12	13	14	15	16	17	18	19	20	21	22	23	
	藏曆六月						24	25	26	27	28	29	1	2	3	4	5	6	7	8	9	10	11	12	13	14	15	16	17	18	19	21	22	23	24	25	26	
	公曆 8 月		1	2	3	4	5	6	7	8	9	10	11	12	13	14	15	16	17	18	19	20	21	22	23	24	25	26	27	28	29	30	31					
9	夏曆七月		26	27	28	29	㊱	2	3	4	5	6	7	8	9	10	11	12	13	14	15	16	17	18	19	20	21	22	23	24	25	26	27					
	回曆 3 月		24	25	26	27	28	29	1	2	3	4	5	6	7	8	9	10	11	12	13	14	15	16	17	18	19	20	21	22	23	24	25					
	藏曆七月		27	28	28	29	30	1	2	3	4	5	6	7	8	9	10	11	13	14	15	16	17	18	19	20	21	22	23	24	25	26	27					
	公曆 9 月					1	2	3	4	5	6	7	8	9	10	11	12	13	14	15	16	17	18	19	20	21	22	23	24	25	26	27	28	29	30			
10	夏曆八月					28	29	30	⑥	2	3	4	5	6	7	8	9	10	11	12	13	14	15	16	17	18	19	20	21	22	23	24	25	26	27			
	回曆 4 月					26	27	28	29	30	1	2	3	4	5	6	7	8	9	10	11	12	13	14	15	16	17	18	19	20	21	22	23	24	25			
	藏曆八月					28	29	30	1	2	3	4	5	6	7	8	9	10	11	12	13	14	15	17	18	19	20	21	22	23	23	24	25	26	27			
	公曆 10 月							1	2	3	4	5	6	7	8	9	10	11	12	13	14	15	16	17	18	19	20	21	22	23	24	25	26	27	28	29	30	31
11	夏曆九月							28	29	30	㊱	2	3	4	5	6	7	8	9	10	11	12	13	14	15	16	17	18	19	20	21	22	23	24	25	26	27	28
	回曆 5 月							26	27	28	29	1	2	3	4	5	6	7	8	9	10	11	12	13	14	15	16	17	18	19	20	21	22	23	24	25	26	27
	藏曆九月							28	29	30	1	2	3	4	5	6	7	8	10	11	12	13	14	15	16	17	18	19	20	21	22	23	24	25	26	27	28	28
	公曆 11 月			1	2	3	4	5	6	7	8	9	10	11	12	13	14	15	16	17	18	19	20	21	22	23	24	25	26	27	28	29	30					
12	夏曆十月			29	⑤	2	3	4	5	6	7	8	9	10	11	12	13	14	15	16	17	18	19	20	21	22	23	24	25	26	27	28	29					
	回曆 6 月			28	29	30	1	2	3	4	5	6	7	8	9	10	11	12	13	14	15	16	17	18	19	20	21	22	23	24	25	26	27					
	藏曆十月			29	30	1	3	4	5	6	7	8	9	10	11	12	13	14	15	16	17	18	19	20	21	22	23	24	25	26	27	28	29					
	公曆 12 月					1	2	3	4	5	6	7	8	9	10	11	12	13	14	15	16	17	18	19	20	21	22	23	24	25	26	27	28	29	30	31		
13 14	夏曆十一 十二月					30	㉟	2	3	4	5	6	7	8	9	10	11	12	13	14	15	16	17	18	19	20	21	22	23	24	25	26	27	28	29	④		
	回曆 7 月					28	29	1	2	3	4	5	6	7	8	9	10	11	12	13	14	15	16	17	18	19	20	21	22	23	24	25	26	27	28	29		
	藏曆十一月					30	1	2	3	4	5	6	7	9	10	11	12	13	14	15	16	17	18	19	19	20	21	22	23	24	25	26	27	28	29	30		

大事記

正月，余玠兼四川屯田使。　五月，宋淮東軍泛海擾蒙古膠、密。蒙古圍宋壽春。蒙古耶律楚材卒（1190—1244）。六月，宋以呂文德為淮西招撫使。　七月，宋收汾、淮失業壯丁為武勝軍。宋永州民變。

宋遼金紀年

干支乙巳 公元1245年

朝代或國名	國家支配者	建都	廟號	謚號	建元	年號年次	輔政者	備注
南宋	⑤趙昀	臨安	理宗	安	8	5淳祐5年	史嵩之、范鐘、游侶	
蒙古	④乃馬真後	和林				4年		
大理	⑦段祥興			孝義	1	道隆7年		在雲南
古格						432年		西藏阿里

月曆表

5958—354—2176177

月干支序數	月序＼星期	日	1	2	3	4	5	6	日	1	2	3	4	5	6	日	1	2	3	4	5	6	日	1	2	3	4	5	6	日	1	2	3	4	5	6	日	1
	公曆1月	1	2	3	4	5	6	7	8	9	10	11	12	13	14	15	16	17	18	19	20	21	22	23	24	25	26	27	28	29	30	31						
15	夏曆正月	2	3	4	5	6	7	8	9	10	11	12	13	14	15	16	17	18	19	20	21	22	23	24	25	26	27	28	29	30	㉞	2						
	回曆8、9月	30	1	2	3	4	5	6	7	8	9	10	11	12	13	14	15	16	17	18	19	20	21	22	23	24	25	26	27	28	29	1						
陰木蛇年	藏曆十二一月	1	3	4	5	6	7	8	9	10	11	12	13	14	15	16	17	18	19	20	21	22	23	24	25	26	27	28	29	30	1	2						
	公曆2月				1	2	3	4	5	6	7	8	9	10	11	12	13	14	15	16	17	18	19	20	21	22	23	24	25	26	27	28						
16	夏曆二月				3	4	5	6	7	8	9	10	11	12	13	14	15	16	17	18	19	20	21	22	23	24	25	26	27	28	29	③						
	回曆 月				2	3	4	5	6	7	8	9	10	11	12	13	14	15	16	17	18	19	20	21	22	23	24	25	26	27	28	29						
	藏曆二月				3	4	5	6	7	9	10	11	11	12	13	14	15	16	17	18	19	20	21	22	23	24	25	26	27	28	29	2						
	公曆3月				1	2	3	4	5	6	7	8	9	10	11	12	13	14	15	16	17	18	19	20	21	22	23	24	25	26	27	28	29	30	31			
17	夏曆三月				2	3	4	5	6	7	8	9	10	11	12	13	14	15	16	17	18	19	20	21	22	23	24	25	26	27	28	29	30	㉝	2			
	回曆10、11月				30	1	2	3	4	5	6	7	8	9	10	11	12	13	14	15	16	17	18	19	20	21	22	23	24	25	26	27	28	29	1			
	藏曆三月				3	4	5	6	7	8	9	10	11	12	13	14	15	15	16	17	18	19	20	21	22	23	25	26	27	28	29	30	30	1	2			
	公曆4月							1	2	3	4	5	6	7	8	9	10	11	12	13	14	15	16	17	18	19	20	21	22	23	24	25	26	27	28	29	30	
18	夏曆四月							3	4	5	6	7	8	9	10	11	12	13	14	15	16	17	18	19	20	21	22	23	24	25	26	27	28	29	②	2	3	
	回曆12月							2	3	4	5	6	7	8	9	10	11	12	13	14	15	16	17	18	19	20	21	22	23	24	25	26	27	28	29	30	1	
	藏曆四月							3	4	5	6	7	8	9	10	11	12	13	14	15	16	17	18	19	20	21	22	23	24	25	26	27	29	30	1	2	3	
	公曆5月		1	2	3	4	5	6	7	8	9	10	11	12	13	14	15	16	17	18	19	20	21	22	23	24	25	26	27	28	29	30	31					
19	夏曆五月		4	5	6	7	8	9	10	11	12	13	14	15	16	17	18	19	20	21	22	23	24	25	26	27	28	29	㉛	2	3	4	5					
643年	回曆1月		2	3	4	5	6	7	8	9	10	11	12	13	14	15	16	17	18	19	20	21	22	23	24	25	26	27	28	29	①	2	3					
	藏曆五月		4	5	6	7	8	9	10	10	11	12	13	14	15	16	17	18	19	20	22	23	24	25	26	27	28	29	30	1	2	3	4					
	公曆6月					1	2	3	4	5	6	7	8	9	10	11	12	13	14	15	16	17	18	19	20	21	22	23	24	25	26	27	28	29	30			
20	夏曆六月					6	7	8	9	10	11	12	13	14	15	16	17	18	19	20	21	22	23	24	25	26	27	28	29	30	①	2	3	4	5			
	回曆2月					4	5	6	7	8	9	10	11	12	13	14	15	16	17	18	19	20	21	22	23	24	25	26	27	28	29	30	1	2	3			
	藏曆六月					5	6	7	8	9	10	11	12	13	14	15	16	17	18	19	20	21	22	23	25	26	27	28	29	30	1	2	3	4	5			
	公曆7月							1	2	3	4	5	6	7	8	9	10	11	12	13	14	15	16	17	18	19	20	21	22	23	24	25	26	27	28	29	30	31
21	夏曆七月							6	7	8	9	10	11	12	13	14	15	16	17	18	19	20	21	22	23	24	25	26	27	28	29	㉚	2	3	4	5	6	7
	回曆3月							4	5	6	7	8	9	10	11	12	13	14	15	16	17	18	19	20	21	22	23	24	25	26	27	28	29	1	2	3	4	5
	藏曆七月							6	6	7	8	9	10	11	12	13	14	15	17	18	19	20	21	22	23	24	25	26	27	28	29	30	1	2	3	4	5	6
	公曆8月			1	2	3	4	5	6	7	8	9	10	11	12	13	14	15	16	17	18	19	20	21	22	23	24	25	26	27	28	29	30	31				
22	夏曆八月			8	9	10	11	12	13	14	15	16	17	18	19	20	21	22	23	24	25	26	27	28	29	30	(60)	2	3	4	5	6	7	8				
	回曆4月			6	7	8	9	10	11	12	13	14	15	16	17	18	19	20	21	22	23	24	25	26	27	28	29	30	1	2	3	4	5	6				
	藏曆八月			7	8	9	10	11	12	13	14	15	16	17	18	20	21	22	23	24	25	26	27	28	29	30	1	2	2	3	4	5	6	7				
	公曆9月						1	2	3	4	5	6	7	8	9	10	11	12	13	14	15	16	17	18	19	20	21	22	23	24	25	26	27	28	29	30		
23	夏曆九月						9	10	11	12	13	14	15	16	17	18	19	20	21	22	23	24	25	26	27	28	29	30	㉚	2	3	4	5	6	7	8		

續表

月干支序數	月 星期 序	日	1	2	3	4	5	6	日	1	2	3	4	5	6	日	1	2	3	4	5	6	日	1	2	3	4	5	6	日	1	2	3	4	5	6	日	1
	回暦5月						7	8	9	10	11	12	13	14	15	16	17	18	19	20	21	22	23	24	25	26	27	28	29	1	2	3	4	5	6	7		
	藏暦九月						8	9	10	11	12	14	15	16	17	18	19	20	21	22	23	24	25	26	27	28	29	30	1	2	3	4	5	6	7	8		
	公暦10月	1	2	3	4	5	6	7	8	9	10	11	12	13	14	15	16	17	18	19	20	21	22	23	24	25	26	27	28	29	30	31						
24	夏暦十月	9	10	11	12	13	14	15	16	17	18	19	20	21	22	23	24	25	26	27	28	29	㊾	2	3	4	5	6	7	8	9	10						
	回暦6月	8	9	10	11	12	13	14	15	16	17	18	19	20	21	22	23	24	25	26	27	28	29	30	1	2	3	4	5	6	7	8						
	藏暦十月	9	10	11	12	13	14	15	17	18	19	20	21	22	23	24	25	26	27	27	28	29	30	1	2	3	4	5	6	7	8	9						
	公暦11月				1	2	3	4	5	6	7	8	9	10	11	12	13	14	15	16	17	18	19	20	21	22	23	24	25	26	27	28	29	30				
25	夏暦十一月				11	12	13	14	15	16	17	18	19	20	21	22	23	24	25	26	27	28	29	30	㉙	2	3	4	5	6	7	8	9	10				
	回暦7月				9	10	11	12	13	14	15	16	17	18	19	20	21	22	23	24	25	26	27	28	29	1	2	3	4	5	6	7	8	9				
	藏暦十一月				11	12	13	14	15	16	17	18	19	20	21	22	23	24	25	26	27	28	29	30	1	2	3	4	5	6	7	8	9	10				
	公暦12月						1	2	3	4	5	6	7	8	9	10	11	12	13	14	15	16	17	18	19	20	21	22	23	24	25	26	27	28	29	30	31	
26	夏暦十二月						11	12	13	14	15	16	17	18	19	20	21	22	23	24	25	26	27	28	29	30	㊾	2	3	4	5	6	7	8	9	10	11	
	回暦8月						10	11	12	13	14	15	16	17	18	19	20	21	22	23	24	25	26	27	28	29	30	1	2	3	4	5	6	7	8	9	10	
	藏暦十二月						11	12	13	14	16	17	18	19	19	20	21	22	23	24	25	26	27	28	29	30	1	2	3	4	5	6	7	8	10	11	12	

大事記

二月，宋文德於五河擊敗來犯之蒙古軍，復其城。　　五月，宋詔沿江湖南、江西、湖廣、兩浙制帥漕司共造輕捷戰船，置游擊壯士，以禦蒙古。　　七月，蒙古掠宋淮西，至揚州而去。

宋遼金紀年　　干支丙午　公元1246年

朝代或國名	國家支配者	建都	廟號	謚號	建元	年號年次	輔政者	備注
南宋	⑤趙昀	臨安	理宗	安	8	5淳祐6年	同前	
蒙古	⑤孛兒只斤貴由	和林	定宗	簡平		元年		七月即位
大理	⑦段祥興			孝義	1	道隆8年		在雲南
古格						433年		西藏阿里

月曆表　　5959—384—2176561

月干支序數	月 星期 序	日	1	2	3	4	5	6	日	1	2	3	4	5	6	日	1	2	3	4	5	6	日	1	2	3	4	5	6	日	1	2	3	4	5	6	日	1
	公暦1月		1	2	3	4	5	6	7	8	9	10	11	12	13	14	15	16	17	18	19	20	21	22	23	24	25	26	27	28	29	30	31					
27	夏暦正月		12	13	14	15	16	17	18	19	20	21	22	23	24	25	26	27	28	29	㉘	2	3	4	5	6	7	8	9	10	11	12	13					
	回暦9月		11	12	13	14	15	16	17	18	19	20	21	22	23	24	25	26	27	28	29	1	2	3	4	5	6	7	8	9	10	11	12					
陽火馬年	藏暦一月		13	14	15	16	17	18	19	20	21	22	22	23	24	25	26	27	28	29	30	1	2	4	5	6	7	8	9	10	11	12	13					
	公暦2月					1	2	3	4	5	6	7	8	9	10	11	12	13	14	15	16	17	18	19	20	21	22	23	24	25	26	27	28					
28	夏暦二月					14	15	16	17	18	19	20	21	22	23	24	25	26	27	28	29	30	㊳	2	3	4	5	6	7	8	9	10	11					
	回暦10月					13	14	15	16	17	18	19	20	21	22	23	24	25	26	27	28	29	30	1	2	3	4	5	6	7	8	9	10					
	藏暦二月					14	15	16	17	18	19	20	21	22	23	24	25	26	27	28	29	30	1	2	3	4	5	6	7	9	10	11	12					
	公暦3月					1	2	3	4	5	6	7	8	9	10	11	12	13	14	15	16	17	18	19	20	21	22	23	24	25	26	27	28	29	30	31		
29	夏暦三月					12	13	14	15	16	17	18	19	20	21	22	23	24	25	26	27	28	29	㉗	2	3	4	5	6	7	8	9	10	11	12	13		
	回暦11月					11	12	13	14	15	16	17	18	19	20	21	22	23	24	25	26	27	28	29	1	2	3	4	5	6	7	8	9	10	11	12		

續表

月干支序數	月序＼星期	日	1	2	3	4	5	6	日	1	2	3	4	5	6	日	1	2	3	4	5	6	日	1	2	3	4	5	6	日	1	2	3	4	5	6	日	1
	藏曆三月					13	14	15	15	16	17	18	19	20	21	22	23	24	25	26	27	28	29	2	3	4	5	6	7	8	9	10	11	12	13	14		
	公曆 4 月	1	2	3	4	5	6	7	8	9	10	11	12	13	14	15	16	17	18	19	20	21	22	23	24	25	26	27	28	29	30							
30	夏曆四月	14	15	16	17	18	19	20	21	22	23	24	25	26	27	28	29	30	(57)	2	3	4	5	6	7	8	9	10	11	12	13							
	回曆 12 月	13	14	15	16	17	18	19	20	21	22	23	24	25	26	27	28	29	30	1	2	3	4	5	6	7	8	9	10	11	12							
	藏曆四月	15	16	17	18	19	19	20	21	22	23	25	26	27	28	29	30	30	1	2	3	4	5	6	7	8	9	10	11	12	13							
	公曆 5 月			1	2	3	4	5	6	7	8	9	10	11	12	13	14	15	16	17	18	19	20	21	22	23	24	25	26	27	28	29	30	31				
	夏曆閏四月			14	15	16	17	18	19	20	21	22	23	24	25	26	27	28	29	㉖	2	3	4	5	6	7	8	9	10	11	12	13	14	15				
644 年	回曆 1 月			13	14	15	16	17	18	19	20	21	22	23	24	25	26	27	28	29	30	①	2	3	4	5	6	7	8	9	10	11	12	13				
	藏曆五月			14	15	16	17	18	19	20	21	22	23	24	25	26	27	29	30	1	2	3	4	5	6	7	8	9	10	11	12	13	14	14				
	公曆 6 月						1	2	3	4	5	6	7	8	9	10	11	12	13	14	15	16	17	18	19	20	21	22	23	24	25	26	27	28	29	30		
31	夏曆五月						16	17	18	19	20	21	22	23	24	25	26	27	28	29	(55)	2	3	4	5	6	7	8	9	10	11	12	13	14	15	16		
	回曆 2 月						14	15	16	17	18	19	20	21	22	23	24	25	26	27	28	29	30	1	2	3	4	5	6	7	8	9	10	11	12	13		
	藏曆六月						15	16	17	18	19	20	22	23	24	25	26	27	28	29	30	1	2	3	4	5	6	7	8	9	10	11	12	13	14	15		
	公曆 7 月	1	2	3	4	5	6	7	8	9	10	11	12	13	14	15	16	17	18	19	20	21	22	23	24	25	26	27	28	29	30	31						
32	夏曆六月	17	18	19	20	21	22	23	24	25	26	27	28	29	30	㉕	2	3	4	5	6	7	8	9	10	11	12	13	14	15	16	17						
	回曆 3 月	14	15	16	17	18	19	20	21	22	23	24	25	26	27	28	29	1	2	3	4	5	6	7	8	9	10	11	12	13	14	15						
	藏曆七月	16	17	18	19	20	21	22	23	25	26	27	28	29	30	1	2	3	4	5	6	7	8	9	10	11	11	12	13	14	15	17						
	公曆 8 月				1	2	3	4	5	6	7	8	9	10	11	12	13	14	15	16	17	18	19	20	21	22	23	24	25	26	27	28	29	30	31			
33	夏曆七月				18	19	20	21	22	23	24	25	26	27	28	29	(54)	2	3	4	5	6	7	8	9	10	11	12	13	14	15	16	17	18	19			
	回曆 4 月				16	17	18	19	20	21	22	23	24	25	26	27	28	29	30	1	2	3	4	5	6	7	8	9	10	11	12	13	14	15	16			
	藏曆八月				18	19	20	21	22	23	24	25	26	27	29	30	30	1	1	2	3	4	5	6	7	8	9	10	11	12	13	14	15	16	17			
	公曆 9 月							1	2	3	4	5	6	7	8	9	10	11	12	13	14	15	16	17	18	19	20	21	22	23	24	25	26	27	28	29	30	
34	夏曆八月							20	21	22	23	24	25	26	27	28	29	30	㉔	2	3	4	5	6	7	8	9	10	11	12	13	14	15	16	17	18	19	
	回曆 5 月							17	18	19	20	21	22	23	24	25	26	27	28	29	1	2	3	4	5	6	7	8	9	10	11	12	13	14	15	16	17	
	藏曆九月							18	19	21	22	23	24	25	26	27	28	29	1	2	3	4	5	6	7	7	8	9	10	11	12	14	15	16	17	18	19	
	公曆 10 月		1	2	3	4	5	6	7	8	9	10	11	12	13	14	15	16	17	18	19	20	21	22	23	24	25	26	27	28	29	30	31					
35	夏曆九月		20	21	22	23	24	25	26	27	28	29	(53)	2	3	4	5	6	7	8	9	10	11	12	13	14	15	16	17	18	19	20	21					
	回曆 6 月		18	19	20	21	22	23	24	25	26	27	28	29	30	1	2	3	4	5	6	7	8	9	10	11	12	13	14	15	16	17	18					
	藏曆十月		20	21	22	23	24	25	26	27	28	29	30	1	2	3	4	5	6	7	8	9	10	11	12	13	14	15	16	18	19	20	21					
	公曆 11 月					1	2	3	4	5	6	7	8	9	10	11	12	13	14	15	16	17	18	19	20	21	22	23	24	25	26	27	28	29	30			
36	夏曆十月					22	23	24	25	26	27	28	29	30	㉓	2	3	4	5	6	7	8	9	10	11	12	13	14	15	16	17	18	19	20	21			
	回曆 7 月					19	20	21	22	23	24	25	26	27	28	29	1	2	3	4	5	6	7	8	9	10	11	12	13	14	15	16	17	18	19			
	藏曆十一月					22	23	24	25	26	27	28	29	30	30	1	2	3	4	5	6	7	8	9	10	12	13	14	15	16	17	18	19	20	21			
	公曆 12 月							1	2	3	4	5	6	7	8	9	10	11	12	13	14	15	16	17	18	19	20	21	22	23	24	25	26	27	28	29	30	31
37	夏曆十一月							22	23	24	25	26	27	28	29	30	(53)	2	3	4	5	6	7	8	9	10	11	12	13	14	15	16	17	18	19	20	21	22
	回曆 8 月							20	21	22	23	24	25	26	27	28	29	30	1	2	3	4	5	6	7	8	9	10	11	12	13	14	15	16	17	18	19	20
	藏曆十二月							22	23	24	25	26	27	28	29	30	1	2	3	4	5	6	7	8	9	10	11	12	13	14	15	17	18	19	20	21	22	22

大事記

正月，宋置國用所。　　春，蒙古擾宋兩淮。　　七月，蒙古貴由立為大汗，是為定宗。羅馬教皇、回教主皆遣使來賀。　　九月，宋名將孟珙卒(1195—1246)。　　十二月，亡金將士據太行山反抗蒙古者十餘年，至是始降。蒙古史權等攻入淮南擾宋京湖、江淮，下虎頭關，圍黄州。　　宋發行紙幣達六億五千萬緡。

宋遼金紀年

干支丁未　公元1247年

朝代或國名	國家支配者	建都	廟號	謚號	建元	年號年次	輔政者	備注
南宋	⑤趙昀	臨安	理宗	安	8	5淳祐7年	鄭清之　游侶	
蒙古	⑤孛兒只斤貴由	和林	定宗	簡平		2年		
大理	⑦段祥興			孝義	1	道隆9年		在雲南
古格						434年		西藏阿里

月曆表

5960—355—2176916

月干支序數	月序＼星期	日	1	2	3	4	5	6	日	1	2	3	4	5	6	日	1	2	3	4	5	6	日	1	2	3	4	5	6	日	1	2	3	4	5	6	日	1
	公曆1月			1	2	3	4	5	6	7	8	9	10	11	12	13	14	15	16	17	18	19	20	21	22	23	24	25	26	27	28	29	30	31				
38	夏曆十二月			23	24	25	26	27	28	29	30	㉓	2	3	4	5	6	7	8	9	10	11	12	13	14	15	16	17	18	19	20	21	22	23				
	回曆9月			21	22	23	24	25	26	27	28	29	1	2	3	4	5	6	7	8	9	10	11	12	13	14	15	16	17	18	19	20	21	22				
陰火羊年	藏曆一月			23	24	25	26	27	28	29	30	1	2	3	4	5	6	7	8	9	11	12	13	14	15	16	17	18	19	20	21	22	23	24				
	公曆2月						1	2	3	4	5	6	7	8	9	10	11	12	13	14	15	16	17	18	19	20	21	22	23	24	25	26	27	28				
39	夏曆正月						24	25	26	27	28	29	(52)	2	3	4	5	6	7	8	9	10	11	12	13	14	15	16	17	18	19	20	21	22				
	回曆10月						23	24	25	26	27	28	29	30	1	2	3	4	5	6	7	8	9	10	11	12	13	14	15	16	17	18	19	20				
	藏曆二月						25	25	26	27	28	29	30	1	2	3	5	6	7	8	9	10	11	12	13	14	15	16	17	18	19	20	21	22				
	公曆3月						1	2	3	4	5	6	7	8	9	10	11	12	13	14	15	16	17	18	19	20	21	22	23	24	25	26	27	28	29	30	31	
40	夏曆二月						23	24	25	26	27	28	29	30	㉒	2	3	4	5	6	7	8	9	10	11	12	13	14	15	16	17	18	19	20	21	22	23	
	回曆11月						21	22	23	24	25	26	27	28	29	1	2	3	4	5	6	7	8	9	10	11	12	13	14	15	16	17	18	19	20	21	22	
	藏曆後二月						23	24	25	26	27	28	29	30	1	2	3	4	5	6	7	9	10	11	12	13	14	15	16	17	18	18	19	20	21	22	23	
	公曆4月		1	2	3	4	5	6	7	8	9	10	11	12	13	14	15	16	17	18	19	20	21	22	23	24	25	26	27	28	29	30						
41	夏曆三月		24	25	26	27	28	29	(51)	2	3	4	5	6	7	8	9	10	11	12	13	14	15	16	17	18	19	20	21	22	23	24						
	回曆12月		23	24	25	26	27	28	29	30	1	2	3	4	5	6	7	8	9	10	11	12	13	14	15	16	17	18	19	20	21	22						
	藏曆三月		24	25	26	27	28	29	30	1	3	4	5	6	7	8	9	10	11	12	13	14	15	16	17	18	19	20	21	22	23	24						
	公曆5月				1	2	3	4	5	6	7	8	9	10	11	12	13	14	15	16	17	18	19	20	21	22	23	24	25	26	27	28	29	30	31			
42	夏曆四月				25	26	27	28	29	30	㉑	2	3	4	5	6	7	8	9	10	11	12	13	14	15	16	17	18	19	20	21	22	23	24	25			
645年	回曆1月				23	24	25	26	27	28	29	①	2	3	4	5	6	7	8	9	10	11	12	13	14	15	16	17	18	19	20	21	22	23	24			
	藏曆四月				25	26	27	28	29	30	1	2	3	4	5	7	8	9	10	11	12	13	13	14	15	16	17	18	19	20	21	22	23	24	25			
	公曆6月							1	2	3	4	5	6	7	8	9	10	11	12	13	14	15	16	17	18	19	20	21	22	23	24	25	26	27	28	29	30	
43	夏曆五月							26	27	28	29	㊿	2	3	4	5	6	7	8	9	10	11	12	13	14	15	16	17	18	19	20	21	22	23	24	25	26	
	回曆2月							25	26	27	28	29	30	1	2	3	4	5	6	7	8	9	10	11	12	13	14	15	16	17	18	19	20	21	22	23	24	
	藏曆五月							26	27	29	30	1	2	3	4	5	6	7	8	9	10	11	12	13	14	15	16	17	18	19	20	21	22	23	24	25	26	
	公曆7月		1	2	3	4	5	6	7	8	9	10	11	12	13	14	15	16	17	18	19	20	21	22	23	24	25	26	27	28	29	30	31					
44	夏曆六月		27	28	29	⑲	2	3	4	5	6	7	8	9	10	11	12	13	14	15	16	17	18	19	20	21	22	23	24	25	26	27	28					
	回曆3月		25	26	27	28	29	1	2	3	4	5	6	7	8	9	10	11	12	13	14	15	16	17	18	19	20	21	22	23	24	25	26					
	藏曆六月		27	28	29	2	3	4	5	6	7	8	9	10	10	11	12	13	14	15	16	17	18	19	20	21	22	23	25	26	27	28	29					
	公曆8月					1	2	3	4	5	6	7	8	9	10	11	12	13	14	15	16	17	18	19	20	21	22	23	24	25	26	27	28	29	30	31		
45	夏曆七月					29	30	㊾	2	3	4	5	6	7	8	9	10	11	12	13	14	15	16	17	18	19	20	21	22	23	24	25	26	27	28	29		
	回曆4月					27	28	29	30	1	2	3	4	5	6	7	8	9	10	11	12	13	14	15	16	17	18	19	20	21	22	23	24	25	26	27		
	藏曆七月					30	30	1	2	3	4	5	6	7	8	9	10	11	12	13	14	15	16	17	18	19	20	21	22	23	24	25	26	28	29	30		
	公曆9月	1	2	3	4	5	6	7	8	9	10	11	12	13	14	15	16	17	18	19	20	21	22	23	24	25	26	27	28	29	30							
46	夏曆八月	⑱	2	3	4	5	6	7	8	9	10	11	12	13	14	15	16	17	18	19	20	21	22	23	24	25	26	27	28	29	30							
	回曆5月	28	29	1	2	3	4	5	6	7	8	9	10	11	12	13	14	15	16	17	18	19	20	21	22	23	24	25	26	27	28							

續表

月 干支 序數	星期 月序	日	1	2	3	4	5	6	日	1	2	3	4	5	6	日	1	2	3	4	5	6	日	1	2	3	4	5	6	日	1	2	3	4	5	6	日	1
	藏曆八月	1	2	3	4	5	6	6	7	8	9	10	11	12	13	14	15	16	17	18	19	21	22	23	24	25	26	27	28	29	30							
	公曆 10 月			1	2	3	4	5	6	7	8	9	10	11	12	13	14	15	16	17	18	19	20	21	22	23	24	25	26	27	28	29	30	31				
47 48	夏曆九十月			㊽	2	3	4	5	6	7	8	9	10	11	12	13	14	15	16	17	18	19	20	21	22	23	24	25	26	27	28	29	⑰	2				
	回曆 6 月			29	30	1	2	3	4	5	6	7	8	9	10	11	12	13	14	15	16	17	18	19	20	21	22	23	24	25	26	27	28	29				
	藏曆九十月			1	2	3	4	5	6	7	8	9	10	11	12	13	14	15	16	17	18	19	20	21	22	23	25	26	27	28	29	30	30	1				
	公曆 11 月						1	2	3	4	5	6	7	8	9	10	11	12	13	14	15	16	17	18	19	20	21	22	23	24	25	26	27	28	29	30		
49	夏曆十一月						3	4	5	6	7	8	9	10	11	12	13	14	15	16	17	18	19	20	21	22	23	24	25	26	27	28	29	30	㊼	2		
	回曆 7 月						1	2	3	4	5	6	7	8	9	10	11	12	13	14	15	16	17	18	19	20	21	22	23	24	25	26	27	28	29	30		
	藏曆十一月						2	3	4	5	6	7	8	9	10	11	12	13	14	15	16	17	19	20	21	22	23	24	25	26	27	28	29	30	1	2		
	公曆 12 月	1	2	3	4	5	6	7	8	9	10	11	12	13	14	15	16	17	18	19	20	21	22	23	24	25	26	27	28	29	30	31						
50	夏曆十二月	3	4	5	6	7	8	9	10	11	12	13	14	15	16	17	18	19	20	21	22	23	24	25	26	27	28	29	30	⑰	2	3						
	回曆 8、9 月	1	2	3	4	5	6	7	8	9	10	11	12	13	14	15	16	17	18	19	20	21	22	23	24	25	26	27	28	29	1	2						
	藏曆十二月	3	3	4	5	6	7	8	9	10	11	13	14	15	16	17	18	19	20	21	22	23	24	25	26	27	28	29	30	1	2	3						

大事記

春，蒙古張柔攻泗州。　六月，宋詔令掩埋兩淮、襄、蜀及江、閩内郡曾經兵州縣暴尸。　九月，蒙古以高麗不奉歲貢，攻之。　十一月，蒙古嚴括人戶，下令敢隱實者誅，籍其家。　十二月，張德輝舉儒士魏璠、元裕、李冶等二十餘人於忽必烈。　是歲，宋秦九韶撰《數書九章》成。宋宋慈撰法醫書籍《洗冤錄》成。

宋遼金紀年

干支戊申　公元 1248 年

朝代或國名	國家支配者	建都	廟號	謚號	建元	年號年次	輔政者	備注
南宋	⑤趙昀	臨安	理宗	安	8	5 淳祐 8 年	鄭清之	
蒙古	⑤孛兒只斤貴由	和林	定宗	簡平		3 年		三月卒
大理	⑦段祥興			孝義	1	道隆 10 年		在雲南
古格						435 年		西藏阿里

月曆表

5961—354—2177270

月 干支 序數	星期 月序	日	1	2	3	4	5	6	日	1	2	3	4	5	6	日	1	2	3	4	5	6	日	1	2	3	4	5	6	日	1	2	3	4	5	6	日	1
	公曆 1 月				1	2	3	4	5	6	7	8	9	10	11	12	13	14	15	16	17	18	19	20	21	22	23	24	25	26	27	28	29	30	31			
51	夏曆正月				4	5	6	7	8	9	10	11	12	13	14	15	16	17	18	19	20	21	22	23	24	25	26	27	28	29	30	㊼	2	3	4			
	回曆 10 月				3	4	5	6	7	8	9	10	11	12	13	14	15	16	17	18	19	20	21	22	23	24	25	26	27	28	29	30	1	2	3			
陽土猴年	藏曆一月				4	5	6	7	8	9	10	11	12	13	14	15	16	18	19	20	21	22	23	24	25	25	26	27	28	29	30	1	2	3	4			
	公曆 2 月							1	2	3	4	5	6	7	8	9	10	11	12	13	14	15	16	17	18	19	20	21	22	23	24	25	26	27	28	29		
52	夏曆二月							5	6	7	8	9	10	11	12	13	14	15	16	17	18	19	20	21	22	23	24	25	26	27	28	29	⑯	2	3	4		
	回曆 11 月							4	5	6	7	8	9	10	11	12	13	14	15	16	17	18	19	20	21	22	23	24	25	26	27	28	29	1	2	3		
	藏曆二月							5	6	7	8	9	10	12	13	14	15	16	17	18	19	20	21	22	23	24	25	26	27	28	28	29	30	1	2	3		
	公曆 3 月	1	2	3	4	5	6	7	8	9	10	11	12	13	14	15	16	17	18	19	20	21	22	23	24	25	26	27	28	29	30	31						
53	夏曆三月	5	6	7	8	9	10	11	12	13	14	15	16	17	18	19	20	21	22	23	24	25	26	27	28	29	30	㊻	2	3	4	5						

續表

月干支序數	月序 \ 星期	日	1	2	3	4	5	6	日	1	2	3	4	5	6	日	1	2	3	4	5	6	日	1	2	3	4	5	6	日	1	2	3	4	5	6	日	1
	回曆12月	4	5	6	7	8	9	10	11	12	13	14	15	16	17	18	19	20	21	22	23	24	25	26	27	28	29	30	1	2	3	4						
	藏曆三月	4	6	7	8	9	10	11	12	13	14	15	16	17	18	19	20	21	22	23	24	25	26	27	28	29	30	1	2	3	4	5						
	公曆4月				1	2	3	4	5	6	7	8	9	10	11	12	13	14	15	16	17	18	19	20	21	22	23	24	25	26	27	28	29	30				
54	夏曆四月				6	7	8	9	10	11	12	13	14	15	16	17	18	19	20	21	22	23	24	25	26	27	28	29	⑮	2	3	4	5	6				
646年	回曆1月				5	6	7	8	9	10	11	12	13	14	15	16	17	18	19	20	21	22	23	24	25	26	27	28	29	①	2	3	4	5				
	藏曆四月				6	7	8	10	11	12	13	14	15	16	17	18	19	20	21	22	22	23	24	25	26	27	28	29	30	1	3	4	5	6				
	公曆5月						1	2	3	4	5	6	7	8	9	10	11	12	13	14	15	16	17	18	19	20	21	22	23	24	25	26	27	28	29	30	31	
55	夏曆五月						7	8	9	10	11	12	13	14	15	16	17	18	19	20	21	22	23	24	25	26	27	28	29	30	㊺	2	3	4	5	6	7	
	回曆2月						6	7	8	9	10	11	12	13	14	15	16	17	18	19	20	21	22	23	24	25	26	27	28	29	30	1	2	3	4	5	6	
	藏曆五月						7	8	9	10	11	12	13	14	15	16	17	18	19	20	21	22	23	24	25	26	27	28	29	30	1	2	3	4	6	7	8	
	公曆6月		1	2	3	4	5	6	7	8	9	10	11	12	13	14	15	16	17	18	19	20	21	22	23	24	25	26	27	28	29	30						
56	夏曆六月		8	9	10	11	12	13	14	15	16	17	18	19	20	21	22	23	24	25	26	27	28	29	⑭	2	3	4	5	6	7	8						
	回曆3月		7	8	9	10	11	12	13	14	15	16	17	18	19	20	21	22	23	24	25	26	27	28	29	1	2	3	4	5	6	7						
	藏曆六月		9	10	11	12	13	14	15	16	17	18	18	19	20	21	22	23	24	25	26	27	29	30	1	2	3	4	5	6	7	8						
	公曆7月				1	2	3	4	5	6	7	8	9	10	11	12	13	14	15	16	17	18	19	20	21	22	23	24	25	26	27	28	29	30	31			
57	夏曆七月				9	10	11	12	13	14	15	16	17	18	19	20	21	22	23	24	25	26	27	28	29	㊸	2	3	4	5	6	7	8	9	10			
	回曆4月				8	9	10	11	12	13	14	15	16	17	18	19	20	21	22	23	24	25	26	27	28	29	30	1	2	3	4	5	6	7	8			
	藏曆七月				9	10	11	12	13	14	15	16	17	18	19	20	21	22	23	24	25	26	27	28	29	2	3	4	5	6	7	8	9	10	11			
	公曆8月							1	2	3	4	5	6	7	8	9	10	11	12	13	14	15	16	17	18	19	20	21	22	23	24	25	26	27	28	29	30	31
58	夏曆八月							11	12	13	14	15	16	17	18	19	20	21	22	23	24	25	26	27	28	29	30	⑬	2	3	4	5	6	7	8	9	10	11
	回曆5月							9	10	11	12	13	14	15	16	17	18	19	20	21	22	23	24	25	26	27	28	29	1	2	3	4	5	6	7	8	9	10
	藏曆八月							12	13	14	15	15	16	17	18	19	20	21	22	23	25	26	27	28	29	30	30	1	2	3	4	5	6	7	8	9	10	11
	公曆9月			1	2	3	4	5	6	7	8	9	10	11	12	13	14	15	16	17	18	19	20	21	22	23	24	25	26	27	28	29	30					
59	夏曆九月			12	13	14	15	16	17	18	19	20	21	22	23	24	25	26	27	28	29	㊷	2	3	4	5	6	7	8	9	10	11	12					
	回曆6月			11	12	13	14	15	16	17	18	19	20	21	22	23	24	25	26	27	28	29	30	1	2	3	4	5	6	7	8	9	10					
	藏曆九月			12	13	14	15	16	17	18	19	20	21	22	23	24	25	26	28	29	30	1	2	3	4	5	6	7	8	9	10	10	11					
	公曆10月					1	2	3	4	5	6	7	8	9	10	11	12	13	14	15	16	17	18	19	20	21	22	23	24	25	26	27	28	29	30	31		
60	夏曆十月					13	14	15	16	17	18	19	20	21	22	23	24	25	26	27	28	29	⑪	2	3	4	5	6	7	8	9	10	11	12	13	14		
	回曆7月					11	12	13	14	15	16	17	18	19	20	21	22	23	24	25	26	27	28	29	1	2	3	4	5	6	7	8	9	10	11	12		
	藏曆十月					12	13	14	15	16	17	18	19	20	22	23	24	25	26	27	28	29	30	1	2	3	4	5	6	7	8	9	10	11	12	13		
	公曆11月	1	2	3	4	5	6	7	8	9	10	11	12	13	14	15	16	17	18	19	20	21	22	23	24	25	26	27	28	29	30							
1	夏曆十一月	15	16	17	18	19	20	21	22	23	24	25	26	27	28	29	30	㊶	2	3	4	5	6	7	8	9	10	11	12	13	14							
	回曆8月	13	14	15	16	17	18	19	20	21	22	23	24	25	26	27	28	29	30	1	2	3	4	5	6	7	8	9	10	11	12							
	藏曆十一月	14	15	16	17	18	19	20	21	22	23	24	26	27	28	29	30	1	2	3	3	4	5	6	7	8	9	10	11	12	14							
	公曆12月			1	2	3	4	5	6	7	8	9	10	11	12	13	14	15	16	17	18	19	20	21	22	23	24	25	26	27	28	29	30	31				
2	夏曆十二月			15	16	17	18	19	20	21	22	23	24	25	26	27	28	29	30	⑪	2	3	4	5	6	7	8	9	10	11	12	13	14	15				
	回曆9月			13	14	15	16	17	18	19	20	21	22	23	24	25	26	27	28	29	1	2	3	4	5	6	7	8	9	10	11	12	13	14				
	藏曆十二月			15	16	17	18	20	21	22	23	24	25	26	27	28	29	30	30	1	2	3	4	5	6	6	7	8	9	10	11	12	14	15				

大事記

正月，蒙古萬戶郝和尚，奉詔還治太原，請凡遠道租稅、鹽課過當者，悉免除之。　二月，蒙古釋奠孔子廟，致胙於忽必烈。　三月，蒙古貴由汗卒，皇後海迷失氏稱制，立皇子失烈門，諸王大臣多不服。　九月，宋李治《測圓海鏡》成。　是歲，蒙古名將速不臺卒。

宋遼金紀年　　干支己酉　公元 1249 年

朝代或國名	國家支配者	建都	廟號	謚號	建元	年號年次	輔政者	備注
南宋	⑤趙昀	臨安	理宗	安	8	5 淳祐 9 年	鄭清之　趙葵	
蒙古	⑥海迷失後	和林				元年		三月即位
大理	⑦段祥興			孝義	1	道隆 11 年		在雲南
古格						436 年		西藏阿里

月曆表　　5962－383－2177653

月 干支 序數	星期 / 月序	日	1	2	3	4	5	6	日	1	2	3	4	5	6	日	1	2	3	4	5	6	日	1	2	3	4	5	6	日	1	2	3	4	5	6	日	1
	公曆 1 月						1	2	3	4	5	6	7	8	9	10	11	12	13	14	15	16	17	18	19	20	21	22	23	24	25	26	27	28	29	30	31	
3	夏曆正月						16	17	18	19	20	21	22	23	24	25	26	27	28	29	30	㊶	2	3	4	5	6	7	8	9	10	11	12	13	14	15	16	
	回曆 10 月						15	16	17	18	19	20	21	22	23	24	25	26	27	28	29	30	1	2	3	4	5	6	7	8	9	10	11	12	13	14	15	
陰土鷄年	藏曆一月						16	17	18	19	20	21	22	23	24	25	26	27	28	29	30	1	2	3	4	5	6	7	8	9	10	11	12	13	14	15	16	
	公曆 2 月		1	2	3	4	5	6	7	8	9	10	11	12	13	14	15	16	17	18	19	20	21	22	23	24	25	26	27	28								
4	夏曆二月		17	18	19	20	21	22	23	24	25	26	27	28	29	⑩	2	3	4	5	6	7	8	9	10	11	12	13	14	15								
	回曆 11 月		16	17	18	19	20	21	22	23	24	25	26	27	28	29	1	2	3	4	5	6	7	8	9	10	11	12	13	14								
	藏曆二月		17	19	20	21	22	23	24	25	26	27	28	28	29	30	1	2	3	4	5	6	7	8	9	10	11	13	14	15								
	公曆 3 月		1	2	3	4	5	6	7	8	9	10	11	12	13	14	15	16	17	18	19	20	21	22	23	24	25	26	27	28	29	30	31					
	夏曆閏二月		16	17	18	19	20	21	22	23	24	25	26	27	28	29	30	㊵	2	3	4	5	6	7	8	9	10	11	12	13	14	15	16					
	回曆 12 月		15	16	17	18	19	20	21	22	23	24	25	26	27	28	29	30	1	2	3	4	5	6	7	8	9	10	11	12	13	14	15					
	藏曆三月		16	17	18	19	20	21	22	23	24	25	26	27	28	29	30	1	2	3	4	5	6	7	8	9	10	11	12	13	14	15	16					
	公曆 4 月					1	2	3	4	5	6	7	8	9	10	11	12	13	14	15	16	17	18	19	20	21	22	23	24	25	26	27	28	29	30			
5	夏曆三月					17	18	19	20	21	22	23	24	25	26	27	28	29	30	⑩	2	3	4	5	6	7	8	9	10	11	12	13	14	15	16			
647 年	回曆 1 月					16	17	18	19	20	21	22	23	24	25	26	27	28	29	30	①	2	3	4	5	6	7	8	9	10	11	12	13	14	15			
	藏曆四月					18	19	20	21	21	22	23	24	25	26	27	28	29	30	1	2	3	4	5	6	7	8	9	11	12	13	14	15	16	17			
	公曆 5 月							1	2	3	4	5	6	7	8	9	10	11	12	13	14	15	16	17	18	19	20	21	22	23	24	25	26	27	28	29	30	31
6	夏曆四月							17	18	19	20	21	22	23	24	25	26	27	28	29	㊴	2	3	4	5	6	7	8	9	10	11	12	13	14	15	16	17	18
	回曆 2 月							16	17	18	19	20	21	22	23	24	25	26	27	28	29	30	1	2	3	4	5	6	7	8	9	10	11	12	13	14	15	16
	藏曆五月							18	19	20	21	22	23	24	25	26	27	27	28	29	30	1	3	4	5	6	7	8	9	10	11	12	13	15	15	16	17	18
	公曆 6 月			1	2	3	4	5	6	7	8	9	10	11	12	13	14	15	16	17	18	19	20	21	22	23	24	25	26	27	28	29	30					
7	夏曆五月			19	20	21	22	23	24	25	26	27	28	29	30	⑨	2	3	4	5	6	7	8	9	10	11	12	13	14	15	16	17	18					
	回曆 3 月			17	18	19	20	21	22	23	24	25	26	27	28	29	1	2	3	4	5	6	7	8	9	10	11	12	13	14	15	16	17					
	藏曆六月			19	20	21	22	23	23	24	25	26	28	29	30	1	2	3	4	6	7	8	9	10	11	12	13	14	15	16	17	18	19					
	公曆 7 月					1	2	3	4	5	6	7	8	9	10	11	12	13	14	15	16	17	18	19	20	21	22	23	24	25	26	27	28	29	30	31		
8	夏曆六月					19	20	21	22	23	24	25	26	27	28	29	㊳	2	3	4	5	6	7	8	9	10	11	12	13	14	15	16	17	18	19	20		
	回曆 4 月					18	19	20	21	22	23	24	25	26	27	28	29	30	1	2	3	4	5	6	7	8	9	10	11	12	13	14	15	16	17	18		
	藏曆七月					20	21	22	23	23	24	25	26	28	29	30	1	2	3	4	5	6	7	8	10	11	12	13	13	14	15	16	17	18	19	20		
	公曆 8 月	1	2	3	4	5	6	7	8	9	10	11	12	13	14	15	16	17	18	19	20	21	22	23	24	25	26	27	28	29	30	31						
9	夏曆七月	21	22	23	24	25	26	27	28	29	⑦	2	3	4	5	6	7	8	9	10	11	12	13	14	15	16	17	18	19	20	21	22						
	回曆 5 月	19	20	21	22	23	24	25	26	27	28	29	1	2	3	4	5	6	7	8	9	10	11	12	13	14	15	16	17	18	19	20						
	藏曆八月	21	22	23	24	25	26	27	28	29	2	3	4	5	6	7	8	9	10	11	12	13	14	15	16	17	18	19	20	20	21	22						
	公曆 9 月				1	2	3	4	5	6	7	8	9	10	11	12	13	14	15	16	17	18	19	20	21	22	23	24	25	26	27	28	29	30				
10	夏曆八月				23	24	25	26	27	28	29	30	㊲	2	3	4	5	6	7	8	9	10	11	12	13	14	15	16	17	18	19	20	21	22				
	回曆 6 月				21	22	23	24	25	26	27	28	29	30	1	2	3	4	5	6	7	8	9	10	11	12	13	14	15	16	17	18	19	20				
	藏曆九月				23	23	24	25	26	27	28	29	1	2	3	4	6	7	8	9	9	10	11	12	13	14	15	16	17	18	19	20	21	22				

續表

月 干支 序數	星期 月序	日	1	2	3	4	5	6	日	1	2	3	4	5	6	日	1	2	3	4	5	6	日	1	2	3	4	5	6	日	1	2	3	4	5	6	日	1
	公暦 10 月						1	2	3	4	5	6	7	8	9	10	11	12	13	14	15	16	17	18	19	20	21	22	23	24	25	26	27	28	29	30	31	
11	夏暦九月						23	24	25	26	27	28	29	⑥	2	3	4	5	6	7	8	9	10	11	12	13	14	15	16	17	18	19	20	21	22	23	24	
	回暦 7 月						21	22	23	24	25	26	27	28	29	1	2	3	4	5	6	7	8	9	10	11	12	13	14	15	16	17	18	19	20	21	22	
	藏暦十月						23	24	25	26	27	29	30	1	2	3	4	5	6	7	8	9	10	11	12	13	14	15	16	17	18	19	20	21	22	23	24	
	公暦 11 月		1	2	3	4	5	6	7	8	9	10	11	12	13	14	15	16	17	18	19	20	21	22	23	24	25	26	27	28	29	30						
12	夏暦十月		25	26	27	28	29	㉟	2	3	4	5	6	7	8	9	10	11	12	13	14	15	16	17	18	19	20	21	22	23	24	25						
	回暦 8 月		23	24	25	26	27	28	29	30	1	2	3	4	5	6	7	8	9	10	11	12	13	14	15	16	17	18	19	20	21	22						
	藏暦後十月		25	26	27	28	29	30	1	2	3	4	5	6	7	8	9	10	11	12	13	14	15	16	17	18	19	20	21	22	23	24						
	公暦 12 月				1	2	3	4	5	6	7	8	9	10	11	12	13	14	15	16	17	18	19	20	21	22	23	24	25	26	27	28	29	30	31			
13	夏暦十一月				26	27	28	29	30	⑤	2	3	4	5	6	7	8	9	10	11	12	13	14	15	16	17	18	19	20	21	22	23	24	25	26			
	回暦 9 月				23	24	25	26	27	28	29	1	2	3	4	5	6	7	8	9	10	11	12	13	14	15	16	17	18	19	20	21	22	23	24			
	藏暦十一月				25	27	28	29	30	1	2	3	4	5	6	6	7	8	9	10	11	12	13	14	15	16	17	18	19	21	22	23	24	25	26			

大事記

正月，宋詔兩淮京湖沿江曠土軍民從便耕種。宋命臨安府創慈幼局，收養道路遺弃初生嬰兒。　春，蒙古擾宋淮西。三月，宋以賈似道為寶文閣學士、京湖安撫制置大使、知江陵府。　九月，宋置新倉(淳祐倉)積貯米百二十萬石。　十月，宋嚴禁毀錢鑄器。　十二月，蒙古昇太原萬戶府為河東北路行省。

宋遼金紀年

干支庚戌　公元 1250 年

朝代或國名	國家支配者	建都	廟號	謚號	建元	年號年次	輔政者	備注
南宋	⑤趙昀	臨安	理宗		8	5 淳祐 10 年	同前	
蒙古	⑥海迷失後	和林				2 年		
大理	⑦段祥興		孝義		1	道隆 12 年		在雲南
古格						437 年		西藏阿里

月曆表

5963－355－2178008

月 干支 序數	星期 月序	日	1	2	3	4	5	6	日	1	2	3	4	5	6	日	1	2	3	4	5	6	日	1	2	3	4	5	6	日	1	2	3	4	5	6	日	1
	公暦 1 月							1	2	3	4	5	6	7	8	9	10	11	12	13	14	15	16	17	18	19	20	21	22	23	24	25	26	27	28	29	30	31
14	夏暦十二月							27	28	29	30	㉟	2	3	4	5	6	7	8	9	10	11	12	13	14	15	16	17	18	19	20	21	22	23	24	25	26	27
	回暦 10 月							25	26	27	28	29	30	1	2	3	4	5	6	7	8	9	10	11	12	13	14	15	16	17	18	19	20	21	22	23	24	25
	藏暦十二月							27	28	29	30	1	2	3	4	5	6	7	8	9	9	10	11	12	13	15	16	17	18	19	20	21	22	23	24	25	26	27
	公暦 2 月			1	2	3	4	5	6	7	8	9	10	11	12	13	14	15	16	17	18	19	20	21	22	23	24	25	26	27	28							
15	夏暦正月			28	29	④	2	3	4	5	6	7	8	9	10	11	12	13	14	15	16	17	18	19	20	21	22	23	24	25	26							
	回暦 11 月			26	27	28	29	1	2	3	4	5	6	7	8	9	10	11	12	13	14	15	16	17	18	19	20	21	22	23	24							
陽金狗年	藏暦一月			28	29	30	1	2	3	4	5	6	7	8	9	10	11	12	13	14	15	16	17	18	20	21	22	23	24	25	26							
	公暦 3 月			1	2	3	4	5	6	7	8	9	10	11	12	13	14	15	16	17	18	19	20	21	22	23	24	25	26	27	28	29	30	31				
16	夏暦二月			27	28	29	30	㉞	2	3	4	5	6	7	8	9	10	11	12	13	14	15	16	17	18	19	20	21	22	23	24	25	26	27				
	回暦 12 月			25	26	27	28	29	30	1	2	3	4	5	6	7	8	9	10	11	12	13	14	15	16	17	18	19	20	21	22	23	24	25				
	藏暦二月			27	28	29	30	30	1	1	2	3	4	5	6	7	8	9	10	11	12	14	15	16	17	18	19	20	21	22	23	24	25	26				

續表

月干支序數	星期 月序	日	1	2	3	4	5	6	日	1	2	3	4	5	6	日	1	2	3	4	5	6	日	1	2	3	4	5	6	日	1	2	3	4	5	6	日	1
	公曆4月						1	2	3	4	5	6	7	8	9	10	11	12	13	14	15	16	17	18	19	20	21	22	23	24	25	26	27	28	29	30		
17	夏曆三月						28	29	30	④	2	3	4	5	6	7	8	9	10	11	12	13	14	15	16	17	18	19	20	21	22	23	24	25	26	27		
648年	回曆1月						26	27	28	29	①	2	3	4	5	6	7	8	9	10	11	12	13	14	15	16	17	18	19	20	21	22	23	24	25	26		
	藏曆三月						27	28	29	1	2	3	4	5	6	7	8	9	10	11	12	13	14	15	16	18	19	20	21	22	23	24	25	25	26	27		
	公曆5月	1	2	3	4	5	6	7	8	9	10	11	12	13	14	15	16	17	18	19	20	21	22	23	24	25	26	27	28	29	30	31						
18	夏曆四月	28	29	30	㉞	2	3	4	5	6	7	8	9	10	11	12	13	14	15	16	17	18	19	20	21	22	23	24	25	26	27	28						
	回曆2月	27	28	29	30	1	2	3	4	5	6	7	8	9	10	11	12	13	14	15	16	17	18	19	20	21	22	23	24	25	26	27						
	藏曆四月	28	29	30	1	2	3	4	5	6	7	8	9	11	12	13	14	15	16	17	18	19	20	21	22	23	24	25	26	27	28	29						
	公曆6月				1	2	3	4	5	6	7	8	9	10	11	12	13	14	15	16	17	18	19	20	21	22	23	24	25	26	27	28	29	30				
19	夏曆五月				29	③	2	3	4	5	6	7	8	9	10	11	12	13	14	15	16	17	18	19	20	21	22	23	24	25	26	27	28	29				
	回曆3月				28	29	1	2	3	4	5	6	7	8	9	10	11	12	13	14	15	16	17	18	19	20	21	22	23	24	25	26	27	28				
	藏曆五月				30	1	2	3	4	5	6	7	8	9	10	11	12	14	15	16	17	18	19	20	21	22	22	23	24	25	26	27	28	29				
	公曆7月						1	2	3	4	5	6	7	8	9	10	11	12	13	14	15	16	17	18	19	20	21	22	23	24	25	26	27	28	29	30	31	
20 21	夏曆六 七月						㉜	2	3	4	5	6	7	8	9	10	11	12	13	14	15	16	17	18	19	20	21	22	23	24	25	26	27	28	29	30	②	
	回曆4月						29	30	1	2	3	4	5	6	7	8	9	10	11	12	13	14	15	16	17	18	19	20	21	22	23	24	25	26	27	28	29	
	藏曆六 七月						30	1	2	3	4	6	7	8	9	10	11	12	13	14	15	16	17	18	19	20	21	22	23	24	25	26	27	28	29	30	1	
	公曆8月		1	2	3	4	5	6	7	8	9	10	11	12	13	14	15	16	17	18	19	20	21	22	23	24	25	26	27	28	29	30	31					
22	夏曆八月		2	3	4	5	6	7	8	9	10	11	12	13	14	15	16	17	18	19	20	21	22	23	24	25	26	27	28	29	㉛	2	3					
	回曆5、6月		1	2	3	4	5	6	7	8	9	10	11	12	13	14	15	16	17	18	19	20	21	22	23	24	25	26	27	28	29	30	1					
	藏曆八月		2	3	4	5	6	7	9	10	11	12	13	14	15	16	17	18	18	19	20	21	22	23	24	25	26	27	28	29	2	3	4					
	公曆9月					1	2	3	4	5	6	7	8	9	10	11	12	13	14	15	16	17	18	19	20	21	22	23	24	25	26	27	28	29	30			
23	夏曆九月					4	5	6	7	8	9	10	11	12	13	14	15	16	17	18	19	20	21	22	23	24	25	26	27	28	29	30	①	2	3			
	回曆7月					2	3	4	5	6	7	8	9	10	11	12	13	14	15	16	17	18	19	20	21	22	23	24	25	26	27	28	29	1	2			
	藏曆九月					5	6	7	8	9	10	11	12	13	14	15	16	17	18	19	20	21	22	23	24	25	26	27	28	29	30	30	1	2	3			
	公曆10月							1	2	3	4	5	6	7	8	9	10	11	12	13	14	15	16	17	18	19	20	21	22	23	24	25	26	27	28	29	30	31
24	夏曆十月							4	5	6	7	8	9	10	11	12	13	14	15	16	17	18	19	20	21	22	23	24	25	26	27	28	29	㉚	2	3	4	5
	回曆8月							3	4	5	6	7	8	9	10	11	12	13	14	15	16	17	18	19	20	21	22	23	24	25	26	27	28	29	30	1	2	3
	藏曆十月							4	6	7	8	9	10	11	12	13	13	14	15	16	17	18	19	20	21	22	23	24	25	26	27	29	30	1	2	3	4	5
	公曆11月			1	2	3	4	5	6	7	8	9	10	11	12	13	14	15	16	17	18	19	20	21	22	23	24	25	26	27	28	29	30					
25	夏曆十一月			6	7	8	9	10	11	12	13	14	15	16	17	18	19	20	21	22	23	24	25	26	27	28	29	㊾	2	3	4	5	6					
	回曆9月			4	5	6	7	8	9	10	11	12	13	14	15	16	17	18	19	20	21	22	23	24	25	26	27	28	29	1	2	3	4					
	藏曆十一月			6	7	8	9	10	11	12	13	14	15	16	17	17	18	19	20	21	23	24	25	26	27	28	29	30	1	2	3	4	5					
	公曆12月					1	2	3	4	5	6	7	8	9	10	11	12	13	14	15	16	17	18	19	20	21	22	23	24	25	26	27	28	29	30	31		
26	夏曆十二月					7	8	9	10	11	12	13	14	15	16	17	18	19	20	21	22	23	24	25	26	27	28	29	30	㉙	2	3	4	5	6	7		
	回曆10月					5	6	7	8	9	10	11	12	13	14	15	16	17	18	19	20	21	22	23	24	25	26	27	28	29	30	1	2	3	4	5		
	藏曆十二月					6	7	8	9	10	11	12	13	14	15	16	17	18	19	20	21	22	23	24	25	26	28	29	30	1	2	3	4	5	6	7		

元四月丙申。

大事記

正月，宋詔郡邑間有水患隨處發義倉賑之。　二月，宋詔沿海嚴査私運銅錢，并嚴禁僞造會子。　十月，蒙古諸王擁立蒙哥。　是歲，宋李德卿《淳祐曆》成。

朝代或國名	國家支配者	建都	廟號	謚號	建元	年號年次	輔政者	備注
南宋	⑤趙昀	臨安	理宗	安	8	5淳祐11年	鄭清之 謝方叔 吴潜	
蒙古	⑦孛兒只斤蒙哥	和林	憲宗	桓肅		元年		六月即位
大理	⑦段祥興			孝義	1	道隆13年		段興智即位
古格						438年		西藏阿里

月曆表

5964—384—2178392

月干支序數	月序＼星期	日	1	2	3	4	5	6	日	1	2	3	4	5	6	日	1	2	3	4	5	6	日	1	2	3	4	5	6	日	1	2	3	4	5	6	日	1
	公曆1月	1	2	3	4	5	6	7	8	9	10	11	12	13	14	15	16	17	18	19	20	21	22	23	24	25	26	27	28	29	30	31						
27	夏曆正月	8	9	10	11	12	13	14	15	16	17	18	19	20	21	22	23	24	25	26	27	28	29	30	(59)	2	3	4	5	6	7	8						
	回曆11月	6	7	8	9	10	11	12	13	14	15	16	17	18	19	20	21	22	23	24	25	26	27	28	29	1	2	3	4	5	6	7						
陰金豬年	藏曆一月	8	9	9	10	11	12	13	14	15	16	17	18	19	20	22	23	24	25	26	27	28	29	30	1	2	3	4	5	6	7	8						
	公曆2月				1	2	3	4	5	6	7	8	9	10	11	12	13	14	15	16	17	18	19	20	21	22	23	24	25	26	27	28						
28	夏曆二月				9	10	11	12	13	14	15	16	17	18	19	20	21	22	23	24	25	26	27	28	29	㉘	2	3	4	5	6	7						
	回曆12月				8	9	10	11	12	13	14	15	16	17	18	19	20	21	22	23	24	25	26	27	28	29	30	1	2	3	4	5						
	藏曆二月				9	10	11	12	13	14	15	16	17	18	19	20	21	22	23	24	25	26	28	29	30	30	1	2	3	4	5	6						
	公曆3月				1	2	3	4	5	6	7	8	9	10	11	12	13	14	15	16	17	18	19	20	21	22	23	24	25	26	27	28	29	30	31			
29	夏曆三月				8	9	10	11	12	13	14	15	16	17	18	19	20	21	22	23	24	25	26	27	28	29	30	(58)	2	3	4	5	6	7	8			
649年	回曆1月				6	7	8	9	10	11	12	13	14	15	16	17	18	19	20	21	22	23	24	25	26	27	28	29	30	①	2	3	4	5	6			
	藏曆三月				7	8	9	10	11	12	13	14	15	16	17	18	19	21	22	23	24	25	26	27	28	29	30	1	2	3	4	5	5	6	7			
	公曆4月							1	2	3	4	5	6	7	8	9	10	11	12	13	14	15	16	17	18	19	20	21	22	23	24	25	26	27	28	29	30	
30	夏曆四月							9	10	11	12	13	14	15	16	17	18	19	20	21	22	23	24	25	26	27	28	29	30	㉘	2	3	4	5	6	7	8	
	回曆2月							7	8	9	10	11	12	13	14	15	16	17	18	19	20	21	22	23	24	25	26	27	28	29	30	1	2	3	4	5	6	
	藏曆四月							8	9	10	11	12	14	15	16	17	18	19	20	21	22	23	24	25	26	27	28	29	30	1	2	3	4	5	6	7	8	
	公曆5月		1	2	3	4	5	6	7	8	9	10	11	12	13	14	15	16	17	18	19	20	21	22	23	24	25	26	27	28	29	30	31					
31	夏曆五月		9	10	11	12	13	14	15	16	17	18	19	20	21	22	23	24	25	26	27	28	29	(57)	2	3	4	5	6	7	8	9	10					
	回曆3月		7	8	9	10	11	12	13	14	15	16	17	18	19	20	21	22	23	24	25	26	27	28	29	1	2	3	4	5	6	7	8					
	藏曆五月		9	10	11	12	13	14	15	16	18	19	20	21	22	23	24	25	26	27	28	29	30	30	1	2	3	4	5	6	7	8	9					
	公曆6月					1	2	3	4	5	6	7	8	9	10	11	12	13	14	15	16	17	18	19	20	21	22	23	24	25	26	27	28	29	30			
32	夏曆六月					11	12	13	14	15	16	17	18	19	20	21	22	23	24	25	26	27	28	29	30	㉗	2	3	4	5	6	7	8	9	10			
	回曆4月					9	10	11	12	13	14	15	16	17	18	19	20	21	22	23	24	25	26	27	28	29	30	1	2	3	4	5	6	7	8			
	藏曆六月					11	12	13	14	15	16	17	18	19	20	21	22	23	24	25	26	27	28	29	30	1	2	3	4	5	6	7	8	9	10			
	公曆7月							1	2	3	4	5	6	7	8	9	10	11	12	13	14	15	16	17	18	19	20	21	22	23	24	25	26	27	28	29	30	31
33	夏曆七月							11	12	13	14	15	16	17	18	19	20	21	22	23	24	25	26	27	28	29	30	(57)	2	3	4	5	6	7	8	9	10	11
	回曆5月							9	10	11	12	13	14	15	16	17	18	19	20	21	22	23	24	25	26	27	28	29	1	2	3	4	5	6	7	8	9	10
	藏曆七月							11	12	14	15	16	17	18	19	20	21	22	23	24	25	26	27	27	28	29	30	1	2	3	4	6	7	8	9	10	11	12
	公曆8月			1	2	3	4	5	6	7	8	9	10	11	12	13	14	15	16	17	18	19	20	21	22	23	24	25	26	27	28	29	30	31				
34	夏曆八月			12	13	14	15	16	17	18	19	20	21	22	23	24	25	26	27	28	29	㉖	2	3	4	5	6	7	8	9	10	11	12	13				
	回曆6月			11	12	13	14	15	16	17	18	19	20	21	22	23	24	25	26	27	28	29	30	1	2	3	4	5	6	7	8	9	10	11				
	藏曆八月			13	14	15	16	17	18	19	20	21	22	23	24	25	26	27	28	29	30	1	2	3	4	5	6	7	9	10	11	12	13	14				
	公曆9月						1	2	3	4	5	6	7	8	9	10	11	12	13	14	15	16	17	18	19	20	21	22	23	24	25	26	27	28	29	30		
35	夏曆九月						14	15	16	17	18	19	20	21	22	23	24	25	26	27	28	29	(55)	2	3	4	5	6	7	8	9	10	11	12	13	14		
	回曆7月						12	13	14	15	16	17	18	19	20	21	22	23	24	25	26	27	28	29	1	2	3	4	5	6	7	8	9	10	11	12		
	藏曆九月						15	16	17	18	19	20	21	22	23	23	24	25	26	27	28	29	30	1	3	4	5	6	7	8	9	10	11	12	13	14		

續表

月干支序數	月序＼星期	日	1	2	3	4	5	6	日	1	2	3	4	5	6	日	1	2	3	4	5	6	日	1	2	3	4	5	6	日	1	2	3	4	5	6	日	1
	公暦 10 月	1	2	3	4	5	6	7	8	9	10	11	12	13	14	15	16	17	18	19	20	21	22	23	24	25	26	27	28	29	30	31						
36	夏暦十月	15	16	17	18	19	20	21	22	23	24	25	26	27	28	29	30	㉕	2	3	4	5	6	7	8	9	10	11	12	13	14	15						
	回暦 8 月	13	14	15	16	17	18	19	20	21	22	23	24	25	26	27	28	29	30	1	2	3	4	5	6	7	8	9	10	11	12	13						
	藏暦十月	15	16	17	18	19	20	21	22	23	24	25	26	27	28	29	30	1	2	3	4	6	7	8	9	10	11	12	13	14	15	16						
	公暦 11 月				1	2	3	4	5	6	7	8	9	10	11	12	13	14	15	16	17	18	19	20	21	22	23	24	25	26	27	28	29	30				
	夏暦閏十月				16	17	18	19	20	21	22	23	24	25	26	27	28	29	(54)	2	3	4	5	6	7	8	9	10	11	12	13	14	15	16				
	回暦 9 月				14	15	16	17	18	19	20	21	22	23	24	25	26	27	28	29	1	2	3	4	5	6	7	8	9	10	11	12	13	14				
	藏暦十一月				17	17	18	19	20	21	22	23	24	25	26	27	28	30	1	2	3	4	5	6	7	8	9	10	11	12	13	14	15	16				
	公暦 12 月						1	2	3	4	5	6	7	8	9	10	11	12	13	14	15	16	17	18	19	20	21	22	23	24	25	26	27	28	29	30	31	
37	夏暦十一月						17	18	19	20	21	22	23	24	25	26	27	28	29	㉓	2	3	4	5	6	7	8	9	10	11	12	13	14	15	16	17	18	
	回暦 10 月						15	16	17	18	19	20	21	22	23	24	25	26	27	28	29	30	1	2	3	4	5	6	7	8	9	10	11	12	13	14	15	
	藏暦十二月						17	18	19	20	21	22	23	24	25	26	27	28	29	30	1	2	3	4	6	7	8	8	9	10	11	12	13	14	15	16	17	

元四月庚寅，七月己未，十一月丁亥。

大事記

正月，宋詔沿海沿江州郡，中嚴水軍之制。　六月，宋求遺書。蒙古諸王、大將共立拖雷子蒙哥為大汗，為憲宗；窩闊臺汗子孫皆不平。蒙哥汗以皇弟忽必烈總漠南軍事，領治蒙古漢地民戶。　十一月，蒙古免海內儒士徭役。蒙古以西域僧那摩為國師總天下釋教。宋以謝方叔、吳潛為相。　是歲，宋兩廣、福建、江西、湖南大疫。

宋遼金紀年　　干支壬子　公元 1252 年

朝代或國名	國家支配者	建都	廟號	謚號	建元	年號年次	輔政者	備注
南宋	⑤趙昀	臨安	理宗	安	8	5 淳祐 12 年	謝方叔　吳潛	
蒙古	⑦孛兒只斤蒙哥	和林	憲宗	桓肅		2 年		
大理	⑧段興智			天定賢王	3	1 利正元年		在雲南
古格						439 年		西藏阿里

月曆表　　5965－354－2178746

月干支序數	月序＼星期	日	1	2	3	4	5	6	日	1	2	3	4	5	6	日	1	2	3	4	5	6	日	1	2	3	4	5	6	日	1	2	3	4	5	6	日	1
	公暦 1 月		1	2	3	4	5	6	7	8	9	10	11	12	13	14	15	16	17	18	19	20	21	22	23	24	25	26	27	28	29	30	31					
38	夏暦十二月		19	20	21	22	23	24	25	26	27	28	29	30	(53)	2	3	4	5	6	7	8	9	10	11	12	13	14	15	16	17	18	19					
	回暦 11 月		16	17	18	19	20	21	22	23	24	25	26	27	28	29	1	2	3	4	5	6	7	8	9	10	11	12	13	14	15	16	17					
陽水鼠年	藏暦一月		18	19	20	21	22	23	24	25	26	27	29	30	1	2	3	4	5	6	7	8	9	10	11	12	12	13	14	15	16	17	18					
	公暦 2 月					1	2	3	4	5	6	7	8	9	10	11	12	13	14	15	16	17	18	19	20	21	22	23	24	25	26	27	28	29				
39	夏暦正月					20	21	22	23	24	25	26	27	28	29	30	㉓	2	3	4	5	6	7	8	9	10	11	12	13	14	15	16	17	18				
	回暦 12 月					18	19	20	21	22	23	24	25	26	27	28	29	30	1	2	3	4	5	6	7	8	9	10	11	12	13	14	15	16				
	藏暦二月					19	20	21	22	24	25	26	27	28	29	30	1	2	3	4	5	6	7	8	9	10	11	12	13	14	15	16	17	18				
	公暦 3 月						1	2	3	4	5	6	7	8	9	10	11	12	13	14	15	16	17	18	19	20	21	22	23	24	25	26	27	28	29	30	31	
40	夏暦二月						19	20	21	22	23	24	25	26	27	28	29	(52)	2	3	4	5	6	7	8	9	10	11	12	13	14	15	16	17	18	19	20	
650 年	回暦 1 月						17	18	19	20	21	22	23	24	25	26	27	28	29	①	2	3	4	5	6	7	8	9	10	11	12	13	14	15	16	17	18	
	藏暦三月						19	20	21	22	23	24	25	26	28	29	30	1	2	3	4	4	5	6	7	8	9	10	11	12	13	14	15	16	17	18	19	

續表

月干支序數	月序 \ 星期	日	1	2	3	4	5	6	日	1	2	3	4	5	6	日	1	2	3	4	5	6	日	1	2	3	4	5	6	日	1	2	3	4	5	6	日	1
	公曆4月		1	2	3	4	5	6	7	8	9	10	11	12	13	14	15	16	17	18	19	20	21	22	23	24	25	26	27	28	29	30						
41	夏曆三月		21	22	23	24	25	26	27	28	29	30	㉒	2	3	4	5	6	7	8	9	10	11	12	13	14	15	16	17	18	19	20						
	回曆2月		19	20	21	22	23	24	25	26	27	28	29	30	1	2	3	4	5	6	7	8	9	10	11	12	13	14	15	16	17	18						
	藏曆四月		20	22	23	24	25	26	27	28	29	30	1	2	3	4	5	6	7	8	9	10	11	12	13	14	15	16	17	18	19	20						
	公曆5月				1	2	3	4	5	6	7	8	9	10	11	12	13	14	15	16	17	18	19	20	21	22	23	24	25	26	27	28	29	30	31			
42	夏曆四月				21	22	23	24	25	26	27	28	29	㊿	2	3	4	5	6	7	8	9	10	11	12	13	14	15	16	17	18	19	20	21	22			
	回曆3月				19	20	21	22	23	24	25	26	27	28	29	1	2	3	4	5	6	7	8	9	10	11	12	13	14	15	16	17	18	19	20			
	藏曆五月				21	22	23	24	26	27	28	29	29	30	1	2	3	4	5	6	7	8	9	10	11	12	13	14	15	16	18	19	20	21	22			
	公曆6月							1	2	3	4	5	6	7	8	9	10	11	12	13	14	15	16	17	18	19	20	21	22	23	24	25	26	27	28	29	30	
43	夏曆五月							23	24	25	26	27	28	29	30	㉑	2	3	4	5	6	7	8	9	10	11	12	13	14	15	16	17	18	19	20	21	22	
	回曆4月							21	22	23	24	25	26	27	28	29	30	1	2	3	4	5	6	7	8	9	10	11	12	13	14	15	16	17	18	19	20	
	藏曆六月							23	24	25	26	27	28	29	30	1	2	3	4	5	5	6	7	8	10	11	12	13	14	15	16	17	18	19	21	22	23	
	公曆7月		1	2	3	4	5	6	7	8	9	10	11	12	13	14	15	16	17	18	19	20	21	22	23	24	25	26	27	28	29	30	31					
44	夏曆六月		23	24	25	26	27	28	29	㊿	2	3	4	5	6	7	8	9	10	11	12	13	14	15	16	17	18	19	20	21	22	23	24					
	回曆5月		21	22	23	24	25	26	27	28	29	1	2	3	4	5	6	7	8	9	10	11	12	13	14	15	16	17	18	19	20	21	22					
	藏曆後六月		24	25	25	26	27	28	29	30	1	2	3	4	5	6	7	8	9	10	11	13	14	15	16	17	18	19	20	21	22	23	24					
	公曆8月					1	2	3	4	5	6	7	8	9	10	11	12	13	14	15	16	17	18	19	20	21	22	23	24	25	26	27	28	29	30	31		
45	夏曆七月					25	26	27	28	29	30	㉑	2	3	4	5	6	7	8	9	10	11	12	13	14	15	16	17	18	19	20	21	22	23	24	25		
	回曆6月					23	24	25	26	27	28	29	30	1	2	3	4	5	6	7	8	9	10	11	12	13	14	15	16	17	18	19	20	21	22	23		
	藏曆七月					25	26	27	28	29	30	1	2	3	4	5	6	7	8	9	10	11	12	13	14	15	17	18	19	20	21	22	22	23	24	25		
	公曆9月	1	2	3	4	5	6	7	8	9	10	11	12	13	14	15	16	17	18	19	20	21	22	23	24	25	26	27	28	29	30							
46	夏曆八月	26	27	28	29	30	㊿	2	3	4	5	6	7	8	9	10	11	12	13	14	15	16	17	18	19	20	21	22	23	24	25							
	回曆7月	24	25	26	27	28	29	1	2	3	4	5	6	7	8	9	10	11	12	13	14	15	16	17	18	19	20	21	22	23	24							
	藏曆八月	26	27	28	29	30	1	2	3	4	5	6	7	8	10	11	12	13	14	15	16	17	18	19	20	21	22	23	24	25	26							
	公曆10月			1	2	3	4	5	6	7	8	9	10	11	12	13	14	15	16	17	18	19	20	21	22	23	24	25	26	27	28	29	30	31				
47	夏曆九月			26	27	28	29	⑲	2	3	4	5	6	7	8	9	10	11	12	13	14	15	16	17	18	19	20	21	22	23	24	25	26	27				
	回曆8月			25	26	27	28	29	30	1	2	3	4	5	6	7	8	9	10	11	12	13	14	15	16	17	18	19	20	21	22	23	24	25				
	藏曆九月			27	27	28	29	2	3	4	5	6	7	8	9	10	11	12	13	14	15	16	17	18	19	20	21	22	23	24	25	26	27	28				
	公曆11月						1	2	3	4	5	6	7	8	9	10	11	12	13	14	15	16	17	18	19	20	21	22	23	24	25	26	27	28	29	30		
48	夏曆十月						28	29	30	㊾	2	3	4	5	6	7	8	9	10	11	12	13	14	15	16	17	18	19	20	21	22	23	24	25	26	27		
	回曆9月						26	27	28	29	1	2	3	4	5	6	7	8	9	10	11	12	13	14	15	16	17	18	19	20	21	22	23	24	25	26		
	藏曆十月						29	30	30	1	2	3	4	5	7	8	9	10	11	12	13	14	15	16	17	18	19	20	20	21	22	23	24	25	26	27		
	公曆12月	1	2	3	4	5	6	7	8	9	10	11	12	13	14	15	16	17	18	19	20	21	22	23	24	25	26	27	28	29	30	31						
49	夏曆十一月	28	29	⑱	2	3	4	5	6	7	8	9	10	11	12	13	14	15	16	17	18	19	20	21	22	23	24	25	26	27	28	29						
	回曆10月	27	28	29	30	1	2	3	4	5	6	7	8	9	10	11	12	13	14	15	16	17	18	19	20	21	22	23	24	25	26	27						
	藏曆十一月	28	29	1	2	3	4	5	6	7	8	9	10	11	12	13	14	15	16	17	18	19	20	21	22	23	24	25	26	27	28	29						

元正月乙酉。

大事記

正月，宋詔議立方田、開溝澮。宋創置游擊軍。蒙古置經略司於汴，以忙哥、史天澤等為經略使，屯田唐、鄧諸州。二月，蒙古擾宋隨、郢等州。　三月，蒙古兵數萬攻隨、郢、復等州。　四月，蒙古徙窩闊臺汗子孫及諸王於各邊，賜海迷失皇後死，幽失烈門。　五月，宋玉山縣饑民起事，尋敗散。宋罷諸郡經界。　七月，宋兩浙、江東西、福建等路水。八月，宋行《會天曆》。蒙古忽必烈至臨洮，為攻蜀計。　十月，蒙古擾宋嘉定。蒙古征高麗。蒙古掠成都，四川大震。十一月，宋臨安大火。　是歲，蒙古籍漢民戶。

宋 遼 金 紀 年

干支癸丑　公元 1253 年

朝代或國名	國家支配者	建都	廟號	謚　號	建元	年號年次	輔政者	備　注
南宋	⑤趙昀	臨安	理宗	安	8	6 寶祐元年	謝方叔	
蒙古	⑦孛兒只斤蒙哥	和林	憲宗	桓肅		3 年		
大理	⑦段興智			天定賢王	3	2 興正元年		在雲南
古格						440 年		西藏阿里

月 曆 表

5966－355－2179101

月干支序數	星期／月序	日	1	2	3	4	5	6	日	1	2	3	4	5	6	日	1	2	3	4	5	6	日	1	2	3	4	5	6	日	1	2	3	4	5	6	日	1
	公曆 1 月				1	2	3	4	5	6	7	8	9	10	11	12	13	14	15	16	17	18	19	20	21	22	23	24	25	26	27	28	29	30	31			
50 51	夏曆十二正月				30	㊽	2	3	4	5	6	7	8	9	10	11	12	13	14	15	16	17	18	19	20	21	22	23	24	25	26	27	28	29	⑰			
	回曆 11 月				28	29	1	2	3	4	5	6	7	8	9	10	11	12	13	14	15	16	17	18	19	20	21	22	23	24	25	26	27	28	29			
陰水牛年	藏曆十二一月				30	1	2	3	4	6	7	8	9	10	11	12	12	13	14	15	16	17	18	19	20	21	22	23	24	25	26	27	28	30	1			
	公曆 2 月							1	2	3	4	5	6	7	8	9	10	11	12	13	14	15	16	17	18	19	20	21	22	23	24	25	26	27	28			
	夏曆正月							2	3	4	5	6	7	8	9	10	11	12	13	14	15	16	17	18	19	20	21	22	23	24	25	26	27	28	29			
	回曆 12 月							30	1	2	3	4	5	6	7	8	9	10	11	12	13	14	15	16	17	18	19	20	21	22	23	24	25	26	27			
	藏曆一月							2	3	4	5	6	7	8	9	10	11	12	13	14	15	15	16	17	18	19	20	21	22	24	25	26	27	28	29			
	公曆 3 月							1	2	3	4	5	6	7	8	9	10	11	12	13	14	15	16	17	18	19	20	21	22	23	24	25	26	27	28	29	30	31
52 53	夏曆二三月							㊻	2	3	4	5	6	7	8	9	10	11	12	13	14	15	16	17	18	19	20	21	22	23	24	25	26	27	28	29	30	⑯
651 年	回曆 1 月							28	29	①	2	3	4	5	6	7	8	9	10	11	12	13	14	15	16	17	18	19	20	21	22	23	24	25	26	27	28	29
	藏曆二三月							30	1	2	3	4	5	6	7	8	9	10	11	12	13	14	15	16	17	18	19	20	21	22	23	24	25	26	28	29	30	1
	公曆 4 月			1	2	3	4	5	6	7	8	9	10	11	12	13	14	15	16	17	18	19	20	21	22	23	24	25	26	27	28	29	30					
54	夏曆四月			2	3	4	5	6	7	8	9	10	11	12	13	14	15	16	17	18	19	20	21	22	23	24	25	26	27	28	29	㊺	2					
	回曆 2 月			30	1	2	3	4	5	6	7	8	9	10	11	12	13	14	15	16	17	18	19	20	21	22	23	24	25	26	27	28	29					
	藏曆四月			2	3	4	5	6	7	8	8	9	10	11	12	13	14	15	16	17	18	19	20	22	23	24	25	26	27	28	29	30	1					
	公曆 5 月					1	2	3	4	5	6	7	8	9	10	11	12	13	14	15	16	17	18	19	20	21	22	23	24	25	26	27	28	29	30	31		
55	夏曆五月					3	4	5	6	7	8	9	10	11	12	13	14	15	16	17	18	19	20	21	22	23	24	25	26	27	28	29	30	⑮	2	3		
	回曆 3、4 月					1	2	3	4	5	6	7	8	9	10	11	12	13	14	15	16	17	18	19	20	21	22	23	24	25	26	27	28	29	30	1		
	藏曆五月					2	3	4	5	6	7	8	9	10	11	12	13	14	15	16	17	18	19	20	21	22	23	25	26	27	28	29	30	1	2	3		
	公曆 6 月	1	2	3	4	5	6	7	8	9	10	11	12	13	14	15	16	17	18	19	20	21	22	23	24	25	26	27	28	29	30							
56	夏曆六月	4	5	6	7	8	9	10	11	12	13	14	15	16	17	18	19	20	21	22	23	24	25	26	27	28	29	30	㊺	2	3							
	回曆 5 月	2	3	4	5	6	7	8	9	10	11	12	13	14	15	16	17	18	19	20	21	22	23	24	25	26	27	28	29	1	2							
	藏曆六月	4	4	5	6	7	8	9	10	11	12	13	14	15	16	18	19	20	21	22	23	24	25	26	27	28	29	30	1	2	3							
	公曆 7 月			1	2	3	4	5	6	7	8	9	10	11	12	13	14	15	16	17	18	19	20	21	22	23	24	25	26	27	28	29	30	31				
57	夏曆七月			4	5	6	7	8	9	10	11	12	13	14	15	16	17	18	19	20	21	22	23	24	25	26	27	28	29	⑭	2	3	4	5				
	回曆 6 月			3	4	5	6	7	8	9	10	11	12	13	14	15	16	17	18	19	20	21	22	23	24	25	26	27	28	29	30	1	2	3				
	藏曆七月			4	5	6	7	8	9	10	11	12	13	14	15	16	17	18	19	21	22	23	24	25	26	27	28	29	30	30	1	1	2	3				
	公曆 8 月						1	2	3	4	5	6	7	8	9	10	11	12	13	14	15	16	17	18	19	20	21	22	23	24	25	26	27	28	29	30	31	
58	夏曆八月						6	7	8	9	10	11	12	13	14	15	16	17	18	19	20	21	22	23	24	25	26	27	28	29	30	㊹	2	3	4	5	6	
	回曆 7 月						4	5	6	7	8	9	10	11	12	13	14	15	16	17	18	19	20	21	22	23	24	25	26	27	28	29	1	2	3	4	5	
	藏曆八月						4	5	6	7	8	9	10	11	13	14	15	16	17	18	19	20	21	22	23	24	25	26	27	28	29	1	2	3	4	5	6	

續表

月 干支 序數	星期 月序	日	1	2	3	4	5	6	日	1	2	3	4	5	6	日	1	2	3	4	5	6	日	1	2	3	4	5	6	日	1	2	3	4	5	6	日	1
	公曆9月		1	2	3	4	5	6	7	8	9	10	11	12	13	14	15	16	17	18	19	20	21	22	23	24	25	26	27	28	29	30						
59	夏曆九月		7	8	9	10	11	12	13	14	15	16	17	18	19	20	21	22	23	24	25	26	27	28	29	30	⑭	2	3	4	5	6						
	回曆8月		6	7	8	9	10	11	12	13	14	15	16	17	18	19	20	21	22	23	24	25	26	27	28	29	30	1	2	3	4	5						
	藏曆九月		7	8	9	10	11	12	13	14	15	17	18	19	20	21	22	23	24	25	26	26	27	28	29	30	1	2	3	4	5	6						
	公曆10月				1	2	3	4	5	6	7	8	9	10	11	12	13	14	15	16	17	18	19	20	21	22	23	24	25	26	27	28	29	30	31			
60	夏曆十月				7	8	9	10	11	12	13	14	15	16	17	18	19	20	21	22	23	24	25	26	27	28	29	㊸	2	3	4	5	6	7	8			
	回曆9月				6	7	8	9	10	11	12	13	14	15	16	17	18	19	20	21	22	23	24	25	26	27	28	29	1	2	3	4	5	6	7			
	藏曆十月				7	8	10	11	12	13	14	15	16	17	18	19	20	21	22	23	24	25	26	27	28	29	30	1	2	3	4	5	6	7	8			
	公曆11月							1	2	3	4	5	6	7	8	9	10	11	12	13	14	15	16	17	18	19	20	21	22	23	24	25	26	27	28	29	30	
1	夏曆十一月							9	10	11	12	13	14	15	16	17	18	19	20	21	22	23	24	25	26	27	28	29	30	⑬	2	3	4	5	6	7	8	
	回曆10月							8	9	10	11	12	13	14	15	16	17	18	19	20	21	22	23	24	25	26	27	28	29	30	1	2	3	4	5	6	7	
	藏曆十一月							9	10	11	12	14	15	16	17	18	19	19	20	21	22	23	24	25	26	27	28	29	30	1	2	3	4	5	6	8	9	
	公曆12月		1	2	3	4	5	6	7	8	9	10	11	12	13	14	15	16	17	18	19	20	21	22	23	24	25	26	27	28	29	30	31					
2	夏曆十二月		9	10	11	12	13	14	15	16	17	18	19	20	21	22	23	24	25	26	27	28	29	㊷	2	3	4	5	6	7	8	9	10					
	回曆11月		8	9	10	11	12	13	14	15	16	17	18	19	20	21	22	23	24	25	26	27	28	29	1	2	3	4	5	6	7	8	9					
	藏曆十二月		10	11	12	13	14	15	16	17	18	19	20	21	22	23	23	24	25	26	27	28	29	2	3	4	5	6	7	8	9	10	11					

《宋紀》正月庚寅，誤。元九月丙子。

大事記

正月，蒙古擾宋萬州。蒙古大封同姓，各予封地。　三月，蒙古擾宋海州。　五月，宋召余玠還。　六月，蒙古命旭烈兀及兀良哈臺等西征哈里發、八哈達等國（第三次西征—1260）。　七月，宋余玠暴卒。　八月，宋行皇宋元寶錢。　九月，蒙古忽必烈分三道攻雲南。　十月，蒙（摩）娑降於忽必烈。　十一月，白蠻降。　十二月，忽必烈入大理。蒙古拔高麗東州、春州等地。

宋遼金紀年

干支甲寅　公元1254年

朝代或國名	國家支配者	建都	廟號	謚號	建元	年號年次	輔政者	備注
南宋	⑤趙昀	臨安	理宗	安	8	6寶祐2年	謝方叔	
蒙古	⑦孛兒只斤蒙哥	和林	憲宗	桓肅		4年		
大理	⑦段興智			天定賢王	3	3天定元年		亡於蒙古
古格						441年		西藏阿里

月曆表

5967－384－2179485

月 干支 序數	星期 月序	日	1	2	3	4	5	6	日	1	2	3	4	5	6	日	1	2	3	4	5	6	日	1	2	3	4	5	6	日	1	2	3	4	5	6	日	1
	公曆1月					1	2	3	4	5	6	7	8	9	10	11	12	13	14	15	16	17	18	19	20	21	22	23	24	25	26	27	28	29	30	31		
3	夏曆正月					11	12	13	14	15	16	17	18	19	20	21	22	23	24	25	26	27	28	29	30	⑫	2	3	4	5	6	7	8	9	10	11		
	回曆12月					10	11	12	13	14	15	16	17	18	19	20	21	22	23	24	25	26	27	28	29	30	1	2	3	4	5	6	7	8	9	10		
陽木虎年	藏曆一月					12	13	14	15	16	17	18	19	20	21	22	23	24	25	26	27	28	29	30	30	1	2	3	4	5	7	8	9	10	11	12		
	公曆2月	1	2	3	4	5	6	7	8	9	10	11	12	13	14	15	16	17	18	19	20	21	22	23	24	25	26	27	28									
4	夏曆二月	12	13	14	15	16	17	18	19	20	21	22	23	24	25	26	27	28	29	㊶	2	3	4	5	6	7	8	9	10									

續表

月干支序數	月序 / 星期	日	1	2	3	4	5	6	日	1	2	3	4	5	6	日	1	2	3	4	5	6	日	1	2	3	4	5	6	日	1	2	3	4	5	6	日	1
652年	回曆1月	11	12	13	14	15	16	17	18	19	20	21	22	23	24	25	26	27	28	29	30	①	2	3	4	5	6	7	8									
	藏曆二月	13	14	14	15	16	17	18	19	20	21	22	23	24	25	26	27	28	29	1	2	3	4	5	6	7	8	9	10									
	公曆3月	1	2	3	4	5	6	7	8	9	10	11	12	13	14	15	16	17	18	19	20	21	22	23	24	25	26	27	28	29	30	31						
5	夏曆三月	11	12	13	14	15	16	17	18	19	20	21	22	23	24	25	26	27	28	29	30	⑪	2	3	4	5	6	7	8	9	10	11						
	回曆2月	9	10	11	12	13	14	15	16	17	18	19	20	21	22	23	24	25	26	27	28	29	30	1	2	3	4	5	6	7	8	9						
	藏曆三月	11	12	13	14	15	16	17	18	18	19	20	21	22	23	25	26	27	28	29	30	1	2	3	4	5	6	7	8	9	10	11						
	公曆4月				1	2	3	4	5	6	7	8	9	10	11	12	13	14	15	16	17	18	19	20	21	22	23	24	25	26	27	28	29	30				
6	夏曆四月				12	13	14	15	16	17	18	19	20	21	22	23	24	25	26	27	28	29	㊵	2	3	4	5	6	7	8	9	10	11	12				
	回曆3月				10	11	12	13	14	15	16	17	18	19	20	21	22	23	24	25	26	27	28	29	1	2	3	4	5	6	7	8	9	10				
	藏曆四月				12	13	14	15	16	17	18	19	20	21	22	23	24	25	26	27	29	30	1	2	3	4	5	6	7	8	9	10	11	12				
	公曆5月						1	2	3	4	5	6	7	8	9	10	11	12	13	14	15	16	17	18	19	20	21	22	23	24	25	26	27	28	29	30	31	
7	夏曆五月						13	14	15	16	17	18	19	20	21	22	23	24	25	26	27	28	29	⑨	2	3	4	5	6	7	8	9	10	11	12	13	14	
	回曆4月						11	12	13	14	15	16	17	18	19	20	21	22	23	24	25	26	27	28	29	30	1	2	3	4	5	6	7	8	9	10	11	
	藏曆五月						12	13	14	15	16	17	18	19	20	22	23	24	25	26	27	28	29	30	1	2	3	4	5	6	7	8	9	10	11	12	13	
	公曆6月		1	2	3	4	5	6	7	8	9	10	11	12	13	14	15	16	17	18	19	20	21	22	23	24	25	26	27	28	29	30						
8	夏曆六月		15	16	17	18	19	20	21	22	23	24	25	26	27	28	29	30	㊴	2	3	4	5	6	7	8	9	10	11	12	13	14						
	回曆5月		12	13	14	15	16	17	18	19	20	21	22	23	24	25	26	27	28	29	1	2	3	4	5	6	7	8	9	10	11	12						
	藏曆六月		14	15	16	17	18	19	20	21	22	23	25	26	27	28	29	30	1	2	3	4	5	6	7	8	9	9	10	11	12	13						
	公曆7月				1	2	3	4	5	6	7	8	9	10	11	12	13	14	15	16	17	18	19	20	21	22	23	24	25	26	27	28	29	30	31			
	夏曆閏六月				15	16	17	18	19	20	21	22	23	24	25	26	27	28	29	⑧	2	3	4	5	6	7	8	9	10	11	12	13	14	15	16			
	回曆6月				13	14	15	16	17	18	19	20	21	22	23	24	25	26	27	28	29	30	1	2	3	4	5	6	7	8	9	10	11	12	13			
	藏曆七月				14	15	16	18	19	20	21	22	23	24	25	26	27	28	29	30	1	2	3	4	5	6	7	8	9	10	11	12	13	14	15			
	公曆8月							1	2	3	4	5	6	7	8	9	10	11	12	13	14	15	16	17	18	19	20	21	22	23	24	25	26	27	28	29	30	31
9	夏曆七月							17	18	19	20	21	22	23	24	25	26	27	28	29	30	㊳	2	3	4	5	6	7	8	9	10	11	12	13	14	15	16	17
	回曆7月							14	15	16	17	18	19	20	21	22	23	24	25	26	27	28	29	1	2	3	4	5	6	7	8	9	10	11	12	13	14	15
	藏曆八月							16	17	18	19	21	22	23	24	25	26	27	28	29	30	1	2	3	4	5	5	6	7	8	9	10	11	13	14	15	16	17
	公曆9月			1	2	3	4	5	6	7	8	9	10	11	12	13	14	15	16	17	18	19	20	21	22	23	24	25	26	27	28	29	30					
10	夏曆八月			18	19	20	21	22	23	24	25	26	27	28	29	30	⑧	2	3	4	5	6	7	8	9	10	11	12	13	14	15	16	17					
	回曆8月			16	17	18	19	20	21	22	23	24	25	26	27	28	29	30	1	2	3	4	5	6	7	8	9	10	11	12	13	14	15					
	藏曆九月			18	19	20	21	22	23	24	25	26	27	28	29	30	1	2	3	4	5	6	7	8	9	10	11	12	13	14	15	17	18					
	公曆10月					1	2	3	4	5	6	7	8	9	10	11	12	13	14	15	16	17	18	19	20	21	22	23	24	25	26	27	28	29	30	31		
11	夏曆九月					18	19	20	21	22	23	24	25	26	27	28	29	㊲	2	3	4	5	6	7	8	9	10	11	12	13	14	15	16	17	18	19		
	回曆9月					16	17	18	19	20	21	22	23	24	25	26	27	28	29	1	2	3	4	5	6	7	8	9	10	11	12	13	14	15	16	17		
	藏曆十月					19	20	21	22	23	24	25	26	27	28	29	30	30	1	2	3	4	5	6	7	8	9	11	12	13	14	15	16	17	18	19		
	公曆11月	1	2	3	4	5	6	7	8	9	10	11	12	13	14	15	16	17	18	19	20	21	22	23	24	25	26	27	28	29	30							
12	夏曆十月	20	21	22	23	24	25	26	27	28	29	30	⑦	2	3	4	5	6	7	8	9	10	11	12	13	14	15	16	17	18	19							
	回曆10月	18	19	20	21	22	23	24	25	26	27	28	29	30	1	2	3	4	5	6	7	8	9	10	11	12	13	14	15	16	17							
	藏曆十一月	20	21	22	23	24	25	26	27	28	29	30	1	2	3	4	5	6	7	8	9	10	11	12	13	15	16	17	18	19	20							
	公曆12月			1	2	3	4	5	6	7	8	9	10	11	12	13	14	15	16	17	18	19	20	21	22	23	24	25	26	27	28	29	30	31				
13	夏曆十一月			20	21	22	23	24	25	26	27	28	29	30	㊲	2	3	4	5	6	7	8	9	10	11	12	13	14	15	16	17	18	19	20				
	回曆11月			18	19	20	21	22	23	24	25	26	27	28	29	1	2	3	4	5	6	7	8	9	10	11	12	13	14	15	16	17	18	19				
	藏曆十二月			21	22	23	23	24	25	26	27	28	29	30	1	2	3	4	5	6	7	9	10	11	12	13	14	15	16	17	18	19	20	21				

汪氏長術，十二月乙巳，誤。

大事記

正月，蒙古築利、閬二州城，自此始蒙古且耕且守且戰，以經營四川。忽必烈以姚樞為京兆勸農使。　二月，蒙古擾宋合州。　六月，宋浙西荻浦鹽民起事，越三月敗散。蒙古兵入合州廣安軍境。　七月，蒙古攻烏蠻，俘大理王段興智，大理國亡。　十一月，蒙古城光化，以經營荆襄。　十二月，宋整飭賦籍，行自實法，先試於兩浙、江南、湖南；逾三月，罷之。蒙古屯亳州以經營兩淮。

宋遼金紀年

干支乙卯　公元1255年

朝代或國名	國家支配者	建都	廟號	謚號	建元	年號年次	輔政者	備注
南宋	⑤趙昀	臨安	理宗	安	8	6寶祐3年	謝方叔、董槐	
蒙古	⑦孛兒只斤蒙哥	和林	憲宗	桓肅		5年		
古格						442年		西藏阿里

月曆表

5968—354—2179839

月干支序數	星期／月序	日	1	2	3	4	5	6	日	1	2	3	4	5	6	日	1	2	3	4	5	6	日	1	2	3	4	5	6	日	1	2	3	4	5	6	日	1
	公暦1月						1	2	3	4	5	6	7	8	9	10	11	12	13	14	15	16	17	18	19	20	21	22	23	24	25	26	27	28	29	30	31	
14	夏暦十二月						21	22	23	24	25	26	27	28	29	⑥	2	3	4	5	6	7	8	9	10	11	12	13	14	15	16	17	18	19	20	21	22	
	回暦12月						20	21	22	23	24	25	26	27	28	29	30	1	2	3	4	5	6	7	8	9	10	11	12	13	14	15	16	17	18	19	20	
陰木兔年	藏暦一月						22	23	24	25	26	26	27	28	29	30	1	2	4	5	6	7	8	9	10	11	12	13	14	15	16	17	18	19	20	21	22	
	公暦2月		1	2	3	4	5	6	7	8	9	10	11	12	13	14	15	16	17	18	19	20	21	22	23	24	25	26	27	28								
15	夏暦正月		23	24	25	26	27	28	29	30	㊱	2	3	4	5	6	7	8	9	10	11	12	13	14	15	16	17	18	19	20								
653年	回暦1月		21	22	23	24	25	26	27	28	29	①	2	3	4	5	6	7	8	9	10	11	12	13	14	15	16	17	18	19								
	藏暦二月		23	24	25	26	27	28	29	30	1	2	3	4	5	6	8	9	10	11	12	13	14	15	16	17	18	18	19	20								
	公暦3月		1	2	3	4	5	6	7	8	9	10	11	12	13	14	15	16	17	18	19	20	21	22	23	24	25	26	27	28	29	30	31					
16	夏暦二月		21	22	23	24	25	26	27	28	29	⑤	2	3	4	5	6	7	8	9	10	11	12	13	14	15	16	17	18	19	20	21	22					
	回暦2月		20	21	22	23	24	25	26	27	28	29	30	1	2	3	4	5	6	7	8	9	10	11	12	13	14	15	16	17	18	19	20					
	藏暦三月		21	22	23	24	25	26	27	28	29	2	3	4	5	6	7	8	9	10	11	12	13	14	15	16	17	18	19	20	21	22	23					
	公暦4月					1	2	3	4	5	6	7	8	9	10	11	12	13	14	15	16	17	18	19	20	21	22	23	24	25	26	27	28	29	30			
17	夏暦三月					23	24	25	26	27	28	29	30	㉟	2	3	4	5	6	7	8	9	10	11	12	13	14	15	16	17	18	19	20	21	22			
	回暦3月					21	22	23	24	25	26	27	28	29	1	2	3	4	5	6	7	8	9	10	11	12	13	14	15	16	17	18	19	20	21			
	藏暦後三月					24	25	26	27	28	29	30	30	1	2	3	4	6	7	8	9	10	11	12	12	13	14	15	16	17	18	19	20	21	22			
	公暦5月							1	2	3	4	5	6	7	8	9	10	11	12	13	14	15	16	17	18	19	20	21	22	23	24	25	26	27	28	29	30	31
18	夏暦四月							23	24	25	26	27	28	29	④	2	3	4	5	6	7	8	9	10	11	12	13	14	15	16	17	18	19	20	21	22	23	24
	回暦4月							22	23	24	25	26	27	28	29	30	1	2	3	4	5	6	7	8	9	10	11	12	13	14	15	16	17	18	19	20	21	22
	藏暦四月							23	24	25	26	27	29	30	1	2	3	4	5	6	7	8	9	10	11	12	13	14	15	16	17	18	18	19	21	22	23	24
	公暦6月			1	2	3	4	5	6	7	8	9	10	11	12	13	14	15	16	17	18	19	20	21	22	23	24	25	26	27	28	29	30					
19	夏暦五月			25	26	27	28	29	㉝	2	3	4	5	6	7	8	9	10	11	12	13	14	15	16	17	18	19	20	21	22	23	24	25					
	回暦5月			23	24	25	26	27	28	29	1	2	3	4	5	6	7	8	9	10	11	12	13	14	15	16	17	18	19	20	21	22	23					
	藏暦五月			25	26	27	28	29	30	1	3	4	5	6	7	7	8	9	10	11	12	13	14	15	16	17	18	19	20	21	22	23	25					
	公暦7月					1	2	3	4	5	6	7	8	9	10	11	12	13	14	15	16	17	18	19	20	21	22	23	24	25	26	27	28	29	30	31		
20	夏暦六月					26	27	28	29	30	③	2	3	4	5	6	7	8	9	10	11	12	13	14	15	16	17	18	19	20	21	22	23	24	25	26		
	回暦6月					24	25	26	27	28	29	30	1	2	3	4	5	6	7	8	9	10	11	12	13	14	15	16	17	18	19	20	21	22	23	24		
	藏暦六月					26	27	28	29	30	1	2	3	4	5	6	7	8	9	10	11	12	13	14	15	16	17	18	19	20	21	22	23	24	25	26		
	公暦8月	1	2	3	4	5	6	7	8	9	10	11	12	13	14	15	16	17	18	19	20	21	22	23	24	25	26	27	28	29	30	31						
21	夏暦七月	27	28	29	㉜	2	3	4	5	6	7	8	9	10	11	12	13	14	15	16	17	18	19	20	21	22	23	24	25	26	27	28						

續表

月 干支 序數	月序＼星期	日	1	2	3	4	5	6	日	1	2	3	4	5	6	日	1	2	3	4	5	6	日	1	2	3	4	5	6	日	1	2	3	4	5	6	日	1
	回曆7月	25	26	27	28	29	1	2	3	4	5	6	7	8	9	10	11	12	13	14	15	16	17	18	19	20	21	22	23	24	25	26						
	藏曆七月	28	29	30	1	2	3	4	4	5	6	7	8	9	10	11	12	13	14	15	16	17	18	19	21	22	23	24	25	26	27	28						
	公曆9月				1	2	3	4	5	6	7	8	9	10	11	12	13	14	15	16	17	18	19	20	21	22	23	24	25	26	27	28	29	30				
22	夏曆八月				29	30	②	2	3	4	5	6	7	8	9	10	11	12	13	14	15	16	17	18	19	20	21	22	23	24	25	26	27	28				
	回曆8月				27	28	29	30	1	2	3	4	5	6	7	8	9	10	11	12	13	14	15	16	17	18	19	20	21	22	23	24	25	26				
	藏曆八月				29	30	1	2	3	4	5	6	7	8	9	10	11	12	13	14	15	16	17	18	19	20	21	22	23	25	26	27	28	29				
	公曆10月						1	2	3	4	5	6	7	8	9	10	11	12	13	14	15	16	17	18	19	20	21	22	23	24	25	26	27	28	29	30	31	
23	夏曆九月						29	㉛	2	3	4	5	6	7	8	9	10	11	12	13	14	15	16	17	18	19	20	21	22	23	24	25	26	27	28	29	30	
	回曆9月						27	28	29	1	2	3	4	5	6	7	8	9	10	11	12	13	14	15	16	17	18	19	20	21	22	23	24	25	26	27	28	
	藏曆九月						29	30	1	2	3	4	5	6	7	8	9	10	11	12	13	14	15	16	18	19	20	21	22	23	24	25	26	27	28	29	30	
	公曆11月		1	2	3	4	5	6	7	8	9	10	11	12	13	14	15	16	17	18	19	20	21	22	23	24	25	26	27	28	29	30						
24	夏曆十月		①	2	3	4	5	6	7	8	9	10	11	12	13	14	15	16	17	18	19	20	21	22	23	24	25	26	27	28	29	30						
	回曆10月		29	30	1	2	3	4	5	6	7	8	9	10	11	12	13	14	15	16	17	18	19	20	21	22	23	24	25	26	27	28						
	藏曆十月		1	2	3	3	4	5	6	7	8	9	11	12	13	14	15	16	17	18	19	20	21	22	23	24	25	26	27	28	29	30						
	公曆12月				1	2	3	4	5	6	7	8	9	10	11	12	13	14	15	16	17	18	19	20	21	22	23	24	25	26	27	28	29	30	31			
25 26	夏曆十一 十二月				㉛	2	3	4	5	6	7	8	9	10	11	12	13	14	15	16	17	18	19	20	21	22	23	24	25	26	27	28	29	30	①			
	回曆11月				29	1	2	3	4	5	6	7	8	9	10	11	12	13	14	15	16	17	18	19	20	21	22	23	24	25	26	27	28	29	30			
	藏曆十一 十二月				1	2	3	4	5	6	7	8	9	10	11	12	13	14	16	17	18	19	20	21	22	23	24	25	25	26	27	28	29	30	1			

大事記

二月，蒙古在京兆興辦學校，以許衡為京兆提學。　七月，蒙古自吐蕃擊降西南夷。蒙古定漢民包銀額。

宋 遼 金 紀 年

干支丙辰　公元1256年

朝代或國名	國家支配者	建都	廟號	謚號	建元	年號年次	輔政者	備注
南宋	⑤趙昀	臨安	理宗	安	8	6 寶祐 4 年	賈似道、程元鳳	
蒙古	⑦孛兒只斤蒙哥	和林	憲宗	桓肅		6 年		
古格						443 年		西藏阿里

月 曆 表

5969－354－2180193

月 干支 序數	月序＼星期	日	1	2	3	4	5	6	日	1	2	3	4	5	6	日	1	2	3	4	5	6	日	1	2	3	4	5	6	日	1	2	3	4	5	6	日	1
	公曆1月							1	2	3	4	5	6	7	8	9	10	11	12	13	14	15	16	17	18	19	20	21	22	23	24	25	26	27	28	29	30	31
27	夏曆正月							2	3	4	5	6	7	8	9	10	11	12	13	14	15	16	17	18	19	20	21	22	23	24	25	26	27	28	29	㉚	2	3
654年	回曆12、1月							1	2	3	4	5	6	7	8	9	10	11	12	13	14	15	16	17	18	19	20	21	22	23	24	25	26	27	28	29	①	2
陽火龍年	藏曆一月							2	3	4	5	6	7	8	9	11	12	13	14	15	16	17	18	19	20	21	22	23	24	25	26	27	28	29	29	30	1	2
	公曆2月			1	2	3	4	5	6	7	8	9	10	11	12	13	14	15	16	17	18	19	20	21	22	23	24	25	26	27	28	29						
28	夏曆二月			4	5	6	7	8	9	10	11	12	13	14	15	16	17	18	19	20	21	22	23	24	25	26	27	28	29	30	①	2						
	回曆2月			3	4	5	6	7	8	9	10	11	12	13	14	15	16	17	18	19	20	21	22	23	24	25	26	27	28	29	30	1						
	藏曆二月			4	5	6	7	8	9	10	11	12	13	14	15	16	17	18	19	20	21	22	23	24	25	26	27	28	29	30	1	2						

續表

月干支序數	月序 \ 星期	日	1	2	3	4	5	6	日	1	2	3	4	5	6	日	1	2	3	4	5	6	日	1	2	3	4	5	6	日	1	2	3	4	5	6	日	1
	公曆3月				1	2	3	4	5	6	7	8	9	10	11	12	13	14	15	16	17	18	19	20	21	22	23	24	25	26	27	28	29	30	31			
29	夏曆三月				3	4	5	6	7	8	9	10	11	12	13	14	15	16	17	18	19	20	21	22	23	24	25	26	27	28	29	㉙	2	3	4			
	回曆3月				2	3	4	5	6	7	8	9	10	11	12	13	14	15	16	17	18	19	20	21	22	23	24	25	26	27	28	29	1	2	3			
	藏曆三月				3	4	5	6	7	9	10	11	12	13	14	15	16	17	18	19	20	21	21	22	23	24	25	26	27	28	29	30	1	3	4			
	公曆4月							1	2	3	4	5	6	7	8	9	10	11	12	13	14	15	16	17	18	19	20	21	22	23	24	25	26	27	28	29	30	
30	夏曆四月							5	6	7	8	9	10	11	12	13	14	15	16	17	18	19	20	21	22	23	24	25	26	27	28	29	30	㊾	2	3	4	
	回曆4月							4	5	6	7	8	9	10	11	12	13	14	15	16	17	18	19	20	21	22	23	24	25	26	27	28	29	30	1	2	3	
	藏曆四月							5	6	7	8	9	10	11	12	13	14	15	16	17	18	19	20	21	22	23	24	25	26	27	28	29	30	1	2	3	4	
	公曆5月		1	2	3	4	5	6	7	8	9	10	11	12	13	14	15	16	17	18	19	20	21	22	23	24	25	26	27	28	29	30	31					
31	夏曆五月		5	6	7	8	9	10	11	12	13	14	15	16	17	18	19	20	21	22	23	24	25	26	27	28	29	㉘	2	3	4	5	6					
	回曆5月		4	5	6	7	8	9	10	11	12	13	14	15	16	17	18	19	20	21	22	23	24	25	26	27	28	29	1	2	3	4	5					
	藏曆五月		6	7	8	9	10	11	12	13	14	15	16	16	17	18	19	20	21	22	23	24	25	26	27	28	30	1	2	3	4	5	6					
	公曆6月					1	2	3	4	5	6	7	8	9	10	11	12	13	14	15	16	17	18	19	20	21	22	23	24	25	26	27	28	29	30			
32	夏曆六月					7	8	9	10	11	12	13	14	15	16	17	18	19	20	21	22	23	24	25	26	27	28	29	㊼	2	3	4	5	6	7			
	回曆6月					6	7	8	9	10	11	12	13	14	15	16	17	18	19	20	21	22	23	24	25	26	27	28	29	30	1	2	3	4	5			
	藏曆六月					7	8	9	10	11	12	13	14	15	16	17	18	19	20	21	22	23	24	25	26	27	28	29	2	3	4	5	6	7	8			
	公曆7月							1	2	3	4	5	6	7	8	9	10	11	12	13	14	15	16	17	18	19	20	21	22	23	24	25	26	27	28	29	30	31
33	夏曆七月							8	9	10	11	12	13	14	15	16	17	18	19	20	21	22	23	24	25	26	27	28	29	30	㉗	2	3	4	5	6	7	8
	回曆7月							6	7	8	9	10	11	12	13	14	15	16	17	18	19	20	21	22	23	24	25	26	27	28	29	1	2	3	4	5	6	7
	藏曆七月							9	10	11	12	12	13	14	15	16	17	18	19	20	21	22	23	25	26	27	28	29	30	30	1	2	3	4	5	6	7	8
	公曆8月			1	2	3	4	5	6	7	8	9	10	11	12	13	14	15	16	17	18	19	20	21	22	23	24	25	26	27	28	29	30	31				
34	夏曆八月			9	10	11	12	13	14	15	16	17	18	19	20	21	22	23	24	25	26	27	28	29	㊻	2	3	4	5	6	7	8	9	10				
	回曆8月			8	9	10	11	12	13	14	15	16	17	18	19	20	21	22	23	24	25	26	27	28	29	30	1	2	3	4	5	6	7	8				
	藏曆八月			9	10	11	12	13	14	15	16	17	18	19	20	21	22	23	24	25	26	28	29	30	1	2	3	4	5	6	7	8	9	9				
	公曆9月						1	2	3	4	5	6	7	8	9	10	11	12	13	14	15	16	17	18	19	20	21	22	23	24	25	26	27	28	29	30		
35	夏曆九月						11	12	13	14	15	16	17	18	19	20	21	22	23	24	25	26	27	28	29	㉕	2	3	4	5	6	7	8	9	10	11		
	回曆9月						9	10	11	12	13	14	15	16	17	18	19	20	21	22	23	24	25	26	27	28	29	1	2	3	4	5	6	7	8	9		
	藏曆九月						10	11	12	13	14	15	16	17	18	19	21	22	23	24	25	26	27	28	29	30	1	2	3	4	5	6	7	8	9	10		
	公曆10月	1	2	3	4	5	6	7	8	9	10	11	12	13	14	15	16	17	18	19	20	21	22	23	24	25	26	27	28	29	30	31						
36	夏曆十月	12	13	14	15	16	17	18	19	20	21	22	23	24	25	26	27	28	29	30	㊺	2	3	4	5	6	7	8	9	10	11	12						
	回曆10月	10	11	12	13	14	15	16	17	18	19	20	21	22	23	24	25	26	27	28	29	30	1	2	3	4	5	6	7	8	9	10						
	藏曆十月	11	12	13	14	15	16	17	18	19	20	21	22	23	25	26	27	28	29	30	1	2	3	3	4	5	6	7	8	9	10	11						
	公曆11月				1	2	3	4	5	6	7	8	9	10	11	12	13	14	15	16	17	18	19	20	21	22	23	24	25	26	27	28	29	30				
37	夏曆十一月				13	14	15	16	17	18	19	20	21	22	23	24	25	26	27	28	29	30	㉕	2	3	4	5	6	7	8	9	10	11	12				
	回曆11月				11	12	13	14	15	16	17	18	19	20	21	22	23	24	25	26	27	28	29	1	2	3	4	5	6	7	8	9	10	11				
	藏曆十一月				12	13	14	15	16	17	19	20	21	22	23	24	25	26	27	28	29	30	1	2	3	4	5	6	7	7	8	9	10	12				
	公曆12月						1	2	3	4	5	6	7	8	9	10	11	12	13	14	15	16	17	18	19	20	21	22	23	24	25	26	27	28	29	30	31	
38	夏曆十二月						13	14	15	16	17	18	19	20	21	22	23	24	25	26	27	28	29	30	㊺	2	3	4	5	6	7	8	9	10	11	12	13	
	回曆12月						12	13	14	15	16	17	18	19	20	21	22	23	24	25	26	27	28	29	30	1	2	3	4	5	6	7	8	9	10	11	12	
	藏曆十二月						13	14	15	16	17	18	19	20	21	22	23	24	25	26	27	28	29	30	1	2	3	4	5	6	7	8	9	10	11	12	13	

元七月己丑。

大事記

三月，蒙古續簽諸路漢軍。　五月，宋結羅鬼以禦蒙古。宋文天祥、陸秀夫、胡三省同榜進士及第。　六月，宋修浙江堤成。　七月，蒙古擾宋敘州。　九月，蒙古旭烈兀滅木刺夷。宋監察御史先熺請汰冗員。　十月，蒙古於漠南築城為都，三年而成，賜名開平府。　是歲，蒙古開通雲南與西川之路，會師侵宋。高麗及雲南諸國皆朝貢於蒙古。

宋 遼 金 紀 年

干支丁巳　公元 1257 年

朝代或國名	國家支配者	建都	廟號	謚號	建元	年號年次	輔政者	備　注
南宋	⑤趙昀	臨安	理宗	安	8	6 寶祐 5 年	程元鳳	
蒙古	⑦孛兒只斤蒙哥	和林	憲宗	桓肅		7 年		
古格						444 年		西藏阿里

月 曆 表

5970－384－2180577

月干支序數	月序＼星期	日	1	2	3	4	5	6	日	1	2	3	4	5	6	日	1	2	3	4	5	6	日	1	2	3	4	5	6	日	1	2	3	4	5	6	日	1
	公曆 1 月		1	2	3	4	5	6	7	8	9	10	11	12	13	14	15	16	17	18	19	20	21	22	23	24	25	26	27	28	29	30	31					
39	夏曆正月		14	15	16	17	18	19	20	21	22	23	24	25	26	27	28	29	㉔	2	3	4	5	6	7	8	9	10	11	12	13	14	15					
655 年	回曆 1 月		13	14	15	16	17	18	19	20	21	22	23	24	25	26	27	28	29	30	①	2	3	4	5	6	7	8	9	10	11	12	13					
陰火蛇年	藏曆一月		14	15	17	18	19	20	21	22	23	24	25	26	27	28	28	29	30	1	2	3	4	5	6	7	8	9	10	12	13	14	15					
	公曆 2 月					1	2	3	4	5	6	7	8	9	10	11	12	13	14	15	16	17	18	19	20	21	22	23	24	25	26	27	28					
40	夏曆二月					16	17	18	19	20	21	22	23	24	25	26	27	28	29	30	(54)	2	3	4	5	6	7	8	9	10	11	12	13					
	回曆 2 月					14	15	16	17	18	19	20	21	22	23	24	25	26	27	28	29	30	1	2	3	4	5	6	7	8	9	10	11					
	藏曆二月					16	17	18	19	20	21	22	23	24	25	26	27	28	29	30	1	2	3	4	5	6	7	8	9	10	11	12	13					
	公曆 3 月					1	2	3	4	5	6	7	8	9	10	11	12	13	14	15	16	17	18	19	20	21	22	23	24	25	26	27	28	29	30	31		
41	夏曆三月					14	15	16	17	18	19	20	21	22	23	24	25	26	27	28	29	30	㉔	2	3	4	5	6	7	8	9	10	11	12	13	14		
	回曆 3 月					12	13	14	15	16	17	18	19	20	21	22	23	24	25	26	27	28	29	1	2	3	4	5	6	7	8	9	10	11	12	13		
	藏曆三月					14	15	17	18	19	20	20	21	22	23	24	25	26	27	28	29	30	1	2	3	4	5	6	7	8	10	11	12	13	14	15		
	公曆 4 月	1	2	3	4	5	6	7	8	9	10	11	12	13	14	15	16	17	18	19	20	21	22	23	24	25	26	27	28	29	30							
42	夏曆四月	15	16	17	18	19	20	21	22	23	24	25	26	27	28	29	(53)	2	3	4	5	6	7	8	9	10	11	12	13	14	15							
	回曆 4 月	14	15	16	17	18	19	20	21	22	23	24	25	26	27	28	29	30	1	2	3	4	5	6	7	8	9	10	11	12	13							
	藏曆四月	16	17	18	19	20	21	22	23	24	25	25	26	27	28	29	30	1	3	4	5	6	7	8	9	10	11	12	13	14	15							
	公曆 5 月			1	2	3	4	5	6	7	8	9	10	11	12	13	14	15	16	17	18	19	20	21	22	23	24	25	26	27	28	29	30	31				
	夏曆閏四月			16	17	18	19	20	21	22	23	24	25	26	27	28	29	30	㉓	2	3	4	5	6	7	8	9	10	11	12	13	14	15	16				
	回曆 5 月			14	15	16	17	18	19	20	21	22	23	24	25	26	27	28	29	1	2	3	4	5	6	7	8	9	10	11	12	13	14	15				
	藏曆五月			16	17	18	19	20	21	22	23	24	25	26	27	28	29	30	1	2	3	4	5	7	8	9	10	11	12	13	14	15	16	17				
	公曆 6 月						1	2	3	4	5	6	7	8	9	10	11	12	13	14	15	16	17	18	19	20	21	22	23	24	25	26	27	28	29	30		
43	夏曆五月						17	18	19	20	21	22	23	24	25	26	27	28	29	(52)	2	3	4	5	6	7	8	9	10	11	12	13	14	15	16	17		
	回曆 6 月						16	17	18	19	20	21	22	23	24	25	26	27	28	29	30	1	2	3	4	5	6	7	8	9	10	11	12	13	14	15		
	藏曆六月						18	19	20	21	21	22	23	24	25	26	27	29	30	1	2	3	4	5	6	7	8	9	10	11	12	13	14	15	16	17		
	公曆 7 月	1	2	3	4	5	6	7	8	9	10	11	12	13	14	15	16	17	18	19	20	21	22	23	24	25	26	27	28	29	30	31						
44	夏曆六月	18	19	20	21	22	23	24	25	26	27	28	29	㉑	2	3	4	5	6	7	8	9	10	11	12	13	14	15	16	17	18	19						
	回曆 7 月	16	17	18	19	20	21	22	23	24	25	26	27	28	29	1	2	3	4	5	6	7	8	9	10	11	12	13	14	15	16	17						
	藏曆七月	18	19	20	21	22	23	24	25	26	27	28	29	2	3	4	5	6	7	8	9	10	11	12	13	14	15	16	17	17	18	19						
	公曆 8 月				1	2	3	4	5	6	7	8	9	10	11	12	13	14	15	16	17	18	19	20	21	22	23	24	25	26	27	28	29	30	31			
45	夏曆七月				20	21	22	23	24	25	26	27	28	29	30	(51)	2	3	4	5	6	7	8	9	10	11	12	13	14	15	16	17	18	19	20			
	回曆 8 月				18	19	20	21	22	23	24	25	26	27	28	29	30	1	2	3	4	5	6	7	8	9	10	11	12	13	14	15	16	17	18			
	藏曆八月				20	21	22	23	25	26	27	28	29	30	30	1	2	3	4	5	6	7	8	9	10	11	12	13	14	15	16	17	18	19	20			
	公曆 9 月							1	2	3	4	5	6	7	8	9	10	11	12	13	14	15	16	17	18	19	20	21	22	23	24	25	26	27	28	29	30	

續表

月 干支 序數	星期 月序	日	1	2	3	4	5	6	日	1	2	3	4	5	6	日	1	2	3	4	5	6	日	1	2	3	4	5	6	日	1	2	3	4	5	6	日	1
46	夏暦八月							21	22	23	24	25	26	27	28	29	⑳	2	3	4	5	6	7	8	9	10	11	12	13	14	15	16	17	18	19	20	21	
	回暦9月							19	20	21	22	23	24	25	26	27	28	29	1	2	3	4	5	6	7	8	9	10	11	12	13	14	15	16	17	18	19	
	藏暦九月							21	22	23	24	25	26	28	29	30	1	2	3	4	5	6	7	8	9	10	11	12	13	13	14	15	16	17	18	19	21	
	公暦10月		1	2	3	4	5	6	7	8	9	10	11	12	13	14	15	16	17	18	19	20	21	22	23	24	25	26	27	28	29	30	31					
47	夏暦九月		22	23	24	25	26	27	28	29	㊾	2	3	4	5	6	7	8	9	10	11	12	13	14	15	16	17	18	19	20	21	22	23					
	回暦10月		20	21	22	23	24	25	26	27	28	29	30	1	2	3	4	5	6	7	8	9	10	11	12	13	14	15	16	17	18	19	20					
	藏暦十月		22	23	24	25	26	27	28	29	30	1	2	3	4	5	6	7	8	9	10	11	12	13	14	15	16	17	18	19	20	21	22					
	公暦11月					1	2	3	4	5	6	7	8	9	10	11	12	13	14	15	16	17	18	19	20	21	22	23	24	25	26	27	28	29	30			
48	夏暦十月					24	25	26	27	28	29	30	⑲	2	3	4	5	6	7	8	9	10	11	12	13	14	15	16	17	18	19	20	21	22	23			
	回暦11月					21	22	23	24	25	26	27	28	29	1	2	3	4	5	6	7	8	9	10	11	12	13	14	15	16	17	18	19	20	21			
	藏暦十一月					23	25	26	27	28	29	30	1	2	3	4	5	6	6	7	8	9	10	11	12	13	14	15	16	17	18	20	21	22	23			
	公暦12月							1	2	3	4	5	6	7	8	9	10	11	12	13	14	15	16	17	18	19	20	21	22	23	24	25	26	27	28	29	30	31
49	夏暦十一月							24	25	26	27	28	29	30	㊾	2	3	4	5	6	7	8	9	10	11	12	13	14	15	16	17	18	19	20	21	22	23	24
	回暦12月							22	23	24	25	26	27	28	29	30	1	2	3	4	5	6	7	8	9	10	11	12	13	14	15	16	17	18	19	20	21	22
	藏暦十二月							24	25	26	27	28	29	30	1	2	3	4	5	6	7	8	9	10	11	12	13	14	15	16	17	18	19	20	21	22	23	25

大事記

正月,宋禁民作白衣會。蒙古兵攻襄陽,入外城。宋賈似道知樞密院事。　　四月,蒙古兵攻苦竹隘,宋詔京湖調兵應援。　　閏四月,蒙古兵擾宋劍門。　　六月,宋詔京湖沿江海道嚴備舟師防遏。蒙古在雲南置郡縣。　　八月,蒙古憲宗統兵分道攻宋。回鶻貢蒙古。　　十月,安南囚蒙古使者,蒙古兵自雲南攻之,安南王陳日煚敗走海上,請降。兀良哈臺居交趾城班師。　　是歲,金文學家元好問卒(1190—1257)。

宋遼金紀年

干支戊午　公元 1258 年

朝代或國名	國家支配者	建都	廟號	謚號	建元	年號年次	輔政者	備注
南宋	⑤趙昀	臨安	理宗	安	8	6 寶祐 6 年	程元鳳 丁大全	
蒙古	⑦孛兒只斤蒙哥	和林	憲宗	桓肅		8 年		
古格						445 年		西藏阿里

月曆表

5971－354－2180931

月 干支 序數	星期 月序	日	1	2	3	4	5	6	日	1	2	3	4	5	6	日	1	2	3	4	5	6	日	1	2	3	4	5	6	日	1	2	3	4	5	6	日	1
	公暦1月			1	2	3	4	5	6	7	8	9	10	11	12	13	14	15	16	17	18	19	20	21	22	23	24	25	26	27	28	29	30	31				
50	夏暦十二月			25	26	27	28	29	⑱	2	3	4	5	6	7	8	9	10	11	12	13	14	15	16	17	18	19	20	21	22	23	24	25	26				
656 年	回暦1月			23	24	25	26	27	28	29	①	2	3	4	5	6	7	8	9	10	11	12	13	14	15	16	17	18	19	20	21	22	23	24				
	藏暦後十二月			26	27	28	28	29	30	1	2	3	4	5	6	7	8	9	10	11	12	13	14	15	16	17	19	20	21	22	23	24	25	26				
	公暦2月						1	2	3	4	5	6	7	8	9	10	11	12	13	14	15	16	17	18	19	20	21	22	23	24	25	26	27	28				
51	夏暦正月						27	28	29	30	㊽	2	3	4	5	6	7	8	9	10	11	12	13	14	15	16	17	18	19	20	21	22	23	24				
	回暦2月						25	26	27	28	29	30	1	2	3	4	5	6	7	8	9	10	11	12	13	14	15	16	17	18	19	20	21	22				
陽土馬年	藏暦一月						27	28	29	30	30	1	1	2	3	4	5	6	7	8	9	10	11	13	14	15	16	17	18	19	20	21	22	23				
	公暦3月						1	2	3	4	5	6	7	8	9	10	11	12	13	14	15	16	17	18	19	20	21	22	23	24	25	26	27	28	29	30	31	

續表

月干支序數	月序＼星期	日	1	2	3	4	5	6	日	1	2	3	4	5	6	日	1	2	3	4	5	6	日	1	2	3	4	5	6	日	1	2	3	4	5	6	日	1
52	夏曆二月						25	26	27	28	29	30	⑱	2	3	4	5	6	7	8	9	10	11	12	13	14	15	16	17	18	19	20	21	22	23	24	25	
	回曆3月						23	24	25	26	27	28	29	1	2	3	4	5	6	7	8	9	10	11	12	13	14	15	16	17	18	19	20	21	22	23	24	
	藏曆二月						24	25	26	27	28	29	1	2	3	4	5	6	7	8	9	10	11	12	13	14	15	17	18	19	20	21	22	23	24	24	25	
	公曆4月		1	2	3	4	5	6	7	8	9	10	11	12	13	14	15	16	17	18	19	20	21	22	23	24	25	26	27	28	29	30						
53	夏曆三月		26	27	28	29	30	㊽	2	3	4	5	6	7	8	9	10	11	12	13	14	15	16	17	18	19	20	21	22	23	24	25						
	回曆4月		25	26	27	28	29	30	1	2	3	4	5	6	7	8	9	10	11	12	13	14	15	16	17	18	19	20	21	22	23	24						
	藏曆三月		26	27	28	29	30	1	2	3	4	5	6	7	8	10	11	12	13	14	15	16	17	18	19	20	21	22	23	24	25	26						
	公曆5月				1	2	3	4	5	6	7	8	9	10	11	12	13	14	15	16	17	18	19	20	21	22	23	24	25	26	27	28	29	30	31			
54	夏曆四月				26	27	28	29	⑰	2	3	4	5	6	7	8	9	10	11	12	13	14	15	16	17	18	19	20	21	22	23	24	25	26	27			
	回曆5月				25	26	27	28	29	1	2	3	4	5	6	7	8	9	10	11	12	13	14	15	16	17	18	19	20	21	22	23	24	25	26			
	藏曆四月				27	28	29	30	1	2	3	4	5	6	7	8	9	10	11	12	14	15	16	17	18	19	19	20	21	22	23	24	25	26	27			
	公曆6月							1	2	3	4	5	6	7	8	9	10	11	12	13	14	15	16	17	18	19	20	21	22	23	24	25	26	27	28	29	30	
55	夏曆五月							28	29	30	㊼	2	3	4	5	6	7	8	9	10	11	12	13	14	15	16	17	18	19	20	21	22	23	24	25	26	27	
	回曆6月							27	28	29	30	1	2	3	4	5	6	7	8	9	10	11	12	13	14	15	16	17	18	19	20	21	22	23	24	25	26	
	藏曆五月							28	29	30	1	2	3	4	5	7	8	9	10	11	12	13	14	15	16	17	18	19	20	21	22	23	24	25	26	27	28	
	公曆7月		1	2	3	4	5	6	7	8	9	10	11	12	13	14	15	16	17	18	19	20	21	22	23	24	25	26	27	28	29	30	31					
56	夏曆六月		28	29	⑯	2	3	4	5	6	7	8	9	10	11	12	13	14	15	16	17	18	19	20	21	22	23	24	25	26	27	28	29					
	回曆7月		27	28	29	1	2	3	4	5	6	7	8	9	10	11	12	13	14	15	16	17	18	19	20	21	22	23	24	25	26	27	28					
	藏曆六月		29	30	1	2	3	4	5	6	7	9	10	11	12	13	14	15	16	16	17	18	19	20	21	22	23	24	25	26	27	28	29					
	公曆8月					1	2	3	4	5	6	7	8	9	10	11	12	13	14	15	16	17	18	19	20	21	22	23	24	25	26	27	28	29	30	31		
57 58	夏曆七八月					㊺	2	3	4	5	6	7	8	9	10	11	12	13	14	15	16	17	18	19	20	21	22	23	24	25	26	27	28	29	30	⑮		
	回曆8月					29	30	1	2	3	4	5	6	7	8	9	10	11	12	13	14	15	16	17	18	19	20	21	22	23	24	25	26	27	28	29		
	藏曆七八月					2	3	4	5	6	7	8	9	10	11	12	13	14	15	16	17	18	19	20	21	22	23	24	25	26	27	28	29	30	30	1		
	公曆9月	1	2	3	4	5	6	7	8	9	10	11	12	13	14	15	16	17	18	19	20	21	22	23	24	25	26	27	28	29	30							
59	夏曆九月	2	3	4	5	6	7	8	9	10	11	12	13	14	15	16	17	18	19	20	21	22	23	24	25	26	27	28	29	㊹	2							
	回曆9月	1	2	3	4	5	6	7	8	9	10	11	12	13	14	15	16	17	18	19	20	21	22	23	24	25	26	27	28	29	30							
	藏曆九月	2	3	5	6	7	8	9	10	11	12	12	13	14	15	16	17	18	19	20	21	22	23	24	25	26	27	29	30	1	2							
	公曆10月			1	2	3	4	5	6	7	8	9	10	11	12	13	14	15	16	17	18	19	20	21	22	23	24	25	26	27	28	29	30	31				
60	夏曆十月			3	4	5	6	7	8	9	10	11	12	13	14	15	16	17	18	19	20	21	22	23	24	25	26	27	28	29	⑬	2	3	4				
	回曆10,11月			1	2	3	4	5	6	7	8	9	10	11	12	13	14	15	16	17	18	19	20	21	22	23	24	25	26	27	28	29	1	2				
	藏曆十月			3	4	5	6	7	8	9	10	11	12	13	14	15	16	17	17	18	19	21	22	23	24	25	26	27	28	29	30	1	2	4				
	公曆11月						1	2	3	4	5	6	7	8	9	10	11	12	13	14	15	16	17	18	19	20	21	22	23	24	25	26	27	28	29	30		
1	夏曆十一月						5	6	7	8	9	10	11	12	13	14	15	16	17	18	19	20	21	22	23	24	25	26	27	28	29	30	㊸	2	3	4		
	回曆12月						3	4	5	6	7	8	9	10	11	12	13	14	15	16	17	18	19	20	21	22	23	24	25	26	27	28	29	30	1	2		
	藏曆十一月						5	5	6	7	8	9	10	11	12	13	14	15	16	17	18	19	20	21	22	23	24	26	27	28	29	30	1	2	3	4		
	公曆12月	1	2	3	4	5	6	7	8	9	10	11	12	13	14	15	16	17	18	19	20	21	22	23	24	25	26	27	28	29	30	31						
2	夏曆十二月	5	6	7	8	9	10	11	12	13	14	15	16	17	18	19	20	21	22	23	24	25	26	27	28	29	30	⑬	2	3	4	5						
657年	回曆1月	3	4	5	6	7	8	9	10	11	12	13	14	15	16	17	18	19	20	21	22	23	24	25	26	27	28	29	30	①	2	3						
	藏曆十二月	5	6	7	8	9	9	10	11	12	13	14	15	16	17	18	19	21	22	23	24	25	26	27	28	29	30	1	2	3	4	5						

元八月丁丑，十二月乙亥。

大事記

二月,蒙古大舉攻宋,蒙哥自攻蜀,忽必烈攻鄂州,雲南之師自交、廣北上,前鋒至蜀,宋西川州縣皆降。蒙古旭烈兀西征,平十餘國,至是獻捷,旭烈兀遂留西方,是為伊兒汗國。安南王傳位於子光昺,遣使貢於蒙古。 四月,蒙古擾宋海州、漣水軍。 八月,宋申銅錢出海之禁,嚴查倭船。宋詔上流鎖江防禦。 九月,蒙古憲宗蒙哥至劍門。 十一月,蒙古破宋海州、漣水。 十二月,蒙哥汗破宋隆、雅等州。

宋遼金紀年

干支己未　公元1259年

朝代或國名	國家支配者	建都	廟號	謚號	建元	年號年次	輔政者	備注
南宋	⑤趙昀	臨安	理宗	安	8	7開慶元年	丁大全 吳潛 賈似道	
蒙古	⑦孛兒只斤蒙哥	和林	憲宗	桓肅		9年		
古格						446年		西藏阿里

月曆表

5972－384－2181315

月干支序數	月序＼星期	日	1	2	3	4	5	6	日	1	2	3	4	5	6	日	1	2	3	4	5	6	日	1	2	3	4	5	6	日	1	2	3	4	5	6	日	1
	公曆1月				1	2	3	4	5	6	7	8	9	10	11	12	13	14	15	16	17	18	19	20	21	22	23	24	25	26	27	28	29	30	31			
3	夏曆正月				6	7	8	9	10	11	12	13	14	15	16	17	18	19	20	21	22	23	24	25	26	27	28	29	㊷	2	3	4	5	6	7			
	回曆2月				4	5	6	7	8	9	10	11	12	13	14	15	16	17	18	19	20	21	22	23	24	25	26	27	28	29	30	1	2	3	4			
陰土羊年	藏曆一月				6	7	8	9	10	11	12	13	14	15	16	17	18	19	20	21	22	23	24	26	27	28	29	30	30	1	1	2	3	4	5			
	公曆2月							1	2	3	4	5	6	7	8	9	10	11	12	13	14	15	16	17	18	19	20	21	22	23	24	25	26	27	28			
4	夏曆二月							8	9	10	11	12	13	14	15	16	17	18	19	20	21	22	23	24	25	26	27	28	29	30	⑫	2	3	4	5			
	回曆3月							5	6	7	8	9	10	11	12	13	14	15	16	17	18	19	20	21	22	23	24	25	26	27	28	29	1	2	3			
	藏曆二月							6	7	8	9	10	11	12	13	14	15	16	17	18	20	21	22	23	24	25	26	27	28	29	1	2	3	4	4			
	公曆3月							1	2	3	4	5	6	7	8	9	10	11	12	13	14	15	16	17	18	19	20	21	22	23	24	25	26	27	28	29	30	31
5	夏曆三月							6	7	8	9	10	11	12	13	14	15	16	17	18	19	20	21	22	23	24	25	26	27	28	29	30	㊷	2	3	4	5	6
	回曆4月							4	5	6	7	8	9	10	11	12	13	14	15	16	17	18	19	20	21	22	23	24	25	26	27	28	29	30	1	2	3	4
	藏曆三月							5	6	7	8	9	10	11	12	14	15	16	17	18	19	20	21	22	23	24	25	26	27	28	29	30	1	2	3	4	5	6
	公曆4月			1	2	3	4	5	6	7	8	9	10	11	12	13	14	15	16	17	18	19	20	21	22	23	24	25	26	27	28	29	30					
6	夏曆四月			7	8	9	10	11	12	13	14	15	16	17	18	19	20	21	22	23	24	25	26	27	28	29	⑪	2	3	4	5	6	7					
	回曆5月			5	6	7	8	9	10	11	12	13	14	15	16	17	18	19	20	21	22	23	24	25	26	27	28	29	1	2	3	4	5					
	藏曆四月			7	8	9	10	11	12	13	14	15	17	18	19	20	21	22	23	24	25	26	27	28	28	29	30	1	2	3	4	5	6					
	公曆5月					1	2	3	4	5	6	7	8	9	10	11	12	13	14	15	16	17	18	19	20	21	22	23	24	25	26	27	28	29	30	31		
7	夏曆五月					8	9	10	11	12	13	14	15	16	17	18	19	20	21	22	23	24	25	26	27	28	29	30	㊶	2	3	4	5	6	7	8		
	回曆6月					6	7	8	9	10	11	12	13	14	15	16	17	18	19	20	21	22	23	24	25	26	27	28	29	30	1	2	3	4	5	6		
	藏曆五月					7	8	9	11	12	13	14	15	16	17	18	19	20	21	22	23	24	25	26	27	28	29	30	1	2	3	4	5	6	7	8		
	公曆6月	1	2	3	4	5	6	7	8	9	10	11	12	13	14	15	16	17	18	19	20	21	22	23	24	25	26	27	28	29	30							
8	夏曆六月	9	10	11	12	13	14	15	16	17	18	19	20	21	22	23	24	25	26	27	28	29	⑩	2	3	4	5	6	7	8	9							
	回曆7月	7	8	9	10	11	12	13	14	15	16	17	18	19	20	21	22	23	24	25	26	27	28	29	1	2	3	4	5	6	7							
	藏曆六月	9	10	11	12	14	15	16	17	18	19	20	21	22	23	24	24	25	26	27	28	29	30	1	2	3	4	5	7	8	9							
	公曆7月			1	2	3	4	5	6	7	8	9	10	11	12	13	14	15	16	17	18	19	20	21	22	23	24	25	26	27	28	29	30	31				
9	夏曆七月			10	11	12	13	14	15	16	17	18	19	20	21	22	23	24	25	26	27	28	29	30	㊵	2	3	4	5	6	7	8	9	10				
	回曆8月			8	9	10	11	12	13	14	15	16	17	18	19	20	21	22	23	24	25	26	27	28	29	30	1	2	3	4	5	6	7	8				
	藏曆七月			10	11	12	13	14	15	16	17	18	19	20	21	22	23	24	25	26	27	28	29	30	1	2	3	4	5	6	7	9	10	11				
	公曆8月						1	2	3	4	5	6	7	8	9	10	11	12	13	14	15	16	17	18	19	20	21	22	23	24	25	26	27	28	29	30	31	

續表

月干支序數	月序＼星期	日	1	2	3	4	5	6	日	1	2	3	4	5	6	日	1	2	3	4	5	6	日	1	2	3	4	5	6	日	1	2	3	4	5	6	日	1
10	夏曆八月						11	12	13	14	15	16	17	18	19	20	21	22	23	24	25	26	27	28	29	⑨	2	3	4	5	6	7	8	9	10	11	12	
	回曆 9 月						9	10	11	12	13	14	15	16	17	18	19	20	21	22	23	24	25	26	27	28	29	1	2	3	4	5	6	7	8	9	10	
	藏曆八月						12	13	14	15	16	17	18	19	20	21	21	22	23	24	25	26	27	28	29	2	3	4	5	6	7	8	9	10	11	12	13	
	公曆 9 月		1	2	3	4	5	6	7	8	9	10	11	12	13	14	15	16	17	18	19	20	21	22	23	24	25	26	27	28	29	30						
11	夏曆九月		13	14	15	16	17	18	19	20	21	22	23	24	25	26	27	28	29	30	㊴	2	3	4	5	6	7	8	9	10	11	12						
	回曆 10 月		11	12	13	14	15	16	17	18	19	20	21	22	23	24	25	26	27	28	29	30	1	2	3	4	5	6	7	8	9	10						
	藏曆九月		14	15	16	17	18	19	20	21	22	23	24	25	26	27	28	29	30	30	1	2	3	4	6	7	8	9	10	11	12	13						
	公曆 10 月				1	2	3	4	5	6	7	8	9	10	11	12	13	14	15	16	17	18	19	20	21	22	23	24	25	26	27	28	29	30	31			
12	夏曆十月				13	14	15	16	17	18	19	20	21	22	23	24	25	26	27	28	29	⑧	2	3	4	5	6	7	8	9	10	11	12	13	14			
	回曆 11 月				11	12	13	14	15	16	17	18	19	20	21	22	23	24	25	26	27	28	29	1	2	3	4	5	6	7	8	9	10	11	12			
	藏曆十月				14	15	16	16	17	18	19	20	21	22	23	24	25	26	27	29	30	1	2	3	4	5	6	7	8	9	10	11	12	13	14			
	公曆 11 月							1	2	3	4	5	6	7	8	9	10	11	12	13	14	15	16	17	18	19	20	21	22	23	24	25	26	27	28	29	30	
13	夏曆十一月							15	16	17	18	19	20	21	22	23	24	25	26	27	28	29	㊲	2	3	4	5	6	7	8	9	10	11	12	13	14	15	
	回曆 12 月							13	14	15	16	17	18	19	20	21	22	23	24	25	26	27	28	29	30	1	2	3	4	5	6	7	8	9	10	11	12	
	藏曆十一月							15	16	17	18	19	20	21	22	23	24	25	26	27	28	29	30	1	2	4	5	6	7	8	9	9	10	11	12	13	14	
	公曆 12 月		1	2	3	4	5	6	7	8	9	10	11	12	13	14	15	16	17	18	19	20	21	22	23	24	25	26	27	28	29	30	31					
	夏曆閏十一月		16	17	18	19	20	21	22	23	24	25	26	27	28	29	30	⑦	2	3	4	5	6	7	8	9	10	11	12	13	14	15	16					
658 年	回曆 1 月		13	14	15	16	17	18	19	20	21	22	23	24	25	26	27	28	29	①	2	3	4	5	6	7	8	9	10	11	12	13	14					
	藏曆十二月		15	16	17	18	19	20	21	22	23	24	25	26	28	29	30	1	2	3	4	5	6	7	8	9	10	11	12	12	13	14	15					

大事記

正月，蒙古兵擾宋忠州，四川中部諸州多降。　二月，蒙哥汗圍合州，宋王堅力守。宋出內庫緡錢三千萬助邊用。　六月，蒙古敗宋援蜀軍於江。　七月，蒙哥汗卒於合州城下，蒙古兵奉喪北還，合州圍解。　八月，蒙古忽必烈督師至鄂州。　九月，忽必烈自沙武口渡江圍鄂州，別軍入臨江、瑞州。　十月，宋邊報日急，議遷都。　十一月，蒙古雲南軍入宋廣西，長驅至潭州。宋帥賈似道私求和於蒙古，劃江為界，奉歲幣。忽必烈北歸爭汗位。　十二月，潭州、鄂州圍解。

宋遼金紀年

干支庚申　公元 1260 年

朝代或國名	國家支配者	建都	廟號	謚號	建元	年號年次	輔政者	備注
南宋	⑤趙昀	臨安	理宗	安	8	8 景定元年	吳潛、賈似道	
蒙古	⑧孛兒只斤忽必烈	開平	世祖		2	1 中統元年	禡禡	三月即位，五月丙辰改元
古格						447 年		西藏阿里

月曆表

5973－354－2181669

月干支序數	月序＼星期	日	1	2	3	4	5	6	日	1	2	3	4	5	6	日	1	2	3	4	5	6	日	1	2	3	4	5	6	日	1	2	3	4	5	6	日	1
	公曆 1 月					1	2	3	4	5	6	7	8	9	10	11	12	13	14	15	16	17	18	19	20	21	22	23	24	25	26	27	28	29	30	31		
14	夏曆十二月					17	18	19	20	21	22	23	24	25	26	27	28	29	㊱	2	3	4	5	6	7	8	9	10	11	12	13	14	15	16	17	18		
	回曆 2 月					15	16	17	18	19	20	21	22	23	24	25	26	27	28	29	30	1	2	3	4	5	6	7	8	9	10	11	12	13	14	15		
陽金猴年	藏曆一月					16	17	18	19	20	22	23	24	25	26	27	28	29	30	1	2	3	4	5	6	7	8	9	10	11	12	13	14	15	16	17		

續表

月 干支 序數	星期 月序	日	1	2	3	4	5	6	日	1	2	3	4	5	6	日	1	2	3	4	5	6	日	1	2	3	4	5	6	日	1	2	3	4	5	6	日	1
	公曆2月	1	2	3	4	5	6	7	8	9	10	11	12	13	14	15	16	17	18	19	20	21	22	23	24	25	26	27	28	29								
15	夏曆正月	19	20	21	22	23	24	25	26	27	28	29	30	⑥	2	3	4	5	6	7	8	9	10	11	12	13	14	15	16	17								
	回曆3月	16	17	18	19	20	21	22	23	24	25	26	27	28	29	1	2	3	4	5	6	7	8	9	10	11	12	13	14	15								
	藏曆二月	18	19	20	21	22	23	24	25	27	28	29	30	1	2	3	4	4	5	6	7	8	9	10	11	12	13	14	15	16								
	公曆3月		1	2	3	4	5	6	7	8	9	10	11	12	13	14	15	16	17	18	19	20	21	22	23	24	25	26	27	28	29	30	31					
16	夏曆二月		18	19	20	21	22	23	24	25	26	27	28	29	30	㊱	2	3	4	5	6	7	8	9	10	11	12	13	14	15	16	17	18					
	回曆4月		16	17	18	19	20	21	22	23	24	25	26	27	28	29	30	1	2	3	4	5	6	7	8	9	10	11	12	13	14	15	16					
	藏曆三月		17	18	19	21	22	23	24	25	26	27	28	29	30	1	2	3	4	5	6	7	8	8	9	10	11	12	14	15	16	17	18					
	公曆4月					1	2	3	4	5	6	7	8	9	10	11	12	13	14	15	16	17	18	19	20	21	22	23	24	25	26	27	28	29	30			
17	夏曆三月					19	20	21	22	23	24	25	26	27	28	29	⑤	2	3	4	5	6	7	8	9	10	11	12	13	14	15	16	17	18	19			
	回曆5月					17	18	19	20	21	22	23	24	25	26	27	28	29	1	2	3	4	5	6	7	8	9	10	11	12	13	14	15	16	17			
	藏曆四月					19	20	21	22	23	24	25	26	26	27	28	29	1	2	3	4	5	6	7	8	9	10	11	12	13	14	15	16	18	19			
	公曆5月							1	2	3	4	5	6	7	8	9	10	11	12	13	14	15	16	17	18	19	20	21	22	23	24	25	26	27	28	29	30	31
18	夏曆四月							20	21	22	23	24	25	26	27	28	29	30	㉟	2	3	4	5	6	7	8	9	10	11	12	13	14	15	16	17	18	19	20
	回曆6月							18	19	20	21	22	23	24	25	26	27	28	29	30	1	2	3	4	5	6	7	8	9	10	11	12	13	14	15	16	17	18
	藏曆五月							20	21	22	23	24	25	26	27	28	29	30	1	2	3	3	4	5	6	7	8	9	11	12	13	14	15	16	17	18	19	20
	公曆6月			1	2	3	4	5	6	7	8	9	10	11	12	13	14	15	16	17	18	19	20	21	22	23	24	25	26	27	28	29	30					
19	夏曆五月			21	22	23	24	25	26	27	28	29	30	⑤	2	3	4	5	6	7	8	9	10	11	12	13	14	15	16	17	18	19	20					
	回曆7月			19	20	21	22	23	24	25	26	27	28	29	1	2	3	4	5	6	7	8	9	10	11	12	13	14	15	16	17	18	19					
	藏曆六月			21	22	23	24	25	26	27	28	29	30	1	2	3	4	5	6	7	8	9	10	11	12	14	15	16	17	18	19	20	21					
	公曆7月					1	2	3	4	5	6	7	8	9	10	11	12	13	14	15	16	17	18	19	20	21	22	23	24	25	26	27	28	29	30	31		
20	夏曆六月					21	22	23	24	25	26	27	28	29	㉞	2	3	4	5	6	7	8	9	10	11	12	13	14	15	16	17	18	19	20	21	22		
	回曆8月					20	21	22	23	24	25	26	27	28	29	30	1	2	3	4	5	6	7	8	9	10	11	12	13	14	15	16	17	18	19	20		
	藏曆七月					22	23	24	25	26	27	28	29	29	30	1	2	3	4	6	7	8	9	10	11	12	13	14	15	16	18	19	19	20	21	22		
	公曆8月	1	2	3	4	5	6	7	8	9	10	11	12	13	14	15	16	17	18	19	20	21	22	23	24	25	26	27	28	29	30	31						
21	夏曆七月	23	24	25	26	27	28	29	30	①	2	3	4	5	6	7	8	9	10	11	12	13	14	15	16	17	18	19	20	21	22	23						
	回曆9月	21	22	23	24	25	26	27	28	29	1	2	3	4	5	6	7	8	9	10	11	12	13	14	15	16	17	18	19	20	21	22						
	藏曆八月	23	24	25	26	27	28	29	30	1	2	3	4	5	6	7	9	10	11	12	13	14	15	16	17	18	19	20	21	22	23	24						
	公曆9月				1	2	3	4	5	6	7	8	9	10	11	12	13	14	15	16	17	18	19	20	21	22	23	24	25	26	27	28	29	30				
22	夏曆八月				24	25	26	27	28	29	㉝	2	3	4	5	6	7	8	9	10	11	12	13	14	15	16	17	18	19	20	21	22	23	24				
	回曆10月				23	24	25	26	27	28	29	30	1	2	3	4	5	6	7	8	9	10	11	12	13	14	15	16	17	18	19	20	21	22				
	藏曆後八月				25	26	26	27	28	29	2	3	4	5	6	7	8	9	10	11	12	13	14	15	16	17	18	19	20	21	22	23	24	25				
	公曆10月						1	2	3	4	5	6	7	8	9	10	11	12	13	14	15	16	17	18	19	20	21	22	23	24	25	26	27	28	29	30	31	
23	夏曆九月						25	26	27	28	29	30	③	2	3	4	5	6	7	8	9	10	11	12	13	14	15	16	17	18	19	20	21	22	23	24	25	
	回曆11月						23	24	25	26	27	28	29	30	1	2	3	4	5	6	7	8	9	10	11	12	13	14	15	16	17	18	19	20	21	22	23	
	藏曆九月						26	27	28	29	30	30	1	2	3	4	6	7	8	9	10	11	12	13	14	15	16	17	18	19	20	20	21	22	23	24	25	
	公曆11月		1	2	3	4	5	6	7	8	9	10	11	12	13	14	15	16	17	18	19	20	21	22	23	24	25	26	27	28	29	30						
24	夏曆十月		26	27	28	29	㉜	2	3	4	5	6	7	8	9	10	11	12	13	14	15	16	17	18	19	20	21	22	23	24	25	26						
	回曆12月		24	25	26	27	28	29	1	2	3	4	5	6	7	8	9	10	11	12	13	14	15	16	17	18	19	20	21	22	23	24						
	藏曆十月		26	27	28	30	1	2	3	4	5	6	7	8	9	10	11	12	13	14	15	16	17	18	19	20	21	22	23	24	25	26						
	公曆12月				1	2	3	4	5	6	7	8	9	10	11	12	13	14	15	16	17	18	19	20	21	22	23	24	25	26	27	28	29	30	31			
25	夏曆十一月				27	28	29	①	2	3	4	5	6	7	8	9	10	11	12	13	14	15	16	17	18	19	20	21	22	23	24	25	26	27	28			
659年	回曆1月				25	26	27	28	29	①	2	3	4	5	6	7	8	9	10	11	12	13	14	15	16	17	18	19	20	21	22	23	24	25	26			
	藏曆十一月				27	28	29	30	1	2	3	5	6	7	8	9	10	11	12	12	13	14	15	16	17	18	19	20	21	22	23	24	25	26	27			

大事記

正月，宋遮殺蒙古渡江尾軍七百餘人。　二月，蒙古侵江西軍北還。　三月，賈似道匿請和納幣事，以大敗蒙古解鄂州圍上聞。忽必烈稱汗於開平，為世祖。　四月，厘定內外官制。蒙古皇弟阿里不哥稱大汗於和林。　五月，蒙古初建元中統，立十路宣撫司。　六月，蒙古擾淮安。　七月，蒙古遣郝經使宋，被拘於真州。蒙古忽必烈汗自將討阿里不哥，內戰始起。　八月，蒙古立秦蜀行中書省。　九月，蒙古主敗阿里不哥黨於甘州。　十月，蒙古初行中統寶鈔。　十二月，蒙古以吐蕃僧八思巴為國師，統釋教。

宋遼金紀年

干支辛酉　公元1261年

朝代或國名	國家支配者	建都	廟號	謚號	建元	年號年次	輔政者	備注
南宋	⑤趙昀	臨安	理宗	安	8	8 景定 2 年	賈似道	
蒙古	⑧孛兒只斤忽必烈	開平	世祖		2	1 中統 2 年	不花、史天澤 忽魯不花	
古格						448 年		西藏阿里
大理	段信苴日(復國)					元年		段興智弟

月曆表

5974—355—2182024

月干支序數	月序＼星期	日	1	2	3	4	5	6	日	1	2	3	4	5	6	日	1	2	3	4	5	6	日	1	2	3	4	5	6	日	1	2	3	4	5	6	日	1
	公曆1月							1	2	3	4	5	6	7	8	9	10	11	12	13	14	15	16	17	18	19	20	21	22	23	24	25	26	27	28	29	30	31
26	夏曆十二月							29	30	㉛	2	3	4	5	6	7	8	9	10	11	12	13	14	15	16	17	18	19	20	21	22	23	24	25	26	27	28	29
	回曆2月							27	28	29	30	1	2	3	4	5	6	7	8	9	10	11	12	13	14	15	16	17	18	19	20	21	22	23	24	25	26	27
	藏曆十二月							29	30	1	2	3	4	5	6	7	8	9	10	11	12	13	14	15	15	16	17	18	19	20	21	23	24	25	26	27	28	29
	公曆2月			1	2	3	4	5	6	7	8	9	10	11	12	13	14	15	16	17	18	19	20	21	22	23	24	25	26	27	28							
27	夏曆正月			(60)	2	3	4	5	6	7	8	9	10	11	12	13	14	15	16	17	18	19	20	21	22	23	24	25	26	27	28							
	回曆3月			28	29	1	2	3	4	5	6	7	8	9	10	11	12	13	14	15	16	17	18	19	20	21	22	23	24	25	26							
陰金鷄年	藏曆一月			30	1	2	3	4	5	6	7	8	9	10	11	12	13	14	15	16	17	18	19	20	21	22	23	24	25	26	28							
	公曆3月			1	2	3	4	5	6	7	8	9	10	11	12	13	14	15	16	17	18	19	20	21	22	23	24	25	26	27	28	29	30	31				
28	夏曆二月			29	30	㉚	2	3	4	5	6	7	8	9	10	11	12	13	14	15	16	17	18	19	20	21	22	23	24	25	26	27	28	29				
	回曆4月			27	28	29	30	1	2	3	4	5	6	7	8	9	10	11	12	13	14	15	16	17	18	19	20	21	22	23	24	25	26	27				
	藏曆二月			29	30	1	2	3	4	5	6	7	7	8	9	10	11	12	13	14	15	16	17	18	19	21	22	23	24	25	26	27	28	29				
	公曆4月						1	2	3	4	5	6	7	8	9	10	11	12	13	14	15	16	17	18	19	20	21	22	23	24	25	26	27	28	29	30		
29	夏曆三月						(59)	2	3	4	5	6	7	8	9	10	11	12	13	14	15	16	17	18	19	20	21	22	23	24	25	26	27	28	29	30		
	回曆5月						28	29	1	2	3	4	5	6	7	8	9	10	11	12	13	14	15	16	17	18	19	20	21	22	23	24	25	26	27	28		
	藏曆三月						30	1	2	3	4	5	6	7	8	9	10	11	12	13	14	15	16	17	18	19	20	21	22	23	25	26	27	28	29	30		
	公曆5月	1	2	3	4	5	6	7	8	9	10	11	12	13	14	15	16	17	18	19	20	21	22	23	24	25	26	27	28	29	30	31						
30 31	夏曆四五月	㉙	2	3	4	5	6	7	8	9	10	11	12	13	14	15	16	17	18	19	20	21	22	23	24	25	26	27	28	29	30	(59)						
	回曆6月	29	30	1	2	3	4	5	6	7	8	9	10	11	12	13	14	15	16	17	18	19	20	21	22	23	24	25	26	27	28	29						
	藏曆四五月	1	2	2	3	4	5	6	7	8	9	10	11	12	13	14	15	16	18	19	20	21	22	23	24	25	26	27	28	29	30	1						
	公曆6月				1	2	3	4	5	6	7	8	9	10	11	12	13	14	15	16	17	18	19	20	21	22	23	24	25	26	27	28	29	30				
32	夏曆六月				2	3	4	5	6	7	8	9	10	11	12	13	14	15	16	17	18	19	20	21	22	23	24	25	26	27	28	29	㉘	2				
	回曆7月				1	2	3	4	5	6	7	8	9	10	11	12	13	14	15	16	17	18	19	20	21	22	23	24	25	26	27	28	29	30				
	藏曆六月				2	3	4	5	6	7	8	9	10	11	12	13	14	15	16	17	18	19	21	22	23	24	25	26	27	28	28	29	30	1				
	公曆7月						1	2	3	4	5	6	7	8	9	10	11	12	13	14	15	16	17	18	19	20	21	22	23	24	25	26	27	28	29	30	31	

續表

月干支序數	月序 \ 星期	日	1	2	3	4	5	6	日	1	2	3	4	5	6	日	1	2	3	4	5	6	日	1	2	3	4	5	6	日	1	2	3	4	5	6	日	1
33	夏曆七月						3	4	5	6	7	8	9	10	11	12	13	14	15	16	17	18	19	20	21	22	23	24	25	26	27	28	29	30	(58)	2	3	
	回曆 8、9 月						1	2	3	4	5	6	7	8	9	10	11	12	13	14	15	16	17	18	19	20	21	22	23	24	25	26	27	28	29	1	2	
	藏曆七月						2	3	4	5	6	7	8	9	10	11	12	14	15	16	17	18	19	20	21	22	23	24	25	26	27	28	29	30	1	2	3	
	公曆 8 月		1	2	3	4	5	6	7	8	9	10	11	12	13	14	15	16	17	18	19	20	21	22	23	24	25	26	27	28	29	30	31					
34	夏曆八月		4	5	6	7	8	9	10	11	12	13	14	15	16	17	18	19	20	21	22	23	24	25	26	27	28	29	30	㉘	2	3	4					
	回曆 10 月		3	4	5	6	7	8	9	10	11	12	13	14	15	16	17	18	19	20	21	22	23	24	25	26	27	28	29	30	1	2	3					
	藏曆八月		4	5	6	7	8	9	10	11	12	13	14	16	17	18	19	20	21	22	23	24	25	25	26	27	28	29	30	1	2	3	4					
	公曆 9 月					1	2	3	4	5	6	7	8	9	10	11	12	13	14	15	16	17	18	19	20	21	22	23	24	25	26	27	28	29	30			
35	夏曆九月					5	6	7	8	9	10	11	12	13	14	15	16	17	18	19	20	21	22	23	24	25	26	27	28	29	(57)	2	3	4	5			
	回曆 11 月					4	5	6	7	8	9	10	11	12	13	14	15	16	17	18	19	20	21	22	23	24	25	26	27	28	29	1	2	3	4			
	藏曆九月					5	6	7	8	10	11	12	13	14	15	16	17	18	19	20	21	22	23	24	25	26	27	28	29	30	1	2	3	4	5			
	公曆 10 月							1	2	3	4	5	6	7	8	9	10	11	12	13	14	15	16	17	18	19	20	21	22	23	24	25	26	27	28	29	30	31
36	夏曆十月							6	7	8	9	10	11	12	13	14	15	16	17	18	19	20	21	22	23	24	25	26	27	28	29	30	㉗	2	3	4	5	6
	回曆 12 月							5	6	7	8	9	10	11	12	13	14	15	16	17	18	19	20	21	22	23	24	25	26	27	28	29	30	1	2	3	4	5
	藏曆十月							6	7	8	9	10	11	13	14	15	16	17	18	19	19	20	21	22	23	24	25	26	27	28	29	30	1	2	3	4	5	7
	公曆 11 月			1	2	3	4	5	6	7	8	9	10	11	12	13	14	15	16	17	18	19	20	21	22	23	24	25	26	27	28	29	30					
37	夏曆十一月			7	8	9	10	11	12	13	14	15	16	17	18	19	20	21	22	23	24	25	26	27	28	29	(56)	2	3	4	5	6	7					
660 年	回曆 1 月			6	7	8	9	10	11	12	13	14	15	16	17	18	19	20	21	22	23	24	25	26	27	28	29	30	①	2	3	4	5					
	藏曆十一月			8	9	10	11	12	13	14	15	16	17	18	19	20	21	22	23	23	24	25	26	27	28	29	1	2	3	4	5	6	7					
	公曆 12 月					1	2	3	4	5	6	7	8	9	10	11	12	13	14	15	16	17	18	19	20	21	22	23	24	25	26	27	28	29	30	31		
38	夏曆十二月					8	9	10	11	12	13	14	15	16	17	18	19	20	21	22	23	24	25	26	27	28	29	30	㉖	2	3	4	5	6	7	8		
	回曆 2 月					6	7	8	9	10	11	12	13	14	15	16	17	18	19	20	21	22	23	24	25	26	27	28	29	30	1	2	3	4	5	6		
	藏曆十二月					8	9	10	11	12	13	14	15	16	17	18	19	20	21	22	23	24	25	26	27	28	29	30	1	2	3	4	6	7	8	9		

大事記

二月，宋申偽造會子之禁。　四月，蒙古詔軍中所俘儒士聽贖為民。蒙古立勸農司。　五月，蒙古在諸路設立醫學。蒙古以史天澤為中書右丞相。　六月，宋賈似道行打算法於諸路以核軍費，大將獲罪者甚多。瀘州將劉整遂以州叛降於蒙古。蒙古定鹽酒稅課法。蒙古罷坑冶所役民夫及舞陽姜戶等還之州縣，出工局綉女任婚嫁。蒙古修沁河渠成。　七月，蒙古設翰林國史院，并修遼、金史。　八月，蒙古遣官為諸路勸農使，又頒量衡新制。　九月，蒙古立諸路提舉學校官。十月，蒙古括京西路官民有壯馬者皆從軍。　十一月，蒙古大汗自將兵大破阿里不哥。　是歲，宋行公田法。蒙古下令保護各地孔廟。楊輝撰成《詳解九章算法》。

宋遼金紀年

干支壬戌　公元 1262 年

朝代或國名	國家支配者	建都	廟號	謚號	建元	年號年次	輔政者	備注
南宋	⑤趙昀	臨安	理宗	安	8	8 景定 3 年	賈似道	
蒙古	⑧孛兒只斤忽必烈	開平	世祖		2	1 中統 3 年	同前	
古格						449 年		
大理	段信苴日					2 年		

月干支序數	星期／月序	日	1	2	3	4	5	6	日	1	2	3	4	5	6	日	1	2	3	4	5	6	日	1	2	3	4	5	6	日	1	2	3	4	5	6	日	1
	公曆1月	1	2	3	4	5	6	7	8	9	10	11	12	13	14	15	16	17	18	19	20	21	22	23	24	25	26	27	28	29	30	31						
39	夏曆正月	9	10	11	12	13	14	15	16	17	18	19	20	21	22	23	24	25	26	27	28	29	(55)	2	3	4	5	6	7	8	9	10						
	回曆3月	7	8	9	10	11	12	13	14	15	16	17	18	19	20	21	22	23	24	25	26	27	28	29	1	2	3	4	5	6	7	8						
陽水狗年	藏曆一月	10	11	12	13	14	15	15	16	17	18	19	20	21	22	23	24	25	26	27	28	30	1	2	3	4	5	6	7	8	9	10						
	公曆2月				1	2	3	4	5	6	7	8	9	10	11	12	13	14	15	16	17	18	19	20	21	22	23	24	25	26	27	28						
40	夏曆二月				11	12	13	14	15	16	17	18	19	20	21	22	23	24	25	26	27	28	29	㉔	2	3	4	5	6	7	8	9						
	回曆4月				9	10	11	12	13	14	15	16	17	18	19	20	21	22	23	24	25	26	27	28	29	30	1	2	3	4	5	6						
	藏曆二月				11	12	13	14	15	16	17	18	18	19	20	21	23	24	25	26	27	28	29	30	1	2	3	4	5	6	7	8						
	公曆3月				1	2	3	4	5	6	7	8	9	10	11	12	13	14	15	16	17	18	19	20	21	22	23	24	25	26	27	28	29	30	31			
41	夏曆三月				10	11	12	13	14	15	16	17	18	19	20	21	22	23	24	25	26	27	28	29	30	(54)	2	3	4	5	6	7	8	9	10			
	回曆5月				7	8	9	10	11	12	13	14	15	16	17	18	19	20	21	22	23	24	25	26	27	28	29	1	2	3	4	5	6	7	8			
	藏曆三月				9	10	11	12	13	14	15	16	17	18	19	20	21	22	23	24	25	26	28	29	30	1	2	3	4	5	6	7	8	9	10			
	公曆4月							1	2	3	4	5	6	7	8	9	10	11	12	13	14	15	16	17	18	19	20	21	22	23	24	25	26	27	28	29	30	
42	夏曆四月							11	12	13	14	15	16	17	18	19	20	21	22	23	24	25	26	27	28	29	㉓	2	3	4	5	6	7	8	9	10	11	
	回曆6月							9	10	11	12	13	14	15	16	17	18	19	20	21	22	23	24	25	26	27	28	29	30	1	2	3	4	5	6	7	8	
	藏曆四月							11	11	12	13	14	15	16	17	18	19	20	22	23	24	25	26	27	28	29	30	1	2	3	4	5	6	7	8	9	10	
	公曆5月		1	2	3	4	5	6	7	8	9	10	11	12	13	14	15	16	17	18	19	20	21	22	23	24	25	26	27	28	29	30	31					
43	夏曆五月		12	13	14	15	16	17	18	19	20	21	22	23	24	25	26	27	28	29	30	(53)	2	3	4	5	6	7	8	9	10	11	12					
	回曆7月		9	10	11	12	13	14	15	16	17	18	19	20	21	22	23	24	25	26	27	28	29	1	2	3	4	5	6	7	8	9	10					
	藏曆五月		11	12	13	14	15	16	17	18	19	20	21	22	23	25	26	27	28	29	30	1	2	3	4	5	6	6	7	8	9	10	11					
	公曆6月					1	2	3	4	5	6	7	8	9	10	11	12	13	14	15	16	17	18	19	20	21	22	23	24	25	26	27	28	29	30			
44	夏曆六月					13	14	15	16	17	18	19	20	21	22	23	24	25	26	27	28	29	㉒	2	3	4	5	6	7	8	9	10	11	12	13			
	回曆8月					11	12	13	14	15	16	17	18	19	20	21	22	23	24	25	26	27	28	29	30	1	2	3	4	5	6	7	8	9	10			
	藏曆六月					12	13	14	15	16	18	19	20	21	22	23	24	25	26	27	28	29	30	1	2	3	4	5	6	7	8	9	10	11	12			
	公曆7月							1	2	3	4	5	6	7	8	9	10	11	12	13	14	15	16	17	18	19	20	21	22	23	24	25	26	27	28	29	30	31
45	夏曆七月							14	15	16	17	18	19	20	21	22	23	24	25	26	27	28	29	30	(52)	2	3	4	5	6	7	8	9	10	11	12	13	14
	回曆9月							11	12	13	14	15	16	17	18	19	20	21	22	23	24	25	26	27	28	29	1	2	3	4	5	6	7	8	9	10	11	12
	藏曆七月							13	14	15	16	17	18	19	21	22	23	24	25	26	27	28	29	30	1	2	3	3	4	5	6	7	8	9	10	11	12	14
	公曆8月			1	2	3	4	5	6	7	8	9	10	11	12	13	14	15	16	17	18	19	20	21	22	23	24	25	26	27	28	29	30	31				
46	夏曆八月			15	16	17	18	19	20	21	22	23	24	25	26	27	28	29	30	㉒	2	3	4	5	6	7	8	9	10	11	12	13	14	15				
	回曆10月			13	14	15	16	17	18	19	20	21	22	23	24	25	26	27	28	29	30	1	2	3	4	5	6	7	8	9	10	11	12	13				
	藏曆八月			15	16	17	18	19	20	21	22	23	24	25	26	27	28	29	30	1	2	3	4	5	6	7	8	9	10	11	12	13	14	15				
	公曆9月						1	2	3	4	5	6	7	8	9	10	11	12	13	14	15	16	17	18	19	20	21	22	23	24	25	26	27	28	29	30		
47	夏曆九月						16	17	18	19	20	21	22	23	24	25	26	27	28	29	(51)	2	3	4	5	6	7	8	9	10	11	12	13	14	15	16		
	回曆11月						14	15	16	17	18	19	20	21	22	23	24	25	26	27	28	29	1	2	3	4	5	6	7	8	9	10	11	12	13	14		
	藏曆九月						17	18	19	20	21	22	23	24	25	26	27	28	29	29	30	1	2	3	4	5	6	7	8	10	11	12	13	14	15	16		
	公曆10月	1	2	3	4	5	6	7	8	9	10	11	12	13	14	15	16	17	18	19	20	21	22	23	24	25	26	27	28	29	30	31						
	夏曆閏九月	17	18	19	20	21	22	23	24	25	26	27	28	29	30	㉑	2	3	4	5	6	7	8	9	10	11	12	13	14	15	16	17						
	回曆12月	15	16	17	18	19	20	21	22	23	24	25	26	27	28	29	30	1	2	3	4	5	6	7	8	9	10	11	12	13	14	15						
	藏曆十月	17	18	19	20	21	22	23	24	25	26	27	28	29	30	1	2	3	4	5	6	7	8	9	10	11	12	14	15	16	17	18						
	公曆11月				1	2	3	4	5	6	7	8	9	10	11	12	13	14	15	16	17	18	19	20	21	22	23	24	25	26	27	28	29	30				
48	夏曆十月				18	19	20	21	22	23	24	25	26	27	28	29	30	(51)	2	3	4	5	6	7	8	9	10	11	12	13	14	15	16	17				
661年	回曆1月				16	17	18	19	20	21	22	23	24	25	26	27	28	29	①	2	3	4	5	6	7	8	9	10	11	12	13	14	15	16				
	藏曆十一月				19	20	21	22	23	23	24	25	26	27	28	29	30	1	2	3	4	5	6	8	9	10	11	12	13	14	15	16	17	18				

續表

月干支序數	月序 \ 星期	日	1	2	3	4	5	6	日	1	2	3	4	5	6	日	1	2	3	4	5	6	日	1	2	3	4	5	6	日	1	2	3	4	5	6	日	1
	公曆 12 月						1	2	3	4	5	6	7	8	9	10	11	12	13	14	15	16	17	18	19	20	21	22	23	24	25	26	27	28	29	30	31	
49	夏曆十一月						18	19	20	21	22	23	24	25	26	27	28	29	⑳	2	3	4	5	6	7	8	9	10	11	12	13	14	15	16	17	18	19	
	回曆 2 月						17	18	19	20	21	22	23	24	25	26	27	28	29	30	1	2	3	4	5	6	7	8	9	10	11	12	13	14	15	16	17	
	藏曆十二月						19	20	21	22	23	24	25	26	26	27	28	29	1	2	3	4	5	6	7	8	9	10	11	12	13	14	15	16	17	18	19	

大事記

正月，蒙古置高麗鐵冶。　二月，蒙古始定中外官俸。蒙古將李壇殺蒙古戍兵，以海州、漣水等地降於宋，封齊郡王，據青、淄、濟南。　三月，蒙古禁諸路民間私藏兵器。　五月，宋復蘄縣。蒙古真定等地蝗。　六月，安南陳日煚表請世襲，宋册封為安南國王。　七月，李壇敗死。　八月，蒙古以郭守敬提舉諸路河渠，自是大興水利。　九月，蒙古破宋宿、蘄二州。蒙古以阿術為征南都元帥。　十月，宋歸化州土酋嶺氏納土輸賦歸宋。蒙古命回鶻人阿合馬理財賦。　十二月，蒙古立十路宣慰司。蒙古下令諸路總管兼萬戶者止理民事，勿預軍政。　是歲，楊輝又著《日用筭法》成。

宋遼金紀年

干支癸亥　公元 1263 年

朝代或國名	國家支配者	建都	廟號	謚號	建元	年號年次	輔政者	備注
南宋	⑤趙昀	臨安	理宗	安	8	8 景定 4 年	賈似道	
蒙古	⑧孛兒只斤忽必烈	開平	世祖		2	1 中統 4 年	不花、線、史天澤、忽魯不花、塔察兒、耶律鑄	
古格						450 年		西藏阿里
大理	段信苴日					3 年		

月曆表

5976—355—2182763

月干支序數	月序 \ 星期	日	1	2	3	4	5	6	日	1	2	3	4	5	6	日	1	2	3	4	5	6	日	1	2	3	4	5	6	日	1	2	3	4	5	6	日	1
	公曆 1 月		1	2	3	4	5	6	7	8	9	10	11	12	13	14	15	16	17	18	19	20	21	22	23	24	25	26	27	28	29	30	31					
50	夏曆十二月		20	21	22	23	24	25	26	27	28	29	30	㊿	2	3	4	5	6	7	8	9	10	11	12	13	14	15	16	17	18	19	20					
	回曆 3 月		18	19	20	21	22	23	24	25	26	27	28	29	1	2	3	4	5	6	7	8	9	10	11	12	13	14	15	16	17	18	19					
陰水猪年	藏曆一月		20	21	22	23	24	25	26	27	28	29	30	1	2	3	4	5	7	8	9	10	11	12	13	14	15	16	17	18	18	19	20					
	公曆 2 月					1	2	3	4	5	6	7	8	9	10	11	12	13	14	15	16	17	18	19	20	21	22	23	24	25	26	27	28					
51	夏曆正月					21	22	23	24	25	26	27	28	29	⑲	2	3	4	5	6	7	8	9	10	11	12	13	14	15	16	17	18	19					
	回曆 4 月					20	21	22	23	24	25	26	27	28	29	30	1	2	3	4	5	6	7	8	9	10	11	12	13	14	15	16	17					
	藏曆二月					21	22	23	24	25	26	27	28	29	1	2	3	4	5	6	7	8	9	10	11	12	13	14	15	16	17	18	19					
	公曆 3 月					1	2	3	4	5	6	7	8	9	10	11	12	13	14	15	16	17	18	19	20	21	22	23	24	25	26	27	28	29	30	31		
52	夏曆二月					20	21	22	23	24	25	26	27	28	29	㊽	2	3	4	5	6	7	8	9	10	11	12	13	14	15	16	17	18	19	20	21		
	回曆 5 月					18	19	20	21	22	23	24	25	26	27	28	29	1	2	3	4	5	6	7	8	9	10	11	12	13	14	15	16	17	18	19		
	藏曆三月					20	21	22	23	24	25	26	27	28	29	30	1	2	3	4	6	7	8	9	10	10	11	12	13	14	15	16	17	18	19	20		
	公曆 4 月	1	2	3	4	5	6	7	8	9	10	11	12	13	14	15	16	17	18	19	20	21	22	23	24	25	26	27	28	29	30							
53	夏曆三月	22	23	24	25	26	27	28	29	30	⑱	2	3	4	5	6	7	8	9	10	11	12	13	14	15	16	17	18	19	20	21							
	回曆 6 月	20	21	22	23	24	25	26	27	28	29	30	1	2	3	4	5	6	7	8	9	10	11	12	13	14	15	16	17	18	19							

續表

月干支序數	月序＼星期	日	1	2	3	4	5	6	日	1	2	3	4	5	6	日	1	2	3	4	5	6	日	1	2	3	4	5	6	日	1	2	3	4	5	6	日	1
	藏曆四月	21	22	23	24	25	26	27	29	30	1	2	3	4	5	6	7	8	9	10	11	12	13	14	15	15	16	17	18	19	20							
	公曆5月			1	2	3	4	5	6	7	8	9	10	11	12	13	14	15	16	17	18	19	20	21	22	23	24	25	26	27	28	29	30	31				
54	夏曆四月			22	23	24	25	26	27	28	29	㊼	2	3	4	5	6	7	8	9	10	11	12	13	14	15	16	17	18	19	20	21	22	23				
	回曆7月			20	21	22	23	24	25	26	27	28	29	1	2	3	4	5	6	7	8	9	10	11	12	13	14	15	16	17	18	19	20	21				
	藏曆後四月			22	23	24	25	26	27	28	29	30	1	2	3	4	5	6	7	8	9	10	11	12	13	14	15	16	17	18	19	20	21	22				
	公曆6月						1	2	3	4	5	6	7	8	9	10	11	12	13	14	15	16	17	18	19	20	21	22	23	24	25	26	27	28	29	30		
55	夏曆五月						24	25	26	27	28	29	30	⑰	2	3	4	5	6	7	8	9	10	11	12	13	14	15	16	17	18	19	20	21	22	23		
	回曆8月						22	23	24	25	26	27	28	29	30	1	2	3	4	5	6	7	8	9	10	11	12	13	14	15	16	17	18	19	20	21		
	藏曆五月						23	25	26	27	28	29	30	1	2	3	4	5	6	7	8	9	10	11	11	12	13	14	15	17	18	19	20	21	22	23		
	公曆7月	1	2	3	4	5	6	7	8	9	10	11	12	13	14	15	16	17	18	19	20	21	22	23	24	25	26	27	28	29	30	31						
56	夏曆六月	24	25	26	27	28	29	㊻	2	3	4	5	6	7	8	9	10	11	12	13	14	15	16	17	18	19	20	21	22	23	24	25						
	回曆9月	22	23	24	25	26	27	28	29	1	2	3	4	5	6	7	8	9	10	11	12	13	14	15	16	17	18	19	20	21	22	23						
	藏曆六月	24	25	26	27	29	30	30	1	1	2	3	4	5	6	7	8	9	10	11	12	13	14	15	16	17	18	19	21	22	23	24						
	公曆8月				1	2	3	4	5	6	7	8	9	10	11	12	13	14	15	16	17	18	19	20	21	22	23	24	25	26	27	28	29	30	31			
57	夏曆七月				26	27	28	29	30	⑯	2	3	4	5	6	7	8	9	10	11	12	13	14	15	16	17	18	19	20	21	22	23	24	25	26			
	回曆10月				24	25	26	27	28	29	30	1	2	3	4	5	6	7	8	9	10	11	12	13	14	15	16	17	18	19	20	21	22	23	24			
	藏曆七月				25	26	27	28	29	1	2	3	4	5	6	7	8	8	9	10	11	13	14	15	16	17	18	19	20	21	22	24	25	26	27			
	公曆9月							1	2	3	4	5	6	7	8	9	10	11	12	13	14	15	16	17	18	19	20	21	22	23	24	25	26	27	28	29	30	
58	夏曆八月							27	28	29	㊺	2	3	4	5	6	7	8	9	10	11	12	13	14	15	16	17	18	19	20	21	22	23	24	25	26	27	
	回曆11月							25	26	27	28	29	1	2	3	4	5	6	7	8	9	10	11	12	13	14	15	16	17	18	19	20	21	22	23	24	25	
	藏曆八月							28	28	29	30	1	2	3	4	5	6	7	8	9	10	11	12	13	14	15	17	18	19	20	21	22	23	24	25	26	27	
	公曆10月		1	2	3	4	5	6	7	8	9	10	11	12	13	14	15	16	17	18	19	20	21	22	23	24	25	26	27	28	29	30	31					
59	夏曆九月		28	29	30	⑮	2	3	4	5	6	7	8	9	10	11	12	13	14	15	16	17	18	19	20	21	22	23	24	25	26	27	28					
	回曆12月		26	27	28	29	30	1	2	3	4	5	6	7	8	9	10	11	12	13	14	15	16	17	18	19	20	21	22	23	24	25	26					
	藏曆九月		28	29	30	1	2	3	3	4	5	6	7	8	10	11	12	13	14	15	16	17	18	19	20	21	22	23	24	25	26	27	28					
	公曆11月					1	2	3	4	5	6	7	8	9	10	11	12	13	14	15	16	17	18	19	20	21	22	23	24	25	26	27	28	29	30			
60	夏曆十月					29	㊹	2	3	4	5	6	7	8	9	10	11	12	13	14	15	16	17	18	19	20	21	22	23	24	25	26	27	28	29			
662年	回曆1月					27	28	29	①	2	3	4	5	6	7	8	9	10	11	12	13	14	15	16	17	18	19	20	21	22	23	24	25	26	27			
	藏曆十月					29	30	1	2	3	4	5	6	7	8	9	10	11	12	13	15	16	17	18	19	20	21	22	23	24	25	26	26	27	28			
	公曆12月							1	2	3	4	5	6	7	8	9	10	11	12	13	14	15	16	17	18	19	20	21	22	23	24	25	26	27	28	29	30	31
1	夏曆十一月							30	⑭	2	3	4	5	6	7	8	9	10	11	12	13	14	15	16	17	18	19	20	21	22	23	24	25	26	27	28	29	30
	回曆2月							28	29	30	1	2	3	4	5	6	7	8	9	10	11	12	13	14	15	16	17	18	19	20	21	22	23	24	25	26	27	28
	藏曆十一月							29	30	1	2	3	4	5	6	7	9	10	11	12	13	14	15	16	17	18	19	20	21	22	23	24	25	26	27	28	29	30

元二月壬子，十月戊申，十一月戊寅。

大事記

正月，蒙古以姚樞為中書左丞。蒙古改諸路監榷課稅所為轉運司。　二月，宋置官田所，括買公田。蒙古遣使責宋羈留郝經。蒙古置局於諸路，造軍器，嚴禁民間私藏私造，後弛邊城之禁，蒙古攻宋重慶。　五月，蒙古初立樞密院，昇開平府為上都，立平準庫於燕京。　六月，宋平江、江陰、安吉、嘉興、常州六郡已買公田三百五十餘萬畝。　七月，宋置榷場於樊城。　九月，蒙古立漕運河渠司。　十月，宋發緡錢一百四十萬，命浙西六郡置公田莊。　是歲，蒙古河北、山東等地旱。蒙古科差總數絲七十一萬二千餘斤，鈔五十三億六千餘萬錠。

朝代或國名	國家支配者	建都	廟號	謚號	建元	年號年次	輔政者	備注
南宋	⑤趙昀	臨安	理宗	安	8	8景定5年	賈似道	十月趙禥即位
蒙古	⑧孛兒只斤忽必烈	燕京	世祖		2	2至元元年	劉秉忠等	八月丁巳改元
薩迦	八思巴		座主	法王			恰納	西藏
古格						451年		西藏阿里
大理	段信苴日					4年		

月曆表

5977－354－2183117

月干支序數	星期／月序	日	1	2	3	4	5	6	日	1	2	3	4	5	6	日	1	2	3	4	5	6	日	1	2	3	4	5	6	日	1	2	3	4	5	6	日	1
	公暦1月			1	2	3	4	5	6	7	8	9	10	11	12	13	14	15	16	17	18	19	20	21	22	23	24	25	26	27	28	29	30	31				
2 3	夏暦十二正月			㊹	2	3	4	5	6	7	8	9	10	11	12	13	14	15	16	17	18	19	20	21	22	23	24	25	26	27	28	29	30	⑭				
	回暦3月			29	1	2	3	4	5	6	7	8	9	10	11	12	13	14	15	16	17	18	19	20	21	22	23	24	25	26	27	28	29	30				
陽木鼠年	藏暦十二一月			1	2	3	4	5	6	7	8	9	10	11	12	13	15	16	17	17	18	19	20	21	22	23	24	25	26	27	28	29	30	1				
	公暦2月						1	2	3	4	5	6	7	8	9	10	11	12	13	14	15	16	17	18	19	20	21	22	23	24	25	26	27	28	29			
4	夏暦二月						2	3	4	5	6	7	8	9	10	11	12	13	14	15	16	17	18	19	20	21	22	23	24	25	26	27	28	29	㊸			
	回暦4月						1	2	3	4	5	6	7	8	9	10	11	12	13	14	15	16	17	18	19	20	21	22	23	24	25	26	27	28	29			
	藏暦二月						2	3	4	5	6	8	9	10	11	12	13	14	15	16	17	18	19	20	21	21	22	23	24	25	26	27	28	29	2			
	公暦3月							1	2	3	4	5	6	7	8	9	10	11	12	13	14	15	16	17	18	19	20	21	22	23	24	25	26	27	28	29	30	31
5	夏暦三月							2	3	4	5	6	7	8	9	10	11	12	13	14	15	16	17	18	19	20	21	22	23	24	25	26	27	28	29	30	⑬	2
	回暦5、6月							1	2	3	4	5	6	7	8	9	10	11	12	13	14	15	16	17	18	19	20	21	22	23	24	25	26	27	28	29	30	1
	藏暦三月							3	4	5	6	7	8	9	10	11	12	13	14	15	16	17	18	19	20	21	22	23	24	25	26	27	28	29	30	30	1	2
	公暦4月			1	2	3	4	5	6	7	8	9	10	11	12	13	14	15	16	17	18	19	20	21	22	23	24	25	26	27	28	29	30					
6	夏暦四月			3	4	5	6	7	8	9	10	11	12	13	14	15	16	17	18	19	20	21	22	23	24	25	26	27	28	29	㊷	2	3					
	回暦7月			2	3	4	5	6	7	8	9	10	11	12	13	14	15	16	17	18	19	20	21	22	23	24	25	26	27	28	29	1	2					
	藏暦四月			3	4	6	7	8	9	10	11	12	13	14	14	15	16	17	18	19	20	21	22	23	24	25	26	27	29	30	1	2	3					
	公暦5月					1	2	3	4	5	6	7	8	9	10	11	12	13	14	15	16	17	18	19	20	21	22	23	24	25	26	27	28	29	30	31		
7	夏暦五月					4	5	6	7	8	9	10	11	12	13	14	15	16	17	18	19	20	21	22	23	24	25	26	27	28	29	⑪	2	3	4	5		
	回暦8月					3	4	5	6	7	8	9	10	11	12	13	14	15	16	17	18	19	20	21	22	23	24	25	26	27	28	29	30	1	2	3		
	藏暦五月					4	5	6	7	8	9	10	11	12	13	14	15	16	17	18	19	20	21	22	23	24	25	26	27	28	29	30	1	3	4	5		
	公暦6月	1	2	3	4	5	6	7	8	9	10	11	12	13	14	15	16	17	18	19	20	21	22	23	24	25	26	27	28	29	30							
8	夏暦六月	6	7	8	9	10	11	12	13	14	15	16	17	18	19	20	21	22	23	24	25	26	27	28	29	30	㊶	2	3	4	5							
	回暦9月	4	5	6	7	8	9	10	11	12	13	14	15	16	17	18	19	20	21	22	23	24	25	26	27	28	29	1	2	3	4							
	藏暦六月	6	7	8	9	10	10	11	12	13	14	15	16	17	18	19	20	21	22	23	25	26	27	28	29	30	1	2	3	4	5							
	公暦7月			1	2	3	4	5	6	7	8	9	10	11	12	13	14	15	16	17	18	19	20	21	22	23	24	25	26	27	28	29	30	31				
9	夏暦七月			6	7	8	9	10	11	12	13	14	15	16	17	18	19	20	21	22	23	24	25	26	27	28	29	⑩	2	3	4	5	6	7				
	回暦10月			5	6	7	8	9	10	11	12	13	14	15	16	17	18	19	20	21	22	23	24	25	26	27	28	29	30	1	2	3	4	5				
	藏暦七月			6	7	8	9	10	11	12	13	14	15	16	17	18	19	20	21	22	23	24	25	26	28	29	30	1	2	3	4	5	6	7				
	公暦8月						1	2	3	4	5	6	7	8	9	10	11	12	13	14	15	16	17	18	19	20	21	22	23	24	25	26	27	28	29	30	31	
10	夏暦八月						8	9	10	11	12	13	14	15	16	17	18	19	20	21	22	23	24	25	26	27	28	29	㊴	2	3	4	5	6	7	8	9	
	回暦11月						6	7	8	9	10	11	12	13	14	15	16	17	18	19	20	21	22	23	24	25	26	27	28	29	1	2	3	4	5	6	7	
	藏暦八月						7	8	9	10	11	12	13	14	15	16	17	18	19	21	22	23	24	25	26	27	28	29	30	1	2	3	4	5	6	7	8	
	公暦9月		1	2	3	4	5	6	7	8	9	10	11	12	13	14	15	16	17	18	19	20	21	22	23	24	25	26	27	28	29	30						

續表

月 干支 序數	星期 月序	日	1	2	3	4	5	6	日	1	2	3	4	5	6	日	1	2	3	4	5	6	日	1	2	3	4	5	6	日	1	2	3	4	5	6	日	1
11	夏曆九月		10	11	12	13	14	15	16	17	18	19	20	21	22	23	24	25	26	27	28	29	30	⑨	2	3	4	5	6	7	8	9						
	回曆12月		8	9	10	11	12	13	14	15	16	17	18	19	20	21	22	23	24	25	26	27	28	29	30	1	2	3	4	5	6	7						
	藏曆九月		9	10	11	12	13	14	15	16	17	18	19	20	21	22	24	25	26	27	28	29	30	1	2	2	3	4	5	6	7	8						
	公曆10月				1	2	3	4	5	6	7	8	9	10	11	12	13	14	15	16	17	18	19	20	21	22	23	24	25	26	27	28	29	30	31			
12	夏曆十月				10	11	12	13	14	15	16	17	18	19	20	21	22	23	24	25	26	27	28	29	30	㊴	2	3	4	5	6	7	8	9	10			
663年	回曆1月				8	9	10	11	12	13	14	15	16	17	18	19	20	21	22	23	24	25	26	27	28	29	30	①	2	3	4	5	6	7	8			
	藏曆十月				9	10	11	12	13	14	15	16	18	19	20	21	22	23	24	25	26	27	28	29	30	1	2	3	4	5	6	7	8	9	10			
	公曆11月							1	2	3	4	5	6	7	8	9	10	11	12	13	14	15	16	17	18	19	20	21	22	23	24	25	26	27	28	29	30	
13	夏曆十一月							11	12	13	14	15	16	17	18	19	20	21	22	23	24	25	26	27	28	29	30	⑨	2	3	4	5	6	7	8	9	10	
	回曆2月							9	10	11	12	13	14	15	16	17	18	19	20	21	22	23	24	25	26	27	28	29	30	1	2	3	4	5	6	7	8	
	藏曆十一月							11	12	13	14	15	16	17	18	19	20	21	23	24	25	25	26	27	28	29	30	1	2	3	4	5	6	7	8	9	10	
	公曆12月		1	2	3	4	5	6	7	8	9	10	11	12	13	14	15	16	17	18	19	20	21	22	23	24	25	26	27	28	29	30	31					
14	夏曆十二月		11	12	13	14	15	16	17	18	19	20	21	22	23	24	25	26	27	28	29	㊳	2	3	4	5	6	7	8	9	10	11	12					
	回曆3月		9	10	11	12	13	14	15	16	17	18	19	20	21	22	23	24	25	26	27	28	29	1	2	3	4	5	6	7	8	9	10					
	藏曆十二月		11	12	13	14	16	17	18	19	20	21	22	23	24	25	26	27	28	29	29	30	1	2	3	4	5	6	7	8	10	11	12					

大事記

正月，宋出奉宸庫珠、香、象、犀，下務場貨易，助收楮幣。蒙古罷南邊互市，申嚴持軍器、販馬、越境私商之禁。蒙古立諸路平準庫。　二月，蒙古敕選儒士編修國史，譯寫經書，起館舍，給俸以贍之。　六月，宋衢州民詹沔起事，攻常山等地。宋攻蒙古於虎嘯山，敗。　七月，蒙古阿里不哥等降於忽必烈。宋中外上書請罷公田。　八月，蒙古遷都燕京，立諸路行中書省，行新立條格，改燕京為中都，改元至元。蒙古詔以戶口增、田野闢等五事為州縣官吏考課標準。　九月，宋賈似道議行經界推排法，更造銀關一抵會子三。　十月，宋理宗卒，太子禥嗣，是為度宗。　十二月，蒙古廢諸將世鎮之制。是歲，蒙古河北、山東等地大水。郭守敬於舊夏地修復渠，灌田九萬餘頃，又於西涼、瓜、沙等地開水田。旭烈兀卒，子阿八哈嗣位。八思巴以國師身份領總制院，管理藏族地區政務。

宋遼金紀年

干支乙丑　公元1265年

朝代或國名	國家支配者	建都	廟號	謚號	建元	年號年次	輔政者	備注
南宋	⑥趙禥	臨安	度宗	景	1	咸淳元年	賈似道	
蒙古	⑧孛兒只斤忽必烈	燕京	世祖		2	2至元2年	劉秉忠等	
薩迦	八思巴		座主	法王			恰納	西藏
古格						452年		西藏阿里
大理	段信苴日					5年		

月曆表

5978－384－2183501

月 干支 序數	星期 月序	日	1	2	3	4	5	6	日	1	2	3	4	5	6	日	1	2	3	4	5	6	日	1	2	3	4	5	6	日	1	2	3	4	5	6	日	1
	公曆1月					1	2	3	4	5	6	7	8	9	10	11	12	13	14	15	16	17	18	19	20	21	22	23	24	25	26	27	28	29	30	31		
15	夏曆正月					13	14	15	16	17	18	19	20	21	22	23	24	25	26	27	28	29	30	⑧	2	3	4	5	6	7	8	9	10	11	12	13		
	回曆4月					11	12	13	14	15	16	17	18	19	20	21	22	23	24	25	26	27	28	29	30	1	2	3	4	5	6	7	8	9	10	11		
陰木牛年	藏曆一月					13	14	15	16	17	18	19	20	21	22	23	24	25	26	27	28	29	30	1	2	3	4	5	6	7	8	9	10	11	12	13		

續表

月干支序數	月序＼星期	日	1	2	3	4	5	6	日	1	2	3	4	5	6	日	1	2	3	4	5	6	日	1	2	3	4	5	6	日	1	2	3	4	5	6	日	1
	公曆2月	1	2	3	4	5	6	7	8	9	10	11	12	13	14	15	16	17	18	19	20	21	22	23	24	25	26	27	28									
16	夏曆二月	14	15	16	17	18	19	20	21	22	23	24	25	26	27	28	29	30	㊳	2	3	4	5	6	7	8	9	10	11									
	回曆5月	12	13	14	15	16	17	18	19	20	21	22	23	24	25	26	27	28	29	1	2	3	4	5	6	7	8	9	10									
	藏曆二月	15	16	17	18	19	20	20	21	22	23	24	25	26	27	28	29	30	1	2	3	4	5	6	7	9	10	11	12									
	公曆3月	1	2	3	4	5	6	7	8	9	10	11	12	13	14	15	16	17	18	19	20	21	22	23	24	25	26	27	28	29	30	31						
17	夏曆三月	12	13	14	15	16	17	18	19	20	21	22	23	24	25	26	27	28	29	⑦	2	3	4	5	6	7	8	9	10	11	12	13						
	回曆6月	11	12	13	14	15	16	17	18	19	20	21	22	23	24	25	26	27	28	29	30	1	2	3	4	5	6	7	8	9	10	11						
	藏曆三月	13	14	15	16	17	18	19	20	21	22	23	24	24	25	26	27	28	29	30	1	3	4	5	6	7	8	9	10	11	12	13						
	公曆4月				1	2	3	4	5	6	7	8	9	10	11	12	13	14	15	16	17	18	19	20	21	22	23	24	25	26	27	28	29	30				
18	夏曆四月				14	15	16	17	18	19	20	21	22	23	24	25	26	27	28	29	30	㊲	2	3	4	5	6	7	8	9	10	11	12	13				
	回曆7月				12	13	14	15	16	17	18	19	20	21	22	23	24	25	26	27	28	29	1	2	3	4	5	6	7	8	9	10	11	12				
	藏曆四月				14	15	16	17	18	19	20	21	22	23	24	25	26	27	28	29	30	1	2	3	4	6	7	8	9	10	11	12	13	14				
	公曆5月						1	2	3	4	5	6	7	8	9	10	11	12	13	14	15	16	17	18	19	20	21	22	23	24	25	26	27	28	29	30	31	
19	夏曆五月						14	15	16	17	18	19	20	21	22	23	24	25	26	27	28	29	⑥	2	3	4	5	6	7	8	9	10	11	12	13	14	15	
	回曆8月						13	14	15	16	17	18	19	20	21	22	23	24	25	26	27	28	29	30	1	2	3	4	5	6	7	8	9	10	11	12	13	
	藏曆五月						15	16	17	18	19	19	20	21	22	23	24	25	26	27	28	30	1	2	3	4	5	6	7	8	9	10	11	12	13	14	15	
	公曆6月		1	2	3	4	5	6	7	8	9	10	11	12	13	14	15	16	17	18	19	20	21	22	23	24	25	26	27	28	29	30						
	夏曆閏五月		16	17	18	19	20	21	22	23	24	25	26	27	28	29	㉟	2	3	4	5	6	7	8	9	10	11	12	13	14	15	16						
	回曆9月		14	15	16	17	18	19	20	21	22	23	24	25	26	27	28	29	1	2	3	4	5	6	7	8	9	10	11	12	13	14						
	藏曆六月		16	17	18	19	20	21	22	23	24	25	26	27	28	29	2	3	4	5	6	7	8	9	10	11	12	13	14	15	15	16						
	公曆7月				1	2	3	4	5	6	7	8	9	10	11	12	13	14	15	16	17	18	19	20	21	22	23	24	25	26	27	28	29	30	31			
20	夏曆六月				17	18	19	20	21	22	23	24	25	26	27	28	29	30	⑤	2	3	4	5	6	7	8	9	10	11	12	13	14	15	16	17			
	回曆10月				15	16	17	18	19	20	21	22	23	24	25	26	27	28	29	30	1	2	3	4	5	6	7	8	9	10	11	12	13	14	15			
	藏曆七月				17	18	19	20	21	22	23	25	26	27	28	29	30	30	1	2	3	4	5	6	7	8	9	10	11	12	13	14	15	16	17			
	公曆8月							1	2	3	4	5	6	7	8	9	10	11	12	13	14	15	16	17	18	19	20	21	22	23	24	25	26	27	28	29	30	31
21	夏曆七月							18	19	20	21	22	23	24	25	26	27	28	29	㉞	2	3	4	5	6	7	8	9	10	11	12	13	14	15	16	17	18	19
	回曆11月							16	17	18	19	20	21	22	23	24	25	26	27	28	29	1	2	3	4	5	6	7	8	9	10	11	12	13	14	15	16	17
	藏曆八月							18	19	20	21	22	23	24	25	26	28	29	30	1	2	3	4	5	6	7	8	9	10	11	11	12	13	14	15	16	17	18
	公曆9月			1	2	3	4	5	6	7	8	9	10	11	12	13	14	15	16	17	18	19	20	21	22	23	24	25	26	27	28	29	30					
22	夏曆八月			20	21	22	23	24	25	26	27	28	29	③	2	3	4	5	6	7	8	9	10	11	12	13	14	15	16	17	18	19	20					
	回曆12月			18	19	20	21	22	23	24	25	26	27	28	29	30	1	2	3	4	5	6	7	8	9	10	11	12	13	14	15	16	17					
	藏曆九月			19	21	22	23	24	25	26	27	28	29	30	1	2	3	4	5	6	7	8	9	10	11	12	13	14	15	16	17	18	19					
	公曆10月					1	2	3	4	5	6	7	8	9	10	11	12	13	14	15	16	17	18	19	20	21	22	23	24	25	26	27	28	29	30	31		
23	夏曆九月					21	22	23	24	25	26	27	28	29	30	㉝	2	3	4	5	6	7	8	9	10	11	12	13	14	15	16	17	18	19	20	21		
664年	回曆1月					18	19	20	21	22	23	24	25	26	27	28	29	①	2	3	4	5	6	7	8	9	10	11	12	13	14	15	16	17	18	19		
	藏曆十月					20	21	22	23	25	26	27	28	29	30	1	2	3	4	5	6	6	7	8	9	10	11	12	13	14	15	16	18	19	20	21		
	公曆11月	1	2	3	4	5	6	7	8	9	10	11	12	13	14	15	16	17	18	19	20	21	22	23	24	25	26	27	28	29	30							
24	夏曆十月	22	23	24	25	26	27	28	29	30	③	2	3	4	5	6	7	8	9	10	11	12	13	14	15	16	17	18	19	20	21							
	回曆2月	20	21	22	23	24	25	26	27	28	29	30	1	2	3	4	5	6	7	8	9	10	11	12	13	14	15	16	17	18	19							
	藏曆十一月	22	23	24	25	26	27	28	29	30	1	2	3	4	5	6	7	8	9	10	11	12	13	14	15	16	17	18	19	20	21							
	公曆12月			1	2	3	4	5	6	7	8	9	10	11	12	13	14	15	16	17	18	19	20	21	22	23	24	25	26	27	28	29	30	31				
25	夏曆十一月			22	23	24	25	26	27	28	29	㉜	2	3	4	5	6	7	8	9	10	11	12	13	14	15	16	17	18	19	20	21	22	23				
	回曆3月			20	21	22	23	24	25	26	27	28	29	1	2	3	4	5	6	7	8	9	10	11	12	13	14	15	16	17	18	19	20	21				
	藏曆十二月			23	24	25	26	27	28	29	29	30	1	2	3	4	5	6	7	8	9	10	11	12	13	14	15	17	18	19	20	21	22	23				

《元紀》六月戊中，誤。

大事記

正月，蒙古嚴禁販馬越界，又以河南北荒田分給蒙古軍耕種。　二月，蒙古定制各路以蒙古人充達魯花赤，漢人充總管，回回充同知。蒙古敗宋兵於釣魚山。　四月，宋加賈似道太師，封魏國公。　五月，蒙古併州縣二百餘。　八月，蒙古阿術率軍至廬州及安慶諸路。　九月，宋兵攻蒙古於潼川，敗。　是歲，八思巴返藏。

宋遼金紀年

干支丙寅　公元 1266 年

朝代或國名	國家支配者	建都	廟號	謚號	建元	年號年次	輔政者	備注
南宋	⑥趙禥	臨安	度宗	景	1	咸淳 2 年	賈似道	
蒙古	⑧孛兒只斤忽必烈	燕京	世祖		2	2 至元 3 年	劉秉忠等	
薩迦	八思巴		座主	法王			恰納	西藏
古格						453 年		西藏阿里
大理	段信苴日					6 年		

月曆表

5979—354—2183855

月干支序數	月序＼星期	日	1	2	3	4	5	6	日	1	2	3	4	5	6	日	1	2	3	4	5	6	日	1	2	3	4	5	6	日	1	2	3	4	5	6	日	1
	公曆 1 月						1	2	3	4	5	6	7	8	9	10	11	12	13	14	15	16	17	18	19	20	21	22	23	24	25	26	27	28	29	30	31	
26	夏曆十二月						24	25	26	27	28	29	30	②	2	3	4	5	6	7	8	9	10	11	12	13	14	15	16	17	18	19	20	21	22	23	24	
	回曆 4 月						22	23	24	25	26	27	28	29	30	1	2	3	4	5	6	7	8	9	10	11	12	13	14	15	16	17	18	19	20	21	22	
陽火虎年	藏曆一月						24	25	26	27	28	29	30	30	1	1	2	3	4	5	6	7	8	9	11	12	13	14	15	16	17	18	19	20	21	22	23	
	公曆 2 月		1	2	3	4	5	6	7	8	9	10	11	12	13	14	15	16	17	18	19	20	21	22	23	24	25	26	27	28								
27	夏曆正月		25	26	27	28	29	30	㉜	2	3	4	5	6	7	8	9	10	11	12	13	14	15	16	17	18	19	20	21	22								
	回曆 5 月		23	24	25	26	27	28	29	1	2	3	4	5	6	7	8	9	10	11	12	13	14	15	16	17	18	19	20	21								
	藏曆二月		24	25	26	27	28	29	1	2	3	4	5	6	7	8	9	10	11	12	13	14	16	17	18	19	20	21	22	23								
	公曆 3 月		1	2	3	4	5	6	7	8	9	10	11	12	13	14	15	16	17	18	19	20	21	22	23	24	25	26	27	28	29	30	31					
28	夏曆二月		23	24	25	26	27	28	29	30	②	2	3	4	5	6	7	8	9	10	11	12	13	14	15	16	17	18	19	20	21	22	23					
	回曆 6 月		22	23	24	25	26	27	28	29	30	1	2	3	4	5	6	7	8	9	10	11	12	13	14	15	16	17	18	19	20	21	22					
	藏曆後二月		24	24	25	26	27	28	29	30	1	2	3	4	5	6	7	8	10	11	12	13	14	15	16	17	18	19	20	21	22	23	24					
	公曆 4 月					1	2	3	4	5	6	7	8	9	10	11	12	13	14	15	16	17	18	19	20	21	22	23	24	25	26	27	28	29	30			
29	夏曆三月					24	25	26	27	28	29	㉛	2	3	4	5	6	7	8	9	10	11	12	13	14	15	16	17	18	19	20	21	22	23	24			
	回曆 7 月					23	24	25	26	27	28	29	1	2	3	4	5	6	7	8	9	10	11	12	13	14	15	16	17	18	19	20	21	22	23			
	藏曆三月					25	26	27	28	29	30	2	3	4	5	6	7	8	9	10	11	12	14	15	16	17	17	18	19	20	21	22	23	24	25			
	公曆 5 月							1	2	3	4	5	6	7	8	9	10	11	12	13	14	15	16	17	18	19	20	21	22	23	24	25	26	27	28	29	30	31
30	夏曆四月							25	26	27	28	29	30	①	2	3	4	5	6	7	8	9	10	11	12	13	14	15	16	17	18	19	20	21	22	23	24	25
	回曆 8 月							24	25	26	27	28	29	30	1	2	3	4	5	6	7	8	9	10	11	12	13	14	15	16	17	18	19	20	21	22	23	24
	藏曆四月							26	27	28	29	30	30	1	2	3	4	5	7	8	9	10	11	12	13	14	15	16	17	18	19	20	21	22	23	23	24	25
	公曆 6 月			1	2	3	4	5	6	7	8	9	10	11	12	13	14	15	16	17	18	19	20	21	22	23	24	25	26	27	28	29	30					
31	夏曆五月			26	27	28	29	㉚	2	3	4	5	6	7	8	9	10	11	12	13	14	15	16	17	18	19	20	21	22	23	24	25	26					
	回曆 9 月			25	26	27	28	29	1	2	3	4	5	6	7	8	9	10	11	12	13	14	15	16	17	18	19	20	21	22	23	24	25					
	藏曆五月			26	27	29	30	1	2	3	4	5	6	7	8	10	11	12	13	14	14	15	16	17	18	19	20	21	22	23	24	25	26					
	公曆 7 月					1	2	3	4	5	6	7	8	9	10	11	12	13	14	15	16	17	18	19	20	21	22	23	24	25	26	27	28	29	30	31		
32	夏曆六月					27	28	29	(59)	2	3	4	5	6	7	8	9	10	11	12	13	14	15	16	17	18	19	20	21	22	23	24	25	26	27	28		

續表

月干支序數	星期 / 月序	日	1	2	3	4	5	6	日	1	2	3	4	5	6	日	1	2	3	4	5	6	日	1	2	3	4	5	6	日	1	2	3	4	5	6	日	1
	回曆 10 月					26	27	28	29	30	1	2	3	4	5	6	7	8	9	10	11	12	13	14	15	16	17	18	19	20	21	22	23	24	25	26		
	藏曆六月					27	28	29	2	3	4	5	6	7	8	9	10	11	12	13	14	15	16	17	18	19	20	21	22	23	24	25	26	27	28	29		
	公曆 8 月	1	2	3	4	5	6	7	8	9	10	11	12	13	14	15	16	17	18	19	20	21	22	23	24	25	26	27	28	29	30	31						
33	夏曆七月	29	30	㉙	2	3	4	5	6	7	8	9	10	11	12	13	14	15	16	17	18	19	20	21	22	23	24	25	26	27	28	29						
	回曆 11 月	27	28	29	1	2	3	4	5	6	7	8	9	10	11	12	13	14	15	16	17	18	19	20	21	22	23	24	25	26	27	28						
	藏曆七月	30	30	1	2	3	5	6	7	8	9	10	10	11	12	13	14	15	16	17	18	19	20	21	22	23	24	25	26	28	29	30						
	公曆 9 月				1	2	3	4	5	6	7	8	9	10	11	12	13	14	15	16	17	18	19	20	21	22	23	24	25	26	27	28	29	30				
34 35	夏曆八九月				(58)	2	3	4	5	6	7	8	9	10	11	12	13	14	15	16	17	18	19	20	21	22	23	24	25	26	27	28	29	㉗				
	回曆 12 月				29	30	1	2	3	4	5	6	7	8	9	10	11	12	13	14	15	16	17	18	19	20	21	22	23	24	25	26	27	28				
	藏曆八月				1	2	3	4	5	6	7	8	9	10	11	12	13	14	15	16	16	17	18	20	21	22	23	24	25	26	27	28	29	30				
	公曆 10 月						1	2	3	4	5	6	7	8	9	10	11	12	13	14	15	16	17	18	19	20	21	22	23	24	25	26	27	28	29	30	31	
36	夏曆十月						2	3	4	5	6	7	8	9	10	11	12	13	14	15	16	17	18	19	20	21	22	23	24	25	26	27	28	29	30	(57)	2	
665 年	回曆 1 月						29	①	2	3	4	5	6	7	8	9	10	11	12	13	14	15	16	17	18	19	20	21	22	23	24	25	26	27	28	29	30	
	藏曆九十月						1	3	4	5	5	6	7	8	9	10	11	12	13	14	15	16	17	18	19	20	21	22	23	25	26	27	28	29	30	1	2	
	公曆 11 月		1	2	3	4	5	6	7	8	9	10	11	12	13	14	15	16	17	18	19	20	21	22	23	24	25	26	27	28	29	30						
37	夏曆十一月		3	4	5	6	7	8	9	10	11	12	13	14	15	16	17	18	19	20	21	22	23	24	25	26	27	28	29	㉖	2	3						
	回曆 2、3 月		1	2	3	4	5	6	7	8	9	10	11	12	13	14	15	16	17	18	19	20	21	22	23	24	25	26	27	28	29	1						
	藏曆十一月		3	4	5	6	7	8	9	9	10	11	12	13	14	15	16	17	19	20	21	22	23	24	25	26	27	28	29	30	1	2						
	公曆 12 月				1	2	3	4	5	6	7	8	9	10	11	12	13	14	15	16	17	18	19	20	21	22	23	24	25	26	27	28	29	30	31			
38	夏曆十二月				4	5	6	7	8	9	10	11	12	13	14	15	16	17	18	19	20	21	22	23	24	25	26	27	28	29	30	(56)	2	3	4			
	回曆 4 月				2	3	4	5	6	7	8	9	10	11	12	13	14	15	16	17	18	19	20	21	22	23	24	25	26	27	28	29	30	1	2			
	藏曆十二月				3	4	5	6	7	8	9	10	11	12	13	14	15	16	17	18	19	20	21	22	24	25	26	27	28	29	30	30	1	1	2			

大事記

正月，蒙古立制國用使司，以阿哈馬為使。　四月，蒙古申嚴瀕海私鹽之禁。　五月，蒙古詔凡良田為僧所據者，聽蒙古人分墾。　六月，蒙古命山東統軍副使王仲仁督造戰船於汴。　八月，蒙古令高麗導使者往日本，賜書，約通問結好。　十月，蒙古申禁京畿畋獵。蒙古破宋開州。　十一月，蒙古禁天文、圖讖等書。蒙古初給京府州縣司官吏俸及職田。蒙古濬運河立漕倉。蒙古申嚴殺牛馬之禁。　十二月，蒙古修中都漕渠，導盧溝水以運西山木石，又在平陽導汾水以溉田千餘頃。　是歲，蒙古鑄銀錠五十兩稱元寶。

宋遼金紀年　　干支丁卯　公元 1267 年

朝代或國名	國家支配者	建都	廟號	謚號	建元	年號年次	輔政者	備注
南宋	⑥趙禥	臨安	度宗	景	1	咸淳 3 年	賈似道　程元鳳 葉夢鼎	
蒙古	⑧孛兒只斤忽必烈	燕京	世祖		2	2 至元 4 年	劉秉忠等	
薩迦	八思巴		座主	法王			恰納	
古格						451 年		西藏阿里
大理	段信苴日					7 年		

月干支序數	月序＼星期	日	1	2	3	4	5	6	日	1	2	3	4	5	6	日	1	2	3	4	5	6	日	1	2	3	4	5	6	日	1	2	3	4	5	6	日	1
	公暦1月							1	2	3	4	5	6	7	8	9	10	11	12	13	14	15	16	17	18	19	20	21	22	23	24	25	26	27	28	29	30	31
39	夏暦正月							5	6	7	8	9	10	11	12	13	14	15	16	17	18	19	20	21	22	23	24	25	26	27	28	29	30	㉖	2	3	4	5
	回暦5月							3	4	5	6	7	8	9	10	11	12	13	14	15	16	17	18	19	20	21	22	23	24	25	26	27	28	29	1	2	3	4
陰火兔年	藏暦一月							3	4	5	6	7	8	9	10	11	12	13	14	15	16	18	19	20	21	22	23	24	25	26	27	28	29	1	2	3	4	4
	公暦2月			1	2	3	4	5	6	7	8	9	10	11	12	13	14	15	16	17	18	19	20	21	22	23	24	25	26	27	28							
40	夏暦二月			6	7	8	9	10	11	12	13	14	15	16	17	18	19	20	21	22	23	24	25	26	27	28	29	30	(56)	2	3							
	回暦6月			5	6	7	8	9	10	11	12	13	14	15	16	17	18	19	20	21	22	23	24	25	26	27	28	29	30	1	2							
	藏暦二月			5	6	7	8	9	10	12	13	14	15	16	17	18	19	20	21	22	23	24	25	26	27	28	29	30	1	2	3							
	公暦3月			1	2	3	4	5	6	7	8	9	10	11	12	13	14	15	16	17	18	19	20	21	22	23	24	25	26	27	28	29	30	31				
41	夏暦三月			4	5	6	7	8	9	10	11	12	13	14	15	16	17	18	19	20	21	22	23	24	25	26	27	28	29	㉕	2	3	4	5				
	回暦7月			3	4	5	6	7	8	9	10	11	12	13	14	15	16	17	18	19	20	21	22	23	24	25	26	27	28	29	1	2	3	4				
	藏暦三月			4	5	6	7	8	9	10	11	12	13	14	15	17	18	19	20	21	22	23	24	25	26	27	27	28	29	30	1	2	3	4				
	公暦4月						1	2	3	4	5	6	7	8	9	10	11	12	13	14	15	16	17	18	19	20	21	22	23	24	25	26	27	28	29	30		
42	夏暦四月						6	7	8	9	10	11	12	13	14	15	16	17	18	19	20	21	22	23	24	25	26	27	28	29	30	(55)	2	3	4	5		
	回暦8月						5	6	7	8	9	10	11	12	13	14	15	16	17	18	19	20	21	22	23	24	25	26	27	28	29	30	1	2	3	4		
	藏暦四月						5	6	7	8	10	11	12	13	14	15	16	17	18	19	20	21	22	23	24	25	26	27	28	29	30	1	2	3	4	5		
	公暦5月	1	2	3	4	5	6	7	8	9	10	11	12	13	14	15	16	17	18	19	20	21	22	23	24	25	26	27	28	29	30	31						
43	夏暦五月	6	7	8	9	10	11	12	13	14	15	16	17	18	19	20	21	22	23	24	25	26	27	28	29	㉔	2	3	4	5	6	7						
	回暦9月	5	6	7	8	9	10	11	12	13	14	15	16	17	18	19	20	21	22	23	24	25	26	27	28	29	1	2	3	4	5	6						
	藏暦五月	6	7	8	9	10	11	12	14	15	16	17	18	19	20	21	22	22	23	24	25	26	27	28	29	30	1	2	3	4	5	7						
	公暦6月				1	2	3	4	5	6	7	8	9	10	11	12	13	14	15	16	17	18	19	20	21	22	23	24	25	26	27	28	29	30				
44	夏暦六月				8	9	10	11	12	13	14	15	16	17	18	19	20	21	22	23	24	25	26	27	28	29	30	(54)	2	3	4	5	6	7				
	回暦10月				7	8	9	10	11	12	13	14	15	16	17	18	19	20	21	22	23	24	25	26	27	28	29	30	1	2	3	4	5	6				
	藏暦六月				8	9	10	11	12	13	14	15	16	17	18	19	20	21	22	23	24	25	26	27	28	29	30	1	2	3	4	5	6	7				
	公暦7月						1	2	3	4	5	6	7	8	9	10	11	12	13	14	15	16	17	18	19	20	21	22	23	24	25	26	27	28	29	30	31	
45	夏暦七月						8	9	10	11	12	13	14	15	16	17	18	19	20	21	22	23	24	25	26	27	28	29	㉓	2	3	4	5	6	7	8	9	
	回暦11月						7	8	9	10	11	12	13	14	15	16	17	18	19	20	21	22	23	24	25	26	27	28	29	1	2	3	4	5	6	7	8	
	藏暦七月						9	10	11	12	13	14	15	16	17	18	19	19	20	21	22	23	24	25	26	27	28	29	2	3	4	5	6	7	8	9	10	
	公暦8月		1	2	3	4	5	6	7	8	9	10	11	12	13	14	15	16	17	18	19	20	21	22	23	24	25	26	27	28	29	30	31					
46	夏暦八月		10	11	12	13	14	15	16	17	18	19	20	21	22	23	24	25	26	27	28	29	30	(53)	2	3	4	5	6	7	8	9	10					
	回暦12月		9	10	11	12	13	14	15	16	17	18	19	20	21	22	23	24	25	26	27	28	29	30	1	2	3	4	5	6	7	8	9					
	藏暦八月		11	12	13	14	15	16	17	18	19	20	21	22	23	24	25	26	27	28	29	30	30	1	2	3	5	6	7	8	9	10	11					
	公暦9月					1	2	3	4	5	6	7	8	9	10	11	12	13	14	15	16	17	18	19	20	21	22	23	24	25	26	27	28	29	30			
47	夏暦九月					11	12	13	14	15	16	17	18	19	20	21	22	23	24	25	26	27	28	29	㉒	2	3	4	5	6	7	8	9	10	11			
666年	回暦1月					10	11	12	13	14	15	16	17	18	19	20	21	22	23	24	25	26	27	28	29	30	①	2	3	4	5	6	7	8	9			
	藏暦九月					12	13	14	15	15	16	17	18	19	20	21	22	23	24	25	26	28	29	30	1	2	3	4	5	6	7	8	9	10	11			
	公暦10月							1	2	3	4	5	6	7	8	9	10	11	12	13	14	15	16	17	18	19	20	21	22	23	24	25	26	27	28	29	30	31
48	夏暦十月							12	13	14	15	16	17	18	19	20	21	22	23	24	25	26	27	28	29	(51)	2	3	4	5	6	7	8	9	10	11	12	13
	回暦2月							10	11	12	13	14	15	16	17	18	19	20	21	22	23	24	25	26	27	28	29	30	1	2	3	4	5	6	7	8	9	10
	藏暦十月							12	13	14	15	16	17	18	19	20	21	22	23	24	25	26	27	28	29	2	3	4	5	6	7	8	9	9	10	11	12	13
	公暦11月			1	2	3	4	5	6	7	8	9	10	11	12	13	14	15	16	17	18	19	20	21	22	23	24	25	26	27	28	29	30					
49	夏暦十一月			14	15	16	17	18	19	20	21	22	23	24	25	26	27	28	29	30	㉑	2	3	4	5	6	7	8	9	10	11	12	13					
	回暦3月			11	12	13	14	15	16	17	18	19	20	21	22	23	24	25	26	27	28	29	1	2	3	4	5	6	7	8	9	10	11					
	藏暦十一月			14	15	16	17	18	19	20	21	22	23	24	26	27	28	29	30	30	1	2	3	4	5	6	7	8	9	10	11	12	13					

續表

月干支序數	月序＼星期	日	1	2	3	4	5	6	日	1	2	3	4	5	6	日	1	2	3	4	5	6	日	1	2	3	4	5	6	日	1	2	3	4	5	6	日	1
	公曆12月					1	2	3	4	5	6	7	8	9	10	11	12	13	14	15	16	17	18	19	20	21	22	23	24	25	26	27	28	29	30	31		
50	夏曆十二月					14	15	16	17	18	19	20	21	22	23	24	25	26	27	28	29	㊿	2	3	4	5	6	7	8	9	10	11	12	13	14	15		
	回曆4月					12	13	14	15	16	17	18	19	20	21	22	23	24	25	26	27	28	29	30	1	2	3	4	5	6	7	8	9	10	11	12		
	藏曆十二月					13	14	15	16	17	18	20	21	22	23	24	25	26	27	28	29	30	1	2	3	4	5	6	7	8	9	10	11	12	13	14		

大事記

正月，蒙古禁僧官侵理民訟。蒙古築城中都。　二月，宋以賈似道平章軍國重事。蒙古始括民田。　八月，蒙古攫宋襄陽，掠生口五萬。　九月，安南遣使貢於蒙古。　十月，宋復開州。　十二月，宋以呂文煥知襄陽府。蒙古兵攻襄陽，呂文煥拒之。　是年，蒙古發行至元通行寶鈔。蒙古忽必烈封五子忽哥赤為雲南王。

宋遼金紀年

干支戊辰　公元1268年

朝代或國名	國家支配者	建都	廟號	謚號	建元	年號年次	輔政者	備注
南宋	⑥趙禥	臨安	度宗	景	1	咸淳4年	賈似道 葉夢鼎	
蒙古	⑧孛兒只斤忽必烈	燕京	世祖		2	2至元5年	劉秉忠等	
薩迦	八思巴		座主	法王			恰納	統領西藏13萬户
古格						455年		西藏阿里
大理	段信苴日					8年		

月曆表

5981－384－2184593

月干支序數	月序＼星期	日	1	2	3	4	5	6	日	1	2	3	4	5	6	日	1	2	3	4	5	6	日	1	2	3	4	5	6	日	1	2	3	4	5	6	日	1
	公曆1月	1	2	3	4	5	6	7	8	9	10	11	12	13	14	15	16	17	18	19	20	21	22	23	24	25	26	27	28	29	30	31						
51	夏曆正月	16	17	18	19	20	21	22	32	24	25	26	27	28	29	30	⑳	2	3	4	5	6	7	8	9	10	11	12	13	14	15	16						
	回曆5月	13	14	15	16	17	18	19	20	21	22	23	24	25	26	27	28	29	1	2	3	4	5	6	7	8	9	10	11	12	13	14						
陽土龍年	藏曆一月	15	16	17	18	19	20	21	22	23	25	26	27	28	29	30	1	2	3	4	4	5	6	7	8	9	10	11	12	13	14	15						
	公曆2月				1	2	3	4	5	6	7	8	9	10	11	12	13	14	15	16	17	18	19	20	21	22	23	24	25	26	27	28	29					
	夏曆閏正月				17	18	19	20	21	22	23	24	25	26	27	28	29	30	㊿	2	3	4	5	6	7	8	9	10	11	12	13	14	15					
	回曆6月				15	16	17	18	19	20	21	22	23	24	25	26	27	28	29	30	1	2	3	4	5	6	7	8	9	10	11	12	13					
	藏曆二月				16	17	19	20	21	22	23	24	25	26	27	28	29	30	1	2	3	4	5	6	7	8	8	9	10	11	13	14	15					
	公曆3月					1	2	3	4	5	6	7	8	9	10	11	12	13	14	15	16	17	18	19	20	21	22	23	24	25	26	27	28	29	30	31		
52	夏曆二月					16	17	18	19	20	21	22	23	24	25	26	27	28	29	⑲	2	3	4	5	6	7	8	9	10	11	12	13	14	15	16	17		
	回曆7月					14	15	16	17	18	19	20	21	22	23	24	25	26	27	28	29	1	2	3	4	5	6	7	8	9	10	11	12	13	14	15		
	藏曆三月					16	17	18	19	20	21	22	23	24	25	26	27	28	29	30	1	2	3	4	5	6	7	8	9	10	11	12	13	14	15	17		
	公曆4月	1	2	3	4	5	6	7	8	9	10	11	12	13	14	15	16	17	18	19	20	21	22	23	24	25	26	27	28	29	30							
53	夏曆三月	18	19	20	21	22	23	24	25	26	27	28	29	30	㊾	2	3	4	5	6	7	8	9	10	11	12	13	14	15	16	17							
	回曆8月	16	17	18	19	20	21	22	23	24	25	26	27	28	29	30	1	2	3	4	5	6	7	8	9	10	11	12	13	14	15							
	藏曆四月	18	19	20	21	22	23	24	25	26	27	28	29	30	30	1	1	2	3	4	5	6	7	8	9	11	12	13	14	15	16							
	公曆5月			1	2	3	4	5	6	7	8	9	10	11	12	13	14	15	16	17	18	19	20	21	22	23	24	25	26	27	28	29	30	31				
54	夏曆四月			18	19	20	21	22	23	24	25	26	27	28	29	30	⑲	2	3	4	5	6	7	8	9	10	11	12	13	14	15	16	17	18				

續表

月干支序數	月序＼星期	日	1	2	3	4	5	6	日	1	2	3	4	5	6	日	1	2	3	4	5	6	日	1	2	3	4	5	6	日	1	2	3	4	5	6	日	1
	回暦9月			16	17	18	19	20	21	22	23	24	25	26	27	28	29	1	2	3	4	5	6	7	8	9	10	11	12	13	14	15	16	17				
	藏暦五月			17	18	19	20	21	22	23	24	25	26	27	28	29	1	2	3	4	5	6	7	8	9	10	11	12	14	15	16	17	18	19				
	公暦6月						1	2	3	4	5	6	7	8	9	10	11	12	13	14	15	16	17	18	19	20	21	22	23	24	25	26	27	28	29	30		
55	夏暦五月						19	20	21	22	23	24	25	26	27	28	29	㊽	2	3	4	5	6	7	8	9	10	11	12	13	14	15	16	17	18	19		
	回暦10月						18	19	20	21	22	23	24	25	26	27	28	29	30	1	2	3	4	5	6	7	8	9	10	11	12	13	14	15	16	17		
	藏暦六月						20	21	22	23	24	25	26	27	27	28	29	30	1	2	3	4	5	7	8	9	10	11	12	13	14	15	16	17	18	19		
	公暦7月	1	2	3	4	5	6	7	8	9	10	11	12	13	14	15	16	17	18	19	20	21	22	23	24	25	26	27	28	29	30	31						
56	夏暦六月	20	21	22	23	24	25	26	27	28	29	30	⑱	2	3	4	5	6	7	8	9	10	11	12	13	14	15	16	17	18	19	20						
	回暦11月	18	19	20	21	22	23	24	25	26	27	28	29	1	2	3	4	5	6	7	8	9	10	11	12	13	14	15	16	17	18	19						
	藏暦七月	20	21	22	23	24	25	26	27	28	29	30	1	2	3	4	5	6	7	9	10	11	12	13	14	15	16	17	18	19	20	21						
	公暦8月				1	2	3	4	5	6	7	8	9	10	11	12	13	14	15	16	17	18	19	20	21	22	23	24	25	26	27	28	29	30	31			
57	夏暦七月				21	22	23	24	25	26	27	28	29	㊼	2	3	4	5	6	7	8	9	10	11	12	13	14	15	16	17	18	19	20	21	22			
	回暦12月				20	21	22	23	24	25	26	27	28	29	30	1	2	3	4	5	6	7	8	9	10	11	12	13	14	15	16	17	18	19	20			
	藏暦八月				22	23	24	24	25	26	27	28	29	2	3	4	5	6	7	8	9	10	11	12	13	14	15	16	17	18	19	20	21	22	23			
	公暦9月							1	2	3	4	5	6	7	8	9	10	11	12	13	14	15	16	17	18	19	20	21	22	23	24	25	26	27	28	29	30	
58	夏暦八月							23	24	25	26	27	28	29	30	⑰	2	3	4	5	6	7	8	9	10	11	12	13	14	15	16	17	18	19	20	21	22	
667年	回暦1月							21	22	23	24	25	26	27	28	29	①	2	3	4	5	6	7	8	9	10	11	12	13	14	15	16	17	18	19	20	21	
	藏暦九月							24	25	26	27	28	29	30	30	1	2	3	5	6	7	8	9	10	11	12	13	14	15	16	17	18	19	19	20	21	22	
	公暦10月		1	2	3	4	5	6	7	8	9	10	11	12	13	14	15	16	17	18	19	20	21	22	23	24	25	26	27	28	29	30	31					
59	夏暦九月		23	24	25	26	27	28	29	㊻	2	3	4	5	6	7	8	9	10	11	12	13	14	15	16	17	18	19	20	21	22	23	24					
	回暦2月		22	23	24	25	26	27	28	29	30	1	2	3	4	5	6	7	8	9	10	11	12	13	14	15	16	17	18	19	20	21	22					
	藏暦十月		23	24	25	26	27	29	30	1	2	3	4	5	6	7	8	9	10	11	12	13	14	15	16	17	18	19	20	21	22	23	24					
	公暦11月					1	2	3	4	5	6	7	8	9	10	11	12	13	14	15	16	17	18	19	20	21	22	23	24	25	26	27	28	29	30			
60	夏暦十月					25	26	27	28	29	⑮	2	3	4	5	6	7	8	9	10	11	12	13	14	15	16	17	18	19	20	21	22	23	24	25			
	回暦3月					23	24	25	26	27	28	29	1	2	3	4	5	6	7	8	9	10	11	12	13	14	15	16	17	18	19	20	21	22	23			
	藏暦後十月					25	26	27	28	29	30	1	3	4	5	6	7	8	9	10	11	12	12	13	14	15	16	17	18	19	20	21	22	23	24			
	公暦12月							1	2	3	4	5	6	7	8	9	10	11	12	13	14	15	16	17	18	19	20	21	22	23	24	25	26	27	28	29	30	31
1	夏暦十一月							26	27	28	29	30	㊺	2	3	4	5	6	7	8	9	10	11	12	13	14	15	16	17	18	19	20	21	22	23	24	25	26
	回暦4月							24	25	26	27	28	29	30	1	2	3	4	5	6	7	8	9	10	11	12	13	14	15	16	17	18	19	20	21	22	23	24
	藏暦十一月							25	27	28	29	30	1	2	3	4	5	6	7	8	9	10	11	12	13	14	15	16	16	17	18	19	21	22	23	24	25	26

大事記

三月，蒙古禁民間兵器。蒙古罷諸路女真、契丹、漢人為達魯花赤者，回回、畏兀兒、乃蠻、唐兀人仍舊。　五月，蒙古破宋嘉定之五花、石城、白馬三砦。　六月，宋罷浙西公田莊，募民耕種，減租額什三。　七月，蒙古置御史臺。　八月，蒙古圍襄陽。　九月，蒙古復命高麗導使者往日本。　十月，蒙古命從臣錄《毛詩》、《論語》、《孟子》。　十一月，宋襄陽軍攻蒙古諸砦，敗。宋行義役法。　是年，蒙古始行榷茶。蒙古中都、南北京州郡大水。西藏劃分衛藏十三萬戶，建立薩迦派政教合一地方政權。

宋遼金紀年　　干支己巳　公元1269年

朝代或國名	國家支配者	建都	廟號	謚號	建元	年號年次	輔政者	備注
南宋	⑥趙禥	臨安	度宗	景	1	咸淳5年	賈似道　葉夢鼎 江萬里　馬廷鸞	
蒙古	⑧孛兒只斤忽必烈	燕京	世祖		2	2至元6年	劉秉忠等	

續表

朝代或國名	國家支配者	建都	廟號	謚號	建元	年號年次	輔政者	備注
薩迦	八思巴		座主	法王			恰納	
古格						456年		西藏阿里
大理	段信苴日					9年		

月曆表

5982－354－2184947

月干支序數	月序＼星期	日	1	2	3	4	5	6	日	1	2	3	4	5	6	日	1	2	3	4	5	6	日	1	2	3	4	5	6	日	1	2	3	4	5	6	日	1
	公曆1月			1	2	3	4	5	6	7	8	9	10	11	12	13	14	15	16	17	18	19	20	21	22	23	24	25	26	27	28	29	30	31				
2	夏曆十二月			27	28	29	⑭	2	3	4	5	6	7	8	9	10	11	12	13	14	15	16	17	18	19	20	21	22	23	24	25	26	27	28				
	回曆5月			25	26	27	28	29	1	2	3	4	5	6	7	8	9	10	11	12	13	14	15	16	17	18	19	20	21	22	23	24	25	26				
	藏曆十二月			27	28	29	30	1	2	3	4	5	6	7	8	9	10	11	12	13	14	15	16	17	18	19	20	21	22	23	24	26	27	28				
	公曆2月						1	2	3	4	5	6	7	8	9	10	11	12	13	14	15	16	17	18	19	20	21	22	23	24	25	26	27	28				
3	夏曆正月						29	30	㊹	2	3	4	5	6	7	8	9	10	11	12	13	14	15	16	17	18	19	20	21	22	23	24	25	26				
	回曆6月						27	28	29	30	1	2	3	4	5	6	7	8	9	10	11	12	13	14	15	16	17	18	19	20	21	22	23	24				
陰土蛇年	藏曆一月						29	30	1	2	3	4	5	6	7	7	8	9	10	11	12	13	14	15	16	17	18	20	21	22	23	24	25	26				
	公曆3月						1	2	3	4	5	6	7	8	9	10	11	12	13	14	15	16	17	18	19	20	21	22	23	24	25	26	27	28	29	30	31	
4	夏曆二月						27	28	29	30	⑭	2	3	4	5	6	7	8	9	10	11	12	13	14	15	16	17	18	19	20	21	22	23	24	25	26	27	
	回曆7月						25	26	27	28	29	1	2	3	4	5	6	7	8	9	10	11	12	13	14	15	16	17	18	19	20	21	22	23	24	25	26	
	藏曆二月						27	28	29	30	1	2	3	4	5	6	7	8	9	10	11	12	13	14	15	16	17	18	19	20	21	22	23	25	26	27	28	
	公曆4月		1	2	3	4	5	6	7	8	9	10	11	12	13	14	15	16	17	18	19	20	21	22	23	24	25	26	27	28	29	30						
5	夏曆三月		28	29	㊸	2	3	4	5	6	7	8	9	10	11	12	13	14	15	16	17	18	19	20	21	22	23	24	25	26	27	28						
	回曆8月		27	28	29	30	1	2	3	4	5	6	7	8	9	10	11	12	13	14	15	16	17	18	19	20	21	22	23	24	25	26						
	藏曆三月		29	30	30	1	1	3	4	5	6	7	8	9	10	11	12	13	14	15	16	17	18	19	20	21	22	23	24	25	26	27						
	公曆5月				1	2	3	4	5	6	7	8	9	10	11	12	13	14	15	16	17	18	19	20	21	22	23	24	25	26	27	28	29	30	31			
6	夏曆四月				29	30	⑬	2	3	4	5	6	7	8	9	10	11	12	13	14	15	16	17	18	19	20	21	22	23	24	25	26	27	28	29			
	回曆9月				27	28	29	1	2	3	4	5	6	7	8	9	10	11	12	13	14	15	16	17	18	19	20	21	22	23	24	25	26	27	28			
	藏曆四月				28	29	1	2	3	4	5	6	6	7	8	10	11	12	13	14	15	16	17	18	19	20	22	23	24	25	26	26	27	28	29			
	公曆6月							1	2	3	4	5	6	7	8	9	10	11	12	13	14	15	16	17	18	19	20	21	22	23	24	25	26	27	28	29	30	
7	夏曆五月							30	㊸	2	3	4	5	6	7	8	9	10	11	12	13	14	15	16	17	18	19	20	21	22	23	24	25	26	27	28	29	
	回曆10月							29	30	1	2	3	4	5	6	7	8	9	10	11	12	13	14	15	16	17	18	19	20	21	22	23	24	25	26	27	28	
	藏曆五月							30	1	2	3	4	5	6	7	8	9	10	11	12	14	15	16	17	18	19	20	21	22	23	24	25	26	27	28	29	30	
	公曆7月		1	2	3	4	5	6	7	8	9	10	11	12	13	14	15	16	17	18	19	20	21	22	23	24	25	26	27	28	29	30	31					
8 9	夏曆六 七月		⑫	2	3	4	5	6	7	8	9	10	11	12	13	14	15	16	17	18	19	20	21	22	23	24	25	26	27	28	29	30	㊷					
	回曆11月		29	1	2	3	4	5	6	7	8	9	10	11	12	13	14	15	16	17	18	19	20	21	22	23	24	25	26	27	28	29	30					
	藏曆六 七月		1	2	3	4	5	6	7	8	9	10	11	12	13	14	15	17	18	19	20	21	22	23	23	24	25	26	27	28	29	30	1					
	公曆8月					1	2	3	4	5	6	7	8	9	10	11	12	13	14	15	16	17	18	19	20	21	22	23	24	25	26	27	28	29	30	31		
10	夏曆八月					2	3	4	5	6	7	8	9	10	11	12	13	14	15	16	17	18	19	20	21	22	23	24	25	26	27	28	29	⑪	2	3		
668年	回曆12、1月					1	2	3	4	5	6	7	8	9	10	11	12	13	14	15	16	17	18	19	20	21	22	23	24	25	26	27	28	29	30	①		
	藏曆八月					2	3	4	5	6	7	9	10	11	12	13	14	15	16	17	18	19	20	21	22	23	24	25	26	27	28	29	30	1	2	3		
	公曆9月	1	2	3	4	5	6	7	8	9	10	11	12	13	14	15	16	17	18	19	20	21	22	23	24	25	26	27	28	29	30							
11	夏曆九月	4	5	6	7	8	9	10	11	12	13	14	15	16	17	18	19	20	21	22	23	24	25	26	27	28	29	30	㊶	2	3							
	回曆2月	2	3	4	5	6	7	8	9	10	11	12	13	14	15	16	17	18	19	20	21	22	23	24	25	26	27	28	29	30	1							

續表

月干支序數	星期／月序	日	1	2	3	4	5	6	日	1	2	3	4	5	6	日	1	2	3	4	5	6	日	1	2	3	4	5	6	日	1	2	3	4	5	6	日	1
	藏曆九月	4	5	6	7	8	9	10	11	13	14	15	16	17	18	18	19	20	21	22	23	24	25	26	27	28	29	30	1	2	3							
	公曆 10 月			1	2	3	4	5	6	7	8	9	10	11	12	13	14	15	16	17	18	19	20	21	22	23	24	25	26	27	28	29	30	31				
12	夏曆十月			4	5	6	7	8	9	10	11	12	13	14	15	16	17	18	19	20	21	22	23	24	25	26	27	28	29	⑩	2	3	4	5				
	回曆 3 月			2	3	4	5	6	7	8	9	10	11	12	13	14	15	16	17	18	19	20	21	22	23	24	25	26	27	28	29	1	2	3				
	藏曆十月			4	6	7	8	9	10	11	12	13	14	15	16	17	18	19	20	21	22	23	23	24	25	26	27	29	30	1	2	3	4	5				
	公曆 11 月						1	2	3	4	5	6	7	8	9	10	11	12	13	14	15	16	17	18	19	20	21	22	23	24	25	26	27	28	29	30		
13	夏曆十一月						6	7	8	9	10	11	12	13	14	15	16	17	18	19	20	21	22	23	24	25	26	27	28	29	㊴	2	3	4	5	6		
	回曆 4 月						4	5	6	7	8	9	10	11	12	13	14	15	16	17	18	19	20	21	22	23	24	25	26	27	28	29	30	1	2	3		
	藏曆十一月						6	7	8	9	10	11	12	13	14	15	16	17	18	19	20	21	22	23	24	25	26	27	28	29	30	1	2	4	5	6		
	公曆 12 月	1	2	3	4	5	6	7	8	9	10	11	12	13	14	15	16	17	18	19	20	21	22	23	24	25	26	27	28	29	30	31						
14	夏曆十二月	7	8	9	10	11	12	13	14	15	16	17	18	19	20	21	22	23	24	25	26	27	28	29	30	⑨	2	3	4	5	6	7						
	回曆 5 月	4	5	6	7	8	9	10	11	12	13	14	15	16	17	18	19	20	21	22	23	24	25	26	27	28	29	1	2	3	4	5						
	藏曆十二月	7	8	9	10	11	12	13	14	15	15	16	17	18	19	20	21	22	23	24	25	26	28	29	30	1	2	3	4	5	6	7						

大事記

正月，宋揚州開河四十里以通運。宋以李庭芝為兩淮制置大使。蒙古修朝儀。蒙古擾宋復州、德安，掠萬人。　二月，蒙古頒行八思巴所創新字。蒙古簽民兵二萬赴襄陽。　三月，蒙古阿術自白河圍樊城，宋軍拒戰，大敗。　六月，高麗王遣子朝蒙古。　七月，蒙古立諸路蒙古字學。　八月，宋詔郡縣收民田租，勿巧計取嬴，勿厚直折納。　九月，高麗王禃被廢，弟淐立，蒙古遣使詰問。　十月，發兵問罪於高麗。　十一月，高麗王禃復位奉表入朝蒙古。　是年，文學家劉克莊卒(1187—1269)。蒙古益都等地大水，河南北蝗。

宋遼金紀年　　干支庚午　公元 1270 年

朝代或國名	國家支配者	建都	廟號	謚號	建元	年號年次	輔政者	備注
南宋	⑥趙禥	臨安	度宗	景	1	咸淳 6 年	賈似道 江萬里 馬廷鸞	
蒙古	⑧孛兒只斤忽必烈	燕京	世祖		2	2 至元 7 年	劉秉忠等	
薩迦	八思巴	薩迦	座主	法王			恰納	
古格						457 年		西藏阿里
大理	段信苴日					10 年		

月曆表　　5983—384—2185331

月干支序數	星期／月序	日	1	2	3	4	5	6	日	1	2	3	4	5	6	日	1	2	3	4	5	6	日	1	2	3	4	5	6	日	1	2	3	4	5	6	日	1
	公曆 1 月				1	2	3	4	5	6	7	8	9	10	11	12	13	14	15	16	17	18	19	20	21	22	23	24	25	26	27	28	29	30	31			
15	夏曆正月				8	9	10	11	12	13	14	15	16	17	18	19	20	21	22	23	24	25	26	27	28	29	㊳	2	3	4	5	6	7	8	9			
	回曆 6 月				6	7	8	9	10	11	12	13	14	15	16	17	18	19	20	21	22	23	24	25	26	27	28	29	30	1	2	3	4	5	6			
陽金馬年	藏曆一月				8	9	10	11	12	13	14	15	16	17	18	19	20	21	22	23	24	25	26	27	28	29	30	1	2	4	5	6	6	7	8			
	公曆 2 月							1	2	3	4	5	6	7	8	9	10	11	12	13	14	15	16	17	18	19	20	21	22	23	24	25	26	27	28			
16	夏曆二月							10	11	12	13	14	15	16	17	18	19	20	21	22	23	24	25	26	27	28	29	30	⑧	2	3	4	5	6	7			
	回曆 7 月							7	8	9	10	11	12	13	14	15	16	17	18	19	20	21	22	23	24	25	26	27	28	29	1	2	3	4	5			

續表

月干支序數	星期／月序	日	1	2	3	4	5	6	日	1	2	3	4	5	6	日	1	2	3	4	5	6	日	1	2	3	4	5	6	日	1	2	3	4	5	6	日	1
	藏曆二月							9	10	11	12	13	14	15	16	17	18	19	20	21	22	23	24	25	27	28	29	30	1	2	3	4	5	6	7			
	公曆 3 月							1	2	3	4	5	6	7	8	9	10	11	12	13	14	15	16	17	18	19	20	21	22	23	24	25	26	27	28	29	30	31
17	夏曆三月							8	9	10	11	12	13	14	15	16	17	18	19	20	21	22	23	24	25	26	27	28	29	㊲	2	3	4	5	6	7	8	9
	回曆 8 月							6	7	8	9	10	11	12	13	14	15	16	17	18	19	20	21	22	23	24	25	26	27	28	29	30	1	2	3	4	5	6
	藏曆三月							8	9	10	10	11	12	13	14	15	16	17	18	19	21	22	23	24	25	26	27	28	29	30	1	2	3	4	5	6	7	8
	公曆 4 月			1	2	3	4	5	6	7	8	9	10	11	12	13	14	15	16	17	18	19	20	21	22	23	24	25	26	27	28	29	30					
18	夏曆四月			10	11	12	13	14	15	16	17	18	19	20	21	22	23	24	25	26	27	28	29	30	⑦	2	3	4	5	6	7	8	9					
	回曆 9 月			7	8	9	10	11	12	13	14	15	16	17	18	19	20	21	22	23	24	25	26	27	28	29	1	2	3	4	5	6	7					
	藏曆四月			9	10	11	12	13	14	15	16	17	18	19	20	21	22	23	25	26	27	28	29	30	1	2	3	4	5	5	6	7	8					
	公曆 5 月					1	2	3	4	5	6	7	8	9	10	11	12	13	14	15	16	17	18	19	20	21	22	23	24	25	26	27	28	29	30	31		
19	夏曆五月					10	11	12	13	14	15	16	17	18	19	20	21	22	23	24	25	26	27	28	29	30	㊲	2	3	4	5	6	7	8	9	10		
	回曆 10 月					8	9	10	11	12	13	14	15	16	17	18	19	20	21	22	23	24	25	26	27	28	29	30	1	2	3	4	5	6	7	8		
	藏曆五月					9	10	11	12	13	14	15	16	18	19	20	21	22	23	24	25	26	27	28	29	30	1	2	3	4	5	6	7	8	9	10		
	公曆 6 月	1	2	3	4	5	6	7	8	9	10	11	12	13	14	15	16	17	18	19	20	21	22	23	24	25	26	27	28	29	30							
20	夏曆六月	11	12	13	14	15	16	17	18	19	20	21	22	23	24	25	26	27	28	29	⑥	2	3	4	5	6	7	8	9	10	11							
	回曆 11 月	9	10	11	12	13	14	15	16	17	18	19	20	21	22	23	24	25	26	27	28	29	1	2	3	4	5	6	7	8	9							
	藏曆六月	11	12	13	14	15	16	17	18	19	21	22	23	24	25	26	27	28	29	30	30	1	1	2	3	4	5	6	7	8	9							
	公曆 7 月			1	2	3	4	5	6	7	8	9	10	11	12	13	14	15	16	17	18	19	20	21	22	23	24	25	26	27	28	29	30	31				
21	夏曆七月			12	13	14	15	16	17	18	19	20	21	22	23	24	25	26	27	28	29	30	㊱	2	3	4	5	6	7	8	9	10	11	12				
	回曆 12 月			10	11	12	13	14	15	16	17	18	19	20	21	22	23	24	25	26	27	28	29	30	1	2	3	4	5	6	7	8	9	10				
	藏曆七月			10	11	12	14	15	16	17	18	19	20	21	22	23	24	25	26	27	28	29	1	2	3	4	5	6	7	8	9	10	11	12				
	公曆 8 月						1	2	3	4	5	6	7	8	9	10	11	12	13	14	15	16	17	18	19	20	21	22	23	24	25	26	27	28	29	30	31	
22	夏曆八月						13	14	15	16	17	18	19	20	21	22	23	24	25	26	27	28	29	⑤	2	3	4	5	6	7	8	9	10	11	12	13	14	
669 年	回曆 1 月						11	12	13	14	15	16	17	18	19	20	21	22	23	24	25	26	27	28	29	①	2	3	4	5	6	7	8	9	10	11	12	
	藏曆八月						13	14	16	17	18	19	20	21	22	23	24	25	26	27	27	28	29	30	1	2	3	4	5	6	7	8	10	11	12	13	14	
	公曆 9 月		1	2	3	4	5	6	7	8	9	10	11	12	13	14	15	16	17	18	19	20	21	22	23	24	25	26	27	28	29	30						
23	夏曆九月		15	16	17	18	19	20	21	22	23	24	25	26	27	28	29	30	㉟	2	3	4	5	6	7	8	9	10	11	12	13	14						
	回曆 2 月		13	14	15	16	17	18	19	20	21	22	23	24	25	26	27	28	29	30	1	2	3	4	5	6	7	8	9	10	11	12						
	藏曆九月		15	16	17	18	19	20	21	22	23	24	25	26	27	28	29	30	1	2	3	4	5	6	7	8	9	10	11	13	14	15						
	公曆 10 月				1	2	3	4	5	6	7	8	9	10	11	12	13	14	15	16	17	18	19	20	21	22	23	24	25	26	27	28	29	30	31			
24	夏曆十月				15	16	17	18	19	20	21	22	23	24	25	26	27	28	29	30	⑤	2	3	4	5	6	7	8	9	10	11	12	13	14	15			
	回曆 3 月				13	14	15	16	17	18	19	20	21	22	23	24	25	26	27	28	29	1	2	3	4	5	6	7	8	9	10	11	12	13	14			
	藏曆十月				16	17	18	19	20	21	22	22	23	24	25	26	27	28	29	30	1	2	3	4	5	7	8	9	10	11	12	13	14	15	16			
	公曆 11 月							1	2	3	4	5	6	7	8	9	10	11	12	13	14	15	16	17	18	19	20	21	22	23	24	25	26	27	28	29	30	
	夏曆閏十月							16	17	18	19	20	21	22	23	24	25	26	27	28	29	㉞	2	3	4	5	6	7	8	9	10	11	12	13	14	15	16	
	回曆 4 月							15	16	17	18	19	20	21	22	23	24	25	26	27	28	29	30	1	2	3	4	5	6	7	8	9	10	11	12	13	14	
	藏曆十一月							17	18	19	20	21	22	23	24	25	26	27	28	29	30	1	2	3	4	5	6	7	8	9	10	12	13	14	15	15	16	
	公曆 12 月		1	2	3	4	5	6	7	8	9	10	11	12	13	14	15	16	17	18	19	20	21	22	23	24	25	26	27	28	29	30	31					
25	夏曆十一月		17	18	19	20	21	22	23	24	25	26	27	28	29	③	2	3	4	5	6	7	8	9	10	11	12	13	14	15	16	17	18					
	回曆 5 月		15	16	17	18	19	20	21	22	23	24	25	26	27	28	29	1	2	3	4	5	6	7	8	9	10	11	12	13	14	15	16					
	藏曆十二月		17	18	19	20	21	22	23	24	25	26	27	28	29	30	1	2	3	5	6	7	8	9	10	11	12	13	14	15	16	17	18					

元十一月丁酉,閏十一月丁卯。

大事記

正月，蒙古立尚書省，罷制國用使司。宋頒《成天曆》。宋以李庭芝為京湖制置使督師援襄樊。　二月，蒙古立紙甲局。蒙古始立司農司，尋改大司農司，設四道巡行勸農司。宋襄陽軍出攻蒙古，敗。蒙古遣兵入高麗，立行省，設達魯花赤監其國。　三月，蒙古以許衡為中書左丞，蒙古改行中書省為行尚書省。　五月，宋四川軍與蒙古軍戰於嘉定、重慶，皆敗。六月，蒙古禁民私掠宋境。　八月，宋詔諸路監司訪求郡縣行推排法利弊。賈似道定言邊事者賜死。　十二月，蒙古遣使於日本。金齒、驃國附於蒙古。　是歲，蒙古頒農桑之制十四條，縣邑所屬村疃凡五十家立一社。蒙古設廣惠司，聘用阿拉伯醫生，配製回回藥物。宋浙西水。蒙古山東饑，河南北旱。天下戶 1939449。

宋 遼 金 紀 年

干支辛未　公元 1271 年

朝代或國名	國家支配者	建　都	廟　號	謚　號	建元	年號年次	輔　政　者	備　注
南宋	⑥趙禥	臨安	度宗	景	1	咸淳 7 年	賈似道馬廷鸞	
元	⑧孛兒只斤忽必烈	大都（北京）	世祖		2	2 至元 8 年	劉秉忠等	是年改國號爲元
薩迦	八思巴	薩迦	座主	法王			恰納	
古格						458 年		西藏阿里
大理	段信苴日					11 年		

月 曆 表

5984－355－2185686

月干支序數	月序＼星期	日	1	2	3	4	5	6	日	1	2	3	4	5	6	日	1	2	3	4	5	6	日	1	2	3	4	5	6	日	1	2	3	4	5	6	日	1
	公曆 1 月					1	2	3	4	5	6	7	8	9	10	11	12	13	14	15	16	17	18	19	20	21	22	23	24	25	26	27	28	29	30	31		
26	夏曆十二月					19	20	21	22	23	24	25	26	27	28	29	30	㉝	2	3	4	5	6	7	8	9	10	11	12	13	14	15	16	17	18	19		
	回曆 6 月					17	18	19	20	21	22	23	24	25	26	27	28	29	30	1	2	3	4	5	6	7	8	9	10	11	12	13	14	15	16	17		
陰金羊年	藏曆一月					18	19	20	21	22	23	24	25	26	27	28	30	1	2	3	4	5	6	7	8	9	10	11	12	13	14	15	16	17	18	19		
	公曆 2 月	1	2	3	4	5	6	7	8	9	10	11	12	13	14	15	16	17	18	19	20	21	22	23	24	25	26	27	28									
27	夏曆正月	20	21	22	23	24	25	26	27	28	29	②	2	3	4	5	6	7	8	9	10	11	12	13	14	15	16	17	18									
	回曆 7 月	18	19	20	21	22	23	24	25	26	27	28	29	1	2	3	4	5	6	7	8	9	10	11	12	13	14	15	16									
	藏曆二月	20	21	22	23	24	25	26	27	28	29	30	1	2	3	5	6	7	8	9	10	10	11	12	13	14	15	16	17									
	公曆 3 月	1	2	3	4	5	6	7	8	9	10	11	12	13	14	15	16	17	18	19	20	21	22	23	24	25	26	27	28	29	30	31						
28	夏曆二月	19	20	21	22	23	24	25	26	27	28	29	30	㉜	2	3	4	5	6	7	8	9	10	11	12	13	14	15	16	17	18	19						
	回曆 8 月	17	18	19	20	21	22	23	24	25	26	27	28	29	30	1	2	3	4	5	6	7	8	9	10	11	12	13	14	15	16	17						
	藏曆三月	18	19	20	21	22	23	24	25	26	28	29	30	1	2	3	4	5	6	7	8	9	10	11	12	13	14	14	15	16	17	18						
	公曆 4 月				1	2	3	4	5	6	7	8	9	10	11	12	13	14	15	16	17	18	19	20	21	22	23	24	25	26	27	28	29	30				
29	夏曆三月				20	21	22	23	24	25	26	27	28	29	①	2	3	4	5	6	7	8	9	10	11	12	13	14	15	16	17	18	19	20				
	回曆 9 月				18	19	20	21	22	23	24	25	26	27	28	29	1	2	3	4	5	6	7	8	9	10	11	12	13	14	15	16	17	18				
	藏曆四月				19	21	22	23	24	25	26	27	28	29	30	1	2	3	4	5	6	7	8	9	10	11	12	13	14	15	16	17	18	19				
	公曆 5 月						1	2	3	4	5	6	7	8	9	10	11	12	13	14	15	16	17	18	19	20	21	22	23	24	25	26	27	28	29	30	31	
30	夏曆四月						21	22	23	24	25	26	27	28	29	30	㉛	2	3	4	5	6	7	8	9	10	11	12	13	14	15	16	17	18	19	20	21	
	回曆 10 月						19	20	21	22	23	24	25	26	27	28	29	30	1	2	3	4	5	6	7	8	9	10	11	12	13	14	15	16	17	18	19	
	藏曆五月						20	21	22	23	25	26	27	28	29	30	1	2	3	4	5	6	7	8	9	9	10	11	12	13	14	15	16	18	19	20	21	
	公曆 6 月		1	2	3	4	5	6	7	8	9	10	11	12	13	14	15	16	17	18	19	20	21	22	23	24	25	26	27	28	29	30						
31	夏曆五月		22	23	24	25	26	27	28	29	(60)	2	3	4	5	6	7	8	9	10	11	12	13	14	15	16	17	18	19	20	21	22						
	回曆 11 月		20	21	22	23	24	25	26	27	28	29	1	2	3	4	5	6	7	8	9	10	11	12	13	14	15	16	17	18	19	20						
	藏曆六月		22	23	24	25	26	27	28	29	30	1	2	3	4	5	6	7	8	9	10	11	12	13	14	15	16	17	18	19	21	22						

續表

月 干支 序數	月序＼星期	日	1	2	3	4	5	6	日	1	2	3	4	5	6	日	1	2	3	4	5	6	日	1	2	3	4	5	6	日	1	2	3	4	5	6	日	1
	公曆7月				1	2	3	4	5	6	7	8	9	10	11	12	13	14	15	16	17	18	19	20	21	22	23	24	25	26	27	28	29	30	31			
32	夏曆六月				23	24	25	26	27	28	29	30	㉚	2	3	4	5	6	7	8	9	10	11	12	13	14	15	16	17	18	19	20	21	22	23			
	回曆12月				21	22	23	24	25	26	27	28	29	30	1	2	3	4	5	6	7	8	9	10	11	12	13	14	15	16	17	18	19	20	21			
	藏曆後六月				23	24	25	26	27	28	29	30	1	2	3	4	5	6	6	7	8	9	10	11	13	14	15	16	17	18	19	20	21	22	23			
	公曆8月							1	2	3	4	5	6	7	8	9	10	11	12	13	14	15	16	17	18	19	20	21	22	23	24	25	26	27	28	29	30	31
33	夏曆七月							24	25	26	27	28	29	(59)	2	3	4	5	6	7	8	9	10	11	12	13	14	15	16	17	18	19	20	21	22	23	24	25
670年	回曆1月							22	23	24	25	26	27	28	29	①	2	3	4	5	6	7	8	9	10	11	12	13	14	15	16	17	18	19	20	21	22	23
	藏曆七月							24	25	26	27	28	29	30	1	2	3	4	5	6	7	8	9	10	11	12	13	14	15	17	18	19	20	21	22	23	24	25
	公曆9月			1	2	3	4	5	6	7	8	9	10	11	12	13	14	15	16	17	18	19	20	21	22	23	24	25	26	27	28	29	30					
34	夏曆八月			26	27	28	29	30	㉙	2	3	4	5	6	7	8	9	10	11	12	13	14	15	16	17	18	19	20	21	22	23	24	25					
	回曆2月			24	25	26	27	28	29	30	1	2	3	4	5	6	7	8	9	10	11	12	13	14	15	16	17	18	19	20	21	22	23					
	藏曆八月			26	27	28	29	30	1	2	2	3	4	5	6	7	8	10	11	12	13	14	15	16	17	18	19	20	21	22	23	24	25					
	公曆10月					1	2	3	4	5	6	7	8	9	10	11	12	13	14	15	16	17	18	19	20	21	22	23	24	25	26	27	28	29	30	31		
35	夏曆九月					26	27	28	29	30	(59)	2	3	4	5	6	7	8	9	10	11	12	13	14	15	16	17	18	19	20	21	22	23	24	25	26		
	回曆3月					24	25	26	27	28	29	1	2	3	4	5	6	7	8	9	10	11	12	13	14	15	16	17	18	19	20	21	22	23	24	25		
	藏曆九月					26	27	28	29	30	1	2	3	4	5	6	7	8	9	10	11	12	14	15	16	17	18	19	20	21	22	23	24	25	26	26		
	公曆11月	1	2	3	4	5	6	7	8	9	10	11	12	13	14	15	16	17	18	19	20	21	22	23	24	25	26	27	28	29	30							
36	夏曆十月	27	28	29	㉘	2	3	4	5	6	7	8	9	10	11	12	13	14	15	16	17	18	19	20	21	22	23	24	25	26	27							
	回曆4月	26	27	28	29	30	1	2	3	4	5	6	7	8	9	10	11	12	13	14	15	16	17	18	19	20	21	22	23	24	25							
	藏曆十月	27	28	29	30	1	2	3	4	5	7	8	9	10	11	12	13	14	15	16	17	18	19	20	21	22	23	24	25	26	27							
	公曆12月			1	2	3	4	5	6	7	8	9	10	11	12	13	14	15	16	17	18	19	20	21	22	23	24	25	26	27	28	29	30	31				
37	夏曆十一月			28	29	30	(58)	2	3	4	5	6	7	8	9	10	11	12	13	14	15	16	17	18	19	20	21	22	23	24	25	26	27	28				
	回曆5月			26	27	28	29	1	2	3	4	5	6	7	8	9	10	11	12	13	14	15	16	17	18	19	20	21	22	23	24	25	26	27				
	藏曆十一月			28	29	30	1	2	3	4	5	6	7	8	9	10	12	13	14	15	16	17	18	18	19	20	21	22	23	24	25	26	27	28				

大事記

二月，蒙古發中都、真定、順天、河間、平灤民二萬八千餘人築宮城。　四月，蒙古遣兵征高麗之不服者。　五月，蒙古分圍襄陽之兵以攻四川宋地。蒙古分大理國三十七部為三路。　六月，宋兵救襄陽，為蒙古兵所敗。　七月，宋襄陽軍攻蒙古營，敗。蒙古設回回司天臺官屬。　九月，宋出海道攻蒙古膠州，敗。　十一月乙亥，建國號曰元，定都大都。十二月，宋初置士籍。(宋)陳鼎編成《成天曆》(宋史律曆誌)。

宋遼金紀年　　干支壬申　公元1272年

朝代或國名	國家支配者	建都	廟號	謚號	建元	年號年次	輔政者	備注
南宋	⑥趙禥	臨安	度宗	景	1	咸淳8年	賈似道 馬廷鸞	
元	⑧孛兒只斤忽必烈	大都	世祖		2	2至元9年	劉秉忠等	
薩迦	八思巴	薩迦	座主	法王			恰納	
古格						459年		
大理	段信苴日					12年		

月干支序數	月序＼星期	日	1	2	3	4	5	6	日	1	2	3	4	5	6	日	1	2	3	4	5	6	日	1	2	3	4	5	6	日	1	2	3	4	5	6	日	1
	公曆1月						1	2	3	4	5	6	7	8	9	10	11	12	13	14	15	16	17	18	19	20	21	22	23	24	25	26	27	28	29	30	31	
38	夏曆十二月						29	30	㉘	2	3	4	5	6	7	8	9	10	11	12	13	14	15	16	17	18	19	20	21	22	23	24	25	26	27	28	29	
	回曆6月						28	29	30	1	2	3	4	5	6	7	8	9	10	11	12	13	14	15	16	17	18	19	20	21	22	23	24	25	26	27	28	
	藏曆十二月						29	30	1	2	3	4	6	7	8	9	10	11	12	13	14	15	16	17	18	19	20	21	21	22	23	24	25	26	27	28	29	
	公曆2月		1	2	3	4	5	6	7	8	9	10	11	12	13	14	15	16	17	18	19	20	21	22	23	24	25	26	27	28	29							
39	夏曆正月		(57)	2	3	4	5	6	7	8	9	10	11	12	13	14	15	16	17	18	19	20	21	22	23	24	25	26	27	28	29							
	回曆7月		29	1	2	3	4	5	6	7	8	9	10	11	12	13	14	15	16	17	18	19	20	21	22	23	24	25	26	27	28							
陽水猴年	藏曆一月		1	2	3	4	5	6	7	8	9	10	11	12	13	14	15	16	17	18	19	20	21	22	23	24	25	26	27	28	29							
	公曆3月			1	2	3	4	5	6	7	8	9	10	11	12	13	14	15	16	17	18	19	20	21	22	23	24	25	26	27	28	29	30	31				
40 41	夏曆二/三月			30	㉗	2	3	4	5	6	7	8	9	10	11	12	13	14	15	16	17	18	19	20	21	22	23	24	25	26	27	28	29	(56)				
	回曆8月			29	30	1	2	3	4	5	6	7	8	9	10	11	12	13	14	15	16	17	18	19	20	21	22	23	24	25	26	27	28	29				
	藏曆二/三月			30	1	2	3	5	6	7	8	9	10	11	12	13	14	14	15	16	17	18	19	20	21	22	23	24	25	26	27	29	30	1				
	公曆4月						1	2	3	4	5	6	7	8	9	10	11	12	13	14	15	16	17	18	19	20	21	22	23	24	25	26	27	28	29	30		
42	夏曆四月						2	3	4	5	6	7	8	9	10	11	12	13	14	15	16	17	18	19	20	21	22	23	24	25	26	27	28	29	㉕	2		
	回曆9月						1	2	3	4	5	6	7	8	9	10	11	12	13	14	15	16	17	18	19	20	21	22	23	24	25	26	27	28	29	30		
	藏曆四月						2	3	4	5	6	7	8	9	10	11	12	13	14	15	16	17	18	19	20	21	22	23	24	25	26	27	28	29	30	1		
	公曆5月	1	2	3	4	5	6	7	8	9	10	11	12	13	14	15	16	17	18	19	20	21	22	23	24	25	26	27	28	29	30	31						
43	夏曆五月	3	4	5	6	7	8	9	10	11	12	13	14	15	16	17	18	19	20	21	22	23	24	25	26	27	28	29	30	(55)	2	3						
	回曆10、11月	1	2	3	4	5	6	7	8	9	10	11	12	13	14	15	16	17	18	19	20	21	22	23	24	25	26	27	28	29	1	2						
	藏曆五月	3	4	5	6	7	8	8	9	10	11	12	13	14	15	16	17	18	19	20	21	22	23	25	26	27	28	29	30	1	2	3						
	公曆6月				1	2	3	4	5	6	7	8	9	10	11	12	13	14	15	16	17	18	19	20	21	22	23	24	25	26	27	28	29	30				
44	夏曆六月				4	5	6	7	8	9	10	11	12	13	14	15	16	17	18	19	20	21	22	23	24	25	26	27	28	29	㉔	2	3	4				
	回曆12月				3	4	5	6	7	8	9	10	11	12	13	14	15	16	17	18	19	20	21	22	23	24	25	26	27	28	29	30	1	2				
	藏曆六月				4	5	6	7	8	9	10	11	12	13	14	15	16	17	18	19	20	21	22	23	24	25	26	28	29	30	1	2	3	4				
	公曆7月						1	2	3	4	5	6	7	8	9	10	11	12	13	14	15	16	17	18	19	20	21	22	23	24	25	26	27	28	29	30	31	
45	夏曆七月						5	6	7	8	9	10	11	12	13	14	15	16	17	18	19	20	21	22	23	24	25	26	27	28	29	30	(54)	2	3	4	5	
671年	回曆1月						3	4	5	6	7	8	9	10	11	12	13	14	15	16	17	18	19	20	21	22	23	24	25	26	27	28	29	30	①	2	3	
	藏曆七月						4	5	6	7	8	9	10	11	12	13	14	15	16	17	18	19	21	22	23	24	25	26	27	28	29	30	1	2	3	4	5	
	公曆8月		1	2	3	4	5	6	7	8	9	10	11	12	13	14	15	16	17	18	19	20	21	22	23	24	25	26	27	28	29	30	31					
46	夏曆八月		6	7	8	9	10	11	12	13	14	15	16	17	18	19	20	21	22	23	24	25	26	27	28	29	㉓	2	3	4	5	6	7					
	回曆2月		4	5	6	7	8	9	10	11	12	13	14	15	16	17	18	19	20	21	22	23	24	25	26	27	28	29	30	1	2	3	4					
	藏曆八月		6	7	8	9	10	11	12	13	14	15	16	17	18	19	20	21	22	24	25	26	27	28	29	30	30	1	1	2	3	4	5					
	公曆9月					1	2	3	4	5	6	7	8	9	10	11	12	13	14	15	16	17	18	19	20	21	22	23	24	25	26	27	28	29	30			
47	夏曆九月					8	9	10	11	12	13	14	15	16	17	18	19	20	21	22	23	24	25	26	27	28	29	30	(53)	2	3	4	5	6	7			
	回曆3月					5	6	7	8	9	10	11	12	13	14	15	16	17	18	19	20	21	22	23	24	25	26	27	28	29	1	2	3	4	5			
	藏曆九月					6	7	8	9	10	11	12	13	14	15	17	18	19	20	21	22	23	24	25	26	27	28	29	1	2	3	4	5	6	7			
	公曆10月							1	2	3	4	5	6	7	8	9	10	11	12	13	14	15	16	17	18	19	20	21	22	23	24	25	26	27	28	29	30	31
48	夏曆十月							8	9	10	11	12	13	14	15	16	17	18	19	20	21	22	23	24	25	26	27	28	29	30	㉓	2	3	4	5	6	7	8
	回曆4月							6	7	8	9	10	11	12	13	14	15	16	17	18	19	20	21	22	23	24	25	26	27	28	29	30	1	2	3	4	5	6
	藏曆十月							8	9	10	11	12	13	14	15	16	17	18	19	21	22	23	24	25	25	26	27	28	29	30	1	2	3	4	5	6	7	8
	公曆11月			1	2	3	4	5	6	7	8	9	10	11	12	13	14	15	16	17	18	19	20	21	22	23	24	25	26	27	28	29	30					
49	夏曆十一月			9	10	11	12	13	14	15	16	17	18	19	20	21	22	23	24	25	26	27	28	29	(52)	2	3	4	5	6	7	8	9					

續表

月干支序數	星期／月序	日	1	2	3	4	5	6	日	1	2	3	4	5	6	日	1	2	3	4	5	6	日	1	2	3	4	5	6	日	1	2	3	4	5	6	日	1
	回暦5月			7	8	9	10	11	12	13	14	15	16	17	18	19	20	21	22	23	24	25	26	27	28	29	1	2	3	4	5	6	7					
	藏暦十一月			9	10	11	12	14	15	16	17	18	19	20	21	22	23	24	25	26	27	28	29	29	30	1	2	3	4	5	6	8	9					
	公暦12月					1	2	3	4	5	6	7	8	9	10	11	12	13	14	15	16	17	18	19	20	21	22	23	24	25	26	27	28	29	30	31		
50	夏暦十二月					10	11	12	13	14	15	16	17	18	19	20	21	22	23	24	25	26	27	28	29	30	㉒	2	3	4	5	6	7	8	9	10		
	回暦6月					8	9	10	11	12	13	14	15	16	17	18	19	20	21	22	23	24	25	26	27	28	29	30	1	2	3	4	5	6	7	8		
	藏暦十二月					10	11	12	13	14	15	16	17	18	19	20	21	22	23	24	25	26	27	28	29	30	1	2	3	4	5	6	7	8	9	10		

大事記

正月，元罷尚書省，行尚書省仍改為行中書省以代尚書省。元改北京、中興、四川、河南四路行尚書省為行中書省，京兆復立行省。　二月，元赴日本使者遣人與日本二十六人至中都。元改中都為大都(今北京)。元命阿術典蒙古軍，劉整、阿爾哈雅典漢軍。元建中書省於大都。元詔諸路開浚水利。　四月，元擾宋漣水。破射龍溝、五港口、鹽城、白頭河城堡。五月，宋將張貴、張順援襄陽，入重圍，得達，後皆戰死。元禁漢人聚衆與蒙古人斗毆。　六月，高麗告饑，元命轉東京二萬石賑之。　七月，元立京師蒙古國子學。　十月，元初立會同館。　十一月，高麗抗元者敗奔耽羅，元遣兵攻之。　十二月，宋攻元之成都，毀其大城。

宋遼金紀年

干支癸酉　公元1273年

朝代或國名	國家支配者	建都	廟號	謚號	建元	年號年次	輔政者	備注
南宋	⑥趙禥	臨安	度宗	景	1	咸淳9年	賈似道	
元	⑧孛兒只斤忽必烈	大都	世祖		2	2至元10年	劉秉忠等	
薩迦	八思巴		座主	法王			恰納	
古格						460年		西藏阿里
大理	段信苴日					13年		

月曆表

5986－384－2186425

月干支序數	星期／月序	日	1	2	3	4	5	6	日	1	2	3	4	5	6	日	1	2	3	4	5	6	日	1	2	3	4	5	6	日	1	2	3	4	5	6	日	1
	公暦1月	1	2	3	4	5	6	7	8	9	10	11	12	13	14	15	16	17	18	19	20	21	22	23	24	25	26	27	28	29	30	31						
51	夏暦正月	11	12	13	14	15	16	17	18	19	20	21	22	23	24	25	26	27	28	29	30	(52)	2	3	4	5	6	7	8	9	10	11						
	回暦7月	9	10	11	12	13	14	15	16	17	18	19	20	21	22	23	24	25	26	27	28	29	1	2	3	4	5	6	7	8	9	10						
陰水鷄年	藏暦一月	11	13	14	15	16	17	18	19	20	21	21	22	23	24	25	26	27	28	29	30	1	2	3	4	5	6	8	9	10	11	12						
	公暦2月				1	2	3	4	5	6	7	8	9	10	11	12	13	14	15	16	17	18	19	20	21	22	23	24	25	26	27	28						
52	夏暦二月				12	13	14	15	16	17	18	19	20	21	22	23	24	25	26	27	28	29	㉑	2	3	4	5	6	7	8	9	10						
	回暦8月				11	12	13	14	15	16	17	18	19	20	21	22	23	24	25	26	27	28	29	30	1	2	3	4	5	6	7	8						
	藏暦二月				13	14	15	16	17	18	19	20	21	22	23	24	24	25	26	27	28	29	1	2	3	4	5	6	7	8	9	10						
	公暦3月				1	2	3	4	5	6	7	8	9	10	11	12	13	14	15	16	17	18	19	20	21	22	23	24	25	26	27	28	29	30	31			
53	夏暦三月				11	12	13	14	15	16	17	18	19	20	21	22	23	24	25	26	27	28	29	30	(51)	2	3	4	5	6	7	8	9	10	11			
	回暦9月				9	10	11	12	13	14	15	16	17	18	19	20	21	22	23	24	25	26	27	28	29	1	2	3	4	5	6	7	8	9	10			
	藏暦三月				11	12	13	14	15	16	17	18	19	20	21	22	23	24	25	26	27	28	29	30	1	2	3	4	6	7	8	9	10	11	12			
	公暦4月							1	2	3	4	5	6	7	8	9	10	11	12	13	14	15	16	17	18	19	20	21	22	23	24	25	26	27	28	29	30	

續表

月 干支 序數	月序＼星期	日	1	2	3	4	5	6	日	1	2	3	4	5	6	日	1	2	3	4	5	6	日	1	2	3	4	5	6	日	1	2	3	4	5	6	日	1
54	夏曆四月							12	13	14	15	16	17	18	19	20	21	22	23	24	25	26	27	28	29	⑳	2	3	4	5	6	7	8	9	10	11	12	
	回曆 10 月							11	12	13	14	15	16	17	18	19	20	21	22	23	24	25	26	27	28	29	30	1	2	3	4	5	6	7	8	9	10	
	藏曆四月							13	14	15	16	17	17	18	19	20	21	22	23	24	25	26	27	29	30	1	2	3	4	5	6	7	8	9	10	11	12	
	公曆 5 月		1	2	3	4	5	6	7	8	9	10	11	12	13	14	15	16	17	18	19	20	21	22	23	24	25	26	27	28	29	30	31					
55	夏曆五月		13	14	15	16	17	18	19	20	21	22	23	24	25	26	27	28	29	㊾	2	3	4	5	6	7	8	9	10	11	12	13	14					
	回曆 11 月		11	12	13	14	15	16	17	18	19	20	21	22	23	24	25	26	27	28	29	1	2	3	4	5	6	7	8	9	10	11	12					
	藏曆五月		13	14	15	16	17	18	19	20	21	22	23	24	25	26	27	28	29	2	3	4	5	6	7	8	9	10	11	12	13	13	14					
	公曆 6 月					1	2	3	4	5	6	7	8	9	10	11	12	13	14	15	16	17	18	19	20	21	22	23	24	25	26	27	28	29	30			
56	夏曆六月					15	16	17	18	19	20	21	22	23	24	25	26	27	28	29	30	⑲	2	3	4	5	6	7	8	9	10	11	12	13	14			
	回曆 12 月					13	14	15	16	17	18	19	20	21	22	23	24	25	26	27	28	29	30	1	2	3	4	5	6	7	8	9	10	11	12			
	藏曆六月					15	16	17	18	19	20	21	22	23	25	26	27	28	29	30	30	1	2	3	4	5	6	7	8	9	10	11	12	13	14			
	公曆 7 月							1	2	3	4	5	6	7	8	9	10	11	12	13	14	15	16	17	18	19	20	21	22	23	24	25	26	27	28	29	30	31
	夏曆閏六月							15	16	17	18	19	20	21	22	23	24	25	26	27	28	29	㊽	2	3	4	5	6	7	8	9	10	11	12	13	14	15	16
672 年	回曆 1 月							13	14	15	16	17	18	19	20	21	22	23	24	25	26	27	28	29	①	2	3	4	5	6	7	8	9	10	11	12	13	14
	藏曆七月							15	16	17	18	19	20	21	22	23	24	25	26	28	29	30	1	2	3	4	5	6	7	8	9	9	10	11	12	13	14	15
	公曆 8 月			1	2	3	4	5	6	7	8	9	10	11	12	13	14	15	16	17	18	19	20	21	22	23	24	25	26	27	28	29	30	31				
57	夏曆七月			17	18	19	20	21	22	23	24	25	26	27	28	29	⑰	2	3	4	5	6	7	8	9	10	11	12	13	14	15	16	17	18				
	回曆 2 月			15	16	17	18	19	20	21	22	23	24	25	26	27	28	29	30	1	2	3	4	5	6	7	8	9	10	11	12	13	14	15				
	藏曆八月			16	17	18	19	21	22	23	24	25	26	27	28	29	30	1	2	3	4	5	6	7	8	9	10	11	12	13	14	15	16	17				
	公曆 9 月						1	2	3	4	5	6	7	8	9	10	11	12	13	14	15	16	17	18	19	20	21	22	23	24	25	26	27	28	29	30		
58	夏曆八月						19	20	21	22	23	24	25	26	27	28	29	30	㊼	2	3	4	5	6	7	8	9	10	11	12	13	14	15	16	17	18		
	回曆 3 月						16	17	18	19	20	21	22	23	24	25	26	27	28	29	1	2	3	4	5	6	7	8	9	10	11	12	13	14	15	16		
	藏曆九月						18	19	20	21	22	24	25	26	27	28	29	30	1	2	3	4	5	5	6	7	8	9	10	11	12	13	14	15	17	18		
	公曆 10 月	1	2	3	4	5	6	7	8	9	10	11	12	13	14	15	16	17	18	19	20	21	22	23	24	25	26	27	28	29	30	31						
59	夏曆九月	19	20	21	22	23	24	25	26	27	28	29	30	⑰	2	3	4	5	6	7	8	9	10	11	12	13	14	15	16	17	18	19						
	回曆 4 月	17	18	19	20	21	22	23	24	25	26	27	28	29	30	1	2	3	4	5	6	7	8	9	10	11	12	13	14	15	16	17						
	藏曆十月	19	20	21	22	23	24	25	26	27	28	29	30	1	2	3	4	5	6	7	8	9	10	11	12	13	14	15	16	17	18	19						
	公曆 11 月				1	2	3	4	5	6	7	8	9	10	11	12	13	14	15	16	17	18	19	20	21	22	23	24	25	26	27	28	29	30				
60	夏曆十月				20	21	22	23	24	25	26	27	28	29	㊻	2	3	4	5	6	7	8	9	10	11	12	13	14	15	16	17	18	19	20				
	回曆 5 月				18	19	20	21	22	23	24	25	26	27	28	29	1	2	3	4	5	6	7	8	9	10	11	12	13	14	15	16	17	18				
	藏曆十一月				21	22	23	24	25	26	27	28	29	29	30	1	2	3	4	5	6	7	8	9	10	11	12	13	15	16	17	18	19	20				
	公曆 12 月						1	2	3	4	5	6	7	8	9	10	11	12	13	14	15	16	17	18	19	20	21	22	23	24	25	26	27	28	29	30	31	
1	夏曆十一月						21	22	23	24	25	26	27	28	29	30	⑯	2	3	4	5	6	7	8	9	10	11	12	13	14	15	16	17	18	19	20	21	
	回曆 6 月						19	20	21	22	23	24	25	26	27	28	29	30	1	2	3	4	5	6	7	8	9	10	11	12	13	14	15	16	17	18	19	
	藏曆十二月						21	22	23	24	25	26	27	28	29	30	1	2	2	3	4	5	6	7	9	10	11	12	13	14	15	16	17	18	19	20	21	

元六月辛巳。

大事記

正月，元破樊城，宋將范天順、牛富戰死。　二月，元以回回炮攻襄陽，宋將呂文煥出降。　四月，元敕南儒為人掠賣者，官贖為民。　六月，元兵入躭羅，鎮壓抗元者。　十月，元擊降建都"蠻"。　十一月，宋以李庭芝、夏貴為淮東西制置使。元詔勿禁畿内秋耕。　是歲，元諸路大水、蝗。元編《農桑輯要》成。

宋遼金紀年

干支甲戌　公元1274年

朝代或國名	國家支配者	建都	廟號	謚號	建元	年號年次	輔政者	備注
南宋	⑥趙禥	臨安	度宗	景	1	咸淳10年	賈似道 王爚 章鑑	七月趙㬎即位
元	⑧孛兒只斤忽必烈	大都	世祖		2	2至元11年	劉秉忠等	
薩迦	八思巴		座主	法王			恰納	
古格						461年		西藏阿里
大理	段信苴日					14年		

月曆表

5987－354－2186779

月干支序數	月序 ＼ 星期	日	1	2	3	4	5	6	日	1	2	3	4	5	6	日	1	2	3	4	5	6	日	1	2	3	4	5	6	日	1	2	3	4	5	6	日	1
	公曆1月		1	2	3	4	5	6	7	8	9	10	11	12	13	14	15	16	17	18	19	20	21	22	23	24	25	26	27	28	29	30	31					
2	夏曆十二月		22	23	24	25	26	27	28	29	30	㊻	2	3	4	5	6	7	8	9	10	11	12	13	14	15	16	17	18	19	20	21	22					
	回曆7月		20	21	22	23	24	25	26	27	28	29	1	2	3	4	5	6	7	8	9	10	11	12	13	14	15	16	17	18	19	20	21					
陽木狗年	藏曆一月		22	23	24	25	26	27	28	29	30	1	2	3	4	5	6	7	8	9	10	11	12	13	15	16	17	18	19	20	21	22	23					
	公曆2月					1	2	3	4	5	6	7	8	9	10	11	12	13	14	15	16	17	18	19	20	21	22	23	24	25	26	27	28					
3	夏曆正月					23	24	25	26	27	28	29	30	⑯	2	3	4	5	6	7	8	9	10	11	12	13	14	15	16	17	18	19	20					
	回曆8月					22	23	24	25	26	27	28	29	30	1	2	3	4	5	6	7	8	9	10	11	12	13	14	15	16	17	18	19					
	藏曆二月					24	24	25	26	27	28	29	30	1	2	3	4	5	6	7	9	10	11	12	13	14	15	16	17	18	19	20	21					
	公曆3月					1	2	3	4	5	6	7	8	9	10	11	12	13	14	15	16	17	18	19	20	21	22	23	24	25	26	27	28	29	30	31		
4	夏曆二月					21	22	23	24	25	26	27	28	29	㊺	2	3	4	5	6	7	8	9	10	11	12	13	14	15	16	17	18	19	20	21	22		
	回曆9月					20	21	22	23	24	25	26	27	28	29	1	2	3	4	5	6	7	8	9	10	11	12	13	14	15	16	17	18	19	20	21		
	藏曆三月					22	23	24	25	26	27	28	28	29	1	2	3	4	5	6	7	8	9	10	11	12	14	15	16	16	17	18	19	20	21	22		
	公曆4月	1	2	3	4	5	6	7	8	9	10	11	12	13	14	15	16	17	18	19	20	21	22	23	24	25	26	27	28	29	30							
5	夏曆三月	23	24	25	26	27	28	29	30	⑮	2	3	4	5	6	7	8	9	10	11	12	13	14	15	16	17	18	19	20	21	22							
	回曆10月	22	23	24	25	26	27	28	29	30	1	2	3	4	5	6	7	8	9	10	11	12	13	14	15	16	17	18	19	20	21							
	藏曆後三月	23	24	25	26	27	28	29	30	1	2	3	4	6	7	8	9	10	11	12	13	14	15	16	17	18	19	20	21	21	22							
	公曆5月			1	2	3	4	5	6	7	8	9	10	11	12	13	14	15	16	17	18	19	20	21	22	23	24	25	26	27	28	29	30	31				
6	夏曆四月			23	24	25	26	27	28	29	㊹	2	3	4	5	6	7	8	9	10	11	12	13	14	15	16	17	18	19	20	21	22	23	24				
	回曆11月			22	23	24	25	26	27	28	29	1	2	3	4	5	6	7	8	9	10	11	12	13	14	15	16	17	18	19	20	21	22	23				
	藏曆四月			23	24	25	26	27	29	30	1	2	3	4	5	6	7	8	9	10	11	12	13	14	15	16	17	18	19	20	21	22	23	24				
	公曆6月						1	2	3	4	5	6	7	8	9	10	11	12	13	14	15	16	17	18	19	20	21	22	23	24	25	26	27	28	29	30		
7	夏曆五月						25	26	27	28	29	⑬	2	3	4	5	6	7	8	9	10	11	12	13	14	15	16	17	18	19	20	21	22	23	24	25		
	回曆12月						24	25	26	27	28	29	30	1	2	3	4	5	6	7	8	9	10	11	12	13	14	15	16	17	18	19	20	21	22	23		
	藏曆五月						25	26	27	28	29	30	1	3	4	5	6	7	8	9	10	11	12	13	14	15	16	17	18	18	19	20	21	22	23	25		
	公曆7月	1	2	3	4	5	6	7	8	9	10	11	12	13	14	15	16	17	18	19	20	21	22	23	24	25	26	27	28	29	30	31						
8	夏曆六月	26	27	28	29	30	㊸	2	3	4	5	6	7	8	9	10	11	12	13	14	15	16	17	18	19	20	21	22	23	24	25	26						
673年	回曆1月	24	25	26	27	28	29	①	2	3	4	5	6	7	8	9	10	11	12	13	14	15	16	17	18	19	20	21	22	23	24	25						
	藏曆六月	26	27	28	29	30	1	2	3	4	5	6	7	8	9	10	11	12	13	14	15	16	17	18	19	20	21	22	23	24	25	26						
	公曆8月				1	2	3	4	5	6	7	8	9	10	11	12	13	14	15	16	17	18	19	20	21	22	23	24	25	26	27	28	29	30	31			
9	夏曆七月				27	28	29	⑫	2	3	4	5	6	7	8	9	10	11	12	13	14	15	16	17	18	19	20	21	22	23	24	25	26	27	28			
	回曆2月				26	27	28	29	30	1	2	3	4	5	6	7	8	9	10	11	12	13	14	15	16	17	18	19	20	21	22	23	24	25	26			
	藏曆七月				28	29	30	1	2	3	4	5	6	7	8	9	10	11	12	13	14	14	15	16	17	18	20	21	22	23	24	25	26	27	28			
	公曆9月							1	2	3	4	5	6	7	8	9	10	11	12	13	14	15	16	17	18	19	20	21	22	23	24	25	26	27	28	29	30	
10	夏曆八月							29	㊶	2	3	4	5	6	7	8	9	10	11	12	13	14	15	16	17	18	19	20	21	22	23	24	25	26	27	28	29	

續表

月 干支 序數	星期 月序	日	1	2	3	4	5	6	日	1	2	3	4	5	6	日	1	2	3	4	5	6	日	1	2	3	4	5	6	日	1	2	3	4	5	6	日	1
	回暦3月							27	28	29	1	2	3	4	5	6	7	8	9	10	11	12	13	14	15	16	17	18	19	20	21	22	23	24	25	26	27	
	藏暦八月							29	2	3	3	4	5	6	7	8	9	10	11	12	13	14	15	16	17	18	19	20	21	22	24	25	26	27	28	29	30	
	公暦10月		1	2	3	4	5	6	7	8	9	10	11	12	13	14	15	16	17	18	19	20	21	22	23	24	25	26	27	28	29	30	31					
11 12	夏暦九十月		30	⑪	2	3	4	5	6	7	8	9	10	11	12	13	14	15	16	17	18	19	20	21	22	23	24	25	26	27	28	29	㊵					
	回暦4月		28	29	30	1	2	3	4	5	6	7	8	9	10	11	12	13	14	15	16	17	18	19	20	21	22	23	24	25	26	27	28					
	藏暦九月		30	1	2	3	4	5	6	7	8	9	9	10	11	12	13	14	15	16	18	19	20	21	22	23	24	25	26	27	28	29	30					
	公暦11月					1	2	3	4	5	6	7	8	9	10	11	12	13	14	15	16	17	18	19	20	21	22	23	24	25	26	27	28	29	30			
13	夏暦十一月					2	3	4	5	6	7	8	9	10	11	12	13	14	15	16	17	18	19	20	21	22	23	24	25	26	27	28	29	30	⑩			
	回暦5月					29	1	2	3	4	5	6	7	8	9	10	11	12	13	14	15	16	17	18	19	20	21	22	23	24	25	26	27	28	29			
	藏暦十十一月					1	2	3	4	5	6	7	8	9	10	11	12	13	14	15	16	17	18	19	20	22	23	24	25	26	27	28	29	30	1			
	公暦12月							1	2	3	4	5	6	7	8	9	10	11	12	13	14	15	16	17	18	19	20	21	22	23	24	25	26	27	28	29	30	31
14	夏暦十二月							2	3	4	5	6	7	8	9	10	11	12	13	14	15	16	17	18	19	20	21	22	23	24	25	26	27	28	29	30	㊵	2
	回暦6、7月							30	1	2	3	4	5	6	7	8	9	10	11	12	13	14	15	16	17	18	19	20	21	22	23	24	25	26	27	28	29	1
	藏暦十二月							2	2	3	4	5	6	7	8	9	10	11	12	13	14	15	17	18	19	20	21	22	23	24	25	26	27	28	29	30	1	2

大事記

正月,元簽軍十萬人。 二月,元造戰船八百艘於汴梁。 六月,元命伯顔帥以伐宋,且數賈似道負約執郝經之罪。七月,宋度宗卒,子㬎嗣,為恭帝,太皇太後謝氏垂簾聽政。 八月,劉秉忠卒(1216—1274)。元之國號為劉秉忠所請,并定朝儀官制。 九月,元兵自襄陽分道東下,過郢州,宋將張世杰力戰,元兵捨郢而進。 十月,屠沙洋,破新郢,宋將邊居誼死。 十一月,元下復州。 十二月,陷陽邏堡,宋將王達等戰死,復回軍下漢陽、鄂州。宋稅貴戚、僧道田以供軍需。宋詔天下勤王。元伯顔自領大軍東下,直指臨安。黄、蕲、江、德安、六安等地望風而降。 是歲,元境九路蟲災。元在戰場上使用火箭和燃燒彈。楊輝撰《楊輝筭法》和《乘除通變本末》,敘述"九歸"捷法,介紹了籌筭乘除的各種運算法。

宋 遼 金 紀 年

干支乙亥 公元1275年

朝代或國名	國家支配者	建都	廟號	謚號	建元	年號年次	輔政者	備注
南宋	⑦趙㬎	臨安	恭宗	少帝	1	德祐元年	賈似道 王爚 陳宜中 留夢炎	明年被元兵俘去
元	⑧孛兒只斤忽必烈	大都	世祖		2	2 至元12年	安童忽都察兒	
薩迦	八思巴		座主	法王				
古格						462年		西藏阿里
大理	段信苴日					15年		

月 曆 表

5988—354—2187133

月 干支 序數	星期 月序	日	1	2	3	4	5	6	日	1	2	3	4	5	6	日	1	2	3	4	5	6	日	1	2	3	4	5	6	日	1	2	3	4	5	6	日	1
	公暦1月			1	2	3	4	5	6	7	8	9	10	11	12	13	14	15	16	17	18	19	20	21	22	23	24	25	26	27	28	29	30	31				
15	夏暦正月			3	4	5	6	7	8	9	10	11	12	13	14	15	16	17	18	19	20	21	22	23	24	25	26	27	28	29	30	⑩	2	3				
	回暦8月			2	3	4	5	6	7	8	9	10	11	12	13	14	15	16	17	18	19	20	21	22	23	24	25	26	27	28	29	30	1	2				
陰木猪年	藏暦一月			3	4	5	5	6	7	8	10	11	12	13	14	15	16	17	18	19	20	21	22	23	24	25	26	27	28	29	30	1	2	3				

續表

月 干支 序數	星期 月序	日	1	2	3	4	5	6	日	1	2	3	4	5	6	日	1	2	3	4	5	6	日	1	2	3	4	5	6	日	1	2	3	4	5	6	日	1
	公曆2月						1	2	3	4	5	6	7	8	9	10	11	12	13	14	15	16	17	18	19	20	21	22	23	24	25	26	27	28				
16	夏曆二月						4	5	6	7	8	9	10	11	12	13	14	15	16	17	18	19	20	21	22	23	24	25	26	27	28	29	㊴	2				
	回曆9月						3	4	5	6	7	8	9	10	11	12	13	14	15	16	17	18	19	20	21	22	23	24	25	26	27	28	29	1				
	藏曆二月						4	5	6	7	8	9	10	11	12	13	14	16	17	18	19	20	21	22	23	24	25	26	27	27	28	29	30	1				
	公曆3月						1	2	3	4	5	6	7	8	9	10	11	12	13	14	15	16	17	18	19	20	21	22	23	24	25	26	27	28	29	30	31	
17	夏曆三月						3	4	5	6	7	8	9	10	11	12	13	14	15	16	17	18	19	20	21	22	23	24	25	26	27	28	29	30	⑨	2	3	
	回曆10月						2	3	4	5	6	7	8	9	10	11	12	13	14	15	16	17	18	19	20	21	22	23	24	25	26	27	28	29	30	1	2	
	藏曆三月						2	3	4	5	6	7	8	10	11	12	13	14	15	16	17	18	19	20	21	22	23	24	25	26	27	28	29	30	1	2	3	
	公曆4月		1	2	3	4	5	6	7	8	9	10	11	12	13	14	15	16	17	18	19	20	21	22	23	24	25	26	27	28	29	30						
18	夏曆四月		4	5	6	7	8	9	10	11	12	13	14	15	16	17	18	19	20	21	22	23	24	25	26	27	28	29	30	㊴	2	3						
	回曆11月		3	4	5	6	7	8	9	10	11	12	13	14	15	16	17	18	19	20	21	22	23	24	25	26	27	28	29	1	2	3						
	藏曆四月		4	5	6	7	8	9	10	11	13	14	15	16	17	18	19	20	21	21	22	23	24	25	26	27	28	29	30	1	2	3						
	公曆5月				1	2	3	4	5	6	7	8	9	10	11	12	13	14	15	16	17	18	19	20	21	22	23	24	25	26	27	28	29	30	31			
19	夏曆五月				4	5	6	7	8	9	10	11	12	13	14	15	16	17	18	19	20	21	22	23	24	25	26	27	28	29	⑧	2	3	4	5			
	回曆12月				4	5	6	7	8	9	10	11	12	13	14	15	16	17	18	19	20	21	22	23	24	25	26	27	28	29	30	1	2	3	4			
	藏曆五月				4	5	7	8	9	10	11	12	13	14	15	16	17	18	19	20	21	22	23	24	25	26	27	28	29	30	1	2	3	4	5			
	公曆6月							1	2	3	4	5	6	7	8	9	10	11	12	13	14	15	16	17	18	19	20	21	22	23	24	25	26	27	28	29	30	
20	夏曆六月							6	7	8	9	10	11	12	13	14	15	16	17	18	19	20	21	22	23	24	25	26	27	28	29	㊲	2	3	4	5	6	
674年	回曆1月							5	6	7	8	9	10	11	12	13	14	15	16	17	18	19	20	21	22	23	24	25	26	27	28	29	30	①	2	3	4	
	藏曆六月							6	7	8	10	11	12	13	14	15	16	16	17	18	19	20	21	22	23	24	25	26	27	28	29	30	1	3	4	5	6	
	公曆7月		1	2	3	4	5	6	7	8	9	10	11	12	13	14	15	16	17	18	19	20	21	22	23	24	25	26	27	28	29	30	31					
21	夏曆七月		7	8	9	10	11	12	13	14	15	16	17	18	19	20	21	22	23	24	25	26	27	28	29	30	⑦	2	3	4	5	6	7					
	回曆2月		5	6	7	8	9	10	11	12	13	14	15	16	17	18	19	20	21	22	23	24	25	26	27	28	29	30	1	2	3	4	5					
	藏曆七月		7	8	9	10	11	12	13	14	15	16	17	18	19	20	21	22	23	24	25	26	27	28	29	30	1	2	3	5	6	7	8					
	公曆8月					1	2	3	4	5	6	7	8	9	10	11	12	13	14	15	16	17	18	19	20	21	22	23	24	25	26	27	28	29	30	31		
22	夏曆八月					8	9	10	11	12	13	14	15	16	17	18	19	20	21	22	23	24	25	26	27	28	29	㊱	2	3	4	5	6	7	8	9		
	回曆3月					6	7	8	9	10	11	12	13	14	15	16	17	18	19	20	21	22	23	24	25	26	27	28	29	1	2	3	4	5	6	7		
	藏曆八月					9	10	11	12	13	13	14	15	16	17	18	19	20	21	22	23	24	25	26	28	29	30	1	2	3	4	5	6	7	8	9		
	公曆9月	1	2	3	4	5	6	7	8	9	10	11	12	13	14	15	16	17	18	19	20	21	22	23	24	25	26	27	28	29	30							
23	夏曆九月	10	11	12	13	14	15	16	17	18	19	20	21	22	23	24	25	26	27	28	29	⑤	2	3	4	5	6	7	8	9	10							
	回曆4月	8	9	10	11	12	13	14	15	16	17	18	19	20	21	22	23	24	25	26	27	28	29	30	1	2	3	4	5	6	7							
	藏曆九月	10	11	12	13	14	15	16	17	18	19	20	21	22	23	24	25	26	27	28	29	2	3	4	5	6	7	8	8	9	10							
	公曆10月			1	2	3	4	5	6	7	8	9	10	11	12	13	14	15	16	17	18	19	20	21	22	23	24	25	26	27	28	29	30	31				
24	夏曆十月			11	12	13	14	15	16	17	18	19	20	21	22	23	24	25	26	27	28	29	30	㉟	2	3	4	5	6	7	8	9	10	11				
	回曆5月			8	9	10	11	12	13	14	15	16	17	18	19	20	21	22	23	24	25	26	27	28	29	1	2	3	4	5	6	7	8	9				
	藏曆十月			11	12	13	14	15	16	17	18	19	20	21	22	23	25	26	27	28	29	30	30	1	2	3	4	5	6	7	8	9	10	11				
	公曆11月						1	2	3	4	5	6	7	8	9	10	11	12	13	14	15	16	17	18	19	20	21	22	23	24	25	26	27	28	29	30		
25	夏曆十一月						12	13	14	15	16	17	18	19	20	21	22	23	24	25	26	27	28	29	④	2	3	4	5	6	7	8	9	10	11	12		
	回曆6月						10	11	12	13	14	15	16	17	18	19	20	21	22	23	24	25	26	27	28	29	30	1	2	3	4	5	6	7	8	9		
	藏曆十一月						12	13	13	14	15	16	18	19	20	21	22	23	24	25	26	27	28	29	30	1	2	3	4	5	6	7	8	9	10	11		
	公曆12月	1	2	3	4	5	6	7	8	9	10	11	12	13	14	15	16	17	18	19	20	21	22	23	24	25	26	27	28	29	30	31						
26	夏曆十二月	13	14	15	16	17	18	19	20	21	22	23	24	25	26	27	28	29	30	㉞	2	3	4	5	6	7	8	9	10	11	12	13						
	回曆7月	10	11	12	13	14	15	16	17	18	19	20	21	22	23	24	25	26	27	28	29	1	2	3	4	5	6	7	8	9	10	11						
	藏曆後十一月	12	13	14	15	16	17	18	19	20	21	23	24	25	26	27	28	29	30	1	2	3	4	5	5	6	7	8	9	10	11	12						